Esta obra ha sido realizada por la Redacción de
Francis Lefebvre,
a iniciativa y con la coordinación de la Editorial, y
con la colaboración en esta o en anteriores ediciones de:

Areta Martínez, María. Profesora Titular de Derecho del Trabajo y de la Seguridad Social de la Universidad Rey Juan Carlos de Madrid.
Blázquez Agudo, Eva Maria. Catedrática de Derecho del Trabajo y de la Seguridad Social de la Universidad Carlos III de Madrid.
Calderón Pastor, Javier. Inspector de Trabajo y Seguridad Social.
Charro Baena, Pilar. Profesora Titular de Derecho del Trabajo y la Seguridad Social. Universidad Rey Juan Carlos de Madrid.
De la Puebla Pinilla, Ana. Catedrática de Derecho del Trabajo y Seguridad Social de la Universidad Autónoma de Madrid.
Gómez Abelleira, Francisco Javier. Catedrático de Derecho del Trabajo de la Universidad Carlos III de Madrid.
Gómez Garrido, Luisa María. Magistrada la Sala de lo Social del Tribunal Superior de Justicia de Castilla-La Mancha.
Gordo González, Luis. Profesor contratado doctor de Derecho del Trabajo y de la Seguridad Social de la Universidad Autónoma de Madrid.
López Parada, Rafael Antonio. Magistrado la Sala de lo Social del Tribunal Superior de Justicia de Madrid.
Maldonado Molina, Juan Antonio. Catedrático de Derecho del Trabajo y de la Seguridad Social de la Universidad de Granada.
Menéndez Sebastián, Paz. Letrada del Tribunal Supremo y Catedrática de Derecho del Trabajo y la Seguridad Social de la Universidad de Oviedo.
Mercader Uguina, Jesús. Catedrático del Derecho del Trabajo y la Seguridad Social de la Universidad Carlos III de Madrid.
Nogueira Guastavino, Magdalena. Catedrática de Derecho del Trabajo y Seguridad Social de la Universidad Autónoma de Madrid.
Palomo Balda, Emilio. Magistrado de la Sala de lo Social del Tribunal Superior de Justicia de Madrid.
Pérez Rey, Joaquín. Profesor Titular de Derecho del Trabajo y de la Seguridad Social de la Universidad de Castilla-La Mancha.
Sánchez Pérez, Pedro. Abogado. Máster abogacía y procuraduría de la Universidad Autónoma de Madrid.
Velázquez Fernández, Manuel Pedro. Inspector de Trabajo y Seguridad Social.

Lefebvre-El Derecho, S. A.
C/ Monasterios de Suso y Yuso, 34. 28049 Madrid.
www.efl.es
clientes@lefebvre.es
Precio: 132,08 € (IVA incluido)

ISBN: 978-84-10128-89-7
ISSN: 1886-9815
Depósito legal: M-26193-2024

Impreso en España

¿Cómo actualizar tu Memento?

El servicio Extra Mementos en papel y Actum Social son la solución

1 SERVICIO EXTRA MEMENTOS EN PAPEL

El Memento Contrato de Trabajo 2025-2026 incluye el acceso gratuito en **extramementos.lefebvre.es** a un sistema con el que podrás verificar en cualquier momento si el **contenido de un párrafo** (nº marginal) del Memento **ha sido modificado** por una novedad normativa, doctrinal o jurisprudencial, así como acceder a otros textos que complementan los contenidos del Memento.

2 ACTUM SOCIAL

Es el sistema de puesta al día en materia laboral más potente y eficaz del mercado. El único que te permite acceder de inmediato, no sólo a los textos íntegros de las **novedades normativas, doctrinales y jurisprudenciales** que acaban de producirse, sino también a un análisis riguroso de sus **consecuencias prácticas**, con el mismo rigor de los Mementos, a los que mantiene siempre actualizados.

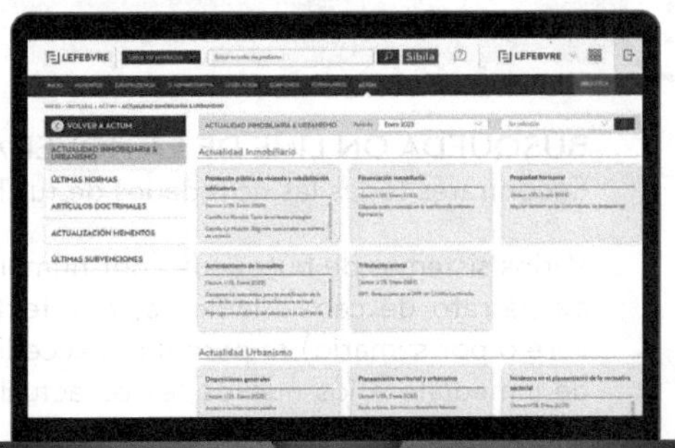

MÁS INFORMACIÓN EN LAS SIGUIENTES PÁGINAS Y EN EL 91 210 80 00

¿Qué es ACTUM Social?

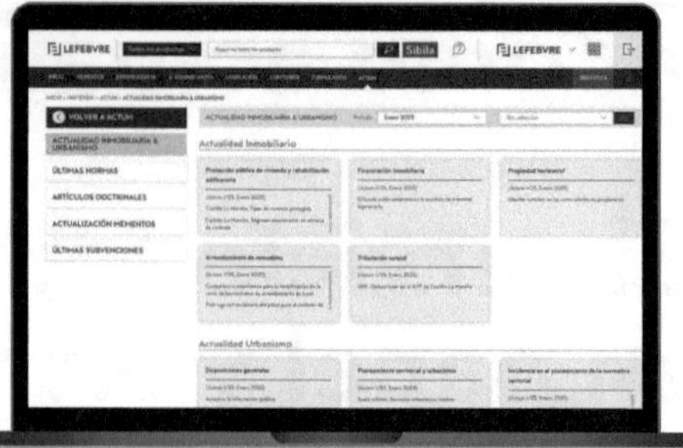

EL SISTEMA DE PUESTA AL DÍA EN MATERIA LABORAL MÁS POTENTE Y EFICAZ DEL MERCADO.

El único sistema que, al igual que los Mementos, permite conocer rápidamente la actualidad y **acceder de forma directa**, sin rodeos, a un análisis práctico y riguroso de aquellas **novedades normativas, doctrinales o jurisprudenciales** que nos interesan.

ACTUM sintetiza la información, la estructura según su importancia y elimina lo accesorio para que vayas **directamente a lo esencial** de la novedad.

¿Qué permite ACTUM Social?

1 ESTAR INFORMADO DE LA ACTUALIDAD

SISTEMA DE ALERTA VÍA E-MAIL: INMEDIATEZ.
Recibirás periódicamente un e-mail de alerta con los enunciados de las últimas novedades.

CONTENIDOS ON LINE: EXHAUSTIVIDAD.
Desde nuestra web, **lefebvre.es/tienda**, o desde los enunciados de las alertas puedes acceder al análisis detallado de las novedades y a los textos de la fuente que las origina.

2 ACTUALIZAR TUS MEMENTOS

BÚSQUEDA ON LINE DE LA NOVEDAD: FACILIDAD
Encontrarás todas las novedades de tus Mementos en la web de ACTUM.

Varios sistemas de búsqueda (por número de párrafo de cada Memento, por texto libre o por sumario) te permitirán acceder de inmediato a los nuevos textos actualizados de todos tus Mementos.

REALIZA TU PEDIDO

Remítenos este cupón de la forma que más te interese.

Fax 91 578 16 17 | Teléfono 91 210 80 00 | E-mail clientes@lefebvre.es | Calle Monasterios de Suso y Yuso, 34 28049 Madrid

Título	Precio*	Uds.	IVA	Total
Actum Social 2024 Internet + Email. Oferta de suscripción hasta marzo de 2025.	160€			
			4% IVA	
			TOTAL	

*Este precio no incluye 4% IVA.

Si los datos de facturación son diferentes háznoslo saber en el teléfono, fax o e-mail indicados.

Nº cliente: ....

Nombre: .... Apellidos: ....

Empresa: ....

Dirección: ....

C.P.: .... Población.: ....

IMPRESCINDIBLE

N.I.F./C.I.F.: .... Tfno. /Fax.: ....

Profesión: .... Actividad de la empresa: ....

Dpto.: .... Cargo: ....

Firma y fecha:

☐ **TRANSFERENCIA**. Remítenos este cupón y realiza una transferencia a nuestra cuenta (IBAN): ES11-0081-5136-7100 0146 9755. **Importante**: haz referencia al nº de tu factura para identificar tu pago.

☐ **DOMICILIACIÓN BANCARIA**. Titular ....

E S																							
IBAN				Nº Banco				Nº Sucursal				D.C.		Nº Cuenta									

☐ **TALÓN NOMINATIVO**. Adjunta talón bancario a nombre de Lefebvre-El Derecho S.A. **Importante**: haz referencia al número de tu factura para identificar tu pago.

Información sobre el tratamiento de tus datos personales: el responsable del tratamiento de tus datos es Lefebvre el Derecho, S.A., su finalidad es poder gestionar tu solicitud y la legitimación para hacerlo es la propia ejecución del contrato y prestación de servicios. Los destinatarios de tus datos podrán ser entidades financieras para gestión de pago. Tienes derecho a acceder, rectificar y suprimir los datos, así como otros derechos que puedes consultar en la información adicional y detallada sobre Protección de Datos a tu disposición en https://lefebvre.es/politica-privacidad/.

☐ No deseo el envío de comunicaciones comerciales de Lefebvre el Derecho, S.A.

¿Qué es el servicio gratuito Extra Mementos?

Es un servicio gratuito que ponemos a disposición de los usuarios del Memento Contrato de Trabajo 2025-2026. Entra en **https://extramementos.lefebvre.es**, y podrás:

1. Tomar decisiones con seguridad en todo momento. Allí podrás verificar si el contenido de un párrafo del Memento Contrato de Trabajo 2025-2026 ha sido modificado por una novedad normativa, doctrinal o jurisprudencial.

2. También podrás acceder a información adicional, documentos de interés que por razón de espacio no incluimos en el Memento en soporte papel, así como al análisis de materias de especial relevancia publicadas con posterioridad a la edición del Memento.

¿Cómo funciona esta puesta al día?

1. Una vez consultado el Memento Contrato de Trabajo 2025-2026, para verificar si el contenido de un párrafo concreto se ha visto afectado por una novedad normativa, doctrinal o jurisprudencial, entra en nuestra página web **https://extramementos.lefebvre.es**

2. Busca allí el Memento sobre el que quieres hacer la consulta, en este caso el Memento Contrato de Trabajo 2025-2026, e introduce el número marginal (número que figura en el margen del párrafo del Memento). Al instante comprobarás si el párrafo del Memento ha sido modificado. En caso afirmativo, visualizarás de forma inmediata un breve resumen de la información que la sustituye.

3. También podrás accede a la sección "Descargas Recomendadas" en donde encontrarás un listado de documentos y análisis de interés.

Para acceder a un análisis exhaustivo de la novedad de cada marginal, así como a los textos completos de la norma, doctrina o jurisprudencia origen de la novedad, **ponemos a tu disposición ACTUM.** Encontrarás información detallada en las páginas anteriores.

Contrato de Trabajo

2025-2026

Fecha de edición: 25 de noviembre de 2024

2025-2026

Fecha de edición: 25 de noviembre de 2024

Plan general

nos

Abreviaturas

Admón:	Administración
AEPD:	Agencia Española de Protección de Datos
AN:	Audiencia Nacional
ANECA:	Agencia Nacional de Evaluación de la Calidad y Acreditación
AP:	Audiencia Provincial
art.:	artículo/s
ATD:	Acuerdo de Trabajo a Distancia
BOCA:	Boletín Oficial de la Comunidad Autónoma
BOE:	Boletín Oficial del Estado
CC:	Código Civil
CCAA:	Comunidades Autónomas
CE:	Comunidad Europea
Ce:	Corrección de errores
CEE:	Comunidad Económica Europea
Circ:	Circular
CCom:	Código de Comercio
CCol:	Convenio Colectivo
CGPJ:	Consejo General del Poder Judicial
Const:	Constitución Española
cont-adm:	contencioso-administrativo
CP:	Código Penal
CTA:	Cooperativa de Trabajo Asociado
D:	Decreto
DF:	Decreto Foral
DG:	Dirección General
DGE:	Dirección General de Empleo
DGINSS:	Dirección General del Instituto Nacional de la Seguridad Social
DGITSS:	Dirección General de la Inspección de Trabajo y Seguridad Social
DGOJEC:	Dirección General de Ordenación Jurídica y Entidades Colaboradoras
DGOSS:	Dirección General de Ordenación de la Seguridad Social
DGRESS:	Dirección General de Régimen Económico de la Seguridad Social
DGRJ:	Dirección General de Régimen Jurídico
DGSJE:	Dirección General del Servicio Jurídico del Estado
DGT:	Dirección General de Tributos
DGTr:	Dirección General de Trabajo
DPO/DPD:	Delegado de Protección de Datos
Dir:	Directiva
disp.adic.:	disposición adicional
disp.derog.:	disposición derogatoria
disp.final:	disposición final
disp.trans.:	disposición transitoria
DL:	Decreto Ley
DLeg:	Decreto Legislativo
DNI:	Documento Nacional de Identidad
DOUE:	Diario Oficial de la Unión Europea
DSI:	Doctrina Social de Instancia
EBEP:	Estatuto Básico del Empleado Público (RDLeg 5/2015)
EDJ:	El Derecho Jurisprudencia
EEE:	Espacio Económico Europeo

EIPD:	Evaluación de impacto de protección de datos
ERTE:	Expediente de Regulación Temporal de Empleo
ET:	Estatuto de los Trabajadores (RDLeg 2/2015)
ETT:	Empresas de Trabajo Temporal
FOGASA:	Fondo de Garantía Salarial
INEM:	Instituto Nacional de Empleo (ahora SEPE)
INGESA:	Instituto Nacional de Gestión Sanitaria
INSHT:	Instituto Nacional de Seguridad e Higiene en el Trabajo
Instr:	Instrucción
INSS:	Instituto Nacional de la Seguridad Social
IPC:	Índice de Precios al Consumo
IPREM:	Indicador Público de Renta de Efectos Múltiples
IRPF:	Impuesto sobre la Renta de las Personas Físicas
ISM:	Instituto Social de la Marina
ITSS:	Inspección de Trabajo y Seguridad Social
JS:	Juzgado Social
L:	Ley
LCon:	Ley Concursal (L 1/2020)
LCoop:	Ley de Cooperativas (L 27/1999)
LEC:	Ley de Enjuiciamiento Civil (L 1/2000)
LECr:	Ley de Enjuiciamiento Criminal (RD 14-9-1882)
LETT:	Ley de Empresas de Trabajo Temporal (L 14/1994)
LGP:	Ley General Presupuestaria (L 47/2003)
LGSS:	Ley General de la Seguridad Social (RDLeg 8/2015)
LGT:	Ley General Tributaria (L 58/2003)
LISOS:	Ley de Infracciones y Sanciones en el Orden Social (RDLeg 5/2000)
LJCA:	Ley de Jurisdicción Contencioso-administrativa (L 29/1998)
LO:	Ley Orgánica
LOLS:	Ley Orgánica de Libertad Sindical (LO 11/1985)
LOPD:	Ley Orgánica de Protección de Datos Personales y garantía de los derechos digitales (LO 3/2018)
LOPJ:	Ley Orgánica del Poder Judicial (LO 6/1985)
LOTC:	Ley Orgánica del Tribunal Constitucional (LO 2/1979)
LPAC:	Ley del Procedimiento Administrativo Común de las Administraciones Públicas (L 39/2015)
LPRL:	Ley de Prevención de Riesgos Laborales (L 31/1995)
LRJS:	Ley Reguladora de la Jurisdicción Social (L 36/2011)
LSC:	Ley de Sociedades de Capital (RDLeg 1/2010)
LSLP:	Ley de Sociedades Laborales y Participadas (L 44/2015)
modif:	modificado/a
MCSS:	Mutuas colaboradoras con la Seguridad Social
MTES:	Ministerio de Trabajo y Economía Social
MISSM:	Ministerio de Inclusión, Seguridad Social y Migraciones
MSCT:	Modificación sustancial de condiciones de trabajo
NIE:	Número de identificación de extranjeros
NIF:	Número de identificación Fiscal
OESS:	Ordenación Económica de la Seguridad Social
OIT:	Organización Internacional del Trabajo
OJSS:	Ordenación Jurídica de la Seguridad Social
OM:	Orden Ministerial
RD:	Real Decreto
RDL:	Real Decreto Ley
RDLeg:	Real Decreto Legislativo
Rec:	Recurso
redacc:	redacción

RESS: Régimen Especial de la Seguridad Social
Resol: Resolución
RETA: Régimen Especial de Trabajadores Autónomos
RETT: Reglamento de Empresas de Trabajo Temporal (RD 417/2015)
RGPD: Reglamento General de Protección de Datos (Rgto UE/2016/679)
RGSS: Régimen General de la Seguridad Social
Rgto: Reglamento
RIA Reglamento de Inteligencia Artificial (Rgto UE/2024/1689)
RSP: Reglamento de los Servicios de Prevención de Riesgos Laborales (RD 39/1997)
SA: Sociedad Anónima
SAL: Sociedad Anónima Laboral
SE: Secretaría de Estado
SEPE: Servicio Público de Empleo Estatal (antes INEM)
SG: Secretaría General
SGPE: Subdirección General de Promoción de Empleo
SL: Sociedad Laboral
SLL: Sociedad Limitada Laboral
SMI: Salario Mínimo Interprofesional
SNE: Sistema Nacional de Empleo
SNGJ: Sistema Nacional de Garantía Juvenil
SOVI: Seguro Obligatorio de Vejez e Invalidez
SP: Servicio de Prevención
SPA: Servicio de Prevención ajeno
SPP: Servicio de Prevención propio
SS: Seguridad Social
TCo: Tribunal Constitucional
TCJ: Tribunal de Conflictos Jurisdiccionales
TCT: Tribunal Central de Trabajo
TEAC: Tribunal Económico-Administrativo Central
TGSS: Tesorería General de la Seguridad Social
TJUE: Tribunal de Justicia de la Unión Europea
TS: Tribunal Supremo
TSJ: Tribunal Superior de Justicia
UE: Unión Europea
unif doctrina: unificación de doctrina

PARTE I

Prestaciones de trabajo

CAPÍTULO 1

Delimitación del contrato de trabajo

100

A. Definición del contrato de trabajo

105 En nuestro ordenamiento, la prestación de trabajo para la producción empresarial de bienes y servicios se somete al derecho del trabajo. En consecuencia, se califica como una **relación jurídico-laboral** que nace de un negocio bilateral entre los dos sujetos que lo conciertan: el trabajador (nº 1400) y el empresario (nº 700). Este negocio bilateral es el **contrato de trabajo**, que tiene su origen en el genérico arrendamiento de servicios regulado por la legislación civil (CC art.1544).

El legislador no proporciona una **definición** directa de lo que ha de entenderse por contrato de trabajo, pero sí determina los **elementos esenciales** del mismo cuando extiende el ámbito de aplicación del Estatuto de los Trabajadores (ET) a quienes voluntariamente presten sus servicios retribuidos por cuenta ajena y dentro del ámbito de organización y dirección de otra persona, física o jurídica, denominada empleador o empresario (ET art.1.1). A continuación, realiza una delimitación negativa del contrato de trabajo al excluir del ámbito de aplicación del ET determinadas prestaciones de trabajo (ET art.1.3).

Resultan, así, las **notas características** de la relación laboral: compromiso personalísimo de desarrollar la actividad (nº 130); voluntariedad (nº 140); dependencia (nº 160); ajenidad (nº 170), retribución (nº 145) y ausencia de exclusión legal (nº 254).

Si concurren estos requisitos, **se presume que existe** una relación laboral (nº 117). Por el contrario, la quiebra de cualquiera de estos requisitos impide la consideración de un contrato como laboral (TS 7-11-17, EDJ 237210), de modo que la calificación como tal por las partes supondría una simulación de contrato (nº 577), debiendo aplicarse el principio de primacía de la realidad (nº 109).

Existen determinadas prestaciones de trabajo en las que concurren las notas características de la relación laboral pero que presentan circunstancias peculiares y que, por ello, están sujetas a una **regulación especial** (nº 121).

107 **Objeto del contrato** (CC art.1261, 1271 y 1273) Es clásica la afirmación según la cual la **causa** y función típica del contrato es la cesión remunerada de los frutos del trabajo que pasan al empleador desde el momento mismo de la producción. Lo esencial es el intercambio entre la obligación de trabajar y la obligación correlativa del empleador de remunerar el trabajo.

Existen, por lo tanto, dos **obligaciones** esenciales que constituyen el objeto del contrato y que evidencian, de forma implícita, la desigual posición que ocupan las partes en esa relación:

1. Obligación de trabajar, que se determina por dos elementos:

- elemento cuantitativo: el **tiempo de trabajo** y su determinación fija la cantidad de trabajo al que se encuentra obligado el trabajador mediante el contrato;
- elemento cualitativo: se valora el **tipo de trabajo** en concreto que el empleador requiere y al que se compromete el trabajador. Se delimita a partir de los rasgos profesionales objetivados en un oficio, en una profesión o en el conjunto de destrezas y habilidades que requiere la calificación profesional para un trabajo determinado para el que el contratante está capacitado por poseer la aptitud o titulación requerida.

2. Obligación correlativa del empleador de **remunerar el trabajo** prestado. Se hace depender precisamente del tiempo y cualificación del trabajo prestado.

El fundamento del **carácter obligatorio del contrato** es la existencia de un acuerdo de voluntades para crear una relación jurídica laboral, siendo su objeto lícito, posible y determinable (nº 570). Este **acuerdo de voluntades** no significa negociación entre las partes del contenido del contrato. Y es que también existe este consentimiento mutuo si se da la adhesión de una de ellas -el trabajador- al conjunto de reglas elaborado unilateralmente por la otra -el empresario-, cuya actuación unilateral está amparada por las facultades directivas implícitamente reconocidas por la libertad de empresa (Const art.38). También cuando el contrato efectúa la remisión a una norma legal o convencional que regula directamente aspectos decisivos del objeto y contenido del contrato.

Precisiones 1) Aunque en sus **aspectos cualitativos y cuantitativos** el objeto del contrato de trabajo se encuentra ya en gran medida **previamente definido**, tanto mediante las normas legales y convencionales sobre jornada, horas extraordinarias, descansos y demás componentes de la regulación del tiempo de trabajo como a través de los elementos objetivizadores de la profesionalidad que se expresan en los distintos sistemas de clasificación profesional que establecen los convenios colectivos, la norma sigue incidiendo en el **fundamento contractual individual** de estas decisiones. Así, se establece que la duración de la jornada de trabajo será la pactada en los convenios colectivos o en el contrato de trabajo (ET art.34 redacc RDL 5/2023) y, de forma más precisa, se prescribe que por acuerdo entre el trabajador y el empresario se asigne al trabajador un grupo profesional y se establezca como contenido de la prestación laboral objeto del contrato de trabajo la realización de todas las funciones correspondientes al grupo profesional asignado o solamente de alguna de ellas. Cuando se acuerde la polivalencia funcional o la realización de funciones propias de más de un grupo, la equiparación se realiza en virtud de las funciones que se desempeñen durante mayor tiempo (ET art.22.4).
2) Hay que tener en consideración **otros parámetros** como la determinación del lugar de trabajo que delimitan y concretan el alcance del contrato, así como el ámbito organizativo dentro del cual se desenvuelve la prestación de trabajo pactada.

109 **Principio de primacía de la realidad** En la calificación de las relaciones de trabajo rige el principio de primacía de la realidad. Esto significa que la naturaleza, laboral o no, de una prestación no se determina por la **denominación** que le otorgan las partes (nomen iuris) sino por la realidad de las funciones realizadas (TS 7-5-85, EDJ 2628; 25-1-00, EDJ 1621; 23-11-09, EDJ 338496; 29-11-10, EDJ 340133; 26-11-12, EDJ 295697; 20-1-15, EDJ 17320; 24-1-18, EDJ 10162). De modo que sobre la naturaleza atribuida por las partes, debe prevalecer la que se derive de la concurrencia de los requisitos que determinan la laboralidad del **contrato de trabajo** (nº 115 s.).
En consecuencia, el **proyecto contractual** definido por los contratantes tiene que contrastarse con la ejecución material del mismo en la realidad, y es este dato el que califica de forma definitiva la relación.
En caso de **conflicto**, la calificación le corresponde, en último término, a la jurisdicción, con frecuencia en el marco de reclamaciones frente a despidos o de prestaciones por desempleo, toda vez que unos y otras solo se producen a partir de la existencia de un contrato de trabajo. No obstante, también puede solicitarse la declaración judicial de laboralidad de una relación, normalmente a instancia del trabajador, cuando existe discrepancia sobre su calificación y efectos, o articularse a través de la intervención de la **Inspección de Trabajo y Seguridad Social** (y de la Administración Laboral), que con ocasión de una actuación detecte la existencia de relaciones de trabajo no formalizadas como tales, procediendo en consecuencia (actas de infracción o liquidación, fundamentalmente), en su caso, conjuntamente con la autoridad judicial (proceso de oficio).

Precisiones 1) Las **reglas de interpretación de los contratos** constituyen una valiosa ayuda para desentrañar la verdadera naturaleza de la relación (CC art.1281 y 1282), atendiendo a los actos coetáneos de los contratantes, y también a los posteriores, para descubrir cuál fue la verdadera intención de quienes llevaron a cabo el pacto (TS 3-5-05, EDJ 83753).
2) Concurriendo las notas de dependencia y ajenidad, no impide la calificación de la relación laboral la existencia de un **acuerdo transaccional** que pone fin al proceso de despido y en el que la trabajadora reconoce haber prestado servicios como autónoma (TSJ Cataluña 17-7-23, EDJ 670301).

B. Notas de laboralidad del contrato

(ET art.1.1 y 8.1)

115 El contrato de trabajo es un **acuerdo de voluntades** por el que el trabajador se obliga de forma libre a prestar de manera personal servicios por cuenta del empresario, a cambio de una retribución. Pero el hecho de que la relación laboral nazca del acuerdo de voluntades expresado en el contrato de trabajo no significa que sin contrato formalizado no pueda haber prestación asalariada de servicios (y, por tanto, obligaciones para las partes), o, en sentido contrario, que toda prestación de servicios formalizada bajo un contrato de trabajo sea asalariada.

Para que la prestación pueda considerarse laboral, hayan formalizado o no las partes un contrato de trabajo, es preciso que la actividad del trabajador reúna las notas propias de este tipo de prestación: trabajo **personal** (nº 130 s.), **voluntariedad** (nº 140 s.), **retribución** (nº 145 s.), **dependencia** (nº 160) y **ajenidad** (nº 170). Estas dos últimas notas son las estrictamente definidoras y diferenciadoras del contrato de trabajo, pues las restantes se dan también en otros contratos no laborales en los que se prestan servicios retribuidos (TS 16-2-90, EDJ 1637). Si no existe la subordinación del trabajador respecto del empresario, quedando comprendido en su círculo rector, disciplinario y organizativo, el contrato puede considerarse civil o mercantil, pero no laboral (TS 7-11-85, EDJ 5730; 9-2-90, EDJ 1313).
Todas estas notas son determinantes para la aplicación de la **presunción de laboralidad del contrato** (nº 117) y del principio de **primacía de la realidad** (nº 109).

Presunción de laboralidad del contrato (ET art.8.1) Se presume existente un contrato de trabajo entre todo el que presta un servicio por cuenta y dentro del ámbito de organización y dirección de otro y el que lo recibe a cambio de una retribución a aquel. Se trata de una presunción **iuris tantum** que requiere para su aplicación, no solo la existencia de una prestación de servicios, sino que la misma se realice concurriendo las notas que identifican la relación laboral (TS 23-1-90, EDJ 499; 5-3-90, EDJ 2472; 23-4-90, EDJ 4314; 21-9-90, EDJ 8520; 25-3-91, EDJ 3254; 3-5-05, EDJ 83753; 27-11-08, EDJ 381680; 18-3-09, EDJ 42682; 31-1-23, EDJ 512916). La presunción puede ser **destruida** mediante la prueba de la inexistencia en la prestación en cuestión de alguno de los elementos que identifican el contrato de trabajo (TS 13-7-90, EDJ 7598; 3-5-05, EDJ 83753). **117**
De este modo, aunque las partes no hayan formalizado expresamente la relación laboral (de forma verbal o escrita), la relación laboral nace de forma **tácita** pero con los mismos efectos que la surgida de la manifestación expresa de las partes.

Precisiones **1)** Por aplicación de la presunción de laboralidad se considera laboral la actividad de las personas que presten servicios retribuidos consistentes en el reparto o **distribución de cualquier producto** de consumo o mercancía, por parte de empleadoras que ejercen las facultades empresariales de organización, dirección y control de forma directa, indirecta o implícita, mediante la gestión algorítmica del servicio o de las condiciones de trabajo, a través de una plataforma digital. Corresponde a esta la carga de la prueba de que tal relación contractual no es laboral (ET disp.adic.23ª; Dir (UE) 2024/2831 art.5).
En el trabajo personal realizado para una plataforma digital, en la línea de la ya incorporada a nuestro ET, cuando se constaten hechos que indiquen control y dirección de la plataforma, correspondiendo a esta la carga de la prueba de que tal relación contractual no es laboral
2) La **carga de la prueba** de que concurren las notas características del contrato de trabajo corresponde a quien las alega (TS 23-1-90, EDJ 498; 5-3-90, EDJ 2475).
3) En **aplicación** de la presunción de laboralidad, el Tribunal Supremo considera laborales determinadas prestaciones de servicios con difícil encaje en otras figuras contractuales o sin vínculo laboral formalizado. Así lo ha considerado en **empresas de información** (nº 415), en **compañías de seguros** (nº 330), en empresas de **asistencia sanitaria** (nº 275) y en la **administración** pública **y entidades públicas** (nº 480). También en **otros supuestos** como los siguientes:
- encuestadores para empresas dedicadas al estudio de mercados (TS 27-5-92, EDJ 5392; 26-1-94, EDJ 488; 14-2-94, EDJ 1218);
- actores de doblaje a pesar de que no tenían exclusividad en la prestación de servicios y de ostentar derechos de autor (TS 16-7-10, EDJ 196298; 19-7-10, EDJ 213764; 19-7-10, EDJ 201556; 19-7-10, EDJ 213763; 6-10-10, EDJ 226269; 5-10-10, EDJ 226271; 7-10-10, EDJ 233457; 24-11-10, EDJ 254047);
- alumnos de las escuelas-taller y casas de oficios en la segunda fase del proyecto formativo (TS 7-7-98, EDJ 17629);
- gerente en hostelería (TS 4-2-02, EDJ 2628);
- mantenedor de maquinaria dispersa (TS 29-12-99, EDJ 53932);
- limpiadora en comunidad de propietarios (TS 25-1-00, EDJ 1621; 20-7-10, EDJ 185131);
- profesores en academias o centros de enseñanza privada (TS 22-7-08, EDJ 178568; 10-4-18, EDJ 72627; 29-10-19, EDJ 725704; 8-2-23, EDJ 516888);
- técnico de instalación y reparación de aparatos elevadores que presta sus servicios exclusivamente para una empresa de forma habitual, personal y directa realizando el mismo trabajo que otros trabajadores de la empresa (TS 24-1-18, EDJ 10150; 24-1-18, EDJ 10162).

4) Esta presunción también ha sido utilizada por los tribunales para hacer **primar el vínculo laboral** cuando la prestación de servicios se compatibiliza con otro vínculo diferente con el empresario. Así, el Tribunal Supremo ha primado la relación laboral en los siguientes supuestos: **119**
- simultaneidad de un contrato de trabajo (o sucesivos contratos de trabajo) con el desempeño de cargos orgánicos y de dirección en el **sindicato** empleador (TS 7-10-05, EDJ 180485);
- compatibilización de la condición de trabajador con la de accionista minoritario de una **sociedad de capital** (TS 29-9-03, EDJ 139945);

- compatibilización de un contrato de trabajo con la condición de miembro del consejo de administración y consejero delegado en una **sociedad laboral** (TS 17-5-99, EDJ 17065; 26-12-07, EDJ 344056).

Téngase en cuenta que en supuestos de **desempeño simultáneo de actividades** propias del **Consejo** de administración de la Sociedad y de **alta dirección o gerencia** de la empresa, lo que determina la calificación de la relación como mercantil o laboral, no es el contenido de las funciones sino la naturaleza de vínculo, por lo que si existe una relación de integración orgánica, en el campo de la administración social, cuyas facultades se ejercitan directamente o mediante delegación interna, la relación no es laboral sino mercantil, lo que conlleva que, como regla general, sólo en los casos de relaciones de trabajo, en régimen de dependencia, no calificables de alta dirección, sino como comunes, quepa admitir el desempeño simultáneo de cargos de administración de la Sociedad y de una relación de carácter laboral (TS 20-11-02, EDJ 61273; 26-12-07, EDJ 344056).

5) Por el contrario, se ha **rechazado** la aplicación de esta **presunción a otras relaciones** de servicios, como por ejemplo, la relación que une a un **grupo musical** con sus componentes (TS 25-10-88, EDJ 8405; 21-12-89, EDJ 11602).

121 **Relaciones laborales especiales** (ET art.2.1) Entre las prestaciones de trabajo en las que concurren las notas características de la relación laboral se encuentran determinadas actividades que presentan circunstancias peculiares y que, por ello, están sujetas a una **regulación especial**. Se trata de las relaciones laborales de carácter especial. Tienen esta consideración:
- el personal de alta dirección (nº 7700 s.);
- las personas que intervienen en operaciones mercantiles por cuenta de uno o más empresarios sin asumir el riesgo y ventura de aquellas (nº 7600 s.);
- personal al servicio del hogar familiar (RD 1620/2011);
- penados en las instituciones penitenciarias (RD 782/2001);
- los deportistas profesionales (RD 1006/1985);
- los artistas que desarrollan su actividad en las artes escénicas, audiovisuales y musicales, así como las personas que realizan actividades técnicas o auxiliares necesarias para el desarrollo de dicha actividad (RD 1435/1985);
- los trabajadores con discapacidad que prestan sus servicios en los centros especiales de empleo (RD 1368/1985);
- los menores en centros de internamiento (RD 1774/2004 art.53);
- la de residencia para la formación de especialistas en Ciencias de la Salud (nº 7950);
- la de los abogados que prestan servicios en despachos de abogados, individuales o colectivos (RD 1331/2006).

1. Trabajo personal

130 La prestación personal del servicio por parte del trabajador es la primera nota que permite identificar una relación laboral. Si esta falta no puede hablarse de contrato de trabajo, con lo que si el prestador del servicio no es una **persona física** la relación nunca puede ser laboral. En atención a esta característica, suele decirse que el contrato de trabajo es un **contrato personalísimo**. Se descarta, con ello, la laboralidad de los contratos de prestación de servicios concertados con personas jurídicas o con entes sin personalidad jurídica, en el marco de una organización productiva. En estos casos se trata de **colaboraciones entre empresas**, gestionadas mediante los contratos civiles o mercantiles correspondientes.

El contrato de trabajo se celebra tomando en consideración la **persona del trabajador** y sus condiciones (conocimientos, habilidades, aptitudes, titulación, etc.), y no la mera realización de la actividad, por lo que si el trabajo puede realizarse y se realiza por una **persona diferente** a la que se ha contratado, la relación no puede considerarse laboral (TS 17-3-86, EDJ 2027; 17-6-10, EDJ 140235; TSJ Asturias 30-6-16, EDJ 130479). Ello no obsta para que el empresario pueda sustituir al trabajador mediante el correspondiente contrato de **sustitución**, si temporalmente no puede continuar desempeñando la prestación de servicios (por ejemplo, porque concurre alguna causa de suspensión contractual). El sustituto formaliza su propio contrato, paralelo y diferente al del sustituido.

132 Precisiones **1)** Caen **fuera del ámbito laboral** todas aquellas actividades en las que el prestador del servicio puede, por su cuenta, enviar a una **persona diferente** a realizar la actividad contratada o asignarse colaboradores a su cuenta y riesgo. En estos casos estamos más bien ante un arrendamiento de servicios (TS 22-1-01, EDJ 256), o incluso ante un mandato (TS 16-10-90, EDJ 9394).

2) El trabajador no puede libremente acudir al trabajo acompañado de una persona ajena a la empresa para que le ayude a realizar sus funciones (TSJ Baleares 6-7-21, EDJ 678343).

3) Los tribunales, **excepcionalmente**, han aceptado la **sustitución** del trabajador e incluso la intervención de un familiar como auxiliar del trabajador en algunos tipos concretos de prestación, si concurren de manera inequívoca el resto de rasgos propios del contrato de trabajo y siempre que la sustitución, habiéndose producido efectivamente (no basta la mera posibilidad pactada), no tenga entidad suficiente para evidenciar que la persona del trabajador constituye un elemento indiferente en el establecimiento y desarrollo de la relación contractual (TS 28-9-87, EDJ 6771; 16-11-17, EDJ 262773; TSJ Málaga 27-10-00, EDJ 41047).

4) Por lo mismo, se ha entendido también que no incide necesariamente en la laboralidad del contrato el hecho de que el trabajador pueda o incluso tenga que **proponer un sustituto** para cuando no puede prestar servicios, siempre que esta facultad responda precisamente a la alta cualificación técnica de la actividad que realiza o a que la titulación profesional del trabajador le capacita para hallar a la persona más idónea para sustituirle (TS 20-9-95, EDJ 4772). Este tipo de sustituciones es típico en:

- la prestación de **servicios de médicos** para entidades sanitarias privadas, cuando sea algo excepcional y requiera del permiso expreso de la entidad empleadora (TS 9-12-04, EDJ 234947; 7-11-07, EDJ 206263; 19-6-07, EDJ 144139; 10-7-07, EDJ 144166; 27-11-07, EDJ 243308; 12-12-07, EDJ 243344; 12-2-08, EDJ 90871; 27-11-08, EDJ 381680; 18-3-09, EDJ 42682); no así cuando sea una facultad de ejercicio libre por el sanitario (TS 22-1-01, EDJ 256; 23-10-03, EDJ 187364);
- la prestación de servicios de **odontólogos** en clínicas dentales franquiciadas (TS 19-6-07, EDJ 144139; 20-7-10, EDJ 185131);
- el servicio de **buzoneo** en publicidad con pacto de subcontratación, cuando este no ha llegado a materializarse (TSJ C.Valenciana 25-1-01, EDJ 10111).

5) Respecto a la admisión de **pactos de excepcional sustitución** del trabajador por familiares, o de ocasional colaboración de estos para trabajos de limpieza o cuidado de elementos del inmueble en las **comunidades de propietarios**: **134**

a. Se han **admitido** al entender que la sustitución esporádica también beneficia al empresario pues garantiza la continuidad en el servicio, que prima sobre la prestación personal, constante y sin excepción del trabajo (TS 25-1-00, EDJ 1621; 20-7-10, EDJ 185131; 20-1-15, EDJ 17320).

b. Se han considerado **no laborales** estas actividades cuando el trabajador:

- tiene cierto margen de autonomía y puede organizar la tarea a su criterio (TSJ País Vasco 15-1-08, EDJ 64428);
- puede ser suplido libremente por un familiar sin pedir autorización a la comunidad (TSJ Cataluña 24-2-10, EDJ 72269); o se le permite contratar a otra persona para realizar la limpieza sin consultar con la comunidad (TSJ Madrid 13-4-21, EDJ 614258).

2. Voluntariedad

(CC art.1261; ET art.1.3.b)

La prestación de servicios en régimen laboral ha de ser necesariamente voluntaria, en el bien entendido de que el trabajador tiene que haber decidido libremente ofrecer sus servicios. Esta voluntariedad se materializa en el **consentimiento** prestado para obligarse por el contrato de trabajo (nº 565). **140**

Es por ello que se excluyen expresamente del ámbito laboral las **prestaciones personales obligatorias**, ya resulten de una coacción en los términos del trabajo forzoso o de una imposición legal (nº 385).

Precisiones El **Plan de Acción Nacional contra el Trabajo Forzoso**, con una duración de 3 años, responde a la voluntad de erradicar definitivamente las relaciones laborales obligatorias y las actividades humanas forzadas en España, en cumplimiento de los compromisos internacionales firmados en esta materia (SEEES Resol 20-12-21).

3. Carácter retribuido

(ET art.1.1)

Aunque la actividad laboral puede reportar al trabajador beneficios de muy variado tipo y alcance -como en los contratos formativos, de inserción social, de realización personal, etc.-, el trabajo asalariado es esencialmente lucrativo. Los trabajadores realizan la actividad pactada con el empresario a cambio de una **contraprestación** económica, denominada **salario** en el contexto laboral. **145**

La **naturaleza salarial** de la compensación recibida por el trabajador no queda invalidada porque esta adquiera formas que no son las tradicionales o habitualmente empleadas (en el sentido de salario como cantidad fija y periódica). Así, se considera igualmente salario el pago variable de cantidades sujetas al cumplimiento de objetivos, resultado de comisiones por operaciones realizadas, determinadas por la realización de actos u obras, o incluso vinculadas a la evolución de la empresa (participación en beneficios o en reducción de costes). La singularidad es que la mayoría de estos conceptos retribuyen trabajo medido o productividad.

147 Precisiones 1) La intención de obtener una ganancia económica es el elemento clave del trabajo asalariado y por tanto del contrato de trabajo, aunque tal ganancia o lucro no llegue a alcanzarse por **impago** empresarial. Procede, por ello, presumir que percibe la retribución correspondiente quien presta servicios en régimen asalariado, entendiendo como una anomalía la ausencia de esta cuando concurren el resto de notas de la actividad laboral (TSJ Cantabria 27-1-03, EDJ 21201; TSJ Valladolid 30-9-03, EDJ 266236).

2) En el caso de las **prestaciones profesionales** de servicios particularmente cualificadas, la jurisprudencia entiende que el hecho de que el importe de la retribución sea un porcentaje de lo que la empresa **factura** al cliente no impide su configuración como remuneración salarial (TS 25-3-93, EDJ 2978; 29-12-99, EDJ 53932).

3) La remuneración por acto, por su parte, supone la asignación de cantidades en función de las actividades realizadas, esto es: **salario por obra** (TS cont-adm 15-1-98, EDJ 246).

Este tipo de retribución se prevé en sectores como la **construcción**. Así, se regula el salario correspondiente al trabajo por tarea, a destajo o por unidad de obra, como aquel que consiste en la realización, por jornada, de una determinada cantidad de obra o trabajo, y aclarando que a efectos retributivos sólo se tiene en cuenta la cantidad y calidad de la obra o trabajo realizado, pagándose por piezas, medidas, trozos, conjuntos o unidades determinadas, independientemente del tiempo invertido en su realización (CCol General de Construcción art.35.3).

También se hace mención a este tipo de retribución en la industria del **calzado**, en el que a propósito del trabajo a destajo se advierte que si este no resulta de un sistema científico de fijación, se pactan entre empresario y trabajador los precios por unidad de trabajo (pudiendo los trabajadores ser asistidos por los representantes legales), y en defecto de acuerdo se solicita la intervención urgente de la Comisión de Mediación (CCol Industria del Calzado art.13).

149 4) Respecto a la prestación de servicios por **profesionales liberales** (no asalariados), se ha venido entendiendo que si la remuneración por acto pactada entre las partes se somete a los aranceles fijados por el correspondiente Colegio profesional, no se considera salario sino tarifa u **honorario** propio del ejercicio libre de la profesión (sin contrato de trabajo). Pero si tal remuneración, aun fijada por actos realizados, resulta de un pacto entre las partes (ajena a la intervención de las instituciones corporativas) o de una imposición unilateral del empresario, se considera **salario** y, por tanto, la prestación se entiende laboral si concurren el resto de notas. Así, es laboral la relación de un **arquitecto** que trabaja para una entidad local como técnico de urbanismo, aunque la retribución se documente a través de facturas emitidas por una empresa, ya que este hecho no altera la realidad de la existencia de una prestación y remuneración de servicios personales (TS 12-6-12, EDJ 141931); y la del que percibe una cantidad fija mensual con independencia del número de informes o consultas realizados (TS 23-11-09, EDJ 338496); o la del **médico** en clínica privada que percibe una retribución garantizada (TS 9-12-04, EDJ 234947), en función de una tarifa predeterminada por actos médicos realizados, o de un coeficiente por el número de asegurados atendidos o atendibles (TS 20-9-95, EDJ 4772; 29-11-10, EDJ 340133). También la de los médicos **odontólogos** que prestan servicios en clínicas dentales franquiciadas percibiendo un porcentaje sobre la facturación efectivamente cobrada a los clientes atendidos y deduciendo de la misma el porcentaje cobrado en concepto de gastos de trabajo de laboratorio, en sistema retributivo similar al salario a comisión (TS 19-6-07, EDJ 144139; 10-7-07, EDJ 144166; 7-11-07, EDJ 206263; 27-11-07, EDJ 243308).

151 **Actividades excluidas por ausencia del carácter retribuido** El trabajo asalariado diferencia el contrato de trabajo de otras situaciones que, precisamente por carecer de retribución, **se excluyen** de la relación laboral:

1. Prestación de servicios **sin ánimo de lucro** por parte de la entidad receptora de la misma. Aunque puede tener lugar la entrega de una compensación económica, no tiene naturaleza salarial. Responden a este supuesto:

Trabajos amistosos o de buena vecindad	nº 400 s.
Voluntariado social	nº 370 s.
Trabajos de militancia o afinidad política, sindical, cívica, religiosa o asociativa	nº 455 s.
Deporte amateur en entidades deportivas	nº 470 s.
Becarios	nº 315 s.

Ninguna de estas actividades se considera laboral, siendo común a todas ellas la **ausencia de retribución** en el sentido más estricto del término.

2. Prestaciones en las que **no** media **contraprestación económica**, no ya solo en el sentido salarial del término, sino en el bien entendido de que la actividad se realiza de forma **gratuita** (CC art.1709 y 1711).

Tal es el caso del **contrato de mandato civil**, que es aquel por el que una persona se obliga a prestar algún servicio o hacer alguna cosa por cuenta o encargo de otra (TS 16-10-90, EDJ 9394), que, a falta de pacto en contrario, se supone gratuito. Si bien, si el mandatario tiene por ocupación el desempeño de servicios de la especie a que se refiera el mandato, se presume la obligación de retribuirlo (TS civil 15-12-94, EDJ 9499).

Precisiones Para averiguar si efectivamente se trata de una actividad excluida del ámbito laboral por faltar el ánimo de lucro y carecer de retribución en sentido propio, siendo esa la voluntad real de las partes, es aconsejable el **análisis** casuístico de las **circunstancias** concurrentes (TS 4-7-88, EDJ 16772; 29-3-07, EDJ 25400; 29-5-08, EDJ 111768).

4. Dependencia o subordinación

(ET art.1.1)

Para que una prestación de servicios pueda considerarse trabajo asalariado es necesario que la actividad se desarrolle dentro del ámbito de **organización y dirección del empresario**, lo que tradicionalmente suele conocerse como dependencia o subordinación. El trabajo en régimen de dependencia tiene una doble **consecuencia** para el trabajador: 160

1. Debe acatar las **órdenes** dadas por el empresario (especificación de tareas, y modo de organización de las mismas). **No** tiene la facultad de **autoorganizar** su prestación, debiendo someterse a las indicaciones que le haga el empleador que, como titular del poder de dirección, determina el contenido, la cualidad y el resultado pretendido (TSJ Cataluña 5-10-05, EDJ 246563).

2. Y queda sometido a la **potestad disciplinaria** del empleador por cuenta de quien realiza la labor, correspondiendo a este la vigilancia y control de la correcta prestación del servicio y la sanción en caso de incumplimiento.

El requisito de dependencia no concurre, por lo tanto, cuando el contratado actúa con **plena autonomía** (TS 7-3-94, EDJ 2077; 29-12-99, EDJ 53932; 3-5-05, EDJ 83753), aunque se admite cuando actúa con la autonomía profesional imprescindible en determinadas actividades (TS 19-2-14, EDJ 57417). De este modo, se debe entender la dependencia como la situación del trabajador sujeto, en forma flexible y no rígida, a la esfera organicista y rectora de la empresa (TS 21-5-90, EDJ 5342; 19-7-02, EDJ 32077; 9-12-04, EDJ 234947; 27-11-08, EDJ 381680; 18-3-09, EDJ 42682; 8-2-18, EDJ 10151; 1-7-20, EDJ 601198; 2-7-20, EDJ 605311).

Esta nota, junto con la de ajenidad, diferencian la relación de trabajo de otros tipos de contrato civil o mercantil (como el arrendamiento de servicios), especialmente en los casos de prestación de servicios por profesionales liberales (TS 7-11-85, EDJ 5730; 11-3-05, EDJ 55243; TSJ Las Palmas 30-4-03, EDJ 175922; TSJ Cataluña 29-4-14, EDJ 97748).

Tanto la dependencia como la ajenidad son conceptos de un nivel de abstracción bastante elevado, que se pueden manifestar de distinta manera según las actividades y los modos de producción y que, además, guardan entre sí una estrecha relación aunque sus contornos no coincidan exactamente. De ahí que en la resolución de los casos litigiosos se recurra con frecuencia para la identificación de estas notas del contrato de trabajo a un **conjunto de indicios o hechos indiciarios** de una y otra, según técnica utilizada por el TS en múltiples supuestos (TS 29-12-99, EDJ 53932; 16-7-10, EDJ 196298; 19-7-10, EDJ 213764; 19-7-10, EDJ 201556; 8-2-18, EDJ 10151).

Precisiones **1)** La interpretación flexible de la nota de dependencia permite considerar como laboral al **personal altamente cualificado** que trabaja con un elevado grado de independencia técnica, mediante la fijación casi exclusivamente de objetivos u orientaciones generales (TS 23-10-03, EDJ 187364; 9-12-04, EDJ 234947; TSJ C.Valenciana 10-1-06, EDJ 42319; TSJ Valladolid 20-10-10, EDJ 252585). Tampoco la **flexibilidad horaria,** que es propia y habitual en trabajadores con alta cualificación, neutraliza la naturaleza laboral de su actividad (TS 3-5-05, EDJ 83753).

Igualmente, no excluye la dependencia el hecho de desarrollar funciones de **dirección y gerencia** (TSJ Castilla-La Mancha 18-2-16, EDJ 17340).

2) Existen ciertas profesiones que pueden desarrollarse **indistintamente** en régimen de **ajenidad** (con una dependencia debilitada), o de forma **libre** (profesionales liberales por cuenta propia), sin que el contenido efectivo de la prestación en ambos regímenes sufra grandes variaciones. Se considera que en el primer caso se da una cierta programación u organización, y en el segundo el encargo de un concreto servicio (ver nº 273 s.).

3) Los **medios o el lugar de trabajo** pueden atenuar el grado de dependencia laboral sin que, por ello, quede desnaturalizado el contrato de trabajo. Así ocurre en los trabajos que se realizan desde el domicilio del trabajador (trabajo a distancia, nº 7400), al limitarse considerablemente la capacidad de control y vigilancia empresarial (TSJ Las Palmas 21-1-00, EDJ 12453).

4) No puede existir la nota de dependencia en la actividad de **prostitución** pues no se admite la obligación de seguir órdenes o instrucciones sobre un acto personalísimo como es el sexual (TSJ Castilla-La Mancha 7-10-20, EDJ 705256).

162 **Indicios de dependencia** Con el fin de facilitar la identificación del trabajo asalariado, los tribunales han venido considerando determinadas condiciones de la prestación de servicios como indicios de dependencia. Estos indicios pueden ser comunes a cualquier actividad o trabajo, o específicos de ciertas actividades laborales o profesionales.

Los **indicios de dependencia más comunes** son los siguientes:

1. La asistencia habitual al centro de trabajo del empleador o al lugar de trabajo designado por este y el sometimiento a una **jornada y** a un **horario** predeterminado, aunque dentro de ellos exista un margen de discreción para el trabajador (TS 23-10-89, EDJ 9368; 27-11-07, EDJ 243308; 24-1-18, EDJ 10150). Esta nota supone la **asiduidad** en el trabajo, en el sentido de asistencia regular y continuada (TS 13-4-87, EDJ 2999; TSJ Las Palmas 21-1-00, EDJ 12453; 5-5-00, EDJ 51664; 19-5-00, EDJ 117406; TSJ Madrid 1-12-09, EDJ 334769).

Téngase en cuenta, en todo caso, que la dependencia laboral no exige la **presencia física** del trabajador en las instalaciones empresariales, la sujeción a un horario determinado o la exclusividad en la prestación del trabajo contratado, sino que estos son un mero indicio de laboralidad de la relación (TSJ Sevilla 15-2-99, EDJ 84392; TSJ Burgos 11-2-10, EDJ 38097).

2. El **desempeño personal del trabajo**. Aunque no excluye el contrato de trabajo la existencia, en determinados servicios de régimen excepcional, de suplencias o sustituciones (ver nº 130).

3. La inserción del trabajador en la organización de trabajo del empleador o empresario, que se encarga de **la programación exclusiva del trabajo** (TS 9-12-04, EDJ 234947; 19-6-07, EDJ 144139; 10-7-07, EDJ 144166; 12-12-07, EDJ 243344; 12-2-08, EDJ 90871; 18-3-09, EDJ 42682; 11-5-09, EDJ 128288; 20-7-10, EDJ 185131; 29-11-10, EDJ 340133; 21-6-11, EDJ 166988). Son **situaciones** que reflejan esta inserción del trabajador en la organización del empleador:

- la ordenación de las tareas mediante directrices detalladas y minuciosas (TSJ Sevilla 23-6-03, EDJ 63380; TSJ Las Palmas 18-9-03, EDJ 188786; TSJ Murcia 19-12-05, EDJ 241875);
- la fijación de la cantidad de trabajo, su calidad y plazos de ejecución (TSJ Cataluña 5-10-05, EDJ 246563; 21-12-10, EDJ 360043);
- la asignación de zonas geográficas para el desarrollo de la actividad productiva (TS 22-4-96, EDJ 2071; 23-11-09, EDJ 338496); o de un habitáculo en el centro de trabajo (TS 8-10-92, EDJ 9796);
- la imposibilidad de decidir entre la aceptación y el rechazo de encargos (TSJ Sevilla 9-10-98, EDJ 65384; TSJ Murcia 15-12-00, EDJ 56357; 19-12-05, EDJ 241875; TSJ Las Palmas 18-9-03, EDJ 188786);
- la existencia de mecanismos de control y supervisión de la actuación profesional en su sentido técnico-jurídico (TSJ Sevilla 9-10-98, EDJ 65384; 23-6-03, EDJ 63380; TSJ Murcia 15-12-00, EDJ 56357; TSJ Extremadura 25-2-03, EDJ 42565), p.e. a través de la geolocalización (TS 25-9-20, EDJ 661613);
- el sometimiento al poder sancionador del empresario (TS 11-3-05, EDJ 55243).

4. La **ausencia de organización empresarial propia** del trabajador, que no aporta los medios o útiles de trabajo (TS 27-11-07, EDJ 243308; TSJ Las Palmas 19-5-00, EDJ 117406; TSJ Galicia 4-6-10, EDJ 180046), o su escasa entidad o coste (TS 26-2-86, EDJ 1571; TSJ C.Valenciana 29-1-99, EDJ 84412); ni cuenta con colaboradores (TSJ Sevilla 9-10-98, EDJ 65384; 23-6-03, EDJ 63380; TSJ Murcia 15-12-00, EDJ 56357; 19-12-05, EDJ 241875; TSJ Las Palmas 8-9-03, EDJ 188786).

Respecto de los indicios de dependencia en las **profesiones liberales**, ver nº 273 s.

5. Ajenidad

170 El trabajo asalariado se caracteriza también por la ajenidad, esto es, por consistir en la realización de una actividad **por cuenta de un tercero**, el empresario, quien hace suyos los resultados o frutos del trabajo y asume los riesgos y costes del proceso productivo.

172 **En los riesgos y costes** Pesa sobre el empresario la **ventura de la actividad** económica desarrollada, de su buena marcha y de sus malos resultados, sin que unos y otros tengan incidencia directa, en principio, en el trabajo de sus asalariados a los que debe retribuir la prestación realizada aun cuando no haya obtenido los beneficios económicos deseados (TS 25-6-87, EDJ 5114; 30-1-90, EDJ 835; 26-2-91, EDJ 2107; 8-6-99, EDJ 13536; 19-7-02, EDJ 32077; 23-10-03, EDJ 187364; 17-11-04, EDJ 234974; 11-3-05, EDJ 55243; 12-2-08, EDJ 90871; 16-7-10, EDJ 196298; 19-7-10, EDJ 213764; 19-7-10, EDJ 201556).

La ajenidad implica, por tanto, que el trabajador tiene **garantizada** su **retribución** con independencia de los resultados económicos de la empresa (TS 16-2-98, EDJ 1596; 27-11-07, EDJ 243308; TSJ País Vasco 22-12-09, EDJ 373587; 22-7-14, EDJ 186830).

La ajenidad resulta de la **presunción** de que existe contrato de trabajo entre todo el que presta un servicio por cuenta y dentro del ámbito de organización y dirección de otro y el que lo recibe a cambio de una retribución. Esta presunción traslada a quien recibe los servicios la **carga de acreditar** que es quien los presta el que recibe la utilidad de ellos (TS 3-5-05, EDJ 83753).

En los resultados o frutos La ajenidad en los frutos o resultados conlleva la **adquisición automática** por el empresario de los resultados de la actividad laboral, así como de su utilidad patrimonial (TS 28-5-87, EDJ 4247; 26-2-88, EDJ 1603; 21-5-90, EDJ 5342; 29-1-91, EDJ 856; 16-3-92, EDJ 2556; 25-1-00, EDJ 1621; 30-4-01, EDJ 5788; 19-7-02, EDJ 32077; 17-11-04, EDJ 234974; 19-11-07, EDJ 243310; 16-7-10, EDJ 196298; 19-7-10, EDJ 213764; 19-7-10, EDJ 201556; 19-7-10, EDJ 213763; 6-10-10, EDJ 226269; 5-10-10, EDJ 226271; 7-10-10, EDJ 233457; 24-11-10, EDJ 254047). 174

El producto del trabajo se integra en el **patrimonio** de otra persona, el empresario, que a su vez es propietario de las materias primas y de los medios de producción y controla el proceso productivo, con independencia de que tal incorporación tenga por objeto su directa y personal (o familiar) utilización y disfrute, o su transmisión a terceros mediante el mecanismo jurídico correspondiente, a través su puesta a disposición en el mercado de bienes y servicios.

En este sentido, hay que distinguir según la **naturaleza del resultado**: si se trata de algo **material**, un producto o bien tangible, el empresario adquiere su propiedad directamente; mientras que si se trata de un **servicio**, la ejecución del mismo tiene lugar bajo la dirección y para satisfacer las necesidades de la persona a favor de la cual se presta (ordinariamente de sus clientes y usuarios).

El trabajador **cede anticipadamente** sus derechos sobre el trabajo que realiza a cambio de no asumir el riesgo de la actividad productiva, cesión que justifica la contraprestación económica que recibe. El instrumento jurídico de cesión es, pues, el contrato de trabajo (TS 31-5-91, EDJ 5751; 31-3-97, EDJ 3189).

Consecuentemente, si el empresario no adquiere de forma automática los resultados de la actividad del trabajador, la relación no puede considerarse laboral. Así ocurre cuando el prestador del servicio puede **transferir a un tercero** el resultado de su trabajo poniéndolo directamente en el mercado (TS 23-5-85, EDJ 3023; 25-3-87, EDJ 2410; 12-11-87, EDJ 8259; 30-11-87, EDJ 8876; 14-5-90, EDJ 5076; 15-2-91, EDJ 1611).

Derechos de propiedad intelectual (RDLeg 1/1996 art.14.3 y 51) Cuando el resultado de la actividad productiva es objeto del derecho de propiedad intelectual (fotografías, escritos, etc.), la comprobación de si concurre o no la nota de la ajenidad o cesión anticipada del resultado del trabajo requiere de alguna puntualización. 176

La transmisión al empresario de los derechos de explotación de la obra creada en virtud de una relación laboral se rige por lo **pactado** en el contrato, debiendo este realizarse por escrito. **A falta de pacto** escrito, se presume que los derechos de explotación han sido cedidos en exclusiva y con el alcance necesario para el ejercicio de la actividad habitual del empresario en el momento de la entrega de la obra realizada en virtud de dicha relación laboral (TS 7-10-10, EDJ 233457).

Se prevé la posibilidad de creación intelectual y de **transmisión** de los derechos para su explotación a través de un contrato de trabajo. No obstante, la cesión de derechos de propiedad intelectual no alcanza a los de carácter moral, entre los que se encuentra el reconocimiento de la **condición de autor** de la obra, que son inalienables.

Entre los derechos de carácter patrimonial derivados de la propiedad intelectual, los llamados **derechos de explotación** presentan una gran variedad, tanto en su modalidad de ejercicio (reproducción, distribución, comunicación pública, transformación, etc.), como en el contenido y alcance de los actos de transmisión (duración en el tiempo, ámbito territorial, exclusividad o no de la cesión, etc.). Esta diversidad conlleva que la verificación de si existe o no ajenidad en una relación de servicios de autor dependa de que los derechos cedidos incluyan las principales facultades de explotación dentro del giro o tráfico económico de la profesión y sector de actividad o, por el contrario, tengan una importancia económica accesoria (TS 31-3-97, EDJ 3189).

Precisiones El CCol Unidad Editorial Información Económica S.L art.24, DGTr Resol 7-11-23, precisa que se ceden en exclusiva a la empresa los derechos de propiedad intelectual, y para cualquier forma de explotación de las obras que quisieran realizar los empleados se requiere autorización previa, expresa y por escrito de la empresa.

Indicios de ajenidad A efectos de aclarar si la prestación es o no asalariada, la jurisprudencia ha considerado las siguientes **circunstancias** como indicios de ajenidad (TS 11-5-09, EDJ 128288; 7-10-09, EDJ 245794; 24-1-18, EDJ 10162; 8-2-18, EDJ 10151; 4-2-20, EDJ 510379; 1-7-20, EDJ 601198; 2-7-20, EDJ 605311): 178

- la entrega o **puesta a disposición del empresario** por parte del trabajador de los productos elaborados o de los servicios realizados (TS 31-3-97, EDJ 3189);
- la adopción por parte del empresario, y no del trabajador, de las **decisiones** concernientes a las relaciones de mercado o con el público, como fijación de precios o tarifas, selección de

clientela, indicación de personas a atender, etc. (TS 11-4-90, EDJ 4083; 29-12-99, EDJ 53932; TSJ Madrid 16-1-24, EDJ 520959);
- el carácter fijo o periódico de la **remuneración** del trabajo (TS 20-9-95, EDJ 4772);
- la continuidad temporal del trabajo para una sola empresa y la aplicación de un régimen de **dedicación personal** que hace imposible en la práctica la oferta de servicios para el mercado (TS 29-1-91, EDJ 856; 12-4-96, EDJ 2072);
- el cálculo de la retribución o de los principales conceptos de la misma con arreglo a un criterio que guarde una cierta proporción con la actividad prestada, sin el **riesgo o ventura** propios de la actividad empresarial o del ejercicio libre de las profesiones (TS 23-10-89, EDJ 9368; 9-12-04, EDJ 234947; TSJ Asturias 26-11-10, EDJ 307701);
- la ausencia de participación en los **beneficios de la empresa** (TS 10-4-95, EDJ 2031; 16-2-98, EDJ 1596; TSJ Asturias 26-11-10, EDJ 307701).
En el caso de las **profesiones liberales**, la nota de ajenidad viene también íntimamente ligada a la forma de retribución (ver nº 149).

180 **Prestaciones excluidas por falta de ajenidad** Se consideran no constitutivas de relación laboral por falta de ajenidad los **supuestos** de:
- los accionistas en sociedades de capital (nº 445);
- los socios de cooperativas (nº 355).
Se consideran también excluidas las actividades que, por las circunstancias en que se desarrollan, las características de ajenidad o dependencia pueden no estar claras, por lo que hay que estar a cada caso concreto para saber si la relación es laboral o no. Los **supuestos** son:
1. Trabajo familiar (nº 430). Si bien, cuando se acredita la condición de asalariado del familiar, ha de serle reconocida la de trabajador por cuenta ajena, de la que no puede ser excluido por la sola razón de su parentesco con titulares de la sociedad (TS 27-4-00, EDJ 11187; 13-3-01, EDJ 10117; 5-11-08, EDJ 234691).
2. Agentes comerciales, mediadores de seguros y corresponsales no banqueros (nº 330).
3. Administradores sociales (nº 345).

C. Regulación de la relación laboral

185 Como regla general, las partes pueden pactar lo que estimen conveniente, sin contravenir las leyes, la moral o el orden público y siempre que el objeto contractual sea lícito. Pero en el **ámbito laboral**, la voluntad de las partes está sometida a una gran cantidad de normas legales y convencionales que resultan indisponibles. El volumen y la trascendencia de estas normas imperativas alcanza un grado tal que predetermina la práctica totalidad de las condiciones laborales (desde su contenido, pasando por el tiempo de dedicación, la retribución, los acontecimientos que inciden en la vida del contrato, su extinción, etc.), dejando a las partes un escaso margen de autonomía, sin perjuicio de la mejora de las condiciones legal o convencionalmente previstas.
La **función del contrato de trabajo** es, por lo tanto, más constitutiva que reguladora de la relación laboral. En la mayoría de los casos supone un acuerdo sin negociación de las condiciones de la prestación de trabajo que implica una remisión en bloque al conjunto de normas legales y colectivas que determinan el alcance de los derechos y obligaciones del trabajador respecto de su empresario, constituyendo directamente el contenido del contrato. La modificación de esas normas o el establecimiento de reglas colectivas diferentes a las vigentes en el momento de contratar, produce los efectos recogidos en nº 215.
Dos **principios**, de origen y funcionalidad diversa, bloquean la capacidad de las partes del contrato de trabajo de alterar el régimen legal y convencional de condiciones de trabajo y empleo en el que se inserta el trabajador al realizar su prestación en un específico sector productivo con una determinada cualificación profesional: la **inderogabilidad de las condiciones de trabajo** fijadas normativa o convencionalmente (nº 187) y la indisponibilidad o **irrenunciabilidad** de derechos reconocidos legal o convencionalmente (nº 189).
En cualquier caso, es preciso garantizar un ámbito propio de actuación del contrato de trabajo en la regulación de las condiciones de trabajo. Este espacio de **autonomía individual** debe ser respetado por la Ley y el convenio colectivo que, en consecuencia, no pueden agotar las posibilidades de regulación existentes en cada caso (TCo 208/1993).

187 **Inderogabilidad de condiciones fijadas legal o convencionalmente** La voluntad de las partes fijada en el contrato de trabajo no puede establecer, en perjuicio del trabajador, condiciones menos favorables o contrarias a las disposiciones legales y convenios colectivos (ET art.3.1.c). El matiz es importante porque no sólo se prohíbe la inaplicación de la norma colectiva si a través del pacto individual se fijan condiciones menos favorables a las reguladas en aquella, sino que de forma más amplia, no tienen cabida las que impliquen un tratamiento opuesto al que se establece en el convenio.

Indisponibilidad o irrenunciabilidad de derechos reconocidos por normas legales o convencionales Los trabajadores no pueden disponer válidamente, antes o después de su adquisición, de los derechos que tengan reconocidos por **disposiciones legales** de derecho necesario, ni tampoco de aquellos reconocidos como indisponibles por **convenio colectivo** (ET art.3.5), lo que se extiende a la transacción o renuncia de los derechos reconocidos por sentencias favorables al trabajador, sin perjuicio de la posibilidad de transacción dentro de los límites legalmente establecidos (LRJS art.246 s.). 189

Ha de tenerse en cuenta que, salvo disposición expresa y cierta en contrario, las normas laborales en bloque son **derecho necesario** para el contrato de trabajo y están presididas por el principio de irrenunciabilidad; y que el convenio colectivo es derecho necesario para el contrato individual bien porque así lo determine el propio convenio, bien porque, aun sin señalarlo expresamente, de su regulación se desprenda tal naturaleza.

Por ello, cualquier cláusula contractual que suponga una renuncia de los derechos reconocidos en alguna de estas fuentes se considera **nula y sin efecto**, quedando automáticamente sustituida por la disposición legal o convencional vulnerada (TS 18-4-23, EDJ 550734; 20-3-24, EDJ 530071).

La prohibición no afecta por igual a los actos unilaterales de mera renuncia de derechos que a los bilaterales de disposición conmutativa en los que se cede un derecho o parte de él a cambio de algo. Así, los **actos unilaterales de renuncia** deben ser declarados nulos. Sin embargo, cuando se trata de una **disposición de derechos condicionada**, la validez o nulidad de la disposición de derechos debe ser valorada en función de factores individuales en cuya valoración ha de prevalecer la autonomía individual sobre la colectiva.

Si son **derechos disponibles**, la renuncia o disposición se ha de realizar dentro de los siguientes **límites** y con ciertas garantías, pues son nulos los pactos de renuncia o contrarios a norma imperativa, orden público o que perjudique a terceros (CC art.6.2):

- los pactos han de ser lícitos tanto respecto de su objeto, como en su causa sin poder vulnerar, obviamente, derechos fundamentales o contrariar el interés general o el orden público o perjudicar a terceros;
- los trabajadores deben haber manifestado correctamente su consentimiento.

1. Jerarquía de fuentes

Las características del sistema laboral de fuentes condicionan su estructura, que resulta también más compleja que la del sistema civil y que el propio sistema administrativo, en el que, sin embargo, podrían integrarse algunos grupos normativos del Derecho del Trabajo. 195

Hay, en primer lugar, un marco de ordenación propio del **Derecho interno** que tiene dos componentes esenciales: el ordenamiento estatal, que es el espacio de la Constitución, la Ley y el Reglamento; y la regulación profesional, en la que el papel principal corresponde al convenio colectivo, pero en la que hay que tener en cuenta también la costumbre y los usos profesionales. Una posición especial dentro del Derecho interno tienen los principios generales y la jurisprudencia.

En el **marco internacional**, están las normas internacionales en sentido estricto -convenios multilaterales y bilaterales- y las normas comunitarias en cuanto normas supranacionales con un sistema judicial, que produce su jurisprudencia y sus propios principios.

La lógica de regulación que subyace en esas normas se ha agrupado expresivamente de forma útil desde el punto de vista didáctico a través de **conjuntos o grupos normativos**. Los grupos dotan de cierta coherencia a la regulación de la materia propia del conjunto, a través de disposiciones enlazadas por vínculos horizontales de coordinación o verticales de subordinación, con normas principales y normas de desarrollo. Proporcionan también una visión panorámica del Derecho del Trabajo y de su complejidad. Se distinguen los siguientes grupos normativos:

1. Un **grupo normativo del contrato de trabajo**, que abarca en lo esencial el ET Título I y que se complementa con sus reglamentos de desarrollo y las normas sobre relaciones laborales, incluyendo toda la masa de regulación profesional de los convenios colectivos. De este grupo probablemente se ha desgajado ya el complejo conjunto de la prevención de riesgos laborales.
2. El **grupo normativo de los sujetos colectivos**, que va desde la LOLS hasta el ET Título II ampliándose a las representaciones unitarias y a las organizaciones empresariales.
3. El **grupo de la negociación colectiva** tiene su norma principal en el ET Título III, con disposiciones de desarrollo destacables en materia de registro y extensión de convenios. Los conflictos colectivos tienen un grupo complejo que se centra en el RDL 17/1977, depurado por la sentencia TCo 11/1981.

Puede hablarse también de un **grupo** que integraría el **Derecho Administrativo del Trabajo**, donde tiene especial relevancia la LISOS y la regulación de la Inspección de Trabajo, pero

donde hay otras disposiciones importantes en relación con el servicio público de empleo (RDLeg 3/2015) y todo el conjunto de la acción administrativa de fomento, especialmente relevante en materia de contratación.
d) El cuadro se cierra con las **normas procesales**, que giran sobre la LRJS sin que pueda desconocerse la importante incidencia de la LJCA, en cuanto a la posibilidad de impugnar determinados actos administrativos laborales ante el orden contencioso-administrativo de la jurisdicción.

Precisiones El RDLeg 3/2015 de Empleo ha sido derogado, con carácter general, a partir del 2-3-2023 (L 3/2023). No obstante, se mantiene vigente el capítulo II relativo al **SEPE**, hasta la entrada en funcionamiento efectivo de la Agencia Española de Empleo.

a. Normas legales

200 En la ordenación de las relaciones laborales se establece, de modo indubitado, la **preeminencia** de la Ley, bien porque asuma directamente la regulación de las condiciones laborales, bien porque determine el papel que, en cada materia, se le asigna al convenio colectivo. Desde esta perspectiva, el convenio colectivo aparece supeditado al esquema trazado por el legislador, siendo nula toda cláusula convencional que lo contradiga.

b. Negociación colectiva

205 La progresiva **flexibilización** de las relaciones laborales ha supuesto, en el plano de la ordenación normativa, una retirada de la Ley que deja amplios márgenes de actuación al convenio colectivo. Este hecho y su carácter de norma sectorial, con capacidad para regular en cada caso las especificidades de las distintas empresas o ramas de actividad y responder así a las peculiares exigencias de ordenación de cada ámbito productivo, ha convertido al convenio en la principal fuente de ordenación de las relaciones laborales.
El **contenido de los contratos de trabajo** viene, de este modo, fundamentalmente predeterminado por el convenio que, normalmente, establece una regulación bastante acabada de las diferentes esferas de las relaciones laborales susceptibles de ordenación en cada ámbito concreto -condiciones de trabajo y de empleo, derechos colectivos, seguridad social complementaria, prevención de riesgos, régimen disciplinario, entre otras-. Pero, además del convenio, es preciso tener en cuenta que existen otros instrumentos de ordenación que derivan igualmente de la negociación colectiva y que, en consecuencia, participan de la fuerza vinculante reconocida constitucionalmente a esta fuente del Derecho del Trabajo. Se trata de los llamados **acuerdos colectivos**, caracterizados por tener como objeto la regulación de un aspecto concreto de las relaciones laborales, siendo este factor el que los diferencia de los convenios. Son tres los **tipos** de acuerdos que pueden distinguirse: los acuerdos interprofesionales, los acuerdos de fin de conflicto y, especialmente, los acuerdos de empresa.
En definitiva, todos estos instrumentos de naturaleza convencional -convenios y acuerdos- gozan de **eficacia normativa** o fuerza vinculante, lo que significa, por una parte, que inciden del mismo modo en la integración del contenido de contrato de trabajo y, por otra, que sus disposiciones no pueden ser desconocidas por las cláusulas contractuales pactadas entre empresario y trabajador, bajo sanción de nulidad.

207 **Intervención de la negociación colectiva en la ordenación del contrato de trabajo** Tanto los convenios como los acuerdos colectivos juegan un papel esencial en la ordenación de los aspectos que integran el contenido del contrato de trabajo. Pero este papel puede ser más o menos incisivo en función del modo en el que la Ley haya determinado, en cada caso, la intervención de la norma convencional. De este modo, para cada una de las materias objeto de regulación -jornada, salarios, clasificación profesional, entre otras-, el ET va a encomendar al convenio o al acuerdo una función normativa específica en la que, por aplicación del principio de jerarquía normativa, debe quedar comprendida la regulación convencional, siendo nula toda extralimitación de la misma.
Las diferentes **fórmulas de intervención** convencional definidas por la Ley han sido tipificadas con términos alusivos al modo en el que se configuran las relaciones entre norma legal y norma convencional. Así, nos podemos encontrar con relaciones de complementariedad, supletoriedad, suplementariedad o de exclusión.
1. En la **relación de complementariedad**, el papel asignado al convenio en la regulación de una determinada materia es bastante amplio, pues la Ley se limita a establecer simplemente unas indicaciones genéricas, remitiendo o reenviando a la norma convencional la función de desarrollar su contenido. En estos casos, el carácter incompleto de la norma legal otorga al

convenio una función decisiva en la ordenación de la materia, pues, de no existir regulación convencional difícilmente resultaría aplicable el régimen legal.

2. La **relación de suplementariedad** se basa en el clásico principio de norma mínima mediante la cual la Ley establece, en relación con una determinada materia, unos mínimos de derecho necesario que deben ser respetados en todo caso por el convenio. En consecuencia, el papel asignado a la norma convencional queda circunscrito a la mejora de la ordenación legal, es decir, al establecimiento de condiciones de trabajo más favorables que las establecidas por la Ley, estando vedada al convenio, por el contrario, una regulación por debajo de los mínimos establecidos legalmente. En estos supuestos, la ausencia de regulación convencional en una determinada materia supone que el contrato tiene como único referente la regulación de mínimos establecida por la Ley, que debe ser respetada en todo caso.

3. En la **relación de supletoriedad**, la Ley establece el modo en el que se va a regular una determinada materia pero, a diferencia de la fórmula anterior, en este caso el convenio puede tener en cuenta, o no, dicha regulación que solo se va a aplicar en caso de falta de intervención convencional. Como puede apreciarse, el papel asignado al convenio es bastante más amplio que en el caso anterior, ya que puede disponer, al alza o a la baja, de la regulación establecida legalmente.

4. Por último, en la **relación de exclusión** la Ley configura una determinada materia como derecho necesario absoluto, lo que significa que la intervención de la norma convencional queda vedada. Normalmente, en estos casos estamos ante materias que conforman el llamado «orden público laboral», respecto de las cuales la Ley se reserva para sí misma toda posible regulación, excluyendo una eventual ordenación convencional que, por razón de la materia, no se considera oportuna.

Precisiones El papel desempeñado por cada una de las fórmulas descritas en la ordenación de los contenidos contractuales depende del momento histórico elegido. Hoy día, se ha producido una progresiva sustitución de la tradicional relación de suplementariedad a favor de las de complementariedad y supletoriedad, lo que ha supuesto un incremento de las llamadas de la Ley a la negociación colectiva. Así, se han suprimido los mínimos legales de derecho necesario, que afectaban a un buen número de materias, asignando a los **convenios y acuerdos** un **mayor protagonismo** en la ordenación de las distintas condiciones de trabajo.

2. Sucesión normativa

El sometimiento jerárquico del contrato de trabajo a las fuentes legales -Ley y reglamento- y convencionales -convenio o acuerdo colectivo- también se pone de manifiesto en los procesos de sucesión normativa. En estos casos se aplica el **principio de modernidad**, lo que supone que la nueva regulación sustituye y deroga a la anterior en la forma y condiciones previstas en la misma. **215**

Si la sucesión normativa **afecta a fuentes legales** y se establece una regulación de carácter imperativo distinta (mejor o peor) a la que hasta entonces estaba vigente, dicha regulación se impone de forma automática e inmediata (TCo 210/1990), tanto a las fuentes convencionales como a los contratos vigentes en ese momento, cuyo contenido se ha de entender modificado en el sentido previsto en la nueva ordenación legal. En el caso de los convenios colectivos, si esta nueva regulación legal supone la introducción de cambios en su contenido que pudieran afectar a su «equilibrio interno», puede abrirse la vía de la renegociación.

Si la sucesión normativa **afecta a fuentes convencionales**, el nuevo convenio o acuerdo que sucede al anterior deroga a este en su integridad, salvo los aspectos que expresamente se mantengan, pudiendo disponer, incluso in peius, de los derechos reconocidos por aquél. Los contratos de trabajo sometidos al ámbito de aplicación del convenio o acuerdo derogado pueden ver alterado su contenido en los términos y condiciones previstos en el nuevo, aunque ello suponga un empeoramiento de las condiciones laborales, salvo que se trate de condiciones más beneficiosas ad personam, es decir, adquiridas a título individual, que se mantienen en el caso de que se hayan incorporado efectivamente al contrato de trabajo (TS 7-6-93, EDJ 5431; 20-12-93, EDJ 11685; 21-2-94, EDJ 1516).

Precisiones La alteración de los derechos de los trabajadores como consecuencia de una **modificación legal** no supone una modificación sustancial de las condiciones de trabajo (TS 28-9-12, EDJ 228910; 25-9-13, EDJ 193293; 26-12-13, EDJ 293702; 25-6-24, Rec 161/2022).

CAPÍTULO 2

Prestaciones de servicios excluidas

250

La **deslaboralización** de la prestación de trabajo se define por su aspecto negativo, es decir, por la posibilidad de que las empresas obtengan prestaciones de trabajo para su empleo en el proceso de producción de bienes o servicios que estén organizando sin que sea calificada jurídicamente como sometida al Derecho laboral. Implica excluir a la prestación de trabajo del ámbito de aplicación del ordenamiento jurídico laboral y de la Seguridad Social (ET art.1.3). 252
Sobre la base de necesidades organizativas más flexibles de la estructura empresarial, la empresa entiende que resulta más eficaz la aportación de trabajo mediante **colaboradores externos no laborales**, a los que el empresario paga sus servicios y controla sus resultados, pero sin incorporar a su plantilla laboral a quienes le suministran la prestación de trabajo y sin tener que afiliar, dar de alta y cotizar por los mismos al sistema público de Seguridad Social.

Deslaboralización establecida por la norma estatal Algunos de los supuestos de deslaboralización se establecen a través de determinadas normas estatales, que optan por excluir del ámbito de aplicación de la legislación laboral supuestos que se consideraban conflictivos. Expresamente, se establece un catálogo de relaciones excluidas del ámbito laboral, a saber: 254
- funcionarios y asimilados (nº 480 s.);
- prestaciones personales obligatorias (nº 385 s.);
- consejeros y miembros del consejo de administración (nº 345 s.);
- trabajos de amistad, benevolencia y buena vecindad (nº 400 s.);
- trabajos familiares (nº 430 s.);
- operadores mercantiles autónomos (nº 330 s.);
- y transportistas (no pequeño transporte) (nº 305 s.).

Estas últimas figuras han sido sistematizadas en el **Estatuto del Trabajo Autónomo**, precisando una consideración diferenciada en razón de la prestación de servicios continuada para un cargador o cliente que les definiría como TRADE (nº 290 s.).
En todo caso, las exclusiones señaladas no son numerus clausus, excluyéndose, en general, todo trabajo que se efectúe en desarrollo de relación distinta de la definida (nº 105) (TS 11-3-05, EDJ 55243).

Límites El Tribunal Constitucional ha establecido algunos límites a esta facultad del poder público de **expulsar** del ámbito de aplicación del Derecho laboral a **prestaciones de trabajo** realizadas para empresas en el marco de un proceso de producción de bienes y servicios. Considera que el legislador no tiene plena libertad para declarar no laboral una prestación de servicios determinada, pues esta acción legislativa está vinculada por las **normas caracterizadoras de la relación laboral** y la comparación con las categorías o supuestos incluidos y excluidos de la tutela que presta el ordenamiento jurídico-laboral (TCo 227/1998). 256

Una vez que el legislador incorpora determinados criterios para definir la prestación de trabajo que cae en el ámbito regulado por el derecho laboral -como los contenidos en el ET art.1.1- y, partiendo de aquellos, ha acotado las relaciones contractuales que van a ser reguladas conforme a las finalidades y principios de tal ordenamiento, ya no puede excluir del ámbito así configurado y de los derechos de él derivados a grupos de trabajadores o a determinados tipos de prestaciones en función de un criterio que, por injustificado o irrazonable, resulte constitucionalmente inaceptable por contrario al **principio de igualdad.**
Así se evita que se pueda llevar a cabo una restricción ilegítima de la **noción de trabajador**, concepto jurídico del que por otra parte se deriva el goce de importantes derechos fundamentales como los de libertad sindical y huelga, negociación colectiva y conflictos colectivos.

258 **Deslaboralización impulsada por la autonomía individual** El mecanismo más utilizado para la deslaboralización es la autonomía individual de las partes que contratan la prestación de servicios no sometidos a la legislación laboral. Se trata de inscribir la prestación de trabajo en el marco de un **contrato no laboral**, de naturaleza civil o mercantil.
El **arrendamiento de servicios** del Código Civil o los **contratos mercantiles** de transporte o de suministro son los tipos contractuales que canalizan el trabajo a la empresa en un marco jurídico que excluye la aplicación del derecho laboral y evita que el titular de la empresa tenga que afiliar y cotizar en el RGSS como trabajador por cuenta ajena a este prestatario de trabajo.
Normalmente, estas operaciones se encuentran asociadas a supuestos de **descentralización productiva** y **contratación externa de servicios profesionales** y tienden a encuadrar los nuevos tipos de trabajo derivados de la sociedad de servicios y de la información, tanto de alta cualificación como de escasa formación.
Autonomía individual y documento contractual son los elementos básicos de este tipo de deslaboralización no impuesta normativamente. La **autonomía individual** de las partes es la que elige el tipo de relación que ambas dicen entablar como no laboral, insertándola en la tipología contractual civil o mercantil. La intención y la voluntad de las partes regulan directamente el contenido del servicio prestado y las condiciones que rigen éste. Por lo tanto, el contenido del **documento contractual** expresa no solo el contenido concreto de la prestación de trabajo y de las condiciones en las que ésta se debe llevar a la práctica, sino también, y de forma muy especial, que la relación obligatoria establecida entre las partes se encuentra excluida de las reglas que regulan el trabajo asalariado, señaladamente de la normativa laboral y de la acción sindical y la regulación colectiva de las condiciones de trabajo.
Estas operaciones, que en el momento de constitución de la relación de servicios la excluyen de su consideración como laboral, pueden originar una **minoración de derechos** para las personas que sin embargo deberían gozar de una protección efectiva como trabajadores asalariados. Por eso, se contempla la posibilidad de que mediante la utilización de estos mecanismos se esté dando una posible ocultación de la existencia de una relación laboral, por lo que ha de estarse al principio de primacía de la realidad (nº 109).

Precisiones Esta perspectiva fue reafirmada por la **OIT** al señalar que la existencia de una relación de trabajo debería determinarse principalmente de acuerdo con los hechos relativos a la ejecución del trabajo y la remuneración del trabajador, sin perjuicio de cómo se caracteriza la relación, ya sea de modo contractual o de otra naturaleza convenido por las partes (Recomendación OIT 95ª Reunión 2006, II 9), cuestión que se confía a la acción de los órganos jurisdiccionales, ya que la solución de controversias sobre la existencia y las condiciones de una relación de trabajo debería ser competencia de los tribunales de trabajo o de otros tribunales o instancias de arbitraje a los cuales los trabajadores y los empleadores tengan acceso efectivo, de conformidad con la ley y la práctica nacionales (Recomendación OIT 95ª Reunión 2006, II 14), sin perjuicio de lo cual en el marco de la política nacional, los Estados miembros deberían establecer medidas eficaces destinadas a eliminar los incentivos que fomentan las relaciones laborales encubiertas.

260 **Trabajo autónomo o por cuenta propia** El trabajo por cuenta propia o autónomo es la figura en la que se concreta la deslaboralización como proceso de exclusión de la legislación laboral y la inclusión en un **régimen particular** -y de protección limitada- **de Seguridad Social.** Por ello, se previó la posibilidad de que la ley aplicara algunos **aspectos del régimen jurídico laboral** a estos trabajadores (ET disp.adic.1ª), lo que en efecto se produjo sólo en contadas ocasiones, como en materia de **afiliación sindical** (LO 11/1985 art.3.1) y, de forma más acusada, en lo relativo a la **prevención de riesgos laborales** (LPRL art.24 y RD 171/2004). Sin embargo, esta paulatina y moderada exportación de las tutelas del Derecho del trabajo a la figura del trabajo por cuenta propia no ha sido la vía que a la postre se ha elegido como forma de reconocer un determinado status de derechos a este colectivo parangonable en alguna forma a los estándares de trabajo y empleo que se prevén para los trabajadores por cuenta ajena. Por el contrario, se ha preferido regular de forma diferenciada las diversas manifestaciones del **trabajo autónomo**, sobre la base de un **estatuto** que determine de manera completa las situaciones jurídicas y los derechos de que disponen. El Estatuto de Trabajo Autónomo

precisa en negativo la figura del trabajo autónomo sobre la regulación del trabajo asalariado en el ET.
Así pues, la realización de forma habitual, personal, directa, por cuenta propia y fuera del ámbito de dirección y organización de otra persona, de una actividad económica o profesional a título lucrativo, dé o no ocupación a trabajadores por cuenta ajena, implica la calificación de esa actividad como **trabajo autónomo** (L 20/2007 art.1). Se **incluyen** expresamente en esta definición a:
a) Los socios industriales de sociedades regulares colectivas y de sociedades comanditarias.
b) Los comuneros de las comunidades de bienes y los socios de sociedades civiles irregulares, salvo que su actividad se limite a la mera administración de los bienes puestos en común.
c) Quienes ejerzan las funciones de dirección y gerencia que conlleva el cargo de consejero o administrador o presten otros servicios que requieran el control directo o indirecto de una sociedad mercantil capitalista.
d) Los trabajadores autónomos económicamente dependientes (TRADE) (nº 290 s.).

1. Profesionales liberales

Los profesionales liberales, como médicos, abogados, arquitectos, peritos tasadores de seguros, asesores fiscales, psicólogos, etc., pueden realizar su trabajo tanto por cuenta ajena, mediante un contrato de trabajo, como por cuenta propia, de forma libre, ofreciendo sus servicios directamente en el mercado a través de contratos de **arrendamiento de servicios.** **265**
La **diferencia** entre el arrendamiento de servicios y el contrato de trabajo se encuentra en las circunstancias concurrentes en la relación que une a las partes y en el desarrollo y contenido de la relación, con independencia de la denominación que los interesados hubieran dado al contrato (TS 17-6-10, EDJ 14023). Estriba fundamentalmente en el modo de asignar o atribuir el resultado del trabajo (TS 8-10-92, EDJ 9796; 21-11-14, EDJ 237211). Cuando concurren, junto a las notas genéricas de **trabajo y retribución**, las notas específicas de **ajenidad** del trabajo y de **dependencia** en el régimen de ejecución del mismo nos encontramos ante un contrato de trabajo, sometido a la legislación laboral. Por el contrario, existe arrendamiento de servicios y no relación laboral cuando prestación se limita a la práctica de actos profesionales concretos sin sujeción ninguna a jornada, vacaciones, practicando su trabajo con entera libertad, o que realizara su trabajo con independencia, salvo las limitaciones accesorias (TS 25-3-13, EDJ 68100).
En todo caso, tanto si se presta por cuenta propia como si se hace por cuenta ajena, la actividad de estos profesionales se desarrolla con un elevado **grado de autonomía e independencia**, precisamente por la cualificación técnica y por sus exigencias deontológicas y profesionales (TS 9-12-04, EDJ 234947; 29-11-10, EDJ 340133; 25-3-13, Rec 1564/12; 20-1-15, EDJ 17320).
De este modo, aun tratándose de un trabajo dependiente o subordinado, enmarcado en una relación laboral, la inserción en el ámbito de organización y dirección de la empresa tan solo supone la simple programación de la actividad (TSJ Cataluña 5-1-06, EDJ 12588; TSJ Extremadura 10-2-04, EDJ 92547; TSJ Galicia 31-10-11, EDJ 267886).

Precisiones La apreciación de las notas de **subordinación y de ajenidad** no siempre resulta fácil, puesto que se trata de conceptos jurídicos de un cierto nivel de abstracción, cuya concreción exige a menudo la constatación y la valoración de diferentes indicios, unos genéricos para las distintas actividades de trabajo y otros específicos de determinadas profesiones (TS 9-7-13, EDJ 168361). Precisamente por ello, es difícil que puedan encontrarse supuestos en las que se den las identidades necesarias para apreciar la **concurrencia de contradicción** entre los mismos (TS 21-11-14, EDJ 237211). **267**

Indicios de autonomía Son indicios de autonomía para las profesiones liberales, opuestos, por tanto, a la existencia de laboralidad, los siguientes: **269**

Fijación por el profesional de su propio **horario**.	TS 22-1-01, EDJ 256; 23-10-03, EDJ 187364
Carencia de cualquier tipo de **órdenes empresariales** sobre la forma de ejecutar el trabajo, salvo que se trate de limitaciones accesorias.	- TSJ País Vasco 28-11-03, EDJ 204492; TSJ Aragón 27-3-13, EDJ 36830; TSJ Madrid 15-9-11, EDJ 256367; - TS 25-3-13, EDJ 68100; TSJ Cataluña 3-12-12, EDJ 319061 (limitaciones accesorias).
No tener obligaciones de **presencia** en la empresa.	TSJ Madrid 1-2-12, EDJ 32403
No sujeción a **control** o vigilancia en la prestación del servicio.	TSJ Galicia 12-1-09, EDJ 83679; TSJ Madrid 10-3-08, EDJ 45505

269 (sigue)

Percepción de **honorarios** por actuaciones o servicios, fijados de acuerdo con indicaciones corporativas.	- TS 17-3-86, EDJ 2027; 20-7-10, EDJ 185131; 29-11-10, EDJ 340133; - respecto de los abogados, la percepción de una retribución en función del tipo de escrito y número de estos, TSJ Madrid 1-2-12, EDJ 32403.
Percepción de **igualas o cantidades fijas** pagadas directamente por los clientes.	TS 22-1-01, EDJ 256; 20-7-10, EDJ 185131; 29-11-10, EDJ 340133; 20-1-15, EDJ 17320
No excluye necesariamente la posibilidad de que exista una relación laboral **compatibilidad entre la iguala y honorarios**.	TS 19-11-07, EDJ 243310
Que la retribución se perciba en función de los **asuntos** en los que el profesional **ha intervenido**, y en el caso de los médicos, retribución mediante un porcentaje sobre los ingresos abonados por los pacientes.	- TS 9-2-90, EDJ 1313; 24-2-90, EDJ 2042; 3-5-05, EDJ 83753; 9-11-07, EDJ 243310; 20-7-10, EDJ 185131; 29-11-10, EDJ 340133; - médicos: TSJ Madrid 15-9-11, EDJ 256367; TSJ Aragón 28-1-15, EDJ 5586.
No fijación de **jornada** alguna, ni de régimen de **vacaciones**.	TS 12-7-88, EDJ 6189; 22-1-01, EDJ 256; 23-10-03, EDJ 187364; 25-3-13, EDJ 68100; 9-7-13, Rec 2569/12; TSJ C.Valenciana 25-10-01, EDJ 81179; TS 10-3-08, EDJ 45505; TSJ Madrid 15-11-10, EDJ 300551
No obligación de presentarse periódicamente en el **centro de trabajo**.	- por remitir los informes o resultados de los encargos, por ejemplo, por vía telemática (TS 9-7-13, Rec 2569/12; TSJ Cataluña 13-5-03, EDJ 266013); - por acudir a las dependencias del receptor del servicio unas horas a la semana (TSJ Valladolid 15-10-08, EDJ 215614)
Posibilidad de rechazar o seleccionar **encargos**.	TSJ Cataluña 3-12-12, EDJ 319061; TSJ Aragón 28-1-15, EDJ 5586
Posibilidad de modificar el profesional a su interés el **día de recepción** habitual.	TSJ Valladolid 15-10-08, EDJ 215614
Facultad de decidir libremente su **sustitución** por otro profesional y no una mera previsión excepcional de suplencia.	TS 22-1-01, EDJ 256; 23-10-03, EDJ 187364; 3-5-11, EDJ 120826
Emisión de **facturas** a nombre del profesional.	TSJ Madrid 10-11-03, EDJ 213197; TSJ C.Valenciana 12-1-10, EDJ 69135 No obstante, su existencia altera, necesariamente, la realidad de la existencia de una prestación y remuneración de servicios personales (TS 12-6-12, EDJ 141931; 19-2-14, EDJ 57417).
Prestación del servicio con los **medios** que aporta el profesional.	TSJ C.Valenciana 14-2-02, EDJ 54358; TSJ Madrid 10-3-08, EDJ 45505; TSJ C.Valenciana 10-6-15, EDJ 144208
Compatibilización de esa prestación con otra actividad profesional en régimen distinto (p.e., como funcionario).	TSJ Madrid 10-11-03, EDJ 213197; TSJ C.Valenciana 12-1-10, EDJ 69135
Colegiación en la corporación profesional correspondiente, si bien hay que tener en cuenta que algunas profesiones requieren esta integración, aunque la actividad se desarrolle en régimen laboral.	TS 10-4-95, EDJ 2031; TSJ Cataluña 13-5-03, EDJ 266013
Alta en el **Impuesto de Actividades Económicas**.	TS 12-7-04, EDJ 160146; TSJ C.Valenciana 10-6-15, EDJ 144208
Alta en el régimen especial de trabajadores **autónomos**.	TSJ C.Valenciana 15-9-11, EDJ 28369; 10-6-15, EDJ 144208
Prestación de servicios sin **dedicación** completa y exclusiva.	TSJ C.Valenciana 12-1-10, EDJ 69135; TSJ Madrid 15-11-10, EDJ 300551
Prestación de servicios en el marco de **convenio de colaboración** con colegio profesional.	TSJ C.Valenciana 12-1-10, EDJ 69135; TSJ Burgos 19-2-13, EDJ 27619
Abono de los **servicios adicionales** prestados por el profesional fuera de lo estrictamente pactado.	TSJ Valladolid 15-1-08, EDJ 215614
Tener paralelamente el profesional un **despacho abierto** al público.	TSJ Valladolid 15-1-08, EDJ 215614
Facultad de **negociar los honorarios** concretos de cada periodo, sin que las tarifas sean fijas.	TSJ Madrid 15-11-10, EDJ 300551

Precisiones 1) Algunos de estos indicios, de carácter formal y configurados por la mera declaración de parte (alta en el **colegio profesional**, en el **RETA** o en el **IAE**) se consideran de menor fuerza probatoria, de forma que si concurren otros indicios de efectiva dependencia, no se ve neutralizada la laboralidad de la prestación (TS 10-4-95, EDJ 2031; TSJ Navarra 24-2-97, EDJ 622; TSJ Málaga 22-4-04, EDJ 265471). Especialmente en el caso de la colegiación, necesaria para la prestación de ciertos servicios, aún en régimen de dependencia (TS 23-1-90, EDJ 499). 271

2) Si la **contratación** del servicio se realiza con una **organización** que, a su vez, facilita al profesional correspondiente, la relación no puede considerarse laboral, ni enmarcarse en un contrato de trabajo, al faltar el carácter personal (TS 17-3-86, EDJ 2027).

Si bien, téngase en cuenta que la **constitución de una sociedad civil** a través de la que se presta el servicio no obsta para el reconocimiento como laboral de la relación si se prueba la concurrencia de las notas propias de este tipo de prestación; como es el supuesto de la prestación de servicios para el Centro Galego de Artes da Image (CGAI), dependiente de la Consellería de la Xunta de Galicia, con acuerdo de que el demandante y su esposa constituyeran -formalmente- una sociedad civil, y que la remuneración de la prestación de sus servicios se efectuara a través de facturas emitidas por la sociedad frente al CGAI- (TS 25-3-13, EDJ 68100).

3) En algunos **convenios colectivos** se excluye expresamente de su ámbito de aplicación la prestación de servicios mediante relación civil o mercantil de técnicos o profesionales que prestan un servicio determinado (CCol Unedisa Comunicaciones art.3, DGTr Resol 4-6-24; CCol agencia EFE S.A. art.3, DGTr Resol 1-10-10). En algunos casos sólo si lo hacen sin continuidad en el trabajo ni sujeción a jornada (CCol artes gráficas, manipulados de papel, manipulados de cartón, editoriales e industrias auxiliares art.4.b, DGTr Resol 3-8-20). Y en otros se advierte de la no aplicación a las relaciones con empresas que prestan este tipo de servicios (CCol entidades de seguros, reaseguros y mutuas de accidentes de trabajo art.1, DGTr Resol 4-7-13).

4) En el caso de los **actores** son signos que denotan la ausencia de dependencia la autonomía para la elección del repertorio a interpretar en cada actuación, la indumentaria a emplear en cada caso, y para organizarse el tiempo de descanso, la irregularidad en el tiempo de prestación del servicio y el hecho de que los instrumentos y el equipo técnico que utilizaba sea de su propiedad (TSJ Canarias 31-3-14, Rec 124/14). Y son indicios de falta de ajenidad que las retribuciones satisfechas sean cambiantes en atención al número de días que el actor es contratado y que la tarifa establecida tampoco guarde proporción con la actividad prestada, por resultar notoriamente superior al salario conforme al Convenio Colectivo de Salas de Fiestas, baile y discotecas para esa categoría (TSJ Canarias 31-3-14, Rec 124/14).

5) En el caso de los **profesores deportivos**, por ejemplo, son indicios de no laboralidad que el profesor aporte su clientela, que los alumnos se pongan en contacto, directamente o a través de la empresa, con el profesor y acuerden con él el horario, o que éste cuente con sus propios patrocinadores, usando en las clases las camisetas y material deportivo de estos (TSJ C.Valenciana 2-12-14, Rec 2351/14).

Indicios de dependencia En las profesiones liberales la jurisprudencia entiende que la dependencia no es incompatible con cierta **libertad en el ejercicio** de las labores encomendadas. Ocurre, en general, en todos los trabajos de naturaleza intelectual, puesto que el servicio ha de desarrollarse de acuerdo con los conocimientos especializados del profesional. Por tanto, la dependencia se manifiesta por otros indicios (realización de los trabajos para los que se le requiere; tiempos fijados para llevarlos a efecto; prestación de sus servicios en las dependencias de la empresa, etc). (TS 11-12-89, EDJ 11094; 20-7-10, EDJ 185131; 16-11-17, EDJ 262773). 273

Entre otros, se consideran indicios específicos de dependencia los siguientes:

Asistencia al **centro o al lugar** de trabajo designado por el empresario.	TS 23-11-09, EDJ 338496
Ordenación del trabajo por parte de la empresa mediante directrices y comunicaciones de régimen interior detalladas y minuciosas, en lugar de la mera concreción del objeto del contrato.	TS 8-10-92, EDJ 9796; 10-7-00, EDJ 36194; 19-11-07, EDJ 243310; 3-11-14, Rec 739/13; 20-1-15, EDJ 17320
Sujeción a cierto **horario** (más o menos flexible).	TS 23-1-90, EDJ 499; TSJ Valladolid 20-10-10, EDJ 252585
Asignación en **exclusiva** a la empresa del régimen de programación de la actividad.	TS 8-10-92, EDJ 9796; 22-4-96, EDJ 2071; 9-12-04, EDJ 234947; 3-11-14, Rec 739/13; 20-1-15, EDJ 17320
Supervisión y **control** por parte de la empresa de la calidad del servicio, a efectos de posibles quejas de los clientes y valoración de la actuación del profesional.	TS 10-7-00, EDJ 36194; 14-3-05, EDJ 37514
Desempeño **personal** de la prestación de servicios. Se mantiene la laboralidad aunque exista cierto régimen excepcional de sustitución o suplencia, y aunque sea el trabajador el que facilite o proponga al sustituto cuando su titulación profesional le capacita para determinar a la persona más idónea para sustituirle.	TS 20-9-95, EDJ 4772; 9-12-04, EDJ 234947; 3-11-14, Rec 739/13; 20-1-15, EDJ 17320

Regularidad en la prestación, de manera que ésta no se efectúe esporádicamente o por actos o encargos singulares, sino con permanencia, **habitualidad** y práctica exclusividad, atendiendo también al número de encargos realizados.	TS 10-7-00, EDJ 36194; TSJ Madrid 13-12-05, EDJ 267189
Existencia de **retribución** decidida por la empresa, en el sentido de que el profesional no participe en la fijación del baremo de sus honorarios.	TS 8-10-92, EDJ 9796; 10-7-00, EDJ 36194; 6-10-05, EDJ 166179; 3-5-05, EDJ 83753; 7-11-07, EDJ 206263; 27-11-08, EDJ 381680; 18-3-09, EDJ 42682
Imposibilidad de rechazar **encargos**.	TS 8-10-92, EDJ 9796; 10-7-00, EDJ 36194
No incorporación de **colaboradores** por parte del profesional para la realización del servicio.	TS 1-3-90, EDJ 2322; 8-10-92, EDJ 9796; 10-7-00, EDJ 36194; TSJ C.Valenciana 10-6-15, Rec 1110/15
No aportación de los **medios de trabajo** (ordenadores, cámaras, etc.).	TS 10-7-00, EDJ 36194; 12-6-12, EDJ 141931; TSJ Valladolid 20-10-10, EDJ 252585; TSJ Andalucía 18-1-12, Rec 2876/11; TSJ Aragón 19-2-14, EDJ 35333
Pago por la empresa de los **gastos** que genera el desarrollo de la actividad profesional (dietas, gastos de vehículo, revelado de fotografías, mantenimiento de conexión informática, etc.).	TSJ Málaga 22-4-04, EDJ 265471; TSJ Madrid 13-12-05, EDJ 267189; TSJ C.Valenciana 10-6-15, Rec 1110/15)
Reconocimiento de **vacaciones** fijadas por la empresa.	TS 6-10-05, EDJ 166179; 12-6-12, EDJ 141931
Percepción de una **retribución fija garantizada** a cargo del empleador, en cuanto que la atribución a un tercero de la obligación retributiva.	TSJ Cataluña 13-1-11, EDJ 29457; TSJ C.Valenciana 17-9-10, EDJ 289644; TSJ Asturias 19-9-08, EDJ 200886; TSJ Cataluña 25-3-14, Rec 5988/13; TSJ Aragón 19-2-14, EDJ 35333

275 **Médicos** Sobre los indicios de existencia o no de relación laboral, se señala lo siguiente:

Existe relación laboral	No existe relación laboral
• Cuando el profesional está **integrado en el cuadro médico d**e la entidad; el lugar, medios y el modo de trabajo -indicativo- son programados o predispuestos por la entidad; y la clientela es de la entidad (TS 9-12-04, EDJ 234947; 7-11-07, EDJ 206263; 20-1-15, EDJ 17320). • Que el médico esté obligado a la **prestación personal de los servicios**, aunque se prevea su sustitución en licencias y supuestos singulares (TS 9-12-04, EDJ 234947; 7-11-07, EDJ 206263). • Si la programación de la actividad por parte de la empresa que se traduce, por ejemplo, en la **concreción de los pacientes** a examinar, en la imposibilidad de decidir cuánto debe cobrarse a los pacientes, y a quiénes, en la imposibilidad de decidir cuándo va a disfrutar el profesional de sus vacaciones, etc. (TSJ Extremadura 25-2-03, EDJ 42565; TSJ Aragón 19-2-14, EDJ 35333). • Si el **control y vigilancia** de la calidad del servicio prestado le corresponde a la entidad (TS 9-12-04, EDJ 234947). • Si la fijación del salario por la entidad de asistencia sanitaria en función de **una tarifa predeterminada** por actos médicos realizados (TS 7-6-86, EDJ 3902; TSJ Cataluña 28-6-23, EDJ 666782), o de un coeficiente por el número de asegurados atendidos o atendibles (TS 20-9-95, EDJ 4772; 12-2-08, EDJ 90871; 27-11-08, EDJ 381680; 18-3-09, EDJ 42682; 23-11-09, EDJ 338496; 20-7-10, EDJ 185131; 29-11-10, EDJ 340133; 20-1-15, EDJ 17320). No obstante, el hecho de que la remuneración consista en una cantidad fija mensual, no convierte obligatoriamente en laboral al nexo contractual, pues ese **sistema de iguala** puede aplicarse perfectamente también en el arrendamiento de servicios de carácter civil (TS 19-11-07, EDJ 243310; 27-11-08, EDJ 381680; 18-3-09, EDJ 42682).	• cuando el médico tiene la facultad de decidir su **sustitución** en la prestación de servicios **por otro facultativo**, sin que se trate de una mera previsión excepcional de suplencia y de fijar él mismo y, no la empresa, el régimen horario de prestación de servicios (TS 22-1-01, EDJ 256); • cuando asume las **consecuencias del impago** de un cliente (TS 13-11-13, EDJ 248276); • empresa lleva la **gestión de la cartera de clientes** no significa tampoco necesariamente laboralidad, si los médicos no están sometidas a ningún horario, siendo la empresa quien las llamaba por teléfono para informarles de que hay un cliente interesado en un determinado tratamiento, siendo libres de aceptarlo o no (TSJ Aragón 28-1-15, EDJ 5586).

277 Con relación a las **prestaciones médicas concretas**, se ha apreciado **presunción de laboralidad** en los siguientes supuestos:

- Directora del centro de **reconocimientos médicos** que presta servicios en jornada diaria y con horario fijo, aunque los honorarios percibidos incluyesen el IVA con el alta correspondiente en licencia fiscal, pues remuneraban el trabajo efectivo realizado, sin beneficio industrial alguno para la profesional, que recibía en cuantía prácticamente fija mensualmente (TS 20-9-95, EDJ 4772).

- **Odontólogos** (TS 9-12-04, EDJ 234947; 7-11-07, EDJ 206263; 9-3-10, EDJ 37677); en virtud de contrato de franquicia (TS 19-6-07, EDJ 144139; 10-7-07, EDJ 144166; 27-11-08, EDJ 381680; 18-3-09, EDJ 42682); y
- **Médico de empresa** que percibe una retribución mensual fija, independientemente del número de asistentes a la consulta sin asunción de riesgo alguno (TSJ Madrid 4-12-01, EDJ 72231).
- Médicos y enfermeros del servicio de **helicópteros de transporte sanitario** de urgencias, aunque estén dados de alta como autónomos, ya que el pago de la cuota se hace con cargo a la empresa y la remuneración es invariable (TS 25-9-12, EDJ 226022).
- Facultativo de medicina interna para la realización de **chequeos médicos** en una policlínica (TS 29-11-10, EDJ 340133).

Peritos tasadores En el caso de los peritos tasadores téngase en cuenta que el TS ha sostenido que el trabajo de valoración de daños de los peritos tasadores de seguros puede realizarse tanto en **régimen laboral** como en régimen de **ejercicio libre de la profesión** (arrendamiento de servicios) o, desde la perspectiva de las compañías aseguradoras, la tasación pericial de daños puede llevarse a cabo con recursos personales propios, o mediante encargo a peritos colaboradores externos o a sociedades de peritación (TS 8-10-92, EDJ 9796; 9-7-13, Rec 2569/12; 3-11-14, Rec 739/13). 279

La **elección** entre una y otra posibilidad corresponde, como es obvio, a las compañías y a los peritos tasadores, los cuales, de común acuerdo, pueden dar a la relación de servicios la configuración que tengan por conveniente (TS 10-7-00, EDJ 36194; 3-11-14, Rec 739/13). Si bien la facultad del perito tasador de rechazar las peritaciones ofrecidas, unida a la naturaleza meramente descriptiva de las instrucciones recibidas y a la existencia de peritos colaboradores a su servicio, son indicadores inequívocos del carácter autónomo de su actividad profesional (TS 8-10-92, EDJ 9796; 17-5-12, EDJ 118326; 26-11-12, EDJ 295697; 3-11-14, EDJ 222830).

Respecto de las conductas que son **indicios** o no de la existencia de vínculo laboral: 281

No existe relación laboral	Existe relación laboral
• la falta de exclusividad, con trabajo -sustancialmente mayor- para otras compañías; • la inexistencia de horario y de vigilancia o dirección directa, así como de control del resultado de la actividad por personal de la empresa; • la falta de retribución mínima y la facturación a una sociedad civil; • la aportación personal de todos los medios materiales necesarios para su actividad; • la libre fijación de vacaciones por parte del perito; • no sometimiento del perito a supervisión, control o poder disciplinario algunos (TS 26-11-12, EDJ 295697; 9-7-13, EDJ 168361). • la elevada cuantía de las retribuciones por acto de peritación; • la aportación de medios materiales imprescindibles para la realización de los cometidos; • la carencia de despacho o infraestructura alguna en la sede de la compañía; • la organización a su conveniencia de la realización de las peritaciones; • la inexistencia de control de sus informes por un jefe de peritos; • el disfrute las vacaciones sin remuneración (TS 3-11-14, EDJ 222830); • el que la prestación se realice fuera del centro de trabajo de la compañía de seguros, o la posibilidad de aceptar o rechazar encargos realizados por la compañía, faltando el compromiso de prestación personal de los servicios profesionales a realizar (TS 9-7-13, EDJ 168361).	• la realización directa y personalmente de las peritaciones; • que sea la compañía aseguradora y no el perito la que programa el trabajo de éste mediante la asignación y rotación de zonas; • que la prestación de servicios no se efectúe esporádicamente o por acto o peritaciones singulares, sino que se realice con permanencia, habitualmente; • que la ordenación del trabajo se lleve a cabo mediante directrices y comunicación o circulares detalladas y minuciosas que excedan claramente lo que sería la mera concreción del objeto del contrato; • que el perito no participe en la fijación de honorarios, sino que se adhiera al determinado por la empresa; • la exigencia de recogida y entrega diaria de partes de inspección y tasación en la sede de la entidad aseguradora (entrega de peritaciones, recogida de facturas, atención a quejas de clientes, consulta de expedientes, por ejemplo); • la realización de visitas diarias a los talleres concertados con la entidad aseguradora en la zona o zonas asignadas por ésta, etc. (TS 10-7-00, EDJ 36194; 17-5-12, EDJ 118326; 9-7-13, EDJ 168361; 3-11-14, EDJ 222830); • no utilizar en su trabajo ningún medio de producción propio, sino de la compañía aseguradora, en cuya organización productiva se inserta (TS 17-5-12, EDJ 118326).

Abogados El ejercicio individual de la abogacía puede realizarse por cuenta propia, como titular de un despacho, o por cuenta ajena, como colaborador de un despacho -individual o colectivo-, y en este caso mediante contrato de trabajo de régimen común o como relación laboral de carácter especial (RD 1331/2006). En ambos casos, la **existencia o no de dependencia** marca la línea divisoria entre la prestación de servicios en régimen laboral -contrato de trabajo- o en régimen de libre ejercicio de la profesión -arrendamiento de servicios-(TSJ C.Valenciana 5-4-16, EDJ 109823) pues, para que se dé el primer caso no basta con que la actividad se realice por cuenta de la persona que la retribuye sino que es preciso que se haga bajo su dependencia, y 283

cuando no sucede así, se está ante un contrato civil de arrendamiento de servicios (TSJ Madrid 12-9-11, EDJ 245014; TSJ Granada 11-5-11, EDJ 204297).
La **dependencia** se manifiesta no solo a través de los **indicadores** de tiempo, lugar y modo de realización del trabajo (como jornada y horarios preestablecidos, puesto de trabajo en oficina, ordenación y control continuos y eventual ejercicio del poder disciplinario, sino además a través de otros indicadores como la **dirección del correo electrónico**, la comunicación constante de trabajador y empresa a través de herramientas informáticas, el uso de medios telemáticos propiedad de la empresa, el reconocimiento tácito por el empresario de la laboralidad del vínculo controvertido y la satisfacción puntual de los intereses del empresario (TSJ Madrid 10-3-08, EDJ 45505).

285 Son **supuestos concretos** en los que se aprecia relación laboral y en los que no:

Existe relación laboral	No existe relación laboral
• Si consta que el desempeño de la labor está sometido a **reglas y directrices de la empresa**, es supervisada y evaluada periódicamente y se realiza, además, en las dependencias de ésta, sometida a un control horario exhaustivo y percibiendo a cambio una cantidad fija, pues coinciden las circunstancias que evidencian su inclusión en el círculo de organización y dirección ajeno (TS auto 15-4-04, EDJ 78555). • Si concurren las notas de **ajenidad** en los resultados y **dependencia** en su realización y retribución de los servicios, y ello con independencia de que, inicialmente, se hubiesen calificado los servicios prestados como arrendamiento de servicios y las **retribuciones percibidas** como honorarios (TS 3-5-05, EDJ 83753; TSJ Castilla-La Mancha 14-5-07, EDJ 136106; TSJ Cataluña 13-4-07, EDJ 110414; TSJ Madrid 16-1-07, EDJ 46736) o iguala (TSJ Madrid 23-1-07, EDJ 46729; TSJ Castilla-La Mancha 10-3-23, EDJ 541268). • Si la **autonomía** se proyecta **exclusivamente en la faceta técnica,** y por la cual precisamente se contrató. Esta no elimina ni difumina la característica básica y esencial que es la dependencia (TSJ Madrid 21-9-11, EDJ 240125).	• Cuando falta la nota de dependencia y el asesoramiento se realiza con **total autonomía** del criterio de las empresas para las que se hace, siendo indiferentes, a este efecto, que se perciban honorarios o se cobre en régimen de iguala por la que se obligue a llevar todos los pleitos del cliente, sin posibilidad de rechazar ninguno (TS 19-11-07, EDJ 243310) o que, en ocasiones, se utilicen el despacho o el personal administrativo de la empresa (TSJ Málaga 2-3-06, EDJ 295206; TSJ Galicia 17-10-06, EDJ 458733). • También cuando se puede **atender tanto clientes propios** -abonando un porcentaje de reparto-, como clientes del despacho -cobrando los honorarios correspondientes-; se tiene libertad de horarios y de jornada, y se organiza con los compañeros para las vacaciones sin perjuicio de garantizar la presencia de alguno de ellos en el despacho, no constando que el titular del despacho controle todos y cada uno de los escritos que no llevan su firma (TSJ Murcia 4-3-20, EDJ 539241). El hecho de desempeñar la actividad en su **propio despacho profesional** y no en instalaciones de titularidad ajena, es un factor que puede excluir la dependencia (TS 13-6-88, EDJ 5121) y, si no concurren los requisitos de ajenidad y dependencia, no cabe presumir la relación laboral por el simple hecho de que varios abogados trabajen conjuntamente en un mismo despacho y participen de las minutas de los clientes aunque en diferente proporción según la categoría de cada cual (TS 7-11-85, EDJ 5730; 23-1-90, EDJ 499). • Tampoco se ha apreciado relación laboral en el caso de una **socia-partícipe del despacho** que ejercía su actividad libremente, sin perjuicio de que correspondiesen las funciones de dirección y coordinación a los fundadores del mismo, pues se entiende que en todo grupo alguien debe ejercer dichas funciones (TSJ Sevilla 10-1-07, EDJ 24320). • Por no apreciarse ajenidad, cuando la **utilidad patrimonial** que de la actividad se deriva para el beneficiario de ella es exactamente la misma que la que le reportaría a cualquier cliente del letrado a quien asistiese jurídicamente en un pleito, aunque tal asistencia fuese totalmente ajena a un nexo contractual de naturaleza laboral (TS 19-11-07, EDJ 243310). • Cuando se prestan bajo la **remuneración conjunta de iguala y honorarios**, sin sometimiento a los mandatos y criterios empresariales, con despacho profesional abierto al público, sin horario preestablecido y con presencia en los locales de la empresa unas pocas horas a la semana, sin despacho, teléfono, ordenador o secretaria proporcionada por la empresa (TS 19-11-07, EDJ 243310). • Se valora la **facultad de rechazar** las tareas ofrecidas, la naturaleza y concreción de las instrucciones que se den, o la existencia de colaboradores (TSJ Madrid 23-1-07, EDJ 46729). Para que exista relación laboral debe haber ajenidad y dependencia (TS auto 13-9-22, EDJ 696908).

Precisiones 1) La relación entre un **abogado y el sindicato** donde desarrolla parte de su actividad profesional, puede tener naturaleza civil como arrendamiento de servicios, con independencia de la percepción mensual de una retribución fija por los mismos, si no concurre el elemento de ajenidad (TSJ Castilla-La Mancha 4-12-06, EDJ 393589), o naturaleza laboral en atención a las circunstancias concurrentes (TSJ Aragón 28-6-06, EDJ 298244), de manera que, si se acredita la dependencia y la ajenidad, es irrelevante que solo acuda un día a la semana y sin horario fijo al local sindical desarrollando la mayor parte del trabajo en el bufete particular, que esté dado de alta en el RETA, el carácter no exclusivo de la prestación o la integración en el turno de oficio (TSJ Las Palmas 5-9-11, EDJ 273264). Así, se ha declarado laboral la relación entre un sindicato y una abogada pese a tener suscrito un contrato de prestación de servicios profesionales en régimen de iguala jurídica (TSJ Castilla-La Mancha 10-3-23, EDJ 541268).
2) Existe contrato de trabajo cuando la actividad de la empresa consiste en realizar **labores de asesoramiento** a través de un portal jurídico en Internet, evacuando el abogado las consultas de los clientes a través del mismo (TSJ Madrid 31-10-06, EDJ 372532). También las labores de asesoramiento a los miembros de una cofradía de pescadores y, en consecuencia. Los indicios que, en este caso, determinan esta calificación son el sistema empleado de retribución y la inserción de este trabajo en el círculo rector y organizativo de la entidad demandada, si bien con la autonomía funcional propia de un profesional cualificado (TSJ Asturias 26-4-13, EDJ 96267).
3) El hecho de percibir una retribución garantizada a cargo de la empresa contratante, en función de una tarifa predeterminada por acto o de un coeficiente por el número de clientes atendidos, constituye un indicio de laboralidad (TSJ País Vasco 22-7-14, EDJ 186830; TS auto 20-10-15, EDJ 205858).

2. Contrato de TRADE

(L 20/2007 art.11 bis, 12 y disp.trans.4ª; RD 197/2009; SEPE Resol 18-3-09)

El trabajo asalariado dependiente se contrapone al que se realiza con **autonomía o independencia**, sin sujeción a las instrucciones y órdenes de quien actúa como empresario, y sin someterse a un régimen disciplinario o sancionador de carácter laboral. Trabajador autónomo, no asalariado, por tanto, es aquél que organiza por sí mismo su trabajo, con autonomía y libertad, frente al dependiente que, en el desarrollo de su actividad, queda sujeto, a los poderes de organización y dirección de su empresario (TS 21-5-90, EDJ 5342; 26-1-94, EDJ 488; 7-3-94, EDJ 2077). 290
Se considera **TRADE** a la **persona física** que:
- realiza una actividad económica o profesional a título lucrativo y de forma habitual, personal, directa y predominante para una persona física o jurídica denominada cliente;
- recibe de este cliente, al menos, el 75% de sus ingresos por rendimientos de trabajo y de actividades económicas o profesionales, debidamente acreditados. La **condición de dependiente** solo se puede ostentar respecto de un único cliente (TSJ Castilla y León 17-3-10, EDJ 73809; TSJ Cataluña 30-9-09, EDJ 276763);
- no tener a su cargo trabajadores por cuenta ajena ni contratar ni subcontratar la actividad con terceros, tanto respecto de la actividad contratada con el cliente del que depende económicamente como de las actividades que pudiera contratar con otros clientes;
- no ejecutar su actividad de manera indiferenciada con los trabajadores que presten servicios bajo cualquier modalidad de contratación laboral por cuenta del cliente;
- disponer de la infraestructura productiva y material propios, necesarios para el ejercicio de la actividad e independientes de los de su cliente, cuando en dicha actividad sean relevantes económicamente;
- desarrollar su actividad con criterios organizativos propios, sin perjuicio de las indicaciones técnicas que pudiese recibir de su cliente;
- percibir una contraprestación económica en función del resultado de su actividad, de acuerdo con lo pactado con el cliente y asumiendo riesgo y ventura de aquélla.
Así, las **notas sustantivas** características de los TRADE son tres (L 20/2007 art.11):
a) Realización personal del trabajo -lo que excluye el ejercicio de la profesión conjuntamente con otros, en régimen societario o bajo cualquier otra forma jurídica admitida en derecho- (TSJ Madrid 24-2-11, EDJ 43136).
b) Dependencia económica exclusiva o cuasi exclusiva del cliente, y.
c) Ausencia de subordinación jurídica.

Precisiones La prohibición de tener a su cargo trabajadores por cuenta ajena no es de aplicación en los siguientes **supuestos y situaciones**, en los que se **permite** al TRADE la **contratación** de un único trabajador, teniendo el TRADE en tal caso el carácter de empresario (L 20/2007 art.11.2):
- supuestos de riesgo durante el embarazo y riesgo durante la lactancia natural de un menor de 9 meses;
- períodos de descanso por nacimiento, adopción, guarda con fines de adopción y acogimiento familiar;
- por cuidado de menores de 7 años que tengan a su cargo;

- por tener a su cargo un familiar, por consanguinidad o afinidad hasta el segundo grado inclusive, en situación de dependencia o con una discapacidad igual o superior al 33%, en ambos casos debidamente acreditada.

292 **Requisitos formales** Se contemplan **dos elementos** de tipo formal:
a) El reconocimiento expreso de la existencia de dicho vínculo a través del correspondiente contrato; y
b) El registro de dicho contrato (L 20/2007 art.12).
La **forma escrita** del contrato y su **inscripción** en la oficina pública correspondiente no tienen carácter constitutivo, porque en nuestro ordenamiento rige el principio espiritualista (CC art.1278, 1279 y 1280), de manera que la forma ad solemnitatem sólo debe apreciarse cuando la ley la imponga de manera clara, condición no predicable de la indicación contenida en Estatuto de Trabajo Autónomo, pues su propio preámbulo señala que lo que la norma persigue es responder a la necesidad de dar cobertura legal -es decir, una protección mínima de los derechos sociales- al trabajador autónomo dependiente, finalidad que se frustraría si con la mera omisión de la firma de un contrato escrito se pudieran eludir las garantías que la ley establece para el trabajador económicamente dependiente (TS 11-7-11, EDJ 218762; 12-6-12, EDJ 141923).
Por el contrario, la **comunicación de la dependencia al empresario**, no puede considerarse una exigencia formal, sino que está relacionada con el necesario conocimiento por el empresario de uno de los presupuestos del contrato: la situación de dependencia económica, que en condiciones normales sólo el trabajador autónomo conoce, pues es él quien tiene la información sobre los clientes para los que presta servicios y sobre los ingresos que de ellos percibe. No en vano, sin conocer los datos el cliente podría asumir un contrato de trabajo autónomo dependiente cuando en realidad su intención es la de establecer un contrato civil o mercantil de régimen común con un trabajador autónomo ordinario. Por ello, la comunicación de la situación de dependencia tiene la consideración de requisito necesario para la existencia del consentimiento sobre el vínculo contractual (TS 11-7-11, EDJ 218762; 12-7-11, EDJ 216903; 12-7-11, EDJ 222593; 6-10-11, EDJ 270713; 24-11-11, EDJ 298434). Por ello, conociendo el cliente esta circunstancia de dependencia económica la contratación se debe regir por la normativa aquí analizada por mucho que las partes la excluyan través de las cláusulas del acuerdo pactado (TS 11-7-11, EDJ 218762; TSJ Madrid 4-2-15, Rec 327/14).
El contrato entre el TRADE y el cliente tiene la **duración** que las partes pacten, presumiéndose indefinido en defecto de acuerdo.
Nótese que el régimen jurídico del contrato del TRADE no se aplica a quien reúne los requisitos constitutivos sino a quien, cumpliéndolos, concierta un contrato de esa naturaleza (TSJ Sevilla 19-10-10, EDJ 289344; TSJ Sta. Cruz de Tenerife 30-6-15, EDJ 194037; TSJ Madrid 4-2-15, EDJ 11488).

Precisiones Los Tribunales no reconocen al TRADE el **derecho a la asistencia jurídica gratuita** cuando pleitean para el reconocimiento de sus derechos laborales, pese a su similitud con un trabajador ordinario y en tanto es titular de una relación civil o mercantil (TS auto 13-11-14, EDJ 287465).

294 **Indicios de autonomía** La línea de separación entre el trabajador autónomo y el trabajador dependiente se desdibuja cada vez más en el contexto productivo actual. Para delimitar uno y otro, la jurisprudencia también ha venido considerando determinadas **condiciones de la prestación de servicios** como indicios de autonomía, con frecuencia contrapuestas a las utilizadas como indicios de dependencia, antes enumeradas. Así:
- la posibilidad de que el trabajador se provea de un sustituto para el cumplimiento de sus obligaciones;
- la aportación por el trabajador de los medios o útiles de trabajo;
- la solicitud de licencia fiscal o el pago del impuesto de actividades económicas;
- la afiliación al régimen de trabajadores autónomos en la Seguridad Social;
- la ausencia de período vacacional pagado por la empresa, el no abono de gastos de material o de dietas, etc. (TS 22-4-96, EDJ 2071; TSJ Sevilla 15-2-99, EDJ 84392).

296 Precisiones No obstante, algunas de estas circunstancias son o pueden ser meramente formales o declaraciones de parte, constituyendo simples **apariencias** para encubrir una verdadera prestación de servicios por cuenta ajena, por lo que hay que estarse a las circunstancias del caso concreto. Por eso interesa insistir en que la dependencia no es sólo el sometimiento al **poder de dirección** del empresario (poder que se atenúa en determinadas relaciones), sino también el sometimiento al **poder disciplinario** (TSJ Cataluña 14-5-02, EDJ 33144).

3. Transportistas con vehículo propio

(ET art. 1.3.g; L 20/2007 disp.adic.11ª; RD 197/2009 disp.adic.1ª; RD 1211/1990)

Se **excluye expresamente** del ámbito laboral la actividad de las personas prestadoras del servicio de transporte al amparo de autorizaciones administrativas de las que sean titulares, realizada, mediante el correspondiente precio, con vehículos comerciales de servicio público cuya propiedad o poder directo de disposición ostenten, aun cuando dichos servicios se realicen de forma continuada para un mismo cargador o comercializador. 305

Se necesita obtener la **previa autorización** administrativa que habilite para la prestación de servicios de transportes públicos discrecionales de mercancías por carretera, así como de transportes privados complementarios de mercancías. **No** es **necesaria** esta autorización para los transportes públicos, ni para los privados complementarios realizados en vehículos de hasta 2 toneladas de peso máximo autorizado . Esta es únicamente la autorización a que se refiere la exclusión del ámbito laboral, y no otras autorizaciones o licencias administrativas para conducir o circular con vehículos susceptibles de servir como medio de transporte y que pudieran requerirse con base en otras normas administrativas estatales o autonómicas (TS 23-11-98, EDJ 27859; 28-3-11, Rec 40/10; TSJ Madrid 3-11-23, EDJ 739748)

La exclusión de la legislación laboral de los **transportistas autorizados con vehículo propio** (de al menos dos toneladas), introduce un **criterio objetivo** de diferenciación entre el contrato de trabajo y el contrato de transporte, conformado sobre la entidad del medio de trabajo aportado. Así, las labores retribuidas de transporte de mercancías realizadas con vehículo de servicio público propio (en propiedad o en plena disponibilidad), que requiera una autorización administrativa de transporte (lo que se precisa para los vehículos de al menos dos toneladas), ya se desarrollen para uno o varios cargadores o comerciantes, se entienden excluidas del ámbito laboral, sin necesidad de que el juzgador entre a valorar, en su caso, la ausencia de las notas propias del trabajo asalariado (TS 5-6-96, EDJ 5484; 28-3-11, EDJ 91331; TSJ Cataluña 4-3-13, Rec 6233/12).

Los transportista son **considerados TRADE** (nº 290) cuando, concurriendo en ellos las notas de autonomía funcional y dependencia económica que configuran la definición legal, no tengan a su cargo trabajadores por cuenta ajena ni contraten o subcontraten parte o toda su actividad con terceros, sin que sea necesario que concurran el resto de requisitos adicionales (RD 197/2009 disp.adic.1ª).

Precisiones 1) Se ha estimado que la exclusión del carácter laboral de estas actividades **no** es **inconstitucional** (TCo 227/1998; 5/1999; 9/1999; 17/1999; 47/1999; 4/2000). 307

2) Esta regla de exclusión no alcanza a todas las actividades de transporte, puesto que quienes las realizan con **vehículos de empresa** o con **vehículos de menos de 2 toneladas**, concurriendo el resto de notas propias de la prestación laboral de servicios, se consideran asalariados (TS 15-6-98, EDJ 16598; 23-11-98, EDJ 27859; 28-3-11, Rec 40/10). En estos casos pueden considerarse los **indicios de dependencia** utilizados con carácter general para la determinación del carácter laboral de una prestación, con las singularidades propias de la actividad del transporte (horario, jornada, exclusividad, fijación del anagrama o marca de la empresa en los uniformes y vehículos, imposibilidad de rechazar encargos, etc.) (TS 19-12-05, EDJ 250681; 23-11-98, EDJ 27859; 19-12-05, EDJ 250681; 18-10-06, EDJ 288900; 28-3-11, Rec 40/10; TSJ Madrid 9-3-15, Rec 878/14).

3) A título de ejemplo, se califica de **laboral** un contrato -suscrito como mercantil- en los siguientes supuestos:

- realizar servicios de vaciado, cambios y reposición de **contenedores higiénico sanitarios**, para lo cual el interesado aportaba su vehículo (para cuyo manejo no precisaba autorización administrativa), con el rótulo de la empresa, sin sujetarse a horario ni a jornada, limitándose a pasar por el domicilio de la entidad a recoger el material a instalar y al final del mes llevar los partes de trabajo, con retribución por unidad de obra (TS 22-1-08, EDJ 25853; 30-4-09, EDJ 92560);
- la prestación de un mensajero **chofer-repartidor** que recibía una retribución bruta mensual variable dependiendo de los repartos realizados, que se abonaba por la empresa dedicada a la actividad de mensajería, reparto de envíos, documentos y mensajes, figurando incluso el anagrama o marca MRW en los uniformes y vehículos, no pudiendo el trabajador realizar actividades análogas para otras empresas y aun cuando utilizase vehículo propio (de menos de dos toneladas y con el anagrama indicado) (TS 19-12-05, EDJ 250681);
- la de transportista con vehículo propio porque el transporte era solo el **medio para la prestación del servicio** que constituía el auténtico objeto contractual y en el que concurrían las notas de laboralidad (TSJ País Vasco 24-11-11, EDJ 369353; 20-7-11, EDJ 368653; 18-10-11, EDJ 369339);
- cuando se utiliza una **cooperativa interpuesta** que carece de estructura material u organizativa, y se limita a aportar la titularidad de la tarjeta de transporte y formalizar un contrato de arrendamiento de servicios con una empresa del mismo sector que es la propietaria de los vehículos, la que dispone de los clientes, organiza el trabajo, las rutas y todo lo relativo a la gestión de cada uno de los encargos (TS 18-5-18, EDJ 104191).

4) La **autorización administrativa** como causante de la extralaboralidad del vínculo es la específica para determinados **vehículos** en función del **tonelaje** y refleja la importancia del medio de transporte en el desarrollo de la actividad, que es indicativa a su vez del carácter por cuenta ajena o por cuenta propia del servicio de transporte realizado (TS 5-6-96, EDJ 5484; 22-12-97, EDJ 10613; 28-3-11, EDJ 91331; TSJ Cataluña 16-3-12, EDJ 79145; 14-9-12, EDJ 236118; 4-3-13, EDJ 77673; TSJ Burgos 24-7-12, EDJ 160792; TSJ Madrid 16-12-11, EDJ 325410; TSJ Andalucía 10-1-12, Rec 1033/11). Así las cosas, la frontera entre el trabajo autónomo como transportista y la misma realidad llevada a cabo por cuenta ajena con vehículo propio, viene fijada por la MMA (**masa máxima autorizada**) y que ésta se determina por suma del peso del propio vehículo y el de la carga, que no por la exclusiva tara (TS 28-3-11, EDJ 91331).

4. Becarios

315 Se excluyen del ámbito laboral las prestaciones cuya **finalidad** principal es la formación del prestador de los servicios (becarios). La razón es que falta el ánimo de lucro propio de la actividad laboral, ya que no se retribuye la actividad productiva del prestador, si no que compensa los gastos generados por la actividad formativa, puesto que la actividad del becario no es gratuita.

Las **becas** son, en general, retribuciones dinerarias o en especie orientadas a facilitar al becario una formación adecuada al título que pretende o que ya ostenta, bien en un centro de trabajo de la entidad que concede la beca, bien en un centro de estudios ajeno al concedente (TS 22-11-05, EDJ 214130; 4-4-06, EDJ 53137; 29-3-07, EDJ 25400; 29-5-08, EDJ 111768). La jurisprudencia **define la beca** como una donación modal en virtud de la cual el becario recibe un estipendio, comprometiéndose a la realización de algún tipo de trabajo o estudio que redunde en su formación y en su propio beneficio, poniendo de relieve que el elemento fundamental que caracteriza a esa actividad del becario es su finalidad formativa y no el interés de la entidad donante por recibir esa actividad (TS 13-6-88; 22-6-88, EDJ 5458; 26-6-95, EDJ 24686).

El **objetivo** del trabajo del becario no es incorporar los resultados o frutos del estudio o trabajo de formación realizado al patrimonio de la persona que la otorga, la cual no adquiere, por tanto, la posición de empleador o empresario jurídico-laboral del becario (TS 13-6-88, EDJ 5123; 26-6-95, EDJ 4303; 7-7-98, EDJ 17629; 4-4-06, EDJ 53137; 29-3-07, EDJ 25400). Por ello, aunque el perceptor de la beca realiza una actividad que puede ser entendida como trabajo y percibiendo una asignación económica en atención a la misma, la condición del que concede la beca y la hace efectiva no puede confundirse nunca con la condición propia del empresario ya que **no** incorpora el **trabajo** del becario a su patrimonio (TS 29-5-08, EDJ 111768).

Está prevista la aprobación del **Estatuto del Becario**, con el objeto de regular la formación práctica tutorizada en empresas u organismos equiparados, así como la actividad formativa desarrollada en el marco de las practicas curriculares o extracurriculares previstas en los estudios oficiales (RDL 32/2021 disp.adic.2ª).

317 Las **labores encomendadas** al becario deben estar en consonancia con la finalidad de la beca y, si no es así y las tareas que se le ordena realizar integran los cometidos propios de una categoría profesional, la relación entre las partes es laboral (TS 22-1-05, EDJ 214130; 29-5-08, EDJ 111768; TSJ Galicia 31-3-16, EDJ 67251). Por ello, la **relación** es **laboral** cuando:

a) Se aprecian las notas típicas de ajenidad, dependencia y onerosidad. Las tareas se realizan con sujeción a las directrices y bajo la **dependencia jerárquica** del jefe de servicio, y al mismo régimen en materia de horario, vacaciones y licencias que el resto del personal (TSJ Las Palmas 13-7-12, EDJ 247172; TSJ Murcia 7-10-13, Rec 184/13).

b) Se encomiendan **tareas de escasa proyección formativa**, pero indispensables para el desarrollo de la actividad normal del centro, de forma que de no ser realizadas por el becario deberían llevarse a cabo por el personal de plantilla (TS 22-11-05, EDJ 214130; 4-4-06, EDJ 53137; 29-3-07, EDJ 25400; 29-5-08, EDJ 111768; 1-6-22, EDJ 600065).

c) No consta cuál era la **formación brindada** ni el alcance de la preceptiva dirección del tutor, matriculando a los trabajadores en los másteres para simular la formación práctica y ocultar una prestación de servicios auténticamente laboral (TSJ País Vasco 14-5-19, EDJ 652254).

d) El becario realiza las tareas en las mismas condiciones y con las mismas características que los demás trabajadores por cuenta ajena, sin actividad real de enseñanza y docencia, máxime cuando en la empresa hay **más becarios que trabajadores** por cuenta ajena. Así, aunque la empresa haya firmado un convenio para que los estudiantes desarrollen prácticas académicas externas (TSJ Murcia 14-3-23, EDJ 538023).

En estos casos, la prestación de servicio es laboral, con independencia de la **denominación** que le hayan asignado las partes, y siempre que concurran el resto de notas propias del trabajo asalariado (TS 26-6-95, EDJ 24686; 4-4-06, EDJ 53137; 29-3-07, EDJ 25400).

Precisiones 1) La exclusión del ámbito laboral alcanza igualmente a las llamadas **prácticas de empresa**, que funcionan tanto en la formación universitaria como en la formación profesional, en su condición de componentes del proceso formativo del alumno integrado en el sistema educativo de enseñanza reglada (TSJ Sta. Cruz de Tenerife 16-3-12, EDJ 245261). Este tipo de relación ha de tener su origen en el **convenio de colaboración** suscrito entre la **empresa** y la **entidad formativa** correspondiente (TSJ Galicia 29-1-10, EDJ 38453; TSJ Madrid 16-3-12, EDJ 65498). Lo mismo puede decirse de los convenios de colaboración concertados, por ejemplo, a través del **Consejo de la Abogacía** para la realización de prácticas en los centros dependientes de una Consejería, tendentes a obtener conocimientos para la aplicación práctica del título, supervisadas por un tutor, no constando que como consecuencia de su actividad se haya incrementado la del servicio (TSJ Burgos 19-2-13, EDJ 27619). 319

Asimismo, dentro de las acciones y medidas de políticas activas de empleo, las empresas o grupos empresariales, en **colaboración con los Servicios Públicos de Empleo**, y en el marco de la responsabilidad social empresarial, pueden suscribir acuerdos con **personas jóvenes**, con ninguna o muy escasa experiencia laboral, al objeto de realizar prácticas de carácter no laboral, en sus centros de trabajo con el fin de contribuir a mejorar su empleabilidad y ofrecerles un primer contacto con la realidad laboral a través del acercamiento a la misma, al tiempo que contribuir a completar la formación alcanzada por la persona joven. Estas prácticas no suponen, en ningún caso, la existencia de relación laboral entre la empresa y la persona joven, y su contenido y régimen jurídico es el previsto para las prácticas no laborales en empresas (L 30/2015 redacc L 3/2023; RD 1543/2011).

2) Igualmente quedan fuera del ámbito laboral las becas concedidas a los **deportistas de alto nivel** o de élite en el marco del Programa ADO, pese a la compensación económica que reciben, que se viene considerando un estímulo o ayuda a su actividad deportiva (TSJ Madrid 20-12-93, Rec 2218/93).

3) Cuando se sucedan **becas** de variada denominación para la realización de la **misma actividad**, o cuando éstas se combinen con contratos laborales o de otra índole (por ejemplo, administrativos), puede deducirse la concurrencia de una **actuación fraudulenta** y darse entrada a la presunción de existencia del contrato de trabajo, si concurren el resto de sus notas configuradoras. En tales casos debe primarse la laboralidad de la relación sobre su pretendida función formativa (TS 22-1-05, EDJ 214130; 29-5-08, EDJ 111768; TSJ Granada 26-9-01, Proc 729/01; TSJ Madrid 8-11-02, EDJ 88082; TSJ Sevilla 19-5-10, EDJ 137689; TSJ Madrid 15-1-10, EDJ 23429; 24-3-08, EDJ 85323; TSJ Sta. Cruz de Tenerife 28-3-08, EDJ 62842; TSJ Cataluña 8-3-11, EDJ 77242) sin que, a tal efecto, pueda considerarse la simple utilidad formativa que conlleva la adquisición de experiencia, pues éste es un rasgo común a cualquier contrato de trabajo (TSJ Madrid 19-11-98, EDJ 37589; TSJ Málaga 15-3-12, Rec 1825/11).

Finalidad formativa La beca se concede en **beneficio formativo** del becario y no para que reciba unos servicios quien concede la ayuda o incluso un tercero, precisamente por ello, la beca no es la contraprestación de la actividad que se presta (TS 22-11-05, EDJ 214130; 29-5-08, EDJ 111768). 321

No es determinante la **denominación** -beca, en este caso- que las partes le asignen a la prestación económica, (TS 18-4-88, EDJ 3164; 13-6-88; 26-6-95, EDJ 24686). Por ello, se debe analizar, en **cada caso**, si la ayuda se ha otorgado con una finalidad propiamente formativa o si su verdadera razón radica en obtener unos servicios, que se retribuyen con el estipendio que esta constituye (TSJ País Vasco 2-11-05, EDJ 271195). No excluye la condición de becario realizar **actividades adicionales** de forma voluntaria y que son beneficiosas para su propio desarrollo profesional y formación, si la actividad se centra principalmente en actividades formativas y de aprendizaje (TSJ Madrid 29-4-24, EDJ 576547).

En efecto, disfrazar una relación laboral con el ropaje de una beca constituye una actuación en **fraude de ley** que lleva como consecuencia la nulidad del acto constitutivo del fraude y la producción de efectos del acto que se trata de encubrir. Este efecto se produce tanto si el beneficiario de la actuación fraudulenta es **persona privada** como si es la **Administración pública**, sujeta al ordenamiento jurídico por mandato constitucional (TS 22-11-05, EDJ 214130; 29-5-08, EDJ 111768). La naturaleza de la relación no viene determinada por la calificación dada en la convocatoria de la beca, sino por la **realidad de los servicios**, y a tal efecto los órganos judiciales están facultados, también en el caso de la Administración pública, para el examen prejudicial de la conformidad de la convocatoria al ordenamiento jurídico (TS 4-4-06, EDJ 53137; 29-3-07, EDJ 25400; 29-5-08, EDJ 111768).

Una prestación que efectivamente nace con una finalidad formativa puede convertirse con el paso del tiempo, por la **pérdida del interés formativo** inicial (por la progresiva adquisición de los conocimientos precisos) y el incremento del provecho empresarial de la actividad, en una prestación laboral de servicios (TSJ Madrid 28-12-05, EDJ 24038).

323 Precisiones 1) No basta con que la beca ayude a formar, sino que ésa ha de ser la **finalidad** por la que se concede (y no la de que el becario atienda unos servicios), como lo revela el hecho de que existan contratos de trabajo de carácter formativo (TSJ Madrid 7-5-12, EDJ 115523; 16-3-12, Rec 5928/11; TSJ Sevilla 1-3-12, EDJ 74248; TSJ C.Valenciana 24-1-12, EDJ 77523; TSJ País Vasco 20-9-11, EDJ 371036; 7-2-12, EDJ 96515). Por el contrario, cuando lo que prima es la actividad productiva frente a la formativa, la relación debe calificarse como relación laboral común y no como beca. Así lo es la existente para cubrir el incremento del volumen de trabajo de la entidad convocante de la misma. Además, la no renovación de la beca tras la presentación de la demanda reclamando el reconocimiento de la relación laboral constituye un despido nulo por vulneración de la garantía de indemnidad (TSJ Galicia 29-1-21, EDJ 528605).

2) En algún **convenio colectivo** se asume expresamente el compromiso empresarial de velar por el valor formativo de las becas, facilitando a la representación unitaria los convenios de cooperación educativa que la empresa suscriba con las entidades de que se trate, e informando de los tutores asignados a cada becario, así como de sus evaluaciones (CCol Agencia EFE, S.A. art.30, DGTr Resol 1-10-10).

3) Esta tesis del **beneficio de la beca** debe combinarse debidamente con la casuística que caracteriza este tipo de prestación, en la medida en que puede ocurrir que se produzca beneficio tanto **para el empresario** como para el sujeto que realiza el trabajo, en cuyo caso hay que estar al **beneficio principal**, si el del becario por su adquisición de formación, o el del empresario al incorporar a su organización los frutos del trabajo (TS 13-6-88; 26-6-95, EDJ 24686; TSJ Madrid 28-11-05, Rec 3563/05).

4) El modo en que se plantee la inserción del becario en la **organización** de la entidad o empresa y se organice su actividad, debe ser coherente con la finalidad formativa de la beca, en el bien entendido que por mucho que la dependencia sea semejante a la del trabajo asalariado, no puede plantearse en los mismos términos ni cubrir la misma finalidad (TS 23-11-98, EDJ 27859; 29-3-07, EDJ 25400).

Cuando las **tareas** encomendadas al becario coinciden con las **propias de un trabajador** asalariado en ese ámbito, resulta discutible la existencia de un ánimo preponderantemente formativo en la prestación y parece razonable dar entrada a la presunción de laboralidad, si concurren el resto de notas del trabajo asalariado (TS 13-6-88; 23-11-98, EDJ 27859; 22-11-05, EDJ 214130; 29-5-08, EDJ 111768). Particularmente cuando las labores encomendadas coinciden con las identificadas en el convenio colectivo con una determinada categoría profesional (TSJ Asturias 18-7-03, EDJ 266114; TSJ Madrid 5-12-05, EDJ 240399; TSJ País Vasco 20-9-11, EDJ 371036).

5) Tampoco puede considerarse como beca la que tenga por objeto la realización de **labores de carácter general**, independiente de la formación académica específica de cada becario (TSJ País Vasco 20-7-04, EDJ 233890; 24-5-05, EDJ 122242; 2-11-05, EDJ 271195), o totalmente ajenas a su formación académica (TS 22-1-5, EDJ 214130; 29-5-08, EDJ 111768). Al primar la actividad productiva frente a la formativa, tampoco es beca la relación existente para cubrir el incremento del volumen de trabajo de la entidad convocante. Además, la no renovación de la beca tras la reclamación vulnera la garantía de indemnidad (TSJ Galicia 29-1-21, EDJ 528605).

5. Personas que intervienen en operaciones mercantiles

(ET art.1.3.f)

330 Se excluye del ámbito regulado por el ET la actividad de las personas que intervienen en operaciones mercantiles por cuenta de uno o más empresarios, siempre que queden personalmente obligados a responder del buen fin de la operación, **asumiendo el riesgo y ventura** de la misma.

La prestación de **servicios de mediación mercantil** puede instrumentalizarse a través de tres tipos de relaciones jurídicas:

- la propia del agente comercial de carácter mercantil;
- la relación laboral especial de los representantes de comercio; y
- la relación laboral ordinaria o común.

La **diferencia** entre la relación laboral y la mercantil no consiste en responder o no del buen fin de la operación, sino en la existencia o no de la nota de dependencia, de manera que es la nota que diferencia al representante de comercio de quien actúa como agente como consecuencia de la celebración de un contrato de agencia (TS 17-4-00, EDJ 9105; TSJ Castilla-La Mancha 13-10-16, EDJ 192651; TSJ Madrid 10-9-18, EDJ 641167).

Respecto de la diferencia entre la **relación laboral común** y la **especial**, ver nº 7610 s.

332 **Contrato de agencia** (L 12/1992) El sujeto del contrato de agencia puede ser una persona física o jurídica. La contraprestación de la actividad es la retribución y su objeto es la promoción o conclusión de actos de comercio por cuenta del empresario principal.

La nota que caracteriza al contrato de agencia y que lo diferencia del vínculo laboral común y del especial de representante de comercio radica en la **dependencia**. Se presume excluida, cuando aquel que por cuenta de una o varias empresas se dedica a promover y concluir actos

u operaciones de comercio despliega dicha actividad con independencia. Se entiende que concurre esta circunstancia en aquellos supuestos en que, al asumir estas funciones, queda facultado para **organizar su actividad profesional** y el tiempo que vaya a dedicar a la misma, conforme a sus propios criterios, sin quedar sometido a lo que pueda establecer la empresa por cuya cuenta actúa, sin perjuicio de las **instrucciones generales** que pueda ordenar la empresa y que no afectarían al grado de independencia que se exige (TS 21-10-96, EDJ 52446; 17-4-00, EDJ 9105; TSJ C.Valenciana 15-7-05, EDJ 211197; TSJ Cataluña 2-2-04, EDJ 9410).
Cabe la posibilidad de **pacto expreso de asunción del riesgo** y ventura de la operación mercantil. Eso significa que el mediador se responsabiliza respecto al empresario del pago de la operación comercial incluso en supuestos de impago por parte del cliente. Puede excluirse porque responder del buen fin de la operación no es no es determinante de su carácter mercantil (TS 17-4-00, EDJ 9105).
La prestación de servicios debe realizarse por sí mismo o por medio de sus dependientes. La actuación por **medio de subagente** requiere autorización expresa del empresario. Cuando el agente designe la persona del subagente responde de su gestión como si la hubiese realizado el mismo.
Como **legislación supletoria** es de aplicación el CC y el CCom, así como las normas de carácter sustantivo de la LEC.

Agente comercial (L 12/1992) Se **distingue** la figura del agente comercial, que es un trabajador por cuenta propia, de la del **representante de comercio**, que es un trabajador sometido a una relación laboral especial (nº 7600 s.). El primero asume el riesgo de la operación y presta el servicio de forma autónoma, mientras que el segundo lo hace sin asumir el riesgo y de forma dependiente, aun de manera flexible (TS 2-7-90, EDJ 7086; TSJ País Vasco 22-11-11, EDJ 369781; 3-11-15, EDJ 278306), sin que determine el carácter laboral estar sometido a pautas de actuación mínimas y rendir cuentas de su gestión (TSJ Sevilla 7-12-11, EDJ 334775). **334**
Por tanto, si el **agente** tiene capacidad para organizar su actividad y el tiempo dedicado a ella, conforme a sus propios criterios, decidiendo los clientes que visita, las rutas que hace, cuándo las hace y el horario que realiza, la prestación es mercantil aunque se someta a las orientaciones generales del empresario (por ejemplo, respecto a los precios de los productos), siendo laboral en caso contrario (TSJ Cataluña 13-3-12, EDJ 79034; TSJ Castilla La Mancha 18-7-24, EDJ 665942).
Por ello, la característica que distingue la relación laboral especial del contrato de agencia mercantil, es la dependencia del trabajador.
El **ámbito** de uno y otro coinciden, y si bien el contrato de agencia puede ser realizado por **personas jurídicas**, la diferenciación no es factible cuando existe prestación personal del trabajo; asimismo tampoco puede serlo **responder del buen fin**, porque también lo permite el contrato de agencia, de forma que el único elemento diferenciador es el criterio de la dependencia, entendiendo que existe vinculación laboral si quien se realiza las funciones de mediación no puede organizar su actividad profesional, y el tiempo dedicado a la misma conforme a sus criterios y tiene que seguir las instrucciones de la empresa (TS 2-7-96, EDJ 4079; 21-10-96, EDJ 9088; 17-4-00, EDJ 9105).

Precisiones **1)** En algunos **convenios colectivos** se excluye expresamente de su ámbito de aplicación la prestación de servicios de los agentes comerciales, sujetos a relación mercantil, y de los representantes de comercio sometidos a relación laboral especial (CCol Artes Gráficas, Manipulados de Papel, Manipulados de Cartón, Editoriales e Industrias Auxiliares art.1.3 DGE Resol 21-9-23; CCol Telefónica Móviles España S.A. art.2 DGTR Resol 16-2-24); para los agentes comerciales que no prestan servicios en régimen de exclusividad (CCol Unedisa comunicaciones S.L. art.3 DGE Resol 4-6-24).
2) El agente comercial que organiza su actividad y su dedicación a la misma tiene su propia regulación basada en la **independencia**. No obstante, la independencia no ha de llegar al extremo de total y absoluta libertad de actuación, ajena a cualquier condicionamiento de la empresa, por lo que no queda desvirtuada por el hecho de que el agente esté obligado a **rendir cuentas** y a someterse a **instrucciones** generales del empresario (TSJ Cataluña 9-5-96; 12-2-97). Así, las instrucciones empresariales en el contrato de agencia se han de limitar al **diseño del producto** mercantil (fijación de precios, identificación del producto, etc.), mientras que en el supuesto de representación laboral comprende también el **diseño de la actividad** y medidas de control y seguimiento (TSJ Madrid 17-2-97), y las instrucciones que el agente reciba acerca del precio, sin que por ello exista dependencia, pueden consistir en condiciones de venta y comercialización tales como: descuentos financieros, plazos de venta, ofertas de pólizas de crédito revocables, productos estacionarios de oferta, bonificación por volumen, promoción, comisiones sobre facturación, etc. (TSJ Cantabria 12-5-97).
No se considera que existe **independencia** cuando los vendedores tienen que acudir todos los días laborables a la oficina de la empresa para recoger los listados de los clientes y dar cuenta al final de la jornada de las operaciones realizadas, corriendo a cargo de la empresa los gastos que le ocasiona su actividad y no llevando una contabilidad independiente de los actos u operaciones mercantiles, ni siquiera facturando para la empresa, limitándose a entregar los pedidos en las oficinas de

la misma (TSJ Málaga 16-1-03, EDJ 44944). Ni tampoco cuando la empresa encarga al vendedor el cobro a clientes, ya fueran aquellos con los que había establecido contacto personal, ya se tratase de cualquier otro, a indicación de la empresa (TSJ Cataluña 8-3-04, EDJ 99369). Y se consideran notas características de la independencia del agente: el **no** disfrute de **vacaciones,** la **disponibilidad horaria** y el no ejercicio de los derechos propios de la relación laboral (TSJ Aragón 18-9-96). Se califica de **mercantil** aun en el caso de que el representante no asuma el riesgo y ventura de las operaciones en que interviene (TSJ Cataluña 17-1-96, EDJ 5591; 12-2-97; 3-4-97), siempre que goce de independencia respecto a horarios, itinerarios, criterios de distribución, precios, forma de realizar los pedidos y contratos, etc. (TSJ C.Valenciana 5-3-96).

3) **No** se consideran **notas** decisivas para configurar una relación de dependencia las siguientes: que las ventas se realicen sobre unas tarifas de precios; la necesaria autorización de la empresa para vender por debajo de los precios fijados; la obligación de participar en acciones de lanzamiento de nuevos productos; el hecho de tener rutas y clientes asignados y celebrar reuniones con otros vendedores en los locales de la empresa o recibir un incentivo fijo mensual (TSJ Murcia 11-9-96, EDJ 11781).

4) Se declara la **incompetencia de la jurisdicción** social en atención al carácter mercantil de la relación, ya que el agente organiza con sus propios criterios su actividad profesional (p.e., rutas), y el tiempo que le dedica (distribución de días y horario) (TS 2-7-96, EDJ 4079; 21-10-96, EDJ 52446).

336 **Mediador de seguros** (RDL 3/2020 art.127 a 211; D 806/1973) Es una persona física o jurídica, distinta de una entidad aseguradora o reaseguradora y de sus empleados
que, a cambio de una remuneración, emprenda o realice una actividad de distribución de seguros. En definitiva, es un **intermediario comercial** entre el tomador del seguro y la entidad aseguradora de la cual percibe su remuneración, normalmente en forma de comisiones por las pólizas suscritas

Se consideran **excluidas del ámbito laboral** las personas dedicadas a la actividad de mediación entre los tomadores de seguros o reaseguros y asegurados, de una parte, y las entidades aseguradoras o reaseguradoras autorizadas para ejercer la actividad aseguradora o reaseguradora privadas, de otra.

Se entiende por mediación las **actividades de presentación**, propuesta o realización de trabajos previos a la celebración de un contrato de seguro o reaseguro, o de celebración de estos contratos, así como la asistencia en la gestión y ejecución de dichos contratos, en particular en caso de siniestro.

Se califica de laboral por el **control y vigilancia de la empresa** en la calidad del servicio: los cobradores de seguros (TS 9-4-02, EDJ 10176); y abogados de empresa (TS 3-5-05, EDJ 83753).

Precisiones 1) Este es el ámbito propio del **contrato de agencia de seguros** y a estas funciones tiene que referirse la exclusión, pudiendo considerarse laboral la prestación en caso contrario, en atención a las circunstancias concurrentes (TS 23-3-95, EDJ 3146; 2-7-96, EDJ 4079; 16-2-98, EDJ 1596; 18-4-01, EDJ 16051; 14-5-01, EDJ 15898; 28-6-01, EDJ 16141; 2-10-01, EDJ 35780; 9-4-02, EDJ 10176; 23-5-07, EDJ 70553; 6-2-07, EDJ 21107; TSJ Castilla y León, Valladolid, 11-1-12, EDJ 1492).

2) Con independencia del nombre del contrato dado por las partes, se ha considerado que **no** hay **relación mercantil** sino laboral, por ejemplo, cuando:

- la **actividad fundamental es el cobro de recibos** de la aseguradora, que se completa con otras labores secundarias, como aclaración de dudas, gestión de incidencias en pólizas vigentes y suscripción de otros productos con los mismos clientes, es decir, con los afectados por el cobro, o bien sus familiares o vecinos (TS 24-1-24, EDJ 503227). Así pues, es laboral la actividad del cobrador que, sometido a vigilancia y control y sin asumir riesgos, realiza tareas complementarias como subagente (TS 16-2-98, EDJ 1596; 28-2-08, EDJ 82883; 28-9-22, EDJ 708649). Incluso aunque el contrato sea de agente de seguros y se **perciba separadamente** de la nómina una cantidad por las comisiones, la relación entre las partes puede ser laboral (TS 9-10-06, EDJ 319296; 14-7-16, EDJ 140313);
- el **subagente de seguros** carece de cartera de clientes, limitándose a vender seguros telefónicamente siguiendo instrucciones de la agencia de seguros, sometido al control y dirección del jefe de la misma (TS 8-11-06, EDJ 311927; 11-7-07, EDJ 144088).

338 **Agentes de seguros** (RD 197/2009 art.8 y 9) Los agentes de seguros exclusivos y los agentes de seguros vinculados que cumplan las condiciones legales tienen la **condición de TRADE** (nº 290). No obstante, quedan excluidos cuando hayan suscrito un contrato mercantil con auxiliares externos.

A efectos del cumplimiento de las condiciones legales para ostentar la condición de TRADE, se consideran **indicaciones técnicas**, entre otras, las relacionadas con su actividad, especialmente las que deriven de la normativa interna de suscripción y de cobertura de riesgos de la entidad aseguradora, de la normativa de seguros privados, de la normativa de protección de datos de carácter personal, de blanqueo de capitales u otras disposiciones de obligado cumplimiento y **no** se considera **económicamente relevante** la documentación, el material, ni el

uso de instrumentos o herramientas, incluidas las telemáticas, que la entidad aseguradora proporcione a los agentes de seguros/TRADE.
El cumplimiento de tales indicaciones técnicas, así como el uso de la documentación, material, herramientas e instrumentos proporcionados no supone que el agente de seguros ejecute su actividad **de manera indiferenciada** con los trabajadores que presten servicios bajo cualquier modalidad de contratación laboral por cuenta del cliente.

Precisiones 1) La **exclusión** legal del ámbito laboral de los agentes de seguros podría considerarse de **carácter constitutivo**, en la medida en que, a diferencia de lo que sucede con los corredores de seguros, en su actividad puede apreciarse normalmente la nota de la dependencia (TS 27-10-04, EDJ 174328; 23-3-04, EDJ 40582). **340**
2) Se ha mantenido que el director provincial de una entidad aseguradora que comparte las **funciones gerenciales** propias de tal cargo con la promoción y realización de operaciones de seguro de vida mantiene una doble relación con la compañía, laboral por la actividad directiva y mercantil por la relativa a la producción de seguros (TS 23-3-04, EDJ 40582). El mismo criterio se mantiene para quien contrata sus servicios para la creación y desarrollo futuro de una organización comercial que se denominaría sucursal y a la par -aparte- también conviene su mediación en la producción de seguros (TS 27-10-04, EDJ 174328). Pero se sigue solución opuesta, negando la existencia de doble relación -mercantil y laboral- y afirmando la concurrencia de la sola relación laboral en quien es inspector y organizador comercial de empresa de seguros, siquiera también hubiese suscrito contrato de producción de seguros, pero sin llegar a actuar como agente (TS 9-10-06, EDJ 319296; 20-11-07, EDJ 213326).
Se considera no laboral la prestación de un agente afecto de seguros que tiene una actividad principal de carácter administrativo -el cobro de las pólizas- a la que se añade de forma esporádica una **actividad complementaria de mediación** (TS 21-6-11, EDJ 166988).

6. Administradores sociales

(ET art.1.3.c)

Se excluye del ámbito de aplicación de la legislación laboral a los miembros de los **órganos de administración** de las sociedades mercantiles capitalistas, cuya actividad se limite, pura y simplemente, al mero desempeño del **cargo** de consejero o miembro de los órganos de administración. **345**
Esta **exclusión**, de carácter declarativo, responde probablemente a la falta de las notas de ajenidad y dependencia, propias del trabajo asalariado (TS 24-10-00, EDJ 55649; 26-2-03, EDJ 3808; 26-12-07, EDJ 344056; 24-2-14, Rec 1684/13).
La exclusión alcanza tanto a los **administradores pasivos**, como a los administradores que realizan funciones de dirección y gerencia (**administradores activos**). Y funciona igualmente para los socios que integran los órganos de alto gobierno de las sociedades de capital, en tanto que a éstos incumbe la dirección, gestión, administración y representación de las mismas, **cualquiera** que sea la **estructura** que revistan dichos órganos: ya se trate de consejos de administración, de administradores únicos o de administradores solidarios, o de cualquiera otra forma admitida por la ley.
Esta exclusión debe ser objeto de **interpretación restrictiva** y únicamente hace referencia a los cometidos inherentes al cargo de consejero o miembros de los órganos de administración, no hay razón legal alguna para excluir del ámbito del contrato de trabajo a aquellos miembros de la administración societaria que, no teniendo la mayoría del capital social, realicen en la empresa actividad de carácter laboral común (TS 3-6-91, EDJ 5827; 27-1-92, EDJ 657; 22-12-94, EDJ 9551; 14-10-94, EDJ 10042; 19-10-94, EDJ 8167; 18-3-98, EDJ 3938; 14-10-98, EDJ 22787; 20-10-98, EDJ 28340; 30-4-01, EDJ 5788; 29-9-03, EDJ 139945).
La relación laboral especial de **alta dirección** se recoge en el nº 7700 s.

Precisiones 1) La relación de colaboración en una determinada sociedad mercantil tiene en principio este exclusivo carácter societario en los casos de **desempeño simultáneo** de actividades de **administración** de la sociedad y de **alta dirección** o gerencia, pues al no existir en nuestro ordenamiento distinción entre los cometidos propios de los miembros de los órganos de administración de las sociedades y los poderes inherentes a la titularidad de la empresa, que son propios del trabajo de alta dirección, se infiere que no es el contenido de las funciones sino la naturaleza del vínculo lo que determina la naturaleza de la relación (TS 29-9-88; 26-12-07, EDJ 344056). Pareciendo admitir en abstracto la compatibilidad: TSJ Madrid 30-1-13, Rec 3848/12. **347**
2) Por el contrario, en los casos de realización de trabajos en régimen de dependencia no calificables como de alta dirección cabe admitir el **desarrollo simultáneo** de cargos de **administración** de la sociedad y de una **relación de carácter laboral** (TS 16-12-91, EDJ 11929). Es decir, es compatible la condición de miembro del consejo de administración y trabajador ordinario en régimen laboral (TS 24-10-88; 5-3-13, EDJ 42229). Ahora bien, la existencia de la efectiva prestación ordinaria de servicios debe ser debidamente probada por quien la alega (TSJ Extremadura 13-2-12, EDJ 13898).

En otras palabras, **como regla general**, sólo en los casos de relaciones de trabajo, en régimen de dependencia, pero no calificables de alta dirección sino como comunes, cabría admitir el desempeño simultáneo de cargos de administración de la Sociedad y de una relación de carácter laboral. Ahora bien, puede ser considerado personal de alta dirección, el administrador de una sociedad integrante de un grupo de empresas, que ostenta poderes amplios pero limitados y que actúa sometido, en todo momento, a las instrucciones del órgano de administración de la empresa matriz (TSJ Sevilla 3-12-14, EDJ 268107).

3) Se ha considerado que es mercantil y no laboral la relación de quien realiza **trabajos de gerencia**, siendo **titular de un tercio del capital** de sociedad anónima y administrador solidario con otros dos socios, percibiendo una retribución mensual fija por sus labores como gerente (TS 26-12-07, EDJ 344056).

4) Hay que tener en cuenta que la Ley de Sociedades de Capital contempla la figura del **administrador de hecho**, pero debe estarse a las concretas condiciones en las que desarrollan las actividades para la sociedad (TSJ Aragón 20-5-15, Rec 283/15).

7. Socios de cooperativas y sociedades laborales

355 El trabajo en las cooperativas y en las sociedades laborales puede desarrollarse por **trabajadores asalariados**, vinculados a ellas a través de un contrato de trabajo, aun ordinariamente con carácter limitado en número o vigencia del contrato, o a través de **socios trabajadores o socios de trabajo**, personas cuya aportación principal a la entidad en la que se integran mediante un vínculo asociativo es, precisamente, su prestación personal de servicios.

El **régimen jurídico** aplicable a los primeros es, en general, el laboral común, puesto que en nada se diferencian de los trabajadores asalariados de cualesquiera empresas ordinarias, sin perjuicio de las particularidades que en algún caso resulten aplicables por razón de la especialidad de la entidad en la que realizan su prestación laboral.

Debe tenerse en cuenta que existe en el marco de las sociedades mercantiles capitalistas no sólo una plena separación entre la esfera personal y patrimonial de la sociedad y la de los socios, sino también una completa **independencia funcional** entre el trabajo y la condición de socio, y en principio cabe admitir la dualidad de relaciones -la de carácter laboral y la asociativa- siempre que ambas tengan sustantividad propia y la aportación a la sociedad no integre precisamente la prestación de servicios que constituiría el objeto propio del contrato de trabajo (TS 18-3-91, EDJ 3003; 14-10-98, EDJ 22787).

357 **Cooperativas** (L Coop art.13.4, 80, 95, 102.2, 103.3, 105 y 106.3) El trabajo asociado o societario en las cooperativas se puede realizar por los denominados socios trabajadores y por los socios de trabajo.

a) **Socios trabajadores.** Son los socios ordinarios de las cooperativas de trabajo asociado se denominan socios trabajadores, al igual que los socios de cooperativas de explotación comunitaria de la tierra que aportan su trabajo personal, solo o conjuntamente con medios y tierras. También tienen la consideración de socios trabajadores, los profesionales de la salud que prestan sus servicios por cuenta de las cooperativas sanitarias y el personal docente y de servicios que presta su actividad para las cooperativas de enseñanza. Su **vínculo** con la entidad en la que se integran es de naturaleza societaria o cooperativa (TS 15-11-05, EDJ 230460; TSJ Galicia 14-5-09, EDJ 113745; TSJ C.Valenciana 7-6-16, EDJ 17490).

b) **Socios de trabajo.** La denominación de socios de trabajo se reserva para los socios de los restantes tipos de cooperativas de primer grado o de cualesquiera de segundo grado (cooperativas asociadas) cuya actividad cooperativizada consiste en su prestación personal de trabajo para la cooperativa.

En todo caso, la regulación de la prestación de servicios se contiene en la **normativa estatal** (L 27/1999), y en la **autonómica correspondiente** (TSJ Sevilla 10-11-15, EDJ 251811). Debidamente combinada con la propia regulación de los estatutos de la cooperativa (TSJ Murcia 24-11-14, EDJ 256057; TSJ País Vasco 15-4-14, EDJ 103479).

359 Precisiones **1)** Tienen la condición de simples socios cooperativistas, los profesionales autónomos organizados para la mejora de su actividad en **cooperativas agrarias, de servicios, del mar o de transportistas** (LCoop art.93.1, 98.1, 99.1 y 100.1).

2) Las cooperativas de trabajo asociado pueden optar, estatutaria y globalmente, por el encuadramiento en la **Seguridad Social** de sus **socios trabajadores** como autónomos o como asimilados a trabajadores por cuenta ajena (LGSS art.14; RD 84/1996 art.8), en el régimen que corresponda en función de la actividad desempeñada (general, incluidos los sistemas especiales, del mar o de minería del carbón). La opción de encuadramiento puede cambiarse mediante la modificación de los estatutos de la entidad, debiendo afectar igualmente a todos los socios trabajadores y haber transcurrido al menos cinco años desde la opción precedente (RD 84/1996 art.8 y 41.3). Con carácter común a todos los socios trabajadores o de trabajo asimilados a trabajadores por cuenta ajena en su relación de Seguridad Social, la asimilación se produce con exclusión de la protección de **FOGASA** (LGSS art.14).

Respecto de los **socios de trabajo** de cualesquiera otras cooperativas y a los socios trabajadores de las cooperativas de explotación comunitaria de la tierra, están en todo caso asimilados a trabajadores por cuenta ajena, por lo que procede su alta como tales en el Régimen General o en el Especial que corresponda según la actividad desempeñada (LGSS art.14) (TS 15-7-91, EDJ 7900; 22-4-93, EDJ 3780; 7-7-93, EDJ 6792; 29-9-03, EDJ 139945).

3) No es laboral la condición de **presidente del consejo rector** de la cooperativa y socio con facultades de representación y dirección de la cooperativa con retribución, al haberlo decidido así los miembros de dicha cooperativa, por faltar los requisitos de dependencia y ajenidad (TSJ Granada 29-9-11, EDJ 240843; TSJ Aragón 21-12-15, EDJ 267169).

4) Con relación a la práctica de una cooperativa de trabajo asociado de **poner a disposición** de otras empresas **a sus propios socios**, la ausencia de una estructura organizativa suficiente en la cooperativa que subcontrata sus servicios y destina a sus socios en las instalaciones de una empresa principal es causa para considerarla ficticia y constituida en fraude de ley, siendo la empresa principal el verdadero empleador de aquellos (TS 24-9-24, EDJ 688655).

5) La **jurisdicción social es competente** para conocer de los litigios entre las CTA y sus socios trabajadores por la prestación de sus servicios. Por el contrario, la **jurisdicción civil** es la competente para las cuestiones que se planteen en relación al giro de la empresa, participación en los órganos sociales, etc. (TSJ País Vasco 7-10-08, EDJ 230948); para aquellas cuestiones que guardan relación con la aportación de cantidades para incrementar el capital social y no con la aportación de trabajo por parte del socio, así como para el reintegro o reembolso de las aportaciones realizadas una vez producida su baja (TS 20-11-06, EDJ 311920; TSJ País Vasco 17-7-07, EDJ 229525; TSJ Extremadura 28-7-05, EDJ 119636); o cuando la cooperativa es de servicios empresariales (TSJ Madrid 1-3-24, EDJ 524926).

Sociedades laborales y participadas (L 44/2015 art.1.2) El trabajo asociado en las sociedades laborales, **anónimas** o de **responsabilidad limitada**, se realiza por los socios que son al mismo tiempo trabajadores que prestan servicios en ellas retribuidos de forma personal y directa, en virtud de una relación laboral por tiempo indefinido. **361**

En la regulación vigente se exige que los socios trabajadores posean la mayoría del capital social, sin que ninguno de ellos pueda tener acciones o participaciones que representen más de la tercera parte del capital social, salvo que:

a) La sociedad laboral se constituya inicialmente por 2 socios trabajadores con contrato por tiempo indefinido, en la que tanto el capital social como los derechos de voto están distribuidos al 50%, con la obligación de que en el plazo máximo de 36 meses se ajusten al límite indicado.

b) Se trate de socios que sean entidades públicas, de participación mayoritariamente pública, entidades no lucrativas o de la economía social, en cuyo caso la participación puede superar dicho límite, sin alcanzar el 50% del capital social.

Los socios trabajadores de las sociedades laborales se encuadran en un **doble vínculo** con la entidad en la que participan, societario y laboral.

Precisiones **1)** A partir del 9-5-2021, con carácter extraordinario queda prorrogado por 24 meses más el plazo de 36 meses que tienen las sociedades laborales que se constituyan inicialmente por **dos socios trabajadores** con contrato por tiempo indefinido, y en la que tanto el capital social como los derechos de voto están distribuidos al 50%, para ajustar la titularidad de acciones al límite establecido como máximo en la tercera parte del capital social por cada socio (LSLP art.1.2.b). Esta prórroga extraordinaria es aplicable a las sociedades laborales constituidas durante los años 2017, 2018 y 2019 (RDL 8/2021 art.11 y disp.final 2ª).

2) Los socios trabajadores de las sociedades laborales y participadas, cuya participación en el capital social se ajuste a los límites señalados y no posean el control de la sociedad se integran como **asimilados a trabajadores por cuenta ajena**, con exclusión de la protección por desempleo y del FOGASA, salvo que el número de socios de la sociedad laboral no supere los 25, cuando por su condición de administradores sociales realicen funciones de dirección y gerencia de la sociedad, siendo retribuidos por ello o por su vinculación simultánea a la sociedad laboral mediante una relación laboral de carácter especial de alta dirección. Tal inclusión se realizará en el Régimen General o en el especial que corresponda por la actividad (LGSS art.136.2.d y e).

3) Por el contrario, quedan obligatoriamente **incluidos en el RETA** cuando su participación en el capital social junto con la de su cónyuge y parientes por consanguinidad, afinidad o adopción hasta el segundo grado con los que convivan alcance, al menos, el 50%, salvo que acrediten que el ejercicio del control efectivo de la sociedad requiere el concurso de personas ajenas a las relaciones familiares (LGSS art.306.2.e).

8. Voluntariado social

(ET art.1.3.d; L 45/2015 art.3.3)

370 Se excluyen del ámbito laboral los trabajos benevolentes, en el sentido de realizados **altruistamente**, como forma de colaboración social. Este tipo de actividad tiene su máxima manifestación en la figura del voluntariado.

Se **define** al **voluntario** como aquella persona física que se compromete libremente a realizar actividades de interés general, sin una relación laboral, funcionarial, mercantil o de cualquier otro tipo. Para encajar en este perfil es preciso que la actividad realizada tenga carácter altruista y solidario, que se desarrolle de forma libre (sin obligación personal o deber jurídico), y sin contraprestación económica o material, sin perjuicio del abono de los gastos reembolsables que el desempeño de la acción voluntaria ocasione a los voluntarios, y que se encauce a través de organizaciones privadas o públicas sin ánimo de lucro y con arreglo a programas o proyectos concretos y dentro o fuera del territorio español (TS 6-11-19, EDJ 751602; TSJ C.Valenciana 23-6-09, EDJ 188287; TSJ Sta. Cruz de Tenerife 24-10-08, EDJ 280323; TSJ Burgos 28-5-09, EDJ 113011; TSJ Madrid 6-6-07, EDJ 112601; 8-7-09, EDJ 214986).

A tales efectos, se entiende por **actividades** que pueden **integrar el voluntariado** las de tipo social con colectivos en situación de vulnerabilidad, las internacionales de cooperación al desarrollo, las ambientales, las culturales, educativas, científicas, deportivas, socio-sanitarias, de ocio y tiempo libre, comunitarias o de protección civil. Por otra parte, la actividad en cuestión debe **realizarse con cierta regularidad**, quedando excluidas las aisladas o esporádicas, periódicas o no, prestadas al margen de entidades de voluntariado; las ejecutadas por razones familiares, de amistad o de buena vecindad; los trabajos de colaboración social y las becas (L 45/2015 art.3.3). Sí tienen esta consideración las siguientes **actividades**:

a) Las que se traduzcan en la realización de acciones concretas y específicas, sin integrarse en programas globales o a largo plazo, siempre que se realicen a través de una entidad de voluntariado.

b) Las que se realicen a través de las tecnologías de la información y comunicación y que no requieran la presencia física de los voluntarios en las entidades de voluntariado.

La **diferencia** entre el trabajo prestado por los asalariados y el realizado por el voluntario es la **intención** de obtener o no una remuneración por parte del individuo que se incorpora a la entidad privada o pública sin ánimo de lucro, no los caracteres de la prestación a realizar, que están sujetos a una enorme casuística, dependiendo de los fines a los que se adscriba la correspondiente organización (TSJ Murcia 14-9-17, EDJ 200897; TSJ C.Valenciana 22-2-05, EDJ 46329; TSJ Cataluña 24-5-05, EDJ 109861).

Se ha declarado el **carácter fraudulento:** cuando la prestación del servicio se efectuada por los mismos profesionales con contrato laboral y como voluntarios, por ejemplo, en el caso de los bomberos (TSJ Canarias 16-6-06, EDJ 260026; 8-9-06, EDJ 329161; 24-10-08, EDJ 280323); o cuando la actividad en cuestión ha sido realizada previamente en régimen asalariado y en el futuro vuelve a adquirir esa forma; el **tiempo intermedio**, en el que la prestación pretendió considerarse voluntariado, podría entenderse laboral (TSJ C.Valenciana 30-9-04, EDJ 208619; 22-2-05, EDJ 46329).

No se permite **sustituir el trabajo** retribuido mediante el voluntariado y, en todo caso, el voluntariado no se presume (TSJ Granada 8-10-08, EDJ 286504; 29-10-08, EDJ 287023).

Precisiones El voluntario puede realizar casi **cualquier actividad**, con la única condición de que se cumplan los requisitos establecidos legalmente. Es más, la realización de actividades en régimen de voluntariado no es incompatible con la existencia de **contratos laborales** en la misma organización para similares tareas (JS Sevilla núm 4 2-2-04, EDJ 313337; TSJ Cataluña 18-5-00, EDJ 17682).

372 El voluntario tiene que suscribir por escrito un **acuerdo de incorporación** que constituye el instrumento principal de su definición y regulación que, además de determinar el carácter altruista de la relación, ha de **referirse a**:

- el conjunto de derechos y deberes que corresponden a ambas partes;
- el contenido de las funciones, actividades y tiempo de dedicación que se compromete a realizar el voluntario;
- el proceso de formación que se requiera para el cumplimiento de sus funciones;
- la duración del compromiso y a las causas y formas de desvinculación por ambas partes.

Este acuerdo no constituye un contrato en sentido estricto, ya que no crea un auténtico vínculo jurídico entre el voluntario y la institución receptora, sino un **compromiso unilateral** del primero. La entidad receptora no posee ningún título que la habilite para exigir al voluntario la realización de la actividad a que éste se comprometió, pudiendo cesar en ella cuando estime conveniente.

Los voluntarios han de estar protegidos frente a los riesgos de **accidente y enfermedad** derivados directamente del ejercicio de la actividad, mediante un seguro, para que deban garantizárseles las debidas condiciones de seguridad e higiene en función de la naturaleza y características de la actividad realizada y para que sean compensados por los gastos ocasionados con la actividad. El **aseguramiento** de la **salud e integridad** del voluntario o el resarcimiento de los gastos son una consecuencia de la obligación que pesa sobre el titular de la organización de salvaguardar la integridad de los individuos que se relacionan con ella, independientemente de la naturaleza del vínculo que les una y consecuencia de que la entidad sin ánimo de lucro posea título alguno para exigir del voluntario determinado resultado (JS Sevilla núm 4 2-2-04, EDJ 313337).

Precisiones **1)** A la **normativa** estatal debe añadirse la propia de las **Comunidades Autónomas**: **374**
- Andalucía: L Andalucía 4/2018;
- Asturias: L Asturias 10/2001;
- Aragón: L Aragón 6/2018;
- Madrid: L Madrid 1/2015 redacc L Madrid 4/2023;
- Canarias: L Canarias 4/1998;
- Cataluña: L Cataluña 25/2015 redacc L Cataluña 11/2023;
- Castilla-La Mancha: L Castilla-La Mancha 4/1995;
- Castilla y León: L Castilla y León 8/2006;
- C.Valenciana: L C.Valenciana 4/2001;
- Extremadura: L Extremadura 12/2019;
- Navarra: L Navarra 2/1998;
- La Rioja: L 7/1998;
- Murcia: L 5/2004;
- Illes Balears: L 11/2019;
- País Vasco: L 17/1998;
- Galicia: L 10/2011.

2) El voluntariado se opone al trabajo a título oneroso o retribuido, pero no al trabajo por cuenta ajena o al **trabajo dependiente** (TSJ Asturias 29-6-01, EDJ 25268). La **organización** (entidad sin ánimo de lucro) en la que se enmarca el voluntariado se encarga de planificar y organizar la actividad del voluntario, debiendo éste someterse al ámbito rector de la organización, en términos de dependencia similares a los del trabajo asalariado (TSJ C.Valenciana 22-2-05, EDJ 46329), pudiendo el voluntario quedar sometido a un horario y/o a una jornada análoga a la de un trabajador por cuenta ajena, e incluso pudiendo encargársele tareas con idéntica o parecida dedicación y sometimiento, con la lógica diferencia de la inexigibilidad de ciertos comportamientos y actuaciones entre ambas partes (TSJ Cataluña 24-5-05, EDJ 109861).

3) En el voluntariado no juegan las reglas de la **subrogación empresarial** (TSJ Murcia 1-7-13, Rec 381/13).

Compensación de gastos Los supuestos más conflictivos a la hora de diferenciar el voluntariado de una prestación laboral de servicios son aquellos en los que el sujeto percibe compensaciones económicas por la actividad realizada, en la medida en que esos supuestos **reembolsos de gastos** pueden esconder una retribución indirecta (propia del trabajo asalariado), ya que lo que caracteriza a una relación de voluntariado es el compromiso libre y altruista de prestar un servicio de forma solidaria y no retribuida (TSJ Castilla-La Mancha 12-7-07, EDJ 189215; TSJ Canarias 21-7-06, EDJ 336233; 24-10-08, EDJ 280323; TSJ Burgos 28-5-09, EDJ 113011). **376**

Los gastos reembolsados **no pueden incluir**, en ningún caso, la compensación del tiempo invertido en la realización del servicio, en el sentido de valoración económica de la fuerza de trabajo empleada (JS Sevilla núm 4 2-2-04, EDJ 313337). Si bien pueden valorarse como **factores** que inducen a la consideración de la contrapartida recibida como **salario**: el carácter periódico del pago, y el que se trate de cantidades fijas y no conectadas con los auténticos gastos ocasionados (JS Sevilla núm 4 2-2-04, EDJ 313337).

Los **tribunales** difieren en sus **interpretaciones**, así en entendido:

a) Que la relación existente entre las partes no puede calificarse de voluntariado como compromiso libre y altruista de prestar un servicio de forma solidaria y no retribuida, ya que el demandante percibía por sus servicios una asignación económica mensual de entidad y **cuantía suficiente** (700 €/mes) para considerarla como una auténtica retribución salarial y no una simple compensación de gastos (TSJ Cataluña 25-4-12, EDJ 126599).

b) Que, en la medida en que los **gastos** generados por la prestación son normalmente **irregulares**, el voluntario no puede percibir una **cantidad fija** al mes (TSJ Galicia 29-6-15, Rec 988/14; TSJ Murcia 14-9-17, EDJ 200897), salvo que se demuestre que efectivamente con esa percepción se compensan los gastos generados con la actividad, con la prueba correspondiente de cuáles sean esos gastos (TSJ Cataluña 18-5-00, EDJ 17682). Sin que a tal efecto importe que la cantidad fija percibida no alcance la que correspondería en el ámbito laboral a una prestación de servicios en esa categoría profesional (TSJ Cataluña 24-5-05, EDJ 109861).

c) Se ha admitido como **compensación** de gastos una gratificación consistente en la cantidad fija de 306 €/mes porque, aunque no aparece prueba alguna de cuáles puedan haber sido tales gastos, no existe norma que exija que esos gastos a compensar deban serlo sólo si se justifican documentalmente (TSJ Extremadura 19-12-05, EDJ 253525).
d) Se ha considerado laboral la obtención de 605 € mensuales para personal que colabora en programas de acogimiento de menores con entidades dedicadas a dicha finalidad en teoría como acciones de voluntariado social (TSJ Cataluña 31-3-10, EDJ 140709).
e) Que existe una relación laboral encubierta cuando los servicios se prestan a cambio de **alojamiento, manutención** y otros bienes para él y su familia, tratándose de un trabajador que inicialmente estuvo contratado y que, posteriormente, pasó a prestar servicios en virtud de un compromiso de voluntariado (TSJ C.Valenciana 7-7-22, EDJ 700032). En sentido contrario, por no tener la entidad suficiente para convertir una prestación a título gratuito en una prestación onerosa (TSJ Valladolid 9-3-16, EDJ 25141). Igualmente, con relación a los gastos de transporte (TSJ Sevilla 9-1-14, EDJ 24543).

378 Precisiones 1) En la legislación de algunas **Comunidades Autónomas** se permite que el voluntario perciba no sólo las compensaciones por los gastos efectivamente producidos, sino también **incentivos** de otro tipo, tales como bonificaciones o reducciones en el uso de servicios públicos o beneficios de otro tipo (Leyes de Murcia, Comunidad Valenciana, La Rioja).
2) En el caso de que el voluntario obre movido no solamente por un compromiso solidario, sino también por las **expectativas** de estabilizar en el futuro su relación mediante un **contrato de trabajo**, los Tribunales no suelen estimar que el cambio posterior de expectativas genere derecho a considerar la colaboración como propia del ámbito estrictamente laboral, sosteniendo que se neutraliza este carácter por el compromiso de solidaridad suscrito por el voluntario (TSJ C.Valenciana 16-9-05, EDJ 211225).

380 **Exclusiones** En atención a las notas que caracterizan el voluntariado y a su regulación diferenciada, no tienen la consideración de voluntariado las actividades siguientes:
1. Realizadas por los llamados **cooperantes** (RD 519/2006): aquellas personas físicas que participan en la ejecución, sobre el terreno, de un determinado programa de cooperación internacional para el desarrollo o de ayuda humanitaria en cualquiera de sus fases, a realizar en un país o territorio beneficiario de la política de ayuda al desarrollo. Los cooperantes mantienen con la entidad o persona en cuestión una relación administrativa, funcionarial o laboral (nº 2630 s.).
2. En **beneficio de la comunidad** practicadas por quienes han sido **condenados penalmente**. Consisten en una cooperación no retribuida en determinadas actividades de utilidad pública relacionadas con delitos que ha cometido la persona condenada, o de reparación de los daños causados o de apoyo o asistencia a las víctimas. Se precisa la aceptación del condenado para la imposición de este tipo de actividades, pero en la medida en que éste las acepta en lugar de otra pena, son de obligatoria realización, con posible sanción en caso contrario. Falta por ello el carácter altruista o benévolo que caracteriza al voluntariado (CP art.49; RD 840/2011).

9. Prestaciones personales obligatorias

(Const art.30.4 y 31.1)

385 Se encuentran excluidas de la normativa laboral, las prestaciones personales obligatorias, que sólo pueden ser establecidas por Ley. Responden a la defensa del **interés general** y/o a la prestación de servicios de utilidad pública, como son los deberes de los ciudadanos en caso de grave riesgo, catástrofe o calamidad pública, o la obligación de contribuir al sostenimiento de los gastos públicos.
Aunque estas formas de prestación están excluidas del ámbito laboral, no es óbice para que el legislador les extienda parte de la **protección** de Seguridad Social propia del trabajo asalariado (para accidentes y enfermedades acaecidos con ocasión o como consecuencia del desempeño de la actividad).

387 En nuestro ordenamiento se contemplan los siguientes **supuestos** de prestaciones personales obligatorias:
1. Durante los **estados de alarma** se puede imponer la prestación de ciertos servicios extraordinarios, por su duración o por su naturaleza, a los integrantes de los Cuerpos de Policía de las Comunidades Autónomas y de las Corporaciones Locales, así como a los demás funcionarios y trabajadores al servicio de las mismas (LO 4/1981 art.9).
2. Se permite a las autoridades militares utilizar prestaciones personales en tiempo de guerra y en caso de movilización total o parcial, para fines militares que no sea para maniobras, con el objeto de garantizar la **defensa nacional** (L 16-12-1954 art.101).

3. Como manifestación de la posibilidad de imponer prestaciones de utilidad pública, se advierte que todos los ciudadanos, a partir de la mayoría de edad, están sujetos a la obligación de colaborar, personal y materialmente, en la **protección civil**, en caso de requerimiento por las autoridades competentes (L 17/2015 art.7.bis).

4. También se consideran obligatorias ciertas prestaciones tanto personales como de transporte para la **realización de obras de competencia municipal** o que hayan sido cedidas o transferidas por otras entidades públicas, en ayuntamientos con población de derecho no superior a 5.000 habitantes. Ambas prestaciones son compatibles entre sí, pudiendo ser exigidas simultáneamente: **389**

a) La **prestación personal** no puede exceder de 15 días al año, ni de 3 consecutivos y puede ser redimida a metálico por un importe del doble del SMI, quedando exentos de ella los menores de 18 años y mayores de 55, las personas con discapacidad física, psíquica o sensorial, y los reclusos en establecimientos penitenciarios (RDLeg 2/2004 art.128 y 129.1).

b) La **prestación de transporte**, por el contrario, es general, sin excepción alguna, para todas las personas físicas o jurídicas, residentes o no en el municipio, que tengan elementos de transporte en el término municipal afectos a explotaciones empresariales radicadas en éste, aunque puede ser reducida a metálico, por importe de 3 veces el SMI. En todo caso, esta prestación no puede exceder, para los vehículos de tracción mecánica, de 5 días al año (ninguno consecutivo), y para los demás de 10 días al año (no más de 2 consecutivos) (RDLeg 2/2004 art.130).

5. Otras prestaciones obligatorias están construidas sobre las obligaciones cívicas, políticas o sociales de los ciudadanos, tales como la participación en **mesas electorales** (generales, autonómicas, locales y del Parlamento Europeo), cuando se es designado presidente o vocal de la mesa (LO 5/1985 art.27); o la incorporación como **miembro de un jurado** en el marco de un proceso penal (LO 5/1995).

6. Por último, y en un contexto claramente diferente, también resultan obligatorias las prestaciones que deben realizar los **reclusos** en los **servicios auxiliares comunes** del establecimiento penitenciario (LO 1/1979 art.27.1.e). Obviamente, no se trata de la prestación de servicios desarrollada mediante una relación laboral especial sino de las actividades impuestas para el buen orden, limpieza e higiene de los establecimientos penitenciarios, que se han declarado expresamente no comparables a los trabajos forzosos de carácter punitivo (TCo 116/2002). **391**

Asimismo, se impone a los **menores** de edad la responsabilidad penal de someterse a programas de tipo formativo, cultural, educativo, profesional, laboral, de educación sexual, de educación vial u otros similares, cuando así se determine judicialmente (LO 5/2000 art.7.1.h.2º).

No pueden, sin embargo, situarse a equivalente nivel los **trabajos en beneficio de la comunidad** como condenas penales, pues sólo pueden imponerse con el consentimiento del penado (CP art.49; RD 840/2011).

10. Trabajos amistosos o de buena vecindad

(ET art.1.3.d)

Se excluyen expresamente del ámbito laboral los trabajos realizados a título de amistad, benevolencia o buena vecindad, configurando con ello una exclusión claramente declarativa, en la medida en que falta en estas prestaciones el ánimo de lucro que caracteriza el trabajo asalariado (TSJ Murcia 16-7-12, EDJ 171807; TSJ Cataluña 22-2-13, EDJ 45738). **400**

Sus **rasgos identificativos** son (TSJ Las Palmas 30-6-17, EDJ 206788):

a) Carácter amistoso, benévolo o de buena vecindad del trabajo resulta independiente del beneficio que reporta a quien se presta.

b) Ocasionalidad o no permanencia del trabajo resulta irrelevante, si bien constituye un indicio importante de gratuidad.

c) Gratuidad del trabajo, esto es, la no percepción de contraprestación económica alguna, si bien el carácter gratuito no queda desvirtuado por la existencia de gratificaciones en especie o en metálico. Este rasgo no es contrario al abono de una gratificación en concepto de agradecimiento o, para sufragar los gastos ocasionados por la actividad (TSJ Sevilla 31-5-12, EDJ 145795). En todo caso, la **gratuidad** debe ser **acreditada** por quien la sostiene de modo que, en la mayoría de los casos, pesa sobre quien recibe la prestación de servicios, la carga de probar que la prestación no es laboral por faltar el ánimo de lucro (TS cont-adm 21-7-92, EDJ 8234; TS 25-2-97, EDJ 1036; TSJ Galicia cont-adm 30-7-02, EDJ 100820; TSJ Cataluña 27-4-00, EDJ 117160; TSJ Granada cont-adm 13-5-02, EDJ 129995).

d) No sometimiento al círculo rector y disciplinario del empresario.

No procede, con carácter general, una **interpretación** extensiva de esta regla para que alcance a relaciones de otro tipo (TSJ Galicia 3-2-93, Rec 5359/92; TSJ Cantabria 18-4-11, EDJ 103155; TSJ Granada 8-10-08, EDJ 286504; 29-10-08, EDJ 287023.

402 Precisiones 1) Se ha admitido el uso de esta fórmula de exclusión para considerar no laborales las prestaciones de servicios realizadas **entre los familiares** a los que no alcanza la regla de exclusión (nº 430), por faltar la convivencia o no cumplirse el requisito del grado de parentesco (TS 11-7-97, EDJ 6291). Así como para las **relaciones sentimentales**, si bien resulta determinante para el juego de esta regla y no el de la presunción de laboralidad (por la ausencia de vínculo de parentesco o conyugal) el que medie o no convivencia, si hay convivencia y contribución económica a un fondo común, ante la imposibilidad de aplicar analógicamente la exclusión de familiares, se ha optado en ocasiones por aplicar esta otra exclusión (trabajos amistosos) (TSJ Cataluña 15-12-15, Rec 5825/15; TSJ Murcia 29-3-96, EDJ 10775; TSJ C.Valenciana 2-7-98, EDJ 65392; 20-3-02; TSJ Cataluña 18-3-09, EDJ 199064 -si bien aclarando que la prestación es a título de amistad o benevolencia porque aun habiendo convivencia no había contraprestación económica-).
Incluso en alguna ocasión se ha aplicado a los **cónyuges** cuando se trata de colaboraciones ocasionales -en lugar de la regla del nº 430-, quizá más pensada para colaboraciones constantes (TS 24-10-88).
2) Resulta particularmente complejo determinar la existencia de prestaciones amistosas o de buena vecindad cuando se desarrollan en el **hogar familiar**. La relación personal entre los implicados hace con frecuencia difícil diferenciar las prestaciones que se enmarcan en sentido estricto en una relación laboral especial de servicio doméstico, de aquellas otras realizadas por benevolencia como resultado de la confianza mutua existente, debiendo indagarse la efectiva intención de las partes, a propósito de cada concreta actividad (TSJ Cataluña 29-6-98, EDJ 28164). Se considera encuadrable en la exclusión aquí analizada la sustitución de titular y trabajador de cafetería ante su indisposición por un extranjero acogido en su domicilio por parentesco con la empleada del hogar y que se alimenta en el establecimiento (TSJ Cantabria 29-12-05, EDJ 243146). En este contexto, deben mencionarse los denominados trabajos de **au pair** (a la par), no laborales, por responder en buena medida a una idea de colaboración o ayuda mutua, en el sentido de intercambio de servicios por manutención, alojamiento, aprendizaje de idiomas y compensación de gastos en un territorio extranjero (Acuerdo de Estrasburgo 24-11-1969, art.2.2; RD 1624/2011).
3) Las **colaboraciones vecinales** pueden producirse también a requerimiento de la Administración. Se considera un derecho/deber de los vecinos participar en la gestión municipal mediante la colaboración voluntaria cuando así se interese por los órganos de gobierno y administración municipal (L 7/1985 art.18.1.b) (TSJ Extremadura 25-9-03, EDJ 266169).
4) Se entiende que los servicios se prestan a título de amistad, benevolencia o buena vecindad, cuando lo que se recibe son simples **compensaciones por los gastos** o perjuicios ocasionado, o incluso alguna donación dineraria. Así se ha considerado en los siguientes **supuestos**:
- el caso de un **jardinero** profesional que se ocupa voluntariamente del cuidado de los jardines de la urbanización de la que es copropietario a cambio de una pequeña gratificación (TS cont-adm 14-6-95, EDJ 3948);
- el **director gerente** de una asociación sin ánimo de lucro (TSJ Castilla-La Mancha 12-7-07, EDJ 189216);
- los **miembros de una orden religiosa** que reciben, de la asociación para la que prestan servicios con habitualidad, la manutención y vestido necesarios y que habitan en la llamada «zona privada» del inmueble (TSJ Burgos 28-5-09, EDJ 113011).

Por el contrario, se ha considerado **remuneración en especie,** y por lo tanto **trabajo retribuido**:
- el supuesto del cuidador de instalaciones que percibe a cambio el derecho al uso de una vivienda (TS 26-7-88, EDJ 6698);
- cuando junto a la supuesta indemnización o **compensación** es **periódica o habitual**, por escasa que sea, y concurren el resto de notas del trabajo asalariado (voluntariedad, dependencia y ajenidad), entra en juego la presunción de laboralidad (TSJ Madrid 20-2-92, Rec 4506/91).

404 **Prueba** El carácter excepcional de este **tipo de relación** -afectiva o vecinal- obliga a presentar pruebas que acrediten su existencia, en caso de discrepancia (TSJ Castilla-La Mancha 16-4-03, EDJ 41061). No obstante, la prueba de la existencia de este tipo de relación entre las partes no basta para que la prestación quede excluida del ámbito laboral, sino que es preciso probar que la actividad desplegada responde a una **intención humanitaria, filantrópica, desinteresada** y ajena a un móvil lucrativo, sustentada en la relación existente. En caso contrario, no queda excluida del ámbito laboral aunque entre las partes medie una profunda amistad o incluso cuando la prestación respondiese en un primer momento a la existencia de ese tipo de relación (TS 26-10-87, EDJ 7735).
Estos trabajos **no** suelen requerir de la suscripción de un **acuerdo de colaboración**, ni de la extensión de documento escrito alguno, rigiéndose normalmente por un régimen laxo de cooperación en momentos de conveniencia para ambas partes (TSJ Sevilla 1-3-12, EDJ 74248).

Precisiones 1) Los Tribunales han entendido que puede presumirse que **no es laboral** la prestación cuando: 406
- no conlleva ninguna utilidad para la persona que la recibe (TSJ C.Valenciana 4-10-03);
- o no le reporta ningún beneficio económico (TSJ Cataluña 14-3-01, EDJ 102913; TSJ Sevilla 30-9-08, EDJ 345573);
- la actividad realizada respondía a razones totalmente ajenas a la actividad productiva y existía una relación de amistad entre las partes (TSJ Asturias 4-4-03, EDJ 89011; TSJ Andalucía 29-4-09, EDJ 406645 -para ayudar a un amigo en impermeabilización de piscina de su urbanización-);
- la vecina realizaba libremente actividades en beneficio del resto de vecinos de la población (TSJ Burgos 12-11-92, Rec 288/92);
- no hay horario, ni órdenes y media amistad entre los litigantes (TSJ Cataluña 15-12-15, Rec 5825/15);
- voluntaria de una Agrupación de Protección Civil del Ayuntamiento (TSJ Sevilla 9-1-14, EDJ 24543);
- una relación en que demandante y demandado convivían juntos durante 23 años, acudiendo al bar propiedad del demandado **de manera habitual** para ayudar, sin sujeción a horario, jornada, salario y sin recibir ni órdenes ni instrucciones (TSJ Galicia 22-11-11, EDJ 285565);
- una relación en la que la actividad se realiza por una persona jubilada de 84 años y se acredita que se realiza de forma ocasional y no como empleo formal (TSJ Galicia 21-1-22, EDJ 505547).

2) Por el contrario, debe presumirse **laboral**:
- cuando resulta particularmente útil para la actividad productiva del receptor o tiene especial relevancia o intensidad (TSJ Castilla-La Mancha 22-4-10, EDJ 113640);
- la tarea de ayudar pelando patatas a un amigo cocinero de un hotel, mientras este le enseñaba el idioma español, proporcionándole este alojamiento, ropa y comida (TSJ Cantabria 8-11-06, EDJ 344594);
- trabajos de recogida y limpieza, y de entrega de unas planchas de escayola a un cliente del empresario, bajo la organización de éste (TSJ Sevilla 31-5-12, EDJ 145795);
- la asistencia habitual a un bar prestando servicios propios del local y pidiendo su preparación a la camarera que permanecía tras la barra (TSJ Cataluña 29-5-15, EDJ 127823).

Carácter ocasional Para aplicar la **no laboralidad**, la jurisprudencia ha exigido que la ayuda o colaboración sea ocasional (TS 16-3-88; TSJ Madrid 31-10-06, EDJ 372508; TSJ Castilla y León 1-7-10, EDJ 152362; TSJ Murcia 22-5-06, EDJ 249222); en el sentido de prestada de manera eventual o esporádica (TS 17-5-82; TSJ Madrid 28-1-02, Rec 2772/97); o con ocasión de un evento singular (TSJ Extremadura 12-7-00, EDJ 51825 (por ejemplo, para la colaboración en un festejo popular). Tampoco se ha considerado laboral la ayuda ocasional impartiendo clases particulares de inglés al hijo del titular de la empresa (TSJ C.Valenciana 16-2-10, EDJ 110028). 408

Por tanto, la **falta de ocasionalidad**, o la falta de prueba de la misma, es un indicio de laboralidad de la prestación (TSJ Cataluña 11-11-94; TSJ Madrid 5-7-96, Rec 398/94). Aunque esta circunstancia tampoco resulta determinante, ni excluyente de la laboralidad (TSJ Cataluña 1-2-10, EDJ 55093).

Precisiones 1) Por faltar este carácter ocasional, se han considerado laborales prestaciones de gratitud o ayuda mutua, del tipo de labores de limpieza y ayuda a los **conserjes de un edificio**, a cambio del uso de servicios comunes de la comunidad (TS 19-1-94, EDJ 260); o del uso gratuito de la vivienda de la portería de la finca (TS 17-5-82). 410

2) No obstante, en alguna ocasión se ha admitido el carácter amistoso o de buena vecindad de la prestación, aun sin ser ocasional, cuando se prueba que la colaboración cuestionada responde a una **prolongada amistad** (TS 11-7-97, EDJ 6291; TSJ C.Valenciana 7-6-00, EDJ 50971; TSJ País Vasco 28-1-03, EDJ 266146). Sin perjuicio de que la prueba de la existencia de una relación de este tipo, excluida del ámbito laboral, cuando se prolonga en el tiempo, es una **prueba** diabólica o casi imposible (TSJ Murcia 26-7-99, EDJ 25320; TSJ Castilla-La Mancha 3-4-00, EDJ 117108; e indirectamente TS 16-2-90).

Por lo mismo, la falta de prueba de una amistad previa resulta determinante para confirmar la laboralidad, puesto que en ausencia de tal amistad difícilmente puede romperse la presunción de laboralidad (TSJ Cataluña 1-2-10, EDJ 55093).

3) Se ha considerado encuadrable en este tipo de exclusión las **actividades socioculturales** realizadas de forma gratuita (TSJ Sevilla 9-1-14, EDJ 24543; TSJ Andalucía 30-9-08, EDJ 345573 -para una monitora de baile en taller de ocio municipal-; TSJ Cataluña 22-5-08, EDJ 91727 -para profesoras o monitoras del cuadro de rondalla y jotas del Centro Aragonés de Sarriá-; TSJ Cantabria 24-4-06, EDJ 87101 -para profesor de actividad extraescolar en una asociación cultural-).

11. Colaboradores de medios de comunicación

(Const art.20.1.d; L 14/1966; D 744/1967; RDLeg 1/1996 redacc RDLeg 24/2021; LO 2/1997)

415 El régimen jurídico al que se somete la colaboración en medios de comunicación social puede adquirir formas muy variadas y heterogéneas, desde contribuciones por **cuenta propia**, con autonomía y sin incorporación a la plantilla del medio en cuestión, hasta colaboraciones **en régimen asalariado** (por cuenta del medio, de forma dependiente y con integración en la plantilla de la empresa), pasando por la mera **colaboración entre empresas** (contratación en régimen civil o mercantil de una empresa de comunicación o información) (TS 19-2-14, EDJ 57417).

Entre estas actividades de colaboración con medios de comunicación, han presentado especiales problemas de delimitación las de los **corresponsales** de prensa, fotógrafos o reporteros gráficos y **colaboradores externos** en general, precisamente porque este tipo de actividad puede desarrollarse con plena autonomía, con la consiguiente exclusión del ámbito laboral, o en régimen de dependencia (con la consiguiente laboralización del vínculo), aun cuando esta dependencia sea ciertamente flexible o lata (TS 11-5-10, EDJ 122423; 5-12-11, EDJ 306706; 5-12-11, Rec 304/11; TSJ Madrid 15-10-12, EDJ 260051).

Precisiones Aunque en el **convenio colectivo** se disponga expresamente la exclusión de la relación laboral de alguno de estos colaboradores, esto no es relevante para calificar una relación como laboral o como mercantil, ya que esta viene determinada por la ley y no puede ser alterada por el convenio colectivo (TS 19-7-02, EDJ 32077; TSJ Madrid 18-7-22, EDJ 660996).

417 **Indicios de dependencia** La jurisprudencia ha considerado como **indicios de dependencia laboral** las siguientes circunstancias o condiciones de desarrollo de la actividad:

- El **encargo previo** del trabajo.	TS 11-5-10, EDJ 122423; 5-12-11, Rec 304/11; TSJ Murcia 25-3-13, EDJ 71411; TSJ Sevilla 9-7-15, EDJ 151280
- Que la empresa establezca: - los **eventos a cubrir**, dando órdenes sobre la realización de las crónicas; - las **crónicas sobre la información** que se genera en un ámbito territorial determinado.	- TSJ Granada 16-5-12, EDJ 151500; TSJ País Vasco 12-1-16, Rec 2347/15; - TSJ Murcia 25-3-13, EDJ 71411; TSJ Sevilla 9-7-15, EDJ 151280
- La **recepción periódica** por el trabajador de instrucciones de la empresa, siendo también importante el modo en que éstas se presentan: directas, claras y precisas, o como simples orientaciones o encargos. - No es preciso que la empresa transmita instrucciones directas y precisas sobre el modo de realizar el encargo (no sobre las noticias a cubrir sino sobre el modo de cubrirlas), pues la libertad del trabajador es propia de este tipo de profesionales que trabajan usualmente a distancia de su empleador, en el lugar en que se producen los hechos noticiables.	TS 5-12-11, EDJ 306706; 24-6-15, EDJ 129734; 19-7-02, EDJ 32077; 5-12-11, Rec 304/11
- La **asistencia regular** del colaborador al centro de trabajo para recibir las instrucciones y encargos.	TS 19-7-02, EDJ 32077; TSJ País Vasco 12-1-16, EDJ 29189
- La **programación** por parte de la empresa **del trabajo** del colaborador, no dejando en manos de éste esa responsabilidad; así como la participación en el caso de colaboradores radiofónicos en programas fijos cada día, disponiendo de un espacio físico para el desempeño de sus funciones y empleando con carácter ordinario servicios comunes de la empresa, tales como comedores, etc.	TSJ Castilla-La Mancha 3-3-04, EDJ 30988; TSJ País Vasco 20-12-11, EDJ 367366
- El colaborador realiza los **encargos que le hace la empresa** en lugar de elegir las noticias que quiere cubrir y ofrecer luego los resultados de las mismas al medio de comunicación correspondiente.	TS 31-3-97, EDJ 3189; 19-7-02, EDJ 32077; TSJ Sevilla 9-7-15, EDJ 151280
- **No rechazo de encargos**, aunque éste pudiera estar formalmente pactado.	TSJ Asturias 31-10-08, EDJ 319578
- La **facilitación** por la empresa **de los medios** informáticos y técnicos necesarios para el desarrollo de la actividad profesional.	TSJ Castilla-La Mancha 3-3-04, EDJ 30988; TSJ Granada 16-5-12, EDJ 151500
- **Asunción** por la empresa **de los gastos** que genera el desarrollo de la actividad y particularmente el uso de los medios informáticos y técnicos aportados.	TSJ Castilla-La Mancha 3-3-04, EDJ 30988

- Sometimiento de los trabajos realizados por el profesional a un **control de calidad**.	TSJ Castilla-La Mancha 3-3-04, EDJ 30988
- Exigencia al colaborador de **estar a disposición** de la empresa cuando sea necesario para el seguimiento de las noticias o la realización de los reportajes correspondientes.	TSJ Castilla-La Mancha 3-3-04, EDJ 30988
- Percepción por el colaborador de una **retribución** no por obra o noticia redactada, sino de forma estable y **periódica**.	TSJ Castilla-La Mancha 3-3-04, EDJ 30988; TS 19-2-14, EDJ 57417
- Reconocimiento de **vacaciones** anuales retribuidas.	TSJ Castilla-La Mancha 3-3-04, EDJ 30988
- **No** prestación de **servicios para otras empresas** (aun cuando no se pactase exclusividad).	TSJ Castilla-La Mancha 3-3-04, EDJ 30988; TSJ País Vasco 12-1-16, Rec 2347/15
- La adquisición directa por la empresa, en propiedad, del **material informativo**.	TSJ Castilla-La Mancha 3-3-04, EDJ 30988; TSJ Madrid 6-2-12, EDJ 33797
- La **incorporación** plena y con continuidad en la **organización productiva** de la empresa.	TSJ Castilla-La Mancha 22-11-07, EDJ 308373; TSJ Castilla y León 7-5-09, EDJ 102689; TSJ Extremadura 25-2-10, EDJ 56129; TSJ País Vasco 12-1-16, Rec 2347/15
- La **no** posibilidad de **sustitución** decidida por el profesional.	TSJ Murcia 25-3-13, EDJ 71411
- La **identificación** del profesional frente a tercero **mediante credencial** del medio de comunicación.	TSJ País Vasco 12-1-16, Rec 2347/15
- **Usar las mesas** y **ordenadores** o los medios materiales existentes en el centro de trabajo.	TSJ País Vasco 12-1-16, Rec 2347/15; JS Valladolid 14-4-21, EDJ 623588
- Que la **dinámica del trabajo** sea análoga a la que tiene lugar para trabajador de plantilla.	TS 24-6-15, Rec 1433/14
- Prestación de **servicios continuada y estable**, con indicaciones y supervisión de la empresa, así como la utilización de sus medios materiales, aunque el trabajador tenga cierta autonomía en la realización de sus tareas.	JS Valladolid 14-4-21, EDJ 623588

Precisiones **1)** En el caso de los **reporteros gráficos** la facultad empresarial de seleccionar a precio preestablecido las fotografías que más le interesan de los reportajes realizados, así como la adquisición por la comercial de los derechos de explotación y publicación en prensa de las fotografías seleccionadas, sin que a ello sea obstáculo la costumbre o uso profesional de aportar su propia cámara fotográfica y utilizar su propio vehículo para los desplazamientos de trabajo, porque son aportaciones que no tienen entidad económica suficiente desvirtuar la relación laboral; como tampoco la tiene el sistema retributivo -a la pieza-, con cabida en el ET art.26 (TS 31-3-97, Rec 355/96; 19-7-02, EDJ 32077; TSJ Galicia 23-10-09, EDJ 293489; TSJ Asturias 31-10-08, EDJ 319578).

2) En el caso de **reporteros radiofónicos**, se considera laboral la relación mantenida entre una profesional de la información y RNE, para quien aquélla realiza crónicas y reportajes en una determinada zona de la provincia de Madrid limitada por la empresa, decidiendo ésta cuál de ellas se emite y retribuyendo solamente éstas (TS 16-12-08, EDJ 291539; 11-5-09, EDJ 128288); la relación de un **guionista** de Radio Nacional de España, que se comprometía a la cesión y transferencia de todos los guiones (TSJ Madrid 6-2-12, EDJ 33797), y la de un **colaborador deportivo** de Radio Nacional de España, SA, que se ocupaba de la retransmisión de noticias supervisadas y coordinadas por trabajador de la empresa y utilizando sus medios, siendo la retribución mediante cobro por factura según crónicas realizadas (TSJ Las Palmas, 29-11-11, EDJ 371906).

También la de **cronistas deportivos de prensa escrita** -con envío durante años de crónicas y reportajes que se publicaban de forma cotidiana, habitualmente previo encargado, aunque ocasionalmente pudiera proponer el reportaje- (TSJ País Vasco 12-1-16, Rec 2347/15).

3) Respecto de los **tertulianos radiofónicos**, se entiende que existe relación laboral entre un periodista tertuliano de una cadena radiofónica para la que presta habitualmente sus servicios, si presenta todas las notas necesarias para calificarla como tal (TS 19-2-14, EDJ 57417).

Por el contrario, se consideran **indicios de no laboralidad**: **419**

- que los **medios materiales** con los se realiza el servicio contratado sean propiedad del profesional (la cámara, el micrófono y las cintas de grabación);
- la **no exigencia de presencia** en el estudio, pudiendo remitir las grabaciones (TSJ Cataluña 28-1-16, Rec 6313/15);
- **no** tener un **horario fijo**, ni asignado un centro de trabajo;
- hallarse de **alta en el RETA y en el IAE** -si bien las altas en el RETA, el pago de licencia fiscal y la facturación con inclusión del IVA son sólo datos formales, que no se corresponden con la

naturaleza del vínculo, ni definen su carácter; más bien forman parte del mecanismo que se ha puesto en marcha para tratar de descalificar la relación como laboral (TS 19-2-14, Rec 3205/12; TSJ País Vasco 12-1-16, Rec 2347/15);
- que el receptor del servicio no entre en la planificación ni en la forma de realizar los reportajes;
- la no asignación de **vacaciones**;
- la posibilidad para **rechazar** la realización de los **trabajos convenidos**, por ejemplo las crónicas deportivas sobre equipos locales ofrecidas a radio televisión que no está obligada a aceptarlos (TSJ Castilla-La Mancha 24-1-13, EDJ 199930);
- la **no asunción** sin más por la empresa de todas las imágenes grabadas;
- **no** acudir regularmente al **centro de trabajo**;
- percibir un **porcentaje del precio** de venta del reportaje obtenido por la empresa;
- **no** dar cobertura a **todos los eventos** que se desarrollaban en la zona que le es propia (lo que obliga a la empresa a acudir a otros reporteros);
- la prestación del servicio **sólo una hora a la semana** a cambio de una elevada retribución (TSJ Cataluña 28-1-16, Rec 6313/15);
- reservarse el **derecho de resolver el contrato** en caso de cambio de los accionistas de referencia en la empresa (TSJ Madrid 18-7-22, EDJ 660996).

Tampoco se considera laboral la relación, en principio, si el contrato se suscribe con una sociedad para el desarrollo de la actividad por **varios profesionales**, por no concurrir el trabajo personalísimo propio del ámbito laboral (TSJ Castilla y León 17-6-09, EDJ 142092).

421 Precisiones La **no sujeción a horario** en este tipo de profesionales no puede considerarse un indicio determinante de no laboralidad por la singularidad de su actividad (TSJ País Vasco 7-6-11, EDJ 176866; 12-1-16, EDJ 29189). De hecho, la ha considerado laboral la relación de una «colaboradora literaria» pues la periodista debía elaborar una columna diaria, percibiendo una retribución mensual fija, aunque no estaba sujeta a jornada laboral ni a horario alguno, dependiendo de su exclusiva voluntad el tiempo que dedicase a realizar las colaboraciones, realizando su trabajo de forma completamente desconectada de la empresa (TSJ País Vasco 30-11-10, EDJ 356013).

423 **Ajenidad** La actividad de colaboración con medios de comunicación también suscita dudas en relación con la concurrencia de la ajenidad como nota propia del trabajo asalariado, particularmente respecto de los resultados. En este sentido, conviene tener presente que la jurisprudencia ha venido entendiendo que ésta concurre si las **obras**, reportajes, fotografías, comentarios, columnas, etc., que el profesional realiza, pasan a ser **propiedad de la empresa** tanto si son publicadas como si no lo son, sin que sea necesario aplicar a tales efectos el régimen de transmisión de la Ley de Propiedad Intelectual (TSJ Madrid 12-2-10, EDJ 40110; 6-2-12, EDJ 33797; TSJ Sevilla 7-10-10, EDJ 289412).

En el caso de **reporteros gráficos** se considera **indicio** de ajenidad:
- no ser propietario de la cámara fotográfica (TSJ Asturias 31-10-08, EDJ 319578);
- la retribución de todas las fotografías tomadas por el profesional se publiquen o no (TSJ Madrid 12-2-10, EDJ 40110);
- la posibilidad del receptor del servicio de vender a terceros las fotografías realizadas por el profesional, quedándose con un porcentaje importante de lo abonado por ellas (TSJ Madrid 12-2-10, EDJ 40110; TSJ Asturias 31-10-08, EDJ 319578).

425 Precisiones **1)** De un indicio de ajenidad (empleado también para valorar la dependencia) la asunción por la empresa de la **compensación de los gastos** que genera la actividad (relacionada con la ajenidad en los medios), pagando al profesional los gastos de desplazamientos o de material (medios informáticos, conexiones a Internet, conexiones telefónicas, cámaras, mantenimiento de los instrumentos de trabajo, etc.). Sin que ello signifique, ni mucho menos, que el hecho de que el profesional sea propietario de alguno de sus medios de trabajo, por ejemplo, la cámara fotográfica, vaya a desnaturalizar la laboralidad de la relación (TS 31-3-97, EDJ 3189; TSJ Galicia 23-10-09, EDJ 293489; TSJ Asturias 31-10-08, EDJ 319578).

2) En caso de **realizador y presentador de programa televisivo**, se han considerado indicios la realización personal del programa, sin que en su elaboración pudiera ser sustituido, la no realización de los programas por propia iniciativa para ofertarlas a un tercero, la indicación por la empresa del lugar, hora de emisión y duración, con materiales de la empresa y la cesión de la propiedad intelectual y los derechos de explotación (TSJ Sevilla 7-10-10, EDJ 289412). Hay que tener en cuenta que las funciones de un redactor y presentador de informativos no encajan en el concepto de artista, debiendo por tanto calificarse como **relación laboral común** (TSJ Galicia 24-1-13, EDJ 20129). Lo mismo sucede con el adjunto a dirección en programa televisivo (TSJ Galicia 30-1-13, EDJ 25315).

3) La exigencia empresarial de **constituir sociedad con equipo instrumental** para proseguir la relación de servicios, careciendo la empresa de trabajadores o teniéndolos de forma esporádica o para una puntual coyuntura, no afecta al carácter laboral de la prestación (TS 24-6-15, Rec 1433/14).

12. Trabajo familiar

(ET art.1.3.e)

Los trabajos familiares están excluidos de la legislación laboral, salvo que se demuestre la condición de asalariados de quienes los realizan. 430

Se consideran **familiares**, al cónyuge, a los descendientes, ascendientes y demás parientes por consanguinidad o afinidad (también por adopción) hasta el segundo grado inclusive, siempre que convivan con el empresario y estén a su cargo (LGSS art.12). Por el contrario, **no** son **familiares**, a estos efectos, la pareja con convivencia more uxorio (TS 11-3-05, EDJ 55243; 24-2-00, EDJ 1385; TSJ Galicia 13-5-21, EDJ 631827; TSJ Valladolid 20-12-21, EDJ 810798); lo cual no impide que se evalúe el tipo de relación jurídica concurrente en cada caso y se concluya que no existe relación laboral (TSJ País Vasco 6-9-05, EDJ 212355; TSJ Extremadura 17-11-16, EDJ 233971).

Se trata de una **presunción** iuris tantum de **no laboralidad** de los trabajos familiares, correspondiendo la carga de la prueba al trabajador (TSJ Sta. Cruz de Tenerife 30-11-01, EDJ 62164) acreditando, por ejemplo, la naturaleza de asalariado (TS 5-11-08, EDJ 234691), estar sometido a un círculo del que pueda extraerse la existencia de ajenidad y dependencia propias de la relación laboral (TSJ Madrid 22-5-97), o percibir una retribución que excede de lo que comúnmente se conoce como dinero de bolsillo, o paga semanal (TS 13-6-12, EDJ 139464; TSJ Castilla-La Mancha 7-9-16, EDJ 170116; 24-9-19, EDJ 710023; TSJ Cataluña 30-1-17, EDJ 57343). No se desvirtúa la presunción por circunstancias formales, como la categoría y salarios atribuidos, ni la afiliación y cotización a la Seguridad Social (TSJ Cataluña 24-4-95; TSJ Murcia 11-3-97).

Una vez **acreditada** la **condición de asalariado** del familiar se le debe reconocer la condición de trabajador por cuenta ajena de la que no puede ser excluido por la sola razón de su parentesco con titulares de la sociedad (TS 14-6-94, EDJ 5328; 19-10-94, EDJ 8167; 25-11-97, EDJ 8747; 19-12-97, EDJ 10620; 22-12-97, EDJ 21302; 18-3-98, EDJ 3938; 13-3-01, EDJ 10117; 5-11-08, EDJ 234691; TSJ Granada 19-3-15, EDJ 81838). Precisamente, por ello, se ha entendido **contrario** al **principio de igualdad** excluir del ámbito laboral unas relaciones jurídicas por el solo hecho de ser parientes de sus titulares (TCo 79/1991; 2/1992; TS 25-11-97, EDJ 8747; 27-4-00, EDJ 11187; 5-11-08, EDJ 234691; TSJ Granada 19-3-15, EDJ 81838).

La prestación para el empresario familiar tampoco se realiza generalmente con el **grado de dependencia** que se predica de las relaciones laborales en sentido propio. Pueden presentarse elementos de subordinación, con reflejo por ejemplo en el sometimiento a horario o en la inclusión dentro del círculo rector u organizativo del empresario, pero el grado de dependencia es relativo en la medida en que no existe subordinación respecto de un tercero, sino de un pariente próximo (TS 25-11-97, EDJ 8747; TSJ Cataluña 24-7-92; 30-6-95; TSJ Galicia 22-10-97, EDJ 59412).

Precisiones 1) La **afinidad** se limita al vínculo que existe entre cada cónyuge y los parientes del otro, sin posibilidad de extensión del mismo a los afines de los afines (TS 20-12-94, EDJ 24163). 432

2) El juego de esta presunción exige que además del vínculo de **parentesco** exista **convivencia** entre las partes (TSJ Castilla y León 25-9-06, EDJ 305705), en el sentido de dependencia económica más que de simple cohabitación física. No obstante, los Tribunales no siempre son claros respecto a este punto, y con frecuencia se alude a la convivencia como si la misma sólo concurriese cuando se vive bajo el mismo techo (TSJ Castilla y León 14-11-07, EDJ 299033; TSJ Extremadura 26-2-02, EDJ 8614; 26-5-09, EDJ 113309; TSJ C.Valenciana 6-3-03).

La **ausencia** de alguna de estas **condiciones** basta para que la prestación de servicios de quien no es pariente en el grado exigido o no convive en la unidad familiar se presuma laboral (TS 14-6-94, EDJ 5328).

3) Cabe el trabajo por cuenta ajena entre **parientes que comparten el mismo** techo. Pero si el parentesco es muy próximo y existe convivencia con el empresario, la ley ha establecido una presunción iuris tantum a favor del trabajo familiar no asalariado que se aparta expresamente de la presunción de laboralidad establecida (TSJ Granada 9-10-21, EDJ 749889). A estos efectos, los tribunales realizan una amplia interpretación de la noción de convivencia utilizada legalmente (TSJ Canarias 7-6-07, EDJ 187488 -declarando la extensión de la exclusión a la nuera del empresario-; TSJ Castilla-La Mancha 31-3-08, EDJ 173382 -para la hija del marido de la dueña-).

4) La certificación del **padrón municipal** es uno de los elementos que prueban la convivencia, aunque sea preciso, además, probar la dependencia económica (TS 30-9-97, EDJ 6885).

5) El precepto exige la concurrencia de dos requisitos: parentesco y convivencia, por lo que no es posible extender el ámbito de la excepción a los **supuestos de acogimiento o mera convivencia sin parentesco**. Más aun cuando, por tratarse de un supuesto excepcional, ha de recibir una aplicación e interpretación en sus términos estrictos (TS 2-7-96, EDJ 4888).

6) Hay que tener en cuenta que los **trabajadores autónomos** pueden contratar, como trabajadores por cuenta ajena, a los **hijos menores de 30 años** aunque convivan con ellos. Si existe convivencia, además, del ámbito de la acción protectora dispensada a los familiares contratados queda excluida la cobertura por desempleo (LGSS art.12.2; L 20/2007 disp.adic.10ª).

434 **Organización del trabajo familiar** Es preciso tener en cuenta que el desarrollo de una actividad productiva en la que toman parte varios miembros de una misma familia admite **formas organizativas** muy diversas:

1. Puede darse en el marco de una **relación directa** con un empresario persona física.
2. Los parientes pueden conformar un **grupo** para tal fin (en este caso no se aplica la exclusión si es un tercero empresario el que contrata al grupo).
3. El familiar puede efectuar su prestación de servicios en el contexto de un **negocio familiar**, como sociedad irregular o simple comunidad de bienes.
4. Puede enmarcarse en el ámbito de una **sociedad familiar** (negocio familiar con forma societaria). Por su parte, la sociedad familiar, como aquella que se caracteriza por la existencia de vínculos familiares entre quienes disponen del poder de control sobre las decisiones empresariales y la gestión del negocio, de forma que la unidad de dirección en el ejercicio de la actividad se asegura, precisamente, a través de estos vínculos, puede adoptar formas diversas: sociedades anónimas, sociedades de responsabilidad limitada, comanditarias, etc.

La **exclusión de los servicios** para un pariente persona física con el que se convive encaja claramente con el primer supuesto, pero la lógica impone su extensión también al resto de formas de organización del trabajo familiar. En concreto, al negocio familiar (con y sin personalidad jurídica) y a la sociedad en la que varios socios están unidos por vínculos de parentesco, aun cuando es obvio que no es posible mantener relación de parentesco con una persona jurídica o con un ente sin personalidad.

436 **Forma societaria** La aplicación de la exclusión familiar resulta más problemática cuando el negocio tiene forma de sociedad, ya que, en principio, la presunción de extralaboralidad no opera cuando el empresario es una persona jurídica (TS 25-11-97, EDJ 8747; 30-4-01, EDJ 5788). Para obviar esta dificultad los Tribunales sostienen que debe **levantarse el velo** de la sociedad en cuestión y penetrar en el sustrato real de la empresa, indagando en los vínculos familiares existentes, sin que pueda aplicarse de forma directa la presunción de no laboralidad (TS 25-10-97, EDJ 8190; 21-5-02, EDJ 22634).

Cuando concurre la condición societaria del trabajador o de sus familiares, para aplicar la exclusión familiar se debe atender al grado de **participación que en la empresa** tiene el socio familiar de quien presta servicios. Así, se presume no laboral la prestación de servicios para la sociedad si quien los presta es familiar hasta segundo grado o cónyuge de uno o en su caso varios socios y convive con ellos, siempre que la **unidad familiar de convivencia** posea, al menos, el **50% de las acciones** (nº 447) (TS 26-12-07, EDJ 344056). Cuando el porcentaje de la sociedad que pertenece a la unidad familiar se sitúa por debajo de ese límite (50%), la presunción de no laboralidad no es automática y quien pretenda negar la condición de asalariado del sujeto tiene que probarla (TSJ Granada 19-3-15, EDJ 81838).

438 Precisiones 1) Con carácter general el **Tribunal Supremo** ha venido exigiendo que:

- la unidad familiar de convivencia concentre al menos el **50% del capital social** para rechazar la consideración de laboral (incluso antes de la aprobación de la L 50/1998), siempre que el sujeto preste servicios de forma habitual y retribuida (TS 25-11-97, EDJ 8747; 19-12-97, EDJ 10620; 17-1-01, EDJ 381; 30-4-01, EDJ 5788; 29-9-03, EDJ 139945; y
- no ostente **cargos sociales**, ni tenga encomendada la **dirección y gestión** de la sociedad (TS 29-1-97, EDJ 323; 18-2-97, EDJ 3173; 14-3-97, EDJ 1833; 26-1-98, EDJ 264; 5-2-98, EDJ 300; 7-5-99, EDJ 8550).

2) Incluso cuando la unidad familiar posee el 50% o más del capital social cabe romper la presunción de no laboralidad, que en este caso es el resultado de entender que la familia posee el control efectivo de la sociedad, siempre que el trabajador preste **servicios reales** para la sociedad, mediante la oportuna **retribución**, sin facultades directivas u organizativas. En este caso no basta con una apariencia de retribución, siendo necesario acreditar la absoluta desvinculación entre la retribución y el lazo de parentesco existente (TSJ Cataluña 9-12-97, EDJ 59890).

3) Cuando la unidad de convivencia es un **matrimonio**, con régimen económico de **gananciales**, la existencia de ajenidad debe valorarse teniendo presente idealmente una asignación por cuotas de los bienes gananciales. Se admite así la laboralidad de la prestación de servicios llevada a cabo por uno de los cónyuges para una sociedad de la que el matrimonio posee el 50% o incluso más del capital, siempre que el afectado no fuese poseedor individualmente de ese porcentaje (TS 29-1-97, EDJ 323; 22-12-97, EDJ 21302; 27-4-00, EDJ 11187; 30-4-01, EDJ 5788).

4) Se ha mantenido la inexistencia de relación laboral en el caso una **accionista titular del 33,33%** del capital en una empresa familiar que a su vez era secretaria del consejo de administración y consejera delegada (TSJ Cataluña 11-1-07, EDJ 81798).

5) Es irrelevante que tratándose de una sociedad el sujeto en cuestión esté sometido formalmente a un órgano colegiado o **consejo de administración**, si tal sujeción es únicamente formal, como también lo es que se dé de **alta** al trabajador en Seguridad Social y se confeccionen **nóminas** o recibos (TSJ Galicia 28-12-12, EDJ 322857).

13. Socios en sociedades de capital

(LGSS art.305)

445 En la medida en que un sujeto que presta servicios para una empresa participa también en su **capital social**, la nota de ajenidad se pone ciertamente en entredicho. Ahora bien, no toda participación conlleva necesariamente la neutralización de esta nota característica del trabajo asalariado, particularmente cuando se trata de una **sociedad capitalista** (anónima o de responsabilidad limitada), en la que la personalidad de la empresa y la de los socios se encuentran perfectamente separadas (TS 20-10-98, EDJ 28340).
Con carácter general, se estima que si el socio es propietario de un **número importante de acciones** de la sociedad, su prestación de servicios debe considerarse por cuenta propia, por faltar la ajenidad del trabajo, entendiéndose que los beneficios que obtiene con ello constituyen una atribución patrimonial y no un salario (TS 7-5-04, EDJ 51962; 25-1-05, EDJ 71726; 24-1-05, EDJ 11974; 12-4-05, EDJ 83723; TSJ Extremadura 13-2-12, EDJ 13898). Si, por el contrario, el número de acciones permite concluir que el socio **no** tiene el **control efectivo** de la sociedad, y además no realiza funciones de dirección y gerencia de la misma, su prestación para ésta es laboral, siempre que concurran el resto de notas propias del trabajo asalariado (TS 29-9-03, EDJ 139945; TSJ Burgos 1-12-11, EDJ 299698).

447 Están expresamente **incluidos en el RGSS**, por su condición de trabajadores asalariados, los **socios trabajadores** de sociedades mercantiles capitalistas, aun cuando sean miembros de su órgano de administración, si el desempeño de este cargo no conlleva la realización de las funciones de dirección y gerencia de la sociedad, ni poseen el control efectivo de la misma atendiendo a su participación personal o familiar en el accionariado.
A tal efecto, las **reglas específicas** para concluir si el socio tiene o no el **control efectivo** de la sociedad (en caso de tener ese control efectivo el trabajador tiene que darse de alta en el régimen especial de trabajadores autónomos), establecen que:
1. Se entiende que tiene **control efectivo** el socio que posee el 50% del capital de la sociedad (TSJ C.Valenciana 8-1-13, EDJ 59380).
2. Se **presume ese control** cuando:
- al menos el 50% del capital de la sociedad para la que presta servicios el socio está distribuido entre socios con los que convive y a quienes se encuentra unido por vínculo conyugal o de parentesco por consanguinidad, afinidad o adopción hasta el segundo grado (TS 12-3-03, EDJ 7188; 27-7-04, EDJ 147915);
- la participación del socio en el capital social es igual o superior a la tercera parte de éste (TS 21-1-04, EDJ 14577);
- la participación del socio en el capital social es igual o superior a la cuarta parte y tiene atribuidas funciones de dirección y gerencia de la sociedad.

Aun no concurriendo las circunstancias anteriores, la **Administración** puede demostrar, por cualquier medio de prueba, que el trabajador dispone del control efectivo de la sociedad.

449 Precisiones 1) Es **mercantil** y no laboral:
- el vínculo entre **sociedad anónima y consejero-delegado** o cargo social similar (administrador único, administrador solidario...) que desarrolla las facultades y cometidos inherentes a un miembro del órgano de administración (TS 22-12-94, EDJ 9551; 4-6-96, EDJ 3618; 6-6-96, EDJ 3807; 12-6-96, EDJ 4414; 24-1-97, EDJ 340; 29-1-97, EDJ 323; 9-12-09, EDJ 332713; 24-5-11, EDJ 140386).
- la relación de quien realiza trabajos de gerencia, siendo titular de un tercio del capital de sociedad anónima y administrador solidario con otros dos socios, percibiendo una retribución mensual fija por sus labores como Gerente (TS 26-12-07, EDJ 344056);
- un supuesto de **sociedad de responsabilidad limitada** cuyos únicos socios eran los padres del actor y dos de sus hijos, poseyendo el demandante un 20% del capital y habiéndosele extinguido su relación con la empleadora en virtud de ERE (TS 19-10-94, EDJ 8167; 14-4-97, EDJ 1983; 18-3-98, EDJ 3938).
- ni quien teniendo una participación minoritaria del 12,5% en el capital social se limitaba a desempeñar las **tareas propias de un jefe de grupo**, aunque en determinados momentos ostentase, con carácter rotatorio con los otros ocho socios fundadores de la empresa, los cargos de Consejero y Presidente del Consejo, pues los propios estatutos sociales le obligaban a tomar las decisiones por mayoría absoluta de los consejeros concurrentes, luego no tuvo, en ningún momento, un control efectivo de la sociedad (TSJ Málaga 18-2-16, EDJ 43910).
2) En cambio, es **laboral** porque:
- no desvirtúa la nota de ajenidad en los servicios prestados a una **sociedad anónima de propiedad familiar** una participación de alrededor del 10% en la sociedad titular de la empresa (TS 15-11-90; 14-6-94, EDJ 5328).
- tampoco la desvirtúa la **participación del 20%** en sociedad propiedad de los padres e hijos (TS 19-10-94, EDJ 8167; 14-4-97, EDJ 1983; 18-3-98, EDJ 3938);

- es posible **compatibilizar** relación societaria con relación laboral, cuando se acredita la existencia simultánea de ambas relaciones (TS 18-3-91, EDJ 3003);
-no es obstáculo a la relación laboral común la simultánea **pertenencia al consejo** de administración (TS 15-11-90; 18-3-91, EDJ 3003; 26-12-07, EDJ 344056).
- es laboral ordinaria la relación de un administrador mancomunado de la sociedad, con un **porcentaje del capital social del 13%**, cuya actividad no se ha limitado al órgano de la administración societaria, lo que puede coexistir con la condición de vocal del Consejo de Administración (TSJ Málaga 20-11-14, EDJ 260580).

3) Se aplica el régimen del personal laboral especial de alta dirección a **directivos de hospitales y centros sanitarios de la Seguridad Social** que hayan sido contratados laboralmente, aunque sus cometidos no se ajusten exactamente a las previsiones del RD 1382/1985 art.1.2 (TS 2-4-01, Rec 2799/00; 14-2-12, Rec 4431/10; 12-9-14, Rec 1158/13; 12-9-14, Rec 2591/12).

14. Trabajos de militancia o afinidad política, sindical, cívica, religiosa o asociativa

455 Los afiliados a un sindicato o a un partido político, así como las personas pertenecientes a asociaciones de tipo religioso, cultural o cívico (**empresas de tendencia**), pueden desarrollar **labores de colaboración** o asistencia a favor de las organizaciones o asociaciones en las que militan. Este tipo de prestación puede enmarcarse en una relación laboral sometida al contrato de trabajo (nº 3287), pero también puede constituir una mera contribución benévola cuando no se realiza con ánimo de lucro (TS 1-7-88, EDJ 5779; TSJ Burgos 28-5-09, EDJ 113011).

La prestación de servicios del militante trae su causa en la coincidencia o afinidad ideológica, cultural, religiosa, etc., ya que implica una participación más o menos intensa en las actividades políticas, sindicales, culturales o religiosas organizadas por la asociación u organización en cuestión, contribuyendo a su viabilidad y, en general, a la buena marcha de la organización. Cuando la actividad realizada supera estas labores y es retribuida la relación es laboral (TS 1-7-88, EDJ 5779; TSJ Granada 8-10-08, EDJ 286504; 29-10-08, EDJ 287023).

Este tipo de colaboraciones no tienen que ser necesariamente ocasionales o excepcionales, sino que pueden realizarse de forma regular o continuada, siempre que persista el **ánimo benévolo** y **no** medie **retribución**. Igualmente, la prestación puede ser por cuenta ajena y dependiente (TSJ Asturias 29-6-01, EDJ 25268).

No obstante, esta exclusión es **incompatible con** una dedicación al trabajo significativa en valores promedios, aunque sea con horarios parciales e irregulares a lo largo de la semana o del mes (TSJ Granada 8-10-08, EDJ 286504; 29-10-08, EDJ 287023), ya que el militante por razones de satisfacción personal o altruismo en régimen de plena libertad personal, sin derecho a contraprestación económica suficiente y determinada. Por tanto, si hay derecho a una compensación económica cierta o determinable a cambio de sus servicios, se concluye sobre la naturaleza laboral de la relación, que tampoco se ve excluida porque se presente formalmente las percepciones económicas como gratificaciones (TSJ Granada 8-10-08, EDJ 286504; 29-10-08, EDJ 287023).

La mayor producción judicial se refiere al caso de los sindicalistas, aunque los mismos criterios se vienen aplicando al caso de **dirigentes de partidos políticos**, que se excluyen del conocimiento de la jurisdicción social al no integrar una relación laboral, incluso aunque se haya suscrito contrato de trabajo o exista alta en Seguridad Social (TSJ Galicia 26-5-17, EDJ 122834).

457 Precisiones Lo determinante es la ausencia de retribución (TSJ Granada 5-6-01, EDJ 102984; 8-10-08, EDJ 286504; 29-10-08, EDJ 287023), aunque se pueden percibir ciertas cantidades en concepto de compensación por **gastos o indemnizaciones**. Incluso se ha llegado a admitir la percepción de cantidades económicas que compensen la dificultad de compatibilizar la colaboración regular con el desarrollo de un trabajo en régimen laboral o profesional y que reporte al sujeto medios económicos de subsistencia vital (TS 16-12-86, EDJ 8379).

459 **Relación entre los sindicatos y sus dirigentes** Se señalan las siguientes **situaciones**:

a) Considerar que los dirigentes sindicales mantienen una **relación asociativa** y no laboral con su organización sindical, aun cuando medie compensación económica (TCo 44/2004; 234/2005; TS 7-4-87, EDJ 2985; TSJ Granada 12-4-12, EDJ 158022; TSJ Las Palmas 30-3-12, EDJ 102530). No obstante, un simple **liberado** que no ostenta cargos orgánicos en el sindicato tiene relación laboral (TSJ Cataluña 19-5-14, EDJ 100412).

b) Admitir la simultaneidad de un **contrato de trabajo** (o sucesivos contratos de trabajo) con el desempeño de cargos orgánicos y de dirección en el sindicato empleador, sosteniendo que no debe primarse sin más la relación meramente asociativa -propiamente sindical-, salvo que el

vínculo laboral sea una mera apariencia (TS 7-10-05, EDJ 180485; TSJ Galicia 8-10-10, EDJ 259845; TSJ Sta. Cruz Tenerife 23-4-19, EDJ 654772).
c) Que aunque exista un contrato laboral, desempeñando las funciones correspondientes, por ejemplo administrativas, el trabajador acceda a un **cargo de representación sindical**. Esto supone que la relación laboral anterior se mantenga en suspenso mientras la trabajadora ocupa el citado cargo (TSJ Madrid 16-1-02, EDJ 7265). Es decir, que puede haber contrato de trabajo, cuando se prestan servicios dentro de la estructura del sindicato, independientemente de la cobertura dada para satisfacer la remuneración (TSJ Cataluña 25-3-02, EDJ 21264).
d) Desempeñar cargos en un sindicato cuando **no** se tiene **mando representativo** para el ejercicio de funciones de dirección sindical y no asume responsabilidades de dirección, limitándose a cumplir su trabajo con arreglo a las instrucciones impartidas por sus dirigentes. Esto no impide que pueda existir una relación laboral con el mismo. Así se ha estimado, por ejemplo, en el caso de un periodista y director de la revista sindical, que prestó servicios retribuidos a tiempo completo a través de diversos contratos temporales de obra o servicio determinado, a pesar de haber firmado anexos en los contratos y diversas comunicaciones en los que se indicaba que el vínculo era asociativo no laboral. Esta firma no tiene eficacia frente a la realidad si de los hechos se acredita que el vínculo es laboral (TSJ Madrid 14-9-22, EDJ 708408).

Precisiones Ha de estarse es al examen de las **funciones o tareas** que se hubiesen venido realizando para el sindicato (TSJ Galicia 24-9-04, EDJ 160696; TSJ Madrid 15-12-09, EDJ 356878). Así, se ha declarado la laboralidad de una prestación de servicios para un sindicato pese a la formalización de un contrato de sindicalista (TSJ Galicia 18-12-12, EDJ 322856).

Servicios para confesiones religiosas Por lo que se refiere a los servicios prestados **461**
para confesiones religiosas, cabe distinguir varios **supuestos**:
a) La actividad de los **ministros de culto**, excluida del ámbito laboral por primarse la espiritualidad y gratuidad de los servicios (TS 14-5-01, EDJ 11085; TSJ Madrid 8-3-06, EDJ 56013), aun cuando podría entenderse que concurren algunas de las características propias del trabajo asalariado, incluida la contraprestación económica. De hecho, algún tribunal ha calificado de este modo el vínculo entre el ministro y su iglesia o congregación (TSJ Málaga 2-7-93, Rec 1082/92).
Esta exclusión de laboralidad alcanza a las **tareas docentes** para la propia iglesia, en tanto que asimiladas a pastorales (TSJ Madrid 24-10-95, Rec 5476/94; 22-7-99, EDJ 34678).
No obstante, la exclusión no impide que los ministros de culto se asimilen a trabajadores asalariados a efectos de **Seguridad Social**.

Norma	Ámbito
RD 2398/1977	Clérigos diocesanos de la Iglesia Católica (1)
L 25/1992	Rabinos de la Federación de Comunidades Israelitas de España
RD 369/1999	Ministros de culto de la Federación de Entidades Religiosas Evangélicas de España
RD 822/2005	Clérigos de la Iglesia Ortodoxa Rusa
RD 176/2006	Religiosos islámicos e imanes de la Comisión Islámica de España
RD 1614/2007	Miembros de los Testigos de Jehová

(1) Quedan incluidos en el RETA los religiosos de Derecho diocesano de la Iglesia Católica (OM TAS/820/2004).

b) La actividad realizada por los **religiosos y religiosas** en su condición de miembros de **463**
monasterios, congregaciones, órdenes o sociedades de vida en común, también queda excluida del ámbito laboral sin que ello impida, también en este caso, que queden protegidos por la Seguridad Social (en el caso de los pertenecientes a la Iglesia Católica, mediante su asimilación a trabajadores por cuenta propia, RD 3325/1981). En el caso de servicios prestados para congregaciones religiosas, se admite que éstos no se retribuyan pero que las hermanas vivan en la propia residencia, y que ésta sufrague las telas de sus ropas, confeccionadas por ellas, así como su comida (TSJ Madrid 8-7-09, EDJ 214986).
Por el contrario, sí se considera **laboral** la prestación religiosa de servicios en ciertos contextos o **condiciones**, como por ejemplo:
- la actividad desarrollada por los capellanes en hospitales (TS 25-11-94, EDJ 24181; 25-6-98, EDJ 20964; 4-6-99, EDJ 29084; TSJ Valladolid 25-10-04, EDJ 171050; TSJ C.Valenciana 6-3-08, EDJ 88759);
- la actividad de los ministros de culto que realizan tareas diferentes al culto, asistencia o formación religiosa para la institución de la que forman parte, por ejemplo, tareas de ayudante de cocina (TCo 128/2001);

- las tareas de culto o formación (docentes) realizadas por ministros de culto para otras instituciones o centros educativos, siempre que en ellas concurran las notas propias del trabajo asalariado (TS 4-4-84; 12-3-85; 16-9-85).

c) En relación con los servicios prestados por **laicos y seglares**, están excluidas del ámbito laboral las labores de cuidado de la sacristía, colaboración en las **actividades religiosas** y preparación de los ritos, por su motivación religiosa y altruista, y siempre que no sean retribuidas. Por el contrario, es laboral la prestación de servicios de los laicos como **profesores de religión** en centros públicos, pese a ser nombrados por las autoridades eclesiásticas y sin perjuicio del carácter temporal de la relación.

Precisiones En este último caso, pese al carácter «**objetivamente especial**» de la relación (TCo 51/2011, FJ 6), los Profesores de Religión disfrutan de los **derechos fundamentales y legales** que como trabajadores tienen reconocidos en nuestro ordenamiento de manera irrenunciable, desde un criterio de máxima equiparación, bien que con las modulaciones que resultan de la singularidad de la enseñanza religiosa (TCo 38/2007; 51/2011; TS 19-7-11, Rec 135/10; 19-11-12, Rec 481/11; 25-3-14, Rec 161/13).

15. Deporte amateur en entidades deportivas

470 No son laborales las actividades personales de tipo deportivo desarrolladas en el marco de clubes o asociaciones por razones de salud, de ocio o en condición de aficionado o amateur. En este último caso, la única vinculación formal que liga a las partes (club y deportista) es la concesión de una **licencia federativa** (único medio de acreditación de la afiliación del deportista) y, en su caso, un carné de socio.

Para **diferenciar** entre la práctica del **deporte** profesional y amateur, entendiendo por este último el llevado a cabo por quienes desarrollan la actividad deportiva sólo por afición o por utilidad física, es decir, sin afán de lucro o compensación aun cuando estén encuadrados en un club y sometidos a la disciplina del mismo, es irrelevante la calificación jurídica que le atribuyan las partes o la calificación federativa, pues lo que realmente determina la profesionalidad es la existencia de una **retribución** a cambio de los servicios prestados, siendo aficionado el que no percibe salario; en el bien entendido que la exigencia legal no va referida a la percepción mínima del SMI, lo que no deja de ser la elemental consecuencia de que la profesionalidad tampoco comporta la exclusividad de medio de vida; exactamente igual que si se tratase de una relación laboral común, donde es factible el trabajo a tiempo parcial.

Es el deportista quien tiene que acreditar la existencia de la **contraprestación económica**, pero una vez probada ésta, las cantidades abonadas integran salario por virtud de las presunciones -iuris tantum- establecidas en el ordenamiento laboral (ET art.26.1; RD 1006/1985 art.8.2), de forma que debe ser la entidad deportiva quien acredite que las referidas cantidades tienen carácter simplemente compensatorio, lo que únicamente tiene lugar cuando pruebe que no exceden de los gastos que en la realidad tenga el deportista por la práctica de su actividad. La naturaleza -compensatoria o retributiva- de las cantidades percibidas es por completo independiente del término que al efecto hubiesen empleado las partes, porque se impone el principio de la realidad (TSJ Madrid 28-5-12, EDJ 260994).

Y la **periodicidad en el devengo** y la **uniformidad de su importe** son indicios de naturaleza retributiva, al ser tales notas características del salario, frente a la irregularidad y variabilidad que son propias de las verdaderas compensaciones de gastos (TS 2-4-09, EDJ 72865; TSJ Madrid 22-10-10, EDJ 293064; TSJ Castilla-La Mancha 12-7-07, EDJ 213438; TSJ Galicia 18-3-10, EDJ 93553).

472 Precisiones **1)** La práctica de la **actividad deportiva** exclusivamente **dentro de un club** y la aceptación de las normas establecidas por este sobre preparación física, técnica y táctica, así como los días y horas de **entrenamiento** que fije el entrenador, pueden realizarse perfectamente como aficionado, porque la falta de lucro no impide el sometimiento a este tipo de disciplina (TSJ Cantabria 13-12-94, Rec 720/94).

2) La consideración de amateur no es óbice para que se puedan abonar a estos deportistas ciertas cantidades para sufragar los **gastos** de viaje, alojamiento y, en general, los derivados de su actividad deportiva, en ocasiones bajo la forma de becas o subvenciones económicas. Aunque en ocasiones estas compensaciones por gastos o becas pueden encubrir un **salario** (TSJ Castilla-La Mancha 12-7-07, EDJ 213438; TSJ Madrid 22-10-10, EDJ 293064; TSJ Galicia 18-3-10, EDJ 93553).

En su caso, a quien demande, ordinariamente el **deportista**, le corresponde **probar** que las cantidades entregadas son contraprestaciones económicas a su prestación de servicios y no meras compensaciones por los posibles gastos ocasionados por el desarrollo de la actividad deportiva, pasando si ello se prueba a presumirse que dichas partidas constituyen salario (TS 17-4-98, EDJ 2496; TSJ Navarra 26-5-97, EDJ 4283; TSJ Galicia 18-3-10, EDJ 93553); Así, consideró el Tribunal que no había prueba suficiente para calificar la relación del actor con el club demandado como relación laboral especial de deportista profesional, pues las cantidades que percibía tenían

carácter compensatorio, es decir no excedían de los **gastos** del deportista por la práctica de la actividad que realizaba, ya que no quedó acreditado la periodicidad en su devengo ni tampoco uniformidad en el importe, que son características propias del salario, sino que eran irregulares y variables, características éstas propias de la compensación de gastos que luego la empresa le pagaba como una especie de subvención de los gastos que ocasionaba la práctica deportiva (TSJ Cataluña 31-5-12, EDJ 169972).
3) Por el contrario, se declaró que la prestación de servicios del recurrente como jugador de fútbol para el club demandado reunía las notas características de una relación laboral como son las de ajenidad, retribución y dependencia dentro del ámbito de dirección y organización del empresario, con independencia de la denominación que le hayan dado las partes en el contrato suscrito entre ellas, ya que la **elevada cantidad fija mensual** pactada en el contrato no respondía a una compensación de gastos respecto a la que la empresa nada ha acreditado, sino a una verdadera **retribución** por los servicios prestados (TSJ Granada 9-3-11, EDJ 376606).

4) No existe **relación laboral**: **474**
- en los **entrenadores no profesionales**, pero siempre que en la prestación de servicios no concurran las notas propias de una relación laboral (TSJ Madrid 22-10-10, EDJ 293064);
- en el **monitor de agrupación deportiva** que únicamente percibe una compensación por gastos de desplazamiento (TSJ País Vasco 20-12-11, EDJ 367527).

Sin embargo, **sí** existe **relación laboral**:
- en una **entrenadora de patinaje artístico**, con asiduidad y regularidad, sometida a un tiempo preciso y determinado de trabajo y a las exigencias organizativas del Club, concurriendo la nota de dependencia, sin que ello suponga una subordinación rigurosa e intensa, bastando con que el interesado se encuentre dentro del círculo organizativo de otra persona, y obteniendo una remuneración que más allá de la mera compensación de gastos (TSJ Cataluña 21-12-10, EDJ 360043).
- **entrenador del equipo de fútbol**, con un horario fijo de entrenamiento y asistencia obligada a los partidos celebrados el fin de semana. Pese a lo escaso de la retribución (200 euros mensuales) y a que en los primeros años de servicios no percibiese retribución de clase alguna. La retribución es fija y no mera compensación de gastos ni indemnizaba desplazamientos, dietas u otros conceptos (TSJ Cataluña 25-1-13, Rec 5957/12);
- **futbolista** de un equipo de tercera división (TSJ Baleares 28-6-12, Rec 274/11);
- en un **monitor de golf** (TSJ Madrid 27-2-12, EDJ 67276);
- preparador físico de un club de fútbol (TSJ Galicia 5-3-15, Rec 4304/14);
- **ayudante técnico deportivo** (TSJ Sevilla 28-1-15, EDJ 19896).

5) Además de la práctica del deporte como amateur para una entidad deportiva, pueden prestar servicios en estas instituciones otras personas de forma benévola, colaborando en el **mantenimiento de las instalaciones** deportivas (TSJ Asturias 15-3-13, EDJ 71465).

16. Funcionarios y asimilados

(ET art.1.3.a; L 30/1984; EBEP art.2.1 y 7)

La exclusión del personal funcionario y asimilado del ámbito de aplicación de la legislación laboral alcanza a cuantas personas prestan servicios sometidas a un **régimen administrativo o estatutario**, esto es: **480**
- a los funcionarios públicos del Estado, de las Comunidad Autónomas, de los Entes Locales, y de los organismos autónomos de aquél o de éstas, ya lo hagan en régimen civil o en militar;
- a los funcionarios interinos, en prácticas o con expectativa de destino;
- al personal eventual o de confianza (Ley de Reforma de la Función Pública);
- a los contratados administrativos (Ley de Contratos de las Administraciones Públicas);
- y al personal estatutario de las instituciones sanitarias del Sistema Nacional de Salud.

Para las cuestiones referidas al personal al servicio de la Administración pública, ver Memento Empleado Público 2022-2023.

Precisiones **1)** Esta exclusión responde: a las singularidades del receptor del servicio o **empleador**, la Administración, y particularmente, a los intereses superiores que ésta representa (TS 20-4-98, EDJ 4739, y 30-3-99, EDJ 9115); a los **principios** de jerarquía, eficacia, independencia e imparcialidad en el funcionamiento de las Administraciones públicas (Const art.103); y a los principios que rigen el acceso al empleo público (publicidad, igualdad, mérito y capacidad). **482**
2) La **exclusión de laboralidad** de quienes cumplen los presupuestos o criterios definitorios del trabajo asalariado atenta contra el principio de igualdad constitucional salvo que concurra un fundamento razonable valorado en relación con la finalidad y efectos de la exclusión. En este caso cabría atender a las particularidades del receptor de los servicios a quien corresponde la **tutela de intereses generales** que pueden prevalecer incluso sobre los individuales de los trabajadores (TCo 227/1998).
3) Las **exclusiones constitutivas** han de ser necesariamente **expresas**, sin que puedan funcionar en este ámbito meras presunciones, y las disposiciones que las incorporen han de tener rango legal, lo que ha justificado la anulación de algunas exclusiones que se habían formulado por vía

reglamentaria, como la del personal de Registros de la Propiedad (TS 16-7-90, EDJ 7682) y de Cámaras Oficiales de Comercio, Industria y Navegación (TS 13-7-92, EDJ 7747), que en su día pretendieron calificarse como administrativas.

4) Únicamente puede **contratarse administrativamente** a una persona individual cuando lo que se contrata es la realización de un trabajo específico y no unos servicios desconectados del resultado (TS 27-4-15, EDJ 80829).

484 **Personal estatutario** (Const art.149.1.18ª; L 55/2003 art. 5 a 9 bis) Respecto de la prestación de servicios del personal estatutario, se regula por sus propios estatutos y normativa específica, aplicándose con carácter supletorio la normativa de funcionarios.

El **Estatuto Marco** se aplica al personal médico de la Seguridad Social, al personal auxiliar sanitario titulado y auxiliar de clínica de la Seguridad Social, al personal no sanitario al servicio de las Instituciones Sanitarias de la Seguridad Social y al personal del Instituto Social de la Marina.

El personal estatutario de los Servicios Públicos de Salud **se clasifica** atendiendo a la función desarrollada, al nivel del título exigido para el ingreso en:

a) Personal estatutario sanitario de formación universitaria y de formación profesional.

b) Personal estatutario de gestión y servicios no sanitarios, con formación universitaria o con formación profesional.

c) Otro personal (engloba las categorías en las que se exige certificación acreditativa de los años cursados, de las calificaciones obtenidas en la Educación Secundaria Obligatoria, o título o certificado equivalente).

Asimismo, atendiendo al **tipo de nombramiento**, se clasifica entre:

- Personal estatutario fijo.
- Personal estatutario temporal, que puede ser: personal estatutario temporal interino y el personal estatutario sustituto. El nombramiento de personal estatutario temporal interino puede estar motivado por tres causas: existencia de vacante que no sea posible cubrir por personal fijo, la ejecución de programas de carácter temporal por un periodo máximo de 3 años y acumulación de tareas (por un máximo de 9 meses en un periodo de 18).

CAPÍTULO 3

Validez y nulidad del contrato

550

La normativa laboral permite extraer los elementos que configuran el contrato de trabajo (nº 100 s.), pero no aclara cuándo debe entenderse válido. Para ello debe acudirse a la regulación general de los contratos recogida en el Código Civil (CC). 552
A continuación, se recogen los requisitos exigidos para entender válido un contrato de trabajo (nº 560), así como los supuestos de nulidad (nº 590) y anulabilidad del contrato (nº 615) y los efectos que producen.

A. Elementos de validez del contrato

(CC art.1261)

Para que exista el contrato, el CC exige que concurran los siguientes **requisitos**: 560
- consentimiento (nº 565);
- objeto cierto (nº 570);
- causa lícita (nº 575).

El contrato que no reúne estos requisitos no es válido, sino que es **nulo de pleno derecho** (nº 590). No obstante, aunque reúna todos los requisitos exigidos, puede ser anulado si concurre alguno de los vicios que lo invalidan, sin que sea necesario que se haya producido una lesión para los contratantes (nº 615 s.).
También son nulos de pleno derecho los contratos que contravienen normas imperativas o prohibitivas (CC art.6.3).

1. Consentimiento

(CC art.1261 a 1270)

Para poder celebrar el contrato de trabajo las partes han de tener **capacidad** para hacerlo (ver nº 1410 s.). Presupuesta la capacidad del empleador y trabajador, debe concurrir el consentimiento de los contratantes que ha de ser **personal, recíproco** y versar sobre los elementos esenciales del contrato. 565
Si carece de consentimiento, el contrato no es válido y es **nulo** de pleno derecho (nº 590).
Además, el contrato puede ser **anulado por vicios** que invalidan el consentimiento: el error (nº 619), la violencia e intimidación (nº 621) y el dolo (nº 623).

Precisiones 1) En relación con el **error en el consentimiento**, se han diferenciado dos supuestos:
- **error obstativo** o error en la declaración: existe una falta de concordancia entre la voluntad interna y la declarada que se produce de manera inconsciente y, como consecuencia, excluye la voluntad interna real y hace que el negocio jurídico sea inexistente (TS civil 22-12-99, EDJ 40484; 2-2-16, EDJ 4509);
- **error de vicio** o error en la voluntad: existe una discordancia entre lo que se quiso y declaró, y aquello que se hubiera querido de no mediar error. Significa un falso conocimiento de la realidad capaz de dirigir la voluntad a la emisión de una declaración no efectivamente querida. Determina la anulabilidad del negocio (nº 619).
Sobre la **distinción** del error-vicio y el error-obstativo, la doctrina del TS ha precisado que en el error vicio aparece errónea la voluntad y en el error obstativo, lo erróneo es la declaración, divergente con la voluntad. En el primero se declara con una voluntad equivocada (viciada) y en el segundo se quiere una cosa y se declara otra, se declara lo que no se quiso (TS civil auto 11-3-20, EDJ 546828; AP Barcelona 26-6-23, EDJ 658252).

2) Es nulo, por falta de consentimiento válido, el contrato firmado por un **menor de edad** sin la asistencia de una persona que complete su capacidad de obrar (TS civil auto 21-1-00, EDJ 275; TSJ Murcia 1-12-08, EDJ 319077).
3) Es causa de nulidad del contrato de trabajo la falta de acreditación de un determinado **título** cuando este se configura como un elemento esencial del contrato por ser un requisito habilitante para el desarrollo de la profesión (TS 26-1-98, EDJ 283). Así ocurre en profesiones como la de médico en las que la falta de titulación impide la prestación de consentimiento no solamente por los intereses respecto a la salud de los particulares, sino por las necesarias colegiaciones de ejercicio. Sin embargo, la falta de titulación no implica la nulidad radical del contrato de trabajo cuando se muestra como un elemento no sustancial y la actividad puede desarrollarse sin la misma (TSJ País Vasco 5-2-08, EDJ 64566).

2. Objeto cierto

(CC art.1271, 1272 y 1273)

570 Para que el consentimiento sea válido debe recaer sobre un objeto cierto. El objeto del contrato **debe ser** posible, lícito y determinado o determinable.
Son objeto **lícito** del contrato todos los servicios que no sean contrarios a las leyes o a las buenas costumbres. Por lo tanto, es **nulo** el contrato cuyo objeto fuese la realización de una actividad contraria a la ley, como puede ser:
a) La realización de **actividades delictivas** (tráfico de drogas, trata de blancas, tráfico ilegal de órganos, etc.).
b) La **prostitución** (TSJ Galicia 19-1-18, EDJ 17310; TSJ Castilla-La Mancha 7-10-20, EDJ 705256). Por el contrario, se ha considerado válida la actividad de alterne y promoción de la bebida (TS 1-6-21, EDJ 588344; TSJ Galicia 15-7-15, EDJ 138849; TSJ Castilla-La Mancha 22-3-10, EDJ 79018; 27-10-10, EDJ 314158; TSJ Valladolid 4-3-15, EDJ 24164), salvo si aparece como paso previo al tráfico sexual retribuido (TSJ Galicia 10-4-13, EDJ 79751).
c) La actividad empresarial que carece de la preceptiva **autorización administrativa**, como, por ejemplo, en el caso de las loterías y apuestas (TSJ Castilla-La Mancha 12-4-00, EDJ 13357; TSJ Murcia 1-4-03, EDJ 26221).

Precisiones **1)** Se ha considerado que existe **imposibilidad subjetiva del objeto** cuando el trabajador no acredita la capacidad necesaria para realizar el trabajo por carecer de la titulación necesaria (TSJ Las Palmas 30-6-05, EDJ 117816).
2) En caso de nulidad del contrato por tener por objeto la realización de **actividades delictivas**, el trabajador no puede exigir el salario por el trabajo prestado ya que esta posibilidad sólo está prevista para los supuestos en que media causa torpe (ET art.9.2).
3) En principio, si las tareas pactadas son perfectamente legales, la **ilicitud de la actividad empresarial** no se comunica necesariamente al objeto del contrato. No se ha seguido esa tendencia, sin embargo, en los casos de ejercicio de actividades de prostitución (TSJ Galicia 10-6-02, EDJ 45558).
4) Las personas que desarrollan actividades relacionadas con el **trabajo sexual** en el marco de una actividad laboral (de alterne, pornografía, etc.) gozan del derecho fundamental a la libertad sindical. Pero dentro del ámbito funcional de los estatutos del sindicato no tiene cabida la prostitución contraria a Derecho ya que en estos casos no existe relación laboral válida (TS 1-6-21, EDJ 588344).

3. Causa lícita

(CC art.1274, 1275, 1276 y 1277)

575 Los contratos sin causa o con causa ilícita no producen efecto alguno. La causa es **ilícita** cuando se opone a las leyes o a la moral.
En el ámbito de las relaciones laborales es verdaderamente inusual la utilización de la acción de nulidad por falta de objeto o causa. No obstante, los supuestos de **simulación contractual** (nº 577) son buenos ejemplos de contratos sin causa o causa torpe.

Precisiones **1)** La apreciación de la existencia o inexistencia, licitud o ilicitud y veracidad o falsedad de la causa son cuestiones de hecho que **deben ser apreciadas** por los tribunales de instancia, sin perjuicio de la posibilidad de casación cuando concurra error de derecho en la apreciación de la prueba.
2) Los tribunales sociales han asimilado la **inexistencia de causa** a la existencia probada de un fraude de ley (TSJ C.Valenciana 12-12-97, EDJ 21046).
3) Se considera que existe **causa ilícita** cuando se suscribe un nuevo contrato con quien ya tenía una relación laboral indefinida (TSJ Las Palmas 22-3-02, EDJ 45246).
4) Se ha considerado que la **falta de titulación suficiente** exigida por el Convenio Colectivo aplicable para desempeñar un determinado puesto de trabajo, priva de causa al contrato celebrado y lo convierte en nulo de pleno derecho (TSJ Galicia 13-11-99, EDJ 45548).

Simulación del contrato (CC art.1276) La simulación contractual se encuadra entre los vicios de la declaración de voluntad en los negocios jurídicos. Se produce cuando **no existe la causa** que nominalmente expresa el contrato. 577
Quienes conciertan un contrato simulado declaran voluntariamente, pero su declaración externa no coincide con el verdadero contrato que desean concertar, por lo que existe una contradicción entre la voluntad interna y la declarada (TSJ Sta. Cruz de Tenerife 17-6-09, EDJ 169267; TSJ Madrid 16-5-11, EDJ 121723).
Pueden distinguirse dos **tipos** de simulación con efectos diferentes (TS civil 29-3-93, EDJ 3093): la simulación absoluta (nº 579) y la simulación relativa (nº 581).
La **acción frente a la simulación** puede ejercitarse por todos los que acrediten tener un justificado interés jurídico en su declaración; entre ellos, los mismos que acordaron la simulación sin que pueda oponerse la regla jurídica que prohíbe la conducta contradictoria con los propios actos, pues para que estos sean vinculantes han de ser eficaces y carece de cualquier eficacia el negocio aparente considerado en sí mismo. En realidad, el simulante cuando impugna el negocio jurídico aparente no va contra sus propios actos, sino que lo que pretende es que que prevalezca la voluntad real, frente a la declarada que no era querida (TS 18-4-90, EDJ 4204).
Ante la ausencia de **regulación** específica sobre la simulación y sus efectos en la normativa laboral, ha de acudirse a lo dispuesto en el Código Civil.

Precisiones 1) En la simulación se produce el acuerdo deliberado y consciente de los interesados lo que le **diferencia del dolo**, que se produce cuando con palabras o maquinaciones insidiosas se induce o engaña a otro para concertar un contrato (TSJ Madrid 14-5-07, EDJ 77471; 10-12-07, EDJ 294873).
2) El intérprete de un contrato no puede limitarse a contemplar la mera literalidad del documento en que aparece plasmado, sobre todo cuando existe algún indicio de que en el contrato ha mediado simulación. La jurisprudencia señala como instrumentos útiles para **acreditar la existencia** de la simulación la prueba indirecta de **presunciones**, como conjunto armónico de indicios apreciados en su conjunto (TS civil 22-7-03, EDJ 80437; 21-12-09, EDJ 299932), o las **reglas de interpretación** de los contratos para desentrañar la verdadera naturaleza de determinados pactos (TS 3-5-05, EDJ 83753).
3) Hay simulación en los casos de interposición del **empresario aparente** que se presenta como titular de un contrato encubriendo al empresario real (TSJ Madrid 24-9-07, EDJ 192521).

Simulación absoluta La simulación absoluta supone la creación de la apariencia de un contrato de trabajo que los sujetos no tienen intención de celebrar. Se finge la constitución de una relación laboral como mera apariencia externa, pero las partes no desean constituir ni una relación laboral ni ninguna otra relación jurídica (TSJ Cantabria 4-2-14, EDJ 36680). A pesar de haberse celebrado formalmente un contrato de trabajo, en realidad ni se presta el trabajo ni se abona el salario. 579
La **finalidad** perseguida es, normalmente, lograr que el supuesto trabajador consiga determinadas ventajas de la condición de asalariado, como puede ser:
- obtener **prestaciones de la Seguridad Social** (TSJ La Rioja 19-5-98, EDJ 3770; TSJ Cantabria 9-12-03, EDJ 266222), por ejemplo, la prestación de desempleo (TSJ Málaga 26-5-05, EDJ 234736; TSJ Madrid 16-7-20, EDJ 670841), o la de IT (TSJ Sevilla 11-9-20, EDJ 711717); o acceder a la pensión de jubilación, de forma anticipada y sin reducción de la misma (TSJ Sta. Cruz de Tenerife 17-6-09, EDJ 169267);
- obtener la renovación de la autorización para **trabajo de extranjero** (LO 4/2000 art.38.6.a).
- **conceder** una sustanciosa **cantidad económica** excluyéndola del control de la empresa (TSJ Sevilla 27-6-19, EDJ 646728).

La simulación absoluta produce como **efecto** la nulidad absoluta del contrato (nº 595).
La **acción** para impugnar el negocio simulado es imprescriptible (TS civil 22-12-87, EDJ 9603; 14-11-08, EDJ 272870).

Precisiones No afecta a la consideración de que existe simulación absoluta la circunstancia de que al trabajador se le extiendan **nóminas** mensuales o se le dé de **alta en la Seguridad Social**, porque tales datos constituyen meros instrumentos de la simulación, pero no acreditan la existencia real de una relación laboral (TSJ Castilla-La Mancha 2-10-01, EDJ 79438).

Simulación relativa En la simulación relativa la declaración representa un **contrato distinto** al realmente celebrado. Bajo la apariencia de un determinado negocio jurídico, los sujetos intentan ocultar otro de diversa naturaleza. 581
En relación con el contrato de trabajo, la simulación relativa admite dos **variantes** (TSJ Madrid 16-7-20, EDJ 670841):
1. El **contrato de trabajo** aparece como contrato **simulado**, ocultando otro negocio distinto y verdadero. El objetivo perseguido en este caso suele coincidir con el de la simulación absoluta (nº 579), con la diferencia de que existe un negocio real, el disimulado tras

la apariencia del contrato de trabajo, que los sujetos sí quieren celebrar. Este contrato disimulado puede ser un contrato de actividad (mandato, arrendamiento de servicios, contrato de obra, por ejemplo) próximo al de trabajo, o de otro tipo diferente (sociedad, arrendamiento de industria, entre otros).

2. El **contrato de trabajo** es el **disimulado**, siendo otro el aparente y declarado. Los contratantes manipulan y deforman los rasgos externos del negocio de forma que estos parecen coincidir con los de otra figura contractual, generalmente civil o mercantil. La finalidad es evitar la aplicación de la normativa laboral y/o de Seguridad Social a una relación jurídica sometida a ella por definición (TSJ Madrid 24-10-05, EDJ 219509; 10-12-07, EDJ 294873).

Son supuestos de contrato de trabajo disimulado:

- contrato de **arrendamiento** de obras o servicios que da cobertura formal a una relación laboral (TSJ C.Valenciana 20-6-06, EDJ 374928; TSJ Madrid 30-4-13, EDJ 172686; TSJ Málaga 4-7-13, EDJ 173958). Es el caso de los falsos autónomos (TSJ Madrid 18-12-19, EDJ 790130; 21-9-20, EDJ 698302);
- **cesión ilegal** de trabajadores (TS 30-5-24, EDJ 576814; 16-5-19, EDJ 639208; 12-7-17, EDJ 150802);
- simulación de un contrato de trabajo bajo la apariencia de un vínculo civil de **explotación de un locutorio** telefónico (TS 3-2-00, EDJ 1028);
- encubrimiento de una relación laboral bajo la concesión de una **beca** (TSJ País Vasco 18-3-03, EDJ 39913);
- la realización de una actividad de **deportista** como aficionado cuando en realidad consistía en el ejercicio profesional (TSJ Madrid 30-4-10, EDJ 115945).

La simulación relativa produce como **efecto** la nulidad parcial del contrato (nº 600 s.). Se limita a la del negocio simulado, manteniéndose la eficacia del contrato verdadero si reúne los requisitos necesarios, que puede nacer a la vida jurídica produciendo todos los derechos y obligaciones que le son propios (TSJ Sta. Cruz de Tenerife 12-7-10, EDJ 274963; TSJ Navarra 7-10-16, EDJ 200489).

En la simulación relativa las **acciones** nacidas de la verdadera relación jurídica disimulada se extinguen por prescripción, pero no la acción para deshacer la apariencia simulada, porque ello equivaldría a proclamar la subsistencia del contrato cuya causa es manifiestamente falsa (TS civil 22-12-87, EDJ 9603; 14-11-08, EDJ 272870).

B. Nulidad del contrato de trabajo

(CC art.1261 y 1300 s.; ET art.9)

590 La normativa laboral no enumera qué contratos de trabajo han de considerarse nulos, lo que obliga a acudir a la regulación general de los contratos del Código Civil. En su aplicación se entiende que son nulos los siguientes casos:

- contratos en los que **falta** alguno de los **elementos esenciales** del contrato (nº 560 s.);
- en los supuestos de **simulación** (nº 577);
- cuando se contrata **en nombre de otro sin** contar con su **autorización** o representación, a no ser que lo ratifique la persona a cuyo nombre se contrate antes de ser revocado por la otra parte contratante (CC art.1259).

También se ha estimado como supuesto de nulidad, la contratación directa de un trabajador **sin seguir el procedimiento establecido en el convenio colectivo** y otros acuerdos laborales, por incumplimiento de estas normas laborales, con independencia de que el trabajador contratado no haya tenido ninguna intervención e ello (TSJ C. Valenciana 13-9-06, EDJ 397175).

En esos casos, la nulidad del contrato es total o radical, de forma que el contrato se entiende inexistente. En el caso de la simulación relativa, la nulidad es parcial (nº 600).

Respecto a la nulidad de los contratos de trabajo concertados con **extranjeros** sin autorización para trabajar ver nº 1815.

Precisiones **1)** La **acción de nulidad del contrato de trabajo** es de escasa utilidad en el tráfico jurídico-laboral para llevar a efecto la extinción de la relación laboral (TS 10-3-99, EDJ 1614).

2) Se ha estimado **falta de acción** por parte de la empleadora que actúa de manera contradictoria al comunicar la extinción del contrato por causas objetivas y al mismo tiempo solicitar la nulidad del contrato, lo que impide una nueva resolución sobre la misma cuestión en un proceso posterior (TSJ Castilla-La Mancha 12-1-18, EDJ 14644).

3) La **negociación colectiva**, por otra parte, no aborda estas cuestiones. Excepcionalmente, se ha previsto que la falsedad de los datos que aporte el trabajador, o la ocultación de alguno de ellos, esenciales para la celebración del contrato de trabajo, así como la omisión deliberada de los mismos, da lugar a la nulidad del contrato, siempre que tales circunstancias se demuestren fehacientemente. En los casos de nulidad del contrato, el trabajador únicamente tendrá derecho a la remuneración consiguiente por el trabajo que ya hubiese prestado. Si lo anterior fuese imputable a la empresa, el contrato subsistirá con plena validez (CCol Kaefer Aislamientos, S.A, art.16 DGTr Resol 29-9-06, BOE 17-10-06).

1. Nulidad absoluta

(ET art.9.2 y 3)

Tanto en los casos de inexistencia del contrato, por carecer de alguno de los requisitos exigidos (nº 560), como de simulación absoluta (nº 579) o de contravención de normas imperativas o prohibitivas, los contratos carecen de toda validez (TS civil 8-3-94, EDJ 2079). En estos casos, el contrato es nulo de pleno derecho. **595**

La nulidad absoluta del contrato es **apreciable**, a diferencia de la nulidad simple o anulabilidad (nº 615), no sólo a petición de cualquier interesado sino también de oficio. La **acción** para exigir la declaración de nulidad no está sujeta a plazo alguno de prescripción o caducidad, sino que es imprescriptible.

La nulidad absoluta produce **efectos** *ex tunc* (desde siempre); es decir, el Tribunal no anula el acto, sino que declara su nulidad siendo el acto nulo de pleno derecho desde su inicio (TSJ Madrid 28-1-03, EDJ 48031; TSJ Cataluña 10-6-13, EDJ 142524), sin más matizaciones que las que se deriven de la equidad o la buena fe. El Derecho civil ordena que, declarada la nulidad del contrato por faltar alguno de los elementos esenciales del mismo o por haber vulnerado una norma imperativa o prohibitiva, los contratantes se restituyan recíprocamente las cosas que hubiesen sido materia del contrato (TSJ Aragón 8-5-00, EDJ 117488). En el ámbito laboral, la nulidad supone la extinción del contrato de trabajo previendo el **ET**, como único efecto, el derecho del trabajador a percibir la remuneración correspondiente al trabajo ya prestado como si hubiera sido un contrato válido (TS 1-6-17, EDJ 106643; 22-6-17, EDJ 13528). El trabajador puede exigir, por lo tanto, la remuneración propia de un contrato válido, en evitación del enriquecimiento injusto del empresario. Si la nulidad del contrato se produce por discriminación salarial por razón de sexo, el trabajador tiene derecho a la retribución correspondiente al trabajo igual o de igual valor.

Precisiones 1) Existiendo causa de nulidad del contrato **por culpa del trabajador**, y acordada la misma a través del procedimiento reglamentario, la notificación al trabajador es causa suficiente de **extinción del contrato**, sin otro derecho que el de exigir al empleador el cumplimiento de las obligaciones económicas derivadas del tiempo trabajado bajo el extinguido contrato nulo, pero sin que sea exigible acudir al despido por causas de extinción objetiva (TSJ Galicia 26-12-12, EDJ 322755); pero la **nulidad del acto administrativo** por el que se procede al nombramiento como personal laboral de la administración no tiene la consecuencia de la nulidad del contrato de trabajo, sino la posibilidad de proceder a su extinción por causas objetivas al concurrir una situación equiparable a la fuerza mayor (TSJ Las Palmas 24-9-12, EDJ 356046).

2) La radicalidad de la nulidad se entiende, no como una simple derogación o pérdida sobrevenida de vigencia del contrato, sino como una **falta** de eficacia ex tunc (con **efectos retroactivos**) del mismo (TSJ Aragón 8-5-00, EDJ 117488). Y ello sin perjuicio de poder ejercitar ante la jurisdicción civil la acción por indemnización de **daños y perjuicios** contra la entidad demandada, sobre la base de las previsiones contenidas acerca de las obligaciones y contratos (CC art.1088 s.) (TSJ Castilla-La Mancha 12-4-00, EDJ 13357).

3) Un contrato nulo nunca puede ser objeto de **subsanación**, por lo que ni él ni ninguna de sus cláusulas pueden producir efecto alguno (TSJ Cantabria 4-2-14, EDJ 36680). Así se ha entendido que:

- el contrato celebrado con un **menor de edad** no puede ser subsanado en ningún momento, ni siquiera por la continuidad en la prestación de servicios una vez llegada su mayoría de edad (TSJ Murcia 1-12-08, EDJ 319077). No obstante, anteriormente se entendió que el contrato celebrado por un menor es anulable produciendo efectos *ex nunc*, de modo que se mantienen las prestaciones de trabajo y salario intercambiados con anterioridad y todas las consecuencias favorables derivadas (TSJ Asturias 1-7-94, EDJ 7064).
- la nulidad de la selección del trabajador por carecer del preceptivo **carnet de conducir** no puede entenderse convalidada por las posteriores contrataciones, aunque en ese momento el trabajador estuviera en posesión del carnet de conducir, sino que el vicio inicial traslada la invalidez a los posteriores contratos (TS auto 26-9-18, EDJ 637397).

4) La ausencia de la **titulación** exigida legalmente como requisito necesario para el ejercicio de una determinada profesión (médico, ATS, fisioterapeuta ...), determina la nulidad del contrato por faltar un elemento sustancial del mismo (TS 15-1-87, EDJ 280; 26-1-98, EDJ 283; TSJ Madrid 21-6-10, EDJ 181351; TSJ Cataluña 10-7-12, EDJ 190581). Y ello con independencia de que sea o no conocida e incluso admitida tal carencia por el empresario (TSJ Sevilla 3-10-18, EDJ 663663; JS núm 1 Salamanca 13-12-19, EDJ 853972).

5) Cuando lo que determina la nulidad del contrato, del alta en el sistema y de las cotizaciones al mismo, es la utilización de documentación falsa y la **suplantación de la personalidad**, las lesiones sufridas cuando prestaba servicios en tales circunstancias no generan el derecho a las prestaciones de incapacidad permanente (TSJ Murcia 22-2-10, EDJ 58517). En estos supuestos, se declara la **incompetencia del orden jurisdiccional social** para conocer de la pretensión de indemnización de daños y perjuicios por el accidente laboral sufrido. La única pretensión que puede formularse en el ámbito competencial del orden jurisdiccional social es la referente a las obligaciones económicas derivadas del tiempo trabajado bajo el extinguido contrato nulo, para evitar un enriquecimiento injusto, pero la declaración de nulidad del contrato comporta que el orden jurisdiccional social ya no es competente para conocer de cualquier otra controversia (TSJ Cataluña 12-11-07, EDJ 301298).

2. Nulidad parcial

(ET art.9.1)

600 El contrato de trabajo resulta excluido del principio general de nulidad, al consagrar la norma estatutaria el denominado **principio de conservación** del contrato de trabajo que, por su especialidad, se impone a las consecuencias que genéricamente se establecen en el CC (TS 30-1-09, EDJ 300345). El propio origen del Derecho del Trabajo explica la peculiaridad del tratamiento de la nulidad en este ámbito, que busca salvaguardar la validez del contrato de trabajo.

Este principio tan sólo opera respecto de las **infracciones** del ordenamiento jurídico referidas a aspectos del **contenido** del contrato de trabajo. Su aplicación significa que la nulidad de sólo una parte del contrato de trabajo no conlleva la ineficacia de la totalidad del **vínculo**, sino que este permanece **válido** en lo restante, y se entiende completado con los preceptos jurídicos adecuados (TS 20-6-12, EDJ 141934). Si el trabajador tuviera asignadas condiciones o retribuciones especiales en virtud de contraprestaciones establecidas en la parte no válida del contrato, la jurisdicción competente que declare la nulidad debe pronunciarse sobre su subsistencia o supresión.

Se produce la nulidad parcial en los casos de simulación **relativa** (nº 581) así como en los casos de nulidad de una de las **cláusulas del contrato**.

Precisiones **1)** Se considera nula la cláusula contractual que no respeta el límite temporal máximo establecido por el ET sobre la **prohibición de competencia** al finalizar el contrato de trabajo (TSJ Madrid 30-11-04, EDJ 250606).

2) También es nula la cláusula del contrato por la que el trabajador autoriza al empresario a modificar la **jornada de trabajo** sin necesidad de recurrir al procedimiento de modificación sustancial de condiciones de trabajo (TSJ Madrid 20-7-09, EDJ 181187).

3) Es también nulo el establecimiento de un **período de prueba** con posterioridad al comienzo de la relación laboral (TSJ Madrid 3-4-02, EDJ 25504), o que exceda de la duración máxima prevista convencionalmente, pero únicamente por el período que rebase el límite permitido (TSJ Asturias 28-2-14, EDJ 33565).

4) Se declaró la nulidad de la cláusula sobre la **temporalidad** del contrato, que ha de entenderse de carácter indefinido, subsistiendo la validez de las restantes cláusulas (TS 18-7-88, EDJ 6421; 14-5-92, EDJ 4746; 12-7-95, EDJ 24646; TSJ Cataluña 13-11-02, EDJ 65425).

5) Asimismo, son nulos los pactos que establezcan el compromiso de asumir el trabajador el **pago** de la cuota de **cotización** a la Seguridad Social a cargo del empresario o el empresario la de abonar la parte de cotización a cargo del trabajador (LGSS art.143; ET art.26.4).

6) La **jurisdicción competente** a fin de declarar la nulidad del contrato de trabajo es la Social (TS 12-6-89, EDJ 5978; 25-10-89, EDJ 9471).

602 **Efectos** La declaración judicial de la simulación relativa del contrato de trabajo produce los siguientes efectos:

1. La **relación laboral** debe desplegar todos sus efectos, entre ellos el relativo a la **retribución** prevista en las normas profesionales aplicables que surge en virtud del trabajo prestado (TSJ Madrid 26-12-05, EDJ 267096). Si bien, la posibilidad de exigir la remuneración consiguiente a un contrato válido se interpreta **en sentido estricto**, esto es, sin que se adicione al elemento salarial ningún otro efecto. En particular, no cabe exigir al empresario la **indemnización** por extinción contractual (TSJ Cantabria 13-6-00, EDJ 32522; TSJ Burgos 8-3-12, EDJ 30091); **partidas de trámite** (TSJ Madrid 2-2-00, EDJ 9805) o **intereses** devengados por razón de la demora en el pago del salario (TSJ Cataluña 18-5-18, EDJ 539248). No obstante, sí cabe reclamar cantidades devengadas por situaciones acontecidas durante la vigencia de la relación laboral, por ejemplo, las derivadas de **incapacidad temporal** (TSJ Murcia 1-4-03, EDJ 26221). Si el empresario no puede hacer frente a la deuda, el **Fondo de Garantía Salarial**, en su responsabilidad subsidiaria, debe abonar la suma que le corresponde al trabajador (TSJ Cataluña 10-7-02, EDJ 136133).
2. El **contrato simulado** no produce efectos jurídicos frente a terceros, a salvo de la eventual operatividad (ET art.9.2) y siempre que la intención defraudatoria no pueda ser atribuida a ambos contratantes.

Precisiones **1)** La declaración de nulidad de un contrato en prácticas simulado afecta también a los pactos en él incluidos, por ejemplo, la **cláusula de permanencia** cuya obligatoriedad reclama el empresario (TSJ Asturias 7-12-01, EDJ 66940). Por el contrario, se considera que los pactos que acompañaron al contrato de prestación de servicios que sirvió de cobertura a la relación laboral se mantienen, por ejemplo los relativos a las compensaciones económicas derivadas de la extinción unilateral del contrato que, por tal razón, son exigibles (TSJ Las Palmas 22-3-02, EDJ 45246).

2) Cuando se ha producido una **simulación relativa**, y es el contrato de trabajo el que aparece como simulado, su apreciación conlleva la declaración de incompetencia de la jurisdicción social para conocer los litigios y reclamaciones que del contrato verdadero deriven, que serán objeto, en su caso, de conocimiento en la jurisdicción Civil (TSJ Galicia 30-5-98, EDJ 65159; TSJ C.Valenciana 7-6-00, EDJ 48951).

3) La **impugnación del negocio simulado** lo que pretende es que se patentice la divergencia entre la voluntad real y su manifestación, esto es, no la declarada sino la querida, impidiendo que se perpetúe el fraude (TS 18-4-90, EDJ 4204). Ahora bien, en los supuestos de negocios en los que la **culpa** pueda ser atribuida a **ambas partes**, los contratantes no pueden ni repetir lo que hubieran dado ni reclamar el cumplimiento de lo pactado (CC art.1306).

Seguridad Social (LGSS art.55; LISOS art.23.c y e, 26.1 y 3, 40.1.c y 47.1.c) Si el trabajador llegara a percibir **604**
prestaciones de la Seguridad Social sobre la base del contrato simulado, procede el reintegro de las indebidamente percibidas.

Por otra parte, la actuación fraudulenta con el fin de obtener prestaciones indebidas, la simulación de la relación laboral y la connivencia del empresario y trabajador para la obtención indebida de cualesquiera prestaciones de la Seguridad Social constituyen **infracciones** muy graves, sancionables para los **empresarios** con multa de 7.5011 € a 225.018 €; y para los **trabajadores** con pérdida de la pensión o prestaciones durante un período de seis meses, y en el caso de las prestaciones o subsidios por desempleo o de la prestación por cese de actividad del trabajador autónomo, con la extinción. También pueden ser excluidos del derecho a percibir cualquier prestación económica y, en su caso, ayuda de fomento de empleo durante un año, así como del derecho a participar durante ese período en formación profesional para el empleo.

Contratación temporal (ET art.9.1 y 15) En ocasiones, los tribunales han considerado que se **606**
está en presencia de una simulación relativa cuando las partes conciertan un contrato de duración determinada como cobertura formal de una relación laboral de carácter indefinido, así como en los casos en que se celebran contratos temporales con trabajadores que previamente habían adquirido la condición de fijos (TS 21-9-87, EDJ 6536; 8-6-90, EDJ 6088). Pero ello no es elemento por sí mismo suficiente para acreditar la existencia de una simulación contractual, sin la práctica de prueba complementaria que lleve a la convicción de que aquella se produjo y no a la mera sospecha de simulación (TSJ Málaga 15-12-00, EDJ 59065). Apreciada la existencia de simulación contractual se produciría la nulidad parcial del contrato de trabajo adquiriendo la condición de indefinido.

En relación con la contratación temporal de **profesores asociados de universidad** sin que concurran los requisitos exigidos para ello -que el contratado desarrolle una actividad profesional fuera de la Universidad y que el contrato no cubra necesidades permanentes y duraderas de la Universidad- se ha considerado que no hay simulación por la que las partes pretendan ocultar un propósito negocial distinto del contrato que suscriben, sino **fraude en la utilización de modalidad contractual** produciendo como efecto la declaración de indefinido no fijo del trabajador (TS 1-6-17, EDJ 106643; 22-6-17, EDJ 133528; 15-2-18, EDJ 13782; 28-1-19, EDJ 513306; 16-7-20, EDJ 634043).

Precisiones **1)** Las personas contratadas incumpliendo lo establecido respecto de los contratos de duración determinada, adquieren la condición de fijo (ET art.15.4).

2) Cuando en el **contrato formativo** falta la adquisición de la formación precisa para el desempeño de un trabajo se desvela su verdadera naturaleza de contrato ordinario, toda vez que si resultase nula solo una parte del contrato de trabajo, éste permanece válido en lo restante, y se entiende completado con los preceptos jurídicos adecuados (TSJ País Vasco 31-3-98, EDJ 12540). Cuando el trabajador acredita una titulación superior a la que le proporciona la empresa, se entiende que existe fraude en la contratación (TSJ Cantabria 29-2-00, EDJ 5178).

C. Anulabilidad del contrato de trabajo

(CC art.1302; ET art.9.2)

Frente a la nulidad absoluta, que impide al contrato producir sus efectos propios, la nulidad **615**
simple o **anulabilidad** se produce cuando se ejercita una acción de nulidad o de impugnación que, de tener éxito, produce la destrucción del acto. En tanto que la nulidad absoluta impide la producción de efectos contractuales, la anulabilidad los produce hasta que sea declarada la misma en vía judicial (TSJ País Vasco 5-2-08, EDJ 64566; TSJ Murcia 1-12-08, EDJ 319077).

Mientras recaiga la declaración judicial, el contrato de trabajo produce todos sus efectos. Una vez dictada sentencia por la que se declare la ineficacia del contrato, este deja de ser fuente de derechos y obligaciones, siendo de aplicación la posibilidad del trabajador de exigir la remuneración por el trabajo prestado (TSJ Asturias 1-7-94, EDJ 7064). La declaración de nulidad del contrato produce **efectos** *ex nunc* (desde ahora) y la decisión judicial en que se aprecia la nulidad es, en principio, de naturaleza constitutiva, sin perjuicio de que frecuentemente pueda llevar aparejada una condena.

La nulidad simple o anulabilidad es apreciable judicialmente solo a petición de un interesado. **Pueden impugnar** el contrato anulable, de acuerdo con lo dispuesto en el CC art.1302, quienes tengan un justificado interés jurídico en su declaración y, entre ellos, los mismos que acordaron la simulación (TSJ Cantabria 4-2-14, EDJ 36680). No obstante, el contratante que causó la intimidación o violencia, empleó el dolo o produjo el error, no puede fundar su reclamación en estos vicios del consentimiento. El **plazo de prescripción** no puede ser otro, al derivarse del contrato de trabajo, que el de 1 año (ET art.59.1) (TS 12-5-05, EDJ 83722; 21-9-05, EDJ 157667).

617 **Causas de anulabilidad** El contrato puede ser **anulado** por los vicios que invalidan el consentimiento: el error (nº 619), la violencia e intimidación (nº 621) y el dolo (nº 623). El contrato de trabajo puede ser anulado por **decisión judicial** si el vicio **no** afecta a un presupuesto **esencial** del contrato; en caso contrario, el contrato es nulo de pleno derecho (nº 595).

Para **averiguar si existen** o no **vicios** del consentimiento se deben combinar adecuadamente en la tarea indagatoria los siguientes aspectos: la naturaleza del propio negocio (CC art.1258), la prevalencia de la intención de los contratantes sobre las palabras utilizadas (CC art.1281), la trascendencia atribuible a los actos de los contratantes, anteriores, coetáneos y posteriores (CC art.1282) y el principio de que la oscuridad expresiva no haya de favorecer a quien la hubiese causado (CC art.1288).

Por lo tanto, en la **interpretación** de la voluntad de las partes debe atenerse al sentido literal de lo manifestado, siempre que el texto sea claro y no deje duda sobre la intención de los contratantes. Los restantes criterios de interpretación son de aplicación subsidiaria de forma que, cuando la literalidad de las cláusulas de un contrato sean claras, no se debe aplicar un sentido diferente que el que corresponda al sentido gramatical (TS 17-11-91, EDJ 10889).

619 **Error en el consentimiento** (CC art.1266) La jurisprudencia de lo Social ha sintetizado la doctrina de los tribunales civiles (por todas TS civil 5-3-15, EDJ 21548) que señala que para que el error pueda operar como vicio del consentimiento que provoca la anulabilidad del contrato, es indispensable que (TS 17-11-91, EDJ 10889; 25-9-03, EDJ 127752; 24-2-14, EDJ 42932):

- sea **sustancial o esencial** por afectar a los elementos principales del contrato;
- derive de hechos desconocidos por el obligado voluntariamente a contratar;
- sea **excusable**, es decir, que no sea imputable a quien lo padece y no sea susceptible de haberse podido evitar aplicando la debida **diligencia**. De este modo, cuando pudo ser evitado empleando una diligencia media o normal, el error es inexcusable y carece de relevancia para provocar la anulabilidad del contrato (TSJ Cataluña 2-12-03, EDJ 236602; TSJ C. Valenciana 25-1-22, EDJ 528146).
- que exista un **nexo causal** entre el error y la finalidad que se pretendía en el negocio jurídico concertado.

Debe distinguirse este error de vicio del llamado **vicio obstativo** en el que hay una falta de concordancia no intencional entre la voluntad interna y la declarada que puede dar lugar a la inexistencia del contrato (TSJ Madrid 19-7-06, EDJ 360751; 24-1-07, EDJ 61832).

Precisiones **1)** No tiene trascendencia jurídica el **error de cuenta** como, por ejemplo, la consignación en el contrato de un salario distinto de aquel que se quería declarar (TSJ Madrid 24-1-07, EDJ 61832).

2) Es **inexcusable** el error sobre las cualidades físicas de un jugador de baloncesto cuando el club deportivo profesional, omitiendo las más elementales normas de diligencia, permite que el trabajador comience la prestación de servicios sin haber ultimado el reconocimiento médico que hubiere permitido detectar la lesión que padece (TSJ Cataluña 2-12-03, EDJ 236602).

3) En cuanto al **error en la persona**, existe error evidente en el consentimiento: cuando el organismo contratante concierta el contrato de trabajo en la errónea creencia de que el trabajador ostenta la **titulación** exigida para el desempeño del puesto de trabajo ofertado (TSJ Málaga 7-9-00, EDJ 36321; TSJ Castilla-La Mancha 3-10-01, EDJ 73606; TSJ Cantabria 20-10-05, EDJ 196241); cuando existe **falsedad** en la declaración jurada sobre cumplir determinado requisito exigido en la convocatoria para la cobertura de un determinado puesto de trabajo (TSJ Málaga 21-4-92); o cuando se **oculta** una circunstancia personal cuyo conocimiento hubiese sido determinante de la voluntad en orden a la contratación, como ocultar la cualidad de imputado por diversos incendios forestales, para su contratación en el servicio contra incendios (TSJ Galicia 26-4-96, EDJ 53025). En contra, se ha considerado que **no existe error** imputable al trabajador cuando este carece de la titulación de especialista en radiodiagnóstico, necesaria para el desarrollo de su trabajo, cuando no se aprecia ocultación maliciosa o insidiosa y el empleador no ha efectuado las consultas oportunas para comprobarlo (TSJ Madrid 9-3-15, EDJ 32028).

4) La carencia de convalidación u **homologación administrativa de un título** universitario, como condición de eficacia de la relación laboral, no puede ni debe invalidar el contrato respecto de los derechos del trabajador cuando este lo ha solicitado en tiempo y forma y la Administración del Estado ha observado un absoluto silencio sobre el tema, pese a las peticiones y solicitudes del interesado (TSJ Málaga 20-2-03, EDJ 55503).
5) La **suplantación de personalidad** es un manifiesto error en la persona del trabajador que constituye un vicio invalidante del consentimiento (TSJ Cataluña 12-11-07, EDJ 301298). En materia de extranjería se han sucedido diversos pronunciamientos que resuelven sobre diversas prestaciones relacionadas con accidentes de trabajo sufridas por trabajadores extranjeros sin autorización de residencia y trabajo que habían suplantado la identidad de otro (TS 21-1-10, EDJ 14369).
6) La **diligencia** exigida a quien sufre el error se aprecia teniendo en cuenta las condiciones de las personas. Así, es exigible mayor diligencia cuando se trata de un profesional o de un experto; la diligencia será menor en caso contrario (TS civil 22-5-06, EDJ 80793; 17-7-06, EDJ 265936; TS social 29-6-09, EDJ 166003).

Violencia e intimidación (CC art.1267) Existe **violencia** cuando para arrancar el consentimiento se emplea una fuerza irresistible; e **intimidación** cuando se inspira a uno de los contratantes el temor racional y fundado de sufrir un mal inminente y grave en su persona o bienes o en la de su cónyuge, ascendientes o descendientes. Para que exista este vicio del consentimiento **es necesario** (TSJ Madrid 7-4-03, EDJ 105987): **621**
a) Una actitud o comportamiento tendente a inspirar el temor de sufrir un daño distinto al legítimo ejercicio de un derecho que pudiera perjudicar a la contraparte.
b) Que las circunstancias de edad y condiciones personales del sujeto permitan afirmar que este temor es racional y fundado y, a la vez, suficientemente grave como para doblegar su voluntad. De este modo, no cualquier amenaza o condicionamiento es susceptible de entenderse como intimidación, si la edad o condición de la persona le permiten resistirse a la misma (TSJ Sta. Cruz de Tenerife 20-11-00, EDJ 41299).

Precisiones **1)** La mayoría de los pronunciamientos de los tribunales de lo Social sobre **intimidación** se refieren al momento de la extinción del contrato y, en concreto, a los casos de dimisión o baja voluntaria del trabajador (TS 24-6-98, EDJ 16634; 28-2-00, EDJ 7046).
2) No supone **coacción**, ni por lo tanto intimidación, poner en conocimiento del trabajador la existencia de unos hechos graves, que podrían comportar una serie de consecuencias legales, laborales y penales, dándole la oportunidad de optar por el cese para evitar la adopción de las correspondientes medidas (TS 6-2-07, EDJ 21137).
3) Puede distinguirse entre la **intimidación lícita y la ilícita**. La primera puede ser una amenaza de despido o una denuncia penal y que se consideran un ejercicio no abusivo del derecho empresarial (TSJ Cataluña 6-6-02, EDJ 37859; TSJ Madrid 7-4-03, EDJ 105987). Por el contrario, **es ilícita** la intimidación cuando esa «advertencia» al trabajador revela una presión antijurídica por un ejercicio incorrecto o abusivo de las facultades empresariales. Buena muestra de ello son la amenaza de inicio de un procedimiento judicial injustificado por un hecho imputado al trabajador y tolerado durante largo tiempo por la empresa (TSJ Sevilla 10-2-09, EDJ 53545); supeditar el abono de los salarios devengados a la firma del documento (TSJ Madrid 31-1-02, EDJ 500276) o conminar a las trabajadoras a suscribir su baja voluntaria con la amenaza de denunciarlas penalmente por hechos que en modo alguno tienen ese alcance (TSJ Madrid 17-5-05, EDJ 86218).

Dolo (CC art.1269) Hay dolo cuando, con palabras o maquinaciones insidiosas de parte de uno de los contratantes, es inducido el otro a celebrar un contrato que sin ella no hubiera hecho. **623**
Por parte del **trabajador**, se ha considerado como un supuesto de dolo la ocultación de un empleo anterior en un ayuntamiento, lo que fue determinante para la suscripción de un contrato de fomento del empleo (TS 29-6-98, EDJ 12983), o cuando presenta una documentación expresiva de estar en posesión de una titulación de la que carece (TSJ Málaga 13-10-99, EDJ 33022).
Por parte del **empresario**, hay dolo cuando da a firmar al trabajador un supuesto recibo de nómina tratándose en realidad de un recibo de saldo y finiquito con el objetivo de dar la apariencia de un cese voluntario (TSJ Cataluña 18-12-01, EDJ 68636).

PARTE II

Empresario

CAPÍTULO 4

Capacidad y requisitos

700

En los siguientes marginales se **define al empresario** como parte del contrato de trabajo (nº 710) y se analiza su **tipología** atendiendo a su capacidad jurídica y de obrar (nº 745), así como su **posición jurídica** en el contrato de trabajo en relación tanto con los poderes asociados a la misma (nº 920) como con su responsabilidad (nº 970). 702

A. Concepto de empresario

(ET art.1.2)

Para el legislador son empresarios todas las personas, físicas o jurídicas, o comunidades de bienes que reciban la prestación de servicios de los trabajadores por cuenta ajena y de las personas contratadas para ser cedidas a empresas usuarias por ETT legalmente constituidas. En otras palabras, son empresarios quienes reciben el trabajo dependiente por cuenta ajena o asalariado, además de las ETT aunque no lo reciban directamente y contraten a los trabajadores para enviarlos en misión a las empresas usuarias. 710

En el ordenamiento laboral español el **concepto de empresario** se construye, por lo tanto, a partir del concepto de trabajador, atribuyendo la condición de empresario a quien recibe la prestación de servicios de los sujetos que el propio ET art.1.1 define como trabajadores. Por ello, la noción de empresario se establece a partir de la proyección de las propias notas que caracterizan la prestación de trabajo: la voluntariedad, ajenidad, dependencia y el carácter retribuido de la prestación (nº 115 s.). De este modo, el empresario es la persona por cuenta de la cual se realiza el trabajo, la que lo dirige y la que lo retribuye (TS 17-7-93, EDJ 7273). En suma, el empresario a efectos laborales es el que recibe el trabajo asalariado (ET art.1.2).

Además, en el **marco del derecho laboral**, el empleador es quien ostenta, cualquiera que sea el título jurídico en virtud del cual lo hace, no sólo la titularidad del negocio o explotación, sino también la capacidad ordenadora de las diversas relaciones y prestaciones de servicios que integran o conforman el factor trabajo dentro de la empresa. Es quien, dotado de la necesaria infraestructura y autonomía organizativa, supervisa y controla efectivamente la prestación de servicios de los trabajadores asalariados (TS 30-5-02, EDJ 27392). La **importancia** de identificar al empresario con las facultades organizativas y directivas del trabajo asalariado y que se beneficia del mismo, es incuestionable por cuanto va a ser quien asuma la responsabilidad en caso de incumplimiento del ordenamiento jurídico laboral.

Precisiones 1) La definición de empresario a **efectos laborales** coincide parcialmente con la que se establece a **efectos de la Seguridad Social** (LGSS art.138.3; RD 84/1996 art.10.1). A esos efectos, se considera empresario, aunque su actividad no esté motivada por ánimo de lucro, a toda persona natural o jurídica, pública o privada, por cuya cuenta trabajen personas con la consideración de trabajadores por cuenta ajena o asimilados.

2) Respecto del **empresario público como empleador**, hay que distinguir entre las administraciones públicas y el denominado sector público empresarial (Ley General Presupuestaria art.3). En las administraciones públicas, por su parte, se pueden recibir **tres tipos de trabajo**: el de los funcionarios públicos, el del personal estatutario de los servicios de salud y el de los trabajadores por cuenta ajena. Todos ellos son empleados públicos cuyo régimen jurídico se encuentra en el Estatuto Básico del Empleado Público -el EBEP (RDLeg 5/2015 redacc LO 2/2024)-, salvo el personal estatutario que, como relación funcionarial especial se regula por su propia normativa (L 55/2003 redacc L 4/2023). La **distinción entre Administración Pública y sector público** es relevante al existir previsiones laborales específicas en relación con la suspensión de contratos por tales causas (ET disp.adic.17ª).

Más ampliamente sobre las peculiaridades del empresario público como empleador ver nº 50 Memento Empleado Público 2024-2025.

1. Empresario, empleador y emprendedor

715 No existe coincidencia entre el concepto laboral y el concepto mercantil de empresario. El **empresario laboral** es quien recibe la prestación de servicios del trabajador y no necesariamente ha de ser empresario mercantil (p.e. quien contrata a un empleado del hogar familiar, Cruz Roja, la sociedad civil o el profesional liberal que emplea para el desarrollo de su actividad a alguna persona, etc.). A la inversa, un **empresario mercantil** puede que no sea empresario laboral (p.e. el titular de un pequeño negocio que carece de trabajadores).

Lo **importante desde el punto de vista laboral** es que el empresario sea el sujeto que recibe, se aprovecha de la prestación de trabajo asalariado y la organiza. Resulta indiferente si al mismo tiempo reúne la condición de empresario en sentido mercantil, pudiendo también ser una entidad benéfica, una empresa pública, una Administración -como ocurre en el caso de los psicólogos contratados por la Comunidad de Madrid para atender de forma gratuita a las víctimas de accidentes (TS 11-2-15, EDJ 26948)-, un particular que no desarrolla ninguna actividad productiva -en el caso del servicio del hogar familiar- o una cooperativa -téngase en cuenta que, en este último caso, la relación de los socios trabajadores de la cooperativa debe ser considerada una relación mercantil (por mandato de lo previsto en la L 27/1999 art.80; TSJ Valladolid 10-12-15, EDJ 239755)-. Resulta también indiferente como regla general (salvo algunas particularidades a las que pudiera abocar la existencia de una norma jurídica especial o específica) que el empresario sea propietario o explote o desarrolle su actividad en virtud de cualquier otro título jurídico.

Por esta razón parece más correcta, en el ámbito laboral, la noción de **empleador**, aunque en la legislación española el término empresario es absolutamente predominante.

El concepto de **emprendedor** se utiliza en el marco del RETA y por la normativa de apoyo a los emprendedores y su internacionalización. En este marco, el concepto de emprendedor se define de forma amplia, como aquella persona, independientemente de su condición de persona física o jurídica, que va a desarrollar o está desarrollando una actividad económica productiva (empresarial o profesional) (L 14/2013 art.3).

717 **Determinación del empleador en supuestos especiales** En determinados supuestos, la identificación del empleador o del empresario real presenta dificultades, como sucede en los siguientes casos:

- el trabajo se encomienda a un grupo de trabajadores (nº 719);
- falso autónomo (nº 721);
- cooperativas de trabajo asociado (nº 723).

719 **Grupo de trabajadores** (ET art.10) La concurrencia de personas que prestan servicios puede dificultar la identificación del empleador, de ahí que se establezcan **criterios legales** de orientación:

1. El **contrato de grupo** (nº 7310) que se celebra entre un empleador y un grupo de trabajadores considerado en su totalidad. En este caso, el empleador no tiene frente a cada uno de sus miembros los derechos y deberes que como tal le competen, sino que es el jefe del grupo quien ostenta la representación de los componentes del grupo y quien responde de las obligaciones inherentes a dicha representación.

2. El **trabajo en común** (nº 7325 s.). En este caso existe un único empleador, el que recibe la prestación del conjunto de los trabajadores a los que se ha dado una tarea común en uso de su poder de dirección (ET art.20.1), conservando respecto de cada trabajador individual los derechos y obligaciones laborales.
3. El **auxiliar asociado** (nº 7330) que es contratado para prestar ayuda a otro trabajador previamente contratado. En este caso, el empresario es empleador del trabajador y del asociado. Esta figura ha tenido un recorrido escaso en la jurisprudencia social, aunque en ocasiones ha sido utilizada para contradecir la argumentación de la parte empresarial al pretender sustraer el conocimiento de la cuestión controvertida de los tribunales sociales, amparándose en que la relación debe ser considerada de carácter civil toda vez que el «colaborador» de la empresa se veía auxiliado por otra persona (TS 22-12-89, EDJ 11668; 20-7-99, EDJ 25798).

Falso autónomo (LRJS art.26.5 y 148 -redacc L 3/2023-; L 20/2007 art.11 y 11 bis) Junto a la figura del TRADE, trabajadores autónomos que perciben como mínimo el 75% de sus ingresos de un único cliente al que están vinculados mediante un contrato mercantil (nº 290), se encuentra la figura del falso autónomo. Se denomina así, al trabajador que se da de alta en la Licencia Fiscal (IAE) y en el RETA, pero cuya prestación de servicios en realidad reúne las notas de **ajenidad** y **dependencia** propias del contrato laboral, por lo que su encuadramiento correcto sería en el Régimen General de la Seguridad Social. **721**
El TS ha establecido una serie de pautas o **criterios para delimitar** estos supuestos, en muchas ocasiones como consecuencia de procedimientos de oficio abiertos a raíz de actas de liquidación de cuota de la ITSS (TS 12-1-08, EDJ 90871; 23-11-09, EDJ 338496; 19-7-10, EDJ 213764; 26-11-12, EDJ 295697; 20-1-15, EDJ 17320; 24-1-18, EDJ 10150):
1. La **calificación de los contratos** no depende de cómo hayan sido denominados por las partes contratantes, sino de la configuración efectiva de las obligaciones asumidas en el acuerdo contractual y de las prestaciones que constituyen su objeto.
2. La configuración de las obligaciones y prestaciones del contrato de **arrendamiento de servicios** regulado en el Código Civil, no es incompatible con la del contrato de trabajo propiamente dicho al haberse desplazado su regulación, por evolución legislativa, del referido Código a la legislación laboral actualmente vigente (ver nº 265).
3. Tanto la dependencia como la ajenidad son **conceptos** de un nivel de **abstracción** bastante elevado, que se pueden manifestar de distinta manera según las actividades y los modos de producción y que, además, guardan entre sí una estrecha relación aunque sus contornos no coincidan exactamente. De ahí que en la resolución de los casos litigiosos se recurra con frecuencia para la identificación de estas notas del contrato de trabajo a un conjunto de indicios o hechos indiciarios de una y otra. Estos indicios son unas veces comunes a la generalidad de las actividades o trabajos y otras veces específicos de ciertas actividades laborales o profesionales.
Los indicios comunes de **dependencia** más habituales se analizan en nº 162, y los de **ajenidad** en nº 178.
En el caso de las **profesiones liberales**, además de los específicos de dependencia (nº 162) son indicios contrarios a la existencia de laboralidad la percepción de honorarios por actuaciones o servicios fijados de acuerdo con indicaciones corporativas o la percepción de igualas o cantidades fijas pagadas directamente por los clientes (ver nº 149).

Precisiones **1)** Se ha considerado laboral la **relación de servicios** prestada **en un Ayuntamiento** por quien resulta adjudicatario de un contrato menor de servicio de impartición del curso de formación profesional ocupacional. La presunción de laboralidad (ET art.8.1) prevalece sobre la presunción de legalidad del acto administrativo (LPAC art.39.1) a la vista de los siguientes hechos: no presta servicios para más entidades o empresas que el Ayuntamiento; el curso que imparte tiene lugar en local del Ayuntamiento; quien selecciona la matrícula e inscribe a los alumnos es la entidad o empresa, y quien facilita los medios y materiales empleados en el curso es la entidad o empresa (TSJ C.Valenciana cont-adm 25-3-15, EDJ 107210).
2) Las personas incluidas en el ámbito de aplicación del Estatuto Marco del Personal Estatutario de los Servicios de Salud, que presten servicios, a tiempo completo, en los servicios de salud de las diferentes comunidades autónomas o en los centros dependientes del INGESA y que, además, realicen **actividades complementarias privadas**, por las que deban quedar incluidas en el sistema de la Seguridad Social, quedan encuadradas, por estas últimas actividades, en el RETA. A fin de cumplimentar la obligación anterior, en el caso de profesionales colegiados pueden optar entre solicitar el alta en el RETA o incorporarse a la correspondiente Mutualidad alternativa (LGSS art.305.2.j).
3) A continuación se muestra una selección de sentencias en relación con la consideración de falsos autónomos **por sectores de actividad**:
- profesores de academia en cursos formación (TS 22-7-08, EDJ 178568; 10-4-18, EDJ 72627; TSJ País Vasco 31-1-17, EDJ 22479);
- traductores e intérpretes (TS 16-11-17, EDJ 262773);
- instalación y reparación de ascensores (TS 24-1-18, EDJ 10150; 24-1-18, EDJ 10162);
- tertuliano radiofónico (TS 19-2-14, EDJ 57417);

- transportistas (TS 22-1-08, EDJ 25853);
- colaboradores de prensa (TS 31-3-97, EDJ 3189; 19-7-02, EDJ 32077; 16-12-08, EDJ 291539; 11-5-09, EDJ 128288), incluso con interposición a través de una persona jurídica (TSJ Burgos 7-5-09, EDJ 102689), y fotógrafos (TSJ Sevilla cont-adm 27-1-17, EDJ 25516; 25-7-16, EDJ 176403). Aunque esté pendiente la demanda de oficio la TGSS puede tramitar el alta de oficio condicionado a lo que resuelva la jurisdicción social (TS cont-adm 8-7-04, EDJ 159920; TSJ Madrid cont-adm 7-5-12, EDJ 111959).
- teletrabajo (TS auto 1-4-08, EDJ 93368);
- administración Pública (TS 22-1-08, EDJ 73306);
- médicos y odontólogos (TS 19-6-07, EDJ 144139; 10-7-07, EDJ 144166; 27-11-07, EDJ 243308; 12-2-08, EDJ 90871; TSJ Valladolid 28-4-14, EDJ 74297; 29-3-17, EDJ 70574) y médicos y personal sanitario que presta servicios sanitarios de urgencia mediante helicópteros (TS 16-10-12, EDJ 232764);
- construcción (TSJ Aragón 27-6-07, EDJ 188324; 23-6-10, EDJ 239759; TSJ Galicia cont-adm 6-4-17, EDJ 69969); ebanista en carpintería (TSJ Cataluña cont-adm 10-6-04, EDJ 87364);
- abogados (TS 19-11-07, EDJ 243310);
- actores de doblaje (TS 19-7-10, EDJ 213764);
- seguros (TS 21-6-11, EDJ 166988; 11-10-23, EDJ 714749; TSJ País Vasco 28-3-17, EDJ 83861);
- pintor, a pesar de compatibilizar la relación laboral con cierta actividad por cuenta propia (TSJ Castilla-La Mancha 26-1-17, EDJ 19559);
- labores de mantenimiento de maquinaria (TSJ Cataluña 2-2-17, EDJ 59780);
- agentes comerciales de telefonía (TSJ Las Palmas 26-1-17, EDJ 31274);
- repartidores de comida a domicilio adscritos a empresas de economía colaborativa (TS 25-9-20, EDJ 661613).

4) También el TJUE ha tenido la ocasión de pronunciarse sobre la figura de los trabajadores falsamente autónomos, en relación con las **profesoras de un colegio** que trabajaban por cuenta propia, al considerar discriminatoria su situación respecto a los trabajadores por cuenta ajena del sexo masculino en relación con su afiliación a un sistema de Seguridad Social (TJUE 13-1-04, asunto C-256/04).

723 **Cooperativas de Trabajo Asociado** (L 27/1999 art.80) Las cooperativas de trabajo asociado tienen por objeto proporcionar a sus socios puestos de trabajo, mediante su esfuerzo personal y directo, a tiempo parcial o completo, a través de la organización en común de la producción de bienes o servicios para terceros. También pueden contar con socios colaboradores.

La **relación de los socios trabajadores** con la cooperativa es societaria. Por tanto, no se trata de una relación laboral por cuenta ajena sino de una relación mercantil. No obstante, la Cooperativa en sus Estatutos puede **optar** entre encuadrar a sus socios trabajadores como:

1. Asimilados a trabajadores por cuenta ajena. Dichas cooperativas quedan integradas en el Régimen General o en alguno de los regímenes especiales de la Seguridad Social, según proceda, de acuerdo con su actividad.

2. Trabajadores autónomos en el régimen especial correspondiente (LGSS art.14).

Precisiones Se califica como **contrato de trabajo** la prestación de servicios de transporte realizada por quien es socio de una cooperativa de trabajo asociado, que carece de cualquier infraestructura propia y que se limita a ser la titular de la tarjeta de transporte, a la vez que suscribe un contrato de arrendamiento de servicios con la empresa de transporte propietaria de los camiones que alquila a la cooperativa y pone a disposición de los conductores a los que se descuenta el precio del alquiler de la facturación mensual de los servicios que organiza y dirige la empresa (TS 18-5-18, EDJ 104191).

2. Distinción entre empresa y centro de trabajo

730 En Derecho del Trabajo es **esencial la distinción** entre la empresa y el centro de trabajo o unidad productiva autónoma.

732 **Empresa** Es preciso distinguir entre los dos siguientes **conceptos**:

1. El **empresario**, que es el titular de la organización empresarial y el que, por sí o por medio de representante, la dirige. Si la empresa tiene personal laboral, el empresario es quien asume la condición de empleador, pues la empresa, como tal, carece de personalidad jurídica.

2. La **empresa**, que es la organización o conjunto de elementos materiales y personales organizados por el empresario para el ejercicio de una actividad productiva, sea o no lucrativa (TS 17-7-93, EDJ 7273; 18-3-94, EDJ 2506). La noción relevante en el ámbito laboral es así más limitada que la manejada en el ámbito mercantil. En este ámbito económico, se ha definido la empresa como «organización de capital y trabajo destinada a la producción y a la intermediación de bienes o de servicios para el mercado», y también como «organización de los factores de producción (capital y trabajo) con el fin de obtener ganancias».

La **característica esencial** de la empresa es ser organización, es decir, ordenamiento de los factores reales y personales de la producción para la consecución de un fin. Y así, uno de los elementos propios de este concepto es la asunción de un riesgo por el empresario para ese fin, esto es, esas ganancias pueden lograrse o no, e incluso la actividad empresarial puede generar pérdidas.

Precisiones 1) La realidad económica de la empresa al entrar en el mundo jurídico, da lugar a que cada rama del Derecho presente ciertas diferencias de acento o enfoque sin perjuicio de mantener un núcleo esencial de identidad. Y así, mientras el **Derecho Mercantil** se centra o fija en la finalidad lucrativa o de obtención de ganancias que la empresa persigue, para el **Derecho del Trabajo** lo que interesa es la condición de empleadora que tiene en cuanto ocupa trabajadores que están bajo la dirección y dependencia del titular de la organización (TSJ Extremadura 29-5-02, EDJ 129972, apoyándose en TS 18-3-94, EDJ 2506).

2) Una cosa es **el empresario** definido según el ET art.1.2, como una de las dos partes del contrato de trabajo, bilateral y sinalagmático, que da origen a la relación laboral (de acuerdo con el ET art.1.1) y otra cosa es la **empresa,** denominación frecuentemente empleada como sinónima de la primera, pero de la que, en sentido estricto, puede y debe ser diferenciada, independientemente de que es un concepto que también cabe ser contemplado desde un punto de vista jurídico-laboral, además del jurídico-mercantil y económico. En cualquier caso hace referencia a una **organización** de medios personales y materiales para producir bienes o servicios con destino al mercado, cuya titularidad corresponde al empresario.

Características relevantes de la empresa en el ámbito laboral Tiene trascendencia en el ámbito laboral la **actividad desarrollada** por la empresa en cuestión, en tanto va a determinar el convenio colectivo aplicable y la normativa específica en materia de prevención de riesgos laborales. 734

Sin embargo, la dimensión de la empresa tiene **poca trascendencia** para el Derecho del Trabajo, aplicándose las mismas normas a las empresas pequeñas (menos de 50 trabajadores), medianas o grandes empresas (más de 500 trabajadores). Solamente existen algunas **previsiones específicas** para materias concretas como:

- en el periodo de prueba, recogiéndose una duración inferior para los técnicos superiores en las empresas de menos de 25 trabajadores (nº 5575).
- bonificación por los costes derivados de tutorización de las personas trabajadoras en los contratos de formación en alternancia en función de que la empresa tenga una plantilla superior o inferior a 5 trabajadores (nº 8320);
- ausencia de periodo de consultas en modificación sustancial de condiciones de trabajo en empresas de menos de 10 trabajadores (ET art.40 -redacc LO 2/2024- y 41);
- tramitación diferente del despido colectivo u objetivo según el número de trabajadores (ET art.51 -redacc L 3/2023- y 52.c);
- plan de recolocación externa en despidos colectivos en empresas de más de 50 trabajadores (ET art.51.10; RD 1483/2012 art.9);
- diferente representación unitaria según el número de trabajadores: 50 o más trabajadores, comités de empresa; menos de 50, posibilidad de que haya delegados de personal (ET art.62 y 63);
- duración del proceso electoral (ET art.74.2);
- la existencia de delegado sindical en empresas con 250 o más trabajadores (LOLS art.10.1);
- derecho específico a un local adecuado para que las secciones sindicales desarrollen sus actividades en empresas o centros de trabajo con más de 250 trabajadores (LOLS art.8.2.c);
- la determinación de las obligaciones de organización de la prevención en la empresa, así como el número de delegados de prevención y obligación de que exista un Comité de seguridad y Salud laboral en empresas de más de 50 trabajadores (LPRL art.30 a 39);
- cuota de reserva del 2% de trabajadores discapacitados que deben cumplir las empresas que ocupen a 50 o más trabajadores, salvo pacto convencional en contrario o comunicación a la autoridad laboral (RDLeg 1/2013 art.42);
- obligatoriedad de **plan de igualdad** en empresas de 50 o más trabajadores (LO 3/2007 art.45.2 y disp.trans.12ª);
- obligatoriedad en empresas de más de 50 trabajadores de contar con medidas para alcanzar la igualdad real y efectiva de las **personas LGTBI**, incluido un protocolo de actuación para la atención del acoso o la violencia contra estas personas (RD 1026/2024);
- obligación de las empresas de 50 o más trabajadores, de incluir en el **registro salarial** una justificación de que la diferencia entre las retribuciones medias de los trabajadores no responde a motivos relacionados con el sexo (ET art.28.3).

Respecto de la **nacionalidad** de la empresa y la complejidad asociada a grupos o cooperaciones entre empresas de grupos transnacionales, hay que señalar que el principio de territorialidad puede generar **conflicto de leyes** debiéndose determinar mediante conexiones específicas cuál es la norma nacional aplicable que regula ese contrato de trabajo (ver nº 2680). De especial importancia son los supuestos de desplazamiento de trabajadores a España en el marco de una **prestación trasnacional de servicios** dentro del ámbito de la Unión Europea y del Espacio Económico Europeo. En estos casos se deben garantizar, cualquiera que sea la legislación aplicable al contrato de trabajo, las condiciones de trabajo previstas por la legislación laboral española relativas a: tiempo de trabajo; cuantía del salario; igualdad de trato y la no discriminación directa o indirecta; trabajo de menores; prevención de riesgos laborales; no discriminación de los trabajadores temporales y a tiempo parcial; respeto de la intimidad y la consideración debida a la dignidad de los trabajadores; la libre sindicación y los derechos de huelga y de reunión; de cesión de trabajadores; de alojamiento y de dietas y reembolsos para cubrir gastos de viaje y alojamiento (L 45/1999 art.3).

736 **Centro de trabajo** El concepto de centro de trabajo es uno de los esenciales para el Derecho del Trabajo. La estructura de la **empresa** puede ser unitaria o plural. Cuando es **unitaria**, los conceptos de empresa y centro de trabajo se identifican. Pero si la estructura es **plural**, la empresa se diversifica y se fragmenta en diversos centros de trabajo que generalmente están ubicados en lugares diferentes (aunque no necesariamente pues el concepto de centro de trabajo no coincide necesariamente con el de establecimiento y cabe contratar trabajadores para prestar servicios en empresas con centros de trabajo móviles o itinerantes como señala el ET art.40 redacc LO 2/2024). Es esta realidad a la que el legislador atiende cuando define el **centro de trabajo** al entender que es la unidad productiva con organización específica, que sea dada de alta, como tal, ante la autoridad laboral (ET art.1.5).
Un estudio más amplio del concepto de centro de trabajo se desarrolla en nº 4310 s.

B. Capacidad jurídica y de obrar del empresario

(ET art.1.2)

745 **No existen reglas** especiales de capacidad del empresario, de manera que hay que aplicar lo dispuesto en el Código Civil distinguiendo dos supuestos dependiendo de que el empresario sea: una **persona física** (nº 750 s.) o una **persona jurídica** (nº 775 s.).
Hay que tener en cuenta además que el legislador considera expresamente empresario a efectos laborales a entes **sin personalidad jurídica** (nº 820 s.), entre ellos las comunidades de bienes (nº 825) que reciben la prestación de trabajo asalariado, así como a las Empresas de Trabajo Temporal (nº 815).

1. Empresario persona física

750 El empresario persona física adquiere la **capacidad para celebrar el contrato** de trabajo con la mayoría de edad, al cumplir los 18 años (CC art.240), o con la emancipación (CC art.247). El empresario **menor de edad no emancipado** puede concertar un contrato de trabajo, pero debe hacerlo necesariamente a través de su representante legal (padre o tutor).
El empresario individual puede **contratar trabajadores asalariados** como titular de una explotación, industria o negocio, o bien para realizar su actividad como profesional o incluso a título estrictamente particular para realizar tareas domésticas. El empresario individual asume de forma **personal y directa** cuantos derechos y obligaciones le atribuyan las normas laborales, siendo su responsabilidad patrimonial ilimitada y respondiendo por ello con todos sus bienes presentes y futuros (CC art.1911).
Cuando el propio empresario trabaja de forma personal, habitual y directa en el negocio, debe darse de alta en el Régimen Especial de la Seguridad Social de Trabajadores Autónomos (RETA). La **condición de trabajador autónomo** se presume, salvo prueba en contrario, de quien es titular de un establecimiento abierto al público, ya sea en calidad de «propietario, usufructuario, arrendatario u otro concepto análogo» (D 2530/1970 art.2.3).
Debe tenerse en cuenta que además del empresario o empleador que recibe el trabajo asalariado ordinario, es también empresario jurídico laboral quien recibe un trabajo asalariado sometido a una **relación laboral de carácter especial** como, por ejemplo, el titular del hogar familiar, los Centros especiales de empleo de personas con discapacidad, la Administración penitenciaria, las Sociedades deportivas, las empresas organizadoras de espectáculos públicos, los centros portuarios de empleo o, entre otros, los despachos de abogados, individuales o colectivos (RD 84/1996 art.10).
A continuación, respecto del empresario persona física se analiza:
1. La problemática de la **sociedad de gananciales** (nº 755);
2. El supuesto específico del **emprendedor de responsabilidad limitada** (ERL) (nº 770).

Precisiones El Estatuto del Trabajo Autónomo recoge la **edad** de 16 años para poder realizar trabajo autónomo (L 20/2007 art.9). No obstante, las normas de Seguridad Social exigen para el alta en el RETA tener cumplida la edad de 18 años (LGSS art.7.1.b).

a. La sociedad de gananciales en la relación laboral

El matrimonio del empresario no afecta a su **capacidad para ser parte** en el contrato de trabajo, pero puede tener consecuencias en la relación laboral si el régimen económico matrimonial es la sociedad de gananciales. 755
La sociedad de gananciales **puede definirse** como una sociedad interna, sin personalidad jurídica, cuyo patrimonio pertenece en común a los cónyuges, de acuerdo con un régimen específico (CC art.1344 a 1434) que responde, aun con sus especialidades, a la técnica de la comunidad. Lo que determina el régimen de gananciales es que se hacen comunes para los cónyuges las ganancias o beneficios obtenidos indistintamente por cualquiera de ellos, que les son atribuidos por mitad al disolverse la sociedad (CC art.1344). Mientras se mantenga este régimen, por lo tanto, las **ganancias** se afectan a las finalidades comunes del matrimonio CC art.1362.
Dada su falta de personalidad jurídica, la sociedad de gananciales **no puede ser empresario laboral** (TSJ Extremadura 29-5-02, EDJ 129972; TSJ Málaga 23-7-92, EDJ 500002). La condición de empresario debe, por tanto, ser atribuida a los cónyuges, aunque no siempre se produce una pluralidad empresarial. Por este motivo deben distinguirse los siguientes **supuestos**:
1. Los trabajadores que prestan sus servicios en **empresas individuales** de los cónyuges (nº 757).
2. Los empleados del **hogar familiar** (nº 759).
3. Los trabajadores que prestan sus servicios para **profesionales liberales** (nº 761).
Por último, se analiza la **problemática procesal** que se suscita en estos supuestos (nº 763).

Precisiones De acuerdo con la doctrina científica, la sociedad de gananciales es un **sistema de comunidad limitada** en el que persisten separados los patrimonios personales de los cónyuges (los bienes privativos), pero en el que se crea un patrimonio colectivo que se atribuye a los dos cónyuges como miembros del consorcio conyugal, sin que exista una asignación individual por cuotas y con un sistema de cogestión relativa, en el que si bien la gestión y disposición corresponde conjuntamente a los dos cónyuges (CC art.1375), son válidos los actos de administración de bienes y los de disposición de dinero y títulos valores realizados por el cónyuge a cuyo nombre figuren o en cuyo poder se encuentren (CC art.1384), y los derechos de crédito, cualquiera que sea su naturaleza, son ejercitados por aquel de los cónyuges a cuyo nombre aparezcan constituidos (CC art.1385; en ese sentido ver TSJ Madrid 11-2-11, EDJ 52194).

Trabajadores que prestan sus servicios en empresas individuales de los cónyuges Este supuesto alude al de un trabajador que presta sus servicios en una empresa mercantil individual que puede ser ganancial o privativa, dependiendo de si se ha adquirido con caudal común o privativo. 757
1. En la **empresa ganancial** se distinguen dos hipótesis, en función de quién lleva a cabo el ejercicio del comercio:
a) Si se realiza **por ambos cónyuges**: se produce una pluralidad empresarial y una responsabilidad directa y solidaria del patrimonio ganancial y de los patrimonios privativos de los cónyuges frente a los trabajadores. Debe tenerse en cuenta que aunque cada uno de los cónyuges se haya inscrito individualmente como empresario, si existe una única explotación de sociedad de gananciales existe una única empresa y los dos cónyuges son los empresarios respecto al trabajador (TSJ Extremadura 29-5-02, EDJ 129972).
b) Si se lleva a cabo **por uno de ellos**, en contraposición al supuesto anterior, la posición empresarial sólo la asume el cónyuge que gestiona el negocio, que responde con su patrimonio privativo y con el patrimonio ganancial (CC art.1365.1º). Esto implica que el trabajador puede dirigirse indistintamente contra cualquiera de estos bienes. El **cónyuge no gestor** permanece ajeno a la actividad empresarial y, por lo tanto, no es empresario frente al trabajador (TSJ Burgos 6-10-05, EDJ 172241; TSJ Granada 15-11-00, EDJ 64680; TSJ Málaga 23-7-92, EDJ 500002). Cuestión distinta es si el cónyuge no gestor debe quedar liberado de toda responsabilidad con sus bienes privativos o si, por el contrario, responde como garante o fiador, de forma subsidiaria. La cuestión es dudosa, habida cuenta que la empresa, en definitiva, forma parte de un patrimonio común de los dos esposos (el patrimonio ganancial) y el cónyuge empresario la administra no en su propio interés, sino en interés de ese patrimonio común. No obstante, el orden social de la jurisdicción ha entendido que, en estos supuestos, el cónyuge no empresario no responde con su patrimonio privativo (TSJ Valladolid 17-2-03, EDJ 10078).
En todo caso, para que se produzca esta **imposibilidad de trabar el bien privativo** del cónyuge no empresario en supuestos de disolución del régimen de gananciales, es imprescindible que

el patrimonio ganancial se haya liquidado, pues la simple disolución del vínculo que sustenta la sociedad de gananciales no varía su naturaleza (TSJ Granada 12-11-15, EDJ 275960).
2. Cuando la **empresa** es **privativa de uno de los cónyuges**, sólo este asume la posición empresarial. En estos casos:
a) El patrimonio privativo **del empresario** responde frente al trabajador (CC art.1911).
b) El patrimonio privativo **del cónyuge** no responde, salvo que este haya dado su consentimiento expreso y se haya inscrito en el Registro Mercantil (CC art.9).
c) La responsabilidad del **patrimonio ganancial** se somete a las normas especiales del Código de Comercio art.6 a 11, (TSJ Asturias 30-9-15, EDJ 184815), que establecen un auténtico privilegio frente al régimen general previsto en el Código Civil. De acuerdo con estas normas el **cónyuge no empresario** puede oponerse expresamente a la responsabilidad completa de los bienes gananciales. Si esta oposición se inscribe en el Registro Mercantil, tan sólo responden de las deudas del negocio los bienes gananciales obtenidos con la explotación de la empresa; el resto queda a salvo. No obstante, esta limitación de la responsabilidad del patrimonio ganancial se neutraliza aplicando el CC art.1373, por lo que, de ser insuficientes los bienes responsables, el trabajador puede solicitar la ampliación del embargo al resto de bienes gananciales. La aplicación de este precepto a las deudas del negocio mercantil es dudosa pero constituye la mejor solución dado que, de lo contrario, los acreedores *ex commercio* -entre ellos, el trabajador- estarían sometidos a un trato desigual carente de justificación.
Un aspecto relevante es la determinación del **carácter de asalariado** o no **del cónyuge** no propietario de la empresa casado en régimen económico de gananciales, y ello porque:
- el cónyuge que formalmente no es el titular de la empresa, adquiere el 50% de las ganancias de su cónyuge y, en base a ello, se debe determinar si su concreto porcentaje (no el común) alcanza o no el 50% en la titularidad de la empresa que excluye la condición de asalariado;
- no deja de reunirse el requisito de dependencia que se exige para tener la condición de asalariado por el hecho de que el cónyuge sea el administrador societario (TS 30-4-01, EDJ 5788).
Así, no puede negarse la condición de asalariado de un trabajador por el hecho de que su cónyuge tenga el 32,46% del capital societario y estén casados en régimen de gananciales. Tampoco cuando el cónyuge ha sido consejero-delegado y ha ejercido la función de dirección del negocio durante todo el tiempo en que el trabajador prestó servicios a la sociedad cuando aún asignando al trabajador la mitad de las acciones de su cónyuge, no reúne el 50% del capital social (TSJ País Vasco 22-5-12, EDJ 140964). En sentido contrario, procede el alta en el RETA de una trabajadora por cuenta ajena que adquirió un 48% de la empresa y contrajo matrimonio en régimen de gananciales con el titular del 52% restante, presentándose ante sus proveedores y terceras empresas como cotitular de la misma, dotada de poderes de representación y con potestades ejecutivas y de contracción de obligaciones (TSJ Valladolid 3-3-16, EDJ 24258).

759 **Empleados del hogar familiar** (RD 1620/2011) Se considera **relación laboral especial** del servicio del hogar familiar la que conciertan el titular del mismo y el empleado que, dependientemente y por cuenta de aquel, presta servicios retribuidos en el ámbito del hogar familiar (RD 1620/2011 art.1.2). Se considera **empleador** al titular del hogar familiar, ya lo sea efectivamente o como simple titular del domicilio o lugar de residencia en el que se presten los servicios domésticos (RD 1620/2011 art.1.3).
La relación laboral de carácter especial de los trabajadores que prestan sus servicios en el hogar familiar queda incluida en el ámbito de lo que el Código Civil denomina potestad doméstica. En el ejercicio de esta potestad, los cónyuges pueden actuar conjuntamente o de forma separada. En ambos casos **la condición de empresario** la ostentan los dos cónyuges, que responden directa y solidariamente con el patrimonio ganancial y con sus patrimonios privativos (la subsidiariedad que establece el CC art.1319.2 no puede aplicarse en el ámbito laboral).

Precisiones **1) No** concurre el **requisito de hogar familiar** cuando en lugar de personas físicas se está ante personas jurídicas como residencias, embajadas o consulados (TS 21-10-08, EDJ 222484; TSJ País Vasco 1-9-04, EDJ 212617; TSJ Madrid 15-6-04, EDJ 109585). Tampoco puede considerarse hogar familiar la situación de 14 residentes desvinculados, en varios pisos unidos, con servicios comunes y una organización de seis empleadas (TSJ País Vasco 22-9-15, EDJ 201678).
2) Cuando este tipo de prestación de servicios se realiza **para dos o más personas** que, sin constituir una familia ni una persona jurídica, conviven en la misma vivienda, asume la condición de titular del hogar familiar la persona que ostenta la titularidad de la vivienda que habita o aquella que asume la representación de tales personas, que puede recaer de forma sucesiva en cada una de ellas (RD 1620/2011 art.1.3). El trabajo para el llamado **grupo «parafamiliar»** entendido como grupo de personas que funciona como una unidad de convivencia, sean o no familia, se ha considerado también una relación laboral especial de servicio doméstico pues lo que justifica y determina la naturaleza especial de la relación laboral de los empleados de hogar no es el parentesco de los moradores, ni la naturaleza familiar de los lazos que les unen, sino las particulares exigencias que se derivan de la convivencia de los moradores en el lugar de la prestación del trabajo y de la reordenación de este a la facilitación de la vida en común (TSJ Navarra 15-6-01, EDJ 30094).

3) Se declara la relación laboral especial de una trabajadora que, además de convivir junto con su hijo en el domicilio del empleador, disfrutaba de determinados **beneficios** como disponer libremente de un vehículo cuyos gastos pagaba el empleador, veranear juntos por cuenta del empleador, y realizar varios viajes junto con el empleador pagados por este (TSJ Castilla la Mancha 12-5-05, EDJ 55344).

4) Se declara la **relación laboral ordinaria** de unas empleadas de hogar con la empresa que se encargaba de seleccionarlas para prestar servicios a los clientes, confeccionaba los contratos, realizaba el pago delegado de las nóminas, cobraba de los clientes un importe en concepto de gastos de gestión y mantenimiento del servicio y las sustituía por otras en caso de ausencia o vacaciones (TSJ Burgos 9-3-17, EDJ 35597).

5) Es una relación de **cuidadora no profesional** de persona dependiente la de quien alcanza un acuerdo manifiesto para asumir esta condición dentro del entorno familiar en el que había prestado servicios como empleada del hogar, y mediante resolución administrativa se corrobora la concurrencia de los requisitos e idoneidad de la persona designada (TSJ C.Valenciana 3-4-13, EDJ 117878).

Trabajadores que prestan sus servicios para profesionales liberales El empresario persona física que ejerce una profesión liberal y contrata trabajadores asume la condición de empleador. De este modo, si **su cónyuge** permanece al margen de la relación laboral no puede ser considerado también empresario y, por tanto, no responde con su patrimonio privativo (TSJ Valladolid 17-2-03, EDJ 10078). No obstante, **frente al trabajador responden**, de forma directa y solidaria, el patrimonio privativo del cónyuge que ejerce la profesión (CC art.1911) y el patrimonio ganancial (CC art.1365.2º). **761**

Problemática procesal de la sociedad de gananciales La sociedad de gananciales no tiene capacidad para ser parte en un proceso. Son, por tanto, los cónyuges quienes actúan en el proceso. En el ámbito laboral, hay que distinguir **dos supuestos**. **763**

1. Si ambos **cónyuges han asumido la condición de empresario** frente al trabajador, ambos son deudores y, por tanto, ambos pueden ser demandados (litisconsorcio pasivo voluntario). En este supuesto, a efectos de un posible **embargo** hay que diferenciar si el trabajador dirigió su demanda:

a) **Contra los dos**: el embargo puede realizarse sobre los bienes privativos de ambos o sobre los bienes gananciales, a su elección.

b) **Sólo contra uno** de los cónyuges: el embargo debe limitarse a los bienes privativos del empresario demandado y a los bienes comunes. En este último caso, se ha de notificar el embargo al empresario no demandado, que puede comparecer en juicio y formular oposición (LEC art.541.2).

2. Si tan **sólo uno de los cónyuges es empresario**, el trabajador debe, necesariamente, dirigir la demanda contra él. No obstante, de existir responsabilidad del otro cónyuge con sus bienes privativos, hay que incluirle en la demanda para poder, posteriormente, hacer efectiva dicha responsabilidad. En cuanto a los **bienes comunes**, el trabajador puede solicitar su embargo sin necesidad de demandar al cónyuge no empresario, pero este, en la fase de ejecución, debe ser debidamente notificado, al igual que en el supuesto anterior (TSJ Madrid 25-4-05, EDJ 93110; TSJ Sta. Cruz de Tenerife 7-7-04, EDJ 140437).

Si se condena a uno de los cónyuges por una deuda de la que responden los bienes gananciales, la **demanda ejecutiva** únicamente puede dirigirse contra el cónyuge deudor, pero el embargo de bienes gananciales ha de notificarse al otro cónyuge, quien puede **oponerse a la ejecución** fundado en las mismas causas que correspondan al ejecutado y, además, en que los bienes gananciales no deben responder de la deuda. En este último caso, corresponde al acreedor probar la responsabilidad de los bienes gananciales. Si no se acredita la responsabilidad de los bienes gananciales, el cónyuge del ejecutado puede pedir la disolución de la sociedad conyugal (LEC art.541.2) (TSJ Asturias 30-9-15, EDJ 184815).

b. Emprendedor de responsabilidad limitada (ERL)

(L 14/2013 art.7, 8, 9, 10 y 11)

Se trata de una figura creada con la **finalidad** de proteger el patrimonio personal del emprendedor ante las eventuales deudas que pudiera generar su actividad empresarial, si bien sólo en relación con la **vivienda habitual** del deudor y hasta unos valores máximos (concretamente de 300.000 € con carácter general en ciudades de menos de un millón de habitantes calculado sobre la base del Impuesto de transmisiones patrimoniales) y con los bienes de equipo productivo afectos a la explotación y los que los reemplacen. De este modo, frente al principio general de responsabilidad universal del deudor persona física, el empresario que tiene la condición de Emprendedor de Responsabilidad Limitada (ERL), con independencia de su actividad, **limita su responsabilidad** por las deudas que traigan causa del **770**

ejercicio de dicha actividad empresarial o profesional (L 14/2013 art.7 y 8), con la excepción de los casos de fraude o negligencia grave.
Para **adquirir la condición de ERL** basta acta notarial que se hace constar en hoja abierta en el Registro Mercantil correspondiente al domicilio y en la que, junto a las circunstancias ordinarias, debe dejarse constancia de los activos no afectos. Una vez inscrito, el **Registrador Mercantil** expide certificación y la remite telemáticamente al **Registrador de la Propiedad** y al Registro de Bienes Muebles de forma inmediata.
Debe tenerse presente que la limitación de la responsabilidad solo se aplica desde el **momento** de la inscripción como ERL de modo que, salvo que los acreedores presten su consentimiento expresamente, subsiste la responsabilidad universal del deudor por las deudas contraídas con **anterioridad a su inmatriculación** en el Registro Mercantil como emprendedor individual de responsabilidad limitada (L 14/2013 art.9.4).
La limitación de responsabilidad no se aplica a las **deudas tributarias y de seguridad social**, si bien la vivienda habitual embargada solo se puede ejecutar si no existen otros bienes susceptibles de realización inmediata y han transcurrido dos años desde el embargo (L 14/2013 disp.adic.1ª).

2. Empresario persona jurídica

775 El empresario laboral puede ser una persona jurídica, no siendo especialmente relevante la **forma que** tal persona jurídica **adopte**. No obstante, el régimen de responsabilidad propio de cada forma siempre determina una mayor o menor posibilidad de responder con plenitud a las cargas y obligaciones laborales.
Hay que tener en cuenta, además, que al igual que cuando se trata de un empresario individual, es irrelevante que la persona jurídica tenga o no **ánimo de lucro**.
Las personas jurídicas pueden ser, por lo tanto: **civiles o mercantiles** (personalistas o capitalistas), con o sin **ánimo de lucro**. Entre estas últimas destacan las personas jurídicas de base personal (asociación) o de base patrimonial (fundación). Así sucede, por ejemplo, con la **Cruz Roja** (TS 2-4-09, EDJ 92563; TSJ Galicia 6-10-05, EDJ 233229), las corporaciones de derecho público o la propia **ONCE**, en cuyo marco se establece la existencia de una relación ordinaria y no de representantes de comercio (TS 9-6-09, EDJ 151116). Respecto de una **fundación** que puede ser la base patrimonial de entidades sin fin de lucro, ver nº 809.
Considerando que lo importante para que una persona jurídica sea considerada empleadora es que reciban el trabajo asalariado, en los siguientes marginales se hace una breve referencia genérica a cada una de estas formas.

a. Sociedad civil

(CC art.1665)

780 La sociedad civil es un **contrato** por el cual dos o más personas se obligan a poner en común dinero, bienes o industria, con ánimo de partir entre sí las ganancias. Basta con un **documento privado**, salvo que se aporten bienes inmuebles o derechos reales, en cuyo caso se exige **escritura pública** (CC art.1667). La sociedad adquiere **personalidad jurídica** propia y diferenciada de los socios. Estos últimos pueden decidir alternativamente (CC art.1692, 1693, 1694 y 1695):
1. **No designar** expresamente **administrador**: en cuyo caso todos los socios se consideran apoderados y sus actos obligan a la sociedad si no hay oposición previa de ninguno antes de que surtan efecto legal.
2. Atribuir su **administración** a uno de ellos en el propio contrato, o incluso a varios. En este supuesto cabe oposición del resto antes de que los actos de administración surtan efectos legales.
En la medida en que la sociedad tiene **personalidad jurídica propia** responde de sus deudas y obligaciones laborales. Pero en estas sociedades la **responsabilidad** no se encuentra limitada, de ahí que si el patrimonio de la sociedad resulta insuficiente, los socios individualmente responden, de modo subsidiario, con su propio patrimonio en proporción a la aportación de cada uno de ellos (CC art.1689 y 1698).

b. Sociedad mercantil

785 Las sociedades mercantiles se constituyen adoptando alguna de las siguientes **formas** (CCom art.122):
- regular colectiva (nº 787);
- comanditaria simple o por acciones (nº 789);

- de responsabilidad limitada (nº 791);
- anónima (nº 795), incluida la denominada sociedad anónima europea (nº 797);
- sociedades mercantiles especiales (nº 799).

Ver más ampliamente sobre estas figuras Memento Sociedades Mercantiles 2024.

Precisiones Los problemas de encuadramiento en la Seguridad Social de los **administradores sociales**, que se producen tanto en las Sociedades Anónimas como en el resto de sociedades capitalistas, han sido numerosos (LGSS art.136.2.b y c). Sobre esta materia ver nº 162 s. Memento Seguridad Social 2024.

Sociedad regular colectiva (CCom art.125 a 144) Es una sociedad de tipo personalista dedicada en nombre colectivo a la explotación de una actividad económica, mercantil o industrial. 787

La sociedad colectiva **se constituye** con dos o más socios que, para la consecución del fin social, aportan capital y trabajo o solo este último en el caso de los socios industriales, debiendo realizar escritura pública e inscribirla en el Registro Mercantil.

La **participación en los beneficios** o ganancias se pacta en la escritura de constitución. De no preverse, se entiende que es proporcional a lo aportado, percibiendo los socios industriales que aportan únicamente trabajo, lo mismo que el socio capitalista que menos participe (CCom art.140).

Su **administración** puede corresponder a uno o varios administradores, que pueden actuar mancomunadamente, de forma que cada actuación requiera el consentimiento de todos, o de manera solidaria, pudiendo cada uno actuar de forma autónoma (CCom art.129).

Lo importante a los efectos laborales de exigencia de **responsabilidad**, es que la sociedad colectiva tiene como elemento esencial que la responsabilidad por sus deudas es **ilimitada y solidaria** de los socios, lo que la diferencia de la anónima o de responsabilidad limitada. De este modo, si la sociedad no puede responder de sus deudas con su patrimonio, lo que normalmente abocará a un procedimiento concursal, los socios responden, de modo solidario, con su propio patrimonio del pago de las deudas pendientes a los acreedores (CCom art.127).

Sociedad comanditaria (LSC art.1.1, 1.4 y 3.2) Este tipo de sociedad, al igual que la colectiva, es una sociedad **personalista** dedicada, también en nombre colectivo, a la explotación de una actividad económica. Se caracteriza por tener **dos clases de socios**: 789

1. Los **colectivos**, que intervienen directamente en la gestión y responden ilimitadamente, y;
2. Los socios **comanditarios**, que no participan en la gestión ni aparecen en la denominación social y que responden limitadamente con lo aportado en dinero o en especie.

La sociedad comanditaria puede ser también **por acciones**. En este caso se erige como una sociedad de capital cuya particularidad reside en que el capital está dividido por acciones, integrado por las aportaciones de todos los socios, pero al menos uno de ellos responde de modo personal e ilimitado por las deudas sociales como socio colectivo.

Sociedad de responsabilidad limitada A diferencia de las anteriores, se trata de una **sociedad capitalista** en la que el capital social está dividido en participaciones iguales, acumulables e indivisibles, que no pueden incorporarse a títulos negociables ni denominarse acciones (LSC art.1.1 y 2). Se puede constituir una de estas sociedades por **un solo socio** (sociedades unipersonales) o por **más socios**, que pueden ser tanto personas físicas como jurídicas (LSC art.12). 791

La **administración** de la sociedad puede llevarse a cabo mediante administrador único o administradores solidarios, mancomunados o consejo de administración (LSC art.210 y 233).

En todo caso, debe constituirse mediante **escritura pública e inscripción en el Registro mercantil**, estando obligados los promotores o administradores sociales a dicho registro en el plazo de dos meses desde su otorgamiento pues en otro caso responden solidariamente de los daños y perjuicios causados por incumplir tal obligación (LSC art.31 y 32). En la sociedad de responsabilidad limitada, como su propio nombre indica, la responsabilidad de los socios es limitada no respondiendo personalmente de las deudas sociales más allá de lo aportado a la sociedad.

Precisiones El **capital mínimo para la constitución** de la SRL no puede ser inferior a un euro, si bien se establecen reglas especiales mientras el capital no alcance la cifra de 3.000 euros (anterior sociedad de formación sucesiva) como la obligación de destinar a la reserva legal un 20% del beneficio del ejercicio, o la responsabilidad solidaria de los socios en caso de liquidación, voluntaria o forzosa, si el patrimonio de la sociedad fuera insuficiente para atender el pago de las obligaciones sociales (LSC art.4).

Sociedad unipersonal (LSC art.12 a 17) Se entiende por sociedad unipersonal de responsabilidad limitada: 793

1. La constituida por **un único socio**, sea persona natural o jurídica.
2. La constituida por **dos o más socios** cuando todas las participaciones o las acciones hayan pasado a ser propiedad de un único socio.

Ha de constar en escritura pública y publicarse en el **BORME**. Mientras subsista la situación de unipersonalidad se debe hacer constar expresamente su condición de unipersonal en toda su documentación, correspondencia, notas de pedido, facturas y los anuncios que haya de publicar por disposición legal o estatutaria.
Deben de estar inscritas en el **Registro Mercantil** por lo que si esta obligación se incumple, el socio es responsable solidario de la totalidad de la deuda generada durante el periodo de tiempo en que no figuró inscrita. Una vez inscrita la unipersonalidad, no responde de las deudas posteriores. Si el carácter unipersonal es sobrevenido por haber pasado de ser una sociedad de varios socios a una unipersonal, se dispone de un plazo de 6 meses para su inscripción en el Registro. Transcurrido este plazo, la responsabilidad solidaria del socio único existe desde que la totalidad del capital pasó a ser de un solo socio (TSJ Las Palmas 20-12-01, EDJ 80254).
En los casos de sociedades unipersonales debidamente inscritas, la responsabilidad de los administradores por no solicitar la disolución o el concurso, existiendo causa legal de disolución, sigue el régimen del RDLeg 1/2010 art.367 (TSJ Burgos cont-adm 8-11-13, EDJ 281413).

795 **Sociedad anónima** Se trata igualmente de una sociedad **capitalista** en la que el capital social está dividido en acciones y se integra por las aportaciones de todos los socios (aunque cabe la sociedad unipersonal). Los socios no responden personalmente por las deudas sociales, de modo que su responsabilidad se encuentra limitada a la aportación (LSC art.1.3).
El **capital mínimo** para su constitución es de 60.000 € y se constituye mediante escritura pública que debe inscribirse en el Registro Mercantil (LSC art.4.3 y 20). La administración se fija en los estatutos y puede ser de uno solo, dos (actuación en tal caso como mancomunidad) o más administradores (en cuyo caso se constituyen Consejo de Administración) (LSC art.210.2). Los **administradores responden** frente a la sociedad, los accionistas y los acreedores sociales (incluidos los trabajadores asalariados), de los daños que causen por actos u omisiones contrarios a la ley o a los estatutos o por los realizados incumpliendo los deberes inherentes al desempeño del cargo, siempre que haya mediado dolo o culpa en su intervención. La propia ley establece una presunción «iuris tantum» de culpabilidad (cabe prueba en contrario) si la actuación del administrador ha sido contraria a la ley o los estatutos, pero no cuando haya sido contraria a los deberes inherentes al desempeño del cargo (LSC art.236.1). **No exonera** de responsabilidad la circunstancia de que el acto o acuerdo lesivo haya sido adoptado, autorizado o ratificado por la junta general (LSC art.236.2). Esta misma normativa establece la imputación de esta responsabilidad social a determinadas figuras que pudieran ser causantes del daño sufrido, aunque en puridad no tuvieran la condición de administradores. Concretamente, se establece dicha responsabilidad respecto a:
1. Los **administradores de hecho**, entendiendo por tales aquellos que actúen en el tráfico sin título, con título nulo, extinto, o con otro título distinto al que habilita para la realización de las funciones desempeñadas; o bien aquellos que dan instrucciones a quienes son formalmente administradores.
2. Quien tenga atribuidas las más altas facultades de dirección de la sociedad **dentro del Consejo de Administración**, siempre que no hubiera delegación permanente de facultades por parte de este en uno o varios consejeros delegados.
3. La **persona física** designada para el ejercicio permanente de las funciones de administración de la sociedad.
Todos los miembros del órgano de administración que hubieran adoptado el acuerdo o realizado el acto lesivo **responden solidariamente**, salvo los que prueben que, no habiendo intervenido en su adopción y ejecución, desconocían su existencia o, conociéndola, hicieron todo lo conveniente para evitar el daño o, al menos, se opusieron expresamente a aquél (LSC art.237).
La responsabilidad de las **sociedades unipersonales anónimas** se establece en los mismos términos que para las sociedades unipersonales de responsabilidad limitada (nº 793).
Sobre la responsabilidad de los administradores sociales ver nº 998.

797 **Sociedad anónima europea** Es una sociedad capitalista por acciones que se desarrolla a nivel europeo. Su **capital social** no puede ser inferior a 120.000 € y la suscripción, desembolso, mantenimiento y transmisión de acciones se regula por las disposiciones que se aplicarían a una sociedad anónima que tuviera domicilio social en el Estado miembro en el que esté registrada.
El **Estatuto** de la Sociedad Anónima Europea se aprobó mediante normativa de la UE (Rgto CE/2157/2001). Cuando una sociedad de este tipo tenga su **domicilio en España**, además de tal Estatuto, ha de tenerse en cuenta la LSC art.455 a 494. En todo caso hay que considerar la normativa relativa a la participación o implicación de los trabajadores en la misma Dir 2001/86/CE incorporada al derecho interno a través de la L 31/2006.

Sociedades mercantiles especiales Junto a las mencionadas, pueden constituirse: 799
1. **Sociedades limitadas o anónimas laborales**. Su principal característica es que la mayoría del capital social es propiedad de trabajadores que presten en ellas servicios retribuidos en forma personal y directa, cuya relación laboral es por tiempo indefinido (LSLP art.1.2). Ver más ampliamente sobre esta figura nº 13008 Memento Sociedades Mercantiles 2025.
2. La **agrupación de interés económico** (AIE) es una figura asociativa entre empresarios creada con el fin de facilitar o desarrollar la actividad económica de sus miembros, con personalidad jurídica y carácter mercantil, aunque **sin fin de lucro** para sí misma (L 12/1991 art.1, 2 y 3). Esta actividad económica es auxiliar de la que desarrollen sus socios.
Se constituye por personas físicas o jurídicas que desempeñen actividades empresariales, agrícolas o artesanales, o por entidades no lucrativas dedicadas a la **investigación** y quienes ejercen **profesiones liberales** (L 12/1991 art.4).
Se **rigen** por lo dispuesto en la L 12/1991 y, supletoriamente, por las normas de la sociedad colectiva que resulten compatibles con su específica naturaleza. La Ley no le atribuye una perfilada **naturaleza jurídica**, hasta el punto de que doctrinalmente se le sitúa a veces como figura auténticamente societaria, otras como entidad mercantil de carácter meramente asociativo y, finalmente, también como institución de nuevo cuño que pivota entre un tipo autónomo desvinculado de cualquier modelo societario y una sociedad regular colectiva. En todo caso se presenta como una «sociedad órgano» de una «unión de empresas» o «joint venture» (TS 19-12-13, EDJ 288908).
Los **socios responden** de manera personal y solidaria por las deudas de la propia agrupación, pero con carácter subsidiario respecto de ella, esto es, en caso de insolvencia de esta última (L 12/1991 art.5). Ver más ampliamente sobre esta figura nº 15590 s. Memento Sociedades Mercantiles 2025.

Precisiones Una AIE participada mayoritariamente por el Instituto Catalán de Salud está incluida, a efectos presupuestarios, en la Ley de Presupuestos Generales de la Comunidad Autónoma, y es necesario informe favorable conjunto del Departamento competente en materia de función pública y del Departamento de Economía a efectos de determinar o modificar las **condiciones retributivas** del personal laboral (TS 25-10-17, EDJ 237202).

c. Asociaciones y fundaciones

También pueden ser empleadores desde el punto de vista laboral, las **asociaciones** (nº 807) y **fundaciones** (nº 809). Tanto unas como otras pueden recibir la prestación de **trabajo asalariado** (un ejemplo, de despido en una fundación cultural, en TSJ Valladolid 4-7-12, EDJ 180218). Aunque también es cierto que en su seno pueden prestarse servicios como **voluntarios de modo gratuito**, altruista y por tanto excluido del ET (L 45/2015). 805

Asociaciones El derecho de asociación se regula, con carácter general, en la Const art.22 así como en la LO 1/2002 que recoge normas especiales para asociaciones específicas (LO 1/2002 art.1.3). 807
Bastan tres **personas físicas o jurídicas**, que aprueben unos estatutos y los registren en el registro de asociaciones nacional o autonómico para que su creación pueda surtir efectos frente a terceros (LO 1/2002 art.3 y 5).
Una vez inscrita, la asociación **responde** con todos sus bienes presentes y futuros frente a sus obligaciones y deudas, sin que los asociados respondan por dichas deudas personalmente. No obstante los miembros de los órganos de gobierno y quienes actúen en nombre y representación de la asociación responden civil y administrativamente por los daños causados y deudas contraídas por actos dolosos, culposos o negligentes, frente a la asociación, sus órganos y terceros.
De **no haberse inscrito** la asociación, los promotores responden de manera personal y solidaria de las obligaciones contraídas con terceros. Los asociados lo hacen, en su caso, de las obligaciones por ellos contraídas, siempre que hubieran manifestado actuar en nombre de la asociación.

Precisiones 1) Se declara la **relación laboral** entre una psicóloga y una asociación medicinal terapéutica (TSJ Cataluña 14-12-15, EDJ 259486), o con una Asociación de Asistencia a Mujeres Violadas (TSJ Madrid 13-9-05, EDJ 181817), o entre una Asociación de Madres y Padres y un profesor de expresión corporal (TSJ Cataluña 17-12-02, EDJ 67503). Por el contrario, **no se considera laboral** la relación ente los árbitros y la Asociación de Clubs de Baloncesto (TS cont-adm 16-5-24, EDJ 566153; TSJ Cataluña cont-adm 25-5-15, EDJ 131622; 18-7-23, EDJ 668371), o entre una Asociación de Madres y Padres y un profesor de clases de teatro o de informática (TSJ Cataluña 15-3-06, EDJ 283021; TSJ Cantabria 11-12-03, EDJ 209995).

2) La **jurisdicción social** se declara incompetente para declarar la responsabilidad de los miembros de la junta directiva y/o de la liquidadora respecto de las deudas laborales de una asociación de comerciantes (TSJ Galicia 25-3-15, EDJ 47889).

809 **Fundaciones** Su regulación, en desarrollo de la Const art.34, se contiene en una ley específica cuando es competencia estatal. Se trata de organizaciones constituidas **sin fin de lucro** que, por voluntad de sus creadores, tienen afectado de modo duradero su patrimonio a la realización de fines de interés general (L 50/2002 art.2.1). La ausencia de fin de lucro supone que **no se pueden repartir los beneficios** o excedentes económicos anuales. La **finalidad** fundacional debe ser de interés general, beneficiar a colectividades genéricas de personas, pudiendo tener tal consideración los colectivos de trabajadores de una o varias empresas y sus familiares (L 50/2002 art.3).

Las fundaciones tienen **personalidad jurídica** desde la inscripción de la escritura pública de su constitución en el correspondiente Registro de Fundaciones (L 50/2002 art.4.1). Su **órgano de gobierno** y representación es el Patronato y sus miembros, los patronos, responden solidariamente frente a la fundación de los daños y perjuicios que causen por actos contrarios a la Ley o a los Estatutos, o por los realizados sin la diligencia con la que deben desempeñar el cargo. Quedan exentos de responsabilidad quienes hayan votado en contra del acuerdo, y quienes prueben que, no habiendo intervenido en su adopción y ejecución, desconocían su existencia o, conociéndola, hicieron todo lo conveniente para evitar el daño o, al menos, se opusieron expresamente a aquel (L 50/2002 art.17).

Precisiones Se declara la relación laboral de varios **educadores** en una fundación cultural bajo su dependencia jerárquica, aunque la contratación se efectúe aparentemente por una comunidad de bienes (TSJ Valladolid 4-7-12, EDJ 180218). En sentido contrario, se niega la relación laboral en una Fundación Musical que compensa a los **músicos** por una parte de los gastos, sin existir salario, tienen libertad para acudir a ensayos o conciertos, no son sancionados si faltan, organizan su propia sustitución y aportan instrumental propio (TS 7-11-17, EDJ 237210).

3. Empresas de trabajo temporal

(ET art.1.2; LETT art.1 y 2)

815 Este tipo de empresario se **menciona expresamente** por el legislador junto a los empresarios personas físicas y jurídicas y las comunidades de bienes (ET art.1).

Un **análisis pormenorizado** de las ETT y su condición de empleadora puede consultarse en (nº 2895 s.). En este epígrafe nos basta con señalar que las ETT tienen como **actividad fundamental** poner a disposición de otra empresa usuaria, con carácter temporal, trabajadores por ella contratados. Esta **contratación para la cesión** de los trabajadores es, con carácter general, el único supuesto de cesión legal de trabajadores, de ahí que exclusivamente puede desarrollarla este tipo de empresas cuyos requisitos de constitución y necesidad de autorización persiguen, precisamente, evitar la defraudación de los futuros derechos de los trabajadores (LETT art.2 s.).

Además, las ETT pueden actuar como **agencias de colocación** cuando cumplan los requisitos establecidos en la Ley de Empleo y su normativa de desarrollo (LETT art.1).

Hay que tener en cuenta que las ETT, como empleadoras, también pueden contratar **trabajadores para permanecer** en la ETT y no ser cedidos, o bien contratar personal asalariado **«en misión»**, es decir, aquel contratado por la ETT para desarrollar su trabajo en una empresa usuaria cliente sin que por ello la ETT pierda su condición de empleadora (ET art.1.2).

C. Entes sin personalidad jurídica

820 En este epígrafe se analizan los siguientes entes sin personalidad jurídica y la posibilidad de que sean empresarios en el contrato de trabajo:

1. Comunidad de bienes (nº 825 s.).
2. Grupo de sociedades (nº 840 s.).
3. Unión temporal de empresas, las denominadas UTE (nº 890).
4. Sociedad irregular (nº 905).

1. Comunidad de bienes

(ET art.1.2)

El **empresario laboral** ha sido definido tradicionalmente como una persona física o jurídica. No obstante, el legislador expresamente ha dispuesto que el empleador a efectos laborales también puede ser una comunidad de bienes (ET art.1.2). 825
En los epígrafes siguientes se analiza el **concepto** de comunidad de bienes (nº 827) y su **papel como empleador** (nº 829 s.).

Concepto (CC art.392 s.) La comunidad de bienes es una de las formas de **estructurar un patrimonio colectivo**, en este caso dividiendo los derechos en partes. La comunidad de bienes supone que una cosa o derecho pertenece pro indiviso a varias personas, es decir las cargas, derechos y responsabilidades derivadas de la propiedad común de la cosa o derecho se distribuyen entre todos por igual y en proporción a la cuota que corresponda a cada uno, y en defecto de atribución expresa de cuotas, a partes (CC art.392 y 393). 827
La comunidad de bienes carece de **personalidad jurídica** propia y diferenciada de la de sus participantes. Se trata de la solución jurídica para la organización del patrimonio colectivo contraria a la que adoptan los entes con personalidad jurídica que optan por unificar los sujetos. En definitiva, comunidad de bienes y personalidad jurídica son fenómenos jurídicos antitéticos (TSJ C.Valenciana 1-7-05, EDJ 204138, recogiendo la doctrina mayoritaria; en contra ver TSJ Granada 19-10-11, EDJ 289007).
En la comunidad de bienes el patrimonio colectivo no se constituye en un patrimonio separado, ni surge un nuevo sujeto de derecho que asuma la titularidad del mismo. Por el contrario, el **patrimonio se fragmenta** en derechos autónomos, que corresponden individualmente a cada uno de los comuneros. Esto significa:
1. En el **lado activo**: que los únicos titulares de los bienes comunes son los propios comuneros, en proporción a su cuota.
2. En el **lado pasivo**: que las deudas no son asumidas por la comunidad de bienes, como ente unificado, sino por los propios comuneros, bajo el régimen, en su caso, de las obligaciones colectivas.

Comunidad de bienes como empleador (ET art.1.2) Aunque la comunidad de bienes no tiene una personalidad jurídica propia diferente de la de sus socios, actúa en el tráfico jurídico con la cualidad de empresario si recibe la prestación de servicios de trabajadores asalariados (TS 8-2-22, EDJ 509990 y EDJ 509873; 19-7-23, EDJ 635204; 20-3-23, EDJ 537357). Esto significa que la **titularidad** de las relaciones laborales concertadas por la comunidad de bienes le corresponde a esta, no a sus integrantes, ostentando por ello la posición de empleadora (TS 27-6-23, EDJ 616712; 4-7-23, EDJ 616733; 26-1-24, EDJ 504965). 829
Por ello, el **fallecimiento de uno de los socios** no permite la extinción de la relación laboral (ET art.49.1.g) como si se tratara del fallecimiento del empresario persona física, sino que el vínculo jurídico laboral sigue con el resto de los partícipes de la comunidad. Tampoco cuando la comunidad de bienes está formada por tres personas físicas que tras el traslado de una de ellas continúa actuando como empresa con los otros miembros restantes. Por el contrario, la **jubilación** de todos los comuneros es causa válida de extinción de los contratos de los trabajadores (ET art.49.1.g), sin que pueda calificarse como despido objetivo (TSJ Asturias 24-10-17, EDJ 236676). No es relevante para negar la virtualidad de la jubilación como causa extintiva de los contratos, por apreciar que continúa la actividad, el hecho de que los comuneros iniciales consten como titulares de los inmuebles en que se llevó a cabo la actividad empresarial cuando no forma parte del patrimonio en su día aportado a la comunidad sino que lo tenían simplemente arrendado a la misma (TSJ Granada 19-10-11, EDJ 289006; 14-9-11, EDJ 239988).
La falta de personalidad jurídica propia de la comunidad de bienes determina, desde el punto de vista laboral, que la **responsabilidad** recaiga de manera solidaria sobre todos los integrantes de la misma (TSJ Asturias 24-10-17, EDJ 236676; TSJ Galicia 19-10-17, EDJ 236521; TSJ Madrid 24-5-17, EDJ 128652; TSJ Burgos 7-2-18, EDJ 27114). Todo ello salvo que uno de los partícipes hubiera renunciado a la condición de comunero a favor de los demás quedando en tal caso exonerado de responsabilidad frente al trabajador (TSJ Galicia 23-9-03, EDJ 200900).
En su condición de empleador, la comunidad de bienes responde por las **deudas** en materia laboral y de Seguridad Social. Pero si la **comunidad** fuera **insolvente**, deben ser los comuneros que lo integran quienes hagan frente al pago de las deudas pendientes, bien en proporción a sus cuotas particionales en dicho ente colectivo, bien por partes iguales si se desconoce el montante de esa cuota participativa (TSJ C.Valenciana 6-7-01, EDJ 47688; 8-10-02, EDJ 75546; TSJ Granada 1-7-02, EDJ 56617; 10-2-03, EDJ 15954; 9-6-03, EDJ 65041; TSJ Castilla-La Mancha cont-adm 5-11-04, EDJ 180715; TSJ Cataluña 5-2-09, EDJ 33019). Los créditos o deudas

no pertenecen a la comunidad cuya falta de personalidad -igual que ocurre con las UTE- le impide ser titular. Los titulares son solidariamente -es decir, cada uno por el total frente al tercero, sin perjuicio de sus acciones internas (CC art.1137)- los comuneros y en ellos recae el derecho a exigir o la obligación de pagar, no en la comunidad que no es más que el nombre con el que pueden intervenir en las relaciones, sin estar, no obstante, obligados a ello (TSJ Asturias 14-12-01, EDJ 66967).
Al ser considerado empresario, también el **ordenamiento jurídico procesal** atribuye a la comunidad de bienes legitimación pasiva con el objetivo de garantizar la existencia de un sujeto susceptible de ser demandado por los trabajadores en caso de que sea necesario (LRJS art.16.5). La **comparecencia** recae en quienes aparezcan, de hecho o de derecho, como organizadores, directores o gestores de los trabajadores o, en su defecto, como socios o partícipes de ellos, sin perjuicio de la responsabilidad que, conforme a la ley, pueda corresponder a estas personas físicas (precisión importante a la hora de la ejecución de la sentencia donde parecería mejor haber demandado a todos los comuneros).

Precisiones **1) No** puede condenarse como **responsable solidaria** a la viuda de un partícipe de la comunidad de bienes cuando no existen evidencias suficientes para equiparar su posición a la de otra viuda que sí formaba parte de la misma (TCo 139/2006).
2) Cuando la comunidad de bienes es una **comunidad de propietarios**, la posibilidad del acreedor de exigir directamente la ejecución frente a los comuneros exige acuerdo previo de la junta de propietarios (TSJ Castilla-La Mancha 4-9-01, EDJ 79421).
3) La responsabilidad solidaria de los comuneros **no es aplicable** cuando existe resolución judicial firme que establece la condena mancomunada (TSJ Cantabria 12-1-05, EDJ 1758) o en supuestos excepcionales de pacto económico expreso, en que se ha establecido la responsabilidad mancomunada proporcional (TSJ Galicia 9-7-02, EDJ 45551).
4) Se niega la responsabilidad solidaria por **sucesión de empresas** en la creación de una comunidad de bienes por trabajadores despedidos que se dieron de alta como autónomos y contrataron a otros trabajadores que ya no pertenecían a la antigua empresa sino que se encontraban en situación legal de desempleo (TSJ Sevilla cont-adm 26-1-12, EDJ 49634). En la misma línea interpretativa, negando la sucesión de una comunidad de bienes que capitalizó la prestación por desempleo, TSJ Asturias 21-3-17, EDJ 54503.
5) Existen dos líneas doctrinales y judiciales de la **posición procesal como empresario** de la comunidad de bienes en el proceso laboral: la mayoritaria, que atribuye la capacidad para ser parte a la comunidad de bienes, por lo que no es necesario demandar a los comuneros (TSJ Galicia 21-6-02, EDJ 129992; 23-9-03, EDJ 200900; TSJ Castilla-La Mancha 9-4-02, EDJ 44412; TSJ Cantabria 23-1-03, EDJ 21154; TSJ Murcia 3-10-11, EDJ 227906); y la minoritaria que sostiene que la posición procesal corresponde a los comuneros (TSJ Madrid 26-5-99, EDJ 84282; TSJ Asturias 14-12-01, EDJ 66967; TSJ País Vasco 8-9-15, EDJ 201543; TSJ Burgos 7-2-18, EDJ 27114).

831 **Ejemplos de comunidades de bienes empleadoras** Se enumeran a continuación diferentes supuestos de comunidades de bienes que actúan como empleadoras.
1. El supuesto típico de comunidad de bienes es el de la **comunidad de vecinos** que emplea a personal de limpieza, vigilancia, etc. para una tarea común. Las obligaciones del empleador recaen sobre todos los **copropietarios** pues la comunidad no es sujeto de derecho distinto de los comuneros. La relación laboral existe entre el trabajador y la comunidad de propietarios incluso aunque el trabajador sea copropietario de la comunidad (TSJ Granada 26-1-11, EDJ 98888). En todo caso cuando la comunidad de propietarios es condenada en su condición de empleadora, se entiende conformada por los comuneros que fueron **condenados en la sentencia** según la parte alícuota de copropiedad de cada uno.
En relación con la **ejecución de la sentencia condenatoria** de la comunidad, constatada la falta de bienes suficientes de la comunidad de vecinos para hacer efectiva la deuda, surge la obligación de cada propietario de contribuir, con arreglo a la cuota de participación fijada en el título o a lo especialmente establecido, a satisfacer las cargas y responsabilidades que no sean susceptibles de individualización (Ley de Propiedad Horizontal art.9.1.e). En tanto se trata de una **ejecución contra la comunidad**, no contra los propietarios de pisos y/o locales, la exigencia por la comunidad a los propietarios del cumplimiento de su obligación de contribuir a la satisfacción de los débitos generales no altera los términos de la ejecución, y la subsidiaria intervención judicial fijando las responsabilidades individuales en función a la cuota de participación no coloca a los titulares de pisos y locales en la posición de ejecutados al producirse aquella en el seno de la relación comunidad-titulares (TSJ Cataluña 25-4-00, EDJ 13774).
Demandada y condenada una comunidad de propietarios, en cuanto tal comunidad y por su condición de empresario, al pago de determinada cantidad de dinero y despachada luego **ejecución** contra la misma con fundamento en la sentencia de condena, si se pretende posteriormente que se amplíe el despacho de la ejecución frente a ciertos copropietarios no condenados, por el importe de la parte proporcional correspondiente a la aplicación a cada uno de ellos de sus respectivas cuotas de participación en dicha comunidad, hay que tener en cuenta que es la comunidad de propietarios la que responde de sus deudas frente a terceros con

todos los fondos y créditos a su favor, y sólo subsidiariamente y previo requerimiento de pago al propietario respectivo, el acreedor puede dirigirse contra cada propietario que hubiese sido parte en el correspondiente proceso por la cuota que le corresponda en el importe insatisfecho. Este copropietario puede, además, oponerse a la ejecución si acredita que se encuentra al corriente en el pago de la totalidad de las deudas vencidas con la comunidad en el momento de formularse el requerimiento, de suerte que sólo resulta posible dirigir la pretensión ejecutiva frente a un copropietario por la cuota que le corresponda, si el mismo ha sido parte en el correspondiente proceso de declaración en el que se haya obtenido la sentencia condenatoria (Ley de Propiedad Horizontal art.22); lo que no acontece en ciertos casos (TSJ C.Valenciana 1-7-05, EDJ 204138).

2. Las **comunidades de notarios** son otro ejemplo de comunidad de bienes pues de acuerdo con su norma reguladora pueden, excepcionalmente y con autorización de la Junta Directiva, compartir local y repartirse beneficios y costes empleando de modo indistinto al personal (TSJ Las Palmas 30-4-02, EDJ 61601; TSJ Málaga 9-5-02, EDJ 46003, TSJ Sevilla 9-12-09, EDJ 358310).

3. Otro supuesto común son las **comunidades de bienes agropecuarias**. Así se ha reconocido en un supuesto en que la comunidad de bienes es absuelta al no apreciarse la existencia de un incumplimiento empresarial que justifique la responsabilidad resarcitoria por culpa reclamada (TSJ Granada 23-11-11, EDJ 329631) o en otro caso en que se insiste en que la jubilación de uno de los comuneros no permite la extinción de la relación laboral (ET art.49.1.g) si la comunidad sigue desarrollando la actividad empresarial.

4. Finalmente, otro ejemplo sería la **herencia yacente** como empleador sin personalidad jurídica, esto es la que media entre la muerte del causante, empresario individual, y la aceptación de la herencia (salvo renuncia en cuyo caso se transforma en herencia vacante correspondiéndole al Estado). Durante este periodo, es la herencia yacente el empleador en el sentido de que va a ser quien responde frente a los trabajadores con todo el patrimonio hereditario.

Precisiones Se ha **rechazado el carácter de comunidad de bienes** de:

1) Los **Colegios Universitarios**, resultado de la comunidad de aportaciones entre las entidades privadas que los patrocinan (Cajas de Ahorros y Monte de Piedad) y las Universidades Públicas a las que se encuentran adscritos, atribuyendo la condición de empleador a las Cajas de Ahorros al formar parte de su obra social y asumir la personalidad jurídica del Colegio sin que a ello afecte el hecho de que queden adscritos a Universidades pues así se deriva de la regulación específica aplicable (TS 18-3-02, EDJ 10169; 5-6-02, EDJ 32076).

2) Las juntas económicas que gestionan el **comedor escolar**. Son meros órganos de la Administración educativa, que es la que tiene la condición de empresario en los casos en los que el comedor se gestiona directamente (TS 10-2-99, EDJ 997).

2. Grupo de sociedades

(RDLeg 1/2010 art.18)

En la actualidad, la empresa tiende a reducir su tamaño y a establecer vínculos con otras empresas; es la llamada **empresa red o empresa ingrávida**. En el ámbito de las relaciones mercantiles, las necesidades de la economía de mercado han movido y difundido la **concentración** de capitales y de fuerzas empresariales, que se han manifestado de formas múltiples, a veces bien diferenciadas, jurídica y económicamente. La manifestación más importante de este fenómeno de vinculaciones empresariales lo constituye, sin duda, el **grupo de sociedades** o de empresas que a pesar de no tener personalidad jurídica propia puede, en ocasiones, tener relevancia a efectos de la responsabilidad de naturaleza laboral que se pudiera generar, materia sobre la que existe importante jurisprudencia. **840**

En los siguientes apartados se analiza el **grupo de empresas ordinario** (nº 845), el grupo de empresas patológico como **empleadora** (nº 855) y **la responsabilidad** dentro del grupo (nº 857 s.).

Respecto de las **Uniones temporales de empresas** o UTE, ver nº 890.

a. Grupo de empresas ordinario

Desde el **punto de vista mercantil**, el grupo de sociedades puede definirse como la organización de varias sociedades jurídicamente independientes bajo una dirección económica unitaria (RDLeg 1/2010 art.18). Se trata, por tanto, de empresas que actúan en sus relaciones de intercambio de manera integrada o simplemente coordinada, adoptando decisiones en común, pudiendo con ello llegar a crear la apariencia de un único ámbito de organización y gestión, una realidad económica unitaria. Sin embargo, el grupo en sí carece de personalidad jurídica propia y diferenciada de las empresas que lo integran. Son estas, y no el grupo, las que reúnen **845**

la cualidad de sujeto de las relaciones jurídicas con terceros, incluidos los trabajadores de sus respectivas plantillas.
Partiendo de un concepto amplio de grupo, que no exige como elemento necesario el control, se puede distinguir entre dos **tipos de grupos**:
1. Los grupos de **subordinación** o grupo vertical. Es el grupo por excelencia. Se caracteriza por la existencia de una relación jerárquica entre las sociedades agrupadas y los grupos de coordinación. La sociedad dominante es la que define la política empresarial común que debe seguir el grupo y las sociedades dominadas se someten a sus directrices. El principal instrumento jurídico de esta subordinación es la titularidad del paquete de control de las sociedades dominadas por la sociedad dominante.
2. Los grupos de **coordinación** o grupos horizontales tienen una estructura paritaria porque, aunque todas las sociedades se hallan sujetas a una dirección económica unitaria, todas ellas participan en la definición de la política empresarial común en pie de igualdad. La base de estos grupos es un contrato en virtud del cual las sociedades transfieren voluntariamente las competencias de decisión a una instancia superior de dirección, de la que todas forman parte.
Hay que advertir que la inclusión de este segundo tipo de grupos en la noción de grupo de sociedades es polémica pues en muchas ocasiones se confunden con las uniones consorciales. Además, la problemática específica de los grupos societarios -derivada de la pérdida de la independencia económica que, de hecho, sufren las sociedades dominadas- no se produce en las relaciones de mera coordinación.
A efectos de las **sociedades de capital** existe grupo de sociedades cuando una sociedad ostente o pueda ostentar, directa o indirectamente, el control de otra u otras, entendiéndose como sociedad dominante la que ostenta dicho control (RDLeg 1/2010 art.18). En particular, se presume el **control** cuando la sociedad dominante se encuentra en relación con la sociedad dependiente en alguna de las siguientes situaciones (CCom art.42):
- posee la mayoría de los derechos de voto;
- tiene la facultad de nombrar o destituir a la mayoría de los miembros del órgano de administración;
- puede disponer, en virtud de acuerdos celebrados con terceros, de la mayoría de los derechos de voto;
- ha designado con sus votos a la mayoría de los miembros del órgano de administración, que desempeñan su cargo en el momento en que deben formularse las cuentas consolidadas y durante los dos ejercicios inmediatamente anteriores. En particular, se presume esta circunstancia cuando la mayoría de los miembros del órgano de administración de la sociedad dominada son miembros del órgano de administración o altos directivos de la sociedad dominante o de otra dominada por esta.

Debe tenerse en cuenta que a los **derechos de voto** de la entidad dominante se añaden los que posea a través de otras sociedades dependientes o a través de personas que actúen en su propio nombre, pero por cuenta de la entidad dominante o de otras dependientes o aquellos de los que disponga concertadamente con cualquier otra persona (CCom art.42.2).

Precisiones La **normativa fiscal** aplicable a este tipo de entidades tiene como objeto únicamente determinar cuándo existe la obligación de formular cuentas anuales consolidadas y las condiciones de presentación, no estableciendo ningún concepto legal de grupo de sociedades, ni otorgándoles personalidad jurídica propia (ver más ampliamente nº 15360 s. Memento Sociedades Mercantiles 2025).

847 **En el ordenamiento laboral** Diversas normas del ámbito laboral aluden expresamente al grupo de empresa, en algunos casos como consecuencia del influjo del Derecho de la UE:
1. La **Ley sobre derechos de información y consulta de los trabajadores en las empresas y grupos de empresas de dimensión comunitaria** define nuevamente el grupo de empresas como el formado por una empresa que ejerce el **control** y las empresas controladas. Se considera empresa que ejerce el control, salvo alguna excepción, aquella que pueda ejercer una influencia dominante sobre otra, que se denomina «empresa controlada», por motivos de propiedad, participación financiera, estatutos sociales u otros (L 10/1997 art.4.1).
Esta normativa establece una presunción iuris tantum -que admite prueba en contrario- de que una empresa puede ejercer una **influencia dominante** sobre otra cuando dicha empresa, directa o indirectamente (L 10/1997 art.4.2):
a) Posee la mayoría del capital suscrito de la empresa.
b) Posee la mayoría de los derechos de voto correspondientes a las acciones emitidas por la empresa.
c) Tiene la facultad de nombrar a la mayoría de los miembros del órgano de administración, de dirección o de control de la empresa.
Si **dos o más empresas** del grupo **cumplen** varios de **esos requisitos** se considera empresa dominante o que ejerce el control la que reúna la facultad de nombrar a la mayoría del órgano

de administración, de dirección o de control o, en su defecto, la que posea la mayoría de los derechos de voto correspondientes a las acciones emitidas por la empresa, salvo que se pruebe que otra empresa puede ejercer una influencia dominante.
2. La normativa nacional que incorpora la Directiva sobre desplazamiento de trabajadores en el marco de una **prestación de servicios transnacional** (L 45/1999 art.2.1.1.b.2º) también remite a esta noción de grupo de empresas.
3. También con origen comunitario puede mencionarse la regulación estatutaria de los **despidos colectivos** y las obligaciones de información, documentación, medidas de acompañamiento y recolocación exigibles y aplicables en el caso de grupos de empresas (ET art.51.8; RD 1483/2012 art.4, 8 y disp.trans.1ª -redacc RD 608/2023-). En esta disposición se señala que las obligaciones de información y documentación previstas para el caso de un despido colectivo se aplican con independencia de que la decisión relativa a los despidos colectivos haya sido tomada por el empresario o por la empresa que ejerza el control sobre él. Cualquier justificación del empresario basada en el hecho de que la empresa que tomó la decisión no le ha facilitado la información necesaria no puede ser tomada en consideración a tal efecto. Idéntica redacción, si bien referida a la **transmisión de empresas**, se contiene asimismo en el ET art.44.10.
4. La misma **idea de grupo** subyace, cuando se establece la adquisición de la **condición de trabajadores fijos** para aquellos trabajadores que de forma sucesiva hubieran estado contratados, en ciertos periodos temporales, para la misma empresa o grupo de empresas mediante dos o más contratos por circunstancias de la producción (ET art.15.5).
5. El legislador reconoce la posibilidad de que se negocie un **convenio colectivo estatutario de grupo de empresas** o que afecte a una pluralidad de empresas vinculadas por razones organizativas o productivas y nominativamente identificadas en su ámbito de aplicación, sin definir su concepto teniendo prioridad aplicativa en ciertas materias sobre los convenios colectivos de carácter sectorial estatal, autonómico o de ámbito inferior (ET art.84.2). El legislador atribuye la legitimación para negociar:
- en el **banco social**, a los mismos que negocian en el ámbito sectorial (ET art.87.1.3º);
- por la **parte empresarial** en los convenios de grupo de empresas y en los que afecten a una pluralidad de empresas vinculadas por razones organizativas o productivas y nominativamente identificadas en su ámbito de aplicación, está legitimada la representación de dichas empresas (ET art.87.3.b).

6. En relación con el personal de **alta dirección**, se regula la promoción del trabajador ordinario a dicha relación especial en la misma empresa o en otra que mantenga con ella relaciones de grupo (RD 1382/1985 art.9).
7. La regulación de la cláusula de conciencia de los **profesionales de la información** reconoce el derecho a solicitar la rescisión de la relación laboral con la empresa a la que prestan servicios cuando esta les traslade a otro medio del mismo grupo que por su género o línea suponga una ruptura patente con su orientación profesional (LO 2/1997 art.2.1.b).
8. Una noción de grupo que incide algo más en el acervo empresarial, ya que se trata de menciones que pueden establecer **obligaciones adicionales** a las empresas por el mero hecho de verse integradas en un grupo, puede encontrarse en:
- la obligación de realizar **aportaciones económicas en el Tesoro público** por parte de las empresas (o grupos) que ocupen a trabajadores de 50 o más años de edad, siempre que el conjunto del grupo ocupe a más de 100 trabajadores y haya obtenido beneficios (RD 1484/2012 art.2.a y c).
- la posibilidad de que la representación de los trabajadores o la administración concursal solicite al juez del **concurso** la participación en el periodo de consultas de carácter colectivo del resto de entidades del grupo en el que se integre la empresa concursada, así como la aportación de la documentación económica de aquellas entidades (LCon art.174.2).

En el ordenamiento de Seguridad Social Una alusión al grupo de empresas ordinario en la normativa de seguridad social se detecta a efectos de reconocimiento de antigüedad causada en un grupo de empresas para acceder a la jubilación parcial en la industria manufacturera (LGSS disp.trans.4ª.6 redacc RDL 8/2023). **849**
Fuera de este caso, la extensión de responsabilidad en el ámbito de la seguridad social se produce como consecuencia de la apreciación de un **grupo de empresas fraudulento** o patológico (nº 855).

b. Grupo de empresas fraudulento o patológico

Después de una evolución jurisprudencial que parece haber superado iniciales imprecisiones terminológicas y conceptuales, actualmente se **diferencia** con toda claridad el grupo de empresas ordinario, que implica su adecuación a la normativa vigente, del grupo de empresas **855** que se utiliza fraudulentamente a efectos laborales. En el primer caso la jurisprudencia se refiere a la «empresa de grupo» o «empresa-grupo», que considera como el **género**; mientras que para el segundo caso se utiliza la calificación de «grupo patológico» que, como **especie** de aquel género, se reserva para los supuestos en que concurren circunstancias de abuso, fraude u ocultación a terceros (TS 20-10-15, EDJ 237858; 10-11-17, EDJ 243677; 20-6-18, EDJ 517877; 22-3-22, EDJ 532838).

El grupo de empresas patológico es una construcción íntegramente jurisprudencial, y el **efecto esencial de su declaración** es la extensión de responsabilidad (nº 874). Por el contrario, no se produce la atribución de personalidad jurídica, ni la posición de empleador, ya que tal condición se reserva a la concreta empresa de la que se predica su pertenencia a un grupo.

Se puede concluir, entonces, que el grupo de sociedades **no puede ser empleador** en un contrato de trabajo porque no está incluido en ninguno de los supuestos a que se refiere el ET art.1.2:

1. No se trata de una **persona jurídica** pues, precisamente, la característica fundamental del grupo es la existencia de una pluralidad de sociedades jurídicamente independientes.

2. Tampoco es una **comunidad de bienes**, pues no existe un patrimonio común organizado como comunidad; por el contrario, a cada sociedad se le atribuye personalidad jurídica y es titular de su propio patrimonio, separado del resto.

El grupo no es, por tanto, empresario; pero es que, además, la atribución al grupo de tal condición no es una solución idónea para el trabajador, pues hay que tener en cuenta que el grupo, como ente sin personalidad jurídica, carece de un soporte patrimonial con el que poder responder frente a las deudas laborales.

La **solución funcional** consiste en atribuir la condición de empleadora a cada una de las sociedades que lo forman y no al grupo, reconociendo, en los supuestos en que proceda, la existencia de una pluralidad empresarial o la extensión de la responsabilidad solidaria a todas las empresas que integran el grupo, tal y como ha hecho la jurisprudencia, o la existencia de una pluralidad empresarial (nº 857).

Precisiones Aun siendo la descrita posición dominante, debe hacerse notar que en ocasiones se ha propuesto que el grupo de empresas en cuanto tal sea el **único empleador** de los trabajadores, flexibilizando en cierta medida el contenido del ET art.1, permitiendo que se considere responsable de las obligaciones sociales al conjunto del grupo, y no a todas y cada una de las entidades que lo componen a través del mecanismo jurisprudencial de extensión de la responsabilidad laboral, como reflejo del principio de realidad en la determinación del empleador. Esta interpretación se introduce en los **votos particulares** de las siguientes sentencias de la Sala IV: TS 25-9-13, EDJ 271305; 28-1-14, EDJ 111394. También puede apreciarse en la TS 16-9-10, EDJ 226263, que la recoge de forma sucinta, siendo más desarrollada en los siguientes pronunciamientos: TS 26-3-14, EDJ 115896; 25-6-14, EDJ 138299; 21-5-15, EDJ 112579; 21-5-15, EDJ 118084.

857 **Calificación del grupo como patológico** El simple hecho de que dos o más empresas pertenezcan al mismo grupo empresarial **no** es suficiente para declarar una **responsabilidad solidaria** entre las empresas del grupo a los efectos laborales. Tampoco es suficiente la concurrencia de **factores** que se reputan como **irrelevantes**, como:

- la existencia de un mero **cambio de denominación social** (TS 4-4-02, EDJ 27100);
- que exista una **dirección comercial común** (TS 30-4-99, EDJ 13962);
- que se trate de **sociedades participadas** entre sí (TS 20-1-03, EDJ 258244);
- que las sociedades mercantiles tengan como **socio y administrador** a la misma persona (TS 23-10-12, EDJ 248916) o la presencia de administradores o accionistas comunes (TS 21-12-00, EDJ 55084; 26-12-01, EDJ 80499);
- ostentar **participación accionarial** en otras empresas del mismo grupo con una dirección unitaria (TS 20-1-03, EDJ 258244);
- que existan **lazos familiares**, irrelevantes sin otros factores adicionales (TSJ Galicia 17-11-15, EDJ 229343; 20-10-20, EDJ 718277);
- que, como consecuencia de un acuerdo transaccional, se pactara la recolocación de 15 trabajadores en otras empresas del grupo, evitando así la extinción en el despido colectivo (TS 15-12-21, EDJ 789531);
- la **colaboración entre una administración** y otra entidad pública o privada, como ocurre en el caso de un ayuntamiento y una mancomunidad intermunicipal (TS 31-10-17, EDJ 237320), o entre un ayuntamiento y una empresa pública (TS 12-7-17, EDJ 150802).

Por el contrario, cuando se objetivan ciertos elementos adicionales, entonces puede calificarse el grupo como patológico o fraudulento a efectos laborales, con **extensión de responsabilidad solidaria** a las empresas que conforman el grupo (nº 874). Estos **elementos adicionales** son (TS 28-1-14, EDJ 40003; 29-12-14, EDJ 276471; 30-5-17, EDJ 96495; 11-7-18, EDJ 586489; 4-5-21, EDJ 558411; 22-3-22, EDJ 532838; 6-4-22, EDJ 544552; 28-2-24, EDJ 518112):

1. El **funcionamiento unitario** de las organizaciones de trabajo de las empresas del grupo, manifestado en la prestación indistinta de trabajo -simultánea o sucesivamente- en favor de varias de las empresas del grupo (nº 859).

2. **Confusión patrimonial** (nº 861).
3. **Unidad de caja** (nº 861).
4. Utilización fraudulenta de la personalidad jurídica, con creación de la **empresa «aparente»**.
5. Uso abusivo -anormal- de la **dirección unitaria**, con perjuicio para los derechos de los trabajadores (nº 865).
En todo caso, los elementos adicionales **no son acumulativos**, bastando la concurrencia de cualquiera de ellos para permitir la extensión de responsabilidad (TS 20-11-14, EDJ 237201; 22-9-14, EDJ 200428; 20-10-15, EDJ 237858) o, **incluso, otros** que permitan dicha extensión de responsabilidad, teniendo en cuenta que se configuran como un listado no exhaustivo o *numerus apertus* (TS 28-1-15, EDJ 74973; 20-3-13, EDJ 41764; 26-3-14, EDJ 115896).

Prestación de trabajo indiferenciada La prestación de trabajo para varias sociedades del mismo grupo plantea importantes problemas de delimitación, **debiéndose distinguir** entre la prestación indiferenciada simultánea y la sucesiva (TS 3-5-90, EDJ 4657): **859**
1. En la **prestación simultánea de servicios** existe un único contrato de trabajo con una de las empresas del grupo que actúa a modo de empleador formal, pero en la práctica se prestan servicios indistintamente tanto para el empresario formal como para otra u otras empresas del grupo (a modo de cesión temporal por lo general no encuadrable en la cesión de trabajadores del ET art.43 sino dentro del supuesto de empresa de grupo). Si la prestación es simultánea existe normalmente un supuesto de pluralidad empresarial en el que todas las sociedades que reciben la prestación de servicios asumen, frente al trabajador, la condición de empresario (TS 6-5-81, EDJ 8204; 22-3-91, EDJ 3175; TSJ País Vasco 25-10-04, EDJ 212609; TSJ Madrid 28-6-04, EDJ 143558).
En definitiva, se trata de un fenómeno de la **confusión de plantilla** al prestarse servicios de manera indiferenciada para dos o más empresas, con la consecuencia de ser apreciable unidad de relación laboral y pluralidad empleadora o bien -como mantiene autorizada doctrina- de relaciones laborales distintas para los diversos empresarios, porque el dato decisivo para apreciar la existencia de una única relación laboral no es la unidad del empresario, que no se da, sino la unidad de prestación de servicios realizada por el trabajador.
2. Si la **prestación de servicios** para las sociedades es **sucesiva** la conclusión resulta más problemática. A grandes rasgos, puede afirmarse que no hay prestación indiferenciada de trabajo a las distintas empresas si la circulación del trabajador dentro del grupo se produce mediante contratos de trabajo sucesivos con extinción de los anteriores, o mediante la suspensión del primer contrato con una sociedad (a través de una excedencia o situación similar) y la suscripción de otro distinto con una sociedad del mismo grupo. Lo anterior es compatible con que la circulación dentro del mismo grupo de empresas durante 18 meses dentro de un periodo de 24 meses, lleve aparejada la declaración de fijeza (ET art.15.5).
La dificultad reside en determinar cuándo estamos ante una nueva contratación, con suspensión o extinción del contrato anterior, y cuándo ante una prestación indiferenciada. En principio, habrá que estar a lo que hayan acordado las partes, pero en las situaciones de hecho será necesario diferenciar, a la vista de las circunstancias concurrentes, si se trata de una nueva relación con terminación de la anterior o si, por el contrario, tan sólo se aprecia una simple utilización de los mismos servicios por dos o más empresas, que va escalonándose en períodos más o menos breves. Téngase en cuenta que la prestación de servicios sucesiva y fraudulenta para distintas empresas del grupo, se sitúa más bien en el ámbito de la utilización abusiva de las formas societarias para burlar la normativa laboral. En definitiva, es necesario comprobar si, alternativamente, concurre alguna de las siguientes **circunstancias**:
a) Hay una **sucesión de contratos** de trabajo para distintas sociedades.
b) Se está ante una **prestación indiferenciada sucesiva**, esto es, un trasvase continuo de personas de unas empresas del grupo a otras, sin una solución de continuidad que permita delimitar correctamente las distintas contrataciones, que configuraría una especie de «promiscuidad contractual». En los supuestos particulares de prestaciones de trabajo distintas e indiferenciadas la solidaridad deriva del hecho de que las empresas o sociedades agrupadas, asumen la posición de **único empleador** (TS 23-1-07, EDJ 8713). No es suficiente, a estos efectos, la coincidencia de alguno de los administradores o el hecho de compartir el mismo domicilio social (TS 26-12-01, EDJ 80499; TSJ C.Valenciana 24-1-06, EDJ 47578), o incluso que las sociedades estén participadas entre sí (TS 8-6-05, EDJ 108948).
En el marco de la primera posibilidad o **sucesión de contratos** con las distintas sociedades del grupo, podría existir también una prestación de servicios indiferenciada cuando se constata que los contratos que se suceden son **fraudulentos**. En definitiva, cuando lo que se pretende con la **sucesión de contratos** es provocar una apariencia formal de dos relaciones laborales independientes pero lo que subyace es defraudar los derechos adquiridos del trabajador, existiendo una prestación de servicios indiferenciada, con pluralidad empresarial y responsabili-

dad solidaria de todas las sociedades que han contratado con el trabajador (TSJ Galicia 19-9-03, EDJ 200903; TSJ Cataluña 26-11-03, EDJ 183296).
Junto a los supuestos lícitos de nueva contratación, **no hay** tampoco **pluralidad empresarial** en la cesión del contrato de trabajo (posible, siempre que sea aceptada por el trabajador ex CC art.1205 aplicable a las relaciones laborales como se desprende de la TS 20-12-05, EDJ 256064), que provoca una novación subjetiva con cambio de empleador, eliminando, por tanto, la posición empresarial plural. El mismo efecto tiene también la sucesión de empresas en el marco del grupo.
Además, la **circulación del trabajador dentro de las empresas** del mismo grupo, en principio, puede no perseguir una interposición ilícita en el contrato para ocultar al empresario real, sino obedecer a razones técnicas y organizativas derivadas de la división del trabajo; siempre que se establezcan las garantías necesarias para el trabajador (TS 25-6-09, EDJ 166020).

Precisiones La jurisprudencia aplica la **doctrina de la insignificancia**, que ha tenido consolidada aplicación en el ámbito de la jurisprudencia contencioso- administrativa y que igualmente ha sido aplicada por la Sala de lo Social, a veces sin denominarla expresamente y otras utilizando ya su concreta denominación; en su virtud, carece de trascendencia a efectos de la existencia de confusión de plantillas, una **mínima intercomunicación laboral**, en un periodo de más de 10 años y en una plantilla de unos 20 trabajadores, lo que presenta una entidad mínima (TS 20-6-18, EDJ 517877); o cuando una trabajadora presta sus servicios para una empresa y luego para otra en la que permaneció durante años y que le respetó sus condiciones (TS 30-5-17, EDJ 96495). Tampoco hay confusión de plantillas cuando algunos trabajadores prestan servicios a favor de otras empresas del grupo mercantil, pero dichos servicios se facturan entre ellas a precio de mercado, en dos años 6 trabajadores fueron desplazados unos meses para desarrollar proyectos específicos con comunicación al comité de empresa, y dos trabajadores están en el servicio mancomunado de prevención (TS 15-12-21, EDJ 789531).

861 **Confusión patrimonial y caja única** El segundo factor que justifica la extensión de la responsabilidad solidaria al conjunto de empresas del grupo es la confusión patrimonial cuya máxima expresión es la existencia de caja única (TS 30-1-90, EDJ 835).
La **confusión patrimonial** no se refiere a la pertenencia del capital social, sino a la pertenencia y uso del patrimonio social de forma indistinta, lo que no impide la utilización conjunta de infraestructuras o medios de producción comunes, siempre que esté clara y formalizada esa pertenencia común o la cesión de su uso. Incluso pueden encontrarse desordenados o mezclados físicamente los activos sociales, salvo que no pueda reconstruirse formalmente la separación.
La **unidad de caja** supone un factor adicional, el grado extremo de la confusión patrimonial. Hace referencia a lo que en doctrina se ha calificado como «promiscuidad en la gestión económica» y que al decir de la jurisprudencia alude a la situación de permeabilidad operativa y contable. Esta situación no es identificable con las situaciones del «cash pooling» entre empresas del mismo grupo, en las que la unidad de caja es meramente contable y no va acompañada de confusión patrimonial alguna, por tratarse de una gestión centralizada de la tesorería para grupos de empresas, con las correspondientes ventajas de información y de reducción de costes (TS 20-10-15, EDJ 237858; 10-11-17, EDJ 243677; 22-6-20, EDJ 594194; 4-5-21, EDJ 558411; 6-4-22, EDJ 544552; 12-7-23, EDJ 635188).
Cabe apreciar la **existencia de** promiscuidad en la gestión económica y, por lo tanto, **unidad de caja**:
1. En todas aquellas acciones que son constitutivas de una **gestión económica anormal**, con tratos injustificados y claramente irregulares. Estas acciones deben estar dotadas, además, de una cierta gravedad o relevancia, pues de lo que se trata es de llegar a la conclusión de que el grupo, o al menos alguna de sus sociedades, actúa como una auténtica unidad económica. Es esta unidad en la actuación económica la que, en definitiva, justifica la comunicación de la responsabilidad (TS 9-7-01, EDJ 69370; 6-3-02, EDJ 10129).
2. Cuando se produce la **transferencia gratuita** de la propiedad de bienes inmuebles (TSJ Granada 7-10-03, EDJ 129483); de herramientas de trabajo (TSJ C.Valenciana 23-1-04, EDJ 50119); o de dinero o transferencias bancarias a modo de caja única (TSJ C.Valenciana 23-1-04, EDJ 50119).
3. Para el caso de una sociedad patrimonial cuando los objetos sociales y actividades concretas a que se dedican no son más que una **división por sectores especializados de una común actividad**, el hecho de que la sociedad patrimonial del grupo no comparta esta actividad o no tenga personal no empece a su posición de miembro del grupo en atención a la existencia de confusión patrimonial y común estructura accionarial y de dirección y administración. Desempeña el rol que le es característico como sociedad patrimonial, en tanto que titular de los inmuebles en donde las demás empresas del grupo desarrollan su actividad como arrendatarias (TS cont-adm 2-6-16, EDJ 78185; 8-7-16, EDJ 105678).
4. Cuando existe **estructura societaria coincidente**, composición similar del órgano de administración, trasvase de los trabajadores, complementariedad de las actividades de las

empresas integrantes, confusión patrimonial y apariencia externa del grupo, que tiene un logotipo común (TS cont-adm 23-3-17, EDJ 27113).

Por el contrario, **no** se ha apreciado **unidad de caja**: 863

1. En las **operaciones** mercantiles o financieras que, realizadas dentro del grupo, están **justificadas** de acuerdo con los criterios generales del tráfico mercantil, tienen una correcta facturación y quedan reflejadas correctamente en la contabilidad de las sociedades, pues tales datos evidencian la independencia de sus patrimonios (TS 26-1-98, EDJ 680).
2. Por el mero hecho de que una de las mercantiles que integran el grupo de sociedades posea la práctica **totalidad del capital de la empresa** (el 99,97%) en la que prestan sus servicios los trabajadores (TS 25-9-13, EDJ 271305; 27-5-13, EDJ 142865).
3. Por la realización de operaciones de venta y compra de fincas que sirvieron para **sanear cuentas**, y cuya corrección fiscal fue sancionada por la Inspección de Hacienda que levantó acta de conformidad (TS 28-1-14, EDJ 40003).
4. Cuando no consta que los contratos de colaboración firmados por las empresas del grupo, o las líneas de financiación articuladas entre ellas, puedan **encubrir el pago de un precio** anómalo y no ajustado al de mercado, que de alguna forma suponga la descapitalización de unas sociedades en beneficio de otras (TS 8-11-17, EDJ 245156).
5. La existencia de **facturas entre algunas de las mercantiles** por la realización de ventas nacionales, ya que, aunque la empresa que genera la factura se dedique a servicios administrativos y comerciales, cabe la existencia de políticas de colaboración entre empresas del grupo y además puede asumir de manera única o prioritaria el apoyo administrativo del resto de empresas del grupo (TS 10-11-17, EDJ 243677).
6. Cuando existe un **acuerdo de compensación de deudas**, un acuerdo de refinanciación de deuda que incluía dación en pago y un préstamo con mantenimiento de garantías hipotecarías (TS 4-5-21, EDJ 558411). Ni por una permeabilidad operativa y contable, de forma que las empresas operan con un alto grado de comunicación entre sus patrimonios, que incluye la existencia de préstamos y arrendamientos (TS 30-5-17, EDJ 96495).
7. Cuando no existe un mismo domicilio social, ni parentesco entre la dueña de la vivienda donde está sito el domicilio social y algunos de los socios (TS 22-6-20, EDJ 594194).
8. Cuando hay una **tesorería centralizada**, mediante un contrato de cash pooling, que funciona en condiciones de mercado, incluso cuando dificultades económicas motivaron la cancelación masiva de las líneas de circulante inter empresas y la consiguiente desactivación de la tesorería centralizada (TS 22-3-22, EDJ 532838).

Uso abusivo de la personalidad jurídica o de la dirección unitaria Otro factor que conlleva, en la jurisprudencia del orden social, la extensión de la responsabilidad dentro del grupo es la utilización fraudulenta o abusiva de la personalidad jurídica o de la dirección unitaria, lo que exige un ánimo fraudulento (TS 20-3-13, EDJ 41764). 865
En realidad, cuando la jurisprudencia alude a esta causa está haciendo referencia a la vía judicial conocida como **levantamiento del velo** de la persona jurídica, que tiene como fundamento el abuso de derecho y el fraude de ley. Ahora bien, en los grupos de sociedades el **fraude de ley** no es un supuesto independiente de extensión de la responsabilidad. Simplemente explica que la confusión patrimonial y la confusión de plantillas provocan la responsabilidad compartida porque cada sociedad asume realmente la posición empresarial y porque la aparente pluralidad de las formas de personificación no rompe la unidad patrimonial del conjunto.
Esta **delimitación del fraude** crea un espacio independiente para el juego del abuso de la personalidad jurídica. El abuso debe actuar en todos aquellos casos en los que no resulta apreciable la unidad empresarial -por no existir confusión patrimonial, ni confusión de plantillas-, pero en los que la dirección unitaria se ejerce anormalmente, produciendo un perjuicio para los trabajadores. Ahora bien, no puede entenderse fraudulenta la existencia de una dirección comercial común, porque ni el control a través de órganos comunes, ni la unidad de dirección de las sociedades de grupos son factores suficientes para afirmar la existencia de una unidad empresarial (TS 28-1-14, EDJ 111394).
El **caso paradigmático** sería el de la sociedad que sacrifica sus propios intereses a los intereses del grupo o al interés de la sociedad dominante. Piénsese en una sociedad dominada que se orienta a prestar determinados servicios o a realizar determinadas operaciones comerciales para otras sociedades del grupo en condiciones tales que acaban generando pérdidas con reducción de plantilla o con incumplimiento de las obligaciones laborales frente a sus trabajadores. En estos supuestos se habría producido un ejercicio anormal y abusivo de la personalidad jurídica, lo que permitiría levantar el velo y comunicar la responsabilidad. Lo mismo debería ocurrir en los casos en que, ya en el marco de una conducta estratégica, se programen **desviaciones patrimoniales** de una sociedad a otra (TS 24-7-89, EDJ 7722), se utilice la **movilidad dentro del grupo** para reducir los derechos de los trabajadores (TSJ Cataluña

26-11-03, EDJ 183296) o se **infracapitalice** la sociedad con mayor plantilla y con mayores obligaciones laborales (TSJ C.Valenciana 29-5-03, EDJ 266232).
En todo caso, el hipotético uso abusivo de la personalidad jurídica o de la dirección única sirve como cauce para **evaluar la existencia de grupo** de empresas en dos casos de especial relevancia:
1. Los que implican la **apariencia externa de las empresas**. No puede entenderse que exista una práctica abusiva cuando las empresas utilizan la misma marca comercial en el fuselaje de sus aviones, existe un billete de pasaje y carga único para las tres y el uniforme de los tripulantes de cabina es el mismo, de acuerdo con los usos del sector (TS 29-12-14, EDJ 276471).
2. El caso de las **franquicias**, que no implican per se ninguna irregularidad que determine la calificación de fraude, y ello a pesar de que, por su propia naturaleza, se comparta imagen, marcas, rótulos, conocimientos técnicos etc, y de hecho el franquiciador imponga exclusividad, dirección y control del franquiciado (TS 17-1-23, EDJ 503300; 28-2-24, EDJ 518112).

c. Efectos del grupo de empresas patológico

870 La estimación de existencia de grupo patológico de empresas tiene efectos tanto en materia **laboral** (nº 872) como en materia de **Seguridad Social** (nº 874).
Las empresas que conforman el grupo de empresas **responden solidariamente** de las deudas y obligaciones empresariales de suerte que el trabajador se puede dirigir a cualquiera de ellas (o a todas ellas) para exigir su cumplimiento (CC art.1137). Se trata de un caso de solidaridad impropia, en cuanto deriva de la previa declaración judicial de la existencia de una situación irregular, por lo que han de tenerse en cuenta las **cuestiones procesales** que se analizan en nº 876.

872 **En materia laboral** La estimación de existencia de grupo patológico afecta a las siguientes cuestiones:
1. Reconocimiento de la **antigüedad del trabajador**, porque la consecuencia de la circulación del trabajador dentro del grupo es la de su cómputo desde el inicio de la prestación para una de las empresas integrantes (TS 3-5-90, EDJ 4657; 25-6-09, EDJ 166020), lo que resulta decisivo en:
- la determinación del monto de la indemnización por despido (TS 3-11-05, EDJ 230448);
- el abono de los salarios (TS 9-7-01, EDJ 69370; 6-3-02, EDJ 10129);
- o el derecho a la incorporación del trabajador tras una excedencia en cualquiera de las empresas del grupo al demostrarse que el empleador es el propio grupo (TS 5-6-00, EDJ 15382).

2. Todas las empresas del grupo patológico responden solidariamente de las resultas de las **condenas judiciales**, ya sea en materia de reclamación de cantidad, despido o de cualquier otro tipo, incluidas las consecuencias de las reclamaciones por daños y perjuicios derivados de las resultas de un accidente de trabajo (TSJ Sta. Cruz de Tenerife 24-7-20, EDJ 697965).
3. En materia de **despido colectivo** las consecuencias de la existencia de un grupo de empresas laboral o patológico son múltiples, pero tienen en común que al considerarse que el conjunto de empresas que integran el grupo patológico forman una unidad, se les exige el deber de información y la acreditación de causas en relación con todas ellas, yendo por tanto más allá que las exigencias de información y acreditación de causas de los grupos ordinarios o mercantiles. Por tanto:
a) El deber de **información y documentación** que se debe suministrar a los representantes de los trabajadores es la de todas las empresas que integran el grupo so pena de nulidad (ET art.51.8; AN 18-5-16, EDJ 70452; TSJ Madrid 22-7-13, EDJ 168633; TSJ Asturias 5-7-13, EDJ 138345; TSJ Murcia 10-10-16, EDJ 203198).
Al formar parte la empresa que inicia el procedimiento de un grupo de empresas mercantil, es necesario que, en el período de consultas, aporte las **cuentas consolidadas** del grupo, o las de cada una de las empresas del grupo si no hubiese obligación de tal consolidación, y no solo las de la que lleva a cabo el despido (RD 1483/2012 art.4.5; TS 19-7-17, EDJ 167581). El deber de proporcionar las cuentas anuales y el informe de gestión de cada una de las empresas del grupo únicamente alcanza a las sociedades integrantes de un grupo «vertical», caracterizado por la existencia de una empresa dominante, exista o no obligación de formular cuentas consolidadas (TS 20-6-18, EDJ 517877).
Si el grupo no es patológico, las obligaciones documentales se le imponen a la empresa que despide colectivamente pero no a la dominante ni a las restantes empresas del grupo (AN 25-2-13, EDJ 16364).

b) La obligación de que, con independencia de que la decisión extintiva la haya adoptado la empresa dominante, se deba valorar la **situación económica** del grupo de empresas (TS 23-1-07, EDJ 8713; 3-12-12, EDJ 295725; AN 18-5-16, EDJ 70452), esto es, los beneficios y pérdidas a nivel global y no separadamente por empresas (TSJ Cataluña 23-5-12, EDJ 100578; TSJ Galicia 21-3-13, EDJ 79708). Se debe recordar que en caso de un mero grupo de sociedades, se considera que el grupo de empresas como tal no puede promover un procedimiento de despido colectivo, aunque la decisión se haya tomado por la empresa dominante, al no estar contemplada legalmente esta posibilidad (AN 25-2-13, EDJ 16364; TS 23-10-12, EDJ 248916). Pero si se trata de causas técnicas, organizativas o de producción, entonces se valora el ámbito en el que operan dichas causas (TS 13-5-19, EDJ 627497).

c) Si varias empresas integradas en un grupo de empresas laboral tienen la intención de proceder a la **extinción de contratos por causas económicas, técnicas, organizativas y de producción**, hay que computar las extinciones que se llevan a cabo en todas ellas con el fin de determinar si nos encontramos ante un despido colectivo (TSJ País Vasco 9-12-10, EDJ 396692). Sin embargo, si se trata de un mero grupo mercantil o económico la plantilla a considerar es la de cada una de las empresas y no la suma de todas ellas (TSJ Baleares cont-adm 23-4-10, EDJ 84814).

En caso de **insolvencia empresarial** de una empresa integrada en un grupo, el FOGASA no puede rechazar su responsabilidad, aunque la empresa pertenezca a un grupo (TS 24-12-99, EDJ 49083).

d) Se ha reconocido la **nulidad del despido colectivo** llevado a cabo por una de las empresas del grupo sobre el que concurre alguno de los elementos adicionales de extensión de responsabilidad (concretamente, abuso de la personalidad jurídica), ya que quien procedió a llevar a cabo el despido colectivo no es el auténtico empleador, sino que este debe ser considerado el grupo en su conjunto (TS 21-5-15, EDJ 118084).

e) Respecto a la **aportación económica al Tesoro Público** en empresas que efectúen despidos colectivos teniendo beneficios y que incluyan a trabajadores de 50 o más años de edad, se interpreta que está obligada a realizarla la empresa que obtuvo beneficios en los dos años anteriores al inicio del despido colectivo, aun cuando el grupo de empresas del que forma parte, en su conjunto, arroje pérdidas. Pero también cuando ocurra a la inversa, esto es, cuando la empresa aisladamente considerada arroje pérdidas y no tenga beneficios en el periodo de referencia, pero sí los hubiera obtenido el grupo empresarial en su conjunto (TS 23-4-18, EDJ 72632).

f) La conducta empresarial consistente en la **sustitución de los trabajadores huelguistas** de una de las empresas por trabajadores de otra de las que conforman el grupo debe considerarse un caso de esquirolaje interno, lo que comporta la nulidad del despido colectivo habida cuenta de que se ha llevado a cabo en vulneración de derechos fundamentales (LRJS art.124.11) (TS 11-2-15, EDJ 37718; 20-4-15, EDJ 68327). Asimismo, la declaración de nulidad del despido colectivo lleva aparejada la condena al abono de los salarios de tramitación que la empresa deberá consignar para recurrir la sentencia.

4. El número de trabajadores exigible para poder constituir una **sección sindical** se refiere al centro de trabajo y no al conjunto de la empresa ni a un grupo de empresas, salvo que se trate de un grupo ficticio, que oculte una realidad empresarial única, o se establezca por convenio colectivo (TS 16-9-10, EDJ 226263).

Precisiones La existencia de graves defectos formales en la tramitación del **expediente de regulación de empleo** (exigible hasta el 11-2-2012), aboca a la nulidad de la extinción colectiva pues, de conformidad con la normativa entonces vigente, se imponía la responsabilidad solidaria de las empresas cuando entre ellas se aprecia la existencia de vínculos empresariales y personales que ponen de manifiesto que en realidad se está en presencia de un grupo de empresas a efectos laborales (TS 20-3-13, EDJ 41764).

En materia de Seguridad Social La jurisprudencia de la Sala de lo social del Tribunal Supremo ha sido asumida plenamente por la Sala de lo contencioso-administrativo en supuestos de derivación de responsabilidad en materia de Seguridad Social. Existe obligación solidaria en el abono de las **cuotas de la Seguridad Social** cuando se prueba la existencia de una situación de grupo de empresas y de absoluta confusión entre las empresas. En estos casos, la Administración está habilitada para reclamar solidariamente al empresario real ante los débitos causados por el incumplimiento de la obligación de cotizar que incumbe al empresario aparente (TS cont-adm 2-6-16, EDJ 78185; 8-7-16, EDJ 105679; 23-3-17, EDJ 27113). Incluso cuando una empresa se encuentra en concurso y el resto no (TS cont-adm 5-4-17, EDJ 36513; 23-11-17, EDJ 243644). **874**

Algunos pronunciamientos de TSJ proporcionan los criterios judiciales tenidos en cuenta para la apreciación de la existencia o inexistencia de un **grupo de empresas con responsabilidad solidaria** en materia de cuotas de Seguridad Social en los siguientes sectores:

1. Construcción: existe responsabilidad solidaria, aun cuando aparentemente hay falta de identidad de socios y administradores con vínculos familiares entre los mismos, cuando hay

874 (sigue) objeto social y domicilio coincidentes y trasvase de trabajadores (TSJ Baleares cont-adm 21-12-10, EDJ 309423), o cuando la empresa se constituye con el ánimo de descapitalizar a otra empresa del grupo y cuya única actividad es alquilar el edificio a otra empresa del grupo que sí es solvente y traspaso de trabajadores (TSJ País Vasco cont-adm 23-12-09, EDJ 373362; TSJ C.Valenciana cont-adm 29-11-17, EDJ 314067). Se ha rechazado la existencia de grupo de empresas en un supuesto de desavenencias entre socios que se separan, con escaso traspaso de trabajadores, que es poco significativo, sobre todo en el ámbito de la construcción donde es muy frecuente el contrato para obra determinada (TSJ Aragón cont-adm 22-6-10, EDJ 245347); también en el caso de empresas de actividades diversas (construcción, vino, hoteles, etc.) (TSJ Castilla-La Mancha cont-adm 30-4-18, EDJ 514759).

2. **Transporte**: se aprecia la existencia de grupo de empresas a efectos de la derivación de responsabilidad solidaria cuando existen coincidencias en el ámbito familiar de socios, mismo gerente, trasvase parcial de trabajadores, coincidencia de objeto social y del local unido a la apariencia externa unitaria a través de las marcas (TSJ Cantabria cont-adm 25-2-10, EDJ 210089). Por el contrario, se anula la derivación por inexistencia de grupo de empresas en un caso en que, más allá de que sean padre e hijo quienes constituyeron las dos sociedades afectadas, no se acredita ni un funcionamiento unitario en la organización del trabajo ni una confusión de plantillas y mucho menos que se trate de empresas aparentes sin sustento real o que haya ningún tipo de confusión patrimonial (TSJ Valladolid cont-adm 4-4-17, EDJ 70546). También se rechaza la existencia de grupo de empresas a efectos laborales por el mero hecho de compartir, de forma simultánea o sucesiva, administradores y trabajadores (TSJ Extremadura cont-adm 21-2-18, EDJ 42336). En sentido contrario, se confirma la derivación de responsabilidad en un supuesto en que bajo la apariencia formal de una relación arrendaticia entre dos sociedades, en realidad se utiliza la sociedad patrimonial como cauce para desviar los beneficios de la otra entidad, la cual sí que ostenta trabajadores y es deudora de las cuotas de estos con la Seguridad Social (TSJ Baleares cont-adm 18-4-18, EDJ 89952).

3. Promoción de **congresos y azafatas**, atención telefónica, carga y descarga, etc. junto con una ETT: responsabilidad solidaria por grupo de empresas al existir coincidencia en el círculo familiar del accionariado, la administración y el domicilio, traspaso de trabajadores e importantes relaciones económicas (TSJ Madrid cont-adm 23-4-10, EDJ 127476).

4. **Promoción inmobiliaria y publicidad**: existe responsabilidad solidaria en un caso en que la especialización de funciones de las sociedades dentro del grupo no puede ser demostrativa de la inexistencia de este porque obedecen a un funcionamiento unitario y se integran en el mismo proceso productivo, y además existe coincidencia de administradores y domicilio, prestaciones sucesivas de trabajo y la confusión patrimonial se deduce de la garantía del préstamo bancario ajeno y de la asunción por otra sociedad del grupo de gastos de reforma (TSJ País Vasco cont-adm 23-12-09, EDJ 373361). El hecho de que la constitución y el patrimonio sean anteriores al de la sociedad deudora no enerva la existencia de responsabilidad solidaria por grupo de empresas (TSJ Baleares 21-10-11, EDJ 261472).

5. Sector del **mueble**: se aprecia la responsabilidad solidaria cuando existe absoluta coincidencia de los órganos de dirección y gestión, actividad única, apariencia externa unitaria ya que los clientes compran el mueble completo que ha sido elaborado por ambas sociedades, y confusión del patrimonio, al ser cada una de las empresas cliente principal de la otra (TSJ Madrid cont-adm 18-5-10, EDJ 127545).

6. Hoteles, balnearios y **alojamientos turísticos**: responsabilidad solidaria por existir identidad de accionistas, administradores y actividad, una aporta el inmueble y otra la plantilla (TSJ Cataluña cont-adm 14-10-10, EDJ 242736).

7. **Repostería y pastelería**: responsabilidad solidaria por identidad de objeto y actividad, trasvase de trabajadores (tres de siete) y previo pronunciamiento del orden social (TSJ Cantabria cont-adm 27-5-10, EDJ 210222).

8. Alquiler de **maquinaria y construcción**, por la búsqueda de elusión de responsabilidades mediante la configuración artificiosa de empresas aparentes sin sustrato real, con despatrimonialización de las empresas concursadas (TSJ C.Valenciana cont-adm 9-6-10, EDJ 167491).

9. Edición de **publicaciones y asesoramiento** informativo cuando existe la misma dirección, mismo local, «flujo de personal» y actividades interrelacionadas; diferenciándose entre la sucesión y el grupo de empresas (TSJ Baleares 16-11-11, EDJ 283144).

10. Empresas **multiservicios** existiendo un funcionamiento unitario de las empresas bajo una dirección común y con un objeto social esencialmente igual (TSJ Granada cont-adm 21-2-11, EDJ 112432).

11. Sector de **fabricación del chocolate**, con existencia de lo que se denominan contratos de maquila o de trabajo a manos por los que una empresa comercializadora encarga la fabricación a otra (TSJ Valladolid cont-adm 19-5-11, EDJ 117953; 19-5-11, EDJ 117959).

12. Se ha apreciado la existencia de derivación de responsabilidad en **otros sectores**: confección textil (TSJ Galicia cont-adm 15-6-16, EDJ 120357); aparatos de láser y de medicina (TSJ País Vasco cont-adm 16-3-17, EDJ 95946); excavaciones y transporte (TSJ Sevilla cont-adm 21-5-15, EDJ 147348); empresa de madera (TSJ Castilla-La Mancha cont-adm 5-10-15, EDJ 223059); energía (TSJ C.Valenciana cont-adm 3-3-17, EDJ 95393); comercio de construcción (TSJ Extremadura cont-adm 14-3-17, EDJ 47164); máquinas recreativas (TSJ Valladolid cont-adm 2-2-17, EDJ 44621); artes gráficas (TSJ Madrid cont-adm 19-10-16, EDJ 231857); vigilancia (TSJ Galicia cont-adm 3-5-18, EDJ 513830); alimentación (TSJ C.Valenciana cont-adm 20-2-18, EDJ 95177); matadero (TSJ Asturias cont-adm 30-4-18, EDJ 512248); bares y restaurantes (TSJ Extremadura cont-adm 27-2-18, EDJ 42339; TSJ Galicia cont-adm 25-1-18, EDJ 36373); comercio de prendas de vestir y calzado (TSJ País Vasco cont-adm 24-11-17, EDJ 293173); canteras y mármoles (TSJ Madrid cont-adm 22-2-18, EDJ 60707); comercio de la construcción (TSJ Extremadura cont-adm 18-1-18, EDJ 12111) y limpieza (TSJ C.Valenciana cont-adm 22-3-18, EDJ 95175). Se niega su existencia en empresas de rótulos de iluminación por no ser suficiente la utilización conjunta del almacén (TSJ Extremadura cont-adm 25-7-17, EDJ 195728).

Cuestiones procesales Los aspectos procesales presentan un especial interés al tratar- **876**
se de un caso de solidaridad impropia, en cuanto deriva de la previa declaración judicial de la existencia de una situación irregular que, por lógica, será negada por las empresas concernidas, de modo tal que solo surge la obligación solidaria por la declaración judicial, que tiene valor constitutivo. En consecuencia:

1. Deben ser **demandadas** todas las empresas que se estimen integrantes del grupo patológico, que deben comparecer mediante sus legales representantes si se trata de personas jurídica, o por quienes aparezcan, de hecho o de derecho, como sus organizadores, directores o gestores, en caso contrario (LRJS art.16.5). Recuérdese que toda demanda que se dirige contra un grupo carente de personalidad, además de identificarlo suficientemente, debe hacer constar el nombre y apellidos de quienes aparezcan como organizadores, directores o gestores, socios o partícipes de aquel, y sus domicilios, sin perjuicio de las responsabilidades legales de la masa patrimonial, entidad o grupo y de sus gestores e integrantes (LRJS art.80.1.b).

2. Existe la posibilidad de solicitar, como **actos preparatorios**, que se determine quiénes son los socios, partícipes, miembros o gestores de una entidad sin personalidad y las diligencias necesarias encaminadas a la determinación del empresario y los integrantes del grupo o unidad empresarial, pudiendo también prepararse el juicio por petición de quien pretenda iniciar un proceso para la defensa de los intereses colectivos, al objeto de concretar a los integrantes del grupo de afectados cuando, no estando determinados, sean fácilmente determinables. A tal efecto el tribunal es quien ha de adoptar las **medidas oportunas para la averiguación** de los integrantes del grupo, de acuerdo a las circunstancias del caso y conforme a los datos suministrados por el solicitante, incluyendo el requerimiento al demandado para que colabore en dicha determinación (LRJS art.76).

3. El **Fondo de Garantía Salarial** puede ejercitar acciones contra quien considere verdadero empresario o grupo empresarial o cualquier persona interpuesta o contra quienes hubieran podido contribuir a generar prestaciones indebidas de garantía salarial (LRJS art.23.6).

4. La cuestión relativa a la prueba de la concurrencia de **confusión patrimonial** no ha sido uniforme en la jurisprudencia, pues en algunas sentencias se funda en meros indicios, mientras que en otras se exige una prueba plena (TS 30-6-93, EDJ 6495; 18-5-98, EDJ 5044). Actualmente no parece existir duda de que su prueba corresponde a quien alega la existencia del grupo (TSJ Galicia 17-11-15, EDJ 229343); esto es compatible con que pueda requerirse a las empresas la entrega de cierta documentación de la que pudieran derivarse los elementos de juicio necesarios a tal efecto, y que de su no aportación puedan derivarse, en su caso, la certeza de los hechos y sus consecuencias jurídicas (LRJS art.77, 90.3 y 94.2).

5. Los **hechos declarados probados** en una sentencia del orden jurisdiccional social en lo que se refiere a la pertenencia de una empresa a un determinado grupo empresarial de cara a la declaración de dicha empresa como responsable solidaria de las deudas contraídas con la Seguridad Social por las otras empresas del grupo, genera los efectos de la prejudicialidad positiva en la jurisdicción contencioso-administrativa, que queda vinculada por aquella previa declaración (TS cont-adm 10-11-22, EDJ 742595).

6. Puede instarse la **ampliación de la ejecución de sentencia**, como consecuencia de un típico fenómeno de sucesión procesal, que tiene como base una previa sucesión material en la titularidad de las relaciones jurídicas. Pero para ello es absolutamente imprescindible, que el cambio sustantivo en que se funde, basado en hechos o circunstancias jurídicas sobrevenidos, se hubiere producido con posterioridad a la constitución del título objeto de ejecución (LRJS art.240.2). Por tanto, no puede admitirse que se extienda la ejecución a otras empresas del grupo cuando este ya existía al momento de celebración del acto del juicio. No pueden

plantearse en fase ejecutiva cuestiones que pudieron ser debatidas en la anterior fase declarativa (TSJ Castilla La Mancha 18-2-22, EDJ 525063). El anterior criterio se matiza si el grupo de empresas se había constituido antes del título ejecutivo, pero las manifestaciones del grupo patológico (prestación indistinta de servicios de los distintos trabajadores, confusión patrimonial, unidad de caja), habían tenido lugar con posterioridad a dicho momento (TSJ Sta. Cruz de Tenerife 18-2-20, EDJ 548011).
7. En el caso de condena solidaria, típica de la declaración de existencia de un grupo de empresas patológico, el **recurso** debe ir necesariamente acompañado de la consignación o aseguramiento de la cantidad objeto de condena por todas las empresas recurrentes, incluso en un caso de declaración de nulidad de una medida colectiva de suspensión de relaciones laborales (TS 4-5-21, EDJ 558411). Aunque tal cuestión no es objeto de discusión en el caso reseñado, debe recordarse que la consignación o aseguramiento de uno de los condenados aprovecha al resto si se le atribuye expresamente carácter solidario respecto de todos (LRJS art.230.1).

d. Grupo de empresas y cesión ilegal

885 En los supuestos de grupos de empresas, en los que la prestación de servicios no se produce de manera simultánea y alternativa para todas las empresas del grupo, sino que los trabajadores están formalmente adscritos a la plantilla de una empresa pero prestan sus servicios en otra entidad mercantil del mismo grupo, surge la duda de si estamos o no ante una cesión ilegal de trabajadores, pues de no existir la figura del grupo de empresas la respuesta sería clara ya que se utilizan los servicios de un operario sin incorporarlo a su plantilla. Al respecto, se señala que **no integra cesión ilegal** la circulación de trabajadores entre las diversas empresas del grupo porque, salvo supuestos especiales, estos fenómenos no suelen perseguir la finalidad de crear un mecanismo interpositorio en el contrato de trabajo para ocultar el empresario real (TS 28-9-06, EDJ 278559; 19-2-09, EDJ 22966; 25-6-09, EDJ 166020). Esta doctrina se basa -frente a quienes defienden la aplicación de un criterio objetivo y la inexigencia legal de ánimo defraudatorio- en una interpretación de la regulación de la cesión de trabajadores que exige un patógeno elemento subjetivo en la figura ilícita, consistente en su **finalidad** especulativa y fraudulenta, de manera que por regla general los intercambios personales en el seno del grupo no tienen finalidad interpositoria, sino que obedecen a un criterio de técnica organizativa y de perspectiva económica; lo que no obsta para que tal circulación de trabajadores haya de tener trascendentes efectos respecto de sus derechos. En sentido contrario se estimó la existencia de cesión ilegal (TS 12-12-97, EDJ 10605; TSJ País Vasco 9-5-06, EDJ 388164; 7-10-10, EDJ 255587).

Precisiones En el caso de tres empresas de lavandería, se ha estimado que la existencia de cesión ilegal de trabajadores, sancionada administrativamente y confirmada en vía jurisdiccional, no excluye por **presunta incompatibilidad** la existencia del grupo de empresas. Y no existe esta incompatibilidad porque esa cesión ilegal de trabajadores no respondía a razones técnicas y organizativas derivadas de la división del trabajo dentro del grupo de empresas, lo que sería lícito, sino que responde a un ánimo de ocultar que realmente estamos ante un empresario real que se ha tratado de ocultar bajo el nombre de tres empresas (TSJ Burgos cont-adm 28-10-11, EDJ 272090; 28-10-11, EDJ 270135).

3. Unión temporal de empresas (UTE)

(L 18/1982)

890 Se analiza a continuación la **definición** de UTE (nº 892), su papel como **empleador** (nº 994) y, por último, la posibilidad de que sea parte **en el proceso** y la posibilidad de ejecutar las sentencias que las condenan (nº 996).

892 **Concepto** (L 18/1982 art.7) La figura especial de la Unión Temporal de Empresas se configura como un sistema de colaboración entre empresarios (individuales o sociales) por tiempo cierto, determinado o indeterminado, para el desarrollo o ejecución de una obra, servicio o suministro. Es una figura negocial de tipo asociativo, de la que no emerge una persona jurídica y que, entre otros requisitos, exige para su creación que se formalice en **escritura pública**, en la que se haga constar:
1. El nombre, apellidos o razón social de los otorgantes.
2. Los estatutos o pactos que van a regir el funcionamiento de la unión con un contenido específico entre los que destaca la exigencia de que exista en la UTE un **gerente** con poderes suficientes de todos y cada uno de sus miembros para ejercitar los derechos y contraer las obligaciones correspondientes (L 18/1982 art.8).

En suma, por virtud de la agrupación temporal, surge una **nueva empresa autónoma** -aunque no una persona jurídica nueva-, que actúa bajo una unidad de dirección y bajo una denominación distinta de la de las empresas agrupadas, correspondiendo su titularidad a las empresas integradas, que responden frente a terceros solidariamente (TSJ País Vasco 6-2-18, EDJ 92174). La UTE debe ser considerada solo como una relación obligatoria entre los empresarios asociados y, por lo mismo, como un supuesto de pluralidad empresarial (TS 13-11-13, EDJ 261345).

La UTE es, así, una sociedad interna entre empresarios cuyo **objetivo** es la colaboración para el desarrollo de una obra o un servicio que, por su gran envergadura, sobrepasa las capacidades individuales de cada uno de ellos. Como sociedad interna, carece de personalidad jurídica, por lo que no puede asumir la posición empresarial. No surge así una personalidad jurídica separada con capacidad jurídica y de obrar propia distinta de los partícipes que son las empresas o entidades integrantes. Es cierto que puede existir un **patrimonio común** destinado a la consecución del proyecto, pero la titularidad de ese patrimonio no corresponde a la UTE sino a los empresarios en régimen de comunidad. Esa comunidad de bienes no tiene capacidad para ser empresario ni para obligarse frente a los trabajadores. No obstante, esta postura interpretativa se ha suavizado al aparecer la UTE en el tráfico jurídico como empleadora (nº 894).

La UTE no tiene obligación de dar publicidad a su contabilidad, ni de inscribirse en el **Registro Mercantil**, ya que la normativa mercantil no lo exige expresamente, aunque sí puede hacerlo de forma voluntaria, cumpliendo las normas previstas en el Código de Comercio. Pero, independientemente de esta falta de normativa mercantil al respecto, los tribunales del orden contencioso-administrativo han resuelto que las UTE sí deben llevar un **registro contable** de forma similar a lo previsto en el Plan General de Contabilidad, documentación que puede servir a efectos de conocer la situación económica de la UTE cuando sea preciso en lo que respecta a la normativa laboral (TSJ Madrid 29-6-15, EDJ 118602, asumiendo la doctrina emanada de la TS cont-adm 6-7-11, EDJ 140258).

Precisiones Los **estatutos o pactos** que van a regir el funcionamiento de la UTE han de incluir (L 18/1982 art.8):

a. La denominación o razón social, que será la de una, varias o todas las empresas miembros, seguida de la expresión Unión Temporal de Empresas y de la indicación de la Ley reguladora.
b. El objeto de la propia unión.
c. La duración y la fecha en la que darán comienzo las operaciones.
d. El domicilio fiscal.
e. Las aportaciones, si existieran, al fondo operativo común que cada empresa comprometa en su caso, así como los modos de financiar o sufragar las actividades comunes.
f. El nombre del Gerente y su domicilio.
g. La proporción o método para determinar la participación de las distintas empresas miembros en la distribución de los resultados, o, en su caso, en los ingresos o gastos de la unión.
h. La responsabilidad frente a terceros por los actos y operaciones en beneficio del común que será en todo caso solidaria e ilimitada para sus miembros.
i. El criterio temporal de imputación de resultados.
j. Los demás pactos lícitos y condiciones especiales.

La UTE como empleadora (L 18/1982 art.8) En la UTE, al igual que en la comunidad de bienes ordinaria, se produce un supuesto de **pluralidad empresarial**. Cuando la UTE, a través de su gerente único, contrata a los trabajadores, son en realidad los empresarios asociados quienes asumen la condición de parte empresarial en el contrato de trabajo (L 18/1982 art.7.2 y 8; TS 26-3-99, EDJ 4900; 21-1-10, EDJ 14371). Es **significativo**, en este sentido que: 894

1. El gerente de la UTE no es más que un apoderado con poderes suficientes de todos y cada uno de sus miembros para ejercitar los derechos y contraer las obligaciones correspondientes (L 18/1982 art.8.d).

2. La responsabilidad frente a terceros por los actos y operaciones en beneficio del común es, en todo caso, solidaria e ilimitada para sus miembros (L 18/1982 art.8.e.8º) y la existencia de **pactos internos** entre los miembros de la UTE que excluyen la responsabilidad a uno o varios de sus miembros, no son válidos frente a terceros (TS civil 29-7-04, EDJ 159624).

Los **trabajadores** que prestan sus servicios para la UTE están, en realidad, prestando sus servicios para el conjunto de empresarios asociados. Existe, así, una pluralidad de empresarios y una **responsabilidad directa y solidaria** de todos ellos frente a los trabajadores. Pero esta responsabilidad sólo se produce cuando los trabajadores prestan sus servicios para la UTE (TS 12-2-90, EDJ 1401), de manera que no existe una posición empresarial compartida si cada una de las empresas de la UTE desarrolla con completa independencia una parte del proyecto común, contratando a los trabajadores en su propio nombre y asumiendo frente a ellos todas las obligaciones propias del empresario (TSJ Granada 13-11-01, EDJ 68761; TSJ Málaga 8-6-01, Rec 398/01EDJ 103155; TSJ Cataluña 31-10-00, EDJ 43221; TSJ La Rioja 13-7-17, EDJ 165178). Sin embargo, se ha reconocido que la **UTE** puede ser considerada **empleadora** de los

894 (sigue) trabajadores en un supuesto donde se diferencia los trabajadores contratados ex novo por la UTE -de forma que esta es la entidad directamente empleadora- y los trabajadores de las empresas que la integran de los que se sirve la UTE para el desempeño de las tareas propias de su objeto social -en cuyo caso la UTE no es *per se* empleadora de estos trabajadores pero se le puede extender la responsabilidad laboral- (TSJ Sta Cruz de Tenerife 15-9-14, EDJ 231095; TSJ País Vasco 18-6-15, EDJ 149349).

Del mismo modo se ha considerado que no cabe una **subrogación de trabajadores** entre una UTE y las empresas que la conforman en los supuestos en que consta en los estatutos de la UTE que los trabajadores prestan servicios en ella como personal destacado pero contratados por cada una de las empresas integrantes. En este caso se declara la nulidad de dicha subrogación y el derecho de los trabajadores a mantener sus contratos de trabajo en las mismas condiciones anteriores a la subrogación y vigente su contrato en la empresa integrante de la UTE con independencia de sus servicios para la UTE a fin de evitar que devengan en temporales, en tanto la principal característica de estas agrupaciones es su temporalidad (TS 13-11-13, EDJ 261345). Sin embargo, sí se ha considerado aplicable dicha subrogación cuando una empresa pierde una concesión pública y pasa a desempeñarla la UTE de la que la empresa originaria forma parte (TSJ País Vasco 18-6-15, EDJ 149349).

Por último, es relevante apuntar que la doctrina de suplicación ha entendido que en el marco de un **despido colectivo** efectuado por una UTE, la documentación contable de la propia UTE adquiere una especial relevancia en el periodo de consultas, habida cuenta de que es quien desarrolla la actividad, y no así las entidades que la conforman. Por tanto, aunque -en la sentencia citada- no se remitiera la totalidad de la **documentación contable** de los dos ejercicios anteriores de las empresas que integran la UTE (RD 1483/2012 art.4.2), no se declara la nulidad del despido colectivo, ya que la finalidad de la obligación de aportación de información (que la representación de los trabajadores pueda afrontar el periodo de consultas adecuadamente con la información que sea lo suficientemente relevante para conocer las causas motivadoras del despido), se cumple con la documentación que se aportó, sin que fuera necesaria la reclamada por los representantes de los trabajadores (TSJ Madrid 29-6-15, EDJ 118602).

Precisiones **1)** Para el **sector de la construcción** se establece expresamente que cuando la contrata se haga con una UTE que no ejecute directamente la obra, cada una de sus empresas miembro tiene la consideración de empresa contratista en la parte de obra que ejecute (L 32/2006 art.3.e).

2) Se considera **causa productiva** la pérdida de la concesión de los servicios de handling por una UTE, considerando que la apreciación de esta causa sobrevenida puede ser el espacio o sector concreto de la actividad empresarial afectada por el exceso de personal que es, en el caso, la contrata finalizada y renovada con menor encargo de servicios y de ocupación (TSJ C.Valenciana 12-12-17, EDJ 311462).

3) Para determinar si procede o no **responsabilidad solidaria** en una UTE, ha de estarse a las circunstancias concurrentes en cada caso concreto. Así, se ha llegado a la conclusión de que no procede dicha responsabilidad para el grupo (UTE), cuando cada empresa integrante realizaba la parte de actividad que tomaba a su cargo, bajo su exclusiva responsabilidad y riesgo, y los empleados de cada una de ellas trabajaban en dicha parcela al servicio y bajo la dependencia y dirección de sus empresas. Distinto es el supuesto en el que los trabajadores trabajaron en beneficio de la UTE constituida por dos empresas en la actividad común de vigilancia de los locales e instalaciones, de donde es perfectamente aplicable la solidaridad (TSJ Sevilla 23-11-17, EDJ 277254). La responsabilidad solidaria que frente a terceros se establece para todas las empresas integrantes de la UTE no puede predicarse de todos los actos y contratos realizados por las empresas miembros, sino de los concertados por el gerente en beneficio común, y haciéndose constar su condición de tal (TSJ Galicia 23-10-17, EDJ 259750; AP Lleida 24-1-00, EDJ 1306).

4) En el caso de dos UTE que, con independencia de su nombre, están formadas por las mismas empresas, es intranscendente que la **demanda de despido** vaya dirigida erróneamente contra una de ellas (TSJ Málaga 4-10-17, EDJ 322009).

5) En un caso de diferencias por infracotización en la **cuantía de la pensión de incapacidad** permanente derivada de accidente de trabajo, se declara la responsabilidad solidaria de las tres empresas titulares de la cadena de subcontrataciones de la obra en que tuvo lugar el accidente, entre ellas la UTE que actúa como empresa principal (TSJ Valladolid 27-9-17, EDJ 205839).

6) Se declara la cesión ilegal entre el Servicio Andaluz de Salud y una UTE adjudicataria, así como la sucesión de contratas (sucesión de plantilla) de dos UTE, con responsabilidad solidaria de todas ellas en las consecuencias derivadas de la **nulidad del despido** (TSJ Granada 29-6-17, EDJ 190720).

7) No es obstáculo para que exista la responsabilidad el hecho de que entre los empresarios de la UTE hayan pactado privadamente separar por unidades el proyecto, haciendo cada empresario una parte (AP Asturias 23-10-03, EDJ 266217). En el sector de la atención socio sanitaria, se deriva la responsabilidad a los administradores sociales de cada una de las tres empresas integrantes de la UTE, sin que tengan derecho de acceso al otro expediente de derivación de responsabilidad por sucesión de empresas a la UTE sucesora (TSJ Galicia cont-adm 20-4-16, EDJ 64684).

8) Se condena a la UTE al **recargo de prestaciones** de Seguridad Social por el accidente laboral sufrido por el trabajador al existir un nexo de causalidad entre la grave deficiencia de la coordinación, así como la información errónea que el encargado de trabajos de la UTE proporcionó al trabajador accidentado y el accidente laboral (TSJ Aragón 3-7-13, EDJ 133850) y se dirige el procedimiento recaudatorio contra las empresas integrantes de la UTE (TSJ Madrid 9-12-21, EDJ 880541).

Posición procesal de las UTE (LRJS art.16.5; LEC art.543) Por las entidades sin personalidad a las que la ley reconozca capacidad para ser parte han de comparecer quienes legalmente las representen en juicio. De este modo, hay que entender que, aunque la UTE **carece** de **personalidad jurídica**, tiene reconocida expresamente la capacidad para ser parte en el proceso. 896
En este contexto, es posible que los trabajadores **demanden únicamente a la UTE**. La jurisprudencia admite esta posibilidad al entender que es la UTE, y no sus miembros, quien asume la condición de empresario y, en consecuencia, aprecia la falta de legitimación de las empresas asociadas demandadas por el trabajador junto con la propia UTE (TS 12-2-90, EDJ 1401).
No es obligado demandar a las **empresas que forman parte** de la UTE demandada, sino a esta, en tanto el empresario es la agrupación temporal y no cada una de las empresas que se agrupan, siendo ejemplo típico de la comunidad de bienes mencionada en el ET art.1.2 (TS 29-9-89, EDJ 8550; TSJ Sevilla 10-3-10, EDJ 76855). En consecuencia, si la demanda se dirige contra una agrupación temporal de empresas constituida legalmente para realizar una obra, la legitimación corresponde a dicha agrupación temporal, pues en virtud de la misma surge una **nueva empresa autónoma**, que actúa bajo una unidad de dirección y bajo una denominación distinta de la de las empresas agrupadas aunque las identifique. Es cierto que la UTE no viene a constituir una persona jurídica nueva y, por tanto, corresponde su **titularidad a las empresas integradas**, que responden frente a terceros solidariamente. De este modo, al demandarse a la Agrupación se está demandando a las personas jurídicas que la integran como titulares de la empresa que constituyen, sin ser correcto demandarlas además separadamente como titulares de una relación laboral desvinculada de la agrupación (TSJ Sevilla 23-11-17, EDJ 277254; TSJ Aragón 6-11-12, EDJ 339833). La normativa reguladora de estas agrupaciones establece la existencia de un **gerente único** con poderes suficientes de todos y cada uno de sus miembros para ejercitar los derechos y contraer las obligaciones correspondientes. En este sentido, las actuaciones de la UTE se realizan precisamente a través de dicho gerente, nombrado al efecto, haciéndolo constar así en cuantos actos y contratos suscriba en nombre de la UTE. En suma, la ley atribuye al gerente facultades para ejercitar los derechos y contraer las obligaciones correspondientes en nombre de la UTE, con lo que dota a esta de capacidad procesal para la defensa de sus derechos (TS cont-adm 26-3-99, EDJ 4900).

4. Sociedad irregular

El empresario persona jurídica adquiere la **capacidad para contratar** cuando queda válidamente constituida la personalidad con arreglo a la ley (CC art.35 y s.). A continuación se analiza el sistema **de atribución de la personalidad jurídica** (nº 907), definiéndose lo que es una **sociedad irregular** (nº 909) y la posibilidad de que sea parte en un contrato de trabajo (nº 911). 905

Personalidad jurídica (CC art.1669; CCom art.116 y 119) La personalidad jurídica de las sociedades -tanto civiles como mercantiles- no se obtiene con la publicidad registral, sino con su estructuración como sociedades externas (CC art.1669.2), entendiendo por tales las que se organizan contractualmente para tener relaciones externas. En este nuevo contexto, no obstante, la **falta de inscripción** provoca dos importantes consecuencias en las sociedades mercantiles: 907

1. La inoponibilidad de los pactos sociales que alteren el Derecho dispositivo (CCom art.21.1).
2. La responsabilidad directa y solidaria de los administradores con la sociedad (CCom art.120).

Además, en las **sociedades de estructura corporativa** la inscripción se considera requisito necesario para adquirir la personalidad jurídica especial propia de estos tipos societarios. En efecto, considerando que la personalidad jurídica corporativa provoca la responsabilidad limitada de los socios, es razonable que para adquirirla se exija la publicidad legal de la sociedad, que garantiza el control sobre el cumplimiento de las normas relativas al capital social. La **sociedad anónima** y la sociedad **de responsabilidad limitada** siempre son sociedades inscritas, por lo que, sin la inscripción, no pueden darse estos tipos societarios. Ahora bien, esto no significa que la **sociedad proyectada, o no inscrita**, no tenga validez ni personalidad, pues semejante interpretación perjudicaría a terceros. Si la sociedad opera en el tráfico, se convierte, forzosamente, en una sociedad colectiva irregular o en una sociedad civil, según sea su objeto (RDLeg 1/2010 art.39 y 40). En definitiva, la sociedad de capitales no inscrita tiene personalidad jurídica; pero esta personalidad es la básica del CC art.38.1, propia de los tipos personalistas (cuya adquisición no depende de la inscripción) y no la especial de los tipos corporativos (que sólo se adquiere con la publicidad legal).

909 **Concepto de sociedad irregular** Son sociedades irregulares, las civiles o mercantiles que **carecen de personalidad jurídica** por faltar algún **requisito formal** para su constitución, ya sea la escritura pública, o la inscripción registral. En tal caso las reglas que juegan son las de las comunidades de bienes (nº 825), por la que los socios responden solidariamente frente a los terceros que conociendo la existencia de la sociedad contraten con ella (CC art.1669; TS civil 6-7-00, EDJ 15624; TSJ Galicia 21-6-02, EDJ 129992).

El legislador **distingue** entre sociedades en formación y sociedades irregulares cuando se trata de sociedades mercantiles:

1. Las sociedades **en formación** son aquellas sociedades mercantiles que ya han otorgado escritura pero no la han inscrito en el Registro mercantil (RDLeg 1/2010 art.36, 37 y 38).

2. Las sociedades **irregulares** son aquellas en las que se verifica la voluntad de no inscribir la sociedad, lo que se presume cuando transcurre un año desde el otorgamiento de la escritura sin haber solicitado la inscripción (RDLeg 1/2010 art.39.1).

Mientras que a las sociedades **irregulares** se les aplican las normas de la sociedad colectiva o, en su caso, las de la sociedad civil si hubiera iniciado o continuado la actividad y hasta que se inscriba la sociedad (RDLeg 1/2010 art.39), para las sociedades mercantiles **en formación** se contemplan reglas específicas contenidas en la RDLeg 1/2010 art.36, 37 y 38.

De este modo, respecto de las operaciones sociales realizadas **hasta su inscripción** por los representantes de la sociedad que carezcan de suficiente habilitación legal o voluntaria, la sociedad debe **ratificarse en el plazo** de los tres meses siguientes a la inscripción registral y consiguiente adquisición de personalidad jurídica. Sin embargo, respecto de los actos o contratos imprescindibles para la inscripción de la sociedad, así como los celebrados por los administradores dentro de las facultades conferidas por la escritura para esta fase previa o estipulados por mandato específico para este fin, **responde la sociedad** en formación con el patrimonio que tuviere, **sin necesidad de una posterior ratificación** por parte de la sociedad que, una vez inscrita, resulta plenamente obligada y ha de responder frente a los terceros con quienes se haya contratado con el patrimonio formado por las aportaciones de los socios (RDLeg 1/2010 art.38).

911 **Sociedad irregular como empleadora** La doctrina judicial del orden social considera que la sociedad irregular **no** puede asumir la **posición empresarial** en el contrato de trabajo, aplicando en ambos casos el régimen propio de la comunidad de bienes (nº 825 s.) propio de los entes sin personalidad jurídica. En concreto se señala que:

1. Las **sociedades mercantiles no inscritas** carecen de personalidad jurídica y deben considerarse comunidades de bienes, sometiéndolas, por tanto, al mismo régimen (TSJ Castilla-La Mancha 20-6-03, EDJ 178688; TSJ Galicia 23-9-03, EDJ 200900; TSJ Cataluña 6-11-03, EDJ 169051; TSJ Las Palmas 30-4-02, EDJ 61601; TSJ Extremadura 19-3-03, EDJ 64413). Especialmente **relevante** es la sentencia que extiende la responsabilidad laboral por despido a los administradores de la **sociedad mercantil no inscrita**, habida cuenta de que la decisión de despedir a la trabajadora fue tomada por ellos, en aplicación de lo previsto en la RDLeg 1/2010 art.36 (TSJ Cataluña 25-2-15, EDJ 51034).

2. A las **sociedades civiles** se les suele negar la personalidad jurídica, siendo calificadas en la mayoría de las sentencias como sociedades civiles irregulares. La calificación como irregular de estas sociedades se produce de forma automática, sin fundarse en un criterio preestablecido. Una vez **calificada la sociedad civil como irregular**, se le aplica el régimen de la comunidad de bienes y se establece la responsabilidad directa y solidaria de los socios frente a terceros (TSJ Las Palmas 30-4-02, EDJ 61601; TSJ La Rioja 19-10-12, EDJ 283839; TSJ Cataluña 8-10-15, EDJ 216909; TSJ Cantabria 4-3-16, EDJ 41246; TSJ Castilla-La Mancha 2-11-17, EDJ 257993).

Sin embargo, ambas **conclusiones** de la doctrina judicial son **cuestionables** pues la sociedad irregular, como sociedad personificada, puede asumir la posición empresarial frente a los trabajadores, esto es, puede ser empresario en el contrato de trabajo. Se puede afirmar que esta doctrina judicial es incorrecta, máxime considerando que las sociedades civiles no se inscriben en el Registro Mercantil y, por lo tanto, no pueden ser irregulares. Además, esta sociedad, cuando es externa, tiene personalidad jurídica, como dispone el CC art.1669. No se trata, pues, de una comunidad de bienes, sino de un ente personificado que puede asumir la condición de empresario.

D. Posición jurídica en el contrato de trabajo

La posición jurídica del empresario en el contrato de trabajo se caracteriza por tener dos **vertientes**: 920
- un lado activo, en el que resalta una situación de **poder** o supremacía dentro de la relación laboral, que se concreta en la concesión por parte de la ley al empresario de unos poderes específicos frente al trabajador (nº 925 s.);
- un lado pasivo, en el que, junto a las obligaciones contractuales típicas, se produce un reforzamiento de las **responsabilidades** en contrapartida a esa situación de poder (nº 1060 s.).

1. Poder de dirección

La relación laboral no es una relación de equilibrio entre las partes. La ley otorga al empresa- 925
rio un **poder de dirección** sobre el trabajador, pues el trabajador presta sus servicios dentro del ámbito de organización y dirección del empresario con sometimiento a su **círculo rector y disciplinario** (TS 25-5-93, EDJ 4952; 20-10-98, EDJ 28340). En consecuencia, se reconocen al empresario facultades unilaterales para fijar las condiciones de cumplimiento de la obligación de trabajar y de modificar, unilateralmente también, las condiciones pactadas en la ejecución del contrato.

Esta **posición jurídica de supremacía** desarrolla la noción de subordinación o de dependencia (nº 160) que caracteriza a la prestación de trabajo por cuenta ajena y reposa en la capacidad del empresario de dirigir y organizar el trabajo que emplea en el proceso de producción de bienes y de servicios para su realización en el mercado.

El **poder de dirección del empresario** es un poder *ex lege*, aunque es el contrato de trabajo el que lo hace surgir y el que lo modula. Este poder puede ejercerlo el propio empresario personalmente o a través de otras personas, como sucede necesariamente cuando el empresario es una persona jurídica.

El poder de dirección del empresario comprende la facultad de dictar **instrucciones generales** sobre la prestación laboral dentro de la empresa (horarios, calendario laboral, turnos, medidas de seguridad, etc.) y dar **órdenes particulares** a cada trabajador o grupo de trabajadores sobre el contenido de su trabajo (nº 930). Para que estas órdenes se cumplan de forma efectiva, el empresario ostenta un poder de **vigilancia y control** (nº 935 s.) y un **poder disciplinario** (nº 960). Este último permite al empresario imponer sanciones al trabajador incumplidor, pudiendo, incluso, extinguir la relación laboral mediante despido disciplinario (ET art.54).

Precisiones En el desarrollo de la relación de trabajo son **deberes laborales básicos** del trabajador:
- cumplir las **obligaciones concretas** de su puesto de trabajo, de conformidad a las reglas de la buena fe y diligencia (ET art.5.a);
- cumplir las **órdenes e instrucciones** del empresario en el ejercicio regular de sus facultades directivas (ET art.5.c);
- realizar el trabajo convenido bajo la dirección del empresario o persona en quien este delegue (ET art.20.1).

El trabajador debe al empresario la **diligencia y la colaboración en el trabajo** que marquen las disposiciones legales, los convenios colectivos y las órdenes o instrucciones adoptadas por aquel en el ejercicio regular de sus facultades de dirección y, en su defecto, por los usos y costumbres. En cualquier caso, el trabajador y el empresario se someten en sus prestaciones recíprocas a las **exigencias de la buena fe** (ET art.20.2).

El empresario puede adoptar las medidas que estime más oportunas de **vigilancia y control** para verificar el cumplimiento por el trabajador de sus obligaciones y deberes laborales, guardando en su adopción y aplicación la consideración debida a su dignidad humana (ET art.20.3).

Ver resumiendo toda la doctrina expuesta (TS 19-7-10, EDJ 196305).

a. Potestad de dictar órdenes e instrucciones

(ET art.5.c y 20.2)

El trabajador está sometido al poder de dirección del empresario debiendo cumplir las órde- 930
nes e instrucciones que este emita. Pero esta obligación está supeditada legalmente a que las órdenes estén emitidas en el **ejercicio regular de las facultades** de dirección del empleador. La dificultad está en determinar cuándo una orden empresarial ha sido ejercida en el regular ejercicio de su poder de dirección. Por ello, la regla general para el trabajador es la de «**solve et repete**» es decir la obediencia y posterior reclamación por parte del trabajador a la orden o instrucción que, en su opinión, no ha sido ejercida dentro de las facultades regulares de dirección del empleador (TSJ C.Valenciana 1-4-14, EDJ 106950; TSJ Galicia 9-10-12, EDJ 246044; 19-1-15, EDJ 3925). Este principio parte de la presunción de la regularidad de las órdenes

930 (sigue) empresariales, de manera que el trabajador debe obedecerlas en todo caso, subordinando su apreciación subjetiva a la necesaria dependencia de la jerarquía empresarial, denunciando posteriormente, si lo estima oportuno, las eventuales irregularidades de la orden empresarial (TS 26-2-85, EDJ 1250; TSJ C.Valenciana 22-3-01, EDJ 103256; TSJ Cataluña 8-2-08, EDJ 42011).

Pero ello no impide reconocer al trabajador un **derecho de resistencia** o ius resistentiae, es decir la posibilidad de incumplir la orden. Constante jurisprudencia viene señalando que para poder aceptarse el ius resistentiae del trabajador es necesario que la orden recibida sea manifiestamente ilegal, atente a su dignidad, sea abusiva en extremo o bien ponga en peligro la seguridad e integridad física del trabajador, rigiendo en caso contrario el principio solve et repete (TS 26-4-85, EDJ 1250; TSJ Madrid 28-2-14, EDJ 40145; TSJ Castilla-La Mancha 15-7-24, EDJ 665921). Así, los principales fundamentos de derecho de resistencia del trabajador frente a una orden empresarial son:

1. La **seguridad y salud** en el trabajo. Los ejemplos en relación con el derecho de resistencia se han dado sobre todo en esta materia, reconociéndose expresamente el derecho del trabajador de interrumpir su actividad y abandonar el lugar de trabajo cuando considere que dicha actividad entraña un riesgo grave e inminente para su vida o su salud (LPRL art.21.2). En este contexto se admite la negativa a realizar un trabajo cuando es claramente susceptible de comportar un riesgo inminente en la salud e integridad física del trabajador, por ejemplo, porque ya había habido un accidente previo con fallecimiento (TSJ C.Valenciana 26-2-92, Rec 949/91). Sin embargo, no cabe la negativa si sólo hay una sospecha razonable del riesgo ya que lo que no caben son apreciaciones subjetivas sino sólo dudas basadas en circunstancias objetivas manifiestas (TSJ Madrid 19-2-98, EDJ 5295). En este sentido, resulta especialmente relevante la sentencia que declara la nulidad del despido del miembro del servicio de prevención de riesgos laborales de la empresa, ya que el despido trae causa en el desempeño de obligaciones inherentes a su cargo como es la negativa a la realización de tareas que consideraba que conllevaban un riesgo serio en la salud de los trabajadores (TSJ Valladolid 25-2-15, EDJ 14792).

2. Los **derechos fundamentales** del trabajador. Así, se ha declarado la nulidad del despido de una trabajadora por no acudir maquillada a su puesto de trabajo y negarse a ello, ya que dicha obligación se sitúa claramente al margen de la necesidad de guardar una apariencia conforme a los usos sociales e incide directamente en el derecho fundamental a la propia imagen (TSJ Madrid 3-6-15, EDJ 118463).

También se ha admitido el derecho de resistencia cuando la orden vulnera otros intereses del trabajador, como la protección del **prestigio profesional** (TSJ Castilla-La Mancha 12-5-93, Rec 385/93).

3. La **ilegalidad de la orden** empresarial como puede ser: exigir al trabajador la realización de trabajos fuera de su jornada de trabajo (TS 6-2-86, EDJ 1072; TSJ Madrid 27-3-06, EDJ 67930); obligar a realizar horas extraordinarias, dado que son de realización voluntaria, salvo que se trate de supuestos de fuerza mayor (TS 8-5-86, EDJ 3057; TSJ Las Palmas 8-5-17, EDJ 183100) o exigir al trabajador que continúe trabajando en el período de vacaciones que se había pactado previamente.

En el ámbito de la **movilidad internacional** forzosa ver nº 2608.

De este modo, no toda desobediencia es sancionable. Solamente se produce un incumplimiento contractual cuando la desobediencia es injustificada y revela una voluntad clara cierta y firme de incumplir los deberes a que el trabajador viene obligado en razón del contrato de trabajo.

En todo caso, la causa de desobediencia que justifique la **sanción de despido** debe alcanzar cotas de gravedad y culpabilidad suficientes en virtud de la teoría gradualista. De este modo, se ha considerado que falta la premisa básica y fundamental para sancionar con despido disciplinario cuando no constan como hechos probados las imputaciones empresariales alegadas para el despido (TSJ Castilla-La Mancha 22-10-09, EDJ 265932) o cuando los hechos alegados no constituyen una falta lo suficientemente grave para motivar esta sanción (TSJ Asturias 7-2-14, EDJ 20280; 20-2-18, EDJ 35301).

Precisiones El poder de dirección se manifiesta también en la **posibilidad de adaptar la prestación** de trabajo a las nuevas necesidades de la empresa. Es lo que se conoce como *ius variandi*. El empresario puede directamente introducir modificaciones en la forma en que se presta el trabajo. Es el caso de la movilidad funcional (ET art.39.1), los traslados que no exigen cambio de residencia, los desplazamientos y, en general, las modificaciones no sustanciales de las condiciones de trabajo. El empresario puede, además, imponer **cambios sustanciales** en la prestación laboral, aunque, en este caso, el *ius variandi* está condicionado al cumplimiento de determinados requisitos y procedimientos. Así sucede con los traslados que requieren cambio de residencia (ET art.40 redacc LO 2/2024) y, en general, con cualquier modificación sustancial de las condiciones de trabajo (ET art.41).

Sobre las **garantías de inamovilidad** geográfica que pueden fijarse en el contrato laboral (ver nº 9425 s.) respecto del contrato de trabajo internacional ver (nº 2285 s.).

Más ampliamente sobre la **modificación de condiciones de trabajo**, sustanciales o no, ver nº 9100 s.

b. Poder de vigilancia y control

(ET art.20.3)

Se reconoce la facultad empresarial de adoptar las medidas que considere más oportunas de vigilancia y control para **verificar el cumplimiento** por el trabajador de sus obligaciones y deberes laborales, guardando en su adopción y aplicación la consideración debida a la dignidad humana. El **problema** que plantea este precepto es determinar cuándo los mecanismos empleados por el empresario para controlar el cumplimiento de los deberes laborales por los trabajadores implican una vulneración del derecho a la intimidad y, por ello, un ejercicio ilegítimo de la facultad de vigilancia. **935**

Para resolver los problemas de **ponderación de derechos**, debe tenerse en cuenta que la celebración de un contrato de trabajo no implica, en modo alguno, la privación para el trabajador de los derechos que la Constitución le reconoce como ciudadano y cuya protección queda garantizada frente a eventuales lesiones mediante el recurso a los oportunos medios de reparación, que en el ámbito de las relaciones laborales se instrumenta a través del proceso laboral. La libertad de empresa (Const art.38) no legitima que quienes prestan servicios en aquellas por cuenta y bajo la dependencia de sus titulares deban soportar limitaciones injustificadas de sus derechos fundamentales y libertades públicas (doctrina reiterada, entre otras muchas, en TCo 88/1985; 6/1988; 129/1989; 126/1990; 99/1994; 98/2000; 186/2000; 125/2007).

No obstante, la proyección de los **derechos fundamentales del trabajador** dentro de la empresa juega de modo matizado o modulado en la medida estrictamente imprescindible para el correcto y ordenado desenvolvimiento de la actividad productiva, reflejo, a su vez, del derecho a la libertad de empresa consagrado en la Constitución. Como en todo caso de colisión de derechos fundamentales o bienes constitucionalmente protegidos, deben apreciarse los intereses en presencia mediante una adecuada ponderación de las circunstancias concurrentes (TCo 99/1994; 6/1995; 98/2000; 186/2000). De esta doctrina del Tribunal Constitucional se derivan las siguientes **conclusiones** (TS 8-3-11, EDJ 19877):

1. Los derechos fundamentales del trabajador deben adaptarse a los requerimientos de la organización productiva en que se integra.

2. También las facultades empresariales se encuentran limitadas por los derechos fundamentales del trabajador, que son prevalentes y constituyen un límite infranqueable no solo a sus facultades sancionadoras, sino también a las facultades de organización y de gestión del empresario, causales y discrecionales.

3. Cuando se prueba indiciariamente que una decisión empresarial puede enmascarar una lesión de derechos fundamentales incumbe al empresario acreditar que su decisión obedece a motivos razonables y ajenos a todo propósito atentatorio del derecho de que se trate. Es preciso garantizar en tales supuestos que los derechos fundamentales del trabajador no son desconocidos por el empresario bajo la cobertura formal del ejercicio por parte de este de los derechos y facultades reconocidos por las normas laborales.

Así pues, el **control empresarial** sobre la actividad del trabajador debe ser, como **regla general**:

1. Estrictamente **laboral**, sin que pueda afectar a facetas ajenas a la actividad laboral, en lugares de trabajo no protegidos por el derecho a la intimidad (como por ejemplo, los servicios, salas de descanso, taquillas, etc).

2. Debe respetar el **principio de proporcionalidad** es decir, es necesario constatar si la medida cumple los tres requisitos o condiciones siguientes (TCo 213/2002; 151/2004):

- juicio de idoneidad: si es susceptible de conseguir el objetivo propuesto;
- juicio de necesidad: si es necesaria, en el sentido de que no exista otra medida más moderada para la consecución de tal propósito con igual eficacia;
- juicio de proporcionalidad: si es ponderada o equilibrada, por derivarse de ella más beneficios o ventajas para el interés general que perjuicios sobre otros bienes o valores en conflicto.

Cuando se implante o se revise un mecanismo de control del trabajo, se debe **informar a los representantes de los trabajadores** informándoles de las características del mecanismo de control, de su utilización y conservación de los datos extraídos (ET art.64.5.f).

Precisiones **1)** Puede establecerse unilateralmente un **código ético** con restricciones a la actividad profesional o personal que los trabajadores lleven a cabo fuera de la empresa, pero estas limitaciones, en todo caso, deben pasar el juicio de proporcionalidad para asegurar que no vulneran derechos fundamentales como la intimidad personal y familiar, la información y la libertad de expresión (AN 6-3-18, EDJ 17536).

2) No es lícita la colocación de cámaras de vigilancia en el lugar que los trabajadores utilizan para cambiarse de ropa, aunque no sea propiamente un **vestuario** sino una zona de trabajo (TSJ Cataluña 29-6-23, EDJ 669362).

937 **Límites al poder de vigilancia y control** Los mecanismos de control de la actividad laboral pueden ser variados y en función de que se cumplan los requisitos de **proporcionalidad** constitucional (nº 935) se consideran conforme a derecho o ilegítimos.

En algunos supuestos, además, el propio legislador ha optado por ponderar los derechos y existe una previsión específica para determinados controles empresariales que la jurisprudencia ha desarrollado en relación con los siguientes supuestos:

- registro de taquillas y efectos personales (nº 939);
- grabación de conversaciones (nº 941);
- control de medios informáticos (nº 943);
- videovigilancia (nº 945);
- sistemas de geolocalización (nº 947);
- control mediante detectives privados (nº 949);
- control del estado de salud del trabajador (nº 951).

939 **Registro de taquillas y efectos personales** (ET art.18) Se establecen límites al registro sobre la persona del trabajador, así como en sus taquillas y efectos particulares exigiéndose que concurran los siguientes **requisitos:**

1. En su realización se debe respetar al máximo la dignidad e intimidad del trabajador.

2. Justificación: exclusivamente se pueden realizar cuando sean necesarios para la protección del patrimonio empresarial y el de los demás trabajadores de la empresa.

3. Solo se pueden realizar dentro del centro de trabajo y en horas de trabajo. Con ello se pretende que el trabajador esté presente cuando se realice el registro y se respete su derecho de defensa (TSJ Madrid 26-1-16, EDJ 19601).

4. Se debe contar con la asistencia de un representante legal de los trabajadores o, en su ausencia, de otro trabajador de la empresa, siempre que ello fuera posible (TSJ Madrid 26-1-16, EDJ 19601). También se ha admitido el registro, aunque no se encuentren presentes los representantes de los trabajadores, si se hace en presencia de todo el personal que prestaba servicios y que eran también objeto de la misma medida (TSJ Asturias 4-6-10, EDJ 143331).

La aplicación de tales exigencias se ha extendido al registro de **otros ámbitos** como son los vehículos privados (TS 11-6-90, EDJ 6200), los bolsos (TSJ Asturias 4-6-10, EDJ 143331; TSJ Cataluña 4-12-17, EDJ 326862) o los cajones del despacho (TSJ Madrid 16-5-24, EDJ 602535), etc.

Por el contrario, las garantías mencionadas no son extrapolables al **registro de ordenadores** (TS 26-9-07, EDJ 166164; 8-3-11, EDJ 19877; TSJ Galicia 15-6-15, EDJ 117567; TSJ Cataluña 7-11-14, EDJ 235555).

Precisiones **1)** Se ha considerado que no pierde validez el registro efectuado unos minutos **después de** la hora a la que debería **finalizar la jornada**, pues, en todo caso, se estaría realizando en un exceso de jornada, también computable como tiempo de trabajo, en un caso en que, atendiendo a los hechos que se pretendían acreditar, el registro solo podía hacerse en el mismo momento en que finalizaba la jornada y cuando los trabajadores salían del establecimiento (TSJ Asturias 4-6-10, EDJ 143331).

2) Las garantías previstas para el registro de taquillas atañe al registro de la persona del trabajador, taquillas o efectos personales, pero no al **vehículo propiedad de la empresa** que es utilizado de forma habitual por el trabajador (TSJ Baleares 9-5-16, EDJ 113682).

3) La **revisión de los bolsos** de las trabajadoras que se realiza diariamente en algunos centros comerciales atenta contra su intimidad cuando el control, excediendo los límites legales, no resulte necesario para proteger el patrimonio empresarial (TSJ Asturias 18-4-08, EDJ 110095; TSJ Baleares 22-11-17, EDJ 278086). Más aún cuando el registro se realiza a la salida del lugar donde trabaja, es decir, en un lugar de tránsito y no en el mismo centro de trabajo (TSJ Baleares 8-11-17, EDJ 259622) o cuando se realiza diariamente en una zona videovigilada sin que se conozca quien tiene acceso a las imágenes grabadas, ni si hay un protocolo para este visionado, cuál es la finalidad, etc. (AN 30-11-21, EDJ 759535).

941 **Grabación de conversaciones** El derecho al **secreto de las comunicaciones** consagra la prohibición de interceptación o del conocimiento antijurídico de las comunicaciones ajenas (Const art.18.3) garantizando la impenetrabilidad por terceros de conversaciones ajenas (TSJ Sevilla 8-7-20, EDJ 685626). Esto implica que no vulnera este derecho la grabación de conversaciones -incluidas las electrónicas- en las que interviene el sujeto interesado, pero sí la grabación de conversaciones ajenas, salvo autorización judicial (TCo 123/2002; 281/2006; TSJ Sta. Cruz de Tenerife 3-2-17, EDJ 171734; TSJ Sevilla 23-11-16, EDJ 282231; 16-1-14, EDJ 24385; TSJ Castilla-La Mancha 27-12-13, EDJ 269129).

Cuestión distinta es el derecho a la **intimidad personal** (Const art.18.1). Este se configura como un derecho fundamental que implica la existencia de un ámbito propio y reservado frente a la acción y el conocimiento de los demás, necesario, según las pautas de nuestra cultura,

para mantener una calidad mínima de la vida humana (TCo 231/1988; 197/1991; 57/1994; 143/1994; 207/1996; 170/1997; 202/1999). Por ello puede darse la situación de que una grabación no vulnere el derecho al secreto a las comunicaciones, por intervenir quien realiza la grabación, pero sí el derecho a la intimidad personal cuando la conversación grabada afecta a la esfera íntima del interlocutor (TS 15-2-84, EDJ 994; 10-3-90, EDJ 2698; TSJ Galicia 29-4-04, EDJ 100195; TSJ Cataluña 24-1-06, EDJ 12548). En cualquier caso, se prohibe la instalación de sistemas de grabación de sonidos en lugares destinados al descanso o esparcimiento de los trabajadores, tales como vestuarios, aseos, comedores y análogos (LOPD art.89.2). Sin embargo, se admite la utilización de sistemas de grabación de sonidos en el lugar de trabajo cuando resulten relevantes los riesgos para la seguridad de las instalaciones, bienes y personas derivados de la actividad que se desarrolle en el centro de trabajo y siempre respetando el principio de proporcionalidad y el de intervención mínima.
Respecto de la licitud del **tratamiento de datos** obtenidos por estos medios ver nº 8890.

Precisiones 1) No vulnera el **derecho a la intimidad**, sino que es adecuada y razonable a la finalidad de verificar la buena realización del servicio, la práctica empresarial consistente en grabar conversaciones de los trabajadores con los clientes cuando aquellos conocen que el teléfono de trabajo puede ser intervenido por la empresa; disponen de otro teléfono para sus conversaciones particulares y la empresa solo controla, de forma aleatoria en un 0,5%, las llamadas recibidas por el trabajador y no las que hace (TS 5-12-03, EDJ 196140).
2) Tampoco vulnera el derecho a la **protección de datos** utilizar la grabación de conversaciones telefónicas con los clientes para acreditar incumplimientos del trabajador, aunque exista un compromiso entre empresa y representantes de los trabajadores para no utilizarlas en ningún caso como mecanismo disciplinario, puesto que el trabajador conocía que las conversaciones eran grabadas y fue su persistencia en el incumplimiento de las indicaciones empresariales lo que determinó el ejercicio de acciones disciplinarias y su despido (TCo 160/2021).

Control de medios informáticos (ET art.20.3; LOPD art.87) Los elementos que definen las garantías y los límites al registro de taquillas y efectos personales (nº 939) no son aplicables al control de los medios informáticos (TS 26-9-07, EDJ 166164). Las medidas de control sobre los medios informáticos puestos a disposición de los trabajadores se encuentran, en principio, dentro del ámbito normal del poder de dirección del empresario, ya que el ordenador es un instrumento de producción del que es titular el empresario y, por tanto, tiene facultades de control de su utilización, incluido su examen. **943**
Pero el uso por el trabajador de los medios informáticos facilitados por la empresa puede producir conflictos que afectan a la **intimidad** de los trabajadores, tanto en el correo electrónico como en la navegación por Internet y en el acceso a determinados archivos personales del ordenador. Estos conflictos surgen porque existe una utilización personalizada y no meramente laboral o profesional del medio facilitado por la empresa.
Por ello, y de acuerdo con las exigencias de buena fe, la empresa debe establecer previamente las **reglas de uso** de los medios informáticos -con aplicación de prohibiciones absolutas o parciales- e informar a los trabajadores de que va existir un control y de los medios que se van a emplear para comprobar la corrección de los usos, así como de las medidas que han de adoptarse en su caso para garantizar la efectiva utilización laboral del medio cuando sea preciso, sin perjuicio de la posible aplicación de otras medidas de carácter preventivo, como la exclusión de determinadas conexiones (TSJ Madrid 12-2-20, EDJ 568682). De esta manera, si el medio se utiliza para usos privados en contra de estas prohibiciones y con conocimiento de los controles y medidas aplicables, no puede entenderse que, al realizarse el control, se ha vulnerado una expectativa razonable de intimidad para entender lesionado el derecho al respeto de la vida privada (TEDH 25-6-97, asunto Halford; 3-4-07, asunto Copland).
En cualquier caso, las **medidas de control** informático del empresario deben ser justificadas, necesarias y equilibradas, o en caso contrario podrían violar el derecho a la intimidad y el derecho al secreto de las comunicaciones (TCo 170/2013).
Respecto de la licitud del **tratamiento de datos** obtenidos por estos medios ver nº 8860 s.

Precisiones 1) La **garantía de la intimidad** también se extiende a los archivos personales del trabajador que se encuentran en el ordenador. La aplicación de la garantía puede ser más discutible cuando se examinan por el empresario los **archivos temporales**, pues no se trata de comunicaciones ni de archivos personales, sino de copias que se guardan automáticamente en el disco duro de los lugares visitados a través de Internet. Se trata más bien de **rastros o huellas de la «navegación» en Internet** y no de informaciones de carácter personal que se guardan con carácter reservado. Pero hay que entender que estos archivos también entran, en principio, dentro de la protección de la intimidad, sin perjuicio de lo ya dicho sobre las advertencias de la empresa (TEDH 3-4-07, asunto Copland; TSJ Madrid 16-1-08, EDJ 14761). En efecto, esos archivos pueden contener **datos sensibles** en orden a la intimidad, en la medida que pueden incorporar informaciones reveladoras sobre determinados aspectos de la vida privada (ideología, orientación sexual, aficiones personales, etc.). En concreto, el **derecho a la intimidad se extiende** al contenido de los mensajes electrónicos y el cúmulo de información que se almacena por su titular en un ordenador personal -entre otros datos sobre su vida privada y profesional- forma parte del ámbito de la intimidad constitucionalmente protegido, siendo el ordenador un instrumento útil para la emisión o recepción de correos electrónicos, puede quedar afectado el derecho a la intimidad personal -en la medida en que estos correos o e-mail, escritos o ya leídos por su destinatario, quedan almacenados en la memoria del terminal informático utilizado- (TCo 170/2013; 173/2011; TEDH 3-4-07, asunto Copland). Todo ello justifica que vulnere el derecho a la intimidad cuando la auditoría de la empresa se dirige a averiguar la **utilización por parte de todos los empleados** de los ordenadores de la empresa a través de una terminal conectada a un servidor y se hace referencia en la carta de despido no genéricamente a los tiempos y páginas visitadas por el trabajador, sino también al **dominio y contenido de las mismas** (páginas de contenido multimedia -vídeos-; web de piratería informática; webs de anuncios clasificados para particulares; web de acceso a televisión por Internet; acceso a correo personal; web de consulta para temas relacionados con el sexo femenino; etc.).

2) El TEDH ha considerado que no vulnera el derecho al **respeto de la vida privada** la decisión de la empresa de analizar ficheros clasificados en el ordenador profesional del trabajador como «datos personales» cuando las instrucciones de la empresa indican específicamente que las informaciones privadas deben estar claramente identificadas como «privado» (TEDH 22-2-18, asunto Libert).

3) Cuando hay una **prohibición expresa** y válida del uso personal y no hay expectativa razonable de intimidad, es lícito probar la desobediencia a través de la monitorización del ordenador del trabajador. Y más si el control está justificado en la información previa obtenida lícitamente por la empresa sobre el incumplimiento del trabajador y fue proporcionado, no genérico, al realizarse desde el servidor de la empresa, en determinadas fechas y en relación con el incumplimiento del Código de conducta (TS 8-2-18, EDJ 10156). Sin embargo, esta prohibición absoluta podría no ser válida si, por ejemplo, el convenio colectivo reconociese el derecho a un uso personal de esos medios (TS 6-10-11, EDJ 308825).

945 **Videovigilancia** Los trabajadores tienen derecho a la intimidad frente al uso de dispositivos de videovigilancia en los términos establecidos en la legislación vigente en materia de protección de datos personales y garantía de los derechos digitales (ET art.20 bis). Debe, por lo tanto, ponerse en relación el derecho a la intimidad de los trabajadores con la potestad del empleador de tratar las imágenes obtenidas por estos medios para el ejercicio de sus funciones de control (nº 8875 s.).

Para ello, el empleador debe **informar** con carácter previo, y de forma expresa, clara y concisa, a los trabajadores y, en su caso, a sus representantes, acerca de la instalación de sistemas de videovigilancia y de su finalidad de control (TCo 29/2013; TS 13-5-14, EDJ 102959).

Es necesario distinguir dos supuestos:

1. La grabación permanente e indiferenciada de lugares dentro del centro de trabajo con una **finalidad genérica de control y seguridad**. Estas grabaciones generan información a la que debe aplicarse la normativa sobre protección de datos, y solo es válida previa comunicación a los trabajadores y con carácter limitado en cuanto a su objeto (TCo 29/2013; TS 13-5-14, EDJ 102959). Así, se admite la instalación de cámaras de videovigilancia en el interior del centro de trabajo que permite tener un control suficiente del mismo y, en particular, de las entradas y salidas, así como una visión general de los puestos de trabajo, pero no si lo que se produce es un seguimiento exhaustivo de todos o la mayor parte de los movimientos, o incluso gestos, de los trabajadores (TSJ Castilla La Mancha 2-11-23, EDJ 742133).

2. La colocación de cámaras de manera **esporádica** para la comprobación de hechos concretos cuando la empresa alberga sospechas sobre la comisión de irregularidades. La instalación de cámaras es lícita -aunque no se comunique al trabajador (TCo 186/2000; 119/2022), o no se comunique pero se coloquen distintivos informativos en los escaparates (TCo 39/2016)- si supera el **control de proporcionalidad** por ser el medio idóneo, no caber otra medida más moderada pero igual de eficaz y ser una medida equilibrada de la que se derivan más beneficios que perjuicios (TS 7-7-16, EDJ 152179).

Mayores incertidumbres presenta la **utilización para fines disciplinarios** de imágenes grabadas en sistemas instalados con conocimiento de los trabajadores, pero con objeto inicialmente distinto. En algunas ocasiones se ha considerado válida la prueba así obtenida (TS 7-7-16, EDJ 152179; 31-1-17, EDJ 11131; 1-2-17, EDJ 12923; 2-2-17, EDJ 11297). En otras ocasiones, por contra, se ha señalado que son nulas las grabaciones obtenidas por el sistema de videovigilancia instalado en la empresa señalizado únicamente por un cartel informador de la presencia de cámaras, sin informar a los trabajadores de su instalación ni de la finalidad sancionadora con la que pueden ser utilizadas sus imágenes (JS Oviedo 14-7-20, EDJ 672588). No obstante, si los hechos pueden acreditarse por otro medio de prueba como es la testifical, el proceso puede seguir adelante e incluso declarar la procedencia de la sanción (JS Pamplona 18-2-19, EDJ 516858).

En cuanto a la grabación de conductas de los trabajadores utilizando **cámaras ocultas**, no implica una vulneración del derecho al respeto de la vida privada y familiar cuando existen sospechas fundadas de comisión de irregularidades con perjuicio importante para la empresa y la medida es proporcionada en atención a sus circunstancias (TEDH 17-10-19, asunto López Ribalda y otros). En este sentido, la **sustracción de bienes** de la empresa, por pequeña que sea, es una conducta muy grave que justifica la utilización de tales cámaras ocultas, de forma temporal, para descubrir al autor (TSJ Madrid 3-11-23, EDJ 748105).

Precisiones 1) Si el sistema de videovigilancia capta la comisión flagrante de un **acto ilícito** de los trabajadores, el deber de información se entiende cumplido si existe al menos un dispositivo informativo en lugar suficientemente visible identificando, al menos, la existencia del tratamiento, la identidad del responsable y la posibilidad de ejercitar los derechos de acceso, rectificación, cancelación y oposición (Rgto (UE) 2016/679 art.15 a 22; TCo 39/2016). También puede incluirse en el dispositivo informativo un código de conexión o dirección de internet a esta información (LOPD art.22.4).

2) Cuando en la obtención de la **prueba de los incumplimientos** imputados por la empresa se produce una vulneración del derecho fundamental a la intimidad, la prueba es nula y no puede ser tomada en consideración (TSJ Madrid 11-9-20, EDJ 687143).

3) Los **videos obtenidos por un trabajador con su teléfono móvil particular** que muestran los incumplimientos de otro compañero y que son puestos por aquel a disposición de la empresa, no pueden ser utilizados para sancionar al trabajador que incumple, ya que esto implica un tratamiento de datos ilícito por parte de la empresa que resulta sancionada por la AEPD con una multa de 12.000 € (AEPD Resol R/00411/2019).

Sistemas de geolocalización Se ha planteado el problema de la conformidad a derecho de la instalación de sistemas de geolocalización (GPS) en los vehículos de trabajo de los empleados para comprobar su correcto uso para el desempeño de la actividad laboral. En estos casos, como en todos los que están en juego derechos fundamentales, el elemento determinante será una correcta ponderación del derecho a la intimidad del trabajador y del derecho al tratamiento de datos del empresario. Con carácter general, se permite el tratamiento de los datos obtenidos a través de este sistema por parte del empleador para el ejercicio de sus facultades de control siempre que cumpla los requisitos de implantación exigidos y de información al trabajador (nº 8909 s.). El defecto de estos requisitos pueden hacerlo desproporcionado en relación a los derechos fundamentales de los trabajadores (TS 8-2-21, EDJ 505587). **947**

Se ha considerado que **no se vulnera el derecho a la intimidad:**

1. Cuando no han sido los datos del GPS los tenidos en cuenta por el juez de instancia para determinar la procedencia del despido (TSJ País Vasco 2-7-07, EDJ 229409).

2. Cuando se declara el despido procedente de un trabajador por falsear partes de trabajo acreditados por el GPS instalado en el vehículo de la empresa que conducía exclusivamente el trabajador, sin que estuviera autorizado para hacer un uso privado del mismo, por considerar que era una medida proporcionada al fin perseguido (TSJ Cataluña 5-3-12, EDJ 80659).

3. Cuando se obtienen datos sobre la ubicación del vehículo de empresa durante los períodos de descanso y de baja por IT del trabajador cuando consta acreditado que su uso estaba permitido exclusivamente para la realización de sus obligaciones laborales y que el trabajador había sido informado de que el vehículo estaba localizable a través del receptor GPS (TS 15-9-20, EDJ 665083). La medida se considera adecuada y proporcionada habida cuenta de que es un sistema que únicamente analiza los movimientos del vehículo y su localización geográfica (TSJ Galicia 6-6-14, EDJ 128487).

En sentido contrario, se considera **vulnerado el derecho a la intimidad** del trabajador cuando se instala el GPS en el vehículo de la empresa sin conocimiento del trabajador (TSJ Madrid 13-10-09, EDJ 311542; 21-3-14, EDJ 47037) o cuando se instala en un vehículo propiedad del trabajador contra su voluntad (TS 21-6-12, EDJ 154964). También cuando se impone al trabajador la descarga de una app en su **teléfono móvil personal** para estar geolocalizado (TS 8-2-21, EDJ 505587).

Precisiones 1) En un proceso de despido por falta de puntualidad, se admite la **validez de la prueba** consistente en la colocación de dispositivos de localización GPS en una tablet que debía estar permanentemente encendida durante la jornada laboral (TSJ Asturias 3-10-17, EDJ 210500).

2) **Se admite la colocación** de dispositivos de localización GPS en los vehículos puestos a disposición de los trabajadores para su uso profesional, al tratarse de una circunstancia conocida por los operarios y autorizada por la Agencia de Protección de Datos. No obstante, se vulnera el derecho a la intimidad si el GPS está activado también a partir de la finalización de la jornada laboral, siendo entonces imprescindible el consentimiento de los trabajadores (TSJ Asturias 27-12-17, EDJ 297652).

Control mediante detectives privados Este sistema de control también ha sido examinado por la jurisprudencia al ser un medio habitual cuando el trabajador no presta servicios en dependencias de la empresa. En relación con su colisión con el **derecho a la intimidad** del trabajador destacan los siguientes pronunciamientos: **949**

1. No afecta a la intimidad del trabajador cuando este control se realiza **en espacios públicos** y durante el desarrollo de la jornada laboral, sin invadir espacios privados y con una razonable sospecha de las irregularidades cometidas (TSJ Cataluña 5-3-12, EDJ 80659).

2. Aunque el control del **crédito de horas** de los representantes de los trabajadores está sometido a restrictivos cánones y sobre su uso existe una presunción de probidad, se admite la prueba en contrario, aunque sea de detectives, siempre y cuando no se someta al representante a una vigilancia singular y la medida sea idónea, necesaria y proporcionada (TS 13-3-12, EDJ 97533). En este sentido, se ha considerado vigilancia ordinaria la contratación de un detective para constatar que el trabajador, dueño de un negocio similar al del empresario, solicitaba el crédito sindical para poder atender sus propios pedidos. En todo caso la vigilancia no puede ser permanente ni carente de justificación o sin que conste cuál es la finalidad perseguida por el empresario con el seguimiento (TSJ Madrid 27-6-07, EDJ 179017; TSJ Málaga 14-11-13, EDJ 283683). Así, es nula la prueba de detectives privados cuando no consta dato alguno que pueda llevar a la empresa a sospechar que estaba haciendo un uso abusivo del crédito horario en provecho propio, realizándose el control incluso fuera del horario laboral (TSJ Las Palmas 25-9-15, EDJ 271557).
3. El empresario puede recurrir a un detective privado para que realice tareas de seguimiento de un **trabajador** que se encuentra **en situación de IT**, cuando existen sospechas de que realiza actividades incompatibles con su situación siempre que se cumpla el juicio de proporcionalidad (TSJ Burgos 24-7-20, EDJ 643589).
Respecto de la licitud del **tratamiento de datos** obtenidos por estos medios ver nº 8935.

Precisiones **1)** Los **informes de detectives** tienen carácter de prueba testifical (TS 15-10-14, EDJ 200424).
2) Es **prueba ilícita**, a efectos de justificar un despido, el informe de un detective privado que fuerza una entrevista profesional con un trabajador para demostrar que durante su jornada laboral trabajaba por cuenta propia como abogado. Esta actuación supone una clara acción coactiva sobre la voluntad del trabajador, así como la utilización de procedimientos ilícitos o éticamente reprobables (TS 19-2-20, EDJ 550149).
3) No tienen valor probatorio las **imágenes** obtenidas por un detective privado sobre el trabajador en el jardín de su casa sin su consentimiento. Sí la tienen las fotografías obtenidas sin artificios ópticos en la segunda residencia del trabajador en la que no se realiza vida familiar por estar siendo reformada (TSJ Sta. Cruz de Tenerife 8-6-22, EDJ 643922). También los hechos constatados por la **percepción sensorial del detective** cuando señala que el trabajador estuvo realizando labores de albañilería durante su baja médica por IT, así como tareas en su hogar limpiando cristales a la vista de cualquier persona que pudiera pasar por la calle en ese momento (TSJ Burgos 24-7-20, EDJ 643589).
4) No se admite como **medio válido** para probar los hechos imputados en la carta de despido, la grabación efectuada por un detective, limitada en el tiempo y con previa sospecha de comisión de irregularidades, por no haber informado de la instalación de cámaras de vigilancia en el vehículo y por incluir, además, la grabación de las conversaciones mantenidas por el trabajador (TSJ Valladolid 11-4-18, EDJ 93798).

951 **Control del estado de salud del trabajador** El empresario puede verificar el **estado de enfermedad o accidente** alegado por el trabajador para justificar sus faltas de asistencia al trabajo, mediante reconocimiento a cargo de personal médico e incluso contratando el control con una empresa externa (TS 25-1-18, EDJ 8129). La **negativa** del trabajador a dichos **reconocimientos** puede determinar la suspensión de los derechos económicos que pudieran existir a cargo del empresario por dichas situaciones (ET art.20.4).
Por otra parte, los **controles de la salud** también se contemplan en el marco de la norma de prevención de riesgos, exigiéndose un consentimiento informado (nº 8844).
En todo caso se debe optar por la realización de aquellos reconocimientos o pruebas que causen las menores molestias al trabajador y que sean proporcionales al riesgo.
Respecto de los límites al **conocimiento de los datos** por el empresario ver nº 8846.

Precisiones Se declara nulo el despido realizado por la empresa como consecuencia de la detección de un consumo de drogas a través de un **análisis clínico** que no había expresado ninguna finalidad de este tipo de control (TCo 196/2004).

c. Poder disciplinario

960 El empleador ostenta el poder disciplinario, es decir el poder de **sancionar privadamente** a los trabajadores por sus incumplimientos laborales (ET art.58.1). Tal poder debe realizarse de acuerdo con la **graduación de faltas y sanciones** establecidas en la ley o, mayoritariamente, en el convenio colectivo de aplicación en la medida en que un mismo comportamiento puede conllevar efectos distintos según la actividad de que se trate.
En todo caso el poder sancionador solo puede ejercitarse dentro de los siguientes **plazos de prescripción** contados a partir de la fecha en que la empresa tuvo conocimiento de su comisión:
- las **faltas leves**: 10 días;

- las **graves**: 20 días, y;
- las **muy graves**: 60 días.

En todo caso, las faltas prescriben a los **seis meses de haberse cometido** (ET art.60.2), siempre debiéndose ajustar a los procedimientos legal o convencionalmente previstos (ET art.55.1; LRJS art.114).

Precisiones 1) La **buena fe** constituye un criterio de valoración de conductas al que ha de ajustarse el cumplimiento de las obligaciones y que se traduce en directivas equivalentes a lealtad, honorabilidad, probidad y confianza (CC art.7.1 y 1258). También en el ámbito laboral se impone un comportamiento mutuo ajustado a las exigencias de la buena fe (ET art.5.b y 20.2; TCo 120/1983), hasta el punto de que la **transgresión de la buena fe contractual** constituye un incumplimiento que, cuando sea grave y culpable, es causa que justifica el despido (ET art.54.2.d). Así se ha entendido en los siguientes supuestos:
- cuando el trabajador rompe la mínima y esencial lealtad hacia la empresa, aunque no exista competencia desleal (TS 27-6-18, EDJ 529670);
- por actos ilegales, voluntarios y deliberados realizados fuera del lugar y horario de trabajo pero que causan perjuicio a la empresa y tienen algún tipo de relevancia o vinculación con el contrato de trabajo (TS 21-9-17, EDJ 208959).

2) En los supuestos de despidos por transgresión de la buena fe contractual, la fecha en que se inicia el **plazo de prescripción** no es aquella en que la empresa tiene un conocimiento superficial, genérico o indiciario de las faltas cometidas, sino que cuando la naturaleza de los hechos lo requiera se debe fijar en el día en que la empresa tenga un conocimiento cabal, pleno y exacto de los mismos (TS 14-9-18, EDJ 589815). Cuando los actos transgresores de la buena fe contractual se cometen por el trabajador de modo fraudulento o con ocultación, basta para que no empiece a computarse la prescripción, que el cargo que desempeña el infractor obligue a la vigilancia y denuncia de la falta cometida, pues en este supuesto, el estar de modo continuo gozando de una confianza especial de la empresa que sirve para la ocultación de la propia falta, es una falta continua de lealtad que impide, mientras perdura, que se inicie el computo de la prescripción (TS 8-5-18, EDJ 98227).

Requisitos y limitaciones La sanción de las faltas **graves y muy graves** requiere comunicación escrita al trabajador, haciendo constar la fecha y los hechos que la motivan (ET art.58.2), además de la comunicación al comité de empresa o delegados de personal en casos de faltas «muy graves» (ET art.64.4.c). Además, en los siguientes supuestos, los trabajadores gozan de determinadas garantías que debe respetar el empresario: 962

1. Cuando la sanción grave o muy grave se impone a un **representante de los trabajadores** (miembro del comité de empresa, delegado de personal o delegado sindical), debe procederse a la apertura de un expediente contradictorio (ET art.68; LOLS art.10).

2. En el caso de que la sanción se imponga a un **afiliado a un sindicato** debe oírse a los delegados sindicales con carácter previo (ET art.55.1; LOLS art.10.3.3º). Este trámite solo es exigible cuando existan en la empresa delegados sindicales nombrados con arreglo a la LOLS - en centros de trabajo o empresas de más de 250 trabajadores y que la sección sindical se haya constituido por trabajadores afiliados a un sindicato con presencia en los comités de empresa-, pero no cuando este es mero portavoz o representante de cualquier sección sindical (TS 9-5-18, EDJ 72647; 24-7-20, EDJ 649125). Además, el empleador debe tener constancia de la condición de afiliado del trabajador (TSJ Valladolid 29-9-10, EDJ 229834).

El poder disciplinario está sujeto a las siguientes **limitaciones**:

1. No se pueden imponer **sanciones ilegales**, como la reducción de la duración de las vacaciones u otra minoración de los derechos al descanso del trabajador o multa de haber (ET art.58.3).

2. Las sanciones han de aplicarse siempre teniendo en cuenta la **teoría gradualista**, esto es, buscando la **necesaria proporción** entre la infracción y la sanción y aplicando un criterio individualizador que valore las peculiaridades de cada caso concreto (TS 27-1-04, EDJ 6732; 19-7-10, EDJ 196305; 21-9-17, EDJ 208959). De esta forma, puede imponerse la sanción más grave en derecho laboral -que es la de despido- siempre que se base en un incumplimiento grave y culpable del trabajador (ET art.54.1; TS 19-7-10, EDJ 196305). En cualquier caso el poder disciplinario del empleador está sujeto a **control judicial** (ET art.58.2; LRJS art. 114 y 115), que afecta incluso a su graduación pues cuando la falta cometida no haya sido adecuadamente calificada el Juez puede autorizar la imposición de una sanción adecuada a la gravedad de la falta de conformidad con el LRJS art.115.1.c o art.108.1.3º en caso de despido improcedente. Así sucede, por ejemplo, en el marco de un despido declarado improcedente en aplicación de la doctrina gradualista de las sanciones, por considerar que hay falta de gravedad en la desobediencia imputada, señalándose en el fallo la posibilidad de sanción inferior (TS 19-7-10, EDJ 196305; TSJ C.Valenciana 12-2-13, EDJ 59536).

3. La **calificación** de la falta debe ser **congruente con la sanción** finalmente impuesta, ya que la discordancia entre ambos términos (por ejemplo, la calificación de la falta como «grave» a la que posteriormente se impone una sanción propia de una falta «muy grave» de acuerdo a la graduación establecida en convenio colectivo) conlleva la **nulidad** de la sanción (TSJ País Vasco 4-9-12, EDJ 231932; 9-9-14, EDJ 209005).

2. Responsabilidad empresarial

970 Junto a los poderes, que constituyen el lado activo de la posición empresarial, el empresario responde del cumplimiento de las obligaciones que le imponen tanto el contrato de trabajo como las normas laborales legales o convencionales. El alcance de su responsabilidad se va a analizar desde un punto de vista **objetivo** (nº 975 s.) y **subjetivo** (nº 990 s.).

a. Alcance objetivo de la responsabilidad

975 La responsabilidad del empresario puede ser de los siguientes **tipos**:
- responsabilidad frente al trabajador (nº 977);
- responsabilidad administrativa (nº 981);
- responsabilidad penal (nº 983);
- responsabilidad frente a terceros por actos del trabajador (nº 985).

977 **Responsabilidad frente al trabajador** En virtud del contrato de trabajo, el empresario está obligado a cumplir determinadas obligaciones, siendo la principal el pago del salario. Su incumplimiento permite al trabajador ejercitar las acciones judiciales pertinentes, pudiendo incluso, en los casos más graves, solicitar la resolución del contrato de trabajo con los mismos efectos indemnizatorios que si se tratase de un despido improcedente (ET art.4.2.g y 50).
La responsabilidad del empresario frente al trabajador es una **responsabilidad contractual** que nace en el seno del contrato de trabajo. No obstante, la **Sala de lo Civil** del Tribunal Supremo ha entendido que la responsabilidad del empresario por accidente de trabajo es extracontractual (TS civil 3-4-06, EDJ 48755; 13-5-05, EDJ 71438; 4-11-04, EDJ 159627), doctrina discutible que no comparte el **orden social** (TS 1-12-03, EDJ 202162; 22-5-05, EDJ 139465). De tal suerte que en este orden jurisdiccional se ha ido abandonando la responsabilidad plenamente objetiva en favor de una exigencia de responsabilidad contractual en la que medie **culpa o negligencia**, en los términos expuestos en TS 30-6-10, EDJ 201558; 4-5-15, EDJ 112521:
1. La responsabilidad civil empresarial por accidente de trabajo es de **naturaleza contractual**, por lo que es precisa la existencia de culpa o negligencia por mandato de lo previsto en el CC art.1101.
2. Aun tratándose de responsabilidad contractual por culpa o negligencia, el **concepto de «culpa»** no debe equipararse necesariamente al concepto que opera en Derecho civil, dado el desequilibrio axiológico de las relaciones laborales. Por este motivo, la **carga de la prueba** debe desplazarse al empleador, quien debe acreditar haber agotado toda la diligencia exigible en cuanto a la puesta a disposición de los medios de prevención de riesgos laborales que fueran precisos, incluso yendo más allá de lo que establecen las exigencias reglamentarias, con el fin de enervar su eventual responsabilidad (aplicando analógicamente el CC art.1183 y LEC art.217 redacc L 4/2023).
3. El empleador está obligado a establecer las **medidas de seguridad** que sean precisas para proteger al trabajador incluso contra sus propios descuidos e imprudencias no temerarias, por mandato de lo previsto en la LPRL art.14.2 y 15.4.
4. Si el accidente de trabajo sobreviene concurriendo caso fortuito, fuerza mayor, negligencia exclusiva no previsible del propio trabajador, o culpa exclusiva de terceros no evitable por el empresario (CC art.1105; LPRL art.15.4), le corresponde a él la acreditación de estas **causas de exoneración** (LRJS art.96.2).
Junto a la responsabilidad contractual, que conoce el orden social, puede existir **responsabilidad extracontractual** en aquellos casos en que, por acción u omisión de terceros intervinientes en la organización preventiva de la empresa, por culpa o negligencia, se cause un daño a los trabajadores (servicio de prevención ajeno, técnicos, suministradores, importadores o fabricantes, etc.) pudiendo ser competencia del orden civil (TS civil 11-6-13, EDJ 120785).
También responde el empresario frente al trabajador o sus herederos en materia de Seguridad Social cuando, como consecuencia de haber incumplido su obligación de dar de alta al trabajador o de cotización, deba pagar las prestaciones y, en su caso, el recargo de las mismas (LGSS art.167 y 164).

979 Entre las diferentes **vías de atención al accidente de trabajo** (prestaciones de Seguridad Social, recargo por falta de medidas de seguridad y salud laboral y el derecho a la indemnización por reparación del daño causado derivado del incumplimiento contractual), juega el **principio de compatibilidad**. Las diferentes **indemnizaciones** son compatibles, pero complementarias, de forma que cabe que el perjudicado ejercite todas las acciones que le reconozca la ley para obtener el resarcimiento total (TS 9-2-05, EDJ 71744; 1-6-05, EDJ 108925; 24-4-06, EDJ 83992; 17-7-07, EDJ 184444). Existen cuatro categorías básicas susceptibles de ser indemnizadas:
- el daño corporal, que constituye las lesiones físicas y psíquicas del accidentado;

- el daño moral o sufrimiento psíquico o espiritual derivado del accidente;
- el daño emergente, identificado como la pérdida patrimonial directamente vinculada al hecho dañino; y
- el lucro cesante, constituido por la pérdida de ingresos y de expectativas laborales.

El daño a reparar es único, las diferentes reclamaciones para resarcirse del mismo que pueda ejercitar el perjudicado, aunque compatibles, no son independientes, sino complementarias y computables todas para establecer la **cuantía total de la indemnización**, con la excepción de la cuantía percibida por recargo de prestaciones por falta de medidas de seguridad, debido a su carácter sancionador (TSJ Las Palmas 19-2-19, EDJ 629975). Si bien, la **compensación** de las diversas indemnizaciones debe ser efectuada entre conceptos homogéneos (TS 20-10-08, EDJ 222478; 23-7-09, EDJ 225187; 13-3-14, EDJ 57427; 17-2-15, EDJ 31736), consecuentemente, las **prestaciones de la Seguridad Social** que resarcen por la pérdida de ingresos, así como las mejoras voluntarias, sólo pueden compensarse con las indemnizaciones reconocidas por el **lucro cesante** (TS 22-9-08, EDJ 185218; 10-1-19, EDJ 503304). Sin embargo, de la cuantía obtenida por **daños morales** con arreglo al baremo no cabe descontar lo percibido por prestaciones de SS, ni por el complemento empresarial de la mismas (TS 12-9-17, EDJ 190356; 12-3-20, EDJ 559630).

Precisiones En caso de que el accidente de trabajo sea sufrido por un trabajador contratado **a través de una ETT**, la jurisprudencia ha establecido que puede existir una responsabilidad solidaria de la empresa usuaria (LETT art.16.2) y de la propia ETT (LETT art.12.3; LPRL art.28.5), habida cuenta de que esta última empresa debe cumplir ciertas obligaciones de formación del trabajador en materia de prevención de riesgos laborales (TS 4-5-15, EDJ 112521).

Responsabilidad administrativa El empresario es responsable en materia de sanciones administrativas por **infracciones laborales** (LISOS art.42). Para que surja este tipo de responsabilidad, deben concurrir los siguientes requisitos: 981
- acciones u omisiones de las que derive un incumplimiento;
- ha de realizarse por uno de los sujetos responsables conforme a la LISOS (LISOS art.2);
- que incumplan las normas legales, reglamentarias o cláusulas normativas de los convenios colectivos, salvo en materia de Seguridad Social, donde no se puede sancionar por incumplir las normas convencionales, puesto que la normativa de Seguridad Social es imperativa o de ius cogens;
- que se encuentren tipificadas y sancionadas en la LISOS.

El empresario responde también frente a la **Administración de la Seguridad Social** por el incumplimiento de sus obligaciones, fundamentalmente la inscripción de la empresa, la afiliación y el alta del trabajador, y el abono de las cotizaciones (LGSS art.138 y 139 -redacc RDL 1/2023- y 142).

Responsabilidad penal En el contexto de la relación laboral, el empresario puede resultar responsable penalmente por la comisión de alguno de los **delitos contra los derechos de los trabajadores** que se tipifican en el CP art. 311 -redacc LO 14/2022-, 311 bis, 312, 313, 314, 315, 316, 317 y 318. Además, como empresario, también puede cometer **otro tipo de delitos**, como el acoso sexual, delitos contra la Hacienda Pública y la Seguridad Social, contra los derechos de los extranjeros, o, en fin, contra los derechos fundamentales y las libertades públicas. 983

Precisiones **1)** Los delitos contra los derechos de los trabajadores incluyen a:
a) Quien de **forma masiva o colectiva**, recurra a la utilización de trabajadores sin haber formalizado su incorporación al Sistema de la Seguridad Social que les corresponda, o sin haber obtenido la preceptiva autorización de trabajo en el caso de los extranjeros que lo precisen (CP art.311.3º redacc LO 14/2022), siempre que el número de trabajadores afectados sea al menos de: el 25% en las empresas o centros de trabajo de más de 100 trabajadores; el 50%, en las empresas o centros de trabajo de entre 11 y 100 trabajadores; o la totalidad de los trabajadores, en las empresas o centros de trabajo de entre 6 y 10 trabajadores. En el caso de trabajo a tiempo parcial el cálculo de estos umbrales se efectúa por horas (TS penal 17-7-15, EDJ 136069).
b) Quien impongan condiciones ilegales a sus trabajadores mediante su contratación bajo **fórmulas ajenas al contrato de trabajo**, o las mantengan en contra de requerimiento o sanción administrativa (CP art.311.2º redacc LO 14/2022).
c) Quien de forma reiterada, emplee o dé ocupación a ciudadanos **extranjeros** que carezcan de permiso de trabajo, o a un **menor de edad** que carezca de permiso de trabajo (CP art.311 bis).
2) Incurre en un delito de **defraudación en materia de cotizaciones** el que, por acción u omisión, eluda el pago de las cuotas a la Seguridad Social y conceptos de recaudación conjunta, obteniendo indebidamente devoluciones de las mismas o disfrutando de deducciones por cualquier concepto asimismo de forma indebida, siempre que la cuantía defraudada exceda de 50.000 euros (CP art.307), existiendo un tipo cualificado cuando la cuantía exceda de 120.000 euros, la defraudación se haya cometido en el seno de una organización o grupo criminal o cuando se trate de personas físicas o jurídicas o entes sin personalidad jurídica interpuestos (CP art.307 bis). El tipo penal exige

que la acción u omisión se efectúe voluntariamente y, por tanto, dolosamente, por lo que no todo impago de cuotas constituye despido (TS 22-12-15, EDJ 267877).

3) Desde la reforma operada en el CP por la LO 5/2010 las **personas jurídicas** podrían ser consideradas responsables de los delitos cometidos por determinadas personas físicas, siempre que no hayan adoptado ciertos mecanismos de prevención del delito cometido. Tal responsabilidad debe estar referida a determinados **tipos penales** de los que se excluyen los delitos contra los derechos de los trabajadores previstos en el CP art.311 a 318. En concreto se establece que las personas jurídicas serán responsables de aquellos delitos que alternativamente sean (CP art.31 bis):

a) Cometidos por parte del representante legal de la persona jurídica, quienes estén individualmente o por medio de un órgano colegiado autorizados para tomar decisiones en nombre de la entidad, o bien quienes tengan facultades de organización y control en su seno; siempre que, además, la acción punible se haya llevado a cabo en nombre o por cuenta de la persona jurídica.

b) Cometidos por parte de quienes hayan podido realizar los hechos como consecuencia de un incumplimiento grave de los deberes de **vigilancia y control** de la actividad de quienes se encuentren sometidos a la autoridad de los sujetos enumerados anteriormente (esto es, los trabajadores de la empresa); siempre que dicha comisión se haya llevado a cabo en el ejercicio de actividades sociales y por cuenta de la persona jurídica.

En todo caso, los delitos siempre deben haber sido cometidos en **beneficio directo o indirecto** de la persona jurídica.

A efectos de la **trascendencia laboral** de las posibles penas que se puedan imponer a la persona jurídica, el TS ha establecido que la pena de **disolución de la personalidad jurídica** (ex CP art.33.7) debe ser considerada una pena excepcional a imponer en supuestos de excepcional gravedad habida cuenta de los más que perjudiciales efectos que dicha sanción pueda infligir a los acreedores de la persona jurídica o sus trabajadores (TS penal 29-2-16, EDJ 10795).

985 **Responsabilidad frente a terceros por actos del trabajador** Este tipo de responsabilidad puede estar fundada en un ilícito civil o en un ilícito penal.

1. La responsabilidad por **ilícito civil** se produce cuando el trabajador, con dolo o culpa, produce, en la ejecución de la prestación laboral, un daño a un tercero. Tres **requisitos** son necesarios:

a) La existencia de una **relación laboral** entre el empresario y el trabajador.

b) Que el trabajador produzca el **daño** en el ejercicio de sus funciones.

c) Que la **actuación** del trabajador sea **culposa**.

Si se cumplen los tres requisitos mencionados surge la coexistencia de dos **responsabilidades** distintas frente al tercero afectado:

- la del **trabajador**, basada en el CC art.1902 y que es siempre responsabilidad extracontractual;

- la del **empresario**, prevista en el CC art.1903, que puede ser responsabilidad contractual o extracontractual, dependiendo de si entre el empresario y el tercero existe o no un vínculo de esta naturaleza (así, por ejemplo, en el caso de una huelga ilegal en el servicio de aerolíneas, la responsabilidad del empresario frente a los clientes afectados es, sin duda, contractual, porque deriva del incumplimiento del contrato que tiene con ellos). La **responsabilidad empresarial** por hecho ajeno tiene como fundamento la culpa, que puede ser *in vigilando* o *in eligendo* (TS civil 24-3-03, EDJ 6463; TS 1-4-04, EDJ 12751; 27-10-05, EDJ 180345). Ahora bien, hay que tener en cuenta que el legislador parte de la presunción de que el empresario es responsable, debiendo ser él quien demuestre que actuó con la diligencia debida (CC art.1903 in fine). La dificultad de esta prueba y la evolución de la propia jurisprudencia hace que, en la práctica, esta responsabilidad opere como objetiva (TS civil 18-7-05, EDJ 116849). Es una **responsabilidad** directa y **solidaria** con la responsabilidad del trabajador, de modo que el tercero puede dirigirse contra el empresario, contra el trabajador o contra ambos, para reclamar el total de la deuda. Si el empresario paga, puede posteriormente repetir contra el trabajador lo que hubiese satisfecho (CC art.1904). En este caso, la responsabilidad del trabajador frente al empresario es de naturaleza contractual por lo que la acción para exigirla prescribe al año (ET art.59.2) y el orden jurisdiccional competente es el social (LRJS art.2.a).

2. Respecto de la **responsabilidad por ilícito penal** cometido por el trabajador, son también responsables civilmente, en defecto de los que lo sean criminalmente (CP art.120.3º, 4º y 5º):

- las personas naturales o jurídicas, en los casos de delitos cometidos en los **establecimientos** de los que sean titulares, cuando por parte de los que los dirijan o administren, o de sus dependientes o empleados, se hayan infringido los reglamentos de policía o las disposiciones de la autoridad que estén relacionados con el hecho punible cometido, de modo que este no se hubiera producido sin dicha infracción;

- las personas naturales o jurídicas dedicadas a cualquier género de **industria o comercio**, por los delitos que hayan cometido sus empleados o dependientes, representantes o gestores en el desempeño de sus obligaciones o servicios;

- las personas naturales o jurídicas titulares de **vehículos** susceptibles de crear riesgos para terceros, por los delitos cometidos en la utilización de aquellos por sus dependientes o representantes o personas autorizadas.
Debe descartarse que el empresario deba responder de todos los actos del empleado, sin atender a que los mismos tengan alguna relación con su trabajo, por ejemplo, agente financiero que se había desvinculado del Banco y realiza una banca paralela con terceros que contratan con él en la confianza de que mantenía su condición como gestor de la entidad bancaria (TS penal 1-3-18, EDJ 36068).

Precisiones Se **limita la responsabilidad empresarial** en el supuesto de una actuación dolosa del trabajador realizada al margen del ámbito de control de la empresa y con absoluta desconexión de sus actividades y de las funciones encomendadas al mismo, como ocurre en un supuesto de lesiones de portero de hotel por agresión de jugador profesional de baloncesto que abandonaba el establecimiento de concentración para tomar un taxi (TS civil 10-10-07, EDJ 175202).

b. Alcance subjetivo de la responsabilidad: extensión y levantamiento del velo

El empresario **persona física** responde de sus obligaciones laborales y de Seguridad Social como cualquier deudor, es decir, con todos sus bienes presentes y futuros (CC art.1911). **990**
Si se produce una **pluralidad empresarial** -como sucede cuando se prestan los servicios para una comunidad de bienes, para una UTE o para varias sociedades de un mismo grupo- la responsabilidad de cada empresario es directa frente al trabajador y solidaria con respecto a la de los demás (TS 18-7-85, EDJ 4495).
También el empresario **persona jurídica** responde con todo su patrimonio (CC art.1911). Pero la atribución de la personalidad jurídica a un ente que asume la posición empresarial produce importantes consecuencias pudiendo generar distintos tipos de regímenes de **responsabilidad de los socios** en función de la persona jurídica a la que se esté aludiendo (nº 970 s.).

Precisiones Junto a la responsabilidad propia del empresario, sea persona física o persona jurídica, existen también determinados supuestos de **extensión** de la responsabilidad a **otros sujetos** que no tienen la condición de empleador. Normalmente se trata de la responsabilidad **extracontractual** impuesta por la ley a otros empresarios distintos del empleador (ET art.43 y 44) en los siguientes supuestos:
- de cesión de trabajadores (nº 1215 s.) y;
- de sucesión de empresa (nº 1060 s.).

Responsabilidad de los socios La atribución de personalidad jurídica implica la unificación de la actividad del grupo, al que se le reconoce capacidad para obrar de forma unitaria, y la formación de un patrimonio separado cuya titularidad corresponde a ese grupo unificado. Se trata de un mecanismo especial de imputación, por medio del cual las relaciones jurídicas se atribuyen metafóricamente al grupo como si fuera, realmente, un sujeto de derecho. En las **relaciones laborales** ello significa que la condición de empresario se atribuye al ente personificado, que responde con su propio patrimonio. Los **miembros del ente** no son parte en el contrato de trabajo y, por tanto, no asumen la posición empresarial. Ahora bien, ello no significa que no respondan. El régimen de responsabilidad de los socios depende del tipo de persona jurídica de que se trate: de **sociedades de personas** (nº 994), o de **personas jurídicas corporativas** (nº 996). **992**

Sociedades de personas En este caso el trabajador cuenta con dos **tipos de responsabilidad**: **994**
- la responsabilidad directa de la sociedad;
- la responsabilidad subsidiaria de los socios, que, a su vez, puede ser de dos tipos (CC art.1698.1; CCom art.127 y 237): responsabilidad mancomunada si se trata de una sociedad civil, o responsabilidad solidaria entre sí, si se trata de una sociedad colectiva. En estos casos la responsabilidad de los socios es por deuda ajena, pues el vínculo obligatorio frente al trabajador lo asume en exclusiva la sociedad.
Para el cobro de la deuda laboral, la **solución más eficiente** para el trabajador es la demanda conjunta contra la sociedad y los socios, pues la sentencia ganada frente a la sociedad no es título ejecutivo frente al socio (LEC art.542.1).

Personas jurídicas corporativas: levantamiento del velo En la persona jurídica corporativa los socios tienen limitada su responsabilidad a la aportación hecha o prometida. Así sucede, por ejemplo, tanto en las sociedades anónimas (LSC art.1.3, 36, 37 y 38) como en las de responsabilidad limitada (LSC art.1.2). **996**
En estos tipos societarios se produce una incomunicación entre el patrimonio social y el patrimonio personal de los socios, de manera que, como **regla general**, de las deudas de la sociedad tan solo responde el patrimonio social y no el de los socios. Ahora bien, esta

996 (sigue) incomunicación no es absoluta, pues excepcionalmente es posible que los socios respondan personalmente de las deudas sociales.

Este tipo de **responsabilidad excepcional del patrimonio de los socios** surge:

- en algunas ocasiones porque así lo disponga la ley (LSC art.14; LGSS art.142.1) o por razones estrictamente contractuales (asunción de deuda por el socio, fianza, etc.);
- en la mayoría de los casos, se produce en el marco de los expedientes judiciales del **levantamiento del velo** de la persona jurídica. Esta técnica, como forma de reacción frente a determinadas desviaciones en el uso de la personalidad jurídica, tiene su origen en la doctrina norteamericana del «disregard of the legal entity», de acuerdo con la cual los jueces, en determinados supuestos excepcionales, pueden prescindir de la forma externa de la persona jurídica para, penetrando a través de ella, alcanzar a las personas y los bienes que se amparan bajo su cobertura. Es relevante apuntar que en estos supuestos no nos encontramos ante la figura del levantamiento del velo aplicable tras la existencia de abuso de personalidad jurídica en el marco de un grupo, sino ante un sistema autónomo aplicable a las obligaciones laborales por influjo directo de la doctrina mercantilista, aplicable en supuestos de extensión de responsabilidad a quienes no llevan a cabo operación mercantil alguna (TS 25-5-00, EDJ 14766; 20-1-03, EDJ 258244).

Tal modo de actuar conduce a la consideración de las personas físicas como verdaderos empresarios ya que las mercantiles por ellos constituidas actúan de mera pantalla o instrumento interpuesto para eludir sus responsabilidades (TS 29-1-14, EDJ 30200).

En materia de **Seguridad Social**, y desde un punto de vista normativo, se introdujo la denominada **doctrina del empresario aparente** o ficticio, al disponer que en caso de que la responsabilidad por la obligación de cotizar corresponda al empresario, puede dirigirse el procedimiento recaudatorio contra quien efectivamente reciba la prestación de servicios de los trabajadores que emplee, aunque formalmente no figure como empresario en los contratos de trabajo, en los registros públicos o en los archivos de las entidades gestoras y servicios comunes (LGSS art.18.4; RD 1415/2004 art.12 y 13).

Precisiones **1)** La aplicación de esta técnica excepcional **se justifica** cuando es tal la interrelación de bienes, intereses, derechos y obligaciones de las persona físicas y jurídicas demandadas que se ha generado una situación de confusión de actividades, propiedades y patrimonios en la que todos los demandados han venido beneficiándose de la actividad profesional del demandante (TS 6-3-02, EDJ 10129).

2) La **jurisprudencia social** ha reforzado su tarea en la aplicación de esta técnica ante supuestos de búsqueda del empresario real, a quienes se hacen sustituir intentando excluir su responsabilidad (TS 28-2-97, EDJ 5934). De manera que la estructura jurídico-formal de la empresa no puede servir para ocultar su estructura económica real ni al auténtico empleador (TS 26-2-90, EDJ 2128). La **responsabilidad solidaria** se fundamenta en la búsqueda de la realidad auténtica de los hechos, más allá de los formalismos y formalidades jurídicas, evitando que pese sobre el trabajador el oneroso deber de indagación de interioridades negociables subyacentes que suelen ser difíciles de descubrir; y en aras de la seguridad jurídica, evitando así empresas ficticias y sin garantías de responsabilidad (TSJ Asturias cont-adm 13-6-08, EDJ 200409).

3) Como exponentes de la **doctrina del empresario efectivo**, se pueden consultar los siguientes pronunciamientos judiciales:

a. Intromisión de un **titular ficticio entre los titulares reales** de la relación, con la consiguiente usurpación por parte del primero de la posición jurídica correspondiente a uno de los segundos. Ha de darse primacía al contrato real sobre el disimulado (TS 11-2-15, EDJ 26948; TSJ Madrid 14-5-07, EDJ 77471; 24-9-07, EDJ 192521).

b. **Empresas aparentes y grupos de empresas**: las distintas empresas aparentes carecen de sustrato real, por haber sido creadas con el solo y primordial efecto de eludir fraudulentamente el pago de deudas u otras responsabilidades (TSJ Sevilla 13-1-09, EDJ 30706; TSJ Cataluña cont-adm 14-10-10, EDJ 242736).

c. Aplicación de la **doctrina del fraude de ley** en una contrata sin necesidad de acudir a la cesión ilegal (TSJ Aragón 13-12-01, EDJ 67242).

d. Doctrina del **empresario efectivo y cesión ilegal**. La línea divisoria entre los supuestos de subcontratación lícita y de pseudocontrata o cesión ilegal de trabajadores bajo falsa apariencia de contrata de obras o servicios ha de ser trazada de acuerdo con la doctrina del empresario efectivo, debiendo ponderarse el desempeño de la posición empresarial no de manera general sino en relación al trabajador concreto que la solicita (TS 4-3-08, EDJ 31215). De acuerdo con esta doctrina, los casos de **empresas contratistas** que asumen la posición de empresarios o empleadores respecto de sus trabajadores, desempeñando los poderes y afrontando las responsabilidades propias de tal posición se incluyen en la subcontratación lícita (ET art.42), mientras que los casos de **contratas ficticias** de obras o servicios que encubren una mera provisión de mano de obra constituyen cesión ilegal de trabajadores, prohibida (ET art.43). Siendo ello así, para proceder a la calificación que corresponda en cada caso es necesario considerar las circunstancias concretas que rodean la prestación de servicios del trabajador, las relaciones efectivamente establecidas entre el mismo y las empresas que figuran como comitente y contratista, y los derechos y obligaciones del nexo contractual existente entre estas últimas (TS 30-5-02, EDJ 27392).

e. Teoría del levantamiento del velo en las **sociedades y sucesión de empresas** en el sector de hostelería (TSJ Sevilla cont-adm 17-2-11, EDJ 55767).

Responsabilidad de los administradores sociales (LSC art.236 a 241 bis) Junto a la responsabilidad de los socios en supuestos de levantamiento del velo, hay que tener en cuenta que en las sociedades de tipo corporativo el legislador ha establecido un severo régimen de responsabilidad de los administradores, con el cual se pretende compensar el mayor poder que ostentan en estos tipos societarios y la existencia de una separación entre propiedad y gestión. El endurecimiento del régimen de responsabilidad de los administradores dio lugar a un incremento de las acciones dirigidas contra los mismos. Actualmente la responsabilidad de los administradores es el objeto del capítulo V de la Ley de Sociedades de Capital que concentra la normativa sobre esta materia (LSC art.236 s.). 998

Los administradores de hecho o de derecho **responden frente a** la sociedad, frente a los socios y frente a los acreedores sociales, del daño que causen por actos u omisiones contrarios a la ley o a los estatutos o por los realizados incumpliendo los deberes inherentes al desempeño del cargo. Para que haya responsabilidad **se exige** que concurra dolo o culpa pero la culpabilidad se presume, salvo prueba en contrario, cuando el acto sea contrario a la ley o a los estatutos sociales. En ningún caso exonera de responsabilidad la circunstancia de que el acto o acuerdo lesivo haya sido adoptado, autorizado o ratificado por la junta general. La responsabilidad alcanza a **todos los miembros** del órgano de administración que hubiera adoptado el acuerdo o realizado el acto lesivo, que responden solidariamente salvo los que prueben que, no habiendo intervenido en su adopción y ejecución, desconocían su existencia o, conociéndola, hicieron todo lo conveniente para evitar el daño o, al menos, se opusieron expresamente a aquel.

Esta responsabilidad solidaria, de carácter general, **prescribe** a los 4 años siendo necesaria una declaración judicial.

El **impago de las deudas** por parte de la sociedad no puede transformarse sin más en daño directo imputable a acción u omisión de los administradores cuyo deber de responder, según la postura clásica, precisa la concurrencia de los siguientes **requisitos** (TS civil 1-6-10, EDJ 140023; 5-5-17, EDJ 57007; 2-3-17, EDJ 12292; 27-2-17, EDJ 12282):

- un comportamiento activo o pasivo de los administradores;
- que tal comportamiento sea imputable al órgano de administración en cuanto tal;
- que la conducta del administrador sea antijurídica por infringir la ley, los estatutos o no ajustarse al estándar o patrón de diligencia exigible a un ordenado empresario y a un representante leal;
- que la conducta antijurídica, culposa o negligente sea susceptible de producir un daño;
- que el daño que se infiere sea directo al tercero que contrata, sin necesidad de lesionar los intereses de la sociedad;
- relación de causalidad entre la conducta antijurídica del administrador y el daño.

Precisiones **1)** La responsabilidad alcanza al pago de las **deudas de Seguridad Social** generadas por las sociedades que administran, incluyendo tanto las cuotas como recargos, intereses y costas (TSJ Navarra cont-adm 4-4-08, EDJ 146659).

2) El conocimiento de las pretensiones relativas a la responsabilidad de los administradores por incumplimiento de las obligaciones de su cargo -en general observar la diligencia de un ordenado comerciante y cumplir las normas legales y estatutarias- no constituyen, en el **proceso laboral**, una cuestión prejudicial del orden social. Por otro lado, para extender la deuda salarial de la compañía a su administrador único, primero ha de establecerse la obligación de la empresa, y después determinar si la conducta social del administrador le hace responsable de aquella deuda. Es necesario por tanto un previo pronunciamiento, que corresponde a la jurisdicción civil (TS 9-6-00, EDJ 14790; 8-5-02, EDJ 26577).

Régimen especial de responsabilidad de los administradores sociales (LSC art.367) Como 1000
manifestación más especial del régimen general de responsabilidad de los administradores, se establece que responden solidariamente de las **obligaciones sociales posteriores** al acaecimiento de la causa legal o estatutaria de **disolución,** los administradores que incumplan la obligación de convocar en el plazo de dos meses la junta general para que adopte, en su caso, el acuerdo de disolución. También recae esta responsabilidad en los administradores que no soliciten la disolución judicial o, en su caso, el concurso de la sociedad, en el plazo de dos meses desde la fecha prevista para la celebración de la junta, cuando esta no se haya constituido, o desde el día de la junta, cuando el acuerdo hubiera sido contrario a la disolución. En caso de nombramiento posterior a la causa de disolución, la responsabilidad alcanza a las obligaciones sociales posteriores a la aceptación del cargo.

Se trata de una responsabilidad **objetiva y solidaria**, cuya acción se fundamenta en el incumplimiento por los administradores de las obligaciones que les impone la Ley, y no requiere producción de daño, ni exige la existencia de perjuicios, y tampoco la acreditación de la relación de causalidad, no eximiendo de responsabilidad el hecho de que se estuviera preparando

1000 (sigue) el concurso (TSJ Madrid cont-adm 18-7-17, EDJ 182670; TSJ Granada cont-adm 25-7-11, EDJ 241904).

La citada responsabilidad constituye una modalidad de responsabilidad ex lege (TS civil 29-4-99, EDJ 7248; TSJ Extremadura cont-adm 29-3-11, EDJ 59468), que requiere, tan sólo, la concurrencia de los **presupuestos objetivos** siguientes:

1. Existencia de un crédito contra la sociedad.

2. Concurrencia de alguna de las causas legales o estatutarias de disolución de la sociedad.

3. Omisión por los administradores de su obligación de convocar junta general, en el plazo de dos meses, para que adopte el acuerdo de disolución de la sociedad, o solicitud, en su caso, de disolución judicial o concurso (TS civil 1-3-04, EDJ 7010).

A través de las **reclamaciones de deuda y actas de liquidación de cuotas**, la Administración (TGSS e ITSS) puede derivar a los administradores de las sociedades mercantiles capitalistas, la responsabilidad en el pago, de carácter solidario, de las deudas de Seguridad Social generadas por las sociedades que administran, cuando se den estos incumplimientos de la Ley de Sociedades de Capital y tengan relación causa-efecto con el origen de esas deudas, sin necesidad de un previo pronunciamiento de la Jurisdicción Civil (TS cont-adm 18-1-05, EDJ 3732; TSJ La Rioja cont-adm 9-3-07, EDJ 93719; TSJ Sevilla cont-adm 6-5-08, EDJ 171503).

Las acciones para exigir responsabilidad a los administradores **prescriben** a los 4 años (CCom art.949; TS civil 20-7-01, EDJ 16190; 30-4-08, EDJ 90681; 3-7-08, EDJ 124058; 10-7-08, EDJ 118931; 12-3-10, EDJ 19158; 15-4-10, EDJ 37586; 19-11-13, EDJ 233978), computados desde el cese del administrador por cualquier motivo válido para producirlo (TS civil 11-11-10, EDJ 251796; 11-3-10, EDJ 19176; 14-4-09, EDJ 62990; 12-1-18, EDJ 1516). La responsabilidad de los administradores está **limitada** a su mandato, por cuanto no se les pueden imputar las deudas posteriores al cese efectivo de los mismos (TS civil 14-10-13, EDJ 197135; 2-12-13, EDJ 246701; TSJ Baleares cont-adm 23-10-15, EDJ 201952).

Precisiones **1)** Es competencia de la jurisdicción social la **reclamación de cantidad** derivada de las extinciones de los contratos de trabajo producidas en el procedimiento concursal abierto contra la empleadora, cuando la acción se dirige frente a otra sociedad no concursada del mismo grupo empresarial y sus administradores (TS 6-6-18, EDJ 104186).

2) Se reconoce la plena competencia de la TGSS para **derivar la deuda por cuotas de Seguridad Social** a los administradores, si bien solo se aplica a deudas posteriores al 1-1-2004 (TS cont-adm 31-3-10, EDJ 45301; TSJ Galicia cont-adm 21-7-11, EDJ 197053).

3) Existe responsabilidad del administrador que continúa como **administrador de hecho aparente** una vez producido formalmente su cese o sobrevenida la caducidad del nombramiento (TS civil 10-5-17, EDJ 66155).

CAPÍTULO 5

Sucesión de empresa y cesión ilegal de trabajadores

El trabajo asalariado tiene carácter personalísimo (nº 130), es decir, no es posible la **sustitución novatoria del trabajador** bajo un mismo contrato de trabajo. La sustitución del trabajador asalariado solo es posible celebrando un nuevo contrato con el sustituto. 1052
Sin embargo, cabe la **novación del empresario** bajo el mismo vínculo laboral.
También es posible que el empresario **subcontrate parte de su actividad** con otra empresa, lo que le obliga a responder solidariamente con respecto a los trabajadores tanto en el aspecto laboral como en el de Seguridad Social.
Por otra parte, solo se autoriza la cesión temporal de trabajadores a las ETT y, por ello, la realizada por cualquier otra empresa es constitutiva de **cesión ilegal** de trabajadores (nº 1215) y genera, al igual que en el supuesto anterior, responsabilidad solidaria en las obligaciones de los empresarios.

A. Sucesión de empresa

El cambio de titularidad nominativa de la empresa puede articularse a través de **diferentes vías**, cada una de ellas con sus propios requisitos y límites: 1060
1. La sucesión legal de empresa (nº 1065).
2. La sucesión por mandato del convenio colectivo (nº 1190).
3. Subrogación por pliego de condiciones administrativas (nº 1200).
4. La novación subjetiva del contrato de trabajo por cambio de empresario o subrogación empresarial contractual (nº 1205).

1. Sucesión legal de empresa

(ET art.44; Directiva 2001/23/CE)

La sucesión legal comporta un **cambio en la titularidad** de una empresa, de un centro de trabajo o de una unidad productiva autónoma. Pero para que exista la sucesión legal, además, esa empresa, centro de trabajo o unidad productiva autónoma transmitida al nuevo empresario debe conformar una entidad económica que mantenga su identidad, entendida como un conjunto de medios organizados a fin de llevar a cabo una actividad económica, esencial o accesoria. 1065
El **concepto legal** de sucesión de empresa debe interpretarse a la luz de la normativa europea y de la jurisprudencia del TJUE. La Directiva 2001/23/CE, que realiza una armonización parcial (no total) en materia de sucesión de empresa, pretende instaurar un nivel de protección uniforme para todos los Estados miembros en función de criterios comunes (TJUE 11-7-85, C-105/84; 10-2-88, C-324/86; 14-9-00, C-343/98; 6-11-03, C-4/01; 11-11-04, C-425/02; 27-11-08, C-396/07; 11-9-14, C-328/13).

a. Elementos constitutivos

(ET art.44)

1070 La definición legal de la sucesión de empresa se realiza a partir de dos **requisitos esenciales** o constitutivos que deben concurrir obligatoriamente:
1. Un **elemento subjetivo** referido al **cambio de titularidad** nominativa de la entidad (nº 1072).
2. Un **elemento objetivo** consistente en la **transmisión efectiva** al nuevo empresario (nº 1084).
Un tercer elemento, implícito dentro del objetivo, es el **teleológico**, referido al **destino dado a la entidad** económica transmitida al cesionario: la explotación de una actividad económica igual o similar a la realizada por el cedente (nº 1096).
En determinados estudios doctrinales se considera un cuarto requisito: la existencia de **tracto sucesivo** entre la empresa cedente y la empresa cesionaria (nº 1100).

1072 **Cambio de titularidad** Para que exista sucesión de empresa debe producirse un cambio de titularidad de la entidad nominativa de la empresa o de una parte significativa de la empresa (un centro de trabajo o una unidad productiva autónoma), es decir, la sustitución de un empresario laboral por otro.
La sucesión de empresa **afecta** a quienes intervienen en el cambio en la posición de **empleador** (nº 1074), así como a los **trabajadores** de la empresa cedente (nº 1082).

1074 **Empleador** (Dir 2001/23/CE art.2.1.a y b) La sucesión de empresa se articula entre dos sujetos: el cedente y el cesionario. Estos quedan definidos por referencia a la pérdida y adquisición, respectivamente, de la cualidad de empresario laboral con respecto a la empresa, centro de trabajo o unidad productiva autónoma transmitida. Presentan las siguientes **características**:
1. El cedente y el cesionario pueden ser tanto **personas físicas** como **jurídicas** (TJUE 17-12-87, C-287/86; 10-12-98, C-127/96, C-229/96 y C-74/97; 20-11-03, C-340/01; 26-5-05, C-478/03; 20-1-11, C-463/09; 6-3-14, C-458/12; 9-9-15, C-160/14; 26-11-15, C-509/14), tanto **de Derecho público como** de Derecho **privado**. Mientras la entidad económica transmitida cuente con una organización estable y tenga autonomía funcional suficiente, es irrelevante su estatuto jurídico y sistema de financiación y, por tanto, también es indiferente la naturaleza pública o privada del cedente y del cesionario (TJUE 26-9-00, C-175/99; 29-7-10, C-151/09; 20-1-11, C-463/09; 6-9-11, C-108/10), y por ende se aplica el régimen de la sucesión de empresa (TS 15-12-98, EDJ 33891; 19-4-99, EDJ 6106; 26-5-99, EDJ 9152; 1-6-99, EDJ 13989; 28-6-99, EDJ 18929).

1076 **2.** No se exige que el cedente sea **propietario de la entidad económica** que transmite ni que el cesionario adquiera la propiedad de la entidad económica que recibe (TJUE 2-12-99, C-234/98; 24-1-02, C-51/00; 26-5-05, C-478/03; 15-12-05, C-232/04 y C-233/04). Únicamente se exige un cambio en la titularidad nominativa de la entidad económica transmitida, sin necesidad de que haya transmisión de la propiedad del cedente al cesionario. De este modo, el hecho de que el cesionario asuma una entidad económica integrada por un conjunto de elementos materiales que no son propiedad del cedente no excluye la sucesión de empresa (TJUE 20-11-03, C-340/01; 26-11-15, C-509/14; TS 12-12-02, EDJ 61468; 23-10-09, EDJ 271408; 7-2-12, EDJ 60203; 14-4-16, EDJ 58366; 14-4-16, EDJ 68790).
El **cambio de titularidad** se puede producir:
a) Por actos **inter vivos**: compraventa, convención, cesión, permuta, venta en liquidación en concurso de acreedores, etc.
b) Por transmisión sucesoria o **mortis causa**. En caso de muerte del empresario, persona física, no opera automáticamente la extinción, sino que debe existir una voluntad del heredero de no continuar la actividad de la empresa, pues incluso la mera aceptación de la herencia a beneficio de inventario, no implica transmisión si no existe declaración positiva de voluntad de continuar la actividad empresarial. No existe plazo específico para la aceptación de la herencia; la jurisprudencia considera, únicamente, que debe tratarse de un plazo ponderado y razonable atendiendo a las circunstancias.

Precisiones **1)** Hay sucesión de empresa cuando finaliza el contrato de **arrendamiento de industria**, pues implica un cambio de titularidad tanto si el propietario la asume para explotarla directamente como si lo hace con la intención de cederla a través de un nuevo contrato de arrendamiento (TS 10-9-20, EDJ 662537). Y ello aunque el propietario haya recuperado la explotación de la empresa a consecuencia del incumplimiento del contrato de arrendamiento por el arrendatario (TJUE 17-12-87, C-287/86).
2) También cuando un Ayuntamiento decide **revertir un** determinado **servicio** para realizarlo con sus propios medios, aunque las instalaciones y los medios materiales con los que se presta dicho servicio sean propiedad del propio Ayuntamiento (TS 26-3-19, EDJ 563430; 12-3-20, EDJ 559727).

3. La **vinculación** o tracto directo entre **cedente y cesionario** tiene un mero valor indiciario de la existencia de sucesión de empresa (TS 5-3-13, EDJ 46889; 8-7-14, EDJ 269306; 9-7-14, EDJ 166652; 10-7-14, EDJ 180106; 9-12-14, EDJ 275295; 12-3-15, EDJ 58575). La sucesión legal de empresa no exige que haya relación contractual directa entre el cedente y el cesionario, pudiendo producirse la transmisión en dos etapas a través de la intervención de un tercero, como el propietario o el arrendador. **1078**

Precisiones Implican sucesión legal de empresa, aunque no haya relación contractual directa entre cedente y cesionario, los siguientes **supuestos**:
a. La sucesión de **contratas de servicios y de concesiones administrativas** para la prestación de un servicio cuando la entidad económica transmitida (servicio objeto de la contrata/concesión administrativa) mantiene su identidad. La inexistencia de vínculo contractual entre las dos empresas (saliente y entrante) a las que una empresa principal (en la contrata) o una persona jurídica de Derecho público (en la concesión administrativa) ha encomendado sucesivamente la explotación de un servicio puede ser un indicio de ausencia de sucesión de empresa, pero no un hecho determinante que lleve automáticamente a negar su existencia (TJUE 7-3-96, C-171/94 y C-172/94; 26-9-00, C-175/99; 20-11-03, C-340/01; TS 28-4-09, EDJ 92568; 27-2-12, EDJ 37762; 14-4-16, EDJ 68790; 14-4-16, EDJ 58366).
b. El arrendador rescinde el contrato de **arrendamiento de industria** y acto seguido, sin interrupción alguna, celebra un nuevo contrato de arrendamiento de industria con un nuevo arrendatario. En tal caso, la empresa se transmite de un arrendatario a otro a través de la intervención del arrendador (TJUE 10-2-88, C-324/86; 19-5-92, C-29/91). El hecho de que la transmisión se efectúe en dos fases, de modo que en un primer momento la empresa pasa del arrendatario al arrendador (propietario) y seguidamente en un segundo momento del arrendador al nuevo arrendatario, no excluye la existencia de sucesión legal de empresa (TJUE 19-5-92, C-29/91).
c. El arrendador (y propietario) rescinde el contrato de arrendamiento de industria y acto seguido celebra un contrato de **compraventa** con un tercero. En tal caso, la sucesión de empresa se articula entre el arrendatario y el nuevo propietario de la industria a través de la intervención del arrendador, que deja de serlo (TJUE 15-6-88, C-101/87).
d. En caso de **cambio del titular de una notaría**, que se produce por causa del nombramiento del Estado y no de un contrato celebrado con el anterior titular, siempre y cuando se mantenga la identidad de la notaría (TJUE 16-11-23, asuntos C-583/21, C-586/21).

4. En el ámbito de los **grupos de empresas** se ha reconocido la existencia de sucesión legal de empresa entre dos empresas filiales del mismo grupo cuando constituyen personas jurídicas diferentes que mantienen, cada una por su lado, relaciones laborales específicas con sus trabajadores. Aunque las empresas filiales tengan los mismos propietarios y la misma dirección, compartan las mismas instalaciones y trabajen en la misma obra, ello no obsta la existencia de sucesión de empresa (TJUE 2-12-99, C-234/98). **1080**

Trabajador (Dir 2001/23/CE art.2.1.d) Junto al cedente y cesionario, la sucesión de empresa afecta a otro sujeto, que es el trabajador de la empresa cedente adscrito a la entidad económica transmitida. La norma europea define al trabajador como cualquier persona que está protegida como tal en la legislación laboral del Estado miembro de que se trate. El trabajador afectado por la sucesión de empresa debe reunir las siguientes **características**: **1082**
1. Estar contratado en **régimen laboral** por la empresa cedente. Pero el régimen jurídico de la sucesión de empresa se aplica no solo en el ámbito privado, sino también en el de las administraciones públicas, siempre que en este segundo caso el empleado público afectado por la transmisión sea personal laboral (TJUE 10-12-98, C-173/96 y C-247/96; 14-9-00, C-343/98). En el ámbito de los grupos de empresas se ha admitido que el trabajador no esté contratado por la empresa del grupo cedente, a la que está adscrito de manera permanente, sino por otra del mismo grupo que no interviene en la transmisión (TJUE 21-10-10, C-242/09).
2. Estar **adscrito a la entidad económica** transmitida (TJUE 12-11-92, C-209/91; 14-4-94, C-392/92). La finalidad del régimen jurídico de la sucesión de empresa es garantizar la protección de los trabajadores de la empresa cedente afectados por la transmisión, con independencia de cuál sea el número de los afectados, siendo suficiente que la transmisión empresarial alcance a un único trabajador para aplicar los mecanismos de protección legalmente previstos (TJUE 14-4-94, C-392/92).

Precisiones **1)** En relación con los **empleados de hogar** la subrogación por cambio de la persona del cabeza de familia solo procede previo acuerdo de las partes, presumiéndose este cuando el empleado de hogar sigue prestando servicios al menos durante siete días en el mismo domicilio, pese a haber variado la titularidad de este o la del hogar familiar. Este régimen también se aplica en los cambios de hogar familiar con traslado a localidad distinta (RD 1620/2011 art.10).
2) En relación con **altos directivos** la sucesión de empresa abre la posibilidad de solicitar la extinción contractual (RD 1382/1985 art.10), pero si no se ejercita esta facultad rescisoria, la sucesión conlleva el respeto de las convenciones contractuales del alto directivo, incluidas las indemnizaciones que se hubieran pactado con la empresa subrogada por despido o desistimiento (TS 27-9-11, EDJ 226102).

1084 **Transmisión efectiva** (ET art.44; Dir 2001/23/CE art.1.1.a) El **objeto transmitido** debe ser una entidad económica que mantiene su identidad después de la transmisión, es decir, que es susceptible de explotación o gestión separada, de modo que permite al nuevo empresario continuar o reanudar la misma actividad que el cedente u otra análoga (TJUE 18-3-86, C-24/85; 11-3-97, C-13/95; 2-12-99, C-234/98; 20-11-03, C-340/01; 13-9-07, C-458/05; 29-7-10, C-151/09; 9-9-15, C-160/14; TS 28-4-09, EDJ 92568; 7-12-11, EDJ 308043; 23-9-14, EDJ 209429; 22-10-15, EDJ 199576; 11-2-16, EDJ 15809; 29-3-16, EDJ 52163; 14-4-16, EDJ 58366; 14-4-16, EDJ 68790).

La entidad económica transmitida **puede ser** una empresa, un centro de trabajo o una unidad económica autónoma (TJUE 12-11-92, C-109; 15-10-96, C-298/94; 24-1-02, C-51/00), entendida esta última como una parte independiente que puede disgregarse de la empresa o centro de trabajo para operar de forma autónoma.

Precisiones 1) Se considera existente la subrogación empresarial cuando se transmite una **unidad patrimonial** con vida propia y susceptible de ser inmediatamente explotada o pendiente, para serlo, de meras formalidades administrativas (TS cont-adm 20-2-98, EDJ 521).

2) En los supuestos de transmisión de unidades productivas autónomas la **responsabilidad solidaria** no alcanza a la totalidad de trabajadores de la empresa, sino sólo respecto de los trabajadores que prestan servicios en dicha unidad (TS 17-7-98, EDJ 16274).

3) Se consideran **unidades productivas autónomas**: la cocina industrial en un colegio (TS 12-12-02, EDJ 61468; 12-12-07, EDJ 333498), y los servicios de guardería y comedor en una escuela pública que un ayuntamiento otorga mediante concesión administrativa (TS 28-6-18, EDJ 527802; 29-5-18, EDJ 104182; 9-5-18, EDJ 98237). **No lo es**, por el contrario, el departamento de servicios centrales de la empresa imprescindible para la adecuada gestión de la empresa (TS 14-3-17, EDJ 34071). El **departamento de un banco** puede constituir una unidad productiva autónoma siempre que cuente con una infraestructura material y personal individualizable, lleve a cabo una actividad estable y permanente en el tiempo, goce de autonomía suficiente dentro de la organización del banco y cuente con un valor de mercado propio (TS 8-6-16, EDJ 140285; 20-12-17, EDJ 279557).

1086 Para que la **entidad económica** transmitida **mantenga su identidad** es necesario que dispusiera de una autonomía funcional suficiente antes de ser transmitida al cesionario. Pero no es preciso que se mantenga esta autonomía en la organización del nuevo empresario, siempre que se mantenga el vínculo funcional entre los diferentes factores de producción transmitidos y que éste permita al cesionario utilizarlos para desarrollar una actividad económica idéntica o análoga (TJUE 12-2-09, C-466/07).

Respecto de la **autonomía funcional** de la entidad económica **previa a la transmisión** se ha señalado que:

1. Basta que sea **suficiente**, sin que se exija una autonomía absoluta y total (TS 25-4-88, EDJ 3411).

2. Debe ser **estable**, no limitándose la actividad a la ejecución de una obra determinada (TJUE 19-9-95, C-48/94; 25-1-01, C-172/99; 13-9-07, C-458/05; 6-3-14, C-458/12; TS 23-11-04, EDJ 229520; 23-10-09, EDJ 271408; 7-11-12, EDJ 263593; 19-12-12, EDJ 307252; 15-7-13, EDJ 173590; 23-9-14, EDJ 209429; 14-4-16, EDJ 58366; 14-4-16, EDJ 68790).

Precisiones 1) No constituye sucesión legal de empresa, por **no** tratarse de una entidad económica que **mantiene su identidad**, la adjudicación a una entidad financiera en procedimiento hipotecario, del inmueble ocupado por un establecimiento hotelero que carecía de actividad, sin incluir los elementos precisos para continuar la actividad, teniendo los trabajadores sus relaciones laborales suspendidas (TS 24-9-12, EDJ 228914; 25-9-12, EDJ 225309; 26-9-12, EDJ 226025; 14-11-12, EDJ 270275; 17-12-12, EDJ 295728; 26-2-13, EDJ 27853; TSJ Madrid 3-5-19, EDJ 743197).

2) Se confiere a los Estados miembros de la UE la facultad de garantizar el mantenimiento de los **derechos de los trabajadores** afectados por la transmisión de una unidad económica que carece de autonomía funcional (TJUE 6-3-14, C-458/12).

1088 3. Hay que tener en cuenta diversas circunstancias de hecho que **caracterizan la transmisión**. Entre ellas destacan las siguientes (TJUE 18-3-86, C-24/85; 26-11-15, C-509/14; TS 24-7-01, EDJ 31257; 14-4-16, EDJ 58366; 14-4-16, EDJ 68790):

- el **tipo de empresa** o centro de actividad transmitido y la naturaleza de las actividades desarrolladas;
- **transmisión** o no de **elementos** materiales (edificios, bienes muebles, existencias) e inmateriales (clientela, imagen de marca, conocimientos y técnicas);
- el **valor de los elementos** materiales e inmateriales en el momento de la transmisión;
- que el cesionario se haga cargo o no de la mayoría de los **trabajadores del cedente**;
- el grado de similitud de las **actividades ejercidas** antes (por el cedente) y después (por el cesionario) de la transmisión;
- la duración de una eventual **suspensión de las actividades** antes o después de la transmisión.

Estas circunstancias deben apreciarse en su conjunto y no aisladamente y por separado. La **importancia de cada circunstancia** varía en función de la actividad ejercida o incluso de los métodos de producción o de explotación utilizados en la empresa, en el centro de actividad o en la parte de centro de actividad de que se trate (TJUE 11-3-97, C-13/95; 15-12-05, C-232/04 y C-233/04; 9-9-15, C-160/14; 26-11-15, C-509/14; TS 27-10-04, EDJ 174298; 7-2-12, EDJ 60203; 9-4-13, EDJ 68099).

Sucesión de plantilla En el caso de las actividades **que descansan** fundamentalmente **en la mano de obra** (p.e. sector de limpieza, de vigilancia y seguridad, de soporte de sistemas de información y de otros servicios auxiliares) se aplican las consecuencias jurídicas de la sucesión de empresa cuando lo que se transmite es un conjunto organizado de trabajadores que ejerce de forma duradera una actividad, sin apenas incluir elementos significativos de activo material (TJUE 10-12-98, C-173/96 y C-247/96; 13-9-07, C-458/05; 29-7-10, C-151/09; 20-1-11, C-463/09; 6-9-11, C-108/10). **1090**

Para ello deben concurrir las siguientes **circunstancias** (TS 5-3-13, EDJ 46889; 8-7-14, EDJ 269306; 9-7-14, EDJ 166652; 9-12-14, EDJ 275295; 12-3-15, EDJ 58575):

1. Una empresa contratista o adjudicataria de servicios (empresa entrante) sucede a la que desempeñaba anteriormente tales **servicios o actividades** (empresa saliente) por cuenta o a favor de un tercero (empresa principal o entidad comitente).

2. La sucesión de contratas o adjudicaciones se produce porque la empresa principal o entidad comitente da por terminada su relación contractual con la empresa saliente, encargando a la empresa entrante servicios o actividades **sustancialmente iguales** a los que desarrollaba la contratista anterior. Sin embargo, si se produce por **mandato del convenio colectivo**, no siempre supone una sucesión de plantilla (nº 1092).

3. La empresa entrante incorpora al desempeño de los servicios o actividades objeto de la contrata o adjudicación, a una **parte importante de la plantilla** de trabajadores de la empresa saliente, ya sea en términos cualitativos o cuantitativos (TS 25-1-06, EDJ 4064; 7-12-11, EDJ 308043; 9-4-13, EDJ 68099; 27-4-15, EDJ 69691). Respecto de la dimensión cuantitativa, en algunas ocasiones se exige superar con creces el 50%, aunque se ha admitido un porcentaje inferior cuando el número de personas es parte esencial para el desempeño de la contrata teniendo en cuenta las condiciones en que la misma se lleva a cabo (TS 9-4-13, EDJ 68099; 15-12-21, EDJ 793831). Si no concurren elementos que permitan calificar al personal subrogado como de relevante, un 33,3% no puede considerarse como un número de trabajadores significativo (TS 18-1-22, EDJ 502624).

La asunción de los trabajadores debe producirse dentro del **ámbito** en el que tenga lugar la sucesión de la contrata, esto es, a nivel de empresa, de centro de trabajo o de unidad productiva autónoma. En este sentido, si la sucesión es global a nivel de empresa, y no de centro de trabajo ni de una unidad productiva autónoma, no es exigible que la contratista asuma una parte sustancial de la plantilla ocupada en cada uno de los centros, siendo suficiente que lo haga a nivel de empresa (TS 8-7-14, EDJ 269306; 9-7-14, EDJ 166652; 10-7-14, EDJ 180106; 9-12-14, EDJ 275295; 12-3-15, EDJ 58575).

4. El **activo principal** para el desempeño de los servicios o actividades objeto de la contrata es la mano de obra organizada u organización de trabajo.

Además de las cuatro circunstancias señaladas, se ha llegado a exigir que la asunción de la plantilla por el cesionario sea **pacífica**, de modo que no opera la sucesión legal de empresa cuando la práctica totalidad de los trabajadores adscritos a la contrata han impugnado el proceso (TS 29-5-08, EDJ 155884; 12-7-10, EDJ 185118; 7-4-16, EDJ 52199).

Si la **actividad no descansa en la mano de obra** no se produce la sucesión de empresa si no se transmiten los medios materiales para llevar a cabo esa actividad, aunque la entrante asuma una parte importante de la plantilla (TS 20-9-11, EDJ 242429; 9-1-19, EDJ 507930; 26-9-23, EDJ 706885); especialmente en el caso de asunción de la totalidad o parte de la plantilla anterior para cumplir la obligación dispuesta en el convenio colectivo (TS 15-7-13, EDJ 173590; 24-7-13, EDJ 173602; 27-1-15, EDJ 13108).

Precisiones **1)** La contrata se **diferencia** de la transmisión de empresa, centro de trabajo o unidad productiva autónoma, en que no se requiere la transmisión de los elementos patrimoniales necesarios para configurar una estructura empresarial, organización empresarial que en principio tiene el contratista (TS 7-6-16, EDJ 105773; 10-7-14, EDJ 180106; 9-7-14, EDJ 166652; 24-7-13, EDJ 173602).

2) Entre las actividades económicas que **no tienen como soporte esencial el factor humano** cabe citar, a modo de ejemplo, las siguientes:

a. El **transporte público** regular por autobús (TJUE 25-1-01, C-172/99). No obstante, el TJUE ha matizado su doctrina al considerar que aunque una entidad económica requiera medios de explotación importantes, si en el momento del cambio de adjudicatario, debido a requisitos jurídicos, medioambientales o técnicos establecidos en la licitación no adquiere dichos medios, pero contrata

a la mayor parte de la plantilla y continúa sin interrupción con la actividad, esta reanudación de la actividad puede calificarse de transmisión de empresa (TJUE 27-2-20, C-298/18).
b. La **restauración** colectiva (TJUE 20-11-03, C-340/01; TS 20-10-04, EDJ 174301; 27-10-04, EDJ 174298; 12-12-07, EDJ 333498).
c. Determinados servicios de **manipulación de carga** en el transporte (TJUE 26-11-15, C-509/14).
d. El suministro de radiofármacos y servicio de gestión de **residuos radioactivos** (TS 28-4-09, EDJ 92568; 23-10-09, EDJ 271408).
e. El servicio telefónico de **contact center** cuyo desarrollo exige disponer, entre otros medios materiales, de inmuebles, sistemas informáticos, de telefonía y de comunicaciones (TS 15-7-13, EDJ 173590; 27-1-15, EDJ 13108).
f. La perforación de galerías en **minas**. Sin embargo, existe sucesión empresarial cuando una filial de un grupo de empresas decide subcontratar con otra filial del mismo grupo los trabajos de perforación de minas y la entidad económica transmitida está compuesta únicamente por un conjunto organizado de personas que permite el ejercicio de la actividad, si los activos necesarios para la perforación han sido facilitados al cesionario por el propietario de la mina; en el sector minero es frecuente que la mayor parte de los activos necesarios para realizar los trabajos de perforación sean suministrados por el propietario de la mina (TJUE 2-12-99, C-234/98).
g. En la contrata de **ejecución de obras de construcción** y mantenimiento (TS 23-11-16, EDJ 245917).

1092 También existe sucesión de plantilla en los casos de **subrogación convencional** en que, en aplicación de lo dispuesto en el convenio colectivo, la nueva adjudicataria se hace cargo de una parte esencial del personal de la empresa saliente destinado a la ejecución del servicio, constituyendo así una entidad económica. En este caso se aplica el régimen jurídico de la sucesión de empresa (TJUE 11-7-18, C-60/17) aunque el convenio colectivo establezca un régimen diferente eliminando alguna de las garantías previstas legalmente (TS 27-9-18, EDJ 606835; 25-10-18, EDJ 637377).
Si la nueva adjudicataria **no asume una parte esencial del personal** de la saliente, se aplica el régimen jurídico dispuesto en el convenio colectivo (nº 1190).

Precisiones Si el convenio colectivo impone **asumir la totalidad de la plantilla** que la saliente tenía adscrita a la contrata, la contratista entrante incurre en despido improcedente si asume únicamente la mayoría de la plantilla (TS 7-6-16, EDJ 105773).

1094 En caso de **reversión** a la empresa principal de la actividad previamente descentralizada, se considera que existe sucesión de empresa si va acompañado de la transmisión de elementos necesarios para desarrollar la actividad (TS 6-2-97, EDJ 513; 30-5-11, EDJ 174279; 26-1-12, EDJ 15970; 19-9-17, EDJ 208958). En contra, se ha considerado que no existe sucesión de empresa cuando la empresa principal no se hace cargo del personal (TS 11-7-11, EDJ 198194; 23-9-14, EDJ 209429; 17-11-14, EDJ 229538; 26-9-17, EDJ 202023; 16-4-18, EDJ 64899; 8-6-21, EDJ 602086; 7-6-23, EDJ 603959), o cuando no se transmiten los medios materiales ni los recursos humanos (TS 16-6-16, EDJ 118041; 9-12-16, EDJ 255268; 12-7-16, EDJ 115741).

Precisiones **1)** Hay sucesión legal en un caso de **reasunción por la administración** de un servicio que había sido externalizado a una empresa cuando se recuperan los elementos productivos y las infraestructuras que previamente habían sido puestas a disposición de la contratista sin asunción del personal de la empresa contratista TS 19-9-17, EDJ 208958; 19-12-17, EDJ 279587; 24-1-18, EDJ 7615; 20-4-18, EDJ 72640; 5-6-18, EDJ 511686; 4-7-18, EDJ 529757; 12-3-20, EDJ 559727).
En cualquier caso, en los supuestos de **reversión del servicio público**, el organismo público está obligado a la subrogación de los trabajadores siempre que se den los requisitos de la sucesión legal o convencional (L 9/2017 art.130).
2) La **reversión del servicio de recaudación** de impuestos de un ayuntamiento es un supuesto de sucesión de empresa cuando también se recuperan las aplicaciones informáticas, desarrolladas por la empresa saliente, que constituye una unidad de producción susceptible de explotación separada (TSJ Asturias 21-3-17, EDJ 20008).

1096 **Elemento teleológico** También es determinante, para entender que existe sucesión de empresas, el **destino dado a la entidad económica** transmitida (conjunto de medios organizados de una empresa, de un centro de trabajo o de una unidad productiva autónoma). El cesionario debe desarrollar la misma actividad que el cedente u otra similar.
Pero la mera circunstancia de que el cesionario continúe o retome la actividad del cedente (transmisión de la actividad) no es suficiente para afirmar la existencia de sucesión de empresa, porque la entidad económica transmitida no puede reducirse a la actividad que venía realizando el cedente (TJUE 11-3-97, C-13/95; 2-12-99, C-234/98; 26-9-00, C-175/99; 20-1-11, C-463/09; 9-9-15, C-160/14; TS 29-5-08, EDJ 155884; 15-7-13, EDJ 173590). El cesionario debe desarrollar la actividad con el conjunto de medios organizados que el cedente le ha transmitido. La sucesión legal de empresa opera cuando hay transmisión de una entidad económica con **autonomía funcional**, pero no mero cambio en la titularidad en una actividad económica.

Esta doctrina se aplica a la sucesión de **contratas y concesiones administrativas** (TS 27-4-16, EDJ 68871; 27-4-16, EDJ 78286). Estas no son unidades productivas con autonomía funcional, de modo que su mera transmisión a un nuevo contratista o adjudicatario no constituye por sí sola un supuesto de sucesión legal de empresa (TS 23-5-05, EDJ 103640; 17-9-12, EDJ 216838; 16-4-13, EDJ 55987; 10-6-13, EDJ 122964; 12-2-14, EDJ 21414; 16-12-14, EDJ 261517; 7-4-16, EDJ 52199; 10-5-16, EDJ 94133). La circunstancia de que la actividad ejercida por la contratista saliente y por la entrante sea similar o incluso idéntica no es suficiente para afirmar que la entidad económica transmitida mantiene su identidad, porque la identidad no se reduce al servicio o actividad objeto de la contrata o de la concesión administrativa, sino que también resulta de otros elementos como el personal que la integra, sus directivos y marco de actuación, la organización de su trabajo, sus métodos de explotación o, en su caso, los medios de explotación de que dispone (TJUE 11-3-97, C-13/95; 26-9-00, C-175/99; 25-1-01, C-172/99; 20-1-11, C-463/09).

Actividad económica (ET art.44.2; Dir 2001/23/CE art.1.1.b y c) El cesionario debe destinar la entidad económica recibida al desarrollo de una actividad económica igual o **similar** a la realizada por el cedente hasta el momento de la transmisión, sin olvidar que la actividad económica consiste en ofrecer bienes o servicios en un determinado mercado (TJUE 6-9-11, C-108/10). **1098**
La actividad económica puede ser:
a) **Con o sin ánimo de lucro**.
b) De carácter **esencial o accesorio**. Es esencial cuando está relacionada con el objeto social de la empresa cedente; y accesoria cuando no guarda necesariamente tal relación. Puede haber sucesión de empresa cuando el cedente transmite al cesionario la explotación de un servicio que no está necesariamente relacionado con su objeto social como, por ejemplo, las actividades de seguridad, limpieza o restauración. No es preciso que la entidad económica transmitida concierna a una actividad medular del cedente, siendo lo importante que mantenga su identidad (TJUE 12-11-92, C-109; 14-4-94, C-392/92; 10-12-98, C-127/96, C-229/96 y C-74/97; TS 12-12-07, EDJ 333498; 12-5-10, EDJ 190401). Si la entidad transmitida concierne a una actividad accesoria del cedente, la sucesión de empresa es parcial (TJUE 14-4-94, C-392/92).

Tracto sucesivo Un indicio de la existencia de la sucesión de empresa es la posibilidad de **inmediata iniciación de la actividad** de la nueva empresa o centro de trabajo o unidad productiva, o que sea susceptible de explotación inmediata. Pero no es imprescindible que la explotación empresarial permanezca viva cuando se transmite. En ocasiones, la entidad económica transmitida también conserva su identidad cuando el cesionario reanuda la actividad después de un **periodo de inactividad** (TJUE 2-12-99, C-234/98), por ejemplo, en el caso de una **actividad estacional** que se transmite durante el periodo de inactividad. Tampoco excluye por sí mismo la existencia de una transmisión de empresa el cierre temporal de la empresa y la consiguiente ausencia de personal (activo) en el momento de la transmisión (TJUE 17-12-87, C-287/86). **1100**
En cualquier caso, no hay sucesión de empresa si los elementos que integran la entidad económica transmitida no son suficientes para **reanudar la explotación**.

Precisiones 1) Se confirma la sucesión de empresas en una **interrupción de actividad** de más de un mes de un restaurante (TS 17-1-18, EDJ 7650). Sin embargo, se niega la sucesión en contratas de ayuda a domicilio, por una interrupción de 12 meses (TS 20-9-16, EDJ 197706).
2) No es impedimento para considerar la existencia de sucesión de empresa la **devolución del negocio** al propietario por poseer graves deterioros que no permiten la inmediata continuidad de la actividad y hacen necesaria la realización de obras de reforma (TS 8-2-23, EDJ 527818).

b. Supuestos no constitutivos de sucesión legal de empresa

Adquisición de acciones o participaciones En el ámbito de las sociedades mercantiles capitalistas, la sola adquisición de todas las acciones o participaciones de una sociedad por otra no constituye sucesión legal de empresa, porque aquella mantiene la personalidad jurídica y su condición de empresario laboral. No hay que confundir el cambio de titularidad nominativa de la empresa (sucesión de empresa) con el **cambio en la titularidad del capital social** de la empresa (TS 19-1-87, EDJ 358; 29-11-94, EDJ 10057; 30-4-99, EDJ 13962; 14-2-11, EDJ 14020; 20-12-12, EDJ 323772; TSJ Madrid 30-9-15, EDJ 179145; TSJ Sevilla 4-3-21, EDJ 823410). **1105**

Transformación de sociedad La transformación de la forma societaria de una empresa no constituye una sucesión legal de empresa, porque no cambia la personalidad jurídica (ni la titularidad) de la misma, que continúa subsistiendo bajo **otra forma societaria**. En este sentido, no constituye sucesión de empresa la transformación de una cooperativa en sociedad de responsabilidad limitada (TSJ Madrid 28-6-05, EDJ 132876; 8-11-05, EDJ 219277); de una **1107**

agrupación de interés económico en sociedad de responsabilidad limitada (TSJ Aragón 20-3-99, EDJ 84462); de una sociedad anónima laboral en sociedad anónima no laboral (TSJ Granada 6-5-09, EDJ 406331); o de una sociedad anónima en sociedad de responsabilidad limitada (TSJ Málaga 19-12-97, EDJ 60073). Sin embargo, se ha reconocido la existencia de sucesión legal de empresa cuando un empresario individual se transforma en sociedad de responsabilidad limitada (TSJ Burgos 13-12-95, Rec 1052/95; TSJ C.Valenciana 3-5-95, Rec 945/94) o en sociedad anónima (TSJ Las Palmas 1-3-96, Rec 206/95).

Respecto de la continuidad de la actividad empresarial por una **sociedad anónima laboral**, como regla general se ha considerado que no existe sucesión, aunque haya continuidad, cuando se da un conjunto coordinado de acciones de los trabajadores afectados por el cese de la empresa para lanzar un nuevo proyecto empresarial utilizando algunos elementos patrimoniales y relaciones comerciales del anterior empleador, pues asumen un nuevo riesgo empresarial (TS 15-4-99, EDJ 9259; TS cont-adm 19-7-02, EDJ 34999). Si bien, no puede utilizarse como un principio sin excepciones y sin valorar circunstanciadamente cada supuesto. Así, se ha declarado que existe sucesión cuando una sociedad laboral después de una quiebra adquiere los elementos patrimoniales en una liquidación (TSJ País Vasco cont-adm 18-12-09, EDJ 373368).

Precisiones La continuidad de una empresa en quiebra por los propios trabajadores despedidos, mediante la **creación de una empresa de economía social** (cooperativa de trabajo asociado, sociedad laboral) no constituye una sucesión legal de empresa, porque no hay transmisión de una organización empresarial en funcionamiento o susceptible de estarlo y porque los contratos de trabajo de la empresa liquidada ya no están en vigor, sino que se han extinguido válidamente mediante un despido colectivo. En estos casos la actividad no continúa ni se reanuda, sino que se inicia ex novo, y no hay una sucesión de empresa sino una reconstrucción de empresa (TS 18-5-87, EDJ 3884; 13-12-89, EDJ 11197; 11-4-01, EDJ 16049; 25-6-01, EDJ 16128; 11-7-01, EDJ 35629; 25-2-02, EDJ 27038; 25-9-08, EDJ 209854).

1109 **Reorganización de la Administración Pública** No constituye una transmisión de empresa la reorganización de estructuras de la Administración Pública ni la cesión de competencias administrativas entre administraciones públicas cuando comporta el ejercicio de **potestades públicas** (TJUE 15-10-96, C-298/94; 14-9-00, C-343/98; 26-9-00, C-175/99; 11-11-04, C-425/02; 6-9-11, C-108/10). En este sentido, no hay sucesión de empresa cuando los municipios ceden a una **agrupación de municipios** el ejercicio de sus competencias administrativas que comportan el ejercicio de potestades públicas (TJUE 15-10-96, C-298/94).

La **transferencia de competencias** entre administraciones públicas que supone el ejercicio de potestades públicas no constituye una sucesión legal de empresa, porque las funciones que impliquen la participación directa o indirecta en el ejercicio de las potestades públicas o en la salvaguardia de los intereses generales del Estado y de las administraciones públicas corresponden exclusivamente a los funcionarios públicos (EBEP art.9.2), y sabido es que el personal afectado por la sucesión legal de empresa debe ser laboral, no funcionarial (TJUE 10-12-98, C-173/96 y C-247/96; 14-9-00, C-343/98). No obstante, el régimen de la sucesión legal se aplica a un proceso de transferencia de competencias entre administraciones públicas (por ejemplo, traspaso de funciones y servicios de la Administración del Estado a la Administración de las comunidades autónomas) cuando no conlleve el ejercicio de funciones reservadas a funcionarios públicos (TS 3-6-92, EDJ 5700; 29-6-94, EDJ 5691). También se aplica al proceso de **integración de un organismo autónomo** en una Administración Pública (por ejemplo, la integración del extinguido Organismo Medios de Comunicación Social del Estado en el Ministerio de Educación y Ciencia) (TS 4-7-88, EDJ 5859; 10-12-92, EDJ 12165).

1111 **Notarías y registros** El TS venía considerando que el **cambio de notario titular** al frente de una notaría no constituye sucesión legal de empresa, de modo que el entrante no está obligado a subrogarse en los contratos de trabajo del personal al servicio del saliente, salvo que el convenio colectivo de empleados de notarías correspondiente establezca lo contrario, en cuyo caso la subrogación empresarial no opera por mandato estatutario sino por mandato del convenio colectivo (TS 16-1-86, EDJ 656; 10-7-95, EDJ 4318; 15-12-04, EDJ 229508; 6-10-09, EDJ 283351; 23-7-10, EDJ 196316; 17-5-11, EDJ 114235). La misma doctrina se ha aplicado para negar la existencia de sucesión legal de empresa a propósito del cambio de titular al frente de una plaza de **Corredor de Comercio** (TS 6-3-00, EDJ 5629; TSJ Madrid 20-2-01, EDJ 9569) y de un **Registro de la Propiedad** (TSJ Cataluña 14-10-10, EDJ 234249).

No obstante, en relación con la transmisión de notaría, el TJUE ha matizado que **existe sucesión empresarial** cuando el notario entrante asume el protocolo del saliente y una parte sustancial del personal y continúa desempeñando la misma actividad en los mismos locales, con los mismos medios materiales, siempre y cuando se mantenga la identidad de dicha notaría (TJUE 16-11-23, asunto C-583/21 y C-586/21; TSJ Madrid 11-9-24, EDJ 708904). Pero la utilización del mismo local no constituye por sí misma una razón de sucesión de empresa (TSJ Madrid 27-5-24, EDJ 601444).

c. Efectos en el trabajador afectado

(Dir 2001/23/CE art.3.3 y 4.1; ET art.44.1)

Respecto de los trabajadores de la empresa cedente afectados por la sucesión empresarial rige el **principio de estabilidad en el empleo** (TJUE 7-2-85, C-186/83; 18-3-86, C-24/85; 12-2-09, C-466/07). Esto supone que el cambio de titularidad de una empresa, de un centro de trabajo o de una unidad productiva autónoma no extingue por sí mismo la relación laboral, y el nuevo empresario queda subrogado en los derechos y obligaciones laborales y de Seguridad Social del anterior, incluyendo los compromisos de pensiones y, en general, cuantas obligaciones en materia de protección social complementaria hubiere adquirido el cedente. **1120**

El principio de estabilidad en el empleo de los trabajadores de la empresa cedente afectados por la transmisión tiene, por lo tanto, **dos manifestaciones**:

1. La continuidad de su relación laboral en la empresa cesionaria (nº 1122).

2. El mantenimiento de sus condiciones de trabajo en la empresa cesionaria (nº 1138).

De este modo, se pretende asegurar, en la medida de lo posible, la continuación de la relación laboral con el cesionario sin modificaciones, impidiendo que los trabajadores queden en una situación menos favorable a causa de una transmisión empresarial (TJUE 11-7-85, C-105/84; 17-12-87, C-287/86; 14-9-00, C-343/98; 26-5-05, C-478/03; TS 12-9-16, EDJ 171562).

Debe tenerse en cuenta, además, las implicaciones que la sucesión empresarial produce en el **convenio colectivo** aplicable a las relaciones laborales de los trabajadores afectados (nº 1132).

Continuidad de la relación laboral (ET art.44.1; Dir 2001/23/CE art.4.1) La sucesión de empresa no es por sí misma causa legal de despido, ni para el cedente ni para el cesionario. Se trata de una disposición imperativa que no admite excepciones (TJUE 10-2-88, C-324/86; 14-11-96, C-305/94). Corresponde a cada Estado miembro fijar las **consecuencias jurídicas** que lleva aparejada la infracción de la prohibición de despedir (TJUE 27-11-08, C-396/07), que no afecta a la validez de la transmisión empresarial (TJUE 7-3-96, C-171/94 y C-172/94). **1122**

Precisiones Las empresas directamente implicadas en la **transmisión fraudulenta** (cedente y cesionaria) responden solidariamente de las consecuencias jurídicas que lleva aparejada la nulidad del despido, no siendo posible extender la responsabilidad a otras empresas que estuvieran vinculadas con el negocio transmitido, pero que no participaron de aquella ilegalidad (TS 18-2-14, EDJ 42937; 20-6-17, EDJ 145326; AN 17-11-15, EDJ 228432).

Obligaciones de la empresa cedente La sucesión de empresa no es por sí misma causa de extinción de los contratos de trabajo suscritos entre el cedente y los trabajadores adscritos a la entidad transmitida. **1124**

El **despido objetivo** adoptado por el cedente en fechas próximas a la sucesión de empresa es nulo por fraude de ley cuando resulta acreditado que su finalidad ha sido eludir las normas establecidas para el despido colectivo y las consecuencias de la sucesión legal, más concretamente, liberar al cesionario de la obligación legal que tiene de subrogarse en los contratos de trabajo del personal adscrito a la entidad transmitida (TS 14-3-17, EDJ 34071; TSJ País Vasco 17-11-15, EDJ 278262).

También es nulo por fraude de ley o abuso de derecho el **despido colectivo** que una entidad u organismo del sector público adopta antes de extinguirse para evitar la subrogación de su personal por el organismo que legalmente le sucede en sus funciones y competencias (TS 12-2-14, EDJ 48254; 21-5-14, EDJ 125304; 26-6-14, EDJ 136336; 15-10-15, EDJ 213470; TSJ Murcia 15-2-16, EDJ 11963).

Precisiones **1)** El **recibo de finiquito** que el trabajador pueda suscribir con la empresa cedente con ocasión de la transmisión no determina la extinción de la relación laboral cuando va acompañado de actos coetáneos que muestran la continuidad del vínculo laboral (TS 16-3-99, EDJ 6080; TSJ Madrid 25-1-02, EDJ 7242; 10-12-12, EDJ 295875; 5-12-13, EDJ 266351; 8-7-14, EDJ 162903). **1126**

2) **No constituye despido**, sino terminación lícita del contrato de obra o servicio determinado, la derivada de la adjudicación del servicio a otra empresa, no existiendo sucesión de empresa al no existir transmisión de medios, ni de toda o parte de la plantilla, ni existir norma convencional alguna que lo imponga (TS 17-4-18, EDJ 64883).

3) El despido colectivo que una entidad u organismo del sector público adopta antes de extinguirse **no es nulo por fraude de ley** cuando la propia Ley que ordena la extinción señala expresamente que la entidad que asume sus funciones y servicios no se subrogará en una parte del personal (TS 23-9-14, EDJ 209429). Por el contrario, es nulo si no es la Ley que regula la extinción del organismo público, sino una posterior resolución administrativa, la que excluye de la subrogación a los trabajadores del organismo extinguido (TS 21-5-14, EDJ 125304).

4) Cuando la transmisión de empresa origina cambios en el nivel de empleo que justifiquen un **despido por causas económicas, técnicas, organizativas o de producción**, la empresa cedente, con carácter previo a la transmisión, o la empresa cesionaria con posterioridad a la misma, puede adoptar válidamente un despido (TJUE 25-7-91, C-362/89; 14-4-94, C-392/92; 16-10-08, C-313/07;

11-6-09, C-561/07), bien colectivo, bien por causas objetivas. Con el fin de evitar los despidos que en estos casos puedan estar justificados, la Directiva 2001/23/CE permite que los Estados miembros adopten disposiciones para que el cedente aligere o suprima las cargas relacionadas con el empleo de los trabajadores excedentes, facultad extensible al cesionario después de la transmisión (TJUE 25-7-91, C-362/89; 7-12-95, C-472/93). Por tanto, el cedente y el cesionario pueden acudir a los mecanismos que ofrece la legislación laboral para acomodar las condiciones de trabajo y/o el número de trabajadores a las nuevas necesidades productivas y organizativas que surjan a raíz de la sucesión de empresa, y que pasan no solo por la adopción de despidos (objetivo y colectivo), sino también de otras medidas laborales menos drásticas (modificación sustancial de condiciones de trabajo, traslados, desplazamientos, suspensiones, etc.).

5) No cabe **acumular la acción de sucesión** de empresa a la de impugnación de despido colectivo, con base en hechos posteriores al despido (TS 12-7-17, EDJ 151669; 20-7-16, EDJ 145545).

1128 **Obligaciones de la empresa cesionaria** (ET art.44.1) La sucesión de empresa no es por sí misma causa de extinción del contrato de trabajo, lo cual se traduce en la obligación del cesionario de subrogarse en la relación laboral de los trabajadores de la empresa cedente que estuvieran adscritos a la entidad económica transmitida; es decir, el cesionario se subroga en la posición del cedente.

La subrogación empresarial opera **por imperativo de la ley**, una vez que concurren los requisitos constitutivos de la sucesión de empresa (nº 1070), sin requerir un acuerdo expreso de las partes (cedente y el cesionario) ni el consentimiento del trabajador afectado (TS 28-4-09, EDJ 92568; 5-3-13, EDJ 46889; 9-12-14, EDJ 275297; 12-3-15, EDJ 58575; 7-6-16, EDJ 105773).

Dicho de otro modo: la subrogación empresarial opera automáticamente, por el solo hecho de que haya una sucesión legal de empresa (TJUE 25-7-91, C-362/89; 9-3-06, C-499/04; 11-6-09, C-561/07).

La subrogación empresarial **opera**:

1. Cualquiera que fuere la **modalidad de transmisión** empresarial empleada (TJUE 26-5-05, C-478/03) y la modalidad contractual de los trabajadores afectados. No obstante, la ley que ordena la extinción de un organismo público e impone la obligación de subrogarse en su personal al que asume las funciones y competencias de aquel puede excluir de dicha subrogación al personal laboral temporal (TS 23-9-14, EDJ 209429).

2. En el **ámbito** en el que tenga lugar la sucesión de empresa, esto es a nivel de empresa, de centro de trabajo o de unidad productiva autónoma (TS 8-7-14, EDJ 269306; 9-7-14, EDJ 166652; 10-7-14, EDJ 180106; 9-12-14, EDJ 275297; 12-3-15, EDJ 58575). Cuando el objeto transmitido es **una parte de la empresa** (centro de trabajo o unidad productiva inferior), el cesionario se subroga en los contratos de los trabajadores de la empresa cedente que estuvieran adscritos a la entidad económica transmitida y no en el resto (TJUE 12-11-92, C-209/91; 14-4-94, C-392/92). El cesionario también debe subrogarse en los contratos de los trabajadores adscritos de manera permanente a la entidad económica transmitida, aunque el vínculo contractual no lo tuvieran con la empresa cedente, sino con otra empresa del mismo grupo (TJUE 21-10-10, C-242/09). Sin embargo, el cesionario no se subroga en los contratos de trabajo de los **trabajadores** de la empresa cedente que **no** estén **adscritos a la entidad transmitida**, aunque realicen funciones que conlleven el uso de medios de producción asignados a ella o estén adscritos a un departamento no transmitido que realiza funciones para la parte transmitida (TJUE 7-2-85, C-186/83).

Precisiones **1)** En caso de **reversión del servicio público**, el organismo público está obligado a la subrogación siempre que se den los requisitos de la sucesión legal o convencional. El pliego de condiciones no puede imponer la subrogación cuando no concurran los requisitos establecidos en el ET art.44, o bien, no lo imponga un convenio colectivo o un acuerdo de negociación colectiva de eficacia general (L 9/2017 art.130).

2) Es improcedente, y no nulo, el **despido disciplinario del trabajador subrogado** adoptado por el cesionario, poco después de la transmisión y reconocido como improcedente en la carta de despido. Entre los casos en que el despido ha de ser calificado como nulo no se encuentra aquel cuyo verdadero motivo no coincida con la causa formal expresada en la comunicación del cese (TS 29-9-14, EDJ 189834; 5-5-15, EDJ 99351).

1130 La negativa del cesionario a subrogarse supone un **despido improcedente** (TS 28-4-09, EDJ 92568; 23-10-09, EDJ 271408; 28-2-13, EDJ 32812; 5-3-13, EDJ 46889). También cuando, en lugar de subrogarse en los contratos de los trabajadores de la empresa cedente, suscribe con ellos contratos de trabajo ex novo, sin reconocerles la antigüedad acumulada en la empresa cedente (TS 8-7-14, EDJ 269306; 9-7-14, EDJ 166652; 10-7-14, EDJ 180106; 9-12-14, EDJ 275295; 27-1-15, EDJ 21858; 12-3-15, EDJ 58575). Las nuevas contrataciones no enervan el efecto extintivo, sino que lo confirman, porque no hay subrogación y continuidad de los contratos de trabajo, sino nuevas contrataciones que excluyen las anteriores (TS 7-12-09, EDJ 307432).

La **fecha de la subrogación empresarial** coincide con la de la transmisión de la entidad económica (TJUE 14-11-96, C-305/94; 26-5-05, C-478/03), sin que pueda depender de la voluntad de las partes (cedente y cesionario), de la decisión de los representantes de los trabajadores, ni siquiera de la de los propios trabajadores afectados (TJUE 25-7-91, C-362/89; 7-12-95, C-472/93; 24-1-02, C-51/00). En este sentido, el cedente y el cesionario no pueden acordar que la subrogación empresarial tenga lugar en fecha distinta a la de la transmisión (TJUE 14-11-96, C-305/94; 26-5-05, C-478/03). No obstante, dado que la sucesión de empresa es una operación jurídica y materialmente compleja, cuya realización suele llevar cierto tiempo, en ocasiones se ha admitido la falta de coincidencia de ambas fechas, de modo que el cesionario puede comenzar la actividad antes de subrogarse en los contratos de trabajo de los trabajadores de la empresa cedente (TJUE 2-12-99, C-234/98).

La subrogación empresarial alcanza a los **contratos de trabajo** de los trabajadores de la empresa cedente que están vigentes en el momento de la transmisión, pero no a los **extinguidos válidamente con anterioridad** (TJUE 17-12-87, C-287/86; 26-5-05, C-478/03; TS 24-7-95, EDJ 3985).

La sucesión de empresa no opera cuando todos los contratos de trabajo de la empresa cedida se han extinguido válidamente antes de la transmisión, como en el caso de la continuidad de una **empresa en quiebra** por los propios trabajadores despedidos mediante la creación de una empresa de economía social (nº 1107).

Precisiones Aunque los trabajadores de la empresa cedente afectados por la transmisión no tienen libertad para modificar la fecha de efectos de la subrogación empresarial, sí la tienen para que **no surta efectos**, porque deciden voluntariamente no continuar su relación laboral con el cesionario (TJUE 11-7-85, C-105/84).

Convenio colectivo aplicable (ET art.44.1) Las relaciones laborales de los trabajadores **1132**
afectados por la sucesión empresarial (trabajadores subrogados) siguen rigiéndose en la empresa cesionaria por el convenio colectivo que estuviese vigente en el momento de la transmisión en la empresa, en el centro de trabajo o en la unidad productiva autónoma transferida (convenio colectivo de la empresa cedente), salvo pacto colectivo específico en contrario. Se pretende con ello garantizar los derechos de los trabajadores cuando cambia la titularidad de la empresa, quedando al servicio del cesionario en idénticas condiciones laborales que las acordadas con el cedente (TJUE 2-12-99, C-234/98; 26-5-05, C-478/03; 27-11-08, C-396/07), e impedir que los trabajadores afectados se vean en una situación menos favorable por la mera transmisión (TJUE 17-12-87, C-287/86; 14-9-00, C-343/98; 6-9-11, C-108/10; 11-9-14, C-328/13).

No obstante, el cesionario y los representantes de los trabajadores pueden acordar la **inaplicación del convenio colectivo** de la empresa cedente a los trabajadores subrogados, teniendo en cuenta los siguientes aspectos:

1. Las **partes negociadoras del acuerdo** son la empresa cesionaria y los representantes de los trabajadores subrogados, sin que sea necesario que los trabajadores subrogados estén debidamente representados en la empresa cesionaria (TS 14-5-14, EDJ 91266).

2. El acuerdo se negocia y adopta una vez **consumada la sucesión**, es decir, después de la fecha de efectos de la transmisión. No tiene validez el pacto suscrito entre la empresa cedente y el comité de empresa antes del cambio de titularidad, porque es un simple acuerdo de garantías para el personal subrogado, que no neutraliza la aplicación del convenio colectivo de la empresa cedente (AN 14-6-13, EDJ 101838; 27-5-14, EDJ 80033). Tampoco es válido el acuerdo que, modificando las condiciones de trabajo recogidas en el convenio colectivo de la empresa cedente, comienza a negociar el cesionario antes de la sucesión empresarial y entra en vigor poco después de la subrogación (TS 14-5-14, EDJ 96221; 14-5-14, EDJ 91266; 11-2-15, EDJ 21841; 9-3-15, EDJ 51845; 21-12-16, EDJ 245921; 5-4-17, EDJ 65197).

3. El **contenido del pacto colectivo** en contrario puede contemplar la aplicación a los trabajadores subrogados del convenio colectivo vigente en la empresa cesionaria en el momento de la transmisión, en lugar del convenio colectivo de la cedente (TS 31-3-11, EDJ 71734), siempre que no les otorgue un trato peyorativo injustificado (en lo relativo, por ejemplo, al reconocimiento de la antigüedad) (TS 9-2-11, EDJ 19881).

Convenio colectivo de la cedente (ET art.44.1) Salvo pacto en contrario, las relaciones labora- **1134**
les de los trabajadores subrogados se rigen en la empresa cesionaria por el convenio colectivo de la empresa cedente que estuviera vigente en el momento de la transmisión. Si en el momento de la sucesión el convenio aplicable en la empresa cedente ya no estaba vigente, debe aplicarse el convenio colectivo aplicable en la empresa cesionaria (TS 1-2-18, EDJ 7608).

Deben tenerse en cuenta las siguientes **reglas**:

1. El convenio colectivo de la empresa cedente se aplica en la empresa cesionaria únicamente a los **trabajadores subrogados**, pero no a los trabajadores no subrogados, sin que ello suponga una vulneración del principio de igualdad (TS 3-6-02, EDJ 26623; 24-3-03, EDJ 11881; 3-11-09, EDJ 271403; 27-6-11, EDJ 155644; 15-4-14, EDJ 80852; 6-10-15, EDJ 221042; 29-3-17, EDJ 40835; AN 14-6-13, EDJ 101838; 27-5-14, EDJ 80033). No se aplica, por lo tanto, a los trabajadores que ya estuvieran adscritos a la empresa cesionaria antes de la transmisión, ni a los contratados después de la transmisión (personal de nuevo ingreso). No obstante, algunas condiciones de trabajo del convenio colectivo de la empresa cedente, como la jornada laboral, pueden aplicarse no solo a los trabajadores subrogados, sino también a los **trabajadores de nuevo ingreso** que vayan a prestar servicios en la misma unidad productiva que los subrogados, y siempre que razones organizativas obliguen a homogeneizar esa condición de trabajo para todo el personal de la unidad y el convenio colectivo de la empresa cesionaria no la regule de manera específica (TS 24-5-12, EDJ 125465).

2. El convenio colectivo de la empresa cedente se aplica en la **versión vigente en el momento de la transmisión**, de modo que, si hubiera experimentado modificaciones después de su aprobación, no cabe aplicar la versión original, sino la modificada (TS 17-11-14, EDJ 280846). Asimismo, si alguna de sus cláusulas convencionales hubiera sido declarada nula mediante sentencia firme, la declaración de nulidad se mantiene en la empresa cesionaria (TS 19-1-10, EDJ 11619).

3. La **desaparición de la empresa cedente** una vez consumada la transmisión (por ejemplo, por un proceso de fusión por absorción) no impide seguir aplicando su convenio colectivo en la empresa cesionaria a los trabajadores subrogados (TS 30-9-03, EDJ 127770). Los trabajadores de la empresa absorbida y los de la empresa absorbente o dominante siguen rigiéndose por su propio convenio colectivo hasta que se negocie un nuevo marco regulador, sin que resulte admisible aplicar la técnica del espigueo normativo (TS 27-6-11, EDJ 155644), y los trabajadores de nuevo ingreso, contratados tras la fusión, se rigen por el convenio colectivo de la empresa absorbente, por ser la dominante en el proceso de fusión (TS 3-11-09, EDJ 271403; 15-4-14, EDJ 80852).

4. El convenio colectivo de la empresa cedente se aplica en la empresa cesionaria aunque en el momento de la transmisión esté **en fase de ultraactividad** (TJUE 11-9-14, C-328/13; TS 12-3-02, EDJ 10923; 11-10-02, EDJ 51507; 15-10-03, EDJ 158527; 12-3-12, EDJ 86074; 24-4-13, EDJ 151870; 6-10-15, EDJ 221042).

5. El convenio colectivo de la empresa cedente puede aplicarse por la cesionaria de manera **parcial y no íntegramente**. La cesionaria puede dejar de aplicar aquellas cláusulas convencionales que correspondan a la singularidad de la empresa cedente y que no sean razonablemente extrapolables a los diferentes marcos laborales en que se desenvuelve la empresa cesionaria, pues en los supuestos de sucesión de empresa no pueden mantenerse condiciones de trabajo, o sindicales, si la cesionaria es una empresa que no reúne las condiciones determinantes del derecho en cuestión (TS 16-9-10, EDJ 226263; TSJ Castilla-La Mancha 7-12-11, EDJ 302824). Asimismo, el **acuerdo que pone fin a una huelga** en la empresa cesionaria puede establecer que a partir de ese momento dejen de aplicarse determinadas cláusulas del convenio colectivo de la cedente, manteniendo su vigencia el resto hasta la aplicación de un nuevo convenio colectivo en la empresa cesionaria (TSJ Las Palmas 20-7-04, EDJ 139487; 12-12-05, EDJ 269260).

6. La **actuación unilateral de la empresa cesionaria** consistente en aplicar a los trabajadores subrogados el convenio colectivo que rige en ella en el momento de la transmisión, en lugar del convenio colectivo de la empresa cedente, resulta nula de pleno derecho, por contravenir lo dispuesto en el ET art.44.4 (AN 14-6-13, EDJ 101838). La nulidad de dicha actuación unilateral lleva aparejada también la de sus consecuencias, de modo que los trabajadores subrogados no pueden reclamar el mantenimiento de las condiciones de trabajo del convenio colectivo de la empresa cesionaria, en lugar de las previstas en su convenio de origen, máxime después de haberse declarado por sentencia firme que la aplicación de aquel resulta nula de pleno derecho (TS 6-4-16, EDJ 68797).

1136 **Vigencia** (ET art.44.4 párrafo 2º) El convenio colectivo de la empresa cedente se aplica a los trabajadores subrogados por un tiempo limitado, hasta que expire su vigencia o entre en vigor en la empresa cesionaria otro convenio colectivo nuevo que resulte aplicable a la entidad económica transmitida. El **dies ad quem** del convenio colectivo de la empresa cedente es doble, es decir:

1. El convenio colectivo de la empresa cedente se aplica en la cesionaria **hasta que expire su vigencia**, y la empresa cesionaria no tiene obligación de aplicarlo más allá de dicha fecha, incluso aunque coincida con la de transmisión (TJUE 27-11-08, C-396/07; TS 30-1-18, EDJ 10110).

2. El convenio colectivo de la empresa cedente se aplica hasta que en la empresa cesionaria entre en vigor otro **convenio colectivo nuevo** que resulte aplicable a la entidad económica transmitida (TS 13-2-97, EDJ 1014; 12-3-12, EDJ 86074):

a) El nuevo convenio colectivo puede ser **de empresa o sectorial**, y debe adoptarse después de la transmisión (AN 14-6-13, EDJ 101838). La limitación temporal del convenio colectivo de la empresa cedente es muy clara cuando la cesionaria queda sujeta a un convenio colectivo ex novo inmediatamente después de la sucesión (TS 11-10-02, EDJ 51507).

b) La expresión «otro convenio colectivo nuevo» comprende el **acuerdo de mediación ante el SIMA** que se hubiera alcanzado en la empresa cesionaria después de la transmisión, porque tiene la misma eficacia que un convenio colectivo (VI Acuerdo de Solución Autónoma de Conflictos Laborales art.18; TS 4-11-10, EDJ 333707).

c) La expresión «otro convenio colectivo nuevo» no comprende:

- el **convenio colectivo vigente en la empresa cesionaria** en el momento de la transmisión (TS 22-3-02, EDJ 27073; 6-10-15, EDJ 221042); tampoco cuando está en periodo de ultraactividad (nº 1134);
- el **convenio colectivo sectorial aprobado antes de la transmisión** y que resulta aplicable a la nueva empresa cesionaria creada a raíz de la sucesión empresarial (TS 3-12-15, EDJ 253742; 6-4-16, EDJ 68797, en relación con AN 14-6-13, EDJ 101838; 27-5-14, EDJ 80033; 29-10-14, EDJ 186422);
- el **pacto extraestatutario** alcanzado en la empresa cesionaria después de la transmisión (TS 12-4-10, EDJ 84366; 17-1-12, EDJ 70609). Cuestión distinta es que en la empresa cesionaria se adopte después de la transmisión un convenio colectivo extraestatutario que alcance a todos los trabajadores afiliados a las organizaciones sindicales firmantes y a los no afiliados que se adhieran al mismo. Así, cabe la posibilidad de que el convenio colectivo de la empresa cedente deje de aplicarse a los trabajadores subrogados que se adhieran al nuevo convenio colectivo extraestatutario y siga aplicándose a quienes no se adhieran al mismo (TS 16-7-14, EDJ 147597);
- el **nuevo convenio colectivo aplicable en la empresa cedente** después de la transmisión si la cesionaria no ha participado en su negociación (TJUE 9-3-06, C-499/04; 18-7-13, C-426/11; TS 26-12-13, EDJ 298261). Los trabajadores subrogados no pueden pretender que se les aplique el nuevo convenio colectivo de la empresa cedente que sustituye al que estaba vigente en el momento de la transmisión, por ser ajeno a la entidad empresarial surgida como consecuencia del fenómeno sucesorio (TSJ Valladolid 16-7-14, EDJ 144326); y es que la regulación de la sucesión empresarial no tiene por objeto garantizar únicamente los intereses de los trabajadores de la empresa cedente afectados por la transmisión empresarial, sino establecer un justo equilibrio entre los intereses de estos y los del cesionario. La esencia del derecho a la libertad de empresa puede resultar lesionada si el cesionario tuviera que aplicar a los trabajadores subrogados un nuevo convenio colectivo del que no es parte (TJUE 18-7-13, C-426/11).

Mantenimiento de las condiciones de trabajo (Dir 2001/23/CE art.3.3; ET art.44.1 y 4) La sucesión legal de empresa no supone para los trabajadores subrogados la pérdida automática de las condiciones de trabajo reconocidas en la empresa cedente (TS 22-3-02, EDJ 27073; 11-10-02, EDJ 51507; 12-3-12, EDJ 86074; 26-12-13, EDJ 298261). **1138**

Los trabajadores subrogados mantienen las condiciones de trabajo que regían en la empresa cedente con independencia de su fuente de establecimiento (TSJ Las Palmas 31-7-06, EDJ 322957; 11-9-06, EDJ 328010; 26-10-06, EDJ 328189). No se limitan, por lo tanto, a las condiciones de trabajo reguladas por el convenio colectivo de la empresa cedente vigente en el momento de la transmisión (nº 1132 s.), sino que también se mantienen las condiciones de trabajo reconocidas en la empresa cedente en virtud de un **pacto individual** (TSJ Málaga 10-7-08, EDJ 300787; TSJ Cataluña 17-11-04, EDJ 199769) o de un **acuerdo de empresa** (TSJ Valladolid 29-1-01, EDJ 3949), aunque sea tácito (TS 22-4-15, EDJ 80840), hasta que expire su vigencia o se aplique un nuevo convenio colectivo en la empresa cesionaria (nº 1136). Sin embargo, el cesionario no tiene obligación de garantizar a los trabajadores subrogados las condiciones de trabajo que el cedente les hubiera reconocido por **adhesión a un convenio colectivo**, estando afectado por otro convenio colectivo, máxime cuando el depósito del acuerdo de adhesión fue rechazado (TSJ Castilla-La Mancha 29-11-06, EDJ 393572).

En relación con esta cuestión, deben tenerse en cuenta los siguientes **criterios**, por ser doctrina consolidada (TS 15-12-98, EDJ 33891; 4-5-99, EDJ 10038; 12-4-11, EDJ 51522; 12-3-12, EDJ 86074; 24-4-13, EDJ 151870; 6-10-15, EDJ 221042):

1. El cesionario está obligado a respetar a los trabajadores subrogados los **derechos y obligaciones** realmente existentes en el momento de la transmisión, es decir, aquellos **que hubieran consolidado y adquirido**, incorporándolos a su acervo patrimonial, sin que la subrogación alcance de ningún modo a meras expectativas legales o futuras (TS 5-12-92, EDJ 12065; 20-1-97, EDJ 230).

2. En los casos de sucesión legal de empresa articulada a través de un proceso de **fusión por absorción**, la obligación de subrogación empresarial no es incompatible con un pacto unificador de diversas estructuras salariales de las empresas que quedan absorbidas en una nueva entidad (TS 12-11-93, EDJ 10218).

3. El cesionario no está obligado a respetar **indefinidamente** las condiciones de trabajo de los trabajadores subrogados previstas en su convenio colectivo de origen. Los trabajadores subrogados mantienen sus condiciones laborales de origen por un tiempo limitado, evitándose, de este modo, que las relaciones entre trabajadores y empresa queden ancladas en el pasado y, en su caso, obsoletas (TS 31-3-11, EDJ 71734).
El objetivo último es unificar y homogenizar las condiciones de todos los trabajadores (subrogados y no subrogados) de la empresa cesionaria (TS 20-1-97, EDJ 230; 13-2-97, EDJ 1014; 20-3-02, EDJ 27073; 11-10-02, EDJ 51507; 13-3-06, EDJ 31885; 12-4-10, EDJ 84366; 12-3-12, EDJ 86074), lo que puede llevarse a cabo por la vía del convenio colectivo posterior a la transmisión que se adopte en la empresa cesionaria (ver nº 1136).

Precisiones El cesionario se subroga en las condiciones de trabajo correspondientes al **ámbito en el que tenga lugar la sucesión de empresa**. En este sentido, si el trabajador subrogado hubiere prestado servicios en varios centros de trabajo de la empresa cedente, el cesionario únicamente mantiene las condiciones de trabajo disfrutadas en el centro de trabajo transmitido, no las que estuvieran vinculadas con los centros de trabajo no transmitidos (TSJ Cataluña 28-5-07, EDJ 161154).

1140 **Retribución** Los trabajadores subrogados conservan en la empresa cesionaria el nivel salarial o **retribución global** que en cómputo anual percibían en la cedente en el momento de la transmisión, aunque las estructuras salariales del cedente y el cesionario sean distintas (TSJ Extremadura 9-3-98, EDJ 65148; TSJ Asturias 22-6-01, EDJ 25298). En este sentido se ha entendido que cuando la retribución de la plantilla de la empresa cesionaria sea inferior a la establecida en la cedente, el cesionario puede crear y abonar a los trabajadores subrogados un complemento personal para que mantengan como mínimo su retribución global (TSJ Cataluña 30-7-02, EDJ 500289).
De este modo, hasta que la empresa cesionaria no adopte un nuevo convenio colectivo que establezca un marco regulador uniforme, va a existir un **doble régimen salarial** para los trabajadores, según hayan sido o no subrogados, que deriva de la aplicación, a unos y otros, de distinto convenio colectivo, lo cual no conculca el principio constitucional de igualdad (nº 1134). Así, se ha entendido que **no es discriminatoria** la diferencia de trato en materia salarial entre los trabajadores de dos empresas fusionadas en una nueva, en función de la distinta fecha de ingreso en cada una de las empresas fusionadas o en la empresa unificada (TS 11-11-08, EDJ 227894).
La retribución global **puede disminuir** si el trabajador subrogado realiza en la empresa cesionaria una jornada inferior a la realizada en la cedente (TSJ Burgos 24-2-04, EDJ 68057). Además, para seguir cobrando determinados **complementos salariales** es necesario que en la empresa cesionaria perduren las circunstancias que en la cedente dieron lugar a su percepción (TS 16-1-02, EDJ 2617; TSJ Málaga 10-7-08, EDJ 300787; TSJ Cataluña 4-9-12, EDJ 233487). La empresa cesionaria debe respetar a los trabajadores subrogados el **salario base y** los **complementos personales** que percibían en la cedente, no así los complementos que, por estar vinculados a las circunstancias y funciones del puesto, tienen carácter no consolidable, como el plus de idiomas vinculado al puesto de trabajo (TSJ Sta. Cruz de Tenerife 4-12-97, EDJ 59495), el plus de jefe de equipo (TSJ País Vasco 11-1-05, EDJ 15071) o el complemento funcional (TSJ Madrid 15-3-13, EDJ 153636; 10-2-14, EDJ 15649; 21-9-15, EDJ 180251; 9-3-16, EDJ 53842). Con todo, aunque en la empresa cesionaria no concurran las circunstancias para el devengo de un complemento de puesto de trabajo, el trabajador subrogado debe seguir percibiéndolo si la cedente hubiera acordado expresamente su carácter consolidable (TSJ País Vasco 13-1-04, EDJ 11958).
La subrogación empresarial solo abarca los derechos y obligaciones realmente existentes en el momento de la integración, es decir los que en ese momento el interesado hubiere ya consolidado y adquirido, incorporándolos a su acervo patrimonial, sin que dicha subrogación alcance de ningún modo a las meras **expectativas legales o futuras** (TSJ Sevilla 18-9-14, EDJ 208695). La Ley no obliga a mantener las expectativas que los trabajadores subrogados gozaban en las antiguas empresas cuando estas expectativas son modificadas y sustituidas por otras que, si en unos aspectos pueden considerarse que les perjudican, en otros les favorecen. Salvado el nivel retributivo alcanzado en la empresa anterior, el futuro ha de acomodarse a las normas legales o pactadas que rijan la relación con el nuevo empleador, siempre que se vaya manteniendo o mejorando ese nivel, y sin que pueda invocarse la normativa precedente y menos acogerse parcialmente a ella y a la posterior (TS 12-11-93, EDJ 10218). En definitiva, el cesionario puede pactar la **modificación de la estructura salarial** de los trabajadores subrogados siempre que se respeten los derechos económicos reconocidos por el cedente, pero no puede modificarla unilateralmente (TSJ Cataluña 8-2-05, EDJ 17806).

Precisiones 1) No existe discriminación entre trabajadores subrogados y no subrogados cuando el cesionario abona únicamente a los primeros (los subrogados) un **complemento retributivo** que en la empresa cedente percibían como condición más beneficiosa ad personam (TSJ Las Palmas 31-3-11, EDJ 158512; 15-3-12, EDJ 102576; 21-2-13, EDJ 62639). 1142

2) Aunque todavía no haya fijado los objetivos, el cesionario debe abonar al trabajador subrogado el bonus o **retribución variable por objetivos** que percibía en la empresa cedente (TS 16-5-12, EDJ 118361; 1-7-14, EDJ 147579).

3) El trabajador subrogado mantiene en la empresa cesionaria el **complemento retribución voluntaria** que tenía reconocido en la cedente por mutuo acuerdo al tratarse de una condición más beneficiosa (TSJ Cataluña 14-3-13, EDJ 86100).

4) Respecto de las **expectativas de futuro**, se ha llegado a declarar que el cesionario debe abonar a los trabajadores subrogados el premio de permanencia, previsto en su convenio colectivo de origen, aunque no llegaran a devengarlo en la empresa cedente por no acumular todavía la antigüedad exigida (TSJ Málaga 16-6-05, EDJ 227626; TSJ Cataluña 21-10-15, EDJ 215391).

5) En principio, el cesionario goza de libertad para fijar el **sistema de devengo de las pagas extraordinarias** siempre que no haya un perjuicio para el trabajador subrogado y no sea contrario a lo dispuesto en el convenio colectivo (TS 22-11-10, EDJ 298267; TSJ Murcia 30-6-06, EDJ 268485) o a las condiciones más beneficiosas adquiridas en la empresa cedente (TSJ Sta. Cruz Tenerife 6-7-22, EDJ 696995),

6) En una sucesión de empresa por fusión de dos entidades, la nueva entidad que resulta de la fusión (cesionario) se subroga en la obligación asumida en su día por una de las entidades fusionadas y que consiste en **negociar la revisión salarial de un complemento retributivo**, lo cual no equivale a la obligación de alcanzar un acuerdo de revisión. Habiendo negociado sin acuerdo sobre la revisión salarial del complemento, el cesionario no puede aplicar por analogía el criterio de revisión previsto en el convenio colectivo sectorial que rige tras la fusión, porque no concurren los presupuestos para que opere la analogía (TS 24-9-13, EDJ 192581).

7) El **salario establecido por sentencia firme** en un proceso de despido en el que se constata la existencia de sucesión de empresa produce efecto positivo de cosa juzgada en un proceso ulterior sobre reclamación de diferencias retributivas a la empresa cesionaria (TSJ Sevilla 18-9-14, EDJ 208695).

8) Deben aplicarse a los trabajadores subrogados las **reducciones salariales** acordadas por la empresa cedente en el marco de una modificación del convenio colectivo previa a la transmisión. El convenio colectivo de la cedente se aplica no con su texto original sino con el modificado, es decir, con la reducción salarial (TS 12-4-00, EDJ 7317; 11-5-2004, EDJ 44810). Por el contrario, el **cesionario** no puede aplicar reducciones salariales a los trabajadores subrogados en virtud de un acuerdo colectivo que alcanzó poco después de la subrogación y cuyo efecto retroactivo hace que a la plantilla subrogada se le apliquen desde el primer momento las condiciones salariales del mismo en lugar de las que estaban vigentes en la empresa cedente en el momento de la subrogación, contraviniendo así una de las garantías inherentes al mecanismo subrogatorio, que es el mantenimiento de las condiciones de trabajo (nº 1138). El referido acuerdo colectivo no es lícito, de modo que para practicar las reducciones salariales el cesionario debe acudir al procedimiento de modificación sustancial de condiciones de trabajo (TS 14-5-14, EDJ 96221; 14-5-14, EDJ 91266; 27-1-15, EDJ 17317; 11-2-15, EDJ 21841; 9-3-15, EDJ 51845).

Antigüedad El cesionario debe respetar al trabajador subrogado la antigüedad acumulada en la empresa cedente (TJUE 6-9-11, C-108/10; TS 12-12-17, EDJ 264828) y tomarla en cuenta a todos los efectos, no solo para el complemento salarial de antigüedad convencionalmente establecido, sino también, por ejemplo, para la promoción profesional o el cálculo de la indemnización por despido improcedente y de otras extinciones indemnizadas del contrato de trabajo (TJUE 14-9-00, C-343/98; TS 16-10-17, EDJ 227375). Pero no debe tomarse en cuenta a efectos de la adquisición por parte de los trabajadores subrogados de los derechos que el cesionario reconocía al personal activo a una determinada fecha (TS 15-12-04, EDJ 229541). 1144

En relación con el **cálculo de la indemnización** por despido objetivo, constituye error inexcusable de la empresa cesionaria limitarse a computar el periodo de prestación de servicios tras la subrogación sin tomar en cuenta la antigüedad acumulada en la empresa cedente, lo que conlleva la declaración de improcedencia del despido (TS 15-4-11, EDJ 79330; 23-12-11, EDJ 327224). No produce este efecto el error inexcusable en el cálculo de la indemnización de un despido colectivo por causas económicas cuando la empresa cesionaria, debido a su **falta de liquidez**, queda dispensada de poner a disposición del trabajador el importe de la indemnización de forma simultánea con la entrega de la carta de despido (TSJ País Vasco 6-10-15, EDJ 229952).

Precisiones La antigüedad acumulada por los trabajadores subrogados mientras se regían por el convenio colectivo de la empresa cedente es computable para devengar el **complemento salarial de antigüedad** previsto en el nuevo convenio colectivo aplicable en la empresa cesionaria después de la transmisión (TS 12-4-11, EDJ 51522; 24-4-13, EDJ 151870). El cesionario puede acordar con los trabajadores subrogados que estos sigan devengando y percibiendo el complemento de antigüedad reconocido en la empresa cedente durante un tiempo determinado, transcurrido el cual dejarán de percibirlo, procediéndose a su **absorción y compensación** con otros incrementos retributivos (TS 13-10-14, EDJ 197581).

1146 **Condiciones de trabajo más beneficiosas** El cesionario debe respetar las condiciones de trabajo más beneficiosas de las que disfrute el trabajador subrogado en los siguientes términos:

1. Si fuera una condición que el cedente hubiera reconocido al trabajador subrogado **a título** exclusivamente **personal**, el trabajador seguirá disfrutándola mientras concurran los términos y condiciones que determinaron su aplicación (TS 13-10-11, EDJ 263189; TSJ Las Palmas 27-2-15, EDJ 152304) y siempre que no se produzca alguna de las siguientes situaciones: que acuerde otra cosa con el cesionario (AN 13-6-07, EDJ 108606), que sean compensadas o neutralizadas por una normativa posterior (legal o pactada colectivamente) más favorable que modifique el status anterior (TS 20-5-02, EDJ 26587; 27-12-07, EDJ 274877; 12-5-09, EDJ 171921; 29-6-09, EDJ 190324; 26-6-12, EDJ 149807; 25-6-14, EDJ 147590; 25-6-14, EDJ 166663). Si no se produce ninguna de estas situaciones, en virtud del principio de intangibilidad unilateral, el cesionario no puede suprimirlas ni modificarlas unilateralmente si no es acudiendo al procedimiento de modificación sustancial de condiciones de trabajo (TS 19-3-01, EDJ 5766; 14-3-05, EDJ 47137).

2. Tratándose de condiciones de trabajo más beneficiosas de **carácter colectivo** que los trabajadores subrogados disfrutasen en la empresa cedente, el principio de continuidad de la relación laboral en la sucesión de empresa impide también su pérdida automática. No obstante, tal disfrute es limitado, y el nuevo convenio colectivo que se aplique en la empresa cesionaria tras la sucesión puede disponer de ellas y realizar las compensaciones oportunas (TS 13-2-97, EDJ 1014; 11-10-02, EDJ 51507).

El abono a los trabajadores subrogados de un complemento retributivo que percibían como condición más beneficiosa en la empresa cedente no supone una **discriminación** de los trabajadores no subrogados que no lo perciben. En tal caso no existe una diferencia de trato basada en la mera antigüedad o en la naturaleza del contrato, sino en el origen de los trabajadores que, procedentes de otra empresa, tenían una ventaja o condición más beneficiosa que la empresa les ha mantenido (TSJ Las Palmas, 31-3-11, EDJ 158512; 15-3-12, EDJ 102576; 21-2-13, EDJ 62639). No obstante, tratándose de **empresas públicas** fusionadas, la diferencia de trato en las condiciones más beneficiosas debe someterse al principio de igualdad, pudiendo reconocerse el derecho de los trabajadores de la empresa absorbida a percibir en concepto de cheque comida la misma cantidad que los de la empresa absorbente (AN 26-4-23, EDJ 558241).

Precisiones Se entiende que el cesionario reconoce que el trabajador subrogado disfruta de una condición más beneficiosa en materia salarial otorgada por el cedente mediante acuerdo verbal cuando las **nóminas** que le entrega tras la subrogación recogen un concepto con el importe del referido beneficio salarial, lo que no puede ser alterado por la mera alegación de un error informático (TSJ Sta. Cruz de Tenerife 28-2-00, EDJ 4526).

1148 **Seguridad Social y protección social complementaria** (ET art.44.1; L 43/2006 art.8.3) La empresa cesionaria se subroga en los derechos y obligaciones laborales del cedente. En materia de Seguridad Social esto supone que el cesionario se subroga en el derecho del cedente al disfrute de las **bonificaciones** en la cuota empresarial a la Seguridad Social, beneficiándose de ellas por el tiempo que reste hasta agotar el período máximo que corresponda.

También se subroga en cuantas obligaciones en materia de **protección social complementaria** hubiere adquirido el cedente. Así, el cesionario sucede al cedente como promotor de un **plan de pensiones** del sistema de empleo en el que sean partícipes los trabajadores subrogados. El cesionario debe seguir realizando la correspondiente aportación al plan de pensiones de empleo en los términos previstos en el convenio colectivo que resulte aplicable a los trabajadores subrogados. No obstante, el cesionario puede dejar temporalmente de realizar la aportación cuando sea una sociedad o entidad del sector público y exista norma básica que le prohíba realizar dichas aportaciones, no siendo posible adoptar como medida alternativa la suscripción de un seguro colectivo para cubrir contingencias distintas a la jubilación, con el correspondiente incremento de la masa salarial, que es lo que se pretende evitar como medida de contención del gasto público (TS 11-12-14, EDJ 253963).

d. Derechos de los representantes de los trabajadores

1155 **Derecho a ser informados** (ET art.44.6, 7, 8 y 10) El cedente y el cesionario deben informar a los representantes legales de los trabajadores respectivos y, si no hubiera, a los trabajadores que pudieran resultar afectados por la transmisión.

El cedente y el cesionario deben informar sobre los siguientes **aspectos de la transmisión**:

1. La **fecha** prevista de la transmisión.
2. Los **motivos** de la transmisión.

3. Las **consecuencias** jurídicas, económicas y sociales de la transmisión para los trabajadores.
4. Las **medidas** previstas para los trabajadores afectados por la transmisión.
La información se debe proporcionar con suficiente antelación, siempre antes de la transmisión, y, en todo caso, antes de que los trabajadores se vean afectados en sus condiciones de empleo y de trabajo por la transmisión.
Cuando la sucesión de empresa tenga lugar **por fusión o por escisión** de sociedades, el cedente y el cesionario deben informar, en todo caso, al tiempo de publicarse la convocatoria de las juntas generales que han de adoptar los respectivos acuerdos de fusión y escisión.
El deber de informar a los representantes de los trabajadores es exigible con independencia de que la transmisión haya sido decidida por el cedente y el cesionario o por las empresas que ejercen el control sobre ellas. El cedente y el cesionario no pueden justificar el incumplimiento de su obligación de informar alegando que la empresa que decidió la transmisión no les facilitó la información necesaria.

Derecho a ser consultados (ET art.44.9 y 10) El cedente y el cesionario deben iniciar un **periodo de consultas** con los representantes de los trabajadores cuando, con motivo de la transmisión, tengan previsto adoptar **medidas laborales**. El periodo de consultas debe iniciarse con suficiente antelación, antes de que las medidas se lleven a efecto. **1157**
Durante el periodo de consultas, las partes **deben negociar**:
1. Sobre las medidas laborales previstas y sus consecuencias.
2. De buena fe, con vistas a alcanzar un acuerdo.
Si las medidas laborales consistieran en la adopción de **traslados colectivos**, el periodo de consultas ha de ajustarse a lo dispuesto para el procedimiento de movilidad geográfica (nº 9425 s.) (TSJ Cantabria 2-4-14, EDJ 64026), y si consistieran en **modificaciones sustanciales** de condiciones de trabajo, ha de estarse a lo previsto en ese procedimiento (nº 9195 s.).
Al igual que el deber de informar, el deber de consultar a los representantes de los trabajadores es exigible con independencia de que la transmisión haya sido decidida por el cedente y el cesionario o por las empresas que ejercen el control sobre ellas. El cedente y el cesionario no pueden justificar el incumplimiento de su obligación de consultar alegando que la empresa que decidió la transmisión no les facilitó la información necesaria.

Precisiones La obligación de iniciar un **periodo de consultas** nace cuando existe una relación de causalidad entre la transmisión y la adopción de las medidas laborales (TSJ Cataluña 18-11-09, EDJ 328070). Debe diferenciarse esta situación de las medidas laborales motivadas por circunstancias que afectan únicamente al cesionario (o al cedente) (TS 16-6-14, EDJ 143136).

Mantenimiento del mandato (Dir 2001/23/CE art.6.1; ET art.44.5) Los representantes unitarios de los trabajadores afectados por la transmisión mantienen su mandato en la empresa cesionaria cuando la empresa, el centro de trabajo o la unidad productiva objeto de la transmisión conserve su autonomía (TJUE 29-7-10, C-151/09). La conservación de la **autonomía de la entidad transmitida** (empresa, centro de trabajo o unidad productiva autónoma) es, por lo tanto, conditio iuris para que los representantes unitarios no vean extinguido su mandato cuando cambia la titularidad empresarial y pasan a depender de un nuevo empresario (cesionario) (TSJ Burgos 15-3-12, EDJ 39026; 22-1-13, EDJ 5799). La autonomía de la entidad transmitida se predica en un **doble sentido**: **1159**
1. Debe subsistir autónomamente tras el cambio de titularidad (autonomía organizativa); y
2. Debe perdurar como una unidad electoral en la empresa cesionaria (TJUE 29-7-10, C-151/09).
No supone la **pérdida de la autonomía** de la entidad transmitida, una eventual redistribución de las facultades organizativas, y tampoco el mero cambio de sus máximos responsables jerárquicos salvo que estos puedan organizar directamente la actividad de los trabajadores de la entidad transmitida y tomar decisiones. Sin embargo, la entidad transferida **no conserva su autonomía** organizativa cuando las facultades organizativas de los responsables de la entidad transmitida se reducen o desaparecen después de la transmisión (TJUE 29-7-10, C-151/09).
Así, **el mandato** de la representación unitaria de los trabajadores **se mantiene** cuando la entidad transferida, que fue tomada como unidad electoral en la empresa cedente, subsiste en la empresa cesionaria bajo condiciones de autonomía, y **se extingue** con todas sus consecuencias cuando dicha entidad desaparece o se diluye con la transmisión (TS 23-7-90, EDJ 7991; TSJ Cataluña 9-2-16, EDJ 38138; TSJ Madrid 25-5-17, EDJ 136186), pues de mantenerse se produciría una doble representación y se desconocería cuál es su representatividad real actual, al ser designados por un colectivo diferente (TSJ Granada 27-9-12, EDJ 333532; TSJ Sta. Cruz de Tenerife 23-7-12, EDJ 219649; TSJ Cataluña 30-5-11, EDJ 163291). Sin embargo, estos criterios han sido puestos en tela de juicio, partiendo de que los trabajadores trasmitidos no pueden verse perjudicados, aunque se produzca algún desequilibrio en la organización

del nuevo empleador (TJUE 29-7-10, C-151/09). En este sentido, se ha señalado que si la autonomía de la entidad transmitida queda afectada, el mandato también puede quedar limitado por el periodo necesario para proceder a una nueva designación de representantes (TSJ Cataluña 9-2-16, EDJ 38138).

Los representantes de los trabajadores **no mantienen su mandato** en la empresa cesionaria cuando no se transfiere la totalidad de la unidad electoral en la que fueron elegidos, porque la unidad electoral a la que pertenecen no conserva su autonomía. Tampoco pueden incorporarse al órgano de representación unitaria ya existente en la empresa cesionaria porque vería alterado su equilibrio interno (TSJ Aragón 18-2-02, EDJ 13045). En este sentido, los **miembros del comité de empresa** de la cedente afectados por la transmisión no mantienen su mandato en la empresa cesionaria cuando la entidad transmitida es un centro de trabajo y el comité de empresa al que pertenecen no es a nivel de centro, sino de empresa (TSJ Asturias 12-5-00, EDJ 21567) o de varios centros de trabajo (TSJ Madrid 5-6-06, EDJ 322204).

Cuando una entidad u organismo del **sector público** se extingue y posteriormente otra entidad asume sus competencias y se subroga en su personal, los representantes de los trabajadores de la entidad extinguida no conservan su condición, por no concurrir esa conservación de autonomía que determina el mantenimiento de la representación de los trabajadores (TSJ Málaga 20-12-12, EDJ 364907; TSJ La Rioja 14-11-14, EDJ 248647).

Los representantes de los trabajadores mantienen su mandato en la empresa cesionaria hasta la promoción o celebración de **nuevas elecciones** en la empresa cesionaria (TSJ C.Valenciana 5-7-02, EDJ 86545; 6-10-06, EDJ 416078).

1161 **Transmisión de centro de trabajo** Cuando la entidad transmitida es un centro de trabajo que constituye una unidad electoral en la empresa cedente, lo **determinante para mantener la condición de representante** unitario es que el centro de trabajo para el que fue elegido el trabajador subrogado subsista en la empresa cesionaria, donde la representación unitaria se articula también por centros de trabajo (TS 23-7-90, EDJ 7991; TSJ C.Valenciana 4-12-06, EDJ 421925; TSJ Murcia 23-7-02, EDJ 44325).

En los casos de **fusión, escisión y absorción** es preciso distinguir las siguientes **hipótesis** (TSJ Las Palmas 10-3-05, EDJ 38736; 28-1-11, EDJ 134093; TSJ Madrid 29-6-10, EDJ 181165):

1. Si todos o algunos de los centros de trabajo afectados **conservan su** propia **identidad**, se mantiene la representación de los trabajadores existente en cada uno de tales centros de trabajo.

2. Si el proceso de fusión diera lugar a una **reestructuración** de determinados centros de trabajo, afectando a la dimensión de su plantilla: en tal caso, si la variación fuera al alza, cabría promover elecciones parciales para ajustar la representación al incremento de la plantilla (ET art.67.1); mientras que si la variación fuera a la baja, la acomodación requeriría previsión al respecto del convenio colectivo o, en su defecto, acuerdo entre la empresa y los representantes de los trabajadores.

3. Si la reestructuración subsiguiente a la fusión llegara a significar el **cierre** del centro, los representantes perderían su condición de tales, al desaparecer la base misma que sustentaba su representatividad (TSJ Burgos 22-1-13, EDJ 5799; TSJ Madrid 20-10-08, EDJ 270431).

Precisiones **1)** El mandato de los representantes de los trabajadores **se extingue** cuando el centro de trabajo sigue funcionando pero desaparece como unidad electoral propia al incorporarse todos los trabajadores que pertenecen a la plantilla de la empresa cesionaria en la provincia, la cual carece de comité de empresa de centro (TSJ Madrid 5-12-05, EDJ 240383).

2) El mandato de los representantes de los trabajadores perdura cuando el **centro de trabajo** al que estuvieran adscritos **subsiste** tras la transmisión, aunque sea reducido como consecuencia de una remodelación (TSJ Asturias 26-1-07, EDJ 88750).

3) Cuando la sucesión de empresa afecta a **varios centros de trabajo**, la autonomía va referida al centro de trabajo en el que fue elegido el representante, no al centro en el que no fue elegido el representante y queda subrogado por decisión del cesionario (TSJ Cataluña 9-2-16, EDJ 38138; TSJ Madrid 3-3-08, EDJ 45513).

4) Cuando la entidad transferida es una **unidad productiva inferior al centro de trabajo**, que conserva su autonomía organizativa y se integra en un centro de trabajo de la empresa cesionaria carente de representación unitaria propia, los representantes unitarios de los trabajadores de la empresa cedente adscritos a la unidad transferida conservan su mandato, porque no se produce un fenómeno de simultaneidad de mandatos y de órganos de representación, incluso aunque la unidad productiva transmitida no constituya una unidad electoral propia (TSJ País Vasco 20-11-07, EDJ 273697).

1163 **Garantías de los representantes** (ET art.68) En cualquier caso, los representantes unitarios de los trabajadores de la empresa cedente afectados por la sucesión empresarial mantienen su mandato en la cesionaria cuando el **convenio colectivo** prevé expresamente su continuidad (TSJ Granada 2-4-02, EDJ 30564; TSJ País Vasco 20-11-07, EDJ 273697; TSJ Las Palmas 28-1-11, EDJ 134093), o cuando el **cesionario consiente tácitamente** su continuidad, con

plenitud de derechos y garantías, incluso aunque el número total de representantes exceda del legalmente establecido (TSJ Murcia 23-7-02, EDJ 44325).
Si los representantes unitarios de los trabajadores afectados por la transmisión mantienen su mandato en la empresa cesionaria, disfrutan de las garantías que les reconoce la Ley y conservan el derecho a optar entre indemnización o readmisión en caso de **despido improcedente** (TSJ Cataluña 20-1-11, EDJ 33569; TSJ Sevilla 13-12-11, EDJ 334534). A sensu contrario, si no mantienen la condición de representantes, no resultan aplicables dichas garantías (TSJ Galicia 29-1-98, EDJ 8532).

Precisiones 1) En relación con el derecho al **crédito horario** para el ejercicio de funciones de representación, cabe una rebaja del disfrutado en la empresa cedente por la reducción de plantilla en la cesionaria (TSJ Madrid 31-10-01, EDJ 57356), y no es posible su **acumulación** en la empresa cesionaria cuando tras la sucesión empresarial desaparecen las condiciones y presupuestos de la pretendida acumulación (TS 16-9-10, EDJ 226263).
2) La extinción del mandato de los representantes por la pérdida de autonomía de la entidad transferida tras una fusión no impide que el cesionario y los representantes de los trabajadores **pacten expresamente el mantenimiento** de las garantías hasta la fecha en que estaba prevista la expiración del mandato representativo de no haber tenido lugar la fusión (TSJ Madrid 11-3-13, EDJ 167370).

e. Responsabilidad solidaria del cedente y el cesionario

Se establece una garantía de **responsabilidad solidaria** del cedente y cesionario respecto de las obligaciones laborales contraídas antes de la transmisión con los trabajadores (nº 1172) y con la Seguridad Social (nº 1180). **1170**

Obligaciones laborales (ET art.44.3 párrafo 1º) En las transmisiones que tengan lugar por **actos inter vivos**, el cedente y el cesionario responden solidariamente durante 3 años de las obligaciones laborales nacidas con anterioridad a la transmisión y que no hubieran sido satisfechas. **1172**
Esta responsabilidad se configura como solidaria, es decir, se comparte por el cedente y el cesionario en un plano de igualdad, de modo que el acreedor puede dirigirse contra cualquiera de los deudores solidarios o contra todos simultáneamente (CC art.1144). También puede dirigirse contra los no demandados con anterioridad mientras la deuda no resulte satisfecha por completo. Todo ello es independiente de la posibilidad de **reintegros entre empresas**, o ajustes que las mismas puedan efectuar recíprocamente, pero sobre las que el trabajador queda ajeno (TSJ País Vasco 21-6-11, EDJ 177593). La responsabilidad solidaria recogida en el Estatuto de los Trabajadores no significa que el cesionario deba responder por unas deudas ajenas sin más, sino que responde sin perjuicio de poder reclamarlas posteriormente al verdadero deudor (TS 15-7-03, EDJ 92952; 15-7-03, EDJ 241313; 15-7-03, EDJ 92957; 4-10-03, EDJ 127740).
La responsabilidad solidaria **no procede** cuando la subrogación empresarial opera por mandato del convenio colectivo, en cuyo caso ha de estarse a lo dispuesto en el mismo (nº 1194).
En la sucesión empresarial por **actos mortis causa**, el pago de las deudas laborales nacidas con anterioridad a la transmisión está garantizado por las normas generales en materia de sucesión (CC art.659 s.). El fallecimiento del empresario individual no es causa de extinción de las deudas laborales pendientes, y responden por ellas los herederos que continúan con la empresa, salvo que haya aceptación de la herencia a beneficio de inventario y el importe de las deudas sea superior al caudal hereditario (TS 15-7-03, EDJ 92952; 15-7-03, EDJ 241313; 15-7-03, EDJ 92957; 4-10-03, EDJ 127740).

Precisiones 1) El TS ha considerado que la sucesión empresarial del ET art.44 es un supuesto de **solidaridad propia** de modo que la reclamación contra un deudor solidario interrumpe la prescripción frente a todos. Por el contrario, la subrogación impuesta por convenio colectivo es un supuesto de **solidaridad impropia** en cuyo caso la demanda interpuesta contra un deudor no perjudica a los demás deudores, ni interrumpe la prescripción contra los mismos (TS 3-6-14, EDJ 138296). También considera como supuesto de solidaridad impropia el de la empresa principal por las deudas salariales y de Seguridad Social de las subcontratistas del ET art.42 (TS 5-12-17, EDJ 279552).
2) La sucesión empresarial por la adquisición de una unidad productiva en fase de liquidación de un **concurso de acreedores** no solo produce la subrogación de la nueva empresa en los derechos y obligaciones de la anterior respecto de los trabajadores cedidos, sino también la responsabilidad solidaria de ambas empresas respecto de las deudas laborales que la empresa cedente tuviera pendientes de abonar (TS 5-6-18, EDJ 109162; 27-2-18, EDJ 18542; 26-4-18, EDJ 72631; 27-2-18, EDJ 18542; 12-12-19, EDJ 796536).

1174 **Deudas cubiertas** La responsabilidad solidaria alcanza a las deudas que reúnan las siguientes **características**: ser laborales; haber nacido con anterioridad a la transmisión; no haber sido satisfechas por el cedente en el momento de la transmisión; estar referidas al ámbito en el que tenga lugar la sucesión de empresa.

La responsabilidad solidaria alcanza a la totalidad de las deudas laborales que derivan del contrato de trabajo. Es predicable de cualquier deuda laboral contraída por el cedente, sea cual fuere su naturaleza, es decir, comprende las deudas **salariales y extrasalariales**, incluyendo en estas últimas los complementos no salariales, las **indemnizaciones** por extinción del contrato de trabajo previa a la transmisión (TSJ Sevilla 4-4-13, EDJ 119545; TSJ Asturias 29-7-11, EDJ 192954), los **salarios de tramitación** (TSJ Baleares 19-1-15, EDJ 13540), las **mejoras voluntarias** de la Seguridad Social, etc. Asimismo, incluye la aportación económica que el cedente todavía no hubiera satisfecho al Tesoro Público por los **despidos colectivos** adoptados antes de la transmisión y que afectaron a trabajadores de 50 o más años de edad (ET art.51.11; RD 1484/2012).

Alcanza también al pago de los siguientes **intereses**:

1. Los **intereses por mora** del cedente en el pago de las **deudas salariales** (TSJ País Vasco 17-4-07, EDJ 151564), cuya cuantía asciende en todo caso al 10% (ET art.29). Y ello con independencia de si la cuestión es o no razonablemente controvertida (TS 17-6-14, EDJ 106575; 14-11-14, EDJ 228381; 21-1-15, EDJ 26940; 24-2-15, EDJ 31734), de modo que la falta de conocimiento pleno sobre la realidad e importe de la deuda salarial del cedente no libera al cesionario del pago (TSJ País Vasco 17-4-07, EDJ 151564).

2. Los **intereses por mora** del cedente en el pago de las **deudas extrasalariales**, cuya cuantía no es fija y varía en función del interés legal del dinero (CC art.1108).

3. Los **intereses de la mora procesal** (LEC art.576), cuya cuantía se calcula tomando el interés legal del dinero incrementado en dos puntos (o el que corresponda por pacto de las partes o por disposición especial de la ley). El cesionario responde únicamente de la parte relativa al interés legal del dinero -sin el incremento de dos puntos que corresponde en exclusiva al cedente- y solo desde que la obligación fue reconocida judicialmente, con independencia de que en ese momento hubiera o no tenido lugar la sucesión de empresa y, por tanto, con independencia de que ya hubiera entrado o no en el proceso (TS 11-12-02, EDJ 61471; 28-11-03, EDJ 221301; 30-10-13, EDJ 246859).

Desde un **punto de vista temporal**, la responsabilidad solidaria alcanza a las obligaciones nacidas antes de la transmisión y no satisfechas por la empresa cedente en el momento de la transmisión. Pero no alcanza a las obligaciones nacidas después de la sucesión de empresa, de las que responde el cesionario como único responsable directo (TSJ Asturias 31-10-03, EDJ 202814; TSJ Baleares 11-4-05, EDJ 71856; 3-12-12, EDJ 322488; TSJ C.Valenciana 10-2-05, EDJ 46210). El cedente y el cesionario solo responden solidariamente de las obligaciones **nacidas con posterioridad** a la sucesión cuando esta haya sido declarada delito, en ningún otro caso (TSJ Cataluña 28-2-14, EDJ 55965; 5-3-15, EDJ 49714; TSJ C.Valenciana 11-3-14, EDJ 61746; TSJ País Vasco 11-9-12, EDJ 375564).

1176 **Ámbito subjetivo** Las obligaciones de la sucesión legal operan en el ámbito en el que tenga lugar la sucesión, es decir, a nivel de empresa, de centro de trabajo o de unidad productiva autónoma (TS 8-7-14, EDJ 269306; 9-7-14, EDJ 166652; 10-7-14, EDJ 180106; 9-12-14, EDJ 275295; 12-3-15, EDJ 58575). Por tanto, la responsabilidad solidaria se limita a las deudas laborales contraídas por la empresa cedente con los trabajadores adscritos a la **unidad productiva transmitida**, pero no con el resto de trabajadores que se hallan en puntos distintos de la misma empresa (TS 17-7-98, EDJ 16274; TSJ Baleares 6-9-06, EDJ 289842; 6-9-06, EDJ 319596; TSJ País Vasco 23-10-01, EDJ 58036).

En este ámbito, la responsabilidad solidaria por las deudas laborales que la cedente tuviera pendientes de abonar procede no solo respecto de los trabajadores subrogados, sino también respecto de aquellos que estuvieran adscritos a la entidad transmitida y cuyo **contrato de trabajo** quedó **extinguido** antes de la transmisión (TS 15-7-03, EDJ 92952; 15-7-03, EDJ 241313; 15-7-03, EDJ 92957; 4-10-03, EDJ 127740; 12-7-18, EDJ 571936; 17-1-19, EDJ 507509). Con ello se pretende garantizar los derechos de los trabajadores del cedente, imponiendo al cesionario la obligación de responder solidariamente de las deudas pendientes de pago, sin limitarse exclusivamente a las de los trabajadores subrogados (TSJ Granada 14-10-15, EDJ 247829; TSJ Navarra 30-9-14, EDJ 241253).

Precisiones Con el traspaso de una empresa, la cesionaria asume todos los compromisos que la cedente tenía con los trabajadores que son transferidos, entre ellos los de carácter salarial, independientemente de cuál sea el origen de los débitos, aunque la procedencia sea una concesionaria anterior (TS 11-5-17, EDJ 88851).

Plazo para exigir la responsabilidad La responsabilidad solidaria puede exigirse durante un plazo de 3 años. El **cómputo** del plazo comienza a partir de la fecha de la transmisión, porque es en esta fecha cuando se transfieren los derechos y obligaciones del cedente al cesionario (TJUE 14-11-96, C-305/94; 26-5-05, C-478/03). No obstante, el plazo no comienza a computar mientras el trabajador no tenga conocimiento exacto y cumplido de la sucesión empresarial (TSJ Cataluña 1-12-03, EDJ 195304). 1178

Este plazo de 3 años no es un plazo de prescripción singular y diverso al general de 1 año previsto en el ET art.59.1 sino que delimita temporalmente la responsabilidad solidaria entre cesionario y cedente, fijando el plazo de actuación -caducidad- de 3 años para el ejercicio de la acción que el trabajador pudiera ostentar frente al empresario transmitente (TS 17-4-18, EDJ 64895; 11-7-18, EDJ 572124; 28-2-19, EDJ 551267), siempre que la acción esté viva (TS 9-7-23, EDJ 636308; 12-9-23, EDJ 685433).

Obligaciones de Seguridad Social (LGSS art.142 y 168.2; RD 84/1996 art.5.3 y 19; RD 1415/2004 art.12 y 13) 1180

En caso de sucesión de empresa el adquirente es **responsable solidario** con el anterior o con sus herederos de **los derechos y obligaciones** de Seguridad Social **del anterior**, incluyendo los compromisos por pensiones, en los términos previstos en su normativa específica, y, en general, cuantas obligaciones en materia de protección social complementaria hubiere adquirido el cedente.

En el ámbito de la responsabilidad solidaria por las deudas de Seguridad Social normalmente nos encontraremos ante **sucesiones no transparentes**. Por ello, para determinar si se ha producido o no la sucesión empresarial, generalmente debe acudirse a las pruebas indiciarias o presunciones, ya que en pocas ocasiones se presenta con claridad la sucesión contractual, directa y documentada, de la empresa cedente a la empresa cesionaria. Son **indicios** de la sucesión empresarial, entre otros: que los órganos de dirección estén cubiertos por las mismas personas; que las empresas estén dedicadas a la misma actividad industrial y tengan idéntico objeto social; o que se comparte un elevado número de trabajadores. Tales elementos indiciarios que independientemente considerados no implican la existencia de sucesión, sí la hacen presumir cuando se conjugan o concurren varios de ellos (TSJ Sevilla cont-adm 11-2-10, EDJ 131261; TSJ Baleares cont-adm, 26-4-17, EDJ 93224; TSJ Madrid cont-adm 3-2-17, EDJ 27638).

En caso de **concurso**, se aplican las especialidades previstas en la Ley Concursal (ET art.57) que señala que, en caso de enajenación de una unidad productiva, se considera, a los efectos laborales y de Seguridad Social, que existe sucesión de empresa (LCon art.221.1).

Precisiones **1)** Son supuestos de **sucesión de empresa por indicios**, entre otros, cuando se cesa en la actividad, pero en verdad continúa bajo una apariencia distinta, utilizando buena parte de los elementos personales y materiales de la anterior, y amparándose en la aparente falta de título jurídico de transmisión para eludir la asunción de sus **obligaciones tributarias** (TSJ Valladolid cont-adm 30-9-14, EDJ 215381). En el mismo sentido para actividades de comercio menor de **telefonía** (TSJ Castilla-La Mancha cont-adm 8-11-10, EDJ 298332); en fabricación de piezas en el sector del **automóvil** (TSJ Castilla-La Mancha cont-adm 7-6-10, EDJ 140274); en el sector de **imprenta y copistería** (TSJ Las Palmas cont-adm 29-4-11, EDJ 133956); en actividad de cobro de morosos (TSJ País Vasco cont-adm 27-6-11, EDJ 176067); en promoción y construcción **inmobiliaria** (TSJ Baleares cont-adm 19-10-11, EDJ 261458), incluso con el trasvase de tan sólo 4 de 17 trabajadores (TSJ Granada cont-adm 18-4-11, EDJ 203056); en fabricación de **cacao** y chocolate (TSJ Valladolid cont-adm 28-4-11, EDJ 101418; 28-4-11, EDJ 101399); en **carpintería** metálica y de madera (TSJ Galicia cont-adm 3-2-11, EDJ 34051); en **transporte** de mercancías por carretera (TSJ Sevilla cont-adm 31-3-11, EDJ 135264); en negocio de **hostelería** (TSJ Málaga cont-adm 31-3-11, EDJ 212541; TSJ Sevilla cont-adm 3-2-11, EDJ 321448), aunque se hayan realizado obras de reforma, cuando la propiedad del local está dentro del núcleo familiar (TSJ Cantabria cont-adm 26-5-10, EDJ 210325); en el sector de la **confección** textil (TSJ Granada cont-adm 25-1-10, EDJ 180335; TSJ Asturias cont-adm 9-6-23, EDJ 626286; TSJ Valladolid cont-adm 27-4-23, EDJ 567285), y en fundaciones sin ánimo de lucro (TSJ Galicia cont-adm 24-2-11, EDJ 41017).

2) En ocasiones, los **indicios no** son **suficientes** para apreciar la sucesión de empresas, así por ejemplo, en empresa de decoración que cambia de localidad (TSJ Castilla-La Mancha cont-adm 7-6-11, EDJ 144105), o en el caso de un restaurante, porque la obra de reforma afectó a la totalidad de los bienes muebles e inmuebles del establecimiento, de modo que tras la reconstrucción el nuevo local nada tenía que ver con el anterior (TSJ Baleares cont-adm 26-4-17, EDJ 93224), o en una empresa de hormigonado (TSJ Galicia cont-adm 8-2-17, EDJ 19675). Se ha negado también para el sector de la fabricación de maquinaria (TS 10-11-16, EDJ 226159), para un concesionario de automóviles (TSJ Baleares cont-adm 6-7-16, EDJ 145694) y para servicios técnicos de ingeniería (TSJ Burgos 29-9-17, EDJ 208071). En contra de la doctrina del Tribunal Supremo, en restaurante de carretera, se niega la sucesión porque las instalaciones eran de un tercero arrendador (TSJ Valladolid cont-adm 11-2-16, EDJ 17013).

3) Es posible la **derivación solidaria de deudas** de Seguridad Social por existir sucesión de empresas y posteriormente derivar dichas deudas a los administradores sociales (TSJ Galicia cont-adm

10-6-10, EDJ 185360), y al contrario derivado un administrador nada impide posteriormente derivar las deudas por sucesión de empresas, ya que son todas las responsabilidades solidarias perfectamente compatibles. La solidaridad en este ámbito de la relación jurídica de Seguridad Social lo único que significa es que la TGSS puede dirigirse indistintamente contra cualquiera de los deudores solidarios por la totalidad de la deuda, pero sin que ello signifique que dirigida la acción o derivada la responsabilidad contra alguno de los otros deudores solidarios, el deudor originario deje de serlo, no sea responsable, o su obligación desaparezca, porque la obligación solo desaparece cuando la deuda está totalmente satisfecha, y no por el hecho de que uno de los deudores avale su importe o pague parte de ella (TSJ Sevilla cont-adm 17-6-10, EDJ 183948; 6-5-08, EDJ 171503; TSJ Madrid cont-adm 16-3-07, EDJ 94568).

1182 **Cotizaciones** (LGSS art.33.1.c, 33.2.a, 34.1.c y 142.1 párrafo 3º; RD 1415/2004 art.13.1 y 3, 62.2.a y 65.1.c) La responsabilidad solidaria del cedente y cesionario se extiende a la totalidad de las deudas por cotizaciones a la Seguridad Social generadas con anterioridad a la sucesión de empresa. A estos efectos, el **certificado de la TGSS** que informa de que la empresa adquirida no tiene pendiente de ingreso ninguna reclamación por deudas ya vencidas con la Seguridad Social no exonera de responsabilidad a la empresa adquirente, ya que pueden existir deudas aplazadas sobre las que la TGSS no ha efectuado aún reclamación (TS cont-adm 21-7-15, EDJ 136510; 24-10-18, EDJ 618863).

Transcurrido el plazo reglamentario sin ingreso de las cuotas debidas, la TGSS puede reclamar la deuda a los responsables solidarios. Asimismo, la ITSS puede extender acta de liquidación en las deudas por cuotas a los responsables solidarios. La **responsabilidad solidaria comprende** tanto el principal de la deuda como los recargos por impago, los intereses por demora y las costas generadas para el cobro de la deuda hasta el momento en que se emita la reclamación por la TGSS o se extienda el acta de liquidación por la ITSS. La reclamación de deuda (por la TGSS) o el acta de liquidación (por la ITSS) pueden dirigirse conjuntamente contra el cedente y cesionario o contra cualquiera de ellos. El procedimiento recaudatorio que la TGSS siga contra un responsable solidario no suspende ni impide que pueda seguirse contra otro hasta la total extinción del crédito.

Precisiones La responsabilidad solidaria alcanza a la **totalidad de las deudas**, sin que pueda limitarse a las deudas vinculadas con los trabajadores objeto de sucesión (TSJ Burgos cont-adm 21-9-07, EDJ 824621).

1184 **Prestaciones y recargo de prestaciones económicas** (LGSS art.168.2 párrafo 1º) En los casos de sucesión en la titularidad de la explotación, industria o negocio, el adquirente responde solidariamente con el anterior o con sus herederos del pago de las **prestaciones** causadas antes de dicha sucesión de las que este haya sido declarado responsable.

En el supuesto particular de la **fusión por absorción**, se produce, ipso iure y simultáneamente, la transmisión universal de la totalidad del patrimonio activo y pasivo de la sociedad absorbida a la absorbente. Esto supone que debe transmitirse a la empresa absorbente la responsabilidad por infracciones como elemento del patrimonio pasivo de la empresa absorbida (TJUE 5-3-15, C-343/13).

Por esta razón, en los supuestos en los que la transmisión provoca la **desaparición de la empresa** (fusión por absorción, fusión por constitución, escisión, transformación, cesión global de activo y pasivo, etc.) el cesionario también responde solidariamente de:

- el **recargo de prestaciones** económicas de la Seguridad Social por incumplimientos del cedente anteriores a la transmisión, tanto si su imposición se produce antes de la sucesión empresarial como si se produce con posterioridad (TS 23-3-15, EDJ 73570; 2-11-15, EDJ 221036; 10-12-15, EDJ 259289; 15-12-15, EDJ 259282; 25-2-16, EDJ 15831; 18-5-16, EDJ 83843).
- el **pago de prestaciones** en caso de incumplimientos de la cedente de sus obligaciones de cotización con trascendencia sobre el derecho prestacional. Así, se ha reconocido la responsabilidad de la empresa cesionaria en caso de **infracotización** por parte de la empresa cedente con consecuencias en la prestación de jubilación de un trabajador que se jubila con posterioridad a la transmisión (TS 27-3-19, EDJ 574913; 7-5-20, EDJ 564048; 6-10-21, EDJ 720947; 30-3-22, EDJ 536089).

Estas consecuencias se producen en relación con todos los **trabajadores de la empresa cedente**, con independencia de que no pasen a formar parte de la empresa sucesora.

Podría entenderse que esta misma responsabilidad podría extenderse al **resto de supuestos de sucesión de empresa**, pero referidos exclusivamente a los trabajadores subrogados.

Precisiones La responsabilidad solidaria del cesionario también alcanza al pago de la **indemnización por los daños y perjuicios** derivados de una enfermedad profesional que el trabajador contrajo en la empresa cedente, aunque este no llegase a prestar servicios en la cesionaria (TS 8-6-16, EDJ 105801; 21-6-17, EDJ 143149).

2. Sucesión por mandato del convenio colectivo

Con el fin de garantizar la estabilidad en el empleo en la sucesión de contratas de **servicios que descansan fundamentalmente en la mano de obra**, los convenios colectivos sectoriales incorporan cláusulas que obligan a la contratista entrante a subrogarse en las relaciones laborales de los trabajadores de la saliente, siempre que concurran una serie de requisitos. En tal caso, la subrogación empresarial no es legal, sino convencional, y su régimen jurídico no es el que corresponde a aquella (nº 1065), sino el previsto en el propio convenio colectivo (TS 25-10-10, EDJ 241861; 28-9-11, EDJ 231649; auto 3-10-12, EDJ 233908; auto 6-4-16, EDJ 79044), con sus requisitos y límites (TS 24-7-13, EDJ 173602; 10-5-16, EDJ 94133; 1-6-16, EDJ 105772). No obstante, si como consecuencia de la obligación de subrogación el nuevo contratista asume una parte relevante de la plantilla de la saliente, se produce una **sucesión de plantilla** y se aplica el régimen jurídico de la sucesión de empresa (nº 1092). 1190

La **obligación de subrogación** alcanza al personal adscrito a la entidad transmitida, de modo que la nueva adjudicataria no está obligada a subrogar al **personal de estructura** de la empresa saliente no adscrito a la misma (TSJ Las Palmas 16-5-11, EDJ 158348; 29-2-12, EDJ 102357; TSJ Cataluña 25-6-15, EDJ 169495; TSJ Madrid 2-2-16, EDJ 19620; TSJ País Vasco 3-11-15, EDJ 278311; TSJ Galicia 11-5-17, EDJ 110878), salvo pacto en contrario (TSJ Sevilla 15-11-12, EDJ 342639).

En caso de **reducción del objeto de la contrata** la nueva adjudicataria no está obligada a subrogarse en toda la plantilla si el convenio colectivo no lo exige (TSJ Navarra 5-11-14, EDJ 230783).

Precisiones **1)** La subrogación convencional **opera** aunque no exista una transmisión de medios materiales de la empresa entrante a la saliente, ni la actividad sea una actividad intensiva en mano de obra (TS 25-9-24, EDJ 689736).

2) Las cláusulas convencionales de subrogación empresarial forman parte del contenido normativo de los **convenios colectivos de sector**, pero no de los de empresa. El convenio colectivo de la empresa que tiene encomendada una contrata no puede incorporar una cláusula de subrogación empresarial dirigida a la futura empresa que le suceda en la contrata, porque está obligando a un tercero que no ha sido parte del convenio y, por tanto, resulta nula (TS 12-3-96, EDJ 1912; 28-10-96, EDJ 8205; 14-3-05, EDJ 37544).

3) La **cláusula de subrogación** empresarial prevista en el convenio colectivo aplicable en la empresa cedente **no obliga**:

a. A las empresas que no están incluidas en su **ámbito funcional**, tanto si se trata de una sucesión de contratas (TS 3-5-22, EDJ 558052) como si se trata de la **reversión del servicio** a la empresa contratista sea esta una empresa privada (TS 15-12-97, EDJ 21289; 10-12-08, EDJ 272980; 26-11-18, EDJ 655726; 15-12-22, EDJ 784521), o una administración pública (TS 17-6-11, EDJ 147469; 11-7-11, EDJ 198194; 26-7-12, EDJ 227099; 13-10-20, EDJ 697096). No obstante, la reversión de un servicio público desde una empresa concesionaria a un ayuntamiento no excluye la aplicación del ET art.44, si va acompañada de transmisión de medios materiales necesarios para desarrollar la actividad (ver nº 1094).

b. Al **trabajador autónomo** sin trabajadores a cargo que realiza por sí mismo el objeto de la contrata sin auxilio de empleado alguno (TS 9-7-24, EDJ 621642).

4) La cláusula de subrogación empresarial impuesta en un convenio colectivo sectorial se aplica a los **centros especiales de empleo** tanto cuando intervienen como empresa entrante, como cuando lo hacen como empresa cesionaria (TS 28-6-23, EDJ 616499). De este modo, el centro especial de empleo que asume la contrata queda obligado por la cláusula de subrogación empresarial aunque los trabajadores de la empresa saliente no tengan la consideración de personas con discapacidad y su relación laboral sea común y no especial (TS 21-10-10, EDJ 254031; 4-10-11, EDJ 270711; 7-2-12, EDJ 26407; 4-10-12, EDJ 270711; 20-2-13, EDJ 27204; 9-4-13, EDJ 55491); en el caso contrario, cuando el centro especial de empleo es la **empresa saliente**, la cláusula de subrogación empresarial opera aunque la contratista entrante sea una empresa del mercado laboral ordinario con la consiguiente obligación de subrogarse en la relación laboral de los trabajadores con discapacidad de la saliente (TS 9-10-12, EDJ 295702; 10-10-12, EDJ 311297; 10-10-12, EDJ 295678; 18-12-12, EDJ 311305; 17-4-13, EDJ 55476; 22-4-13, EDJ 70855; 10-2-14, EDJ 38993).

5) No es discriminatoria la cláusula del convenio colectivo que excluye de la subrogación empresarial a los trabajadores que tengan **vínculo de parentesco** con la empresa saliente, como es el caso del empresario individual o de los socios accionistas con el control efectivo de la sociedad (TSJ Madrid 1-9-05, EDJ 151139).

6) El **acuerdo de mediación** suscrito por la contratista saliente, que remite a un convenio colectivo sectorial que no contempla la subrogación empresarial, no vincula a la contratista entrante, que queda sujeta a la cláusula de subrogación empresarial prevista en el convenio colectivo sectorial que le resulta aplicable (TS 29-7-13, EDJ 173603).

Requisitos convencionales La subrogación empresarial opera por mandato del convenio colectivo, una vez que se cumplen los requisitos constitutivos previstos en él, sin que sea precisa la voluntad de los trabajadores (TS 13-11-13, EDJ 261345). 1192

La empresa saliente debe proporcionar a la entrante la **información y documentación** prevista en el convenio aplicable (TS 16-12-14, EDJ 261517; 16-12-14, EDJ 237200), sin que sirva la mera puesta a disposición (TS 30-9-13, EDJ 201325). En caso de incumplimiento de estas obligaciones, la subrogación se entiende como no producida, manteniéndose la relación laboral anterior (TS 20-9-06, EDJ 288903; 26-7-07, EDJ 144136; 19-12-12, EDJ 311290; 3-5-16, EDJ 94055). Esto implica que la empresa saliente es responsable de las consecuencias de la declaración de improcedencia del despido de los trabajadores cuya relación laboral se extinguió tras la sucesión (TS 10-6-13, EDJ 122964; 20-11-12, EDJ 302029; 19-9-12, EDJ 216837).
No obstante, la jurisprudencia ha matizado que las **consecuencias** del defecto en la entrega de documentación, van a depender, en gran medida, del modo en que se configure en el convenio colectivo y, en particular, de si es o no constitutivo (TS 20-9-06, EDJ 288903). Así, la subrogación debe operar, aunque la documentación de la empresa cesante en la contrata no esté **completa**, si no se trata de documentación imprescindible para informar sobre las circunstancias profesionales de los trabajadores afectados y para justificar haberse atendido las obligaciones dinerarias y de la Seguridad Social (TS 5-2-13, EDJ 24163; 19-9-12, EDJ 216837).
En este sentido, si la documentación aportada es la **imprescindible, necesaria y suficiente**, para informar sobre las circunstancias del personal afectado, se entiende cumplido el mandato convencional (TS 11-3-03, EDJ 7193; 28-7-03, EDJ 139955; TSJ Castilla-La Mancha 5-11-03, EDJ 210081; 15-1-04, EDJ 44922; TSJ Cataluña 25-4-02, EDJ 29936; TSJ Valladolid 14-6-04, EDJ 71643); sobre todo si la entrante conoce previamente los datos personales de los afectados (TS 19-12-12, EDJ 311290; TSJ Cataluña 4-5-11, EDJ 129794).
Además, en caso de incumplimiento de entrega de la documentación completa, se exige que la empresa saliente haya desatendido injustificadamente, de manera **dolosa o negligente** dicha obligación. De manera que, si no es posible atribuir realmente a la empresa saliente el incumplimiento de tal obligación, por concurrir circunstancias que justifican, su actuación no podrá entenderse como infracción de la regulación convencional, por lo que no podrá rechazarse la subrogación en la relación laboral de los trabajadores que prestaban anteriormente servicios (TS 30-9-20, EDJ 677602).
Aquellos incumplimientos que afecten a obligaciones meramente formales o documentales son calificados de **infracción laboral** de carácter leve, mientras que el incumplimiento del deber de información es de carácter grave.

Precisiones **1)** Respecto de la **información falsa o inexacta**, hay que distinguir entre aquella que afecta a **cuestiones secundarias** del contrato de trabajo (cuantía exacta del salario), que no impiden que opere la subrogación empresarial, sin perjuicio de que la nueva adjudicataria pueda reclamar a la empresa saliente los daños y perjuicios que la falsedad o inexactitud pueda ocasionarle (TSJ Cataluña 8-10-09, EDJ 276951), y aquella otra que incide en **cuestiones principales** o fundamentales de la relación del subrogado, como sería la naturaleza jurídica del contrato o su duración, que por sus consecuencias no puedan ser trasladados, mediante la oportuna reclamación, a la empresa cesante (TS 15-12-97, EDJ 59453; TSJ Castilla-La Mancha 8-2-01, EDJ 5086; TSJ País Vasco 1-12-04, EDJ 253947).
2) La norma convencional puede condicionar la subrogación al cumplimiento de una **antigüedad** mínima en la empresa, y habiéndose declarado la legalidad de esta cláusula en el sector de seguridad, la nueva adjudicataria del servicio debe subrogarse sobre el número total de trabajadores previsto en el contrato, no siendo impedimento que la actora hubiera estado incluida en un procedimiento de movilidad geográfica pues no llegó a materializarse al haberlo dejado sin efecto la empresa tras el acuerdo con los representantes legales de los trabajadores (TS 22-6-17, EDJ 143136). La aplicación de un criterio de antigüedad arbitrario en perjuicio de los trabajadores con mayor tiempo de servicios en el procedimiento de selección de los trabajadores afectados por la subrogación constituye un despido improcedente (TS 1-3-18, EDJ 22327).

1194 **Efectos** La regla general es que la subrogación se rige por lo dispuesto en el convenio colectivo aplicable y solo en caso de **silencio del convenio** sobre algún aspecto concreto, se integra el vacío con el régimen legal (TS 31-5-17, EDJ 115989). No se aplica, por tanto, el **régimen de responsabilidad solidaria** de la subrogación legal (nº 1172 s.), sino que ha de estarse a lo dispuesto en el convenio colectivo, siendo válida la cláusula que excluye la responsabilidad solidaria por las deudas salariales contraídas por la empresa saliente antes de la transmisión (TS 7-4-16, EDJ 52199; 3-5-16, EDJ 94055; 10-5-16, EDJ 94133; 1-6-16, EDJ 105772; 7-6-16, EDJ 105773; 31-5-18, EDJ 109152; 29-5-18, EDJ 98255; 9-5-18, EDJ 89719; 3-5-18, EDJ 81229; 10-4-18, EDJ 64881).
Las **relaciones laborales** de los trabajadores afectados por la sucesión se rigen, salvo pacto en contrario, por el convenio colectivo que en el momento de la transmisión fuere de aplicación a la empresa, centro de trabajo o unidad productiva autónoma transferida (TS 31-5-17, EDJ 115989). En este sentido, se ha declarado la legalidad de la cláusula del convenio colectivo de empresas de seguridad que exige que cuando se produzca una subrogación se mantengan las **condiciones económicas y sociales** del convenio, si éste fuera el que le es de

aplicación en la empresa cesante en el momento de la subrogación, aunque la empresa cesionaria o entrante viniese aplicando a sus trabajadores condiciones inferiores en virtud de un convenio estatutario de empresa.

La aplicación de las **condiciones del convenio** se mantiene hasta su vencimiento o hasta la entrada en vigor de otro convenio colectivo nuevo que resulte de aplicación a la empresa cesionaria. Al tratarse de una subrogación convencional, es el convenio el que fija las condiciones y límites de la subrogación (TS 7-3-18, EDJ 22315). Este puede también establecer la aplicación del convenio colectivo de la cesionaria a los trabajadores subrogados (TS 19-3-13, EDJ 197255), siempre y cuando vean garantizados su derechos económicos de naturaleza retributiva (TS 8-10-20, EDJ 697109) y se les asigne el nivel de antigüedad tomando en cuenta los servicios prestados previamente y no el de trabajadores de nuevo ingreso, incluso en el caso de que el convenio de la empresa cedente establezca requisitos adicionales para el logro de esa antigüedad (TS 10-11-22, EDJ 747027; 8-2-23, EDJ 515874). En cualquier caso, la obligación de mantenimiento de las condiciones establecidas en convenio no puede eludirse por un pacto colectivo negociado después de la subrogación, pero con efectos anteriores a la misma (TS 27-1-15, EDJ 17317).

En cuanto a las **condiciones de trabajo más beneficiosas** que la empresa saliente hubiera reconocido a sus trabajadores **a título individual** en su contrato de trabajo, la nueva adjudicataria debe respetarlas incluso aunque la saliente hubiera incumplido la obligación convencional de informar a la comisión paritaria del convenio sobre su existencia, en cuyo caso deben resultar debidamente acreditadas por el trabajador subrogado (TS 24-3-15, EDJ 69695; TSJ País Vasco 13-1-04, EDJ 11958). La nueva adjudicataria también debe respetar las condiciones de trabajo más beneficiosas **de carácter colectivo** reconocidas a los trabajadores subrogados por la empresa saliente en virtud de un pacto o acuerdo extraestatutario (TS 6-6-01, EDJ 15977).

La **modificación** por parte de la cesionaria de las **condiciones salariales** recogidas en el acuerdo colectivo vigente en el momento de la subrogación debe realizarse mediante el procedimiento de modificación sustancial de condiciones de trabajo (TS 14-5-14, EDJ 96221; 14-5-14, EDJ 91266; 27-1-15, EDJ 17317; 11-2-15, EDJ 21841; 9-3-15, EDJ 51845).

Precisiones **1)** Resolver cuál es el **convenio aplicable** a las empresas contratistas y subcontratistas no solo tiene implicaciones en materia salarial o del resto de condiciones laborales. También las tiene para decidir sobre otras obligaciones como, por ejemplo, la de asumir la plantilla en una sucesión de contratas (TSJ Galicia 14-4-23, EDJ 566775).

2) En caso de subrogación convencional de los trabajadores de una empresa afectados por un **ERTE de fuerza mayor**, el empresario entrante queda subrogado en los derechos y deberes preexistentes, manteniéndose las relaciones laborales en los mismos términos en los que se viniesen desarrollando antes de la subrogación. De este modo, la eficacia del ERTE en vigor subsiste tras la subrogación en los mismos términos en los que se viniese aplicando (Consulta DGT-SGON-025NRG).

3. Subrogación por pliego de condiciones administrativas

(L 9/2017 art.130)

Los pliegos de condiciones ya no pueden **imponer la subrogación** si no concurren los requisitos para la sucesión legal, o bien no lo imponga un convenio colectivo o un acuerdo de negociación colectiva de eficacia general. Si concurren tales requisitos, el órgano de contratación debe facilitar en el pliego la **información sobre las condiciones de los contratos** de los trabajadores objeto de subrogación. A estos efectos, la empresa que venga efectuando la prestación objeto del contrato debe aportar un listado del personal objeto de subrogación indicando: el convenio colectivo de aplicación, la categoría, tipo de contrato, jornada, fecha de antigüedad, vencimiento del contrato y salario bruto de cada trabajador, así como los pactos aplicables a los trabajadores a los que afecte la subrogación. No obstante, la inclusión de tal información en el pliego de condiciones no crea obligación alguna para los licitadores en el concurso, sino que solo les informa de las posibles consecuencias laborales de la adjudicación, ya que la posible subrogación empresarial ha de ser la impuesta, si concurren sus presupuestos, por la ley o el convenio colectivo (TS 12-12-17, EDJ 279580). 1200

En los casos en los que la anterior adjudicataria fuese un **centro especial de empleo**, la nueva adjudicataria debe subrogarse como empleador en todas las personas con discapacidad que vinieran desarrollando su actividad en la ejecución del contrato. En caso de reversión del servicio público, el organismo público está obligado a la subrogación siempre que se den los requisitos de la sucesión legal o convencional.

El pliego de cláusulas administrativas particulares debe contemplar la obligación del contratista saliente de responder de los **salarios impagados** a los trabajadores afectados por la subrogación y de las cotizaciones a la Seguridad Social devengadas, aunque se resuelva el contrato y los trabajadores sean subrogados por el nuevo contratista. En este caso, la Administración, una vez acreditada la falta de pago de los citados salarios, ha de proceder a la retención de las cantidades debidas al primer contratista para garantizar su pago, y a la no devolución de la garantía definitiva en tanto no se acredite su abono.

Precisiones Vigente la **anterior regulación**, el **orden social** admitía, sin cuestionarlas, la validez y la eficacia de las cláusulas de subrogación contenidas en los pliegos de condiciones (TS 4-6-13, EDJ 120984). Sin embargo, la **jurisdicción contencioso administrativa**, ya venía realizando una interpretación muy distinta anulando cláusulas de los pliegos de condiciones que imponían la obligación de subrogación en el proceso público de adjudicación de servicios (TS cont-adm 16-3-15, EDJ 51837; 8-6-16, EDJ 82320; 23-1-17, EDJ 3041).

4. Novación subjetiva del contrato de trabajo por cambio de empresario

(CC art.1205)

1205 La cesión de contratos de trabajo entre empresas exige el **consentimiento** de cada uno de los trabajadores afectados cuando no va acompañada de la transmisión de una entidad económica que conserve su identidad (sucesión legal) o cuando no concurren los requisitos formales y materiales impuestos por el convenio colectivo para que opere la subrogación convencional. En estos casos, la cesión constituye una novación subjetiva del contrato de trabajo que exige para su validez el consentimiento individual de cada uno de los trabajadores afectados (TS 29-2-00, EDJ 1386; 11-4-00, EDJ 55644; 6-2-02, EDJ 13405; 21-3-05, EDJ 62702; 6-10-11, EDJ 287019).

El trabajador afectado puede prestar su **consentimiento** individual **de forma expresa**, antes de materializarse la subrogación contractual, y también **tácitamente** mediante su aquiescencia a posteriori. Pero no puede ser sustituido por un **acuerdo colectivo** sobre el método de la subrogación de personal (TS 30-4-02, EDJ 32030; 30-4-02, EDJ 27283).

Si el trabajador afectado **no presta su consentimiento** individual, la subrogación empresarial constituye un **acto anulable**, sujeto al plazo de prescripción de un año (TS 14-5-04, EDJ 51955). En este caso, el trabajador mantiene su relación laboral con la empresa originaria, la cual, por su parte, puede ejercer sus facultades de modificación, suspensión o en su caso de extinción del contrato de trabajo por causas objetivas (TS 23-10-01, EDJ 47589; 30-4-02, EDJ 32030; 30-4-02, EDJ 27283).

Precisiones **1)** La doctrina unificada expuesta **se reitera** en una larga lista de sentencias (TS 17-5-02, EDJ 32063; 23-1-03, EDJ 1685; 29-6-04, EDJ 83130; 26-4-05, EDJ 83767; 1-2-06, EDJ 8562; 7-6-06, EDJ 89431).

2) Aunque la doctrina sobre los requisitos para la validez de la sucesión contractual de empresa fue elaborada con ocasión de los procesos de subrogación empresarial que tuvieron lugar en España a raíz de la entrada de un segundo operador en la prestación del servicio de **handling** en los aeropuertos españoles, se ha extendido a **otros ámbitos** como la banca o la logística (AN 27-2-15, EDJ 28399; TSJ Sevilla 10-12-12, EDJ 352189).

1207 **Garantías aplicables** La subrogación contractual se articula en los términos y condiciones que se hubieran acordado entre las empresas y que cuentan con el consentimiento individual de los trabajadores afectados. No obstante, sin estar en presencia de una situación regida por la sucesión legal, el TS ha extendido a los supuestos de subrogación contractual la doctrina dictada en aplicación de su regulación en relación con el mantenimiento en la empresa cesionaria de las **condiciones de trabajo** que los trabajadores subrogados tuvieran reconocidas en la empresa cedente en el momento de la subrogación (TS 11-3-02, EDJ 37395; 11-7-02, EDJ 32099; 27-10-05, EDJ 207390; 4-7-06, EDJ 105739; 28-12-06, EDJ 370626) (ver nº 1138).

B. Cesión ilegal de trabajadores

(ET art.43; L 14/1994 art.6, 8 y 16.3)

1215 El empresario puede recurrir a la contratación externa para desarrollar su actividad, lo que supone que, con carácter general, la denominada **descentralización productiva** es lícita. En la válida externalización, la empresa principal se limita a recibir el resultado de la ejecución por la contratista, en la que ésta aporta sus medios personales y materiales, con la consiguiente organización y dirección; pero en la medida en que esta diferenciación es inexistente, la contrata se desnaturaliza y trastoca en simple provisión de mano de obra, integrando una cesión ilícita de trabajadores (TS 27-10-94, EDJ 24199; 4-3-08, EDJ 31215).

Es posible contratar trabajadores para cederlos temporalmente a otra empresa, pero esta posibilidad está limitada a las **empresas de trabajo temporal autorizadas** legalmente (nº 2895 s.); excepción que, en consecuencia, debe ser interpretada de manera estricta (TS 3-11-08, EDJ 227906; 19-2-09, EDJ 22966).

Precisiones 1) Aunque la cesión se realice por una **ETT**, son de aplicación las reglas de la **cesión ilegal** en dos **supuestos** (TS 4-7-06, EDJ 277464; 28-9-06, EDJ 278559; 17-10-06, EDJ 311896; 15-11-07, EDJ 223136; 3-11-08, EDJ 222499; EDJ 227906; EDJ 227899; 19-2-09, EDJ 22966):
- si carece de autorización para actuar como tal ETT;
- cuando el contrato no se hubiese suscrito cumpliendo los requisitos establecidos para la contratación temporal; pero no hay cesión ilegal si el déficit afecta a aspectos reglamentarios y elementos accesorios que no alcanzan a la sustancialidad de la LETT.
En cualquier caso, resulta integrante de dicha cesión, la **contratación** que lo sea con carácter **permanente** o para cubrir necesidades de esa misma naturaleza de mano de obra, supuestos en los que el contrato de puesta a disposición se manifiesta fraudulento.
2) El ámbito de la cesión ilegal es más amplio que el de las cesiones fraudulentas o especulativas. Es un **supuesto de interposición** en el contrato de trabajo en virtud del cual el empresario real, que incorpora la utilidad patrimonial del trabajo y ejerce efectivamente el poder de dirección, aparece sustituido en el contrato de trabajo por un empresario formal. La **finalidad** de la regulación de la cesión ilegal es evitar que se produzcan determinadas consecuencias que suelen asociarse a la interposición, como son la degradación de las condiciones de trabajo cuando la regulación profesional vigente para el empresario formal es menos beneficiosa para el trabajador que la que rige en el ámbito del empresario real, o la disminución de las garantías cuando aparecen empleadores ficticios insolventes (TS 22-2-11, EDJ 16719; 3-3-11, EDJ 16725 y EDJ 16726; 9-3-11, EDJ 16733; 9-3-11, EDJ 26081; 19-4-11, EDJ 79323; 11-5-11, EDJ 91320; 2-6-11, EDJ 131436).
Pueden distinguirse dos **fenómenos distintos**:
- cesiones temporales de personal **entre empresas reales**, que no tienen necesariamente la finalidad de crear una falsa apariencia empresarial para eludir las obligaciones y responsabilidades de la legislación laboral a través de una empresa ficticia insolvente;
- cesiones en las que el cedente es un **empresario ficticio** y la cesión se realiza con claro ánimo fraudulento y con la misión de eludir responsabilidades a través de una empresa interpuesta. En estos casos, los órganos jurisdiccionales rompen la simulación realizada en fraude de ley, considerando como empresario al que realmente recibe la prestación de servicios y bajo cuya dirección se encuentra el trabajador (TS 15-11-93, EDJ 10254; 18-3-94, EDJ 2506; 21-3-97, EDJ 3148; 25-10-99, EDJ 34361).

1. Concepto

(ET art.43.2)

La cesión ilegal implica **varios negocios jurídicos coordinados** (TS 12-7-17, EDJ 150802; 12-1-22, EDJ 501415; 15-3-23, EDJ 537296; 8-1-24, EDJ 501560): **1220**
- un acuerdo entre los dos empresarios -el real y el formal- para que el segundo proporcione al primero trabajadores que son utilizados por quien, sin embargo, no asume jurídicamente la posición empresarial;
- un contrato de trabajo simulado entre el empresario formal y el trabajador y;
- un contrato efectivo de trabajo entre éste y el empresario real, pero disimulado por el contrato de trabajo formal.
En todo caso, se entiende que existe cesión ilegal de trabajadores cuando se produce alguna de las siguientes **circunstancias**:
1. La empresa cedente no ejerce las **funciones inherentes** a su condición de empresario; es decir, no pone al servicio de la cesionaria la organización empresarial que posee (TS 24-6-08, EDJ 166870; 2-3-11, EDJ 16721 y EDJ 14030; 3-3-11, EDJ 16725 y EDJ 16726; 4-3-11, EDJ 19885; 9-3-11, EDJ 16733 y EDJ 26081; 19-4-11, EDJ 79323; 4-5-11, EDJ 79334; 11-5-11, EDJ 91320; 2-6-11, EDJ 131436), no lleva a cabo la dirección del servicio ni gestiona la prestación del mismo, al carecer de una organización autónoma e independiente en el seno de la comitente, y no ejerce respecto del trabajador contratado el poder de dirección y disciplinario (TSJ Asturias 16-10-18, EDJ 624058).
2. La empresa cedente carece de una actividad o de una **organización propia y estable**. Es un supuesto de simulación contractual y lo que procede es levantar el velo de la apariencia ilícitamente creada y considerar directamente como empresario a quien lo es realmente y desde un principio (TS 11-7-12, EDJ 195807).
3. La empresa cedente no cuenta con los **medios necesarios** para el desarrollo de la actividad (TS 4-5-11, EDJ 79334).
4. El objeto de los contratos de servicios entre las empresas se limita a una mera **puesta a disposición de los trabajadores** de la empresa cedente a la empresa cesionaria.
Por tanto, para la apreciación judicial de este fenómeno, es necesario el **suministro de la mano de obra** por parte de la contratista, sin contribuir con los elementos personales y materiales que conforman su estructura empresarial (TS 12-12-97, EDJ 10605; 26-9-07, EDJ 184518; 4-12-07, EDJ 274868; 11-12-08, EDJ 272960); lo que puede producirse tanto con la concurrencia de empresas ficticias como con la interposición de empresas reales (TS 7-4-09, EDJ 72859).

1222 Precisiones 1) Es suficiente con que se dé sólo **alguno de los requisitos** o circunstancias exigidos para que exista cesión ilegal (TSJ C.Valenciana 16-10-08, EDJ 290495), pero ponderando todos los indicios concurrentes (TSJ Madrid 13-2-09, EDJ 27521; 11-5-09, EDJ 106604; TSJ Sevilla 18-2-09, EDJ 60995; TSJ Cataluña 16-2-09, EDJ 44066). En este sentido, el Tribunal Supremo ha declarado la existencia de cesión ilegal por darse **dos de las cuatro conductas**: por un lado, el objeto del contrato de arrendamiento de servicios entre las dos empresas no entraña más que una mera puesta a disposición y, por otro, que no consta que la cedente contara con cualquiera de los medios necesarios para desarrollar la actividad (TS 26-10-16, EDJ 202737).

2) La cesión puede actuar al margen de la **realidad o solvencia de las empresas** (TS 14-9-01, EDJ 70649; 17-1-02, EDJ 123187; 16-6-03, EDJ 239086; 14-3-06, EDJ 37440).

3) Se ha de apreciar en cada caso, la **intensidad** o la **implicación directa** de la contratista en la gestión empresarial (TS 18-4-07, EDJ 25469; 7-4-09, EDJ 72859), o las diferencias en la gestión del personal y en la implicación en esa gestión de las empresas contratistas (TS 24-4-07, EDJ 68214; 7-4-09, EDJ 72859).

1224 **Casos particulares** La ilicitud puede afectar a las **Administraciones Públicas**, teniendo en cuenta las múltiples contratas, o, por lo menos, así nominalmente calificadas, a las que habitualmente acude para el cumplimiento de sus fines. Por tanto, cabe esa declaración respecto a un **Ministerio** (TS 25-1-11, EDJ 14010); una **Comunidad Autónoma** (TS 18-5-16, EDJ 83824; TSJ Las Palmas 13-6-05, EDJ 115891; TSJ Madrid 31-10-01, EDJ 103142; TSJ Valladolid 7-3-18, EDJ 47491); un **Ayuntamiento** (TS 21-2-11, EDJ 11867; 9-3-11, EDJ 16733; EDJ 26081; 19-4-11, EDJ 79323; 4-5-11, EDJ 79334; 11-5-11, EDJ 91320; 2-6-11, EDJ 131436); un **Cabildo** (TSJ Las Palmas 28-11-03, EDJ 197013); una **Diputación Foral** (TSJ País Vasco 25-11-97, EDJ 20677); una **Confederación Hidrográfica** (TS 9-12-09, EDJ 300338; 25-5-10, EDJ 133563; 24-11-10, EDJ 285036); un **Organismo Autónomo** (TS 27-1-11, EDJ 8563); un **Ente Público de Derecho Privado** (TSJ País Vasco 13-3-01, EDJ 41145); una **Universidad Pública** (TSJ La Rioja 27-3-24, EDJ 557483); o una **sociedad** mercantil de **capital público** (TSJ Galicia 16-7-09, EDJ 172685).

Sin embargo, no existe cesión ilegal en el caso de la prestación de determinados **servicios públicos locales por gestión indirecta**, siempre que la empresa que los gestione posea organización e infraestructura propias, sus trabajadores permanezcan en el círculo organizativo y directivo de la sociedad y no haya confusión alguna de actividades o de prestación de servicios con los empleados del organismo público contratante (TS 11-2-16, EDJ 21694).

Precisiones 1) No cabe confundir las denominadas **prerrogativas de la Administración** en los contratos administrativos y, en concreto, las facultades de dar instrucciones al contratista y de vigilar la ejecución del contrato, con que la dirección directa y exclusiva de la prestación de trabajo se asuma por la misma (TS 3-3-11, EDJ 16725 y EDJ 16726; 4-3-11, EDJ 19885).

2) La subcontratación del **servicio telefónico de información tributaria** a los contribuyentes por parte de la Agencia Estatal de la Administración Tributaria (AEAT) no constituye un supuesto de cesión ilegal de trabajadores sino la legítima subcontratación de obras y servicios articulada mediante la pertinente tramitación pública (TS 2-11-16, EDJ 215611).

3) Por contra, sí se aprecia la existencia de cesión ilegal de trabajadores entre la empleadora y el Organismo Autónomo **Parques Nacionales** del Ministerio de Medio Ambiente para la prestación del servicio de **vigilancia** (TS 4-7-12, EDJ 154966), o de **guía** (TS 5-11-12, EDJ 259311; 18-5-21, EDJ 577613).

1226 Puede darse igualmente en los **grupos de empresas** (TS 17-12-01, EDJ 61280). El **criterio general** es que no integra cesión ilegal la circulación de trabajadores entre las diversas empresas del grupo, porque salvo supuestos especiales, los fenómenos de circulación dentro del grupo no suelen perseguir la finalidad de crear un mecanismo interpositorio en el contrato de trabajo para ocultar el empresario real, sino que obedecen a un criterio de técnica organizativa y de perspectiva económica. Todo ello **salvo** cuando el objetivo de las empresas cedentes sea la creación de centros artificiales de imputación de normas, especialmente para degradar las condiciones de trabajo o determinar la pérdida de garantías al trabajador; por tanto, su existencia no puede justificarse con planteamientos de oportunidad estratégica, técnica y/o comercial; es decir, existe una finalidad fraudulenta (TS 25-6-09, EDJ 166020). No obstante, tal posibilidad se limita a supuestos especiales, teniendo en cuenta la libre circulación de trabajadores en el seno del grupo (TS 26-11-90, EDJ 10768; 13-10-05, EDJ 206268; 4-7-06, EDJ 277464; 28-9-06, EDJ 278559; 25-6-09, EDJ 166020).

Precisiones La tesis de la **libre circulación** de trabajadores en el grupo de empresas se basa en una interpretación del ET art.43 que exige un **elemento subjetivo** en la figura ilícita, consistente en su finalidad especulativa y fraudulenta. De este modo, por regla general los intercambios personales en el seno del grupo no tienen finalidad interpositoria, sino que obedecen a un criterio de técnica organizativa y de perspectiva económica. No obstante, que la **cesión no** sea calificada de **ilícita**, no quiere decir que no exista cesión entre empresas del grupo y, en consecuencia, debe reconocerse al trabajador la antigüedad, a todos los efectos, desde que entró a formar parte de cualquiera de las empresas que conforman el mismo (TS 25-6-09, EDJ 166020).

Se aplican a las **cooperativas de trabajo asociado** los mismos criterios generales utilizados para evitar el fraude en la adecuada identificación del empleador real de los trabajadores, proscribiendo la cesión ilegal (TS 12-6-01, EDJ 15988). Pero deben tenerse en cuenta las peculiaridades del singular régimen jurídico aplicable a las cooperativas de trabajo asociado, en que los resultados de la explotación recaen sobre los propios socios, quienes mantienen una relación mercantil, y no laboral, con la cooperativa (TS 17-12-01, EDJ 61280). **1228**

No obstante, estas peculiaridades no permiten que se valide la mera y simple constitución puramente formal de una cooperativa de esta naturaleza para dar visos de legalidad a cualquier fórmula de relación con terceras empresas. De modo que la ausencia de una **estructura organizativa suficiente** en la cooperativa que subcontrata sus servicios y destina a sus socios en las instalaciones de una empresa principal es causa para considerarla ficticia y constituida en **fraude de ley**, siendo la empresa principal el verdadero empleador de aquellos (TS 18-5-18, EDJ 104191; 24-9-24, EDJ 688655).

También cabe la existencia de cesión ilegal en el ámbito de la relación laboral especial de **empleados de hogar** (TSJ Cataluña 14-10-08, EDJ 263865; TSJ Madrid 22-9-23, EDJ 711788).

Supuestos de cesión ilegal por sectores Algunos **pronunciamientos del orden jurisdiccional social** en materia de cesión ilegal de trabajadores en sectores de actividad muy concretos: **1230**

- telemarketing (TS 2-11-16, EDJ 215611; 10-1-17, EDJ 3540; 8-1-19, EDJ 503536);
- lectura de contadores (TS 1-12-03, EDJ 208979; 26-4-04, EDJ 40597);
- central nuclear (TS 30-5-02, EDJ 27392);
- televisiones y correos (TS 2-11-09, EDJ 283339 para TV de Galicia; TS 21-5-08, EDJ 166834, para Correos y Telégrafos; TS 12-5-08, EDJ 111771, para el Ente Público RTVE;
- industria: electricidad (TS 5-2-08, EDJ 25835; 14-3-06, EDJ 37440), máquina herramienta (TS 14-9-01, EDJ 70649), naviera (TS 7-5-10, EDJ 113436);
- telefónica (TS 12-12-97, EDJ 10605);
- limpiadoras o camareras de hotel (TSJ Valladolid 11-7-07, EDJ 173702);
- textil (TSJ Castilla-La Mancha 17-4-09, EDJ 73162);
- agricultura (TS 25-1-12, EDJ 26408; TSJ C.Valenciana 10-6-08, EDJ 160415; 16-10-08, EDJ 290495);
- médicos (TS 30-11-05, EDJ 230451);
- consorcio de aguas (TS 3-10-05, EDJ 166174);
- pilotos (TS 20-7-07, EDJ 152517);
- informática (TS 21-1-02, EDJ 2638);
- construcción (TS 24-2-09, EDJ 19190; 24-3-09, EDJ 56519);
- auxiliares de laboratorio (TS 6-3-13, EDJ 41027);
- técnicos informáticos (TS 2-12-13, EDJ 284562);
- azafatas de AENA (TS 20-10-14, EDJ 209424);
- conductores (TS 17-3-15, EDJ 45765);
- carga, descarga y almacenaje (TS 20-5-15, EDJ 144471; 29-11-22, EDJ 756665);
- reprografía (TS 26-10-16, EDJ 202737).

Diferencias con la subcontrata de obras o servicios (ET art.42 y 43) Cuando la contrata consiste en una prestación de servicios que tiene lugar en el marco de la empresa principal, es difícil establecer el límite entre el **ilícito suministro de trabajadores** y una **descentralización productiva lícita**; de tal manera que hay que recurrir a la aplicación de diversos criterios que no son excluyentes, sino complementarios, y que tienen un valor orientador que llevan a determinar el **empresario efectivo** (TS 25-6-09, EDJ 166020; 4-10-22, EDJ 708670). En consecuencia, para proceder a la calificación que corresponda en cada caso es necesario analizar las **circunstancias concretas** que rodean la prestación de servicios del trabajador, las relaciones efectivamente establecidas entre el mismo y las empresas que figuran como comitente y contratista y, finalmente, los derechos y obligaciones del nexo contractual existente entre estas últimas (TS 30-5-02, EDJ 27392; 25-6-09, EDJ 166020). **1232**

Para **distinguir ambos supuestos** hay que acudir a las siguientes **pautas** (TS 14-9-01, EDJ 70649; 17-1-02, EDJ 123187; 16-6-03, EDJ 239086; 14-3-06, EDJ 37440; 19-2-09, EDJ 22966; 25-6-09, EDJ 166020; 15-4-10, EDJ 84379): **1234**

1. Se está, en principio, en presencia de una **subcontratación de la propia actividad**, cuando la subcontratista cuenta con determinado capital, patrimonio específico, solvencia y estructura productiva, incluyéndose en dicho patrimonio los instrumentos, la maquinaria necesaria, organización y medios propios para ejercer la actividad de que se trate (TS 6-5-02, EDJ 27305; 26-4-04, EDJ 40597); sin que sea relevante que el equipo informático utilizado para dicha labor fuese alquilado a la propia contratante. La pertenencia a la propia actividad de la empresa

comitente no es jurídicamente anómala o ilegal, sino que integra el objeto mismo del supuesto de hecho de la subcontratación.
2. Ha de mantener la **organización**, el **control y** la **dirección** de la actividad, **con asunción del riesgo** correspondiente a su condición de empleador, y, en todo caso, a los trabajadores en su plantilla (TS 17-1-91, EDJ 374; 19-6-15, EDJ 144484).
3. La contrata debe tener una determinada **justificación técnica**, sin que pueda entenderse por tal el mero suministro de mano de obra (TS 21-2-11, EDJ 11867; 3-3-11, EDJ 16725 y EDJ 16726; 4-3-11, EDJ 19885; 9-3-11, EDJ 16733 y EDJ 26081; 19-4-11, EDJ 79323;4-5-11, EDJ 79334; 11-5-11, EDJ 91320; 2-6-11, EDJ 131436).
4. Debe gozar de la necesaria **autonomía** en cuanto a su objeto, aunque se realice en los locales de la empresa principal (TS 23-10-08, EDJ 222498).
En suma, tiene que existir **independencia funcional, organizativa y material** (TS 19-5-08, EDJ 90868).

1236 **Existencia de cesión ilícita** Se ha entendido que existe cesión ilícita cuando concurren, entre otras, las siguientes **circunstancias** (TSJ Madrid 22-12-09, EDJ 339846; TSJ Valladolid 10-2-10, EDJ 43318):
- la **principal** ejerce las **facultades disciplinarias** del contratista (TS 17-7-93, EDJ 7273; 8-3-11, EDJ 19876);
- la principal **controla** la prestación de trabajo (TS 16-6-03, EDJ 239086; 24-6-08, EDJ 166870), incluidas, por ejemplo, las vacaciones (TSJ Galicia 16-10-09, EDJ 266948; TSJ País Vasco 9-6-09, EDJ 183026; TSJ Madrid 17-11-09, EDJ 334755; TSJ La Rioja 15-10-09, EDJ 267487), o el registro de jornada (TSJ Cantabria 18-2-09, EDJ 48051; TSJ Madrid 6-10-09, EDJ 311951), o el control de idoneidad de los trabajadores de la contratista (TS 20-10-14, EDJ 209424; 21-10-14, EDJ 197594);
- la empresa principal da **órdenes** a los trabajadores afectados (TS 27-1-11, EDJ 8563; 22-2-11, EDJ 14013; 23-2-11, EDJ 51505; 28-2-11, EDJ 14007; EDJ 14022; EDJ 16722; 2-3-11, EDJ 16721; EDJ 14030);
- **no** existen **cuadros intermedios** ni organigramas adecuados, aunque sean necesarios para el trabajo a realizar (TS 11-10-93, EDJ 8907), y sin que sea suficiente el ejercicio formal del poder de dirección (TS 22-2-11, EDJ 16719; 3-3-11, EDJ 16726; 9-3-11, EDJ 16733 y EDJ 26081; 19-4-11, EDJ 79323; 11-5-11, EDJ 91320; 2-6-11, EDJ 131436), de tal manera que por ello deviene en simple intermediario (TS 19-5-08, EDJ 90868; 8-3-11, EDJ 19876), o se comparten los mismos mandos y tareas (TS 29-5-09, EDJ 143991). No obstante, no es óbice para apreciar la existencia de cesión ilegal de trabajadores la existencia de mandos intermedios que reciben las órdenes de los mandos superiores de la empresa cesionaria, es decir, esos mandos intermedios pueden ser, a su vez, trabajadores cedidos ilegalmente (TS 5-11-12, EDJ 259311; 4-7-12, EDJ 154966).
- hacen la **misma tarea** que los trabajadores que conforman la plantilla de la principal (TS 27-1-11, EDJ 8563), incluso en caso de ausencia al trabajo se le sustituye por trabajadores de la principal (TSJ Cantabria 26-8-09, EDJ 215483; TSJ C.Valenciana 16-9-09, EDJ 290881);
- los **medios materiales** son propiedad de la empresa principal (TS 22-2-11, EDJ 14013; 23-2-11, EDJ 51505; 28-2-11, EDJ 14007; EDJ 14022; EDJ 16722; 2-3-11, EDJ 16721; EDJ 14030), aunque el contratista pague un precio por ellos (TS 8-3-11, EDJ 19876);
- los trabajos se ejecutan en el **centro de trabajo** de la principal (TS 21-2-11, EDJ 11867; EDJ 11857; 28-2-11, EDJ 14007; EDJ 14022; EDJ 16722; 2-3-11, EDJ 16721; EDJ 14030; 3-3-11, EDJ 16725);
- el trabajador de la contratista se acredita ante terceros como **personal de la principal** (TSJ País Vasco 16-6-09, EDJ 182944; TSJ Cataluña 9-11-09, EDJ 350649; 11-11-09, EDJ 328550);
- la principal es el **único cliente** de la contratista (TSJ País Vasco 16-6-09, EDJ 182944);
- la contratista **carece** de cualquier **actividad propia** (TS 8-3-11, EDJ 19876);
- se aumenta o reduce el **precio a pagar** por la principal en función del número de trabajadores necesarios en cada momento (TSJ Valladolid 10-3-10, EDJ 60221; TSJ Madrid 22-12-09, EDJ 339846);
- la principal imparte **cursillos de formación** a los trabajadores de la contratista (TS 19-1-94, EDJ 242), y/o de prevención de riesgos laborales (TSJ Asturias 4-6-19, EDJ 789295).

Precisiones **1)** No es necesario que el personal se contrate con la **finalidad** de ser cedido desde un principio (TS 20-7-07, EDJ 152517).
2) No es decisivo para rechazar la existencia de esta figura que el **contratista** retenga **algunas facultades empresariales**, por ejemplo, las de carácter disciplinario, la ordenación de las vacaciones, jornada y horario o formativa (TS 16-6-03, EDJ 239086).
3) En relación con la necesidad o no de la existencia de **ánimo especulativo o fraudulento** para apreciar la existencia de una cesión ilegal, es negado como requisito necesario, pudiendo existir cesión ilegal sin ánimo fraudulento -interpretación objetiva- (TS 4-3-08, EDJ 31215; 20-7-07, EDJ 152517); en sentido contrario, se exige el ánimo fraudulento -interpretación subjetiva- (TS 25-6-09, EDJ 166020).

2. Reclamación frente a la cesión ilegal

El trabajador puede denunciar la existencia de cesión ilegal mientras esta se mantenga vigente a través de una **acción declarativa** (nº 1255). Si el trabajador ha sido despedido, puede alegar en la **demanda de despido** la existencia de cesión ilegal para anudar los efectos que correspondan en caso de que se declare su improcedencia (nº 1264). 1245

El proceso especial de **conflicto colectivo** no es adecuado, por lo general, para solucionar las controversias relacionadas con la cesión ilegal de trabajadores, ya que es necesaria una valoración de hechos singulares en relación con las condiciones específicas en las que se realiza la prestación de trabajo en cada caso (TS 4-10-16, EDJ 219660; AN 20-4-16, EDJ 53553). No obstante, esto no impide un pronunciamiento de tal clase, cuando la situación se produce exactamente por igual a todos los trabajadores de la empresa afectados, sin la menor distinción de sus circunstancias individuales y en términos de una relación absolutamente idéntica con la tercera empresa respecto a la que se denuncia la cesión ilegal, produciéndose en este caso el efecto de cosa juzgada sobre el procedimiento individual con idéntica pretensión (TS 2-10-18, EDJ 613524).

Litispendencia y cosa juzgada No existe **litispendencia** entre un proceso por despido y cesión ilegal que aún **no ha adquirido firmeza**, con otro de carácter declarativo en el que se debate la existencia de cesión ilegal, y viceversa. La litispendencia requiere las mismas identidades subjetiva, objetiva y causal, lo que no se produce en estos casos en que solo se aprecia la identidad subjetiva, siendo la pretensión y la causa de pedir distintas (TS 22-4-10, EDJ 62137). 1247

Si se hubiera declarado la **firmeza de la sentencia** dictada en sede del proceso declarativo de cesión ilegal, ésta desplegaría efecto positivo de cosa juzgada por mor del LEC art.222.4 (TSJ Sta. Cruz de Tenerife 26-2-08, EDJ 87281; TSJ Castilla La Mancha 27-2-08, EDJ 204052; TSJ Cataluña 12-1-11, EDJ 33456). En idénticos términos, la sentencia firme en materia de despido desplegaría efectos de cosa juzgada sobre la acción declarativa de cesión, de haberse discutido sobre dicha cuestión (TS 28-11-16, EDJ 226168).

Pero no produce el efecto de cosa juzgada sobre la demanda de reclamación de **diferencias salariales**, la sentencia dictada en el proceso por despido que solo hace referencia a la indemnización y a los salarios de tramitación (TSJ País Vasco 2-6-09, EDJ 182891). En cualquier caso, lo resuelto sobre salario en un anterior proceso de despido no expande automáticamente los efectos de cosa juzgada al punto de ignorar el derecho del trabajador que opta por incorporarse en la empresa cesionaria a disfrutar las condiciones que correspondan en condiciones ordinarias a un trabajador que preste servicios en el mismo o equivalente puesto de trabajo (TS 25-1-11, EDJ 14010; TSJ Asturias 29-6-21, EDJ 668249).

a. Acción declarativa de cesión ilegal

El trabajador puede interponer una acción declarativa solicitando que se declare la existencia de una cesión ilegal. La acción **debe presentarse** mientras esté vigente la cesión ilegal, lo que se concreta en el momento de presentación de la papeleta de conciliación o de la demanda cuando aquella no sea necesaria (TS 21-6-16, EDJ 111970; 28-6-16, EDJ 111967; 14-12-17, EDJ 280817; 28-2-18, EDJ 22330; 14-1-20, EDJ 507698). Y ello es así, porque se asume que el que no reclama, acepta tácitamente la situación generada (TS 21-3-97, EDJ 3148; 8-7-03, EDJ 108449). 1255

Pero esta exigencia de que la cesión esté vigente se limita a la acción de **elección de fijeza** (nº 1286), de modo que, concluida la cesión, el trabajador no puede ejercitar su derecho de adquirir la condición de fijo a su elección en la empresa cedente o en la cesionaria, aunque aquella haya sido ilegal (TS 8-7-03, EDJ 108449; 12-2-08, EDJ 82888; 14-9-09, EDJ 229117). No se exige este requisito cuando lo que se pretende no es ejercitar la elección de fijeza sino derivar, de una cesión ilegal anterior, determinadas consecuencias que afectan a la empresa para la que el trabajador continúa prestando servicios, como el reconocimiento de los servicios prestados en otras empresas a efectos de antigüedad (TS 17-5-18, EDJ 98238; 19-5-20, EDJ 580814).

La **ejecución de la sentencia** que declara la situación de cesión ilegal, puede instarse aun cuando ya no esté vigente el contrato de trabajo (TS 20-10-11, EDJ 282284), incluso si la ruptura es imputable al propio trabajador (TSJ Sta. Cruz de Tenerife 28-3-05, EDJ 39207); pero no, si declarado el despido improcedente, la cesionaria ha asumido su responsabilidad indemnizatoria al haber ejercido la opción en ese sentido (TSJ País Vasco 9-12-10, EDJ 352893).

b. Acción de despido

1260 El trabajador que es despedido no puede ejercitar la acción declarativa de cesión ilegal porque la cesión ya no estaría vigente en el momento de la presentación de la papeleta de conciliación o de la demanda (TS 7-5-10, EDJ 113436). Pero puede solicitar que en el proceso de despido se analice como **cuestión previa o prejudicial interna** la existencia o no de cesión ilegal ya sea para obtener la condena solidaria de la empresa cedente y cesionario en las consecuencias del despido (TS 20-5-15, EDJ 144471; 21-6-16, EDJ 111970; 5-10-16, EDJ 185854; 20-12-16, EDJ 252810; 31-5-17, EDJ 96483; 28-2-18, EDJ 22330) o para el reconocimiento de la antigüedad con efectos en el cálculo de la indemnización (TS 12-2-08, EDJ 82888; 14-9-09, EDJ 229117; 19-10-12, EDJ 233898; 7-5-18, EDJ 98238; 19-5-20, EDJ 580814; 20-4-21, EDJ 544641).

Lo que no puede examinarse en este proceso, ni como cuestión previa, son las posibles **cantidades que puedan adeudarse al trabajador** como consecuencia de la cesión; aspecto que se debe dilucidar en demanda independiente.

La acción se somete al **plazo de caducidad** de 20 días a contar desde la fecha del despido (ET art.59.3; TSJ Madrid 9-2-01, EDJ 7808; TSJ Cataluña 22-3-02, EDJ 21250; TSJ Galicia 27-7-09, EDJ 185438). Este plazo no se vulnera si únicamente se interpone la papeleta de conciliación frente a la cedente, siempre que la demanda judicial contra ambas intervinientes esté presentada en el tiempo establecido (TSJ Madrid 5-11-10, EDJ 293124; TSJ Galicia 17-12-10, EDJ 315500).

Precisiones **1)** Si el **despido** se produce **por la empresa cedente** una vez concluida la cesión, no podría prosperar la alegación de la cesión ilegal, por falta de la necesaria conexión inmediata (TS 21-6-16, EDJ 111970).

2) En un proceso de despido, no es posible reivindicar el **reconocimiento del tiempo de servicios** prestados a efectos de antigüedad, por ejemplo, la consolidación de un trienio; cuestión diferente es la solicitud del reconocimiento de una concreta antigüedad a los solos efectos del cálculo de la indemnización (TS 12-2-08, EDJ 82888).

3) La declaración de cesión ilegal no impide que se considere válida la extinción del contrato de trabajo por **finalización del periodo de prueba** (TS 30-5-06, EDJ 83998).

1262 **Calificación del despido** (ET art.56.1; LRJS art.110) El trabajador puede alegar la ilegalidad de la cesión al accionar frente al despido del que ha sido objeto, de tal manera que, de ser el caso, en este proceso debe dirimirse su existencia y extraer sus consecuencias (TS 12-2-08, EDJ 82888; 14-10-09, EDJ 300327). No obstante, si **no se declara la existencia del despido**, no puede efectuarse un pronunciamiento sobre la cesión ilegal, en tanto el mismo es cuestión previa o prejudicial interna, que sólo adquiere relevancia para el contenido del pronunciamiento condenatorio inherente a la declaración de la improcedencia o nulidad del despido, ya que no existe la posibilidad de la acumulación de acciones (TS 19-10-12, EDJ 233898; TSJ Extremadura 15-4-15, EDJ 69236; TSJ Galicia 26-12-18, EDJ 685981).

Es posible, desde el punto de vista procesal, alegar en la demanda todas las **particularidades** que afecten a la relación de trabajo y que hayan de incidir en la respuesta judicial, ante una eventual condena por nulidad o improcedencia de la medida extintiva (TS 14-10-09, EDJ 300327); incluso la vulneración de derechos fundamentales (TSJ Cataluña 19-10-10, EDJ 234310).

1264 **Despido improcedente** (ET art.56.1; LRJS art.110) La **regla general** es que el despido debe ser calificado como improcedente (TS 8-3-11, EDJ 19876), con las excepciones recogidas en nº 1266.

La declaración de improcedencia con existencia de cesión ilegal conlleva el derecho del trabajador a integrarse, a su elección, en la plantilla que estime más adecuada a sus intereses, de entre la cedente y cesionaria condenadas solidariamente. Una vez efectuada la **opción**, corresponde a la empresa elegida la opción entre readmisión o indemnización (TS 5-2-08, EDJ 25835; 3-11-08, EDJ 222499) o al trabajador, de ser este representante de los trabajadores, delegado sindical o delegado de prevención de riesgos laborales (TS 4-12-07, EDJ 274868) o en caso de que así lo disponga el convenio colectivo (TSJ Castilla-La Mancha 4-12-01, EDJ 79442; TSJ Málaga 11-9-08, EDJ 300807). Si la **opción** es **por la indemnización**, la responsabilidad en el pago es solidaria para cedente y cesionario; y todo ello con independencia de las reclamaciones que entre ellos pudieran dirigirse, que se deben dilucidar en la vía jurisdiccional correspondiente (TSJ Sevilla 26-5-08, EDJ 345659 y EDJ 344243).

Precisiones **1)** Como los elementos determinantes de la cesión ilegal no se perpetúan en el tiempo, no cabe condenar solidariamente a la empresa cedente por el despido de un trabajador producido **a los dos meses de extinguido el contrato** y cuando este se había incorporado efectiva y formalmente a la plantilla de la empresa cesionaria que es la que provoca la extinción (TS 14-9-09, EDJ 229117).

2) El **salario regulador** para el cálculo judicial de la indemnización por despido, es el que deba percibir el trabajador en la cesionaria (TSJ País Vasco 25-11-97, EDJ 20677; TSJ Aragón 28-1-08, EDJ 64747), de ser este superior al entregado por la cedente y siempre que el trabajador, en el ejercicio de su derecho, hubiese optado por la empresa cesionaria (TS 16-7-20, EDJ 618690; 13-10-20, EDJ 705130).

3) La **negación de la existencia de cesión ilegal** no impide afirmar la concurrencia de una posición empresarial plural que obligue a responder de las consecuencias del despido improcedente de manera solidaria (TS 4-2-15, EDJ 12139).

Despido nulo (ET art.55.5 -redacc LO 2/2024- y 6; LRJS art.113) Pese a la regla general (nº 1264), se ha declarado que procede la nulidad cuando el despido se ha producido como reacción empresarial ante una conducta del trabajador dirigida a reivindicar la ilicitud en la cesión a que está sometido, vulnerando de esa manera su **garantía de indemnidad** (TCo 101/2000; 198/2001; 125/2008; TS 29-5-09, EDJ 143991; auto 4-3-10, EDJ 28809). Tal evento sucedía: 1266
- con una reclamación interna en el seno de la empresa (TSJ Galicia 27-7-09, EDJ 185438);
- ante la mera presentación de la papeleta de conciliación o reclamación previa -cuando aún era necesaria- (TCo 138/2006; TS 21-1-14, EDJ 7719; 19-2-14, EDJ 30195; TSJ Asturias 4-3-11, EDJ 45588; 21-2-17, EDJ 23234; TSJ Madrid 22-2-17, EDJ 39798);
- por la previa formulación de una demanda judicial con tal fin (TSJ Madrid 20-10-09, EDJ 318183; TSJ Galicia 27-10-09, EDJ 293488; TSJ Las Palmas 28-1-11, EDJ 134165), y sin que para ello obste que la empresa principal y contratista procedan a extinguir anticipadamente la contrata, intentando que devenga ineficaz el procedimiento judicial en curso (TSJ Madrid 27-11-09, EDJ 318054);
- después de una sentencia que declara la cesión ilegal (TS 8-7-03, EDJ 108449; 29-5-09, EDJ 143991);
- con la no renovación del contrato (TSJ Galicia 3-4-09, EDJ 74944; 8-4-09, EDJ 74959; 27-7-09, EDJ 185438);
- tras la denuncia ante la Inspección de Trabajo (TSJ Galicia 15-10-08, EDJ 205667; 27-7-09, EDJ 185438; TSJ Valladolid 10-2-10, EDJ 43318), o tras el levantamiento de un acta de infracción (TSJ Galicia 15-10-08, EDJ 205667; 17-10-08, EDJ 205668; TSJ Cantabria 26-8-09, EDJ 215483), si la rescisión de la contrata se produce justo a raíz de la sentencia dictada en el procedimiento de oficio incoado tras la actuación de dicha Inspección (TSJ Cataluña 13-10-06, EDJ 426372).

Por el contrario, **se rechazó la declaración de nulidad**: cuando no se vulnera la garantía de indemnidad (TSJ Madrid 21-12-01, EDJ 106469); no existe discriminación (TCo 199/2000); si los trámites administrativos se iniciaron antes de la reclamación (TSJ Galicia 4-2-09, EDJ 83881); si la comitente comunica a la contratista, previamente demandadas por cesión, la terminación del contrato y en unión de otras empresas, por una decisión organizativa global (TSJ Madrid 16-10-09, EDJ 311449).

3. Consecuencias de la cesión ilegal

a. Derechos de los trabajadores

(ET art.43.4)

Todas las consecuencias que establece la Ley con respecto a los trabajadores van en orden a **restituir** aquellos derechos vulnerados por la cesión ilegal. De este modo se prevé que adquieran la condición de fijos (nº 1282) a su elección en la empresa cedente o cesionaria (nº 1286), así como los derechos y obligaciones existentes en la cesionaria, caso de optar por ella (nº 1290). 1280

Fijeza en plantilla Consecuencia directa del tráfico prohibido de trabajadores es la fijeza laboral en plantilla (TSJ País Vasco 6-2-01, EDJ 7418; TSJ Sta. Cruz de Tenerife 14-12-99, EDJ 39190; TSJ Madrid 25-2-00, EDJ 117335; TSJ Galicia 16-6-00, EDJ 51806), pudiendo realizarlo, a su opción, en la empresa cedente o en la cesionaria (nº 1286). 1282

La adquisición de fijeza **supone que**:
- es indiferente el tipo de contratación al que anteriormente hayan estado sometidos (TSJ Cataluña 25-11-03, EDJ 183130; TSJ Las Palmas 28-11-03, EDJ 197013), pues se produce una novación de carácter objetivo;
- se adquiere la condición de fijo si decide permanecer en la cedente y su vinculación previa era temporal;
- no procede aplicar la regulación del convenio colectivo sobre la forma de adquisición por un trabajador temporal de la condición de fijo discontinuo, ya que constatada la cesión ilegal la adquisición de fijeza reconocida estatutariamente opera de forma automática (TSJ C.Valenciana 6-6-08, EDJ 142050).

1284 Cuando la ilicitud afecta a las **Administraciones Públicas** si se opta por la incorporación a la citada Administración, no se obtiene la fijeza en plantilla, sino la mera declaración de indefinido no fijo (TS 27-12-02, EDJ 61484; 28-10-03, EDJ 127743; 7-4-09, EDJ 72859; 8-4-09, EDJ 143974; 23-4-09, EDJ 92569; 28-4-09, EDJ 101845; 5-5-09, EDJ 101838; 8-7-09, EDJ 171916; 27-1-11, EDJ 8563). Para sostener este criterio los tribunales se amparan en el respeto a los principios de mérito, capacidad, igualdad y publicidad que deben regir en el acceso al empleo público.

Precisiones Aunque en relación con la utilización sucesiva de contratos temporales, el TJUE ha señalado que la **declaración de fijeza** puede ser una medida adecuada para prevenir y sancionar los abusos derivados de la utilización sucesiva de contratos temporales en la Administración Pública (TJUE 22-2-24, asuntos C-59/22, C-110/22, C-159/22).

1286 **Derecho de opción** Los trabajadores sometidos al tráfico prohibido pueden adquirir la **condición de fijos** (nº 1282) a su elección, en la empresa **cedente** o en la **cesionaria** (TS 9-2-87, EDJ 1063; 27-1-11, EDJ 8563). La opción tiene el sentido de proteger el posible interés del trabajador de permanecer en la empresa cedente, aunque eliminado el efecto de la cesión. Pero esto no impide que si se ejercita la opción por la relación laboral real, despliegue los efectos que le son propios y que son los naturales que se derivan de la eliminación de la interposición. En este sentido, una opción en esos términos no tiene propiamente un efecto constitutivo, porque con ella y con la sentencia que la acoge, no se crea una relación nueva, sino que se declara la que en verdad existía, deshaciendo así la mera apariencia creada por la interposición (TS 5-12-06, EDJ 345877; 17-4-07, EDJ 25388; 9-12-09, EDJ 300338; 25-5-10, EDJ 133563; 24-11-10, EDJ 285036).
Pero para tomar una decisión de esas características, es necesario que la **cedente** tenga **entidad real** (TS 17-1-91, EDJ 374; 3-2-00, EDJ 1028).

Precisiones **1)** No existen impedimentos para el ejercicio de la opción aun concurriendo con una **situación de excedencia**, pero limitada a que exista vacante, manteniendo, entre tanto, su expectativa de reingreso (TSJ País Vasco 8-5-01, EDJ 25602).
2) El ejercicio del derecho de opción no está sujeto a **formalidades especiales**, siendo suficiente con las manifestaciones vertidas en la demanda (TSJ País Vasco 6-9-00, EDJ 33435).

1288 El **ejercicio del derecho** de opción por parte del trabajador plantea diversos **problemas**:
1. De tener el cedente y cesionario existencia real, el derecho de opción sólo puede ser ejercido si **subsiste la cesión** al momento en que se ponga en marcha la reclamación judicial de su derecho, lo que se concreta en el momento de inicio de los actos de evitación del proceso legalmente exigibles (TS 7-5-10, EDJ 113436; 21-6-16, EDJ 111970; 28-6-16, EDJ 111967; 31-5-17, EDJ 96483; 14-12-17, EDJ 280817; 14-1-20, EDJ 507698; 28-2-18, EDJ 22330; 26-4-24, EDJ 556532).
2. De ser el cedente un **mero testaferro**, no es necesario satisfacer dicho requisito, pues al ser mera apariencia, mal cabría optar por adquirir la condición de trabajador fijo en empresa que no existe (TSJ Sevilla 10-1-08, EDJ 344503).

1290 **Adquisición de los derechos y obligaciones existentes en la cesionaria** (ET art.43.3) Los derechos y obligaciones del trabajador deben ser los que le correspondan en el **mismo o equivalente puesto de trabajo** y en condiciones ordinarias.
El **salario** que corresponde al trabajador que ha optado por integrarse en la empresa cesionaria es el establecido en el convenio colectivo para otro trabajador del mismo grupo profesional y antigüedad (TS 21-3-97, EDJ 3148; 30-11-05, EDJ 230451; 9-12-09, EDJ 300338; 17-3-15, EDJ 45765); no el superior que viniera percibiendo de la empresa cedente (TS 9-12-09, EDJ 300338; 25-5-10, EDJ 133563; 25-1-11, EDJ 14010; 26-1-11, EDJ 10757). Si los salarios en la cesionaria fueran superiores a los que el trabajador viniera percibiendo, el trabajador tiene derecho a percibir las diferencias salariales no prescritas (TS 5-12-06, EDJ 345877; 4-7-13, EDJ 142894). Hay que partir del **puesto de trabajo que se ocupa** (TSJ País Vasco 2-6-09, EDJ 182891), concepto que no tiene por qué coincidir con el de categoría y/o grupo profesional, aunque tampoco existe impedimentos para tal coincidencia (TS 25-1-11, EDJ 8553); y, normalmente, del que ya tiene o en otro equivalente (TSJ Cataluña 4-4-00, EDJ 13461; TSJ País Vasco 6-2-01, EDJ 7418; TSJ Aragón 4-3-02, EDJ 14302; TSJ Madrid 11-9-09, EDJ 268115; TSJ Asturias 27-11-09, EDJ 320675).
La **antigüedad** se computa desde la fecha del primer contrato (TS 3-11-08, EDJ 227899), si este coincide con el inicio de la cesión (TSJ Madrid 7-4-08, EDJ 52299; TSJ Sevilla 26-5-08, EDJ 345659; EDJ 344243); igualmente tratándose de una ETT, si desde el principio la contratación ha sido fraudulenta (TS 19-2-09, EDJ 22966). De no ser el caso, la antigüedad se computa desde que comienza dicha cesión (TS 25-1-11, EDJ 14010), y aunque entre un contrato y otro

existan interrupciones (TSJ Galicia 20-7-09, EDJ 185525), incluso superiores a 20 días (TS 3-11-08, EDJ 227899; 19-2-09, EDJ 22966).
Para los cálculos de las **diferencias salariales** que puedan existir, los términos de comparación han de ser homogéneos, por lo que no se pueden comparar salarios brutos con netos, ni las percepciones salariales con las extrasalariales (TSJ Cataluña 4-4-00, EDJ 13461). El **plazo de prescripción** de un año del derecho a reclamar las diferencias salariales entre lo percibido por la empresa cedente y lo debido percibir por la cesionaria se computa desde la fecha del devengo, sin que esté subordinada ni tenga efecto interruptivo sobre esta reclamación un proceso declarativo de la existencia de cesión ilegal (TS 11-2-14, EDJ 25775; 15-3-10, EDJ 71358; 27-4-10, EDJ 122411).
Es posible el ejercicio de la acción, aunque no subsista la cesión, cuando lo que se pretende no es propiamente ejercitar la elección de fijeza, sino derivar -de ese prestamismo laboral producido con anterioridad- determinadas consecuencias que afectan a la empresa para la que se continúan prestando servicios, y entre otras, que a la trabajadora se le reconozca -a efectos de antigüedad- el **tiempo de servicios prestados para su actual empresa** como empleado cedido ilegalmente por una tercera empleadora (TS 17-5-18, EDJ 98238).

Precisiones 1) Si a su vez desempeña tareas que corresponden a un **grupo profesional distinto** (aunque en sentencias anteriores al 22-2-2012 se referían a categorías profesionales) al que fue contratado, habrá que estar a las efectivamente realizadas (TSJ Madrid 31-10-01, EDJ 103142). Cuestión distinta es que reconocida una determinada fecha de antigüedad, anterior a la que se declara la cesión ilegal en sentencia, no corresponda el ascenso convencionalmente establecido por el mero transcurso del tiempo (TSJ Navarra 20-2-01, EDJ 1435).
2) Puede debatirse en un **proceso posterior** si tiene o no **derecho a determinados complementos salariales** establecidos en el convenio colectivo de que se trate (TSJ Cataluña 15-6-09, EDJ 199745).
3) El **reconocimiento** de una concreta fecha de **antigüedad** lleva aparejado el percibo del complemento salarial que en su caso pueda existir (TSJ Galicia 28-11-08, EDJ 336330; 2-12-08, EDJ 364023).

b. Obligaciones y responsabilidades del empresario

(ET art.43.3)

Los empresarios **cedente y cesionario** que incurran en una cesión ilegal responden solidariamente de las obligaciones contraídas con los trabajadores y con la Seguridad Social, sin perjuicio de las demás responsabilidades, incluso penales que procedan. **1295**
Por lo tanto, cedente y cesionario responden solidariamente del pago de las **cotizaciones** y **prestaciones** de Seguridad Social (LGSS art.168.2) y de las **diferencias salariales** reclamadas por el trabajador desde el inicio de la prestación laboral (TS 15-3-10, EDJ 71358; 27-4-10, EDJ 122411; 24-11-10, EDJ 285036).
A diferencia de lo que ocurre en la subcontratación de obras y servicios, aquí la responsabilidad es más amplia, de tal manera que dentro de las obligaciones contraídas, se incardinan **toda clase de indemnizaciones**, incluidas las previstas para el despido disciplinario y, por supuesto, los salarios de tramitación (TS 19-1-94, EDJ 242); o una indemnización derivada de un accidente de trabajo (TSJ Extremadura 18-12-08, EDJ 315485); o las prestaciones de IT (TSJ Castilla-La Mancha 27-2-08, EDJ 204052). Esta mayor extensión no es en absoluto caprichosa, pues lo que se sanciona es una conducta ilícita, dolosa, predeterminada y normalmente lucrativa, que se realiza en perjuicio de los trabajadores y que incluso puede llegar a tener incidencia en diferentes órdenes normativos, según la gravedad de la misma (TS 20-4-81, EDJ 8246).

Precisiones La **reclamación** entablada **contra uno de los deudores solidarios** no es obstáculo para las que posteriormente se dirijan contra los demás, mientras no resulte cobrada la deuda por completo (CC art.1144), y el pago hecho por uno de los deudores solidarios extingue la obligación (CC art.1145.1; TSJ Madrid 14-7-08, EDJ 157568).

Obligaciones salariales (ET art.26.1.2 y 3 y 43.3) El hecho de que la norma que regula la cesión ilegal nada diga sobre sus efectos económicos no comporta su negativa o exclusión; máxime cuando se trata de efectos que derivan de la prestación y actividades realizadas en el marco de una relación laboral existente en la realidad (TS 30-11-05, EDJ 230451). Por tanto, cuando el trabajador cedido opta por incorporarse a la cesionaria como fijo de plantilla, es decisivo concretar el **inicio** de dichos **efectos**, dada la incidencia que tiene no solo a la hora de fijar su **nueva retribución**, sino también en orden a reivindicar los hipotéticos **atrasos** que se le puedan adeudar para el supuesto de que sea superior a la que venía percibiendo. **1297**
A la hora de poder solicitar o no los atrasos generados, se destaca la naturaleza interpositoria que tiene toda cesión ilegal y, por tanto, que la interposición cabe también en la relación establecida entre empresas reales. Por tanto, ambas empresas deben responder solidariamente

de las **diferencias reclamadas** y desde el **inicio de la cesión ilegal** (TS 14-9-01, EDJ 70649; 17-1-02, EDJ 123187; 16-6-03, EDJ 239086; 3-10-05, EDJ 166174; 30-11-05, EDJ 230451; 5-12-06, EDJ 345877; 3-11-08, EDJ 227906; 15-3-10, EDJ 71358; 27-4-10, EDJ 122411; 24-11-10, EDJ 285036); como acontece, por ejemplo, por los atrasos derivados de la aplicación del convenio (TS 30-11-05, EDJ 230451).

Precisiones 1) En caso de **conciliación** administrativa y/o judicial se debe estar a lo expresamente pactado.
2) También existe responsabilidad solidaria entre una **ETT** y la empresa usuaria (TS 3-11-08, EDJ 227899).

1299 **Deudas con la Seguridad Social** (ET art.43.3; LGSS art.24 y 168.2) La empresa cedente y la cesionaria son responsables solidarios de las deudas a la Seguridad Social. Al respecto, es necesario realizar las siguientes **precisiones**:
1. Solamente se pueden incluir en los **documentos liquidatorios** los trabajadores que hayan sido objeto del prestamismo ilícito y no, en su caso, el resto de trabajadores de la empresa cedente que puedan prestar otros servicios.
2. El **periodo objeto de liquidación** es aquel en el que los trabajadores hayan estado sometidos al tráfico ilegal en la empresa cesionaria.
3. De existir plus de **antigüedad** y extenderse actas de liquidación a la empresa cesionaria, la misma se computa desde el inicio de la prestación de servicios en la empresa cesionaria y no se tiene en cuenta la antigüedad anterior en la empresa cedente, respecto de la cual la empresa cesionaria no tuvo ninguna relación. Es decir, la única limitación temporal que se prevé es la relativa a la antigüedad que, lógicamente, sólo se computa en la empresa cesionaria desde el inicio de la cesión ilegal. Con ello se excluye la imputación a esta empresa de una eventual antigüedad anterior con el empresario cedente (TS 21-3-97, EDJ 3148).
Esta responsabilidad está sometida al **plazo** general de **prescripción** de 4 años.

1301 **Alcance de las actas de liquidación** En relación con la cuestión relativa a los efectos salariales anexos al derecho de opción, y por ende desde cuándo han de extenderse las actas de liquidación con responsabilidad solidaria, hay que realizar una doble distinción:
1. Si estamos ante un **empresario ficticio**, mal se puede optar por adquirir la condición de fijo en una empresa inexistente, por lo que los efectos salariales se producen *ex tunc*, desde el inicio de la prestación de servicios para la empresa cesionaria, liquidándose por ello desde tal fecha, siempre que no hayan transcurrido los 4 años de prescripción.
2. Si estamos ante dos **empresas con entidad real**, en que se puede ejercitar eficazmente el derecho de opción, se ha producido una evolución jurisprudencial en los últimos años. Así, la **jurisprudencia clásica** consideraba que la sentencia que declaraba la incorporación a la empresa cesionaria tenía carácter constitutivo; por ello, los efectos salariales de la incorporación tenían efectos *ex nunc* (TS 21-3-97, EDJ 3148; 3-2-00, EDJ 1028). Esta teoría ha sufrido un cambio radical a raíz de la **doctrina actual del Tribunal Supremo**, ya que en un supuesto de cesión entre dos empresas reales, aplica los efectos salariales con carácter retroactivo -*ex tunc*-, declarando además aplicable el convenio colectivo de la empresa cesionaria y condenando a las dos empresas solidariamente al abono de los mismos (TS 30-11-05, EDJ 230451; 5-12-06, EDJ 345877; 9-12-09, EDJ 300338; 25-5-10, EDJ 133563; 24-11-10, EDJ 285036). La opción tiene el sentido de proteger el posible interés del trabajador de permanecer en la empresa cedente, aunque eliminado el efecto de la cesión. Pero esto no impide que si se ejercita la opción -como lo será normalmente- por la relación laboral real, esta opción despliegue los efectos que le son propios y que son además los efectos naturales que se derivan de la eliminación de la interposición. En este sentido, la opción, cuando se ejercita por la relación laboral real, no tiene propiamente un efecto constitutivo porque con ella y con la sentencia que la acoge, no se crea una relación nueva, sino que se declara la que en verdad existía, deshaciendo así la mera apariencia creada por la interposición. Lo que tendría verdaderos efectos constitutivos sería la opción por la empresa cedente e implicaría la reconstrucción de la forma de prestarse los servicios.
En estos casos la **ITSS** levanta acta de liquidación a la empresa cedente por las diferencias de cotización existentes en relación con el convenio colectivo de la empresa cesionaria, existiendo responsabilidad solidaria de la empresa cesionaria respecto al acta de liquidación, y acta por infracción muy grave a cada una de ellas.

1303 **Límites a la exigencia de responsabilidad** Se configuran como tales aquellas situaciones en que, aun concurriendo una cesión de estas características, puede ser problemática la exigencia de las diferencias salariales u otros derechos que pudieran corresponder al trabajador, a saber:
- dimisión del trabajador;
- mutuo acuerdo;
- prescripción.

Mutuo acuerdo de las partes (ET art.49.1.a) Bajo esta figura se incluyen los supuestos en que el trabajador ha suscrito un **finiquito** con las condiciones generales que deben cumplir estos documentos para tener carácter liberatorio (TS 28-2-00, EDJ 7046). 1305

Sin embargo, produce efectos contrarios si no se le otorga dicha trascendencia; y carece de tal validez si una relación laboral está celebrada en fraude de ley (TSJ Galicia 30-6-00, EDJ 117204; TSJ C.Valenciana 17-1-03, EDJ 101072). También carece de importancia la baja voluntaria y subsiguiente finiquito, si al día siguiente se firma un nuevo contrato temporal, precedido a su vez de otros así denominados, ya que el plano de desigualdad en que se encuentra el trabajador, le condiciona a la hora de su firma, de manera que debe ser interpretado como condición para mantener su puesto de trabajo (TSJ Las Palmas 29-4-03, EDJ 272328).

Prescripción (ET art.59.1 y 2; CC art.1961 a 1975) Existe el **plazo** de un año para reivindicar las diferencias retributivas. 1307

Todos los **efectos** se retrotraen al inicio de la cesión, por lo cual, el dies a quo debe coincidir con dicho inicio (TS 3-2-00, EDJ 1028; 14-9-01, EDJ 70649; 17-1-02, EDJ 123187; 16-6-03, EDJ 239086; 3-10-05, EDJ 166174; 30-11-05, EDJ 230451), ya que su derecho no surge de la demanda y subsiguiente sentencia que se promueva con la finalidad de constatar esa situación, sino del momento en que comienzan los servicios por los que ha de ser retribuido. Por tanto, interpuesta una acción de despido en la que también se discute la existencia de cesión ilegal y asumida en la sentencia que a tal fin se dicta, carece de efectos interruptivos dicha acción para reclamar diferencias salariales, pues nada impide al trabajador reivindicar tales diferencias con anterioridad a su formulación (TS 15-3-10, EDJ 71358; 27-4-10, EDJ 122411); o, incluso al mismo tiempo (TSJ Madrid 20-10-09, EDJ 312014).

Sanciones administrativas y penales (LISOS art.8.2, 18.3.b y 40; CP art.312.1) La cesión de trabajadores en los términos prohibidos por la legislación vigente puede considerarse **infracción laboral** muy grave, sancionable con multa de 7.501 a 225.018 €. La ITSS extenderá acta por infracción muy grave tanto a la empresa cedente como a la empresa cesionaria. 1309

El tráfico ilegal de mano de obra puede constituir un **delito** contra los derechos de los trabajadores.

PARTE III

Trabajador

CAPÍTULO 6

Capacidad para controlar y capacidad para trabajar

1400

El trabajador, la persona que voluntariamente presta sus servicios retribuidos bajo la dirección y organización de otra persona, física o jurídica, denominada empleador o empresario, ha de tener **capacidad** para suscribir el contrato de trabajo. Además, según las características del puesto de trabajo a cubrir, puede requerirse la posesión de una **titulación** determinada (nº 1552 s.), o unas condiciones psicofísicas idóneas si del trabajo se puede derivar un **riesgo para la salud** (nº 1420 s.). 1402

Por su parte, el empresario, de acuerdo con la **libertad de contratación** y siempre que se respeten los derechos de igualdad y no discriminación (nº 3230 s.), puede fijar en el **proceso de selección** una serie de requisitos psicofísicos arbitrando las pruebas oportunas (nº 1445 s.).

Además, están establecidas determinadas **exclusiones, reservas y preferencias** para ser contratado libremente:

1. Por **ley**: como son las reservas obligatorias de puestos de trabajo para personas con **discapacidad** (nº 3365 s.); o las medidas que prohíben contratar a personas con antecedentes en el Registro Central de **delincuentes sexuales** y de trata de seres humanos, para ocupaciones que impliquen contacto habitual con menores de edad (nº 1439).

2. Por la **negociación colectiva**: como son las medidas de **acción positiva** para favorecer el acceso de determinados colectivos a todas las profesiones, o las condiciones de igualdad a lo largo de la vida del contrato (nº 3295).

Si el trabajador es un **extranjero**, no nacional de la Unión Europea, para poder concertar un contrato de trabajo en España debe también estar en posesión de la autorización administrativa de residencia y trabajo (nº 1652 s.).

Respecto de la **protección de los datos personales** en la contratación laboral, ver nº 8505 s.

I. Capacidad para contratar como trabajador

La capacidad del trabajador presupone su capacidad jurídica, esto es, su aptitud para ser titular de relaciones jurídicas. Dicha capacidad se reconoce a toda persona física. Debe partirse de la estrecha unión que existe entre las normas de **Derecho Común** sobre capacidad jurídica y de obrar con las del **Derecho del Trabajo**, la capacidad para celebrar un contrato de trabajo es una modalidad de la capacidad de obrar general, de la que se distingue solo por razones de la especialidad del objeto. 1410

Cabe distinguir entre la **capacidad plena**, que supone aptitud suficiente de un sujeto para obligarse como trabajador en virtud de un contrato de trabajo y la **capacidad limitada**, que implica la necesidad de autorización para celebrar un contrato de trabajo, así como la **prohibición** de trabajar debido a la edad mínima requerida, o en los supuestos de declaración de **incapacidad**.

1412 **Capacidad plena** (ET art. 6 y 7; CC art.239 a 248) Tienen capacidad plena para celebrar un contrato de trabajo y asumir las obligaciones inherentes a la condición de trabajador:
1. Los mayores de 18 años.
2. Los menores de 18 años y mayores de 16 legalmente emancipados o que tengan el beneficio de la mayoría de edad.
3. Los menores de 18 años y mayores de 16 que vivan de forma independiente con el consentimiento de sus padres, tutores o quien les tenga a su cargo.
Por **vida independiente** hay que entenderlo en sentido material, es decir, la autosuficiencia del menor para cubrir las necesidades propias. Junto a la vida independiente, es necesario que esté consentida por los padres o tutores o autorizada por la persona o institución que tenga a su cargo al menor. La prestación de este consentimiento no requiere formalidad alguna, pudiendo ser incluso tácito.
Sobre la **discriminación** en la contratación por razón de **edad o edadismo**, ver nº 3385 s.

1414 **Capacidad limitada** (ET art.7.b; LRJS art.16.2) Los **menores de 18 años y mayores de 16** que no estén emancipados ni vivan de forma independiente tienen capacidad limitada. Para la celebración de un contrato de trabajo por estos menores se requiere **autorización** de sus padres, tutores o persona o institución que los tenga a su cargo. Sin embargo, una vez celebrado el contrato de trabajo, el menor autorizado adquiere la capacidad necesaria para ejercitar los **derechos** y cumplir los **deberes** contractuales, así como para dar por extinguido el contrato (TSJ Valladolid 17-7-01, EDJ 103294; TSJ Granada 9-12-09, EDJ 408616).
No se exige **forma** especial para esta autorización, de modo que puede ser verbal o escrita, expresa o tácita (TSJ Burgos 20-7-05, EDJ 136255).
En caso de que el contrato esté firmado por un menor de edad sin la asistencia de las personas que completen su capacidad de obrar, se está ante un **contrato nulo** y no anulable, es decir, no puede producir efectos contractuales ni puede ser objeto de subsanación alguna (TSJ Murcia 1-12-08, EDJ 319077).

Precisiones **1)** La **falta de firma del representante** de un menor no emancipado vicia de nulidad el contrato, por lo que ha de entenderse que la relación laboral no existió, y no cabe hablar de despido (TSJ Burgos 20-7-05, EDJ 136255).
2) La autorización para trabajar supone la existencia de la **capacidad procesal** para comparecer en juicio en defensa de sus derechos e intereses legítimos derivados del contrato de trabajo y de la Seguridad Social.
3) La **retribución** del **menor** y los bienes con ella adquiridos le pertenecen a él y no están sujetos a administración paterna, sin perjuicio de que pueda ser obligado a colaborar con sus bienes al levantamiento de las cargas familiares si vive con sus padres (CC art.164.3 y 165 y 164.4).

1416 **Prohibición a menores de 16 años** (OIT Convenio núm 138; ET art.6.1 y 9.2; LISOS art.8.4 y 40) Existe una **prohibición absoluta** para trabajar en cualquier tipo de trabajo para los menores de 16 años, al estar prohibida su admisión al trabajo. Esta edad es superior a la establecida por la OIT, que cifra la edad mínima de admisión, con carácter general, en los 15 años.
El **fundamento** de la prohibición de los menores de 16 años es un principio protector relacionado con los años de escolaridad, no estando relacionado con una supuesta incapacidad natural o presunta insuficiencia de juicio (CC art.156) de los afectados (TSJ Madrid 13-9-02, EDJ 123193).
La **consecuencia** del eventual **incumplimiento** de la prohibición es la nulidad del contrato celebrado.
En caso de **espectáculos públicos**, la intervención de menores sólo puede ser autorizada en casos excepcionales por la autoridad laboral, siempre que esto no suponga peligro para su salud física ni para su formación profesional y humana (RD 1435/1985 art.2). La simple ausencia de la autorización puede acarrear para el empresario infracciones administrativas o, incluso, penales, pero no conduce a la nulidad del contrato automáticamente ni menos a privarlo de eficacia a efectos de las **cotizaciones** efectuadas a la Seguridad Social y la consiguiente percepción de la prestación por desempleo (TSJ Madrid 13-9-02, EDJ 123193).
La transgresión de las normas sobre trabajo de menores se considera **infracción muy grave** del empresario, sancionable con multa como máximo de 7.501 a 225.018 €.

1418 Precisiones **1)** La prohibición se aplica en todo caso, aunque el menor sea **familiar** del empleador, incurriendo en infracción muy grave si la incumple (TS cont-adm 7-9-95, EDJ 4583).
2) Se declaró la **nulidad**, por atentar contra el principio de libertad de contratación que asiste al menor, un **precontrato** de trabajo para la práctica de fútbol, 10 años de **contrato** laboral y una **cláusula penal** por incumplimiento de tres millones de euros, aunque fueron autorizados por los padres del menor (TS civil 5-2-13, EDJ 3890).
3) Aunque es nulo el contrato celebrado con un menor de edad, en alguna ocasión se ha estimado la anulación (no nulidad) del contrato celebrado, operando con efectos ex nunc (en adelante), manteniéndose, en consecuencia, las prestaciones de trabajo y salario, intercambiadas con anterioridad (TSJ Asturias 1-7-94, EDJ 7064; 1-7-94, EDJ 5742).

Incapacitación (CC art.199, 200 y 1263; ET art. 9.2) Determinadas personas pueden carecer de capacidad para obligarse a través de un contrato de trabajo cuando, aun cumpliendo los requisitos relativos a la edad, han sido declaradas incapaces. La incapacitación debe efectuarse necesariamente mediante **declaración judicial** fundada en las causas previstas en la ley: enfermedad o deficiencia persistente de carácter físico o psíquico que impida a la persona gobernarse por sí misma. Es la sentencia judicial la que determina la extensión de la incapacidad y, por tanto, la que decida si dicha incapacidad alcanza también a la aptitud para obligarse a través de un contrato de trabajo. **1420**

El contrato celebrado por persona incapaz es **nulo**, sin perjuicio del derecho del incapaz a percibir el salario devengado por el trabajo efectivamente prestado.

Precisiones Desde el 3-9-2021, está eliminada la imposibilidad de prestar su consentimiento para contratar a quienes tienen su **capacidad modificada judicialmente**, en los términos señalados por la resolución judicial. Desde dicha fecha, los menores de edad no emancipados pueden celebrar aquellos contratos que las leyes les permitan realizar por sí mismos o con asistencia de sus representantes y los relativos a bienes y servicios de la vida corriente propios de su edad de conformidad con los usos sociales (CC art.1263).

II. Capacidad para trabajar

(LPRL art.25, 26 y 27)

Es obligatoria la protección del trabajador que, por sus **características personales**, estado biológico o por su discapacidad (física, psíquica o sensorial) pueda implicar, en el desarrollo de su actividad laboral, una mayor situación de peligro o cuando el trabajador se encuentra manifiestamente en estados o situaciones transitorias que no responden a las exigencias psicofísicas de los respectivos puestos de trabajo. **1425**

El empresario debe tener en cuenta dichos aspectos en las **evaluaciones de los riesgos** y, en función de éstas, adoptar las medidas preventivas y de protección necesarias. Aun así, el riesgo o la peligrosidad puede ser tal que los trabajadores en tales condiciones pueden ponerse en peligro, o poner en peligro a los demás trabajadores u otras personas relacionadas con la empresa, por lo que no pueden ser empleados en esos puestos de trabajo. Tampoco pueden ser empleados, en general, cuando se encuentren manifiestamente en estados o situaciones transitorias que no respondan a las exigencias psicofísicas de los respectivos puestos de trabajo.

Igualmente, el empresario debe tener en cuenta en las evaluaciones los factores de riesgo que puedan incidir en la **función de procreación** de los trabajadores y trabajadoras, en particular por la exposición a agentes físicos, químicos y biológicos que puedan ejercer efectos mutagénicos o de toxicidad para la procreación, tanto en los aspectos de la fertilidad, como del desarrollo de la descendencia, con objeto de adoptar las medidas preventivas necesarias.

Ver estudio en profundidad en el nº 6455 Memento Prevención de Riesgos Laborales 2024-2025.

Menores (Dir 94/33/CE; ET art.6; D26-7-1957; L 31/1995 art.27 y disp.derog.única.b; LISOS art. 13.2 y 40) Además de la prohibición de trabajar de los menores de 16 años (nº 1416), los menores de 18 años **no** pueden **realizar**: **1427**

- actividades o desempeñar puestos de trabajo respecto a los que se establezcan limitaciones a su contratación conforme a lo dispuesto en la LPRL y en las normas reglamentarias aplicables;
- trabajos nocturnos;
- horas extraordinarias.

A tal efecto, **antes de la incorporación** al trabajo de jóvenes menores de 18 años, la empresa debe efectuar una evaluación de los puestos de trabajo a desempeñar por los mismos, a fin de determinar las condiciones de trabajo que puedan poner en peligro la seguridad o la salud de estos trabajadores; teniendo especialmente en cuenta los riesgos específicos derivados de su falta de experiencia.

El empresario debe **informales**, así como a sus padres o tutores que hayan intervenido en la contratación, de los posibles riesgos y de todas las medidas adoptadas para la protección de su seguridad y salud.

En concreto, está **prohibido** para los menores de 18 años:

a) El trabajo en las actividades e industrias (comprendidas en la relación del D 26-7-1957).

b) El engrase, limpieza, examen o reparación de las máquinas o mecanismos en marcha que resulten de naturaleza peligrosa.

c) El manejo de prensas, guillotinas, cizallas, sierras de cinta o circulares, taladros mecánicos y, en general, cualquier máquina que por las operaciones que realice, las herramientas o útiles empleados o las excesivas velocidades de trabajo, represente un marcado peligro de accidente, salvo que éste se evite totalmente mediante los oportunos dispositivos de seguridad.
d) Cualquier trabajo que se efectúe a más de cuatro metros de altura sobre el terreno o suelo, salvo que se realice sobre piso continuo y estable, tal como pasarelas, plataformas de servicio u otros análogos, que se hallen debidamente protegidos.
e) Todos aquellos trabajos que resulten inadecuados para la salud de estos trabajadores por implicar excesivo esfuerzo físico o ser perjudiciales a sus circunstancias personales.
f) El trabajo de transportar, empujar o arrastrar cargas, que representen un esfuerzo superior al necesario para mover en rasante de nivel los pesos (incluido el del vehículo) que se citan a continuación:

Modo de transporte	Peso máximo permitido/Kg
Transporte a brazo	20
Vagonetas en vías férreas	500
Carretillas	40
Triciclos porteadores	75
Vehículo 3 o 4 ruedas (carretones, cangrejos, etc.)	60

1429 La **normativa comunitaria** prohíbe a menores los trabajos que se enumeran a continuación, excepto cuando resulte indispensable para su formación profesional:
- aquellos que objetivamente superen sus capacidades físicas o psicológicas;
- los que impliquen una exposición nociva a agentes tóxicos, cancerígenos, mutágenos, teratógenos y otros graves defectos crónicos;
- los que impliquen una exposición nociva a radiaciones;
- los que supongan riesgo de accidente en los que se supone que los jóvenes, por su falta de sentido de seguridad o falta de experiencia o formación, no lo puedan identificar o prevenir;
- los que ponen en peligro su salud por frío o calor extremos y por exposición al ruido o a las vibraciones.

El **incumplimiento** de las normas específicas en materia de protección de la seguridad y salud de los menores se considera falta muy grave en orden social, sancionable con multa de 49.181 a 983.736 €.

1431 **Maternidad** (Dir 92/85/CEE; LPRL art. 26; RSP anexo VII y VIII; LISOS art.13.1 y 40.2) La mujer **embarazada** o que haya **dado a luz** recientemente, no puede realizar determinados trabajos ni con determinados agentes, por lo que no pueden ocupar puestos de trabajo que hayan sido identificados, en la evaluación de riesgos, como de **riesgo** para la seguridad o la salud, así como alguna repercusión en el embarazo o la lactancia de una trabajadora. Tampoco la trabajadora puede desarrollar un **trabajo nocturno** durante el embarazo o durante un período consecutivo al parto y puede considerarse la necesidad de que no realice un **trabajo a turnos**.

A tal efecto, la **evaluación de los riesgos** debe comprender la determinación de la naturaleza, el grado y la duración de la exposición de las trabajadoras en situación de embarazo o parto reciente a agentes, procedimientos o condiciones de trabajo que puedan influir negativamente en la salud de las trabajadoras o del feto, en cualquier actividad susceptible de presentar un riesgo específico.

Se considera **infracción muy grave** la inobservancia, por parte de los empresarios, de la normativa específica en materia de protección de la seguridad y salud de las trabajadoras durante los períodos de embarazo y lactancia, sancionable con multa de 49.181 a 983.736 €.

1433 La **trabajadora embarazada** no puede verse obligada, en ningún caso, a realizar actividades que supongan, sin que sea una lista exhaustiva, el riesgo de una exposición a los agentes y condiciones de trabajo siguientes:
- agentes físicos: trabajos en atmósferas de sobrepresión elevada, por ejemplo, en locales a presión, submarinismo.
- agentes biológicos: toxoplasma y virus de la rubéola, salvo si existen pruebas de que la trabajadora embarazada está suficientemente protegida contra estos agentes por su estado de inmunización.
- agentes químicos: plomo y derivados, en la medida en que estos agentes sean susceptibles de ser absorbidos por el organismo humano.
- trabajos de minería subterráneos.

La **trabajadora en período de lactancia** no puede realizar actividades que, de acuerdo con la evaluación, supongan el riesgo de una exposición a los agentes o condiciones de trabajo, en lista no exhaustiva, a los siguientes:
- Agentes químicos: plomo y sus derivados, en la medida en que estos agentes sean susceptibles de ser absorbidos por el organismo humano.
- Trabajos de minería subterráneos.

Precisiones En el **ámbito** de la **OIT** se han adoptado, entre otras, de las siguientes **prohibiciones**:
- Las mujeres no pueden trabajar en la reducción, manipulación, etc., con zinc y plomo (Recomendación OIT núm 4, 28-11-1919).
- La mujer embarazada o lactante, no debe ser empleada en trabajos con benceno (OIT Convenio núm 136/1971, BOE 5-2-1975).
- Limitación del transporte manual de carga (Convenio OIT núm 127/1967, BOE 15-10-1970). Prohibición durante el embarazo y las diez semanas siguientes al parto del transporte manual de carga, si a juicio del médico puede comprometer la salud de la madre o del hijo (Recomendación OIT núm 128, 28-6-1967).
- Prohibición a las mujeres embarazadas o lactantes del trabajo nocturno y horas extraordinarias, así como los trabajos que impliquen levantar o empujar grandes pesos, que exijan un esfuerzo físico excesivo, un equilibrio especial, o la utilización de máquinas de trepidación.
- En caso de estar empleada habitualmente en un trabajo considerado peligroso -o que el médico así lo certifique-, debe ser transferida, sin reducción de salario, a otro que no sea perjudicial para su estado (Recomendación OIT núm 95, 28-6-1967).
- En caso de embarazo o lactancia, las trabajadoras deberían tener el derecho a un trabajo alternativo que no implique la exposición a productos químicos peligrosos para la salud del feto o del lactante, o su utilización, siempre que tal trabajo esté disponible, y el derecho a regresar a sus ocupaciones previas en el momento adecuado (Recomendación OIT núm 177, 25-6-1967).
- Obligación de adoptar las medidas necesarias para garantizar que no se obligue a las mujeres embarazadas o lactantes a desempeñar un trabajo que haya sido determinado por la autoridad competente como perjudicial para su salud o la de su hijo, o respecto del cual se haya establecido mediante evaluación que conlleva un riesgo significativo para la salud de la madre o del hijo (OIT Convenio núm 3; Convenio núm 103; Convenio núm 183).

Personas con discapacidad (ET art.17.1 redacc L 4/2023; LPRL art.25; RDLeg 1/2013 art.42; RD 364/2005; 1435
LISOS art.12.7, 13.4, 15.3 y 40) Los empresarios están obligados a adoptar las medidas adecuadas para la **adaptación del puesto** de trabajo y la **accesibilidad** de la empresa, en función de las necesidades de cada situación concreta, con el fin de permitir a las personas con discapacidad acceder al empleo, desempeñar su trabajo, progresar profesionalmente y acceder a la formación, salvo que esas medidas supongan una **carga excesiva** para el empresario. Para determinar si una carga es excesiva se tiene en cuenta si es paliada en grado suficiente mediante las medidas, ayudas o subvenciones públicas para personas con discapacidad, así como los costes financieros y de otro tipo que las medidas impliquen y el tamaño y el volumen de negocios total de la organización o empresa.
Las personas con discapacidad no pueden ser **discriminadas** en el acceso al empleo; si bien, no pueden ser empleados en **puestos** que sean **incompatibles** con sus características personales. A tal efecto, se considera **infracción grave** dedicarles a tales tareas incompatibles, sancionada con multa de 2.451 € a 49.180 €, e **infracción muy grave** si ello supone riesgo para ellos mismos, para los demás trabajadores o para otras personas relacionadas con la empresa, en cuyo caso se sanciona con multa de 49.181 € a 983.736 €.
Existen algunas **medidas legales de acción positiva** para el colectivo de personas con discapacidad que implican la necesidad de reservar un cierto porcentaje de las plazas de la plantilla para la contratación de los mismos, o bien, de manera excepcional, la adopción de medidas alternativas (nº 3365).

Precisiones **1)** No vulnera el derecho a la igualdad la exigencia a un trabajador minusválido de presentar **certificado de compatibilidad** de la discapacidad con el puesto ofertado (TSJ Galicia 21-1-05, EDJ 8610). 1437
2) Existió trato **discriminatorio** por causa de minusvalía, ya que, teniendo capacidad laboral suficiente para desempeñar el trabajo ofertado, fue excluido del mismo exclusivamente a causa de una deficiencia física que le limitaba para la carrera, **prueba exigida** por la empresa sin justificación (TSJ Sevilla 19-3-02, EDJ 63370).
3) **No** se considera **discriminatorio** negar a un trabajador el derecho a ocupar un determinado puesto porque sea minusválido, sino porque las limitaciones que en concreto genera esa minusvalía, que podían ser irrelevantes o poco significativas en otra actividad, le impiden desempeñar las **específicas funciones** que dicho puesto exige (TSJ Granada 24-6-03, EDJ 72973).

1439 **Trabajo habitual con menores de edad** (LO 8/2021 art.57 a 60; RD 1110/2015 art.1, 3, 5, 8 y 9 redacc RD 407/2024; LISOS art.8.19) Las empresas tienen expresamente **prohibido** dar ocupación en profesiones, oficios y actividades que impliquen contacto habitual con personas menores de edad, a quienes tengan antecedentes en el **Registro Central de Delincuentes Sexuales y de Trata de Seres Humanos**. Este registro constituye un sistema de información, de carácter no público y gratuito, relativo a la identidad, perfil genético, penas y medidas de seguridad impuestas a aquellas personas condenadas en **sentencia firme** por cualquier delito contra la libertad sexual o por trata de seres humanos, con independencia de la edad de la víctima. No se recogen en el Registro los datos de identidad de la víctima, salvo, en su caso, su condición de menor de edad.

La información que contiene se refiere tanto a las condenas dictadas en España, como a las recaídas sobre **nacionales españoles** en otros países, en particular en los Estados miembros de la UE y del Consejo de Europa. Las **personas de origen extranjero o de otra nacionalidad** deben aportar certificación negativa de condenas penales expedido por las autoridades de su país de origen o de donde sean nacionales respecto. Están exceptuados de esta obligación los **nacionales de Estados de la UE,** respecto de los cuales, la persona encargada del Registro recaba la información penal que pudiera constar en el país de nacionalidad, a los efectos de incluirla en la correspondiente certificación, sin perjuicio de que el interesado ha de aportar certificación negativa de condenas penales expedido por las autoridades de su país de origen, si fuese distinto al de su nacionalidad.

La **finalidad** del Registro es establecer un mecanismo de prevención que permita conocer si quienes pretenden el acceso y ejercicio de profesiones, oficios y actividades que impliquen el contacto habitual con personas menores de edad, carecen o no de condenas penales por este tipo de delito, contribuyendo a la protección de los menores. A estos efectos, son **profesiones, oficios y actividades** que implican contacto habitual con personas menores de edad, todas aquellas, retribuidas o no, que por su propia naturaleza conllevan el trato repetido, directo y regular -y no meramente ocasional- con niños, niñas o adolescentes. En todo caso, son aquellas que tengan como destinatarios principales a personas menores de edad.

El interesado en acceder a tales profesiones, oficios o actividades debe **acreditar** que no ha cometido esta clase de delitos, aportando una certificación negativa del citado Registro Central. Esta obligación se extiende a **todos los trabajadores** por cuenta ajena o propia, tanto del sector público como del privado, así como a las personas que desarrollen **prácticas no laborales** y actividades de **voluntariado**. No obstante, no han de tomarse en consideración los antecedentes que figuren como cancelados.

Desde el 25-4-2024, las empresas, instituciones, ONG y algunos colegios profesionales también están **habilitadas para solicitar** el certificado negativo para aquellos de sus trabajadores que tengan contacto habitual con personas menores de edad, siendo preciso contar con el previo consentimiento expreso de la persona trabajadora o de su representante. Las personas de entre 16 y 18 años pueden solicitar el certificado directamente, y no a través de su tutor o representante legal. Para el caso de menores de 16 años y personas necesitadas de apoyo en el ejercicio de su capacidad jurídica, la solicitud ha de efectuarse por representante legal, guardador de hecho, curador o defensor judicial, según corresponda.

En todo caso, queda **constancia** de la identidad de las **personas que accedan** al Registro Central de Delincuentes Sexuales y de Trata de Seres Humanos y de los datos consultados, además de realizarse auditorías periódicas para verificar que los accesos acaecidos se corresponden con la finalidad de este Registro Central.

La **existencia sobrevenida de antecedentes** en dicho Registro conlleva el cese inmediato de la relación laboral, de las prácticas no laborales o del voluntariado. No obstante, cuando sea posible, considerando las circunstancias concurrentes y la actividad desarrollada, la empresa o entidad puede cambiar a esta persona de puesto o actividad, siempre que la nueva no suponga el contacto habitual con personas menores de edad.

Las personas tienen **también** el **deber comunicar** cualquier cambio que se produzca en dicho Registro respecto de la existencia de antecedentes, aunque éstos se deriven de hechos anteriores al inicio de la relación. En el caso de los **trabajadores por cuenta ajena**, la omisión de esta obligación se considera un **incumplimiento** grave y culpable que justificaría un despido disciplinario por transgresión de la buena fe contractual.

El **incumplimiento empresarial** de esta prohibición de contratación constituye una infracción muy grave, sancionable con multa de 7.501 a 225.018 €.

Además, con carácter general, toda persona o autoridad, especialmente aquellas que por su profesión, oficio o actividad, que **detecte** una **situación de riesgo** o posible desamparo de un menor de edad, ha de comunicarlo a la autoridad o sus agentes más próximos, sin perjuicio de prestarle el auxilio inmediato que precise (LO 1/1996 art.13.1).

III. Aptitud psicofísica del trabajador

Una vez concluido el proceso de reclutamiento, se inicia el **proceso de selección**. Este proceso se realiza con el propósito de identificar aquellos candidatos, entre todos los aspirantes, que se adecúan en mayor medida a los requisitos recogidos por la empresa en el perfil profesional, tratando de asegurar así el éxito de la persona seleccionada una vez incorporada al puesto de trabajo ofrecido por la organización. 1445

Corresponde a la **potestad organizativa de la empresa** y a la autonomía de la voluntad establecer las condiciones en que deba realizarse la oferta y juzgar a través de los medios que considere oportunos el cumplimiento de las condiciones fijadas previamente y que deban cumplir los solicitantes, sin injerencias de juicios ajenos a los prefijados, máxime, cuando se admite, incluso, un período de prueba en el que puede resolverse y sin expresión de causa la relación laboral constituida.

No obstante, el ordenamiento jurídico español no permite que el empresario actúe de forma arbitraria, estableciendo determinados **límites a la voluntad del empresario** están relacionados con el respeto a los derechos fundamentales de los individuos. Así, los trabajadores **no** pueden ser **discriminados** por razón de nacimiento, origen racial o étnico, sexo, religión, convicción u opinión, edad, discapacidad, orientación o identidad sexual, expresión de género, enfermedad o condición de salud, estado serológico y/o predisposición genética a sufrir patologías y trastornos, lengua, situación socioeconómica, o cualquier otra condición o circunstancia personal o social. Además, se prohíbe expresamente que el **empleador pregunte** sobre las condiciones de salud del aspirante al puesto (ET art.4.2.c redacc RDL 5/2023; L 15/2022 art.2.1 y 9).

Los **convenios colectivos** suelen establecer, en líneas generales, pocas previsiones acerca de los sistemas de selección que pueden utilizar las empresas para contratar a sus trabajadores, de manera que los empresarios gozan de amplias facultades en esta materia como los propios convenios se encargan de recordar.

Un extenso análisis sobre las **causas de discriminación prohibidas** se encuentra en el (nº 3245 s.), y **supuestos concretos** de discriminación en el acceso al trabajo en el nº 3340 s.

Para cumplir el objetivo del proceso de selección, se emplean diversos instrumentos o técnicas para la recopilación y análisis de información relativa a los candidatos y relacionada con tales requisitos. Se trata de los instrumentos o **técnicas de selección**, entre las que destacan las siguientes:

1. Pruebas o requisitos físicos (nº 1450).
2. Reconocimientos médicos (nº 1460).
3. Pruebas psicotécnicas (nº 1495).
4. Entrevista con el candidato (nº 1505).
5. Examen genético de los candidatos (nº 1515).

Sobre la **protección de datos** en la fase previa a la contratación, ver nº 8635 s.

Precisiones Se consideran ilegales las llamadas **listas negras** que algunas empresas elaboran sobre trabajadores que presumen conflictivos y que, una vez despedidos, les impide encontrar otro empleo porque están señalados como tales en su sector (nº 8690).

1. Pruebas o requisitos físicos

El desarrollo de las funciones del puesto de trabajo a cubrir puede requerir determinadas **condiciones físicas**, a tal efecto, se puede realizar una serie de pruebas que revelen la aptitud psicofísica del trabajador. La libertad de contratación se puede ejercer para acomodar las condiciones generales a la organización del sistema productivo, siempre que la adaptación se justifique en necesidades que sean razonables, y no arbitrarias ni discriminatorias (TS 21-6-94, EDJ 5525). 1450

Si bien, el poder de **libre dirección de la empresa** debe entenderse conforme a las reglas de la sana crítica y del sentido común, y no puede traspasar la prohibición de no ser el criterio empleado machista, racista o selectivo en forma de exclusión discriminatoria, y es deber del empresario el justificar las diferencias con la acreditación de ser razonables y lógicas, de acuerdo con criterios o juicios aceptables, es decir, que no prime el capricho sino el sentido económico-empresarial (TSJ Cantabria 7-3-02, EDJ 25315).

El **momento en el que deben reunirse** las condiciones físicas adecuadas es el del reconocimiento médico previo a la contratación, por lo que resulta absolutamente intrascendente para variar el fallo impugnado, la supuesta mejoría de los indicadores de fuerza segmentaría y de resistencia de la recurrente un año después de aquella valoración (TSJ Asturias 13-4-12, EDJ 65695).

1452 Precisiones 1) Si el trabajador pasó el reconocimiento médico de aptitud para ingresar en la empresa, trabajando hasta septiembre de 2008, y aunque el mismo **no advirtió de la enfermedad** de la que estaba en tratamiento desde el año 2006, no puede ser despedido por ineptitud sobrevenida, ya que la empresa pudo haberla detectado en ese reconocimiento (TSJ Madrid 11-11-11, EDJ 303117).
2) La exigencia de un determinado requisito físico, por ejemplo, una **altura determinada,** ha de valorarse en relación a la concreta función a desempeñar (TS 31-1-06, EDJ 3627; y no ha de suponer una discriminación indirecta por razón de sexo (TS cont-adm 14-7-22, EDJ 634518); o exigir una **prueba de velocidad** cuando las actividades del puesto de trabajo a cubrir no requerían ni habilidad para la carrera, ni velocidad (TSJ Sevilla 19-3-02, EDJ 63370).
En cambio, **no** se consideró **discriminatoria**:
- La exclusión de un candidato de un proceso de selección por no cumplir con los requisitos físico-médicos establecidos en las bases de la convocatoria fundamentados en criterios objetivos y normativos que garantizan la seguridad en el desempeño del puesto, por ejemplo, para la contratación de **maquinistas de tracción eléctrica** en Metro Madrid, el candidato fue declarado no apto tras el reconocimiento médico debido a la discromatopsia que le impedía tener una **visión normal de los colores** (TSJ Madrid 9-5-22, EDJ 595757).
- una convocatoria de trabajo para cubrir plazas de tripulantes de la cabina de pasajeros, que establecía como requisitos básicos para participar en las pruebas, entre otros no discutidos, los siguientes: tener una **edad** entre 18 y 25 años; tener una **estatura** comprendida entre 1,64 y 1,82 centímetros para las mujeres y entre 1,74 y 1,90 centímetros para los hombres; en caso de necesitar lentes correctoras de visión (no más de dos dioptrías), utilizar microlentillas, y adecuada imagen (TS 27-12-99, EDJ 45304).
- la consideración de no apta para el trabajo de **ayudante de minero** por no haber superado las pruebas de constitución física fijadas para formar parte de su plantilla cuando las pruebas dinamométricas fueron realizadas con material perfectamente calibrado y en función de un baremo de causas de exclusión establecido para la selección de personal que no ha sido impugnado (TSJ Asturias 13-4-12, EDJ 65695).
3) Se consideró discriminatoria la exigencia de que en **cada turno** de trabajo existieran **operarios de ambos sexos** para las labores de limpieza de los vestuarios de hombres y de mujeres (TSJ Madrid 16-5-05, EDJ 86181). Así como que atenta contra los principios de igualdad de acceso al empleo la actitud de la empresa de **negar el acceso** al empleo en su plantilla en determinados puestos de trabajo a las personas de **sexo femenino** (TSJ País Vasco 30-1-01, EDJ 1477).

1454 **Edad** La edad es un factor cronológico inseparable de la propia condición de persona. El transcurso del tiempo es un hecho propio de la vida humana por lo que cualquier forma de actuación que sirva para establecer diferencias tomando únicamente en cuenta esta circunstancia, debe considerarse atentatoria a la dignidad de la persona cuando se realiza en perjuicio de los seleccionados. Con carácter general, se reconoce la prohibición de discriminación por razón de edad (L 15/2022 art.4.2).
Se recogen **pronunciamientos** en él ámbito privado y en las Administraciones Públicas (nº 3389):
a) Administraciones Públicas. Imponen ciertas limitaciones al acceso al empleo, estableciendo un tope máximo de edad (EBEP art.56). Para determinar si el límite de edad atenta contra el principio de igualdad es necesario valorar si, en el caso concreto, se acreditan razones constitucionalmente admisibles. Así, con relación a **la policía y la guardia civil** se ha anuló una convocatoria de concurso-oposición para acceder a la policía de Cataluña que establecía como requisito de los aspirantes una edad mínima de 21 años y máxima de 40, al considerarlo discriminatorio por falta de justificación razonable (TS 28-6-06, EDJ 98880).
No obstante, el TJUE ha considerado que fijar en 30 años la edad máxima para la **contratación de bomberos** no constituye una discriminación por motivos de edad ya que el interés en garantizar el carácter operativo y el buen funcionamiento del servicio de bomberos profesionales constituye un objetivo legítimo para imponer este umbral (TJUE 12-1-10, C-229/08).
b) Ámbito privado. Se considera discriminatoria la oferta de empleo:
- para cubrir un puesto de responsabilidad, que exigía que el candidato tuviera entre 35 y 45 años, pues sólo puede estarse a los estrictos términos del anuncio publicado, y de la prueba practicada no se infiere que las funciones normales a desempeñar por el puesto requerido no puedan ser ejercidas normalmente por personas con edades inferiores o superiores al tramo de edad comprendido entre los 35 y 45 años (TSJ Cataluña 10-11-06, EDJ 319761);
- en un diario de tirada nacional solicitando teleprocesadores con edad aproximada entre 20 y 45 años, justificando esta decisión en el hecho de que se necesitaba que los candidatos mostrasen dinamismo ante los clientes, a pesar de tener un contacto meramente verbal y telefónico debía considerarse, también discriminatoria por razón de edad (TSJ Madrid 23-1-04, EDJ 129515).

2. Reconocimientos médicos

(Const art.18.1; L 41/2002; LPRL art.22; LGSS art.243 y 244; TCo 196/2004)

El reconocimiento médico **previo a la contratación laboral** es una cuestión de amplio alcance, pues no sólo guarda relación con la vigilancia de la salud, sino que también atañe al ámbito de la colocación y selección de personal, entronca con la temática relativa a la no discriminación y afecta muy sustancialmente al derecho a la intimidad personal y al extenso campo de la protección de datos (nº 8825 s.). El empresario puede subordinar la contratación del trabajador a un previo examen sanitario que demuestre su **aptitud para el trabajo**, e incluso tiene la obligación de hacerlo en algunos casos, pero dicho examen ha de ser llevado a cabo por los servicios de prevención y, en ningún caso, el empresario puede tener información más allá de lo que es preciso en relación con la aptitud del trabajador para las tareas que ha de desempeñar y sus limitaciones. Si el empresario no dispone que se lleven a cabo dichos reconocimientos médicos por servicios y personal autorizados, no puede exigir del trabajador que le proporcione informaciones sobre su estado de salud que no podría obtener ni siquiera de esos servicios sanitarios. Se ha considerado que, cuando se despide posteriormente al trabajador por no proporcionar a la empresa tal información, se le está sancionando por el ejercicio de un derecho fundamental (TSJ Valladolid 21-3-05, EDJ 29155). 1460

Sin embargo, el reconocimiento médico **en la relación laboral** no es un instrumento del empresario para un control dispositivo de la salud de los trabajadores, como tampoco es una facultad que se le reconozca para verificar la capacidad profesional o la aptitud psicofísica de sus empleados con un propósito de selección de personal o similar. Por el contrario, su eje descansa en un **derecho** del trabajador a la **vigilancia de la salud** que sólo puede venir restringido por algunas excepciones a este caracter voluntario que no deben utilizarse de forma abusiva sino restrictiva, pues se trata de hechos excepcionales que no pueden generalizarse (TS 10-6-15, EDJ 120265).

Solamente puede **obligarse a un trabajador** a someterse a reconocimientos o pruebas en contra de su voluntad si se demuestra perfectamente su excepcionalidad en los casos taxativamente previstos, ponderando además, para cada situación concreta, el beneficio colectivo sobre el derecho individual. En consecuencia, si se impone a un trabajador un reconocimiento médico sin contar con habilitación legal para ello y sin su consentimiento eficaz, se invade la esfera privada del mismo, actuando sin autorización sobre ámbitos que exigen la concurrencia de determinados requisitos y límites, por lo que la empresa conculca el derecho fundamental al honor, la propia imagen personal y profesional y a la integridad moral del trabajador, así como su derecho a la intimidad, por lo que deberá ser indemnizado (TSJ Galicia 5-7-19, EDJ 669180).

Precisiones Se considera válido establecer reconocimientos médicos con carácter previo a la contratación si la cláusula si ha sido asumida por los **representantes de los trabajadores** a nivel de convenio colectivo, respeta la **dignidad** y la **confidencialidad** de la salud y tiene por **objeto** vigilar el estado de salud de los trabajadores en función de los riesgos inherentes al trabajo. Únicamente el exceso objetivo en el examen de salud de los trabajadores por no concurrir esta finalidad o las circunstancias descritas, podría constituir, salvo consentimiento expreso del trabajador afectado, una intromisión ilegítima en el ámbito de la intimidad personal (TS 28-12-06, EDJ 388368).

Para que la **intimidad personal** pueda ser intervenida se requiere que el trabajador sea expresamente informado de las pruebas médicas especialmente invasoras de su intimidad. Es decir, ha de ser **informado** al tiempo de otorgar su consentimiento **sobre**: 1462

1. Cualquier prueba o analítica que pudiera llegar a afectar a su **intimidad corporal**, esto es, que incidan en el pudor o el recato corporal de la persona, según la cultura de la propia comunidad.

2. Si pueden incidir, aun sin afectar a la intimidad corporal del trabajador, en el derecho más amplio a la **intimidad personal** de la que aquélla forma parte, al tener por objeto datos sensibles que puedan provocar un juicio de valor social de reproche o desvalorización ante la comunidad (como ocurre con el consumo habitual de drogas).

3. Si las pruebas a practicar son ajenas a la **finalidad** normativa de vigilancia de la salud en relación con los riesgos inherentes al trabajo.

Los **resultados** de dichos reconocimientos han de ser comunicados a los trabajadores afectados; sin que pueda ser facilitada información médica al empresario u otras personas sin permiso de los mismos, únicamente se les informa de las **conclusiones** respecto a su aptitud para desempeñar el puesto de trabajo. Los datos no pueden ser utilizados con fines discriminatorios ni en perjuicio del trabajador.

Sobre la **protección de datos** y reconocimientos médicos, ver nº 8665 s.

1464 Precisiones 1) El **consentimiento** del trabajador puede ser escrito, verbal o incluso tácito, aunque el trabajador tiene en todo caso derecho a ser informado de forma expresa sobre el tipo de reconocimientos y la finalidad de los mismos (TCo 196/2004).
2) El **derecho a la intimidad** (Const art.18.1) no es un derecho absoluto, pues puede ceder ante razones justificadas de interés general convenientemente previstas por la Ley, entre las que, sin duda, se encuentra la evitación y prevención de riesgos y peligros relacionados con la salud. Esta finalidad de impedir el riesgo patente para la salud de terceros que entraña el **ejercicio de funciones médicas** por persona cuyas condiciones particulares le incapacitan para esa tarea, legitima la decisión de no renovar el contrato de formación como facultativo especialista tomando en consideración, como un elemento más de juicio, la información relativa a la enfermedad mental de éste que facilitan los exámenes psiquiátricos que se le han practicado en los **reconocimientos médicos** (TSJ Baleares 12-5-06, EDJ 94392).
3) El empresario puede subordinar la contratación del trabajador a un **previo examen sanitario** que demuestre su **aptitud para el trabajo**, e incluso tiene la obligación de hacerlo en algunos casos, pero dicho examen ha de ser llevado a cabo por los servicios de prevención, pero en ningún caso el empresario puede tener información más allá de lo que es preciso en relación con la aptitud del trabajador para las tareas que ha de desempeñar y sus limitaciones. Si el empresario no dispone que se lleven a cabo dichos reconocimientos médicos por servicios y personal autorizados, no puede exigir del trabajador que le proporcione informaciones sobre su estado de salud que no podría obtener ni siquiera de esos servicios sanitarios. Cuando, como ha ocurrido en el caso de autos, se despide posteriormente al trabajador por no proporcionar a la empresa tal información, se le está sancionando por el ejercicio de un derecho fundamental (TSJ Valladolid 21-3-05, EDJ 29155).
4) No es admisible una interpretación extensiva de las causas de exclusión para el ingreso en el Cuerpo de la Guardia Civil por unos resultados de colesterol que pueden ser **indicio de futuros riesgos** cardio-circulatorios (TSJ Granada 6-4-98, EDJ 65181).
5) Se considera lícita la exclusión por padecer **determinadas dolencias**, en relación con el puesto de trabajo a desempeñar, por ejemplo:
- epilepsia para ser contratado como vigilante forestal en campaña de incendios (TSJ Castilla-La Mancha 24-5-05, EDJ 76955);
- enfermedad hepática en conductor de vehículos, a pesar de haber aprobado los ejercicios teórico-prácticos como conductor preceptor de autobuses urbanos (TSJ Sevilla 2-6-04, Rec 3513/04).

1466 **Vigilancia de la salud** (LPRL art.22; LGSS art.243 y 244) El empresario debe garantizar a los trabajadores a su servicio la vigilancia periódica de su estado de salud en función de los riesgos inherentes al trabajo.
Esta vigilancia sólo puede llevarse a cabo cuando el trabajador preste su **consentimiento**; salvo que, previo informe de los representantes de los trabajadores, la realización de los **reconocimientos** sea **imprescindible** para:
- evaluar los efectos de las condiciones de trabajo sobre la salud;
- verificar si el estado de salud del trabajador puede constituir un peligro para el mismo, los demás trabajadores u otras personas relacionadas con la empresa;
- proteger de riesgos específicos y actividades de especial peligrosidad cuando se establezca así en una disposición legal;
A tal efecto, se ha de realizar, una **evaluación de la salud** de los trabajadores inicial después de la incorporación al trabajo o después de la asignación de tareas específicas con nuevos riesgos para la salud; además de tener lugar también después de la reanudación del trabajo tras una ausencia prolongada por motivos de salud y de una vigilancia de la salud a intervalos periódicos.
Además, todas las empresas que hayan de cubrir puestos de trabajo con **riesgo de enfermedades profesionales** están obligadas a practicar un reconocimiento médico **previo** a la admisión de los trabajadores que hayan de ocupar aquellos y a realizar los reconocimientos periódicos establecidos para cada tipo de enfermedad. Las empresas **no** pueden **contratar** a quienes, en el reconocimiento médico obligatorio, por tratarse de puestos de trabajo con riesgo de enfermedades profesionales, no hayan sido calificados como aptos para desempeñar los puestos de trabajo de que se trate, ni tampoco permitir la continuidad en sus puestos a los que no mantengan la declaración de aptitud en los reconocimientos sucesivos.
No tienen la misma **finalidad** las pruebas o exámenes físicos o psicotécnicos para la obtención o conservación de la habilitación para el ejercicio de la profesión que los reconocimientos médicos que puedan ser necesarios en función de la LPRL art.22. Mientras las pruebas específicas se sitúan en un plano individual y tratan de garantizar la concurrencia de unas condiciones psicofísicas necesarias para el ejercicio de las actividades inherentes a las profesiones para cuya habilitación se requieren, los **reconocimientos médicos** previstos en la LPRL están al servicio de la salud y seguridad en la empresa y constituyen un instrumento para que el empresario pueda cumplir con su deber de proporcionar una protección eficaz en materia de seguridad y salud y del correlativo derecho de todos los trabajadores a obtener tal eficaz protección (TS 7-3-18, EDJ 37505).

Precisiones 1) El **objetivo** de la vigilancia de la salud no es conseguir a un trabajador sin tacha médica alguna presente o previsiblemente futura, sino procurar una adaptación a sus posibilidades (TSJ Asturias 11-6-99, EDJ 21607). **1468**

2) Como **excepción a la voluntariedad del trabajador** al sometimiento de reconocimiento médico están los supuestos en que el estado de salud de aquél pueda constituir un **peligro** para él mismo, para los **demás trabajadores** o para otras personas relacionadas con la empresa. Por ejemplo:

- el supuesto debido al extravagante comportamiento del trabajador que hacía razonablemente presumir **distorsiones psicológicas** graves, que no sólo dificultaban en gran medida la normal relación con compañeros, sino que podría tener también serias repercusiones en la salud o integridad del propio actor, compañeros **profesores** y en el mismo alumnado (TSJ Sevilla 1-7-98, EDJ 65380);
- **prevención y extinción de incendios**, al ser una actividad compleja y arriesgada que exige una buena capacidad física y psicológica, de modo que su correcto estado de salud evita o minimiza los peligros derivados del indiscutible riesgo de dicho trabajo, tanto para el propio trabajador como para los terceros relacionados con la empresa (TS 10-6-15, EDJ 120265);
- el **conductor de metro**, que requiere un singular control y vigilancia en atención al cometido propio de este trabajo, que sin duda conlleva una situación de riesgo para el trabajador y para terceros (TSJ Madrid 11-1-10, EDJ 33938).
- personal clasificado como **vigilantes de seguridad y escoltas**. A pesar del principio general de voluntariedad que rige en la materia resultan obligatorios pues su necesidad encaja en las excepciones previstas la LPRL art.22, ya que su realización permite comprobar el correcto estado de salud que resulta imprescindible para evitar o disminuir los riesgos inherentes al trabajo tanto para el propio trabajador como para los otros trabajadores y para las personas objeto de protección (TS 7-3-18, EDJ 37505).

3) A modo de ejemplo, se listan algunas **normativas específicas** que establecen un **reconocimiento médico obligatorio**:

a) OM 14-10-1997, por la que se aprueban las normas de seguridad para el ejercicio de actividades subacuáticas.

b) RD 836/2003, por el que se aprueba una nueva Instrucción técnica complementaria MIE-AEM-2 del Reglamento de aparatos de elevación y manutención, referente a grúas torre para obras u otras aplicaciones.

c) OM FOM/2872/2010, por la que se determinan las condiciones para la obtención de los títulos habilitantes que permiten el ejercicio de las funciones del personal ferroviario relacionadas con la seguridad en la circulación, así como el régimen de los centros homologados de formación y de los de reconocimiento médico de dicho personal.

d) L 5/2014 de Seguridad Privada.

e) RD 258/1999, por el que se establecen condiciones mínimas sobre la protección de la salud y la asistencia médica de los trabajadores del mar.

f) RD 728/2022, con relación al personal de vuelo de las aeronaves civiles.

g) OM ITC/2585/2007, por la que se aprueba la Instrucción técnica complementaria 2.0.02 Protección de los trabajadores contra el polvo, en relación con la silicosis, en las industrias extractivas, del Reglamento General de Normas Básicas de Seguridad Minera.

Además, se establecen obligatoriedades de reconocimiento médico ante la exposición a determinados **agentes** como: amianto, plomo, radiaciones ionizantes, óxido de etileno, cromo, ruido, vibraciones, agentes biológicos, etc.

Pantallas de visualización (RD 488/1997 art.4) La vigilancia debe tener en cuenta especialmente los riesgos para la **vista**, los problemas **musculoesqueléticos** y la **fatiga mental**, el posible efecto añadido o combinado de los mismos, y la eventual patología acompañante. **1470**

El **primer examen** de la salud debe ser realizado antes de que el sujeto, previamente seleccionado, emprenda su actividad como **trabajador usuario** de pantallas de visualización. Esto no significa que dicho examen se deba realizar antes de que el empleado realice cualquier trabajo con la pantalla, sino desde el momento en que dicho empleado vaya a realizar una actividad propia de un trabajador usuario de pantallas de visualización. Posteriormente, con una **periodicidad** ajustada al nivel de riesgo a juicio del médico responsable y cuando aparezcan trastornos que pudieran deberse a este tipo de trabajo. Cuando los resultados lo hiciesen necesario, los trabajadores tendrán derecho a un reconocimiento oftalmológico.

Agentes cancerígenos o mutágenos (RD 665/1997 art.8) El reconocimiento médico se ha de realizarse **antes** de que los trabajadores empiecen su **actividad** con exposición a los agentes cancerígenos o mutágenos, ya sea por nueva incorporación a la empresa o por cambio de puesto de trabajo, y a intervalos regulares en lo sucesivo. Así mismo debe procederse a la revisión médica de todos los trabajadores de un grupo homogéneo de exposición si se detecta en alguno de ellos algún trastorno que pueda deberse a la exposición a agentes cancerígenos o mutágenos. **1472**

Además, los trabajadores pueden solicitar la **revisión de los resultados** de la vigilancia de su salud y debe llevarse un **historial** médico individual de los trabajadores afectados, que deben conservarse, al menos, durante 40 años.

1474 **Agentes biológicos** (RD 664/1997 art.8) El empresario ha de garantizar una vigilancia adecuada y específica de la salud de los trabajadores en relación con los riesgos por exposición a agentes biológicos, realizada por personal sanitario competente, antes de la exposición; así como a intervalos regulares en lo sucesivo considerando el agente biológico, el tipo de exposición y la existencia de pruebas eficaces de detección precoz.

El **primer reconocimiento** se realiza antes de que el trabajador inicie su actividad profesional con el agente biológico en cuestión. Los **objetivos** de este primer examen, donde se establece el primer contacto con el personal sanitario, y una vez evaluados los riesgos biológicos específicos a los que va a estar expuesto el trabajador, son determinar:

- si el sujeto padece algún tipo de enfermedad previa infecciosa o un déficit inmunológico que le pueda predisponer a la infección, así como si el trabajador padece algún tipo de sensibilidad alérgica a los agentes a los que va a estar expuesto;
- el estado de inmunización del trabajador frente a los microorganismos a los que va a estar expuesto (test de screening).

Cuando exista riesgo por exposición a agentes biológicos para los que haya **vacunas** eficaces, éstas deben ponerse a disposición de los trabajadores, informándoles de las ventajas e inconvenientes de la vacunación. El ofrecimiento al trabajador de la medida correspondiente y su aceptación de la misma deben constar por escrito.

El médico encargado de la vigilancia de la salud de los trabajadores debe estar familiarizado, en la medida de lo posible, con las condiciones o las circunstancias de exposición de cada uno de los trabajadores. En cualquier caso, puede proponer **medidas individuales** de prevención o de protección para cada trabajador en particular.

1476 **Agentes químicos** (RD 374/2001 art.6) La vigilancia de la salud se considera adecuada cuando se cumplan todas las **condiciones** siguientes:

a) Que la exposición del trabajador al agente químico peligroso pueda relacionarse con una determinada enfermedad o efecto adverso para la salud.

b) Que exista la probabilidad de que esa enfermedad o efecto adverso se produzca en las condiciones de trabajo concretas en las que el trabajador desarrolle su actividad.

c) Que existan técnicas de investigación válidas para detectar síntomas de dicha enfermedad o efectos adversos para la salud, cuya utilización entrañe escaso riesgo para el trabajador.

La vigilancia de la salud es un **requisito obligatorio** para trabajar con un agente químico cuando así esté establecido en una disposición legal o cuando resulte imprescindible para evaluar los efectos de las condiciones de trabajo sobre la salud del trabajador debido a que no pueda garantizarse que la exposición del trabajador a dicho agente está suficientemente controlada.

Partiendo de este supuesto, algunos casos en los que la vigilancia de la salud es un **requisito obligatorio** para trabajar con un agente químico peligroso son los siguientes:

- cuando no esté garantizada la efectividad de las medidas preventivas;
- cuando la exposición por vía dérmica (o por otras vías, además de la inhalatoria) pueda ser importante;
- cuando la exposición sea muy irregular (y, en consecuencia, de difícil control), dada la naturaleza de las actividades o procesos por la variabilidad de la magnitud de la exposición o de los agentes químicos involucrados (operaciones de mantenimiento, producción a demanda, etc.).

La especial sensibilidad de un trabajador a un agente químico viene dada por la particular incidencia que este agente tenga sobre el mismo, singularmente considerado, y no por la consideración objetiva del riesgo. Por ello, se deberían determinar cuáles son las **circunstancias personales** que pueden convertir a un trabajador (de forma permanente o temporal) en especialmente sensible a un agente químico y todo ello con la finalidad de establecer una protección singularizada.

Cuando la vigilancia de la salud sea un requisito obligatorio para trabajar con un agente químico, se debe **informar al trabajador** antes de que le sea asignada la tarea que entrañe riesgos de exposición al agente químico en cuestión.

1478 **Manipulación manual de cargas** (RD 487/1997 art.6) La vigilancia médica ha de recoger la información específica más relevante para la evaluación de las **alteraciones de la columna** por sobrecarga, registrando los aspectos relacionados con la exposición laboral al riesgo, como los antecedentes de salud, que puedan interactuar con los factores laborales, desarrollando una anamnesis y exploración física para este tipo de patología a través de la formulación y el diseño de un protocolo médico específico.

1480 **Amianto** (RD 396/2006 art.16) El empresario ha de garantizar una vigilancia adecuada y específica de la salud de los trabajadores en relación con los riesgos por exposición al amianto, realizada por personal sanitario competente. Dicha vigilancia es obligatoria **antes del inicio** de los trabajos con riesgo por amianto; así como periódicamente.

Existe un Programa Integral de Vigilancia de la Salud de los Trabajadores Expuestos al Amianto (**PIVISTEA**) que se ha ido implantado progresivamente en las comunidades autónomas desde el año 2004, lo que permite mantener y actualizar el Registro de Trabajadores Expuestos al Amianto (RETEA) y realizar los exámenes de salud post-ocupacionales correspondientes, a través de la Unidad de Salud Laboral de cada Comunidad Autónoma. El programa pone de manifiesto la dificultad de conocer tanto la magnitud como la identificación y localización de los trabajadores expuestos a amianto en España, informaciones imprescindibles para poder dimensionar los recursos sanitarios necesarios para la implantación del programa, así como para planificar los exámenes de salud en los servicios públicos de salud de las comunidades autónomas.

También establece que todo trabajador con antecedentes de exposición a amianto **que cese la actividad con riesgo**, cualquiera que sea la causa, se ha de someter a un reconocimiento médico que es una obligación a atender por el Sistema Nacional/Autonómico de Salud. La periodicidad y contenido de los sucesivos reconocimientos se determinar por el médico especialista responsable del reconocimiento en función de los hallazgos del reconocimiento médico inicial postocupacional.

Ruido (LPRL art.22.1; RD 286/2006 art.11) La vigilancia de la salud de los trabajadores expuestos a ruido es una de las **excepciones a la voluntariedad** de los reconocimientos médicos. Su periodicidad es la siguiente: **1482**

a) **Inicial**, después de la incorporación al trabajo o después de la asignación de tareas específicas. El objetivo de la misma sería disponer de un estado de salud de base que facilitaría el seguimiento ulterior y la detección de trabajadores especialmente sensibles.

b) **Periódico** específico, cada 3 años como mínimo para trabajadores cuya exposición supera los valores superiores de exposición que dan lugar a una acción, y cada 5 años si su exposición supera los valores inferiores de exposición que dan lugar a una acción.

c) **Después de una ausencia** prolongada por motivos de salud, con la finalidad de descubrir si guardan relación o pueden atribuirse a la exposición a ruido o si ha aparecido una especial sensibilidad, ya sea temporal o permanente.

Vibraciones mecánicas (RD 1311/2005 art.8) La vigilancia de la salud de los trabajadores expuestos a vibraciones mecánicas tiene como objetivo la prevención y el **diagnóstico precoz** de daños para la salud derivados de dicha exposición. Mayores exigencias se dan con trabajadores con **patologías previas** y que por tal motivo sean objeto de especial protección, por lo que debe evaluarse el riesgo de **vibraciones** y adoptar medidas para prever o evitar tal riesgo (TSJ Cataluña 3-2-14, EDJ 32810). **1484**

Esta vigilancia es **apropiada** cuando:

1. La exposición del trabajador a las vibraciones sea tal que permita establecer una relación entre dicha exposición y una enfermedad o un efecto nocivo para la salud.

2. Haya probabilidades de contraer la enfermedad o el efecto nocivo en las condiciones laborales concretas.

3. Existan técnicas probadas para detectar la enfermedad o el efecto nocivo para la salud.

Todo trabajador expuesto a niveles de vibraciones mecánicas superiores a 2,5 m/s^2 (sistema mano-brazo) o a 0,5 m/s^2 (cuerpo entero), en un período de referencia de 8 horas, tiene derecho a una vigilancia de la salud apropiada.

Tienen derecho a una vigilancia de la salud reforzada, pudiendo incluir un aumento de su periodicidad, si no puede garantizarse el respeto del valor límite de exposición.

La vigilancia de la salud incluye la elaboración y actualización de la **historia clínico-laboral**, a la que ha de tener acceso el trabajador, previa solicitud. El médico debe **comunicar al trabajador** los resultados, incluyendo información y consejo sobre la vigilancia de la salud a que debe someterse al final de la exposición.

Radiaciones ionizantes (RD 601/2019 art.1 y 5; RD 1029/2022 art.45, 46 y 47) El **examen médico de salud previo** de toda persona que vaya a desempeñar un puesto de trabajo que implique un riesgo de exposición que suponga su clasificación como trabajador expuesto de categoría A, tiene por objeto la obtención de un historial clínico-laboral que incluya, al menos, el conocimiento del tipo de trabajo realizado anteriormente y de los riesgos a que ha estado expuesto como consecuencia de él y, en su caso, del historial dosimétrico que debe ser aportado por el trabajador. **1486**

Los trabajadores expuestos de categoría A están sometidos, además, a exámenes de salud **periódicos,** que permitan comprobar que siguen siendo aptos para ejercer sus funciones. Estos exámenes se han de realizar cada 12 meses o más frecuentemente, si lo hiciera necesario, a criterio médico, el estado de salud del trabajador, sus condiciones de trabajo o los incidentes que puedan ocurrir.

Precisiones Se ha considerado válida la exclusión de un proceso de selección de una **candidata embarazada** por tener que desarrollarse el puesto de trabajo en un laboratorio en el que se manejaban sustancias radioactivas, existiendo riesgo en su desempeño. La negativa empresarial a su contratación se estima justificada, ya no sólo legalmente, puesto que el empresario tiene el deber de prevención durante la gestación y la lactancia, sino también moralmente. De modo que se utilizó criterio objetivo y ajeno a todo móvil de trato discriminatorio (TSJ Galicia 28-9-02, EDJ 58042).

1488 **Actividades mineras** (RD 3255/1983; RD 863/1985; RD 1389/1997 art.8) El **Estatuto del Minero** establece que los trabajadores **con carácter previo a su contratación** se han de someter a reconocimiento médico. Dicho reconocimiento médico debe producirse, asimismo, si por cualquier causa se extinguiera la relación laboral.

En el **contrato de trabajo**, que se formaliza por escrito, y en la documentación correspondiente a la extinción de la relación laboral, debe existir constancia expresa de haberse practicado los correspondientes reconocimientos médicos.

1490 **Trabajo en la mar** (OIT Convenio núm 16; núm 73; núm 113; RD 505/2024; RD 504/2011 art.3 y 6) El Instituto Social de la Marina (ISM) es el **organismo competente** para la organización, realización y control de los reconocimientos médicos de aptitud. Estos reconocimientos son gratuitos y pueden ser solicitados en cualquier centro de sanidad marítima.

Desde el 1-7-2024, el reconocimiento se **aplica**:

1. Para la obtención del certificado médico de aptitud para el **embarque** cuando sea preciso para ejercer una actividad profesional a bordo de un **buque de bandera española**: a toda ciudadana y ciudadano español o de otra nacionalidad. El reconocimiento médico tiene como **objetivo** garantizar que las condiciones psicofísicas de la persona solicitante sean compatibles con las características del puesto de trabajo y no supongan peligro para la salud y seguridad de dicha persona ni del resto de la tripulación, ni pongan en riesgo la navegación marítima.

2. Para la obtención del certificado médico de **aptitud para el buceo**: a los buceadores y buceadoras profesionales tanto por cuenta ajena como por cuenta propia. Con este reconocimiento se **pretende** garantizar que las condiciones psicofísicas del buceador y buceadora profesional sean compatibles con el trabajo en el medio hiperbárico.

En ambos casos se distinguen las siguientes **modalidades**:

a) **Inicial**, cuando se realiza por primera vez o hayan transcurrido más de 5 años desde la fecha de realización del último reconocimiento médico de aptitud para el embarque marítimo o del último reconocimiento médico de aptitud para el buceo en el ISM, respectivamente.

b) **Periódico**, que se efectúa en los supuestos no contemplados anteriormente.

c) **Extraordinario**, se realiza estando el reconocimiento médico previo vigente, a instancias de la persona trabajadora, a iniciativa de la empresa o de oficio por el ISM. Su finalidad es comprobar las condiciones médicas de la persona trabajadora cuando, por repatriaciones y evacuaciones sanitarias o cualquier otra circunstancia sobrevenida, haya podido tener una variación en las condiciones psicofísicas inicialmente valoradas en el reconocimiento médico de aptitud para el embarque marítimo o en el reconocimiento médico de aptitud para el buceo, respectivamente.

Los **requisitos** exigidos en el momento de la solicitud relativos a la identidad, edad y condición de persona trabajadora del mar o acreditativa de la titulación del buceador y buceadora profesional, varían según el tipo y modalidad específica de reconocimiento médico de aptitud.

El **grado de aptitud** de las personas solicitantes de los reconocimientos médicos de aptitud para el embarque marítimo o para el buceo profesional se ajusta a las calificaciones de apta, apta con restricciones o no apta.

En caso de **disconformidad** con el grado de aptitud, el interesado puede solicitar, en el plazo de 15 días hábiles desde la notificación del dictamen de aptitud, una segunda opinión de otro personal facultativo de sanidad marítima, cuyo resultado anulará la calificación previa y tendrá la condición de calificación de aptitud final. También puede interponer recurso de alzada, en el plazo de un mes desde la notificación del dictamen de aptitud, ante la Dirección del ISM o dirección provincial de dicho organismo. La resolución expresa, o la desestimación por silencio administrativo trascurrido el plazo de 3 meses desde la interposición del recurso pone fin a la vía administrativa y procede, en su caso, la interposición del recurso contencioso-administrativo.

La declaración de aptitud resultante del reconocimiento médico de aptitud para el embarque marítimo, así como la calificación de los reconocimientos médicos de aptitud para el buceo profesional se extienden en un **certificado** establecido al efecto por el ISM. Además de dichos certificados médicos debe facilitarse a la persona interesada un **informe médico**, cuya recepción debe quedar convenientemente acreditada.

El **periodo de vigencia de los certificados** médicos es el determinado en cada caso por la médica o médico reconocedor en función del tipo de reconocimiento, estado de salud de la

persona solicitante, de su edad, de su puesto de trabajo y de los protocolos sanitarios establecidos por el ISM, siempre que no exceda del siguiente período máximo:
1. Para el **embarque marítimo** el periodo máximo de vigencia es de 2 años, excepto para menores de 18 años, que es de un año.
2. Para el **buceo** es como máximo de un año.
Si el período de vigencia de un certificado médico de aptitud para el embarque marítimo expirase durante una travesía, sigue siendo válido hasta la fecha de llegada al próximo puerto de escala donde la persona interesada pueda obtener un certificado médico expedido por personal facultativo de sanidad marítima, a condición de que esta prolongación de validez no exceda de 3 meses.
Cuando en el reconocimiento médico se detecte el **estado de gestación** en una persona trabajadora y el personal médico considere que no puede seguir desarrollando su trabajo habitual, mediante informe médico lo pondrá en conocimiento del servicio médico responsable del inicio del trámite, a los efectos previstos en LPRL art.26. Igual procedimiento se aplicará durante el período de **lactancia natural**.

Precisiones Desde el 1-7-2024 queda expresamente **derogada la normativa anterior**, por el que se regulaban los reconocimientos médicos de embarque marítimo (RD 1696/2007).

3. Pruebas psicotécnicas

(OIT Recomendación nº 195; Const art.18.1)

El trabajador está particularmente expuesto a las **intromisiones en su intimidad**, tanto en el momento de su contratación, a través de los test psicológicos, pruebas grafológicas, detectores de mentiras, polígrafos y otras **técnicas de exploración de la personalidad** que se utilizan en los procesos de selección de personal, como durante la ejecución de la prestación. 1495
Se ha admitido la eventual aplicación de test destinados a determinar las aptitudes de los trabajadores, bajo determinadas **condiciones**, tales como el consentimiento del interesado o que se complementen con otros métodos de investigación personal practicados por personal especializado (OIT Recomendación núm 150, sobre desarrollo de recursos humanos).

Test de personalidad (TCo auto 230/1994) Este tipo de pruebas psicológicas o test descritos, al igual que sirven para medir las aptitudes del aspirante para el puesto vacante, permiten **indagar sobre ciertos rasgos específicos** de la personalidad que, en ocasiones, se adentran demasiado en la intimidad de la persona (inteligencia, grado de conflictividad, sociabilidad, emotividad, madurez) quedando, a veces, injustificado el conocimiento de estos factores en relación con el puesto de trabajo a desempeñar. El TCo admite los **reconocimientos psicológicos**, basados en test de la personalidad, pacíficamente aceptados por la comunidad científica. 1497
Si un trabajador es sometido a un **test psicológico** -como parte de un reconocimiento médico forzoso-, tiene derecho a que le sea facilitado, no sólo las conclusiones, sino el propio test de personalidad al que ha sido sometido; y los datos han de ser almacenados de forma que permitan el ejercicio del derecho de acceso por el afectado. Este **derecho de acceso** debe entenderse como una garantía de comprobación de que las informaciones que versan sobre él son veraces, actualizadas y delimitadas al fin para el cual fueron registradas.
La **falta de transparencia y claridad en la valoración** de pruebas psicotécnicas en procesos de selección laboral puede llevar a la nulidad de dichas pruebas y a la obligación de indemnizar por daños morales (TSJ Asturias 28-2-23, EDJ 525526).
Respecto de la **protección de datos**, ver nº 8680.

Detector de mentiras Una de las técnicas más peligrosas, por su grado de penetración en el reducto más íntimo del candidato es el polígrafo o detector de mentiras. Los oponentes a este método de análisis se basan en la falta de soporte científico y de precisión de los polígrafos, y arguyen que los test **comprometen la intimidad** y violan la presunción de inocencia. Se argumenta que los examinadores llevan a cabo expediciones de pesca, adentrándose en áreas en las que no existe ningún verdadero interés, aparte de los **dudosos resultados** que obtienen con estas pruebas. Precisamente, han sido las grandes dudas que inspiran los resultados de este test las que han llevado a tribunales y legisladores a aceptar estas quejas, con la consecuencia de que el uso de los mismos ha sido prohibido en muchas legislaciones, y en las que sigue existiendo se han impuesto muchos límites a su aplicación. 1499

4. Entrevista con el candidato

(Const art.16.3; LOPD art.9.1; L 15/2022 art.9)

1505 Por lo que se refiere a los exámenes realizados en base a entrevistas personales con los candidatos, y evaluados siguiendo criterios subjetivos del evaluador, el problema está en determinar hasta qué punto el resultado obedece a un análisis basado en datos objetivos o es fruto de meras impresiones personales. En general, los tribunales permiten la validez de estos exámenes como método de selección, cuando el empleador pueda probar una conexión válida entre la **información adquirida** y las exigencias del **puesto de trabajo**, pero nadie puede ser obligado a declarar sobre su **ideología, religión y creencias**, y si se recaba su consentimiento para ello, ha de informársele de su derecho a no prestarlo.

La utilización de la entrevista como técnica de selección puede, en ocasiones, violar el **derecho a la intimidad** del entrevistado. La conversación practicada en la entrevista puede derivar hacia temas distintos, que aun conexos a la información principal de interés por el empleador, invadan lo que consideramos por **esfera privada** de la persona. Así, es posible que en la entrevista se realicen preguntas relacionadas con la situación personal del candidato como, por ejemplo, cuál es su estado civil o si tiene proyectado casarse o tener hijos. El objetivo de esas preguntas es conocer su vida social, en cuanto que la misma puede tener relevancia sobre su situación profesional. En todo caso, la normativa recoge expresamente que el empleador no puede preguntar sobre las **condiciones de salud** del aspirante al puesto.

Deben considerarse ilegítimas todas las **averiguaciones** sobre el **comportamiento del trabajador**, así como las intrusiones en la esfera personal y familiar carente de relación inmediata y directa con el trabajo.

En cuanto a la **vida privada** del trabajador, el principio general es la irrelevancia de los datos relativos a su comportamiento privado, tanto a efectos de constitución como de desarrollo de la relación laboral. Estas circunstancias no deben influir en la valoración de la idoneidad profesional del trabajador, ni pueden adquirir relevancia a efectos disciplinarios, salvo que repercutan en el rendimiento laboral. La dependencia del trabajador es sólo técnico funcional, dentro siempre del marco contractual.

La entrevista debe centrarse en averiguar aspectos en relación con su **perfil profesional**. En la práctica, sin embargo, es posible que las preguntas formuladas por los entrevistadores invadan directamente el ámbito íntimo de la persona y que el candidato se vea obligado a responder si no quiere perder toda posibilidad de acceder al empleo. Ante este tipo de preguntas, se plantea la duda sobre si el entrevistado puede legítimamente falsear u omitir los datos solicitados (**derecho a mentir**). Aunque alguna doctrina considera ajustado a derecho dar una respuesta inexacta al entender que se produce una injerencia en la vida privada que comporta un atentado contra la libertad de la persona, en sede judicial se ha avalado la procedencia del **despido disciplinario** por mentir reiteradamente sobre las capacidades físicas para conseguir y mantener el puesto de repartidor (TSJ Valladolid 16-4-21, EDJ 585227).

1507 Precisiones 1) Se considera que **vulneran** el contenido de **derechos fundamentales** los cuestionarios con preguntas acerca de las relaciones personales y familiares y a convicciones ideológicas y religiosas; tales preguntas inciden en el ámbito reservado a la intimidad de la persona y afectan al derecho a no declarar sobre la ideología, religión o creencias; y, en fin, falta de proporcionalidad de la inclusión de tales preguntas, y la consiguiente afectación de derechos, con el fin perseguido de delimitar el perfil psicológico de los aspirantes (TS 6-2-06, EDJ 8540). También es discriminatorio someter a una candidata a **preguntas familiares y personales ajenas al trabajo** a desempeñar (estado civil e hijos), pues se ve obligada a revelar planes familiares y datos médicos pertenecientes a su más estricta intimidad, al tener que manifestar que no deseaba tener más hijos. Estas preguntas se consideran innecesarias para una gestión de personal respetuosa con la dignidad del empleado (TSJ Sta. Cruz de Tenerife 7-4-14, EDJ 167527).

2) Algunos **convenios colectivos** declaran nulos los **contratos de trabajo** en los que el **trabajador** haya incluido **datos falsos**. Los datos consignados en la misma tienen carácter de declaración y compromiso por parte del solicitante, por lo que toda falsedad o alteración maliciosa puede producir la anulación del contrato de trabajo, sin perjuicio de las acciones jurídicas que pudieran corresponder. Ahora bien, tal falsedad u ocultación debe entenderse referida a **datos esenciales** para la celebración del contrato o a **alteraciones maliciosas** por parte del trabajador, por lo que quedan excluidas, las omisiones o falsedades de datos ante preguntas incorrectas o contrarias a la intimidad del trabajador. Se aplican las normas generales del derecho común sobre el dolo y el error y la interpretación que de ellas se viene haciendo (CC art.1265 s.). Por otra parte, se ha considerado que la empresa no puede utilizar la **vida laboral** facilitada para participar en un proceso selectivo con una finalidad distinta, para justificar su despido por haber incluido en el **curriculum datos falsos** sobre su experiencia laboral. El tratamiento de datos personales para fines distintos de los previstos vulnera el derecho fundamental a la protección de datos e invalida la prueba, lo que determina no la nulidad del cese sino su improcedencia (TSJ Castilla y León 19-4-24, EDJ 567267).

3) El trabajador tiene derecho a recibir una **copia íntegra** tanto de las hojas que contienen las preguntas que se le formularon, como de las hojas que contienen las respuestas dadas al mismo, correspondientes a la prueba escrita que formaba parte el reconocimiento psicológico a que fue sometido. Si la empresa se niega a facilitar esos datos y el candidato posteriormente la demanda porque piensa que ha sido discriminado durante el proceso de selección, la negativa a facilitar esos datos puede tomarla el juez como uno de los factores que se deben tener en cuenta en el contexto de la acreditación de los hechos que permiten presumir la existencia de una **discriminación** directa o indirecta (TJUE 19-4-12, C-415/10).

5. Examen genético de los candidatos

(Declaración Universal de la UNESCO sobre el Genoma Humano y los Derechos Humanos 11-11-97 art. 2.a y b,5, 6 y 7; Asamblea General de las Naciones Unidas 1998)

Cada individuo tiene derecho al **respeto de su dignidad y derechos**, cualesquiera que sean sus características. Esta dignidad impone que no se reduzca a los individuos a sus características genéticas y que se respete el carácter único de cada uno y su diversidad. Por ello, nadie puede ser objeto de **discriminaciones** fundadas en sus características genéticas, cuyo objeto o efecto sería atentar contra sus derechos humanos y libertades fundamentales y el reconocimiento de su dignidad. Asimismo se establece el derecho al consentimiento informado, a la autodeterminación informativa y a la confidencialidad de los datos genéticos referidos a un individuo identificable. **1515**

Los **análisis genéticos** pueden englobarse en dos modalidades:

1. De un lado, los llamados **citogenéticos**, que buscan si los cromosomas están afectados por la exposición a las radiaciones o a sustancias tóxicas durante el trabajo, respondiendo, normalmente, al intento del empleador de descubrir los daños físicos tan pronto como sea posible, en orden a evitar responsabilidades por esta materia.

2. De otro, los que tratan de predecir la **susceptibilidad del trabajador para contraer enfermedades**. En este segundo caso se plantean, al menos, dos problemas legales: en primer lugar, el que deriva de que muchos de estos exámenes están relacionados con la raza o el sexo, lo que hace aparecer el fenómeno de la discriminación si el trabajador es tratado de forma diferente por esta razón; y, en segundo término, y como problema derivado del anterior, la circunstancia de que en algunas legislaciones la discriminación por este motivo puede ser considerada como discriminación por minusvalía, lo que agrava el problema.

Aplicación a la selección de personal (Resolución del Parlamento Europeo sobre los problemas éticos y jurídicos de la manipulación genética 16-3-1989) En relación con el **análisis del genoma de los trabajadores**: **1517**

1. Se subraya que la selección de **trabajadores** individualmente **propensos** a determinados riesgos no puede constituir en ningún caso una alternativa a la mejora del ambiente del lugar de trabajo.

2. Se exige, además, que se prohíba jurídicamente la **selección** de los trabajadores según **criterios genéticos**. Igualmente, se pide, que se prohíba en general los análisis genéticos en los reconocimientos médicos sistemáticos, que se prohíban las investigaciones genéticas previas a la contratación de los trabajadores de uno y otro sexo por parte de los empresarios con objetivos de carácter médico laboral, y que sólo se permitan aquellas que éstos decidan libremente, realizadas por un facultativo de uno u otro sexo de su elección, aunque no por un médico de empresa, y en relación con la salud actual y sus posibles riesgos debido a las condiciones de un determinado lugar de trabajo. Además, los resultados se deben comunicar exclusivamente a los interesados y su posible difusión sólo se debe efectuar por parte de los interesados mismos. Se debía perseguir judicialmente cualquier violación de los límites del derecho de información. El **consentimiento** debe ser tal que el trabajador fuese minuciosamente informado sobre el análisis, el significado de sus posibles resultados, y que la negativa a realizar dichos análisis les puede acarrear consecuencias positivas o negativas.

3. Se pide, finalmente, que dichos **datos** sean **confidenciales** y que éstos se protegiesen, mediante medidas especiales, contra el uso indebido por parte de terceros.

Respecto de la **protección de los datos** personales, ver nº 8665.

CAPÍTULO 7

Titulación para el desarrollo de actividades profesionales

1550

No cabe confundir la capacidad para contratar (nº 1410 s.) y la **aptitud o competencia profesional** para emplearse como trabajador. La primera es la idoneidad jurídica para celebrar válidamente como trabajador un contrato de trabajo y la segunda se refiere a la posibilidad de efectuar adecuadamente un concreto trabajo. 1552

El **ejercicio profesional** se encuentra sometido a limitaciones en función de la competencia y solvencia profesional. Son muchas, las profesiones cuyo ejercicio conlleva graves responsabilidades frente al público en general. Por ello, al Estado corresponde exigir el nivel técnico adecuado a los profesionales que evite daños masivos a terceros.

La **titulación** es un requisito que responde a una cuestión de orden público y el derecho constitucionalmente garantizado no es el de desarrollar cualquier actividad, sino el de elegir libremente profesión u oficio (Const art.35.1) (TCo 83/1984). La **exigencia** de la posesión de las correspondientes titulaciones académicas o profesionales es un límite que juega tanto como tutela del trabajador, como garantía del interés público que exige la posesión de determinadas titulaciones para desempeñar ciertas tareas. De este modo, cuando la prestación a desarrollar resulte de **orden o interés público**, una norma legal es la encargada de establecer la exigencia de que para poder realzar lícitamente esas funciones se tenga que poseer el correspondiente título oficial (TS 25-3-94, EDJ 2776).

En estos supuestos el titulo constituye un **requisito esencial** (TSJ Las Palmas 7-5-93, Rec 169/93). Su ausencia provoca la nulidad radical de la relación (TS 15-1-87, EDJ 280).

1. Acreditacion de cualificaciones profesionales

Para ejercer **determinadas profesiones** se requiere el reconocimiento de cualificaciones profesionales (capacidad para el acceso a una determinada profesión o a su ejercicio), lo cual puede debe quedar **acreditado** oficialmente por un título de formación o por un certificado de competencia (nº 1562 s.). También se puede acreditar mediante experiencia profesional formalmente reconocida (nº 1566), o bien por el concurso de más de una de tales circunstancias. 1560

Reconocimiento basado en el seguimiento de estudios universitarios (RD 1002/2010 - redacc RD 576/2023-) Con carácter general, las **competencias adquiridas** se demuestran a través de la **titulación** que se expide después de finalizar los estudios correspondientes. Una vez inscrito el título o certificado en el registro de títulos, se tramita su expedición, coincidiendo su fecha de expedición con la del pago de la tasa por los solicitantes, salvo cuando la expedición deba ser gratuita por encontrarse el interesado exento del pago, en cuyo caso coincidirá con la de registro de entrada de la correspondiente solicitud en el centro. 1562

En el **ámbito universitario** los títulos oficiales son: Graduado o Graduada, Máster Universitario y Doctor o Doctora, referidos respectivamente a la superación del primero, segundo y tercer ciclo de los estudios universitarios. Estos títulos se expiden, en nombre del Rey, por el Rector o Rectores de la Universidad o Universidades correspondientes. Los títulos universitarios oficiales son válidos en todo el territorio nacional y facultan a sus poseedores para disfrutar de los derechos que en cada caso otorguen las disposiciones vigentes.

1. Los títulos universitarios oficiales de **Grado** se obtienen tras la superación de las correspondientes enseñanzas que tienen como finalidad la obtención de una formación general orientada al ejercicio profesional de acuerdo con la normativa vigente. La **denominación** de estos títulos es: graduado o graduada en T, con Mención, en su caso, en M, por la Universidad U, siendo T la denominación específica del Grado, M la correspondiente a la Mención, y U la denominación de la Universidad que lo expide. La **expedición material** de

estos títulos contempla la referencia expresa a su condición de enseñanzas de Grado, alusión a su carácter oficial y validez en todo el territorio nacional.

2. Los títulos oficiales de **Máster Universitario** se obtienen tras la superación de las correspondientes enseñanzas que tienen como finalidad la adquisición por el estudiante de una formación avanzada, de carácter especializado o multidisciplinar. La **denominación** de estos títulos es Máster Universitario en T, en su caso, en la especialidad de E, por la Universidad U, siendo T la denominación específica del Máster, E el de la especialidad y U la denominación de la Universidad que lo expide. La **expedición** material de estos títulos contempla su alusión a su carácter oficial y validez en todo el territorio nacional, así como, en su caso, mención expresa a la especialidad cursada.

3. Los títulos oficiales de **Doctor** se obtienen tras la superación de las correspondientes enseñanzas que tienen como finalidad la adquisición de las competencias y habilidades relacionadas con la investigación científica de calidad y finalizan con la elaboración y defensa de una tesis doctoral que incorpore resultados originales de investigación. La **denominación** del título de Doctor es: Doctor o Doctora por la Universidad U, siendo U la denominación de la Universidad que expide el título e incluye información que especifica el campo de conocimiento sobre el que se ha elaborado la tesis doctoral. Asimismo, la **expedición** material de estos títulos contempla referencia expresa a su condición de enseñanzas de doctorado y alusión a su carácter oficial y validez en todo el territorio nacional.

1564 **Reconocimiento basado en el seguimiento de estudios no universitarios** (LO 3/2022 art.28 a 54; LO 2/2006- redacc L 1/2024-) Los **títulos, certificados y acreditaciones** correspondientes a la **formación profesional** son homologados por la Administración General del Estado y expedidos por esta o por las demás administraciones competentes en la materia en las condiciones que al efecto se establezcan.

Deben incluir, al menos, un resultado de aprendizaje vinculado a un elemento de competencia y estar recogidas en el Catálogo Nacional de Ofertas de Formación Profesional.

Su **función** es acreditar a quienes los obtengan los estándares o elementos de competencia profesional, surtiendo los correspondientes efectos académicos y profesionales según la legislación aplicable.

Quienes **no superen** en su **totalidad** cualquier oferta formativa de formación profesional deben recibir una certificación de los módulos profesionales y, en su caso, ámbitos o materias superados, donde figuren los estándares de competencia o elementos de competencia adquiridos, que tiene efectos acumulativos en el sistema escalonado de formación profesional. Esta certificación da derecho a la **expedición** por la administración competente de los **certificados o acreditaciones** profesionales correspondientes del Sistema de Formación Profesional.

La **oferta** del Sistema de **formación profesional** está organizada, de manera secuencial, en **grados** que están a su vez divididos en niveles 1, 2 y 3 del Catálogo Nacional de Estándares de Competencias Profesionales, respecto a los cuales se obtiene un título profesional, que puede ser exigido para ejercer determinadas actividades profesionales. Son los siguientes:

a) **Acreditación parcial de competencia** (grado A). Constituye la oferta de base del Sistema de Formación Profesional, tiene carácter parcial y acumulable y conduce a la obtención de una acreditación parcial de competencia; incluyendo uno o varios elementos de competencia de algún módulo profesional.

b) **Certificado de competencia** (grado B). Constituye el objeto de la oferta de carácter parcial y acumulable del Sistema de Formación Profesional referida a un módulo profesional.

c) **Certificado profesional** (grado C). Constituye la oferta, parcial y acumulable del Sistema de Formación Profesional, de varios módulos profesionales que por razón de su significación en el mercado laboral y conduce a la obtención de un Certificado Profesional.

d) **Ciclo formativo** (grado D). Se corresponde con los ciclos que forman parte del sistema educativo español. En los grados medio y superior, y en el grado básico, será preciso desarrollar formación en empresa u organismo equiparado, de la que quedarán exentos quienes acrediten una experiencia laboral asimilada.

e) **Curso de especialización** (grado E). Su objetivo es complementar las competencias de quienes ya tienen un título de formación profesional o cumplen condiciones de acceso que se determinen en cada caso.

Los títulos, certificados y acreditaciones de dicha formación **se pueden obtener** mediante:

- La superación de las diferentes ofertas de grado A, B, C D y E.
- La solicitud tras haber obtenido la acreditación oficial de todos los estándares de competencia profesional incluidos en la oferta formativa, mediante el procedimiento de acreditación de las competencias profesionales adquiridas por experiencia laboral u otras vías no formales o informales incluidas en alguno de los títulos, certificados o acreditaciones del Sistema de Formación Profesional.

- La superación de las pruebas libres para la superación de módulos profesionales incluidos en títulos de Técnico y Técnico Superior.

Reconocimiento basado en la experiencia profesional (RD 629/2023; LO 3/2022 art.8) De manera residual, se contempla un sistema de reconocimiento de títulos basado en la experiencia profesional del trabajador. 1566

Se reconoce la posibilidad de que los ciudadanos puedan **demostrar** sus **conocimientos adquiridos** mediante su actividad laboral o por vías de aprendizaje no formal, concediéndoles, si superan los trámites legales, una certificación al efecto.

Se regula un **procedimiento** formal de acreditación de competencias adquiridas a través de la experiencia laboral u otras vías no formales e informales (LO 3/2022 art.90 a 93).

2. Supuestos de exigencia de titulación

En algunos supuestos se exige **legalmente** la posesión de una determinada titulación, en algún caso, para ejercer cierta actividad (nº 1577), en otros para poder acogerse a una **modalidad contractual** (contrato para la práctica profesional adecuada, nº 7090 s.) y, en otros, porque un **convenio colectivo o pacto individual** puede exigir una titulación para acceder a un grupo determinado (nº 1585). 1575

Exigencia legal de titulación en determinadas profesiones (RD 581/2017 tit.III, cap.III; CC art.1272) La exigencia de la posesión de las correspondientes titulaciones académicas o profesionales para el desarrollo de una determinad actividad laboral es un **límite** que juega tanto como tutela de la persona trabajadora, como garantía del interés público, que exige la demostración de la posesión de ciertas competencias profesionales a través de determinadas titulaciones para desempeñar algunas tareas. De este modo, cuando la prestación a desarrollar resulte de **orden o interés público**, una norma legal será la encargada de establecer que para desarrollar lícitamente esas funciones concretas sea preciso poseer el correspondiente título oficial (TS 25-3-94, EDJ 2776). 1577

Se entiende por **profesión regulada** la actividad o conjunto de actividades profesionales para cuyo acceso, ejercicio o modalidad de ejercicio se exija, de manera directa o indirecta, estar en posesión de determinadas cualificaciones profesionales, en virtud de disposiciones legales, reglamentarias o administrativas. Así, está referido a determinados profesiones como, por ejemplo, las sanitarias o el ejercicio de la abogacía.

El **no poder acreditar** la titulación lleva a que el contrato devenga imposible. Se fundamenta en que no pueden ser objeto de contrato las cosas o servicios imposibles. De esta forma, cuando no se tiene la titulación necesaria para desarrollar una actividad laboral, el contrato no puede ser válido ya que su objeto deviene en imposible.

La **falta de la titulación** exigida produce consecuencias laborales (nº 1579) y puede suponer responsabilidad administrativa y penal (nº 1581).

Efectos laborales de la falta de titulación Cuando el titulo constituye un **requisito esencial** (TSJ Las Palmas 7-5-93, Rec 169/93), su ausencia provoca la nulidad radical de la relación laboral (TS 15-1-87, EDJ 280). Se ha considerado que existe un error en las condiciones de la persona al creer que la persona trabajadora posee o cumple unos requisitos necesarios para el desempeño de su actividad con relación a las siguientes **profesiones**: 1579

- anestesista que carece de titulación (TS 28-4-86, EDJ 500004);
- maestro industrial químico que es contratado como titulado superior (TSJ Cataluña 23-3-07, EDJ 128698);
- maestra de educación infantil que carece de titulación (TSJ Cataluña 2-11-07, EDJ 300936);
- profesor que carece de la titulación necesaria (TSJ Sevilla 3-10-18, EDJ 663663).

En estos casos, el contrato se ve afectado por una **nulidad insubsanable** (CC art.6.2) y el contrato debe considerarse como viciado desde su inicio, sin que el mero transcurso del tiempo subsane ese defecto (TS 26-1-98, EDJ 283). La falta de la titulación exigida constituye la ausencia de un presupuesto fundamental de la contratación, que determina la nulidad del contrato sin otro derecho que el de exigir al empleador el cumplimiento de las obligaciones económicas derivadas del tiempo trabajado. El contrato nunca ha existido porque le falta las competencias precisas para desarrollarlo y, en consecuencia, no se procede al abono de ninguna indemnización. No se trata, por tanto, de un despido y ni siquiera es subsanable el defecto, aunque luego se presentase la titulación correspondiente (TSJ Sevilla 3-10-18, EDJ 663663).

En un caso de **sucesión de empresa**, la falta de la titulación necesaria para el desempeño del puesto de trabajo es causa de extinción del contrato si mientras se prestaba servicio con la empresa saliente no era exigible legalmente y, al tiempo de la subrogación, no se facilitó la

titulación de los trabajadores subrogados, sino tan solo la lista con su nombre y su nómina y, asimismo, la persona trabajadora había desarrollado el puesto de trabajo durante más de cinco años. Es indiferente el tiempo en el puesto anterior, lo importante es que requiere una titulación de la que carece (TS 25-4-23, EDJ 560076).
Por el contrario, **no está justificada** la extinción del contrato fundamentada en no acreditar la titulación requerida cuando la actividad desarrollada no se ajusta a la que demanda dicha titulación (TS 9-1-19, EDJ 507933; 29-1-19, EDJ 508657). Tampoco la que basa en la necesidad de regularizar contrataciones no ajustadas a los requerimientos de titulaciones exigibles para un puesto específico, si anteriormente se ha destina a quien no posee la titulación a un trabajo que sí la exige. No se puede imputar al trabajador ese defectuoso encuadramiento, máxime cuando ha estado prestando estos servicios durante un amplio periodo de tiempo (TS 23-1-20, EDJ 507567).

Precisiones La carencia de convalidación u **homologación administrativa de un título** universitario, como condición de eficacia de la relación laboral, no puede ni debe invalidar el contrato respecto de los derechos del trabajador cuando este lo ha solicitado en tiempo y forma y la Administración del Estado ha observado un absoluto silencio sobre el tema, pese a las peticiones y solicitudes del interesado (TSJ Málaga 20-2-03, EDJ 55503).

1581 **Efectos administrativos y penales** Con independencia de los efectos en la contratación, la falta de titulación que ha sido determinada como preceptiva por ley para desarrollar una actividad profesional puede constituir un **acto de intrusismo** que puede abrir tanto una **responsabilidad** administrativa como una penal.
a) Se entiende por intrusismo la realización de actuaciones profesionales sin el cumplimiento de los requisitos establecidos legalmente para el ejercicio de la profesión, lo cual da lugar a **responsabilidad administrativa.** Por **ejemplo**, en el ámbito de la CA de Cataluña se establece que los actos de intrusismo y las actuaciones profesionales irregulares deben ser puestos en conocimiento de la Administración de la Generalidad o, en el caso de profesiones colegiadas, del correspondiente colegio profesional, a los efectos de adoptar las medidas administrativas necesarias para corregir estas conductas, con independencia de la responsabilidad penal que corresponda (L Cataluña 7/2006). Igualmente, en el ámbito de la CA País Vasco, en la que se señala que **debe realizarse la** comunicación en caso de un acto de intrusismo u otra actuación profesional irregular de que tenga conocimiento (L País Vasco 18/1997).
b) El ejercicio de una profesión sin la titulación necesaria también puede dar lugar a **responsabilidad penal**. Se considera que constituye un **delito de intrusismo** ejercer actos propios de una profesión sin poseer el correspondiente título académico expedido o reconocido en España de acuerdo con la legislación vigente, imponiendo una pena de multa de 12 a 24 meses Si la actividad exige un título oficial que acredite la capacitación necesaria y que habilite legalmente para su ejercicio la actividad y no se este en posesión de dicho título, la pena es de 6 a 12 meses. Se añade un tipo agravado en el que se impone una multa de 6 meses a 2 años si: el culpable se atribuyese públicamente la cualidad de profesional; o ejerce en un local o establecimiento abierto al público en el que se anunciare la prestación de servicios propios de aquella profesión (CP art.403).
Además, el ejercicio de actividades si titulación puede llevar asimismo a un **delito continuado de estafa** (por ejemplo, si se hace pasar por médico y receta cosas absurdas, cobrando cantidades desorbitadas por sus servicios, además, de realizar tratamientos con productos caducados o prohibidos por la agencia española) (TS penal 19-5-20, EDJ 557015).

1583 **Exigencia de colegiación profesional** En ocasiones, además de la titulación, para ejercer una profesión se requiere de su colegiación en un Colegio Profesional. Son ejemplos de colegiación obligatoria:
a) **Abogacía**. Con relación al ejercicio de la abogacía (asesoramiento jurídico, la solución de disputas y a la defensa de derechos e intereses ajenos, tanto públicos como privados, en la vía extrajudicial, judicial o arbitral) se exige que el título oficial que habilite para el ejercicio de la profesión de la Abogacía, pero también la incorporación al Colegio del domicilio profesional. La colegiación como ejerciente habilita para ejercer en todo el territorio del Estado (RD 135/2021).
b) **Enfermería**. Se establece que únicamente están habilitados para ejercer los actos propios de la profesión de enfermería quienes se hallen inscritos en el Colegio Oficial de Enfermería del ámbito territorial correspondiente, cumplan la legislación profesional vigente y no se encuentren suspendidos, separados o inhabilitados por resolución corporativa o judicial, situación que se acreditará mediante certificación profesional expedida por el órgano correspondiente. Para adquirir la condición de colegiado previamente es preciso que se encuentren en posesión del correspondiente título de Diplomado/a en Enfermería, A.T.S., Practicante, Enfermeros/as o Matronas (RD 1231/2001).

Exigencia en convenio colectivo o pacto individual (CC art.1271; ET art.3.1.e) El convenio colectivo aplicable de empresa o de sector o un acuerdo individual entre trabajador y empresario alcanzado al suscribir el contrato puede exigir la posesión de una titulación concreta para acceder a un grupo profesional concreto (TS 12-6-96, EDJ 4398). **1585**

Son supuestos en los que empleador necesita a alguien con una **cualificación concreta** para realizar una tarea determinada y lo contrata precisamente para desempeñar ese puesto de trabajo específico en el organigrama de la unidad productiva. Por tanto, la posesión del título puede ser un requisito indispensable para acceder a un **grupo** (TS 26-10-99, EDJ 36161); si bien, si efectivamente desarrolla las funciones de dicho grupo tiene derecho a los salarios correspondientes (ver nº 9161).

Si el trabajador es contratado para un grupo en la cual se exige una determinada titulación y, en la práctica, ocupa puestos de trabajo no acordes con dicho grupo ni con su nivel de estudios, esta **contratación** debe reputarse como **fraudulenta** (máxime cuando existe una previsión convencional específica a este respecto), ya que las tareas que conlleva tal grupo profesional no permiten la obtención de práctica profesional adecuada a la licenciatura exigida para su contratación (TSJ Galicia 2-11-10, EDJ 304965).

Exigencia de acuerdo con la modalidad contractual (ET art.3.1.e) El **contrato formativo** para la práctica profesional adecuada tiene como objeto la obtención de dicha práctica profesional en conexión con el nivel de estudios acreditado (nº 7090 s.). **1587**

Este contrato se puede concertar con quienes estuviesen en posesión de un título universitario o de un título de grado medio o superior, especialista, máster profesional o certificado del sistema de formación profesional (LO 3/2022- redacc L 1/2024-), así como con quienes posean un título equivalente de enseñanzas artísticas o deportivas del sistema educativo, que habiliten o capaciten para el ejercicio de la actividad laboral.

Si **no se acredita** que se posee dicha titulación, el contrato deviene en nulo por no cumplir una de sus condiciones esenciales y llevar a que su objeto (la obtención de la práctica después de cursar la teoría) se convierta en imposible.

3. Reconocimiento de títulos en la Unión Europea

(Tratado FUE art.45.1 y 53.1)

En el ámbito de la Unión Europea, el ejercicio de la **libre circulación de personas trabajadoras** precisa de la homologación de sus titulaciones a los efectos de eliminar trabas para moverse de un Estado miembro a otro. En este ámbito, es muy importante, el reconocimiento de títulos profesionales obtenidos en un Estado miembro distinto de aquel en el que se pretende ejercer la correspondiente actividad laboral. **1595**

A tal efecto, se han adoptado Directivas para el **reconocimiento mutuo** de diplomas, certificados y otros títulos de formación que garantizan la posibilidad de ejercer una profesión, por cuenta propia o ajena, en un Estado miembro distinto de aquel en que se hayan adquirido las cualificaciones profesionales.

Se entiende por **homologación** el reconocimiento oficial de la formación superada para la obtención de un título extranjero, equiparable a la exigida para la obtención de un título español cuya obtención se requiere para el ejercicio de una profesión regulada.

Espacio Europeo de Educación Superior (LO 2/2023 art.12) En el ámbito universitario, en 1988 los rectores de las universidades europeas se reunieron con motivo del IX centenario de la Universidad de Bolonia y firmaron la «Magna Charta universitarum». Entre sus líneas de actuación, se encuentra la adopción de un sistema de titulaciones comprensibles y comparables para promover las oportunidades de trabajo y la movilidad internacional; y la presentación de un sistema común de créditos para fomentar la comparación de estudios. **1597**

Los estudios universitarios se orientan a adquirir competencias, y se valoran como un conjunto de conocimientos y capacidades que se aprenden para hacer frente a una situación determinada, creando lo que se denomina como Espacio Europeo de Educación Superior. Desde este contexto, uno de los objetivos fue la facilitación de la comparación de los estudios obtenidos entre los diversos países en el ámbito europeo; de forma que, por una parte, se colaborase con las situaciones de movilidad del estudiantado, que desease complementar sus conocimientos en diversos países, para que los estudios que cursasen fuesen valorados de forma idéntica; y, por otra, de forma indirecta, se buscaba la promoción de la libre circulación de las personas trabajadoras que van a poder acreditar sus conocimientos de forma aunada, bajo las mismas condiciones, en las empresas sitas en la Unión Europea.

Corresponde al **Gobierno**, previo informe del Consejo de Universidades, **regular**:
a) Los **criterios generales** a los que deben ajustarse las universidades en materia de convalidación y adaptación de estudios cursados en centros académicos españoles o extranjeros. Este procedimiento deberá estructurarse partiendo de los principios que sustenten el Espacio Europeo de Educación Superior, en cuanto al mutuo reconocimiento de títulos académicos de los países que lo han implementado, así como de acuerdo con el Convenio sobre reconocimiento de cualificaciones relativas a la educación superior en la Región Europea (número 165 del Consejo de Europa);
b) Las **condiciones de homologación** de títulos oficiales extranjeros de educación superior con títulos universitarios oficiales españoles;
c) Las **condiciones** para la **declaración de equivalencia** de un título oficial extranjero de educación superior en relación con el nivel académico universitario oficial de Grado o de Máster Universitario. Los títulos de Grado expedidos por universidades en los Estados miembros de la Unión Europea serán equivalentes, a todos los efectos, a aquellos expedidos por universidades españolas;
d) Las **condiciones** para el **reconocimiento académico** de la experiencia laboral o profesional, así como la formación a lo largo de la vida.
e) El régimen de **convalidaciones y de reconocimiento** de créditos entre las enseñanzas oficiales universitarias y las otras enseñanzas que constituyen la educación superior.

1599 **Sistema de reconocimiento de títulos** La prestación de trabajo en algunas profesiones exige estar en posesión de una titulación que habilite para su ejercicio y dado que es posible que la cualificación profesional se haya obtenido en un Estado Miembro distinto al país en el que se va a desarrollar la prestación, la normativa comunitaria ha establecido un **sistema unitario de reconocimiento de cualificaciones profesionales** que, con carácter general, se contiene en la Dir 2005/36/CE, del Parlamento Europeo y del Consejo, traspuesta al derecho interno a través del RD 581/2017.

En cumplimiento de este mandato, se ha institucionalizado un **sistema general** de reconocimiento de títulos, diplomas y certificados profesionales, que responde a la necesidad de procurar un sistema que haga posible la circulación de profesionales sin los inconvenientes que suponía la coordinación previa de las formaciones conducentes a la obtención de los títulos. Este sistema se basa en un principio de confianza mutua entre los Estados miembros, que supone que el profesional que está plenamente cualificado para ejercer una profesión en su Estado miembro de origen debe estar también cualificado para ejercer la misma profesión en el Estado miembro de acogida.

Los mecanismos de reconocimiento de títulos operan exclusivamente a **efectos profesionales**, es decir, simplemente conducen, llegado el caso, a la autorización de ejercicio de una profesión determinada en el Estado de acogida. No se trata, dicho de otra manera, de mecanismos con repercusiones de tipo académico. A estos efectos, rigen las normas académicas de convalidación y homologación de títulos.

Se establece un **mecanismo dual** para el reconocimiento de títulos:
a) El **régimen general** (nº 1601) que permite el reconocimiento directo de los títulos por medio del procedimiento que a tal fin establece, recogiendo una lista de títulos de los diferentes estados susceptibles de reconocimiento.
b) Un sistema de reconocimiento automático vinculado a la **coordinación de las condiciones mínimas de formación** (nº 1607), concretamente, se han regulado por esta vía las profesiones de médico, enfermero responsable de cuidados generales, odontólogo, veterinario, matrona, farmacéutico y arquitecto.

Además, de manera residual se contempla un sistema de reconocimiento de títulos basado en la **experiencia profesional del trabajador** (nº 1566).

Precisiones A diferencia de la **homologación** académica, en el sistema de reconocimiento profesional de títulos no se comparan ya **programas de formación**, sino actividades profesionales: no se trata de homologar un título de un país comunitario a otro título español equivalente, sino de reconocer un título extranjero a efectos de ejercer, en el país de acogida, una actividad profesional concreta. Por tanto, el ciudadano de un país comunitario, así pues, tiene **dos vías** para hacer valer su titulación en otro Estado miembro:
a) La **convalidación u homologación de su título por vías académicas**, lo que, tras la superación en su caso de ciertas asignaturas o pruebas, determina el otorgamiento del título correspondiente en el país de acogida (el interesado se hace así con dos títulos sobre la misma o similares materias, uno en el país de origen y otro en el país de acogida), a todos los efectos (incluidos, por supuesto, los profesionales).
b) El **reconocimiento de su título originario** (el interesado no llega a sumar dos títulos) a efectos exclusivamente profesionales. Es de esta última situación de la que se ocupan las normas comunitarias sobre reconocimiento de títulos profesionales.

Régimen general (Dir 2005/36/CE; RD 581/2017 art.18 a 24) Los **presupuestos** para que opere el reconocimiento de cualificaciones profesionales adquiridas en otro Estado miembro son análogos a los que se exigen en España para ejercer una profesión regulada. Son los siguientes: 1601

1. **Ejercicio de profesión regulada.** La circunstancia que determina la puesta en funcionamiento del mecanismo de reconocimiento de títulos profesionales es el ejercicio de una profesión regulada, es decir, una **actividad o conjunto de actividades profesionales** para cuyo acceso, ejercicio o modalidad de ejercicio se exige, de manera directa o indirecta, estar en posesión de determinadas cualificaciones profesionales, en virtud de disposiciones legales, reglamentarias o administrativas. Se considera modalidad de ejercicio el empleo de un título profesional limitado por disposiciones legales, reglamentarias o administrativas a quien posea una determinada cualificación profesional. 1603

El sistema se dirige a los nacionales de los Estados miembros de la UE o signatarios del Acuerdo sobre el EEE que, estando en **posesión de una titulación** expedida o acreditada por una autoridad competente que cualifica para ejercer una determinada profesión en un Estado miembro, pretendan **ejercerla en otro de dichos Estados** (el de acogida) y que, por estar la profesión regulada en este último, deben obtener el reconocimiento de su titulación.

Este sistema **se aplica** exclusivamente a las profesiones reguladas. El **reconocimiento** se realiza sobre un título, certificado, diploma o conjunto de títulos que sancionan una formación profesional completa, es decir, una instrucción académica que faculte al ejercicio de la profesión en el Estado miembro de procedencia. Cada Estado Miembro elabora un **listado de las profesiones y/o actividades** que entran dentro de la aplicación del sistema de reconocimiento de cualificaciones.

En España el listado distingue en **función** del nivel de cualificación o del certificado de competencia:

a) **Nivel de cualificación** exigido, que incluye las siguientes:

- superación de un ciclo de estudios postsecundarios de una duración mínima de 4 años (por ejemplo: abogado, farmacéutico, físico, etc.);
- superación de un ciclo de estudios postsecundarios de una duración mínima de 3 años y no superior a 4 (por ejemplo, fisioterapeuta, logopeda);
- título expedido por una autoridad competente de un Estado miembro que acredite la superación de un ciclo de estudios postsecundarios, de una duración mínima de 1 año (por ejemplo, delineante, guía de turismo);
- certificado expedido por la autoridad competente de un Estado miembro que acredite la superación de un ciclo de estudios secundario (por ejemplo, instalador de gas, de fontanería);

b) **Certificado de competencia**. Es aquel título expedido por la autoridad competente de un Estado miembro de origen, de acuerdo con las disposiciones legales, reglamentarias o administrativas de dicho Estado, que sanciona:

- bien una formación que no forme parte de un título o certificado, bien un examen específico sin formación previa, o bien el ejercicio de una profesión a tiempo completo durante 3 años consecutivos o durante un período equivalente a tiempo parcial en el transcurso de los últimos 10 años;
- bien la adquisición de una formación general correspondiente a un nivel de enseñanza primaria o secundaria que acredite la posesión de conocimientos generales (por ejemplo, agente comercial, buzo).

Precisiones Con el objetivo de favorecer la libre circulación de trabajadores, la Comisión Europea ha creado una **base de datos** en la que cada Estado Miembro ha determinado las profesiones reguladas a los efectos del reconocimiento profesional de títulos.

2. **Acreditación de título profesional similar o formación.** Producida la situación en la que un nacional de un país comunitario pretenda ejercer una actividad en otro Estado miembro para la que éste exige una determinada titulación profesional, de modo que el migrante comunitario carezca de título expedido por el país de acogida pero disponga de un título profesional similar -no necesariamente idéntico- expedido en el Estado de origen, o bien pueda acreditar una formación determinada en la actividad de la que se trate. 1605

En principio el **título, certificado o diploma** debe ser reconocido como tal, sin embargo el sistema general no es un sistema automático sino que el reconocimiento debe solicitarse a la autoridad competente del Estado de acogida. El Estado examina individualmente el caso y comprueba, en primer lugar, que la profesión regulada que desea ejercer en el Estado de acogida es la misma para la que está plenamente cualificado en su Estado miembro de procedencia, y, en segundo lugar, que la duración y contenido de su formación no se diferencian sustancialmente de las requeridas en el Estado de acogida. En síntesis se establece que:

a) Si interesado **presenta un título**, el Estado de acogida debe reconocer el título y autorizar el ejercicio de la profesión de que se trate.

b) Si **no dispone de un título**, por no existir el mismo -pero sí la profesión- en su país de origen, el Estado de acogida debe autorizar la realización de la actividad profesional si el migrante comunitario acredita determinada experiencia o ejercicio de la profesión en su país así como ciertos niveles o cotas de formación.

1607 **Reconocimiento basado en la coordinación de las condiciones mínimas de formación** (RD 581/2017 tit.III, cap.III) El tercer subsistema para el reconocimiento de cualificaciones profesionales, que es el aplicable a determinadas profesiones en la que es necesario acreditar unas condiciones mínimas de formación, está referido a las **profesiones** de:
- médico;
- médico especialista;
- enfermera responsable de cuidados generales;
- odontólogo;
- veterinario;
- matrona;
- farmacéutico; y
- arquitecto.

Para cada profesión, se establecen esas **condiciones mínimas de formación** y en el RD 581/2017 anexo figuran los títulos que son objeto de reconocimiento automático.
Así, en **España** el reconocimiento de los títulos de formación de **profesiones sanitarias** (de médico, médico especialista, de enfermera responsable de cuidados generales, de odontólogo, de veterinario, de farmacéutico) y de **arquitecto**, es efectuado por la autoridad competente española siempre que reúnan las condiciones mínimas de formación previstas es el texto reglamentario. Para que proceda el reconocimiento, los títulos de formación deben haber sido expedidos por una autoridad competente de un Estado miembro y, en su caso, deben ir acompañados de un certificado que acredite, al menos, la superación de un determinado nivel de estudios. Así, por **ejemplo**, para el reconocimiento del **título de médico** es necesario que el interesado acredite el cumplimiento de los siguientes requisitos:

Profesión	Requisitos para el reconocimiento
Médico	Estar en posesión del título que permita el acceso a los estudios universitarios Certificado oficial del Plan de Estudios en el que conste la duración de los estudios en años académicos (RD 581/2017 art.35.2) la formación debe comprender como mínimo 5 años de estudios o 5.500 horas, y descripción de las materias cursadas.
	Certificado autoridad competente del EM de origen en el que se acredite que el título presentado permite el ejercicio profesional en el país de origen
	Certificación autoridad competente del EM de origen en el que se acredite que no está inhabilitado para el ejercicio de la profesión
Órgano competente	Ministerio de Sanidad: https://www.sanidad.gob.es/areas/profesiones-Sanitarias/profesiones/especialistasComunitarios/home.htm

Obtenida la autorización, el reconocimiento del título para el acceso a estas actividades profesionales y su ejercicio, surte los mismos efectos que los conferidos a los títulos de formación expedidos en España.

Precisiones Las personas **beneficiarias del reconocimiento de sus cualificaciones** profesionales en el Estado español deben poseer, en todo caso, los conocimientos lingüísticos del idioma castellano y, en su caso, de las otras lenguas oficiales propias de las Comunidades Autónoma, necesarios para el ejercicio de la profesión en España, de acuerdo a la legislación vigente (RD 581/2017 art.72).
En segundo lugar, en lo que hace al derecho de utilización de las denominaciones propias de los títulos profesionales en el país de acogida, se garantiza el uso de la denominación del título de origen en el Estado de acogida, sin más limitaciones que las impuestas por la necesidad de identificar el lugar del centro o del tribunal que lo haya expedido (RD 581/2017 art.73).

1609 Por otra parte, los títulos, certificados y acreditaciones correspondientes a la denominada como **formación profesional** desplegarán los efectos que les correspondan con arreglo a la normativa de la Unión Europea relativa al sistema general de reconocimiento de la formación profesional en los Estado miembros y los Estados signatarios del Acuerdo sobre el Espacio Económico Europeo (LO 3/2022 redacc L 1/2024).

1611 **Reconocimiento basado en la experiencia profesional** (RD 581/2017 art.25, 26 y anexo II) Cuando el acceso a una de las actividades esté supeditados a la posesión de conocimientos y aptitudes generales, comerciales o profesionales, las autoridades competentes reconocerán como prueba suficiente de dichos conocimientos y aptitudes el ejercicio efectivo previo de la

actividad en cuestión en otro Estado miembro de la Unión Europea, siempre que tal ejercicio se haya desarrollado conforme a determinadas normas.
Se contempla el reconocimiento de cualificaciones profesionales para **actividades artesanales y comerciales**, cuya autorización se condiciona a una previa experiencia profesional de distinta duración en función de la actividad.
Concretamente las **actividades** a las que alcanza son: la industria textil; fabricación de calzado, prendas de vestir y ropa de cama; industria de la madera y del corcho; producción y primera transformación de materiales terrosos y no terrosos; fabricación de productos metálicos; construcción de maquinaria no eléctrica; construcción de maquinaria y material eléctrico; construcción de material de transporte; industrias manufactureras diversas; construcción de obras públicas; industrias de grasas vegetales y animales; industrias alimentarias; elaboración de bebidas; industria de los productos amiláceos, pesca en aguas interiores; construcción de material de transporte, actividades auxiliares del transporte; comunicaciones; estudios fotográficos; ejercicio de actividades ambulantes, etc.

Tarjeta profesional europea (RD 581/2017 art.5 a 10) La tarjeta profesional europea (TPE) es un certificado electrónico que **acredita** el cumplimiento por parte de un profesional de todas las condiciones necesarias para el ejercicio de una profesión regulada en un Estado miembro de acogida, bien sea en la modalidad de prestación temporal y ocasional de servicios o bien para el ejercicio efectivo del derecho de establecimiento. Su regulación tiene su origen en la Dir 2013/55/UE y ha sido incorporado al derecho interno a través del RD 581/2017. Estos profesionales pueden optar entre solicitar dicha tarjeta o por recurrir a los procedimientos anteriores. **1613**
La TPE **se expide** a solicitud de las personas que se encuentren en posesión de un título que acredite la correspondiente cualificación profesional para el acceso o ejercicio de alguna de las **siguientes profesiones**:
- enfermero responsable de cuidados generales;
- farmacéutico (formación básica);
- fisioterapeuta;
- guía de montaña;
- agente de la propiedad inmobiliaria.

Su expedición no confiere el derecho automático a ejercer una profesión si existen requisitos de registro, **colegiación obligatoria** u otros procedimientos de control establecidos con anterioridad la introducción de la tarjeta.
La tarjeta se **solicita** a través de la plataforma electrónica creada por el Rgto (UE) 2015/983. La solicitud, que debe acompañarse de los **documentos** exigidos en el Anexo II de dicho Reglamento generará la creación de un expediente IMI (sistema de información del mercado interior).
La tarjeta profesional europea es **válida** en el conjunto del territorio de todos los Estados miembros mientras el titular mantenga el derecho a ejercer su profesión sobre la base de los documentos y de la información que figuran en el expediente IMI en los siguientes **periodos**:
- indefinidamente si se produce un establecimiento a largo plazo;
- 18 meses en los casos de prestación de servicios temporales, o 12 meses para las profesiones que afecten a la salud o la seguridad públicas.

4. Reconocimiento de títulos fuera de la Unión Europea

(LO 2/2023 art.12 y 28; RD 889/2022)

Existen **procedimientos reglados** para determinar tanto la convalidación como la homologación de títulos universitarios extranjeros. Recientemente, el Gobierno, previo informe del Consejo de Universidades, ha recibido el mandato de regular las condiciones de homologación de títulos oficiales extranjeros de educación superior con títulos universitarios oficiales españoles; las condiciones para la declaración de equivalencia de un título oficial extranjero de educación superior en relación con el nivel académico universitario oficial de Grado o de Máster Universitario. Los títulos de Grado expedidos por universidades en los Estados miembros de la Unión Europea serán equivalentes, a todos los efectos, a aquellos expedidos por universidades españolas. **1620**
En el ámbito de la **Unión Europea**, la Recom (UE) 2023/2611 establece orientaciones para simplificar y acelerar el **reconocimiento de las capacidades y cualificaciones** de los nacionales de terceros países por parte de los Estados miembros, con vistas a lograr que el mercado de trabajo de la UE resulte más atractivo para ellos y facilitar su integración en dicho mercado, en consonancia con las necesidades de la economía y la sociedad de la Unión. Dada la dimensión de la necesidad de facilitar la homologación, sobre todo por la falta de personas

con las capacidades demandadas y, en general, de mano de obra, se señala que los **Estados miembros deben** reducir sistemáticamente los obstáculos relacionados con el reconocimiento de las capacidades y cualificaciones que impiden a los nacionales de terceros países migrar legalmente a su territorio, asegurarse un empleo que refleje sus capacidades y experiencia e integrarse con éxito en el mercado de trabajo del Estado miembro en cuestión. Por esto, las autoridades nacionales deben registrar, analizar y publicar sistemáticamente datos sobre los tipos de solicitudes recibidas de nacionales de terceros países, los países de origen, los plazos de tramitación y los resultados de las decisiones tomadas (incluidas las decisiones negativas y las medidas compensatorias aplicadas), para hacer un seguimiento del efecto de los procedimientos de reconocimiento de las capacidades y cualificaciones.

Se insta a las autoridades competentes a **completar el procedimiento** de reconocimiento de la autorización de acceso a una profesión regulada lo más rápidamente posible, de manera que pueda tomarse una decisión debidamente motivada en un plazo razonable, que no debe superar los dos meses a partir de la fecha de presentación de una solicitud completa, a los efectos de agilizar los trámites.

En el **ámbito nacional**, se recoge la intención de mejorar estos procedimientos (LO 2/2023 art.28). Se establece que, con el objeto de atraer talento, el Gobierno **agilizará y simplificará los trámites** de homologación y declaración de equivalencia de los títulos expedidos en el extranjero y los procedimientos de acceso a las universidades atendiendo al principio de reciprocidad. Asimismo, el Gobierno agilizará los procedimientos migratorios legalmente establecidos para el estudiantado, el personal docente e investigador y el personal técnico, de gestión y de administración y servicios internacionales. En la actualidad, está pendiente la mejora anunciada del sistema actual de homologación y de resolución de procesos migratorios.

La **competencia** sobre la regulación de las condiciones de obtención, expedición y homologación de títulos académicos y profesionales, y normas básicas para el desarrollo es exclusiva del estado, aunque es posible el traspaso a las Comunidades Autónomas de ciertas competencias de este ámbito (Const art.27 y 149.1.30).

Precisiones Aunque se trata de una competencia estatal también hay **Comunidades Autónomas** con competencias en materia de homologación y reconocimiento de títulos como. Por ejemplo, el **País Vasco** a la que se le añaden competencias en materias de homologación y reconocimiento de títulos (RD 366/2024). Para ello, debe comunicar al órgano competente del ámbito nacional las resoluciones de homologación y de declaración de equivalencia adoptadas por el órgano competente para proceder a su registro en una sección especial del Registro Nacional de Títulos Universitarios Oficiales. Sus competencias se extienden a las solicitudes de homologación o declaración de equivalencia de las personas que estén empadronadas en un municipio del territorio del País Vasco. No obstante, no siendo clara la posibilidad de traspaso de competencias a las Comunidades Autónomas en esta materia, la vigencia de ese Real Decreto ha sido suspendida cautelarmente (TS auto 23-7-24 EDJ 627551).

1622 **Relación con las autorizaciones de residencia y trabajo** (LO 4/2000 art.36) Para ejercer cualquier actividad lucrativa, laboral o profesional, los extranjeros precisan de la correspondiente autorización administrativa previa para residir y trabajar. Si el extranjero pretende trabajar por cuenta propia o ajena, ejerciendo una profesión para la que se exija una **titulación especial,** la concesión de la autorización está condicionada la tenencia y, en su caso, homologación del título correspondiente y, si las leyes así lo exigiesen, a la colegiación. Ver **Trabajadores extranjeros**, nº 1650 s.

CAPÍTULO 8

Trabajadores extranjeros

Los trabajadores extranjeros pueden contratar la prestación de su trabajo de acuerdo con su **normativa específica** (ET art.7.c). 1652

Si bien se considera extranjeros a los que carecen de nacionalidad española, a efectos de su posible contratación para prestar un trabajo, hay que distinguir:

1. **Nacionales de la Unión Europea** (UE), ciudadanos del **Espacio Económico Europeo** (EEE) y de la Confederación **Suiza** y, además, los familiares de aquellos y los de los propios españoles. Tienen derecho a entrar, salir, circular y permanecer libremente en territorio español, así como a acceder a cualquier actividad, tanto por cuenta ajena como por cuenta propia, en las mismas condiciones que los españoles, salvo la limitación de acceso a determinados empleos de la Administración.

Son **Estados miembros** de la UE: Alemania, Austria, Bélgica, Bulgaria, Chipre, Croacia, Dinamarca, Eslovaquia, Eslovenia, España, Estonia, Finlandia, Francia, Grecia, Holanda, Hungría, Irlanda, Italia, Letonia, Lituania, Luxemburgo, Malta, Polonia, Portugal, República Checa, Rumanía y Suecia.

2. **Extranjeros no nacionales de la UE** que no se encuentren en ninguno de los casos anteriores. Para poder realizar una actividad lucrativa, laboral o profesional, precisan de una autorización administrativa previa, cuyo estudio se recoge a partir del nº 1675.

Precisiones 1) Además de los ciudadanos mencionados, hay que destacar otras **situaciones de extranjeros** con regulación específica: 1654

a. **Refugiados políticos**: los ciudadanos de otros países y los apátridas pueden gozar del derecho de asilo (L 12/2009; RD 203/1995 y RD 865/2001 en lo que no se opongan).

La **condición de refugiado** se reconoce a toda persona que, debido a fundados temores de ser **perseguida** por motivos de raza, religión, nacionalidad, opiniones políticas, pertenencia a determinado grupo social, de género u orientación sexual o de identidad sexual, se encuentra fuera del país de su nacionalidad y no puede o, a causa de dichos temores, no quiere acogerse a la protección de tal país, o al **apátrida** que, careciendo de nacionalidad y hallándose fuera del país donde antes tuviera su residencia habitual, por los mismos motivos no puede o, a causa de dichos temores, no quiere regresar a él, y no esté incurso en alguna causa de exclusión, denegación o revocación (L 12/2009 art.3 redacc L 4/2023).

A las personas que obtienen el estatuto de refugiado se les otorga un **régimen jurídico particular** que afecta al ámbito laboral, pues la concesión de asilo conlleva la autorización de residencia en España y la autorización para desarrollar actividades laborales, profesionales y mercantiles, de modo que quien posee la citada condición puede trabajar por cuenta propia o ajena sin necesidad de obtener autorización de trabajo (LO 4/2000 art.34.3).

En este sentido, se contempla la concesión de **autorización de residencia de larga duración** a los extranjeros que tengan la consideración legal de apátridas, refugiados o beneficiarios de protección subsidiaria (RD 557/2011 art.148.3.f). Igualmente, la autorización por razones de protección internacional a las personas a las personas a las que el Ministro del Interior, a propuesta de la Comisión Interministerial de Asilo y Refugio, haya autorizado la permanencia en España por razones humanitarias, así como a los extranjeros desplazados en el sentido regulado en la normativa sobre protección temporal en caso de afluencia masiva de personas desplazadas (L 12/2009 art.37.b y 46.3; RD 557/2011 art.125; RD 1325/2003 art.16). Concedida esta autorización, el extranjero puede solicitar personalmente la correspondiente autorización de trabajo ante el órgano competente.

b. **Diplomáticos y asimilados**. Se incluyen:

- los agentes diplomáticos y los funcionarios consulares acreditados en España, así como los demás miembros de las misiones diplomáticas permanentes o especiales y de las oficinas consulares y sus familiares que, en virtud de las normas del Derecho Internacional, estén exentos de las obligaciones relativas a su inscripción como extranjeros y a la obtención de autorización de residencia;
- los representantes y delegados, así como los demás miembros y sus familiares, de la misiones permanentes o de las delegaciones ante los organismos intergubernamentales con sede en España o en conferencias internacionales que se celebren en España;
- los funcionarios destinados en organizaciones internacionales o intergubernamentales con sede en España, así como sus familias, a quienes los tratados en los que sea parte España exima de las obligaciones de inscripción como extranjeros y de la obtención de autorización de residencia.

Se rigen por determinados instrumentos de carácter internacional: el Convenio de Viena sobre Relaciones Diplomáticas 18-4-1961 y el Convenio de Viena sobre Relaciones Consulares 24-4-1963.

2) Como consecuencia del conflicto de **Ucrania,** los Estados miembros de la UE proporcionan a los desplazados una **protección temporal** especial desde el 4-3-2022, **prorrogada hasta el 4-3-2026** (Decisión de Ejecución (UE) 2022/382, prorrogada automáticamente por la Dir 2001/55/CE art.4, y posteriormente por la Decisión de Ejecución (UE) 2023/2409 y por la Decisión de Ejecución (UE) 2024/1836; Comunicación de la Comisión para la aplicación de la Decisión de Ejecución 2022/382; Recomendación (UE) 2022/554). En **España**, esta protección temporal a los desplazados de Ucrania comenzó el 24-2-2022, y los residentes -de forma regular o no- de ese país en España incluso antes de esa fecha que lo necesiten pueden percibir las ayudas sociales, acceder a la atención sanitaria y residir y trabajar, de forma temporal, en 24 horas desde que comparecen y lo solicitan en los centros policiales y de acogida, dentro del plazo de 90 días desde su entrada (RDL 6/2022 art.22, 48, disp.fin.2ª y 8ª; OM PCM/169/2022; OM PCM/170/2022; MISSM Nota informativa 4-3-22; OM INT/169/2024). Además, las **tarjetas de identidad de extranjero (TIE)** ya expedidas a las personas afectadas que sean beneficiarios de la protección temporal se han prorrogado hasta el 4-3-2025, sin que sea necesario obtener una nueva (OM INT/169/2024).

I. Régimen de la Unión Europea

1660 **Inclusiones** (Tratado FUE art.45; Rgto UE 492/2011; RD 240/2007; OM PRE/1490/2012) Para que los **ciudadanos** de la UE, el EEE (Noruega, Islandia y Liechtenstein) y la Confederación Suiza, sus familiares y los de los propios españoles puedan ejercer sus derechos de estancia y trabajo en España, han de cumplimentar las siguientes **formalidades**, que se requieren para el ejercicio de los derechos relacionados:

1. La **entrada** y **estancia**, término utilizado para la permanencia **inferior a 3 meses**, se efectúa con el pasaporte o con el documento de identidad en vigor, en el que conste la nacionalidad del titular. A los **familiares** de un Estado miembro que no posean la nacionalidad de un Estado miembro no se les exige el visado, ya que la posesión de la tarjeta de residencia de familiar de ciudadano de la UE, válida y en vigor, expedida por otro Estado parte en el Acuerdo sobre el EEE, exime a dichos miembros de la familia de la obligación de obtener el visado de entrada; además, al presentar dicha tarjeta no se requiere la estampación del sello de entrada o de salida en el pasaporte.

2. Por lo que se refiere a la **residencia**, es decir, permanencia **superior a 3 meses**, hay que estar a lo dispuesto sobre la obligación de los ciudadanos de los Estados miembros de la UE o de otro Estado parte en el Acuerdo sobre el EEE de **solicitar** personalmente ante la Oficina de Extranjería de la provincia donde pretendan permanecer o fijar su residencia o, en su defecto, ante la Comisaría de Policía correspondiente, su **inscripción** en el Registro Central de Extranjeros, en modelo oficial. Dicha solicitud debe presentarse en el **plazo** de 3 meses contados desde la fecha de entrada en España, siéndole expedido de forma inmediata un certificado de registro en el que consta el nombre, nacionalidad y domicilio de la persona registrada, su número de identidad de extranjero y la fecha de registro. Con esta regulación, la documentación acreditativa de la residencia de un ciudadano de la UE o del Estado parte en el Acuerdo sobre el EEE se reduce a la presentación personal del residente de la Unión de la solicitud del correspondiente certificado en la Comisaría de Policía -Brigada de Extranjería y Documentación- del lugar donde tenga fijada su residencia. Realizado este trámite, se les expide un **certificado:**

- de residente de la UE, que tiene una validez máxima de 5 años; o
- de residente permanente de la UE, si acredita documentalmente alguna de las opciones que recoge la legislación, que ya no necesita ser renovado.

Precisiones La Secretaría de Estado de Migraciones ha dictado instrucciones que establecen las reglas aplicables a los procedimientos de extranjería en materia de **personación**, de **representación y** de **uso de medios electrónicos** cuando el sujeto legitimado se encuentre en territorio español, tanto para los que se refieren a ciudadanos de Estados miembros de la UE y el EEE como a extranjeros de terceros países (Instr SEM 1/2024).

Familiares del trabajador comunitario (RD 240/2007 art.1, 2, 2.bis y 3.2.2º; TS cont-adm 1-6-10, EDJ 144449) 1662

Por lo que se refiere a los miembros de la familia de un ciudadano de un Estado miembro de la UE o de un Estado parte en el Acuerdo sobre el EEE que no ostenten la nacionalidad de uno de dichos Estados, cuando le acompañen o se reúnan con él, **pueden residir** en España por un período superior a 3 meses, estando sujetos a la obligación de solicitar y **obtener una tarjeta** de residencia de familiar de ciudadano de la Unión.

La **solicitud** de la tarjeta de residencia de familiar de ciudadano de la Unión debe presentarse en el **plazo** de 3 meses desde la fecha de entrada en España, ante la Oficina de Extranjería de la provincia donde el interesado pretenda permanecer o fijar su residencia o, en su defecto, ante la Comisaría de Policía correspondiente. Y su **expedición** ha de realizarse en el plazo de los 3 meses siguientes a la presentación de la solicitud. La **resolución** favorable tiene efectos retroactivos, entendiéndose vigente la situación de residencia desde la fecha acreditada de entrada en España siendo familiar de ciudadano de la Unión.

A estos efectos, son **miembros de la familia**:

1. **Cónyuge**: debe ser interpretado como referido a un único cónyuge, sin diferenciar matrimonios entre personas de diferente o del mismo sexo y siempre que no haya recaído acuerdo o declaración de nulidad del vínculo matrimonial o divorcio.
2. **Pareja** con la que mantenga una unión análoga a la conyugal inscrita en un registro público establecido a esos efectos en un Estado miembro de la UE o en un Estado parte en el EEE, siempre que no se haya cancelado dicha inscripción, lo que debe ser suficientemente acreditado. Las situaciones de matrimonio e inscripción como pareja registrada se consideran, en todo caso, incompatibles entre sí.
3. **Descendientes**, los de su cónyuge y los de la pareja, siempre que no haya recaído acuerdo o declaración de nulidad del vínculo matrimonial, divorcio o se haya cancelado la inscripción registral de pareja, y quienes vivan a su cargo sean menores de 21 años o mayores de dicha edad o incapaces. La carga de la prueba de vivir a expensas del ciudadano comunitario recae sobre el solicitante del visado o de la tarjeta de residencia de familiar de ciudadano de la Unión. Dicha prueba ha de tener carácter abierto, admitiéndose para acreditar esta circunstancia la utilización de cualquier prueba admitida en Derecho que presente el solicitante de que sus medios de vida, proceden, de forma exclusiva o con carácter principal y no prescindible, de su ascendiente o descendiente, que a su vez es ciudadano comunitario o cónyuge o pareja registrada de ciudadano comunitario.
4. **Ascendientes** directos y los de su cónyuge o pareja registrada que vivan a su cargo, siempre que no haya recaído el acuerdo o la declaración de nulidad del vínculo matrimonial, divorcio o se haya cancelado la inscripción registral de pareja.
5. **Familia extensa** (RD 240/2007 art.2 bis), compuesta por los miembros de su familia, cualquiera que sea su nacionalidad, no incluidos en los anteriores, que acompañen o se reúnan con él y acrediten de forma fehaciente en el momento de la solicitud que se encuentran en **alguna** de las siguientes **circunstancias**:

- que en el país de procedencia estén a su cargo o vivan con él;
- que, por motivos graves de salud o de discapacidad, sea estrictamente necesario que el ciudadano de la Unión se haga cargo del cuidado personal del miembro de la familia.

También se incluye en este supuesto la **pareja de hecho** con la que mantenga una relación estable debidamente probada; es decir, con la que acredite la existencia de un vínculo duradero. En todo caso, se entiende la existencia de este vínculo si se acredita un tiempo de convivencia marital de, al menos, un año continuado, salvo que tuvieran descendencia en común, en cuyo caso basta la acreditación de convivencia estable debidamente probada.

1664 Precisiones 1) El **divorcio**, la **anulación** del matrimonio de ciudadanos de la Unión o el **fin de la unión** registrada no afecta al derecho de residencia de los miembros de la familia del ciudadano de la Unión que tengan la **nacionalidad de un Estado miembro**. Tampoco supone la pérdida del derecho de residencia de los miembros de la familia del ciudadano de la Unión que **no** tengan la **nacionalidad de un Estado miembro** cuando:
- el matrimonio o la unión registrada haya durado al menos 3 años hasta iniciarse el procedimiento judicial de divorcio o de anulación o finalizar la unión registrada, de los cuales uno al menos lo haya sido en el Estado miembro de acogida;
- la custodia de los hijos del ciudadano de la Unión hubiese sido confiada al cónyuge o a la pareja que no tenga la nacionalidad de un Estado miembro por mutuo acuerdo entre los cónyuges o la pareja o por decisión judicial;
- así lo exijan circunstancias especialmente difíciles, como por ejemplo, haber sido víctima de violencia de género durante el matrimonio o la unión registrada;
- por mutuo acuerdo o por decisión judicial, el cónyuge o la pareja que no tenga la nacionalidad de un Estado miembro tenga derecho a visitar al menor, siempre que el órgano judicial haya dispuesto que dicha visita tenga lugar en el Estado miembro de acogida, por el período de tiempo que sea necesario.

Asimismo, pueden acceder a cualquier **actividad**, tanto por cuenta ajena como por cuenta propia, en las mismas condiciones que los españoles, salvo la **limitación** de acceso a determinados empleos de la Administración.

2) En relación con el **fallecimiento del ciudadano** de un Estado miembro de la UE o de un Estado parte en el Acuerdo sobre el EEE, dicha circunstancia no afecta al derecho de residencia de los familiares que no sean ciudadanos de uno de dichos Estados, siempre que hayan residido en España antes del fallecimiento del titular del derecho en calidad de miembros de su familia. Si bien tienen obligación de comunicar tal fallecimiento a las autoridades competentes.

3) El concepto de **familia extensa** designa a las personas que mantienen con el ciudadano de la Unión una relación de dependencia, basada en vínculos personales estrechos y estables, creados en el seno de una misma unidad familiar y en el marco de una convivencia que va más allá de una mera cohabitación temporal por conveniencia (Dir 2004/38/CE art.3.2.a) (TJUE 15-9-22).

1666 **Residencia permanente** (RD 240/2007 art.10) Son **titulares del derecho** a residir con carácter permanente: los **ciudadanos** de un Estado miembro de la UE o de un Estado parte en el Acuerdo sobre el EEE, y los miembros de su **familia** que no sean nacionales de uno de dichos Estados y que hayan residido legalmente en España durante un **período continuado de 5 años**.

A petición del interesado, la Oficina de Extranjería de la provincia donde este tenga su residencia o, en su defecto, la Comisaría de Policía correspondiente, expide, a la mayor brevedad posible y tras verificar la duración de la residencia, un certificado del derecho a residir con carácter permanente.

Asimismo, tienen derecho a la residencia permanente, **antes** de que finalice el **período de 5 años** referido con anterioridad, los trabajadores por cuenta propia o ajena en las que concurra alguna de las siguientes **circunstancias**:

1. Que, en el momento en que cese su actividad, sea trabajador por cuenta ajena o propia que haya alcanzado la edad prevista en la legislación española para acceder a la **jubilación** con derecho a pensión, o sea trabajador por cuenta ajena que lo haga con motivo de una jubilación anticipada, cuando hayan ejercido su actividad en España durante, al menos, los últimos 12 meses y hayan residido en España de forma continuada durante más de 3 años.

2. Que hayan cesado en el desempeño de su actividad como consecuencia de **incapacidad permanente**, habiendo residido en España durante más de 2 años sin interrupción. No es necesario acreditar tiempo alguno de residencia si la incapacidad resulta de accidente de trabajo o de enfermedad profesional que da derecho a una pensión de la que sea responsable, total o parcialmente, un organismo del Estado español.

3. Que, después de 3 años consecutivos de actividad y de residencia continuadas en territorio español, desempeñen su **actividad**, por cuenta propia o ajena, en **otro Estado** miembro y mantengan su **residencia en España**, regresando al territorio español diariamente o, al menos, una vez por semana. A los exclusivos efectos del derecho de residencia, los períodos de actividad ejercidos en otro Estado miembro de la UE se consideran cumplidos en España.

1668 Precisiones 1) La **limitación de actividad** relativa a determinados empleos de la **Administración** ha sido interpretada por el TJUE de forma muy restrictiva, aplicándose su exclusión cuando impliquen ejercicio de la soberanía nacional de forma habitual. En este sentido, se recoge que el Tratado FUE art.45 debe interpretarse en el sentido de que únicamente autoriza a un Estado miembro a reservar a sus nacionales los empleos de **capitán y primer oficial de los buques** mercantes que enarbolan su pabellón si las prerrogativas de poder público atribuidas a los capitanes y a los primeros oficiales se ejercen efectivamente de forma habitual y no representan una parte muy reducida de sus actividades (TJUE 30-9-03, C-405/01).

2) Entiende así el TJUE que los **empleos en la Administración** pública que pueden ser reservados a los nacionales de un Estado miembro reúnen dos **características**:
- implican una participación directa o indirecta en el ejercicio del poder público;
- suponen que las funciones realizadas tienen como fin la defensa de los intereses generales del Estado y de otras colectividades de carácter público (entre otras, TJUE 17-12-80, Comisión/Bélgica, 149/79). En consecuencia, la jurisprudencia ha descartado la aplicación de la excepción en el caso de enfermeras en hospitales públicos, jardineros, vigilantes nocturnos, profesores y enseñantes en instituciones públicas de enseñanza, arquitectos municipales, investigadores en centros públicos, lectores de lengua extranjera en una Universidad, etc.
En **España**, respecto al régimen de **acceso a la función pública** de los nacionales comunitarios, se establece que los nacionales de los Estados miembros de la UE pueden acceder, como personal funcionario, en igualdad de condiciones que los españoles a los empleos públicos, con excepción de aquellos que directa o indirectamente impliquen una participación en el ejercicio del poder público o en las funciones que tienen por objeto la salvaguardia de los intereses del Estado o de las Administraciones Públicas (EBEP art.57.1).

Brexit (Acuerdo de Comercio y Cooperación entre la UE y Reino Unido; Decisión (EU) 2020/2252; RDL 38/2020; Acuerdo de Retirada del Reino Unido de la UE art.9 a 29; Decisión (UE) 2020/135) El 1-2-2020 Reino Unido abandonó la UE. En esa fecha entró en vigor el Acuerdo de Retirada (**Brexit**), que estableció un período transitorio hasta el 31-12-2020, durante el que se mantuvo la aplicación del derecho comunitario a los ciudadanos y los trabajadores de ambas partes. Los ciudadanos de la UE y británicos que antes de tal fecha ejercieron la libre circulación, residiendo legalmente o trabajando en otro Estado miembro de la UE, obtuvieron cierto status y pasaron a considerarse «ciudadanos **Brexit**», manteniendo los derechos previos a la retirada. **1670**
Finalizado el periodo transitorio de aplicación del Acuerdo de Retirada de la UE (**Brexit**), se aprobó un nuevo **Acuerdo de Comercio y Cooperación entre la UE y el Reino Unido**, que pasó a ser un Estado tercero con un régimen específico. Este segundo Acuerdo en su **versión definitiva** se aplica desde el 1-5-2021 (Acuerdo de Comercio y Cooperación art. FINPROV.11), si bien el texto inicial se aplicó **provisionalmente** desde el 1-1-2021 hasta su ratificación definitiva por las partes (Decisión UE 2020/2252 art.12). Este Acuerdo:
1. Mantiene la exención de visado para visitas de **hasta 90 días** (estancias cortas) para los nacionales de las partes, afectados por el Acuerdo, siempre que haya reciprocidad; de otro modo, se requiere visado (Acuerdo de Comercio y Cooperación art.492). Las estancias de ciudadanos de Reino Unido en España **superiores a 90 días** por trabajo, estudios, investigación o formación se someten a las condiciones establecidas en las legislaciones comunitaria y española; y las de ciudadanos españoles en Reino Unido, a su normativa sobre inmigración.
2. Establece **compromisos adicionales** para quienes se trasladen de país dentro de una misma empresa, así como para su pareja, hijos y familiares: la resolución a la solicitud ha de notificarse al interesado a la mayor brevedad y en el plazo máximo de 90 días; se permite la entrada y estancia temporal en la UE a los familiares de desplazados por empresas británicas y, de forma recíproca, en Reino Unido a los familiares de desplazados por empresas comunitarias, quienes además podrán trabajar sin necesidad de permiso de trabajo (Acuerdo de Comercio y Cooperación art. SERVIN.4.1 y 4.2, anexo SERVIN-3, anexo SERVIN-5 art.1 y 2).
También se aprobaron **medidas de contingencia** por el Gobierno español, temporales, prorrogables y fundadas en la reciprocidad, que tratan de minimizar algunos de los efectos negativos de la retirada, entre otras en materia de relaciones profesionales y laborales -incluidos Seguridad Social y desempleo- y de asistencia sanitaria. Sin embargo, tales medidas no entrarían en vigor si estaban expresamente incluidas en el Acuerdo de Comercio y Cooperación. De manera que solo han podido aplicarse a Gibraltar, donde el Acuerdo no se aplica, o en lo que el propio Acuerdo no se ratifique (RDL 38/2020 art.1 a 3 y disp.final 6ª).
El 1-1-2021, la Directiva 96/71/CE sobre desplazamiento de trabajadores en otros países de la UE dejó de aplicarse a trabajadores de empresas del Reino Unido o de la UE que **ya** estaban **desplazados** en el territorio del otro, quienes solo pueden seguir prestando esos servicios si la legislación de cada parte así lo permite de forma recíproca. Así, los trabajadores desplazados a España por una empresa establecida en el Reino Unido antes de esa fecha pueden permanecer en España y continuar prestando sus servicios sin obtener una previa autorización para residir y trabajar, si bien ello está condicionado a que Reino Unido conceda un tratamiento similar en reciprocidad. En cambio, los trabajadores de empresas de Reino Unido **desplazados a partir del 1-1-2021** a España, deben obtener los visados o autorizaciones de residencia y trabajo que establece la normativa sobre extranjería (RDL 38/2020 art.6).

II. Régimen de los no nacionales de la Unión Europea

1675 A partir del 20-5-2025 entra en vigor un **nuevo Reglamento** de extranjería (RD 1155/2024), que deroga el anterior (RD 557/2011) y, entre otras cuestiones, simplifica los procedimientos, reduce los tiempos y clarifica las autorizaciones.

Dado el dilatado plazo hasta su entrada en vigor, recogemos a continuación **dos versiones** del régimen de los no nacionales de la UE: hasta el 19-5-2024 y a partir del 20-5-2025. Si bien hay que tener en cuenta el siguiente **régimen transitorio** establecido por el nuevo Reglamento (RD 1155/2024 disp.trans.1ª a 4ª):

- las autorizaciones **ya concedidas** que habilitan para entrar, residir y trabajar en España conservan su validez durante el tiempo para el que hayan sido expedidas;
- las solicitudes **presentadas antes** del 20-5-2025 se tramitan y resuelven conforme a la normativa vigente en la fecha de su presentación, salvo que el interesado solicite la aplicación del nuevo Reglamento y cumpla los requisitos para cada una.
- aquellos extranjeros titulares de autorizaciones de residencia temporal por **arraigo familiar o** de tarjetas de **residencia de familiar** de ciudadano de la UE que estén vigentes al 20-5-2025, conservan la residencia mientras cumplan las condiciones;

A. Régimen de los no nacionales de la UE hasta el 19-5-2025

1680 Cuando el empleador pretenda contratar un trabajador extranjero extracomunitario, ha de tener en cuenta que es requisito imprescindible que posea **autorización de residencia y trabajo**. No obstante, el trabajador extranjero puede hallarse en una de las siguientes **situaciones**:

1. Está en su país de origen (nº 1695).

2. Está en España en situación regular:

a) Con autorización de residencia y trabajo (nº 1785).

b) Sin autorización de trabajo (nº 1800).

3. Está en España en situación irregular (nº 1815).

Las **infracciones** que los **empresarios** pueden cometer en materia de emigración y movimientos migratorios se recogen en el nº 1855.

Precisiones La Dir 2024/1233/UE establece el **procedimiento** para solicitar la expedición de un **permiso único** que autorice a los nacionales de terceros países a trabajar en el territorio de un Estado miembro de la UE, así como un conjunto común de derechos para esos trabajadores. Si bien no entra **en vigor** hasta que los Estados miembros transpongan determinados artículos y como máximo el 21-5-2026, fecha en la que deroga y sustituye a la Dir 2011/98/UE, a la que refunde y clarifica.
Tanto la Dir 2011/98/UE como la Dir 2024/1233/UE que la sustituye establecen un procedimiento único de solicitud para la expedición de un permiso único que autorice a los nacionales de terceros países a residir a fin de trabajar en el territorio de un Estado miembro, para simplificar los procesos de admisión de estas personas y de facilitar el control de su estatuto, y un **conjunto común de derechos** para los trabajadores de terceros países que residen legalmente en un Estado miembro, con independencia de los fines de su admisión inicial en el territorio de dicho Estado miembro, basado en la igualdad de trato con los nacionales de dicho Estado miembro.
Tras definir su ámbito de aplicación (excluyendo de su aplicación, entre otros, a los nacionales de terceros países desplazados, a los que hayan obtenido el estatuto de residentes de larga duración o a los que hayan sido admitidos en un Estado miembro para trabajar como temporeros), establecen dicho procedimiento único de solicitud y permiso único, cuyas principales **características** son:
- los Estados miembros han de determinar si la solicitud de permiso único ha de presentarse por el nacional del tercer país, por su empleador o por cualquiera de los dos, y deben designar la autoridad competente encargada de recibir las solicitudes y expedir el permiso único, utilizando el modelo uniforme establecido al efecto (Rgto (CE) 1030/2002);
- la decisión de expedición, modificación o renovación del permiso único ha de constituir un único acto administrativo que combine permiso de residencia y permiso de trabajo, siendo el plazo máximo de resolución de 4 meses siguientes a la fecha de la solicitud, sin perjuicio de ampliación de dicho plazo por la complejidad del examen de la solicitud (90 días en la Dir 2024/1233/UE, prorrogables por otros 30 días en circunstancias excepcionales y debidamente justificadas por la complejidad de la solicitud);
- la denegación de las solicitudes debe motivarse debidamente en una notificación escrita y ha de ser recurrible, debiéndose indicar el tribunal o la autoridad administrativa ante los que el interesado puede interponer recurso, así como el plazo para interponerlo.
También se tramitan mediante este procedimiento las autorizaciones de residencia previstas en la **Ley de apoyo a los emprendedores y su internacionalización** (L 14/2013 disp.adic.4ª).

1682 **Autorización de residencia** (LO 4/2000 art.30 bis, 31 y 32; RD 557/2011 art.45 s.; L 14/2013 art.61 y 62 -redacc L 11/2023-, 63 a 66, 67 a 70 -redacc L 28/2022-, disp.adic.4ª y 5ª) Los ciudadanos extracomunitarios pueden hallarse en situación de residencia, con independencia de la situación de estancia de corta duración, entendida como la permanencia en España por un periodo ininterrumpido o suma de periodos sucesivos cuya duración total no exceda de 90 días por semestre a partir de la fecha de la primera entrada. Los residentes en España pueden ejercer **actividades laborales** cuando estén autorizados para ello.

La autorización de residencia es necesaria para permanecer en España por tiempo superior a 90 días, pudiendo ser, a su vez, **temporal o permanente**.

En relación a esta autorización **desde el 20-5-2025**, ver nº 1874.

Precisiones La Secretaría de Estado de Migraciones ha dictado instrucciones que establecen las reglas aplicables a los procedimientos de extranjería en materia de **personación**, de **representación y** de **uso de medios electrónicos**, cuando el sujeto legitimado se encuentre en territorio español, tanto para los que se refieren a ciudadanos de Estados miembros de la UE y el EEE como a extranjeros de terceros países (Instr SEM 1/2024).

Residencia temporal Es la situación que autoriza a permanecer en España por un periodo superior a 90 días e inferior a 5 años, sin perjuicio de lo establecido en materia de estancia por estudios, movilidad de alumnos, prácticas no laborales o servicios de voluntariado. Puede obedecer a diferentes **fines**: **1684**

1. Residencia **no laboral** de extranjero que desea residir en España sin realizar una actividad laboral o lucrativa y acredita disponer de medios de vida suficientes para atender sus gastos de manutención y estancia, incluidos, en su caso, los de su familia, durante el periodo de tiempo para el que la solicita. Ha de contar con una fuente de percepción periódica de ingresos, establecidos con carácter de mínimos y referidos al momento de solicitud del visado o de renovación de la autorización (RD 557/2011 art.47.1).

2. Residencia **por reagrupación familiar**. El extranjero beneficiario de la misma puede obtener una autorización para trabajar y, en este caso, una autorización de residencia independiente de la del reagrupante, para lo cual, el cónyuge o pareja reagrupado no ha de tener deudas con la Administración tributaria o de la Seguridad Social y debe reunir alguno de los siguientes **requisitos** (RD 557/2011 art.59):

- contar con medios económicos suficientes para la concesión de una autorización de residencia temporal de carácter no lucrativo;
- contar con uno o varios contratos de trabajo de un año desde el momento de la solicitud, de los que se derive una retribución no inferior al SMI mensual referido a la jornada legal de trabajo o al establecido en el convenio colectivo aplicable.
- cumplir los requisitos exigibles de cara a la concesión de una autorización de residencia temporal y trabajo por cuenta propia.

Otros supuestos en los que puede obtener esa autorización independiente: ruptura del vínculo conyugal, muerte del reagrupante o acreditación de la condición de víctima de violencia de género (RD 557/2011 art.59).

La autorización de residencia por reagrupación familiar renovada **se extiende hasta** la misma fecha que la autorización de que sea titular el reagrupante en el momento de la renovación, y **habilita para** trabajar por cuenta ajena y por cuenta propia (RD 557/2011 art.61.11).

3. Residencia **laboral** del extranjero que se propone realizar una actividad económica por cuenta propia o ajena y ha obtenido la autorización para trabajar por cuenta propia y/o ajena. A su vez, puede ser:

a) **Ordinaria**: autorización de residencia temporal y trabajo por cuenta ajena.

b) **Especial**: autorización de residencia temporal y trabajo de profesionales altamente cualificados, y altamente cualificados titulares de una Tarjeta azul-UE; autorización de trabajo en el marco de prestaciones transnacionales de servicios; o para trabajadores transfronterizos; o para trabajadores en trasladados interempresariales; o para teletrabajadores internacionales; o para extranjeros que han retornado voluntariamente a su país, una vez finalizada la vigencia de su compromiso de no regreso a España.

4. Por **circunstancias excepcionales**: arraigo, protección internacional, razones humanitarias, colaboración con autoridades, seguridad nacional o interés público y contra redes organizadas, mujeres víctimas de violencia de género o de trata de seres humanos (nº 1825 s. y nº 1840 s.).

En relación a esta autorización **desde el 20-5-2025**, ver nº 1876.

Residencia de larga duración y residencia de larga duración-UE (RD 557/2011 art.147 s.) Es la situación que autoriza a residir en España indefinidamente y conlleva la **autorización para trabajar** por cuenta propia y ajena. Hay dos tipos: **1686**

1. Residencia de **larga duración**. Tienen derecho a dicha residencia aquellos extranjeros que se encuentren en alguna de las siguientes situaciones:

a) Haber tenido **residencia temporal** legal durante 5 años de forma continuada.

b) Acreditar haber residido durante 5 años de forma continuada en la UE como **titulares de una Tarjeta azul-UE**, siempre que los 2 años inmediatamente anteriores a la solicitud lo hayan hecho en territorio español.

c) Acreditar estar en cualquiera de las siguientes **circunstancias**:
- ser beneficiario de una pensión de jubilación contributiva de Seguridad Social;
- ser beneficiario de una pensión de incapacidad permanente absoluta o de gran invalidez contributiva de Seguridad Social, o de prestaciones análogas obtenidas en España y consistentes en una renta vitalicia, no capitalizable, suficiente para su sostenimiento;
- haber nacido en España y, al llegar la mayoría de edad, acreditar haber residido de forma legal y continuada durante al menos los 3 años consecutivos inmediatamente anteriores;
- ser español de origen que perdió la nacionalidad española;
- ser residente que, al llegar a la mayoría de edad, haya estado bajo la tutela de una entidad pública española durante los 5 años inmediatamente anteriores de forma consecutiva;
- ser apátrida, refugiado o beneficiario de protección subsidiaria que se encuentre en territorio español y a quien se le haya reconocido el respectivo estatuto en España; y
- haber contribuido de forma notoria al progreso, científico o cultural de España, o a su proyección en el exterior. En estos supuestos, corresponde al titular del MISSM la concesión de la autorización de residencia de larga duración, previo informe del titular del Ministerio del Interior.

2. Residencia de **larga duración-UE**. Tienen derecho a dicha residencia en España (que permite que sean considerados residentes de larga duración en toda la UE, previa solicitud y cumplimiento de los requisitos en cada Estado miembro), aquellos extranjeros que cumplan los siguientes requisitos:
a) Haber residido legalmente y de forma continuada en el territorio español durante 5 años. Se incluye a quienes acrediten haber residido de forma continuada en la UE como titulares de una Tarjeta azul-UE, siempre que los 2 años inmediatamente anteriores lo hayan hecho en territorio español.
A estos efectos, se computan en el 50% los periodos de permanencia en situación de estancia por estudios, movilidad de alumnos o prácticas no laborales, o desde la fecha de presentación de una solicitud de protección internacional en España.
b) Tener recursos fijos y regulares suficientes para su manutención y, en su caso, la de su familia, en los mismos términos y cuantías que los previstos para la reagrupación familiar.
c) Tener un seguro público o privado de enfermedad concertado con una entidad aseguradora autorizada para operar en España.
En todos los casos, la **tarjeta** ha de ser renovada cada 5 años.
En relación a esta autorización **desde el 20-5-2025**, ver nº 1878.

1. Trabajador extranjero en su país de origen

1695 El extranjero que pretenda trabajar en España ha de estar en posesión del **visado** que le autoriza la entrada en territorio español y **autorización de residencia y trabajo** que le permite desarrollar una actividad laboral.
Para acceder al mercado laboral español desde su país de origen, puede utilizar los mecanismos del **control de flujos**, que se instrumentaliza mediante el régimen general de autorización o a través del procedimiento denominado gestión colectiva de contrataciones en origen que el MISSM puede aprobar, teniendo en cuenta la situación nacional de empleo.
Por un lado, se analizan los **trámites** que el propio extranjero ha de seguir para acceder al territorio español; por otro, los sistemas de **acceso** al mercado de trabajo y el procedimiento de obtención de la autorización de residencia y trabajo.
En relación a esta autorización **desde el 20-5-2025**, ver nº 1885.

a. Entrada en el territorio español

(LO 4/2000 art.25 y 66.3.a; RD 557/2011 art.4 a 18)

1700 El acceso de los extranjeros desde sus países de origen, independientemente de la actividad que vaya a desempeñar en el país de acogida, supone una compleja actividad por parte de la Administración, que se lleva a cabo en tres **momentos**:
1. En el **país de origen**: el extranjero debe solicitar el visado si así se exige para estancias de corta duración (inferior a 90 días) -la exención de visado en estancias de hasta 3 meses en un período de 6 está regulada en el RD 557/2011 art.7.2 y 3-, y siempre cuando se trata de estancias de larga duración.
El **visado** puede ser definido como el documento que dicta el país de acogida, a través de su representación diplomática en el país de origen, que contiene el acto administrativo que permite el acceso y, en su caso, la realización de una actividad determinada; por ejemplo, entrar y viajar; entrar y residir, entrar y trabajar, etc.

También en el país de origen, las **compañías de transporte** deben realizar la debida comprobación de la validez y vigencia, tanto de los pasaportes, títulos de viaje o documentos de identidad pertinentes como, en su caso, del correspondiente visado de los que deban de ser titulares los extranjeros. Además, deben remitir, en el momento de la finalización del embarque y antes de la salida del medio de transporte, a las autoridades españolas encargadas del control de entrada, la **información** relativa a los pasajeros que vayan a ser trasladados, con independencia de que el transporte sea en tránsito o como destino final el territorio español.
2. En la **frontera**: se efectúa otro control, pues, al acceder por los puestos de control fronterizo, el extranjero ha de hallarse provisto de la **documentación** que acredite los siguientes extremos: su identidad (pasaporte o documento de viaje), el visado -en su caso-, el objeto y condiciones de su estancia y los medios económicos de los que dispone para ello; no debiendo estar sujeto a prohibiciones expresas. Si no se cumple estos requisitos, se deniega su entrada, procediéndose al obligado retorno a su país de origen.
No obstante, no se deniega la entrada, a pesar de no cumplir las exigencias, a los solicitantes del derecho de **asilo** o cuando existan **razones excepcionales** de índole humanitaria, interés público o cumplimiento de compromisos adquiridos por España. En estos casos, se hace entrega al extranjero de la resolución acreditativa de la autorización de entrada por cualquiera de estas causas.
3. En el **país de destino**: superado el control en el país de origen y en los puestos de control fronterizo, se permite la entrada al país de destino, donde se encuentran en una de las situaciones de regularidad: estancia como estudiante, residente, trabajador, etc.
Si la permanencia es superior a 6 meses, en el plazo de un mes desde el alta, el extranjero debe solicitar la tarjeta de identificación de extranjero (**TIE**) (RD 557/2011 art.39.10). Quienes permanezcan sin la correspondiente autorización (irregulares) son susceptibles de ser sancionados con una multa que puede ser sustituida por la expulsión a su país de origen.
En relación a esta autorización **desde el 20-5-2025**, ver nº 1890.

b. Sistemas de acceso al mercado laboral

El **control de flujos** se instrumentaliza a través de dos sistemas: **1705**
- el procedimiento general (nº 1707 s.); y
- la gestión colectiva de contratación de extranjeros en origen (nº 1711 s.).

Los dos sistemas, aunque tienen como **denominador común** atender a la situación nacional de empleo (nº 1734), tienen sus propias **particularidades**; por ejemplo, la conexión entre la oferta y la demanda en el régimen general es de forma individualizada, mientras que en la contratación colectiva -salvo excepciones- se produce a través del reclutamiento.

Procedimiento general (LO 4/2000 art.36 a 38; RD 557/2011 art.63 a 65) A través del denominado **1707**
procedimiento general se pueden obtener diversas autorizaciones de residencia y trabajo. Es un régimen **individualizado** en el que el empleador solicita una autorización para un inmigrante determinado.
La autorización prospera siempre y cuando se verifique que la situación nacional de empleo y permite la contratación de trabajadores extranjeros, lo cual sucede solo cuando no existen en el **mercado de trabajo** demandantes de empleo **nacionales** adecuados y disponibles para cubrir las necesidades de los empleadores. Esta determinación se lleva a cabo a través de dos **mecanismos**:
1. Los **Catálogos de Ocupaciones de Difícil Cobertura** (CODC). El catálogo se elabora trimestralmente por el SEPE, previo informe de la Comisión Laboral Tripartita de Inmigración, y está basado en la información disponible sobre la gestión de las ofertas presentadas por los empleadores en los servicios públicos de empleo. También se tienen en consideración las estadísticas elaboradas por las Administraciones Públicas, especialmente la relativa a personas inscritas como demandantes de empleo en los servicios públicos de empleo. Se incorporan automáticamente las ocupaciones pertenecientes a los sectores económicos que se determinen por Acuerdo de la Comisión Delegada del Gobierno para Asuntos Económicos, a propuesta del MIMSS.
2. Las **Certificaciones Negativas del Servicio Público de Empleo**. Puede suceder que un empleador, a pesar de que el puesto de trabajo que oferta no se encuentra en el CODC, tenga problemas para poder cubrirlo. En este caso, se considera que la **Situación Nacional de Empleo** permite la contratación en las ocupaciones no calificadas como de difícil cobertura cuando el empleador acredite ante la oficina de extranjería la **dificultad de contratación** del puesto que pretende cubrirse con el mercado laboral interno. La Oficina de Extranjería tiene en consideración el informe presentado por los servicios públicos de empleo, así como la urgencia de la contratación acreditada por la empresa. Para ello, el empresario debe

presentar una oferta de empleo en el portal Empléate de los servicios públicos de empleo, que debe estar formulada de manera precisa y ajustada a los requerimientos del puesto de trabajo y, por tanto, no ha de contener requisitos que no tengan relación directa con su desempeño. El servicio público de empleo procede a la **gestión** de la forma que considere más adecuada, con el fin de promover el contacto del empleador con los demandantes de empleo que se adecúen a los requerimientos de la misma. Transcurridos 8 días desde la presentación de la oferta por el empleador, este debe comunicar al servicio público de empleo el resultado de la selección de candidatos que se han presentado para cubrir los puestos de trabajo vacantes, indicando los admitidos y los rechazados y las causas del rechazo. El servicio público de empleo emite, si procede, la **certificación de insuficiencia de demandantes** en un plazo máximo de 3 días contados a partir de la comunicación por parte del empleador del resultado de la selección.
En relación a este procedimiento **desde el 20-5-2025**, ver nº 1897.

Precisiones El **catálogo de ocupaciones de difícil cobertura** se elabora por el SEPE cada 3 meses, previa consulta de la Comisión Laboral Tripartita de Inmigración, para cada provincia, así como para Ceuta y Melilla, excepto en la provincias insulares, donde el catálogo puede establecerse para cada isla o agrupación de ellas, de acuerdo con la información suministrada por los servicios públicos de empleo autonómicos. Este catalogo permite que los empleadores insten la tramitación de las autorizaciones para residir y trabajar dirigidas a trabajadores extranjeros cuando las **vacantes** de puestos de trabajo que necesiten cubrir lo sean de ocupaciones incluidas en él.

1709 **Actividades de temporada** (L 4/2000 art.42) Cuando se pretende que el extranjero realice las actividades de temporada o montaje, prestaciones de carácter temporal realizadas por personal de alta dirección, deportistas profesionales, artistas, o actividades de formación y realización de prácticas profesionales, el empleador deben solicitar, con una antelación de 3 meses al inicio de la actividad, las correspondientes **autorización de duración determinada**.
La **duración** de la autorización se hace coincidir: en el caso de actividades de campaña o temporada, con la duración del contrato o contratos de trabajo, con el límite máximo de 9 meses dentro de un periodo de 12 meses consecutivos; en los restantes supuestos, con la duración del contrato de trabajo o, en caso de que en este, por su naturaleza, no se establezca una vigencia, con la duración prevista de la actividad, debidamente acreditada. En cualquier caso, la duración de la autorización tiene el **límite máximo** de 12 meses, a partir del cual no es susceptible de prórroga, sin perjuicio de la posibilidad excepcional de esta cuando el empleador acredite circunstancias sobrevenidas que determinen la necesidad de continuidad de la relación laboral y siempre que la prórroga no sea contraria a la normativa laboral que resulte de aplicación.
La **oferta** puede ser nominativa o, si se precisan más de 10 trabajadores para una misma actividad, la solicitud puede formularse a través del procedimiento establecido en la Orden de gestión colectiva de contrataciones en origen (nº 1711). En este caso, se está a lo dispuesto respecto a la **situación nacional de empleo** (nº 1734), sin perjuicio de que dichas ofertas sean puestas a disposición del Servicio Público de Empleo Estatal (SEPE) y de los servicios públicos de empleo de las CCAA para que puedan ser publicadas durante 25 días, a los efectos de que los trabajadores que residan en cualquier parte del territorio nacional puedan satisfacerlas, previamente a que sean tramitadas para su cobertura por trabajadores que se hallen en el extranjero.
La certificación por parte del servicio público de empleo competente deja abierta la posibilidad de contratación de trabajadores inmigrantes.
En relación a estas actividades **desde el 20-5-2025**, ver nº 1935.

Precisiones La regulación de la **residencia temporal y trabajo por cuenta ajena de duración determinada** incluida en el Reglamento de extranjería fue derogada a partir del 27-7-2023 (RD 629/2022 art.único.8; RD 557/2011 art.97 a 102 derog RD 629/2022 art.único.8).

1711 **Gestión colectiva de contrataciones en origen** (LO 4/2000 art.39; RD 557/2011 art.167 a 177; RD 629/2022 disp.final única; OM ISM/1417/2023) La gestión colectiva de contrataciones en origen es un **procedimiento** que permite la contratación de trabajadores extranjeros de régimen no comunitario que **no** se encuentran ni residen en **territorio español**. El MISSM, teniendo en cuenta la situación nacional de empleo (nº 1734), previa consulta de las organizaciones sindicales y empresariales más representativas, puede aprobar **anualmente** una previsión de ocupaciones y, en su caso, la cifra de puestos de trabajo que se podrán cubrir a través de la gestión colectiva de las contrataciones en origen.

La Orden por la que se aprueba la gestión colectiva de contrataciones en origen ha de establecer el **procedimiento** para la contratación de los trabajadores extranjeros. No obstante lo anterior, han de cumplirse los siguientes **requisitos**: **1711** (sigue)

1. Los establecidos para la concesión de una autorización inicial de residencia temporal y trabajo por cuenta ajena (RD 557/2011 art.64) y para concertar un contrato fijo discontinuo, en su caso (ET art.16).

2. Los **contratos** de trabajo deben ir **firmados** por extranjeros que no se hallen ni sean residentes en territorio español.

3. El contrato de trabajo ha de reunir, al menos, los **elementos esenciales** (ET art.8.5; RD 1659/1998 art.2.2), así como la previsión del salario neto que va a percibir el trabajador.

4. El trabajador ha de retornar a su país de origen, conforme a lo previsto en el contrato fijo-discontinuo y en la vigencia de su visado, y notificar dicho retorno (OM ISM/1417/2023 art.6).

5. El empleador ha de poner a disposición del trabajador un alojamiento adecuado, conforme a las condiciones legales previstas y garantizando la dignidad e higiene adecuadas del mismo.

6. Igualmente, el empleador ha de organizar los viajes de llegada a España y de regreso al país de origen del trabajador, pagar al menos el primer viaje y los gastos de traslado de ida y vuelta entre el puesto de entrada a España y el lugar del alojamiento, y garantizar su regreso a su país de origen.

Los empresarios que pretendan contratar a través de este procedimiento han de **presentar las solicitudes** personalmente, o a través de quien válidamente tenga atribuida la representación legal empresarial, pudiendo ser organizaciones empresariales.

Los **procesos de selección** de los trabajadores se deben hacer en los países de origen, según los procedimientos previstos en los acuerdos de regulación de flujos migratorios, en los que pueden participar, si así lo solicitan, los empleadores, directa o indirectamente, así como representantes de la Dirección General de Migraciones. Asimismo, pueden participar representantes de organizaciones sindicales más representativas y empresariales españolas y/o del país en que se desarrolle el proceso de selección.

La Orden que aprueba la gestión colectiva puede prever las siguientes **figuras**:

1. Migración **estable**: es la contratación de trabajadores en origen colectiva mediante la gestión simultánea de sus autorizaciones de residencia y trabajo por cuenta ajena para cubrir puestos estables que **no** deban ser objeto de contratos **fijos-discontinuos**. Estas autorizaciones tienen una duración de un año. Su tramitación se realizará de forma colectiva, y se basará en la gestión simultánea de una **pluralidad** de autorizaciones.

2. Migración **circular**: es la concesión de autorizaciones de 4 años de duración que habilitan para trabajar por un periodo máximo de 9 meses en un año en un único sector laboral, mediante un contrato **fijo-discontinuo**, para cubrir puestos **estacionales, de temporada o de prestación intermitente** con periodos de ejecución ciertos. Su **vigencia** se supedita a que el trabajador cumpla el compromiso de retorno a su país de origen al finalizar la actividad, y al mantenimiento de las condiciones que justificaron la concesión de la autorización; en otro caso, se extinguen. Las autorizaciones se conceden para un único empleador, sin perjuicio de las posibilidades de cambio de empleador y concatenaciones. Al finalizar, pueden **prorrogarse** por iguales periodos. Además, si los trabajadores han cumplido con el compromiso de retorno durante la vigencia de la autorización de trabajo, en el periodo de 6 meses desde la finalización de esta autorización, pueden solicitar una autorización de residencia y trabajo con una duración de 2 años, prorrogables por otros 2, que autoriza trabajar por cuenta ajena y por cuenta propia.

Estas ofertas pueden ser:

a) **Ordinarias** (una única oferta por parte de un empresario o un número reducido de empresarios para un número reducido de trabajadores, bajo la misma solicitud).

b) **Unificadas** (presentación unificada a través de una organización empresarial representante, para la gestión conjunta de las ofertas presentadas por distintos empleadores).

c) **Concatenadas** (solicitud enlazada de periodos de trabajo o actividades, para aprovechar al máximo la estancia de determinados trabajadores a los que, en una única solicitud, se les permite desplazarse sucesiva e ininterrumpidamente a diferentes actividades en la misma o distinta provincia en un mismo proyecto o cadena de concatenación).

3. Búsqueda de **visados de empleo**

Las ofertas de empleo tanto de carácter estable como circular pueden formularse de forma **genérica** (en general, cuando se solicite la concesión de una autorización inicial, nº 1713) o **nominativa** (relativas a varios trabajadores extranjeros concretos, nº 1715), si bien deben contener un **número mínimo** de 5 puestos de trabajo, pudiendo presentarse ofertas que sumen ese número acumulando las ofertas de varios empleadores, y los puestos incluidos dentro de una misma oferta de empleo deben reunir **características homogéneas**. Y han de describir con precisión las **condiciones laborales**.

Respecto a la Gestión colectiva de contrataciones en origen **desde el 20-5-2025**, ver nº 1903.

1713 **Oferta genérica de empleo** (OM ISM/1417/2023 art.12 a 15) En este sistema de acceso, el empleador no tiene que poner de manifiesto sus dificultades para cubrir determinados puestos de trabajo. La **Administración** articula, precisamente, este sistema porque ya ha constatado la inviabilidad de que **determinados puestos de trabajo** se provean con la mano de obra autóctona. El empleador, cuya carencia se encuentra en dicha previsión, puede solicitar sin más que la Administración proceda al **reclutamiento y selección** de inmigrantes en sus **países de origen**, pues -como regla general- el empleador no solicita la autorización para que un extranjero determinado se incorpore a su plantilla sino que acude, para que sus ofertas de trabajo -genéricas- sean provistas por los inmigrantes, a la selección que a tal efecto ha elaborado la Administración.

Las **solicitudes** de gestión de ofertas genéricas de empleo, tanto en la modalidad de migración circular como de migración estable, se dirigen a las áreas o dependencias de trabajo e inmigración de las delegaciones o subdelegaciones del Gobierno o ante las oficinas de extranjería que tengan delegada la competencia de la provincia donde vaya a realizarse la actividad laboral, que es el órgano competente para tramitar el procedimiento, en el **plazo** mínimo de 3 meses y máximo de 6 meses previo al inicio de la actividad laboral prevista en ellas, acompañada de la preceptiva documentación. Informadas favorablemente dichas solicitudes por el órgano competente, se trasladan a la Dirección General de Migraciones en el plazo máximo de 5 días hábiles siguientes a la presentación completa de la documentación.

La Dirección General de Migraciones **valora el expediente** y, a través de la Dirección General de Españoles en el Exterior, que informa a la misión diplomática u oficina consular, **remite las ofertas** al órgano encargado de la preselección en el país que corresponda.

Las ofertas se orientan **preferentemente** a los **países** con los que España tiene suscritos acuerdos sobre regulación y ordenación de flujos migratorios: Colombia, Ecuador, Marruecos, Mauritania, Ucrania, Honduras, República Dominicana y Guatemala; o, subsidiariamente, instrumentos de colaboración en esta materia: Gambia, Guinea, Guinea Bissau, Cabo Verde, Senegal, Mali, Níger, México, el Salvador, Filipinas, Paraguay y Argentina; o con los que los suscriba en el periodo de vigencia de la Orden.

La selección se lleva a cabo por la **comisión de selección**, formada por los representantes de la Dirección General de Migraciones y/o la Consejería Laboral de la misión diplomática, los órganos competentes en el país de origen y, a elección del empleador, sus representantes directamente u organizaciones empresariales. Puede realizarse de manera no presencial, mediante el análisis de los currículos (en formato CV Europass), entrevistas telefónicas o video conferencia. Han de garantizarse la gratuidad y los principios de igualdad de oportunidades, no discriminación y transparencia.

Respecto a la oferta genérica de empleo **desde el 20-5-2025**, ver nº 1905.

1715 **Oferta nominativa** (OM ISM/1417/2023 art.18 a 21) En las ofertas nominativas, el **trabajador**, aunque está en el país de origen, se encuentra **identificado por el empleador**, de modo que no hay proceso previo de selección por parte de la Administración.

Los **supuestos** son muy residuales. Así, se reserva esta posibilidad para las siguientes circunstancias:

- cuando la selección se realice en el exterior por empresa que pertenezca al mismo grupo o sea de la misma titularidad que la empresa contratante y que no tenga como actividad única o principal o accesoria la selección de trabajadores;
- cuando los trabajadores hayan sido titulares de una autorización previa de residencia y trabajo en España para actividades de temporada y hayan retornado a su país de origen; y
- cuando así lo determine la Dirección General de Migraciones.

Las solicitudes se formulan en **modelo** establecido, al que se acompaña la preceptiva documentación, con una **antelación** mínima de 3 meses y máxima de 6 meses al inicio de la actividad laboral, si bien no se tramitan hasta que se comprueba el abono de las **tasas** correspondientes.

Respecto a la oferta nominativa **desde el 20-5-2025**, ver nº 1907.

c. Obtención de las autorizaciones para residir y trabajar

(LO 4/2000 art.36; RD 557/2011 art.63)

1720 Para ejercer cualquier actividad lucrativa, laboral o profesional, los extranjeros **mayores de 16 años** precisan de la correspondiente autorización administrativa previa para trabajar. Dicha autorización les habilita para residir durante el tiempo de vigencia.

Los diferentes **tipos de autorización** responden al propósito de adecuar la habilitación administrativa para trabajar con las propias peculiaridades de la **actividad laboral** que se va a llevar a cabo.

Cuando se **solicita** una autorización de residencia y trabajo, debe intervenir el Ministerio del Interior -preservando el orden público- y el MISSM -protegiendo el orden económico-, sin olvidar la participación del Ministerio de Asuntos Exteriores, a través de los correspondientes consulados, en su función -también preventiva- de control de flujos desde el correspondiente país de origen.
Las solicitudes de ofertas, tanto genéricas como nominativas, de empleo se han de presentar ante la **oficina de extranjería** de la provincia donde vaya a realizarse la actividad laboral, que es el órgano competente para la tramitación del procedimiento. En el caso de solicitudes de gestión de ofertas de empleo temporal para atender campañas concatenadas con desarrollo en distintas provincias, la oficina de extranjería competente es la de la provincia donde vaya a iniciarse la actividad.
En relación a la obtención de las autorizaciones para residir y trabajar **desde el 20-5-2025**, ver nº 1915.

Precisiones Los **modelos oficiales** para la solicitud de autorización de residencia y trabajo tienen carácter gratuito, estando prohibida su venta, y pueden ser reproducidos por cualquier medio de impresión. Asimismo están disponibles, además de en las Unidades encargadas de su gestión, en las páginas de información de los Ministerios del Interior y del MIMSS. En el caso de que a la comunidad autónoma donde se va a desarrollar la actividad laboral se le hubieran traspasado competencias en materia de autorización inicial de trabajo por cuenta ajena para extranjeros, la solicitud de autorización inicial de residencia temporal y trabajo por cuenta ajena se presenta ante el órgano autonómico que sea competente de acuerdo con la normativa autonómica (en Cataluña, esta competencia se ha atribuido a la Generalitat (LO 6/2006 art.138; RD 1463/2009). **1722**

Autorización inicial de residencia temporal y trabajo por cuenta ajena (LO 4/2000 art.36; RD 557/2011 art.63 a 67) La autorización de residencia temporal y trabajo por cuenta ajena puede ser considerada la autorización tipo, entendiendo por tal aquella que se concede cuando no concurre ninguna circunstancia especial o particular que conlleve la necesidad de obtener una autorización específica. **1724**
El **empresario** que pretenda contratar un trabajador extranjero no residente en España ha de **solicitar** la correspondiente autorización de residencia y trabajo. Junto con la solicitud, debe **acompañar** el NIF y documento de inscripción de la empresa en la Seguridad Social, o documento acreditativo de hallarse exento; y en el caso de que la persona esté constituida como persona jurídica, documento público que otorgue su representación legal a favor de la persona física que formule la solicitud. Además, debe **poseer** medios económicos, materiales y personales para su proyecto empresarial y para hacer frente a los deberes dimanantes del contrato.
Si el empleador **no** estuviera **al corriente de sus obligaciones**, tributarias o de seguridad social -aspecto que se constata de oficio una vez recibida la solicitud-, la autoridad recaba los informes oportunos, efectuando a continuación un requerimiento con la advertencia expresa de que, de no aportar los documentos o acreditar el cumplimiento de las citadas obligaciones en el plazo de 10 días, se le tiene por desistido de la petición y se produce el archivo del expediente.
En relación a la autorización inicial de residencia temporal y trabajo por cuenta ajena **desde el 20-5-2025**, ver nº 1919.

No procede la **concesión** de una autorización cuando (RD 557/2011 art.69): **1726**
1. El **empleador** solicitante ha sido **sancionado** mediante resolución firme en los últimos 12 meses:
- por infracciones calificadas como muy graves en la Ley de Extranjería (LO 4/2000), como, por ejemplo, la contratación de trabajadores extranjeros sin haber obtenido con carácter previo la correspondiente autorización de trabajo;
- por infracciones en materia de extranjería calificadas como graves o muy graves en la LISOS, tales como no respetar las normas sobre el empleo o la contratación de extranjeros;
2. El **empresario** solicitante ha sido **condenado** mediante sentencia firme por delitos contra los derechos de los trabajadores o contra los ciudadanos extranjeros, salvo que los antecedentes penales hubieran sido cancelados.
3. No se puede acreditar el cumplimiento de todos los **requisitos** exigidos: tanto al **extranjero** que se pretende contratar los relacionados con la actividad laboral a desarrollar -expresamente se prevé la denegación si se han presentado documentos falsos o formulado alegaciones inexactas, o medie mala fe para presentar la solicitud- como los exigidos al **empresario** -no prospera la autorización cuando en los 12 meses inmediatamente anteriores a la fecha de solicitud el empleador haya **amortizado** los puestos de trabajo que pretende cubrir por despido improcedente o nulo, declarado por sentencia o reconocido como tal en

acto de conciliación, o por las causas previstas en el ET art.50, 51 -redacc L 3/2023- y 52.c, excepto en los supuestos de fuerza mayor-.
4. En la fecha de solicitud, el empleador mantiene vigentes medidas de **suspensión de contratos** (de acuerdo con lo previsto en el ET art.47) en relación con los puestos de trabajo que pretende cubrir.

1728 La autorización inicial de residencia temporal y trabajo tiene una **duración** de un año y queda limitada al desarrollo de una actividad perteneciente a un determinado un sector o **actividad y ámbito geográfico** concretos. La limitación cesa una vez que se ha renovado.
La **renovación** es por 2 años -salvo que corresponda una autorización de residencia permanente-, permitiendo el desarrollo de cualquier actividad en todo el territorio nacional; de modo que se puede decir que con la renovación se adquiere el derecho a elegir profesión y oficio (nº 1787).
Para la concesión de esta autorización de residencia temporal y trabajo por cuenta ajena, se exigen, además, los siguientes **requisitos** (RD 557/2011 art.64.3):
1. La situación nacional de empleo permite la contratación del trabajador extranjero. La determinación de dicha situación es a través de los catálogos de ocupación de difícil cobertura y, en defecto de estos, por las certificaciones negativas del servicio público de empleo.
2. Se garantiza al trabajador una actividad continuada durante el periodo de vigencia de la autorización para residir y trabajar.
3. Las empresas solicitantes han formalizado su inscripción en el correspondiente régimen del sistema de la Seguridad Social y se encuentran al corriente de sus obligaciones tributarias y frente a la Seguridad Social, y cuentan con medios económicos, materiales o personales, suficientes para su proyecto empresarial y para hacer frente a las obligaciones asumidas en el contrato frente al trabajador.
4. Las condiciones fijadas en la oferta de trabajo se ajustan a las establecidas por la normativa vigente para la misma actividad, categoría profesional y localidad. Para ello, hay que consignar tanto la fecha de comienzo del contrato (que está condicionada al momento de eficacia de la autorización de residencia temporal y trabajo por cuenta ajena) como garantizar que la retribución es igual o superior al salario mínimo interprofesional para jornada completa y en cómputo anual.
5. Se posee la titulación, en su caso, debidamente homologada o se acredita la capacitación exigida para el ejercicio de la profesión.

1730 En los supuestos de **fallecimiento del empleador o de desaparición del empleador** que tenga la condición de empresa, el extranjero puede ser dado de alta por otro empleador, siempre que esta se produzca dentro de los 3 meses desde su entrada legal en España. A dichos efectos, el alta en el régimen correspondiente de la Seguridad Social debe realizarse en el ámbito territorial y la ocupación a los que esté limitada, en su caso, la autorización. A tal fin, el trabajador extranjero ha de **comunicar** a la **oficina de extranjería** competente el fallecimiento o desaparición del empleador, a los efectos de que el citado órgano administrativo compruebe dicha circunstancia y emita un documento para constancia de la misma y de la titularidad de la autorización por el trabajador y el ámbito de limitación de esta. Dicho documento es entregado, en el plazo máximo de 5 días, al trabajador extranjero a los efectos de que éste pueda dirigirse al servicio público de empleo competente y solicitar sus servicios de intermediación laboral.
Lo mismo ocurre si el empleador que ha solicitado la autorización inicial comunica a la oficina de extranjería, en el plazo de 15 días desde la entrada legal en España del extranjero, la **no posibilidad de inicio de la relación laboral**, en cuyo caso se abre un plazo de 45 días para que un segundo empleador interesado en iniciar una relación laboral con el trabajador se dirija a la oficina de extranjería.

1732 **Residencia temporal y trabajo por cuenta propia** (LO 4/2000 art.37; RD 557/2011 art.103 a 106; TS cont-adm 12-3-13, EDJ 27179) Se halla en situación de residencia temporal y trabajo por cuenta propia el extranjero mayor de 18 años autorizado a permanecer en España por un período superior a 90 días e inferior a 5 años y a ejercer una actividad lucrativa por cuenta propia.
Para ello, el trabajador extranjero no residente que pretenda trabajar por cuenta propia en España debe presentar, personalmente y en modelo oficial, la **solicitud de autorización** de residencia temporal y trabajo por cuenta propia ante la oficina consular española correspondiente a su lugar de residencia. La autorización inicial de residencia temporal y trabajo por cuenta propia tiene una **duración** de un año, limitándose a un **ámbito geográfico** autonómico y a un **sector de actividad**, y para su concesión es necesario acreditar, en cada caso, los requisitos establecidos relativos al ámbito de la residencia y laboral.
En relación a la residencia temporal y trabajo por cuenta propia **desde el 20-5-2025**, ver nº 1929.

Situación Nacional del Empleo (LO 4/2000 art.38.1 y 2; RD 557/2011 art.65) Para la concesión de una autorización de trabajo **por cuenta ajena**, ha de tenerse en cuenta la situación nacional del empleo, que refleja las disfunciones entre la oferta y la demanda en el mercado de trabajo interno. La encargada de **controlar la suficiencia de mano de obra** para conceder la autorización de trabajo es la Administración Pública. 1734

El servicio público de empleo correspondiente es el encargado de pronunciarse acerca de la existencia o inexistencia de personas que puedan ocupar el puesto de trabajo que se oferta. A partir de esos datos, la Administración valora la situación y decide acerca de la concesión o la denegación de la autorización de trabajo.

Al analizar si la situación nacional del empleo que hace aconsejable la contratación de un extranjero, pueden producirse **dos situaciones**:

1. Que el puesto de trabajo que se pretenda ocupar esté incluido en el catálogo de ocupaciones de difícil cobertura que el SEPE elabora cada 3 meses para cada provincia o demarcación territorial que establezca la correspondiente Administración autonómica, así como para Ceuta y Melilla, de acuerdo con la información suministrada por los servicios públicos de empleo autonómicos y previa consulta de la Comisión Laboral Tripartita de Inmigración.

2. Que el puesto de trabajo no esté incluido en dicho catálogo: el empleador debe acreditar la dificultad a la hora de contratar a alguien para ocupar el puesto de trabajo.

En la certificación que emitan los servicios públicos de empleo debe constar expresamente la insuficiencia de demandantes de empleo adecuados y disponibles para aceptar la oferta como consecuencia de la gestión de la misma.

En relación a la situación nacional de empleo **desde el 20-5-2025**, ver nº 1899.

No obstante, hay supuestos en los que la situación nacional de empleo no se tiene en cuenta. Tales **excepciones** se detallan a continuación (LO 4/2000 art.40): 1736

1. **Por el tipo de autorización**:

a) Renovación de una autorización previa de trabajo.

b) Autorizaciones de trabajo estudiantes.

c) Autorizaciones de residencia por circunstancias excepcionales en los supuestos que se determinen reglamentariamente y, en todo caso, cuando se trate de víctimas de violencia de género o de trata de seres humanos.

2. **Por el empleo a desarrollar**:

a) Trabajadores necesarios para el montaje por renovación de instalaciones o equipos productivos.

b) Puestos de confianza.

c) Los profesionales altamente cualificados, incluyendo técnicos y científicos contratados por entidades públicas, universidades o centros de investigación, desarrollo e innovación dependientes de empresas, sin perjuicio de la aplicación del régimen específico de autorización.

d) Los trabajadores en plantilla de una empresa o grupo de empresas en otro país que pretendan desarrollar su actividad laboral para la misma empresa o grupo en España.

e) Artistas de reconocido prestigio.

3. **Por los sujetos que pretenden acceder al empleo**:

a) Familiares reagruapados en edad laboral, cónyuge o hijo de extranjero residente en España con autorización renovado.

b) Hijo de español nacionalizado o de comunitario siempre que estos últimos lleven como mínimo un año residiendo y al hijo no le sea aplicable el régimen comunitario.

c) Los extranjeros que tengan a su cargo ascendientes o descendientes españoles.

d) Los extranjeros nacidos y residentes en España.

e) Los hijos o nietos de español de origen.

f) Los que han gozado de la condición de refugiados.

g) Los que hubieran sido reconocidos como apátridas y los que hubieran perdido dicha condición el año siguiente a la terminación dicho estatuto.

h) Menores de edad con autorización de residencia tutelada.

i) Extranjeros que hayan sido titulares de autorizaciones de trabajo para actividades de temporada, durante 2 años naturales, y hayan retornado a su país.

j) Extranjeros que hayan renunciado a su autorización de residencia y trabajo en virtud de un programa de retorno voluntario.

Obligaciones posteriores a la concesión de la autorización (RD 557/2011 art.70) La autoridad ha de resolver de forma **motivada** y notificarlo al empleador, para que proceda al abono de las **tasas** correspondientes. 1738

La **eficacia** de la autorización se suspende hasta la expedición del visado y la efectiva entrada del extranjero en territorio nacional.

El trabajador tiene el plazo de un mes para **solicitar** el **visado** en la misión u oficina consular donde resida, junto con el pasaporte de vigencia mínima de 4 meses, certificado de antecedentes penales del país de origen o de los países en los que haya residido los últimos 5 años, certificado médico y copia de la autorización de residencia y trabajo. Notificada la concesión del visado, el trabajador debe recogerlo personalmente en el plazo de un mes; en caso contrario, se entiende que renuncia a él y se archiva el expediente. Una vez recogido el visado, el trabajador debe entrar en el territorio español durante su vigencia, que es de 3 meses. El visado le habilita para la entrada y la permanencia en situación de estancia en España.
A partir de la **entrada legal**, el trabajador puede comenzar su actividad, debiendo producirse la **afiliación**, **alta** y posterior **cotización** en los términos establecidos por la normativa de Seguridad Social que resulte aplicable. No obstante, si en el momento de la solicitud de la Tarjeta de Identidad de Extranjero -que debe llevarse a cabo por él personalmente en el plazo de un mes desde su entrada- no existiera constancia de que el trabajador autorizado inicialmente a residir y trabajar ha sido afiliado y/o dado de alta en la Seguridad Social, la autoridad competente puede extinguir la autorización. Asimismo, esta misma autoridad requiere al empresario o empleador que solicitó la autorización a fin de que indique las razones por las cuales **no** se ha **iniciado** la **relación laboral**, con la advertencia de que, si no alegase ninguna justificación o si las razones aducidas se considerasen insuficientes, podrían denegársele ulteriores solicitudes de autorización que presente, por considerar que no garantiza la actividad continuada de los trabajadores.
Respecto a las obligaciones posteriores a la concesión de la autorización **desde el 20-5-2025**, ver nº 1923.

Precisiones Como puede observarse, el empresario puede indicar las razones por las que no se ha iniciado la relación laboral, debiendo entenderse que, de ser justificadas, no darían lugar a que se denegasen futuras solicitudes de autorización. Sin embargo, nada se dice respecto de la situación del trabajador que, llegado a España con la correspondiente autorización, ve como esta se extingue por causas ajenas a su voluntad, quedando en una absoluta irregularidad sobrevenida.

1740 **Extinción de las autorizaciones** (RD 557/2011 art.162 y 166) No se trata de que, llegado el momento de la renovación, no se reúnan los requisitos exigidos y, por tanto, se produzca la denegación, sino que, **en cualquier momento** de la regularidad, si surge alguna de las circunstancias recogidas en la norma, se finiquita la autorización.
En el supuesto de las autorizaciones de residencia y/o trabajo de carácter temporal, la extinción se produce por concurrir alguno de los siguientes **supuestos**:
1. El extranjero cambia o pierde su nacionalidad, sin perjuicio de que pueda adquirir otra autorización de residencia en atención a las nuevas circunstancias.
2. Desaparecen las circunstancias que sirvieron de base para su concesión.
3. Se comprueba la inexactitud grave de las alegaciones formuladas o de la documentación aportada por el titular para obtener la autorización.
4. Deja de poseer pasaporte, documento análogo o, en su caso, cédula de inscripción, válidos y en vigor, salvo que pueda justificar que ha realizado los trámites necesarios para la renovación o recuperación del pasaporte o documento análogo.
5. El extranjero ha sido condenado en firme por delitos de trata de seres humanos (CP art.177 bis redacc LO 13/2022) o contra los derechos de los ciudadanos extranjeros (CP art.318 bis).
Respecto a la extinción de las autorizaciones **desde el 20-5-2025**, ver nº 1989.

Precisiones El TS ha declarado la **nulidad** de una **causa de extinción** igualmente incluida en el Reglamento de extranjería (RD 557/2011 art.162.2.e), relativa a permanecer fuera de España durante más de 6 meses en un periodo de un año, porque limitaba el derecho fundamental de los extranjeros con residencia temporal en España y tal disposición carece de rango normativo suficiente para hacerlo (TS cont-adm 5-6-23, EDJ 596974).

1742 Referente a las autorizaciones de **residencia de larga duración**, las causas de extinción son las siguientes:
1. La autorización se ha obtenido de manera fraudulenta.
2. Se dicta una orden de expulsión.
3. Ausencia de la UE durante 12 meses consecutivos. Esta circunstancia no es de aplicación a los titulares de autorizaciones de residencia temporal y trabajo vinculados mediante una relación laboral a organizaciones no gubernamentales, fundaciones o asociaciones, inscritas en el registro general correspondiente y reconocidas oficialmente de utilidad pública como cooperantes, que realicen para aquéllas proyectos de investigación, cooperación al desarrollo o ayuda humanitaria, llevados a cabo en el extranjero.
4. Se ha adquirido la residencia de larga duración-UE en otro Estado miembro.

5. Obtenida la autorización por la persona a quien otro Estado miembro reconoció protección internacional, las autoridades de dicho Estado resuelven el cese, finalización, denegación de la renovación o la revocación de la citada protección.
6. Ausencia de territorio español de 6 años (aunque la Dirección General de Inmigración, previo informe de la Comisaría General de Extranjería y Fronteras, puede determinar la no extinción de la autorización por esta causa si concurren motivos excepcionales).
7. Haber sido condenado en firme el extranjero por delitos de trata de seres humanos (CP art.177 bis redacc LO 13/2022) o contra los derechos de los ciudadanos extranjeros (CP art.318 bis). En su aplicación debe atenderse al principio de proporcionalidad.

Autorizaciones especiales (L 14/2013 art.61 y 62 -redacc L 11/2023-, 63 a 66, 67 a 70 -redacc L 28/2022-, 71 y 71 bis -redacc L 11/2023-, 72 -redacc L 28/2022-, 73 y 74 -redacc L 11/2023-, 75 y 76 -L 11/2023-; RD 557/2011 art.110 a 116 y 182 a 184) Son aquellas que recogen supuestos concretos, bien por el **objeto** de la prestación (investigación), por la **cualificación** del trabajador (trabajadores especialmente cualificados), el **lugar** de la prestación (espacio transfronterizo), por la **duración** de la actividad (duración determinada), o por el **empleador** (transnacionalidad). 1744
A tal efecto, se facilita la entrada y permanencia de los extranjeros que se propongan entrar o residir, o que ya residan, en España por **razones de interés económico**, en aquellos **supuestos** en los que acrediten ser:
- inversores (nº 1746);
- emprendedores (nº 1748);
- investigadores (nº 1750);
- profesionales altamente cualificados (nº 1752);
- trabajadores que efectúen movimientos intraempresariales (nº 1758);
- teletrabajadores internacionales (nº 1768).

Para ello, deben acreditar los siguientes **requisitos**:
1. No encontrarse irregularmente en territorio español;
2. Ser mayor de 18 años;
3. Carecer de antecedentes penales en España y en los países donde haya residido durante los últimos 2 años, por delitos previstos en el ordenamiento jurídico español, y presentar una declaración responsable de la inexistencia de antecedentes penales de los últimos 5 años;
4. No figurar como rechazable en el espacio territorial de países con los que España tenga firmado un convenio en tal sentido;
5. Contar con un seguro público o privado de enfermedad concertado con una entidad aseguradora autorizada para operar en España;
6. Contar con recursos económicos suficientes para sí y para los miembros de su familia durante su periodo de residencia en España;
7. Abonar la tasa por tramitación de la autorización o visado.
El **cónyuge** o persona con **análoga relación** de afectividad, los **hijos** menores de edad o mayores que, dependiendo económicamente del titular, no hayan constituido por sí mismos una unidad familiar y los **ascendientes** a cargo, que se reúnan o acompañen a los extranjeros, pueden solicitar, conjunta y simultánea o sucesivamente, la autorización y, en su caso, el visado. En el caso de que las solicitudes de estos familiares se presenten **simultáneamente** con la del titular, la autorización y, en su caso, el visado, se resuelven también de forma simultánea.
Los **visados** de estancia y residencia han de ser expedidos por las Misiones Diplomáticas y Oficinas Consulares de España para una, dos o múltiples entradas, y para un máximo de 5 años, efectuando a la Dirección General de la Policía las consultas pertinentes destinadas a comprobar si el solicitante representa un riesgo en materia de seguridad. La Dirección General de la Policía debe responder en el plazo máximo de 7 días desde la recepción de la consulta, transcurridos los cuales sin haber obtenido respuesta se entiende que su sentido es favorable.
La tramitación de las **autorizaciones de residencia** se efectúa por la Unidad de Grandes Empresas y Colectivos Estratégicos.
Estas autorizaciones de residencia y visados **se revocan, deniegan o no renuevan** cuando la persona extranjera interesada pueda representar una amenaza para el orden público, la seguridad pública, la salud pública o la seguridad nacional, si así lo valora el órgano competente para resolver, en base en un informe policial, del CNI o del Departamento de Seguridad Nacional.
En relación a las autorizaciones especiales **desde el 20-5-2025**, ver nº 1937.

Inversores (L 14/2013 art.63 a 66 y 67 -redacc L 28/2022-) Los extranjeros no residentes que se propongan realizar una inversión significativa de capital pueden solicitar el **visado** de estancia, o en su caso, de residencia para inversores, que tiene una duración de un año, y constituye título suficiente para residir y trabajar en España durante ese periodo. No obstante, si se solicita por la adquisición de bienes inmuebles sin que se haya formalizado la compra, se concede por una 1746

duración máxima de 6 meses, siempre que exista un precontrato con garantía en su cumplimiento.
Posteriormente, pueden solicitar una **autorización de residencia** para inversores, que les permite trabajar y tiene una duración de 3 años, prorrogables por periodos sucesivos de 5 años siempre que se mantengan las condiciones que generaron el derecho, con validez en todo el territorio nacional.
Se entiende como **inversión significativa** de capital aquella que cumpla con alguno de los siguientes supuestos:
1. Una inversión inicial en **activos financieros**, por un valor igual o superior a:
- 2.000.000 € en títulos de deuda pública española; o
- 1.000.000 € en acciones o participaciones sociales de sociedades de capital españolas con una actividad real de negocio; o
- 1.000.000 € en fondos de inversión, fondos de inversión de carácter cerrado o fondos de capital riesgo constituidos en España; o
- 1.000.000 € en depósitos bancarios en entidades financieras españolas.
2. La **adquisición de bienes inmuebles** en España con una inversión de valor igual o superior a 500.000 € por cada solicitante.
3. Un **proyecto empresarial** que vaya a ser desarrollado en España y que sea considerado y acreditado como de interés general, conforme al informe favorable de la Oficina Económica y Comercial de la demarcación geográfica donde el inversor presente la solicitud del visado, para lo cual se valora el cumplimiento de al menos una de las siguientes condiciones:
- creación de puestos de trabajo;
- realización de una inversión con impacto socioeconómico de relevancia en el ámbito geográfico en el que se vaya a desarrollar la actividad;
- aportación relevante a la innovación científica y/o tecnológica.
La **solicitud del visado** de residencia la debe realizar personalmente el extranjero ante la Misión Diplomática u Oficina Consular de España en el país de residencia. Puede obtener el visado de residencia para inversores un **representante**, designado por el inversor y debidamente acreditado, para la gestión de un proyecto de interés general, siempre y cuando el proyecto cumpla alguna de las condiciones enumeradas.
La **solicitud de la autorización de residencia** la debe realizar personalmente el extranjero ante la Unidad de Grandes empresas-Colectivos Estratégicos, cuya concesión corresponde a la Dirección General de Migraciones.
En relación a la autorización a los inversores **desde el 20-5-2025**, ver nº 1939.

1748 **Emprendedores** (L 14/2013 art.62 -redacc L 11/2023- y 68 a 70 -redacc L 28/2022-) Los extranjeros que soliciten entrar en España o que, siendo titulares de una autorización de estancia o residencia o visado, pretendan **iniciar, desarrollar o dirigir una actividad económica** como emprendedor, pueden ser provistos de una **autorización de residencia** para actividad empresarial, con validez en todo el territorio nacional y una vigencia de 3 años, renovable por 2 años más, pudiendo obtener la residencia permanente a los 5 años.
La **solicitud** de autorización de residencia de emprendedor se realiza por el propio interesado o a través de un representante legal, de forma electrónica ante la Unidad de Grandes Empresas y Colectivos Estratégicos. Si el **extranjero** está **fuera de España**, la solicitud de autorización y visado se realiza simultáneamente mediante una única instancia, que inicia la tramitación de forma consecutiva.
Los **solicitantes** deben cumplir los requisitos generales (nº 1744) y los requisitos legales necesarios para el inicio de la actividad, que son los establecidos en la normativa sectorial correspondiente.
Se entiende como **actividad emprendedora** aquella que sea innovadora y/o tenga especial interés económico para España y, a tal efecto, cuente con un informe favorable emitido por ENISA.
Una vez solicitada, la Unidad de Grandes Empresas y Colectivos Estratégicos solicita **informe** de oficio sobre la actividad emprendedora y empresarial a ENISA, de carácter preceptivo, que ha de evacuar en el plazo de 10 días hábiles.
Si el **extranjero está fuera de España**, una vez que tenga concedida la autorización, ha de solicitar el visado de residencia.
Para la **valoración** de la actividad emprendedora y empresarial, se tiene en cuenta:
1. El **perfil profesional** del solicitante y su implicación en el proyecto. Si hay varios socios, se evalúa la participación de cada uno de ellos, tanto de los que solicitan un visado o autorización como de los que no requieran el mismo.
2. El **plan de negocio**, que debe englobar una descripción del proyecto, del producto o servicio que desarrolla, y su financiación, incluyendo la inversión requerida y las posibles fuentes de financiación.

3. Los elementos que generen el **valor añadido** para la economía española, la innovación u oportunidades de inversión.
En relación a la autorización a los emprendedores **desde el 20-5-2025**, ver nº 1941.

Investigadores (L 14/2013 art.72 -redacc L 28/2022-; OM CIN/1795/2011) Con el objetivo de favorecer la competitividad de la economía española y la internacionalización de las empresas y dando cumplimiento a compromisos comunitarios -Dir (UE) 2016/801 del Parlamento Europeo y del Consejo, relativa a los requisitos de entrada y residencia de los nacionales de países terceros con fines de investigación, estudios, prácticas, voluntariado, programas de intercambio de alumnos o proyectos educativos y colocación au pair-, se facilita la obtención de la autorización de residencia y trabajo a los **investigadores extranjeros**. Este sistema se dirige a los investigadores extranjeros cuya permanencia en España tenga como fin único o principal realizar **proyectos de investigación**, en el marco de un **convenio de acogida** firmado con un organismo de investigación que, conforme a la regulación reglamentaria, puede ser cualquier persona física o jurídica, pública o privada, con establecimiento principal o secundario radicado en España, que realice actividades de investigación y desarrollo tecnológico y haya sido autorizada para suscribir convenios de acogida. 1750

Para realizar actividades de formación, investigación, desarrollo e innovación en entidades públicas o privadas, los investigadores necesitan un visado o una autorización de residencia para formación o investigación, que tiene validez en todo el territorio nacional. Este colectivo **comprende**:

1. Personal **investigador** que, estando en posesión de la titulación exigida en cada caso, lleva a cabo una actividad investigadora, entendida como el trabajo creativo realizado de forma sistemática para incrementar el volumen de conocimientos, incluidos los relativos al ser humano, la cultura y la sociedad, el uso de esos conocimientos para crear nuevas aplicaciones, su transferencia y su divulgación (L 14/2011 art.13 y disp.adic.1ª).

2. Personal **científico y técnico** que lleve a cabo trabajos de investigación científica, desarrollo e innovación tecnológica, en entidades empresariales o centros de I+D+i establecidos en España.

3. Investigadores acogidos en el marco de un convenio por organismos de investigación públicos o privados;

4. Profesores contratados por universidades, órganos o centros de educación superior e investigación, o escuelas de negocios establecidos en España.

La autorización de residencia para investigación, prevista en la Ley de apoyo a los emprendedores y su internacionalización, tiene **dos modalidades**:

1. Autorización de **residencia para investigación UE**. Procede en el supuesto de extranjeros investigadores que sean titulares de un doctorado o de una cualificación de educación superior adecuada que les permita acceder a programas de doctorado, y hayan sido seleccionados por la entidad de investigación con el fin de realizar una actividad investigadora. Para ello, deben presentar un **convenio de acogida** (siendo válidas, en su caso, las **cartas de invitación) o contrato de trabajo** que recoja los elementos que señala la ley.

Los **titulares** de una autorización de residencia para investigación UE, expedida por España:
- están habilitados para impartir clases relacionadas con la actividad investigadora, además de la actividad investigadora;
- pueden entrar, residir y desarrollar una investigación en uno o varios Estados miembros y ser acompañados por sus familiares, previa comunicación o solicitud de autorización, en su caso, a las autoridades de dichos Estados.

Las **entidades establecidas en otros Estados** miembros de la Unión pueden desplazar a España, previa comunicación a la Unidad de Grandes Empresas y Colectivos Estratégicos, a los extranjeros titulares de una autorización de residencia para investigación UE expedida en dicho Estado, durante la validez de dicha autorización, a los que pueden acompañar los miembros de su familia.

2. Autorización de **residencia para investigación nacional.** Se concede para investigadores extranjeros no incluidos en el supuesto anterior y no posibilita la movilidad en la UE.

En ambos casos, la **duración** de la autorización es de 3 años o igual a la duración del convenio de acogida o contrato, en caso de ser esta inferior, renovable por 2 años, pudiendo obtener la residencia permanente a los 5 años. Una vez finalizada la actividad investigadora, los extranjeros pueden permanecer en España durante un periodo máximo de 12 meses con el fin de buscar un empleo adecuado en relación con el campo de la investigación realizada o para emprender un proyecto empresarial.

La **extinción** de las autorizaciones de residencia temporal y trabajo para investigación tiene lugar por alguna de las siguientes causas (RD 557/2011 art.163):

1. Sin necesidad de **pronunciamiento administrativos**:
a) Transcurso del plazo para el que se han expedido.

b) Venir obligado el residente extranjero a la renovación extraordinaria de la autorización, en caso de estados de excepción o sitio (LO 4/1981 art.24).
2. Asimismo, **previa resolución** del órgano competente para su concesión:
a) Autorización obtenida de manera fraudulenta.
b) Desaparecen las circunstancias que sirvieron de base para su concesión o se comprueba que no existían.
c) Su titular reside en España con fines distintos a aquellos para los que se le autorizó.
En relación a la autorización a los investigadores **desde el 20-5-2025**, ver nº 1943.

1752 **Profesionales altamente cualificados. Titulares de una Tarjeta azul-UE** (Dir (UE) 2021/1983; L 14/2013 art.71 -redacc L 11/2023-, 71 bis -redacc L 11/2023-, 75, disp.adic. 4ª, 5ª y 20ª) Es objetivo básico atraer a los nacionales de terceros países altamente cualificados, facilitando la residencia legal de aquellos que solicitan su admisión en el territorio de un Estado miembro durante periodos de **más de 3 meses** para fines de empleo, así como la admisión de sus familiares.
En España, cuando **una empresa requiere** la incorporación en territorio español de un profesional extranjero para el desarrollo de una relación laboral o profesional de alta cualificación, **puede solicitar** una autorización de residencia para profesionales altamente cualificados, válida en todo el territorio nacional. Igualmente puede **presentar la solicitud** el profesional extranjero, en cuyo caso, la Unidad de Grandes Empresas y Colectivos Estratégicos comunica a la empresa que la ha recibido.
Esta autorización de residencia para profesionales altamente cualificados tiene **dos modalidades**:
1. Autorización de **residencia nacional** para profesionales altamente cualificados. Tal circunstancia está referida a una actividad laboral para la que se requiera contar con una **titulación** equiparable al menos al nivel 1 del Marco Español de Cualificaciones para la Educación Superior, correspondiente con el nivel 5A del Marco Español de Cualificaciones para el Aprendizaje Permanente -es decir, de Técnico Superior-, **o** conocimientos, capacidades y competencias avaladas por una **experiencia profesional** de al menos 3 años, equiparable a dicha cualificación.
2. Autorización de **residencia** para profesionales altamente cualificados **titulares o solicitantes de una Tarjeta azul-UE**. Se refiere a una actividad laboral para la que se requiera contar con **cualificación** de enseñanza superior de duración mínima de 3 años y equivalente al menos al Nivel 2 del Marco Español de Cualificaciones para la Educación Superior, correspondiente con el nivel 6 del Marco Español de Cualificaciones para el Aprendizaje Permanente y mismo nivel del Marco Europeo de Cualificaciones (EQF) -es decir, de Grado-, **o** acreditar un mínimo de 5 años de **experiencia profesional** que pueda considerarse equiparable a dicha cualificación y sea pertinente para la profesión o sector especificado en el contrato de trabajo o en la oferta firme de empleo (3 años en los 7 años anteriores en el caso de profesionales y directores de tecnología de la información y las comunicaciones). Para obtener la **Tarjeta azul-UE**, han de cumplirse los siguientes **requisitos**:
a) El extranjero ha de acreditar la posesión de la **cualificación** indicada y, en el caso del ejercicio de profesiones reguladas, acreditar su homologación.
b) El solicitante debe presentar un **contrato de trabajo** válido **o** una **oferta firme de empleo** de alta cualificación para al menos 6 meses, que garantice al trabajador una actividad continuada durante el periodo de vigencia de la Tarjeta.
c) Las **condiciones del contrato de trabajo** han de ajustarse a las establecidas por la normativa vigente y el convenio colectivo aplicable. El **salario bruto anual** no debe ser inferior a un umbral salarial de referencia que se definirá reglamentariamente, previa consulta con los interlocutores sociales de acuerdo con la normativa vigente, y que será como mínimo de 1,0 veces y como máximo de 1,6 veces el salario bruto anual medio (un 80% del umbral establecido en el párrafo anterior, siempre que no sea inferior a 1,0 veces el salario bruto medio, en determinadas circunstancias).
En esta autorización **no se tiene en cuenta** la situación nacional de empleo.
Se deniega la Tarjeta azul-UE si no se cumplen o si los documentos presentados han sido obtenidos de manera fraudulenta, falsificados o adulterados.
Cuando la persona a la que se haya concedido una Tarjeta azul-UE requiera un **visado** para su entrada en España, las autoridades consulares del país donde se encuentre han de concederlo sin requisito adicional alguno.
La **renovación** de la Tarjeta azul-UE **se revoca o deniega** cuando el extranjero ya no está en posesión de un contrato de trabajo válido para un empleo de alta cualificación y acumula un periodo de desempleo superior a 3 meses tras haber sido titular de la Tarjeta azul-UE durante menos de 2 años, o superior a 6 meses tras haber sido titular de la Tarjeta azul-UE durante al menos 2 años, tras analizar las circunstancias específicas y de acuerdo con el principio de proporcionalidad. Y se concede al interesado un plazo de 3 meses para la búsqueda de un

nuevo empleo, o de 6 meses si ha sido titular de una Tarjeta azul-UE durante al menos 2 años. También se revoca la tarjeta cuando su titular se ha desplazado a un Estado miembro de la UE distinto de España y ha obtenido una Tarjeta azul-UE en ese otro Estado.
Cuando el **titular de una Tarjeta azul-UE expedida por un Estado miembro** de la UE se desplaza **a España** a fin de desarrollar una actividad profesional durante un periodo de 90 días en cualquier periodo de 180 días, no se le requiere ninguna autorización distinta a aquella tarjeta:
- si ha residido al menos 12 meses en un Estado miembro de la UE diferente de España, o 6 meses en más de un Estado miembro, tiene derecho a entrar, residir y trabajar en España, previa solicitud de una Tarjeta azul-UE en este país, que puede presentarse por el empleador o el empleado a las autoridades competentes mientras siga residiendo en el territorio del primer Estado miembro, o ante el órgano competente para su tramitación, antes del plazo máximo de un mes desde su entrada en España, si está ya en territorio español. La solicitud debe acompañarse de: la Tarjeta azul-UE expedida en el primer Estado miembro, un documento de viaje válido, un contrato de trabajo u oferta firme de empleo de alta cualificación por un periodo de al menos 6 meses, pruebas de que cumple el umbral salarial y, en caso de profesión regulada, la acreditación del reconocimiento de las cualificaciones.
- está **autorizado para trabajar** en España **desde** el momento de la solicitud completa, sin perjuicio del sentido de la resolución.
Lo que se aplica igualmente a su **familia** (cónyuge o persona con análoga relación de afectividad, sus hijos menores de edad o mayores que, dependen económicamente del titular y no han constituido por sí mismos una unidad familiar y los ascendientes a cargo, L 14/2013 art.62.4).
Hay especialidades para el caso de que el solicitante o titular de una Tarjeta azul-UE sea a su vez **beneficiario de protección internacional** concedida por España u otro Estado miembro de la UE.
Respecto a la autorización a los profesionales altamente cualificados **desde el 20-5-2025**, ver nº 1945.

La **validez de la autorización** de residencia de los profesionales altamente cualificados, sean o no titulares de una Tarjeta azul-UE, es de 3 años, o la duración del contrato más un periodo adicional de 3 meses si la duración del contrato es inferior, no pudiendo superar es periodo de 3 años. Durante los 60 días anteriores al fin de la vigencia de la autorización de residencia, se puede solicitar su **renovación** por 2 años si se mantienen los requisitos que generaron el derecho, pudiendo obtener la residencia de larga duración a los 5 años si se cumplen los requisitos (L 14/2013 art.71.3 redacc L 11/2023). **1754**
La vigencia de las autorizaciones de residencia temporal y trabajo de estos profesionales **se extingue** cuando se constate alguna de las siguientes circunstancias (RD 557/2011 art.164):
1. **Sin** necesidad de **pronunciamiento administrativo**:
a) Por el transcurso del plazo para el que se han expedido.
b) Por estar obligado el residente extranjero a la renovación extraordinaria de la autorización, en virtud de lo dispuesto por las autoridades competentes en estados de excepción o de sitio (LO 4/1981 art.24).
2. **Por resolución** del órgano competente para su concesión cuando:
a) La autorización se ha obtenido de manera fraudulenta.
b) Desaparecen las circunstancias que sirvieron de base para su concesión o se comprueba que no existían.
c) Su titular reside en España con fines distintos a aquellos para los que se le autorizó.

Trabajadores transfronterizos (LO 4/2000 art.43.1; RD 557/2011 art.182 a 184) Las autorizaciones de trabajo por cuenta propia o ajena para trabajadores transfronterizos se conceden a los trabajadores extranjeros que residen en la zona fronteriza de un Estado limítrofe del territorio español y desarrollan su actividad lucrativa, laboral o profesional por cuenta propia o ajena en España, regresando a su lugar de residencia diariamente, con los requisitos y condiciones de las autorizaciones de régimen general. Por tanto, son **solamente autorizaciones de trabajo**, ya que la residencia está situada en otro espacio geográfico. **1756**
La **duración** de la autorización inicial ha de coincidir con la del contrato de trabajo en relación con la cual se concede, con el **límite mínimo** de 3 meses y **máximo** de un año. Los mismos criterios son de aplicación en relación con la actividad proyectada, en el caso de trabajo por cuenta propia.
La **validez** de la autorización de trabajo está limitada al ámbito territorial de la comunidad o ciudad autónoma en cuya zona limítrofe reside el trabajador, así como a una ocupación en el caso de trabajo por cuenta ajena o a un sector de actividad en el de trabajo por cuenta propia.
La autorización de trabajo se **prorroga** a su expiración, en tanto continúe la misma relación laboral o actividad por cuenta propia y subsistan las circunstancias que motivaron su

concesión. La vigencia de las sucesivas prórrogas coincide con la del contrato de trabajo o de la actividad por cuenta propia, con el límite máximo de un año.
En relación a la autorización a los trabajadores transfronterizos desde 20-5-2025, ver nº 1949.

Precisiones 1) Como Estado miembro del Espacio Schengen, España cuenta con **fronteras interiores** con Francia y Portugal, y con **fronteras exteriores** con Marruecos, en los territorios de Ceuta y Melilla. En España, estas autorizaciones para trabajadores transfronterizos extracomunitarios se conceden a los trabajadores marroquíes residentes en las provincias de Tetuán y Nador que se trasladan diariamente a trabajar a Ceuta y Melilla, respectivamente.
2) Esta autorización no faculta para trabajar como personal fijo en **establecimientos militares**, para lo que se exige la nacionalidad española (RD 2205/1980 art.7); (TSJ Andalucía 9-9-04, EDJ 246975; 10-2-05, EDJ 79898).

1758 **Prestación de servicios transnacional** (LO 4/2000 art.43.2; RD 557/2011 art.110 a 116; L 14/2013 art.73 y 74 -redacc L 11/2023-, 75 y 76 -redacc L 11/2023-) Se encuentra en situación de **residencia temporal y trabajo** en el marco de prestaciones transnacionales de servicios, el **trabajador** extranjero que se desplace a un centro de trabajo en España y dependa, mediante expresa relación laboral, de una **empresa** establecida en un Estado no perteneciente a la UE ni al EEE, en los siguientes **supuestos**:
- desplazamiento temporal por cuenta y bajo la dirección de la empresa extranjera, en ejecución de un contrato celebrado entre esta y el destinatario de la prestación de servicios establecido o que ejerza su actividad en España (L 45/1999 disp.adic.4ª, sobre desplazamiento de trabajadores en el marco de una prestación de servicios transnacional);
- desplazamiento temporal a centros de trabajo en España de la misma empresa o de otra empresa del grupo del que esta forme parte;
- desplazamiento que afecta a trabajadores altamente cualificados, cuyo objeto es la supervisión o asesoramiento de obras o servicios que empresas radicadas en España vayan a realizar en el exterior.
La **autorización** se limita a una actividad y ámbito geográfico. Su **duración** coincide con el tiempo de desplazamiento del trabajador, con el límite de un año, prorrogable por el periodo previsto de continuidad de la actividad que motivó aquel, con el límite máximo de un año o el previsto en convenios internacionales firmados por España, si se acreditan las condiciones que se valoraron para su concesión.

Precisiones 1) Por consiguiente, estas autorizaciones son exigibles no tanto por razón de la extranjería del empleado, que también, cuanto por el Estado en que radique la empresa prestadora del servicio transnacional. Concretamente, si la **empresa** radica en un **Estado de la UE o del EEE**, no es exigible la autorización de trabajo, cualquiera que sea la nacionalidad del desplazado.
2) Quedan expresamente excluidos de este tipo de autorización los desplazamientos realizados con motivo del desarrollo de actividades formativas y del personal navegante respecto de las empresas de la marina mercante.

1760 Para la **concesión** de la autorización, se valora el cumplimiento de las siguientes **condiciones**:
1. Respecto del **trabajador**:
- que no se encuentre irregularmente en territorio español;
- que carezca de antecedentes penales, tanto en España como en sus países anteriores de residencia durante los últimos 5 años;
- no figurar como rechazable en el espacio territorial de países con los que España tenga firmado un convenio en tal sentido;
- que haya transcurrido el plazo de compromiso de no regreso a España del extranjero, asumido por este en el marco de su retorno voluntario al país de origen;
- que la residencia del trabajador extranjero en el país o países donde está establecida la empresa que le desplaza sea estable y regular.
2. En relación con la **actividad laboral** a desarrollar por los extranjeros que se pretende desplazar, es necesario:
- que la situación nacional de empleo permita el desplazamiento (excepcionalmente, en el caso de que el empleador acredite que la actividad a desempeñar por el trabajador requiere un conocimiento directo y fehaciente de la empresa, no resulta de aplicación este requisito);
- que la actividad profesional del trabajador extranjero en el país o países en los que está establecida la empresa que le desplaza tenga carácter habitual;
- que se haya dedicado a dicha actividad como mínimo durante un año y haya estado al servicio de tal empresa, al menos, 9 meses.
3. Referente a la **empresa** que le desplaza:
- que esté al corriente en el cumplimiento de sus obligaciones tributarias y de Seguridad Social;

- que garantice a sus trabajadores desplazados temporalmente a España los requisitos y condiciones de trabajo previstos en la ley sobre desplazamiento de trabajadores en el marco de una prestación de servicios transnacional (L 45/1999);
- que se haya abonado la tasa por tramitación de la autorización de trabajo.

Se considera **infracción** muy grave no garantizar a los trabajadores desplazados a España las condiciones de trabajo previstas en la legislación española y en los convenios colectivos y laudos arbitrales aplicable en el lugar y en el sector de la actividad de que se trate (LISOS art.10.4).

El **visado de residencia y trabajo** que se expida en estos supuestos posibilita para la entrada y estancia por un período de 3 meses y para el comienzo de la actividad durante los 3 meses posteriores a la fecha de entrada legal en España. Durante dicho plazo, debe producirse el alta del trabajador en el régimen correspondiente de Seguridad Social, que dota de eficacia a la autorización de residencia y trabajo. Asimismo, aquellos extranjeros que se desplacen a España en el marco de una relación laboral, profesional o por motivos de formación profesional, con una empresa o grupo de empresas establecida en España o en otro país, deben estar en posesión del visado de acuerdo con la duración del **traslado** y de una autorización de residencia por traslado intraempresarial, que tiene validez en todo el territorio nacional. **1762**

Para lo cual, deben quedar acreditados, además de los **requisitos** generales previstos para las autorizaciones especiales (nº 1744), los siguientes:
- existencia de una actividad empresarial real y, en su caso, la del grupo empresarial;
- titulación superior equiparable al menos al nivel 1 del Marco Español de Cualificaciones para la Educación Superior, correspondiente al nivel 5A del Marco Español de Cualificaciones para el Aprendizaje Permanente (Técnico Superior) o conocimientos, capacidades y competencias avaladas por una experiencia mínima profesional de 3 años;
- existencia de una relación laboral o profesional, previa y continuada, de 3 meses con una o varias de las empresas del grupo;
- documentación de la empresa que acredite el traslado.

La autorización de residencia por traslado intraempresarial tiene **dos modalidades**: **1764**

1. **Autorización de residencia por traslado intraempresarial ICT UE**: procede en el supuesto de desplazamientos temporales para trabajar como directivo, especialista o para formación, desde una empresa establecida fuera de la UE a una entidad perteneciente a la misma empresa o grupo de empresas establecida en España. A estos efectos, se entiende por:
- directivo, aquel que tenga entre sus funciones la dirección de la empresa o de un departamento o subdivisión de la misma;
- especialista, quien posea conocimientos especializados relacionados con las actividades, técnicas o la gestión de la entidad;
- trabajador en formación, aquel titulado universitario que es desplazado con el fin de que obtenga una formación en las técnicas o métodos de la entidad y que percibe una retribución por ello.

La **duración** máxima del traslado es de 3 años en el caso de directivos o especialistas y de uno en el caso de trabajadores en formación.

Los titulares de una autorización de residencia por traslado intraempresarial ICT UE válida, expedida por España, pueden entrar, residir y trabajar en **uno o varios Estados** miembros previa comunicación o solicitud de autorización, en su caso, a las autoridades de dichos Estados (de acuerdo con su normativa en aplicación de la Dir 2014/66/UE, relativa a las condiciones de entrada y residencia de nacionales de terceros países en el marco de traslados intraempresariales).

Las **entidades establecidas en otros Estados miembros** de la Unión, pueden desplazar a España, previa comunicación a la Unidad de Grandes Empresas y Colectivos Estratégicos, a los extranjeros titulares de una autorización de traslado intraempresarial ICT UE durante la validez de dicha autorización. La Dirección General de Migraciones puede **oponerse**, de manera motivada, a la movilidad en el plazo de 20 días en los siguientes **supuestos**:
- cuando no se cumplan las condiciones establecidas para esta autorización de residencia por traslado intraempresarial;
- cuando los documentos presentados se hayan adquirido fraudulentamente, o hayan sido falsificados o manipulados;
- cuando haya transcurrido la duración máxima del traslado.

En caso de oposición por parte de la Dirección General de Migraciones, el primer Estado ha de permitir la reentrada sin más trámites del extranjero desplazado y de su familia. Si no se hubiera producido todavía el desplazamiento a España, la resolución denegatoria impide el mismo.

2. **Autorización nacional de residencia por traslado intraempresarial**: procede en los supuestos no contemplados en el apartado anterior o una vez haya transcurrido la duración máxima del traslado prevista en el mismo. El período de validez de esta autorización de residencia es de 3 años o igual a la duración del traslado.

1766 En relación a los **traslados intraempresariales de grupos de profesionales**, se sigue un procedimiento simplificado: las empresas o grupos de empresas pueden solicitar la tramitación colectiva de autorizaciones, que está basada en la gestión planificada de un cupo temporal de autorizaciones presentadas por la empresa o grupos de empresas.

A tal efecto, pueden solicitar su **inscripción en** la Unidad de Grandes Empresas y Colectivos Estratégicos, que tiene una validez de 3 años renovables. Las empresas inscritas están **exentas de acreditar** los requisitos de tener una actividad empresarial real y ser un grupo empresarial, en su caso, la titulación superior requerida y la existencia de una relación laboral o profesional previa de al menos 3 meses, **si bien** la Administración puede efectuar de oficio comprobaciones del cumplimiento de estos requisitos, para lo cual la entidad debe disponer de la documentación acreditativa.

Esta autorización **no es de aplicación** a las empresas o grupos de empresas que en los 3 años inmediatamente anteriores a la solicitud de autorización hayan sido sancionadas por infracción grave o muy grave en materia de extranjería e inmigración, o no hayan acreditado el cumplimiento de los requisitos en las comprobaciones de oficio efectuadas por la Administración.

1768 **Teletrabajadores internacionales** (L 14/2013 art.74 bis a 74 quinquies redacc L 28/2022; DGEEAC y DGM Instr conjunta 29-3-2023) Pueden solicitar el visado o la autorización de teletrabajo internacional aquellos extranjeros autorizados a permanecer en España para ejercer una actividad laboral o profesional **a distancia** para empresas radicadas fuera del territorio nacional, que **acrediten ser** graduados o postgraduados de universidades de reconocido prestigio, formación profesional y escuelas de negocios de reconocido prestigio o con una experiencia profesional mínima de 3 años, mediante el uso exclusivo de **medios y sistemas** informáticos, telemáticos y de telecomunicación:

1. Si **no** son **residentes** en España, han de **solicitar un visado** para teletrabajo de carácter internacional, que tiene una **vigencia** máxima de un año -salvo que el período de trabajo sea inferior, en cuyo caso tiene la misma vigencia que este- y es título suficiente para residir y trabajar a distancia en España durante ese periodo. Si tras ese plazo **quieren seguir** residiendo en España, pueden solicitar la **autorización de residencia** para trabajador a distancia internacional en el plazo de 60 días naturales antes de que expire el visado, siempre que se mantengan las condiciones que generaron el derecho.

2. Los extranjeros que se hallen en España de forma regular y, por tanto, sean **residentes**, pueden solicitar directamente esta autorización a fin de teletrabajar a distancia para una empresa localizada en el extranjero. Tiene validez en todo el territorio nacional y una **vigencia** máxima de 3 años, salvo que se solicite por un período de trabajo inferior.

La **solicitud** de visado o autorización de residencia ha de acompañarse de la siguiente **documentación**, vinculada a los **requisitos** para obtenerlos:

1. Copia del pasaporte completo o documento de viaje en vigor (todas las páginas).
2. Justificante de haber abonado la tasa correspondiente.
3. Formulario de solicitud firmado por la persona teletrabajadora.
4. Acreditación de una relación laboral o profesional mínima de 3 meses a la fecha de la solicitud con la empresa o empresas extranjeras con la que mantiene dicha relación.
5. Acreditación de una actividad real y continuada durante al menos un año de la empresa extranjera o grupo de empresas con la que mantiene relación laboral o profesional.
6. Si la relación es laboral, carta de la empresa extranjera autorizando el desarrollo del trabajo en remoto desde España.
7. Si la relación es profesional, documentación que acredite los términos y condiciones en los que va a ejercer la actividad profesional a distancia.
8. Acreditación de contar **recursos económicos** suficientes para sí y para los miembros de su familia, en su caso, de acuerdo con las siguientes cuantías, así como su titularidad, licitud y disponibilidad de los fondos:
a) Si la solicitud es solo para el titular, al menos el 200% del SMI.
b) Si se trata de una unidad familiar que incluye al solicitante y a una persona reagrupada más, al menos el 75% del SMI. Y un 25% adicional por cada miembro adicional.
Lo cual se puede acreditar por cualquier **medio de prueba**, como el contrato de trabajo, la oferta firme de empleo o, en el caso de actividad profesional, el contrato mercantil, correspondiente a la actividad laboral o profesional que motiva la autorización.
9. Certificado de antecedentes penales del país o países en los que haya residido durante los últimos 2 años y declaración responsable de la inexistencia de antecedentes penales de los

últimos 5 años. No es necesario si la persona solicitante sea titular de una autorización de residencia o de estancia en España superior a 6 meses.
10. Acreditación de contar con un **seguro público o privado** de enfermedad, concertado con una entidad aseguradora autorizada para operar en España, que ha de estar activo durante toda la vigencia de la autorización:
a) Si no está cubierto por una **norma internacional de coordinación** de sistemas de seguridad social suscrita por España y, por tanto, está obligado a la cotización de la Seguridad Social española, este requisito se entiende acreditado mediante la aportación de un compromiso de cumplimiento de tales obligaciones.
b) Si está cubierto por una **norma internacional de coordinación** de sistemas de seguridad social que prevé la **cobertura sanitaria** de los trabajadores asegurados en un Estado que desarrollan su actividad en el territorio de otro Estado, el requisito se acredita mediante el certificado de derecho emitido por la institución competente del Estado en el que está asegurado.
c) Si está cubierto por una **norma internacional de coordinación** de sistemas de seguridad social que **no** prevé la **cobertura sanitaria**, ha de acreditar que dispone de un seguro de enfermedad público o privado que proporcione coberturas equiparables a las provistas por el Sistema Nacional de Salud. No son válidos los seguros de viaje.
En caso de seguro privado, la entidad aseguradora ha de constar como inscrita en https://dgsfp.mineco.gob.es/es/Entidades/Paginas/rrpp.aspx.
11. Declaración responsable de la empresa donde figure el compromiso de cumplimiento, previa al inicio de la actividad laboral o profesional, de las obligaciones en materia de **Seguridad Social** y, en caso de no cobertura mediante norma internacional de coordinación de sistemas de seguridad social y trabajo por cuenta ajena, acreditación de la inscripción de la empresa en la Seguridad Social. Hay que tener en cuenta que:
a) Si **se le aplica** un convenio bilateral, multilateral o **instrumento internacional** de Seguridad Social aplicable suscrito por España, puede mantener la inclusión del solicitante en el sistema de Seguridad Social del Estado de origen, lo que ha de constar en la declaración responsable, junto con el certificado de legislación aplicable expedido por el organismo de seguridad social correspondiente.
b) Si **no se le aplica** un **instrumento internacional** de Seguridad Social suscrito por España y va a desempeñar un trabajo por cuenta ajena, ha de acompañarse la acreditación o justificación de inscripción de la empresa en la Seguridad Social a la solicitud o, si la persona extranjera se encuentra fuera de España al solicitar el visado, de la acreditación o justificación de solicitud de inscripción de la empresa en la Seguridad Social.
12. Copia de la **titulación o** documentación que acredite una **experiencia profesional** de al menos 3 años en funciones análogas a las del puesto a desempeñar equiparable a dicha cualificación y pertinente para desempeñar la relación laboral o profesional a distancia que se autoriza, pudiéndose requerir los originales. Si se trata de profesiones reguladas, debe acreditarse la homologación del título. Si se trata de personas tituladas en formación profesional y existen dudas sobre su equivalencia con el sistema educativo español, se puede requerir la acreditación de su convalidación ante la autoridad educativa.
La autorización de residencia habilita para la **situación** de residencia por teletrabajo de carácter internacional, tiene validez en todo el **territorio** nacional y una **vigencia** máxima de 3 años, salvo que se solicite por un período de trabajo inferior, renovable por períodos de 2 años siempre que se mantengan las condiciones que generaron el derecho.
Si los titulares de la autorización ejercen una **actividad laboral**, solo pueden trabajar para empresas radicadas fuera de España. Si ejercen una **actividad profesional**, se les permite trabajar para una empresa ubicada en España, siempre que el porcentaje de dicho trabajo no sea superior al 20% del total de la actividad profesional.
Sobre el foro competente en el **teletrabajo internacional**, ver nº 1861. Respecto a la autorización a los teletrabajadores internacionales **desde el 20-5-2025**, ver nº 1961.

Excepciones a la obligación de autorización de trabajo (LO 4/2000 art.41; RD 557/2011 art.117 y 118.3) Están exceptuados de la obligación de obtener autorización de trabajo para el ejercicio de una actividad lucrativa, laboral o profesional, quienes se encuentren en alguna de las **situaciones** siguientes: **1770**
1. Técnicos, investigadores científicos extranjeros invitados o contratados por la Administración General del Estado, las CCAA, las universidades, los entes locales o los organismos de investigación promovidos o participados mayoritariamente por las anteriores.
Lo que queda acreditado con la presentación de la invitación o contrato de trabajo, suscritos por quien tenga atribuida la representación legal del órgano correspondiente, donde conste la descripción del proyecto y el perfil profesional requerido para su desarrollo.

2. Profesores, técnicos, investigadores y científicos extranjeros invitados o contratados por una Universidad española para desarrollar tareas docentes, de investigación o académicas.
Lo que se acredita con la presentación de la invitación o contrato de trabajo para ejercer dichas actividades, suscritos por la representación legal de la universidad española.
3. Personal directivo o profesorado extranjero de instituciones culturales docentes de acreditado prestigio que desarrollen programas culturales y docentes.
4. Funcionarios civiles y militares de las Administraciones estatales extranjeras.
Lo que se acredita con la presentación del certificado emitido por la Administración estatal extranjera competente y la justificación de tales aspectos.
5. Corresponsales de medios de comunicación extranjeros.
6. Miembros de misiones científicas internacionales que realicen trabajos de investigación en España.
7. Artistas que vengan a España a realizar actuaciones concretas que no supongan una actividad continuada.
Lo que se acredita con la presentación del contrato para desarrollar las actividades artísticas y de una relación de las autorizaciones o licencias que se exijan para ese desarrollo, incluyendo, en su caso, las certificaciones de solicitud ante los organismos correspondientes
8. Ministros religiosos y miembros de la jerarquía de las diferentes iglesias, confesiones y comunidades religiosas, así como religiosos profesos de órdenes religiosas.
9. Extranjeros que formen parte de los órganos de representación, gobierno y administración de los sindicatos y organizaciones empresariales reconocidos internacionalmente.
10. Menores extranjeros en edad laboral tutelados por entidad de protección de menores competente. Esta situación queda probada con la acreditación de que el servicio citado ejerce la tutela del menor y la presentación por parte de la entidad de la propuesta de actividad que favorezca la integración social del menor.
La **vigencia** del reconocimiento de la excepción se adapta a la duración de la actividad o programa, con el **límite máximo** de un año en el reconocimiento inicial, de 2 años en la primera prórroga y de otros 2 años en la siguiente, si subsisten las circunstancias que motivaron la excepción.
En relación a las excepciones a la obligación de autorización de trabajo **desde el 20-5-2025**, ver nº 1963.

1772 **Procedimiento** (RD 557/2011 art.118) Las excepciones a la autorización de trabajo no significan que los supuestos contemplados por el legislador supongan el derecho a entrar y el derecho al trabajo -como ocurre, por ejemplo, con los ciudadanos comunitarios-, sino que la actividad autorizante de la Administración les dispensa un **trato preferente** por diferentes circunstancias.
El procedimiento de **solicitud** de la excepción a la autorización a trabajar contempla dos **posibilidades**:
1. Extranjero **residente** en España: debe solicitar ante la Oficina de Extranjería correspondiente a la provincia donde se inicie la actividad el reconocimiento de la excepción, alegando que reúne las condiciones y aportando la documentación que lo justifique. Esta solicitud se entiende denegada si la Subdelegación o Delegación del Gobierno no se pronuncia sobre la misma en el plazo de 3 meses. La oficina de extranjería puede solicitar la presentación de documentación adicional, así como los informes que sean precisos a otros órganos administrativos.
Esto no se aplica a los menores extranjeros no acompañados con autorización como tales.
2. Extranjero **no residente** en España: debe solicitar el correspondiente visado de residencia en la Oficina Consular correspondiente a su lugar de residencia, siempre que la duración prevista de la actividad sea **superior a 90 días**, acompañando a la solicitud la documentación que proceda para cada uno de los supuestos de excepción. La Oficina Consular verifica la excepción y tramita el visado de residencia, si bien el plazo de resolución se reduce a 7 días. La ausencia de respuesta se considera como resolución favorable.
Si la duración prevista de la actividad **no** es **superior a 90 días**, ha de solicitar, cualquiera que sea su nacionalidad, el correspondiente visado de estancia ante la Misión Diplomática u Oficina Consular española en cuya demarcación resida, aplicándose el procedimiento previsto para la tramitación de visados de estancia de corta duración.

2. Trabajador extranjero en España en situación regular

1780 Además del extranjero con autorización de residencia y trabajo, el extranjero con autorización de estancia o residencia legal puede pretender acceder al mercado laboral, por lo que ha de modificar su modalidad de autorización y, por tanto, su estatuto.
Respecto a esta autorización **desde el 20-5-2025**, ver nº 1970 s.

a. Trabajador con autorización de residencia y trabajo

Cuando el trabajador extranjero está en posesión de la autorización de residencia y trabajo tiene derecho a **ejercer una actividad remunerada**, por cuenta propia o ajena, así como al acceso al sistema de Seguridad Social. 1785

Si la autorización que posee es temporal, ha de solicitar la **renovación** correspondiente.

La autorización puede estar **limitada** a un sector de actividad o a un ámbito geográfico determinado. Dicha autorización inicial puede ser **modificada** a solicitud del interesado.

Renovación de las autorizaciones (LO 4/2000 art.38.6; RD 557/2011 art.71 y 72) En todas las renovaciones de las autorizaciones existen unos **aspectos comunes**: 1787

- la presentación de la solicitud ha de ser personal y realizarse durante los 60 días naturales previos a la fecha expiración de la vigencia de su autorización, con lo que dicha vigencia se prorroga hasta la resolución del procedimiento; lo mismo que si la solicitud se presenta dentro de los 90 días naturales posteriores a la fecha en que haya finalizado la vigencia de la anterior autorización, sin perjuicio de la incoación del correspondiente procedimiento sancionador por la infracción;
- los efectos de la solicitud consisten en la prórroga de la validez de la autorización;
- respecto a la concesión o denegación, Transcurrido el plazo de 3 meses para resolver sobre una solicitud de renovación, el silencio administrativo es de carácter positivo;
- su vigencia es de 4 años, salvo que corresponda una autorización de residencia de larga duración, y permite el ejercicio de cualquier actividad en cualquier parte del territorio nacional, por cuenta ajena y por cuenta propia.

La autorización de trabajo se renueva a su expiración en los siguientes **supuestos**:

1. Cuando se acredite la **continuidad en la relación** que dio lugar a la concesión de la autorización cuya renovación se pretende.
2. Cuando el trabajador haya tenido un **periodo de actividad laboral** de al menos 3 meses por año y se encuentre en alguna de las siguientes **circunstancias**:
- ha suscrito un contrato con un nuevo empleador, acorde con las características de su autorización para trabajar, y figura en situación de alta o asimilada al alta en el momento de solicitar la renovación;
- dispone de un nuevo contrato, con inicio de vigencia condicionado a la concesión de renovación.
- la relación laboral que dio lugar a la autorización cuya renovación se pretende se ha interrumpido por causas ajenas a su voluntad;
- ha buscado activamente empleo mediante su inscripción en el servicio público de empleo competente como demandante de empleo.
3. Cuando el trabajador sea **beneficiario de una prestación contributiva** por desempleo o asistencial de carácter público destinada a lograr su inserción social o laboral.
4. Cuando concurran otras circunstancias previstas reglamentariamente, en particular, la extinción del contrato de trabajo o suspensión de la relación laboral como consecuencia de que la trabajadora sea víctima de **violencia de género**, y:
- el trabajador acredite que **se ha encontrado trabajando** y en alta en Seguridad Social durante: 9 meses en un período de 12 meses o 18 en un período de 24 meses. Debe acreditar que su última relación laboral se extinguió por causas ajenas a su voluntad y que ha buscado activamente empleo;
- el cónyuge o pareja con la que el extranjero mantenga una relación análoga de afectividad a la conyugal cumpla con los requisitos económicos para **reagrupar** al trabajador.

Junto con la **solicitud de renovación** deben presentarse los documentos acreditativos de que se reúnen las condiciones para su concesión y un **informe** emitido por las autoridades autonómicas competentes que acredite la escolarización de los menores a su cargo. Igualmente se valora el esfuerzo de integración del extranjero acreditado mediante el informe positivo de la Comunidad Autónoma de su lugar de residencia; dicho esfuerzo de integración puede ser alegado por el extranjero como información a valorar en caso de no acreditar el cumplimiento de alguno de los requisitos previstos para la renovación de la autorización. 1789

El informe tiene como **contenido mínimo** la certificación, en su caso, de la participación activa del extranjero en acciones formativas destinadas al conocimiento y respeto de los valores constitucionales de España, los valores estatutarios de la comunidad autónoma en la que se resida, los valores de la UE, los derechos humanos, las libertades públicas, la democracia, la tolerancia y la igualdad entre mujeres y hombres, así como el aprendizaje de las lenguas oficiales del lugar de residencia; certificación que ha de mencionar expresamente al tiempo de formación dedicado a los ámbitos señalados. Y tiene en consideración las acciones formativas desarrolladas por entidades privadas debidamente acreditadas o por entidades públicas.

La **denegación** de la autorización contiene la advertencia al interesado de la obligatoriedad de su salida del país. Si los extranjeros realizasen efectivamente la salida del territorio español, no serán objeto de prohibición de entrada en el país y eventualmente podrán volver a España, con arreglo a las normas que regulan el acceso al territorio español (RD 557/2011 art.24.1 y 3).

Precisiones En el marco de los **programas voluntarios de retorno**, se ha introducido un trato preferente para la obtención de una nueva autorización de residencia o trabajo de aquellos extranjeros que hayan retornado a sus países de origen. Expresamente se prevé que el extranjero que, siendo titular de una autorización de residencia temporal, se acoja a un programa de retorno voluntario impulsado, financiado o reconocido por la Administración General del Estado, podrá obtener un trato preferente para su retorno a España (básicamente, la no consideración de la situación nacional de empleo y la posibilidad de que se presenten ofertas nominativas a favor de dicho trabajador en el procedimiento de gestión colectiva de contrataciones en origen) (RD 557/2011 art.122).

1791 **Modificación de la autorización** (RD 557/2011 art.203) Durante la vigencia de las autorizaciones iniciales de residencia y trabajo, el órgano competente del lugar donde se va a iniciar la relación laboral o la actividad por cuenta propia que motiva la solicitud puede modificar su alcance **en cuanto a** la ocupación, sector de actividad y/o ámbito territorial, **a petición** de su titular.

Si se trata de modificación del alcance de una autorización de residencia temporal y trabajo **por cuenta ajena**, se tiene en cuenta la situación nacional de empleo (nº 1734).

Las autorizaciones de residencia y trabajo **por cuenta propia** pueden mutarse en autorizaciones de trabajo por cuenta ajena y, viceversa, las autorizaciones de residencia y trabajo **por cuenta ajena** pueden mutarse en autorizaciones de residencia y trabajo por cuenta propia, a solicitud del interesado, siempre que se le haya renovado ya su autorización inicial o que presente la solicitud cuando corresponda solicitar su renovación y reúna las siguientes condiciones:

1. En el caso de las modificaciones **de cuenta ajena a cuenta propia**: han de cumplirse los requisitos establecidos para la autorización inicial de residencia temporal y de trabajo por cuenta propia (RD 557/2011 art.105) y tener constancia de la realización habitual de actividad laboral durante el periodo de vigencia de la autorización por un periodo igual al que correspondería si pretendiera su renovación.

2. En el caso de las modificaciones **de cuenta propia a cuenta ajena**: ha de haberse suscrito un contrato de trabajo que justifique la nueva actividad laboral del trabajador, y tener constancia del cumplimiento de las obligaciones tributarias y de Seguridad Social de su anterior actividad profesional.

Excepcionalmente, puede acceder a la modificación de la autorización inicial de residencia temporal y trabajo, sin que haya llegado el momento de renovarla, el extranjero que acredite una necesidad por **circunstancias sobrevenidas** para garantizar su subsistencia, como haber cesado cesado la actividad por cuenta propia o interrumpido la relación laboral por cuenta ajena, por causas ajenas a su voluntad.

La nueva autorización no amplía la **vigencia** de la autorización modificada. Cuando se trate de modificaciones solicitadas en el momento de la renovación, su vigencia es la que corresponde a la renovación.

No obstante, existe inviabilidad de tránsitos de autorizaciones **especiales a ordinarias** (nº 1724 y nº 1744).

b. Trabajador sin autorización de trabajo

(RD 557/2011 art.37 a 43 y 199)

1800 Es factible que un estudiante extranjero compatibilice sus estudios con una actividad laboral, o que un extranjero en posesión de una autorización de residencia (nº 1684) acceda al mercado laboral, excepto el caso de la estancia como turista (inferior a 90 días), solicitando la modificación a la situación de residencia y trabajo desde la situación de **estancia por estudios** o la **residencia legal** en los supuestos siguientes:

- los residentes por circunstancias excepcionales (RD 557/2011 art.202);
- los residentes por reagrupación (RD 557/2011 art.59).

1802 **Estudiantes** (LO 4/2000 art.33; RD 557/2011 art.37 a 42 y 199) Tiene la consideración de estudiante el extranjero que viene a España con la finalidad de cursar estudios o realizar trabajos de investigación o formación, no remunerados laboralmente.

La autorización administrativa de estudiante acredita la **estancia** de un extranjero que pretende cursar o ampliar estudios en España para llevar a cabo alguna de las siguientes **actividades** formativas:

- cursar o ampliar **estudios** a tiempo completo, en un centro autorizado, orientados a la obtención de un título o certificado de estudios;

- realizar trabajos de **investigación** o formación;
- participar en programas de **intercambio de alumnos** para seguir un programa de enseñanza secundaria o bachillerato en centros docentes o científicos, oficialmente reconocidos;
- realizar **prácticas no laborales**;
- realizar servicios de **voluntariado**.

La autorización de estancia se concede por la misma **duración** que la actividad para la que se concede, con un máximo de un año, o de 2 años cuando el programa de estudios se desarrolle en una institución de enseñanza superior autorizada y conduzca a la obtención de un título de educación superior reconocido, lo que puede incluir un curso preparatorio o unas prácticas de formación obligatoria. Puede prorrogarse anualmente si se siguen manteniendo las condiciones requeridas.

Los titulares de una autorización de estancia por estos motivos pueden obtener una **autorización para trabajar** por cuenta propia o ajena (nº 1804).

Precisiones **1)** También se incluyen las siguientes autorizaciones de residencia:
a. De 24 meses, para la **búsqueda de empleo** adecuado o para emprender un proyecto empresarial, a los estudiantes extranjeros que hayan finalizado sus estudios en España y alcanzado como mínimo el nivel 6 de acuerdo al Marco Europeo de Cualificaciones, correspondiente a la acreditación de Grado (L 14/2013 disp.adic.17ª redacc LO 2/2023).
b. Para participar en un **programa de prácticas**, a los extranjeros que hayan obtenido un título de educación superior en los 2 años anteriores a la fecha de solicitud o que estén realizando estudios que conduzcan a la obtención de un título de educación superior en España o en el extranjero (L 14/2013 disp.adic.18ª redacc LO 2/2023).
2) La Secretaría de Estado de Migraciones ha emitido **instrucciones** que clarifican los estudios que pueden ser objeto de una autorización de estancia y el procedimiento de solicitud, entre otros (SEM Instr 1/2023).

Actividad laboral supletoria (RD 557/2011 art.42 y 199) Los extranjeros que dispongan de la correspondiente autorización de estancia por estudios, formación, prácticas no laborales o servicios de voluntariado pueden ser autorizados a realizar **actividades laborales** por **cuenta ajena** en instituciones públicas o entidades privadas cuando el empleador, como sujeto legitimado, presente la solicitud de autorización de trabajo y los requisitos previstos. Asimismo, pueden ser autorizados a realizar actividades por **cuenta propia.** **1804**

Estas actividades deben ser **compatibles** con la realización de sus estudios, siempre que se trate de estudios superiores, de una formación reglada para el empleo, o para obtener un certificado de profesionalidad o de aptitud técnica o habilitación profesional necesaria para ejercer una ocupación concreta. La actividad laboral no puede ser superior a 30 horas semanales.

Para ello, el empleador debe presentar la **solicitud** de autorización de trabajo, concedida de acuerdo con las reglas generales, pero sin tomar en consideración la situación nacional de empleo. Su **vigencia** coincide con la duración de la autorización de estancia, es decir, la del curso para el que esté matriculado, del intercambio de alumnos, de las prácticas o del servicio de voluntariado, pudiendo prorrogarse si subsisten las circunstancias que motivaron la concesión anterior, siempre y cuando se haya obtenido la prórroga de la autorización de estancia.

Los estudiantes están exentos de cotizar por la contingencia de desempleo (RD 557/2011 disp.adic.16ª).

Cuando la relación laboral se inicie y desarrolle en el **ámbito territorial** de una sola comunidad autónoma a la que se haya traspasado la competencia ejecutiva de tramitación y resolución de las autorizaciones iniciales de trabajo por cuenta propia y ajena, corresponde a los órganos competentes de la comunidad autónoma la admisión, tramitación, resolución de solicitudes y, eventualmente, de los recursos administrativos.

Precisiones Se establece un régimen especial para los extranjeros que ostenten un título español de licenciado o graduado en medicina, farmacia, enfermería u otros títulos universitarios que habiliten para participar en las convocatorias anuales de pruebas selectivas para el acceso a **plazas de formación sanitaria especializada**, en tanto que estos estudiantes pueden realizar, si obtienen plaza, las actividades laborales (derivadas de lo previsto en el RD 1146/2006, por el que se regula la relación laboral especial de residencia para la formación de especialistas en Ciencias de la Salud), sin que sea necesario que dispongan de la correspondiente autorización de trabajo (RD 577/2011 art.43).

Modificación de situación (RD 557/2011 art.199) Los extranjeros en España en situación de estancia por estudios pueden acceder a la situación de residencia y trabajo, sin necesidad de solicitar visado ni tener en cuenta la situación nacional del empleo, cuando el **empleador** solicite la autorización y haya superado los estudios, la formación o las prácticas no laborales con aprovechamiento. **1806**

La autorización de residencia y trabajo tiene la consideración de **autorización inicial** y está condicionada a la **afiliación y alta** en Seguridad Social del trabajador en el plazo de un mes desde la notificación de la concesión al solicitante.
Asimismo, el trabajador ha de solicitar la tarjeta de identidad de extranjero **(TIE)** en el plazo de un mes desde la entrada en vigor de la autorización, personalmente, ante la oficina de extranjería o la comisaría de policía.
El extranjero que se acoja a esta posibilidad puede solicitar una autorización de residencia a favor de **familiares** en situación de estancia que estén conviviendo con él en el momento de la solicitud, siempre que acredite suficiencia económica y disponibilidad de vivienda adecuada (RD 557/2011 art.41). La autorización así concedida es de residencia por reagrupación familiar.
La **autorización** de residencia y trabajo -y, en su caso, la autorización de residencia para los familiares- ha de solicitarse durante los 60 días previos o los 90 posteriores a la vigencia de la autorización de estancia principal por estudios, lo que la prorroga hasta que recaiga resolución sobre aquella.

Precisiones La Secretaría de Estado de Migraciones ha emitido instrucciones que clarifican, dentro de los diferentes supuestos de movilidad a España por estudios, cuáles pueden obtener una **habilitación automática para trabajar**, sin perjuicio de la posibilidad de solicitar la compatibilidad de realización de la actividad formativa con la laboral (SEM Instr 1/2023 Cuarta).

1808 **Residencia legal** (RD 557/2011 art.200) Los extranjeros con residencia legal en España (nº 1684) durante al menos el **plazo** de un año pueden acceder a la situación de residencia y trabajo por cuenta ajena cuando el **empleador** presente la solicitud de autorización y se cumplan los requisitos a tal fin, sin necesidad de tener en cuenta la situación nacional del empleo. Esta posibilidad ha sido extendida a los extranjeros titulares de un certificado de registro como ciudadano comunitario o de una tarjeta de residencia de familiar de un ciudadano de la UE, cuando hayan cesado en tal condición.
El plazo de un año puede reducirse cuando el extranjero acredite necesidad de trabajar por **circunstancias sobrevenidas** para garantizar su subsistencia, ni si se ha accedido a la residencia por **reagrupación** o el **cónyuge** ha accedido a una autorización de residencia temporal independiente (RD 557/2011 art.56 s.).
La eficacia de la autorización está condicionada a la **afiliación y alta** en Seguridad Social en el plazo de un mes desde la notificación de su concesión al solicitante.

3. Trabajador extranjero en España en situación irregular

(LO 4/2000 art.31.3, 53.1.b, 54.1.d y f, 55 y 57; RD 557/2011 tít.V; CP art.311 bis y 312.2)

1815 El **empresario** no puede contratar un trabajador extranjero extracomunitario si carece de autorización de residencia y trabajo. Y si contrata a un extranjero en situación irregular puede incurrir en:
1. Una **infracción muy grave** por cada uno de los trabajadores ocupados sin autorización, sancionable con multa de 10.001 € a 100.000 € (nº 1855). Se consideran infracciones muy graves las conductas consistentes en simular una relación laboral con un extranjero cuando dicha conducta se realice con ánimo de lucro o con el propósito de obtener indebidamente derechos reconocidos por la Ley de Extranjeria, siempre que dicha actuación no incurra en delito.
2. Un **delito** contra los derechos de los trabajadores. Se sanciona con prisión de 3 a 18 meses o multa de 12 a 30 meses a quien de forma reiterada emplee o dé ocupación a ciudadanos extranjeros o menores de edad sin permiso de trabajo. Asimismo, se sanciona con penas de prisión de 2 a 5 años y multa de 6 a 12 meses a quien emplee a extranjeros sin autorización de trabajo en condiciones que perjudiquen, supriman o restrinjan los derechos reconocidos en disposiciones legales, convenio colectivo o contrato individual.
El **trabajador** incurre también en **infracción grave** sancionable con multa de 501 € a 10.000 € o con la expulsión.
El **grado de sanción** ha de ajustarse a criterios de proporcionalidad, valorando el grado de culpabilidad, el daño producido o el riesgo derivado de la infracción y, para determinar la cuantía de la sanción, la capacidad económica del infractor.
En estos casos, el procedimiento sancionador se inicia por acta de la ITSS, correspondiendo la **tramitación de los expedientes sancionadores** y la imposición de sanciones a las Jefaturas de la ITSS y, en su caso, a los órganos competentes de las CCAA.
Con independencia de ello, el **contrato** es **válido** en cuanto a los derechos del trabajador extranjero y de las posibles prestaciones que pudieran corresponderle, si bien no puede obtener las de desempleo (L 4/2000 art.36.5).

No obstante, se puede producir el acceso al mercado no contando con ningún tipo de autorización, mediante las denominadas **regularizaciones**. Se pueden distinguir los siguientes **supuestos**, sin que sea exigible el visado:
- regularizaciones por **arraigo** (nº 1825 s.);
- regularizaciones por razones humanitarias, de colaboración con la Justicia o cuando concurran razones de **interés público** (nº 1840 s.).

En relación a las infracciones en las que puede incurrir el empresario **desde el 20-5-2025**, ver nº 2015.

Precisiones 1) Se ha considerado delito tener **trabajando** durante mes y medio a una súbdita extranjera como empleada doméstica y a la vez en un establecimiento abierto al público, **sin remuneración** ni reconocimiento de ningún otro derecho, por la circunstancia de no poder hacer frente a la cantidad que le reclamaban por facilitarle ese trabajo, reteniéndole el pasaporte mientras no abonara esa deuda (TS penal 24-2-05, EDJ 23869). **1817**

2) La **autorización administrativa** debe ser solicitada por el empleador y su **carencia** no invalida el contrato de trabajo respecto de los **derechos** de los trabajadores que carecen de autorización de trabajo, que pueden exigir al empresario el cumplimiento de todas las obligaciones laborales que nacen de cualquier relación laboral conforme a lo que dispone el ET, incluida una eventual reclamación por **despido** (TS 29-9-03, EDJ 127727; 21-6-11, EDJ 198190; 17-9-13, EDJ 193292; TSJ Galicia 31-1-24, EDJ 508202). No obstante, no existe unanimidad respecto a los efectos de la **improcedencia** del despido: unos tribunales limitan la condena al pago de la indemnización (TSJ Burgos 25-11-03, EDJ 229179; TSJ C.Valenciana 11-5-04, EDJ 207573); mientras que otros condenan a la readmisión o a la indemnización según opción del empresario (TSJ Madrid 30-9-02, EDJ 58932; 10-5-05, EDJ 86297).

Ello supone también derecho a todas las prestaciones de Seguridad Social que puedan corresponderle, tanto las derivadas de **contingencias profesionales** como de **contingencias comunes** (TSJ Valladolid 4-12-00, EDJ 66411). Sin embargo, la **prestación de desempleo** solo la puede obtener el extranjero residente que ha realizado servicios por cuenta ajena con la pertinente autorización para trabajar, no el que se encuentra en España en situación irregular (TS 12-11-08, EDJ 234713; TSJ Cataluña 4-3-10, EDJ 72605; TSJ Galicia 17-1-11, EDJ 30172).

a. Regularizaciones por arraigo

(LO 4/2000 art.31.3; RD 557/2011 art.124 y 129.1)

El arraigo es una **vía excepcional** de obtención de una autorización de residencia temporal, **1825**
que está dirigida a los extranjeros que ya **se encuentran en España** y cuya situación administrativa es irregular, pero que mantienen especiales vínculos sociales, económicos o familiares con el territorio o con otros individuos legalmente residentes en él, o que obtienen determinada formación. Extremos que han de ser convenientemente probados (TS cont-adm 13-5-08, EDJ 56578; 24-6-08, EDJ 103426).

La **autorización de residencia** por razones de arraigo, previa solicitud personal del extranjero, salvo menor de edad o incapaz, se puede conceder en cuatro **supuestos**:
- arraigo laboral;
- arraigo social;
- arraigo familiar (que corresponde a la situación de padre o madre de menor de nacionalidad española que esté a su cargo, o a la situación de hijos de padre o madre que hubieran sido originariamente españoles);
- arraigo para la formación.

En estos supuestos, salvo las autorizaciones de menores de edad, la concesión de la autorización de residencia lleva aparejada una **autorización de trabajo**.

En relación a la regularización por razones de arraigo **desde el 20-5-2025**, ver nº 2025 s.

Precisiones La Secretaría de Estado de Migraciones ha emitido **instrucciones sobre la autorización de residencia y trabajo temporal** en los distintos tipos de arraigo. Incide, entre otras cuestiones, en los estudios que permiten acceder al arraigo para la formación y en la posibilidad de prorrogar las autorizaciones de residencia temporal por arraigo laboral, social o familiar, su duración y condiciones y sobre diversos requisitos comunes a las autorizaciones de residencia temporal por arraigo: situación regular o no del extranjero, duración de las ausencias de España y certificado de antecedentes penales (SEM Instr 1/2022).

Arraigo laboral (RD 557/2011 art.123, 124.1 y 128; DGI Instr 3-8-05) Puede obtenerse la autorización de **1827**
residencia temporal por arraigo sociolaboral si se acredita el cumplimiento acumulativo de los siguientes requisitos:

1. La **permanencia** en el país durante, al menos, 2 años, que debe probarse mediante documentos originales o copias debidamente compulsadas y se considera continuada siempre que las ausencias no hayan superado los 90 días en los 2 últimos años.

2. La existencia de **relaciones laborales** cuya duración no sea inferior a 6 meses. Puede acreditarse mediante la presentación de cualquier medio de prueba que acredite la existencia de una relación laboral previa realizada en situación legal o residencia. A estos efectos, debe acreditar la realización de una actividad que en los 2 últimos años suponga:
- actividad por cuenta ajena: una jornada de, al menos, 30 horas semanales en el periodo de 6 meses o de 15 horas semanales en un periodo de 12 meses;
- actividad cuenta propia: una actividad continuada de, al menos, 6 meses.
3. Carecer de **antecedentes penales** en España y en sus países anteriores durante los últimos 5 años de residencia por delitos existentes en el ordenamiento español.
4. Encontrarse en **situación de irregularidad** en el momento de la solicitud.
5. No encontrarse dentro del plazo de **compromiso de no retorno** a España que el extranjero haya asumido al retornar voluntariamente a su país de origen.
6. No tener prohibida la entrada en España y **no** figurar como **rechazable** en los Estados miembros del espacio Schengen.
Una vez concedida la autorización, los empresarios están obligados a solicitar la afiliación y alta al sistema de la Seguridad Social de los trabajadores que ingresen a su servicio. El extranjero puede solicitar la **tarjeta de identidad de extranjero**, personalmente, en el plazo de un mes desde la entrada en vigor de la autorización de residencia temporal por arraigo laboral.

Precisiones 1) Para la **acreditación de la permanencia**: basta aquella que atestigüe de forma objetiva la secuencia de la permanencia continuada, aunque se otorga preferencia a la acreditación mediante aquellos documentos emitidos y/o registrados por una Administración Pública española (DGI Instr 3-8-05 II); a título de ejemplo, se toman en consideración documentos relativos a: el empadronamiento, una hospitalización, una consulta médica en la sanidad pública o cualquier documentación municipal, autonómica o estatal que justifique la presencia en España (TSJ cont-adm 30-10-23, EDJ 739260). No obstante, el período permanencia mínimo es un requisito ineludible, y no puede acreditase mediante un certificado de empadronamiento en el que no conste su fecha (TS cont-adm 21-3-07, EDJ 18121).
2) Para la **acreditación de la irregularidad laboral**: se señala que se considera relación laboral, a estos efectos, la que haya tenido lugar de forma continuada o no, con el mismo o diferente empleador, siempre que de forma acreditada su duración no sea, en conjunto, inferior a 6 meses.
3) La situación de mera permanencia y trabajo en España de los **solicitantes de asilo** a los que se deniega la petición y la impugnan no está vinculada a la situación de estancia, sino que es una medida preventiva de mera tolerancia, por lo que no puede servir para adquirir la residencia por arraigo laboral (TS cont-adm 24-1-24, EDJ 503473).

1829 **Arraigo social** (RD 557/2011 art.124.2 y 5 y 128; DGI Instr 22-6-05) El descenso en el número de solicitudes de entrada y un aumento de procedimientos instados por extranjeros en España, mayoritariamente a través de solicitudes de arraigo social, forzó al legislador a regular de forma mucho más detallada los mecanismos para acreditar dicho arraigo social. Exige reunir los siguientes **requisitos**:
1. Acreditar la **permanencia continuada en España** durante un **periodo** mínimo de 3 años. Para que este requisito se cumpla, las ausencias de España durante este período no pueden superar los 120 días.
2. Carecer de **antecedentes penales** en España y en su país de origen o en el país o países en que haya residido durante los últimos 5 años.
3. No tener prohibida la entrada en España y **no** figurar como **rechazable** en los Estados miembros del espacio Schengen.
4. No encontrarse dentro del plazo de **compromiso de no retorno** a España que el extranjero haya asumido al retornar voluntariamente a su país de origen.
5. Contar con un **contrato de trabajo** firmado por el trabajador y el empresario que:
- garantice un salario igual o superior al SMI o al establecido en el convenio colectivo aplicable, cuya suma represente una jornada semanal no inferior a 30 horas en el cómputo global.
Cuando se acredite tener a cargo menores o personas que precisen medidas de apoyo para el ejercicio de su capacidad jurídica, el contrato puede tener una duración mínima de 20 horas.
La contratación ha de estar basada en la existencia de un solo contrato, salvo en los siguientes **supuestos:**
- en el caso del sector agrario, cabe la presentación de dos o más contratos, con distintos empleadores y concatenados;
- en el supuesto de trabajo a tiempo parcial en una misma o distinta ocupación, se admite la prestación de varios contratos.
6. Acreditar **vínculos familiares con otros extranjeros residentes** (cónyuges o parejas de hecho registradas, ascendientes y descendientes en primer grado y línea directa), o presentar un **informe de arraigo social** emitido por la comunidad autónoma en la que tenga su domicilio habitual. Este informe debe ser emitido y notificado al interesado en el plazo de 30 días desde

la solicitud. A estos efectos, el órgano autonómico competente puede realizar consulta al Ayuntamiento donde el extranjero tenga su domicilio habitual sobre la información que pueda constar al mismo. El informe puede ser emitido por la Corporación local en la que el extranjero tenga su domicilio habitual, cuando así haya sido establecido por la comunidad autónoma competente, siempre que ello haya sido previamente puesto en conocimiento de la Secretaría de Estado de Migraciones. Sobre el informe, ver Instr 28-6-11.
El órgano que emite el informe puede recomendar que se **exima** al extranjero de la necesidad de contar con un **contrato de trabajo**, siempre y cuando acredite que cuenta con medios económicos suficientes que supongan, al menos, el 100% de la cuantía de la renta garantizada del ingreso mínimo vital con carácter anual.

Precisiones 1) Respecto a la **documentación acreditativa de la permanencia** (TSJ Galicia cont-adm 22-1-20, EDJ 528834). Y ver lo recogido al respecto en el arraigo laboral (nº 1827, precisión 1). 1831
2) En los supuestos de arraigo basados en la **acreditación de vínculos familiares con otros extranjeros residentes**, estos deben certificarse mediante certificado de matrimonio o del registro de parejas, certificado de nacimiento u otros documentos; o informe de inserción social emitido por la comunidad autónoma del domicilio habitual del solicitante (https://www.inclusion.gob.es/web/migraciones/w/autorizacion-residencia-temporal-por-circunstancias-excepcionales.-arraigo-social?p_l_back_url=%2Fweb%2Fmigraciones%2Fbuscador%3Fq%3Darraigo).
3) En el **informe** ha de constar: el tiempo de permanencia del interesado en su domicilio, los medios de vida con los que cuente, su grado de conocimiento de las lenguas que se utilicen, la inserción en las redes sociales de su entorno, los programas de inserción socio-laboral de instituciones públicas o privadas en los que haya participado y cuantos extremos puedan servir para determinar su grado de arraigo. Simultáneamente a su notificación al interesado y por medios electrónicos, la comunidad autónoma ha de dar traslado del informe a la oficina de extranjería competente.
4) Además de presentando un contrato de trabajo, también puede obtenerse la autorización de residencia por **disponer de medios económicos** suficientes para la manutención del solicitante, por contar con medios de vida propios o derivados de sus familiares directos o que provengan de una actividad por cuenta propia, no computándose como tales las cantidades que el solicitante pueda percibir en concepto de ayuda social (TSJ País Vasco cont-adm 27-1-15, EDJ 34285).

Arraigo familiar (RD 557/2011 art.124.3) Se puede conceder una autorización de residencia por arraigo familiar a: 1833
1. **Padre, madre o tutor legal** de un menor de nacionalidad española, siempre que la persona progenitora o tutora solicitante tenga a cargo y conviva con este o esté al corriente de las obligaciones paternofiliales respecto al mismo. La autorización se concede por 5 años y habilita a trabajar por cuenta ajena y por cuenta propia.
2. **Persona que preste apoyo a la persona con discapacidad** de nacionalidad española para el ejercicio de su capacidad jurídica, siempre que le tenga a su cargo y conviva con ella. La autorización se concede por 5 años y habilita a trabajar por cuenta ajena y por cuenta propia.
3. **Cónyuge o pareja de hecho** acreditada, **ascendientes** mayores de 65 años o menores de 65 años a cargo, **descendientes** menores de 21 años o mayores de 21 años, a cargo de ciudadano o ciudadana de nacionalidad española o de su cónyuge o pareja de hecho. La autorización se concede por 5 años y habilita a trabajar por cuenta ajena y por cuenta propia.
4. **Hijos** de padre o madre que hubieran sido originariamente españoles. La autorización se concede por un año y habilita a trabajar por cuenta ajena y por cuenta propia; cuando termine, se puede solicitar su prórroga anual o modificarla a una autorización de residencia o de residencia y trabajo (RD 557/2011 art.129.1 y 130).

Precisiones Con la inclusión de los supuestos 1) y 4) se asume la doctrina establecida en la TJUE 8-3-11, asunto Ruiz Zambrano C-34/09).

Arraigo para la formación (RD 577/2011 art.124.4) Pueden obtener una autorización de residencia provisional, por tiempo de 12 meses, los extranjeros que cumplan, de forma acumulativa, los siguientes **requisitos**: 1835
1. Acreditar la **permanencia continuada** en España durante un periodo mínimo de 2 años.
2. Carecer de **antecedentes penales** en España y en su país de origen o en el país o países en que haya residido durante los últimos 5 años.
3. Comprometerse a realizar una **formación** reglada para el empleo o a obtener un certificado de profesionalidad, o una formación conducente a la obtención de la certificación de aptitud técnica o habilitación profesional necesaria para el ejercicio de una ocupación específica o una promovida por los servicios públicos de empleo y orientada al desempeño de ocupaciones incluidas en el Catálogo de ocupaciones. O, en el ámbito de la formación permanente de las universidades, a la realización de cursos de ampliación o actualización de competencias y habilidades formativas o profesionales así como de otras enseñanzas propias de formación permanente.

La **matriculación** y la aportación de la acreditación de la misma debe producirse en el plazo de 3 meses desde la notificación de la concesión de la autorización de residencia. Si no se aporta, la oficina de extranjería puede extinguir la autorización. Cuando la matriculación esté supeditada a periodos concretos de matriculación, ha de remitirse a la oficina de extranjería prueba de la matrícula en un periodo máximo de 3 meses desde que finaliza dicho plazo.
La autorización puede **prorrogarse** por otros 12 meses cuando la duración de la formación sea superior a 12 meses o exceda la vigencia de la primera autorización concedida.
Superada la formación y mientras esté vigente la autorización, el interesado puede presentar la **solicitud de autorización de residencia y trabajo** ante la oficina de extranjería, junto con un contrato de trabajo firmado por el trabajador y el empresario que garantice al menos el SMI o el salario establecido en el convenio colectivo aplicable, y prueba de haber superado la formación prevista en la solicitud provisional. En este caso, la oficina de extranjería concede una autorización de 2 años que habilita para trabajar.

Precisiones La Secretaría de Estado de Migraciones ha emitido **instrucciones** para la correcta **aplicación del arraigo para la formación** (SEM Instr 1/2022). Se pronuncia sobre:
- Los tipos de estudios y acciones que constituyen formación válida y, por tanto, pueden solicitarse en el arraigo para la formación, cómo debe realizarse y en qué plazos.
- La duración y los aspectos a acreditar para obtener la autorización de residencia y trabajo tras finalizar tal formación.
- El tipo de contrato válido a efectos de las autorizaciones de residencia y trabajo en las figuras de arraigo social y para la formación, su duración y características.
- La posibilidad de prorrogar las autorizaciones de residencia temporal por arraigo laboral, social o familiar, su duración y condiciones.

b. Regularización por otras circunstancias excepcionales

(LO 4/2000 art.31.3; RD 557/2011 art.123, 127, 128 y 129.2)

1840 Se puede conceder, en atención a circunstancias excepcionales y a otras situaciones singulares, una autorización de residencia temporal que habilite directamente para trabajar o que permita la solicitud de una autorización para trabajar. Dicho procedimiento está previsto en los **supuestos** siguientes:
- extranjeros **retornados voluntariamente** a su país;
- víctima de **violencia de género o de violencia sexual** (nº 1844);
- colaboración contra **redes organizadas** (nº 1846);
- colaboración con la **autoridad laboral** en la lucha contra la economía sumergida (nº 1848);
- víctima de **trata de seres humanos** (nº 1850);
- por otras circunstancias excepcionales, entre las que se encuentran el arraigo, la protección internacional, las **razones humanitarias**, la colaboración con autoridades públicas, la seguridad nacional o el interés público y estar trabajando en situación irregular durante un periodo mínimo de 6 meses en el último año (RD 557/2011 art.123 a 130) (nº 1842).

Dicha autorización no requiere visado y ha de ser **solicitada** personalmente por el extranjero, salvo en el caso de menores o personas discapacitadas. En el plazo de un mes desde su concesión, debe solicitar la tarjeta de identidad de extranjero ante la oficina de extranjería o la comisaría de policía correspondiente.
El extranjero puede solicitar también **autorización para trabajar** de manera simultánea a la **solicitud** de autorización de residencia o durante el período de vigencia de la misma, siempre que acredite el cumplimiento de los siguientes **requisitos**:
1. Si se solicita para trabajar **por cuenta ajena**:
- presentar un contrato con garantía de actividad continuada, ajustado a la normativa y al convenio colectivo aplicable;
- la empresa contratante ha de estar al corriente de sus obligaciones tributarias y con la Seguridad Social y contar con medios económicos, materiales o personales, suficientes para su proyecto empresarial;
- condiciones de trabajo ajustadas a la normativa vigente;
- tener la capacitación y, en su caso, la cualificación profesional legalmente exigida;
- abonar la tasa correspondiente.

2. Si se solicita para trabajar por cuenta propia:
- cumplir los requisitos legales para la apertura y funcionamiento de la actividad proyectada;
- tener la cualificación profesional legalmente exigida o experiencia acreditada suficiente en el ejercicio de la actividad profesional, así como, en su caso, la colegiación;
- acreditar la suficiencia de la inversión prevista;
- abonar la tasa correspondiente.

En relación con la regularización por otras circunstancias excepcionales **desde el 20-5-2025**, ver nº 2045.

Precisiones Las circunstancias excepcionales han de afectar de forma concreta al extranjero, no siendo suficiente la alegación de **situación de crisis general** del país de origen (TSJ Extremadura cont-adm 31-10-05, EDJ 198630).

Residencia temporal por razones humanitarias (RD 557/2011 art.126) Se puede conceder autorización de residencia por razones humanitarias en los siguientes **supuestos**: 1842

1. Extranjeros víctimas de delitos contra los derechos de los trabajadores; delitos con circunstancias agravantes de motivos racistas, antisemitas o discriminatorios; o delitos de violencia en el entorno familiar, siempre que haya recaído resolución judicial firme en la que se establezca esa condición de víctima.

2. Extranjeros que sufran una enfermedad sobrevenida grave que requiera asistencia sanitaria especializada, no accesible en su país de origen y que, de ser interrumpida o no recibirla, suponga un grave riesgo para la salud o la vida. No se requiere que la enfermedad sea sobrevenida cuando haya necesidad imprescindible de prolongar la permanencia de un menor extranjero desplazado temporalmente a España a efectos de tratamiento médico.

3. Extranjeros cuyo traslado a su país de origen implique un peligro para la seguridad de él o de su familia.

Precisiones Los extranjeros que no pueden conseguir el visado, porque su traslado al país del que son originarios implica un **peligro para su seguridad o la de su familia**, pueden solicitar su exención. A estos efectos, no es válida la mera presentación de la fotocopia de un certificado emitido por un partido político en el que se indica que, por ser activista del partido, se ha granjeado la animadversión de sectores del partido de gobierno, amenazando su integridad física y la tranquilidad de su hogar. Y ninguna otra prueba lo corrobora: no hay declaraciones testificales, acreditación de la persecución de dicho partido a través de prensa del país o cualquier otro elemento que pudiera llevar a la convicción de que su seguridad corre peligro si regresa a su patria (TSJ Cantabria cont-adm 23-5-05, EDJ 81489).

Víctimas de violencia de género o de violencia sexual (LO 4/2000 art.31 bis; RD 557/2011 1844
art.131 a 134) La mujer extranjera en situación irregular que se encuentre afectada por violencia de género o por violencia sexual puede solicitar, ante la oficina de extranjería correspondiente, una **autorización de residencia y trabajo** por circunstancias excepcionales, por sí misma o a través de representante, desde el momento en que se haya dictado una orden de protección a su favor o emitido informe del Ministerio Fiscal en el que se aprecie la existencia de indicios de violencia de género.

Dicha autorización de residencia también puede extenderse a favor de sus **hijos menores** de edad, o de residencia y trabajo por circunstancias excepcionales en caso de mayores de 16 años, que se encuentren en España en el momento de la denuncia.

Presentada la solicitud, el Delegado o Subdelegado del Gobierno concede de oficio una **autorización provisional** de residencia y trabajo, que implica la posibilidad de trabajar, por cuenta ajena o por cuenta propia, en cualquier ocupación, sector de actividad y ámbito territorial. Y, en su caso, autorizaciones de residencia o de residencia y trabajo provisionales a favor de sus hijos menores de edad o que tengan una discapacidad y no sean objetivamente capaces de proveer sus necesidades. Esta autorización provisional a favor de hijos mayores de 16 años que se encuentren en España en el momento de la denuncia tiene el mismo alcance que la de su madre.

El alcance de la autorización se consolida o se extingue en función del contenido de la **resolución judicial** que ponga fin al proceso por violencia de género.

Para su **concesión definitiva** se requiere que el procedimiento penal concluya con sentencia condenatoria o con una resolución judicial de la que se deduzca que la mujer ha sido víctima de violencia de género o de violencia sexual, incluido el archivo de la causa por encontrarse el imputado en paradero desconocido o el sobreseimiento provisional por expulsión del denunciado.

Colaboración contra redes organizadas (LO 4/2000 art.59; RD 557/2011 art.127, 135 a 139) Se 1846
puede conceder una autorización de residencia al extranjero que, estando irregularmente en España, **colabore con las autoridades** administrativas, policiales, fiscales o judiciales y sea víctima, perjudicado o testigo de un acto de tráfico ilícito de seres humanos, inmigración ilegal, explotación laboral o de tráfico ilícito de mano de obra o de explotación en la prostitución abusando de su situación de necesidad; así como cuando concurran razones de **interés público o seguridad nacional**.

A estos efectos, las **autoridades** pueden instar a los organismos competentes la concesión de autorización de residencia o de residencia y trabajo a la persona que se encuentre en uno de los supuestos.

La **competencia** para su resolución -que puede ser delegada- corresponde a:
- la Secretaría de Estado de Seguridad, en caso de colaboración con autoridades policiales, fiscales o judiciales;
- la Secretaría de Estado de Inmigración o Emigración, en caso de colaboración con autoridades administrativas o interés público.

La **concesión** de la autorización de residencia temporal por estas circunstancias lleva aparejada una autorización de trabajo en España durante la vigencia de aquella, con excepción de la que se conceda a los menores de edad laboral o en casos de exención del requisito de contar con contrato por contar con medios económicos que no deriven de la realización de una actividad por cuenta propia.

En virtud de su carácter excepcional, las autorizaciones concedidas tienen una **vigencia** de un año, sin perjuicio de posibles prórrogas.

1848 **Colaboración con la autoridad laboral tras haber trabajado irregularmente** (RD 557/2022 art.127.2) Se puede conceder una autorización de trabajo a aquellas personas extranjeras que acrediten ante la ITSS haber estado trabajando en España de forma irregular por un periodo mínimo de 6 meses en el último año y cumplan los requisitos para la concesión de la una autorización por cuenta ajena inicial, salvo el de encontrarse en situación irregular en territorio español (RD 577 art.64.2).

La autorización tiene un año de **duración** y habilita a trabajar por cuenta ajena y propia. La **solicitud** puede ser presentada por la persona interesada o de oficio por parte de la autoridad laboral y debe incorporar, bien la resolución judicial o administrativa relativa al acta de infracción emitida por la ITSS, bien un acta de conciliación en la que el empleador reconozca la irregularidad de la contratación.

1850 **Víctima de trata de seres humanos** (LO 4/2000 art.59 bis; RD 557/2011 art.140 a 146) El extranjero que se encuentre en situación irregular en España y haya sido declarado víctima de la trata de seres humanos puede ser autorizado a residir y trabajar. La autorización tiene una **vigencia** de 5 años e implica la posibilidad de trabajar, por cuenta ajena o por cuenta propia, en cualquier ocupación, sector de actividad y ámbito territorial, sin perjuicio de la posibilidad de su titular de solicitar la residencia de larga duración, a cuyo efecto se computa el tiempo durante el que ha sido titular de una autorización provisional.

La **solicitud** se debe presentar ante la Delegación o Subdelegación del Gobierno que ha determinado la exención de responsabilidad.

El extranjero puede solicitar para él y, en su caso, para sus hijos, el **retorno asistido a su país de procedencia**, en cualquier momento desde que sean apreciados motivos razonables sobre su posible condición de víctima de trata de seres humanos, sin perjuicio de que las autoridades competentes en el marco de la investigación de un delito o procedimiento penal puedan determinar su necesaria permanencia en territorio español.

4. Infracciones y sanciones

(LISOS art.33 a 37; LO 4/2000 art.50 a 58; RD 557/2011 art.254)

1855 Aunque las infracciones en materia de extranjería se regulan en la Ley de Extranjería (LO 4/2000 art.51 a 55), el texto refundido de la Ley sobre Infracciones y Sanciones en el Orden Social (LISOS art.37) también establece infracciones en materia de autorizaciones de trabajo de extranjeros. Si bien esta regulación no se encuentra derogada expresamente, puede entenderse que sí lo está en este aspecto (CC art.2.2).

Para la imposición de sanciones en materia de emigración y movimientos migratorios es competente la **ITSS**, salvo en aquellas CCAA a las que se haya traspasado la competencia inspectora y la competencia en materia de autorizaciones iniciales de trabajo por cuenta propia o ajena cuya relación laboral se desarrolle en el ámbito de la **comunidad autónoma** (por ejemplo, Cataluña), en cuyo caso son competentes los inspectores autonómicos.

Respecto las infracciones y sanciones **desde el 20-5-2025**, ver nº 2065.

Infracciones de los empresarios (LO 4/2000 art.52.e, 53.1.e, 53.2.a y 54.1.d y f y 55; RD 557/2011 art.253 y 254) En materia de extranjería y movimientos migratorios, constituyen infracciones imputables al empresario las siguientes: 1857

1. **Leves**

Infracción	Sanción (multa €)	Procedimiento sancionador
Contratación de trabajadores cuya autorización no les habilita para trabajar en esa ocupación o ámbito geográfico, incurriéndose en una infracción por cada uno de los trabajadores extranjeros ocupados.	De 50 a 500 (1)	LISOS (2)

(1) Responsabilidad solidaria del contratista principal y de todos los contratistas intermedios.
(2) El procedimiento se inicia por acta de la ITSS, de acuerdo con lo establecido en el procedimiento sancionador por infracciones del orden social.

2. **Graves**

Infracción	Sanción (multa €)	Procedimiento sancionador
No dar de alta, en el régimen de la Seguridad Social que corresponda, al trabajador extranjero cuya autorización de residencia y trabajo por cuenta ajena hubiera solicitado. Si bien está exento de esta responsabilidad el empresario que comunique a las autoridades competentes la concurrencia de razones sobrevenidas que puedan poner en riesgo objetivo la viabilidad de la empresa o que, conforme a la legislación, impidan el inicio de dicha relación	De 501 a 10.000 + sufragio costes del viaje	LISOS (1)
No registrar el contrato de trabajo en las condiciones que sirvieron de base a la solicitud, cuando el empresario tenga constancia de que el trabajador se halla legalmente en España habilitado para el comienzo de la relación laboral. No obstante, está exento de esta responsabilidad el empresario que comunique a las autoridades competentes la concurrencia de razones sobrevenidas que puedan poner en riesgo objetivo la viabilidad de la empresa o que, conforme a la legislación, impidan el inicio de dicha relación.	De 501 a 10.000 + sufragio costes del viaje	LISOS (1)
Cometer una **tercera infracción leve**, cuando en el plazo de un año anterior hubiera sido sancionado por 2 faltas leves de la misma naturaleza.	De 501 a 10.000	Ordinario

(1) El procedimiento se inicia por acta de la ITSS, de acuerdo con lo establecido en el procedimiento sancionador por infracciones del orden social.

3. **Muy graves**

Infracción	Sanción (multa €)	Procedimiento sancionador
Contratación de trabajadores sin haber obtenido con carácter previo la correspondiente autorización de residencia y trabajo, incurriéndose en una infracción por cada uno de los trabajadores extranjeros ocupados, siempre que el hecho no constituya delito.	De 10.001 a 100.000 (1) + clausura del establecimiento o local de 6 meses a 5 años	LISOS (2)
Simular la relación laboral con un extranjero, cuando dicha conducta se realice con ánimo de lucro o con el propósito de obtener indebidamente derechos reconocidos legalmente, siempre que tales hechos no constituyan delito.	De 10.001 a 100.000.	LISOS (2)
Cometer una **tercera infracción grave** siempre que en un plazo de un año anterior hubiera sido sancionado por dos faltas graves de la misma naturaleza	De 10.001 a 100.000.	Ordinario

(1) Responsabilidad solidaria del contratista principal y de todos los contratistas intermedios.
(2) El procedimiento se inicia por acta de la ITSS, de acuerdo con lo establecido en el procedimiento sancionador por infracciones del orden social.

Cuando el infractor sea extranjero, se puede sustituir la sanción económica por la **expulsión** del territorio español, previa la tramitación del expediente administrativo por el procedimiento ordinario.

1859 **Infracciones de los trabajadores extranjeros** (LO 4/2000 art.52 a 55 y 57; RD 557/2011 art.254)

El extranjero puede incurrir en las siguientes infracciones:

1. **Leves**

Infracciones	Sanción (multa €)	Procedimiento sancionador
Omisión o el retraso en la comunicación a las autoridades españolas de los cambios de nacionalidad, de estado civil o de domicilio, así como de otras circunstancias determinantes de su situación laboral cuando les sean exigibles por la normativa aplicable.	Hasta 500	Simplificado
Retraso, hasta 3 meses, en la **solicitud de renovación** de las autorizaciones una vez que éstas hayan caducado.	Hasta 500	Simplificado
Encontrarse trabajando en España **sin haber solicitado autorización administrativa** para trabajar por cuenta propia, cuando se cuente con autorización de residencia temporal.	De 50 a 500	LISOS (1)
Encontrarse trabajando en una ocupación, sector de actividad, o ámbito geográfico **no contemplado por la autorización** de residencia y trabajo de la que es titular.	De 50 a 500	LISOS (1)

(1) El procedimiento se inicia por acta de la ITSS, de acuerdo con lo establecido en el procedimiento sancionador por infracciones del orden social.

2. **Graves**

Infracciones	Sanción (multa €)	Procedimiento sancionador
Encontrarse **irregularmente** en territorio español, por no haber obtenido la prórroga de estancia, carecer de autorización de residencia o tener caducada más de 3 meses la autorización, siempre que el interesado no hubiera solicitado la renovación de la misma en plazo.	De 501 a 10.000 Sustituible por **expulsión**	Ordinario Preferente (1)
Encontrarse trabajando en España **sin haber obtenido autorización de trabajo** o autorización administrativa previa para trabajar, cuando no cuente con autorización de residencia válida.	De 501 a 10.000 Sustituible por **expulsión**.	LISOS (2)
Incurrir en ocultación dolosa o falsedad grave en el cumplimiento de la obligación de poner en conocimiento de las autoridades competentes los **cambios que afecten a nacionalidad, estado civil o domicilio**, así como incurrir en falsedad en la declaración de los datos obligatorios para cumplimentar el alta en el padrón municipal a los efectos previstos en la ley de extranjería, siempre que tales hechos no constituyan delito.	De 501 a 10.000 Sustituible por **expulsión**.	Ordinario
Incurrir en falsedad en la declaración de los datos obligatorios para cumplimentar el **alta en el padrón**, siempre que no constituya delito.	De 501 a 10.000 Sustituible por **expulsión**.	Ordinario
Incumplir las **medidas impuestas** por razón de seguridad pública, de presentación periódica o de alejamiento de fronteras o núcleos de población determinados.	De 501 a 10.000 Sustituible por **expulsión**.	Preferente
Cometer una **tercera infracción leve**, cuando en el plazo de un año anterior hubiera sido sancionado por 2 faltas leves de la misma naturaleza.	De 501 a 10.000	Ordinario
Participar en actividades contrarias al **orden público** consideradas como graves.	De 501 a 10.000 Sustituible por **expulsión**.	Preferente

Infracciones	Sanción (multa €)	Procedimiento sancionador
Salir del territorio español por puestos no habilitados, sin exhibir la documentación prevista o contraviniendo las prohibiciones legalmente previstas.	Multa de 501 a 10.000	Ordinario
No solicitar, en el plazo de un mes desde la entrada en España o desde que se conceda la autorización, la **tarjeta de identidad de extranjero**, cuando se haya expedido un visado o una autorización para permanecer en España por un período superior a 6 meses.	De 501 a 10.000	Ordinario
Contraer **matrimonio**, simular relación afectiva análoga o constituirse en representante legal de un menor con ánimo de lucro o con el propósito de obtener indebidamente un derecho de residencia y siempre que no constituya delito.	De 501 a 10.000	Ordinario

(1) Se tramita por el procedimiento preferente cuando la sanción propuesta sea de expulsión y exista riesgo de incomparecencia, el extranjero evite o dificulte la expulsión o represente un riesgo para el orden público, la seguridad pública o la seguridad nacional.
(2) El procedimiento se inicia por acta de la ITSS, de acuerdo con lo establecido en el procedimiento sancionador por infracciones del orden social.

3. **Muy graves**

Infracciones	Sanción (multa €)	Procedimiento sancionador
Participar en **actividades contrarias a la seguridad nacional** o que pueden perjudicar las relaciones de España con otros países, o estar implicados en actividades contrarias al orden público previstas como muy graves.	De 10.001 a 100.000 Sustituible por **expulsión**.	Preferente
Cometer una **tercera infracción grave** siempre que en un plazo de un año anterior hubiera sido sancionado por dos faltas graves de la misma naturaleza	De 10.001 a 100.000 Sustituible por **expulsión**.	Ordinario

Precisiones La **sanción preferente** a los extranjeros que hayan incurrido en las conductas tipificadas como graves del LISOS art.53.1.a es la de multa si no concurren circunstancias agravantes añadidas a su situación irregular, pero se permite sustituir dicha sanción por la de expulsión, en atención al principio de **proporcionalidad**, previa la tramitación del correspondiente expediente administrativo y mediante resolución motivada (TS cont-adm 18-9-23, EDJ 688000; TSJ Cataluña cont-adm 1-2-24, EDJ 529456).

Prescripción (LO 4/2000 art.56; RD 557/2011 art.225.2) Las **infracciones** muy graves prescriben a los 3 años, las graves a los 2 años y las leves a los 6 meses. Por su parte, las **sanciones** impuestas por infracciones muy graves prescriben a los 5 años, las graves a los 2 años y las impuestas por infracciones leves al año. Si la sanción impuesta fuera la de expulsión del territorio nacional, la prescripción no empieza a contar hasta que haya transcurrido el período de prohibición de entrada fijado en la resolución, con un máximo de 10 años. **1861**

B. Régimen de los no nacionales de la UE a partir del 20-5-2025

El nuevo reglamento **transpone** la Dir 2024/1233/UE (procedimiento único de solicitud de permiso único a los nacionales de terceros países para residir y trabajar un Estado miembro y derechos de nacionales de terceros países que residen legalmente en un Estado miembro); y **parcialmente** la Dir 2014/36/UE (condiciones de entrada y estancia de nacionales de terceros países como trabajadores temporeros), la Dir 2021/1883/UE (condiciones de entrada y residencia de nacionales de terceros países con fines de empleo de alta cualificación) y la Dir 2016/801/UE (requisitos de entrada y residencia de los nacionales de países terceros con fines de investigación, estudios, prácticas, voluntariado, programas de intercambio de alumnos o proyectos educativos y colocación au pair). **1870**
La nueva normativa mantiene la misma estructura que la anterior, de manera que es requisito imprescindible para la contratación de un trabajador extranjero extracomunitario que este

posea **autorización de residencia y trabajo**. No obstante, el trabajador extranjero puede hallarse en una de las siguientes **situaciones**:
1. Está en su país de origen (nº 1885).
2. Está en España en situación regular:
a) Con autorización de residencia y trabajo (nº 1975).
b) Sin autorización de trabajo (nº 2000).
3. Está en España en situación irregular (nº 2015).
Las **infracciones** que los **empresarios** pueden cometer en materia de emigración y movimientos migratorios se recogen en el nº 2065.

1872 Precisiones La Dir 2024/1233/UE establece el **procedimiento** para solicitar la expedición de un **permiso único** que autorice a los nacionales de terceros países a trabajar en el territorio de un Estado miembro de la UE, así como un conjunto común de derechos para esos trabajadores. Si bien no entra **en vigor** hasta que los Estados miembros transpongan determinados artículos y como máximo el 21-5-2026, fecha en la que deroga y sustituye a la Dir 2011/98/UE, a la que refunde y clarifica.
Tanto la Dir 2011/98/UE como la Dir 2024/1233/UE que la sustituye establecen un procedimiento único de solicitud para la expedición de un permiso único que autorice a los nacionales de terceros países a residir a fin de trabajar en el territorio de un Estado miembro, para simplificar los procesos de admisión de estas personas y de facilitar el control de su estatuto, y un **conjunto común de derechos** para los trabajadores de terceros países que residen legalmente en un Estado miembro, con independencia de los fines de su admisión inicial en el territorio de dicho Estado miembro, basado en la igualdad de trato con los nacionales de dicho Estado miembro.
Tras definir su ámbito de aplicación (excluyendo de su aplicación, entre otros, a los nacionales de terceros países desplazados, a los que hayan obtenido el estatuto de residentes de larga duración o a los que hayan sido admitidos en un Estado miembro para trabajar como temporeros), establecen dicho procedimiento único de solicitud y permiso único, cuyas principales **características** son:
- los Estados miembros han de determinar si la solicitud de permiso único ha de presentarse por el nacional del tercer país, por su empleador o por cualquiera de los dos, y deben designar la autoridad competente encargada de recibir las solicitudes y expedir el permiso único, utilizando el modelo uniforme establecido al efecto (Rgto (CE) 1030/2002);
- la decisión de expedición, modificación o renovación del permiso único ha de constituir un único acto administrativo que combine permiso de residencia y permiso de trabajo, siendo el plazo máximo de resolución de 4 meses siguientes a la fecha de la solicitud, sin perjuicio de ampliación de dicho plazo por la complejidad del examen de la solicitud (90 días en la Dir 2024/1233/UE, prorrogables por otros 30 días en circunstancias excepcionales y debidamente justificadas por la complejidad de la solicitud);
- la denegación de las solicitudes debe motivarse debidamente en una notificación escrita y ha de ser recurrible, debiéndose indicar el tribunal o la autoridad administrativa ante los que el interesado puede interponer recurso, así como el plazo para interponerlo;
También se tramitan mediante este procedimiento las autorizaciones de residencia previstas en la **Ley de apoyo a los emprendedores y su internacionalización** (L 14/2013 disp.adic.4ª).

1874 Autorización de residencia

(LO 4/2000 art.30 bis, 31 y 32; RD 1155/2024 art.48 y 60 s.; L 14/2013 art.61 y 62 -redacc L 11/2023-, 63 a 66, 67 a 70 -redacc L 28/2022-, disp.adic.4ª y 5ª) Los ciudadanos extracomunitarios pueden hallarse en situación de residencia, con independencia de la situación de estancia de corta duración, entendida como la permanencia en España por un periodo ininterrumpido o suma de periodos sucesivos cuya duración total no exceda de 90 días naturales en cualquier periodo de 180 días naturales a partir de la fecha de la primera entrada en el espacio Schengen, y siempre durante el periodo de validez del visado de corta duración. Los residentes en España pueden ejercer **actividades laborales** cuando estén autorizados para ello.
La autorización de residencia es necesaria para permanecer en España por tiempo superior a 90 días, pudiendo ser, a su vez, **temporal o permanente**.
En relación a esta autorización **hasta el 19-5-2025**, ver nº 1682.

Precisiones **1)** La Secretaría de Estado de Migraciones ha dictado instrucciones que establecen las reglas aplicables a los procedimientos de extranjería en materia de **personación**, de **representación y** de **uso de medios electrónicos**, cuando el sujeto legitimado se encuentre en territorio español, tanto para los que se refieren a ciudadanos de Estados miembros de la UE y el EEE como a extranjeros de terceros países (Instr SEM 1/2024).
2) El Consejo de Ministros está facultado para dictar instrucciones para la concesión de **autorizaciones** de residencia temporal y/o trabajo o de autorizaciones de estancia, cuando así lo aconsejen **circunstancias** de naturaleza económica, social o laboral y en supuestos no regulados **de especial relevancia**. Igualmente se faculta a la persona titular de la Secretaría de Estado de Migraciones para otorgar autorizaciones individuales de residencia temporal cuando concurran circunstancias excepcionales no previstas (RD 1155/2024 disp.adic.2ª).
3) La LPAC y su normativa de desarrollo se establecen como **legislación subsidiaria** aplicable para los procedimientos del Reglamento de extranjería (RD 1155/2024 disp.adic.3ª).

4) Sin perjuicio de los plazos establecidos para determinados procedimientos, se establece un **plazo general máximo para notificar** las resoluciones sobre las **solicitudes** en los distintos procedimientos de 3 meses contados a partir del día siguiente al de la fecha en que hayan tenido entrada en el registro del órgano competente; plazo que es de un mes en los procedimientos de **visados**, sin perjuicio de los plazos establecidos por la UE (RD 1155/2024 disp.adic.7ª).
5) Se establece con carácter general el **silencio administrativo** negativo para la resolución de las solicitudes, de forma que una vez transcurrido el plazo para su notificación, se entienden desestimadas (RD 1155/2024 disp.adic.8ª).
6) Las resoluciones de los órganos competentes sobre concesión o denegación de visados, prórrogas de estancia o autorizaciones de residencia y de trabajo, cédulas de inscripción, sanciones gubernativas y expulsiones de extranjeros ponen **fin a la vía administrativa**, y contra éstas pueden interponerse los recursos administrativos o jurisdiccionales legalmente previstos. Se exceptúan aquellas sobre denegación de entrada y devolución (RD 1155/2024 disp.adic.9ª).
7) Los solicitantes de **protección internacional** están autorizados para trabajar en España una vez transcurridos 6 meses desde la fecha de la solicitud, siempre que ésta hubiera sido admitida a trámite y no estuviera resuelta por causa no imputable al interesado (RD 1155/2024 disp.adic.14ª).

Residencia temporal (RD 1155/2024 art.60 s.) Es la situación que autoriza a permanecer en España por un periodo superior a 90 días e inferior a 5 años, sin perjuicio de lo establecido en materia de estancia por estudios, movilidad de alumnos, servicios de voluntariado o actividades formativas. Puede obedecer a diferentes **fines**: **1876**

1. Residencia temporal **no lucrativa**. Es decir, residencia **no laboral** de extranjero que desea residir en España sin realizar una actividad laboral o lucrativa y acredita disponer de medios de vida suficientes para atender sus gastos de manutención y estancia, incluidos, en su caso, los de su familia, durante el periodo de tiempo para el que la solicita. Ha de contar con una fuente de percepción periódica de ingresos, establecidos con carácter de mínimos y referidos al momento de solicitud del visado o de renovación de la autorización (RD 1155/2024 art.62.1).
2. Residencia **por reagrupación familiar**. El extranjero beneficiario de la misma puede obtener una autorización para trabajar y, en este caso, una autorización de residencia independiente de la del reagrupante, para lo cual, el cónyuge o pareja reagrupado ha de haber completado, al menos, un año de autorización de residencia por reagrupación familiar en España y reunir alguno de los siguientes **requisitos** (RD 1155/2024 art.69):
- contar con medios económicos suficientes propios (RD 1155/2024 art.67);
- cumplir los requisitos exigibles de cara a la concesión de una autorización de residencia temporal y trabajo por cuenta propia;
- cumplir los requisitos laborales exigibles de cara a la concesión de una autorización de residencia temporal y trabajo por cuenta ajena, excepto la situación nacional de empleo.

Su **duración** es de 4 años de duración, si bien en caso de instarse durante la vigencia de la autorización ya renovada, se mantiene por el tiempo de vigencia que reste.
Otros supuestos en los que puede obtener esa autorización independiente: ruptura del vínculo conyugal, muerte del reagrupante o acreditación de la condición de víctima de violencia de género, víctima de violencia sexual, víctima de un delito por conductas violentas ejercidas en el entorno familiar, víctima de trata de seres humanos por parte de la persona reagrupante o víctima del delito de abandono de familia, menores o personas con discapacidad necesitadas de especial protección (RD 1155/2024 art.69).
La **renovación** de la autorización de residencia por reagrupación familiar tiene una duración de 4 años, si bien esa vigencia queda condicionada al mantenimiento de la autorización de residencia de la persona reagrupante de la que dependa (RD 1155/2024 art.71.6).
3. Residencia **laboral** del extranjero que se propone realizar una actividad económica por cuenta propia o ajena y ha obtenido la autorización para trabajar por cuenta propia y/o ajena.
4. Residencia con **excepción de autorización** de trabajo: autorización de residencia temporal y trabajo de profesionales altamente cualificados, y altamente cualificados titulares de una Tarjeta azul-UE; autorización de trabajo en el marco de prestaciones transnacionales de servicios; o para trabajadores transfronterizos; o para trabajadores en trasladados interempresariales; o para teletrabajadores internacionales; o para extranjeros que han retornado voluntariamente a su país, una vez finalizada la vigencia de su compromiso de no regreso a España.
5. Residencia de **familiares de ciudadanos españoles**.
6. Por **circunstancias excepcionales**: arraigo, protección internacional, razones humanitarias, colaboración con autoridades, seguridad nacional o interés público y contra redes organizadas, mujeres víctimas de violencia de género o de trata de seres humanos (nº 2025 s. y nº 2045 s.).
En relación a esta autorización **hasta el 19-5-2025**, ver nº 1684.

1878 **Residencia de larga duración y residencia de larga duración-UE** (RD 1155/2024 art.175 s.) La nueva regulación en esta materia introduce ligeros cambios procedimentales para estar en consonancia con la normativa europea (Dir 2003/109/CE) y, en lo relativo al cómputo del periodo de residencia legal de las personas titulares de la Tarjeta azul-UE, transpone parte de la Dir 2021/1883/UE.

Es la situación que autoriza a residir en España indefinidamente y conlleva la **autorización para trabajar** por cuenta propia y ajena. Hay dos tipos:

1. Residencia de **larga duración**. Tienen derecho a dicha residencia aquellos extranjeros que se encuentren en alguna de las siguientes situaciones:

a) Haber tenido **residencia legal** y continuada durante los 5 años anteriores a la solicitud.

b) Acreditar estar en cualquiera de las siguientes **circunstancias**:

- ser beneficiario de una pensión de jubilación, IP absoluta o gran invalidez contributiva de Seguridad Social;
- ser beneficiario de una pensión de incapacidad permanente absoluta o de gran invalidez contributiva de Seguridad Social, o de prestaciones análogas obtenidas en España y consistentes en una renta vitalicia, no capitalizable, suficiente para su sostenimiento;
- haber nacido en España y, al llegar la mayoría de edad, acreditar haber residido de forma legal y continuada durante al menos los 3 años consecutivos inmediatamente anteriores;
- ser español de origen que perdió la nacionalidad española;
- ser residente que, al llegar a la mayoría de edad, haya estado bajo la tutela de una entidad pública española durante los 5 años inmediatamente anteriores de forma consecutiva;
- ser apátrida, refugiado o beneficiario de protección subsidiaria que se encuentre en territorio español y a quien se le haya reconocido el respectivo estatuto en España o en otro Estado miembro de la UE; y
- haber contribuido de forma notoria al progreso, científico o cultural de España, o a su proyección en el exterior. En estos supuestos, corresponde al titular del MISSM la concesión de la autorización de residencia de larga duración, previo informe del titular del Ministerio del Interior.

2. Residencia de **larga duración-UE**. Tienen derecho a dicha residencia en España (que permite que sean considerados residentes de larga duración en toda la UE, previa solicitud y cumplimiento de los requisitos en cada Estado miembro), aquellos extranjeros que cumplan los siguientes requisitos:

a) Haber residido legalmente y de forma continuada en el territorio español durante los 5 años anteriores a la presentación de la solicitud. Se incluye a los **titulares de una Tarjeta azul-UE** expedida por otro Estado miembro de la Unión que hayan ejercido su derecho de movilidad, siempre que hayan acumulado 5 años de residencia legal e ininterrumpida en la UE y tenido residencia legal por 2 años en España ininterrumpidamente en el periodo inmediatamente anterior a la solicitud.

A estos efectos, se computan en el 50% los periodos de permanencia en situación de estancia por estudios, movilidad de alumnos o prácticas no laborales, o desde la fecha de presentación de una solicitud de protección internacional en España.

b) Tener recursos fijos y regulares suficientes para su manutención y, en su caso, la de su familia.

c) Tener un seguro enfermedad.

En todos los casos, la **tarjeta** ha de ser renovada cada 5 años hasta que el titular cumpla los 30 años de edad, y cada 10 años una vez los haya cumplido.

En relación a esta autorización **hasta el 19-5-2025**, ver nº 1686.

1. Trabajador extranjero en su país de origen

1885 El extranjero que pretenda trabajar en España ha de estar en posesión del **visado** que le autoriza la entrada en territorio español y de la **autorización de residencia y trabajo** que le permite desarrollar una actividad laboral.

Para acceder al mercado laboral español desde su país de origen, puede utilizar los mecanismos del **control de flujos**, que se instrumentaliza mediante el régimen general de autorización, a través de las autorizaciones de residencia y trabajo para actividades de temporada (contratación individual) o a través de la gestión colectiva de contrataciones en origen que el MISSM puede aprobar, teniendo en cuenta la situación nacional de empleo (contratación colectiva).

Por un lado, se analizan los **trámites** que el propio extranjero ha de seguir para acceder al territorio español; por otro, los sistemas de **acceso** al mercado de trabajo y el procedimiento de obtención de la autorización de residencia y trabajo.

a. Entrada en el territorio español

(LO 4/2000 art.25 y 66.3.a; RD 1155/2024 art.4 a 18)

El acceso de los extranjeros desde sus países de origen, independientemente de la actividad que vaya a desempeñar en el país de acogida, supone una compleja actividad por parte de la Administración, que se lleva a cabo en tres **momentos**: 1890

1. En el **país de origen**: el extranjero debe solicitar el visado -la exención de visado en estancias de hasta 90 días naturales en un período de 180 está regulada en el RD 1155/2024 art.7.2 y 3-;

El **visado** puede ser definido como el documento que dicta el país de acogida, a través de su representación diplomática en el país de origen, que contiene el acto administrativo que permite el acceso y, en su caso, la realización de una actividad determinada; por ejemplo, entrar y viajar; entrar y residir, entrar y trabajar, etc.

También en el país de origen, las **compañías de transporte** deben realizar la debida comprobación de la validez y vigencia, tanto de los pasaportes, títulos de viaje o documentos de identidad pertinentes como, en su caso, del correspondiente visado de los que deban de ser titulares los extranjeros. Además, deben remitir, en el momento de la finalización del embarque y antes de la salida del medio de transporte, a las autoridades españolas encargadas del control de entrada, la **información** relativa a los pasajeros que vayan a ser trasladados, con independencia de que el transporte sea en tránsito o como destino final el territorio español.

2. En la **frontera**: se efectúa otro control, pues, al acceder por los puestos de control fronterizo, el extranjero ha de hallarse provisto de la **documentación** que acredite los siguientes extremos: su identidad (pasaporte o documento de viaje), el visado -en su caso-, el objeto y condiciones de su estancia y los medios económicos de los que dispone para ello; no debiendo estar sujeto a prohibiciones expresas. Si no se cumple estos requisitos, se deniega su entrada, procediéndose al obligado retorno a su país de origen.

No obstante, no se deniega la entrada, a pesar de no cumplir las exigencias, a los solicitantes del derecho de **asilo** o cuando existan **razones excepcionales** de índole humanitaria, interés público o cumplimiento de compromisos adquiridos por España. En estos casos, se hace entrega al extranjero de la resolución acreditativa de la autorización de entrada por cualquiera de estas causas.

3. En el **país de destino**: superado el control en el país de origen y en los puestos de control fronterizo, se permite la entrada al país de destino, donde se encuentran en una de las situaciones de regularidad: estancia como estudiante, residente, trabajador, etc.

En relación a esta situación **hasta el 19-5-2025**, ver nº 1700.

Precisiones **No precisan visado** para entrar en territorio español las personas extranjeras titulares de una tarjeta de identidad de extranjero, de una tarjeta de acreditación diplomática o de la autorización de regreso ni las personas titulares de una tarjeta de identidad de extranjero de trabajador transfronterizo respecto a la entrada en el territorio español que forma frontera con el país del trabajador, siempre que las autorizaciones que acreditan dichos documentos hayan sido expedidas por los órganos españoles y estén vigentes en el momento de solicitar la entrada (RD 1155/2024 art.7.3).

b. Sistemas de acceso al mercado laboral

El **control de flujos** se instrumentaliza a través de los siguientes sistemas: 1895

- el procedimiento general (nº 1897 s.);
- la gestión colectiva de contratación de extranjeros en origen (nº 1903 s.).

Aunque estos sistemas tienen como **denominador común** atender a la situación nacional de empleo (nº 1899), tienen sus propias **particularidades**; por ejemplo, la conexión entre la oferta y la demanda en el régimen general, mientras que en la contratación colectiva -salvo excepciones- se produce a través del reclutamiento.

En relación a los sistemas de control de flujos **hasta el 19-5-2025**, ver nº 1705.

Procedimiento general (LO 4/2000 art.36 a 38; RD 1155/2024 art.73 a 75) A través del denominado procedimiento general se pueden obtener diversas autorizaciones de residencia y trabajo. Es un régimen **individualizado** en el que el empleador solicita una autorización para un inmigrante determinado. 1897

La autorización inicial **se limita a un ámbito** geográfico autonómico y a una ocupación, salvo en los casos en los que no resulte aplicable la situación nacional de empleo.

La autorización prospera siempre y cuando se verifique que la situación nacional de empleo y permite la contratación de trabajadores extranjeros, lo cual sucede solo cuando no existen en el **mercado de trabajo** demandantes de empleo **nacionales** adecuados y disponibles para

cubrir las necesidades de los empleadores. Esta determinación se lleva a cabo a través de dos **mecanismos**:
1. Los **Catálogos de Ocupaciones de Difícil Cobertura** (CODC). El catálogo se elabora trimestralmente por el SEPE, previo informe de la Comisión Laboral Tripartita de Inmigración, y está basado en la información disponible sobre la gestión de las ofertas presentadas por los empleadores en los servicios públicos de empleo. También se tienen en consideración las estadísticas elaboradas por las Administraciones Públicas, especialmente la relativa a personas inscritas como demandantes de empleo en los servicios públicos de empleo. Se incorporan automáticamente las ocupaciones pertenecientes a los sectores económicos que se determinen por Acuerdo de la Comisión Delegada del Gobierno para Asuntos Económicos, a propuesta del MIMSS.
2. Las **Certificaciones Negativas del Servicio Público de Empleo**. Puede suceder que un empleador, a pesar de que el puesto de trabajo que oferta no se encuentra en el CODC, tenga problemas para poder cubrirlo. En este caso, se considera que la **Situación Nacional de Empleo** permite la contratación en las ocupaciones no calificadas como de difícil cobertura cuando el empleador acredite ante la oficina de extranjería la **dificultad de contratación** del puesto que pretende cubrirse con el mercado laboral interno. La Oficina de Extranjería tiene en consideración el informe presentado por los servicios públicos de empleo, así como la urgencia de la contratación acreditada por la empresa. Para ello, el empresario debe **presentar una oferta de empleo** en el portal Empléate de los servicios públicos de empleo, que debe estar formulada de manera precisa y ajustada a los requerimientos del puesto de trabajo y, por tanto, no ha de contener requisitos que no tengan relación directa con su desempeño. El servicio público de empleo procede a la **gestión** de la forma que considere más adecuada, con el fin de promover el contacto del empleador con los demandantes de empleo que se adecúen a los requerimientos de la misma. Transcurridos 8 días desde la presentación de la oferta por el empleador, este debe comunicar al servicio público de empleo el resultado de la selección de candidatos que se han presentado para cubrir los puestos de trabajo vacantes, indicando los admitidos y los rechazados y las causas del rechazo. El servicio público de empleo emite, si procede, la **certificación de insuficiencia de demandantes** en un plazo máximo de 3 días contados a partir de la comunicación por parte del empleador del resultado de la selección.
En relación a este procedimiento **hasta el 19-5-2025**, ver nº 1707.

Precisiones El **catálogo de ocupaciones de difícil cobertura** se elabora por el SEPE cada 3 meses, previa consulta de la Comisión Laboral Tripartita de Inmigración, para cada provincia, así como para Ceuta y Melilla, excepto en la provincias insulares, donde el catálogo puede establecerse para cada isla o agrupación de ellas, de acuerdo con la información suministrada por los servicios públicos de empleo autonómicos. Este catalogo permite que los empleadores insten la tramitación de las autorizaciones para residir y trabajar dirigidas a trabajadores extranjeros cuando las **vacantes** de puestos de trabajo que necesiten cubrir lo sean de ocupaciones incluidas en él.

1899 **Situación Nacional del Empleo** (LO 4/2000 art.38.1 y 2; RD 1155/2024 art.75) Para la concesión de una autorización de trabajo **por cuenta ajena**, ha de tenerse en cuenta la situación nacional del empleo (nº 1897), que refleja las disfunciones entre la oferta y la demanda en el mercado de trabajo interno. La encargada de **controlar la suficiencia de mano de obra** para conceder la autorización de trabajo es la Administración Pública.
El servicio público de empleo correspondiente es el encargado de pronunciarse acerca de la existencia o inexistencia de personas que puedan ocupar el puesto de trabajo que se oferta. A partir de esos datos, la Administración valora la situación y decide acerca de la concesión o la denegación de la autorización de trabajo.
Al analizar si la situación nacional del empleo que hace aconsejable la contratación de un extranjero, pueden producirse **dos situaciones**:
1. Que el puesto de trabajo que se pretenda ocupar esté incluido en el catálogo de ocupaciones de difícil cobertura que el SEPE elabora cada 3 meses para cada provincia o demarcación territorial que establezca la correspondiente Administración autonómica, así como para Ceuta y Melilla, de acuerdo con la información suministrada por los servicios públicos de empleo autonómicos y previa consulta de la Comisión Laboral Tripartita de Inmigración.
2. Que el puesto de trabajo no esté incluido en dicho catálogo: el empleador debe acreditar la dificultad a la hora de contratar a alguien para ocupar el puesto de trabajo.
En la certificación que emitan los servicios públicos de empleo debe constar expresamente la insuficiencia de demandantes de empleo adecuados y disponibles para aceptar la oferta como consecuencia de la gestión de la misma.

1901 No obstante, hay supuestos en los que la situación nacional de empleo no se tiene en cuenta. Tales **excepciones** se detallan a continuación (LO 4/2000 art.40):
1. **Por el tipo de autorización**:
a) Renovación de una autorización previa de trabajo.

b) Autorizaciones de trabajo estudiantes.
c) Autorizaciones de residencia por circunstancias excepcionales en los supuestos que se determinen reglamentariamente y, en todo caso, cuando se trate de víctimas de violencia de género o de trata de seres humanos.
2. **Por el empleo a desarrollar**:
a) Trabajadores necesarios para el montaje por renovación de instalaciones o equipos productivos.
b) Puestos de confianza.
c) Los profesionales altamente cualificados, incluyendo técnicos y científicos contratados por entidades públicas, universidades o centros de investigación, desarrollo e innovación dependientes de empresas, sin perjuicio de la aplicación del régimen específico de autorización.
d) Los trabajadores en plantilla de una empresa o grupo de empresas en otro país que pretendan desarrollar su actividad laboral para la misma empresa o grupo en España.
e) Artistas de reconocido prestigio.
3. **Por los sujetos que pretenden acceder al empleo**:
a) Familiares reagruapados en edad laboral, cónyuge o hijo de extranjero residente en España con autorización renovado.
b) Hijo de español nacionalizado o de comunitario siempre que estos últimos lleven como mínimo un año residiendo y al hijo no le sea aplicable el régimen comunitario.
c) Los extranjeros que tengan a su cargo ascendientes o descendientes españoles.
d) Los extranjeros nacidos y residentes en España.
e) Los hijos o nietos de español de origen.
f) Los que han gozado de la condición de refugiados.
g) Los que hubieran sido reconocidos como apátridas y los que hubieran perdido dicha condición el año siguiente a la terminación dicho estatuto.
h) Menores de edad con autorización de residencia tutelada.
i) Extranjeros que hayan sido titulares de autorizaciones de trabajo para actividades de temporada, durante 2 años naturales, y hayan retornado a su país.
j) Extranjeros que hayan renunciado a su autorización de residencia y trabajo en virtud de un programa de retorno voluntario.

Gestión colectiva de contrataciones en origen (LO 4/2000 art.39; RD 1155/2024 art.113 a 123; OM ISM/1417/2023) La gestión colectiva de contrataciones en origen es el procedimiento para la concesión de **múltiples autorizaciones** iniciales de residencia y trabajo o de múltiples autorizaciones de residencia y trabajo para actividades de temporada de manera simultánea, respecto de aquellas personas trabajadoras extranjeras que no se hallen o residan en España, a través de su tramitación colectiva en origen a partir de las ofertas presentadas por uno o varios empresarios. 1903

Las personas trabajadoras extranjeras son **seleccionadas** en sus países de procedencia con la participación de las autoridades competentes, sin que se les pueda exigir **contraprestación** económica por participar en el proceso de selección.
Se puede utilizar para las siguientes **figuras**:
1. Migración **estable**: para la contratación colectiva de personas trabajadoras extranjeras en origen, mediante la gestión simultánea de sus autorizaciones iniciales de residencia y trabajo por cuenta ajena.
2. Migración **circular**: para la contratación fijo discontinua colectiva de personas trabajadoras en su país de procedencia, mediante la gestión simultánea de autorizaciones de residencia y trabajo para actividades de temporada y la gestión de los llamamientos para sus entradas posteriores durante la vigencia plurianual de la autorización.
3. Visados de **búsqueda de empleo**.
Las ofertas de empleo presentadas a través de las figuras de migración de carácter estable y de migración circular, pueden formularse de forma **genérica o nominativa**.
El MISSM, teniendo en cuenta la situación nacional de empleo (nº 1899) y las propuestas de las CCAA, previa consulta de las organizaciones sindicales y empresariales más representativas, puede aprobar **anualmente** una previsión de ocupaciones y, en su caso, la cifra de puestos de trabajo que se pueden cubrir a través de la gestión colectiva de las contrataciones en origen.
La **previsión anual** se aprueba mediante OM, que puede incluir las ocupaciones y las cifras de puestos de trabajo que se pueden cubrir a través de la migración estable y de temporada por este procedimiento, así como un número de visados para búsqueda de empleo dirigidos a hijos o nietos de españoles de origen o limitados a determinadas ocupaciones y ámbitos territoriales.
En relación con las autorizaciones iniciales de residencia y trabajo para la migración estable, han de cumplirse los **requisitos** establecidos para la residencia temporal y trabajo por cuenta

ajena (RD 1155/2024 art.74); en relación con las autorizaciones de residencia y trabajo para actividades de temporada y en relación a los llamamientos anuales posteriores de las personas trabajadoras titulares, los establecidos para la residencia y trabajo para actividades de temporada (RD 1155/2024 art.102 y 106) (nº 1935).

Las ofertas tanto genéricas como nominativas deben contener un número mínimo de 10 **puestos de trabajo**.

Las **solicitudes** se presentan por medios electrónicos, con una antelación de 3 meses al inicio de la actividad.

Pueden tramitarse a través de **una sola solicitud diversas ofertas** de empleo de migración circular, de forma planificada y conjunta por uno o varios empleadores o sus organizaciones empresariales a las que hayan atribuido su representación legal, para atender diferentes periodos de trabajo estacionales o actividades sucesivas cuyo desarrollo vaya a tener lugar de forma consecutiva y sin interrupción, cuando se recojan en un plan de concatenación.

Las ofertas se orientan preferentemente a los **países** con los que España tiene suscritos acuerdos sobre regulación y ordenación de flujos migratorios.

En relación a la gestión colectiva de contrataciones en origen **hasta el 19-5-2025**, ver nº 1711.

1905 **Oferta genérica de empleo** (OM ISM/1417/2023 art.12 a 15) En este sistema de acceso, el empleador no tiene que poner de manifiesto sus dificultades para cubrir determinados puestos de trabajo. La **Administración** articula, precisamente, este sistema porque ya ha constatado la inviabilidad de que **determinados puestos de trabajo** se provean con la mano de obra autóctona. El empleador, cuya carencia se encuentra en dicha previsión, puede solicitar sin más que la Administración proceda al **reclutamiento y selección** de inmigrantes en sus **países de origen**, pues -como regla general- el empleador no solicita la autorización para que un extranjero determinado se incorpore a su plantilla sino que acude, para que sus ofertas de trabajo -genéricas- sean provistas por los inmigrantes, a la selección que a tal efecto ha elaborado la Administración.

Las **solicitudes** de gestión de ofertas genéricas de empleo, tanto en la modalidad de migración circular como de migración estable, se dirigen a las áreas o dependencias de trabajo e inmigración de las delegaciones o subdelegaciones del Gobierno o ante las oficinas de extranjería que tengan delegada la competencia de la provincia donde vaya a realizarse la actividad laboral, que es el órgano competente para tramitar el procedimiento, en el **plazo** mínimo de 3 meses y máximo de 6 meses previo al inicio de la actividad laboral prevista en ellas, acompañada de la preceptiva documentación. Informadas favorablemente dichas solicitudes por el órgano competente, se trasladan a la Dirección General de Migraciones en el plazo máximo de 5 días hábiles siguientes a la presentación completa de la documentación.

La Dirección General de Migraciones **valora el expediente** y, a través de la Dirección General de Españoles en el Exterior, que informa a la misión diplomática u oficina consular, **remite las ofertas** al órgano encargado de la preselección en el país que corresponda.

Las ofertas se orientan **preferentemente** a los **países** con los que España tiene suscritos acuerdos sobre regulación y ordenación de flujos migratorios: Colombia, Ecuador, Marruecos, Mauritania, Ucrania, Honduras, República Dominicana y Guatemala; o, subsidiariamente, instrumentos de colaboración en esta materia: Gambia, Guinea, Guinea Bissau, Cabo Verde, Senegal, Mali, Níger, México, el Salvador, Filipinas, Paraguay y Argentina; o con los que los suscriba en el periodo de vigencia de la Orden.

La selección se lleva a cabo por la **comisión de selección**, formada por los representantes de la Dirección General de Migraciones y/o la Consejería Laboral de la misión diplomática, los órganos competentes en el país de origen y, a elección del empleador, sus representantes directamente u organizaciones empresariales. Puede realizarse de manera no presencial, mediante el análisis de los currículos (en formato CV Europass), entrevistas telefónicas o video conferencia. Han de garantizarse la gratuidad y los principios de igualdad de oportunidades, no discriminación y transparencia.

En relación a la gestión colectiva de contrataciones en origen **hasta el 19-5-2025**, ver nº 1713.

1907 **Oferta nominativa** (OM ISM/1417/2023 art.18 a 21) En las ofertas nominativas, el **trabajador**, aunque está en el país de origen, se encuentra **identificado por el empleador**, de modo que no hay proceso previo de selección por parte de la Administración.

Los **supuestos** son muy residuales. Así, se reserva esta posibilidad para las siguientes circunstancias:

- cuando la selección se realice en el exterior por empresa que pertenezca al mismo grupo o sea de la misma titularidad que la empresa contratante y que no tenga como actividad única o principal o accesoria la selección de trabajadores;
- cuando los trabajadores hayan sido titulares de una autorización previa de residencia y trabajo en España para actividades de temporada y hayan retornado a su país de origen; y
- cuando así lo determine la Dirección General de Migraciones.

Las solicitudes se formulan en **modelo** establecido, al que se acompaña la preceptiva documentación, con una **antelación** mínima de 3 meses y máxima de 6 meses al inicio de la actividad laboral, si bien no se tramitan hasta que se comprueba el abono de las **tasas** correspondientes.
En relación a la gestión colectiva de contrataciones en origen **hasta el 19-5-2025**, ver nº 1715.

c. Obtención de las autorizaciones de residencia y/o trabajo

(LO 4/2000 art.36; RD 1155/2024 art.72 a 99)

Para ejercer cualquier actividad lucrativa, laboral o profesional, los extranjeros **mayores de 16 años** precisan de la correspondiente autorización administrativa previa para trabajar. Dicha autorización les habilita para residir durante el tiempo de vigencia. **1915**
Los diferentes **tipos de autorización** responden al propósito de adecuar la habilitación administrativa para trabajar con las propias peculiaridades de la **actividad laboral** que se va a llevar a cabo.
Cuando se **solicita** una autorización de residencia o de residencia y trabajo, debe intervenir el Ministerio del Interior -preservando el orden público- y el MISSM -protegiendo el orden económico-, sin olvidar la participación del Ministerio de Asuntos Exteriores, a través de los correspondientes consulados, en su función -también preventiva- de control de flujos desde el correspondiente país de origen.
Las solicitudes de se han de presentar ante la **oficina de extranjería** de la provincia donde vaya a realizarse la actividad laboral, que es el órgano competente para la tramitación del procedimiento.
En relación a la obtención de autorizaciones **hasta el 19-5-2025**, ver nº 1720.

Precisiones Los **modelos oficiales** para la solicitud de autorización de residencia y trabajo tienen carácter gratuito, estando prohibida su venta, y pueden ser reproducidos por cualquier medio de impresión. Asimismo están disponibles, además de en las Unidades encargadas de su gestión, en las páginas de información de los Ministerios del Interior y del MIMSS. En el caso de que a la comunidad autónoma donde se va a desarrollar la actividad laboral se le hubieran traspasado competencias en materia de autorización inicial de trabajo por cuenta ajena para extranjeros, la solicitud de autorización inicial de residencia temporal y trabajo por cuenta ajena se presenta ante el órgano autonómico que sea competente de acuerdo con la normativa autonómica (en Cataluña, esta competencia se ha atribuido a la Generalitat (LO 6/2006 art.138; RD 1463/2009). **1917**

Autorización inicial de residencia temporal y trabajo por cuenta ajena (LO 4/2000 art.36; RD 1155/2024 art.73 a 81) La autorización de residencia temporal y trabajo por cuenta ajena puede ser considerada la autorización tipo, entendiendo por tal aquella que se concede cuando no concurre ninguna circunstancia especial o particular que conlleve la necesidad de obtener una autorización específica. **1919**
Se halla en situación de residencia temporal y trabajo por cuenta ajena la persona extranjera **mayor de 16 años** autorizada a residir en España por un periodo superior a 90 días naturales e inferior a 5 años, y a ejercer una actividad laboral por cuenta ajena. Habilita a sus titulares, siempre, que hayan sido dados de alta en el Régimen correspondiente de la Seguridad Social para dentro del plazo de 3 meses desde su entrada legal en España para residir y trabajar por cuenta ajena.
La autorización inicial de residencia temporal y trabajo por cuenta ajena tiene una **duración** igual a la de la actividad a desarrollar, con el máximo de un año, y se limita a un **ámbito** geográfico autonómico y a una ocupación determinada, salvo en los casos previstos por la Ley y los Convenios Internacionales firmados por España.
Con relación a la **renovación** de la autorización, ver nº 1979 s.
En relación a esta autorización **hasta el 19-5-2025**, ver nº 1724 s.

Requisitos (RD 1155/2024 art.74) Para obtener **una autorización inicial** de residencia temporal y trabajo por cuenta ajena, se deben cumplir los siguientes requisitos: **1921**
1. Respecto a la celebración **del contrato de trabajo**
- La contratación debe ser permitida por la **situación nacional de empleo** -aunque excepciones para ciertos casos, como los establecidos en la LO 4/2000 art.40 o por convenios internacionales-, o encuadrarse en un procedimiento de gestión colectiva de contrataciones en origen;
- El empleador debe presentar un **contrato de trabajo firmado** por ambas partes, que establezca una actividad continuada durante la vigencia de la autorización. La fecha de inicio del contrato debe estar condicionada a la eficacia de la autorización;
- Las **condiciones del contrato** deben ajustarse a la normativa vigente y al convenio colectivo aplicable para la actividad, categoría profesional y localidad. En caso de contratación a tiempo

parcial, la retribución debe ser igual o superior al salario mínimo interprofesional para jornada completa en cómputo anual;
Se debe haber abonado la **tasa** por la tramitación del procedimiento.
2. Específicos **del empleador**:
- debe estar al corriente de sus obligaciones tributarias y con la Seguridad Social;
- debe contar con medios económicos, materiales o personales suficientes para su proyecto empresarial y para cumplir con las obligaciones del contrato. Cuando el empleador sea una persona física, para determinar tales medios económicos mínimos exigibles se sustituye la utilización de la referencia del IPREM por el SMI, modificando también los porcentajes.
3. Específicos **del trabajador**:
- debe tener la capacitación y cualificación profesional legalmente exigida para la profesión;
- no debe encontrarse dentro del plazo de compromiso de no retorno a España asumido al retornar voluntariamente a su país de origen;
- no debe representar una amenaza para el orden público, la seguridad pública o la salud pública, lo cual se acreditará mediante la inexistencia de antecedentes penales en España y un informe policial.
Para las **actividades de temporada**, se ha creado una autorización específica de residencia y trabajo, ver nº 1897.
En relación a esta autorización **hasta el 19-5-2025**, ver nº 1724 s.

1923 **Obligaciones posteriores a la concesión de la autorización** (RD 1155/2024 art.77.6, 7, 8 y 9) La autoridad ha de resolver de forma **motivada** y notificarlo al empleador en el plazo de 3 meses. Si transcurre ese plazo sin haber recibido respuesta, la solicitud se entiende desestimada.
La persona extranjera o su representante ha solicitar el **visado** correspondiente en el plazo de un mes desde la notificación de la concesión de la autorización al empleador. La **eficacia** de la autorización **se suspende** hasta la expedición del mismo, que ha de tener lugar en el plazo máximo de un mes desde la presentación de la solicitud (RD 1155/2024 art.39 y 40), así como hasta el alta de la persona trabajadora en el régimen correspondiente de Seguridad Social, que debe producirse en el plazo de 3 meses desde su entrada legal en España.
El visado le habilita para la entrada y la permanencia en situación de estancia en España.
En relación a esta autorización **hasta el 19-5-2025**, ver nº 1724 s.

1925 **Causas de denegación** (RD 1155/2024 art.78) Son causas de denegación de las autorizaciones iniciales de residencia temporal y trabajo por cuenta ajena las siguientes:
- no acreditar el cumplimiento de alguno de los requisitos establecidos para obtener la autorización inicial;
- en caso de presentación de documentos falsos, adquiridos fraudulentamente o manipulados, o alegaciones inexactas o de mala fe, para fundamentar la solicitud;
- cuando concurre una causa de inadmisión a trámite que no fue apreciada al recibir la solicitud.
También se deniegan la autorización **cuando el empresario**:
- en los 12 meses anteriores a la solicitud ha amortizado los puestos de trabajo por despido improcedente o nulo, o por causas previstas en el ET art.50, 51 y 52.c, salvo en casos de fuerza mayor;
- mantiene vigentes medidas de suspensión de contratos (ET art.47 y 47.bis) en relación con los puestos de trabajo que pretende cubrir;
- en los 12 meses anteriores a la solicitud ha decidido la extinción del contrato que motivó la concesión de una autorización inicial previa a la finalización de la vigencia de la autorización;
- en los 3 años inmediatamente anteriores a la solicitud ha sido sancionado por no dar de alta, en el Régimen de la Seguridad Social que corresponda, al trabajador extranjero cuya autorización de residencia y trabajo por cuenta ajena ha solicitado, o por no registrar el contrato de trabajo en las condiciones que sirvieron de base a la solicitud, teniendo constancia de que el trabajador se halla legalmente en España para trabajar (LO 4/2000 art.53.2.a);
- ha sido sancionado, mediante resolución firme, en los últimos 12 meses por infracciones graves o muy graves en la Ley de Extranjería (LO 4/2000), o por infracciones en materia de movimientos migratorios o permisos de trabajo de extranjeros, o por infracciones en materia de permisos de trabajo de extranjeros calificadas como muy graves en la LISOS;
- ha sido condenado, mediante sentencia firme, por delitos de trata de seres humanos, contra los derechos de los trabajadores o extranjeros, o contra la Hacienda Pública o Seguridad Social, salvo que los antecedentes penales hayan sido cancelados.
También **por causa del trabajador**, cuando se valora que representa una amenaza al orden público, seguridad pública o salud pública, debidamente acreditada y motivada en un informe policial.
La denegación debe ser **motivada** y debe **informar** sobre los recursos disponibles para impugnarla.
En relación a esta autorización **hasta el 19-5-2025**, ver nº 1724 s.

Cambio de empleador (RD 1155/2024 art.79) Además de por **fallecimiento** o **desaparición** del empleador, la persona trabajadora puede **cambiar de empleador** en la **misma ocupación** por los siguientes motivos: 1927
1. Una vez transcurridos 3 meses de la vigencia de la autorización y durante el primer año.
2. En cualquier momento de la vigencia de la autorización si la persona empleadora incumpliera gravemente las obligaciones establecidas en el contrato de trabajo, conforme a los motivos establecidos para la resolución del mismo (ET art.50). La persona trabajadora tiene un **plazo** de tres meses, desde que se constaten indicios suficientes de la existencia del grave incumplimiento, para que una segunda persona empleadora comunique a la oficina de extranjería competente el cambio de empleador.
3. Si concurren circunstancias sobrevenidas, ajenas a la voluntad de la persona empleadora, que impidan que se pueda iniciar o desarrollar la actividad laboral.
Si el cambio de empleador supone una **modificación de la ocupación**, sector de actividad y/o ámbito territorial de limitación, se considera una modificación de la autorización de residencia y trabajo (RD 1155/2024 art.192).
En relación a esta autorización **hasta el 19-5-2025**, ver nº 1724 s.

Residencia temporal y trabajo por cuenta propia (LO 4/2000 art.37; RD 1155/2024 art.82 a 87; TS cont-adm 12-3-13, EDJ 27179) Se halla en situación de residencia temporal y trabajo por cuenta propia la persona extranjera mayor de 18 años autorizada a residir en España por un período superior a 90 días e inferior a 5 años y a ejercer una actividad lucrativa por cuenta propia. 1929
Para ello, la persona trabajadora extranjera no residente que pretenda trabajar por cuenta propia en España debe presentar, personalmente y en modelo oficial, la **solicitud de visado de residencia**
La autorización inicial de residencia temporal y trabajo por cuenta propia tiene una **duración** de un año, limitándose a un **ámbito geográfico** autonómico y a un **sector de actividad**. Las CCAA con competencia en la materia pueden fijar el ámbito geográfico de la autorización dentro de su territorio.
Para la concesión de la autorización inicial es necesario acreditar el cumplimiento de los siguientes **requisitos específicos**:
- cumplir los requisitos exigidos a los nacionales para la apertura y funcionamiento de la actividad proyectada;
- poseer la cualificación profesional legalmente exigida o experiencia acreditada suficiente en el ejercicio de la actividad profesional, cuando esta lo requiera, así como, en su caso, la colegiación;
- acreditar la suficiencia de la inversión prevista para la implantación del proyecto y sobre la incidencia, en su caso, en la creación de empleo, incluyendo como tal el auto empleo;
- no encontrarse, en su caso, dentro del plazo de compromiso de no retorno a España que la persona extranjera haya asumido al retornar voluntariamente a su país de origen;
- no representar una amenaza para el orden público, la seguridad pública o la salud pública, circunstancia que se acreditará mediante la comprobación de la inexistencia de antecedentes penales en España y la valoración del informe policial correspondiente;
- haber abonado la tasa por tramitación del procedimiento.
En relación a esta autorización **hasta el 19-5-2025**, ver nº 1732.

Residencia temporal de familiares de personas con nacionalidad española (RD 1155/2024 art.93 a 99) Se crea la **situación de residencia temporal** para la persona extranjera que, obteniendo una autorización conforme a lo previsto en este capítulo, no posea la nacionalidad de uno de los Estados miembros de la UE, ni de otro Estado parte del Acuerdo sobre el EEE ni de Suiza y tenga con una persona de nacionalidad española una relación familiar. 1931
Pueden **beneficiarse** de esta autorización los siguientes **familiares:**
- **cónyuge** mayor de 18 años, salvo declaración de nulidad;
- **pareja extranjera no casada** mayor de 18 años que mantenga con la persona de nacionalidad española una relación de afectividad análoga a la conyugal e inscrita en un registro público establecido;
- pareja extranjera no casada mayor de 18 años que mantenga con la persona de nacionalidad española una **relación estable** debidamente probada;
- **hijos** o, los de su cónyuge, pareja registrada o pareja estable siempre y cuando esta también resida o vaya a residir en España, menores de 26 años, o mayores de dicha edad que estén a su cargo, o que tengan una discapacidad para la que precisen apoyo para el ejercicio de su capacidad jurídica;
- **ascendientes directos** de primer grado en línea directa y los de su cónyuge, o pareja registrada o pareja estable si **acreditan** que viven a su cargo y carezcan de apoyo familiar en origen o si concurren razones de carácter humanitario.

- **padre, madre, tutor o tutora** de un menor de nacionalidad española, siempre que el solicitante tenga a cargo al menor y conviva con este o esté al corriente de sus obligaciones respecto al mismo;
- **único familiar**, hasta el segundo grado, que realice o vaya a realizar los cuidados que precise una persona con nacionalidad española que tenga reconocido alguno de los grados de dependencia;
- **hijos y las hijas** cuyo padre o madre sean o hubieran sido españoles de origen;
- otros **familiares no incluidos** que acrediten, de forma fehaciente, en el momento de la solicitud, que se encuentran a su cargo.

Las personas que obtengan esta autorización tienen **derecho**, durante su vigencia, a **residir y trabajar**, sin necesidad de realizar ningún trámite administrativo adicional, mientras se mantengan las condiciones y siempre que superen la edad mínima de admisión al trabajo. Dicha autorización les habilita para trabajar por cuenta ajena o por cuenta propia, y en cualquier parte del territorio español, ocupación o sector de actividad. Asimismo, pueden ejercer su propio derecho a la reagrupación familiar. Para su concesión **no** se tiene en cuenta la **situación nacional de empleo**.

Si la persona extranjera se encontrase en España la **duración** de la **autorización** de residencia tiene una validez de 5 años a partir de la fecha de su concesión o, en su caso, se otorga por el periodo previsto de residencia en España del familiar de nacionalidad española si éste fuera inferior. Si se encontrase fuera de España, la duración será de 5 años o por el periodo previsto de residencia en España del familiar español si éste fuera inferior.

Si la duración de la autorización fuera inferior a la máxima puede renovarse siempre y cuando se mantengan las condiciones previstas en este capítulo, por 5 años o por el periodo previsto de residencia en España del familiar de nacionalidad española. La solicitud se debe presentar en los dos meses previos a la fecha de la caducidad o en los tres meses posteriores a la misma.

La **solicitud de autorización** puede presentarse por:
- la persona de nacionalidad española, si esta se haya en territorio nacional y la extranjera se halle en el Estado de origen o de procedencia y ambos pretendan fijar su residencia de manera efectiva en España.
- la persona extranjera, cuando tanto el familiar de nacionalidad española como el familiar extranjero se encuentren fuera del territorio nacional y tengan previsto trasladar o establecer su residencia de manera real en España.
- indistintamente por ambos cuando se encuentren en territorio nacional:

La autorización puede **ser denegada** por razones de orden público, seguridad pública o salud pública, respetando el principio de proporcionalidad y, teniéndose en cuenta la normativa reguladora de orden público y de la seguridad pública.

La **vigencia** de la autorización de residencia se condiciona a que el titular se encuentre en alguno de los supuestos que dan derecho a su obtención y mantenga el cumplimiento de los requisitos y condiciones. Es obligatoria la comunicación de los eventuales cambios de circunstancias (domicilio, nacionalidad, estado civil y en su caso, la condición de pareja registrada o estable) a la oficina de extranjería de la provincia donde residan o la Comisaría de Policía correspondiente en el plazo de dos meses desde que se produzcan.

1933 **Obtención de la autorización de manera independiente** (RD 1155/2024 art.99) Las personas que obtengan esta autorización pueden obtenerla de manera independiente en las siguientes **situaciones**:
1. **Fallecimiento** de la persona de nacionalidad española;
2. **Cese de residencia** efectiva en España de la persona con nacionalidad española, que habrá de ser comunicada en el plazo máximo de 6 meses desde que se produzca;
3. Nulidad del vínculo matrimonial o **divorcio,** o de la cancelación de la inscripción como pareja registrada, de la persona con nacionalidad española con la persona extranjera. La nueva situación debe ser comunicada en el plazo máximo de 6 meses desde que se produzca. Para **mantener** la residencia debe darse alguna de las siguientes **situaciones**:
- la duración del matrimonio o situación de la pareja estable ha de ser de, al menos, 3 años.
- otorgamiento por mutuo acuerdo o decisión judicial, de la custodia de los hijos e hijas de la persona con nacionalidad española;
- resolución judicial o mutuo acuerdo entre las partes que determine el derecho de visita, al hijo o hija menor, del excónyuge o expareja registrada o estable de nacionalidad extranjera, cuando dicho menor resida en España y dicha resolución o acuerdo se encuentre vigente.

4. Ser **víctima de violencia de género**, de **violencia sexual**, de un delito por conductas violentas ejercidas en el entorno familiar, víctima de trata de seres humanos por parte del familiar español o víctima del delito de abandono de familia, menores o personas con discapacidad necesitadas de especial protección.

Para mantener y conservar la autorización, el familiar extranjero debe **solicitar expresamente** ante la oficina de extranjería la residencia independiente en el plazo de los 6 meses siguientes a la fecha en que se produzca el hecho causante previsto en los ordinales segundo a cuarto de este artículo. Obtenida la resolución favorable sobre la residencia independiente, la persona extranjera mantendrá la tarjeta de identidad de extranjero de la que sea titular hasta la caducidad de la misma.
SI no es posible mantener la autorización a título personal, puede solicitar la **modificación de la autorización** siempre que acrediten los requisitos necesarios en el plazo de los tres meses siguientes a la fecha que se produzca la circunstancia que lo justifica o a los tres meses siguientes a la denegación de la solicitud de la residencia independiente.

Residencia y trabajo para actividades de temporada (L 4/2000 art.42; RD 1155/2024 art.100 a 112) Está en situación de residencia y trabajo para actividades de temporada la persona extranjera mayor de 16 años autorizada a residir en España y a ejercer actividades laborales por cuenta ajena por **periodos máximos** de 9 meses en un año natural, durante el periodo de vigencia de la autorización, para ejercer una actividad de temporada. **1935**
La **duración** de esta autorización es de 4 años.
La autorización se concede para un **único empleador**, si bien las ETT no pueden ser titulares.
Salvo en los casos en los que no resulte aplicable el requisito de la situación nacional de empleo, la autorización **se limita a un ámbito** geográfico autonómico y a una ocupación.
Se requiere cumplir los **requisitos** para la autorización inicial de residencia temporal y trabajo por cuenta ajena (RD 1155/2024 art.74), y los siguientes:
1. Por parte de la persona trabajadora:
a) No residir ni encontrarse en España.
b) Compromiso de retornar a su país de origen, notificado legalmente.
c) Compromiso de cumplir las normas vigentes sanitarias, de régimen interior y convivencia en explotaciones y alojamientos o de riesgos laborales.
d) Tener los certificados o licencias administrativas exigidos para realizar la actividad profesional.
2. Formalizar por escrito un contrato fijo discontinuo (ET art.16), dándose una copia por escrito a la persona trabajadora en un idioma que pueda entender.
3. Haberse abonado la tasa correspondiente.
4. Por parte del empleador:
a) Poner a disposición del trabajador un alojamiento adecuado.
b) Suscribir un seguro que cubra la asistencia sanitaria desde la fecha de inicio del viaje a España hasta el alta en la Seguridad Social.
c) Comprometerse a organizar los viajes de la persona trabajadora (RD 1155/2024 art.107.1.c).
d) Indicar el periodo de actividad previsto para el primer año de la autorización plurianual y, en su caso, las concatenaciones contractuales.
e) Aportar el compromiso de retorno firmado por la persona trabajadora.
La **situación nacional de empleo** ha de permitir esta contratación.
Durante el primer año de la autorización, para la **entrada en España** se requiere el visado de residencia y trabajo para actividades de temporada. En cada **año sucesivo**, el titular de la autorización debe ser llamada de nuevo por el empresario, en el marco del contrato de trabajo celebrado.
En relación a este procedimiento **hasta el 19-5-2025**, ver nº 1709.

Precisiones En las contrataciones de las personas extranjeras titulares de las autorizaciones de residencia y trabajo para actividades de temporada no se cotiza por la contingencia de **desempleo** (RD 1155/2024 disp.adic.10ª).

Autorizaciones especiales (L 14/2013 art.61 y 62 -redacc L 11/2023-, 63 a 66, 67 a 70 -redacc L 28/2022-, 71 y 71 bis -redacc L 11/2023-, 72 -redacc L 28/2022-, 73 y 74 -redacc L 11/2023-, 75 y 76 -L 11/2023-; RD 1155/2024 art.156 a 158) **1937**
Son aquellas que recogen supuestos concretos, bien por el **objeto** de la prestación (investigación), por la **cualificación** del trabajador (trabajadores especialmente cualificados), el **lugar** de la prestación (espacio transfronterizo), por la **duración** de la actividad (duración determinada), o por el **empleador** (transnacionalidad).
A tal efecto, se facilita la entrada y permanencia de los extranjeros que se propongan entrar o residir, o que ya residan, en España por **razones de interés económico**, en aquellos **supuestos** en los que acrediten ser:
- inversores (nº 1939);
- emprendedores (nº 1941);
- investigadores (nº 1943);
- profesionales altamente cualificados (nº 1945);
- trabajadores que efectúen movimientos intraempresariales (nº 1951);

- teletrabajadores internacionales (nº 1961).

Para ello, deben acreditar los siguientes **requisitos**:

1. No encontrarse irregularmente en territorio español;

2. Ser mayor de 18 años;

3. Carecer de antecedentes penales en España y en los países donde haya residido durante los últimos 2 años, por delitos previstos en el ordenamiento jurídico español, y presentar una declaración responsable de la inexistencia de antecedentes penales de los últimos 5 años;

4. No figurar como rechazable en el espacio territorial de países con los que España tenga firmado un convenio en tal sentido;

5. Contar con un seguro público o privado de enfermedad concertado con una entidad aseguradora autorizada para operar en España;

6. Contar con recursos económicos suficientes para sí y para los miembros de su familia durante su periodo de residencia en España;

7. Abonar la tasa por tramitación de la autorización o visado.

El **cónyuge** o persona con **análoga relación** de afectividad, los **hijos** menores de edad o mayores que, dependiendo económicamente del titular, no hayan constituido por sí mismos una unidad familiar y los **ascendientes** a cargo, que se reúnan o acompañen a los extranjeros, pueden solicitar, conjunta y simultánea o sucesivamente, la autorización y, en su caso, el visado. En el caso de que las solicitudes de estos familiares se presenten **simultáneamente** con la del titular, la autorización y, en su caso, el visado, se resuelven también de forma simultánea.

Los **visados** de estancia y residencia han de ser expedidos por las Misiones Diplomáticas y Oficinas Consulares de España para una, dos o múltiples entradas, y para un máximo de 5 años, efectuando a la Dirección General de la Policía las consultas pertinentes destinadas a comprobar si el solicitante representa un riesgo en materia de seguridad. La Dirección General de la Policía debe responder en el plazo máximo de 7 días desde la recepción de la consulta, transcurridos los cuales sin haber obtenido respuesta se entiende que su sentido es favorable.

La tramitación de las **autorizaciones de residencia** se efectúa por la Unidad de Grandes Empresas y Colectivos Estratégicos.

Estas autorizaciones de residencia y visados **se revocan, deniegan o no renuevan** cuando la persona extranjera interesada pueda representar una amenaza para el orden público, la seguridad pública, la salud pública o la seguridad nacional, si así lo valora el órgano competente para resolver, en base en un informe policial, del CNI o del Departamento de Seguridad Nacional.

En relación a estas autorizaciones especiales **hasta el 19-5-2025**, ver nº 1744.

1939 **Inversores** (L 14/2013 art.63 a 66 y 67 -redacc L 28/2022-) Los extranjeros no residentes que se propongan realizar una inversión significativa de capital pueden solicitar el **visado** de estancia, o en su caso, de residencia para inversores, que tiene una duración de un año, y constituye título suficiente para residir y trabajar en España durante ese periodo. No obstante, si se solicita por la adquisición de bienes inmuebles sin que se haya formalizado la compra, se concede por una duración máxima de 6 meses, siempre que exista un precontrato con garantía en su cumplimiento.

Posteriormente, pueden solicitar una **autorización de residencia** para inversores, que les permite trabajar y tiene una duración de 3 años, prorrogables por periodos sucesivos de 5 años siempre que se mantengan las condiciones que generaron el derecho, con validez en todo el territorio nacional.

Se entiende como **inversión significativa** de capital aquella que cumpla con alguno de los siguientes supuestos:

1. Una inversión inicial en **activos financieros**, por un valor igual o superior a:

- 2.000.000 € en títulos de deuda pública española; o
- 1.000.000 € en acciones o participaciones sociales de sociedades de capital españolas con una actividad real de negocio; o
- 1.000.000 € en fondos de inversión, fondos de inversión de carácter cerrado o fondos de capital riesgo constituidos en España; o
- 1.000.000 € en depósitos bancarios en entidades financieras españolas.

2. La **adquisición de bienes inmuebles** en España con una inversión de valor igual o superior a 500.000 € por cada solicitante.

3. Un **proyecto empresarial** que vaya a ser desarrollado en España y que sea considerado y acreditado como de interés general, conforme al informe favorable de la Oficina Económica y Comercial de la demarcación geográfica donde el inversor presente la solicitud del visado, para lo cual se valora el cumplimiento de al menos una de las siguientes condiciones:

- creación de puestos de trabajo;
- realización de una inversión con impacto socioeconómico de relevancia en el ámbito geográfico en el que se vaya a desarrollar la actividad;

- aportación relevante a la innovación científica y/o tecnológica.
La **solicitud del visado** de residencia la debe realizar personalmente el extranjero ante la Misión Diplomática u Oficina Consular de España en el país de residencia. Puede obtener el visado de residencia para inversores un **representante**, designado por el inversor y debidamente acreditado, para la gestión de un proyecto de interés general, siempre y cuando el proyecto cumpla alguna de las condiciones enumeradas.
La **solicitud de la autorización de residencia** la debe realizar personalmente el extranjero ante la Unidad de Grandes empresas-Colectivos Estratégicos, cuya concesión corresponde a la Dirección General de Migraciones.
En relación a esta autorización para inversores **hasta el 19-5-2025**, ver nº 1746.

Emprendedores (L 14/2013 art.62 -redacc L 11/2023- y 68 a 70 -redacc L 28/2022-) Los extranjeros que soliciten entrar en España o que, siendo titulares de una autorización de estancia o residencia o visado, pretendan **iniciar, desarrollar o dirigir una actividad económica** como emprendedor, pueden ser provistos de una **autorización de residencia** para actividad empresarial, con validez en todo el territorio nacional y una vigencia de 3 años, renovable por 2 años más, pudiendo obtener la residencia permanente a los 5 años. **1941**
La **solicitud** de autorización de residencia de emprendedor se realiza por el propio interesado o a través de un representante legal, de forma electrónica ante la Unidad de Grandes Empresas y Colectivos Estratégicos. Si el **extranjero** está **fuera de España**, la solicitud de autorización y visado se realiza simultáneamente mediante una única instancia, que inicia la tramitación de forma consecutiva.
Los **solicitantes** deben cumplir los requisitos generales (nº 1937) y los requisitos legales necesarios para el inicio de la actividad, que son los establecidos en la normativa sectorial correspondiente.
Se entiende como **actividad emprendedora** aquella que sea innovadora y/o tenga especial interés económico para España y, a tal efecto, cuente con un informe favorable emitido por ENISA.
Una vez solicitada, la Unidad de Grandes Empresas y Colectivos Estratégicos solicita **informe** de oficio sobre la actividad emprendedora y empresarial a ENISA, de carácter preceptivo, que ha de evacuar en el plazo de 10 días hábiles.
Si el **extranjero está fuera de España**, una vez que tenga concedida la autorización, ha de solicitar el visado de residencia.
Para la **valoración** de la actividad emprendedora y empresarial, se tiene en cuenta:
1. El **perfil profesional** del solicitante y su implicación en el proyecto. Si hay varios socios, se evalúa la participación de cada uno de ellos, tanto de los que solicitan un visado o autorización como de los que no requieran el mismo.
2. El **plan de negocio**, que debe englobar una descripción del proyecto, del producto o servicio que desarrolla, y su financiación, incluyendo la inversión requerida y las posibles fuentes de financiación.
3. Los elementos que generen el **valor añadido** para la economía española, la innovación u oportunidades de inversión.
En relación a esta autorización para emprendedores **hasta el 19-5-2025**, ver nº 1748.

Investigadores (L 14/2013 art.72 -redacc L 28/2022-; OM CIN/1795/2011) Con el objetivo de favorecer la competitividad de la economía española y la internacionalización de las empresas y dando cumplimiento a compromisos comunitarios -Dir (UE) 2016/801 del Parlamento Europeo y del Consejo, relativa a los requisitos de entrada y residencia de los nacionales de países terceros con fines de investigación, estudios, prácticas, voluntariado, programas de intercambio de alumnos o proyectos educativos y colocación au pair-, se facilita la obtención de la autorización de residencia y trabajo a los **investigadores extranjeros**. Este sistema se dirige a los investigadores extranjeros cuya permanencia en España tenga como fin único o principal realizar **proyectos de investigación**, en el marco de un **convenio de acogida** firmado con un organismo de investigación que, conforme a la regulación reglamentaria, puede ser cualquier persona física o jurídica, pública o privada, con establecimiento principal o secundario radicado en España, que realice actividades de investigación y desarrollo tecnológico y haya sido autorizada para suscribir convenios de acogida. **1943**
Para realizar actividades de formación, investigación, desarrollo e innovación en entidades públicas o privadas, los investigadores necesitan un visado o una autorización de residencia para formación o investigación, que tiene validez en todo el territorio nacional. Este colectivo **comprende**:
1. Personal **investigador** que, estando en posesión de la titulación exigida en cada caso, lleva a cabo una actividad investigadora, entendida como el trabajo creativo realizado de forma sistemática para incrementar el volumen de conocimientos, incluidos los relativos al ser humano,

la cultura y la sociedad, el uso de esos conocimientos para crear nuevas aplicaciones, su transferencia y su divulgación (L 14/2011 art.13 y disp.adic.1ª).
2. Personal **científico y técnico** que lleve a cabo trabajos de investigación científica, desarrollo e innovación tecnológica, en entidades empresariales o centros de I+D+i establecidos en España.
3. Investigadores acogidos en el marco de un convenio por organismos de investigación públicos o privados;
4. Profesores contratados por universidades, órganos o centros de educación superior e investigación, o escuelas de negocios establecidos en España.
La autorización de residencia para investigación, prevista en la Ley de apoyo a los emprendedores y su internacionalización, tiene **dos modalidades**:
1. Autorización de **residencia para investigación UE**. Procede en el supuesto de extranjeros investigadores que sean titulares de un doctorado o de una cualificación de educación superior adecuada que les permita acceder a programas de doctorado, y hayan sido seleccionados por la entidad de investigación con el fin de realizar una actividad investigadora. Para ello, deben presentar un **convenio de acogida** (siendo válidas, en su caso, las **cartas de invitación**) **o contrato de trabajo** que recoja los elementos que señala la ley.
Los **titulares** de una autorización de residencia para investigación UE, expedida por España:
- están habilitados para impartir clases relacionadas con la actividad investigadora, además de la actividad investigadora;
- pueden entrar, residir y desarrollar una investigación en uno o varios Estados miembros y ser acompañados por sus familiares, previa comunicación o solicitud de autorización, en su caso, a las autoridades de dichos Estados.
Las **entidades establecidas en otros Estados** miembros de la Unión pueden desplazar a España, previa comunicación a la Unidad de Grandes Empresas y Colectivos Estratégicos, a los extranjeros titulares de una autorización de residencia para investigación UE expedida en dicho Estado, durante la validez de dicha autorización, a los que pueden acompañar los miembros de su familia.
2. Autorización de **residencia para investigación nacional.** Se concede para investigadores extranjeros no incluidos en el supuesto anterior y no posibilita la movilidad en la UE.
En ambos casos, la **duración** de la autorización es de 3 años o igual a la duración del convenio de acogida o contrato, en caso de ser esta inferior, renovable por 2 años, pudiendo obtener la residencia permanente a los 5 años. Una vez finalizada la actividad investigadora, los extranjeros pueden permanecer en España durante un periodo máximo de 12 meses con el fin de buscar un empleo adecuado en relación con el campo de la investigación realizada o para emprender un proyecto empresarial.
En relación a esta autorización para investigadores **hasta el 19-5-2025**, ver nº 1750.

1945 **Profesionales altamente cualificados. Titulares de una Tarjeta azul-UE** (Dir (UE) 2021/1983; L 14/2013 art.71 -redacc L 11/2023-, 71 bis -redacc L 11/2023-, 75, disp.adic. 4ª, 5ª y 20ª) Es objetivo básico atraer a los nacionales de terceros países altamente cualificados, facilitando la residencia legal de aquellos que solicitan su admisión en el territorio de un Estado miembro durante periodos de **más de 3 meses** para fines de empleo, así como la admisión de sus familiares.
En España, cuando **una empresa requiere** la incorporación en territorio español de un profesional extranjero para el desarrollo de una relación laboral o profesional de alta cualificación, **puede solicitar** una autorización de residencia para profesionales altamente cualificados, válida en todo el territorio nacional. Igualmente puede **presentar la solicitud** el profesional extranjero, en cuyo caso, la Unidad de Grandes Empresas y Colectivos Estratégicos comunica a la empresa que la ha recibido.
Esta autorización de residencia para profesionales altamente cualificados tiene **dos modalidades**:
1. Autorización de **residencia nacional** para profesionales altamente cualificados. Tal circunstancia está referida a una actividad laboral para la que se requiera contar con una **titulación** equiparable al menos al nivel 1 del Marco Español de Cualificaciones para la Educación Superior, correspondiente con el nivel 5A del Marco Español de Cualificaciones para el Aprendizaje Permanente -es decir, de Técnico Superior-, **o** conocimientos, capacidades y competencias avaladas por una **experiencia profesional** de al menos 3 años, equiparable a dicha cualificación.
2. Autorización de **residencia** para profesionales altamente cualificados **titulares o solicitantes de una Tarjeta azul-UE**. Se refiere a una actividad laboral para la que se requiera contar con **cualificación** de enseñanza superior de duración mínima de 3 años y equivalente al menos al Nivel 2 del Marco Español de Cualificaciones para la Educación Superior, correspondiente con el nivel 6 del Marco Español de Cualificaciones para el Aprendizaje Permanente y mismo nivel del Marco Europeo de Cualificaciones (EQF) -es decir, de Grado-, **o** acreditar un mínimo

de 5 años de **experiencia profesional** que pueda considerarse equiparable a dicha cualificación y sea pertinente para la profesión o sector especificado en el contrato de trabajo o en la oferta firme de empleo (3 años en los 7 años anteriores en el caso de profesionales y directores de tecnología de la información y las comunicaciones). Para obtener la **Tarjeta azul-UE**, han de cumplirse los siguientes **requisitos**:

a) El extranjero ha de acreditar la posesión de la **cualificación** indicada y, en el caso del ejercicio de profesiones reguladas, acreditar su homologación.

b) El solicitante debe presentar un **contrato de trabajo** válido **o** una **oferta firme de empleo** de alta cualificación para al menos 6 meses, que garantice al trabajador una actividad continuada durante el periodo de vigencia de la Tarjeta.

c) Las **condiciones del contrato de trabajo** han de ajustarse a las establecidas por la normativa vigente y el convenio colectivo aplicable. El **salario bruto anual** no debe ser inferior a un umbral salarial de referencia que se definirá reglamentariamente, previa consulta con los interlocutores sociales de acuerdo con la normativa vigente, y que será como mínimo de 1,0 veces y como máximo de 1,6 veces el salario bruto anual medio (un 80% del umbral establecido en el párrafo anterior, siempre que no sea inferior a 1,0 veces el salario bruto medio, en determinadas circunstancias).

En esta autorización **no se tiene en cuenta** la situación nacional de empleo.

Se deniega la Tarjeta azul-UE si no se cumplen o si los documentos presentados han sido obtenidos de manera fraudulenta, falsificados o adulterados.

Cuando la persona a la que se haya concedido una Tarjeta azul-UE requiera un **visado** para su entrada en España, las autoridades consulares del país donde se encuentre han de concederlo sin requisito adicional alguno.

La **renovación** de la Tarjeta azul-UE **se revoca o deniega** cuando el extranjero ya no está en posesión de un contrato de trabajo válido para un empleo de alta cualificación y acumula un periodo de desempleo superior a 3 meses tras haber sido titular de la Tarjeta azul-UE durante menos de 2 años, o superior a 6 meses tras haber sido titular de la Tarjeta azul-UE durante al menos 2 años, tras analizar las circunstancias específicas y de acuerdo con el principio de proporcionalidad. Y se concede al interesado un plazo de 3 meses para la búsqueda de un nuevo empleo, o de 6 meses si ha sido titular de una Tarjeta azul-UE durante al menos 2 años.

También se revoca la tarjeta cuando su titular se ha desplazado a un Estado miembro de la UE distinto de España y ha obtenido una Tarjeta azul-UE en ese otro Estado.

Cuando el **titular de una Tarjeta azul-UE expedida por un Estado miembro** de la UE se desplaza **a España** a fin de desarrollar una actividad profesional durante un periodo de 90 días en cualquier periodo de 180 días, no se le requiere ninguna autorización distinta a aquella tarjeta:

- si ha residido al menos 12 meses en un Estado miembro de la UE diferente de España, o 6 meses en más de un Estado miembro, tiene derecho a entrar, residir y trabajar en España, previa solicitud de una Tarjeta azul-UE en este país, que puede presentarse por el empleador o el empleado a las autoridades competentes mientras siga residiendo en el territorio del primer Estado miembro, o ante el órgano competente para su tramitación, antes del plazo máximo de un mes desde su entrada en España, si está ya en territorio español. La solicitud debe acompañarse de: la Tarjeta azul-UE expedida en el primer Estado miembro, un documento de viaje válido, un contrato de trabajo u oferta firme de empleo de alta cualificación por un periodo de al menos 6 meses, pruebas de que cumple el umbral salarial y, en caso de profesión regulada, la acreditación del reconocimiento de las cualificaciones.
- está **autorizado para trabajar** en España **desde** el momento de la solicitud completa, sin perjuicio del sentido de la resolución.

Lo que se aplica igualmente a su **familia** (cónyuge o persona con análoga relación de afectividad, sus hijos menores de edad o mayores que, dependen económicamente del titular y no han constituido por sí mismos una unidad familiar y los ascendientes a cargo, L 14/2013 art.62.4).

Hay especialidades para el caso de que el solicitante o titular de una Tarjeta azul-UE sea a su vez **beneficiario de protección internacional** concedida por España u otro Estado miembro de la UE.

En relación a esta autorización para trabajadores altamente cualificados **hasta el 19-5-2025**, ver nº 1752.

La **validez de la autorización** de residencia de los profesionales altamente cualificados, sean o no titulares de una Tarjeta azul-UE, es de 3 años, o la duración del contrato más un periodo adicional de 3 meses si la duración del contrato es inferior, no pudiendo superar es periodo de 3 años. Durante los 60 días anteriores al fin de la vigencia de la autorización de residencia, se puede solicitar su **renovación** por 2 años si se mantienen los requisitos que generaron el derecho, pudiendo obtener la residencia de larga duración a los 5 años si se cumplen los requisitos (L 14/2013 art.71.3 redacc L 11/2023). **1947**

1949 **Trabajadores transfronterizos** (LO 4/2000 art.43.1; RD 1155/2024 art.156 a 158) Las autorizaciones de trabajo por cuenta propia o ajena para trabajadores transfronterizos se conceden a los trabajadores extranjeros que residen en la zona fronteriza de un Estado limítrofe del territorio español y desarrollan su actividad lucrativa, laboral o profesional por cuenta propia o ajena en España, regresando a su lugar de residencia diariamente, con los requisitos y condiciones de las autorizaciones de régimen general. Por tanto, son **solamente autorizaciones de trabajo**, ya que la residencia está situada en otro espacio geográfico.

La **duración** de la autorización inicial ha de coincidir con la del contrato de trabajo en relación con la cual se concede, con el **límite mínimo** de 3 meses y **máximo** de un año. Los mismos criterios son de aplicación en relación con la actividad proyectada, en el caso de trabajo por cuenta propia.

La **validez** de la autorización de trabajo está limitada al ámbito territorial de la comunidad o ciudad autónoma en cuya zona limítrofe reside el trabajador, así como a una ocupación en el caso de trabajo por cuenta ajena o a un sector de actividad en el de trabajo por cuenta propia.

La autorización de trabajo se **prorroga** a su expiración, en tanto continúe la misma relación laboral o actividad por cuenta propia y subsistan las circunstancias que motivaron su concesión. La vigencia de las sucesivas prórrogas coincide con la del contrato de trabajo o de la actividad por cuenta propia, con el límite máximo de un año.

En relación a esta autorización para trabajadores transfronterizos **hasta el 19-5-2025**, ver nº 1756.

Precisiones **1)** Como Estado miembro del Espacio Schengen, España cuenta con **fronteras interiores** con Francia y Portugal, y con **fronteras exteriores** con Marruecos, en los territorios de Ceuta y Melilla. En España, estas autorizaciones para trabajadores transfronterizos extracomunitarios se conceden a los trabajadores marroquíes residentes en las provincias de Tetuán y Nador que se trasladan diariamente a trabajar a Ceuta y Melilla, respectivamente.

2) Esta autorización no faculta para trabajar como personal fijo en **establecimientos militares**, para lo que se exige la nacionalidad española (RD 2205/1980 art.7); (TSJ Andalucía 9-9-04, EDJ 246975; 10-2-05, EDJ 79898).

1951 **Prestación de servicios transnacional** (LO 4/2000 art.43.2; L 14/2013 art.73 y 74 -redacc L 11/2023-, 75 y 76 -redacc L 11/2023-) Se encuentra en situación de **residencia temporal y trabajo** en el marco de prestaciones transnacionales de servicios, el **trabajador** extranjero que se desplace a un centro de trabajo en España y dependa, mediante expresa relación laboral, de una **empresa** establecida en un Estado no perteneciente a la UE ni al EEE, en los siguientes **supuestos**:

- desplazamiento temporal por cuenta y bajo la dirección de la empresa extranjera, en ejecución de un contrato celebrado entre esta y el destinatario de la prestación de servicios establecido o que ejerza su actividad en España (L 45/1999 disp.adic.4ª, sobre desplazamiento de trabajadores en el marco de una prestación de servicios transnacional);
- desplazamiento temporal a centros de trabajo en España de la misma empresa o de otra empresa del grupo del que esta forme parte;
- desplazamiento que afecta a trabajadores altamente cualificados, cuyo objeto es la supervisión o asesoramiento de obras o servicios que empresas radicadas en España vayan a realizar en el exterior.

La **autorización** se limita a una actividad y ámbito geográfico. Su **duración** coincide con el tiempo de desplazamiento del trabajador, con el límite de un año, prorrogable por el periodo previsto de continuidad de la actividad que motivó aquel, con el límite máximo de un año o el previsto en convenios internacionales firmados por España, si se acreditan las condiciones que se valoraron para su concesión.

En relación a esta autorización para la prestación de servicios transnacional **hasta el 19-5-2025**, ver nº 1758.

Precisiones **1)** Por consiguiente, estas autorizaciones son exigibles no tanto por razón de la extranjería del empleado, que también, cuanto por el Estado en que radique la empresa prestadora del servicio transnacional. Concretamente, si la **empresa** radica en un **Estado de la UE o del EEE**, no es exigible la autorización de trabajo, cualquiera que sea la nacionalidad del desplazado.

2) Quedan expresamente excluidos de este tipo de autorización los desplazamientos realizados con motivo del desarrollo de actividades formativas y del personal navegante respecto de las empresas de la marina mercante.

1953 Para la **concesión** de la autorización, se valora el cumplimiento de las siguientes **condiciones**:

1. Respecto del **trabajador**:
- que no se encuentre irregularmente en territorio español;
- que carezca de antecedentes penales, tanto en España como en sus países anteriores de residencia durante los últimos 5 años;
- no figurar como rechazable en el espacio territorial de países con los que España tenga firmado un convenio en tal sentido;

- que haya transcurrido el plazo de compromiso de no regreso a España del extranjero, asumido por este en el marco de su retorno voluntario al país de origen;
- que la residencia del trabajador extranjero en el país o países donde está establecida la empresa que le desplaza sea estable y regular.

2. En relación con la **actividad laboral** a desarrollar por los extranjeros que se pretende desplazar, es necesario:
- que la situación nacional de empleo permita el desplazamiento (excepcionalmente, en el caso de que el empleador acredite que la actividad a desempeñar por el trabajador requiere un conocimiento directo y fehaciente de la empresa, no resulta de aplicación este requisito);
- que la actividad profesional del trabajador extranjero en el país o países en los que está establecida la empresa que le desplaza tenga carácter habitual;
- que se haya dedicado a dicha actividad como mínimo durante un año y haya estado al servicio de tal empresa, al menos, 9 meses.

3. Referente a la **empresa** que le desplaza:
- que esté al corriente en el cumplimiento de sus obligaciones tributarias y de Seguridad Social;
- que garantice a sus trabajadores desplazados temporalmente a España los requisitos y condiciones de trabajo previstos en la ley sobre desplazamiento de trabajadores en el marco de una prestación de servicios transnacional (L 45/1999);
- que se haya abonado la tasa por tramitación de la autorización de trabajo.

Se considera **infracción** muy grave no garantizar a los trabajadores desplazados a España las condiciones de trabajo previstas en la legislación española y en los convenios colectivos y laudos arbitrales aplicable en el lugar y en el sector de la actividad de que se trate (LISOS art.10.4).

El **visado de residencia y trabajo** que se expida en estos supuestos posibilita para la entrada y estancia por un período de 3 meses y para el comienzo de la actividad durante los 3 meses posteriores a la fecha de entrada legal en España. Durante dicho plazo, debe producirse el alta del trabajador en el régimen correspondiente de Seguridad Social, que dota de eficacia a la autorización de residencia y trabajo. Asimismo, aquellos extranjeros que se desplacen a España en el marco de una relación laboral, profesional o por motivos de formación profesional, con una empresa o grupo de empresas establecida en España o en otro país, deben estar en posesión del visado de acuerdo con la duración del **traslado** y de una autorización de residencia por traslado intraempresarial, que tiene validez en todo el territorio nacional. **1955**

Para lo cual, deben quedar acreditados, además de los **requisitos** generales previstos para las autorizaciones especiales (nº 1937), los siguientes:
- existencia de una actividad empresarial real y, en su caso, la del grupo empresarial;
- titulación superior equiparable al menos al nivel 1 del Marco Español de Cualificaciones para la Educación Superior, correspondiente al nivel 5A del Marco Español de Cualificaciones para el Aprendizaje Permanente (Técnico Superior) o conocimientos, capacidades y competencias avaladas por una experiencia mínima profesional de 3 años;
- existencia de una relación laboral o profesional, previa y continuada, de 3 meses con una o varias de las empresas del grupo;
- documentación de la empresa que acredite el traslado.

La autorización de residencia por traslado intraempresarial tiene **dos modalidades**: **1957**

1. **Autorización de residencia por traslado intraempresarial ICT UE**: procede en el supuesto de desplazamientos temporales para trabajar como directivo, especialista o para formación, desde una empresa establecida fuera de la UE a una entidad perteneciente a la misma empresa o grupo de empresas establecida en España. A estos efectos, se entiende por:
- directivo, aquel que tenga entre sus funciones la dirección de la empresa o de un departamento o subdivisión de la misma;
- especialista, quien posea conocimientos especializados relacionados con las actividades, técnicas o la gestión de la entidad;
- trabajador en formación, aquel titulado universitario que es desplazado con el fin de que obtenga una formación en las técnicas o métodos de la entidad y que percibe una retribución por ello.

La **duración** máxima del traslado es de 3 años en el caso de directivos o especialistas y de uno en el caso de trabajadores en formación.

Los titulares de una autorización de residencia por traslado intraempresarial ICT UE válida, expedida por España, pueden entrar, residir y trabajar en **uno o varios Estados** miembros previa comunicación o solicitud de autorización, en su caso, a las autoridades de dichos Estados (de acuerdo con su normativa en aplicación de la Dir 2014/66/UE, relativa a las condiciones de

entrada y residencia de nacionales de terceros países en el marco de traslados intraempresariales).
Las **entidades establecidas en otros Estados miembros** de la Unión, pueden desplazar a España, previa comunicación a la Unidad de Grandes Empresas y Colectivos Estratégicos, a los extranjeros titulares de una autorización de traslado intraempresarial ICT UE durante la validez de dicha autorización. La Dirección General de Migraciones puede **oponerse**, de manera motivada, a la movilidad en el plazo de 20 días en los siguientes **supuestos**:
- cuando no se cumplan las condiciones establecidas para esta autorización de residencia por traslado intraempresarial;
- cuando los documentos presentados se hayan adquirido fraudulentamente, o hayan sido falsificados o manipulados;
- cuando haya transcurrido la duración máxima del traslado.
En caso de oposición por parte de la Dirección General de Migraciones, el primer Estado ha de permitir la reentrada sin más trámites del extranjero desplazado y de su familia. Si no se hubiera producido todavía el desplazamiento a España, la resolución denegatoria impide el mismo.
2. **Autorización nacional de residencia por traslado intraempresarial**: procede en los supuestos no contemplados en el apartado anterior o una vez haya transcurrido la duración máxima del traslado prevista en el mismo. El período de validez de esta autorización de residencia es de 3 años o igual a la duración del traslado.

1959 En relación a los **traslados intraempresariales de grupos de profesionales**, se sigue un procedimiento simplificado: las empresas o grupos de empresas pueden solicitar la tramitación colectiva de autorizaciones, que está basada en la gestión planificada de un cupo temporal de autorizaciones presentadas por la empresa o grupos de empresas.
A tal efecto, pueden solicitar su **inscripción en** la Unidad de Grandes Empresas y Colectivos Estratégicos, que tiene una validez de 3 años renovables. Las empresas inscritas están **exentas de acreditar** los requisitos de tener una actividad empresarial real y ser un grupo empresarial, en su caso, la titulación superior requerida y la existencia de una relación laboral o profesional previa de al menos 3 meses, **si bien** la Administración puede efectuar de oficio comprobaciones del cumplimiento de estos requisitos, para lo cual la entidad debe disponer de la documentación acreditativa.
Esta autorización **no es de aplicación** a las empresas o grupos de empresas que en los 3 años inmediatamente anteriores a la solicitud de autorización hayan sido sancionadas por infracción grave o muy grave en materia de extranjería e inmigración, o no hayan acreditado el cumplimiento de los requisitos en las comprobaciones de oficio efectuadas por la Administración.

1961 **Teletrabajadores internacionales** (L 14/2013 art.74 bis a 74 quinquies redacc L 28/2022; DGEEAC y DGM Instr conjunta 29-3-2023) Pueden solicitar el visado o la autorización de teletrabajo internacional aquellos extranjeros autorizados a permanecer en España para ejercer una actividad laboral o profesional **a distancia** para empresas radicadas fuera del territorio nacional, que **acrediten ser** graduados o postgraduados de universidades de reconocido prestigio, formación profesional y escuelas de negocios de reconocido prestigio o con una experiencia profesional mínima de 3 años, mediante el uso exclusivo de **medios y sistemas** informáticos, telemáticos y de telecomunicación:
1. Si **no** son **residentes** en España, han de **solicitar un visado** para teletrabajo de carácter internacional, que tiene una **vigencia** máxima de un año -salvo que el período de trabajo sea inferior, en cuyo caso tiene la misma vigencia que este- y es título suficiente para residir y trabajar a distancia en España durante ese periodo. Si tras ese plazo **quieren seguir** residiendo en España, pueden solicitar la **autorización de residencia** para trabajador a distancia internacional en el plazo de 60 días naturales antes de que expire el visado, siempre que se mantengan las condiciones que generaron el derecho.
2. Los extranjeros que se hallen en España de forma regular y, por tanto, sean **residentes**, pueden solicitar directamente esta autorización a fin de teletrabajar a distancia para una empresa localizada en el extranjero. Tiene validez en todo el territorio nacional y una **vigencia** máxima de 3 años, salvo que se solicite por un período de trabajo inferior.
La **solicitud** de visado o autorización de residencia ha de acompañarse de la siguiente **documentación**, vinculada a los **requisitos** para obtenerlos:
1. Copia del pasaporte completo o documento de viaje en vigor (todas las páginas).
2. Justificante de haber abonado la tasa correspondiente.
3. Formulario de solicitud firmado por la persona teletrabajadora.
4. Acreditación de una relación laboral o profesional mínima de 3 meses a la fecha de la solicitud con la empresa o empresas extranjeras con la que mantiene dicha relación.

5. Acreditación de una actividad real y continuada durante al menos un año de la empresa extranjera o grupo de empresas con la que mantiene relación laboral o profesional. **1961** (sigue)
6. Si la relación es laboral, carta de la empresa extranjera autorizando el desarrollo del trabajo en remoto desde España.
7. Si la relación es profesional, documentación que acredite los términos y condiciones en los que va a ejercer la actividad profesional a distancia.
8. Acreditación de contar **recursos económicos** suficientes para sí y para los miembros de su familia, en su caso, de acuerdo con las siguientes cuantías, así como su titularidad, licitud y disponibilidad de los fondos:
a) Si la solicitud es solo para el titular, al menos el 200% del SMI.
b) Si se trata de una unidad familiar que incluye al solicitante y a una persona reagrupada más, al menos el 75% del SMI. Y un 25% adicional por cada miembro adicional.
Lo cual se puede acreditar por cualquier **medio de prueba**, como el contrato de trabajo, la oferta firme de empleo o, en el caso de actividad profesional, el contrato mercantil, correspondiente a la actividad laboral o profesional que motiva la autorización.
9. Certificado de antecedentes penales del país o países en los que haya residido durante los últimos 2 años y declaración responsable de la inexistencia de antecedentes penales de los últimos 5 años. No es necesario si la persona solicitante sea titular de una autorización de residencia o de estancia en España superior a 6 meses.
10. Acreditación de contar con un **seguro público o privado** de enfermedad, concertado con una entidad aseguradora autorizada para operar en España, que ha de estar activo durante toda la vigencia de la autorización:
a) Si no está cubierto por una **norma internacional de coordinación** de sistemas de seguridad social suscrita por España y, por tanto, está obligado a la cotización de la Seguridad Social española, este requisito se entiende acreditado mediante la aportación de un compromiso de cumplimiento de tales obligaciones.
b) Si está cubierto por una **norma internacional de coordinación** de sistemas de seguridad social que prevé la **cobertura sanitaria** de los trabajadores asegurados en un Estado que desarrollan su actividad en el territorio de otro Estado, el requisito se acredita mediante el certificado de derecho emitido por la institución competente del Estado en el que está asegurado.
c) Si está cubierto por una **norma internacional de coordinación** de sistemas de seguridad social que **no** prevé la **cobertura sanitaria**, ha de acreditar que dispone de un seguro de enfermedad público o privado que proporcione coberturas equiparables a las provistas por el Sistema Nacional de Salud. No son válidos los seguros de viaje.
En caso de seguro privado, la entidad aseguradora ha de constar como inscrita en https://dgsfp.mineco.gob.es/es/Entidades/Paginas/rrpp.aspx.
11. Declaración responsable de la empresa donde figure el compromiso de cumplimiento, previa al inicio de la actividad laboral o profesional, de las obligaciones en materia de **Seguridad Social** y, en caso de no cobertura mediante norma internacional de coordinación de sistemas de seguridad social y trabajo por cuenta ajena, acreditación de la inscripción de la empresa en la Seguridad Social. Hay que tener en cuenta que:
a) Si **se le aplica** un convenio bilateral, multilateral o **instrumento internacional** de Seguridad Social aplicable suscrito por España, puede mantener la inclusión del solicitante en el sistema de Seguridad Social del Estado de origen, lo que ha de constar en la declaración responsable, junto con el certificado de legislación aplicable expedido por el organismo de seguridad social correspondiente.
b) Si **no se le aplica** un **instrumento internacional** de Seguridad Social suscrito por España y va a desempeñar un trabajo por cuenta ajena, ha de acompañarse la acreditación o justificación de inscripción de la empresa en la Seguridad Social a la solicitud o, si la persona extranjera se encuentra fuera de España al solicitar el visado, de la acreditación o justificación de solicitud de inscripción de la empresa en la Seguridad Social.
12. Copia de la **titulación o** documentación que acredite una **experiencia profesional** de al menos 3 años en funciones análogas a las del puesto a desempeñar equiparable a dicha cualificación y pertinente para desempeñar la relación laboral o profesional a distancia que se autoriza, pudiéndose requerir los originales. Si se trata de profesiones reguladas, debe acreditarse la homologación del título. Si se trata de personas tituladas en formación profesional y existen dudas sobre su equivalencia con el sistema educativo español, se puede requerir la acreditación de su convalidación ante la autoridad educativa.
La autorización de residencia habilita para la **situación** de residencia por teletrabajo de carácter internacional, tiene validez en todo el **territorio** nacional y una **vigencia** máxima de 3 años, salvo que se solicite por un período de trabajo inferior, renovable por períodos de 2 años siempre que se mantengan las condiciones que generaron el derecho.

Si los titulares de la autorización ejercen una **actividad laboral**, solo pueden trabajar para empresas radicadas fuera de España. Si ejercen una **actividad profesional**, se les permite trabajar para una empresa ubicada en España, siempre que el porcentaje de dicho trabajo no sea superior al 20% del total de la actividad profesional.

Sobre el foro competente en el **teletrabajo internacional**, ver nº 1861.

En relación a esta autorización para teletrabajadores internacionales **hasta el 19-5-2025**, ver nº 1768.

1963 **Excepciones a la obligación de autorización de trabajo** (LO 4/2000 art.41; RD 1155/2024 art.88 y 89.7) Están exceptuados de la obligación de obtener autorización de trabajo para el ejercicio de una actividad lucrativa, laboral o profesional, sin limitación de ámbito geográfico, quienes se encuentren en alguna de las **situaciones** siguientes:

1. Técnicos, investigadores y científicos extranjeros invitados o contratados por la Administración General del Estado, las CCAA, las universidades, los entes locales o los organismos de investigación promovidos o participados mayoritariamente por las anteriores.

Lo que queda acreditado con la presentación de la invitación o contrato de trabajo, suscritos por quien tenga atribuida la competencia o la representación legal del órgano correspondiente, donde conste la descripción del proyecto y el perfil profesional requerido para su desarrollo.

2. Profesores, técnicos, investigadores y científicos extranjeros invitados o contratados por una Universidad española para desarrollar tareas docentes, de investigación o académicas.

Lo que se acredita con la presentación de la invitación o contrato de trabajo para ejercer dichas actividades, suscritos por la representación legal de la universidad española.

3. Personal directivo o profesorado extranjero de instituciones culturales docentes de acreditado prestigio que desarrollen programas culturales y docentes.

4. Funcionarios civiles y militares de las Administraciones estatales extranjeras.

Lo que se acredita con la presentación del certificado emitido por la Administración estatal extranjera competente y la justificación de tales aspectos.

5. Corresponsales de medios de comunicación extranjeros.

6. Miembros de misiones científicas internacionales que realicen trabajos e investigaciones en España, autorizados por la Administración, estatal o autonómica, competente.

7. Ministros religiosos y miembros de la jerarquía de las diferentes iglesias, confesiones y comunidades religiosas, así como religiosos profesos de órdenes religiosas.

8. Extranjeros que formen parte de los órganos de representación, gobierno y administración de los sindicatos y organizaciones empresariales reconocidos internacionalmente, siempre que su actividad se limite estrictamente al desempeño de las funciones inherentes a dicha condición.

9. Extranjeros que cuenten con un permiso de trabajo válido en un Estado miembro de la Unión Europea y sean desplazadas a España en el marco de una prestación de servicios trasnacional (L 45/1999).

La **vigencia** de la autorización de residencia temporal con excepción de la autorización de trabajo es igual a la duración de la actividad o programa que se desarrolle, con el **límite máximo** de un año la autorización inicial, y de cuatro en la prórroga, si subsisten las circunstancias que motivaron la excepción.

En relación a las excepciones a la obligación de autorización de trabajo **hasta el 19-5-2025**, ver nº 1770.

1965 **Procedimiento** (RD 1155/2024 art.89) Las excepciones a la autorización de trabajo no significan que los supuestos contemplados por el legislador supongan el derecho a entrar y el derecho al trabajo -como ocurre, por ejemplo, con los ciudadanos comunitarios-, sino que la actividad autorizante de la Administración les dispensa un **trato preferente** por diferentes circunstancias.

El procedimiento de **solicitud** de la excepción a la autorización a trabajar contempla dos **posibilidades**:

1. Extranjero **residente** en España: debe solicitar la autorización de residencia temporal con excepción de la autorización de trabajo ante la oficina de extranjería correspondiente a la provincia donde se inicie la actividad, aportando la documentación que lo justifique. La solicitud debe presentarse con una antelación mínima de 2 meses a la fecha de expiración de la situación legal en la que se encuentre. El plazo máximo para notificar la resolución del Subdelegado o delegado del Gobierno competente es de 2 meses, transcurrido el cual la solicitud se entiende desestimada. Si la solicitud se presenta ante la oficina consular el plazo máximo para resolver y notificar es de 15 días, transcurridos los cuales sin haber obtenido respuesta la solicitud se entiende desestimada.

2. Extranjero **no residente** en España: siempre que la duración prevista de la actividad sea **superior a 90 días naturales,** debe presentar una solicitud de autorización de residencia temporal con excepción de la autorización de trabajo ante el órgano competente para su tramitación o, si se encuentra fuera de España, una solicitud de visado de residencia ante la oficina consular española correspondiente a su lugar de residencia.
La solicitud del visado de residencia conlleva la solicitud de autorización de residencia temporal con excepción de la autorización de trabajo.

2. Trabajador extranjero en España en situación regular

Se analiza a continuación la situación de los extranjeros que se encuentren en alguna de las siguientes situaciones: **1970**
1. Con autorización de residencia y trabajo (nº 1975);
2. Sin autorización de trabajo (nº 2000).

a. Trabajador con autorización de residencia y trabajo

Cuando el trabajador extranjero está en posesión de la autorización de residencia y trabajo tiene derecho a ejercer una actividad remunerada, por cuenta propia o ajena, así como al acceso al sistema de Seguridad Social. **1975**
Si la autorización que posee es temporal, ha de solicitar la **renovación** correspondiente.
La autorización puede estar **limitada** a un sector de actividad o a un ámbito geográfico determinado. Dicha autorización inicial puede ser **modificada** a solicitud del interesado (nº 1987).
La autorización de residencia y trabajo se **extingue**, además de por el transcurso de su plazo de vigencia, cuando concurra alguno de los supuestos que den lugar a su retirada (nº 1989).
En relación a estas autorizaciones **hasta el 19-5-2025**, ver nº 1785.

Renovación de la autorización de residencia y trabajo Se contempla la posibilidad de renovar las autorizaciones de residencia temporal y trabajo cuando se cumplan los requisitos exigidos y siguiendo los trámites previstos. **1977**
En relación a la renovación de estas autorizaciones **hasta el 19-5-2025**, ver nº 1787.

Residencia y trabajo por cuenta ajena (LO 4/2000 art.38.6; RD 1155/2024 art.80 y 81) La renovación de las autorizaciones de residencia temporal y trabajo por cuenta ajena debe **solicitarse** en modelo oficial, durante los 2 meses previos a la fecha expiración de la vigencia de su autorización, con lo que dicha vigencia se prorroga hasta la resolución del procedimiento; lo mismo sucede si la solicitud se presenta dentro de los 3 meses posteriores a la fecha en que haya finalizado la vigencia de la anterior autorización, sin perjuicio de la incoación del correspondiente procedimiento sancionador por la infracción (LO 4/2000 art.52.b). **1979**
Transcurrido el plazo de 3 meses para resolver y notificar sobre la solicitud de renovación, el silencio administrativo es de carácter positivo.
Su vigencia es de 4 años, salvo que corresponda una autorización de residencia de larga duración, y permite el ejercicio de cualquier actividad en cualquier parte del territorio nacional, por cuenta ajena y por cuenta propia. No obstante, cuando la vigencia de la autorización inicial es menor a un año, la renovación de la autorización se concede por la duración de la actividad a desarrollar, con el límite máximo de un año;
Los efectos de la autorización renovada se retrotraen al día inmediatamente siguiente al de la caducidad de la autorización anterior.
La autorización de trabajo se renueva a su expiración en los siguientes **supuestos**:
1. Cuando se acredite la **continuidad en la relación laboral** que dio lugar a la concesión de la autorización cuya renovación se pretende.
2. Cuando la persona trabajadora haya tenido un **periodo de actividad laboral** de, al menos, 3 meses por año y se encuentre en alguna de las siguientes **circunstancias**:
- ha suscrito un contrato con un nuevo empleador, acorde con las características de su autorización para trabajar, y figura en situación de alta o asimilada al alta en el momento de solicitar la renovación;
- dispone de un nuevo contrato, con inicio de vigencia condicionado a la concesión de renovación;
- la relación laboral que dio lugar a la autorización cuya renovación se pretende se ha extinguido por causas ajenas a su voluntad y se ha mantenido inscrito ininterrumpidamente como demandante de empleo en los Servicios Públicos de Empleo competentes desde la extinción de la relación laboral hasta la fecha de solicitud de la renovación.

3. Cuando la persona trabajadora sea **beneficiaria de una prestación contributiva por desempleo o asistencial** de carácter público destinada a lograr su inserción social o laboral.
4. Cuando concurra alguna de las siguientes circunstancias:
- la persona trabajadora acredite que **se ha encontrado trabajando** y en alta en el régimen correspondiente de Seguridad Social durante un mínimo de 9 meses en un período de 12 meses;
- el familiar cumpla con los requisitos económicos para **reagrupar** a la persona trabajadora;
- la extinción del contrato de trabajo o suspensión de la relación laboral como consecuencia de que la trabajadora sea víctima de **violencia de género o violencia sexual**.

En relación a la renovación de estas autorizaciones **hasta el 19-5-2025**, ver nº 1787.

1981 Junto con la **solicitud de renovación** deben presentarse los documentos acreditativos de que se reúnen las condiciones para su concesión y un **informe** emitido por las autoridades autonómicas competentes que acredite la escolarización de los menores a su cargo.

Igualmente se valora el **esfuerzo de integración** de la persona extranjera. Esta circunstancia se acredita mediante la aportación, por parte de la persona extranjera, entre otros medios de prueba, de un informe favorable de los órganos competentes de la Comunidad Autónoma de su lugar de residencia que recomienden la renovación, principalmente en caso de que no acredite el cumplimiento de alguno de los requisitos previstos para la renovación de la autorización.

El **informe**, de ser favorable, certifica el conocimiento y respeto de los valores constitucionales de España, los valores estatutarios de la Comunidad Autónoma en que se resida, los valores de la Unión Europea, los derechos humanos, las libertades públicas, la democracia, la tolerancia y la igualdad entre mujeres y hombres, y en su caso, el aprendizaje de las lenguas oficiales del lugar de residencia. En caso de que el informe no haya sido emitido en el plazo de un mes, circunstancia que habrá de ser debidamente acreditada por el interesado, podrá justificarse este requisito por cualquier medio de prueba admitido en Derecho.

La **denegación** de la autorización contiene la advertencia al interesado de la obligatoriedad de su salida del país. Si los extranjeros realizasen efectivamente la salida del territorio español, no serán objeto de prohibición de entrada en el país y eventualmente podrán volver a España, con arreglo a las normas que regulan el acceso al territorio español (RD 1155/2024 art.24.1 y 3).

1983 **Residencia y trabajo por cuenta propia** (RD 1155/2024 art.86 y 87) La renovación de las autorizaciones de residencia temporal y trabajo por cuenta propia debe **solicitarse**, en modelo oficial, durante los 2 meses previos a la fecha de expiración de la vigencia de su autorización, en cuyo caso se prorroga la validez de la autorización anterior hasta la resolución del procedimiento. También se prorroga en el supuesto en que la solicitud se presentase dentro de los 3 meses posteriores a la fecha en que hubiera finalizado la vigencia de la anterior autorización, sin perjuicio de la incoación del correspondiente procedimiento sancionador (LO 4/2000 art.52 b).

La autorización de residencia y trabajo por cuenta propia puede renovarse en los siguientes **supuestos**:
1. Cuando se acredite la continuidad en la actividad que dio lugar a la autorización que se renueva, previa comprobación de oficio del cumplimiento de sus obligaciones tributarias y de Seguridad Social.
La existencia de los descubiertos en la cotización a la Seguridad Social no impiden la renovación de la autorización, siempre que se acredite la realización habitual de la actividad.
2. Cuando un familiar cumpla con los requisitos económicos para reagrupar a la persona trabajadora.
3. Cuando se hubiera reconocido a la persona extranjera trabajadora autónoma la protección por cese de actividad.
4. En el caso de trabajadores autónomos económicamente dependientes, cuando se produzca la interrupción o extinción del contrato por causas ajenas a la persona trabajadora autónoma, incluida la trabajadora autónoma económicamente dependiente que sea víctima de violencia de género o víctima de violencia sexual.
5. Cuando la persona trabajadora sea beneficiaria de una prestación contributiva por desempleo o asistencial de carácter público destinada a lograr su inserción social o laboral.

La solicitud de renovación **se entiende estimada** en caso de falta de resolución expresa de la Administración en el plazo de 3 meses.

Tiene una **vigencia** de 4 años, salvo que corresponda una autorización de residencia de larga duración, y **habilita** a trabajar por cuenta ajena y por cuenta propia en cualquier parte del territorio nacional y en cualquier sector de actividad. Los **efectos** de la autorización renovada se retrotraen al día inmediatamente siguiente al de la caducidad de la autorización anterior.

En relación a la renovación de estas autorizaciones **hasta el 19-5-2025**, ver nº 1787.

Residencia y trabajo para actividades de temporada (RD 1155/2024 art.102) Las autorizaciones de residencia y trabajo para actividades de temporada pueden renovarse tras la finalización de su vigencia, por iguales períodos de 4 años. 1985
Puede **solicitar** la renovación el mismo empresario u otro que cumpla con los requisitos establecidos. La renovación debe referirse al mismo sector de actividad, pero se podrá cambiar la ocupación y el ámbito geográfico.
La solicitud de entiende estimada por **silencio administrativo positivo** en caso de falta de resolución expresa en el plazo de un mes.
En el plazo del mes siguiente a la notificación de la resolución, la persona trabajadora debe solicitar el correspondiente **visado** ante la oficina consular española competente.
El empleador debe proceder al **alta en** el régimen correspondiente de **la Seguridad Social** en el plazo máximo de 3 días desde la entrada en España de la persona trabajadora.
Si el periodo de **actividad finaliza durante el procedimiento de renovación o el de prórroga**, se permite a la persona trabajadora permanecer en España hasta que se haya adoptado una decisión sobre la solicitud, siempre que ésta se haya presentado dentro del período de validez de dicha autorización, no haya sido por causas imputables al trabajador y no haya expirado el periodo de 9 meses de actividad por año natural.
En relación a la renovación de estas autorizaciones **hasta el 19-5-2025**, ver nº 1787.

Modificaciones de la autorización de residencia y trabajo (RD 1155/2024 art.192) 1987

Durante el primer año de vigencia de las autorizaciones iniciales de residencia y trabajo, el órgano competente por razón del lugar donde se vaya a iniciar la relación laboral o la actividad por cuenta propia, puede **modificar su alcance** en cuanto a la ocupación, sector de actividad y ámbito territorial de limitación, siempre a solicitud de su titular, que debe resolverse y notificarse en un mes. Si no es así, se entiende concedida.
El titular de una autorización de residencia y **trabajo por cuenta ajena** puede solicitar el **cambio a** una autorización de residencia y **trabajo por cuenta propia** que no va a ampliar la vigencia de la autorización modificada.
En relación a la modificación de las autorizaciones **hasta el 19-5-2025**, ver nº 1791.

Extinción de la autorización (RD 1155/2024 art.199 a 203) Las autorizaciones de estancia y de residencia temporal se extinguen, con carácter general, por el **transcurso del tiempo** por el que hubieran sido concedidas, prorrogándose su vigencia, si se solicita su prórroga, modificación o renovación en el plazo establecido, hasta que se resuelva el procedimiento. 1989
Se declara la extinción, mediante resolución del órgano competente, por la **retirada de la autorización** de estancia y de residencia temporal, en los **casos** siguientes:
1. Por la inclusión en alguno de los supuestos de prohibición de entrada previstos en el reglamento o en la normativa correspondiente de la UE, bien por no haberse conocido dicha circunstancia en el momento de su entrada, bien por haberse producido durante su permanencia en España.
2. Cuando la autorización o los documentos presentados se hayan obtenido mediante fraude, falsificación o manipulación.
3. Cuando la persona titular de la autorización destine su estancia o residencia temporal a fines distintos de aquellos para los que hubiera sido autorizada.
4. Cuando dejen de cumplirse los requisitos o condiciones establecidos para cada tipo de autorización, salvo en aquellos casos en los que la propia regulación de la autorización haya dispuesto otra cosa.
5. Cuando la persona extranjera cambie o pierda su nacionalidad, sin perjuicio de que pueda adquirir otra autorización de residencia en atención a las nuevas circunstancias.
6. Cuando la persona extranjera deje de poseer pasaporte, documento análogo o, en su caso, cédula de inscripción, válidos y en vigor, salvo que justifique haber realizado los trámites necesarios para la renovación o recuperación del pasaporte o documento análogo.
7. Por motivos de orden público, seguridad pública o salud pública, en los que se tendrá en cuenta la gravedad o el tipo de infracción cometida o el peligro que implique dicha persona debiendo tener también presente la duración de la residencia y la existencia de vínculos en España.
8. Cuando la persona extranjera haya sido condenada mediante sentencia firme por la comisión de delitos de trata de seres humanos o de tráfico ilegal o inmigración clandestina de personas (CP art.177 bis y 318 bis).
9. En los demás supuestos establecidos específicamente en cada tipo de autorización.
Asimismo, la **expulsión** conlleva, en todo caso, la extinción de cualquier autorización para permanecer legalmente en España, así como el archivo de cualquier procedimiento que tuviera por objeto la autorización para residir o trabajar en España de la persona extranjera expulsada (LO 4/2000 art.57.4).
En relación a la extinción de las autorizaciones **hasta el 19-5-2025**, ver nº 1740.

1991 Se produce la extinción, mediante resolución del órgano competente para su concesión, por la **pérdida o retirada de la autorización de residencia de larga duración**, en los casos siguientes:

1. Cuando la autorización se haya obtenido de manera fraudulenta.

2. Cuando se dicte una orden de expulsión en los casos previstos en la Ley.

3. Cuando se produzca la ausencia del territorio de la UE durante 12 meses consecutivos. En el caso de personas extranjeras que hubieran obtenido la **autorización de residencia de larga duración-UE** tras haber sido titulares de una autorización de Tarjeta azul-UE y a los miembros de su familia a los que se haya concedido el estatuto de residente de larga duración-UE, este periodo de 12 meses consecutivos se amplia hasta 24 meses consecutivos. Esta circunstancia **no se aplica** a las personas titulares de una autorización de residencia temporal y trabajo vinculados mediante una relación laboral a entidades promotoras de la cooperación de acuerdo con el Estatuto de las **personas cooperantes** (RD 708/2024).

4. Cuando hubiera adquirido la residencia de larga duración-UE en otro Estado miembro.

5. Cuando, obtenida la autorización por la persona a quien otro Estado miembro reconoció protección internacional, las autoridades de dicho Estado hubieran resuelto el cese o revocación de la citada protección (Dir 2003/109/CE art.9.3.bis).

6. Cuando la persona extranjera haya sido condenada mediante sentencia firme por la comisión de delitos de trata de seres humanos o de tráfico ilegal o inmigración clandestina de personas (CP art.177 bis y 318 bis).

Además, se produce la extinción de la autorización de residencia de larga duración-UE tras una **ausencia de territorio español** de 6 años. La Dirección General de Gestión Migratoria, previo informe de la Comisaría General de Extranjería y Fronteras puede determinar la no extinción de una autorización por esta causa ante la concurrencia de motivos excepcionales que así lo aconsejen.

1993 Respecto al **procedimiento de extinción**, la declaración de extinción, por pérdida o retirada de una autorización, se efectua previa **incoación de oficio del procedimiento** correspondiente durante su periodo de vigencia y debe darse audiencia al interesado por plazo no inferior a 10 días.

Las Delegaciones o Subdelegaciones del Gobierno deben **resolver y notificar la resolución** en el plazo máximo de 6 meses, a contar desde la fecha de notificación o, en su caso, de publicación del acuerdo de incoación. El vencimiento de este plazo sin que se hubiera dictado y notificado resolución expresa produce la caducidad del procedimiento.

La decisión adoptada ha de tener en cuenta las circunstancias específicas del caso, incluidos, cuando proceda, los intereses de la persona trabajadora, y debe respetar el **principio de proporcionalidad** y debe fijar el alcance de sus efectos al momento en que se dicten.

Las resoluciones que acuerden la extinción de las autorizaciones ponen fin a la vía administrativa y pueden ser **recurridas** potestativamente en reposición ante el mismo órgano que las hubiera dictado o ser impugnadas directamente ante el orden jurisdiccional contencioso administrativo.

b. Trabajador sin autorización de trabajo

(RD 1155/2024 art.52 a 58 y 190)

2000 Es factible que un estudiante extranjero compatibilice sus estudios con una actividad laboral, o que un extranjero en posesión de una autorización de residencia (nº 1876) acceda al mercado laboral, excepto el caso de la estancia como turista (inferior a 90 días), solicitando la modificación a la situación de residencia y trabajo desde la situación de **estancia por estudios** o actividades formativas; o la **residencia temporal** en los supuestos siguientes:

- los residentes por circunstancias excepcionales (RD 1155/2024 art.124 s.);
- los residentes por reagrupación (RD 1155/2024 art.65 s.).

En relación a estas situaciones **hasta el 19-5-2025**, ver nº 1800.

2002 **Estudiantes** (LO 4/2000 art.33; RD 1155/2024 art.52 a 57 y 190) Tiene la consideración de estudiante el extranjero que viene a España con la finalidad de cursar estudios o realizar trabajos de investigación o formación, no remunerados laboralmente.

La autorización administrativa de estudiante acredita la **estancia** de un extranjero que pretende cursar o ampliar estudios en España para llevar a cabo alguna de las siguientes **actividades**:

- **estudios superiores**, como actividad principal, en una institución o centro de enseñanza superior reconocido en España, a tiempo completo, que conduzca a la obtención de un título de educación superior reconocido;

- estudios de **educación secundaria** postobligatoria, también en centro autorizado, a tiempo completo y para la obtención de un título reconocido;
- programas de **intercambio de alumnos** para seguir un programa de enseñanza secundaria obligatoria o postobligatoria en centros docentes o científicos, oficialmente reconocidos;
- servicios de **voluntariado**;
- **actividades formativas** contempladas en los supuestos del RD 1155/2024 art.521.e.

La autorización de estancia se concede por la misma **duración** que la actividad para la que se concede, con un máximo de un año, o de 2 años cuando el programa de estudios se desarrolle en una institución de enseñanza superior autorizada y conduzca a la obtención de un título de educación superior reconocido, lo que puede incluir un curso preparatorio o unas prácticas de formación obligatoria. Puede prorrogarse anualmente si se siguen manteniendo las condiciones requeridas.

Los titulares de una autorización de estancia por estos motivos pueden obtener una **autorización para trabajar** por cuenta propia o ajena (nº 2004).

En relación a la autorización de estudiantes **hasta el 19-5-2025**, ver nº 1802.

Precisiones También se incluyen las siguientes autorizaciones de residencia:

1. De 24 meses, para la **búsqueda de empleo** adecuado o para emprender un proyecto empresarial, a los estudiantes extranjeros que hayan finalizado sus estudios en España y alcanzado como mínimo el nivel 6 de acuerdo al Marco Europeo de Cualificaciones, correspondiente a la acreditación de Grado (L 14/2013 disp.adic.17ª redacc LO 2/2023).

2. Para participar en un **programa de prácticas**, a los extranjeros que hayan obtenido un título de educación superior en los 2 años anteriores a la fecha de solicitud o que estén realizando estudios que conduzcan a la obtención de un título de educación superior en España o en el extranjero (L 14/2013 disp.adic.18ª redacc LO 2/2023).

Actividad laboral supletoria (RD 1155/2024 art.57 y 190) Los titulares de estas autorizaciones de estancia pueden desempeñar actividades retribuidas **por cuenta ajena o por cuenta propia**, previa solicitud que, en caso de actividades por cuenta ajena, puede presentar el propio empleador. La autorización de estancia para la realización de estudios superiores autoriza automáticamente para trabajar, sin necesidad de trámites adicionales. **2004**

Esta autorización de estancia de larga duración permite automáticamente el desarrollo de **acciones formativas**. Tampoco es necesaria una autorización adicional para realizar **prácticas curriculares**.

La actividad laboral, que debe ser en todo caso compatible, **no** puede **superar** las 30 horas semanales, salvo en el supuesto de la formación profesional de régimen intensivo. Su **ámbito geográfico** de aplicación se limita a la Comunidad Autónoma en la que se haya concedido la autorización de estancia de larga duración, aunque podrá extenderse a localidades limítrofes.

En las contrataciones de titulares de estancia por estudios autorizados para ejercer una actividad retribuida no se cotiza por **desempleo** (RD 1155/2024 disp.adic.10ª).

La **vigencia** de la autorización para trabajar va a coincidir con la de la autorización de estancia de larga duración.

En relación a la actividad laboral supletoria de los estudiantes **hasta el 19-5-2025**, ver nº 1804.

Precisiones Se establece un régimen especial para los extranjeros que ostenten un título español de licenciado o graduado en medicina, farmacia, enfermería u otros títulos universitarios que habiliten para participar en las convocatorias anuales de pruebas selectivas para el acceso a **plazas de formación sanitaria especializada**, en tanto que estos estudiantes pueden realizar, si obtienen plaza, las actividades laborales (derivadas de lo previsto en el RD 1146/2006, por el que se regula la relación laboral especial de residencia para la formación de especialistas en Ciencias de la Salud), sin que sea necesario que dispongan de la correspondiente autorización de trabajo (RD 1155/2024 art.58).

Modificación de situación (RD 1155/2024 art.190) Las personas extranjeras que se encuentren en España con una autorización de estancia de larga duración por estudios o para actividades formativas van a poder acceder a la **situación de residencia y trabajo** y de residencia con excepción de la autorización de trabajo sin necesidad de solicitar visado, si han obtenido la titulación o el certificado de estudios o formación realizados y cumplen los requisitos establecidos. Además, la persona extranjera no debe haber sido becada o subvencionada por organismos públicos o privados dentro de programas de cooperación para el desarrollo sostenible o de acción humanitaria españoles o del país de origen. **2006**

El **procedimiento** de tramitación de la solicitud aplicable es el establecido en función de la autorización de que se trate.

Para obtener una **autorización de residencia y trabajo por cuenta ajena** es necesario cumplir los requisitos del nº 1925, a excepción de lo referente a la situación nacional de empleo. En el caso de una autorización de residencia y trabajo **por cuenta propia** es necesario cumplir con los requisitos del nº 1929.

El **plazo de solicitud** de estas autorizaciones se ciñe en los 2 meses previos o los 3 meses posteriores a la extinción de la autorización de estancia por estudios o actividades formativas o a la obtención de la titulación o el certificado de estudios o formación realizados.
Una vez admitida a trámite la solicitud y hasta que se resuelva el procedimiento, la autorización adquiere el **carácter de provisional** de residencia y trabajo por cuenta ajena, por cuenta propia o de residencia con excepción de la autorización de trabajo. La **denegación** supone la automática pérdida de vigencia de la autorización provisional, sin necesidad de pronunciamiento administrativo expreso.
En el acuerdo de **admisión a trámite** se debe hacer constar esta situación, con expresa mención a la autorización para trabajar a jornada completa.
La **eficacia de la autorización** de residencia y trabajo está condicionada al alta en el régimen correspondiente de la Seguridad Social.
La autorización concedida tiene una **duración** de un año y sus efectos serán los previstos para cada tipo de autorización cuando es renovada, o prorrogada en el caso de la autorización de residencia con excepción de la autorización de trabajo.
Las personas extranjeras que hayan finalizado los **estudios** en un centro o institución de educación superior, alcanzando como mínimo el **Nivel 6** de acuerdo con el Marco Europeo de Cualificaciones, pueden acceder a la autorización de residencia al estudiante para la búsqueda de empleo o para emprender un proyecto empresarial (L 14/2013 disp.adic.17ª).
En relación a la modificación de la situación de los estudiantes **hasta el 19-5-2025**, ver nº 1806.

2008 **Residencia temporal** (RD 1155/2024 art.191) Para pasar de una situación de residencia temporal a otra de **residencia temporal y trabajo** y acceder a esa autorización, sin necesidad de visado, es necesario cumplir con los requisitos exigidos para la correspondiente autorización solicitada (nº 1915 s.) con las **especialidades** previstas en función del tiempo de residencia y del tipo de autorización de partida.
La **solicitud** de esta modificación puede ser presentada por el empleador o por la persona extranjera residente en España.
En los supuestos de autorizaciones de residencia para **actividades de temporada**:
1. Si la nueva autorización fue concedida con posterioridad a la finalización del periodo de actividad del año en curso, y la persona trabajadora ha regresado a su país de procedencia, en cumplimiento de su obligación de retorno, el titular debe solicitar el **visado** del RD 1155/2024 art.40.
2. Los titulares de autorizaciones de residencia y trabajo para actividades de temporada a su **finalización**, tras los 4 años, si hubiesen respetado todos los requisitos, incluido el compromiso de retorno, pueden acceder a una autorización de residencia y trabajo de 2 años de duración, si cumplen con los requisitos establecidos.
Como **excepción**, no es posible solicitar la modificación desde las siguientes autorizaciones de residencia temporal:
1. Las autorizaciones de trabajo para personas trabajadoras transfronterizas.
2. Las autorizaciones de residencia por circunstancias excepcionales (RD 1155/2024 art.128.1 y Tít VII Cap II, III, IV y V).
3. Las autorizaciones de reagrupación familiar, que se regirán por lo establecido por su normativa específica.
En relación a la residencia legal **hasta el 19-5-2025**, ver nº 1808.

3. Trabajador extranjero en España en situación irregular

(LO 4/2000 art.31.3, 53.1.b, 54.1.d y f, 55 y 57; RD 1155/2024 tít.VII; CP art.311 bis y 312.2)

2015 El **empresario** no puede contratar un trabajador extranjero extracomunitario si carece de autorización de residencia y trabajo. Y si contrata a un extranjero en situación irregular puede incurrir en:
1. Una **infracción muy grave** por cada uno de los trabajadores ocupados sin autorización, sancionable con multa de 10.001 € a 100.000 € (nº 2065). Se consideran infracciones muy graves las conductas consistentes en simular una relación laboral con un extranjero cuando dicha conducta se realice con ánimo de lucro o con el propósito de obtener indebidamente derechos reconocidos por la Ley de Extranjeria, siempre que dicha actuación no incurra en delito.
2. Un **delito** contra los derechos de los trabajadores. Se sanciona con prisión de 3 a 18 meses o multa de 12 a 30 meses a quien de forma reiterada emplee o dé ocupación a ciudadanos extranjeros o menores de edad sin permiso de trabajo. Asimismo, se sanciona con penas de prisión de 2 a 5 años y multa de 6 a 12 meses a quien emplee a extranjeros sin autorización de trabajo en condiciones que perjudiquen, supriman o restrinjan los derechos reconocidos en disposiciones legales, convenio colectivo o contrato individual.

El **trabajador** incurre también en **infracción grave** sancionable con multa de 501 € a 10.000 € o con la expulsión.
El **grado de sanción** ha de ajustarse a criterios de proporcionalidad, valorando el grado de culpabilidad, el daño producido o el riesgo derivado de la infracción y, para determinar la cuantía de la sanción, la capacidad económica del infractor.
En estos casos, el procedimiento sancionador se inicia por acta de la ITSS, correspondiendo la **tramitación de los expedientes sancionadores** y la imposición de sanciones a las Jefaturas de la ITSS y, en su caso, a los órganos competentes de las CCAA.
Con independencia de ello, el **contrato** es **válido** en cuanto a los derechos del trabajador extranjero y de las posibles prestaciones que pudieran corresponderle, si bien no puede obtener las de desempleo (L 4/2000 art.36.5).
No obstante, se puede producir el acceso al mercado no contando con ningún tipo de autorización, mediante las denominadas **regularizaciones**. Se pueden distinguir los siguientes **supuestos**, sin que sea exigible el visado:
- regularizaciones por **arraigo** (nº 2025 s.);
- regularizaciones por razones humanitarias, de colaboración con la Justicia o cuando concurran razones de **interés público** (nº 2045 s.).

Precisiones 1) Se ha considerado delito tener **trabajando** durante mes y medio a una súbdita extranjera como empleada doméstica y a la vez en un establecimiento abierto al público, **sin remuneración** ni reconocimiento de ningún otro derecho, por la circunstancia de no poder hacer frente a la cantidad que le reclamaban por facilitarle ese trabajo, reteniéndole el pasaporte mientras no abonara esa deuda (TS penal 24-2-05, EDJ 23869). 2017
2) La **autorización administrativa** debe ser solicitada por el empleador y su **carencia** no invalida el contrato de trabajo respecto de los **derechos** de los trabajadores que carecen de autorización de trabajo, que pueden exigir al empresario el cumplimiento de todas las obligaciones laborales que nacen de cualquier relación laboral conforme a lo que dispone el ET, incluida una eventual reclamación por **despido** (TS 29-9-03, EDJ 127727; 21-6-11, EDJ 198190; 17-9-13, EDJ 193292; TSJ Galicia 31-1-24, EDJ 508202). No obstante, no existe unanimidad respecto a los efectos de la **improcedencia** del despido: unos tribunales limitan la condena al pago de la indemnización (TSJ Burgos 25-11-03, EDJ 229179; TSJ C.Valenciana 11-5-04, EDJ 207573); mientras que otros condenan a la readmisión o a la indemnización según opción del empresario (TSJ Madrid 30-9-02, EDJ 58932; 10-5-05, EDJ 86297).
Ello supone también derecho a todas las prestaciones de Seguridad Social que puedan corresponderle, tanto las derivadas de **contingencias profesionales** como de **contingencias comunes** (TSJ Valladolid 4-12-00, EDJ 66411). Sin embargo, la **prestación de desempleo** solo la puede obtener el extranjero residente que ha realizado servicios por cuenta ajena con la pertinente autorización para trabajar, no el que se encuentra en España en situación irregular (TS 12-11-08, EDJ 234713; TSJ Cataluña 4-3-10, EDJ 72605; TSJ Galicia 17-1-11, EDJ 30172).

a. Regularizaciones por arraigo

(LO 4/2000 art.31.3; RD 1155/2024 art.124 a 127, 130 y 131)

El arraigo es una **vía excepcional** de obtención de una autorización de residencia temporal, que está dirigida a los extranjeros que ya **se encuentran en España** y cuya situación administrativa es irregular, pero que mantienen especiales vínculos sociales, económicos, laborales o familiares con el territorio o con otros individuos legalmente residentes en él, o que obtienen determinada formación. Extremos que han de ser convenientemente probados (TS cont-adm 13-5-08, EDJ 56578; 24-6-08, EDJ 103426). 2025
La **autorización de residencia** por razones de arraigo, previa solicitud personal del extranjero, salvo menor de edad o persona con discapacidad que precise el apoyo de otra persona para el ejercicio de su capacidad jurídica, se puede conceder en cinco **supuestos**:
- arraigo de segunda oportunidad;
- arraigo sociolaboral;
- arraigo social;
- arraigo familiar;
- arraigo socioformativo.
En estos supuestos, salvo las autorizaciones de menores de edad, la concesión de la autorización de residencia lleva aparejada una **autorización de trabajo** por cuenta propia o ajena, sin limitación de ámbito geográfico y ocupación. Respecto de la autorización concedida por arraigo socioformativo, ver nº 2037.
Hasta el 20-5-2026 (plazo que puede prorrogarse), se establece la posibilidad de solicitar una autorización de residencia por circunstancias excepcionales de arraigo a los extranjeros que estén en **situación irregular** al 20-5-2025, por haberse desestimado su solicitud de **protección internacional**, si han permanecido en territorio español al menos los 6 meses inmediatamente anteriores a la solicitud (RD 1155/2024 disp.trans. 5ª).
En relación a estas autorizaciones **hasta el 19-5-2025**, ver nº 1825.

2027 **Arraigo de segunda oportunidad** (RD 1155/2024 art.125, 126, 127.a, 130 y 131 y 132) Puede obtenerse la autorización de residencia temporal por arraigo de segunda oportunidad si se acredita el cumplimiento acumulativo de los siguientes **requisitos**:

1. Ser titular, en los 2 años inmediatamente anteriores a la presentación de la solicitud, de una autorización de residencia (excepto la otorgada por circunstancias excepcionales) que no se haya renovado, salvo que sea debido a razones de orden público, seguridad y salud pública

2. Encontrarse en España y no tener la condición de solicitante de protección internacional.

3. La **permanencia** en el país de forma continuada durante, al menos, los 2 años anteriores a la presentación de la solicitud. No computa el tiempo de tramitación de la solicitud de protección internacional hasta su resolución firme.

4. No representar una **amenaza** para el orden público, seguridad o salud pública.

5. Carecer de **antecedentes penales** en España y en sus países de residencia durante los últimos 5 años por delitos existentes en el ordenamiento español.

6. No figurar como **rechazable** en los países con los que España tenga firmado un convenio en tal sentido.

7. No encontrarse dentro del plazo de **compromiso de no retorno** a España.

La **duración de la autorización** es de un año, **prorrogable** por un año más siempre que se acredite estar en situación de búsqueda activa de empleo y la inscripción en el servicio público de empleo. Se permite la prórroga por periodos sucesivos de un año cuando las autoridades competentes comprueben que persisten las razones que motivaron su concesión.

Precisiones No es preciso acreditar la **inexistencia de antecedentes penales** en un tercer país en los siguientes casos:

- permanencia de forma continuada en España durante los últimos 5 años inmediatamente anteriores a la presentación de la solicitud;
- haber acreditado esa circunstancia en otra solicitud anterior dentro de los 5 años inmediatamente anteriores a la presentación de la solicitud sin haberse ausentado de España desde entonces.

2029 **Arraigo sociolaboral** (RD 1155/2024 art.125, 126, 127.b, 130, 131 y 132) Puede obtenerse la autorización de residencia temporal por arraigo sociolaboral si se acredita el cumplimiento acumulativo de los siguientes requisitos:

1. Encontrarse en España y no tener la condición de solicitante de protección internacional.

2. La **permanencia** en el país de forma continuada durante, al menos, los 2 años anteriores a la presentación de la solicitud. No computa el tiempo de tramitación de la solicitud de protección internacional hasta su resolución firme.

3. No representar una **amenaza** para el orden público, seguridad o salud pública.

4. Carecer de **antecedentes penales** en España y en sus países de residencia durante los últimos 5 años por delitos existentes en el ordenamiento español.

5. No figurar como **rechazable** en los países con los que España tenga firmado un convenio en tal sentido.

6. No encontrarse dentro del plazo de **compromiso de no retorno** a España.

7. Aportar uno o varios **contratos de trabajo** que garanticen, al menos, el SMI o el salario establecido en el convenio colectivo, en proporción a la jornada trabajada y que represente, al menos, 20 horas en cómputo global. Se puede aportar más de un contrato de trabajo en el caso de realizar trabajos de naturaleza estacional o vinculados a actividades de temporada y en el caso de desarrollar actividades a tiempo parcial, y de manera simultánea, para más de un empleador.

Una vez concedida la autorización, los empresarios están obligados a solicitar la afiliación y alta al sistema de la Seguridad Social del trabajador en el plazo de un mes desde su notificación al trabajador. El extranjero puede solicitar la **tarjeta de identidad de extranjero**, personalmente, en el plazo de un mes desde la notificación de la concesión de la autorización de residencia temporal por arraigo sociolaboral.

La **duración** de la autorización es de un año, **prorrogable** por un año más siempre que se acredite estar en situación de búsqueda activa de empleo y la inscripción en el servicio público de empleo. Se permite la prórroga por periodos sucesivos de un año cuando las autoridades competentes comprueben que persisten las razones que motivaron su concesión.

Precisiones 1) Para la **acreditación de la permanencia**: basta aquella que atestigüe de forma objetiva la secuencia de la permanencia continuada, aunque se otorga preferencia a la acreditación mediante aquellos documentos emitidos y/o registrados por una Administración Pública española (DGI Instr 3-8-05 II); a título de ejemplo, se toman en consideración documentos relativos a: el empadronamiento, una hospitalización, una consulta médica en la sanidad pública o cualquier documentación municipal, autonómica o estatal que justifique la presencia en España (TSJ cont-adm 30-10-23, EDJ 739260). No obstante, el período permanencia mínimo es un requisito ineludible, y no puede acreditase mediante un certificado de empadronamiento en el que no conste su fecha (TS cont-adm 21-3-07, EDJ 18121).

2) No es preciso acreditar la **inexistencia de antecedentes penales** en un tercer país en los siguientes casos:
- permanencia de forma continuada en España durante los últimos 5 años inmediatamente anteriores a la presentación de la solicitud;
- haber acreditado esa circunstancia en otra solicitud anterior dentro de los 5 años inmediatamente anteriores a la presentación de la solicitud sin haberse ausentado de España desde entonces.

Arraigo social (RD 1155/2024 art.125, 126, 127.c, 130 y 131 y 132) Puede obtenerse la autorización de residencia temporal por arraigo social si se acredita el cumplimiento acumulativo de los siguientes **requisitos**: **2031**

1. Encontrarse en España y no tener la condición de solicitante de protección internacional.
2. La **permanencia** en el país de forma continuada durante, al menos, los 2 años anteriores a la presentación de la solicitud. No computa el tiempo de tramitación de la solicitud de protección internacional hasta su resolución firme.
3. No representar una **amenaza** para el orden público, seguridad o salud pública.
4. Carecer de **antecedentes penales** en España y en sus países de residencia durante los últimos 5 años por delitos existentes en el ordenamiento español.
5. No figurar como **rechazable** en los países con los que España tenga firmado un convenio en tal sentido.
6. No encontrarse dentro del plazo de **compromiso de no retorno** a España.
7. Acreditar **vínculos familiares con otros extranjeros con autorización de residencia** (cónyuges o parejas de hecho registradas, ascendientes y descendientes en primer grado y línea directa), o presentar un **informe de esfuerzo de integración** emitido por la comunidad autónoma en la que tenga su domicilio habitual. Este informe, que debe ser emitido en el plazo de un mes desde su solicitud, certifica la participación en actividades formativas, el conocimiento y respeto de los valores de España, de la comunidad autónoma y de la UE, de los derechos humanos, libertades públicas, democracia, tolerancia, igualdad entre hombres y mujeres y, en su caso, el aprendizaje de las lenguas oficiales del lugar de residencia.
8. Justificar la disposición en España de **medios económicos suficientes** para su mantenimiento, procedentes de los familiares que permiten la solicitud de esta autorización. Deben alcanzar, como mínimo, el 100% del IPREM.

La **duración de la autorización** es de un año, **prorrogable** por un año más siempre que el extranjero se encuentre inscrito en el servicio público de empleo y en situación de búsqueda activa de empleo. Se permite la prórroga por periodos sucesivos de un año cuando las autoridades competentes comprueben que persisten las razones que motivaron su concesión.
En relación a la autorización por arraigo social **hasta el 19-5-2025**, ver nº 1829.

Precisiones 1) No es preciso acreditar la **inexistencia de antecedentes penales** en un tercer país en los siguientes casos: **2033**
- permanencia de forma continuada en España durante los últimos 5 años inmediatamente anteriores a la presentación de la solicitud;
- haber acreditado esa circunstancia en otra solicitud anterior dentro de los 5 años inmediatamente anteriores a la presentación de la solicitud sin haberse ausentado de España desde entonces.
2) Respecto a la **documentación acreditativa de la permanencia** (TSJ Galicia cont-adm 22-1-20, EDJ 528834). Y ver lo recogido al respecto en el arraigo sociolaboral (nº 2029, precisión 1).
3) En los supuestos de arraigo basados en la **acreditación de vínculos familiares con otros extranjeros residentes**, estos deben certificarse mediante certificado de matrimonio o del registro de parejas, certificado de nacimiento u otros documentos; o informe de inserción social emitido por la comunidad autónoma del domicilio habitual del solicitante (https://www.inclusion.gob.es/web/migraciones/w/autorizacion-residencia-temporal-por-circunstancias-excepcionales.-arraigo-social?p_l_back_url=%2Fweb%2Fmigraciones%2Fbuscador%3Fq%3Darraigo).

Arraigo familiar (RD 1155/2024 art.125, 126, 127.e, 130, 131 y 132) Se puede conceder una autorización de residencia por arraigo familiar a: **2035**

1. **Padre, madre o tutor legal** de un menor, nacional de otro Estado miembro de la UE, del EEE o de Suiza, siempre que la persona progenitora o tutora solicitante resida en territorio nacional, tenga a cargo al menor y conviva con este o esté al corriente de las obligaciones paternofiliales.
2. **Persona que preste apoyo a la persona con discapacidad**, que sea nacional de otro Estado miembro de la UE, del EEE o de Suiza, para el ejercicio de su capacidad jurídica, siempre que sea su familiar, le tenga a su cargo y conviva con ella.

Los solicitantes deben acreditar el cumplimiento acumulativo de los siguientes **requisitos**:
1. Encontrarse en España y no tener la condición de solicitante de protección internacional.
2. No representar una **amenaza** para el orden público, seguridad o salud pública.
3. Carecer de **antecedentes penales** en España y en sus países de residencia durante los últimos 5 años por delitos existentes en el ordenamiento español.

4. No figurar como **rechazable** en los países con los que España tenga firmado un convenio en tal sentido.
5. No encontrarse dentro del plazo de **compromiso de no retorno** a España.
La autorización se concede por una **duración** de 5 años, **prorrogable** por un año más. Se permite la prórroga por periodos sucesivos de un año cuando las autoridades competentes comprueben que persisten las razones que motivaron su concesión.
En relación a la autorización por arraigo familiar **hasta el 19-5-2025**, ver nº 1833.

Precisiones No es preciso acreditar la **inexistencia de antecedentes penales** en un tercer país en los siguientes casos:
- permanencia de forma continuada en España durante los últimos 5 años inmediatamente anteriores a la presentación de la solicitud;
- haber acreditado esa circunstancia en otra solicitud anterior dentro de los 5 años inmediatamente anteriores a la presentación de la solicitud sin haberse ausentado de España desde entonces.

2037 **Arraigo socioformativo** (RD 1155/2024 art.125, 126, 127.d, 130, 131 y 132) Se puede conceder una autorización de residencia por arraigo socioformativo a:
1. Quien **esté matriculado** o esté cursando estudios de educación secundaria postobligatoria o de formación completa conducente a la obtención de certificados profesionales de las ofertas del sistema de formación profesional de grado C, en sus niveles 2 y 3 (RD 1155/2024 art.52.1.b y e.5º). La solicitud debe presentarse en los 2 meses anteriores al inicio del plazo oficial para la formalización de la matrícula, de existir este.
2. Quien **se comprometa** a realizar una formación promovida por los servicios públicos de empleo y orientada al desempeño de ocupaciones incluidas en el catálogo de ocupaciones de difícil cobertura.
Se exige el cumplimiento acumulativo de los siguientes **requisitos**:
1. Encontrarse en España y no tener la condición de solicitante de protección internacional.
2. La **permanencia** en el país de forma continuada durante, al menos, los 2 años anteriores a la presentación de la solicitud. No computa el tiempo de tramitación de la solicitud de protección internacional hasta su resolución firme.
3. No representar una **amenaza** para el orden público, seguridad o salud pública.
4. Carecer de **antecedentes penales** en España y en sus países de residencia durante los últimos 5 años por delitos existentes en el ordenamiento español.
5. No figurar como **rechazable** en los países con los que España tenga firmado un convenio en tal sentido.
6. No encontrarse dentro del plazo de **compromiso de no retorno** a España.
7. Informe de **integración social** en España.
La autorización concedida por arraigo socioformativo **habilita para trabajar** por cuenta ajena con una jornada máxima de 30 horas semanales en cómputo global debiendo percibir una remuneración mínima del SMI o del salario fijado en el convenio colectivo en proporción a la jornada.
La **duración de la autorización** es de un año. La **prórroga**, por un año más, está condicionada al informe del centro correspondiente que certifique la promoción al segundo curso, en el caso de los ciclos formativos de grado básico o medio. Si la formación finaliza antes de finalizar el año, la prórroga se condiciona a la obtención del título o certificado y a encontrarse en situación de búsqueda de empleo e inscripción en el servicio público de empleo.
Se permite la prórroga por periodos sucesivos de un año cuando las autoridades competentes comprueben que persisten las razones que motivaron su concesión.
En relación a la autorización por arraigo para la formación **hasta el 19-5-2025**, ver nº 1835.

Precisiones No es preciso acreditar la **inexistencia de antecedentes penales** en un tercer país en los siguientes casos:
- permanencia de forma continuada en España durante los últimos 5 años inmediatamente anteriores a la presentación de la solicitud;
- haber acreditado esa circunstancia en otra solicitud anterior dentro de los 5 años inmediatamente anteriores a la presentación de la solicitud sin haberse ausentado de España desde entonces.

b. Regularización por otras circunstancias excepcionales

(LO 4/2000 art.31.3; RD 1155/2024 art.124 y 128 a 155)

2045 En atención a circunstancias excepcionales y a otras situaciones singulares, se puede conceder una autorización de residencia temporal que habilite directamente para trabajar o que permita la solicitud de una autorización para trabajar. Dicho procedimiento está previsto en los siguientes **supuestos**:
- extranjeros **retornados voluntariamente** a su país (RD 1155/2024 art.90 a 92);
- víctima de **violencia de género o de violencia sexual** (nº 2049);

- colaboración contra **redes organizadas** (nº 2053);
- colaboración con **autoridades** y con la autoridad laboral en la lucha contra la economía sumergida (nº 2055);
- víctima de **trata de seres humanos** (nº 2057);
- por otras circunstancias excepcionales, entre las que se encuentran el arraigo, la protección internacional, las **razones humanitarias**, la colaboración con autoridades públicas, la seguridad nacional o el interés público y estar trabajando en situación irregular durante un periodo mínimo de 6 meses en el último año (nº 2047).

Dicha autorización no requiere visado y ha de ser **solicitada** personalmente por la persona extranjera, salvo en el caso de menores o personas con discapacidad. En el plazo de un mes desde la notificación de su concesión, debe solicitar la tarjeta de identidad de extranjero ante la oficina de extranjería o la comisaría de policía correspondiente.

La concesión de una autorización de residencia temporal por circunstancias excepcionales lleva aparejada una **autorización de trabajo** por cuenta propia o ajena en España, sin limitación de ámbito geográfico y ocupación durante la vigencia de aquella.

En virtud de su carácter excepcional, las autorizaciones concedidas por razones humanitarias, colaboración con autoridades, seguridad nacional o interés público tienen una **vigencia** de un año, sin perjuicio de posibles prórrogas.

En relación a esta autorización **hasta el 19-5-2025**, ver nº 1840.

Precisiones Las circunstancias excepcionales han de afectar de forma concreta al extranjero, no siendo suficiente la alegación de **situación de crisis general** del país de origen (TSJ Extremadura cont-adm 31-10-05, EDJ 198630).

Residencia temporal por razones humanitarias (RD 1155/2024 art.128) Se puede conceder autorización de residencia por razones humanitarias en los siguientes **supuestos**: 2047

1. Extranjeros a los que se haya autorizado su permanencia en España por razones humanitarias tras la denegación de la solicitud de protección internacional o en caso de la protección temporal en caso de afluencia masiva de personas desplazadas.

2. Extranjeros víctimas de delitos contra los derechos de los trabajadores y consistentes en no facilitar los medios necesarios para desempeñar la actividad laboral con las medidas de seguridad e higiene adecuadas, poniendo así en peligro grave su vida, salud o integridad física; delito de discriminación; delitos con circunstancias agravantes de motivos racistas, antisemitas o discriminatorios; o delitos de violencia en el entorno familiar, siempre que haya recaído resolución judicial firme en la que se establezca esa condición de víctima.

3. Extranjeros que sufran una enfermedad sobrevenida grave que requiera asistencia sanitaria especializada, no accesible en su país de origen y que, de ser interrumpida o no recibirla, suponga un grave riesgo para la salud o la vida. Tratándose de menores, la autorización puede extenderse a su progenitor o tutor que se encuentre con él en España en el momento en el que se presente la enfermedad sobrevenida y se responsabilice del mismo.

4. Extranjeros cuyo traslado a su país de origen implique un peligro para la seguridad de él o de su familia.

En relación a esta autorización **hasta el 19-5-2025**, ver nº 1842.

Precisiones Cuando la autorización sea derivada de enfermedad grave la **vigencia** es de un año prorrogable por periodos sucesivos de un año siempre que sea necesario para completar el tratamiento (RD 1155/2024 art.132.1).

Víctimas de violencia de género (LO 4/2000 art.31 bis; RD 1155/2024 art.133 a 136) La mujer extranjera víctima de violencia de género goza de los derechos reconocidos en la LO 1/2004, con independencia de su nacionalidad y de su situación administrativa en España. Debe ser informada inmediatamente por la autoridad ante la que se hubiera presentado la denuncia de las posibilidades y los derechos que le asisten. Si al denunciarse o acreditarse una situación de violencia de género contra una mujer extranjera se pusiera de manifiesto su situación irregular, el expediente administrativo sancionador se suspende inmediatamente hasta finalizar el proceso penal. 2049

Puede **solicitar** la autorización de residencia temporal y trabajo por circunstancias excepcionales (de forma simultánea o en cualquier momento a lo largo del proceso penal y posteriormente), tanto por ella misma como por su representante, ante la oficina de extranjería correspondiente; y **acompañada de** copia del pasaporte, copia de la orden de protección, o del informe del Ministerio Fiscal, o del documento de acreditación de condición de víctima y, en su caso, del vínculo familiar. Es extensivo para sus **hijos** menores de edad e hijos menores tutelados; hijos mayores de edad con discapacidad que requieran de apoyo, o no sean objetivamente capaces de proveer a sus propias necesidades debido a su estado de salud; y ascendientes en primer grado y línea directa, a quienes se les ha de expedir una autorización de residencia temporal por razones humanitarias. Si fueran hijos **mayores de 16 años**, la autorización les habilita para residir y trabajar por cuenta ajena y por cuenta propia en territorio español, en cualquier ocupación o sector de actividad, atendiendo a la normativa laboral.

Presentada la **solicitud**, se concede de oficio una **autorización provisional** a favor de la solicitante y, en su caso, de sus hijos, con eficacia desde el momento de su concesión y con vigencia condicionada a la concesión o denegación de la definitiva. La Delegación o Subdelegación del Gobierno debe **informar** a la autoridad judicial que conozca del proceso penal.
Al finalizar el proceso penal con **sentencia condenatoria** o resolución judicial acreditativa de que ha sido víctima de violencia de género, se le concede una autorización (con **vigencia** de cinco años) y se le notifica en el plazo máximo de veinte días desde que la oficina de extranjería tuviera constancia de la sentencia o resolución judicial; si no se hubiera solicitado, se le informa sobre la posibilidad de hacerlo en el plazo de seis meses. En el plazo de un mes su titular puede solicitar personalmente la TIE, que indica que la titular está autorizada a residir y trabajar en España. Su concesión supone el archivo del procedimiento sancionador.
En caso contrario (**sentencia no condenatoria** o resolución judicial acreditativa de que la mujer no ha sido víctima de violencia de género), si hubiera solicitado y concedido autorización provisional, esta pierde automáticamente su eficacia y le será denegada, así como las autorizaciones solicitadas a favor de los familiares; y se inicia o continúa el procedimiento sancionador en materia de extranjería inicialmente no incoado o suspendido.
En relación a esta autorización **hasta el 19-5-2025**, ver nº 1844.

2051 **Víctimas de violencia sexual** (LO 4/2000 art.31 bis; RD 1155/2024 art.137 a 141) La víctima extranjera de violencia sexual goza de los derechos reconocidos en la LO 10/2022, con independencia de su nacionalidad y de su situación administrativa en España, debiendo ser informada inmediatamente de las posibilidades y los derechos que le asisten por la autoridad ante la que se hubiera presentado la denuncia. Si al denunciarse o acreditarse una situación de violencia sexual se pusiera de manifiesto su situación irregular, el expediente administrativo sancionador debe suspenderse o, en su caso, la ejecución de las órdenes de expulsión o de devolución eventualmente acordadas.
Puede **solicitar** la autorización de residencia temporal y trabajo por circunstancias excepcionales (de forma simultánea o en cualquier momento a lo largo del proceso penal y posteriormente), tanto por ella misma como por su representante, ante la oficina de extranjería correspondiente; y **acompañada de** copia del pasaporte completo, o documento de viaje, o cédula de inscripción, en vigor, de la persona solicitante y, en su caso, de sus hijos e hijas; copia de la orden de protección, o del informe del Ministerio Fiscal, o de la resolución judicial que indique la existencia de indicios de violencia sexual, o del documento que le acredite como víctima de violencia sexual. Es extensivo para sus **hijos** menores de edad e hijos menores tutelados; hijos mayores de edad con discapacidad que requieran de apoyo, o no sean objetivamente capaces de proveer a sus propias necesidades debido a su estado de salud; y ascendientes en primer grado y línea directa, a quienes se les ha de expedir una autorización de residencia temporal por razones humanitarias. Si fueran hijos **mayores de 16 años**, la autorización les habilita para residir y trabajar por cuenta ajena y por cuenta propia en territorio español, en cualquier ocupación o sector de actividad, atendiendo a la normativa laboral.
Presentada la **solicitud**, se concede de oficio una **autorización provisional** a favor de la solicitante y, en su caso, a favor de los familiares, con eficacia desde el momento de su concesión y con vigencia condicionada a la concesión o denegación de la definitiva. La autoridad administrativa competente debe **informar** a la autoridad judicial que conozca del proceso penal.
Al finalizar el proceso penal con **sentencia condenatoria** o resolución judicial que acredita que ha sido víctima de violencia sexual, se le concede una autorización (con **vigencia** de cinco años) que se le notifica en el plazo de veinte días desde que se tuviera constancia de dicha acreditación por la oficina de extranjería; si no se hubiera solicitado, se le informa sobre la posibilidad de hacerlo tanto a su favor como a favor de los hijos y menores y ascendientes, en el plazo de seis meses. Durante los cinco años de validez puede acceder a la situación de residencia de larga duración y a un mes desde su concesión, solicitar personalmente la TIE (que permite a su titular residir y trabajar en España, pero no indica su condición de víctima de violencia sexual). La concesión de una autorización de residencia y trabajo supone archivar el procedimiento sancionador que pudiera existir con la persona extranjera víctima de violencia sexual.
En caso contrario (**sentencia no condenatoria** o resolución judicial acreditativa de que no ha sido víctima de violencia sexual), si hubiera solicitado y concedido autorización provisional, esta pierde automáticamente su eficacia y le será denegada, así como las autorizaciones solicitadas a favor de los familiares; y se inicia o continúa el procedimiento sancionador en materia de extranjería inicialmente no incoado o suspendido.
Cuando se trate de **víctimas menores de edad** (RD 1155/2024 art.141), y velando en todo momento por su interés (L 10/2022 y LO 8/2021), se le expide, con carácter preferente una autorización de residencia temporal como víctima de violencia sexual, extensiva a los adultos responsables de este que se encuentren en España; salvo que existan indicios de que puedan

estar involucrados o dicha violencia haya sido ejercida por ellos, la hayan consentido o no hayan mostrado la diligencia exigible para evitarla. En tal caso, por razones de protección o asistencia especializada, la institución pública responsable de la tutela legal de la víctima menor de edad puede proponer la derivación de este hacia recursos específicos.
En relación a esta autorización **hasta el 19-5-2025**, ver nº 1844.

Colaboración contra redes organizadas (LO 4/2000 art.59; RD 1155/2024 art.124, 129, 142 a 147) Se puede conceder una autorización de residencia al extranjero que, estando irregularmente en España, **colabore con las autoridades** administrativas, policiales, fiscales o judiciales y sea víctima, perjudicado o testigo de un acto de tráfico ilícito de seres humanos, inmigración ilegal, explotación laboral o de tráfico ilícito de mano de obra o de explotación en la prostitución abusando de su situación de necesidad; así como cuando concurran razones de **interés público o seguridad nacional**. **2053**
A estos efectos, las **autoridades** pueden instar a los organismos competentes la concesión de autorización de residencia o de residencia y trabajo a la persona que se encuentre en uno de los supuestos.
La **competencia** para su resolución -que puede ser delegada- corresponde a:
- la Secretaría de Estado de Seguridad, en caso de colaboración con autoridades policiales, fiscales o judiciales;
- la Secretaría de Estado de Inmigración o Emigración, en caso de colaboración con autoridades administrativas no policiales.
La **concesión** de la autorización de residencia temporal por estas circunstancias lleva aparejada una autorización de trabajo en España durante la vigencia de aquella, con excepción de la que se conceda a los menores de edad laboral o en casos de exención del requisito de contar con contrato por contar con medios económicos que no deriven de la realización de una actividad por cuenta propia.
En relación a esta autorización **hasta el 19-5-2025**, ver nº 1846.

Precisiones Se facilita la **reagrupación familiar** de los hijos menores, menores tutelados, o mayores con discapacidad que no sean objetivamente capaces de proveer a sus propias necesidades, de la víctima, que no se encuentren en España en el momento en que se declare la exención de responsabilidad de la víctima. Se le exonera asimismo de acreditar los medios de vida suficientes, requisito de residencia previa y la disposición de vivienda adecuada (RD 1155/2024 art.147).

Colaboración con la autoridad laboral tras haber trabajado irregularmente **2055**
(RD 1155/2024 art.129.2) Se puede conceder una autorización de trabajo a aquellas personas extranjeras que acrediten ante la administración laboral o la autoridad judicial haber estado trabajando en España de forma irregular por un periodo mínimo de 6 meses en los dos años anteriores al inicio de la colaboración y cumplan los **requisitos generales** para la concesión de una autorización de residencia temporal por circunstancias excepcionales por razones de arraigo (excepto el de encontrarse en España y no tener la condición de solicitante de protección internacional y haber permanecido en territorio nacional de forma continuada durante, al menos, los dos años anteriores a la presentación de dicha solicitud) (RD 1155/2024 art.126.c a 126.g).
La **solicitud** puede ser presentada por la persona interesada o de oficio por parte de la autoridad laboral y debe incorporar, bien la resolución judicial, bien la resolución administrativa relativa al acta de infracción emitida por la ITSS.
En relación a esta autorización **hasta el 19-5-2025**, ver nº 1848.

Víctima de trata de seres humanos (LO 4/2000 art.59 bis; RD 1155/2024 art.148 a 155) El extranjero que se encuentre en situación irregular en España y haya sido declarado víctima de la trata de seres humanos puede ser autorizado a residir y trabajar. La autorización tiene una **vigencia** de 5 años e implica la posibilidad de trabajar, por cuenta ajena o por cuenta propia, en cualquier ocupación, sector de actividad y ámbito territorial, sin perjuicio de la posibilidad de su titular de solicitar la residencia de larga duración, a cuyo efecto se computa el tiempo durante el que ha sido titular de una autorización provisional. **2057**
La **solicitud** se debe presentar ante la Delegación o Subdelegación del Gobierno que ha determinado la exención de responsabilidad. Es extensivo, si así lo solicitara la víctima, a sus **hijos** menores de edad tutelados, los mayores de esa edad que tengan una discapacidad que requiera de apoyo o los mayores de edad que no sean objetivamente capaces de proveer a sus propias necesidades debido a su estado de salud, así como a sus ascendientes en primer grado y línea directa, a quienes se les ha de expedir una **autorización de residencia temporal** por razones humanitarias, debiendo encontrarse en España en el momento de la identificación de la víctima.

En la aportación de los documentos que acompañan a la solicitud (copia del pasaporte completo, o título de viaje, en vigor), se le exime de aportar aquellos documentos cuya obtención suponga un **riesgo** para la víctima.
Se facilita la **reagrupación familiar** de los hijos, menores tutelados, los mayores de esa edad que tengan una discapacidad que requiera de apoyo o los mayores de edad que no sean objetivamente capaces de proveer a sus propias necesidades debido a su estado de salud. Igualmente,no se requiere que la víctima acredite para ello los medios de vida suficientes, requisito de residencia previa y que se dispone de vivienda adecuada (RD 1155/2024 art.155).
El extranjero puede solicitar para él y, en su caso, para sus hijos, el **retorno asistido a su país de procedencia**, en cualquier momento desde que sean apreciados motivos razonables sobre su posible condición de víctima de trata de seres humanos, sin perjuicio de que las autoridades competentes en el marco de la investigación de un delito o procedimiento penal puedan determinar su necesaria permanencia en territorio español.
En relación a esta autorización **hasta el 19-5-2025**, ver nº 1850.

Precisiones Cuando se tenga noticia de la **existencia de una posible víctima** (incluidas las víctimas de trata con fines de explotación sexual) debe informarse inmediatamente a la autoridad policial competente, a la Delegación o Subdelegación de Gobierno o a la Inspección de Trabajo para la investigación del delito y protección de la potencial víctima (RD 1155/2024 art.149.1).

4. Infracciones y sanciones

(LISOS art.33 a 37; LO 4/2000 art.50 a 58; RD 1155/2024 art.254)

2065 Aunque las infracciones en materia de extranjería se regulan en la Ley de Extranjería (LO 4/2000 art.51 a 55), el texto refundido de la Ley sobre Infracciones y Sanciones en el Orden Social (LISOS art.37) también establece infracciones en materia de autorizaciones de trabajo de extranjeros. Si bien esta regulación no se encuentra derogada expresamente, puede entenderse que sí lo está en este aspecto (CC art.2.2).
Para la imposición de sanciones en materia de emigración y movimientos migratorios es competente la **ITSS**, salvo en aquellas CCAA a las que se haya traspasado la competencia inspectora y la competencia en materia de autorizaciones iniciales de trabajo por cuenta propia o ajena cuya relación laboral se desarrolle en el ámbito de la **comunidad autónoma** (por ejemplo, Cataluña), en cuyo caso son competentes los inspectores autonómicos.
En relación a las infracciones **hasta el 19-5-2025**, ver nº 1855.

2067 **Infracciones de los empresarios** (LO 4/2000 art.52.e, 53.1.e, 53.2.a y 54.1.d y f y 55; RD 1155/2024 art.253 y 254) En materia de extranjería y movimientos migratorios, constituyen infracciones imputables al empresario las siguientes:

1. **Leves**

Infracción	Sanción (multa €)	Procedimiento sancionador
Contratación de trabajadores cuya autorización no les habilita para trabajar en esa ocupación o ámbito geográfico, incurriéndose en una infracción por cada uno de los trabajadores extranjeros ocupados.	De 50 a 500 (1)	LISOS (2)

(1) Responsabilidad solidaria del contratista principal y de todos los contratistas intermedios.
(2) El procedimiento se inicia por acta de la ITSS, de acuerdo con lo establecido en el procedimiento sancionador por infracciones del orden social.

2. **Graves**

2067 (sigue)

Infracción	Sanción (multa €)	Procedimiento sancionador
No dar de alta, en el régimen de la Seguridad Social que corresponda, al trabajador extranjero cuya autorización de residencia y trabajo por cuenta ajena hubiera solicitado. Si bien está exento de esta responsabilidad el empresario que comunique a las autoridades competentes la concurrencia de razones sobrevenidas que puedan poner en riesgo objetivo la viabilidad de la empresa o que, conforme a la legislación, impidan el inicio de dicha relación	De 501 a 10.000 + sufragio costes del viaje	LISOS (1)
No registrar el contrato de trabajo en las condiciones que sirvieron de base a la solicitud, cuando el empresario tenga constancia de que el trabajador se halla legalmente en España habilitado para el comienzo de la relación laboral. No obstante, está exento de esta responsabilidad el empresario que comunique a las autoridades competentes la concurrencia de razones sobrevenidas que puedan poner en riesgo objetivo la viabilidad de la empresa o que, conforme a la legislación, impidan el inicio de dicha relación.	De 501 a 10.000 + sufragio costes del viaje	LISOS (1)
Cometer una **tercera infracción leve**, cuando en el plazo de un año anterior hubiera sido sancionado por 2 faltas leves de la misma naturaleza.	De 501 a 10.000	Ordinario

(1) El procedimiento se inicia por acta de la ITSS, de acuerdo con lo establecido en el procedimiento sancionador por infracciones del orden social.

3. **Muy graves**

Infracción	Sanción (multa €)	Procedimiento sancionador
Contratación de trabajadores sin haber obtenido con carácter previo la correspondiente autorización de residencia y trabajo, incurriéndose en una infracción por cada uno de los trabajadores extranjeros ocupados, siempre que el hecho no constituya delito.	De 10.001 a 100.000 (1) + clausura del establecimiento o local de 6 meses a 5 años	LISOS (2)
Simular la relación laboral con un extranjero, cuando dicha conducta se realice con ánimo de lucro o con el propósito de obtener indebidamente derechos reconocidos legalmente, siempre que tales hechos no constituyan delito.	De 10.001 a 100.000.	LISOS (2)
Cometer una **tercera infracción grave** siempre que en un plazo de un año anterior hubiera sido sancionado por dos faltas graves de la misma naturaleza	De 10.001 a 100.000.	Ordinario

En relación a las infracciones de los empresarios **hasta el 19-5-2025**, ver nº 1857.

(1) Responsabilidad solidaria del contratista principal y de todos los contratistas intermedios.
(2) El procedimiento se inicia por acta de la ITSS, de acuerdo con lo establecido en el procedimiento sancionador por infracciones del orden social.

Cuando el infractor sea extranjero, se puede sustituir la sanción económica por la **expulsión** del territorio español, previa la tramitación del expediente administrativo por el procedimiento ordinario.

2069 Infracciones de los trabajadores extranjeros (LO 4/2000 art.52 a 55 y 57; RD 1155/2024 art.254)

El extranjero puede incurrir en las siguientes infracciones:

1. **Leves**

Infracciones	Sanción (multa €)	Procedimiento sancionador
Omisión o el retraso en la comunicación a las autoridades españolas de los cambios de nacionalidad, de estado civil o de domicilio, así como de otras circunstancias determinantes de su situación laboral cuando les sean exigibles por la normativa aplicable.	Hasta 500	Simplificado
Retraso, hasta 3 meses, en la **solicitud de renovación** de las autorizaciones una vez que éstas hayan caducado.	Hasta 500	Simplificado
Encontrarse trabajando en España **sin haber solicitado autorización administrativa** para trabajar por cuenta propia, cuando se cuente con autorización de residencia temporal.	De 50 a 500	LISOS (1)
Encontrarse trabajando en una ocupación, sector de actividad, o ámbito geográfico **no contemplado por la autorización** de residencia y trabajo de la que es titular.	De 50 a 500	LISOS (1)

En relación a las infracciones de los trabajadores extranjeros **hasta el 19-5-2025**, ver nº 1857.

(1) El procedimiento se inicia por acta de la ITSS, de acuerdo con lo establecido en el procedimiento sancionador por infracciones del orden social.

2. **Graves**

Infracciones	Sanción (multa €)	Procedimiento sancionador
Encontrarse **irregularmente** en territorio español, por no haber obtenido la prórroga de estancia, carecer de autorización de residencia o tener caducada más de 3 meses la autorización, siempre que el interesado no hubiera solicitado la renovación de la misma en plazo.	De 501 a 10.000 Sustituible por **expulsión**	Ordinario Preferente (1)
Encontrarse trabajando en España **sin haber obtenido autorización de trabajo** o autorización administrativa previa para trabajar, cuando no cuente con autorización de residencia válida.	De 501 a 10.000 Sustituible por **expulsión**.	LISOS (2)
Incurrir en ocultación dolosa o falsedad grave en el cumplimiento de la obligación de poner en conocimiento de las autoridades competentes los **cambios que afecten a nacionalidad, estado civil o domicilio**, así como incurrir en falsedad en la declaración de los datos obligatorios para cumplimentar el alta en el padrón municipal a los efectos previstos en la ley de extranjería, siempre que tales hechos no constituyan delito.	De 501 a 10.000 Sustituible por **expulsión**.	Ordinario
Incurrir en falsedad en la declaración de los datos obligatorios para cumplimentar el **alta en el padrón**, siempre que no constituya delito.	De 501 a 10.000 Sustituible por **expulsión**.	Ordinario
Incumplir las **medidas impuestas** por razón de seguridad pública, de presentación periódica o de alejamiento de fronteras o núcleos de población determinados.	De 501 a 10.000 Sustituible por **expulsión**.	Preferente
Cometer una **tercera infracción leve**, cuando en el plazo de un año anterior hubiera sido sancionado por 2 faltas leves de la misma naturaleza.	De 501 a 10.000	Ordinario
Participar en actividades contrarias al **orden público** consideradas como graves.	De 501 a 10.000 Sustituible por **expulsión**.	Preferente
Salir del territorio español por puestos no habilitados, sin exhibir la documentación prevista o contraviniendo las prohibiciones legalmente previstas.	Multa de 501 a 10.000	Ordinario

Infracciones	Sanción (multa €)	Procedimiento sancionador
No solicitar, en el plazo de un mes desde la entrada en España o desde que se conceda la autorización, la **tarjeta de identidad de extranjero**, cuando se haya expedido un visado o una autorización para permanecer en España por un período superior a 6 meses.	De 501 a 10.000	Ordinario
Contraer **matrimonio**, simular relación afectiva análoga o constituirse en representante legal de un menor con ánimo de lucro o con el propósito de obtener indebidamente un derecho de residencia y siempre que no constituya delito.	De 501 a 10.000	Ordinario

(1) Se tramita por el procedimiento preferente cuando la sanción propuesta sea de expulsión y exista riesgo de incomparecencia, el extranjero evite o dificulte la expulsión o represente un riesgo para el orden público, la seguridad pública o la seguridad nacional.
(2) El procedimiento se inicia por acta de la ITSS, de acuerdo con lo establecido en el procedimiento sancionador por infracciones del orden social.

3. **Muy graves**

Infracciones	Sanción (multa €)	Procedimiento sancionador
Participar en **actividades contrarias a la seguridad nacional** o que pueden perjudicar las relaciones de España con otros países, o estar implicados en actividades contrarias al orden público previstas como muy graves.	De 10.001 a 100.000 Sustituible por **expulsión**.	Preferente
Cometer una **tercera infracción grave** siempre que en un plazo de un año anterior hubiera sido sancionado por dos faltas graves de la misma naturaleza	De 10.001 a 100.000 Sustituible por **expulsión**.	Ordinario

Precisiones La **sanción preferente** a los extranjeros que hayan incurrido en las conductas tipificadas como graves del LISOS art.53.1.a es la de multa si no concurren circunstancias agravantes añadidas a su situación irregular, pero se permite sustituir dicha sanción por la de expulsión, en atención al principio de **proporcionalidad**, previa la tramitación del correspondiente expediente administrativo y mediante resolución motivada (TS cont-adm 18-9-23, EDJ 688000; TSJ Cataluña cont-adm 1-2-24, EDJ 529456).

Prescripción (LO 4/2000 art.56; RD 1155/2024 art.224.2) Las **infracciones** muy graves prescriben a los 3 años, las graves a los 2 años y las leves a los 6 meses. Por su parte, las **sanciones** impuestas por infracciones muy graves prescriben a los 5 años, las graves a los 2 años y las impuestas por infracciones leves al año. Si la sanción impuesta fuera la de expulsión del territorio nacional, la prescripción no empieza a contar hasta que haya transcurrido el período de prohibición de entrada fijado en la resolución, con un máximo de 10 años. **2071**

En relación a la prescripción de las infracciones **hasta el 19-5-2025**, ver nº 1861.

CAPÍTULO 9

Movilidad laboral transnacional

La movilidad laboral internacional es un concepto amplio que comprende cualquier tipo de **desplazamiento geográfico** de personas de un Estado a otro con la finalidad de trabajar por cuenta ajena (o también por cuenta propia, si tenemos en cuenta las normas de coordinación de sistemas de seguridad social), sea fruto de un traslado temporal para prestar un servicio o por cualquier otra causa (**movilidad en el empleo**) o con el fin de trabajar o buscar trabajo en otro país de forma temporal o permanente (**movilidad para el empleo**). 2102

La movilidad laboral internacional tiene **implicaciones jurídicas** diferentes según tenga lugar:

1. En el marco de los **tratados de la Unión Europea** (UE) **y del Acuerdo del Espacio Económico Europeo** [(EEE), que además de los países de la UE también comprende a los Estados miembros de la Asociación Europea de Libre Comercio, (AELC)], de los tratados firmados entre la UE y **Suiza** y, para algunos casos específicos referidos a los conductores de transporte de mercancías, Reino Unido (nº 2110 s.).

2. En el marco de **relaciones laborales internacionales** cuyos elementos están vinculados con Estados situados fuera del ámbito de los tratados europeos o en los que dichos tratados no se aplican (es decir, fuera de la UE/EEE y Suiza y, en los casos igualmente referidos, Reino Unido) (nº 2595 s.).

I. Movilidad laboral en el ámbito de los Tratados europeos

A. Movilidad laboral intraeuropea

Movilidad laboral dentro de las libertades de los tratados europeos Se trata de la movilidad laboral internacional que tiene lugar en el marco de los tratados de la UE y del EEE, de los tratados firmados entre la UE y Suiza y, para algunos casos específicos referidos a los conductores de transporte de mercancías, Reino Unido. En estos casos, son de aplicación las normas establecidas en los tratados europeos y los reglamentos y directivas que regulan la movilidad laboral en el ámbito de la UE dentro de la libre circulación de personas, con algunas limitaciones y particularidades respecto a los países de la **AELC**, Suiza y Reino Unido, de acuerdo con sus respectivos tratados y acuerdos. Para el **resto de los Estados**, solo hay normas que regulan la movilidad laboral internacional respecto a la prestación personal de servicios en el llamado «Modo 4» del Acuerdo General de Comercio y Servicios (AGCS, GATS por sus siglas en el inglés), celebrado en el seno de la Organización Mundial del Comercio (OMC) y que han suscrito todos sus Estados miembros. 2115

La **libertad de circulación de personas**, prevista en el actual Tratado de Funcionamiento de la Unión Europea (TFUE), **incluye**:

1. La libertad de circulación de trabajadores (Tratado FUE art.45), que supone el derecho a trabajar por cuenta ajena en cualquier Estado de la UE/EEE y Suiza sin necesidad de obtener una autorización del Estado de acogida y en condiciones de igualdad con los nacionales de ese Estado.

2. La libertad de establecimiento (Tratado FUE art.49), que implica el derecho a realizar actividades empresariales y a trabajar por cuenta propia en cualquiera de los Estados de las UE/EEE y Suiza sin ninguna restricción.

3. La libertad de prestación de servicios (Tratado FUE art.56), que comprende tanto el derecho de profesionales liberales y empresas para llevar a cabo temporalmente un servicio determinado en cualquier Estado de la UE/EEE y Suiza como el derecho de las empresas de las empresas a desplazarse con sus propios trabajadores a prestar ese servicio, como así lo declaró el Tribunal de Justicia de la Unión Europea (TJUE 7-3-90, C-113/89).

En **Reino Unido** se aplican las disposiciones relativas al desplazamiento de trabajadores en una prestación de servicios transnacional solamente en el ámbito del transporte internacional de mercancías por carretera, en los términos que dispone el Acuerdo de Comercio y Cooperación entre la UE y Reino Unido.

Las diferencias en el ejercicio de estas tres libertades no son siempre nítidas, especialmente en lo que se refiere a la posible confusión entre la libre prestación de servicios y las otras dos libertades. El factor temporal podría ser el principal elemento diferenciador. Sin embargo, existen cada vez con más frecuencia **situaciones ambiguas**, en las que se mezcla el ejercicio de estas libertades cuando una actividad se desarrolla de forma simultánea o sucesivamente continuada en dos o más Estados, como es el caso más típico del transporte por carretera o el tráfico marítimo o aéreo, pero que afecta de modo creciente a todo tipo de actividades del sector servicios. Esto ha motivado la regulación específica (lex specialis) de los desplazamientos transnacionales en el sector del transporte por carretera (Dir 2020/1057/UE) y las normas especiales sobre funcionarios, desempleados, transporte aéreo y trabajos marítimos (Rgto CE/883/2004 art.11, de Coordinación de Sistemas de Seguridad Social).

Se considera, en cualquier caso, que estamos dentro del **ámbito de la movilidad laboral europea** cuando las actividades laborales por cuenta propia o por cuenta ajena se realizan de tal manera que no es plenamente aplicable la legislación de un solo Estado, o bien cuando se trata de situaciones que dan lugar a la aplicación simultánea de las legislaciones laborales y la aplicación sucesiva de las normas de seguridad social de dos o más Estados a una misma persona a lo largo de su vida laboral.

Precisiones **1)** En los países de la Asociación Europea de Libre Comercio (AELC), que son Noruega, Islandia, Liechtenstein, que también se integran en el Espacio Económico Europeo (EEE), y en Suiza, que también se incluye en estas relaciones en virtud de los convenios firmados entre la UE/EEE y ese Estado, los trabajadores cuentan con la protección del **derecho a la libre circulación de trabajadores** (Tratado FUE art.45; Rgto UE/492/2011; Dir 2004/38/CE; Dir 2014/54/UE y RD 240/2007) y el derecho a la libre prestación de servicios (Tratado FUE art.56; Dir 96/71/CE; Dir 2014/67/UE y L 45/1999), que cubre los desplazamientos temporales de su empresa en la libre prestación de servicios.

2) Las relaciones de la UE con el **Reino Unido** de Gran Bretaña e Irlanda del Norte se rigen por las disposiciones del Acuerdo de Comercio y Cooperación (DOCE L 149 de 30-4-21). Por este Acuerdo se regula el libre desplazamiento de los conductores de transporte de mercancías por carretera (Apéndice 31-A-1-3 Parte A Sección 2), remitiéndose en los demás casos de movilidad a lo dispuesto en el modo 4 del Acuerdo General de Comercio y Servicios (AGCS-GATS).

2117 **Concurrencia de legislaciones nacionales en la movilidad laboral dentro del ámbito de la UE/EEE y Suiza** Lo que caracteriza la movilidad laboral en el contexto de la UE/EEE y Suiza es que puede dar lugar a la aplicación de legislaciones de diferentes Estados. Para evitar un posible solapamiento de la aplicación de las legislaciones imperativas o de derecho necesario de los Estados, se han establecido varios **sistemas de coordinación** de **legislaciones nacionales** que inciden sobre las relaciones laborales:

1. En primer lugar, el que determina la legislación aplicable a los contratos en general y que también incluye los **contratos laborales**. Su primera formulación fue en el Convenio de Roma (1980), suscrito por todos los Estados de la UE y que después se transformó en el Rgto CE/593/2008 (Roma I). Ver nº 2130 s.

2. En segundo lugar, el que determina la aplicación de la legislación de trabajo en el Estado de empleo a los **trabajadores que ejerzan el derecho a la libre circulación**, que se les aplica íntegramente y sin posibilidad de dar ningún trato diferenciado respecto a los nacionales de ese Estado, pero que presenta algunas particularidades respecto al derecho a obtener algunas prestaciones o ventajas sociales y fiscales para ellos y sus familiares. Ver nº 2160 s.

3. En tercer lugar, el que determina la legislación laboral aplicable del país de acogida, en los aspectos que se consideran esenciales, a los **trabajadores temporalmente desplazados** en el ámbito de una prestación transnacional de servicios. Ver nº 2185 s.
4. Por último, la legislación de **Seguridad Social** que se aplica a los trabajadores móviles de toda condición, ya sean trabajadores por cuenta ajena o por cuenta propia y ya se trate de trabajadores móviles que ejerzan el derecho a la libre circulación de personas o de trabajadores o desplazados que participen del derecho a la libre circulación de servicios de la empresa que los ha contratado. Ver nº 2235 s.
Cada una de estas legislaciones de coordinación es diferente y concurrente con las demás, y esto puede llevarnos a la posible aplicación de varias legislaciones nacionales diferentes a una sola relación laboral, de forma **simultánea o sucesiva** a lo largo de una misma vida laboral. Esta concurrencia es el principal elemento que define las normas que regulan la movilidad laboral intraeuropea.

Precisiones A modo de **ejemplo**, la legislación más comúnmente aplicable a una **empresa española** que desplaza temporalmente trabajadores a otro Estado de la UE/EEE es la legislación de Seguridad Social española. Sin embargo, se aplicaría:
- en lo relativo a los salarios, jornada y prevención de riesgos laborales, la legislación laboral del país de destino; y
- en lo que se refiere al resto de las cuestiones relativas a la relación contractual laboral, como la forma del contrato y de extinción de la relación laboral, normalmente se aplicaría la legislación laboral española, por ser esta la del país donde se trabaja habitualmente, salvo que las partes hayan pactado la aplicación de una legislación más favorable.

B. Legislación nacional aplicable

1. Legislación aplicable a los contratos laborales

Contratos celebrados antes de 1-9-1993 (aplicación del CC y ET) A los contratos celebrados en España para prestar servicios en otros Estados de la UE/EEE y Suiza que sean anteriores a 1-9-1993 se les aplica la **normativa** interna española (CC art.10.6; ET art.1.4) en similares condiciones a los contratos que se celebran actualmente en España para prestar servicios fuera de este ámbito (nº 2600 s.). A no ser que las partes hubieran pactado expresamente la aplicación del Convenio de Roma o el Reglamento Roma I (TS 17-1-05, EDJ 2207). **2130**
Respecto a los **españoles que se desplacen al extranjero**, el ET art.1.4 establece que la legislación laboral española es la aplicable al trabajo que presten los trabajadores españoles contratados en España al servicio de empresas españolas en el extranjero, sin perjuicio de las normas de orden público aplicables en el lugar de trabajo.
Para los restantes supuestos y en particular para los **nacionales de otros Estados que se desplacen a España**, a las obligaciones derivadas del contrato de trabajo, en defecto de sometimiento expreso de las partes y sin perjuicio de lo dispuesto sobre las normas de orden público (CC art.8.1), se aplica la ley del lugar donde se presten los servicios (CC art.10.6).

Precisiones Lo relevante a estos efectos es la **fecha de celebración** del contrato (y, por tanto, el momento de constitución de la relación laboral) y no la fecha en la que una relación preexistente de carácter y proyección inicialmente local entra en contacto con ordenamientos extranjeros (es decir, cuando se internacionaliza).
Desde la propia **entrada en vigor del Convenio de Roma, el 1-9-1993**, se podría deducir la falta de vigencia actual del ET art.1.4 para los contratos que se celebren en los países de la UE, pues dicho Convenio prevalecería sobre esa disposición estatutaria. Así parece afirmarlo el propio TS en un supuesto donde se discute precisamente la aplicación de tal disposición estatutaria a un contrato anterior a la fecha de entrada en vigor del Convenio de Roma (TS 17-1-05, EDJ 2207).

Contratos celebrados entre 1-9-1993 y 16-12-2009 (aplicación del Convenio de Roma) A partir de 1-9-1993 se aplican preferentemente las reglas establecidas en el **Convenio de Roma** sobre la ley aplicable a las relaciones contractuales (Convenio de Roma de 19-6-1980, c.e 9-9-93; versión consolidada en DOUE C 334, 30-12-05). En España, la entrada en vigor de este Convenio se produjo el 1-9-1993, tras su adhesión al mismo a través del Convenio de Funchal de 18-5-1992 y de acuerdo con lo previsto en el texto de su publicación (BOE 19-7-93). **2132**
Aunque el Convenio de Roma no es propiamente derecho comunitario, sino un convenio internacional, el mismo fue suscrito por todos los Estados miembros de la UE, se publicó en el DOUE y, en virtud de sus Protocolos, se admite el planteamiento de cuestiones prejudiciales ante el TJUE cuando los tribunales nacionales consideren necesario establecer un criterio interpretativo uniforme antes de emitir su fallo.

2134 **Contratos celebrados a partir de 17-12-2009 (aplicación del Rgto Roma I)** El Convenio de Roma fue sustituido por la normativa de la UE, en concreto, por el denominado **Rgto Roma I** (Rgto Roma I art.8).

Este Reglamento entró **en vigor** el 24-7-2008; sin embargo, solo es aplicable a los contratos celebrados a partir de 17-12-2009.

Es una norma de derecho de la UE que sustituye a la aplicación del Convenio de Roma en los Estados miembros de la UE, salvo en lo que respecta a Dinamarca, país en el que se sigue aplicando dicho Convenio (Tratado FUE art.299; Rgto Roma I art.24.1).

2136 **Ámbito de aplicación territorial** El Convenio de Roma y el Rgto Roma I que sustituyó al anterior se aplican en todos los Estados miembros de la UE, salvo en un primer momento Reino Unido, que posteriormente se adhirió (Decisión Comisión 2009/26/CE), y **Dinamarca**, que se adhirió al Convenio de Roma, pero al que no se aplica el Rgto Roma I. Ninguno de ellos se aplica por los países de la AELC que configuran el EEE ni tampoco respecto a Suiza.

Respecto al **Reino Unido**, el Acuerdo de Retirada de Reino Unido de la UE art.66 señala que se aplica respecto a los contratos celebrados antes del período transitorio. Sin embargo, la aprobación de las normas británicas de la Ley de Retirada de la UE (EU Withdrawal Act) y el Reglamento de Salida de la UE (EU Exit Regulations) 2019 han incorporado el contenido del Rgto Roma I a su derecho interno, pero sin que, en estos casos, pueda intervenir el TJUE.

El **contenido** de ambos instrumentos es bastante similar, aunque con algunos matices que los diferencian. Tanto el Convenio de Roma como el Reglamento Roma I se aplican a las situaciones de conflicto de leyes a causa de la contratación internacional, no debiendo ser necesariamente de aplicación las legislaciones nacionales de los países signatarios, sino las que resulten de la aplicación de estos dos instrumentos (Convenio de Roma art.1 y 2; Rgto Roma I art.2).

Precisiones Así lo admite la **jurisprudencia española**, desplazando, respecto de los contratos celebrados a partir de 1-9-1993, a las normas de conflicto del CC art.10.6 (TS 29-9-98, EDJ 25338; 20-11-98, EDJ 25707; 22-5-01, EDJ 29337; 25-5-01, EDJ 35587), aunque la aplicación del Convenio de Roma conduzca a la aplicación de una ley extranjera (ver, por ejemplo, la designación de la estadounidense como ley aplicable en una demanda de despido planteada ante los tribunales españoles por una trabajadora guatemalteca residente en Los Ángeles contra el Consulado de España (TS 22-5-01, EDJ 29337).

2138 **Aplicación a los contratos de trabajo** (Convenio de Roma art.6; Rgto Roma I art.8) Tanto el Convenio de Roma como el Reglamento Roma I se aplican al contrato individual de trabajo, debiéndose entender que incluye **todas las relaciones** laborales, tanto las formalizadas en un contrato escrito como las no formalizadas, e incluso los contratos de trabajo que sean nulos.

2140 **Principio general: aplicación de la ley de elección de las partes** (Rgto Roma I art.8) La **regla general** es la prevalencia de la autonomía de la voluntad de las partes en la elección de la ley aplicable. No obstante, solo se admite una prevalencia aplicativa de la legislación que decidan las partes cuando esto no impida la aplicación de las **disposiciones imperativas y de policía** establecidas a favor del trabajador en el lugar de trabajo, o de las normas nacionales que serían de aplicación conforme al Convenio de Roma art.6 y Rgto Roma I art.8 si las partes contractuales no hubieran optado expresamente por una legislación.

Desde un punto de vista formal, la elección puede ser **expresa o tácita**, si bien en este segundo caso debe resultar de manera cierta de los términos del contrato o de las circunstancias concurrentes (Convenio de Roma art.3.1; Rgto Roma I art.3.1). La **elección** puede realizarse en el momento de celebrarse el contrato o en un momento posterior, e incluso modificarse después de hecha si esa modificación no afecta a la validez formal del contrato o a los derechos de terceros (Convenio de Roma art.3.2; Rgto Roma I art.3.2).

Puede estar referida a la totalidad o a una parte del contrato de trabajo, es decir, este puede fragmentarse, remitiendo cada una de las partes resultantes a leyes distintas.

Precisiones El **Informe Giuliano-Lagarde** (que acompaña al Convenio de Roma) proporciona **una lista no exhaustiva de orientadores o indicadores** llamados a facilitar la elección por el juez en el caso de elección tácita de las partes, tales como la clara selección de un ordenamiento jurídico en las contrataciones previas o la referencia a un artículo determinado de la normativa de un Estado. En todo caso, si no se deduce con claridad la elección tácita de las partes, el juez debe estar a la ley aplicable según el Convenio en defecto de elección.

En los **grupos multinacionales** son usuales trabajadores internacionales, normalmente altos directivos con un estatuto jurídico propio derivado de los acuerdos de movilidad (habitualmente estandarizados en cada grupo multinacional). En ese estatuto se suelen contener remisiones a las leyes nacionales aplicables. Sin embargo, tal estatuto no ostenta validez de norma autónoma, sino que se somete al Convenio de Roma o al Reglamento Roma I, siendo considerado en su marco un pacto común de Ley nacional aplicable y debiendo cumplir los requisitos exigidos en aquel Convenio o en este Reglamento. Los códigos o reglamentaciones internas ni siquiera están provistos por sí mismos de valor contractual; por el contrario, es necesaria la adhesión o aceptación, siquiera de

manera tácita, por el trabajador, o que los acuerdos se remitan de manera expresa a otras normas o convenios.
Los **acuerdos colectivos de proyección transnacional** suscritos con representaciones constituidas o designadas ad hoc en el nivel corporativo no cuentan tampoco, por sí mismos, con fuerza vinculante como fuente de obligaciones y derechos exigibles por el trabajador, salvo que el contrato se remita a lo dispuesto en ellos. Para que adquieran fuerza vinculante, es necesario que se produzca una remisión o recepción expresa en las normas legales de la negociación colectiva de un Estado.

Sin perjuicio de que la ley aplicable al contrato de trabajo es la que haya sido elegida por las partes (Rgto Roma I art.3), en los contratos individuales de trabajo, dicha elección no puede tener como resultado privar al trabajador de la protección de las disposiciones que habrían sido aplicables a falta de dicha elección (Rgto Roma I art.8.1). Esto lleva a la necesidad de aplicar, con carácter de **derecho mínimo necesario**, las disposiciones del Rgto Roma I art.8.2, 3 y 4, referidas a la aplicación de la ley del lugar de trabajo, la aplicación subsidiaria de la ley del lugar del establecimiento de la empresa a través del cual se haya contratado al trabajador o, en su caso, la aplicación incluso preferente en algunos supuestos de la ley del país con la que el contrato tenga vínculos más estrechos. **2142**

Aplicación de la ley del lugar de trabajo (Rgto Roma I art.8.2) Se establece que el contrato se rige por la ley del país en el cual o, en su defecto, a partir del cual el trabajador, en ejecución del contrato, realice su trabajo habitualmente (principio lex loci laboris). No se considera que cambia el país de realización habitual del trabajo cuando el trabajador realiza con carácter **temporal** su trabajo en otro país, sin perjuicio en este caso de la aplicación preferente de las normas que resulten de la transposición de la Dir 96/71/CE en cada Estado miembro. En los casos de **transporte internacional por carretera**, debe aplicarse la ley del Estado a partir del cual el trabajador lleva a cabo sus misiones de transporte, recibe las instrucciones sobre sus misiones y organiza su trabajo, así como el lugar en que se encuentran las herramientas de trabajo. Asimismo debe comprobarse cuáles son los lugares en los que se efectúa principalmente el transporte, de descarga de la mercancía y al que el trabajador regresa una vez finalizadas sus misiones (TJUE 15-3-11 asunto Koelzsch C-29/10). **2144**

Precisiones El señalamiento del **país a partir del cual** el trabajador realice su trabajo se refiere especialmente a empleos como los que existen en el sector del transporte y otros similares. Se considera que es aplicable la ley del país desde el cual el trabajador inicia habitualmente su prestación de servicios (TJUE 15-03-11, C-29/10).
El Rgto Roma I incluye también el inciso de que el **desplazamiento temporal a otro Estado** no altera esta regla. Se ha de aplicar la ley del país en el que de forma habitual se trabaja. Cabría discutir, en algún caso, si esa movilidad se ha producido de forma temporal o permanente. Esto tendría que interpretarse por el órgano jurisdiccional, teniendo en cuenta la intención de las partes y la duración real y la naturaleza de la actividad.
El preámbulo del Reglamento Roma I contiene unas aclaraciones sobre qué debe de considerar desplazamiento temporal cuando afirma en su Parte Expositiva (Rgto Roma I considerando 36) que la realización del trabajo en otro país se considera temporal cuando se supone que el trabajador va a reanudar su trabajo en el país de origen tras realizar su tarea en el extranjero, y que la celebración de un **nuevo contrato** de trabajo con el empleador original o con un empleador que pertenezca al mismo grupo de empresas que el empleador originario no debe excluir que se considere que el trabajador realiza su trabajo en otro país de manera temporal.

Aplicación subsidiaria de la ley del Estado donde tiene su establecimiento la empresa empleadora (Rgto Roma I art.8.3) El Rgto Roma I establece que, cuando no pueda determinarse el **lugar de trabajo** conforme al marginal anterior, el contrato se rige por la ley del país donde esté situado el establecimiento a través del cual haya sido contratado el trabajador. **2146**
No se dice el establecimiento «en el que ha sido contratado», sino «a través de cual ha sido contratado», para evitar el uso fraudulento de una sociedad filial interpuesta.

Aplicación de la ley del Estado con el que el contrato tenga lazos o vínculos más estrechos (Rgto Roma I art.8.4) El Rgto Roma I establece que, si del conjunto de circunstancias se desprende que el contrato presenta vínculos más estrechos con un país distinto a los indicados anteriormente, se aplica la ley de ese otro país, incluso con preferencia a la regla del lugar habitual de trabajo o lex loci laboris. **2148**
Las **circunstancias más usuales** para apreciar este lazo o vínculo más estrecho suelen ser la procedencia u origen común de la empresa y el trabajador de un mismo país, o bien la aplicación al trabajador de las normas de carácter administrativo que rigen la sujeción de las partes al sistema impositivo o de seguridad social de un Estado.

Aplicación preferente de las leyes imperativas y de policía (Rgto Roma I art.9) Para el Rgto Roma I, una ley de policía es una disposición cuya **observancia** un país considera esencial para la salvaguardia de sus intereses públicos, tales como su organización política, social o **2150**

económica, hasta el punto de exigir su aplicación a toda situación comprendida dentro de su ámbito de aplicación. Precisa que las leyes de policía se aplican en la medida en que hagan la ejecución de ese contrato ilegal.

Precisiones El Convenio de Roma tampoco define lo que se consideran leyes de policía, motivando la aparición en España de dos corrientes distintas en la **jurisprudencia laboral**: a) una corriente amplia, que incluye las normas sobre despido (TS 10-12-90), y; b) otra reduccionista que entiende no comprendidas dentro de las normas de derecho necesario las relativas al despido (TSJ Madrid 17-9-08, Rec 3384/08; 10-10-07, Rec 944/07 con voto particular; 30-10-97, Rec 893/97, anulada por la TCo 11-2-02)

2152 Tanto el Convenio de Roma como el Reglamento Roma I prevén la posible **aplicación** de las leyes de policía en los siguientes **supuestos**:

1. En las leyes de **policía del foro**. En este caso, el juez que entiende de la controversia, cualquiera que sea la ley nacional aplicable al contrato, aplica estas disposiciones imperativas de forma automática porque su aplicación no se encuentra restringida (Convenio de Roma art.7.2; Rgto Roma I art.9.2).

2. En las **leyes de policía extranjeras** para el juez competente, esto es, disposiciones imperativas incluidas en una ley distinta a la aplicable al contrato de trabajo y de nacionalidad no coincidente con el foro competente. Para poder ser aplicables estas leyes de policía, **deben** (Convenio de Roma art.7.1):

- presentar un vínculo estrecho con la situación que pretenden regular;
- prever su aplicación con independencia de la nacionalidad de la ley que rija el contrato.

Su **aplicación no es automática** y debe ser valorada por el juez que entiende la controversia caso por caso. En definitiva, es éste quien decide si debe dar efecto a estas disposiciones imperativas considerando su naturaleza y su objeto, así como las consecuencias que se derivarían de su aplicación o de su inaplicación.

En cualquier caso, se establece que se puede dar **efecto a las leyes de policía** del país en que las obligaciones derivadas del **contrato tienen que ejecutarse** o han sido ejecutadas en la medida en que dichas leyes de policía hagan la ejecución del contrato ilegal, teniendo en cuenta la naturaleza y objeto de estas disposiciones imperativas, así como las consecuencias que se derivarían de su aplicación o de su inaplicación (Rgto Roma I art.9.3).

De este modo, el Rgto Roma I reduce el ámbito de **discrecionalidad judicial** en la aplicación de las leyes de policía ajenas al foro:

- en primer lugar, porque la posibilidad de tal aplicación se limita a las leyes de policía del Estado en que las obligaciones derivadas del contrato tienen que ejecutarse o han sido ejecutadas, y;
- en segundo lugar, porque esa posibilidad solo resulta actualizable en la medida en que dichas leyes de policía hagan la ejecución del contrato ilegal.

Precisiones **Ejemplos de aplicación** de leyes de policía por los tribunales españoles:

1) Supuesto en que, aunque era aplicable la ley de Bahamas, se aplica la prohibición española de cláusulas de jubilación forzosa (TSJ Galicia 26-4-04, EDJ 108722).

2) Aplicación de una ley de policía del lugar de ejecución: supuesto de unos trabajadores españoles destacados en Sudáfrica que inician una huelga con ocupación de locales, pero como allí entonces se prohíbe la huelga, se considera que han abandonado el trabajo; solución ésta muy dudosa que parece contraria al orden público español (TS 26-10-82).

2154 **Alcance de la determinación de la ley aplicable** La ley nacional aplicable al contrato de trabajo rige:

1. Su **interpretación**.

2. La **ejecución y cumplimiento** de las obligaciones que genere (el Rgto Roma I se refiere solo al cumplimiento de las obligaciones que genere).

3. Dentro de los límites de los poderes atribuidos al tribunal por su ley de procedimiento, las **consecuencias de la inejecución** total o parcial (el Rgto Roma I alude, no a la inejecución total o parcial, sino al incumplimiento total o parcial) de estas obligaciones, incluida la evaluación del daño en la medida en que estas normas jurídicas la gobiernen.

4. Los diversos **modos de extinción** de las obligaciones, así como la prescripción y la caducidad basada en la expiración de un plazo.

5. Las consecuencias de la **nulidad** del contrato.

En lo que se refiere a las **modalidades de cumplimiento** y a las medidas que se deben de tomar en caso de cumplimiento defectuoso, debe tenerse en cuenta la ley del país donde tenga lugar el cumplimiento.

En definitiva, la ley aplicable seleccionada **rige**, conforme a las reglas estudiadas, respecto a la constitución, desarrollo y extinción contractual; pero **no rige** para aspectos

indisolublemente unidos, como los formales, legislación de extranjería y capacidad contractual; materias, todas ellas, que cuentan con reglas específicas.
Concretamente, la ley aplicable al contrato (lex contractus) **no se aplica a** las siguientes cuestiones referidas al contrato de trabajo:
1. La **capacidad de los contratantes** (Convenio de Roma art.1.2.a; Rgto Roma I art.1.2.a). De manera que en España debe acudirse al CC art.9.1 y 10 respecto de las personas físicas, y CC art.9.11 en cuanto a las personas jurídicas, disposiciones que remiten a la ley personal.
Ahora bien, en los contratos celebrados entre personas que se encuentren en un mismo Estado, las personas físicas que gocen de capacidad de conformidad con la ley de ese Estado solo pueden **invocar su incapacidad** resultante de otra ley si, en el momento de la celebración del contrato, la otra parte hubiera conocido tal incapacidad o la hubiera ignorado en razón de negligencia por su parte (Convenio de Roma art.11; Rgto Roma I art.13, en términos similares al CC art.10.8).
2. La **prueba y** el **procedimiento**. No obstante, la ley aplicable al contrato se aplica en la medida en que, en materia de obligaciones contractuales, establezca presunciones legales o reparta la carga de la prueba (Convenio de Roma art.1.2.h y 14); Rgto Roma I art.1.3 y 18.1).
3. La **forma del contrato**, aunque se trata de una cuestión que, precisamente respecto del contrato de trabajo, no suele presentar problema alguno, dada la amplia libertad de forma que impera en la generalidad de los ordenamientos jurídicos. Tanto el Convenio de Roma como el Reglamento Roma I señalan que, en esta cuestión, rige la ley aplicable al contrato o a la ley del Estado en que se haya celebrado (Convenio de Roma art.9; Rgto Roma I art.11). De este modo, se puede entender que el Convenio de Roma y el Reglamento Roma I matizan la tradicional exclusión que se hace en nuestro derecho de la ley aplicable al contrato, en orden a la ley aplicable a la forma del contrato, para aplicar solo la ley del Estado de otorgamiento (CC art.11).

Precisiones Aunque sea la Ley española la aplicable a los **trabajadores españoles al servicio de la Administración española en el extranjero**, estos no se beneficiaban del convenio ya entonces aplicable, porque, según el mismo, no estaban incluidos en su ámbito subjetivo de aplicación, porque, según el propio Convenio, no estaban incluidos en su ámbito subjetivo de aplicación (CCol único II para el personal laboral al servicio de la Administración General del Estado art.1.4.1º, BOE 1-12-98) (TS 14-5-03, EDJ 25720; 9-6-03, EDJ 92956; 9-6-03, EDJ 92966). Esta **exclusión se mantiene** en el convenio vigente (CCol único IV para el personal laboral al servicio de la Administración General del Estado art.2.a, BOE 17-5-19).

2. Legislación aplicable en la libre circulación de trabajadores

Libre circulación de trabajadores en el Tratado FUE (Tratado FUE art.45) El derecho a la libre circulación de trabajadores supone el derecho a **emigrar** a otro Estado de la UE/EEE y Suiza sin necesidad de solicitar permiso o autorización para trabajar al Estado de acogida. Es una de las libertades básicas de los tratados de la UE. Esta libertad **incluye** el derecho a: **2160**
1. Responder a ofertas efectivas de trabajo.
2. Desplazarse libremente para este fin en el territorio de los Estados miembros.
3. Residir en uno de los Estados miembros con objeto de ejercer en él un empleo, de conformidad con las disposiciones legales, reglamentarias y administrativas aplicables al empleo de los trabajadores nacionales.
4. Permanecer en el territorio de un Estado miembro después de haber ejercido en él un empleo, en las condiciones previstas en los reglamentos establecidos por la Comisión.
Su ejercicio supone el derecho a la **igualdad de trato** y la abolición de toda discriminación por razón de la nacionalidad con los nacionales y residentes en el Estado miembro de acogida con respecto al empleo, la retribución y las demás condiciones de trabajo, sin perjuicio de algunas especialidades en lo que se refiere a la legislación aplicable a la seguridad social (ver nº 2235 a nº 2293) y la percepción de prestaciones sociales (nº 2176).

Libre circulación de ciudadanos de la UE/EEE El derecho a la libre circulación de trabajadores se engloba dentro del derecho más amplio a la libre circulación de ciudadanos que también afecta a familiares, estudiantes y pensionistas (Tratado FUE art.21.1). La Dir 2004/38/CE regula el derecho de los ciudadanos de la Unión y de los miembros de sus familias a **circular y residir** libremente en el territorio de los Estados miembros. **2162**
Esta libertad **comprende** el derecho a (Dir 2004/38/CE art.4 a 7):
1. Salir y entrar de todo ciudadano de la Unión en posesión de un documento de identidad o un pasaporte válidos, y los miembros de su familia, aunque que no sean nacionales de un Estado miembro.
2. Permanecer en el país de acogida de los ciudadanos de la Unión y los miembros de su familia por un período de hasta 3 meses sin estar sometidos a otra condición o formalidad que la de estar en posesión de un documento de identidad o pasaporte válidos.

Transcurrido el período de 3 meses, el derecho de residencia se puede mantener si: la persona trabaja por cuenta o cuenta propia en el Estado de acogida; dispone de recursos suficientes para no convertirse en una carga para la asistencia social del Estado miembro de acogida durante su período de residencia o; está matriculado en un centro público o privado, reconocido o financiado por el Estado miembro de acogida con arreglo a su legislación o a su práctica administrativa, con la finalidad principal de cursar estudios, inclusive de formación profesional, y cuenta con un con un seguro de enfermedad que cubre todos los riesgos en el Estado miembro.

2164 **Libre circulación para buscar trabajo en otro Estado miembro** (Dir 2004/38/CE art.14.4.b) Cuando la libertad de circulación no se ejerce con motivo de una oferta de trabajo cierta, sino para buscar trabajo en otro Estado miembro, solo se dispone de la garantía del **derecho a permanecer** en ese Estado durante 3 meses con dicha finalidad.

Si bien en ningún caso puede adoptarse una medida de **expulsión** contra ciudadanos de la Unión o miembros de su familia si los ciudadanos de la Unión entraron en el territorio del Estado miembro de acogida para buscar trabajo. En este caso, los ciudadanos de la Unión o los miembros de sus familias no pueden ser expulsados mientras los ciudadanos de la Unión puedan demostrar que siguen buscando empleo y que tienen posibilidades reales de ser contratados.

2166 **Derecho de residencia durante y después de los primeros 5 años** (Dir 2004/38/CE art.7.3 y 16) En el caso de que durante los primeros 5 años de residencia se deje de ejercer alguna actividad por cuenta ajena o por cuenta propia, solo se mantiene la condición de trabajador por cuenta ajena o por cuenta propia, y con ella el derecho a residir en el país de acogida, en los siguientes **supuestos**:

1. Sufrir una **incapacidad laboral temporal** resultante de una enfermedad o accidente.

2. Haber quedado en **paro involuntario** debidamente acreditado tras haber estado empleado durante **más de un año**, y haberse inscrito en el servicio de empleo competente con el fin de encontrar un trabajo.

3. Haber quedado en **paro involuntario** debidamente acreditado tras concluir un contrato de trabajo de duración determinada **inferior a un año** o habiendo quedado en paro involuntario durante los primeros 12 meses, haberse inscrito en el servicio de empleo competente con el fin de encontrar un trabajo. En este caso, la condición de trabajador se mantiene durante un período que no puede ser inferior a 6 meses.

4. Seguir una **formación profesional**. Salvo que se encuentre en situación de paro involuntario, el mantenimiento de la condición de trabajador exige que la formación guarde relación con el empleo previo.

Los ciudadanos de la Unión y sus familias que hayan residido legalmente durante un período continuado de 5 años en el Estado miembro de acogida tienen un derecho de **residencia permanente** en este, sin verse sometidos a las condiciones establecidas para el derecho de residencia por más de 3 meses.

2168 **Derecho a la entrada y residencia de los ciudadanos de la UE/EEE y sus familias en España** La Dir 2004/38/CE se transpuso al ordenamiento español por el RD 240/2007, sobre entrada, libre circulación y residencia en España de ciudadanos de los Estados miembros de la UE y de otros Estados parte en el Acuerdo sobre el EEE.

Esta norma establece el derecho de **permanencia** de los ciudadanos de la UE/EEE y sus familias por una duración inferior a 3 meses, sin más requisito que la posesión de pasaporte o documento de identidad en vigor. También establece el **mantenimiento** de una residencia por un período superior a 3 meses (RD 240/2007 art.7) y el derecho a la residencia permanente (RD 240/2007 art.10).

2170 **Coordinación entre los servicios nacionales de colocación para facilitar la libre circulación** El Rgto UE/492/2011 regula la colaboración entre los Estados para la puesta en común de las ofertas de empleo a través de los servicios públicos de empleo y para facilitar la libre circulación de trabajadores. La coordinación de los servicios de empleo se realiza a través de la **Red EURES**, regulada por el Rgto UE/2016/589 (nº 2372).

2172 **Derecho a la igualdad y la no discriminación en el trabajo por razón de nacionalidad de los trabajadores que hayan ejercido la libre circulación** (Dir 2004/38/CE art.24.1) Todos los ciudadanos de la Unión que residan en un Estado miembro de acogida tienen derecho a la igualdad de trato respecto de los nacionales de dicho Estado en el ámbito de aplicación del Tratado. El beneficio de este derecho se extiende a los **miembros de la familia** que no tengan la nacionalidad de un Estado miembro, beneficiarios del derecho de residencia o del derecho de residencia permanente.

Las **condiciones de trabajo y** los derechos a las **prestaciones sociales** de los trabajadores que hayan ejercido el derecho a la libre circulación de trabajadores son los mismos que ostentan las personas que trabajan y residen en el Estado de acogida, en plena igualdad de condiciones, estando expresamente prohibida toda discriminación, con la única excepción de las ayudas sociales a los que buscan un primer empleo o los que solo han conseguido empleo considerados marginales o accesorios (nº 2176).

También se establece la plena igualdad de los ciudadanos de la UE/EEE en el **acceso al empleo** y las condiciones de trabajo (Rgto UE/492/2011) y, para facilitar el ejercicio de los derechos conferidos a los trabajadores en el contexto de su libre circulación, se establecen medidas para que los Estados garanticen la igualdad de trato de los trabajadores que han ejercido la libre circulación y el ejercicio de sus derechos (Dir 2014/54/UE).

Legislación de Seguridad Social aplicable a los que ejercen la libre circulación Los trabajadores que emigren a otro Estado de la UE/EEE están sometidos a la legislación de seguridad social del país de acogida en las mismas condiciones que los residentes en ese Estado, de acuerdo con el principio general **lex loci laboris** (Rgto CE/883/2004 art.11.3.a). 2174

No obstante, cabe hacer algunas **excepciones** en cuanto a la legislación de seguridad social respecto a:

- los funcionarios públicos, que siempre estarán sujetos a la legislación del país que les ocupa (Rgto CE/883/2004 art.11.3.b).
- los trabajadores por cuenta propia o ajena que se desplacen a otro Estado de forma temporal por un período no superior a 24 meses (Rgto CE/883/2004 art.12) (ver nº 2250 s.);
- los trabajadores por cuenta propia o ajena que, de modo simultáneo o sucesivo, trabajen habitualmente en dos o más Estados (Rgto CE/883/2004 art.13.1) (ver nº 2275 s.).

Derecho a otras ayudas y prestaciones sociales en el Estado de acogida (Dir 2004/38/CE art.24) Se establece una **excepción** al principio de igualdad respecto a la percepción de las ayudas o prestaciones sociales de las personas que no tienen residencia permanente en el Estado de acogida y que están en situación de búsqueda de empleo o solo tienen trabajos auxiliares o marginales. 2176

Estas prestaciones sociales suponen una excepción al principio de igualdad de trato durante los primeros 3 meses de residencia o, si procede, el período más largo establecido (nº 2517). Durante este período, el **Estado miembro de acogida** no está obligado a conceder el derecho a prestaciones de asistencia social ni, antes de la adquisición del derecho de residencia permanente, a conceder ayudas de manutención consistentes en becas o préstamos de estudios, incluidos los de formación profesional, a personas que no sean trabajadores por cuenta ajena o propia, personas que mantengan dicho estatuto o miembros de sus familias.

Precisiones El acceso a las prestaciones y ayudas sociales de las personas con **trabajos considerados accesorios o marginales** es un tema relevante en los países que reciben gran número de trabajadores proveniente de otros Estados. Si el trabajo tiene tal consideración, no se les considera propiamente trabajadores a los efectos de la Dir 2004/38/CE art.24. A tal efecto, se destacan los siguientes **pronunciamientos clave** del TJUE:

- TJUE 3-7-1986, asunto Lawrie-Blum C-63/85: establece un concepto comunitario de lo que es un **trabajador por cuenta ajena**, señalando que la característica esencial de la relación laboral es que una persona realiza, durante un cierto tiempo, en favor de otra y bajo la dirección de esta, ciertas prestaciones, por las cuales percibe una remuneración. Y el simple hecho de que el contrato sea a **tiempo parcial** no puede suponer que el trabajo se deba considerar accesorio o marginal. De este modo, el hecho de que el profesor en **período de prácticas** solo imparta un número reducido de horas lectivas por semana y solo perciba una remuneración inferior al mínimo de la retribución de un profesor titular al comienzo de la carrera no puede oponerse a su calificación como trabajador. Debe considerarse trabajador cualquier persona que ejerza actividades reales y efectivas, con exclusión de aquellas actividades realizadas a tan pequeña escala que tengan un carácter meramente marginal y accesorio.
- TJUE 4-2-10, asunto Genc C-14/09: en un contrato a tiempo parcial de 5,5 horas semanales y un salario mensual de 175 €, es preciso hacer una valoración global y, teniendo en cuenta que la trabajadora tiene derecho a 28 días de vacaciones -lo tiene igualmente al pago de prestaciones en caso de incapacidad temporal- y que el contrato está sujeto a las condiciones de un convenio colectivo en vigor, el contrato laboral no puede ser considerado marginal o accesorio.

3. Legislación aplicable en el desplazamiento de trabajadores para una prestación de servicios transnacional

2185 **Desplazamiento transnacional dentro del derecho a la libre prestación de servicios** (Tratado FUE art.56 y 57) Los trabajadores que se trasladan **temporalmente** con su empleador para prestar un servicio determinado en otro Estado miembro lo hacen al amparo del derecho a la libre prestación de servicios y del derecho a la libertad de circulación de trabajadores (TJUE 27-3-90, asunto Rush Portuguesa C-113/89, relativo a una empresa portuguesa de construcción que trasladó temporalmente a su personal a Francia).

Esta sentencia señaló la **diferencia** en estos casos entre la **libre prestación de servicios y** la **libre circulación** de trabajadores cuando indicó que, en este caso, se trataba del desplazamiento temporal de trabajadores que son enviados hacia otro Estado miembro para efectuar en él trabajos de construcción u obras públicas, en el marco de una prestación de servicios por parte de su empresa. Tales trabajadores vuelven a su país de origen después de haber concluido su misión, **sin acceder** en ningún momento **al mercado de trabajo del Estado miembro de acogida**. Por lo tanto, si no hay una prestación de servicios concreta y determinada en el tiempo por parte de la empresa que desplaza a sus trabajadores, no estamos ante el ejercicio del derecho a la libertad de prestación de servicios, sino ante el ejercicio del derecho de libertad de establecimiento por la empresa y de libertad de circulación por los trabajadores.

La sentencia también sentó las bases de la **regulación posterior sobre los desplazamientos transnacionales** a través de la Dir 96/71/CE, al señalar que los Estados miembros deben tener la posibilidad de comprobar si una empresa se sirve de la libertad de prestación de servicios con otro fin, y que el Derecho comunitario no se opone a que los Estados miembros extiendan su legislación o los convenios colectivos de trabajo a toda persona que realice un trabajo por cuenta ajena en su territorio.

2187 **Principios que inspiran la regulación del desplazamiento transnacional de trabajadores** (Dir 96/71/CE; L 45/1999) Aunque el desplazamiento de trabajadores en el marco de la libre prestación de servicios **se distingue** de la libre circulación de trabajadores por el carácter temporal de la primera, es obvio que existe una actividad laboral en el Estado de destino, aunque sea de duración temporal, que tiene un cierto **impacto en su mercado laboral** y que puede crear desigualdades entre los trabajadores nacionales y los desplazados y competencia desleal entre los empresarios.

Este fue el fundamento de la Dir 96/71/CE, que tuvo como **doble objetivo**:

1. Contrarrestar el **riesgo de dumping social** en la medida en que, al amparo de la libertad de prestación de servicios en el marco de la UE/EEE, las empresas de un Estado miembro con menos derechos laborales podrían competir deslealmente con las empresas del Estado miembro de acogida si estas tuvieran que hacer frente a derechos laborales más elevados respecto a sus trabajadores; y

2. Evitar **una menor protección de los trabajadores** de la empresa del Estado miembro con menos derechos laborales mientras dura la prestación temporal de servicios, en relación con los trabajadores del otro Estado miembro con mayores derechos laborales en el que se desarrolla la prestación.

La Dir 96/71/CE fue posteriormente complementada por la Dir 2014/67/UE en lo relativo a las normas de control y aplicación por los Estados y revisada por la Dir 2018/957/UE, que entró en vigor el 30-07-2020. Respecto al sector de **transporte internacional por carretera**, se aprobó la Dir 2020/1057/UE, que regula de modo especial (lex specialis) los desplazamientos de los conductores de este sector. Su transposición al ordenamiento jurídico español se ha hecho a través de la L 45/1999, posteriormente modificada por el RDL 9/2017 para trasponer la Dir 2014/67/UE, por el RDL 7/2021 para transponer la Dir 2018/957/UE y por el RDL 3/2022 para transponer la Dir 2020/1057/UE.

La Dir 96/71/CE establece que el **empresario prestador** está obligado a **garantizar a los trabajadores** desplazados temporalmente ciertas condiciones de trabajo de la ley laboral del Estado miembro de destino donde se va a prestar el servicio, principalmente en materia de salario, jornada y prevención de riesgos laborales, siempre que estas fuesen más favorables que las establecidas en su contrato laboral, durante la duración del desplazamiento (ver nº 2205 s.).

La **aplicación parcial** a estos trabajadores desplazados de la norma laboral del Estado de acogida, que es la ley del lugar de trabajo o lex loci laboris, tiene el carácter de legislación mínima aplicable y es independiente de cuál sea la Ley nacional aplicable al contrato de trabajo de los trabajadores desplazados con carácter general, que en todo caso solo sería aplicable si las condiciones establecidas por el contrato laboral fueran más favorables al trabajador (L 45/1999 disp.adic.1ª.1).

Por otra parte, también se establece que las empresas establecidas en un **Estado no miembro del EEE** no pueden obtener un trato más favorable que las empresas establecidas en su territorio (Dir 96/71/CE art.1.4). En virtud de esta disposición, en España se establece la aplicación de esta Ley a los desplazados por empresas de fuera de la UE/EEE que presten servicios en España en virtud de convenios Internacionales que sean de aplicación (L 45/1999 disp.adic.4ª). En este marco, el Acuerdo General de Comercio y Servicios, en su modo 4 (prestación personal de servicios), vincula a todos los Estados miembros de la Organización Mundial de Comercio (OMC), y todas las prestaciones de servicios realizadas por empresas de esos países están sujetas a las disposiciones de la L 45/1999, entre ellas la de comunicar el desplazamiento a las autoridades laborales (L 45/1999 art.5).
Todos los **Estados miembros** han transpuesto a su derecho nacional las prescripciones de la Dir 96/71/CE. En España, tal incorporación se produjo a través de la L 45/1999.
Sobre esta materia, la **Inspección de Trabajo y Seguridad Social** ha publicado el Criterio Técnico 97/2016.

Precisiones 1) Los principios de **igualdad y** evitar el **dumping social** que inspiraron la Directiva se pusieron en tela de juicio por la sentencia del TJUE, **asunto Laval**, referido a un supuesto donde una organización sindical sueca inició medidas de conflicto colectivo en el territorio sueco para que una empresa letona que desplazaba trabajadores a Suecia mejorase, por encima de lo establecido en la Dir 96/71/CE art.3, las condiciones de trabajo de los trabajadores desplazados. El TJUE sentenció que la libre prestación de servicios reconocida en el marco del EEE (Tratado FUE, art.56 y 57) y la propia Dir 96/71/CE art.3 se oponen a que una organización sindical pueda intentar obligar, mediante una medida de conflicto colectivo consistente en un bloqueo de las obras, a un prestador de servicios establecido en otro Estado miembro a iniciar con ella una negociación sobre las cuantías del salario que deben abonarse a los trabajadores desplazados y a adherirse a un convenio colectivo cuyas cláusulas establecen, para alguna de las **materias contempladas** en la Dir 96/71/CE art.3, condiciones más favorables que las derivadas de las disposiciones legales pertinentes, mientras que otras cláusulas se refieren a **materias no previstas** en la Dir 96/71/CE art.3 (TJUE 18-12-07, asunto Laval C-341/05).
2) El asunto Laval inicia una línea judicial, seguida asimismo en la sentencia sobre el **asunto Viking Line** (TJUE 11-12-07, asunto Viking Line C-438/05). De nuevo se sitúan los **derechos colectivos** de los trabajadores por debajo de las libertades económicas comunitarias. Se califica de práctica restrictiva de la libre competencia una medida de conflicto colectivo que tiene como finalidad conseguir que una empresa privada, cuyo domicilio social se encontraba en un Estado miembro determinado, suscriba un **convenio colectivo** de trabajo con un sindicato establecido en ese Estado para ser aplicado a los trabajadores de una filial establecida en otro Estado miembro. Práctica el Tribunal de Justicia considera que debe ser prohibida, salvo que exista una razón imperiosa de interés general que la justifique, como puede ser la protección de los trabajadores, dejando al juez nacional la determinación de si la práctica restrictiva de la libre competencia es adecuada para la realización del objetivo legítimo perseguido y no va más allá de lo necesario para lograr ese objetivo.
3) Sin embargo, la Dir 2018/957/UE, transpuesta por el RDL 7/2021, que modificó la L 45/1999, enmendó la Dir 96/71/CE para **rectificar esta doctrina del TJUE**. Conforme a la misma, se puede exigir en el Estado de acogida la aplicación de otros convenios que no sean de eficacia general y la aplicación de las disposiciones de la Directiva debe respetar el ejercicio de derechos fundamentales como el de huelga. Esta cuestión no ha tenido transcendencia en el ordenamiento español, debido al generalizado uso de convenios estatutarios, que son eficacia general para su ámbito de aplicación.

Principio de igualdad de trato entre trabajadores nacionales y desplazados 2189

(Dir 96/71/CE art.3.8) El **objetivo** es garantizar la igualdad de trato entre los trabajadores nacionales y los desplazados y, a este respecto, se señala que hay igualdad de trato cuando las **empresas nacionales** que se encuentren en una situación similar estén sometidas, en el lugar de actividad o en el sector de que se trate, a las mismas obligaciones que las **empresas desplazadas** por lo que se refiere a las materias enumeradas en la Dir 96/71/CE art.3.1 (nº 2203) y, en su caso, con respecto a las condiciones de trabajo que se deben garantizar a los trabajadores desplazados de conformidad con la Dir 96/71/CE art.3.1 bis, y se les exija cumplan dichas obligaciones con los mismos efectos.

Personas comprendidas dentro de la regulación de los desplazamientos transnacionales 2191

transnacionales La libertad de prestación de servicios incluye la posibilidad de que la empresa desplace a **trabajadores** que sean nacionales de países **de la UE/EEE y Suiza y** a ciudadanos nacionales de países terceros o **extracomunitarios** establecidos en el país de origen sin necesidad de cumplir los requisitos que imponen las respectivas leyes de inmigración en el país de acogida, pues tales trabajadores retornan al Estado de origen tras la prestación de servicios sin incorporarse propiamente al mercado laboral del Estado de destino. Los Estados miembros de acogida no tienen derecho a exigir un permiso de trabajo a los nacionales de terceros países desplazados por una empresa establecida en otro Estado miembro (TJUE 9-8-94, asunto Van der Elst C-43/93). Estos trabajadores no están obligados a obtener la autorización para trabajar en el país de la UE/EEE de acogida, pero en varios Estados están sujetos a la obligación de obtener el visado de las autoridades competentes cuando la duración de su estancia sea superior a 3 meses. En España, esta obligación se estableció en su día por la Instr DG Inmigración DGI/SGRJ/08/2008, que ahora resulta de dudosa vigencia, al no estar incluida en la lista de instrucciones de la DG de Inmigración en la web https://www.inclusion.gob.es/web/migraciones/instrucciones. Una sentencia del TJUE permite a los Estados miembros establecer la obligación legal de que estos trabajadores deban obtener un permiso de residencia a partir del periodo de estancia de 3 meses (TJUE 20-6-24, asunto C-540/22 SN y otros).

En el ámbito de la **coordinación de la seguridad social**, los nacionales de terceros países están cubiertos por el Rgto UE/1231/2010 siempre que residan legalmente (vivan y trabajen legalmente) en el territorio de un Estado miembro y se encuentren en una situación que no se limita, a todos los efectos, a un único Estado miembro, por lo que pueden considerarse desplazados dentro de las normas de coordinación de la seguridad social en las mismas condiciones que los nacionales de la UE.

2193 **Tipos de relación mercantil y laboral comprendidas en los desplazamientos transnacionales** (Dir 96/71/CE art.2; L 45/1999 art.2) En cuanto a los tipos de relación jurídica, se contemplan los siguientes **supuestos**:

1. Desplazamiento por la **contratación o subcontratación de una empresa** para la realización de un servicio en otro Estado de la UE/EEE y Suiza. Es el supuesto más típico. Se trata del desplazamiento de un trabajador por cuenta y bajo la dirección de la empresa que le ha contratado laboralmente para la ejecución de un contrato mercantil celebrado entre dicha empresa y el destinatario de la prestación de servicios, que es una empresa o persona física establecida o que ejerce su actividad en el país de acogida.

2. Desplazamiento de un trabajador a un **centro de trabajo de la propia empresa o de otra empresa del grupo** del que forme parte, siempre que se mantenga vigente su relación laboral con la empresa que le ha contratado en el país de origen. Si bien solo se puede considerar desplazamiento dentro de la Dir 96/71/CE cuando se vaya a cumplimentar un servicio concreto y determinado en otro Estado. El **mero traslado** a un puesto de trabajo a una empresa del grupo sin un cometido o servicio específico no se podría considerar un desplazamiento, sino un supuesto de libre circulación de trabajadores al que, sin embargo, sí podría serle de aplicación lo dispuesto en el Rgto CE/883/2004 art.12.1. Ver nº 2250.

3. Desplazamiento de un trabajador **a través de una ETT** situada en el país de origen para la puesta a disposición de una empresa usuaria que esté establecida o que ejerza su actividad en el país de acogida. Con las particularidades que la Dir 2018/957/UE y el RDL 7/2021, que la transpuso y modificó la L 45/1999, han introducido respecto a la inclusión como empresas que desplazan trabajadores a las llamadas «**empresas de trabajo temporal en cadena**», que son aquellas que ceden trabajadores a una empresa usuaria que posteriormente se desplaza a prestar servicios a otro Estado de la UE/EEE con el trabajador cedido.

2195 **Exclusiones y excepciones en el ámbito de la aplicación de la Directiva 96/71/CE sobre desplazamientos transnacionales** Se excluyen del ámbito de aplicación de la Dir 96/71/CE:

1. **Empresas de la Marina Mercante**, respecto a su personal navegante (L 45/1999 art.1.2).
2. **Empresas del transporte internacional por carretera**, que se rigen por la lex specialis de la Dir 2020/1057, que se transpuso a la L 45/1999 mediante el RDL 3/2022.
3. Los **viajes de negocios y actividades formativas internas de la empresas**, conforme a la Guía práctica sobre el desplazamiento (transnacional) de trabajadores (2019) de la Comisión Europea (https://op.europa.eu/es/publication-detail/-/publication/8ac7320a-170f-11ea-8c1f-01aa75ed71a1), entendiendo por tales la mera asistencia a reuniones, congresos, jornadas y ferias y las actividades formativas que realizan de modo interno las empresas para su propio personal, ya que en estas actividades no se presta un servicio y, por lo tanto, no estarían comprendidas dentro del Tratado FUE art.56 [Guía práctica sobre el desplazamiento de trabajadores (2019) Parte 2.4].

Según esta Guía (Parte 2.21), estos trabajadores pueden encontrarse en **situaciones muy diversas**, siendo imposible generalizar sobre las condiciones de trabajo y empleo que les son aplicables. Las autoridades competentes del Estado miembro de acogida deben evaluar cada caso particular y decidir sobre la base de los elementos fácticos propios de cada caso y el Rgto Roma I.

4. **Desplazamientos breves**. La Directiva permite que haya **normas específicas**, menos exigentes, para los desplazamientos breves que no superen en cómputo anual 8 días, siempre que no sean realizados por empresas de trabajo temporal: **2197**

a) De modo general, para **todos los Estados de la UE/EEE**, se contemplan dos tipos de **reglas**, una obligatoria y otra opcional (Dir 96/71/CE art.3):

- excepción **obligatoria**, en los casos de trabajos de **montaje inicial o de primera instalación** de un bien cuando la duración del desplazamiento no supere los 8 días. En estos casos, no se aplican las normas de la Directiva sobre la duración mínima de las vacaciones anuales retribuidas y la remuneración (la excepción no afecta al sector de la construcción);
- **opciones** de los estados miembros de acogida:

• **decidir**, tras consultarlo con los interlocutores sociales, no aplicar las normas sobre la duración mínima de las vacaciones anuales retribuidas y la remuneración cuando la duración del desplazamiento no exceda de un mes en un periodo de referencia de un año;

• **permitir** excepciones a la norma sobre remuneración establecida por los convenios colectivos en el caso de los desplazamientos en el marco de un contrato de servicios o desplazamientos intragrupos cuando la duración del desplazamiento no exceda de un mes. Esta excepción no es posible en el caso de un desplazamiento por una ETT;

• **no aplicar** las normas sobre la duración mínima de las vacaciones anuales retribuidas y la remuneración por considerar que el volumen de trabajo que va a realizarse no es significativo. Esta excepción tampoco es posible en el caso de un desplazamiento por una ETT.

Los periodos indicados anteriormente se calculan sobre un **periodo de referencia** de un año. A efectos de estos cálculos, se deben tener en cuenta los periodos previos en los que el puesto se haya cubierto con un trabajador desplazado.

Estas excepciones no se aplican a los supuestos de **transporte internacional por carretera** previstos en la Dir 2020/1057/UE, transpuestos en la L 45/1999 art.18 s. (nº 2293 s.).

b) Legislación española: establece solamente una regla especial para las empresas que no sean ETT y realicen desplazamientos cuya duración no exceda de 8 días en cómputo anual. En este caso, no se exige el cumplimiento de las condiciones mínimas españolas relativas a las vacaciones anuales y a la cuantía mínima del salario. Para saber si a un desplazamiento se le aplica esta regla especial, se toma un periodo de referencia de un año a contar desde su comienzo, incluyendo en su caso la duración del desplazamiento de otro trabajador desplazado anteriormente al que se hubiera sustituido (L 45/1999 art.3.3 y 3.6).

En el **transporte internacional por carretera**, se establece la excepción de esta regla para el desplazamiento en este sector, siempre que no se haga dentro de un grupo de empresas y empresas de trabajo temporal (Dir 2020/1057/UE art.1.1; L 45/1999 art.18.1).

Condiciones para que las empresas puedan desplazar trabajadores Para que una empresa pueda desplazar a sus trabajadores, debe cumplir los siguientes requisitos: **2199**

1. Tener con ellos una **relación laboral** durante todo el desplazamiento. Esta relación debe mantenerse en términos reales, ostentando la empresa el control y dirección de la propia prestación de servicios transnacional (salvo que se trate de una ETT), asumir el pago directo de los salarios, manteniendo siempre frente a estos el poder disciplinario de forma directa.

En los **grupos de empresas o sociedades**, la jurisprudencia ha solido entender que no hay cesión ilegal cuando la movilidad se practica entre las empresas que los componen.

2. Realizar habitualmente **actividades sustantivas** que no sean puramente administrativas o de gestión interna (L 45/1999 art.8 bis.2) en el país de origen, ya que de otro modo estaríamos ante el supuesto típico de fraude en el desplazamiento de las llamadas «**empresas buzón**».

Para evitar este fraude, se señalan las consideraciones para determinar si los **desplazamientos son reales**, se establecen los **criterios** para que las autoridades competentes realicen una **evaluación global** de todos los elementos fácticos que, teniendo en cuenta un marco temporal amplio, caractericen las actividades que lleva a cabo la empresa en el Estado miembro de establecimiento. Son los siguientes (L 45/1999 art.8 bis.2):

- lugar donde la empresa tiene su domicilio social y su sede administrativa, ocupa espacio de oficina, paga sus impuestos y cotizaciones a la Seguridad Social y, si procede, posee una licencia profesional o está registrada en las cámaras de comercio o en los colegios profesionales pertinentes, de acuerdo con la normativa nacional;
- lugar donde contrata a los trabajadores desplazados y el lugar desde el que les desplaza;
- derecho aplicable a los contratos que celebra la empresa con sus trabajadores, por un lado, y con sus clientes, por otro;
- lugar donde la empresa realiza su actividad empresarial fundamental y donde emplea personal administrativo;
- número de contratos celebrados y el volumen de negocios efectuado por la empresa en el Estado miembro de establecimiento, teniendo en cuenta la situación específica de, entre otras, las empresas pequeñas y medianas y las empresas de reciente creación.

Estas condiciones se asemejan a las que establece la **Guía Práctica** sobre la legislación aplicable en la UE/EEE y Suiza de la Comisión Administrativa de Coordinación de Sistemas de Seguridad Social (nº 2250 s.).

Precisiones 1) La jurisprudencia de los **tribunales españoles** admite la cesión de los trabajadores dentro del **grupo de empresas** por el principio de unidad empresarial, especialmente si se trata de un desplazamiento temporal (TS 26-11-90, Rec 645/90; 4-4-02, EDJ 27100; 13-10-05, EDJ 206268; 4-7-06, EDJ 277464; 28-9-06, EDJ 278559; 19-2-09, EDJ 22966). No obstante, puede haber excepciones a este principio cuando en una de estas situaciones se origina una desigualdad en el trato entre trabajadores de diversas empresas.
2) La regulación de las Directivas de Desplazamiento y el Rgto CE/883/2004 art.12 se rigen por idénticos **criterios interpretativos** en lo que respecta a los requisitos que deben cumplir las empresas, pero no en cuanto a los que deben cumplir los trabajadores que se desplazan.

2201 **Condiciones que deben reunir los trabajadores para poder ser desplazados**
(ET art.40 redacc L 4/2023; Dir 96/71/CE art.2) El concepto de trabajador desplazado transnacional no se corresponde ni equivale al señalado en el ET respecto al desplazamiento temporal dentro de una relación laboral. A estos efectos, se entiende por **trabajador desplazado** todo trabajador que, durante un período limitado, realice su trabajo en el territorio de un Estado miembro distinto de aquel en cuyo territorio trabaje habitualmente. Es decir, el trabajador, para ser desplazado, tiene como **único requisito** el de trabajar habitualmente en un Estado diferente al que es desplazado, no el de haber prestado previamente servicios para la empresa que le desplaza (Dir 96/71/CE art.2.1; Dir 2014/67/UE art.4.3; L 45/1999 art.8 bis.3).
En los Reglamentos de Coordinación de Sistemas de Seguridad Social se prevé expresamente la posibilidad de que el trabajador sea **contratado directamente para ser desplazado**, y esta es de hecho la fórmula más utilizada en el sector de la construcción (Rgto CE/987/2009 art.14.1).
Hay que señalar que su **nacionalidad** es irrelevante siempre que esté contratado, exista una relación laboral vigente con una empresa incluida en el ámbito de aplicación de la L 45/1999 y sea desplazado a España durante un periodo limitado de tiempo en el marco de una prestación de servicios transnacional (L 45/1999 art.2.1.2º).
Asimismo, para determinar si un trabajador desplazado temporalmente a España desempeña normalmente su trabajo en otro Estado miembro, deben examinarse todos los **elementos fácticos** que caracterizan dicho **trabajo** y la situación del trabajador, entre los cuales pueden incluirse los siguientes (L 45/1999 art.8 bis.3; Dir 2014/67/UE art.4.3):
- si el trabajo se realiza en España durante un período limitado de tiempo;
- la fecha de inicio del desplazamiento;
- el Estado miembro en el que, o desde el que, el trabajador desplazado a España suele desempeñar su trabajo, de acuerdo con el Rgto Roma I o con el Convenio de Roma;
- si el trabajador desplazado regresa o está previsto que vuelva a trabajar en el Estado miembro desde el que se desplaza, una vez terminado el trabajo o prestados los servicios para los que fue desplazado a España;
- la naturaleza de las actividades;
- si el empleador proporciona el viaje, la manutención o el alojamiento del trabajador al que desplaza o reembolsa esos gastos y, de ser así, de qué forma los proporciona o cómo los reembolsa;
- los períodos previos en que el puesto haya sido ocupado por el mismo o por otro trabajador desplazado.

En todo caso, la **ausencia de alguno o varios de los elementos** fácticos establecidos en los apartados anteriores no excluye necesariamente que la situación pueda ser considerada un desplazamiento real. La valoración de estos elementos debe adaptarse a cada caso particular y tener en cuenta las peculiaridades de la situación.

2203 **Duración máxima del desplazamiento y la prohibición de reemplazar a los trabajadores desplazados** La Dir 96/71/CE no estableció un período máximo para el desplazamiento, solamente señalaba su carácter temporal. Sin embargo, conforme a la modificación operada por la Dir 2018/957/UE, que se transpuso por el RDL 7/2021, que modificó la L 45/1999 art.3.8, la duración máxima del desplazamiento es de 12 meses, prorrogable por otros 6 meses. **Una vez finalizado** ese plazo máximo, se aplica la legislación laboral completa del país de acogida, excepto la relativa a los procedimientos, formalidades y condiciones de celebración y de extinción de un contrato de trabajo, con inclusión de las cláusulas de no competencia, y los regímenes complementarios de jubilación.
A tal efecto, los Estados miembros deben **ampliar el periodo** de 12 a 18 meses cuando el prestador del servicio presente una notificación motivada (L 45/1999 art.3.8).

La Guía Práctica sobre el desplazamiento (transnacional) de trabajadores (2019) de la Comisión Europea Parte 2.12 (https://op.europa.eu/es/publication-detail/-/publication/8ac7320a-170f-11ea-8c1f-01aa75ed71a1) señala que la ampliación no puede estar sujeta a un procedimiento de autorización (es una «notificación», no una «solicitud»), pero los Estados miembros pueden exigir a los proveedores de servicios que justifiquen los motivos de la ampliación.

Cuando una empresa que desplaza trabajadores **sustituya a un trabajador desplazado** por otro trabajador desplazado que realice el mismo trabajo en el mismo lugar, la duración del desplazamiento es, a efectos del presente apartado, la duración acumulada de los períodos de desplazamiento de cada uno de los trabajadores desplazados de que se trate.

El concepto de **mismo trabajo en el mismo lugar** se determina teniendo en cuenta, entre otras cosas, la naturaleza del servicio que se preste, el trabajo que se realice y la dirección o direcciones del lugar de trabajo.

Respecto a las **normas aplicables** a este respecto en materia de **Seguridad Social**, ver nº 2252 s.

Legislación laboral aplicable a los trabajadores desplazados La aplicación de la legislación del país de empleo o de acogida supone una **aplicación parcial** de la legislación laboral y convenios colectivos del país de acogida en determinados aspectos considerados básicos. En concreto, se han de respetar unos mínimos legales y convencionales del país de acogida en relación con las siguientes **condiciones laborales**: **2205**

1. **Tiempo de trabajo**. La Directiva señala los períodos máximos de trabajo, así como los períodos mínimos de descanso y la duración mínima de las vacaciones anuales retribuidas. Se incluyó la necesidad de que las empresas desplazadas aplicaran sistemas de registro de la jornada diaria realizada por sus trabajadores (Dir 2014/67/UE art.9.2.b). En la legislación española, estos aspectos se recogen en el ET art.34 -redacc RDL 5/2023-, 35, 36, 37 -redacc L 4/2023, RDL 2/2023, RDL 5/2023 y RDL 2/2024- y 38 (Dir 2014/67 art.9.2.b; L 45/1999 art.3.1.a).

2. **Retribuciones salariales y extrasalariales**. Tanto el salario como las compensaciones por los gastos realizados. En concreto, la Dir 2018/957/UE y la L 45/1999 art.3.1.k mencionan las dietas o los reembolsos para cubrir los gastos de viaje, alojamiento y manutención en que incurran las personas trabajadoras desplazadas a España cuando, durante su estancia, deban viajar a y desde su lugar habitual de trabajo, situado en España, a otro lugar fuera de su residencia temporal en España por motivos profesionales, o cuando su empleadora los envíe temporalmente desde dicho lugar habitual de trabajo a otro lugar de trabajo en España o en el extranjero. En la legislación española el salario se regula en el ET art.26, los salarios mínimos interprofesionales se contemplan en los reales decretos anuales que lo establecen y el resto de las condiciones se determina por convenios colectivos laborales.

3. **Prevención de riesgos laborales**. La Directiva 96/71/CE y la L 45/1999 art.3.1.e citan las normas de salud, la seguridad y la higiene en el trabajo o prevención de riesgos laborales y las medidas de protección aplicables a las condiciones de trabajo de las mujeres embarazadas o que hayan dado a luz recientemente, así como de los niños y de los jóvenes, que en la legislación española se establecen en la LPRL y las normas reglamentarias que la desarrollan.

4. Normativa sobre **cesión y puesta a disposición de trabajadores** previstas en el ET art.43, especialmente en los casos de empresas de trabajo temporal previstos en la LETT.

5. **Alojamiento de los trabajadores desplazados**. La Dir 96/71/CE art.3.1.h y la L 45/1999 art.3.1.j establecen la aplicación de las normas de la legislación del país de acogida sobre condiciones de alojamiento de las personas trabajadoras cuando el empleador se lo proporcione a personas trabajadoras que se encuentren fuera de su lugar de trabajo habitual. La regulación del alojamiento en la legislación española solo se prevé de modo general en el RD 486/1997 Anexo V.a.4 para los trabajos al aire libre que se desarrollen en un espacio alejado del lugar de residencia de los trabajadores. Algunos convenios colectivos, especialmente los del sector agrícola, suelen regular este aspecto para trabajos de temporada.

6. **Igualdad de trato** y no discriminación. La Dir 96/71/CE art.3.1.g contempla la igualdad y no discriminación entre hombres y mujeres, y la L 45/1999 art.3.1.c también la contempla entre un listado más amplio de causas.

7. Ampliación de legislación aplicable a las empresas desplazadas en España por razones de policía y orden público: Se pueden considerar **disposiciones imperativas o de policía**, por afectar a **derechos fundamentales**, las relativas a:

a) Trabajo de **menores** (cuya regulación se encuentra en el ET art.6).

b) **No discriminación** de los trabajadores por causas distintas a la igualdad por razón de sexo: la L 45/1999 la amplia el listado de materias en las que se aplica la legislación española a las empresas desplazadas a la igualdad y no discriminación por razón de origen, incluido el racial o étnico, estado civil, edad dentro de los límites legalmente marcados, condición social, religión o convicciones, ideas políticas, orientación sexual, afiliación o no a un sindicato y a sus acuerdos, vínculos de parentesco con otros trabajadores en la empresa, lengua o

discapacidad siempre que los trabajadores se hallasen en condiciones de aptitud para desempeñar el trabajo o empleo de que se trate. En España, estas cuestiones se regulan por el ET, la LO 3/2007 redacc LO 2/2024 y la L 62/2003 art.27 s.). Asimismo, la no discriminación a trabajadores temporales y a tiempo parcial (ET art.17 redacc L 4/2023).
c) Respeto a la intimidad y la consideración debida a la dignidad de los trabajadores, comprendida la protección frente a ofensas verbales o físicas de naturaleza sexual (Const art.5.1; ET art.4.2.e; LO 3/2007 art.7 y 48).
d) Derecho a la libre sindicación y los derechos de huelga y de reunión (Const art.28; LOLS).
Esto no impide la aplicación de **condiciones** de empleo y trabajo **más favorables** para los trabajadores (Dir 96/71/CE art.3.7; L 45/1999 disp.adic.1ª.1).

Precisiones Las **Directivas** enumeran los elementos de la legislación del Estado miembro de acogida que se aplican a los trabajadores desplazados, pero no armonizan su contenido. Por tanto, **corresponde al Estado miembro**, por ejemplo, determinar el nivel y los elementos constitutivos de la remuneración y decidir si la legislación nacional regula todas las condiciones de trabajo y empleo [Guía Práctica para el desplazamiento (transnacional) de los trabajadores (2009) de la Comisión Europea Parte 2.6]. También cabe la posibilidad de que los Estados miembros **no tengan legislación** sobre algunas de estas materias, sin que esto tenga consecuencias jurídicas.

2207 **Convenio colectivo aplicable a los trabajadores desplazados** (Dir 96/71/CE art.3.1 y 8)
Respecto al convenio que es de aplicación, también se produce un cambio relevante, puesto que anteriormente se exigía que esos convenios colectivos hubieran sido declarados de aplicación general o universal, lo que en la legislación española equivale a los **convenios** denominados «**estatutarios**» o que reúnen los requisitos de mayoría y publicación por la autoridad laboral, que en España suponen la práctica más generalizada.
Sin embargo, la Dir 2018/957/UE señala que a falta de, o además de, un sistema de declaración de aplicación universal de convenios colectivos o laudos arbitrales, los Estados miembros pueden basarse, si así lo deciden, en los **convenios colectivos o laudos arbitrales** que sean de **aplicación universal** en todas las empresas similares pertenecientes a la profesión o al sector de que se trate y correspondientes al ámbito de aplicación territorial de estos, o los convenios colectivos celebrados por las organizaciones de los interlocutores sociales más representativas a escala nacional y que sean ampliamente aplicados en el conjunto del territorio nacional.
Esto significa que en los Estados miembros en los que la práctica habitual es la celebración de convenios que no tienen eficacia general, como sucede con frecuencia en los países nórdicos, Holanda, Italia, etc., dichos convenios serían igualmente aplicables a las empresas desplazadas.
La Guía práctica para el desplazamiento (transnacional) de los trabajadores (2009) de la Comisión Europea Parte 2.16 señala que corresponde al Estado miembro de acogida **identificar los convenios colectivos** que cumplen con los criterios mencionados en la Directiva, y que los Estados miembros deben publicar la información sobre las condiciones de trabajo y empleo aplicables a los trabajadores desplazados en el sitio web oficial único a escala nacional, incluidas las derivadas de los convenios colectivos de aplicación universal por las autoridades nacionales o por cumplir las condiciones indicadas anteriormente (nº 2223).
Asimismo, la empresa que desplaza trabajadores puede ser **contactada por los sindicatos** del Estado miembro de acogida para participar en una negociación colectiva sobre, por ejemplo, la remuneración que ha de concederse a los trabajadores desplazados (Guía Práctica para el desplazamiento (transnacional) de los trabajadores (2009) de la Comisión Europea Parte 3.1). Este suele ser el caso de Suecia y Dinamarca.
A este respecto, se permite al Estado miembro de acogida exigir el nombramiento de una **persona de contacto** a través de la cual los interlocutores sociales pertinentes puedan intentar que el proveedor de servicio participe en una negociación colectiva en el Estado miembro de acogida (Dir 2014/67/UE; L 45/1999 art.5.2.g). Sin perjuicio de la autonomía de los interlocutores sociales, la negociación colectiva debería referirse a determinadas materias (Dir 96/71/CE art.3; L 45/1999 art.3).

2209 **Condiciones salariales aplicables a los desplazados** La Dir 2018/957/UE ha cambiado el término «cuantías de salario mínimo» que estableció originariamente la Dir 96/71/CE por el término «**remuneración**», que es más amplio y abarca todas las retribuciones.
No define este término, pero señala que debe venir determinado por la legislación o las prácticas nacionales del Estado miembro en cuyo territorio esté desplazado el trabajador, y comprende todos los elementos constitutivos de la remuneración obligatorios en virtud de las disposiciones legales, reglamentarias o administrativas nacionales, o de los convenios colectivos o los laudos arbitrales que en dicho Estado miembro hayan sido declarados de aplicación universal o de cualquier otro modo de aplicación (Dir 96/71/CE art.3.1).

En la **legislación española**, se estableció ya en su día un **concepto amplio de cuantía de salario mínimo**, al señalar que se entiende por tal la constituida en cómputo anual y sin el descuento de los tributos, de sus pagos a cuenta y de las cotizaciones de Seguridad Social a cargo del trabajador, por el salario base y los complementos salariales, las gratificaciones extraordinarias y, en su caso, la retribución correspondiente a horas extraordinarias y complementarias y trabajo nocturno. En ningún caso se incluyen en la cuantía mínima del salario cualesquiera mejoras voluntarias de la acción protectora de la Seguridad Social (L 45/1999 art.4.1). En cualquier caso, el término «salario» definido en el ET art.26.1 equivaldría al término «remuneración» de la Directiva.

Retribución de los viajes, alojamiento y manutención durante el desplazamiento La Dir 2018/957/UE y la L 45/1999 art.3.1.k) suponen un cambio en lo que respecta a la regulación de las dietas y suplidos de los trabajadores que se desplazan, ya que en este caso **se aplican** también las cantidades establecidas a tal efecto por la legislación y convenios colectivos del Estado de acogida cuando dichos gastos se refieran a los viajes, alojamiento y manutención de los trabajadores durante su estancia en el país de acogida. **No incluye** dentro de este concepto los gastos que se produzcan para el desplazamiento entre el país de origen y el de acogida, que siguen rigiéndose por la normativa del país de origen. A **falta de una normativa** a este respecto en el país de acogida, siguen siendo de aplicación las normas aplicables a la relación laboral conforme al Rgto CE/593/2008 Roma I, que normalmente son las del país de origen (Dir 96/71/CE art.3.7). 2211

Los **importes pagados por el empleador** (o los reembolsos que se hagan) en concepto de viaje, alojamiento y manutención no forman parte del salario o remuneración y, por tanto, no se tienen en cuenta a la hora de comparar los importes realmente pagados al trabajador y los importes debidos de conformidad con la legislación del Estado miembro de acogida: se pagan o reembolsan además de la remuneración.

Comparación de las retribuciones pagadas a los trabajadores desplazados con las exigidas por la legislación del país de acogida (Dir 96/71/CE) El empleador del trabajador desplazado debe velar por que el **importe realmente pagado** al trabajador durante el desplazamiento equivalga, al menos, a la remuneración exigida por las normas del Estado miembro de acogida. Con el fin de saber qué importe debe abonarse, es necesaria una comparación entre el importe realmente pagado al trabajador y el importe adeudado con arreglo a las normas del Estado miembro de acogida, y debe basarse en la remuneración bruta (es decir, antes de cotizaciones, deducciones e impuestos) y no en los elementos individuales constitutivos de la remuneración. 2213

Los **complementos específicos** por desplazamiento se consideran parte de la remuneración, en la medida en que no se abonen como reembolso de los gastos efectivamente realizados a causa del desplazamiento, tales como gastos de viaje, alojamiento o manutención. No obstante, si **no se indica** claramente qué elementos del complemento por desplazamiento se pagan en concepto de reembolso de los gastos efectivamente incurridos a causa del desplazamiento, se considera que la totalidad del complemento se paga en concepto de reembolso de gastos y no de remuneración.

Un trabajador desplazado que, durante su estancia en el país de acogida, deba desplazarse a y desde su lugar de trabajo habitual en el Estado miembro de acogida, o que sea temporalmente enviado por el empleador desde dicho lugar de trabajo habitual a otro lugar de trabajo, tiene **derecho a cualquier complemento o reembolso** de los gastos exigidos, en el Estado miembro de acogida, por la ley o por cualquier convenio colectivo de aplicación universal o de cualquier otro convenio que sea de aplicación (nº 2205).

Siguiendo el ejemplo de la **Guía práctica** sobre el desplazamiento de trabajadores de la Comisión Europea (https://op.europa.eu/es/publication-detail/-/publication/8ac7320a-170f-11ea-8c1f-01aa75ed71a1), si un trabajador portugués es desplazado durante 6 meses a una obra en Ostende (Bélgica) y durante el desplazamiento es enviado una semana a Lieja (Bélgica) para asistir a un curso de formación profesional, los complementos por alojamiento y manutención establecidos por el convenio colectivo vinculante en Bélgica para el sector de la construcción se pagan al trabajador desplazado por el tiempo que ejerza su actividad laboral fuera de su lugar de trabajo habitual (Ostende, en este ejemplo) en el Estado miembro de acogida.

Por lo tanto, para **realizar la comparación** entre la cuantía del salario que el trabajador desplazado le corresponda conforme a la legislación aplicable a su contrato de trabajo y la garantizada en el país de acogida, se han de considerar como salario los complementos correspondientes al desplazamiento, en la medida en que no se abonen como reembolso de los gastos efectivamente originados por el mismo, como gastos de viaje, alojamiento o manutención, los cuales en ningún caso se han de tener en cuenta en dicha comparación.

2215 **Condiciones de alojamiento de los desplazados** (Dir 2018/957/UE exp. de motivos apdo. 7) Las autoridades y organismos competentes, de conformidad con la legislación o las prácticas nacionales, deben poder **verificar** que las condiciones de alojamiento ofrecidas directa o indirectamente por los empleadores a los **trabajadores desplazados** cumplan con aquellas normas nacionales del Estado miembro en cuyo territorio estén desplazados que sean aplicables a los trabajadores desplazados.

La **legislación aplicable** relativa a las condiciones de alojamiento de los trabajadores, cuando el empleador se las proporcione a trabajadores que se encuentren fuera de su lugar de trabajo habitual, es la normativa del Estado de acogida sobre alojamiento para trabajadores que realicen un desplazamiento de cualquier clase, pero no para aquellos que no se desplazan, como por ejemplo ocurre con frecuencia en los trabajos en el hogar familiar. Esta previsión no significa que el empresario esté obligado a proporcionar alojamiento a los trabajadores desplazados, sino solamente que debe **asegurar unas condiciones adecuadas** de alojamiento cuando este sea puesto a su disposición, ya sea de manera directa o indirecta.

Precisiones La **regulación en España** sobre las condiciones de alojamiento de los trabajadores solo se establece con carácter general para los trabajos al aire libre cuando la residencia de los trabajadores se encuentre alejada del lugar de trabajo (RD 486/1997 anexo V.a.4). Algunos convenios colectivos del sector agrícola han regulado el derecho de alojamiento de los trabajadores.

2217 **Regulación sobre puesta a disposición de trabajadores y empresas de trabajo temporal** A partir del RDL 7/2021, que transpuso la Dir 2018/957/UE, se establecen **normas específicas** para los trabajadores desplazados cedidos por ETT que son desplazados a otro Estado por la empresa usuaria.

Cuando un trabajador cedido por una empresa de trabajo temporal a una empresa usuaria sea enviado por esta a otro Estado miembro, se considera que ha sido desplazado por la ETT con la que tiene la relación laboral. Por lo tanto, la ETT debe cumplir con todas las disposiciones de las Directivas sobre desplazamiento de trabajadores, incluidos todos los **requisitos administrativos** y las **medidas de control** pertinentes, en particular las relativas a la declaración del desplazamiento ante las autoridades del país de acogida (Dir 2014/67/UE art.9.1; L 45/1999 art.2.2 y 5.7).

El empleador (la ETT) debe garantizar a estos trabajadores las **condiciones de trabajo y empleo** aplicables a la empresa usuaria en igualdad de condiciones en cualquier Estado de la UE (Dir 2008/104/CE art.5)

Por lo tanto, si existe un **convenio colectivo** a nivel de la **empresa usuaria**, este debe aplicarse a los trabajadores cedidos por empresas de trabajo temporal nacionales (Dir 2008/104/CE), y a los trabajadores desplazados cedidos por empresas de trabajo temporal, de conformidad con la Dir 2018/957/UE y la L 45/1999 art.4.2.

La empresa usuaria está obligada a **informar a la ETT** de las condiciones de trabajo y empleo que aplica en lo que respecta a las condiciones trabajo y la remuneración. Para que la ETT pueda cumplir con las obligaciones indicadas anteriormente, ha de hacerlo con la **suficiente antelación**, antes de que el trabajador desplazado cedido por la empresa de trabajo temporal empiece a desempeñar sus funciones en otro Estado miembro (L 14/1994 art.23.3).

Precisiones La **Guía práctica** sobre el desplazamiento de trabajadores de la Comisión Europea Parte 2.11 (https://op.europa.eu/es/publication-detail/-/publication/8ac7320a-170f-11ea-8c1f-01aa 75ed71a) describe este **ejemplo**: Una ETT establecida en el Estado miembro A pone un trabajador a disposición de una empresa usuaria del Estado miembro B. Un mes después, la empresa usuaria desplaza a este mismo trabajador al Estado miembro C en el marco de un contrato de servicios. Las autoridades del Estado miembro C deben entender que el desplazamiento lo ha efectuado la ETT establecida en el Estado miembro A. La ETT es responsable del cumplimiento de las condiciones de trabajo y empleo adecuadas, pero también, por ejemplo, de presentar la declaración previa al desplazamiento. El trabajador tiene derecho a las condiciones de trabajo y empleo más favorables de las dos, es decir: o bien las condiciones de trabajo y empleo aplicables en la empresa usuaria del Estado miembro B, o bien las condiciones de trabajo y empleo aplicables en el Estado miembro C.

2219 **Condiciones de empleo expresamente excluidas de la aplicación de la legislación del país de acogida** (L 45/1999 art.3.8) Existen dos excepciones a la aplicación de las normas laborales del país de acogida en cualquiera de los supuestos, incluso cuando la duración sea superior a la máxima prevista de 12 meses prorrogables por otros 6:

1. Procedimientos y condiciones de celebración y resolución del contrato de trabajo.

2. Normas sobre los regímenes complementarios de jubilación del Estado miembro de acogida: no se aplican a los trabajadores desplazados por períodos largos con arreglo a las normas del Estado de acogida.

Condiciones de seguridad y salud en el trabajo Las **normas de prevención** del Estado miembro de acogida que han de ser respetadas por las empresas que desplazan trabajadores desde otros Estados de la UE/EEE son las establecidas en disposiciones legales, reglamentarias y convenios colectivos de aplicación general. 2221

En el caso de los **trabajadores que se desplacen temporalmente a España**, les serían de plena aplicación las disposiciones de la LPRL, los reglamentos de desarrollo de esta ley y otras normas que tengan la condición de normativa de prevención de riesgos laborales, así como los convenios colectivos estatutarios o de aplicación general, como por ejemplo el Convenio colectivo general de la **construcción**, que incluye disposiciones sobre seguridad y salud en el trabajo.

También se ha de aplicar la normativa reguladora de la subcontratación en el **sector de la construcción**, en la que se regula la obligación de inscribirse en el Registro de Empresas Acreditadas de las empresas de otros Estados que realizan un desplazamiento de trabajadores a España en el marco de una prestación de servicios transnacional dentro de dicho sector (RD 1109/2007 disp.adic.1ª).

Información pública a empresas y trabajadores sobre las condiciones aplicables a los trabajadores desplazados Todos los Estados tienen una **página web** con información disponible sobre las **condiciones de trabajo** para los desplazados de acuerdo con la Dir 96/71/CE. 2223

Los **interesados en un desplazamiento** temporal de trabajadores a uno de los Estados de la UE/EEE y Suiza pueden informarse de las condiciones de trabajo que deben garantizarse en el mismo dirigiéndose a la **página web**: https://europa.eu/youreurope/citizens/work/work-abroad/posted-workers/index_es.htm.

En España, esta información se encuentra disponible en la web del Ministerio de Trabajo y Economía Social, en ocho idiomas de la UE, además del español, en: https://www.mites.gob.es/es/sec_trabajo/debes_saber/desplazamiento-trabajadores/index.htm.

La **Guía práctica** sobre el desplazamiento de trabajadores de la Comisión Europea Parte 2.17 (https://op.europa.eu/es/publication-detail/-/publication/8ac7320a-170f-11ea-8c1f-01aa75ed71a1) señala que **no existe una obligación explícita** de que el texto, completo o resumido, de los convenios colectivos esté disponible en el sitio web único a escala nacional. Sin embargo, este sitio web debe permitir a los proveedores de servicios transfronterizos **identificar** con facilidad qué convenios colectivos son aplicables, en su caso. La información facilitada también debe abarcar los elementos constitutivos de la **remuneración**, el método utilizado para su cálculo y, en su caso, los criterios cualitativos de clasificación en las diferentes categorías salariales.

La ausencia de información sobre las condiciones de trabajo puede tener trascendencia en la **graduación de las sanciones administrativas** cuando se valore la negligencia e intencionalidad (LISOS art.39.2).

Derechos de los trabajadores desplazados a recibir información de su empresa (Dir 2019/1152/UE art.6) La Dir 2019/1152/UE, relativa a unas condiciones laborales transparentes y previsibles en la UE, exige que se informe a cada trabajador de los aspectos esenciales de la relación laboral. Esta Directiva ha entrado en vigor para los Estados a partir del 1-8-2022 y sustituye a la obligación de facilitar información establecida por la Dir 91/533/CEE. Al cierre de esta obra, en España está en tramitación el proyecto de ley que la transpone. 2225

Esta norma exige a los **empleadores** que faciliten esta información a los trabajadores enviados a otro Estado miembro antes de su partida, y especifica también la **información adicional** que debe facilitarse a esos trabajadores desplazados, a tenor de la Dir 96/71/CE:

- país o los países en los que se vaya a realizar el trabajo en el extranjero;
- duración prevista del trabajo ejercido en el extranjero;
- divisa para el pago de la remuneración;
- prestaciones en metálico o en especie ligadas a las tareas asignada, en su caso;
- información sobre si está prevista la repatriación y, en caso afirmativo, condiciones de repatriación del trabajador;
- remuneración a la que este tiene derecho con arreglo a la legislación aplicable del Estado miembro de acogida;
- de haberlos, todo complemento específico por desplazamiento y toda disposición relativa al reembolso de los gastos de viaje, alojamiento y manutención;
- enlace al sitio web oficial único a escala nacional desarrollado por el Estado miembro de acogida.

Esta **información** es **obligatoria** para todos los trabajadores desplazados por un periodo consecutivo de más de 4 semanas. Los Estados miembros pueden ampliar los requisitos de información a los trabajadores desplazados durante un periodo más breve. A esta obligación se añade el requisito de informar a los trabajadores sobre los aspectos esenciales de su relación laboral, incluida la identidad de las instituciones de Seguridad Social que reciben las cotizaciones sociales.

2227 **Obligaciones instrumentales de comunicación del desplazamiento a las autoridades administrativas** La Directiva y los Reglamentos de Seguridad Social incluyen otras obligaciones instrumentales, como:
- la **declaración** de desplazamiento al país de acogida (nº 2385);
- la solicitud del **documento A1** de la legislación de seguridad social aplicable expedido por los organismos competentes del país de origen (nº 2402); y
- la **Tarjeta Sanitaria Europea** expedida por los organismos de seguridad social competentes del país de origen, que sirve para la atención de contingencias comunes ante situaciones de necesidad. Para la atención de **contingencias profesionales**, se debe recurrir a los formularios DA1 o E-123 (nº 2414).

4. Legislación de Seguridad Social aplicable

2235 **Coordinación de sistemas de seguridad social de los Estados miembros** (Tratado FUE art.48) No existe propiamente una legislación de seguridad social europea, sino una normativa que determina y coordina la aplicación de las legislaciones nacionales de los Estados con el objeto de facilitar la movilidad laboral en el espacio de la **UE/EEE y Suiza**. Y el Acuerdo de Comercio y Cooperación de 2021 entre la UE y **Reino Unido** continúa haciendo aplicable la legislación de coordinación de sistemas de seguridad social a este país, con las reglas específicas introducidas en dicho Acuerdo.

El Tratado FUE establece que, en el marco de la UE, se ha de crear un sistema que permita **garantizar a los trabajadores migrantes** por cuenta ajena y por cuenta propia, así como a sus derechohabientes:

1. La acumulación de todos los períodos tomados en consideración por las distintas legislaciones nacionales para adquirir y conservar el derecho a las prestaciones sociales, así como para el cálculo de estas; y

2. El pago de las prestaciones a las personas que residan en los territorios de los Estados miembros.

Los reglamentos Rgto CE/883/2004 (Reglamento Base) y Rgto CE/987/2009 (Reglamento de Ejecución) son las normas que actualmente desarrollan el Tratado FUE art.48, determinando la legislación de seguridad social aplicable a los trabajadores móviles que ejercen el derecho a la libre circulación o que son desplazados por sus empresas en el marco del derecho a la libre prestación de servicios.

A los **nacionales de terceros países** también les son de aplicación los Reglamentos de Seguridad Social (Rgto 1231/2010), siempre que vivan y trabajen legalmente en el territorio de un Estado miembro. Se encuentran en una situación que no se limita, a todos los efectos, a un único Estado miembro, por lo que, en su caso, pueden considerarse desplazados dentro de las normas de coordinación de la seguridad social, en las mismas condiciones que los nacionales de la UE.

Ambos reglamentos se complementan con las decisiones y recomendaciones dictadas por la **Comisión Administrativa Europea de Coordinación de los Sistemas de Seguridad Social** sobre estos aspectos, en particular las Decisiones A1 y A2 y las Recomendaciones A1 y H2.

La Comisión también ha editado una **Guía Práctica** sobre la legislación aplicable en la UE, el EEE y Suiza, disponible en Internet, que incluye una interpretación de toda esta normativa, ilustrándola con numerosos ejemplos prácticos, y está disponible en https://ec.europa.eu/social/main.jsp?catId=849&langId=es.

2237 **Principios generales que rigen en la determinación de la legislación de Seguridad Social aplicable** Orientan las normas de coordinación de seguridad social para determinar la legislación aplicable y son los siguientes:

1. **Principio de legislación única**. Los trabajadores de la UE/EEE solo pueden están sujetos a una única legislación nacional de Seguridad Social y no cabe, por tanto, la aplicación simultánea de dos legislaciones a un mismo trabajador cuando trabaja en dos Estados diferentes de forma simultánea o alterna (Rgto CE/883/2004 art.11.1).

2. **Principio de aplicación preferente de la legislación del lugar de trabajo** (lex loci laboris). Este principio establece la aplicación de la legislación de seguridad social del país en el que se

trabaja (Rgto CE/883/2004 art.11.3.a) **si no** se dan las circunstancias previstas en el Rgto CE/883/2004 art.12 (desplazamiento puntual para trabajar en otro Estado miembro) o en el Rgto CE/883/2004 art.13 (trabajo habitual en dos o más Estados miembros).
En los casos de **desplazamiento temporal** (Rgto CE/883/2004 art.12.1), este principio supone la aplicación de la legislación del país en el que **habitualmente** se trabaja.
3. **Principio de aplicación subsidiaria de la legislación del país de residencia** (Rgto CE/883/2004 art.11.3.e), en última instancia y cuando el resto de las normas no son aplicables.

4. **Principio de aplicación preferente de la legislación del lugar de residencia** cuando se trabaja en dos o más estados (lex domicilii). En los supuestos en que habitualmente se trabaje en dos o más Estados, se aplica la preferencia de aplicar la ley del país de residencia del trabajador siempre que una parte sustancial de la actividad (25%) se lleve a cabo en ese mismo Estado. **2239**
La **Guía práctica** sobre la legislación aplicable en la UE/EEE y Suiza de la Comisión Administrativa (Parte III) hace un detallado análisis de lo que ha de considerarse **residencia** a efectos de los Reglamentos de Seguridad Social, señalando la distinción entre residencia y estancia según su grado de habitualidad o temporalidad, respectivamente.
Al objeto de determinar el **lugar de residencia** de una persona en caso de discrepancia entre las instituciones de dos o más Estados miembros, estas deben establecer de común acuerdo el centro de interés del interesado a partir de una **evaluación global** de toda la **información disponible** relacionada con los hechos pertinentes, que puede incluir, según el caso (Rgto CE/987/2009 art.11):
a) Duración y continuidad de su presencia en el territorio de los Estados miembros afectados.
b) Situación personal del interesado, incluidos:
- la naturaleza y condiciones específicas de la actividad ejercida, si la hay, en particular el lugar donde se ejerce habitualmente la actividad, la estabilidad de la actividad y la duración de cualquier contrato de trabajo.
- su situación familiar y los lazos familiares;
- el ejercicio de toda actividad no remunerada;
- en el caso de los estudiantes, su fuente de ingresos;
- el alojamiento, en particular su grado de permanencia;
- el Estado miembro en el que se considere que la persona tiene su residencia fiscal.

Cuando la consideración de estos criterios **no permita** a las instituciones afectadas **llegar a un acuerdo**, se considera decisiva para determinar el lugar efectivo de residencia la voluntad de la persona (Rgto CE/987/2009 art.11.2), según se desprenda de tales hechos y circunstancias y, en especial, las razones que la llevaron a trasladarse. La voluntad de la persona en cuestión debe evaluarse «según se desprenda de todas las circunstancias». Esto significa que debe verse apoyada por pruebas materiales, es decir, solamente puede ser tenida en cuenta cuando esté respaldada por circunstancias y hechos objetivos. La simple declaración de que una persona considere o desee tener su residencia en un lugar específico no es suficiente.

Precisiones 1) La **aplicación** de estos **principios** no resulta siempre fácil y sencilla. Cuando un trabajador simultanea un trabajo por cuenta propia en Francia y un trabajo por cuenta ajena en España, solamente puede estar sometido a la legislación española por ambas tareas, de acuerdo con lo dispuesto en el Rgto CE/883/2004 art.13.4 y el principio de legislación única.
La realización de una movilidad puntual y no habitual de España a Francia para trabajar en una campaña de la vendimia daría lugar a la aplicación del principio lex loci laboris, por el que sería aplicable la legislación de seguridad social francesa, al ser esta la que corresponde al lugar de trabajo. Sin embargo, si se trabaja de forma regular y continua en trabajos agrícolas en Francia y en España en distintos períodos que se repiten sistemáticamente todos los años, la legislación aplicable sería la del lugar de residencia del trabajador siempre que su actividad en este país fuera como mínimo del 25%, en aplicación de lo dispuesto en el Rgto CE/883/2004 art.13.1.a y Rgto CE/987/2009 art.14.4, de acuerdo con el principio de legislación única aplicable.
2) Como señala la **Guía Práctica** sobre la legislación aplicable en la UE/EEE y Suiza de la Comisión Administrativa, el **lugar de residencia** de una persona puede ser especialmente difícil de determinar en dos tipos de situaciones:
a. En el caso de personas con una gran movilidad que se desplazan con frecuencia de un Estado miembro a otro o que viven simultáneamente en dos o más Estados miembros; y
b. En el caso de personas que viven en unas condiciones relativamente inestables, por ejemplo, en alojamientos precarios, un hotel, un hospital, una residencia estudiantil o una prisión, que se podrían considerar solamente como una situación temporal y que carecen, por tanto, de una residencia habitual o una dirección permanente.

2241 **Supuestos de movilidad laboral: el envío o desplazamiento temporal y el trabajo transnacional** Los reglamentos de coordinación de sistemas de seguridad social regulan **dos supuestos diferentes** de movilidad: el desplazamiento o traslado temporal de un Estado a otro (Rgto CE/883/2004 art.12) y el trabajo transnacional que se desarrolla de modo habitual y continuado en dos o más Estados (Rgto CE/883/2004 art.13):
1. El primero consiste básicamente en el **envío del trabajador a otro Estado miembro**, diferente a su Estado de residencia u origen, bien para prestar un servicio determinado, bien para cualquier otra actividad siempre que sea temporal (nº 2250 s.).
2. En el segundo, en cambio, la actividad se **desarrolla habitualmente** y de modo indefinido en el tiempo, **en dos o más Estados**, ya sea para un solo empleador o para varios (nº 2275 s.).
Las normas que regulan la determinación de la legislación de seguridad social aplicable tienen carácter transversal y **comprenden** tanto los supuestos de libre circulación de trabajadores como los de libre prestación de servicios. Podría haber, por tanto, una distinta legislación nacional laboral y de seguridad social aplicable para cada relación laboral, según los casos.

a. Legislación de seguridad social aplicable a los casos de envío o desplazamiento temporal

2250 **Regulación de la legislación de seguridad social aplicable al desplazamiento temporal de trabajadores** (Rgto CE/883/2004 art.12.1 y 2) Cuando los **trabajadores por cuenta ajena** ejerzan una actividad asalariada en un Estado miembro por cuenta de un empleador que ejerce normalmente en él sus actividades y a la que este empleador les envíe para realizar un trabajo por su cuenta en otro Estado miembro, continúan sujetos a la legislación del primer Estado miembro si se cumplen las siguientes **condiciones**:
- que la duración previsible de dicho trabajo no exceda de 24 meses; y
- que dichas personas no sean enviadas en sustitución de otras.
Cuando se trate de **trabajadores por cuenta propia** que ejerzan normalmente su actividad -por cuenta propia- en un Estado miembro y vayan a realizar una actividad similar en otro Estado miembro, seguirán sujetas a la legislación del primer Estado miembro, a condición de que la duración previsible de esa actividad no exceda de 24 meses.

2252 **Período máximo del desplazamiento y límites a la sustitución de trabajadores desplazados** Se diferencia entre el plazo máximo para la aplicación de la legislación del país de origen y la prohibición de sustitución de trabajadores fuera del plazo máximo permitido, cuestiones que están interrelacionadas.

2254 **Plazo máximo de aplicación de la legislación del Estado de origen** (Rgto CE/883/2004 art.12) El plazo máximo previsto es de 24 meses. No obstante, la Decisión A2 (puntos 3.b y d) de la Comisión Administrativa de Coordinación de los sistemas de Seguridad Social, que interpreta esta norma, establece que la **interrupción breve** de las actividades que el trabajador realiza en la empresa situada en el Estado de empleo, independientemente del motivo (vacaciones, enfermedad, formación en la empresa que lo envía, etc.), no constituye una interrupción del período de desplazamiento. Asimismo, cuando un trabajador finaliza un período de desplazamiento, no puede autorizarse un nuevo desplazamiento del mismo trabajador a las mismas empresas y al mismo Estado miembro hasta que hayan transcurridos al menos 2 meses a partir de la fecha de expiración del anterior período de desplazamiento.
No obstante, en determinadas circunstancias, se permiten **excepciones** a este principio. En este sentido, la **Guía Práctica** sobre la legislación aplicable en la UE/EEE y Suiza de la Comisión Administrativa (Parte I.13) establece que, cuando el trabajador desplazado no pueda terminar el trabajo por circunstancias imprevistas, el interesado o su empleador puede solicitar que se prolongue el período inicial hasta la finalización del trabajo (hasta un total de 24 meses), obviándose la interrupción mínima obligatoria de 2 meses. La **solicitud** debe presentarse y justificarse antes del término del período inicial de desplazamiento.
Este **plazo** máximo rige tanto para el trabajo por cuenta ajena como por cuenta propia, pero puede ser **ampliado** por acuerdos alcanzados entre las autoridades competentes de los Estados miembros involucrados que, en realidad, por esta vía, pueden exceptuar todas las normas de conflicto de la UE sobre legislación nacional aplicable contenidas en el Título II de la normativa de coordinación (Rgto CE/883/2004 art.16). Por esta vía, normalmente, se puede ampliar la cobertura del Estado de origen hasta 5 años, o incluso por períodos superiores dependiendo de dichos acuerdos. Se regula un **procedimiento** para solicitar esta ampliación ante la autoridad competente del Estado miembro; en el caso de España, la TGSS (Rgto CE/987/2009 art.18).

Precisiones A los **trabajadores por cuenta ajena** que se hayan desplazado con su empresa para la **prestación de un servicio determinado** se les aplican los límites de 12 meses prorrogables por otros 6 meses L 45/1999 art.3.8. Esto solo afecta a la aplicación parcial de la legislación laboral del país de acogida. En lo que respecta a la legislación aplicable en materia de seguridad social, se mantiene la aplicación de la legislación del Estado de origen hasta 24 meses a contar desde la fecha del traslado.
Transcurrido el plazo de 24 meses sin que se autorice otra norma nacional aplicable por un acuerdo bilateral de los previstos en el Rgto CE/883/2004 art.16, se aplica la regla general -lex loci laboris- de la Ley de Seguridad Social del lugar donde se ejerza el trabajo.

Límites a la sustitución de trabajadores desplazados (Rgto CE/883/2004 art.12.1) También se establecen límites a la sustitución de trabajadores desplazados. Como señala la **Guía Práctica** sobre la legislación aplicable en la UE/EEE y Suiza de la Comisión Administrativa, los regímenes de desplazamiento de trabajadores tienen por objeto facilitar a los empleadores (y a los trabajadores) que lo precisen la realización de un trabajo temporal en otro país. Por tanto, **no pueden utilizarse** para dotar de personal a empresas o proyectos de forma continua mediante el envío reiterado de distintos trabajadores para cubrir unos mismos puestos y para los mismos fines. Esta regla está supeditada a otros requisitos importantes, además de la exigencia de que el desplazamiento tenga carácter temporal y no se realice para sustituir a otro trabajador. 2256
Cuando un **trabajador enviado** por su empleador a otro Estado miembro para realizar un trabajo sea **sustituido** por otro trabajador enviado a su vez por otro empleador, ha de considerarse que el segundo se ha enviado en sustitución de otra persona a efectos de esa disposición. De este modo, no puede acogerse a la norma particular establecida en la citada disposición para seguir sujeto a la legislación del Estado miembro en que su empleador ejerza normalmente sus actividades. No es relevante a este respecto la circunstancia de que los empleadores de los dos trabajadores tengan su **domicilio social** en el mismo Estado miembro **o**, en su caso, mantengan **vínculos personales u organizativos** (TJUE 6-9-18, C-527/16).
Este principio no es el que exige la L 45/1999 respecto a las sustituciones de desplazados, ya que esta norma se limita a considerar cada una de las empresas que desplazan trabajadores, no al conjunto de las que prestan un mismo servicio (nº 2203).

Precisiones La **Guía Práctica** sobre la legislación aplicable en la UE/EEE y Suiza de la Comisión Administrativa (Parte I.12) señala que la **prohibición de sustituir** a una persona desplazada por otra persona desplazada debe tenerse en cuenta no solo desde la perspectiva del Estado de envío, sino también desde la del Estado de empleo. En efecto, el trabajador desplazado **no** puede ser **sustituido inmediatamente** en el Estado miembro de empleo A por un trabajador desplazado procedente de la misma empresa del Estado miembro de envío B, ni por un trabajador desplazado procedente de otra empresa del Estado miembro B, como tampoco por un trabajador desplazado procedente de una empresa con sede en el Estado miembro C. La institución competente del Estado miembro de envío puede tener la impresión, al evaluar las condiciones de desplazamiento, de que se cumplen los requisitos aplicables. Sin embargo, si una actividad en la empresa a la que ha sido desplazado el trabajador en el Estado miembro A era realizada con anterioridad por un trabajador desplazado del Estado miembro de envío B, este último trabajador no puede ser sustituido inmediatamente por un nuevo trabajador desplazado, cualquiera que sea su Estado miembro de procedencia. Y, a estos efectos, la empresa o el Estado miembro de envío del que proceda el nuevo trabajador desplazado carece de importancia.

Condiciones para que una empresa pueda desplazar trabajadores en los Reglamentos de Seguridad Social (Rgto CE/883/2004 art.12.1) Las condiciones para que una empresa pueda desplazar trabajadores son: 2258
- ejercer normalmente sus actividades sustanciales en el país de origen; y
- mantener una relación laboral directa con el trabajador durante el desplazamiento.

Realización de actividades sustanciales en el país de origen (Rgto CE/987/2009 art.14.2) Esta condición significa que la empresa realiza normalmente actividades sustanciales, distintas de la mera gestión interna, en el territorio del Estado miembro de establecimiento, teniendo en cuenta todos los criterios que caracterizan las actividades realizadas por la empresa en cuestión. Los **criterios** pertinentes deben adecuarse a las **características específicas** de cada empresa y a la naturaleza real de las actividades que realiza. Se trata, en este caso, de una condición similar a la establecida para los desplazamientos transnacionales (nº 2199). 2260
La Decisión nº A2 de la Comisión Administrativa de Coordinación de Sistemas de Seguridad Social añade que, si es necesario y en caso de duda al respecto, para determinar si un empleador ejerce habitualmente actividades significativas en el territorio del Estado miembro en el que está establecido, la institución competente de este último debe **examinar** todos los **criterios** que caracterizan las actividades ejercidas por dicho empleador, entre los que figuran, en particular:
- lugar en el que se encuentra la sede y la administración de la empresa;

2260 (sigue) - número de miembros del personal administrativo que trabajan en el Estado miembro de establecimiento y en el otro Estado miembro;
- lugar de contratación de los trabajadores desplazados;
- lugar en el que se celebra la mayoría de los contratos con los clientes;
- legislación aplicable a los contratos que la empresa celebra, por un lado con sus trabajadores, y por otro con sus clientes;
- volumen de negocios realizado durante un período típico adecuado en cada Estado miembro en cuestión;
- número de contratos ejecutados en el Estado de envío.

Esta enumeración **no** pretende ser **exhaustiva**, puesto que los criterios aplicados deben adaptarse a cada caso concreto y tener en cuenta la naturaleza real de las actividades desarrolladas por la empresa en el Estado en el que está establecida.

La **Guía Práctica** sobre la legislación aplicable en la UE/EEE y Suiza de la Comisión Administrativa de Coordinación de Sistemas de Seguridad Social es aún más precisa y, ante estos supuestos, proporciona los **siguientes criterios** (Parte I.3):

1. La expresión «que **ejerce normalmente en él sus actividades**» se refiere a una empresa que realiza habitualmente actividades sustanciales en el territorio del Estado miembro en el que está establecida. Si las actividades son tan solo de gestión interna, no se considera que la empresa ejerce normalmente sus actividades en ese Estado miembro. Para determinar si una empresa realiza actividades sustanciales, deben tenerse en cuenta todos los criterios que caracterizan las actividades de la empresa en cuestión. Estos criterios deben adecuarse a las características específicas de cada empresa y a la naturaleza real de sus actividades.

2. La existencia de **actividades sustanciales** en el Estado de envío puede comprobarse a la luz de **factores objetivos**, entre los que revisten especial importancia los que se indican seguidamente.
- lugar en el que se encuentra la sede y la administración de la empresa de envío;
- número de miembros del personal administrativo de la empresa de envío que trabajan en el Estado miembro de envío y en el Estado de empleo;
- la presencia de personal únicamente administrativo en el Estado de envío excluye per se la aplicabilidad de la normativa de desplazamiento a la empresa;
- lugar de contratación del trabajador desplazado;
- lugar en el que se celebra la mayoría de los contratos con los clientes;
- legislación aplicable a los contratos que la empresa de envío celebra con sus clientes y con sus trabajadores;
- número de contratos ejecutados por la empresa en el Estado de envío y en el Estado de empleo;
- volumen de negocios realizado por la empresa de envío en el Estado de envío y en el Estado de empleo durante un período suficientemente significativo (por ejemplo, la realización en el Estado de envío de un volumen de negocio equivalente aproximadamente al 25% del volumen de negocio total de la empresa podría ser un indicador suficiente, pero los casos en los que el volumen sea inferior al 25% requerirán un análisis más detenido);
- tiempo que lleva establecida la empresa en el Estado de envío.

No se trata de una lista **exhaustiva**, ya que los criterios deben adaptarse a cada caso concreto y han de tener en cuenta la naturaleza de las actividades ejercidas por la empresa en el Estado en el que está establecida. Puede ser necesario tener en cuenta también otros criterios adecuados a las características específicas de la empresa y a la naturaleza real de sus actividades en el Estado en el que está establecida:

3. Para evaluar la actividad sustancial en el Estado de envío, las instituciones deben comprobar también si el empleador que solicita el desplazamiento es efectivamente el **empleador real** del trabajador en cuestión. Esta circunstancia reviste especial importancia en los casos en que un empleador utiliza una combinación de personal permanente y personal procedente de empresas de trabajo temporal.

Ejemplo Existencia de **empleador real**: La empresa A, del Estado miembro X, tiene un pedido para la realización de un trabajo de pintura en el Estado miembro Y. Además de 7 de sus empleados permanentes, la empresa A necesita enviar al Estado miembro Y 3 trabajadores temporales de la ETT B -que ya han trabajado anteriormente para ella-. En consecuencia, además de enviar a sus 7 trabajadores propios, solicita a la ETT B que envíe a estos 3 trabajadores temporales al Estado miembro Y.

Si se cumple el resto de las condiciones, la legislación del Estado miembro X seguirá aplicándose a los trabajadores de la ETT -así como a los empleados permanentes-. La ETT B es, por supuesto, el empleador de los trabajadores temporales.

Mantenimiento de una relación laboral directa con el trabajador durante el desplazamiento La **Guía Práctica** sobre la legislación aplicable en la UE/EEE y Suiza de la Comisión Administrativa señala al respecto que la interpretación de las disposiciones y la jurisprudencia comunitaria, así como la experiencia práctica, permiten extraer una serie de **principios** que determinan cuándo existe una relación directa entre el trabajador desplazado y la empresa que le envía. Entre ellos figuran los siguientes: 2262

1. La responsabilidad de la contratación.
2. Debe resultar claro que el contrato era y continúa siendo de aplicación a las partes intervinientes en su elaboración durante todo el período del desplazamiento, y que se deriva de las negociaciones que dieron lugar a la contratación.
3. Solo la empresa que envía al trabajador está facultada para rescindir el contrato de trabajo (despido).
4. La empresa que envía al trabajador debe conservar la autoridad para determinar la «naturaleza» del trabajo realizado por éste, no en cuanto a la definición de sus detalles y del modo de ejecución, sino, de manera más general, en lo que se refiere a la determinación del producto final del trabajo o del servicio básico que se ha de prestar.
5. La obligación de remuneración del trabajador debe seguir correspondiendo a la empresa que celebró el contrato de trabajo, sin perjuicio de lo que puedan acordar el empleador del Estado de envío y la empresa del Estado de empleo en lo que se refiere al modo de realizar los pagos al empleado.
6. La empresa de envío debe conservar la facultad de imponer medidas disciplinarias.

Condiciones de aplicación a los trabajadores por cuenta ajena (Rgto CE/883/2004 art.12.1) Los **requisitos** que marcan los Reglamentos y las decisiones de la Comisión Administrativa que los complementan, para que la persona que ejerza una actividad asalariada en un Estado miembro por cuenta de un empleador que ejerce normalmente en él sus actividades y a la que este envíe para realizar un trabajo por su cuenta en otro Estado miembro siga sujeta a la legislación del primer Estado miembro, son los siguientes: 2264

1. Se aplica tanto para la **libre circulación de trabajadores** como para la **libre prestación de servicios (desplazamiento transnacional)**. Esta norma se aplica a todos los que se desplacen temporalmente a otro país de la UE/EEE y Suiza, tanto cuando se trate de un desplazamiento para prestar un servicio determinado (Dir 96/71/CE, transpuesta a través de la L 45/1999) como para realizar un trabajo temporal que no sea preciso ni determinado, para la misma empresa o para otra empresa del grupo, en cuyo caso estaríamos ante el ejercicio de la libre circulación de trabajadores (Dir 2004/38/CE; Rgto UE/492/2011).

2. Ha de existir una **relación laboral directa** entre el empleador y el trabajador desplazado **durante el desplazamiento**. Según la Decisión A2 de la Comisión Administrativa de Coordinación de los sistemas de Seguridad Social, a este respecto, deben tomarse en consideración varios **elementos**, como son: 2266

- la responsabilidad de la contratación;
- el contrato laboral;
- la remuneración (sin perjuicio de los posibles acuerdos entre el empleador en el Estado de envío y la empresa en el Estado de empleo sobre la remuneración de los trabajadores); y
- la potestad para el despido y para determinar la naturaleza del trabajo.

Asimismo, la Decisión A2 señala que el Rgto CE/883/2004 art.12.1 **sigue aplicándose** cuando un trabajador enviado por una empresa situada en el Estado de envío a una empresa situada en el Estado de empleo es enviado también a una o varias empresas situadas en el mismo Estado de empleo, siempre y cuando dicho trabajador siga haciendo el trabajo para la empresa que lo envía. Puede ser el caso, en particular, si la empresa envía al trabajador para hacer un trabajo, sucesiva o simultáneamente, en dos o más empresas situadas en el mismo Estado miembro. El elemento fundamental y decisivo es que el trabajador siga haciendo el trabajo para la empresa que lo envía.

Por el contrario, la Decisión A2 señala que el Rgto CE/883/2004 art.12.1 **no se aplica**:

- si la empresa a la que ha sido enviado el trabajador pone a este a disposición de otra empresa situada en el mismo Estado miembro que ella;
- si el trabajador enviado a un Estado miembro es puesto a disposición de una empresa situada en otro Estado miembro;
- si el trabajador es contratado en un Estado miembro para ser enviado por una empresa situada en un segundo Estado miembro a una empresa situada en un tercer Estado miembro, sin que se cumpla el requisito de inclusión previa en el sistema de seguridad social del Estado de envío.

Además, la **Guía Práctica** sobre la legislación aplicable en la UE/EEE y Suiza de la Comisión Administrativa (Parte I.7) añade la que **tampoco se aplica** cuando el trabajador:
- es contratado en un Estado miembro por una empresa establecida en un segundo Estado miembro para trabajar en el primero;
- es enviado para sustituir a otra persona desplazada, salvo que no se haya cumplido el plazo máximo de 24 meses;
- ha celebrado un contrato de trabajo con la empresa a la que es enviado.

Los **motivos** de la **exclusión** estricta de la aplicabilidad del **régimen de desplazamiento** son: la complejidad de las relaciones derivadas de algunas de estas situaciones, que, además de no ofrecer garantía alguna en cuanto a la existencia de una relación directa entre el trabajador y la empresa de envío, resulta muy poco compatible con el objetivo de evitar las complicaciones administrativas y la fragmentación del historial de seguro, razón de ser de las disposiciones sobre desplazamiento; además, hay que evitar el uso indebido del régimen de desplazamiento.

2268 3. Posibilidad de hacer **contratos ad hoc para el desplazamiento**. Una persona puede ser contratada con miras a enviarla a otro Estado miembro, siempre y cuando el interesado, inmediatamente antes de ocupar su puesto de trabajo, esté ya sujeto a la legislación del Estado en el que la empresa que la emplea esté establecida (Rgto CE/987/2009 art.14.1).

Lo que se exige es que el trabajador esté sometido a la legislación de seguridad social del Estado en el **momento** inmediatamente **anterior del desplazamiento**, no necesariamente que esté en situación de aseguramiento o alta en la seguridad social.

La Decisión A2 de la Comisión Administrativa de Coordinación de los sistemas de Seguridad Social señala a este respecto que, a título indicativo, el trabajador que haya estado sujeto al menos un mes a la legislación del Estado miembro en el que está establecido el empleador puede considerarse que cumple la condición a la que hacen referencia las palabras «inmediatamente antes de ocupar su puesto de trabajo». Para **períodos más cortos**, sería preciso hacer una evaluación en cada caso, teniendo en cuenta todos los demás factores en juego.

Por su parte, la **Guía Práctica** sobre la legislación aplicable en la UE/EEE y Suiza de la Comisión Administrativa (Parte I.5) indica que un contrato de trabajo con cualquier empleador en el Estado de envío basta para cumplir esta condición. No es necesario que durante este período la persona haya trabajado para el empleador que solicita su envío. La condición se cumple también en el caso de los **estudiantes**, los **pensionistas** y las personas aseguradas por razones de residencia e incluidas en el régimen de seguridad social del Estado de envío.

Se ha considerado que, aunque el **trabajador** por cuenta ajena **no** tuviera la condición de **asegurado** con arreglo a la legislación de ese Estado miembro inmediatamente antes de comenzar su actividad asalariada, le es aplicable la legislación del país de origen siempre que antes del desplazamiento tuviese su **residencia** en el referido Estado miembro (TJUE 25-10-18, asunto Walltopía C-451/17).

2270 **Condiciones del trabajador por cuenta propia para desplazarse** (Rgto CE/987/2009 art.14.3) El trabajador por cuenta propia que puede desplazarse es una persona que realiza habitualmente actividades sustanciales en el territorio del Estado miembro en el que está establecida. En particular, la persona:
- debe **haber ejercido su actividad** durante algún tiempo antes de la fecha en que desee acogerse a las disposiciones de dicho artículo; y
- durante los períodos de actividad temporal en otro Estado miembro, debe seguir **manteniendo** los **requisitos necesarios** para el ejercicio de su actividad en el Estado en el que esté establecida, de modo que pueda continuarla a su vuelta.

La Decisión A2 de la Comisión Administrativa de Coordinación de los sistemas de Seguridad Social precisa que el **cumplimiento de los requisitos** en el Estado miembro en el que está establecida la persona se evalúa en función de **criterios** como:
- el uso de despachos;
- el pago de impuestos;
- la titularidad de una tarjeta profesional y de un número de IVA; o
- el registro en cámaras de comercio u organismos profesionales.

A **título indicativo**, puede considerarse que la persona que ejerce su actividad durante un **mínimo** de 2 meses cumple el requisito al que hacen referencia las palabras «durante algún tiempo antes de la fecha en que desee acogerse a las disposiciones de dicho artículo». Para períodos más cortos, sería preciso hacer una evaluación en cada caso, teniendo en cuenta todos los demás factores en juego.

Asimismo, se señala que el **criterio** para determinar si la actividad que va a realizar un trabajador por cuenta propia en otro Estado miembro es similar a la actividad por cuenta propia ejercida normalmente es la **naturaleza real de la actividad**, no la calificación de actividad por

cuenta ajena o por cuenta propia que le dé el otro Estado miembro (Rgto CE/987/2009 art.14.4).
La **Guía Práctica** sobre la legislación aplicable en la UE/EEE y Suiza de la Comisión Administrativa añade que, para determinar si el **trabajo** es **similar**, es preciso que la actividad que vaya a realizar la persona haya quedado determinada previamente, antes de la salida del Estado de envío. El interesado debe poder demostrar la actividad que va a realizar, presentando, por ejemplo, los contratos correspondientes a su trabajo. En general, una actividad por cuenta propia dentro del mismo sector debe considerarse una actividad similar. No obstante, hay que tener en cuenta que, incluso dentro de un mismo sector, el trabajo puede ser muy diferente, y que no siempre será posible aplicar esa regla general.

b. Regulación de seguridad social para el trabajo transnacional en dos o más Estados

(Rgto CE/883/2004 art.13)

El trabajo transnacional consiste en la prestación de servicios habitual y de manera continuada en varios Estados, ya se practique de forma simultánea o sucesiva, y ya sea para uno o para varios empleadores (Rgto CE/987/2009 art.14.5). **2275**
En estos casos, la actividad transnacional se desarrolla de modo indefinido y permanente por cada trabajador, sea por **cuenta propia o ajena**. La **regulación** de estas actividades en los Reglamentos de seguridad social no está sometida a ninguna limitación o condición temporal.
Como señala la **Guía Práctica** sobre la legislación aplicable en la UE/EEE y Suiza de la Comisión Administrativa (Parte II.2):
1. Las actividades que se ejercen **de forma simultánea** abarcan aquellos casos en que se ejercen simultáneamente en diferentes Estados miembros actividades adicionales, ya sea en el marco de un mismo contrato de trabajo o de varios contratos diferentes.
La **segunda actividad o la actividad adicional** puede ejercerse durante una baja remunerada o durante los fines de semana; además, en el caso del trabajo a tiempo parcial, pueden ejercerse durante el mismo día dos actividades diferentes para dos empleadores diferentes.
2. Las actividades que se ejercen de **forma alterna** abarcan las situaciones en que las actividades no se realizan de manera simultánea en el territorio de varios Estados miembros, sino que constituyen prestaciones laborales sucesivas efectuadas en diferentes Estados miembros, una después de otra. Para determinar si las actividades se ejercen durante **períodos sucesivos,** debe tenerse en cuenta no solo la duración prevista de los períodos de actividad, sino también las características del trabajo en cuestión.
Para que se considere aplicable el Rgto CE/883/2004 art.13, la alternancia del trabajo en varios Estados debe suceder, como mínimo, dentro de un período de 12 meses (TJUE 20-5-21, asunto C-879/19 Format II).
La **frecuencia de la alternancia** carece de importancia, pero es necesario que haya cierta regularidad en la actividad. Por **ejemplo**, un representante comercial que viaja año tras año por el territorio de un Estado miembro, recogiendo pedidos durante 9 meses, y que vuelve a su Estado miembro de residencia para trabajar los 3 meses restantes, estaría ejerciendo sus actividades de manera alterna.
En estos casos, las **actividades descritas en el contrato** o contratos deben ser coherentes con las actividades que previsiblemente vaya a ejercer el trabajador. Al **evaluar** los hechos para determinar la legislación aplicable, la institución puede tener en cuenta también, cuando proceda, lo siguiente:
- la forma en que se han ejecutado en la práctica en el pasado los contratos de trabajo entre el empleador y el trabajador;
- la forma en que se han celebrado los contratos de trabajo (por ejemplo, en el caso de los «contratos marco», su mayor o menor concreción en cuanto al Estado miembro en el que el trabajador ejercerá efectivamente su actividad); y
- las características y condiciones de la actividad a la que se dedica el empleado.

Las **actividades marginales** no se toman en consideración a los efectos de determinar la legislación aplicable (Rgto CE/987/2009 art.14.5). **2277**
La **Guía Práctica** sobre la legislación aplicable en la UE/EEE y Suiza de la Comisión Administrativa establece que por actividades marginales se entiende actividades que son permanentes, pero insignificantes desde la perspectiva del tiempo y del rendimiento económico. Se propone, como indicador, que se consideren actividades marginales aquellas que representen menos del 5% del **tiempo de trabajo ordinario** del trabajador y/o menos del 5% de su **remuneración total**.

La **naturaleza de las actividades** puede ser un indicador de su carácter marginal, por ejemplo, en el caso de las actividades de apoyo, que no pueden ejercerse de manera independiente o que se realizan desde el hogar o en beneficio de la actividad principal.
La persona que realiza actividades de **carácter marginal** en un Estado miembro y trabaja además en otro Estado miembro no debe considerarse que ejerce normalmente una actividad en dos o más Estados miembros. Por tanto, si la actividad marginal da lugar a una **afiliación** a la seguridad social, las **cotizaciones** se abonan en el Estado miembro competente sobre la remuneración global del conjunto de las actividades realizadas. Esta solución permite evitar abusos cuando, por ejemplo, una persona trabaja durante un período muy breve de tiempo en otro Estado miembro para evitar que se le aplique la legislación del primer Estado miembro. En tales casos, las actividades marginales no deben tenerse en cuenta para determinar la legislación aplicable.
Las actividades marginales han de **evaluarse por separado** para cada uno de los Estados miembros en que tienen lugar, y no pueden agregarse.

Precisiones La **Guía Práctica** sobre la legislación aplicable en la UE/EEE y Suiza de la Comisión Administrativa señala que las **reglas recogidas** en el Rgto CE/883/2004 art.13 están concebidas -al igual que todas las reglas destinadas a determinar la legislación aplicable- con el **objetivo** de **asegurar** que en cada momento únicamente sea de aplicación la normativa de seguridad social de un solo Estado miembro. Esta disposición se adoptó en atención a los diversos casos sobre los que se había pronunciado ya el TJUE (TJUE 12-7-73, asunto 13/73, Willy Hakenberg; 24-6-75, asunto 8/75, Football Club d'Andlau; 16-2-95, asunto Calle Grenzshop C-425/93), con el propósito de cubrir todas las situaciones posibles de actividades múltiples con un elemento transfronterizo, y de distinguir las actividades que, por regla general, suelen realizarse en el territorio de varios Estados miembros de aquellas que solo se ejercen de manera excepcional o temporal.

2279 **Trabajo transnacional de los trabajadores por cuenta ajena: primacía de la aplicación de la legislación del país de residencia** (Rgto CE/883/2004 art.13.1.a) Como primer principio, se establece que la persona que ejerza normalmente una actividad por cuenta ajena en dos o más Estados miembros está sujeta a la legislación del Estado miembro de residencia si ejerce una parte sustancial de su actividad en dicho Estado miembro.
Se entiende que un trabajador ejerce una **parte sustancial** de su actividad por cuenta propia o por cuenta ajena en un Estado miembro si ejerce en él una parte cuantitativamente importante del conjunto de sus actividades por cuenta propia o ajena, sin que se trate necesariamente de la mayor parte de esas actividades (Rgto CE/987/2009 art.14.8).
Para determinar si una parte sustancial de la actividad se ejerce en un Estado miembro en el caso de las **actividades asalariadas**, se debe tener en cuenta el tiempo de trabajo o la remuneración. En el contexto de una **evaluación global**, el hecho de alcanzar un **porcentaje de actividad** inferior al 25%, para los criterios antes mencionados, es un indicador de que una parte sustancial de las actividades no se ejerce en el Estado miembro de que se trate. Esta evaluación se ha de hacer para un período de 12 meses (Rgto CE/987/2009 art.14.10).
En los supuestos de trabajo transnacional **por cuenta ajena**, este porcentaje de actividad se establece respecto a la actividad individual de cada trabajador individualmente considerado y no respecto al volumen de la actividad general de la empresa, tal y como sucede en los desplazamientos transnacionales previstos en el Rgto CE/883/2004 art.12.1.

Precisiones Los **trabajos más típicos** a los que suele referirse este supuesto son los del transporte internacional por carretera o los referidos a una actividad comercial, de negocios o de cualquier otra clase que se desarrollan en dos o más estados. Sin embargo, también cabe su aplicación a supuestos en que el trabajador se desplace de manera normal y sistemática a otro u otros estados para el mismo o distinto empleador, y a los casos de **pluriempleo o actividades simultáneas** por cuenta propia y ajena que se desarrollan en varios Estados, siempre que lo sea de forma habitual y continuada.
A diferencia del desplazamiento transnacional, el trabajo transnacional carece de una regulación laboral específica, salvo en algunos sectores concretos como el transporte por carretera, y ello da lugar a frecuentes **conflictos de interpretación** de normas sobre la legislación aplicable.

2281 **Aplicación subsidiaria de la legislación donde se encuentre la sede social de la empresa** (Rgto CE/883/2004 art.13.1.b.i; Rgto CE/987/2009 art.14.8 y 9) Si el trabajador por cuenta ajena no ejerce al menos un **25% de su actividad en el Estado miembro de residencia**, se aplica la legislación del Estado miembro en el que tenga su sede o domicilio la empresa o el empleador.
A este respecto, se entiende por **sede o domicilio** aquel en el que se adopten las decisiones fundamentales de la empresa y en el que se ejerzan las funciones de su administración central (Rgto CE/987/2009 art.14.5.a). La **Guía Práctica** sobre la legislación aplicable en la UE/EEE y Suiza de la Comisión Administrativa (Parte II) señala que esta definición es fruto de las

numerosas orientaciones precisadas en la jurisprudencia del TJUE y otros textos legislativos de la UE.
La «**sede de la actividad económica**» es el lugar donde se adoptan las decisiones esenciales relativas a la dirección general de la sociedad y donde se desarrollan las funciones de administración central de esta. Para su determinación, se toman en consideración una serie de factores, entre los que destacan el domicilio social, el lugar de la administración central, el lugar de reunión de los directivos de la sociedad y aquel, habitualmente idéntico, donde se decide la política general de dicha sociedad. También se tienen en cuenta otros elementos, como el domicilio de los directivos principales, el lugar de reunión de las juntas de accionistas, el de llevanza de los documentos administrativos y contables y el de principal desenvolvimiento de las actividades financieras, en especial las bancarias (así se hizo en un asunto en materia de fiscalidad (TJUE 28-6-07, Planzer Luxembourg C-73/06) y en un asunto de seguridad social con un país de la AELC (EEE) (TJUE 14-12-21, ISTM, E-1/21).
Como principio general, se considera que las empresas «con **domicilio de conveniencia**», en las que la seguridad social de los empleados está vinculada a una empresa puramente administrativa a la que no se han transferido atribuciones decisorias efectivas, no cumplen los requisitos aplicables en este ámbito. Se establecen **directrices** para ayudar a las instituciones a evaluar las solicitudes cuando consideren que pueden estar ante una empresa de este tipo. Si, aplicando los criterios, las instituciones aún **no** pueden **excluir** la posibilidad de que el domicilio social en cuestión sea realmente un «**domicilio de conveniencia**», debe aplicarse a la persona afectada la legislación del Estado miembro en el que esté situado el establecimiento con el que tenga la conexión más próxima en cuanto a la realización de su actividad laboral. Dicho establecimiento se considera el domicilio social o la sede de la actividad económica de la empresa para la que trabaja la persona afectada a efectos de los Reglamentos. Para determinar este extremo, no debe olvidarse el requisito de que este establecimiento tenga efectivamente empleada a la persona afectada y de que exista una relación directa entre ella y la empresa.

Precisiones La **Guía Práctica** sobre la legislación aplicable en la UE/EEE y Suiza (Parte II.7) establece los siguientes **criterios** para determinar el concepto de **sede o actividad económica**:
- lugar en el que se encuentra el domicilio social y la administración de la empresa;
- tiempo que lleva establecida la empresa en el Estado miembro;
- cantidad de personal administrativo de las oficinas en cuestión;
- lugar en el que se celebran la mayoría de los contratos con los clientes;
- oficina que determina la política y los aspectos operativos de la empresa;
- lugar donde se ubican las principales funciones financieras, incluidas las bancarias;
- lugar señalado, con arreglo a la normativa de la UE, como responsable de la administración y el mantenimiento de los registros en relación con los requisitos reglamentarios del sector concreto en el que opera la empresa;
- lugar donde se realiza la selección y contratación de los empleados.

Seguridad social aplicable al trabajador transnacional pluriempleado (Rgto CE/883/2004 art.13.2; Rgto CE/987/2009 art.14.8) Cuando el trabajador esté pluriempleado o preste servicios para varias empresas y no desarrolle al menos un 25% su actividad en el país de residencia, la legislación que **se aplica** es alguna de las siguientes: 2283
1. Si la persona está contratada por dos o más empresas o empleadores que tengan sus **sedes o domicilios en un solo Estado miembro**: la del Estado miembro en el que estos tengan sus sedes o domicilios.
2. Si la persona está contratada por dos o más empresas o empleadores que tengan sus **sedes o domicilios en dos Estados miembros**, siendo uno de ellos el Estado miembro de residencia: la del Estado miembro, distinto del Estado miembro de residencia, en el que tenga su sede o domicilio la empresa o el empleador.
3. Si la persona está contratada por dos o más empresas o empleadores y al menos dos de ellos tienen su sede o **domicilio en Estados miembros diferentes** distintos del Estado miembro de residencia: la del Estado miembro de residencia.

Seguridad social aplicable al trabajador por cuenta ajena de una empresa establecida fuera de la UE/EEE y Suiza (Rgto CE/987/2009 art.14.11) Cuando una persona ejerza su actividad asalariada en dos o más Estados miembros por cuenta de un empleador establecido fuera del territorio de la Unión y resida en un Estado miembro sin ejercer en él una actividad sustancial, queda sujeta a la **legislación** del Estado miembro de residencia. 2285

2287 **Trabajo transnacional de los trabajadores por cuenta propia** (Rgto CE/883/2004 art.13.2)
La persona que ejerza normalmente una actividad por cuenta propia en dos o más Estados miembros debe estar sujeta a la siguiente **legislación**:
- la del Estado miembro de **residencia,** si ejerce una parte sustancial de su actividad en dicho Estado miembro;
- la del Estado miembro en el que se encuentra el **centro de interés de sus actividades**, si no reside en uno de los Estados miembros en los que ejerce una parte sustancial de su actividad.
Asimismo, se realizan las siguientes **consideraciones** (Rgto CE/987/2009 art.14.6, 8, 9 y 10):
1. La expresión «**persona que ejerza normalmente una actividad por cuenta propia en dos o más Estados miembros**» designa, en particular, a una persona que ejerce de manera simultánea o alterna una o varias actividades diferentes por cuenta propia, con independencia de la naturaleza de estas, en dos o más Estados miembros.
Sobre el carácter sucesivo o alterno de los trabajos, se aplican los mismos criterios del caso anterior (ver nº 2275).
2. Se entiende que el trabajador ejerce «**una parte sustancial de su actividad**» por cuenta propia en un Estado miembro si ejerce en él una parte cuantitativamente importante del conjunto de sus actividades por cuenta propia o ajena, sin que se trate necesariamente de la mayor parte de esas actividades. Para determinar si una parte sustancial de la actividad se ejerce en un Estado miembro, se tendrá en cuenta, en el caso de las actividades por cuenta propia, el volumen de negocios, el tiempo de trabajo, el número de servicios prestados o los ingresos. En el contexto de una evaluación global, el hecho de alcanzar un porcentaje inferior al 25%, para los criterios antes mencionados, es un indicador de que una parte sustancial de las actividades no se ejerce en el Estado miembro de que se trate.
3. El «**centro de interés**» de las actividades de un trabajador por cuenta propia se determina teniendo en cuenta todos los aspectos de sus actividades profesionales y, en particular, el lugar donde se encuentre la sede fija y permanente de las actividades del interesado, el carácter habitual o la duración de las actividades que ejerza, el número de servicios prestados y la voluntad del interesado, según se desprenda de todas las circunstancias.
4. A estos efectos, para determinar la **legislación aplicable**, las instituciones de que se trate deben en cuenta la situación prevista para los 12 meses civiles siguientes.

2289 **Trabajo simultáneo por cuenta propia y cuenta ajena en dos Estados diferentes** (Rgto CE/883/2004 art.13.3) La persona que ejerza normalmente una actividad por cuenta ajena y una actividad por cuenta propia en diferentes Estados miembros **está sujeta** a la legislación del Estado miembro en el que ejerza **una actividad** por cuenta ajena.

2291 **Legislación aplicable a los trabajadores transfronterizos** (Rgto CE/883/2004 art.11.3.a)
A los trabajadores que residen en un **país distinto** a aquel en que trabajan se les aplica la legislación de seguridad social del Estado en el que se encuentra su actividad por cuenta propia o ajena, de conformidad con el principio lex loci laboris (nº 2237).

2293 **Distinción legal entre el desplazamiento y el trabajo transnacional** (Rgto CE/883/2004 art.12 y 13) El desplazamiento y el trabajo transnacional **se diferencian** en el carácter temporal y determinado del primero y el carácter permanente e indefinido del segundo. No obstante, puede haber casos en que se produzca una **confusión** entre ambos tipos de movilidad, especialmente en aquellos casos en que los desplazamientos se repiten con frecuencia.
A tal efecto, debe tenerse en cuenta lo siguiente:
1. La **Guía Práctica** sobre la legislación aplicable en la UE/EEE y Suiza de la Comisión Administrativa (Parte II.2) establece que, para distinguir entre la situación del trabajador que realiza actividades múltiples y la del trabajador desplazado, resulta decisiva la **duración y la naturaleza** de la actividad en uno o varios Estados miembros. Debe tenerse en cuenta si la actividad es permanente o si es de naturaleza ocasional, aislada o temporal.
2. El Rgto CE/987/2009 art.14.7 señala que, a efectos de distinguir entre actividades de uno y otro tipo, es decisiva la **duración de la actividad** en uno más Estados miembros distintos, tanto si es de carácter permanente como de carácter específico o temporal. A estos efectos, debe procederse a una evaluación general de todos los hechos pertinentes incluidos, en particular en el caso de un trabajador, el lugar de trabajo como se define en el contrato de trabajo.
3. La Decisión A2 de la Comisión Administrativa de Coordinación de los Sistemas de Seguridad Social señala que, cuando un trabajador es **enviado sucesivamente a varios Estados miembros**, se considera que en cada uno de ellos se produce un nuevo envío en el sentido de desplazamiento (Rgto CE/883/2004 art.12.1).
4. El TJUE considera que, para apreciar si las actividades constituyen actividades por cuenta ajena repartidas, de forma no meramente puntual, en el territorio de varios Estados miembros, debe atenderse a la **naturaleza del trabajo por cuenta ajena** tal como se define en los

documentos contractuales. Con el fin de determinar la legislación de seguridad social aplicable a los efectos de expedir el certificado (A1), el organismo competente puede tener en cuenta, en su caso, además de la redacción de los documentos contractuales, **otros factores**, como:

- la forma en que anteriormente se ejecutaron en la práctica los contratos de trabajo entre el empresario y el trabajador interesados;
- las circunstancias que rodearon la celebración de dichos contratos; y, de un modo más general,
- las características de las actividades desempeñadas por la empresa, en la medida en que dichos factores puedan esclarecer la verdadera naturaleza del trabajo en cuestión.

Si, de factores relevantes distintos de los documentos contractuales, se desprende que la situación de un trabajador por cuenta ajena es, de hecho, distinta a la que se describe en tales documentos, incumbe al organismo competente, cualquiera que sea la redacción de los documentos contractuales, basar sus conclusiones en la **situación real del trabajador** y, en su caso, denegar la expedición del certificado (A1) (TJUE 4-10-12 asunto Format C-115/11).

Precisiones Sobre esta cuestión, se destaca el **asunto Format** TJUE 4-10-12 asunto Format C-115/11. En los contratos objeto del procedimiento principal, el Sr. K ejercía de forma permanente una actividad durante varios meses o más de 10 meses en el territorio de un solo Estado miembro, Francia. Por otra parte, en el marco del contrato de trabajo siguiente, celebrado de nuevo entre Format y el Sr. K por tiempo determinado, éste trabajaba exclusivamente en territorio finlandés. De los autos se desprende que, en el contexto de cada uno de estos tres contratos, cuando finalizaba el trabajo, al Sr. K se le concedía un permiso no retribuido, y posteriormente se resolvía anticipadamente el contrato correspondiente de común acuerdo. En tales circunstancias, **no** puede válidamente considerarse que un trabajador por cuenta ajena en un supuesto como el del Sr. K pueda estar comprendido en el concepto de «**persona que ejerza normalmente una actividad por cuenta ajena en el territorio de dos o más Estados miembros**». Habida cuenta de lo anterior, procede responder a las cuestiones planteadas que una persona que, en el marco de sucesivos contratos de trabajo en los que se especifica como lugar de trabajo el territorio de varios Estados miembros, únicamente trabaja, de hecho, durante cada uno de esos contratos en el territorio de uno solo de esos Estados a la vez, no puede estar comprendida en el concepto de «persona que ejerza normalmente una actividad por cuenta ajena en el territorio de dos o más Estados miembros».

Situación de los trabajadores u empresas del Reino Unido La situación de las empresas y trabajadores del Reino Unido en su relación con los países de la UE/EEE y Suiza quedó definida por el Protocolo relativo a la Coordinación de la Seguridad Social que se contiene en el Acuerdo de Comercio y Cooperación entre la UE y CEEA con el Reino Unido (DOUE L 149/10 30-4-2021), que básicamente reproduce las disposiciones de los Reglamentos de Coordinación de Seguridad Social (Rgto CE/883/2004 y Rgto CE/987/2009). **2295**

Situación especial de seguridad social de los teletrabajadores habituales fronterizos En virtud de lo dispuesto en el Rgto CE/883/2004 art.16, Alemania, Suiza, Liechtenstein, República Checa, Austria, Países Bajos, Eslovaquia, Bélgica, Luxemburgo, Finlandia, Noruega, Portugal, Suecia, Polonia, Croacia, Malta, España y Francia, con la posterior adhesión de Italia, firmaron un **Acuerdo Marco** para determinar la legislación aplicable a los casos de teletrabajo transfronterizo habitual (Acuerdo marco relativo a la aplicación del art.16.1 del Rgto CE/883/2004 en los casos de teletrabajo transfronterizo habitual). **2297**

En este Acuerdo se contempla la situación de **trabajadores híbridos**, que suelen combinan el trabajo presencial en la sede de la empresa en un país y el teletrabajo en su lugar de residencia situado en otro Estado. Según este Acuerdo y previa solicitud de las personas interesadas ante las autoridades del Estado en el que se encuentre la sede de la empresa, las personas que realicen teletrabajo transfronterizo habitual pueden estar sujetas a la **legislación** del Estado en el que el empresario tenga su sede o su domicilio, siempre que el teletrabajo transfronterizo realizado en el Estado de residencia sea inferior al 50% del **tiempo de trabajo** total. Para el **resto de teletrabajadores**, se considera que la legislación aplicable es la del país en el que desarrollan físicamente su actividad (Rgto CE/883/2004 art.11.3.a) (TJUE 27-9-12, asunto Partena C-137/11).

5. Normas especiales del sector del transporte

El Reglamento Roma I no establece ninguna norma especial respecto al **contrato de embarque o de navegación aérea**, de donde, en aplicación de la norma general expuesta, la ley aplicable en defecto de elección de las partes debe ser la de ejecución habitual del trabajo o la de la sede de la empresa, esto es, la del Estado de abanderamiento del buque o de matrícula del avión; salvo si existiesen lazos más estrechos con otro Estado, los cuales, si se acreditase una **2305** bandera de conveniencia, son los decisivos, ya que, en ese caso, la conexión con el Estado de abanderamiento no resulta ser representativa.

La **doctrina judicial**:

- a veces ha aplicado la ley de abanderamiento del buque (en un caso de buque liberiano TS 19-2-90);
- otras veces ha aplicado la ley española, al considerar que un buque panameño tenía un pabellón de conveniencia (TS 9-5-88); o razonando que había una conexión más estrecha con la ley nacional española a pesar de ser un buque marroquí (TSJ Las Palmas 7-3-05, EDJ 38880), por aplicación de la norma del vínculo más estrecho con la relación (Convenio de Roma art.6 o Rgto Roma I art.8.4).

Tampoco existe una norma especial aplicable a los trabajos en **lugares ajenos a la soberanía estatal**, como las plataformas petrolíferas. Se ha entendido que se debe acudir a la lex loci delegationis, salvo si existe una vinculación más estrecha con otro Estado (Informe Giuliano-Lagarde DOCE num 1, 31-1-80 C-282).

2307 **Trabajo en buques** (Rgto CE/883/2004 art.11.4) La actividad por cuenta ajena o propia ejercida normalmente a bordo de un buque en el mar que enarbole **pabellón de un Estado miembro** se considera una actividad ejercida en dicho Estado miembro. No obstante, la persona que ejerza una actividad por cuenta ajena a bordo de un buque que enarbole pabellón de un Estado miembro y que sea **remunerada** por esta actividad por una empresa o una persona que tenga su sede o su domicilio en otro Estado miembro está sujeta a la legislación de este último Estado miembro si reside en dicho Estado. La empresa o persona que abone la remuneración se considera **empresario** a efectos de esta legislación.

Asimismo, cuando el empleador tenga un empleado a bordo de un buque que enarbole pabellón de otro Estado miembro **ha de informar** de ello, si es posible con antelación, a la **institución competente** del Estado miembro cuya legislación sea aplicable. Esta institución debe, sin demora, poner a disposición de la institución designada por la autoridad competente del Estado miembro cuyo pabellón enarbole el buque en el que el trabajador deba ejercer su actividad la información relativa a la legislación aplicable a este (Rgto CE/987/2009 art.15.3).

2309 **Trabajo en Aeronaves** (Rgto CE/883/2004 art.11.5; Rgto CE/987/2009 art.14.5 bis) La actividad de un **miembro de tripulación de vuelo o de cabina** en el marco de una prestación de servicios de transporte aéreo de pasajeros o mercancías se considera una actividad realizada en el Estado miembro en el que se encuentre la «base», con arreglo a la definición que figura en el Reglamento relativo a la armonización de normas técnicas y procedimientos administrativos aplicables a la aviación civil (Rgto CEE/3922/91 anexo III).

El concepto de «**base**» es el único criterio decisivo para determinar la legislación de seguridad social aplicable a los miembros de tripulaciones de vuelo y de cabina y, de conformidad con él, se entiende por «base» el lugar asignado por el operador a cada tripulante, en el cual habitualmente este comienza y termina uno o varios períodos de actividad y en el que, en condiciones normales, el operador no se responsabiliza de su alojamiento.

En la **Guía Práctica** sobre la legislación aplicable en la UE/EEE y Suiza de la Comisión Administrativa (Parte II) se señala que, al introducir este concepto, se creó una ficción jurídica con objeto de simplificar la determinación de la legislación aplicable al personal de vuelo y de cabina.

La **legislación aplicable** está directamente relacionada con la «base», al ser esta el lugar en el que la persona se encuentra físicamente y con el que tiene una vinculación estrecha en términos laborales.

Precisiones Todo nuevo contrato celebrado **después del 28-12-2012** con miembros de tripulaciones de vuelo y de cabina debe examinarse, por tanto, sobre la base del Rgto CE/883/2004 art.11.5. De conformidad con el Rgto CE/987/2009 art.19, el Estado miembro en el que está situada la «base» será el que determine la legislación aplicable y expida el Documento A1 si el interesado solo tiene una «base» estable. Los miembros de tripulaciones de vuelo y de cabina contratados **antes del 28-6-2012** no se ven afectados por las nuevas normas si su situación no se modifica y si no solicitan quedar sujetos a ellas.

2311 **Desplazamiento para el transporte internacional por carretera de mercancías y de viajeros** Las normas especiales para el transporte internacional por carretera (Dir 2020/1057/UE art.1) se han transpuesto al ordenamiento español y actualmente están reguladas en la L 45/1999 cap V, para regular el desplazamiento en el sector del transporte internacional por carretera (de mercancías y de viajeros) en el supuesto de contratación de servicios de empresas en el sector del transporte por carretera, que desplacen trabajadores por cuenta ajena en el ámbito de los estados de la UE/EEE. **No afecta** a los otros supuestos contemplados en la L 45/1999 art.2.1 2º y 3º, respecto a los desplazamientos entre empresas de un mismo grupo o por medio de empresas de trabajo temporal (L 45/1999 art.18.1).

La Directiva solo afecta al ámbito de las **relaciones laborales**, es decir, a las personas que trabajan por cuenta ajena y no a las que trabajan por cuenta propia y solo cubre al conductor de vehículos de transporte por carretera.

Modalidades de transporte y su tratamiento como desplazamiento La Dir 2020/1057/UE y la L 45/1999 cap.V establecen qué movimientos del transporte entre Estados pueden considerarse un desplazamiento y cuáles no siguiendo la jurisprudencia del TJUE, que hace depender esta calificación de la existencia de un **vínculo suficiente** entre el servicio prestado y el territorio de un Estado miembro de acogida. Se distinguen así las siguientes modalidades: 2313

1. **Transporte bilateral** (L 45/1999 art.19 y 20). Es el que se efectúa con recorrido de ida y vuelta entre el Estado miembro en cuyo territorio esté establecida la empresa y el territorio de otro Estado miembro o de un tercer país. Se considera que el servicio solo está estrechamente vinculado al Estado miembro de establecimiento y, por lo tanto, que no hay desplazamiento. Sin embargo, con el fin de optimizar el viaje, el transportista puede efectuar, durante el trayecto del transporte bilateral o al finalizar este, otras operaciones adicionales para evitar ir o volver con media carga o de vacío. Estas **operaciones** pueden ser:

a) **De cabotaje**, adicionales al transporte bilateral (L 45/1999 art.21.1). Cuando el transportista realiza durante el trayecto de transporte bilateral o al finalizar este algunas operaciones de transporte adicionales de carga y descarga de las mismas mercancías o pasajeros dentro de un Estado distinto al de establecimiento, estamos ante un supuesto de transporte de interior o de cabotaje (Rgto CE/1072/2009 art.8, 9 y 10; Rgto CE/1073/2009 art.14 a 17). Se considera que el servicio de transporte está vinculado al territorio del Estado miembro en el que se hace tanto la carga como la descarga y, por tanto, que hay desplazamiento.

b) **Adicionales** al transporte bilateral entre dos Estados (L 45/1999 art.19, 20 y 21.3; Dir 2020/1057/UE art.1.3 y 4). Cuando un conductor efectúe otras operaciones adicionales de transporte bilateral durante el viaje de ida y vuelta. Es decir, que realice durante el trayecto operaciones adicionales de carga y descarga de mercancías o pasajeros, siempre que estas tengan lugar entre distintos Estados miembros y **no** sean operaciones de **tráfico interno** dentro de un Estado **o cabotaje**. Dichas operaciones adicionales se pueden llevar a cabo aplicando la legislación laboral del estado de establecimiento. No obstante, se establecen **límites** en el **número de operaciones** adicionales para seguir estando excluidas de su consideración de desplazamiento. Pueden hacerse los siguientes:

- un servicio adicional en el viaje de ida;
- hasta 2 servicios adicionales en el viaje de vuelta, en el caso de que no se haya hecho ninguno en el viaje de ida para el transporte de mercancías;
- un servicio adicional en el viaje de ida y hasta otro más en el viaje de vuelta en el transporte de viajeros.

Se trata de facilitar al conductor que no tenga que volver de vacío o con media carga hasta el país de establecimiento. Los **servicios adicionales** durante la operación de transporte bilateral que excedan de los previstos sí se consideran como un desplazamiento.

2. **Transporte internacional en tránsito** (L 45/1999 art.19.3 y 20.3). Sucede cuando el medio de transporte solamente atraviesa el territorio de un Estado miembro sin cargar o descargar mercancías o sin recoger o dejar pasajeros. Está excluido de la consideración de desplazamiento.

3. **Transporte internacional no bilateral** (L 45/1999 art.21.2). Se consideran en todo caso desplazamiento las operaciones de transporte internacional no bilateral que se lleven a cabo al margen de las operaciones de transporte bilateral. En estos casos el transporte se lleva a cabo entre dos Estados miembros.

Comunicaciones de desplazamiento de los conductores de transporte por carretera (L 45/1999 art.22; Dir 2020/1057/UE art.1.11.a; Rgto UE/2021/2179) La regulación de los desplazamientos en este sector supone la aplicación de un **régimen especial** para las comunicaciones de desplazamiento distinto al previsto con carácter general (L 45/1999 art.5). A tal efecto, se ha creado el **interfaz de IMI**, que sirve para el intercambio de comunicaciones entre las empresas que desplazan trabajadores del transporte internacional por carretera y las autoridades competentes de los Estados para el control y vigilancia de dichos desplazamientos (Dir 2020/1057/UE). 2315

Las empresas de transporte tienen que **registrarse** en la aplicación creando una cuenta. En ella se registra la información de la empresa, el conductor y el vehículo, y tiene un período de vigencia máxima de 6 meses. Esta **comunicación** se dirige, a través de la aplicación de interfaz de IMI, de forma genérica a las autoridades del Estado por el que una empresa de transporte estima que probablemente va a hacer operaciones de transporte que puedan tener la calificación de desplazamiento, es decir, las comunicaciones no se corresponden necesariamente con desplazamientos concretos y reales del medio de transporte, sino con desplazamientos que es probable que puedan producirse durante ese período de tiempo.

2317 **Contenido** (L 45/1999 art.22.1; Dir 2020/1057/UE art.1.11.a) El contenido de la comunicación debe contener los siguientes **datos**:
1. Datos de la empresa de transporte: la identidad de la empresa transportista, como mínimo en forma de número de licencia comunitaria cuando se disponga de este número, y los datos de contacto de un gestor de transporte o de otra persona de contacto que se halle en el Estado miembro de establecimiento, para el enlace con las autoridades laborales competentes y para el envío y la recepción de documentos o notificaciones (L 16/1987 art.47).
2. Datos del conductor: en concreto la identidad, el domicilio y el número de permiso de conducción del conductor, la fecha de inicio del contrato de trabajo del conductor y la legislación aplicable a dicho contrato.
3. Período para realizar posibles desplazamientos, con una vigencia máxima de 6 meses.
4. Datos de los vehículos, como la matrícula.
5. Datos del tipo de transporte prestado. Basta indicar si se trata de transporte de mercancías, transporte de viajeros, transporte internacional o transportes de cabotaje.

2319 **Responsabilidad solidaria en el cumplimiento de la obligación de comunicar el desplazamiento** (Dir 2020/1057/UE art.5.1; L 45/1999 art.22.4) En España, los cargadores que, en el marco de una actividad empresarial, contraten la realización de transportes de forma habitual, los transportistas, los operadores de transporte y los intermediarios del transporte de viajeros deben **comprobar el cumplimiento**, por el transportista efectivo con el que contraten, de la obligación de realizar la comunicación de desplazamiento.
Se trata de una responsabilidad in vigilando, que no **afecta a** toda la cadena de subcontratación, sino solamente al contratista directo de la empresa de transporte y a la obligación formal de la comunicación por la empresa transportista respecto al conductor y el medio de transporte, el período de vigencia y el uso del interfaz de IMI, sin que pueda afectar al contenido restante de la declaración. La responsabilidad de los obligados respecto a incumplimiento de la **obligación de comunicar** el desplazamiento es solidaria con la empresa transportista. Constituyen **infracción** leve los defectos formales de la comunicación (LISOS art.10.1.a), infracción **grave** la presentación de la comunicación de desplazamiento con posterioridad a su inicio (LISOS art.10.2.a) e infracción **muy grave** la ausencia de comunicación de desplazamiento o la falsedad o la ocultación de los datos contenidos en la misma (LISOS art.10.1.c).

2321 **Obligaciones documentales de los transportistas y su control por las autoridades** (L 45/1999 art.23.1) La **empresa transportista** debe garantizar que el conductor tenga a su disposición, en papel o en formato electrónico, la siguiente **documentación**, que debe conservar y facilitar cuando se le solicite en un control en carretera:
1. Copia de la comunicación de desplazamiento presentada a través del IMI.
2. Una prueba de las operaciones de transporte que se efectúen en el Estado miembro de acogida, como la carta de porte electrónica (e-CMR) o las pruebas a que se refiere el Rgto CE/1072/2009 art.8.3.
3. Los datos registrados por el tacógrafo y, en particular, los símbolos de país de los Estados miembros en los que el conductor estuvo presente al realizar operaciones de transporte internacional por carretera o transportes de cabotaje, de conformidad con los requisitos de registro y archivo de datos (Rgto CE/561/2006; Rgto UE/165/2014).
Además, **a efectos de control**, se puede requerir a los conductores que conserven y faciliten, cuando así se les solicite en el control en carretera: la prueba en papel o en formato electrónico de los transportes internacionales pertinentes, la carta de porte electrónica (e-CMR), las pruebas sobre los datos de las operaciones de cabotaje Rgto CE/1072/2009 art.8.3 y los datos registrados por el tacógrafo (L 45/1999 art.24).

2323 **Requerimiento de documentación por las autoridades laborales y de transporte** (L 45/1999 art.23.2; Dir 2020/1057/UE art.1.11.c; Rgto UE/2021/2179 art.3) Después del periodo de desplazamiento, la ITSS o la Inspección de Transporte Terrestre (ITT), en el marco de sus respectivas competencias, pueden **requerir** a la **empresa transportista** para que envíe, a través de la interfaz IMI, estos **documentos** relativos a un período máximo de 12 meses anteriores:
1. Copia de las llamadas «cartas de porte electrónicas e-CMR», en la que se detallan las operaciones de transporte por carretera internacional que se han llevado a cabo.
2. Los tacógrafos.
3. La documentación relativa a la remuneración del conductor correspondiente al período de desplazamiento.
4. El contrato de trabajo o un documento equivalente.
5. Las fichas con los horarios del conductor y la prueba de los pagos.

Envío de la documentación a las autoridades laborales y de transporte (L 45/1999 art.23.2; Dir 2020/1057/UE art.1.11.c; Rgto UE/2021/2179 art.2.2, 3.3, 4 y 5) La empresa transportista debe enviar la documentación a través de la interfaz pública conectada al IMI, en un plazo de 8 semanas a partir de la fecha de la solicitud a la ITSS y la ITT. 2325

Si la empresa transportista **no presenta la documentación** solicitada en dicho plazo, la ITSS o la ITT puede solicitar, a través del IMI, la asistencia de las autoridades competentes del Estado miembro de establecimiento, y la interfaz IMI señalará al transportista esta solicitud, la documentación facilitada y el cierre de la solicitud y resultado final.

Normas especiales sobre salarios y vacaciones en el sector (L 45/1999 art.18.1 párrafo final) A los conductores de transporte, que se consideran trabajadores desplazados, **se** les **aplica** la legislación española desde el primer momento y cualquiera que sea la duración del desplazamiento (L 45/1999 art.3), ya que no se aplica el período de exención de 8 días de las normas sobre salarios y vacaciones anuales retribuidas (L 45/1999 art.3.3). 2327

Actualmente no existe un **convenio colectivo** estatal del sector, y solamente hay convenios de ámbito provincial que, por lo general, suelen fijar su ámbito de aplicación en función de la existencia de una sede o centro de trabajo de la empresa en la provincia o en la prestación habitual de servicios en la misma. Estos **no recogen** el supuesto de empresas de transporte establecidas en otros Estados que realizan operaciones de transporte que se consideran desplazamiento, como el cabotaje o los transportes no bilaterales.

Normas especiales para el cómputo de la duración de los desplazamientos (L 45/1999 art.25; Dir 2020/1057/UE art.1.8) A efectos de determinar la duración del desplazamiento, establecido con un límite de 12 meses, prorrogable por otros 6 meses, se considera que el **desplazamiento finaliza** cuando el conductor deja el Estado miembro de acogida como parte de su actividad de transporte internacional de mercancías o de pasajeros, y dicho período de desplazamiento no se acumula a períodos de desplazamiento previos en el contexto de tales operaciones internacionales realizadas por el mismo conductor o por otro conductor al que haya sustituido. 2329

En consecuencia, en los casos en que el **mismo tipo de desplazamiento** se reitere a lo largo del tiempo por la misma empresa y el mismo conductor, los períodos de desplazamiento no se podrán acumular y, de este modo, nunca llegarán a superar los mencionados límites (L 45/1999 art.3.8).

Normas específicas para países terceros fuera de la UE/EEE Por el momento, hay **dos tratados** suscritos entre la UE y estados terceros: 2331

- Acuerdo entre la Comunidad Europea y la Confederación Suiza sobre el transporte de mercancías y de viajeros por ferrocarril y por carretera (2002); y
- Acuerdo de Comercio y Cooperación entre la Unión Europea y la Comunidad Europea de la Energía Atómica, por una parte, y el Reino Unido de Gran Bretaña e Irlanda del Norte, por otra, de 31-12-2020, que establece un régimen de desplazamiento similar al de la Dir 2020/1057/UE para el transporte de mercancías (Acuerdo de Comercio y Cooperación entre la Unión Europea y la Comunidad Europea de la Energía Atómica, por una parte, y el Reino Unido de Gran Bretaña e Irlanda del Norte, por otra, de 31-12-20 art.462 s.).

En los casos en que **no se pueda utilizar** la comunicación mediante la interfaz de IMI, la comunicación debe realizarse, por medios electrónicos, ante la autoridad laboral española competente por razón del territorio donde se inicie o finalice el servicio en España. En caso de un transporte de **cabotaje**, la comunicación se debe realizar ante la autoridad laboral española competente por razón del territorio donde se inicie el servicio (L 45/1999 disp.adic.11ª).

Determinación de legislación de seguridad social aplicable a las empresas de transporte por carretera La **Guía Práctica** sobre la legislación aplicable en la UE/EEE y Suiza de la Comisión Administrativa señala que estos trabajadores están sujetos a las **mismas disposiciones** que se aplican a las personas que trabajan en dos o más Estados miembros. 2333

Salvo que la evaluación inicial muestre claramente que el trabajador realiza su actividad por cuenta ajena sustancialmente en su Estado de residencia (de forma indicativa, en un 25% Rgto CE/987/2009 art.14.8), las instituciones deben aplicar los **criterios especiales** para medir la **actividad en cada país** que se exponen a continuación.

1. Criterio del **tiempo de trabajo**.

a) Se considera que el criterio más apropiado para determinar la «**parte sustancial de la actividad**» es el tiempo de trabajo. Sin embargo, se reconoce también que dividir la actividad entre dos o más Estados miembros resulta a veces más complejo para los trabajadores del transporte que para las personas con trabajos transfronterizos «normales», por lo que, en los casos en que resulte difícil de estimar el tiempo de trabajo en el Estado miembro de

residencia, puede ser preciso un examen más cuidadoso de los regímenes de trabajo para determinar la legislación aplicable.
b) Algunos trabajadores del transporte tienen **pautas de trabajo establecidas**, con rutas determinadas y tiempos de trayecto estimados. El trabajador que desee obtener una decisión sobre la legislación aplicable debe justificar razonablemente (es decir, aportando las listas de turnos o los calendarios de viaje u otros datos) la distribución de su actividad entre el tiempo trabajado en el Estado de residencia y en otros Estados miembros.

2335 2. Criterio de **incidencias o de carga y descarga de mercancía**.
a) En caso de que no se disponga de datos sobre el tiempo de trabajo en el Estado miembro de residencia o de que no esté claro, atendiendo al conjunto de las circunstancias, si se realiza en dicho Estado una parte sustancial de la actividad, puede emplearse un criterio distinto del tiempo de trabajo para determinar este último extremo. A tal efecto, se propone **desglosar la actividad en distintos elementos o incidencias** y evaluar la actividad en el Estado de residencia en función del número de elementos ocurridos en dicho Estado, como porcentaje del número total de incidencias en un determinado período. La evaluación debe basarse en la medida de lo posible en las pautas de trabajo durante un período de 12 meses.
b) En el caso del transporte por carretera, el criterio puede ser la **carga y descarga de mercancía** y los distintos países en que se realiza. Los regímenes de trabajo, por ejemplo, los de los trabajadores del transporte internacional, pueden ser objeto de frecuentes modificaciones, pero no resultaría práctico ni beneficioso para el interesado revisar la legislación aplicable cada vez que cambie su lista de turnos.
Por ello, una vez **adoptada una decisión** sobre la legislación aplicable, esta no debe revisarse, en principio, hasta que hayan transcurrido como mínimo 12 meses, siempre que la información proporcionada por la empresa o el interesado sea veraz en la medida de su conocimiento, sin perjuicio del derecho de las instituciones a revisar sus decisiones cuando lo estimen oportuno. El objetivo es asegurar la estabilidad jurídica y evitar cambios frecuentes de la legislación aplicable, especialmente en el caso de los trabajadores de alta movilidad, como los del sector del transporte internacional.

C. Intervención de las autoridades laborales y de Seguridad Social

2340 En los marginales siguientes se tratan las siguientes cuestiones:
- competencias de las autoridades nacionales y la Autoridad Laboral Europea: nº 2345;
- servicio de información pública sobre movilidad laboral: nº 2360;
- coordinación de los servicios de colocación europeos: nº 2370;
- sistemas de información de las autoridades europeas sobre movilidad laboral: nº 2380.

1. Competencias de las autoridades nacionales y la Autoridad Laboral Europea

2345 **Autoridades nacionales competentes en materia de movilidad** Los servicios que prestan las Administraciones públicas competentes en materia de movilidad se podrían **clasificar** del siguiente modo:
1. Las que se ocupan de dar información pública sobre movilidad laboral.
2. Las que se ocupan de la colocación transnacional de trabajadores y dar información a empresas y trabajadores interesados sobre movilidad.
3. Las que se ocupan de recoger las declaraciones de desplazamiento de las empresas que van a realizar trabajos en su país.
4. Las que se encargan de expedir los certificados de seguridad social a los trabajadores móviles.
5. Las que se ocupan de la Inspección de Trabajo.
6. Las que se ocupan de la Inspección de Seguridad Social.
7. Las que se ocupan de la Inspección de Hacienda.
La **estructura de las Administraciones** para cubrir estos servicios varía de un país a otro y, con frecuencia, un solo órgano lleva a cabo varios de los servicios arriba descritos.

2347 **Creación de la Autoridad Laboral Europea: objeto y fines** (Rgto (UE) 2019/1149) El **objeto** de la Autoridad Laboral Europea es ayudar a las autoridades competentes de los Estados miembros y a la Comisión Europea en la aplicación y cumplimiento efectivos de la legislación de la Unión en materia de movilidad laboral y coordinación de los sistemas de seguridad social.

La Autoridad Laboral Europea carece de potestades legales. Su **finalidad** no es reemplazar a las autoridades competentes de los Estados miembros en dichas materias, sino reforzar sus posibilidades de cooperación y asistencia mutua, prestando sus propios medios humanos y materiales de apoyo.

Ámbito de competencias de la Autoridad Laboral Europea (Rgto UE/1149/2019 art.1.4) El ámbito de competencias de la Autoridad se define por las siguientes normas: **2349**

1. Sobre **desplazamientos en una prestación transnacional de servicios**, como las Dir 96/71/CE y Dir 2014/67/UE, a la que habría que añadir la Dir 2018/957/UE, que modifica la primera.
2. Sobre **coordinación de sistemas de seguridad social**, como el Rgto CE/883/2004; Rgto CE/987/2009, incluidas las disposiciones de los Rgto CEE/1408/71 y Rgto CEE/574/72 del Consejo en la medida en que aún sean aplicables, los Rgto UE/1231/2010 y Rgto CE/859/2003 por los que se amplían las disposiciones de los Rgto CEE/1408/71 y Rgto CEE/574/72 a los nacionales de terceros países que, debido únicamente a su nacionalidad, no estén ya cubiertos por los mismos.
3. Sobre **libre circulación de trabajadores**, como el Rgto UE/492/2011 y la Dir 2014/54/UE, y las que regulan **EURES**, como el Rgto UE/2016/589.
4. Las que regulan el **transporte internacional por carretera** en sus aspectos sociales, como el Rgto CE/561/2006, la Dir 2006/22/CE y el Rgto CE/1071/2009.

El ámbito de actividades de la Autoridad también incluye la **cooperación** entre los Estados miembros para **luchar contra el trabajo no declarado**.

Objetivos y tareas de la Autoridad Laboral Europea (Rgto UE/1149/2019 art.2 y 4) Los **objetivos** de la autoridad laboral europea **previstos** son los siguientes: **2351**

1. Facilitar el acceso a la información sobre los derechos y obligaciones en materia de movilidad laboral en toda la Unión, así como a los servicios pertinentes.
2. Facilitar y mejorar la cooperación entre los Estados miembros en la aplicación de la legislación pertinente de la Unión, incluida la facilitación de las inspecciones concertadas y conjuntas, en toda la Unión.
3. Mediar y facilitar una solución en caso de litigios transfronterizos entre los Estados miembros.
4. Apoyar la cooperación entre los Estados miembros en la lucha contra el trabajo no declarado.

Por su parte, las **tareas** de la autoridad laboral son las siguientes: **2353**

1. Facilitar el acceso a la información y coordinar EURES.
2. Facilitar la cooperación y el intercambio de información entre los Estados miembros, con vistas a la aplicación y cumplimiento coherentes, eficientes y efectivos de la legislación de la Unión pertinente.
3. Coordinar y apoyar inspecciones concertadas y conjuntas.
4. Realizar análisis y evaluaciones de riesgos sobre cuestiones de movilidad laboral transfronteriza.
5. Apoyar a los Estados miembros en la creación de capacidades para la aplicación y cumplimiento efectivos de la legislación de la Unión pertinente.
6. Apoyar a los Estados miembros en la lucha contra el trabajo no declarado.
7. Mediar en los litigios entre los Estados miembros sobre la aplicación de la legislación de la Unión pertinente.

Entre los objetivos y las tareas existe cierta **correspondencia**. Al primer objetivo le corresponden las dos primeras tareas y al segundo objetivo las tres siguientes. En los siguientes apartados vamos a examinar cada una de las tareas de la Autoridad y la función que corresponde en cada una de ellas a las autoridades nacionales de los Estados.

2. Servicio de información pública sobre movilidad laboral

Obligación de los Estados de facilitar información pública sobre movilidad (Dir 2014/67/UE art.5) Los Estados deben adoptar medidas de mejora en el acceso a la información sobre desplazamientos transnacionales. Esta **información** debe versar sobre las condiciones de empleo de los trabajadores desplazados, en particular sobre la legislación laboral aplicable (Dir 96/71/CE art.3; L 45/1999 art.3). Y debe ser **pública y gratuita** y ofrecerse de una manera clara, transparente, inteligible y fácilmente accesible, a distancia y por medios electrónicos, en formatos y conforme a normas web de accesibilidad que garanticen el acceso de las personas con discapacidad. **2360**

Los **Estados** están obligados a indicar claramente, en un **sitio web oficial único** a escala nacional y por otros medios adecuados, de manera detallada y fácil y en un formato accesible:
1. Las **condiciones de empleo** o las disposiciones del Derecho nacional o regional aplicables a trabajadores desplazados en su territorio.
2. Qué c**onvenios colectivos** son aplicables y a quién lo son.
3. Las condiciones de trabajo que deben aplicar los p**restadores de servicios de otros Estados miembros** de acuerdo con la Dir 96/71/CE.
4. Cuando sea posible, enlaces a sitios de internet y otros **puntos de contacto existentes**, en particular, los interlocutores sociales correspondientes.
Esa información debe estar disponible gratuitamente, en la **lengua o lenguas** oficiales del Estado miembro de acogida y en las lenguas que el Estado miembro de acogida considere más pertinentes, teniendo en cuenta las demandas en su mercado de trabajo.
Asimismo, debe estar **actualizada y disponible**, a ser posible en forma de folleto resumido en el que se expongan las principales condiciones de empleo aplicables, incluida la descripción de los procedimientos de reclamación y, si así se solicita, en formatos accesibles para las personas con discapacidad; se pondrá a disposición de una manera sencilla y gratuita más información detallada sobre las condiciones laborales y sociales, también las relativas a la salud y seguridad en el trabajo, aplicables a los trabajadores desplazados.
En **España**, el **órgano competente para informar** sobre las condiciones de trabajo que deben garantizar las empresas que desplacen a sus trabajadores a España en el marco de una prestación de servicios transnacional es la autoridad laboral del territorio donde se vayan a prestar los servicios (L 45/1999 art.7). Esta función también les corresponde desempeñarla a las oficinas de la **red EURES** (nº 2372).

2362 **Consecuencias de la falta de información pública sobre desplazamientos** (Dir 96/71/CE art.3.1) Los Estados miembros deben garantizar que la información facilitada en el sitio web nacional oficial único sea exacta y esté actualizada. La **Comisión debe publicar** en su sitio web las direcciones de los sitios web nacionales oficiales únicos. Y que, en caso de que la información recogida en el sitio web nacional oficial único a escala nacional no indique las condiciones de trabajo que han de aplicarse, esa circunstancia se tendrá en cuenta, de conformidad con la legislación o las prácticas nacionales, a la hora de fijar las **sanciones aplicables por infracción** de las disposiciones nacionales adoptadas con arreglo a la la Directiva, en la medida necesaria para garantizar su proporcionalidad.

2364 **Papel de la Autoridad para facilitar la información sobre movilidad laboral** (Rgto UE/1149/2019 art.5) Las funciones de la Autoridad Laboral Europea sobre la información pública sobre «movilidad laboral» describen un concepto más amplio, que no cubre solamente a los desplazamientos, sino también la **libre circulación de trabajadores**.
La Autoridad debe mejorar la disponibilidad, calidad y accesibilidad de la información de carácter general ofrecida a las personas, los empleadores y las organizaciones de interlocutores sociales en relación con los derechos y obligaciones que para ellos se deriven dentro de su ámbito de competencias (Rgto UE/1149/2019 art.1.4), para facilitar la movilidad laboral en toda la Unión. Con este fin, ha de **gestionar un sitio web único** para toda la Unión que sirva de portal único para acceder a todas las fuentes de información a escala de la Unión y nacional, en todas las lenguas oficiales de la Unión, ayude a los Estados miembros a cumplir las obligaciones sobre la divulgación y el acceso a la información y facilite la cooperación entre ellos.

3. Coordinación de los servicios de colocación europeos

2370 **Coordinación de las autoridades nacionales en la libre circulación** (Rgto UE/492/2011 art.11 s.) En la normativa reguladora de la **libre circulación de trabajadores** se establecen las reglas de los mecanismos de colaboración entre los servicios públicos de empleo de los Estados miembros, para compensar las ofertas y demandas de empleo en la UE/EEE y la colocación de trabajadores que de ella resulte.
Asimismo, se estableció un **Comité Técnico de Expertos en la Libre Circulación de Trabajadores**, para coordinar información, estrategias y acciones de los Estados y la Comisión Europea sobre condiciones de empleo y colocación de trabajadores a escala de la UE/EEE, cuyas funciones ahora pasa a asumir la Autoridad Laboral Europea.

2372 **Red Europea de Servicios de Colocación (EURES)** Se ha creado una oficina europea de coordinación (EURES) con la **finalidad** de garantizar el funcionamiento de la red de servicios nacionales de colocación. Su funcionamiento se regula en el Rgto UE/2016/589 regula el funcionamiento de EURES con los **objetivos** de facilitar y fomentar la libre circulación de trabajadores de modo voluntario y aplicar las estrategias coordinadas de empleo de los Estados.

La red EURES **se compone** de la Oficina Europea de Coordinación, establecida dentro de la Comisión y que ha pasado a formar parte de la Autoridad Laboral Europea, las Oficinas Nacionales de Coordinación (ONC), que son los organismos públicos responsables en cada Estado miembro, y los miembros de EURES, que pueden ser los servicios públicos de empleo designados por los estados y otras organizaciones admitidas conforme a las reglas del Reglamento. La **Oficina Europea de Coordinación** se ocupa del mantenimiento y desarrollo del portal EURES y los correspondientes servicios informáticos para el intercambio de ofertas y demandas de empleo.
Además de esta plataforma, la red proporciona **servicios a los trabajadores y a las empresas**: para facilitarles información general sobre las condiciones de vida y de trabajo en los Estados miembros, normas específicas relativas a la contratación desde otro Estado miembro y sobre los factores que puedan facilitar dicha contratación. Puede facilitar también, previa solicitud, **asistencia posterior a la contratación**, como formación en materia de comunicación intercultural, cursos de idiomas y apoyo con miras a la integración, incluida la información general relativa a las oportunidades de empleo para los miembros de la familia del trabajador, así como facilitar el acceso a la información en materia de fiscalidad, aspectos relativos al contrato de trabajo, derechos de pensión, seguro de enfermedad, seguridad social y medidas activas del mercado de trabajo.
La red cuenta también con **servicios de apoyo** en regiones transfronterizas, para favorecer los intercambios de demandas y ofertas en dichas regiones y programas de información y orientación de los trabajadores fronterizos, centrándose específicamente en servicios multilingües.
La Oficina Europea de Coordinación de Eures está **integrada** en la Autoridad Laboral Europea (Rgto UE/2019/1149 art.6).

4. Sistemas de información de las autoridades europeas sobre movilidad laboral

El ordenamiento europeo prevé **dos fuentes de información** sobre movilidad laboral para las administraciones de los Estados miembros: 2380
- la **declaración de desplazamiento** que las empresas deben realizar ante las autoridades laborales del Estado de acogida; y
- las **notificaciones** que hay que realizar ante las instituciones de la seguridad social del país de origen para certificar la legislación aplicable y cubrir cualquier eventual contingencia de accidente o enfermedad común o profesional durante la movilidad.

Sobre ninguna de ellas existe en la actualidad una base de datos europea, sino solamente bases de **datos nacionales de los Estados**, sin perjuicio de que estos compartan su información a través de sistemas de intercambio como el IMI (Internal Market Information System) y el EESSI (European Social Security Information System).

a. Sistemas de información de las autoridades laborales

Declaración de desplazamiento (Dir 2014/67/UE art.9) De modo voluntario, se establece la posibilidad de que los Estados establezcan la **obligación** de las **empresas que desplacen trabajadores** de hacer una declaración previa al inicio de los trabajos ante las autoridades nacionales del país de acogida, detallando las condiciones en que se va a efectuar dicho desplazamiento. 2385

Precisiones Antes de aprobarse esa Directiva, la mitad de los Estados miembros habían establecido la obligación de realizar una declaración de desplazamiento. **Después de la Directiva**, todos los Estados miembros, excepto el Reino Unido (hoy fuera de la UE), con la salvedad de Gibraltar, establecieron la obligación de declarar previamente los desplazamientos a las autoridades laborales, aunque no de manera uniforme. Todos los ordenamientos nacionales exigen que la declaración sea presentada antes del inicio de los trabajos en el país de acogida.

Comunicación de los desplazamientos a las autoridades laborales españolas 2387
(L 45/1999 art.5.1) Los empresarios que desplacen a España a sus trabajadores en el marco de una prestación de servicios transnacional se encuentran sujetos a la **obligación** de comunicar el desplazamiento, antes de su inicio y con independencia de su duración, a la autoridad laboral española competente por razón del territorio donde se vayan a prestar los servicios. Esta comunicación debe realizarse por medios electrónicos.
Esta autoridad debe poner esa comunicación en conocimiento de la ITSS y de la AEAT, en los términos que se establecerán reglamentariamente (L 45/1999 art.5.5). No obstante, esta obligación no se impone respecto de los **desplazamientos cuya duración no exceda de 8 días**. Sin embargo, sí han de cumplirla las empresas de trabajo temporal respecto de este tipo de

desplazamientos cuando se realicen a favor de una Empresa usuaria que esté establecida o que ejerza su actividad en España (L 45/1999 art.5.3). Las empresas exentas de esta obligación sí han de cumplir todas las restantes en materia de comunicación, información o declaración de actividades que deban efectuar a Administraciones públicas (L 45/1999 art.5.6).

El **contenido de la comunicación** de desplazamiento es el siguiente (L 45/1999 art.5.2):

1. Los datos e informaciones relativos a la identificación de la empresa que desplaza al trabajador.

2. El domicilio fiscal de dicha empresa y su número de identificación a efectos del IVA.

3. Los datos personales y profesionales de los trabajadores desplazados.

4. La identificación de la empresa o empresas y, en su caso, del centro o centros de trabajo donde los trabajadores desplazados prestarán sus servicios.

5. La fecha de inicio y la duración previstas del desplazamiento.

6. La determinación de la prestación de servicios que los trabajadores desplazados van a desarrollar en España, con indicación del supuesto que corresponda, es decir de desplazamiento en el ámbito de ejecución de una contrata, de desplazamiento dentro de una empresa o de un grupo de empresas o de desplazamiento a través de una ETT.

7. Datos identificativos y de contacto de una persona física o jurídica presente en España que sea designada por la empresa como su representante para servir de enlace con las autoridades competentes españolas y para el envío y recepción de documentos o notificaciones, de ser necesario.

8. Datos identificativos y de contacto de una persona que pueda actuar en España en representación de la empresa prestadora de servicios en los procedimientos de información y consulta de los trabajadores y negociación, que afecten a los trabajadores desplazados a España.

2389 **Prohibición de establecer condiciones especiales a las empresas y trabajadores que se desplazan** Los Estados miembros tienen un margen de maniobra limitado para definir qué normas laborales internas son de obligada observancia para los empresarios que introduzcan temporalmente trabajadores en su territorio dentro del marco de la libre prestación de servicios empresariales transfronterizos o para la imposición de cargas o requisitos especiales a efectos de la entrada en su territorio. En concreto:

1. Se ha considerado **contrario al Derecho de la UE** y a la libre prestación de servicios que un Estado miembro imponga a los prestadores de servicios establecidos en otro Estado miembro que desean desplazar trabajadores a su territorio la obligación de obtener **permisos individuales de trabajo**, cuya expedición se supedita a consideraciones relacionadas con el mercado de trabajo, o una **autorización colectiva** de trabajo, que solo se concede en casos excepcionales y si los trabajadores de que se trate se encuentran vinculados a su empresa de origen mediante contratos de trabajo celebrados por tiempo indefinido al menos 6 meses antes de su desplazamiento, y el exigir a dichos prestadores de servicios que constituyan una garantía bancaria (TJUE 21-10-04, asunto Comisión/Luxemburgo, C-445/03).

2. Los Estados miembros tampoco pueden supeditar el desplazamiento de trabajadores para efectuar una prestación de servicios en su territorio a que hayan sido contratados por la empresa con al menos un **año de antelación** (TJUE 19-1-06, asunto Comisión/Alemania, C-244/04) o estén vinculados a ella mediante un **contrato de trabajo indefinido** (TJUE 21-9-06, asunto Comisión/Austria, C-168/04).

2391 **Comunicación de desplazamiento por trabajadores autónomos** Las normas que regulan los desplazamientos transnacionales (Dir 96/71/CE; L 45/1999) son de carácter laboral y, por lo tanto, solo establecen normas que afectan a las relaciones laborales. Los trabajadores autónomos no están comprendidos en ellas, por lo que la comunicación que establece la Dir 2014/67/UE art.9 no les afecta. Sin embargo, algunos Estados, como **Bélgica**, han establecido en su sistema de comunicación (LIMOSA) la particularidad de incluir a los trabajadores autónomos que se desplazan.

2393 **Inscripción de las empresas desplazadas a España en el sector de la construcción en el Registro de Empresas Acreditadas** Las empresas españolas que contraten con empresas que radiquen en otro Estado miembro la prestación de servicios en el sector de la construcción que entrañe el desplazamiento a España de trabajadores desde otro EEE deben exigir a estas empresas foráneas el cumplimiento de la **normativa en materia de subcontratación** vigente en dicho sector productivo (L 32/2006 art.6 y RD 1109/2007 art.3 a 10 y disp.adic.1ª).

Dicha normativa, entre otras obligaciones, exige a todas las empresas -incluidas las establecidas en otro Estado miembro del EEE que desplacen a trabajadores a España en el marco de una prestación transnacional- inscribirse en el **Registro de Empresas Acreditadas**. En efecto, la empresa que desplaza trabajadores debe inscribirse en el Registro dependiente de la Autoridad Laboral en cuyo territorio se vaya a llevar a cabo su **primera prestación de servicios** en España. Dicha inscripción no es necesaria si la prestación del servicio no excede de 8 días. La primera comunicación de desplazamiento que efectúen, en cumplimiento de las obligaciones generales de toda empresa (ex L 45/1999 art.5), tiene el carácter de solicitud de inscripción. Se debe **adjuntar** a esta declaración el modelo del RD 1109/2007 Anexo I, lo que permite la participación provisional en el sistema de subcontratación, hasta la fecha de inscripción o denegación definitivas.

Para **formalizar la inscripción** se exige, además, la acreditación de que tales empresas foráneas disponen de recursos humanos en su nivel directivo y productivo y que cuentan con la formación necesaria en prevención de riesgos laborales, así como de una organización preventiva adecuada, y que sus trabajadores han recibido formación suficiente respecto a los riesgos de sus puestos de trabajo (L 32/2006 art.4.a; Dir 89/391/CEE art.7 y 12).

El **resto de los requisitos** de la Ley de Subcontratación en el Sector de la Construcción no les son de aplicación.

b. Procedimientos y sistemas de información de seguridad social

Documentos portátiles que expiden los organismos de seguridad social de los Estados miembros de la UE/EEE y Suiza Las instituciones de seguridad social de los Estados miembros emiten los llamados «documentos portátiles», que sirven para **acreditar** una determinada situación que afecta a una persona concreta respecto a sus obligaciones en esta materia. Antiguamente se extendían unos formularios, de la llamada **serie E** (E-101, E-103, etc.), que comenzaron a desaparecer en su mayor parte a partir del 1-5-2010. Todavía hay algún documento de esta serie vigente en España como el **documento E-123** que sirve para que un trabajador que sufra un accidente de trabajo o enfermedad profesional durante su desplazamiento a otro Estado miembro pueda acceder a las prestaciones de atención sanitaria en el Estado miembro de acogida. **2400**

Documento A1 que certifica la aplicación de la legislación de seguridad social del Estado de origen El documento portátil (PD) que sirve para acreditar la legislación de seguridad social aplicable a un trabajador móvil es el denominado **A1** (que sustituye a los antiguos formularios E-101 y E-103). **2402**

Este documento **se emite en España** por la TGSS y, en este caso, sirve para certificar a la persona a la que se ha extendido la aplicación de la legislación de seguridad social española durante su desplazamiento o movilidad por otros Estados de la UE/EEE, Suiza y Reino Unido.

Las normas que regulan el **contenido y el formato** del documento A1 no tienen carácter vinculante. Se trata de la Recomendación A1 de 18-10-2017 (DOUE 29-5-18) y la Recomendación H2 de 10-10-2018 (DOUE 29-4-19), aprobadas por la Comisión Administrativa Europea de Coordinación de Sistemas de Seguridad Social. No existe, por tanto, un formato y contenido obligatorios para estos documentos a nivel europe.

Procedimiento para la solicitud y obtención del documento A1 en España El documento A1 se solicita a la TGSS mediante la **presentación del documento TA300,** descargable en Internet. La solicitud puede presentarse electrónicamente ante la TGSS, la cual expide el documento A1 una vez realizados los trámites y comprobaciones necesarias sobre su procedencia. **2404**

La solicitud y obtención del A1 **no** es **requisito previo** para el desplazamiento, y su expedición posterior puede tener efectos retroactivos. Sin embargo, la legislación nacional **francesa y austriaca** exigen la solicitud y obtención del documento A1 por parte de las empresas que se desplazan a esos Estados miembros, al margen de la legislación de la UE.

Valor jurídico de la certificación de la legislación de seguridad social aplicable del documento A1 Con carácter general, los **documentos emitidos por la institución de un Estado miembro** que acrediten la situación de una persona a los efectos de la aplicación del Reglamento de base y del Reglamento de aplicación, y los justificantes sobre cuya base se hayan emitido dichos documentos, pueden hacerse valer ante las instituciones de los demás Estados miembros mientras no sean retirados o invalidados por el Estado miembro en el que hayan sido emitidos (Rgto CE/987/2009 art.5.1). **2406**

Esto significa que el documento A1 tiene un **valor vinculante** para las instituciones de otros Estados. Por ello, se puede afiliar o dar de alta de oficio en su sistema de seguridad social al trabajador que sea titular del documento A1 hasta que este no sea revocado por la institución de la seguridad social del país de origen.

La **jurisprudencia del TJUE** ha reafirmado este principio. Así, se ha señalado que el certificado E 101 (ahora A1) expedido por la institución designada por la autoridad competente de un

Estado miembro, con arreglo a las disposiciones reglamentarias vigentes, vincula tanto a las instituciones de seguridad social del Estado miembro en el que se efectúe el trabajo como a los órganos jurisdiccionales de ese Estado miembro, aun cuando estos comprueben que las condiciones en las que se desarrolla la actividad del trabajador de que se trate quedan manifiestamente fuera del ámbito de aplicación material de dichas disposiciones (TJUE 27-4-17, asunto Rosa Flussschiff C-620/15).
Los **conflictos** sobre la revocación del A1 son los que dan origen con mayor frecuencia a la posible intervención mediadora de expertos (ver nº 2515 a nº 2521).

Precisiones Esta jurisprudencia solo se ha visto **contradicha parcialmente** en la sentencia del TJUE 6-2-18, asunto Altun C-359/16, ante la falta de cooperación leal de la administración que emitió el documento durante el procedimiento de solicitud de revocación por parte del Estado miembro de acogida. Señala que, cuando la institución del Estado miembro al que han sido desplazados los trabajadores presenta ante la institución expedidora de los certificados E 101 (ahora A1) una solicitud de revisión de oficio y de retirada de éstos, a la luz de información obtenida en una investigación judicial que le ha permitido constatar que los mencionados certificados se han obtenido o invocado fraudulentamente, y la institución expedidora no ha tenido en cuenta esa información para revisar la fundamentación de su expedición, el juez nacional puede, en un procedimiento incoado contra las personas sospechosas de haber recurrido a trabajadores desplazados al amparo de dichos certificados, no tenerlos en cuenta si, sobre la base de esa información y siempre que se respeten las garantías inherentes al derecho a un proceso equitativo que deben concederse a estas personas, comprueba la existencia de tal fraude.

2408 **Procedimiento para solicitar la revocación de un certificado A1** (Rgto CE/987/2009 art.5) En caso de **duda sobre la validez** del documento o la exactitud de los hechos en que se basa su contenido, la institución del **Estado miembro** que lo reciba debe dirigirse a la institución emisora para solicitar las aclaraciones necesarias y, si procede, la retirada de dicho documento. En estos supuestos, la institución del lugar de residencia o estancia llevará a cabo, en la medida de lo posible, a petición de la institución competente, la necesaria verificación de dicha información o documento.
La **institución emisora** debe reconsiderar los motivos de emisión del documento y, en su caso, retirarlo.
La **Guía Práctica** sobre la legislación aplicable en la UE/EEE y Suiza de la Comisión Administrativa (Parte I.7) establece que la institución que ha expedido el Documento Portátil A1 debe retirarlo, y el trabajador debe quedar sujeto a la **legislación del Estado de empleo** a partir de la fecha en que se notifique a la institución competente del Estado de envío cuál es la situación en el Estado de empleo y se le faciliten las pruebas correspondientes. Si se ha producido fraude, la retirada puede tener efectos retroactivos.
A **falta de acuerdo** entre las instituciones afectadas, el asunto puede elevarse a la Comisión Administrativa, por conducto de las autoridades competentes, una vez transcurrido al menos un mes desde la fecha en que la institución que recibió el documento haya presentado su solicitud. La Comisión Administrativa debe tratar de **conciliar las posturas** de las instituciones en los 6 meses siguientes a la fecha en que haya sido consultada (nº 2517).

2410 **Revisión a instancia del propio interesado** (Rgto CE/987/2009 art.15) Cuando una persona ejerza su actividad en un Estado miembro distinto del Estado miembro competente, el empleador o, si la persona no ejerce una actividad asalariada, el propio interesado debe informar de ello a la institución competente del Estado miembro cuya legislación sea aplicable, siempre que sea posible por adelantado.
Esta institución debe expedir el **certificado** contemplado en Rgto CE/987/2009 art.19.2 para la persona interesada y poner, sin demora, la información relativa a la legislación aplicable a dicha persona a disposición de la institución designada por la autoridad competente del Estado miembro en el que se ejerza la actividad.

2412 **Procedimiento para la expedición del documento A1 en los supuestos del Rgto CE/883/2004 art.13 sobre trabajo transnacional** (Rgto CE/883/2004 art.13; Rgto CE/987/2009 art.16) Para los casos en que se solicite un certificado A1 sobre actividades transnacionales, se establece un procedimiento específico, con las siguientes f**ases**:
1. La **persona que ejerza actividades** en dos o más Estados miembros debe informar de ello a la institución designada por la autoridad competente del Estado miembro de residencia.
2. La **institución designada** del lugar de residencia debe determinar sin demora la legislación aplicable al interesado, teniendo en cuenta las disposiciones aplicables. Esa determinación inicial tendrá carácter provisional. La institución informará a la institución designada de cada uno de los Estados miembros en los que se ejerza una actividad de su decisión provisional.
3. La **determinación provisional** sobre la legislación aplicable pasa a tener carácter definitivo a los dos meses de la fecha en que las instituciones designadas por las autoridades

competentes de los Estados miembros afectados hayan sido informadas de ello, salvo que se haya determinado ya de forma definitiva sobre la legislación aplicable, o que al menos una de las instituciones afectadas informe a la institución designada por la autoridad competente del Estado miembro de residencia, a más tardar al final del plazo de 2 meses, de que no puede aceptar aún la determinación o de que tiene otra opinión al respecto.
4. En caso de que **una o varias de las instituciones designadas** por las autoridades competentes de los Estados miembros afectados o una o varias de las propias autoridades competentes solicite que se establezcan contactos para disipar la incertidumbre acerca de cuál es la legislación aplicable al interesado, esta se determinará de común acuerdo.
En caso de que haya **discrepancias** entre las instituciones o autoridades competentes afectadas, estas han de intentar alcanzar un acuerdo, atendiendo a las condiciones antes enunciadas, y se aplica lo dispuesto en el Rgto CE/987/2009 art.6.
5. La **institución competente del Estado miembro** cuya legislación sea determinada como aplicable, con carácter provisional o definitivo, ha de informar sin demora al interesado.
6. Si el **interesado no proporcionara la información** a la que hace referencia el punto 1, estas disposiciones se aplican por iniciativa de la institución designada por la autoridad competente del Estado miembro de residencia, tan pronto como esta sea informada, eventualmente por otra de las instituciones afectadas, de la situación del interesado.

Documentos para prestaciones sanitarias durante los desplazamientos (DA1, antes E-123) 2414 En el caso de las prestaciones sanitarias por contingencias profesionales que se deriven de un **accidente de trabajo o enfermedad profesional**, el trabajador o la empresa puede acudir ante su mutua para demandar información sobre cómo proceder, o solicitar directamente al INSS la expedición del documento DA1 (antes E-123) para poder ser atendido en las entidades de aseguramiento de accidentes de trabajo y enfermedades profesionales del país de acogida.
Respecto a las **prestaciones sanitarias** de los trabajadores que se desplazan, rigen las siguientes normas:
1. **Tarjeta Sanitaria Europea** (TSE/EHIC) para **contingencias comunes.** Todas las personas que se desplazan, sean o no trabajadoras, pueden obtener en la entidad competente de la seguridad social (en el caso de España, el INSS) la Tarjeta Sanitaria Europea (TSE/EHIC) para poder ser atendido en las entidades sanitarias públicas de otros Estados de la UE/EEE por enfermedades comunes en supuestos de necesidad.
Este tipo de prestación es la que se dispensa en el **Estado miembro de estancia**, de conformidad con su legislación, y que sea necesaria, desde un punto de vista médico, para evitar que una persona asegurada se vea obligada a regresar antes del final de la estancia prevista al Estado miembro competente con el fin de someterse al tratamiento necesario (Rgto CE/987/2009 art.25.3).
Más información en: https://w6.seg-social.es/solTse/jsp/Entrada.jsp.
2. **Documento para contingencias profesionales** (E-123). En el caso de las prestaciones sanitarias por contingencias profesionales que se deriven de un accidente de trabajo o enfermedad profesional, el trabajador o la empresa puede acudir ante su mutua para demandar información sobre cómo proceder o solicitar directamente al INSS la expedición del documento E123 (que, con el paso de tiempo, una vez que las aplicaciones informáticas correspondientes se hayan desarrollado, adquirirá la forma y denominación de documento DA1) para poder ser atendido en las entidades de aseguramiento de accidentes de trabajo y enfermedades profesionales del país de acogida.
Más información en https://europa.eu/youreurope/citizens/work/social-security-forms/index_es.htm.

Aplicación de los Reglamentos nacionales a países terceros y algunos Estados europeos 2416 Los Reglamentos de coordinación de la UE (Rgto CE/883/2004 y Rgto CE/987/2009) se aplican también:
1. A los **nacionales de terceros Estados** que residan legalmente en los Estados miembros y, debido únicamente a tal nacionalidad, no estén aún cubiertos por los mismos, así como a los miembros de sus familias y a sus supervivientes, siempre que cumplan los dos siguientes **requisitos** (Rgto UE/1231/2010):
- estén residiendo legalmente en el territorio de un Estado miembro;
- estén en situación de transnacionalidad, esto es, que su situación no esté circunscrita, en todos sus aspectos, al interior de un solo Estado miembro.
2. A los **países de la AELC y Suiza**: desde el 1-6-2012, los nuevos Reglamentos de coordinación han pasado a ser aplicables a las relaciones de Seguridad Social entre los Estados miembros de la UE, la Confederación Suiza y los Estados Parte del EEE (Islandia, Liechtenstein y

Noruega). Previamente, en tales Estados se aplicaban transitoriamente los Reglamentos precedentes (Rgto CE/1408/1971 y Rgto CE/574/1972).

Precisiones En **Reino Unido y Dinamarca** no se aplica el Rgto UE/1231/2010. No obstante, en Reino Unido continúa siendo aplicable el Rgto CE/859/2003, que permitía aplicar ya desde el 1-6-2003 a los nacionales de terceros Estados los Reglamentos de coordinación previos (Rgto CEE/1408/71 y Rgto CEE/574/72).

2418 **Notificación de AT/EP de los trabajadores desplazados** Todas las empresas establecidas en un Estado de la UE/EEE que desplacen trabajadores a otros Estados del EEE en el marco de una prestación de servicios transnacional han de notificar los accidentes de trabajo y enfermedades profesionales que sufran los trabajadores desplazados a las instituciones de seguridad social del país de origen en el que estén asegurados (Rgto CE/883/2004 art.36 a 41), y también a las autoridades laborales del país de acogida cuando la legislación aplicable de ese Estado así lo prevea.

Respecto a las comunicaciones a las **instituciones aseguradoras**, estas se hacen conforme a las normas de aplicación en cada Estado; en el caso de trabajadores españoles desplazados, las que establecen los modelos para la notificación de accidentes de trabajo y se dan instrucciones para su cumplimentación y tramitación y el sistema Delta (OM 16-12-1987).

La **comunicación** a las **autoridades laborales** de los accidentes y enfermedades profesionales solo se regula de manera armonizada por la Directiva Marco de seguridad y salud en el trabajo (Dir 89/391/CEE art.9.1.d), pero dicha norma no precisa el contenido de esta obligación y se remite a las legislaciones y usos nacionales sin realizar ninguna precisión. De hecho, cada Estado tiene su propia legislación, y el resultado es que en algunos ordenamientos se exige la comunicación de todos los accidentes de las empresas desplazadas, en otros solamente se exigen en los casos de accidente mortal o grave y otros no se exige en ningún supuesto a las empresas que no estén inscritas en la seguridad social del Estado de empleo.

De acuerdo con la **legislación española**, cuando el accidente de trabajo se produzca respecto de trabajadores desplazados a España, la empresa que los desplaza está obligada, conforme a la normativa vigente por la que se establecen los modelos para la notificación de accidentes de trabajo y se dan instrucciones para su cumplimentación y tramitación (en tanto no se dicte un reglamento de desarrollo de la Ley 45/1999 art.6.4 sobre este aspecto), a **comunicar, en el plazo máximo de 24 horas**, los accidentes que provoquen el fallecimiento del trabajador, los que sean considerados como graves o muy graves o los ocurridos en un centro de trabajo cuando afecten a más de 4 trabajadores por telegrama u otro medio de comunicación análogo a la autoridad laboral de la provincia donde haya ocurrido el accidente, o en el primer puerto o aeropuerto en el que atraque el buque o aterrice el avión si el centro de trabajo en que ocurriera el accidente fuera un buque o avión, respectivamente (OM 16-12-87 art.6).

En la **comunicación debe constar**:
- razón social;
- domicilio y teléfono de la empresa;
- nombre del accidentado;
- dirección completa del lugar donde ocurrió el accidente, así como una breve descripción del mismo.

La autoridad laboral debe dar traslado de la comunicación a la **Inspección de Trabajo y Seguridad Social**.

Para la **atención sanitaria** de los trabajadores desplazados en caso de accidente de trabajo y enfermedad profesional, la autoridad competente del país de origen (en nuestro caso el INSS) ha de expedir el **documento DA1 (antiguo E-123)** para poder ser atendido por las instituciones análogas de los Estados de acogida (nº 2414).

c. Sistemas de intercambio de información entre administraciones públicas de la UE/EEE y Suiza

2425 **Sistema de Información del Mercado Interior (IMI)** El Sistema de Información del Mercado Interior (IMI) es una **herramienta** online, multilingüe y segura, que facilita el intercambio de información entre las administraciones que participan en la aplicación práctica del Derecho de la UE y ayuda a las **administraciones** a cumplir sus obligaciones en materia de cooperación administrativa transfronteriza en múltiples ámbitos del mercado único.

El **funcionamiento** de IMI se encuentra regulado por el Rgto UE/1024/2012 para garantizar su seguridad jurídica a efectos de la protección de datos. IMI es flexible y se puede amoldar a cualquier tipo de estructura administrativa nacional: centralizada, totalmente descentralizada o intermedia. En materia de desplazamientos, el IMI admite **tres tipos de intercambio**:

1. Solicitudes de **información**: relativas a las condiciones de empleo de los trabajadores desplazados en un país.

2. Notificaciones para **comunicar hechos** que indican posibles irregularidades.
3. Solicitud de **instrumento uniforme**: para pedir a otro Estado miembro que notifique una decisión que imponga una sanción y/o multa administrativa a un prestador de servicio o pedir a otro Estado miembro que cobre una sanción y/o multa administrativa a un prestador de servicios.
Sobre el **uso de esta herramienta** por las inspecciones de los Estados de la UE/EEE y Suiza, ver nº 2460 s.

Sistema Europeo de Información de Seguridad Social (EESSI) El EESSI es un sistema informático que ayuda a los organismos de seguridad social de toda la UE/EEE y Suiza a **intercambiar información** de forma más rápida y segura, de acuerdo con la normativa de la UE sobre coordinación de la seguridad social. 2427

Todas las comunicaciones entre los organismos nacionales de Seguridad Social relacionadas con **expedientes transfronterizos** se realizan a través del EESSI: los organismos de seguridad social intercambian documentos electrónicos estructurados y siguen procedimientos establecidos de común acuerdo. Estos documentos se encaminan a través del sistema EESSI hasta el destinatario correcto de otro Estado miembro.

El EESSI trata de **agilizar los intercambios** entre las administraciones nacionales, que podrán tramitar los expedientes con mayor celeridad y calcular y abonar las prestaciones en un plazo más breve. El sistema permite el intercambio de información estructurada entre organismos nacionales, pero, sin embargo, no crea una base de datos para almacenar esta información de forma centralizada. Solo los organismos competentes pueden acceder al contenido de los mensajes, y los Estados miembros siguen siendo responsables de garantizar un alto nivel de protección de los datos, de acuerdo con la normativa de la UE.

Precisiones La Comisión puso el sistema central del EESSI a disposición de los Estados miembros en julio de 2017. Los Estados miembros disponían de 2 años para **implementar el EESSI a escala nacional** y conectar sus organismos de seguridad social al sistema de intercambios electrónicos transfronterizos. A partir de 2021, el sistema EESSI se aplica en la generalidad de los Estados para transmitir información sobre la mayor parte de las materias previstas en los Reglamentos de Coordinación de Sistemas de Seguridad Social.

Base de datos sobre Sistemas de protección social (MISSOC) El MISSOC son las siglas en inglés del Sistema de Información Mutua sobre Protección Social, que ofrece acceso a información detallada, comparable y periódicamente actualizada sobre los sistemas nacionales de protección social, en inglés, francés y alemán. El MISSOC **publica** información actualizada sobre los sistemas de protección social de los Estados miembros de la UE/EEE y Suiza, que es accesible para los ciudadanos que se trasladan a otros países europeos. 2429

Papel de la Autoridad Laboral Europea respecto a los sistemas de información sobre movilidad (Rgto UE/1149/2019 art.7) La Autoridad laboral debe **facilitar** la cooperación y la agilización del intercambio de información entre los Estados miembros y apoyar el cumplimiento efectivo de las obligaciones de cooperación, incluido el intercambio de información. A tal efecto, debe ayudar las autoridades nacionales a identificar los puntos de contacto pertinentes de las autoridades nacionales en otros Estados miembros. 2431

Asimismo, la Autoridad laboral debe **fomentar** la utilización de enfoques innovadores para una cooperación transfronteriza efectiva y eficiente, y promover la posible utilización de mecanismos de intercambio electrónicos y bases de datos entre los Estados miembros, para facilitar el acceso a los datos en tiempo real y la detección del fraude, y puede sugerir posibles mejoras en el uso de estos mecanismos y bases de datos.

La Autoridad debe **proporcionar informes** a la Comisión, con vistas al mayor desarrollo de mecanismos de intercambio electrónicos y bases de datos.

5. Las inspecciones de trabajo y seguridad social

Los sistemas de inspección de trabajo y seguridad social en Europa son muy variados, cada Estado tiene un modelo propio. Puede hacerse una división global entre sistemas generalistas, que abarcan dos o más materias, y los especializados, en los que existe una inspección por cada materia. 2440

Dentro de los **países generalistas**, los sistemas español e italiano reúnen competencias sobre el control y vigilancia de la legislación laboral y de seguridad social. Los sistemas francés y portugués se basan en una inspección de trabajo con competencias de control sobre la falta de aseguramiento de los trabajadores en el sistema de seguridad social y una inspección de seguridad social que se ocupa del control de las cotizaciones y prestaciones. El modelo de una inspección de trabajo y otra de seguridad social es el que predomina en los países del este de Europa y en Bélgica.

Los países que tienen un sistema público de **seguridad social** que se financia **con cargo a impuestos**, como Irlanda, Holanda, Dinamarca, Suecia y Reino Unido, no tienen propiamente una inspección de seguridad social, sino solamente una de hacienda, mientras que la inspección de trabajo a veces se divide en dos, una dedicada al control de las condiciones de trabajo y otra al control de la seguridad y salud, como en el Reino Unido e Irlanda. Incluso en algunos de estos estados, como Dinamarca y Suecia, no hay una inspección de trabajo propiamente dicha, sino solamente una exclusivamente dedicada a la seguridad y salud en el trabajo, que en los últimos años ha ampliado sus competencias respecto al control de las declaraciones de desplazamiento transnacional.

El **sistema alemán** es especialmente peculiar, porque la inspección sobre las condiciones de trabajo de los trabajadores transnacionales, especialmente de salarios y seguridad social, se lleva desde un departamento de control financiero y trabajo negro (FKS) que se encuadra dentro de las competencias de control de aduanas del Ministerio Federal de Finanzas.

Los únicos **elementos comunes de regulación** de las inspecciones no están en la legislación comunitaria, sino en los Convenios de la OIT (en particular, Convenio OIT núm 81 y Convenio OIT núm 129, sobre inspección en la industria, comercio y agricultura). Aun así, hay ciertos aspectos relacionados con la Inspección que se abordan en las directivas de desplazamiento transnacional, que son los que a continuación se van a examinar, además de las atribuciones que son propias de la ITSS española.

a. Competencias y atribuciones de las inspecciones en desplazamientos transnacionales

2445 **Reparto de competencias entre las Inspecciones del país de acogida y el país de origen** (Dir 2014/67/UE art.7) Se establece el siguiente reparto de competencias entre las inspecciones de los Estados miembros:

1. **Inspección del Estado de acogida durante el desplazamiento**: durante el período de desplazamiento de un trabajador a otro Estado miembro, la inspección de las condiciones de empleo que se han de cumplir conforme a la Dir 96/71/CE (nº 2205) es responsabilidad de la inspección del Estado de acogida, en cooperación con la del Estado de origen cuando sea necesario. Las **comprobaciones y controles** materiales durante el desplazamiento solo pueden hacerse por la inspección del Estado de acogida durante el desplazamiento por iniciativa propia o a petición de las autoridades competentes del Estado miembro de establecimiento.
2. **Inspección del Estado de origen**: la inspección del Estado de origen continúa encargándose del seguimiento, control y adopción de las medidas de supervisión o garantía de cumplimiento necesarias con respecto a los trabajadores desplazados a otro Estado miembro, de acuerdo con el Derecho, las prácticas y los procedimientos administrativos nacionales, y ayudar a la inspección del Estado de acogida a garantizar el cumplimiento de las condiciones aplicables con arreglo a la Dir 96/71/CE.
3. **Cooperación entre ambas inspecciones**: cuando existan indicios de posibles irregularidades, los Estados miembros deben comunicar, por iniciativa propia y sin demora injustificada, toda información pertinente al Estado miembro afectado.

2447 **Obligación de aportar documentación a las inspecciones** (Dir 2014/67/UE art.9.1.b, c y d)
Las **atribuciones comunes** para las inspecciones que se realicen en todos los Estados respecto a las **empresas que se desplazan** son las siguientes:

1. Obligación de conservar o poner a disposición o de guardar **copias** en papel o en formato electrónico del **contrato de trabajo** o un documento equivalente, incluida, cuando sea adecuado o pertinente, la información adicional (nº 2568 y nº 2570), las **nóminas,** las fichas con los horarios que indiquen el comienzo, el final y la duración del trabajo diario y los comprobantes del pago de salarios, o copias de los documentos equivalentes, durante el período de desplazamiento, en un lugar accesible y claramente identificado de su territorio, como puede ser el lugar de trabajo, a pie de obra o, en el caso de los trabajadores móviles del sector del transporte, en la base de operaciones o en el vehículo en el que se presta el servicio.

2. Obligación de **entregar**, en un plazo razonable, los documentos que relaciona el apartado anterior, una vez **concluido el desplazamiento**, a petición de las autoridades del Estado miembro de acogida.

3. Obligación de proporcionar una **traducción de los documentos** mencionados a la lengua o una de las lenguas oficiales del Estado miembro de acogida o a otra u otras lenguas aceptadas por el Estado miembro de acogida, sin que sea obligatoria la traducción jurada o certificada de dichos documentos.

4. Obligación de **designar una persona** para que sirva de enlace con las autoridades competentes del Estado miembro de acogida en que se presten los servicios y para que envíe y reciba documentos o notificaciones, de ser necesario. Las declaraciones de desplazamiento de todos los Estados normalmente incluyen este aspecto.
5. Los Estados miembros deben garantizar que las empresas puedan cumplir de forma sencilla y, en la medida de lo posible, a distancia y por medios electrónicos, los procedimientos y **formalidades** relacionados con el **desplazamiento de trabajadores**, y los Estados miembros velarán por que las inspecciones y los controles del cumplimiento en virtud del presente artículo no sean discriminatorios ni desproporcionados (Dir 2014/67/UE art.9.4 y 10.2).

En la **legislación española** se establece la obligación de las empresas desplazadas de comparecer, a **requerimiento de la ITSS**, en la oficina pública designada al efecto y aportar cuanta documentación les sea requerida para justificar el cumplimiento de la normativa, incluida la documentación acreditativa de la válida constitución de la empresa (traducida al castellano o a las lenguas cooficiales de los territorios donde se vayan a prestar los servicios). Tal obligación ha de poder cumplirse a través de representante en España del empresario, para evitar la necesidad de su propio desplazamiento, que supondría una carga excesiva (L 45/1999 art.6.1). **2449**
Además, deben tener **disponibles**, en el centro de trabajo o en formato digital para su consulta inmediata, la siguiente **documentación traducida** (L 45/1999 art.6.2 y 3):
- los contratos de trabajo o la información sobre los elementos esenciales del mismo;
- los recibos de salario de cada trabajador y los comprobantes de pago;
- los registros horarios efectuados, con indicación del comienzo, el final y la duración de la jornada diaria;
- la autorización para trabajar de los nacionales de terceros países.

Esta obligación **se mantiene** durante el período de desplazamiento de los trabajadores y, una vez concluido, deberán aportar la documentación citada, siempre que sean requeridos por la ITSS.

Posibilidad de que los Estados impongan otras condiciones adicionales a la declaración **2451** Además, los Estados miembros pueden imponer **otros requisitos** administrativos y medidas de control cuando surjan situaciones o nuevos elementos que permitan suponer que los requisitos administrativos y medidas de control existentes resultan insuficientes o ineficaces para garantizar la supervisión efectiva del cumplimiento de las obligaciones legales, siempre que estén justificados y sean proporcionados.
El **Estado miembro de destino** de la prestación de servicios puede realizar **comprobaciones** tendentes a determinar si la empresa prestadora lleva a cabo verdaderamente actividades sustantivas que no sean puramente administrativas o de gestión interna. A tal efecto, las autoridades competentes deben realizar una **evaluación global** de todos los **elementos fácticos** que, teniendo en cuenta un marco temporal amplio, caracterizan las actividades que lleva a cabo la empresa en el Estado miembro de establecimiento y, cuando sea necesario, en el Estado miembro de acogida (nº 2568). Estos elementos **pueden incluir**, en particular, los siguientes:
1. Lugar donde la empresa tiene su domicilio social y su sede administrativa, ocupa espacio de oficina, paga sus impuestos y cotizaciones a la seguridad social y, si procede, posee una licencia profesional o está registrada en las cámaras de comercio o los colegios profesionales pertinentes, de acuerdo con la normativa nacional.
2. Lugar donde se contrata a los trabajadores desplazados y lugar desde el que se les desplaza.
3. Derecho aplicable a los contratos que celebra la empresa con sus trabajadores, por un lado, y con sus clientes, por otro.
4. Lugar donde la empresa realiza su actividad empresarial fundamental y donde emplea personal administrativo.
5. Número de contratos celebrados o volumen de negocios obtenido en el Estado miembro de establecimiento, o ambos, teniendo en cuenta la situación específica de, entre otras, las empresas y PYMEs de reciente creación.

b. Cooperación interestatal entre inspecciones para investigar posibles infracciones

Solicitudes de información entre Estados sobre desplazamientos transnacionales vía IMI **2460** (Dir 2014/67/UE art.6 y 7; L 45/1999 art.9.3) Los Estados miembros deben cooperar estrechamente y prestarse **asistencia mutua** sin demoras injustificadas para facilitar la implementación, aplicación y garantía de cumplimiento en la práctica de las Directivas sobre desplazamiento transnacional de trabajadores.

La cooperación de los Estados miembros consiste, en particular, en **responder** a las **peticiones motivadas de información** que formulen las autoridades competentes y en la comprobación, inspección e investigación en relación, entre otras, con el salario, la jornada y las condiciones de seguridad y salud en el trabajo (Dir 96/71/CE art.3; L 45/1999 art.3).

La obligación de responder a esas peticiones de información **incluye**:

1. La **investigación** del incumplimiento o abuso de las normas aplicables sobre el desplazamiento de trabajadores.

2. El **envío y notificación** de documentos.

3. Obtener esta información **requiriendo a las empresas desplazadas**, ya que, para responder a una petición de asistencia de las autoridades competentes de otro Estado miembro, los Estados miembros deben garantizar que los prestadores de servicios establecidos en su territorio comuniquen a sus autoridades competentes toda la información necesaria para la supervisión de sus actividades, de conformidad con sus respectivas normativas nacionales. Los Estados miembros deben adoptar las medidas oportunas en caso de que no se facilite dicha información.

4. Los Estados miembros deben garantizar que los **registros** en los que se haya incluido a los prestadores de servicios y que puedan consultar las autoridades competentes en su territorio puedan **ser consultados**, en las mismas condiciones, por las autoridades competentes equivalentes de los demás Estados miembros, siempre que los Estados miembros hayan incluido esos registros en el IMI.

5. Las autoridades competentes del Estado miembro de acogida pueden igualmente pedir a las autoridades competentes del Estado miembro de establecimiento, en relación con cada prestación o con cada prestador de servicios, que les faciliten información acerca de la **legalidad del establecimiento del prestador de servicios** y de su buena conducta, así como de la ausencia de infracciones de las normas aplicables.

2462 **Principios y plazos para ejecutar la cooperación entre las administraciones de los Estados** (Dir 2014/67/UE art.6.5 y 6) Si un Estado miembro tiene **dificultades** para satisfacer una petición de información o realizar las comprobaciones, inspecciones o investigaciones solicitadas, debe informar sin demora al Estado miembro peticionario para buscar una solución. En caso de problemas persistentes con el intercambio de información o de un rechazo permanente a facilitar información, la Comisión, tras ser informada, en su caso, a través del IMI, adopta las medidas oportunas.

Los Estados miembros deben **facilitar la información** solicitada por otros Estados miembros o por la Comisión por vía electrónica, dentro de los **plazos** siguientes:

1. Casos **urgentes** que exijan la consulta de registros, como los relativos a la confirmación del registro del IVA a efectos de comprobar un establecimiento en otro Estado miembro: lo antes posible y hasta un máximo de 2 días hábiles a partir de la recepción de la solicitud. Debe indicarse claramente el motivo de la urgencia, junto con datos que la justifiquen.

2. Demás solicitudes de información: 25 días hábiles como máximo a partir de la recepción de la petición, salvo que los Estados miembros convengan de común acuerdo un plazo más corto.

2464 **Condiciones para llevar a cabo la cooperación entre Estados** (Dir 2014/67/UE art.6.8 y 10; L 45/1999 art.9.4) Son las siguientes:

1. Protección de **datos personales**: los Estados miembros deben garantizar que la información intercambiada se utilice únicamente en relación con los asuntos para los que se haya solicitado. Este intercambio debe ajustarse a la legislación sobre protección personal de datos.

2. Carácter **gratuito**: la cooperación y asistencia mutuas a nivel administrativo se prestan gratuitamente.

3. Actuaciones propias por el **país receptor de la petición**: la presentación de una solicitud de información no impide que las autoridades competentes adopten medidas al amparo del Derecho interno o de la Unión aplicables, con el fin de investigar y prevenir presuntas infracciones.

2466 **Cooperación de las autoridades españolas** Para un eficaz ejercicio de las competencias administrativas, se establecen algunas normas en **materia de cooperación interestatal** (L 45/1999 art.9).

En efecto, la **autoridad laboral y la ITSS**, en el ámbito de sus respectivas competencias pueden dirigirse y recabar la cooperación y asistencia que necesiten, para el eficaz ejercicio de sus competencias, a las administraciones públicas de otros Estados miembros del EEE a las que corresponda la información y la vigilancia del cumplimiento de las condiciones mínimas de trabajo ya mencionadas.

A la recíproca, la autoridad laboral y la ITSS han de prestar la cooperación y asistencia que puedan recabar para el eficaz ejercicio de sus competencias a las Administraciones públicas de tales Estados a las que corresponda la información y la vigilancia del cumplimiento de las condiciones de trabajo.
La **cooperación y asistencia** consisten, en particular, en que las inspecciones competentes puedan formular y responder a peticiones justificadas de información respecto al desplazamiento de trabajadores en el marco de prestaciones de servicios transnacionales, incluidos los casos de abuso manifiesto y de actividades transnacionales presuntamente ilegales, y en la cooperación de las autoridades en el cobro de sanciones administrativas en la forma prevista por la Dir 2014/67/UE art.13 s. y la L 45/1999 disp.adic.7ª, que todavía se encuentra pendiente de desarrollo reglamentario.
La cooperación y la asistencia administrativa se prestan **gratuitamente** y pueden incluir el envío y notificación de documentos. El tratamiento automatizado de datos personales a que pudiera dar lugar la aplicación de la presente ley se sujeta a la legislación sobre **protección de datos** de carácter personal (LO 3/2018 redacc L 11/2023).
Sobre la **cooperación administrativa internacional** para favorecer la actuación de la Inspección de trabajo a través del Sistema de Información del Mercado Interior (Sistema IMI), se contemplan criterios técnicos en ITSS Criterio Técnico 97/2016. Tales criterios han sido recogidos, desde el 27-2-2017, en la normativa reguladora de esta materia (L 45/1999 disp.adic.7ª).

Cooperación de la Inspección de Trabajo y Seguridad Social española La normativa reguladora de la ITSS establece las normas que rigen la cooperación de la ITSS con las inspecciones de otros Estados Europeos. Son las siguientes: **2468**
1. **Regulación** de la cooperación. La colaboración de las autoridades de los Estados miembros de la UE con competencias equivalentes a las de la ITSS se rige por la normativa de la UE o por los instrumentos o acuerdos bilaterales o multilaterales de los que sea parte el Estado Español (L 23/2005 art.16.11).
2. **Posibilidad de realizar visitas conjuntas** con otras Inspecciones y organismos públicos. Los Inspectores tienen la facultad de hacerse acompañar en las visitas de inspección por el empresario o su representante, los trabajadores o sus representantes y por los peritos y técnicos de la empresa o de sus entidades asesoras que estimen necesario para el mejor desarrollo de la función inspectora, así como por peritos o expertos pertenecientes a la Administración Pública española, de otros Estados miembros de la UE y EEE, de la autoridad laboral europea u otras personas habilitadas oficialmente (L 23/2015 art.13.2).
3. **Valor probatorio** de los **hechos comprobados por inspecciones europeas**: Los hechos comprobados por dichas autoridades en el ámbito de la cooperación administrativa internacional que sean facilitados a las autoridades españolas pueden ser aducidos como prueba por la ITSS en los procedimientos iniciados por esta y son tenidos por ciertos, salvo prueba en contrario de los interesados (L 23/2015 art.16.11).
4. **Remisión de datos e información a otras inspecciones**: La ITSS debe prestar ayuda y colaboración a las autoridades de otros Estados de la UE con competencias equivalentes, mediante la remisión de datos e información relativas al ejercicio de sus funciones inspectoras. Asimismo, puede cooperar con las autoridades de otros Estados, cuando así esté previsto en los convenios y tratados en los que España sea parte (L 23/2015 art.17.4).
5. **Utilización de datos remitidos por otras autoridades europeas**. Igualmente, la ITSS puede actuar mediante comprobación de datos o antecedentes que obren en las Administraciones públicas. A tal efecto, puede utilizar los datos o antecedentes que le suministren otras Administraciones públicas de la UE (L 23/2015 art.21.2).
6. **Remisión de información sobre posibles infracciones** a otros Estados. En los supuestos en que la actuación inspectora afecte a empresas establecidas en otros Estados miembros de la UE y los hechos comprobados sean sancionables por el Estado miembro de origen de la empresa, estos hechos pueden ponerse en conocimiento de la autoridad competente del Estado miembro de origen para que inicie el procedimiento sancionador, sin perjuicio de que pueda adoptar otras medidas que considere pertinentes (Dir 2014/67/UE art.7.4; L 23/2015 art.22.15).
7. **Adopción de decisiones** en el ámbito de la UE. Corresponde al Consejo Rector adoptar propuestas en relación con la posición estatal en materia de Inspección de Trabajo y Seguridad Social en el ámbito europeo, y la ejecución de las acciones y programas que impulse la UE y la cooperación administrativa transnacional (L 23/2015 art.29.2); y al Director del OEITSS ejercer la representación del sistema español de ITSS en las instituciones y foros internacionales, así como de la UE, sin perjuicio de la participación de las comunidades autónomas en la forma que se determine (L 23/2015 art.31.3).

c. Infracciones y sanciones administrativas en materia de desplazamientos transnacionales

2475 **Sistemas sancionadores en los Estados miembros** Los sistemas sancionadores de los Estados miembros también presentan muchas variaciones.
En la actualidad, la mayor parte de los Estados ha optado por la prevalencia de **sistemas sancionadores administrativos** sobre los penales, por ser más rápidos y eficaces. Tal es el caso de Alemania, Austria, Portugal, Italia, España, Holanda, Bélgica, etc. Los Estados en que las sanciones son exclusivamente penales son Malta, Chipre e Irlanda.

2477 **Infracciones y sanciones en el orden social en España** (L 45/1999 art.8; LISOS art.2.11 y 10)
Respecto al régimen de la tutela administrativa, se recoge en la LISOS, donde se definen los sujetos responsables de la infracción y las infracciones de las obligaciones de sujetos responsables; recogiéndose ahí la regulación contenida inicialmente en la L 45/1999, a excepción de las limitaciones de contratación con la Administración Pública, cuya vigencia se ha mantenido (L 45/1999 art.14).
Son **sujetos responsables de la infracción** los empresarios en el ámbito de aplicación de la normativa reguladora del desplazamiento de trabajadores en el marco de una prestación de servicios transnacional, respecto de las obligaciones establecidas en esta normativa. (LISOS art.2.11).
Las **infracciones** son las siguientes (LISOS art.10):
1. Respecto de la **comunicación del desplazamiento**, constituyen:
a) Infracciones **leves**:
- los defectos formales de la comunicación de desplazamiento de trabajadores a España en el marco de una prestación de servicios transnacional, en los términos legalmente establecidos;
- no dar cuenta de los accidentes de trabajo y enfermedades profesionales que tengan la calificación de leves.
b) Infracciones **graves**:
- la presentación de la comunicación de desplazamiento con posterioridad a su inicio;
- no incluir en la comunicación del desplazamiento los datos identificativos y de contacto del representante en España de la empresa para el envío y recepción de documentos y para los procedimientos de información, consulta y representación de los trabajadores desplazados a España;
- no tener disponible en España la documentación relativa al desplazamiento;
- no dar cuenta de los accidentes de trabajo y enfermedades profesionales que tengan la calificación de graves, muy graves o mortales;
- no presentar la documentación requerida por la ITSS o presentar alguno de los documentos sin traducir.
c) Infracciones **muy graves**:
- la ausencia de comunicación de desplazamiento, así como la falsedad o la ocultación de los datos contenidos en la misma;
- el desplazamiento fraudulento de trabajadores por empresas que no desarrollan actividades sustantivas en su Estado de establecimiento, así como el desplazamiento fraudulento de personas trabajadoras que no desempeñen normalmente su trabajo en el Estado Miembro de origen.
2. Respecto a las **condiciones de trabajo**, constituye infracción administrativa: no garantizar a los trabajadores desplazados a España, cualquiera que sea la legislación aplicable al contrato de trabajo, las condiciones de trabajo previstas por la legislación laboral española, las disposiciones reglamentarias para su aplicación y los convenios colectivos y laudos arbitrales aplicables en su lugar y en el sector o rama de la actividad de que se trate.
La tipificación de dichas infracciones, su calificación como **leves, graves o muy graves**, las sanciones y los criterios para su graduación deben ajustarse a lo dispuesto en la LISOS.
3. Asimismo, se considera infracción administrativa la **obstrucción a la labor inspectora** en orden a la vigilancia del cumplimiento de la L 45/1999.
La ITSS actualizó sus criterios y reglas de actuación para comprobar que se está ante un auténtico desplazamiento efectuado por una empresa real (ITSS Criterio Técnico num. 97/2016 15-6-2016); tales criterios han sido recogidos, desde el 27-2-2017, en la normativa reguladora de esta materia (L 45/1999 art.8 bis).

Precisiones Se ha considerado **infracción grave** que ciertos trabajadores desplazados temporalmente en España tengan condiciones de trabajo salariales inferiores a las establecidas en el sector de la construcción para su grupo o categoría profesional. Se impone la **sanción en su grado máximo**, ya que los perjuicios ocasionados por esta infracción son superiores en el caso de trabajadores extranjeros, normalmente en mayor situación de indefensión (JS Vitoria núm 1, 9-5-05, EDJ 108967).

Responsabilidad en el cobro de salarios y cotizaciones sociales en los supuestos de subcontratación (Dir 2014/67/UE art.12) Los Estados miembros pueden adoptar medidas para que, en las **cadenas de subcontratación**, el trabajador desplazado pueda hacer responsable al contratista del que sea subcontratista directo el empleador o prestador de servicios, además de al empleador, o en su lugar, respecto a cualquier remuneración neta pendiente correspondiente a las cuantías de salario mínimo o a las cotizaciones adeudadas a fondos o instituciones comunes de los interlocutores sociales en la medida en que les sea aplicable la Dir 96/71/CE art.3. 2479

En lo que respecta al **sector de la construcción** (Dir 96/71/CE anexo), los Estados miembros están obligados a establecer medidas que garanticen que, en las cadenas de subcontratación, los trabajadores desplazados puedan hacer responsable del respeto de sus derechos salariales al contratista del que el empleador sea subcontratista directo, además de al empleador o en su lugar. Todo ello sin perjuicio de que los Estados puedan ampliar esta responsabilidad a otros supuestos y otros sectores con medidas más efectivas (Dir 2014/67/UE art.12.4 y 6).

Esta **responsabilidad** está **limitada** a los derechos de los trabajadores adquiridos en el marco de la relación contractual entre el contratista y su subcontratista, y los Estados miembros pueden eximir de responsabilidad al contratista que haya actuado con la diligencia debida conforme al Derecho nacional.

En la **legislación española**, esta responsabilidad se encuentra garantizada por el ET art.42 y la LGSS art.142 y comprende a todos los sectores productivos sin excepción.

Asistencia mutua para la notificación y el cobro de sanciones administrativas (Dir 2014/67/UE art.6.6 y 13 a 19) Las **peticiones de información** deben incluir la relativa al posible cobro de sanciones y multas administrativas o a la notificación de decisiones que impongan las sanciones y multas. 2481

Desde el 27-5-2017, la **notificación y ejecución transfronteriza** de las sanciones pecuniarias y multas administrativas impuestas a una empresa establecida en un Estado miembro de la UE o del EEE que desplaza trabajadores en el marco de una prestación de servicios transnacional a otro de tales Estados, por el incumplimiento de las normas aplicables en materia de desplazamiento de trabajadores, está sujeta a los principios de reconocimiento y asistencia mutuos y se realiza a través del **Sistema de Información del Mercado Interior** (IMI) (L 45/1999 disp.adic.7ª).

A través del mencionado sistema, cabe solicitar a otro Estado miembro la notificación y ejecución de las sanciones españolas en materia de desplazamiento, pudiendo España recibir solicitudes, en igual sentido, por parte de otros Estados miembros. Sobre estas cuestiones hay que hacer las siguientes **precisiones**:

1. Está prevista la aprobación de un reglamento de desarrollo nacional que podrá designar una **autoridad central responsable** de la transmisión y recepción administrativa de las peticiones y de ayudar a las autoridades laborales competentes para la notificación y ejecución de las sanciones.

2. Las autoridades españolas que reciban una petición, a través del sistema IMI, desde otro Estado miembro, para que notifiquen o cobren la sanción administrativa que allí impusieron a través del sistema IMI, han de reconocerla y proceder a su notificación y cobro sin más formalidad. Solo existen los siguientes **motivos de denegación**:

- que se demuestre claramente por la autoridad española, a través de una investigación, que los costes o recursos necesarios para el cobre de la sanción o multa son desproporcionadas en relación al importe a cobrar o las dificultades que van a suponer;
- que el total de la sanción o multa sea inferior a 350 €;
- que la ejecución de la sanción implique vulneración de derechos fundamentales y libertades públicas de los sancionados o viole normas de derecho necesario.

3. Cabe la **notificación y ejecución transfronteriza** de las siguientes **sanciones pecuniarias o multas administrativas** (incluidas tasas y recargos), incluidas las confirmadas tras su impugnación administrativa o judicial:

- las impuestas por las autoridades españolas sobre derechos de información y consulta de los trabajadores en las empresas y grupos de empresas de dimensión comunitaria (LISOS art.10);
- las que impongan otros Estados miembros y se comuniquen a través del sistema IMI sobre incumplimiento de las normas nacionales que incorporaron la Dir 96/71/CE y la Dir 2014/67/UE.

4. No se aplica el sistema de notificación y ejecución transfronteriza respecto de resoluciones penales, incluidas las sanciones pecuniarias.

5. Los **importes cobrados** en concepto de ejecución de las sanciones y multas administrativas se devengan a favor de la autoridad competente española o del Estado miembro de la UE o del EEE que haya llevado a cabo la ejecución de la sanción.

2483 **Asistencia mutua en el cobro de sanciones pecuniarias penales** (Decisión Marco 2005/214/JAI) La Decisión Marco 2005/214/JAI, relativa a la aplicación del **principio de reconocimiento mutuo de sanciones pecuniarias**, ha regulado la cooperación en el cobro de sanciones. Su **ámbito** se refiere a las **resoluciones firmes** por la que se exija el pago de una **sanción pecuniaria** a una persona física o jurídica, cuando procedan de una autoridad del Estado de emisión distinta de un órgano jurisdiccional, respecto de hechos punibles con arreglo al Derecho nacional del Estado de emisión, por constituir infracción de normas legales, siempre que la persona afectada haya tenido la oportunidad de que su caso sea juzgado por un órgano jurisdiccional que tenga competencia, en particular, en asuntos penales.

Solamente en Alemania las sanciones administrativas pueden ser objeto de apelación ante la jurisdicción penal. En los demás Estados, la **apelación** se produce ante otras jurisdicciones civiles, laborales o contencioso administrativas. En **España**, la transposición de esta recomendación se ha producido por la L 23/2014, de reconocimiento mutuo de resoluciones penales en la UE, y únicamente contempla la ejecución de las sanciones pecuniarias impuestas por **órganos de la jurisdicción penal**, excluyendo claramente las sanciones administrativas.

No obstante, el **TJUE** considera que la Decisión marco debe **interpretarse** en el sentido de que ha de considerarse que una persona ha tenido la oportunidad de que su caso sea juzgado por un órgano jurisdiccional que tenga competencia, en particular, en asuntos penales, cuando, antes de interponer su recurso, ha debido agotar un procedimiento administrativo previo. Este órgano jurisdiccional debe tener plena competencia para examinar el asunto en lo que atañe tanto a la apreciación jurídica como a las circunstancias de hecho (TJUE 14-11-13, asunto Marián Baláz C-60/12). Con esta nueva jurisprudencia, anterior a la aprobación de la Dir 2014/67/UE, cabe la ejecución de prácticamente todas las sanciones administrativas mediante la Decisión Marco 2005/214/JAI, y por eso algún Estado, como Alemania, ha optado por no transponer esta Directiva, puesto que con la Decisión Marco anterior ya hay cobertura suficiente para proceder al cobro transfronterizo de sanciones administrativas en materia de desplazamientos, e incluso también de otras que excedan de este ámbito concreto.

Todo esto hace bastante más complicado este asunto, ya que, por un lado, estos dos instrumentos legales no son iguales ni equiparables. Cada uno de ellos tiene su **propio ámbito**: el de la Decisión Marco es más general, y el de la Directiva solamente se refiere a multas en los desplazamientos. Y además, cada instrumento sigue un **procedimiento distinto** y la regulación en cuanto a la recaudación es también diferente. Así se ilustra en el siguiente **cuadro**:

	Decisión Marco	Directiva
Valor Jurídico	Los Estados están obligados a tomar medidas para su aplicación dentro de un plazo	Armonizar legislaciones Se precisa su transposición al ordenamiento del Estado miembro en un plazo cierto
Ámbito	Hay un listado, pero el mismo es abierto La inclusión del orden social estaría implícita en el último apartado del art. 5.1 y en el art. 5.3 Ejecución de sanciones administrativas y penales	Desplazamiento transnacional de trabajadores en el ámbito de la UE/EEE Incluye la notificación y ejecución de sanciones administrativas
Transmisión de Resoluciones	Resolución de la Autoridad competente junto con el Certificado de la Decisión	A través del IMI (art.14)
Recaudación	Revierte en el Estado de ejecución de la multa	Revierte en el Estado de ejecución de la multa
Cuantía Mínima de la multa	70 €	350 €
Requisitos	Firmeza de la resolución Reciprocidad en la tipificación y cuantía de la infracción en ambas legislaciones	Firmeza de la resolución

Precisiones Hay Estados que todavía no han transpuesto la Decisión Marco y otros, como Alemania, que han decidido no transponer la Directiva en lo relativo a este aspecto. Además, otros Estados, como **España**, han considerado en su norma de aplicación que la Decisión Marco solo se refiere a las sanciones pecuniarias que dictan los órganos de la jurisdicción penal.

d. Papel de la Autoridad Laboral Europea en relación con las inspecciones de los Estados

Apoyo a la cooperación entre las Inspecciones de los Estados (Dir 2014/67/UE art.8; Rgto UE/1149/2019 art.7) Se han establecido medidas de acompañamiento para tratar de asegurar por parte de la **Comisión Europea** la cooperación entre los Estados miembros respecto a la colaboración en la investigación de infracciones y el cobro de sanciones administrativas. Como consecuencia de ello, la **Autoridad Laboral Europea** tiene las siguientes **funciones**: 2490

1. Facilitar, a petición de uno o más Estados miembros, el seguimiento de las solicitudes y los intercambios de información entre autoridades nacionales, prestando apoyo logístico y técnico, incluidos servicios de traducción e interpretación, y mediante intercambios sobre la situación de los asuntos.

2. Promover, compartir y contribuir a la difusión de las mejores prácticas entre los Estados miembros.

3. Facilitar y apoyar, cuando proceda y a petición de uno o más Estados miembros, los procedimientos transfronterizos de ejecución relativos a sanciones y multas en el ámbito de aplicación.

4. Informar dos veces al año a la Comisión sobre las solicitudes no resueltas entre Estados miembros, que debe considerar someter o no dichas solicitudes a mediación (Rgto UE/1149/2019 art.13.2).

Además, a petición de uno o más Estados miembros y en el desempeño de sus tareas, la Autoridad debe **proporcionar información** para apoyar al Estado miembro de que se trate en la aplicación efectiva de los actos de la Unión relativos a los ámbitos que son competencia de la Autoridad, y fomentar la utilización de herramientas y procedimientos electrónicos para el intercambio de mensajes entre las autoridades nacionales, incluido el sistema de Información del Mercado Interior (IMI).

Asimismo, la Autoridad, en cooperación con los Estados, debe **analizar los datos e información** sobre movilidad laboral, hacer revisión de la información inter pares entre los Estados con el propósito final de racionalizar las actividades de recogida de datos y evitar duplicaciones (Rgto UE/1149/2019 art.10).

Coordinación y apoyo de las inspecciones concertadas y conjuntas (Rgto UE/1149/2019 art.8 y 9) Se prevé la coordinación y el apoyo de la Autoridad Laboral Europea a las inspecciones concertadas y conjuntas. 2492

Las **inspecciones concertadas** son las que se realizan simultáneamente en dos o más Estados miembros con respecto a casos relacionados, actuando cada autoridad nacional en su propio territorio y con el apoyo, cuando proceda, del personal de la Autoridad. Serán conjuntas las realizadas en un Estado miembro con la participación de las autoridades nacionales de otro u otros Estados miembros y con el apoyo, cuando proceda, del personal de la Autoridad. Sobre estas inspecciones se mantiene la absoluta confidencialidad.

La **iniciativa** puede ser de un Estado miembro o de la propia Autoridad. En cualquier caso, se requiere el acuerdo previo de todas las partes interesadas. En dicho acuerdo deben establecerse los términos y las condiciones de realización de dicha inspección, incluidos el ámbito y la finalidad de la inspección, y, cuando proceda, toda disposición relativa a la participación del personal de la Autoridad.

La **legislación aplicable** a las inspecciones concertadas y conjuntas es la de las inspecciones o las prácticas de los Estados miembros a los que atañen. El **seguimiento** de las inspecciones debe llevarse a cabo en de conformidad con la legislación o las prácticas de los Estados miembros en cuestión. Estas inspecciones deben llevarse a cabo de manera eficiente desde el punto de vista operativo y, con este fin, en el acuerdo de inspección los Estados miembros han de atribuir a los funcionarios de otro Estado miembro que participen en tales inspecciones una función y un estatus adecuado, de conformidad con la legislación o las prácticas del Estado miembro en el que se efectúe la inspección.

Si los Estados miembros lo solicitan, la Autoridad debe **proporcionar apoyo** conceptual, logístico y técnico y, cuando proceda, asesoramiento jurídico, incluidos servicios de traducción e interpretación, a los Estados miembros que las lleven a cabo. El personal de la Autoridad puede asistir a las inspecciones como observadores, prestar apoyo logístico y participar en una inspección concertada o conjunta con el acuerdo previo del Estado miembro en cuyo territorio preste su ayuda a la inspección, de conformidad con la legislación o las prácticas del Estado miembro.

La **información recogida** en el marco de inspecciones concertadas o conjuntas puede utilizarse como prueba en actuaciones judiciales en los Estados miembros afectados, de conformidad con la legislación o las prácticas del Estado miembro de que se trate.

El **Estado** que decida **no participar** en estas Inspecciones debe informar a las demás partes de las razones de su decisión y de las medidas que piensa adoptar al respecto. La Autoridad puede sugerir que el Estado miembro que no haya participado en la inspección concertada o conjunta realice su propia inspección de forma voluntaria.

6. Creación de capacidades

2500 Dentro del concepto de creación de capacidades (capacity building) se encuentran las **actividades** que se llevan a cabo desde la Comisión Europea para:
- favorecer la relación entre las administraciones de los Estados miembros;
- el intercambio de experiencias, la formación de funcionarios;
- el establecimiento acordado y voluntario de directrices y las acciones públicas de sensibilización sobre sus políticas ante la población en general.

Para llevar a cabo estas acciones, se han establecido **comités, grupos, fundaciones** y plataformas.

A continuación se describen las más destacadas.

2502 **Comité de Altos Responsables de la Inspección de Trabajo (SLIC)** (Decisión 95/319/CE) El SLIC (Senior Labour Inspector's Committee o Comité Europeo de Altos Responsables de la Inspección de Trabajo) es un **órgano consultivo** de la Comisión Europea en materia de Seguridad y Salud.

Está **compuesto por** los dirigentes de las inspecciones de trabajo competentes en materia de seguridad y salud en el trabajo de los Estados de la UE.

Las **funciones** de este comité son:
- desarrollar campañas y acciones conjuntas de las inspecciones europeas en esta materia de forma periódica;
- emitir guías sobre la acción inspectora en distintas materias (exposición a la sílice, humos de soldadura, prevención de trastornos músculo esqueléticos, evaluación de riesgos psicosociales y gestión de la igualdad y diversidad en la prevención).

El Comité ha publicado una **guía** sobre control de la aplicación transfronteriza de normas (cross-border enforcement) en los distintos Estados de la UE/EE, que se encuentra disponible a través de este enlace en la **página web del SLIC** en la Comisión Europea (SLIC library of documents): https://ec.europa.eu/social/main.jsp?catId=148&intPageId=685&langId=es.

2504 **Plataforma para el trabajo no declarado** (Rgto UE/1149/2019 art.12) Esta plataforma, creada en 2016, tiene idénticos objetivos y modo de funcionamiento que el SLIC, pero referida al «trabajo no declarado». Este término carece de referencias legales en el ámbito comunitario que, en términos generales, **comprende** todas las formas de fraude y evasión de impuestos y cotizaciones de la seguridad social relacionados con la actividad laboral por cuenta propia o ajena.

La Plataforma, a diferencia del SLIC, **se integra** en la organización de la Autoridad Laboral Europea. Sus f**unciones principales** son las siguientes:

1. Refuerzo de la cooperación entre las autoridades competentes de los Estados miembros y demás agentes involucrados, a fin de luchar de forma más eficaz y eficiente contra el trabajo no declarado en sus distintas formas y contra el trabajo falsamente declarado asociado a este, incluido el falso trabajo por cuenta propia.

2. Mejora de la capacidad de las distintas autoridades y agentes competentes de los Estados miembros para luchar contra el trabajo no declarado respecto de los aspectos transfronterizos.

3. Aumento de la concienciación de la opinión pública sobre las cuestiones relacionadas con el trabajo no declarado y la necesidad urgente de actuaciones adecuadas.

2506 **Creación de capacidades desde la Autoridad Laboral Europea** (Rgto UE/1149/2019 art.1.4) La Autoridad Laboral Europea puede promover la coordinación de las intervenciones de los Estados dentro de su ámbito de competencias con el **objetivo** de armonizar sus actuaciones sobre una determinada materia. A tal efecto, puede:
- elaborar **orientaciones comunes** no vinculantes para los Estados y los interlocutores sociales sobre inspecciones de dimensión transfronteriza y definiciones compartidas y conceptos comunes.
- llevar a cabo **acciones de ayuda mutua**, de intercambio y difusión de experiencias entre autoridades nacionales y elaborar programas de formación destinados a inspecciones de trabajo.
- promover **campañas de sensibilización** para informar a personas y empleadores sobre sus derechos y obligaciones.

7. Mediación en los conflictos entre los Estados

Conflictos por fraude en los desplazamientos. Empresas buzón La normativa de la UE en materia de desplazamiento, además de tener una finalidad tuitiva respecto de los derechos de los trabajadores, también trata de evitar la competencia desleal, a través del denominado **dumping social** (Dir 96/71/CE exp. motivos Considerando 5º). 2515

El mayor supuesto de fraude en los desplazamientos transnacionales es el relativo a las **empresas buzón**, que son aquellas que se registran en un Estado, pero desarrollan su actividad en otro u otros Estados con fines fraudulentos, normalmente la elusión del pago de impuestos, cotizaciones de seguridad social y salarios del país en el que se presta realmente servicios. Las empresas buzón normalmente se crean artificialmente en países de menor coste social y desarrollan su actividad en países de mayor coste.

La acción de las instituciones europeas trata de evitar la **competencia desleal** que pueden realizar las empresas que se hayan establecido en un Estado con menores exigencias en materia social (cuotas de Seguridad Social o salarios más bajos) a los solos efectos de reclutar personal para ser enviado a otros Estados miembros, al amparo de la libre prestación de servicios o trabajadores (Tratado FUE art.56 y 45 s.).

Existen normas para evitar en lo posible esta distorsión en el **marco laboral**, con la aplicación obligada, siempre que sea más favorable, de la normativa laboral del Estado de acogida o destino de la prestación de servicios respecto de ciertas materias -como el salario mínimo o la norma de prevención-, impidiendo que se obtenga esa ventaja comparativa.

Por su parte, en el marco de la **normativa de Seguridad Social**, se limita temporalmente la aplicación de la normativa de Seguridad Social del Estado de origen y se exige que la empresa que desplaza venga realizando actividades mercantiles sustanciales y reales en el Estado miembro donde está instalada y desde donde desplaza, así como que tenga incluido en el sistema de Seguridad Social de origen al trabajador que pretende desplazar (Rgto CE/883/2004 art.12; Rgto CE/987/2009 art.14.1; Decisiones CACSS A2 y A3, DOUE 24-2-10).

Los **criterios para distinguir la presencia** real de las empresas en el Estado miembro de establecimiento son variados, pues, además de la verificación de la **actividad real** en ese Estado mediante la comprobación del volumen de contratos o servicios realizados en el país de origen, debe verificarse que el **personal de que dispone** en su país no sea solo de carácter administrativo o gestor. Así, por ejemplo, se ha valorado la realización habitual de «**una actividad sustancial**» en el Estado miembro de establecimiento y la existencia de una sede social real y suficiente, con personal no solo de carácter administrativo o gestor, en un caso en que se discutía sobre la licitud de las condiciones que imponía la legislación británica para la matriculación e inscripción en sus registros nacionales de barcos de pesca (TJCE 2-7-91, Asunto Factortame C-221/89). En esta sentencia, el Tribunal de Justicia afirma que el concepto de establecimiento implica el ejercicio efectivo de una actividad económica por medio de una instalación permanente, por lo que la simple matriculación de un buque no implica la existencia de establecimiento.

En ocasiones, las empresas buzón **carecen de patrimonio propio** y se constituyen con el único fin de realizar prestamismo laboral, dejando con frecuencia desamparados a los trabajadores que se desplazan sin hacer el pago de sus salarios. Su **persecución concertada** por los Estados afectados aún no se ha desarrollado con eficacia y su incumplimiento de las normas laborales (incluidas las de prevención de riesgos laborales) suele ser generalizado. Para contribuir eficazmente al control de estas empresas, se ha creado la Autoridad Laboral Europea.

En todo caso, la lucha contra el fraude de las empresas buzón debe tener como premisa la voluntad de los Estados de combatir esta forma de fraude y no tratar de beneficiarse de ella. El «**principio de cooperación leal**» entre los Estados es el que debe prevalecer en sus relaciones para el control de estas empresas (TJUE 6-2-18, asunto Altun C-35916).

Conciliación ante la Comisión Administrativa de Coordinación de los Sistemas de Seguridad Social (Rgto CE/987/2009 art.5; Decisión CACSS A1) En caso de **discrepancia entre los Estados miembros** sobre la validez de un documento o la exactitud de los justificantes acerca de la situación de una persona, o acerca de la determinación de la legislación aplicable, se establece un **procedimiento** de diálogo previo y posterior conciliación ante la Comisión Administrativa de Coordinación de los Sistemas de Seguridad Social, en la que se distinguen las siguientes fases: 2517

1. **Primera fase** del procedimiento de diálogo. En esta fase, la institución solicitante se pone en contacto con la institución solicitada para que le dé las explicaciones necesarias acerca de su decisión y, en su caso, retire o declare nulo el documento en cuestión, o bien revise o anule su decisión. A tal efecto:

a) La **institución solicitante** debe justificar su petición, indicando la aplicabilidad de la presente Decisión y presentando los justificantes que dan pie a la solicitud. También debe precisar quién es su persona de contacto durante esta primera fase del procedimiento de diálogo.

b) La **institución solicitada** debe acusar recibo de la solicitud por correo electrónico o fax sin demora, esto es, como muy tarde 10 días laborables después de la recepción de la solicitud, indicando también quién es su persona de contacto durante la primera fase del procedimiento de diálogo.

c) La institución solicitada debe informar a la solicitante del **resultado de su investigación**, a más tardar 3 meses después de la recepción de la solicitud. Se establecen las siguientes **posibilidades**:

- que la decisión original sea **confirmada o anulada**, o el documento es retirado o declarado nulo: la institución solicitada debe informar a la institución solicitante. También se debe notificar su decisión, así como los procedimientos aplicables para recurrirla con arreglo a la legislación nacional, a la persona en cuestión y, en su caso, a su empleador;
- que la institución solicitada **no pueda concluir su investigación** en el plazo de 3 meses, debido a la complejidad del caso o a que la verificación de algunos datos exija la intervención de otra institución: puede ampliar el plazo un máximo de 3 meses. La institución solicitada debe informar a la institución solicitante de la ampliación del plazo lo antes posible, como muy tarde una semana antes de la expiración del plazo inicial, justificando los motivos del retraso y dando un plazo indicativo para la conclusión de la investigación.

En circunstancias muy excepcionales, los Estados miembros en cuestión pueden aceptar que **no se apliquen** los **plazos** anteriores, a condición de que, dadas las circunstancias individuales, su ampliación esté justificada, sea proporcionada y esté limitada en el tiempo.

2519 2. **Segunda fase** del procedimiento de diálogo. Si las instituciones no pueden llegar a un acuerdo durante la primera fase del procedimiento de diálogo, o si la institución solicitada no ha podido concluir la investigación en el plazo de 6 meses después de recibir la solicitud, las instituciones deben informar a sus autoridades competentes y preparar sendas actas de sus actividades.

Las autoridades competentes de los Estados miembros en cuestión pueden decidir iniciar la segunda fase del procedimiento de diálogo o remitir el asunto directamente a la Comisión Administrativa. Si inician la segunda fase del procedimiento, deben **nombrar** sendas **personas de contacto centrales** en el plazo de 2 semanas después de recibir la notificación de las instituciones. Las personas de contacto no deben tener necesariamente competencia directa en el asunto. Las personas de contacto han de esforzarse por buscar un acuerdo sobre el asunto en el plazo de 6 semanas después de su designación. Cada una de las personas de contacto debe elaborar un **acta** de sus actividades e informar a las instituciones del resultado de esta segunda fase del procedimiento de diálogo.

3. **Procedimiento de conciliación**. Si no puede alcanzarse un acuerdo durante el procedimiento de diálogo, las autoridades competentes pueden remitir el asunto a la Comisión Administrativa. A este respecto, deben preparar sendos **memorandos** para la Comisión Administrativa con los principales puntos de discordia. La Comisión Administrativa debe tratar de conciliar las posturas de las instituciones en los 6 meses siguientes a la fecha en que le sea planteado el asunto. Puede optar por remitirlo al Comité de Conciliación, que puede ser creado con arreglo a las normas de la Comisión Administrativa.

2521 **Mediación por la Autoridad Laboral Europea** (Rgto UE/1149/2019 art.13) Se prevé la mediación entre Estados miembros en los siguientes **términos**:

1. La Autoridad puede **facilitar una solución** en caso de litigio entre dos o más Estados miembros sobre casos concretos de aplicación de la legislación de la Unión en ámbitos cubiertos por el Reglamento de creación de la propia Autoridad, sin perjuicio de las competencias del Tribunal de Justicia. El objetivo de dicha mediación es conciliar los puntos de vista divergentes de los Estados miembros parte en el litigio y adoptar un dictamen no vinculante.

2. Cuando el litigio no pueda resolverse mediante diálogo y contacto directo entre los Estados miembros parte en el litigio, la Autoridad deben poner en marcha un **procedimiento de mediación**, a petición de uno o varios de los Estados miembros afectados. La Autoridad también puede sugerir, por iniciativa propia, que se ponga en marcha un procedimiento de mediación. La mediación solo se realiza con el acuerdo de todos los Estados miembros que sean parte en el litigio.

3. La **primera fase de la mediación** se realiza entre los Estados miembros parte en el litigio y un mediador, quienes deben adoptarse de común acuerdo en un dictamen no vinculante. En la primera fase de la mediación pueden participar, en calidad de asesores, expertos de los Estados miembros, de la Comisión y de la Autoridad.

4. De no encontrarse una solución en la primera fase de la mediación, la Autoridad puede poner en marcha una **segunda fase de mediación** ante el Consejo de Mediación, con el acuerdo de todos los Estados miembros que sean parte en el litigio.

5. El **Consejo de Mediación**, compuesto por expertos de los Estados miembros distintos de los que sean parte en el litigio, debe procurar **conciliar los puntos de vista** de los Estados miembros que sean parte en el litigio y acordar un dictamen no vinculante. En la segunda fase de la mediación pueden participar, en calidad de asesores, expertos de la Comisión y de la Autoridad.
6. El Consejo de Administración debe adoptar el **reglamento interno de la mediación**, que regula, entre otros aspectos:
- el régimen de trabajo y la designación de los mediadores;
- los plazos aplicables;
- la participación de expertos de los Estados miembros, de la Comisión y de la Autoridad; y
- la posibilidad de que el Consejo de Mediación se reúna en grupos compuestos por varios miembros.

7. La **participación de los Estados** miembros que sean parte en el litigio en ambas fases de la mediación es **voluntaria**. Cuando un Estado miembro decida no participar en la mediación, debe informar a la Autoridad y a los demás Estados miembros que sean parte en el litigio, por cualquier medio escrito, incluidos los electrónicos, de las razones de su decisión, en el plazo que establezca el reglamento interno.

8. Cuando se presente un asunto para mediación, los Estados miembros se deben asegurarse de que todos los **datos personales** relacionados con dicho asunto sean anonimizados, de forma que el interesado no sea identificable o deje de serlo. La Autoridad no procesa los datos personales de las personas afectadas por el asunto en ningún momento de la mediación. **2523**
9. Los procedimientos que son objeto de **actuaciones judiciales en curso** a nivel nacional o de la Unión no son admisibles para la mediación de la Autoridad. En el caso de que se hayan emprendido actuaciones judiciales durante la mediación, el procedimiento de mediación debe quedar suspendido.
10. La mediación se entiende sin perjuicio de la **competencia** de la **Comisión Administrativa**, incluidas todas las decisiones que adopte, y debe tener en cuenta todas las decisiones pertinentes de la Comisión Administrativa.
11. Cuando un litigio esté relacionado, en su totalidad o en parte, con **cuestiones de seguridad social**, la Autoridad debe informar a la Comisión Administrativa. A fin de garantizar una buena cooperación, coordinar las actividades de mutuo acuerdo y evitar cualquier duplicación en los asuntos de mediación que afecten tanto a cuestiones de seguridad social como de legislación laboral, la Comisión Administrativa y la Autoridad deben celebrar un acuerdo de cooperación.
- A petición de la Comisión Administrativa y con el acuerdo de los Estados miembros que sean parte en el litigio, la Autoridad debe la cuestión relativa a la seguridad social. La mediación sobre las cuestiones que no afecten a la seguridad social puede continuar.
- A petición de cualquier Estado miembro que sea parte en el litigio, la Autoridad debe remitir a la Comisión Administrativa la cuestión relativa a la coordinación de la seguridad social, en cualquier fase de la mediación. La mediación sobre las cuestiones que no afecten a la seguridad social puede continuar.

12. En un plazo de 3 meses tras la adopción del dictamen no vinculante, los Estados miembros que sean parte en el litigio deben **informar** a la Autoridad sobre las **medidas adoptadas** para dar seguimiento al dictamen o, cuando no hayan tomado medidas, de las razones por las que no las han adoptado.
13. La Autoridad debe **informar dos veces al año** a la Comisión en lo que respecta a los resultados de los asuntos de mediación que haya llevado a cabo y de los asuntos que no hayan sido objeto de actuación.

D. Resolución judicial de conflictos sobre relaciones laborales en el ámbito de los Tratados europeos

1. Reglas en el Derecho de la Unión Europea

Determinación del foro nacional competente por el Reglamento Bruselas I **2535**
En el Derecho de la UE, el instrumento vigente es el **Reglamento Bruselas I** (Rgto UE/1215/2012), cuya última modificación se aplica a las acciones judiciales formuladas **desde el 10-1-2015**. Este Reglamento establece un régimen general en la UE relativo a la competencia judicial, el reconocimiento y la ejecución de resoluciones en materia civil y mercantil.
Con carácter general, el Reglamento Bruselas I se caracteriza por las **tres notas siguientes**:
1. La **coincidencia** casi completa de **contenidos y principios** con los recogidos en el viejo Convenio de Bruselas, de ahí que toda la jurisprudencia del Tribunal de Justicia dictada sobre tal

Convenio es plenamente extrapolable al Reglamento (TJUE 23-4-09, asunto Falco Privatstiftung y Rabitsch, C-533/07; 16-7-09, asunto Zuid-Chemie, C-189/08).
2. El establecimiento de un **sistema obligatorio de competencia**, que los órganos jurisdiccionales han de respetar, sin que puedan declinar la competencia aplicando la doctrina forum non conveniens, es decir, aduciendo que el foro más adecuado para resolver un litigio es otro (TJUE 1-3-05, asunto Owusu, C-281/02).
3. La **aplicación preferencial** respecto a la normativa interna, al sustentarse el sistema de la UE en la confianza que los Estados miembros otorgan mutuamente a sus sistemas jurídicos y a sus instituciones judiciales (TJUE 27-4-04, asunto Turner, C-159/02). De ahí la necesidad de una interpretación «comunitaria» autónoma de sus conceptos, alejando los riesgos de que, por la entrada de conceptos internos en la interpretación, se desvirtúe la uniformidad (TJUE 13-7-93, asunto Mulox IBC, C-125/92). El Reglamento Bruselas I se aplica a las **acciones posteriores al 1-3-2002** cuando exista una controversia internacional no necesariamente intracomunitaria, siempre y cuando el demandado tenga su domicilio en la UE (nº 2540 s.).

Precisiones 1) El Reglamento Bruselas I **sustituye** al Convenio de Bruselas de 27-9-1968 (DOCE C-27, 26-1-98). De este modo, por la vía del Reglamento de Bruselas se han transformado las reglas de determinación de competencia, que eran reglas de derecho internacional, en reglas del Derecho de la UE, actualizando sus contenidos, pero conservando su estructura y principios fundamentales.
2) El **análisis** se limita a las reglas generales en materia de competencia judicial internacional recogidas en la normativa general de la UE (esto es, en el nuevo Reglamento Bruselas I -nº 2540-, aplicable en todos los Estados miembros, sin perjuicio de las exclusiones aplicables a determinados territorios (según resulta del Tratado FUE art.355 y del Rgto Bruselas I art.68) y en la normativa nacional (LOPJ art.25, ver nº 2595).
3) **No** se aborda el **contenido de los Convenios** suscritos (Bruselas, Lugano II y el Tratado suscrito por España con El Salvador) dado que afectan a escasos Estados (Suiza, Islandia, Liechtenstein, Noruega y El Salvador, aparte de los territorios a los cuales se alude en el nº 2547). Con todo, debe advertirse que las reglas recogidas en estos instrumentos son muy semejantes a las previstas en el Reglamento Bruselas I.
4) Rigen **reglas especiales** respecto de los litigios que se produzcan en relación a trabajadores desplazados en el marco de una prestación de servicios en un Estado miembro del Espacio Económico Europeo.
5) Respecto de los litigios que se produzcan en relación con **situaciones de insolvencia**, se aplican también algunas especialidades (ver nº 4480).
6) Con carácter general, el 10-1-2013 se **derogó** el inicial **Reglamento inicial** Rgto CE/44/2001 vigente sobre tal materia y se sustituyó por el Rgto UE/1215/2012, norma que mejora y refunde el contenido del anteriormente citado. El 26-2-2015 entraron en vigor la **última modificación** del Reglamento Bruselas I, que afectó a sus anexos y se refleja en la inclusión de Letonia y Lituania en el euro y la de Croacia en la propia UE, y la aplicación del Reglamento en Dinamarca, en virtud de un acuerdo ad hoc con la UE (Rgto UE/1215/2012 Anexos I y II redacc Rgto Delegado de la Comisión UE 2015/281).

2. Rgto Bruselas I (Rgto UE/1215/2012)

2540 Respecto al sistema establecido en el marco del Derecho de la UE en el Reglamento Bruselas I, se analizan las siguientes **materias**:
- ámbito de aplicación desde el punto de vista: espacial, temporal, material y personal o subjetivo (nº 2545 s.);
- criterios de atribución de competencia judicial que utiliza el Reglamento (nº 2560 s.);
- tratamiento procesal de la competencia judicial (nº 2580).

a. Ámbito de aplicación

2545 Se analizan los ámbitos de aplicación **espacial** (nº 2547), **temporal** (nº 2549), **material** (nº 2551) y **personal** (nº 2553) del Reglamento Bruselas I.

2547 **Ámbito de aplicación espacial** (Rgto UE/1215/2012 art.2) El Reglamento Bruselas I se aplica en el territorio de todos los **Estados miembros**, con las particularidades existentes respecto a Dinamarca, pues inicialmente aparecía excluida de su aplicación. En efecto, la **primera versión** del Reglamento de Bruselas I (Rgto CE/44/2001) solo se pudo aplicar también en este Estado desde el 1-7-2007, en virtud de un Acuerdo ad hoc suscrito entre la entonces Comunidad Europea y Dinamarca el 19-10-2005, por el que se extendió su ámbito de aplicación a dicho Estado miembro (Decisión 2005/790/CE, DOCE 16-11-05). En suma, Dinamarca está sujeta a las normas del Reglamento Bruselas I, pero no en cuanto reglamento, sino como convenio internacional.

Respecto de la posición de **Dinamarca** en relación al **nuevo Reglamento Bruselas I** (Rgto UE/1215/2012), de conformidad con lo establecido en los Tratados, Dinamarca no participa en su adopción ni queda vinculada por el mismo ni sujeta a su aplicación (Tratado UE y Tratado FUE Protocolo num 22, art.1 y 2), pero puede aplicar las modificaciones introducidas en el Rgto CE/44/2001, en virtud del Acuerdo ad hoc de 2005 ya mencionado (Decisión 2005/790/CE art.3, DOCE 16-11-05).

Precisiones 1) El **ámbito de aplicación espacial** del Reglamento Bruselas I coincide -con la particularidad señalada respecto de Dinamarca- con el de la propia UE (delimitado en el Tratado UE art.52 y en el Tratado FUE art.355). Normas de las que se deduce que el mencionado Reglamento Bruselas I se aplica también en los siguientes **territorios de ultramar**: Guadalupe, la Guayana francesa, Martinica, la Reunión, San Bartolomé, San Martín, las Azores, Madeira e Islas Canarias (Tratado FUE art.355).

2) Por su parte, el ámbito de aplicación espacial del **Convenio de Bruselas**, al ser un convenio internacional no considerado Derecho de la UE, no coincide exactamente con el ámbito de aplicación de los tratados. De tal forma que se siguen rigiendo por el Convenio de Bruselas (Convenio de Bruselas art.68) concretamente los siguientes territorios:

a. Los **territorios de la República francesa** en los cuales la aplicación del Tratado UE y del Tratado FUE se somete a determinadas peculiaridades, lo cual excluye la aplicación del Reglamento Bruselas I. Se trata de los enumerados en el Anexo II del Tratado FUE: Nueva Caledonia, Polinesia francesa, tierras australes y antárticas francesas, Islas Wallis y Fortuna, Mayotte, Saint Pierre et Miquelon. Como el Convenio de Bruselas se aplica en la totalidad del territorio de la República francesa (Convenio de Bruselas art.60), estos territorios se siguen rigiendo por este Convenio.

b. Las **Antillas holandesas** que estaban expresamente excluidas del Convenio de Bruselas, salvo declaración en contrario de Holanda (Convenio Bruselas art.60), que la realizó el 30-6-1986 respecto de Aruba. Tanto en Aruba como en las demás Antillas holandesas, la aplicación del Tratado UE y del Tratado FUE se somete a determinadas peculiaridades, lo cual excluye la aplicación del Reglamento Bruselas I. Por lo tanto, se sigue aplicando en Aruba el Convenio de Bruselas, al ser la única de las Antillas holandesas para la cual se ha hecho la declaración prevista en el mismo (Convenio de Bruselas art.60).

c. El caso de **Groenlandia** es complejo. Cuando Dinamarca se adhirió a la UE (entonces CEE), realizó una declaración unilateral, en el sentido de que ello no suponía la aplicación a Groenlandia del Convenio de Bruselas. La doctrina duda de la legalidad de esa declaración unilateral, al no encontrar apoyo expreso en los Tratados, de tal modo que le sería aplicable el Convenio de Bruselas.

Respecto a estos territorios a los cuales se les aplica el Convenio de Bruselas, pero no el Reglamento Bruselas I, el **Convenio de Lugano II** establece su propia aplicación (Convenio de Lugano II art.69.7), en sustitución del Convenio de Bruselas, a partir de la fecha de su entrada en vigor por lo que se refiere a esos territorios. Ver nº 2535.

3) El Tratado UE se aplica a **Gibraltar** como territorio europeo cuyas relaciones exteriores son responsabilidad de un Estado miembro, sin que ello implique cambio en las posiciones de España y el Reino Unido. Por lo tanto, también en Gibraltar se aplica el Reglamento Bruselas I. Así se deriva, además, del Acuerdo entre España y el Reino Unido de 19-4-2000, BOE de 8-3-01.

4) El trabajo realizado por un trabajador por cuenta ajena en instalaciones fijas o flotantes situadas en o sobre la **plataforma continental** adyacente a un Estado contratante, en el marco de la exploración y/o explotación de sus recursos naturales, debe considerarse un trabajo realizado en el territorio de ese Estado (TJUE 27-2-02, asunto Weber, C-37/00).

Ámbito de aplicación temporal El Reglamento Bruselas I vino a sustituir las disposicio- **2549**
nes del Convenio de Bruselas desde el 1-3-2002, fecha de su **entrada en vigor** (Rgto CE/44/2001 art.76), salvo para Dinamarca. Ha de tenerse en cuenta que la aplicación de dicho Reglamento Bruselas I quedaba **limitada** a las acciones judiciales ejercitadas y a los documentos públicos con fuerza ejecutiva formalizados con posterioridad a su entrada en vigor (Rgto CE/44/2001 art.66.1).

Exceptuándose, además, la aplicación de las disposiciones sobre **reconocimiento y ejecución de sentencias** dictadas **después del 1-3-2002**, pero que fueron resultado de acciones ejercitadas antes de esa fecha en los dos siguientes supuestos (Rgto CE/44/2001 art.66.2):

1. Cuando en el Estado del foro estuviese vigente en el momento de iniciar la acción el Convenio de Bruselas, el Convenio de Lugano, un convenio bilateral o multilateral que obligue al Estado del foro y al Estado en el que se pide el reconocimiento o ejecución de la resolución.

2. Cuando la resolución se hubiese dictado atendiendo a reglas de competencia equiparables a las del Reglamento.

Paralelas reglas se mantienen en el nuevo (Rgto UE/1215/2012 art.69) que entró, a su vez, en vigor el 10-1-2013, siendo aplicable a partir del 10-1-2015.

Precisiones Desde la **entrada en vigor del Reglamento Bruselas I**, el 1-3-2002, las referencias contenidas en cualesquiera normas al Convenio de Bruselas se entenderían hechas al Reglamento Bruselas I.

2551 **Ámbito de aplicación material** (Rgto UE/1215/2012 art.12.c), 20, 21, 22 y 23) El Reglamento Bruselas I se aplica respecto de litigios que versen sobre **materia civil y mercantil**, con independencia de la naturaleza del órgano jurisdiccional que conozca de los mismos), **incluyendo al contrato individual de trabajo**, como ya entendió el Tribunal de Justicia bajo la vigencia del Convenio de Bruselas (TJUE 13-11-79, asunto Sanicentral, 25/79), existiendo ahora en el Reglamento normas especiales para tal supuesto.

Conviene precisar que el Reglamento Bruselas I es aplicable aunque la parte demandada **niegue la existencia** de los elementos constitutivos del **contrato de trabajo** (TJUE 4-3-82, asunto Effer, 38/81), de modo que, para resolver la cuestión de la competencia, no es preciso averiguar con carácter previo si la empresa demandada es empleadora del trabajador, sino si, atribuyéndole esa cualidad el trabajador, puede ser demandada conforme a las reglas de atribución de competencia del Reglamento Bruselas I.

El Reglamento **no define el contrato de trabajo**, aunque, para evitar dispersiones normativas, el **Tribunal de Justicia** se ha referido a ciertas particularidades del contrato de trabajo, lo que podría permitir una construcción de tal concepto desde un punto de vista de la UE. En efecto, se ha referido a su carácter de negocio jurídico bilateral, la creación de relaciones de prestación de servicios de carácter duradero y la integración del trabajador en el marco de una organización ajena, naciendo así un vínculo de dependencia (TJUE 15-1-87, asunto Shenevai, 266/85; 15-2-89, asunto Six Constructions, 32/88; 13-7-93, asunto Mulox IBC, C-125/92). Por lo demás, esas notas coinciden sustancialmente con las tradiciones de los ordenamientos jurídicos internos y, en concreto, con el ET art.1.1. También coinciden con el más acabado concepto comunitario autónomo de contrato de trabajo que el propio Tribunal de Justicia elaboró en el ámbito de aplicación del principio de libre circulación de trabajadores.

Siempre se ha **excluido expresamente** del ámbito de aplicación material del Reglamento Bruselas I:

1. La **seguridad social** (Rgto UE/1215/2012 art.20, 21, 22 y 23). La referencia a la seguridad social se interpreta en el sentido de que el objeto del litigio debe de guardar relación con la normativa de la UE en materia de coordinación de sistemas nacionales Rgto CE/833/2004. En consecuencia, esta exclusión no afecta a la denominada seguridad social **privada o complementaria**, porque, en cuanto se instrumenta a través de contratos mercantiles o las obligaciones en la materia resultan de contratos laborales, quedaría incluida como materia mercantil y civil. Tampoco incluye una acción de repetición de un organismo público a una persona privada por abonar en concepto de **asistencia social** cantidades a su cónyuge divorciado e hijo, considerándose materia civil si el organismo público no usa prerrogativas públicas (TJUE 14-11-02, asunto Baten, C-271/00).

2. La materia relativa a **arbitraje** (Rgto UE/1215/2012 art.1.2.d), de modo que, al no hacerse distinción, se incluyen en la exclusión los arbitrajes laborales, sean obligatorios o sean facultativos. Queda incluido en la exclusión establecida en la norma el litigio cuyo objeto sea la designación de un árbitro, incluso si ese litigio plantea la cuestión previa de la existencia o validez de un convenio arbitral (TJUE 25-7-91, asunto Rich, C-190/89).

Precisiones **1)** La aplicación de los criterios jurisprudenciales identificadores del contrato de trabajo, en particular el criterio de la dependencia, permite deducir que un **contrato de agencia** no es un contrato de trabajo (TJUE 5-10-99, asunto Leathertex Divisione Sintetici, C-420/97).

2) La inclusión de los **contratos individuales** de trabajo se debe de **aplicar restrictivamente**, limitándose a los litigios entre empresarios y trabajadores a consecuencia del contrato de trabajo. Postura que **excluye** los **litigios sobre derecho colectivo del trabajo**, por ejemplo, los litigios sobre régimen jurídico sindical, responsabilidad sindical, conflictos colectivos, o impugnación de convenios colectivos. No obstante, esto se entiende sin perjuicio de la **inclusión** de los **litigios sobre derecho colectivo del trabajo** a través de otras materias incluidas en el Reglamento. Así, por ejemplo, una acción sobre la legalidad de una acción colectiva ejercitada como paso previo para una asociación empresarial para reclamar a los sindicatos los eventuales daños causados, se encuentra incluida por ser materia delictual o cuasidelictual, pero no por ser materia laboral (TJUE 5-2-04, asunto DFDS Torline C-18/02; implícitamente, TJUE 11-12-07, asunto Viking Line, C-438/05).

2553 **Ámbito de aplicación personal** (Rgto UE/1215/2012 art.20, 59, 62.2 y 3) Con carácter general, para la aplicación del Reglamento Bruselas I se exige que el **domicilio del demandado** se encuentre en el territorio de un Estado miembro. De este modo, el domicilio del demandado, que opera como criterio de conexión para la determinación del foro en las reglas recogidas en el Reglamento Bruselas I, opera, además, como **condición general de aplicabilidad**. Sin embargo, en materia laboral (**contratos individuales de trabajo**), los empresarios no domiciliados en un Estado miembro pueden ser demandados ante los órganos jurisdiccionales de un Estado miembro, conforme a los criterios que se referirán (nº 2568).

A pesar del carácter determinante del domicilio del demandado, el Reglamento Bruselas I **no** ofrece un **concepto comunitario de domicilio**, debiendo los tribunales de un Estado miembro aplicar su **ley interna** para determinar si el demandado está domiciliado en dicho Estado miembro o, cuando una parte no estuviere domiciliada en el Estado miembro cuyos tribunales conocieren del asunto, aplicar la ley interna de otro Estado miembro para determinar si está domiciliado en ese otro Estado miembro (Rgto UE/1215/2012 art.62). Esta ausencia de concepto comunitario de domicilio en principio viene a provocar una quiebra del sistema, al posibilitar declaraciones contradictorias de competencia en supuestos de **pluri-residencia** en dos o más países como consecuencia de la aplicación de conceptos diferentes en cada país.

Por el contrario, el Reglamento Bruselas I sí que contiene una norma comunitaria de carácter general sobre el **domicilio de las personas jurídicas** (Rgto UE/1215/2012 art.63.1). Normativa de carácter expansivo por la que se entiende que están domiciliadas en el lugar donde se encuentre -de manera alternativa- alguna de las tres siguientes circunstancias:

- su sede estatutaria;
- su administración central;
- su centro de actividad principal.

Para determinar si un **trust** está domiciliado en el Estado contratante cuyos tribunales conocen del asunto, el tribunal ha de aplicar las reglas de su derecho internacional privado (Rgto UE/1215/2012 art.63.3).

Adicionalmente, en materia de contrato individual de trabajo, el Reglamento Bruselas I acoge una regla especial que viene a suponer una **ampliación del concepto** de domicilio de las personas jurídicas en beneficio del trabajador. Así, se establece que, cuando un trabajador celebrare un contrato individual de trabajo con un empresario que no tenga su domicilio en un Estado miembro, pero posea **una sucursal, agencia o cualquier otro establecimiento** en un Estado miembro, se considera, para todos los litigios derivados de la explotación de la sucursal, agencia o establecimiento, que tiene su domicilio en dicho Estado miembro (Rgto UE/1215/2012 art.20.2).

En España, tratándose de **personas físicas**, la norma nacional establece que su domicilio se identifica con su residencia habitual (LOPJ art.22 ter.2).

b. Criterios generales de determinación del Foro competente

El Reglamento Bruselas I establece, con carácter general, **cuatro clases de foros** o criterios de atribución de competencia judicial: general, especiales, exclusivos y voluntarios. **2560**

1. Los **foros prevalentes** son, en todo caso, los **exclusivos**; aunque este tipo de foros son inaplicables en el marco de procesos referido al contrato individual de trabajo.

2. **Subsidiariamente**, en defecto de los foros exclusivos, se aplican los **foros voluntarios** -los que resultan de la sumisión expresa o tácita-. Al no existir en materia laboral foros exclusivos, los foros voluntarios se convierten en los foros preferentes a los demás, aunque con restricciones importantes (nº 2562).

3. Finalmente, en defecto de foros voluntarios, se aplican, **alternativamente**, el foro general o los foros especiales en relación con una determinada materia:

a) El **foro general** es el del **domicilio del demandado**, de modo que las personas domiciliadas en un Estado miembro están sometidas, **sea cual fuere su nacionalidad**, a los órganos jurisdiccionales de dicho Estado. La nacionalidad del domiciliado no cambia las reglas de competencia judicial, pues se aplican en cada Estado las mismas normas que se destinarían a sus propios nacionales (Rgto UE/1215/2012 art.4).

b) En lo que aquí interesa, la mencionada regla general se complementa con determinadas normas específicas (**foros especiales**) sobre competencia en materia de **contrato de trabajo** recogidos en la Sección 5 del Capítulo II (Rgto UE/1215/2012 art.20 s.), por las que se permite demandar ante los tribunales de otro Estado miembro distinto del domicilio (Rgto UE/1215/2012 art.5.1).

Por todo lo expuesto, **en la práctica**, es necesario analizar:

1. En primer lugar, la existencia de **sumisión expresa o tácita válida** a los tribunales de un Estado miembro determinado, asumiendo la prevalencia de la sumisión tácita sobre la expresa (nº 2562).

2. **Subsidiariamente**, esto es, en defecto de sumisión expresa o tácita, se aplican normas específicas -en las cuales siempre aparece el foro general y otro foro alternativo-, que determinan el foro competente distinguiendo dos situaciones, en función de que el **demandante** sea:

- el trabajador (nº 2568);
- el empresario (nº 2572).

En cualquier caso, debe resaltarse que las normas de atribución de competencia previstas en el Reglamento Bruselas I son **imperativas** y de **aplicación directa**, de manera que las normas procesales nacionales no pueden ir en su detrimento (TJUE 15-5-90, asunto Hagen, 365/88).

Además, son normas **exhaustivas**, de modo que, en materia de contrato individual de trabajo, no se pueden aplicar otras normas más que éstas o aquellas otras a las que éstas se remiten de manera expresa (TJUE 22-5-08, C-462/06, asunto Laboratorios GlaxoSmithKline).

Precisiones Cuando se trate de **litigios relativos a la explotación de sucursales**, agencias o cualquier otro establecimiento, la demanda puede plantearse ante el tribunal del Estado miembro en que éstos se encuentren situados (Rgto UE/1215/2012 art.7.5 en conexión con art.20).

2562 **Foro competente cuando existe sumisión expresa o tácita** (Rgto UE/1215/2012 art. 20, 23 y 26) En caso de sumisión expresa o tácita a los tribunales de un Estado miembro, **prevalece este foro** frente al que resulta de la aplicación de las reglas especiales que contempla el Reglamento comunitario para el contrato individual de trabajo (nº 2568 s.).

En estos casos, se produce una **prórroga de la competencia judicial** -basada en la autonomía de las partes-; quedando su efectividad siempre condicionada a la completa sujeción a las restricciones contempladas en el Reglamento Bruselas I para la sumisión en el ámbito del contrato de trabajo. Restricciones que operan, por lo demás, tanto en el caso de demandas de trabajadores contra sus empresarios como en el supuesto inverso de demandas de empresarios dirigidas contra sus empleados.

A tenor de lo dispuesto en tales reglas restrictivas, las cláusulas de sumisión otorgadas **antes del nacimiento del litigio** deben añadir nuevos foros competentes (en beneficio del trabajador TJUE 19-7-12, Asunto Mahamdia C-154/11; 14-9-17, asunto Ryanair y Crewlink C-168/16 y C-169/16), a los que resultan de las reglas contenidas en el Reglamento Bruselas I Rgto UE/1215/2012 art. 20 s. Dichas reglas posibilitan el planteamiento de la demanda del trabajador ante los tribunales de aquel Estado que el propio trabajador considere más próximo a sus intereses. Por ello, **no pueden admitirse** cláusulas de sumisión expresa que reconozcan competencia exclusiva a un foro determinado ni las que excluyen la competencia de foros que, con arreglo al Reglamento Bruselas I, sí serían competentes (ver nº 2568 s.).

En otras palabras, las cláusulas de sumisión expresa **solo pueden ampliar** la posibilidad de elección que confiere el Reglamento comunitario (TJUE 19-7-12, Asunto Mahamdia C-154/11).

Y, en el caso de la sumisión tácita, se requiere que el trabajador esté debidamente **informado**.

Precisiones Cualquier cláusula de **sumisión procesal** otorgada **antes del nacimiento de una controversia** ha de permitir al trabajador formular demandas ante otros tribunales (incluidos tribunales ubicados en Estados no pertenecientes a la UE), además de en los tribunales normalmente competentes en virtud de las normas para la identificación del foro competente del Reglamento Bruselas I. Así, por ejemplo, respecto de la posibilidad de que un **pacto de sumisión expresa** a los tribunales de un tercer Estado impida que el trabajador demande en este caso ante los tribunales de Alemania como Estado miembro donde su empleador tiene un establecimiento, el Tribunal de Justicia ha establecido que dicha cláusula contractual **no** puede tener tal **efecto excluyente**. Al contrario, este tipo de pactos solo pueden ampliar la posibilidad de que el trabajador elija entre varios órganos jurisdiccionales competentes. En efecto, el **objetivo tuitivo del Reglamento** no se conseguiría si, a través de una cláusula contractual, el trabajador como parte más débil pudiera acordar no plantear demanda ante los fueros más tuitivos que establece dicha normativa (TJUE 19-7-12, Asunto Mahamdia C-154/11).

2564 **Sumisión tácita al foro** Es competente para conocer de un litigio laboral el órgano jurisdiccional del Estado miembro **ante el que compareciere** el demandado, con independencia de los casos en los que la competencia del tribunal resultare de otras disposiciones del Reglamento Bruselas I (Rgto UE/1215/2012 art.26). De esta última expresión se deduce que la sumisión tácita es **prevalente** respecto a la sumisión expresa y frente a los foros, tanto el general, como los especiales.

Por tanto, la sumisión tácita se produce con la comparecencia del demandado, y son los derechos procesales internos los que determinan qué actos suponen comparecencia del demandado.

No supone **sumisión tácita**:

- la comparecencia dirigida precisamente a oponerse a la competencia del tribunal, de modo que, si el demandado se limita a oponerse en cuanto al fondo de la demanda, se ha sometido (TJUE 24-6-81, asunto Elephanten Schuh, 150/80; 22-10-81, asunto Rohr vs. Ossberger, 27/81); y lo mismo debemos de entender si reconviene;
- la oposición a la demanda si a la vez se cuestiona la competencia, siempre que el cuestionamiento de la competencia no fuera en un momento procesal posterior a la oposición en cuanto al fondo (TJUE 27-4-99, asunto Mietz, C-99/96; 13-7-00, asunto Group Josi, C-412/98; 24-6-81, asunto Elephanten Schuh, 150/80).

Estas normas generales sobre sumisión tácita se han venido aplicando en los litigios sobre contrato individual de trabajo **con independencia de quién sea el demandado**, es decir, tanto si el demandado es el empresario como si el demandado es el trabajador, sin que ello suponga riesgo de abuso sobre la parte más débil, porque el trabajador ha podido, antes de

comparecer, decidir si asume el foro utilizado por el empresario demandante, y si lo hace es por su libre voluntad. No obstante, se ha precisado que el órgano jurisdiccional se ha de asegurar, antes de asumir la competencia en virtud del Reglamento Bruselas I Rgto UE/1215/2012 art.26.1, de que se ha **informado al demandado** de su derecho a impugnar la competencia del órgano jurisdiccional y de las consecuencias de comparecer o no.
El Reglamento especifica también que la sumisión tácita no es viable cuando se trate de **foros exclusivos**. De manera de que, aunque estos sean inaplicables en la fase declarativa laboral, esta afirmación nos obliga a precisar que la sumisión tácita no cabe cuando se trate del intento de **ejecutar una resolución judicial** -recaída en cualquier proceso, es decir incluyendo un proceso laboral sobre contrato individual de trabajo- en el tribunal de un Estado miembro distinto del lugar de ejecución (Rgto UE/1215/2012 art.24.5).

Sumisión expresa al foro Ante la ausencia de sumisión tácita, la competencia puede venir determinada por sumisión expresa, esto es, la existencia de un acuerdo atributivo de competencia, cuyos **requisitos** de validez son los **siguientes** (Rgto UE/1215/2012 art.25.1): 2566
1. Los acuerdos sobre competencia se han de referir a un tribunal o tribunales de un **Estado miembro**, haciendo así posible atribuir competencia a favor de uno o de varios tribunales. La referencia a un tribunal o tribunales se entiende respecto a la competencia territorial, no siendo posibles acuerdos que supongan alterar una competencia objetiva (es decir, la prórroga se puede hacer a los tribunales españoles, pero no a los tribunales españoles del orden civil cuando el conocimiento del asunto, según las normas internas españolas, le correspondería a un orden jurisdiccional diferente).
2. Desde un punto de vista **formal**, que el acuerdo tenga forma escrita (incluyendo toda transmisión efectuada por medios electrónicos que proporcionen un registro duradero del acuerdo), verbal con confirmación escrita o ajustada al hábito que las partes tuvieran establecida. La exigencia de forma escrita se considera cubierta cuando se realice por medios electrónicos que proporcionen un registro duradero del acuerdo.
Si ninguna de las partes que celebran el acuerdo está domiciliada en un Estado miembro, solo puede conocer un tribunal de un **Estado miembro distinto del designado** cuando este hubiera declinado su competencia (Rgto CE/44/2001 art.23.3).
El acuerdo atributivo de competencia o sumisión expresa solo puede **ser invocado** por:
1. El **empresario**, si el acuerdo es posterior al litigio.
2. El **trabajador**, si el acuerdo es posterior al litigio o si, siendo anterior, le ofrece foros competenciales no previstos en el Rgto Bruselas I (TJUE 15-2-89, asunto Six Constructions v. Humbert 32/88). En suma, solo el trabajador puede hacer valer un acuerdo anterior al nacimiento del litigio y solo si le facilita la posibilidad de demandar en tribunales distintos de los establecidos como foros general o especiales. De este modo, se protege a la parte contratante más débil y se le facilitan sus reclamaciones, por ejemplo, ante el foro del lugar donde desempeña su trabajo habitualmente (TJUE 19-7-12, asunto Mahamdia, C-154/11 apdo.63; 14-9-17, asunto Ryanair y Crewlink C-168/16 y C-169/16).

Precisiones 1) Los **acuerdos** de sumisión expresa incluidos **en los contratos iniciales de trabajo** no son conformes al Reglamento Bruselas I, por ser previos al nacimiento del litigio. En este sentido, por ejemplo, no son válidos los siguientes acuerdos de sumisión expresa con la Administración Pública española incluidos en el contrato de trabajo inicial: de sumisión a los tribunales belgas (TS 24-4-00, EDJ 12148); de sumisión a los tribunales colombianos, aún siendo colombianos los trabajadores afectados, contratados por la Administración Pública española (TS 12-6-03, EDJ 230827).
2) Al coincidir el foro electivo con los otros foros establecidos en defecto de la elección, se considera **válido** un acuerdo de **sumisión expresa** a los tribunales de Lisboa cuando el trabajador, que era un español domiciliado en Portugal, trabajaba para una empresa domiciliada en Portugal y prestaba su trabajo en Portugal (TSJ Madrid 21-9-04, EDJ 150034).

Foro competente cuando demanda el trabajador al empresario (Rgto UE/1215/2012 art.20 y 21) 2568

Los empresarios domiciliados en un Estado miembro pueden ser **demandados alternativamente** ante los siguientes **tribunales**:
1. Del Estado miembro en el que está ubicado el **domicilio del empresario**. Si el empresario tiene una **sucursal**, agencia o cualquier otro establecimiento en un Estado miembro, se considera que ese empresario está domiciliado en ese Estado miembro para todos los litigios derivados de la explotación de esta sucursal, agencia o establecimiento, aunque no tenga su domicilio en el mismo. De este modo, el lugar donde radiquen estos establecimientos, sedes secundarias o centros estables de operaciones empresariales se toma como si fuera el lugar del domicilio. Y se entiende que existe un centro de operaciones relevante a estos efectos cuando, desde una sede o entidad determinada ubicada en un Estado miembro, se ofrece una proyección hacia el exterior como prolongación de la empresa o casa matriz con carácter duradero; de modo que es exigible que la sede en cuestión cuente con una dirección y esté equipada suficientemente, lo que hace innecesario acudir a la casa matriz o dirección central

(TJUE 18-3-81, Asunto Blanckaert & Willems, 139/80, apartado 11; 19-7-12, Asunto Mahamdia C-154/11). Además, el litigio debe referirse a la **explotación de dichas sedes o entidades**: bien a obligaciones contraídas en nombre de la casa matriz o dirección central, bien a obligaciones cuyo cumplimiento deba tener lugar en el Estado miembro en el que estén ubicadas esas sedes o entidades (TJUE 22-11-78, Asunto Somafer, 33/78 apartado 13; 19-7-12, Asunto Mahamdia C-154/11).

Si hubiere **varios demandados**, se puede demandar ante el tribunal del domicilio de cualquiera de ellos, siempre que se cumplan simultáneamente los dos siguientes **dos requisitos**:

a) Que el domicilio de todos los demandados esté dentro del ámbito territorial de aplicación del Reglamento Bruselas I.

b) Que las demandas estén vinculadas entre sí por una relación tan estrecha que sería oportuno tramitarlas y juzgarlas al mismo tiempo, a fin de evitar resoluciones que podrían ser inconciliables si los asuntos fueren juzgados separadamente (Rgto UE/1215/2012 art.8.1, que supera la doctrina fijada previamente por el TJUE 22-5-08, C-462/06, asunto GlaxoSmithKline; ver también; TJUE 27-9-98, asunto Reunion Européenne, C-51/97).

2. De **Estados miembros distintos** de aquel en el que está fijado el domicilio del empleador. Existen las dos siguientes **opciones**:

a) En primer lugar, ante los tribunales del Estado miembro en el que o desde el cual se ejecute habitualmente la prestación laboral a cargo del trabajador, o el tribunal del último Estado miembro en el que lo hubiera desempeñado. Respecto de los criterios para la determinación del **lugar de desempeño** habitual del trabajo en supuestos de plurilocalización simultánea, ver (nº 2570).

b) En segundo lugar, para el caso de imposible identificación de un lugar habitual de trabajo, se reconoce como foro especial **subsidiario** en materia de contrato individual de trabajo el tribunal del Estado miembro en el que radique el establecimiento que hubiera empleado al trabajador: se refiere al lugar donde se ubica la entidad contratante, no al lugar en que se concluye el contrato, en caso de que ambas localizaciones difieran.

Precisiones **1)** Debe subrayarse que los **foros especiales no se abren** para controversias suscitadas:

a. En el marco de **expatriaciones estables** desde Estados miembros de la UE hacia países extracomunitarios.

b. En el marco de las relaciones protagonizadas por expatriados procedentes de Estados miembros, con **destinos múltiples o rotatorios** (sin un lugar de prestación habitual predominante) si el establecimiento contratante está situado fuera de la UE.

c. Tampoco en el caso de relaciones ya extinguidas con expatriados procedentes de Estados miembros y cuyo **último destino fuera un país extracomunitario**.

En los tres supuestos mencionados es el **criterio del domicilio de la empresa** de envío el único punto de referencia para resolver el problema de competencia jurisdiccional internacional.

2) En tales supuestos, los tribunales extranjeros no están forzados a **declinar inexcusablemente su competencia** a favor del foro de un Estado miembro. Si la demanda se plantea en territorio extracomunitario, el tribunal ha de aplicar su propia normativa de conflictos y resolver en función de lo establecido en ella. De modo que, si bien el trabajador podría disponer de distintos foros alternativos ante los que podría plantear su reclamación, **la práctica enseña** que debe procurar elegir en función de la mayor o menor «proximidad» del foro con respecto a la legislación aplicable.

3) Hay que señalar que, en caso de **pluralidad de demandados**, la normativa nacional española establece que son competentes los tribunales españoles cuando al menos uno de ellos tenga su domicilio en España, siempre que se ejercite una sola acción o varias entre las que exista un nexo por razón del título o causa de pedir que aconsejen su acumulación (LOPJ art.22 ter.3).

2570 **Reglas para la identificación del lugar de desempeño habitual del trabajo** Para la determinación del lugar de desempeño habitual del trabajo, se establecen criterios adicionales para los supuestos conflictivos de **plurilocalización**, que puede ser:

1. Plurilocalización **simultánea**. Se atiende a los tres siguientes **criterios**:

a) **Cualitativo**: el lugar en el cual o desde el cual el trabajador cumpla principalmente con sus obligaciones respecto a su empresa (TJUE 13-7-93, asunto Mulox IBC, C-125/92), o las atienda en lo esencial, considerando la naturaleza e importancia del trabajo realizado en los distintos países (TJUE 27-2-02, asunto Weber, C-37/00), esto es, el lugar donde se encuentra el centro de la actividad y se ubica el cumplimiento principal o esencial.

b) **Temporal**: el lugar en el que el trabajador haya pasado la mayor parte de su tiempo de trabajo, es decir, el tiempo invertido en los distintos lugares en conexión con la duración total de la relación laboral. Así, en este sentido, se entendió que un trabajador holandés de una empresa inglesa invertía 2/3 partes de su tiempo de trabajo en su Estado y el resto en otros Estados comunitarios, entendiendo lugar habitual de trabajo su centro de actividad en Holanda (TJUE 9-1-97, asunto Rutten, C-383/95).

c) **Organizativo**: el lugar en el que el trabajador tenga instalado su centro de operaciones (TJUE 9-1-97, asunto Rutten, C-383/95; 13-7-93, asunto Mulox IBC, C-125/92).

2. Plurilocalización **sucesiva**: es decir, cuando se ha desempeñado el trabajo, primero en un Estado miembro y después en otro u otros Estados miembros. Para este caso, se considera competente el foro del último Estado miembro en el que se hubiera desempeñado habitualmente el trabajo. A la vista de la literalidad de la norma, es necesario que se trate de un **desempeño habitual** en ese último Estado miembro, lo que supone que se hubiere producido un traslado duradero respecto al destino anterior (TS 30-12-13, EDJ 293364).
Debe recordarse que el lugar de desempeño habitual del trabajo es cuestión **independiente del derecho nacional aplicable** al litigio principal. De manera que la ley nacional que rige el contrato de trabajo en cuyo marco surge la controversia es irrelevante para interpretar dónde es el lugar de desempeño habitual del trabajo (TJUE 27-2-02, asunto Weber, C-37/00).

Precisiones 1) El TS dictaminó que **no** eran **competentes los tribunales españoles** para conocer de un despido, ante el cual el trabajador -en el marco del Reglamento de Bruselas I aplicable- solo podía **elegir plantear demanda** ante los tribunales de los siguientes Estados:
- los del Estado dónde las codemandadas estaban domiciliadas (Irlanda);
- los del lugar habitual de su prestación de servicios (Noruega);
- los del último lugar dónde los prestó (también Noruega).
En esta sentencia se señaló que no se puede asimilar la mera existencia de una **oficina abierta en España** por una de las codemandadas a su domicilio, ya que tal asimilación solo resulta aplicable cuando el empresario no tiene su domicilio en un Estado miembro y cuando, además, se trata de actos relativos a la explotación de dicha oficina o sucursal (TS 30-12-13, EDJ 293364).
2) En cualquier caso, **no** se asimila a **lugar habitual de trabajo** la base ni la nacionalidad de las aeronaves. Los trabajadores mantienen su derecho a elegir ese foro, como parte contratante más débil, aunque existan en sus contratos cláusulas atributivas de competencia a los tribunales del lugar en que tienen su sede las empresas demandadas (TJUE 14-9-17, asunto Ryanair y Crewlink C-168/16 y C-169/16).

Foro competente cuando demanda el empresario al trabajador (Rgto UE/1215/2012 art.22) El margen de maniobra de los empresarios en materia de competencia judicial, cuando demandan a trabajadores, es mínimo. Los empresarios **solo pueden demandar a los trabajadores** ante el tribunal del Estado miembro en el que estos últimos tengan su domicilio. **2572**
Todo ello sin perjuicio del derecho del empresario a presentar una **reconvención** ante el tribunal que entienda de la demanda principal de un trabajador. La **sumisión tácita** está también sujeta a particulares restricciones en el caso de demandas dirigidas contra empleados por sus empresarios (nº 2562).

3. Determinación de la competencia de los tribunales

En este epígrafe se analiza el tratamiento procesal de la competencia a través de las siguientes **cuestiones**: **2580**
- la presentación de demandas ante tribunales de Estados miembros y los efectos jurídicos de la eventual incomparecencia del demandado domiciliado en otro Estado miembro (nº 2582);
- litispendencia y conexidad (nº 2584);
- medidas cautelares (nº 2586).

Incomparecencia ante el Tribunal Cuando una persona domiciliada en un Estado miembro es demandada ante un tribunal de otro Estado miembro y **no comparece**, dicho tribunal: **2582**
1. Se ha de **declarar incompetente de oficio**, siempre que su competencia no se fundamente en las disposiciones del Reglamento.
2. Está obligado a **suspender el procedimiento**, en tanto no se acreditare alternativamente que:
a) El demandado ha podido recibir el escrito de demanda o documento equivalente con tiempo suficiente para defenderse.
b) Se ha adoptado toda diligencia a tal fin.
c) En su caso, que la demanda o documento equivalente se han remitido de acuerdo con las normas comunitarias (Rgto CE/1393/2007 art.19) o internacionales (Convenio de La Haya 15-11-65 art.26), relativas ambas normas a la notificación y al traslado de documentos judiciales y extrajudiciales en materia civil y mercantil o comercial.

Litispendencia y conexidad (Rgto UE/1215/2012 art.29 s.) Para evitar el riesgo de existencia de procesos paralelos y el riesgo de contradicción de las sentencias dictadas por distintos tribunales competentes según el Reglamento, existen **normas** sobre litispendencia y conexidad. Son las siguientes: **2584**
1. Cuando se formulen demandas con el **mismo objeto** y **causa** entre las mismas **partes** ante tribunales de Estados miembros distintos, el tribunal ante el que se haya formulado la

segunda demanda ha de suspender de oficio el procedimiento, en tanto no se declare competente el **tribunal ante el que se interpuso la primera**. Si se declara competente éste, a partir de ese momento, el tribunal donde se interpuso la segunda demanda se debe inhibir a favor de aquél (Rgto UE/1215/2012 art.29). Esta previsión debe interpretarse en el sentido de que, salvo en el supuesto en que el tribunal ante el que se presentó la **segunda demanda** disponga de competencia exclusiva en virtud del propio Reglamento, lo que en materia de contrato de trabajo no sucede, debe considerarse que el tribunal ante el que se presentó la primera demanda se ha declarado competente, a efectos de la citada disposición, cuando dicho tribunal no haya declinado de oficio su competencia y ninguna de las partes haya impugnado tal competencia con anterioridad o en el momento de la actuación procesal que el Derecho procesal nacional considere como el primer medio de defensa sobre el fondo invocado ante ese tribunal (TJUE 27-2-14, asunto Cartier C-1/2013).
De conformidad con esta norma, si los trabajadores al servicio de una **Administración Pública** española en un Estado miembro la demandan primero en España y después en ese otro Estado miembro, son competentes los tribunales españoles, y los de ese Estado miembro deben inhibirse a favor de la jurisdicción española (TSJ Madrid 17-12-07, EDJ 339443).
2. Son **demandas conexas** las vinculadas entre sí por una relación tan estrecha que es oportuno tramitarlas y juzgarlas al mismo tiempo, a fin de evitar resoluciones que pueden ser inconciliables si los asuntos fuesen juzgados separadamente estuviesen pendientes ante tribunales de Estados miembros diferentes. En ese supuesto, el tribunal ante el que se hubiere presentado la demanda posterior puede suspender el procedimiento, aunque la **inhibición**, asimismo facultativa, solo se admite cuando concurran los siguientes **requisitos** (Rgto UE/1215/2012 art.30):
- que las demandas conexas estén pendientes en primera instancia;
- que lo solicite alguna de las partes;
- que el tribunal ante el que se haya presentado la primera demanda sea competente para conocer de las demandas de que se trate y su ley las permite acumular;
- que la ley de ese tribunal permita la acumulación.

3. Cuando, en demandas sobre un mismo asunto, **los tribunales de varios Estados miembros se declaren exclusivamente competentes**, la declinación de competencia se hará en favor del tribunal ante el que se hubiese presentado la primera demanda. A estos efectos, se considera que el tribunal conoce de un litigio alternativamente:
- desde el momento en que se le hubiere presentado el escrito de demanda o documento equivalente, a condición de que posteriormente el demandante no hubiere dejado de tomar todas las medidas que se le exigieren para que se le entregare al demandado la cédula de emplazamiento;
- si dicho documento hubiere de notificarse al demandado antes de su presentación al tribunal, en el momento en que lo recibiere la autoridad encargada de la notificación, a condición de que posteriormente el demandante no hubiere dejado de tomar todas las medidas que se le exigieren para presentar el documento al tribunal (Rgto UE/1215/2012 art.31 s.).

Precisiones El Derecho de la UE se opone a que un tribunal dicte una **orden conminatoria** con el objeto de impedir que una de las partes de un procedimiento del que está conociendo inicie o prosiga otro procedimiento ante un tribunal de otro Estado miembro. Esta prohibición se extiende incluso al supuesto de que se esté actuando de **mala fe** para obstaculizar el resultado del procedimiento que se desarrolla inicialmente en otro Estado miembro. En estos casos, el órgano jurisdiccional no ha de aplicar su normativa interna, que pueden producir decisiones contradictorias, sino las reglas uniformes para todos los tribunales comunitarios sobre litispendencia y conexidad que se analizan en este marginal y se establecen en el Reglamento Bruselas I (TJUE 27-4-04, asunto Turner, C-159/02).

2586 **Medidas cautelares** (Rgto UE/1215/2012 art.35) Se pueden solicitar medidas provisionales o cautelares previstas por la ley de un Estado miembro a las autoridades judiciales de dicho Estado incluso si, en virtud del Reglamento Bruselas I, un **tribunal de otro Estado miembro es competente** para conocer del fondo.

Precisiones **1)** Se trata de una **disposición excepcional** respecto al sistema general establecido en el Reglamento, con la finalidad de evitar a las partes el perjuicio resultante del alargamiento de los plazos inherente a todo proceso internacional, y de ese carácter excepcional se deduce la necesidad de ser **interpretado restrictivamente** (TJUE 28-4-05, asunto St. Paul Dairy Industries, C-104/03).
2) Su concesión requiere, por parte del tribunal que conoce de la petición de medida cautelar, una **circunspección particular y un conocimiento profundo** de las circunstancias concretas en las que debe producir sus efectos la medida solicitada, garantizando su carácter provisional o cautelar (TJUE 21-5-80, asunto Denilauler, 125/79).
3) Son medidas provisionales o cautelares las que, en las materias incluidas en el ámbito de aplicación del Reglamento, se dirigen a **mantener una situación de hecho o de derecho** para

salvaguardar derechos cuyo reconocimiento se solicita al Juez que conoce del fondo del asunto (TJUE 26-3-92, Reichert y Kockler, C-261/90).
4) No son medidas provisionales o cautelares el **examen de un testigo** para poder el solicitante evaluar la oportunidad de una acción o determinar su fundamento (TJUE 28-4-05, asunto St. Paul Dairy Industries, C-104/03).
5) En el proceso social nacional se regulan **medidas provisionales o cautelares**, en cuyo marco se ha incluido tradicionalmente el embargo preventivo (LRJS art.79).
6) De acuerdo con la normativa interna, los **tribunales españoles** son competentes cuando se trate de adoptar medidas provisionales o de aseguramiento respecto de personas o bienes que se hallen en territorio español y deban cumplirse en España. Serán también competentes para adoptar estas medidas si lo son para conocer del asunto principal (LOPJ art.22 sexies).

Foros especiales: situaciones de insolvencia (LCon art.46 a 50; Rgto UE/2015/848) La **normativa concursal nacional** establece unas normas específicas de competencia internacional -en consonancia con lo establecido en la normativa de la UE sobre procedimientos de insolvencia respecto del supuesto de concurso de acreedores (Rgto UE/2015/848, DOUE 5-6-15). **2588**
Aunque el Rgto CE/1346/2000 fue derogado por el Rgto UE/848/2015, que entró en vigor el 26-6-2015, la aplicación de este último solo es posible respecto de los procedimientos de insolvencia que se abran después del 26-6-2017, aplicándose a los previos la normativa anterior. Se distinguen **dos supuestos**:
1. **Concurso principal**, que tiene un alcance universal, comprendiendo todos los bienes del deudor, estén situados dentro o fuera de España: es competente el juez de lo mercantil en cuyo territorio tenga el deudor el centro de sus intereses principales, o, a elección del acreedor solicitante, el juez de lo mercantil en cuyo territorio radique el domicilio del deudor, si lo tuviere en España y el lugar de éste no coincidiese con el centro de sus intereses principales.
2. **Concurso territorial** o procedimiento secundario de insolvencia, que se limita a los bienes del deudor, afectos o no a su actividad, que estén situados en España: es competente el juez de lo mercantil en cuyo territorio radique un establecimiento (Rgto UE/848/2015 art.3). En virtud de esa normativa, con posterioridad a la apertura de un procedimiento de insolvencia en otro Estado miembro se ha establecido que la jurisdicción social española no tiene competencia para ordenar el embargo de bienes situados en territorio español de los que es titular la empresa sometida a ese procedimiento (TSJ País Vasco 27-4-10, EDJ 252907; TJUE 2-5-06 asunto Eurofood IFSC C-341/04 y 21-1-10, asunto MG Probud C-444/07). Argumentándose, además, que en tal caso no se exige el exequátur requerido por la LCon/03 art.220.1.

Precisiones **1)** Existe una normativa de la UE específica que propicia la aproximación de las normativas nacionales de los Estados miembros relativas a la **protección de los trabajadores asalariados** en caso de insolvencia del empresario (Dir 2002/74/CE). Esta norma establece que, cuando una empresa con actividades en al menos dos de los Estados miembros se encuentra en estado de insolvencia, la institución competente para el pago de los créditos impagados de los trabajadores es la del Estado miembro en cuyo territorio éstos **ejercen o ejercían habitualmente su trabajo** (Dir 2002/74/CE art.8.1), que ha de aplicar, en cuanto a la extensión del derecho, su propia legislación (Dir 2002/74/CE art.8.2). De este modo, y al margen de los tribunales competentes para el concurso de acreedores, los trabajadores pueden **acudir al FOGASA** si prestan o prestaron servicios habitualmente en España, y la decisión del FOGASA ha de ser impugnable ante la Jurisdicción española (LOPJ art.25).
2) En caso de procedimientos transfronterizos de insolvencia, la ley del Estado de apertura del **procedimiento secundario** solo aplica a los créditos nacidos después de su apertura, no a los anteriores (TJUE 18-4-24 asuntos C-765/22 y C-772/22).

Tutela judicial de los trabajadores desplazados a España (Dir 96/71/CE art.6; L 45/1999 art.16) Son **competentes** los órganos jurisdiccionales españoles del orden social para conocer de los litigios producidos con ocasión del desplazamiento, sin perjuicio de la posibilidad de entablar una acción judicial en el territorio del Estado miembro en el que esté o haya estado desplazado el trabajador, de conformidad con lo que dispongan las legislaciones nacionales de transposición de la Directiva. Con ello, se añade una **regla especial de competencia**, que se acumula (i.e. no excluye ni desplaza) a las reglas generales comunitarias de determinación del foro competente, ya estudiadas). **2590**
En lo **no previsto en la normativa específica** sobre desplazamiento, es posible aplicar la normativa procesal nacional (la LRJS) de forma supletoria con carácter general (L 45/1999 art.17).

II. Movilidad laboral internacional

2595

A. Ley aplicable a las relaciones laborales internacionales

2600 Las relaciones laborales internacionales son aquellas cuyos elementos están vinculados con Estados situados fuera del ámbito de los tratados europeos o en los que dichos tratados no se aplican. La relación puede configurarse desde un primer momento con presencia de elementos de extranjería, como ocurre cuando el contrato **se formaliza en España**, para realizar la prestación en otro Estado, con una empresa con domicilio en un tercer Estado diferente. También puede ser cuando el contrato **se formaliza en el extranjero** para ejecutarse en España para una empresa con domicilio en el extranjero y cuando el contrato se formaliza y se ejecuta en el extranjero para una empresa domiciliada en España.

Puede tratarse de una movilidad basada en la **contratación en España para prestar servicios en el extranjero**, en cuyo caso el objeto del contrato es el trabajo en territorio extranjero, bien de forma temporal, bien con carácter definitivo **o** puede ser un **desplazamiento o traslado internacional**, en el cual el trabajador está prestando servicios en España -en el marco de un contrato de trabajo- y es desplazado temporalmente o trasladado de forma más duradera o permanente a otro país por cuenta de la empresa.

Atendiendo a la **voluntad del trabajador afectado**, esta movilidad puede ser forzosa, por decisión empresarial, que quedaría sujeta a los requisitos legales de la movilidad geográfica del ET art.40 redacc L 4/2023, o voluntaria, en virtud de acuerdo entre las partes.

El **régimen jurídico de la movilidad internacional fuera del marco de la UE/EEE y Suiza** (y, en algunos casos, Reino Unido) no es en absoluto unitario, sino que se diversifica, dependiendo, entre otras, de las siguientes **variables**: los convenios internacionales suscritos por España y el país de destino, el objeto y duración de la misión internacional encomendada, la legislación del Estado de destino, la voluntad del trabajador y los pactos suscritos con este, el tipo de vinculación con la entidad de acogida y la eventual implicación sobrevenida de terceros en la relación laboral originaria.

En la normativa interna se aplica la Ley del **Estatuto de los ciudadanos españoles en el exterior** (L 40/2006), que regula el ejercicio de sus derechos y deberes constitucionales en términos de igualdad con los españoles residentes en el territorio nacional, así como también la acción protectora del Estado español para mejorar las condiciones de vida de los españoles residentes en el exterior.

Los supuestos especiales son:

- la **localización del trabajador en el extranjero**, que podría entenderse como un supuesto específico del escenario anterior de movilidad internacional, caracterizada por suponer la adscripción definitiva y sobrevenida del trabajador a un centro o empresa del mismo grupo empresarial ubicado en el extranjero (nº 2610), y;
- la relación del **cooperante internacional** que puede considerarse tanto un supuesto de contratación en España para trabajar en el extranjero como un supuesto de movilidad internacional. La peculiaridad reside en que el objeto es participar en proyectos de **cooperación internacional o ayuda humanitaria**, existiendo una regulación específica que configura el denominado estatuto del cooperante (nº 2630 s.).

2602 **Contratación en España para trabajar en el extranjero** Cuando las empresas radicadas en España contratan para trabajar en el extranjero, la característica más destacada es que la movilidad en el empleo se produce sin que exista una prestación de servicios previa en España. Estamos ante un supuesto de celebración de un **contrato de trabajo originariamente internacional**.

El Estatuto de los Trabajadores impone la **aplicación de la legislación laboral española** al trabajo que presten los trabajadores españoles contratados en España al servicio de empresas españolas en el extranjero, sin perjuicio de las normas de orden público aplicables en el lugar de trabajo. Dichos trabajadores tienen al menos los **derechos económicos** que les corresponderían de trabajar en territorio español (ET art.1.4). La aplicación de este precepto debe subordinarse a lo establecido en el Rgto Roma I art.8, aunque subsidiariamente puede invocarse en España como una garantía legal de protección retributiva mínima que recibirían los trabajadores desplazados desde España.

Precisiones Toda maniobra negocial dirigida a **manipular los puntos de conexión** de la relación con ordenamientos jurídicos extranjeros podría cuestionarse por **fraudulenta**. En suma, no existe total libertad para articular estas contrataciones mediante la denominada **«localización» en destino del trabajador** cuando la contratación se efectúa en interés de la empresa española, gestionándose por ella misma y desarrollándose bajo su dirección o codirección y control más o menos intenso (vínculos más estrechos). Así sucede, particularmente, cuando se conciba esa primera experiencia laboral en el exterior como un **hito en la carrera profesional** dentro de la empresa o grupo, con previsión de ulterior incorporación a la plantilla española.

Empresas extracomunitarias que desplazan trabajadores La **Ley sobre el desplazamiento de trabajadores en el marco de una prestación de servicios transnacional** tiene la particularidad extenderse también a empresas establecidas en Estados distintos de la UE/EEE cuando tales empresas puedan prestar servicios en España, cuando así se disponga en los convenios internacionales aplicables (L 45/1999 disp.adic.4ª). En virtud de este precepto, todas las empresas que desplacen trabajadores desde Estados que han suscrito el Acuerdo General de Comercio y Servicios (AGCS- GATS) en el ámbito de la Organización Mundial del Comercio (OMC) quedan sometidas a sus disposiciones, incluido el deber de comunicar el desplazamiento a las autoridades laborales competentes por razón del territorio. **2604**
El precepto, según la memoria del anteproyecto de la Ley, es la aplicación del principio de que las empresas establecidas en un Estado no miembro del EEE **no** pueden obtener un **trato más favorable** que las empresas establecidas en su territorio (Dir 96/71/CE art.1.4).

Movilidad geográfica internacional en el marco de la relación laboral previa **2606**
(ET art.40) El régimen jurídico interno de la movilidad geográfica (nº 9425 s.) es aplicable a la movilidad geográfica internacional. Cabe así distinguir, atendiendo a su duración, entre **traslados y desplazamientos** al extranjero, que se producen en el marco de una relación laboral preexistente.
En este contexto de continuidad de la relación laboral previa, no obstante, se suelen adoptar además **medidas de modificación o adaptación** de las condiciones de trabajo. Esto sucede más frecuentemente en el marco de las misiones más prolongadas en el tiempo, con el objeto de posibilitar la integración efectiva del trabajador en la entidad empresarial de destino y para evitar disfunciones de naturaleza organizativa, particularmente en el caso de encomienda de nuevas funciones en el destino extranjero.
La regulación de la movilidad geográfica configura la **facultad empresarial** de destinar (desplazar o trasladar) al trabajador al extranjero. Esta facultad está sujeta a importantes requisitos de fondo (causas) y forma (procedimiento).
Los **requisitos** de fondo se modulan considerando el grado en que la movilidad afecta a los intereses del trabajador y en atención a las concretas causas alegadas por la empresa. Rige, de este modo, un principio de proporcionalidad, no pudiendo exigirse la misma **intensidad causal** a un traslado nacional o interno que a un traslado intraeuropeo, ya no digamos a uno de carácter intercontinental. El hecho de que el contrato de trabajo incluya una **cláusula de movilidad geográfica internacional** puede reforzar la posición empresarial, aunque en ningún caso la cláusula debe interpretarse como una atribución al empresario de una facultad unilateral y discrecional totalmente desprovista de justificación razonable. Tal atribución incondicionada vulneraría la prohibición general de dejar la validez y el cumplimiento de los contratos al arbitrio de uno de los contratantes.

Precisiones En ocasiones, se ha defendido la **facultad empresarial** de destinar al trabajador al extranjero. Postura que se aprecia, especialmente, en la jurisprudencia que declara la procedencia del despido efectuado por **no acatamiento de órdenes** de movilización al extranjero (TS 1-7-86; 16-6-87; TSJ Cataluña 11-7-94; TSJ Madrid 5-11-08, Rec 3502/08; TSJ Murcia 28-2-11, Rec 16/11; 1-12-11, Rec 680/10; 28-2-11, Rec 16/11; 21-3-11, Rec 36/11; 11-4-11, Rec 278/11). Así, se ha considerado procedente el despido cuando en el **contrato** se contempla expresamente tal posibilidad de movilidad geográfica sin establecerse requisito adicional y se cumplen las exigencias estatutarias para realizar un traslado. En todo caso, si el trabajador albergase dudas sobre la legitimidad de la orden recibida de movilidad internacional, debería **cumplirla inicialmente** y luego impugnarla ante los tribunales (TSJ Las Palmas 25-2-05, EDJ 28058).
A efectos prácticos, se observa una **particular rigidez** en los casos en los que el trabajador ha garantizado contractualmente su disponibilidad para trabajar en el extranjero (TSJ Galicia 18-6-10, Rec 978/10); **no** admitiéndose -en este tipo de supuestos- como **peligro inminente o grave** que avale el derecho de resistencia la alegación del trabajador que se negó a un desplazamiento a Angola por no quedar garantizado su derecho a la vida y a la integridad física, al existir un alto riesgo de contraer allí la malaria como enfermedad endémica (TSJ Madrid 19-02-98, Rec 5871/97).
Sobre el **derecho de resistencia** del trabajador desplazado o la prioridad de permanencia de ciertos trabajadores, ver marginal siguiente nº 2608.

2608 **Derecho de resistencia del trabajador al desplazamiento** El deber de obediencia del trabajador a órdenes empresariales -incluidas las órdenes de desplazamiento o traslado al extranjero- se encuentra limitado por la **regularidad de la orden**. El trabajador debe cumplir las órdenes empresariales del empresario, siempre que se hayan adoptado en el ejercicio regular de sus facultades directivas. Esta exigencia de regularidad da lugar a un implícito derecho de resistencia del trabajador, es decir, un derecho a **no cumplir las órdenes** que no se hayan adoptado en el ejercicio regular de las facultades directivas. Una orden manifiestamente **irregular o ilegal** de traslado o desplazamiento al extranjero no genera, por tanto, el correlativo deber del trabajador de cumplirla.

Si la orden de desplazamiento o traslado **es regular**, el trabajador debe cumplirla, sin perjuicio de impugnarla (con posible solicitud de medida cautelar de suspensión de la orden) o de solicitar, en el caso del traslado, la extinción indemnizada del contrato de trabajo. No obstante, existen **supuestos excepcionales** en los que el trabajador puede resistirse a cumplir la orden de traslado o desplazamiento, en atención a intereses personales o familiares. En estos casos, se produce una **ponderación de intereses** por los tribunales, con la posible conclusión de que el interés personal o familiar del trabajador puede primar sobre el empresarial alegado para fundamentar la orden de movilidad:

1. Se ha considerado atendible una oposición o **resistencia fundada**:

a) En eventuales **vulneraciones de derechos fundamentales** o en el nivel de riesgo (TSJ Madrid 5-11-08, EDJ 277425); o en una sentencia que revocó la dictada en instancia, que calificó de improcedente el despido disciplinario del trabajador que no acató una orden de desplazamiento al extranjero (a Arabia Saudita) por un período de 4 meses, ponderando que los cambios que llevaba aparejada tal cambio eran de tal envergadura que suponían una modificación calificable de extintiva que excedía los márgenes del ET respecto de la movilidad geográfica y la modificación sustancial de condiciones de trabajo (JS Madrid núm 33, 24-3-08, EDJ 400894)

b) En **el abuso o mala fe** en la decisión empresarial, como cuando se le ofrece al trabajador una combinación de **medios de transporte** que obliga al trabajador a viajar «durante varios días del modo más largo, incómodo e ineficaz posible, en claro perjuicio del trabajador que ha de emplear todos estos días para la realización de un traslado» (TSJ Cataluña 19-12-13, EDJ 286331).

c) También se declaró la improcedencia del despido de quien se negó a desplazarse al extranjero, al no acreditarse los **requisitos de la falta muy grave** de desobediencia recogida en el convenio colectivo aplicable que exigía también un perjuicio notorio para la empresa o los propios compañeros del despedido. Además, en este caso concurrían **causas familiares** graves que matizaban la desobediencia, y no se acreditó que su contratación fuera para prestar servicios en centros itinerantes o móviles fuera del territorio nacional. El tribunal también hizo hincapié en que la empresa eludió las **formalidades del traslado** aplicables a desplazamientos cuya duración prevista exceda de 12 meses en los 3 años siguientes (TSJ Valladolid 19-2-10, EDJ 43392).

d) Aunque se declara en todos los supuestos la **procedencia de los despidos** disciplinarios fundados en la desobediencia de la orden de traslado, en estos pronunciamientos se alude a la **falta de alegación y prueba** en la instancia de la oposición al traslado por la necesidad de atender a **familiares dependientes**; por lo que tal necesidad correctamente probada podría haber sido una **razón legítima** que hubiera permitido al trabajador resistirse a la orden de desplazamiento (TSJ Murcia 1-12-11, EDJ 307172; 28-2-11, EDJ 45206; 21-3-11, EDJ 72973; 11-4-11, EDJ 221585).

2. Por el contrario, **no justifican la resistencia** del trabajador al cumplimiento de la orden las **desavenencias económicas** (acerca del importe de las dietas, etc.), siempre que lo ofrecido por la empresa cumpla la normativa aplicable o lo pactado y sea razonable (TSJ Cataluña 11-7-94, núm 4095/94; TSJ Galicia 20-10-04, EDJ 285636).

Precisiones 1) En todo caso, en evitación de problemas, parece aconsejable que, dentro del plazo de preaviso, el trabajador dé a conocer a la empresa los **motivos de su oposición**, justificándolos debidamente; impugnando la orden, en su caso, si la considera ilegítima.

2) Considerando tales pronunciamientos tal vez sería recomendable, desde el punto de vista de la **gestión de los recursos humanos**, ponderar los intereses empresariales y del trabajador con un análisis que trascienda los intereses económicos y profesionales que subyacen bajo la misma. En efecto, deberían ser **objeto de consideración** especial los intereses vitales, libertades fundamentales, así como las responsabilidades y las necesidades de carácter familiar.

2610 **Movilidad transfronteriza corporativa en empresas y grupos multinacionales** La movilidad internacional en el seno de la empresa o grupo de empresa plantea problemas jurídicos específicos:

1. La normativa de la UE y su implementación nacional solo regulan el **desplazamiento temporal de empleados** -intraempresarial o intragrupal- efectuado a otro Estado del EEE en el marco del ejercicio de la libre prestación de servicios empresariales transfronterizos cuando cumplan determinados requisitos (nº 2291 s.). Estas normas, como se verá, no regulan este tipo de desplazamientos completamente en el fondo y en la forma, sino que se limitan a establecer normas de conflicto y a identificar qué materias han de quedar reguladas, en sus mínimos de derecho necesario, por la normativa laboral del Estado de destino. **2610** (sigue)

2. En estos casos, no siempre se aplica la normativa nacional sobre traslado o desplazamiento en exclusiva, ya que esta movilidad puede suponer un **cambio sustancial en la configuración inicial** de la relación que activa mecanismos de protección y límites singulares con una trascendencia jurídica específica. Así sucede, por **ejemplo**:

a) Cuando se implica, desde un punto de vista contractual, a **terceras empresas**.

b) Cuando se acuerda con el trabajador la **suspensión o extinción** de la primitiva relación laboral, produciéndose en paralelo la sustitución o sucesión -temporal o definitiva- de un nuevo contrato suscrito ad hoc con efectos propios. Sin que se pueda descartar la yuxtaposición o **superposición** de un nuevo vínculo contractual laboral en el destino extranjero, que no «anula» los efectos del primitivo contrato, que sigue vivo y ejecutándose en paralelo con los nuevos compromisos; dando lugar a supuestos de **doble vinculación** (real o meramente formal, según el caso).

3. No existe una **definición de grupo** internacional de empresas a efectos laborales (a nivel nacional o interno, ver nº 845) ni reglas legales expresas de **reparto de responsabilidad** entre las empresas implicadas en procesos de circulación transnacional de empleados (tanto en materia laboral como preventiva, como en el plano de las relaciones de Seguridad Social) y sus presupuestos de aplicación. Extrapolando los criterios jurisprudenciales dictados en torno al **grupo de empresa** (nº 840 s.), debe asumirse como premisa que la existencia de vínculos económico-financieros y societarios no es condición bastante para la extensión de responsabilidad, y mucho menos para convertir en coempleadoras a la empresa receptora y a la sociedad matriz; ni siquiera el hecho mismo de la circulación del trabajador en el interior del grupo.

En la práctica, el régimen jurídico aplicable se establece en función de la dinámica de **funcionamiento y gestión de los recursos humanos** a escala internacional, siendo de gran importancia la fórmula contractual elegida. En concreto, se **diferencian**:

a) Supuestos en los que las empresas de cada Estado pertenecientes a un mismo grupo empresarial funcionan de **manera autónoma**. En este caso, puede admitirse la sucesión de contratos con autonomía y sustantividad propia, esto es, la extinción contractual.

b) Supuestos en los que las sociedades implicadas en el proceso de movilidad funcionan de manera **centralizada y teledirigida** desde la dirección central. En este contexto, se estaría ante una relación contractual unitaria no susceptible de fragmentación por la movilidad geográfica internacional aunque hubiera una serie de contratos o cada misión contase con cobertura formal independiente, con peculiaridades en cuanto al objeto y condiciones de empleo (TSJ Madrid 30-1-15, EDJ 11462). En este caso, no se generarían **derechos económicos** especiales ligados al fin de cada misión internacional (TSJ Madrid 22-12-08, EDJ 325980; 21-12-99, EDJ 53746).

El análisis debe tener en cuenta la **realidad de la empresa** y la situación **del empleado movilizado** en particular. Circunstancias que priman sobre las declaraciones de las partes documentadas por escrito o las cláusulas incorporadas a los documentos contractuales suscritos, o incluso sobre la propia fórmula contractual empleada para dar cobertura a la movilidad geográfica.

4. En el contexto de la movilidad corporativa de proyección internacional tiene cabida también, como se ha avanzado, la suscripción de un **contrato laboral nuevo en destino** para dar cobertura a la opción por la denominada localización del empleado en el extranjero, bien sea con carácter temporal, bien con carácter definitivo. En el primer caso y para que la desvinculación durante ese paréntesis de suspensión del primitivo contrato pueda considerarse efectiva, el nuevo contrato en destino debería suscribirse con un **consentimiento informado** y cubrir determinados aspectos nucleares. En efecto, no basta la aceptación de la misión encomendada o el reto profesional internacional ofrecido bajo el paraguas formal de un contrato local nuevo. Por un lado, es cierto que la **desvinculación consentida** para cubrir una misión internacional supone la inaplicación de la normativa nacional sobre traslado y sus mecanismos protectores. Por otro lado, pese al silencio legal, y en evitación de problemas, debieran quedar debidamente identificados y especificados determinados **datos y contenidos**: sociedad de envío, sociedad receptora, con indicación de la clase de vínculo existente entre ellas (sucursal, establecimiento permanente, filial, sociedad participada...), eventual intervención de terceras empresas o entidades empresariales complejas (consorcios empresariales internacionales), nuevo lugar de ejecución del trabajo, funciones, condiciones laborales básicas -económicas y no económicas- régimen de tributación y cotización, reglas sobre cómputo de la antigüedad, régimen de repatriación en supuestos de localización temporal, derechos indemnizatorios eventualmente reconocidos, régimen de compensación de gastos, etc. El estudio de conjunto de esta **opción de localización** en el destino extranjero se recoge en nº 2620.

2612 Precisiones 1) Si el cobro de un **complemento** salarial se vincula a la prestación de servicios en el extranjero desplazado por la empresa, cuando cesa el desplazamiento, también cesa su abono; de manera que no ha de computarse en el cálculo de la **indemnización por despido** cuando no se percibía en las retribuciones más recientes (TSJ País Vasco 20-3-12, EDJ 96968). Pero si la **finalización del desplazamiento** o expatriación se produce **a instancia de la empresa**, una vez tomada la decisión del despido, lo percibido durante la expatriación o desplazamiento sí debe formar parte del salario regulador de la indemnización, incluso aunque la comunicación formal del despido y su fecha de efectos se produzcan varias semanas después de la repatriación. No se puede computar, por tanto, el salario que se le asignó tras ser repatriado bajo la fórmula de un permiso retribuido que solo pretende el **mantenimiento aparente del vínculo laboral** y es un artificioso intento de burlar el monto correcto de la indemnización por despido cuyo salario regulador ha de ser el que percibió durante la expatriación. Máxime considerando que, cuando se decidió el despido, ni siquiera había percibido todavía el **nuevo salario local** o posterior a la repatriación, que fue fijado días antes de la autorización administrativa precisa entonces para el despido colectivo del que fue objeto (TS 17-6-15, EDJ 129747). Lo mismo ocurre cuando el **tiempo de prestación de servicios en España** tras la repatriación resulta insignificante (TSJ Sevilla 7-11-13, EDJ 260563).

2) No se considera que haya **movilidad internacional** entre empresas de un mismo grupo multinacional en la que su propiedad y, por tanto, control administrativo, se encuentra repartido entre varios países; siempre y cuando las **filiales funcionen de forma autónoma** respecto de la matriz domiciliada, en este caso, en EEUU, aunque tengan una estrategia comercial común entendida como un conjunto de técnicas y métodos para la instalación, comercialización y explotación de un producto y una publicidad conjunta. Una prueba de tal **independencia entre las empresas** en función del Estado de ubicación es que el trabajador hubo de cesar en su anterior relación laboral en la filial australiana si quería incorporarse a la filial española. Si en realidad se hubiera acordado un simple **traslado** dentro de la misma empresa, se hubiera conservado, por un lado, la antigüedad en la relación laboral, y por otro, se tendría que haber abonado la consiguiente compensación de gastos de traslado (que hubiera sido siempre más cuantiosa que la recibida por el traslado interno de Madrid a Sevilla, que sí se abonó). La **ausencia de traslado internacional** y la independencia de las relaciones laborales australiana y española impide reconocerle una antigüedad mayor de cara al cálculo del despido improcedente que sufrió en España (TSJ Sevilla 13-4-10, EDJ 109052).

3) Cuando la movilización se realice desde España (incluso con un contrato celebrado en España), es relevante diferenciar los supuestos en los que la **dirección central** está **ubicada** en España de aquellos otros en los que la dirección central radica en el extranjero; pudiendo encontrarnos con los dos siguientes **supuestos**:

a. Dirección central **en el extranjero** que controla y gestiona la movilidad, aunque pueda suscribir contratos intermedios para cubrir el período de estancia y trabajo en España (impatriado temporal). En este caso, existe una **relación laboral unitaria** constituida con anterioridad y desarrollada, conforme a lo previsto, en un ámbito geográfico transnacional. Los contratos intermedios mencionados carecen de autonomía respecto del contrato-base o contrato-marco suscrito anteriormente (y respecto de la relación de trabajo nacida del mismo). En consecuencia, las **comunicaciones de fin de la misión** en España no debieran activar la protección frente al despido o extinción por decisión unilateral de la empresa prevista en nuestra legislación laboral ni generar el coste y la responsabilidad empresarial correspondiente a cargo de la empresa española que hubiera acogido temporalmente al trabajador. No se ha entendido así en algún pronunciamiento de nuestros tribunales (TSJ Cataluña 7-4-06, EDJ 290396). En este contexto, para **evitar irregularidades, litigios y cargas inesperadas**, deberían fijarse siempre las reglas de reparto y ejercicio de poderes entre las empresas del grupo; en particular, debiera quedar claro el papel de la empresa española y la responsabilidad que recae sobre ésta de cara al cumplimiento de obligaciones laborales, de Seguridad Social y preventivas, nacidas de esa relación de trabajo internacionalizada durante el período de estancia en nuestro territorio. Igualmente, debe aclararse cuál es el papel de otras empresas que se impliquen en la relación.

b. Dirección central **en España**. Es la situación inversa a la anterior, orquestándose desde España toda la movilidad internacional de empleados, ejecutándose las misiones en el exterior en su interés y bajo su control más o menos intenso. En este caso, sería un esfuerzo estéril la constitución de una relación nueva en el destino extranjero pretendidamente autónoma. Considerándose a la empresa española siempre la **responsable principal y directa**, con alcance universal, de las obligaciones y cargas que la movilidad hacia el extranjero genere.

4) Es importante diferenciar si se trata realmente de una **filial en el extranjero** -independiente- o si se trata de un centro de trabajo de la misma empresa ubicado en el extranjero. La **inexistencia de filial** tiene consecuencias jurídicas, no solo por la posible existencia de un traslado con responsabilidad de la dirección española por fin de misión, sino también porque determina la plantilla real de la empresa y sus obligaciones indemnizatorias. Así, en un caso concreto, la inexistencia de filial afecta a la **responsabilidad directa del FOGASA**, al entenderse que hay 26 trabajadores en la empresa -computando los del centro de trabajo en Portugal- (TSJ Madrid 3-6-14, EDJ 167102).

Gestión de plantillas «internacionalizadas» Los supuestos de movilidad en el marco de **contratos con cláusula de movilidad** internacional (global o regional) o protagonizados por empleados integrados (desde el punto de vista orgánico-funcional) en **plantillas internacionales** o inmersos en planes de carrera internacional quedan sujetos a ciertas **particularidades**: 2614

1. Pese al silencio legal, debe entenderse que tienen cabida en el sistema jurídico-laboral español todas las opciones modernas de **gestión internacional** de los recursos humanos en empresas y grupos empresariales con proyección internacional estable que se mencionan en el punto 3.

2. No obstante, si los trabajadores objeto de movilidad internacional han tenido previamente una **relación laboral en España de carácter local**, la legitimidad de las decisiones adoptadas unilateralmente por la empresa para gestionar su plantilla a escala global y optimizar su presencia en mercados extranjeros, así como la eficacia de los pactos que eventualmente se suscriban con el trabajador sobrevenidamente, quedan sujetos a restricciones y condicionantes.

3. Existen las tres siguientes **alternativas** dentro de las denominadas **políticas de gestión global** de personal:

a) La organización de una **fuerza de trabajo global operativa** a escala internacional o transnacional, aunque dirigida desde España.

b) La incorporación de experiencias internacionales a los **planes de carrera** y desarrollo profesional.

En el marco de estos dos primeros supuestos, si la empresa pretende una **movilización forzosa** de sus empleados, debe tener presente que el mero interés profesional de tener una fuerza de trabajo global o internacional no constituye, por supuesto, causa empresarial de entidad suficiente para justificar su decisión empresarial; incluso considerando cierta laxitud en el control causal jurisprudencial apuntado previamente (nº 2606). En tales casos debería concurrir una **causa** concreta (una concreta necesidad organizativa, técnica o productiva) que justifique tal decisión empresarial de envío al extranjero de los empleados adscritos a la empresa radicada en España; y, a falta manifiesta de ella, se entiende que el trabajador puede resistirse legítimamente a cumplir la orden de salida al exterior.

c) A efectos de posibilitar esa gestión global de recursos humanos, también tiene cabida en el sistema español la suscripción de **cláusulas de movilidad internacional** con ciertos empleados -no necesariamente altos directivos-. Esta tercera y última opción dispensa un mayor margen de flexibilidad a las empresas y contribuye a la simplificación y agilización de la gestión de los procesos de movilidad internacional. Considerando el **interés del trabajador** en darle proyección internacional de manera estable a su carrera profesional, no se pueden considerar abusivos tales compromisos que excluyen la aplicación de las garantías previstas en la normativa estatutaria para la movilidad geográfica (nº 9425 s.). Así puede entenderse incluso cuando tales pactos se suscriben de **manera sobrevenida** después de un período más o menos prolongado de trabajo sedentario en España. Este personal viene a constituir una suerte de **cuerpo internacional** que queda al servicio de las necesidades variables de recursos humanos en el exterior, provocadas por la actividad internacional desplegada por la empresa en otros países. La movilización más allá de nuestras fronteras y entre distintos Estados extranjeros constituye en estos casos una simple **ejecución del programa** contractual **previsto** y aceptado por el trabajador que es objeto de movilidad internacional, bien **originariamente**, al fichar por la empresa, bien de manera **sobrevenida**, dando un giro a una carrera inicial sedentaria.

En el marco de un pacto **expreso y equilibrado** de internacionalización (nº 2616), **cada misión internacional** puede contemplarse como un simple paso o hito en una carrera internacional debidamente planificada o un eslabón en una relación contractual unitaria, no fragmentada.

Siempre con la condición de que resulte claro que el trabajador **acepta voluntariamente** la internacionalización de su relación y cuáles son los **límites** aplicables, fijados de común acuerdo. En efecto, no hay que olvidar que existe implícita la interdicción de la **indeterminación total del lugar de trabajo**, por contravenir las más elementales reglas de nuestro derecho de obligaciones y contratos (CC art.1261, 1271, 1273 y 1278). Además, tal indeterminación supondría una falta de determinación suficiente del **objeto** mismo del **contrato**, por lo que el cumplimiento de éste quedaría indebidamente al arbitrio de la empresa (CC art.1256).

Precisiones 1) La prestación de servicios por trabajadores vinculados a **centros móviles o itinerantes** (nº 4385 s.) no parece asimilable a la subespecie de movilidad internacional que se analiza. En efecto, los **pactos de intercambiabilidad** del lugar de trabajo que suscriben los trabajadores al servicio de empresas «itinerantes» que prestan servicios (asimismo itinerantes) en escenarios transnacionales solo pueden considerarse **válidos** en la medida en que, además de suficientemente precisos en cuanto al margen de variabilidad del lugar de trabajo (zonas, regiones, países), puedan reputarse verdaderamente equilibrados (por estar recompensada de manera específica y suficiente esa versatilidad del país de trabajo y compensados los inconvenientes de toda índole que ello 2616 comporta en la esfera personal, familiar, social y económica). El **filtro aplicable** debería ser tanto más severo cuanto menor sea el nivel de cualificación y el poder real de negociación del trabajador. Pese a lo indicado, en algún pronunciamiento de nuestros Tribunales se aprecia un elevadísimo **grado de permisividad**. Así, la negativa injustificada de un trabajador adscrito a un centro de trabajo móvil o itinerante de una empresa de montajes a atender una orden de desplazamiento al extranjero cuando en el contrato de trabajo se establecía la obligación de desplazarse tanto a territorio nacional como al extranjero, máxime cuando se le comunicó el traslado cumpliendo las exigencias estatutarias, es una infracción disciplinaria sancionable con el despido (TSJ Las Palmas 25-2-05, EDJ 28058; TSJ Valladolid 19-2-10, EDJ 43392).

2) Además, el **pacto** debe ser **expreso y equilibrado**, para lo que deberían contemplarse:

a. Límites expresos: vinculación del compromiso de disponibilidad para la movilidad internacional a áreas geográficas concretas delimitadas previamente, a puestos con perfil predeterminado y/o a misiones funcionalmente predeterminadas, a planes de carrera específicos, a objetivos empresariales singulares, etc.

b. Topes a la duración de las misiones sucesivas, régimen de eventuales prórrogas.

c. Régimen indemnizatorio aplicable en el supuesto de desacuerdo a efectos de reasignación o repatriación, cláusulas de escape en interés de ambas partes (derechos de retorno extraordinarios para cubrir cambios cualitativos en la situación personal o familiar del trabajador, garantía de períodos intermedios de contratación en España -salvo pacto en contrario- o preferencias a tal efecto, causas extraordinarias de resolución de la cláusula de movilidad a iniciativa de cualquiera de las partes, etc.).

d. Convendría identificar igualmente las **contrapartidas, económicas y no económicas**, de disfrute, garantizado de manera estable que quedan vinculadas expresamente a la aceptación por el trabajador de la mutabilidad del país -y localidad- de trabajo; y, en contraposición a ellas, las que no sólo no tienen carácter consolidable, sino que van ligadas a misiones o encargos concretos.

Como se ha señalado, suscrita una cláusula de esta naturaleza, devienen inaplicables los mecanismos legales protectores de la movilidad forzosa estatutaria (nº 9425 s.). Todo ello sin perjuicio de los **pactos** que puedan suscribirse **a medida** de cada empresa, trabajador y/o misión sucesiva, que tienden a superar ampliamente los mínimos de referencia aplicables a la movilidad forzosa.

2618 **Contratación extralaboral en el destino extranjero** Excepcionalmente, el trabajador movilizado al extranjero puede suscribir al efecto un **nuevo contrato** de prestación de servicios extralaboral con la **entidad extranjera de acogida**. Sin embargo, esta deslaboralización temporal de la relación (y la fuga de la correspondiente legislación laboral y de seguridad social del Estado receptor) debería admitirse solo si viene impuesta por la **legislación del Estado de ejecución** del trabajo (lo que no es raro que ocurra, por ejemplo, para cubrir prestaciones de servicios directivos al más alto nivel o en el caso de empleados con funciones de naturaleza comercial a su cargo) y garantizando al trabajador un nivel de protección adecuada.

Habría que dejar claro que ese **segundo contrato**, aparentemente local, es **instrumental** con respecto al principal español. De modo que ha de entenderse que la relación con la empresa de procedencia sigue existiendo (incluso en el caso de contrataciones nuevas efectuadas precisamente para cubrir la ejecución de trabajos en el extranjero) y que la nueva relación queda subordinada, desplazando a la principal sólo parcialmente y siempre que esté justificado/venga impuesto por la legislación de destino (y únicamente a los efectos que la misma contemple).

Debería asumirse que, en tal escenario, la **relación laboral primitiva** no queda extinguida automática y/o tácitamente (a causa de una novación objetiva extintiva), y que tampoco se ven perjudicados los derechos adquiridos o en curso de adquisición, el cómputo de la antigüedad, etc. El trabajador gozaría de una **garantía doble de repatriación y de reactivación** inmediata de la relación laboral de origen tras concluir el episodio de movilidad internacional (nº 2610).

2620 **Localización del trabajador en un destino extranjero** En estos casos de **movilidad intragrupal** -con paralela localización del trabajador en el destino extranjero-, existen las siguientes **posibilidades**:

1. La opción más drástica es aquella en la que las partes pactan la **extinción contractual** y la localización definitiva del trabajador en el destino extranjero con liquidación de la relación inmediatamente anterior, esto es, con desvinculación laboral de la empresa de procedencia (TS 23-6-83; TSJ Madrid 9-1-12, EDJ 13271). Esa **localización** puede tener lugar desde el inicio de la misión internacional o sobrevenidamente.

Así se ha admitido por los tribunales nacionales en el caso de **impatriados en España** que, en un momento dado, optan por quedar localizados en España. Incluso cuando dicha opción consensuada, salvo acuerdo expreso en contrario, puede suponer una degradación de condiciones económicas o el deterioro del salario regulador de las indemnizaciones y pese a no generar, salvo pacto, derechos indemnizatorios especiales (TSJ Madrid 22-12-11, EDJ 319194; 21-12-11, EDJ 324052).

En todo caso, hay que considerar, atendiendo al coste o pérdida que puede suponer para el empleado esta opción, que sólo es **aceptable** cuando sea voluntaria y quede debidamente respaldada por un pacto equilibrado suscrito con el interesado. Efectivamente, pese al silencio legal y aun tratándose de un supuesto de **movilidad voluntaria**, el principio general en los supuestos de movilidad internacional es la **pervivencia** del **vínculo**, que se reactiva al concluir la misión internacional de manera automática, salvo en supuestos de terminación por causa imputable al trabajador; y el trabajador tiene garantizada la consideración unitaria de la relación, así como la totalización de la antigüedad a todos los efectos (salariales e indemnizatorios y promoción profesional). **2620** (sigue)

Las **fórmulas contractuales** aptas para cubrir estos supuestos de **traspaso definitivo** del trabajador son las siguientes:
- cesión del contrato mismo;
- pura y simple adscripción definitiva a la entidad de destino;
- formalización de un nuevo contrato.

En estos casos de **sustitución o sucesión contractual** con ruptura de la relación laboral con la empresa de origen, el trabajador pasa a integrarse en el mercado laboral del país de envío, quedando sujeto plenamente a la legislación interna -laboral y de seguridad social- de dicho Estado, así como a las normas migratorias generales de aplicación a la movilidad para el empleo (sin poder ser considerado un simple impatriado temporal en el territorio de dicho Estado, con las facilidades eventualmente establecidas para esta última figura).

2. Cabría optar por una solución menos drástica, implementando una **suspensión contractual** con garantía de conservación temporal de la primitiva relación. También cabría contemplar la **reversibilidad de la opción por la localización** ante eventuales dificultades para la permanencia ligadas a la normativa migratoria del Estado de acogida o a situaciones de extraordinario riesgo o peligro. La relación laboral durante el indicado período de espera «blindado» debería considerarse, ex lege, simplemente suspendida.

3. En el marco de los **pactos de suspensión** temporal, debe ponerse de relieve que, efectivamente, existe cierto margen para optar por la **sucesión de contratos** laborales, reconociendo cierta autonomía a cada eslabón de la cadena; lo que tiene consecuencias de interés práctico en todos los planos jurídicos (migratorio, laboral, fiscal y de seguridad social). En el plano laboral, por regla general y a falta de justificación objetiva y de pacto en contrario, debe entenderse preservada la **unidad e interdependencia contractual** en tales casos, con lo que ello comporta en términos de:
- protección del trabajador a efectos de cuantificación de la antigüedad;
- reconocimiento de los derechos -salariales, indemnizatorios o de cualquier otra índole- ligados a dicha antigüedad;
- para descartar el carácter ilegal de las cesiones «puramente formales» del trabajador;
- con relación a un aspecto tan estratégico como lo es el concerniente al derecho de retorno a España.

Naturalmente, ante una eventual **intromisión o interposición laboral** de la empresa de envío, supuestamente desvinculada a remolque de la suspensión contractual, ésta no queda exenta de responsabilidad ni la relación puede finalmente considerarse fragmentada ni el paréntesis correspondiente a la estancia en el extranjero puede considerarse autónomo a ningún efecto (TSJ Madrid 20-6-00, Rec 1279/00).

4. Particulares problemas se plantean cuando la localización se presenta como **vicisitud sobrevenida** y en paralelo se pretende someter al trabajador a una **degradación de condiciones**. Únicamente se puede considerar legítimo el cambio de condiciones en el caso de **acuerdo real** entre las partes que lo respalde y cuando concurran **causas objetivas** que lo justifiquen (así, por ejemplo, la eliminación de prestaciones ligadas al desarraigo personal y familiar que genera la movilidad internacional en su primera etapa, una vez que el trabajador consiente la adscripción definitiva al nuevo destino).

Precisiones La formalización de estos nuevos contratos -laborales o extralaborales- en destino en ocasiones resulta de una **imposición de la legislación del Estado de acogida** con fines de control, haciéndose descansar sobre empresas del Estado de destino la responsabilidad del cumplimiento de determinadas obligaciones.

Sería conveniente contemplar este posible escenario jurídico formalmente complejo, aclarando que la **presencia de terceras empresas** se produce con carácter puramente instrumental, a los solos efectos de cumplir con la legislación extranjera; soslayando el riesgo de que se considere que la empresa de procedencia incurre en cesión ilegal internacional y/o eventualmente que se generen efectos fiscales desfavorables.

2622 **Trámites y formalidades legales** La legislación española impone la obligación de cumplimentar ciertas formalidades de carácter laboral en los casos de contratación para la prestación de servicios en el extranjero, que se extienden a los supuestos de trabajadores objeto de una movilidad geográfica transnacional:

1. El contrato de trabajo realizado **en España por empresas españolas** para prestar servicios en el extranjero se ha de formalizar por escrito (ET art.8.2, que, aunque impone la obligación de forma únicamente a las empresas españolas, también debiera aplicarse a las extranjeras). El incumplimiento de esta exigencia constituye una **infracción administrativa grave**, sancionable con multa de 751 € a 7.500 € (LISOS art.7.1 y 40).

2. Cuando el trabajador tenga que **prestar normalmente sus servicios en el extranjero**, debiendo tener el desplazamiento internacional una duración mínima de 4 semanas, el empresario, antes de la partida del trabajador, ha de aportar por escrito cierta información al trabajador, siempre que no estuviera ya recogida en el contrato escrito (ET art.8.5 y RD 1659/1998 art.3 y 6). Esta **información adicional** a la exigible con carácter general es la siguiente:

- duración del trabajo que vaya a prestarse en el extranjero;
- en su caso, condiciones de repatriación del trabajador;
- moneda en que se pagará el salario;
- retribuciones en dinero o en especie, tales como dietas, compensaciones por gastos o gastos de viaje, y ventajas vinculadas a la circunstancia de la prestación de servicios en el extranjero.

La información sobre moneda, retribuciones y ventajas se puede realizar mediante una **referencia precisa y concreta** a las disposiciones legales, reglamentarias o a los convenios colectivos de aplicación que regulen dichos extremos, que permita al trabajador el acceso a la información correspondiente.

Supone una **infracción leve** no informar por escrito al trabajador sobre los elementos esenciales del contrato y las principales condiciones de ejecución de la prestación laboral -entre ellas, las relativas a la prestación de servicios en el extranjero-, (LISOS art.6.4).

2624 **Acuerdos complementarios** Es **frecuente** la formalización de acuerdos complementarios, de variable detalle y generosidad. A través de ellos se viene a suplir la insuficiencia del marco legal y se incentiva el desplazamiento internacional. Algunos de estos aspectos (por ejemplo, información de seguridad) pueden considerarse comprendidos en el deber empresarial de protección del trabajador frente a los riesgos laborales (LPRL art.14.1).

Es frecuente que el **contenido de los acuerdos** se refiera a los siguientes aspectos:

1. Gestión empresarial de cuantos **trámites** exija la legislación migratoria del Estado de destino (visados, permisos de trabajo, etc.) o eventualmente otras disposiciones internas.

2. Servicios de **asesoramiento** en materia fiscal y de seguridad social y, en su caso, pactos de cobertura del eventual incremento de cargas de este tipo.

3. Contratación empresarial de un **seguro médico**.

4. Formación específica sobre el Estado de destino, para posibilitar su integración en condiciones seguras y no traumáticas.

5. Financiación de **cursos de idiomas**.

6. Nivel de cobertura (y límites) de los **gastos de viaje y mudanza** a cargo de la empresa.

7. Prestaciones para cobertura de **gastos de vivienda**.

8. Primas de expatriación, que tienden a calificarse como prestaciones de naturaleza salarial (TSJ Sevilla 26-11-15, EDJ 251624), aunque de carácter no consolidable y no computables para la determinación del salario regulador de la indemnización por despido, salvo que el despido tenga lugar antes de la repatriación instada por la empresa o inmediatamente al producirse ésta TS 27-9-04, EDJ 160116; 17-6-15, EDJ 129747).

9. Prestaciones y ventajas de **protección familiar** (referidas al núcleo familiar acompañante y/o a familiares dependientes no acompañantes)

10. Condiciones de retorno y reintegración en la empresa (o sede) de origen o eventualmente de reasignación internacional (otro posible destino internacional).

11. Reglas de referencia para la solución de **controversia o conflicto** en el extranjero. Debiéndose determinar tanto la legislación nacional aplicable a la totalidad del contrato de trabajo o alguna de sus cláusulas (nº 2680), así como el foro competente para dirimir tales conflictos (nº 2535 s.).

B. Relación laboral del cooperante: especialidades

(L 1/2023; RD 708/2024)

2630 Son **personas cooperantes** las personas físicas, profesionales de la cooperación, que tengan una relación jurídica o de prestación de servicios, laboral o administrativa, por cuenta de organizaciones internacionales o de instituciones u organismos públicos o privados españoles sin ánimo de lucro, o de empresas consultoras que trabajen en última instancia para entidades sin ánimo de lucro, para realizar actividades de acción humanitaria o de cooperación para el desarrollo sostenible sobre el terreno, tanto para el sector privado como para el sector público (L 1/2023 art.44).

Desde el 25-7-2024, se aplica un **nuevo Estatuto** del Cooperante (con la transitoriedad que se indica en la precisión) a aquellas personas cooperantes que están **desplazadas** en alguno de los países o territorios que se señalan como beneficiarios de ayuda al desarrollo (RD 708/2024 art.2.3), vinculadas a una entidad promotora de la cooperación por una relación jurídica o de prestación de servicios, laboral o administrativa, así como cuando están **en España** previamente para formular y planificar las acciones de cooperación, o posteriormente para finalizar dichas acciones. Y regula, entre otros aspectos, sus derechos y obligaciones, formación, oportunidades de carrera profesional, la relación jurídica con la entidad promotora de cooperación internacional, el apoyo al retorno y en el terreno, el régimen público de su protección social y el régimen de incompatibilidades.

La **relación** entre la persona cooperante y la **entidad promotora** de la cooperación para el desarrollo o la acción humanitaria puede ser:

1. Si la entidad promotora es **privada**: relación de prestación de servicios sometida al ordenamiento jurídico laboral.

2. Si la entidad promotora pertenece al **sector público**: relación funcionarial o laboral.

Los cooperantes, no necesariamente de nacionalidad española, son desplazados por entidades promotoras de la cooperación para el desarrollo o la acción humanitaria desde España a un país o territorio perceptor de ayuda al desarrollo. **No se considera cooperante** a:

- el personal local que se contrate en el territorio o país extranjero destinatario de la intervención, cuya relación con la entidad promotora de la cooperación que la contrate se rige por el ordenamiento jurídico aplicable en el país de ejecución, así como por las normas de derecho internacional aplicables;
- las personas voluntarias (si bien deben estar cubiertas por un seguro o garantía financiera y pueden ser incluidas en el seguro colectivo de AECID cuando la entidad promotora esté adherida al mismo);
- las personas cooperantes de organizaciones internacionales o de cualquier iglesia, confesión o comunidad religiosa;
- el personal en prácticas formativas no laborables o sobre el terreno en prácticas no remuneradas (si bien se les aplica lo relativo a la previsión social), o contratado mediante arrendamiento de servicios;
- el personal de la FIIAPP cuando la misión no supere los 6 meses de duración.

Precisiones Si bien el nuevo Estatuto del Cooperante **entra en vigor** al día siguiente de su publicación en el BOE (es decir, el 25-7-2024), se establece el **plazo de adaptación** de un año para que las entidades promotoras de la cooperación internacional cumplan lo dispuesto en él, al igual que la AECID para realizar las modificaciones contractuales que garanticen el derecho a la previsión social de las personas cooperantes. El Estatuto anterior RD 519/2006.

2632 **Contrato de trabajo** (RD 708/2024 art.7, 9.1 y disp.trans. única; OM AEC/163/2007) El **contrato laboral** entre el cooperante y la persona o entidad promotora de la cooperación para el desarrollo o la acción humanitaria:

1. Se **formaliza por escrito**, cualquiera que sea su duración o modalidad (ET art.8.2).

2. Se ha de ajustar necesariamente a la regulación que, para las distintas **modalidades** de contrato de trabajo, está establecida en la legislación laboral. En el caso de contratos laborales de **duración determinada**, ha de estarse a lo establecido en la legislación laboral en cuanto al objeto y la causa que justifique la temporalidad (ET art.15). En todo caso, el proyecto de cooperación se entiende como **unidad** en toda su duración, a los efectos de las distintas modalidades de contrato de trabajo establecidas en la legislación laboral

3. Con independencia de su duración o régimen aplicable, deben acompañarse del correspondiente **acuerdo complementario de destino**.

4. Las personas cooperantes tienen, entre otros, **derecho a**: la asistencia y protección consular de las Misiones Diplomáticas de España; la negociación colectiva; obtener medidas de conciliación de la vida familiar y profesional; recibir una formación accesible y adecuada (RD 708/2024 art.14); la certificación de las labores realizadas (RD 708/2024 art.16); recibir información de los riesgos; un salario adecuado y su percepción puntual e íntegra; el reembolso completo de los gastos, incluido un viaje anual a España, y; una previsión social específica (RD 708/2024 art.13 y disp.trans. única.2). Igualmente, tienen derecho a recibir **formación previa** a la incorporación efectiva al puesto de trabajo en terreno, que computa como horas de trabajo retribuido y cuyo contenido mínimo establece la AECID.

5. Cuando la entidad con la que mantiene una vinculación laboral o administrativa en España sea la entidad promotora de la cooperación para la que ha realizado trabajos en el exterior, a su **regreso** de la misión de cooperación internacional para el desarrollo o acción humanitaria, la persona cooperante tiene derecho a la **reincorporación** en aquella, en el mismo puesto o uno del mismo grupo profesional y funciones similares que la del que tuviera antes de ser enviado. Y a medidas de apoyo al retorno (RD 708/2024 art.15).

2634 **Acuerdo complementario de destino** (RD 708/2024 art.7.3 y 10; OM AEC/163/2007) Entre la persona cooperante y su empleador (la entidad promotora de la cooperación para el desarrollo y/o la acción humanitaria), se debe firmar un acuerdo complementario para la realización de su prestación, que especifique las **condiciones especiales** de ésta en el país de destino.

Dicho acuerdo, que forma **parte del contrato de trabajo** al que se anexa, debe formalizarse por escrito. El modelo oficial de acuerdo complementario se recoge en la OM AEC/163/2007 Anexo.

El **contenido mínimo** de este acuerdo complementario de destino es el siguiente:

1. Determinación del **país o territorio** beneficiario de ayuda al desarrollo, donde deba el cooperante desempeñar su labor, con indicación del nombre oficial del país, región concreta o unidad administrativa y localidad donde se ubique el establecimiento o centro de trabajo al que la persona cooperante ha de adscribirse.

2. Denominación de la fase y nombre de la intervención en las que se circunscriben las funciones de la persona cooperante, con descripción de las funciones a realizar.

3. Fecha de inicio de la prestación de servicios, y fecha **estimada de finalización**. En el supuesto de que la fecha de terminación pudiera estar sujeta a cualquier contingencia no prevista en la intervención, el acuerdo ha de especificar que la finalización le ha de ser comunicada con una antelación mínima de un mes.

4. Relación de las específicas **indicaciones médicas**, y especialmente de vacunación, que debe adoptar el cooperante, antes, durante y después de la ejecución de su prestación, en función del lugar de destino. Se ha de indicar asimismo una relación de los servicios hospitalarios y de asistencia médica más próximos al lugar de destino.

5. Régimen de **horarios, vacaciones, viajes** al exterior y **permisos** aplicables, así como el procedimiento a seguir para su aplicación, conforme al convenio colectivo aplicable.

6. Normas de seguridad en el país de destino y, en su caso, en los lugares de tránsito o lugares de desempeño temporal de funciones asociados al lugar principal de destino, plan de seguridad de la organización y posibles actuaciones o recursos en materia de seguridad, incluidas actividades de formación.

7. Información de los **trámites administrativos** a realizar en el lugar de destino como persona extranjera residente y trabajadora, especificando qué documentación será facilitada por la entidad contratante antes de su partida.

8. Concreción de las **retribuciones** salariales y extrasalariales que correspondan. Detalle de todas las percepciones, en metálico o en especie, que procedan, como compensación, dietas, ayudas, indemnizaciones o suplidos por gastos o por cualquier otro concepto derivado de la ejecución de su prestación. Y **moneda** en la que se pagarán, así como su contravalor en euros (si esta no es la moneda de pago), valor que se tomará como referencia para la actualización de las percepciones salariales.

9. Transcripción de los **derechos y obligaciones** de los cooperantes (RD 708/2024 art.4 y 5).

10. Información sobre las **condiciones del seguro**, incluidas las de **repatriación** del cooperante y de su cónyuge, o persona con la que mantenga una relación análoga, sus descendientes, así como de sus ascendientes en el caso en que dependan de la persona cooperante, en ambos casos, hasta primer grado de consanguinidad.

11. Información sobre los **datos de contacto públicos** de la Misión Diplomática de España, así como de la Oficina de la Cooperación Española de la AECID (OCE), si la hubiera. En los destinos en los que no exista representación de la administración española en el exterior, han de indicarse las representaciones de estados miembros susceptibles de actuar de enlace con la Administración española, así como aquella Misión Diplomática acreditada ante el país u OCE de la región que deben tomar como referencia.

Depósito de documentos (RD 708/2024 art.9.1; OM AEC/163/2007) Dentro de los 20 días hábiles siguientes a la firma del contrato, debe **depositarse en la AECI** (Agencia Española de Cooperación internacional), concretamente en el Registro de Organizaciones no Gubernamentales para el Desarrollo (Registro de ONGD): 2636
- una **copia básica** del contrato, que se puede sustituir por la información telemática del registro del contrato en el SEPE. Asimismo, cuando un cooperante tenga un contrato de trabajo de duración indeterminada sólo se ha de registrar una vez el contrato exigiéndose el depósito de los sucesivos acuerdos complementarios de destino asociados a dicho contrato depositado al que habrá de hacerse referencia.
- una copia del **acuerdo complementario de destino**.

Si se produce **actualización o adaptación de las funciones** de la persona cooperante, habrá de depositarse un nuevo acuerdo complementario de destino, en un plazo de 20 días desde su firma.

Una vez recibidos los documentos en el Registro General de la AECI, se da **traslado** de los mismos al Registro de ONGD, cuyo encargado debe comprobar, dentro del plazo de 45 días, el cumplimiento de las exigencias, y, en su caso, abrir un plazo de **subsanación** de 10 días. Si no se subsana, se entiende que los documentos no han sido depositados.

Precisiones El **depósito** de estos documentos se hará en la AECI en tanto no se constituyan, en su caso, mecanismos de depósito similares en las CCAA en virtud de los correspondientes convenios de colaboración.

C. Legislación de Seguridad Social aplicable en las relaciones laborales internacionales

Para determinar la legislación de seguridad social aplicable, hay que distinguir entre los casos en que la emigración se realiza a Estados con los que España mantiene acuerdos o convenios bilaterales de aquellos otros en los que no existe ninguna relación: 2645

1. En países **con convenio bilateral** entre España y el Estado de desplazamiento, la regulación de la legislación de seguridad social aplicable es la que se establece en el propio convenio. Hay algunos **principios generales** en los que se inspiran estos convenios, en concreto:

a) El principio de sujeción de los trabajadores a **una única legislación**: no existe por lo general la opción de que se apliquen simultáneamente las dos legislaciones, la española y la del país de acogida.

b) Por regla general, los trabajadores migrantes suelen estar adscritos a la legislación del país de origen durante un **período inicial** cuya duración varía en función de lo prescrito en cada convenio. Pasado ese período, salvo excepciones convenidas entre las partes, el trabajador pasa a estar adscrito al sistema de seguridad social del país de acogida.

2. En países **sin convenio bilateral**, cabría la aplicación simultánea de dos sistemas de seguridad social. Siempre cabe que los trabajadores españoles que se desplacen puedan suscribir un convenio especial para seguir cotizando a la seguridad social española (OM TAS/2865/2003 art.15).

Convenios Bilaterales de Seguridad Social suscritos por España Se han firmado los siguientes Convenios con los países que se aquí se relacionan: 2647

Andorra	- Convenio de Seguridad Social entre el Reino de España y el Principado de Andorra, de 9 de noviembre de 2001. - Acuerdo administrativo de 9 de noviembre de 2001, para la aplicación del convenio de Seguridad Social entre el Reino de España y el Principado de Andorra.
Argentina	- Convenio de Seguridad Social entre el Reino de España y la República Argentina, de 28 de enero de 1997. - Protocolo de 21 de marzo de 2005, complementario al convenio de Seguridad Social entre el Reino de España y la República Argentina, de 28 enero de 1997. - Acuerdo administrativo de 3 de diciembre de 1997, para la aplicación del convenio de Seguridad Social entre la República Argentina y el Reino de España.
Australia	- Convenio entre España y Australia sobre Seguridad Social, de 31 de enero de 2002. - Acuerdo administrativo de 20 de diciembre de 2002, para la aplicación del convenio entre España y Australia sobre Seguridad Social.
Brasil	- Convenio de Seguridad Social entre el Reino de España y la República Federativa de Brasil, de 16 de mayo de 1991. - Convenio de 14 de mayo de 2002, complementario al convenio de Seguridad Social entre la República Federativa de Brasil y el Reino de España de 16 de mayo de 1991. - Acuerdo administrativo de 23 de noviembre de 2005, para la aplicación del convenio de Seguridad Social entre el Reino de España y la República Federativa de Brasil.

2647 (sigue)

Cabo verde	- Convenio de Seguridad Social entre el Reino de España y la República de Cabo Verde, de 23 de noviembre de 2012. - Acuerdo administrativo de 23 de noviembre de 2012, para la aplicación del convenio de Seguridad Social entre el Reino de España y la República de Cabo Verde.
Canadá	- Convenio sobre Seguridad Social entre España y Canadá, de 10 de noviembre de 1986. - Acuerdo administrativo de 10 de noviembre de 1986, para la aplicación del convenio sobre Seguridad Social entre España y Canadá.
Chile	- Convenio de Seguridad Social entre el Reino de España y la República de Chile, de 28 de enero de 1997. - Convenio de 14 de mayo de 2002, complementario al convenio de Seguridad Social entre la República de Chile y el Reino de España de 28 de enero de 1997. - Acuerdo administrativo de 28 de enero de 1997, para la aplicación del convenio de Seguridad Social entre el Reino de España y la República de Chile.
China	- Convenio entre el Reino de España y la República Popular China de 19 de mayo de 2017 que entró en vigor el 20 de marzo de 2018.
Colombia	- Convenio de Seguridad Social entre el Reino de España y la República de Colombia, de 6 de septiembre de 2005. - Acuerdo administrativo de 29 de enero de 2008, para la aplicación del convenio de Seguridad Social entre el Reino de España y la República de Colombia.
Corea	- Convenio de Seguridad Social entre el Reino de España y la República de Corea, de 14 de julio de 2011. - Acuerdo administrativo de 22 de octubre de 2012, para la aplicación del convenio de Seguridad Social entre el Reino de España y la República de Corea.
Ecuador	- Convenio de Seguridad Social entre el Reino de España y la República del Ecuador, de 4 de diciembre de 2009. - Acuerdo administrativo de 18 de julio de 2011, para la aplicación del convenio de Seguridad Social entre el Reino de España y la República del Ecuador.
Estados Unidos de América	- Convenio sobre Seguridad Social entre España y los Estados Unidos de América, de 30 de septiembre de 1986. - Acuerdo administrativo de 30 de septiembre de 1986, para la aplicación del convenio sobre Seguridad Social entre España y los Estados Unidos de América.
Filipinas	- Convenio de Seguridad Social entre el Reino de España y la República de Filipinas, de 12 de noviembre de 2002.
Japón	- Convenio de Seguridad Social entre España y Japón, de 12 de noviembre de 2008. - Acuerdo administrativo de 30 de julio de 2010, para la aplicación del convenio de Seguridad Social entre España y Japón.
Marruecos	- Convenio sobre Seguridad Social entre España y el Reino de Marruecos, de 8 de noviembre de 1979. - Acuerdo administrativo de 8 de febrero de 1984, para la aplicación del convenio sobre Seguridad Social entre España y el Reino de Marruecos.
México	- Convenio de Seguridad Social entre el Reino de España y los Estados Unidos Mexicanos, de 25 de abril de 1994 - Convenio de 8 de abril de 2003, complementario al convenio de Seguridad Social entre el Reino de España y los Estados Unidos Mexicanos, de 25 de abril de 1994. - Acuerdo administrativo de 28 de noviembre de 1994, para la aplicación del convenio de Seguridad Social entre el Reino de España y los Estados Unidos Mexicanos.
Moldavia	El Convenio de Seguridad Social entre España y la República de Moldavia se firmó el 21 de julio de 2022 y está en vigor desde el 1 de junio de 2024.
Paraguay	- Convenio de Seguridad Social entre la República del Paraguay y el Reino de España, de 24 de junio de 1998. - Acuerdo administrativo de 15 de septiembre de 2016, para la aplicación del convenio de Seguridad Social entre la República del Paraguay y el Reino de España.
Perú	- Convenio de Seguridad Social entre el Reino de España y la República del Perú, de 16 de junio de 2003. - Acuerdo administrativo de 18 de abril de 2007, para la aplicación del convenio de Seguridad Social entre la República del Perú y el Reino de España.
República Dominicana	- Convenio de Seguridad Social entre el Reino de España y la República Dominicana, de 1 de julio de 2004.
Rusia	- Convenio de Seguridad Social entre el Reino de España y la Federación de Rusia, de 11 de abril de 1994. - Acuerdo administrativo de 12 de mayo de 1995, para la aplicación del convenio de Seguridad Social entre el Reino de España y la Federación de Rusia.

Senegal	- Convenio de Seguridad Social entre España y Senegal se firmó el 22 de noviembre de 2020 y entró en vigor el 1 de mayo de 2022.
Túnez	- Convenio de Seguridad Social entre el Reino de España y la República de Túnez, de 26 de febrero de 2001. - Acuerdo administrativo de 9 de septiembre de 2004, para la aplicación del convenio de Seguridad Social entre el Reino de España y la República de Túnez. - Acuerdo particular relativo al reembolso de los gastos de asistencia sanitaria entre el Reino de España y la República de Túnez, anejo al acuerdo administrativo para la aplicación del convenio de Seguridad Social entre el reino de España y la República de Túnez.
Ucrania	- Convenio sobre Seguridad Social entre el Reino de España y Ucrania, de 7 de octubre de 1996. - Acuerdo administrativo de 17 de enero de 2001, para la aplicación del convenio de Seguridad Social entre España y Ucrania.
Uruguay	- Convenio de Seguridad Social entre el Reino de España y la República oriental del Uruguay, de 1 de diciembre de 1997. - Convenio de 8 de septiembre de 2005, complementario al convenio de Seguridad Social entre la República oriental del Uruguay y el Reino de España, de 1 de diciembre de 1997. - Acuerdo administrativo de 24 de julio de 2000, para la aplicación del convenio de Seguridad Social entre el Reino de España y la República oriental del Uruguay.
Venezuela	- Convenio de Seguridad Social entre España y Venezuela, de 12 de mayo de 1988. - Acuerdo administrativo de 5 de mayo de 1989, para la aplicación del convenio de Seguridad Social entre España y Venezuela.

Convenios Internacionales El único convenio multilateral vigente es el **Convenio Multilateral Iberoamericano de Seguridad Social** (CMISS), de 10 de noviembre de 2007, al que sigue un Acuerdo de aplicación del mismo, de 11 de septiembre de 2009. **2649**

D. Legislación laboral aplicable a algunos sectores específicos

Sector de la Marina Mercante La única regulación internacional de las relaciones laborales internacionales es la que afecta al sector marítimo. Se trata del Convenio sobre el trabajo marítimo de 2006, adoptado en Ginebra en la 94ª reunión de la Conferencia internacional de trabajo (CIT). En la actualidad, la **OIT** ha registrado su ratificación por 82 Estados, responsables de la regulación de las condiciones de trabajo de trabajadores del mar de más del 90% de la flota mercante mundial. **2655**

El Convenio, conocido como «MLC, 2006», entró en vigor el 20-8-2013 y establece unas **condiciones mínimas de trabajo** y de vida para todos los trabajadores del sector. Ha constituido un elemento fundamental para garantizar condiciones de competencia leal entre los armadores. Fija las condiciones mínimas de los trabajadores de marina mercante en **aspectos** como:

- la edad mínima para trabajar;
- los convenios laborales;
- las horas de descanso;
- el pago de salarios;
- las vacaciones anuales pagadas;
- la repatriación a término de contrato;
- la atención médica a bordo;
- el uso de servicios privados autorizados de contratación y colocación;
- el alojamiento, la alimentación y el servicio de comidas;
- la protección de la seguridad y la salud, y los procedimientos para tramitar las quejas de los trabajadores.

El Convenio exige que los **buques comerciales** de arqueo bruto igual o superior a 500 toneladas deben llevar a bordo dos **documentos** específicos: un Certificado de Trabajo Marítimo (CTM) y una Declaración de Conformidad Laboral Marítima (DCLM), que acrediten que los buques cumplen los requisitos del Convenio. Estos dos documentos están **sujetos a inspección** cuando los buques entren en los puertos de otros países que hayan ratificado el Convenio. Además, los buques que enarbolan el pabellón de países que no hayan ratificado el Convenio también están sujetos a inspección en lo relativo a las condiciones de trabajo y de vida de los marineros cuando entren en puertos de países donde está en vigor.

El MLC, 2006 afecta a los **buques mercantes** que realizan viajes internacionales, nacionales o internos. Las excepciones comprenden aquellos que viajan exclusivamente en aguas

interiores o en zonas en las que rijan reglamentaciones portuarias, los buques dedicados a la pesca u otras actividades similares y los buques de guerra.
El Convenio contiene además **mecanismos de control** basados en la inspección de los Estados del pabellón y en el control de los Estados portuarios. La OIT ha desarrollado pautas para las inspecciones de Estados del pabellón y el control de los Estados portuarios, así como talleres para contribuir a la formación de inspectores y para ofrecer asistencia a los funcionarios involucrados en la ratificación e implementación legal en el ámbito nacional.

E. Resolución judicial de conflictos sobre relaciones laborales internacionales

2660 En la regulación de esta materia concurren los siguientes **tipos de normas**:
1. **Derecho de la UE**.
El instrumento vigente es el **Reglamento Bruselas I** (Rgto UE/1215/2012), cuya última modificación se aplica a las acciones judiciales formuladas desde el 10-1-2015. Este Reglamento establece un régimen general en la UE relativo a la competencia judicial, el reconocimiento y la ejecución de resoluciones en materia civil y mercantil, y, con carácter general, se caracteriza por las **tres notas siguientes**:
a) La **coincidencia** casi completa de **contenidos y principios** con los recogidos en el viejo Convenio de Bruselas, de ahí que toda la jurisprudencia del Tribunal de Justicia dictada sobre tal Convenio es plenamente extrapolable al Reglamento (TJUE 23-4-09, asunto Falco Privatstiftung y Rabitsch, C-533/07; 16-7-09, asunto Zuid-Chemie, C-189/08).
b) El establecimiento de un **sistema obligatorio de competencia**, que los órganos jurisdiccionales han de respetar sin que puedan declinar la competencia aplicando la doctrina forum non conveniens, es decir, aduciendo que el foro más adecuado para resolver un litigio es otro (TJUE 1-3-05, asunto Owusu, C-281/02).
c) La **aplicación preferencial** respecto a la normativa interna, al sustentarse el sistema de la UE en la confianza que los Estados miembros otorgan mutuamente a sus sistemas jurídicos y a sus instituciones judiciales (TJUE 27-4-04, asunto Turner, C-159/02). De ahí la necesidad de una interpretación «comunitaria» autónoma de sus conceptos, alejando los riesgos de que, por la entrada de conceptos internos en la interpretación, se desvirtúe la uniformidad (TJUE 13-7-93, asunto Mulox IBC, C-125/92). El Reglamento Bruselas I se aplica a las acciones posteriores al 1-3-2002, cuando exista una controversia internacional no necesariamente intracomunitaria, siempre y cuando el demandado tenga su domicilio en la UE (nº 2540 s.).
2. **Espacio Económico Europeo**.
El instrumento vigente es el Convenio de Lugano II de 30-10-2007 entre la UE y Dinamarca, junto con los Estados miembros de la Asociación Europea de Libre Cambio (AELC). Este Convenio entró **en vigor** el 1-1-2010 entre la UE, Dinamarca y Noruega, el 1-1-2011 respecto de Suiza y el 1-5-2011 respecto de Islandia.
Se trata de un Convenio todavía más semejante al Convenio de Bruselas que su predecesor (el Convenio de Lugano I de 16-9-1998). El Convenio de Lugano II es un convenio **abierto a la ratificación** de otros Estados, siempre que se sometan a determinados trámites que suponen, entre otros, el acuerdo unánime de todas las partes contratantes (Convenio de Lugano II art.70). Básicamente se aplica, desde la entrada en vigor para cada Parte contratante (con anterioridad se estará al anterior Convenio de Lugano I), cuando los demandados tengan su domicilio en Suiza, Islandia, Liechtenstein o Noruega, o en alguno de los territorios sujetos a la soberanía de los Estados miembros de la UE a los cuales se les aplicaba el Convenio de Bruselas, pero no se les aplica el Reglamento Bruselas I.
3. **Convenios bilaterales**.
El Convenio bilateral suscrito entre España y el El Salvador en esta materia. Convenio que básicamente se aplica cuando los demandados tengan su domicilio en este país. Debe tenerse en cuenta que el Convenio bilateral que España suscribió con Rumanía perdió su virtualidad con la integración de Rumanía en la UE (el 1-1-2007).
4. **Normativa interna**.
Debe mencionarse la normativa española en materia de conflictos de competencia judicial LOPJ art.25, que es aplicable, básicamente, en defecto de tratados internacionales y del Derecho de la UE, es decir cuando el domicilio del demandado no se encuentre en ninguno de los Estados a los cuales se aplican los referidos tratados o normas.

2662 **Determinación de la competencia de los tribunales españoles** (LEC art.36, 38 y 39, aplicables al proceso laboral por LRJS disp.final 4ª) La determinación del foro nacional competente, esto es, la nacionalidad del órgano jurisdiccional que ha de conocer de un litigio, se plantea cuando concurre un **elemento de extranjería relevante** en el marco de una relación laboral. También

es necesaria en relación con la ejecución de sentencias dictadas por tribunales extranjeros en materia laboral, esto es, el denominado «**exequatur**» (LOPJ art.85.5).
Los tribunales españoles deben pronunciarse de oficio sobre su propia competencia internacional, incluido el TS en el marco de un recurso de casación para unificación de doctrina, aunque no haya contradicción (LRJS art.5; TS 16-1-18, EDJ 5944).
En lo que concierne a la **actuación de los tribunales** españoles en materia de competencia judicial internacional, debe establecerse una elemental diferenciación atendiendo al carácter de su intervención:
- de oficio (nº 2664) o;
- a instancia de parte (nº 2666).
Los Tribunales españoles aprecian su competencia, de **oficio o a instancia de parte**, de conformidad con las normas vigentes y las circunstancias concurrentes en el momento de presentación de la demanda.

Intervención de oficio de los tribunales españoles La intervención tiene lugar **de oficio**, con el objeto de **abstenerse** de conocer en determinadas situaciones, previa audiencia de las partes y del Ministerio Fiscal: **2664**
1. Cuando se haya formulado demanda o solicitado ejecución respecto de sujetos o bienes que gocen de **inmunidad de jurisdicción o de ejecución** conforme a las normas del Derecho Internacional Público (nº 2686).
2. Cuando, en virtud de un tratado o convenio internacional en el que España sea parte, el asunto se encuentre atribuido con **carácter exclusivo** a la jurisdicción de otro Estado.
3. Cuando **no comparezca el demandado** emplazado en debida forma en los casos en que la competencia internacional de los tribunales españoles únicamente pudiera fundarse en la sumisión tácita de las partes.

Intervención de los tribunales españoles a instancia de parte Los tribunales españoles pueden actuar también **a instancia de parte**. El demandado puede denunciar mediante declinatoria la falta de competencia internacional (LEC art.39) que se propone como **excepción perentoria** y es resuelta previamente en la sentencia, sin suspender el curso de los autos (LRJS art.5 y 14). Téngase en cuenta que, desde el 1-10-2015, las excepciones de **litispendencia y de conexidad** internacionales se alegan y tramitan con arreglo a las normas generales que regulen las leyes procesales (LOPJ art.22 nonies). **2666**

Regulación de la abstención de los tribunales españoles

En ningún caso tiene esa virtualidad de provocar la **abstención del foro español** por falta de jurisdicción la sumisión a mediación de la controversia (la normativa sobre mediación en asuntos civiles y mercantiles no resulta aplicable en el ámbito laboral, según resulta de su propio articulado L 5/2012 art.2.2.c). Tampoco cabe dicha abstención cuando se trate del **reconocimiento y la ejecución** de resoluciones judiciales, decisiones arbitrales y acuerdos de mediación dictados por los tribunales extranjeros (LOPJ art.22 octies). **2668**
Los tribunales españoles **no** pueden **abstenerse o declinar** su competencia cuando el supuesto litigioso presente vinculación con España y los tribunales de los distintos Estados conectados con el supuesto hayan declinado su competencia LOPJ art.22 octies).

Prueba del derecho extranjero

(LEC art.217.2 y 281.1 y 2) La aplicación de las normas de competencia y de conflicto puede conducir a que los tribunales españoles deban aplicar normas extranjeras. Respecto del derecho extranjero, no rige el **principio de su conocimiento** por los órganos jurisdiccionales (*iura novit curia*), tal y como sucede respecto del derecho nacional. Por este motivo, debe ser **probado por quien lo invoque** en lo que respecta a su contenido y vigencia, valiéndose de todos los medios probatorios admitidos por la Ley (LEC art.281.2). En orden a la interpretación y aplicación de esta norma, se plantean varias cuestiones que se tratan a continuación: **2670**
- el derecho extranjero como **objeto de prueba** (nº 2672);
- la **carga de la prueba** del derecho extranjero (nº 2674);
- los **medios de prueba** del derecho extranjero (nº 2676);
- las consecuencias de la **ausencia de prueba** (nº 2678).

Precisiones Al ser tratado el derecho extranjero como un hecho necesitado de prueba, sin que se le aplique el principio iura novit curia, **debe ser tratado como un hecho** a los efectos de redacción de la demanda laboral. De este modo y aunque la demanda laboral no necesita expresar los fundamentos de derecho, solo los hechos (LRJS art.80), sí debe expresar el derecho extranjero, porque es tratado como un hecho.

2672 **Derecho extranjero como objeto de prueba** El objeto de la prueba del derecho lo constituye su contenido y su vigencia, de modo que no basta con alegar una norma extranjera, sino que es preciso acreditar:

1. Su **contenido**, lo cual incluye su sentido, alcance e interpretación conforme a los tribunales del país de origen, porque es a ellos, y no a los tribunales españoles, a quienes le compete su exégesis.

2. Su **vigencia**, lo cual obliga a acreditar el ordenamiento jurídico extranjero como sistema de fuentes que, a la postre, incluye la prueba de la aplicabilidad de la norma extranjera al caso concreto (TSJ Madrid 20-2-01, EDJ 9570; confirmada por TCo 172/2004 que rechazó el recurso de amparo interpuesto contra esa sentencia).

2674 **Carga de la prueba del Derecho extranjero** La carga de la prueba del Derecho extranjero **no** ha sido **distribuida expresamente**, por lo que, en principio, ha de ser probado por quien lo invoque (según las normas generales del LEC art.217 redacc L 4/2023).

Ahora bien, cuando la parte alegue e intente probar el derecho extranjero, el **tribunal** debe asumir una **participación más activa** en la obtención de la prueba del derecho extranjero, pues existiría el riesgo de infringir el derecho constitucional a la tutela judicial efectiva (TCo 10/2000). En este sentido, la facultad atribuida al tribunal español de valerse de cualquier medio de averiguación necesario para probar el derecho extranjero (LEC art.281.2) puede ser utilizada para evitar la vulneración del derecho fundamental a a la tutela judicial efectiva (Const art.24).

2676 **Medios de prueba del derecho extranjero** Los medios de prueba habituales del derecho extranjero son básicamente dos, sin perjuicio de que se pueda utilizar cualquier otro medio de prueba: la **documental**, para recoger la norma, y la **pericial**, para acreditar su vigencia e interpretación.

Por su parte, el **tribunal español** se puede valer de cuantos medios de averiguación estime necesarios para la aplicación del derecho extranjero (LEC art.281.2), como por ejemplo, una comisión rogatoria (TCo 10/2000). Al respecto, el tribunal español puede utilizar los **cauces** establecidos en:

- el Convenio Europeo acerca de la información sobre el derecho extranjero, hecho en Londres el 7-7-68 (ratificado por España el 19-11-1973, BOE 7-10-74);
- la Convención Interamericana sobre prueba e información del derecho extranjero, hecho en Montevideo el 8-5-79 (ratificada por España el 10-11-1987, BOE 13-1-88).

A través de esta vía de **investigación del derecho extranjero**, de utilización potestativa para la autoridad judicial española, teniendo en cuenta de las reglas de reparto de la carga de la prueba, podría obtenerse un **dictamen pericial atípico**.

2678 **Consecuencias de la ausencia de prueba** Aunque la cuestión se había **resuelto con anterioridad**, en el sentido de que, a falta de prueba del derecho extranjero, se desestimaría la pretensión sustentada en el mismo (TS 22-5-01, EDJ 29337; 25-5-01, EDJ 35587), **en la actualidad** se ha asentado la solución de que la **falta de prueba del derecho extranjero** conduce a aplicar el derecho español, solución a la que se ha llegado a impulsos de la jurisprudencia constitucional (TCo 55/2001; 33/2002), que ha sido seguida por la jurisprudencia laboral ordinaria (TS 4-11-04, EDJ 229531, variando la postura sostenida con anterioridad; TS 20-7-07, EDJ 152257, que «obiter» critica la solución). Se trata de una solución que, según la interpretación ofrecida por la jurisprudencia constitucional, evita una vulneración del derecho a la tutela judicial efectiva, pues, cuando no se probaba el derecho extranjero y no se aplicaba el derecho español, subsidiariamente se podía producir, bien una ausencia de pronunciamiento sobre el fondo, bien la propia desestimación de la demanda.

Precisiones Probado el derecho extranjero, su aplicación al caso concreto no vulnera el derecho a la tutela judicial efectiva, **sin resultar necesaria** que conste en la sentencia la **cita concreta** de la norma extranjera cuando en las actuaciones aparece suficientemente identificada y en la sentencia se concretan los elementos de juicio de la decisión (TCo 172/2004).

2680 **Reglas internas de atribución de competencias** La norma interna reguladora de la competencia judicial internacional en materia laboral posee un **ámbito de aplicación material** más amplio que el Reglamento Bruselas I (ver nº 2551) y los convenios internacionales suscritos por España (Lugano II, Bruselas y con El Salvador). En efecto, en su seno, además de establecerse los foros del contrato de trabajo, objeto de nuestro estudio, se fijan las normas respecto de **otras cuestiones**: los conflictos colectivos e impugnación de convenios colectivos de trabajo y la seguridad social (TSJ Madrid 31-5-04, EDJ 110251).

Aplicabilidad de la norma interna (LOPJ art.25) Centrándonos en los litigios sobre contrato de trabajo, las disposiciones internas solo se aplican en defecto del Rgto Bruselas I o los convenios internacionales aplicables, por lo que su virtualidad es muy reducida. 2682

Efectivamente, desde el punto de vista del ámbito de **aplicación temporal**, ceden respecto a las reglas recogidas en el Reglamento Bruselas I (TS 12-6-03, EDJ 230827), y, en su caso, también cederían frente a los convenios internacionales suscritos por España en esta materia.

Pero, además, desde el punto de vista del ámbito de **aplicación espacial**, si el domicilio del demandado se encuentra en un Estado miembro de la UE o en Suiza, Islandia, Liechtenstein, Noruega y El Salvador, aparte de los territorios a los cuales se alude en el nº 2547, queda excluida la aplicabilidad de la LOPJ art.25 y, con ello, la posibilidad de acudir al foro español, atendiendo a los restantes criterios y puntos de conexión previstos en esta norma interna.

En los supuestos en los que el **domicilio del demandado esté fijado fuera de la UE**, y considerando que el Rgto Bruselas I se aplica cuando el demandado está domiciliado en un Estado miembro en los términos ya vistos, la virtualidad de la normativa interna es la de atraer la competencia hacia el foro español siempre y cuando concurra cualquiera de los restantes puntos de conexión previstos en dicha norma interna (LOPJ art.25).

Criterios de atribución de competencia La normativa interna española atrae la competencia hacia los **tribunales españoles** recurriendo a múltiples puntos de conexión alternativos. Concretamente, en materia de derechos y obligaciones derivados de contrato de trabajo, son competentes los órganos jurisdiccionales sociales de España cuando se cumple alguna de las **siguientes circunstancias**: 2684

1. Los **servicios** se han prestado en España. Aunque la norma no distingue, es razonable concluir que la prestación de servicios en territorio español debe ser habitual (TSJ Cataluña 11-12-01, EDJ 68526). Bajo el amparo de este foro, los tribunales españoles se han declarado competentes de una demanda por despido presentada por trabajador español contratado por empresa extranjera para promover y concertar operaciones mercantiles por su cuenta en todo el territorio español (TS 14-12-88), o de la impugnación de traslado a Marruecos formulada por nacional marroquí contra una agencia de prensa oficial marroquí para la que prestaba servicios en España (TSJ Madrid 12-12-01, EDJ 70818).

2. El **contrato** se ha celebrado en territorio español. La celebración del contrato se entiende producida cuando el contrato se perfecciona según el CC art.1262 (TSJ Madrid 5-12-01, EDJ 70807).

3. El **demandado** tiene su **domicilio** en territorio español o una agencia, sucursal, delegación o cualquier otra representación en España. El legislador nacional ha precisado que se entiende que están **domiciliadas en España** (LOPJ art.22 ter.2):

- la persona **física**, cuando tenga en ella su residencia habitual.
- la persona **jurídica**, cuando radique en ella su sede social, su centro de administración o administración central o su centro de actividad principal.

A diferencia del Reglamento Bruselas I, se ha interpretado que la norma española interna se refiere no solo al domicilio o a una agencia, sucursal o delegación, sino también a cualquier otra representación en España, lo que supone una ampliación a favor del trabajador (TSJ Canarias 3-6-99, EDJ 25020). Aunque, en todo caso, se exige la existencia de un representante, no bastando un mero intermediario (TSJ Canarias 26-11-99, EDJ 86999). Tampoco basta la presencia en España de la empresa matriz del grupo en el cual está integrado la empleadora del trabajador -domiciliada en otro Estado-, salvo si aquélla es responsable solidaria con ésta por confusión de patrimonios, plantilla o apariencia externa (TSJ Galicia 1-7-99, EDJ 84201; TSJ Cataluña 6-11-01, EDJ 107387).

4. El **trabajador y** el **empresario** tienen **nacionalidad española** cualquiera que sea el lugar de prestación de los servicios o de celebración del contrato. Se trata de un foro que no tiene parangón en las normas internacionales y comunitarias, que no suelen atender a la nacionalidad de los contratantes.

5. Finalmente, además, se establece un foro especial en el caso del **contrato de embarque**, lo que permite que entiendan del pleito los tribunales españoles si el contrato fue precedido de oferta recibida en España por trabajador español. Este **foro especial** solo se aplica para el contrato de embarque, esto es el que une a un tripulante con un armador o naviero para la prestación de servicios a bordo, pero no es un contrato de embarque el realizado para actuaciones musicales o de animación y entretenimiento (TSJ Madrid 5-12-01, EDJ 70807). Para una corriente judicial, la **existencia de oferta** obliga a acreditar todos los elementos establecidos en el CC art.1262 para la perfección del contrato, no bastando un simple contacto, personal o a través de otro trabajador, sobre la posibilidad de trabajar en el extranjero, ni siquiera cuando se han facilitado por las empresas los billetes de avión para trasladarse al extranjero (TSJ Galicia 16-2-94, Rec 190/94; 21-6-96, Rec 2517/96; 1-7-99, EDJ 84201). Superando esos criterios, **doctrina judicial más moderna** considera que la oferta no se entiende como una

oferta completa que incluya todos los elementos esenciales del contrato de trabajo, limitándose la función del trabajador a aceptarlos, porque, si así fuese, ya estaríamos ante un contrato de trabajo celebrado en España, y para ese supuesto ya sería aplicable otra conexión. En conclusión, basta con que estemos ante una oferta seria en el sentido de que, atendiendo a los criterios habituales de diligencia en el tráfico jurídico, el destinatario pueda razonablemente considerar que el contrato se celebrará en los términos usuales, lo que se deduce del hecho de haberle pagado la empresa el billete para el desplazamiento (TSJ Galicia 15-1-10, EDJ 14745), o si se le dirige una carta individual (TSJ Galicia 26-4-04, EDJ 108722).

Precisiones No se especifica si los foros legales son de derecho necesario, aunque el carácter imperativo de la jurisdicción determina la **exclusión de la sumisión expresa o tácita** (TS 14-7-88). Afirmación que contrasta, y quizás justificase un cambio jurisprudencial, con el orden civil, donde se admite la sumisión expresa o tácita (LOPJ art.22 bis), y con su admisión limitada o condicionada en lo que respecta a materia laboral, según el Reglamento Bruselas I (Rgto UE/1215/2012 art.23). De este modo, parece acertado **extender el régimen de la sumisión** de dicho Reglamento (nº 2562) y de la normativa interna (LOPJ art.22 bis) a los supuestos contemplados en la propia LOPJ art.25, dando así validez a la sumisión **tácita** (comparecencia del demandado que no tenga por exclusivo objeto impugnar la competencia) y a la **expresa** que sea más favorable para el trabajador o que resulte de un pacto posterior al nacimiento del litigio.

2686 **Supuestos de inmunidad diplomática** (LOPJ art.21; LO 16/2015 art.10) **De la jurisdicción española se exceptúan** los supuestos de inmunidad de jurisdicción y de ejecución establecidos por las normas del Derecho Internacional Público La inmunidad de jurisdicción excluye un proceso en el que, en principio, la jurisdicción española es competente, y la inmunidad de ejecución excluye la ejecución de la sentencia firme obtenida en proceso seguido en España.

Las inmunidades **de jurisdicción y de ejecución** se regulan en tratados internacionales, debiendo destacar, por su aplicabilidad general, el Convenio de Viena de 18-4-1961 sobre relaciones diplomáticas, y el Convenio de Viena de 24-4-1970 sobre relaciones consulares. También existe **normativa interna**, debiéndose destacar la relativa a privilegios e inmunidades de jurisdicción y ejecución relativas a Estados extranjeros, las organizaciones internacionales con sede u oficina en España y las Conferencias y Reuniones internacionales celebradas en España, que entró en vigor el 17-11-2015 (LO 16/2015):

1. **Personal diplomático y consular**. Respecto de este personal, hay que señalar que:

a) Gozan de la inmunidad de jurisdicción en lo que se refiere a los **actos en interés del Estado**, no a los de naturaleza privada. En definitiva, poseen inmunidad de la jurisdicción civil y administrativa, excepto si se trata -aparte otras excepciones inaplicables en el orden social- de una acción referente a cualquier actividad profesional o comercial ejercida por el agente diplomático en el Estado receptor fuera de sus funciones oficiales (Convenio de Viena de 18-4-1961, art.31; en este sentido TS 1-12-86). También gozan de semejante inmunidad **funcionarios y empleados consulares** (Convenio de Viena de 24-4-1963, art.43).

b) La inmunidad de jurisdicción no exime al agente de la **jurisdicción del Estado acreditante**. Además, la inmunidad es **renunciable**, aunque deba realizarse de forma expresa y sin que por la renuncia a la inmunidad de jurisdicción se entienda asimismo renunciada la inmunidad de ejecución (Convenio de Viena de 18-4-1961, art.32 y Convenio de Viena de 24-4-1963, art.45).

2688 2. **Inmunidad de los Estados extranjeros**.

En cuanto a la inmunidad de **jurisdicción** de estos sujetos, hay que distinguir, dentro de los actos en interés del Estado, entre los **actos de imperio**, que quedan inmunes, y los **actos de gestión**, que no quedarían inmunes, al someterse al derecho privado común. En consecuencia y con relación al personal de la delegación, si se sujeta a una **relación** de índole **administrativo o funcionarial** (agente diplomático, funcionario consular), se considera la incompetencia de los tribunales españoles, existiendo, por el contrario, competencia jurisdiccional si la relación es laboral (TSJ Madrid 21-1-03; 14-9-00, EDJ 40966; TS 10-2-86). **Salvo acuerdo** en otro sentido entre España y un Estado extranjero, este no puede hacer valer la inmunidad de jurisdicción ante los órganos jurisdiccionales españoles en un proceso relativo a un contrato de trabajo entre ese Estado y una persona física cuando el trabajo haya sido ejecutado o haya de ejecutarse total o parcialmente en España. No obstante, el Estado extranjero puede **hacer valer la inmunidad** de jurisdicción cuando el trabajador hubiera sido contratado para desempeñar funciones que supongan el ejercicio del poder público. La excepción «social» no se extiende a objetos procesales tales como la contratación, la renovación del contrato o la readmisión del trabajador.

La inmunidad de Estado se aplica en el **orden social** cuando:

a) El proceso tenga por objeto el **despido** del trabajador o la **rescisión del contrato** y una autoridad competente del Estado extranjero comunique que dicho proceso menoscaba sus intereses de seguridad.

b) El trabajador sea **nacional del Estado extranjero** en el momento de interposición de la demanda, salvo que tenga su residencia habitual en España; **2688** (sigue)
c) El Estado extranjero y el trabajador hayan **convenido** otra cosa **por escrito,** salvo que la competencia de los órganos jurisdiccionales españoles sea irrenunciable para el trabajador.
En cuanto a la **inmunidad de ejecución**, de acuerdo con el TCo, se puede concluir que no es absoluta, pues hay que distinguir (TCo 107/1992; 292/1994):
a) Entre los bienes de las misiones diplomáticas y consulares, incluyendo las cuentas bancarias, destinados a actos *iure imperii*, que son absolutamente inmunes a la ejecución.
b) De los bienes de esos Estados extranjeros destinados a actos *iure gestionis*, que no quedan inmunes a la ejecución y, por tanto, son susceptibles de embargo.

Precisiones **1)** En el marco de la aplicación del Reglamento Bruselas I, la **embajada de un Estado** (en el caso concreto la de Argelia en Alemania) puede considerarse «establecimiento» (Rgto CE/44/2001 art.18.2), siempre y cuando el trabajador demandante no desempeñe funciones que formen parte del ejercicio del poder público (TJUE 19-7-12, Asunto Mahamdia C-154/11).
2) Desde un punto de vista **procedimental**, hay que destacar:
- la apreciación **de oficio** de las cuestiones relativas a la inmunidad por los órganos jurisdiccionales nacionales (LO 16/2015 art.49);
- salvo renuncia tácita a la inmunidad de jurisdicción, el Estado extranjero puede hacerla valer por el cauce de la **declinatoria** (LEC art.63), sin que se le apliquen los plazos de la LEC art.64.1.

PARTE IV

Ingreso en la empresa

CAPÍTULO 10

Intermediación en el mercado de trabajo

 2800

En materia de **acceso al empleo** deben diferenciarse dos ámbitos distintos: 2802

1. Empresas privadas. Con carácter general, rige la libertad de contratación. No obstante, queda prohibida toda discriminación directa o indirecta desfavorables por razón de edad o discapacidad o a situaciones de discriminación directa o indirecta por razón de sexo, origen, incluido el racial o étnico, estado civil, condición social, religión o convicciones, ideas políticas, orientación e identidad sexual, expresión de género, características sexuales, adhesión o no a sindicatos y a sus acuerdos, vínculos de parentesco con personas pertenecientes a o relacionadas con la empresa y lengua dentro del Estado español.

Asimismo, son nulas las órdenes de discriminar y las decisiones del empresario que supongan un trato desfavorable de los trabajadores como reacción ante una reclamación efectuada en la empresa o ante una acción administrativa o judicial destinada a exigir el cumplimiento del principio de igualdad de trato y no discriminación (ET art.17.1 redacc L 4/2023; L 3/2023 art.45).

Los poderes públicos pueden desarrollar acciones de **discriminación positiva** para promover el empleo de los colectivos con mayores dificultades de inserción a través de reservas, subvenciones, bonificaciones, etc.

Con el límite de la estricta sujeción al principio de igualdad y no discriminación y, en general, al necesario respeto a los derechos fundamentales (señaladamente, la intimidad, Const art.18, y dignidad personal, Const art.10), los **convenios** pueden regular una serie de aspectos precontractuales como **procedimientos de selección**, pruebas de aptitud, bolsas de empleo, titulación exigible y reconocimientos médicos. Tales procedimientos y requisitos, una vez establecidos en convenio, vinculan al empresario limitando su discrecionalidad. Los litigios relativos a las negociaciones de contratación, precontratos o procedimientos de selección son competencia del orden jurisdiccional social (TS 30-10-88, EDJ 8548; 15-3-91, EDJ 2911; 30-4-91, EDJ 4520; 4-5-00, EDJ 11416).

2. Administraciones Públicas y entidades del sector público. Por lo que se refiere al **personal laboral**, los actos de selección previa que conducen a la contratación del trabajador son actos separables, en los que predomina el interés general y se rigen por el principio de legalidad, de manera que la competencia para resolver los litigios que puedan suscitarse en esta fase es del orden contencioso-administrativo, incluso cuando se trata de bolsas de trabajo (TS 4-10-00, EDJ 33438; 4-10-00, EDJ 36280; 17-5-10, EDJ 113423; 30-11-15, EDJ 259284). El derecho fundamental a acceder en condiciones de igualdad a las funciones y cargos públicos (Const art.23.2) solamente es aplicable en el acceso a plazas de funcionarios y no de personal laboral, a las que solamente es aplicable el derecho genérico de igualdad (TCo 281/1993; 132/2005). No obstante, por disposición legal, la selección de personal laboral debe realizarse también con arreglo a los principios de **igualdad, mérito y capacidad** y, además, los de publicidad de las convocatorias y de sus bases, transparencia, imparcialidad y profesionalidad de los miembros de los órganos de selección, independencia y discrecionalidad técnica en la actuación de los órganos de selección, adecuación entre el contenido de los procesos selectivos y las funciones o tareas a desarrollar y agilidad, sin perjuicio de la objetividad (EBEP art.55).

Estos **principios** son **aplicables** a las Administraciones Públicas (EBEP art.2), pero también a las entidades del sector público estatal, autonómico y local, que estén así definidas en su normativa específica (EBEP disp.adic.1ª), concepto que no incluye las sociedades mercantiles, aunque sean de capital estatal (TS 6-7-16, EDJ 111978). No obstante, en la contratación de personal laboral temporal por las Administraciones es frecuente que se acuda a los Servicios Públicos de Empleo, que llevan a cabo una preselección. Para ello, la Administración contratante presenta una oferta de empleo y, posteriormente, los candidatos preseleccionados han de pasar las pruebas selectivas incluidas en la oferta, normalmente un concurso, formalizándose el contrato o el nombramiento con aquel o aquellos candidatos que obtengan una mayor puntuación, hasta cubrir el número total de plazas ofertadas. Sin embargo, este sistema puede entrar en conflicto con los principios de igualdad, mérito y capacidad (EBEP art.55). Respecto a estas pruebas selectivas para prestar servicios en una empresa pública, se ha estimado que no puede amparase la no contratación (para soldador en submarinos) por no superar el reconocimiento médico, en un aspirante con antecedentes oncológicos, ya que se entiende las características de la empresa permiten la incorporación del trabajador especialmente sensible a determinados riesgos, con obligación de llevar a cabo las correspondientes evaluaciones de riesgos periódicas y, en función de éstas, adoptará las medidas preventivas y de protección necesarias (TSJ Murcia 8-2-24, EDJ 515987).

Todos estos principios sufren una quiebra cuando las administraciones recurren a la cobertura de sus puestos de trabajo mediante la interposición de **empresas de trabajo temporal** o de empresas de servicios, puesto que ni unas ni otras están obligadas a realizar la selección de los trabajadores que van a prestar su trabajo para la Administración con arreglo a los principios legales de igualdad, mérito, capacidad, publicidad, etc. Además, es frecuente que las administraciones no diferencien entre empresas de trabajo temporal y empresas de servicios, de manera que permiten la adjudicación indistinta a unas y otras de contratos para cuya prestación se exigen esencialmente medios personales, lo que resulta incorrecto: si el objeto del contrato es una cesión de personal la misma solamente puede contratarse con una ETT y con arreglo a la LETT, mientras que si el objeto es una prestación de servicios la actividad está vedada para las ETT.

2804 **Política de empleo** (Tratado de Funcionamiento de la Unión Europea art.145 s.; Const art.40 y 41; L 3/2023 art.1 y 2)
Regula el conjunto de estructuras, recursos, servicios y programas que integran el Sistema Nacional de Empleo. Tiene por finalidad promover y desarrollar la planificación, coordinación y ejecución de la política de empleo y garantizar el ejercicio de los servicios garantizados y la oferta de una adecuada cartera de servicios a las personas o entidades demandantes de los servicios públicos de empleo, para contribuir a la creación de empleo y reducción del desempleo, mejorar la empleabilidad, reducir las brechas estructurales de género e impulsar la cohesión social y territorial. Esta política se enmarca en el marco de la estrategia coordinada para el empleo de la Unión Europea.

La política de empleo respeta la libertad contractual de las partes para decidir si contratan o no y con quién, pero intenta condicionar la misma mediante diversos **instrumentos**, que son:
- la intermediación laboral (nº 2820 s.);
- las políticas activas de empleo;
- la coordinación entre las políticas activas y la protección económica frente al desempleo.

Las políticas de empleo tienen como **ámbito principal de actuación** la contratación por las empresas privadas, puesto que las Administraciones Públicas deben sujetarse al principio de legalidad a la hora de contratar.

Precisiones Con entrada en vigor el 2-3-2023, la actual **Ley de Empleo** (L 3/2023) supone, entre otras cuestiones, la creación de nuevos colectivos prioritarios y la sustitución del SEPE por la Agencia Española de Empleo.

2806 **Objetivos de la política de empleo** (L 3/2023 art.4) Entre los objetivos de la política de empleo se destaca:

1. Favorecer las condiciones para la generación de mercados de trabajo inclusivos en que se garantice la efectiva **igualdad de oportunidades y** la **no discriminación** en el acceso al empleo y en las acciones orientadas a conseguirlo. En particular trata de procurar la presencia equilibrada de personas trabajadoras de ambos sexos en cualquier sector, actividad o profesión, así como condiciones laborales compatibles con la corresponsabilidad de los trabajos de cuidados.
2. Impulsar la creación de **empleos de calidad y estables** que faciliten la transición hacia un mercado de trabajo más eficiente, así como difundir nuevos yacimientos de empleo, especialmente en el caso de sectores, enclaves o empresas en proceso de reconversión.
3. El mantenimiento del empleo, la **progresión profesional** de las personas ocupadas y la ampliación, mejora y actualización de las cualificaciones, competencias, habilidades y empleabilidad de las personas desempleadas y ocupadas a través de la formación, teniendo en cuenta la adaptación de su perfil profesional a las demandas de empresas y sectores productivos.
4. Adecuar, cuantitativa y cualitativamente, la oferta y demanda de empleo, mediante la implementación de servicios de intermediación y colocación eficientes orientados a la prospección y captación de ofertas de trabajo y a la redirección de estas últimas a las personas candidatas más idóneas.
5. Atender de forma especializada a los **colectivos prioritarios** para las políticas de empleo y la eliminación de cualquier clase de discriminación asegurando políticas adecuadas de incorporación laboral dirigidas a los citados colectivos.

6. Garantizar la **libre circulación** de las personas trabajadoras, en el ámbito estatal y en el marco del Espacio Económico Europeo, facilitando e impulsando su movilidad geográfica.
7. Articular el **fenómeno migratorio**, favoreciendo la integración social de la población inmigrante, en particular de las personas jóvenes extuteladas en su transición hacia la autonomía.
8. Fomentar iniciativas de **emprendimiento** y de economía social viables, mediante el desarrollo de actividades de prospección, asesoramiento, información y auditoría de la viabilidad de los proyectos.
9. **Atender y asesorar** a las personas, empresas y demás entidades empleadoras, así como la prospección de necesidades del tejido productivo.

Principios de la política de empleo (L 3/2023 art.5) Son principios rectores de la política de empleo: 2808
1. **Igualdad y no discriminación** en el acceso y consolidación del empleo y desarrollo profesional por motivo de edad, sexo, discapacidad, salud, orientación sexual, identidad de género, expresión de género, características sexuales, nacionalidad, origen racial o étnico, religión o creencias, opinión política, afiliación sindical, así como por razón de lengua, dentro del Estado español o cualquier otra condición o circunstancia personal, familiar o social favoreciendo de esta manera la cohesión social.
2. **Transparencia** en el funcionamiento del mercado de trabajo. Para ello, han de difundirse, a través del Sistema Público Integrado de Información de los Servicios de Empleo, las políticas de empleo diseñadas por las Administraciones competentes en la materia, los servicios de empleo, básicos y complementarios, prestados, así como las ofertas y demandas de empleo gestionadas.
3. **Colaboración institucional y coordinación** entre la Agencia Española de Empleo, los Servicios Públicos de Empleo Autonómicos y las demás Administraciones públicas con competencias en la materia. Con ello se trata de promover la cohesión y el equilibrio territorial y garantizando la igualdad de acceso a las políticas activas de empleo a cualquier persona en todo el Estado.
4. **Adaptación, acompañamiento y activación**, para promover una atención personalizada adecuada a las necesidades de las personas y empresas usuarias de los servicios públicos de empleo, así como la activación laboral de la población en edad de trabajar.
5. **Eficacia y eficiencia** en el diseño y ejecución de las políticas de empleo, así como en la prestación de los servicios de empleo.
6. **Adecuación a las características del territorio**, teniendo en cuenta la realidad del mercado de trabajo, las peculiaridades locales y sectoriales y los actores socioeconómicos.
Estos principios han de estar presentes también en todas las actuaciones de las entidades colaboradoras de los servicios públicos de empleo.

Organismos competentes (L 3/2023 art.6 y 7) Para la **planificación y ejecución de la política de empleo** se establecen las siguientes competencias: 2810
1. Es competencia **estatal**, a través del Ministerio de Trabajo y Economía Social:
- la planificación de la política de empleo a desarrollar por la Agencia Española de Empleo (nº 2839) y los servicios públicos de empleo de ámbito autonómico (nº 2843), teniendo en cuenta la Estrategia Europea de Empleo;
- la aprobación de los proyectos de normas con rango de ley y la elaboración y aprobación de las disposiciones reglamentarias en relación con la intermediación y colocación en el mercado de trabajo, fomento de empleo, protección por desempleo, formación en el trabajo, así como el desarrollo de dicha ordenación; todo ello sin perjuicio de las competencias que en materia de extranjería corresponde al Ministerio de Inclusión y al de Interior, así como de las competencias que en materia de formación profesional correspondan al Ministerio de Educación;
- la gestión y control de las prestaciones por desempleo.
2. Las **comunidades autónomas**, en su ámbito territorial, desarrollan la política de empleo, el fomento del empleo y la ejecución de la legislación laboral y de los programas y medidas que les hayan sido transferidos, así como de los programas comunes que se establezcan, conjuntamente con el desarrollo y diseño de los programas propios adaptados a las características territoriales.
3. Las **corporaciones locales**, en el marco de sus competencias, colaboran y cooperan con las demás administraciones para el logro de los objetivos.

Instrumentos de planificación (L 3/2023 art.11 a 14) La planificación y coordinación de la política de empleo se realiza a través de los siguientes instrumentos: 2812
1. La **Estrategia Española de Apoyo Activo al Empleo**. Determina el marco conceptual y organizativo al que deben referirse todas las actuaciones que se lleven a cabo dentro del Sistema Nacional de Empleo (SNE) en materia de políticas de activación y formación profesional para

el empleo, los principios, los objetivos comunes, tanto estructurales como estratégicos, los instrumentos a utilizar, la planificación estratégica de las actuaciones a desarrollar y los recursos financieros con los que se prevé contar. Se articula en torno a los siguientes ejes: orientación, formación, oportunidades de empleo, igualdad de oportunidades en el acceso al empleo, emprendimiento y mejora del marco institucional

Los últimos objetivos los ha establecido la Estrategia Española de Apoyo Activo al Empleo **2021-2024** (RD 1069/2021).

2. El **Plan Anual para el Fomento del Empleo Digno**. Concreta, con carácter anual, las directrices necesarias para alcanzar en el conjunto del Estado y en cada una de las distintas CCAA, objetivos de la Estrategia, así como los indicadores que se utilizarán para conocer y evaluar anualmente el grado de cumplimiento de los mismos. Para ello, fija los servicios y programas que se desarrollarán tanto por las CAA como por la Agencia Española de Empleo.

El Plan Anual para el Fomento del Empleo Digno **2024** incorpora los objetivos estratégicos siguientes: enfoque centrado en las personas y en las empresas, coherencia con la transformación productiva, orientación hacia resultados, mejora de las capacidades de los servicios públicos de empleo, gobernanza y cohesión del Sistema Nacional de Empleo (SET Resol 15-7-24).

3. El **Sistema Público Integrado de Información de los Servicios de Empleo**. Es el instrumento técnico de coordinación del SNE. Tiene como finalidad el establecimiento de protocolos para el registro de datos comunes y la integración de la información relativa a la gestión de las políticas activas de empleo y las prestaciones por desempleo que realicen la Agencia Española de Empleo (nº 2839), los servicios públicos de empleo autonómicos (nº 2843) y las entidades colaboradoras en todo el territorio del Estado (nº 2845), y las ofertas y demandas de empleo registradas en las agencias de colocación colaboradoras (nº 2847). Por tanto, se configura como una red de información común para toda la estructura pública y privada del empleo. Además, está coordinado e integrado con la Red Europea de los Servicios de Empleo (nº 2864).

SECCIÓN 1

Intermediación laboral

2820

A. Intermediación

(L 3/2023 art.3, 40 a 47 y 48.5; RD 1796/2010; Dir 2024/1500/UE; Dir 2024/1499/UE; Dir 2000/43/CE; Dir 2000/78/CE; Dir 2006/54/CE; ET art.8.3; LISOS art.16.1.a y c -redacc L 4/2023 y L 3/2023-, 17.1 y 2 -redacc L 3/2023-, 18.3, 19.3, 24.3 y 25.4)

2825 La intermediación laboral es el **conjunto de acciones** destinadas a proporcionar a las personas trabajadoras un **empleo adecuado** a sus características y facilitar a las entidades empleadoras las personas trabajadoras más apropiadas a sus requerimientos y necesidades. Puede comprender las actuaciones siguientes (L 3/2023 art.40):

1. Prospección y captación de ofertas de trabajo.

2. Puesta en contacto de ofertas de trabajo con personas que buscan un empleo, para su colocación o recolocación.

3. Selección para un puesto de trabajo de personas que pueden ser idóneas para el mismo, evitando cualquier sesgo o estereotipo de género, edad o discapacidad.

4. Puesta a disposición de la persona solicitante de empleo, especialmente si se encuentra entre los colectivos de atención prioritaria, el conjunto de apoyos necesarios para que sus circunstancias personales, sociales o familiares no se traduzcan en barreras a lo largo del proceso de intermediación laboral.

Se considera **colocación especializada:**

a) La actividad destinada a la **recolocación** de las personas trabajadoras o desempleadas que resultaran afectadas en **procesos de reestructuración empresarial**, cuando aquella hubiera sido establecida o acordada con las personas trabajadoras o sus representantes en los correspondientes planes sociales o programas de recolocación, o decidida por los servicios públicos de empleo, de oficio o a instancia de las personas afectadas por transiciones industriales o por transformaciones en los sectores productivos. Esta actividad puede ser

desarrollada directamente por el personal de los servicios públicos de empleo o por agencias de colocación, en cuyo caso se denominan agencias de recolocación. En el desarrollo del plan de recolocación externa debe procurarse, en particular, el retorno al mercado de trabajo de las personas trabajadoras, hombres y mujeres, cuyos contratos se hayan extinguido por despido colectivo después de los **52 años**, evitando toda discriminación por razón de edad (L 3/2023 art.40.3; ET art.51.10; RD 1483/2012 art.9).
b) La actividad de **selección de personal**, aunque el método de reclutamiento de la persona idónea para el puesto de trabajo ofertado requiera extender, a falta de perfiles adecuados entre las personas demandantes inscritos, la búsqueda de la candidatura adecuada entre personas trabajadoras no inscritas como personas demandantes de los servicios públicos de empleo. Esta actividad puede ser desarrollada directamente por el personal de los servicios públicos de empleo o por agencias de colocación. En todo caso, debe efectuarse con arreglo a los principios de igualdad y no discriminación en el acceso al empleo por motivo de edad, sexo, discapacidad, salud, orientación sexual, identidad de género, expresión de género, características sexuales, nacionalidad, origen racial o étnico, religión o creencias, opinión política, afiliación sindical, o cualquier otra condición o circunstancia personal o social, así como por razón de lengua dentro del Estado español (L 3/2023 art.40.4 y 45).
A efectos de la intermediación y de la ejecución de los programas y servicios de políticas activas de empleo, tienen exclusivamente la consideración de **demandantes de empleo** quienes se inscriban como tales en los servicios públicos de empleo, a quienes se reconoce expresamente el derecho a ser informados por los servicios públicos de empleo sobre las agencias de colocación autorizadas que operan en su territorio.
No todas las actividades tendentes a la colocación de trabajadores tienen la consideración de intermediación (nº 2875).

1. Principios básicos

(L 3/2023 art.42 a 45, disp.adic.6 y 7; L 15/2022 art.9; L 4/2023 art.14 y 55)

La intermediación laboral se rige por los siguientes principios básicos: **2830**
1. Respetar los principios constitucionales de **igualdad y no discriminación**. Toda actividad de intermediación debe desarrollarse atendiendo al cumplimiento de los objetivos de la política de empleo y de los principios rectores de la misma. En particular, ha de respetar la igualdad **real y efectiva** de las personas oferentes y demandantes de empleo y la no discriminación en el acceso al empleo, sin perjuicio de la generación de mercados de trabajo inclusivos y la ejecución de programas específicos para facilitar la empleabilidad de colectivos más desfavorecidos.
Así, en su ámbito de actuación, todos los agentes de intermediación (nº 2835 s.) han de garantizar el principio de igualdad en el acceso al empleo, no pudiendo establecer discriminación alguna, **directa o indirecta**, basada en motivos de nacimiento, origen racial o étnico, sexo, estado civil, religión, convicción u opinión, edad, discapacidad, orientación e identidad sexual, expresión de género, características sexuales, afiliación sindical, enfermedad o condición de salud, estado serológico y/o predisposición genética a sufrir patologías y trastornos, lengua, condición social, situación socioeconómica, o cualquier otra condición o circunstancia personal, familiar o social, así como tomar cualquier decisión que pueda implicar un sesgo o estereotipo negativo de las personas por estos motivos, siempre que los trabajadores se hallen en condiciones de aptitud para desempeñar el trabajo o empleo de que se trate. En la no discriminación en el acceso al empleo, están incluidas expresamente por la normativa las personas LGTBI.
Del mismo modo, no pueden establecerse **limitaciones, segregaciones o exclusiones** por razón de las causas mencionadas para el acceso al empleo por cuenta ajena, público o privado, incluidos los criterios de selección. Los criterios y sistemas de acceso al empleo, público o privado, que produzcan situaciones de discriminación indirecta. Así, por ejemplo, se ha de evitar el establecimiento de criterios que presupongan que las personas destinatarias son demasiado mayores o demasiado jóvenes -**edadismo**-, así como referentes al sexo o a la discapacidad.
No obstante, se admiten algunas **excepciones** a este principio de no discriminación, como ocurre con la ejecución de programas específicos para facilitar la empleabilidad de colectivos más desfavorecidos, como las conectadas con los denominados requisitos profesionales esenciales, la propia acción positiva; y la protección de la salud de ciertos grupos vulnerables (nº 3280).
El **currículo de vida anónimo** se contempla expresamente en la ley como una medida que puede evitar supuestos de discriminación.

Cuando los gestores de la intermediación laboral aprecien **carácter discriminatorio en** las **ofertas de colocación**, lo han de comunicar a quienes hubiesen formulado la oferta. Igualmente, la ITSS debe velar particularmente por el respeto del derecho a la igualdad de trato y no discriminación en el acceso al empleo y en las condiciones de trabajo, mediante planes específicos de actuación. El incumplimiento de estos principios constituye **infracción** muy grave sancionable con multa de 7.501 a 225.0185 € (LISOS art.16.1.c y 40.1).
2. Garantizar la plena **transparencia** en su funcionamiento.
3. Cumplir con las obligaciones de **protección de datos personales** (nº 8505).
4. Garantizar, en todo caso, a las personas trabajadoras la **gratuidad** por la prestación de servicios de intermediación. Además, cuando la intermediación se lleve a cabo por los servicios públicos de empleo o por las entidades o agencias de colocación cuando actúen como colaboradoras del servicio público, el servicio debe ser gratuito también para el empleador.

Precisiones **1)** Son ejemplos de discriminación en el acceso al empleo:
a. Las **ofertas de empleo** que estén referidas a uno de los sexos, salvo que se trate de un requisito profesional esencial y determinante de la actividad a desarrollar, siempre y cuando su objetivo sea legítimo y el requisito proporcionado (Dir 2006/54/CE art.14.2). En todo caso se considera discriminatoria la oferta referida a uno solo de los sexos basada en exigencias del puesto de trabajo relacionadas con el esfuerzo físico (TCo 216/1991; 229/1992; 286/1994).
b. La convocatoria de **pruebas selectivas** distintas para hombres y para mujeres que no dan oportunidad para demostrar las habilidades requeridas en los distintos puestos, impidiendo a las mujeres ocupar puestos de trabajo que la empresa tradicionalmente reserva a los hombres y que están mejor remunerados (TSJ Cataluña 18-11-11, EDJ 400135). Asimismo, no contratar a una trabajadora que supera las pruebas de selección alegando no disponer de **baños para mujeres** (TSJ Las Palmas 22-12-08, EDJ 329341).
c. Declarar públicamente que, por **exigencias de la clientela**, no se va a contratar a los trabajadores de determinado origen étnico o racial, La sanción puede incluir una indemnización a la víctima (TJUE 10-7-08, asunto Feryn C-54/07).
d. Someter a una candidata a **preguntas familiares y personales ajenas al trabajo** a desempeñar (estado civil e hijos), pues se ve obligada a revelar planes familiares y datos médicos pertenecientes a su más estricta intimidad, al tener que manifestar que no deseaba tener más hijos. Estas preguntas se consideran innecesarias para una gestión de personal respetuosa con la dignidad del empleado (TSJ Sta. Cruz de Tenerife 7-4-14, EDJ 167527). Asimismo, el empleador no puede preguntar sobre las **condiciones de salud** del aspirante al puesto (L 15/2022 art.9.5).
2) Por el contrario, se ha estimado que el uso de **sustantivos indeterminados** en una oferta de empleo (en el caso, delineante o candidato), no siempre está dirigido a hombres, sino que se debe analizar el contexto para comprobar si se trata de la utilización de genéricos que designan tanto a hombres como mujeres (JS Lleida núm 2 15-11-23, EDJ 792565).

2. Agentes de Intermediación

(L 3/2023 art.41)

2835 Para que se considere intermediación o colocación laboral, estas acciones no deben llevarse a cabo exclusivamente por medios automatizados y **únicamente** puede realizarse a través de los siguientes agentes:
1. Los servicios públicos de empleo (nº 2837).
2. Las agencias de colocación, sean agencias de colocación propiamente dichas o agencias especializadas en la recolocación o en la selección de personal. (nº 2847).
3. Servicios determinados para las personas trabajadoras en el exterior a cuyo efecto hay que distinguir entre los nacionales miembros de la Unión Europea y del Espacio Económico Europeo (nº 2860) y nacionales del resto de los países (nº 1675 s.).
Además, las entidades colaboradoras o promotoras de programas de políticas activas de empleo aprobados por los servicios públicos de empleo, también pueden realizar, de manera complementaria, actuaciones de intermediación dirigidas a la inserción laboral de las personas participantes en los mismos, sin necesidad de constituirse como agencias de colocación.

2837 **Servicios públicos de empleo** (L 3/2023 art.18 a 24 y disp.adic.1ª) El **Sistema Nacional de Empleo (SNE)** está integrado por todas las estructuras administrativas, recursos materiales y humanos, estrategias, planes, programas e información dirigidos a implementar políticas de empleo, ya sean de titularidad estatal o autonómica.
Tanto la Agencia Española de Empleo -que sustituye al SEPE- como los servicios públicos de empleo de las comunidades autónomas tienen la **consideración** de servicios públicos de empleo y conforman el SNE. Asimismo, colaboran con dicho sistema, las corporaciones locales y otras entidades, públicas o privadas, que participen en la implementación de políticas de empleo, en coordinación y colaboración con los servicios públicos. En todo caso,

con independencia de la entidad que la realice, la prestación de servicios de empleo, incluida la intermediación laboral, tiene naturaleza de servicio público.
Los servicios públicos de empleo deben **captar las ofertas y demandas de empleo** del mercado de trabajo y superar los desequilibrios territoriales, garantizando a las personas, empresas y demás entidades empleadoras y personas usuarias de los servicios de empleo una intermediación eficaz y de calidad. De esta forma, los agentes de intermediación han de garantizar un servicio público de intermediación laboral sin barreras territoriales. Para tal fin, se crea el Portal Único de Empleo-Empléate. Se trata de una herramienta gratuita, una base de datos común de ofertas, demandas de empleo y oportunidades de formación existentes en todo el territorio del Estado y en el resto de países del Espacio Económico Europeo. Integra las ofertas de empleo tanto del SNE, como de las CCAA y de portales privados. Las empresas extranjeras que busquen trabajadores en España también pueden incluir una oferta de empleo en el portal de empleo.
Además, en su correspondiente ámbito territorial, los servicios públicos de empleo pueden formalizar acuerdos de **coordinación o convenios de colaboración con agencias de colaboración**, pudiendo redirigir a las empresas usuarias y a las personas demandantes de empleo para la prestación de los servicios de colocación e intermediación laboral solicitados, siempre que se garantice la **gratuidad** del servicio para las empresas y demandantes de empleo. Esta colaboración puede consistir en la concesión de subvenciones públicas, contratación administrativa o cualquier otra forma jurídica ajustada a la normativa estatal y autonómica. La financiación con fondos públicos exige el sometimiento de las agencias a los indicadores de eficiencia específicos. Por su parte, dichos usuarios pueden también concertar directamente la prestación de servicios de intermediación con agencias de colocación colaboradoras.

Precisiones **1) Desde el 2-5-2024** se establece la **Cartera Común de Servicios del Servicio Nacional de Empleo**, que deroga la anterior de 2015. Tiene como objetivo desarrollar el marco normativo común para garantizar la igualdad de trato y de oportunidades y una oferta integral y permanente de servicios comunes para el empleo atendida por un cuerpo profesionalizado y estable del personal técnico. Ello no impide que los servicios públicos de empleo, en su ámbito competencial, regulen carteras propias incorporando servicios complementarios y actividades. Los servicios incluidos en la cartera común del Sistema Nacional de Empleo se agrupan en: orientación para el empleo personalizada, integral e inclusiva; intermediación, colocación y asesoramiento a empresas; formación en el trabajo; y asesoramiento para el autoempleo, el emprendimiento viable y la dinamización del desarrollo económico local (L 3/2023 art.61; RD 438/2024).
2) Está previsto que la Agencia Española de Empleo **modernice el Portal Único de Empleo** mediante el uso de inteligencia artificial y otras herramientas tecnológicas (L 3/2023 disp.final.11ª).
3) Respecto al **portal EURES** (red de empleo en Europa), ver nº 2866.

Agencia Española de Empleo (L 3/2023 art.18 s. y disp.adic.1ª) La nueva Ley de Empleo establece la transformación del Servicio Público de Empleo Estatal en la Agencia Española de Empleo. **2839**
Deja de ser un organismo autónomo para ser una entidad de derecho público de la AGE, a la que se le encomienda la ordenación, desarrollo y seguimiento de los programas y medidas de las políticas activas de empleo y de protección por desempleo. Las condiciones en las que se va a producir esta transformación se establecerán en un futuro Real Decreto.
La transformación se producirá por cesión e integración global, en unidad de acto, de todo el activo y el pasivo del Servicio Público de Empleo Estatal, a la Agencia Española de Empleo de forma universal en sus derechos y obligaciones. En consecuencia, todas las referencias que se efectúen en la normativa al Instituto Nacional de Empleo, al Servicio Público de Empleo Estatal o a sus funciones y unidades deberán entenderse realizadas a la Agencia Española de Empleo.
Entre sus **principales competencias** se encuentran:
a) Elaborar y elevar al Ministerio de Trabajo y Economía Social las propuestas normativas de ámbito estatal en materia de empleo y protección por desempleo y formación en el trabajo que, dentro de su ámbito competencial, procedan.
b) Percibir las ayudas de fondos europeos para la cofinanciación de acciones a cargo de su presupuesto y proceder a la justificación de las mismas.
c) Elaborar el proyecto de la Estrategia Española de Apoyo Activo al Empleo, del Plan Anual para el Fomento del Empleo Digno y de las Recomendaciones Específicas para el fomento del Empleo Digno, en colaboración con las Comunidades Autónomas.
e) Planificar las actuaciones conjuntas con los servicios públicos de empleo autonómicos en el desarrollo del Sistema Público Integrado de Información de los Servicios de Empleo.
d) Gestionar el Observatorio de las Ocupaciones, mantener las bases de datos generadas por los sistemas integrados de información del Sistema Nacional de Empleo y elaborar las estadísticas en materia de empleo, formación en el trabajo y protección por desempleo a nivel estatal.
e) Gestionar los servicios y programas financiados con cargo a la reserva de crédito establecida en su presupuesto de gastos.

2841 **Servicio Público de Empleo Estatal (SEPE)** (RDLeg 3/2015 art.15 y 18) Hasta que entre en funcionamiento efectivo la Agencia Española de Empleo, el **SEPE** continúa siendo el organismo autónomo de la Administración General del Estado al que se le encomienda la ordenación, desarrollo y seguimiento de los programas y medidas de la política de empleo. Entre sus **competencias** destacan las siguientes:

1. Elaborar las propuestas normativas de ámbito estatal en materia de empleo que procedan.

2. Percibir las ayudas de fondos europeos para la cofinanciación de acciones a cargo de su presupuesto y proceder a la justificación de las mismas.

3. Elaboración del proyecto de la Estrategia Española de Empleo y del Plan Anual de Política de Empleo en colaboración con las CCAA. Las organizaciones empresariales y sindicales más representativas han de participar en la elaboración de dicha Estrategia y recibir información periódica sobre su desarrollo y seguimiento.

4. Coordinación de las actuaciones conjuntas de los Servicios Públicos de Empleo en el desarrollo del Sistema de Información de los Servicios Públicos de Empleo.

5. Potenciación del Observatorio de las Ocupaciones del SEPE con una red en todo el territorio del Estado, que analice la situación y tendencias del mercado de trabajo, en coordinación con los distintos Observatorios que, en su caso, establezcan los Servicios Públicos de Empleo de las CCAA.

6. Gestión de los siguientes servicios y programas:

- aquellos cuya ejecución afecte a un ámbito geográfico superior al de una comunidad autónoma, cuando estos exijan la movilidad geográfica de las personas desempleadas o trabajadoras participantes en las mismas a otra comunidad autónoma distinta a la suya, o a otro país y precisen de una coordinación unificada;
- los dirigidos tanto a las personas demandantes de empleo como a las personas ocupadas, para la mejora de su ocupación mediante la colaboración del SEPE con órganos de la Administración General del Estado o sus organismos autónomos, para la realización de acciones formativas, entre otras, aquellas que tengan como objetivo la generación de empleo de calidad y la mejora de oportunidades de las personas trabajadoras, en particular cuando se desarrollen en el marco de planes, estrategias o programas de ámbito estatal, y ejecución de obras y servicios de interés general y social relativas a competencias exclusivas del Estado;
- servicios y programas de intermediación y políticas activas de empleo cuyo objetivo sea la integración laboral de trabajadores inmigrantes, realizadas en sus países de origen, facilitando la ordenación de los flujos migratorios;
- programas que se establezcan con carácter excepcional y duración determinada, cuya ejecución afecte a todo el territorio nacional, siendo imprescindible su gestión centralizada a los efectos de garantizar la efectividad de las mismas, así como idénticas posibilidades de obtención y disfrute a todos los potenciales beneficiarios.

7. Llevar a cabo investigaciones, estudios y análisis sobre la situación del mercado de trabajo y los instrumentos para mejorarlo, en colaboración con las respectivas CCAA.

8. Gestión y control de las prestaciones por desempleo.

9. Coordinación e impulso de acciones de movilidad en el ámbito estatal y europeo, así como ostentar la representación del Estado español en la red Eures (nº 2860).

2843 **Servicios Públicos de Empleo de las CCAA** (L 3/2023 art.23) Son los órganos o entidades de las mismas a los que, en sus respectivos ámbitos territoriales, corresponde la gestión y desarrollo de las políticas activas de empleo, así como garantizar la prestación de los servicios de empleo, comunes y complementarios. Pueden recurrir, a efectos de prestación de los servicios de empleo, comunes y complementarios, a corporaciones locales o a otras entidades, públicas o privadas, que colaboren con ellos.

En el ejercicio de sus competencias, desarrollan la cartera complementaria de servicios de empleo, así como la implantación y desarrollo de sus propios programas de empleo y de fomento de la actividad económica en su ámbito territorial. Además, elaboran los instrumentos de diseño, planificación y coordinación de la política autonómica de empleo, en coordinación con la Estrategia Española de Apoyo Activo al Empleo, el Plan Anual, las Orientaciones Específicas y la Estrategia Europea de Empleo.

2845 **Entidades colaboradoras** (L 3/2023 art.26) Las entidades privadas que intervengan en este campo deben **colaborar y coordinarse** con los organismos públicos en los niveles territoriales y competenciales que sean pertinentes, respetando en todo caso los principios de igualdad y no discriminación, y orientando su colaboración en función de principios de eficacia, calidad y especialización en la prestación del servicio encomendado. La colaboración de los interlocutores sociales debe considerarse de manera específica.

Además, han de actuar con total **transparencia e informar** del desarrollo de su actividad a los organismos autonómicos de empleo. Esta información se ha de transmitir con periodicidad anual e incluir, como mínimo, una memoria en la que se describan las actividades desarrolladas en el ámbito de las políticas activas de empleo, con datos numéricos y cualitativos concretos.

Agencias de colocación (L 3/2023 art.43; RD 1796/2010 art.2 y 16 s.) Son **entidades públicas o privadas**, con o sin ánimo de lucro, que realizan actividades de intermediación laboral, como colaboradoras de los servicios públicos de empleo (nº 2849 s.), o de forma autónoma pero coordinada con los mismos. 2847

A fin de **proporcionar** a los trabajadores un empleo adecuado a sus características, y a los empleadores los trabajadores más apropiadas a sus requerimientos y necesidades deben valorar los perfiles, aptitudes, conocimientos y cualificación profesionales de quienes requieran sus servicios para la búsqueda de empleo y los requerimientos y características de los puestos de trabajo ofertados. Pueden desarrollar también actuaciones relacionadas con la búsqueda de empleo, tales como orientación e información profesional, y con la selección de personal.

Las personas físicas o jurídicas que deseen actuar como agencias de colocación deben presentar **declaración responsable** ante el servicio público de empleo competente de la Comunidad o ciudad autónoma en la que tengan su establecimiento principal (TCo 69/2018). Con esta declaración responsable, la actuación de la agencia de colocación tiene validez en todo el territorio del Estado y sin límite de duración y puede **iniciar su actividad** desde el día de la presentación de la misma, sin perjuicio de las facultades de comprobación, control e inspección que tengan atribuidas las administraciones competentes del territorio donde se ejerza la actividad. La **inexactitud o falsedad** en cualquier dato, manifestación o documento, de carácter esencial, que se hubiera acompañado o incorporado a la declaración responsable, determinan la imposibilidad de continuar con la actividad como agencia de colocación, sin perjuicio de las responsabilidades penales, civiles o administrativas a que hubiera lugar.

El servicio de intermediación laboral es **gratuito**, tanto para los trabajadores como para los empleadores, cuando actúen por cuenta de los servicios públicos de empleo. Cuando se realice por las agencias de colocación con independencia de los servicios públicos de empleo, debe **garantizarse a los trabajadores** la gratuidad por la prestación de servicios sin que se les pueda exigir contraprestación alguna.

Las **ETT** pueden actuar como agencias de colocación cuando cumplan estos requisitos y obligaciones (nº 2910 s.).

Actuación de las agencias como entidades colaboradoras (L 3/2023 art.42.4; RD 1796/2010 art.16 a 20 y disp.adic.1ª) Las agencias de colocación pueden ser consideradas entidades colaboradoras de los servicios públicos de empleo -y recibir financiación de los mismos-. Para ello, se exige la suscripción de un convenio de colaboración. 2849

Además de cumplir las obligaciones generales y las que se establezcan en dichos instrumentos jurídicos, deben atender a otras **obligaciones específicas** como son:

- suministrar la información en el formato y con los contenidos que se recojan en el instrumento jurídico elegido;
- comunicar las incidencias que se produzcan en relación con las obligaciones de las personas trabajadoras y en concreto de las solicitantes y beneficiarias de prestaciones de desempleo;
- realizar las acciones propias de la colaboración acordada;
- garantizar a las personas trabajadoras y a los empleadores la gratuidad por la prestación de servicios; y
- estar sujetas a las acciones que pudieran realizar los servicios públicos de empleo con el fin de efectuar el seguimiento y evaluación de las actuaciones objeto de colaboración.

Las agencias de colocación que actúen **con ánimo de lucro** deben, al margen de la actividad concertada públicamente, desarrollar al menos un 60% de su actividad con fondos propios. En caso de tratarse de entidades **sin ánimo de lucro**, deben acreditar que realizan al menos un 10% de actividad con fondos no provenientes de los servicios públicos de empleo.

Mediante los **convenios de colaboración** se determinan las actividades a desarrollar por las agencias en cuanto entidades colaboradoras. Su **contenido mínimo** debe referirse al ámbito de aplicación; duración, que puede ser de uno o dos años; descripción de las acciones a realizar; financiación de las acciones expresando su vinculación a los resultados fijados; medios materiales, humanos y económicos para acometerlas; colectivos de demandantes destinatarios de los servicios; seguimiento y evaluación; definición de los sistemas de comunicación de la información; mecanismos de comunicación de las incidencias en relación a las obligaciones de los trabajadores y de los solicitantes y beneficiarios de las prestaciones de empleo; indicadores de eficacia, procedimiento y trámite para su modificación y, finalmente, determinación de las causas de su extinción.

Los **indicadores de eficacia** que se establecen, a efectos de suscribir o no convenio de colaboración o instrumento afín son, además de los que correspondan a otros servicios ofrecidos por la agencia, los siguientes:
- el número de personas atendidas y/o perceptoras de prestaciones por desempleo y/o pertenecientes a colectivos con dificultades de inserción;
- el número de ofertas y puestos de trabajo captados como resultado de su actividad de intermediación y/o cubiertos con las personas atendidas como resultado de su actividad de intermediación;
- el número de contratos de trabajo suscritos por las personas atendidas y el número de contratos de trabajo indefinidos suscritos por las personas atendidas.

Cuando las **Administraciones Públicas** pretendan seleccionar personal temporal acudiendo a los servicios públicos de empleo, deben utilizar exclusivamente los servicios públicos de empleo de las comunidades autónomas o, en su caso, del Servicio Público de Empleo Estatal.

Precisiones Hasta la aprobación de un nuevo desarrollo reglamentario, se entiende que sigue siendo aplicable el RD 1796/2010, en lo que no se oponga a la L 3/2023.

2851 **Obligaciones** (L 3/2023 art.43.3; RD 1796/2010 art.5) En todo caso, las agencias de colocación deben cumplir las siguientes obligaciones:

1. Garantizar el principio de **igualdad en el acceso al empleo** (nº 2851). Para ello, no pueden establecer discriminación alguna, directa o indirecta, basada en motivos de edad, sexo, discapacidad, salud, orientación sexual, identidad de género, expresión de género, características sexuales, nacionalidad, origen racial o étnico, religión o creencias, opinión política, afiliación sindical, así como por razón de lengua, dentro del Estado español, o cualquier otra condición o circunstancia personal o social, siempre que las personas trabajadoras se hallasen en condiciones de aptitud para desempeñar el trabajo o empleo de que se trate.
2. Respetar la **intimidad y dignidad** de las personas trabajadoras y cumplir la normativa aplicable en materia de **protección de datos** y garantizar a las personas trabajadoras la **gratuidad** por la prestación de servicios.
3. Cumplir la **normativa vigente** en materia laboral y de Seguridad Social.
4. Disponer de **sistemas electrónicos** compatibles y complementarios con los de los servicios públicos de empleo. Así, por ejemplo, deben operar en el Espacio Telemático Común a través del portal del Sistema Nacional de Empleo.
5. Cumplir con las normas sobre accesibilidad universal de las **personas con discapacidad** y, en particular, velar por la correcta relación entre las características de los puestos de trabajo ofertados y el perfil académico y profesional requerido, a fin de no excluir del acceso al empleo a las personas con discapacidad.
6. Suministrar a los servicios públicos de empleo la **información** sobre las personas trabajadoras atendidas y las actividades que desarrollan, así como sobre las ofertas de empleo y los perfiles profesionales que correspondan con esas ofertas.

El **incumplimiento** de estas obligaciones, así como el falseamiento de la declaración responsable, son causa de baja de la condición de agencia de colocación, sin perjuicio de la aplicación del régimen sancionador correspondiente. En tal caso, la agencia de colocación no puede volver a tener dicha condición durante los 2 años siguientes a la fecha de baja, aunque se ampare en nombre o razón social distintos.

Además, reglamentariamente se recogen otras obligaciones, entre las que destacan:
a) garantizar a las personas trabajadoras la **gratuidad** por la prestación de servicios, tanto de intermediación laboral como de otras actuaciones relacionadas con la búsqueda de empleo;
b) **no subcontratar** con terceros la realización de la actividad objeto de la autorización concedida, salvo que se trate de otras agencias de colocación autorizadas;
c) hacer constar en el desarrollo de las actividades como agencia de colocación la condición de **autorizada y número de autorización** en todo lugar donde figure su nombre;
d) llevar una **contabilidad separada** con arreglo a la normativa establecida en esta materia para todos los gastos e ingresos derivados de su actividad.

En todo caso, están sujetas a las actuaciones del **control e inspección** que lleven a cabo los servicios públicos de empleo de acuerdo con la normativa de referencia, así como a la actuación de la ITSS y otros órganos de control.

3. Circulación de trabajadores en el territorio de la UE y del EEE

2860 Los trabajadores tienen derecho, dentro del territorio de la UE, a responder a ofertas efectivas de trabajo y a desplazarse libremente para este fin en el territorio de los Estados miembros. El Parlamento Europeo y el Consejo deben asegurar la colaboración de las administraciones nacionales para este fin, eliminar los obstáculos existentes y establecer los mecanismos

adecuados para poner en relación las ofertas y las demandas de empleo y facilitar su equilibrio en condiciones tales que no se ponga en grave peligro el nivel de vida y de empleo en las diversas regiones e industrias (Tratado FUE art.45 y 46).
Para facilitar el ejercicio de libre circulación de trabajadores y responder a ofertas de empleo entre los Estados miembros se crea **EURES** (European Employment Services). Se trata de una Red de cooperación entre los Servicios Públicos de Empleo de los países miembros de la UE-EEE, que facilita información y asesoramiento sobre condiciones de vida y trabajo en estos países, así como de ofertas de empleo, realizando labores de intermediación. Supone un instrumento clave para el seguimiento de la movilidad y el apoyo a la libre circulación de los trabajadores y la integración de los mercados europeos de trabajo, así como para informar a los ciudadanos sobre la legislación comunitaria pertinente (Rgto (UE) 2016/589) (nº 2864).
En relación a las formalidades de entrada y residencia para los ciudadanos comunitarios, ver nº 1660 s.

Libre circulación (Rgto UE/492/2011) Se establece la **igualdad de trato** de cara al empleo para facilitar la libre circulación y el empleo de los nacionales de Estados comunitarios, dentro de cualquiera de ellos. Para ello se trata de: **2862**
- eliminar requisitos que pudieran suponer un obstáculo para la búsqueda de empleo en país distinto, con excepción de los conocimientos lingüísticos, como es la inscripción en las oficinas de colocación (Rgto UE/492/2011 art.3);
- igualar trabajadores de Estados miembros con los trabajadores nacionales en cuanto se refiere a las condiciones de empleo y trabajo, especialmente en materia de retribución, despido o de nuevo empleo, si hubiera quedado en situación de desempleo, reconociendo el acceso a la formación y beneficiándose de las mismas ventajas sociales y fiscales que los trabajadores nacionales (Rgto UE/492/2011 art.7);
- garantizar los derechos sindicales de afiliación e incluso de elegibilidad (Rgto UE/492/2011 art.8);
- garantizar el derecho al acceso a la vivienda (Rgto UE/492/2011 art.9).

Red EURES (Rgto (UE) 2016/589; RD 207/2019) Desde su inicio en 1994, EURES ha constituido una red de cooperación entre la Comisión y los Servicios Públicos de Empleo de los Estados miembros de la UE para facilitar información, asesoramiento y contratación o colocación a los trabajadores y empresarios, así como a cualquier ciudadano de la Unión que desee beneficiarse del principio de la **libre circulación de los trabajadores**, a través de su red humana y de las herramientas de servicio en línea disponibles en el portal europeo de la movilidad profesional -portal EURES-. Para lograr que la compensación de la oferta, los servicios de apoyo y el intercambio de información sobre la movilidad laboral dentro de la Unión se lleve a cabo de forma más coherente, en 2016 se **restablece y reorganiza** la red EURES fijando principios y normas sobre: **2864**

1. La puesta en común de los datos disponibles pertinentes sobre las ofertas de empleo, las demandas de empleo y los curriculum vitae.
2. Las acciones llevadas a cabo por los Estados miembros y entre ellos para conseguir un equilibrio entre la oferta y la demanda en el mercado de trabajo, con vistas a conseguir un alto nivel de empleo de calidad.
3. El funcionamiento de la red EURES, incluida la cooperación con los agentes sociales y la participación de otros actores.
4. Los servicios de apoyo a la movilidad relacionados con el funcionamiento de la red EURES que deben facilitarse a los trabajadores y los empresarios, promoviendo también así la movilidad de forma equitativa.
5. La promoción de la red EURES a escala de la UE a través de medidas de comunicación eficaces adoptadas por la Comisión y los Estados miembros.

Precisiones La Decisión Comisión (UE) 2018/170 establece las especificaciones detalladas uniformes para la recogida y el análisis de los datos a fin de supervisar y evaluar el funcionamiento de la red EURES.

Composición (Rgto (UE) 2016/589 art.7, 8, 9, 10 y 11) La composición de la red EURES es la siguiente: **2866**
1. **Oficina Europea de Coordinación**: asiste a la red EURES en el desempeño de sus funciones en estrecha colaboración con las Oficinas Nacionales de Coordinación, en particular, definiendo y llevando a cabo las siguientes **actividades**:
a) Formulación de un marco coherente y actividades de apoyo horizontal en beneficio de la red tales como el mantenimiento y desarrollo del portal EURES y sus servicios informáticos (procedimientos para el intercambio de ofertas y demandas de empleo, currículum vitae, documentos justificativos, etc.); actividades de información y comunicación; un programa común de formación y desarrollo profesional permanente para el personal de miembros y socios, así

2866 (sigue) como un servicio de asistencia, la facilitación de la creación de redes, intercambio de buenas prácticas y aprendizaje mutuo.

b) El análisis de la movilidad geográfica laboral.

c) El desarrollo de una estructura adecuada para la cooperación y compensación de la UE sobre los períodos de prácticas y aprendizaje.

La Oficina se **gestiona** por la Comisión y mantiene un diálogo periódico con los representantes de los interlocutores sociales de la UE. Asimismo, elabora sus programas de trabajo plurianuales en consulta con el **grupo de coordinación** compuesto por sus representantes y los de las Oficinas Nacionales de Coordinación.

2. **Oficinas Nacionales de Coordinación**: son designadas por los Estados miembros y pueden ser sus propios Servicios Públicos de Empleo. Sus **responsabilidades** son:

a) La organización de los trabajos relativos a la red EURES en el Estado miembro correspondiente, incluyendo la transferencia coordinada al portal EURES de información sobre ofertas y demandas de empleo y curriculum vitae a través de la plataforma informática común como canal único coordinado.

b) La cooperación de los Estados miembros y la Comisión en lo que respecta a la compensación dentro del marco de la plataforma informática común.

c) Proporcionar información a la Oficina Europea de Coordinación sobre discrepancias entre el número de ofertas de empleo notificadas y el número total de ofertas nacionales.

d) La coordinación de las acciones llevadas a cabo dentro del Estado miembro de que se trate y junto con otros Estados miembros coordinando los distintos **servicios de apoyo** a trabajadores y empresarios que soliciten su asistencia. En el caso de los primeros debe ser gratuito y para los empleadores pueden estar sujetos al pago de una tasa, de conformidad con la legislación y las prácticas nacionales.

Además, cada Oficina Nacional debe organizar la aplicación de las **actividades horizontales de apoyo** prestadas por la Oficina Europea que incluyen la recogida y validación de información actualizada sobre miembros y socios establecidos en su territorio, sus actividades y el alcance de los servicios de apoyo; la realización de actividades de formación preparatoria relativa a la red y la recogida y análisis de los datos relativos a flujos y tendencias de movilidad laboral.

Por lo que se refiere a la **publicación** de la información que sea de interés para empresarios y trabajadores, cada Oficina Nacional debe dar a conocer de forma periódica y con la antelación suficiente aquellos datos disponibles sobre la situación del Estado miembro. En particular interesan las condiciones de vida y trabajo; información general sobre Seguridad Social y pago de impuestos; procedimientos administrativos relacionados con el empleo; normativa sobre prácticas y aprendizaje entre otras cuestiones.

Finalmente, deben promover la colaboración entre agentes sociales, servicios de orientación profesional, centros de formación profesional y universidades, cámaras de comercio, servicios sociales, organizaciones de grupos vulnerables en el mercado de trabajo y organizaciones que participen en programas de aprendizaje y prácticas.

El Servicio Público de Empleo Estatal ejerce las funciones de Oficina Nacional de Coordinación de la Red EURES en España (RD 207/2019 art.4).

3. **Miembros**: con el objetivo de ampliar la red EURES como principal instrumento de la UE para prestar servicios de contratación en su interior, cualquier organización, incluidos los servicios de empleo públicos o privados o los del tercer sector, que se comprometa a cumplir todos los criterios y a llevar a cabo la gama completa de funciones establecidas en el Reglamento, debe poder convertirse en miembro de EURES.

Los **Servicios Públicos de Empleo** deben ser designados por los Estados miembros como miembros de EURES, sin tener que pasar por el procedimiento de admisión. Para ello los Estados deben garantizar que se atengan a los **criterios mínimos comunes**:

a) Capacidad y compromiso de llevar a cabo una transmisión puntual y fiable de los datos.

b) Compromiso de cumplir las normas técnicas y los formatos de compensación e intercambio de información.

c) Capacidad y compromiso de contribuir a la programación y presentación de informes a la Oficina Nacional de coordinación y de facilitar a dicha Oficina información sobre la prestación de los servicios y los resultados obtenidos.

d) Existencia o compromiso de garantizar la atribución de recursos humanos suficientes para las correspondientes tareas que deban llevarse a cabo.

e) Compromiso de garantizar normas de calidad para el personal e inscribir al personal para los módulos pertinentes del programa común de formación.

f) Compromiso de emplear la marca de servicio EURES únicamente para los servicios y actividades relativos a la red EURES.

4. **Socios**: las organizaciones que no estén en condiciones de llevar a cabo la gama completa de funciones que el Reglamento exige de los miembros de EURES, pero que dispongan de un potencial importante de contribución a la red EURES, tendrán la oportunidad de convertirse en

socios de EURES. Tal excepción solo se otorgará en casos justificados y la justificación puede residir en el pequeño tamaño del solicitante, en sus limitados recursos financieros, en que no lleve normalmente a cabo toda la gama de funciones exigidas o en que se trate de una organización sin ánimo de lucro.

Los Estados miembros son los **responsables de admitir** a las organizaciones como miembros y socios de EURES cada uno en su propio territorio y, asimismo, de poder **revocar** la admisión en caso de que una organización deje de cumplir los criterios aplicables o los requisitos sobre cuya base fue admitida.

Miembros de Eures en España Los **Servicios Públicos de Empleo** de las comunidades autónomas son miembros de EURES y han de cumplir todas las obligaciones y criterios mínimos comunes previstos en el Rgto (UE) 2016/589. El SEPE asume las funciones de miembro de EURES como Servicio Público de Empleo en el ámbito territorial de Ceuta y Melilla. **2868**

Las organizaciones que **no** sean **Servicios Públicos de Empleo** y deseen convertirse en miembros o socios de EURES deben obtener la autorización del Servicio Público de Empleo de la comunidad autónoma donde tengan establecida su sede social. Esa autorización es única y tiene validez en todo el territorio español, debiendo obtenerse por el procedimiento reglamentariamente previsto (RD 207/2019 art.5 y 3). La **autorización** puede ser **revocada** por alguna de las siguientes causas (RD 207/2019 art.17):

- incumplimiento de cualquiera de los requisitos y obligaciones legal o reglamentariamente establecidos, incluyendo la obligación de envío de información tanto por la falta de envío como por el envío de informes vacíos, sin datos positivos, en relación con la información sobre demandas, currículos, ofertas de empleo, así como del resto de actividades y servicios realizados, durante 3 meses consecutivos o durante 4 meses no consecutivos en el período de 6 meses consecutivos;
- inexactitud, falsedad u omisión, de carácter esencial, en cualquier dato, manifestación o documento que se acompañe o incorpore a la declaración responsable, descubierta tras la concesión de la autorización;
- renuncia o cierre de los centros de trabajo;
- pérdida de la condición de agencia de colocación.

Las **obligaciones** de miembros y socios de EURES incluyen (RD 207/2019 art.8):

a) La gratuidad de los servicios para trabajadores y empresarios, con la excepción de los servicios posteriores a la contratación para ambos y los posibles servicios de apoyo a los empresarios, informando de forma clara y precisa al usuario y al Servicio Público de Empleo correspondiente sobre cualquier posible coste (RD 207/2019 art.7). Puede exigirse una contraprestación por la asistencia posterior a la contratación a los trabajadores o los empresarios y por la prestación de forma directa de los servicios de apoyo a los empresarios (Rgto (UE) 2016/589 art.25.2 y 24).

b) Garantizar los principios de igualdad y no discriminación en el acceso al empleo.

c) Respeto a la intimidad y dignidad de las personas trabajadoras en el tratamiento de sus datos.

d) No subcontratar sus tareas con terceros.

e) Cumplir las normas sobre accesibilidad universal.

f) Velar por la adecuación entre las características de los puestos de trabajo ofertados y el perfil académico y/o profesional requerido.

g) Otras obligaciones en materia de imagen, sistemas informáticos, puntos de contacto y suministro de información a la oficina nacional de coordinación.

Es obligación de los miembros y, cuando proceda, de los socios de EURES, **aportar de forma gratuita**, para fines del portal EURES, **todas las ofertas de empleo que publiquen**, así como velar por que las ofertas de empleo estén sujetas a la legalidad vigente. Solamente pueden excluir las ofertas de empleo que, debido a su naturaleza o a las normas nacionales, solo estén disponibles para los ciudadanos de un país determinado, las ofertas de empleo relacionadas con categorías de períodos de aprendizaje o de prácticas que, teniendo principalmente un componente de formación, formen parte de los sistemas educativos nacionales o que cuenten con financiación pública como parte de las políticas activas del mercado de trabajo de los Estados miembros y otras ofertas de empleo, como parte de las políticas activas del mercado de trabajo. También deben **aportar de forma gratuita** todas las **demandas de empleo y currículos** respecto a los cuales el trabajador haya dado su consentimiento para que esta información aparezca en el portal EURES.

B. Actividades tendentes a la colocación

2875 La puesta en contacto de ofertas y demandas para el empleo, de empresas que tienen un puesto de trabajo que cubrir con aquellas personas que quieren acceder a un puesto de trabajo, para que pueda considerarse verdadera intermediación solo puede realizarse a través de **sujetos públicos** o especialmente autorizados. Sin embargo, hoy en día esta toma de contacto se produce cada vez con más frecuencia por **otros métodos**, ya sea a través de Internet en los distintos portales especializados en empleo o bien entrando en contacto directamente los demandantes de empleo con las empresas, enviándoles su currículum a sus páginas web, etc. Son muchas las posibilidades en este campo y por ello, sin ánimo de ser exhaustivos, se enumeran, y luego describen, las actividades tendentes a la colocación que con mayor frecuencia actúan en este momento dentro del mercado de trabajo:

1. Bolsas de trabajo (nº 2877).
2. Empresas de selección de personal (nº 2879).
3. Head-hunters o cazatalentos (nº 2881).
4. Empresas de outplacement o recolocación (nº 2883).
5. Centros formativos (nº 2885).
6. Agencias virtuales (nº 2887).

2877 **Bolsas de trabajo** El fin de la intermediación es la puesta en contacto de la oferta de empleo con el demandante de empleo para cubrir un puesto de trabajo. En el caso de las llamadas bolsas de trabajo, los demandantes de empleo se colocan a la expectativa de que surja la necesidad de cubrir un puesto de trabajo.

Se trata de una actividad de colocación o intermediación que solamente puede ser llevada a cabo por un servicio público o agencia de colocación autorizada (L 3/2023 art.40 s.), salvo cuando la bolsa de empleo es creada y gestionada por la propia empresa contratante (por ejemplo, una Administración Pública), porque en tal caso no hay intermediación.

2879 **Empresas de selección de personal** La selección de personal consiste en elegir el **mejor candidato** de entre los existentes para cubrir los puestos de trabajo. Para que no sea considerada como intermediación, no debe comprender la búsqueda de candidatos, sino que su actividad ha de iniciarse cuando ya se ha puesto en contacto la oferta y la demanda, ya sea a través de un agente de intermediación (nº 2835) o por otro método. La actividad se limita entonces a comprobar que el candidato reúne las características exigidas en la oferta: titulación, conocimientos, experiencia, etc. y en su caso a seleccionar entre varios candidatos para elegir, de entre los demandantes, al que se considera idóneo para cubrir el puesto.

La actividad de selección, fuera de la intermediación laboral (nº 2825), **no tiene regulación legal**, aunque debe respetar en todo caso los principios constitucionales de igualdad y no discriminación, así como el respeto a la dignidad y a la intimidad del demandante de empleo (nº 3200 s.).

2881 **Head-hunters o cazatalentos** La actividad de los denominados head-hunters o cazatalentos consiste en buscar un trabajador con un perfil determinado por encargo de una empresa. Normalmente buscan personal altamente cualificado para **cargos directivos** en la estructura de la organización, aunque su campo de actuación **se ha ampliado** a otros directivos o mandos intermedios. Se trata de una actividad de intermediación cuando no se limita a informar a la empresa sobre posibles candidatos con los que esta puede contactar, sino que además pone a las partes en contacto, si bien al referirse a puestos cualificados y no trabajar normalmente con desempleados las autoridades laborales no suelen objetar a su existencia y funcionamiento.

2883 **Outplacement-recolocación** Las empresas de outplacement o de recolocación dirigen su actividad a trabajar con aquellas personas que pierden su puesto de trabajo para que en un plazo de tiempo breve consigan uno nuevo.

Si las empresas de recolocación se limitan a la **orientación del desempleado** para que encuentre por sí mismo un trabajo por cuenta ajena o desarrolle una actividad por cuenta propia, no desarrollan funciones de colocación, puesto que no conectan trabajadores demandantes de empleo y empresas. Pero si desarrollan la función de **búsqueda de empleo** y puesta en contacto entre desempleado y empresa, sí se considera actividad de colocación.

Se considera **intermediación laboral** la actividad destinada a la recolocación de los trabajadores que resultaran excedentes en procesos de reestructuración empresarial, cuando aquella hubiera sido establecida o acordada con los trabajadores o sus representantes en los correspondientes planes sociales o programas de recolocación (L 3/2023 art.40.3 y 44).

La empresa, no sometida a un procedimiento concursal, que lleve a cabo un **despido colectivo** que afecte a más de 50 trabajadores debe ofrecer a los trabajadores afectados un plan de recolocación externa a través de empresas de recolocación autorizadas. El plan debe ser diseñado para un periodo mínimo de 6 meses y debe incluir medidas de formación y orientación profesional, atención personalizada al trabajador afectado y búsqueda activa de empleo. El coste de la elaboración e implantación de dicho plan no puede recaer en ningún caso sobre los trabajadores. La autoridad laboral, a través del servicio público de empleo competente, debe verificar la acreditación del cumplimiento de esta obligación y, en su caso, requerir a la empresa para que proceda a su cumplimiento. El incumplimiento de esta obligación puede dar lugar a la reclamación de su cumplimiento por parte de los trabajadores (ET art.51.10; RD 1483/2012 art.9).

Centros formativos Hay una íntima relación entre formación y empleo, por lo tanto, cada vez más las entidades dedicadas a la formación están interesadas en procurar práctica profesional a los alumnos durante los estudios y una salida profesional, una vez terminados estos. **2885**
No cabe hablar de **intermediación** cuando la relación que se establece entre el alumno y la empresa donde realiza sus prácticas no es retribuida y no tiene carácter laboral, y ello aunque posteriormente esa empresa pueda decidir la contratación del alumno. Sin embargo, si el alumno es contratado laboralmente, lo que es frecuente que se haga cuando ha terminado sus estudios a través del contrato formativo, los centros formativos sí harían actividad de intermediación y deberían estar autorizados como agencias de colocación.

Agencias virtuales (OIT Conv núm 181 art. 1.1.c) Es habitual el intercambio de ofertas y demandas de empleo a través de las tecnologías de la información, bien porque los demandantes envían directamente su currículo a las páginas web de las empresas o bien por el establecimiento de bases de datos de ofertas y demandas de empleo. **2887**
En el caso de meros listados de ofertas o de **demandas de empleo** publicitadas mediante la **web**, sin ninguna intervención adicional para la puesta en contacto o correlación de unas y otras, no puede decirse que haya actividad de intermediación. Pero sí hay actividad de intermediación cuando los empresarios y trabajadores que se inscriben son puestos en contacto, casando sus datos para valorar la adecuación, tanto si la puesta en contacto requiere la intervención de personas para seleccionar ofertas y demandas, como si se realiza de manera automatizada mediante sistemas de inteligencia artificial más o menos sofisticados.

SECCIÓN 2

Empresas de trabajo temporal

2895

A. Puesta a disposición de trabajadores y relación con actividades conexas

(ET art.43.1; LETT art.1)

2900 Los costes asociados a la contratación de trabajadores, tanto en el ámbito salarial como en el de la Seguridad Social, así como los de todas las posibles responsabilidades derivadas de los contratos de trabajo, tanto en el ámbito de la prevención de riesgos laborales como en el de las indemnizaciones por despido, son un fuerte incentivo para que las empresas reduzcan al mínimo sus plantillas, derivando hacia empresas subcontratistas aquellas actividades intensivas en mano de obra y dejando en el interior de la estructura de la empresa principal el valor añadido del proceso productivo. Se trata del fenómeno que se denomina con los términos subcontratación, descentralización productiva, **externalización** o, en inglés, **outsourcing**. De esta manera se pueden segregar los salarios y las condiciones de trabajo entre las propias de la empresa principal y las aplicables por las subcontratas, siendo más desfavorables para los trabajadores, por regla general, los de estas últimas. Por otra parte, el recurso a la subcontratación permite acomodar los costes al nivel de producción, reduciendo de manera flexible la aportación de trabajo por las subcontratas ante las oscilaciones del mercado y ello sin tener que gestionar una multitud de contratos laborales y altas y bajas en la Seguridad Social.
El supuesto extremo de externalización lo constituyen aquellas empresas dedicadas a la mera interposición entre el trabajador y la empresa que va a ser la beneficiaria de sus servicios. La empresa empleadora, en este caso, se limita a contratar al trabajador y cederlo a la empresa cliente para que aquél preste servicios bajo el ámbito de organización y dirección de esta última. De esta forma, la **empresa cliente**, para la que el trabajador presta realmente sus servicios, pretende no tener vinculación jurídica con el mismo limitándose a tener un contrato mercantil con la empresa empleadora sujeto al principio de autonomía de la voluntad. Por su parte, la **empresa cedente** de trabajadores se especializa en la búsqueda de mano de obra y en la gestión de sus contratos laborales, nóminas y Seguridad Social, presentándose hacia el mercado de trabajo como un instrumento más de colocación.

2902 **Cesión de trabajadores** Debido a los problemas asociados a este tipo de interposición laboral, el legislador ha optado históricamente por restringir dicha posibilidad, considerando ilegal como principio general la **cesión de trabajadores** (nº 1215 s.). Sin embargo, existe una

excepción: la puesta a disposición de trabajadores a través de empresas de trabajo temporal debidamente autorizadas y en los términos legalmente establecidos (nº 2910 s.).
Se entiende por **empresa de trabajo temporal** (ETT) aquella cuya actividad consiste en poner a disposición de otra empresa usuaria, con carácter temporal, trabajadores por ella contratados (LETT art.1). Además, la ETT está obligada por la Ley a dedicarse exclusivamente a la actividad de puesta a disposición de mano de obra o, en su caso, al ejercicio de cualquier otra de las actividades permitidas, pero no puede realizar actividades de subcontratación de servicios. El incumplimiento de esta obligación constituye una infracción muy grave (nº 3152).
Por consiguiente, las **empresas de subcontratación de servicios** no pueden realizar actividades de cesión de trabajadores, ni las ETT pueden realizar actividades de subcontratación de servicios. La Ley quiere mantener separados dos mercados segregados, el de la subcontratación de servicios y el de las ETT. Por ello es importante distinguir entre estas dos figuras, puesto que ambas se sujetan a distintos regímenes legales (ver nº 1232).
Del mismo modo, la realización de la actividad de cesión de trabajadores puede ser lícita o ilícita. Como ya se ha dicho, cuando es lícita se denomina legalmente **puesta a disposición**.

Precisiones Las ETT también **pueden actuar** como agencias de colocación cuando cumplan los requisitos y obligaciones exigidos para ello (nº 2647 s.). También pueden desarrollar actividades de formación para la cualificación profesional conforme a la normativa específica de aplicación, así como de asesoramiento y consultoría de recursos humanos (LETT art.1).

Para que la **cesión** sea **lícita** es preciso que concurran simultáneamente los dos **requisitos** siguientes: **2904**
1. Que la empresa que pone trabajadores a disposición de otra sea una ETT autorizada como tal (nº 2910 s.).
2. Que la puesta a disposición se lleve a cabo en los términos legalmente establecidos. Puede entenderse bajo dicho concepto el que se respeten los supuestos lícitos de utilización (nº 3015) y que no se vulneren las prohibiciones establecidas en la LETT (nº 3027).
Cuando no concurren estos requisitos, la **cesión** es **ilícita** y produce las consecuencias previstas en nº 1280 s.

Precisiones Más ampliamente, sobre la cesión ilegal de trabajadores ver nº 1215.

B. Autorización administrativa para operar como ETT

(LETT art.1 y 2; RETT art.2 a 7; L 3/2023 art.43.2 y disp.trans.4ª)

Las personas físicas o jurídicas que pretendan realizar la actividad consistente en contratar trabajadores para cederlos temporalmente a otra empresa deben obtener una autorización administrativa **previa**. **2910**
Se entiende por autorización todo aquel acto administrativo, cualquiera que sea su denominación específica, por el que, en uso de una potestad de intervención legalmente atribuida a la Administración, se permite a los particulares el ejercicio de una actividad, previa comprobación de su adecuación al ordenamiento jurídico y valoración del interés público afectado.
La autorización administrativa ha de ser previa al inicio de las actividades de puesta a disposición, por lo que cualquier puesta a disposición **anterior a la autorización** constituye una cesión ilegal y ello aunque se haya solicitado dicha autorización (TS 10-6-03, EDJ 241343).
Una vez concedida, ya es eficaz, aunque fuese recurrida, salvo que se adopte una decisión administrativa o judicial de suspensión de la misma (LPAC art.39.1).

Para evitar incurrir en cesión ilegal de trabajadores como cesionario, el empresario que decida acudir a una ETT debe cerciorarse de que esta dispone de autorización administrativa. **2912**
Para ello existen unos **registros administrativos** de empresas de trabajo temporal que hacen posible consultar la situación administrativa de cualquier ETT. Las ETT deben hacer constar en la publicidad y ofertas de empleo que efectúen, su identificación como tal y el número de autorización administrativa y autoridad que la ha concedido (nº 2992).
Asimismo, es obligatorio consignar en los **contratos de puesta a disposición** los **datos identificativos de la ETT**, incluido el número de autorización (RETT art.15).
En caso de **incumplimiento** de estas obligaciones, ver nº 3150 s.

Precisiones La **ignorancia** por parte de la ETT de la concurrencia de circunstancias determinantes de la ilegalidad de la puesta a disposición no impide los efectos laborales de la cesión, sin perjuicio de las acciones de resarcimiento que en vía civil pueda dirigir contra la usuaria (TS 28-9-06, EDJ 278559). Parece por ello que tampoco la ignorancia por la usuaria de las circunstancias de ilegalidad que afecten a la ETT impediría aplicar los efectos laborales de la cesión ilícita.

1. Titularidad de las autorizaciones: cesión de la autorización y contratos de franquicia

2920 La autorización administrativa es personal y **no** puede ser **cedida**, ni temporal ni definitivamente, ni a título oneroso ni gratuito, correspondiendo exclusivamente a la persona física o jurídica que la tiene concedida. Por lo tanto, solamente las empresas autorizadas para operar como ETT pueden contratar trabajadores para cederlos a terceras empresas. No es posible, ni en virtud de un contrato de franquicia ni por cualquier otro título, que una ETT ceda su autorización a otra empresa para que sea esta la que contrate trabajadores y los ponga a disposición de terceras empresas. Las empresas que realicen tal actividad sin estar autorizadas incurren en una cesión ilegal de trabajadores, con todas las consecuencias jurídicas previstas para tales supuestos (nº 1280 s.).

Sin embargo, el **contrato de franquicia** es posible en el ámbito de las ETT, siempre que la empresa franquiciada disponga por sí misma de autorización administrativa para operar como tal. En virtud de dicho contrato, la empresa franquiciadora cede a la franquiciada el uso de una imagen corporativa y le presta la asistencia y asesoramiento propios de tales contratos, a cambio de una retribución cuya forma y modalidad están abiertas a la autonomía negocial de las partes. No obstante, la empresa franquiciada debe hacer constar en sus contratos, publicidad y ofertas de empleo su propia identificación como empresa y su propio número de autorización, puesto que en modo alguno puede quedar oculta frente a terceros la real identidad de la ETT contratante. No existe ningún inconveniente para que la empresa franquiciadora no sea una ETT, siempre y cuando, por supuesto, no realice por sí misma cesiones de trabajadores.

En todo caso, han de tenerse en cuenta las **limitaciones** respecto a la **transmisión de datos personales** entre empresas derivadas de la aplicación del Reglamento General de Protección de Datos, cuya inspección y sanción es competencia de la Agencia Española de Protección de Datos (nº 8960).

2. Órganos competentes para conceder la autorización

(LETT art.2; RETT art.2 y 4)

2925 La **solicitud** de autorización presentada por la persona física o jurídica que pretenda actuar como ETT debe realizarse ante la autoridad laboral competente.

La autorización administrativa es única y tiene **eficacia** en todo el territorio nacional.

La autorización la concede, previo informe preceptivo y no vinculante de la ITSS, el órgano competente de las CCAA donde radique su centro principal, con validez para todo el territorio nacional, sin que la competencia corresponda al Ministerio de Trabajo por el hecho de que la ETT opere en más de una Comunidad Autónoma (TCo 69/2018).

El **reinicio de las actividades** después de una suspensión de las mismas, tanto si deriva de la imposición de sanciones como si es consecuencia de la falta de actividad durante un año ininterrumpido, requiere igualmente de autorización administrativa previa y la competencia para concederla se determina por las mismas normas y criterios aplicables a las autorizaciones iniciales (RETT art.6).

3. Vigencia temporal de la autorización

(LETT art.2.1; RETT art.4.7 y 17.2)

2930 La autorización es única, tiene eficacia en todo el territorio nacional y se concede sin límite de **duración**.

Si la empresa deja de realizar la actividad consistente en la puesta a disposición de trabajadores durante un año ininterrumpido, la autorización **expira**. Verificada esta circunstancia por la autoridad laboral competente, ha de practicar el correspondiente asiento registral y comunicarlo a la ETT.

2932 **Suspensión de la autorización** (LISOS art.41.3) La autorización se puede suspender durante un año por resolución del titular del Ministerio de Trabajo y Economía Social o de la autoridad equivalente de las Comunidades Autónomas, cuando la ETT **reincida** en la comisión de **infracciones** tipificadas como muy graves (nº 3152).

Esta suspensión, con independencia de la autoridad que la acuerde, lo es para todo el ámbito territorial de actuación de la ETT. Debe tenerse en cuenta que, aunque la Ley habla de suspensión por un año, los efectos son los propios de una extinción ya que para reiniciar sus actividades, la ETT debe solicitar nueva autorización, que se debe tramitar como si de una

autorización inicial se tratase (nº 2981). Si la autorización es suspendida por segunda vez, la ETT ya no puede obtener nueva autorización para reiniciar sus actividades.
La **competencia** para imponer la sanción de suspensión corresponde a la Administración General del Estado o a la de la correspondiente Comunidad Autónoma, según cuál sea competente para imponer la sanción de la que deriva la suspensión. El órgano del Ministerio de Trabajo o el equivalente de la Comunidad Autónoma que haya acordado la suspensión debe notificarlo a la autoridad laboral que haya concedido la autorización administrativa para que practique la correspondiente inscripción en el Registro de ETT (RETT art.13.4).

Procedimiento para la extinción de la autorización (LETT art.2.7; RETT art.5) Si como consecuencia de la vigilancia del cumplimiento de la normativa laboral, la autoridad laboral que concedió la autorización aprecia el **incumplimiento** de las obligaciones de **mantener una estructura organizativa** que responda a la actividad efectivamente desarrollada, así como a **actualizar anualmente la garantía financiera**, debe iniciar de oficio el oportuno procedimiento de extinción de la autorización. **2934**
La **apertura** de este **procedimiento** se notifica a la ETT comunicándole formalmente las irregularidades observadas, a fin de que pueda efectuar las alegaciones que considere oportunas, recabándose **informe** preceptivo no vinculante de la ITSS, e informe de los representantes de los trabajadores de la ETT. Ambos deben emitirse en el plazo de 15 días.
Además de las **alegaciones** que estime oportunas, la empresa debe acreditar el cumplimiento de las obligaciones anteriormente referidas en el plazo de un mes a partir de la notificación.
Transcurrido ese plazo sin que se acredite el cumplimiento, previa audiencia de la ETT, la autoridad competente debe dictar **resolución** en el plazo máximo de un mes declarando la extinción de la autorización y especificando las carencias o deficiencias que la justifican. La reanudación de la actividad de la empresa requiere de una nueva autorización.
Esta resolución puede ser **recurrida** en alzada ante el superior jerárquico del que la dictó. Aunque existe la posibilidad de recurso ante la jurisdicción social, la declaración de extinción es plenamente ejecutiva desde el momento en que la resolución adquiere firmeza en vía administrativa.
Una vez **firme**, se ordena la baja de la empresa en el Registro de ETT, en cuyo caso, el mantenimiento de su actividad como tal puede hacerle incurrir en responsabilidades administrativas y de todo orden.
Debe entenderse que la suspensión o pérdida de la autorización constituye una **condición resolutoria** implícita del contrato de puesta a disposición, que no puede pervivir legalmente a falta de la autorización. Si la puesta a disposición se mantiene con posterioridad, nos encontraríamos ante una cesión ilegal de trabajadores (nº 1215 s.). Para los contratos laborales de los trabajadores puestos a disposición, la pérdida de la autorización por la ETT solamente constituiría una causa de extinción «per se» si así se hubiese pactado expresamente en el contrato. En otro caso, la ETT habría de recurrir al despido objetivo (nº 4150 s. Memento Despido 2024-2025) o al despido colectivo (nº 3200 s. Memento Despido 2024-2025) y ello, siempre y cuando, la pérdida de la autorización no se hubiese producido por causa imputable de forma dolosa o culposa a la propia ETT.

4. Requisitos para la concesión de la autorización

(LETT art.2.2; RETT art.4)

Para obtener la autorización, la empresa debe justificar ante el órgano administrativo competente el cumplimiento de los siguientes requisitos: **2940**
- disponer de una **estructura organizativa** que le permita cumplir sus obligaciones (nº 2942);
- **dedicación exclusiva** a la actividad constitutiva de empresa de trabajo temporal (nº 2952);
- encontrarse al corriente en el cumplimiento de sus **obligaciones tributarias y con la Seguridad Social** (nº 2954);
- **garantizar** el cumplimiento de las obligaciones salariales, indemnizatorias y con la Seguridad Social (nº 2960);
- **no** haber sido **sancionada** con suspensión de actividad en dos o más ocasiones (nº 2932);
- incluir en su **denominación** los términos «empresa de trabajo temporal» o su abreviatura «ETT» (nº 2968).

La concesión de la autorización para operar como ETT es un **acto reglado**. Si se cumplen los requisitos establecidos por la Ley, los solicitantes tienen derecho a obtener la autorización a través del procedimiento administrativo desarrollado en nº 2977.
Una vez obtenida la autorización, la Ley solamente prevé la **extinción o suspensión** de la autorización:
- por reincidencia en infracciones muy graves (nº 2932);

- por dejar de mantener una estructura organizativa que responda a la actividad efectivamente desarrollada, previa resolución de la autoridad laboral, que ha de ser aquella que concedió la autorización;
- por no actualizar anualmente la garantía financiera así como por no reponerla cuando se hayan ejecutado deudas que hayan reducido o suprimido la misma por debajo del nivel legalmente exigible (nº 2960).

2942 **Estructura organizativa** (LETT art.2.2.a) La ETT debe disponer de una estructura organizativa que le permita cumplir las obligaciones que asume como empleador en relación con el objeto social.

Hay que diferenciar entre las cesiones de trabajadores llevadas a cabo por una **empresa real**, con estructura organizativa propia, de aquellas otras que tienen una mera función interpositoria, donde el cedente es un **empresario ficticio**, sin estructura organizativa alguna, una mera pantalla para ocultar la identidad del empresario real (nº 1215 s.). En el primer caso existe cesión si el empresario cedente no realiza otra función distinta a la gestión puramente laboral (selección y contratación de los trabajadores, pago de nóminas y Seguridad Social, formación y vigilancia de la salud, etc). En el segundo caso no existe ni siquiera una gestión laboral a cargo del empresario cedente, que opera como una mera apariencia, de manera que siempre procede la **ruptura de la simulación**, para recuperar todos los efectos de la relación real sin ninguna limitación temporal. Esto es, se debe considerar directamente como empresario, sin necesidad de aplicar derecho de opción alguno, a aquel que recibe realmente los servicios del trabajador (ET art.1.2 y 8).

Por el contrario, en el caso de las cesiones llevadas a cabo por ETT se exige que dispongan de una estructura organizativa propia suficiente y de la correspondiente autorización administrativa para que puedan considerarse puestas a disposición lícitas. Ante una cesión del segundo tipo, incluso cuando la empresa interpuesta fuese una ETT, si esta careciese de la estructura organizativa suficiente, habría de considerar directamente como empleador en la relación laboral a la empresa usuaria. Para ello se exige esa estructura organizativa mínima como requisito para conceder la autorización. No obstante, dado que una vez obtenida la autorización la Administración pierde control sobre el mantenimiento de este requisito, la diferencia entre ambos tipos de cesión pudiera ser relevante, incluso ante ETT que cuenten con autorización.

Ejemplo Puede pensarse en una ETT que, una vez que cuenta con la autorización, liquida toda su estructura organizativa y pasa a ser una mera persona jurídica instrumental al servicio de una empresa, de manera que la ETT figura formalmente como empresario de los trabajadores, pero no realiza realmente funciones de gestión laboral, sino que es la misma empresa cesionaria quien selecciona y gestiona las contrataciones y salario. Desde el punto de vista laboral estaríamos ante un **supuesto de simulación** de la persona del **empleador**, que debe dar lugar al levantamiento del velo y a que se considere como empresario a quien lo es realmente.

2944 A efectos de apreciar el cumplimiento del requisito relativo a la estructura organizativa, se valoran la **adecuación y suficiencia de los elementos** de la empresa para desarrollar la actividad planteada como objeto de la misma, particularmente en lo que se refiere a la selección de los trabajadores, su formación y las restantes obligaciones laborales. Para esta valoración se tienen en cuenta **factores** tales como la dimensión y equipamiento de los centros de trabajo; el número, dedicación, cualificación profesional y estabilidad en el empleo de los trabajadores contratados para prestar servicios bajo la dirección de la ETT; el sistema organizativo y los procesos tecnológicos utilizados para la selección y formación de los trabajadores contratados para su puesta a disposición en empresas usuarias.

2946 **Titularidad y suficiencia** La estructura organizativa exigida legalmente debe ser **propia**, ya que la ETT ha de poder disponer de ella, concepto que indudablemente se vincula a la propiedad, si bien ello no significa que sea exigible que los locales sean propiedad de la ETT, pero sí por lo menos que los contratos de arrendamiento de estos se encuentren a su nombre y que el personal de la estructura de la ETT esté contratado y dado de alta en la Seguridad Social por cuenta de la misma.

La estructura de la ETT debe permitir a esta cumplir las obligaciones que asume como empleador en relación con el objeto social. Por tanto, la estructura debe ser **suficiente** para llevar a cabo:

- la **gestión de los contratos de trabajo y de puesta a disposición**, así como las obligaciones de alta y cotización a la Seguridad Social y gestión y pago de las nóminas;
- la actividad de **selección de trabajadores**, así como para dar la formación profesional y en materia de prevención de riesgos laborales exigible;

- el **control** de los supuestos de puesta a disposición alegados por la empresa usuaria para comprobar que encajen dentro de los considerados lícitos (nº 3017), puesto que la ETT es responsable, junto con la empresa usuaria, de la realidad y suficiencia de las causas de temporalidad, hasta el punto de que su inexistencia determina la ilegalidad de la puesta a disposición y la consideración de la misma como cesión ilegal de trabajadores (nº 1215 s.);
- la comprobación, en función de los **riesgos laborales** resultantes de la evaluación de riesgos aportada por la empresa usuaria, de cuál es la formación e información sobre los mismos que ha de darse a los trabajadores;
- la **vigilancia de la salud** de los trabajadores puestos a disposición.

Memoria (RETT art.4.2.d) Se exige que las ETT, al solicitar la autorización, presenten una memoria explicativa de la estructura organizativa con la que cuenta la empresa, detallada por centros de trabajo, entendiendo que ello es consecuencia de la obligación de que la ETT disponga de locales, medios y personal suficiente en cada zona territorial en la que actúe. Esta exigencia no se lleva al extremo de exigir que la estructura en cada zona tenga una entidad que le permita actuar autónomamente respecto a la dirección central, sino que basta con que, dependiendo de dicha dirección, pueda realizar las gestiones que han de llevarse a cabo en la provincia, en la proximidad de los trabajadores y los clientes. No obstante, no existe ningún desarrollo reglamentario o criterio administrativo uniforme que establezca cuáles son esos servicios de proximidad mínimos. **2948**

Número mínimo de trabajadores fijos al servicio de la ETT (LETT art.2.3) Para poder **iniciar su actividad** de puesta a disposición de trabajadores, la empresa debe contar al menos con 3 trabajadores con contrato de duración indefinida, a tiempo completo o parcial, mínimo que debe mantenerse durante todo el tiempo de actividad. **2950**

Posteriormente, la ETT debe contar con un número mínimo de 12 trabajadores contratados, o el que corresponda proporcionalmente, para prestar servicios bajo su dirección, con contratos estables o de duración indefinida, a tiempo completo o parcial, por cada mil trabajadores o fracción contratados en el año inmediatamente anterior. Este cómputo se realiza teniendo en cuenta el número de días totales de puesta a disposición del conjunto de los trabajadores cedidos, dividido por 365.

Este requisito mínimo debe mantenerse durante todo el tiempo de actividad de la ETT, adaptándolo anualmente a la evolución del número de contratos gestionados.

> Precisiones Para cumplir este requisito, es frecuente que algunas ETT **contraten trabajadores indefinidos** para ser puestos a disposición, extinguiendo después su contrato por causas objetivas (ET art.52.c) cuando finaliza el contrato de puesta a disposición al que se encuentran adscritos. Esta conducta puede reputarse fraudulenta y, por consiguiente, el despido calificado como improcedente, puesto que tiene por objeto burlar el número de trabajadores fijos obligatorio, haciendo figurar como tales a trabajadores que realmente tienen contratos de duración coincidente con la del contrato de puesta a disposición (LETT art.10.1) que se extinguen con la finalización de la puesta a disposición, con la única diferencia de que se le abona una indemnización superior (20 días por año de servicios en lugar de 12) (TSJ Madrid 5-2-20, EDJ 526381) .

Exclusividad (LETT art.2.2.b) La persona que solicite la autorización para operar como ETT debe dedicarse exclusivamente a la actividad constitutiva de empresa de trabajo temporal. Esta obligación, al solicitar la autorización inicial, no deja de ser una manifestación de intenciones cuyo **control**, como mucho, puede versar sobre el objeto social de la persona jurídica descrito en su escritura de constitución. Su efectivo cumplimiento puede únicamente comprobarse posteriormente, durante el funcionamiento de la ETT, dando lugar a la imposición de sanciones administrativas. **2952**

La **realización** de **actividades distintas** a la puesta a disposición de trabajadores por una ETT, **excepción** hecha a la posibilidad de actuar como agencias de colocación (nº 2910) y a las actividades de formación para la cualificación profesional conforme a la normativa específica de aplicación, así como de asesoramiento y consultoría de recursos humanos, constituye una infracción muy grave (nº 3152). Además, la reincidencia en esta infracción grave puede dar lugar a la suspensión de la autorización (nº 2932).

El **contenido** de esta obligación exige determinar previamente qué actividad es la constitutiva de la ETT y es evidente que esta no es otra que la de contratar trabajadores para cederlos a terceras empresas. La ETT no puede realizar actividades diferentes, aunque guardan cierta relación con parecido con la principal, como son la de operar como empresa de servicios y de ahí la importancia de distinguir entre subcontratación de servicios y cesión de trabajadores.

En relación con la **segregación** entre el mercado de subcontratación **de servicios** y el del trabajo temporal, hay que tener en cuenta las diferencias en el ámbito salarial de uno y otro, dado que en la subcontratación de servicios no se aplican necesariamente los salarios de la empresa principal, ni las empresas tienen las obligaciones de autorización y demás aplicables a las

ETT. De ahí que muchos supuestos de cesión de trabajadores se intenten presentar, en ocasiones, como prestaciones de servicios.
Existen **grupos de empresas** mercantiles que incluyen, además de la ETT con su propia personalidad jurídica, otras empresas de servicios como limpieza, asistencia social o seguridad, sujetas todas ellas a una única estructura directiva común. Aunque, en principio, no existe obstáculo legal para ello, si se produce una confusión de actividades y personal dentro del grupo, podría entenderse que existe un grupo de empresas laboral y con ello se viene a defraudar la obligación de la ETT de dedicarse exclusivamente a su objeto social, con las consecuencias legalmente previstas.

2954 **Obligaciones tributarias y de Seguridad Social** (LETT art.2.2.c) El solicitante de autorización administrativa debe **presentar** la **documentación** acreditativa de hallarse al corriente en el cumplimiento de sus obligaciones tributarias y frente a la Seguridad Social o de carecer de las mismas, mediante certificados de la AEAT y de la TGSS.
Esta exigencia **tiene por objeto** garantizar que van a estar en condiciones de responder del cumplimiento de sus obligaciones frente a los trabajadores y a la Seguridad Social. Hay que tener en cuenta que la ETT factura al empresario cliente un coste por hora de trabajo en el que incluye el salario del trabajador, su cotización a la Seguridad Social, los costes indirectos y el beneficio industrial, coste que el cliente imputa como gasto en su contabilidad. Si la ETT deja de ingresar sus cotizaciones sociales con ello se está apropiando del importe de las mismas que iba incluido en el precio pagado por su cliente, que es quien ha recibido la prestación de servicios del trabajador y quien, de haber contratado directamente al operario, hubiera ingresado sus cotizaciones con normalidad.

2956 **Obligaciones tributarias** Se utiliza la expresión obligaciones tributarias, que es menos amplia que la de obligaciones de carácter fiscal, puesto que comprende solamente el pago de los tributos (impuestos, tasas, contribuciones, etc., gestionados y recaudados por la AEAT o por cualquier otra Administración Pública), pero no todos los ingresos de la Hacienda Pública, ya sea la estatal o las autonómicas o locales, lo que excluiría, por ejemplo, el pago de las multas administrativas de cualquier índole.

2958 **Obligaciones con la Seguridad Social** (RD 1415/2004 art.1.1) La expresión obligaciones con la Seguridad Social no solamente se refiere a las deudas por cuotas de la Seguridad Social, sino también a otros **conceptos**, como son: el importe de las sanciones por infracciones en materia de Seguridad Social; el importe de los recargos sobre prestaciones por falta de medidas de seguridad e higiene en el trabajo declarados procedentes por resolución administrativa; reintegros de prestaciones indebidamente percibidas; reintegro de prestaciones indebidamente compensadas y de deducciones indebidamente practicadas en los documentos de cotización; costas procesales impuestas a quienes hayan litigado contra las entidades gestoras y la TGSS; el importe de los recargos e intereses que procedan sobre los conceptos enumerados anteriormente, etc.

2960 **Garantía financiera** (LETT art.3; RETT art.4.2.c, 8 y 9) Las personas que soliciten la autorización para operar como ETT deben constituir una garantía financiera para asegurar el pago de las deudas de la ETT por indemnizaciones salariales y de Seguridad Social con los trabajadores de la ETT o con los organismos de la Seguridad Social. Esta garantía debe ser constituida antes de presentar la solicitud de autorización y la documentación acreditativa de haber constituido la misma debe presentarse junto con la solicitud de autorización. El importe de la garantía debe actualizarse anualmente (nº 2962). Cuando la ETT cese en su actividad, una vez acreditado que no existen deudas pendientes de pago de las cubiertas por la garantía, tiene derecho a la devolución o liberación de la misma (RETT art.11).
La garantía financiera **puede consistir**, a elección de la ETT, en un depósito en dinero efectivo o en valores públicos en la Caja General de Depósitos o en sus sucursales o, alternativamente, en aval o fianza de carácter solidario prestado por un banco, caja de ahorros, cooperativa de crédito, sociedad de garantía recíproca o mediante póliza de seguros contratada al efecto. En el caso del aval bancario no se exige que sea único, por lo que se pueden presentar distintos avales que en total sumen la cantidad requerida.
La garantía **debe constituirse** a disposición de la autoridad laboral que conceda la autorización administrativa y debe estar vigente de forma indefinida, hasta su devolución o liberación (RETT art.11).
Si el **cierre de centros de trabajo** supone una alteración del régimen competencial, la garantía ya constituida queda a disposición de la nueva autoridad competente.

Cantidad garantizada La cantidad garantizada al solicitar la **autorización**, durante el primer año de ejercicio, debe ser igual al importe de 25 veces el SMI vigente en la fecha de presentar la solicitud, en cómputo anual. **2962**
Posteriormente el importe de la garantía debe **actualizarse anualmente** para alcanzar el 10% de la masa salarial del ejercicio económico inmediato anterior, sin que en ningún caso pueda ser inferior a 25 veces el SMI vigente en cada momento, en cómputo anual. Esta actualización debe acreditarse documentalmente por la ETT ante la autoridad laboral competente en los tres primeros meses del año. El incumplimiento de esta obligación constituye una infracción administrativa grave (nº 3150 s.).
A estos efectos, la **masa salarial** se calcula tomando el total de las retribuciones salariales y extrasalariales devengadas en el ejercicio de referencia por todos los trabajadores contratados por la ETT para ser cedidos a empresas usuarias. Se excluyen del cómputo de la masa salarial las prestaciones e indemnizaciones de la Seguridad Social, las indemnizaciones correspondientes a traslados, suspensiones y extinciones de contratos y las indemnizaciones o suplidos por gastos que hubieran realizado los trabajadores.
Tampoco se consideran parte integrante de la masa salarial las cotizaciones a la Seguridad Social y demás conceptos de recaudación conjunta a cargo del empleador.
Por otra parte, en los tres primeros meses del año natural la ETT debe presentar ante la autoridad laboral competente una **declaración formal** relativa a la cuantía de la masa salarial del año anterior.

Precisiones **1)** El **ejercicio económico**, en principio, se corresponde con años naturales, salvo disposición en contrario de los estatutos sociales, según las normas reguladoras de cada tipo de sociedad. Cuando la ETT haya sido suspendida en sus actividades o haya dejado de tener actividad durante un tiempo, ha de tomarse como referencia el ejercicio anterior a la suspensión de su actividad o el último año en que tuvo actividad, respectivamente.
2) En el caso de las **cooperativas de trabajo asociado** que operan como ETT, para calcular la **masa salarial** deben sumarse a las retribuciones salariales o extrasalariales de los trabajadores contratados para ser cedidos, los anticipos laborales percibidos por los socios trabajadores cedidos a empresas usuarias (RETT art.9.3).

Ejecución contra la garantía (RETT art.10) Para que pueda ejecutarse contra la garantía se exige que las deudas salariales figuren reconocidas en acta de conciliación o resolución judicial firme. Por lo que se refiere a las deudas de Seguridad Social, deben haber sido determinadas mediante providencia de apremio o diligencia de embargo expedidas por la TGSS. **2964**

El trabajador puede presentar la **solicitud** de la ejecución de la garantía financiera ante el órgano administrativo titular de la garantía, esto es, el que ha concedido la autorización a la ETT, acompañando la **documentación** acreditativa de su identidad, de la existencia de las deudas salariales o indemnizatorias reconocidas en su favor y de la relación laboral con la ETT. **2966**
El **plazo** para hacerlo es de un año desde la fecha del acto de conciliación o resolución judicial firme en que se reconozca la deuda por salarios o indemnizaciones. Este plazo es de prescripción y, por tanto, se interrumpe, reiniciándose su cómputo íntegro, por reclamación judicial o extrajudicial del trabajador o reconocimiento de la deuda, lo que incluye el ejercicio de acciones ejecutivas o el reconocimiento del crédito en procedimiento concursal (CC art.1973).
Hay que tener en cuenta, además, que desde la declaración del concurso queda interrumpida la prescripción de todas las deudas del concursado anteriores al auto de declaración del concurso y que dicha prescripción vuelve a reiniciarse desde que el concurso concluya (LCon art.155).
Cuando la garantía **se reduzca o desaparezca** como consecuencia de la ejecución de deudas, la ETT debe reponer el importe de la misma hasta el nivel exigible legalmente y comunicarlo a la autoridad laboral en el plazo de los 15 días siguientes a la ejecución. En caso contrario, ha de iniciarse el proceso de extinción de la autorización (nº 2934).

Denominación social (LETT art.2.2.f) Debe hacerse constar este dato en la solicitud de autorización y debe coincidir con la denominación que figure en la **escritura pública de constitución** de la sociedad, que debe ser igualmente aportada al expediente. Aunque la Ley no lo diga, hay que entender que existe una reserva de nombre, de manera que los términos de «empresa de trabajo temporal» no pueden ser empleados por aquellas que no cuenten con autorización para operar como tales. **2968**
En la denominación social, los términos «empresa de trabajo temporal» pueden ser sustituidos por su abreviatura «ETT».

5. Procedimiento administrativo para la concesión de las autorizaciones

(RETT art.4 y 6)

2975 Existen dos tipos de procedimientos:
- autorización del inicio de actividad (nº 2977);
- autorización del reinicio de actividad cuando se hubiera producido su suspensión (nº 2981).

2977 **Autorización de inicio de actividades** (RETT art.4) El procedimiento se inicia a instancia de la persona interesada en obtener dicha autorización, presentando el formulario oficial por medios electrónicos, en el Registro de Empresas de Trabajo Temporal de la autoridad laboral competente.

La solicitud debe **contener**:
- identificación del solicitante;
- denominación de la empresa, en la que se debe incluir necesariamente los términos de «empresa de trabajo temporal» o su abreviatura ETT;
- domicilio de la empresa y domicilio de los centros de trabajo;
- número de identificación fiscal y código de cuenta de cotización a la Seguridad Social.

A la solicitud debe **acompañarse**, también por medios electrónicos, la siguiente **documentación**:
- poder suficiente en derecho, si el solicitante actúa en representación de una persona jurídica, salvo que la solicitud se presente mediante un certificado de firma electrónica de persona jurídica en el que el solicitante figure como apoderado o que el solicitante figure registrado en el Registro Electrónico de Apoderamientos;
- cuando la solicitud se formule por personas jurídicas, certificación acreditativa de la inscripción de la empresa, cualquiera que sea la forma que revista, en el Registro Mercantil o en el correspondiente Registro de Cooperativas, junto con la copia de la escritura de constitución inscrita en el correspondiente Registro y, en su caso, estatutos de la sociedad;
- copia de la documentación acreditativa de haber constituido la garantía financiera (nº 2960), debiendo ser presentada la documentación original en los tres días hábiles siguientes;
- memoria explicativa de la estructura organizativa con la que cuenta la empresa, detallada por centros de trabajo.

En su solicitud, el solicitante puede autorizar a la autoridad laboral competente para que obtenga de forma directa, a través de certificados electrónicos, la acreditación de su identidad y de que la empresa se halla al corriente en el cumplimiento de sus obligaciones tributarias y con la Seguridad Social. Si no lo hace, debe aportar la documentación correspondiente.

2979 Se pueden acompañar, además, **otros documentos o pruebas** que se estimen convenientes por el solicitante para precisar o completar los datos del formulario, los cuales deben ser admitidos y tenidos en cuenta por el órgano al que se dirijan (RETT art.4.3 y LPAC art.53.1.e).

La Administración debe tramitar el expediente, realizando de oficio los **actos de instrucción** necesarios para la determinación, conocimiento y comprobación de los datos en virtud de los cuales deba pronunciarse la resolución, sin perjuicio del derecho de los interesados a proponer actuaciones, aducir alegaciones y presentar documentos en cualquier momento anterior al trámite de audiencia (LPAC art.75 y 76).

La autoridad laboral debe solicitar, por medios electrónicos, **informe de la ITSS**, que ha de remitirse, también por medios electrónicos, en el plazo de 15 días desde la fecha de recepción de la solicitud de informe y no tiene carácter vinculante (RETT art.7).

Una vez finalizados los actos de instrucción, y antes de redactar la propuesta de resolución, la Administración debe poner de manifiesto al interesado el expediente y conceder al mismo un plazo de 10 a 15 días para formular **alegaciones** (LPAC art.82).

Siendo la autorización un **acto reglado**, la autoridad laboral debe concederla necesariamente, si el solicitante cumple todos los requisitos exigibles y denegarla, en caso contrario.

El plazo para dictar la resolución, contado a partir de la fecha de presentación de la solicitud, es de un mes, transcurrido el cual el **silencio administrativo** tiene carácter estimatorio (LETT art.2.5).

2981 **Autorización para el reinicio de la actividad** (RETT art.6) La empresa de trabajo temporal debe solicitar nueva autorización administrativa en los siguientes **supuestos**:
- cuando haya sido sancionada con la **suspensión de actividades** por haber incurrido en reincidencia en la comisión de infracciones tipificadas como muy graves (nº 2932);
- cuando, por **no haber realizado** la **actividad** durante un año ininterrumpido, se haya extinguido la autorización administrativa previa;
- cuando la autoridad laboral competente haya declarado la **extinción de la autorización**, por ejemplo, por el incumplimiento de la obligación de mantener la estructura organizativa exigible (nº 2934) o por **no reponer** la **garantía financiera** cuando se hayan ejecutado deudas que hayan reducido o suprimido la misma por debajo del nivel legalmente exigible (nº 2966).

El **procedimiento** para autorizar el reinicio de actividades es el mismo que en el caso de la autorización inicial (incluido el sentido estimatorio del silencio) (nº 2977), con la única **matización** de que el interesado debe aportar la justificación de haber destinado en el último ejercicio económico de actividad el 1% de la masa salarial a la formación de los trabajadores en misión, así como declaración de los gastos de personal del mismo ejercicio (nº 3120). **2983**

Precisiones El resultado de esta regulación es que el **incumplimiento** de la obligación de inversión en formación **en el último ejercicio de actividad** impide obtener la autorización para el reinicio de la actividad. Esto resulta paradójico, si se tiene en cuenta que, una vez obtenida la autorización, la única consecuencia legal prevista para su incumplimiento es su tipificación como infracción administrativa grave (nº 3152), sin que pueda dar lugar por ello a la suspensión o extinción de la autorización reservada para la reincidencia en infracciones muy graves (LISOS art.41.3).

6. Identificación de las autorizaciones y registro de las ETT

Identificación (RETT art.4.6; OM TES/1324/2024 Anexo I) Las autorizaciones administrativas se numeran correlativamente utilizando ocho dígitos. El **número** asignado en el momento de la inscripción en el registro de ETT (nº 2992) se conserva durante toda la vida de la ETT y sólo se procederá a dar **nueva numeración** por reanudación de actividades o por cambio de autoridad laboral competente. Los dos primeros dígitos corresponden a la autoridad laboral que conceda la autorización, conforme a los códigos de identificación establecidos; los cuatro siguientes se reservan, comenzando por el número 1, para indicar el orden secuencial de las autorizaciones, y los dos últimos dígitos expresan el año en que se concede. **2990**

El número de autorización **debe hacerse constar** por la ETT:

- en los contratos de puesta a disposición (RETT art.15.1.a);
- en los contratos de trabajo de los trabajadores puestos a disposición (RETT art.16.2.a);
- en los formularios de información a la autoridad laboral sobre los contratos de puesta a disposición celebrados y número de trabajadores cedidos (LETT art.5; OM TES/1324/2024 Anexo I);
- en la publicidad y ofertas de empleo que efectúe (LETT art.4.3).

Para conocer las consecuencias del **incumplimiento** de esta obligación, ver nº 3150 s.

Registro de ETT (LETT art.4; RETT art.12, 13 y 14) Cada una de las autoridades laborales de los distintos ámbitos geográficos que conceden autorizaciones para operar como ETT (nº 2925), debe establecer y llevar un registro de las ETT autorizadas, con funcionamiento por medios electrónicos y con carácter público. De la información existente en estos registros, deben incorporarse a la **base de datos central**, gestionada por la Dirección General del Empleo, los siguientes **datos**: **2992**

- identificación de la empresa;
- autorización para actuar como ETT, incluidos los supuestos de reanudación, suspensión o cese de actividades;
- domicilio social de la empresa y domicilio de los centros de trabajo;
- cambios de domicilio social de la empresa y aperturas y cierres de centros de trabajo;
- relaciones de los contratos de puesta a disposición (nº 3000).

Este último dato solo será accesible para la autoridad laboral siendo de acceso público los cuatro anteriores.

La **inscripción** se practica de forma electrónica y de oficio por la autoridad laboral competente simultáneamente a la concesión de la autorización administrativa. Los **datos** que contienen los asientos registrales son: los relativos a la identificación de la ETT, de la persona física o jurídica y de quienes ostenten cargos de dirección o sean miembros de los órganos de administración de esta; número de autorización administrativa; domicilio social de la empresa y de sus centros de trabajo y la garantía financiera, expresando su importe y la forma en que ha quedado constituida.

Los registros tienen **carácter público**, siendo de aplicación el régimen común de acceso a los mismos (LPAC art.13.d).

7. Obligaciones de información a la autoridad laboral

(LETT art.5; RETT art.17; OM TES/1324/2024 Anexo III)

La empresa debe remitir por medios electrónicos al Registro de ETT de la autoridad laboral que haya concedido la autorización, dentro de los primeros 10 días de cada mes, y en modelo oficial, una **relación** de los **contratos de puesta a disposición** celebrados en el mes anterior, en la que consten: **3000**

- nombre, número de identificación fiscal y código de cuenta de cotización a la Seguridad Social de las **empresas usuarias**;

- número de contratos celebrados con cada una de ellas, desglosado por **supuestos de celebración**;
- número total de **trabajadores** puestos a disposición de las empresas usuarias, con independencia del número de contratos de puesta a disposición celebrados con cada uno de ellos.

Las ETT deben **comunicar** a la autoridad laboral de la que dependan el registro en el que estén inscritas, en el plazo de 15 días desde su producción o, en su caso, notificación de su inscripción en el Registro Mercantil o en el correspondiente Registro de Cooperativas, los **cambios** de titularidad y domicilio de la empresa, de las personas que ostentan cargos de dirección o que sean miembros de los consejos de administración, la apertura de nuevos centros de trabajo o su cierre y el cese en la actividad como ETT. Por lo que se refiere a los cambios de titularidad y de las personas que ostentan cargos, la autoridad laboral debe practicar el correspondiente asiento registral, para lo que la ETT debe aportar copia de la certificación de la inscripción en el Registro Mercantil o, en su caso, del Registro de Cooperativas o autorizar a la autoridad laboral para que la obtenga por sí misma.

En caso de **incumplimiento** de estas obligaciones, ver nº 3150 s.

C. Contrato mercantil de puesta a disposición de trabajadores

(LETT art.6 s.)

3005 La prestación de servicios por un trabajador a una empresa mediante la interposición de una ETT produce una característica **relación triangular**. De este modo, el contrato de trabajo se concierta entre la ETT y el trabajador, si bien este no presta sus servicios para la ETT, sino para una tercera empresa, denominada cliente o usuaria.

La relación entre la ETT y la empresa usuaria es igualmente contractual, puesto que la cesión, llamada por la LETT puesta a disposición, se instrumenta mediante un contrato entre ambas que tiene naturaleza mercantil.

El contrato de puesta a disposición es el **celebrado entre** la ETT y la empresa usuaria que tiene por objeto la cesión del trabajador para prestar servicios en la empresa usuaria, a cuyo poder de dirección queda sometido el trabajador. En principio, rige el principio de **autonomía de la voluntad**, en virtud del cual las partes pueden establecer los pactos, cláusulas y condiciones que tengan por conveniente (CC art.1255). Sin embargo, la aplicación de la legislación laboral impone **límites** severos en cuanto a los supuestos de utilización (nº 3015) y exclusiones (nº 3025 s.). Expresamente se prevé que una cláusula del contrato de puesta a disposición que prohíba la contratación del trabajador por la empresa usuaria a la finalización del contrato de puesta a disposición sería nula de pleno derecho (LETT art.7.3).

Los **litigios** entre la ETT y la empresa usuaria han de solventarse ante el orden jurisdiccional civil, por tratarse de una relación mercantil.

> **Precisiones** La empresa usuaria debe **informar** a los trabajadores cedidos por ETT sobre la **existencia de puestos de trabajo vacantes**, a fin de garantizarles las mismas oportunidades de acceder a puestos permanentes que a los trabajadores contratados directamente por aquella. Esta información puede facilitarse mediante un anuncio público en un lugar adecuado de la empresa o centro de trabajo, o mediante otros medios previstos en la negociación colectiva, que aseguren la transmisión de la información (LETT art.17.3).

3007 **Formalización del contrato** (RETT art.15; OM TES/1324/2024 Anexo III) El contrato se debe formalizar por **escrito** y en el modelo oficial, por duplicado, debiendo **contener**, como mínimo, la siguiente información:

1. Datos identificativos de la **empresa de trabajo temporal**, haciendo constar el número de autorización y su vigencia temporal, número de identificación fiscal y código de cuenta de cotización a la Seguridad Social.

2. Datos identificativos de la **empresa usuaria**, indicando, expresamente, número de identificación fiscal y código de cuenta de cotización a la Seguridad Social.

3. Supuesto de celebración, con expresión concreta y no meramente genérica de la causa que lo justifica. Ha de indicarse la especificación de las circunstancias de la producción que justifican el contrato de duración determinada, identificación del puesto de trabajo que se pretende cubrir mediante un trabajador que sustituya a otro con derecho a reserva del puesto de trabajo, que debe ser identificado también, identificación concreta de la vacante, etc. En los supuestos de contrato formativo de formación en alternancia se deben consignar los datos de la persona tutora designada por la empresa usuaria y adjuntar el plan formativo individual.

4. Contenido de la **prestación laboral** y cualificación requerida.

5. Características propias del puesto de trabajo y de las tareas a desarrollar, sus riesgos profesionales y las aptitudes, capacidades y cualificaciones profesionales requeridas, todo ello

desde el punto de vista de la protección de la salud y la seguridad del trabajador y de los restantes trabajadores de la empresa usuaria. Además, los resultados de la **evaluación de riesgos del puesto de trabajo** a cubrir, con especificación de los **datos** indicados en el nº 3052.
6. Servicios comunes e instalaciones colectivas de la empresa usuaria.
7. **Duración** prevista del contrato de puesta a disposición.
8. **Lugar y horario** de trabajo.
9. **Precio** convenido.
10. **Retribución** total.
11. **Convenio colectivo** de aplicación en la empresa usuaria.

Por lo que se refiere a los **contratos formativos**, en el contrato de puesta a disposición se debe designar a la persona de la empresa usuaria encargada de tutelar el desarrollo de la actividad laboral del trabajador.

El **incumplimiento** de la formalización por escrito del contrato y de otros **requisitos formales** tiene implicaciones tanto para la ETT como para la empresa usuaria (nº 3150 s.).

1. Utilización lícita

(ET art.15; LETT art.6.2)

Un elemento esencial de la configuración del mercado de las ETT es que se limite a los supuestos de **necesidades temporales** de mano de obra por parte de las empresas clientes. La legislación prohíbe que la puesta a disposición de trabajadores se utilice para cubrir necesidades fijas o permanentes de personal de las empresas usuarias (TS 2-12-21, EDJ 768027). **3015**

Precisiones Constituye interposición ilícita de mano de obra, con las consecuencias derivadas de una cesión ilegal (nº 892 s.):
- cuando se incurre en fraude de ley al **encadenar sucesivos contratos de puesta a disposición** para cubrir necesidades que, en realidad, son permanentes de la empresa usuaria (TS 4-7-06, EDJ 277464; 28-9-06, EDJ 278559; 19-2-09, EDJ 22966).
- cuando **no existe causa de temporalidad** en la empresa usuaria (TS 17-10-06, EDJ 311896; 3-11-08, EDJ 227906; TSJ Asturias 26-12-19, EDJ 788771). El contrato de puesta a disposición no puede ser una vía para alterar el régimen general de la contratación temporal, por tanto, no puede celebrarse para cubrir necesidades permanentes de mano de obra. Desde que se acredita su existencia del fraude, el régimen sancionador aplicable debe ser el correspondiente a la cesión ilegal y no el específico de las ETT (TS 20-3-24, EDJ 530081).

Supuestos (ET art.15 y 16; LETT art.6.2 y 10.2) Pueden celebrarse contratos de puesta a disposición entre una ETT y una empresa usuaria en los mismos supuestos y bajo las mismas condiciones y requisitos en que la empresa usuaria podría celebrar un **contrato de duración determinada**, esto es: **3017**
1. Cuando las **circunstancias de la producción** así lo exijan (nº 6760 s.). Por convenio colectivo se pueden fijar criterios generales relativos a la adecuada relación entre el volumen de esta modalidad contractual y la plantilla total de la empresa, así como fijar porcentajes máximos de temporalidad y las consecuencias derivadas del incumplimiento de los mismos. Estos convenios colectivos son los aplicables a la empresa usuaria.
2. Cuando se trate de **sustituir a trabajadores** con derecho a reserva del puesto de trabajo, especificándose el nombre del sustituido y la causa de sustitución (nº 6900 s.). También cabe la sustitución de un trabajador autónomo, de un socio trabajador o de un socio de trabajo de una sociedad cooperativa en el supuesto de riesgo durante el embarazo o en los períodos de descanso por nacimiento, adopción, guarda con fines de adopción o acogimiento.
3. Para completar la jornada reducida por otra persona trabajadora, especificándose el nombre del sustituido y la causa de sustitución (nº 6960 s.).
4. Para cubrir temporalmente un puesto de trabajo durante el **proceso de selección o promoción** para su cobertura definitiva (RD 2720/1998 art.4).

Asimismo, puede celebrarse un contrato **fijo-discontinuo** entre una empresa de trabajo temporal y una persona contratada para ser cedida.

Del mismo modo, también puede celebrarse en los mismos supuestos y bajo las mismas condiciones y requisitos en que la empresa usuaria podría celebrar un **contrato de formación en alternancia** (nº 7060 s.) o un **contrato para la obtención de la práctica profesional** (nº 7090 s.).

La utilización del contrato de puesta a disposición fuera de los supuestos lícitos admitidos por la legislación determina que se esté ante una **cesión ilegal de trabajadores**, con las consecuencias previstas para la misma legalmente (nº 1215 s.).

La **sanción administrativa** aplicable, en estos casos, se estudia en el nº 3150 s.

3019 **Duración** (ET art.11 redacc L 4/2023 y 15; LETT art.7) La duración del contrato de puesta a disposición se rige por las normas relativas a los contratos de duración determinada, de formación en alternancia o para la obtención de la práctica profesional regulados en el Estatuto de los Trabajadores, en los mismos términos aplicables a estos, según la causa y modalidad invocada.
No obstante, cuando sea preciso proporcionar al trabajador formación en materia de prevención de riesgos laborales antes de la iniciación del trabajo, el **tiempo de formación** no se computa para la duración máxima del contrato de puesta a disposición.
Por consiguiente, la **duración máxima** del contrato de puesta a disposición es:
1. Cuando la causa del contrato por circunstancias de la producción sea el **incremento ocasional e imprevisible** de la actividad u oscilaciones de la actividad normal: un máximo de 6 meses, aunque el convenio colectivo sectorial puede ampliar la duración máxima hasta un año.
2. En el caso de circunstancias de la producción **ocasionales y previsibles** de corta duración, no se establece un plazo máximo, estando su duración determinada por la de las circunstancias que se deben atender (nº 6855 s.).
3. En el caso de **contratos de sustitución**, el tiempo que dure la ausencia del trabajador sustituido con derecho a la reserva del puesto de trabajo o la reducción de jornada que se completa.
4. En el caso de **contratos de sustitución por vacante**, el tiempo que dure el proceso de selección o promoción para la cobertura definitiva del puesto, sin que pueda ser superior a 3 meses, ni celebrarse un nuevo contrato con el mismo objeto una vez superada dicha duración máxima.
5. En el caso de los **contratos de formación en alternancia**, la duración es la prevista en el correspondiente plan o programa formativo sin que pueda ser inferior a 3 meses ni exceder de 2 años.
6. En el caso de los **contratos para la obtención de la práctica profesional**, la duración mínima del contrato es de 6 meses y la máxima de un año, aunque dentro de estos límites el convenio colectivo sectorial puede establecer distintas duraciones en función de las características del sector y de las prácticas profesionales a realizar.
Todas las modalidades de **contratación temporal** se estudian en el nº 6550 s.
La superación del tiempo máximo de duración del contrato de puesta a disposición no solamente produce que el trabajador adquiera la condición de indefinido, sino también que se le considere vinculado directamente a la empresa usuaria y no a la ETT.
Por otra parte, también hay que tener en cuenta el límite legal de **encadenamiento de contratos temporales**, cuyo estudio se analiza en nº 7160 s.

2. Prohibiciones y limitaciones

(LETT art.8 y disp.adic.4ª; RD 216/1999)

3025 La Ley contiene algunas prohibiciones expresas de contratar con ETT (nº 3027). Las limitaciones o prohibiciones que puedan ser establecidas en el futuro, en normas reglamentarias o en convenios colectivos, sólo son válidas cuando se justifiquen por razones de interés general relativas a la protección de los trabajadores cedidos por ETT, a la necesidad de garantizar el buen funcionamiento del mercado de trabajo y a evitar posibles abusos.
Respecto de las prohibiciones establecidas en convenios colectivos, ver nº 3043.

3027 **Limitaciones y prohibiciones establecidas en la LETT** (LETT art.8 y disp.adic.4ª) Las empresas no pueden celebrar contratos de puesta a disposición en los siguientes casos:
- para sustituir a trabajadores en huelga en la empresa usuaria (nº 3029);
- por razón de prevención de riesgos laborales (nº 3031);
- para cubrir puestos de trabajo amortizados previamente (nº 3035);
- cesión de trabajadores a otras ETT (nº 3037);
- utilización en el ámbito de las Administraciones Públicas (nº 3039).

La **vulneración de las prohibiciones** legales de contratación con ETT supone que la puesta a disposición no se ha realizado en los términos legales y como consecuencia se estaría ante una cesión ilegal de trabajadores, con los efectos legalmente previstos para la misma (nº 1215 s.).

Precisiones Además de las limitaciones o prohibiciones para la celebración de contratos de puesta a disposición contenidas en la LETT, es importante tener en cuenta algunas actividades que, por su naturaleza, están expresamente reservadas a determinadas empresas. Es el caso, por ejemplo, de las empresas autorizadas del **sector de seguridad privada** que tienen reservadas determinadas actividades a sus vigilantes de seguridad(L 5/2014 art.5, 6, 7 y 10). Tales actividades solamente pueden ser contratadas con empresas de seguridad privada y ser desarrolladas por los vigilantes autorizados legalmente para ello, por lo que queda excluida la posibilidad de contratar tal tipo de personal a través de la puesta a disposición por ETT.

Utilización de trabajadores puestos a disposición para sustituir a trabajadores en huelga (LETT art.8.a; RDL 17/1977 art.6.5) La huelga es un derecho fundamental protegido a través de una serie de obligaciones y prohibiciones específicas (Const art.28.2). Entre ellas, se prohíbe al empresario, en tanto dure la huelga, sustituir a los huelguistas por trabajadores que no estuviesen vinculados a la empresa al tiempo de ser comunicada la misma. Se exceptúan los supuestos en que el comité de huelga o los trabajadores huelguistas no cumplan con la obligación de garantizar durante la huelga la prestación de los servicios necesarios para la seguridad de las personas y de las cosas, mantenimiento de los locales, maquinaria, instalaciones, materias primas y cualquier otra atención que fuese precisa para la ulterior reanudación de las tareas de la empresa. 3029

La sustitución de los trabajadores huelguistas también está prohibida cuando se hace a través de trabajadores puestos a disposición por ETT, debiendo entenderse que dicha prohibición incluye tanto la **contratación expresa** de la puesta a disposición con dicha finalidad, como la **aplicación de medidas de movilidad** entre centros o puestos de trabajo a los trabajadores puestos a disposición con objeto de sustituir a trabajadores huelguistas, tanto si los huelguistas son los trabajadores de la empresa usuaria, como si lo fueran los trabajadores puestos a disposición por la misma o distinta ETT.

Las consecuencias de la vulneración de dicha prohibición por la empresa usuaria se estudian en el nº 3150 s.

Precisiones La jurisprudencia constitucional ha considerado contraria al derecho fundamental de huelga la utilización de las facultades de **movilidad funcional** del empresario con objeto de sustituir a los trabajadores huelguistas (TCo 123/1992).

Prohibiciones por razón de prevención de riesgos laborales (LETT art.8.b, 12.3 y disp.adic.2ª; RD 216/1999 art.2.1) Está prohibido celebrar contratos de puesta a disposición para la cobertura de puestos de trabajo respecto de los cuales no se haya realizado previamente la preceptiva **evaluación de riesgos laborales**. La vulneración de esta disposición tiene consecuencias tanto para la ETT como para la empresa usuaria (nº 3150 s.). De esta forma, ninguna de las dos puede alegar desconocimiento de los riesgos y características del puesto de trabajo a efectos de la exigencia de sus obligaciones en materia preventiva. 3031

En todo caso está prohibido celebrar contratos de puesta a disposición para la realización de **trabajos u ocupaciones especialmente peligrosos** para la seguridad y la salud en el trabajo, en concreto:

a) Trabajos que impliquen la exposición a radiaciones ionizantes en zonas controladas según el Reglamento sobre protección sanitaria contra radiaciones ionizantes (RD 1029/2022).

b) Trabajos que impliquen la exposición a agentes cancerígenos, mutagénicos o tóxicos para la reproducción, de primera y segunda categoría.

c) Trabajos que impliquen la exposición a agentes biológicos de los grupos 3 y 4, según la normativa sobre la protección de los trabajadores contra los riesgos relacionados con la exposición a agentes biológicos durante el trabajo (RD 664/1997).

Precisiones **1)** En relación con los **agentes cancerígenos o mutagénicos**, la LETT remite a la normativa derogada sobre clasificación, envasado y etiquetado de sustancias y preparados peligrosos, debiendo entenderse hecha la remisión a la normativa vigente sobre la materia, que son los Reglamentos de la Unión Europea: Rgto CE/1907/2006 (REACH) y Rgto CE/1272/2008 (CLP), con sus sucesivas modificaciones. Esta situación plantea graves problemas interpretativos:

a. En el marco del CLP no existe una única clasificación, sino una autoclasificación notificada por cada productor, importador o usuario intermedio y una clasificación armonizada, debiendo seguirse para ambas las mismas normas (CLP anexo I; Rgto 440/2008). La LETT no aclara si para aplicar la prohibición de celebrar contratos de puesta a disposición para trabajos especialmente peligrosos (LETT disp.adic.2ª) es preciso que exista aprobada una clasificación armonizada o basta con seguir los criterios de clasificación regulados.

b. Existen sustancias y agentes considerados normativamente a efectos laborales como cancerígenos o mutágenos en aplicación de la Dir 2004/37/CE con sus posteriores modificaciones, pero para las que no existe clasificación armonizada de tal índole al amparo del CLP, de manera que no está claro si quedan o no incluidas en LETT disp.adic.2ª, lo cual resulta muy relevante, desde el momento en que tal situación afecta a agentes cancerígenos tan frecuentes como la sílice cristalina o los humos diésel.

2) Respecto a los trabajos que impliquen la exposición a **radiaciones ionizantes**, la LETT también remite a una normativa ya derogada, el RD 783/2001, debiendo entenderse que la remisión se hace a la normativa vigente sobre la materia, regulada por RD 1029/2022.

Además de los supuestos anteriores, respecto de los que existe una prohibición absoluta de celebración de contratos de puesta a disposición, se establecen **otras actividades** respecto de las que se pueden celebrar contratos de puesta a disposición siempre que tengan en cuenta las limitaciones que, hasta 31-3-2011, pudieran haber introducido de manera motivada los 3033

acuerdos profesionales o los convenios colectivos sectoriales referidos a las siguientes actividades (LETT disp.adic.2ª.2):
- construcción;
- minería a cielo abierto y de interior;
- industrias extractivas por sondeos en superficie terrestre;
- trabajos en plataformas marinas;
- fabricación, manipulación y utilización de explosivos, incluidos los artículos pirotécnicos y otros objetos o instrumentos que contengan explosivos, y;
- trabajos con riesgos eléctricos en alta tensión.

Para este segundo tipo de actividades, sin perjuicio del cumplimiento de los requisitos establecidos legal y reglamentariamente, la celebración de contratos de puesta a disposición estará sujeta a los siguientes **requisitos**:

a) La ETT debe organizar de forma total o parcial sus actividades preventivas con **recursos propios** debidamente auditados conforme a la normativa de prevención de riesgos laborales y tener constituido un comité de seguridad y salud en el trabajo del que formen parte un número no inferior a cuatro delegados de prevención.

b) El trabajador debe poseer las **aptitudes**, competencias, cualificaciones y formación específica requeridas para el desempeño del puesto de trabajo, debiendo acreditarse las mismas documentalmente por la ETT.

Precisiones **1)** Hay que entender que, **fuera de estos casos** y en relación con otro tipo de trabajos, la negociación colectiva puede establecer condiciones y obligaciones para las empresas usuarias por razones de prevención de riesgos laborales, siempre y cuando estén justificadas en los términos legales, pero lo que no puede hacer es prohibir la celebración de contratos de puesta a disposición (Const art.37.1; LETT disp.adic.4ª).

2) En aplicación de la habilitación concedida a los convenios colectivos, desde 2011, el IV CCol General de la Construcción Anexo VII incluyó una serie de puestos de trabajo absoluta o relativamente limitados para la realización de contratos de puestas a disposición por parte de ETT, por motivos de seguridad y salud. Este listado se mantiene en el actual VII CCol General de la Construcción.

3035 **Utilización de los trabajadores puestos a disposición para cubrir puestos de trabajo amortizados previamente** (LETT art.8.c) Está prohibido celebrar contratos de puesta a disposición con ETT para cubrir puestos de trabajo o funciones que se hubieran amortizado en los 12 meses inmediatamente anteriores por:
- despido improcedente;
- extinción por voluntad del trabajador fundada en incumplimientos contractuales graves del empresario (ET art.50);
- despido colectivo (ET art.51 redacc L 3/2023), excepto por causa de fuerza mayor;
- extinción por causas económicas, técnicas, organizativas o de producción (ET art.52.c).

La **vulneración** de esta norma implica consecuencias para la empresa usuaria, pero no para la ETT (nº 3154).

Precisiones **1)** Dado que el despido tiene eficacia constitutiva, para **computar el plazo** de 12 meses ha de tomarse como *dies a quo* la fecha del despido y no aquella otra en la que fue reconocido o calificado como improcedente.

2) Para que opere la prohibición es necesario que los puestos amortizados y los que se cubren con trabajadores **puestos** a disposición **sean los mismos**, no bastando con que se hayan producido extinciones en la empresa por las causas mencionadas, si bien la valoración sobre la identidad de los puestos ha de hacerse conforme a la lógica de la norma, abarcando todos aquellos puestos que los trabajadores cuyo contrato se extinguió pudieran haber desempeñado en aplicación de las facultades empresariales de movilidad funcional (nº 9125 s.), sin incurrir en modificación sustancial de las condiciones de trabajo.

3) La LISOS distingue entre **puestos de trabajo** y **funciones**, lo que implica, lógicamente, que la prohibición opera, más allá de la concreta estructuración de los puestos de trabajo en la empresa, cuando la totalidad o parte de las funciones llevadas a cabo por el trabajador puesto a disposición de la usuaria coinciden con las que llevaba a cabo el trabajador cuyo contrato se extinguió por las causas citadas (nº 3154).

4) El tipo infractor recogido en la LISOS no contempla la cobertura de puestos cubiertos por trabajadores que hubieran extinguido su contrato al amparo del ET art.50 por **incumplimientos contractuales graves del empresario** (LISOS art.19.2.e).

5) La LISOS sigue recogiendo el supuesto de que en los **últimos 18 meses** los puestos ya hubieran estado cubiertos por más de 12 meses, de forma continua o discontinua, por trabajadores puestos a disposición por ETT (nº 3154), supuesto este derogado en la LETT.

3037 **Cesión de trabajadores a otras ETT** (LETT art.8.d) No pueden celebrarse contratos de puesta a disposición para ceder trabajadores a otras ETT con el fin de que a su vez sean puestos a disposición de otra empresa usuaria.

Precisiones 1) Aunque la LETT no distingue entre la puesta a disposición de trabajadores para la estructura de la ETT usuaria y de trabajadores para ser puestos a su vez a disposición de otras empresas, solamente tiene consecuencias administrativas en el segundo supuesto (nº 3152).
2) El tipo infractor solamente incluye la cesión en estas condiciones de trabajadores con contrato temporal y no de **trabajadores fijos**.
3) Se tipifica como infracción de la ETT la puesta a disposición de empresas usuarias que **no** tienen la **condición de ETT** cuando la finalidad es que estas, a su vez, cedan al trabajador a otra empresa. En tal caso, la conducta de esa empresa usuaria que, sin tener la condición de ETT cede al trabajador a un tercero, ha de calificarse como cesión ilegal de trabajadores a todos los efectos, con las consecuencias sancionadoras propias de esa figura (nº 1215 s.).

Utilización de trabajadores puestos a disposición por ETT en el ámbito de las Administraciones públicas La LCSP no establece ninguna limitación para la contratación con empresas de trabajo temporal, si bien se desprende una limitación importante de la disp.adic.4ª de la LETT y del art.9.2 EBEP puesto que no pueden ponerse a disposición trabajadores por las ETT para desempeñar funciones que impliquen la participación directa o indirecta en el ejercicio de las potestades públicas o en la salvaguardia de los intereses generales del Estado y de las Administraciones Públicas, que **corresponden exclusivamente a los funcionarios públicos**, en los términos que en la ley de desarrollo de cada Administración Pública se establece. 3039
No existe ninguna modalidad de contrato administrativo que permita la contratación de la puesta a disposición de trabajadores por una empresa de trabajo temporal, sino que para ello la Administración debe suscribir un **contrato mercantil de puesta a disposición** con la ETT, que se rige por la LETT, si bien los actos de preparación y adjudicación constituyen actos separables que se rigen por el Derecho Administrativo (LCSP art.26). En virtud de dicha regulación, en el procedimiento de adjudicación del contrato a una ETT va a primar el precio del contrato, en lugar del mérito o la capacidad del trabajador, cuya selección se realiza libremente por la ETT. Además, en el caso de los contratos de puesta a disposición el objeto de contratación no es propiamente un servicio, sino que se está ante una interposición contractual, aunque sea lícita, de forma que la relación real de prestación de servicios se produce entre trabajador y la Administración. Por ello pudiera entenderse que este proceso de incorporación de personal temporal a las Administraciones públicas es contrario al acceso a la función pública de acuerdo con los principios de mérito y capacidad (Const art.23.2 y 103.3).

Sin embargo, está permitido con carácter general a las Administraciones públicas el recurso a personal puesto a disposición por ETT, salvo cuando se trate de la realización de tareas que, por una norma con rango de Ley, estén reservadas a los funcionarios públicos. De este modo, el ejercicio de las funciones que impliquen la participación directa o indirecta en el ejercicio de las potestades públicas o en la salvaguardia de los intereses generales del Estado y de las Administraciones públicas corresponden exclusivamente a los funcionarios públicos, en los términos que en la Ley de desarrollo de cada Administración pública se establezca (EBEP art.9.2). 3041

Precisiones 1) En todo caso, la puesta a disposición de trabajadores a las Administraciones públicas se rige por la LETT en cuanto a **condiciones, forma, supuestos de utilización, prohibiciones y limitaciones**, etc., con las consecuencias legales inherentes a su vulneración. Así puede ocurrir que la vulneración de las normas sobre supuestos de utilización, duración o prohibiciones den lugar a la existencia de una cesión ilegal de trabajadores (nº 1215 s.).
2) Ante un supuesto de **cesión ilegal de trabajadores**, la vulneración de la normativa reguladora de la puesta a disposición no puede dar lugar a la consolidación como personal del ente, organismo o entidad contratante de los trabajadores puestos a disposición. Si el trabajador opta por incorporarse a la Administración (nº 1286 s.), los principios legales de igualdad, mérito y capacidad en el acceso al empleo público exigen que no se reconozca al trabajador así ingresado como fijo, sino como **indefinido no fijo**, de manera que la Administración tiene la obligación de proceder a la cobertura de los puestos de trabajo de que se trate a través de los procedimientos ordinarios y el trabajador continua desempeñando el puesto que venía ocupando hasta que se proceda a su cobertura por los procedimientos antes indicados, momento en el que se producirá la extinción de la relación laboral, salvo que el mencionado trabajador acceda a empleo público, superando el correspondiente proceso selectivo (TS 17-9-02, EDJ 51545; 11-11-03, EDJ 180960; 24-2-09, EDJ 19190; 24-3-09, EDJ 56519; 13-7-09, EDJ 190333).
3) La incorporación del trabajador a la Administración pública contratante también puede producirse por la **superación del plazo máximo de duración** de la puesta a disposición, puesto que si a la finalización del plazo de puesta a disposición el trabajador continua prestando servicios en la empresa usuaria, se le debe considerar vinculado a la misma por un contrato indefinido (LETT art.7.2).

3043 **Prohibiciones establecidas en convenios colectivos** Por lo que se refiere a la negociación colectiva, la normativa de defensa de la competencia impone restricciones a los acuerdos que limiten la competencia en el mercado, siendo dudoso si los convenios colectivos entran dentro del ámbito de aplicación de dicha norma. Si así fuese, serían ilícitas las cláusulas del convenio colectivo que establezcan la prohibición de contratación con ETT o limitaciones a la contratación con las mismas o fijen precios mínimos de la puesta a disposición, salvo que contribuyan a mejorar la producción o la comercialización y distribución de bienes y servicios o a promover el progreso técnico o económico; o se eximan por vía de real decreto (L 15/2007 art.1.5); o estén amparadas en una Ley (L 15/2007 art.1.3, 1.4 y 4.1).

Conforme a la Ley hay que entender que tales **cláusulas limitativas** fijadas en los convenios colectivos son **válidas** si se justifican por razones de interés general relativas a la protección de los trabajadores cedidos por ETT, a la necesidad de garantizar el buen funcionamiento del mercado de trabajo y a evitar posibles abusos. Además, en materia de **prevención de riesgos laborales**, se hace una llamada expresa al establecimiento de limitaciones por vía de negociación colectiva en determinados sectores (nº 3033).

Pueden considerarse **nulas** las cláusulas de convenio colectivo de las empresas usuarias que impongan obligaciones a las ETT en materias salariales o laborales, puesto que las ETT son terceros ajenos a la negociación colectiva y no están representadas por la patronal firmante del convenio de las empresas usuarias.

No obstante, es dudoso que dichas cláusulas sean nulas si lo único que establecen son obligaciones a las empresas firmantes del convenio colectivo de cuyo cumplimiento solamente ellas son responsables. Por ejemplo, obligando a respetar determinadas condiciones laborales o salariales en la contratación con ETT. Dichas cláusulas, en cuanto afectarían a la competencia en el mercado, habrían de estar justificadas conforme a la Ley (LETT disp.adic.4ª).

Precisiones **1)** Se ha admitido la legalidad de la prohibición contenida en convenio colectivo de que el mismo **trabajador fijo discontinuo** no pueda ser contratado dos temporadas a través de ETT (TSJ Granada 10-7-01, EDJ 45375).

2) Se admite la legalidad de las cláusulas que **limitan la contratación con ETT** dentro de un conjunto de medidas impuestas a las empresas firmantes del convenio colectivo dirigidas a garantizar la estabilidad de la plantilla y el trabajo fijo (TS 14-4-00, EDJ 19612; TSJ Galicia 15-6-02, EDJ 45568; 11-12-14, EDJ 244225). Sin embargo, no se ha considerado válida cuando no se acreditan razones de interés general que justifiquen las limitaciones (TS 11-9-24, EDJ 681535).

3) Por el contrario, se ha estimado que la **imposición de condiciones salariales y laborales** a los trabajadores puestos a disposición en el convenio de las empresas usuarias lesiona los intereses de terceros, puesto que las ETT son terceros en esa negociación colectiva (TSJ C.Valenciana 19-1-99, EDJ 787; 31-10-00, EDJ 62681; 20-11-01, EDJ 81376; TSJ Murcia 28-7-99, EDJ 25322; 5-6-00, EDJ 14771; TSJ Málaga 25-1-02, EDJ 14233).

3. Obligaciones de información

3050 Se establecen las siguientes obligaciones de información:
- de la empresa usuaria a la ETT (nº 3052);
- de la ETT a la empresa usuaria (nº 3056);
- de ambas a los representantes legales de los trabajadores (nº 3058).

3052 **Obligaciones de información de la empresa usuaria a la ETT** (RD 216/1999 art.2) La empresa usuaria, **con carácter previo a la celebración del contrato de puesta a disposición**, y a efectos de la protección de la salud y la seguridad del trabajador que vaya a ser contratado y de los restantes trabajadores de la empresa usuaria, debe informar a la ETT acerca de:
- las características propias del puesto de trabajo y de las tareas a desarrollar;
- sus riesgos profesionales;
- las aptitudes, capacidades y cualificaciones profesionales requeridas.

Esa información debe incluir necesariamente los resultados de la **evaluación de riesgos del puesto de trabajo** a cubrir, con especificación de los datos relativos a:

1. Riesgos laborales de carácter general existentes en el centro de trabajo y que pudieran afectar al trabajador, así como los específicos del puesto de trabajo a cubrir.

2. Medidas de prevención a adoptar en relación con los riesgos generales y específicos que pudieran afectar al trabajador, con inclusión de la referencia a los equipos de protección individual que hayan de utilizar y que han de ser puestos a su disposición.

3. Formación en materia de prevención de riesgos laborales que debe poseer el trabajador.

4. Medidas de vigilancia de la salud que deben adoptarse en relación con el puesto de trabajo a desempeñar, especificando si, de conformidad con la normativa aplicable, tales medidas tienen carácter obligatorio o voluntario para el trabajador y su periodicidad.

Esta información debe proporcionarse a través del contrato de puesta a disposición.

También debe informar a la ETT sobre las **retribuciones** que corresponde pagar al trabajador en aplicación del convenio colectivo y acuerdos que rijan en la empresa usuaria, cuantificando las mismas bajo su responsabilidad. Esta información se ha de incorporar al contrato de puesta a disposición (LETT art.11.1 redacc L 4/2023).
Las consecuencias del **incumplimiento** de dicha obligación, se analizan en el nº 3154.

Una vez **iniciada la prestación laboral** del trabajador, la empresa usuaria tiene las siguientes obligaciones de información a la ETT: 3054
1. Debe informar por escrito de todo **daño para la salud** del trabajador puesto a disposición que se hubiera producido con motivo del desarrollo de su trabajo, a fin de que la ETT pueda cumplir, en los plazos y términos establecidos, con la obligación de notificación a la autoridad laboral. En caso de incumplimiento de esta obligación de información, la empresa usuaria es la responsable de los efectos que se deriven del incumplimiento por la ETT de su obligación de notificación (RD 216/1999 art.7.2).
2. A fin de que la ETT pueda cumplir adecuadamente sus obligaciones en materia de vigilancia periódica de la salud de los trabajadores puestos a disposición, la empresa usuaria debe informar a la misma de los **resultados** de toda **evaluación de los riesgos** a que estén expuestos dichos trabajadores, con la periodicidad requerida. Dicha información debe comprender, en todo caso, la determinación de la naturaleza, el grado y la duración de la exposición de los trabajadores a agentes, procedimientos o condiciones de trabajo que puedan influir negativamente en su salud, o que puedan ser relevantes de cara a valorar posteriores incorporaciones del trabajador a la misma o diferente empresa usuaria (RD 216/1999 art.5.3).
La **documentación** relativa a estas informaciones y datos debe ser registrada y conservada a disposición de la autoridad laboral tanto por la ETT como por la empresa usuaria (LPRL art.23).
Por otra parte hay que tener en cuenta que la **facultad disciplinaria** para sancionar los incumplimientos del trabajador corresponde a la ETT, por lo cual para su ejercicio es preciso que cuando una empresa usuaria considere que por parte del trabajador se ha producido un incumplimiento contractual, lo ponga en conocimiento de la ETT a fin de que esta adopte las medidas sancionadoras correspondientes (LETT art.15.2).

Obligaciones de información de la ETT a la empresa usuaria (RD 216/1999 art.3.5) 3056

Antes de iniciarse la prestación de servicios, la ETT debe acreditar documentalmente a la empresa usuaria que el trabajador puesto a su disposición ha recibido las informaciones relativas a los **riesgos y medidas preventivas**, posee la formación específica necesaria y cuenta con un estado de salud compatible con el puesto de trabajo a desempeñar.
Es obligación de la empresa usuaria recabar la información necesaria de la ETT para asegurarse de que el trabajador puesto a su disposición reúne las siguientes **condiciones**:
1. Ha sido considerado apto a través de un adecuado reconocimiento de su **estado de salud** para la realización de los servicios que deba prestar en las condiciones en que hayan de ser efectuados, de conformidad con la normativa de prevención de riesgos laborales.
2. Posee las **cualificaciones y capacidades** requeridas para el desempeño de las tareas que se le encomienden en las condiciones en que vayan a efectuarse y cuenta con la formación necesaria, todo ello en relación con la prevención de los riesgos a los que pueda estar expuesto, en los términos previstos en la normativa de prevención de riesgos laborales.
3. Ha recibido las informaciones relativas a las características propias del **puesto de trabajo** y de las tareas a desarrollar, a las cualificaciones y aptitudes requeridas y a los resultados de la evaluación de riesgos.
La empresa usuaria no puede admitir el inicio de la prestación de servicios de un trabajador puesto a su disposición hasta que no tenga constancia del cumplimiento de estas obligaciones por la ETT. Las consecuencias del **incumplimiento** de estas obligaciones de información se estudian en el nº 3150 s.
Por otra parte la ETT debe **suministrar** a la empresa usuaria la siguiente **documentación** en relación con los trabajadores que haya cedido (RETT art.18):
1. Copia del contrato de trabajo o de la correspondiente orden de servicio.
2. Documentación acreditativa de haber cumplido las obligaciones salariales y de Seguridad Social contraídas con dichos trabajadores.
En los **contratos de formación en alternancia** debe facilitar el anexo relativo al acuerdo para la actividad formativa (nº 7076).
El incumplimiento de estas obligaciones se estudia en el nº 3152.

3058 **Obligaciones de información a los representantes de los trabajadores** (LETT art.9; RD 216/1999 art.3.5 y 4.3) Se establecen las siguientes obligaciones de información a los representantes de los trabajadores:

a) La **empresa usuaria** debe informarles sobre cada contrato de puesta a disposición y motivo de utilización, dentro de los 10 días siguientes a la celebración. En el mismo plazo debe entregarles una copia básica del contrato de trabajo o de la orden de servicio, en su caso, del trabajador puesto a disposición, que le debe haber facilitado la ETT. La **omisión** de los deberes de información a los representantes legales de los trabajadores en materia laboral tiene consecuencias administrativas (nº 3154).

Además, la empresa usuaria debe informar a los **delegados de prevención** o, en su defecto, a los representantes legales de sus trabajadores, de la incorporación efectiva de todo trabajador puesto a disposición por una ETT, especificando el puesto de trabajo a desarrollar, sus riesgos y medidas preventivas y la información y formación recibidas por el trabajador. El incumplimiento de dicha obligación se estudia en el nº 3154.

b) La **ETT** tiene que tener a disposición de los representantes legales de los trabajadores en la ETT y de las personas u órganos con competencia en materia preventiva en la misma, la **documentación** acreditativa de que el trabajador puesto a su disposición ha recibido las informaciones relativas a los riesgos y medidas preventivas, posee la formación específica necesaria y cuenta con un estado de salud compatible con el puesto de trabajo a desempeñar. El **incumplimiento** de dicha obligación se estudia en el nº 3154.

D. Relación laboral del trabajador puesto a disposición

3065 El trabajador puesto a disposición está vinculado a la ETT mediante el **contrato de trabajo** celebrado entre ambos, pero entre el trabajador cedido y la empresa usuaria para la que presta servicios bajo su poder de dirección no existe relación contractual, lo que no quiere decir que no exista relación jurídica alguna. En el caso de los trabajadores puestos a disposición por ETT existe una relación laboral también con la empresa usuaria, de manera que tanto empresa usuaria como ETT tienen la condición de empresarios a efectos laborales (ET art.1.2; TSJ Madrid 19-2-98, EDJ 5704).

Lo característico del **estatuto jurídico del trabajador puesto a disposición** es la distribución de las obligaciones propias del contrato de trabajo entre ambos empresarios, ETT y empresa usuaria, de forma que esas obligaciones en ocasiones corresponden solamente a uno de ellos y en otras ocasiones se comparten, solidaria o subsidiariamente, por los dos.

Precisiones Además de los trabajadores puestos a disposición o **en misión**, las ETT tienen en sus plantillas a trabajadores dedicados a la gestión y administración de la propia empresa, que no son cedidos a las empresas clientes, denominados trabajadores de estructura. La relación laboral entre estos trabajadores y la ETT se rige por la normativa laboral ordinaria.

1. Distribución de obligaciones y responsabilidades

3070 La relación laboral del trabajador se rige, en defecto de las previsiones de la LETT, por la legislación laboral ordinaria y con arreglo a su sistema de fuentes (ET art.3). La LETT determina en ciertos supuestos cuál de las dos empresas, usuaria o ETT, es la titular de determinados derechos u obligaciones propios de la **posición de empresario** en una relación laboral. El problema estriba en determinar qué ocurre con las demás obligaciones derivadas del contrato para las cuales la LETT no contiene una identificación expresa del sujeto obligado, como son las relativas a jornada y horario, descansos y permisos, suspensiones y despidos, modificaciones de las condiciones de trabajo y traslados, derechos sindicales, etc.

Hay que tener en cuenta que existen importantes aspectos del desarrollo de la prestación laboral que están vinculados al ejercicio de las **facultades de dirección y control** de la actividad laboral, que corresponden a la empresa usuaria. Por consiguiente, la distribución de poderes y responsabilidades entre usuaria y ETT en materia de jornada y tiempo de trabajo, realización de horas extraordinarias, movilidad funcional, modificación de condiciones de trabajo, traslados, etc., ha de verse afectada, sin que pueda imputarse toda esta materia exclusivamente a la ETT por ser esta la que ha suscrito el contrato de trabajo.

Por el contrario, ha de entenderse que, al ser ambas empresas, usuaria y ETT, empresarios en la relación laboral, la consecuencia es la **solidaridad de ambas empresas** en sus derechos y obligaciones, como es propio de los supuestos de concurrencia de varios sujetos en la posición de empresario. Dicha responsabilidad solidaria cede en aquellos casos en los que la Ley establece otro régimen, bien de responsabilidad de una sola de las dos empresas, bien de responsabilidad subsidiaria de una respecto de otra (LETT art.15.1).

Los **supuestos** específicos de distribución de obligaciones y responsabilidades previstos en la Ley y que, por tanto, se separan de la regla general, son los siguientes:
1. Salario, indemnizaciones por fin de contrato y Seguridad Social (nº 3072).
2. Dirección y control de la actividad laboral y potestad disciplinaria (nº 3074).
3. Prevención de riesgos laborales (nº 3076).

Salario, indemnizaciones por fin de contrato y Seguridad Social (LETT art. 11 redacc L 4/2023, 12.1 y 16.3; RETT art.10.6) Corresponde a la **empresa de trabajo temporal** el cumplimiento de las obligaciones salariales y de Seguridad Social en relación con los trabajadores contratados para ser puestos a disposición de la empresa usuaria, así como el abono al mismo de la indemnización por fin de contrato prevista (nº 3103). **3072**

Para fijar la **cuantía del salario** debido por la ETT durante la puesta a disposición, la empresa usuaria está obligada a comunicar a la ETT la cuantía del mismo en función del que sea aplicable en la misma, consignándolo en el contrato de puesta a disposición, todo ello bajo su responsabilidad.

La **empresa usuaria** es responsable subsidiaria del pago de salarios, indemnizaciones de fin de contrato y de Seguridad Social siempre que correspondan al periodo durante el cual el trabajador estuvo a su disposición. Esto significa que para poder reclamar su pago a la usuaria, en virtud de su beneficio de excusión, es preciso primero accionar contra la ETT hasta que la misma sea declarada insolvente. No obstante, y en relación con las deudas de la ETT cubiertas por la **garantía financiera** para el caso de insolvencia o concurso, antes de ejecutar contra la empresa usuaria es preciso ejecutar la citada garantía. Solamente si la garantía financiera es insuficiente, responden subsidiariamente las empresas usuarias.

Si la puesta a disposición se hubiese llevado a cabo sin respetar las condiciones legales aplicables, esto es, fuera de los supuestos lícitos previstos legalmente (nº 3017 s.) o con vulneración de las prohibiciones legales (nº 3025 s.), la responsabilidad de la empresa usuaria es la **solidaria** prevista estatutariamente (nº 1215 s.). En tal caso, antes de ejecutar contra la garantía financiera, es preciso ejecutar contra la empresa usuaria y salvo que ambas, usuaria y ETT, sean declaradas insolventes o en concurso, no procede la ejecución contra la garantía.

Precisiones **1)** Las obligaciones de Seguridad Social a las que se refiere la norma son aquellas para con la TGSS por **alta y cotización**, así como aquellas otras frente a la Entidad Gestora o al propio trabajador por la responsabilidad de la empresa en orden a las prestaciones.

2) Es dudoso cómo se reparten las obligaciones salariales y de Seguridad Social en el caso de las diferencias que puedan surgir si la empresa usuaria ha cuantificado el **salario** por **debajo del procedente**. Puede pensarse que la obligada al pago sigue siendo la ETT, con independencia de las acciones que pueda dirigir contra la empresa usuaria. O puede pensarse que la responsabilidad a la que se refiere la Ley implica que tales diferencias solamente pueden reclamarse de la empresa usuaria que cuantificó incorrectamente el salario (LETT art.12.1).

3) La responsabilidad para la empresa usuaria en caso de **despido improcedente** de un trabajador contratado a través de una ETT es subsidiaria, siempre que no existan irregularidades durante la vigencia del contrato (TSJ Madrid 20-12-12, EDJ 328186).

Dirección y control de la actividad laboral y potestad disciplinaria (LETT art.15) La empresa usuaria ejerce las facultades de dirección y control de la actividad laboral desarrollada por los trabajadores puestos a disposición durante el tiempo de prestación de servicios en su ámbito. **3074**

Ello sin embargo no alcanza para trasladar a la empresa usuaria la **facultad disciplinaria**, la cual sigue correspondiendo a la ETT. Por ello, si la empresa usuaria considera que por parte del trabajador se ha producido un incumplimiento contractual, ha de ponerlo en conocimiento de la ETT a fin de que esta adopte las medidas sancionadoras correspondientes.

Prevención de riesgos laborales (LETT art.12.3, 16 y disp.adic.2ª; RD 216/1999; LPRL art.28) La norma general es que en las relaciones de trabajo a través de ETT, la empresa usuaria es responsable de las condiciones de ejecución del trabajo en todo lo relacionado con la protección de la seguridad y la salud de los trabajadores. Pero las ETT no quedan eximidas de todo tipo de obligaciones y responsabilidades en materia de prevención de riesgos laborales, sino que son responsables del cumplimiento de determinadas obligaciones en lo que respecta a formación, información y vigilancia de la salud. **3076**

Formación La **ETT** debe asegurarse de que el trabajador, previamente a su puesta a disposición de la empresa usuaria, posee la formación teórica y práctica en materia de prevención de riesgos laborales necesaria para el puesto de trabajo a desempeñar, teniendo en cuenta su cualificación y experiencia profesional y los riesgos a los que vaya a estar expuesto. En caso contrario, debe facilitar dicha formación al trabajador, con **medios propios o concertados**, y **3078**

durante el tiempo necesario, que forma parte de la duración del contrato de puesta a disposición, pero ha de ser en todo caso previo a la prestación efectiva de los servicios.

Precisiones Si resultase necesario un **especial adiestramiento** en materia preventiva en el puesto de trabajo, esta parte de la formación puede realizarse por la ETT en la propia empresa usuaria, antes del comienzo efectivo del trabajo. Esta formación puede también ser impartida por la **empresa usuaria**, con cargo a la ETT, previo acuerdo escrito entre ambas empresas.

3080 **Información** La empresa usuaria debe informar a la **ETT**, que a su vez debe transmitir esta información a los trabajadores que va a poner a disposición, acerca de las características propias del puesto de trabajo y de las tareas a desarrollar, las cualificaciones y aptitudes requeridas y los resultados de la evaluación de riesgos de dicho puesto. Dichas informaciones se deben incorporar al contrato de trabajo de duración determinada u orden de servicio.

Por otra parte, corresponde a la **empresa usuaria** la obligación de informar al trabajador puesto a su disposición de los riesgos existentes para su salud y seguridad, tanto de aquellos que concurran de manera general en la empresa como de los específicos del puesto de trabajo y tareas a desarrollar, y de las correspondientes medidas y actividades de prevención y protección, en especial en lo relativo a las posibles situaciones de emergencia.

3082 **Vigilancia de la salud** Los trabajadores puestos a disposición tienen derecho a la vigilancia inicial y periódica de su salud a cargo de la **ETT** en los términos previstos en la normativa de prevención de riesgos laborales, teniendo en cuenta las características del puesto de trabajo a desempeñar, los resultados de la evaluación de riesgos realizada por la empresa usuaria y cuanta información complementaria sea requerida por el médico responsable. Con carácter previo a la puesta a disposición, el trabajador debe ser considerado apto a través de un adecuado reconocimiento de su estado de salud para la realización de los servicios que deba prestar en las condiciones en que hayan de ser efectuados.

Precisiones En el caso de **actividades preventivas de formación y vigilancia de la salud**, las mismas pueden ser objeto de contratación con un servicio de prevención ajeno acreditado, siempre y cuando por su número de trabajadores la ETT no tenga obligación de tenerlo propio. Si tuviera servicio de prevención propio podría optar por mantener en su estructura interna solamente dos especialidades preventivas, subcontratando con un servicio ajeno acreditado la vigilancia de la salud y la formación preventiva (RD 39/1997).

3084 **Acreditación documental** (RD 216/1999 art.3.5 y 4) La ETT debe acreditar documentalmente a la empresa usuaria el cumplimiento de estas obligaciones y es **responsabilidad** de la empresa usuaria exigir dicha acreditación, estando obligada a no permitir el inicio de la prestación de servicios de un trabajador puesto a su disposición hasta que no tenga constancia del cumplimiento de esas obligaciones por la ETT.

3086 **Cumplimiento de las obligaciones** (RD 216/1999 art.6) La ETT ha de organizar sus recursos para el desarrollo de las actividades preventivas en relación con sus trabajadores, incluidos los trabajadores contratados para ser puestos a disposición de empresas usuarias, conforme al Reglamento de los servicios de prevención.

Para determinar la **modalidad de organización** que deba utilizarse y los medios y recursos necesarios para dicha actividad, los trabajadores contratados con carácter temporal para ser puestos a disposición de empresas usuarias se computan por el promedio mensual de trabajadores en alta durante los últimos 12 meses.

A su vez, las empresas usuarias deben contabilizar el promedio mensual de trabajadores puestos a su disposición por ETT en los últimos 12 meses, con el fin de determinar los medios, recursos y modalidades de organización de sus actividades de prevención.

Los **servicios de prevención** de la ETT y de la empresa usuaria deben **coordinar sus actividades** a fin de garantizar una protección adecuada de la salud y seguridad de los trabajadores puestos a disposición y deben transmitir cualquier información relevante para la protección de la salud y la seguridad de estos trabajadores, sin perjuicio del respeto a la confidencialidad de la información médica de carácter personal.

Cuando ponga trabajadores a disposición de empresas usuarias que realicen **actividades** de construcción, minería a cielo abierto y de interior, industrias extractivas por sondeos en superficie terrestre, trabajos en plataformas marinas, fabricación, manipulación y utilización de explosivos, incluidos los artículos pirotécnicos y otros objetos o instrumentos que contengan explosivos y trabajos con riesgos eléctricos en alta tensión, la ETT está obligada a organizar de forma total o parcial sus actividades preventivas con **recursos propios** debidamente auditados conforme a la normativa de prevención de riesgos laborales y tener constituido un comité de seguridad y salud en el trabajo del que forme parte un número no inferior a cuatro delegados de prevención. Las consecuencias del **incumplimiento** de estas obligaciones se estudia en el nº 3152.

Conforme a la LETT, el **recargo de prestaciones** que eventualmente pueda imponerse debe recaer sobre la empresa usuaria y no sobre la ETT (LETT art.16.2). Sin embargo, esa norma es anterior a la LPRL, que impuso las obligaciones preventivas a las ETT (nº 3076 s.), siendo desarrollado posteriormente por la normativa sobre mínimos de seguridad y salud en el trabajo en el ámbito de las ETT (RD 216/1999). De este modo, la responsabilidad del recargo de prestaciones recae sobre el empresario infractor, aunque no sea el empleador directo del trabajador y, si hubiese varios, solidariamente sobre todos ellos. Esto quiere decir que la ETT puede ser responsable (única o solidaria) del recargo de prestaciones si en el origen causal del accidente de trabajo o enfermedad profesional concurre un incumplimiento de sus propias obligaciones preventivas (TS 18-4-92, EDJ 3797; 16-12-97, EDJ 10614).

Precisiones 1) Se excluye la responsabilidad de la ETT, aunque no dio formación suficiente al trabajador puesto a disposición, pues la usuaria utilizó sus servicios pese a constatar la **falta de experiencia** en el uso de la máquina (TSJ País Vasco 28-1-03, EDJ 48248). También se excluye responsabilidad de la ETT cuando la usuaria **oculta la actividad** a que va a ser dedicado realmente el trabajador y no se le da la formación adecuada (TSJ Cataluña 14-12-05, EDJ 279666).
2) Existe **responsabilidad solidaria** de ambas empresas si ambas han incumplido sus obligaciones y se puede establecer una relación causa-efecto entre dichos incumplimientos y el accidente de trabajo o la enfermedad profesional (TSJ Madrid 11-7-05, EDJ 146836; TSJ País Vasco 6-3-01, EDJ 107526; 28-6-05, EDJ 134325).

2. Contrato de trabajo

(LETT art.10; RETT art.16.1)

El contrato entre la ETT y el trabajador puesto a disposición de las empresas usuarias se debe formalizar por **escrito** por duplicado y la ETT debe comunicar su contenido al Servicio Público de Empleo, en el plazo de los 10 días siguientes a su celebración. Las consecuencias de la **falta de formalización** se estudian junto con el resto de infracciones y sanciones (nº 3150 s.). **3095**

Modalidades contractuales temporales Las modalidades contractuales que la ETT puede utilizar para contratar a los trabajadores que van a ser cedidos a empresas usuarias son las mismas que tiene a su disposición cualquier otra empresa (nº 6750 s.). **3097**
Sin embargo, deben tenerse en cuenta importantes **especialidades**:
1. Cuando una ETT celebra un **contrato de formación en alternancia** con un trabajador contratado para ser puesto a disposición de una empresa usuaria, es la responsable de las obligaciones relativas a los aspectos formativos del contrato. La formación se puede impartir en la propia ETT siempre que cumpla con los requisitos indicados para el resto de las empresas (nº 7076).
Además, en el contrato de puesta a disposición debe designarse a la persona de la empresa usuaria encargada de tutelar el desarrollo de la actividad laboral del trabajador y de actuar como interlocutora con la ETT. Esta última debe asumir el resto de obligaciones relativas a las tutorías vinculadas al contrato y al acuerdo para la actividad formativa.
2. El contrato de trabajo celebrado entre la ETT y el trabajador para prestar servicios en empresas usuarias, si es de naturaleza temporal, ha de tener una **duración** coincidente con la del contrato de puesta a disposición. Por tanto, no puede pactarse el contrato de trabajo para un tiempo menor al pactado en el contrato de puesta a disposición ni puede hacerse para un tiempo mayor. Como el contrato de puesta a disposición se encuentra vinculado en su duración a lo dispuesto para los contratos de duración determinada, esto significa que, en principio, ha de utilizarse la modalidad contractual temporal (nº 6550 s.) que justifique igualmente el contrato de puesta a disposición (nº 3017 s.).
La **finalización** unilateral **del contrato de puesta a disposición** por parte de la empresa usuaria no produce necesariamente la extinción del contrato de trabajo, que ha de seguir su propia regulación, atendiendo a la causa justificativa de la temporalidad. Todo ello con independencia de las acciones que la ETT pueda dirigir contra la empresa usuaria en vía civil por incumplimiento del contrato de puesta a disposición.

Precisiones 1) La **causa del contrato** de trabajo ha de ser la misma que la del contrato de puesta a disposición, de manera que si este se ha celebrado para cubrir necesidades permanentes y no temporales de la empresa usuaria, el contrato de trabajo ha de considerarse por tiempo indefinido, con la consiguiente responsabilidad de la ETT (TSJ Aragón 3-2-03, EDJ 10124; TSJ Madrid 6-5-99, EDJ 20621; 5-7-99, EDJ 34681).
2) No se consideró legal la regulación contenida en el I y II convenio colectivo de empresas de trabajo temporal a tenor de la cual constituía causa de **extinción anticipada de la relación laboral** suscrita entre la ETT y el personal en misión, la resolución total o parcial antes de su vencimiento del contrato de puesta a disposición por causas no imputables a la ETT que imposibilite la continuidad de la prestación de servicios del trabajador en favor de la empresa usuaria. Esa autorización para extinguir «ante tempus» el contrato de trabajo, no puede prevalecer sobre la

garantía de estabilidad de la norma estatal que, por su función, constituye un mínimo necesario que no resulta disponible «in peius» para la autonomía colectiva (TS 4-2-99, EDJ 1610; 22-10-99, EDJ 32599; TSJ C.Valenciana 28-1-00, EDJ 19555; TSJ Madrid 25-4-02, EDJ 25260). Los posteriores convenios colectivos del sector no recogen esta forma de extinción del contrato.

3099 **Otros contratos** Lo habitual es que la ETT celebre con el trabajador un contrato de trabajo igual al contrato de puesta a disposición, basado en la misma causa y para la misma duración. Pero la ETT puede celebrar también con el trabajador:
1. Un contrato temporal para la **cobertura de varios contratos de puesta a disposición sucesivos** con empresas usuarias diferentes, siempre que tales contratos de puesta a disposición estén plenamente determinados en el momento de la firma del contrato de trabajo y el supuesto al que se acojan sea el de circunstancias de la producción (LETT art.10.3).
2. Contratos de carácter **fijo-discontinuo** para la cobertura de contratos de puesta a disposición vinculados a necesidades temporales de diversas empresas usuarias (nº 6264).
3. Un **contrato por tiempo indefinido**, en cuyo caso el trabajador tiene derecho a percibir el salario tanto en los periodos en que se encuentra puesto a disposición de empresas usuarias como en aquellos otros periodos en los que no tiene trabajo efectivo, si bien solamente durante los periodos de puesta a disposición tiene derecho a que el salario y demás condiciones laborales sean las del convenio colectivo aplicable a la empresa usuaria. Se le debe entregar, cada vez que preste servicios en una empresa usuaria, la correspondiente **orden de servicio**, en la que se ha de consignar (RETT art.16.5):
- identificación de la empresa usuaria en la que ha de prestar servicios;
- causa del contrato de puesta a disposición;
- contenido de la prestación laboral;
- riesgos profesionales del puesto de trabajo a desempeñar;
- lugar y horario de trabajo.

Las consecuencias de la falta de cumplimentación en los términos legales y reglamentarios de la orden de servicio se estudian en el nº 3152.

3101 **Contenido mínimo en el supuesto de contrato temporal** (RETT art.15.2) Cuando la ETT celebre un contrato de trabajo temporal con el trabajador puesto a disposición, este debe contener, como mínimo, los siguientes datos:
1. Identificación de las partes contratantes haciendo constar, en el caso de la ETT, el número de autorización administrativa y su vigencia temporal, número de identificación fiscal y código de cuenta de cotización a la Seguridad Social.
2. Identificación de la empresa usuaria, especificando el número de identificación fiscal y código de cuenta de cotización a la Seguridad Social.
3. Causa del contrato de puesta a disposición.
4. Contenido de la prestación laboral.
5. Riesgos profesionales del puesto de trabajo.
6. Duración prevista del contrato de trabajo.
7. Lugar y horario de trabajo.
8. Remuneración convenida.
9. Convenio colectivo aplicable en la ETT y en la usuaria.

La ETT debe comprobar la realidad y suficiencia de la **causa de temporalidad** de la puesta a disposición, sufriendo las consecuencias en el caso de que la misma no sea real o no sea suficiente tanto en el ámbito de la calificación de la relación laboral del trabajador puesto a disposición y de su eventual despido (TSJ Madrid 19-2-98, EDJ 5704), como en el ámbito sancionador (nº 3152).

3103 **Finalización del contrato** (LETT art.11.2) Cuando el contrato se haya concertado por tiempo determinado el trabajador tiene derecho a recibir una **indemnización** económica a su finalización equivalente a la parte proporcional de la cantidad que resultaría de abonar 12 días de salario por cada año de servicio. La indemnización puede ser **prorrateada** por la empresa durante la vigencia del contrato.

Por otra parte siempre que la vigencia de la relación laboral haya sido superior a un año, la parte del contrato que formule la denuncia del mismo está obligada a notificar a la otra la terminación de la relación laboral con una antelación de 15 días. La falta de **preaviso** por parte de la empresa da lugar a la obligación de abono en favor de la persona trabajadora del salario correspondiente al período de preaviso omitido (CCol Empresas de Trabajo Temporal art.47.3).

Si la persona trabajadora hubiere recibido una **especialización profesional** con cargo a la ETT para efectuar un trabajo específico en una empresa usuaria, puede pactarse por escrito entre el trabajador y la ETT la permanencia durante el período de tiempo al que se extienda el contrato de puesta a disposición, sin que en ningún caso la duración del pacto pueda sobrepasar un año de duración. Si la persona trabajadora incumple el pacto de permanencia la ETT tiene

derecho a la percepción de una indemnización por daños y perjuicios, cuya cuantía es directamente proporcional al desembolso, debidamente acreditado, efectuado por la empresa en formación, en relación con el plazo de permanencia incumplido por el trabajador (CCol Empresas de Trabajo Temporal art.20.2).
Son nulas las cláusulas de los contratos individuales de trabajo que prohíban la incorporación de la persona trabajadora que presta sus servicios en una empresa usuaria a la plantilla de esta a la finalización del contrato de puesta a disposición. Pero en tal caso es aplicable la indemnización por incumplimiento del pacto de permanencia (CCol Empresas de Trabajo Temporal art.20.2 y 48).

Sucesión de contratos temporales La sucesión de contratos temporales con el mismo trabajador en la empresa usuaria y en la ETT está permitida siempre que se respeten los siguientes **límites**: 3105
a) Duración máxima de los contratos de duración determinada. Hay que tener en cuenta que la sucesión de contratos temporales con el mismo trabajador en la empresa usuaria y en la ETT no puede servir para vulnerar los límites máximos de duración de la temporalidad del trabajador en la usuaria (TS 17-1-08, EDJ 3333; TSJ Cataluña 2-6-00, EDJ 28765).
Se considera contratado en **fraude de ley** un trabajador que lo es en primer lugar por la usuaria y posteriormente por una ETT para prestar servicios en la misma, con el objeto de salvar la prohibición de nuevos contratos eventuales una vez que se agotó el plazo máximo de la temporalidad o del periodo de prueba. Pero no hay ilegalidad si no la hubiese habido de ser contratado directamente por la empresa usuaria en todas las ocasiones, por ejemplo si sumando todas las contrataciones no se vulneran los límites máximos o las causas son distintas y no se exceden los límites del encadenamiento (TSJ Sevilla 19-2-99, EDJ 87327; TSJ C.Valenciana 15-9-98, EDJ 23243; 28-1-00, EDJ 19555).
b) Que no se trate de una sucesión fraudulenta de contratos temporales para atender **necesidades permanentes** de la empresa (nº 7200)
c) Se aplican a las contrataciones de las ETT los **límites al encadenamiento de contratos temporales** y demás normas limitadoras de la contratación temporal de una forma especial, puesto que los contratos temporales a efectos de encadenamiento no se computan para la propia ETT, sino como contratos temporales de la usuaria, de manera que la adquisición de la condición de fijo se produce en la usuaria (nº 7152 s.). Ello es lógico porque la propia naturaleza de la ETT es la contratación temporal y no tendría sentido prohibir la contratación del mismo trabajador varias veces consecutivas, si es para cederlo a diferentes empresas, siempre que en estas empresas usuarias se respeten los límites del encadenamiento de contratos.

Precisiones En caso de contratación en **fraude de ley** ha de entenderse que la puesta a disposición se ha llevado a cabo fuera de los términos legalmente establecidos y, por tanto, son aplicables las previsiones sobre **cesión de trabajadores** (nº 1215 s.), lo que confiere al trabajador el derecho de opción entre una y otra empresa, ejercitable en el marco del proceso por despido, determinando así mismo la responsabilidad solidaria de ETT y usuaria por la indemnización de despido y los salarios de trámite.
A efectos del cálculo de la **antigüedad** y de la **indemnización por despido** del trabajador ha de computarse tanto los servicios prestados a través de la ETT como los prestados directamente a la empresa usuaria (TS 4-7-06, EDJ 277464; 28-9-06, EDJ 278559; 17-10-06, EDJ 311896; 17-1-08, EDJ 3333; 3-11-08, EDJ 227899; 19-2-09, EDJ 22966; 25-7-14, EDJ 176297).

3. Salario y condiciones de trabajo

(LETT art.11 redacc L 4/2023 y 17.2 y 4; Dir 2008/104/CE art.5)

Los trabajadores puestos a disposición tienen los siguientes derechos durante los períodos de prestación de servicios en las empresas usuarias: 3110
a) A la aplicación de las **condiciones esenciales de trabajo y empleo** que les corresponderían de haber sido contratados directamente por la empresa usuaria para ocupar el mismo puesto, sea cual sea su fuente (convenio colectivo, decisiones unilaterales de la empresa de efectos colectivos, etc.) (TJUE 15-12-22, asunto C-311/21). Tienen esta consideración de condiciones esenciales las referidas a:
- la **remuneración**, que comprende todas las retribuciones económicas, fijas o variables, establecidas para el puesto de trabajo a desarrollar en el convenio colectivo aplicable a la empresa usuaria que estén vinculadas a dicho puesto de trabajo, entre las que se incluye la paga de beneficios (TS 20-10-20, EDJ 717361), las pagas extra, la parte proporcional correspondiente al descanso semanal. También se incluyen las mejoras voluntarias de las prestaciones de la Seguridad Social, como una indemnización por extinción de contrato por declaración de IPT derivada de AT (TJUE 22-2-24, asunto C-649/22);
- la duración de la **jornada**, las horas extraordinarias y el trabajo nocturno;

- los periodos de **descanso**, las vacaciones y los días festivos.

b) A que se les apliquen las mismas disposiciones que a los trabajadores de la empresa usuaria en materia de **protección de las mujeres embarazadas** y en período de lactancia, y de los menores, así como a la igualdad de trato entre hombres y mujeres y a la aplicación de las mismas disposiciones adoptadas con vistas a combatir las discriminaciones basadas en el sexo, la raza o el origen étnico, la religión o las creencias, la discapacidad, la edad, la orientación e identidad sexual, la expresión de género o las características sexuales. En este sentido, se ha considerado que resultan de aplicación las medidas recogidas en el **plan de igualdad** de la empresa usuaria a los trabajadores contratados a través de ETT dado que tienen como finalidad primordial lograr el principio de igualdad de trato y oportunidades entre hombres y mujeres y eliminar la discriminación por razón de sexo (TS 13-11-19, EDJ 734462).

c) Mismo nivel de **protección en materia de seguridad y salud** que los restantes trabajadores de la empresa en la que prestan sus servicios. La interposición en la relación de trabajo por la ETT no justifica en ningún caso una diferencia de trato por lo que respecta a las condiciones de trabajo, en lo relativo a cualquiera de los aspectos de la protección de la seguridad y la salud de los trabajadores (LPRL art.28.1).

d) La **utilización** de los **servicios** de transporte, de comedor, de guardería y otros servicios comunes e instalaciones colectivas de la empresa usuaria durante el plazo de duración del contrato de puesta a disposición en las mismas condiciones que los trabajadores contratados directamente por la empresa usuaria.

Además, mediante la negociación colectiva se han de adoptar las medidas adecuadas para facilitar el acceso de los trabajadores cedidos por ETT a la **formación** disponible para los trabajadores de las empresas usuarias.

Por lo que se refiere a la **protección social**, es de aplicación la doctrina comunitaria, de Diego Porras, de no vulneración del derecho europeo en la contratación temporal a los trabajadores contratados por ETT. Así, se reconoce el derecho de un trabajador contratado a través de una ETT a percibir la **prestación de paternidad** pese a que el nacimiento del hijo se produjo tres días después de finalizado su contrato, al considerar que el trabajador se encuentra en situación asimilada al alta (TSJ País Vasco 28-2-17, EDJ 68582).

3112 Precisiones **1)** La voluntad del legislador es clara en el sentido de equiparar al trabajador puesto a disposición en lo relativo al salario y condiciones de trabajo con los trabajadores de la usuaria, como si hubiese sido contratado por esta última. Por ello, la referencia al **convenio colectivo** ha de entenderse en sentido amplio y comprensiva de las distintas modalidades de la negociación colectiva que se encargan de determinar retribuciones en la empresa usuaria, cualquiera que sea su naturaleza y eficacia (convenios colectivos estatutarios, acuerdos de empresa, convenios o pactos colectivos extraestatutarios) (TS 25-9-02, EDJ 129828), consideración que tiene, por ejemplo, el acuerdo colectivo del comité de empresa europeo (TS 20-10-20, EDJ 717361). Deben tomarse en consideración los **acuerdos de empresa** en ausencia de convenio colectivo aplicable o cuando mejoran el convenio aplicable (TSJ Navarra 28-6-02, EDJ 40262; TS 22-1-09, EDJ 16983). Incluso deben aplicarse las **decisiones unilaterales de la empresa** de efectos colectivos (TS 7-2-07, EDJ 13577), como la prima COVID-19 (AN 18-5-22, EDJ 580565).

2) El salario a tener en cuenta es el de la verdadera usuaria, cuando entre la ETT y la que recibe la prestación de servicios del trabajador puesto a disposición se sitúa una **contrata** que, de manera fraudulenta (entre otras cosas la primera es accionista mayoritaria y casi única), habilita a aquella para realizar este tipo de contratación para cubrir necesidades permanentes y no temporales, que no podría hacer permanentemente (TSJ Madrid 13-9-02, EDJ 58937).

3) Es lícito abonar al trabajador de la ETT el mismo salario de ingreso fijado para los trabajadores contratados directamente por la usuaria, inferior al fijado para el mismo puesto para los trabajadores con más de 3 años de antigüedad, pues la **retribución** es la del **puesto de trabajo**, y la limitación se entiende fundada en razones objetivas y en la necesidad de adquirir una adecuada formación profesional (TS 18-3-04, EDJ 40596). Pero si desde el inicio de la prestación de servicios realiza idénticas funciones que los del nivel superior procede abonarle al trabajador de la ETT los salarios de este último (TSJ Cataluña 10-4-03, EDJ 24311).

4) Se entienden incluidas también las retribuciones extrasalariales, al no establecer el precepto legal ninguna distinción, incluyendo las **dietas** en la cuantía fijada en el convenio de la usuaria, si es desplazado fuera de su centro de trabajo habitual (TSJ Sevilla 8-6-02, EDJ 63486). También se incluye una **ayuda alimentaria** para el personal con jornada partida, puesto que la noción de «retribución» es más amplia que la de salario e incluye la compensación de gastos realizados en función de la prestación del trabajo (TS 7-2-07, EDJ 13577).

5) Por el contrario, no se entienden incluidas en la retribución, las **prestaciones complementarias** de las reconocidas por la **Seguridad Social**, como las dirigidas a alcanzar el 100% de los salarios de los trabajadores en activo en las situaciones de incapacidad temporal, puesto que la equiparación establecida legalmente se refiere a las retribuciones y a las condiciones de trabajo y empleo, sin mención alguna a la Seguridad Social (TS 18-3-04, EDJ 40596; TSJ Burgos 9-6-04, EDJ 79569). Sin embargo, en otras ocasiones se ha entendido que los trabajadores puestos a disposición por ETT están cubiertos por las mejoras prestacionales contempladas en el convenio aplicable a la empresa usuaria, por ejemplo en caso de accidente de trabajo (TSJ Asturias 24-1-03, EDJ 10660).

4. Formación

(LETT art.12.2)

Las ETT están obligadas a destinar anualmente el **1% de la masa salarial** a la formación de los trabajadores contratados para ser cedidos a empresas usuarias, sin perjuicio de la obligación legal de cotizar por formación profesional. El concepto de la masa salarial es idéntico al establecido en relación con la garantía financiera (nº 2962). 3120

Los gastos de formación **deben**:
- ser realizados en el ejercicio económico de que se trate;
- ser realizados por la ETT;
- constar en su contabilidad y;
- contar con el consiguiente soporte documental.

Las cantidades **deben destinarse** a la formación de los trabajadores contratados para ser cedidos, no de los trabajadores de estructura de la ETT ni de los de terceras empresas.

Pueden tratarse de **acciones** de carácter teórico o práctico y pueden comprender la formación en materia de prevención de riesgos laborales.

Respecto de la formación en materia de **prevención de riesgos** laborales ver nº 3076 s.

El **incumplimiento** de esta obligación se estudia en el nº 3152.

Precisiones **1)** Se suele admitir por las autoridades laborales que la formación se **subcontrate** con terceros, justificando el gasto con las correspondientes facturas. Incluso es posible que estos terceros sean las propias empresas usuarias, asumiendo la formación previa de los mismos trabajadores que le van a ser cedidos antes de su puesta a disposición, y se puede imputar como gasto siempre y cuando la empresa usuaria lo haga a título oneroso y emita la correspondiente factura a la ETT o compense el coste con la retribución debida a la ETT por la puesta a disposición de los trabajadores.

2) Cuando la formación es **impartida con medios de la ETT** se admite la imputación a formación de una parte alícuota de la amortización o gastos de la instalación, en función de las horas reales dedicadas a la formación. Se admite la imputación como gastos de los materiales e instrumentos adquiridos o arrendados siempre que estén efectivamente destinados a actividades formativas. En el caso de adquisición de máquinas, sistemas informáticos o bienes de equipo, se admite la imputación por cada ejercicio de la parte correspondiente a la amortización anual, si bien no tiene necesariamente que coincidir con la amortización fiscal.

3) Cuando la formación es **impartida por personal contratado por la ETT**, se admite la imputación a formación de los salarios y cotizaciones de este correspondientes a las horas de formación, pero no los que correspondan a su jornada y retribución habitual y, en ningún caso, los salarios y cotizaciones de los trabajadores que van a ser cedidos y que acudan a las sesiones formativas. Sí se admiten todos los gastos de viaje, manutención y dietas por desplazamientos vinculados a la formación, tanto de formadores como de trabajadores formados para ser cedidos.

5. Representación y acción colectiva

(LETT art.13 y 17.1; RD 216/1999 art.6.3)

En ausencia de órganos de representación legal de los trabajadores, están **legitimados** para negociar los convenios colectivos que afecten a las ETT las organizaciones sindicales más representativas, entendiéndose válidamente constituida la representación de los trabajadores en la comisión negociadora cuando de ella formen parte tales organizaciones. 3125

Por otra parte, los representantes de los trabajadores de la **empresa usuaria** tienen atribuida la representación de los trabajadores en misión, mientras esta dure, a efectos de formular cualquier reclamación en relación con las condiciones de ejecución de la actividad laboral, en todo aquello que atañe a la prestación de sus servicios en estas. Esto no supone una ampliación del crédito de horas mensuales retribuidas a que tengan derecho dichos representantes.

Los trabajadores puestos a disposición tienen derecho a presentar a través de los representantes de los trabajadores de la empresa usuaria reclamaciones en relación con las condiciones de ejecución de su actividad laboral, pero ello no es aplicable a las reclamaciones del trabajador respecto de la ETT de la cual depende. De este modo, las cuestiones que son responsabilidad de esta última no son objeto de la acción sindical de los representantes legales de los trabajadores de la usuaria, como puede ser lo relativo al pago de salarios (TS 27-4-04, EDJ 31842) o a la equiparación en los tiempos de descanso de los trabajadores en misión de las ETT con los de la usuaria (TS 9-7-12, EDJ 154974).

Los trabajadores puestos a disposición de una empresa usuaria pueden dirigirse en todo momento a los **trabajadores designados** o a los **servicios de prevención** existentes en la empresa usuaria, en igualdad de condiciones que los restantes trabajadores de la misma.

Precisiones En virtud de esta legitimación extraordinaria conferida por la Ley a las organizaciones sindicales más representativas se han negociado una serie de **convenios colectivos para el sector de empresas de trabajo temporal**, el último de los cuales (VI Convenio colectivo estatal de empresas de trabajo temporal) se publicó en el BOE de 28-12-2018. El convenio colectivo incluye bajo su ámbito de aplicación tanto a los trabajadores de estructura de las ETT como los contratados para ser puestos a disposición de empresas usuarias, si bien respecto a los segundos hay que tener en cuenta que durante los períodos de prestación de servicios en la usuaria tienen derecho a la aplicación de las condiciones esenciales de trabajo y empleo que les corresponderían de haber sido contratados directamente por la misma para ocupar el mismo puesto (LETT art.11.1 redacc L 4/2023).

E. Actividad transnacional de las ETT

(LETT art.22 s.)

3130 En aplicación de los Reglamentos comunitarios de Seguridad Social, un trabajador puesto a disposición por una ETT de una usuaria de otro Estado debe continuar afiliado al sistema de Seguridad Social del Estado de establecimiento de la ETT (hasta un máximo de 24 meses) si se cumplen los dos **requisitos** siguientes (TJUE 5-12-67, C-19/67 asunto Van der Vecht; 17-12-70, C-35/70 asunto Manpower):

a) Existencia de un **vínculo** entre la ETT y el trabajador desplazado, en la medida en que este debe depender normalmente de la empresa que lo ha desplazado en el territorio de otro Estado miembro.

b) Relación entre la **ETT y el Estado miembro** en el que está establecida por ejercer normalmente su actividad en su territorio. Debe entenderse que una ETT ejerce normalmente sus actividades en el Estado miembro en el que está establecida cuando efectúa habitualmente actividades significativas en el territorio de dicho Estado (TJUE 10-2-00, C-202/97 asunto Fitzwilliam Technical Services).

La jurisprudencia del TJUE ha señalado que el **certificado de afiliación y alta** expedido por la institución de Seguridad Social de un Estado miembro es vinculante para las instituciones de Seguridad Social de los demás Estados miembros, así como para sus tribunales, en la medida en que acredita la afiliación de los trabajadores desplazados. Esa vinculación tiene efectos retroactivos cuando el certificado es expedido después de iniciado el desplazamiento y tras ser solicitado por las autoridades del Estado de prestación de servicios. Si las instituciones de los demás Estados miembros comunican sus dudas sobre la exactitud de los hechos en los que se basa el certificado o sobre la apreciación jurídica de estos hechos, la institución expedidora está obligada a reexaminar su fundamentación y, en su caso, a retirarlo sometiéndose las discrepancias a la Comisión Administrativa para la Seguridad Social de los Trabajadores Migrantes de la UE. Si en la Comisión Administrativa no se llega a un acuerdo, el Estado miembro de desplazamiento puede interponer un recurso por incumplimiento, con arreglo al art.259 del TFUE, para permitir que el Tribunal de Justicia examine la cuestión de la legislación aplicable a dicho trabajador, además de las eventuales impugnaciones por vía jurisdiccional que existan en el Estado miembro de la institución expedidora. En tanto no se produce su retirada, el certificado es vinculante (TJUE 26-1-06, C-2/05 asunto Herbosch Kiere; 27-4-17, C-620/15 asunto A-Rosa Flussschiff; 6-9-18, C-527/16 asunto Salzburger Gebietskrankenkasse). No obstante si la institución del Estado de desplazamiento no ha conseguido que la institución del Estado de establecimiento retire el certificado, por no tomar en consideración la información obtenida en una investigación judicial que ha constatado que se ha obtenido o invocado fraudulentamente, el órgano judicial del Estado de desplazamiento puede, en un procedimiento incoado contra las personas sospechosas de haber recurrido a trabajadores desplazados al amparo de dichos certificados, no tenerlos en cuenta si, sobre la base de esa información, y siempre que se respeten las garantías inherentes al derecho a un proceso equitativo que deben concederse a estas personas, comprueba la existencia de tal fraude (TJUE 6-2-18, C-359/16 asunto Ömer Altun).

Esta jurisprudencia comunitaria parte de la idea de que una ETT establecida legalmente en un Estado miembro y que desarrolla actividades significativas de puesta a disposición de trabajadores en el mismo está amparada por el derecho a la **libre prestación de servicios** cuando contrata trabajadores para cederlos a empresas situadas en otros Estados miembros (TJUE 10-2-00, C-202/97 asunto Fitzwilliam Technical Services). Esos trabajadores, incluso si han sido contratados expresamente para prestar servicios en ese otro Estado, se benefician de las disposiciones de los Reglamentos comunitarios de Seguridad Social a efectos de quedar incluidos en la Seguridad Social del Estado de establecimiento de la ETT y no en la del Estado de desplazamiento hasta un máximo de 24 meses. El plazo máximo de 24 meses se aplica al conjunto del desplazamiento de varios trabajadores si unos son enviados en sustitución de otros (Rgto CE/883/2004 art.12.1), incluso si el segundo trabajador es enviado por una empresa diferente a la que envió al primero (TJUE 6-9-18, C-527/16 asunto Salzburger Gebietskrankenkasse).

1. Actividad de ETT europea en España

(LETT art.22 y 23; L 45/1999)

Las ETT establecidas en otros Estados miembros de la Unión Europea o en Estados signatarios del Acuerdo sobre el Espacio Económico Europeo pueden desplazar temporalmente a sus trabajadores para su puesta a disposición de empresas usuarias establecidas o que ejerzan su actividad en España, cuando se cumplan los siguientes **requisitos**: **3135**

a) La ETT debe, de conformidad con la legislación de su Estado de establecimiento, estar válidamente constituida y reunir los requisitos para poner a disposición de empresas usuarias, con carácter temporal, trabajadores por ella contratados, no siéndoles de aplicación la exigencia de solicitar autorización administrativa en España.

b) El contrato de puesta a disposición entre la ETT y la empresa usuaria, sin perjuicio de la legislación aplicable al mismo, debe formalizarse por escrito y adecuarse a los requisitos legales en España, salvo lo que se refiere a la utilización del modelo oficial.

c) La ETT está sujeta a lo establecido en la ley sobre el desplazamiento de trabajadores en el marco de una prestación de servicios transnacional (nº 2217) y debe garantizar a sus trabajadores desplazados las condiciones previstas en la misma, sin que le sean de aplicación las obligaciones dimanantes de la LETT, a excepción del derecho de los trabajadores a las condiciones salariales, de trabajo y empleo que les corresponderían de haber sido contratados directamente por la empresa usuaria para ocupar el mismo puesto.

La posibilidad de desplazamiento de trabajadores por ETT se entiende sin perjuicio del cumplimiento de la normativa sobre entrada, permanencia, trabajo y establecimiento de los extranjeros en España.

Las empresas usuarias establecidas o que ejerzan su actividad en España pueden celebrar contratos de puesta a disposición con las ETT que acabamos de referir cuando estas cumplan los requisitos indicados en la letra a). En estos casos, la relación entre el trabajador desplazado a España y la empresa usuaria debe ajustarse a lo establecido para las empresas usuarias españolas con ETT autorizadas en España (nº 3065 s.).

[Precisiones] Cuando las empresas desplazan trabajadores en el marco de la libre prestación de servicios, el Estado al que se desplazan no puede exigir a los mismos, sea cual sea su nacionalidad, permisos de trabajo u otros controles de extranjería, siempre que tales trabajadores se encuentren legalmente en el Estado de origen de la empresa que presta el servicio (TJUE 27-3-90, C-113/89 asunto Rush Portuguesa). Para ello el trabajador desplazado debe seguir empleado por la empresa proveedora, aunque realice sus tareas bajo el control y la dirección de la empresa usuaria, sin celebrar contrato de trabajo con la empresa usuaria, puesto que si el trabajador es contratado por la usuaria y la proveedora solamente opera como agencia de colocación entonces sí serán exigibles permisos de trabajo y demás controles de extranjería aplicables (TJUE 10-2-11, C-307/09 a C-309/09, asunto Vicoplus).

Infracciones de las ETT (LISOS art.19 bis y 40) El catálogo de infracciones de las ETT establecidas en otros Estados miembro de la UE o del EEE es el siguiente: **3137**

Infracción	Grado	Sanción (multa euros)
No formalizar por escrito el contrato de puesta a disposición	Grave	de 751 a 1.500
Formalizar contratos de puesta a disposición para los supuestos no previstos en la LETT art.6.2 (1)	Grave	de 1.000 a 10.000
Formalizar contratos de puesta a disposición sin estar válidamente constituidos como ETT según la legislación del Estado de establecimiento o sin reunir los requisitos exigidos por ella para poner a disposición de las empresas usuarias, con carácter temporal, trabajadores contratados por ella	Muy grave	de 7.501 a 225.018
Formalizar contratos de puesta a disposición para la realización de actividades y trabajos que por su especial peligrosidad para la seguridad o la salud se determinen reglamentariamente	Muy grave	
Ceder trabajadores con contrato temporal a otra ETT o a otras empresas para su posterior cesión a terceros	Muy grave	

(1) Se considera una infracción por cada trabajador afectado.

3139 **Infracciones de las empresas usuarias** (LISOS art.19 ter y 40 y 41.4) Las infracciones en que puede incurrir la empresa usuaria establecida o que ejerza su actividad en España son:

<table>
<tr><th>Infracción</th><th>Grado</th><th>Sanción (multa euros)</th></tr>
<tr><td>No facilitar los datos relativos a la retribución total establecida en el convenio colectivo aplicable para el puesto de trabajo de que se trate, a efectos de su consignación en el contrato de puesta a disposición (LETT art.24.4)</td><td>Leve</td><td>de 70 a 750</td></tr>
<tr><td>No formalizar por escrito el contrato de puesta a disposición</td><td>Grave</td><td rowspan="5">de 751 a 7.500</td></tr>
<tr><td>Formalizar contratos de puesta a disposición respecto de los que no se haya realizado previamente la preceptiva evaluación de riesgos</td><td>Grave</td></tr>
<tr><td>Las acciones u omisiones que impidan el ejercicio por los trabajadores puestos a su disposición de los derechos relativos a representación (nº 3125), utilización de servicios y formación (nº 3110) y la información sobre vacantes (nº 3005)</td><td>Grave</td></tr>
<tr><td>La falta de información al trabajador temporal en materia de prevención de riesgos laborales según lo indicado en el nº 3080 y en la normativa sobre prevención de riesgos laborales</td><td>Grave</td></tr>
<tr><td>La ausencia de información de la empresa usuaria a la empresa de trabajo temporal con la antelación suficiente sobre el inicio de un envío temporal de una persona trabajadora desplazada a otro Estado miembro de la UE o signatario del Acuerdo del Espacio Económico Europeo en los términos previstos legalmente.</td><td>Grave</td></tr>
<tr><td>Formalizar contratos de puesta a disposición para supuestos distintos de los previstos en la norma (nº 3017 s.) (1)</td><td>Grave</td><td rowspan="2">de 1.000 a 10.000</td></tr>
<tr><td>Formalizar contratos de puesta a disposición para la cobertura de puestos o funciones que, en los 12 meses anteriores, hayan sido objeto de amortización por despido improcedente, despido colectivo o por causas objetivas, o para la cobertura de puestos que en los 18 meses anteriores hubieran estado ya cubiertos por más de 13 meses y medio, de forma continua o discontinua, por trabajadores puestos a disposición por empresas de trabajo temporal (1)</td><td>Grave</td></tr>
<tr><td>Formalizar contratos de puesta a disposición con ETT que no estén válidamente constituidas o que carezcan de los requisitos exigidos según la legislación del Estado de establecimiento para la puesta a disposición de empresas usuarias, con carácter temporal, de trabajadores contratados por ellas</td><td>Muy grave</td><td rowspan="2">de 7.501 a 225.018</td></tr>
<tr><td>Las infracciones muy graves previstas en la LISOS para las empresas usuarias (nº 3154)</td><td>Muy grave</td></tr>
</table>

(1) Debe entenderse una infracción por cada trabajador afectado.

La **reincidencia** de las ETT establecidas en otros Estados miembros de la UE o EEE en la comisión de infracciones tipificadas como muy graves (LETT art.24.3) puede dar lugar a la prohibición, durante un año, de la puesta a disposición de trabajadores a empresas usuarias establecidas o que ejerzan su actividad en España o, si dicha sanción se impone en dos ocasiones, por tiempo indefinido.

Cuando el **expediente sancionador** lleve aparejada esta propuesta de prohibición, es competente para resolver el MTES o autoridad equivalente en las CCAA con competencia de ejecución de la legislación laboral.

2. Actividad en Europa de ETT española

(LETT art.26 y 27)

3145 Las ETT que dispongan de autorización administrativa en España pueden poner a sus trabajadores a disposición de empresas usuarias establecidas o que ejerzan su actividad en otros Estados miembros de la Unión Europea o en Estados signatarios del Acuerdo sobre el Espacio Económico Europeo, respetando lo dispuesto en la legislación de dichos Estados.

El contrato de puesta a disposición entre la ETT y la empresa usuaria se rige por lo previsto en la LETT. No se aplica la prohibición de puesta a disposición para cubrir puestos de trabajo amortizados en los 12 meses anteriores por despido improcedente y otras causas. Tampoco se aplica la obligación de información de la empresa usuaria a los representantes legales de sus trabajadores.

Las relaciones entre la ETT y sus trabajadores se regula por lo previsto en la legislación española, pero la ETT debe garantizar a sus trabajadores las condiciones de trabajo previstas en el Estado de prestación de los servicios en aplicación de la Dir 96/71/CE. Además, las ETT cuyos trabajadores sean enviados temporalmente por las empresas usuarias a otro Estado miembro de la UE o del EEE para realizar un trabajo en el marco de una prestación de servicios transnacional, deberán garantizar las condiciones de trabajo previstas en este último Estado y cumplir con las obligaciones previstas en dicho Estado para prestación de servicios transnacional.

Aunque el catálogo de **infracciones y sanciones** aplicable a las ETT españolas que desplacen trabajadores en misión a otros Estados es el indicado en el nº 3150 s., ha de respetarse el **principio non bis in idem**, de manera que no pueden volver a sancionarse las acciones u omisiones de las ETT que hayan sido ya sancionadas penal o administrativamente por los Estados a los que se hayan desplazado los trabajadores, en los casos en que se aprecie identidad de sujeto, hecho y fundamento.

F. Infracciones y sanciones

(LISOS art.18 y 19)

Son sujetos **responsables** de las acciones u omisiones tipificadas como infracción las ETT y las empresas usuarias respecto de las obligaciones que se establecen para unas y otras en su legislación específica y en la de prevención de riesgos laborales (LISOS art.2.7). **3150**

Infracciones de las ETT (LISOS art.18 y 40) **3152**

Infracción	Grado	Sanción (multa euros)
No cumplimentar los contratos en los términos reglamentariamente determinados	Leve	de 70 a 750
No incluir en la publicidad de sus actividades u ofertas de empleo su identificación como ETT y su NIF	Leve	
No entregar a la empresa usuaria la copia básica del contrato de trabajo o la orden de servicio de los trabajadores puestos a disposición, así como la restante documentación que esté obligada a suministrar	Leve	
No formalizar por escrito los contratos de trabajo o los contratos de puesta a disposición	Grave	de 751 a 7.500
No remitir a la autoridad laboral la información exigida (nº 3000) o no comunicar la actualización anual de la garantía financiera (nº 2962)	Grave	
Formalizar contratos de puesta a disposición para la cobertura de puestos de trabajo respecto de los que no se haya realizado previamente la evaluación de riesgos	Grave	
No destinar a la formación de los trabajadores temporales las cantidades establecidas (nº 3120)	Grave	
Cobrar al trabajador cualquier cantidad en concepto de selección, formación o contratación	Grave	
Formalizar contratos de puesta a disposición para supuestos distintos de los previstos (nº 3017 s.) (1)	Grave	de 1.000 a 10.000
No actualizar el valor de la garantía financiera en los términos legalmente previstos (nº 2960 s.)	Muy grave	de 7.501 a 225.018
Formalizar contratos de puesta a disposición para la realización de actividades y trabajos de especial peligrosidad para la seguridad o la salud en el trabajo, o formalizarlos sin haber cumplido los requisitos previstos para ello según lo establecido legal o convencionalmente	Muy grave	
No dedicarse exclusivamente a las actividades que permite la LETT (nº 2900 s.)	Muy grave	
La falsedad documental u ocultación en la información facilitada a la autoridad laboral sobre sus actividades	Muy grave	
Ceder trabajadores con contrato temporal a otra empresa o a otras empresas para su posterior cesión a terceros	Muy grave	

(1) Se debe entender cometida una infracción por cada trabajador afectado.

Precisiones 1) Con carácter general, la **reincidencia** de la ETT en la comisión de infracciones tipificadas como muy graves puede dar lugar a la suspensión de actividades durante un año. Cuando el expediente sancionador lleve aparejada la propuesta de **suspensión de actividades**, es competente para resolver el Ministerio de Trabajo y Economía Social o la autoridad equivalente de las CCAA con competencia de ejecución en materia laboral.
2) Se comete infracción grave tanto por la puesta a disposición del trabajador fuera de los supuestos legales (nº 3017 s.) como por el uso indebido de un **contrato de trabajo temporal** (LISOS art.7.2).

3154 Infracciones de las empresas usuarias (LISOS art.19 y 40)

Infracción	Grado	Sanción (multa euros)
No cumplimentar, en los términos reglamentariamente determinados, el contrato de puesta a disposición	Leve	de 70 a 750
No facilitar los datos relativos a la retribución total establecida en el convenio colectivo aplicable para el puesto de trabajo de que se trate, a efectos de su consignación en el contrato de puesta a disposición	Leve	
No formalizar por escrito el contrato de puesta a disposición	Grave	de 751 a 7.500
o para la cobertura de puestos de trabajo respecto de los que no se haya realizado la preceptiva evaluación de riesgos	Grave	
Las acciones u omisiones que impidan el ejercicio por los trabajadores puestos a disposición de los derechos relativos a representación (nº 3125), utilización de servicios y formación (nº 3110) y la información sobre vacantes (nº 3005)	Grave	
La falta de información al trabajador temporal en materia de prevención de riesgos laborales según lo indicado en el nº 3080 y en la normativa sobre prevención de riesgos laborales	Grave	
Permitir el inicio de la prestación de servicios de los trabajadores puestos a disposición sin tener constancia documental de que han recibido informaciones relativas a los riesgos y medidas preventivas, poseen la formación específica necesaria y cuentan con un estado de salud compatible con el puesto desempeñado	Grave	
Formalizar contratos de puesta a disposición para supuestos distintos de los previstos en la norma (nº 3017 s.) (1)	Grave	de 1.000 a 10.000
Formalizar contratos de puesta a disposición para la cobertura de puestos o funciones que en los 12 meses anteriores hayan sido amortizados por despido improcedente, colectivo o por causas objetivas; o para la cobertura de puestos que en los 18 meses anteriores hubieran estado ya cubiertos, por más de 12 meses, de forma continua o discontinua, por trabajadores puestos a disposición por ETT (1)	Grave	
Los actos del empresario lesivos del derecho de huelga, consistentes en la sustitución de trabajadores en huelga por otros puestos a su disposición por una ETT	Muy grave	de 7.501 a 225.018
La formalización de contratos de puesta a disposición para la realización de trabajos u ocupaciones de especial peligrosidad para la seguridad o la salud en el trabajo o formalizarlos sin haber cumplido los requisitos previstos para ello legal o convencionalmente, entendiéndose cometida una infracción por cada contrato en tales circunstancias	Muy grave	

(1) Se debe entender cometida una infracción por cada trabajador afectado.

Precisiones 1) Los actos del empresario lesivos del derecho de **huelga** de los trabajadores consistentes en la sustitución de los trabajadores en huelga por otros no vinculados al centro de trabajo al tiempo de su ejercicio, salvo en los casos justificados por el ordenamiento, son constitutivos de infracción administrativa muy grave. Llama la atención que el legislador se refiera al centro de trabajo y no a la empresa, limitando con ello la movilidad de trabajadores entre centros de trabajo durante la huelga (LISOS art.8.10).
2) El incumplimiento de las obligaciones de **información a los representantes legales** de los trabajadores o, en su caso, a los **delegados de prevención** sobre la incorporación de trabajadores puestos a disposición por una ETT o sobre la información recibida por el trabajador en materia de prevención de riesgos constituye, en ambos casos, una infracción administrativa grave (LISOS art.7.7 y 12.11).

CAPÍTULO 11

Límites a la contratación

3200

En este capítulo se van a analizar algunos de los límites a la contratación, en el sentido de **acceso al empleo**. 3202

El derecho a la **libertad de empresa** (Const art.38) incluye la libertad de seleccionar a los trabajadores o libertad de contratación (TCo 147/1986). No obstante, esta libertad empresarial para elegir a sus trabajadores no es absoluta ya que se encuentra limitada por el **ordenamiento jurídico laboral**, pues existen disposiciones de la UE, constitucionales, legales y convencionales que se convierten en límites y, en ocasiones, en mínimos intangibles de obligado respeto.

En este capítulo se tratan las limitaciones establecidas por los propios **derechos fundamentales** que son inalienables y no pueden ser objeto de transacción o intercambio en el contrato de trabajo (ET art.3.1 y 5), aunque sí pueden sufrir de cierta modulación en este ámbito. Este respeto a estos derechos fundamentales se exige tanto a la Administración pública, como a los particulares; exigencia que concurre desde el momento del acceso al empleo, previo a la efectiva contratación (nº 3223).

Entre los derechos fundamentales que deben respetarse en el momento de la contratación deben destacarse los derechos denominados **inespecíficos**, es decir, los que no son sólo aplicables a los trabajadores, como son los derechos a la igualdad y no discriminación. Entre ellos, la Constitución consagra el **principio de igualdad** como uno de los valores superiores del ordenamiento jurídico, que por un lado exige a los **poderes públicos** que orienten su acción a la consecución de una igualdad efectiva de los ciudadanos y de los grupos en que se integran (Const art.9.2), como se hizo, por ejemplo, mediante la Ley la igualdad efectiva de mujeres y hombres (LO 3/2007); y por otro lado, proclama que los españoles son iguales ante la ley **sin** que pueda prevalecer **discriminación** alguna por diversas causas, entre ellas, nacimiento, raza, sexo, religión, opinión o cualquier otra condición o circunstancia personal o social (Const art.14).

Asimismo, la Constitución proscribe de modo expreso la discriminación retributiva por razón de sexo (Const art.35). En el ámbito del derecho interno, el derecho a la **igualdad y a la no discriminación** se ha desarrollado a través de la Ley integral para la igualdad de trato y la no discriminación, que regula el este derecho en el empleo por cuenta ajena (L 15/2022 art.9).

Todas estas prescripciones se han plasmado en el ET, pudiéndose reclamar en el marco de un procedimiento especialmente tuitivo diseñado para la tutela de derechos fundamentales.

Precisiones La **interpretación** de ambos principios constitucionales -igualdad y no discriminación- debe hacerse de conformidad con la normativa internacional que nos vincula Const art.10.2. Ver cuadro omnicomprensivo de toda esta normativa en conexión con las distintas causas de discriminación en nº 3256:

a) La **Declaración Universal de los Derechos Humanos** art.23.2, aprobada por la Asamblea General de la ONU el 10-12-1948; así como los **acuerdos y tratados internacionales** ratificados por España.

También es aplicable la Convención de Naciones Unidas sobre los derechos de las personas con discapacidad (Instrumento de ratificación de la convención sobre los derechos de las personas con discapacidad hecho en Nueva York el 13-2-2006).

b) El **Convenio Europeo para la protección de los Derechos Humanos** y las Libertades fundamentales (CEDH) del Consejo de Europa de 1950 (incluido el Protocolo nº 12), en cuyo marco se prohíbe la discriminación respecto de todos los derechos reconocidos por Ley respecto de las siguientes causas: sexo, raza, color, lengua, religión, opiniones políticas, o de otro carácter, origen nacional o social, pertenencia a una minoría nacional, fortuna y nacimiento, incluyéndose finalmente una **cláusula abierta** al referirse a «cualquier otra situación.

c) La **normativa de la UE** que aborda estos temas y que goza de primacía respecto al Derecho interno, debiéndose distinguir entre el acervo comunitario (básicamente el Tratado FUE) y el Derecho derivado (principalmente directivas). También, la **Carta de Derechos fundamentales de la UE**, vigente desde el 1-12-2009, anexa al Tratado de Lisboa y con igual eficacia jurídica que este último, dónde se incluyen los derechos a la no discriminación por razón de sexo, raza, color, orígenes étnicos o sociales, características genéticas, lengua, religión o convicciones, opiniones políticas o de cualquier otro tipo, pertenencia a una minoría nacional, patrimonio, nacimiento, discapacidad, edad u orientación sexual (Carta de Derechos Fundamentales de la UE art.21; Tratado de Lisboa DOUE C-306, 13-12-07). Existen también otras disposiciones sobre igualdad entre hombres y mujeres (Carta de Derechos Fundamentales de la UE art.23; Tratado de Lisboa DOUE C-306, 13-12-07).

El reconocimiento por los **ordenamientos constitucionales de los Estados miembros** de la UE del principio de igualdad e incluso su protección efectiva no constituye el único instrumento eficaz contra las discriminaciones. De hecho, la formulación y protección en el ordenamiento de la UE del principio de igualdad representa una garantía suplementaria para hacer efectiva la igualdad.

3204 De la **regulación constitucional** se derivan **tres derechos** distintos:

a) A la **igualdad ante la ley**. Impone que la ley (y los instrumentos normativos asimilados, como el convenio colectivo) trate igual los casos iguales, integrando un mando dirigido a legislador y a los poderes públicos. No es un principio absoluto al implicar un juicio relacional, ya que no puede imponerse la igualdad en casos desiguales sino solo el que está desprovisto de una justificación objetiva y razonable (TCo 63/1984; 52/1987; 47/1999; 197/2003). Se ha admitido como causa justificativa válida la pertenencia a órdenes normativos distintos (TCo 291/1994).

b) A la **igualdad en la aplicación de la ley**: Su cumplimiento requiere que se aplique la norma de modo igual a quien se encuentra en la misma situación, sin que existan diferencias arbitrarias. Así, por ejemplo, conectando con el derecho a la tutela judicial efectiva, impide que un órgano jurisdiccional dicte resoluciones contradictorias sobre un caso idéntico, salvo que justifique su cambio de criterio, posibilidad vinculada a la necesaria evolución jurisprudencial. La apreciación de su vulneración es muy restrictiva, pues exige no solo esfuerzo probatorio de quien la alega, sino también una identidad de supuestos y de órganos judiciales dirimentes, debiendo coincidir incluso la sección de un órgano colegiado (TCo 35/1988; 91/1990; 30/1987; 20/1991; 189/1993; 104/1996; 34/2003; 126/2003). En el mismo sentido: TCo 10/2006 y 96/2006.

c) A la **no discriminación**. Constituye un mandato aplicable también a las relaciones horizontales, tanto cuando interviene una administración como entre privados, y supone la prohibición de propiciar un tratamiento diferenciado, particularmente en relación con grupos o colectivos tradicionalmente marginados o postergados (TS 17-10-90, EDJ 9434; 17-5-00, EDJ 11793; 19-3-01, EDJ 2957; 28-5-04, EDJ 60757; 15-2-22, EDJ 510831; 15-6-22, EDJ 615215).

El principio de igualdad de trato también resulta plenamente aplicable a la **Administración pública** en su contratación laboral (nº 3230).

3206 El principio de no discriminación, por su parte, debe ser respetado tanto por los poderes públicos como los **sujetos privados** en el desempeño de su autonomía colectiva o individual, esto es, en los contratos de trabajo.

En el marco de la prohibición de **discriminación en el acceso al empleo** se ha de tener en cuenta lo siguiente:

a) Se prohíbe el trato desigual fundamentado en ciertas **causas** de diferenciación consideradas especialmente odiosas por el legislador y que conectan con grupos vulnerables, relegados históricamente (nº 3256).

b) Está prohibida tanto la discriminación **directa** como **indirecta** (nº 3265); admitiéndose algunas **excepciones**, como:

- las conectadas con los denominados requisitos profesionales esenciales (nº 3285);
- la propia acción positiva (nº 3295); y
- la protección de la salud de ciertos grupos vulnerables (nº 3300).

Por su relevancia en el acceso al empleo se ha desarrollado la discriminación asociada a las **causas** de: discapacidad (nº 3345); edad (nº 3385); nacionalidad (nº 3395); parentesco (nº 3405); y sexo (nº 3415). La regulación, legal o convencional, la autonomía individual o la decisión unilateral del empresario tienen prohibido conculcar el principio de no discriminación tanto de modo general como, específicamente, por razón de sexo. Al respecto, se refuerza la igualdad de trato y de oportunidades en el **acceso al empleo**, se incluye la contratación entre el contenido posible de los planes de igualdad y se establecen medidas efectivas para eliminar cualquier discriminación en el acceso al empleo público.

A. Derechos fundamentales en las relaciones laborales

(Const art.14 a 29; L 15/2022 art.3.1, 9, 10 y 11)

El **ordenamiento jurídico español** tiene como pilar los llamados derechos fundamentales, entendiendo por tales aquellos atribuibles a todas las personas y que constituyen un elenco de reglas y principios de carácter básico y preeminente que resultan exigibles por todos frente a los demás sujetos de derecho. **3215**

Estos derechos se pueden exigir no sólo frente al Estado sino también **respecto de los particulares** (nº 3217) y en ese sentido también en el marco del **contrato de trabajo** (nº 3219), donde pueden ser objeto de cierta modulación (nº 3221).

La exigencia en el marco del contrato de trabajo se extiende también a los estadios previos a su suscripción, esto es, al denominado **acceso al empleo** (nº 3223).

Derechos fundamentales entre privados (Const art.14 y 15; L 15/2022 art.3.1 y 9) Los derechos fundamentales contenidos en la Constitución no sólo **protegen** al individuo frente al poder del Estado, sino que también se aplican para regular las relaciones entre personas privadas. **3217**

Cuando se trate de conflictos entre un ciudadano y los **poderes públicos** que ejercita el Estado, es este quien puede vulnerar de forma directa los derechos fundamentales de aquél. En cambio, cuando se trata de respetar derechos fundamentales en las relaciones establecidas **entre privados**, la vulneración de esos derechos se les imputa a ellos directamente. Esto no impide que los poderes públicos **puedan** (Const art.53):

a) Definir legalmente las **reglas precisas** para el ejercicio adecuado de esos derechos.

b) Garantizar su ejercicio mediante los instrumentos de coacción propios del Estado de derecho, especialmente el acceso a la **tutela judicial efectiva**, mediante un procedimiento sumario y preferente. En nuestro caso concreto, dicho procedimiento es el de tutela de los derechos fundamentales y libertades públicas (LRJS art.177 a 184) ver nº 5230 s. Memento Procedimiento Laboral 2025-2026.

Por lo tanto, cuando los particulares vulneran derechos fundamentales de otros, lo que se pide de los **poderes públicos** es que ejerciten sus potestades para protegerles en el uso y disfrute de estos derechos (TCo auto 333/1997). Ello supone que el sujeto al que se le vulnere un derecho fundamental debe recabar del Estado la tutela a través del **poder judicial** y sólo si de este no recibe satisfacción a sus pretensiones, podrá acudir, en última instancia, al TCo por medio del recurso de amparo (TCo auto 382/1996).

Respecto de las relaciones entre particulares, y a los efectos del **amparo constitucional**, únicamente puede estimarse vulnerado el derecho fundamental en liza cuando se constate que los órganos judiciales, en la vía ordinaria, han incumplido o satisfecho indebidamente el tan reiterado deber de protección del derecho fundamental invocado. Sobre el recurso de amparo ver nº 8870 s. Memento Procedimiento Laboral 2025-2026.

Precisiones A través de la vía del recurso de amparo, el TCo ha perfilado su **doctrina** acerca de la vulneración de derechos fundamentales en las relaciones entre particulares que conecta con asuntos laborales.

Derechos fundamentales en el contrato de trabajo Junto a los poderes públicos, los ciudadanos también son destinatarios de los derechos humanos, por lo que vienen obligados a respetarlos. Los actos privados pueden lesionar derechos fundamentales y, en consecuencia, en el marco del contrato de trabajo también puede producirse una lesión de los mismos (TCo 177/1988). **3219**

En efecto, la doctrina del TCo sobre derechos fundamentales reposa en gran medida en pronunciamientos relativos al contrato de trabajo, donde se pueden vulnerar con más facilidad los derechos fundamentales por las **peculiaridades** de la **contratación laboral**. Las razones son las siguientes:

a) Por una parte, porque conlleva una **aportación personal** del trabajador prestada en condiciones de dependencia y ajenidad.

b) Por otra, porque existe una **desigualdad entre las posiciones de las partes contratantes**, ya desde el momento inicial de acceso al empleo, pues éste es un bien escaso y es normalmente el empresario, desde su posición rectora de la empresa, quien fija las condiciones y el contenido de la prestación laboral exigible al trabajador.

El **principio básico** es que la celebración del contrato de trabajo no implica la privación para el trabajador de los derechos fundamentales reconocidos por la Constitución como ciudadano, que actúan como límite al poder de dirección del empresario (TCo 98/2000) por ejemplo, en relación con la libertad de expresión (TCo 106/1996; 151/2004) o la libertad de información y cláusula de conciencia (TCo 225/2002).

Además, la garantía de **vigencia de los derechos fundamentales** puede resultar singularmente apremiante en el ámbito laboral, en función de la desigual posición que empresario y trabajador ocupan en la relación de trabajo (TCo 129/1989). Téngase en cuenta que, por lo general, la celebración del contrato de trabajo no responde a la confluencia de capacidades negociales similares, lo cual solo ocurre en casos especiales como altos cargos, deportistas profesionales y algunos titulados superiores o expertos en determinadas ramas de la producción que son escasos en el mercado de trabajo y difícilmente reemplazables.

Ni las organizaciones empresariales forman mundos separados y estancos del resto de la sociedad, ni la libertad de empresa que establece la Const art.38 legitima el que los trabajadores que presten servicios en aquélla por cuenta y bajo la dependencia de sus titulares deban soportar limitaciones injustificadas de sus derechos fundamentales y libertades públicas, que tienen un valor central y nuclear en el sistema jurídico constitucional (TCo 88/1985; 197/1998).

Los derechos fundamentales son **inalienables** y no pueden ser objeto de intercambio en el contrato. De manera que cualquier **cláusula** que impida al trabajador el uso y disfrute en el marco del contrato de trabajo de un derecho fundamental sería, en principio, contraria a la legalidad al estar viciada de nulidad radical. También es nula cualquier cláusula que fije contraprestaciones específicas conforme las cuales el trabajador se comprometiera a limitarse en el ejercicio y disfrute de sus derechos fundamentales. Sin embargo, en ocasiones los derechos fundamentales pueden ser **modulados** en el marco del contrato de trabajo (nº 3221).

Precisiones La prohibición de discriminación se ha hecho extensiva a la **actividad por cuenta propia**, de manera que se ha reprochado la exclusión, pretendidamente amparada en la libertad de elegir a la otra parte contratante, basada en la orientación sexual de una persona, a celebrar o renovar con esta última un contrato que tenga por objeto la realización, por esa persona, de determinadas prestaciones en el contexto del ejercicio de una actividad independiente, con consideraciones sobre la legalidad polaca extrapolables (TJUE 12-1-23, asunto C-356/21).

3221 **Modulación de los derechos fundamentales en el contrato de trabajo** La aplicación de los derechos fundamentales al contrato de trabajo debe ser **contextualizada**. En cuanto que la suscripción del contrato de trabajo constituye un **acto de libre voluntad** del trabajador, su inserción en una organización empresarial ajena implica que el ejercicio de los derechos fundamentales debe ser modulado. No obstante, esto no supone para el trabajador la existencia de un **deber genérico de lealtad** con el empresario (TCo 106/1996), pero sí que, dada la posición preeminente de los derechos fundamentales en nuestro ordenamiento, esa modulación sólo se produzca en la **medida estrictamente imprescindible** para el correcto y ordenado desenvolvimiento de la actividad productiva (TCo 99/1994; 106/1996; 146/2019; 79/2023; TS 25-11-20, EDJ 743319).

En consecuencia, el reconocimiento de los derechos fundamentales incide en el desarrollo del contrato de trabajo, imponiendo nuevos equilibrios de intereses que no pueden ser desconocidos sin ignorar, a su vez, la base constitucional en que se apoyan. Por ello, debe procederse a una **ponderación** adecuada que respete la correcta definición y valoración constitucional del derecho fundamental en juego y de las obligaciones laborales que pueden modularlo (TCo 106/1996). No obstante, no basta la sola afirmación del **interés empresarial** para limitar los derechos fundamentales del trabajador dada la posición prevalente que éstos alcanzan en nuestro ordenamiento (TCo 99/1994).

En ocasiones existen **actividades** que traen consigo, como conexión necesaria, una **restricción** de algún derecho fundamental y en tal caso, cuando ello suceda, quien aceptó prestar tareas de esta índole, no puede luego invocar ese derecho fundamental para eximirse de su realización, si la restricción que se le impone no resulta agravada por lesionar valores elementales de **dignidad** de la persona (Const art.10.1), de su **intimidad** o propia imagen (TCo 99/1994), de su derecho a comunicar libremente **información** (TCo 126/2003), o libertad **expresión** (TCo 81/2006).

La modulación de los derechos fundamentales en el marco de la relación laboral conlleva finalmente una **consecuencia práctica** y es que la limitación causada en el ejercicio y disfrute de algún derecho fundamental por parte del trabajador en el desarrollo del contrato de trabajo, debe **justificarse** por el empresario en razones de peso y acreditables, por lo que la actuación empresarial debe superar un juicio de proporcionalidad con tres **fases valorativas** (TCo 99/1994; 6/1995; 20/2002; 186/2000):

- juicio de **idoneidad** (si la medida es susceptible de conseguir el objetivo propuesto);

- juicio de **necesidad** (en el sentido de que no exista otra medida más moderada para conseguir ese propósito con igual eficacia); y
- juicio de proporcionalidad en sentido estricto (si la misma es ponderada o equilibrada, por derivarse de ella más beneficios o ventajas para el interés general que perjuicios sobre otros bienes o valores en conflicto).

En definitiva, los límites a los derechos fundamentales deben ser interpretados con criterios restrictivos (TCo 254/1988; 129/1989 y 99/1994) y han de superar un **test de necesidad, idoneidad y proporcionalidad** (TS 5-12-03, EDJ 196140).

Derechos fundamentales en el acceso al empleo Antes de formalizar la contratación laboral, las partes llevan a cabo una serie de operaciones previas a la suscripción del contrato que se han denominado **estadios previos a la contratación** laboral (nº 3475 s.). En esos momentos también se han de respetar los derechos fundamentales, pues en su marco se llevan a cabo: negociaciones tendentes a lograr el compromiso contractual, se inician procesos de selección donde se valora la **aptitud psicofísica del trabajador** (nº 1445 s.), en ocasiones, siguiendo las pautas establecidas convencionales; finalmente, antes de la firma del contrato mismo, puede suscribirse un precontrato (nº 3475). **3223**

Durante estos momentos previos a la contratación se pueden modular derechos fundamentales como, por ejemplo, el **derecho a la intimidad** (Const art.18) en el marco de los reconocimientos médicos que, a su vez, puede chocar con otros intereses públicos, pues son medio de evitación y prevención de riesgos y peligros relacionados con la salud de los trabajadores ver nº 1462. Tiene también relevancia el derecho a la intimidad en la entrevista de los candidatos (nº 1505) o en las pruebas psicotécnicas a las que se deban someter (nº 1497). También es importante conocer su virtualidad desde el punto de vista del deber empresarial de **protección de los datos**, por ejemplo, respecto de los vertidos por el trabajador en su currículo (nº 8505 s.).

Asimismo, resulta relevante la **libertad de expresión** que se modula, ya en el marco de la contratación, para ciertos puestos de trabajo en empresas de tendencia (nº 3285).

Con especial repercusión en el acceso a futuros empleos destaca la cesión de datos para la formación de un **fichero de trabajadores conflictivos** (a modo de lista negra) formado con datos personales sin el consentimiento de los afectados. Práctica que se ha considerado ilícita por vulnerar el derecho fundamental a la protección de datos personales (nº 8690). Además, si los datos no cumplen el requisito de la veracidad, vulneran también el derecho al honor. Por todo ello, en un caso concreto, al trabajador demandante se le reconoció el derecho a que se cancelasen sus datos personales de los archivos de la empresa y a una indemnización, que incluye el daño moral y el daño patrimonial derivado de la cesión ilícita de sus datos personales (TS Civil 12-11-15, EDJ 205574).

Siendo el **empresario** la parte contratante con capacidad real para establecer los elementos esenciales del contrato y las principales condiciones de ejecución por parte del trabajador, a él también le resulta imputable la responsabilidad de no haber observado el cumplimiento de los derechos fundamentales al momento de la contratación. De esa responsabilidad deriva que sea exigible al empresario la acreditación de la existencia de una **causa suficiente y razonable** que disipe cualquier sospecha de haber tomado decisiones que pudieran resultar discriminatorias o adoptadas en represalia por el ejercicio de algún derecho fundamental por parte del trabajador.

Precisiones **1)** Tras una evolución jurisprudencial en la materia y algún cambio de criterio motivado por reformas legislativas, el **orden social** de la **jurisdicción** es **competente** para el conocimiento de todas las controversias relativas al ingreso o fases previas a la contratación laboral, inclusive cuando se trate de una contratación externa o de nuevo ingreso (TS 11-6-19, EDJ 633129; TS auto sala de conflictos 12-2-20, EDJ 509883; auto sala de conflictos 17-2-21, EDJ 517050; auto sala de conflictos 10-1-23, EDJ 500828). Esta doctrina no ha quedado alterada por la modificación operada en la LRJS art.3.f (modificada por la L 22/2021 disp.final 20ª y declarada inconstitucional por la TCo 145/2022).

Por el contrario, si se trata de procesos selectivos extraordinarios de consolidación de empleo que afectan tanto a personal funcionario como a personal laboral, la competencia es de la **jurisdicción contencioso-administrativa** (TS 21-11-17, EDJ 250541; TS auto sala de conflictos 21-2-24, EDJ 509101).

2) Sobre la vulneración del derecho fundamental a la tutela judicial efectiva en su vertiente de **garantía de indemnidad** ver nº 3333.

B. Igualdad de trato y oportunidades en la contratación

La distinción entre **igualdad y no discriminación** tiene una repercusión práctica en lo que se refiere a su propio alcance, pues su ámbito de aplicación no es coincidente y la actuación de tales principios depende de dónde se contenga la **diferencia** en cuestión: **3230**

1. En una **actuación de los poderes públicos**: están en juego tanto el principio de igualdad ante la ley como el de no discriminación (TCo 161/1991).

2. En el **ámbito de las relaciones privadas**: sólo está en juego la prohibición de discriminación, que en este ámbito proyecta toda su fuerza aplicativa, pues en las relaciones laborales la Constitución no impone una igualdad de trato en sentido absoluto.
3. Por lo que se refiere al **convenio colectivo**: se pone en juego tanto el principio de igualdad ante la ley como el de no discriminación.
En todo caso, debe recordarse que, para cualquier ámbito material, los **servicios públicos de empleo**, sus **entidades colaboradoras** y las **agencias de colocación** públicas o privadas deben garantizar, en su ámbito de actuación, el principio de igualdad en el acceso al empleo, no pudiendo establecer discriminación alguna, directa o indirecta, por asociación o por error basada en motivos de nacimiento, origen racial o étnico, sexo, estado civil, religión, convicción u opinión, edad, discapacidad, orientación o identidad sexual, expresión de género, afiliación sindical, enfermedad o condición de salud, estado serológico y/o predisposición genética a sufrir patologías y trastornos, lengua, condición social, situación socioeconómica, o cualquier otra condición o circunstancia personal o social, siempre que los trabajadores se hallen en condiciones de aptitud para desempeñar el trabajo o empleo de que se trate. Y, del mismo modo, que la Inspección de Trabajo y Seguridad Social, vela particularmente por el respeto del derecho a la igualdad de trato y no discriminación en el acceso al empleo y en las condiciones de trabajo (L 15/2022 art.2 y 9).

3232 **Contratación por la Administración Pública** (Const art.23.2 y 103.3) El principio de igualdad se vincula esencialmente a la Ley y, en general, a las actuaciones de los poderes públicos (TCo 161/1991; 2/1998, recogiendo esta última la doctrina general en la materia).
La Administración Pública, como poder público que es, no se rige en sus relaciones jurídicas por el principio de la autonomía de la voluntad, sino que debe actuar con sometimiento pleno a la ley y al Derecho (Const art.103.1), con interdicción expresa de la arbitrariedad (Const art.9.3; TCo 161/1991; 95/1996). De manera que, en ese ámbito, para **admitir un desigual trato**, debe existir una causa razonable y objetiva que justifique el distinto régimen, siempre obviamente que no exista discriminación. Por el contrario, el principio de igualdad y el **control de racionalidad** -y no arbitrariedad- que implica su aplicación, no afecta a los empresarios privados que, no obstante, sí deben respetar el principio de no discriminación (TS 23-9-03, EDJ 152956; 9-3-05, EDJ 40762), lo que supone que, en el ámbito de las relaciones laborales en las Administraciones Públicas, el principio de igualdad impide no solo las desigualdades discriminatorias sino también aquellas que, por carecer de **justificación objetiva y razonable**, incurren en arbitrariedad. En efecto, para que pueda apreciarse un trato desigual contrario a la Const art.14 es preciso que el trato desigual carezca de justificación suficiente.
Como se ha dicho, el principio de igualdad está dirigido principalmente a los **poderes públicos**, obligándoles a tratar igual supuestos iguales y de forma diversa a los diferentes, salvo concurrencia de una causa objetivamente justificada, fundada y razonable de acuerdo con criterios y juicios de valor generalmente aceptados y cuyas consecuencias no sean desproporcionadas (TCo 119/2002).
En este contexto, todos los ciudadanos tienen derecho a acceder en condiciones de igualdad a **funciones y cargos públicos** con los requisitos que establezcan las leyes. Este derecho fundamental de igualdad en la ley en el acceso al empleo público obliga a cumplir con esa **exigencia igualitaria** respetando los principios de mérito y capacidad (Const art.103.3). Esta exigencia constitucional, que se articula estableciendo procesos de selección objetivos, consolida el llamado **principio de igualdad de oportunidades**, en virtud del cual todo ciudadano tiene derecho a acceder a un puesto de trabajo público en condiciones paritarias. En ese contexto, que preservaría asimismo la igualdad de trato de todos los ciudadanos en la ley, sólo los que demuestren adecuadamente un mayor mérito y/o capacidad ocuparían efectivamente los puestos de trabajo ofertados (TCo 281/1993; Const art.23.2).
Las posibles **irregularidades** que se produzcan **en la contratación** no pueden constituir cauce para que el trabajador afectado acceda a un puesto de trabajo fijo y permanente en las administraciones públicas de manera que su relación con la administración es la de «trabajador indefinido no fijo» (TS 6-4-00, EDJ 10330). En el mismo sentido, tampoco puede el trabajador al servicio de una administración pública ocupar por medio de un procedimiento de clasificación profesional una plaza, eludiendo su participación en un procedimiento de selección objetiva. Sobre la posible amortización de puestos de este tipo de trabajadores, en concreto por cese de actividad en el centro en que prestaba servicios (TS 22-7-13, EDJ 201323). No obstante, este criterio tradicional se encuentra pendiente de **confirmación o matización** como tras la sentencia del TJUE 22-2-24, C-59/22, C-11/22 y C-159/22, en resolución de la cuestión prejudicial planteada por el TS auto 30-5-24, EDJ 567801, en la que se plantea, entre otras cuestiones, si negar el reconocimiento de la condición de trabajadores fijos del sector público a los trabajadores indefinidos no fijos, resulta contrario a los principios de igualdad, mérito, capacidad y no discriminación en la libre circulación de trabajadores. Aun con este estado de cosas,

no se considera discriminatorio que el personal laboral indefinido no tenga derecho a participar en los **concursos de traslados** en que se limita la participación al personal fijo, al considerar que la resolución del TJUE no impone la conversión judicial automática de los trabajadores indefinidos no fijos en fijos (TS 29-4-24, EDJ 556518).

Precisiones 1) A través de la aprobación de la **Ley para la igualdad efectiva entre mujeres y hombres** (LO 3/2007), los principios de igualdad y no discriminación por razón de sexo se reforzaron al establecerse que las **Administraciones Públicas** en aplicación del principio de igualdad entre hombres y mujeres debían aprobar un **Plan de igualdad** de género a negociar con los representantes de los empleados públicos dónde se definieran los objetivos y medidas prioritarias para eliminar cualquier tipo de discriminación por razón de sexo, a fin de alcanzar la plena igualdad de oportunidades entre mujeres y hombres LO 3/2007 art.64). El II Plan, el vigente, se aprobó en 2015 con los 3 siguientes **objetivos**: igualdad en el empleo; conciliación y corresponsabilidad, así como lucha contra la violencia de género (SE AAPP Resol 26-11-15). También es destacable que en el **Estatuto Básico del Empleado Público** se formulen previsiones en materia de igualdad, debiéndose destacar la que incorpora como objeto de la ley la igualdad entre hombre y mujeres (EBEP art.1), el respeto a dicho principio debe imperar en la conducta de los propios empleados públicos (EBEP art.52), previendo que los órganos de selección velarán por el cumplimiento del principio de igualdad de oportunidades entre sexos (EBEP art.61) y estableciendo el juego de dicho principio en relación con la nacionalidad y la extranjería (EBEP art.57), así como previendo cupos para dotar de oportunidades a las personas con discapacidad (EBEP art.59). **3234**

2) Conforme al Derecho de la UE, el principio de **libre circulación de trabajadores**, que persigue garantizar el acceso al empleo de los ciudadanos de la Unión europea en igualdad de condiciones, no es de aplicación en el ámbito de las **administraciones públicas**, lo que no significa que éstas pueden excluir del acceso al empleo público en todo caso a nacionales de otros Estados miembros sin que ello constituya una **discriminación por razón de nacionalidad** ni una vulneración del Derecho de la UE (Tratado FUE art.45.4). En efecto, la jurisprudencia ha reiterado que al tratarse de una excepción al principio fundamental de libre circulación debe **interpretarse de forma estricta**. De tal forma que las limitaciones en el acceso al empleo público para nacionales de otros Estados sólo pueden afectar a los empleos que implican una participación, directa o indirecta, en el **ejercicio del poder público** y en las funciones que tienen por objeto la **salvaguardia de los intereses generales del Estado** y de las demás entidades públicas y que suponen pues, por parte de sus titulares, la existencia de una relación particular de solidaridad con el Estado, así como la reciprocidad de derechos y deberes que son el fundamento del vínculo de nacionalidad (nº 1668).

3) Es nula, por lesionar el derecho fundamental a acceder en **condiciones de igualdad a las funciones y cargos públicos**, una norma que prohíbe el acceso a la función pública local a quienes les falten menos de 10 años para la jubilación forzosa determinada legalmente (TCo 237/2004).

Contratación entre privados (L 15/2022 art.9) La **regla general** es que en la contratación entre particulares no pueden establecerse limitaciones, segregaciones o exclusiones para el acceso al empleo por cuenta ajena, público o privado, incluidos los criterios de selección, en la formación para el empleo, en la promoción profesional, en la retribución, en la jornada y demás condiciones de trabajo, así como en la suspensión, el despido u otras causas de extinción del contrato de trabajo. **3236**

Este principio de general es compatible con que el principio de igualdad **no** tenga **carácter absoluto** en las relaciones privadas, por lo que el empresario no ve coartada su autonomía de la voluntad a la hora de decidir qué trabajador, de los posibles candidatos, contrata para el puesto de trabajo que oferta. Puede **elegir libremente** sus trabajadores siempre que respete las normas convencionales y su decisión no pueda considerarse discriminatoria. La igualdad de trato en este ámbito se circunscribe a la **ausencia de discriminación** por las razones prohibidas (nº 3256). Al ser sus propios intereses los que están en juego, puede decirse que tiene derecho a equivocarse eligiendo a una persona no suficientemente capacitada o que no encaje en el entramado empresarial, el plazo previsto como periodo de prueba sirve entonces para solventar estos errores.

En consecuencia, el **empresario** únicamente está **obligado a contratar** a sus trabajadores por medio de **pruebas objetivas y abiertas** a todos los potenciales interesados, cuando esa exigencia se imponga en el convenio colectivo y en los términos que en esa norma convencional queden establecidos. Efectivamente, si el convenio colectivo establece unas determinadas reglas para el acceso al trabajo, éstas deben ser cumplidas y en caso de incumplimiento, el empleador es responsable de los perjuicios causados por su actuación contraria a lo convenido. En efecto, la doctrina judicial los ha equiparado a los precontratos y su **incumplimiento** podría generar el derecho a una indemnización por daños y perjuicios (nº 3487). Sobre la igualdad de trato en el ámbito convencional ver el marginal siguiente (nº 3238).

Por otra parte, debe también tenerse en consideración que, si bien el empresario no está sometido a esa exigencia de igualdad en la contratación, no puede en ningún caso realizar **actuaciones** que resulten **discriminatorias** para determinados grupos de trabajadores, impidiendo o limitando injustificadamente, de forma directa o indirecta, su acceso al empleo por las causas prohibidas (nº 3245 s.).

En el ámbito de las relaciones privadas el principio de igualdad sufre **matizaciones muy importantes** como consecuencia del reconocimiento constitucional de la libertad de empresa y de organización y del principio de autonomía individual. Por ello, la diferencia entre igualdad y discriminación tiene especial relevancia cuando las diferencias de trato se producen en el ámbito de las relaciones privadas pues en ellas la igualdad de trato ha de derivar de un principio jurídico que imponga su aplicación (TCo 34/1984; 161/1991; 2/1998; TS 11-4-00, EDJ 11185; 29-1-01, EDJ 1034; 18-7-02, EDJ 32087; 13-9-03; 9-3-05, EDJ 40762).

La propia ordenación del **sistema de fuentes laboral** parte del reconocimiento del papel de la autonomía de la voluntad ya que lo que impone el ET art.3 mediante una articulación de las distintas regulaciones, normativas y contractuales, a partir del principio de norma mínima. De forma que el **contrato de trabajo** puede siempre, salvo supuestos excepcionales de reglas de derecho necesario, mejorar las condiciones mínimas establecidas por la ley o el convenio colectivo, sin someterse a una exigencia absoluta de trato igual, que establecería una extraordinaria rigidez en la contratación y un control exorbitante de la discrecionalidad de la gestión empresarial privada, control además muy difícil de instrumentar en la práctica. Todo ello no impide que el **trato igual** pueda imponerse **a través de** la **norma específica**, ni que determinadas prácticas de trato desigual puedan tener un efecto vejatorio ilícito (TCo 34/1984; ET art.50), pero con una ilicitud que opera en un ámbito diferente al principio de igualdad. El trato desigual, por lo tanto, no supone siempre y sin más un trato discriminatorio (TS 9-3-05, EDJ 40762).

Por tanto, para que exista un **trato desigual proscrito** resulta imprescindible demostrar que existe un principio jurídico del que derive la necesidad de igualdad de trato entre los desigualmente tratados (TCo 59/1982), principio que reconoce, entre otros, el ET art.28 respecto de las prestaciones de trabajo de igual valor, ya que, en otro caso, no existe obligación de homogeneización alguna para el empresario. De este modo, la **regla general** en este ámbito es la de que los diferentes tratamientos retributivos **no vulneran** la Const art.14, siempre que:

a) respeten los mínimos legales y convencionales;

b) no pretendan suplantar la negociación colectiva (TCo 108/1989; 105/1992 y 209/1993);

c) no incurran en la prohibición de discriminación por razón de sexo, afiliación sindical, etc., en cuyo caso, la obligación de un trato igual viene establecido expresamente en la Constitución y en el ET art.4.2.c y 17.

La prohibición de discriminación en el ámbito de las decisiones individuales del empresario, actúa con toda su fuerza en la Ley de Igualdad, al incorporar la posibilidad de llevar a cabo **acciones de responsabilidad social de la empresa** (LO 3/2007 art.73) y la posibilidad de obtener el reconocimiento mediante distintivo de cumplir y fomentar de modo reforzado el principio de no discriminación por razón de sexo (LO 3/2007 art.74).

Precisiones Se ha confirmado la matización del principio de igualdad y no discriminación por la autonomía de la voluntad en el ámbito de la contratación laboral entre privados, al hilo de declarar la constitucionalidad de la L 15/2022, tras constatar que la **perspectiva de género** no impone ninguna adhesión ideológica, sino se integra con naturalidad en la evolución normativa y en el propósito y finalidad de la Ley (TCo 89/2024).

3238 **Igualdad de trato en el convenio colectivo** Las **condiciones de acceso al empleo** deben respetar el principio de igualdad en la medida en que la negociación colectiva imponga tal principio al empresario en su proceso de selección. En el marco de los convenios colectivos, al igual que en el marco de la autonomía individual, no es posible establecer ningún tipo de **discriminación** o trato desigual que traiga causa en alguna de los criterios prohibidos legalmente (ET art.17; L 15/2022 art.10.1). No obstante, debe tenerse en cuenta lo siguiente:

a) A pesar del valor normativo y eficacia erga omnes de los convenios colectivos, **no** existe para ellos una **exigencia absoluta de igualdad**, como ocurre respecto de los poderes públicos y la Ley, y el derecho a la igualdad no puede tener el mismo alcance que en las Leyes, pues en el ámbito de las relaciones privadas en el que el convenio colectivo se incardina, se ha de aplicar matizadamente, haciéndolo compatible con otros valores que tienen su origen en el principio de la autonomía de la voluntad y de la autonomía colectiva (TCo 177/1988; 171/1989; 28/1992).

b) Si el convenio colectivo aborda el acceso al empleo estableciendo **diferente trato**, no discriminatorio, debe acompañarse tal diferenciación de una **justificación** objetiva y proporcional a la finalidad pretendida por ésta. En el marco de ese juicio deben apreciarse las circunstancias concurrentes a las que hayan atendido los negociadores, considerando el ámbito laboral, cuando sean constitucionalmente admisibles (TCo 177/1998). No puede olvidarse que la negociación colectiva encuentra su justificación histórica en la unidad de los trabajadores con la finalidad de obtener unas mismas condiciones de trabajo y salario para

todos ellos. El convenio colectivo es expresión de esa unidad y si bien en todo convenio se establecen tratos diferenciados entre trabajadores, esas diferencias lo son por motivos objetivables como, por ejemplo, realizar un trabajo de distinto valor.
c) Si la diferenciación establecida supera adecuadamente los juicios de **justificación y** adecuada **proporcionalidad**, proponiéndose los negociadores del convenio el doble objetivo de superar a la competencia con una mejor atención al cliente y crear masivamente empleo, la desigualdad no tiene relevancia constitucional (TS 8-7-10, EDJ 185091).
d) Todo lo anterior es compatible el establecimiento de **medidas de acción positiva** para prevenir, eliminar y corregir toda forma de discriminación en el ámbito del empleo y las condiciones de trabajo, especialmente, para favorecer el acceso de las mujeres a todas las profesiones (L 15/2022 art.10.2). Se prevé que el convenio colectivo pueda establecer reservas y preferencias en las condiciones de contratación de modo que, en igualdad de condiciones de idoneidad, tengan preferencia para ser contratadas las personas del sexo menos representado en el grupo o categoría profesional de que se trate (ET art.17.4). La norma permite entender que, en puntuales ocasiones, no serán ellas las destinatarias de tal tipo de medidas sino los hombres, en la medida en que sean el sexo menos representado en un concreto grupo, categoría o puesto de trabajo. Con todo, en el mayor número de casos serán las mujeres las beneficiarias de este tipo de medidas de acción positiva. Además, existe el deber de **negociar planes de igualdad** para ciertas empresas y sus medidas pueden integrarse en el convenio colectivo (LO 3/2007 art.45.2; ET art.85.1) (nº 3427).

Precisiones **1)** Es legítimo y **no** resulta **discriminatorio** que en el marco de la negociación colectiva se establezca la contratación preferente de trabajadores vinculados previamente a la empresa con contratos temporales cuando con ello se pretende hacer efectivo el principio de igualdad en empleo que, como una variante del principio de seguridad jurídica, recoge la Const art.35.1 (TSJ Cantabria 6-9-06, Rec 649/06).
2) Si es **discriminatorio** no aplicar las medidas de acción positiva a favor de las mujeres previstas en el Convenio colectivo cuando los dos candidatos, un hombre y una mujer, se encuentran en igualdad de méritos y capacidades, y en su valoración deben tener en cuenta el contexto objetivo de infrarrepresentación femenina, pues permite detectar discriminaciones indirectas (TSJ Las Palmas 25-7-17, EDJ 211784).

C. No discriminación en la contratación

Como hemos dicho, no toda diferencia de trato constituye una discriminación en el sentido **3245**
señalado (nº 3215) y, por lo tanto, **no debe confundirse** el principio general de igualdad con el principio de no discriminación. Aquel compara situaciones presumiblemente iguales a las que se dispensa un trato diferente sin justificación, mientras que la **interdicción de discriminación** hace referencia esencialmente a supuestos en los que la causa del trato menos favorable coincide, directa o indirectamente, con las identificadas por el legislador como prohibidas. Tales **causas** de discriminación se consideran especialmente odiosas al conectar bien con la posesión de unas determinadas señas de identidad que nos cualifican, distinguen e individualizan frente a los demás. Señas sobre las que las personas no tienen capacidad de decisión al venir impuestas (sexo, edad, raza, discapacidad, etc.) o bien con el libre ejercicio de derechos fundamentales (libertad ideológica, religiosa, sindical, etc.).
Junto a las causas prohibidas (nº 3256 s.) y las definiciones (nº 3265 s.) también se analiza en este epígrafe la protección frente a la discriminación establecida por el legislador en el orden administrativo (nº 3310 s.), así como la obtenible ante los tribunales (nº 3325 s.).

1. Causas de discriminación prohibidas

Para que el trato sea discriminatorio es preciso que el legislador haya identificado como par- **3250**
ticularmente odiosa la **causa determinante** de esa conducta diferenciadora. En España coexisten las causas de discriminación que vienen impuestas desde la normativa internacional y de la UE, habiéndose asumido, en ocasiones, por el propio legislador nacional al incorporar el contenido de ciertas Directivas (nº 3256). En cualquier caso, las normas relativas a los derechos fundamentales y a las libertades que la Constitución reconoce se **deben interpretar** conforme a la Declaración Universal de Derechos Humanos y los tratados y acuerdos internacionales sobre las mismas materias ratificados por España como, por ejemplo, el Convenio Europeo para la Protección de los Derechos Humanos y de las Libertades Fundamentales art.14 (Const art.10).

3252 **Listado abierto de causas de discriminación** Entre las causas de discriminación que se enumeran en el (nº 3256) y que no pueden ser utilizadas como criterio de diferenciación válido hay que distinguir entre:

1. Las mencionadas en la **normativa de la UE**, tanto en el Tratado FUE como en la normativa derivada, en los **Convenios OIT**, así como las incluidas por el **legislador nacional ordinario**: en ambos casos sólo se consideran causas de discriminación prohibida las que expresamente se mencionan pues, sus listados de causas son exhaustivos.

2. Las contenidas en el Protocolo nº 12 al **Convenio Europeo de Derechos humanos** (CEDH) y las libertades fundamentales del Consejo de Europa de 1950 y en la propia Const art.14. En estos casos la lista de causas de discriminación prohibidas no se puede considerar taxativa ya que terminan con una cláusula abierta, que hace referencia a cualquier otra condición o circunstancia personal o social o como señala la norma internacional mencionada «a cualquier otra situación».

Esta **cláusula abierta** en el ámbito nacional ha permitido gozar de la tutela constitucional a causas adicionales a las expresamente citadas y frente a las que la discriminación también debe proscribirse como:

- la **edad** (TCo 75/1983);
- la **discapacidad** (TCo 269/1994);
- la **duración del contrato** (TCo 104/2004); o
- la **orientación sexual** (TCo 41/2006).

Debe hacerse constar que todas estas causas si están reconocidas expresamente en el ET art.4 y 17.

3. Las contenidas en Ley integral de igualdad y no discriminación (L 15/2022) que, manteniendo la cláusula abierta, establecen expresamente nuevas causas de discriminación prohibida. Son las siguientes:

- nacimiento;
- origen racial o étnico;
- sexo;
- religión;
- convicción u opinión;
- edad;
- discapacidad;
- orientación o identidad sexual;
- expresión de género;
- enfermedad o condición de salud;
- estado serológico y/o predisposición genética a sufrir patologías y trastornos;
- lengua;
- situación socioeconómica.

4. Finalmente, además existen **normas específicas** relativas a una única causa de discriminación con un ámbito de aplicación que excede el de la relación laboral:

a) Por un lado, la que surge de **Naciones Unidas**, vigente en España desde el 3-5-2008, desde un punto de vista muy amplio pretende promover, proteger y asegurar el goce pleno y en condiciones de igualdad de todos los derechos humanos y libertades públicas de las personas con **discapacidad** (Convención de Naciones Unidas sobre los derechos de las personas con discapacidad Nueva York 13-12-2006).

b) Por otro lado, la **normativa de la UE** relativa a la aplicación del principio de igualdad de trato de las personas independientemente de su **origen racial o étnico** (Dir 2000/43/CE).

c) En el ámbito interno, la relativa a la igualdad real y efectiva de las **personas trans** y para la garantía de los derechos de las **personas LGTBI** (L 4/2023).

La **enfermedad** no está incluida expresamente como causa de discriminación en el Derecho de la UE (Dir 2000/78/CE art.1 s.; Tratado FUE art.151 y 153). En derecho interno, desde el 14-7-2022 la enfermedad o la condición de salud aparece expresamente incluida como causas de discriminación. Hasta esa fecha, se había considerado causa de discriminación cuando era considerada un elemento de segregación basado en la mera existencia de la enfermedad en sí misma considerada o en la estigmatización como persona enferma de quien la padece, al margen de cualquier consideración que permita poner en relación esta circunstancia con la aptitud del trabajador para desarrollar el contenido de la prestación laboral objeto del contrato (TCo 62/2008). También cuando la enfermedad estaba conectada con **otras causas de discriminación**, como el sexo, o cuando se trataba de una enfermedad derivada del embarazo y ligada a la condición de mujer (TCo 17/2007) o con la discapacidad (nº 3345).

Alcance de la protección La protección frente a la discriminación por las causas que se mencionan a continuación **se extiende** no sólo al acceso al empleo, sino también al desarrollo específico del contrato de trabajo y las condiciones de prestación de la actividad productiva, la promoción profesional conectando incluso con la extinción de la relación laboral, o los estadios previos a la vida misma del contrato (TCo 29/2002; L 62/2003 art.34.1; ET art.17.1; Dir 2000/78/CE art.3 y Dir 2000/43/CE art.3; Dir 2006/54/CE art.1.a). 3254

Por lo tanto, con carácter general, el principio de igualdad de trato proscribiendo la discriminación por razón de las señas identitarias descritas se debe observar durante todo el **proceso** que conduce y tiene como objetivo la efectiva **contratación** de un trabajador por el empresario, tanto cuando se trate de las actuaciones directamente llevadas a cabo por éste último, como también de todas aquellas que pudiera haber emprendido cualquier otro **servicio de mediación en la contratación**, bien sea el Servicio Público Estatal de Empleo o alguna agencia de colocación -pública o privada- . No obstante, las agencias han de garantizar el principio de igualdad en el acceso al empleo y la prohibición de discriminación por las causas prohibidas siempre que los trabajadores se hallen en condiciones de aptitud para desempeñar el trabajo o el empleo de que se trate ET art.8.2.

Causas de discriminación prohibidas 3256

Causas prohibidas	Tratado FUE	Normativa derivada	Const (texto: **T**; cláusula abierta: **CA**)	ET	Otra normativa interna	Convenio OIT	Otras normas internacionales	Marginal
Nacionalidad	(entre nacionales de los Estados miembros de la UE) Tratado FUE art.18 Tratado FUE art.45 aplicación directa	(entre nacionales de los Estados miembros de la UE) Rgto UE/492/2011 Dir 2004/38/CE	X	X	RD 240/2007	Convenio OIT Núm 111 (ascendencia nacional)	(Origen nacional, pertenencia a una minoría nacional Protocolo nº 12 al CEDH)	nº 3395
Sexo	Tratado FUE art.157: aplicación directa. Tratado FUE art.19	Dir 2006/54/CE	Const art.14 (T) Const art.35.2	ET art. 4.2.c, 17 y 28	LO 3/2007 Desarrollo de planes de igualdad: RD 901/2020 Igualdad retributiva: RD 902/2020 L 15/2022 art.2.1	Convenio OIT Núm 111 Convenio OIT Núm 100	Protocolo nº 12 al CEDH	nº 3415
Raza u origen étnico	Tratado FUE art.19	Dir 2000/43/CE	Const art.14 (T) sólo raza	Art.4.2.c) ET art.17	L 62/2003 L 15/2022 art.2.1	Convenio OIT Núm 111 (raza o color)	Raza y color Protocolo nº 12 al CEDH	X
Religión, convicción u opinión	Tratado FUE art.19	Dir 2000/78/CE	Const art.14 (T) religión u opinión	ET art.4.2.c y 17)	L 62/2003 L 15/2022 art.2.1	Convenio OIT Núm 111 (no convicción)	Protocolo nº 12 al CEDH	X
Edad	Tratado FUE art.19	Dir 2000/78/CE	Const art.14 (CA)	ET art.4.2.c y 17)	L 62/2003 L 15/2022 art.2.1	X	Protocolo nº 12 al CEDH (CA)	nº 3385
Orientación sexual	Tratado FUE art.19	Dir 2000/78/CE	Const art.14 (CA)	ET art.4.2.c y 17)	L 62/2003 L 15/2022 art.2.1 L 4/2023	X	Protocolo nº 12 al CEDH (CA)	X
Expresión de género (**)	X	X	Const art.14 (CA)	ET art.4.2.c y 17)	L 15/2022 art.2.1 L 4/2023	X	X	X
Discapacidad	Tratado FUE art.19	Dir 2000/78/CE	Const art.14 (CA)	ET art.4.2.c, 15.3 y 17	RDLeg 1/2013 L 15/2022 art.2.1	X	Protocolo nº 12 al CEDH (CA) Convención de Naciones Unidas sobre los derechos de las personas con discapacidad	nº 3345

Causas prohibidas	Tratado FUE	Normativa derivada	Const (texto: **T**; cláusula abierta: **CA**)	ET	Otra normativa interna	Convenio OIT	Otras normas internacionales	Marginal
Ideas políticas	X	X	X	ET art.4.2.c y 17)	X	Núm 111	Protocolo nº 12 al CEDH	X
Enfermedad o condición de salud, estado serológico y/o predisposición genética a sufrir patologías y trastornos	X	X	X	X	L 15/2022 art.2.1			
Nacimiento	X	X	Const art.14 (T)	X	L 15/2022 art.2.1	X	Protocolo nº 12 al CEDH	X
Estado civil	X	X	X	ET art.4.2.c y 17	L 15/2022 art.2.1	X	Protocolo nº 12 al CEDH (CA)	X
Condición social	X	X	Const art.14 (CA)	ET art.4.2.c y 17	L 15/2022 art.2.1 (situación socioeconómica)	Convenio OIT Núm 111 (origen social)	Origen social Protocolo nº 12 al CEDH (CA)	X
Afiliación sindical	X	X	Const art.28 Libertad sindical	ET art.17	LOLS (LO 11/1985)	X	Protocolo nº 12 al CEDH (CA)	X
Parentesco con otros trabajadores en la empresa	X	X	X	ET art.17	X	X	Protocolo nº 12 al CEDH (CA)	nº 3405
Lengua dentro de España	X	X	X	ET art.4.2.c y 17	L 15/2022 art.2.1	X	Protocolo nº 12 al CEDH (CA)	X

(*) CA = cláusula abierta; T = texto (reconocimiento expreso).
(**) Antes de las L 15/2022 y la L 4/2023 el TCo ya había diferenciado entre **sexo y género**, siendo ambas condiciones que tienen incidencia en los derechos fundamentales. Consideró que la identidad de género es una faceta de la identificación del individuo y una causa sospechosa de trato discriminatorio de las que se incluyen en la cláusula residual de la Const art.14. Por ello, la condición de persona trans está incluida en la prohibición de discriminación de la Const. art.14, así como lo está la expresión de género que se vincula al derecho a la propia imagen de la Const. art.18.1 (TCo 62/2022).

3258 Precisiones **1)** En la normativa de la UE se alude a la **no discriminación** de:
a) Los trabajadores **a tiempo parcial** respecto de los trabajadores a tiempo completo comparables (Dir 97/81/CE; ver más ampliamente nº 6182 s.).
b) Los trabajadores con un contrato de **duración determinada** respecto del trabajador con un contrato de duración indefinida comparable (Dir 1999/70/CE; ver más ampliamente nº 7010 s.). Sin embargo, en la **normativa interna** que incorpora sendas directivas se establece la **igualdad de derechos** entre los colectivos ya mencionados sin aludir al término discriminación (ET art.12.4.d y 15.6).
2) En el ámbito de la UE las normas sobre no discriminación por razón de sexo se han empleado también para supuestos de discriminación de personas fundada en su **transexualidad** (TJUE 30-4-96, asunto Cornwall C-13/94; 7-1-04, asunto K.B. C-117/01; 27-4-06, asunto Richards C-423/04). Así también se ha entendido en el ámbito nacional (JS Barcelona núm 18, 26-3-07, EDJ 29878).
3) La Dir 2000/78/CE se circunscribe a la igualdad de trato en el empleo y la ocupación por razón de edad, discapacidad, edad, religión o convicciones y orientación sexual. Sin embargo, el ámbito de aplicación de la relativa al **origen racial y étnico** Dir 2000/43/CE es mucho más amplio y excede las relaciones laborales.
4) La **orientación sexual** es causa de discriminación también en el acceso al empleo (TJUE 25-4-13, asunto C-81/12). Resultando discriminatorias las declaraciones de uno de los directivos de un club de fútbol de las que se desprende que preferiría recurrir a un jugador de la cantera en vez de contratar a un futbolista presentado como homosexual. Declaraciones que permitían presumir la existencia de una discriminación basada en la orientación sexual en la contratación de jugadores por un club de fútbol profesional. Además, aunque la empresa no tenga abierto un proceso de selección de personal, una declaración de la que se deriva la existencia de una **política de contratación homófoba**, constituye una discriminación directa (TJUE 23-4-20, asunto C-507/18).

5) En el mismo sentido, se aprecia discriminación por razón de lengua en el acceso al empleo cuando no se contrata por no haber superado una **prueba de idioma español** establecida con el fin de constatar la comprensión de las medidas de prevención de riesgos laborales (TSJ Asturias 16-11-12, Rec 2154/12). Se trataba de un trabajador que había prestado servicios durante años en empresas subcontratadas por la demandada, además la empresa no acreditó la **proporcionalidad de la prueba** de idiomas.
6) Particulares problemas ha planteado también la no contratación o no renovación de los contratos de **profesores de religión** por razones vinculadas con el ejercicio de derechos fundamentales, tales como el derecho de huelga (TS 28-1-09, Rec 1274/08), huelga y libertad sindical (TS 28-1-09, Rec 1576/08), garantía de indemnidad (TSJ Las Palmas 30-12-10, EDJ 372440).
7) La **discriminación prohibida** abarca no sólo la discriminación directa, sino también la indirecta y el acoso discriminatorio que incluye en todo caso el sexual (nº 3265). Por el contrario, no se produce discriminación cuando se realizan **acciones positivas** a favor de colectivos tradicionalmente discriminados. Así ocurre, por ejemplo, respecto de la mujer, debiendo existir acciones positivas **a favor de mujeres** de colectivos en supuestos de pluralidad discriminatoria, es decir, en relación con mujeres de colectivos de especial vulnerabilidad como son las que pertenecen a minorías, las mujeres migrantes, las niñas, las mujeres con discapacidad, las mujeres mayores, las mujeres viudas y las mujeres víctimas de violencia de género, para las cuales LO 3/2007 art.14.6 prevé la posibilidad que los poderes públicos puedan adoptar dichas medidas de acción positiva.
8) Constituye una discriminación por **razón de estado civil**, el despido de una trabajadora producido después de comunicar su próximo matrimonio y solicitar el correspondiente permiso, puesto que discrimina a la mujer y represalia a quien ejerce su derecho (TS 9-2-22, EDJ 505408).

2. Formas de discriminación

(Dir 2000/78/CE; Dir 2000/43/CE; Dir 2006/54/CE; L 62/2003 art.28; L 15/2022 art.6)

Se debe distinguir entre discriminación directa e indirecta y el denominado acoso discriminatorio que puede tener alguna relevancia en el acceso al empleo. Aunque no se incluye en la Dir 2000/43/CE, la jurisprudencia y la L 15/2022 han incorporado la discriminación por asociación y la discriminación por error. **3265**

Precisiones: También se ha considerado discriminación toda **orden de discriminar**, directa o indirectamente, por razón de sexo (LO 3/2007 art.6.3). Ordenes prohibidas también, respecto de las **otras causas** de discriminación y no sólo limitadas a aquellas por razón de sexo (L 62/2003 art.28.2). También se trata de **garantizar la indemnidad** frente a las represalias (nº 3333), y se considerará que existe discriminación por razón de sexo cualquier trato adverso o efecto negativo que se produzca en una persona como consecuencia de la presentación por su parte de queja, reclamación, denuncia, demanda o recurso, de cualquier tipo, destinados a impedir su discriminación y a exigir el cumplimiento efectivo del principio de igualdad de trato entre mujeres y hombres (LO 3/2007 art.9).

Discriminación directa (L 15/2022 art.6.1 a) Existe discriminación directa cuando una disposición legal o reglamentaria, una cláusula convencional o contractual, un pacto individual o una decisión unilateral del empresario producen que una persona sea tratada de manera **menos favorable** que otra en situación análoga por alguna de las causas prohibidas (nº 3256). **3267**
Se considera que existe discriminación directa **por razón de sexo** en las medidas restrictivas relacionadas con el acceso al empleo de embarazadas, o conectadas con la maternidad, circunstancias que se vincula necesariamente a la condición biológica de las mujeres y por lo tanto al sexo (nº 3419), salvo que sean **medidas tuitivas** de su salud (nº 3300).
Esta discriminación directa puede ser **abierta o encubierta**. Se considera que es encubierta cuando bajo una causa o terminología neutra existe discriminación directa al ser la causa prohibida el verdadero criterio que mueve la actuación empresarial (TCo 198/1996).

Discriminación indirecta (L 15/2022 art.6.1 b) Existe discriminación indirecta cuando una disposición legal o reglamentaria, una cláusula convencional o contractual, un pacto individual, un criterio o práctica o una decisión unilateral del empresario, aparentemente neutros, puedan ocasionar una **desventaja particular** a una persona respecto de otras por razón de alguna de las causas prohibidas de discriminación (nº 3256), es decir, tengan mayor repercusión en algún grupo vulnerable asociado a alguna de tales causas prohibidas. Existe discriminación siempre que no se acredite que **objetivamente** la **desigualdad** no responde a una **finalidad** legítima y que los **medios** para la consecución de dicha finalidad no son adecuados y necesarios. **3269**
Así, por **ejemplo**, es una discriminación indirecta el uso de un criterio aparentemente neutro y aplicable a ambos sexos que, no obstante, afecta a un porcentaje considerablemente mayor de personas de un solo sexo sin que tal diferencia se encuentre objetivamente justificada. Se exige una **doble condición** concurrente en el **test dual** de la discriminación indirecta, en este caso por razón de sexo, para que una medida o actuación sea contraria al principio de igualdad

y de no discriminación (TJUE 9-2-99, Seymour-Smith y Pérez C-167/97; TJCE 30-3-00, Örebro l'ns landsting C-236/98):

1. Se ha de comprobar y demostrar que los **datos estadísticos** disponibles muestran que el porcentaje de mujeres afectadas es considerablemente superior al de hombres.

2. Si concurre esta circunstancia, existe discriminación indirecta por razón de sexo a menos que dicha medida esté **justificada** por factores objetivos y ajenos a cualquier discriminación por razón de sexo. Para supuestos en los que se ha entendido que concurre la **discriminación indirecta** por razón de sexo, ver nº 3415.

Precisiones **1) No** se ha considerado **indirectamente discriminatorio**:

- el no pagar horas extraordinarias a trabajadores a tiempo parcial que trabajaban más horas de las contractualmente acordadas (TJUE 15-12-94 Caso C-399/92, Helming y otros), o;
- la utilización del **criterio de la antigüedad** en la fijación de las retribuciones pues, aunque redunde en disparidades de retribución entre los trabajadores y las trabajadoras, es idónea para alcanzar la finalidad legítima de recompensar la experiencia adquirida que coloca al trabajador en condiciones de cumplir mejor sus tareas, por lo que el empresario no está obligado a justificar su utilización y ni su finalidad, a no ser que el trabajador facilite datos que puedan hacer nacer dudas fundadas a este respecto (TJUE 3-10-06, asunto C-17/05).

2) Aunque es legítima una norma de la empresa que no permite a los trabajadores llevar **signos visibles** de sus **convicciones religiosas** en el lugar de trabajo (**velo islámico**, en este caso) que incluya únicamente a los trabajadores que están en contacto con clientes, es necesario comprobar si esta diferencia de trato supone una discriminación indirecta, si es que la obligación aparentemente neutra que contiene la norma cuestionada ocasiona una desventaja particular a aquellas personas que profesan una determinada religión o tienen unas convicciones determinadas o si, por el contrario, puede justificarse objetivamente con una finalidad legítima y si los medios para la consecución de esta finalidad son adecuados o necesarios (TJUE 14-3-17, C-157/15). De modo que, la prohibición de llevar cualquier forma visible de expresión de **convicciones políticas, filosóficas o religiosas** en el lugar de trabajo puede estar justificada por la necesidad del empresario de presentarse de manera neutra ante los clientes o de prevenir conflictos sociales; en tal caso, la empresa no incurre en una discriminación directa o indirecta por motivos religiosos o de convicción (TJUE 15-7-21, C-804/18 y C-341/19; 13-10-22, C-344/20). En caso de que la empresa no mantenga ninguna **política de neutralidad religiosa**, la prohibición de llevar velo supone una vulneración de la libertad religiosa (JS Palma de Mallorca núm 1, 6-2-17, EDJ 8167); no así cuando lo que se pide a las trabajadoras que usan hiyab es que lo recojan dentro del gorro que deben llevar para cumplir los protocolos en materia de higiene alimentaria (TSJ La Rioja 22-6-17, EDJ 165174). Por otra parte, no constituye un requisito profesional esencial y determinante la voluntad del empresario de tener en cuenta los deseos particulares de un cliente para justificar el despido de una trabajadora que se niega a dejar de utilizar el velo y que, por lo tanto, es discriminatorio (TJUE 14-3-17, C-188/15).

3271 **Acoso discriminatorio** (ET art.4.2.e y art.54.2.g; L 62/2003 art.28, 37.2 y 5; L 15/2022 art.6.4) Se considera acoso discriminatorio a toda conducta no deseada relacionada con alguna de las causas prohibidas (nº 3256) que tenga como **objetivo o consecuencia** atentar contra su dignidad y crear un entorno intimidatorio, humillante u ofensivo.

Aunque el acoso discriminatorio **ambiental**, incluido el mobbing, se produce normalmente estando ya **vigente la relación laboral**, resulta importante constatar que, excepcionalmente, podría afectar a los estadios previos a su nacimiento, por ejemplo, en procesos de selección muy dilatados en el tiempo. También es posible que se produzca en el momento del acceso al empleo el acoso discriminatorio en su modalidad de **chantaje**, es decir, cuando la contratación de la víctima pasase por su sumisión a tales agresiones, circunstancia que puede producirse, por ejemplo, en el marco del denominado **acoso sexual**. Este último es un subtipo de acoso considerado en todo caso directamente discriminatorio por razón de sexo, y que puede definirse como toda conducta grave de carácter físico o verbal e índole sexual, desarrollada en el marco laboral que resulta ofensiva e indeseable para víctima destinataria cuya posición frente a la misma puede determinar, en este caso, su acceso al empleo (TCo 224/1999). En otras palabras, se trataría de situaciones en las que el acceso al empleo se supedita a la aceptación de un requerimiento de índole sexual.

Precisiones **1)** Desde un punto de vista interno, asumiendo las definiciones establecidas en el Derecho de la UE, en este caso en relación con la **discriminación por razón de sexo**, se define (LO 3/2007 art.7):

a) El **acoso discriminatorio por razón de sexo** como la situación en que se produce un comportamiento no deseado relacionado con el sexo de una persona con el propósito o el efecto de atentar contra la dignidad de la persona y de crear un entorno intimidatorio, hostil, degradante, humillante u ofensivo.

b) El **acoso sexual** como la situación en que se produce cualquier comportamiento verbal, no verbal o físico no deseado de índole sexual con el propósito o el efecto de atentar contra la dignidad de una persona, en particular cuando se crea un entorno intimidatorio, hostil, degradante, humillante u

ofensivo). No se exige que el comportamiento sea explícito, sino que puede ser implícito, siempre que resulte inequívoco (TS cont-adm 27-11-23, EDJ 756859).
En ambos casos, también se condena **situaciones de chantaje**, que sucede cuando se condiciona el derecho, por ejemplo, a una retribución o el propio acceso al empleo a la aceptación de una situación constitutiva de acoso sexual o de acoso por razón de sexo, dicho acto incurre también en discriminación prohibida (LO 3/2007 art.7.4).
2) El hostigamiento, vejación y persecución sistemática que sufre la trabajadora por parte de la empresa socava su personalidad y estabilidad emocional haciéndola acreedora de una **indemnización** por los daños y perjuicios sufridos (TSJ Madrid 4-4-14, EDJ 61221).
3) El acoso moral es difícil que se produzca en el **acceso al empleo**, hay que tener en cuenta que para que una conducta pueda ser calificada de acoso deben concurrir notas tales como la **reiteración** y la intencionalidad, para diferenciarlo de la mera conflictividad laboral propias del desarrollo de la actividad profesional (TSJ Madrid 10-2-14, EDJ 15656).

Discriminación por asociación y discriminación por error (L 15/2022 art.6.2) El concepto de **discriminación por asociación** o vinculación no ha sido expresamente incorporado a la Dir 2000/78/CE, pero sí ha sido reconocido por la **jurisprudencia del TJUE**. Recoge los supuestos en los que la circunstancia personal o social que motiva el trato peyorativo no concurre en el trabajador sino en alguno de sus allegados o persona asociada. **3273**
El factor de discriminación se transfiere o refleja de un individuo hacia el trabajador, que es quien sufre el trato discriminatorio por parte de la empresa. Aunque inicialmente se refiere a la discapacidad, puede ampliarse a casos distintos como: el origen racial o étnico, la afiliación sindical, la religión, etc.
Este tipo de discriminación está incluida expresamente en la L 15/2022. También incluye expresamente la **discriminación por error** que la define expresamente como aquella que se funda en una apreciación incorrecta acerca de las características de la persona o personas discriminadas.

Precisiones La **jurisprudencia** ha declarado la existencia de discriminación por asociación en los siguientes **supuestos**:
- trato desigual y despectivo que sufre una trabajadora por solicitar permisos y reducción de jornada con el fin de atender a su **hijo con discapacidad** (TJUE 17-7-2018, asunto Coleman C-303/16);
- despido de un trabajador en represalia por una decisión adoptada por la mesa electoral de la que formaba parte, de no permitir la participación en las elecciones sindicales de un determinado sindicato. Aunque el trabajador no pertenece al colectivo amparado por la libertad sindical, si el despido es una represalia por su **actuación como árbitro independiente** entre los distintos sindicatos que concurrían a las elecciones, se produce una vulneración de este derecho (TSJ Galicia 2-8-17, EDJ 179988);
- situación de acoso que sufre un trabajador, **pareja de otra trabajadora** que previamente había extinguido su relación laboral tras haber sufrido acoso sexual. Se considera que existe acoso por asociación que es la situación en que se produce un comportamiento no deseado relacionado con el sexo de una persona (la esposa del recurrente) con el propósito o el efecto de atentar contra la dignidad de la persona (el recurrente) y de crear un entorno intimidatorio, hostil, degradante u ofensivo (TSJ Galicia 13-4-18, EDJ 509902);
- despido de una trabajadora, que se acredita se ha producido como represalia a la **actividad sindical de su pareja sentimental**, miembro del comité de empresa en la que ambos trabajan (TSJ Las Palmas 29-1-19, EDJ 687743);
- despido de un hombre por razón del embarazo y parto de su mujer. Se proyecta la en él la protección que otorga el ET art.55.5.b (TSJ Galicia 16-4-21, EDJ 543791);
- despedir a una trabajadora porque su **pareja** se encontraba **embarazada de ocho meses** (TSJ Cataluña 3-5-23, EDJ 632589);
- restringir los derechos en los **planes de incentivos** por, entre otras causas igualmente ilícitas, hacer uso de permiso retribuido con la finalidad de acompañar a hijos o hijas menores de 9 años, o ascendientes mayores de 65 años a las consultas médicas oportunas (AN 19-6-23, EDJ 608553).

3. Excepciones al principio de no discriminación

El contrato de trabajo es el resultado de una decisión voluntaria del trabajador por la que se integra en la organización empresarial, en cuyo marco sus derechos fundamentales **se modulan** en la medida estrictamente imprescindible para el correcto y ordenado desenvolvimiento de la actividad productiva. En este sentido cabría la diferenciación por los criterios prohibidos cuando: **3280**
- exista un **requisito profesional esencial** (nº 3285);
- se esté realizando una **acción positiva** (nº 3295); o
- se pretenda la **protección de la salud de un grupo vulnerable** (nº 3300).

En este último caso, hay que distinguir claramente las **medidas tuitivas** de colectivos vulnerables de aquellas medidas que pueden suponer en sí mismas un obstáculo para su acceso real al empleo en igualdad de condiciones y que suponen en definitiva una **discriminación** (nº 3300).

a. Requisitos profesionales

(Dir 2000/78/CE art.4; Dir 2000/43/CE art.4; Dir 2006/54/CE art.14.2)

3285 Con esta excepción se hace referencia a que de la propia **naturaleza de determinadas actividades o trabajos** o del contexto en que éstas se llevan a cabo pueden derivarse diferencias de trato que no constituirían discriminación. Para que así fuera dichas diferencias deben objetivamente cumplirse **dos requisitos**:

1. Traer causa en un requisito profesional **esencial y determinante** que imponga razonablemente esa desigualdad de trato.
2. Constituir un requisito **proporcionado** para alcanzar un objetivo legítimo.

En este sentido, se ha admitido que el sexo, la edad u otros factores similares sean utilizados legítimamente para limitar o condicionar el acceso al empleo cuando lo justifica la actividad a realizar. Así, por **ejemplo**, para interpretar un determinado papel en una película o en una obra de teatro se puede exigir un perfil de sexo, edad, raza, etc., que estaría justificado.

En razón a las mencionadas exigencias de carácter profesional, el acceso a determinadas actividades o puestos de trabajo puede estar legítimamente excluido o limitado en función del **sexo del trabajador**. Motivo por el que el legislador establece que no constituye discriminación en el acceso al empleo, incluida la formación necesaria, una diferencia de trato basada en una característica relacionada con el sexo cuando, debido a la naturaleza de las actividades profesionales concretas o al contexto en el que se lleven a cabo, dicha característica constituya un requisito profesional esencial y determinante, siempre y cuando el objetivo sea legítimo y el requisito proporcionado (LO 3/2007 art.5). Así, en determinadas actividades profesionales, **no** se consideran **discriminaciones prohibidas** algunas diferencias de trato vinculadas al sexo del trabajador, debidamente justificadas. Esta previsión, por su carácter de excepción, debe ser objeto de una interpretación restrictiva.

Sobre el **requerimiento de esfuerzo físico** o determinadas condiciones físicas para el desempeño de un puesto de trabajo en relación con la prohibición de discriminación por razón de sexo (nº 3423).

Respecto de los requerimientos que pueden impedir el desempeño de las tareas fundamentales de un puesto de trabajo por una **persona con discapacidad** (ver nº 3359).

Precisiones 1) No se puede obligar a contratar, ascender o mantener en un puesto de trabajo a una persona que **no sea competente o no esté capacitada o disponible** para desempeñar las tareas fundamentales del puesto de que se trate, sin perjuicio de la obligación de realizar los ajustes razonables para las personas con discapacidad, entre los que figura una eventual reducción de su tiempo de trabajo (TJUE 11-4-13, asunto Ring y Skouboe C-335/11 y C-337/11).

2) Se han admitido limitaciones en el acceso de las mujeres a determinadas **unidades de combate** del ejército o de la policía cuando el sexo es una condición determinante (TJUE 11-1-00 asunto Kreil C-285/98; previamente TJUE 15-5-86, asunto Johnston C-222/84; ver también TCo 216/1991). De este modo, la exclusión de las mujeres del servicio en unidades de combate como los Royal Marines puede estar justificada en lo que se refiere al acceso al empleo, a la formación y a la promoción profesionales, y a las condiciones de trabajo, por razón de la naturaleza y de las circunstancias del ejercicio de las actividades de que se trata (TJUE 26-10-99, asunto Sirdar).

3) El derecho de la UE no se opone a que el **servicio militar obligatorio** esté reservado a los hombres (TJUE 11-3-03, asunto Dory C-186/01).

4) No es contraria al derecho de la UE, una norma que prevé que únicamente pueden ser contratadas en el servicio técnico medio de **bomberos profesionales** las personas que no superen los 30 años de edad. Se trata de una norma que establece una diferencia de trato en el acceso al empleo por razón de la **edad** pero que está justificada por el objetivo de garantizar que los funcionarios del servicio técnico medio de bomberos puedan cumplir las misiones que exigen una capacidad física particularmente elevada durante un período de tiempo relativamente largo de su carrera (TJUE 12-1-10, asunto Colin Wolf C-229/08).

3287 **Trabajo en empresas de tendencia** Se entiende por empresas de tendencia o **empresas ideológicas** aquellas orientadas a promover o difundir opiniones, creencias o ideas en los ciudadanos o a realizar, por razón de ese ideario del que se nutren, actividades de contenido social. Los **ejemplos** pueden ser muy variados: partidos políticos, sindicatos, confesiones religiosas, ONGs, medios de comunicación, escuelas, determinadas fundaciones, etc. La única **definición** dada por el legislador sobre estas empresas las concibe como las iglesias y demás organizaciones públicas o privadas cuya ética se base en la religión o en las convicciones (Dir 2000/78/CE art.4.2). Se trata de un concepto abierto, que permite proponer la siguiente **clasificación** de **empresas** de tendencia:

1. Organizaciones que constituyen **manifestación directa de un derecho fundamental**: libertad religiosa, participación política o sindical, libertad de asociación, etc. Lo característico de estas empresas es que son el vehículo para que se puedan ejercer por determinadas

personas derechos también fundamentales, distintos de la propia libertad de empresa, pero que para su adecuado funcionamiento requieren el revestimiento de forma empresarial.
2. Empresas cuya finalidad es producir bienes o servicios al mercado caracterizados por contener un fuerte **componente ideológico**. Se trata de empresas en el común sentido de la palabra cuyo objeto es incidir en la formación de opinión.
En la **relación laboral** con estas organizaciones se produce una **modulación en el ejercicio** de determinados **derechos fundamentales** por parte del trabajador. En especial, el derecho a la libertad de expresión y a la intimidad que pueden verse mediatizados a fin de que los fines ideológicos que conforman la empresa puedan también realizarse. En efecto, se permite que pueda exigirse a las personas que trabajen en ellas una actitud de **buena fe y lealtad** hacia la ética de la organización (Dir 2000/78/CE art.4.2). Del mismo modo, la pervivencia de la relación laboral se vincula a la persistencia de la **relación política** y de confianza que dio lugar a la contratación; por ello, no hay ataque a la **libertad ideológica** cuando el cese se produjo una vez conocidos los resultados de las elecciones sindicales primarias y la empresa procedió a cesar a los trabajadores afines a la candidatura derrotada en el centro de trabajo (TSJ Asturias 23-12-22, EDJ 800404).
No obstante, esta modulación sólo se exige en aquellos supuestos en los que la **actividad concreta** que el trabajador tiene asignada desde su puesto de trabajo entre en directa relación con la necesidad de respetar el ideario de la empresa (TCo 106/1996). De manera que la limitación sólo afectaría a los llamados **puestos de trabajo de tendencia**, de lo que se deduce que no todo trabajador de este tipo de empresas, necesariamente tiene condicionado el ejercicio de sus derechos fundamentales más allá de lo que sucedería en una empresa ordinaria; sino sólo cuando su **propia actividad productiva** constituya precisamente el canal para la realización del ideario propio de la empresa. De esta manera, el **trabajador** que libremente decide **prestar servicios** en una empresa de estas características:
a) No viene obligado ni a convertirse en **apologista** de su ideario, ni a transformar su actividad en propaganda o adoctrinamiento, ni a subordinar a ese ideario las exigencias que el rigor profesional impone a su labor (TCo 5/1981).
b) Sí estaría limitado para dirigir **ataques** abiertos o solapados **contra ese ideario** y no así su simple disconformidad con el mismo (TCo 47/1985 y 77/1985).
c) No puede ser obligado por el empresario a acomodar su **vida privada** a las exigencias del ideario empresarial (TSJ Las Palmas 17-7-02, EDJ 102893). En sentido contrario se ha considerado que la Iglesia Católica puede exigir que un **profesor de religión secularizado** no divulgue su condición de casado (TSJ Murcia 26-2-01, EDJ 1426).
Esta especial **modulación** de los derechos fundamentales de los trabajadores en los puestos de trabajo de tendencia podría tener consecuencias en el desarrollo de la prestación laboral, pero no constituiría un requisito para el acceso al empleo. El empresario no puede, por lo tanto, indagar acerca de la **ideología del trabajador** y verificar si ésta es adecuada a su ideario. De hacerlo estaría invadiendo ilícitamente su intimidad (Const art.16.2 y 18.1; TCo 47/1985).
d) No pueden aplicarse los **criterios de las empresas de tendencia** a las empresas que carecen de ideario, por más que sus valores sean opuestos a los de sus trabajadores. Se declara la nulidad del despido de un director de sucursal de un banco próximo a la monarquía marroquí, por participar en una manifestación en la que se denunciaba la situación de los ciudadanos del Valle del Rif (vulneración del derecho a la libertad ideológica) (TCo 79/2023).

b. Acción positiva

(Dir 2000/78/CE art.7; Dir 2000/43/CE art.5; Dir 2006/54/CE art.3; Tratado FUE art.157; L 62/2003 art.35)

La no discriminación implica una tutela añadida a la **igualdad formal** (TCo 125/2003; 212/1993; **3295**
80/1994), pues pretende conseguir la igualdad de oportunidades y por ende la denominada **igualdad material** removiendo los obstáculos para que la situación de igualdad como punto de partida se produzca (Const art.9.2).
Supone abandonar de la posición neutral, propia de la igualdad formal para utilizar los denominados mecanismos de acción positiva a favor de **grupos vulnerables identificables** por los criterios de diferenciación prohibidos. Se consideran acciones positivas las diferencias de trato orientadas a prevenir, eliminar y, en su caso, compensar cualquier forma de discriminación o desventaja en su dimensión colectiva o social. Supone la intervención, especialmente de los poderes públicos, estableciendo medidas, tendentes a solventar los problemas o condicionantes que impiden o dificultan a los grupos preteridos el acceso al empleo. Entendiéndose que se permite un **trato distinto** fundado en uno de los criterios prohibidos de diferenciación, mediante medidas destinadas a prevenir o compensar las desventajas que pudieran afectar a las personas integrantes de alguno de los colectivos protegidos frente a la discriminación. Estas medidas vienen a reconocer que, por encima de la igualdad formal, la concurrencia de

una seña identitaria de las consideradas dignas de protección por el legislador, puede en ocasiones justificar un impulso o apoyo adicional para que esas personas alcancen una situación de igualdad real y efectiva.
Estas medidas **se aplican** en tanto subsistan las situaciones de discriminación o las desventajas que las justifican y habrán de ser razonables y proporcionadas en relación con los medios para su desarrollo y los objetivos que persigan.
Tiene carácter de acción positiva la normativa legal para el **fomento de empleo** donde el legislador para determinados colectivos de personas, bien por razón de edad, sexo o discapacidad, introduce una serie de ventajas, esencialmente bonificaciones a las cotizaciones de Seguridad Social, cuya finalidad es favorecer el acceso al empleo de estas personas que objetivamente presentan más dificultades para lograrlo.
En otras ocasiones las medidas de acción positiva se traducen en la imposición por el legislador de cargas que han de soportar los destinatarios de las normas, en este caso los empleadores públicos o privados. El ejemplo más característico serían los **ajustes razonables** que se exigen a los empresarios con relación a los trabajadores con discapacidad (nº 3355). Sobre la acción positiva en la no discriminación por razón de sexo, ver (nº 3425).

c. Protección de la salud ciertos grupos vulnerables

3300 Se ha considerado que **no** son **discriminatorias** aquellas **medidas de protección** de la salud de grupos especialmente vulnerables, por su realidad biológica, respecto de los que se admite un trato desigual:
1. Por razón de **sexo** conectado con la protección de la salud en la maternidad y el embarazo (nº 1431).
2. Por razón de **edad** respecto de los menores de edad que tienen vedadas ciertas prestaciones como, por ejemplo, el trabajo nocturno (nº 1427).
3. Por razón de la **discapacidad** (nº 1435).
Esta protección conecta con la obligación empresarial de garantizar de manera específica la **protección de la salud** de los trabajadores que por sus propias características personales o estado biológico conocido, incluidos aquellos que tengan reconocida una discapacidad, sean especialmente sensibles a los riesgos derivados del trabajo (LPRL art.25). De este modo, la norma establece que estos trabajadores no pueden ser empleados en aquellos puestos de trabajo en los que ellos mismos o el resto de trabajadores puedan colocarse en situación de riesgo laboral. Operaria en estos casos la prevención de riesgos como un presupuesto objetivo y justificado para la **exclusión no discriminatoria** de trabajadores en el acceso al empleo por razón de presentar determinadas características personales incompatibles con el trabajo requerido.
Debe diferenciarse esta **protección de la salud** de otras medidas que diferencian también por las causas prohibidas y que, aunque en su origen fueron consideradas protectoras de la salud de ciertos colectivos, con el tiempo han sido consideradas **discriminatorias** al quedar obsoleto su fin tuitivo. En efecto, se trata de medidas a priori tuitivas de colectivos protegidos pero que en definitiva suponen en sí mismas un obstáculo para su acceso real al empleo en igualdad de condiciones de trabajo (TCo 28/1992). Se trata de medidas falsamente paternalistas o medidas que, aunque adoptan una apariencia de protección de un grupo vulnerable -como la mujer- conducen, sin embargo, a perpetuar su inferior posición en el mercado.

Precisiones Así, se ha considerado **discriminatoria** la **prohibición absoluta** de que las **mujeres**:
1. Realizasen trabajo **en minas o nocturno** (TJUE 13-3-97 Comisión vs. Francia C-197/96 y 4-12-97 Comisión vs. Italia C-207/96 ver también TCo 198/1996).
2. Entren en el **ejército o en la policía** aunque se siguen admitiendo posibles excepciones concretas cuando el sexo es una condición determinante para acceder a ciertas unidades de combate especiales (TJUE 11-1-00 asunto Kreil C-285/98; previamente TJUE 15-5-86, asunto Johnston C-222/84; ver también TCo 216/1991). De manera que se puede afirmar que:
- Las decisiones adoptadas por los Estados miembros en materia de acceso al empleo, de formación profesional y de condiciones de trabajo en las **Fuerzas Armadas** con objeto de garantizar la eficacia en combate no están, por regla general, excluidas del ámbito de aplicación del Derecho de la UE.
- La exclusión de las mujeres del servicio en **unidades de combate** como los Royal Marines puede estar justificada en lo que se refiere al acceso al empleo, a la formación y a la promoción profesionales, y a las condiciones de trabajo, por razón de la naturaleza y de las circunstancias del ejercicio de las actividades de que se trata (Dir 76/207/CEE art.2.2).
- Además el derecho de la UE no se opone a que el **servicio militar obligatorio** esté reservado a los hombres (TJUE 11-3-03, asunto Dory C-186/01).
3. Realizasen trabajos subterráneos en el **sector minero**, o en medio hiperbárico y trabajos de buceo (TJUE 1-2-05, asunto Comisión-Austria C-203/03).

4. Protección del derecho a la no discriminación

(Dir 2000/78/CE art.9)

El derecho de la UE obliga a que los Estados miembros velen por la existencia de **procedimientos judiciales o administrativos**, e incluso, cuando lo consideren oportuno, procedimientos **de conciliación**, para exigir el cumplimiento de las obligaciones antidiscriminatorias establecidas en la Dir 2000/78/CE. 3305

Estas medidas deben establecerse siempre a favor de todas las personas que se consideren **perjudicadas por la no aplicación** del principio de igualdad de trato, incluso tras la **conclusión de la relación** laboral en la que supuestamente se ha producido la discriminación.

Además los Estados miembros han de velar por que las **asociaciones, organizaciones** u otras personas jurídicas que, de conformidad con los criterios establecidos en el Derecho nacional, tengan un interés legítimo en velar por el cumplimiento de lo dispuesto en la presente Directiva, puedan iniciar, en nombre del demandante o en su apoyo, y con su autorización, cualquier procedimiento judicial o administrativo previsto para exigir el cumplimiento de las obligaciones derivadas del Derecho de la UE.

La normativa antidiscriminatoria prevé asimismo la **nulidad** de todas aquellas **decisiones** que supongan un trato desfavorable como consecuencia de las reclamaciones emprendidas por los trabajadores preconizando el principio de igualdad de trato y no discriminación, lo que abarca no sólo las normas heterónomas, sino también a los **convenios colectivos** (TJUE 27-6-90, asunto Kowalska C-33/89, y 20-3-03, asunto Kutz-Bauer C-187/00), a los **contratos individuales** y a las **decisiones** que unilateralmente pueda adoptar el empresario en relación con el trabajador (ET art.17.1; Dir 2000/78/CE art.16.b).

a. Tutela administrativa

Debe tenerse en cuenta que las decisiones que pueda adoptar el empresario que vulneren el principio de igualdad de trato y no discriminación constituyen una conducta susceptible de sanción administrativa, por comisión de una **infracción muy grave** respecto de las condiciones de trabajo y el empleo. También las que atenten contra la **garantía de la indemnidad**, por ser reacción en contra del trabajador que reclamó su vulneración (nº 3333). 3310

Precisiones La L 15/2022 prevé un **régimen sancionador** propio que establece en materia de igualdad de trato y no discriminación: No obstante, no es de aplicación en los siguientes ámbitos:
- al orden social, en el cual han de aplicarse las infracciones y sanciones establecidas en la LISOS;
- en relación con las personas con discapacidad, al ser de aplicación su normativa específica (RDLeg 1/2013).

Infracciones y sanciones (LISOS art.8.12, 8.13 y 8.13 bis y art.16.2) 3312

Infracción	Calificación	Sanción (LISOS art.40)
Las decisiones unilaterales de la empresa que impliquen **discriminaciones directas o indirectas desfavorables** por razón de edad o discapacidad o favorables o adversas en materia de retribuciones, jornadas, formación, promoción y demás condiciones de trabajo, por circunstancias de sexo, origen, incluido el racial o étnico, estado civil, condición social, religión o convicciones, ideas políticas, orientación e identidad sexual, expresión de género, características sexuales, adhesión o no a sindicatos y a sus acuerdos, vínculos de parentesco con otros trabajadores en la empresa o lengua dentro del Estado español, así como las decisiones del empresario que supongan un trato desfavorable de los trabajadores como **reacción ante una reclamación** efectuada en la empresa o ante una acción administrativa o judicial destinada a exigir el cumplimiento del principio de igualdad de trato y no discriminación (LISOS art.8.12 -redacc L 4/2023-).	Muy Grave	**Multa**: - en su **grado mínimo**, de 7.501 a 30.000 €; - en su grado **medio** de 30.001 a 120.000 €; - en su grado **máximo** de 120.001 a 225.018 €.
Solicitar **datos de carácter personal** en los procesos de selección o establecer condiciones, mediante la publicidad, difusión o por cualquier otro medio, que constituyan discriminaciones para el acceso al empleo por motivos de sexo, origen, incluido el racial o étnico, edad, estado civil, discapacidad, religión o convicciones, opinión política, orientación e identidad sexual, expresión de género, características sexuales, afiliación sindical, condición social y lengua dentro del Estado (LISOS art.16.1.c -redacc L 4/2023-).	Muy Grave	**Multa**: - en su **grado mínimo**, de 7.501 a 30.000 €; - en su grado **medio** de 30.001 a 120.000 €; - en su grado **máximo** de 120.001 a 225.018 €.

Infracción	Calificación	Sanción (LISOS art.40)
El **acoso sexual**, cuando se produzca dentro del ámbito a que alcanzan las facultades de dirección empresarial, cualquiera que sea el sujeto activo de la misma (LISOS art.8.13).	Muy Grave	**Multa**: - en su **grado mínimo**, de 7.501 a 30.000 €; - en su grado **medio** de 30.001 a 120.000 €; - en su grado **máximo** de 120.001 a 225.018 €.
El **acoso por razón de** origen racial o étnico, religión o convicciones, discapacidad, edad y orientación e identidad sexual, expresión de género o características sexuales y el acoso por razón de sexo, cuando se produzcan dentro del ámbito a que alcanzan las facultades de dirección empresarial, cualquiera que sea el sujeto activo del mismo, siempre que, conocido por el empresario, este no hubiera adoptado las medidas necesarias para impedirlo (LISOS art.8.13 bis -redacc L 4/2023-).	Muy Grave	**Multa**: - en su **grado mínimo**, de 7.501 a 30.000 €; - en su grado **medio** de 30.001 a 120.000 €; - en su grado **máximo** de 120.001 a 225.018 €.

3314 El legislador sanciona al empresario, no sólo por establecer condiciones de trabajo no respetuosas con el principio de igualdad de trato y no discriminación, sino también por realizar **ofertas al mercado laboral** constitutivas de discriminación o **solicitar datos personales** que conecten con las causas prohibidas de discriminación. También se sanciona al empresario por **acoso discriminatorio** que se produzca dentro del ámbito al que alcanza el poder de dirección empresarial, sin que sea preciso que sea el empresario el acosador, bastando con que conozca la situación y no adopte medidas para impedirlo.

Así, por ejemplo, sucede con la publicación de **anuncios** en los medios recabando trabajadores que cumplieran determinadas características personales relativas a las causas protegidas por el legislador, podría por sí mismo constituir una conducta susceptible de sanción administrativa, salvo que concurriera alguna de las excepciones mencionadas previamente que impidiera considerar la diferencia de trato que aparejan como discriminatoria.

En este sentido, se han **confirmado las sanciones administrativas** impuestas a empresas en los siguientes supuestos:

- situación en que la empresa sugiere o invita mayoritariamente al **personal masculino** para solicitar un **puesto de trabajo** (TS 1-6-99, EDJ 10336);
- anuncio de trabajo contiene diversas **referencias y menciones al sexo masculino** (TSJ Cataluña cont-adm 10-10-05, EDJ 256595);
- se **rechazar la contratación** de una trabajadora que había superado las pruebas de selección alegando no disponer de baños para mujeres (TSJ Las Palmas 22-12-08, EDJ 329341);
- se realiza una oferta de empleo limitada a personas entre **35 y 45 años de edad** (TSJ Cataluña cont-adm 10-11-06, EDJ 319761);
- se realiza una oferta de empleo en un diario de tirada nacional solicitando teleprocesadores con edad aproximada **entre 20 y 45 años** (TSJ Madrid cont-adm 23-1-04, EDJ 129515). En este último supuesto no se consideró suficiente la justificación de la empresa que fundó su decisión en el hecho de que se necesitaba que los candidatos mostrasen «dinamismo» ante los clientes, a pesar de tener un contacto meramente verbal y telefónico.

3316 En sentido contrario, se ha estimado que **no** es **discriminatorio:**

a) Un anuncio de prensa por el que una empresa ofrecía puestos de trabajo de técnicos comerciales dirigidos a personas con edades comprendidas entre los 28 y los 35 años (TSJ Madrid cont-adm 19-2-04, EDJ 56961). En este caso el tribunal apreció que las condiciones laborales en las que se iban a desenvolver los técnicos comerciales que contratara la empresa, precisaban de cierta experiencia, posesión de títulos académicos y edad adecuada para llevar a cabo unos trabajos penosos que exigen cierta movilidad y esfuerzo físico. Es por ello que tales circunstancias determinan que el **requisito de edad** exigido tuviera una justificación objetiva y razonable a juicio de la Sala.

b) El **uso** de **sustantivos indeterminados** en una oferta de empleo, como delineante o candidato, ya que no siempre está dirigida únicamente a hombres. Se debe analizar el contexto para comprobar si se trata de la utilización de genéricos que designan tanto a hombres como mujeres (JS Lleida núm 2, 15-11-23, EDJ 792565).

Las **declaraciones públicas** mediante las que un empleador da a conocer que, en el marco de su política de contratación, no va a emplear a trabajadores de determinado **origen étnico o racial** bastan para presumir la existencia de una política de contratación directamente discriminatoria (TJUE 10-7-08, asunto Feryn C-54/07 y Dir 2000/43/CE art.8.1). El empleador hubiera podido probar que no se ha vulnerado el principio de igualdad de trato, acreditando que la **práctica real de contratación** de su empresa no corresponde a esas declaraciones.

Cuando no haya víctima identificable, el régimen de las sanciones aplicable a las infracciones de las disposiciones nacionales, establecidas para adaptar el derecho interno a la normativa nacional, debe ser efectivo, proporcionado y disuasorio (Dir 2000/43/CE art.15).

Sanciones accesorias (LISOS art.46.bis; RD 901/2020) Las infracciones **muy graves** de los empresarios tipificadas en el cuadro anterior (nº 3312) se castigan, además de con las multas en la cuantía señalada, con las siguientes sanciones accesorias consistentes en: **3318**
1. **Pérdida** automática y de forma proporcional al número de trabajadores afectados por la infracción, las **ayudas, bonificaciones** y, en general, los beneficios derivados de la aplicación de los **programas de empleo**, con efectos desde la fecha en que se cometió la infracción. La pérdida afecta a los de mayor cuantía, con preferencia sobre los que la tuvieren menor en el momento de la comisión de la infracción. Este criterio ha de constar necesariamente en el **acta de infracción** de forma motivada.
2. Exclusión **del acceso a tales beneficios** por un período de 6 meses a 2 años en los supuestos contemplados en el apartado anterior, con efectos desde la fecha de la resolución que imponga la sanción.
Como **criterios de graduación** se han de tener en cuenta los siguientes **factores**, como circunstancias que puedan agravar o atenuar la graduación a aplicar a la infracción cometida (LISOS art.39.2):
- negligencia e intencionalidad del sujeto infractor;
- fraude o connivencia;
- incumplimiento de las advertencias previas y requerimientos de la Inspección;
- cifra de negocios de la empresa;
- número de trabajadores o de beneficiarios afectados en su caso;
- perjuicio causado y cantidad defraudada.

Sobre las sanciones accesorias por el **incumplimiento de la reserva de puestos** para personas con discapacidad y su control, ver nº 3377.

Sustitución de sanciones accesorias por la elaboración de un Plan de Igualdad No obstante lo anterior, en el caso de las infracciones muy graves referidas a los supuestos de discriminación directa o indirecta **por razón de sexo** (las tipificadas en la LISOS art.8.12 y 16.2 -redacc L4/2023-), las sanciones accesorias pueden ser sustituidas por la elaboración y aplicación de un **plan de igualdad en la empresa** y, siempre que la empresa no estuviere obligada a la elaboración de dicho plan en virtud de norma legal, reglamentaria o convencional, o decisión administrativa, si así se determina por la autoridad laboral competente previa solicitud de la empresa e informe preceptivo de la ITSS, suspendiéndose el plazo de prescripción de dichas sanciones accesorias (LISOS art.46 bis.2; LO 3/2007 art.45.4). **3320**
Cuando **no se elabore o no se aplique** el plan de igualdad o se haga incumpliendo manifiestamente los términos establecidos en la resolución de la autoridad laboral, ésta, a propuesta de la ITSS, sin perjuicio de la imposición de la sanción que corresponda por la comisión de la infracción tipificada, se deja sin efecto la sustitución de las sanciones accesorias, que se aplican de la siguiente forma (LISOS art.8.17):
a) Pérdida automática, y de forma proporcional al número de trabajadores afectados por la infracción, de las **ayudas, bonificaciones y beneficios**, con efectos desde la fecha en que se cometió la infracción. La pérdida de estas ayudas, bonificaciones y beneficios derivados de la aplicación de los programas de empleo afecta a los de mayor cuantía, con preferencia sobre los que la tuvieren menor en el momento de la comisión de la infracción. Este criterio ha de constar necesariamente en el acta de infracción de forma motivada.
b) Exclusión del acceso a tales beneficios por un **período** de 6 meses a 2 años, a contar desde la fecha de la resolución de la autoridad laboral por la que se acuerda dejar sin efecto la suspensión y aplicar las sanciones accesorias.

b. Tutela judicial

(LRJS art.96)

El ordenamiento jurídico, junto al sistema disuasorio de sanciones administrativas establecido para prevenir la realización de conductas discriminatorias (nº 3312), establece que se han de entender **nulos y sin efecto**: **3325**
1. Los **preceptos reglamentarios**, las cláusulas de los convenios colectivos, los pactos individuales y las decisiones unilaterales del empresario que den lugar en el empleo, así como en materia de retribuciones, jornada y demás condiciones de trabajo a **situaciones** de:
- discriminación directa o indirecta desfavorables por razón de edad o discapacidad;
- discriminación directa o indirecta por razón de sexo, origen, incluido el racial o étnico, estado civil, condición social, religión o convicciones, ideas políticas, orientación o condición sexual, adhesión o no a sindicatos y a sus acuerdos, vínculos de parentesco con personas pertenecientes a o relacionadas con la empresa y lengua dentro del Estado español.

2. Las **órdenes de discriminar y las decisiones del empresario** que supongan un trato desfavorable de los trabajadores como reacción ante una reclamación efectuada en la empresa o ante una acción administrativa o judicial destinada a exigir el cumplimiento del principio de igualdad de trato y no discriminación.
Los **efectos** de la nulidad del acto o medida discriminatoria pueden ser:
- su desaparición del tráfico jurídico (**reposición** de la situación al momento anterior a producirse, previa declaración de nulidad de la conducta constitutiva de la discriminación);
- el **cese** del comportamiento vulnerador;
- la **reparación** de sus consecuencias, incluida la indemnización de los daños y perjuicios causados que será compatible, debiendo ser tales indemnizaciones: reales, efectivas y proporcionadas al perjuicio sufrido (LO 3/2007 art.10). De manera que cuando una **sentencia** declare la **existencia de vulneración**, el juez debe pronunciarse sobre la cuantía de la indemnización que, en su caso, le corresponda a la parte demandante por haber sufrido discriminación u otra lesión de sus derechos fundamentales y libertades públicas, en función tanto del daño moral unido a la vulneración del derecho fundamental, como de los daños y perjuicios adicionales derivados (LRJS art.183.2).

Precisiones La **reposición** de la situación al momento anterior a producirse el comportamiento discriminatorio llevaría en puridad a la declaración de la nulidad de las medidas discriminatorias de acceso al empleo y a la contratación que pudieron beneficiar a los no discriminados. Sin embargo, en la medida en que ello normalmente significa afectar **derechos de terceros de buena fe** ajenos al proceso y que los efectos de la nulidad deben ceñirse a los estrictamente necesarios, sin extensiones no exigidas que perjudiquen el procedimiento seguido y los derechos y obligaciones de personas sin relación directa con la tutela del derecho violado (TCo 4/1982; auto 151/2001), normalmente en materia de **discriminación salarial** se ha optado judicialmente por una vía alternativa, la restauración salarial; sólo de este modo la declaración de nulidad del acto empresarial no se queda en «borrar» o eliminar la causa de la vulneración y pretender mantener vivo su efecto: la menor retribución del grupo discriminado (TCo auto 151/2001). No obstante, en un caso en que se apreció discriminación **por razón de sexo** por parte de una empresa que decidió no contratar como peón de construcción a una trabajadora que había superado las pruebas de selección, alegando como justificación de su decisión «no disponer la obra donde se necesita personal de baños para mujeres»; la sentencia **condena** a la empresa **a la contratación** de la trabajadora y al abono de una indemnización (TSJ Las Palmas 22-12-08, Rec 980/07).

3327 Debe tenerse en cuenta, además, las siguientes **cuestiones** sobre **tutela judicial** de los derechos fundamentales:
a) En la **jurisdicción social**, la pretensión de nulidad puede canalizarse a través del:
- procedimiento **sumario y preferente**, previstos para la protección de los **derechos fundamentales** (LRJS art.177 s.); o,
- proceso laboral **especial** que corresponda a la **pretensión ejercitada** (LRJS art.184).
La modalidad procesal laboral de **tutela** de derechos fundamentales presenta una serie de **singularidades** orientadas genéricamente a procurar una más eficaz protección jurisdiccional de los derechos fundamentales: se inspira en los principios de preferencia y sumariedad; existe la posibilidad de que el sindicato intervenga como coadyuvante; es preceptiva la intervención preceptiva del Ministerio Fiscal; se hace referencia expresa a la prueba indiciaria; es posible acceder al recurso de suplicación respecto de la sentencia obtenida que es ejecutiva inmediatamente.
Tras el agotamiento de la vía judicial ordinaria, se puede acudir al **recurso de amparo**. Entre las medidas de defensa de estos derechos, debe tenerse en cuenta la previsión de un **sistema arbitral** de carácter voluntario que atienda las quejas o reclamaciones de las personas con discapacidad (RDLeg 1/2013 art.64, 66 y 74; RD 1417/2006).
b) Esta indemnización es compatible, en su caso, con las **indemnizaciones legales tasadas** que pudieran corresponder al trabajador por la modificación o extinción del contrato de trabajo o en otros supuestos establecidos en el Estatuto de los Trabajadores y demás normas laborales (LRJS art.183.3).
c) Cuando se haya ejercitado la **acción de daños y perjuicios derivada de delito o falta** en un procedimiento penal no puede reiterarse la petición indemnizatoria ante el orden jurisdiccional social, mientras no se desista del ejercicio de aquélla o quede sin resolverse por sobreseimiento o absolución en resolución penal firme, quedando mientras tanto interrumpido el plazo de prescripción de la acción en vía social (LRJS art.183.4).
d) En cuanto al **daño moral** y la **indemnización inherente**, la jurisprudencia ha evolucionado desde una inicial posición sobre la indemnización automática del daño moral, pasando por la exigencia de bases y elementos clave de la indemnización reclamada que la justifiquen, hasta llegar a un criterio aperturista culminada con la más reciente **doctrina jurisprudencial**, a cuyo tenor los daños morales resultan indisolublemente unidos a la vulneración del derecho fundamental, particularmente, en supuestos como las lesiones del derecho al honor o con

determinadas conductas antisindicales, por lo cual el reconocimiento de la indemnización resulta una decisión natural (TS 10-11-21, EDJ 756110; 13-4-23, EDJ 550572).

e) Para la **cuantificación de la indemnización** se deben tener en cuenta **diversas circunstancias** como la antigüedad del trabajador en la empresa, la persistencia temporal de la vulneración del derecho fundamental, la intensidad del quebrantamiento del derecho, las consecuencias que se provoquen en la situación personal o social del trabajador o del sujeto titular del derecho infringido, la posible reincidencia en conductas vulneradoras, el carácter pluriofensivo de la lesión, el contexto en el que se haya podido producir la conducta o una actitud tendente a impedir la defensa y protección del derecho transgredido, entre otros, que puedan valorarse atendidas las circunstancias de cada caso, constituyendo la cuantía de las sanciones administrativas asociadas a la conducta un parámetro adecuado (TS 20-4-22, EDJ 549606; 14-11-23, EDJ 746561).

En fin, deben flexibilizarse las exigencias normales para la determinación de la indemnización, siendo posible que sea el **órgano judicial** el que establezca prudencialmente su cuantía, sin que pueda exigirse al reclamante la aportación de bases más exactas y precisas para su concreción, de forma que la exigible identificación de circunstancias relevantes para la determinación de la indemnización solicitada ha de excepcionarse en el caso de los daños morales unidos a la vulneración del derecho fundamental cuando resulte difícil su estimación detallada (TS 8-1-24, EDJ 500753).

f) Conforme a la **doctrina del TJUE**, la normativa nacional puede establecer un **plazo temporal** para la reclamación de daños y perjuicios contra el responsable de una discriminación en el acceso al empleo siempre que se trate de un plazo que **no** sea **menos favorable** que el relativo a recursos similares de carácter interno en materia de Derecho laboral, y que no haga imposible en la práctica o excesivamente difícil el ejercicio de los derechos conferidos por las directivas antidiscriminación (TJUE 8-7-10, asunto Bulicke C-246/09).

Precisiones Para preservar los **derechos fundamentales a la igualdad de trato y no discriminación**, desde el 14-7-2022, la Ley integral para su protección, por un lado, recuerda que estos derechos también atañen a la Administración de justicia que ha de velar por la supresión de estereotipos, la promoción de la ausencia de cualquier forma de discriminación, favoreciendo la información y accesibilidad a la justicia de los grupos especialmente vulnerables (L 15/2022 art.19). Su **tutela judicial** debe incluir, en los términos establecidos por las leyes procesales, la adopción de todas las medidas necesarias. Para el cese inmediato de la discriminación pueden acordarse medidas cautelares dirigidas a la prevención de violaciones inminentes o ulteriores, la indemnización de los daños y perjuicios causados y el restablecimiento de la persona perjudicada en el pleno ejercicio de su derecho. Todo ello con independencia de su nacionalidad, de si son mayores o menores de edad o de si disfrutan o no de residencia legal (L 15/2022 art.28).

Inversión de la carga de la prueba (LRJS art.96.1 y 181.2) Cuando se alega vulneración de cualquier derecho fundamental o libertad pública, incluida la prohibición de discriminación, o en los supuestos de acoso se produce la inversión de la carga de la prueba en los siguientes términos: 3329

1. **Aportación de indicios**. No basta con la **mera alegación** de existencia de la eventual vulneración del derecho fundamental ya que, a pesar de la dificultad probatoria en estos casos y la conveniencia de aliviar las exigencias al respecto, es necesaria la aportación de indicios de que se ha producido una lesión del derecho fundamental, entendidos como principio de prueba o prueba verosímil de una cierta entidad, dirigidos a poner de manifiesto el motivo oculto que se denuncia (TCo auto 297/2001). El indicio **no consiste** en la mera alegación de la vulneración constitucional, sino que debe permitir deducir la posibilidad de la lesión (TCo 87/1998; 29/2000; 214/2001; 29/2002; 30/2002; 17/2003).

2. **Carga de la prueba**. Una vez aportado este indicio, entonces sí corresponde a la **parte demandada** la **carga de probar** que su actuación tuvo causas reales absolutamente extrañas a la pretendida vulneración, así como que tenían entidad suficiente para justificar la decisión adoptada. En otro caso, la ausencia de prueba empresarial trasciende el ámbito puramente procesal y determina, en última instancia, que los indicios aportados por el demandante desplieguen toda su operatividad para declarar la lesión del derecho fundamental concernido (TJUE 19-10-17, C-531/15; TS 24-9-86, EDJ 5755; 21-12-90, EDJ 11895; 24-12-90, EDJ 11968; 5-12-00, EDJ 55685; 4-3-13, EDJ 41029). No se trata de una mera negación de la vulneración, sino de una auténtica carga probatoria relativa tanto a la ausencia de un propósito vulnerado de derechos fundamentales, como de la proporcionalidad de la decisión en atención de las circunstancias concurrentes (TCo 38/1981; 104/1987; 166/1988; 114/1989; 197/1990; 147/1995; 136/1996; 114/1989; 90/1997).

3. **Diferencia entre la discriminación y la desigualdad de trato a efectos de argumentación procesal**. Si se **alega discriminación** por los motivos prohibidos el demandante ha de aportar un panorama indiciario suficiente que permita la inversión, a posteriori, de la carga de la

prueba, mientras que si la reclamación se basa en la desigualdad de trato, de modo previo al panorama indiciario, debe alegarse y demostrarse la existencia de un «tertium comparationis», es decir, de un supuesto idéntico al propio respecto del que poner de manifiesto un desigual trato, dado que el juicio de igualdad solo puede realizarse sobre la comparación entre situaciones que puedan considerarse iguales (por todas TCo 111/2001; 39/2002;103/2002; 39/2003). Por ello, cuando no se aporta, o se aporta un **elemento de comparación no adecuado o insuficiente**, los órganos judiciales, en especial, el Tribunal Constitucional entienden que no resulta vulnerado el principio de igualdad al faltar la premisa básica de la que ha de partir el resto del examen del canon constitucional (esto es, si hay o no causa justificativa objetiva y proporcionalidad o no en la diferencia establecida) (TCo 39/2003).

3331 **Prueba de la discriminación en el acceso al empleo** (LRJS art.96) La inversión de la carga de la prueba, propia de todos los supuestos en que se invoque discriminación, presenta unos perfiles específicos cuando se trata de acontecimientos que han tenido lugar en los **estadios previos a la contratación**.

El desconocimiento por parte del trabajador del empresario y del marco en el que se desenvuelve la vida de la empresa, dificultan incluso que pudiera **subjetivizar haber sido víctima** de un trato discriminatorio. Además, a insoslayable libertad que tiene el empresario para contratar con quien estime más adecuado es un argumento de peso que justificaría su conducta. El trabajador, aunque sepa que **no ha sido finalmente contratado**, difícilmente conoce la causa de su no contratación, esto es, no sabe si responde a motivos no vinculados a sus méritos y/o capacidad, o a ser portador de una seña identitaria que le coloca en una posición más desfavorecida al momento de la contratación.

No obstante, superado ese escollo, si el trabajador **adquiere conciencia** de que su no contratación es debida a estos motivos, la dificultad se acrecienta al momento de probarlo. Lo **habitual** es que **no** se cuente con una **prueba directa** de la existencia de un comportamiento discriminatorio, testigos que así lo conocieran, documentos que lo revelaran etc. Esta carencia puede suplirse con **dos técnicas probatorias específicas** que pueden llevar al juez a considerar que concurren indicios de un proceder contrario al principio de igualdad de trato:

1. **Prueba estadística**. Su **admisión** se produce en relación con la acreditación de discriminación indirecta, siempre que lo datos estadísticos no se refieran a fenómenos meramente fortuitos o coyunturales y, además, de manera general, resulten significativos (TJUE 9-2-99, asunto C-167/97; 8-5-19, asunto C-161/18; 3-10-19, asunto C-274/18; TCo 128/1987; 92/2008; 91/2019; 153/2021; TS 8-6-22, EDJ 611587).

Los datos estadísticos pueden ser **actualizados** de oficio por el tribunal (TCo 253/2004; TS 25-5-23, EDJ 589891; 12-12-23, EDJ 771565).

2. **Test de situación**. Se alude a este con relación a la prueba necesaria en el caso concreto y a la acreditación de indicios suficientes para provocar la inversión de la carga de la prueba (TSJ Galicia 1-12-23, EDJ 848432). Consiste en proporcionar prueba sobre el **tratamiento comparativo** de casos en los que se implica una misma decisión, pero en relación con personas de diferentes condiciones personales. Por ejemplo, cuando se presentan ante un mismo empleador dos candidatos idénticos en sus capacidades y méritos, sólo diferenciados por una seña identitaria concreta (edad, raza o cualquier otra) y repetir el procedimiento en ocasiones sucesivas, de modo que si siempre se elige a la persona de una determinada raza o a la de una determinada edad, se puede con ello presentar un indicio de selección discriminatoria, lo que obligaría al empleador a demostrar que su elección se debió a motivos razonables ajenos a esos propósitos.

Precisiones 1) El trabajador que **alega de forma verosímil** haber sido objeto de una discriminación en el acceso al empleo no tiene derecho a reclamar del empleador información referida a otros candidatos. Sin embargo, la **denegación total del acceso** a dicha información puede constituir un indicio para acreditar los hechos que permiten presumir la existencia de una discriminación directa o indirecta (TJUE 19-4-12, asunto Galina Meister C-415/10).

2) La **prueba estadística** aporta un indicio de discriminación que puede ser desvirtuado por la empresa acreditando razones objetivas y proporcionadas. Así se ha **justificado** el trato desigual en el marco de un panorama indiciario fundado en datos estadísticos en relación con la baja contratación femenina con base en las siguientes **circunstancias de innegable trascendencia** como que como la naturaleza de la demanda de empleo, la existencia de antecedentes de una subrogación sobre la plantilla existente, el posterior incremento de la contratación de mujeres, o la ausencia de instrucciones u órdenes para favorecer contrataciones de uno u otro tipo de personas trabajadoras (TSJ Madrid 7-4-08, EDJ 5346/07).

3) Es legítima la solicitud previa a la contratación del certificado de **delitos de naturaleza sexual** a aquellos trabajadores que ejerzan profesiones, oficios y actividades que impliquen contacto habitual con menores (LO 1/1996 art.13.5).

Garantía de indemnidad (Const art.24; LO 5/2024 art.12.3 y disp.adic.3ª) Es necesario proteger al **trabajador que reclama** frente a la vulneración de su derecho a no ser discriminado contra las eventuales represalias empresariales. Por ello, se reconoce su derecho a la indemnidad frente a las consecuencias desfavorables que pueda sufrir por la realización de cualquier actuación efectuada ante la empresa o ante una actuación administrativa o judicial destinada a la reclamación de sus derechos laborales, ya esté realizada por el trabajador o por sus representantes legales. La protección se extiende al **cónyuge, pareja de hecho y parientes** hasta el segundo grado de consanguinidad o afinidad, que presten servicios en la misma empresa, aun cuando éstos no hubieran realizado la actuación conducente al ejercicio de sus derechos. 3333

En nuestro derecho interno la garantía de indemnidad forma parte del derecho a la tutela judicial efectiva y su alcance se ha definido por la **jurisprudencia** del siguiente modo:

1. Con carácter general, la garantía de indemnidad implica la **protección** a la persona trabajadora frente a las decisiones perjudiciales o de represalia adoptadas por la empresa como consecuencia del previo ejercicio de acciones judiciales por dicha persona trabajadora (TCo 16/2006; 14/1993; 125/2008; 6/2011; 183/2015).

2. La garantía de indemnidad se hace efectiva no solo en relación al previo ejercicio de acciones judiciales, sino también cuando se trata de **actos preparatorios o previos** encaminados a evitar el proceso (TCo 55/2004). Por ejemplo:

- en el caso de una previa denuncia a la inspección de trabajo (TCo 120/2006; 138/2006; 7/1993);
- cuando un abogado remite previamente una carta advirtiendo del ejercicio de acciones judiciales (TCo 55/2004).

Por el contrario, **no se aprecia** cuando se trata de meras reclamaciones internas dentro de la empresa (TCo 326/2005), o cuando no consta el proyecto o propósito del trabajador de acudir a los tribunales (TS 19-4-13, EDJ 7086).

3. De manera más concreta en lo que se refiere **al acceso al empleo**, se ha entendido que **vulnera** la garantía de indemnidad:

- Excluir de las listas de espera o de las **bolsas de trabajo** para nuevas contrataciones a quienes hubieran formulado reclamaciones laborales en contrataciones anteriores (TSJ Las Palmas 5-2-99, EDJ 84365). Y ello incluso aunque tal medida se hubiera pactado con la representación de los trabajadores (TS 27-3-13, EDJ 68108).
- **Postergar** a un **candidato** en un proceso selectivo de naturaleza competitiva para el acceso al empleo público por la única causa de haber reclamado por despido con ocasión de una contratación anterior (TCo 87/2004), o por haber excluido de las listas o bolsas de contratación temporal al candidato por igual causa de haber presentado previa demanda por despido (TS 6-11-07, EDJ 243330).
- Haberse reconocido la condición de trabajador **indefinido no fijo** en virtud de anterior reclamación y, no obstante, seguir contratándolo como temporal (TS 21-11-23, EDJ 752368).

Perspectiva de género (Const art.1, 9.2, 10.2, 14 y 96; LO 3/2007 art.4 y 15; Convención para la eliminación de todas las formas de discriminación contra la Mujer (CEDAW) art.2.c, d y e, y 11.1) La prohibición de discriminación por razón de sexo tiene su razón de ser en la voluntad de terminar con la histórica **situación de inferioridad**, en la vida social y jurídica, de la población femenina, singularmente en el ámbito del empleo y de las condiciones laborales, situación que se traduce en dificultades específicas de la mujer para el acceso al trabajo y su promoción dentro del mismo. Las medidas legales que tratan de compensar las desventajas reales que para el acceso al trabajo o la conservación de su empleo soporta la mujer a diferencia del hombre no pueden considerarse opuestas al principio de igualdad, sino, al contrario, dirigidas a **eliminar** situaciones de discriminación existentes, para hacer realidad la efectividad en el disfrute de los derechos (TCo 26/2011). 3335

Por ello, todo órgano jurisdiccional tiene la obligación de integrar la perspectiva de género en la **impartición de justicia**, que debe implementarse como **metodología** de resolución en toda controversia judicial en la que se involucren relaciones asimétricas o patrones estereotípicos de género. Esta metodología de impartición de justicia con perspectiva de género debe desplegarse en tres fases judiciales concretas: en la tramitación del procedimiento, en la valoración de la prueba y en la aplicación de las normas sustantivas (TS 29-1-20, EDJ 510355; TSJ Las Palmas 7-3-17, EDJ 21002; 2-5-17, EDJ 51690; 15-12-17, EDJ 269375; 2-7-19, EDJ 642281).

Precisiones Se ha aplicado este criterio de interpretación basado en la **perspectiva de género** en pleitos sobre las siguientes **materias**:

- períodos cotizados asimilados por parto (TS 21-12-09, EDJ 327336);
- cesión del descanso por maternidad (TS 26-9-18, EDJ 613534);
- aplicación del plan de igualdad de la empresa usuaria (TS 13-11-19, EDJ 734462);
- remuneración de permisos y licencias (TS 3-12-19, EDJ 784053);

- discriminación salarial por razón de sexo en convenio colectivo (TSJ Las Palmas 27-7-21, EDJ 647864);
- en relación con prestaciones en favor de familiares causadas por un pensionista SOVI (TS 29-1-20, EDJ 510355);
- servicio social obligatorio de la mujer (TS 6-2-20, EDJ 507527);
- consideración como accidente no laboral de lesiones sufridas en el parto (TS 2-7-20, EDJ 592979);
- pensión de viudedad por violencia de género en pareja de hecho (TS 14-10-20, EDJ 697052; 13-4-23, EDJ 554405; 20-2-24, EDJ 511905);
- no aplicación de la teoría del paréntesis para reconocer derecho a prestación de IT en caso de excedencia por cuidado de hijo (TS 11-3-02, EDJ 10296);
- la extinción del contrato de trabajo de una empleada al servicio del hogar familiar que está embarazada es nula, aunque la empleadora desconozca la situación (TS 11-1-22, EDJ 501069);
- cómputo de los periodos de cotización asimilados por parto a efectos de acceso al subsidio por desempleo para mayores de 55 años, al igual que para la pensión de jubilación (TS 23-6-22, EDJ 615134);
- inclusión de la rotura del manguito rotador como una enfermedad profesional para la actividad de limpiadora a pesar de no estar incluida en cuadro de enfermedades profesionales (TS 20-9-22, EDJ 687889);
- el requisito de estar separado o divorciado en el momento del hecho causante se cumple cuando la hija del pensionista de jubilación está casada en el momento del fallecimiento de su padre, pero separada de hecho meses antes porque era víctima de violencia de género de su esposo (TS 13-6-23, EDJ 597068);
- el recargo prestacional derivado del fallecimiento del esposo de la demandante no debe limitarse a la cuantía de la pensión de viudedad fijada en 1995 sino que debe actualizarse a raíz de la aprobación de una reforma legal posterior que aumentó su importe (TS 25-1-24, EDJ 505095);
- cómputo en pensión de viudedad del coeficiente de parcialidad en los últimos cinco años y no en toda la vida laboral, porque en caso la mujer no tendría derecho a la pensión de viudedad pese a la extensa vida laboral de su esposo (TS 9-4-24, EDJ 556561).

D. Supuestos concretos de discriminación en el acceso al trabajo

3340 En este apartado se analiza más detenidamente algunas causas de discriminación en el acceso al empleo. En concreto se abordan las siguientes:
1. **Discapacidad y enfermedad** (nº 3345).
2. **Edad** (nº 3385).
3. **Nacionalidad** (nº 3395).
4. **Parentesco** (nº 3405).
5. **Sexo** (nº 3415).

1. Discapacidad y enfermedad

(RDLeg 1/2013 art.35, 36, 63 y 64; ET art.17; L 15/2022 art.2.1; Convención de Naciones Unidas sobre los derechos de las personas con discapacidad art.2)

3345 Tanto el Derecho internacional (Convención de Naciones Unidas sobre los derechos de las personas con discapacidad), como el derecho de la UE (Dir 2000/78/CE), como el Derecho nacional (la cláusula abierta de la Const art.14, el ET art.17.1 y la L 15/2022 art.2.1) prohíben la discriminación directa o indirecta por razón de **discapacidad** y promueven medidas de acción positiva (nº 3347). Así se entienden nulos y sin efecto los preceptos reglamentarios, las cláusulas de los convenios colectivos, los pactos individuales y las decisiones unilaterales del empresario que den lugar a situaciones de discriminación directa o indirecta desfavorables por razón de discapacidad. Por **discriminación** por motivos de discapacidad se entiende cualquier distinción, exclusión o restricción por motivos de discapacidad que tenga el propósito o el efecto de obstaculizar o dejar sin efecto el reconocimiento, goce o ejercicio, en igualdad de condiciones, de todos los derechos humanos y libertades fundamentales en los ámbitos político, económico, social, cultural, civil o de otro tipo.
Se entiende por **igualdad de trato** la ausencia de toda discriminación directa o indirecta por motivo o por razón de discapacidad, en el empleo, en la formación y la promoción profesionales y en las condiciones de trabajo. Y se considera que se vulnera el derecho a la **igualdad de oportunidades** de las personas con discapacidad cuando, con motivo o por razón de discapacidad, se produzcan discriminaciones directas o indirectas, discriminación por asociación, acoso, incumplimientos de las exigencias de accesibilidad y de realizar ajustes razonables, así como el incumplimiento de las medidas de acción positiva legalmente establecidas. Como ajuste razonable a adoptar por el empresario a favor de sus trabajadores con discapacidad

cabe la posibilidad de reducción del tiempo de trabajo, siempre que no constituya una carga excesiva (TJUE 11-4-13, asunto Ring y Skouboe C-335/11 y C-337/11).
Se trata de un **concepto distinto del de enfermedad** (TJUE 11-7-06, asunto Chacón Navas C-13/05) y se ha interpretado que una **limitación** es **duradera** cuando a la fecha del hecho causante discriminatorio, la incapacidad del interesado no presenta una perspectiva delimitada en cuanto a su finalización a corto plazo, o que dicha incapacidad puede prolongarse significativamente antes del restablecimiento de dicha persona (TJUE 1-12-16, C-395/15).
La L 15/2022 añade expresamente como nuevas causas de discriminación la **enfermedad o condición de salud**, estado serológico y/o predisposición genética a sufrir patológicas y trastornos. A estos efectos, la enfermedad no puede amparar diferencias de trato distintas de las derivadas de su tratamiento, de las limitaciones objetivas para ejercer determinadas actividades o de las que exijan razones de salud pública (L 15/2022 art.2.1 y 3). Por tanto, la enfermedad ya es causa de discriminación en sí misma por lo que no será siempre necesario acudir a la jurisprudencia que consideraba la enfermedad de larga duración discapacitante.

Precisiones 1) Se considera **discriminación directa** la denegación de ajustes razonables a las personas con discapacidad, entendiendo por tales las modificaciones y adaptaciones necesarias y adecuadas del ambiente físico, social y actitudinal que no impongan una carga desproporcionada o indebida, cuando sean necesarios para facilitar la accesibilidad y la participación y garantizar a estas personas todos los derechos en igualdad de condiciones con las demás (L 15/2022 art.6.1.a).
2) Los supuestos de **discriminación por motivos de discapacidad** son, por regla general, aquellos en los que las personas con discapacidad son objeto de un trato menos favorable o sufren una desventaja particular con respecto a personas que no tienen discapacidad, pero también con respecto a un grupo de personas que presentan, todas ellas, una discapacidad. Así, puede ser discriminatoria la práctica empresarial consistente en excluir del disfrute de un complemento salarial abonado a los trabajadores con discapacidad que a partir de una determinada fecha presenten un certificado de discapacidad, a quienes antes de esa fecha ya hubieran entregado al empresario dicho certificado (TJUE 26-1-21, C-16/19).

Contratación (ET art.17.3; L 3/2023; L15/2022 art.2.1) El principio de igualdad de trato no impide que se mantengan o adopten medidas específicas destinadas a prevenir o **compensar las desventajas** ocasionadas por motivo de o por razón de discapacidad. **3347**
Las circunstancias de las personas con discapacidad, considerados un colectivo con especiales dificultades de empleo, hacen necesaria la adopción de una serie de medidas que faciliten su incorporación al mismo. A tal efecto, en el ET se establece la posibilidad de realizar **medidas de acción positiva** facultándose al **Gobierno** para:
1. Regular medidas de **reserva, duración o preferencia** en el **empleo** que tengan por objeto facilitar la colocación de trabajadores demandantes de empleo;
2. Otorgar **subvenciones, desgravaciones** y otras medidas para fomentar el empleo de grupos específicos de estos trabajadores que encuentren **dificultades especiales** para acceder al empleo.
La regulación de las ambas cuestiones se ha de realizar **previa consulta** a las organizaciones sindicales y asociaciones empresariales más representativas.
En el mismo sentido en la **Ley de Empleo** establece entre sus principios rectores el principio de **igualdad y no discriminación** en el acceso y consolidación del empleo y desarrollo profesional por, entre otros motivos, la discapacidad. Este principio debe regir el diseño y ejecución de las políticas de empleo, la garantía y cumplimiento de los servicios garantizados y compromisos reconocidos en esta ley, así como el acceso a los servicios de empleo, básicos y complementarios y otros programas o actuaciones orientados a la inserción, permanencia o progresión en el mercado de trabajo. Además, se incluyen las personas con discapacidad como **colectivo vulnerable** de **atención prioritaria** para la política de empleo. Se incluyen, especialmente, las que presentan mayores dificultades de acceso al mercado de trabajo (personas con parálisis cerebral, con trastorno de la salud mental, con discapacidad intelectual o con trastorno del espectro del autismo, con un grado de discapacidad reconocido igual o superior al 33 por ciento; así como las personas con discapacidad física o sensorial con un grado de discapacidad reconocido igual o superior al 65% (L 3/2023 art.2 y 50).
En relación con las **personas con discapacidad**, se ha de incentivar su contratación tanto en el empleo ordinario como en el empleo protegido a través de los Centros Especiales de Empleo. Sobre estas bases, el legislador ha establecido algunas **medidas de acción positiva** para el colectivo de discapacitados que imponen ciertas obligaciones a la empresa y limitan su libertad de contratación. Son las siguientes:
a) La realización de los ajustes razonables al puesto de trabajo (nº 3355);
b) La exigencia de contratar un **porcentaje de personas con discapacidad** en ciertas empresas, el 2% en empresas de más de 50 trabajadores (nº 3365).

a. Ajustes razonables en el puesto de trabajo

(Dir 2000/78/CE art.2.1, 3.1 y 5; RDLeg 1/2013 art.2.m, 63 y 66; L 15/2022 art.6.1.a)

3355 La dinámica de la relación laboral de las personas con discapacidad se ha visto afectada de manera relevante por el concepto de «ajustes razonables», introducido por la Dir 2000/78/CE, de 27-11-2000, que ha sido objeto de recepción en el derecho patrio, y de desarrollo tanto por el TJUE como por los órganos judiciales nacionales. En este punto deben distinguirse **dos momentos** diferentes en la realización de los ajustes razonables: **a)** durante la vigencia de la relación laboral (nº 3357); y **b)** en los procesos de selección (nº 3359).

3357 **Durante la vigencia de la relación laboral** Una vez formalizada la relación laboral, el empresario tiene la obligación de realizar los ajustes razonables en el puesto de trabajo y en las condiciones de **accesibilidad** de las empresas, esto es, de tomar las **medidas adecuadas**, en función de las necesidades de cada situación concreta, para permitir a las personas con discapacidad puedan desarrollar sus tareas de manera adecuada, progresar profesionalmente, o para que se les ofrezca **formación**.

A estos efectos, se entiende por **ajustes razonables** las modificaciones y adaptaciones necesarias y adecuadas del ambiente físico, social y actitudinal que no impongan una carga desproporcionada o indebida, cuando se requieran en un caso particular de manera eficaz y práctica, para facilitar la accesibilidad y la participación y garantizar a las personas con discapacidad el goce o ejercicio, en igualdad de condiciones con las demás, de todos los derechos.

La **no adopción** de esos ajustes constituye una transgresión del derecho a la igualdad trato de este colectivo y, más particularmente, se considera una **discriminación directa** (L 15/2022 art.6.1.a), además de una vulneración del derecho a la igualdad de oportunidades susceptible de sanción administrativa (RDLeg 1/2013 art.63 y 81.2.b). Asimismo, de **no** llevarse a cabo los ajustes razonables, el empresario no puede **alegar la incapacidad del trabajador** para realizar su actividad productiva, argumento que por las mismas razones puede ser llevado al momento de la contratación y así considerarse discriminatorio no contratar a personas con discapacidad si antes no se adoptaron los ajustes razonables para que pudieran prestar servicios con una productividad razonable (TJUE 11-7-06, asunto Chacón Navas C-13/05).

La **naturaleza de las medidas** de ajuste que el empleador ha de adoptar no es determinante para considerar que al estado de salud de una persona le es aplicable el **concepto de discapacidad** (nº 3345). En efecto, las medidas de ajuste son la consecuencia de la discapacidad y no un elemento del propio concepto de discapacidad. Esta obligación no se configura de manera incondicional y absoluta, sino en cuanto resulte razonables esto es, mientras sea posible y no implique una **carga excesiva** para el empresario. Para determinar si una carga es excesiva se tiene en cuenta si es paliada en grado suficiente mediante las medidas, ayudas o subvenciones públicas para personas con discapacidad, así como los costes financieros y de otro tipo que las medidas impliquen y el tamaño y el volumen de negocios total de la organización o empresa (RDLeg 1/2013 art.40). Además, es preciso tener en cuenta, particularmente, los **costes financieros y de otro tipo** que esta medida implica, el tamaño, los recursos financieros y el volumen de negocios total de la organización o empresa y la disponibilidad de fondos públicos o de otro tipo de ayuda (TJUE 11-4-13, asunto Ring y Skouboe C-335/11 y C-337/11). Este criterio puede permitir calibrar el contenido de esta obligación, ciñéndola al caso concreto, a la capacidad económica de la empresa y a las posibles ayudas públicas de las que se pudiera disponer.

Las **medidas** de ajuste han de ser **interpretadas** de manera flexible y pueden ser de orden físico, organizativo o formativo (TS 22-2-18, EDJ 18546).

En todo caso, con relación a la aplicación medidas de ajuste se ha considerado lo siguiente:

a) **No** se puede obligar a **contratar, ascender o mantener** en un puesto de trabajo a una persona que no sea competente o no esté capacitada o disponible para desempeñar las tareas fundamentales del puesto de que se trate, sin perjuicio de la obligación de realizar los ajustes razonables para las personas con discapacidad, entre los que figura una eventual reducción de su tiempo de trabajo (TJUE 11-4-13, asunto Ring y Skouboe C-335/11 y C-337/11).

b) La obligación de realizar ajustes razonables se extiende a un **trabajador en prácticas** que ha sido declarado definitivamente no apto para ocupar su puesto de trabajo por la aparición de una discapacidad considerando idóneo el cambio de puesto de trabajo (TJUE 10-2-22, C-485/20).

c) También existe la obligación de realizar ajustes razonables en los supuestos de **extinción automática** de la relación laboral por reconocimiento de una **incapacidad permanente** (a partir de la total) (ET art.49.1 e), al no exigirse previamente al empresario, bien aplicar algún ajuste razonable que le pudiera permitir al trabajador conservar su empleo, bien demostrar que dichos ajustes serían una carga excesiva (TJUE 18-1-24, asunto C-631/22).

d) Del mismo modo, se ha declarado que el **despido objetivo** de un trabajador con discapacidad por causas económicas, técnicas, productivas y organizativas, que ha sido declarado **trabajador especialmente sensible** a los riesgos derivados del trabajo con una limitación duradera o prolongada, puede ser discriminatorio si los criterios de selección tomados en consideración para determinar a las personas que van a ser despedidas (presentar una productividad inferior y un elevado índice de absentismo), son constitutivos de una discriminación indirecta, a no ser que el empresario haya realizado previamente con respecto a ese trabajador ajustes razonables (TJUE 11-9-19, C-397/18).

En las fases previas a la contratación La existencia de una obligación de realizar ajustes razonables en las fases previas a la contratación relativas a la selección del personal es una cuestión controvertida y pendiente de mayor desarrollo y definición. Presenta un difícil encaje en cuanto que el **empleador**- sea público o privado y con independencia del tipo de proceso selectivo (selección enteramente privada u oferta pública de empleo)- realiza lo que puede calificarse jurídicamente como una **oferta de contratación unilateral**, generalmente irrevocable y condicionada al cumplimiento de ciertos **criterios de idoneidad**. Por esta dificultad, el primer escalón de la protección a las personas con discapacidad para el acceso al empleo se produce mediante la regulación de la reserva de un porcentaje de puestos para ciertos supuestos en función de la dimensión de la empresa (nº 3365 s.). **3359**

Cuestión distinta es que puedan considerarse o no discriminatorias las **condiciones de acceso** a la contratación que informan los procesos selectivos. De este modo:

1. Se ha considerado que constituye **discriminación**:

a) La exigencia de superación de una **prueba física no necesaria** para acreditar la aptitud al puesto de trabajo en cuanto discrimina a las personas con discapacidad (TSJ Sevilla 19-3-02, EDJ 63370).

b) A pesar de la dificultad ya indicada de aplicar los ajustes razonables a los procesos selectivos, se ha considerado que, en un proceso de selección de personal en una empresa pública para un puesto con requerimientos físicos como soldador en submarinos, no puede amparase la no contratación por no superar el reconocimiento médico, en un aspirante con **antecedentes oncológicos**, en el entendimiento de que las circunstancias y características de la empresa permiten la incorporación del trabajador especialmente sensible a determinados riesgos, con obligación de llevar a cabo las correspondientes evaluaciones de riesgos periódicas y, en función de éstas, adoptará las medidas preventivas y de protección necesarias (TSJ Murcia 8-2-24, EDJ 515987).

2. Sin embargo todo depende de cómo se valore la incidencia de la discapacidad con relación al puesto de trabajo. Se ha considerado que **no** constituye **discriminación**:

a) Excluir del acceso al puesto de **agente de taquilla** a un trabajador con una lesión en la vista que le impide distinguir adecuadamente los colores (TSJ Madrid 20-9-04, EDJ 149986).

b) Denegar el acceso al puesto de **conductor de metro** a una persona con acortamiento de MID y disminución en la movilidad de cadera (TSJ Madrid 22-10-02, EDJ 98212).

c) Resolver el contrato durante el periodo de prueba cuando se contrató a la trabajadora **conociendo su discapacidad**, pero luego se advierten limitaciones incompatibles con el desarrollo del puesto de trabajo (TSJ Valladolid 5-6-06, EDJ 250765), o cuando la empresa alega y acredita ausencias injustificadas del puesto de trabajo (TSJ Sevilla 14-11-13, EDJ 261961).

b. Contratación de un porcentaje de personas con discapacidad

(ET art.17.2; RDLeg 1/2013 art.39 y 42; RD 1451/1983 art.4; RD 364/2005 art.1 a 6; ITSS Criterio Técnico 98/2016)

Las **empresas** que empleen un número de trabajadores de 50 o más, están obligadas a que de entre ellos, al menos, un 2% sean trabajadores con discapacidad. Su **cómputo** se realiza sobre la plantilla total de la empresa teniendo en cuenta los siguientes **criterios**: **3365**

1. Se aplica a empresas privadas y públicas, pero siempre que el **régimen de contratación** sea el laboral ordinario y no las normas de acceso al empleo público, no siendo objeto de control de la ITSS.

2. Han de emplear un **número de trabajadores** igual o superior a 50 trabajadores, cuyo cálculo se realiza sobre la plantilla que la empresa tenga en los 12 meses inmediatamente anteriores, y no sobre un momento concreto. El dies a quo es aplicado por la propia empresa de forma constante y variable, verificando el cumplimiento de la obligación según la evolución de la plantilla. Si bien, el momento del cómputo para la actuación inspectora son los 12 meses anteriores al inicio de la misma, y al efecto de la comunicación a los servicios públicos de empleo del cumplimiento de esta obligación suele calcularse por el año natural.

3365 (sigue) 3. Para las reglas de cómputo de la plantilla sólo se incluyen **trabajadores** con relación laboral **por cuenta ajena**, excluyéndose los socios de cooperativas, los becarios, TRADES, o cualquier otra relación jurídica diferenciada.

4. Para el **cómputo de los contratos** en el período de 12 meses de referencia, se establecen las siguientes **reglas**:

a) Se incluyen los trabajadores en la totalidad de centros de trabajo de la empresa, con **contratos indefinidos**, aunque ya no presten servicios. Cada trabajador fijo cuenta como uno en cada uno de los meses en que haya estado de alta, siendo irrelevante la jornada pactada, se contabiliza mes a mes el número de trabajadores indefinidos y la suma total se divide entre 12 (o sumar el número de trabajadores cada día natural y dividirlo por 365 días).

b) Los trabajadores vinculados por **contratos de duración determinada** superiores a un año se computan como fijos.

c) Los **trabajadores temporales de hasta un año** computan según el número de días trabajados (incluidos los efectivamente trabajados, los descansos semanales, los festivos y las vacaciones) en el período de referencia, cada 200 días trabajados o fracción se computan como un trabajador más. Cuando el cociente de dividir por 200 el número de días trabajados sea superior al número de trabajadores que se computan, se tiene en cuenta, como máximo, el total de dichos trabajadores.

d) Los contratados **a tiempo parcial y fijos discontinuos** no tienen reglas especiales, se computan como indefinidos ordinarios, con independencia de la ocupación real durante el año de referencia.

e) En las **ETT** se computan todos los trabajadores, tanto los de estructura como los puestos a disposición.

5. El número de **trabajadores** con discapacidad que deben ser **contratados** para cumplir con la obligación, es el entero resultante de multiplicar el tamaño de la plantilla por el 2%. La normativa no explicita cómo realizar el redondeo en caso de que del cálculo resulte un número con decimales, pero la Dirección General de Trabajo y la ITSS han interpretado que cualquier fracción que resulte debe ser ignorada. Por ello, el número de trabajadores con discapacidad en la empresa debe ser el siguiente según el tamaño de la empresa:

- empresas con menos de 50 trabajadores: 0 trabajadores de cuota;
- empresas de 50 a 99 trabajadores: 1 trabajador;
- empresas de 100 a 149: 2 trabajadores;
- así sucesivamente, sin que exista obligación de contratar 1 más hasta el número siguiente.

6. La **contratación** del trabajador con discapacidad puede ser bajo cualquier modalidad.

7. No se admite la consideración de los **grupos de empresa**, ni a efectos del cómputo de plantilla ni a efectos del cumplimiento de la obligación. Las obligaciones se deben determinar en cada una de las empresas de forma diferenciada.

Las empresas que tengan 50 o más trabajadores en las condiciones indicadas deben **comunicar al SEPE** la relación de los puestos ocupados por trabajadores con discapacidad.

En los **convenios colectivos** pueden establecerse los puestos de trabajo reservados a personas con discapacidad. Pero se considera nula cualquier cláusula que suponga, en contra de estos trabajadores, discriminación en el empleo, en materia de retribuciones, jornadas y demás condiciones de trabajo.

Precisiones 1) En las pruebas selectivas para el ingreso en los **Cuerpos de la Administración** del Estado, Comunidades Autónomas, Administración Local, Institucional y de la Seguridad Social, las personas con discapacidad deben ser admitidos en igualdad de condiciones con los demás aspirantes, acreditando su aptitud para el ejercicio de las funciones correspondientes mediante dictamen vinculante del equipo multiprofesional, con anterioridad a la celebración de las pruebas selectivas. Se prevé la **reserva del 5%** de las vacantes existentes hasta alcanzar el 2% de los efectivos totales de la Administración del Estado (RDLeg 5/2015 art.59); sin que se pueda excluir de la reserva las plazas de promoción interna y concentrar el porcentaje en las plazas de nuevo ingreso (TS 5-10-09, EDJ 259274). De este modo, constituye una **discriminación indirecta** que en un mismo proceso selectivo se apliquen diferentes criterios de calificación o valoración, de forma tal que en el turno libre se fijó una nota de corte en la fase de oposición para acceder a la de concurso, pero no en el de personas con discapacidad ni al de promoción interna, otorgando con ello ventaja a los denominados «interinos perpetuos» que con muchos méritos y muy pocos puntos en la fase de oposición aprobaron el proceso, en detrimento del turno de personas con discapacidad sin antigüedad (TS cont-adm 18-3-16, EDJ 34129).

2) Las personas con discapacidad pueden solicitar que se les otorgue un tiempo adicional para la **realización de los ejercicios** correspondientes a las pruebas selectivas de acceso a la Administración Pública y sus organismos autónomos (OM PRE/1822/2006). Tras superar las pruebas selectivas con el mínimo establecido compiten solamente con los que participen en el proceso selectivo a través del repetido cupo (TS cont-adm 18-10-07, EDJ 195056).

3) Igualmente, se **reserva el 5%** de las plazas convocadas al título de notario y al cuerpo de registradores de la propiedad, mercantiles y de bienes muebles, y se regula la declaración de su capacidad y la adaptación para la realización de los ejercicios (RD 863/2006).
4) Se **prohíbe contratar** con la Administración, a las empresas que incumplan la obligación de que al menos el 2% de sus empleados sean trabajadores con discapacidad. La acreditación del cumplimiento de esta obligación se hará mediante la presentación de la declaración responsable, no obstante reglamentariamente puede establecerse una forma alternativa de acreditación ya mediante certificación del órgano administrativo correspondiente, con vigencia mínima de 6 meses, o bien mediante certificación del correspondiente Registro de Licitadores, en los casos en que dicha circunstancia figure inscrita en el mismo (LCSP art.71.1.d y 140; RDLeg 1/2013 art.42).

Exención de la obligación (RDLeg 1/2013 art.39 y 42; RD 364/2005; ITSS Criterio Técnico 98/2016) Las empresas públicas y privadas pueden excepcionalmente quedar exentas de la obligación de contratar personas con discapacidad, de forma parcial o total, a través de acuerdos recogidos en la **negociación colectiva** sectorial de ámbito estatal y, en su defecto, de ámbito inferior, o en ausencia de aquellos, por **opción voluntaria** del empresario, siempre que se aplique alguna de las medidas sustitutorias. Las empresas deben solicitar de los servicios públicos de empleo competentes la **declaración de excepcionalidad** con carácter previo a la adopción de las posibles medidas alternativas. **3367**

Se entiende que concurre la nota de excepcionalidad en los siguientes **supuestos**:
1. Cuando la no incorporación de un trabajador con discapacidad a la empresa obligada se deba a que los servicios públicos de empleo competentes, o las agencias de colocación, no han podido atender la oferta de empleo presentada por la **inexistencia de demandantes** de empleo con discapacidad inscritos en la ocupación indicada o, aun existiendo, cuando acrediten no estar interesados en las condiciones de trabajo ofrecidas en dicha oferta.
Los servicios públicos de empleo competentes resuelven sobre la solicitud presentada y declaran la inexistencia total o parcial de demandantes de empleo, con mención expresa de las ocupaciones solicitadas. Para dicha resolución se debe tener en cuenta la certificación expedida al efecto por la oficina de empleo que gestione la oferta presentada. La declaración de excepcionalidad y la adopción de las medidas alternativas está limitada al número de vacantes para trabajadores con discapacidad que, tras la tramitación de la correspondiente oferta de empleo, haya resultado imposible cubrir. Cuando la oferta se hubiera presentado ante una agencia de colocación, el resultado negativo, en su caso, del sondeo de demandantes de empleo con discapacidad se remite al servicio público de empleo competente que resuelva al respecto.
2. Cuando existan, y así se acrediten por la empresa obligada, cuestiones de **carácter productivo, organizativo, técnico o económico** que motiven la especial dificultad para incorporar trabajadores con discapacidad a la plantilla de la empresa. Como acreditación de dichas circunstancias, los servicios públicos de empleo pueden exigir la aportación de certificaciones o informes de entidades públicas o privadas de reconocida capacidad, distintas de la empresa solicitante. En este supuesto, los servicios públicos de empleo competentes resuelven sobre la concurrencia de las causas alegadas en la solicitud.

En ambos supuestos el **plazo para resolver** sobre la excepción solicitada es de 2 meses, contados desde la fecha de presentación de la solicitud. Transcurrido dicho plazo sin que recaiga resolución administrativa expresa, se entiende que ésta es positiva. **3369**
La declaración de excepcionalidad tiene una **validez** de 3 años desde la resolución sobre ella. Transcurrido el plazo de validez de la declaración de excepcionalidad, las empresas deben solicitar una nueva declaración, en el caso de persistir la obligación principal.
La **competencia** para dictar las resoluciones y efectuar el seguimiento corresponde al Servicio Público de Empleo Estatal o a los servicios públicos de empleo autonómicos en razón al territorio en que esté ubicada la empresa. Cuando la empresa esté ubicada en el territorio de **una sola comunidad autónoma**, la competencia se ejerce por el servicio público de empleo de dicha comunidad autónoma, salvo que ésta no tenga transferidas las competencias en materia de políticas activas de empleo; en este caso, la competencia la ejerce el Servicio Público de Empleo Estatal. Cuando la empresa disponga de centros de trabajo en **más de una comunidad autónoma**, la competencia corresponde al SEPE. No obstante, en el supuesto de que al menos el 85% de la plantilla radique en el ámbito territorial de una comunidad autónoma, es competente el servicio público de empleo de dicha comunidad autónoma.

Precisiones 1) El **procedimiento de declaración de excepcionalidad** se establece en el RD 364/2005, que es de aplicación directa en los casos en que la competencia sea estatal y supletorio en el caso de competencia autonómica. En lo que no se oponga a esta, y con el mismo régimen de supletoriedad, sigue vigente la OM 24-7-2000, por la que se regula el procedimiento administrativo referente a las medidas alternativas de carácter excepcional al cumplimiento de la cuota de reserva del 2%.

2) No es admisible la calificación por la propia empresa de **la inviabilidad de cobertura de las vacantes** por persona con discapacidad como justificación a posteriori de la imposibilidad; necesariamente debe ser la administración la que, con carácter previo, valore la concurrencia de las causas. Ello permite a la administración correspondiente denegar la concurrencia de estas causas, y con ella de la excepcionalidad cuando se haya procedido a las contrataciones sin oferta previa o evaluación por el servicio de empleo (TSJ Madrid cont-adm 18-9-15, EDJ 179073).

3371 **Medidas alternativas** (RDLeg 1/2013 art.38; RD 364/2005 art.2 y 3; ITSS Criterio Técnico 98/2016) Las empresas pueden adoptar una de las siguientes medidas alternativas en sustitución de la cuota de reserva. A tal efecto, deben **solicitar autorización** para la realización de medidas alternativas. La competencia corresponde al servicio público de empleo autonómico, cuando todos los centros estén en la misma comunidad autónoma, o, al menos, el 85% de la plantilla esté en la misma. Si una empresa tiene centros en diferentes CCAA y en ninguna el 85%, o las empresas están en Ceuta o Melilla, el competente es el SEPE.

Las medidas son las **siguientes**:

a) La celebración de un **contrato mercantil o civil** con un centro especial de empleo o con un trabajador autónomo con discapacidad, para:

- el suministro de materias primas, maquinaria, bienes de equipo o cualquier otro tipo de bienes necesarios para el normal desarrollo de la actividad de la empresa que opta por esta medida;
- la prestación de servicios ajenos y accesorios a la actividad normal de la empresa.

b) La constitución de un **enclave laboral**, previa suscripción del correspondiente contrato con un centro especial de empleo.

El **importe anual** de las medidas anteriores ha de ser, al menos, 3 veces el IPREM anual por cada trabajador con discapacidad dejado de contratar por debajo de la cuota del 2%. El importe corresponde al valor del contrato, siendo irrelevante qué parte del importe se destine a la operativa interna del centro especial de empleo y cuál a la cobertura directa de gastos ocasionados por el propio contrato pagados a terceros como gastos de transporte o facturas de hoteles (TSJ Madrid cont-adm 26-10-15, EDJ 226040). En cualquier caso, los centros especiales de empleo beneficiarios de los contratos como medida alternativa a la obligación de reserva de cuota deben **destinar los recursos necesarios** para el cumplimiento de las obligaciones relativas, además de a la prestación de servicios de ajuste personal o social que requieran sus trabajadores con discapacidad, a las precisas para desarrollar acciones que promuevan su tránsito hacia el mercado de trabajo no protegido, tales como la formación permanente de los trabajadores con discapacidad o la adaptación de estos a las nuevas tecnologías (RD 364/2005 art.4).

c) Realización de **donaciones y de acciones de patrocinio**, siempre que cumplan los siguientes **requisitos**:

- deben ser necesariamente de **carácter monetario**, por lo que son inadmisibles otro tipo de prestaciones en especie, ya sean bienes entregados o servicios prestados;
- la **finalidad** de la transmisión de dinero debe ser el desarrollo de actividades de inserción laboral y de creación de empleo de personas con discapacidad;
- la **entidad beneficiaria** de dichas acciones de colaboración ha de ser una fundación o una asociación de utilidad pública cuyo objeto social sea, entre otros, la formación profesional, la inserción laboral o la creación de empleo en favor de las personas con discapacidad que permita la creación de puestos de trabajo para aquellas y, finalmente, su integración en el mercado de trabajo;
- la **entrega** debe revestir todas las características de una donación y en consecuencia responder a un ánimo de liberalidad. En ningún caso puede suponer una contraprestación para la entidad donante, por ello, ni la Dirección General de Trabajo ni la ITSS admiten las actuaciones en las que el pago de la cantidad encubre una prestación de servicios o entrega de bienes que las fundaciones o asociaciones hagan a las empresas donantes, lo que en su caso debiera hacerse por el cauce correspondiente.

El **importe** de la donación o acciones de patrocinio debe ser de, al menos, 1,5 veces el IPREM por cada trabajador con discapacidad dejado de contratar para cubrir la cuota (redondeándose siempre hacia el número entero inferior, descartando decimales).

El **seguimiento del cumplimiento** de las medidas y obligaciones es competencia de los servicios públicos de empleo, por lo que la ITSS debe apoyarse en la información que les faciliten.

3373 Precisiones Las empresas **deben solicitar**, con carácter previo a su adopción, la **medida alternativa** por la que hayan optado, de forma conjunta con la solicitud de declaración de excepcionalidad, haciendo expresión de lo siguiente (RD 364/2005 art.3):

1) En el caso de **contrato mercantil o civil** con centro especial de empleo o autónomo con discapacidad, se consigna el contratista, el objeto del contrato, el número de trabajadores con discapacidad a los que equivale la contratación y el importe y duración de la medida.

2) Cuando se opte por la **realización de un enclave laboral**, se recogen los datos identificativos del centro especial de empleo con el que se suscriba el correspondiente contrato, el número de trabajadores con discapacidad que se van a ocupar en el enclave laboral y el número de trabajadores con discapacidad dejados de contratar por debajo de la cuota del 2% a los que equivalen.
3) Cuando se opte por la **entrega de donaciones o acciones de patrocinio**, se recoge la fundación o asociación de utilidad pública destinataria, el número de contratos con trabajadores con discapacidad a los que vaya a sustituir y el importe de la medida.
Los servicios públicos de empleo resuelven sobre la **declaración de excepcionalidad** y las medidas alternativas aplicadas en **una misma resolución administrativa**.

Control (RD 364/2005 art.4 y 5) Los **servicios públicos de empleo** han de efectuar un seguimiento del: **3375**
- cumplimiento de la adopción de las medidas por parte de los **empresarios**;
- cumplimiento por parte de los **centros especiales de empleo** con los que se celebren los contratos previstos, de sus obligaciones relativas a la prestación de servicios de ajuste personal o social que requieran sus trabajadores con discapacidad, y a las precisas para desarrollar acciones que promuevan su tránsito hacia el mercado de trabajo no protegido, tales como la formación permanente de los trabajadores con discapacidad o la adaptación de éstos a las nuevas tecnologías;
- cumplimiento por parte de las **fundaciones o asociaciones de utilidad pública** del destino de las donaciones o acciones de patrocinio a las actividades que se indican en él.

Para ello, anualmente, los centros especiales de empleo y las entidades referidas han de presentar ante el servicio público de empleo correspondiente una memoria sobre la tipología de las acciones que se han realizado y los recursos financieros aplicados a dichas acciones.

Infracciones y sanciones (LISOS art. 8.12, 15.3 y 16.1.c -redacc L 4/2023-; L 15/2022 art.46.2; Resol 16-10-01) **3377**

Infracción	Grado	Sanción
El incumplimiento en materia de integración laboral de discapacitados de la obligación legal de **reserva de puestos** de trabajo, o de la aplicación de sus **medidas alternativas** de carácter excepcional (LISOS art.15.3).	**Grave**	**Multa** (LISOS art.40): En su **grado mínimo**, de 751 a 1.500 €. En su **grado medio** de 1.501 a 3.750 €. En su **grado máximo** de 3.751 a 7.500 €.
Solicitar **datos de carácter personal** en los procesos de selección o establecer condiciones, mediante la publicidad, difusión o por cualquier otro medio, que constituyan discriminaciones para el acceso al empleo por motivo de discapacidad, entre otras circunstancias (LISOS art.16.1.c redacc L 4/2023).	**Muy Grave**	**Multa** (LISOS art.40): - en su **grado mínimo**, de 7.501 a 30.000 €. - en su **grado medio** de 30.001 a 120.000 €. - en su **grado máximo** de 120.001 a 225.018 €.
Las **decisiones unilaterales de la empresa** que impliquen **discriminaciones directas o indirectas** desfavorables por razón de edad o **discapacidad** o favorables o adversas en materia de retribuciones, jornadas, formación, promoción y demás condiciones de trabajo, por circunstancias señaladas en nº 3312 (RDLeg 5/2000 art.8.12 redacc L 4/2023).	**Muy Grave**	**Multa** (LISOS art.40): - en su **grado mínimo**, de 7.501 a 30.000 €. - en su **grado medio** de 30.001 a 120.000 €. - en su **grado máximo** de 120.001 a 225.018 €.
El acoso por razón de discapacidad (LISOS art.8.13 bis -redacc L 4/2023-).	**Muy Grave**	**Multa** (LISOS art.40): - en su **grado mínimo**, de 7.501 a 30.000 €. - en su **grado medio** de 30.001 a 120.000 €. - en su **grado máximo** de 120.001 a 225.018 €.

En el supuesto de **incumplimiento** de la obligación legal de **reserva** de puestos de trabajo, o de la aplicación de sus **medidas alternativas** de carácter excepcional, la sanción se impone en su **grado máximo** cuando, en los dos años anteriores a la fecha de la comisión de la infracción, el sujeto responsable ya hubiere sido sancionado en firme por incumplimiento de las mencionadas obligaciones (LISOS art.39.2).
Existen **sanciones accesorias** por el incumplimiento de la reserva de puestos de trabajo para personas con discapacidad (nº 3379).

3379 **Sanciones accesorias** (LISOS art.39.2 y 46) Además pueden aplicarse las **sanciones accesorias** consistentes en:

1. **Pérdida** automática, y proporcional al número de trabajadores afectados por la infracción, de las **ayudas, bonificaciones** y, en general, los **beneficios** derivados de la aplicación de los programas de empleo, con efectos desde la fecha en que se cometió la infracción. La pérdida de estas ayudas, bonificaciones y beneficios derivados de la aplicación de los programas de empleo ha de afectar a los de mayor cuantía, con preferencia sobre los que la tuvieren menor en el momento de la comisión de la infracción. Este criterio ha de constar necesariamente en el **acta de infracción** de forma motivada.

2. Posible exclusión del **acceso a tales beneficios** por un período de seis meses a dos años en los supuestos contemplados en el apartado anterior, con efectos desde la fecha de la resolución que imponga la sanción.

3. Por otro lado, **no pueden contratar con el sector público** quienes hayan sido sancionadas con carácter firme por infracción grave en materia de integración laboral y de igualdad de oportunidades y no discriminación de las personas con discapacidad, o por infracción muy grave en materia social, incluidas las infracciones en materia de prevención de riesgos laborales o por las muy graves previstas en el Ley de protección del informante (L 2/2023) También están excluidos (L 9/2017 art.71.1.b redacc L 11/2023-). Tampoco pueden contratar con el sector público las empresas de 50 o más trabajadores, se prohíbe contratar de no cumplir el requisito de que al menos el 2% de sus empleados sean **trabajadores con discapacidad** (ver nº 3365).

2. Edad

3385 Para que la edad sea motivo de discriminación debe ser superior a la **edad mínima** para acceder al trabajo (nº 1416), esto es, los 16 años (ET art.6.1). Por tanto, no puede invocarse la existencia de discriminación por edad en el acceso al empleo por personas de edad inferior a 16 años.

Los convenios colectivos pueden establecer **cláusulas de jubilación forzosa** siempre que el trabajador afectado tenga una edad mínima, cumpla con los requisitos para tener derecho a su pensión completa y la medida se vincule con el objetivo de favorecer la calidad del empleo o la tasa de ocupación de mujeres en actividades económicas donde están infrarrepresentadas (ET disp.adic.10ª).

Asimismo, debe tenerse en cuenta que la edad puede resultar un **criterio justificado y razonable de diferenciación**. Así sucede, por ejemplo, con las diferencias de trato basadas en la edad cuando están conectadas con condiciones de acceso al empleo, la experiencia profesional o la antigüedad, o el establecimiento de una edad máxima de contratación basada en los requisitos de formación del puesto en cuestión o en la necesidad de un período de actividad razonable previo a la jubilación (Dir 2000/78/CE art.6).

3387 **Excepciones a la prohibición de trato desigual** (ET art.17; Dir 2000/78/CE art.6; L 15/2022 art.2.1) Por un lado, considerando las especiales dificultades que pueden tener los trabajadores situados en determinados tramos de edad (los más jóvenes o los trabajadores de edad avanzada) para acceder al mercado de trabajo, se permite la utilización de este criterio como medida de **acción positiva en el fomento del empleo** (nº 8200 s.).

Por otro lado, el empresario cuando trata de forma desigual a los trabajadores por razón de la edad, suele alegar que no existe discriminación, pues la edad en ese caso concreto debe considerarse un **requisito profesional** esencial y determinante para desarrollar la actividad propia del puesto de trabajo a ocupar (en los términos de la Dir 2000/78/CE art.4.1 y L 62/2003 art.34.2). En otras palabras, que la exigencia por su parte de una determinada edad o el no haberla alcanzado, viene objetiva y razonablemente impuesta por el puesto de trabajo a ocupar. En este caso, la **carga de la prueba** le corresponde al empresario. En algunos supuestos planteados sobre esta materia, la **doctrina judicial** ha establecido que:

1. **No** es **discriminatorio** por razón de edad:

- establecer una edad inferior a los 35 años para el ingreso en la empresa cuando se pretende **rejuvenecer plantilla** (TSJ País Vasco 10-9-02);
- excluir a los mayores de 50 años del **despido colectivo**, al considerarse que es una medida es conforme a la normativa de Seguridad Social al tratarse de un colectivo más vulnerable (TS 14-11-17, EDJ 259560);
- fijar en 30 años la edad máxima para la contratación de **bomberos**. Se considera que el interés en garantizar el carácter operativo y el buen funcionamiento del servicio de bomberos profesionales constituye un objetivo legítimo para imponer este umbral (TJUE 12-1-10, C-229/08);

- fijar la **edad máxima** de acceso a la policía autonómica vasca en 35 años, ya que entiende que dicho requisito es adecuado al objetivo consistente en mantener el carácter operativo y el buen funcionamiento del **servicio de policía** y no va más allá de lo necesario para alcanzar este objetivo (TJUE 15-11-16, C-258/15). Por la misma causa, no se considera discriminatorio el requisito de **no haber cumplido 38 años** para participar en el procedimiento selectivo para agente de la escala básica de los Cuerpos de Policía del País Vasco, Ertzaintza y Policía Local (TS cont-adm 15-3-23, EDJ 531041);
- el límite máximo de 65 años de edad establecido en el derecho de la Unión (Rgto CE/1178/2011) para poder ejercer la profesión de **piloto de transporte aéreo** comercial de pasajeros, carga o correo y ha afirmado que dicho límite está justificado por el objetivo de garantizar la seguridad de la aviación civil en Europa (TJUE 5-7-17, asunto Werner Fries C-190/16).

2. Sí **es discriminatorio** por razón de edad: **3389**
- no renovar la contratación de **profesores de religión** cuando lleguen a una determinada edad (TSJ Cataluña 2-7-02, EDJ 45006);
- cuando se fija como requisito para acceder a **plaza de estibador portuario** el tener edad inferior a 40 años, aunque no por no estar justificado ese requisito por razón del trabajo a realizar sino por tratarse de una exigencia no prevista en la convocatoria ni en el convenio (TSJ Baleares 23-6-97);
- establecer una **ayuda escolar** cuyos beneficiarios son los empleados menores de 60 años ya que ello implica una desigualdad por la edad, sin razón justificativa alguna puesto que no es que se refiera a jubilados que pudieran tener una justificación por el hecho de no estar en activo, sino simplemente por esa razón de edad (Const art.14; ET art.17; TCo 75/1983; 60/1991; 184/1993; TS 30-12-98, EDJ 30732);
- establecer mediante una cláusula del **convenio colectivo**, un **peor tratamiento salarial** de los trabajadores menores de 18 años, comprendidos en el ámbito personal de dicho convenio, cuando **no** tiene una justificación objetiva y razonable que engrane con una causa lícita determinante, y no es suficiente alegar para ello el principio de autonomía colectiva cuando el trabajo que realizan es idéntico al de los mayores de 18 años (AN 20-10-99, EDJ 51670 siguiendo, en cierto modo, la doctrina de la sentencia TCo 31/1984);
- **desafectar** en menor medida en un **ERTE** relacionado con el **Covid** a una trabajadora por razón de su mayor edad (TSJ País Vasco 14-3-24, EDJ 595675);
- fijar una edad máxima (30 años) para acceder a una plaza de **agente de la Policía Local** vista la disparidad en la normativa de las diferentes CCAA que fijan diversos límites de edad (30, 35, 36, 40) o no fijan ninguno. Se considera que las condiciones físicas adecuadas vienen garantizadas por la superación de las exigentes pruebas físicas, por lo que el límite de edad indicado en la convocatoria resulta desproporcionado (TJUE 13-11-14, asunto Vital Pérez C-416/13);
- fijar una edad límite de 50 años para poder participar en la oposición de acceso a la **profesión de notario** en Italia (TJUE 3-6-21, C-914/19).

3. Nacionalidad

Hay que distinguir entre nacionales de terceros Estados y nacionales de Estados miembros de la UE o del Espacio Económico Europeo. **3395**

Nacionales de terceros Estados (LO 4/2000 art.10.1) La nacionalidad es una seña **expresamente excluida** del catálogo de las previstas en la Dir 2000/78/CE. Especialmente se ha señalado en el marco de la Dir 2000/43/CE que el termino nacionalidad no es equiparable al **origen racial o étnico** de las personas, aun cuando en ocasiones quien pertenezca a una raza minoritaria puede no ser de nacionalidad española. Las **directivas contra la discriminación** no afectan al diferente trato que los Estados puedan dispensar a las personas por motivos de nacionalidad, en sus respectivas normas de extranjería relativas a personas nacionales de terceros Estados. **3397**

En España a los ciudadanos extracomunitarios se les exige una **autorización para trabajar** (nº 1720 s.). No obstante, una vez incorporados al mercado de trabajo se **prohíbe la discriminación directa o indirecta** en las condiciones laborales, incluidas las salariales, a los trabajadores por su condición de extranjeros o su pertenencia a una determinada raza religión étnica o nacionalidad (LO 4/2000 art.23; Dir 2000/43/CE).

Precisiones No obstante, debe admitirse que, en la práctica, a pesar de la falta de autorización, algunos extranjeros en **situación irregular** pueden trabajar por cuenta ajena, sobre sus derechos laborales ver (nº 1815). Pudiendo incluso inferirse de la LO 4/2000 art.36 que los extranjeros en situación irregular en el mercado de trabajo, podrían encontrar protección legal frente a posibles **conductas discriminatorias** que afectaran a cualquiera de las señas identitarias establecidas en el ET art.17.1.

3399 **Nacionales de la UE** (Tratado FUE art.21, 45 y 49) Respecto de estos sujetos si juega, en cambio, la nacionalidad como **factor de discriminación no admisible** con relación a ciudadanos nacionales de la UE ya que uno de los principios en los que se asienta el acervo comunitario es en garantizar la libre circulación, y la igualdad de trato de los ciudadanos nacionales de los Estados miembros de la UE.

Los trabajadores nacionales de la Unión Europea no pueden ser tratados de modo diferente a los **nacionales del Estado miembro en que prestan sus servicios** no pudiendo ser discriminado en el acceso al empleo ni en sus condiciones de trabajo (TJUE 12-3-98, C-187/96; 27-11-97, Meints C-57/96). Este derecho extiende sus efectos a los **miembros de la familia** que no tengan la nacionalidad de un Estado miembro de la Unión Europea o de un Estado parte en el Acuerdo sobre el Espacio Económico Europeo, beneficiarios del derecho de residencia o del derecho de residencia permanente (RD 240/2007).

Precisiones Los nacionales de los Estados miembros de la Unión Europea y aquellos a quienes sea de aplicación el denominado «régimen comunitario» se rigen por las normas que lo regulan, siéndoles de **aplicación** únicamente la **Ley de extranjería** en aquellos aspectos que pudieran ser más favorables (LO 4/2000 art.1.3). En esa última normativa se reconoce expresamente el derecho de los extranjeros a acceder al **empleo público** en los términos previstos en el Estatuto Básico del Empleado Público (EBEP; RDLeg 5/2015).

4. Parentesco

(ET art.17)

3405 El parentesco dentro de la empresa **no** constituye **motivo razonable** para establecer preferencias o pretericiones en materia de empleo. Argumento insoslayable cuando se trata de empresas públicas, pero más cuestionable cuando se trate de empresas privadas.

Debe tenerse en consideración que dentro del parentesco podríamos encontrar supuestos litigiosos en los que el debate se refiere a parientes del empresario y otros en los que se trata de parientes de los trabajadores.

Por lo que se refiere a las **limitaciones en el empleo** o en el mantenimiento del puesto de trabajo respecto de trabajadores que mantienen relación de parentesco con el empresario, pueden encontrarse ejemplos en la regulación convencional de la subrogación empresarial, que en muchos casos excluye expresamente a los parientes del empresario saliente (TSJ Madrid 1-9-05, Rec 2363/05).

Más habitual es la existencia delimitaciones convencionales con relación a parientes de trabajadores y aun así debe tenerse en cuenta que la discriminación tanto jugaría en estos casos como elemento de preferencia como de preterición (tal como se advierte en la TSJ C.Valenciana 7-4-00, EDJ 34532).

3407 **Práctica judicial** (LRJS art.182 y 183) Sobre esta cuestión, los **tribunales** han señalado que:

1. Resultan nulas las cláusulas convencionales que establecieran preferencias en la contratación a favor de **hijos de trabajadores** por constituir un trato más favorable injustificado que causaba discriminación a los demás posibles interesados (TS 21-6-94, EDJ 5518). Siguiendo ese criterio se ha desestimado la demanda de una trabajadora que para reincorporarse a la empresa invocaba una cláusula del convenio que favorecía a los hijos y yernos de los trabajadores (TSJ Valladolid 28-10-03, EDJ 266238). También se ha declarado nula una disposición convencional que no solo dispone la contratación preferente por razón de parentesco, sino que, además, impide transformar en a tiempo completo la jornada a tiempo parcial de un hijo que ya venía prestando sus servicios para la empresa (TSJ Málaga 28-4-21, EDJ 643158).

2. Se ha considerado discriminatorio **preterir** en el llamamiento a **fijos discontinuos** de más antigüedad, para incorporar a trabajadores parientes (TSJ C.Valenciana 2-4-03, EDJ 102209). Planteando el debate desde otra perspectiva se ha considerado que constituye una discriminación por resultado adverso, el pacto entre empresa y comité que impide el acceso al trabajo a parientes de trabajadores hasta el 4º grado, por consanguinidad o afinidad (TSJ C.Valenciana 7-4-00, EDJ 34532; 10-5-00, EDJ 51189).

3. Se ha estimado que es válida la selección de un pariente de un concejal para una **plaza** convocada por un **ayuntamiento** al no acreditarse la concurrencia de connivencia para superar la prueba reglada de acceso (TSJ Sevilla 13-9-02, EDJ 70464).

4. Se considerado nula la modificación de condiciones de trabajo (cambio de puesto, funciones y lugar de prestación de servicios) tras iniciar la esposa un proceso de incapacidad temporal por acoso, produciéndose **discriminación por asociación** (TSJ Asturias 25-1-22, EDJ 506748).

5. Más allá del parentesco como factor de discriminación en el acceso al empleo, se ha valorado su concurrencia como causa discriminatoria que determinaría la **nulidad del despido**, considerando la existencia de discriminación indirecta y/o por asociación. Se ha negado la

nulidad en un caso de desistimiento durante el período de prueba TSJ Madrid 15-10-12, EDJ 260058. Y sí se ha declarado nulo despido
- cuando no se acredita la **causa objetiva** alegada y hay indicios de discriminación acreditada (TSJ Asturias 27-12-10, EDJ 323730);
- del fin de un **contrato temporal** por una discriminación por razones políticas y familiares (TSJ Las Palmas 27-2-09, EDJ 70374);
- cuando la verdadera razón del despido es el **mantenimiento en el empleo** de un familiar del empresario (TSJ País Vasco 25-5-04, Rec 630/04);
- cuando el despido está motivado por las **desavenencias o enemistades** del empleador con el marido de la demandante (TSJ Sevilla 13-9-18, EDJ 626844);
- cuando el trabajador ha sido despedido por su **vínculo con otra trabajadora** de la empresa que era jefa de cuadrilla y se niega a decir quién de sus subordinadas era la responsable de un déficit en las tareas de limpieza (TSJ Cataluña 8-2-24, EDJ 526789).

5. Sexo

El sexo es la **seña identitaria** que desde hace más tiempo y con mayor intensidad ha recibido **protección** de los poderes públicos. En concreto en el **Derecho de la UE** se ha protegido desde sus orígenes sus derechos laborales, comenzando por la igualdad salarial ante trabajos de igual valor (nº 4520 s.). Aunque se abordan otras causas de discriminación prohibida (Dir 2000/78/CE y Dir 2000/43/CE), es esta causa de discriminación la que continúa teniendo el tratamiento normativo más completo y avanzado. La no discriminación por razón de sexo se impone con **carácter transversal** en toda la normativa comunitaria, no sólo en la de carácter social (Tratado FUE art.8) y se atribuye la **capacidad de intervención normativa** en otras disposiciones del acervo comunitario (Tratado FUE art.19 y 153). **3415**
Sin embargo, en el **ámbito laboral** la disposición más importante es el Tratado FUE art.157, que posee efecto directo, puede ser invocado directamente por los particulares y reconoce la virtualidad de la acción positiva en este ámbito señalándose que los Estados miembros puedan establecer normas más favorables para conseguir alcanzar esta igualdad entre hombres y mujeres, adoptando medidas concretas destinadas a facilitar al sexo menos representado el ejercicio de actividades profesionales o a evitar o compensar desventajas en sus carreras profesionales.
La prohibición de discriminación por razón de sexo constituye un **límite al ejercicio de la libertad empresarial** de contratación, también aplicable en la **fase de acceso al empleo**, como ocurre cuando se produce la negativa a la contratación de un trabajador o un grupo de trabajadores basada únicamente en la concurrencia de un factor de discriminación (TCo 41/1999; 173/1994).

Precisiones Desde el 14-7-2022 se alude expresamente como causa de discriminación a la **expresión de género** (L 15/2022 art. 2.1). Con anterioridad, el TCo había diferenciado entre sexo y género, señalando que la identidad de género es una causa sospechosa de trato discriminatorio, aunque termina declarando procedente la extinción del contrato de una persona transgénero durante el periodo de prueba, al acreditarse la presencia de otros factores relevantes que motivaron la decisión empresarial (TCo 67/2022).

Discriminación directa Se considera discriminación directa por razón de sexo la **situación** en que se encuentra una persona que sea, haya sido o pudiera ser tratada, en atención a su sexo, de manera menos favorable que otra en situación comparable, pero también toda orden de discriminar, directa o indirectamente, por razón de sexo. Comprende tanto los tratamientos peyorativos por el sexo de la persona perjudicada, como los que se fundan en circunstancias que tienen una relación directa con el sexo, como sucede con el embarazo y la maternidad (TCo 166/1988). **3417**
También se trata de garantizar la **indemnidad frente a las represalias**, y se considera que existe discriminación por razón de sexo ante cualquier trato adverso o efecto negativo que se produzca en una persona como consecuencia de la presentación por su parte de queja, reclamación, denuncia, demanda o recurso, de cualquier tipo, destinados a impedir su discriminación y a exigir el cumplimiento efectivo del principio de igualdad de trato entre mujeres y hombres (LO 3/2007 art.9).
La **prohibición de discriminación** abarca tanto el acceso al empleo, como las condiciones que durante su desarrollo se establezcan, la lesión de expectativas de derecho legítimas, así como la finalización del contrato. Los actos y las cláusulas que constituyan o causen discriminación por razón de sexo se consideran nulos y sin efecto, y dan lugar a reparaciones o indemnizaciones por daños morales que sean reales, efectivas y proporcionadas al perjuicio sufrido (TSJ

Cataluña 13-9-05, EDJ 144969; TSJ Madrid 3-2-09, EDJ 96545; TSJ Las Palmas 20-4-09, EDJ 16860).

Respecto de la discriminación directa en los **convenios colectivos** se ha considerado que la creación de una categoría exclusivamente de trabajadoras (en este caso para prestar servicios de limpieza a tiempo parcial) no constituye en sí una discriminación directa de las mujeres, procede señalar, no obstante, que la posterior introducción de un trato desfavorable en relación con esa categoría, ya sea relativo a la igualdad de trato o de retribución, puede llegar a constituir tal discriminación (TJUE 10-3-05, asunto Nikoloudi C-196/02, de acuerdo con la Dir 76/207/CEE art.2 y 4).

3419 **Embarazo y maternidad** La discriminación por esta razón incluye también los tratamientos peyorativos basados en circunstancias que tienen una relación directa con el sexo de la persona interesada, como sucede con el embarazo (TCo 166/1988). De las disposiciones de las directivas sobre no discriminación por razón de sexo se desprende que constituye una discriminación directa basada en el sexo tanto el despido como la **negativa a contratar** a una mujer embarazada (TJUE 8-11-90 asunto Hertz C-179/88).

Las trabajadoras tienen derecho a **no comunicar su embarazo** en la entrevista de trabajo, o durante el propio contrato, por lo que sería discriminatorio el despido de una trabajadora que no informó al empresario del embarazo, a pesar de conocerlo en el momento de celebrar el contrato y que, debido a su estado, por aplicación de la normativa de protección de la seguridad y salud en caso de maternidad, no podría trabajar durante una parte significativa de la vigencia del contrato. El perjuicio económico que puede sufrir el empresario no puede justificar una discriminación por razón de sexo (TJUE 4-10-01, asunto Tele Danmark C-109/00). En todo caso, el perjuicio económico que puede sufrir el empresario no puede justificar una discriminación por razón de sexo (TJUE 27-2-03, asunto Busch C-320/01). Tampoco la breve duración del contrato puede ser un pretexto para dar por buena la decisión empresarial de no contratar (TSJ Madrid 18-5-00, EDJ 26441).

Con relación a la **contratación y al acceso al empleo**, se ha estimado que es **discriminatorio**:

1. No contratar a una trabajadora por su situación de embarazo (TSJ Baleares 25-3-13, EDJ 116259). También lo es no contratar a trabajadoras embarazadas que habitualmente sí que lo venían siendo en periodos precedentes mediante **contratos temporales**, y no contratar a una mujer que causa baja por razón de embarazo el día que debía incorporarse para cubrir una vacante temporal atendiendo a un llamamiento de la bolsa de trabajo (TS cont-adm 16-6-22, EDJ 611578). La prohibición de despido se aplica tanto a los contratos de trabajo de duración determinada como a los celebrados por tiempo indefinido, sin embargo, la falta de renovación de un contrato, cuando éste ha llegado al vencimiento previsto, no puede ser considerada como un despido prohibido por dicha disposición (TJUE 4-10-01, asunto Jiménez Melgar C-438/99).

2. La **falta de renovación** de un contrato de trabajo de duración determinada, en la medida en que esté motivada por el embarazo de la trabajadora, constituye una discriminación directa por razón de sexo (siguiéndose así el criterio establecido, entre otras, en la TJUE 3-2-00, asunto Mahlburg C-207/98).

3. La suspensión por parte de los servicios públicos de empleo de la **demanda de empleo** de una mujer de baja por maternidad omitiendo su inclusión en la lista de candidatos para concurrir a una oferta de empleo (TCo 214/2006).

4. No elegir a una mujer que se presentó a una plaza de profesor **por estar embarazada** en el momento de la selección, en cuanto que la negativa a contratar a una candidata por causa de embarazo sólo puede oponerse a las mujeres (TJUE 8-11-90, C-177/88).

5. No reconocer a una trabajadora en **permiso de maternidad**, los mismos derechos reconocidos a otros aspirantes aprobados en el mismo procedimiento de selección, en lo que se refiere a las condiciones de acceso a la función pública, aplazando la toma de posesión de esa trabajadora hasta el término del permiso de maternidad, sin tener en cuenta la duración de dicho permiso a efectos del cómputo de su antigüedad (TJUE 16-2-06, asunto Sarkatzis Herrero C-294/04).

6. A pesar de alguna vacilación inicial que no entendía discriminatoria la no contratación desde una **bolsa de trabajo** de una mujer de permiso por maternidad (TSJ Galicia 9-12-98, EDJ 36952), en el momento actual parece consolidada la posición contraria, esto es, que no puede postergarse en una bolsa de trabajo a la mujer embarazada (TSJ Baleares 25-3-13, EDJ 116259; TSJ Sevilla 10-7-01, EDJ 81682). Es más, una embarazada en situación de riesgo que, habiendo sido seleccionada en una bolsa de trabajo y nombrada para cubrir una interinidad, no pudo incorporarse, tiene derecho a que se curse su alta en seguridad social (TS cont-adm 26-2-18, EDJ 18501). Igualmente, resulta discriminatorio no formalizar el contrato (personal estatutario) a una mujer que no se incorpora al puesto de trabajo, ofertado y aceptado, por encontrarse en situación de baja por incapacidad temporal derivada de embarazo sin que pueda diferirse la contratación al momento del alta (TS cont-adm 16-6-22, EDJ 611578).

Precisiones 1) Se considera discriminatorio privar a una mujer del derecho a ser calificada y, en consecuencia, de poder beneficiarse de una **promoción profesional**, por haber estado ausente de la empresa debido a un permiso por maternidad (TJUE 30-4-98 Thibault asunto C-136/95). Del mismo modo, se considera una discriminación indirecta en un **proceso selectivo,** el no haber incluido como tiempo de servicios prestados el que transcurrió desde el día en que la actora dio a luz hasta que finalizó el permiso inherente a la baja por maternidad (TS cont-adm 14-1-20, EDJ 504775).
2) Con relación **al despido**, se ha considerado discriminatorio:
- El despido de una trabajadora producido al enterarse el empleador de que estaba encinta y alegándose que la había contratado con el fin específico de sustituir a otra trabajadora durante el descanso por maternidad de esta última. No justifica la resolución del contrato el hecho de que la empleada se encuentre, con carácter meramente temporal, en la **imposibilidad de efectuar el trabajo** para el que fue contratada (TJUE 14-7-94, asunto Webb C-32/93).
- El despido de una trabajadora, producido durante la gestación y motivado **por ausencias debidas a** incapacidad laboral derivada del embarazo, relacionado con la aparición de riesgos inherentes a tal estado, debiendo considerarse fundado, esencialmente en el embarazo (TJUE 30-6-98, asunto Brown C-394/96).
- La posibilidad de **destitución de un miembro del consejo** de dirección de una sociedad de capital sin ninguna limitación, cuando la persona interesada tiene la condición de trabajadora embarazada (TJUE 11-11-10, C-232/09).
- El despido a una trabajadora por **apoyar** a una **candidata** que la empresa no quiso contratar debido a su embarazo. Los trabajadores distintos de la persona que ha sido discriminada por razón de sexo, también deben estar protegidos en la medida en que el empresario pueda causarles un perjuicio por el apoyo prestado a esta persona, de manera formal o informal (TJUE 20-6-19, C-404/18).-
- Negar a una trabajadora que fue despedida estando embarazada el derecho a percibir del **Estado** los **salarios de tramitación** fundamentándolo en la calificación como nulo de su despido (TCo 22/2024).
3) Con relación al **salario**, se ha considerado discriminatorio excluir al personal femenino de una subida salarial por el hecho del embarazo (TJUE 13-2-96, C-342/93; 30-3-04, C-147/02) y la reducción de una paga extraordinaria que tiene como finalidad retribuir retroactivamente el trabajo realizado durante el año, en proporción al tiempo de descanso por maternidad (TJUE 21-10-99, C-333/97).

Discriminación indirecta Respecto a la discriminación indirecta por razón de sexo puede establecerse lo siguiente: **3421**
1. El **concepto** de discriminación indirecta por razón de sexo apareció por primera vez en el asunto Jenkins (TJUE 31-3-81, C- 96/80). En este asunto se considera indirectamente discriminatoria la diferencia retributiva existente entre trabajadores a tiempo completo y a tiempo parcial cuando la misma es un medio indirecto para reducir la remuneración de un grupo de trabajadores compuesto de modo exclusivo o preponderante, de personas de sexo femenino (en el mismo sentido, TJUE 4-6-92, Arbeiterwohlfahrt C-360/90). En sucesivas sentencias este concepto se perfila (TJUE 13-5-86, C-170/84 asunto Bilka), vinculándose la menor retribución o la exclusión de beneficios económicos propia de la contratación a tiempo parcial a una discriminación indirecta cuando se demuestra el test dual antes referido.
2. Una medida, aunque formulada de manera neutra, perjudica de hecho o tiene un **impacto negativo en un número muy superior** de mujeres que de hombres (TJUE 10-3-05, asunto Nikoloudi C-196/02; 2-10-97, asunto Gerster C-1/95; TJCE 2-10-97 asunto Kording C-100/95; 12-10-04, asunto Wippel C-313/02). Así ha sucedido, por ejemplo, en las medidas dirigidas a trabajadores a tiempo parcial y que resultaron **indirectamente discriminatorias por razón de sexo** al ser tales puestos ocupados mayoritariamente por mujeres (TJUE 13-5-86, C-170/84 asunto Bilka; TJCE 27-6-90, asunto Kosalska C-33/89; TJUE 11-9-03, asunto Steincke C-77/02). Ver en el mismo sentido:
- el supuesto en el que el empresario no pagaba el salario **en caso de enfermedad** a los empleados que trabajaban menos de 10 horas a la semana (TJUE 13-7-89, C-171/88 Rinner-Kuehn);
- una disposición de un convenio colectivo que **dobla el requisito de antigüedad** para trabajadores a tiempo parcial cuya jornada sea inferior a tres cuartos de la normal al afectar a un número considerablemente mayor de mujeres que de hombres (TJUE 7-2-91, C-184/89 Nimz);
- una normativa que atribuye a los trabajadores que **acceden a la jornada completa** un nivel retributivo inferior al que tenían cuando poseían una jornada parcial, circunstancia que afectaba a mayor número de mujeres que de hombres (TJUE 17-6-98, C-243/95; 10-3-05, C-196/02);
- la exigencia del cumplimiento de un determinado **requisito** para la contratación al que **no puede acceder un grupo vulnerable**. Así, por ejemplo, la exigencia del servicio militar, al que

no accedían las mujeres, considerando que una disposición que concede prioridad a las personas que hayan prestado un servicio militar o civil obligatorio, revela una discriminación indirecta a favor de los hombres que son los únicos legalmente sometidos a dicha obligación (TJUE 7-12-00, C-79/99);
- la normativa de para obtener ciertos beneficios y para acceder al desempleo de los **trabajadores a tiempo parcial** que concentran su jornada en determinados días laborables de la semana, ya que se constata que la mayoría de los trabajadores afectados son mujeres (TJUE 11-9-03, C-77/02; 9-11-17, C-98/15);
- una normativa nacional que supedita la admisión de los candidatos al concurso para el ingreso en una escuela de policía al requisito de una **estatura mínima** (1'70 m) independientemente de su sexo, ya que se constata que supone una desventaja para un número mucho mayor de personas de sexo femenino que de sexo masculino (TJUE 18-10-17, C-409/16).
3. La discriminación indirecta también puede **afectar a los hombres**. Así lo entendió el Tribunal de Justicia respecto de la aplicación de una disposición. Se basa en la consideración de que el retraso sufrido en los estudios de los candidatos que hayan estado sujetos a la obligación de prestar el **servicio militar o civil**, presenta un carácter objetivo y está inspirada en la única preocupación de contribuir a compensar los efectos de ese retraso (TJUE 7-12-00, asunto Schnorbus C-79/99).

3423 **Práctica judicial nacional sobre discriminación** En la doctrina judicial española, en línea con el Tribunal de Justicia de la UE, tiene especial importancia la **prueba estadística** (nº 3331) y la **inversión de la carga** de la prueba (nº 3329).
1. En cuanto al **valoración de la fuerza física** como potencial factor de discriminación, se ha establecido que la **radical exclusión** de la mujer del acceso a aquellos trabajos, que objetivamente exigen para su correcto desenvolvimiento un elevado esfuerzo físico, es inaceptable a la luz de la Const art.14, motivo por el que deben eliminarse aquellas normas jurídicas que (con la salvedad del embarazo y la maternidad) aunque **históricamente** respondieran a una **finalidad de protección** de la mujer como sujeto fisiológicamente más débil. En efecto, el mantenimiento de estas prohibiciones genéricas supone refrendar o reforzar una división sexista de trabajos y funciones mediante la imposición a las mujeres de límites aparentemente ventajosos pero que le suponen una traba para su **acceso al mercado de trabajo**, razonamiento esgrimido por el TCo 229/1992, y que fue utilizado para considerar inadecuada la prohibición de acceso de la mujer a la mina TCo 198/1996 (ver nº 3305). Por esto se ha considerado sospechoso el factor de esfuerzo como criterio único de valoración, por lo que tiene de cualidad predominante masculina, que determina, en principio, que no se trate de un criterio de valoración sexualmente neutral, sino que implica una ventaja injustificada para los varones. Ahora bien, en este terreno de la aptitud profesional lo decisivo es la **naturaleza y características del trabajo** efectivamente prestado y la consiguiente exigencia de aquellas cualificaciones estrictamente necesarias para desarrollar con eficacia la prestación convenida. El esfuerzo físico, pues, puede ser tomado en consideración si constituye un elemento determinante de la **aptitud profesional** para desempeñar ciertas tareas, aunque, en la medida en que la configuración del puesto de trabajo lo permita, debe combinarse con otros rasgos que en conjunto excluyan cualquier discriminación por razón de sexo (TCo 58/1994 y 147/1995; 250/2000).
2. La exigencia de una determinada **titulación**, innecesaria para ocupar el puesto de trabajo y no prevista en el convenio colectivo aplicable, es discriminatoria para las mujeres, dado que por razones socio-económicas, muchas menos mujeres ostentan esa titulación frente al colectivo de hombres. De manera que cabe aplicar la doctrina de la discriminación indirecta o de impacto adverso, a tenor de la cual para determinar la existencia de discriminación en función del resultado no es necesario un tratamiento inicial diferenciado, ya que un tratamiento formalmente igual, neutro, puede resultar sin embargo ilegítimo porque sus efectos son perjudiciales para determinado colectivo (TS 4-5-00, EDJ 11416, siguiendo lo expresado por la TCo 41/1999, en términos similares TSJ Cantabria 14-11-05, EDJ 187659).
3. Se considera que existe discriminación indirecta en una **empresa dedicada a la limpieza viaria** que cuenta con 204 trabajadores del sexo masculino y sólo 4 trabajadoras (TSJ País Vasco 30-1-01, EDJ 1477); o cuando la empresa asciende por libre designación a ciertas categorías, a un número superior de hombres que de mujeres (TS 18-7-11, EDJ 216909); o cuando se **contrata** de manera eventual como **especialistas para ciertos talleres** solo a hombres y no a mujeres (TS 4-5-00, EDJ 76955).
4. A efectos retributivos, existe discriminación indirecta cuando se establece un **plus voluntario** de mayor cuantía en los departamentos de la empresa ocupados por hombres que en los ocupados por mujeres (TS 14-5-14, EDJ 76955).
5. En cuanto a la exigencia de unas **determinadas condiciones físicas** -por ejemplo, una determinada altura, talla o edad- para acceder a un empleo o puesto de trabajo, puede estar justificada por criterios objetivos y razonables vinculados a los factores que se requieren en

función de la propia naturaleza del trabajo a desarrollar. Pero dicho requisito podría tener un componente discriminatorio si no se diferenciase entre hombres y mujeres, estableciendo distintos requisitos o condiciones (TS 27-12-99, EDJ 45304). Ya vimos que la exigencia de una estatura mínima igual para hombre y mujeres se considera discriminatoria (nº 3421), pero también exigir una estatura distinta para hombres 1,65, que para mujeres 1,60, que resulta menos exigente para los hombres que para las mujeres, en cuanto excluye a un porcentaje de hombres menor que el de mujeres (TS cont-adm 14-7-22, EDJ 634518). El hecho de que una aspirante al puesto no alcance dicha altura mínima para conducir un autobús de línea puede ser causa justificada para su no contratación (TSJ Cataluña 22-9-10, EDJ 226619).

6. Sin embargo, **no hay discriminación** a la vista de las circunstancias concurrentes cuando una mujer se declara **no apta** para trabajar en el interior de una **mina** al no haber superado las pruebas correspondientes. El tribunal estima que el 60% de las mujeres que integran la plantilla de la empresa prestan servicios en el interior de la mina y que, en la misma convocatoria en la que participó la recurrente otras mujeres fueron admitidas (TSJ Asturias 13-4-12, EDJ 65703). Y tampoco en la externalización del **servicio de limpieza** en unos hoteles por el hecho de que el 92% de las personas trabajadoras fueran mujeres, en cuanto aplicado el «test de but for», la medida se hubiera tomado igualmente aunque fueran hombres (TS 20-11-15, EDJ 267347).

Sobre la discriminación indirecta por razón de sexo que sufren los **trabajadores a tiempo parcial** en el reconocimiento de **prestaciones de Seguridad Social** (TCo 61/2013; 253/2004; 49/2005).

Medidas de acción positiva (ET art.17.4 y 5; LO 3/2007 art.11 y 14; L 15/2022 art.4.1 y 4) El principio de igualdad no impide mantener o adoptar **medidas específicas** a favor de las mujeres con el objeto de **prevenir o compensar las desventajas** que les afecten para garantizar en la práctica la plena igualdad por razón de sexo. **3425**

La figura de la acción positiva estaba ya prevista en el Convenio OIT núm 111, que no considera discriminatorias las medidas especiales que se puedan establecer para atender a las necesidades particulares de algunos grupos, entre ellos el delimitado por razón de sexo, se ha recogido y desarrollado en el derecho comunitario, y ha tenido amplia plasmación en la normativa nacional.

Este mandato a los poderes públicos, en el caso del principio de **igualdad entre hombres y mujeres**, supone una aplicación transversal y positiva de este principio a fin de remover las situaciones de desigualdad fáctica no corregibles por la sola formulación del principio de igualdad jurídica o formal. Este mandato se refuerza cuando se trata de supuestos de pluralidad discriminatoria, es decir, en relación con mujeres de colectivos de **especial vulnerabilidad** como son las que pertenecen a minorías, las mujeres migrantes, las niñas, las mujeres con discapacidad, las mujeres mayores, las mujeres viudas y las mujeres víctimas de violencia de género (LO 3/2007 art.14.6).

En **materia retributiva** la Ley de Igualdad hace una específica mención para evitar las diferencias en las mismas (LO 3/2007 art.14.4). El mandato no solo se dirige tanto a los poderes públicos, sino que también requiere del compromiso de los sujetos privados en sus relaciones, estableciéndose a tal fin, en el marco de las relaciones laborales algunas medidas en materia de contratación o de subvenciones públicas o en referencia a los consejos de administración en las empresas. En todo caso, como cualquier medida de acción positiva, las medidas específicas en favor de las mujeres para corregir situaciones patentes de desigualdad de hecho respecto de los hombres sólo son aplicables en tanto subsistan dichas situaciones y, además, siempre han de ser razonables y proporcionadas en relación con el objetivo perseguido en cada caso (LO 3/2007 art.11).

Esta posibilidad se establece, incluso, en relación con la **negociación colectiva** a la que se permite establecer reservas y preferencias en las condiciones de contratación de modo que, en igualdad de condiciones de idoneidad, tengan preferencia para ser contratadas las personas del sexo menos representado en el grupo o categoría profesional de que se trate, pudiendo igualmente establecer este tipo de medidas en las condiciones de clasificación profesional, promoción y formación (ET art.17.4). Pudiendo asimismo establecerse en las empresas **planes de igualdad** (ET art.17.5; LO 3/2007 art.45 a 49; RD 901/2020).

Precisiones El el contexto de la acción positiva se enmarca la protección de las **trabajadoras víctimas de violencia de género** otorgándole diversos derechos en su relación laboral que permiten hacer efectiva su protección (L 62/2003 art.35; LO 1/2004 redacc LO 2/2024; RD 1917/2008).

Más ampliamente sobre la contratación de este colectivo y sus derechos laborales y de Seguridad Social específicos ver nº 9850 s. Memento Social 2024.

3427 La **configuración de la acción positiva** favorable a la mujer en cuanto sexo más discriminado e infrarrepresentado en el mundo laboral se ha **delimitado** del siguiente modo:

a) El TJUE en un **primer momento** y con un carácter algo **restrictivo** del alcance de la acción positiva, entendió que el derecho de la UE se oponía a un supuesto en que candidatos de distinto sexo que concurren a una promoción con la misma capacitación, se conceda automáticamente preferencia a las candidatas femeninas en los sectores en los que las mujeres están infrarrepresentadas (TJUE 17-10-95, asunto Kalanke C-450/93). Debiéndose considerar que existe infrarrepresentación cuando las mujeres no cubren al menos la mitad de los puestos en cada uno de los grados de la categoría de personal de que se trate y sucede lo mismo en todos los niveles de función previstos en el organigrama.

b) En una **segunda fase** el TJUE matiza, amplía o rectifica su criterio, para amparar la preferencia a las candidatas femeninas que presentasen igual capacitación que los candidatos varones cuando el sector del que se trate tenga un menor número de mujeres que de hombres. Todo ello, salvo que concurran en la persona de un candidato masculino motivos que inclinen la balanza a su favor, siempre que dicha norma garantice, en cada caso particular, a los **candidatos masculinos** con igual capacitación que las candidatas femeninas, que las candidaturas son objeto de una apreciación objetiva que tenga en cuenta todos los criterios relativos a la persona de los candidatos de ambos sexos e ignore la preferencia concedida a las candidatas femeninas cuando uno o varios criterios hagan que la balanza se incline a favor del candidato masculino, y que tales criterios no sean discriminatorios en perjuicio de las candidatas femeninas (TJUE 11-11-97, asunto Marshall C-409/95). Se reitera la posibilidad de medidas de acción positiva adoptadas en favor de las mujeres, dándoles preferencia, en caso de igualdad de calificación, en la contratación y la promoción de los sectores de la función pública en los que estén infrarepresentadas, valorando la capacidad y la experiencia adquiridas en el ejercicio del trabajo familiar y prohibiendo todo efecto negativo respecto del trabajo a tiempo parcial, los permisos o el aplazamiento en la terminación de los estudios motivados por el cuidado de los hijos o de familiares que lo necesiten (TJUE 28-3-00, asunto Badeck C-158/97).

c) En todo caso, el TJUE ha insistido en el **límite a la acción positiva** en favor de las mujeres, perfilando su alcance, al considerar que no puede ampararse la elección de la candidata mujer incluso cuando la diferencia entre los respectivos méritos de los candidatos no sea tan considerable como para vulnerar la exigencia de objetividad en la provisión de los puestos, mientras que solo resulta amparable los candidatos posean méritos equivalentes o sensiblemente equivalentes y cuando las candidaturas sean objeto de una apreciación objetiva que tenga en cuenta las situaciones particulares de naturaleza personal de todos los candidatos (TJUE 6-7-00, asunto Abrahamsson C-407/98). En definitiva, no se admite una preferencia absoluta, sino únicamente una preferencia con límites, que no suponga una discriminación para el hombre. En **aplicación** de estas limitaciones a la acción positiva se ha establecido:

- Que las medidas de acción positiva, previstas en la ley o en la negociación colectiva para corregir situaciones de desigualdad de hecho respecto de los hombres no autorizan la realización de acciones de discriminación inversa generando un desequilibrio contrario al que se trata de paliar. Por tanto, está prohibido por la Ley, por resultar una medida desproporcionada, dar preferencia a una mujer sobre el varón en la competencia para la cobertura de un puesto de trabajo, si la primera tiene **menos méritos** que el segundo (TSJ Asturias 20-12-10, EDJ 323738).
- Por el contrario, cuando dos candidatos, un hombre y una mujer, se encuentran en **igualdad de méritos y capacidades** para acceder a un puesto y el convenio colectivo prevé medidas de acción positiva a favor de las mujeres, en la valoración de los candidatos ha de tenerse en cuenta el contexto objetivo de infrarrepresentación femenina, pues permite detectar discriminaciones indirectas (TSJ Las Palmas 25-7-17, EDJ 211784).
- No puede ampararse el nombramiento de una candidata femenina de manera automática cuando **existe diferencia de méritos** con respecto al hombre por obtener este mayor puntuación y ello, aunque el Rgto UE que disciplina el nombramiento, dispone que se atenderá al principio de presencia equilibrada de hombres y mujeres en el procedimiento selectivo en cuestión (TS cont-adm 4-6-21, EDJ 595855).

CAPÍTULO 12

Negociación preliminar

El contrato de trabajo es **consensual** y se perfecciona por el concurso de dos declaraciones de voluntad (CC art.1254). Este encuentro de voluntades puede llevarse a cabo simultanea o sucesivamente. 3452
Ante el **silencio del ordenamiento laboral** respecto a los estadios previos a la contratación, estas figuras se rigen conforme a las previsiones aplicables en **materia civil** referidas a los contratos en general (nº 3466).
En la mayoría de las ocasiones, empresario y trabajador negocian y acuerdan la celebración del contrato de trabajo de **forma casi inmediata**, sin solución de continuidad entre la toma de contacto y la incorporación del trabajador a la empresa. Sin embargo, en otras, el perfeccionamiento del contrato laboral se **demora** por circunstancias como las siguientes:
- desarrollo de conversaciones informales tendentes a la conclusión del futuro contrato;
- realización de pruebas psico-físicas (nº 1445 s.) previas a la celebración;
- adopción de un compromiso de formalizar un futuro contrato de trabajo;
- etc.

Estas y otras gestiones y actuaciones anteriores a la suscripción del pacto laboral quedan englobadas en lo que se denominan estadios previos a la contratación laboral. La gran variedad de los actos incluidos en este grupo genérico -estadios previos a la contratación laboral- se mueve en un ámbito de perfiles con frecuencia confusos y muchos de ellos **carecen de relevancia jurídica**, ya que no denotan inequívocamente la voluntad de obligarse de ambas partes, ni expresan todos los elementos esenciales necesarios para la conclusión del contrato.
Tampoco prueban, en modo alguno, la **existencia de relación laboral**, si bien pueden servir para averiguar la verdadera intención de las partes y no exigen exclusividad, por lo que durante los mismos y salvo pacto en contrario, el trabajador puede negociar con otros empresarios y el empresario con otros trabajadores.
La resolución de los conflictos entre las partes se encuentra sometida a la **jurisdicción social**, no la civil, tanto si se trata de actos preparatorios o preliminares, como si se ha celebrado un precontrato, (TS 21-5-09 civil, EDJ 101655).

1. Tratos preliminares

Empleador y trabajador suelen entrar en contacto antes de la celebración de su contrato, con objeto de conocer si les conviene contratar y hacerlo en los términos propuestos por la otra parte. Esta **etapa prenegocial** no desemboca necesariamente ni en un precontrato, ni en un contrato de trabajo. Como regla general, no se generan obligaciones recíprocas para ambas partes, son meras actividades preparatorias que, de ningún modo, prueban el comienzo de la relación laboral. 3460
En estos estadios precedentes a la conclusión del contrato laboral las partes están tan sólo de acuerdo en discutir las condiciones de un **futuro contrato**, pero no han manifestado aún, de forma inequívoca, su voluntad de obligarse. Incluso aunque durante el transcurso de las negociaciones se hubiesen delimitado las condiciones laborales esenciales en las que vaya a desarrollarse la relación laboral, la característica fundamental de esta etapa radica en que todavía las **partes no** han tomado la **decisión definitiva** de celebrar el contrato de trabajo (TSJ Galicia 16-2-16, EDJ 18879).
Dentro de los tratos preliminares puede ocurrir que la empresa redacte una **carta** o manifestación **de intenciones** (nº 3462) o una **oferta de contrato** (nº 3464).

Precisiones 1) Muchos de los casos de tratos preliminares alcanzan dicha calificación porque de las circunstancias concurrentes **no puede acreditarse** el cumplimiento de los requisitos del precontrato o del contrato de trabajo.

2) En este estadio preliminar es también donde se realizan normalmente las **pruebas de selección** previas al ingreso, y que pueden llevarse a cabo por el propio empresario o por un tercero al que contrata con tal finalidad (nº 1445 s.).

3462 **Carta o manifestación de intenciones** Es una declaración de la empresa dirigida a un potencial trabajador en la que se expresa el propósito de una futura contratación.
En muchas ocasiones, la manifestación de intenciones se produce respecto de los incluidos en una **lista de espera**, cuando tras la convocatoria de pruebas selectivas para cubrir una vacante en la empresa, bien entre los trabajadores de plantilla, bien conjuntamente con personas externas, se adjudica dicha vacante a quien obtuvo mejor puntuación, quedando los demás participantes que hubiesen superado la selección en lista de espera. La empresa efectúa, entonces, una manifestación de intenciones cuyo **incumplimiento** parece ser jurídicamente irrelevante al faltar la presencia de cualquier acuerdo sobre el contenido del contrato que en el futuro pudiera realizarse con los trabajadores seleccionados sin plaza, incluso aunque se hubiera hecho uso de esa posibilidad en una ocasión anterior (País Vasco 14-2-01, EDJ 40941).
La carta de intenciones, al ser una declaración **unilateral no vinculante**, es revocable.

3464 **Oferta de trabajo** Se trata de una **declaración unilateral** de la intención de celebrar un determinado contrato, que genera el deber jurídico de mantenerla durante el tiempo previsto en ella o, en su defecto, el tiempo determinado por el uso o por el término tácito que se deriva de las circunstancias que rodean la oferta. Lo esencial es que la oferta tiene una formación unilateral frente al precontrato que precisa para su existencia de la voluntad de ambas partes (TSJ Galicia 20-5-22, EDJ 603453).
El problema práctico más relevante de la oferta de trabajo cursada por el potencial empleador previamente al contrato de trabajo es **determinar si** su **contenido** es **vinculante** y ha de incorporarse a aquél. Al tratarse de una simple oferta para contratar, la no reproducción de todo o parte en el contenido del contrato de trabajo debe entenderse en el sentido de que la oferta ha sido retirada con la conformidad del trabajador (TS 21-12-90, EDJ 11890; TSJ Sevilla 13-5-02, EDJ 130275; TSJ C. Valenciana 26-12-08, EDJ 368622). Así, por ejemplo, se considera que una trabajadora no tiene derecho a reclamar el abono de unos incentivos salariales que fueron ofrecidos por la empresa en conversaciones previas a la suscripción del contrato de trabajo y que no se incluyeron en el mismo, pues deben primar los **acuerdos** adoptados en la **fase final** de la negociación contractual (TSJ Extremadura 17-5-06, EDJ 84317).

Precisiones Puede incluirse como trato preliminar la **negativa** del trabajador a aceptar la **oferta inicial** modificando sus términos, que no fue aceptada por el empresario (TSJ Galicia 2-6-00, EDJ 34559), la oferta efectuada por persona de la empresa que no tiene poder de representación suficiente -calificada por la doctrina judicial como **simple propuesta de contratación** (TSJ Valladolid 9-1-08, EDJ 12517; TSJ Cataluña 11-4-08, EDJ 74754).

3466 **Incumplimiento** (CC art.1001, 1254 y 1902) La libertad contractual no obliga a celebrar el contrato sobre el que se realizaron las actividades preparatorias; las negociaciones pueden fracasar, aunque sí que se les exige a las partes que procedan de **buena fe**. Se concreta en diferentes deberes relativos respectivamente, al aseguramiento de la correcta formación de la voluntad contractual de la otra parte, a la información recíproca, al respeto a la intimidad de las partes, a preservar el secreto de las negociaciones o a asegurar la seriedad de los acuerdos.
Aunque no se haya llegado a concretar ningún compromiso entre los sujetos, se plantea la duda sobre la **posibilidad de** una eventual **reclamación** por la ruptura de los tratos preliminares. Ante la ausencia de una regulación específica, cuando las conversaciones entre un empresario y su eventual empleado se rompen y no se alcanza el acuerdo se aplican las previsiones contenidas en el Código Civil y especialmente en el principio de buena fe que obliga a las partes a no faltar a ella o contradecirla en los tratos previos a la perfección del contrato (TS 25-1-12, EDJ 148023).
En principio, esta ruptura carece, por lo general, de consecuencias indemnizatorias. No obstante, se podrían establecer las siguientes **posibilidades**:
a) **Reparación extracontractual**. Aunque se trate de pactos preliminares, puede reconocerse esta responsabilidad cuando se aprecie que ha existido una conducta dolosa o culposa que produce un daño a la otra parte -normalmente el trabajador- que, en virtud del principio de confianza, fundamental en el tráfico jurídico, ha sufrido algún perjuicio como consecuencia de la frustración injustificada del negocio proyectado.
Para que proceda la reparación es necesario que exista una relación de causa-efecto entre la generación de confianza y la causación del daño.
b) **Compensación de gastos**. Cuando el trabajador ha podido incurrir en determinados gastos -viajes, traslados del futuro trabajador o su familia, por ejemplo- o dejó de obtener ciertas ganancias -así el haber renunciado a un puesto de trabajo que ofrecía mejores condiciones-.

Por el contrario, **no** son **resarcibles**, aunque la ruptura no esté justificada, ni los llamados gastos especulativos o que constituyen un riesgo implícito de todo negocio (TS civil 16-5-88, EDJ 4132), ni, los espontáneos, es decir, los que de todas formas habría que realizar para iniciar las negociaciones.

c) **Indemnización prevista en el contrato.** Excepcionalmente, puede reclamarse una indemnización o pago por los gastos ocasionados en el desarrollo de las negociaciones, cuando las partes hayan convenido, ante la posible frustración de las conversaciones preliminares, que se haga efectiva una compensación. **3468**

La opción que se revela como más adecuada es la de que las partes interesadas establezcan un procedimiento negocial así como las consecuencias de su incumplimiento, estipulando **cláusulas** relativas al resarcimiento de daños y perjuicios o, incluso, una cláusula penal.

Para el conocimiento de estas reclamaciones es competente la **jurisdicción social** (TS 30-3-96, EDJ 1914).

El **plazo** de ejercicio de la acción es de un año desde que el perjudicado tenga conocimiento de la ruptura de los tratos preliminares (TS 20-11-98, EDJ 33396).

Precisiones 1) **No** se tiene derecho a **indemnización**: **3470**

- cuando en las bases de una **convocatoria pública** se establecía que el personal seleccionado pasaría a formar parte de una **bolsa de reserva** que tendría una vigencia de 3 años, pudiendo ser llamados para ocupar las plazas. No se está en presencia de un acuerdo sobre el contenido de los contratos que en un futuro se celebrasen, sino de una manifestación de intenciones generadoras de una expectativa de derecho, y al no existir un precontrato, ninguna obligación tiene los organismos demandados de cubrir las plazas con las actoras (TSJ Sta. Cruz de Tenerife 16-9-98, EDJ 33253);
- cuando lo que han mediado han sido actos previos a la ejecución de un contrato que en ningún caso llegó a consumarse, pues a pesar de la existencia de una **oferta de trabajo** por parte de la representante legal de la demandada y su aceptación por la demandante la ejecución del mismo se difirió a un momento ulterior, sin que en la práctica llegase a materializarse por no haber llegado la trabajadora a prestar servicios (TSJ País Vasco 27-9-05, EDJ 212366).

2) Puede **dar lugar a la indemnización**, por el contrario, cuando el aspirante a ocupar un puesto de trabajo se presenta al proceso de selección convocado por el empresario y, a pesar de haber superado dicho proceso, no es contratado. También, cuando se incumplen los denominados pactos de procedimiento, es decir, cuando se ha se acordado un calendario de negociación, con una duración mínima y una concreta forma de poner fin al mismo.

3) En caso de tener derecho a la indemnización por daños, esta **no opera de forma automática**, siendo necesario que el demandante alegue adecuadamente en su demanda las bases y elementos clave de la indemnización que reclama, que **justifique** suficientemente que la misma corresponde ser aplicada al supuesto concreto de que se trate, dando las pertinentes razones que avalen y respalden dicha decisión (TSJ Madrid 5-7-05, EDJ 128778).

2. Precontrato de trabajo

(CC art.4.3, 1255 y 1262)

El precontrato de trabajo, denominado también **promesa de contrato o contrato preliminar,** es el compromiso formal de las partes de celebrar un contrato de trabajo. Se trata de un verdadero contrato bilateral, consensual y, atípico, cuyo fundamento radica en la libertad de contratación, que se traduce en el poder los contratantes de celebrar los pactos, cláusulas y condiciones que tengan por conveniente, siempre que no sean contrarios a las leyes, la moral y el orden público. Puede **preceder** a toda clase de contratos y supone el final de los tratos preliminares (nº 3460) y no una fase de ellos, siendo figuras diferentes. **3475**

Se utiliza cuando, por el momento, las partes no quieren o no pueden celebrar el contrato definitivo y se comprometen a hacer efectiva su conclusión en tiempo futuro, de modo que la efectiva celebración del vínculo contractual se subordina al **cumplimiento de condiciones**, y si éstas se cumplen, el empleador viene obligado a celebrarlo (TS 21-7-92, EDJ 8204).

Por ejemplo, son condiciones recogidas en precontratos:

- superar el proceso selectivo (TSJ Cataluña 11-1-96, EDJ 5111);
- la constitución de una sociedad mercantil proyectada por el futuro empresario, la apertura de un nuevo centro de trabajo, la ratificación de la contratación laboral por parte de la junta rectora (TS 15-3-91, EDJ 2911);
- la obtención de las correspondientes autorizaciones de trabajo por parte del trabajador extranjero, etc. (TSJ Madrid 1-6-10, EDJ 142118).

Los elementos que definen el precontrato son:
1. Una **oferta de trabajo** seria, firme, clara y con ánimo de obligarse, sin necesidad de sujetarse a forma alguna. Es revocable siempre y cuando no exista aceptación por su destinatario. Puede realizarse **por**:
- el empresario, que puede ser el actual, el que lo va a ser o quien ya lo fue o, por persona en quien este delegue, si es persona física, o que tenga capacidad de representarlo, si es persona jurídica;
- el trabajador (TSJ Madrid 21-1-08, EDJ 33294);
- un tercero ajeno a la posterior relación laboral, como en el caso de sucesión de empresa (ET art.44) o cuando el empresario transmite la finca o el local de negocio con una estipulación a favor de un tercero para que sea contratado laboralmente por el adquirente.
2. Debe contar con un **contenido mínimo**, la posible condición o término al que se somete su perfección y el objeto del contrato, esto es, el trabajo a realizar y el salario debido, o lo que es igual, las bases mínimas precisas para conocer el objeto y contenido de la futura prestación de servicios. De modo que, a diferencia de la oferta de contrato, el precontrato ha de contener las **líneas básicas y todos los requisitos** exigidos para la validez del contrato futuro, por lo que es el resultado de las ofertas y propuestas de las partes y de las aceptaciones reciprocas (TSJ Madrid 20-5-24, EDJ 600199; TSJ Galicia 20-5-22, EDJ 603453).
Así, existe un precontrato o contrato de trabajo de ejecución futura en el caso del envío de un contrato con todas las condiciones laborales (antigüedad, categoría, salario, jornada, etc.) y con fecha de inicio de la relación laboral (TSJ Madrid 2-11-21, EDJ 787753).
3. La **aceptación de la oferta** por el destinatario, de manera expresa o tácita, siempre que sea terminante, clara e inequívoca. Como cualquier otro contrato, para que se perfeccione es necesaria una declaración de voluntad del empresario o persona en quién este delegue, dirigida al futuro trabajador con el propósito serio e inequívoco de quedar obligado por la simple aceptación de éste. Es decir, para determinar si existe o no precontrato basta la concurrencia de la oferta y aceptación sobre unas condiciones de trabajo cuyo incumplimiento da lugar a indemnización por daños y perjuicios (TSJ Las Palmas 25-9-01, EDJ 72625). Para que sea efectiva como tal, debe llevarse a cabo **antes de que** la oferta **haya caducado** o deba considerarse caducada por el transcurso del tiempo.El silencio o la aceptación tardía carecen de efecto alguno.
Por tanto, lo verdaderamente relevante del precontrato, y que lo distingue de las negociaciones preliminares, es que hay **consentimiento perfeccionado** por ambas partes, si bien el consentimiento se refiere a la forma y condiciones en las que se celebrará un posterior contrato de trabajo (TSJ Galicia 24-1-24, EDJ 508814).
Existe una verdadera **obligación de hacer en el futuro**, de contratar posteriormente, lo cual puede ser exigido por cualquiera de los sujetos. Pero como cualquier otro contrato, puede resolverse por mutuo acuerdo de los contratantes. Con el acuerdo de voluntades inicial ya se han especificado los elementos del futuro contrato, por lo que no es necesaria una nueva declaración de voluntad (TSJ Cataluña 11-4-08, EDJ 74754).

3477 Precisiones **1) Sí** se considera **precontrato**:
- El ofrecimiento de **contratación a un extranjero** una vez realizados los trámites administrativos se considera precontrato (TSJ Madrid 1-6-10, EDJ 142118).
- El **compromiso de creación de empleo** entre la empresa y las organizaciones sindicales, cuyo incumplimiento genera la obligación de indemnizar por daños y perjuicios, reclamable por los trabajadores no contratados en el plazo de prescripción de un año (TSJ Extremadura 14-11-01, EDJ 60580).
2) No existe **precontrato** cuando:
- se trata de una mera **manifestación de intenciones** (TSJ País Vasco 14-2-01, EDJ 40941);
- la oferta es efectuada por persona de la empresa que no tiene **poder de representación** (TSJ Valladolid 9-1-08, EDJ 12517); si bien se condenó al abono de la indemnización no al club, al no resultar obligado por la actuación de quien en ese momento era candidato a la presidencia, debiendo ser condenado solamente este (TSJ Madrid 31-1-11, EDJ 43165);
- en un **proceso de selección**, donde la empresa remite al trabajador las condiciones en las que, en su caso, sería incorporado a la empresa, fijando la duración del contrato, retribución, lugar de prestación de servicios, posición que ocuparía en la empresa, ámbito territorial de actuación, material disponible y formación, pero sin establecer la fecha de incorporación y, contestada dicha oferta, no consta acuerdo de las partes respecto del salario y fecha de incorporación. Estas comunicaciones entre las partes no permiten considerar que existiera un acuerdo en la relación a la contratación futura, sino que refleja la existencia de negociaciones que no llegaron a materializarse en un verdadero acuerdo precontractual (TSJ Madrid 30-10-07, EDJ 256426).
- se produce entre un **club deportivo** y una atleta si las conversaciones no se llevaron a cabo directamente con el potencial trabajador sino con personas de su entorno, que ni tan siquiera tienen la condición de mandatarios verbales, aunque figuraran en la página web de la Real Federación de Atletismo, ya que en tal Federación colocan a los atletas sin control alguno, y sin que

conste contrato de representación entre el representante y la atleta (TSJ Cantabria 23-2-05, EDJ 28317); Tampoco se existe precontrato por el envío de una oferta por el director deportivo, cuando quien tiene facultades para contratar es el presidente del club como representante adecuado para vincular a la sociedad deportiva (TSJ Asturias 17-5-13, EDJ 113863).
- se trata de un acuerdo entre el comité de empresa sobre la **reincorporación** de un **ex-presidiario** cuando éste no forma parte del mismo (TSJ País Vasco 13-9-16, EDJ 94584).

La normativa laboral **no** contiene una **regulación específica** del precontrato. La posibilidad de concertar un precontrato es avalada por la doctrina y jurisprudencia, con fundamento en la libertad contractual que consagra el CC art.1255, al determinar que los contratantes pueden establecer los pactos cláusulas y condiciones que tengan por convenientes, siempre que no sean contrarios a la ley, la moral o el orden público, sin desconocer que dicho principio de autonomía de la voluntad tiene limitaciones especiales en aquellos contratos que entran dentro de la esfera del derecho social. **3479**
El silencio regulatorio de la normativa laboral ha de ser suplido por la **aplicación** de la normativa civil (TSJ Madrid 31-1-10, EDJ 42165). Asimismo, tienen la misma consideración, aunque en puridad sólo se haya asumido el compromiso por una de las partes, las **cláusulas convencionales o pactos extraestatutarios** (nº 3487).

a. Contenido

El precontrato ha de contener los **elementos esenciales** del futuro contrato de trabajo, así como las bases necesarias para configurar correctamente la posterior relación laboral (TSJ Madrid 22-6-18, EDJ 555561). Con carácter general, los elementos que se deben reflejar son los siguientes: **3485**
- voluntad de formalizar el futuro contrato de trabajo entre las partes;
- fecha en la que se firmará el contrato de trabajo y, en su caso, condiciones para su eficacia (por ejemplo: contratación sometida a la concesión de una licencia administrativa, una autorización de trabajo o bien un certificado de estudios);
- tipo de contrato a firmar y duración;
- puesto de trabajo, funciones a desarrollar y jornada de trabajo;
- salario bruto anual (fijo, variable, metálico, en especie, etc.);
- inclusión de determinadas cláusulas del futuro contrato (por ejemplo: pacto de exclusividad, no competencia post contractual, uso de medios tecnológicos, etc.)
- régimen aplicable en caso de incumplimiento;
- otras condiciones o circunstancias.

Precisiones **1)** No incluir en el precontrato una **cláusula que fija un periodo de prueba**, que posteriormente si se pacta en el contrato solo supone la nulidad de la clausula si se acredita la concurrencia de vicio en el consentimiento (TSJ Cataluña 13-2-20, EDJ 540290).
2) Si en el precontrato se acuerda el **abono de un bonus condicionado a la permanencia** del trabajador en la empresa durante un año y esto no se refleja de forma clara y precisa en el contrato de trabajo, el trabajador no está vinculado por tal condición, aunque se haya producido el pago efectivo del bonus (TSJ Madrid 3-7-23, EDJ 653321).
3) No cabe exigir el abono de una **retribución variable** firmada en el precontrato, si posteriormente en el contrato de trabajo no se recoge este pacto, ni de la redacción del mismo ni de los actos coetáneos y posteriores al contrato se puede deducir que la intención fuera mantener el acuerdo de abonarla (TSJ Sta. Cruz de Tenerife 14-9-22, EDJ 731554).

Compromisos de contratación a través de la negociación colectiva También tienen la consideración de precontratos, las cláusulas convencionales o pactos extraestatutarios que establecen **el derecho preferente de empleo**, en ocasiones, condicionada a las necesidades del servicio, de determinados colectivos (familiares del trabajador, becarios, trabajadores que con anterioridad hubiesen sido contratados temporalmente por la empresa, etc.). **3487**
Entre estos **pactos**, de distinta naturaleza, por los que la entidad empresarial se compromete a contratar puede destacarse los siguiente:
1. Pacto colectivo que prevea la **contratación, tras el fallecimiento** de un trabajador, de un hijo de éste (así, por ejemplo, CCol Oerlikon Soldadura, S.A., art.11, BOP 22-3-17). Sobre el posible carácter **discriminatorio** del empleo preferente de familiares ver nº 3405.
2. Sobre todo en los convenios colectivos de sector, se establece el **derecho preferente** de acceso, en igualdad de méritos, a quienes han desempeñado funciones en la empresa contratados con carácter **eventual**, interino, a tiempo parcial o con contrato para la formación (por ejemplo, CCol para las Empresas de Comercio al por Mayor e Importadores de Productos Químicos Industriales, Droguería, Perfumería y Afines, art.25, BOE 27-9-21; CCol Empresa de Galletas Siro, SA, disp.adic.6ª, BOP Palencia 5-6-23).

3. En ocasiones, ese derecho preferente se torna en exigencia de una **convocatoria** de selección específica y **restringida** a dichos trabajadores. Así, por ejemplo, en los supuestos de contratación externa, cuando los puestos a cubrir sean no cualificados (ayudante, peón especializado y/o peón) se convoca un proceso de selección entre los trabajadores **temporeros o eventuales** que hayan trabajado durante el año anterior en la sección o taller, etc, donde exista la vacante (ver, por ejemplo, CCol Compañía Castellana de Bebidas Gaseosas, S.A. art.12, BOE 15-4-15).
Los tribunales otorgan a estos supuestos el **mismo tratamiento** que a la figura del precontrato. La **empresa** está **obligada** a ofertar dichos puestos de trabajo, aunque el eventual trabajador es libre de aceptar o no. De aceptar la oferta, el **incumplimiento** empresarial puede generar una indemnización de daños y perjuicios (nº 3499). Sin embargo, cuando dichas cláusulas se hacen depender de las necesidades de la empresa, se observa una tendencia judicial en orden a considerar que se está en presencia de manifestaciones que no encierran una obligación automática sino que se limitan a señalar una expectativa jurídica, cuya efectividad depende de las necesidades originadas por la situación industrial de la empresa (TS 21-6-94, EDJ 5518).

b. Consecuencias del incumplimiento

3495 Del precontrato se desprenden **obligaciones jurídicas concretas**, al tratarse de un estadio en fase previa al contrato definitivo del que no pueden desvincularse caprichosa y unilateralmente las partes (TS civil 4-7-91, EDJ 7251; 30-1-98, EDJ 326; TSJ Madrid 22-9-98, EDJ 65295).
Además, al tratarse de **obligaciones recíprocas**, ni trabajador (puesta a disposición del empresario), ni empresario (acreditar que ha realizado todo lo necesario para proporcionar el puesto de trabajo prometido) pueden compelerse a su cumplimiento sin antes haber ofrecido la completa consecución de lo que le incumbe a cada uno (TSJ Asturias 9-2-07, EDJ 89209; TSJ Cantabria 4-5-07, EDJ 141707).
La **competencia** para conocer sobre cualquier cuestión que se plantee sobre el precontrato corresponde a los órganos jurisdiccionales del **orden social**, pues la promesa de contrato supone el nacimiento en potencia de un contrato de trabajo laboral indiscutible. Tales litigios quedan comprendidos en la atribución que realiza la normativa procesal laboral (LRJS art.2.a) (TS 2-6-16, EDJ 172310; TSJ Valladolid 29-1-24, EDJ 507900; TSJ Madrid 5-7-13, EDJ 153588).
El **plazo de prescripción** para eventuales reclamaciones, al estar en presencia de actos previos o preparatorios de un futuro contrato laboral, es el que rige en el ámbito laboral, esto es, un año (ET art.59). Aunque el precepto hace referencia a las acciones derivadas del contrato de trabajo, esta expresión ha de entenderse como equivalente a acciones relativas o que guardan alguna conexión con el contrato de trabajo (TS 21-6-96, EDJ 5471; 28-6-96, EDJ 5463; TSJ Galicia 13-1-98, EDJ 8542).

Precisiones Aunque el precontrato se recoja a través de un **contrato civil** (una compraventa de terrenos) acto civil, el plazo de prescripción para reclamar la Indemnización por los daños u perjuicios derivados de un incumplimiento es el de 1 año recogido en el ET, y no el no el de 15 años previsto en el CC (TS 22-7-20, EDJ 618766).

3497 **Incumplimiento empresarial** (CC art.1101, 1103 y 1124) En muchos de los casos es el empresario quien incumple la promesa de contrato. En este supuesto, el **trabajador**, de acuerdo con la normativa civil trasladada al ámbito laboral, al menos teóricamente, puede **optar** entre:
a) Exigir la **ejecución de lo acordado**. Sin embargo, el cumplimiento en forma específica no va a resultar factible al tratarse de una obligación de hacer con prestación personalísima. Máxime considerando que de exigirse el cumplimiento de la obligación empresarial in natura, una vez que el trabajador ocupara el puesto de trabajo prometido, el empresario durante el **período de prueba** podría resolver el contrato sin alegación de causa alguna y sin derecho a indemnización. Además, aunque no se estableciera período de prueba, o se superase éste, también puede el empresario resolver el contrato de trabajo. Si bien en este supuesto abonando una **indemnización** por despido improcedente, que al ser proporcional al tiempo de trabajo puede tener una cuantía escasamente significativa (ET art.56.1).
En aras a la **reciprocidad** no se puede reclamar a la otra parte el cumplimiento, sin haber cumplido en su integridad la prestación que incumbe al demandante. Por ejemplo, no puede reclamar indemnización el trabajador que incluyó en su CV información que no se ajustaba a la realidad (JS Pamplona núm 4, 2-9-14, EDJ 187247).
b) Solicitar una **indemnización por daños y perjuicios**, que abarca tanto el daño emergente como el lucro cesante, exigiendo en ambos casos prueba de su existencia y cuantía por parte de quien ejercita la acción. No cabe el ejercicio de acciones para exigir el cumplimiento de las obligaciones típicas del contrato de trabajo, como la reclamación de salarios (TS 15-3-91, EDJ

2911; 21-7-92, EDJ 8204; TSJ Madrid 20-5-24, EDJ 600199; TSJ Las Palmas 21-3-24, EDJ 577769; TSJ Cataluña 17-5-11, EDJ 129698).
El resarcimiento sólo es viable cuando se den determinados **requisitos**:
- la realidad de la situación que los ha generado;
- su acreditación en el proceso;
- el incumplimiento de la parte que ha originado aquella situación; y
- la relación causal entre dicho incumplimiento y el daño producido.
La empresa puede resultar **exonerada de responsabilidad** por incumplimiento de precontrato si se acredita la existencia de causas que hagan imposible su cumplimiento (TSJ Madrid 31-10-14, EDJ 228946; TSJ Galicia 20-5-22, EDJ 603453).
En todo caso, el incumplimiento empresarial nunca es constitutivo de un **despido**, al no existir contrato de trabajo (TSJ Galicia 31-1-24, EDJ 508229; TSJ Sevilla 12-3-15 EDJ 78441).

Precisiones No procede indemnización reparadora alguna por **inejecución** total de la **prestación artística** cuando no se prueba la existencia de daños y perjuicios y que estos fueron originados por el acto ejecutado u omitido, y ello no ocurre cuando, a pesar de la existencia de un precontrato entre el actor y la empresa que lo contrata, el contrato de trabajo no llega a perfeccionarse debidamente (TSJ Madrid 5-7-05, EDJ 128778).

Incumplimiento del trabajador La **libertad de trabajo** y de elección de profesión (Const art.35.1) impide que se pueda obligar al trabajador a aceptar una relación laboral no querida. Además, una vez **vigente la relación laboral**, el trabajador puede extinguir el contrato de trabajo, sin indemnización a favor del empresario, sin más obligación que preavisar (ET art.49.4). Motivo, por lo que no parece lógico que el trabajador pueda tener una **responsabilidad mayor** por la ruptura del nexo precontractual. Es el caso, por ejemplo, de retractación del trabajador (TSJ Galicia 23-11-15, EDJ 236148). **3499**

Cuantía de la indemnización de daños y perjuicios Para determinar la cuantía de la indemnización de daños y perjuicios, se considera que el incumplimiento del precontrato puede producir efectos mucho más onerosos que el propio incumplimiento del contrato una vez iniciado, ya que podido ser determinante, por ejemplo, del cese de un empleo estable anterior, o puede provocar la desprotección en materia de desempleo, por lo que hay que valorar otros factores, de mayor relieve, para calcular los efectos del incumplimiento (TS 15-3-21, EDJ 2911; TSJ Las Palmas 25-9-01, EDJ 72625). **3501**
Los **criterios** utilizados por los tribunales han sido los siguientes:
1. Los **salarios dejados de percibir** por el potencial trabajador (TSJ Málaga 28-1-00, EDJ 833; TSJ Burgos 2-2-06, EDJ 9582). También los salarios dejados de percibir desde que debió ser contratado, de acuerdo con el precontrato, hasta que suscribió el contrato de trabajo (TSJ Asturias 18-2-05, EDJ 129181; TSJ Burgos 3-6-10, EDJ 134503); o los salarios dejados de percibir entre la fecha en la que debió ser contratado y el comienzo de otro trabajo, cuando ofertada una plaza por la empresa y resultando el segundo de tres aspirante seleccionados fue contratado el primero y el tercero (TSJ Málaga 12-6-08, EDJ 300746).
2. La **indemnización por despido improcedente**: la indemnización por ruptura del precontrato se asimila a la indemnización de la ruptura unilateral del contrato por voluntad del empresario y el despido fuese declarado improcedente (TS 30-10-88, EDJ 8548). En ocasiones, se insiste en su valor meramente orientativo (TS 15-3-91, EDJ 2911).
3. Los **daños reales**: la indemnización se fija teniendo en cuenta las circunstancias concurrentes en cada caso. Así, por ejemplo:
- Daños y perjuicios causados al actor, tanto en su configuración formal como cuantitativa, extremo comprensivo tanto de los **daños morales**, efectivamente causados, como **materiales**, integrados por el valor de las pérdidas sufridas, al abandonar un puesto de trabajo fijo, como a las correspondientes a las ganancias no obtenidas (TSJ Castilla-La Mancha 8-7-04, EDJ 127050).
- Para un **deportista profesional**, se ha tenido en cuenta datos tales como su edad y proyección profesional, la duración del contrato previsto, la importancia de las cantidades que se barajan en ese mercado profesional, las primas que perciben los jugadores, el importe de los traspasos, el carácter doloso o meramente culposo del incumplimiento, etc. (TSJ Galicia 8-6-99, EDJ 84197).
4. Si se ha **fijado en el precontrato** el importe de la indemnización, la cantidad pactada sustituye a todos los efectos a la prevista legalmente, sin necesidad de probar los daños y perjuicios causados. Con todo, en el ámbito laboral se entiende que cuando la indemnización es excesiva el juez puede moderarla en aplicación (CC art.1154).

Precisiones 1) No se puede pretender que el montante de los daños y perjuicios sea el equivalente a las **ganancias dejadas de obtener** durante dos años, puesto que en el precontrato se estipulaba la duración de un año renovable; pero no hay por qué dar por sentado que en efecto esa renovación se produciría, por lo que se ha de reducir la indemnización al importe del salario de un año de contrato (TSJ Madrid 31-1-11, EDJ 43165).
2) Se condena al abono únicamente de la cantidad que cubre los **gastos** de viaje, estancia, separación de la familia y daños morales (TSJ Madrid 30-6-10, EDJ 181074).
3) Se ha admitido incluir como gastos indemnizables los que se causaron al trabajador por el **regreso a su país** después del incumplimiento empresarial (TSJ Madrid 10-11-10, EDJ 300354).
4) La fijación del importe indemnizatorio es actividad reservada en principio a la **competencia del juez** «a quo» y que sólo se manifiesta censurable por vía de recurso extraordinario cuando exista error en las bases de determinación o se prescinda de las reglas de la sana crítica, por lo que el criterio de instancia ha de ser mantenido salvo en los supuestos en que la cuantía establecida sea patentemente arbitraria, desproporcionada, inadecuada o irracional (TSJ Galicia 23-11-15, EDJ 236148).

3. Contrato de trabajo con término inicial

3510 Una **figura distinta** del precontrato de trabajo es la del contrato de trabajo *in fieri* o con término inicial, en la que los sujetos de un contrato de trabajo ya suscrito acuerdan que éste no comience a producir **efectos** de forma inmediata sino aplazada, a partir de una fecha determinada en el futuro próximo; el contrato de trabajo existe ya, pero su consumación se va a producir en un momento posterior (TSJ Galicia 16-02-16, EDJ 18879; 28-2-14, EDJ 123481; TSJ Burgos 20-7-10, EDJ 164794).
No se está en presencia de un estadio previo a la contratación laboral, sino ante la **fase inicial** del contrato mismo. En el contrato de trabajo de ejecución futura, el perfeccionamiento del contrato de trabajo no coincide temporalmente con el inicio de la relación laboral, esto es, con la ejecución las obligaciones recíprocas principales del contrato de trabajo: la prestación del trabajo y el pago del salario. Por ello, en la práctica, el criterio del intercambio de la prestación deviene inútil en orden a su diferenciación respecto de la promesa de trabajo, por lo que hay que estar a la voluntad de las partes (TSJ Navarra 31-5-96, EDJ 3202).

3512 **Incumplimiento** Los incumplimientos contractuales una vez **perfeccionado el contrato** de trabajo pueden generar también daños y perjuicios a la contraparte. Como ocurría en el tema de los estadios previos del contrato de trabajo, **no** existen disposiciones laborales específicas. En este contexto, la jurisprudencia mayoritariamente aborda estas cuestiones de forma similar a cuando se está en presencia de un incumplimiento de un precontrato de trabajo, esto es, **reparando el daño** a través de genéricas indemnizaciones de daños y perjuicios (TS 30-4-91, EDJ 4520; TSJ Galicia 11-6-14, EDJ 128497).

Precisiones 1) Se ha considerado que la aplicación de las **normas laborales** sobre imposibilidad de la prestación (ET art.30); extinción por voluntad del trabajador basada en un incumplimiento grave del empresario (ET art.50); o el propio despido improcedente (ET art.54 y 55) exigen una **relación de trabajo** viva, vigente o en ejecución (TS 30-3-95, EDJ 1886).
2) En la relación laboral de los **artistas en espectáculos públicos**, se remite expresamente a las prescripciones civiles, al establecer que en el supuesto de que se extinga un contrato de trabajo en el que aún no ha comenzado a prestarse el servicio, se estará a lo dispuesto en el Código Civil (RD 1435/1985 art.10.4). Y, en este sentido, se considera **despido** improcedente la comunicación del empresario de dar por resuelto un contrato firmado, pero que tenía previsto el comienzo de la prestación de servicios con posterioridad (TSJ Sevilla 5-6-13, EDJ 160517).

CAPÍTULO 13

Obligaciones conexas

3550

3552 El **empresario** que desee contratar un trabajador debe cumplir una serie de **obligaciones** con la **Seguridad Social**, anteriores incluso al inicio de la actividad, como son las relativas a su afiliación y alta (nº 3605 s.) y la elección de la entidad que va a cubrir las contingencias profesionales y, en su caso, también las comunes (nº 3710 s.).
Igualmente, en momento de la contratación ha de **informar** al **trabajador** de una serie de extremos que afectan a la ejecución de la propia prestación laboral (nº 3775 s.).
También tiene la obligación de informar de la contratación a los **servicios públicos de empleo** (nº 3560 s.), así como a los **representantes de los trabajadores** mediante la entrega de la copia básica del contrato (nº 3915 s.).

SECCIÓN 1

Comunicación de la contratación a los servicios públicos de empleo

3560 Cuando se concierta un contrato de trabajo, el empresario debe informar sobre tal extremo a la **Administración laboral**, en concreto, tienen la obligación de comunicar a los Servicios Públicos de Empleo que correspondan el contenido de los contratos de trabajo que celebren, así como sus prórrogas, se formalicen o no por escrito. Respecto a los contratos que se concierten por escrito se exige también remisión a la oficina pública de empleo de la **copia básica** de los mismos, sobre su contenido ver (nº 3935 s.)
También debe entregarse a la oficina de empleo copia de los **acuerdos a distancia** que se realicen y de sus actualizaciones (L 10/2021 art.6.2).
El **incumplimiento** de esta obligación constituye una **infracción leve** en materia de empleo, sancionada con multa de 70 a 750 € (LISOS art.14.1 y 40.1).

1. Destinatario de la comunicación

(ET art.8.3)

3565 El destinatario de la comunicación es el **servicio público de empleo** correspondiente. Al respecto, hay que señalar que el Sistema Nacional de Empleo se encuentra integrado por el Servicio Público de Empleo Estatal (SEPE) y los Servicios Públicos de Empleo de las Comunidades Autónomas. Cuando el contrato de trabajo se concierte en Ceuta y Melilla, al no estar transferidas las competencias en esta materia, la comunicación se hace al **SEPE**.
Los **servicios públicos de empleo autonómicos** están obligados a incorporar a la base de datos del SEPE, compartida con dichos servicios, todos los datos definidos como obligatorios sobre la contratación de trabajo.

3567 Precisiones Los **servicios públicos de empleo autonómicos** son:
- Servicio Andaluz de Empleo (RD 467/2003).
- Instituto Aragonés de Empleo (RD 646/2002).
- Servicio Canario de Empleo (RD 150/1999; RD 748/2001).
- Servicio Cántabro de Empleo (RD 1418/2001).
- Servicio Público de Empleo de Castilla-La Mancha (RD 1385/2002).
- Servicio Público de Empleo de Castilla y León (RD 1187/2001; RD 371/2010)
- Servicio Regional de Empleo de la Comunidad de Madrid (RD 30/2000; RD 918/2002).
- Servei d'Ocupación de Catalunya (RD 1050/1997; RD 774/1999).
- Servici Valencià d'Ocupació i Formación (RD 2673/1998; RD 2354/2004).
- Servicio Navarro de Empleo (RD 811/1999; RD 311/2001).
- Servicio Extremeño Público de Empleo (RD 664/2001).
- Servicio Galego de Colocación (RD 1375/1997; RD 1750/1999).
- Servei d'Ocupación de les Illes Balears (RD 1268/2001).
- Servicio Riojano de Empleo (RD 1379/2001).
- Servicio de Empleo del Principado de Asturias (RD 11/2001).
- Servicio Regional de Empleo y Formación de la Región de Murcia (RD 468/2003).
- Servicio Vasco de Empleo, Lanbide (RD 1441/2010).

2. Contenido de la comunicación

(RD 1424/2002 art.3; OM/TAS/770/2003 art.2 y anexo I)

3575 La obligación de comunicación a los servicios públicos de empleo abarca no sólo la relativa a la **concertación de un contrato** de trabajo, y eventualmente sus prórrogas, sino también **otras incidencias** relacionadas: transformaciones, modificaciones, etc.
El contenido obligatorio de la comunicación varía en función del **hecho que se notifica**:
1. Modalidad del contrato (nº 3577).
2. Prórroga (nº 3579).
3. Datos de la comunicación de horas complementarias (nº 3581).
4. Llamamiento del trabajador fijo discontinuo (nº 3583).
5. Transformación de contrato temporal en indefinido (nº 3585).
Con independencia del tipo de comunicación, existen los siguientes **datos comunes** a los cuatro hechos mencionados previamente, debiéndose identificar siempre los siguientes **extremos**:
- datos de la empresa;
- cuenta de cotización a la Seguridad Social;
- actividad económica;
- datos del centro de trabajo;
- datos del trabajador.

3577 **Comunicación del contrato de trabajo** (OM TAS/770/2003 Anexo I.2) Cuando se comunica la celebración de un contrato se deben hacer constar los siguientes datos.
1. Los **comunes a todos los contratos**:
- el código del contrato (según tabla contenida en el propio Anexo I);
- la fecha de inicio de la relación laboral, ocupación o profesión;
- el nivel formativo e identificador de la oferta de empleo (obligatoria para contratos de Programas de Empleo).
2. Según la **modalidad contractual** han de consignarse las siguientes referencias:
a) Contrato **a tiempo parcial** (nº 6150): las horas de jornada, período de tiempo en que se realizan las horas de jornada, horas de convenio (sólo si el contrato es subvencionado), porcentaje de jubilación parcial (sólo si el contrato es de jubilación parcial).
b) Contrato de **duración determinada** (nº 6750): la fecha de término de la relación laboral, excepto si no se conoce.

c) Contrato para la obtención de **práctica profesional adecuada** (nº 7050): titulación académica o certificado de profesionalidad.
d) Contrato para la **formación en alternancia** (nº 7050): el contenido de la comunicación comprende las horas de jornada y el período de tiempo en que se realiza, las horas de formación, colectivo de edad permitida para el contrato, la indicación de la discapacidad (cuando proceda), convenio que autorice duración distinta a la permitida y anexo de formación.
e) Contrato **para la sustitución de la persona trabajadora**: la indicación de la causa objeto de la interinidad para sustituir a trabajadores (nº 6750).
f) Contrato **de relevo** (nº 6150): el tipo de trabajador de relevo contratado.
g) Contrato para **personal investigador** (nº 8080): el tipo de empleador que contrata y del trabajador contratado.
h) Contrato concertado con personas trabajadoras **con discapacidad**: indicador de bonificación, colectivo de bonificación, indicación de si la empresa es un centro especial de empleo.
i) Contrato de **puesta a disposición** de una Empresa de Trabajo Temporal: ha de referirse al NIF/NIE de la empresa usuaria.
j) Contrato para **Escuelas Taller**, Casas de Oficios o Talleres de Empleo: identificación tanto del trabajador contratado como el tipo de programa.
k) Contrato acogido al **programa de Fomento del Empleo** (nº 8200 s.): el programa para el que se contrata al trabajador.
l) **Interés Social sin ánimo de lucro**: grupo de cotización.
m) Contrato **a distancia**: indicar que el contrato es de esta modalidad.
n) Contrato **de grupo**: indicar que el contrato es de esta modalidad, identificador (NIF/NIE) de los trabajadores del grupo.

Comunicación de prórroga (OM TAS/770/2003 Anexo I.4) En el caso de que la comunicación se refiera a una prórroga contractual ha de consignarse: **3579**
1. Fecha de inicio de la prórroga.
2. Fecha de término de la prórroga.

Comunicación de horas complementarias (OM TAS/770/2003 Anexo I.5) Los datos sobre horas complementarias deben recoger: **3581**
1. Número total de horas complementarias.
2. Porcentaje de aumento que supone sobre las horas pactadas en el contrato.
3. Identificador del contrato si se conoce.

Comunicación de llamamiento de trabajador fijo discontinuo (OM TAS/770/2003 Anexo I.6) En el caso de que se trate del llamamiento de este tipo de trabajadores se ha de consignar: **3583**
1. Fecha de inicio del llamamiento.
2. Fecha de término del llamamiento (si se conoce).
3. Identificador del contrato (si se conoce).
4. Nivel formativo del trabajador.

Comunicación de transformación a indefinido de contrato temporal (OM TAS/770/2003 Anexo I.7) En el marco de **cualquier transformación de contratos** se debe referir: **3585**
1. El código del contrato (según tabla contenida en el propio Anexo I).
2. Fecha de inicio de la transformación.
3. Ocupación o profesión.
4. Identificador del contrato temporal que es objeto de la transformación, si se conoce.
Respecto del **contrato transformado** según la modalidad y otras características del contrato debe consignarse:
a) Contrato **a tiempo parcial**: los extremos a informar son las horas de la jornada, período de tiempo en que se realizan las horas de jornada (días, semana, mes o año), horas de convenio (sí el contrato es subvencionado).
b) Contrato acogido **a medidas de la contratación**: se ha de consignar la normativa a la que se acoge, colectivo al que pertenece, si procede.

3. Plazo y procedimiento para proceder a la comunicación

(ET art.8.3)

El **plazo** para proceder a la comunicación es de 10 días siguientes a concertación del contrato de trabajo o su prórroga. **3590**
La comunicación de los datos relativos a la contratación por los empresarios o personas o entidades que legalmente les representen **se puede realizar** mediante:
1. La presentación en los servicios públicos de empleo la **copia de los contratos** de trabajo o sus prórrogas; o

2. La utilización de **medios telemáticos**, previa autorización. Por este procedimiento sólo se puede comunicar la contratación laboral y las prórrogas de contratos que hayan sido comunicados previamente a través de la aplicación informática.

3592 **Comunicación mediante el uso de medios telemáticos** (RD 1424/2002 art.2 y 6 a 9; OM TAS/770/2003 art.3 a 12) Los **datos** que se pueden comunicar mediante el uso de medios telemáticos son los relativos a: contratos, copias básicas, prórrogas, llamamientos de fijos discontinuos y pactos de horas complementarias.

Tanto los empresarios que actúan en nombre propio, como las empresas y profesionales colegiados que actúan en representación de terceros, pueden, a través del servicio web **Contrat@**, realizar la comunicación de los contratos de trabajo, de las copias básicas, prórrogas, llamamientos de fijos discontinuos y pactos de horas complementarias.

Se trata de una conexión directa con la base de datos del SEPE, de la que se recibe de forma inmediata su respuesta, teniendo la posibilidad de subsanar los posibles errores antes de confirmar la comunicación.

En todos los documentos que se obtienen a través de la aplicación, debe figurar la **huella electrónica**, que actúa como firma y sello del servicio público de empleo.

3594 **Autorización para el uso de medios telemáticos** (L 11/2007; RD 203/2021; OM TAS/770/2003) Para utilizar estos medios telemáticos es preciso que los solicitantes obtengan la **autorización** de los servicios públicos de empleo. Para ello se debe cumplimentar una solicitud de Autorización y presentarla con la documentación precisa en dichos Servicios Públicos. Una vez concedida la Autorización, se puede acceder a Contrat@ bien con certificado Digital o DNI electrónico, o con el identificador de la empresa y la clave personal que se asignó al realizar la solicitud.

El Ministerio de Industria, Comercio y Turismo y los organismos que hayan firmado un convenio con él para el establecimiento de **Puntos de Atención al Emprendimiento** pueden ser autorizados para realizar comunicaciones de la contratación en nombre de terceros, al igual que los Centros de Ventanilla Única Empresarial, pero siempre que sea dentro de la tramitación del **Documento Único Electrónico** (RDLeg 1/2010 disp.adic.3ª).

La solicitud de autorización debe ser **resuelta y notificada** por los servicios públicos de empleo en un plazo máximo de 15 días.

Precisiones Los **PAE** son oficinas pertenecientes a organismos públicos y privados, así como puntos virtuales de información y tramitación telemática de solicitudes. **Se encargan** de facilitar la creación de nuevas empresas, el inicio efectivo de su actividad y su desarrollo, a través de la prestación de servicios de información, tramitación de documentación, asesoramiento, formación y apoyo a la financiación empresarial, según se establezca en los oportunos convenios, y en ellos se debe iniciar la tramitación del DUE (RDLeg 1/2010 disp.adic.3ª).

3596 **Requisitos de los solicitantes de autorización administrativa** Hay que **distinguir entre**:

1. Los **solicitantes** de la autorización: para poder ser autorizados, deben tener asignado a su NIF o NIE una cuenta de cotización por la TGSS que debe existir previamente a la autorización en la base de datos del Servicio Público de Empleo Estatal. No obstante, los servicios públicos de empleo pueden autorizar a los profesionales colegiados que no cumplan el requisito indicado anteriormente siempre que estén afiliados a la Seguridad Social y aporten el número de afiliación.

2. Las **empresas** cuyas comunicaciones sean efectuadas por los autorizados, deben tener asignada a su NIF/NIE una cuenta de cotización por la TGSS, que debe existir en la base de datos del SEPE.

3598 **Comunicación del contenido de la contratación laboral a través de internet** A través de internet se puede llevar a cabo la comunicación de la contratación laboral y las prórrogas de contratos que hayan sido comunicados previamente a través de la aplicación informática. Las empresas pueden realizarla utilizando cualquiera de las **tres fórmulas** que permite el sistema, facilitando así a que cada empresa elija la opción que más se adecúe a su forma de trabajar en cada momento:

1. Comunicación de datos.

2. Cumplimentando un modelo de comunicación.

3. A través del envío de ficheros.

Las dos primeras opciones constituyen una comunicación individualizada, la tercera, múltiple.

a) **Comunicación individualizada**. Puede llevarse a cabo de **dos formas**:

- comunicación de datos: esta opción se utiliza comunicando los datos obligatorios del contenido del contrato que previamente haya sido suscrito entre las partes;
- modelo de la comunicación: en este caso, el proceso es el mismo que el seguido a través de la comunicación de datos, pero el sistema vuelca los datos introducidos en el modelo de contrato indicado, a fin de que se proceda a imprimirlo para que lo firmen empresa y trabajador.

b) **Comunicación múltiple**: permite la transmisión de ficheros XML al servicio público de empleo conteniendo todas las comunicaciones de la contratación efectuadas a lo largo de una jornada de trabajo y al final de la misma.
Las empresas y colegiados profesionales han de velar por la **protección de los datos** que gestionen, con sujeción a las leyes y, en particular a la LO 3/2018 (ver nº 8505 s.).
Una vez comunicado el contenido de las contrataciones laborales, los **trabajadores** pueden en cualquier momento solicitar de los servicios públicos de empleo información sobre el contenido de los contratos de los que sean parte, así como de sus prórrogas, y también pueden realizar las consultas e impresiones de las comunicaciones realizadas.

SECCIÓN 2

Afiliación y alta en Seguridad Social

(LGSS art.139.1; RD 84/1996 art.24.1)

En el **nivel contributivo** de la Seguridad Social la relación jurídica de aseguramiento se constituye a través de los denominados **actos de encuadramiento**, esto es, la inscripción de la empresa y la afiliación y el alta del trabajador. 3605
Como formalidades anejas a la contratación, una vez **inscrita la empresa**, el empresario ha de formalizar la relación jurídica de aseguramiento de los trabajadores que ingresen a su servicio solicitando su **afiliación** en el sistema de Seguridad Social (nº 3610 s.), salvo que ya lo estuvieran, y, en todo caso, ha de proceder a **darles de alta** en el correspondiente Régimen de la Seguridad Social (nº 3640).
El órgano de la Administración del Estado al que corresponde la **competencia** de afiliaciones y altas es la Tesorería General de la Seguridad Social, configurada como el servicio común de todas las entidades gestoras de la Seguridad Social.
Es competencia del **orden contencioso-administrativo** el conocimiento de las pretensiones sobre inscripción, afiliación altas y bajas. Cuando la inscripción, altas, bajas y variaciones de datos no sean conformes con lo establecido, la TGSS puede adoptar las medidas necesarias para su adecuación, incluida la **revisión de oficio** , y aunque se trate de actos declarativos de derechos. El orden contencioso-administrativo tiene la competencia para conocer los recursos motivados por esta revisión (TS cont-adm 16-11-23, EDJ 752341). La iniciación del procedimiento de revisión se comunica a los interesados advirtiéndoles que puede formular alegaciones y aportar documentos en cualquier momento anterior al trámite de audiencia, que ha de tener lugar antes de redactar la propuesta de resolución. La TGSS puede rectificar en cualquier momento los **errores materiales y de hecho y los aritméticos**.
La **responsabilidad del empresario** por incumplimiento de estas obligaciones se analiza en el nº 3690 s.

1. Afiliación

(RD 84/1996 art.21)

Como previa identificación, antes de proceder a la afiliación, los ciudadanos deben solicitar el **número de la Seguridad Social** (**NSS**). El número se hace constar en una tarjeta de la Seguridad Social, en la que figuran, entre otros datos, el nombre y apellidos y, en su caso, el número del Documento Nacional de Identidad (RD 84/1996 disp.adic.1ª; Resol SGSS 30-4-96). 3610
El número de la Seguridad Social se convierte automáticamente en **número de afiliación** (NAF) de las personas físicas que por primera vez se incluyan en el Sistema de la Seguridad Social en cualquiera de sus regímenes, ya sea como trabajador por cuenta propia como por cuenta ajena.
El número de afiliación tiene carácter vitalicio y es válido para todo el territorio del Estado.
Respecto la afiliación a través del **sistema RED**, ver nº 3700.

Concepto (RD 84/1996 art.6) La afiliación es el **acto administrativo** mediante el que se inicia el proceso de incorporación de los sujetos protegidos al Sistema de Seguridad Social, es necesario para la formalización válida de la **relación jurídica de Seguridad Social**. 3612
Mediante este acto administrativo, la **TGSS integra** a la persona física que por vez primera realiza una actividad determinante de su inclusión en el ámbito de aplicación del mismo. Constituye, por sí sola o en unión de otros requisitos o presupuestos, el título jurídico para la adquisición de derechos y el nacimiento de obligaciones, condicionado la aplicación de las normas. La definen las siguientes notas **características**:
a) Es **obligatoria** para todas las personas comprendidas como trabajadores en el campo de aplicación de la Seguridad Social.

b) Es **única y general** para todos los regímenes que componen el Sistema, aunque las personas incluidas, por razón de su actividad, cambien de uno a otro Régimen del mismo.
c) Es **vitalicia**, ya que permanece durante toda la vida de las personas; hay que solicitarla una vez en la vida, cuando se inicia el primer trabajo que vaya a desempeñarse; después de ese primer trabajo, no habrá que formalizarla nunca más.
d) Es **exclusiva**, quedando prohibida la afiliación obligatoria múltiple por un mismo trabajo en otros regímenes de previsión distintos a los que integran el sistema de Seguridad Social.

3614 **Sujetos que pueden instar la afiliación** (LGSS art.15 y 139.1 redacc RDL 1/2023; RD 84/1996 art.23)
La afiliación puede realizarse:
- a instancia del **empresario** que es el obligado a solicitarla;
- a instancia de los **trabajadores**, en el caso de incumplimiento por el empresario de la solicitud de afiliación;
- o de oficio también puede instarla la **TGSS**.

3616 **Afiliación a instancia del empresario** (LGSS art.139 -redacc RDL 1/2023-; RD 84/1996 art. 24 y 38; LPAC art.16; Resol DGTGSS 11-1-01) Los empresarios están obligados a solicitar la afiliación al Sistema de la Seguridad Social de quienes, no estando afiliados, ingresen a su servicio. La **solicitud** de afiliación se formula:
- en el **modelo oficial** normalizado (TA.1);
- por cualquier **otro medio** electrónico, informático o telemático establecido (ver nº 3700).
La solicitud de afiliación se ha de acompañar de la siguiente **documentación**:
- el DNI de la persona que se pretende afiliar o documento equivalente del interesado y;
- el número de la Seguridad Social (NSS).
La solicitud de afiliación a la Seguridad Social implica la de **alta inicial** en el Régimen correspondiente, debiendo aportarse los datos y, si procede, los documentos establecidos para las solicitudes de alta (nº 3640).
Si la solicitud de afiliación no se efectúa en el modelo oficial o por el sistema establecido o no se acompañan de la documentación exigida, se requiere al empresario para que en el plazo de 10 días **subsane** la falta o acompañe los documentos preceptivos, indicándole que, de no hacerlo, se le tiene por desistido de su petición, realizando de oficio las actuaciones que procedan, notificándolo a la ITSS a los efectos pertinentes, en particular, la afiliación de oficio por las Direcciones Provinciales de la TGSS.

Precisiones A través del servicio **CASIA** (Coordinación, Atención y Soporte Integral al Autorizado RED), disponible en la Oficina Virtual del Sistema RED, se pueden plantear consultas, comunicar errores o incidencias relativas a la afiliación, así como presentar la solicitud de NSS cuando no se haya podido realizar el trámite mediante la nueva funcionalidad de asignación de NUSS.

3618 **Afiliación a instancia del trabajador** (LGSS art.16 -redacc RDL 1/2023-; RD 84/1996 art.23, 25 y 29) Los trabajadores por cuenta ajena o asimilados, cuyo **empresario no cumpla** la obligación de solicitar la afiliación, pueden instar su afiliación y alta inicial a la Dirección Provincial de la TGSS o Administración de la misma, en cualquier momento posterior a la constatación del incumplimiento de aquélla.
La Dirección Provincial de la TGSS o Administración de la misma debe dar cuenta de estas solicitudes a la **Inspección de Trabajo y Seguridad Social**, al objeto de las comprobaciones y demás efectos que procedan.
Ha de advertirse que esta facultad del trabajador no elimina las **responsabilidades por incumplimiento** de empresario (nº 3690).

Precisiones En la práctica, la afiliación suele solicitarla **el trabajador** presencialmente en la TGSS, o bien a través de la Sede Electrónica con su certificado digital o Cl@ve. La **empresa o asesoría** debe tramitarla a través del Sistema RED.

3620 **Afiliación de oficio** (LGSS art.16 -redacc RDL 1/2023-; RD 84/1996 art.26) La afiliación puede efectuarse de oficio por las Direcciones Provinciales de la TGSS o Administraciones de la misma cuando se compruebe el **incumplimiento de la obligación** de solicitar la afiliación por parte de los trabajadores o empresarios a los que incumba tal obligación por consecuencia:
a) De la **actuación de la ITSS**;
b) De los **datos obrantes** en las entidades gestoras y servicios comunes de la Seguridad Social o por cualquier otro procedimiento.
Cuando esta actuación de oficio **no venga motivada por la actuación inspectora**, la TGSS debe dar cuenta de la misma a la ITSS al objeto de las comprobaciones y demás efectos que procedan (TSJ Madrid 22-11-18, EDJ 666337).

Lugar para solicitar la afiliación (RD 84/1996 art.27 y 39) Al margen de ciertas excepciones, la solicitud de afiliación, a nombre de cada trabajador, así como la documentación que deba acompañarse, ha de dirigirse a la Dirección Provincial de la **TGSS** o Administración de la misma en la provincia en que esté **domiciliada** la empresa en que preste servicios el trabajador por cuenta ajena o asimilado. 3622

El empresario, el trabajador o, en su caso, quien hubiera presentado las solicitudes de afiliación puede exigir el correspondiente **recibo** que acredite la fecha de presentación, admitiéndose como tal una copia en la que figure la fecha de presentación anotada por la oficina, y a obtener una **copia sellada** de los documentos presentados.

Constituye **infracción leve** no conservar, durante 4 años, la documentación o los registros o soportes informáticos en que se hubiesen trasmitido los datos que acrediten el cumplimiento de las obligaciones en materia de afiliación, sancionada con multa de 70 a 750 € (LISOS art.21.1 y 40.1).

Excepciones (LPAC art.16.4) No obstante lo anterior, también se admiten **otros lugares de presentación** y que la solicitud se presente en: 3624

a) En el registro electrónico de la Administración u Organismo al que se dirijan, así como en los restantes registros electrónicos de la Administración General del Estado, las Administraciones de las Comunidades Autónomas, las Entidades que integran la Administración Local, o el sector público institucional.

b) En las oficinas de Correos, en la forma que reglamentariamente se establezca.

c) En las representaciones diplomáticas u oficinas consulares de España en el extranjero.

d) En las oficinas de asistencia en materia de registros.

e) En cualquier otro que establezcan las disposiciones vigentes.

Cuando se hubiese presentado la solicitud referida en un **lugar distinto a la Dirección Provincial de la TGSS** o Administración de la misma en la provincia en que esté domiciliada la empresa, y se refiera a personas incluidas en el Régimen Especial de los Trabajadores del Mar, o, en general, cuando la Administración de la Dirección Provincial de la TGSS ante la que se haya presentado no pueda dictar resolución expresa en el propio acto de la presentación porque hayan de ser tenidos en cuenta hechos, alegaciones o pruebas distintos de los aducidos por los interesados en aquellas solicitudes, la unidad u oficina ante la que se hubieren presentado las remite en el mismo día o al siguiente hábil a la Dirección Provincial o Administración de la TGSS competente para practicar la afiliación.

En **otros casos**, las Administraciones de la Dirección Provincial de la TGSS que hayan recibido las mencionadas solicitudes, por más que no sean las competentes por razón del domicilio, pueden practicar la afiliación.

Plazo para solicitar la afiliación (RD 84/1996 art.27) La solicitud de afiliación a nombre de cada trabajador debe ser presentada **antes de iniciarse la prestación de servicios** en los mismos términos, medios y supuestos que se prevén para las altas iniciales en la dirección provincial de la TGSS o Administración de la misma, en la provincia donde se domicilie la empresa en que preste servicios el trabajador o en la que radique el establecimiento del autónomo o, en su defecto, en la que este tenga su domicilio. 3626

La afiliación solicitada **fuera de plazo** por el empresario o trabajador no tiene efecto retroactivo alguno (LGSS art.140.2).

Efectos de la afiliación (RD 84/1996 art.34) El acto de afiliación no es de mero trámite, es decir, no tiene efectos automáticos. La Administración competente puede **denegar** la afiliación mediante resolución motivada, con sucinta referencia a los hechos y fundamentos de derecho, haciendo constar la forma y el plazo para la impugnación. 3628

La afiliación de los trabajadores y asimilados se registra en el mismo **fichero general de afiliación**, en el que figuran todos los comprendidos en el campo de aplicación del Sistema de Seguridad Social. Dicho registro está a cargo de la TGSS y contiene los datos y la organización necesarios para desarrollar la gestión del sistema de la Seguridad Social.

El reconocimiento de la condición de afiliado conlleva la inclusión del trabajador en el campo de aplicación del Sistema público de Seguridad Social. Además, da derecho a obtener el **documento de afiliación** a la Seguridad Social, que es expedido por la Dirección Provincial de la TGSS o Administración de la misma competente, y contiene el número de la Seguridad Social del trabajador y acredita preferentemente la condición de afiliado que le hubiere sido reconocida. Dicho documento puede ser sustituido por el **documento identificativo** en la Seguridad Social (RD 84/1996 art.22).

Con el reconocimiento de la afiliación, el sujeto no incorpora a su patrimonio **ningún derecho**, sino que adquiere un status, es decir, una situación que la norma reconoce como previa a la adquisición de ciertos derechos, no siendo, por tanto, fuente directa de ninguno de ellos.

3630 **Afiliación indebida** (LGSS art.26.3; RD 84/1996 art.59.1) La afiliación al Sistema de la Seguridad Social de personas excluidas del campo de aplicación del mismo que supone que la misma sea declarada indebida. Los **efectos** que produce una afiliación declarada indebida posteriormente son:
- se debe reponer a la situación a la existente en el momento anterior a su realización;
- si se hubiesen efectuado **cotizaciones** en relación con los trabajadores afectados, estas no surten efecto. Los sujetos que las hubieran realizado tienen derecho a su devolución, previa compensación con el importe de las prestaciones que indebidamente se hubieran percibido, siempre que unas y otras no sean anteriores a los últimos 4 años.

Sin embargo, no procede la devolución de las cotizaciones si hubiesen sido ingresadas maliciosamente.

3632 **Variación de datos** (RD 84/1996 art.28; LPAC art.16) Los datos facilitados al practicarse la afiliación que por cualquier circunstancia se modifiquen han de ser **comunicados** por el empresario y, en su caso, por el trabajador interesado a cualquier Dirección Provincial de la TGSS o Administración de la misma, dentro de los 3 días naturales siguientes a aquel en que se produzca la variación y mediante los modelos oficiales o por el sistema establecido al efecto.
La comunicación de variación de datos debe ser **firmada por el trabajador**, debiendo acompañarse la documentación que la acredite suficientemente.
Del **incumplimiento** de estas obligaciones, la Dirección Provincial de la TGSS o Administración de la misma da cuenta a la ITSS a los efectos que procedan.

2. Alta

(LGSS art.16; RD 84/1996 art.7 y 29)

3640 Si el trabajador **ya está afiliado**, la obligación del empresario al proceder a su contratación consiste en comunicar a la TGSS el ingreso a su servicio del trabajador en cuestión, pues la afiliación inicial del trabajador implica su alta. En otro caso, el empresario, simultáneamente a la **solicitud de la afiliación**, insta el alta del trabajador.
El alta se vincula a la **actividad** que se desarrolla en cada momento, practicándose no para todo el sistema de Seguridad Social sino para cada **régimen**, el que corresponda según su actividad. Precisamente por ello, existen normas específicas que regulan el alta en situaciones de pluriactividad y pluriempleo (RD 84/1996 art.41).
Se entiende por **pluriactividad** la situación del trabajador por cuenta propia y/o ajena cuyas actividades dan lugar a su alta obligatoria en dos o más regímenes distintos de la Seguridad Social. En este caso, pueden solicitarse tantas altas (y las consiguientes bajas) cuantos sean los regímenes en que se encuentran comprendidos.
El **pluriempleo** es la situación en la que un trabajador por cuenta ajena presta servicios a dos o más empresas distintas y en actividades que dan lugar a su alta en el mismo régimen de la Seguridad Social. Los empresarios que conozcan esta circunstancia han de comunicar el alta mencionándola y declarar las retribuciones del trabajador para que por parte de las entidades gestoras y la TGSS se realicen de oficio las actuaciones que procedan a los efectos de cotización y protección.

3642 **Solicitud** (RD 84/1996 art.30 y 31.2) Los sujetos que pueden instar el alta son los mismos, y en idéntica condición, que los mencionados al examinar la afiliación: el empresario y, en su defecto, los trabajadores y la TGSS (nº 3614 s.).
Los sujetos que pueden instar el alta son los mismos, y en idéntica condición, que los mencionados al examinar la afiliación: el empresario y, en su defecto, los trabajadores y la TGSS (nº 3614 s.). La **comunicación** del inicio de la prestación de servicios o de la actividad y la comunicación del cese en las mismas, efectuadas por medios electrónicos o en el modelo establecido al efecto por la TGSS (TA-2) implica la solicitud en regla del alta.
La solicitud de alta contiene los **datos** relativos al ejercicio de su actividad que faciliten una información completa a las entidades gestoras y a la TGSS. En especial, en los **documentos** para el alta de los trabajadores por cuenta ajena han de figurar:
1. Respecto del **empresario**:
- nombre o razón social;
- código de cuenta de cotización;
- régimen de Seguridad Social aplicable.

2. Respecto del **trabajador**:
- nombre y apellidos;
- número de la Seguridad Social;
- documento nacional de identidad o equivalente;

- domicilio;
- fecha de iniciación de la actividad;
- grupo de cotización, condiciones especiales de la misma y epígrafe en el que se encuentra comprendido a efectos de la correspondiente a accidentes de trabajo y enfermedades profesionales;
- nivel de formación académica, con arreglo a la clasificación nacional de educación vigente en cada momento;
- ocupación laboral, única o principal, con arreglo a la clasificación nacional de ocupaciones vigente en cada momento;
- centro de trabajo al que figura adscrito el trabajador por cuenta ajena cuya alta se solicita.

3. Respecto del **convenio colectivo**, el código de convenio colectivo que resulte aplicable al trabajador y que debe coincidir con el correspondiente al código de cuenta de cotización en el que vaya a producirse el alta. De haberse declarado de aplicación en la empresa **más de un convenio**, debe coincidir con aquellos que le correspondan de entre los que figuren vinculados a esa cuenta de cotización.

La solicitud de alta del trabajador debe ir **firmada** por el empresario y por el trabajador y los solicitantes pueden firmar a través de cualquier medio que permita acreditar la autenticidad de su voluntad y consentimiento. Si las solicitudes de alta no reúnen los requisitos establecidos ni se acompañan de la documentación exigida, se requiere a quien las hubiese presentado para que, en el plazo de 10 días, **subsane** la falta o acompañe los documentos preceptivos, con indicación de que, si no lo hace, se le tiene por desistido de su petición y se realizan de oficio las actuaciones que procedan, notificándose a la ITSS a los efectos pertinentes. En todo caso, las Direcciones Provinciales de la TGSS o las Administraciones de las mismas pueden solicitar a la Inspección de Trabajo y Seguridad Social y, en su caso, de las demás Administraciones, los informes precisos para la concurrencia de los hechos y demás circunstancias determinantes del alta.

No obstante, la solicitud de alta se tramita normalmente mediante el **sistema RED** (nº 3700 s.).

Lugar (RD 84/1996 art.32.2) Las solicitudes para el alta de los trabajadores deben ir dirigidas a la Dirección Provincial de la **TGSS** o Administración de la misma en la provincia en que esté domiciliada la empresa a la que preste sus servicios el trabajador por cuenta ajena o asimilada, con independencia de que se presenten: **3644**
- bien solas (si se trata de altas sucesivas);
- o bien conjuntamente con las solicitudes de afiliación (si se tratare de altas iniciales).

No obstante lo anterior, se admiten **idénticas excepciones** que las examinadas en materia de afiliación (nº 3624).

Plazo (RD 84/1996 art.32.3) La solicitud de alta debe presentarse por los sujetos obligados con carácter **previo al comienzo** de la prestación de servicios por el trabajador, sin que en ningún caso puedan serlo antes de los 60 días naturales anteriores al previsto para la iniciación de la misma. **3646**

El Director General de la **TGSS** puede autorizar excepcionalmente la presentación de las solicitudes de altas en **otros plazos** distintos a los señalados anteriormente a aquellos empresarios que justifiquen debidamente su dificultad para cumplirlos.

De las solicitudes de alta, así como de la documentación que presenten los interesados pueden exigir éstos **copia sellada** en los mismos términos que en materia de afiliación.

> Precisiones **1)** No procede la autorización de presentación en plazo diferente cuando sea habitual la **contratación** de personal los **fines de semana**, de forma que las dificultades de afiliación y alta son previsibles, debiéndose proceder a la utilización de medios informáticos, en los que, por vía telemática, pueden cumplirse con las prescripciones legales (TSJ Baleares 10-12-97, EDJ 59885).
> 2) Tras la asignación del número de la Seguridad Social (NSS) a través del Sistema RED, el **plazo** para **solicitar la primera alta** de una persona trabajadora es de los 5 días naturales inmediatamente siguientes. La fecha real del alta no puede ser anterior a la fecha de asignación del NSS ni posterior en más de 5 días a dicha fecha (BNR 10/2024).

Concesión/denegación del alta (RD 84/1996 art.33) Es **competente** para reconocer el derecho al alta en la Seguridad Social la Dirección Provincial de la TGSS o la Administración de la misma en la provincia en que se encuentre abierta la cuenta de cotización del empresario al que presta servicios el trabajador por cuenta ajena, una vez efectuadas las pertinentes comprobaciones en el acto de presentación de la solicitud. **3648**

Cuando proceda la **desestimación del alta**, la Dirección Provincial de la TGSS o la Administración de la misma competente ha de adoptar una resolución motivada, con sucinta referencia de hechos y fundamentos de derecho y en la que conste la forma y el plazo establecidos para su impugnación.

3650 **Efectos del alta** (RD 84/1996 art.35) El alta del trabajador, comunicada en tiempo y forma, produce su inclusión en el régimen de la Seguridad Social que corresponda, con los derechos y obligaciones inherentes a dicha situación.

Concedida el alta e iniciada la prestación laboral, comienza la **obligación de cotizar** del empresario y el trabajador. En aquellos regímenes, como el RGSS, en los que se haya establecido la cotización por meses completos, los efectos del alta respecto de la cotización se entienden referidos al día primero del mes natural en que concurran las condiciones determinantes de la inclusión en el RGSS.

Respecto de la **fecha de efectos** de del alta hay que distinguir los siguientes **supuestos**:

1. Altas cuyas solicitudes hayan sido presentadas **con anterioridad a la iniciación** de la prestación de servicios: no surten efectos cuando el que la hubiere formulado comunique la no iniciación de la prestación de servicios de los trabajadores con anterioridad al día indicado para dicha iniciación, por los medios o procedimientos utilizados para solicitar esas altas previas.

2. Altas solicitadas por el empresario o, en su caso, por el trabajador, **fuera de los términos** establecidos: sólo tienen efectos desde el día en que se formule la solicitud, salvo que se haya producido el **ingreso de cuotas** en plazo reglamentario, en cuyo caso el alta retrotrae sus efectos a la fecha en que se hayan ingresado las primeras cuotas correspondientes al trabajador de que se trate (la retroacción no alcanza al primer día en que se presta la actividad laboral.

3. Altas **practicadas de oficio** por las Direcciones Provinciales de la TGSS o las Administraciones de las mismas: retrotraen sus efectos a la fecha en que los hechos que las motiven hayan sido conocidos por unas u otras. Si la empresa omite la solicitud de alta, pero incluye al trabajador en los documentos de cotización, la entidad gestora procede a declarar el alta de oficio. Sus efectos se retrotraen a la fecha en que el empresario haya efectuado el ingreso de las primeras cuotas correspondientes al trabajador.

Si estas altas se efectuasen de oficio como consecuencia de la **actuación de la ITSS**, los efectos de la declaración del alta se retrotraen a la fecha en que se haya llevado a cabo tal actuación, salvo en el caso de que la misma hubiera sido promovida por orden superior, a instancia de las entidades gestoras o como consecuencia de denuncia, queja o petición expresa, en cuyo caso los efectos se retrotraen a la fecha en que estas se hayan producido. No obstante, cuando la actuación de la ITSS consista en un requerimiento de pago de cuotas o actas de liquidación definitiva por la TGSS, siempre que se hubiera efectuado el ingreso de su importe, los efectos del alta se retrotraen, para causar futuras prestaciones, a la fecha de inicio del período de liquidación figurado en el requerimiento o acta.

La TGSS, cuando practique un alta de oficio, si **dispone** de la **información necesaria**, puede hacerlo sin necesidad de iniciar un procedimiento administrativo autónomo ni de acudir a los tramites del procedimiento administrativo común (TS cont-adm 7-5-24, EDJ 556355).

4. Las **solicitudes defectuosas** surten efectos cuando se subsanen, en el plazo de 10 días, los datos o documentos omitidos y requeridos.

Precisiones Se debe hacer constar que la empresa es responsable de la **incapacidad temporal por contingencias comunes** iniciada con anterioridad a haber cursado el alta en la Seguridad Social, aunque ingrese las cuotas correspondientes al mes en que tuvo lugar en plazo reglamentario, porque no tiene efectos retroactivos cuando se produce con posterioridad al hecho causante de la prestación (TS 21-9-05, EDJ 166214; 11-7-06, EDJ 261555).

a. Sistemas especiales del Régimen General

(LGSS art.11; RD 2064/1995 art.72)

3655 Dentro del RGSS se hallan también incluidos los denominados sistemas especiales, que cuentan con **reglas específicas** exclusivamente en relación con alguna o algunas de las materias siguientes: encuadramiento, afiliación, forma de cotización y recaudación. Estos sistemas especiales **son**:

- manipulado, envasado y comercialización de frutas y hortalizas y fabricación de conservas vegetales (nº 3657);
- industria resinera (nº 3659);
- servicios extraordinarios de hostelería (nº 3661);
- tomate fresco destinado a la exportación (nº 3663);
- fijos discontinuos de cines, salas de baile y fiestas y discotecas (nº 3665);
- fijos discontinuos de empresas de estudios de mercado y opinión pública (nº 3657);
- empleados de hogar (nº 3669);
- trabajadores por cuenta ajena agrarios (nº 3671).

Sistema especial de frutas, hortalizas e industrias de conservas vegetales (OM 30-5-1991) Se encuentran **comprendidos** en este Sistema Especial los trabajadores que prestan servicios en las empresas dedicadas a las actividades de manipulación, envasado y comercialización de frutas y hortalizas y de fabricación de conservas vegetales, cualquiera que sea la duración prevista de sus contratos laborales, y siempre que sus actividades se realicen en manera intermitente o cíclica. 3657
En este Sistema Especial no existe ninguna especialidad en **materia de afiliación**, por lo que resultan de aplicación las normas relativas al RGSS.
Respecto a las **altas iniciales** de los trabajadores para cada campaña, se comunican por el empresario dentro del plazo máximo de cinco días naturales, contados a partir de la iniciación del trabajo, mediante documento referido a la totalidad de los trabajadores afectados.
La comunicación se debe efectuar respecto a la **totalidad** de los trabajadores a través del Sistema RED (nº 3700).
Por su parte, las **altas y bajas sucesivas intermedias** entre el alta inicial y la baja definitiva de los trabajadores se comunican antes de la finalización del mes siguiente al que hayan tenido lugar, mediante documento referido a la totalidad de los trabajadores afectados. En fin, las empresas vienen obligadas a llevar un **Libro de anotaciones diarias** de las altas y bajas sucesivas, que debe permanecer a disposición de la ITSS y ser firmado por el trabajador al que se refieren los movimientos consignados. No obstante, esta firma puede ser sustituida, a opción de la empresa, por la firma de los representantes de los trabajadores.

Sistema especial de la Industria Resinera (OM 3-9-1973 art.4 y 5) El Sistema Especial de la Resina encuadra a la totalidad de las Empresas dedicadas a la explotación de pinares para la obtención de mieras y a los trabajadores del monte, resineros y remasadores al servicio de las mismas. La **duración de las campañas** es la siguiente: para resineros (del 1 de marzo al 15 de noviembre) y para remasadores (del 1 de junio al 31 de octubre). 3659
La **permanencia en alta** de estos trabajadores se encuentra fijada previamente en función de un número de pinos en resinación asignados a los mismos (mata). El número de días en alta, con la consiguiente **obligación de cotizar**, es de 260 para el trabajador que resine la totalidad de los pinos que constituyen la mata media normal y cuando **no** sean titulares de una **mata media normal**, los días de permanencia en alta se reducen en proporción al número de pinos realmente asignados.
El número de días en alta no puede exceder de los señalados para los **resineros** y **remasadores** en sus respectivas campañas.
La particularidad que presenta este Sistema Especial consiste en que las altas y bajas sucesivas dentro de la campaña, no son objeto de comunicación.

Sistema especial de los servicios extraordinarios de hostelería (OM 10-9-1973) Se aplica a los trabajadores que de forma habitual realicen trabajos extraordinarios en la industria de hostelería. La **habitualidad** se entiende cumplida cuando el trabajador realice, al menos, 30 servicios extraordinarios dentro del trimestre natural anterior al de su inclusión en el sistema especial, salvo que sea el primero de cada año, en cuyo caso sólo se exigen 15 servicios. 3661
La aplicación de esta normativa específica se circunscribe a las provincias de **Madrid y Barcelona**.

Sistema especial de del tomate fresco destinado a la exportación (OM 24-7-1976) 3663
Este Sistema **afecta a** los empresarios y trabajadores eventuales o de temporada dedicados exclusivamente a la manipulación y empaquetado de tomate fresco con destino a la exportación y dentro de la campaña oficial:
1. En la **península**:
- para el tomate liso de invierno: del 1 de octubre al 31 de enero;
- para el tomate asurcado de invierno: del 1 de octubre al 30 de abril;
- para el tomate de verano: del 1 de mayo al 30 de septiembre.
2. En las **Islas Canarias**: del 1 de octubre al 31 de mayo.
La **solicitud** de **afiliación y alta** del trabajador, según el orden del llamamiento del mismo, debe ser presentada por su empresa o por su asociación profesional, en el Sistema RED en el plazo de 5 días naturales a contar desde la fecha de inicio de la campaña.

Sistema especial de trabajadores fijos discontinuos de cines, salas de baile y de fiesta y discotecas (OM 17-6-1980 art.2; Resol DGRJSS 24-10-85; 24-3-88) Este sistema especial es de aplicación a las empresas de exhibición cinematográfica, salas de baile, discotecas, salas de fiesta y otros locales de espectáculos análogos, respecto a la plantilla que **no** trabaja **todos los días** de la semana. Se incluyen también las empresas de **espectáculos taurinos**, cuyo 3665 personal fijo no trabaje todos los días de la semana y las que regentan las **cantinas** de los estadios de fútbol u otros locales de espectáculos deportivos, respecto a su personal fijo que no trabaje todos los días de la semana. También a los trabajadores fijos discontinuos que prestan sus servicios en **salas de bingo**.

Las especialidades vienen referidas a la actividad de los trabajadores **fijos discontinuos** y, en concreto, a las altas y las bajas intermedias. La empresa ha de presentar durante los cinco primeros días naturales de cada mes un parte de alta que contenga la relación de trabajadores que vayan a prestar servicios durante el mes en cuestión. Las **altas** de los trabajadores que ingresen al servicio de las empresas con posterioridad al envío de la anterior comunicación mensual, se rigen por las normas comunes del Régimen General.

3667 **Sistema especial de trabajadores fijos discontinuos de empresas de estudio de mercado y opinión pública** (OM 6-11-1989 art.1 y 3) El Sistema Especial es de aplicación a las empresas de estudios de mercado y opinión pública respecto de los trabajadores fijos discontinuos que se dediquen a las **tareas de encuestación**.

La normativa en cuanto a alta y baja de trabajadores, es la común del RGSS. No obstante, los empresarios han de presentar, dentro de los 10 primeros días de cada mes, una **relación nominal de sus trabajadores** conforme el modelo establecido al efecto, con indicación de los días en que han prestado servicios durante el mes anterior y el total de días trabajados en el mismo.

3669 **Sistema especial de empleados de hogar** (LGSS art.11, 136.2.a; RD 84/1996 art.11, 24, 25 y 43.2) Están incluidos en el **campo de aplicación** del sistema especial para empleados de hogar los españoles, mayores de 16 años, que se dediquen a prestar servicios exclusivamente domésticos para uno o varios titulares del hogar familiar, siempre que sean prestados en la casa que habite el titular del hogar familiar y que perciban un sueldo o remuneración de cualquier clase.

Los **empleadores** que tengan a su servicio empleados de hogar, cualquiera que sea el número de horas que éstos realicen, deben estar inscritos y disponer de un código de cuenta de cotización dentro del sistema especial para empleados de hogar al que han de adscribir a los trabajadores. Para ello, deben presentar en cualquier Administración de la Seguridad Social o a través de Registro Electrónico los modelos TA6 o TA7. En el momento de solicitar la inscripción los empleadores deben hacer constar la **entidad gestora o colaboradora** por la que optan para la protección de las contingencias de accidentes de trabajo y enfermedades profesionales, así como para la cobertura de la prestación económica por incapacidad temporal derivada de contingencias comunes, respecto de los empleados de hogar a su servicio.

El empresario está obligado a cursar **el alta** y, en su caso, la **afiliación** del empleado de hogar que le preste sus servicios, ya sea de manera exclusiva y permanente o de forma parcial o discontinua. Si el empleador no lo lleva a cabo, puede solicitarlo el propio trabajador en cualquier momento posterior a la constatación del incumplimiento de sus obligaciones por el empresario. Asimismo, deben comunicarse igualmente en el plazo de 3 días las **variaciones** en la retribución mensual del empleado de hogar. Las altas, bajas y variaciones de datos deben solicitarse mediante el **modelo** TA.2/S-0138 (el alta antes de iniciarse la actividad, las variaciones 3 días desde que se producen y la baja 3 días desde el cese en la prestación de la actividad). Cuando sea a instancia del propio trabajador debe utilizarse el modelo TA.2/T-0138.

En caso de **incumplimiento** por parte de los empresarios de las obligaciones indicadas, los empleados de hogar, estén contratados a jornada completa o a tiempo parcial, pueden instar directamente de la TGSS su afiliación al sistema, así como comunicar las altas, bajas y variaciones. Asimismo, la afiliación puede efectuarse de oficio por las Direcciones Provinciales de la TGSS o Administraciones de la misma.

En las **solicitudes de alta** formulada con respecto a los trabajadores incluidos en este sistema especial deben figurar, además de los datos establecidos con carácter general, el código de la cuenta de la entidad financiera en la que ha de **domiciliarse el pago** de la cotización y los datos correspondientes al tipo de **contrato de trabajo** y al contenido mínimo del mismo (horas de trabajo mensuales y semanales, salario pactado, salario mensual en especie y existencia o no de pacto de horas de presencia y/o de horas de pernocta, junto con la retribución por hora pactada).

3671 **Sistema especial de trabajadores del campo** Los trabajadores **por cuenta ajena** incluidos en el régimen especial agrario han sido integrados en el RGSS a través del sistema especial agrario. Los trabajadores por cuenta propia se han incluido como sistema especial dentro del RETA.

Sistema especial agrario dentro del RETA (LGSS art.305.2.a, 323, 324, 325 y 326; RD 84/1996 art.48.1 a 3; RD 1415/2004 art.56.1.c.5º; RD 1382/2008) Están incluidos en este sistema especial los trabajadores por cuenta propia agrarios, mayores de 18 años, que sean **titulares de explotaciones agrarias y realicen en ellas labores agrarias** de forma personal y directa, aun cuando ocupen trabajadores por cuenta ajena, siempre que no se trate de más de 2 trabajadores que coticen con la modalidad de bases mensuales o, de tratarse de trabajadores que coticen con la modalidad de bases diarias, que el número total de jornadas reales efectivamente realizadas no supere las 546 en un año, computado desde el 1 de enero a 31 de diciembre de cada año. El número de jornadas reales se debe reducir proporcionalmente en función del número de días de alta del trabajador por cuenta propia agrario en este sistema especial durante el año natural de que se trate. 3673

Las **limitaciones en la contratación** de trabajadores por cuenta ajena se entienden aplicables por cada explotación agraria. En el caso de que en la explotación agraria existan **2 o más titulares**, en alta todos ellos en este sistema especial, se debe añadir al número de trabajadores o jornales previstos en el párrafo anterior un trabajador más con cotización por bases mensuales, o 273 jornales al año, en caso de trabajadores con cotización por jornadas reales, por cada titular de la explotación agraria, excluido el primero.

La incorporación a este sistema especial afecta, además de al titular de la explotación agraria, a su **cónyuge y parientes** por consanguinidad o afinidad hasta el tercer grado inclusive que no tengan la consideración de trabajadores por cuenta ajena, siempre que sean mayores de 18 años y realicen la actividad agraria de forma personal y directa en la correspondiente explotación familiar.

Precisiones 1) Se entiende por **explotación agraria** el conjunto de bienes y derechos organizados por su titular en el ejercicio de la actividad agraria, y que constituye en sí misma una unidad técnico-económica, pudiendo la persona titular o titulares de la explotación serlo por su condición de propietaria, arrendataria, aparcera, cesionaria u otro concepto análogo, de las fincas o elementos materiales de la respectiva explotación agraria.

2) A este respecto se entiende por **actividad agraria** el conjunto de trabajos que se requiere para la obtención de productos agrícolas, ganaderos y forestales. También tiene la consideración de actividad agraria la venta directa por parte de la agricultora o agricultor de la producción propia sin transformación o la primera transformación de los mismos cuyo producto final esté incluido en el TFUE art.38 anexo I, dentro de los elementos que integren la explotación, en mercados municipales o en lugares que no sean establecimientos comerciales permanentes. Por último, se extiende esta consideración a toda aquella actividad que implique la gestión o la dirección y gerencia de la explotación.

Sistema especial agrario dentro del RGSS (LGSS art.136.2.a, 252, 253, 254, 255 y 256; RD 84/1996 art.5 y 10 s., 45 y 52) En el **campo de aplicación** del sistema especial para trabajadores por cuenta ajena agrarios están incluidos quienes realicen **labores agrarias**, sean propiamente agrícolas, forestales o pecuarias o sean complementarias o auxiliares de las mismas en explotaciones agrarias, en los términos que reglamentariamente se determinen. 3675

El empresario debe presentar la solicitud de **inscripción**. La **afiliación y alta**, inicial o sucesiva, en este sistema especial, es obligatoria para todos los trabajadores, desde el momento en el que se reúnan las condiciones que determinan su inclusión en el campo de aplicación de dicho sistema. Los obligados a solicitar la afiliación, alta y baja de los trabajadores son los empresarios, pudiendo instarla los propios trabajadores si se incumple por el empresario, así como también la TGSS puede practicar la afiliación, alta y baja de oficio.

Precisiones Asimismo, están incluidos los trabajadores por cuenta ajena que figuraran incluidos en el Régimen Especial Agrario de la Seguridad Social a fecha 31-12-2011, esto es, aquellos que, cumplida la **edad laboral de 16 años**, realizaban voluntariamente labores agrícolas remuneradas, por cuenta ajena, con habitualidad y como medio fundamental de vida, de forma fija o eventual y dentro del ámbito de organización y dirección de otra persona, física o jurídica. Igualmente, están incluidos en este sistema especial los trabajadores por cuenta ajena que, a partir de dicha fecha realicen labores agrarias, sean propiamente agrícolas, forestales o pecuarias o sean complementarias o auxiliares de aquéllas en explotaciones agrarias.

b. Regímenes especiales de la Seguridad Social

A continuación se analizan las especialidades que existen en cuanto a la afiliación y alta en el régimen especial de **trabajadores de la mar** (nº 3682) y de la **minería del carbón** (nº 3692) (LGSS art.10.2 y 3). 3680

3682 **Régimen especial de trabajadores de la mar** (RD 47/2015 art.3 y 7; RD 84/1996 art.49 y disp.adic.2ª)
Quedan comprendidos en el RETM los **trabajadores por cuenta ajena**:
1. Que ejerzan su actividad marítimo-pesquera a bordo de las embarcaciones, buques o plataformas siguientes, figurando en el rol de los mismos como **técnicos o tripulantes**:
- de marina mercante;
- de pesca marítima en cualquiera de sus modalidades;
- de tráfico interior de puertos;
- deportivas y de recreo;
- plataformas fijas o artefactos o instalaciones susceptibles de realizar operaciones de exploración o explotación de recursos marinos, sobre el lecho del mar, anclados o apoyados en él.
2. Que ejerzan su actividad a bordo de embarcaciones o buques de **marina mercante o pesca marítima**, enroladas como personal de investigación, observadores de pesca y personal de seguridad.
3. Dedicados a la **extracción** de productos del mar.
4. Dedicados a la **acuicultura** desarrollada en la zona marítima y marítimo-terrestre, incluyendo la acuicultura en arena y en lámina de agua, tales como bancos cultivados, parques de cultivos, bateas y jaulas.
5. Buceadores extractores de recursos marinos y buceadores con titulación profesional en actividades industriales, incluyendo la actividad docente para la obtención de dicha titulación (excluidos los buceadores con titulaciones deportivas-recreativas).
6. Rederos y rederas.
7. Estibadores portuarios, considerándose como tales a quienes desarrollen directamente las actividades de carga, estiba, desestiba, descarga y trasbordo de mercancías, objeto de tráfico marítimo, que permitan su transferencia entre buques, o entre estos y tierra u otros medios de transporte, que integran el servicio portuario de manipulación de mercancías.
8. Prácticos de puerto.
9. Que desarrollen **actividades de carácter administrativo, técnico y subalterno** en empresas marítimo-pesqueras y de estiba portuaria, así como en las entidades de puesta a disposición de trabajadores a empresas titulares de licencias del servicio portuario de manipulación de mercancías, siempre y cuando desarrollen su actividad exclusivamente en el ámbito portuario, independientemente del carácter estatal o autonómico del puerto. También están incluidos quienes desarrollen dichas actividades al servicio de las cofradías de pescadores y sus federaciones, de las cooperativas del mar y de las organizaciones sindicales del sector marítimo-pesquero y asociaciones de armadores.
10. Cualquier **otro colectivo** de personas trabajadoras que desarrolle una actividad marítimo-pesquera y cuya inclusión en este régimen sea determinada por el MISSM.
La **afiliación y alta** han de ser solicitadas por el empresario y están sujeta a plazos generales. No obstante, las embarcaciones, plataformas fijas, artefactos e instalaciones marinas deben inscribirse en el **Registro de Embarcaciones del ISM**, siendo necesario para ello la justificación de haber sido inscrita e identificada la embarcación en el correspondiente registro, ordinario o especial, de Buques de titularidad del Ministerio de Transportes y Movilidad Sostenible. Asimismo, deben inscribirse en dicho registro los buques extranjeros en los que presten sus servicios trabajadores incluidos en el campo de aplicación de este régimen especial.

3684 **Régimen especial de la minería del carbón** (OM 3-4-1973 art. 4; RD 84/1996 art.50) La única especialidad digna de mención en este Régimen especial es que los empresarios han de expresar en los **documentos de solicitud de alta**: la categoría profesional y el coeficiente reductor de la edad de jubilación aplicable a cada trabajador.
El empresario debe comunicar a la TGSS, en seis días naturales desde que se produzcan, las **variaciones** de tales datos, con independencia de la causa que las motive, así como los días en que los trabajadores hayan **faltado al trabajo** por causas que no sean las que tengan por motivo la baja médica por enfermedad común o profesional y accidente, sea o no de trabajo, y las autorizadas por las normas laborales correspondientes con derecho a retribución.

3. Responsabilidad por incumplimiento de los deberes de afiliación o alta

3690 En el supuesto de que el empresario incumpliera su obligación, los trabajadores por cuenta ajena o asimilados y la entidad gestora son sujetos facultados para solicitar o practicar la afiliación y/o alta, pero tan sólo de forma subsidiaria. El referido incumplimiento acarrea **responsabilidades empresariales** de distinto orden que se desglosan a continuación.
Con relación a los contratos temporales, ver nº 7002.

Alta de pleno derecho (LGSS art.144.1 y 3 y 167; RD 84/1996 art.29.2) Ante el incumplimiento, de entrada, se considera que el trabajador se encuentra en situación de alta de pleno derecho, que tiene lugar cuando **no** habiéndose producido el **alta real** por incumplimiento empresarial, se presume su existencia a **efectos** de las prestaciones derivadas de accidentes de trabajo y enfermedades profesionales, desempleo y asistencia sanitaria por enfermedad común, maternidad, riesgo durante el embarazo y accidente no laboral. 3692

La existencia de la situación de alta de pleno derecho da lugar a la subsiguiente operatividad del **principio de automaticidad en las prestaciones**. En su virtud se produce un desplazamiento hacia el empresario de la responsabilidad en orden al pago de las prestaciones respecto de los trabajadores de los cuales haya infringido las normas sobre afiliación y alta, estando las entidades gestoras o, en su caso, las mutuas colaboradoras con la Seguridad Social, obligadas a su anticipo, sin perjuicio de repetir contra el empresario, como responsable directo del abono de las prestaciones.

En cualquier caso, la **obligación de cotizar** se mantiene con independencia del cumplimiento de las formalidades en qué consisten las afiliaciones y altas, puesto que nace con el inicio de la prestación del trabajo y no se extingue hasta la comunicación de baja a la TGSS, salvo que medie prescripción.

Sanción administrativa (LISOS art.22.2) Por otra parte, el empresario puede ser objeto de una sanción administrativa, pues constituye una **infracción grave** por parte del empresario no solicitar la afiliación inicial o el alta de los trabajadores que ingresen a su servicio, o solicitar la misma, como consecuencia de actuación inspectora, fuera del plazo establecido. A estos efectos se considera una infracción por cada uno de los trabajadores afectados. 3694

4. Sistema RED

El **Sistema de Remisión Electrónica de Datos** (RED) es un servicio de la TGSS para que las empresas, agrupaciones de empresas y profesionales colegiados, previa su autorización, puedan realizar a través de medios electrónicos, informáticos o telemáticos, las **actuaciones** relativas a: 3700

- la inscripción de empresas, afiliación de trabajadores, altas y bajas de trabajadores y variaciones de datos de unos y otros;
- la cotización y recaudación en el ámbito de la Seguridad Social;
- la remisión de partes de alta y baja de incapacidad temporal.

Para llevar a cabo esto, el usuario se debe conectar a la página Web de la Seguridad Social: www.seg-social.es.

Ámbito subjetivo (OM ESS/484/2013 art.2, 3 y disp.trans.única; OM ISM/903/2020) La **incorporación** al Sistema RED es obligatoria para los sujetos responsables de la obligación de cotizar siguientes: empresas, agrupaciones de empresas y demás sujetos responsables del cumplimiento de la obligación de cotizar encuadrados en el RGSS y en los regímenes especiales de la Seguridad Social de los trabajadores del mar y para la minería del carbón, con independencia del número de trabajadores que mantengan en alta, además del RETA. En cambio, están **exceptuados** de dicha obligación el colectivo de profesionales taurinos y de empleados de hogar, además de los autónomos del RETM clasificados en los grupos de cotización segundo y tercero. 3702

En caso de **incumplimiento** de la obligación de incorporación al sistema RED, las empresas, agrupaciones de empresas y demás sujetos responsables del cumplimiento de la obligación de cotizar no pueden solicitar u obtener reducciones, bonificaciones o cualesquiera otros beneficios en las bases, tipos y cuotas de la Seguridad Social y conceptos de recaudación conjunta, quedando suspendidos, sin más trámite, los que tuvieran concedidos, respecto de todos sus trabajadores por cuenta ajena o asimilados y respecto de todos sus códigos de cuenta de cotización, tanto principales como secundarios, desde la fecha en que tal incorporación debió realizarse. Dicha suspensión se aplica, asimismo, a los sujetos responsables que dejen de utilizar de forma efectiva el sistema RED en las actuaciones relativas al encuadramiento, cotización y recaudación. No se produce la pérdida de dicho beneficios cuando la **falta de transmisión** de datos a través del Sistema RED se debe a causas de carácter técnico imputables a la TGSS.

El sistema RED se desglosa en **tres tipos** de transmisiones: 3704

1. RED Internet (procedimiento a extinguir).
2. RED Directo (para pequeñas empresas).
3. Sistema de Liquidación Directa (SLD).

Los **autorizados** para actuar a través del Sistema RED están habilitados para efectuar por medios electrónicos las solicitudes y demás trámites relativos a la afiliación de los trabajadores, a los aplazamientos en el pago de deudas, a las moratorias en el pago de cotizaciones y a las devoluciones de ingresos indebidos con la Seguridad Social correspondientes a los sujetos responsables del cumplimiento de la obligación de cotizar en cuyo nombre actúen.
Dichos autorizados también pueden facilitar a la Administración de la Seguridad Social, a través del Sistema RED y previo consentimiento de los interesados, el t**eléfono móvil de los trabajadores o asimilados** a ellos que causen alta en cualquiera de los regímenes del sistema de la Seguridad Social. En tal consentimiento debe incluirse de manera expresa la autorización para el uso del teléfono móvil como medio de identificación fehaciente de aquellos, así como la aceptación por su parte del envío de comunicaciones y avisos por la Administración de la Seguridad Social (LGSS disp.adic.34ª).
Un estudio más completo del Sistema RED puede encontrarse en nº 720 s. Memento Seguridad Social 2024.

SECCIÓN 3

Cobertura de contingencias profesionales y de IT por contingencias comunes

3710 Toda empresa, en el momento de solicitar su inscripción en el RGSS como requisito indispensable y previo a la iniciación de sus actividades, **debe comunicar** quién asume la contingencia de accidentes de trabajo y enfermedades profesionales respecto de los trabajadores que emplee, así como la cobertura de la prestación económica por incapacidad temporal derivada de contingencias comunes.
Esta **obligación** deriva de que la normativa actual permite la gestión de la Seguridad Social se realice, en régimen de colaboración, por entidades privadas. Dentro de éstas se encuentran las mutuas colaboradoras con la Seguridad Social y las empresas (LGSS art.79).

1. Obligación de comunicación de la opción

(LGSS art.138.1 -redacc RDL 1/2023-; RD 84/1996 art.5.2, 11.2.3ª y 14)

3715 En la propia **solicitud de inscripción** de la empresa, o en declaraciones anexas a ella, es donde el empresario ha de hacer constar la entidad gestora o la mutua colaboradora por la que opta para la cobertura de la protección por las contingencias profesionales; y de la prestación económica por incapacidad temporal derivada de contingencias comunes del personal a su servicio.

3717 **Comunicación** En el caso de proceder mediante tramitación presencial, la **solicitud de inscripción** y la comunicación de su opción sobre la cobertura de contingencias profesionales e IT por contingencias comunes se formula en el modelo oficial en la Dirección provincial de la TGSS del domicilio del empresario determinado a efectos de gestión recaudatoria, sin perjuicio de poder presentarla en los registros de otras Direcciones provinciales y Administraciones o Dependencias de la TGSS, así como en las oficinas de correos.
Si la **declaración** a efectos de la protección fuera **defectuosa**, el empresario, una vez requerido, dispone de un plazo de 10 días para subsanar, y es advertido que, de no hacerlo, se le tiene por desistido en la petición y se procede a realizar de oficio las actuaciones que procedan, notificándose en todo caso a la ITSS, a los efectos pertinentes.
El correspondiente organismo de la Administración de la Seguridad Social puede, también, realizar de **oficio** las actuaciones en materia de inscripción cuando constate el incumplimiento de la obligación de efectuarlas, así como proceder a la revisión de oficio de sus actos dictados en esas materias, cuando no sean conformes con las disposiciones legales, declarándolos indebidos por nulidad o anulabilidad, según proceda, conforme al procedimiento establecido en la normativa reglamentaria reguladora de las mismas, y dictando los actos administrativos necesarios para su adecuación a las citadas leyes y disposiciones complementarias.

Precisiones El empresario puede utilizar el procedimiento electrónico del **sistema CIRCE** para llevar a cabo los trámites de creación de su empresa mediante la utilización del Documento Único Electrónico, en el que se incluyen todos los datos referentes a la empresa individual que deben remitirse a las Administraciones Públicas para el cumplimiento de las obligaciones en materia tributaria y de seguridad social inherentes al inicio de su actividad, siempre y cuando éstos se remitan por medios electrónicos (RD 368/2010).

Formalización del documento de asociación y de cobertura de la prestación económica por IT (RD 84/1996 art.14 y 15) Con carácter previo a la formalización del documento de asociación, la Dirección Provincial o Administración de la TGSS ha de comprobar que en la propia **solicitud de inscripción** o en declaración anexa: 3719

a) Consta la **entidad gestora y/o la entidad o entidades colaboradoras** por las que el empresario haya optado para la protección frente a las contingencias de accidentes de trabajo y enfermedades profesionales de los trabajadores a su servicio como para la cobertura de la prestación económica por incapacidad temporal derivada de contingencias comunes respecto de esos mismos trabajadores.

b) Se ha presentado **declaración sobre la actividad** o actividades económicas declaradas por el empresario ya que la dirección provincial de la TGSS o la Administración de la Seguridad Social competente debe practicar la tarifación que corresponda, asignándole los tipos de cotización que resulten aplicables de la tarifa de primas vigente.

Para la **tarificación y formalización** del documento de asociación, se distingue, en función de la opción:

1. Si se opta por una **Entidad Gestora de la Seguridad Social**, la Dirección Provincial de la TGSS o la Administración de la misma practica la tarificación que corresponda en función de la actividad o actividades declaradas el empresario, asignando los epígrafes correspondientes de la tarifa de primas para la cotización a la Seguridad Social por contingencias profesionales vigente (L 42/2006 disp.adic.4ª). La tarifación se comunicará al empresario, advirtiéndole del derecho que le asiste a formular frente a ella las impugnaciones que procedan.

2. Si se opta por una o varias **Mutuas Colaboradoras**, la TGSS remite a la mutua o mutuas interesadas, mediante los procedimientos informáticos que determine, información sobre la inscripción y tarifación practicadas al empresario. Una vez cumplimentados por la mutua, ésta remite al empresario un ejemplar del documento de asociación nº 3732) y, en su caso, del documento de cobertura anexo, dentro de los 15 días siguientes al de su recepción y con indicación del correspondiente código de cuenta de cotización. Sobre el papel de la mutua en este supuesto ver (nº 3730).

Los documentos de asociación y de cobertura formalizados **surten efectos** desde el día de iniciación de la actividad, excepto en el supuesto de que la inscripción del empresario en la que se incluye la opción se presente en la TGSS con posterioridad al inicio de la actividad, que será la del día de la presentación.

En cualquiera de los casos, la **elección** de uno u otro sistema mantiene su **vigencia** durante un año, debiendo coincidir su vencimiento con el último día del mes. Se entiende prorrogada automáticamente, salvo denuncia expresa, por períodos anuales o, en su caso, hasta el cese de la actividad si éste fuese anterior, siempre que dicho cese tenga una duración mínima de cinco días hábiles.

El empresario puede efectuar **nuevas opciones** a la reanudación de su actividad, cuando ésta se produzca una vez transcurrido el plazo de inactividad, sin que sea necesaria la formulación y tramitación de una nueva declaración si mantiene la cobertura con la misma entidad gestora o colaboradora.

Instituto Nacional de la Seguridad Social (INSS) (RD 1430/2009 art.6) El INSS es el ente gestor por excelencia y le corresponde el **reconocimiento y control** del derecho a las prestaciones económicas del sistema de la Seguridad Social, así como el reconocimiento del derecho a la asistencia sanitaria, aunque el empresario haya optado por la cobertura de las contingencias señaladas con una mutua (TS 15-11-06, EDJ 345854; 15-11-06, EDJ 345855). 3721

Respecto a las **contingencias profesionales**, corresponde a las mutuas la determinación inicial del carácter profesional de la contingencia, sin perjuicio de su posible revisión o calificación por la entidad gestora.

Asimismo, le corresponde la función de reconocer el derecho las prestaciones contributivas de la Seguridad Social por **incapacidad permanente** o de determinar, en su caso, la mutua de accidentes de trabajo o enfermedades profesionales responsable de las prestaciones procedentes en materia de incapacidades laborales y lesiones permanentes no invalidantes.

2. Opción a favor de las mutuas colaboradoras con la Seguridad Social (MCSS)

(LGSS art.80 y 83)

Las mutuas colaboradoras con la Seguridad Social son asociaciones privadas de empresarios constituidas mediante autorización del MISSM e inscripción en el Registro especial dependiente de este, que tienen por **finalidad** colaborar en la gestión de la Seguridad Social, bajo la dirección y tutela del mismo, sin ánimo de lucro y asumiendo sus asociados responsabilidad mancomunada. 3730

Su **objetivo** principal es colaborar en la gestión de la Seguridad Social en las contingencias profesionales y en la gestión de la prestación económica por IT derivada de contingencias comunes del personal a su servicio, sin perjuicio de la realización de otras prestaciones, servicios y actividades que le sean legalmente atribuidas.
La colaboración de las mutuas en la gestión de la Seguridad Social **no** puede servir de fundamento a operaciones de lucro mercantil ni comprende actividades de captación de empresas asociadas o de trabajadores adheridos. Tampoco puede dar lugar a la concesión de beneficios de ninguna clase a favor de los empresarios asociados, ni a la sustitución de estos en las obligaciones que les correspondan por su condición de empresarios.

3732 **Asociación a la mutua** (RD 1993/1995 art.62) La relación de la mutua con el empresario se inicia con la asociación del empresario a la mutua por la que haya optado mediante el documento denominado **convenio de asociación**, en el que se recogen los **derechos y obligaciones** de los asociados y de ésta. En el convenio han de constar necesariamente los siguientes **datos**:
1. Nombre y apellidos del empresario individual y la denominación o razón social, si se trata de una persona jurídica.
2. Domicilio.
3. Código o códigos de cuenta de cotización asignados, en el momento de la asociación, así como los que en lo sucesivo le asigne la TGSS, aportando para ello copia diligenciada de los modelos oficiales de dicho Servicio Común.
4. Actividad de la empresa, con especificación de los trabajos que se efectúen en la misma y del lugar en que hayan de llevarse a cabo.
El documento ha de señalar, asimismo, la fecha y hora en que comiencen y terminen sus **efectos**.
En los supuestos de **inicio de la actividad**, el convenio de asociación surte plenos efectos desde ese mismo momento, siempre y cuando se acredite fehacientemente que se ha solicitado a la TGSS la inscripción como empresario.
Cuando el convenio de asociación no pueda suscribirse de manera inmediata, va precedido de una proposición de asociación que, aceptada por la mutua, se recoge en un documento de **proposición de asociación**, que implica que aquélla asume las obligaciones que se deriven de la asociación cuando ésta pueda ser efectiva. Las mutuas tienen que aceptar todas las proposiciones de asociación que les formulen, en los mismos términos y con igual alcance que las Entidades Gestoras de la Seguridad Social, no pudiendo resolver o suspender el convenio de asociación por incumplimiento de los empresarios asociados de sus obligaciones de alta, baja o cotización.
El convenio de asociación tiene un plazo de **vigencia** de un año, debiendo coincidir en todo caso su vencimiento con el último día del mes, y se entenderá prorrogado tácitamente por períodos anuales, salvo denuncia en contrario del empresario, debidamente notificada, con un mes de antelación, como mínimo, a la fecha del vencimiento. **Denunciado** el convenio de asociación en la forma y plazo establecidos previamente, la mutua debe entregar al empresario, en el plazo de 10 días desde la notificación de la denuncia, certificación acreditativa del cese y de la fecha de efectos del mismo, quedando ampliado a 3 años de manera excepcional.
Las mutuas pueden exigir a los empresarios asociados, en el momento de convenir la asociación, una **garantía** consistente en el ingreso, por una sola vez, de una cantidad equivalente al importe de un trimestre, como máximo, de las cuotas correspondientes, que se devolverá al cesar en dicha asociación, salvo que existiesen obligaciones pendientes correspondientes al período durante el que hayan permanecido asociados (RD 1993/1995 art.64).

3734 **Infracciones y sanciones** (LISOS art.28.2, 29 y 40) Constituyen **infracción grave** de las mutuas colaboradoras con la Seguridad Social, en relación a la colaboración en la cobertura de contingencias profesionales y prestación de incapacidad temporal, las siguientes:
- aceptar la asociación de empresas no incluidas en el ámbito territorial o funcional de la entidad;
- no aceptar toda proposición de asociación que formulen las empresas comprendidas en su ámbito de actuación;
- concertar convenios de asociación de duración superior a un año;
- no proteger a la totalidad de los trabajadores de una empresa asociada correspondientes a centro de trabajo situados en la misma provincia;
- no atender a las solicitudes de cobertura de la protección por cese de actividad de los trabajadores autónomos con los que tengan formalizada la cobertura por contingencias profesionales.

Las infracciones graves se sancionan con una **multa** de 751 a 7.500 euros y, en su caso, con las correspondientes sanciones accesorias (LISOS art.46).

Son **infracciones muy graves**, con relación a la misma materia, las siguientes: 3736
a) Llevar a cabo operaciones distintas a aquellas a las que deben limitar su actividad o insertar en los **convenios de asociación condiciones** que se opongan a las normas de la Seguridad Social y de las que regulan la colaboración en la gestión de las mutuas.
b) No contribuir en la medida que proceda al **sostenimiento económico** de los Servicios comunes de la Seguridad Social y no cumplir las obligaciones que procedan en materia de reaseguro o del sistema establecido de compensación de resultados.
c) Aplicar epígrafes de la **tarifa de primas** o, en su caso, las adicionales que procedan, distintas de las que sean preceptivamente obligatoriamente, según las actividades y trabajos de cada empresa, así como promover u obtener el ingreso de cantidades equivalentes o sustitutorias de las cuotas de la Seguridad Social por procedimientos diferentes a los reglamentarios.
d) Concertar, utilizar o establecer **servicios sanitarios**, de prevención de accidentes, de recuperación o de rehabilitación propios o de terceros sin la previa autorización del organismo competente.
e) Exigir a las empresas asociadas, al convenir la asociación, el **ingreso de cantidades superiores** al importe anticipado de un trimestre de las correspondientes cuotas en concepto de garantía, o bien exigir dicho ingreso más de una vez.
f) Ejercer la colaboración en la **gestión con ánimo de lucro**; no aplicar el patrimonio estrictamente al fin social de la entidad; distribuir beneficios económicos entre los asociados, con independencia de su naturaleza; afectar los excedentes anuales a fines distintos de los reglamentarios; continuar en el ejercicio de la colaboración cuando concurran causas de disolución obligatoria sin comunicarlo al órgano competente; y no diferenciar las actividades desarrolladas como servicios de prevención, o no imputar a las mismas los costes derivados de tales actividades.
g) Incumplir el **régimen de incompatibilidades** y prohibiciones del personal al servicio de las mutuas (LGSS art.91).
h) El **falseamiento de la declaración de fuerza mayor** para que los trabajadores autónomos obtengan o disfruten fraudulentamente la prestación por cese de actividad, así como la connivencia con los trabajadores autónomos para la obtención de prestaciones indebidas, o para eludir el cumplimiento de las obligaciones que a cualquiera de ellos corresponda en materia de la prestación por cese de actividad.
i) **Falta de diligencia suficiente** en la supervisión de la gestión de la prestación, de forma reiterada y prolongada en el tiempo.
Las infracciones muy graves se sancionan con una **multa** de 7.501 euros a 225.018 y, en su caso, con las correspondientes sanciones accesorias (LISOS art.46).
Asimismo, cuando la ITSS considere que los hechos y circunstancias concurrentes en una infracción cometida por una Mutua Colaboradora con la Seguridad Social puedan dar lugar a la adopción de alguna **medida cautelar** (LGSS art.100), debe proponerlo a la Secretaría de Estado de la Seguridad Social y Pensiones para que inicie el correspondiente procedimiento administrativo (RD 928/1998 art.28).

Gestión de las contingencias profesionales (LGSS art.80 y 82.2 y 3; RD 1993/1995 art.63.2) Respecto de las contingencias profesionales, corresponde a las mutuas la **determinación inicial** del carácter profesional de la contingencia, sin perjuicio de su posible revisión o calificación por la entidad gestora competente de acuerdo con las normas de aplicación. 3738
Las mutuas colaboradoras **gestionan**, de principio a fin, el accidente de trabajo o la enfermedad profesional. En concreto **tramitan** las altas o bajas, prestaciones económicas, asistencia sanitaria y rehabilitación, que correspondan por las contingencias de incapacidad temporal, incapacidad permanente y muerte y supervivencia derivadas de dichas contingencias.
Los actos que dicten las mutuas por los que **reconozcan, suspendan, anulen o extingan derechos** en los supuestos atribuidos a las mismas han de ser motivados y formalizarse por escrito, estando supeditada su eficacia a la notificación al interesado. Asimismo, se notificarán al empresario cuando el beneficiario mantenga relación laboral y produzcan efectos en la misma.
Pueden prestar la **asistencia sanitaria** a través de los medios e instalaciones gestionados por las mutuas, mediante convenios con otras mutuas o con las Administraciones Públicas Sanitarias, así como mediante conciertos con medios privados. La asistencia sanitaria se realiza desde el momento del accidente o enfermedad profesional, hasta la recuperación del accidentado, de aquellos trabajadores por cuenta ajena que sus empresas estén asociadas a la mutua.
Las **actividades preventivas** de la acción protectora de la Seguridad Social son prestaciones asistenciales a favor de los empresarios asociados y de sus trabajadores dependientes, que no generan derechos subjetivos, dirigidas a asistir a los mismos en el control y, en su caso,

reducción de los accidentes de trabajo y de las enfermedades profesionales de la Seguridad Social. También comprenden **actividades de asesoramiento** a las empresas asociadas al objeto de que adapten sus puestos de trabajo y estructuras para la recolocación de los trabajadores accidentados o con patologías de origen profesional, así como actividades de investigación, desarrollo e innovación a realizar directamente por las mutuas, dirigidas a la reducción de las contingencias profesionales de la Seguridad Social.

En relación con la **protección de accidentes de trabajo**, las mutuas deben reasegurar obligatoriamente en la TGSS, hasta el límite del 30% de las prestaciones de carácter periódico derivadas de los riesgos de incapacidad permanente y muerte y supervivencia que asumen respecto de sus trabajadores protegidos. A cambio le **corresponde a la TGSS**, como compensación, el porcentaje de las cuotas satisfechas por las empresas asociadas por tales contingencias que se determinen por el MISSM.

En los casos en que la empresa haya **incumplido** sus obligaciones en materia de **afiliación y altas**, la responsabilidad de hacer efectivas las prestaciones recae sobre la empresa, y en virtud del principio de **automaticidad de las prestaciones**, la mutua, con la que hubiese concertado la cobertura de las contingencias profesionales, está obligada a anticipar al trabajador accidentado el abono de las mismas.

Precisiones 1) En supuesto en el que la mutua colaboradora en la fecha en que se produjo el accidente es distinta a la mutua del momento en que el trabajador obtuvo sentencia firme que reconoció la contingencia profesional, inicialmente calificada como enfermedad común, la **fecha del accidente** es la única que cuenta, dado que éste es el riesgo asegurado, y por lo tanto es dicha fecha la que determina la aseguradora, aunque el efecto dañoso aparezca con posterioridad (TS 22-1-08, EDJ 25816).

2) La mutua que, en cumplimiento del **principio de automaticidad de las prestaciones**, hubiera asumido los gastos de asistencia sanitaria y del subsidio por IT derivado de un accidente de trabajo, puede **reclamarlos a la empresa** que haya incumplido de forma reiterada su obligación de cotización, pues la **mutua se subroga** en los derechos y acciones que tuviera el accidentado frente al empresario y frente al INSS (TS 28-6-06, EDJ 105758).

3740 Gestión de la prestación económica de IT derivada de contingencias comunes

(LGSS art.80.2.b, 82.4 redacc RDL 2/2023 y 83.1.a; RD 1993/1995 art.69 a 73; RD 575/1997 art.6 a 73) Los empresarios que formalicen la protección de las contingencias profesionales de su personal con una mutua pueden **optar** por cubrir con la misma la prestación económica de la IT derivada de contingencias comunes. Dicha opción, que debe aceptarse por la mutua, comprende a la totalidad de los trabajadores de la empresa.

La **opción** debe realizarse en el momento de formalizar el convenio de asociación con la mutua y con su misma vigencia (por años prorrogables tácitamente). Con igual periodicidad anual, el empresario puede renunciar a la citada cobertura, sin modificación respecto al resto de los derechos y obligaciones como asociado, notificándolo con una antelación mínima de un mes a la fecha de vencimiento. Una vez realizada la renuncia no puede acogerse de nuevo hasta el siguiente vencimiento del convenio de asociación, con idéntica antelación de un mes.

La cobertura por la mutua de la IT derivada de contingencias comunes solo incluye la **gestión** de la prestación económica, con el mismo alcance que llevan a cabo las entidades gestoras, correspondiéndoles la función de declaración del derecho a la prestación económica, así como las de denegación, suspensión, anulación y declaración de extinción del mismo, sin perjuicio del control sanitario de las altas y bajas médicas por parte de los servicios públicos de salud.

Desde el **1-1-2024**, la **financiación** de las funciones y actividades atribuidas a las mutuas que asumen la gestión de la prestación de la IT se efectúa mediante la entrega a las mismas, a través de la TGSS, de una fracción de cuota que se obtiene aplicando el coeficiente 0,06 sobre la cuota íntegra obtenida por dichas empresas como resultado de aplicar el tipo único de cotización por contingencias comunes a las bases de cotización. Este porcentaje es del 0,07 para aquéllas que acrediten la insuficiencia financiera del coeficiente general en base a diferencias estructurales (OM PJC/51/2024 art.24; DGOSS Resol 17-6-24).

Precisiones 1) La mutua que asumía el pago de la IT debe seguir abonando el subsidio pese a haberse **extinguido la relación laboral** después de haber comenzado la situación protegida (TS 19-7-06, EDJ 253536; 26-6-07, EDJ 144101; 20-11-08, EDJ 272977). También es responsable la entidad aseguradora que cubría la IT, cuando la misma se produce una vez extinguido el contrato de trabajo y dentro del período correspondiente a las **vacaciones anuales no disfrutadas** -en este caso una mutua- (TS 29-3-07, EDJ 29052; 21-2-08, EDJ 25889; 29-5-08, EDJ 119122).

2) En el supuesto de que el empresario **modifique la entidad aseguradora** (del INSS a una mutua o de una mutua a otra), la nueva entidad es responsable del pago de los subsidios de IT por contingencias comunes generados durante la vigencia de un convenio de asociación precedente y deja de tener que abonarlas cuando la empresa decida no mantener con ella el convenio de asociación (TS 2-10-07, EDJ 199884; 17-7-12, EDJ 206742). Por el contrario, la mutua es responsable del abono de

la prestación de IT derivada de contingencias comunes en el supuesto de que, tras haberse **agotado** el **período máximo** de la prestación, la entidad gestora no resuelva en el plazo previsto de 3 meses sobre la incapacidad permanente (TS 22-5-20, EDJ 576413; 13-2-24, EDJ 509136).

Renuncia empresarial a la cobertura por la mutua (RD 1993/1995 art.69.2) Si bien la cobertura de las contingencias se mantiene por un período de un año, ha de tenerse en cuenta que, respetado dicho plazo, el empresario puede **renunciar** a la misma respecto de las **contingencias comunes**, manteniendo la opción de cobertura de los riesgos profesionales con la mutua, siempre que lo **comunique** a ésta con una antelación mínima de un mes a la fecha del vencimiento del convenio de asociación. 3742
Hecha esta renuncia, el empresario no puede acogerse de nuevo a la cobertura de la prestación de IT por contingencias comunes hasta el próximo vencimiento de su convenio de asociación, en cuyo momento puede efectuar nueva comunicación al respecto a la Entidad, también con una antelación mínima de un mes a la fecha de vencimiento.

3. Asunción de la cobertura por la propia empresa

Las empresas, individualmente consideradas, también pueden **colaborar en la gestión** de la Seguridad Social exclusivamente en alguna o algunas de las siguientes formas establecidas en la LGSS (LGSS art.102): 3750
1. Asumiendo, **directamente**, el pago a su cargo de las prestaciones por IT derivadas de contingencias profesionales y las prestaciones de asistencia sanitaria y recuperación profesional (colaboración voluntaria).
2. Pagando a sus trabajadores, a **cargo de la entidad gestora o mutua obligada**, las prestaciones económicas por IT, así como las demás que puedan establecerse reglamentariamente (colaboración obligatoria).

Colaboración obligatoria o pago delegado (LGSS art.102.1.b; OM 25-11-1966 art.16 s.) La colaboración obligatoria comprende el pago por la empresa a sus trabajadores, por delegación de la Entidad obligada, de las siguientes **prestaciones económicas**: 3752
- incapacidad temporal por contingencias profesionales;
- incapacidad temporal por contingencias comunes;
- desempleo parcial.

Las **empresas** descuentan el importe de estas prestaciones en las liquidaciones de cuotas de Seguridad Social del mismo mes al que correspondan. No obstante, es requisito indispensable para ello que la empresa cumpla con la obligación de presentar los documentos de cotización en el plazo reglamentario, aun cuando no haya ingreso.
La colaboración obligatoria en el pago de la prestación **se mantiene** hasta que se notifique al interesado el alta médica por curación, por mejoría o por incomparecencia injustificada a los reconocimientos médicos, o hasta el último día del mes en que el INSS haya expedido el alta médica con propuesta de incapacidad permanente, o hasta que se cumpla el periodo máximo de 545 días, finalizando, en todo caso, en esta fecha.
El pago delegado es obligatorio cualquiera que sea el **número de trabajadores** empleados. Si bien, como excepción, las empresas pueden trasladar la obligación del pago directo al INSS o mutua correspondiente, siempre que reúnan los siguientes requisitos: emplear menos de 10 trabajadores; llevar más de 6 meses pagando a alguno de ellos una prestación económica por IT, cualquiera que sea su causa; t comunicarlo con una antelación mínima de 15 días para tener efecto al comienzo de un mes natural.
La ITSS es competente para comprobar, de oficio o a propuesta de las entidades gestoras o mutuas, el cumplimiento por parte de las empresas del pago delegado. El **incumplimiento** de las obligaciones económicas derivadas de su colaboración obligatoria en la gestión de la Seguridad Social se considera infracción grave, sancionada con multa de 751 € a 7.500 € (LISOS art.22.4 y 40). El beneficiario tiene el plazo de un año para **reclamar** a la entidad gestora el abono de la mensualidad no percibida, con independencia de la posibilidad de instar la resolución del contrato por impago del subsidio (TS 6-11-17, EDJ 237194).

Colaboración voluntaria (LGSS art.102.1.a; RD 2064/1995 art.62; OM 25-11-1966 art.4 a 6 y 15 bis a 15 quáter; OM PCM/51/2024 art.25) Las empresas, cuando estén **autorizadas**, pueden colaborar voluntariamente en relación con su propio personal, en la gestión en caso de **contingencias profesionales** asumiendo directamente el pago de la **prestación de IT** derivada de estas contingencias, así como prestando la **asistencia sanitaria** y recuperación profesional que corresponda, sin que puedan ceder, transmitir o asegurar la gestión de cobertura de la prestación con otra persona o entidad, cualesquiera que sean la naturaleza de éstas y la modalidad o título utilizado. 3754

Además, también están **obligadas** a:
- destinar los posibles excedentes económicos a una reserva de estabilización hasta el 15% de las cotizaciones afectadas a la colaboración obtenidas durante el ejercicio, con la finalidad de atender los posibles resultados negativos futuros;
- dar cuenta a los representantes legales de los trabajadores, semestralmente al menos, de la aplicación de las cantidades deducidas de la cuota de Seguridad Social;
- llevar en su contabilidad una cuenta que recoja todas las operaciones relativas a la colaboración.

Para ser autorizadas a acogerse a esta **modalidad de colaboración**, deben tener más de 250 trabajadores fijos -o 100 cuando tengan la finalidad, exclusiva o no, de prestar asistencia sanitaria-, poseer instalaciones sanitarias propias suficientemente eficaces para prestar la asistencia sanitaria que corresponda a la IT derivada de las contingencias profesionales, exceptuada en su caso la hospitalización quirúrgica, y observar un correcto cumplimiento de las obligaciones derivadas de la legislación social.

Las empresas autorizadas a esta colaboración retienen, al efectuar la cotización, la parte de cuota correspondiente a las prestaciones sanitarias y económicas por IT -que se hace constar de forma independiente en la tarifa de primas de contingencias profesionales-, si bien deben ingresar, en concepto de **aportación para el sostenimiento de los servicios comunes** de la Seguridad Social y de contribución a los demás gastos generales y a las exigencias de solidaridad nacional, una cantidad resultante de aplicar el coeficiente del 31% a las cuotas de accidentes de trabajo y enfermedades profesionales recaudadas por incapacidad permanente y muerte y supervivencia.

3756 La DGOSS puede acordar la **suspensión temporal o retirada definitiva** de la autorización si considera que han dejado de concurrir las condiciones requeridas o que no se lleva correctamente la colaboración. Por su parte, las empresas autorizadas pueden **renunciar**, de forma temporal o definitiva, mediante solicitud motivada ante la DGOSS antes del 30 de septiembre del ejercicio anterior a aquél en que deba tener efectividad.

Los **efectos** del cese voluntario han de coincidir con el inicio del año natural siguiente. Asimismo, las empresas que tengan concertada con una mutua la gestión de la cobertura de accidentes de trabajo y enfermedades profesionales y deseen renunciar a la colaboración voluntaria en la gestión para optar simultáneamente por formalizar la gestión de la prestación económica por incapacidad temporal derivada de contingencias comunes con una mutua, pueden ejercitar la renuncia en la colaboración con una antelación mínima de un mes a la fecha del primer vencimiento del plazo de vigencia del convenio de asociación que tenga suscrito, debiendo formalizarla con una mutua, y sus efectos deben coincidir con el inicio de los derivados de la formalización del documento anexo al documento de asociación.

Adoptado el acuerdo de suspensión o cese, la empresa no queda eximida de **responder de las obligaciones** que, por cotización, prestaciones u otro concepto se deriven del ejercicio de la colaboración durante el tiempo en que la autorización se haya mantenido vigente. La empresa, en el plazo de 3 meses debe liquidar las operaciones relativas a la colaboración, ingresando en la Tesorería los excedentes que, en su caso, resulten. La resolución que acuerde el cese puede designar a uno o varios funcionarios para que vigilen la liquidación. Contra las resoluciones de la DGOSS puede interponerse **recurso de alzada**.

Cuando una empresa autorizada para colaborar en la gestión asume directamente a su cargo el pago de las prestaciones por IT, el incentivo a percibir se contrae a las cuotas de incapacidad permanente, muerte y supervivencia por las que la empresa cotiza a la Seguridad Social, imputándose por la misma a las cuentas de la colaboración la parte del incentivo que corresponda a las cuotas de incapacidad temporal retenidas en virtud de la mencionada colaboración.

En cualquier caso, se computan ambas cuotas, tanto para la determinación de los índices como para la del volumen de cotización para determinar el período de observación a tener en cuenta (RD 231/2017 disp.adic.única).

3758 **Infracciones de las empresas que colaboran voluntariamente en la gestión de la Seguridad Social** (LISOS art.30, 31 32 y 45) Constituyen **infracciones leves**:

a) No llevar en orden y al día la documentación reglamentariamente exigida.

b) No dar cuenta, semestralmente, al comité de empresa de la aplicación de las cantidades percibidas para el ejercicio de la colaboración.

Constituyen **infracciones graves**:

a) No mantener las instalaciones sanitarias propias en las condiciones exigidas para la prestación de la asistencia.

b) No coordinar la prestación de asistencia sanitaria con los servicios sanitarios de la Seguridad Social.

c) Prestar la asistencia sanitaria con personal ajeno a los servicios de la Seguridad Social, salvo autorización al efecto.
d) Conceder prestaciones en tiempo, cuantía o forma distintos a los reglamentariamente establecidos.
e) No ingresar las aportaciones establecidas para el sostenimiento de los Servicios comunes.
f) No llevar en su contabilidad una cuenta específica que recoja todas las operaciones relativas a la colaboración.
Constituyen **infracciones muy graves**:
a) Ejercer las funciones propias del objeto de la colaboración sin previa autorización.
b) Continuar en el ejercicio de la colaboración después de la pérdida de los requisitos mínimos exigibles.
c) Destinar los excedentes de la colaboración a fines distintos de la mejora de las prestaciones.
d) No aplicar a los fines exclusivos de la colaboración, incluyendo en ella la mejora de las prestaciones, las cantidades deducidas de la cuota reglamentaria.
Las infracciones leves se castigan con **multas** de 70 a 750 euros; las graves de 751 a 7.500 euros y las muy graves de 7.501 a 225.018 euros (LISOS art.40).

Además de las **sanciones generales**, se establece la posibilidad de imponer **sanciones accesorias** a los empresarios que colaboran voluntariamente en la gestión por la comisión de las infracciones señaladas, siempre que las circunstancias del caso lo requieran en beneficio de la corrección de deficiencias observadas en la propuesta elevada al órgano directivo responsable de la vigilancia, dirección y tutela de la Seguridad Social. Pueden consistir en: **3760**
- la suspensión temporal de la autorización para colaborar por un plazo de hasta 5 años;
- la retirada de la autorización para colaborar con la pérdida de la condición de la Entidad colaboradora.

SECCIÓN 4

Información al trabajador y a sus representantes

3765

En esta sección se analiza la información que debe dar el empresario a: **3767**
1. El **trabajador** principalmente sobre los elementos esenciales de su contrato y las principales condiciones de ejecución de la prestación laboral (nº 3780 s.).

2. Los **representantes de los trabajadores** a los que el empresario debe facilitar, principalmente, la copia básica de los contratos suscritos (nº 3915 s.). Respecto de la **comunicación** a los servicios públicos de empleo ver nº 3560 s.

A. Información al trabajador

3775 Por un lado, se analiza, la **obligación genérica** de información respecto de los elementos esenciales del contrato de trabajo y las principales condiciones de ejecución de la prestación laboral (nº 3780 s.). Junto a esa obligación genérica también se aborda aquí la relativa a las siguientes **materias concretas**:
- prevención de riesgos laborales (nº 3850) incluida la relativa a riesgos específicos (nº 3854);
- sucesión de empresas, contratas y subcontratas (nº 3840);
- horas extraordinarias (nº 3885);
- cobertura de vacantes (nº 3890);
- utilización de los datos personales (nº 8610 s.).

También se reconoce el derecho de los trabajadores ser informados a través de la representación legal de los trabajadores o de manera directa cuando no exista, de la información contenida en el **registro retributivo** que debe existir a las empresas. En este caso, la información que debe facilitar la empresa se limita a las diferencias porcentuales que existan en las retribuciones promediadas de hombres y mujeres (nº 4484).
Las obligaciones de información del empresario cuando se trate de trabajo que se presta normalmente **en el extranjero** se desarrollan en el capítulo relativo al lugar de trabajo (nº 2622).
Respecto de las obligaciones de información cuando el trabajador está **contratado por una ETT** y cedido a una empresa usuaria, ver nº 3080.

1. Información sobre elementos esenciales del contrato y principales condiciones de ejecución de la prestación laboral

3780 En este epígrafe se analizan los requisitos que generan el **nacimiento de la obligación** de informar (nº 3785), el **contenido mínimo** que ha de tener la información empresarial (nº 3790), la **forma, medios y plazos** para facilitar esa información (nº 3815), así como las sanciones administrativas que se pueden imponer por **incumplimiento** de este tipo de obligaciones (nº 3825).
Aunque aún no ha sido traspuesta al derecho interno, desde el 1-8-2022, está vigente la Dir (UE) 2019/1152, relativa a unas **condiciones laborales transparentes y previsibles** en la UE. Esta norma regula específicamente la información que se ha de proporcionar por escrito al trabajador, que se ha de facilitar en papel o, siempre que sea accesible para el trabajador, que se pueda almacenar e imprimir y que el empleador conserve la prueba de la transmisión o recepción, en formato electrónico. La nueva normativa de la UE tiene como objetivo proteger en mayor grado a los trabajadores por cuenta ajena contra una posible falta el reconocimiento de sus derechos y garantizar una mayor transparencia del mercado de trabajo.
La normativa nacional, por su parte, incluidos los convenios colectivos aplicables, puede mejorar lo prescrito en la norma comunitaria, estableciendo disposiciones más favorables para los trabajadores siempre respetando los mínimos fijados en la directiva (TJUE 23-11-99, asunto Arblade C-369/96).

Precisiones La Dir (UE) 2019/1152 sustituye a la Dir 91/533/CEE, relativa a la obligación del empresario de informar al trabajador acerca de las condiciones aplicables al contrato de trabajo o a la relación laboral.

a. Nacimiento de la obligación de informar

(ET art.8.2 y 5; RD 1659/1998 art.1, 4 y 7)

3785 La empresa debe informar **por escrito** al trabajador sobre los elementos esenciales del contrato y las principales condiciones de ejecución de la prestación laboral, siempre que tales elementos y condiciones no figuren en el contrato de trabajo en poder del trabajador. El empresario también debe informar al trabajador cuando se produzca cualquier **modificación** de los elementos y condiciones que se hubieran comunicado en su día como esenciales de la relación laboral. Siempre respetando las obligaciones, requisitos y procedimientos estatutarios sobre modificación del contrato de trabajo. Sobre la modificación sustancial de condiciones de trabajo, ver nº 9100 s.
Concurre la obligación de informar por escrito al trabajador cuando se haya celebrado un contrato de trabajo de duración superior a 4 semanas. El deber de informar por escrito despliega todos sus efectos, aunque el **contrato** de trabajo sea **verbal**.

Si el **contrato** ha sido **formalizado por escrito**, este deber de información puede haber quedado cumplido si recoge los elementos esenciales y las principales condiciones de ejecución de la prestación laboral que las normas legales y reglamentarias exigen.
La formalización por escrito puede ser una obligación legal (nº 6635), aunque, en principio, exista una libertad de forma, o puede realizarse simplemente porque una de las partes lo exigió durante la relación laboral. En estos casos si el contrato escrito contiene sólo **parcialmente** la información exigida por la ley, la empresa debe facilitar la **información restante** en los términos y plazos previstos (RD 1659/1998 art.2.1).

Precisiones 1) Cuando al **inicio de la relación laboral** se suscriba por escrito el contrato de trabajo, resulta recomendable que el empresario utilice el acto de formalización del contrato de trabajo para cumplir con el deber de información al trabajador sobre los elementos esenciales del contrato y las principales condiciones de ejecución de la prestación laboral; con el consiguiente beneficio de acreditación, en un solo acto y documento, del cumplimiento de tales deberes.
2) En la relación laboral especial de **penados** en las instituciones penitenciarias no existe la obligación para los empleadores de informar por escrito al trabajador, sobre los elementos esenciales y las principales condiciones de ejecución de la prestación laboral. Esta obligación sí se prevé en relación con los **empleados de hogar** (RD 1659/1998 art.1.2).

b. Contenido mínimo de la información

(RD 1659/1998 art. 2.2)

La información mínima que debe facilitar por escrito la empresa al trabajador incluye los **siguientes extremos**, cuyo contenido específico se desarrolla a continuación: **3790**
a) Identidad de las partes del contrato (nº 3792).
b) Fecha de comienzo de la relación laboral o su duración previsible en caso de relación laboral temporal (nº 3796).
c) Domicilio del empresario o social de la empresa y centro de trabajo dónde habitualmente se prestan servicios (nº 3798).
d) Grupo profesional del puesto de trabajo o la descripción resumida de las funciones del mismo (nº 3800).
e) Cuantía del salario base inicial y de los complementos, así como la periodicidad de su pago (nº 3802).
f) Duración y distribución de la jornada ordinaria de trabajo (nº 3804).
g) Duración de las vacaciones y modalidades de atribución o determinación (nº 3806).
h) Plazos de preaviso que deban cumplir las partes en caso de extinción del contrato (nº 3808).
i) Convenio colectivo aplicable, precisando los datos concretos que permitan su identificación (nº 3810).

Identidad de las partes del contrato (RD 1659/1998 art.2.2 a) Respecto del **empleador** ha de **3792**
distinguirse:
1. Si es **persona física**: la información alcanza al nombre, apellidos y DNI o NIF del empresario.
2. Si es **persona jurídica**: ha de comunicarse la razón o denominación social completa, con inclusión del tipo societario o su abreviatura correspondiente conforme exija la norma reguladora en cada caso sobre la determinación de la denominación específica de la persona jurídica en cuestión (así, por ejemplo, sociedad anónima o SA; sociedad de responsabilidad limitada, sociedad limitada, SRL o SL; sociedad anónima laboral o SAL; sociedad de responsabilidad limitada laboral o SLL; sociedad anónima deportiva o SAD (nº 785 s.).
Con carácter general, debe considerarse que el **nombre comercial o la marca** que utilice el empleador es un dato distinto que no tiene por qué ser coincidente con su denominación o razón societaria, o en su caso con el nombre y los apellidos del propio empleador. Los **centros de trabajo** se encuentran bajo la **titularidad** de una o varias personas físicas (que se identifican con su nombre y apellido) o de una persona jurídica (que se identifica mediante su razón o denominación social). No se cumpliría con el deber de información en este particular extremo si, por ejemplo, se hiciera constar únicamente el nombre de un centro de enseñanza o de un establecimiento de hostelería, sin aportar los datos del titular de los mismos.

Precisiones Esta obligación de identificación del empleador cobra especial sentido en caso de controversia, pues el trabajador al interponer demanda debe identificar al empresario, cuestión no exenta de dificultades como admite la propia norma procesal. Así, por ejemplo, si se interpuso una **demanda de despido** contra persona a la que erróneamente se hubiere atribuido la cualidad de empresario, se prevé que no comience el cómputo del plazo de caducidad hasta que conste quién es el empresario (LRJS art.103.2).

3794 **Empleadores específicos** En el caso de que la empleadora sea:
1. Una **comunidad de bienes** empleadora prevista de forma expresa por el legislador (ET art.1.2). El deber de información sobre su identidad implica la necesaria identificación de los comuneros de la misma, siempre considerando la peculiaridad del estatuto jurídico de esta forma de titularidad colectiva y especialmente de su régimen de responsabilidad (nº 825 s.).
2. Una **Unión temporal de empresas (UTE)**, como quiera que las mismas carecen de personalidad jurídica propia distinta a la de las empresas que la integran, han de identificarse concretamente éstas, para cumplir con el deber de información que la ley prevé. Más ampliamente sobre las UTEs como empleador (nº 890 s.).
3. Una **comunidad de propietarios en régimen de propiedad horizontal** el deber de información de la identidad del empleador se cumple notificando la correspondiente a la propia comunidad, y no a todos y cada uno de sus miembros. Este tipo de comunidades puede asumir la condición de demandante o demandada en juicio, representada por su presidente (L 49/1960 art.13.3) (nº 831).
4. Cuando las **Administraciones Públicas** actúan como empleadoras, la identificación se realiza mediante la determinación del organismo o entidad pública correspondiente al que quede adscrito el empleado público bajo régimen laboral.

Precisiones En el **trabajo en plataformas digitales**, la Directiva (UE) 2024/2831, cuyo plazo máximo de transposición finaliza el 2-12-2026, establece que los Estados miembros deben exigir que las plataformas informen a sus trabajadores sobre la utilización de los algoritmos utilizados tanto de seguimiento como de toma de decisiones por escrito, de forma transparente, inteligible y accesible y utilizando un lenguaje claro y sencillo (Dir (UE) 2024/2831 art.9).

3796 **Fecha de comienzo de la relación laboral y su duración** (RD 1659/1998 art.2.2 b) El deber de información en relación al elemento temporal del contrato afecta a los dos siguientes datos concretos:
1. **Fecha de comienzo** de la relación laboral. Este dato cobra especial relevancia para despejar conflictos, entre otros, sobre: cumplimiento puntual del alta en Seguridad Social, determinación de la antigüedad laboral, a efectos retributivos o de preferencia en el ejercicio de derechos y para el cálculo, en su caso, de indemnizaciones.
2. **Duración** de la relación laboral temporal, debiéndose **distinguir** entre:
a) Contratos cuya duración deba o pueda determinarse de antemano, en cuyo caso debe informarse sobre los términos exactos de la misma.
b) Contratos en los que la duración dependa de un acontecimiento incierto, por ejemplo, en el caso de sustitución de persona trabajadora, el período de sustitución de un trabajador en incapacidad temporal, etc. En estos supuestos, el deber de información se cumple dando al trabajador la mera previsión respecto de la duración (en días, semanas, meses o incluso años), sin que, por tanto, resulte suficiente hacer referencia a la causa que motiva el contrato temporal, como se exige en la formalización de los mismos, siendo el deber de información al trabajador más intenso. Esta previsión, no determina la duración efectiva del contrato, que depende del factor o causa habilitante del mismo (nº 6615).

3798 **Domicilio del empresario o domicilio social de la empresa y centro de trabajo dónde habitualmente se prestan servicios** (RD 1659/1998 art.2.2 c) El deber de información en relación al domicilio empresarial afecta a los dos siguientes datos que, en ocasiones, pueden resultar coincidentes:
1. Domicilio del **empleador**, que corresponde con el domicilio social, si la empresa es persona jurídica, o con el domicilio del empresario físico.
2. Domicilio del **centro de trabajo**, dónde el trabajador preste sus servicios habitualmente. Dato éste especialmente relevante en relación con el domicilio del trabajador a los efectos de constatar la existencia de movilidad geográfica y la aplicación de ciertas garantías legales anejas. En este sentido, debe hacerse **constar expresamente** que la prestación de servicios se realiza por el trabajador:
a) De forma habitual, en diferentes centros de trabajo, cuya concreción implica la identificación de los distintos domicilios de éstos.
b) En centros de trabajo móviles o itinerantes.
Respecto al **trabajo en el extranjero**, (ver nº 2225).

3800 **Grupo profesional del puesto de trabajo o descripción resumida de las funciones del mismo** (RD 1659/1998 art.2.2.d) Respecto al deber de información en materia de clasificación profesional, cabe distinguir **dos supuestos**:
1. Que resulte aplicable un **sistema de clasificación profesional** fijado en algún instrumento de **negociación colectiva** (convenio colectivo aplicable o, en su defecto, por acuerdo entre la empresa y los representantes de los trabajadores): en este caso la información pertinente

supone la identificación del grupo profesional en el que queda encuadrado o adscrito el trabajador. Siempre debiéndose tener en cuenta que la posibilidad de clasificación mediante categorías profesionales no se contempla actualmente en la normativa estatutaria (ET art.22.1 y 4).

Parece exigible que la información empresarial comprenda los grados o niveles dentro de cada grupo profesional cuando éstos se especifiquen en la norma convencional. Así se desprende de la norma comunitaria donde se utilizan las expresiones de denominación, grado, calidad o categoría del puesto de trabajo (Dir (UE) 2019/1152 art.4.2.c.i).

2. En el caso de que **no** exista **sistema de clasificación profesional** establecido por convenio colectivo o en su defecto por acuerdo colectivo en el ámbito de la empresa: el deber de información se concreta en la necesaria caracterización o descripción del puesto de trabajo que desempeñe el trabajador.

El cumplimiento del **deber de información** debe realizarse, en todo caso, en términos que permitan al trabajador conocer con suficiente precisión el contenido específico del trabajo. De manera, que, con carácter general, el empresario no puede limitar la información al trabajador a la mera denominación de la actividad de éste (Dir (UE) 2019/1152 art.4.2.c.ii; TJUE 4-12-97, asunto Kampelmann C-253/96).

Cuantía del salario base inicial y de los complementos, así como la periodicidad de su pago (RD 1659/1998 art.2.2 e) Respecto al deber de información en materia salarial se extiende su estructura, cuantía y periodicidad en el devengo. De manera, que han de concretarse: 3802

1. La **cuantía** del salario base inicial y de todos y cada uno de los complementos salariales, con independencia de su naturaleza y origen, convencional o contractual.

2. La **periodicidad** del pago del salario. Esta cuestión resulta especialmente relevante respecto a las gratificaciones y las pagas extraordinarias, de devengo superior al mes.

Precisiones No parece que estén comprendidos en el deber de información los **conceptos extrasalariales** o las partidas no retributivas del trabajo, sobre las que la norma reglamentaria guarda silencio. La normativa de la UE se refiere a la retribución de base inicial y a cualesquiera otros componentes, en su caso, indicados de forma separada, y la periodicidad y el método de pago de la remuneración a la que tenga derecho el trabajador (Dir (UE) 2019/1152 art.4.2.k).

Duración y distribución de la jornada ordinaria de trabajo (ET art.34; RD 1659/1998 art.2.2.f) Respecto al deber de información en materia de jornada, éste se concreta en la determinación de las siguientes cuestiones: 3804

1. La **duración** de la jornada laboral ordinaria, que ha de resultar cuantificada al menos en cómputo semanal o, en su caso, anual.

2. La **distribución** de la jornada ordinaria de trabajo, que se refiere de una parte a la concreción del **horario laboral** correspondiente; así como en los casos de distribución irregular de aquélla a lo largo del año, la concreción de los periodos, secuencias o reglas que determinan la distribución irregular que correspondan, conforme al convenio colectivo o en su defecto por acuerdo colectivo en el ámbito de la empresa.

Respecto a la información específica sobre **horas extraordinarias**, ver nº 3885.

Precisiones 1) La **normativa comunitaria** establece que cuando el patrón de trabajo sea total o mayoritariamente imprevisible, las empresas también informar a los trabajadores de las horas y días de referencia en los que se les puede exigir que trabajen, el plazo mínimo del preaviso que recibirán antes del inicio del trabajo y el número de horas pagadas garantizadas. El trabajador tiene derecho a rechazar las tareas asignadas que no cumplan con este requisito (Dir (UE) 2019/1152 art.4.2.m y 10).

2) Respecto de los **contratos a tiempo parcial**: sobre las horas ordinarias de trabajo al día, a la semana, al mes o al año contratadas y su distribución (nº 6194). Asimismo, respecto a las **horas complementarias** (nº 6196). Respecto de la información a proporcionar en los contratos fijos discontinuos (nº 6290).

Duración de las vacaciones y modalidades de atribución o determinación (RD 1659/1998 art.2.2.g; ET art.38) Respecto al deber de información en materia de vacaciones, éste se concreta en la información respecto de las dos siguientes cuestiones: 3806

- **Duración** de las vacaciones en el periodo anual, que exige asimismo la determinación de los días correspondientes como naturales o laborables.
- **Procedimiento y calendario** seguido en la empresa para determinar la fecha y la modalidad en el disfrute de las vacaciones.

No se especifica nada respecto a **otros descansos**: diarios, semanales o por días festivos. El deber de información sobre los mismos podría deducirse indirectamente de la determinación de la jornada y su distribución contenidas en el nº 3804 (ET art.34 y 37).

Precisiones La **normativa comunitaria** establece que debe informarse de las modalidades de atribución y de determinación de las vacaciones cuando no sea posible facilitar este dato en el momento de la entrega de la información (Dir (UE) 2019/1152 art.4.2.i).

3808 **Plazos de preaviso en caso de extinción del contrato** (RD 1659/1998 art.2.2.h) Respecto al **deber de información** en materia de extinción de la relación laboral, éste se limita al preaviso o comunicación anticipada de la extinción. Los períodos de **preaviso legalmente fijados** en caso de extinción son los siguientes:

1. En el **despido objetivo** se establece un preaviso empresarial de 15 días (ET art.53.1.c). Hay que tener en cuenta que no se considera improcedente el despido objetivo en cuyo marco se incumplió la obligación de conceder el preaviso con independencia de la obligación empresarial de abonar los salarios correspondientes a dicho período (ET art.53.4).

2. En la denuncia de los **contratos de duración determinada superiores a un año**, se establece un preaviso de 15 días, tanto del trabajador como del empresario (ET art.49.1.c).

Precisiones **1)** No se prevé preaviso legal en la extinción por **dimisión o baja voluntaria** del trabajador, remitiéndose la norma al que señalen los convenios colectivos o la costumbre del lugar (ET art.49.1.d).
2) Respecto al **incumplimiento de la obligación de preavisar**, concurrente con el incumplimiento de la permanencia pactada ver nº 6017.
3) Esta exigencia no se cumple mediante una **comunicación verbal** realizada al comité de empresa a través de un empleado responsable de recursos humanos (TS 7-3-11, EDJ 71736).
4) La **normativa comunitaria** establece la obligatoriedad de informar sobre el procedimiento, que deben respetar el empleador y el trabajador, incluidos los requisitos formales y la duración de los plazos de preaviso, en caso de terminación de la relación laboral o, si la duración de los plazos de preaviso no puede indicarse en el momento de la entrega de la información, las **modalidades de determinación** de dichos plazos de preaviso (Dir (UE) 2019/1152 art.4.2.j).

3810 **Convenio colectivo aplicable precisando los datos concretos que permitan su identificación** (RD 1659/1998 art.2.2.i) Existe un deber de información respecto al **convenio colectivo aplicable**, dato importante que no suele aparecer en los contratos formalizados por escrito, ni en los formularios de éstos, pero sobre el que la norma exige su concreta determinación en relación al deber de información al trabajador.

Esta mención genérica de convenio colectivo aplicable, al no distinguir la norma, alcanza tanto a los convenios **estatutarios como extraestatutarios** aplicables en su caso.

En algunos supuestos puede concurrir, coordinadamente, **más de un convenio colectivo aplicable** a la relación laboral, debiendo resultar todos ellos identificados por la empresa en cumplimiento del presente deber de información.

Precisiones **1)** Como ejemplo, en el **sector de hostelería**, en ocasiones, habría que identificar dos convenios:
- por un lado, el Acuerdo Laboral de ámbito Estatal del sector de Hostelería-VI ALEH, DGTr Resol 20-1-23, donde se regula el sistema de clasificación profesional o el régimen disciplinario;
- por otro lado, el convenio de hostelería aplicable para las restantes materias que podría ser el de ámbito de comunidad autónoma, provincia, o en su caso de empresa.
2) La normativa comunitaria (Dir (UE) 2019/1152 art.4.2.n) precisa que si se tratase de convenios colectivos celebrados fuera de la empresa **por instituciones u órganos paritarios especiales**, debe proporcionarse información sobre el nombre de la institución o el órgano paritario competente en cuyo seno se hayan celebrado dichos convenios.

c. Forma, medios y plazos de información

3815 **Forma** (RD 1659/1998 art.5) El deber del empresario de información al trabajador sobre los elementos esenciales del contrato de trabajo y las principales condiciones de ejecución de la prestación laboral, puede ser cumplido a través de alguna de las siguientes **vías**:

1. En el propio **contrato** de trabajo formalizado por escrito.

2. Una **declaración escrita** firmada por el empresario.

3. Uno o más **documentos** escritos, con la condición de que en un solo documento consten el conjunto de los **extremos** siguientes:
- identidad de las partes del contrato (nº 3792);
- fecha de comienzo de la relación laboral o su duración previsible en caso de relación laboral temporal (nº 3796);
- domicilio del empresario o social de la empresa y centro de trabajo dónde habitualmente se prestan servicios (nº 3798);
- categoría o el grupo profesional del puesto de trabajo o la descripción resumida de las funciones del mismo (nº 3800);

- cuantía del salario base inicial y de los complementos, así como la periodicidad de su pago (nº 3802);
- duración y la distribución de la jornada ordinaria de trabajo (nº 3804).
La **normativa comunitaria** prevé, además, la obligación de los Estados miembros de garantizar que la información relativa a las disposiciones legales, reglamentarias, administrativas o estatutarias o a los convenios colectivos de aplicación universal que regulen el marco jurídico aplicable que deben comunicar los empleadores esté disponible de forma generalizada, gratuita, clara, transparente, exhaustiva y fácilmente accesible a distancia y por medios electrónicos, incluido a través de los portales en línea existente (Dir (UE) 2019/1152 art.5).

Precisiones En consecuencia, en **uno o varios documentos** aparte ha de encontrarse la información sobre:
- duración de las **vacaciones** y, en su caso, modalidades de atribución o determinación (nº 3806);
- plazos de **preaviso** que puedan estar obligados a respetar empresario y/o trabajador en el supuesto de extinción del contrato (nº 3808);
- **convenio colectivo** aplicable a la relación laboral con precisión de los datos concretos que permitan su identificación (nº 3810).

Medios (RD 1659/1998 art.2.3) La información sobre los cuatro extremos, que se relacionan a continuación, puede realizarse a través de una referencia a las **disposiciones** legales o reglamentarias o a los **convenios colectivos** de aplicación que los regulen: 3817
1. Cuantía del **salario** base inicial y de los complementos salariales, así como la periodicidad de su pago (nº 3802).
2. Duración y distribución de la **jornada** ordinaria de trabajo (nº 3804).
3. Duración de las **vacaciones** y, en su caso, modalidades de atribución o determinación (nº 3806).
4. Plazos de **preaviso** que, en su caso, estén obligados a respetar el empresario y el trabajador en el supuesto de extinción del contrato o, si no es posible facilitar este dato en el momento de la entrega de la información, las modalidades de determinación de dichos plazos de preaviso (nº 3808).
Se exige que la referencia a la fuente de regulación sea precisa y concreta para permitir al trabajador el acceso a la información correspondiente.

Precisiones Respecto al **resto de la información**, no resulta suficiente la mera referencia a las disposiciones legales o reglamentarias o a los convenios colectivos de aplicación, por muy precisa y concreta que ésta pudiera resultar.

Plazos (RD 1659/1998 art.6) El deber de información con carácter **general** debe ser cumplido en el plazo de 2 meses, a contar desde la fecha de comienzo de la relación laboral. 3819
Se establecen **plazos distintos** y específicos para:
1. La modificación de las condiciones de la relación laboral, que debe informarse y realizarse en el plazo de un mes a contar desde la fecha en que la modificación sea efectiva.
2. La información adicional que se prevé para los supuestos de prestación de servicios en el extranjero (nº 2110) debe facilitarse antes de la partida del trabajador al extranjero.
3. Si la relación laboral se extinguiera antes del transcurso de los plazos referidos, la empresa debe facilitar la información al trabajador antes de la fecha de extinción del contrato de trabajo.

Precisiones La Dir (UE) 2019/1152 art.5 establece que, con carácter general y si no se ha proporcionado previamente, la información sobre: identidad de partes, lugar de trabajo, descripción del trabajo, comienzo y finalización de la relación laboral, descripción del trabajo, cargo, grado y categoría del trabajo, periodo de prueba, remuneración y forma de determinación, jornada, horario y calendario de trabajo y preaviso, debe proporcionarse individualmente durante el período comprendido entre el primer día de trabajo y, a más tardar, el 7º día natural. El resto de información debe proporcionarse individualmente al trabajador en forma de documento en el plazo de un mes desde el primer día de trabajo.

d. Infracciones y sanciones

(LISOS art.6.4)

Se tipifica como infracción administrativa **leve** en materia de relaciones laborales, el **incumplimiento del deber de información** por escrito sobre los elementos esenciales del contrato y las principales condiciones de ejecución de la prestación laboral, en los términos y plazos expuestos (nº 3780 s.). 3825

3827 **Sanciones** (LISOS art.6.4, 39.1 y 2, 40.1.a) Las **sanciones pecuniarias** que pueden ser impuestas a las empresas por las infracciones leves pueden graduarse teniendo presentes los **criterios** que establece la normativa y se cuantifican desde los 70 €, en el grado mínimo, a los 750 €, en el grado máximo.

Tipo	Calificación	Sanción
No informar por escrito al trabajador sobre los elementos esenciales del contrato y las principales condiciones de ejecución de la prestación laboral, en los términos y plazos establecidos reglamentariamente	Leve	De 70 a 750 €

2. Otras informaciones

3835 En este epígrafe se analiza la obligación empresarial de informar sobre las siguientes **materias**:
- sucesión de empresas, contratas y subcontratas (nº 3840);
- prevención de riesgos laborales (nº 3850) incluida la relativa a riesgos específicos (nº 3854);
- horas extraordinarias (nº 3885);
- cobertura de vacantes (nº 3890).

a. Sucesión de empresas, contratas y subcontratas

3840 **Sucesión de empresas** (ET art.44.6, 7 y 8) En el supuesto de sucesión empresarial ha de informarse a los **trabajadores** que pudieran verse **afectados** por la transmisión cuando no exista representación legal de tales trabajadores en las empresas, pues este deber de información alcanza tanto a la empresa cedente como a la cesionaria. Las cuales deberían informar, siempre de forma individualizada a los trabajadores, sobre los siguientes **aspectos de la transmisión**:
1. Fecha prevista.
2. Motivos.
3. Consecuencias jurídicas, económicas y sociales para los trabajadores.
4. Medidas previstas respecto de los trabajadores.
En cuanto al **momento** en que se debe facilitar la información, se establece lo siguiente:
a) Cedente: debe cumplir la obligación de información con la suficiente antelación, antes de la realización de la transmisión.
b) Cesionario: debe cumplir la obligación de información con la suficiente antelación, antes de que sus trabajadores se vean afectados en sus condiciones de empleo y de trabajo por la transmisión.
En los supuestos de **fusión y escisión de sociedades,** la empresa cedente y la cesionaria han de proporcionar la información, en todo caso, al tiempo de publicarse la convocatoria de juntas generales que han de adoptar los respectivos acuerdos.
El deber de información a los **representantes de los trabajadores** en caso de sucesión de empresa se recoge en el nº 1155 s.

3842 **Contratas y subcontratas** (ET art.42.3) Además de la información general que los trabajadores deben recibir de su empleador (nº 3780 s.), cuando éste sea una contratista o subcontratista, los trabajadores deben ser informados por su empresa sobre la identidad de la **empresa principal** para la cual estén prestando servicios en cada momento, así como a la TGSS, debiéndose concretar los siguientes **extremos**:
1. Nombre o razón social.
2. Domicilio social.
3. Número de identificación fiscal.
Los **requisitos** para que esta obligación de información se cumpla correctamente son:
a) Ha de facilitarse al trabajador antes del inicio de la respectiva prestación de servicios.
b) El trabajador debe ser informado por escrito.

3844 **Infracciones y sanciones** (LISOS art.7.11, y 40.1.b)

Tipo	Calificación	Sanción
El incumplimiento del deber de información a los trabajadores en los supuestos de contratas al que se refiere el ET art.42.3, así como del deber de información a los trabajadores afectados por una sucesión de empresa establecido en el ET art.44.7.	Grave	De 751 a 7.500 €

b. Prevención de riesgos laborales

En el marco del deber de protección frente a los riesgos laborales, la empresa debe, con carácter general, comunicar a los trabajadores toda la **información** necesaria en relación a los siguientes **extremos**: 3850

1. Los riesgos para la seguridad y salud de los trabajadores en el trabajo, tanto a aquellos que afecten a la empresa en su conjunto como a cada tipo de puesto de trabajo o función.

2. Las medidas y actividades de protección y prevención aplicables a los riesgos señalados en el apartado anterior.

3. Las medidas de emergencia adoptadas.

La empresa puede facilitar la información mencionada a través de los **representantes legales de los trabajadores** cuando cuente con ellos. Sin embargo, ha de hacerlo de forma **directa a cada trabajador** cuando la información se refiera a ciertos riesgos específicos de su puesto de trabajo o función, y a las medidas de protección y prevención de tales riesgos (nº 3854 s.).

Sobre la vigilancia de la salud del trabajador ver nº 1468 s.; y sobre el control administrativo de esta obligación de información nº 3852.

Asimismo, sobre las obligaciones de información y formación en materia de prevención de riesgos laborales ver nº 1350 Memento Prevención de Riesgos Laborales 2024-2025.

Infracciones y sanciones (LISOS art.12.8, 11, 18, 19 y 40.2; LPRL art.18.1 y 23.1) En materia de **información** se deben considerar **infracciones graves** en materia de prevención de riesgos laborales: 3852

1. El incumplimiento de las obligaciones en materia de formación e información suficiente y adecuada a los trabajadores acerca de los riesgos del puesto de trabajo susceptibles de provocar daños para la seguridad y salud y sobre las medidas preventivas adecuadas, salvo que se trate de infracción muy grave. Posibilidad que se contempla respecto de las actividades reglamentariamente consideradas como peligrosas o con riesgos especiales.

2. El incumplimiento de los derechos de información, consulta y participación de los trabajadores reconocidos en la LPRL.

3. El incumplimiento del deber de información a los trabajadores designados para ocuparse de las actividades de prevención o, en su caso, al servicio de prevención de la incorporación a la empresa de trabajadores con relaciones de trabajo temporales, de duración determinada o proporcionados por ETT.

4. No facilitar a los trabajadores designados o al servicio de prevención el acceso a la información y documentación establecida específicamente.

Las **sanciones pecuniarias** que pueden ser impuestas a las empresas en caso de incumplimiento del deber de información mencionado, teniendo presentes los criterios de graduación que establece la ley se cuantifican:

- Infracción **grave**: multa desde 2.451 € en el grado mínimo, a 49.180 € en el grado máximo.
- Infracción **muy grave**: multa desde 49.181 € en el grado mínimo, a 983.736 € en el grado máximo.

Información sobre riesgos específicos Se debe **informar de forma directa** a los trabajadores frente a los siguientes riesgos específicos: 3854

- utilización de equipos con pantallas de visualización (nº 3856);
- riesgos eléctricos (nº 3858);
- exposición a agentes biológicos (nº 3860);
- exposición durante el trabajo a agentes cancerígenos o mutágenos (nº 3862);
- agentes químicos (nº 3864);
- manipulación manual de cargas (nº 3866);
- exposición durante el trabajo al ruido (nº 3868);
- exposición durante el trabajo al amianto (nº 3870);
- exposición durante el trabajo a vibraciones mecánicas (nº 3874);
- trabajo en obras de construcción (nº 3876);
- trabajo en actividades mineras (nº 3878);
- trabajo a bordo de los buques de pesca (nº 3880).

Junto a las normas que desarrollan las obligaciones de información respecto de trabajadores cuyo puesto de trabajo está expuesto a los mencionados riesgos específicos, el contenido de estos epígrafes también toma en consideración las **Guías Técnicas del INSST** que las desarrollan.

En esta normativa se recoge, de forma paralela, a la obligación de información la necesaria **formación** de los trabajadores también en materia de prevención de riesgos, por parte del empresario, que debe garantizar que cada trabajador reciba una formación teórica y práctica, suficiente y adecuada, en materia preventiva.

Esta exigencia puede concurrir tanto en el **momento** de su contratación, cualquiera que sea la modalidad o duración de ésta, como cuando se produzcan cambios en las funciones que desempeñe o se introduzcan nuevas tecnologías o cambios en los equipos de trabajo. La formación debe estar centrada específicamente en el puesto de trabajo o función de cada trabajador, adaptarse a la evolución de los riesgos y a la aparición de otros nuevos y repetirse periódicamente, si fuera necesario.

3856 **Utilización de equipos con pantallas de visualización** (RD 488/1997 art.5) El empresario debe garantizar que cada trabajador reciba una formación e información adecuada sobre las **modalidades de uso** de los equipos con pantallas de visualización, antes de comenzar este tipo de trabajo y cada vez que la organización del puesto de trabajo se modifique de manera apreciable.

La formación e información debe comprender, al menos, los siguientes **aspectos**:

1. La explicación de las causas del riesgo y de la forma en que se pueden llegar a producir daños para la salud en el trabajo con pantallas de visualización.

2. El papel desempeñado por el propio trabajador y sus representantes en el reconocimiento de dichos riesgos y los canales que pueden utilizar para comunicar los eventuales síntomas o deficiencias detectados.

3. La información de todos los aspectos relativos a la vigilancia de la salud, la evaluación de los riesgos y los requerimientos mínimos de diseño del puesto.

La información dada por el empresario a los trabajadores usuarios de pantallas de visualización debe incluir, de **manera específica**, la correspondiente a la organización de la vigilancia de la salud, así como el resultado de las preceptivas evaluaciones del riesgo en los puestos de trabajo y de las medidas adoptadas para corregir las deficiencias.

Además, cada trabajador debería recibir una **información suficiente** sobre:

a) La forma de utilizar los mecanismos de ajuste del equipo y del mobiliario del puesto de trabajo, a fin de conseguir la configuración más adecuada a sus necesidades, poder adoptar posturas correctas, visualizar satisfactoriamente la pantalla, etc.

b) La importancia de propiciar el cambio postural en el transcurso del trabajo, evitando el estatismo y el mantenimiento de posturas incorrectas.

c) La adopción de pautas saludables de trabajo para prevenir la fatiga. A este respecto, es recomendable la inclusión de una sencilla tabla de ejercicios visuales y musculares durante las pausas que ayude a reducir la tensión del trabajo prolongado ante la pantalla.

La mayor parte de esta información puede ser reforzada a través de folletos, carteles y medios audiovisuales, en los que se recojan, de forma clara, los aspectos esenciales.

3858 **Riesgos eléctricos** (RD 614/2001 art.5) En el caso del riesgo eléctrico la obligación de formación e información por parte del empresario no sólo está referida a los trabajadores que realizan **operaciones en las instalaciones** eléctricas, sino que es exigible respecto de todos aquellos trabajadores que, por su **cercanía física** a instalaciones en tensión o por trabajar en emplazamientos con riesgo de incendio o de explosión (máxime cuando exista la posibilidad de acumulación de electricidad estática), puedan estar expuestos a los riesgos que genera la electricidad.

Para establecer la formación adecuada a cada destinatario, es preciso realizar un **estudio de necesidades**. Como punto de partida, y a título de ejemplo, se podría hacer una distinción entre tres figuras distintas de **trabajadores**:

1. Trabajadores **usuarios** de equipos y/o instalaciones eléctricas: la formación e información debe ser de nivel básico, lo más sencilla y breve posible, expresada en términos de fácil asimilación, todo ello en función de la experiencia y formación de los trabajadores implicados.

En razón de la actividad que desarrolle el trabajador, es conveniente que se incida en los riesgos que se puedan presentar con mayor frecuencia; esta formación se puede completar con indicaciones precisas sobre las **prácticas concretas** que deben evitarse o aplicarse, tales como, por ejemplo:

- no trabaje con equipos o instalaciones que presenten defectos en cables o enchufes;
- no desenchufe los equipos tirando de los cables;
- no manipule en el interior de los equipos ni los desmonte;
- no sobrecargue los enchufes utilizando ladrones o regletas de forma abusiva;
- en emplazamientos de características especiales (húmedos, mojados, polvorientos, con riesgo de incendio o explosión, obras de construcción, etc.) no olvidar las medidas de seguridad inherentes a ese emplazamiento, etc.

2. Trabajadores cuya actividad, no eléctrica, se desarrolla **en proximidad** de **instalaciones eléctricas** con partes accesibles en tensión: además de la formación e información de tipo general indicadas en el apartado anterior, ajustadas a las características del trabajo concreto que desarrollen, los trabajadores deben ser formados sobre las medidas de prevención que se deben adoptar para no invadir la zona de peligro, sobre las protecciones colectivas y los equipos de protección individual (EPI) que, en su caso, deban utilizarse. Con respecto a estos

últimos, el trabajador ha de tener la información o la formación suficiente para conocer las características que un determinado EPI presenta, con el fin de que no se vean expuestos a situaciones frente a las cuales el EPI no presente garantías.
3. Trabajadores cuyos cometidos sean **instalar, reparar o mantener instalaciones eléctricas**: en este caso la formación, además de la señalada en los dos apartados anteriores, debe ser mucho más amplia y, a la vez, muy específica para cada tipo concreto de trabajo que deba realizarse.
Un caso singular son los **trabajos en alta tensión**. En este caso se exige, en general, que al realizar un trabajo, los trabajadores cualificados deben ser autorizados por escrito por el empresario para realizar el tipo de trabajo que vaya a desarrollarse, tras comprobar su capacidad para hacerlo correctamente, de acuerdo al procedimiento establecido, el cual debe definirse por escrito.

Exposición a agentes biológicos (RD 664/1997 art.12 y 13) En ningún caso se debe empezar a trabajar con agentes biológicos o material infeccioso, sin recibir la **información o formación** pertinente por parte del empresario que debe proporcionar al trabajador la adecuada información, instrucción y entrenamiento sobre los riesgos biológicos que afecten a su puesto de trabajo o función, y de las **medidas** de protección o prevención aplicables a dichos riesgos. Esta información no debe estar limitada a los **trabajadores** que trabajen directamente con los agentes biológicos, sino que también debe ir dirigida a la plantilla auxiliar que podría estar expuesta (servicios de lavandería, de limpieza, mozos...), que deben recibir instrucciones comprensibles y apropiadas a sus necesidades. **3860**
En particular las **instrucciones** han de estar en relación con:
1. Los riesgos potenciales para la salud.
2. Las precauciones que deben tomar para prevenir la exposición.
3. Las disposiciones en materia de higiene.
4. La utilización y empleo de ropa y equipos de protección individual.
5. Las medidas que deben adoptar los trabajadores en el caso de incidentes y para la prevención de éstos.
Respecto a la **formación**, debe:
- impartirse cuando el trabajador se incorpore a un puesto en contacto con agentes biológicos;
- adaptarse a la aparición de nuevos riesgos;
- repetirse periódicamente, si fuere necesario.
El empresario ha de dar **instrucciones escritas** en el lugar de trabajo y, si procede, colocar avisos que contengan, como mínimo, el procedimiento a seguir en los siguientes supuestos:
1. En caso de accidente o incidentes graves que impliquen la manipulación de un agente biológico.
2. En caso de manipulación de un agente biológico del grupo.
Asimismo, ha de informar inmediatamente a los trabajadores y a sus representantes de cualquier accidente o incidente que hubiese provocado la liberación de un agente biológico capaz de causar una grave infección o enfermedad en el hombre. Además, lo antes posible, de cualquier accidente o incidente grave, de su causa y de las medidas adoptadas, o que se vayan a adoptar, para remediar tal situación.

Precisiones El SARS-CoV-2 -el **coronavirus causante del COVID-19**- ha sido incluido dentro de la UE en la lista de agentes biológicos que son patógenos conocidos. Dicha inclusión ha sido traspuesta al ordenamiento nacional a través de la OM TES/1180/2020.

Exposición durante el trabajo a agentes cancerígenos, mutágenos o reprotóxicos (RD 665/1997 art.11 redacc RD 612/2024) El empresario ha de tomar las medidas apropiadas para garantizar que los trabajadores expuestos a estos riesgos específicos en el trabajo reciban una formación suficiente y adecuada e información precisa basada en todos los datos disponibles, en particular en forma de **instrucciones**, en relación con: **3862**
1. Los riesgos potenciales para la salud, incluidos los riesgos adicionales debidos al consumo de tabaco.
2. Las precauciones que se deben tomar para prevenir la exposición.
3. Las disposiciones en materia de higiene personal.
4. La utilización y empleo de equipos y ropa de protección.
5. Las consecuencias de la selección, de la utilización y del empleo de equipos y ropa de protección.
6. Las medidas que deben adoptar los trabajadores, en particular el personal de intervención, en caso de incidente y para la prevención de incidentes.
Los trabajadores deben estar informados sobre las **instalaciones y recipientes** anexos que contengan agentes cancerígenos, mutágenos o reprotóxicos mediante una adecuada

señalización, de modo que la naturaleza y los peligros del contenido de los recipientes y conducciones sean claramente reconocibles. Cuando la vigilancia de salud sea obligatoria, se ha de informar sobre este requisito antes de asignarles la tarea que entraña un riesgo de exposición a estos agentes.
La información y formación debe consistir en **comunicaciones verbales** o en instrucciones y formación individuales, y debe ir acompañada por **instrucciones escritas**, dadas las características de gravedad de los riesgos debidos a agentes cancerígenos, mutágenos o reprotóxicos. Como principal fuente de información sobre las precauciones específicas a adoptar con los diferentes productos se utilizan las correspondientes **fichas de datos de seguridad**. La información a transmitir a los trabajadores se selecciona y completa con las observaciones necesarias para que sea fácilmente comprensible y adecuada a las características de su trabajo. Salvo excepciones plenamente justificadas por el nivel de formación del trabajador, no es aceptable sustituir esta información por la simple entrega de copias de las fichas de datos de seguridad. No obstante, estas fichas deben estar en todo momento **a disposición** de los trabajadores o sus representantes.

3864 **Lugares de trabajo relacionados con agentes químicos** (RD 374/2001 art.9) El empresario debe facilitar a los trabajadores o a sus representantes, la información adecuada, teniendo en cuenta su volumen, complejidad y frecuencia de la evaluación, así como la naturaleza y nivel de los riesgos que la evaluación haya puesto de manifiesto. Dependiendo de estos factores, puede ser necesario **proporcionar instrucciones y formación** individuales respaldadas por información escrita; aunque la información puede ser verbal cuando por su concreción, utilización frecuente, fácil comprensión y la poca gravedad estimada de los posibles daños no precise de instrucciones escritas. La información debe ser actualizada siempre que sea necesario tener en cuenta nuevas circunstancias. De manera más concreta, el **empresario debe**:
- comunicar los resultados de la evaluación de los riesgos inicial o periódica;
- formar e informar sobre las precauciones y medidas adecuadas que deban adoptarse con objeto de protegerse a sí mismos y a los demás trabajadores en el lugar de trabajo;
- proporcionar el acceso a toda ficha técnica facilitada por el proveedor, conforme lo dispuesto en la normativa sobre clasificación, envasado y etiquetado de sustancias y mezclas peligrosas y, en particular, a toda ficha de datos de seguridad facilitada por el proveedor con arreglo a lo dispuesto en el Rgto CE/1907/2006 art.31;
- informar sobre los agentes químicos peligrosos presentes en el lugar de trabajo (denominación, los riesgos para la seguridad y la salud, los valores límite de exposición profesional y otros requisitos legales que les sean de aplicación).

La información sobre estos agentes se obtiene, principalmente, de los datos contenidos en la **ficha de datos de seguridad**, además de otros documentos utilizados en la evaluación de riesgos. De toda esta información se facilita al trabajador la necesaria para permitirle la correcta utilización del agente.
Se consideran básicos los siguientes **contenidos informativos**:
1. Identificación de los productos que utiliza e información sobre su peligrosidad intrínseca. Esta información comprende la indicación del tipo de riesgo (categoría/indicación de peligro y pictograma) y la descripción del mismo.
2. Información sobre las medidas preventivas a adoptar.
3. Límites de exposición profesional españoles o, en su defecto, de un organismo de reconocido prestigio internacional.
4. Equipos de protección (individual y colectiva) a emplear para el desarrollo de la operación.
5. Actuación en caso de emergencia: vertido, salpicadura, incendio, etc.
6. Primeros auxilios.
Esta información puede obtenerse de los puntos siguientes de la **ficha de datos de seguridad**:
a) Identificación de peligros.
b) Primeros auxilios.
c) Medidas de lucha contra incendios.
d) Medidas a tomar en caso de vertido accidental.
e) Manipulación y almacenamiento.
f) Controles de exposición/protección personal.
La ficha de datos de seguridad suministrada por el proveedor en cumplimiento de la normativa citada tiene que estar **a disposición** de los trabajadores sin ninguna restricción. Los trabajadores deben ser informados de esta disponibilidad y de la ubicación de las fichas para su consulta.
Para agentes químicos peligrosos para los que no es de aplicación disponer de ficha de datos de seguridad, como, por ejemplo, **productos intermedios o residuos**, el empresario debe obtener y proporcionar una información sobre los riesgos equivalente a la mencionada.

Manipulación manual de cargas (RD 487/1997 art.4) Los **riesgos de lesiones** debidos a la manipulación manual de cargas aumentan cuando los trabajadores no tienen la formación e información adecuadas para la realización de estas actividades de una forma segura. 3866

El empresario debe proporcionar los medios apropiados para que los trabajadores reciban esta formación e información, por medio de **programas de entrenamiento** que incluyan:

1. El uso correcto de las **ayudas mecánicas**, con formación en la utilización segura de las mismas, la información acerca de los riesgos que pudieran aparecer debidos a su implantación y el establecimiento de procedimientos de trabajo que contemplen las actuaciones incluso durante una avería del equipo.

2. Información y formación acerca de los **factores que están presentes** en la manipulación y de la forma de prevenir los riesgos debidos a ellos.

3. Uso correcto del equipo de protección individual o **EPI**.

4. Formación y entrenamiento en **técnicas seguras** para la manipulación de las cargas, con el entrenamiento en técnicas seguras de manipulación, convenientemente adaptadas a la tarea concreta que se realice y cómo actuar en situaciones no habituales de manipulación.

5. Información sobre el **peso** y el **centro de gravedad**. Si es posible, debe ir marcado en las cargas; en el caso de no serlo, el empresario debe informar del peso de las cargas, o de sus posibles pesos en el caso de que éstos varíen durante la tarea.

Los programas de entrenamiento deben ser **específicos** para los riesgos detectados. Es importante señalar que el mero hecho de suministrar una información y una formación adecuadas no es suficiente, es fundamental optimizar la tarea, diseñar las cargas de forma apropiada, el ambiente apropiado, etc, es decir, tratar de reducir los riesgos al nivel más bajo que sea razonablemente posible.

Ruido (RD 286/2006 art.9) El empresario ha de velar para que los trabajadores reciban información y formación relativas a los **riesgos** derivados de la exposición al ruido, en particular sobre: 3868

1. La naturaleza de tales riesgos.

2. Las medidas tomadas para de eliminar o reducir al mínimo los riesgos derivados del ruido.

3. Los valores límite de exposición y los valores de exposición que dan lugar a una acción.

4. Los resultados de las evaluaciones y mediciones del ruido efectuadas.

5. El uso y mantenimiento correctos de los protectores auditivos, así como su capacidad de atenuación.

6. La conveniencia y la forma de detectar e informar sobre indicios de lesión auditiva.

7. Las circunstancias en las que los trabajadores tienen derecho a una vigilancia de la salud, y la finalidad de esta vigilancia de la salud.

8. Las prácticas de trabajo seguras, con el fin de reducir al mínimo la exposición al ruido.

Amianto (RD 396/2006 art.13 y 14) El empresario debe garantizar una el empresario debe adoptar las medidas necesarias para que los trabajadores y sus representantes reciban **información** detallada y suficiente sobre: 3870

1. Los riesgos potenciales para la salud debidos a una exposición al polvo procedente del amianto o de materiales que lo contengan.

2. Las medidas de higiene que deben ser adoptadas por los trabajadores, así como los medios que el empresario debe facilitar a tal fin.

3. Los peligros especialmente graves del hábito de fumar, dada su acción potenciadora y sinérgica con la inhalación de fibras de amianto.

4. La utilización y obligatoriedad, en su caso, de la utilización de los equipos de protección individual y de la ropa de protección y el correcto empleo y conservación de los mismos.

5. Los resultados obtenidos en las evaluaciones y controles del ambiente de trabajo efectuados. Además, cada trabajador de los resultados de las evaluaciones ambientales de su puesto de trabajo y de los datos de su vigilancia sanitaria específica, facilitándole cuantas explicaciones sean necesarias para su fácil comprensión.

Asimismo, se debe impartir **formación** apropiada para todos los trabajadores que estén, o puedan estar, expuestos a polvo que contenga amianto. Esta formación, sin coste alguno para los trabajadores, debe impartirse antes de que inicien sus actividades u operaciones con amianto y cuando se produzcan cambios en las funciones que desempeñen o se introduzcan nuevas tecnologías o cambios en los equipos de trabajo, repitiéndose, en todo caso, a intervalos regulares. El **contenido** de la formación debe permitirles adquirir los **conocimientos y competencias** necesarios en materia de prevención y de seguridad, en particular en relación con: 3872

a) Las propiedades del amianto y sus efectos sobre la salud, incluido el efecto sinérgico del tabaquismo.

b) Los tipos de productos o materiales que puedan contener amianto.
c) Las operaciones que puedan implicar una exposición al amianto y la importancia de los medios de prevención para minimizar la exposición.
d) Las prácticas profesionales seguras, los controles y los equipos de protección.
e) La función, elección, selección, uso apropiado y limitaciones de los equipos respiratorios.
f) Los procedimientos de emergencia.
g) Los procedimientos de descontaminación.
h) La eliminación de residuos.
i) Las exigencias en materia de vigilancia de la salud.

3874 **Vibraciones mecánicas** (RD 1311/2005 art.6) El empresario ha de velar para que los trabajadores expuestos a riesgos derivados de vibraciones mecánicas reciban **información y formación** relativas al resultado de la evaluación de los riesgos, en particular sobre:
1. Las medidas tomadas para eliminar o reducir al mínimo los riesgos derivados de la vibración mecánica.
2. Los valores límite de exposición y los valores de exposición que dan lugar a una acción.
3. Los resultados de las evaluaciones y mediciones de la vibración mecánica efectuadas en y los daños para la salud que podría acarrear el equipo de trabajo utilizado.
5. La conveniencia y el modo de detectar e informar sobre signos de daños para la salud.
6. Las circunstancias en las que los trabajadores tienen derecho a una vigilancia de su salud.
7. Las prácticas de trabajo seguras, para reducir al mínimo la exposición a las vibraciones mecánicas.

3876 **Obras de construcción** (RD 1627/1997 art.15) La **información** que deben transmitir las empresas a los trabajadores ha de ser **previa a la iniciación de los trabajos** en la obra, sobre los riesgos relativos a su propia actividad profesional en la obra, los correspondientes al puesto de trabajo a desempeñar, y los restantes riesgos existentes en la obra que le puedan afectar, como a las medidas preventivas implantadas para su eliminación o reducción. Dicha información ha de referirse igualmente a los procedimientos de trabajos seguros, al modo de utilización de los equipos de trabajo, al conjunto de medios y medidas de protección colectiva, así como a los equipos de protección individual que han de ser empleados por los trabajadores.
Hasta que no haya concluido por **completo el proceso de información** respecto a los riesgos y medidas de prevención y protección relativas a la obra, el trabajador no debe iniciar su actividad laboral en la misma.

3878 **Actividades mineras** (RD 3255/1983 art.29; RD 863/1985; RD 1389/1997) El **Estatuto del Minero** dice que se ha de fomentar el interés e integración de los trabajadores mineros en materia de prevención de riesgos profesionales facilitándoles para ello la adecuada **información** sobre los riesgos específicos de sus puestos de trabajo y en general de la explotación minera a que estén adscritos, así como la **formación práctica** necesaria sobre los medios, métodos y técnicas de prevención de riesgo y de seguridad e higiene del trabajo.
La formación ha de ser **inicial**, al comenzar su actividad minera, y **continuada** y de actualización a lo largo de su vida laboral y, concretamente, con ocasión de cambios de puestos de trabajo o de modificaciones tecnológicas o de métodos de trabajo.

3880 **Trabajo a bordo de los buques de pesca** (RD 1216/1997 art.6 y 7) El **armador** tiene la obligación de:
1. Garantizar que la persona que manda el buque reciba una **formación especializada** sobre las siguientes materias:
- prevención de enfermedades profesionales y accidentes de trabajo a bordo y medidas que deban adoptarse en caso de accidente;
- lucha contra incendios y utilización de medios de salvamento y supervivencia;
- estabilidad del buque y mantenimiento de dicha estabilidad en cualesquiera condiciones previsibles de carga y durante las operaciones de pesca;
- procedimientos de navegación y comunicación por radio.

2. Facilitar al capitán todos los **medios** para que éste pueda cumplir con sus obligaciones referentes a la seguridad y salud a bordo.

c. Horas extraordinarias

(ET art.35.5; RD 1561/1995 disp.adic.3ª.b)

3885 Para garantizar el respeto de los límites legal o convencionalmente establecidos, la empresa ha de **entregar** al trabajador copia del resumen del **registro diario** de las horas extraordinarias realizadas, totalizado en el periodo fijado para el abono de las retribuciones. Esta información alcanza tanto a las horas extraordinarias realizadas por los trabajadores, como las

compensadas con descanso o las pendientes de compensación por excesos de jornada. Esta copia del resumen ha de entregarse en el **recibo** correspondiente (TS 25-4-06, EDJ 65500).
Esta obligación también existe respecto de los **trabajadores a tiempo parcial** que, también pueden realizar horas extraordinarias en proporción a la jornada pactada (nº 6198).
Respecto del **control y cómputo** de las horas extraordinarias, ver nº 5270.

d. Cobertura de vacantes

(ET art.24.1)

Los procedimientos de cobertura de vacantes de puestos de trabajo en las empresas se rigen por lo dispuesto en el **convenio colectivo** de aplicación, o en su defecto, en el acuerdo colectivo entre la empresa y los representantes de los trabajadores. De la regulación convencional, en su caso, pueden derivarse deberes para la empresa de información a los trabajadores sobre concretas circunstancias del proceso de cobertura. **3890**
Existe una obligación de **información específica** de vacantes respecto de los trabajadores contratados a **tiempo parcial** o con contratos de **duración determinada** (ET art.12.4.e).
El **formulario** sobre comunicación de vacante se encuentra en nº 9690.

Información a trabajadores a tiempo parcial o con contratos de duración determinada (ET art.12.4.e.2º y art.15.7 y 8) A fin de posibilitar la movilidad voluntaria en el **trabajo a tiempo parcial**, el empresario debe informar a los trabajadores de la empresa sobre la existencia de puestos de trabajo vacantes de manera que aquellos puedan formular solicitudes de conversión voluntaria de un trabajo a tiempo completo en un trabajo a tiempo parcial y viceversa, o para el incremento del tiempo de trabajo de los trabajadores a tiempo parcial. Sin perjuicio del deber de información referido que da lugar a un derecho, al menos, de petición del trabajador. El concreto **procedimiento** de conversión de los contratos de tiempo completo en contratos a tiempo parcial, o de incremento del tiempo de trabajo en el contrato a tiempo parcial es el previsto en el convenio colectivo sectorial, o en su defecto, de ámbito inferior (ver modelo de formulario solicitando la transformación del contrato en el nº 9650). **3892**
El empresario tiene la obligación de informar de la existencia de vacantes a los **trabajadores con contratos de duración determinada o temporales**, con la intención de que tengan las mimas oportunidades de acceso a puestos permanentes que los demás trabajadores. Esta información se ha de hacer pública mediante anuncio en lugar adecuado de la empresa o centro de trabajo o mediante otros medios previstos en la negociación colectiva, que aseguren la transmisión de la información. Esta información, además, debe ser trasladada a la representación de los trabajadores. También se les deben notificar los contratos por celebrados por tiempo determinado, aunque no exista obligación legal de entregar copia básica de los mismos.

Infracciones y sanciones (LISOS art.6.5 y 40.1.a) Se considera **infracción leve** el incumplimiento de la obligación de informar a los trabajadores a tiempo parcial o con contratación de duración determinada sobre las vacantes existentes en la empresa según lo establecido en el epígrafe anterior. **3894**

Tipo	Calificación	Sanción
No informar a los trabajadores a tiempo parcial, a los trabajadores a distancia, a los trabajadores con contratos de duración determinada o temporales, incluidos los formativos, y a los trabajadores fijos-discontinuos sobre las vacantes existentes en la empresa.	Leve	De 70 a 7.500 €

Información a los trabajadores a distancia (L 10/2021 art. 8.2) Las personas que realizan trabajo a distancia desde el inicio de la relación laboral durante la totalidad de su jornada tienen **prioridad** para ocupar **puestos de trabajo** que se realicen total o parcialmente de manera **presencial**, a cuyo fin la empresa debe informar a dichos trabajadores y a los representantes de los trabajadores de los puestos de trabajo vacantes de carácter presencial que se produzcan. **3896**
Los trabajadores a distancia tienen los **mismos derechos** que los que prestan sus servicios en el centro de trabajo de la empresa, salvo aquéllos que sean inherentes a la realización de la prestación laboral en el mismo de manera presencial, y no pueden sufrir perjuicio en ninguna de sus condiciones laborales, esta igualdad de derechos con los trabajadores presenciales alcanza también a derechos materia de **conciliación y corresponsabilidad**, incluyendo el derecho de adaptación a la jornada (ET art.34.8).

No informar a los trabajadores a distancia sobre las **vacantes** existentes en la empresa, en los términos previstos legalmente es una **infracción leve** en materia de relaciones laborales individuales y colectivas (LISOS art.6.5).

B. Información y consulta a la representación de los trabajadores en materia de contratación

(ET art.64 y 65; LOLS art.10.3.1º)

3905 El legislador reconoce los siguientes **derechos** al **comité de empresa** y a los **delegados sindicales**, cuando no formen parte del comité de empresa:

1. A ser informados, **trimestralmente**, sobre las previsiones del empresario de celebración de nuevos contratos, con indicación del número de éstos y de las modalidades y tipos que serán utilizados, incluidos los contratos a tiempo parcial, la realización de horas complementarias por los trabajadores contratados a tiempo parcial. En el mismo sentido también ha de estar informado de los supuestos de subcontratación.

2. Con la **periodicidad que proceda**, en cada caso:

- a conocer de los **modelos de contrato de trabajo escrito** que se utilicen en la empresa así como los documentos relativos a la terminación de la relación laboral;
- a ser informado y consultado sobre la **situación y estructura del empleo** en la empresa o centro de trabajo y sobre las decisiones relevantes en cuanto a los contratos de trabajo;
- a ser informado sobre la **evolución de empleo** en la empresa, incluyendo la consulta cuando se prevean cambios al respecto;
- ser informado de los parámetros, reglas e instrucciones en los que se basan los **algoritmos o sistemas de inteligencia artificial** que afectan a la toma de decisiones que pueden incidir en las condiciones de trabajo, el acceso y mantenimiento del empleo, incluida la elaboración de perfiles. Con relación al trabajo en **plataformas digitales**, la Dir (UE) 2024/2831 art.14, cuyo plazo de transposición finaliza el 2-12-2024, obliga a estas plataformas informar a la representación de los trabajadores sobre las decisiones que puedan conducir a la introducción de sistemas automatizados de seguimiento o de los sistemas automatizados de toma de decisiones o a cambios sustanciales en la utilización de dichos sistemas. La RLT puede recibir la asistencia de los expertos necesarios para examinar el asunto objeto de información y consulta y formular un dictamen.

3. A recibir la copia básica de los contratos y la notificación de las prórrogas y de las denuncias correspondientes a los mismos en el plazo de **10 días siguientes** a que tuvieran lugar (nº 3915 s.).

4. Sin que se determine el **plazo** a ser informados y consultados:

- sobre todas las decisiones de la empresa que pudieran provocar cambios relevantes en cuanto a la organización del trabajo y a los contratos de trabajo en la empresa;
- sobre la adopción de eventuales medidas preventivas, especialmente en caso de riesgo para el empleo.

Los representantes de los trabajadores -sindicales o unitarios- deben guardar **sigilo profesional** respecto de aquella información o documentación entregada por la empresa y que sea expresamente comunicada con carácter reservado (nº 3960).

La **ausencia** de **notificación** a los representantes de los trabajadores de las contrataciones de duración determinada que se celebren o no entregar en plazo la copia básica cuando existe obligación constituye una infracción administrativa grave (nº 3965).

Téngase en cuenta, además, que los **convenios colectivos**, respetando lo establecido legal o reglamentariamente, se pueden establecer disposiciones específicas relativas al contenido y a las modalidades de ejercicio de los derechos de información y consulta mencionados, así como al nivel de representación más adecuado para ejercerlos.

En relación a la información que específicamente se ha de proporcionar cuando se trata de **trabajadores cedidos por una ETT**, ver nº 3050 s.

3907 El **comité de empresa** y los **delegados sindicales** también tienen derecho a recibir:

a) Información, al menos anualmente, relativa a la aplicación en la empresa del derecho de **igualdad de trato y de oportunidades** entre mujeres y hombres, entre la que debe incluirse el registro retributivo (nº 4484) y los datos sobre la proporción de mujeres y hombres en los diferentes niveles profesionales, así como, en su caso, sobre las medidas que se hubieran adoptado para fomentar la igualdad entre mujeres y hombres en la empresa y, de haberse establecido un plan de igualdad, sobre la aplicación del mismo.

b) En caso de **despido objetivo** de la copia del plazo de preaviso de 15 días, computado desde la entrega de la comunicación personal al trabajador hasta la extinción del contrato de trabajo (ver nº 3808).

El comité de empresa tiene derecho a **emitir informe** con carácter **previo** a la ejecución de las siguientes decisiones empresariales que pueden conectar con la contratación, su modificación o cese:
- las reestructuraciones de plantilla y ceses totales o parciales, definitivos o temporales, de aquélla;
- las reducciones de jornada;
- el traslado total o parcial de las instalaciones;
- los procesos de fusión, absorción o modificación del estatus jurídico de la empresa que impliquen cualquier incidencia que pueda afectar al volumen de empleo;
- los planes de formación profesional en la empresa;
- la implantación y revisión de sistemas de organización y control del trabajo, estudios de tiempos, establecimiento de sistemas de primas e incentivos y valoración de puestos de trabajo.

El **comité de empresa** tiene competencia para:
a) Ejercer una labor de vigilancia en el **cumplimiento de las normas vigentes en materia laboral**, de seguridad social y de empleo, así como del resto de los pactos, condiciones y usos de empresa en vigor, formulando, en su caso, las acciones legales oportunas ante el empresario y los organismos o tribunales competentes. Este deber de vigilancia se extiende al respeto y aplicación del principio de igualdad de trato y de oportunidades entre mujeres y hombres.
b) Colaborar con la dirección de la empresa en el establecimiento y puesta en marcha de **medidas de conciliación**.
c) Informar a sus representados en todos los temas y cuestiones señalados en cuanto directa o indirectamente tengan o puedan tener repercusión en las relaciones laborales.

1. Entrega de la copia básica

En este epígrafe se analiza: 3915
a) Justificación y finalidad de este deber de información (nº 3920).
b) Presupuestos para que nazca esta obligación de informar (nº 3925).
c) Contenido de la copia básica (nº 3935).
d) Destinatarios de la misma (nº 3945).
e) Plazo en que se ha de facilitar la misma (nº 3955).
f) Obligación de sigilo que deben mantener los receptores de esta copia básica (nº 3960).
g) Control del cumplimiento de esta obligación de informar desde el punto de vista administrativo y judicial (nº 3965).

Sobre la comunicación de la contratación a los **servicios públicos de empleo** ver nº 3560 s.
Respecto a la información que específicamente se ha de proporcionar cuando se trata de **trabajadores cedidos por una ETT** ver nº 3050 s.
Un **modelo** de entrega de **copia básica** puede encontrarse en el nº 9635.

a. Justificación y finalidad

(ET art.8.4)

La obligación de entregar la copia básica de los contratos a los representantes de los trabajadores supone un fortalecimiento y ampliación de los derechos de información de los representantes legales de los trabajadores, que tiene como finalidad de comprobar la adecuación del contenido del contrato de trabajo a la legalidad vigente, favoreciendo así el cumplimiento exacto de la normativa laboral por el empresario (TCo 142/1993). Si bien, el **tratamiento de la información** facilitada está sometido a los principios y garantías previstos en la normativa aplicable en materia de protección de datos. 3920

Precisiones La jurisprudencia constitucional ha admitido que **terceros privados** puedan acceder a datos de otras personas cuando esté en juego el cumplimiento de cargas y obligaciones de relevancia pública, además los representantes legales no son estrictamente terceros respecto de los trabajadores, por el contrario son una manifestación de la participación de los trabajadores en la empresa y desde esta perspectiva les corresponde velar por el cumplimiento de la normativa en el seno de la misma (TCo 142/1993).

b. Nacimiento de la obligación de informar

3925 **Requisitos de nacimiento de la obligación de entregar copia básica** (ET art.8.4) La regla general es que la obligación de entrega de la copia básica de los contratos surge respecto de todos los contratos que deban celebrarse por escrito.
Se **exceptúan** de esta obligación los contratos de alta dirección y los que no deban formalizarse por escrito, donde se sustituye la entrega de la copia básica por la mera notificación. Respecto de los directivos con una relación laboral común sí que ha de entregarse tal copia básica de sus contratos.
La obligación afecta a todos los trabajadores de la empresa, resultando irrelevante que el trabajador contratado esté **excluido** de la aplicación del **convenio colectivo** y su contrato establezca condiciones individuales pactadas fuera del ámbito de éste (TS 11-12-03, EDJ 220188).

Precisiones 1) La entrega de la copia básica ha de realizarse con independencia de la **voluntad del trabajador** individual afectado, el momento de la contratación es sin duda aquél en el que la desigualdad real entre empresa y trabajador se hace más evidente, de manera que otorgar relevancia a la voluntad del trabajador de renuncia expresa a la entrega de la copia básica de su contrato, podría dar lugar a que pudiera supeditarse el hecho mismo de la contratación a tal renuncia, con total menoscabo del propósito legal; el principio de autonomía de la voluntad aparece fuertemente limitado en el Derecho del Trabajo por virtud, entre otros factores, precisamente del principio de igualdad (TCo 142/1993).
2) La exigencia de copia básica se aplica a los contratados laborales, pero no al **personal estatutario** (TSJ Sevilla 19-12-02, EDJ 126402; TSJ Granada 12-2-02, EDJ 126402).

3927 **Obligación exclusiva de notificar celebración** (ET art.8.2 y 4 y 15.7) Aunque no exista la obligación de entregar copia básica, sí concurre la obligación de notificar su celebración a los representantes legales de los trabajadores en los siguientes **supuestos**:
1. Celebración de los contratos temporales que no se han de formalizar por escrito, aplicable sólo a los contratos eventuales que tengan una duración no superior a 4 semanas.
2. Prórrogas y denuncias de los contratos de duración determinada o temporales (ET art.64.1.2º).
3. Contratos de relación laboral especial de alta dirección (ET art.8.3)

c. Contenido de la copia básica

(ET art.8.4)

3935 De acuerdo con el TS ha de tenerse en cuenta lo siguiente (TS 11-12-03, EDJ 220188):
- por **copia** hay que entender, según uno de los sentidos del diccionario de la RAE, una reproducción literal de un escrito o cada uno de los ejemplares que resultan de reproducir una fotografía, una cinta magnética, un programa informático, etc.;
- la calificación de **básica** no desvirtúa el sentido antedicho, sino que puede servir para complementarlo; básico, según también el diccionario de la RAE, equivale a fundamental o perteneciente a la base o bases sobre la que se sustenta una cosa;
- la **copia básica** significa que ésta se extiende a todo el contrato celebrado, salvo los datos expresamente excluidos, como son: el número del DNI o el número de identidad de extranjero, el domicilio, el estado civil y cualquier otro, que pudiera afectar a la intimidad personal.

3937 **Alcance del contenido de la copia básica** Los tribunales han ido definiendo el alcance del contenido de la copia básica en el siguiente sentido:
1. La copia básica podría asimilarse a un **duplicado del original**, con exclusión de las circunstancias personales legalmente exceptuadas. La copia básica debe entenderse referida a los **condiciones o cláusulas esenciales**, que en principio son (TSJ Cantabria 10-5-94, Rec 270/94):
- identidad de los sujetos o partes de la relación laboral (con exclusión del número de DNI, o del número de identidad de extranjero, domicilio y estado civil del trabajador); no siendo preciso que aparezcan las firmas de las partes;
- trabajo pactado en sus aspectos cualitativo y cuantitativo (grupo y categoría, funciones y módulos);
- duración de la relación laboral;
- retribución del trabajo (salario base, complementos, periodicidad en el pago, etc.);
- lugar del trabajo;
- fuentes de la regulación de la relación laboral (convenio colectivo de aplicación, etc.).
2. Al tratarse de una copia, queda claro que la **empresa**:
a) No está obligada a suministrar **datos distintos** de los que figuran en el documento original. El mandato legal en ningún momento amplia la obligación de suministrar a la representación legal de los trabajadores datos que no figuran en el contrato original (TS 24-3-98, EDJ 1607).

Actúa correctamente si en la copia básica que facilita hace **referencia al vigente convenio colectivo** en cuanto a salario, jornada y vacaciones, siempre y cuando esta misma referencia sea la que figure en los contratos suscritos con los trabajadores. Por tanto, es válida la expresión «**según convenio**», «**según pacto**» o consignar el **salario mínimo del convenio colectivo**, no siendo obligatorio que se refleje el salario real pactado si éste no consta en el contrato de trabajo (TS 26-5-21, EDJ 588223). Por el contrario, omitir en la copia básica **datos** que figuran en el contrato alegando que son **conocidos públicamente** por referirse a extremos regulados en convenios colectivos vigentes, supone lesionar el derecho de información (TSJ Granada cont-adm 15-10-01, EDJ 10297). También se lesiona si la empresa se limita a proporcionar un listado con datos disociados (TSJ Madrid 4-11-11, EDJ 279920) o bien permite únicamente que los representantes vean el contrato y lo firmen, sin proporcionarles copia (TSJ Sevilla 17-11-04, EDJ 255932).
b) Sin embargo, no cumple las exigencias legales la copia básica del contrato que se remite precisamente al contrato en cuanto al **periodo de prueba** y a la cuantía de la **retribución**, ya que, obviamente, esta indicación en nada favorece la labor de control a cargo de la representación legal de los trabajadores (TSJ Madrid cont-adm 10-3-01, EDJ 103090).
3. La copia básica es la reproducción de lo fundamental de un escrito, no un cambio o alteración del original. En cualquier caso, **no** se trata tampoco de la **reproducción total del contrato**, pues la propia ley sustrae datos personales, que afectan a la intimidad, que figuran en el mismo y no han de reproducirse en la copia. Motivo por el que no es preciso que la copia básica **resulte facsímil** del contrato (TS 24-3-98, EDJ 1607). De hecho, no ha de ser necesariamente una **fotocopia del original**, pues en este caso figurarían datos que se han calificado como reservados (número de DNI, estado civil, domicilio, etc.), debiéndose dar total información sobre los que no tengan este carácter (TSJ Cataluña 14-10-93).
4. Sobre la **identificación del trabajador** a través de su nombre y apellidos hay que señalar que debe figurar: con carácter general, en la copia básica a entregar a los representantes de los trabajadores, pues es un requisito esencial del contrato de trabajo, en cuanto identifica a una de las partes del mismo, máxime cuando el legislador no lo incluyo entre los datos excluidos expresamente del contenido de la copia básica.
En el caso de los **trabajadores fijos discontinuos**, la identificación del trabajador contratado resulta esencial también para controlar el respeto de los deberes preferentes para ser llamado en cada campaña.

Datos excluidos por atentar contra la intimidad personal La copia básica debe excluir aquellos datos que afecten, según la ley, a la intimidad personal y, entre éstos, los relativos al documento nacional de identidad, domicilio y estado civil. El tratamiento de la información facilitada está sometido a los principios y garantías previstos en la normativa aplicable en materia de protección de datos, pero la información sobre retribuciones facilitada a los representantes del personal no tiene carácter reservado (TCo 142/1993). **3939**
Sin embargo, se ha rechazado que la no inclusión de información relativa a las **retribuciones económicas** (salarios y demás percepciones establecidos singularmente en el contrato escrito) pueda ampararse en esta causa considerándose:
a) Que la retribución o salario **no** es un **dato de carácter personal** ni íntimo susceptible de reserva para salvaguardar el respeto a la intimidad. Se trata de un elemento esencial del contrato de trabajo, de naturaleza contractual, laboral y profesional, no siendo necesario recabar el consentimiento previo del trabajador individual para que los representantes sindicales puedan acceder, en su caso, a dicho dato (TS 19-2-09, EDJ 22965). El dato de la cuantía retributiva, por sí solo, aparte de indicar la potencialidad de gasto del trabajador, nada permite deducir respecto a las actividades que solo o en compañía de su familia, pueda desarrollar en su tiempo libre (TCo 142/1993).
b) Que el salario debe ser incluido fielmente entre los datos que han de **comunicarse en la copia básica**, pues no es un dato de carácter personal, ni menos aún íntimo y susceptible de reserva para salvaguardar el respeto a la intimidad (TSJ Madrid 27-1-16, EDJ 8757). Se trata de un elemento esencial del contrato de trabajo, de naturaleza contractual, laboral y profesional, no siendo necesario recabar el consentimiento previo del trabajador individual para que los representantes sindicales puedan acceder, en su caso, a dicho dato (TS 19-2-09, EDJ 22965; 3-5-11, EDJ 99979).
La imposibilidad de incardinar los datos en materia económica, en la esfera íntima del trabajador y su familia, también alcanza a **otras cláusulas** referidas al contenido de la prestación laboral, a las condiciones de trabajo y la duración y la modalidad contractual, materias que exceden de la esfera estrictamente personal y entran en el ámbito de las relaciones sociales y profesionales en que desarrolla su actividad (TCo 170/1987; 142/1993).

Precisiones Se consideró conforme a derecho la comunicación a los representantes de **condiciones retributivas particulares**:
- incluidas en los contratos de trabajo individuales, pese a la **oposición expresa de los trabajadores** afectados, (AN 7-6-06, EDJ 85639);
- así como recibir la información consistente en las **promociones económicas y ascensos** de todos los afectados, debiendo transmitir la cuantía económica individualizada de los mismos, y no es necesario recabar el consentimiento previo del trabajador individual para que los representantes sindicales puedan acceder, en su caso, a dicho dato (TSJ Madrid 16-2-15, EDJ 48023).

d. Destinatarios

3945 La copia básica se entrega primero a los **representantes de los trabajadores**, quienes la deben firmar como garantía de su entrega y se ha de enviar posteriormente a los **servicios públicos de empleo**. En el caso de que no exista representación legal de los trabajadores en la empresa, la obligación se cumple mediante la remisión en todo caso de la copia básica a los servicios públicos de empleo (nº 3560 s.).

3947 **Entrega a los representantes legales de los trabajadores** (ET art.8.4 y 64.4.2º; LOLS art.10.3.1º) La expresión representantes legales, a estos efectos, abarca:
1. La **representación unitaria** de los trabajadores, es decir, comités de empresa y delegados de personal.
2. La **representación sindical**, esto es, los delegados sindicales, pues se reconoce expresamente su derecho a tener acceso a la misma información y documentación que la empresa ponga a disposición del comité de empresa. Las organizaciones sindicales tienen un interés directo en el correcto cumplimiento de la legislación laboral. Interés que se encuentra recogido entre los económicos y sociales que les son propios y cuya defensa les encomienda la Const art.7 (TCo 142/1993). El derecho de los delegados sindicales se reconoce expresamente en la LO 11/1985 y no cabe su restricción a través de la negociación colectiva, porque es un derecho indisponible y la negativa a su entrega conculca el derecho a la libertad sindical (TSJ Granada 29-6-15, EDJ 159449), condenando a la empresa al abono de una indemnización (TS 30-11-09, EDJ 327325).
La **diferencia** entre los dos tipos de sujetos mencionados reside en que el delegado sindical sólo tiene derecho a que se le entreguen las copias básicas a petición propia. Por tanto, la empresa no tiene la obligación de suministrarlas si no ha mediado petición previa, obligación que, por el contrario, sí existe respecto del comité de empresa. Para el nacimiento de esta obligación es irrelevante jurídicamente que algunos miembros del comité sean representantes de un sindicato que cuente con delegado sindical, pues los delegados sindicales tienen derecho al acceso a la misma información puesta a disposición del comité de empresa, siempre que, como es lógico, la soliciten previamente (TSJ Asturias cont-adm 17-12-02, EDJ 70922).
Una vez **recibida la información**, los representantes legales de los trabajadores están obligados a **firmar** la copia básica, a los meros efectos de acreditar que se ha producido su entrega (ET art.8.4). La firma de la misma por los representantes no supone, por tanto, conformidad o visado favorable de su contenido.
La obligación empresarial de entregar copia básica está referida siempre al **momento** en que se concierte el contrato de trabajo de que se trate. De manera, que la obligación de la empresa de entregar copia básica de los contratos de trabajo sólo puede referirse a aquellos suscritos durante la **vigencia del mandato electoral** del comité, y no a los celebrados anteriormente (TSJ Madrid 19-12-05, EDJ 267122).

Precisiones **1)** La representación legal de los trabajadores, prevista en la ley es la correspondiente al **centro de trabajo** (o centros agrupados en su caso bajo la modalidad de representación del comité de empresa conjunto). Si ésta no existiese, el convenio colectivo puede prever que sea el **comité intercentros** el que reciba la copia básica de los contratos suscritos en tales centros de trabajo, así como la notificación de las prórrogas y denuncias correspondientes. Máxime considerando que es el propio convenio quien crea este órgano con las funciones y competencias que el mismo establezca (ver, por ejemplo, CCol Agencia EFE S.A., BOE 15-10-10. Por preverlo así el convenio, se ha reconocido el derecho del **Comité Intercentros a** recibir anualmente de la empresa: una relación de todos los trabajadores que presten servicios en la misma con expresión del grupo, nivel, fecha del último cambio, antigüedad en aquélla y en el grupo y nivel, así como de los conceptos económicos correspondientes desglosados e individualizados (AN 7-6-06, EDJ 85639).
2) Se cumple la obligación legal de información cuando la empresa entrega la copia básica de cada contrato al **secretario del comité** de empresa, que es órgano colegiado de representación, sin que sea exigible la entrega a cada uno de sus miembros (TSJ Valladolid 13-6-00, EDJ 30121).
3) Respecto a los **fijos discontinuos** debe entenderse que existe representación legal, aun cuando no se hubiesen reincorporado los representantes al trabajo, de manera que es exigible que la

empresa justifique al menos que hubiese intentado la entrega, bien enviando la copia básica al domicilio de cada uno de ellos, bien comunicando su puesta a disposición en el centro de trabajo. El objetivo es que la empresa pueda disponer de copia firmada por dichos representantes, a efectos de acreditar que se ha producido la entrega, o de justificación de haber intentado cumplir con la obligación que le incumbe (TSJ Baleares cont-adm 31-1-97, Rec 853/95).
4) No puede acreditarse que se entregó la copia básica a los representantes, si se desconoce por la representación de los trabajadores, así como por la propia empresa, el nombre de las personas que estamparon sus **firmas** en las copias básicas y en los recibís por **no ser legibles** (TSJ Madrid cont-adm 23-5-03, EDJ 221406).

e. Plazo

(ET art.8.4)

La copia básica se ha de entregar a los representantes legales en el plazo no superior a **10 días** desde su formalización. Ante el silencio legal, aplicando la regla general de cómputo de plazos CC art.5.2, los 10 días han de entenderse **naturales.** **3955**

f. Deber de sigilo

(ET art.8.4, 62.2 y 65.2; LOLS art. 10.3.1º)

Se establece un **deber expreso** de sigilo profesional respecto a la **información** que, en legítimo y objetivo interés, les haya sido expresamente comunicada por la empresa con **carácter reservado**. En todo caso, ningún tipo de **documento** entregado a los representantes por la empresa - lo que incluye a las copias básicas de los contratos, así como de las notificaciones de las prórrogas y denuncias que se hubieran podido producir en su caso- puede ser utilizado fuera del estricto ámbito de la empresa ni para fines distintos de los que motivaron su entrega. **3960**

Este **deber** se establece respecto de los representantes de los trabajadores que se enumeran a continuación. Subsistiendo incluso tras la **expiración de su mandato** e independientemente del lugar en que se encuentren:

1. De los miembros del **comité de empresa** y para éste como órgano colegiado.

2. Los representantes de los trabajadores en la **Administración**, las organizaciones sindicales, y las asociaciones empresariales, que tengan acceso a la copia básica de los contratos en virtud de su pertenencia a los órganos de participación institucional que reglamentariamente tengan tales facultades. Reiterando la ley que no pueden utilizar dicha documentación para fines distintos de los que motivaron su conocimiento.

3. Los **delegados de personal** que han de observar las mismas normas sobre sigilo profesional establecidas para el comité de empresa.

4. Los **delegados sindicales**.

El deber de sigilo se extiende a los **expertos** que pudieran estar asistiendo a los representantes de los trabajadores. Debe tenerse en cuenta, además, que en supuestos excepcionales y previstos legalmente la empresa puede **negarse a facilitar información** que obstaculice su funcionamiento o perjudique su estabilidad económica (ET art.65.2).

La **negativa injustificada de la información** a que tienen derecho los representantes de los trabajadores puede suponer la imposición de sanciones administrativas (nº 3965) y los desacuerdos que surjan entre las partes con relación a esta materia se tramitan conforme al proceso de conflictos colectivos.

Por otra parte, la **vulneración** del deber de sigilo puede ser sancionada, incluso con el despido, como vulneración del deber de buena fe vigente en el contrato de trabajo. De cualquier forma, juega el principio de proporcionalidad, por lo que se ha considerado excesivo el despido de un representante que elabora un escrito criticando la gestión económica de la empresa atendiendo a los datos facilitados por la misma (TS 7-3-83, EDJ 1512).

Precisiones **1)** Excepcionalmente, la empresa no está obligada a comunicar aquellas informaciones específicas relacionadas con **secretos industriales, financieros o comerciales** cuya divulgación pudiera, según criterios objetivos, obstaculizar el funcionamiento de la empresa o del centro de trabajo u ocasionar graves perjuicios en su estabilidad económica. Esta excepción no abarca aquellos datos que tengan relación con el volumen de empleo en la empresa.
2) Los **litigios** relativos al cumplimiento por los representantes de los trabajadores y por los expertos que les asistan de su obligación de sigilo se tramita conforme al proceso de **conflictos colectivos** (LRJS art.153 a 162). Este procedimiento especial también es el designado para la impugnación de las decisiones de la empresa de atribuir carácter reservado o de no comunicar determinadas informaciones a los representantes de los trabajadores. Todo ello sin perjuicio de lo establecido en la normativa sobre **infracciones y sanciones** administrativas del orden social relativas a la negativa injustificada de la información a que tienen derecho los representantes de los trabajadores.

3) El **derecho y deber de información** de los delegados sindicales no es ilimitado, al estar condicionado por el deber de sigilo profesional. Impone la obligación de no difundir las informaciones que les proporciona la empresa en cumplimiento de su obligación legal de información. Se trata de un deber que limitado legalmente (ET art.65.2) para permitir el desenvolvimiento de la labor de representación, garantizando una base de confianza entre el sujeto informante (empresario) y el informado (representante) y reduciendo así los temores del primero por facilitar una información cuya divulgación podría perjudicar sus intereses (TS 11-5-21, EDJ 577620).

g. Control del cumplimiento: tutela administrativa y judicial

3965 **Control administrativo: infracciones y sanciones** (LISOS art.14.1, 15.4, 39.1 y 2 y 40.1) Se tipifican las siguientes infracciones y sanciones en materia de empleo:

Tipo	Calificación	Sanción
No comunicar a la oficina de empleo las contrataciones realizadas en los supuestos en que estuviere establecida esa obligación	Leve	De 70 a 750 €
No notificar a los representantes legales de los trabajadores las contrataciones de duración determinada que se celebren, o no entregarles en plazo la copia básica de los contratos cuando exista dicha obligación	Grave	De 751 a 7.500 €

Precisiones **1)** No supone una lesión del derecho a la información y no existe la infracción sancionada, cuando la copia básica no se entrega al **delegado sindical** porque éste no la ha solicitado (TSJ Asturias cont-adm 17-12-02, EDJ 70922).
2) Se lesiona el derecho de información y por tanto **existe la infracción** sancionada:
a. Cuando en las copias básicas entregadas, la ITSS constata que no figuran las cláusulas referidas a: la categoría profesional, lugar de prestación de los servicios, la referida al salario y su distribución, así como el periodo de prueba, ni las vacaciones, ni el objeto del contrato (TSJ Canarias cont-adm 4-2-98, EDJ 65346). Si la resolución administrativa sancionadora establece que la copia básica del contrato no contiene los datos esenciales del mismo, y así consta en el acta de la ITSS. Se trata de un hecho que aprecia ésta por si misma y que no ha sido desacreditado por prueba alguna en contra y por tanto se ampara en la presunción de veracidad de aquélla, apreciándose la existencia de la infracción sancionada (TSJ Granada 3-12-01, EDJ 102974).
b. En la omisión en la copia básica de datos que figuran en el contrato alegando que son conocidos públicamente por referirse a extremos regulados en convenios colectivos vigentes, (TSJ Granada 15-10-01, EDJ 102973).
c. Cuando no se prueba que se haya cumplido la obligación de entrega de la copia básica, ya que las firmas que aparecen en los recibís de la copia básica no son legibles y no se sabe a quien pertenecen (TSJ Madrid cont-adm 23-5-03, EDJ 221406).
3) Respecto de la **graduación de la multa** se ha entendido que:
a. Procede confirmar la calificación como **grave** por tratarse de una transgresión de los derechos de información de los representantes de los trabajadores en los términos legalmente establecidos, y **no** como pretende la empresa recurrente de una infracción leve por resultar incumplimiento de una obligación meramente formal o documental (TSJ Madrid cont-adm 10-3-01, EDJ 103091).
b. Habida cuenta de que en el acta sólo se reseña como circunstancia agravatoria el incumplimiento de varios requerimientos anteriores cursados por la ITSS, no parece correcta la imposición de multa en grado máximo, sino que al **concurrir uno solo de los criterios de graduación**, aún reiterado tres veces, lo procedente es apreciar la infracción en el grado medio (TSJ Granada cont-adm 4-6-01, EDJ 50235).

3967 **Control jurisdiccional** (LRJS art.151, 152, 177 a 184) La resolución del **proceso sancionador administrativo** en relación a las infracciones mencionadas puede ser recurrida ante los tribunales del orden social a través de los siguientes procedimientos:
a) A través del procedimiento de **impugnación de actos administrativos** en materia laboral y de Seguridad Social excluidos los prestacionales (LRJS art.151), (ver nº 8690 s. Memento Procedimiento Laboral 2025-2026).
b) Exigiendo el cumplimiento del deber de entrega de la copia básica a través del **procedimiento ordinario**.
c) Si se está en presencia un conflicto en el que resulte afectado el ejercicio del **derecho fundamental de libertad sindical**, que podría dar lugar a un procedimiento especial de tutela de este derecho (nº 5230 s. Memento Procedimiento Laboral 2025-2026).
El marco de esta última modalidad procesal especial con la pretensión de tutela la libertad sindical en su vertiente colectiva, están **legitimados activamente**: el sindicato, las secciones y delegados sindicales (LOLS art.10.1; TS 9-11-98, EDJ 27098; TCo 95/1996). Por el contrario, **no pueden promover demanda** de tutela los siguientes sujetos que no son titulares de la libertad sindical: los órganos de representación unitaria -comités de empresa y delegados de

personal- porque son de creación legal y no tienen encaje en la Const art.28; tampoco los comités intercentros, los delegados de prevención (en ambos casos necesariamente además representantes unitarios). Estos representantes unitarios mencionados sólo pueden acudir al proceso especial de tutela de su derecho a la libertad sindical cuando su acción se limite a **derechos propios como trabajadores individuales** y no como representantes de los trabajadores. **3967** (sigue)

d) Cuando se trate de la defensa de **derechos colectivos** pueden acudir al procedimiento especial de **conflicto colectivo** aludiendo al interés general del grupo de genérico de trabajadores a los que representan (LRJS art.153 y 154). (nº 4690 s. Memento Procedimiento Laboral 2025-2026).

La **sentencia** en caso de apreciar la vulneración, previa declaración de nulidad radical de la conducta de la empresa, ha de ordenar el cese inmediato del comportamiento antisindical y la reposición de la situación al momento anterior a producirse el mismo, así como la reparación de las consecuencias derivadas del acto, incluida la **indemnización** de daños y perjuicios que procediera (LRJS art.182.1). El juez debe pronunciarse sobre la **cuantía** de la indemnización que, en su caso, le corresponda a la parte demandante por haber sufrido discriminación u otra lesión de sus derechos fundamentales y libertades públicas, en función tanto del daño moral unido a la vulneración del derecho fundamental, como de los daños y perjuicios adicionales derivados. El tribunal se ha de pronunciar sobre la cuantía del daño, determinándolo prudencialmente cuando la prueba de su importe exacto resulte demasiado difícil o costosa, para resarcir suficientemente a la víctima y restablecer a ésta, en la medida de lo posible, en la integridad de su situación anterior a la lesión, así como para contribuir a la finalidad de prevenir el daño. Esta indemnización es compatible, en su caso, con las indemnizaciones tasadas que fija el ET, por ejemplo, en caso de extinción de los contratos.

e) Por último, si se hubiera ejercitado la acción de **daños y perjuicios derivada de delito o falta** en un procedimiento penal, no puede reiterarse la petición indemnizatoria ante el orden jurisdiccional social mientras no se desista del ejercicio de aquélla o quede sin resolverse por sobreseimiento o absolución en resolución penal firme, quedando mientras tanto interrumpido el plazo de prescripción de la acción en vía social (LRJS art.183).

PARTE V

Contratación indefinida a tiempo completo

CAPÍTULO 14

Introducción

A. Duración de los contratos

Salvo supuestos excepcionales, el de trabajo no es un contrato de tracto único y ejecución instantánea, cuya virtualidad se agota en un fugaz intercambio de prestaciones, sino que, por su propia naturaleza, es un contrato de **tracto sucesivo**, que genera obligaciones sinalagmáticas, singularmente las de trabajar y retribuir el trabajo, durante un lapso temporal más o menos prolongado. **4055**
La vocación de permanencia en el tiempo y la expectativa de perdurabilidad son **notas características** del contrato de trabajo.

1. Libertad contractual

La duración del contrato de trabajo es uno de sus elementos más relevantes, dadas las diferentes consecuencias jurídicas que derivan de su celebración por tiempo indefinido o determinado, fundamentalmente, aunque no sólo, en lo que atañe al régimen resolutorio en aquellos casos en que la extinción de la relación laboral se produce a instancia del empresario. **4060**
En su fijación suele darse **oposición de intereses**, desde el momento en que el trabajador suele preferir que la relación sea estable desde su comienzo, una vez superado el eventual período de prueba, mientras que el empresario puede estar interesado en no aumentar su plantilla fija.
En defecto de previsión legal de carácter general sobre la duración mínima y máxima del contrato de trabajo, y sin perjuicio de lo que pueda disponer el convenio colectivo aplicable, el **plazo de duración** es, en principio, el que libremente acuerden las partes, que pueden otorgarlo:
- por tiempo indefinido;
- por un plazo determinado, que puede ser, incluso, de un día o de pocos días;
- a término, con fecha de vencimiento cierto o incierto (sujeto a condición resolutoria).

No obstante, la **delimitación inicial** de la **vigencia del contrato** no depende exclusivamente de la autonomía de la voluntad de los contratantes. Si bien la Ley hace referencia, en términos de aparente igualdad, a la posibilidad de limitar o no su duración, al disponer que el contrato de trabajo se puede concertar por tiempo indefinido o por una duración determinada, tal alternativa es más aparente que real, en la medida en que el propio precepto autoriza el recurso a la contratación temporal sólo en los supuestos que enumera y siempre que se cumplan los requisitos exigidos en cada uno de ellos (ET art.15.1).
Por tanto, en nuestro ordenamiento jurídico la **contratación temporal** requiere que la realidad material del contrato sea temporal y que encaje en alguno de los supuestos tasados en el ET nº 6593 s.

Límites a la libertad de contratación Empresario y trabajador no pueden limitar la duración del contrato basándose únicamente en el principio de libertad contractual, debiendo respetar tanto la **normativa legal y reglamentaria** existente en materia de contratación temporal, que sujeta su validez a unas exigencias causales y formales determinadas, como las restricciones específicas impuestas, en su caso, por la **negociación colectiva**, que no son disponibles para la autonomía de las partes (ET art.3.1.c y 3.5; CC art.1255). **4062**
En el momento de formalizar la relación de trabajo, las partes pueden optar por una de las siguientes alternativas en orden a su duración:
a) **Contrato indefinido**: acordando, de manera expresa o tácita, su vigencia indeterminada.

b) **Contrato temporal**: sujetándolo a término o plazo, siempre que encaje en alguno de los supuestos previstos en el ET. La duración del contrato varía en función de la modalidad utilizada.

Precisiones 1) Al regular la relación jurídica laboral en las **Administraciones Públicas**, distinguiéndola de la relación funcionarial, el EBEP es contundente a la hora de aceptar cualquiera de las modalidades de contratación de personal previstas en la legislación laboral. Esto implica aceptar tanto los contratos de duración indefinida, como los de duración determinada, con sometimiento, en este último caso, a la causalidad que rige en la contratación temporal laboral ordinaria, a la que la Ley especial se remite (TS 16-9-09, EDJ 245796).
2) Los supuestos de contratación temporal **no son de libre elección** del empresario y, ni siquiera, de las partes, ya que han de concurrir las circunstancias para las cuales el legislador ha previsto esa posibilidad. Y, conviene recordar, que la naturaleza de un contrato viene determinada por el **conjunto de derechos y obligaciones reales** que vinculan a las partes y no por la calificación que estas hayan podido atribuirle (TS 18-3-02, EDJ 10169; 7-10-04, EDJ 183597).
3) No se considera discriminatorio contratar, además de a personal fijo, a trabajadores temporales en los supuestos legalmente previstos (TS 22-5-91, EDJ 5405).

4064 **Régimen jurídico atendiendo a la duración** (ET art.15.6) El contrato indefinido y los contratos temporales están sometidos a un **régimen legal unitario** salvo en lo que concierne a su extinción: los contratos temporales pueden ser resueltos unilateralmente por el empresario al llegar su término, con plena eficacia jurídica, mientras que cuando la relación es indefinida el válido ejercicio de la potestad extintiva requiere la concurrencia de justa causa, cuya ausencia puede dar lugar a consecuencias indemnizatorias o a la readmisión del trabajador.
El **principio de igualdad de trato** de los trabajadores temporales se estudia en el nº 7010.

2. Medidas a favor de la contratación indefinida

4070 Además de consagrar la regla general de la duración indefinida del contrato como instrumento jurídico más eficaz en pro de la **estabilidad del empleo**, nuestro ordenamiento jurídico muestra su preferencia por la utilización inicial de esta modalidad de contratación arbitrando un conjunto de medidas destinadas a favorecer su uso, que el empresario puede tomar en consideración en el momento de celebrar el contrato, tales como el establecimiento de incentivos **económicos y bonificaciones** en las cotizaciones a la Seguridad Social por la celebración de contratos indefinidos con ciertas categorías de trabajadores nº 8270 s.
Además, se establecen medidas tendentes a **reducir la contratación temporal:**
a) Consagrando los principios de tipicidad, causalidad y escritura de la contratación temporal, conforme a los cuales sólo se pueden celebrar contratos de duración determinada en los supuestos tasados legalmente y cuando concurra la causa que los justifica, debiendo formalizarse por escrito.
b) Fijando compensaciones económicas por la terminación de determinados contratos temporales (ET art.49.1.c).
c) Tipificando como infracciones administrativas los incumplimientos en materia de contratación temporal (nº 4075 s.).
d) Fijando un plazo máximo para la duración de los contratos temporales y limitando las posibilidades de prórroga cuando se hubieran concertado por un plazo inferior al máximo legal.
e) Penalizando los contratos de duración determinada inferior a 30 días con una cotización adicional a cargo del empresario (OM PJC/51/2024 art.26 -redacc OM PJC/281/2024-).
f) Estableciendo obligaciones de información a los representantes legales de los trabajadores (nº 3915 s.).
g) Estableciendo límites legales a la utilización sucesiva de contratos temporales (nº 7152 s.).

3. Infracciones administrativas

(LISOS art.6.4, 6.4 bis, 6.5, 7.1, 7.2, 7.7, 15.2, 15.4 y 40)

4075 Las infracciones laborales en materia de duración del contrato de trabajo pueden ser calificadas como leves, graves o muy graves.

Infracción	Grado	Sanción (multa)
No informar por escrito al trabajador sobre la duración de su contrato de trabajo, en cuanto elemento esencial del mismo	Leve	de 70 a 750 €
La falta de entrega al trabajador por parte del empresario del documento justificativo sobre su nueva condición de trabajador fijo de la empresa (ET art.15.9)	Leve	de 70 a 750 €

Infracción	Grado	Sanción (multa)
No informar a los trabajadores a tiempo parcial, a los trabajadores a distancia y a los trabajadores con contratos de duración determinada o temporales sobre las vacantes existentes en la empresa	Leve	de 70 a 750 €
No formalizar por escrito el contrato de trabajo cuando este requisito sea exigible o cuando lo haya solicitado el trabajador o no formalizar el acuerdo de trabajo a distancia en los términos y con los requisitos legal y convencionalmente previstos	Grave	de 751 a 7.500 €
Transgredir la normativa sobre modalidades contractuales, contratos de duración determinada y temporales, mediante su utilización en fraude de ley o respecto a personas, finalidades, supuestos y límites temporales distintos de los previstos legal, reglamentariamente o mediante convenio colectivo cuando dichos extremos puedan ser determinados por la negociación colectiva (1)	Grave	de 1.000 a 10.000 €
Transgredir los derechos de información de los representantes de los trabajadores y de los delegados sindicales en materia de contratación temporal	Grave	de 751 a 7.500 €
Incumplir las normas de reserva, duración o preferencia en el empleo dictadas en virtud del ET art.17.2 y 17.3	Grave	de 751 a 7.500 €
No notificar a los representantes legales de los trabajadores los contratos temporales que se celebren o no entregarles en plazo la copia básica de los contratos cuando exista dicha obligación	Grave	de 751 a 7.500 €
(1) Se considera una infracción por cada una de las personas trabajadoras afectadas.		

La infracción de la que con **mayor frecuencia** han conocido los tribunales en los casos de contratación directa por la propia empresa es la que califica como tal la transgresión de la normativa sobre modalidades contractuales y contratos temporales, en cualquiera de estos **supuestos** (LISOS art.7.2): **4077**
- cuando tales contratos se hayan utilizado en fraude de ley, como sucede si se celebran contratos formativos para actividades para las que no se precisa ningún tipo de formación teórica o práctica (TSJ Cataluña 23-12-09, EDJ 363146);
- cuando las modalidades contractuales se empleen respecto de personas, finalidades, supuestos y límites temporales distintos de los previstos legalmente.

En su labor revisora de la actuación inspectora, los **tribunales del orden contencioso-administrativo** han considerado como **faltas graves** las siguientes:
- utilizar una modalidad de contratación temporal para atender necesidades permanentes del centro de trabajo (TSJ Granada 30-11-09, EDJ 368531);
- inexistencia o falsedad de la causa de la temporalidad (TSJ C.Valenciana 30-1-02, EDJ 40821), o desempeño por el trabajador de tareas ajenas a las convenidas contractualmente (TSJ Cataluña 30-5-03, EDJ 194536);
- defectos formales de carácter esencial, como no expresar con claridad y precisión la causa determinante de la duración de los contratos de duración determinada (TSJ Cataluña 27-12-99, EDJ 84112);
- falta total de formación teórica en los contratos formativos (TSJ Madrid 6-3-03, EDJ 226485) o inadecuación entre el puesto de trabajo y la titulación requerida (TS 20-2-98, EDJ 520).

Precisiones **1)** La **Inspección de Trabajo** está legitimada para apreciar la figura del fraude de ley, sin perjuicio del posterior control de los tribunales (TSJ Asturias 8-5-07, EDJ 148603; TSJ Madrid 26-9-03, EDJ 237053).

2) La **conversión de los contratos** de duración temporal **suscritos en fraude de ley en indefinidos** no sólo no subsana la ilegal actuación de la empresa, sino que supone, en cierto sentido, un reconocimiento de dicha ilegalidad, sin que la sanción de la infracción consistente en convertir fraudulentamente los contratos de duración determinada en indefinidos, para obtener beneficios y bonificaciones de la Seguridad Social suponga una vulneración del principio «non bis in idem» (TSJ Madrid 16-3-10, EDJ 95444).

B. Contrato de trabajo indefinido

4085 Contratos de trabajo indefinidos son aquellos en los que el vínculo no está sometido directa o indirectamente a un término (TS 20-1-98, EDJ 1305).
La vigencia ilimitada del contrato puede **pactarse** en el mismo momento de su celebración, pero también puede derivar de la **conversión** de un contrato de trabajo temporal en indefinido, lo que, a su vez, se puede producir por voluntad de las partes, expresa o tácita, o por decisión judicial como consecuencia del incumplimiento de las disposiciones sobre contratación temporal.
Por el contrario, un contrato indefinido no se puede **transformar en temporal**, tanto si se acordó inicialmente su vigencia indeterminada (TS 22-12-95, EDJ 24555), como si devino indefinido por irregularidades en la contratación temporal (TS 5-5-04, EDJ 44793 y 5-12-05, EDJ 237478), máxime si tal condición le fue reconocida en sentencia (TS 28-2-07, EDJ 21116). Una vez adquirida por el trabajador la condición de fijeza, ésta no puede modificarse por ser irrenunciable, al afectar a un derecho fundamental dentro de la esfera jurídico-laboral, como es la estabilidad en el empleo (ET art.3.5). Esta novación del contrato no puede justificarse en la existencia de una contraprestación económica.

Precisiones 1) Las expresiones **contrato por tiempo indefinido** y **contrato fijo** son equivalentes, designando ambos a los contratos estables, es decir, a los que no son de carácter temporal, salvo en el ámbito de las Administraciones Públicas donde su significado es diferente (ver nº 290 s. Memento Empleado Público 2024-2025).
2) Las partes pueden someter un contrato indefinido a una **condición resolutoria** (ET art.49.1.b), cuya validez exigirá que el hecho que sirve de condición resolutoria no quede totalmente fuera de la propia voluntad o actividad del trabajador (TS 3-2-10, EDJ 19303).

1. Contrato indefinido como forma común de contratación

(ET art.15.1)

4090 La **regla general** en el ámbito de la relación de trabajo común u ordinaria sigue siendo la contratación laboral indefinida, la cual contribuye a mejorar la calidad de vida de los trabajadores y su rendimiento.
Así, el contrato de trabajo **se presume** concertado por tiempo indefinido. Los contratos de duración determinada sólo son válidos si responden a alguna de las circunstancias legalmente previstas (nº 6585 s.), en las que se produce una necesidad temporal de mano de obra. Son característicos del empleo en algunos sectores o para ciertas ocupaciones y actividades.
De conformidad con esta regla general, el contrato de trabajo debe celebrarse por tiempo indefinido, salvo en los supuestos relacionados taxativamente en los que se puede acudir a la contratación temporal que, por serlo, constituyen **excepción**, lo que conlleva la necesidad de un especial rigor a la hora de determinar la validez o no de un contrato sujeto a tiempo determinado (TS 27-7-93, EDJ 7700).
Por consiguiente, la restricción de la vigencia del contrato no se puede producir por la mera voluntad del empleador, debiendo fundarse en alguna de las **causas** que la Ley señala, y si ésta no aparece o se hace una utilización inadecuada, el contrato se considera indefinido al entrar en juego la mencionada regla general en relación con la norma que proclama la validez de los actos jurídicos parcialmente nulos (ET art.9.1) y con la presunción de duración indefinida de los contratos temporales celebrados en fraude de ley (nº 6680).

Precisiones En lo que se refiere a la **Administración General del Estado** y sus organismos autónomos el mencionado principio general aparece respaldado por el precepto que establece que sólo se puede contratar personal laboral no permanente para la realización de trabajos que no puedan ser atendidos por personal laboral fijo (RD 364/1995 art.35.1).

4092 **Normativa comunitaria** (Dir 1999/70/CE) El TJUE ha declarado también que el **principio de la estabilidad en el empleo** se concibe como un componente primordial de la protección de los trabajadores (TJUE 22-11-05, C-144/04, apartado 64; 4-7-06, C-212/04, apartado 62; 15-4-08, C-286/06; 23-4-09, C-378/07 a C-380/07, apartado 105; 10-3-11, C-109/09, apartado 31).

4094 **Perspectiva constitucional** (Const art.35.1) La regla general de la indefinición del contrato de trabajo que rige en el ámbito de la relación laboral ordinaria es una de las manifestaciones del principio de la **estabilidad en el empleo** constitucionalmente reconocido.
La doctrina constitucional, tras señalar que en su vertiente individual el derecho al trabajo es también un derecho a la continuidad o estabilidad en el empleo, lo concreta en el derecho del trabajador a no ser despedido sin justa causa (TCo 22/1981, 76/1990 y 192/2003), pero tal concreción no impide proyectar dicha exigencia sobre el derecho de los **trabajadores de nuevo ingreso** a un trabajo estable, en iguales **condiciones** que los trabajadores fijos de la empresa,

salvo supuestos excepcionales debidamente justificados. Y ello, teniendo en cuenta no sólo el derecho individual al trabajo, sino también los principios de igualdad (Const art.1.1, 9.2 y 14), dignidad de la persona (Const art.10.1) y de equidad, así como el derecho a la promoción a través del trabajo (Const art.35.1).

La garantía constitucional quedaría vacía de contenido si se admitiese la restricción que la **temporalidad** implica **sin** que concurriera **justa causa** para ello, lo que equivaldría a renunciar a la estabilidad en el empleo, en su dimensión de estabilidad de entrada, y a conceder al empresario la facultad de extinguir el contrato al llegar el término arbitrariamente fijado. La limitación del principio de estabilidad en el empleo derivada de la admisión de la contratación de duración determinada se corresponde con la naturaleza temporal de las necesidades que se pretenden cubrir con la misma, equilibrio que se rompería si se permitiera que la contratación funcionase al margen de esas necesidades.

Legislación ordinaria (ET art.15.1) El contrato de trabajo se presume concertado por tiempo indefinido. **4096**

La Ley sigue tutelando la estabilidad en el empleo, que es un principio básico del derecho laboral (TS 27-7-93, EDJ 7700; 1-6-96, EDJ 6288), primando la contratación indefinida, en un ámbito en que rige el principio de libertad del empresario (TS 20-1-98, EDJ 1305), en base a una **doble consideración**:

- la naturaleza del **objeto del contrato**, que la Constitución considera un derecho esencial de todos los ciudadanos (Const art.35.1), lo que juega a favor de que la relación de trabajo asalariado tenga el máximo grado de estabilidad y permanencia en la medida de lo posible;
- la posición de **desigualdad de las partes**, que es más evidente en el momento de la contratación (TS 30-6-05, EDJ 180506), no permite afirmar que la cláusula limitativa de la duración del contrato haya sido pactada libremente por el trabajador, máxime cuando el contrato de trabajo es muy frecuentemente un contrato de adhesión redactado por la empresa (TS 5-10-04, EDJ 197456) que, al tener una posición más fuerte que el trabajador, es la que de hecho fija los términos del contrato, de manera que el trabajador no tiene más opción que aceptarlos incondicionalmente o desistir de su intención de contratar. El ordenamiento laboral defiende así la estabilidad en el empleo frente a actuaciones fraudulentas que prevaliéndose de una posición de debilidad contractual del trabajador, traten de imponerle una temporalidad no justificada (TS 20-1-98, EDJ 1305; 18-7-07, EDJ 144116).

Precisiones Las normas de garantía de estabilidad en el empleo y, entre ellas las disposiciones sobre duración del contrato, son **normas imperativas** o de derecho necesario que, en cuanto tales, no pueden ser objeto de disposición por la autonomía de la voluntad, de acuerdo con el ET art.3.5 (TS 20-11-03, EDJ 158564).

Colectivos especiales Se establecen normas especiales en materia de duración del contrato para los siguientes colectivos de trabajadores: **4098**

a) Los contratos de trabajo de los **socios trabajadores** de las sociedades laborales han de ser necesariamente por tiempo indefinido; además, existen límites porcentuales a la contratación indefinida de trabajadores que no tengan la condición de socios (L 44/2015 art.1).

b) La contratación de los **profesores de religión** debe realizarse por tiempo indefinido, salvo en los casos de sustitución del titular de la relación laboral, y sin perjuicio de la causa de extinción específica consistente en la revocación ajustada a derecho de la acreditación o de la idoneidad para impartir clases de religión por parte de la Confesión religiosa que la otorgó (RD 696/2007 art.4 y 7.b).

c) En el ámbito de las **Universidades Públicas** existen modalidades de contratación laboral específicas que, por las características propias del trabajo y por las condiciones de la relación laboral, no pueden subsumirse en las previstas en la legislación laboral general. Se corresponden con las figuras del: profesor ayudante doctor, profesor asociado, profesor permanente laboral, profesor distinguido, profesor sustituto y profesor visitante (ver nº 8060 s.).

Asimismo, pueden contratar con financiación interna de la universidad o con financiación externa **personal investigador** en las modalidades de contrato predoctoral, contrato de acceso de personal investigador doctor, contrato de investigador distinguido y contrato de actividades científico-técnicas (ver nº 8080 s.).

El régimen jurídico aplicable a estas modalidades de contratación laboral es el establecido en su propia regulación y, supletoriamente, en el ET, y en sus normas de desarrollo, así como el derivado de los convenios colectivos aplicables y, en su caso, en el EBEP.

d) El contrato de trabajo entre las **empresas de inserción** y los trabajadores en situación de exclusión social puede celebrarse por duración determinada, ajustándose a las modalidades de contratación previstas en la legislación laboral, sin perjuicio de la duración temporal que necesariamente tenga el itinerario de inserción sociolaboral, así como, con independencia de la causa de contratación, mediante contrato temporal de fomento del empleo para personas con discapacidad con determinadas especialidades (L 44/2007 art.12 y 15). Hay que tener en cuenta que los servicios sociales públicos competentes deben emitir informe con carácter previo a la extinción del contrato de trabajo, cualquiera que sea su causa (L 44/2007 art.14.4; TSJ País Vasco 7-6-11, EDJ 176913).

4100 **Relaciones laborales especiales** En las relaciones laborales de carácter especial de **abogados** que prestan servicios en despachos, individuales o colectivos (RD 1331/2006 art.8.1) y en la de **personas con discapacidad en centros especiales de empleo** (RD 1368/1985 art.10.1) se aplica en su integridad el régimen de duración del contrato de trabajo que rige en la relación de trabajo ordinaria o común. Sobre medidas de fomento de la contratación de personas con discapacidad, ver nº 8274 y nº 8362.
En las restantes relaciones laborales especiales esta materia se regula en estos términos:
- en la relación de **deportistas profesionales** (RD 1006/1985 art.6), en las de **penados** en instituciones penitenciarias (RD 782/2001 art.7) y **menores** en centros de internamiento (RD 1774/2004 art.53), los contratos son necesariamente de duración determinada, en las modalidades que se establecen;
- en la de **artistas** en espectáculos públicos, el contrato solo puede concertase por una duración determinada para cubrir necesidades temporales de la empresa, que puede ser para una o varias actuaciones, por un tiempo cierto, por una temporada o por el tiempo que una obra permanezca en cartel, o por el tiempo que duren las distintas fases de la producción (RD 1435/1985 art.5);
- en las del personal de **alta dirección** (ver nº 7700 s.) y **representantes de comercio** (ver nº 7600 s.), la determinación de la duración del contrato se deja a la libertad de las partes y, a falta de pacto escrito, se presume celebrado por tiempo indefinido;
- en la de **empleados de hogar** se establece una presunción de carácter indefinido del contrato desde el inicio de la relación laboral, remitiendo también a la regulación general del ET los supuestos en que puede concertarse un contrato de duración determinada en atención al principio de causalidad (RD 1620/2011 art.6.1);
- la relación laboral de carácter especial de los **Médicos Internos Residentes** (MIR) (nº 7950), es de carácter temporal (RD 1146/2006 art.3).

2. Clasificación

4105 Los contratos de trabajo indefinidos se pueden clasificar conforme a un doble criterio:
1. Forma de ejecución del contrato.
2. Jornada de trabajo.

4107 **Forma de ejecución del contrato** Atendiendo a su forma de ejecución, los contratos indefinidos pueden ser:
a) Contrato indefinido de prestación continuada durante todo el año.
b) Contrato fijo-discontinuo (nº 6250 s.).

4109 **Jornada de trabajo** Atendiendo a esta condición, los contratos indefinidos pueden ser:
a) Contrato indefinido a tiempo completo.
b) Contrato indefinido a tiempo parcial.

3. Forma

(ET art.8, 12.4.a y 16)

4115 El contrato indefinido ordinario a tiempo completo puede convenirse con **libertad de forma**, de palabra o por escrito. No obstante, cualquiera de las partes puede exigir que el contrato se celebre por escrito, incluso durante el transcurso de la relación laboral.
Deben constar **por escrito** los contratos de trabajo cuando así lo exija una disposición legal y, en todo caso, los contratos temporales, los formativos, los contratos a tiempo parcial, fijos-discontinuos y de relevo.
Deben constar igualmente por escrito los contratos de trabajo de pescadores, de los trabajadores que trabajen a distancia y los de los contratados en España al servicio de empresas españolas en el extranjero.
Respecto de los **modelos oficiales**, ver nº 9610 s.

4. Contrato indefinido adscrito a obra en el sector de la construcción

(VII CCol Estatal de la Construcción art.24 bis, DGE Res 6-9-23, BOE 23-9-2023; L 32/2006 disp.adic.3ª; RDL 32/2021 disp.trans.3ª)

Este contrato tiene como **objeto** las tareas o servicios cuya finalidad y resultado estén vinculados a obras de construcción, teniendo en cuenta las actividades establecidas en el ámbito funcional del CCol Estatal de la Construcción. **4120**

La **finalización de la obra** obliga a la empresa a efectuar una propuesta de recolocación a la persona trabajadora, previo desarrollo, si es preciso, de un proceso de formación a cargo de la empresa, que puede realizarse directamente o a través de entidad especializada, preferentemente la Fundación Laboral de la Construcción. A estos efectos, se entiende por finalización de la obra y servicio:

- la terminación real, verificable y efectiva de los trabajos desarrollados;
- la disminución real, debidamente acreditada, del volumen de obra por la realización paulatina de las correspondientes unidades de ejecución;
- la paralización, definitiva o temporal, de entidad suficiente, de una obra, por causa imprevisible para la empresa y ajena a su voluntad.

El **proceso** de **formación para la recolocación** puede desarrollarse con antelación a la finalización de la obra. Los **requisitos** de acceso, duración y modalidades de formación adecuadas según las cualificaciones requeridas para cada puesto, nivel, función y grupo profesional son los siguientes:

- la formación debe ser necesaria en función de la propuesta de recolocación formulada, así como de que no concurran cualquiera de los motivos de extinción del contrato establecidos;
- debe impartirse dentro de la jornada ordinaria, salvo que las circunstancias organizativas de la empresa no lo permitan. En este último caso, se puede impartir fuera de la jornada ordinaria pero el tiempo empleado tiene la consideración de tiempo de trabajo ordinario y debe ser retribuido a valor de hora ordinaria de la tabla del convenio aplicable o compensado en tiempo de descanso equivalente. En ningún caso tiene la consideración de horas extraordinarias;
- la duración máxima es de 20 horas;
- debe adecuarse al puesto, nivel, función y grupo profesional que corresponda a la persona trabajadora.

La propuesta de recolocación debe formalizarse por escrito mediante una cláusula anexa al contrato de trabajo precisando: las condiciones esenciales, la ubicación de la obra, fecha de incorporación y las acciones formativas exigibles para ocupar el nuevo puesto. La cláusula debe someterse a aceptación del trabajador con 15 días de antelación a la finalización de su trabajo en la obra en que esté prestando servicios.

Existe un **orden de prioridad o permanencia** en caso de que, efectuada la propuesta de recolocación, exista un exceso de personas con la cualificación necesaria para desarrollar las mismas funciones dentro del mismo área funcional, nivel, función, grupo profesional y características:

1º. Persona trabajadora con más tiempo de servicio y experiencia en la empresa para el mismo puesto a ocupar en la nueva obra.

2º. Persona trabajadora con más tiempo de antigüedad en la empresa.

Efectuada la propuesta, el contrato puede **extinguirse** por **motivos inherentes al trabajador** por las siguientes circunstancias:

a) rechazo de la colocación en el plazo de 7 días desde que tenga conocimiento de la comunicación empresarial;

b) porque la cualificación del trabajador, incluso tras un proceso de formación o recualificación, no resulta adecuada a las nuevas obras que tenga la empresa en la misma provincia, o no permite su integración en estas, por existir un exceso de personas con la cualificación necesaria para desarrollar sus mismas funciones;

c) porque en la provincia en la que esté contratada la persona trabajadora no existan obras de la empresa acordes a su cualificación profesional, nivel, función y grupo profesional una vez analizada su cualificación o posible recualificación.

En los casos b) y c) la empresa debe **comunicar al trabajador** la extinción del contrato con una antelación de 15 días a su efectividad. No obstante, la empresa puede **sustituir** este **preaviso** por un importe equivalente a los días de preaviso omitidos, calculado sobre los conceptos salariales de las tablas del convenio colectivo de aplicación, sin perjuicio de la notificación escrita del cese. Este importe debe incluirse en el recibo de salario con la liquidación correspondiente al cese.

La extinción del contrato indefinido por motivos inherentes a la persona trabajadora da lugar una **indemnización** del 7% de los conceptos salariales establecidos en las tablas del convenio colectivo que resulte de aplicación y que hayan sido devengados durante toda la vigencia del contrato, o la superior establecida por el convenio colectivo general de la construcción.

4120 (sigue) Además, se debe **comunicar** a la **representación legal** de las personas trabajadoras 7 días antes a su efectividad.

Precisiones 1) La **extinción por causas inherentes** al trabajador **no es aplicable**: al personal de estructura, ni a las personas trabajadoras con contratos indefinidos suscritos con anterioridad al 31-12-21. En ambos supuestos, la finalización de la relación laboral se rige por las causas generales previstas en el ET.
2) Los **contratos fijos de obra** en el sector de la construcción celebrados **antes** del 31-12-2021 conforme a lo dispuesto en la negociación colectiva, se mantienen en sus términos hasta su duración máxima.
3) No procede la **retención** mínima de **IRPF** del 2% prevista para los contratos o relaciones de duración inferior al año (DGT CV 28-11-23).

CAPÍTULO 15

Clasificación profesional y promoción en el trabajo

4150

A. Clasificación profesional

(Const art.35 y 40; ET art.22)

La suscripción de un contrato de trabajo no supone que el trabajador asuma el compromiso de ejecutar cualquier labor que el empresario precise, sino que la obligación se ciñe a una serie de prestaciones determinadas que han de ser oportunamente individualizadas. La teoría general de los contratos impone tanto la certidumbre y determinación del objeto contractual como la necesidad de que el cumplimiento del contrato no quede en manos de uno de los contratantes, lo que acaecería si el empresario se reservase la capacidad de ir individualizando en cada ocasión la **prestación laboral** que debe desenvolver el trabajador (CC art.1256, 1261 y 1273). 4155

A la determinación e identificación del objeto del contrato de trabajo y a la garantía del equilibrio contractual sirve precisamente la clasificación profesional que, a su vez, establece los **límites al poder de dirección empresarial**.

La clasificación profesional **condiciona** así aspectos decisivos de la relación laboral como la especificación de la propia prestación de servicios del trabajador, la delimitación del ámbito del poder de dirección (al concretar las funciones y tareas a desempeñar por el empleado), la movilidad funcional, la promoción profesional o el salario, entre otras condiciones de trabajo.

La extraordinaria importancia que tiene la «profesionalidad» se refleja en la Constitución que reconoce explícitamente el **derecho constitucional** no solo al trabajo, sino a la libre elección de profesión u oficio y a la promoción a través del trabajo, sin que en ningún caso pueda hacerse discriminación por razón de sexo, complementado por el mandato dirigido a los poderes públicos de fomentar una política que garantice la formación y readaptación profesionales. La clasificación profesional constituye el mecanismo jurídico que conecta al trabajador con el conjunto normativo regulador de su nexo contractual: delimita la prestación en principio exigible, confiere un tratamiento retributivo específico e incide en las restantes condiciones de trabajo (TCo 20/1993).

La clasificación profesional constituye, por ello, una pieza clave para determinar el régimen jurídico de la relación laboral y para concretar el contenido de la prestación laboral, e integra tres **niveles** claramente diferenciados:

1. Un mínimo **marco legal**, en el que se establece y define el instrumento clasificatorio básico -el grupo profesional-, se ordenan las diferentes fuentes regulativas y, finalmente, se proclama la prohibición de discriminación como límite a todo el sistema.

2. La **regulación convencional** del concreto sistema de clasificación del personal o clasificación profesional objetiva que, respetando aquel marco normativo general, se confía a lo establecido en cada sector o en la empresa por la negociación colectiva o, en su defecto, por el acuerdo entre la empresa y los representantes de los trabajadores.

3. El **acto de clasificación individual** o clasificación profesional subjetiva, por el que, ya en el ámbito de la autonomía individual, trabajador y empresario establecen por acuerdo el contenido de la prestación laboral mediante el encuadramiento en el grupo profesional -establecidos en el convenio colectivo o acuerdo de empresa aplicable- que se corresponda con el contenido funcional de la prestación.

1. Fijación del sistema de clasificación profesional

(ET art.22)

4160 Todo sector productivo o empresa requiere un sistema de clasificación profesional para determinar el contenido funcional de la prestación de trabajo, regular la movilidad funcional, establecer los niveles retributivos y las demás condiciones de trabajo. La elaboración de los sistemas de clasificación profesional pertenece a la **negociación colectiva** estatutaria o, en su defecto, al acuerdo entre la empresa y los representantes de los trabajadores, por medio de grupos profesionales.

A pesar de este indudable protagonismo que la negociación colectiva asume en la configuración del sistema de clasificación profesional, la **Ley** establece un marco legal mínimo o unos principios de ordenación que, aun siendo muy genéricos, han de ser respetados en el diseño que se haga de cada sistema de clasificación profesional. Concretamente, y en primer lugar, la necesidad de que el sistema se levante -como instrumento clasificatorio esencial- sobre la base del grupo profesional (nº 4170).

La relación de **colaboración internormativa** entre ley y convenio se ha articulado sobre la base del principio de complementariedad, lo que, en suma, supone la remisión en bloque de esta materia a la norma convencional. Es destacable al respecto que el llamamiento a la negociación colectiva, aun dirigido de forma preferente al convenio colectivo estatutario -de empresa o sector-, contempla la eventual participación, de forma subsidiaria, del acuerdo de empresa, que puede regular esta materia cuando el convenio aplicable no lo haya hecho.

La remisión a la negociación colectiva del sistema de clasificación profesional objetiva que ha de regir en la empresa o en el sector de actividad de que se trate no es, sin embargo, completamente estática siendo susceptible de **posteriores adaptaciones**.

4162 **Concurrencia de convenios** (ET art.84 redacc RDL 2/2024) Los **convenios de empresa**, incluidos los de grupo de empresas o empresas en red, pero no los de centro de trabajo (TSJ Madrid 18-5-15, EDJ 105815), tienen prioridad aplicativa para adaptar al ámbito empresarial el sistema de clasificación profesional (TSJ País Vasco 9-12-15, EDJ 277693), siendo esta prioridad aplicativa indisponible incluso para los acuerdos interprofesionales.

Por otro lado, si bien los convenios y acuerdos interprofesionales de ámbito de una **comunidad autónoma** negociados por los sindicatos y las asociaciones empresariales legitimados y los convenios colectivos **provinciales** tienen prioridad aplicativa sobre los convenios sectoriales o acuerdos estatales (en el segundo caso cuando así esté previsto en acuerdos interprofesionales de ámbito autonómico y su regulación resulte más favorable para los trabajadores que la de los convenios o acuerdos estatales), la clasificación profesional es una de las materias **no negociables** en esos casos.

Precisiones La clasificación profesional no queda afectada cuando se establece mediante **modificación sustancial de las condiciones** de trabajo una nueva estructura organizativa de los puntos de venta de la empresa y una nueva nomenclatura de puestos de trabajo (TS 17-12-14, EDJ 282902).

2. Estructura del sistema de clasificación profesional

4170 **Grupo profesional** (ET art.22.2) El grupo profesional **se define** legalmente como el que agrupa unitariamente las aptitudes profesionales, titulaciones y contenido general de la prestación, y puede incluir distintas tareas, funciones, especialidades profesionales o responsabilidades asignadas al trabajador. Se trata de una definición muy amplia y que genera en el decir de la doctrina una cierta confusión entre lo que suponen criterios de definición del contenido del grupo profesional y factores de encuadramiento de la clasificación profesional.

Los **elementos clave** de la definición del grupo consisten en el aseguramiento de una cierta homogeneidad profesional: agrupación unitaria de aptitudes profesionales, titulaciones y contenido general de la prestación. A partir de ellas, y respetando siempre dicha uniformidad, la autonomía colectiva puede incorporar distintos contenidos al grupo como son, de menor a mayor grado de concreción, las tareas, las funciones, las especialidades profesionales o, finalmente, las responsabilidades. Acudir o no a estos **criterios** es potestativo para los sujetos colectivos, debiéndose entender además según la doctrina que los mismos tienen carácter abierto y meramente ejemplificativo.

En la definición del grupo profesional se incorporan las «tareas» y las «responsabilidades asignadas al trabajador», de modo que, junto a criterios subclasificatorios tradicionales y basados en la descripción funcional de la prestación laboral, surgen **instrumentos de encuadramiento** más amplios, basados en las responsabilidades asumidas por el trabajador, que procuran una división menos tradicional del trabajo en la empresa.

En la práctica convencional se pueden encontrar ejemplos de esta doble alma, tradicional o más moderna, que es susceptible de albergar el grupo profesional:

1. El **grupo profesional «tradicional»** que, por inercia continuista respecto de las antiguas Reglamentaciones y Ordenanzas del Trabajo, agrupa a los trabajadores según su pertenencia a un determinado departamento de la empresa, mediante grupos ordenados horizontalmente y definidos por razón de su propia competencia y de la posición que ocupan dentro del proceso productivo (por ejemplo, grupos de técnicos, administrativos, obreros y subalternos, organizados internamente de forma jerárquica, mediante distintas categorías -o niveles retributivos- ordenadas verticalmente).

2. Un **nuevo concepto** de grupo profesional que, más ajustado a los rasgos definitorios del ET art.22.2, agrupa unitariamente trabajadores con una misma aptitud profesional y titulación y, de forma añadida, un determinado contenido general de la prestación. Así, a modo de ejemplo y por resultar un ámbito negocial pionero en materia de clasificación profesional, en el CCol General de la Industria Química DGTr Resol 7-7-21, BOE 19-7-21, están integrados en un mismo «grupo profesional» los analistas de aplicaciones de informática, junto con los que tienen la responsabilidad de ordenar y supervisar la ejecución de tareas de producción, mantenimiento, servicios o administración o del conjunto de todas ellas en una empresa de dimensiones reducidas.

Precisiones **1)** El concepto de grupo profesional no es utilizado de igual manera en todos los **convenios colectivos**. Mientras que algunos optan por la clasificación por **grupos profesionales y divisiones o áreas funcionales** (por ejemplo, el V Acuerdo Laboral estatal para el sector de Hostelería, DGE Resol 6-5-15, BOE 21-5-15). Otros utilizan el grupo de forma muy similar a las tradicionales categorías profesionales y optan por establecer **niveles salariales** (CCol Repsol Lubricantes y Especialidades DGE Resol 26-4-18, BOE 14-5-18). En otros casos se procede a una clasificación por **áreas, grupos y niveles** profesionales (CCol Estatal de Artes Gráficas, Manipulados de Papel, Manipulados de Cartón, Editoriales e Industrias Auxiliares, 2021-2022, DGTr Resol 25-11-21, BOE 9-1-21) o por grupos profesionales y, dentro de los mismos, subgrupos (CCol estatal de Jardinería, DGE Resol 25-1-18, BOE 9-2-18).

2) Los **criterios salariales** vinculados en unos u otros convenios a la pertenencia a uno u otro grupo profesional, pueden ser también diferentes: Salario Mínimo Garantizado (SMG) (CCol de Industrias Transformadoras de Plásticos de la Comunidad de Madrid art.23 Resol 26-05-22, BOCM 11-6-2022); salarios mínimos de garantía (CCol General Nacional de Aparcamientos y garajes, Resol 27-4-17, BOE 17-5-17); bandas retributivas (CCol del Grupo Enagás, 2020-2022 art.11 DGE Resol 24-9-20, BOE 6-10-20); o Salario Grupo Profesional (CCol de Empresas de Centros de Jardinería DGTr Resol 6-7-18, BOE 17-7-18).

Ejemplo CCol General de la Industria Química art.22 DGTr Resol 7-7-21, BOE 19-7-21 **4172**

Art.22. Definición de los grupos profesionales.

En este artículo se definen los grupos profesionales que agrupan las diversas tareas y funciones que se realizan en la Industria Química, dentro de las divisiones orgánicas funcionales en las que se descompone la misma.

Dichas **divisiones orgánicas funcionales** son:

a) Producción.
b) Mantenimiento.
c) Servicios.
d) Investigación y laboratorios.
e) Administración e informática.
f) Comercial.

Definición de los factores que influyen en la determinación de la pertenencia a un determinado grupo profesional.

I. Conocimientos. Factor para cuya elaboración se tiene en cuenta, además de la formación básica necesaria para poder cumplir correctamente el cometido, el grado de conocimiento y experiencia adquiridos, así como la dificultad en la adquisición de dichos conocimientos o experiencias.

Este factor puede dividirse en dos subfacetas:

a) Formación:

Este subfactor considera el nivel orientativo inicial mínimo de conocimientos teóricos que debe poseer una persona para llegar a desempeñar satisfactoriamente las funciones del puesto de trabajo después de un periodo de formación práctica. Este factor, también deberá considerar las exigencias de conocimientos especializados, certificaciones profesionales, idiomas, informática, etc.

b) Experiencia:

Este subfactor determina el periodo de tiempo requerido para que una persona, poseyendo la formación especificada anteriormente, adquiera la habilidad y práctica necesarias para desempeñar el puesto, obteniendo un rendimiento suficiente en cantidad y calidad.

II. Iniciativa/Autonomía. Factor en el que se tiene en cuenta la mayor o menor dependencia a directrices o normas y la mayor o menor subordinación en el desempeño de la función que se

4172 (sigue) desarrolle. Este factor comprende tanto la necesidad de detectar problemas como la de improvisar soluciones a los mismos.

Debe tenerse en cuenta:

a) Marco de referencia:

Valoración de las limitaciones que puedan existir en el puesto respecto a: acceso a personas con superior responsabilidad en el organigrama de la compañía, la existencia de normas escritas o manuales de procedimiento.

b) Elaboración de la decisión:

Entendiendo como tal la obligación dimanante del puesto de determinar las soluciones posibles y elegir aquélla que se considera más apropiada.

III. Complejidad. Factor cuya valoración está en función del mayor o menor número, así como del mayor o menor grado de integración de los restantes factores enumerados en la tarea o puesto encomendado.

a) Dificultad en el trabajo: Este subfactor considera la complejidad de la tarea a desarrollar y la frecuencia de las posibles incidencias.

b) Habilidades Especiales: Este subfactor determina las habilidades que se requieren para determinados trabajos, como pueden ser esfuerzo físico, destreza y coordinación manual, ocular y motora, etc. y su frecuencia durante la jornada laboral.

c) Ambiente de trabajo: Este subfactor aprecia las circunstancias bajo las que debe efectuarse el trabajo, y el grado en que estas condiciones hacen el trabajo desagradable.

No se incluirán en este subfactor las circunstancias relativas a la modalidad de trabajo (nocturno, turnos, etc.).

IV. Responsabilidad. Factor en cuya elaboración se tiene en cuenta el grado de autonomía de acción del titular de la función y el grado de influencia sobre los resultados e importancia de las consecuencias de la gestión.

Este factor comprende los subfactores:

a) Responsabilidad sobre gestión y resultados: Este subfactor considera la responsabilidad asumida por el ocupante del puesto sobre los errores que pudieran ocurrir. Se valoran no sólo las consecuencias directas, sino también su posible repercusión en la marcha de la empresa. En este sentido, conviene no tomar valores extremos, sino un promedio lógico y normal.

Para valorar correctamente es necesario tener en cuenta el grado en que el trabajo es supervisado o comprobado posteriormente.

b) Capacidad de interrelación: Este subfactor aprecia la responsabilidad asumida por el ocupante del puesto sobre contactos oficiales con otras personas, de dentro y de fuera de la empresa. Se considera la personalidad y habilidad necesarias para conseguir los resultados deseados, y la forma y frecuencia de los contactos.

V. Mando. Es el conjunto de tareas de planificación, organización, control y dirección de las actividades de otros, asignadas por la Dirección de la Empresa, que requieren de los conocimientos necesarios para comprender, motivar y desarrollar a las personas que dependen jerárquicamente del puesto. Para su valoración deberá tenerse en cuenta:

a) Capacidad de ordenación de tareas.

b) Características del equipo de trabajo.

c) Número de personas sobre las que se ejerce el mando.

Grupo profesional 0. Criterios generales.

Las personas trabajadoras pertenecientes a este grupo planifican, organizan, dirigen, coordinan y controlan las actividades propias del desenvolvimiento de la empresa.

Sus funciones están dirigidas al establecimiento de las políticas orientadas para la eficaz utilización de los recursos humanos y materiales, asumiendo la responsabilidad de alcanzar los objetivos planificados, toman decisiones (o participan en su elaboración) que afectan a aspectos fundamentales de la actividad de la empresa, y desempeñan puestos directivos en las divisiones, departamentos, fábricas, plantas, o cualquier otro ámbito similar.

Grupo profesional 1. Criterios generales.

Operaciones que se ejecuten según instrucciones concretas, claramente establecidas, con un alto grado de dependencia, que requieren preferentemente esfuerzo o atención y que no necesitan de formación específica, con la posible utilización de elementos periféricos básicos de sistemas de información, tales como lectores o escáneres, y siempre que la persona trabajadora haya sido formada para su uso.

Formación. Conocimientos a nivel de educación primaria o secundaria obligatorias o Certificado de Profesionalidad equivalente.

Ejemplos. En este grupo profesional se incluyen todas aquellas actividades que, por analogía, son equiparables a las siguientes:

- Actividades manuales en acondicionado y/o envasado.
- Operaciones elementales de máquinas sencillas, entendiendo por tales aquéllas que no requieran adiestramiento y conocimientos específicos.
- Operaciones de carga y descarga manuales o con ayuda de elementos mecánicos simples.
- Operaciones de limpieza, aun utilizando maquinaria a tal efecto.
- Tareas que consisten en efectuar recados, encargos, transporte manual, llevar o recoger correspondencia.
- Etc.

Para el subsector del Plástico: **4172** (sigue)
a) Inyección / Termoformado (vacío) / Extrusión Soplado.
- Trabajos de carga de tolvas y limpieza.
- Operaciones auxiliares tales, como, contar, envolver y desechar sin proceso de verificación.
b) Calandrados.
- Trabajos de limpieza y auxiliares.
c) Extrusión.
- Trabajos de carga de tolvas y limpieza.
- Operaciones auxiliares tales, como, contar, envolver y desechar sin proceso de verificación.
d) Otros trabajos.
- Trabajos de limpieza y auxiliares.
Para el subsector del Caucho:
- Recogedor/a de planchas de guillotina.
Trabajos de limpieza y auxiliares.
Grupo profesional 2. Criterios Generales.
Funciones que consisten en operaciones realizadas siguiendo un método de trabajo preciso y concreto, con alto grado de supervisión, que normalmente exigen conocimientos profesionales de carácter elemental, con la posible utilización de elementos periféricos de sistemas de información siempre que la persona trabajadora haya sido formada para su uso.
Formación. La formación básica exigible es la de haber superado la Educación Secundaria Obligatoria o Certificado de Profesionalidad equivalente.
Ejemplos. En este grupo profesional se incluyen todas aquellas actividades que, por analogía, son equiparables a las siguientes:
- Actividades auxiliares, en proceso de elaboración de productos, incluyendo la vigilancia de maquinaria que funcione de forma autónoma, con parámetros previamente establecidos en procedimientos normalizados de fabricación, sin manipulación del proceso por parte de la persona trabajadora.
- Actividades operatorias en acondicionado y/o envasado con regulación y puesta a punto en procesos elementales.
- Tareas auxiliares en cocina y comedor.
- Tareas de albañilería, carpintería, electricidad, mecánica, pintura, etc., de personas trabajadoras que se inician en la práctica de las mismas.
- Actividades elementales de laboratorio que consistan en la correcta preparación de material de análisis y de las muestras a analizar; limpieza y lavado de medios analíticos y ayuda a las tareas de análisis, bajo control directo.
- Funciones de portería-conserjería que no exijan cualificación especial. Trabajos de reprografía.
- Trabajos elementales y/o de ayuda en tareas de administración.
- Labores de embalaje y etiquetados de expediciones.
- Etc.
Para el subsector del Plástico:
a) Inyección /Termoformado (vacío) / Extrusión Soplado.
- Trabajos de verificación de las piezas fabricadas, selección y repaso de las mismas, embalaje, ensamblado simple, marcado y recorte de rebabas.
b) Calandrados.
- Trabajos de verificación, despiece y embalaje.
c) Extrusión.
- Trabajos de selección de elementos fabricados, embalaje, marcado y verificación.
- Trabajos de abocardado y corte simple, montaje de elementos complementarios simples en tubos o canalones.
d) Otros trabajos.
- Limpieza específica en máquinas y perolas.
- Molinero/a.
- Carga y descarga de máquinas con utilización de elementos mecánicos simples (transpalet manual y similares).
- Tareas elementales de manejo de maquinaria de oficios auxiliares de la industria.
Para el subsector del Caucho:
- Pesador/a cauchos y cargas (báscula).
- Enfriador/a que no incorpora acelerantes.
- Alimentador/a calandra y extrusora.
- Operador/a kraker.
- Troquelador/a.
- Ayudante/a prensas.
- Granzador/a.
- Molinero/a.
- Ayudante/a de cilindros.
- Manejo de máquinas sencillas como pulidoras.
- Pulido y acabado de piezas, pintado y limpieza de moldes.
- Trabajos de verificación de las piezas fabricadas, repaso de las mismas y recorte de rebabas.

4172 (sigue) Para el subsector de las industrias farmacéuticas, zoosanitarias y fitosanitarias:

a) Operaciones auxiliares, elementales o de ayuda en fabricación de productos base.

b) Actividades que consistan en preparar, según dosificación específicamente establecida, materias primas para elaboración de productos, bien manualmente o por medio de maquinaria para cuyo manejo no se precisa otra formación que el conocimiento de instrucciones concretas.

Grupo profesional 3. Criterios generales.

Funciones consistentes en la ejecución de operaciones que, aun cuando se realicen bajo instrucciones precisas, requieren adecuados conocimientos profesionales y aptitudes prácticas y cuya responsabilidad está limitada por una supervisión directa y sistemática, con la posible utilización de elementos periféricos de sistemas de información siempre que la persona trabajadora haya sido formada para su uso.

Formación. La formación básica exigible es la equivalente a la Educación Secundaria Obligatoria completada con experiencia profesional o con un Ciclo Formativo de Grado Medio o Certificado de Profesionalidad equivalente.

Ejemplos. En este grupo profesional se incluyen todas aquellas actividades que, por analogía, son equiparables a las siguientes:

- Operatoria y vigilancia del funcionamiento y regulación de maquinaria de envasado y/o acondicionado, cuyo manejo sea complejo, esto es, que precise de acciones manuales múltiples, dosificaciones varias u otras regulaciones análogas realizadas según programas e instrucciones establecidas.
- Tareas de albañilería, electricidad, carpintería, pintura, mecánica, matricería, uso del torno, fresadora, etc., con capacidad suficiente para realizar las tareas normales del oficio.
- Tareas administrativas que requieran algún grado de iniciativa.
- Conductores de vehículos con permiso de Clase B.
- Telefonista - recepcionista.
- Funciones de pago y cobro a domicilio.
- Tareas de lectura, anotación, vigilancia y regulación bajo instrucciones detalladas de los procesos industriales o del suministro de servicios generales de fabricación.
- Trabajos de redacción de correspondencia según formato o instrucciones específicas.
- Actividades de almacén que, además de tareas de carga, descarga, apilamiento y distribución, con ayuda o no de elementos mecánicos, impliquen comprobación de entradas y salidas de mercancías, bajo instrucciones y dando cuenta al responsable del almacén; pesaje y despacho de las mismas, con cumplimentación de albaranes y partes.
- Tareas de transporte y paletización, realizados con elementos mecánicos.
- Labores de calcado de planos.
- Realización de operaciones de análisis sencillos, cuyos resultados sean de fácil comprobación, bajo instrucciones específicas y control directo; toma y preparación de muestras para análisis, con preparación del material necesario; seguimiento con instrucciones precisas de procesos analíticos realizados en laboratorios o plantas piloto. Realización de operaciones rutinarias de tratamiento agrícola bajo instrucciones específicas y control directo. Toma y preparación de muestras para conteo. Comprende el cuidado y limpieza del material del laboratorio. Etc.
- Tareas de ajuste de color con dosificación de productos y pesado, realizadas bajo instrucciones precisas, pudiendo ser usados para ello elementos auxiliares.

Para el subsector del plástico:

a) Inyección / Termoformado (vacío) / Extrusión Soplado.

- Maquinista o responsable de una o varias máquinas de inyectar, control de la inyectada, temperaturas, regulación de la máquina para obtener piezas con la calidad establecida; así como la preparación, revisión, ajuste y limpieza del molde para su posterior montaje en la máquina, etc.

b) Calandrados.

- 2.º Maquinista de calandra, que realiza controles de temperaturas materias primas, etc., de acuerdo con las instrucciones del responsable de la máquina.

c) Extrusión.

- Responsable o maquinista de una o varias máquinas que, con ayuda o no de otras personas, realizan todo el proceso.

d) Otros trabajos.

- Trabajos de mezclado con dosificación y preparación de fórmulas.

Para el subsector del caucho:

- Pesador/a acelerantes (balanza).
- Laminador/a (tirar a medida, incluyendo acelerantes).
- Operaciones de mezclas en cilindro y/o bamburi.
- Prensistas, inyectadores y extrusionadores.
- Laminador/a planchas.
- Preformadores.
- Manipulación de calandras sencillas.
- Verificador/a y metrólogo/a.

Para el subsector de las industrias farmacéuticas, zoosanitarias y fitosanitarias:

a) Actividades en elaboración de formas farmacéuticas, zoosanitarias y análogas que exijan un alto grado de especialización y habilidad, como, por ejemplo, tareas de compresión, envase de cápsulas de gelatina, mezclado y granulado, elaboración de soluciones, llenado de inyectables, etc. **4172** (sigue)

b) Operatoria y vigilancia del funcionamiento y regulación de una línea o parte de una cadena de envasado o acondicionado con colaboración de operarios u operarias de puestos, incluidos en los grupos 1 y/o 2.

Grupo profesional 4. Criterios generales.

Trabajos de ejecución autónoma que exijan, habitualmente, iniciativa y razonamiento por parte de las personas trabajadoras encargadas de su ejecución, comportando bajo supervisión, la responsabilidad de las mismas, pudiendo ser ayudados por otras personas trabajadoras, así como la utilización básica de idiomas extranjeros en lo necesario para el desempeño del puesto de trabajo.

Formación. Formación equivalente a Bachillerato o bien Ciclo Formativo de Grado Medio completado con experiencia profesional o Certificado de Profesionalidad equivalente.

Ejemplos. En este grupo profesional se incluyen todas aquellas actividades que, por analogía, son asimilables a las siguientes:

- Actividades que, con iniciativa, responsabilidad, conocimiento y la posibilidad de estar secundados por puestos de los grupos inferiores, consistan en:
• Establecer, en base a documentos contables, una parte de la contabilidad.
• Redacción de correspondencia comercial.
• Cálculos de precios y escandallos, valoración de ofertas, gestión administrativa de pedidos y suministros, con la responsabilidad de su tramitación completa.
• Confección y seguimiento de plannings y previsiones de trabajo.
• Cálculo de salarios y valoración de costes de personal.
- Actividades que consistan en la realización de análisis físicos, químicos o biológicos y determinaciones de laboratorio y/o campo, realizadas bajo supervisión, sin que sea necesario siempre indicar normas y especificaciones, implicando además el cuidado y limpieza de los aparatos y su homologación, preparación de reactivos necesarios, obtención de muestras, efectuar cálculos y extensión de certificados, boletines de análisis o similares, secundadas o no por puestos de grupos profesionales inferiores.
- Tareas de albañilería, carpintería, electricidad, pintura, mecánica, matricería, uso del torno, fresadora, etc., con capacitación al más alto nivel, que permita resolver todos los requerimientos de su especialidad.
- Actividades de almacén que, al ser desempeñadas en una organización de dimensiones reducidas, implican, además de los previstos en el Grupo Profesional 3, la plena responsabilidad del proceso de almacenaje con registro en libros y máquinas al efecto.
- Tareas de delineación.
- Conducción o conducción con reparto, con Permiso de conducción de clase C, D o E, entendiendo que pueden combinar la actividad de conducir con el reparto de mercancías.
- Actividades de control y regulación de procesos industriales que generen transformación de producto, en cualquier fase del proceso productivo, sean de producción o de servicios generales de fabricación, cuando exijan iniciativa y razonamiento por parte de los encargados de su ejecución, con ayuda o no de otros puestos de trabajo e indicación de las operaciones a realizar por estos últimos.
- Vendedores/as sin especialización.
- Actividades de oficios industriales, con capacitación suficiente para realizar todas y cada una de las tareas propias de un oficio industrial y para propugnar su ejecución, con práctica total y completa de su cometido, con ayuda o no de otros puestos de trabajo e indicación de las operaciones a realizar por estos últimos.
- Actividades de producción y/o mantenimiento que, reuniendo los requisitos del Grupo 3, supongan además la asunción de la ejecución autónoma y/o responsabilidad del proceso pudiendo ser ayudado por uno o varias personas trabajadoras.
- Personas trabajadoras legalmente habilitados para la prevención, extinción de incendios y salvamento en la empresa cuando desarrollen única y exclusivamente dichas funciones.
- Tareas de ajustes de color sobre fórmulas facilitadas, bajo conocimiento y responsabilidad de la persona trabajadora.
- Etc.

Para el subsector del plástico:

a) Inyección / Termoformado (vacío) / Extrusión Soplado.
- Maquinista que realiza los trabajos del grupo 3, pero que además es responsable del montaje y desmontaje de los moldes, así como de su verificación y puesta en marcha, ejecutando dichas tareas de modo autónomo.

b) Calandrados.
- Maquinista de calandra, responsable de su puesta a punto y del personal de la máquina.

c) Extrusión.
- Maquinista de extrusión que realiza los trabajos del grupo 3, pero además es responsable del montaje y desmontaje de las boquillas, peines o hileras de boquillas, así como de su verificación y puesta en marcha ejecutando dichas tareas de modo autónomo.

d) Otros trabajos.
- Trabajos de mezclado con dosificación y corrección de fórmulas.

4172 (sigue)

- Realización de pruebas de formulación.
- Resolución y corrección de colores, sobre fórmulas ya existentes.

Para el subsector del caucho:

- Calandrista responsable de calandra con cruzamientos de ejes y en general de precisión.
- Prensista responsable de prensas.

Para el subsector de las industrias farmacéuticas, zoosanitarias y fitosanitarias:

a) Actividades de visita médica e información sobre productos y especialidades, tanto en consulta como en centros hospitalarios y oficinas de farmacia, a través de la transmisión de la información adecuada y de acuerdo con instrucciones recibidas y con la programación establecida. Esta actividad conlleva la actualización permanente de la información a transmitir.

b) Actividades de información, promoción y distribución de productos zoosanitarios a veterinarios, centros mayoristas, oficinas de farmacia, asociaciones y cooperativas ganaderas, dentro de la zona geográfica asignada, de acuerdo con las instrucciones recibidas y la programación establecida. Esta actividad conlleva, por una parte, la actualización permanente de la información a transmitir, así como la responsabilidad del depósito a su cargo en el caso de que lo hubiere.

c) Actividades de producción que, además de lo previsto en el Grupo Profesional 3, impliquen un nivel de polivalencia tal que requieran el conocimiento completo de los diferentes puestos de una línea de producción, que permita la puesta en marcha de los servicios auxiliares y la realización de ajustes previos necesarios en máquinas e instalaciones logrando las condiciones adecuadas para la fabricación, implicando el control de los equipos de trabajo y la seguridad de la calidad del producto, asumiendo además la responsabilidad del proceso pudiendo ser ayudado por una o varias personas trabajadoras.

Grupo Profesional 5. Criterios Generales.

Se incluyen en este grupo la realización de las funciones de integrar, coordinar y supervisar la ejecución de varias tareas homogéneas con la responsabilidad de ordenar el trabajo de un conjunto de colaboradores.

Incluye además la realización de tareas que, aun sin implicar ordenación de trabajo, tienen un contenido medio de actividad intelectual y de relaciones humanas.

Formación. Conocimientos equivalentes a los de Bachillerato completados con experiencia profesional o con un Ciclo Formativo de Grado Superior específico de su función o Certificado de Profesionalidad equivalente.

Ejemplos. En este grupo profesional se incluyen todas aquellas actividades que, por analogía, son asimilables a las siguientes:

- Tareas que consisten en el ejercicio de mando directo al frente de un conjunto de operarios de los denominados oficios clásicos (albañilería, carpintería, pintura, electricidad, mecánica, etc.).
- Tareas administrativas y/o de traducción con dominio de un idioma extranjero.
- Programador/a de informática.
- Tareas de contabilidad consistentes en reunir los elementos suministrados por los/las ayudantes y confeccionar estados, balances, costos, provisiones de tesorería y otros trabajos análogos, en base al plan contable de la empresa.
- Tareas que impliquen la responsabilidad de la vigilancia y aplicación de los medios y medidas de seguridad.
- Tareas de confección y desarrollo de proyectos según instrucciones.
- Responsabilidad de la supervisión, según especificaciones generales recibidas, de la ejecución práctica de las tareas de análisis en uno o varios laboratorios.
- Actividades que impliquen la responsabilidad de un turno o de una unidad de producción que puedan ser secundadas por una o varias personas trabajadoras del grupo profesional inferior.
- Vendedores/as especializados.
- Personal de laboratorio responsable del desarrollo de nuevas fórmulas para creación de colores y sistemas tintométricos. No se consideran nuevas fórmulas los ajustes que se realizan sobre fórmulas ya existentes.
- Personas trabajadoras legalmente habilitadas para la prevención, extinción de incendios y salvamento en la empresa cuando desarrollen exclusivamente dichas funciones y coordinen y supervisen al resto de personas trabajadoras habilitadas para dichas tareas.
- Etc.

Para el subsector de las Industrias farmacéuticas, zoosanitarias, fitosanitarias:

a) Actividades que consistan en la ordenación de las tareas y puestos de trabajo de una unidad funcional de producción o envasado, con vigilancia de instalaciones y seguimiento de procesos.

b) Los puestos que respondiendo a la definición del apartado a) del grupo profesional 4 de este subsector, sus funciones se referirán total o parcialmente a productos cuya expedición requiera prescripción facultativa.

Grupo profesional 6. Criterios generales.

Funciones que consisten en integrar, coordinar y supervisar la ejecución de tareas heterogéneas con la responsabilidad de ordenar el trabajo de un conjunto de colaboradores. Se incluye además la realización de tareas complejas, pero homogéneas que, aun sin implicar mando, exige un alto contenido intelectual, así como aquéllas que consisten en establecer o desarrollar programas o aplicar técnicas siguiendo instrucciones generales.

Formación. Conocimientos equivalentes a titulación universitaria de grado medio -a nivel de diplomatura o ingeniería técnica- completados con un periodo de prácticas o experiencia profesional. **4172** (sigue)
Ejemplos. En este grupo profesional se incluyen todas aquellas actividades que, por analogía, son asimilables a las siguientes:
- Realización de funciones técnicas a nivel académico medio, que consisten en colaborar en trabajos de investigación, control de calidad, estudios, vigilancia o control en procesos industriales o en servicios profesionales o científicos de asesoramiento.
- Analistas de aplicaciones de informática.
- Responsabilidad de ordenar y supervisar la ejecución de tareas de producción, mantenimiento, servicios o administración o del conjunto de todas ellas en una empresa de dimensiones reducidas.
- Responsabilidad de la ejecución de tareas de una unidad de producción, mantenimiento o servicios o de las tareas que se desarrollan en el conjunto de los mismos en una empresa de dimensiones reducidas.
- Responsabilidad de una unidad homogénea de carácter administrativo o del conjunto de servicios administrativos de una empresa cuya administración no precise, por su dimensión de subdivisiones orgánicas.
- Inspector/a o supervisor/a de la red de ventas.
- Etc.

Para el subsector de las Industrias farmacéuticas, zoosanitarias, fitosanitarias:
a) Funciones profesionales de apoyo técnico-comercial.
b) Funciones de visita médica y promoción, con el requisito y exigencias indicadas en el grupo profesional 5, apartado b) de este subsector, que además incluyan la supervisión y coordinación de un equipo de profesionales, con responsabilidad sobre los objetivos del conjunto. Normalmente esta función conlleva la responsabilidad de mantener actualizada la formación de su equipo.
c) Funciones de control, en todas sus actividades, a los comerciales de productos zoosanitarios en una determinada zona geográfica, con apoyo a la gestión comercial de los mismos, conllevando la responsabilidad de mantener actualizada la formación de sus colaboradores.

Grupo profesional 7. Criterios generales.
Incluyen las funciones que consisten en la realización de actividades complejas con objetivos definidos y con alto grado de exigencia en los factores de autonomía y responsabilidad, dirigen normalmente un conjunto de funciones que comportan una actividad técnica o profesional especializada.
Formación. Equivalente a titulación universitaria de grado superior -a nivel de licenciado o ingeniero- completada con una dilatada experiencia profesional.
Ejemplos. En este grupo profesional se incluyen todas aquellas actividades que, por analogía son asimilables a las siguientes:
- Realización de funciones que impliquen tareas de investigación o control de trabajos con capacitación para estudiar y resolver los problemas que se plantean.
- Responsabilidad técnica de un laboratorio o del conjunto de varios laboratorios de empresas de tipo medio.
- Supervisión técnica de un proceso o sección de fabricación o de la totalidad del proceso en empresas de tipo medio.
- Supervisión técnica de un grupo de servicios o de la totalidad de los mismos e incluso de todos los procesos técnicos en empresas de tipo medio.
- Coordinación, supervisión y ordenación de trabajos administrativos heterogéneos o del conjunto de actividades administrativas en empresas de tipo medio.
- Responsabilidad sobre el conjunto de servicios de proceso de datos en unidades de dimensiones medias.
- Análisis de sistemas de informática.
- Funciones de dirección, coordinación y control de la actividad comercial, así como del personal, de una zona o demarcación comercial o geográfica, con responsabilidad por el cumplimiento de objetivos.

Para el subsector de las Industrias farmacéuticas, zoosanitarias, fitosanitarias:
a) Lanzamiento comercial y/o las descritas en el apartado anterior, de los criterios generales, para puestos de trabajo del grupo orgánico comercial de este subsector.

Grupo profesional 8. Criterios generales.
Se incluyen en este grupo aquellos puestos que requieren un alto grado de autonomía, conocimientos profesionales y responsabilidades que se ejercen sobre uno o varios sectores de la empresa, partiendo de directrices generales muy amplias, debiendo de dar cuenta de su gestión a alguna de las personas incluidas en el grupo 0.
Formación. Equiparable a titulación universitaria de grado superior completada con estudios específicos -de postgrado o doctorado- o con una dilatada experiencia profesional.
Ejemplos. En este grupo profesional se incluyen todas aquellas actividades que, por analogía, son asimilables a las siguientes:
- Las funciones consistentes en planificación, ordenación y supervisión de los servicios.
- Las consistentes en ordenación y supervisión de sistemas, procesos y circuitos de trabajo.

- El desarrollo de tareas de gestión y de investigación a alto nivel con la programación, desarrollo y responsabilidad por los resultados.
- La responsabilidad del control, planificación, programación y desarrollo del conjunto de tareas de informática.
- Etc.

4174 **Otros elementos de clasificación** (ET art. 22.2) Dentro del grupo profesional por el que opta el legislador como criterio de clasificación general, se incorporan otros factores de encuadramiento de segundo grado que pueden ser empleados de forma complementaria por la autonomía colectiva. Dos de los **más utilizados** son:

1. Los **niveles profesionales o niveles de responsabilidad** (a los que debe entenderse se refiere el ET art.22.2 al mencionar dentro de la definición de grupo profesional las responsabilidades asignadas al trabajador), que no son propiamente conceptos clasificatorios que definan el tipo de trabajo, pero que sirven como criterios de jerarquización de los distintos grupos profesionales, sistematizándolos y agrupándolos jerárquicamente una vez que han sido previamente definidos e identificados.

La **función complementaria** de los niveles profesionales o retributivos se detecta en numerosos convenios colectivos basados en grupos profesionales, por ejemplo, el CCol de Cajas y Entidades Financieras de Ahorro, 2024-2026 DGTr Resol 23-5-24, BOE 6-6-24, en el que en el «grupo profesional 1» aparecen hasta 13 niveles profesionales/retributivos; o el CCol Nacional de los Servicios de Prevención Ajenos DGE Resol 3-8-23, BOE 15-8-23, cuyo sistema de clasificación se basa en grupos profesionales que incorporan a su vez distintos niveles retributivos; o, en fin, el CCol Marco para los Establecimientos Financieros de Crédito 2024 DGTr Resol 3-7-24, BOE 17-7-24, que fija varios niveles profesionales dentro de cada grupo profesional.

En cualquier caso, se debe tener presente que, en ocasiones, la clasificación profesional regula un determinado aspecto de la relación laboral y el **nivel salarial** otro, aunque ambos estén condicionados (TSJ Madrid 28-6-13, EDJ 155417, para el sector de la hostelería). No es descartable incluso que los convenios establezcan niveles de ingreso o distintos niveles salariales dentro del grupo profesional, a los que se accede - o se vincula la percepción de concretos complementos salariales- en función del tiempo de prestación de servicios en el concreto nivel o categoría. Estas prácticas, sospechosas de encubrir dobles escalas salariales, han sido generalmente admitidas en el debate judicial (TS 20-6-05, EDJ 139467; 17-1-02, EDJ 2615; TCo 119/2002).

Los niveles de responsabilidad también se detectan en la práctica convencional como **criterios para ordenar** el interior de los distintos grupos profesionales, así, por ejemplo, el CCol de Laboratorios de Prótesis Dental de Castellón y Valencia DGTr Resol 17-7-09, DOCV 7-8-09 incorpora en el interior de los grupos profesionales que fija distintos niveles de responsabilidad y define la responsabilidad que sirve a efectos clasificatorios como «el grado de autonomía de acción del titular de la función, el nivel de influencia sobre los resultados y la relevancia de la gestión sobre recursos humanos, técnicos y productivos».

2. Las **áreas funcionales** o **divisiones orgánicas y funcionales** que aparecen en muchos convenios y que, en la práctica, son sinónimos de los tradicionales grupos profesionales entendidos a la usanza de las Ordenanzas de Trabajo, como conjunto de actividades profesionales que tienen una base profesional homogénea, o que corresponden a una función homogénea de la organización del trabajo. Así, en el Acuerdo Laboral estatal para el sector de Hostelería art.14, DGE Resol 20-1-23, BOE 10-3-23 se enumeran 6 áreas funcionales: 1) recepción-consejería, relaciones públicas, administración y gestión; 2) cocina y economato; 3) restaurante, sala, bar y similares; colectividades y pista para catering; 4) pisos y limpieza; 5) mantenimiento y servicios auxiliares; y 6) servicios complementarios.

De forma similar, completando la clasificación mediante grupos profesionales con áreas funcionales, el CCol General de Construcción DGE Resol 6-9-23, BOE 23-9-23 estructura el encuadramiento profesional en ocho grupos profesionales con tres áreas funcionales: gestión técnica, diseño y planificación; producción y actividades asimiladas y servicios transversales. Estas áreas funcionales comprenden así todos o algunos de los ocho grupos profesionales en los que se divide la clasificación profesional en el sector de la construcción.

4176 **Clasificación profesional subjetiva** (ET art.22.4) Una vez fijado en la negociación colectiva el sistema de clasificación que ha de regir de forma objetiva en la empresa o sector de actividad y que debe conformarse a través de grupos profesionales en los que no tengan cabida criterios discriminatorios, se procede a clasificar subjetivamente al trabajador en concreto. Con ello se completa la técnica de la clasificación profesional que se estructura en dos **fases**: una primera o general en donde se establece el propio sistema de clasificación de la empresa, y otra segunda, o particular, en donde se clasifica a cada trabajador con respecto a dicho sistema general (TSJ Galicia 9-11-12, EDJ 280375).

El trabajador tiene derecho a esta clasificación que le va a permitir conocer las **funciones** a las que se obliga como consecuencia del contrato de trabajo. Debe tratarse de una clasificación que, efectivamente, se corresponda con las labores que el trabajador desempeña (TSJ Asturias 23-2-16, EDJ 18144; TSJ Cataluña 21-7-14, EDJ 189586).
El acto de clasificación se produce mediante **acuerdo** entre el trabajador y el empresario, no estando expresamente sometido a requisitos de **forma**. No obstante, de no constar en el contrato de trabajo formalizado por escrito, recaerá sobre el empresario la obligación de informar al trabajador, ahora sí por escrito y cuando la relación dure más de 4 semanas, sobre la categoría o el grupo profesional del puesto de trabajo que desempeñe o la caracterización o la descripción resumida del mismo, en términos que permitan conocer con suficiente precisión el contenido específico del trabajo (ET art.8.5; RD 1659/1998 art.2.2.d).
De ordinario, el pacto se ha de dirigir a establecer como **contenido de la prestación laboral** la realización de las funciones correspondientes al grupo profesional asignado. Caben dos **alternativas**:
1. Reducir el contenido funcional que el trabajador va a asumir: el pacto de calificación no incorpora como contenido de la prestación laboral la realización de todas y cada una de las funciones correspondientes al grupo profesional asignado. Se trata de asignar al trabajador solamente algunas de las funciones que forman parte del grupo profesional que le corresponde.
2. Ampliar los cometidos funcionales en los que va a consistir la prestación de trabajo. Puede pactarse la denominada polivalencia funcional.

Precisiones **1)** Se ha admitido una **clasificación equivalente** a la de una compañera de trabajo, pese a carecer el trabajador de la misma titulación, porque cuando la misma no es indispensable para acceder al grupo profesional y puede ser suplida por la cualificación y experiencia contrastada para el desempeño de esas tareas (TSJ País Vasco 22-9-15, EDJ 201712). También a la que ostentaba el antecesor en el puesto cuando no hay una clara correspondencia con la prevista en el convenio colectivo (TSJ Cataluña 14-1-16, EDJ 16061).
2) No se admite en cambio el **encuadramiento en una categoría que no existe** en el sistema de clasificación profesional de un ayuntamiento al no recogerse en la RPT (TSJ Castilla-La Mancha 24-9-08, EDJ 334666).

Polivalencia funcional (ET art.22.4 in fine) La polivalencia funcional se produce cuando por acuerdo entre empresario y trabajador este último se compromete a realizar funciones pro- **4178**
pias de más de un grupo profesional. La posibilidad de este pacto está legalmente prevista y solo contempla la polivalencia **entre grupos profesionales**, eliminando las anteriores previsiones por las que el pacto podía quedar referido a distintas categorías o niveles. Con ello se consigue ampliar notablemente el ámbito funcional de la polivalencia, aunque la misma no puede en ningún caso provocar una indeterminación del objeto del contrato de trabajo o generar un desequilibrio contractual que deje en manos empresariales la individualización en cada momento de la prestación laboral debida.
A estos **límites** genéricos han de sumarse algunos otros que también han de entenderse implícitos para las posibilidades del pacto de polivalencia, el más importante de ellos es el que tiene que ver con la **titulación del trabajador** y que impediría que entre las funciones exigibles como consecuencia de la polivalencia funcional se incluyesen aquellas para cuya realización el trabajador carece de titulación.
La actual redacción del ET art.22.4 despeja la incertidumbre que rodeaba el encuadramiento del trabajador polivalente decantándose por el **criterio de la prevalencia**, que se hace coincidir con la equiparación en virtud de las funciones que se realicen durante mayor tiempo y no por tanto con las de mayor rango (criterio de preeminencia).
La regulación legal de la polivalencia ha de considerarse, no obstante, disponible para la **negociación colectiva** que puede mejorar la regulación estatutaria en beneficio del trabajador optando por criterios distintos a los legales. Nada impediría en consecuencia que la norma convencional se decantase por el **criterio de la preeminencia**, equiparando al trabajador al grupo de mayor nivel; o que llevase a cabo una combinación de ambos criterios, por ejemplo, que la retribución se abone proporcionalmente al tiempo de realización efectiva de las funciones propias de cada grupo (CCol del Sector Empresas y Entidades Privadas Gestoras de Servicios y Equipamientos Deportivos Propiedad de otras Entidades de Navarra, art.12, Resol 31-10-18, BON 18-12-18); o, por poner otro ejemplo, que fijase mecanismos retributivos específicos para compensar la polivalencia (CCol estatal de Empresas de Gestión y Mediación Inmobiliaria art.22, DGTr Resol 27-12-19, BOE 13-1-20 o CCol de Sector del Comercio e Industria de Confitería, Pastelería, Bollería, Repostería, Heladería y Platos Cocinados de la Comunidad de Madrid art.13, Resol 10-2-22, BOCM 1-3-22).
Son en verdad muchos los aspectos del pacto polivalente que la negociación colectiva puede desarrollar, incluido el de los ámbitos o grupos profesionales entre los que la misma puede tener lugar, lo que justifica que el AENC llame a los **convenios colectivos y acuerdos de empresa** para que aborden la polivalencia funcional y sus efectos en materia retributiva.

4180 **Límites** La estructura del sistema de clasificación dentro de la empresa debe respetar los **principios de igualdad y no discriminación**. Además, es habitual que los convenios establezcan determinados requisitos de **titulación** a efectos de encuadramiento y promoción profesional (nº 1552).

4182 **Garantía de no discriminación** (ET art.22.3) Un límite decisivo para la labor de la negociación colectiva en materia de clasificación profesional, cuyo desconocimiento provoca la nulidad de las cláusulas convencionales, es que la definición de los grupos profesionales se ha de ajustar a criterios y sistemas que tengan como objeto garantizar la ausencia de discriminación, tanto directa como indirecta, entre mujeres y hombres (ET art.17.1 redacc L 4/2023).
La definición de grupos profesionales debe ajustarse a **criterios y sistemas** que, basados en un análisis correlacional entre sesgos de género, puestos de trabajo, criterios de encuadramiento y retribuciones, tengan como objeto garantizar la ausencia de discriminación, tanto directa como indirecta, entre mujeres y hombres. Estos criterios y sistemas, en todo caso, deben cumplir con la obligación de igual retribución por prestación de trabajo de igual valor. En el mismo sentido, los **sistemas de selección**, clasificación, promoción y formación profesional deben responder a criterios técnicos, objetivos y neutros por razón de género.
El **objetivo** no es únicamente acabar con sistemas de clasificación profesional y con criterios de valoración de puestos de trabajo directa o indirectamente discriminatorios (de lo que se ha ocupado la jurisprudencia constitucional -TCo 145/1991; 58/1994; 286/1994; 147/1995; 198/1996; 250/2000-) sino, dando un paso más, establecer **medidas de acción positiva**. En este sentido, la negociación colectiva puede establecer reservas y preferencias en las condiciones de clasificación profesional, promoción y formación, de modo que, en igualdad de condiciones de idoneidad, tengan preferencia las personas del sexo menos representado para favorecer su acceso al grupo profesional o puesto de trabajo de que se trate (ET art.17.4). Precisamente, el **contenido de los planes de igualdad** (LO 3/2007 art.46) transcurre a través de la clasificación profesional, que constituye habitualmente un terreno muy sensible a efectos de discriminación, y no únicamente por la vía aberrante de la discriminación abierta y directa, sino también por vías más sofisticadas y soterradas que tienen que ver con una valoración no neutral de los grupos profesionales.
El enfoque de los sistemas de clasificación profesional desde la perspectiva de la no discriminación es imprescindible, pues con demasiada frecuencia el encuadramiento funcional constituye un escenario en el que se concitan un rosario de practicas discriminatorias que van desde el uso de **lenguaje sexista** en la denominación y descripción de los elementos clasificatorios, hasta la incorporación de **criterios de valoración discriminatorios** de las distintas funciones, pasando por el establecimiento de áreas funcionales segregadas o esterotipadas, cuando no simplemente ficticias. Todo ello con el propósito de disminuir el estatus laboral de la trabajadora en el seno de la empresa, pues es claro que los efectos de una clasificación profesional discriminatoria alcanzan al conjunto de las condiciones de trabajo y especialmente a las retributivas. Es así imprescindible que los sistemas de clasificación profesional reposen sobre criterios neutros, objetivos y transparentes.

Precisiones El hecho de que la trabajadora que pretende ser víctima de una discriminación por razón de sexo y el trabajador de referencia estén **clasificados en la misma categoría** profesional prevista por el convenio colectivo aplicable no basta por sí solo para concluir que los dos trabajadores afectados realizan un mismo trabajo o un trabajo al que se atribuye un mismo valor, puesto que esta circunstancia sólo constituye un **indicio,** entre otros, de que se cumple este criterio (TJUE 26-6-01, C-381/99, caso Brunnhofer).

3. Retribución en función del sistema de clasificación profesional

(Dir 2006/54/CE)

4190 El sistema más usual empleado en la negociación colectiva para fijar salarios es aquel en el que las cuantías salariales vienen identificadas en función del sistema de clasificación profesional. De este modo, se establecen salarios por categoría -en la medida en que los convenios no se hayan adaptado al nuevo sistema de clasificación profesional que excluye la categoría profesional como instrumento de encuadramiento- o grupo profesional.
En todo caso, al fijar las cuantías salariales correspondientes a cada grupo profesional el convenio colectivo ha de respetar la **cuantías mínimas** que para la retribución del trabajo por cuenta ajena fija para cada año el Gobierno mediante los correspondientes decretos de salario mínimo interprofesional (nº 4500).
Respecto a la **ausencia de discriminación**, ver nº 4520.

Precisiones 1) Por lo que respecta al **trabajo** pagado **por unidad de tiempo**, una diferencia de retribución asignada a dos trabajadores de distinto sexo, en el momento de su contratación para un mismo puesto de trabajo o un trabajo de igual valor, no puede justificarse por razones que sólo son conocidas tras la entrada en funciones de los trabajadores afectados y que sólo pueden ser apreciadas durante la ejecución del contrato de trabajo, como una diferencia en la capacidad de trabajo personal de los interesados o en la calidad de las prestaciones de un determinado trabajador con respecto a las de su compañero de trabajo (TJUE 26-6-01, asunto Brunnhofer C-381/99).
2) El **esfuerzo físico** como criterio de diferenciación sólo es válido si resulta ser elemento esencial y determinante de la tarea definida y se expresa en datos objetivos (TCo 58/1994).

Valoración de puestos de trabajo Algunas empresas han establecido un mapa de puestos de trabajo, previa valoración de los mismos, como **sistema de fijación de la concreta retribución** que ha de recibir cada trabajador en función del puesto para el que es contratado. **4192**
El análisis y la correspondiente valoración de puestos de trabajo es un proceso que se desarrolla en el ámbito de los recursos humanos y por el que se pretende analizar y comprender cuál puede ser el cometido y el resultado en el proceso productivo que cada puesto aporta a la empresa.
Lo que se somete a valoración del concreto puesto de trabajo es el conjunto de funciones y responsabilidades que se van a ejecutar como consecuencia de la prestación laboral para conseguir un determinado resultado. Esto se efectúa en dos **etapas**:
- en primer lugar, la **definición de la organización de la empresa**, departamento o sección de que se trate a través de un determinado método;
- en segundo lugar, la **aplicación de criterios similares** a los que han sido necesarios para la determinación del grupo profesional al que se encuentra adscrita la categoría laboral que ostente un determinado trabajador -tales como conocimientos, complejidad, autonomía, mando, responsabilidad-, o bien la aplicación de otros factores que puedan comportar una mayor gravosidad en su ejecución: penosidad, toxicidad, peligrosidad, turnicidad, etc.
En realidad, el sistema de valoración de puestos de trabajo **no es un modelo alternativo** a los anteriores sistemas de estructuración profesional mencionados, ya que, finalmente, también precisa de la utilización de uno u otro de éstos. Efectivamente, realizada la correspondiente valoración de puestos de trabajo, la determinación de la estructura profesional puede estar basada en grupos profesionales, niveles, áreas funcionales y especialidades profesionales. El sistema de valoración de puestos de trabajo permite, dentro de la correspondiente organización, definir la estructura de clasificación profesional identificando perfiles profesionales, planes de promoción profesional, de formación, etc.
Como **resultado del proceso de valoración** se establece el sistema de remuneración.
Dado que la valoración de los puestos de trabajo requiere la previa determinación del **organigrama** funcional de la estructura productiva, el **ámbito natural de materialización** es el de empresa (ejemplo de este sistema de valoración de puestos de trabajo lo constituye el CCol de Verallia Spain, SA (fábricas) 2022-2024 DGE Resol 27-11-22, BOE 10-12-22).

Precisiones 1) Muchos convenios de empresa diseñan un mapa de puesto y su valor relativo a través de un sistema de valoración de puestos de trabajo, situación que concurre en el ámbito sectorial de forma más incipiente. Por lo tanto, destaca la presencia en los convenios colectivos de **procedimientos de valoración** de puestos de trabajo paralelos a la implantación de sistemas de clasificación profesional a través de grupos profesionales.
2) La **práctica convencional** ofrece gran variedad de sistemas de fijación de salarios en los que junto a la categoría o al grupo se utilizan **otros criterios**. Así, por ejemplo, el CCol Finanzauto, SA, 2022-2024 art.155 DGTr Resol 22-4-22, BOE 5-5-22, que diseña niveles económicos o el CCol SEAT, S.A. 2022-2026 art.14 DGE Resol 19-9-22, BOE 29-9-22, que fija salarios por categoría pero dentro de cada una de estas designa tres tipos de retribución, en función del tiempo transcurrido desde el ingreso del trabajador en la empresa o desde el ascenso al puesto de trabajo.
3) El Ministerio de Trabajo y Economía Social ha lanzado la **Herramienta para la Valoración de Puestos de Trabajo** y su guía de uso para identificar y visibilizar las diferencias retributivas entre mujeres y hombres. La herramienta es gratuita y pretende facilitar un modelo voluntario del procedimiento para la valoración de la totalidad de los puestos en la empresa, que sirva de referencia para dar cumplimiento a los planes de igualdad y poner fin a las discriminaciones por razón de género (https://www.mites.gob.es/es/portada/herramienta_valoracion_puesto/index.htm).

B. Formación profesional, promoción y ascensos en el trabajo

(Const art.40.2; ET art. 4.2.b y 23; OIT Conv 140)

La Constitución impone a los poderes públicos la obligación de fomentar una política que garantice la formación y readaptación profesionales. **4200**
En el marco estatutario también se recoge el derecho de los trabajadores a la promoción y formación profesional en el trabajo, incluida la dirigida a su adaptación a las modificaciones

operadas en su puesto de trabajo, así como al desarrollo de planes y acciones formativas tendentes a favorecer su mayor empleabilidad.
La promoción profesional es un **derecho del trabajador individual** y no de un colectivo o grupo de trabajadores, cuyo contenido típico es la facultad de acceder a un trabajo más cualificado, o mejor remunerado, o de mejores expectativas en función de la experiencia y del mérito profesional (TS 13-12-91, EDJ 11862) (nº 4240).
Mediante la negociación colectiva pueden establecerse **medidas de acción positiva** dirigidas a eliminar o compensar situaciones de discriminación, de modo que, en igualdad de condiciones de idoneidad, tengan preferencia las personas del sexo menos representado para favorecer su acceso en el grupo profesional o puesto de trabajo de que se trate.

Precisiones La dimensión constitucional de la formación profesional hace **prevalecer** sobre cualquier otra circunstancia, salvo prueba en contrario, el ejercicio por los trabajadores de su derecho a la promoción profesional y, en tal sentido, no es aceptable limitar el alcance y el efecto de las normas que reconocen tal derecho más allá de lo razonable, mediante una interpretación restrictiva que no encuentra justificación alguna, lo que obliga a rechazar toda interpretación que imponga al derecho invocado otras limitaciones distintas a las que son propias de su naturaleza (TS 25-10-02, EDJ 51541; 6-7-06, EDJ 282221).
Esta interpretación favorable al ejercicio del derecho impone a la empresa **justificar su negativa**, bien en la concurrencia del derecho de otros trabajadores en plano preferente, bien por las exigencias organizativas de la empresa capaces de impedir o dificultar de manera apreciable el régimen de trabajo instaurado.

1. Formación profesional

4205 La formación profesional está integrada por el conjunto de enseñanzas cuya finalidad principal es capacitar a la persona para el desempeño de una actividad profesional. Su **objetivo** es favorecer la inserción, reinserción y actualización laboral para aumentar y adecuar el conocimiento y habilidades de los actuales y futuros trabajadores a lo largo de toda la vida.
Para el ejercicio de estos derechos **se regulan**:
- la posibilidad de adaptación de la jornada de trabajo (nº 4207);
- la concesión de permisos para la formación (nº 4209);
- las competencias profesionales (nº 4220 s.);
- el sistema de formación profesional para el empleo en el ámbito laboral (nº 4225).

4207 **Adaptación de la jornada de trabajo** (ET art.23.1.a y b) Para hacer efectivo su derecho a la formación profesional, el ET reconoce los siguientes derechos en materia de **jornada**:
1. Preferencia para **elegir turno de trabajo** y a **acceder al trabajo a distancia**, si tal es el régimen instaurado en la empresa, y el puesto o funciones son compatibles con esta forma de realización del trabajo, cuando curse regularmente estudios para la obtención de un título académico o profesional.
La preferencia para elegir turno de trabajo se mantiene con independencia de que el régimen instaurado por el empleador sea de turno fijo o de turno rotatorio, siempre que este sistema de trabajo sea el implantado en la empresa (TS 25-10-02, EDJ 51541; 6-7-06, EDJ 282221).
2. Adaptación de la jornada ordinaria de trabajo para asistir a cursos de formación profesional. No se concreta a través de qué mediadas en particular ha de discurrir la adaptación de jornada, de forma que, a falta de regulación convencional, habrá que estar a las genéricamente diseñadas por la legislación laboral o a las que las partes puedan concertar, sin olvidar que es el interés formativo del trabajador el que la norma trata de tutelar. La formación a la que va referida la adaptación de la jornada es profesional, pero de carácter genérico, es decir, no necesariamente vinculada a la empresa o al puesto de trabajo desempeñado.

Precisiones 1) Se reconoce el derecho de un trabajador a la **elección preferente de turno** de trabajo que sea compatible con la asistencia normal y regular a cursos formativos, al no existir ningún motivo razonable que justifique la denegación empresarial -inexistencia de circunstancias excepcional, seguimiento formativo regular del trabajador, etc.- (TSJ Castilla-La Mancha 30-7-04, EDJ 99888). Frente a un derecho subjetivo pleno, que el convenio solamente condiciona a necesidades organizativas, no puede admitirse una **negativa pura y simple** de la entidad empleadora basada en el perjuicio de inconcretas expectativas de los compañeros de trabajo. Parece que la lógica en este supuesto hubiera sido ofrecer al actor un horario con mayor presencia del trabajo en fines de semana, en tardes de lunes a viernes y de noches de viernes y sábados para permitir liberar a efectos lectivos las mañanas de lunes a viernes, según las necesidades educativas (TSJ Valladolid 22-4-09, EDJ 118453).
2) Las **reclamaciones** sobre el derecho a la elección del turno por motivos formativos deben tramitarse a través del proceso ordinario y no mediante la modalidad procesal de tutela de los derechos fundamentales, pese a que se vincule con el derecho constitucional a la educación (TSJ Burgos 26-2-13, EDJ 27617).

3) Se ha llegado a reconocer el derecho del trabajador a **indemnización por daños y perjuicios** por la negativa empresarial a la elección de turno, si la misma ha determinado la no superación de un curso académico (TSJ Sevilla 20-12-99, EDJ 87008).

Permisos para la formación (ET art.23.1.a, c y d) En materia de permisos vinculados a la formación, es posible distinguir entre permisos dirigidos a permitir una **formación de tipo genérico**, no necesariamente relacionada con la actividad de la empresa o el puesto de trabajo, ya sea profesional o no, y permisos que conducen al seguimiento de **acciones formativas específicas**, bien relacionadas con la actividad de la empresa, bien dirigidas expresamente a permitir la adaptación del trabajador a los cambios operados en su puesto de trabajo. 4209

Se distinguen los siguientes:

1. Permisos necesarios para **concurrir a los exámenes** que tengan lugar en el marco de estudios destinados a la obtención de un título académico o profesional.

2. Permisos para asistir a **cursos de formación** o perfeccionamiento profesional. Se advierte expresamente que durante este permiso el trabajador goza del derecho de reserva del puesto de trabajo lo que parece significar que la prestación laboral se suspende en estos casos y, por tanto, dados los presupuestos teóricos de la suspensión, el trabajador no sería remunerado durante el permiso. Nada impide, sin embargo, que la licencia formativa se configure como un mera interrupción del contrato de trabajo y venga oportunamente retribuida. Así sucederá cuando se pacte individual o colectivamente y sin que se pueda perder de vista que, en muchas ocasiones, las acciones formativas que se canalizan por este permiso se vinculan al Sistema de Formación Profesional para el empleo en el ámbito laboral donde los costes salariales y de Seguridad Social pueden ser objeto de financiación. La formación que es susceptible de ser canalizada por este permiso, aunque profesional, es de tipo genérico y por tanto no necesariamente coincidente con el desempeño del trabajador en la empresa. Puede tratarse, de forma amplia, de formación destinada a la obtención de **certificados de profesionalidad** del Catálogo Nacional de las Cualificaciones Profesionales, de títulos ofertados por el sistema educativo o incluso del reconocimiento de competencias profesionales por la vía de la experiencia laboral o a través de vías formativas informales.

En cualquier caso, la formación que abre las puertas a este permiso es la que al trabajador interesa y no ha de ser confundida con aquella otra que, a cargo de la empresa, es imprescindible para poder desempeñar el puesto de trabajo.

3. Derecho a la **formación profesional adaptativa**, esto es, aquella necesaria para que el trabajador se adapte a las modificaciones operadas en el puesto de trabajo. Este tipo de formación, muy similar a la prevista en el (ET art.52.b) para los casos de despido objetivo, corre a cargo de la empresa (sin perjuicio de que ésta obtenga en su caso de las Administraciones públicas los oportunos créditos para formación), considerándose el tiempo invertido en la misma como tiempo de trabajo efectivo y, por ello, oportunamente remunerado y no recuperable, debiendo, en su caso, considerarse jornada extraordinaria cuando vaya más allá de los límites señalados para la jornada de trabajo ordinaria

Se proclama en estos términos el derecho del trabajador a recibir la formación que le permita adaptarse a los **cambios** que se produzcan **en su puesto de trabajo**, con el correlativo deber empresarial de ofrecer a su cargo esta formación, ya enunciada, como derecho básico, en el (ET art.4.2.b). Se trata, en fin, de una formación que debe darse durante el desarrollo de la relación laboral para acometer o anticiparse a los cambios que se van sucediendo en el puesto de trabajo y que, por tanto, no queda ligada a los supuestos de despido, distinguiéndose así de la que específicamente contempla el ET art.52.b.

Precisiones El **permiso para concurrir a exámenes** no se circunscribe a las horas de examen, sino que se extiende al tiempo necesario para acceder al mismo, pero sin afectar al día entero (TSJ Sevilla 25-3-10, EDJ 76929). Aunque su disfrute no se condiciona a la conveniencia empresarial, el trabajador debe preavisar a fin que la empresa pueda adaptar su organización, y -salvo pacto entre las partes- debe justificar su asistencia al mismo.

La regulación de las condiciones de ejercicio de los permisos formativos constituye una materia típicamente convencional; de ahí que la Ley, salvo precisiones concretas, se remita en bloque a la regulación que, teniendo en cuenta las particularidades de la actividad productiva, pueda establecerse mediante la **negociación colectiva** (ET art.23.2). 4211

Ello supone que el disfrute efectivo de los derechos reconocidos va a depender, en gran medida, de la existencia de una regulación convencional, pues la Ley se limita en algunos casos, prácticamente al mero reconocimiento del derecho. Es lo que ocurre con los derechos a las **licencias por motivo de exámenes**, con la preferencia en la **elección de turnos** en caso de estudios, con la **adaptación de la jornada** para la asistencia a curso de formación profesional, con el trabajo a distancia o con los permisos de formación o perfeccionamiento profesional.

Más concreto es, sin embargo, el legislador cuando aborda la formación para la **adaptación a las alteraciones del puesto** de trabajo (ET art.23.1.d). En este supuesto, tanto la consideración de la formación, en todo caso, como tiempo de trabajo efectivo como la atribución de sus costes al empresario no pueden ser alteradas por la negociación colectiva, para la que se alzan como límites imperativos y en consecuencia indisponibles.

Algo similar sucede con el **permiso formativo** (nº 4213) cuyos contenidos más importantes, como hemos visto, se individualizan por el propio legislador sin que se requiera el concurso de la negociación colectiva. En este último caso sólo se reclama la contribución de la autonomía colectiva para la concreción del modo de disfrute del permiso, para lo que el ET se remite expresamente al convenio colectivo (lo que supone una llamada más restringida que la genérica apelación a la negociación colectiva al dejar fuera otros pactos convencionales que no puedan considerarse convenios colectivos) y sólo en su defecto al acuerdo mutuo entre trabajador y empresario.

La remisión legal al convenio para que determine las condiciones de ejercicio de los derechos formativos del trabajador otorga a la norma convencional un papel muy relevante y un amplio margen de libertad que, sin embargo, encuentra un **límite infranqueable** en el principio de no discriminación. Advierte expresamente el ET que la regulación convencional del ejercicio de los derechos formativos se acomodará a criterios y sistemas que garanticen la ausencia de discriminación, tanto directa como indirecta, entre trabajadores de uno y otro sexo. A tal efecto, los agentes negociadores deben tener presente las definiciones que establece la LO 3/2007 sobre **discriminación directa e indirecta** por razón de sexo, elaborados por la jurisprudencia comunitaria (TJUE 27-6-90, asunto Kowalska, C-33/89; TJCE 7-2-91, asunto Nimz, C-184/89; 4-6-92, asunto Bötel, C-360/90; 9-2-99, asunto Seymour-Smith, C-167/97).

Precisiones **1)** El ejercicio de estos derechos no requiere que venga expresamente pactado en convenio colectivo. Se trata de derechos con **eficacia directa**, sin que su ejercicio quede obstaculizado porque no se haya efectuado un desarrollo del mismo en los convenios colectivos (TSJ La Rioja 8-10-15, EDJ 200075).

2) El derecho a permisos para formación **no es absoluto** y puede quedar limitado o excluido por la concurrencia de un interés o derecho a proteger de mayor rango que el derecho a la formación, o por la concurrencia del derecho de otros trabajadores en plano preferente, así como por las exigencias organizativas de la empresa, pero, en tal caso, incumbe a la empresa el acreditar la concurrencia de circunstancias capaces de impedir o dificultar de manera apreciable el régimen de trabajo instaurado si se accede a lo que se pide en la demanda (TS 25-10-02; TSJ La Rioja 29-12-08, EDJ 364378).

3) El **carácter retribuido** o no de los permisos se condiciona a la previsión convencional, esto es, a que esté prevista en el convenio colectivo aplicable, salvo en los casos de formación para la adaptación a las modificaciones operadas sobre el puesto de trabajo que se considera siempre tiempo de trabajo efectivo exigiendo, por tanto, la remuneración de todo el tiempo que el trabajador invierte en la formación, ya sea durante la jornada ordinaria o implique horas extraordinarias. No es descartable que, a efectos de su retribución, los permisos, como el de concurrir a exámenes, puedan asimilarse a otros previstos convencionalmente como los de asuntos propios (TSJ C.Valenciana 7-7-98, EDJ 23132).

4213 **Permiso de formación profesional para el empleo** (ET art.23.3) Se reconoce un permiso dirigido a la formación profesional para el empleo, vinculada a la actividad de la empresa. Se trata de un permiso que el legislador ha precisado mucho más que el resto, que goza de un mayor grado de autosuficiencia y, por tanto, está menos necesitado de desarrollo convencional ulterior.

Las **características** legales de este permiso son:

1. **Titularidad**: su disfrute se condiciona a que el trabajador, cualquiera que sea su contrato y con independencia también de las características del empleador, tenga una antigüedad en la empresa de, al menos, un año.

2. **Duración**: el permiso retribuido es de 20 horas anuales sin que haya obstáculo para que a través de la autonomía colectiva o individual se amplíe el número de horas que, sin embargo, no pueden en ningún caso ser objeto de reducción. Surge la duda, no resuelta expresamente por el legislador, de si en el caso de **trabajadores a tiempo parcial** el permiso se reconoce entero o en proporción a la jornada trabajada, decantándose parte de la doctrina por esta última solución.

3. **Disfrute**: el modo de disfrute del permiso se fija de común acuerdo entre trabajador y empresario, previendo expresamente el ET que el permiso es susceptible de acumulación por un período de hasta 5 años. El derecho del trabajador a este permiso retribuido se entiende cumplido cuando:

- el trabajador pueda realizar las acciones formativas dirigidas a la obtención de la formación profesional para el empleo en el marco de un plan de formación desarrollado por iniciativa empresarial o comprometido por la negociación colectiva;

- se autorice al trabajador el disfrute del permiso individual de formación previsto en la L 30/2015 art.8.1.d (L 30/2015 art.9.6).

4. **Coste**: se trata de un permiso retribuido que, por tanto, ha de sufragar el empresario manteniendo el salario del trabajador durante el disfrute del permiso. Cuando el permiso se cumpla mediante la participación del trabajador en un plan de formación desarrollado por iniciativa empresarial o comprometido por la negociación colectiva, el coste de la actividad formativa vinculada al citado permiso podrá financiarse con el crédito de formación asignado a la empresa (L 30/2015 art.9.6). Las empresas que formen a personas afectadas por ERTE regulados en el ET art.47 o por una de las modalidades del Mecanismo RED (ET art.47.bis) tienen derecho a un incremento de crédito para la financiación de acciones en el ámbito de la formación programada (L 30/2015 art.9.7).

5. **Formación**: la formación que procura el permiso es una formación profesional para el empleo, vinculada ampliamente con la actividad de la empresa. Aunque no se trata de una formación genérica tampoco debe ir ligada necesariamente al puesto de trabajo, sino que puede discurrir de forma flexible por la actividad de la empresa, con independencia de las funciones concretas que el trabajador desempeñe en la misma. En todo caso, la formación que se dispensa a través de este permiso retribuido **es compatible** y, por tanto, no evita aquella otra que la empresa debe obligatoriamente impartir a su cargo conforme lo previsto en otras leyes (por ejemplo, LPRL art.19 o LETT art.12).

Los trabajadores **no tienen derecho a recibir formación** con cargo a la empresa; sólo tienen derecho al permiso retribuido para su formación (TS 20-11-19, EDJ 755528).

Precisiones En el caso del **personal al servicio de la Administración General del Estado** y sus organismos públicos, el tiempo destinado a la realización de cursos de formación dirigidos a la capacitación profesional o a la adaptación a las exigencias de los puestos de trabajo, programados por los diferentes promotores previstos en los correspondientes Acuerdos de Formación para el empleo, así como los organizados por los distintos órganos de la Administración General del Estado, se considera tiempo de trabajo a todos los efectos cuando los cursos se celebren dentro del horario de trabajo y así lo permitan las necesidades del servicio. El período de tiempo de asistencia a estos cursos de formación computa a efectos del permiso retribuido de formación previsto para el personal laboral en el ET art. 23.3 (Secretaría de Estado de Administraciones Públicas Resol 28-2-19 art.10).

a. Competencias profesionales

(L 2/2011 art.72 a 76, disp.adic.2ª y 5ª; LO 3/2022; RD 659/2023)

Sistema de formación profesional (LO 3/2022 art.5) El nuevo Sistema (en vigor a partir del 21-4-2022, si bien su implantación ha sido progresiva, según se ha ido desarrollando reglamentariamente) se configura como un **sistema único** e integrado de formación profesional. Es un conjunto de actuaciones dirigidas a identificar las competencias profesionales del mercado laboral, asegurar las ofertas de formación idóneas, posibilitar la adquisición de la correspondiente formación o el reconocimiento de las competencias profesionales, y poner a disposición de las personas un servicio de orientación y acompañamiento profesional que permita el diseño de itinerarios formativos individuales y colectivos. **4220**

Su **función** es el desarrollo personal y profesional de la persona, la mejora continuada de su cualificación a lo largo de toda la vida y garantizar la satisfacción de las necesidades formativas del sistema productivo y del empleo. Para lo cual:

1. Se establece un Sistema de Formación Profesional que acompañe a las personas **desde** el sistema educativo y **durante** toda su vida laboral.

2. Se superan los **dos subsistemas** independientes existentes hasta ahora: la formación profesional del sistema educativo y la formación profesional para el empleo.

Su **fin** es facilitar la cualificación y recualificación permanente de las personas y el ajuste entre la demanda y la oferta de empleo, de forma que alcance por igual al conjunto de la población. Introduce la colaboración público-privada y la participación de las empresas en la definición de los perfiles competenciales y el establecimiento de los programas formativos, e incorpora las transformaciones fruto de la digitalización y la economía verde y azul y la sostenibilidad.

Toda la formación profesional pasa a tener **carácter dual**, incluyendo una fase de formación en una empresa u organización.

El modelo se estructura en una **doble escala**, diseñada conforme al Catálogo Nacional de Estándares de Competencias Profesionales, compuesta por:

1. Cinco grados (Grado A: acreditación parcial de competencia; Grado B: certificado de competencia; Grado C: certificado profesional; Grado D: ciclo formativo; Grado E: curso de especialización), que son ofertas formativas organizadas en unidades.

2. Tres niveles de competencia profesional (1: ciclos formativos de grado básico; 2 y 3: ciclos formativos de grado medio o superior), según los conocimientos, iniciativa, autonomía y complejidad de las tareas en cada una de las ofertas formativas.
Todas las **ofertas de formación profesional** de Grado C, D y, en su caso, E se realizan conforme a dos regímenes de oferta: general, en que el periodo de formación en la empresa no tiene carácter laboral ni retribuido (sin perjuicio de percibir ayudas de transporte o similares), o intensiva, en el marco de un contrato de formación y, por tanto, retribuida.
Se introducen **programas formativos** dirigidos a personas que disponen de un contrato de trabajo y desean cursarlos, manteniendo su estatus de trabajador. Esta formación puede tener una duración de hasta el doble de años de lo previsto, combinando trabajo en la empresa y formación en el centro, en una misma semana; sin perjuicio de las competencias de la administración laboral en materia de formación de personas trabajadoras.
Se introduce la participación de los **agentes sociales** en el impulso de la formación profesional y se mantiene la acreditación de competencias profesionales adquiridas por experiencia laboral u otras vías no formales o informales.

Precisiones **1)** El **Catálogo Nacional de Estándares de Competencias Profesionales** sustituye al anterior **Catálogo Nacional de Cualificaciones Profesionales**, si bien este se mantiene vigente en tanto no se desarrolle reglamentariamente aquel, y todas las referencias al Catálogo Nacional de Cualificaciones Profesionales se entienden hechas al Catálogo Nacional de Estándares de Competencias Profesionales (LO 3/2022 disp.trans.3ª; RD 659/2023 disp.adic.14ª y disp.trans.4ª).
2) Se mantiene **vigente** la formación estructurada en dos sistemas, el anterior y el posterior al 21-4-2022, en cuanto a la ordenación académica de las enseñanzas de formación profesional del sistema educativo y de los certificados de profesionalidad en el ámbito de la formación profesional para el empleo, hasta que se produzca su desarrollo reglamentario (LO 3/2022 disp.trans.2ª).

b. Sistema de formación profesional para el empleo en el ámbito laboral

(L 30/2015; RD 649/2017)

4225 Las iniciativas de formación profesional para el empleo y las acciones formativas que integran el sistema de formación profesional para el empleo en el ámbito laboral están dirigidas a la adquisición, mejora y actualización permanente de las competencias y cualificaciones profesionales, favoreciendo la formación a lo largo de toda la vida de la población activa, y conjugando las necesidades de las personas, de las empresas, de los territorios y de los sectores productivos.
Se entiende por **iniciativa de formación** cada una de las modalidades de formación profesional para el empleo dirigidas a dar respuesta inmediata a las distintas necesidades individuales y del sistema productivo.
En particular (L 30/2015 art.8.1):
1. La **formación programada por las empresas** para sus trabajadores (nº 4227).
2. La **oferta formativa** de las administraciones competentes para:
- trabajadores ocupados, constituida por los programas de formación sectoriales y los programas de formación transversales, así como los programas de cualificación y reconocimiento profesional;
- trabajadores desempleados, que incluye los programas de formación dirigidos a cubrir las necesidades detectadas por los servicios públicos de empleo, los programas específicos de formación y los programas formativos con compromisos de contratación.

3. Otras iniciativas de formación profesional para el empleo, relativas a los permisos individuales de formación (nº 4231), la formación en alternancia con el empleo, la formación profesional dual, las prácticas no laborales en empresas y los programas de formación con prácticas formativas.
La formación recibida por el trabajador a lo largo de su carrera profesional, de acuerdo con el Catálogo Nacional de Cualificaciones Profesionales y el marco español de Cualificaciones para la Educación Superior, se debe inscribir en una **cuenta de formación**, asociada al número de afiliación a la Seguridad Social.

Precisiones La **L 30/2015** está derogada por la LO 3/2022 solo en cuanto no se oponga a ella (LO 3/2022 disp.derog.2).

4227 **Formación programada por las empresas** (L 30/2015 art.9; RD 694/2017; OM TAS/2307/2007) En la formación programada por las empresas podrán **participar** los trabajadores asalariados que prestan sus servicios en empresas o en entidades públicas no incluidas en el ámbito de aplicación de los acuerdos de formación en las Administraciones públicas, incluidos los trabajadores fijos-discontinuos en los periodos de no ocupación, así como los trabajadores que, durante su participación en esta formación, accedan a situación de desempleo y los trabajadores afectados por medidas temporales de suspensión de contrato por causas económicas,

técnicas, organizativas o de producción, en sus períodos de suspensión de empleo. Asimismo, la formación programada podrá aplicarse a los trabajadores de los colectivos cuyo régimen de cotización contemple el pago de cuota por el concepto de formación profesional, para cubrir sus propias necesidades formativas.
Esta modalidad de formación responde a las necesidades específicas de las empresas y de los trabajadores asalariados que presten sus servicios en las mismas. Por tanto, la **formación impartida** por esta vía debe guardar relación con la actividad empresarial.
Las empresas pueden **organizar la formación** de sus trabajadores por sí mismas, así como impartir la formación empleando para ello medios propios y/o bien recurriendo a su contratación. La formación profesional para el empleo puede impartirse de forma presencial, mediante teleformación, bajo plataformas y contenidos accesibles a las personas con discapacidad, o bien de forma mixta, mediante la combinación de las dos modalidades anteriores.

Financiación (L 30/2015 art.9) Para la financiación de los costes derivados de la formación programada las empresas disponen anualmente de un **crédito de formación**, el cual podrán hacer efectivo mediante bonificaciones en las correspondientes cotizaciones empresariales a la Seguridad Social, cuyo importe resulta de aplicar a la cuantía ingresada por cada empresa el año anterior, en concepto de cuota de formación profesional, el porcentaje de bonificación que anualmente se establece en la LPG, en función del tamaño de las empresas, garantizándose un crédito mínimo de formación por la cuantía que se determine en la citada ley. **4229**
Los **porcentajes** son los siguientes (L 31/2022 disp.adic.92ª.5):
- Empresas de 6 a 9 trabajadores: 100%.
- De 10 a 49 trabajadores: 75%.
- De 50 a 249 trabajadores: 60%.
- De 250 o más trabajadores: 50%.

Las **empresas de 1 a 5 trabajadores** disponen en el año de un crédito de bonificación por empresa de 420 €, en lugar de un porcentaje. Asimismo, pueden beneficiarse de un crédito de formación las empresas que durante ese año abran **nuevos centros de trabajo**, así como las e**mpresas de nueva creación**, cuando incorporen a su plantilla nuevos trabajadores. En estos supuestos, las empresas disponen de un crédito de bonificaciones cuyo importe resulta de aplicar al número de trabajadores de nueva incorporación la cuantía de 65 €.
Las empresas que forman a personas **afectadas por ERTEs o por una de las modalidades del Mecanismo RED** tienen derecho a un incremento de crédito para la financiación de acciones en el ámbito de la formación programada (ET art.47 y 47.bis). Este incremento se financia por el SEPE y su cuantía depende del tamaño de la empresa (L 30/2015 art.9.7):
- 1 a 9 trabajadores: 425 €/persona;
- 10 a 49 trabajadores: 400 €/persona;
- 50 o más trabajadores: 320 €/persona.

Las empresas participarán con sus **recursos propios** en la financiación de la formación de sus trabajadores según los porcentajes mínimos que, sobre el coste total de la formación, se establecen a continuación en función de su tamaño, a excepción de las empresas de 1 a 5 trabajadores que resultan exentas de esta obligación:
- empresas de 6 a 9 trabajadores: 5%;
- de 10 a 49 trabajadores: 10%;
- de 50 a 249 trabajadores: 20%;
- de 250 o más trabajadores: 40%.

Se consideran incluidos en la cofinanciación privada los **costes salariales** de los trabajadores que reciben formación en la jornada laboral. A estos efectos, sólo podrán tenerse en cuenta las horas de dicha jornada en las que realmente los trabajadores participan en la formación.

Otras iniciativas de formación: permiso individual de formación (RD 694/2017 art.5.1.d y 29.1; OM TAS/2307/2007 art.21, 22, 25 y 26) El permiso individual de formación es aquel por el que la empresa autoriza a un trabajador la realización de una **acción formativa** que esté reconocida mediante una titulación o acreditación oficial, incluida la correspondiente a los títulos de formación profesional y los certificados de profesionalidad, o mediante un título universitario propio, con el fin de favorecer su desarrollo profesional y personal, siempre que no constituya una formación obligatoria para el empresario. La acción formativa debe realizarse íntegramente en **modalidad presencial** o, de no ser así, contar con clases prácticas o tutorías presenciales obligatorias. **4231**
Este permiso puede autorizarse también para el acceso a los procesos de reconocimiento, evaluación y acreditación de las competencias y cualificaciones profesionales adquiridas a través de la **experiencia laboral** y de otros aprendizajes no formales e informales.
En los permisos individuales de formación pueden **participar** los trabajadores asalariados que prestan sus servicios en empresas o en entidades públicas no incluidas en el ámbito de

aplicación de los acuerdos de formación en las Administraciones Públicas y coticen a la Seguridad Social en concepto de formación profesional.
La **denegación** del permiso por parte de la empresa debe estar motivada por razones organizativas o de producción, comunicándolo al trabajador.

Precisiones Se consideran **titulaciones oficiales** aquellas que han sido expedidas por las Administraciones Públicas competentes, con validez en todo el territorio estatal y publicadas en el BOE. Asimismo, se consideran **acreditaciones oficiales** aquellas que estando previstas en la normativa estatal han sido expedidas por la Administración Pública competente y publicadas en el boletín oficial correspondiente. Finalmente, se consideran **títulos universitarios** propios, los cursos universitarios que tengan esta consideración por resolución de la Junta de Gobierno o Consejo Social de la Universidad correspondiente.

4233 **Financiación de los costes salariales** (RD 694/2017 art.29.2, 3 y 4; OM TAS/2307/2007 art.23 y 24) Los costes salariales derivados de los permisos individuales de formación se pueden financiar con el **crédito anual de formación**, no pudiéndose financiar además como acción formativa. La financiación de estos costes está limitada a un máximo de 200 horas laborales por permiso y curso académico o año natural, según el caso, en función de la duración de la formación a realizar.
Los citados costes están **constituidos** por:
- el salario del trabajador: sueldo base, antigüedad y complementos fijos, así como por la parte correspondiente de pagas extraordinarias;
- las cotizaciones devengadas a la Seguridad Social durante el período del permiso.

Solo pueden computarse y ser **objeto de financiación** las horas laborales dentro de la jornada laboral del trabajador que efectivamente se dejen de desempeñar por asistencia a las acciones formativas objeto del permiso individual de formación, salvo en el supuesto del trabajador nocturno en el que las horas de descanso se pueden imputar como horas laborales; pudiéndose incluir dentro de las horas laborales el tiempo de desplazamiento desde su lugar de trabajo al centro de formación cuando coincida con horas laborales.
Cuando los costes salariales del permiso o permisos de formación superen el 5% de su crédito anual de formación, y hasta el límite de la disponibilidad presupuestaria autorizada anualmente por la LPGE, se asigna a las empresas que concedan tales permisos un **crédito adicional de bonificaciones** equivalente al de los costes salariales de los permisos que comunique con los siguientes límites:
- empresas de 1 a 9 trabajadores: 200 horas correspondientes a uno o más permisos;
- empresas de 10 a 49 trabajadores: 400 horas;
- empresas de 50 a 249 trabajadores: 600 horas;
- empresas de 250 a 499 trabajadores: 800 horas;
- por cada 500 trabajadores más que la empresa tenga en su plantilla, el de los costes salariales de otras 200 horas.

2. Promoción en el trabajo

(Const art.35.1)

4240 La Constitución reconoce el derecho de todos los trabajadores a la promoción a través del trabajo.
El desarrollo estatutario de este derecho se recoge en el ET art.24, que regula el régimen de **ascensos** estableciendo unas **pautas generales** que han de tomarse en consideración:
- formación;
- méritos;
- antigüedad;
- facultades organizativas del empresario.

Los ascensos y la promoción profesional en la empresa deben ajustarse a criterios y sistemas que tengan como objetivo garantizar la **ausencia de discriminación**, tanto directa como indirecta, entre mujeres y hombres, pudiendo establecerse medidas de acción positiva dirigidas a eliminar o compensar situaciones de discriminación, lo cual comporta la posibilidad de priorizar -en igualdad de condiciones de idoneidad- las personas del sexo menos representado.
Se ha dudado en el debate judicial acerca de si la promoción en el trabajo y la proclamación de la no discriminación debe también garantizar un tratamiento en términos de igualdad a **trabajadores temporales e indefinidos**. Pese al tenor del ET art.15.6, se ha entendido que una exigencia convencional que restringe la promoción a los trabajadores fijos no vulnera el derecho constitucional de igualdad por cuanto no es posible, sin alterar el objeto de los contratos temporales, que los trabajadores con contrato temporal promocionen, aunque sea temporalmente, a diferente puesto de trabajo o para otro de un grupo profesional superior, pues ello supondría que las causas de temporalidad de sus contratos quedarían vacías de contenido (AN 15-10-15, EDJ 185289).

La parquedad del ET a la hora de acometer la promoción profesional hace que sea el **convenio o acuerdo colectivo de empresa** el que establezca, con amplio margen de libertad, el régimen de ascensos aplicable en cada caso que, una vez regulado, resulta vinculante para las partes contractuales (TSJ Sevilla 26-4-02, EDJ 62178). La referencia de la norma legal a la formación, los méritos, la antigüedad o las facultades empresariales no constituye una regla precisa, ni tiene, en el decir de algún pronunciamiento judicial (TSJ Cataluña 1-3-12, EDJ 80589), naturaleza de norma de derecho necesario, sino que tan sólo persigue que las partes negociadoras tengan en consideración esos criterios en el momento de negociar el sistema de ascensos y, por consiguiente, debe estarse a la concreta regulación convencional.
El ascenso supone una alteración de la **clasificación profesional** del trabajador, mediante su elevación en la estructura organizativa de la empresa y debe ajustarse a los previsto en la norma convencional que puede incluso automatizar los ascensos para aquellos trabajadores que cumplan con determinados requisitos.
Como **vía alternativa** al ascenso «convencional», regulado en el ET art.24 y remitido a la regulación convencional o «acuerdo de empresa», debe tenerse presente lo dispuesto en el ET art.39.2, que establece que, si como consecuencia de la movilidad funcional se realizasen **funciones superiores** a las del grupo profesional por un **período** superior a 6 meses durante un año, o a 8 meses durante 2 años, períodos que pueden ser alterados por la negociación colectiva, el trabajador puede reclamar el ascenso si a ello no obsta lo dispuesto en convenio colectivo o, en todo caso, la cobertura de la vacante correspondiente a las funciones por él realizadas conforme a las reglas en materia de ascensos aplicables en la empresa, sin perjuicio de reclamar la diferencia salarial correspondiente. Estas acciones son acumulables y, contra la negativa de la empresa y previo informe del comité o, en su caso, de los delegados de personal, el trabajador puede reclamar ante la jurisdicción social por los cauces previstos en la LRJS art.137. No obstante, una norma convencional puede oponerse a la regla general de ascenso por la mera continuidad en la prestación de los servicios de superior categoría, limitando la posibilidad de ascender a categorías superiores a la superación de las pertinentes pruebas selectivas (TS 22-9-17, EDJ 202026).
En cualquier caso la **clasificación por grupos** que impone el legislador hace que en ocasiones no se pueda considerar que existan funciones superiores en el interior de cada grupo como sucede, en el caso del CCol estatal de empresas de seguridad, con la realización por los vigilantes de seguridad de las funciones correspondientes a los vigilantes de seguridad de transporte (TSJ Málaga 19-11-15, EDJ 265415).

Precisiones **1)** Si el convenio colectivo supedita el ascenso a la **realización de pruebas específicas**, el desempeño continuado de funciones de categoría superior confiere derecho a percibir las remuneraciones correlativas, pero no a la reclasificación profesional (TS 6-11-18, EDJ 650085). Ahora bien, no es posible incluir como requisito del proceso de promoción interna la superación de un **reconocimiento médico** (AN 12-2-24, EDJ 506940).
3) Si las trabajadoras han seguido llevando a cabo **funciones de categoría distinta** a las que tienen asignadas, a pesar de la decisión empresarial de que se limiten a las funciones propias de su categoría laboral, pero sin incorporar al departamento a otros trabajadores con categoría superior y sin controlar que aquellos cumplan su orden, han de ser retribuidas por la efectiva prestación de servicios (TS 28-1-20, EDJ 507598).
4) Para el **cómputo del periodo** superior a 6 meses durante un año u 8 meses durante 2 años de realización de **funciones superiores** que da lugar a reclamar un ascenso, primero se computa el periodo anual de referencia, y seguidamente los días de trabajo efectivo en ese lapso temporal, que son sobre los que se computan los días de encomienda de función de categoría superior, verificándose si se superan (TS 29-1-24, EDJ 505094).

Promoción económica (ET art.25) La normativa estatutaria se limita, prácticamente, al **4242**
reconocimiento -como simple posibilidad- del derecho a la promoción económica, en función del trabajo realizado y en los términos fijados en convenio colectivo o contrato individual, sin perjuicio de los derechos adquiridos o en curso de adquisición en el tramo temporal correspondiente (TS 22-7-08, EDJ 161773).
A diferencia de la promoción profesional, la norma no fija las **pautas** que han de orientar la autonomía de las partes.
De la dicción literal del precepto no cabe inferir que la **negociación colectiva** tenga que reconocer una retribución específica por la antigüedad de los trabajadores afectos a su ámbito de aplicación, interpretación justificada por la utilización del término «podrá tener derecho». Además, el precepto parece huir de que la promoción económica del trabajador se produzca exclusivamente por su permanencia en la empresa, intentando alentar fórmulas promocionales que se basen en el trabajo realizado y no por tanto en la mera vinculación.

4242 (sigue) La creciente y progresiva **eliminación de la antigüedad** en la negociación colectiva se amortigua (ET art.25.2) mediante el reconocimiento a los trabajadores que vinieran percibiendo retribuciones por el concepto de antigüedad del derecho a mantenerlas como garantía *ad personam*, salvando los derechos adquiridos o en curso de adquisición en el tramo temporal correspondiente (son muy numerosos los convenios que llevan a cabo mecanismos de consolidación o garantía personal del complemento de antigüedad, por ejemplo: CCol Acuerdo 10-12-15, BOP 27-5-16; CCol Estatal de Industrias del Frío Industrial, DGTr Resol 23-5-22, BOE 2-6-22 o CCol estatal de Ortopedias y Ayudas Técnicas, DGE REsol 3-3-16, BOE 15-3-16).

Este mantenimiento potestativo y limitado del complemento de antigüedad por la negociación colectiva ha sido legitimado por el Tribunal Constitucional, que recuerda que la exigencia de **igualdad retributiva** no es absoluta en nuestro Derecho (TCo 119/2002) y el menor alcance de la protección del derecho fundamental a la igualdad en casos en los que juegue abiertamente el principio de autonomía de la voluntad (TCo 34/1984). Sin embargo, una cosa es el **mantenimiento del complemento** de antigüedad ya adquirido y otra muy distinta es que, a partir de un determinado momento, se establezcan dos sistemas diferentes para retribuir la antigüedad en función de la fecha de ingreso en la empresa, mecanismo este último descartado por la jurisprudencia por vulnerar el derecho de igualdad (AN 5-3-15, EDJ 28402; TS 16-12-08, EDJ 282638; 15-12-08, EDJ 272951; 21-12-07, EDJ 347258; TCo 27/2004).

Respecto del **complemento de antigüedad**, ver nº 4725 s.

CAPÍTULO 16

Lugar de trabajo

4300

A. Régimen jurídico general

El estudio del régimen jurídico general del centro de trabajo comprende las siguientes cuestiones: 4305

1. Concepto legal de centro de trabajo (nº 4310 s.).
2. Apertura del centro de trabajo (nº 4325 s.).
3. Adscripción del trabajador del centro de trabajo (nº 4350 s.).

1. Concepto legal de centro de trabajo

(ET art.1.5)

Concepto estatutario de centro de trabajo Por centro de trabajo hay que entender la unidad productiva con organización específica dada de alta como tal ante la autoridad laboral. 4310

El propio art.1.5 del ET circunscribe el alcance de esta definición, al puntualizar que se establece a los efectos del ET, lo que explica que en **otras normas laborales** se encuentren nociones diferentes aplicables, exclusivamente, en el concreto ámbito sobre el que se proyectan (nº 4320).

El concepto legal de centro de trabajo viene delimitado por tres **elementos**:

1. Dos de carácter **constitutivo**, sin cuya concurrencia no puede apreciarse su realidad:
- la existencia de una **unidad productiva** que asuma la totalidad o parte del proceso de producción de un bien o de la prestación de un servicio con todos los elementos propios necesarios para ello (nº 4314);
- que dicha unidad esté dotada de una **organización específica** que la individualice dentro del conjunto de la empresa, sin que ello suponga privar a la dirección de la empresa del poder general de planificar y regir la vida del negocio (nº 4316).

Se trata de dos elementos sustanciales pero que presentan cierta indeterminación en su formulación susceptible de una notable variedad de concreciones, interpretadas por la jurisprudencia según la materia sobre la que se aplique el concepto y las circunstancias fácticas del caso. El primero de ellos constituye una referencia productiva, y el segundo una referencia organizativa, de manera que la noción legal de centro de trabajo resulta de la **confluencia de ambas facetas**. No todo lugar de trabajo constituye, por ende, una unidad productiva ni toda unidad productiva merece la consideración legal de centro de trabajo; únicamente, la que disponga de una organización propia y diferenciada.

2. Un tercer elemento de naturaleza **formal** y no determinante: realizar una serie de **trámites administrativos** en relación con la apertura del centro de trabajo (nº 4325 s.)

El ordenamiento laboral considera el centro de trabajo como un ente susceptible de tráfico jurídico individualizado al igual que la empresa y la unidad productiva autónoma, en los términos y con los efectos jurídicos previstos. Respecto a la **sucesión de empresa**, ver nº 1060 s.

El concepto de centro de trabajo se diferencia de otros **conceptos afines**:

1. Puesto de trabajo: a falta de una definición legal, la jurisprudencia social ha venido interpretando que la noción de puesto de trabajo viene determinada fundamentalmente por dos **elementos** (TS 3-12-13, EDJ 267678):
- el **funcional** o conjunto de cometidos y responsabilidades que asume el trabajador;
- el **locativo**, es decir, el concreto centro de trabajo donde los efectúa y asume

Ambos factores sirven para identificar el puesto de trabajo.

A la luz de esta doctrina, el puesto de trabajo desempeñado por un trabajador, en su acepción más estricta, es el conjunto de tareas que lleva a cabo en un concreto sitio físico.

2. Lugar de trabajo: es el espacio físico donde el trabajador desarrolla su actividad.

4312 Precisiones 1) El ET art.1.5 se configura como una norma de **derecho necesario absoluto**, indisponible por las partes, de modo que a los efectos de verificar la existencia de un centro de trabajo resulta indiferente la decisión adoptada por el empresario de constituir o no un determinado lugar de trabajo como tal, así como los acuerdos que haya podido alcanzar con los trabajadores o con sus representantes. Únicamente merece la consideración de **centro de trabajo** aquel lugar donde se realice la actividad empresarial que reúna las exigencias materiales anteriormente mencionadas. Hay que descartar, por tanto, la posibilidad de dejar al arbitrio del empresario la decisión última de crear artificialmente o reconocer -o negar- la existencia de un centro de trabajo (TSJ Granada 11-4-12, EDJ 150554).

2) En las **contratas y subcontratas** de obras o servicios los trabajadores prestan servicios en un lugar de trabajo distinto a aquel del que es titular su empresario, el empresario contratista. Sin embargo, en estos casos no debe confundirse lugar de trabajo con centro de trabajo, pues sólo el último podrá ser escenario de unas elecciones a **representantes unitarios de los trabajadores** (TSJ Aragón 5-4-2001, EDJ 5798). Si una empresa contrata determinados servicios a otra empresa, los trabajadores de la empresa contratada para prestar dichos servicios trabajarán en el centro de trabajo de la empresa principal. Sin embargo, esto no es más que el lugar de trabajo de dichos trabajadores, que no se tendrán en cuenta a efectos de determinar el número de representantes de los trabajadores a elegir; sino que, por contra, habrán de elegir a sus representantes en el centro de trabajo de la empresa contratista, verdadero empresario, independientemente de que se produzcan traslados impropios de dichos trabajadores que dificulten la tarea representativa (TSJ Sevilla 14-9-10, EDJ 268412).

No obstante, en ese mismo ámbito y a efectos de la tipificación como falta muy grave de la decisión empresarial de sustituir a los trabajadores en **huelga** por otros no vinculados al centro de trabajo (LISOS art.8.10), se acoge una interpretación más amplia, considerando cada contrata de limpieza como centro de trabajo (TSJ Las Palmas cont-adm 11-7-08, EDJ 259983).

3) Respecto a la relevancia del centro de trabajo en los **despidos colectivos**, el ámbito de referencia es la empresa en su conjunto o, en su caso, los centros de trabajo afectados, siempre que las extinciones obliguen a seguir un período de consultas informados -Dir 98/59/CE art.1.1.a- (TJUE 13-5-15, C-392/13 asunto Rabal Cañas) -ver nº 2776 s. Memento Social 2024-.

4314 **Unidad productiva** La existencia de una unidad productiva que, dentro del conjunto de la actividad de la empresa, sirva a la ejecución práctica de esta, es el primer elemento que integra el concepto legal de centro de trabajo (TS 24-2-11, EDJ 16731). Se trata de una noción objetiva que se define por la idoneidad de un conjunto organizado de elementos de producción para servir de soporte a la realización de una actividad económica independiente.

Tal idoneidad o **autonomía técnica** concurre tanto en las unidades productivas donde se producen de manera acabada los bienes o servicios objeto de la actividad empresarial -organización vertical-, en la que cada unidad productiva abarca toda la producción, como en las que se limitan a realizar una parte de la actividad empresarial -organización horizontal-, en la que cada unidad productiva asume una fase de la producción o una parte del trabajo en que se divide la actividad empresarial (TSJ Asturias 8-3-16, EDJ 29010; TSJ Galicia 29-12-06, EDJ 458612).

Unidad productiva autónoma es por tanto la **unidad de explotación** con entidad propia y diferenciada de cualquier otra que detente la empresa, que se constituye como unidad socio-económica de producción independiente hasta el punto de que puede ser objeto de transmisión separada de la empresa en su conjunto y de sus diferentes centros de trabajo constituidos como tales. Aunque no sea determinante, la diferenciación desde el punto de vista geográfico o de **localización** se valora como un indicio de su existencia (TS 14-7-11, EDJ 216917).

Ejemplo Una muestra de la dificultad que puede conllevar, en la práctica, identificar este elemento la encontramos en un supuesto en el que se califica de unidad productiva la actividad de **gestión del recobro de deudas o impagados** en una entidad bancaria, al contar esta con una estructura organizativa para acometerla tanto en lo referido a su dimensión territorial como a la ordenación de las distintas parcelas (hipotecas, grandes clientes, pequeños clientes, etc.); actividad que estaba jerárquicamente organizada por direcciones y equipos, lo que pone de manifiesto la presencia de sistemas organizados y jerarquizados de trabajo así como de la correspondiente delegación de tareas en las personas situadas al frente de los diversos niveles de la estructura organizativa. En este supuesto se ilustra también sobre lo imbricadas que están la autonomía técnica y la organizativa (TS 8-6-16, EDJ 140285). Un ejemplo menos complejo es el de diferentes oficinas regentadas en diferentes localidades de una determinada provincia por una **agencia de viajes** que constituyen otras tantas «unidades productivas» de la empresa, en cuanto que en ellas se desarrolla una parte sustantiva de la actividad empresarial, encontrándose además todas ellas claramente diferenciadas desde el punto de vista geográfico (TS 14-7-11, EDJ 216917).

Organización específica Este elemento alude al funcionamiento autónomo de la unidad productiva, aunque no sea independiente del conjunto de la empresa (TS 11-2-15, EDJ 21866). De esta manera, si concurren **varias unidades productivas** con una única organización específica, hay un único centro de trabajo, y no tantos como unidades productivas (TSJ Sevilla 14-9-10, EDJ 268412). Esta diferencia se refleja en la distinción legal entre centro de trabajo -con organización específica- y la unidad productiva autónoma -sin organización específica-, que se mencionan separadamente a pesar de que ambas sean susceptibles de ser objeto de una sucesión empresarial (ET art.44.1). 4316

La organización del centro de trabajo ha de ser específica, exigencia que se ha de contraponer con la **organización de la empresa** misma, que es global. Si coinciden ambas organizaciones (la global y la específica) se está ante una empresa con un único centro de trabajo o unicelular. Por el contrario, si hubiese varios centros de trabajo en una misma empresa, con organización y funcionamiento propio, esta es necesariamente pluricelular.

Para verificar la concurrencia de esta nota los tribunales laborales suelen atender a la presencia de **elementos significativos** de la autonomía organizativa como los siguientes (TS 14-7-11, EDJ 216917; TSJ Galicia 30-9-15, EDJ 183445; 1-7-11, EDJ 190742; TSJ Sevilla 20-12-12, EDJ 351836):

- distribución de las funciones entre las diferentes unidades productivas;
- adscripción permanente del personal sin que se produzcan trasvases;
- autonomía en el ejercicio del poder de dirección y organización de trabajo, considerándose indicativa, p.e., la existencia de un encargado o responsable adscrito a la unidad productiva que desempeña determinados cometidos de organización del trabajo y de gestión de personal, lo que se considera compatible con el sometimiento de la actividad del centro de trabajo a la política general de la empresa.

Concepto europeo de centro de trabajo Desde otra perspectiva complementaria, pero no menos importante que la anterior, hay que tener en cuenta que a efectos de la aplicación de la Dir 98/59/CE, relativa a la aproximación de las legislaciones de los Estados miembros que se refieren a los **despidos colectivos**, el concepto legal de centro de trabajo, que es una noción de Derecho de la Unión y no puede modificarse ni alterarse libremente en las distintas legislaciones de los Estados miembros, es considerablemente más amplio que el del ET art.1.5. 4318

Su contenido puede extraerse de dos **sentencias de referencia**:

1. La sentencia del TJUE 7-12-95, asunto Rockfon C-449/93, realizó una primera aproximación a la noción de centro de trabajo, conceptuándolo como aquella **unidad a la que se hallan adscritos** los trabajadores afectados por el despido para desempeñar su cometido, aunque no disponga de una dirección facultada para efectuar autónomamente despidos colectivos.

2. La sentencia del TJUE 15-2-07, asunto Athinaïki Chartopoiïa C-270/05, profundizó en la delimitación del concepto al señalar que puede constituir un centro de trabajo, «en el marco de una empresa, una **entidad diferenciada**, que tenga cierta permanencia y estabilidad, que esté adscrita a la ejecución de una o varias tareas determinadas y que disponga de un conjunto de trabajadores, así como de medios técnicos y un grado de estructura organizativa que le permita llevar a cabo esas tareas», sin necesidad de que la entidad en cuestión esté dotada necesariamente de autonomía jurídica alguna ni de una autonomía económica, financiera, administrativa o tecnológica para poder ser calificada de centro de trabajo. La sentencia del TJUE 13-5-15, C-182/13, asume esta interpretación y la sentencia del TJUE 30-4-15, asunto C-80/14, sostiene que la corrección se ve corroborada por las disposiciones de la Dir 2002/14/CE.

Concepto de centro de trabajo a efectos de coordinación de actividades empresariales Junto a la definición que del centro de trabajo facilita el ET art.1.5, el ordenamiento laboral proporciona otras distintas, aplicables en sus respectivos ámbitos. Así, en la esfera de la coordinación de actividades empresariales en aquellos casos en el que en un mismo ámbito laboral concurren **trabajadores al servicio de diferentes empleadores** (LPRL art.24), se entiende como centro de trabajo cualquier área, edificada o no, en la que los trabajadores deban permanecer o a la que deban acceder por razón de su trabajo (RD 171/2004 art.2.a). Se trata de una noción de importancia decisiva al determinar las obligaciones concurrentes de los distintos empresarios. 4320

Realmente, esta definición se aproxima más al concepto de lugar de trabajo desde el punto de vista de la seguridad y salud (RD 486/1997 redacc RDL 4/2023) que al de centro de trabajo recogido en el ET art.1.5. Sin embargo, ello no es objetable porque responde mejor a las normas supranacionales que inspiran la reglamentación interna en esta materia, que emplean la expresión lugar de trabajo (OIT Conv 155 art.3.c) y 17; Dir 89/391/CEE art.6.4). Además, incorpora el criterio que venía manteniendo la jurisprudencia social, por e.j. conceptuando como centro de trabajo de la empresa principal los **postes del tendido aéreo** de líneas eléctricas y telefónicas cuyo mantenimiento había sido el objeto de la subcontratación (TS 18-4-92, EDJ 3797 y TCo 91/1995 que rechazó el recurso de amparo interpuesto contra la anterior sentencia; TS 22-11-02, EDJ 54257; 11-5-05, EDJ 108907).

2. Apertura de centro de trabajo

(RDL 1/1986 art.6.1; D 17-6-55 art.22; L 7/1996 art.6; L 17/2009 art.7.3; L 12/2012 art.2, 3, 4, 5 y Anexo; OIT Conv 81)

4325 La apertura, instalación, traslado y ampliación de empresas o centros de trabajo, o la reanudación de los trabajos, en caso de realizar alteraciones, transformaciones o ampliaciones de importancia, no está sometida a autorización alguna y requiere, simplemente, que sea **comunicada** a la autoridad laboral competente (nº 4327 s.).

Junto con la comunicación de apertura se realizan, en su caso, los siguientes **trámites conexos**:
- inscripción de la empresa en la Seguridad Social;
- afiliación/alta de los trabajadores en la Seguridad Social;
- formalización de la protección de accidentes de trabajo y enfermedades profesionales.

Precisiones 1) Los **conceptos de empresario y de centro de trabajo** son los propios del ordenamiento jurídico laboral, por lo que para que nazca la obligación informativa, ha de existir un centro de trabajo en los términos del ET art.1.5.

2) No obstante, en trance de determinar si las empresas dedicadas a la distribución de energía eléctrica, telefonía, o cuantas actúen de forma **móvil o itinerante** como empresas instaladoras que efectúan servicios en otras empresas, están obligadas a comunicar la apertura de centro de trabajo o inicio de la actividad, se argumenta que lo decisivo no es si el lugar donde se va a desarrollar la actividad es o no un centro de trabajo «ex» ET art.1.5, sino la finalidad a la que responde esa comunicación, por lo que la respuesta debe ser afirmativa (TSJ Castilla-La Mancha cont-adm 24-11-05, EDJ 214198).

3) En otro supuesto se entendió que la ejecución de **obras de rehabilitación** de un teatro municipal por un Ayuntamiento merece a los efectos indicados la consideración de centro de trabajo al emplear a trabajadores que prestan sus servicios en un lugar determinado, de forma conjunta y para un fin concreto, porque aceptar lo contrario sería tanto como admitir que los trabajadores prestan sus servicios de forma casual y espontánea, sin ajustarse a un criterio organizativo y sin un objetivo preciso (TSJ Granada cont-adm 17-7-00, EDJ 26918).

4327 **Comunicación a la autoridad laboral** (OM TIN/1071/2010) En la realización de ese trámite cabe distinguir los siguientes **aspectos**:
- sujetos obligados a la comunicación de apertura (nº 4329);
- plazo, forma, lugar y contenido de la comunicación (nº 4331);
- tramitación administrativa (nº 4333);
- infracciones y sanciones (nº 4335);
- especialidades respecto de obras de construcción (nº 4337).

Su **objetivo** es que la autoridad laboral pueda poner ese hecho en conocimiento de la ITSS de forma que esta pueda velar por el cumplimiento de las normas legales y reglamentarias, y, en especial, de las dictadas en materia de prevención de riesgos laborales, para lo que ostenta la facultad de entrar libremente, en cualquier momento y sin previo aviso, en todo centro de trabajo (L 23/2015 art.13.1).

4329 **Sujetos obligados** (OM TIN/1071/2010 art.1) La obligación de efectuar la comunicación a la autoridad laboral le incumbe al empresario, cualquiera que sea la actividad que realice.

Precisiones 1) **No exime** de su cumplimiento el hecho de que el titular del centro de trabajo sea un tercero (como en el caso de las contratas) y tampoco la circunstancia de que el centro de trabajo vaya a permanecer abierto solo unos días.

2) El deber de comunicar la apertura del centro de trabajo a la autoridad laboral es **independiente** de las gestiones que el empresario deba efectuar ante otras Administraciones Públicas.

4331 **Plazo, lugar, forma y contenido de la comunicación** (OM TIN/1071/2010 art.2 y Anexo) La comunicación de apertura del centro se puede hacer con carácter previo. Pero si se pospone a la efectiva apertura, el plazo hábil de que dispone el empresario es el de 30 días siguientes contados a partir del hecho que la motiva.

La **presentación** de la comunicación se efectúa ante la unidad correspondiente de la Comunidad Autónoma, salvo en Ceuta y Melilla, donde se efectúa en el Área de Trabajo e Inmigración.

La comunicación ha de realizarse conforme al **modelo oficial** (OM TIN/1071/2010 Anexo Parte A). El modelo oficial exige la cumplimentar los **datos e informaciones** que se desglosan a continuación:

1. Datos de la empresa:

a) Nombre o razón social, domicilio, municipio, provincia, código postal, teléfono y dirección de correo electrónico.

b) Identificación: DNI o CIF, y si se trata de extranjero, asilado o refugiado, pasaporte o documento sustitutivo.
c) Expresión de si la empresa es una empresa de nueva creación o es una empresa ya existente.
d) Actividad económica.
e) Entidad Gestora o Colaboradora de Accidentes de Trabajo y Enfermedades Profesionales.
2. Datos del centro de trabajo:
a) Nombre, domicilio, municipio, provincia, código postal y teléfono. Para la exacta localización del centro debe concretarse su ubicación de forma clara y precisa.
b) Número de inscripción en la Seguridad Social, clase de centro (taller, oficina, almacén, obra de construcción...), causa que ha motivado la comunicación y fecha de comienzo de la actividad.
c) Actividad económica.
d) Número total de trabajadores ocupados en el centro de trabajo, distribuidos por sexo.
e) Superficie construida en metros cuadrados.
f) Modalidad de organización preventiva.
3. Datos de producción y/o almacenamiento del centro de trabajo:
a) Potencia instalada (KW o CV).
b) Especificación de la maquinaria y aparatos instalados.
c) Si realiza trabajos o actividades incluidos en el Anexo I del Reglamento de Servicios de Prevención (RD 39/1997), con especificación en caso afirmativo de trabajos, actividades, operaciones o agentes comprendidos en dicho Anexo.

Precisiones Hay que tener en cuenta que algunas **CCAA** han aprobado normas que en algunos casos configuran como obligatoria la utilización de medios electrónicos en la presentación de la comunicación, contemplada en la norma estatal, e introducido adaptaciones en el formulario normalizado.

Tramitación administrativa (OM TIN/1071/2010 art.3 y 4) Una vez recibida la comunicación por la autoridad laboral, **se entrega al empresario** uno de los cuatro ejemplares, fechado y sellado, en el caso de que se haga de manera presencial. 4333
Cualquiera que sea el medio utilizado, si la autoridad laboral advierte que la comunicación **no reúne los datos y requisitos** exigidos, lo pondrá en conocimiento del interesado, a fin de que en el plazo de 10 días pueda subsanar los defectos de que adolezca, con expresa indicación de entenderse como no efectuada la comunicación si, transcurrido el referido plazo, no se hubiera cumplimentado correctamente (L 39/2015 art.68).
La autoridad laboral ha de poner en conocimiento de la **ITSS** y, en su caso, de los órganos técnicos especializados en materia preventiva de las CCAA, o, en el caso de Ceuta y de Melilla, del INSST, los expedientes relativos a la comunicación de apertura o reanudación de actividades, con objeto de seleccionar aquellas comunicaciones que, por el número de trabajadores afectados, los datos sobre producción o almacenamiento y la propia naturaleza de los riesgos de la actividad, requieran una **vigilancia especial** en cuanto a las condiciones en materia de seguridad y salud de los trabajadores.
La actuación de los órganos referidos se realiza de conformidad con la normativa de transferencias correspondiente y, en su caso, con lo dispuesto en los convenios de colaboración suscritos por la administración laboral estatal y la administración autonómica en materia de ITSS.

Precisiones Las Administraciones Públicas han de disponer lo necesario para que los interesados utilicen **medios electrónicos** al presentar la comunicación de apertura y documentación complementaria (L 39/2015 art.12).

Infracciones y sanciones (OM TIN/1071/2010 art.5; LISOS art.11.3, 12.5 y 40.1.a y b) La **falta de comunicación** por el empresario a la autoridad laboral competente de la apertura del centro de trabajo, de la reanudación de los trabajos después de efectuar alteraciones o ampliaciones de importancia, o la consignación con inexactitud de los datos que debe declarar o cumplimentar constituye: 4335
- en general, una infracción leve, sancionable con multa de 70 a 750 €;
- cuando se trate de una industria calificada por la normativa vigente como peligrosa, insalubre o nociva por los elementos, procesos o sustancias que se manipulen, una infracción grave, sancionable con multa de 751 € a 7.500 €.

En cualquier caso, el incumplimiento de la obligación **no** puede verse **justificado** por el conocimiento que, por otros medios, pudiera tener la Administración laboral de la existencia y actividad realizada en el centro de trabajo (TSJ Cantabria cont-adm 8-11-02, EDJ 130225).
Respecto de las **obras de construcción**, ver nº 4337.

4337 **Especialidades respecto de las obras de construcción** (RDL 1/1986 art.6.3; OM TIN/1071/2010 art.2.2, 3.5 y 5.2; RD 1627/1997 art.2 y 19) En las obras de construcción -entendidas ampliamente como cualquier obra, pública o privada, en la que se efectúen trabajos de construcción o ingeniería civil cuya relación, no exhaustiva, figura en el RD 1627/1997 Anexo I-, la comunicación de apertura del centro de trabajo ha de ser previa al comienzo de los trabajos, debe exponerse en la obra en lugar visible y mantenerse permanentemente actualizada en el caso de que se produzcan cambios no identificados inicialmente.

La **responsabilidad del cumplimiento** de esta obligación recae sobre los empresarios que tengan la condición de contratistas, aunque el promotor debe velar por el efectivo cumplimiento de la obligación impuesta al contratista, pudiendo incurrir en responsabilidad administrativa (nº 4335).

El **promotor** se define, a estos efectos, como cualquier persona física o jurídica por cuenta del cual se realice una obra, y el **contratista** como la persona física o jurídica que asume contractualmente ante el promotor, con medios humanos y materiales, propios o ajenos, el compromiso de ejecutar la totalidad o parte de las obras con sujeción al proyecto y al contrato (RD 1627/1997 art.2.1).

Y compete al promotor **facilitar los datos** a los contratistas que sean necesarios para el cumplimiento de la mencionada obligación.

La comunicación se cumplimenta según el **modelo oficial específico** (OM TIN/1071/2010, Anexo Parte A y B), inspirado en la necesidad de garantizar el correcto ejercicio de la actividad de control e inspección en materia de seguridad y salud laboral por parte de los órganos competentes, que en el caso de obras de construcción, ha de contener los siguientes **datos** e informaciones adicionales:

1. Número de Inscripción en el Registro de Empresas Acreditadas.

2. Número del expediente de la primera comunicación de apertura, en los supuestos de actualización de la misma.

3. Tipo de obra.

4. Dirección de la obra.

5. Fecha prevista para el comienzo de la obra.

6. Duración prevista de los trabajos en la obra.

7. Duración prevista de los trabajos en la obra del contratista.

8. Número máximo estimado de trabajadores en toda la obra.

9. Número previsto de subcontratistas y trabajadores autónomos en la obra dependientes del contratista.

10. Especificación de los trabajos del anexo II del RD 1627/1997, sobre disposiciones mínimas de seguridad y salud en las obras de construcción, que, en su caso, se vayan a realizar por el contratista.

11. Datos del promotor: nombre/razón social, número del Documento de Identificación Fiscal, domicilio, localidad y código postal.

12. Datos del proyectista: nombre y apellidos, número del Documento de Identificación Fiscal, domicilio, localidad y código postal.

13. Datos del coordinador de seguridad y salud en fase de elaboración del proyecto: nombre y apellidos, número del Documento de Identificación Fiscal, domicilio, localidad y código postal.

En el caso de las obras construcción, a la comunicación de apertura debe acompañarse la siguiente **documentación**:

- el Plan de seguridad y salud cuando sea exigible (RD 1627/1997 art.7);
- la evaluación de riesgos cuando no resulte preceptivo ese Plan.

14. Datos del coordinador de seguridad y salud en fase de ejecución de la obra: nombre y apellidos, número del Documento de Identificación Fiscal, domicilio, localidad y código postal.

Precisiones **1)** La **actualización de los datos** exigidos en relación con las obras de construcción se han de comunicar a la autoridad laboral en el plazo de 10 días desde que se produzcan los cambios no identificados en la comunicación inicial (OM TIN/1071/2010 art.3.5).

2) Se ha considerado que la **falta de comunicación** de la apertura del centro de trabajo respecto de las **obras de construcción** supone una infracción grave, y no leve, bajo el argumento de que la LISOS art.12.5 sanciona de esta manera este incumplimiento siempre que se trate de industria calificada por la normativa vigente como peligrosa y el RD 39/1997 Anexo I letra h), considera peligrosas las actividades en obras de construcción (TSJ Murcia cont-adm 24-3-06, EDJ 327102). Por otra parte, la circunstancia de que una empresa de la cadena de subcontratación hubiese puesto en conocimiento de la Administración laboral la apertura del centro de trabajo en cuanto a ella no constituye causa de exclusión legal de la conducta infractora de quien no la comunicó (TSJ Baleares cont-adm 11-5-06, EDJ 327102).

3) Se entiende sancionable la falta de presentación del **Plan de Seguridad y Salud**, con la comunicación de apertura, aunque hubiese sido elaborado (TSJ Cantabria cont-adm 26-9-03, EDJ 215934).

Autorizaciones laborales Con **carácter excepcional**, para la realización de determinadas actividades es necesaria la previa solicitud por el empresario y la concesión de la correspondiente autorización o acreditación por parte de la administración laboral competente. Así ocurre en relación con: 4339

1. Empresas de trabajo temporal (L 14/1994 art.2; RD 417/2015; OM TES/1324/2024).
2. Servicio de prevención ajenos (LPRL art.31.5; RD 39/1997 art.17.2 y 23 s.; OM TIN/2504/2010; RD 843/2011).
3. Auditoría del sistema de prevención de riesgos laborales de las empresas (LPRL art.30.6; RD 39/1997 art.29 s.).

Precisiones Las empresas que realicen actividades u operaciones con riesgo de exposición al **amianto** deben inscribirse en el Registro de empresas con riesgo por amianto existente en los órganos correspondientes de la autoridad laboral del territorio donde radiquen sus instalaciones principales (RD 396/2006 art.17.1).

Trámites administrativos Las autorizaciones que deban otorgarse por otras autoridades tienen la consideración de **excepcionales**: 4341

1. Con carácter general, la apertura, traslado o ampliación de **establecimientos comerciales** no está sujeta a régimen de autorización. No obstante, puede quedar sometida a una única autorización que se concederá por tiempo indefinido, cuando las instalaciones o infraestructuras físicas necesarias para el ejercicio de la actividad sean susceptibles de generar daños sobre el medio ambiente, el entorno urbano y el patrimonio histórico-artístico, y estas razones no puedan salvaguardarse mediante la presentación de una declaración responsable o de una comunicación previa (L 7/1996 art.6).

La solicitud debe resolverse y notificarse al interesado en un plazo máximo de 3 meses, transcurrido el cual, se entiende estimada por silencio administrativo.

2. En el ámbito de la **prestación de servicios** rige, como norma general, la libertad de acceso a la actividad de servicios o al ejercicio de la misma, salvo excepcionalmente y siempre que concurran condiciones de no discriminación, necesidad y proporcionalidad, las cuales habrán de motivarse suficientemente en la ley que establezca dicho régimen. El procedimiento de autorización debe ser reglado, claro e inequívoco, objetivo e imparcial, transparente, proporcionado al objetivo de interés general y dado a conocer con antelación (L 17/2009 art.4 a 11)

3. Para el desarrollo de **actividades comerciales minoristas** y la **prestación de determinados servicios** recogidos en el anexo de la L 12/2012, realizados a través de establecimientos permanentes, situados en cualquier parte del territorio nacional, y cuya superficie útil de exposición y venta al público no sea superior a 750 metros cuadrados, no se exige la obtención de licencia previa de instalaciones, de funcionamiento o de actividad, ni otras de clase similar o análogas que sujeten a previa autorización el ejercicio de la actividad comercial a desarrollar o la posibilidad misma de la apertura del establecimiento correspondiente. Quedan excluidas de esta regulación las actividades desarrolladas en los mencionados establecimientos que tengan impacto en el patrimonio histórico-artístico o en el uso privativo y ocupación de los bienes de dominio público (L 12/2012 art.2, 3 y 4).

No están sujetos a licencia los cambios de titularidad de las actividades comerciales y de servicios. En estos casos será exigible comunicación previa a la administración competente a los solos efectos informativos.

Tampoco se exige licencia o autorización previa para la realización de obras de acondicionamiento de locales para desempeñar la actividad comercial, cuando no requieran de la redacción de un proyecto de obra.

Estas licencias se sustituyen por declaraciones responsables, o bien por comunicaciones previas en las que el empresario declara cumplir los requisitos exigidos por la normativa vigente y disponer de los documentos que se exijan, además de estar en posesión del justificante de pago del tributo correspondiente cuando sea preceptivo.

4. En la **legislación industrial** se reconoce como norma general la libertad de establecimiento para la instalación, ampliación y traslado de las actividades industriales. No obstante, se exige la autorización administrativa previa de la administración competente para llevar a cabo estas actividades en los supuestos siguientes (L 21/1992 art.4):

- cuando así lo establezca una ley por razones de orden público, seguridad y salud pública, seguridad y salud en el trabajo o protección del medio ambiente;
- cuando se establezca reglamentariamente para el cumplimiento de obligaciones del Estado derivadas de tratados y convenios internacionales.

3. Adscripción del trabajador al centro de trabajo

4350 Aunque es posible que durante todo el período de prestación de servicios para una empresa el trabajador desarrolle su actividad en el mismo centro de trabajo, también es frecuente que se produzcan uno o más cambios, lo que obliga a distinguir entre:
- la adscripción **inicial** del trabajador al centro de trabajo;
- las **modificaciones** posteriores.

a. Adscripción inicial

4355 Con carácter general, el empresario debe adscribir a todos a los trabajadores de su plantilla a un centro de trabajo determinado en el momento de su incorporación a la empresa.
La asignación puede ser:
1. **Informal**: comunicando al trabajador de manera verbal el centro donde va a prestar servicios o manifestándoselo de forma tácita, mediante actos inequívocos que revelen la intención de asignarle uno concreto.
2. **Formal**, alternativamente:
- en el contrato de trabajo formalizado por escrito;
- en su defecto, en la comunicación que el empresario debe hacer al trabajador siempre que la duración de la relación laboral sea superior a 4 semanas (ET art.8.5; RD 1659/1998). Esta comunicación debe contener referencia al centro o centros de trabajo en que el trabajador prestará sus servicios habitualmente. Cuando el trabajador preste servicios de forma habitual en diferentes centros de trabajo o en centros de trabajo móviles o itinerantes (nº 4385), deberá constar el domicilio social de la empresa o, en su caso, el domicilio del empresario (RD 1659/1998 art.2.2.c).
En los contratos individuales de trabajo pueden establecerse **cláusulas**:
- relativas al lugar de trabajo;
- sobre el deber de residencia.
Constituye una **infracción leve** no informar por escrito al trabajador sobre los elementos esenciales del contrato y las principales condiciones de ejecución de la prestación laboral -entre ellos la adscripción a un centro de trabajo-, en los términos y plazos establecidos reglamentariamente. La falta es sancionable con una multa de 70 € a 750 € (LISOS art.6.4 y 40). Todo ello sin perjuicio de que, si la no adscripción a un centro de trabajo obedece a una finalidad fraudulenta se pueda incurrir en otra infracción de más gravedad. Sobre el **procedimiento sancionador**, ver nº 9175 s.

Precisiones 1) Cabe igualmente que al tiempo de iniciarse la relación laboral se designen **varios centros** a los que el trabajador puede ser destinado de manera habitual (nº 4361).
2) La adscripción inicial del trabajador a un centro de trabajo no impide que el empresario pueda **destinarle posteriormente**, con carácter temporal o definitivo, a otro distinto, con el fin de dar respuesta a sus cambiantes necesidades económicas, organizativas, técnicas o productivas. Y lo puede hacer utilizando su poder directivo ordinario (nº 4370) o, ejercitando la facultad de movilidad geográfica (nº 9425 s.), dependiendo de que el traslado exija o no el cambio de residencia del trabajador afectado.

4357 **Cláusulas contractuales relativas al lugar de trabajo** En los contratos individuales de trabajo pueden incluirse diferentes tipos de cláusulas referidas a esta condición esencial del contrato de trabajo. En realidad, se trata de estipulaciones dispuestas por el empresario, de manera que el trabajador no puede modificarlas, ni hacer otra cosa que aceptarlas si quiere obtener el empleo.
Entre las más frecuentes en la práctica se encuentran las siguientes:
- cláusulas de **movilidad o disponibilidad geográfica** (nº 4359);
- cláusulas de **adscripción locativa plural** (nº 4361).

4359 **Cláusulas de movilidad o disponibilidad geográfica** Son aquellas en virtud de las cuales el empresario, sin perjuicio de adscribir al trabajador con carácter permanente a un centro de trabajo concreto -lo que las distingue de las cláusulas de adscripción locativa plural-, se reserva la **facultad de destinarle** en el futuro a otros centros de trabajo ubicados en todo el mundo, en uno o más continentes, en el Estado español o en una concreta zona geográfica del mismo. Estas cláusulas de movilidad pueden aplicarse bien sin condicionamiento alguno, bien cuando concurran ciertas circunstancias especificadas en el contrato, como causas de carácter organizativo y productivo y, en su caso, respetando un determinado preaviso.

Aunque algunos pronunciamientos no cuestionan la validez de este tipo de estipulaciones (TSJ Castilla-La Mancha 14-3-07, EDJ 92492) su eficacia está sujeta a los siguientes **límites básicos**:
1. La **prohibición** de derecho común de dejar el cumplimiento del contrato al **arbitrio de una de las partes** (CC art.1256). Para evaluar la eficacia de una cláusula contractual de esta clase habrá que conjugar distintas variables, entre las que cabe destacar su grado de precisión y determinación, desde una perspectiva causal (carácter motivado o no y, en su caso, razones que legitiman su empleo), temporal (vigencia indefinida o limitada), geográfica (ámbito espacial de aplicación y/o distancia máxima en Kms.), procedimental (sujeción o no a determinados plazos y trámites) y personal (cláusula de estilo utilizada de manera generalizada o pactada con carácter excepcional, p.e. respecto de personal directivo o muy cualificado que desempeña funciones que por su propia naturaleza conlleva cierta movilidad). Cuanto menor sea ese grado de determinación, mayor será el margen del empresario para alterar unilateralmente el lugar de la prestación y más profunda la ruptura del equilibrio que debe concurrir y mantenerse entre los derechos y obligaciones de las partes. Otro posible factor a considerar es el establecimiento de **compensaciones** en caso de movilidad.
2. La **irrenunciabilidad** de:
- las disposiciones legales sobre **movilidad geográfica fuerte** (ET art.40 redacc LO 2/2024), de forma que deben calificarse como abusivas aquellas cláusulas que permitan al empresario modificar unilateralmente el lugar de prestación de los servicios requirente del cambio de residencia del afectado, sin seguir el procedimiento previsto (ET art.3.5) (TSJ País Vasco 11-12-12, EDJ 375747);
- las previsiones establecidas en el convenio colectivo aplicable en materia de **movilidad geográfica débil** (TSJ Madrid 9-12-08, EDJ 317747; TSJ C.Valenciana 3-4-07, EDJ 38566).
3. El **respeto a los derechos fundamentales** del trabajador, de forma que el empresario no podrá impetrar ese tipo de cláusulas para legitimar cambios de centro de trabajo que los conculquen (TSJ Cataluña 15-9-11, EDJ 239115; TSJ País Vasco 4-5-10, EDJ 255754).
4. La exigencia de **proporcionalidad** al estar en juego el derecho fundamental a la libertad de residencia (Const art.19).

Cláusulas de adscripción locativa plural (RD 1659/1998 art.2.2.c) El ordenamiento laboral admite la posibilidad de que el trabajador preste servicios, de manera habitual, en varios centros de trabajo, tanto de manera simultánea como sucesiva, permitiendo por tanto la inclusión en el contrato de trabajo de cláusulas de adscripción del trabajador a **varios centros de trabajo predeterminados** (situados en la misma o en diferentes localidades), lo que las diferencia de las analizadas en el marginal anterior (nº 4359). **4361**
Para **verificar su validez** habrá que valorar todas las circunstancias concurrentes, tales como: el número de centros reseñados, su ubicación, la existencia de compensaciones a la adscripción plural, la duración del compromiso y la existencia de causas objetivas que respalden los cambios (TSJ Madrid 5-11-08, EDJ 277425).

Precisiones En todo caso, esta clase de cláusulas **no** puede utilizarse como **habilitaciones genéricas** para imponer modificaciones sustanciales del lugar de trabajo escapando a los límites del ET art.40 redacc LO 2/2024 (TSJ Cataluña 26-1-09, EDJ 43663).

Cláusulas sobre deber de residencia En defecto de una norma legal que imponga el deber de residencia del trabajador en la población donde radica el centro o lugar de trabajo, se plantea la cuestión de si en el contrato de trabajo se podría establecer una cláusula que impusiese tal obligación al trabajador o, incluso, la de alojarse en las propias dependencias empresariales. Ese tipo de estipulaciones implica una limitación al **derecho fundamental a la libertad de residencia** (Const art.19), por lo que su licitud dependerá de que encuentre fundamento en una causa objetiva y razonable y supere el test de proporcionalidad. **4363**
Y en el caso de asunción del compromiso de **residir en las instalaciones empresariales** habilitadas para su utilización como vivienda personal y familiar, las mismas deben reunir las condiciones adecuadas; y en todo caso debe garantizarse el respeto debido al derecho constitucional a la intimidad personal y familiar (Const art.18).

b. Modificación posterior de la adscripción inicial del trabajador

El cambio de centro de trabajo a otro de la misma empresa puede producirse por diferentes **motivos**: **4370**
1. Como consecuencia de una convocatoria de concurso de traslados de carácter interno.
2. A petición del trabajador fundada en motivos personales, aceptada por el empresario.
3. Por reagrupamiento familiar (ET art.40.3).
4. De mutuo acuerdo entre trabajador y empresario (CC art.1089, 1091 y 1255).

5. Por razones de salud laboral (LPRL art.25.1).
6. Por riesgo durante el embarazo o durante la lactancia natural (LPRL art.26.2).
7. Por ser víctima de la violencia de género, de violencia sexual o de terrorismo (ET art.40.4 redacc LO 2/2024).
8. Personas con discapacidad para recibir tratamiento fuera de su localidad (ET art.40.5 redacc LO 2/2024).
9. Como medida disciplinaria; en el elenco de sanciones previstas en algunos convenios colectivos figura la de traslado forzoso de centro de trabajo, vinculada normalmente a la comisión de faltas muy graves, que no figura entre las prohibidas en el (ET art.58.3). Se entiende, además, que si bien la libertad de residencia se garantiza como derecho fundamental (Const art.19), ello no es óbice a que la facultad disciplinaria condicione la misma, pues el traslado forzoso por sanción está previsto tanto para los trabajadores sometidos al contrato laboral como para los que ostentan la condición de funcionarios públicos (EBEP art.96.1.b), y hasta en una norma de especial rango (LOPJ art.420.1.c) (TS 14-7-89, EDJ 7300).
10. En el marco de acciones de acoplamiento de personal excedente o de otro tipo de medidas de adaptación de los recursos humanos disponibles.
11. Como medida cautelar susceptible de ser adoptada por los Juzgados de lo Social en determinado tipo de situaciones que la justifiquen, como, p.e., en supuestos de acoso en sus diferentes modalidades (LRJS art.79 y 180).
12. Por voluntad unilateral del empresario. En este caso hay que distinguir dos supuestos:
- que el cambio lleve aparejado el cambio de residencia del trabajador: en ese caso, tanto si la medida tiene carácter provisional como definitivo, se aplica el régimen jurídico previsto para la movilidad geográfica fuerte o sustancial (nº 9435 s.);
- que no conlleve un cambio de residencia o domicilio habitual del trabajador, lo que supone el ejercicio de la denominada movilidad geográfica débil o no sustancial (nº 9495 s.).

4372 **Pactos de movilidad geográfica débil** Al margen de las estipulaciones que puedan introducirse en la **negociación colectiva** (TS 27-10-03, EDJ 158505; 19-04-04, EDJ 31808), resultan válidos los acuerdos contractuales que mejoren los derechos legales y convencionales del trabajador en los supuestos de movilidad geográfica no sustancial.
Estos pactos se pueden referir a **aspectos** muy diversos como, por ejemplo:
1. La exigencia de que concurra una causa justificativa.
2. El cumplimiento de ciertas formalidades procedimentales.
3. La delimitación de una zona territorial fuera de la cual no sería factible la movilidad geográfica.
4. La fijación de reglas de prioridad de permanencia.
5. El reconocimiento del derecho a determinadas compensaciones (gastos de desplazamiento, dietas...).
6. La asignación de un complemento retributivo por demanda de los trabajadores afectados por desplazamientos frecuentes (compensatorio de una alteración del régimen ordinario de disponibilidad laboral y/o del desarraigo personal y familiar que genera la movilidad geográfica no sustancial frecuente).

B. Casos especiales

4380 En este marginal se analizan los siguientes supuestos especiales relativos a:
1. Centros de trabajo móviles o itinerantes (nº 4385).
2. Trabajo en buques (nº 4400).
3. Asignación de zonas de trabajo (nº 4405).

1. Centros de trabajo móviles o itinerantes

4385 Con carácter general, la modalidad del vínculo laboral determina una localización concreta y fija para la prestación del trabajo. No obstante, algunos trabajadores son contratados para desarrollar su actividad como trabajadores móviles al servicio de empresas con centros que no tienen carácter estable ni permanente por desplazarse de un lugar a otro, lo que, sin desdibujar las notas de unidad productiva y de organización específica exigidas para constituir un centro de trabajo, tiene importancia a determinados efectos, fundamentalmente en orden a la inaplicación del régimen jurídico de la movilidad geográfica (ET art.40.1).
En los marginales siguientes se analizan los siguientes **aspectos**:
- el concepto de este tipo específico de centros de trabajo (nº 4387);
- la inaplicación a los trabajadores móviles del régimen jurídico de la movilidad geográfica (nº 4391).

Concepto El elemento definitorio de los centros de trabajo móviles o itinerantes reside en la indeterminación espacial y variabilidad del lugar donde los trabajadores han de efectuar su labor, que es consustancial a las características propias del quehacer empresarial o del modo en que se organiza, que requieren que sus empleados se desplacen de manera temporal a los diferentes lugares en los que la empresa, en función de los trabajos contratados, lleva a cabo su actividad, que son distintos del lugar de trabajo habitual del trabajador y del que constituye su residencia. **4387**

A partir de esas notas se entienden por centros móviles o itinerantes los de las empresas que, por las características propias de la actividad que realizan, requieren un **desplazamiento necesario** de sus trabajadores a los lugares donde sus servicios son requeridos, de forma que la movilidad geográfica es inherente a la prestación de servicios de dichos trabajadores.

Sin ánimo exhaustivo, participan de esa singular naturaleza los centros de trabajo de las **empresas** dedicadas a:

1. El tendido, conservación, mantenimiento y reparación de líneas eléctricas, líneas telefónicas, redes de telecomunicación y electrificación de vías férreas (TS unif doctrina 19-6-95, EDJ 24615; 14-5-96, EDJ 2732).

2. Instalación de montajes industriales (TS cont-adm 14-12-11, EDJ 312100; 14-10-04, EDJ 234975).

3. Circo, teatro o atracciones de feria ambulantes.

Por el contrario, **no** se consideran **empresas con centros de trabajo móviles** o itinerantes las siguientes: **4389**

1. Empresas de **construcción** que desarrollan su actividad en cada una de las localidades donde se encuentran las obras y los correspondientes centros de trabajo, cuyo emplazamiento es fijo y no móvil o itinerante, no existiendo desplazamiento de los trabajadores de un centro de trabajo habitual a otro distinto, constituyéndose el lugar donde se halla la obra en lugar habitual de trabajo para los concretos trabajadores contratados para su ejecución (TS cont-adm 12-4-96, EDJ 1473). Todo ello sin perjuicio de que puedan existir determinadas empresas del sector con centros de trabajo móviles o itinerantes, como las dedicadas a construcción de obras públicas de diferente índole (TSJ Asturias 28-12-09, EDJ 358203).

2. Empresas de **transporte de mercancías o de pasajeros**, al no constituir centro de trabajo un vehículo como un camión, un autobús, un tren o un avión, salvo supuestos especiales (AN cont-adm 4-2-10, EDJ 12039).

3. Empresas dedicadas a la prestación de servicios como los de **limpieza o seguridad** en centros o dependencias de las empresas clientes de carácter fijo (TSJ País Vasco 22-7-14, EDJ 186716; TSJ Asturias 17-11-00, EDJ 57382).

4. Empresas dedicadas a actividades económicas a realizar por trabajadores individualmente móviles: como **mensajeros, repartidores, cobradores, reporteros, encuestadores, comerciales o guías turísticos**. En este caso el centro de trabajo es el centro base de la actividad, aunque la actividad se desarrolle, por cada trabajador, dentro de una zona de trabajo.

5. Trabajadores que son **desplazados ocasionalmente** y en un tiempo preciso y concreto a otro lugar, que no es un centro de trabajo diferente a aquél en el que prestan servicios.

Precisiones Aunque no constituyan un centro de trabajo, el ámbito de actuación de la ITSS abarca los **vehículos** y los **medios de transporte** en general en los que se preste trabajo, incluidos los aviones y aeronaves civiles, y las instalaciones y explotaciones auxiliares o complementarias en tierra (L 23/2015 art.19.1.b).

Inaplicación del régimen jurídico de la movilidad geográfica (ET art.40.1) Quedan excluidos del régimen de movilidad geográfica los trabajadores que se vean sometidos a cambios del centro de trabajo cuando hubieran sido **contratados específicamente** para prestar servicios en empresas con centros de trabajo móviles o itinerantes. Por tanto, para que entre en juego la excepción prevista no basta que la empresa cuente con centros de trabajo móviles o itinerantes sino que se requiere, también, que el trabajador haya sido contratado específicamente para prestar sus servicios en esas condiciones. **4391**

Precisiones **1)** El trabajador no puede hacer valer las normas sobre **conciliación de la vida familiar y laboral** para eludir el desplazamiento temporal, pues conoce de antemano y, desde que se inició la relación laboral, que su trabajo estaba sujeto a movilidad geográfica de forma que su negativa constituye justa causa de despido (TSJ Murcia 16-4-12, EDJ 68929).

2) La excepción contemplada en el ET art.40 sólo adquiere significado cuando el desplazamiento exige **cambio de residencia**, pues en otro caso no se aplican las garantías del ET art.40 (TSJ Sta. Cruz de Tenerife 28-10-05, EDJ 195850).

4393 **Ámbito subjetivo de la exclusión** Para que un trabajador quede excluido de la aplicación del régimen jurídico de la movilidad geográfica resulta necesario que su condición de trabajador móvil, destinado a los centros de trabajo móviles o itinerantes de la empresa, se haya pactado en contrato; de ahí la utilización por el legislador del adverbio **específicamente** (TS 5-11-86, EDJ 7026; TS cont-adm 12-4-96, EDJ 1473; TSJ Valladolid 20-2-01, EDJ 9609; 19-2-10, EDJ 43392). Dichos trabajadores, al suscribir tal estipulación, asumen la posibilidad de que se produzca su desplazamiento a los distintos lugares donde la empresa ha de prestar sus servicios, que pueden estar ubicados en localidades distintas de aquella en la que en su caso radica su lugar del trabajo habitual y de la que constituye su residencia.

En definitiva, **no todos los trabajadores** contratados en empresas con centros de trabajo móviles o itinerantes se han de ver afectados por la exclusión. Nada impide que una empresa con centros móviles o itinerantes pueda contratar y adscribir trabajadores a un centro de trabajo determinado, sujetos que por tanto estarían protegidos por el ET art.40 (TS 5-11-86, EDJ 7026). Así, mediante el **contrato** se puede adscribir a un trabajador a un concreto centro de trabajo móvil o itinerante, lo que impediría el traslado a otro centro de trabajo móvil o itinerante diferente, si no es cumpliendo con lo dispuesto en el ET art.40 (TS 5-11-86, EDJ 7026).

Precisiones El empresario debe **informar** al trabajador **por escrito** de que la prestación de servicios se desarrolla en centros de trabajo móviles o itinerantes, si bien la obligación se entenderá cumplida cuando tal condición figure ya en el contrato de trabajo formalizado por escrito que obre en poder del trabajador (ET art.8.5; RD 1659/1998 art.2.1.2º, 2.2.c).

El **incumplimiento** de este deber es constitutivo de una infracción grave en materia de relaciones laborales (LISOS art.7.7).

4395 **Ámbito objetivo de la exclusión** Los **desplazamientos de carácter temporal** son el campo natural de aplicación de la excepción. Y ello teniendo presente la actividad propia de los trabajadores que caracteriza y singulariza este tipo de empresas en las que los cambios que se realizan no lo son a un nuevo y único centro de trabajo, con la intención de que el trabajo a desarrollar en el mismo tenga un sentido de permanencia -como sucede en el caso de los traslados-, sino a varios centros diferentes en los que el interesado va desarrollando su labor de forma sucesiva, unos pocos días o meses en cada uno, supuesto en que no existe ningún tipo de traslado, sino varios desplazamientos continuados (TS 14-10-04, EDJ 234975).

2. Trabajo en buques

(ET art.1.5)

4400 En la actividad de trabajo en el mar se ha de considerar el buque como centro de trabajo, el cual debe entenderse **situado** en la provincia donde radique su puerto base. Se trata de una **presunción** iuris et de iure que elimina la discusión sobre si el buque es o no centro de trabajo. La ubicación del buque en la provincia donde radique su puerto base determina que la **competencia territorial** de los tribunales se determine por dicho puerto base (TS 18-7-89, EDJ 7456; 15-2-94, EDJ 1309).

Aunque el buque **recale en otros puertos**, eso no determina la competencia de la Audiencia Nacional (TS 21-2-01, EDJ 2941).

Precisiones Las especiales características del buque determinan un **régimen administrativo especial**, obligando a su registro en un Registro de Buques y Empresas Navieras, o en el Registro Especial de la Comunidad Autónoma de Canarias, constituido, como segundo registro, para favorecer la competitividad de las empresas españolas (RDLeg 2/2011 art.76, 307.3 y disp.adic.16ª).

3. Asignación de zonas de trabajo

4405 Las empresas dedicadas a actividades económicas a realizar por **trabajadores individualmente móviles**, por ejemplo, representantes, mensajeros, repartidores, cobradores, reporteros, encuestadores, comerciales o guías turísticos suelen delimitar la zona de trabajo de cada trabajador, aunque se le adscriba a un centro de trabajo ubicado en un lugar fijo, que opera como centro base de la actividad. Tal circunstancia de prestación de los servicios fuera del centro de trabajo y dentro de una zona de trabajo, debilita la **dependencia** característica del contrato de trabajo, lo que genera dificultades a efectos de calificación de la relación profesional misma como laboral o, por el contrario, como relación de trabajo autónomo. En efecto, no cabe duda alguna que la prestación de los servicios en las dependencias de la empresa es un indicio a favor de la dependencia y de la relación laboral (TS 11-12-89, EDJ 11094; TSJ Cataluña 4-12-03, EDJ 183162).

Parece aconsejable, aunque no existe una obligación legal específica en este sentido, **identificar la zona geográfica** en el contrato de trabajo en la que el trabajador vendrá obligado a

desarrollar la prestación laboral comprometida. No obstante, la delimitación de la zona de trabajo constituye uno de los contenidos mínimos del contrato suscrito en el marco de la relación laboral especial de los **representantes de comercio** (nº 7635). **4405** (sigue)
Una **modificación de la zona de trabajo** constituye una modificación de las condiciones de trabajo que, de tener notable intensidad se considera sustancial y queda sujeta, por ende, a los límites y trámites previstos en el ET art.41 (ver nº 9195 s.). Y cuando a este tipo de modificaciones vayan unidas, directa o indirectamente, consecuencias perjudiciales para el trabajador (particularmente, pero no sólo, en el ámbito retributivo) se abre la posibilidad de instar la resolución indemnizada de la relación laboral. Todo ello, sin perjuicio de la protección reforzada que se activa en supuestos patológicos de incumplimiento contractual empresarial (ET art.50.1).

CAPÍTULO 17

Retribución

4450

I. Fuentes reguladoras del salario

4455

4457 En la regulación y determinación del salario intervienen distintas fuentes reguladoras: **normas internacionales y comunitarias** que contienen previsiones de obligado cumplimiento para el Estado español en materia salarial; **normas de rango legal y reglamentario** que incorporan algunas normas mínimas sobre el régimen retributivo aplicable a los trabajadores por cuenta ajena; **convenios o pactos colectivos** que diseñan el régimen salarial aplicable en un sector productivo o en una empresa determinada en función de la clasificación profesional; y, finalmente, pactos, **contratos o acuerdos** entre empresario y trabajador que especifican las condiciones retributivas aplicables a un trabajador individualmente considerado.

La **regulación básica** de la obligación empresarial de remuneración, la fijación del salario mínimo, la previsión de medidas de garantía y protección del salario y el establecimiento de prestaciones sustitutivas del salario son materias reguladas por normas estatales. La autonomía colectiva regula habitualmente la **cuantía de los salarios** y su estructura. Finalmente, el contrato de trabajo individualiza los salarios pactados colectivamente identificando el **régimen retributivo** de cada concreto trabajador, dentro del respeto a la ley y al convenio.

A. Previsiones constitucionales y legales sobre el salario

(Const art.35)

4465 Los españoles tienen derecho a una remuneración suficiente para satisfacer sus necesidades y las de sus familias. Esta declaración constitucional explica y justifica la intervención del **legislador** que regula distintos aspectos del salario: definición del concepto, identificación de los elementos de su estructura, fijación del salario mínimo interprofesional, obligaciones de liquidación y pago, imposición de la regla de igualdad salarial entre sexos, fijación de garantías del crédito salarial y exclusión de la autonomía de la voluntad en relación con las obligaciones fiscales y de Seguridad Social.

Sin embargo, el papel fundamental en la regulación del salario corresponde a la **negociación colectiva** (nº 4515) a la que reiteradamente se remite la norma legal.

1. Principio de igualdad y prohibición de discriminación

(Const art.14; ET art.17 redacc L 4/2023)

4470 La Constitución consagra el principio de igualdad como uno de los valores superiores del ordenamiento jurídico, exige a los poderes públicos que orienten su acción a la consecución de una igualdad efectiva de los ciudadanos y de los grupos en que se integran, proclama que los españoles son iguales ante la ley sin que pueda prevalecer discriminación alguna y, finalmente, proscribe de modo expreso la discriminación retributiva por razón de sexo.

Ambos principios parten de **presupuestos** distintos, lo que se ha de tener en cuenta a la hora de valorar la existencia de una desigualdad o discriminación retributiva:

- el inciso inicial del art.17 de la Cons se refiere al **principio de igualdad** ante la ley y en la aplicación de la ley por los poderes públicos;
- la segunda prescripción contenida en el precepto se concreta en la **prohibición de discriminaciones** y tiende a la eliminación de esta en cuanto implica una violación más cualificada de la igualdad (TS 17-10-90, EDJ 9434; 17-5-00, EDJ 11793; 19-3-01, EDJ 2957).

Esta distinción entre igualdad y no discriminación repercute en el ámbito de las relaciones privadas, y su **alcance** depende de dónde se contengan las diferencias retributivas:

- el principio de igualdad se vincula esencialmente a la ley y, en general, a las actuaciones de los poderes públicos (TCo 161/1991);
- la prohibición de discriminación extiende también su obligatoriedad en el ámbito de las relaciones privadas.

Por ello, mientras que la **discriminación salarial** se encuentra terminantemente prohibida cualquiera que sea la fuente normativa u obligacional en que se contemple, el origen de la **diferencia retributiva** resulta trascendental para valorar la adecuación constitucional del establecimiento de diferencias salariales por otros motivos.

No conviene, así pues, confundir igualdad y no discriminación pues se trata de dos principios constitucionales que, aunque relacionados, presentan diferencias significativas, ya que no toda diferencia de trato constituye una discriminación (TS 19-3-01, EDJ 2957).

4472 Precisiones 1) La interpretación de ambos principios debe hacerse de conformidad con la Declaración Universal de los Derechos Humanos y los **acuerdos y tratados internacionales** que lo contemplan (Const art.10.2). De entre ellos, el Pacto Internacional de Derechos Económicos, Sociales y Culturales que reconoce el derecho a un salario por igual valor; el OIT Conv 100, sobre igualdad de remuneración entre la mano de obra masculina y la femenina o la Carta Social Europea (revisada), de 3-5-1996, donde se reconoce el derecho a una remuneración igual por un trabajo de igual valor a los trabajadores de ambos sexos.

2) Es de especial relevancia la **normativa comunitaria** sobre esta materia, en particular, el Tratado de Roma 25-3-1957 art.141 y la Dir 2006/54/CE, de 5 de julio, relativa a la aplicación del principio de igualdad de oportunidades e igualdad de trato entre hombres y mujeres en asuntos de empleo y ocupación. Asimismo, se ha de tener en cuenta la Dir 2000/78/CE sobre establecimiento de un marco general para la igualdad de trato en el empleo y la ocupación y la Dir 2000/43/CE sobre igualdad de trato independientemente del origen racial o étnico.

3) Mientras que la **igualdad** refleja más que un derecho una técnica de control basada en la constatación de la razonabilidad de las diferencias establecidas por el legislador o por los órganos de aplicación, el principio de **no discriminación** enlaza con valores inherentes a la dignidad de la persona humana y parte de la constatación de la existencia en la sociedad de grupos o colectivos de personas sistemática y tradicionalmente marginados. Así, no vulnera la prohibición de no discriminación, cuando el motivo de diferenciación es el tiempo de prestación de servicios en una determinada ocupación, lo que no es criterio diferenciador comprendido en las causas de discriminación prohibidas, causas que se refieren a motivos que merecen un especial reproche del ordenamiento jurídico por estar ligados a formas de opresión o de segregación de determinados grupos de personas (TS 16-1-12, EDJ 19266).

a. Prohibición de discriminación

4480 **Supuestos** (Const art.14; LO 3/2007 redacc LO 2/2024; ET art. 4.2.c -redacc RDL 5/2023-, 17.1 -redacc L 4/2023- y 28)

La prohibición de discriminación, inicialmente vinculada al principio de igualdad, se va separando paulatinamente de este para terminar conformando un patrón distinto que no se limita tan sólo a poner de manifiesto un trato desigual sino, ante todo, una **situación de marginación** social de ciertos colectivos de personas constitutiva de un atentado a la dignidad humana (TCo 19/1989).

Estos **supuestos** se concretan en la norma constitucional en la raza, el sexo, la religión y la opinión. Pero, además, se han ampliado a través de la cláusula general contenida en este precepto referida a la prohibición de discriminación por cualquier otra condición o circunstancia

personal o social. Esta cláusula abierta ha permitido entender comprendida dentro de la prohibición constitucional **otros motivos** recogidos en el ET tales como:
- la edad (TCo 69/1991);
- la lengua;
- el parentesco (TCo 79/1991);
- el estado civil;
- la condición social;
- las ideas religiosas o políticas;
- la adhesión o no a sindicatos y a sus acuerdos (TCo 82/1997; 74/1998);
- la discapacidad (TCo 264/1994);
- la orientación sexual (TCo 41/2006), identidad sexual, expresión de género o características sexuales (TCo 67/2022).

La prohibición de discriminación toma en consideración, así pues, condiciones que históricamente han estado ligadas a **formas de opresión o de segregación** de determinados grupos de personas o que se excluyen como elementos de diferenciación para asegurar la plena eficacia de los valores constitucionales en que se funda la convivencia en una sociedad democrática y pluralista (TS 19-3-01, EDJ 2957).

Ver estudio sobre la **no discriminación en la contratación** en el nº 3245.

Precisiones 1) Implica discriminación la diferencia retributiva de **españoles** frente a trabajadores **extranjeros** en un centro de enseñanza, sin que exista justificación objetiva y razonable (TCo 5/2007).

2) **No** se consideró **discriminatorio** el hecho de dar distinto trato en el pago de diferencias por el concepto de tabaco de fuma a **quienes** las **reclamaron**, judicial o extrajudicialmente, interrumpiendo la prescripción, respecto a **quienes ninguna reclamación formularon**, ya que la mera alegación de la existencia de una diferencia salarial que no se vincula a ninguna de las causas previstas en la Constitución y la Ley no puede servir como presunta prueba de la discriminación (TS 15-3-16, EDJ 45048).

Discriminación por razón de sexo (ET art.28; RD 902/2020) El empresario está obligado a pagar la misma retribución, cualquiera que sea su naturaleza -salarial o extrasalarial-, por la prestación de un trabajo de igual valor -**principio de igualdad retributiva**-, sin que pueda producirse discriminación alguna por razón de sexo, en ninguno de los elementos o condiciones de aquella. 4482

A estos efectos, se entiende que un **trabajo** tiene **igual valor** que otro cuando sean equivalentes:
- la naturaleza de las funciones o tareas encomendadas;
- las condiciones educativas (cualificaciones regladas que guarden relación con el desarrollo de la actividad);
- las condiciones profesionales o de formación exigidas para su ejercicio, incluyendo la experiencia o la formación no reglada siempre que tenga conexión con el desarrollo de la actividad;
- los factores estrictamente relacionados con su desempeño y las condiciones laborales en las que las actividades se llevan a cabo sean equivalente (penosidad, dificultad, posturas forzadas, movimientos repetitivos, etc.).

La prohibición de **discriminación por razón de sexo** comprende no sólo la discriminación **directa**, es decir, el tratamiento jurídico diferenciado y desfavorable a una persona por razón de su sexo, sino también la **indirecta**, esto es, aquel tratamiento formalmente neutro o no discriminatorio del que deriva, por las diversas condiciones fácticas que se dan entre trabajadores de uno y otro sexo, un impacto adverso sobre los miembros de un determinado sexo (TCo 145/1991; 147/1995; 198/1996). Así lo ha declarado el Tribunal de Justicia de las Comunidades Europeas en numerosas Sentencias al interpretar el contenido del derecho a la no discriminación por razón de sexo en relación con la retribución de las trabajadoras (TJUE 7-2-91, asunto Nimz, C-184/89; 4-6-92, asunto Bötel, C-360/90 ; 9-2-99, asunto Seymour-Smith y Pérez, C-167/97).

Con el fin de garantizar el principio de igualdad de trato y no discriminación en materia retributiva entre hombres y mujeres, se impone a empresas y convenios colectivos la obligación de integrar y aplicar el **principio de transparencia retributiva**, entendido como aquel que, aplicado a los diferentes aspectos que determinan la retribución de las personas trabajadoras y sobre sus diferentes elementos, permite obtener información suficiente y significativa sobre el valor que se atribuye a dicha retribución (RD 902/2020 art.3).

Tiene por **objeto** identificar las discriminaciones particularmente las debidas a incorrectas valoraciones de puestos de trabajo, lo que concurre cuando, desempeñado un trabajo de igual valor, se percibe una retribución inferior, sin que dicha diferencia pueda justificarse objetivamente con una finalidad legítima y sin que los medios para alcanzar dicha finalidad sean adecuados y necesarios.

El principio de transparencia retributiva se aplica a través de los siguientes **instrumentos**:
- el registro retributivo y el acceso de los trabajadores a la información (nº 4484);
- la auditoría retributiva (nº 4486);
- el sistema de valoración de puestos de trabajo de la clasificación profesional contenida en la empresa y en el convenio colectivo de aplicación (nº 4192).

Precisiones 1) Un **sistema de retribución variable** provoca discriminación por razón de sexo cuando desincentiva el reparto equilibrado de las cargas familiares. En consecuencia, se considera contrario al principio de igualdad un sistema que ajusta el **devengo de objetivos** al tiempo efectivamente trabajado en los supuestos de maternidad, pero no de paternidad (TS 23-9-20, EDJ 663659). También no computar, en orden a percibir la **retribución variable** fijada de acuerdo con las jornadas productivas, los días de trabajo comprendidos en las 6 semanas inmediatamente posteriores al **parto** que disfrutan las trabajadoras por razón de maternidad (TS 27-5-15, EDJ 105770)
2) Se ha considerado que realizan **trabajos de igual valor**, y por tanto la diferencia salarial es discriminatoria por razón de sexo, las limpiadoras y los peones de limpieza viaria contratados por un ente público (TSJ Galicia 30-6-22, EDJ 656793), o las envasadoras y los mozos del sector de manipulado y envasado de frutas, hortalizas y flores (TSJ Granada 19-5-22, EDJ 639656). No así, los **pilotos**, grupo integrado mayoritariamente por hombres, y los tripulantes de cabina, grupo integrado mayoritariamente por mujeres, habida cuenta de la formación necesaria para ejercer la profesión de piloto y de la responsabilidad que conlleva (TJUE 4-10-24, asunto Air Nostrum, C-314/23).
3) Existe **discriminación indirecta** en un supuesto en el que se penalizaba el disfrute de los **permisos legales retribuidos**, al condicionarse la percepción de un complemento salarial a la no utilización de esos permisos, que son utilizados mayoritariamente por mujeres (AN 8-6-16, EDJ 83320); cuando la empresa estableció en la **compensación y absorción del plus voluntario** a un grupo de mujeres en importe muy inferior al que perciben los trabajadores del mismo nivel retributivo, utilizando para ello la estadística como medio revelador de la existencia de dicha discriminación (TS 14-5-14, EDJ 76955); cuando se reduce el plus de asistencia y puntualidad (TS 4-10-22, EDJ 702598) o el plus de distancia (AN 28-2-23, EDJ 523466) a los trabajadores con reducción de jornada; o cuando se supedita el abono de la ayuda alimentaria a concluir la jornada a una determinada hora, porque impide el acceso a una mayoría de mujeres con reducción de jornada (TS 8-4-22, EDJ 551178).

4484 **Registro retributivo** (ET art.28.2; RD 902/2020 art.5, 6, 7, 8 y 9) Con el objeto de garantizar la transparencia en la configuración de las percepciones, de manera fiel y actualizada, y un adecuado acceso a la información retributiva, se establece la obligación de todas las **empresas**, con independencia de su tamaño, de tener un registro retributivo. El registro debe **incluir** los valores medios de los salarios, los complementos salariales y las percepciones extrasalariales de la plantilla, incluidos personal directivo y altos cargos, desagregados por sexo y distribuidos por grupos profesionales, categorías profesionales o puestos de trabajo iguales o de igual valor.
El registro debe afectar a **toda la plantilla** de la empresa, incluyendo los puestos ocupados por personas de un único sexo o que, debido al reducido número de empleados que los ocupan, sea perfectamente **identificable el trabajador y su retribución**, debiendo aplicarse en su caso los métodos precisos para garantizar la confidencialidad de dichos datos (AN 23-2-23, EDJ 518222; 29-5-23, EDJ 587095). Para estos casos la AEPD ha elaborado una **Guía** sobre la **protección de datos en las relaciones laborales** (https://www.aepd.es/guias/la-proteccion-de-datos-en-las-relaciones-laborales.pdf) que, aunque no resulta vinculante para el tribunal, permite vislumbrar el criterio que la Agencia mantiene acerca de la cuestión.
En el registro retributivo de cada empresa **deben fijarse**, convenientemente desglosadas por sexo, la media aritmética y la mediana de lo realmente percibido por cada uno de estos conceptos en cada grupo profesional, categoría profesional, nivel, puesto o cualquier otro sistema de clasificación aplicable. A su vez, esta información debe estar desagregada en atención a la naturaleza de la retribución, incluyendo salario base, cada uno de los complementos y cada una de las percepciones extrasalariales, especificando de modo diferenciado cada percepción.
Cuando en una empresa con **50 o más trabajadores**, el promedio de las retribuciones de los trabajadores de un sexo es superior a los del otro en un **25% o más**, tomando el conjunto de la masa salarial o la media de las percepciones satisfechas, el empresario debe incluir en el registro una **justificación** de que dicha diferencia responde a motivos no relacionados con el sexo (ET art.28.3), si bien tal obligación no puede aplicarse para descartar que existen indicios de discriminación a efectos de la tutela judicial.
El **acceso al registro** se debe llevar a cabo en los siguientes términos:
- en caso de inexistencia de representación legal: la información que se facilita no son los datos promediados respecto a las cuantías efectivas de las retribuciones que constan en el registro, sino que se limita a las diferencias porcentuales que existan en las retribuciones promediadas de hombres y mujeres, que también deben estar desagregadas en atención a la naturaleza de la retribución y el sistema de clasificación aplicable;

- en empresas que cuenten con representación legal de los trabajadores: el acceso al registro se facilita a las personas trabajadoras a través de la citada representación, teniendo derecho aquellas a conocer el contenido íntegro del mismo aplicándose el deber de confidencialidad que obliga a los responsables y encargados del tratamiento de datos (AN 29-5-23, EDJ 587095).

El **período temporal de referencia** es, con carácter general, el año natural, sin perjuicio de las modificaciones que fuesen necesarias en caso de alteración sustancial de cualquiera de los elementos que integran el registro,

La **representación legal de las personas trabajadoras** debe ser consultada, con una antelación de al menos 10 días, con carácter previo a la elaboración del registro, así como cuando sea modificado.

Respecto al registro en **empresas que lleven a cabo auditorías retributivas**, ver nº 4486

Tanto el MTES como el Ministerio de Igualdad han publicado en sus respectivas páginas web una **herramienta para la igualdad retributiva** (IR!) que incorpora un modelo voluntario de registro retributivo. La herramienta se acompaña de una **guía de uso** con las indicaciones necesarias para rellenar el fichero adecuadamente con los datos de la plantilla y, posteriormente, obtener, a través de cálculos automatizados y tablas dinámicas, los resultados de manera fácil (https://www.mites.gob.es/es/portada/herramienta_registro_retributivo/index.html).

Auditoría retributiva (RD 902/2020 art.7 y 8; LO 3/2007 art.46.2) Las empresas que elaboren un **plan de igualdad** deben incluir en el mismo una auditoría retributiva. Esta tiene por **objeto** obtener la información necesaria para comprobar si el sistema retributivo de la empresa, de manera transversal y completa, cumple con la aplicación efectiva del principio de igualdad entre mujeres y hombres en materia de retribución. Asimismo, debe permitir definir las necesidades para evitar, corregir y prevenir los obstáculos y dificultades existentes o que pudieran producirse en aras a garantizar la igualdad retributiva, y asegurar la transparencia y el seguimiento de dicho sistema retributivo. **4486**

La auditoría tiene la **vigencia** del plan de igualdad del que forma parte, salvo que se determine otra inferior en el mismo.

Implica las siguientes **obligaciones** para la empresa:

1. Realización del **diagnóstico** de la situación retributiva en la empresa. El diagnóstico requiere:

a) La evaluación de los puestos de trabajo, tanto con relación al sistema retributivo como con relación al sistema de promoción.

Se ha puesto a disposición de las empresas una **herramienta**, gratuita y voluntaria, **de valoración de los puestos de trabajo** para identificar y visibilizar las diferencias retributivas entre hombres y mujeres (RD 902/2020 disp.final 1ª; OM PCM/1047/2022), a la que se puede acceder este enlace: https://www.mites.gob.es/es/portada/herramienta_valoracion_puesto/index.htm

b) La relevancia de otros factores desencadenantes de la diferencia retributiva, así como las posibles deficiencias o desigualdades que pudieran apreciarse en el diseño o uso de las medidas de conciliación y corresponsabilidad en la empresa, o las dificultades que las personas trabajadoras pudieran encontrar en su promoción profesional o económica derivadas de otros factores como las actuaciones empresariales discrecionales en materia de movilidad o las exigencias de disponibilidad no justificadas.

2. Establecimiento de un **plan de actuación** para la corrección de las desigualdades retributivas, con determinación de objetivos, actuaciones concretas, cronograma y personas responsables de su implantación y seguimiento. El plan de actuación debe contener un sistema de seguimiento y de implementación de mejoras a partir de los resultados obtenidos.

En empresas que llevan a cabo auditorías retributivas, el **registro** presenta las siguientes especialidades:

- debe reflejar, además, las medias aritméticas y las medianas de las agrupaciones de los trabajos de igual valor en la empresa, conforme a los resultados de la valoración de puestos de trabajo, aunque pertenezcan a diferentes apartados de la clasificación profesional, desglosados por sexo y distribuidos por grupos profesionales, categorías profesionales o puestos de trabajo iguales o de igual valor;

- cuando la media aritmética o la mediana de las retribuciones totales en la empresa de las personas trabajadoras de un sexo sea superior a las del otro en, al menos, un 25% debe incluir una justificación de que dicha diferencia responde a motivos no relacionados con el sexo de las personas trabajadoras (ET art.28.3).

Precisiones 1) La **valoración de puestos de trabajo** tiene por objeto realizar una estimación global de todos los factores que concurren o pueden concurrir en un puesto de trabajo, teniendo en cuenta su incidencia y permitiendo la asignación de una puntuación o valor numérico al mismo. Los factores de valoración deben ser considerados de manera objetiva y deben estar vinculados de manera necesaria y estricta con el desarrollo de la actividad laboral (RD 902/2020 art.8.1.a.1º).
La valoración debe referirse a cada una de las tareas y funciones de cada puesto de trabajo de la empresa, ofrecer confianza respecto de sus resultados y ser adecuada al sector de actividad, tipo de organización de la empresa y otras características que a estos efectos puedan ser significativas, con independencia, en todo caso, de la modalidad de contrato de trabajo con el que vayan a cubrirse los puestos.
A los efectos de valoración de los puestos de trabajo, serán de aplicación aquellos **sistemas analíticos** que garanticen el cumplimiento de los objetivos y exigencias establecidos.
2) El Instituto de las Mujeres en colaboración con el MTES, sindicatos y organizaciones empresariales, ha elaborado una **Guía técnica para la realización de auditorías retributivas con perspectiva de género**, según la cual las auditorías deben analizar: los sistemas de promoción en los últimos años, el sistema de contratación y selección de personal y el de clasificación profesional y de formación; las condiciones de trabajo y el ejercicio corresponsable de los derechos de la vida personal, familiar y laboral; y la información sobre infrarrepresentación femenina comprobando si hay claro predominio de hombres o mujeres en las diferentes secciones de la empresa.

b. Principio de igualdad

4495 El principio de igualdad exige que a **supuestos de hecho iguales** se apliquen iguales consecuencias jurídicas. No obstante, no toda desigualdad de trato supone una infracción del principio de igualdad, sino que dicha infracción la produce sólo aquella desigualdad que introduce una diferencia entre situaciones que pueden considerarse iguales y que carece de una justificación objetiva y razonable. Es decir, no es contrario a este principio el trato desigual basado en una causa objetiva y razonable, de acuerdo con criterios y juicios de valor generalmente aceptados. En este sentido, se establecen **criterios objetivos** como el grupo profesional, la calidad, el rendimiento, la peligrosidad, los gastos ocasionados por el trabajo, etc., cuya concurrencia o no determina su devengo y sin que, por ello, pueda valorarse como una situación desigual discriminatoria o contraria al principio de igualdad.
Para que la diferenciación resulte constitucionalmente lícita no basta con que lo sea el fin que con ella se persigue, sino que es indispensable, además, que las consecuencias jurídicas que resultan de tal distinción sean adecuadas y proporcionadas a dicho fin, de manera que la relación entre la medida adoptada, el resultado que la produce y el fin pretendido por el legislador superen un **juicio de proporcionalidad** que permita evitar resultados especialmente gravosos o desmedidos (TCo 177/1993).
En todo caso, el examen de la **razonabilidad** de la desigualdad exige, como presupuesto previo, que se esté ante situaciones de hecho iguales a las que se otorga un desigual tratamiento y, en consecuencia, que se aporte un término de comparación adecuado y suficiente que permita posteriormente constatar que ante situaciones de hecho realmente iguales se ha dispensado un trato diferente sin justificación objetiva y razonable (TCo 261/1988).
En suma, la desigualdad con relevancia constitucional viene determinada por la introducción de diferencias carentes de una **justificación objetiva** y razonable entre situaciones que pueden considerarse iguales.

Precisiones 1) El Tribunal Supremo, recepcionando la doctrina del Tribunal Constitucional ha sintetizado la **doctrina que preside el principio de igualdad** en materia retributiva, mediante los siguientes **argumentos** (TS 16-2-87, EDJ 1275; 14-10-93, EDJ 9066; 22-1-96, EDJ 52447; 17-5-00, EDJ 11793; 19-3-01, EDJ 2957; 26-4-04, EDJ 55049):
a) La **Constitución** no impone en el ámbito de las relaciones laborales una igualdad de trato en sentido absoluto, pues la eficacia en este ámbito del principio de la autonomía de la voluntad deja un margen en el que el acuerdo privado o la decisión unilateral del empresario, en ejercicio de sus poderes de organización de la empresa, puede libremente disponer la retribución del trabajador, respetando los mínimos legales o convencionales. En la medida pues, en que la diferencia salarial no tenga un significado discriminatorio, por incidir en alguna de las causas prohibidas por la Constitución o el Estatuto de los Trabajadores, no puede considerarse como vulneradora del principio de igualdad.
b) El **convenio colectivo estatutario**, dada su eficacia normativa, ha de respetar ciertamente las exigencias indeclinables del derecho a la igualdad y la no discriminación, pero ésta no puede tener aquí el mismo alcance que en otros contextos, pues en el ámbito de las relaciones privadas, en el que el convenio colectivo se incardina, los derechos fundamentales y entre ellos el de igualdad, han de aplicarse matizadamente, haciéndolo compatible con otros valores que tienen su origen en el principio de la autonomía de la voluntad (TCo 177/1988; 171/1989; 28/1992). Esta exigencia no es aplicable, sin embargo, a los convenios colectivos **extraestatutarios** ni a los acuerdos o **pactos informales de empresa**. Tales acuerdos ocupan, en la jerarquía de fuentes de la relación laboral,

un lugar subordinado respecto de la ley y de los convenios colectivos estatutarios, situándose al mismo nivel que los contratos de trabajo (TS 17-10-94, EDJ 24182). Por ello, dado su carácter convencional y no normativo, tales acuerdos no están sometidos al principio de igualdad, aunque sí deben respetar la prohibición de discriminación. Sus cláusulas serán nulas cuando incorporen un trato desigual basado en un factor discriminatorio (TS 10-3-09, EDJ 42692).

2) No vulnera el principio de igualdad:

a) La menor retribución consecuencia de una **menor capacidad** o de una **capacidad residual o disminuida**. En este caso debe valorarse si esta genera o no un menor rendimiento ya que, de no producirse tal disminución, la diferencia retributiva no está justificada y puede dar lugar a un tratamiento no ya desigual, sino directamente discriminatorio. Justificación que concurre en la regulación de la **incapacidad permanente** parcial o en la incapacidad permanente total cualificada respecto de la que el Tribunal Constitucional ha declarado que no puede considerarse discriminatoria ni vulneradora del principio de igualdad porque la exigencia de unas condiciones adicionales a la edad (tales como la falta de preparación, la concurrencia de determinadas circunstancias sociales o laborales, etc.) permiten presumir una mayor dificultad de la persona para iniciar una actividad laboral y se erigen en factores razonables, objetivos y adecuados que no discriminan a los que no los tienen sino que, por el contrario, persiguen compensar a quienes desafortunadamente los tienen (TCo 137/1987).

b) La regulación de cada **relación laboral de carácter especial** es, por propia definición, diferente no sólo de la relación ordinaria de trabajo, sino también de las restantes relaciones especiales (TCo 49/1983; 26/1984). Así, no infringe este principio de igualdad el establecimiento en la relación laboral del personal de **alta dirección** de una indemnización por resolución causal del contrato de cuantía inferior a la establecida con carácter general en la relación laboral ordinaria (TS 21-12-88, EDJ 10061).

3) En el proceso de tutela de derechos fundamentales por discriminación retributiva, se puede reclamar una **indemnización de daños y perjuicios**, consistente en las diferencias salariales dejadas de percibir por el trabajador a consecuencia de ese trato discriminatorio (TS 3-4-24, EDJ 539534; 30-5-24, EDJ 585604; 19-9-24, EDJ 688577; 29-10-24, EDJ 729811).

2. Salario mínimo interprofesional (SMI)

(OIT Conv 117; Const art.35; ET art.27 redacc L 3/2023)

El salario mínimo interprofesional es la retribución mínima fijada legalmente para todos los trabajadores por cuenta ajena que presten sus servicios en cualquier actividad en la agricultura, en la industria y en los servicios, sin distinción de sexo ni de edad. Garantiza un suelo mínimo irreductible para retribuir la prestación de servicios en la relación laboral (TS 13-4-89, EDJ 3954), por debajo del cual es ilícito trabajar por cuenta de otro. Su cuantía ha de garantizarse a todos los trabajadores en cómputo anual. **4500**

El SMI se fija **anualmente** por el Gobierno tras un período de consultas con las organizaciones sindicales y asociaciones empresariales más representativas, teniendo en cuenta una serie de factores como son el índice de precios al consumo, la productividad media nacional alcanzada, el incremento de la participación del trabajo en la renta nacional y la coyuntura económica general.

Precisiones: Los **criterios** nacionales **para fijar y actualizar los salarios mínimos legales** adecuados deben contemplar, al menos, el poder adquisitivo de los salarios mínimos legales -teniendo en cuenta el coste de la vida-, la cuantía general de los salarios y su distribución, la tasa de crecimiento de los salarios, y los niveles y la evolución de la productividad nacional a largo plazo (Dir (UE) 2022/2041, en vigor desde el 15-11-2022 pero con plazo hasta el 15-11-2024 para adaptar la normativa interna).

Tradicionalmente el SMI cumplía otras funciones no vinculadas estrictamente a las relaciones laborales. Sin embargo, tras la creación del Indicador Público de Renta de Efectos Múltiples (IPREM) el SMI queda **vinculado** únicamente a los siguientes **supuestos** (RDL 3/2004 art.1 y 3): **4502**

- el salario de los trabajadores en las relaciones laborales de carácter especial;
- la retribución del trabajador contratado para la formación;
- las garantías, privilegios y preferencias del salario;
- los límites de la responsabilidad del Fondo de Garantía Salarial;
- las bases mínimas de cotización;
- los requisitos de acceso y, en su caso, mantenimiento de las pensiones de viudedad, orfandad, prestaciones en favor de familiares, prestaciones familiares y por nacimiento o adopción del tercer o sucesivos hijos, así como el importe de la prestación económica por parto o adopción múltiples;
- los requisitos para el acceso y mantenimiento de las prestaciones que integran el sistema de protección por desempleo;
- el salario correspondiente a una colocación para que esta sea considerada adecuada a los efectos de la protección por desempleo;

- la cuantía máxima del anticipo al que tiene derecho el trabajador que haya obtenido a su favor una sentencia en la que se condene al empresario al pago de una cantidad y contra la que se haya interpuesto recurso;
- el importe de la garantía financiera que deben constituir las ETT;
- los límites de referencia de las compensaciones mínimas que corresponden a los socios de trabajo y a los socios de las cooperativas de explotación comunitaria de la tierra;
- la retribución de los trabajadores declarados en situación de incapacidad permanente parcial que se reincorporen a la empresa;
- la cuantía de la subvención de los costes salariales correspondientes a los puestos de trabajo ocupados por los trabajadores con discapacidad que presten servicios en los centros especiales de empleo;
- la cuantía de la subvención de los costes salariales derivados de los contratos que se suscriban con los alumnos trabajadores de escuelas taller y casas de oficios, así como los de los talleres de empleo.

A excepción de estos supuestos, las referencias al SMI contenidas en normas vigentes del Estado, cualquiera que sea su rango, deben entenderse referidas al **IPREM**.

4504 **Cuantía** (RD 145/2024; LEC art.607 y 608) En la cuantía del SMI, fijada anualmente, **se computan** tanto los salarios en metálico como en especie, y se entienden referidos a la jornada legal de trabajo en cada actividad. Si se realiza jornada inferior, se percibe a prorrata.

Con efectos **desde el 1-1-2024**, el salario mínimo es de 1.134 €/mes o 37,80 €/día.

El salario diario no incluye la parte proporcional de **domingos y festivos**. Por eso, si por ejemplo un trabajador presta su actividad únicamente durante 6 días -de lunes a sábado- debe percibir la cantidad establecida como mínima para el salario día por 6, y un día más por el domingo devengado y no incluido en el salario día fijado (al margen de otros posibles devengos como la parte proporcional de las pagas extraordinarias, vacaciones, etc.).

A los SMI consignados se adicionan, sirviendo los mismos como módulo, en su caso, los **complementos salariales** que puedan establecerse en convenio colectivo o contrato individual, así como el incremento garantizado sobre el salario a tiempo en la remuneración a prima o con incentivo a la producción.

El SMI es **inembargable**, tanto en su cuantía anual como mensual, salvo cuando el embargo o la retención tenga por objeto el pago de los alimentos debidos al cónyuge o a los hijos en virtud de resolución de los Tribunales en procesos de separación matrimonial, divorcio o nulidad, alimentos provisionales o definitivos, o de los decretos o escrituras públicas que formalicen el convenio regulador que los establezcan. En estos casos, así como en los de las medidas cautelares correspondientes, el tribunal fija la cantidad que puede ser embargada.

Precisiones El **límite de inembargabilidad** está constituido por (ET art.27.2 redacc L 3/2023):
- si junto con el **salario mensual** se percibe una **paga extraordinaria**: el doble del importe del SMI mensual;
- si en el salario mensual percibido está **incluida** la **parte proporcional de las pagas extraordinarias**: el importe del SMI en cómputo anual prorrateado entre 12 meses.

4506 **Compensación y absorción** (RD 145/2024 art.3) A los efectos de compensación y absorción (nº 4950) en cómputo anual por los salarios profesionales del **incremento del SMI** se ha de proceder aplicando las siguientes **reglas**:

1. La revisión del SMI no afecta ni a la estructura ni a la cuantía de los **salarios** profesionales que viniesen percibiendo los trabajadores, cuando tales salarios en su conjunto y en cómputo anual fuesen **superiores** a dicho salario mínimo.

2. El SMI en cómputo anual que se toma como referencia para la revisión, es el resultado de sumar al SMI fijado anualmente por el Gobierno, los complementos fijados por convenio o contrato individual de trabajo, sin que en ningún caso pueda considerarse una **cuantía anual** en **2024** inferior a 15.876 €. No se exige que se alcance la cuantía del SMI en el concepto del salario base (TS 26-1-22, EDJ 503812; AN 25-9-23, EDJ 698248).

3. El incremento de dicha percepción es **compensable** con los ingresos que por todos los conceptos viniese percibiendo el trabajador en cómputo anual y jornada completa con arreglo a las normas legales o convencionales, laudos arbitrales y contratos de trabajo en vigor el 8-2-2024.

4. Las **normas** legales o convencionales y los **laudos** que se encuentren **en vigor el 8-2-2024**, subsisten en sus propios términos, sin más modificación que la que fuese necesaria para asegurar la percepción de las cantidades en cómputo anual de la cuantía fijada por el Gobierno como SMI, debiendo, por ello, ser incrementados los salarios profesionales inferiores al indicado total en la cuantía necesaria para equipararse a este.

B. Convenio colectivo y salario

(ET art.3, 82.3 y 85.1)

Los convenios colectivos son fuente de derecho en lo relativo a los derechos y obligaciones concernientes a la relación laboral. Uno de los objetivos centrales de la negociación colectiva es, precisamente, la determinación de los salarios, de manera que los convenios colectivos pueden, dentro del respeto a las leyes, regular, entre otras, materias de índole económica y laboral. **4515**

Las **restricciones a la negociación colectiva** en materia salarial quedan circunscritas a determinados aspectos respecto de los cuales se establecen mínimos de derecho necesario, principios de ordenación de carácter genérico o reglas de derecho dispositivo, siendo escasas las normas que establecen una exclusividad a favor de la ley. Entre estas últimas, cabe mencionar, por razones obvias, los bloques normativos referidos a las garantías salariales (ET art.32) y al Fondo de Garantía Salarial (ET art.33), aspectos que, por su propia naturaleza, son refractarios a toda ordenación convencional.

Al margen de ello, la negociación colectiva tampoco puede alterar la **regulación legal de carácter imperativo** con la que se contemplan aspectos básicos como la definición del salario y de los componentes que lo integran (nº 4590), así como la referida a las percepciones extrasalariales (nº 4640 s.); igualmente, no sería susceptible de resultar alterada por convenio la prohibición de todo pacto en contra de la asunción obligatoria por parte del trabajador de las cargas fiscales o de Seguridad Social (nº 4938 s.), la inembargabilidad del salario mínimo (nº 4504), o la fijación del interés por mora (10%) en el pago del salario (nº 5009).

Por el contrario, cabe una eventual **intervención de la negociación colectiva** en aquellos aspectos en que la Ley configura una regulación de mínimos y son, por tanto, susceptibles de mejora vía convencional. Así sucede, por ejemplo, con la ordenación del Salario Mínimo Interprofesional (nº 4500 s.) y el límite establecido para la retribución en especie que, configurados como una norma garantista para el trabajador, sólo admitirían una regulación que supusiera una mejora en convenio.

En sentido inverso, los topes salariales máximos establecidos periódicamente para el personal laboral al servicio de las **Administraciones Públicas** en las respectivas leyes de presupuestos generales imponen un límite infranqueable a una eventual mejora vía convencional, debiendo quedar circunscrita la intervención del convenio a concretar el incremento salarial dentro de dichos tipos (TS 22-12-05, EDJ 256075).

Mayores márgenes de actuación se otorgan a la negociación colectiva (convenio y acuerdo de empresa, principalmente) en relación con el establecimiento de **sistemas de remuneración** y la ordenación de la **estructura salarial** (nº 4700 s.), respecto de los que únicamente se establecen unos genéricos principios de ordenación relativos a los componentes de la misma -salario base (determinado por unidad de tiempo o de obra) y complementos de diversa naturaleza-, pero dejando en última instancia a la norma convencional la determinación de los mismos (TSJ Madrid 13-2-01, EDJ 7821), así como su eventual carácter consolidable.

Lógicamente, esta libertad negocial encuentra un límite infranqueable en la necesidad de garantizar el respeto a los principios de **igualdad y no discriminación**.

1. Igualdad y no discriminación en la negociación colectiva

(OIT Conv 117)

Las diferencias salariales pactadas en la negociación colectiva no son «per se» contrarias al principio de igualdad, sino que ha de examinarse en cada caso su **justificación y razonabilidad**, o si resultan o no aceptables dentro de las circunstancias de la empresa o del sector (TCo 52/1987; 171/1989). El trato diferenciado, para que no sea signo de discriminación, debe responder a razones objetivas y suficientemente justificadas, de tal manera que a un trabajo de igual valor debe corresponder una retribución, al menos en el nivel básico y abstracción hecha de algunos complementos como la antigüedad, igual para todos los supuestos (TCo 52/1987; 136/1987; 177/1993; TS 27-11-91, EDJ 11279; 28-1-93, EDJ 612; 22-1-96, EDJ 52457; 22-7-97, EDJ 5084). **4520**

La **regla general** de que no se pueden establecer diferencias de trato arbitrarias e irrazonables entre situaciones iguales o equiparables, y de modo especial, en caso de identidad de trabajo -esto es, la regla de la igual retribución para un trabajo de igual valor en su nivel básico- se erige así en elemento esencial de valoración de las desigualdades retributivas contenidas en convenios colectivos (TCo 177/1993).

Así, es **contrario al principio de igualdad** un trato diferente no justificado establecido en convenio colectivo entre situaciones iguales o equiparables y, muy especialmente, en caso de identidad de trabajo (TS 19-3-01, EDJ 2957). La clase de trabajo prestado es el criterio que con toda probabilidad ofrece mayores dosis de objetividad a la hora de contrastar la situación salarial de unos trabajadores y otros puesto que se trata de comparar relaciones jurídicas que tienen por objeto precisamente la prestación de servicios por cuenta ajena (TCo 136/1987).

No es contrario cuando la diferencia es razonable de acuerdo con los valores e intereses que deben tenerse en cuenta en este ámbito de la vida social, entre los que figuran la clase de trabajo prestado, el rendimiento del mismo, la capacidad económica de la empresa, la fuerza contractual o capacidad negociadora de los contratantes, o las distintas actividades laborales o profesionales respondiendo a las peculiaridades de cada una de ellas (TS 31-10-01, EDJ 47831; 27-9-00, EDJ 33430); los que derivan del contenido de los actos de trabajo, de la intensidad o duración del mismo, de la calidad de su realización, de los factores circunstanciales del medio de trabajo que influyen en la penosidad o peligro de su ejecución o en el esfuerzo laboral, o de las propias necesidades del trabajador (TS 12-11-13, EDJ 288911).

En la práctica, ha resultado problemático el establecimiento de **diferentes condiciones salariales** para los siguientes **supuestos:**

- trabajadores fijos y temporales (nº 7012 s.);
- trabajadores a tiempo parcial (nº 6186).

4522 Precisiones 1) El **convenio colectivo estatutario**, cuya relevancia cuasi pública y su eficacia normativa le hace incardinarse en el sistema de fuentes, debe someterse a las normas de mayor rango jerárquico, al cuadro de derechos fundamentales y, en concreto, a las exigencias derivadas del derecho a la igualdad y a la no discriminación (TCo 136/1987; 171/1989; 2/1998).

2) El **convenio colectivo extraestatutario** carece de valor normativo y no se integra en el sistema de fuentes (TS 17-10-94, EDJ 24182; 14-12-96, EDJ 10147), pero ha de respetar las normas legales de derecho necesario y la prohibición de discriminación (TS 24-2-92, EDJ 1736; 22-10-93, EDJ 9408), aunque no le sea aplicable el principio de igualdad (TCo 108/1989). Así, es válido un acuerdo en el que se establece una fórmula de abono prorrateado de las pagas extras que no se aplica a los trabajadores de nueva contratación (TS 3-11-08, EDJ 234709).

3) Se considera que **no vulnera el principio de igualdad**:

- fijar salarios desiguales por la titulación acreditada, aunque esta no sea necesaria para el desempeño de trabajo (TS 22-9-03, EDJ 116078);
- la reducción del salario del trabajador consistente en un porcentaje sobre ingresos, respetando los mínimos legales, fundada en el deficiente rendimiento del trabajador (TS 9-7-90, EDJ 7399);
- cuando las diferencias tienen su origen en los diferentes convenios de la empresa Makro y de las dos que posteriormente se adhirieron al mismo, preservándose los salarios que tenían los trabajadores en sus respectivas empresas y unidades negociales (TS 9-6-09, EDJ 158170);
- la exclusión de miembros del comité de dirección, que habían sufrido una reducción salarial anterior, de la reducción retributiva que afectaba al resto de los trabajadores (TS 11-5-15, EDJ 105745).

Por el contrario, **sí es contrario** al principio de igualdad:

- no abonar el obsequio de una cantidad de dinero a los trabajadores que no acudieron a la comida de Navidad, en la que se hizo entrega de igual cantidad a los que sí asistieron (TS 10-12-09, EDJ 321840);
- la concesión de un complemento a unos trabajadores y no a otros sin que exista base objetiva y razonable (TSJ Las Palmas 29-7-13, EDJ 190768).

4) No pueden homologarse las situaciones y diferencias salariales provocadas por la exclusión del ámbito del convenio de aplicación de **colectivos con fuerte poder de negociación**, con las debidas a la exclusión de colectivos cuya precaria situación de empleo les impide obtener cualquier poder negociador y que, contra su voluntad, se ven apartados del ámbito de aplicación del convenio con el resultado de que se les imponen injustificadamente condiciones de trabajo peyorativas (TCo 136/1987).

5) La diferencia de trato entre trabajadores **fijos y temporales** en la percepción de incentivos no constituye una discriminación si no se basa en factores de discriminación (TS 17-5-00, EDJ 11793). No obstante, podría ser susceptible de serlo si se demuestra que la diferencia retributiva repercute significativamente en un número mayor de trabajadores pertenecientes a uno de los **colectivos tradicionalmente marginados** (como mujeres) que de los no pertenecientes a los mismos, tal y como ocurre en muchos de los supuestos de contratación a tiempo parcial. En este sentido se consideró discriminatorio un acuerdo de empresa que establecía un plus por trabajos penosos, tóxicos o peligrosos sólo para una categoría de trabajadores masculinizada y no así para una categoría feminizada que desarrollaba un trabajo de igual valor, basándose para ello en criterios de evaluación no neutros, como es el de mayor esfuerzo (TSJ Las Palmas 19-12-14, EDJ 298666).

4524 **Doble escala salarial** Se considera doble escala salarial aquella desigualdad retributiva que se establece en función de la **fecha de ingreso** -o **de adquisición de fijeza**- en la empresa, de forma que el convenio colectivo fija para los trabajadores de nuevo ingreso un salario inferior al que disfrutan el resto de trabajadores de igual grupo y actividad pero que ya forman parte de la plantilla de la empresa. De este modo, se crea en la empresa un sistema retributivo dual de manera que los trabajadores que ya pertenecen a la empresa conservan

sus derechos mientras que los trabajadores de nuevo ingreso ven reguladas sus condiciones salariales conforme a unas reglas propias y diferentes.
La fecha de ingreso en la empresa **no** constituye en sí misma un factor genérico de **discriminación** ni una circunstancia personal o social de tal carácter. Por ello, el criterio de resolución de estos supuestos no puede ser otro que el de la aplicación del canon constitucional en torno a la **igualdad** (TS 28-4-05, EDJ 76861). Desde esta perspectiva, el convenio colectivo estatutario no puede incluir dobles escalas salariales, en la medida en que suponen un **trato desigual** entre los trabajadores, a menos que tales diferencias estén basadas en una justificación objetiva y razonable (TCo 119/2002; 27/2004).
Por tanto, cuando el convenio colectivo regula distintas condiciones salariales en función de la fecha de ingreso debe verificarse si existe una **justificación objetiva y razonable**. Existiendo ésta, ha de verificarse si la medida desigual adoptada por los negociadores es **proporcionada**. No basta así, con que el fin perseguido por el trato diferente sea lícito, sino que es indispensable, además, que las consecuencias jurídicas que resultan de tal distinción sean adecuadas y proporcionadas a tal fin (TS 22-1-96, EDJ 52457; 3-10-00, EDJ 33434; 19-6-00, EDJ 14121; 19-3-01, EDJ 2957).
A estos efectos, nuestros tribunales han considerado como **elementos adicionales** que pueden justificar este trato distinto a los trabajadores los siguientes:
- la necesidad de respetar derechos adquiridos o condiciones más beneficiosas de los antiguos o actuales trabajadores (TS 9-6-09, EDJ 158170; 12-9-24, EDJ 681556; 12-9-24, EDJ 681556);
- la reestructuración empresarial (TS 12-11-02, EDJ 61480; 14-3-06, EDJ 53152; 19-1-10, EDJ 11619);
- los compromisos de empleo, aunque advirtiendo que la creación de empleo debe ser real y no una mera invocación justificativa (TS 17-6-02, EDJ 26682).

Precisiones 1) Los **tribunales** han considerado que **no es una causa objetiva y razonable** de diferenciación por la fecha de ingreso: 4526
a. El establecimiento de un **salario inferior** (TS 22-1-96, EDJ 617), de un **complemento personal** (TSJ Cataluña 19-9-07, EDJ 195721) o de una participación en primas (TS 24-6-19, EDJ 648239); declarándose la nulidad de la cláusula del convenio colectivo que la establece (TS 17-6-02, EDJ 26682; 25-7-02, EDJ 32034); o el párrafo en concreto (TS 17-11-09, EDJ 283356).
b. La implantación de un **plan de saneamiento** ante la situación de la empresa y para el mantenimiento del nivel de empleo cuando el sacrificio ante la situación no es igual para todos los trabajadores, sino mayor para los futuros trabajadores de la empresa y el diferente régimen remunerador parte de la existencia de nuevas contrataciones (TS 22-1-96, EDJ 52457).
c. Cuando el trato diferente afecta a los trabajadores en función de **la empresa de procedencia**, sin que se pueda justificar tal diferencia en atención a la posición competitiva de la empresa en el marco de la liberalización de las comunicaciones ni por los compromisos asumidos por la misma (TS 9-2-11, EDJ 19881).
d. Una doble escala para cuantificar un **complemento de residencia por extrapeninsularidad** en función de la fecha en que fueron destinados los trabajadores. Este trato desigual solo puede admitirse, de modo excepcional, cuando se conceden determinadas compensaciones a favor de los trabajadores peyorativamente tratados o mayores cargas a los beneficiarios (TS 14-6-10, EDJ 145245).
e. Excluir a los trabajadores de nuevo ingreso de la percepción del **premio de vinculación** al no haberse justificado la diferencia de trato ni compensado con otro tipo de retribuciones (TS 20-4-17, EDJ 65203). Por contra, se ha considerado válida la exclusión del premio de vinculación para los trabajadores de nuevo ingreso al entender que está justificada la diferencia de trato en la preservación de derechos en curso de adquisición (TS 18-12-20, EDJ 763783).

2) Por otro lado, han considerado que hay **justificación objetiva, razonable y no desproporcionada**: 4528
a. Cuando el diferente tratamiento es consecuencia de un **distinto estatuto normativo** (TCo 171/1989). En el mismo sentido, en un supuesto en que las diferencias salariales aplicadas a los trabajadores, que determinaban la existencia de una triple escala, procedían de un complejo proceso de fusión y organización empresarial, se afirma que la diferencia retributiva establecida en el convenio con causa en los peculiares orígenes del grupo de trabajadores, supera el juicio constitucional de proporcionalidad, pues la simple procedencia de los empleados, cuando no obedezca a un ánimo defraudatorio o de elusión de responsabilidades en perjuicio de los derechos de los trabajadores, constituye base objetiva y razonable (TS 9-6-09, EDJ 158170).
b. Cuando se compensa a los trabajadores veteranos de la desventaja sufrida por el **cambio de la legislación tributaria** en el cálculo de comisiones que venían percibiendo frente a los de nuevo ingreso a los que ya es directamente de aplicación la nueva normativa (TS 27-9-00, EDJ 33430).
c. La doble escala salarial aplicada por la empresa cuando de los términos del acuerdo se desprende que su justificación está en la implantación de los **nuevos sistemas de clasificación profesional** y retributivo impuestos en la norma convencional que sólo podían afectar a quienes ya eran trabajadores en ese momento, pues era respecto de ellos que había de procederse a la adaptación (TS 11-10-11, EDJ 263197).

d. También es razonable, desde el punto de vista histórico en el desarrollo de las previsiones de los distintos convenios de la Industria Química, establecer un **plus de convenio** distinto para los trabajadores de nuevo ingreso al no haber sufrido éstos un proceso histórico de homologación y simplificación retributiva iniciado en el Convenio General de la Industria Química de 1979 (CCol Industria Química DGTr Resol 16-01-79, BOE 01-02-79) y al garantizárseles un salario base mínimo, resolviendo para los dos colectivos de forma distinta situaciones que son también distintas (TS 19-3-01, EDJ 2957).
e. Tampoco se califica de doble escala prohibida el establecimiento en un pacto colectivo de un **complemento de convergencia u homogeneización** únicamente para los empleados de la empresa resultante de una fusión (Caixanova) -y cuyo objetivo es el de armonizar las retribuciones del personal de la plantilla de las Cajas fusionadas- pero no así para los trabajadores recién incorporados a la misma procedentes de Empresas de Trabajo Temporal, pues el factor que determina el cobro de dicho complemento es la pertenencia en el momento de la fusión a la plantilla de las entidades fusionadas, de suerte que, cuando ello no es así, como sucede con los de nuevo ingreso en la entidad resultante de la fusión y procedentes de ETT, no hay convergencia que alcanzar y falta el presupuesto o hecho causante (TS 31-10-01, EDJ 47831).
f. No es contrario al principio de igualdad el establecimiento de una diferencia retributiva cuando va unida en el convenio colectivo a un plan de empleo y a una **situación negociada de viabilidad** de la empresa (TSJ Cataluña 30-4-02, EDJ 29703).
g. Tampoco es contrario al principio de igualdad excluir a los trabajadores de nuevo ingreso de la percepción de **una paga** que la empresa venía concediendo como **mera liberalidad** a sus trabajadores (TS 28-4-05, EDJ 76861).

4530 **Antigüedad** La utilización del criterio de la antigüedad en la fijación de las retribuciones, aunque redunde en disparidades de retribución entre los trabajadores, es idónea para alcanzar la **finalidad legítima** de recompensar la experiencia adquirida que coloca al trabajador en condiciones de cumplir mejor sus tareas (TJUE 3-10-06, asunto C-17/05).
Es admisible que se respeten los **derechos ya causados** bajo convenio anterior o en curso de adquisición, pero no es aceptable que, **a partir de determinada fecha**, unos generen un plus de antigüedad por cuantía muy superior al que generan otros trabajando el mismo número de años (TS 9-3-17, EDJ 27138). Así sería admisible suprimir de futuro el complemento de antigüedad para todos los trabajadores, reconociendo únicamente, como derecho adquirido, el consolidado por los trabajadores, pero no es aceptable que, en función simplemente de la fecha de ingreso en la empresa, se establezca una **diferente modalidad de abono** del complemento de antigüedad para los trabajadores ingresados con posterioridad a una fecha (TS 20-9-02, EDJ 37372; 20-4-05, EDJ 76854; 18-9-08, EDJ 178573; 17-11-09, EDJ 283356; 5-3-19, EDJ 564317; 14-10-21, EDJ 722364); declarándose la nulidad del precepto convencional (TS 21-12-07, EDJ 347258; 22-7-08, EDJ 161773); o reconociéndose el derecho a cobrar la diferencia salarial ocasionada (TS 20-2-08, EDJ 25888; 14-7-10, EDJ 190394).

2. Convenio colectivo y regulación del salario

4535 En materia salarial corresponde a la negociación colectiva, entre otros, la regulación de los siguientes **aspectos**:
1. La fijación de la **cuantía salarial** a percibir por los trabajadores que prestan servicios en las empresas incluidas en su ámbito de aplicación, identificando salarios por categorías o grupos profesionales.
2. La determinación de la **estructura salarial**, que debe comprender el salario base, como retribución fijada por unidad de tiempo o de obra, y en su caso los complementos salariales (nº 4700 s.).
3. La incorporación de las denominadas **cláusulas de revisión salarial**, que pretenden garantizar el incremento o ajuste de los salarios a las variaciones económicas que se produzcan durante la vigencia del convenio (nº 4975 s.).
4. La regulación de las **cláusulas de descuelgue salarial**, que permiten la inaplicación del régimen salarial previsto en el convenio en empresas incluidas en su ámbito de aplicación cuando atraviesen una situación económica delicada (nº 9510 s.).
5. La fijación de salario de los **trabajadores** contratados **para la formación en alternancia** (nº 7080) o **para la obtención de la práctica profesional adecuada** (nº 7104).
6. La compensación o remuneración de las **horas extraordinarias** (nº 5272 s.).

Precisiones La Dir (UE) 2022/2041, sobre **salarios mínimos adecuados** en el ámbito de la Unión Europea incluye medidas para **promover la negociación colectiva**. Además, cuando la cobertura de la negociación colectiva sea inferior al 80% de los trabajadores, deben establecerse planes de acción para promoverla con la participación de sindicatos y patronales. La Directiva concede a los Estados un plazo de 2 años, que finaliza el 15-11-2024, para que adopten las medidas necesarias para cumplir lo establecido en la Directiva.

C. Contrato de trabajo y salario

(Const art.37; ET art.3)

4540 El contrato de trabajo, en cuanto expresión de la **autonomía de la voluntad** individual del empresario y del trabajador, ocupa un papel fundamental en la determinación de las condiciones de trabajo aplicables a cada trabajador y, en particular, en la configuración del salario. Aunque la regla general es la uniformización de las condiciones retributivas de los trabajadores a través de los convenios colectivos, nada impide que los contratos de trabajo establezcan una disciplina salarial específica para cada trabajador. De esta forma, el contrato de trabajo asume, junto a su función constitutiva de la relación laboral, una importante función reguladora de la relación laboral establecida.
Sin embargo, la autonomía de la voluntad expresada en el contrato de trabajo está sometida a ciertos **límites** que derivan de la existencia de otras fuentes reguladoras de la relación laboral que el contrato de trabajo debe respetar. En este sentido, la doctrina constitucional ha ido delimitando, a través de diversos pronunciamientos, la relación entre autonomía individual y autonomía colectiva.

1. Límites

4545 La fijación de condiciones salariales específicas en el contrato de trabajo está condicionada por la relación entre el contrato de trabajo y las demás fuentes reguladoras de la relación laboral (nº 4465 y nº 4515). La Ley y el convenio colectivo constituyen normas mínimas para el contrato de trabajo de modo que no puede establecer **condiciones menos favorables** en perjuicio de trabajador; ni este puede renunciar a los **derechos reconocidos** en las mismas considerados como indisponibles.
En este sentido, las condiciones salariales fijadas en el contrato están sometidas al **principio de no discriminación**, así como a las **cuantías mínimas** fijadas anualmente por el Gobierno (nº 4504) o a los salarios reconocidos como tales en el convenio colectivo aplicable.
Sometida a estos límites, la autonomía de la voluntad puede jugar un papel muy relevante en la regulación de las siguientes **condiciones**:
- por una parte, puede regular determinados aspectos del régimen retributivo cuando no han sido contemplados por aquellas otras fuentes o cuando la ley o el convenio se remiten al contrato para su regulación;
- por otra, puede mejorar en beneficio del trabajador las condiciones referidas al salario establecidas en normas legales o reglamentarias o en los convenios colectivos.

En cualquiera de estos casos, la autonomía de la voluntad expresada en el contrato de trabajo o en pactos entre las partes que se incorporan al contenido de la relación laboral **no puede disponer**, en perjuicio del trabajador, de los derechos reconocidos legal o convencionalmente.

a. Principio de igualdad y prohibición de discriminación

(Const art.10.1 y 14; ET art.17 -redacc L 4/2023- y 28)

4550 La aplicación de los principios de igualdad y de prohibición de discriminación no impone al empresario un trato salarial absolutamente idéntico entre los trabajadores, pero sí impide que esas diferencias en el régimen retributivo tengan fundamento en alguna **causa discriminatoria**.
Frente a la igualdad en la ley, en el marco de las relaciones contractuales sometidas al derecho privado, el principio de igualdad ha de compaginarse y ponderarse con **otros principios** también reconocidos constitucionalmente como la autonomía (individual o colectiva) de la voluntad y el libre desarrollo de la personalidad.
Los **rasgos** que caracterizan el juego del **principio de igualdad** en el ámbito del contrato de trabajo pueden resumirse en los tres siguientes (TCo 59/1982; 34/1984; 197/2000):
1. La regla general es que la aplicación del principio de igualdad no se excluye radicalmente por el solo hecho de que el problema se plantee en un ámbito de relaciones entre particulares, si bien se ve sometido a matizaciones derivadas del juego del principio de la autonomía de la voluntad (colectiva o individual) que hacen que, en la práctica, en el ámbito de la relación contractual opere con carácter general la **prohibición de discriminación**, pero no la exigencia de trato igual. Existe formalmente una adecuación al ordenamiento, por cuanto el contrato de trabajo es, sin duda, cauce adecuado para establecer mejoras salariales para todos o sólo para unos cuantos de los trabajadores ya contratados si no existe un motivo discriminatorio (TS 18-9-00, EDJ 27661). Por ello, la empresa puede, en el ejercicio de sus poderes de autoorganización, disponer libremente la retribución de sus trabajadores, estableciendo diferencias

entre ellos que, en tanto no se funden en un criterio discriminatorio, serán válidas. Así, es válida la oferta de un régimen salarial específico dirigido solo a determinados trabajadores (TS 10-3-09, EDJ 42692; 12-4-11, EDJ 91325).

2. La prohibición de desigualdad opera cuando existe un principio jurídico del que derive la **necesidad de igualdad de trato** entre los desigualmente tratados.

Este criterio igualatorio puede venir sancionado directamente por:

- la Constitución, lo que ocurre con la prohibición de discriminación por los motivos contemplados en su seno y que, por ello, es también de aplicación directa y sin matización alguna en el ámbito de las relaciones privadas;
- una ley o norma escrita de inferior rango, o inferirse de la costumbre o de los principios generales del Derecho. En este sentido, puede citarse la exigencia de trato igual entre trabajadores indefinidos y trabajadores con contrato de duración determinada (ET art.15.6).

En el Estatuto de los Trabajadores, a salvo de la prohibición de discriminación entre trabajadores por razón de edad o discapacidad, sexo, origen, incluido el racial o étnico, estado civil, condición social, religión o convicciones, ideas políticas, orientación e identidad sexual, expresión de género, características sexuales, adhesión o no a sindicatos y a sus acuerdos, vínculos de parentesco con personas pertenecientes a o relacionadas con la empresa y lengua dentro del Estado español (ET art.17.1 redacc L 4/2023), así como de la obligación de pagar la misma retribución por un trabajo de igual valor (ET art.28.1), no se ordena la existencia de una igualdad de trato en el sentido absoluto, pudiendo el empresario, en uso de sus poderes de organización de la empresa, conceder unilateralmente o mediante voluntad conjunta una cantidad retributiva **carente de justificación** objetiva a unos trabajadores, y no a otros, al no existir un principio que obligue a la igualdad (TCo 34/1984).

3. La posibilidad empresarial de disponer libremente la retribución del trabajador a salvo de diferencias discriminatorias, encuentra otro límite de derecho necesario en el **respeto a los mínimos legales o convencionales** que sean de aplicación.

Precisiones En caso de **discriminación salarial por razón de sexo**, la empresa ha de justificar criterios objetivos, pero para ser considerados tales, han de permitir explicar no solo la concreta diferencia reclamada, sino todo el sistema retributivo. Y la sentencia debe restablecer el derecho de la trabajadora sin la existencia de dicha discriminación y fijar una indemnización por la vulneración de un derecho fundamental (TSJ Sta. Cruz de Tenerife 2-11-17, EDJ 326813; TSJ Málaga 14-2-18, EDJ 22968).

b. Irrenunciabilidad de derechos

(ET art.3.1.c)

4555 Se completa el límite de respeto a la norma mínima con el principio de irrenunciabilidad o **indisponibilidad de derechos**: los trabajadores no pueden disponer válidamente de los derechos que tengan reconocidos por disposiciones legales de derecho necesario ni de los derechos reconocidos como indisponibles por convenio colectivo (ver nº 189).

Entre otras, se han declarado **nulas las siguientes cláusulas** contractuales por contravenir lo dispuesto en materia salarial en normas legales o por suponer una renuncia de derechos reconocidos legalmente al trabajador:

1. Las cláusulas que permiten al empresario **suprimir unilateralmente** el sistema retributivo del trabajador (TSJ Cataluña 26-10-99, EDJ 36478); o las cláusulas tipo que permiten al empresario modificar unilateralmente el salario y la jornada pactados en función de las necesidades del servicio, por suponer una renuncia de los derechos indisponibles y dejar al arbitrio de la empresa el cumplimiento del contrato (TS 7-11-08, EDJ 305153).

2. Los pactos entre empresario y trabajador que excluyen de la percepción del **plus de nocturnidad** previsto en el convenio a trabajadores que realizan, en jornada nocturna, trabajos que no son nocturnos por su propia naturaleza (TSJ Cantabria 16-11-99, EDJ 45702; TSJ Cataluña 28-11-02, EDJ 129930).

3. Las cláusulas salariales que comporten el abono de **incentivos** cuando se les somete a la voluntad unilateral de una sola de las partes (TS 22-5-90, EDJ 5396; TSJ Madrid 24-5-05, EDJ 93280).

4. La cláusula contractual conforme a la cual se pacta la exclusión del abono del **incentivo de productividad** regulado en un acuerdo colectivo (TSJ Castilla-La Mancha 2-5-02, EDJ 129881); o se acuerda percibir un salario inferior al previsto en convenio colectivo (TSJ Sevilla 23-1-02, EDJ 63347).

5. El acuerdo que implica la renuncia a la **compensación de las horas extraordinarias** mediante el abono de una cantidad fija, al margen de las horas extraordinarias que se realicen (TSJ Málaga 29-3-99, EDJ 11601); en cuanto que el mandato de que el valor pactado de cada hora extraordinaria en ningún caso puede ser inferior al de la hora ordinaria, tratándose de una norma legal imperativa y de derecho necesario que garantiza a los trabajadores su indisponibilidad (TS 21-4-10, EDJ 71362).

Precisiones 1) En relación con la **indemnización por extinción del contrato**, se ha señalado que es **irrenunciable** el derecho del trabajador a que se determine la indemnización por despido improcedente según el **salario convenio** y no sobre el salario que efectivamente percibía de ser este inferior (TS 27-12-10, EDJ 298279). También el derecho a todo tipo de indemnización que pudiera corresponder al trabajador con motivo de la finalización del contrato de trabajo, con independencia de la causa que motivara la extinción, cuando no se establece una renuncia recíproca de derechos, sino que es **unilateral**, por parte del trabajador, quedando la pervivencia y cumplimiento del contrato a expensas únicamente de la empresa (TSJ Extremadura 26-11-12, EDJ 283595). **4557**

2) Asimismo, es inadmisible que los trabajadores renuncien sin condiciones a **derechos establecidos en pacto colectivo** (TSJ Cataluña 11-6-98, EDJ 18226; 13-5-99, EDJ 18104).

3) Se ha considerado **válido:**

a. La renuncia del trabajador a la **indemnización** reconocida en convenio colectivo **por traslado** cuando es el propio trabajador quien solicita el traslado a una plaza respecto de la que no tiene derecho preferente. En este caso, la denominada renuncia a la indemnización no es tal renuncia sino un acto de disponibilidad condicionada -renuncia a la indemnización a cambio de ser destinado a la plaza elegida por el trabajador- (TS 27-4-99, EDJ 6342; 28-10-99, EDJ 40522; 6-2-00, EDJ 702).

b. El acuerdo individual por el cual el trabajador, a cambio de su adscripción al puesto de coordinador, acepta el carácter no consolidable de un **plus especial vinculado al puesto de trabajo** en contra de lo previsto en el convenio colectivo (TSJ Aragón 2-5-00, EDJ 13244).

c. El acuerdo individual por el cual el trabajador admite que opere la **compensación y absorción** entre conceptos salariales no homogéneos (TS 29-9-08, EDJ 197293).

d. El pacto lícito a la **compensación global** entre retribuciones básicas, complementos y gratificaciones extraordinarias a condición de que la retribución resultante no esté por debajo de la que le correspondería en estricta aplicación de las normas legales o negociadas (TSJ Asturias 31-10-14, EDJ 241311).

4) En todo caso, debe distinguirse entre **acuerdos contrarios** y **acuerdos distintos** al convenio colectivo, pudiéndose pactar libremente estos últimos, siempre que no contravengan normas de derecho necesario o irrenunciables para los trabajadores (TSJ Málaga12-11-99, EDJ 84325).

c. Autonomía individual y autonomía colectiva

La doctrina constitucional ha ido delimitando, a través de diversos pronunciamientos, la relación entre autonomía individual y autonomía colectiva. Se parte de la **preeminencia** de la autonomía colectiva manifestada en el convenio colectivo sobre la autonomía individual con fundamento en la fuerza vinculante del convenio. Ello significa que la voluntad individual de los trabajadores, manifestada por la aceptación voluntaria de una oferta formulada por la empresa, no puede modificar el contenido de lo pactado en el convenio colectivo. **4565**

Ahora bien, el convenio colectivo no constituye un universo cerrado ni resulta intangible para la autonomía individual. La negociación colectiva no puede suponer la negación de la iniciativa del individuo en lo laboral y debe permitirle un **margen de maniobra** (TCo auto 1074/1988). La prevalencia del convenio sobre el contrato de trabajo impide que la voluntad individual prevalezca sobre la colectiva pero no puede excluir un espacio propio para la autonomía individual. Esta puede, por tanto, complementar lo previsto en el convenio colectivo regulando condiciones salariales o económicas que no están contempladas en el convenio y que, por lo tanto, no pueden considerarse como contrarias al mismo, singularmente cuando se trata de condiciones no centrales de la relación laboral.

No obstante, sin dejar de reconocer que la autonomía individual puede incidir en la disciplina de las relaciones laborales, la doctrina constitucional ha señalado que la autonomía individual **no** puede **utilizarse masivamente** para regular condiciones de trabajo que constituyen contenido esencial de la negociación colectiva. En este sentido, se ha declarado que no es válida desde la perspectiva constitucional la decisión de la empresa de proceder a aplicar, a través de la aceptación masiva por los trabajadores de una propuesta empresarial realizada a título individual, un sistema de retribución, jornada y horario distinto al previsto en el convenio colectivo (TCo 225/2001). Es decir, lo que no se puede hacer es desvirtuar el papel que la autonomía colectiva tiene de regulación general de las condiciones de trabajo a través de pactos individuales de adhesión con los que se pretende modificar las condiciones generales del convenio colectivo, pues eso supondría tratar de convertir la autonomía individual en fuente colectiva por vía de acumulación de actos concretos en contra de lo estipulado en el pacto colectivo que dejarían este sin efecto, con lo que se vendría a desfigurar el papel que una y otra fuente de la relación laboral tienen atribuido (TS 30-4-94, EDJ 3851).

4567 Precisiones 1) Se declaró la prevalencia del convenio colectivo sobre la autonomía individual en un supuesto en el que la empresa convino de forma individual con la mayoría de sus trabajadores el **cambio de jornada** continuada por otro de jornada partida, previa supresión de la jornada de los sábados y el establecimiento de un plus económico en concepto de gastos de manutención. De prevalecer la autonomía de la voluntad individual de los trabajadores sobre la autonomía colectiva plasmada en un convenio legalmente pactado entre los sindicatos y la representación empresarial, quebraría el sistema de negociación colectiva configurado por el legislador cuya virtualidad viene determinada por la fuerza vinculante de los convenios constitucionalmente prevista (TCo 105/1992).
2) Como la autonomía de la voluntad no puede llegar a suplantar la autonomía colectiva plasmada en el convenio, son nulas las cláusulas de los **acuerdos** individuales que establecían la **exclusión de los convenios colectivos** porque con ellas no se pretende mejorar las condiciones económicas de un grupo específico de trabajadores sino eludir la autonomía colectiva (TS 18-4-94, EDJ 3358).
En el mismo sentido, se ha afirmado que las partes firmantes del contrato deben respetar necesariamente los mínimos pactados en el convenio de aplicación (TSJ Cataluña 19-5-98, EDJ 18117), de modo que no pueden pactarse contractualmente **condiciones menos beneficiosas** que las contempladas en el convenio colectivo (TSJ Navarra 21-3-94, EDJ 2565).
Si bien, aunque lo no ocupado por la autonomía colectiva, ni regulado por la normativa estatal, sea un espacio de libertad sobre el que en un futuro podría incidir la autonomía colectiva, si las partes del convenio lo considerasen oportuno, la mera circunstancia de que una **materia** pudiera en su momento ser **objeto de negociación colectiva** no supone un impedimento para acuerdos contractuales individuales o para decisiones de la empresa en ejercicio de sus poderes de gestión (TSJ Burgos 15-10-01, EDJ 71102).

2. Condiciones salariales regulables en el contrato de trabajo

4575 Mediante el contrato de trabajo se pueden establecer condiciones salariales, siempre respetando los límites derivados de otras fuentes reguladoras, **referentes a**:
- la introducción de complementos;
- la forma de retribución del tiempo de trabajo y descanso (períodos de descanso, horas extras, trabajo nocturno, etc.);
- el pacto de un sistema de incentivos.

Sin embargo, se considera **nulo** todo pacto por el que las **cargas fiscales y de Seguridad Social** a cargo del trabajador sean asumidas por el empresario (ET art.26.4).

4577 **Complementos retributivos** Mediante la contratación individual cabe la introducción de complementos retributivos no contemplados en el convenio colectivo.

Precisiones 1) Se ha admitido la validez de **complementos no previstos** en el **convenio colectivo** en los supuestos siguientes:
- la decisión empresarial de establecer unas gratificaciones temporales y un plus de disponibilidad no previsto en el convenio colectivo, porque se trataba de **gratificaciones adicionales** a las previstas en el convenio colectivo, no contrarias a estas y que, por ello, operan en un espacio libre de regulación legal o contractual colectiva, y por ello abierto al ejercicio de la libertad de empresa y de la autonomía contractual (TCo 208/1993).
- la oferta por la empresa de un complemento retributivo denominado **plus de mercado** que operaba con independencia de la estructura salarial del convenio colectivo y que fue aceptado de forma voluntaria por los trabajadores directivos (TS 30-4-94, EDJ 3851);
- el **complemento personal** no previsto en convenio y pactado con cada trabajador en el contrato de trabajo (TS 6-5-96, EDJ 2410);
- un complemento salarial que compensa la **movilidad funcional** aceptada voluntariamente por los trabajadores y que supone una mejora de sus retribuciones (TS 21-6-94, EDJ 5525);
- el pacto individual entre empresario y trabajador por el que se establece un complemento retributivo denominado **asignación** que implica una mejora de los mínimos establecidos en convenio colectivo (TSJ C.Valenciana 13-2-01, EDJ 103252);
- un complemento personal para **determinados directivos** no previsto en el convenio, porque la actuación individual no afecta al convenio colectivo, que sigue indemne y se aplica a todos los trabajadores, incluidos los destinatarios de la oferta de la empresa, con independencia de que a estos se les abone el nuevo complemento, pues lo reciben además de los salarios del pacto; no cabe entender que el citado complemento afecte a la masa salarial de los trabajadores pues el plus queda fuera del convenio y la aportación económica necesaria debe ser a cargo de la empresa, por encima de la correspondiente a las retribuciones reguladas en la estructura salarial pactada (TSJ Cataluña 19-5-98, EDJ 18117);
- un complemento salarial denominado **gestor de facilidades y servicios de red**, propuesto por la empresa a aquellos trabajadores que aceptasen un cambio de funciones. Dicha propuesta se funda en el poder o conjunto de facultades organizativas que corresponde a la empresa para ofrecer a los trabajadores condiciones de trabajo distintas a las establecidas en convenio colectivo, siempre que no sean contrarias o menos favorables que las de este (TS 21-6-94, EDJ 5525).

2) Se admite la utilización de **complementos variables** al margen del convenio, cuyas distinciones no pueden considerarse discriminatorias precisamente por su carácter variable (TSJ Navarra 27-10-99, EDJ 33303), pudiendo pactarse asimismo el incremento individual de un complemento, pactado en convenio, debido a su naturaleza variable (TSJ Cataluña 19-5-98, EDJ 18117).

Tiempo de trabajo y descanso Cuando no se haya contemplado en el convenio colectivo, a través del contrato individual de trabajo puede pactarse: **4579**
- si el tiempo de **descanso** debe considerarse tiempo efectivo de trabajo (TS 21-10-94, EDJ 24169);
- si se abonan las **horas extraordinarias** o si se descansan (TS 17-5-95, EDJ 24575).

Sistema de incentivos En el contrato de trabajo es posible pactar un sistema de incentivos que debe respetar, en cualquier caso, los **mínimos convencionales** (AN 7-2-00, EDJ 120002; TSJ Málaga19-3-99, EDJ 84332) sin que sea válida la renuncia individual al sistema de incentivos previsto en un acuerdo colectivo (TSJ Castilla-La Mancha 2-5-02, EDJ 129881). **4581**

Las **cláusulas contractuales** por las que se fija el incentivo deben **interpretarse** conforme a las reglas generales de interpretación de los contratos de modo que no puede admitirse que la empresa exija, para abonar los incentivos, el cumplimiento de condiciones no previstas en el contrato (TS 23-11-06, EDJ 331242); o fijadas en una circular interna posterior (TSJ Madrid 22-2-10, EDJ 40387).

Ver **complementos por calidad o cantidad** de trabajo (nº 4785) y el **bonus** (nº 4825).

Salario global (ET art.3.1.c y 26.1) La complejidad de la composición del salario y del cálculo de sus componentes determina que, en ocasiones, en el contrato de trabajo o por acuerdo posterior de las partes de la relación laboral se prevea una **fórmula de globalización o simplificación** salarial denominada pacto de salario global. La técnica de la globalización supone que trabajador y empresario fijan una cantidad determinada a pagar periódicamente en la que quedan englobados todos los conceptos retributivos a que tiene derecho el trabajador, con la única excepción de las percepciones extrasalariales que quedan excluidas de la cifra de salario global (TS 2-7-97, EDJ 5082). **4583**

No existe ninguna previsión legal expresa sobre la posibilidad de pactar individualmente un salario global pero su **licitud** deriva del reconocimiento a la voluntad de las partes de la posibilidad de regular derechos y obligaciones concernientes a la relación laboral, así como del principio de libertad de forma o modalidad de remuneración. No obstante, esta libertad encuentra un **límite** ya que en ningún caso pueden establecerse en perjuicio del trabajador condiciones menos favorables o contrarias a las disposiciones legales y convenios colectivos. Esto supone que la cifra globalizada no puede ser inferior a la que resulte de la suma de todos los conceptos debidos por aplicación de aquellas normas (TS 30-4-94, EDJ 3848; 27-5-96, EDJ 2819).

Precisiones **1)** Es posible pactar un salario global que, excediendo de los mínimos legales o convencionales, incluya las **horas extraordinarias** (TS 9-5-81, EDJ 8234).

2) En ocasiones, los pactos entre empresario y trabajador, o incluso el propio convenio colectivo, se remiten al **salario real** para fijar el contenido de las obligaciones del empresario. La noción de salario real no tiene una significación legal precisa en el ordenamiento español y su significación literal aludiría al salario efectivamente abonado frente a otro meramente nominal. Pero en la terminología usual en la práctica de las relaciones laborales el término salario real designa el conjunto de remuneraciones retributivas, y no compensatorias, que percibe el trabajador por razón exclusiva del trabajo que realiza por cuenta ajena (TS 31-1-95, EDJ 12174). Así, cuando la cuantía de una mejora voluntaria de la Seguridad Social se fija por referencia al salario real, deben entenderse incluidos en dicho salario tanto el salario base como los complementos salariales, salvo aquellos que hayan sido expresamente excluidos (TSJ Granada 25-4-00, EDJ 26409; TSJ Extremadura 8-10-01, EDJ 102934; TSJ Cataluña 20-11-01, EDJ 65179).

II. Concepto

4590

4592 El trabajador percibe como contraprestación por su trabajo unas **retribuciones** denominadas **salariales** (nº 4600). Sin embargo, no toda percepción es consecuencia de la prestación de la actividad laboral, ya que también se pueden percibir otras **retribuciones extralariales** que son compensación de los gastos ocasionados por el desarrollo de la actividad laboral o indemnizaciones de posibles perjuicios (nº 4640).

En todo caso, para decidir si una determinada cantidad tiene naturaleza salarial es preciso atender a la **realidad salarial** y no a la calificación que las partes le den, pues las cosas son lo que son y no lo que las partes dicen que son (TS 19-6-95, EDJ 24610; 16-2-15, EDJ 31728).

La consideración de la cuantía percibida como retribución salarial o extrasalarial tiene **consecuencias** directas respecto a su inclusión en el abono de los períodos de descanso o en posibles indemnizaciones, así como en medios de protección aplicables.

A. Retribuciones salariales

(ET art.26.1 y 2)

4600 Se considera salario la **totalidad de las percepciones** económicas que perciban los trabajadores por la prestación profesional de los servicios laborales por cuenta ajena, ya retribuyan el trabajo efectivo o los períodos de descanso computables como de trabajo.

Se acoge así un concepto totalizador del salario del que se infiere una **presunción iuris tantum** a favor del trabajador conforme a la cual toda retribución que recibe del empresario es salario (TS 25-10-88, EDJ 8401; 23-7-96, EDJ 6635; 26-7-96, EDJ 6638). Esta presunción admite **prueba en contrario** que recae sobre quien afirme que un determinado concepto retributivo es extrasalarial (TS 25-10-88, EDJ 8401; TSJ Castilla-La Mancha 3-10-02, EDJ 129879).

La calificación de las percepciones económicas percibidas por el trabajador como salario determina las siguientes **consecuencias**:

- dichas percepciones se han de incluir en la base de cotización a la Seguridad Social y en la base imponible a efectos de tributación;
- se computan a efectos del abono de los períodos de descanso y a efectos de la determinación de la cuantía de las indemnizaciones por extinción del contrato de trabajo y;
- se benefician de los privilegios y medios de protección o garantía del salario.

El salario puede abonarse **en metálico**, en moneda de curso legal o talón o utilizando otra modalidad de pago mediante entidades de crédito (transferencia bancaria) previo informe al comité de empresa, o **en especie** (nº 4615 s.).

El salario remunera el tiempo de **trabajo efectivo** y los **periodos de descanso** computables como de trabajo.

1. Períodos de descanso computables como de trabajo

4605 El empresario debe abonar también determinados períodos de descanso en sentido estricto, o períodos de no trabajo en determinados supuestos contemplados por la Ley.

Los períodos de descanso computables como de trabajo **a efectos de remuneración** son los siguientes:

- descanso semanal (nº 5190) y festivos no recuperables (nº 5485);
- vacaciones anuales (nº 5650);
- descanso en jornada continuada (bocadillo) (nº 5175);
- ausencias justificadas con retribución (permisos y licencias) (nº 5430 s.);
- tiempo de lactancia (nº 5212);
- ausencias permitidas a los representantes de los trabajadores.

También constituye tiempo computable como de trabajo a efectos de remuneración, los periodos en los que el trabajador no puede prestar servicios porque el empresario se retrasa en darle trabajo por impedimentos imputables al mismo. En estos casos, el trabajador mantiene su derecho a percibir la remuneración integrada por el salario base y complementos salariales, comprendidas primas e incentivos. **4607**
Igualmente, es tiempo computable como trabajo cuando la actividad se interrumpe debido a la **paralización de la actividad** de la empresa por orden de la Inspección de Trabajo y Seguridad Social, cuando compruebe que el incumplimiento de la normativa sobre prevención de riesgos implique un riesgo grave e inminente para la seguridad de los trabajadores, sin perjuicio del pago del salario (LPRL art.44.2).

2. Salario en especie

(ET art.26.1)

El salario en especie es la retribución consistente en una prestación distinta del dinero, que ha de tener una **traducción económica** para satisfacer las necesidades del trabajador y su familia, quedando excluidos del mismo los bienes que proporcione la empresa al trabajador para el estricto cumplimiento de la prestación laboral (TSJ Sta. Cruz de Tenerife 12-4-13, EDJ 134808). **4615**
El salario en especie ha de reunir los siguientes **requisitos**:
- debe tener su **causa** en una relación laboral;
- ha de tener **carácter patrimonial**, lo que significa que debe ser convertible en dinero;
- ha de ser **adecuado**, esto es, debe ostentar una entidad económica suficiente, de manera que su recepción por el trabajador ha de suponer para este un incremento patrimonial por importe equivalente al valor del trabajo objeto de remuneración;
- ha de ser una percepción **individual o individualizable**: se trata de un bien o servicio entregado en correspondencia con el trabajo prestado por cada trabajador de modo que no es salario cuando se entrega de forma indiferenciada a un grupo de trabajadores;
- las prestaciones deben ser **apropiadas** al uso personal del trabajador y de su familia y el valor atribuido a dichas prestaciones en especie debe ser justo y razonable (OIT Conv 95 art.4.2).

El abono del salario en especie puede generar abusos y perjuicios para el trabajador. Por ello, se entiende que sólo existe salario en especie cuando viene **fijado** por las normas legales o convencionales aplicables o haya sido objeto de **pacto** expreso o tácito.
Los rendimientos de trabajo en especie **se valoran** de acuerdo con las normas establecidas en la normativa reguladora del IRPF (L 35/2006 art.42 y 43 redacc L 28/2023; RD 439/2007 art.43 -redacc RD 1008/2023- y 44 a 48 bis).
El salario en especie forma parte del salario a tener en cuenta para fijar la **indemnización por despido** improcedente (TS 21-12-05, EDJ 256082; 2-10-13, EDJ 284576; TSJ Valladolid 17-2-16, EDJ 18236). La no inclusión del salario en especie (en el caso controvertido, uso de vivienda y garaje y suministro de agua y energía) en la cuantía de la indemnización determina el incumplimiento de la obligación legal de poner a disposición del trabajador la indemnización correspondiente en caso de despido por causas objetivas (TS 26-7-05, EDJ 157680).
Igualmente, en cuanto salario, las retribuciones en especie están sometidas a las correspondientes **imposiciones fiscales** y a la **cotización** a la Seguridad Social (TS 13-11-01, EDJ 47892).

Precisiones **No** tienen la consideración de **rendimientos del trabajo en especie** los siguientes (L 35/2006 art.42.2):
a. Los **gastos de actualización, capacitación o reciclaje** del personal y uso de nuevas tecnologías, cuando así lo exijan sus actividades o las características de los puestos de trabajo, siempre que estén:
- dispuestos y financiados, directa o indirectamente, por las empresas; no es posible la financiación parcial (DGT CV 23-10-09), siendo indiferente que los cursos se impartan por estas o por otras personas o entidades especializadas y que la iniciativa para recibir la formación parta del propio empleado (DGT CV 6-6-08). Se entiende que los estudios han sido dispuestos y financiados indirectamente por el empleador cuando se financien por otras empresas o entidades que comercialicen productos para los que resulte necesario disponer de una adecuada formación por parte del trabajador, siempre que el empleador autorice tal participación;
- relacionados con la actividad del trabajador en la empresa o exigidos por las características de su puesto de trabajo (DGT Cv 19-12-00; 19-3-24).

b. Las **primas de seguros** satisfechas por la empresa por contrato de seguro de accidente laboral o de responsabilidad civil del trabajador.
c. La **aportación a un plan de pensiones**, que debe calificarse como una mejora voluntaria de la SS (TSJ Asturias 26-3-04, EDJ 15924).

4617 **Límites** (ET art.26.1) El salario en especie no puede superar, en ningún caso, el 30% de las percepciones salariales del trabajador y no puede minorar la cuantía íntegra en dinero del SMI. Esta limitación cuantitativa es aplicable también a las relaciones laborales de carácter especial y ha delimitado la relación entre SMI y retribución en especie.
Se trata de una norma de **derecho imperativo** que no puede ser incumplida por lo que cualquier pacto o convenio que altere tal disposición es nulo, debiendo limitarse la percepción en especie en el sentido que indica la norma. No obstante, se ha entendido que, aunque el pacto sea nulo, ello no implica negarle cualquier efecto y negar al trabajador el derecho a percibir el salario en especie que le corresponda de modo que la **cantidad que excede** del límite se integra dentro de la remuneración pactada como si se tratase de una cláusula válida (TSJ Murcia 23-2-04, EDJ 37800; 27-2-06, EDJ 22767).

4619 **Diferencias con otros beneficios** El salario en especie presenta similitudes materiales con otros beneficios que el trabajador percibe también del empresario y de los que es preciso diferenciarlo:
1. Las **percepciones extrasalariales** (nº 4640 s.). Se diferencian porque se suelen abonar en metálico y, en todo caso, porque, a diferencia del salario en especie -que remunera la actividad laboral-, las percepciones extrasalariales pretenden compensar al trabajador por un gasto que este ha debido realizar con ocasión o por motivo de la actividad laboral.
2. Los **servicios o bienes asistenciales** o mejoras sociales. Se trata de ventajas materiales o beneficios que el empresario reconoce a sus trabajadores y que carecen de naturaleza salarial porque falta su carácter remuneratorio. Pueden presentar un contenido económico importante y, además, se incorporan a la relación contractual. Es el caso, entre otros, de la obligación empresarial de habilitar un local-comedor para sus trabajadores; la organización de economatos; la existencia de guarderías infantiles o la concesión de regalos navideños; la concesión de préstamos con interés más reducido; la organización de medios de transporte gratuitos; la oferta de apartamentos para vacaciones o de campamentos de verano para hijos de los trabajadores; etc. En este grupo pueden incluirse también las **mejoras sociales**, cuyo contenido en muchas ocasiones es en metálico y que presentan una amplia variedad en la negociación colectiva: ayudas escolares; ayudas para estudios; ayudas a empleados con hijos o cónyuge con discapacidad; dote matrimonial; etc. El hecho de que normalmente consistan en ayudas económicas en metálico facilita su distinción respecto del salario en especie.
En todo caso, la falta de delimitación legal de lo que es el salario en especie determina que sean los **convenios colectivos** y los **pactos** entre empresario y trabajador los que asumen la función de delimitar cuándo un determinado bien o servicio entregado por el empresario al trabajador constituye una modalidad de salario en especie y cuándo, por el contrario, debe considerarse como una compensación por gastos, una indemnización o una mejora de carácter social.

4621 **Principales modalidades de salario en especie** Algunas de las modalidades más habituales de salario en especie son las siguientes:
1. El disfrute de la vivienda (nº 4623).
2. Manutención (nº 4627).
3. Concesión o puesta a disposición de vehículo (nº 4629).
4. Otros servicios o beneficios (nº 4631).

4623 **Vivienda o alojamiento** Constituye salario en especie la puesta a disposición del trabajador de una vivienda o alojamiento a **título gratuito**, sin pago de alquiler, o **a precio inferior** al de mercado.
En la práctica puede materializarse a través de alguna de las siguientes **vías**:
- vivienda propiedad del empresario que cede su disfrute al trabajador;
- la empresa alquila la vivienda y abona su renta y cede su uso al trabajador;
- el trabajador alquila la vivienda y la renta se abona por el empresario;
- vivienda cedida en precario por otra empresa perteneciente al grupo de empresas (TSJ C.Valenciana 18-10-07, EDJ 313575);
- la vivienda es un bien de dominio público (TSJ Castilla y León 14-10-10, EDJ 239688).

A efectos de su consideración como salario en especie, es indiferente que la concesión del alojamiento esté vinculada al contenido y exigencias del puesto de trabajo desempeñado -caso de conserjes, vigilantes, porteros, labores agrícolas...- (TS 27-5-98, EDJ 7079; TSJ Castilla y León 16-3-11, EDJ 84829), o que se trate de un incentivo o elemento de fidelización de mano de obra (TSJ Madrid 27-1-00, EDJ 9481; TSJ La Rioja 11-5-06, EDJ 84745). Lo relevante es que el trabajador utilice la vivienda o alojamiento como **residencia habitual** personal y/o familiar pues si la emplea exclusivamente para realizar de modo correcto su trabajo, pero no para fines particulares carece de naturaleza salarial (TSJ País Vasco 19-10-99, EDJ 44827; TSJ Extremadura 9-6-06, EDJ 248785).

La vinculación entre el uso y disfrute de la vivienda y el contrato de trabajo determina que las vicisitudes del contrato pueden afectar a esta forma de retribución en especie. Así, la **suspensión del contrato de trabajo**, aunque supone la suspensión de las principales obligaciones del contrato, entre ellas la de remunerar, no determina la suspensión del derecho al disfrute de la vivienda de modo que el trabajador no puede ser desalojado de la misma (TSJ Madrid 25-10-94, EDJ 24757). En muchos casos, los convenios colectivos expresamente reconocen el derecho del trabajador a permanecer en la vivienda proporcionada por la empresa durante los períodos de suspensión del contrato. **4625**

Sin embargo, la **extinción del contrato de trabajo** sí determina la extinción del derecho a disfrutar de la vivienda, tanto si es por despido como si la extinción deriva de otra causa (así, por jubilación del trabajador) (TSJ Aragón 27-5-98, EDJ 15865; TSJ Castilla-La Mancha 18-12-97, EDJ 59397). La única **excepción** se produce cuando por previsión expresa del convenio colectivo, por acuerdo entre empresario y trabajador o por decisión unilateral de aquel se permite la continuidad en el disfrute de la vivienda después de extinguido el contrato. En todos estos casos, el trabajador mantiene el derecho a **permanecer en la vivienda** durante un mes, prorrogable hasta dos por el Juez, transcurridos los cuales el empresario puede instar el lanzamiento ante el Juzgado, según las normas de la LEC (LRJS art.285).

La **competencia** para el eventual desahucio es del orden jurisdiccional social, y no cabe añadir a la **indemnización** por despido otra proveniente del cese en el uso de la vivienda (TSJ Cataluña 13-10-00, EDJ 43059). No obstante, carece de competencia el orden social cuando el conflicto en torno al uso de la vivienda vinculada a un contrato de trabajo se produce varios años después de la extinción del contrato de trabajo (TS 23-11-00, EDJ 55667; 17-9-02, EDJ 123186).

Precisiones **1)** En algunos casos, los Tribunales han considerado que el disfrute de vivienda constituye un **complemento de puesto de trabajo** no consolidable, por lo que se pierde cuando el trabajador es destinado a otro puesto de trabajo (TS 20-12-94, EDJ 24220). En otros casos, que constituye una **condición más beneficiosa** incorporada al contrato por lo que no cabe la supresión unilateral por el empresario (TS 11-2-97, EDJ 3131; TSJ Cataluña 12-11-10, EDJ 327046); incluso aunque se adscriba al trabajador a otro centro de trabajo (TS 27-5-98, EDJ 7079; TSJ Aragón 26-6-06, EDJ 298271; TSJ Asturias 16-4-10, EDJ 99425); o simplemente una mera **liberalidad** del empresario (TSJ Navarra 21-11-97, EDJ 20140).

2) La Ley de **Arrendamientos Urbanos** excluye de su ámbito de aplicación el uso de las viviendas que los porteros, guardas, asalariados, empleados y funcionarios tengan asignadas por razón del cargo que desempeñen o del servicio que presten (L 29/1994 art.5.a).

Manutención Igualmente constituye salario en especie la entrega al trabajador de **cheques restaurante** o la posibilidad de disfrutar de **servicio de comedor** en las instalaciones de la empresa con la finalidad de cubrir total o parcialmente el coste económico de las comidas. **4627**

Con esta modalidad de salario en especie, el empresario no persigue compensar al trabajador por un gasto que este realice con ocasión de la prestación laboral, pues en ese caso estaríamos ante una dieta que carece de naturaleza salarial, sino de facilitarle los medios necesarios para satisfacer una necesidad de donde se deriva que la manutención es una forma de retribuir el trabajo prestado.

Precisiones **1)** El **cheque comida** tiene **carácter indemnizatorio** cuando compensa por los gastos que tiene el trabajador al verse obligado a realizar la comida fuera de su domicilio los días de trabajo, mientras que tiene **naturaleza salarial** cuando se abona con independencia del trabajo realizado y de sus circunstancias (TS 3-10-13, EDJ 196737). Así, los tickets de comida tienen naturaleza de retribución salarial cuando el horario no impide al trabajador almorzar en su domicilio y cuando tales tickets-restaurante se conceden al trabajador incluso aquellos días en que se le abonaban dietas por desplazamiento a otras localidades para realizar su trabajo (TSJ Madrid 20-1-04, EDJ 13616). Por el contrario, cuando el horario de trabajo obligue al trabajador a comer fuera de su domicilio los tickets de comida tienen naturaleza extrasalarial (TSJ Madrid 28-3-07, EDJ 61603).

2) Se considera salario en especie cuando el trabajador puede realizar sus comidas en los locales de la empresa y a cargo del empresario cuando en aquélla existan **servicios de restauración** (TS 28-1-94, EDJ 584). En estos casos, la naturaleza salarial de la comida requiere que el servicio sea gratuito o a precio sensiblemente inferior al del mercado pues, en caso contrario, el servicio de comedor podría considerarse como un servicio asistencial ofrecido por la empresa a sus trabajadores ajeno a cualquier finalidad remuneratoria.

3) Asimismo, se ha considerado por la jurisprudencia que un complemento retributivo en concepto de **dietas por desplazamiento o manutención**, tiene naturaleza salarial cuando al trabajador no se le exige justificante de los gastos en los que haya incurrido y cuando las cantidades abonadas en función del citado complemento, que en teoría reembolsa los gastos en los que haya incurrido el trabajador en el ejercicio de su trabajo, sean prácticamente idénticas todos los meses (TSJ Galicia 28-4-09, EDJ 94313).

4) La **supresión unilateral** por la empresa de los tickets restaurante durante el **confinamiento** durante el estado de alarma por COVID-19 constituye una modificación sustancial de las condiciones de trabajo (AN 9-12-20, EDJ 739925).

4629 **Vehículo** La concesión o puesta a disposición del trabajador de un vehículo también puede ser una forma de salario en especie. Para ello es preciso que el uso del vehículo esté destinado a **fines particulares** y privados por el trabajador, situación que se produce, por ejemplo, cuando al trabajador se le concede el derecho a disfrutar de un vehículo con cargo a la empresa cuando su actividad no requiere de dicho vehículo (TSJ Madrid 27-11-09, EDJ 334535; TSJ Galicia 18-12-09, EDJ 345842).

En caso contrario, cuando el vehículo constituye meramente un instrumento o **medio de trabajo** necesario para el buen desempeño de su cometido por el trabajador y, por tanto, está destinado exclusiva o fundamentalmente a la actividad laboral no constituye retribución ni, por tanto, salario en especie (TSJ Madrid 28-6-05, EDJ 151218; 2-12-10, EDJ 316559). Y ello aunque quede constancia de que el trabajador utilizaba el vehículo los **fines de semana para fines particulares** si ese uso privado no se había pactado como contraprestación por el trabajo a desarrollar y podía constituir una mera tolerancia por la empresa o incluso un incumplimiento contractual del empleado (TS 21-12-05, EDJ 256082; TSJ Extremadura 18-2-09, EDJ 44366; TSJ Galicia 24-11-09, EDJ 308247).

Las **situaciones mixtas**, esto es, aquellos supuestos en los que el vehículo se utiliza indistintamente para la actividad profesional y para uso particular y privado del trabajador, requieren un análisis de las circunstancias concurrentes de modo que la calificación como salario en especie o no, depende de la finalidad que prevalezca en la concesión del vehículo.

Precisiones **1)** Cuando el puesto de trabajo **no** requiere el **uso del vehículo** y el trabajador lo utiliza indistintamente para acudir al trabajo y para fines particulares debe considerarse como retribución en especie (TSJ Madrid 23-11-04, EDJ 204792, TSJ País Vasco 16-12-03, EDJ 204615). Así ocurre cuando se trata de un jefe de servicio que no precisa desplazamientos para realizar su trabajo (TSJ Madrid 27-12-05, EDJ 282338).

2) Los trabajadores con **contrato suspendido** por un ERTE tienen derecho a seguir usando el vehículo cuando su disfrute se reconoce también en días que no son de trabajo, porque se excluye la idea del vehículo con fines tan solo de herramienta útil en la prestación del servicio (TS 28-1-13, EDJ 30029).

4631 **Otros servicios o beneficios** El disfrute de **plaza de garaje** en la empresa no constituye como regla general más que un servicio asistencial de carácter no salarial, un beneficio ofrecido al trabajador para facilitarle la prestación del trabajo (TSJ Madrid 20-1-04, EDJ 13616; 11-2-09, EDJ 95868). Sin embargo, puede tener carácter de salario en especie cuando su uso no se limita al tiempo de trabajo (TSJ País Vasco 16-5-00, EDJ 32476).

En el mismo sentido, también se considera salario en especie la retribución mediante **tarjetas de gasolina** cuando esta se abona para el uso permanente, constante e indistinto del vehículo asignado (TSJ Madrid 11-3-03, EDJ 93411; 27-12-05, EDJ 282338). No tiene la consideración de salario la compensación por gastos de combustible cuando dichos gastos se produzcan para el correcto desarrollo de la prestación de trabajo (TSJ Madrid 2-12-10, EDJ 316559).

Otros servicios o beneficios considerados salario en especie que los convenios colectivos suelen establecer pueden ser:

- **suministros** de luz, agua, gas, carbón, ADSL (TSJ Castilla y León 14-4-98, EDJ 65415; TSJ Madrid 11-2-09, EDJ 95868) aunque algunas sentencias niegan el carácter salarial a complementos económicos que reembolsan esos gastos (TSJ Cataluña 10-12-09, EDJ 350910);
- disfrute de parcela de **camping** (TSJ C.Valenciana 18-2-98, EDJ 17813);
- **uso privado de la consulta** e instalaciones de la empresa por el trabajador, **médico** traumatólogo (TSJ País Vasco 20-1-98, EDJ 65425).

Es también habitual que en determinadas profesiones la empresa proporcione al trabajador un **ordenador portátil, teléfono móvil** y una **línea de ADSL** en el domicilio particular. Su consideración como salario depende de si la empresa permite su uso para fines particulares o si, por el contrario, solo se ponen a disposición del trabajador como meras herramientas para el correcto desarrollo de su prestación laboral (TSJ Madrid 28-3-07, EDJ 61603; 2-12-10, EDJ 316559; TSJ Galicia 24-11-09, EDJ 308247.

No obstante, el derecho a disfrutar gratuitamente de estos bienes, la energía eléctrica, por ejemplo, no supone que la empresa deba soportar las **cargas fiscales**. Y ello, aunque anteriormente no haya efectuado retenciones (TS 22-11-04, EDJ 197496).

Respecto de la compensación de los gastos derivados del **trabajo a distancia** ver nº 7404.

B. Retribuciones extrasalariales

(ET art.26.2)

La norma laboral excluye expresamente del concepto de salario determinadas percepciones. Se trata de cantidades percibidas por el trabajador en el marco de la relación laboral o como consecuencia de ella, que no tienen la consideración de salario, al faltarles el carácter de contraprestación por los servicios realizados. **4640**
La **finalidad** de estas percepciones extrasalariales no es remuneratoria sino asistencial, indemnizatoria o compensatoria.
La norma enumera tres **conceptos** extrasalariales:
1. Las **indemnizaciones o suplidos**, esto es, las cantidades que compensan o indemnizan al trabajador por los gastos ocasionados con motivo de la actividad laboral. Dichas cantidades carecen de carácter salarial dado que la causa que determina su pago es la compensación al trabajador por los gastos que haya tenido que realizar por el desarrollo de su actividad laboral.
2. Las **prestaciones e indemnizaciones** de la Seguridad Social. En este caso, el carácter extrasalarial de estas cantidades, sean abonadas por las instituciones de la Seguridad Social o por el propio empresario, se debe a que con ellas se trata de compensar determinadas situaciones de necesidad previstas legal o convencionalmente.
3. Las **indemnizaciones** correspondientes a traslados, suspensiones o despidos. Carecen de naturaleza salarial porque su finalidad es resarcir al trabajador del daño que deriva de la modificación, suspensión o finalización de su relación laboral.
Respecto del derecho de los **trabajadores a tiempo parcial** a las percepciones extrasalariales, ver nº 6186 s.

El carácter extrasalarial de estas percepciones tiene las siguientes **consecuencias**: **4642**
1. No computan a efectos de **indemnización por extinción del contrato** (TSJ Cataluña 17-11-05, EDJ 273089), ni a efectos de la determinación del salario por **vacaciones** (AN 24-9-15, EDJ 175607), ni para el cálculo del **complemento de IT** (TS 13-10-15, EDJ 230723), o por períodos de descanso, ni para calcular la cuantía de los **salarios de trámite**.
2. No se benefician de las normas de **protección y garantía del salario**.
3. Quedan excluidas de la **responsabilidad solidaria** que se impone al empresario principal en caso de contratas y subcontratas (TSJ Granada 24-11-10, EDJ 350246; TSJ Madrid 11-3-11, EDJ 61655).
4. No se tienen en cuenta para el abono de las **horas extraordinarias** (TS 3-2-16, EDJ 15828).
5. No se les aplica el **interés de mora** previsto en el pago de salarios (TSJ C.Valenciana 14-5-13, EDJ 162236).
6. Están **excluidas de cotización** (LGSS art.147.2):
- las asignaciones para gastos de locomoción, así como para gastos normales de manutención y estancia (nº 4658);
- las indemnizaciones por fallecimiento y las correspondientes a traslados, suspensiones y despidos (nº 4685);
- las prestaciones de la Seguridad Social (nº 4672), las mejoras de las prestaciones por incapacidad temporal concedidas por las empresas (nº 4674) y las asignaciones destinadas por estas para satisfacer gastos de estudios dirigidos a la actualización, capacitación o reciclaje del personal a su servicio cuando tales estudios vengan exigidos por el desarrollo de sus actividades o las características de los puestos de trabajo (nº 4615).

7. Son inabsorbibles por su propia naturaleza por lo que no se aplica la compensación o absorción (TS 17-1-13, EDJ 41025; 24-9-24, EDJ 688581).

Precisiones **1)** La exclusión del concepto de salario debe quedar limitada a aquellos **gastos** que tiene el trabajador como consecuencia directa de la actividad laboral realizada en el desempeño de su trabajo, por la aportación por el mismo de elementos productivos o realización de gastos necesarios para el desempeño de la misma, como puede ser el desgaste de maquinaria o herramientas propias del trabajador, la aportación de elementos consumibles, gastos de desplazamiento durante la jornada, etc. Tales gastos deben ser obligatoriamente indemnizados por el empresario, al constituir aportaciones del trabajador cuyo coste no debe repercutir sobre la cuantía salarial, que debe percibirse neta de dichos gastos (TSJ Valladolid 29-10-15, EDJ 205056).
2) Determinadas partidas salariales puedan calificarse como extrasalariales en el **convenio o contrato** por el que se establece su existencia con la finalidad de eludir la cotización por tales cantidades o evitar que se computen a efectos del cálculo de indemnizaciones. Sin embargo, debe recordarse la doctrina judicial que consagra el principio de **irrelevancia de la denominación** recibida en el convenio o en el contrato a las partidas salariales. Conforme a esta doctrina prevalece la verdadera causa que determina la concesión de la asignación económica de modo que si esta es remuneratoria la partida económica será salario, al margen de la denominación que le hayan dado las partes (TS 19-6-95, EDJ 24610).

Los complementos extrasalariales son **accesorios a la actividad** que lleva a cabo el trabajador y a la retribución por su trabajo, atendiendo a los gastos necesarios para la posible realización del trabajo, y por tanto quedan excluidos del mismo, como queda excluida la maquinaria o los gastos de producción, que son propios del empresario, aunque sean utilizados por el operario. De aquí que lo esencial sea determinar si se está atendiendo a un elemento coadyuvante del trabajo o a una retribución por el mismo (TSJ País Vasco 15-12-15, EDJ 277749).
Así ha ocurrido con las denominadas entregas a cuenta de **festivos** que se presentaban en el convenio como percepción extrasalarial y cuyo carácter salarial es declarado por el Tribunal Supremo (TS 23-7-96, EDJ 5963); con determinadas **dietas** cuando se demuestra que no responden a gasto alguno (TS 16-7-96, EDJ 5968); o finalmente con una compensación por **gastos** que constituye en realidad, por tratarse de cantidad fija y periódica, salario (referido a deportista) (TSJ Granada 28-1-98, EDJ 65190).

1. Indemnizaciones o suplidos

(ET art.26.2)

4650 No tienen la consideración de salario las cantidades que perciba el trabajador en concepto de indemnizaciones o suplidos por los **gastos** realizados como consecuencia de la **actividad laboral**. El carácter extrasalarial de estas cantidades deriva de que las mismas no generan un enriquecimiento patrimonial para el trabajador, sino que únicamente constituyen una compensación o adelanto del gasto realizado.
Esta función de las indemnizaciones o suplidos determina la existencia de una **relación de causalidad** entre el gasto efectuado por el trabajador y la percepción recibida, de modo que sólo los concretos trabajadores que hayan soportado el gasto reciben la indemnización o suplido correspondiente. Es por ello que no se trata de cantidades percibidas de forma regular y periódica por todos los trabajadores. Además, la **cuantía** percibida por el trabajador ha de coincidir con el gasto efectuado de modo que si la cantidad recibida por el trabajador supera el gasto, el exceso debe considerarse salario (TS 29-10-01, EDJ 47822). Y para aquellos trabajadores que no trabajen todos los días laborables al mes, su retribución será por **día trabajado** (TS 16-4-10, EDJ 84388).
Entre ellos podemos destacar:
- quebranto de moneda (nº 4652);
- desgaste de útiles y herramientas (nº 4654);
- adquisición de prendas de trabajo (nº 4656);
- gastos de locomoción y dietas de viaje (nº 4658);
- plus de distancia y transporte urbanos (nº 4662).

Respecto de la compensación de los gastos derivados del **trabajo a distancia** ver nº 7448.

4652 **Quebranto de moneda** El quebranto de moneda tiene como **finalidad** compensar los riesgos y, en su caso, perjuicios derivados de la realización de operaciones con dinero, como pueden ser, entre otros, los errores en cobros y pagos o las pérdidas involuntarias. No se trata, pues, de una contraprestación económica al trabajo realizado, sea considerado este en sí mismo, sea considerado en alguno de los aspectos que pueden concurrir a los fines de su apreciación o valoración (rendimiento, penosidad, etc.). Así pues, no tiene **naturaleza** salarial, y es por ello por lo que la normativa sobre ordenación del salario define el quebranto de moneda como verdadera indemnización (TSJ Extremadura 11-5-06, EDJ 84334; TSJ País Vasco 2-6-15, EDJ 151620).
Se trata de una compensación que perciben los trabajadores que, por su actividad laboral, manejan de forma frecuente y habitual moneda y están obligados a responder con su salario de los **descuadres** producidos (cajeros, taquilleros, conductores-cobradores...) (TSJ C.Valenciana 2-6-10, EDJ 162739).
Este complemento no está excluido de la **base de cotización**, por lo que las cantidades abonadas por este concepto computan a estos efectos (LGSS art.147.2).

Precisiones **1)** No se incluye en la retribución de **vacaciones** cuando el convenio colectivo dispone que estas son retribuidas a salario real (TS 4-11-94, EDJ 9804), pero sí ha de abonarse si se ha percibido mensualmente por iguales cantidades y en paga extra (TSJ País Vasco 2-6-15, EDJ 151620). Tampoco se incluye para determinar la cuantía de las **pagas extraordinarias** (TSJ Galicia 8-5-02, EDJ 37112).
2) Con carácter general, las cantidades percibidas en concepto de quebranto de moneda no se incluyen a efectos del cálculo de la **indemnización por despido** (TSJ Asturias 21-11-03, EDJ 266214); no obstante, la circunstancia de que en algunos casos la asignación por quebranto de moneda constituya una cantidad fija ha determinado que se califique como salario y su cuantía se compute a efectos de la indemnización (TSJ Málaga 16-6-05, EDJ 227615), máxime si se abona incluso en periodo vacacional (TS 19-6-95, EDJ 24610; TSJ País Vasco 14-4-15, EDJ 109750).
3) Este complemento no compensa perjuicios derivados de **robo o hurto**, por lo que no se admiten descuentos del mismo por este motivo (TS 17-9-15, EDJ 173128).

Asignación por desgaste de útiles y herramientas La asignación económica por desgaste de útiles y herramientas compensa al trabajador por el **deterioro** sufrido por los útiles o herramientas de su propiedad como consecuencia del trabajo realizado. Se trata de un concepto indemnizatorio puro porque, más que compensar al trabajador por los gastos originados por la prestación laboral, indemniza los deterioros que experimentan algunas de sus pertenencias con motivo de la ejecución del contrato de trabajo. **4654**
Dentro de este concepto se incluyen también las cantidades destinadas a compensar los gastos que corren a cargo del trabajador por **limpieza y conservación** del vestuario, calzado, correajes y demás prendas que componen su uniforme (TS 16-4-10, EDJ 84388; TSJ Cataluña 17-11-05, EDJ 273089).
Este complemento no está excluido de la **base de cotización**, por lo que las cantidades abonadas por este concepto computan a estos efectos (LGSS art.147.2).

Precisiones En algún caso la asignación por desgaste se ha calificado como **plus salarial** de carácter funcional, lo que implica que no es consolidable, quedando su percepción condicionada al efectivo desempeño de las tareas o responsabilidades específicas que justifican su devengo (TSJ Madrid 19-10-05, EDJ 219645).

Adquisición de prendas de trabajo La asignación económica por prendas de trabajo está destinada a sufragar el gasto que para el trabajador supone la obligación de prestar su actividad laboral con una vestimenta, uniforme o **atuendo específico**. La asignación puede **consistir en**: **4656**
- la entrega de una cantidad para que el trabajador la destine a la adquisición del uniforme o;
- la entrega directa de las prendas.

En todo caso, la asignación ya sea en metálico o en especie, carece de **finalidad** remuneratoria y persigue únicamente compensar un gasto hecho por el trabajador pero que correspondía al empresario.
Debe tenerse en cuenta que en determinados supuestos se exige que el trabajador preste su actividad dotado de los correspondientes **equipos de protección** individual, cuyo coste no debe recaer en modo alguno sobre los trabajadores (LPRL art.14.5).
Este complemento no está excluido de la **base de cotización**, por lo que las cantidades abonadas por este concepto computan a estos efectos (LGSS art.147.2).

Precisiones **1)** La doctrina judicial ha declarado que **prenda de trabajo** es únicamente la vestimenta particular o distintiva que el trabajador emplea en su actividad laboral y no la que utiliza en su vida común (TS cont-adm 22-12-94, EDJ 24161); en consecuencia, las asignaciones económicas concedidas a los trabajadores para la compra de ropa de trabajo que pueda utilizarse fuera del mismo no constituyen una partida extrasalarial sino auténtico salario.
2) La vinculación entre la ropa entregada por la empresa y su **uso profesional** se expresa con claridad, por ejemplo, cuando se señala que en el transcurso de cada año natural, se facilitarán hasta tres buzos así como todas las prendas que se requieran para realizar su trabajo, al personal que habitualmente los viene utilizando y en caso de deterioro los necesarios (CCol de Finanzauto, SAU, art. 153).
3) Tiene la consideración de equipo de protección individual el **uniforme** de los trabajadores de **limpieza de vías públicas** (TSJ Cataluña 31-1-08, EDJ 36688).
4) El **plus de vestuario** abonado por exigirse llevar uniforme es un suplido que no se computa en el valor de las horas extraordinarias (TSJ Baleares 30-11-11, EDJ 313193). No obstante, se ha reconocido la naturaleza salarial del plus de vestuario para el mantenimiento y cuidado del uniforme cuando se abone al trabajador de manera fija y constante, incluso en el mes de vacaciones, y sin necesidad de acreditar gasto alguno por parte del trabajador (TSJ Madrid 25-1-10, EDJ 23505).

Gastos de locomoción y dietas de viaje Se trata de retribuciones de carácter irregular que responden a los gastos que genera en el trabajador la orden empresarial de **desplazamiento provisional** o temporal a un lugar distinto a aquel donde habitualmente presta sus servicios o donde radica el centro de trabajo, para efectuar tareas o realizar funciones que le son propias, de tal modo que el trabajador no puede realizar sus comidas principales o pernoctar en su domicilio habitual. **4658**
Puede distinguirse entre:
- **gastos de locomoción**, que son la percepción económica destinada a cubrir el gasto de transporte o desplazamiento que ha realizado el trabajador para desplazarse al lugar donde ha de prestar su actividad laboral, y;
- **dietas de viaje** que reembolsan al trabajador el gasto de manutención y/o estancia derivados del desplazamiento.

En ambos casos, el **pago** puede realizarse a posteriori y previa justificación o con antelación al desplazamiento mediante la entrega de una cantidad aproximada.

4658 (sigue) Tales cantidades están excluidas de la **base de cotización**, siempre que no excedan de unas determinadas cantidades (LGSS art.147.2.a y 2.b; RD 439/2007 art.9.A.3):

	Importe computable en la base de cotización		
Gastos de estancia	exceso del importe justificado		
Gastos de manutención	con pernocta	en España	exceso de 53,34 €/día
		en extranjero	exceso de 91,35 €/día
	no pernocta	en España	exceso de 26,67 €/día
		en extranjero	exceso de 48,08 €/día
	personal de vuelo sin pernocta	en España	exceso de 36,06 €/día
		en extranjero	exceso de 66,11 €/día

Si se estima que el trabajador percibió **importes injustificados** como dietas, sin que se haya acreditado la realización de ningún viaje internacional o desplazamiento que las motive, deben de tener la consideración de salario, comportando la falta de cotización por aquellas cuantías la responsabilidad empresarial (TSJ Cataluña 25-6-12, EDJ 190380).

Precisiones **1)** El carácter extrasalarial de las asignaciones económicas para **gastos de desplazamiento y dietas de viaje** determina que sólo se perciben cuando efectivamente se haya producido el desplazamiento (TS 16-7-91, EDJ 7951) y siempre que se justifique el gasto, aunque esta última exigencia puede eludirse si la realidad del gasto y de su cuantía es conocida por el empresario (TS 12-3-97, EDJ 3107).

2) En la medida en que las dietas por desplazamiento o manutención constituyen una partida extrasalarial, no se tienen en cuenta para el cálculo de las **gratificaciones extraordinarias**, ni para la retribución de **vacaciones**, salvo que en uno y/u otro caso por convenio o contrato se prevea expresamente su inclusión. Tampoco se perciben durante los días de uso del **crédito horario** (TS 2-10-07, EDJ 213315).

3) Las dietas por desplazamiento o manutención tienen naturaleza **salarial** cuando su importe, vinculado al kilometraje, sea prácticamente idéntico mensualmente, correspondiendo en todo caso a la empresa romper la presunción de salarialidad (TSJ Galicia 28-4-09, EDJ 94313). Así, cuando bajo la denominación de dietas o gastos de desplazamiento se abona a los trabajadores una cantidad fija no vinculada a la efectiva realización de un desplazamiento laboral, dicha cantidad debe ser considerada como salario a todos los efectos y ello porque no se trata de una indemnización por gastos realizados como consecuencia de la actividad laboral, sino de una cantidad que es percibida por los trabajadores de la empresa de forma regular, en cuantía fija y sin justificación alguna (TSJ Burgos 16-5-01, EDJ 35349). En estos casos, aunque formalmente su denominación sea la de conceptos extrasalariales, se incluyen en las bases por las que la empresa debe cotizar (TSJ Las Palmas 11-11-15, EDJ 271722), así como en el importe del salario regulador de la indemnización por despido (TSJ C.Valenciana 23-6-15, EDJ 211323).

4) La **ayuda por comida** prevista en el convenio colectivo para los trabajadores cuya jornada partida de trabajo da lugar a una interrupción del trabajo al mediodía no superior a una hora se ha considerado **extrasalarial** porque con esa ayuda se tratan de compensar los gastos y perjuicios que conlleva el tener que estar prestando el servicio en unas horas que comprende el horario de comida y porque, además, se abona sólo cuando se cumplen las condiciones previstas (TSJ Madrid 1-9-05, EDJ 151153). Lo mismo se ha decido para una ayuda por manutención que se abona sólo por los días efectivamente trabajados (TSJ Murcia 4-7-05, EDJ 115747). También ha sido declara extrasalarial la ayuda para comida que recibe un trabajador como consecuencia del cambio de un centro de trabajo en el que se le proporcionaba la comida a otro donde no se le proporcionaba (TSJ Murcia 22-12-08, EDJ 327587).

En cambio, se ha considerado que una ayuda por comida tiene **naturaleza salarial** cuando no haya quedado acreditado su carácter compensatorio de gastos (TSJ Madrid 14-2-07, EDJ 46816).

5) Es nula la decisión de la empresa de **sustituir el sistema de pago de la dieta por comida** por el servicio de catering (TSJ Madrid 30-11-12, EDJ 300990); y no procede sustituir las dietas establecidas en el convenio por el establecimiento en una determinada instalación de hostelería, de una comida o cena previamente concertadas y abonadas por la empresa, sustitución que no integra el poder de dirección de esta (TS 19-6-12, EDJ 149782).

6) Si el pacto reconoce el derecho a **ticket restaurante** en una cuantía actualizable anualmente **hasta el límite fiscalmente exento**, no debe entenderse que el límite sea el correspondiente al año del acuerdo, sino que se refiere al límite exento que corresponda en cada momento (TS 4-3-20, EDJ 545372).

7) Corresponde a la empresa acreditar la realidad de los desplazamientos, gastos de manutención y estancia a efectos de su **no sujeción en el IRPF** (TS cont-adm 29-1-20, EDJ 506171).

Plus de distancia y transporte urbano Aunque ambos suelen recibir un tratamiento unitario en los convenios colectivos, que contemplan ambos pluses como si tuviesen la misma causa, en la práctica es posible diferenciar entre el plus de distancia y el plus de transporte urbano: el primero compensa al trabajador por el **tiempo** que destina diariamente a desplazarse desde su domicilio habitual hasta el lugar de prestación de servicios; el segundo le resarce por el uso necesario de **transporte** debido a la distancia existente entre su domicilio y el lugar de trabajo. 4660

El **módulo de cálculo** puede ser el tiempo destinado al desplazamiento diario o la distancia existente.

Se les atribuye **carácter extrasalarial**:

1. Cuando se produce un **cambio del lugar de prestación de servicios** que, sin exigir cambio de residencia, hace más gravoso el desplazamiento diario del trabajador o le obliga a invertir más tiempo. En este caso, es evidente la naturaleza resarcitoria o compensatoria del plus (TS 29-6-90, EDJ 6988; 17-10-91, EDJ 9833; 1-6-92, EDJ 5575), con independencia de la denominación del convenio (TS 19-1-16, EDJ 7356). La misma naturaleza y carácter extrasalarial tiene un plus denominado de recorrido cuya finalidad es también la de indemnizar los gastos que genera el aumento de la distancia del domicilio al centro de trabajo impuesto por un cambio en el lugar de la prestación de los servicios (TS 14-2-96, EDJ 52422).

2. Cuando persigue compensar los gastos ocasionados por el **desplazamiento habitual** desde el domicilio hasta el lugar de trabajo, siempre que se justifique la realidad de los desplazamientos y que la cuantía coincide, al menos de forma aproximada, con el total de gastos de desplazamiento (TSJ Málaga 12-11-99, EDJ 36194; TSJ La Rioja 6-6-02, EDJ 130023; TSJ Castilla y León 28-9-11, EDJ 223311).

Es también indiciario del carácter extrasalarial de este complemento que solo **se devenga** durante los días de trabajo efectivo (TS 16-4-10, EDJ 84388).

Las cantidades percibidas en concepto de plus de distancia **no computan** a efectos de determinar el valor de la hora ordinaria de trabajo ni, por tanto, de la extraordinaria (TS 27-2-12, EDJ 30620; 11-2-13, EDJ 18825; 3-2-16, EDJ 15828).

Se considera que tienen **carácter salarial** cuando se abonan de forma fija y periódica, incluso en período de vacaciones (TSJ Asturias 26-7-02, EDJ 36604).

Precisiones **1)** Los **convenios colectivos** utilizan en muchos casos la denominación de pluses de transporte o de distancia de forma incorrecta aplicándola a retribuciones claramente salariales, al objeto de eludir su inclusión en la base de cotización a la Seguridad Social. Es también usual que, ante la dificultad que entraña individualizar el gasto de transporte, se determine el mismo atendiendo a una cifra fija, lo que en algunos casos bien puede suponer una cantidad superior al concepto indemnizado y en otros supuestos puede resultar ciertamente inferior. En consecuencia, la determinación de su concreta **naturaleza jurídica** -que no depende de la denominación que se atribuya al complemento sino de su verdadero contenido- deba hacerse a la vista de las circunstancias específicas del supuesto en litigio (importe, proporcionalidad con el salario propiamente dicho, fijación en convenio colectivo o pacto individual, atribución general o individualizada, percepción diaria o por día trabajado, distancia entre el domicilio del trabajador y el de la empresa, medio de locomoción empleado, desplazamientos que pueda comportar la actividad laboral del interesado...), manteniendo su cualidad salarial y su cómputo como renta exclusivamente o en la medida en que no atienda al fin de compensar el gasto o perjuicio económico que supone el desplazamiento al centro de trabajo o en razón al trabajo y suponga un ingreso efectivo en el patrimonio familiar (TSJ Galicia 14-10-05, EDJ 275597). 4662

2) En algunos casos el propio convenio prevé la sustitución de este plus por la posibilidad de uso y disfrute del **servicio de autobuses** (XXV CCol Fiat Auto España, S.A. art.19 DGTr Resol 31-1-05).

3) Aun estando ante una condición más beneficiosa que puede ser **compensada y absorbida** con las retribuciones acordadas en el nuevo convenio, no opera como tal, porque como retribución extrasalarial que es, no puede compensarse con retribuciones salariales (TS 17-1-13, EDJ 41025; TSJ C.Valenciana 19-2-13, EDJ 59543).

4) No hay discriminación ni **trato desigual** en el hecho de que unos trabajadores puedan percibir cantidades distintas en concepto de gastos de transporte en sustitución del abono transporte, dependiendo de la mayor o menor proximidad del domicilio al centro de trabajo (TS 8-6-16, EDJ 105814).

5) Los **representantes de los trabajadores** tienen derecho a percibir el plus de transporte durante el disfrute del crédito horario del que gozan para el ejercicio de sus funciones, ya que las actividades representativas se llevan a cabo en lugares diversos, pudiendo requerir la realización de desplazamientos (TS 14-10-20, EDJ 697122).

2. Prestaciones de Seguridad Social

(ET art.26.2)

4670 Carecen de naturaleza salarial las prestaciones e indemnizaciones de la Seguridad Social. En este grupo hay que incluir, por una parte, las **prestaciones** de Seguridad Social abonadas por el empresario al trabajador en virtud de las normas sobre colaboración obligatoria y voluntaria con las entidades gestoras de la Seguridad Social y, por otra, las denominadas **mejoras voluntarias**.

4672 **Prestaciones de la Seguridad Social abonadas por el empresario** (LGSS art. 102 y 147.2; RD 625/1985 art.26.4 y 5) La normativa sobre **colaboración empresarial** en la gestión de la Seguridad Social ofrece dos modalidades: la colaboración obligatoria y la voluntaria.

La colaboración **obligatoria** consiste en la obligación empresarial de abonar, por pago delegado a cargo de la entidad gestora, las prestaciones económicas de incapacidad temporal y desempleo parcial a sus trabajadores. Posteriormente, con ocasión de la liquidación de cuotas a la Seguridad Social, puede el empresario reintegrarse las cantidades abonadas mediante su descuento en la liquidación, de modo que el empresario aparece como mero instrumento de pago de las prestaciones de la Seguridad Social sin que estas pierdan su naturaleza y adquieran el carácter de salario por el mero hecho de que las abone el empresario.

La colaboración **voluntaria** se realiza:

- asumiendo directamente el pago, a su cargo, de las prestaciones por incapacidad temporal derivada de accidente de trabajo y enfermedad profesional y las prestaciones de asistencia sanitaria y recuperación profesional, incluido el subsidio consiguiente que corresponda durante la indicada situación;
- pagando a sus trabajadores, a cargo de la entidad gestora o mutua obligada, las prestaciones económicas por incapacidad temporal, así como las demás que puedan determinarse reglamentariamente.

En esta modalidad, aunque el pago no sea por delegación, tiene un carácter puramente asistencial. Las cantidades así abonadas carecen de finalidad remuneratoria, no retribuyen el trabajo prestado.

No computan en la **base de cotización** (LGSS art.147.2).

4674 **Mejoras voluntarias de la Seguridad Social** (LGSS art.238) Es posible que la acción protectora del sistema de la Seguridad Social sea mejorada de forma voluntaria mediante la **mejora directa de las prestaciones** y mediante el establecimiento de **tipos de cotización adicionales**, con el fin de incrementar la acción protectora básica del sistema de Seguridad Social.

Las dos notas que caracterizan a la Seguridad Social complementaria son la **voluntariedad** -porque su existencia no viene impuesta por la ley sino que deriva de la libre y unilateral decisión del empresario o de la voluntad conjunta expresada en el convenio colectivo- y la **complementariedad** -porque supone una mejora de las prestaciones otorgadas por el sistema público de Seguridad Social, ya sea mediante una protección más amplia, ya sea mediante la protección de supuestos no incluidos en la Seguridad Social-.

Habitualmente, las mejoras voluntarias implican la obligación empresarial de efectuar **aportaciones** económicas de **carácter periódico** por cada uno de sus trabajadores. Estas cantidades carecen de naturaleza salarial porque no tienen una finalidad remuneratoria sino asistencial al perseguir, igual que las prestaciones de la Seguridad Social, proteger determinadas situaciones de necesidad. Por eso, su abono está condicionado a la materialización de la situación de necesidad.

Salvo la mejora de la incapacidad temporal que no computa en la **base de cotización**, la mejora del resto de prestaciones (incluidas aportaciones a planes de pensiones) si se incluyen en la base de cotización (LGSS art.147.2.d).

4676 Precisiones **1)** Dentro de esta categoría de mejoras voluntarias se incluyen no sólo las prestaciones complementarias que el trabajador puede percibir cuando se materializa la situación de necesidad -jubilación, incapacidad-, que claramente carecen de naturaleza salarial, sino también las contribuciones o **aportaciones** empresariales a **los planes de pensiones** cuyo carácter extrasalarial ha sido señalado reiteradamente por la doctrina judicial (TSJ Madrid 31-5-05, EDJ 86215; 11-2-09, EDJ 95868; 3-7-09, EDJ 160711).

2) También se consideran mejoras voluntarias de la acción protectora del Sistema de Seguridad Social las **primas de seguros de vida o de accidentes** de trabajo abonadas por el empresario en el marco de un contrato de seguro. Las cantidades abonadas por el empresario carecen de naturaleza salarial y, por tanto, no se computan a efectos de cálculo de indemnizaciones por despido, ni en la remuneración de vacaciones o en la cuantía de las pagas extraordinarias ni, finalmente, se incluyen en la cotización a la Seguridad Social. Nada impide sin embargo que las partes dispongan el cómputo de las aportaciones a los planes de pensiones o de las primas a efectos del cálculo de la indemnización por despido, pero ello no altera su naturaleza jurídica (TSJ Madrid 11-3-03, EDJ 93411; 29-4-03, EDJ 105540; 30-5-05, EDJ 93079).

3. Indemnizaciones por traslados, suspensión o extinción del contrato

(ET art.26.2; LGSS art.147.2)

En ejercicio de sus facultades directivas, y respetando las condiciones y procedimientos contemplados en la normativa laboral, el empresario puede decidir la **modificación, alteración, suspensión o extinción de los contratos** de trabajo. Algunas de esas decisiones conllevan, por imperativo legal o por acuerdo de las partes, el abono de una indemnización por el empresario a favor del trabajador, que carecen de naturaleza salarial. **4685**

Entre las **indemnizaciones por extinción** del contrato se incluyen no sólo las correspondientes al despido disciplinario improcedente sino también todas las previstas por despido objetivo, despido colectivo, por extinción del contrato por muerte, jubilación o incapacidad del empresario. Se incluyen, igualmente, las indemnizaciones por extinción del contrato decidida por el trabajador en los casos de traslado, modificación sustancial o incumplimiento empresarial grave y culpable.

Respecto a su inclusión en la **base de cotización**:

1. Las indemnizaciones por **traslados y suspensiones** de contrato están exentas de cotización hasta la cuantía máxima prevista en la norma sectorial o convenio colectivo aplicable.

2. Las indemnizaciones por **despido o cese** del trabajador están exentas en la cuantía establecida con carácter obligatorio en el ET y en su normativa de desarrollo o, en su caso, en la normativa reguladora de la ejecución de sentencias, sin que pueda considerarse como tal la establecida en virtud de convenio, pacto o contrato.

En caso de **extinción del contrato de trabajo con anterioridad al acto de conciliación**, están exentas las indemnizaciones por despido que no excedan de la que hubiera correspondido en el caso de que éste hubiera sido declarado improcedente, y no se trate de extinciones de mutuo acuerdo en el marco de planes o sistemas colectivos de bajas incentivadas.

Sin perjuicio de todo ello, en los supuestos de despido o cese como consecuencia de **despidos colectivos u objetivos** por causas económicas, técnicas, organizativas, de producción o por fuerza mayor, queda exenta la parte de indemnización percibida que no supere los límites establecidos con carácter obligatorio en el ET para el despido improcedente.

Precisiones Los **salarios de tramitación** tienen un marcado carácter indemnizatorio pues con ellos se pretende compensar uno de los perjuicios que para el trabajador se deriva del despido improcedente o nulo. Por ello, los salarios de trámite no pueden calificarse como salario (TS 13-5-91, EDJ 5022; 28-4-99, EDJ 6863; 2-10-00, EDJ 36275). No obstante, la vertiente salarial de los salarios de trámite determina que deba cotizarse por ellos (LGSS art.268.6).

4. Otras retribuciones extrasalariales

(ET art.26.2)

En principio, la enumeración de percepciones extrasalariales debe considerarse cerrada o taxativa de modo que sólo los conceptos allí mencionados carecen de naturaleza salarial (TS 26-6-95, EDJ 3081; 1-4-96, EDJ 2147). Sin embargo, en la práctica, el propio Tribunal Supremo ha considerado extrasalariales otras percepciones patrimoniales concedidas por el empresario al trabajador. Así ha ocurrido en los siguientes supuestos: **4690**

1. La **cesta de Navidad y los regalos de Reyes** cuya naturaleza salarial se ha denegado porque no retribuyen el trabajo, sino que consisten en obsequios concedidos por el empresario en atención a las fiestas navideñas y no son jurídicamente exigibles. Se trata, por tanto, de meras liberalidades empresariales (TS 21-2-94, EDJ 1516; 18-1-96, EDJ 13185; 28-11-01, EDJ 53613).

2. La posibilidad de utilizar temporalmente viviendas como **residencia de verano** (TS 25-1-95, EDJ 24727) que constituye una prestación de tipo asistencial.

3. La denominada **bolsa de vacaciones** que posee un carácter extrasalarial en la medida en que no remunera el trabajo prestado, sino que su función es compensar o indemnizar al trabajador por disfrutar de sus vacaciones fuera del periodo estival (TS 7-11-05, EDJ 207409; TSJ Valladolid 26-4-06, EDJ 58176). La misma finalidad tiene el denominado plus de desplazamiento de vacaciones (CCol SEAT, S.A. art.34 DGTr Resol 19-09-22).

4. Tampoco tienen la consideración de salario las **propinas** en la medida en que, aunque se perciben por el trabajador con ocasión de su trabajo, no proceden del empresario sino de terceros (TS 23-5-91, EDJ 5441; TSJ Málaga 16-4-15, EDJ 82127) y en esa medida no constituyen contraprestación debida por la empresa en atención al trabajo, sino un ingreso que se produce por la liberalidad de un tercero (TS 1-3-86, EDJ 1658; TSJ Murcia 22-12-08, EDJ 327587). No son tenidas en cuenta, por tanto, para la determinación del salario regulador de la indemnización por despido improcedente, ni integran los salarios de tramitación (TS 25-10-89, EDJ 9473; 23-5-91, EDJ 5441; TSJ Cataluña 27-5-03, EDJ 42044; TSJ Madrid, 28-12-04, EDJ 231106). El empresario no puede suprimir unilateralmente el derecho a percibir propinas sin tramitar el correspondiente procedimiento de modificación de condiciones de trabajo (TS 17-6-21, EDJ 620066).

4692 Precisiones 1) No obstante, hay casos especiales y particulares donde se prevé una regulación específica de las propinas. Así ocurre en el sector de **casinos** de juego (OM 9-1-1979 art.28) donde se establece que del **fondo general de las propinas** una parte se destina al abono de los salarios del personal del casino, cotizaciones de la Seguridad Social, gastos de formación y perfeccionamiento profesional y servicios sociales en favor del personal, y otra parte a propinas, estrictamente consideradas y distribuidas entre los trabajadores según la puntuación fijada. Tal regulación se desarrolla en los diversos convenios colectivos que, de manera diferente, concretan en porcentajes el reparto del tronco de propinas.
Respecto de la **gestión del fondo** de propinas, se ha estimado que es la empresa la encargada de su depósito y gestión, tanto de la parte destinada a cubrir los salarios y demás obligaciones señaladas, como de la parte destinada a propinas, teniendo el comité de empresa un derecho de información sobre su recaudación y distribución (TS 23-5-91, EDJ 5441).
Los **intereses** que el tronco de propinas genere, han de destinarse, igualmente, a cubrir las finalidades señaladas (TS 23-5-91, EDJ 5441).
Se consideran **rendimientos del trabajo** los troncos de propinas de casinos y salas de juego (TEAC 25-1-89; TS 23-5-91, EDJ 5441). Las empresas titulares de los casinos de juego cuando procedan a la distribución y abono a los empleados de los rendimientos provenientes del tronco de propinas tienen que practicar la oportuna **retención** (TEAC 30-10-91).
2) El **seguro médico colectivo** y la **cesta de Navidad de los trabajadores prejubilados** tienen la consideración de condición más beneficiosa y no pueden ser suprimidos unilateralmente por el empresario (TS 14-5-13, EDJ 103117).

III. Estructura del salario

4700

4702 Mediante la **negociación colectiva** o, en su defecto, el **contrato individual** se determina la estructura del salario que debe comprender el **salario base**, como retribución fijada por unidad de tiempo o de obra y, en su caso, **complementos salariales** fijados en función de circunstancias relativas a las condiciones personales del trabajador, al trabajo realizado o a la situación y resultados de la empresa, que se calculan conforme a los criterios que a tal efecto se pacten.
Además, se recoge expresamente el derecho del trabajador a la percepción de **gratificaciones extraordinarias**.

A. Salario base

(ET art.26.3)

4710 Es la parte de la retribución del trabajador fijada por unidad de tiempo o de obra, sin atender a las circunstancias que motivan la percepción de los complementos.
1. En la retribución del trabajo **por unidad de tiempo** sólo se atiende a la duración del servicio, independientemente de la cantidad de obra realizada, salvo que el contrato estipule un mínimo de obra. Habitualmente se suele denominar jornal, cuando se abona por días o semanas, y sueldo cuando su abono es mensual (nº 4897).

2. En los trabajos **por unidad de obra** sólo se atiende a la cantidad o calidad de la obra o trabajos realizados, pagándose por piezas, medidas, trozos o conjuntos determinados, independientemente del tiempo invertido. Esta modalidad de retribución es la conocida, normalmente, como trabajo a destajo o salario por resultado (nº 4899).
El salario base también puede determinarse atendiendo a una **forma mixta de retribución** -unidad de tiempo y unidad de obra- conviniéndose una cantidad fija o garantizada mensual completada con retribución por unidad de obra mediante comisiones o cualquier otro complemento salarial de cantidad o calidad de trabajo (nº 4901).

Precisiones **1)** Debido a la exigencia de **causalidad de los complementos** salariales, cuando un concepto no es asimilable a ninguno de ellos debe imputarse al salario base (TS cont-adm 17-12-96, EDJ 9996; TSJ Navarra 26-5-97, EDJ 4283).
2) Deben **excluirse** en la determinación del cálculo del salario base:
- las pagas extraordinarias (TS 29-4-99, EDJ 13961; 11-5-99, EDJ 9140), salvo que de los términos del convenio colectivo se deduzca lo contrario (TS 29-6-99, EDJ 14584);
- el plus voluntario abonado unilateralmente por la empresa (TS 13-7-94, EDJ 5994);
- las horas extraordinarias.

3) Se ha entendido que sería una práctica ilícita, por no respetar el criterio de homogeneidad, el rebajar el salario base por el hecho de que se cobre siempre una cantidad que, sumada a ese salario base previamente rebajado, iguale el salario base de Convenio. Y es que **rebajar el salario base** (aunque luego la rebaja se llegue a compensar con un complemento) tiene otras repercusiones no tenidas en cuenta, ya que el salario base se emplea como módulo para el cálculo de otros complementos, por ejemplo para calcular los complementos por antigüedad, así como para las pagas extraordinarias (TSJ Málaga 22-10-15, EDJ 240202). En el mismo sentido, se consideró que el salario base superior por **ascenso** de categoría -grupo- no es compensable ni absorbible por el complemento personal convenido (TS 20-7-12, EDJ 216833).

B. Complementos salariales

(ET art.26.3)

Son las cantidades que se adicionan al salario base por la concurrencia de una **causa específica** y determinada que está presente en la prestación del trabajo, y que unidas al salario base determinan la cifra total del salario del trabajador. **4715**
Los complementos salariales deben fijarse en la **negociación colectiva**, o en su defecto en el **contrato de trabajo**.
Se establece una **clasificación** general de los complementos salariales a la que debe remitirse la negociación colectiva o el contrato de trabajo cuando fije los concretos complementos salariales. Dicha clasificación prevé la posibilidad de fijar complementos salariales en atención a alguna de las **circunstancias** siguientes:
- a las condiciones personales del trabajador;
- al trabajo realizado;
- a la situación y resultados de la empresa.

Respecto del carácter **consolidable** de los mismos, es decir que no puedan ser modificados ni suprimidos unilateralmente por la empresa, es el convenio colectivo quien lo establece, rigiendo en su defecto la regla de no consolidación de los complementos vinculados al puesto de trabajo y a la situación o resultados de la empresa (TSJ Málaga 22-10-15, EDJ 240202).

Precisiones **1)** Los complementos del salario **no** son **consolidables** ordinariamente, salvo **pacto** en contrario (TSJ Cataluña 30-4-99, EDJ 84133; 1-9-99, EDJ 33085). Corresponde a quien pretende defender el carácter consolidable de un complemento salarial la **prueba** del pacto al respecto (TSJ Cataluña 30-4-99, EDJ 84133).
2) En el momento en que desaparezcan las condiciones que dieron lugar a los complementos de puesto de trabajo, puede suprimirse su abono. Así, se admitió la **supresión** de un plus de toxicidad cuando desaparecieron las condiciones de penosidad (TSJ C.Valenciana 16-2-99, EDJ 5258) y se habilitó la supresión de un complemento de puesto de trabajo cuando el trabajador cesó en dicho puesto (TSJ Cataluña 14-5-99, EDJ 18114).
3) En algunos convenios se establece un **plus de convenio** que en la mayor parte de los supuestos no está condicionado a la concurrencia de un factor causal específico del puesto de trabajo, por lo que no tiene propiamente la consideración de complemento salarial, sino de percepción económica directamente inserta en el salario base según grupo profesional. En muchas ocasiones, se está utilizando como medio de racionalización y simplificación de la estructura salarial, englobando y sustituyendo a otros complementos.

1. Condiciones personales del trabajador

(ET art.26.3)

4720 Se trata de complementos salariales fijados en función de circunstancias relativas a las condiciones personales del trabajador. La causa específica que concurre en estos complementos es una **cualificación** personal o profesional del trabajador no tenida en cuenta al fijar el salario base.

Tienen carácter **consolidable**, salvo pacto en contra.

Precisiones Como complemento de carácter personal se prevé, por ejemplo, el **complemento por discapacidad**, reconocido a todos los trabajadores que acrediten oficialmente su discapacidad (CCol General del Sector de la Construcción art.59).

a. Complemento de antigüedad

(ET art.25)

4725 El complemento de antigüedad tiene por objeto compensar la adscripción del trabajador a la empresa o la experiencia adquirida durante el tiempo de servicios. Así pues, la causa que justifica su percepción es la **permanencia del trabajador** en la empresa.

La regulación del complemento de antigüedad se remite al **convenio colectivo** o al **contrato individual,** que puede fijar su cuantía mediante diversas formas, tanto en los módulos temporales (trienios, quinquenios) como en el procedimiento de cálculo (normalmente un porcentaje sobre salario base por cada tramo temporal o fijando cantidades alzadas). Con la regulación actual, este complemento ha perdido el carácter de ius cogens, por lo que su **regulación** es **potestativa** para las partes (TS 9-2-21, EDJ 505744).

Respecto al cálculo del complemento de antigüedad, ver: en función de la **fecha de ingreso en la empresa** (nº 4530); para **contratos temporales** (nº 7014 s.); para **trabajadores a tiempo parcial** (nº 6188); para **fijos discontinuos** (nº 6322); en caso de **sucesión de empresa** (nº 1144).

Existen otras partidas económicas que priman los años de servicio en la empresa, tales como los **premios de vinculación**, cuya finalidad es fomentar la permanencia en la empresa y experiencia adquirida en el trabajo (TS 24-4-13, EDJ 151870), los premios de dedicación, por bodas de oro o plata o por jubilación, si bien, tales percepciones no constituyen propiamente complementos salariales, sino que se configuran como ayudas asistenciales.

Respecto de la posibilidad de **compensación y absorción** del complemento de antigüedad con el salario base y otros complementos salariales, ver (nº 4956 s.).

Precisiones Una **vez finalizada la ultraactividad del convenio colectivo**, si no existe convenio colectivo de ámbito superior, deben mantenerse las condiciones laborales que venían rigiendo la relación laboral pero no se devengan nuevos complementos de antigüedad (TS 25-7-18, EDJ 572122).

4727 En el **cómputo** de la antigüedad debe incluirse:

- el tiempo de vinculación con contratos formativos cuando el trabajador se incorpora a la empresa sin solución de continuidad (ET art. 11.1.f y 11.2.i);
- el período de prueba (ET art.14.3 redacc L 4/2023);
- el tiempo en el que el trabajador ha sido sometido a cesión ilegal, si opta por integrarse en la plantilla de la empresa cesionaria (ET art.43.3);
- el tiempo transcurrido en cursillos de formación, capacitación o ingreso (TS 17-7-93, EDJ 7274; 14-3-01, EDJ 2955);
- el tiempo de excedencia forzosa derivada del desempeño de cargos electivos sindicales a nivel provincial, autonómico o estatal, en las organizaciones sindicales más representativas (TSJ Sevilla 20-10-99, EDJ 84386); o por cuidado de hijos o familiares (TS 28-6-02, EDJ 32010).

4729 En cambio, **no se computa**:

- el tiempo de excedencia voluntaria, salvo que el convenio prevea otra cosa; pero el tiempo posterior a la petición de reingreso, en el supuesto de que la inexistencia efectiva de trabajo sea imputable exclusivamente a la empresa que rechazó indebidamente la petición de reingreso, sí debe ser computado a efectos de antigüedad (TS 21-5-90, EDJ 5335);
- el tiempo de servicios prestado a través de una ETT (TS 6-3-12, EDJ 48608);
- el periodo de tiempo en el que el trabajador tiene derecho a percibir salarios de trámite (TS 21-10-04, EDJ 160261);
- salvo que el convenio colectivo disponga otra cosa, el período de realización en la empresa de prácticas académicas externas de estudiantes universitarios que, al término de sus estudios, se incorporen a la plantilla de la empresa (RD 592/2014 art.2.4);
- el tiempo de interrupciones habidas en la prestación de servicios por extinción y reanudación posterior del vínculo contractual, en caso de contrato de trabajo para obra o servicio

determinado convertido posteriormente en fijo de plantilla, en los que no haya existido unidad esencial del vínculo laboral o no se haya declarado el fraude de ley (TS 14-2-13, EDJ 27209; 18-4-13, EDJ 70858).

Precisiones 1) Se advierte en la negociación colectiva actual una tendencia a la reducción, incluso a la supresión de este complemento. En cuanto a los trabajadores con derecho a complemento de antigüedad, habrá que estar a lo que prevea el **convenio colectivo**; en algunos casos, las cantidades ya consolidadas se congelan (TS 9-12-97, EDJ 9916); en otros, se establecen topes máximos o se recalcula el complemento para obtener cantidades inferiores. **4731**
2) Los trabajadores con **jornada reducida** por razón de **guarda legal** perciben el complemento de antigüedad en proporción a la jornada realizada (TS 25-1-05, EDJ 7090).
3) Cuando unos trabajadores quedan vinculados a una **nueva empresa**, los convenios colectivos que se aprueben después del momento en que se produjo esta vinculación y afecten a esa empresa, les obligan plenamente, salvo supuestos manifiestamente excepcionales referidos a aspectos muy concretos. En este sentido, se ha de respetar la antigüedad de los trabajadores, pero su cálculo puede efectuarse por el nuevo convenio aplicable (TS 11-12-01, EDJ 60990; 12-6-01, EDJ 15999).
4) Existen **otras partidas económicas** que priman los años de servicio en la empresa, tales como los premios de vinculación, los premios de dedicación, por bodas de oro o plata o por jubilación, consistentes en la concesión a favor del trabajador de una cantidad a tanto alzado con motivo del cumplimiento de un determinado número de años en la empresa o con ocasión de la jubilación. Pero tales percepciones no constituyen propiamente complementos salariales, sino que se configuran como ayudas asistenciales.
5) Lo devengado mensualmente por antigüedad **prescribe** al año a contar a partir del mes en que no se abonó, por lo que la interposición del **conflicto colectivo** sólo pudo interrumpir la prescripción de la acción para reclamar la antigüedad que se debió percibir a partir de entonces, pero no la correspondiente a mensualidades anteriores, que ya estaban prescritas (TS 20-7-10, EDJ 185111; 14-9-10, EDJ 246777).

b. Complemento de idiomas, títulos o conocimientos especiales

Se trata de un complemento habitual, que puede **regularse** en el convenio colectivo o en el contrato individual de trabajo. Su **finalidad** es remunerar los conocimientos del trabajador, el conocimiento de idiomas o la posesión de diversos títulos. **4740**
Pese a su consideración tradicional como complemento personal, normalmente retribuyen **factores que cualifican la prestación del trabajo**, tales como el conocimiento de uno o más idiomas o la posesión de determinados títulos o conocimientos. La diferente calificación, que corresponde a la negociación colectiva, puede tener consecuencias importantes porque si se consideran complementos de puesto de trabajo resultan no consolidables, salvo pacto en contrario, como cuando el convenio establece que el plus de idiomas se perciba como complemento de puesto de trabajo, que deja de percibirse cuando la actividad no requiera el uso de los idiomas (TS 16-4-07, EDJ 70572; 20-10-08, EDJ 222488; 11-11-14, EDJ 204368; 18-12-13, EDJ 274012).
Si el conocimiento de un idioma no es necesario para el desempeño del puesto de trabajo y no se exigió para la contratación, el empleador **no está obligado a abonar** el complemento de idiomas a los empleados simplemente por dominar el inglés y utilizarlo en ocasiones puntuales (TSJ Sta. Cruz de Tenerife de 2-11-23, EDJ 772040).

Precisiones 1) Por **convenio** se configura como **complemento de puesto de trabajo**: **4742**
- el plus de idiomas que percibe el personal de operaciones al que se exija para el desarrollo de su actividad la utilización de uno o más idiomas extranjeros o la utilización de una o más lenguas cooficiales del Estado español, etc. (CCol Estatal Contact Center -antes Telemarketing- art.48; AN 7-7-05, EDJ 168203).
- la gratificación por idiomas a percibir únicamente mientras se realiza determinada tarea y que se deja de percibir cuando no se realiza la función; la clasificación como complemento de puesto de trabajo y, por tanto, no consolidable se refuerza por el hecho de que a los trabajadores no se les exige el conocimiento de los idiomas cuando contratan con la empresa, sino que son sometidos al examen de conocimientos lingüísticos para realizar sus cometidos en la sección de internacional, cuando comienzan a percibir el plus (TSJ Cataluña 15-10-97, EDJ 60055; TSJ Las Palmas 22-10-10, EDJ 372273).
- el plus por idiomas que solo se abona mientras el trabajador presta sus servicios en un departamento concreto, dejándose de abonar cuando se produce el **traslado** a otro centro de trabajo (TS 20-10-08, EDJ 222488). Es decir, el plus de complemento de idiomas se configura como un complemento funcional que sólo se devenga cuando se desempeña un puesto de trabajo que implica la utilización de los conocimientos de idiomas. No se retribuye, por tanto, el conocimiento de idiomas como cualidad personal, lo que hubiera dado lugar a un complemento de este carácter, sino la utilización de ese conocimiento en un puesto de trabajo determinado. Por consiguiente, siendo esta la naturaleza del plus de idiomas, el **cambio a un puesto de trabajo** que no comporta la utilización de

idiomas, tampoco puede dar lugar a seguir percibiendo dicho complemento (TS 18-12-12, EDJ 274012; TSJ Las Palmas 22-12-10, EDJ 372273).

2) No cabe hablar de **derechos adquiridos** que no puedan ser modificados en ulteriores convenios colectivos, siendo perfectamente admisible que el convenio colectivo posterior cambie las condiciones de aplicación de un determinado complemento salarial para establecer un diferente régimen jurídico al anteriormente existente. Así, si bien se consideró en un principio el complemento de idiomas como un complemento personal, un convenio posterior lo calificó claramente como complemento de puesto de trabajo (TSJ Cataluña 24-4-09, EDJ 199365).

2. Trabajo realizado

(ET art.26.3)

4750 Se trata de complementos fijados en función de circunstancias vinculadas al trabajo realizado de modo que se prevén en los convenios colectivos según las características del puesto de trabajo o atendiendo a la forma y condiciones en que se presta el trabajo. Entre los complementos de puesto de trabajo más habituales en la **negociación colectiva** pueden citarse los de: penosidad, toxicidad, peligrosidad, suciedad, máquina, vuelo, navegación, embarque, trabajo a turnos, trabajo nocturno, o cualquier otro similar.

Se trata, en principio, de complementos salariales **no consolidables** lo que significa que se perciben únicamente cuando se está ejerciendo la actividad profesional en el puesto de trabajo, salvo que por convenio colectivo o acuerdo individual se disponga su carácter consolidable (TS 20-12-94, EDJ 24220; 7-7-99, EDJ 22418; 10-12-08, EDJ 272962; 29-6-09, EDJ 190324; 12-7-11, EDJ 198193).

a. Pluses de toxicidad, penosidad, peligrosidad o semejantes

4755 Estos complementos o pluses remuneran al trabajador por las especiales condiciones de peligrosidad, penosidad o toxicidad inherentes al puesto de trabajo o a las tareas desempeñadas.

1. La **peligrosidad** del puesto deriva de la existencia de un riesgo adicional debido a la inseguridad de su desempeño ante un eventual ataque o daño (TSJ Asturias 4-6-10, EDJ 143267). De este modo se consideran peligrosos, a título de ejemplo, los siguientes **trabajos**:

- bomberos de un aeropuerto (TS 23-6-93, EDJ 6164);
- encargado de un animalario (TSJ Madrid 8-9-99, EDJ 41574);
- trabajadores de un hospital psiquiátrico (TS 21-7-97, EDJ 6592);
- centro de acogida con carácter de urgencia para menores hasta los 18 años en situación de desamparo (TSJ Castilla-La Mancha 23-3-04, EDJ 16488); o de menores extranjeros no acompañados (TSJ Granada 23-4-15, EDJ 155518), pero no se abona el plus si la penosidad es consustancial o inherente al puesto de trabajo (TSJ Granada 26-1-23, EDJ 508165);
- monitora en centro de educación especial (TSJ Granada 2-12-15, EDJ 276453);
- cuando existe riesgo de contagio de enfermedades infecciosas por contacto con restos o fluidos de pacientes (TSJ Las Palmas 28-4-06, EDJ 78928);
- un guía intérprete de un parque natural (TS 27-4-17, EDJ 106640).

En cambio, se ha considerado que **no tiene derecho al plus** una asistente social que no tiene ningún contacto con el público, sino sólo con trámite de expedientes, que meramente informan al público, sin que se produzcan interacciones en situaciones de conflictos (TSJ Galicia 24-1-13, EDJ 22022).

2. La **penosidad** hace referencia a la realización del trabajo en circunstancias excepcionales, por cuanto conlleva actividades que suponen un constante esfuerzo y son indudablemente dificultosas o aflictivas, por ejemplo, ruidos, suciedad, altas temperaturas, posturas forzadas, etc. (TSJ Granada 29-5-01, EDJ 30541). Se han considerado como penosos y, por tanto, con derecho a percibir el plus que por tal concepto prevé el convenio colectivo, los siguientes **puestos de trabajo:**

- mozo de autopsia porque, a diferencia de los demás trabajadores de su grupo y categoría profesional, trabaja con cadáveres y está expuesto a la acción de microorganismos y bacterias que intervienen en el proceso biológico de putrefacción, al auxiliar en la realización de las autopsias (TSJ Galicia 5-9-03, EDJ 200907);
- en un centro de inmigrantes con especial saturación (TSJ Málaga 4-5-15, EDJ 108148);
- en un centro de tercera edad como camarera limpiadora (TSJ Galicia 14-7-15, EDJ 136815);
- con especiales condiciones en que se desarrolla el trabajo por el nivel de ruido que debe soportarse (TSJ Cantabria 7-4-06, EDJ 47001). El nivel de ruido a tener en cuenta para devengar el complemento es el del puesto de trabajo, no el que percibe el trabajador individual cuando utiliza los preceptivos medios de protección (TS 20-6-18, EDJ 517821).

3. La **toxicidad** se relaciona con la utilización o manipulación de sustancias que pueden suponer un riesgo excepcional para la salud del trabajador (TSJ Las Palmas 9-3-12, EDJ 102526). A falta de previsión expresa en el convenio de aplicación, ha de percibirse cuando realmente y de manera efectiva se desempeñe esa actividad que comporta la toxicidad que se retribuye con el complemento, esto es, por día efectivo de trabajo y no por día natural y no tiene carácter consolidable (TS 10-12-08, EDJ 272962; 29-6-09, EDJ 190324; 20-6-23, EDJ 610605).

Para el percibo de estos pluses no es suficiente con el hecho de que los trabajadores presten servicios o desarrollen tareas objetivamente penosas; es necesario, además, que el plus que compense el desarrollo penoso de la actividad venga **expresamente reconocido en el convenio colectivo** de aplicación (TSJ La Rioja 5-6-07, EDJ 147621), de modo que si no está contemplado en convenio, aun siendo el trabajo objetivamente peligroso, tóxico o penoso, no hay derecho a cobrar plus. **4757**

La concurrencia de tales circunstancias debe ser **habitual**, en el sentido de no esporádica e infrecuente, sin llegar a exigirse que toda la actividad se desarrolle bajo condiciones de peligrosidad, penosidad o toxicidad (TS 12-2-96, EDJ 1392; 22-1-99, EDJ 14014) y **excepcional** (TSJ Las Palmas 22-10-21, EDJ 724397), entendiendo por tal que no sea consustancial o **inherente al puesto de trabajo** y se tuvo en cuenta para la fijación de las retribuciones (TS 24-11-97, EDJ 9907; TSJ Las Palmas 18-5-11, EDJ 158366; TSJ Galicia 7-3-13, EDJ 51122; 14-7-15, EDJ 136815; TSJ Granada 26-1-23, EDJ 50816).

Estos pluses deben desaparecer al adoptarse las **medidas de prevención adecuadas**, siempre que se elimine el riesgo laboral existente, o bien porque su **retribución** ya se haya fijado atendiendo expresamente a esos riesgos (TS 24-11-97, EDJ 9907; TSJ Granada 28-1-15, EDJ 40850). Sin embargo, en caso de ausencia de prueba de que la retribución ya compensa la peligrosidad, si se dan las condiciones, se tiene derecho a su percepción (TS 15-11-06, EDJ 319312).

El derecho al devengo del plus **se genera** desde que se realiza la actividad que da lugar al devengo (TS 31-1-01, EDJ 9804); y no tiene ningún sentido que se abone la peligrosidad a unos trabajadores sí y a otros no en razón a la clase de contrato suscrito, no abonándose a los **interinos** (TSJ Madrid 5-2-16, EDJ 39327).

La fecha de **efectos** de su reconocimiento no es la de la sentencia en la que se reconoce, sino aquella desde la que se acredita su realización si no está prescrito el período (TS 10-10-00, EDJ 33443).

La **jurisdicción competente** para resolver los conflictos en esta materia es la social (TS 29-6-93, EDJ 6412; 12-4-00, EDJ 8978) sin necesidad de declaración administrativa previa (TS 18-12-98, EDJ 33442). Y no puede atribuirse en un convenio colectivo a la autoridad administrativa la facultad de determinar la peligrosidad de determinados puestos de trabajo (TS 4-11-99, EDJ 34359, 10-10-00, EDJ 33443).

Precisiones **1)** La existencia de **varias clases de riesgos** (peligrosidad, toxicidad, penosidad, etc.) en un mismo puesto de trabajo, no genera el derecho a percibir este complemento dos o más veces, ya que se aplica siempre en la misma medida, independientemente de los riesgos que concurran. No obstante, el convenio puede prever que en supuestos en los que muy singularmente concurra, de modo manifiesto, la excepcional penosidad, la toxicidad y la marcada peligrosidad superior al riesgo normal de la industria, el importe del 20% del plus pase a ser del 25%, cuando concurran dos circunstancias de las señaladas, y el 30% si fuesen las tres (CCol del Sector de Industria, Servicios e Instalaciones del Metal de la Comunidad de Madrid art.38). **4759**

2) La existencia de estos complementos salariales no debe suponer la inobservancia de las normas de seguridad e higiene en el trabajo. Por tanto, su devengo no se excluye por la existencia de determinadas medidas de seguridad o **dispositivos protectores**; así por ejemplo, el complemento se devenga aunque existan protectores auditivos que amortiguan el ruido (TS 6-10-95, EDJ 24636; 12-2-96, EDJ 1392); si bien el parámetro para el cobro del plus de toxicidad es el de una exposición diaria superior a 80 dB, pero siempre tomando en consideración la exposición sufrida por el trabajador después de descontar el efecto atenuador de los protectores auditivos proporcionados por la empresa, por lo que no se tiene derecho al plus si el nivel de exposición tras descontar el efecto de los protectores auditivos es inferior a 80 dB (TS 3-2-10, EDJ 12555; 30-11-11, EDJ 340662; TSJ Valladolid 23-12-10, EDJ 319768; TSJ Castilla-La Mancha 11-2-16, EDJ 17294).

Se tiene derecho a este plus cuando el trabajo se desarrolla en condiciones de **riesgo superiores** a los normales de su trabajo como tal (p.e., conductor de camión de mercancías peligrosas, en comparación con conductores de camiones de otro tipo de mercancías), sin que obste el hecho de adoptarse las **medidas de seguridad** oportunas (TSJ Asturias 28-1-00, EDJ 117397).

Así, no tiene derecho al plus de peligrosidad, por **posible contagio de COVID-19**, el personal de un supermercado porque la empresa ha desplegado todas las medidas, exigidas legal y administrativamente, para evitar contagios de su personal con contacto directo con el público y entre los propios trabajadores, y, además, lo ha hecho de modo efectivo alcanzando los fines perseguidos (TS 15-7-21, EDJ 634905).

3) La **hora extraordinaria** ha de tener exactamente la misma retribución que la hora ordinaria, si se realiza en las mismas condiciones que esta y, por tanto, hay derecho al percibo de los correspondientes complementos de puesto de trabajo, no abonándose si no se realiza en dichas condiciones (TS 17-12-12, EDJ 303181; 22-1-13, EDJ 10522; 9-2-15, EDJ 118069).
4) Aunque la norma convencional persiga como finalidad la revisión de la consideración de la peligrosidad del puesto y, en su caso, la desaparición del complemento correspondiente, en tanto se siga abonando a algunos trabajadores no resulta admisible la **exclusión de otros contratados posteriormente** que desempeñan las mismas tareas en idénticas condiciones (TSJ Madrid 1-10-12, EDJ 242219).

b. Complementos vinculados a especialidades en la jornada

4765 Se trata de complementos que remuneran las especiales **circunstancias temporales** en que se presta el trabajo, ya sea porque el trabajador está disponible durante un periodo de tiempo superior al que constituye su jornada ordinaria, ya sea porque el trabajo se presta en jornada nocturna, a turnos o en determinadas condiciones. Así, podemos destacar los siguientes complementos:
- por asistencia y puntualidad (nº 4767);
- por disponibilidad horaria (nº 4771);
- nocturnidad (nº 5399);
- turnicidad (nº 5385);
- flexibilidad horaria (nº 5414);
- trabajo en festivos (nº 5485).

Precisiones 1) Por convenio colectivo pueden regularse **otros** complementos vinculados a especialidades en la jornada, como por ejemplo los complementos de horario partido, horario rotatorio, nocturnidad, plus de domingos y festivos o de disponibilidad en vísperas de Navidad y Año Nuevo, previstos en el CCol Agencia EFE, S.A. DGTr Resol 1-10-10.
2) Supeditar el abono de un **complemento** a **concluir la jornada a partir de una hora** es discriminatorio por razón de sexo, dado que la mayoría de las personas afectadas negativamente por la medida son mujeres con reducción de jornada (TS 8-4-22, EDJ 551178).

4767 **Complemento de asistencia y puntualidad** El plus de puntualidad y asistencia puede **consistir** en el abono de una cantidad por día efectivamente trabajado con puntual entrada al trabajo, con independencia de la jornada realizada.
En algunos convenios se prevé una prima de asistencia por día efectivamente trabajado, sin que **se compute** a efectos de antigüedad, horas extraordinarias, gratificaciones reglamentarias o convenidas y devengos de días festivos no recuperables, pero sí en vacaciones, calculándose en relación con el promedio de la prima obtenida en el trimestre anterior (CCol Nacional de la Industria de Fabricación de Alimentos Compuestos para Animales art.23, DGTr Resol 12-11-21, BOE 23-11-21).
Las **faltas de asistencia o puntualidad** al trabajo pueden verse sancionadas con la pérdida de un porcentaje del plus según el número de faltas dentro de cada mes, llegando a perder la totalidad del plus mensual quien alcance un determinado número de faltas de puntualidad o asistencia (CCol Construcción y Obras Públicas de la Provincia de Soria art.26, Resol 6-5-24, BOP 10-5-24).

Precisiones La naturaleza del plus de asistencia y puntualidad no está en función del tiempo trabajado sino del puntual cumplimiento de la jornada de trabajo y del horario que tenga cada persona trabajadora, de manera que, si se cumple con esa jornada de trabajo y con ese horario, las personas trabajadoras con **reducción de jornada** no deben sufrir la minoración proporcional de dicho complemento (TS 4-10-22, EDJ 702598).

4769 **Primas antihuelga** La prima antihuelga se configura como un complemento retributivo del salario que, abonado mensual o anualmente, recompensa la actitud de no conflictividad laboral del trabajador manifestada en su no participación en alteración alguna de la normalidad laboral.
La jurisprudencia ha reiterado su **ilegalidad** cuando se produzca su pérdida total por participar en una huelga, asumiendo de este modo una función sancionatoria económica a disposición del empresario e implicando una ruptura evidente del principio de proporcionalidad (TCo 189/1993). Por contra, se acepta la **validez** de tales cláusulas cuando la participación en huelga legal sólo implica un descuento salarial proporcional. Todo ello en base a que el derecho de huelga sólo puede implicar la suspensión del contrato de trabajo durante los días en que el derecho se ejercitó, sin mayores consecuencias que supondrían una sanción inadmisible respecto de un derecho fundamental (TS 29-9-95, EDJ 24612; 16-10-95, EDJ 24585).
Se acepta también un premio de asistencia y puntualidad o **incentivo por reducción del absentismo**, abonado cuando se cumplan unos objetivos de absentismo, ya que es algo ajeno a las primas antihuelga en la medida en que no está directa y únicamente conectado al ejercicio del

derecho de huelga, ni se pierde por el mero hecho de cualquier ausencia por huelga. No es un incentivo que trate de recompensar la autolimitación a participar en la huelga; antes bien, constituye un **instrumento disuasorio** de las ausencias laborales, que no grava especialmente la pérdida del tiempo empleado por el trabajador en la huelga. El número de ausencias por huelga se diluye en el cómputo global de ausencias como una causa más sin que tenga una especial repercusión. Integran el índice de absentismo tanto las bajas intermitentes por enfermedad o accidente como las ausencias debidas a la huelga (TS 8-3-96, EDJ 1417; TSJ Cataluña 29-3-07, EDJ 110515).

Complemento de disponibilidad horaria Es un complemento salarial de puesto de trabajo que retribuye fórmulas de sujeción a las necesidades empresariales y una **especial dedicación**, siendo su **finalidad** compensar la sujeción al poder organizativo de la empleadora más allá del horario habitual, con la consiguiente imposibilidad o dificultad para realizar otra actividad lucrativa fuera de aquél (TSJ Murcia 27-2-96, EDJ 10725). **4771**

El complemento **se devenga** por el simple hecho de estar disponible, es decir, por estar a disposición de la empresa para poder ser llamado a prestar servicios en cualquier momento, o sufrir una modificación de su jornada laboral, con independencia de que se produzca o no el cambio horario o la modificación de jornada (TSJ País Vasco 18-7-00, EDJ 72548). No responde a una actividad extraordinaria del trabajador, sino a una característica del puesto de trabajo que le obliga a la disponibilidad habitual, y a constantes alteraciones de los horarios de trabajo. Si no se dan tales **alteraciones constantes**, sino de forma esporádica u ocasional, no se tiene derecho a su percibo (TS 22-3-13, EDJ 55475).

La **determinación** de la disponibilidad horaria sólo puede ser resultado de:
- la decisión unilateral o pactada de la empresa, o;
- la realidad constatada de alteraciones constantes del horario de trabajo.

No tiene carácter **permanente** por lo que solo rige mientras subsiste la condición del puesto que ha determinado su reconocimiento (TSJ Extremadura 30-7-04, EDJ 88534).

La plena disponibilidad del trabajador no supone que se exceda la jornada de trabajo efectiva, en cómputo anual, de 40 horas semanales. Por tanto, la percepción del complemento de disponibilidad es, en principio, incompatible con el abono de **horas extras**. No obstante, si se acredita la realización del **exceso de jornada**, debe ser compensada económicamente de conformidad con lo establecido en el convenio colectivo de aplicación, sin que pueda entenderse que el compromiso de especial dedicación y disponibilidad para la prestación del servicio asumido por el trabajador en su contrato, y tenido en cuenta para la fijación del salario, venga a retribuir el tiempo trabajado que excede de la jornada ordinaria, sino únicamente la necesidad de estar disponible y localizable aún fuera del horario laboral y en especial los fines de semana (TSJ País Vasco 24-5-11, EDJ 177995).

En todo caso, no debe confundirse el complemento de disponibilidad, con el de **turnicidad**, en la que sólo ha de acudirse al trabajo en las horas propias del turno rotatorio (nº 5385). Asimismo, se prevé que el plus de disponibilidad retribuye en su globalidad los **cambios** que se asignen a un trabajador durante un **mes natural**, tanto de horario como de días de prestación de servicios, así como la disponibilidad para la asignación de dichos cambios, y que no es compatible percibir el complemento de **nocturnidad** porque se realiza continuamente el horario nocturno y a la vez el complemento de disponibilidad que se devenga porque no se realiza un horario fijo (TSJ Madrid 4-2-13, EDJ 30959).

Precisiones **1)** El CCol del Metal de la Ciudad Autónoma de Ceuta art.28, BOCCE 24-10-23 reconoce el derecho a percibir un plus de disponibilidad a aquellas personas trabajadoras que, por motivo de su trabajo, se hallen a disposición de la empresa, fuera de su jornada laboral (excepto en el periodo de vacaciones), para poder ser llamadas y prestar servicios en cualquier momento, aceptando con ello la realización de **horas extraordinarias**. **4773**

2) Si el plus de disponibilidad **no está previsto ni en el convenio colectivo ni en el contrato** de trabajo, y por tanto tampoco puede calcularse de acuerdo con factores predeterminados en dichas fuentes de regulación de la relación individual de trabajo, el trabajador carece de derecho a percibirlo, aunque la prestación efectiva de su trabajo, por las condiciones en que se pactó, exija dicha disponibilidad. La no percepción del citado plus no significa que el tiempo de disponibilidad, que no es en principio tiempo de trabajo, no suponga un coste personal de libertad de acción y de movimientos para el trabajador, o que dicha disponibilidad para el servicio no deba ser compensada. Lo que ocurre es que en estos casos la compensación se incluye en el importe del salario pactado como retribución total (TS 10-3-05, EDJ 47127).

3) Se reconoce el derecho al plus a un trabajador a quien la empresa facilita un **teléfono móvil** al que podía llamar a cualquier hora del día si se producía alguna noticia para que se desplazara a cubrirla (TSJ Asturias 10-10-11, EDJ 240191).

4) La disponibilidad de más de 20 **domingos, sábados o festivos** a lo largo de un año justifica el reconocimiento de la retribución prevista para dicha categoría (TSJ Aragón 17-2-16, EDJ 30319).

5) Es posible que se prevea la reducción proporcional del plus de disponibilidad en caso de **reducción de jornada** (TS 28-10-10, EDJ 251955).

c. Complementos por la función desempeñada

4780 Se trata de complementos que retribuyen las **particulares exigencias** que el puesto de trabajo demanda al trabajador.

Destaca, entre este tipo de complementos, la denominada prima o complemento de **responsabilidad**. Se abona, según convenio colectivo o pacto individual, en razón a la mayor carga, responsabilidad, funciones de mando o destacada cualificación que puede suponer su ejercicio en un determinado puesto de trabajo. Es recogida, con diferentes denominaciones, en la negociación colectiva.

También el **complemento de formación o gratificación docente** es un concepto salarial para quien realiza estas funciones, salvo para quien desde la condición de mando intermedio desarrolla alguna tarea de docencia o formación porque tal función ya se toma en consideración al fijar el componente fijo que es consolidable (TS 11-2-20, EDJ 513038).

La percepción de estos complementos **no** puede considerarse **condición más beneficiosa**, aunque se mantenga durante varios años tras cesar en la citada función, cuando el mantenimiento en su abono se debió más a dejadez en su supresión que en una voluntad de mejorar las condiciones, no siendo tampoco consolidable al tratarse de un complemento vinculado al puesto de trabajo (TS 12-7-11, EDJ 198193).

Precisiones 1) **Ejemplos** de este tipo de complemento son:
- el **plus de mando** que se reconoce a los mandos de talleres de producción o mantenimiento con niveles 11, 12 y 13 que ejerzan mando directo sobre trabajadores directos de producción principal u operarios de mantenimiento y el plus de portavoz de equipo que se percibe en tanto en cuanto se esté desarrollando esa función (CCol SEAT, S.A. art.28 y 32, BOE 29-9-22);
- un **complemento por experiencia** reconocido a determinados grupos profesionales en atención a los conocimientos adquiridos a través de la experiencia, entendida como factor dinámico de cualificación, mediante el desempeño de actividades y trabajos determinados a lo largo de un periodo de tiempo (CCol general de ámbito estatal para el sector de entidades de seguros, reaseguros y mutuas colaboradoras con la Seguridad Social art.35, BOE 27-12-21).

2) La modificación, adoptada de forma unilateral por la empresa, de un complemento salarial, denominado «**campaña navidades-reyes**», que se percibía por la participación -sin más- del trabajador en dichas campañas y que, tras la modificación, se asocia el percibo del mismo a tres parámetros definidores (ejecución de 20 horas extraordinarias, la actitud demostrada en el trabajo y el porcentaje de aumento de las ventas del último semestre), constituye una modificación sustancial de ese concepto salarial y del sistema o régimen de remuneración, que requiere cumplimentar el período de consultas y negociación (TS 28-1-20, EDJ 507753).

d. Complementos por calidad o cantidad de trabajo realizado

4785 Estos complementos retribuyen una **mejor calidad o mayor cantidad** de trabajo, vayan o no unidos a un sistema de retribución por rendimiento. Dentro de este grupo **se incluyen** los siguientes complementos: las primas e incentivos, pluses de actividad, horas extraordinarias, o cualquier otro de índole similar a que el trabajador tenga derecho. Los **bonus** pueden estar vinculados a la calidad y cantidad de trabajo, pero también a los resultados de la empresa (nº 4825 s.).

Su implantación y regulación corresponde al **convenio colectivo** o al **contrato individual**, de tal modo que si no se ha pactado no nace el derecho (TSJ Valladolid 3-2-98, EDJ 68578). Sin embargo, el complemento por **horas extraordinarias** viene garantizado por la normativa estatal, aunque puede ser compensado por tiempo de descanso.

Una vez que se pacta en el contrato de trabajo un incentivo por cumplimiento de objetivos, el trabajador tiene derecho a percibir su importe aunque el empresario **no** proceda a la **fijación de los objetivos** (TS 9-7-13, EDJ 164052), salvo que exista para la generación del complemento una condición o requisito esencial que consta que no se ha producido (TS 5-3-24, EDJ 514366), o su fijación **no** sea **nítida** (TS 30-6-16, EDJ 140292). Del mismo modo, el trabajador no pierde el derecho a su abono si los objetivos no se alcanzan por razones imputables al empresario (TS 19-7-90, EDJ 7859; TSJ Cataluña 3-3-06, EDJ 266703).

Precisiones 1) Es nula por ilegal la cláusula convencional que excluye del cobro de un incentivo a quienes no están **de alta** en la empresa **en el momento del pago** (TS 2-12-15, EDJ 253749; 11-2-20, EDJ 513026).

2) En muchos casos, el propio convenio colectivo remite a la **iniciativa de la empresa** para que esta fije un complemento salarial por cantidad o calidad de trabajo, consistente en primas o cualesquiera otros incentivos que el trabajador debe percibir (CCol General de la Industria Química art.41, DGTr Resol 7-7-21, BOE 19-7-21).

3) Cuando la retribución del trabajador viene integrada además de por un concepto fijo por una parte variable relacionada con la **consecución de determinados objetivos** sujetos a condición, el salario de esta última naturaleza es el devengado en el período anterior y ha de computarse la cantidad satisfecha en el último ejercicio para su cálculo, salvo que la empresa acredite que en el ejercicio

anual en el que se produce el devengo el trabajador no había generado el derecho al percibo del bonus o incentivo en cuestión (TSJ Madrid 20-3-13, EDJ 57525).

4) Se atenta contra el **principio de igualdad** cuando la diferencia salarial en el abono de la retribución variable de los trabajadores que prestan servicios en las oficinas centrales no está fundada en ningún criterio objetivo y razonable, ni persigue un resultado lícito, ni tiene una concreta finalidad que no sea otra que el mero hecho de incentivar retributivamente a unos trabajadores en detrimento de otros que prestan los mismos servicios y en las mismas condiciones para su empleadora (TSJ Madrid 11-1-13, EDJ 5919).

Salario a comisión (ET art.29.2) Es una forma de remuneración consistente en la participación del trabajador en los beneficios que deriven de una operación o negociación en la que él mismo ha mediado o intervenido. Constituye un sistema específico de **incentivo** y por tanto una forma de salario a rendimiento. 4787

El derecho a la comisión no **nace** cuando se perfecciona el negocio para cuya celebración ha sido contratado el trabajador, sino cuando se produce el pago por el cliente y su **cuantía** se fija por acuerdo entre empresario y trabajador. El **pago** de las cantidades que correspondan en concepto de comisiones se efectúa al finalizar el año, salvo que se haya pactado otra cosa.

El derecho del trabajador a cobrar las comisiones se complementa con el de solicitar la exhibición de la parte de los **libros de contabilidad** del empresario relativa al importe de las comisiones, directamente o a través de sus representantes.

Precisiones **1)** Cuando el importe de la comisión se fija en un porcentaje sobre el precio de la operación, la comisión se devenga sobre el importe de la venta pero sin adicionar el importe del **IVA** pues el mismo no se integra en la suma del importe de lo vendido (TSJ C.Valenciana 15-11-05, EDJ 299678). 4789

2) Cuando se reclama el abono de comisiones resulta necesario que quien las reclama **pruebe** suficientemente: que se ha pactado esta modalidad de retribución, las concretas operaciones llevadas a cabo, su importe, el porcentaje de comisión aplicable y, salvo que su hubiere pactado otra cosa, el perfeccionamiento o consumación de los negocios que determinan el surgimiento del derecho a las comisiones que se dicen devengadas (TS 27-4-89, EDJ 4478; TSJ Madrid 2-11-05, EDJ 219640; 14-3-06, EDJ 56132; TSJ Sevilla 18-9-12, EDJ 230327); pero el grado de exigencia no es absoluto, sino que el órgano judicial debe tener presente la disponibilidad y facilidad probatoria que corresponde a cada una de las partes del litigio (TSJ Asturias 30-4-15, EDJ 114034).

Respecto a la **prescripción** de la reclamación, hay que tener en cuenta que el momento a partir del cual el trabajador puede reclamar las comisiones nacidas durante el año natural es cuando habiendo llegado el fin de ese año -31 de diciembre- no le han sido abonadas. Y ello es así cuando ninguna de las partes acredita la existencia de pacto de liquidación y pago diferente al establecido por el legislador (TSJ Galicia 8-3-16, EDJ 33294).

Y la falta de pago de las comisiones no da lugar a la **causa extintiva** de resolución del contrato por incumplimiento del empresario (TSJ Málaga 5-3-15, EDJ 68707).

3) Se tiene derecho a la comisión aunque el negocio se consume después de **finalizada la relación laboral** (TSJ Madrid 2-11-05, EDJ 219640; TSJ Valladolid 8-3-04, EDJ 30393), salvo que expresa o tácitamente se haya pactado lo contrario (TSJ Valladolid 23-5-05, EDJ 82565).

4) El trabajador conserva el derecho a cobrar la comisión cuando la operación se frustre por culpa probada del empresario, pero no si la **frustración del negocio** se debe a culpa del propio trabajador o por circunstancias de fuerza mayor. No hay culpa probada del empresario, y por tanto no hay derecho a comisión, cuando surgen discrepancias entre empresa y cliente sobre algunos aspectos del contrato que impiden que este se cierre, por más que pueda apreciarse incluso un cierto grado de responsabilidad en el fracaso de la venta imputable a la empleadora, y cualesquiera que sean las consecuencias que, en el orden mercantil, de ello se desprendan en la relación de las distintas sociedades implicadas en las fracasadas negociaciones (TSJ Cataluña 1-9-04, EDJ 153431).

5) Las cantidades percibidas en concepto de comisión se computan a efectos de cálculo de la **indemnización por despido** (TSJ Cataluña 1-7-04, EDJ 93233), salvo aquellas que todavía no se hayan devengado por no haber llegado a buen fin la operación comercial en el momento de la extinción del contrato (TSJ Valladolid, 8-3-04, EDJ 30393).

6) No es posible la **compensación y absorción** de las retribuciones previstas en convenio con las variables percibidas por comisiones de ventas. Tienen diferente sentido, contenido y finalidad, así como distinta fuente reguladora, la norma convencional en el caso de las retribuciones fijas y el contrato individual en las comisiones. Aquellas no pueden neutralizar la percepción de estas (TSJ Málaga 17-3-16, EDJ 77171; TSJ Cataluña 29-1-16, EDJ 28559).

e. Complementos de residencia

Dentro de los complementos de puesto de trabajo cabe situar también el grupo de los denominados complementos de residencia. La **causa** de estos complementos es compleja, debido a su naturaleza híbrida entre lo salarial y lo indemnizatorio, ya que responden a la **finalidad** de compensar las molestias y perturbaciones inherentes a la realización de un trabajo en ciertas 4795

zonas geográficas. Predomina, no obstante, la **naturaleza** salarial sobre la indemnizatoria, quedando esta sólo como origen o causa del plus.
El derecho al plus de residencia nace de la prestación laboral en un lugar determinado independientemente de que la permanencia en tal lugar lo sea de forma **fija** o como consecuencia de un **traslado o desplazamiento**, y se distingue perfectamente de las indemnizaciones por traslado, pues estas se abonan cuando se produce un cambio de destino, además de que si éste es a dicho lugar, procede también el abono del plus de residencia (TSJ Sta. Cruz de Tenerife 11-9-92, EDJ 22163; 30-4-93, EDJ 24160).
El reconocimiento o la cuantía de este plus de residencia no puede hacerse depender del momento temporal en el que el trabajador se incorpore a la empresa, de tal suerte que **no** es posible establecer una **doble escala retributiva** (nº 4524) reconociendo a unos trabajadores un plus de residencia de mayor cuantía por haberse incorporado con anterioridad a la empresa (TS 14-6-10, EDJ 145245).
Dentro de ese tipo cabría situar **otros complementos** vinculados a la residencia del trabajador como son:
- el **de estancia en el extranjero** cuyo carácter funcional y dependiente sólo del mantenimiento de la razón de ser de su concesión hace que, al cesar la estancia en extranjero determinante del mismo, cese también el derecho a su percepción; así por ejemplo el complemento **de residencia en comunidades insulares,** que se reconoce a los trabajadores destinados a las delegaciones de Baleares y Canarias (CCol Agencia EFE, SA art.69 DGTr Resol 1-10-10, BOE 15-10-10);
- el **plus de expatriación** que no compensa o indemniza los gastos derivados del desplazamiento a otro país, ni tiene la finalidad de compensar al trabajador los mayores gastos que los desplazamientos fuera del domicilio le originaron al tener que comer y dormir fuera de él; por lo tanto, debe ser considerado salario (TS 22-2-85, EDJ 11885); o bien se considera que es extrasalarial porque compensa los gastos que provoca la prestación de servicios en el extranjero (TSJ Madrid 23-7-14, EDJ 161372).

4797 Precisiones **1)** No está derogada expresamente la OM 20-3-1975 que establecía el plus de residencia para los trabajadores en **Ceuta y Melilla**, fijándose en una cuantía del 25% sobre el salario base, lo que plantea el inicial y básico problema de su vigencia. Con respecto al mismo cabe entender que dicho precepto se mantiene en vigor, al no oponerse a lo establecido por la norma legal, salvo al utilizar el módulo del salario base para su cálculo y al fijar un porcentaje mínimo de referencia.
2) Ser beneficiario de un **contrato subvencionado** por el INEM (hoy SEPE) no es motivo suficiente para excluir al trabajador del percibo del complemento de residencia, cuando se dan los presupuestos previstos en la norma para el cobro de este plus. Conviene diferenciar la relación jurídico-pública entablada entre el Ministerio empleador y el INEM de la relación privada que corresponde al empleador con la trabajadora. La primera relación se limita a determinar la cuantía máxima de la subvención a percibir por la entidad colaboradora. No teniendo eficacia alguna el tope salarial impuesto al trabajador cuando resulta contrario a normas de derecho laboral de contenido mínimo necesario (TSJ Málaga 8-3-02, EDJ 130175).
3) Al tener el complemento por trabajar en el extranjero naturaleza salarial, si se deja de percibir por haber retornado a España el mes anterior a un **despido**, no se computa a efectos de su indemnización, salvo que se detecte fraude (TS 27-9-04, EDJ 160116).
4) No puede ser **compensado** un incremento salarial general en la empresa con el complemento que comporta un trabajo desarrollado en territorio extrapeninsular, debiendo constar desglosado en la **nómina** (TS 30-9-10, EDJ 241860).

3. Situación y resultados de la empresa

(ET art.26.3)

4805 Se trata de complementos salariales abonados a los trabajadores en función de los **beneficios** obtenidos por la empresa de los que se extrae una parte que aumenta la remuneración de aquéllos. Persiguen la **finalidad** de interesar y hacer partícipe al trabajador de la buena marcha de la producción.
Su fuente de regulación es la **negociación colectiva** y, en su defecto, la **autonomía individual,** que además de fijar la existencia de este tipo de complementos y su cuantía o los criterios para su cuantificación acostumbran también a señalar si tienen o no carácter consolidable.
Entre los **complementos** salariales fijados en función de la situación y resultados de la empresa, cabe mencionar los siguientes:
- primas de productividad empresarial;
- participación en beneficios o resultados;
- bonus;
- participación en el capital de la empresa.

a. Primas de productividad empresarial

Se refieren, no al rendimiento individual del trabajador y al mayor esfuerzo que le supone realizar más o mejor trabajo, sino a la **productividad global** de la empresa o unidad inferior, en la que intervienen elementos independientes del trabajo directamente realizado por el trabajador, como cifras de facturación, índice de ventas o de producción, etc. **4810**
Por **ejemplo**: plus de equipo de carácter funcional y no consolidable que se percibe en tanto en cuanto el trabajador pertenezca a un equipo y este cumpla los objetivos fijados en el convenio y relativos a la productividad, calidad, eficiencia de las instalaciones, polivalencia de los miembros del equipo, ideas de mejora, costes de los materiales, etc. (CCol SEAT, S.A. art.33, BOE 29-9-22); o la prima condicionada a la permanencia de un equipo de fútbol en primera división (TS 9-12-10, EDJ 290699).
Se pueden también formular como primas al rendimiento o **primas de carácter mixto** (rendimiento del trabajador y productividad de la empresa). Por **ejemplo**: primas de producción que la dirección de la empresa puede establecer en función de tiempos, cantidad y calidad del trabajo, facturación, objetivos económicos y beneficios a conseguir, previa comunicación a los representantes de los trabajadores (CCol de Finanzauto SAU 2022-2024, art.163, DGTr Resol 22-4-22, BOE 5-5-22).
Este complemento **no** tiene carácter **consolidable** (TSJ Granada 11-10-12, EDJ 333614).

Precisiones 1) Si el convenio establece un **complemento salarial** por alcanzar colectivamente un **objetivo global**, en el que no se exigió ningún tipo de aportación cuantitativa, cualitativa o de tiempo de trabajo para su devengo, todos los trabajadores tienen derecho a percibir íntegramente el complemento, con independencia del tiempo permanecido en IT (TS 5-10-10, EDJ 226257; 10-11-10, EDJ 259147; 6-11-12, EDJ 263595; 5-5-16, EDJ 83821; 4-10-16, EDJ 202703).
2) Este complemento tiene carácter personalista y subjetivo por lo que la Administración, de forma **discrecional** y atendiendo al cumplimiento de los requisitos necesarios, puede proceder a la adjudicación de forma **individualizada** atribuyendo o no este complemento retributivo a determinados funcionarios y en determinadas ocasiones y periodos. Ello supone que es ajustado a derecho que funcionarios que desempeñan puestos de trabajo de contenido idéntico puedan quedar diferenciados ante tal retribución tanto en su reconocimiento como en su importe, como consecuencia de valorarse en ella el acierto, dedicación y entrega con que el funcionario realiza su trabajo, de modo que la simple existencia de funcionarios que perciben el complemento en cuestión no es razón bastante para que los restantes funcionarios que desempeñan puestos de trabajo similares, o aún idénticos, tengan derecho a su misma percepción (TSJ C.Valenciana 4-12-12, EDJ 340690).
3) Atenta contra el principio de igualdad el diferente tratamiento respecto del complemento de productividad de los **trabajadores fijos y de los temporales** (TSJ Las Palmas 8-6-12, EDJ 246918).

b. Participación en beneficios o resultados

Es un complemento salarial vinculado directamente a los resultados de la empresa que consiste en la **distribución de un porcentaje del beneficio** empresarial entre los empleados. Cabe distinguir dos **modalidades** de participación en beneficios en función de si la fórmula retributiva establece una relación directa entre la retribución del trabajador y su participación en las mejoras de la productividad colectiva o si se trata de una participación directa en los beneficios propiamente dichos. **4815**
Ambos modelos persiguen, sin embargo, la misma **finalidad**: estimular la participación y el compromiso de los empleados en la marcha de la empresa mediante la política retributiva.
En caso de que no se haya previsto expresamente, por **beneficio empresarial** debe entenderse el saldo positivo de la cuenta de pérdidas y ganancias (TS 24-9-96, EDJ 6027).
La fijación de los beneficios obtenidos y la **cuantía** de las pagas de beneficios debe efectuarse a partir de las previsiones contempladas en el convenio o acuerdo por el que se establecen dichas pagas (Sobre la interpretación de algunas de estas cláusulas, pueden consultarse TS 29-4-02, EDJ 27216; 14-6-02, EDJ 32016; 30-1-04, EDJ 6747; 30-4-04, EDJ 83160; 18-4-05, EDJ 60174; 8-6-05, EDJ 108948; 17-12-09, EDJ 315145; 4-11-10, EDJ 254043).

Precisiones 1) El importe de la participación en beneficios se mide en función de los resultados empresariales del **año anterior** al que se devenga y, por tanto, según los salarios de ese año (TS 20-9-93, EDJ 8072), y debe incluirse a efectos del cálculo de la **indemnización por despido** (TSJ Madrid 25-11-15, EDJ 231526). **4817**
2) En ocasiones los convenios colectivos prevén el derecho de los trabajadores a una **paga de beneficios**, de cuantía fija o variable, en función de determinados criterios y manteniendo un mínimo garantizado. En estos casos, y a pesar de su denominación como participación en beneficios, en realidad se trata de una gratificación que integra el salario base en cuanto que retribuye el trabajo realizado sin una conexión directa con los beneficios empresariales (TS 22-5-90, EDJ 5396; 20-9-93, EDJ 8072).

4819 3) Como **ejemplos** de regulación de la participación en beneficios:
a. CCol Artes Gráficas, Manipulados de Papel, Manipulados de Cartón, Editoriales e Industrias Auxiliares art.7.3.4 DGTr Resol 21-9-23, BOE 13-10-23, cuando dispone que a cada trabajador, se le abonará el equivalente a 34 días de salario base (dividiendo el salario base anual entre los días naturales del año y multiplicando por 34) y, en su caso, de antigüedad y complemento ex categoría. La entrega de esta cantidad se efectuará, salvo acuerdo entre las partes, el mes de marzo del año siguiente al de su devengo.
b. CCol de Finanzauto art.106, Resol 22-4-22, BOE 5-5-22:
- Si al final del ejercicio económico se consigue para toda la empresa un beneficio disponible suficiente para abonar dicha paga, se abonará una paga de facturación, siempre que la facturación conseguida supere la del ejercicio económico anterior en un 8% más el porcentaje interanual del IPC registrado al final del referido ejercicio. El personal percibirá el 0,75% del aumento resultante de la facturación.
- Si la facturación particular de cada Zona llega a superar en un 8% a la del ejercicio anterior, más el porcentaje interanual del IPC registrado al final del referido ejercicio, el personal de la Zona que lo consiga percibirá un 0,9% y el de Central un 0,2% del aumento resultante de la facturación de dicha Zona.
- Los porcentajes de participación establecidos en los dos apartados anteriores, serán independientes y acumulables entre sí, en el caso de que se cumplan los requisitos mínimos de beneficios y facturación para la Empresa, en general, y el de facturación para cada Zona, en particular.
- Las cuantías resultantes de los porcentajes de participación fijados se repartirán linealmente entre los empleados de los grupos profesionales 1 al 5 de toda la Empresa o de toda la Zona y Central.
- Las cantidades que en cada caso deben percibir los empleados, se abonaran una vez aprobado por la Junta General de Accionistas el resultado económico del Ejercicio, y solo se les abonará a los empleados en alta en la fecha de pago. En el caso de no haber permanecido en dicha situación durante todo el ejercicio económico (enero a diciembre) abonada en su cuantía proporcional de alta en la Empresa durante dicho periodo.

c. Bonus

4825 El bonus constituye una moderna fórmula de retribución salarial de perfiles plurales. En función de cómo se configure el bonus, este puede calificarse como sistema retributivo vinculado a la **situación y resultados de la empresa**, en cuanto su concesión y cuantía se haga depender de la productividad, beneficios o cumplimiento de objetivos por la empresa, o como sistema de remuneración vinculado a la **cantidad y calidad de trabajo** de cada empleado (nº 4785), en la medida en que su concesión y cuantía se hagan depender de la productividad, el rendimiento o el cumplimiento de objetivos por los trabajadores individualmente considerados o por un grupo o sección de ellos.

Con carácter general, puede decirse que el bonus consiste en una **compensación económica** que la empresa abona a un determinado trabajador por la que se retribuye un mayor rendimiento, el incremento de su productividad o el cumplimiento de unos objetivos previamente fijados.

Se trata de un concepto de **naturaleza** salarial (TSJ Las Palmas 13-11-08, EDJ 329020; TSJ Cataluña 3-11-10, EDJ 327482) y de **cuantía** variable, vinculada al logro de determinados objetivos, de índole personal o colectivos, o en relación con el conjunto de la empresa (TSJ Madrid 4-5-12, EDJ 210757).

Sin haber una referencia legal expresa a los bonus, la doctrina judicial ha identificado sus principales **características**:
- se trata de una retribución variable independiente del salario;
- se concede habitualmente por voluntad de la empresa;
- premia la dedicación extraordinaria o el rendimiento superior al habitual del trabajador y los resultados obtenidos en el ejercicio de su actividad;
- salvo que venga previsto en convenio colectivo, el bonus es un complemento sujeto a cierta discrecionalidad de la empresa;
- las reglas de abono se establecen en los planes de bonus, que pueden establecer diferencias retributivas entre los trabajadores;
- el bonus no tiene carácter consolidable ni se devenga automáticamente: es preciso que el trabajador cumpla los requisitos o condiciones establecidas para tener derecho a cobrar el bonus. Se ha considerado que someter el cobro del bonus, ya devengado, a la condición de que el trabajador se encuentre de **alta en la empresa** en el momento de su pago es una disposición convencional totalmente ilegal, porque puede dejar el cumplimiento de la obligación en manos de una sola de las partes (TS 11-2-20, EDJ 513026).

Precisiones 1) Se ha reconocido la posibilidad de que el bonus o incentivo de cuantía variable se convierta en una condición incorporada al nexo contractual como **condición más beneficiosa** cuando se aprecia persistencia y regularidad en su concesión indicativa de la voluntad empresarial de reconocer un beneficio (TSJ Cantabria 27-5-05, EDJ 74436); y no se considera condición más beneficiosa cuando la concreción del bonus se realiza año a año, sin que las condiciones de su fijación sean perdurables en el tiempo y sin que en la configuración de aquéllas intervenga la negociación con los trabajadores (TS 7-7-10, EDJ 213760; TSJ Cataluña 5-12-11, EDJ 326109). 4827

2) La **discrecionalidad** no es, sin embargo, absoluta, y así resulta nula una cláusula del contrato de bonus conforme a la cual se prevé que «El pago del bonus es discrecional para la Compañía y no está garantizado» en la medida en que se trata de una condición rigurosamente potestativa que se subordina de forma absoluta y exclusiva al arbitrio del obligado, contraria por ello al CC art.1115 (TSJ Madrid 24-5-05, EDJ 93280).

3) El **incumplimiento de los objetivos** fijados determina la pérdida del derecho al bonus (TSJ Madrid 29-10-02, EDJ 130332).

4) Si en el plan de bonus se fijan **objetivos para la Compañía**, objetivos **departamentales** y objetivos **individuales** cumpliéndose sólo estos últimos por algunos trabajadores, estos tienen derecho a la parte de bonus correspondiente (TSJ Cataluña 6-10-04, EDJ 181106).

5) Son nulas por **discriminación de género**, las cláusulas de un plan de incentivos que penalizan el absentismo por permisos vinculados con la conciliación al afectar desproporcionadamente a las trabajadoras por ser mayoritariamente quienes los solicitan (AN 19-6-23, EDJ 608553; 28-10-24, EDJ 720124; TSJ Galicia 29-6-23, EDJ 652138). Tras la publicación de la L 15/2022, también es nula, por constituir una **discriminación por enfermedad**, la cláusula de un plan de incentivos que establece que estos no se abonan si se supera un nivel de absentismo en cuyo cálculo se computan los periodos de IT (AN 19-6-23, EDJ 608553; 22-1-24, EDJ 504634; 7-10-24, EDJ 706533; 28-10-24, EDJ 720124).

6) Los incentivos no pueden verse reducidos o suprimidos como consecuencia de que el trabajador haya recibido una determinada **sanción** pues ello supone la imposición de una multa de haber proscrita por el ET art.58.3 (AN 28-10-24, EDJ 720124).

7) El hecho de que el trabajador cesara en la empresa antes de finalizar el año de devengo de la retribución variable por causa de **despido disciplinario procedente**, no obsta a su derecho a percibir la parte proporcional del bonus que haya podido devengar hasta dicha fecha (TSJ Cataluña 10-7-23, EDJ 669947).

8) A efectos del **IRPF**, la imputación del bonus debe hacerse al período impositivo en el que resulte exigible y puede aplicarse la reducción del 30% (L 35/2006 art.18.2) cuando tuviera un período de generación superior a 2 años, se impute en un único ejercicio y en los 5 períodos impositivos anteriores no hubieran obtenido otro rendimiento con período de generación superior a 2 años por el que hubieran practicado esta reducción (DGT CV 1-8-14; CV 11-2-16). La retención a practicar se efectúa de acuerdo con el procedimiento general, no es aplicable el tipo de retención del 15% (RD 439/2007 art.80.1.5ª), al no tratarse de atrasos, sino de retribuciones imputables al propio período impositivo en el que se satisfacen (DGT 16-9-04).

Determinación de los objetivos El derecho al bonus se condiciona, en los planes por los que estos se establecen, a la consecución por el trabajador o por la empresa de unos determinados objetivos o niveles de rendimiento. Cuando estos objetivos **no han sido fijados** por la empresa se plantea el problema de si el trabajador mantiene o no su derecho al bonus. La **falta de claridad** y su **falta de desarrollo** posterior no pueden sino interpretarse en el sentido más favorable para el trabajador y en contra de quien incluyó esas cláusulas en el contrato, que obviamente fue la empresa (TSJ Cataluña 13-12-12, EDJ 319142); es decir que la fijación de los objetivos realizada de forma ambigua y sin claridad perjudica al empresario (TS 14-11-07, EDJ 243320); así como su falta de fijación (TS 9-7-13, EDJ 164052; TSJ Madrid 3-2-16, EDJ 19555). De este modo, el trabajador tiene derecho al bonus acordado si la empresa no procede a la fijación de objetivos por causa a ella imputable (TS 18-2-14, EDJ 62333; 1-7-14, EDJ 147579;2-2-21, EDJ 503502; AN 18-9-17, EDJ 186306). 4829

En este sentido, se ha declarado la obligación de la empresa de abonar el bonus cuando se ha venido **percibiendo en períodos anteriores con regularidad**, sin haber fijado previamente los criterios para su devengo y cuantificación (TSJ Madrid 5-2-20, EDJ 526324).

Si el trabajador **se niega a aceptar los objetivos** fijados por la empresa, no puede después pretender el devengo automático de los mismos (TSJ Madrid 12-7-05, EDJ 141169).

La **fijación extemporánea** de los objetivos equivale a la ausencia de su fijación (AN 27-10-17, EDJ 234203).

Inclusión y cómputo del bonus en la indemnización por despido El bonus es **salario** y, por tanto, debe incluirse en el cálculo de la indemnización, **excepto** en los siguientes casos (TS 26-1-06, EDJ 37464): 4831

- que se haya previsto expresamente su no inclusión;
- que se trate de un bonus percibido sólo excepcionalmente, y ello porque en la indemnización deben incluirse partidas salariales fijas devengadas de modo estable.

En cuanto a la **cuantía** que se debe tomar como referencia para el cálculo de la indemnización por despido, la doctrina judicial mayoritaria sostiene que debe tomarse en consideración el importe del bonus percibido en el año natural anterior a la fecha de despido (TS 13-5-91, EDJ 5019; 25-9-08, EDJ 197312; 26-1-18, EDJ 37464); si bien de forma proporcional al período trabajado, y no por todo el ejercicio de devengo (TSJ Cataluña 22-2-11, EDJ 67807). Y ello aunque se haya devengado en el año anterior (TS 24-10-06, EDJ 311932).
La **falta de la inclusión** del bonus en la indemnización por despido constituye un error no excusable por lo que se considera el despido nulo (TSJ Madrid 25-3-10, EDJ 96508). Pero el error es excusable si la **fijación del bonus no** aparece **nítida** (TS 28-2-06, EDJ 84042; 30-6-16, EDJ 140292), salvo que derive de la pasividad empresarial en la fijación de los objetivos (TSJ Cataluña 1-12-23, EDJ 795834).

Precisiones **1)** No se incluye en la indemnización el llamado **bonus diamond** concedido de forma extraordinaria y desvinculada de cualquier otro pacto remuneratorio (TSJ Madrid 11-3-03, EDJ 93411).
2) El **salario** que se toma en cuenta para fijar la indemnización por despido es la totalidad de las percepciones en el **momento del cese** y no el que pudiera tener derecho en el futuro. Tratándose de un concepto como el bono que tiene periodicidad superior a la mensual cuyo devengo se produce por anualidades vencidas y en función de los beneficios conseguidos en cada una de ellas, ha de estarse para fijar la indemnización al importe de **último bono** devengado (TSJ Las Palmas, 18-7-03, EDJ 266219; TSJ Madrid 13-10-04, EDJ 165502; 26-10-04, EDJ 189119; 30-5-05, EDJ 93079; 20-3-13, EDJ 57525).

4833 **Extinción del contrato durante el periodo de devengo** En los planes de bonus deben fijarse las condiciones necesarias para generar derecho a percibir el bonus. En muchos casos, se exige que **el trabajador se halle vinculado a la empresa** durante todo el periodo en el que deben cumplirse objetivos y en el momento en que se devenga el bonus, salvo que el cese se produzca por fallecimiento, jubilación o incapacidad. Se ha considerado que someter el cobro del bonus ya devengado a la condición de que el trabajador se encuentre de alta en la empresa en el momento de su pago es una disposición convencional totalmente ilegal, porque puede dejar el cumplimiento de la obligación en manos de una sola de las partes (TS 2-12-15, EDJ 253749). De este modo es inadmisible su no abono cuando el **incumplimiento de permanencia** se debe a la voluntad empresarial (TS 15-2-06, EDJ 24944), pero se ha admitido la exigencia de la permanencia en la empresa si se incumple por voluntad del trabajador (TSJ Cataluña 24-1-13, EDJ 45844; TSJ Madrid 18-2-13, EDJ 48104), o por haber incurrido en comportamientos que den lugar a un despido procedente (TSJ Cataluña 13-10-04, EDJ 186615; TSJ Madrid 12-9-07, EDJ 192556). En este sentido, se ha declarado válida una cláusula de retribución variable pactada con base en los objetivos alcanzados el 31 de diciembre de cada año que exige al trabajador permanecer en la empresa en dicha fecha. Si la baja del trabajador es voluntaria, denegar el abono del variable no deja el pago en manos exclusivamente de la empresa y tampoco produce un enriquecimiento injusto para la empresa. Además, no se infringe el derecho del trabajador a percibir la retribución pactada (TS 22-10-20, EDJ 715577).
La **excedencia voluntaria** se equipara a baja voluntaria a efectos de no permanecer todo el período requerido en la empresa (TSJ Las Palmas 26-6-08, EDJ 164230; TSJ Cataluña 25-7-11, EDJ 202498).
No obstante, el Tribunal Supremo ha reconocido el derecho a percibir la **parte proporcional del bonus** en proporción a los objetivos conseguidos del trabajador que causa baja voluntaria en la empresa (TS 5-5-09, EDJ 112236), y también en los supuestos de despido objetivo (TS 5-4-10, EDJ 62125), y máxime si es despido improcedente (TSJ País Vasco 16-2-16, EDJ 42711).
Mayores problemas se plantean cuando la baja del trabajador deriva de **despido improcedente** decidido por la empresa. En estos supuestos cabe diferenciar las siguientes **situaciones**:
- si está **previsto expresamente que el trabajador pierda el derecho al bonus** si su relación laboral finaliza antes de que éste se devengue o de la fecha prevista para su abono, incluidas las extinciones por despido improcedente, la doctrina judicial ha señalado que el trabajador carece de derecho al cobro del bonus (TSJ Madrid 29-10-02, EDJ 130332);
- si el pacto se limita a exigir la permanencia del trabajador en una determinada fecha **sin mencionar expresamente** el supuesto de despido improcedente, algunos pronunciamientos judiciales han señalado que el trabajador no tendría derecho a percibir el bonus, salvo que se apreciara mala fe por la empresa en el sentido de que el motivo del despido fuera precisamente evitar el abono del bonus al trabajador; sin embargo, se ha entendido que ello equivaldría a que el empresario pudiera evitar unilateralmente el pago de esta parte de su retribución extinguiendo el contrato de trabajo antes de la fecha fijada para su abono, o bien, dilatando este hasta que hubiese dejado de pertenecer a la empresa (TSJ Madrid 4-5-12, EDJ 210757).

En los casos en que **se extinga la relación laboral antes** de concluir el periodo de devengo y proceda el pago del bonus, es preciso determinar cómo se calcula la **cuantía** del bonus a que tiene derecho el trabajador. Al respecto, se ha señalado que a falta de prueba por la empresa de la falta de cumplimiento de objetivos o de la existencia de un sistema de valoración distinto al empleado en los planes de bonus de los años anteriores, la cuantía del bonus a que tiene derecho el trabajador debe calcularse teniendo en cuenta el monto percibido por este concepto el **año anterior** y aplicar el **importe proporcional** en función del momento en que se produce la extinción del contrato (TSJ Cantabria 27-5-05, EDJ 74436; TSJ Cataluña 23-5-05, EDJ 109849).

d. Participación en el capital de la empresa

En los últimos años se ha generalizado el recurso por las empresas a fórmulas retributivas consistentes en la concesión a los trabajadores de **acciones** de la propia compañía o de otra vinculada societariamente a la empleadora conforme a distintos modelos o posibilidades. **4840**
Entre las fórmulas más habitualmente empleadas cabe destacar las siguientes:
- planes de opciones sobre acciones (nº 4842);
- planes de compra de acciones a los empleados (nº 4854);
- planes de acciones ficticias (nº 4856);
- transferencia de acciones al personal (nº 4858).

Planes de opciones sobre acciones. Stock-options Las stock-options u opciones de compra constituyen una fórmula retributiva de uso muy extendido. Se configuran en el ámbito laboral como un **derecho** que, de forma onerosa o gratuita, confiere la empresa al empleado para que este, en un **plazo** determinado o en una determinada fecha, pueda **adquirir acciones** de la propia compañía o de otra vinculada, estableciéndose para ello un precio, frecuentemente el valor de la acción en bolsa el día que se otorga el derecho, posibilitando que, tras el vencimiento del momento del ejercicio de la opción y una vez ejercitada, el trabajador pueda percibir, bien la diferencia de precio de mercado de las acciones entre ambos momentos (otorgamiento y ejercicio), bien las propias acciones al precio fijado en el momento del otorgamiento del derecho. **4842**
Su **objetivo** es garantizar la permanencia del trabajador en la empresa (fidelización), vincular el trabajador con la buena marcha y los resultados de la misma y favorecer un mayor rendimiento y esfuerzo individual.

Encuadramiento en la estructura salarial El Tribunal Supremo se ha pronunciado a favor del **carácter salarial** de las stock-options (TS 24-10-01, EDJ 47584; 24-10-01, EDJ 47591; 4-2-02, EDJ 13384; 1-10-02, EDJ 128572; 26-1-06, EDJ 37464). A estos efectos, hay que tener en cuenta la variada tipología de las opciones sobre acciones y la gran diversidad que presentan los planes que cada empresa puede ofrecer a sus empleados, por lo que es preciso el análisis de cada caso concreto. Esto significa que hay que tomar en consideración las **particularidades de cada plan** de opciones sobre acciones para determinar si los derechos que concede a los trabajadores configuran para estos una forma de salario o si, por el contrario, se articulan como una ventaja más derivada de la pertenencia a la empresa y sin carácter retributivo alguno (TS 26-1-06, EDJ 37464). **4844**
Una vez determinado su carácter salarial, se plantean determinadas cuestiones acerca de su consideración como salario en especie o en metálico o su encuadramiento dentro de la estructura del salario, así como su cómputo a efectos de la indemnización que puede devengarse por despido o extinción del contrato.
Teniendo en cuenta que las stock-options tienen naturaleza salarial, resta por decidir si son salario en metálico o en especie. El Tribunal Supremo ha declarado en reiteradas ocasiones que las stock-options son **salario en metálico** y no en especie, tanto en el caso de que en que el mismo día del ejercicio de la opción se proceda a la venta de las acciones sobre las que recae la opción del trabajador -en cuyo caso el dinero ingresa directamente en el patrimonio del hasta entonces titular del derecho- como en aquellos otros en los que el trabajador decida posponer la venta de las acciones -en cuyo caso lo que ingresa en su patrimonio por esta causa son acciones de la empresa, pero su posibilidad de venta en bolsa de forma inmediata convierte al devengo también en salario en metálico (TS 24-10-01, EDJ 47591; 24-10-01, EDJ 47584).
Resulta delicado, sin embargo, encuadrar las opciones sobre acciones en la estructura del salario. A este respecto, **no son salario base** en cuanto no constituyen retribución fijada por unidad de tiempo o de obra. Tampoco encajan fácilmente en los complementos salariales porque no tienen necesariamente en cuenta las circunstancias relativas a las condiciones personales del trabajador, ni al trabajo realizado ni al puesto de trabajo ni la situación y resultados

de la empresa. Sin embargo, el Tribunal Supremo ha señalado que las stock-options tienen cabida entre los complementos salariales (TS 24-10-01, EDJ 47584).

Precisiones 1) La circunstancia de que la opción de compra tenga por objeto las **acciones de la sociedad matriz** y no directamente las de la sociedad empleadora no impide su consideración como salario. Lo que cuenta para considerar salario una percepción económica del trabajador es el beneficio atribuido al mismo y no la titularidad inicial de los bienes o ventajas asignados. Además, el hecho de que las opciones de compra de acciones suscritas tengan por objeto participaciones de la sociedad madre y no de la filial empleadora revela la conexión de ese concepto remuneratorio con los resultados de la empresa, conexión que no se rompe porque se tengan en cuenta los resultados del conjunto del grupo empresarial (TS 26-1-06, EDJ 37464).

2) El **carácter salarial o extrasalarial** de los beneficios obtenidos por el trabajador por medio de la adquisición de opciones sobre compra de acciones debe determinarse en cada caso, a la vista de las características concretas de los distintos planes de stocks options y de los acuerdos suscritos en aplicación de los mismos. Tienen la consideración salarial las stock-options ejercitadas por el trabajador antes del despido, así como en su caso las ganancias obtenidas por la venta de las stock-options que realizó el mismo día del despido (una hora después de su cese) (TSJ País Vasco 16-9-14, EDJ 209100).

3) En cuanto a la necesidad de **permanencia en la empresa,** puede recogerse que las acciones se entreguen a los beneficiarios tras el vencimiento del período de carencia fijado en 4 años a contar desde la fecha de otorgamiento de las acciones; pero, además, se exige, por una parte, que el beneficiario haya seguido siendo empleado durante la totalidad del período de carencia y, por otra, que esté sujeto al cumplimiento de la condición de rendimiento. Si no se cumplen tales condiciones, el trabajador no tiene posibilidad alguna de incorporar a su salario regulador a efectos de despido importe alguno de las referidas acciones (TSJ Cataluña 8-6-15, EDJ 129901).

4846 **Incidencia en la indemnización por extinción del contrato** Dado que tienen carácter salarial, las stock-options deben **incluirse** a efectos de cuantificar la indemnización por despido o extinción del contrato.

Esta exigencia de que se computen las opciones que hayan ingresado en el patrimonio del trabajador ha sido interpretada y aplicada por la doctrina judicial en sentido **no uniforme**:

1. Una línea jurisprudencial entiende que las stock-options sólo se computan a efectos de la indemnización por despido cuando, en los **12 meses anteriores** al momento de la extinción, **el trabajador ha ejercitado su derecho de opción** respecto de un plan de opciones sobre acciones vigente en la empresa. Ello es así porque lo que salariza la opción de compra es el ejercicio de la opción sobre las acciones, de modo que desde el momento en que se ejercita la opción adquiere el carácter de salario.

No se computa el beneficio obtenido por el ejercicio de la opción si este se produjo no durante el año anterior al despido sino **con antelación a ese periodo** (TSJ Madrid 15-6-04, EDJ 109356).

De este modo, si el despido se produce durante el periodo de ejercicio de las opciones y el trabajador **no ha ejercitado su derecho**, no procede computar el posible beneficio patrimonial que hubiera obtenido de haberlo ejercitado. No puede tampoco considerarse que la actuación de la empresa decidiendo el despido supone un fraude de ley cuando ha transcurrido un periodo de tiempo suficiente durante el que el trabajador pudo ejercitar su derecho de opción (TSJ Madrid 11-3-03, EDJ 93411).

Las opciones no vencidas, **sujetas aún a plazo de carencia**, son de devengo incierto pues depende de que el trabajador llegado el plazo ejercite o no la opción, lo que hace imposible la determinación de la cuantía (TSJ Las Palmas 18-7-03, EDJ 266219).

2. Otra línea doctrinal entiende que la circunstancia determinante para incluir las stock-options en el cálculo de la indemnización por despido es, básicamente, que durante los **12 meses anteriores** al momento de la extinción **se haya producido la maduración de un plan** de stock-options, es decir, que durante ese plazo haya concluido el periodo de carencia y se haya iniciado el plazo para el ejercicio de la opción. De este modo, sólo son computables a efectos del cálculo de la indemnización por despido las ganancias obtenidas por el trabajador si el periodo de maduración del derecho de compra coincide en todo o en parte con el último año de trabajo en la empresa. Ello es así porque el periodo de trabajo que retribuyen las stock-options, y por tanto al que deben imputarse las ganancias salariales, es el transcurrido entre la fecha de incorporación al plan de stock-options y la fecha en que se consolidan las opciones de compra -momento a partir del cual, y durante el plazo previsto en el plan, puede ejercitarse el derecho de opción- (TSJ Madrid 2-10-01, EDJ 57359; 27-12-02, EDJ 75080; 28-12-04, EDJ 231132; 25-4-05, EDJ 86271; 28-6-05, EDJ 114941).

4848 Precisiones 1) Por **ejemplo**: Plan de stock-options concedido al trabajador en fecha 3-12-92, en el que se prevé la adquisición de derechos durante un plazo de seis años y un día -esto es, en fecha 4-12-1998- y en el que el trabajador ha ejercitado su derecho de opción en julio de 2001. El trabajador es despedido con fecha 7 de noviembre de 2001. A efectos del cálculo de la indemnización por despido no debe computarse cantidad alguna en concepto de stock-options, dado que la remuneración se anudaba a la permanencia en la empresa durante los seis años siguientes al momento de su concesión por lo que están retribuyendo el trabajo desempeñado por el trabajador durante esos seis años. En consecuencia, durante el año anterior al despido no se ha devengado salario en ninguna proporción a pesar de que el trabajador haya ejercitado durante ese año su derecho de opción y haya obtenido el beneficio correspondiente (TSJ Madrid 27-12-02, EDJ 75080).

2) Estos pronunciamientos no parecen exigir que el trabajador haya ejercitado su derecho de opción durante el año anterior al despido porque lo relevante es la fecha fijada para la **consolidación de las opciones**, momento en el que estas se atribuyen al trabajador y pasan a su patrimonio -con independencia de que se mantengan custodiadas y gestionadas por la empresa-. A partir de ese momento, el trabajador es soberano respecto de las opciones y si decide no materializar la ganancia y conservar más tiempo los títulos adquiridos ello no altera el ingreso salarial producido en el momento en que se produjo la atribución de las opciones (TSJ Madrid 27-12-02, EDJ 75080).

Respecto al importe a incluir en la indemnización por despido, hay que recordar que la utilidad patrimonial derivada del derecho de opción sobre acciones se corresponde con la **diferencia** entre el **precio pactado** de la opción y el **precio del mercado** en el momento del ejercicio de la opción. Es este el beneficio al que ha de atribuirse la condición de salario y, por tanto, este es el importe salarial que ha de tenerse en cuenta a la hora de calcular la indemnización por despido (TS 3-6-08, EDJ 111225). **4850**

Se plantea la duda de si dicho beneficio debe computarse **íntegramente** o si, por el contrario, debe **prorratearse** para determinar la parte correspondiente a los últimos 12 meses. Al respecto, se ha señalado que si consideramos que las opciones de compra de acciones tienen carácter salarial en cuanto a la diferencia entre el precio de la acción en el mercado en el momento de su adquisición y el precio de ejercicio del derecho pactado, retribuyendo el trabajo desempeñado por el trabajador, debe determinarse qué **período** desde su concesión a su realización por el trabajador se está **remunerando**, y por consiguiente debe distribuirse proporcionalmente a dicho período si es superior a un año, pues es el período de tiempo que se remunera (TS 3-6-08, EDJ 111225). Deben incluirse en el mismo las plusvalías del plan de acciones o stock options vendidas al finalizar la relación, debiendo dividirse la ganancia obtenida en el período entre la compra y la venta por el número de meses transcurridos para hallar de esa forma la imputación mensual (TSJ Cataluña 9-2-12, EDJ 36142).

Extinción de contrato de trabajo durante el periodo de carencia Si cuando finaliza la relación laboral el **derecho de opción ya se ha consolidado** por haberse superado el periodo de carencia, el trabajador conserva su derecho a ejercer la opción (TSJ Madrid 28-12-04, EDJ 231132). **4852**

Mayores problemas plantea, sin embargo, la extinción del contrato de trabajo durante el periodo de carencia, esto es, **antes de que el derecho de opción haya madurado** y se haya iniciado, por tanto, el periodo previsto para el ejercicio de la opción. El plan de opciones puede prever alguna de las siguientes **alternativas**:

1. La **pérdida del derecho** a ejercer sus opciones por aquellos trabajadores cuyo contrato de trabajo sea rescindido o de cuyo cargo sean cesados.

2. La **conservación** del derecho de opción en favor del empleado o de sus familiares exclusivamente en los supuestos de baja en la empresa por causas ajenas a su voluntad, tales como fallecimiento, jubilación o incapacidad. En estos casos, aunque el plan no contenga referencia expresa al despido improcedente, este debe entenderse incluido en el pacto y ello porque lo contrario supondría la posibilidad para la empresa de neutralizar o dejar sin efecto el contrato de opción válidamente alcanzado (TS 24-10-01, EDJ 47584; 24-10-01, EDJ 47591).

Cuando, producida la extinción o finalización del contrato durante el periodo de carencia, se mantiene el derecho a la opción, porque así se establece expresamente en el plan o porque, ante el silencio de este, así debe interpretarse, la cuestión a resolver es si procede o no el **ejercicio anticipado del derecho** de opción. Si el plan de opciones prevé expresamente la posibilidad de ejercicio anticipado, este podrá ejercitarse. El problema se plantea cuando el plan no contiene ninguna previsión al respecto; se trata de decidir si se anticipa el ejercicio de la opción o si debe retrasarse dicho ejercicio hasta el momento en que se cumpla el periodo de carencia y se abra el de ejercicio, aunque entonces el trabajador ya no esté vinculado a la empresa. La jurisprudencia ha señalado al respecto que no cabe un ejercicio anticipado de la opción, de modo que habrá que esperar a que llegue el momento previsto en el plan de opciones correspondiente para dicho ejercicio, debiendo desestimarse por extemporánea la pretensión de ejercicio anticipado del derecho de opción (TS 24-10-01, EDJ 47584; 4-2-02, EDJ 13384; 10-4-02, EDJ 10464; 11-4-02, EDJ 27120; 15-7-09, EDJ 217611; TSJ País Vasco 31-10-00, EDJ 117478; TSJ Valladolid 16-2-04, EDJ 12510).

Precisiones El problema que se plantea en ambos casos, tanto si se admite el ejercicio anticipado porque así se prevé expresamente como si éste no procede y debe esperarse a que concluya el plazo de carencia, es el de determinar cómo y en qué **cuantía** se tiene derecho a ejercer las opciones. Al respecto, y sin perjuicio de las previsiones expresas que al respecto contenga cada plan de opciones, podría entenderse que el trabajador tiene un derecho de opción proporcional al tiempo que estuvo vinculado a la empresa coincidente con el periodo de carencia.

4854 **Planes de compra de acciones a los empleados** En estos planes la empresa ofrece un determinado número de acciones a los directivos o trabajadores con un precio inferior al del mercado y según un **plan de concesión** previamente establecido. Una vez efectuada la compra, el trabajador se convierte en titular de las acciones con todos los derechos correspondientes a dicha titularidad (obtención de dividendos, voto y libre disposición). El otorgamiento de las acciones está expresado normalmente como porcentaje del salario. El **coste para la empresa** es la diferencia entre el coste de la acción y el precio de cotización o su valor teórico (en caso de que las acciones no coticen).
Una modalidad específica de estos planes son los denominados **Planes de compra de acciones restringidos**, caracterizados porque su venta o transferencia está prohibida durante un plazo determinado. Normalmente se prevé que si el trabajador cesa en la empresa antes de transcurrir dicho plazo, debe devolver las acciones.

4856 **Planes de acciones ficticias (Phantom Plans)** Se trata de fórmulas similares a los planes de stock-options (nº 4842), con la peculiaridad de que en ningún caso se produce la entrega material de acciones, sino que, a partir de una determinada fecha, los trabajadores reciben una determinada **cantidad en metálico** calculada en función del incremento del valor de las acciones durante el periodo de vigencia del plan.
Las **acciones por rendimiento** son un sistema de retribución dirigido especialmente a los directivos y dirigido a retribuir los objetivos conseguidos en su gestión. El directivo se convierte en titular de acciones de forma inmediata o progresiva, en función del cumplimiento de las condiciones y objetivos previamente establecidos.

4858 **Transferencia de acciones al personal (ESOP)** Son una fórmula de creciente popularidad mediante la cual los trabajadores compran a **menor coste** o reciben **gratuitamente** acciones u otros títulos de la empresa. En algunos casos, este tipo de retribución sustituye a las aportaciones a fondos de pensiones.

C. Gratificaciones extraordinarias

(ET art.31)

4865 El empresario tiene la **obligación** de abonar al trabajador dos gratificaciones extraordinarias al año, una de ellas con ocasión de las fiestas de Navidad y la otra en el mes que se fije en el convenio colectivo o acuerdo entre empresario y representantes legales de los trabajadores.
Por **convenio colectivo** se puede establecer un mayor número de gratificaciones extraordinarias anuales.
Su **cuantía** se fija, igualmente, mediante convenio colectivo. Es el convenio el que debe indicar qué conceptos salariales se incluyen y cuáles no en las gratificaciones extraordinarias pero no pueden utilizarse criterios discriminatorios a la hora de fijar la cuantía de las pagas extraordinarias. Así, se ha considerado discriminatoria, y por tanto nula, la fijación en convenio colectivo de una cuantía diferente para las pagas extras de temporales y fijos discontinuos (TCo 177/1993).
De la cuantía bruta de las gratificaciones extraordinarias sólo se ha de descontar la retención a cuenta del **IRPF,** ya que la cuota de la **Seguridad Social** que corresponde al trabajador se descuenta prorrateada en las mensualidades.
Se **devengan,** salvo pacto en contrario, a prorrata en 12 mensualidades, si bien en algunos sectores se establece su devengo por semestres. Y se perciben de manera proporcional al tiempo trabajado según sea su devengo. Se trata de un beneficio económico que se va obteniendo día a día cuyo vencimiento tiene lugar, salvo pacto en contrario, en festividades o épocas señaladas. Este cómputo responde también al carácter anual que estas gratificaciones extraordinarias tienen y que cumple mejor su función ateniéndose a un criterio cronológico de fecha a fecha desde la percepción anterior de la misma paga (TSJ Castilla-La Mancha 20-4-16, EDJ 60389; TSJ Las Palmas 23-7-15, EDJ 186687).
En caso de **extinción del contrato de trabajo,** el trabajador tiene derecho a la parte proporcional que le corresponda en el momento de la extinción (TS 22-11-88, EDJ 9236; 30-1-12, EDJ 15965), debiendo quedar constancia de dicho abono en el finiquito (TS 10-4-90, EDJ 19351). Por tanto, en el mismo momento del cese se puede exigir el abono de la parte que

corresponda y tal fecha, que es desde que la acción se pudo ejercitar, es la de inicio para el cómputo del plazo de **prescripción** de un año.

Ejemplos 1. Si el contrato **se inicia el 1-9-2023**, con un salario de 1.230 €/mes: 4867
a) La extraordinaria del mes de diciembre/23 debe ascender a:
- devengo anual (de 1-1-2023 a 31-12-2023) = (1.230 €/12) x 4 = 410 €.
- devengo semestral (de 1-7-2023 a 31-12-2023) = (1.230 €/6) x 4 = 820 €.

b) La extraordinaria de julio/24 ha de consistir en:
- devengo anual (de 1-7-2023 a 30-6-2024) = (1.230 €/12) x 10 = 1.025 €.
- devengo semestral (de 1-1-2024 a 30-6-2024) = (1.230 €/6) x 6 = 1.230 €.

La paga extraordinaria de diciembre/24 se percibe íntegra, ya se devengue anual o semestralmente.

2. Si el contrato **finaliza el 1-9-2024**, en la liquidación percibirá en concepto de pagas extras:
a) Parte proporcional de la extraordinaria del mes de diciembre/24:
- devengo anual (de 1-1-2024 a 31-12-2024) = (1.230 €/12) x 8 = 820 €.
- devengo semestral (de 1-7-2024 a 31-12-2024) = (1.230 €/6) x 2 = 410 €.

b) Parte proporcional de la extraordinaria del mes de julio/25:
- devengo anual (de 1-7-2024 a 30-6-2025) = (1.230 €/12) x 2 = 205 €.
- devengo semestral (de 1-1-2025 a 30-6-2025) = 0 €.

Precisiones **1)** Si el convenio colectivo aplicable dispone que la cuantía de las pagas extraordinarias debe ser la correspondiente al **salario real percibido** por el trabajador, dicho concepto debe incluir los conceptos salariales y excluir los devengos extrasalariales. De este modo, debe incluirse la compensación económica abonada al trabajador en concepto de **horas extraordinarias** (TS 21-6-05, EDJ 144877). Por esta misma razón, no cabe excluir del importe de las pagas extraordinarias lo percibido en concepto de **comisiones** expresamente pactadas en el contrato de trabajo, promediándolas en referencia a los meses inmediatamente anteriores (TS 30-11-89, EDJ 10760).
2) El **uso** puede acreditar la aplicación del **devengo** por año natural, por semestre o por los 12 meses (TSJ Madrid 9-7-12, EDJ 178549; TSJ Galicia 28-9-12, EDJ 246205; TSJ Las Palmas 31-7-12, EDJ 266542).
3) El nivel retributivo de los trabajadores no puede verse perjudicado cuando el **período de devengo** de las pagas extraordinarias pasa de ser semestral a ser anual (TS 21-1-20, EDJ 510369).

Prorrateo de las pagas El legislador ha dispuesto, en materia de gratificaciones extraordinarias, reglas que reservan a la **Ley** una parte de la disciplina -como es el número de pagas y que una de ellas se abone con ocasión de las fiestas de Navidad-, y que atribuyen a la **negociación colectiva** otros aspectos -tales como la determinación del mes en que se debe abonar la otra gratificación, la cuantía de ambas y la posibilidad de su prorrateo en 12 mensualidades-. La remisión a la negociación colectiva debe entenderse hecha al convenio colectivo aplicable o a acuerdos de empresa pero se excluye la posibilidad de que por pacto individual se modifiquen estas condiciones, salvo cuando el pacto tenga por objeto mejorar las que correspondan a los trabajadores. 4869

Así pues, la regla general es que las pagas **se abonan** en Navidad y en la otra en la fecha que determine el convenio colectivo, y este puede establecer una previsión distinta, como su **abono prorrateado**, en cuyo caso el importe correspondiente a las pagas extraordinarias se percibe prorrateado a lo largo del año.

Precisiones **1)** La posibilidad de que las pagas extraordinarias se abonen de forma prorrateada está condicionada a que se haya previsto **expresamente en convenio colectivo**, sin que pueda ser decidida dicha forma de pago unilateralmente por el empresario (TS 14-6-02, EDJ 32016).
2) Si **el convenio prohíbe el prorrateo** y, además, **establece** de forma expresa **que**, de efectuarse, **la empresa no queda liberada** del abono de las pagas extras, cuando posteriormente la empresa prorratea el pago de las pagas extra, el empresario sigue obligado a abonarlas en las fechas establecidas en el convenio, no aplicándose la compensación (TS 19-9-05, EDJ 57673; 7-11-05, EDJ 271916; 8-3-06, EDJ 31877; 25-1-12, EDJ 15963); salvo que el prorrateo se haya producido a petición del trabajador (TSJ Cataluña 11-10-11, EDJ 267106; TSJ Las Palmas 22-2-24, EDJ 545949; TSJ Madrid 31-1-24, EDJ 513263).
3) Si **lo prohíbe, pero no establece consecuencia jurídica a su incumplimiento**, y el trabajador lo ha aceptado reiteradamente sin oposición, se exime al empresario de su obligación de abonarlas de nuevo en las fechas previstas. El incumplimiento de las disposiciones convencionales podrá sancionarse en vía administrativa, con intervención de la ITSS, pero no mediante la imposición de una duplicidad en el pago de las gratificaciones extraordinarias, puesto que ello generaría un enriquecimiento injusto (TS 18-5-22, EDJ 596238).
4) Si se limita a señalar la fecha de vencimiento de la obligación del pago de las gratificaciones extras y **no prohíbe su prorrateo** ni dispone consecuencia alguna para el caso de que éste se efectúe, cabe imputar lo abonado a dicho concepto -compensar-, si la suma coincide con el salario anual pactado (TS 18-5-10, EDJ 102028). En el mismo sentido se estima la compensación con la paga de beneficios (TS 26-6-95, EDJ 3081).

4871 **Naturaleza salarial** Las pagas extraordinarias tienen una indudable naturaleza salarial, siendo una manifestación del llamado salario diferido (TS 21-1-20, EDJ 510369). De ese carácter salarial se derivan las siguientes **consecuencias**:
- su cuantía se ha de computar a efectos de calcular la indemnización y los salarios de tramitación por despido (TS 25-1-12, EDJ 15963); así como de las horas extraordinarias (TS 10-11-09, EDJ 300323; TSJ Aragón 14-3-12, EDJ 41965; TSJ Cataluña 18-12-12, EDJ 319231);
- su importe se incluye en la base de cotización aunque se haga de forma prorrateada a lo largo de los 12 meses del año (LGSS art.147.1);
- las pagas extraordinarias se benefician de los privilegios reconocidos a los créditos salariales;
- su pago o abono debe documentarse.

Mayores dudas, sin embargo, plantea su calificación como salario base o como complemento salarial. La doctrina judicial ha reiterado en diversas ocasiones que las pagas extraordinarias constituyen un **complemento salarial**, excluyéndolas del salario base (TS 6-7-98, EDJ 17623; 18-1-99, EDJ 1726).

A lo largo de la vida del contrato de trabajo se pueden producir diferentes **situaciones** que pueden repercutir sobre el derecho del trabajador a la percepción de las pagas extraordinarias, como son:
- incapacidad temporal;
- huelga legal;
- realización de funciones de grupo superior;
- insolvencia del empresario.

4873 **Incapacidad temporal** Durante la situación de incapacidad temporal no se devenga la parte correspondiente de paga extra, por las siguientes razones:
- la **ausencia de actividad** que impide, dado el carácter conmutativo del contrato de trabajo, que surjan aquellos derechos para los que no exista disposición en tal sentido;
- que en la **cuantía del subsidio** por IT se percibe incluida la parte proporcional de las pagas extraordinarias, al haber sido tenidas en cuenta para el cálculo de la base reguladora, ya que en la base de cotización se incluye su prorrateo; por tanto, la empresa puede descontar de las pagas extraordinarias cuando llegue el momento de su abono la parte proporcional correspondiente a los períodos de baja, salvo lo dispuesto en convenio colectivo o pacto, como cuando se establece que el tiempo de incapacidad temporal ha de computarse a efectos del devengo de las pagas extras como tiempo de trabajo efectivo (TS 12-2-09, EDJ 19200), o condición más beneficiosa (TS 23-12-08, EDJ 291537; AN 1-10-07, EDJ 207019).

Precisiones Algunas **excepciones** pueden encontrarse **en convenios colectivos** de distintos sectores, donde se prevé expresamente la aportación empresarial hasta el 100% de las percepciones correspondientes a las pagas extraordinarias en caso de IT derivadas de accidente de trabajo (CCol Estatal de Industrias Cárnicas, anexo 18, DGTr 14-6-22, BOE 13-7-22).

4875 **Huelga legal** La no prestación de trabajo durante la huelga legal, si lleva aparejada la pérdida del salario correspondiente, autoriza a descontar, asimismo, la **parte proporcional** de las pagas extraordinarias, incluidas las de participación en beneficios, pues su importe se devenga también diariamente constituyendo una forma de salario diferido (TS 18-4-94, EDJ 3355).

4877 **Realización de funciones superiores** Cuando el trabajador realiza funciones de superior categoría -grupo-, generando el derecho a percibir las **diferencias**, como los complementos de vencimiento periódico superior al mes que se devengan día a día, se han de cuantificar también para su abono, dado el principio de proporcionalidad que rige para los mismos (TS 11-5-93, EDJ 4391).

No obstante, cabe que se mejore esta regulación a través de la negociación colectiva o por decisión unilateral del empresario, que dará lugar al nacimiento de una **condición más beneficiosa** si se cumplen los requisitos exigidos jurisprudencialmente (TSJ País Vasco 7-6-05, EDJ 138756).

Precisiones Si los trabajadores todos los días realizan **funciones** exclusivamente de jefe de servicio tienen derecho a ser retribuidos íntegramente con el salario correspondiente a la banda superior, tanto los días en los que efectivamente prestaban servicios, como los días de descanso. Dicho salario es el que se debe considerar a efectos de calcular el importe de las pagas extraordinarias (TSJ Baleares 26-9-12, EDJ 280111).

4879 **Insolvencia del empresario** (ET art.33.1; RD 505/1985 art.18) El FOGASA abona a los trabajadores por cuenta ajena los **salarios y las indemnizaciones pendientes de pago**, incluidos los salarios de tramitación, por declaración de insolvencia o procedimiento concursal de la empresa, incluyendo las pagas extraordinarias.

Respecto al **límite máximo** de las cantidades que abona el FOGASA:
- salario: el doble del salario mínimo interprofesional diario, con prorrateo de pagas extras, por el número de días pendientes de pago, con un máximo de 120 días;
- indemnizaciones: una anualidad, sin que el salario diario, base del cálculo, pueda exceder del doble del Salario Mínimo Interprofesional, con pagas extras.

Precisiones En materia de responsabilidad del FOGASA en las indemnizaciones debidas a los trabajadores en caso de extinción de la relación laboral por declaración de concurso, la **normativa aplicable** es la que se encuentre en vigor en el momento en el que se declara extinguida la relación laboral y no en el momento en el que la empresa es declarada en concurso, ya que en dicha fecha aún no ha surgido responsabilidad alguna por parte del FOGASA (TS 6-6-17, EDJ 116006; 7-6-17, EDJ 116013; 25-4-18, EDJ 81220).

IV. Determinación del salario

4885

Los salarios se fijan por **acuerdo** entre empresario y trabajador, según el grupo profesional y con respeto a lo previsto en el convenio colectivo y a los mínimos fijados en la Ley. 4887
Para determinar el salario se pueden utilizar, básicamente, dos **criterios** distintos, bien el tiempo empleado en el desarrollo de la actividad, o bien el resultado de la misma. Para ello hay que definir el sistema de retribución según la realidad de la empresa y la organización del trabajo que puede implicar la adopción de retribuciones fijas o variables.

A. Criterios para la determinación del salario

Para fijar la cuantía del salario pueden utilizarse, alternativa o acumulativamente, dos criterios diferentes: el **tiempo** durante el que se presta el servicio y/o el **resultado** del trabajo realizado. En el primer caso se habla de salario por tiempo, en el segundo de salario por resultado. En caso de combinar y utilizar simultáneamente ambos criterios el salario se denomina salario mixto. 4895

Salario por tiempo El módulo utilizado es la unidad temporal referida a la prestación del trabajador. Habitualmente, los **módulos temporales** utilizados son el día o jornada y el mes. 4897
Los **convenios colectivos** acostumbran a fijar el salario diario o mensual asignado a cada grupo profesional. Puede utilizarse, aunque es menos frecuente, el módulo anual. El salario por tiempo significa que al trabajador se le remunera por periodos temporales trabajados (días, meses), al margen del resultado obtenido. Esto no significa, sin embargo, que no se valore el rendimiento del trabajador, pero no aparece como criterio determinante del salario.
Habitualmente se suele denominar **jornal**, cuando se abona por días o semanas, o sueldo cuando su abono es **mensual**.
La retribución por tiempo se refiere a la **jornada ordinaria**, esto es, la fijada como tal en convenio colectivo. En caso de prolongación de jornada o realización de una superior a la prevista, el salario se incrementa en la proporción correspondiente mediante el abono de las horas extraordinarias o del exceso de jornada. Igualmente, si la jornada realizada por el trabajador es inferior a la ordinaria -trabajo a tiempo parcial-, el salario se reduce en la proporción correspondiente.

Precisiones En caso de **no trabajar el mes completo de 31 días,** por nueva incorporación a la empresa o tras una incapacidad temporal, o excedencia, o bien en los casos en que se produce una ampliación o reducción de jornada, el salario diario para el abono de las retribuciones mensuales se calcula dividiendo el anual por los 365 días del año (TS 25-11-19, EDJ 770143).

4899 **Salario por resultado** El criterio o módulo utilizado para determinar el salario es el **rendimiento efectivo** obtenido por el trabajador en la prestación de su trabajo. Ello exige identificar una **unidad de cálculo** para medir el resultado: número de piezas, operaciones realizadas, metros construidos, clientes atendidos. Y fijar un sistema de cálculo del salario que puede ser sencillo -cuantía fija por unidad- o presentar distintos niveles de complejidad -primas basadas en el estudio de tiempos y rendimientos-.

Esta variedad de retribución se conoce también como **trabajo a destajo**.

Dada la variedad de **sistemas de retribución** por resultados y la necesidad de que se adecúen a la actividad productiva de la empresa, es habitualmente el convenio colectivo el que detalla los sistemas empleados. Los sistemas de salario por resultado son normalmente de aplicación individualizada, diseñados para medir el rendimiento de cada trabajador y fijar el salario que tiene derecho a percibir cada uno de ellos. Pero existen sistemas de retribución por resultado colectivos, en los que el salario a percibir depende del resultado o rendimiento no de un trabajador en concreto sino de un grupo o sección.

Cuando en el cálculo del salario a destajo resulta **desproporción** entre el trabajo y las ganancias, cualquiera de las partes puede exigir la oportuna rectificación contractual o la compensación debida.

Cuando el **trabajo** a destajo se **interrumpe** antes de su terminación por causa imputable al empresario, el trabajador conserva el derecho a su salario, sin que tenga que compensar con otro trabajo realizado en otro tiempo (ET art.30).

Los convenios recogen, cuando su actividad lo aconseja, el sistema de remuneración por incentivos, mediante la implantación de diferentes **sistemas de valoración** de puestos de trabajo, siendo de obligatoria aceptación por parte del trabajador, si el sistema de fabricación lo requiere. Incluso puede ser impuesto a las empresas por la autoridad laboral siempre que convenga en orden a la economía nacional. Típicos ejemplos de salarios por resultado son las **primas, incentivos y comisiones**.

Precisiones Las **comisiones** tienen la consideración de salarios por unidad de obra. Se caracterizan porque la medida de la productividad no radica sólo en la actividad del trabajador, sino también en el resultado final del negocio (TS 26-1-90, EDJ 657).

4901 **Salario mixto** Supone la fijación del salario utilizando simultáneamente criterios de fijación del salario por **tiempo** y criterios de fijación del salario por **resultado**. En estos casos, cada vez más frecuentes, una parte del salario del trabajador se calcula por tiempo -de modo que tiene un carácter **fijo**, sólo dependiente del tiempo trabajado- y otra se fija en función de resultados o rendimiento -y presenta, por tanto, un carácter **variable** -. En la práctica, esto supone que el trabajador percibe una determinada retribución a la que pueden adicionarse incentivos, primas o comisiones, de cuantía variable o fija, en función de los resultados obtenidos.

B. Sistemas retributivos

(ET art.26)

4910 Nuestra **legislación** no establece una definición o concepto de lo que debe entenderse por sistemas de retribución o remuneración, aunque considera implícitamente su existencia cuando el ET habla del salario cualquiera que sea su forma de remuneración. Consideración que se explicita al manifestar que la determinación del sistema de remuneración no se encuentra entre las materias reservadas a los convenios colectivos sectoriales estatales, y que el cambio de sistema de remuneración se considera que es una modificación sustancial en las condiciones de trabajo (ver nº 9250).

El V Acuerdo para el Empleo y la Negociación Colectiva, suscrito por las organizaciones sindicales y empresariales más representativas, establece que los **convenios colectivos** deben promover la racionalización de las estructuras salariales, integrando los principios de transparencia retributiva y de igual retribución por trabajos de igual valor. Con tal fin, sería deseable ordenar y simplificar los complementos salariales teniendo en cuenta la perspectiva de género.

La regulación de las condiciones establecidas en un **convenio de empresa**, que puede negociarse en cualquier momento de la vigencia de convenios colectivos de ámbito superior, tiene prioridad aplicativa respecto del convenio sectorial estatal, autonómico o de ámbito inferior en las materias relativas al abono o la compensación de las horas extraordinarias y la retribución específica del trabajo a turnos (ET art.84.2).

Cuando el **módulo de cálculo** del salario base es exclusivamente la **unidad de obra**, la retribución final es una cuantía variable, ya que depende de las unidades de obra que se realicen en el tiempo considerado. 4912

Si, por el contrario, se utiliza como módulo la **unidad de tiempo**, es decir, si se paga al trabajador por el tiempo de prestación laboral, la retribución final va a ser una cuantía fija con independencia de la obra producida.

La combinación de ambos sistemas es el que denominamos **sistema mixto**: la parte fija se determina por el tiempo de prestación considerado y la parte variable se determina dependiendo de las unidades de obra que se realicen en el período de tiempo considerado.

Los **complementos salariales**, por su parte, pueden formar parte de la retribución variable o de la retribución fija del trabajador, dependiendo de que su cálculo se realice en función de factores variables como son el absentismo, la cantidad o calidad del trabajo, etc.; o que se calculen en función de determinados factores que están en relación directa con las circunstancias del puesto de trabajo a desempeñar: complementos de toxicidad, penosidad o peligrosidad, complemento de antigüedad durante el bienio, trienio o quinquenio correspondiente o complemento convenio en algunos supuestos.

C. Fijación de la cuantía salarial

A la hora de determinar la cuantía del salario no puede estarse únicamente a la voluntad de las partes. Existen unos principios básicos y reglas de aplicación del Derecho laboral que sirven de límite y que cumplen con la función tuitiva de esta rama del derecho. Así, la cuantía salarial a percibir por cada concreto trabajador se fija por **acuerdo** entre empresario y trabajador, según el grupo profesional del mismo y respetando las previsiones que, en relación con el salario, se recogen en la Ley y en el convenio colectivo que resulte aplicable. 4920

Salario bruto/salario neto (ET art.26.4; LGSS art.142.2; RD 2064/1995 art.7.3) Las cantidades, salvo que expresamente se diga lo contrario, acordadas en el contrato de trabajo o aquellas recogidas en convenio colectivo, son brutas. Sobre estas hay que practicar las correspondientes **deducciones** por las **cotizaciones** a la Seguridad Social y las **retenciones** a cargo del IRPF. 4922

Todas las cargas fiscales y de Seguridad Social **a cargo** del trabajador deben ser satisfechas por él mismo, siendo nulo todo pacto en contrario. Por ello, sobre el salario bruto que se ha de percibir el trabajador, el empresario, en el **momento** de hacerle efectiva la retribución, debe descontar la aportación a la Seguridad Social y retener la parte del salario correspondiente al IRPF.

Si no efectúa el descuento de la **aportación del trabajador a la Seguridad Social** en ese momento, no puede realizarse con posterioridad, estando obligado a ingresar la totalidad de las cuotas a su exclusivo cargo.

Respecto de las **pagas extra**, ver nº 4865.

Precisiones El empleador no está obligado a abonar el salario correspondiente al tiempo en que el trabajador no prestó servicios por causa imputable únicamente a él, por lo tanto, no es **multa de haber** la práctica empresarial consistente en descontar directamente de las nóminas mensuales de los trabajadores los minutos de retraso en los fichajes de entrada y asimismo sancionar a los trabajadores por sus faltas de puntualidad (TS 27-5-21, EDJ 590053).

1. Límites

El acuerdo por el que se establezca el salario debe respetar unos mínimos establecidos. 4930

Por un lado, debe respetar la cuantía del **SMI**, que es la retribución mínima fijada anualmente por el Gobierno (nº 4500)

Por otro lado, con mucha frecuencia, el salario del trabajador se fija por referencia o **remisión a lo previsto en el convenio** de modo que el trabajador percibe el salario que le corresponde según el grupo profesional, nivel retributivo o cualquier otro criterio que utilice el convenio para fijar las tablas salariales. Tiene derecho a cuantos complementos contemple el convenio colectivo -siempre que se cumplan las condiciones que determinan su devengo- así como a las percepciones extrasalariales que estén previstas (nº 4932).

Pero también es posible que el salario del trabajador se fije expresamente en el **contrato de trabajo**, por expreso acuerdo de empresario y trabajador. En este caso, la libertad de las partes para fijar el sistema retributivo del trabajador y la cuantía salarial a percibir está **limitada** por el necesario respeto a las previsiones legales sobre salario mínimo interprofesional y los principios de igualdad y no discriminación, así como a las previsiones contenidas en el convenio colectivo aplicable. Los principios de irrenunciabilidad e

indisponibilidad de derechos condicionan las previsiones que el contrato de trabajo puede incorporar en materia retributiva (ver Fuentes reguladoras del salario, nº 4455 s.).
Pero, dentro del respeto a esos límites, empresario y trabajador pueden pactar **condiciones** salariales **más beneficiosas** que las aplicables al resto de trabajadores de la empresa (nº 4934).

Precisiones 1) Las cantidades que correspondan al trabajador se pueden compensar con las **deudas** que tenga **con el empresario**. En este sentido, la empresa está legitimada para exigir la devolución de las cantidades que el trabajador percibió en exceso, al no habérsele descontado las correspondientes a las cargas fiscales a su cargo cantidades que, al propio tiempo, son vencidas y líquidas (TS 14-12-09, EDJ 315122; 18-5-10, EDJ 92328).
2) Cuando lo que se debate no es lo que se debe ingresar en concepto de retención complementaria como consecuencia de un **error en el ingreso** anterior, sino si el retenedor puede reintegrarse del pago realizado mediante un descuento en los salarios, la **competencia** le corresponde al orden jurisdiccional social (TS 11-1-18, EDJ 4088).

4932 **Salario previsto en convenio colectivo** (ET art.3 y 82.3) Los convenios colectivos son fuente de derecho en lo relativo a los derechos y obligaciones concernientes a la relación laboral. La mayoría de los sectores de actividad han superado las cuantías fijadas en el SMI a través de la negociación colectiva. Las retribuciones recogidas en el convenio colectivo aplicable (tanto de empresa como de sector) son consideradas mínimas, sin perjuicio de la posibilidad de **descuelgue salarial** (nº 9510).
La negociación colectiva puede acordar e incluir en el convenio todas las materias de índole económica que estime oportunas, no existiendo más **limitación** que el respeto a la legalidad vigente.

Precisiones 1) Es inaplicable con efectos retroactivos un **nuevo convenio** colectivo a efectos salariales que resulta **menos favorable** para el trabajador que el previo que resultaba de aplicación al tiempo de desarrollar la prestación de trabajo (TSJ Galicia 25-10-16, EDJ 198878).
2) No es aplicable la actualización prevista en un convenio colectivo vencido y en situación de **ultraactividad** (TS 29-11-17, EDJ 259462).

4934 **Condición más beneficiosa** La condición más beneficiosa tiene su origen en la **voluntad unilateral del empresario**, que se manifiesta de forma tácita o expresa, dirigida a otorgar a los trabajadores un tratamiento más favorable que el reconocido legal o convencionalmente y que **se incorpora**, por la regularidad de su disfrute y la persistencia de este en el tiempo, **al nexo contractual** de forma que la misma debe ser respetada por el empresario, que no puede modificarla o suprimirla unilateralmente (TS 9-11-89, EDJ 10008; 27-5-98, EDJ 7079; 14-5-13, EDJ 103117); y mantiene su vigencia y pervive mientras las partes no acuerden otra cosa o mientras no sea compensada o neutralizada en virtud de una norma posterior legal o pactada colectivamente que sea más favorable (TSJ Castilla-La Mancha 9-4-13, EDJ 75525).
La condición más beneficiosa se **caracteriza** por su habitualidad, regularidad, persistencia y disfrute en el tiempo. Pero estos elementos no son, por sí solos, suficientes. Es preciso, además, que la persistencia o reiteración en la concesión de la mejora salarial descubra o ponga de manifiesto la voluntad empresarial de reconocer y atribuir al trabajador un beneficio salarial que incremente lo previsto legal o convencionalmente (TS 7-6-93, EDJ 5431; 21-2-94, EDJ 1516; 17-9-04, EDJ 184927; 24-11-05, EDJ 225631; 7-7-10, EDJ 213760), no bastando una actitud de mera dejadez o desidia por la empresa (TS 12-7-11, EDJ 198193). Porque para que exista una condición más beneficiosa es preciso que esta se haya adquirido y disfrutado en virtud de la **consolidación del beneficio** que se reclama, por obra de una voluntad inequívoca de su concesión, de suerte que la ventaja que se concede se haya incorporado al nexo contractual en virtud de un acto de voluntad constitutivo de una concesión o reconocimiento de un derecho y se pruebe la voluntad empresarial de atribuir a sus trabajadores una ventaja o un beneficio social que supera a los establecidos en las fuentes legales o convencionales de regulación de la relación contractual de trabajo (TS 19-12-12, EDJ 311304).
No constituyen **condición más beneficiosa**:
1. Cuando la mejora salarial se concede sin ánimo de incorporarla de forma permanente al contrato de trabajo como una mera **concesión graciosa**. Esa falta de voluntad puede acreditarse de diversas formas, p.e. respecto de una paga anual, demostrando que la empresa decidía cada año sobre su abono en función de las circunstancias y resultados económicos del correspondiente ejercicio hasta el punto de que había de ser solicitada cada año por los trabajadores (TS 28-4-05, EDJ 76861);
2. Cuando la mejora salarial concedida por la empresa se debe a un **error**. El error sufrido al establecer un beneficio, cuando excluye voluntad consciente al respecto, impide su consolidación como condición más beneficiosa.
3. Las **mejoras salariales** concedidas al trabajador **en función del puesto de trabajo** que ocupa o la especial actividad que desempeña. El trabajador tiene derecho a la mejora salarial en tanto desempeñe las funciones que determinan su concesión pero no después de un cambio

de puesto de trabajo o de funciones (TS 29-9-86, EDJ 5894; 24-3-87, EDJ 2365; 20-12-94, EDJ 24220; 12-3-97, EDJ 3107).
4. El **complemento salarial** cuyo pago obedece al cumplimiento de la obligación impuesta a través del **pliego de condiciones** elaborado por el empresario principal al que debe someterse la empresa durante la ejecución de la contrata (TS 16-5-18, EDJ 98231).

Precisiones **1)** Se aprecia **voluntad empresarial** de conceder una condición más beneficiosa cuando el acuerdo por el que se constituye una mejora salarial manifiesta, expresa o tácitamente, la voluntad empresarial de incorporar dicha mejora en el contrato de los trabajadores afectados (TS 28-2-94, EDJ 1801); o cuando se manifiesta una voluntad de continuidad en el tiempo de forma que el beneficio salarial se concede con carácter permanente y no para un determinado período o como prórroga de la concesión efectuada el año anterior (TS 30-12-98, EDJ 30732), por ejemplo durante 6 años (TS 21-11-06, EDJ 370613). También hay condición más beneficiosa cuando el trabajador viene disfrutando de la mejora salarial desde el inicio de la relación laboral (TS 27-5-98, EDJ 7079) o cuando hay una inequívoca voluntad empresarial en su concesión, manteniéndose de forma regular y sin solución de continuidad (TS 15-7-97, EDJ 5387; 14-5-13, EDJ 103117). También cuando la condición más beneficiosa se mantiene durante 2 años tras haberse producido una sucesión de empresa (TS 3-3-09, EDJ 25627). **4936**
Sin embargo, **no se acredita voluntad de la empresa** de incluir en la remuneración de sus trabajadores un sistema permanente de retribución variable cuando la concreción del bonus se hacía año a año, sin que las condiciones de su fijación fueran perdurables en el tiempo y sin que en la configuración de aquéllas interviniera la negociación con los trabajadores (TS 7-7-10, EDJ 213760); la circunstancia de que las **negociaciones** para fijar el salario sean **anuales** es obvia demostración del carácter temporal de la mejora que se viene pactando sobre el mínimo del convenio colectivo aplicable, cualidad esta de temporalidad opuesta a la consolidación que está implícita en toda condición más beneficiosa (TS 4-3-13, EDJ 41028). Tampoco cuando la nueva contratista se limita a abonar un complemento en los mismos términos que lo hacía la anterior durante un periodo de tiempo (TS 10-12-08, EDJ 272962; 29-6-09, EDJ 190324).
2) La condición más beneficiosa puede ser **mejorada o modificada al alza**. Para que dicha mejora se incorpore definitivamente al contenido de la condición más beneficiosa es preciso que exista una voluntad empresarial de consolidar la mejora. Así, la condición más beneficiosa consistente en el abono de pagas de beneficios en número dependiente de los resultados de la empresa se mantiene en estos términos aunque, durante un período de tres años, la empresa garantice a los trabajadores el abono de seis pagas con independencia de los resultados de la empresa y ello porque los acuerdos del consejo de administración para los tres años mencionados no manifestaban de forma inequívoca su voluntad consciente de modificar permanentemente y con proyección al futuro la condición más beneficiosa (TS 13-2-95, EDJ 24715).
3) Las condiciones más beneficiosas de carácter salarial pueden consistir en la concesión a favor del trabajador de una **cantidad fija** de percepción periódica. Pero nada impide que la mejora salarial presente una cuantía **variable** (TSJ Cataluña 14-3-01, EDJ 5837).
Asimismo, la condición más beneficiosa puede consistir en una mejora salarial en **metálico o** en una mejora salarial **en especie:** uso y disfrute de **vivienda** (TS 27-5-98, EDJ 7079), uso de **habitación** en el centro de trabajo (TSJ Burgos 16-3-98, EDJ 65126), o bonificaciones en el consumo de **energía eléctrica y agua** (TS 15-7-97, EDJ 5387; TSJ Navarra 12-4-00, EDJ 117379); uso de **vehículo** de la empresa para fines laborales y particulares (TSJ País Vasco 19-12-00, EDJ 117474); la **cesta de Navidad** (TS 19-11-19, EDJ 752733; 4-2-21, EDJ 505609), incluso en relación con el personal jubilado y antiguos empleados (TS 8-6-15, EDJ 122743); la **lotería de navidad** (TS 7-7-21, EDJ 647626); o la concesión de una **tarjeta de descuento** en la compra de productos comercializados por la empresa que, aunque no constituye salario en estrictos términos jurídicos, sí puede considerarse incluido en el sistema de remuneración (TS 9-4-01, EDJ 16048).
4) Al incorporarse la condición al nexo contractual constituye un derecho adquirido, por lo que en caso de **subrogación empresarial** no puede la empresa entrante suprimir ninguno de los conceptos salariales que venían percibiendo los trabajadores, como una condición más beneficiosa reconocida por la anterior empresa, que la nueva adjudicataria debe respetar (TSJ Asturias 3-5-16, EDJ 66849). Igualmente en caso de **fusión de empresas** (TS 21-4-16, EDJ 78241).
5) El TS considera que el abono de dietas al margen del convenio es una condición más beneficiosa que se ha incorporado a los derechos de los trabajadores, sin que la **naturaleza pública del empleador** impida la existencia de la condición más beneficiosa (TS 3-2-16, EDJ 15824).

Límites (Const art.14; ET art.17.1 -redacc L 4/2023- y 26.4) Las condiciones más beneficiosas no pueden ser contrarias a las **normas de derecho imperativo**. De esta forma, es nula la condición más beneficiosa conforme a la cual el empresario asume las **cargas fiscales o de Seguridad Social** del trabajador. **4938**
La **prohibición de discriminación** opera también como límite a la condición más beneficiosa. Esta prohibición impide diferenciar entre los trabajadores estableciendo condiciones más beneficiosas a favor de algunos trabajadores y no de otros en atención a alguno de los criterios fijados en la Constitución o el Estatuto. Sin embargo, la prohibición de discriminación no impone, en el ámbito de las relaciones laborales, una igualdad de trato en sentido absoluto. En este

ámbito, el principio de la **autonomía de la voluntad** deja un margen en el que el acuerdo privado o la decisión unilateral del empresario, en ejercicio de sus poderes de organización de la empresa, puede libremente disponer la retribución del trabajador, respetando los mínimos legales o convencionales. En la medida, pues, en que la mejora salarial no tenga un significado discriminatorio por incidir en alguna de las causas prohibidas, no puede considerarse como vulneradora del principio de igualdad (TCo 2/1998; 34/1984). La jurisprudencia del Tribunal Supremo ha mantenido esta doctrina y, conforme a ella, ha admitido **desigualdades de trato** en la concesión de condiciones más beneficiosas siempre que las mismas no resulten discriminatorias y estén justificadas conforme a criterios razonables.
Ver principio de igualdad y no discriminación nº 4550.

Precisiones 1) Son contrarias a la prohibición de **discriminación** las condiciones más beneficiosas reservadas a ciertos trabajadores **en razón de la edad** (TS 30-12-98, EDJ 30732); así como cuando un colectivo de varones percibe un complemento que no percibe el colectivo de mujeres (TSJ Galicia 21-12-12, EDJ 322633).
2) No es discriminatorio reservar la condición más beneficiosa para los **trabajadores ya contratados** y denegarla para los trabajadores de nuevo ingreso (TS 28-2-94, EDJ 1801; 28-3-94, EDJ 2852; 10-2-95, EDJ 24552; 18-9-00, EDJ 27661; 10-10-06, EDJ 364935). Precisamente la diferencia de trato entre trabajadores contratados antes o después de una determinada fecha puede estar justificada en el respeto a una condición más beneficiosa otorgada al personal contratado con anterioridad consistente en una compensación económica que mejoraba el régimen convencional aplicable (TS 19-10-03, EDJ 187310).

4940 **Modificación** El carácter intangible de las condiciones más beneficiosas determina que, desde el momento que integran el contenido del contrato de trabajo, deban ser respetadas por el empresario de modo que este no puede, unilateralmente, modificar su contenido o decidir su supresión (TS 26-7-10, EDJ 185138; 28-10-10, EDJ 251955).
Su alteración o eliminación sólo puede producirse por alguno de los siguientes **mecanismos:**
1. Por **acuerdo** entre empresario y trabajador en el que se suprima, modifique o sustituya la condición más beneficiosa.
2. A través del procedimiento de **modificación sustancial** de las condiciones de trabajo previsto (nº 9250).
3. A través de su neutralización por aplicación de la **compensación y absorción** (nº 4945 s.).
4. Excepcionalmente, se admite la supresión de las condiciones más beneficiosas por aplicación de la **cláusula rebus sic stantibus** (mientras continúen así las cosas). Esta cláusula opera en el ámbito de la relación laboral como excepción al principio pacta sunt servanda (obligación de cumplir los pactos). Permite la modificación o supresión de cualquier acuerdo o pacto contractual cuando acontecimientos posteriores e imprevisibles determinen que el mantenimiento del acuerdo en sus iniciales términos resulte excesivamente oneroso para una de las partes. La alteración de las condiciones iniciales que legitima la modificación o supresión del pacto opera también el ámbito de las condiciones más beneficiosas en la medida en que estas se incorporan al contrato de trabajo. De esta forma, se permite la supresión de la mejora concedida por el empresario si concurren las circunstancias excepcionales mencionadas (TS 4-7-94, EDJ 11899). No obstante, esta cláusula, como justificación de la extinción o supresión de la condición más beneficiosa debe interpretarse de forma restrictiva (TS 11-3-98, EDJ 1045; 16-4-99, EDJ 9122).
La acción para impugnar la supresión de una condición más beneficiosa está sujeta al **plazo de prescripción** de un año computable desde la decisión empresarial. La falta de impugnación hace que la condición más beneficiosa se considere suprimida (TS 7-10-20, EDJ 690784).

Precisiones 1) La **permanencia continuada en el tiempo** (30 años) de la entrega del **boleto de Navidad** demuestra que no es un acto de mera liberalidad sino una condición más beneficiosa, cuya supresión unilateral es constitutiva de una modificación sustancial de condiciones de trabajo (TS 7-7-21, EDJ 547626).
2) Un plus salarial establecido en un **convenio extraestatutario** no es una condición más beneficiosa que trascienda la vigencia de dicho pacto, por lo que es posible la modificación empresarial de su contenido una vez finalizada su vigencia y no supone modificación sustancial de las condiciones de trabajo (TS 29-3-16, EDJ 52161).
3) La empresa está obligada a adoptar las medidas precisas y adecuadas para que la retribución de **hombres y mujeres** que realizan en la empresa igual trabajo o trabajo de igual valor perciban igual retribución, pudiendo distribuir el importe del complemento abonado solo a los hombres como condición más beneficiosa entre toda la plantilla sin distinción de sexo (TSJ Galicia 21-12-12, EDJ 322633).

2. Compensación y absorción

No debe confundirse la compensación y absorción entre diferentes conceptos salariales cuando se produce un incremento de alguno de ellos, con la compensación de deudas entre empresario y trabajador (nº 4970). 4945

a. De salarios

(ET art.26.5; RD 152/2022 art.3)

La absorción y compensación es una **técnica neutralizadora** que opera cuando los salarios realmente abonados, en su conjunto y cómputo anual, sean más favorables para los trabajadores que los fijados en el orden normativo o convencional de referencia. 4950

En términos generales, las retribuciones de trabajo superiores a los mínimos establecidos, tanto en concepto de salario base como de sus complementos, pueden ser siempre compensadas o absorbidas. Solo se admite **excepción** cuando uno de los conceptos retributivos que intervienen en la operación sea inabsorbible por su propia naturaleza, cual ocurre cuando se trata de un complemento no salarial (nº 4642), o por expresa disposición de la norma legal o convencional que lo regula (TS 15-1-90, EDJ 211; 23-5-06, EDJ 84013) o así se deduzca del convenio (TS 26-4-96, EDJ 2077).

La **aplicación** de la regla legal de compensación y absorción de salarios se efectúa en los términos que se indica a continuación:

1. La absorción y compensación juega cuando se establece un **nuevo cuadro de retribuciones**, en virtud de un acto normativo o convencional, pues para poder operar necesita la existencia de dos situaciones que permitan la comparación (TS 26-12-89, EDJ 11747; 28-2-00, EDJ 5294). Opera, así, cuando se aprueba un nuevo SMI (nº 4506) o se produce la aplicación de un nuevo convenio colectivo que sustituye al anteriormente aplicado (TSJ País Vasco 19-1-16, EDJ 29168).

Por el contrario, **no opera** entre conceptos salariales previstos en la misma norma reguladora, ni tampoco cuando el incremento salarial depende de la aplicación de los propios mandatos del convenio colectivo o contrato individual (TS 9-7-01, EDJ 27619). Tampoco puede procederse a la compensación y absorción con los incrementos previstos en el convenio colectivo cuando el mismo convenio reconoce como condición más beneficiosa las condiciones salariales superiores que los trabajadores viniesen percibiendo (TS 27-12-07, EDJ 274877).

2. La comparación entre los salarios realmente abonados y los fijados en el nuevo orden normativo o convencional de referencia debe efectuarse tomando en consideración el **salario en su conjunto y en cómputo anual.**

Ello significa que deben calcularse las cantidades a que tendría derecho el trabajador por todos los conceptos a lo largo de un año según una y otra norma reguladora, siendo aplicable la superior. No cabe, pues, aplicar la compensación y absorción sobre partidas salariales que se refieran a períodos de tiempo inferiores a un año. El complemento debe mantenerse en la medida en que **en cómputo global** de conceptos homogéneos resulte superior a las condiciones retributivas establecidas en el nuevo convenio (TS 12-5-08, EDJ 111743).

3. Sólo puede llevarse a cabo respecto de **conceptos** que obedezcan a la misma razón de ser u **homogéneos**, y por lo tanto no puede serlo entre el salario base y complementos o entre complementos de distinta naturaleza (TS 12-4-11, EDJ 60896).

Precisiones **1)** El **cambio de convenio colectivo** que determina la aplicación de un nuevo régimen retributivo permite a la empresa compensar y absorber las cantidades que en cómputo global anual exceden de las que corresponden conforme al nuevo convenio colectivo (TSJ Madrid 26-2-97, EDJ 57250). De la misma forma, la **sucesión empresarial,** cuando supone la aplicación de un nuevo orden normativo, permite la aplicación de la compensación y la absorción (TS 15-1-97, EDJ 76). 4952

2) También existen situaciones comparables, a efectos de compensación y absorción, cuando la persona contratada mercantilmente como **autónomo pasa a ser trabajador** de la empresa respetando la retribución inicialmente pactada y esta es superior a la prevista en el convenio colectivo aplicable (TS 1-4-96, EDJ 2147; 3-5-96, EDJ 2407; 22-7-96, EDJ 6295).

3) Cuando la condición más beneficiosa ha sido reconocida en **sentencia dictada en un proceso de conflicto colectivo,** la mejora no se incorpora al contenido del convenio de modo que es posible aplicar las técnicas de compensación y absorción para neutralizar la condición más beneficiosa con los incrementos salariales previstos en convenio (TSJ Cataluña 10-3-00, EDJ 11848).

4) No es posible descontar de un concepto salarial (comisiones) las cantidades correspondientes a otro concepto distinto (plus de convenio) cuando uno y otro se hallan regulados en el **mismo convenio o pacto** colectivo, salvo que el propio convenio o pacto prevea expresamente la posibilidad de esa compensación (TS 10-11-98, EDJ 25262). Tampoco cabe neutralizar el incremento salarial derivado de un ascenso reduciendo la cuantía del complemento de actividad cuando ambas partidas salariales están reguladas en el mismo convenio colectivo (TS 18-9-01, EDJ 35726).

4954 **Exigencia de homogeneidad** Se exige, para que opere la compensación y absorción, que exista homogeneidad entre los conceptos retributivos que se pretenden compensar o absorber (TS 15-1-97, EDJ 76; 20-5-02, EDJ 26587).

Los **tribunales** han señalado cuándo existe o no homogeneidad, operando o no la absorción y compensación. No obstante, se admite la posibilidad de la compensación y absorción entre conceptos salariales **no homogéneos**, sin que ello constituya una renuncia de derechos, cuando así se pacte entre empresario y trabajador (TS 29-9-08, EDJ 197293; 12-5-17, EDJ 88835) o cuando lo autorice el convenio colectivo (TS 15-9-09, EDJ 245800; 21-10-09, EDJ 276094; 8-5-15, EDJ 105768; 10-1-17, EDJ 11097; 5-4-17, EDJ 58472; 12-6-18, EDJ 518118; 6-3-19, EDJ 544279).

La homogeneidad que se exige para permitir la compensación debe entenderse como la inclusión de ambos conceptos -la cantidad que se pretende compensar y la partida que actúa como elemento compensador- en **el mismo grupo de complementos salariales** o en el propio salario base (TS 11-5-22, EDJ 588435).

4956 **Conceptos homogéneos** Se ha considerado que existe homogeneidad entre:

1. El **complemento de antigüedad** y el **salario base** porque el primero, aunque reviste carácter personal, se halla vinculado con el salario base y no con las características o el volumen del trabajo realizado. Por ello, el incremento del complemento de antigüedad previsto en el convenio queda neutralizado con las cantidades superiores que percibe el trabajador en concepto de salario base por unidad de tiempo y complemento de antigüedad (TS 18-7-96, EDJ 5158; TSJ Cataluña 10-3-00, EDJ 11848) o, de la misma forma, el complemento de antigüedad que se abonaba a los trabajadores se compensa con el mayor salario que resulta del nuevo convenio aplicable tras la integración de los trabajadores en una nueva empresa (TSJ Galicia 12-5-00, EDJ 117221). El complemento personal de antigüedad también es compensable con una **mejora voluntaria** prevista en el convenio, dado que ambos tienen la consideración de complementos personales (TS 25-1-17, EDJ 11102; 24-1-23, EDJ 519761).

2. El importe de las **pagas extraordinarias** previstas en convenio colectivo y la retribución que percibe el trabajador cuando esta es mayor que la que establece el convenio colectivo para su categoría profesional (TS 1-4-96, EDJ 2147; 22-7-96, EDJ 6295; 4-10-96, EDJ 6656).

3. Dos complementos salariales denominados aumento voluntario y complemento personal voluntario, reconocidos como mejora voluntaria a los trabajadores e incorporados a su contrato como **condición más beneficiosa**, y la **paga de beneficios** prevista en el convenio colectivo cuando dicha paga es una percepción no ligada a la mayor productividad o rendimiento (TS 9-12-99, EDJ 43436).

4. El salario correspondiente por la realización de **trabajos de superior categoría** se compensa y absorbe con un plus de programa que retribuye precisamente la realización de tareas correspondientes a dicha categoría superior (TSJ Madrid 26-5-99, EDJ 84282); así como con un complemento personal que se abona en relación a la mayor responsabilidad asumida (TSJ Cataluña 21-1-13, EDJ 21873); o con el **mayor salario** percibido por el trabajador (TS 28-2-00, EDJ 5294).

5. El incremento salarial previsto en convenio colectivo con un **complemento concedido voluntariamente** por la empresa a sus trabajadores cuando ese complemento no remunera especiales condiciones de trabajo, ni mayor cantidad o calidad de trabajo, ni está ligado a la productividad o al rendimiento, siendo una percepción que abona la empresa sin exigir una contraprestación especial (TSJ Cataluña 15-4-03, EDJ 266011; 22-10-12, EDJ 264607).

4958 Precisiones A pesar de que, por su denominación, pueden ser considerados conceptos no homogéneos por estar fijados por **unidad de tiempo** y en función de la **cantidad y calidad de trabajo**, se considera que son compensables o absorbibles:

1) Las pagas de **participación en beneficios** previstas en convenio cuando consisten en una **cantidad fija** que se percibe periódicamente; su importe se compensa y absorbe con la retribución que percibe el trabajador cuando esta es mayor que la que prevé el convenio colectivo para su categoría profesional. En estos casos, la paga de beneficios constituye una percepción de convenio no ligada a la mayor productividad o rendimiento y, por tanto, es compensable con el mayor salario que perciba el trabajador (TS 15-1-97, EDJ 76).

2) De la misma forma, un concepto salarial denominado **incentivo** cuya cuantía no se determina por criterios objetivos medidores del mayor o menor trabajo sino por una cuantía fija y de periodicidad determinada puede neutralizarse con el mayor salario percibido por el trabajador (TSJ Cataluña 1-2-99, EDJ 6989). También puede compensarse el incremento salarial pactado en el convenio con un complemento de incentivos que se cobra en tres pagos extraordinarios, lo que revela que su percibo no está condicionado a las características del trabajo ni al volumen o calidad del mismo, al ser una cantidad fija (TSJ Asturias 21-1-00, EDJ 2649) o un plus de incentivos que presenta una cuantía fija y periodicidad mensual (TSJ Navarra 28-1-00, EDJ 31175).

3) Es también compensable un **plus indirecto** percibido por todos los trabajadores de la plantilla, al margen de la calidad del trabajo desarrollado, que se cobra también en las pagas extraordinarias y cuyo percibo no está condicionado a las características del trabajo realizado ni tampoco al volumen o calidad del mismo, con los incrementos retributivos establecidos en las sucesivas normas pactadas (TSJ Cataluña 16-2-99, EDJ 84145). En definitiva, se ha señalado que la compensación y absorción de los incrementos salariales aplicables opera con cualesquiera conceptos remuneratorios que consistan en cantidades fijas percibidas mensualmente (TSJ Sta. Cruz de Tenerife 6-5-99, EDJ 17915).

4) La subida del Salario Mínimo Interprofesional se puede compensar con el **plus transporte y plus de vestuario** cuando estos tengan naturaleza salarial (AN 18-2-20, EDJ 513070).

Conceptos no homogéneos No cabe la compensación y absorción por no ser conceptos homogéneos entre: **4960**

1. Complementos de **puesto de trabajo y otras partidas salariales**: no cabe compensar y absorber un complemento de puesto de trabajo con el incremento del salario base (TS 14-4-10, EDJ 84378); ni un complemento específico, que tiene por finalidad retribuir condiciones particulares de algunos puestos de trabajo, en atención a su especial dificultad, responsabilidad, incompatibilidad y otros factores, con el complemento de convenio y el plus de modernización previsto en el convenio (TSJ Granada 9-2-00, EDJ 7427).

Además, aunque con carácter general no se admite la compensación de los complementos vinculados a las particulares condiciones de trabajo, cuando el **plus de toxicidad o penosidad** se abona a quienes pertenecen a una determinada categoría, con independencia de las circunstancias concretas en que desarrollen su trabajo, se trata de un plus ordinario, que retribuye el trabajo ordinario realizado por una determinada categoría de trabajadores y no las especiales características penosas, tóxicas o peligrosas en las que el trabajo pueda realizarse (TS 14-5-20, EDJ 570674).

2. La condición más beneficiosa consistente en una mayor duración de las **vacaciones** e incrementos salariales previstos en posteriores normas legales o pactadas: la duración de las vacaciones o de la **jornada** y el salario no son conceptos homogéneos (TS 21-5-90, EDJ 5345);

3. La retribución correspondiente por **exceso de jornada** con un complemento personal: si el trabajador excede su jornada laboral tiene derecho a percibir la retribución correspondiente por el exceso de horas trabajadas sin que pueda aplicarse la compensación (TSJ Aragón 2-11-99, EDJ 45721).

4. El complemento de **antigüedad** y otro cuya naturaleza aparece vinculada a la **mayor productividad o rendimiento**: no cabe neutralizar el incremento del complemento de antigüedad con la disminución equivalente de dicho complemento (TS 26-3-04, EDJ 31852).

5. Las cantidades abonadas por la empresa en concepto de **kilometraje y los tipos de interés** reconocidos a favor de los empleados porque tales percepciones en nada se asemejan, devienen de situaciones diferentes y son por ello heterogéneas (TS 18-1-95, EDJ 24515).

6. Tampoco cabe la compensación y absorción entre **conceptos salariales y extrasalariales:**

- una percepción extrasalarial como la indemnización por quebranto de moneda y un complemento salarial de puesto de trabajo (TS 15-10-92, EDJ 10056);
- las cantidades abonadas en concepto de complemento de residencia previsto para quienes prestan servicios en territorio extrapeninsular y una mejora salarial que retribuye a la generalidad de los trabajadores (TS 30-9-10, EDJ 241860);
- el plus de transporte y las diferencias por cambio de convenio (TS 17-1-13, EDJ 41025);
- el plus de transporte y vestuario -pluses extrasalariales- con el incremento de la cuantía del SMI (TS 9-12-20, EDJ 745433).

En cualquier caso, debe tenerse en cuenta que los complementos extrasalariales son **inabsorbibles** por su propia naturaleza (nº 4642). Pero las **partes negociadoras del nuevo convenio** colectivo sí **pueden acordar** alterar la estructura salarial y suprimir el plus transporte y el plus de vestuario, calificados hasta entonces como conceptos **extrasalariales**, e incorporar su importe al salario base para compensar el incremento del SMI, si el trabajador mantiene el sumatorio final que, hasta ese momento, representaba el anterior salario base y los desaparecidos pluses. Con la supresión de los citados pluses, no existe ya una heterogeneidad excluyente de la compensación y absorción (TS 8-6-21, EDJ 602233; 7-3-22, EDJ 521427).

7. Conceptos salariales fijados por **unidad de tiempo y** conceptos salariales fijados en función de la **cantidad y calidad de trabajo** en cuanto estos remuneran un determinado o mayor esfuerzo o dedicación del trabajador (TS 10-6-94, EDJ 5278). Así, no lo son el incremento previsto en convenio colectivo para el sueldo convenio con el complemento que percibe el trabajador por la mayor actividad realizada (TS 10-6-94, EDJ 5278), o con un plus que se percibe en función de la recaudación de la empresa (TSJ Extremadura 5-4-99, EDJ 12826), o con un **plus de penosidad** (TS 21-1-08, EDJ 41762; 6-10-08, EDJ 272944; 4-2-09, EDJ 16998). Tampoco las comisiones con el salario base ni con la paga de beneficios (TS 27-2-09, EDJ 32342; TSJ Málaga 17-3-16, EDJ 77171; TSJ Cataluña 29-1-16, EDJ 28559). No obstante, aún admitiendo que en estos casos no se trate de conceptos homogéneos, pues, en principio, no parecen serlo las retribuciones abonadas por unidad de tiempo y las comisiones por ventas, sin embargo, pese

a ello, el acuerdo expreso en tal sentido entre las partes permite la compensación y absorción, sin que dicho acuerdo vulnere el principio de indisponibilidad, de modo que solo si el concepto salarial que se pretende compensar o absorber estuviera diseñado en el convenio colectivo aplicable como no compensable ni absorbible, sería nula dicha cláusula contractual (TS 29-9-08, EDJ 197293).
8. Un **plus personal** de origen desconocido y la retribución de **horas extraordinarias o nocturnas** (TS 6-3-07, EDJ 25459).
9. Complementos *ad personam* fruto de una reorganización empresarial y la **bolsa de vacaciones** (TS 18-1-06, EDJ 12104); ni con los complementos salariales de productividad, puesto de trabajo y producción (TS 12-4-11, EDJ 60896).

4962 Precisiones El salario base y los complementos salariales que el empresario está obligado a abonar por disposición expresa del convenio colectivo no son compensables ni absorbibles con un **complemento personal** convenido cuya naturaleza jurídica es claramente la de una condición más beneficiosa que, en cuanto tal, es precisamente inmune al juego de la compensación y la absorción (TSJ Asturias 23-2-16, EDJ 18144).

b. De deudas

(CC art.1195 y 1196)

4970 No debe confundirse la compensación y absorción (nº 4950) con la compensación de deudas entre **empresario y trabajador**.
La compensación de deudas es posible siempre que la deuda cumpla los requisitos de ser **vencida, líquida y exigible** (TS 14-12-96, EDJ 9528), no operando la compensación en caso contrario (TSJ Cataluña 11-12-95, EDJ 8946; TSJ Madrid 6-6-07, EDJ 132732). Asimismo, debe respetar las cuantías correspondientes al **SMI** por su carácter inembargable (nº 4504).
Su articulación procesal puede producirse por la vía de la excepción o de la reconvención (TS 17-9-04, EDJ 152819; TSJ Galicia 17-2-14, EDJ 5918); pudiendo plantearse la **excepción** si la empresa no solicita la condena del trabajador al pago de cantidad alguna, sino que se limita a interesar su propia absolución, por extinción de la deuda, con lo cual no es necesario un anuncio previo en conciliación ni la utilización del cauce de la reconvención (TSJ Sevilla 9-5-13, EDJ 302725); en cambio, mediante la **reconvención** el demandado no se limita a pedir no ser condenado, sino que, pasando de la defensa al ataque, solicita la condena del actor principal (TSJ Sevilla 9-5-13, EDJ 302725). Parece más adecuado para la compensación judicial la reconvención, mientras que la compensación legal puede conducirse por la vía de excepción (TSJ País Vasco 12-7-94, EDJ 5952). Nunca se puede alegar la compensación en fase de **ejecución de sentencia** (TSJ Cataluña 26-10-00, EDJ 43279).

Precisiones **1)** Cuando la empresa ha sufrido error en las **retenciones del IRPF** de sus trabajadores, no puede proceder a compensar en sus nóminas las cantidades que estima adeudadas ya que el obligado tributario es el trabajador y la entidad acreedora la Hacienda Pública y el enriquecimiento de haber existido determinaría el nacimiento de un derecho al cobro, no por la empresa, sino por la administración, verdadera acreedora del trabajador (TSJ Burgos 14-12-06, EDJ 377694; 11-1-07, EDJ 10853).
2) La empresa no puede llevar a cabo una compensación de las **cantidades indebidamente abonadas**, cuando no media aceptación por el trabajador por tratarse de cantidades controvertidas, no líquidas o exigibles. En tal supuesto, debe interponer demanda ante la jurisdicción social para resarcirse de lo indebidamente pagado (TS 21-10-05, EDJ 207393; 25-1-12, EDJ 15947).

3. Revisión salarial

4975 Los convenios colectivos pueden incorporar las denominadas cláusulas de revisión salarial, también denominadas de **garantía salarial**, cuya finalidad es garantizar el mantenimiento del poder adquisitivo de los trabajadores.
Tradicionalmente, la fórmula más habitual de proceder a la revisión salarial consistía en vincular el incremento de los salarios a las variaciones experimentadas por el **Índice de Precios al Consumo (IPC)**.
No obstante, la crisis económica contribuyó a la desintegración del modelo clásico de revisión salarial ligado al IPC. Así lo muestra el progresivo descenso que ha venido sufriendo el porcentaje de trabajadores cubiertos por este tipo de cláusulas en los convenios colectivos, así como el establecimiento de **nuevas alternativas** para la indexación salarial más cercanas a la realidad y evolución de los negocios: inflación subyacente, crecimiento del PIB, beneficio neto, EBITDA o margen de explotación. Entre ellas, destacan las previstas en el V Acuerdo para el Empleo y la Negociación Colectiva (nº 4979).

Índice de precios al consumo Habitualmente, para determinar la variación del coste de la vida de un año a otro se tiene en cuenta el concepto de **inflación**, que se define como el incremento experimentado por los precios en un período determinado de tiempo, normalmente en términos interanuales, y que tiene como indicador de referencia habitualmente el Índice de Precios al Consumo (IPC). Así, a la hora de pactar el incremento salarial, las empresas suelen tener en cuenta la inflación prevista a comienzos del año permitiendo la cláusula de revisión actualizar a final de año su cuantía en función del IPC realmente alcanzado. Se posibilita así la actualización periódica de los salarios y su adecuación al valor de los precios sin necesidad de esperar a la negociación de un nuevo convenio colectivo. Normalmente, la revisión se pacta a partir del IPC del ámbito estatal. No obstante, algunos convenios colectivos se remiten al IPC de la Comunidad Autónoma o, de entre ambos, a aquel que resulte más beneficioso. 4977

Las revisiones salariales suelen efectuarse a partir del momento en que el Instituto Nacional de Estadística constata oficialmente el IPC real. En la mayoría de los casos, los convenios establecen que la diferencia entre el IPC previsto y el real determina el derecho de los trabajadores a percibir el **incremento diferencial** con carácter retroactivo desde primeros del año para el que se previó.

En cuanto al **procedimiento de pago** de las cantidades adeudadas tras la revisión salarial, es habitual que se disponga el abono de dicha diferencia en una paga única, concediéndose a las empresas un plazo de 3 meses a partir del 1 de enero de cada año para su pago.

Asimismo, las cláusulas de revisión salarial suelen prever que las diferencias entre IPC previsto e IPC real deben ser tomadas en cuenta para calcular los **incrementos salariales** para periodos **posteriores**.

Normalmente, la revisión salarial **se aplica** a todos los componentes que integran el salario. Sin embargo, es cada vez más habitual excluir del incremento y de la revisión salarial el complemento de antigüedad. Dicha exclusión constituye una clara manifestación de la tendencia a la desaparición de este complemento o de su sustitución por otros complementos salariales.

Precisiones 1) El concepto de **IPC previsto** ha de equipararse al parámetro utilizado en las Leyes de Presupuestos Generales del Estado en las que, si bien no hay declaración formal, se pone en evidencia una previsión en relación a la revalorización de las pensiones públicas (TS 22-6-10, EDJ 185106; 15-4-11, EDJ 71731).

2) Respecto de las **diferencias entre el IPC previsto y el pactado** se ha señalado que:

a. Las cláusulas de revisión salarial deben **interpretarse en sus propios términos**, de modo que si el convenio se limita a establecer un incremento salarial equivalente al **IPC previsto** para cada año no cabe reconocer el derecho de los trabajadores a la diferencia retributiva por la desviación del IPC real respecto del IPC previsto (TSJ Galicia 15-9-00, EDJ 40979). En contra (TSJ Cantabria 9-4-01, EDJ 103225). La interpretación y aplicación de las cláusulas de revisión salarial corresponde a la **Comisión paritaria** del convenio, pero las funciones de esta no pueden alcanzar a la fijación de criterios que modifiquen el contenido de la cláusula de revisión. Esta última función, que implica una innovación normativa, está reservada a la Comisión negociadora del convenio (TS 8-2-95, EDJ 24538).

b. Debe rechazarse una interpretación conforme a la cual la cláusula de revisión puede aplicarse tanto en caso de que el **IPC real fuera inferior al previsto** como si fuera superior porque (TS 24-3-10, EDJ 71359; 12-5-10, EDJ 185107; 18-5-10, EDJ 201557):

- estamos ante una cláusula de garantía salarial que, como tal, necesariamente tiene por objeto asegurar como mínimo la percepción de unos salarios anteriormente pactados, y no otros inferiores;
- esa garantía se halla en relación necesaria con la previsión que sólo contempla la garantía sobre el incremento previsto y no sobre el real, pues ambos apartados se encuentran cubiertos por la rúbrica de la garantía;
- y en este contexto, la previsión por desviación y la regularización recogida en el convenio sólo puede estimarse producida por una desviación al alza del IPC real sobre el previsto y no al revés.

c. Para que se pudiera aceptar una **revisión a la baja** habría de haberse pactado expresamente (TS 14-12-10, EDJ 303031; 24-3-11, EDJ 79321; 21-2-12, EDJ 49667); como cuando se recoge que el IPC previsto se regularizará con carácter retroactivo desde primero de año una vez publicado, y, además, que las actualizaciones futuras deben hacerse con arreglo al IPC real (TS 22-5-13, EDJ 89768).

d. Se ha descartado la posibilidad de que se obligue a los trabajadores a **reembolsar a la empresa** el exceso de los incrementos percibidos, ni que se compense con incrementos de IPC futuros (TS 27-9-10, EDJ 233448; 28-11-11, EDJ 312146). Sin embargo, sí es posible prever por convenio colectivo la compensación o descuento de esas cantidades a cuenta de futuras subidas salariales (TS 25-2-10, EDJ 26515; 30-4-12, EDJ 103661).

4979 **V Acuerdo para el empleo y la negociación colectiva** (DGTr Resol 19-5-23) El V Acuerdo para el Empleo y la Negociación Colectiva para los años 2023, 2024 y 2025 prevé, para cada uno de los años de vigencia, los siguientes **incrementos salariales**:
- para **2023**: 4%; con previsión de incremento adicional máximo del 1%, con efecto de 1-1-2024, en caso de que el IPC interanual de diciembre de 2023 sea superior a 4%.
- para **2024**: 3% sobre el resultado del incremento del párrafo anterior. Recoge una previsión de incremento adicional máximo del 1%, con efecto de 1-1-2025, en caso de que el IPC interanual de diciembre de 2024 sea superior a 3%.
- para **2025**: 3% sobre el resultado del incremento del párrafo anterior. Recoge una previsión de incremento adicional máximo del 1%, con efecto de 1-1-2026, en caso de que el IPC interanual de diciembre de 2025 sea superior a 3%.

V. Liquidación y pago

4985

4987 Se analizan, a continuación, el momento, lugar y forma de abono del salario, así como su documentación, sin olvidar la posibilidad de solicitar adelantos tanto del trabajo ya realizado, pero aún no remunerado, como sobre el trabajo futuro, que pueden ser considerados como préstamos.

A. Momento y lugar

(OIT Conv 117 art.11; LISOS art. 8.1 y 40)

4995 La liquidación y el pago del salario deben hacerse **puntual y documentadamente** en la fecha y lugar convenidos o conforme a los usos y costumbres.
El **período de tiempo** a que se refiere el abono de las retribuciones periódicas regulares no puede exceder de un mes. La periodicidad en el abono del salario ha de ser mensual o inferior sin perjuicio, por supuesto, de que existan retribuciones periódicas y regulares de periodicidad superior, como ocurre con las pagas extraordinarias. Si se trata de **comisiones** el derecho a su percibo nace en el momento de realizarse y pagarse el negocio, colocación o venta en que haya intervenido el trabajador, y se liquida y paga, salvo pacto en contrario, al finalizar el año.
El pago del salario se ha de efectuar dentro de la **jornada laboral** o inmediatamente después y en el lugar de trabajo. No puede verificarse el pago en días de descanso ni en tabernas, bares, cantinas o lugares de recreo, salvo que se trate de trabajadores de estos establecimientos.
En caso de **nulidad de un contrato**, salvo que fuese por voluntad maliciosa del trabajador, se ha de abonar la remuneración de un contrato válido.

4997 **Precisiones** 1) Se ha entendido que en los casos de contratos temporales inferiores a 30 días, la liquidación puede ser calculada en función del **salario hora** (TS 29-1-98, EDJ 684).
2) Si bien las partes pueden **pactar** la no aplicación de estas reglas de pago del salario y decidir el **fraccionamiento del pago**, ello no puede suponer que el empresario deje de abonar el salario devengado. Se plantea un supuesto en que las partes habían pactado el abono fraccionado a lo largo de varios años de una cantidad liquidada y consolidada, habiéndose acordado el cese del trabajador antes de que se efectuara el abono íntegro de dicha cantidad. El Tribunal considera que, al margen de la validez o nulidad del pacto, el empresario no puede exonerarse del pago de aquella cantidad liquidada y consolidada en su momento cuando la no permanencia del trabajador en la empresa se debió a un ilícito laboral del mismo calificado de despido improcedente por sentencia judicial firme (TS 15-2-06, EDJ 24944).

1. Retrasos

El pago ha de ser puntual. El retraso reiterado en el abono del salario constituye una **infracción administrativa** muy grave sancionable con multa de 7.501 € a 225.018 €. 5005
Además, tiene las siguientes **consecuencias**: el trabajador puede reclamarlo judicialmente (nº 5007) y, en su caso, reclamar asimismo un incremento de la deuda por mora (nº 5009); si el incumplimiento es grave, el trabajador también puede solicitar la resolución del contrato con derecho a indemnización (nº 5013).

Reclamación judicial de los salarios adeudados (ET art.59) La **acción** para reclamar ante la jurisdicción social el abono de los salarios devengados prescribe al año. Se computa desde el día en que la acción puede ejercitarse. El **día inicial** del cómputo de la prescripción para reclamaciones salariales es aquel en que se pudieron reclamar, esto es al vencimiento de cada devengo o el día de abono de la paga extraordinaria (TS 6-4-17, EDJ 49765). 5007
El trabajador puede reclamar el abono de salarios a través del **proceso ordinario** (LRJS art.76 a 100) o del **proceso monitorio** si la cuantía de la deuda no excede de 15.000 €. (LRJS art.101 redacc RDL 6/2023).

Precisiones **1)** El **plazo** de un año para la reclamación salarial empieza a computarse a partir del día en que los salarios debieron percibirse o se percibieron en inferior cuantía (TS 25-5-92, EDJ 5238; 26-7-94, EDJ 12235; 29-9-94, EDJ 24222). Comienza cada vez que se produce un impago (TSJ Granada 17-2-00, EDJ 117232). Dicho plazo **se interrumpe** por la presentación de la papeleta de conciliación ante el SMAC y vuelve a iniciarse de nuevo el plazo prescriptivo a partir del día siguiente de la celebración de la conciliación, si a la misma asiste el reclamante (TSJ Sta. Cruz de Tenerife 31-3-00, EDJ 117410).
2) La circunstancia de que existan **anteriores reclamaciones** pendientes de resolución judicial no interrumpe el plazo de prescripción de las que, aún con el mismo origen, corresponden a periodos posteriores (TS 5-6-92, EDJ 5810; 20-1-96, EDJ 213).
3) No interrumpe la prescripción una **denuncia ante la Inspección** de Trabajo siendo necesario, a esos efectos, una reclamación frente a la empresa (TSJ País Vasco 19-10-04, EDJ 212412).
4) La empresa puede reclamar **percepciones indebidamente satisfechas al trabajador** hasta un año después de la fecha en que le abonó las cantidades indebidas. El plazo de prescripción para reclamar a un trabajador la cantidad indebidamente no retenida por IRPF se inicia el día en que la empresa hizo el ingreso del impuesto en la Hacienda Pública, al ser una acción de reembolso por pago del impuesto a cuenta de otro (TS 17-4-13, EDJ 55972; 15-3-11, EDJ 26093).

Interés por mora (ET art.29.3) El retraso en el pago del salario determina que la cuantía salarial adeudada se incremente con un interés por mora. Dicho interés es del 10% de lo adeudado. 5009
Como **regla general**, los créditos salariales han de ser compensados con el interés por mora sin tenerse en cuenta ni la posible razonabilidad de la oposición empresarial a su pago, ni que en los concretos periodos económicos el interés del 10% sea superior o inferior a la inflación (TS 17-6-14, EDJ 106575; 21-1-15, EDJ 26940). No obstante, los intereses moratorios no proceden en casos en los que la obligación de abono solo haya podido establecerse tras un complejo procedimiento (TS 29-4-13, EDJ 89749; 18-6-13, EDJ 136248; 14-11-14, EDJ 228381; 29-3-23, EDJ 545260).
El recargo por mora produce una **indemnización** en **proporción a la demora** habida en el pago de la misma, teniendo su dies a quo (comienzo) en la fecha en que tal deuda debió satisfacerse puntual y totalmente, y su dies ad quem (final) en la fecha de la sentencia que declara la positiva existencia de tal deuda principal (TSJ Madrid 30-11-99, EDJ 53082). La **determinación de la cuantía** del interés a pagar por el deudor moroso ha de hacerse en función del cómputo anual y, en todo caso, en proporción al tiempo de demora, que se contabiliza desde la fecha del devengo hasta la de la sentencia. Es decir, ha de calcularse dependiendo de la temporalidad o lapso de tiempo transcurrido, siendo del 10% anual, ya que no es equiparable a una multa sino a una indemnización por el retraso en el pago. Otra conclusión supondría primar a quien más se retrase (TS 9-2-90, EDJ 1314).
El interés por mora no opera ope legis, ya que tiene carácter retributivo y resarcitorio y está previsto exclusivamente para deudas de naturaleza salarial, siendo **necesaria su petición** por la parte interesada. En caso de **ausencia de su solicitud**, si la sentencia lo recoge, incurre en incongruencia extra petita, con el efecto, no de la nulidad de la sentencia, sino la tenencia por no puestos de los citados intereses (TSJ País Vasco 20-7-10, EDJ 256344). Y en supuestos de responsabilidad objetiva, se entiende que tal interés se devenga automáticamente cuando se declare la existencia de la deuda (TSJ Sevilla 28-1-16, EDJ 27213; 6-10-16, EDJ 215052).
Hay que diferenciar este recargo por retraso en el abono de los salarios del **recargo por retraso** en el **cumplimiento de sentencia** (LEC art.576).

La Administración califica de **ganancias de patrimonio** -y no como rendimiento de trabajo personal- los intereses abonados como consecuencia del retraso en el pago de salarios, ya consistan en el abono de una cantidad pactada ya en el interés fijado. El pago de estos intereses, al tratarse de una ganancia patrimonial, no está sometido a retención (DGT 13-3-01; 26-1-00). La **Administración** en cuanto empleadora viene sometida al derecho laboral, y dentro de él, al citado interés del 10% (TS 17-4-95, EDJ 2238; TSJ La Rioja 29-6-99, EDJ 14721).

5011 Precisiones Cuando el **único motivo de oposición** es el hecho de estar o no **prescrita la deuda,** pero no su cuantía, respecto de la cantidad no prescrita sí corresponden intereses por mora (TS 30-11-89, EDJ 10761). El Tribunal Supremo ha resuelto además que en caso de deudas líquidas y vencidas procede aplicar el interés de demora aunque en el proceso se haya planteado, por la vía de la reconvención, la compensación de deudas (TS 15-11-05, EDJ 230459).

5013 **Resolución del contrato a instancia del trabajador** (ET art. 50.1.b; LCon art.185) Entre los **derechos laborales básicos** del trabajador está la percepción puntual de la remuneración pactada o legalmente establecida. Consecuentemente, el impago del salario o el retraso en el abono del mismo es causa de extinción del contrato, con la obligación empresarial de abonar la **indemnización** correspondiente al supuesto de despido improcedente. Al margen de esta indemnización, deben abonarse los **salarios adeudados** incrementados con el recargo de mora correspondiente.

Los **requisitos** son los siguientes:

1. La deuda ha de ser **real y no controvertida** esto es, no han de existir discrepancias sobre su existencia o su cuantía, ha de estar vencida y ser exigible (TS 5-3-12, EDJ 65432).

2. El retraso en el abono del salario, entendido como falta de pago puntual, debe ser un **retraso grave**, lo que requiere reiteración y prolongación de modo que no resulta suficiente para resolver el contrato un retraso ocasional y aislado en el pago del salario o una mera impuntualidad (TS 24-3-92, EDJ 2870).

Ni la situación de **concurso** ni la acreditación de dificultades económicas impiden la extinción de los contratos por los retrasos graves en el abono de los salarios. Tampoco lo impide la existencia de un acuerdo alcanzado entre la empresa y los representantes de los trabajadores respecto del abono de salarios, al tratarse de un acuerdo posterior que no convalida la situación preexistente (TS 10-9-20, EDJ 662556).

Cuando la demanda individual de extinción por incumplimiento empresarial concurre con un **ERE concursal**, desde que se acuerde la iniciación del procedimiento previsto para el despido colectivo, los jueces del orden social deben **suspender la tramitación** de la totalidad de los procesos individuales posteriores a la solicitud del concurso, en los que se den las siguientes circunstancias de forma cumulativa:

1. Que se hubieran ejercitado contra el concursado acciones resolutorias individuales.

2. Que esas acciones tengan como fundamento las causas que determinan la extinción del contrato por voluntad del trabajador al amparo de la legislación laboral motivadas por la situación económica o de insolvencia del concursado.

3. Que estén pendientes de resolución firme.

Cabe distinguir tres **supuestos en función del momento de la presentación de las acciones** resolutorias individuales:

1. Anteriores a la solicitud de concurso: la tramitación continúa ante los juzgados de lo social.

2. Después de la solicitud de concurso: los procesos seguidos ante los juzgados de lo social en los que no haya recaído sentencia firme han de suspenderse hasta que se dicte resolución firme por el juez del concurso.

3. Posteriores al inicio del procedimiento de despido colectivo ante el juez del concurso: resulta discutible la competencia, pero aun siendo admitidas por los juzgados de lo social, procedería la suspensión de conformidad con la LCon art.185.

La suspensión de los procesos individuales **subsiste** hasta que adquiera firmeza el auto que ponga fin a dicho procedimiento.

El auto que acuerde el despido colectivo produce efectos de **cosa juzgada** sobre los procesos individuales suspendidos, que se archivarán sin más trámites.

5015 Precisiones 1) Conforme a reiterada doctrina judicial es preciso que el retraso sea **continuado y persistente** en el tiempo y debe atenderse también a la cuantía de lo adeudado (TS 25-1-99, EDJ 354). La **fecha límite** hasta la que deben haber acontecido los hechos relativos a las demoras o impagos, salvo supuestos de indefensión, puede extenderse hasta la propia fecha del juicio, tanto a efectos de constatar el alcance del denunciado incumplimiento empresarial y, en su caso, como de la posible concreción de la acción de reclamación de cantidad acumulada. Y los **pagos** efectuados **entre la demanda y el juicio** no pueden dejar sin efecto el dato objetivo de la existencia de un incumplimiento empresarial grave, pues el retraso continuado, reiterado o persistente existió (TS 25-2-13, EDJ 46874).

2) Se ha considerado **grave**:
- un retraso medio de 29 días durante un periodo prolongado (TS 25-1-99, EDJ 354);
- el retraso continuado y reiterado en el abono de las pagas extras (TS 28-9-98, EDJ 25337);
- la deuda de once meses de salario más dos pagas extraordinarias (TSJ Valladolid 20-2-06, EDJ 28121).

3) Por el contrario, **no** se ha considerado **grave:** el retraso en el pago de 3 mensualidades y de una paga extra (TSJ Asturias 22-3-13, EDJ 73252).

4) No es preciso, para considerar que el retraso o impago es grave y culpable, que exista **culpa empresarial** en el incumplimiento. Así, no justifica el incumplimiento, ni evita la resolución del contrato, la circunstancia de que el impago o retraso en el abono del salario se deba a las **dificultades económicas** que atraviesa la empresa (TS 24-3-92, EDJ 2870; 25-1-99, EDJ 354; 22-11-00, EDJ 112453; TSJ Valladolid 27-3-13, EDJ 73485). En estos supuestos, cuando el impago es generalizado debido a una situación de insolvencia en la empresa el **límite temporal** que marca la **gravedad** se sitúa en los 5 meses (TSJ Castilla y León 29-7-11, EDJ 194195).

5) No hay incumplimiento empresarial de la obligación de abonar el salario puntualmente cuando el retraso en el pago se fundamenta en un **acuerdo** entre empresario y representantes de los trabajadores (TSJ País Vasco 11-1-00, EDJ 28892; TSJ Castilla-La Mancha 25-2-13, EDJ 43046); o cuando el propio trabajador **ha consentido** tal retraso (TSJ Murcia 18-2-02, EDJ 13743).

6) Tampoco hay incumplimiento cuando el impago se debe a **discrepancias** en la propia existencia de la deuda o en su cuantía (TS 5-5-86, EDJ 2981; 6-5-91, EDJ 4661).

7) Si bien se suele requerir la **existencia de relación laboral** en la fecha de la celebración del juicio, también se permiten **excepciones** cuando se considera que concurren circunstancias excepcionales, como cuando el impago de salarios afecta a la subsistencia del trabajador que puede verse obligado a causar baja voluntaria en la empresa después de presentar la correspondiente demanda ante la oportunidad de conseguir otro trabajo (TSJ C.Valenciana 15-1-13, EDJ 38752).

2. Anticipos

(ET art.29.1)

El trabajador, y sus representantes legales con su autorización, tienen derecho a percibir, con antelación al momento señalado para el pago, anticipos a cuenta de lo **ya trabajado**. En puridad, esta posibilidad no constituye un anticipo sino el cobro del salario ya devengado antes de la fecha prevista para su abono. **5020**

Precisiones **1)** Los **convenios colectivos** recogen la posibilidad de anticipos. Como ejemplo, la posibilidad de que los trabajadores soliciten anticipos de su retribución del mes en curso con un tope equivalente al 90% de una mensualidad ordinaria (CCol Agencia EFE, S.A. art.71 DGTr Resol 1-10-10, BOE 15-10-10). O bien se recoge que los trabajadores podrán solicitar anticipos sobre sus retribuciones ya devengadas hasta el 100% del importe de los conceptos fijos de las mismas y que hayan sido obtenidos en las horas ordinarias de trabajo y antes de que llegue el día señalado para el pago (CCol Bridgestone Hispania, S.A. (delegaciones) art.98 Resol 11-1-17, BOE 26-1-17). En ocasiones, el derecho a percibir anticipos alcanza a hacerlo a cuenta de salarios futuros (TS 5-6-95, EDJ 24689). Y pueden establecer también anticipos a cuenta de la revisión salarial del convenio (TS 7-7-99, EDJ 22430).

2) Es improcedente la solicitud de anticipos a cargo de retribuciones de **periodicidad superior al mes** (TS 6-5-94, EDJ 4056), salvo que el convenio expresamente prevea esta posibilidad, en cuyo caso puede limitar el anticipo a la parte total o parcial ya devengada de las pagas extraordinarias (CCol Agencia EFE, S.A. art.71 DGTr Resol 1-10-10, BOE 15-10-10).

3) Por convenio colectivo puede establecerse también el derecho de los **familiares** del trabajador a percibir los anticipos con la autorización del trabajador (CCol Finanzauto, S.A. art.171 DGTr Resol 22-4-22, BOE 5-5-22).

4) En ocasiones se exige el cumplimiento de algún requisito por el trabajador para tener derecho al anticipo y se condiciona su concesión a la acreditación de determinadas **necesidades**. Así, se dispone que: «El personal afectado por el presente Convenio, con un mínimo de permanencia en la empresa de dos años, tendrá derecho a la concesión de anticipos para hacer frente a gastos extraordinarios por razón de matrimonio/divorcio de la persona trabajadora, o enfermedad/accidente grave de la persona trabajadora o familiares de primer grado (hasta 4 mensualidades de sueldo tabla), o en caso de ser víctima de violencia de género (hasta 5 mensualidades de sueldo tabla), así como gastos de matrícula y libros de las personas trabajadoras o sus hijos (hasta dos mensualidades de sueldo tabla).» (CCol Entidades de Seguros, Reaseguros y Mutuas Colaboradoras con la Seguridad Social art.50 DGTr Resol 15-12-21, BOE 27-12-21).

5) A efectos fiscales, **no** se considera **retribución en especie** el anticipo a cuenta del trabajo ya realizado, ni el anticipo sobre la mensualidad corriente, siempre que se reintegre al finalizar la misma. Lo que exceda de estos conceptos se considera retribución en especie sometido a ingreso a cuenta (DGT 11-12-00; 4-2-04).

5022 **Anticipos sobre salarios futuros** (OIT Conv 117 art.12; D 3084/1974) La **OIT** recoge que la autoridad competente deberá regular la cuantía máxima y la forma de reembolsar los anticipos de salario, así como limitar la cuantía de los anticipos que se puedan hacer a un trabajador para inducirle a aceptar un empleo. Establece también que todo anticipo en exceso de la cuantía fijada por la autoridad competente ha de ser legalmente irrecuperable, por lo que no puede ser recuperado posteriormente compensándolo con las cantidades que se adeuden al trabajador.

No existe una norma en el **derecho español** reguladora de los anticipos sobre salarios futuros; únicamente se recogen los anticipos **en ofertas de empleo**, estableciendo que:

- los anticipos de salarios futuros que puedan efectuar las empresas a los trabajadores que hayan de contratar para inducirles a la aceptación del empleo ofrecido no pueden exceder del salario base que se les asigne, correspondiente a 3 meses;
- el reembolso de estos anticipos se realiza de modo que, por estos anticipos, no puede deducirse del salario de cada mes cantidad superior a la sexta parte del salario base mensual;
- todo anticipo en exceso de la cuantía anterior es legalmente irrecuperable y no puede compensarse, posteriormente, con las cantidades que se adeuden al trabajador.

Son las normas sectoriales las que regulan, dentro del marco de la acción social, el derecho a obtener anticipos o **préstamos reintegrables,** que se han de sujetar a dichas normas y al pacto de concesión del préstamo.

Precisiones **1)** Concedido un **préstamo** cuando el contrato estaba vigente, procede su devolución mediante descuentos fijos mensuales de los ingresos. En caso de **extinción del contrato de trabajo**, si no se vinculó el préstamo al mismo sino a un plazo determinado, no puede exigirse su cumplimiento hasta el vencimiento de dicho plazo (TS 12-2-90, EDJ 1397; TSJ Sevilla 26-5-98, EDJ 65375). Se exceptúan los supuestos en que el propio contrato de préstamo recoge tal posibilidad en el caso de suspensión o extinción del contrato de trabajo de la parte prestataria por cualquier circunstancia (TSJ Madrid 17-11-03, EDJ 213136). Pero estas cláusulas deben interpretarse en el sentido de que no son aplicables en caso de **despido improcedente**, con opción de la empresa por extinguir el contrato pese a la inexistencia de causa legal para el despido acordado, o cuando, como consecuencia de un previo incumplimiento de la empresa, el trabajador obtenga una declaración judicial de extinción del contrato derivada de la existencia de ese previo incumplimiento contractual grave de la empleadora (TSJ Castilla-La Mancha 14-12-00, EDJ 59199).

2) La jurisprudencia ha diferenciado **anticipos sobre salarios y préstamos** (TS 5-6-95, EDJ 24689). En los supuestos de miembros de cooperativas de trabajo asociado, diferencia **anticipos laborales** y **retorno cooperativo** (TS 15-6-92, EDJ 6318).

3) Es posible y usual que los convenios colectivos fijen una **antigüedad mínima** para tener derecho a estos anticipos sobre salarios futuros (TS 5-5-06, EDJ 84025).

4) La obtención de un anticipo sin interés supone para el trabajador la obtención de un rendimiento del trabajo en especie sujeto a **ingreso a cuenta del IRPF** (L 35/2006 art.43.1.1º c; DGT CV 16-11-07). Su valoración se efectúa por la diferencia entre el interés pagado (en este caso cero) y el interés legal del dinero vigente en el período (DGT CV 29-7-05).

B. Forma de pago

(ET art.29.4)

5030 El salario, así como el pago delegado de las prestaciones de Seguridad Social, puede efectuarse, a opción del empresario, en **moneda** de curso legal o mediante **cheque** u otra modalidad de pago similar a través de entidad de crédito, previo informe a los representantes sindicales, lo que también alcanza a la **transferencia** bancaria (TS 5-11-01, EDJ 47873).

Precisiones **1)** Existe una restricción a la opción por el **abono en metálico**, al no admitirse que puedan pagarse en efectivo las operaciones en las que alguna de las partes actúe en calidad de empresario o profesional si el **importe** es igual o superior a 1.000 euros. Este límite afecta al abono de nóminas (AEAT Resol 132785), debiendo interpretarse que para determinar si se supera o no el límite se tiene en cuenta el importe neto satisfecho al trabajador, una vez deducidas las retenciones y cargas sociales (AEAT Resol 133082). Sobre el posible **fraccionamiento del pago** para eludir la limitación de pago efectivo, el criterio establecido con carácter general (no expresamente para el pago de salarios) es que a efectos del cálculo de la cuantía de la operación se deben sumar los importes de todas las operaciones o pagos en que se haya podido fraccionar la entrega del bien o prestación del servicio (AEAT Resol 132780; 132779).

2) Si bien la empresa puede fijar la forma de pago como tenga por conveniente, si utiliza la fórmula de la **transferencia bancaria**, ha de asumir los **riesgos** que ello le pueda generar, debiendo asegurarse de que la entrega de la cosa, en este caso, dinero, se produce en el plazo que indica el convenio, no cumpliendo con tal pago con la simple orden dada al banco (TSJ País Vasco 7-2-12, EDJ 96694).

C. Recibo de salario o nómina

(ET art. 29.1; OM 27-12-1994; LISOS art. 6.2, 7.3, 21.1 y 40)

La documentación del salario se realiza mediante la entrega al trabajador de un recibo individual y justificativo del pago del mismo. Dicho documento debe ajustarse al **modelo oficial** de recibo (nº 9700). **5035**

No obstante, se reconoce al convenio colectivo o, en su defecto, al acuerdo entre la empresa y los representantes de los trabajadores la posibilidad de establecer un **modelo distinto** siempre que contenga con claridad y separación las diferentes percepciones del trabajador, así como las deducciones que procedan legalmente. En el modelo de salario hay que incluir, además, la información relativa a la aportación empresarial a la Seguridad Social.

El modelo de recibo de salarios debe ajustarse a los requerimientos de **separación de conceptos y claridad**, de manera que el trabajador pueda conocer el importe de cada uno de los conceptos abonados con el mínimo de operaciones matemáticas (TS 22-1-10, EDJ 19298; 17-1-19, EDJ 507510).

Son válidos los recibos de salarios que, sin eliminar ninguno de los conceptos recogidos en el modelo oficial ni alterar su denominación, contengan **modificaciones puramente formales** o incluyan elementos adicionales de información al trabajador.

El recibo de salarios oficial se refiere a **meses naturales,** las empresas que abonen salarios por períodos inferiores deben documentarlos como anticipos a cuenta de la liquidación definitiva.

El recibo ha de ser **firmado** por el trabajador al hacerle entrega del duplicado y abonarle en moneda, cheque o talón las cantidades reflejadas. Dicha firma da fe de la percepción de las mismas, pero no supone la conformidad con ellas. En caso de efectuarse el abono mediante **transferencia bancaria,** la firma del trabajador se entiende sustituida por el comprobante de abono expedido por la entidad bancaria.

Los recibos se han de **conservar,** junto con los boletines de cotización, durante 4 años.

El tradicional recibo de salarios en **formato papel** se ha visto generalmente **sustituido por el formato digital o nómina electrónica**, ya sea mediante su envío por correo electrónico o mediante descarga en la Intranet, con la posibilidad de imprimirlos. La empresa puede hacer esta sustitución, siempre que el **modelo** de la nómina obtenida **on line** sea el mismo que el que se venía entregando en soporte papel, cumpliendo la finalidad de la norma: garantizar, junto con la constancia de la percepción, la debida transparencia en el conocimiento de los diferentes conceptos de abono. El cambio no se considera que suponga perjuicio ni molestia alguna para el trabajador, ni puede considerarse gravoso (TS 1-12-16, EDJ 233486; TSJ Granada 6-6-19, EDJ 661565). Esa adaptación empresarial a los sistemas informáticos no contradice el espíritu de la normativa, sin excluir el derecho de los trabajadores que así lo deseen por cualquier motivo a seguir recibiendo la documentación en papel (TSJ C.Valenciana 22-3-22, EDJ 559426) o de solicitar su original o la adveración para presentarlos donde proceda (TSJ Murcia 26-5-08, EDJ 176704).

El **incumplimiento** de la obligación de entregar puntualmente al trabajador el recibo de salarios, del deber de utilizar el modelo de recibo oficial o pactado, o de no conservar los recibos de salario son infracciones leves, sancionables con multa de 70 € a 750 €. El hecho de no consignar en el recibo de salarios las cantidades realmente abonadas al trabajador constituye infracción grave, sancionable con multa de 751 € a 7.500 €.

Además, el trabajador puede solicitar la **extinción del contrato** por incumplimiento grave de las obligaciones por parte del empresario cuando parte de las retribuciones del trabajador no figuran en la nómina (TS 18-6-20, EDJ 597425).

Precisiones 1) Para que se entienda sustituido el modelo oficial por otro pactado en la negociación colectiva es preciso que el **convenio detalle el nuevo modelo** de recibo. No es suficiente, a estos efectos, una cláusula convencional que disponga la obligación de la empresa de entregar a los trabajadores un documento o recibo justificativo individual que consignará el importe total correspondiente al período de tiempo a que se refieran tales retribuciones, con especificación clara y debidamente diferenciada de las retribuciones básicas y, en su caso, los complementos salariales, indicando igualmente las deducciones que legalmente procedan. En este caso, se debe emplear el modelo oficial (TS 26-1-99, EDJ 6050). **5037**

2) El **incumplimiento** de la obligación de documentar el pago del salario no supone, sin más y automáticamente, una presunción de que el pago no se ha llevado a cabo (TSJ Castilla-La Mancha 18-2-03, EDJ 265984).

3) No es obligatorio desglosar en la nómina las cuantías abonadas por la empresa como **mejora voluntaria de la IT**, ya que el trabajador puede calcularlo partiendo de los días de baja. La Ley únicamente obliga a que en el recibo de salarios consten los días de baja, los que se abona prestación y la contingencia determinante (AN 15-11-18, EDJ 642854).

4) La **firma** por el trabajador del recibo de salario supone reconocimiento de la percepción del mismo, ésta es una presunción que admite prueba en contrario. Además, no cabe descartar que, pese a la firma del recibo salarial por parte del trabajador, el pago no se haya realizado (TSJ Castilla-La Mancha 1-9-15, EDJ 156673).

CAPÍTULO 18

Tiempo de trabajo: jornada y horario

Las partes pueden pactar con flexibilidad el **número de horas totales** en las que se puede exigir al trabajador la efectiva prestación de servicios, así como determinar concretamente la distribución del horario, esto es, pueden fijar autónomamente, y dentro de los límites legales de referencia, los momentos de ejecución del trabajo. De este modo, y debido a la flexibilidad permitida legalmente, la ordenación del tiempo de trabajo supone saber, no sólo la cantidad de horas de trabajo, sino también su **concreta distribución horaria**. 5102

Las normas legales que regulan el tiempo de trabajo otorgan un papel protagonista a los **convenios colectivos** y a los acuerdos suscritos entre la empresa y los representantes de los trabajadores. Se trata de trasladar al ámbito concreto de la empresa la distribución de la jornada de trabajo, propiciando reglas que permitan la flexibilidad y el ajuste de la misma.

El convenio colectivo puede regular el tiempo de trabajo de manera más o menos exhaustiva o, simplemente, establecer un marco genérico de pautas para su ordenación. Con todo, conviene indicar que la legislación contempla **límites legales** que se configuran como mínimos de derecho necesario y que son aplicables directamente a la ordenación flexible del tiempo de trabajo, contemplando derechos indisponibles de los trabajadores: jornadas laborales máximas -diaria, semanal y anual-, descansos laborales mínimos, fiestas laborales y vacaciones, así como límites al trabajo extraordinario, a tiempo parcial, a turnos, nocturno, etc.

5104 En síntesis, **las partes** pueden establecer un sistema más flexible de tiempo de trabajo, siempre que se respeten los mínimos legales de referencia que están dirigidos a garantizar la protección de la salud y la seguridad de los trabajadores en el desarrollo de la actividad productiva.

En materia de **ordenación del tiempo de trabajo**, la Ley únicamente se limita a establecer un marco de máximos, dejando que sea la autonomía colectiva la que configure el régimen jurídico de la jornada laboral. En este sentido, podemos destacar la experiencia de la reducción progresiva de la duración de la jornada de trabajo y la distribución flexible en virtud de la anualización de la jornada laboral. De este modo, en lo que se refiere a la **jornada ordinaria**, el protagonismo del convenio es casi absoluto, pues únicamente se encuentra limitado por algunas reglas legales que se configuran como mínimos de derecho necesario -relación de suplementariedad-. Es lo que sucede con la duración máxima de la jornada (nº 5120 s.), o con la eventual **distribución irregular** de la misma a lo largo del año, que puede hacerse en la forma en que se determine por el convenio -o, en su caso, por el acuerdo de empresa-, con la única limitación de respetar los mínimos legales de **descansos** semanal y diario (nº 5170 s.). Cabe, por tanto, establecer en convenio un conjunto de reglas, de carácter sustantivo y procedimental, relativas al modo en el que se va a llevar a efecto la distribución irregular de la jornada anualmente fijada. Pese a todo, y sin perjuicio del estímulo de la negociación colectiva, debemos precisar que esta convive con otras manifestaciones del **poder de dirección y organización del empresario**, que tienen asimismo su proyección en las relaciones laborales.

Por otro lado, en algunos sectores es posible que en el convenio se regulen, de forma específica, aspectos importantes de su actividad como el **tiempo de presencia** o de **disponibilidad**, permitiéndose un amplio margen de actuación en el desarrollo del régimen jurídico establecido, especialmente, en lo que se refiere a los aspectos retributivos (TS 12-2-02, EDJ 13569; TSJ Baleares 30-1-03, EDJ 77236).

En definitiva, todo ello supone la necesidad de una **gestión compartida** del tiempo de trabajo por parte de los sujetos de las relaciones laborales. La finalidad es conseguir una racionalización de los tiempos de trabajo, así como un buen sistema de organización y dirección empresarial, tendente a conciliar los intereses de los trabajadores con la mejora de la productividad de las empresas.

Esta regulación del tiempo de trabajo contenida en el ET no es de aplicación a las **relaciones laborales especiales**, salvo en los casos en los que se haga una remisión expresa. Respecto al **trabajo a distancia**, ver nº 7402 s.

En las **jornadas especiales**, la regulación estatutaria es sólo de aplicación en cuanto no se oponga a lo establecido en su regulación especial (nº 5285 s.).

5106 **Derecho a la desconexión digital** (LOPD art.88; ET art.20 bis) La LOPD incluye el derecho a la desconexión digital en el ámbito laboral. Los trabajadores y los empleados públicos tienen derecho a la desconexión digital a fin de garantizar, fuera del tiempo de trabajo legal o convencionalmente establecido, el respeto de su tiempo de descanso, permisos y vacaciones, así como de su intimidad personal y familiar. **Implica** tanto el derecho del trabajador a no responder a las comunicaciones del empresario o de terceros, como el deber la empresa de abstenerse de ponerse en contacto con el trabajador (TSJ Galicia 4-3-24, EDJ 540047).

No tiene la consideración de **derecho fundamental** por sí mismo y desconectado del derecho a la intimidad (TSJ Asturias 29-3-22, EDJ 550409). Por tanto, su vulneración no genera automáticamente el derecho a una **indemnización** -salvo que se vincule como una manifestación del derecho fundamental a la intimidad-, aunque sí puede fundamentar una eventual responsabilidad civil en caso de contingencia profesional y de la acreditación de nexo causal entre la conducta de la empresa y el daño causado (TSJ Cataluña 5-5-23, EDJ 627374).

Las **modalidades** de ejercicio de este derecho deben atender a la naturaleza y objeto de la relación laboral, y potenciarán el derecho a la conciliación de la vida laboral y personal. Estas modalidades deben regularse según lo que se establezca en la negociación colectiva o, en su defecto, a lo acordado entre la empresa y los representantes de los trabajadores. No obstante, la LOPD no indica de forma clara si se refiere a la representación unitaria, la sindical o el método de elección de la representación ad hoc cuando no existan en la organización delegados de personal o comités de empresa.

Todas las empresas deben **elaborar una política** en la que:

- se definan las modalidades de ejercicio del **derecho a la desconexión** para todos los trabajadores, incluidos los directivos;
- se incluyan acciones de **formación y sensibilización** del personal sobre un uso razonable de las herramientas tecnológicas que evite el riesgo de fatiga informática;
- en particular, debe preservarse el derecho a la desconexión digital en los supuestos de realización total o parcial del **trabajo a distancia**, así como en el domicilio del empleado vinculado al uso con fines laborales de las herramientas tecnológicas.

Esta política debe aprobarse previa audiencia de los **representantes de los trabajadores**.
La configuración concreta del derecho permite por tanto un amplio margen de decisión a los **empleadores**, que pueden **elegir**:
- el instrumento normativo a través del cual lo regulan (comunicados internos, códigos éticos, políticas, convenio colectivo, protocolos...);
- las medidas técnicas, preventivas o conciliatorias por las que harán valer el derecho; y
- el contenido y alcance de la formación en la materia.

Los representantes de los trabajadores tienen derecho a emitir **informe no vinculante** en 15 días sobre la política de desconexión, en la medida en que se trata de una decisión que afecta a la organización y control del trabajo (ET art.64.5). La falta de consulta puede constituir una infracción grave (LISOS art.7.7).

Precisiones 1) Los trabajadores con **plus de disponibilidad** no tienen derecho a la desconexión digital (TSJ Madrid 17-7-23, EDJ 657620).
2) No vulnera el derecho a la desconexión digital el hecho de enviar **mensajes por un grupo de WhatsApp fuera de la jornada laboral** -al estar integrado por trabajadores con distintos horarios de trabajo- si son poco frecuentes y el trabajador no está obligado a responderlos inmediatamente, ni tiene orden de mantenerse conectado (TSJ Galicia 23-11-22, EDJ 763394).

Adaptación de la jornada (ET art.34.8 redacc RDL 5/2023; Dir (UE) 2019/1158 art.9) El trabajador tiene derecho a solicitar adaptaciones de la duración y distribución de la jornada de trabajo, en la ordenación del tiempo de trabajo y en la forma de prestación, incluida la prestación de su trabajo a distancia para hacer efectivo su derecho a la conciliación de la vida familiar y laboral. 5108

Dichas adaptaciones deben ser **razonables y proporcionadas** en relación con las necesidades de la persona trabajadora y con las necesidades organizativas o productivas de la empresa.
En caso de tener hijos, las personas trabajadoras tienen derecho a efectuar dicha **solicitud** hasta que los hijos cumplan 12 años. También pueden solicitarlo, si bien previa justificación de las circunstancias en que se fundamenta, quienes tengan necesidades de cuidado respecto de los hijos e hijas mayores de 12 años, el cónyuge o pareja de hecho, familiares por consanguinidad hasta el segundo grado, así como de otras personas dependientes cuando, en este último caso, convivan en el mismo domicilio, y que por razones de edad, accidente o enfermedad no puedan valerse por sí mismos.

La **negociación colectiva** ha de regular los términos del ejercicio de este derecho (con criterios no discriminatorios). En defecto de convenio, la empresa ha de negociar con la persona trabajadora durante un periodo máximo de 15 días. Si finalizada la negociación, no concurre oposición motivada expresa se presume su concesión. La aceptación de la petición debe formalizarse por escrito y comunicarse al interesado. La empresa puede aceptar la petición del interesado; denegarla o plantear una propuesta alternativa. Si la empresa plantea una propuesta **alternativa** o deniega la petición, debe motivarlo en razones objetivas.

Las **discrepancias** entre la empresa y la persona solicitante se resuelven conforme al procedimiento para el ejercicio de los derechos de conciliación.

El trabajador tiene derecho **regresar a la situación anterior** a la adaptación una vez concluido el periodo acordado o cuando decaigan las circunstancias que motivaron la solicitud. En el resto de los supuestos, de concurrir un cambio de circunstancias que así lo justifique, la empresa sólo puede denegar el regreso solicitado cuando existan razones objetivas motivadas para ello.

Precisiones 1) Con motivo de la **DANA** producida entre el 28 de octubre y el 5 de noviembre de 2024, se establece un **plan MECUIDA** vigente hasta el 31-12-2024, que permite a los trabajadores adaptar la jornada de trabajo para atender a deberes de cuidado distintos a los que generan derecho al permiso retribuido no recuperable previsto por esta misma circunstancia extraordinaria (nº 5436). Los trabajadores pueden acogerse a esta medida cuando tengan su lugar de trabajo o domicilio en alguno de los municipios afectados por la DANA o cuando los destinatarios de sus cuidados residan en alguno de esos municipios. La **concreción de la jornada** corresponde al trabajador y puede consistir en: cambio de turno, alteración de horario, horario flexible, jornada partida o continuada, cambio de centro de trabajo o de funciones o de forma de prestación del trabajo, trabajo a distancia o cualquier otro cambio razonable y proporcionado. (RDL 6/2024 anexo; RDL 7/2024 art.1 y 42.4 y 5 y disp.final 5ª).
2) Se consideró que el trabajador tiene derecho a adaptar la duración y distribución de la jornada de trabajo para hacer efectivo su derecho a la conciliación de la vida personal, familiar y laboral en los términos que se establezcan en la negociación colectiva o en el acuerdo a que llegue con el empresario. Si bien ello no da un derecho de modificación unilateral al trabajador, sino un **poder de negociación del mismo de buena fe**. Al efecto, el empresario debe aceptar una negociación planteando cambios que faciliten el ejercicio del derecho a la conciliación (TSJ Sevilla 1-2-18, EDJ 3879).
3) La mera denegación de la adaptación de jornada solicitada por una trabajadora con indicación de las causas que lo impiden no implica, por sí sola, una vulneración del derecho de no **discriminación por razón de sexo**, ni siquiera por discriminación indirecta (TSJ Galicia 16-1-24, EDJ 511091).

4) Se acepta el derecho de la trabajadora a trabajar en **turno fijo** durante la semana pero no durante los sábados en los que su cónyuge no trabaja y puede ocuparse de su descendiente (JS Cáceres 15-7-19, EDJ 687192).
5) Se admite prestar sus servicios en **jornadas de mañana y noche** dado que su pareja y padre de su hija trabaja también a turnos, de tal manera que se estima razonable que la prestación de servicios le permita estar exenta de hacerlo durante el tiempo en que es viable compartir tiempo con la menor, en horario de tarde (JS Salamanca 9-8-19, EDJ 689037).
6) Se reconoce el derecho del trabajador a quedar **liberado del turno de noche** para atender a su madre dependiente, con la que convive, una vez acreditado que la necesidad de conciliación solo concurre en ese periodo temporal (JS Valladolid 31-7-19, EDJ 689323), o al cambio de turno al de mañana para poder cuidar de los padres (TSJ Galicia 18-2-22, EDJ 522094). Pero es legítima la denegación de **cambio de horario** para cuidar de su madre dependiente cuando la empresa alega razones organizativas y la trabajadora no ha probado que el cambio de horario vaya a solucionar su problema (TSJ Burgos 9-2-22, EDJ 512618).
7) Se rechazó la solicitud cuando la empresa alega la **especialización de las tareas** y el reducido número de trabajadores asignados al turno en el que el trabajador pretende quedar eximido (JS Gijón 29-8-19, EDJ 684300).
8) Las **actividades extraescolares** de los hijos, a los efectos de la necesidad de conciliación, no pueden entenderse como una propuesta razonable que justifique la adaptación de la jornada (TSJ Madrid 19-12-22, EDJ 783296).

A. Jornada ordinaria

5115 Se entiende por jornada de trabajo el tiempo que, computado en días, semanas o años, ha de dedicar el trabajador a la realización de la actividad para la que ha sido contratado.
La jornada laboral está constituida por el total del tiempo en el que el trabajador realiza la contraprestación de trabajo derivada del contrato que le vincula con el empleador. La **duración** de la jornada laboral es la establecida en el contrato de trabajo o en el convenio colectivo dentro de los márgenes de su regulación legal.
La jornada ordinaria es la cantidad de **tiempo de trabajo** acordado por las partes dentro de los límites establecidos en convenio colectivo y, en su defecto, en la ley. Se trata, por tanto, de la jornada habitual o normal, en contraposición con la denominada **jornada extraordinaria** cuya realización, aunque también pueda ser en ocasiones objeto de acuerdo por las partes, atiende a finalidades imprevistas o, simplemente, excede de la jornada pactada como ordinaria.
Existen supuestos en los que la jornada en principio acordada se **amplía o reduce**, por lo que aquella constituye, en realidad, la denominada jornada ordinaria, que puede coincidir o no con la jornada efectivamente prestada.
La jornada ordinaria es el módulo básico para la **determinación de la prestación salarial**, más aún en el supuesto de que el sistema retributivo sea por unidad de tiempo, en cuyo caso no sólo es determinante, sino que es exclusivo. Su equiparación retributiva es la acordada en contrato de trabajo dentro de los límites legales y convencionales (ET art.26 y 34 -redacc RDL 5/2023-). En general, y salvo expresa referencia, la negociación colectiva establece el salario en relación con la jornada a tiempo completo, por lo que dicho salario no se mantiene en su importe íntegro si la jornada realizada es menor, salvo que por pacto se establezca otra cosa (TS 22-7-95, EDJ 4436). Desde el punto de vista de la regulación convencional, y a falta de estipulaciones más favorables en contrato, hay que respetar en todo caso el límite legal de la correspondencia entre la jornada máxima y el salario mínimo fijado para cada función o categoría por el convenio colectivo.

1. Duración de la jornada

(ET art.34.1)

5120 La duración legal de la jornada de trabajo es la **pactada** en los convenios colectivos o contratos de trabajo, dentro de los márgenes que permite la normativa.
En cualquier caso, la duración máxima de la jornada ordinaria de trabajo es de **40 horas semanales** de trabajo efectivo de promedio en **cómputo anual**.
La regulación estatal sobre jornada es una norma de mínimos. Los **convenios colectivos** suelen mejorar sensiblemente la duración de la jornada de trabajo y pueden determinar **jornadas laborales diferenciadas** cuando exista causa justificada para ello (TS 24-10-02, EDJ 54244), pudiendo, incluso, fijar progresivamente la jornada máxima de trabajo, sin que ello constituya discriminación (TS 27-1-03, EDJ 7159)
Cualquier tipo de **ampliación de la jornada** por encima de las 40 horas semanales de trabajo efectivo de promedio en cómputo anual se considera horas extraordinarias (TSJ Navarra 15-5-02, EDJ 130205), a excepción de las horas trabajadas con el fin de prevenir y reparar

siniestros y otros daños urgentes, que no se tienen en cuenta a efectos de la duración máxima de la jornada ordinaria (nº 5260 s.).
La determinación de la jornada anual no es materia en la que prevalece la **prioridad aplicativa** del convenio de empresa, por lo que la empresa está obligada a mantener los mínimos que, en esta materia, se establezcan en el convenio sectorial concurrente, cuya prioridad y prevalencia se impone sobre el convenio colectivo de empresa o grupo (ET art.84.2) (TS 10-11-16, EDJ 209009).

Precisiones 1) La duración de la jornada ordinaria legal o convencional tiene carácter de mínimo, de manera que la duración determinada por las partes **en virtud de contrato de trabajo** no puede exceder de la establecida en convenio colectivo, o en su defecto, de la máxima establecida legalmente. En cualquier caso, se pueden determinar, en virtud de pacto individual, **jornadas inferiores** a la establecida en convenio colectivo. Ello puede afectar al trabajador en términos salariales, puesto que la jornada normal es la establecida en el convenio y la jornada inferior pactada individualmente supone percibir el salario proporcionalmente al tiempo trabajado (TS 3-6-94, EDJ 5107; TSJ Aragón 27-2-03, EDJ 9996). 5122
2) La duración de la jornada ordinaria puede verse reducida cuando en las jornadas continuadas se apliquen los **descansos** de 15 o 30 minutos (nº 5175 s.), considerados como retribuidos y computables como tiempo de trabajo efectivo en virtud de convenio colectivo o contrato individual de trabajo.
3) Las actividades fuera de jornada del personal, cuando los trabajadores dediquen su tiempo para asistir a **eventos comerciales en domingo**, tienen que verse compensadas posteriormente con días de descanso (TS 11-10-17, EDJ 237199). Las horas empleadas en estos eventos especiales tienen la consideración de tiempo de trabajo por lo que el **descanso de 12 horas entre jornadas** debe empezar a contar una vez finalizado el evento en cuestión (TS 19-3-19, EDJ 567212).
4) Los trabajadores a **tiempo parcial** tienen derecho a mantener sus condiciones de jornada a pesar de que se prevea una reducción de la jornada ordinaria máxima de trabajo (TSJ País Vasco 7-5-02, EDJ 130311; 28-9-04, EDJ 212189; AN 25-2-05, EDJ 160068).
5) La **reducción de jornada** contemplada para los trabajadores no incide en la jornada reducida disfrutada previamente como condición más beneficiosa (TSJ País Vasco 19-2-02, EDJ 130299). Por otro lado, la jornada consentida por un mando intermedio de la empresa no se puede considerar como una **condición más beneficiosa** (TS 8-7-96, EDJ 4082; TSJ Madrid 25-3-02, EDJ 33745).
6) En los **convenios colectivos** -sobre todo de ámbito sectorial nacional- se aprecia una tendencia generalizada a la reducción de la jornada ordinaria máxima prevista legalmente, realizando el convenio una función de mejora respecto de la regulación legal. Los convenios colectivos optan decididamente por la incorporación del **módulo anual** en la determinación de la jornada de trabajo, lo que supone en la mayoría de los casos la disposición del límite de las 40 horas semanales, puesto que cabría su promedio en cómputo anual (Convenio Colectivo Estatal de Artes Gráficas, Manipulados de Papel, Manipulados de Cartón, Editoriales e Industrias Auxiliares DGTr Resol 21-9-23, BOE 13-10-23; CCol Industria del Calzado DGTr Resol 24-3-23, BOE 10-4-23).

Jornada anual A través de los **convenios colectivos** o, en su defecto, por acuerdo entre la empresa y los representantes de los trabajadores, se pueden regular jornadas anuales, respetando los períodos mínimos de descanso diario y semanal previstos en la Ley. 5124
Ello significa que se puede estimar en cómputo anual la jornada máxima de trabajo en unas 1.826 horas y 27 minutos de trabajo, cifra esta derivada de las 40 horas en promedio anual junto a los descuentos derivados de los **períodos mínimos de descanso**: descansos semanales, fiestas laborales y vacaciones (DGTr Resol 17-2-83 art.6). La aplicación de esta fórmula de proyección en los **años bisiestos**, arroja una jornada máxima de 1.833 horas.
Esta cuantificación se utiliza también para la calificación de horas extras (TS 26-6-11, EDJ 222604; 6-5-15, EDJ 74906), o para calcular el exceso de jornada realizado en un año y determinar el tiempo efectivamente trabajado en una situación de IT (TS 1-12-20, EDJ 745412; 25-10-23, EDJ 745305).

Precisiones Los **días de libre disposición** reconocidos en convenio son días de permiso retribuido, computados como jornada efectivamente trabajada a los efectos de determinar el cumplimiento de la jornada máxima anual fijada en convenio (TS 16-10-12, EDJ 246416).

Jornada semanal La duración de la jornada semanal es la establecida en convenio colectivo o, en su defecto, en los acuerdos entre la empresa y los representantes de los trabajadores. 5126
La duración máxima de la jornada ordinaria de trabajo es de **40 horas** semanales de trabajo efectivo de promedio en cómputo anual y se aplica tanto a la jornada continuada como a la jornada partida. Es una regulación general aplicable a todo tipo de jornada. Dicha regulación permite la **distribución irregular** de la jornada a lo largo del año con la única limitación de respetar los períodos mínimos de descanso diario y semanal previstos en la Ley (nº 5137).
Es posible fijar mediante **contrato individual** la jornada ordinaria semanal y, por tanto, establecer una distribución irregular a lo largo del año, respetando, en este caso el límite de las 9 horas de trabajo diario.

Cabe, incluso, la posibilidad de que **no** se adopte la **referencia semanal** como módulo de cómputo, sustituyéndola por otras como la bisemanal, mensual, etc., siempre que se respeten las disposiciones mínimas legales en materia de descanso.

5128 **Jornada diaria** (ET art.34.3) La duración máxima de la jornada diaria, establecida con carácter general, es de **9 horas diarias** de trabajo efectivo, susceptible de reducción o ampliación por **convenio colectivo** o, en su defecto, por acuerdo entre empresa y representantes de los trabajadores, respetando, en todo caso, el límite del descanso mínimo entre jornadas de 12 horas. En ningún caso, esta duración máxima puede ser fijada por **contrato individual**.
El tiempo de trabajo que supere tal límite o el establecido convencionalmente como jornada ordinaria diaria se considera **jornada extraordinaria** (nº 5250 s.), con las limitaciones de utilización y económicas inherentes a su régimen jurídico.

Precisiones Con todo, el límite diario de 9 horas de trabajo efectivo ha dejado de ser un mínimo de derecho necesario, ya que puede ser ampliado o rebajado por la **negociación colectiva**. Estamos ante un umbral movible y adaptable por los sujetos de las relaciones laborales. Por tanto, si así se prevé en convenio colectivo, puede que la décima hora no se considere como hora extraordinaria. En **ausencia de pacto**, claro está, las 9 horas siguen siendo de obligado cumplimiento por las partes. En cualquier caso, es obligatorio el descanso de 12 horas entre jornada y jornada de trabajo.

5130 **Trabajadores menores de 18 años** (ET art.34.3) La duración máxima de la jornada ordinaria de los trabajadores menores de 18 años no puede ser superior a 8 horas de trabajo efectivo, incluyéndose a tal efecto el tiempo dedicado a la formación y, si se realizase trabajo para varios empleadores, las horas realizadas con cada uno de ellos.
Se trata de una **regulación imperativa** susceptible tan sólo de reducción. El límite de 8 horas es un límite personal del trabajador, de tal manera que, sin perjuicio de que se trabaje para más de una empresa, la suma de las jornadas ordinarias no puede superar dicho tiempo. Dicha jornada máxima, por otra parte, no puede ser objeto de **prolongación** en ningún caso, ya que la norma prohíbe expresamente la realización de horas extraordinarias a los trabajadores menores de 18 años (ET art.6.3).
Tampoco pueden desarrollar **trabajos nocturnos**.

Precisiones **1)** El trabajador menor de 18 años no puede realizar una jornada diaria superior a 8 horas de trabajo efectivo y tampoco se puede aplicar una posible distribución irregular, ni fijar su promedio en cómputo anual. En cualquier caso, el trabajador menor tiene derecho a un **descanso semanal mínimo** de 2 días ininterrumpidos (ET art.37.1).
2) Si la jornada diaria continuada es superior a 4 horas y media, tiene derecho a un **descanso mínimo** de 30 minutos (ET art.34.4).
3) En el ámbito de las **jornadas laborales especiales**, a los trabajadores menores de 18 años no les son de aplicación ni los regímenes de descanso alternativo (RD 1561/1995 art.2), ni los supuestos de ampliaciones de jornadas (RD 1561/1995 art.3 s.). Sólo se pueden aplicar los supuestos de limitaciones de jornadas que sean más beneficiosas y protectoras que las previstas con carácter general en el ET.

2. Distribución del tiempo de trabajo

5135 **Régimen de jornada** A pesar de que el ET no regula el régimen de jornada, los convenios colectivos suelen referirse a las siguientes **modalidades** de jornada en función del régimen de actividad y de las particularidades del sector:
1. Jornada continua: es aquella modalidad de jornada en la que la actividad laboral se desarrolla de forma ininterrumpida, y ello a pesar de pausas o descansos que no suponen la desconexión plena del trabajador respecto de su trabajo.
Únicamente prevé una **limitación** al trabajo continuado, de suerte que se prohíbe el trabajo sin pausas durante un determinado tiempo, esto es, el descanso dentro de la jornada o los descansos necesarios para compensar el trabajo monótono y repetitivo (nº 5175).
2. Jornada partida: cuando se produzca una fracción de cierta entidad (una o dos horas) que divida la jornada en dos tramos horarios. Ello se produce generalmente debido a exigencias objetivas de aplicación del horario, que está condicionado por los usos sociales en algunos sectores (CCol Grandes Almacenes, 2023-2026 DGTr Resol 30-5-23, BOE 9-6-23; CCol Banca, 2019-2023 DGTr Resol 17-3-21, BOE 30-3-21) o por la localización del centro del trabajo, como sucede en el sector servicios. La fijación de la jornada partida se asienta en los criterios previstos en el convenio colectivo o, en su caso, en los pactos contenidos en el contrato de trabajo. En cualquier caso, debe reflejarse en el correspondiente **calendario laboral** (nº 5141) que anualmente debe elaborar la empresa. Si la jornada partida se debe a la aplicación del **convenio colectivo**, únicamente por una nueva norma convencional puede modificarse dicho régimen de trabajo diario.

Precisiones 1) El **cambio o alteración** del régimen de jornada continuada o fraccionada puede dar lugar una modificación sustancial de condiciones de trabajo (nº 9195 s.).
2) El régimen de jornada continuada o partida se puede **pactar colectiva o individualmente**. En su defecto, la determinación de la jornada corresponde al empresario. El **empresario** no puede superar el límite establecido por el convenio colectivo para acogerse a la jornada partida, aunque sea más beneficioso para los trabajadores, porque contraviene lo pactado en el convenio. El empresario puede mejorar las condiciones de trabajo de sus trabajadores, previstas en la ley o en el convenio, únicamente si esa concesión se encuentra en su poder de disposición, pero de ningún modo puede reconocer derechos, sean o no más beneficiosos para los trabajadores, cuando el convenio colectivo no le concede ese derecho de disposición (AN 15-2-18, EDJ 12304).

Distribución irregular (ET art.34.2) Mediante **convenio colectivo** o, en su defecto, por **acuerdo** entre la empresa y los representantes de los trabajadores puede establecerse la distribución irregular de la jornada a lo largo del año. Dicha distribución debe respetar, en todo caso, los periodos mínimos de descanso diario y semanal previstos. Además, el trabajador debe conocer con un **preaviso** mínimo de 5 días el día y la hora de la prestación de trabajo. **5137**
Las partes tienen **libertad** a la hora de determinar la distribución de la jornada. En este sentido, el convenio colectivo o, en su defecto, el acuerdo de empresa puede prever que el número de horas ordinarias de trabajo efectivo al día sea superior a las 9 horas, siempre que se respete el descanso entre jornadas. **En defecto de pacto**, la empresa puede distribuir de manera irregular a lo largo del año el 10% de la jornada de trabajo, sin que sea necesario el acuerdo con los representantes de los trabajadores (TS 20-10-21, EDJ 725860).
Pueden originarse **diferencias entre la jornada realizada y la legal** a causa de la distribución irregular, cuya compensación puede exigirse según lo pactado en convenio o en un acuerdo entre la empresa y los representantes de los trabajadores (TS 11-10-17, EDJ 237199). A falta de pacto, las diferencias derivadas deben compensarse en un plazo máximo de 12 meses desde que se producen.
Generalmente, los convenios colectivos excluyen a los **trabajadores a turnos, nocturnos, especialmente sensibles o con cargas familiares** del régimen de distribución irregular de la jornada. A los trabajadores **menores de 18 años** no se les pueden aplicar jornadas distribuidas irregularmente, esto es, su tiempo de trabajo se ha de computar de forma regular diaria, sin que quepan módulos horarios flexibles en cómputo semanal, mensual o anual (nº 5130).
Además, hay que tener en cuenta el derecho de los trabajadores a solicitar las adaptaciones de la duración y distribución de la jornada de trabajo, en la ordenación del tiempo de trabajo y en la forma de prestación, incluida la prestación de su trabajo a distancia, para hacer efectivo su derecho a la **conciliación de la vida familiar y laboral** (nº 5108).

Precisiones 1) Por convenio colectivo no se puede reducir el **plazo de preaviso** de 5 días establecido en el ET al tratarse de una norma de mínimos (TS 16-4-14, EDJ 76961). **5139**
2) La libertad de disposición que la ley establece a favor de la negociación colectiva en relación con la distribución irregular de la jornada, siempre que se respeten en todo caso los mínimos de descanso diario y semanal fijados, **no** justifica un **uso arbitrario y caprichoso** de la facultad del empresario de distribuir la jornada irregularmente, sino que siempre tiene que fundarse en causas concretas conectadas con la utilidad y el funcionamiento de la empresa, aspecto susceptible del correspondiente **control judicial** (TS 15-12-98, EDJ 33428; 7-10-99, EDJ 30615; TSJ Cataluña 3-3-05, EDJ 56233).
3) Se han considerado **nulas** las previsiones convencionales que permitan distribuciones irregulares a lo largo del año que suponen modificaciones sustanciales de las condiciones contractuales que no tienen encaje en tal procedimiento (nº 9195 s.). Para que ello suceda se requiere, en primer lugar, la concurrencia de alguna causa económica, técnica, organizativa o de producción, sin la cual no cabe, en absoluto, llevar a cabo la aplicación de ninguna de las medidas previstas en ese caso (TS 11-7-06, EDJ 277494).
4) Los desfases entre las horas debidas y efectivamente trabajadas que la distribución irregular de la jornada puede provocar en el momento de la **extinción anticipada del contrato** no presentan una solución pacífica. En ocasiones se ha determinado que en la liquidación final debe llevarse a cabo la correspondiente regularización para evitar un enriquecimiento injusto por ninguna de las partes (TSJ País Vasco 16-6-15, EDJ 148615). No obstante, por convenio o pacto, podría establecerse alguna previsión específica al respecto, como que la devolución solo proceda si el saldo es positivo para el trabajador (TS 3-7-03, EDJ 241333; TSJ Cataluña 3-5-11, EDJ 129749; TSJ País Vasco 28-6-11, EDJ 177958). Esta regularización presupone un **registro de la jornada** minucioso por la empresa y su comunicación al trabajador, para que este pueda tener constancia de la procedencia de las horas (TSJ Cataluña 23-5-13, EDJ 108753).
A falta de previsión expresa, la jurisprudencia no ha mantenido una postura uniforme cuando el **crédito de horas es favorable para el trabajador**: en ocasiones se prevé su retribución como horas ordinarias (TSJ Castilla-La Mancha 24-5-06, EDJ 248162; TSJ Navarra 29-5-06, EDJ 101797); un descanso compensatorio dando lugar a reducciones de la jornada ordinaria pactada; y finalmente, también es frecuente que en la negociación colectiva se establezca su compensación como horas extraordinarias, o fijando un recargo sobre la hora ordinaria.

5141 **Calendario laboral** (ET art.34.6; RD 1561/1995 disp.adic.3ª) La **empresa** tiene que elaborar anualmente un calendario laboral que debe ser expuesto en un lugar visible de cada centro de trabajo.

Este documento puede **contener** el horario, la jornada anual y la distribución de los días laborables, festivos, descansos y otros días inhábiles de la plantilla de los trabajadores, según la jornada máxima legal o pactada. Por tanto, se debe confeccionar teniendo en cuenta el número de horas de trabajo aplicables, así como los días festivos, siendo este un elemento esencial, ya que su fijación varia anualmente dependiendo de que el año sea bisiesto o no. Se deben determinar tanto los días festivos, fijados anualmente por el Gobierno, como los previstos por el convenio colectivo (AN 19-6-01, EDJ 45686). No obstante, la obligación legal de elaborar el calendario laboral no incluye la publicación de los concretos horarios de trabajo, ya que, de hacerlo, habría que ignorar y dejar sin efecto las facultades organizativas del empleador (TS 18-9-00, EDJ 30504; 21-6-16, EDJ 152181). Ahora bien, la inclusión de los horarios de trabajo puede constituir una condición más beneficiosa (TS 13-7-22, EDJ 668677).

Los **representantes de los trabajadores** deben ser consultados por el empresario antes de elaborar el calendario y deben emitir informe a este respecto que resulta ineludible en el caso de que no se haya llegado a un acuerdo en la consulta (TS 18-11-14, EDJ 229536). Dicho informe no tiene carácter vinculante para el empresario. De no seguir los trámites indicados, el calendario es susceptible de impugnación ante la jurisdicción social.

La modificación de la jornada de trabajo, del horario y de la distribución del tiempo de trabajo realizada en el calendario laboral puede constituir una **modificación sustancial de las condiciones de trabajo** que debe realizarse observado los trámites previstos (nº 9195 s.)

La inobservancia de esta obligación constituye una **infracción leve**, sancionable con multa entre 70 a 750 € (LISOS art.6.1 y 40.1 a).

5143 Precisiones **1)** La elaboración del calendario es una **facultad exclusiva del empresario**, ya que en caso de no llegar a acuerdo con los representantes de los trabajadores es el empresario quien determina el calendario laboral (TS 8-6-94, EDJ 5195; TSJ Castilla-La Mancha 28-10-22, EDJ 735184). Ahora bien, la empresa no está facultada omnímodamente para establecer una distribución de la jornada de trabajo en su propio y exclusivo beneficio, pues dicha distribución debe someterse a la Ley y a las normas convencionales y no puede utilizarse para la modificación de la jornada convirtiendo días laborales en festivos no recuperables o días festivos en laborables (TSJ Cataluña 6-11-01, EDJ 65235). Esta facultad del empresario se encuentra sometida a **normas de derecho necesario**, tanto las relativas al derecho al descanso como cualesquiera otros compromisos adquiridos por la empresa (TS 16-6-05, EDJ 135989). No obstante, los trabajadores pueden **impugnar** judicialmente el calendario laboral realizado por la empresa en el supuesto de que entiendan que su contenido incumple la normativa laboral estatal o las cláusulas del convenio colectivo (TS 21-3-19, EDJ 563439; TSJ Málaga 28-4-00, EDJ 117363).

2) El empresario debe negociar el calendario laboral con los **representantes de los trabajadores** si así se prevé en convenio colectivo (TSJ Cataluña 8-6-00, EDJ 29239; TSJ Galicia 20-7-99, EDJ 35721). Generalmente, los convenios colectivos prevén la necesidad de que el calendario laboral se elabore con la participación de los representantes de los trabajadores, una participación que alcanza diversos grados, desde el establecimiento de un derecho de información pasiva, al derecho de ser consultados o, finalmente, el reconocimiento de facultades de negociación (RD 1561/1995 disp.adic.3ª). Así se declara la nulidad del calendario elaborado unilateralmente por la empresa, con inclusión de la distribución de jornada, sin el informe ni el pacto con los representantes de los trabajadores, tal y como se requiere convencionalmente (TS 17-5-11, EDJ 104019).

3) En materia de **contenido**, no es necesario precisar al detalle en el calendario todas y cada una de las situaciones individuales de los trabajadores (TSJ La Rioja 30-5-00, EDJ 117251). Basta con reflejar las jornadas generales de la plantilla. Tampoco es necesario describir en el calendario laboral las jornadas u horarios especiales (TS cont-adm 6-6-90, EDJ 5971; TSJ Aragón 10-4-01, EDJ 7783). El calendario laboral difícilmente puede contemplar los horarios de determinados trabajadores que, por las características de su prestación realicen una jornada de difícil determinación (TS 18-9-00, EDJ 30504).

4) Se ha considerado que el cambio de horario y distribución de jornada consistente en una modificación del horario que aumenta el número de jornadas anuales de trabajo en tres y el correspondiente cambio de calendario supone una **modificación sustancial de las condiciones de trabajo**, que ha de declararse nula en la medida en que se lleve a cabo de manera unilateral (TS 17-1-07, EDJ 4160).

5) Los trabajadores tienen derecho a disfrutar sus descansos semanales sin que se solapen con los festivos laborales, por lo que no es ajustada a derecho la práctica empresarial que hace coincidir el **descanso semanal** del trabajador con alguno de los 14 días festivos anuales (TS 9-7-24, EDJ 621645).

6) El calendario laboral de una empresa puede establecer que los **festivos locales** sean disfrutados por cada trabajador en otras fechas, siempre que preavisen antes de la fecha establecida para ello (TSJ Cantabria 18-12-23, EDJ 788682).

7) Los **trabajadores incorporados** a la empresa **a lo largo del año** tienen derecho a disfrutar de los días libres fijados en el calendario laboral en proporción al tiempo trabajado (TSJ Madrid 20-11-23, EDJ 761450).

3. Cómputo y control del tiempo de trabajo

(ET art.20.3, 34.5 y 9 y 35.5)

La determinación de la jornada de trabajo retribuible presupone no sólo su cuantificación, ya sea diaria, semanal o anual, sino que requiere, además, la delimitación de los tiempos y las actividades que han de comprenderse o computarse a tales efectos. Y ello porque, en principio, tan solo los tiempos de trabajo efectivamente realizados son los que han de ser compensados económicamente. **5150**

En este sentido, las referencias legales a la duración de la jornada vienen limitadas a aquellos períodos adjetivados como de **trabajo efectivo**, excluyéndose del cómputo a efectos de jornada, en principio, aquellos períodos temporales más o menos extensos en los que no se desarrolla un trabajo efectivo, pero el trabajador se encuentra **a disposición** del empresario (nº 5156).

Hay un período de tiempo también retribuido pese a corresponderse a un tiempo de inactividad laboral: la pausa durante la jornada laboral, más comúnmente conocido como **tiempo para el bocadillo**, cuyo tratamiento se recoge en el nº 5175.

Tiempo de trabajo efectivo El tiempo de trabajo **se computa** de modo que, tanto al comienzo, como al final de la jornada diaria, el trabajador se encuentre en su puesto de trabajo. Por tanto, se trata del trabajo efectivamente realizado, comprendido desde la llegada hasta el abandono del puesto de trabajo. **5152**

El tiempo de trabajo queda limitado al **tiempo útil**, esto es, a aquél en el que se realiza una actividad productiva.

Más precisa es, a este respecto, la **definición europea**, que considera como tiempo de trabajo todo período durante el cual el trabajador permanezca en el trabajo a disposición del empresario y en ejercicio de su actividad o de sus funciones. Esta definición recoge, junto al criterio de disponibilidad, el criterio de realización de una concreta actividad (Dir 2003/88/CE art.2).

Precisiones Al problema de la inexistencia de instrumentos legales suficientes que permitan una clara definición del tiempo de trabajo, se suma la existencia de **intereses contrapuestos** entre la empresa, por un lado, interesada en eliminar del cómputo de la jornada todos aquellos períodos o tiempos muertos o escasamente productivos y los trabajadores; por otro lado, interesados en que se computen como jornada de trabajo los tiempos a disposición de la empresa aunque no sean productivos.

El principal problema en relación con el concepto de tiempo de trabajo efectivo se plantea en relación con aquellos **períodos no productivos** en sentido estricto, como los invertidos en acudir al trabajo, preparar o poner en marcha las tareas productivas y otros de permanencia en la empresa o a su disposición. La ausencia de criterios que aclaren los concretos supuestos cuenta, en muchas ocasiones, con la ayuda de la **negociación colectiva** que, en atención a las concretas circunstancias productivas, define y aclara el régimen jurídico de algunos de dichos períodos o actividades no considerados legalmente. **5154**

La negociación colectiva tiene la posibilidad de otorgar a determinados tiempos el carácter de tiempo efectivo, como por ejemplo el destinado a la realización de **cursos de formación y perfeccionamiento** (TSJ Madrid 24-1-05, EDJ 9101). A este respecto, se ha establecido que no es lícito establecer cursos obligatorios de formación fuera de la jornada de trabajo, pero en el caso de que la asistencia sea voluntaria para el trabajador y este pueda negarse, no tiene derecho a que se compute el tiempo y se lo compensen en descanso (TS 26-9-06, EDJ 311907). Igualmente, se ha declarado el derecho de los trabajadores en **régimen de turnos y jornadas especiales** a que la diferencia entre las horas lectivas de formación que realicen fuera del centro de trabajo y las horas de servicios programados tengan el carácter de horas ordinarias y se abonen como tales (TS 31-5-06, EDJ 76720).

También se ha admitido la posibilidad de considerar determinados tiempos como de trabajo efectivo en virtud de **condiciones más beneficiosas** adquiridas colectivamente (TSJ La Rioja 27-11-03, EDJ 266182).

Si la jornada de trabajo tiene que **adelantarse** para realizar la prestación de servicios en otro lugar, así como si la jornada ordinaria se tiene que **prolongar** debido a desplazamientos necesarios desde el centro de trabajo al lugar de prestación, estos tiempos se consideran de trabajo efectivo y, por tanto, tienen que remunerarse como tiempo extraordinario.

Precisiones 1) La jornada efectiva de trabajo es el tiempo que, en cómputo diario, semanal o anual, **dedica el trabajador a su cometido laboral** propio, esto es, el tiempo que se encuentra en su puesto de trabajo (TS 21-10-94, EDJ 24169).

2) Se han concretado algunos supuestos específicos en los que, en líneas generales, se mantiene y proyecta la interpretación anterior. En este sentido, se han **excluido del cómputo** del tiempo de trabajo efectivo:

- el tiempo empleado en **remitir solicitudes** (permisos, vacaciones, cambios de turnos) a través de una aplicación informática (AN 24-6-20, EDJ 588718);

5154 (sigue) - el tiempo invertido en el desplazamiento desde los garajes a los que deben acudir los trabajadores a recoger los **vehículos de la empresa** para trasladarse hasta el propio centro de trabajo (TS 12-12-94, EDJ 9743);
- el tiempo dedicado a operaciones previas al inicio de las tareas productivas, como el **cambio de ropa** (TS unif doctrina 15-11-91, EDJ 10870), o el dedicado al traslado desde la recepción de la empresa al puesto de trabajo. Así, no se considera tiempo de trabajo el empleado en el cambio de ropa en el sector de la **seguridad privad**a, ya que vestir esa ropa es condición necesaria para encontrarse en disposición de iniciar su jornada de trabajo (TSJ Málaga 24-10-02, EDJ 130162);
- las horas de **descanso compensatorio** del exceso de jornada ordinaria, ya que en ese caso se estarían contabilizando doblemente, cuando se realizan efectivamente y cuando se descansan (TS 20-12-99, EDJ 45303; 24-1-00, EDJ 680);
- las horas correspondientes a **bajas médicas**, **permisos retribuidos** y horas de salida al **médico** (TSJ Murcia 27-9-04, EDJ 167101), y el tiempo de mera presencia en el sector de la **enseñanza** cuando no se realiza alguna actividad complementaria y no hay obligación de permanencia en el centro (TSJ Madrid 14-9-04, EDJ 145305);
- el que transcurre desde que el trabajador accede al bloque técnico del **aeropuerto** hasta que llega al parque de bomberos donde comienza la prestación de servicios (TS 26-1-21, EDJ 503809).

3) Por contra, **sí** se considera **tiempo de trabajo efectivo**:
- el empleado en algunos **reconocimientos médicos,** aunque tengan carácter voluntario, tanto si se realizan durante la jornada como si se hacen fuera de esta (AN 2-3-20, EDJ 514948);
- el empleado en el cambio de **vestuario y aseo personal** para trabajadores expuestos a determinados riesgos, derivados de la especial insalubridad de la actividad por manipular, entre otras, sustancias irritantes, tóxicas o infecciosas (TS 15-11-91, EDJ 10870), aún en el caso de que la jornada de la empresa sea inferior que en el convenio del sector (TSJ Cataluña 26-6-98, EDJ 28124);
- en el **sector de vigilancia y seguridad**, el tiempo destinado a entregar y recoger el arma (TS 18-9-00, EDJ 44485) y el invertido en recoger el uniforme en lugar distinto al de su centro de trabajo (TS 24-9-09, EDJ 240074);
- en las **empresas de limpieza pública**, el tiempo dedicado al reparto de la ropa de trabajo (TSJ Galicia 14-5-04, EDJ 108469);
- el tiempo empleado en los **desplazamientos** desde el domicilio del trabajador al primer cliente y el último de retorno al hogar (TJUE 10-9-15, C-266/14; TS 9-6-21, EDJ 602330; AN 14-10-15, EDJ 228426), aunque deben tenerse en cuenta las circunstancias concurrentes y la normativa aplicable en cada caso, siendo imprescindible atender a lo pactado por las partes en sus distintos acuerdos (TS 26-6-24, EDJ 607467). Igualmente lo es la **anticipación del horario** para realizar en otro lugar la prestación, o la prolongación de la jornada ordinaria por desplazamientos desde el centro de trabajo al lugar de la prestación y viceversa (TSJ Extremadura 25-9-01, EDJ 45713). También los desplazamientos durante las **comisiones de servicios** (TS 16-1-08, EDJ 25818). Y, en el caso de los trabajadores de **ayuda a domicilio,** el tiempo empleado en los desplazamientos al domicilio de los distintos usuarios (TS 21-2-17, EDJ 27153), pero no así el empleado entre su domicilio y el primer y último usuario (TS 4-2-18, EDJ 680156), aunque si el desplazamiento al domicilio del cliente es esencial para el despliegue de la actividad de la empresa, sí debe considerarse tiempo de trabajo, incluso cuando existe centro de trabajo fijo (TS 7-7-20, EDJ 601143);
- el que el personal de enfermería dedica a **informar al otro turno** sobre los pacientes, en tanto que se trata de obvia actividad profesional y resulta de absoluta necesidad para el adecuado tratamiento y seguridad del personal ingresado, llevándose a cabo en el respectivo puesto de trabajo, antes de iniciarse y concluirse el respectivo turno (TS 20-6-17, EDJ 133520; TSJ Valladolid 6-11-23, EDJ 744173; 29-1-24, EDJ 508109); como también el tiempo destinado a intercambiar información con el trabajador al que se releva en el caso de los operarios de salvamento de un aeropuerto, que debe remunerarse como extraordinario (TSJ Baleares 4-4-14, EDJ 79677);
- las horas empleadas por los trabajadores en **eventos comerciales especiales**, por lo que debe respetarse el descanso de 12 horas entre jornadas que debe empezar a contar una vez finalizado el evento en cuestión (TS 19-3-19, EDJ 567212);
- el transcurrido desde que se toma el vehículo por el conductor en el centro de trabajo para su **traslado a la estación** con el fin de proceder a la recogida de viajeros y el regreso al centro de trabajo (TS 17-6-10, EDJ 213758);
- el dedicado a la **formación profesional** que se ha completado **siguiendo instrucciones del empresario**, fuera de los locales de la empresa y del horario normal de trabajo (TJUE 28-10-21, asunto C-909/19);
- el invertido viajando fuera del horario normal del trabajador, a petición del empleador, para que preste sus **servicios en un sitio distinto de lugar habitual** (TJUE 15-7-21, asunto E-11/20);
- la **pausa** de 30 minutos **para comer** en la que el trabajador debe estar **en condiciones de salir en 2 minutos** a efectuar una intervención, y ello con independencia de que la interrupción llegue a producirse (TJUE 9-9-21, asunto C-107/19);
- el tiempo empleado en los **descansos posturales** pautados por informes médicos y de la empresa de prevención (TSJ Las Palmas 11-7-24, EDJ 675374);
- el tiempo empleado para hacer uso del **cuarto de baño** y atender necesidades fisiológicas (TSJ Madrid 4-12-23, EDJ 773715);
- respecto de los trabajos de **puesta en marcha o el cierre** del trabajo de los demás, ver nº 5357.

4) El empresario debe garantizar que cada trabajador reciba una **formación** teórica y práctica, suficiente y adecuada **en materia preventiva** cuando se realiza el contrato, cuando se produzcan cambios en las funciones que se desempeñe o cuando se introduzcan nuevas tecnologías o cambios en los equipos de trabajo. Esta formación debe impartirse, siempre que sea posible, dentro de la jornada de trabajo, lo que supone una reducción del tiempo de trabajo efectivo sin merma de salario. En su defecto, la formación se imparte en otras horas pero con el descuento en aquélla del tiempo invertido en la misma. Las horas invertidas por los trabajadores en la realización obligatoria de un curso de prevención de riesgos laborales fuera de las horas de trabajo, sea por imposición legal o por decisión del empresario, deben ser compensadas por éste mediante el oportuno descuento en la jornada de trabajo (AN 21-11-06, EDJ 326858; TS 12-2-08, EDJ 73337).
5) Tiene la consideración de tiempo de trabajo efectivo, el periodo de disfrute de los permisos retribuidos no recuperables por las causas relacionadas con la **DANA** (ver nº 5436).

Tiempo de disposición o localización El tiempo de presencia es aquel en el que el trabajador no realiza trabajo efectivo, sino que se limita a permanecer a disposición del empresario, a la expectativa de desarrollar su actividad laboral. Tiempo que se denomina de **presencia** o **espera**. Durante estos períodos el trabajador no está prestando servicios efectivos para la empresa, aunque tiene la obligación de permanecer a disposición o en situación de localización por esta para atender los encargos que puedan realizarle. Por tanto, no se puede confundir disponibilidad horaria con aumento de jornada. **5156**
Generalmente, en **convenio colectivo** se determinan los tiempos considerados como tiempo de disposición.
Los tiempos de disponibilidad **se diferencian** de otras situaciones con las que guardan aparentes similitudes:
- el tiempo incluido en la jornada de trabajo cuya prestación consista, precisamente, en permanecer a la espera de que se precise su intervención como, por ejemplo, en las guardias en el centro de trabajo;
- los períodos intermedios en las actividades en las que la prestación no es permanente como, por ejemplo, los trabajos de mantenimiento;
- las situaciones en las que la prestación de trabajo consiste, precisamente, en permanecer en el centro de trabajo, por ejemplo, las labores de control y vigilancia.

Los tiempos de disposición suelen tener una **retribución específica**, a la que se tiene derecho aun en el caso de que no se concrete la llamada y la prestación efectiva de servicios, ya que lo que se retribuye es, precisamente, la situación o la forma de prestar el trabajo y no su realización (TS 15-7-96, EDJ 5520). En este sentido, algunos convenios colectivos prevén el denominado **complemento de disponibilidad**, aplicable a los trabajadores que, además de su jornada ordinaria, tienen que estar determinado tiempo tasado en régimen de disponibilidad horaria (nº 4771). **5158**
La consideración y retribución del tiempo de trabajo efectivo realizado durante la situación de disponibilidad depende del conjunto del tiempo dedicado al trabajo efectivo en el período a que se refiere la jornada. El tiempo de trabajo efectivo realizado durante la jornada ordinaria pactada ha de abonarse como **tiempo de trabajo ordinario**, mientras que el realizado más allá de la jornada ordinaria se considera a efectos de retribución y cómputo como **horas extraordinarias** (nº 5250 s.), sin que ello sea incompatible con la existencia y percepción de una retribución específica del tiempo de disponibilidad.

Precisiones **1)** Como consecuencia de su no consideración como tiempo de trabajo, los **accidentes** acaecidos durante este tiempo no tienen la consideración de laborales (TS 7-2-01, EDJ 2933).
2) Las horas de espera en el **sector del transporte** tienen que retribuirse con un salario que tenga como referencia, como mínimo, el valor de una hora ordinaria de trabajo (TS 20-5-04, EDJ 60756; TSJ Valladolid 14-5-03, EDJ 272333; 31-1-05, EDJ 11004).

Guardias Un supuesto específico es el de las denominadas guardias localizadas. A este respecto, se ha establecido que deben computarse como **tiempo de trabajo efectivo** ordinario y, en su caso, como horas extraordinarias, tanto las guardias asistenciales y dispositivos de riesgo previsible, como las horas de trabajo realizadas a consecuencia de una actividad en guardias localizadas. En este último caso, producida la activación, el trabajador no se encuentra en la situación de expectativa de llamada sino en el puesto laboral asignado para desarrollar la labor que tiene encomendada, y como tal ha de computarse a los efectos de la jornada anual de trabajo efectivo (TS 31-10-01, EDJ 53686). **5160**
Por contra, **no** tiene la consideración de **tiempo de trabajo efectivo** el tiempo de guardias de localización, durante el que el trabajador mantiene, aunque con limitaciones, determinadas opciones personales o familiares (TS 27-1-09, EDJ 16975; 18-4-23, EDJ 550486). Así, se ha considerado que no es tiempo de trabajo efectivo la guardia de localización que obliga a un bombero a permanecer localizable y a **presentarse** completamente equipado en el punto de encuentro **en un plazo máximo de 30 minutos** (TS 2-12-20, EDJ 763748). Tampoco se

consideran tiempo de trabajo las guardias de disponibilidad cuando **no impiden** al trabajador **el normal desarrollo de su vida** personal y social. Esto sucede cuando no está obligado a permanecer en un lugar fijado por la empresa, ni tiene la obligación de atender la incidencia en un determinado plazo de tiempo y cuando, además, la mayoría de las incidencias puede resolverse telemáticamente sin necesidad de desplazamiento (TS 18-6-20, EDJ 634142).
El período de guardia domiciliaria debe considerarse tiempo de trabajo, aunque la guardia se desarrolle en el domicilio del trabajador, cuando las obligaciones que recaen sobre él durante dicha guardia -obligación de permanecer en el domicilio y presentarse en el centro de trabajo en 8 minutos- **limitan de manera objetiva la posibilidad de realizar otras actividades** (TJUE 21-2-18, C-518/15).

Precisiones 1) Debe tenerse en cuenta, en cualquier caso, que el ET no es de aplicación al **personal estatutario de la Seguridad Social** (TS 4-10-01, EDJ 70908).
2) La disponibilidad permanente del trabajador a través de **aparatos de radio-escucha** no resulta en modo alguno asimilable a la realización de horas extraordinarias, ni al desarrollo de una propia y típica jornada laboral (TS 11-7-90, EDJ 7495).
3) Las horas de trabajo consideradas como **guardias de presencia física** han de ser consideradas como tiempo de trabajo, y además como horas extras las que en desarrollo de ese tipo de guardias excedan de la jornada ordinaria y deben ser retribuidas al menos con el valor de la hora ordinaria y no con el menor valor que el convenio contempla (TS 27-11-06, EDJ 364906; 14-11-06, EDJ 319308; 21-2-06, EDJ 53159).
4) Para que la guardia localizada tenga la consideración de tiempo de trabajo es necesario realizar una **apreciación global de todas las circunstancias** de cada caso, tales como el plazo en el que ha de presentarse en caso de ser requerido y sus consecuencias, la frecuencia media de intervención o la duración de las intervenciones. Si las limitaciones impuestas al trabajador son de tal naturaleza que afectan objetivamente y de manera considerable a su capacidad para administrar libremente el tiempo durante el cual no se requieren sus servicios profesionales, se trata de tiempo de trabajo. El hecho de que el entorno inmediato del lugar en el que debe permanecer sea poco propicio para el ocio carece de pertinencia a efectos de dicha apreciación (TJUE 9-3-21, C-580/19; 9-3-21, C-344/19).
5) Es tiempo de trabajo el tiempo de espera durante las guardias en que los trabajadores del servicio de emergencia del sector de **transporte en ambulancias** permanecen en el centro de trabajo a disposición del empleador (TS 17-2-22, EDJ 515153; 22-11-22, EDJ 767328).

5162 **Control del tiempo de trabajo** (ET art.20.3, 34.7 y 9 y 35.5; ITSS Criterio técnico 101/2019) El empresario, en el ejercicio regular de sus **facultades** de dirección y control, puede adoptar las medidas que estime más oportunas para verificar el cumplimiento por el trabajador de sus obligaciones y deberes laborales.
Las empresas deben garantizar el **registro diario de jornada** que debe incluir el horario concreto de inicio y finalización de la jornada de trabajo de cada trabajador, sin perjuicio de la posibilidad de flexibilidad horaria. No se exige expresamente el registro de las **interrupciones o pausas** entre el inicio y la finalización de la jornada diaria que no tengan carácter de tiempo de trabajo efectivo. Al tratarse de una norma de mínimos, mediante la negociación colectiva o acuerdo de empresa o, en su defecto, decisión del empresario previa consulta de la representación legal de los trabajadores, el registro de jornada puede incluir también estas interrupciones. El registro ha de ser **objetivo y fiable**; en caso contrario, podría presumirse que es jornada toda aquella que transcurre entre la hora de inicio y la de finalización registradas y correspondería al empleador acreditar lo contrario. No es aceptable para la acreditación del cumplimiento de esta obligación la exhibición del horario general de aplicación en la empresa, el calendario laboral o los cuadrantes horarios elaborados para determinados periodos.
En relación con las **horas extraordinarias**, la obligatoriedad de las empresas de disponer de un registro de jornada ha supuesto la inversión de la carga de la prueba de su realización. Así, para los **periodos anteriores** al 13-5-2019 -fecha de entrada en vigor de esta obligación- la carga corresponde al trabajador que reclama y afirma la realización de horas extras (TSJ Murcia 11-7-23, EDJ 705586). Pero para los **períodos posteriores** corresponde al empresario la carga de la prueba a través del registro de jornada (TSJ Galicia 14-2-24, EDJ 517619). En caso de incumplimiento empresarial de la obligación de registro de jornada, se establece la presunción de la realización de horas extras si se aportan indicios en tal sentido (TSJ Castilla-La Mancha 2-12-19, EDJ 829472; 30-4-21, EDJ 597786; 23-6-22, EDJ 639601; 4-4-24, EDJ 562318; TSJ País Vasco 16-3-21, EDJ 569736; 12-7-22, EDJ 725989; TSJ Baleares 23-9-20, EDJ 700804; 2-5-23, EDJ 587336; TSJ Galicia 23-6-22, EDJ 639893; TSJ Cataluña 14-4-22, EDJ 588293).
La forma de **organización y documentación** debe determinarse mediante negociación colectiva o acuerdo de empresa o, en su defecto, decisión del empresario previa consulta con los representantes legales de los trabajadores en la empresa. En cualquier caso, ha de ser un sistema de registro objetivo que garantice la fiabilidad, veracidad y no alteración a posteriori de los datos y debe respetar la normativa de protección de datos. Ha de ser documentado

tanto en los casos en los que se realice por **medios electrónicos o informáticos** como mediante medios manuales. En el primer caso la ITSS puede requerir en la visita la impresión, la descarga o su suministro en soporte informático. En el caso de que se realice por **medios manuales**, puede recabar los documentos originales o solicitar copia, tomar notas, fotografías o incluso el original como medida cautelar. Igualmente puede verificar que la implantación del registro ha ido precedida del correspondiente procedimiento de negociación o consulta. **5162** (sigue)

La empresa tiene el **deber de conservar** los registros durante cuatro años que han de permanecer a disposición de los trabajadores, de sus representantes legales y de la ITSS. La conservación de los registros diarios no implica la totalización de los mismos. Los registros deben estar disponibles en cualquier momento, por lo que tienen que estar y permanecer físicamente en el centro de trabajo o ser accesibles desde el mismo de manera inmediata, para poder evitar cualquier posibilidad de alteración de los datos. No obstante, la permanencia a disposición no implica la obligación de entrega de copias, salvo que así lo disponga un convenio colectivo o exista pacto expreso. Tampoco a los representantes legales de los trabajadores, aunque ello no impide la posibilidad de tomar conocimiento de los registros de los trabajadores.

El Gobierno, a propuesta del Ministerio de Trabajo y Economía Social, puede establecer **especialidades** en las obligaciones de registro de jornada en aquellos sectores, trabajos y categorías profesionales que por sus peculiaridades así lo requieran.

Las facultades empresariales se dirigen a **controlar** tanto el tiempo de trabajo como la **realización efectiva** del mismo por el trabajador. El empresario puede también verificar el estado de enfermedad o accidente del trabajador, si este lo alega para justificar sus **faltas de asistencia** al trabajo, mediante reconocimientos a cargo del personal médico.

El **incumplimiento** de las obligaciones en materia de registro de jornada se considera infracción grave (LISOS art.7.5).

En los **procedimientos sancionadores** ha de valorarse la existencia de una actuación de la empresa en este sentido y una negociación entre las partes bajo el principio de la buena fe. El registro no constituye un fin en sí mismo, sino que es un medio que garantiza y facilita el control del cumplimiento de la normativa en materia de tiempo de trabajo, pero no el único. Además, si hubiese certeza de que se cumple la normativa en materia de tiempo de trabajo o de que no se realizan horas extraordinarias, aunque no se lleve a cabo registro de la jornada, tras la valoración del inspector actuante en cada caso, podría sustituirse el inicio del procedimiento sancionador por la formulación de un **requerimiento** para que se dé cumplimiento a esta obligación legal.

Precisiones **1)** Los **Estados miembros de la UE** deben imponer a los empresarios la obligación de implantar un sistema objetivo, fiable y accesible que permita computar la jornada laboral diaria realizada por cada trabajador (TJUE 14-5-19, C-55/18).

2) Siguen operativos los registros ya establecidos para **supuestos especiales** tales como los contratos a tiempo parcial (nº 6194), las horas extraordinarias (nº 5270), los trabajadores móviles (nº 5324), trabajadores de la marina mercante y trabajadores que realizan servicios de interoperabilidad transfronteriza en el transporte ferroviario o los registros de jornada en los desplazamientos transnacionales (ITSS Criterio técnico 101/2019).

3) Es válido el acuerdo suscrito por la empresa y parte de la representación sindical que establece un sistema de registro de jornada en el que solo se ficha el inicio y el fin de la jornada y se establece un **factor corrector** de dos horas al día para compensar las pausas (TS 5-4-22, EDJ 538082). Igualmente lo es aquel que descuenta el tiempo empleado para **fumar o tomar café**, si no se acredita la existencia de una condición más beneficiosa o que establece la obligación de autorización previa para realizar horas extraordinarias (AN 10-12-19, EDJ 796170). Por contra, no es válido el registro que hace una **estimación del final de la jornada** y que se documenta en papel, pues incumple la obligación de indicar el concreto final de la jornada y dificulta la puesta de la información a disposición de los trabajadores, de sus representantes legales y de la ITSS (AN 15-2-22, EDJ 513814).

4) Un sistema de **registro defectuoso** no puede aceptarse como medio de prueba (TSJ Madrid 12-7-19, EDJ 675384), pero un sistema establecido por convenio colectivo que se basa en **datos declarados unilateralmente por el trabajador** es válido, ya que no se entiende que desvirtúe la obligación de ser objetivo y fiable (TS 18-1-23, EDJ 501288).

5) El empresario puede ejercer sus **facultades de control y vigilancia** a través de la implantación de un sistema de registro horario por el que se establece cómo debe ficharse en los viajes, que las horas extraordinarias requieren autorización previa del superior y que las pausas para tomar café y para fumar deben ficharse porque no son tiempo de trabajo; todo ello siempre que no se vulnere un acuerdo previo o una condición más beneficiosa (AN 10-12-19, EDJ 796170; TS 22-2-23, EDJ 524323).

6) No existe norma legal ni convencional que establezca la obligatoriedad de registrar diariamente las compensaciones de prolongación de jornada (TS 4-12-19, EDJ 771437).

4. Descansos mínimos

5170 Los períodos mínimos de descanso laboral se caracterizan por interrumpir la prestación de servicios. Durante estos intervalos el trabajador no se encuentra en situación de disposición por parte de la empresa. Estos descansos son los **siguientes**:
1. Descanso durante la jornada (nº 5175).
2. Descanso entre jornadas (nº 5185).
3. Descanso semanal (nº 5190).
4. Vacaciones anuales (nº 5650 s.).

a. Descanso dentro de la jornada

(ET art.34.4)

5175 Se ha de interrumpir el trabajo siempre que la duración de la jornada diaria continuada exceda de 6 horas, en cuyo caso, el trabajador debe disfrutar un período de descanso obligatorio cuya duración no sea inferior a 15 minutos. A este descanso también se le denomina «**descanso del bocadillo**».
Si el trabajador es **menor de 18 años**, el descanso obligatorio debe tener una duración mínima de 30 minutos y se disfruta cuando la duración de la jornada diaria continuada supere las 4,5 horas.
La duración legal de las pausas de 15 y 30 minutos tiene **carácter de mínimo**, y puede ser mejorada por la negociación colectiva o mediante contrato de trabajo.
No se puede excluir a los **trabajadores temporales** del derecho al abono del descanso en la jornada, ya que ello supondría una violación del principio de igualdad (TS 1-3-05, EDJ 37536).

Precisiones **1)** La finalidad de esta interrupción es dotar al trabajador de un descanso en la jornada, de modo que **no es posible su compensación** o transformación en otro beneficio que sea de disfrute posterior en el tiempo. Así, por ejemplo, no se puede compensar con un aumento de los días de vacaciones anuales (TSJ Cataluña 12-2-96, EDJ 11439).
2) No se disfruta el descanso comprendido dentro de la jornada de trabajo cuando la jornada diaria continuada sea **inferior a 6 horas** (TSJ Murcia 10-1-00, EDJ 493), aunque se deba a una **reducción de jornada** por guarda legal (TSJ Castilla-La Mancha 20-6-17, EDJ 147864).
3) El **momento de disfrute** del descanso no debería determinarse **de manera unilateral** por parte del empresario. Sería conveniente su fijación mediante convenio colectivo o, en su caso, en virtud de pacto individual con cada trabajador (TS 6-3-00, EDJ 2805). El descanso no se puede disfrutar al término de las 6 horas, o a la llegada del momento en que falten los 15 minutos para alcanzar las 6 horas de trabajo en régimen de jornada continuada, sino dentro de la jornada (TS 3-6-99, EDJ 13533)
4) Durante el descanso de 15 minutos los trabajadores tienen derecho a **salir del centro de trabajo**, ya que no puede considerarse tiempo de descanso aquel en el que se obliga al trabajador a permanecer en el lugar de trabajo y en disposición de incorporarse inmediatamente si fuese requerido por la empresa (TSJ País Vasco 7-10-97, EDJ 20615; TSJ Valladolid 23-1-20, EDJ 516959).
5) Existen múltiples opciones en la **negociación colectiva** que van desde la mera reiteración de la duración mínima del descanso prevista legalmente, hasta el aumento del tiempo de descanso en 20, 25 o 30 minutos (CCol Industria del Calzado DGTr Resol 24-3-23, BOE 10-4-23).
6) En los tiempos de descanso fijados en convenio colectivo no puede estar incluido el tiempo que necesita cada trabajador para atender sus **necesidades fisiológicas**, puesto que no vienen determinadas por el servicio (AN 10-5-21, EDJ 574521; TS 19-9-23, EDJ 696392; TSJ Madrid 4-12-23, EDJ 773715).

5177 La regla legal es que el tiempo de bocadillo se encuentra excluido del cómputo del **tiempo de trabajo**. Sin embargo, este período de descanso se puede considerar de trabajo efectivo cuando se establezca por convenio o contrato de trabajo. Estamos, pues, ante una excepción. Caben distinguir dos **modalidades** a las que puede referirse la equiparación acordada:
- que se considere como tiempo de trabajo efectivo a efectos del cómputo de la jornada pactada, lo que supone también su remuneración;
- que se considere sólo a efectos retributivos.

Precisiones **1)** Si ni el convenio colectivo ni el contrato de trabajo reconocen expresamente el **carácter de tiempo efectivo de trabajo** de los 15 minutos, se debe entender que no es computable dicho tiempo como tiempo efectivamente trabajado (TSJ Murcia 21-2-00, EDJ 1912). La **retribución** del descanso no supone que se considere como tiempo de trabajo efectivo; este aspecto se tiene que pactar expresamente (TS 18-7-94, EDJ 11734; 21-10-94, EDJ 24169; 6-3-00, EDJ 2805).
2) La **remuneración**, en el caso de que se considere tiempo de trabajo efectivo, no comprende las cantidades o complementos relativos a la efectiva productividad del trabajador, tales como los pluses de cantidad o calidad en el trabajo, o primas de producción (TS 30-11-92, EDJ 11857; 23-12-92, EDJ 12766; 10-6-93, EDJ 5575).

3) Respecto a si se trata o no de **condición más beneficiosa**, los tribunales vienen pronunciándose en distinto sentido. **No se considera** como tal:
- una decisión unilateral de la empresa sobre acumulación anual del tiempo de bocadillo, que se elimina en una nueva distribución del tiempo de trabajo efectivo en el calendario laboral, siempre que se respete esta pausa de 15 minutos en la jornada continuada y no se introduzca una mayor duración de la jornada (TSJ Cataluña 12-2-96, EDJ 11439);
- aunque la empresa haya habilitado expresamente algunas dependencias en los centros de trabajo para su disfrute y venga tolerando esa parada en la actividad de forma pacífica (TS 17-9-10, EDJ 206888);
- la simple tolerancia, por parte de la empresa, de que en los calendarios de los 5 años anteriores se haya seguido la recomendación prevista en el convenio colectivo, de que 7,5 minutos de los 15 de descanso para el bocadillo, sean considerados como de trabajo efectivo (TS 13-7-17, EDJ 151661).
4) Por contra, si se demuestra que el tiempo de bocadillo es considerado como tiempo de trabajo, sin necesidad de ser recuperado, **sí** estamos ante una **condición más beneficiosa** que no puede ser abolida unilateralmente por el empresario sin seguir el procedimiento establecido para las modificaciones sustanciales (AN 5-5-14, EDJ 68129; TS 16-9-15, EDJ 192736).
Si se consolida como condición más beneficiosa, su **supresión** sólo es posible -además de por el mutuo acuerdo- cuando es compensada o neutralizada en virtud de una normativa legal o convencional posterior más ventajosa para el trabajador y que modifique la situación jurídica preexistente sobre la misma materia, concurriendo la necesaria homogeneidad entre uno y otro concepto o condición (TSJ Cataluña 11-12-00, EDJ 66717; TSJ Galicia 18-3-00, EDJ 15426).
Esta supresión afecta a las condiciones de trabajo, tratándose de una **modificación sustancial de las condiciones de trabajo** que afecta a la jornada (TSJ Navarra 31-12-01, EDJ 68799). Solo si la consideración del tiempo de bocadillo como tiempo de trabajo efectivo tiene la naturaleza de condición más beneficiosa es necesario recurrir al procedimiento de modificación sustancial de condiciones de trabajo para alterar dicha consideración (TS 13-7-17, EDJ 151661).
No obstante, la condición más beneficiosa consistente en el disfrute de una jornada inferior a la establecida en el convenio aplicable y en la consideración del tiempo de bocadillo como trabajo efectivo queda eliminada **si el representante** de los trabajadores **acepta** implícitamente con el nuevo calendario laboral la aplicación de la jornada de convenio que resulta superior (TSJ Murcia 14-1-02, EDJ 6372).
5) En caso de que este derecho se haya venido disfrutando en términos más amplios de los estrictamente legales y en cuanto condición más beneficiosa, se mantiene aún en caso de **sucesión de empresa** (TS 26-6-24, EDJ 616090; TSJ País Vasco 3-5-05, EDJ 118698).
6) El cómputo de la pausa del bocadillo como **tiempo de trabajo** solo para el colectivo de trabajadores con horario fijo y continuado de 6 horas, no vulnera el derecho a la igualdad de los trabajadores con horario flexible y autoorganización de la prestación de trabajo, aunque la duración de la jornada sea la misma (TS 15-2-22, EDJ 510831).

b. Descanso entre jornadas

(ET art.34.3)

Entre el final de una jornada y el comienzo de la siguiente deben mediar, como mínimo, 12 horas. Este es un límite rígido a la jornada y debe ser respetado en los supuestos de distribución irregular de la jornada diaria por pacto entre la empresa y los representantes de los trabajadores. **5185**
La **finalidad** de la norma es proteger la salud laboral del trabajador, de suerte que el descanso es obligatorio e irrenunciable.
Una vez más, estamos ante un **descanso mínimo**. Por tanto, las 12 horas se pueden ampliar en virtud de convenio o pacto entre las partes.
Es un descanso necesario que deben disfrutar todos los trabajadores, a excepción de lo previsto para las **jornadas laborales especiales** (nº 5285 s.). Únicamente en estos casos, se pueden fijar duraciones especiales del descanso. Las **reducciones del descanso** entre jornadas -no inferiores a 10 horas- deben ser compensadas mediante descansos alternativos, de duración no inferior a la reducción experimentada, a disfrutar dentro de los períodos de referencia que en cada caso se señalan o en la forma que se determine mediante acuerdo o pacto (nº 5295 s.).

Precisiones Cuando un trabajador presta servicios **para un mismo empresario en virtud de varios contratos de trabajo**, el período mínimo de descanso diario se aplica a los contratos considerados en su conjunto y no a cada uno de ellos por separado (TJUE 17-3-21, asunto C-585/19).

c. Descanso semanal

(OIT Conv 14; Const art.40.2; ET art.37.1)

Los trabajadores tienen derecho a un descanso mínimo semanal, acumulable por períodos de hasta 14 días, de día y medio ininterrumpido que, como regla general, ha de comprender la tarde del sábado o, en su caso, la mañana del lunes y el día completo del domingo. **5190**

La **duración mínima** del descanso semanal de día y medio es independiente del mínimo de 12 horas, por lo que se ha rechazado la pretensión empresarial de computar tal descanso por horas, de modo que adicionando las 12 horas del descanso intrajornadas se llega a la solución de que, descansando la noche del sábado y el domingo, se concluiría el período de descanso debiendo entrarse a trabajar en la mañana del lunes, puesto que desde el fin de la jornada del sábado hasta el inicio de la mañana del lunes habrían transcurrido 36 horas. Lo contrario sería neutralizar este derecho por el método de **solapar** un descanso con otro (TS 10-10-05, EDJ 188487; 25-9-08, EDJ 197300; 23-10-08, EDJ 234685; 20-9-10, EDJ 226265). Ambos descansos deben disfrutarse de manera diferenciada, atendiendo a su diversa finalidad, e independiente el uno del otro, por lo que el disfrute del descanso semanal no puede mermar en ningún caso el descanso diario (TJUE 2-3-23, asunto C-477/21; TS 23-10-13, EDJ 227762).

La fórmula de **acumulación bisemanal** permite un sistema de ordenación flexible del tiempo de trabajo, pudiendo en este caso disfrutar 3 días ininterrumpidos de descanso semanal cada 2 semanas (TSJ Madrid 8-3-95, EDJ 23954).

Por tanto, los **acuerdos** en convenio colectivo o entre la empresa y los representantes de los trabajadores **sobre distribución irregular de la jornada** deben respetar necesariamente el descanso semanal previsto legalmente.

La duración del descanso de día y medio se amplía legalmente para los trabajadores **menores de 18 años**, que tienen derecho a un descanso mínimo de 2 días ininterrumpidos. En principio, el domingo y el lunes o el sábado completo. No obstante, conviene indicar que, en este caso, no se contempla la posibilidad de que el descanso se pueda acumular por períodos de 14 días.

Precisiones 1) Los trabajadores **no** pueden disponer de su derecho al descanso semanal ni tampoco **renunciar** al mismo aunque se hayan pactado ventajas o mejoras o reducciones de jornada o salariales (TSJ País Vasco 23-10-01, EDJ 76993). Se aplica el convenio colectivo cuando recoge condiciones sobre descanso semanal más beneficiosas que las establecidas por contrato individual (TS 20-3-24, EDJ 530071).

2) Son indemnizables los **perjuicios** causados por el incumplimiento del derecho de los trabajadores a su descanso semanal de día y medio real y efectivo (TS 13-7-12, EDJ 195806; 17-7-12, EDJ 195810).

3) No puede neutralizarse el derecho de los **vigilantes de seguridad** a disfrutar de un fin de semana de libranza al mes, aunque en ese mismo mes también se disfruten vacaciones (TSJ País Vasco 13-12-22, EDJ 811314).

5192 El descanso semanal no es una institución de carácter religioso. El hecho de que su disfrute coincida en domingo, con carácter general y como regla dispositiva, se debe no a razones religiosas, sino a motivos ligados a la costumbre o a la tradición del país (TCo 19/1985). En **convenio colectivo o contrato de trabajo** se puede determinar cualquier día de la semana como día de asueto semanal (TS cont-adm 1-2-93, EDJ 734; TSJ Valladolid 6-7-98, EDJ 29366). En este sentido, se ha entendido que no se puede hacer valer la libertad religiosa para demandar al empresario otro día de disfrute del descanso acorde con las convicciones religiosas particulares del trabajador. Por tanto, **el trabajador tiene que adaptarse** a la organización y a la determinación del horario de la empresa (TCo 19/1985). En cualquier caso, cabe **pacto** entre el trabajador y la empresa para adaptar el régimen de descanso en aplicación de los Acuerdos de Cooperación del Estado con las confesiones religiosas distintas de la católica -por ejemplo, Acuerdo del Estado con la Federación de Entidades Religiosas Evangélicas de España (L 24/1992), Acuerdo de cooperación del Estado con la Federación de comunidades Israelitas de España (L 25/1992) y Acuerdo de cooperación del Estado con la Comisión Islámica de España (L 26/1992)-.

El régimen general de descanso semanal puede ser **alterado por el Gobierno** para las actividades y con los requisitos que se señalan para la jornada. En este sentido, es de aplicación el ET en materia de **ampliaciones y reducciones** (nº 5285 s.), así como para la fijación de **descansos alternativos** para actividades concretas (nº 5290). En cualquier caso, las reducciones previstas reglamentariamente en los descansos semanales deben ser compensadas mediante descansos alternativos, cuya duración no puede ser inferior a la reducción experimentada.

Precisiones 1) La regulación estatutaria efectúa una remisión en bloque al **convenio colectivo** para su ordenación flexible, atendiendo a las particularidades de cada empresa o sector de actividad, limitándose, únicamente, a establecer ciertas restricciones que, formuladas a modo de mínimos de derecho necesario, deben ser tenidas en cuenta por los sujetos negociadores (TSJ Cantabria 5-8-03, EDJ 240966). En general, se suele plasmar en los convenios colectivos de ámbito estatal la duración del descanso semanal determinada por el legislador. No obstante, y como mejora máxima, muchos convenios colectivos instauran la denominada «**jornada inglesa**», elevando a 2 el número de días de descanso, cuyo disfrute es normalmente de carácter continuado (CCol de Fundación Diagrama Intervención Psicosocial DGTr Resol 29-1-21, BOE 11-2-21). Esta mejora sustancial de la duración del descanso se realiza con mayor difusión en los convenios provinciales y de empresa.

2) En relación con el descanso de los **menores de edad** no faltan convenios colectivos que prevén la aplicación del disfrute del descanso en períodos de referencia de hasta 14 días (CCol de Fundación Diagrama Intervención Psicosocial DGTr Resol 29-1-21, BOE 11-2-21). Con carácter general, estos convenios colectivos reiteran lo dispuesto legalmente. Otros convenios colectivos no prevén directamente la **acumulación del descanso semanal** en cómputo bisemanal, sino que ello se supedita al acuerdo entre los representantes de los trabajadores y la empresa.
3) Cuando el descanso semanal de día y medio a la semana esté establecido en el convenio en **turnos rotativos de lunes a sábado**, ambos inclusive, los trabajadores que trabajan en domingo no pueden ser privados de su descanso semanal, aunque sea objeto de compensación económica (TS 5-6-07, EDJ 80436).
4) Cuando el trabajo desarrollado en los días de descanso **ya fue objeto de retribución** al valor de la hora extraordinaria, el trabajador no tiene derecho a percibir la otra retribución adicional por el hecho de haber trabajado precisamente en días de descanso, pues lo contrario supondría para la empresa pagar dos veces por el mismo concepto (TS 25-1-11, EDJ 8558).

Retribución (ET art.26.1) El descanso semanal debe ser retribuido de acuerdo con el **salario** correspondiente a la jornada legal de cada actividad. **5194**
Si la retribución tiene **carácter variable**, se toma como base el mínimo señalado para la categoría o grupo profesional de que se trate o el promedio de los meses anteriores aplicando el convenio colectivo.
La retribución de los siete días naturales de la semana **se devenga** mediante el trabajo de cinco días y medio, o lo que es lo mismo, cada día de trabajo acumula al salario del día la parte proporcional del descanso semanal (JS Palma de Mallorca núm 2, 22-3-24, EDJ 557444).
La **ausencia injustificada** de horas de trabajo puede determinar la pérdida proporcional de tal retribución.
La retribución que el empresario puede detraer por cada día de **huelga legal** comprende no sólo el salario de la jornada -salario base y complementos salariales- sino también, entre otros conceptos, la parte proporcional de la retribución de los días de descanso semanal correspondiente a la semana en que se produce la huelga (TS 24-1-94, EDJ 375; 18-4-94, EDJ 3355). Por contra, no cabe detracción o deducción alguna por huelga en la retribución de las vacaciones y en la de los días festivos fuera de este período (TS 13-3-01, EDJ 2953).
Los **trabajadores eventuales y temporeros** cuyos servicios a una misma empresa no excedan de 120 días han de percibir junto al salario diario la parte proporcional de la retribución del descanso semanal, así como de los días festivos y pagas extraordinarias.
En caso de **despido o de suspensión del contrato**, el trabajador tiene derecho a la correspondiente indemnización que pueda proceder, así como al abono del jornal de los días efectivamente trabajados y de la parte proporcional correspondiente al descanso semanal.

Cuando, excepcionalmente y por razones técnicas u organizativas, **no se pueda disfrutar** el día de fiesta correspondiente o, en su caso, de descanso semanal, la empresa debe abonar al trabajador, además de los salarios correspondientes a la semana, el importe de las horas trabajadas en el día festivo o en el período de descanso semanal, incrementadas en un 75%, como mínimo, salvo descanso compensatorio (RD 2001/1983 art.47). En este último caso, debe compensarse, al menos, con un día de asueto por cada día festivo trabajado (TS 2-11-99, EDJ 32607; TSJ Sta. Cruz de Tenerife 24-2-00, EDJ 4525; TSJ Valladolid 10-1-04, EDJ 224351). **5196**
El modo en el que se lleva a cabo la compensación puede suponer una **condición más beneficiosa,** como la consistente en el derecho de los trabajadores a que, solicitado por escrito el día a compensar tras haber trabajado un día festivo, puedan disfrutarlo en cualquier momento del año natural sin ninguna otra limitación (TS 5-4-16, EDJ 45066).

Precisiones **1)** Estos descansos, así como los descansos alternativos establecidos en la normativa sobre jornadas especiales de trabajo (nº 5290), **no pueden ser objeto de sustitución** por compensación económica, salvo en el caso de finalización de la relación laboral por causas distintas a las derivadas de la duración del contrato (por ejemplo, despido disciplinario o extinción por causas objetivas).
2) En el supuesto de que se produzca la **extinción de la relación laboral un viernes**, se tiene derecho a la retribución completa del sábado y el domingo.
3) No procede una compensación específica cuando, en atención a la actividad realizada, el convenio prevé el trabajo en descansos semanales y establece una jornada anual que excluye de su cómputo los días festivos, las vacaciones y los descansos semanales, ya que el convenio pudo haber regulado tal circunstancia y previsto algún complemento o compensación para el trabajo en estos días y no lo hizo (TSJ Sevilla 30-9-03, EDJ 216626).
4) En algunos casos, los convenios colectivos contemplan la posibilidad de trabajar en los días de descanso semanal debido a **necesidades productivas de la empresa**. Asimismo, se suele prever, como buena práctica negocial, que las horas realizadas durante los días descanso semanal deben ser objeto de compensación con tiempo de asueto sustitutivo y equivalente, y nunca mediante indemnización económica. Sin embargo, todavía existen convenios que contemplan como único sistema de compensación la indemnización económica.

B. Reducciones de jornada

5205 Con carácter general, conviene indicar que la jornada ordinaria legal puede ser objeto de reducción por los siguientes **motivos**:

1. Por disposición legal o convencional, en virtud de las circunstancias personales del trabajador o de otros supuestos previstos legalmente.

2. Por la voluntad o acuerdo entre las partes.

El **régimen jurídico** difiere no sólo en relación a los requisitos y las condiciones de aplicación de las reducciones, sino también en su relación con la prestación salarial que, en algunos casos, desciende proporcionalmente a la reducción de la jornada, y en otros se mantiene el derecho a la percepción salarial sin reducciones.

Precisiones 1) Se puede **pactar** entre el empresario y el trabajador de forma sobrevenida una reducción de la jornada, en cuyo caso, se produce una novación del contrato de trabajo de referencia (ET art.3.1.c; CC art.1255). Asimismo, se puede reducir la jornada observando el procedimiento de **modificación sustancial de condiciones** de trabajo (nº 9195 s.) o en virtud de **causas económicas, técnicas, organizativas o productivas** con arreglo al procedimiento previsto (nº 2952 Memento Social 2024).

2) En los supuestos en los que el empresario decida la reducción de la jornada de trabajo, los **representantes de los trabajadores** deben emitir un informe con carácter previo a la ejecución de la decisión (ET art.64.5.b).

1. Previstas legalmente

5210 El trabajador puede solicitar una reducción de su jornada de trabajo por alguna de las siguientes **circunstancias**:

- cuidado del lactante (nº 5212 s.);
- nacimiento de hijo prematuro u hospitalización de neonato (nº 5220);
- cuidado de menores afectados por cáncer u otra enfermedad grave (nº 5222);
- guarda legal (nº 5224 s.);
- víctima de violencia de género, de violencia sexual y de terrorismo (nº 5232).

Precisiones Con motivo de la **DANA** producida entre el 28 de octubre y el 5 de noviembre de 2024 se establece un **plan MECUIDA** vigente hasta el 31-12-2024, que permite a los trabajadores reducir su jornada de trabajo para atender a deberes de cuidado distintos a los que generan derecho al permiso retribuido no recuperable previsto por esta misma circunstancia extraordinaria (nº 5436), respecto de un menor de 12 años, de un familiar o de un menor afectado de cáncer. Los trabajadores pueden acogerse a esta medida cuando tengan su lugar de trabajo o domicilio en alguno de los municipios afectados por la DANA o cuando los destinatarios de sus cuidados residan en alguno de esos municipios. La reducción de jornada se rige por el ET art.37.6 y 37.7, con las siguientes **peculiaridades**: puede alcanzar al 100% de la jornada, debe comunicarse al empresario con 24 horas de antelación y no se exige que el familiar que requiere los cuidados no desempeñe actividad retribuida (RDL 6/2024 anexo; RDL 7/2024 art.1 y 42.4 y 5 y disp.final 14ª).

5212 **Cuidado del lactante** (ET art.37.4 redacc RDL 2/2024) Los trabajadores, hombres y mujeres, tienen derecho a **una hora de ausencia** del trabajo sin pérdida de retribución, que pueden dividir en dos fracciones (que no tienen que ser necesariamente iguales), para el cuidado del lactante hasta que este cumpla 9 meses. Su duración se incrementa proporcionalmente en caso de nacimiento, adopción, guarda con fines de adopción o acogimiento múltiples.

Esta ausencia al trabajo se puede **sustituir** por:

a) Una reducción de la jornada normal en media hora con la misma finalidad. Puede consistir en iniciar o finalizar media hora antes o después la jornada de trabajo.

b) Acumularla en jornadas completas.

Si el convenio no aclarara si son **días naturales o laborables**, se interpreta que al venir a sustituir la «hora de ausencia al trabajo», salvo una especificación muy concreta en contrario, debe quedar referida a días laborables, pues laborables son las horas sustituidas (TSJ Navarra 12-1-17, EDJ 9284).

Esta reducción de jornada constituye un **derecho individual** de las personas trabajadoras sin que pueda transferirse su ejercicio de uno a otro y sin que el hecho de que **uno de los dos progenitores no trabaje**, pueda limitar el disfrute del progenitor que sí lo hace por cuenta ajena (TS 12-7-22, EDJ 638570; 11-7-23, EDJ 625962).

No obstante, si dos personas trabajadoras de la **misma empresa** ejercen este derecho por el mismo sujeto causante, la dirección empresarial puede limitar su ejercicio simultáneo por razones fundadas y objetivas de funcionamiento de la empresa, debidamente motivadas por escrito, en cuyo caso debe ofrecerse un plan alternativo que asegure el disfrute de ambas personas.

Cuando **ambos progenitores, adoptantes,** guardadores o acogedores **ejerzan el derecho** de permiso para el cuidado del lactante con la misma duración y régimen, el periodo de disfrute puede extenderse hasta que el lactante cumpla 12 meses, con reducción proporcional del salario a partir del cumplimiento de los 9 meses. Esta reducción del salario puede ser cubierta por un prestación de SS denominada **corresponsabilidad en el cuidado del lactante** para ambos progenitores (LGSS art.183, 184 y 185).

Precisiones 1) La norma no establece distinciones entre cuidado del lactante **natural o artificial**.
2) A efectos del **cálculo de indemnizaciones** que legalmente puedan proceder, por ejemplo, en caso de despido, estos supuestos de reducción de jornada que supone una prolongación del permiso de lactancia desde los 9 meses del hijo hasta los 12 meses, se computan incrementados hasta el 100% de la cuantía que hubiera correspondido si se hubiera mantenido sin dicha reducción la jornada de trabajo (ET disp.adic.19ª redacc RDL 5/2023).

Corresponde al trabajador la **concreción horaria** y la determinación del período de disfrute del permiso por cuidado del lactante y de la reducción de jornada correspondiente dentro de su jornada ordinaria (ET art.37.7) (TSJ Madrid 8-2-99, EDJ 84066; TSJ Cataluña 8-3-99, EDJ 11913). Este derecho de elección del trabajador puede modularse cuando se contradigan frontalmente los intereses productivos de la empresa. Así, por ejemplo, en los supuestos en los que el tiempo elegido ya esté siendo disfrutado por otro trabajador en las mismas circunstancias (TSJ Madrid 4-10-96, EDJ 52469; TSJ Castilla-La Mancha 25-3-99, EDJ 84099). **5214**
Con carácter general, no se contemplan formalidades para el ejercicio de este derecho de concreción horaria, a excepción del deber de los trabajadores de **preavisar** al empresario con 15 días de antelación la fecha de inicio y fin de la reducción de jornada.

En el supuesto de producirse **discrepancias** relativas a la concreción horaria y a la determinación de los períodos de disfrute, dichos conflictos han de ser resueltos por el orden social de la jurisdicción en virtud de la **modalidad procesal** prevista legalmente para el ejercicio de los derechos de conciliación de la vida personal, familiar y laboral reconocidos legal o convencionalmente (LRJS art.139). **5216**
Se trata de un **procedimiento** de carácter urgente, excluido del trámite de la conciliación previa, al que se le da un tratamiento preferente. Se cita a las partes al acto de la vista en el plazo de 5 días hábiles desde la admisión de la demanda y se dicta sentencia en el plazo de 3 días hábiles desde la fecha de la vista. Contra la misma no procede **recurso**, salvo cuando se haya acumulado pretensión de resarcimiento de perjuicios que, por su cuantía, pudiera dar lugar a recurso de suplicación, en cuyo caso el pronunciamiento sobre las medidas de conciliación es ejecutivo desde que se dicte la sentencia. Conviene destacar que el trabajador dispone de un plazo de 20 días desde la fecha en la que el empresario le comunique su negativa o su disconformidad con la propuesta realizada para presentar la demanda ante el juzgado de lo social. Estos 20 días se computan procesalmente como días hábiles.
El ejercicio del derecho a reducir la jornada para el cuidado del lactante no puede dar lugar a una disminución del **salario**. Se ha declarado el derecho de los trabajadores que disfruten del permiso por cuidado del lactante, a percibir el salario íntegro incluidos los conceptos salariales variables y vinculados a objetivos, pues cualquier interpretación de la ausencia de regulación concreta de la retribución del permiso por cuidado del lactante, tanto en el estatuto como en el convenio, que implique pérdida económica para el trabajador, es contraria al espíritu de la Ley (TS 9-12-09, EDJ 315138).
El **permiso por cuidado del lactante y la reducción de jornada por guarda legal** son derechos distintos y acumulables (TSJ Cataluña 8-3-99, EDJ 11913; TSJ C.Valenciana 25-4-02, EDJ 130281; TSJ Cataluña 18-3-03, EDJ 19021).

Precisiones 1) La reducción se refiere a **cualquier tipo de jornada**; por tanto, no se aplica única y exclusivamente a las jornadas normales u ordinarias, siendo indiferente que se esté trabajando en régimen de jornada a tiempo completo o a tiempo parcial (TSJ País Vasco 24-4-01, EDJ 41293; TSJ Las Palmas 20-2-06, EDJ 41714). **5218**
2) En caso de trabajar por **incentivos**, se ha declarado el derecho a reducir los objetivos marcados en la misma proporción que la jornada que se está realizando por disfrutar del permiso de lactancia y durante el tiempo que ésta se extienda (TSJ Madrid 21-12-04, EDJ 246146).
3) La empresa puede ser condenada al abono de una **indemnización** cuando el disfrute del permiso de cuidado del lactante sea inviable por su oposición (TSJ Galicia 23-1-18, EDJ 56329).

Nacimiento de hijo prematuro u hospitalización de neonato (ET art.37.5) En caso de nacimiento prematuro, o cuando por cualquier causa, el hijo deba permanecer hospitalizado a continuación del parto, las personas trabajadoras tienen derecho a: **5220**
- **ausentarse** del trabajo durante una hora, hay que entender que con derecho a remuneración, previo aviso y justificación de la necesidad del permiso;

- **reducir su jornada** de trabajo un máximo de 2 horas con la disminución proporcional del salario.

Estas dos opciones no se configuran con carácter alternativo, de suerte que se pueden disfrutar **de manera acumulada**.

Precisiones **1)** Como quiera que el ET se refiere al nacimiento de hijos, debemos entender que el derecho de reducción de jornada por nacimiento de hijo prematuro o por hospitalización del recién nacido es **independiente del número de hijos** que se tengan al mismo tiempo.

2) Sin duda alguna, un punto central de la regulación de este tipo de reducción de jornada está en la concreción horaria y la determinación del período de disfrute. Una vez más, la **determinación horaria** corresponde al trabajador que ejercite el derecho dentro de los límites anteriormente señalados. No obstante, el derecho de determinación del tiempo de reducción del trabajo cede cuando sea totalmente incompatible con la actividad productiva. Con todo, hay que tener en cuenta dos aspectos en relación con el ejercicio del trabajador de su derecho:

- legalmente, no se exigen al trabajador **requisitos formales** específicos, aunque resulta conveniente la comunicación escrita;
- tampoco se exige un **plazo legal de preaviso** de la situación; sin embargo, el trabajador debe respetar un preaviso de 15 días a la fecha en que se produzca la reincorporación a su jornada ordinaria originaria.

En los supuestos de posibles **discrepancias** que se puedan producir entre el empresario y el trabajador sobre la concreción horaria de la reducción y su momento de disfrute se prevé legalmente la resolución de estas controversias ante la jurisdicción social en virtud de la modalidad procesal recogida en el nº 5216.

5222 **Cuidado de hijos afectados por cáncer u otra enfermedad grave** (ET art. 37.6 redacc RDL 2/2023) El progenitor, adoptante, guardador con fines de adopción o acogedor permanente tiene derecho a una reducción de la jornada de trabajo diaria, con la disminución proporcional del salario de, al menos, la mitad de la duración de aquélla, para el cuidado, durante la hospitalización y tratamiento continuado, de menores a cargo afectados por cáncer -tumores malignos, melanomas y carcinomas- o por cualquier otra enfermedad grave, que implique **ingreso hospitalario** de larga duración y que requiera **cuidado directo**, continuo y permanente del menor.

La reducción de salario se compensa, si se cumplen los requisitos para ello, con la percepción de una **prestación económica** de la Seguridad Social (ver nº 2845 Memento Seguridad Social 2024).

La **acreditación** de la enfermedad y de la necesidad de cuidado, se realiza mediante declaración cumplimentada por el facultativo del Servicio Público de Salud u órgano de la Comunidad Autónoma correspondiente, incluso en aquellos casos en que la atención y diagnóstico del cáncer o enfermedad se lleve a cabo por servicios médicos privados, siendo en estos casos también necesario que se cumplimente por el médico del centro responsable de la atención del menor.

Su **reconocimiento inicial** es por un mes, **prorrogable** inicialmente por un período de 2 meses y sucesivos de 4 meses (o por el período concreto acreditado en la declaración médica de ser inferior), y hasta que el causante cumpla los 18 años. Pero el derecho a la reducción de jornada se **mantiene** hasta que el causante cumpla los 23 años, si persistiera el padecimiento del cáncer o la enfermedad grave diagnosticada antes de alcanzar la mayoría de edad y subsistiera la necesidad de hospitalización, tratamiento y de cuidado durante el mismo. Si, antes de alcanzar los 23 años de edad el causante acreditara un grado de discapacidad igual o superior al 65%, el derecho se mantiene hasta que cumpla la edad de 26 años (RD 1148/2011 art.7 redacc RD 677/2023).

Asimismo, **cumplidos los 18 años**, se puede reconocer el derecho a la reducción de jornada hasta que el causante cumpla 23 años en los supuestos en que el padecimiento de cáncer o enfermedad grave haya sido diagnosticado antes de alcanzar la mayoría de edad, siempre que en el momento de la solicitud se acrediten los requisitos exigidos, salvo la edad.

Tales reducciones constituyen un **derecho individual** de los trabajadores, hombres o mujeres. No obstante, si dos o más trabajadores de la misma empresa generasen este derecho por el mismo sujeto causante, el empresario puede limitar su ejercicio simultáneo por razones justificadas de funcionamiento de la empresa.

En los supuestos de **nulidad**, **separación**, **divorcio**, extinción de la pareja de hecho o cuando se acredite ser **víctima de violencia de género**, el derecho a la reducción de jornada se reconoce a favor del progenitor, guardador o acogedor con quien conviva la persona enferma, siempre que cumpla el resto de los requisitos exigidos.

En caso de que el causante contraiga **matrimonio** o constituya una pareja de hecho, el derecho a la reducción de jornada corresponde a quien sea su cónyuge o pareja de hecho, siempre que acredite las condiciones para acceder al derecho a la misma.

Precisiones Las personas trabajadoras que vieran extinguida la reducción de jornada por haber cumplido el menor **18 años de edad antes del 1-1-2022** (fecha de entrada en vigor de la ampliación de la edad a los 23 años), pueden volver a solicitarla, siempre que sigan acreditando los requisitos para acceder a este derecho y el hijo o persona sujeta a guarda con fines de adopción o a acogimiento de carácter permanente a su cargo no haya cumplido aún 23 años, pudiendo mantener la reducción de jornada mientras siga siendo necesario el cuidado directo, continuo y permanente de esta persona hasta que cumpla, como máximo, 23 años de edad. Esta nueva reducción sigue estando protegida con la prestación de Seguridad Social (RDL 2/2022 disp.adic.6ª).

Guarda legal (ET art.37.6 -redacc RDL 2/2023- y 37.7) Los trabajadores tienen derecho a una **reducción** de su jornada de trabajo **diaria**, con una disminución proporcional de su salario, cuando tengan, por razones de guarda legal, a su cuidado directo un menor de 12 años o a una persona con discapacidad física, psíquica o sensorial, siempre que este no desempeñe una actividad retribuida. **5224**

En cuanto al cuidado del **menor de 12 años**, el derecho no se limita única y exclusivamente a los hijos, sino que se puede extender a menores de 12 años a cargo del trabajador con independencia de que sea su progenitor.

Por lo que se refiere al cuidado de la **persona con discapacidad** física, psíquica o sensorial, la discapacidad tiene que referirse necesariamente a los niveles que permiten el acceso a la condición de discapacitado. En cualquier caso, no se exige legalmente que el trabajador se ocupe personalmente y de forma exclusiva de dichas personas; únicamente basta con que asuma su control, aunque ello se realice con la ayuda de las instituciones o de otras personas.

Este derecho a la reducción de jornada se extiende a los supuestos de **cuidado de familiares**. Así, tienen derecho a la reducción de jornada los trabajadores que precisen atender al cuidado directo del cónyuge o pareja de hecho, o un familiar hasta el segundo grado de consanguinidad y afinidad, incluido el familiar consanguíneo de la pareja de hecho, que por razones de edad, accidente o enfermedad no pueda valerse por sí mismo, siempre que no desempeñe actividad retribuida. En este supuesto, tampoco se obliga al trabajador a que atienda personal y exclusivamente al familiar o familiares, únicamente basta con que asuma su control, aunque ello se realice con la ayuda de las instituciones o de otras personas.

Son **titulares** de este derecho tanto el trabajador como la trabajadora individualmente considerados. Esta reducción de jornada constituye un derecho individual de los trabajadores, hombres o mujeres. En los supuestos de **nulidad**, **separación**, **divorcio**, extinción de la pareja de hecho o cuando se acredite ser **víctima de violencia de género**, el derecho a la reducción de jornada se reconoce a favor del progenitor, guardador o acogedor con quien conviva la persona enferma, siempre que cumpla el resto de los requisitos exigidos.

La reducción debe ser de, al menos, un octavo y un máximo de la mitad de la jornada, con una disminución proporcional del salario. Dichos **porcentajes de reducción** se aplican tomando como referencia la jornada diaria y la duración del tiempo de trabajo considerada en cómputo anual (TSJ Cataluña 14-12-99, EDJ 49263).

Esta reducción puede operar lógicamente **mientras persiste** la causa habilitante que tiene carácter indeterminado, a excepción del supuesto del cuidado de un menor, puesto que en este caso la causa se puede mantener hasta que el menor alcance la edad de 12 años.

Para el ejercicio de este derecho no se exigen al trabajador **requisitos formales** específicos, aunque resulta conveniente la comunicación escrita. No obstante, el trabajador debe **preavisar** al empresario con 15 días de antelación la fecha de inicio y fin de la reducción de jornada.

Durante el período de reducción de jornada se tiene **derecho** a:

- disfrutar el mismo número de **vacaciones** (TSJ Burgos 11-2-10, EDJ 38087); pero la reducción de jornada que conlleva una acumulación de jornada, implica la reducción de días de vacaciones en la misma proporción;
- **jornada de verano**, reduciendo una hora la salida del trabajo, por ejemplo, al objeto de completar las horas en cómputo anual que supone la jornada reducida (TSJ Madrid 4-10-19, EDJ 747570).

Precisiones La referencia a la reducción de la **jornada diaria** supone, de interpretarse literalmente, una limitación del alcance del derecho pues no habilita para la concreción de la reducción en días concentrados, para la opción por un **turno de trabajo** o para la exoneración de guardias. Sin embargo, una interpretación finalista (del ET art.37.6 redacc RDL 2/2023 en relación con el ET art.34.8 redacc RDL 5/2023) permite soluciones más flexibles. Tal interpretación flexible y combinada de ambas normas es la imperante en la doctrina judicial, afirmándose que la persona trabajadora tiene derecho a modificar el turno de trabajo, o el régimen horario, para hacer su trabajo más compatible con su vida familiar (TSJ Sevilla 1-2-18, EDJ 3879; 21-11-19, EDJ 809695; JS Badajoz núm 3, 19-11-19, EDJ 823403; JS Logroño núm 1, 18-11-19, EDJ 826368; JS Madrid núm 23, 29-11-19, EDJ 810440; TSJ Galicia 17-4-23, EDJ 575596), debiendo el empresario justificar su denegación en razones fundadas y objetivas de funcionamiento (TSJ País Vasco 18-2-03, EDJ 15472; TSJ Las Palmas 18-3-13, EDJ 191295; TSJ Galicia 28-5-19, EDJ 623196). Ahora bien, si solo se solicita la reducción de jornada, y se renuncia a solicitar la **adaptación**, aquella solo se puede conceder dentro de sus límites legales, entre los cuales está que la reducción sea de la jornada diaria (TS 21-11-23, EDJ 753790). Por lo tanto, es necesario solicitar acumulada y complementariamente la reducción de jornada y la adaptación de jornada para superar el límite que supone la referencia a la jornada diaria en el ET art.37.6.

5226 Los convenios colectivos pueden establecer criterios para la **concreción horaria** de la reducción de jornada, en atención a los derechos de conciliación de la vida personal, familiar y laboral del trabajador y las necesidades productivas y organizativas de las empresas. En **ausencia de pacto**, si dos o más trabajadores de la misma empresa tuvieran derecho a la reducción de jornada por guarda legal por el mismo sujeto causante, el empresario puede **limitar su ejercicio simultáneo** por razones fundadas y objetivas de funcionamiento de la empresa, debidamente motivadas por escrito. En este caso, la empresa debe ofrecer un plan alternativo que asegure el disfrute de ambas personas trabajadoras y que posibilite el ejercicio de los derechos de conciliación, teniendo en cuenta el fomento de la corresponsabilidad entre mujeres y hombres y evitando la perpetuación de roles y estereotipos de género.

La **elección del horario** que se reduce corresponde al trabajador (TSJ C.Valenciana 27-9-00, EDJ 62747). La **denegación** de la concreción horaria puede llevar aparejada una **indemnización por daños y perjuicios** cuando estos quedan acreditados y atendiendo, en todo caso, a las circunstancias concurrentes (TS 26-4-23, EDJ 578485). Esto significa que no toda denegación amparada en causas organizativas que no se han justificado suficientemente implica, en sí misma, una vulneración del derecho a la igualdad, por lo que no siempre procede el abono de una indemnización (TS 25-5-23, EDJ 589891).

Sólo excepcionalmente cuando ese derecho entre **en colisión con el derecho de dirección** y organización empresarial hay que acudir a las circunstancias concretas de cada caso, incluida la buena fe, para atribuir esa facultad a uno o a otro (TS 16-6-95, EDJ 24628; TSJ Navarra 17-4-98, EDJ 4016; TSJ Madrid 8-2-99, EDJ 84066; TSJ Aragón 17-4-99, EDJ 84460; TSJ Cataluña 6-9-99, EDJ 33116); recayendo sobre el trabajador la prueba de las razones que legitiman su posición y su interés en su nuevo horario frente al propuesto por la potestad organizativa empresarial (TSJ Las Palmas 12-9-22, EDJ 689230). Así, si bien no existe obligación de acceder incondicionalmente a que la reducción se conceda en la parte de jornada que indica el trabajador, el principio inspirador del derecho se desnaturalizaría concediendo tal reducción en horas no aptas o poco adecuadas a la finalidad pretendida, de manera que en caso de colisión de intereses, priman los del hijo (TSJ Cataluña 26-10-00, EDJ 43282).

Existe colisión, por ejemplo, cuando concurren **dos trabajadores con el mismo derecho** y las necesidades del servicio suponen que a una de ellas no se le conceda la posibilidad de elección primando la facultad de dirección y organización de la empresa (TSJ Madrid 4-10-96, EDJ 52469).

En el mismo sentido, en caso de que la solicitud implique un **cambio de turno**, es al empresario a quien incumbe demostrar razones más poderosas, normalmente organizativas, que impiden el turno fijo, y si entran en colisión ambos derechos es el trabajador quien debe probar las razones que legitiman su posición y su interés en su nuevo horario. Se encomienda el deber de ponderación de las circunstancias al juez (TSJ País Vasco 18-2-03, EDJ 15472; TSJ Las Palmas 18-3-13, EDJ 191295; TSJ Galicia 28-5-19, EDJ 623196).

La reducción puede realizarse de **modo fraccionado**, por ejemplo, retrasando una hora la entrada al trabajo -tanto por la mañana como por la tarde- y adelantando la de salida (TSJ Castilla-La Mancha 23-1-98, EDJ 65093).

En cualquier caso, la posibilidad de elección **no** implica **trato discriminatorio** para el resto de los trabajadores (TSJ Aragón 14-2-96, EDJ 52736).

El establecimiento en convenio colectivo de **restricciones a la concreción horaria** en la reducción de jornada por cuidado de un menor ha de considerarse nulo (TS 21-3-11, EDJ 51516).

En los supuestos de posibles **discrepancias** que se puedan producir entre el empresario y el trabajador sobre la concreción horaria de la reducción y su momento de disfrute se prevé legalmente la resolución de estas controversias ante la jurisdicción social en virtud de la modalidad procesal recogida en el nº 5216.

Respecto de las posibilidades de **adaptación de la jornada** vinculados a las necesidades de conciliación de la vida laboral y familiar, ver nº 5108.

5228 Precisiones **1)** Si la empresa **tarda en exceso en reponer** al trabajador en las condiciones de jornada anteriores a la reducción de la jornada, el trabajador tiene derecho a la correspondiente indemnización de daños y perjuicios (TSJ Madrid 29-1-98, EDJ 5283).

2) Durante la situación de jornada reducida los trabajadores tienen los **mismos derechos** que los trabajadores a tiempo completo, a excepción en su caso de los salariales, sin que puedan ser privados de los mismos en su relación laboral. Por ejemplo, no pueden ser privados de su derecho a la evaluación anual de su estado de salud, so pena de discriminación (TJUE 30-4-98, C-136/95).

3) La trabajadora que tiene reducida su jornada laboral por cuidado de hijo con franja horaria de trabajo **de lunes a sábados**, no puede ser obligada a trabajar los domingos que abre el supermercado, solo los festivos de lunes a sábado (TS 22-2-22, EDJ 529934).
4) El derecho persiste hasta que el menor cumpla la edad prevista, pero si esa situación se prolonga, sin que la empresa y el trabajador lo denuncien, cuando el trabajador reclama la realización de su jornada completa, esta **petición tardía** no supone pérdida o renuncia del derecho a la realización de la jornada completa (TSJ Madrid 14-1-98, EDJ 68580).
5) En caso de reducción de jornada por **cuidado de un familiar**, se ha de probar que este no puede valerse por sí mismo (TSJ La Rioja 2-6-05, EDJ 84791).
6) No es posible solicitar una reducción de jornada por guarda legal sin concretar el horario, sino dejándolo al **horario que tenga el marido**, dependiendo entonces de una tercera empresa ajena a la relación laboral (JS Pamplona núm 1, 11-12-19, EDJ 782837).
7) No vulnera el derecho a la igualdad y a la no discriminación por razón de sexo, la decisión empresarial de **cambiar de puesto** a una trabajadora que solicita reducción de jornada por cuidado de hijo, cuando concurren razones objetivas ajenas a todo factor discriminatorio (TCo 153/2021).
8) Se han considerado **denegaciones justificadas** por razones organizativas: cuando la concreción horaria solicitada causaría graves problemas organizativos y un perjuicio desproporcionado (TSJ Castilla-La Mancha 25-5-23, EDJ 604680; TSJ Cantabria 19-6-23, EDJ 616062); o supondría una reducción de la productividad en un 16,7% (TSJ Sevilla 3-5-23, EDJ 638901).

El trabajador tiene derecho a todas las **retribuciones** inherentes a su puesto de trabajo a jornada completa, reducidas en la misma proporción que lo sea la jornada, por ejemplo, el **complemento de antigüedad** (TS 25-1-05, EDJ 7090; 15-3-05, EDJ 37537), sin que pueda privársele de ninguno de los conceptos retributivos que le correspondan como, por ejemplo, el **complemento por jornada partida** (TSJ Madrid 21-5-08, EDJ 107246). Sin embargo, el **plus de puntualidad** se ha de percibir íntegro (TSJ Madrid 26-7-12, EDJ 181071), así como la **ayuda económica de comida** (TSJ Madrid 5-10-12, EDJ 239990). **5230**
Las **pagas extraordinarias** deben calcularse tomando en cuenta la jornada ordinaria, cuando así se ha desarrollado, mientras que en los periodos que se imputan a jornada reducida se tiene en cuenta este salario (JS Madrid núm 25, 25-7-02, EDJ 136522).
La reducción proporcional del salario no puede dar lugar a perjuicios adicionales al trabajador en los casos de **despido improcedente**, en cuyo caso se ha de tener como referencia el salario correspondiente a la jornada ordinaria a tiempo completo a los efectos de calcular la indemnización y los salarios de tramitación (ET disp.adic.19ª redacc RDL 5/2023).

Precisiones **1)** Por lo que se refiere al módulo salarial para el cálculo de la **prestación por desempleo** en situación de guarda legal, las bases de cotización se computan incrementadas hasta el 100% de la cuantía que hubiera correspondido si se hubiera mantenido, sin reducción, el trabajo a tiempo completo o parcial.
2) La **proporcionalidad** que prevé el ET para el supuesto de disfrute del beneficio legal de reducción de jornada por guarda legal de un menor, se refiere únicamente a la reducción del salario -que se hará en proporción a la reducción de jornada-, pero no prevé una **retribución de forma variable** por bloques horarios, por lo que, al no existir tampoco una regulación especial en el convenio colectivo, la retribución se hace linealmente. De modo que no puede cobrar la parte proporcional de incentivos que retribuyen el sobreesfuerzo del trabajador a partir de la realización de determinado número de horas de actividad laboral, por lo que, si se llevase a cabo la reducción proporcional a los tramos horarios de la jornada, el trabajador percibiría una retribución proporcionalmente superior a la que obtendría realizando la jornada completa, contradiciendo así la finalidad del sistema retributivo convencionalmente pactado, que trata de primar la realización de las horas de trabajo que supongan un sobreesfuerzo (TS 21-7-06, EDJ 299718; 19-6-07, EDJ 144109; 27-9-07, EDJ 195089).

Víctimas de la violencia de género, de violencia sexual y de terrorismo (ET art.37.8 redacc LO 2/2024) Los trabajadores víctimas de violencia de género, de violencia sexual o de terrorismo tienen derecho, para hacer efectiva su protección o su derecho a la asistencia social integral, a una **reducción de su jornada** de trabajo con disminución proporcional del salario, o a una **reordenación del tiempo de trabajo** a través de la adaptación del horario, de la aplicando del horario flexible o mediante cualquier otra fórmula utilizada por la empresa. **5232**
También tienen derecho a realizar su trabajo total o parcialmente **a distancia** o a dejar de hacerlo si este fuera el sistema establecido, siempre que en ambos casos esta modalidad de prestación de servicios sea compatible con el puesto y funciones desarrolladas por la persona.
En cualquier caso, se debe estar, a los efectos de su concreto ejercicio, a lo previsto en el **convenio colectivo**, en los acuerdos entre la empresa y los representantes legales de los trabajadores o en los acuerdos entre la empresa y el trabajador afectado.
En **ausencia de pactos**, la concreción del derecho corresponde a la persona trabajadora, en cuyo caso se aplican las reglas establecidas en materia de reducción de jornada por motivos familiares (nº 5226), incluidas las previstas para la resolución de discrepancias.

2. Contractuales

5240 Se recogen dos supuestos:
- el contrato a tiempo parcial;
- existencia de condición más beneficiosa.

5242 **Contrato a tiempo parcial** (ET art.12.4) En primer lugar, y como supuesto de reducción de la jornada ordinaria por **mutuo acuerdo**, existe la posibilidad de desarrollo de una jornada inferior en virtud de un contrato a tiempo parcial. Estamos, pues, ante un supuesto de reducción de la jornada por la autonomía de las partes.
El contrato a tiempo parcial es aquel en el que se acuerda la **prestación de servicios** durante un número de horas al día, a la semana, al mes o al año **inferior** a la jornada de trabajo de un trabajador a tiempo completo comparable, o la prevista en el convenio, o la máxima legal, en su defecto. En todo caso, si no hubiera ningún trabajador comparable a tiempo completo se considera la jornada a tiempo completo la prevista en el convenio colectivo de aplicación o, en su defecto, la jornada máxima legal.
Un **estudio detallado** del contrato a tiempo parcial se recoge en el nº 6150 s.

5244 **Condición más beneficiosa** La reducción de la jornada puede ser fruto, también, de un acuerdo o de una concesión unilateral de la empresa, en cuyo caso la reducción se considera una condición más beneficiosa.
Se incorporan a los contratos de trabajo las condiciones que superen lo pactado en convenio o contrato individual, siempre y cuando se acredite que el empresario lo ha querido de ese modo **de manera indubitada** y atendiendo a sus propios actos.
Si de la voluntad manifestada por las partes o por la actuación de la empresa se deriva la existencia de una condición más beneficiosa, **no** procede la **reducción salarial**. Por tanto, no hay reducción proporcional de salarios en el supuesto de que se acuerde la misma jornada que la de un trabajador a tiempo completo, aunque este tenga una jornada inferior a la legal o convencional, fruto de acuerdo individual o condición más beneficiosa otorgada unilateralmente por la empresa.

Precisiones **1)** Es una condición más beneficiosa el mantenimiento de una **jornada laboral sensiblemente inferior** a la legal o a la prevista en convenio colectivo (TSJ Sevilla 22-5-98, EDJ 18991).
2) Se ha sostenido el derecho a disfrutar de la reducción de jornada de una hora diaria **durante los meses de verano** cuando se comprueba que ha sido consentido por la empresa año tras año (TS 6-7-10, EDJ 185084).
3) **No opera la reducción salarial** cuando en el acuerdo en virtud del cual se produce la reducción de jornada se incluye el mantenimiento íntegro de los salarios (TS 22-7-95, EDJ 4436).

C. Horas extraordinarias

5250 Se considera extraordinaria cada hora de trabajo efectivo que se realice **sobre la duración de la jornada ordinaria** de trabajo establecida por la negociación colectiva o por el contrato de trabajo y, en todo caso, sobre la duración máxima legal (TS 18-9-00, EDJ 44485).

Precisiones **1)** La jornada ordinaria de trabajo puede ser **ampliada**, además de mediante la realización de horas extraordinarias:
- en los contratos a tiempo parcial, mediante la realización de **horas complementarias** (nº 6196 s.);
- respecto de determinadas **actividades o sectores** especiales, ver (nº 5295 s.).
2) El concepto de **horas extraordinarias estructurales** se contenía en la OM 1-3-1983 art.1 que las definía como las necesarias por pedidos imprevistos, períodos punta de producción, ausencias imprevistas, cambios de turno u otras circunstancias de carácter estructural derivadas de la naturaleza de la actividad de que se trate, siempre que no puedan ser sustituidas por la utilización de las distintas modalidades de contratación previstas legalmente. Aquellas horas extraordinarias estructurales tenían la consideración de horas extraordinarias y estaban sujetas a los límites legales aplicables a las horas extraordinarias, incluido el límite numérico anual de las mismas. La única especialidad de aquellas horas es que las retribuciones pagadas por las mismas tenían entonces una cotización reducida e igual a la de las horas por fuerza mayor, que también disfrutaban de tal privilegio y siguen disfrutando del mismo, lo que inducía a una cierta confusión con éstas, que efectivamente no se computan a efectos del límite anual (ET art.35.3).
Desaparecido aquel **privilegio en la cotización** para las horas estructurales (que ha quedado reservado para las horas que estrictamente puedan considerarse por fuerza mayor), en nada se diferencian, pues, de las restantes horas extraordinarias, salvo en aquellos extremos que pueda legítimamente regular el CCol de aplicación (AN 30-10-14, EDJ 186424, anulada parcialmente, aunque no en este punto, por TS 18-5-16, EDJ 105775).

Requisitos Dos son los requisitos básicos que se establecen para su calificación: **5252**
- la superación de la jornada ordinaria;
- la realización de un trabajo efectivo.

Exceso de jornada ordinaria La norma permite que se pacte la distribución del tiempo de trabajo a través de convenio colectivo o contrato de trabajo. **5254**
Ello provoca las siguientes consecuencias:
- **no se consideran extraordinarias** las horas de trabajo que rebasen la jornada máxima semanal (40 horas), pero no superen la jornada ordinaria anual -o de ciclos inferiores- en la distribución semanal que se hubiese pactado (TSJ Cantabria 13-5-93, EDJ 23421; TSJ País Vasco 27-10-97, EDJ 20703; TSJ Aragón 2-7-12, EDJ 169611; TSJ Madrid 25-7-03, EDJ 140266; 3-5-01, EDJ 102414). Pero si el convenio no prevé el **trabajo en sábados**, el realizado esos días tiene la consideración de horas extraordinarias, aunque posteriormente por la vía de la compensación por descansos no se supere la jornada anual (TSJ Valladolid 9-7-17, EDJ 126612);
- en todo caso, **se retribuyen como extraordinarias** las horas que superan la jornada ordinaria pactada en contrato de trabajo.

También se consideran horas extraordinarias las realizadas excediendo la jornada laboral, independientemente de que aquélla se haya prestado en **uno o más centros de trabajo** de la misma empresa (TS cont-adm 27-3-96, EDJ 1677).
En el caso de prestación de servicios **durante una parte del año**, la jornada ordinaria máxima que corresponde debe ser proporcional con la que le correspondería en el caso de haber trabajado durante el año completo. Si no se ha podido compensar la ampliación de jornada por falta de tiempo de prestación de servicios, debe abonarse el exceso como horas extraordinarias (TS 25-2-08, EDJ 25845; 12-5-08, EDJ 119125).
La generalización de la **distribución irregular de la jornada** mediante la negociación colectiva hace difícil conocer, en ocasiones, la extensión y el cómputo de la jornada ordinaria y, por tanto, la identificación de la jornada extraordinaria, debiéndose acudir a la concreta regulación del convenio colectivo aplicable. Dicha dificultad se acrecienta en ocasiones por el establecimiento convencional de regulaciones que difuminan la diferencia entre la jornada ordinaria y la extraordinaria. Así, por ejemplo, en algunos casos se establecen figuras como las **bolsas de horas o las prolongaciones de jornada** que, computadas dentro de la jornada ordinaria, pueden servir para ampliar la jornada ordinaria semanal.

Precisiones **1)** Se ha considerado extraordinaria la **décima hora de trabajo** en un mismo día, aunque la jornada semanal no supere el tiempo máximo de trabajo ordinario (TS 22-12-92, EDJ 12733). Pero también puede acordarse por convenio o pacto de empresa trabajar 10 o más horas diarias como jornada ordinaria (TS 14-1-95, EDJ 81).
2) Es contrario al derecho a vacaciones anuales retribuidas un sistema convencional que impide que se abonen las horas extraordinarias realizadas en un mes si no se alcanza el número de horas trabajadas previamente fijado para ese mes por **no computarse los días de vacaciones** disfrutados (TJUE 13-1-22, C-514/20).

Efectividad del trabajo La jurisprudencia viene entendiendo que carecen de la calificación de horas extraordinarias aquellas que, aunque sobrepasen la jornada máxima ordinaria legal o convencional, no respondan a una **tarea ocupacional con existencia real**, efectiva y actual. **5256**
Respecto de la consideración como tiempo de trabajo efectivo, ver (nº 5150 s.). En ese sentido, se han planteado problemas con la calificación del tiempo que se está en **situación de disponibilidad o en localización** aunque no se presten servicios de manera efectiva, entendiéndose que las horas de mera presencia física y, más aún, las de ausencia localizable, no pueden ser consideradas ni retribuidas como horas extraordinarias (TS 21-7-88, EDJ 6547; 16-6-82, EDJ 11529).
Efectivamente, la plena disponibilidad del trabajador no supone que se exceda la jornada de trabajo efectiva, en cómputo anual, de 40 horas semanales. Por tanto, la percepción del **complemento de disponibilidad** es, en principio, incompatible con el abono de horas extras. No obstante, si se acredita la realización del exceso de jornada, debe ser compensada económicamente de conformidad con lo establecido en el convenio colectivo de aplicación, sin que pueda entenderse que el compromiso de especial dedicación y disponibilidad retribuya el tiempo trabajado que excede de la jornada ordinaria, sino únicamente la necesidad de estar disponible y localizable aún fuera del horario laboral y en especial los fines de semana (TSJ País Vasco 24-5-11, EDJ 177995).

Precisiones Se consideran extraordinarias las horas que, sobrepasando la jornada máxima legal o convencional, responden a una **tarea ocupacional** con existencia real, efectiva y actual (TS 24-6-92, EDJ 6827), como el tiempo invertido fuera de su jornada por los **vigilantes de seguridad**, en recoger el uniforme en lugar distinto del centro de trabajo (TS 24-9-09, EDJ 240074).

5258 **Exigibilidad** (ET art.35.4) Con carácter general, el empresario no puede imponer la realización de las horas extraordinarias. La prestación de trabajo en horas extraordinarias es **voluntaria**, salvo que su realización se haya pactado en convenio colectivo o contrato individual de trabajo. Por tanto, rige el principio de voluntariedad, de suerte que las horas extraordinarias son de voluntaria aceptación y realización. El empresario ofrece la prestación de las horas extraordinarias y el trabajador puede libremente aceptar su desarrollo.

De un modo excepcional, el trabajador está **obligado** a la ejecución de las horas extraordinarias en los siguientes supuestos, siempre dentro de los límites legales:

- cuando su realización y las causas que justifiquen la negativa a la realización se hayan pactado en contrato individual o en convenio colectivo;
- cuando sean necesarias para prevenir o reparar siniestros u otros daños extraordinarios o urgentes (nº 5260).

El **convenio colectivo**, al igual que puede autorizar la prestación de horas extraordinarias, también puede establecer en qué supuestos no se justifica la prestación de horas extraordinarias. En este caso, puede limitar el número de horas extraordinarias a ejecutar al día, al mes o al año, limitando de este modo el margen de propuesta u oferta empresarial. Asimismo, el convenio colectivo puede prever causas que excluyan totalmente la prestación de horas extraordinarias. Estas medidas se contemplan en muchos convenios colectivos como medio de creación de empleo.

En materia de relaciones laborales especiales, y concretamente en el ámbito del **trabajo en las minas**, únicamente se contempla la posibilidad de prestar horas extraordinarias en los siguientes supuestos (RD 1561/1995 art.28):

1. Reparación o prevención de siniestros u otros daños extraordinarios y urgentes.
2. Riesgo grave de pérdida o deterioro importante de materias primas.
3. Circunstancias estructurales derivadas de la naturaleza de la actividad en los términos previstos en el convenio colectivo de aplicación.

Precisiones **1)** La obligatoriedad de realizar todas las horas extraordinarias introducida a través de **acuerdos individuales suscritos en masa** añadidos como cláusula al contrato vulnera el derecho a la negociación colectiva y hace nulas estas cláusulas (TSJ Aragón 11-10-16, EDJ 190319).
2) Si los trabajadores aceptan la realización de las horas extraordinarias, ya sea en virtud de pacto colectivo o individual, dichas horas dejan de ser voluntarias y pasan a ser obligatorias a todos los efectos. En su consecuencia, si el trabajador se niega a prestarlas, ello podría, en su caso, justificar un posible **despido disciplinario** por desobediencia. No obstante, ello debe ser valorado a los efectos de comprobar si el poder empresarial se ha ejercido abusivamente. Asimismo, se debe comprobar si el trabajador ha actuado de buena fe (TS 8-5-86, EDJ 3057).

5260 **Reparación de siniestros y daños urgentes** (ET art.35.3) Junto a las horas extraordinarias que podríamos denominar habituales, las cuales son obligatorias siempre que se hayan pactado, el trabajador también puede verse obligado a realizar horas extraordinarias -sin que éstas se hayan acordado previamente- en los supuestos de prevención o reparación de siniestros.

La **finalidad** de estas horas es la protección de la seguridad e integridad de las personas, así como evitar daños en la estructura de la empresa, en sus medios de producción o en sus materias primas. Por ello su prestación es excepcional y debe estar orientada a la reparación inmediata y más rápida posible de los citados daños.

Aunque asimiladas parcialmente al régimen de las horas extraordinarias habituales, la regulación legal de las horas urgentes presenta las siguientes **características**:

- son de obligatorio cumplimiento para el trabajador;
- pueden realizarse en jornada nocturna.

Precisiones **1)** Se trata de un supuesto excepcional y de **aplicación restrictiva**. Se limita a casos de emergencia, de manera que no se pueden implementar horas urgentes cuando se trate de hacer frente a la actividad normal de la empresa o a actividades previamente programadas. En este sentido, **no** se puede incluir en la idea de siniestro o daño a cualquier **situación imprevista**.
2) En los **convenios colectivos** se contempla la posibilidad de realizar horas urgentes como una excepción al principio de voluntariedad en materia de horas extraordinarias, de manera que las horas trabajadas para prevenir o reparar siniestros u otros daños extraordinarios y urgentes se configuran como obligatorias por razones objetivas (CCol AENA DGTr Resol 29-11-11, BOE 20-12-11).

5262 El exceso de horas trabajadas sobre la jornada ordinaria no se tiene en cuenta a efectos de la duración máxima de la jornada ordinaria laboral ni para el cómputo del número máximo de horas extraordinarias. El hecho de que las horas urgentes **no se computen** dentro del total posible de las 80 horas anuales sigue siendo un incentivo escasamente controlado que permite considerar de hecho como horas urgentes muchas horas que en realidad son extraordinarias.

La prestación de estas horas urgentes puede ser **compensada económicamente o mediante descanso alternativo**. En este punto, la regulación de abono en dinero o en descanso se equipara a la de las horas extraordinarias, permitiéndose, por tanto, que sea en metálico o mediante descanso, con los incrementos previstos colectiva o individualmente, o con el mínimo legal en su defecto (nº 5272 s.)

Prohibiciones (ET art. 6.3, 11.2.k, 12.4.c, 34.3 y 36.1; RD 1561/1995 art.32) Está prohibida la realización de las horas extraordinarias en los siguientes **supuestos**: **5264**
1. Menores de 18 años.
2. Trabajadores **a tiempo parcial**, salvo en los supuestos de prevención o reparación de siniestros y otros daños extraordinarios y urgentes (nº 6198).
3. Los **trabajadores nocturnos** no pueden realizar horas extraordinarias (nº 5395), salvo en los siguientes casos:
- supuestos de ampliaciones de jornada;
- cuando resulte necesario para prevenir y reparar siniestros u otros daños extraordinarios y urgentes;
- en el trabajo a turnos, en caso de irregularidades en el relevo de los turnos por causas no imputables a la empresa.

4. Las **personas con discapacidad** contratadas en los centros especiales de empleo (RD 1368/1985 art.13.a).
5. Cuando el trabajador esté contratado por un **contrato de formación en alternancia**.

Límite de horas extraordinarias (ET art.35.1 y 2) Los trabajadores pueden realizar, como máximo, **80 horas** extraordinarias al año. **5266**
Este límite anual puede ser **objeto de reducción** a través de alguna de las siguientes vías:
- por la negociación colectiva o el contrato de trabajo. No cabe posibilidad de ampliación, por tratarse de un límite de derecho necesario, lo que determina la nulidad de cualquier pacto en ese sentido (TS 27-1-90, EDJ 681);
- cuando, por la modalidad contractual, la jornada anual sea inferior a la legal o convencionalmente establecida, el límite máximo se reduce proporcionalmente. Así, no es posible, por ejemplo, la realización de las 80 horas extraordinarias durante la vigencia de un contrato de duración determinada de 6 meses.

En cualquier caso, conviene indicar que el **Gobierno puede suprimir o reducir** el número máximo de horas extraordinarias por tiempo determinado, con carácter general o para ciertas ramas de actividad o ámbitos territoriales, para incrementar las oportunidades de colocación de los trabajadores en paro forzoso (ET art.35.2.3º).
La transgresión de las normas y los límites legales o pactados en materia de horas extraordinarias constituye una **infracción grave** que se sanciona con multa entre 751 a 7.500 € (LISOS art.7.5 y 40).

Supuestos de no cómputo No computan a efectos del límite máximo de horas extraordinarias legalmente establecido: **5268**
- las **ampliaciones de jornada**, en el caso de las jornadas especiales (nº 5295 s.);
- las **horas de presencia**, en los términos establecidos en el marginal nº 5156);
- las prolongaciones de jornada utilizadas para **prevenir y reparar siniestros** (nº 5260 s.);
- las horas extraordinarias **compensadas mediante descanso** dentro de los 4 meses siguientes a su realización. Esta compensación mediante descanso ha de suponer la reducción efectiva de la jornada ordinaria en otros períodos y no consistir tan sólo en la ampliación de los descansos como consecuencia de la concentración de dicha jornada. Por el contrario, si la compensación se efectúa transcurridos los 4 meses, tales horas extraordinarias no se excluyen del referido cómputo. En este sentido, hay que subrayar que las 80 horas extraordinarias son igualmente de distribución flexible anual, no existiendo topes diarios ni mensuales.

Control (ET art.35.5; RD 1561/1995 disp.adic.3ª) Para facilitar el control y el cómputo de las horas extraordinarias se establecen las **siguientes obligaciones**, que pueden ser complementadas por convenio colectivo: **5270**
1. Registro diario de cada una de las horas extras realizadas (TS 16-6-88, EDJ 5235).
2. Totalización de los partes diarios en el período fijado para el abono de las retribuciones, entregando **copia del resumen al trabajador** (TSJ País Vasco 15-4-96, EDJ 51944), pero no a los representantes (TS 11-12-03, EDJ 220188).
3. Comunicación mensual de las horas realizadas **a los representantes de los trabajadores**, cualquiera que sea su forma de compensación, mediante la entrega de copia de los resúmenes entregados al trabajador (RD 1561/1995 disp.adic.3ª.b), lo que no implica que deba entenderse como un conocimiento anticipado de las horas programadas (TS 11-3-99, EDJ 6075), ni

tampoco como una obligación de registrar diariamente las compensaciones de prolongación de jornada (TS 4-12-19, EDJ 771437).
El **deber de información** sólo opera cuando se acredita, por parte del trabajador, la superación de la jornada (TS 18-6-13, EDJ 136250).
La obligación de comunicación mensual se mantiene a pesar del cómputo anual de la jornada y la posibilidad de compensar dichas horas mediante descanso (TS 25-4-06, EDJ 65500).
Sobre la obligación de establecer un sistema de registro diario de la jornada como herramienta para comprobar la realización de horas extraordinarias, ver nº 5162.

Precisiones 1) Mediante **convenio colectivo** se pueden establecer medidas adicionales o complementarias de registro, control e información a los trabajadores y a sus representantes.
2) El **incumplimiento** de estas obligaciones formales puede constituir una infracción leve sancionable con multa de 70 a 750 euros (LISOS art.6 y 40).

5272 **Compensación o retribución** (ET art.35.1) Mediante convenio colectivo o, en su defecto, contrato individual, se ha de optar entre abonar las horas extraordinarias en la cuantía que se fije, que en ningún caso puede ser inferior al valor de la hora ordinaria, o compensarlas por tiempos equivalentes de descanso retribuido.
En el caso de que tal opción se exprese en el **convenio colectivo** no puede establecerse otra regulación en contrato, pues sólo se puede acordar individualmente el modo de compensación en defecto de regulación colectiva aunque, en ese sentido, no es infrecuente que los convenios colectivos establezcan y cuantifiquen ambas posibilidades, remitiendo al acuerdo individual la opción definitiva por uno u otro.
En **ausencia de pacto** al respecto, la empresa no puede imponer la retribución en metálico; se entiende que las horas extraordinarias realizadas deben ser compensadas mediante descanso dentro de los 4 meses siguientes a su realización.

Precisiones 1) La opción sobre la forma de compensar las horas extraordinarias corresponde a la autonomía colectiva o individual, sin que pueda entenderse en ningún caso que es el empresario quien puede efectuar dicha opción. No cabe, por tanto, apreciar la existencia de una **práctica de empresa** en este sentido (TS 26-3-96, EDJ 1576).
2) Se ha admitido la **modificación de lo previsto en un convenio** que establecía la compensación de las horas extraordinarias por tiempo de descanso a través de un acuerdo de empresa que atribuye el derecho de opción en favor del trabajador (TSJ C.Valenciana 11-5-00, EDJ 41001)
3) Cabe establecer por convenio colectivo **sistemas híbridos o mixtos** conforme a los cuales las horas extraordinarias se compensan por tiempo de descanso y, además, se abona un recargo por cada hora (TSJ Sta. Cruz de Tenerife 9-2-98, EDJ 10777).
4) Es válido que el convenio colectivo establezca que en el caso de realización de **horas extraordinarias obligatorias** corresponda al trabajador el derecho de opción entre el cobro o el descanso, pero que en el caso de las horas voluntarias, el derecho de opción corresponda a la empresa (AN 1-3-17, EDJ 19949).

5274 **Compensación** La **limitación temporal** de la compensación por descanso en los 4 meses siguientes solo es predicable en ausencia total de pacto, puesto que, de haberlo, este puede prever la compensación en períodos más dilatados: por una hora extraordinaria se puede disfrutar un tiempo superior de descanso si así se ha pactado. Por tanto, el canon mínimo es el cambio de una hora de trabajo por otra de descanso.
Las horas se han de compensar preferentemente con tiempos de descanso **a petición del trabajador**, siempre y cuando no se perturbe el normal proceso productivo (TSJ Cataluña 23-3-00, EDJ 13388). Si transcurridos los 4 meses no se produce la compensación en descanso, el trabajador puede exigir justificadamente el abono de las horas extraordinarias (TSJ Málaga 24-3-00, EDJ 11342).
El descanso compensatorio por su propia naturaleza **no es tiempo de trabajo efectivo**. Sí lo es el exceso de trabajo que supera la jornada ordinaria, tanto si se retribuye económicamente, como con descansos compensatorios, y por esa razón ese tiempo trabajado se computa para determinar la jornada real anual y abonar el tiempo excedido. Sin embargo, de computarse también a efectos de jornada, además del mayor tiempo trabajado, el tiempo de descanso compensatorio que lo retribuye, se estaría sumando dos veces un único tiempo de trabajo (TS 24-1-00, EDJ 680; 16-12-02, EDJ 61432; 20-5-03, EDJ 29893).
Las horas extraordinarias que hayan sido compensadas mediante descanso dentro de los 4 meses siguientes a su realización **no computan** a efectos del límite máximo de horas extras anuales. Por el contrario, si la compensación se efectúa transcurridos los 4 meses, tales horas extraordinarias no se excluyen del referido cómputo (ET art.35.2).

5276 **Retribución** En el caso de que se trate de compensación económica, se establece como **límite mínimo** el valor de la hora ordinaria.
La cuantía legal de la compensación puede ser objeto de una regulación más favorable por convenio colectivo o pacto individual: lo percibido por la hora ordinaria de trabajo o el

equivalente a una hora ordinaria de trabajo, **puede ser mejorado** en virtud de pacto colectivo o individual. Pero la Ley establece un límite mínimo de derecho necesario no susceptible de vulneración en caso alguno, por el que el precio mínimo de la hora extraordinaria es el establecido para la hora ordinaria, siendo nulo el precepto del convenio colectivo que disponga un precio inferior (TS 14-5-19, EDJ 600408).
Se vulnera el **principio de igualdad retributiva** al pagar las horas extras más baratas que el resto, cuando ello afecte -sin justificación objetiva- mayoritariamente a mujeres (TJUE 6-12-07, C-300/06).
No existe derecho a cobrar como horas extraordinarias los **excesos de la jornada habitual** cuando dichos excesos, se realicen o no de manera efectiva, cuentan con una retribución específica a través de un complemento de disponibilidad consistente en un porcentaje de la base salarial (TS 19-4-02, EDJ 26783; 18-6-02, EDJ 32120; 3-12-02, EDJ 61266).
Si por tratarse de un **año bisiesto** se trabajasen, en cómputo anual, más horas de la jornada pactada, estas horas se deben pagar como extraordinarias (TS 5-11-01, EDJ 47863; TSJ Aragón 17-2-03, EDJ 266158; TSJ Madrid 19-11-02, EDJ 88066).
Las horas de trabajo **que superen el límite de 80** o su proporción no pueden considerarse legalmente horas extraordinarias, sin perjuicio de que se retribuyan como tales, con los incrementos previstos en la regulación convencional o contractual prevista (TS 16-9-83, EDJ 4597; 27-1-90, EDJ 681). En estos casos, los trabajadores no pierden, por el incumplimiento empresarial, el derecho a percibir el abono de las horas de exceso, ya que en caso contrario estaríamos ante un claro supuesto de enriquecimiento injusto del empresario. En todo caso, procede imputar a la empresa la correspondiente sanción administrativa (LISOS art.7.5) (TS 31-5-88, EDJ 4697; 27-1-90, EDJ 681).

Precisiones 1) Legalmente **no** se fijan **recargos mínimos** para el pago de las horas extraordinarias. Este es un aspecto que se remite directamente a la negociación colectiva o al contrato de trabajo. Incluso es posible que no exista ningún tipo de recargo, en cuyo caso el valor de referencia es el de la hora ordinaria de trabajo. **5278**
2) En los casos en que se retribuyen las horas extraordinarias, pueden establecerse los siguientes **criterios**:
a. Normalmente, se prevé la compensación económica con un **incremento porcentual** sobre el valor de la hora ordinaria, por ejemplo, fijando que el precio de referencia de la hora extraordinaria es del 25% sobre la hora ordinaria (CCol Industria del Calzado DGTr Resol 24-3-23 art.43, BOE 10-4-23).
b. Con bastante frecuencia y con la finalidad de evitar los problemas de cálculo y cuantificación del valor de las horas extraordinarias, los convenios les atribuyen un **valor o precio determinado** en las tablas salariales.
c. En ocasiones, se fija un **valor diferente** para las horas extraordinarias trabajadas en días laborales y las trabajadas en días festivos, previéndose un valor superior para estas últimas. También se diferencia entre horas extraordinarias diurnas y nocturnas. Así, el CCol Unidad Editorial S.A. art.36 DGTr Resol 14-3-24, BOE 25-3-24, dispone la remuneración de las horas extras con arreglo a una tabla según la cual: hora extraordinaria diurna: 18,42 €; hora extraordinaria nocturna: 21,49 €; hora extraordinaria festiva-diurna: 23,03 €; hora extraordinaria festiva-nocturna: 26,14 €.
3) Para calcular el valor de las horas extraordinarias deben considerarse salario todas las cantidades y pluses abonados incluido el de permanencia (TSJ Burgos 24-3-11, EDJ 18922). Solo se deben incluir los **complementos salariales de puesto de trabajo** (plus de nocturnidad, peligrosidad, de festivos...) cuando las horas extra en las que se trabaja se prestan en aquellas circunstancias concretas (de noche, en festivos, etc.), pero no cuando no se prestan en tal situación (TS 30-3-15, EDJ 72681; 19-5-15, EDJ 144479; 13-12-16, EDJ 252820; AN 3-12-21, EDJ 772305).
4) La retribución de las horas extraordinarias es un concepto salarial independiente para remunerar el tiempo trabajado que excede de la jornada ordinaria de trabajo, y no es posible compensar ni absorber esa retribución con ningún otro concepto salarial diferente -como por ejemplo querer retribuir esas horas con el pago del complemento personal y bono gerencial-. Son válidos los pactos individuales o colectivos concertados por el empresario con el trabajador en los que se fije una **retribución global o genérica** en compensación por el exceso de tiempo de trabajo, tanto si el trabajo extraordinario se realiza de forma regular cada día, como si es de modo variable y cambiante, lo que supone que hay días en los que el empleado no supera el tiempo de trabajo de la jornada ordinaria, y otros en que sí. Pero estos son excepciones al sistema general y ordinario de remuneración por lo que deben ser interpretados restrictivamente y sólo se admiten cuando quedan demostrados de forma indubitada e incontestable (TS 24-7-06, EDJ 282231).
5) No pueden entenderse compensadas las horas extraordinarias mediante un **complemento de actividad**, a pesar de que el convenio prevé que complementa y compensa el exceso de jornada en cómputo anual. En este caso hay que interpretar que con su pago no se retribuyen las horas extras realizadas, sino que se complementa lo pagado por ellas y se compensa por la obligación de realizarlas (TS 29-1-07, EDJ 5522). En el caso del **pago mensual de un plus** que la empresa no acredita que fuera pactado precisamente para retribuir las horas extraordinarias y las nocturnas, no puede considerarse que dicho complemento sea homogéneo con la retribución de las horas

extraordinarias ni tampoco de las nocturnas y, en consecuencia, la retribución derivada del trabajo en dichas horas no resulta absorbible por aquél (TS 6-3-07, EDJ 25459).

6) Es nula a todos los efectos la cláusula contractual que contempla una compensación de las horas extraordinarias realizadas por un **complemento fijo mensual** por flexibilidad de jornada (TSJ Málaga 29-3-99, EDJ 11601).

7) La retribución por horas extras no puede entenderse incluida en el **pacto del salario global** mediante el cual el empresario remunera al trabajador con una cantidad igual o superior a la que correspondería por estricta aplicación de los niveles salariales legales o convenidos colectivamente ya que, por un lado, el convenio aplicable delimita los conceptos retributivos que pueden ser objeto de un pacto de salario global y, por otro, normalmente, no es posible conocer con anticipación si van a ser trabajadas, su número o si se abonarán o compensarán con descansos (TSJ Cantabria 28-12-18, EDJ 668056).

8) En el caso de los **vigilantes de seguridad**, la prescripción del derecho a reclamar cantidades pendientes por horas extra debe entenderse eficazmente interrumpida por los tres conflictos colectivos surgidos en relación al Convenio Colectivo Estatal de Empresas de Seguridad para 2005-2008 (TS unif doctrina 24-2-14, EDJ 42914).

9) En el caso de los **médicos** que prestan servicios en régimen laboral, las **guardias** médicas de presencia se consideran tiempo de trabajo y, por tanto, las horas que excedan de la jornada máxima legal son extraordinarias y deben retribuirse como tales, con el valor mínimo de la hora ordinaria de trabajo (TS 21-2-06, EDJ 53156; 6-3-06, EDJ 53167; 29-6-16, EDJ 115098); pero no se consideran extraordinarias aquellas de atención continuada realizadas por el personal médico cuando en el período en el que se reclama no hay convenio de aplicación y la norma especial de referencia no contempla su retribución (TS 7-2-24, EDJ 509135). Sin embargo, en alguna sentencia anterior, el Tribunal Supremo había computado como horas extraordinarias las que se realizaban por encima de la jornada pactada en convenio y no, como sucede en este caso, por encima de la jornada máxima legal (TS 18-9-00, EDJ 44485).

5280 El **valor de la hora trabajada** no sólo incluye el salario día dividido por 8 o el semanal dividido por 40, sino también la parte de **permisos legales, vacaciones y festivos** a cuyo derecho se accede por el trabajo efectivo de las horas que como tal se establecen en el convenio o se derivan del calendario laboral (TS 2-10-12, EDJ 225304).

Entre los conceptos que integran su cálculo debe incluirse a todos los que forman parte de la retribución salarial, aunque en su origen hubiesen venido a compensar un **cambio en el sistema de pensiones** (TS 3-5-10, EDJ 84371; 4-5-10, EDJ 84373; 4-5-10, EDJ 84375).

D. Jornadas especiales

(ET art. 34.7 y 36.1.4º; RD 1561/1995)

5285 Se permite al **Gobierno**, a propuesta del Ministerio de Trabajo y Economía Social y previa consulta a las organizaciones sindicales y asociaciones empresariales más representativas, la posibilidad de determinar ampliaciones o reducciones de la ordenación y duración de la jornada y de los descansos laborales en aquellos sectores y trabajos que por sus peculiaridades así lo requieran.

En aplicación de dicha habilitación, el Gobierno ha introducido especialidades al régimen de tiempo de trabajo en materia de jornadas especiales de trabajo, que contempla medidas que permiten un mayor margen de flexibilidad de la distribución del tiempo de trabajo, así como la necesidad de observar determinadas exigencias en materia de **seguridad y salud laboral**.

Estas excepciones al régimen común de tiempo de trabajo y de descanso se permiten en sectores y actividades que son objeto de una regulación específica, que permite mayores márgenes de ordenación (ampliación y reducción) de la jornada de trabajo y descansos laborales.

Los supuestos de jornadas ampliadas o reducidas contemplados reglamentariamente, se consideran **supuestos excepcionales** debido a que su regulación difiere en uno u otro aspecto de la normativa común en materia de tiempo de trabajo. Las disposiciones generales del ET se aplican siempre y cuando no se opongan a las especialidades establecidas reglamentariamente.

Conviene indicar que estas reglas especiales previstas pueden requerir, en algunos supuestos, para su aplicación el acuerdo en **convenio colectivo o acuerdo colectivo**, sin perjuicio de la labor de mejora propia del convenio colectivo.

Con carácter general, las reglas contenidas en la normativa sobre jornadas especiales de trabajo no son de aplicación a los trabajadores **menores de 18 años**, cuyo régimen de jornada está sometido a concretas limitaciones (nº 5130). Tampoco son de aplicación a las **relaciones** laborales **especiales de trabajo**, que se rigen por su normativa específica.

Precisiones **1)** En el contrato de **alta dirección** se prevé la remisión a lo pactado por las partes, siempre que no configuren prestaciones a cargo del empleado que excedan notoriamente de las usuales en el ámbito profesional correspondiente (nº 7804).

2) El **personal que interviene en operaciones mercantiles** no está sujeto al régimen de jornada u horario de trabajo concreto, sin perjuicio de las previsiones contenidas en los pactos colectivos o individuales (nº 7653).

1. Régimen de descansos alternativos

(RD 1561/1995 art.2)

Se trata de un aspecto común que afecta a todos los tipos de jornadas especiales. Se prevé la reducción de los **descansos entre jornadas** de doce horas y de los descansos **semanales** de día y medio. 5290

Las **reglas comunes** en materia de descansos alternativos son las siguientes:

1. Las reducciones de la duración ordinaria de los descansos diario y semanal prevista en el ET tienen que ser **objeto de compensación** mediante descansos alternativos, cuya duración no puede ser inferior a la reducción experimentada.

2. Los descansos alternativos **deben disfrutarse** observando los períodos de referencia determinados en cada supuesto de jornada especial y en la forma en que se determine en virtud de acuerdo o pacto.

3. Es obligatorio el disfrute efectivo de los descansos compensatorios, que **no** pueden ser **compensados económicamente**, salvo que la relación laboral se extinga por causas distintas a las derivadas de la duración del contrato de trabajo, como sucede en los casos de despido disciplinario o en los supuestos de extinción del contrato por causas objetivas.

Ello quiere decir que en los contratos de duración determinada o fijos discontinuos se pueden aplicar las reglas especiales en materia de descanso siempre que el tiempo de reposo pueda ser disfrutado dentro de los períodos de referencia y con carácter previo a la finalización del contrato o del período de actividad.

4. Se permite que el **convenio colectivo** contemple la posibilidad de **acumular el descanso** entre jornadas al período anual de vacaciones. Sin embargo, dicha posibilidad tiene que respetar, en cualquier caso, el disfrute de un descanso diario indisponible de 10 horas.

> Precisiones El trabajador con jornada especial que recibe un **complemento económico de atención continuada** no tiene derecho a disfrutar de un día adicional de descanso por cada servicio prestado en fin de semana o en día festivo (TS 25-1-24, EDJ 505381).

2. Ampliaciones de jornada

Los supuestos en los que reglamentariamente se autorizan ampliaciones de la jornada de trabajo son los **siguientes**: 5295

1. Empleados de fincas urbanas (nº 5300).
2. Guardas y vigilantes no ferroviarios (nº 5305).
3. Trabajo en el campo (nº 5310).
4. Trabajo en el comercio y la hostelería (nº 5315).
5. Transportes (nº 5320 s.).
6. Trabajo en el mar (nº 5345).
7. Trabajos en determinadas condiciones específicas:
- trabajos en régimen de aislamiento y lejanía (nº 5355);
- trabajos de puesta en marcha y cierre de los demás (nº 5357);
- jornadas fraccionadas (nº 5359).

a. Empleados de fincas urbanas

(RD 1561/1995 art.3)

Se contemplan especialidades para los empleados de fincas urbanas con **plena dedicación**. El tiempo de trabajo de dichos trabajadores ha de tener como referencia la franja horaria comprendida entre los horarios de apertura y cierre de los portales en virtud de lo dispuesto en las ordenanzas municipales. En dicho tramo horario se pueden determinar las horas de servicio, sin que el **tiempo de trabajo efectivo** pueda exceder de la duración máxima de la jornada ordinaria, esto es, las 40 horas semanales de promedio en cómputo anual. 5300

Asimismo, se debe respetar uno o varios **descansos o pausas** a tenor de lo dispuesto en el convenio colectivo o en el acuerdo entre el trabajador y el empresario -el titular del inmueble-.

Se debe respetar un **descanso mínimo entre jornadas** de 10 horas ininterrumpidas, cuya diferencia hasta las 12 horas previstas estatutariamente se compensa por períodos de hasta 4 semanas.

Respecto del **medio día de descanso semanal**, se regulan dos posibilidades:
- acumularlo por períodos de hasta 4 semanas;
- separarlo del correspondiente al día completo para su disfrute en otro día de la semana.

b. Guardas y vigilantes no ferroviarios

(RD 1561/1995 art.4)

5305 La ampliación de la jornada es aplicable a los guardas y vigilantes no ferroviarios que tengan asignado el cuidado de una zona limitada, siempre que no se les exija una vigilancia constante. La posibilidad de ampliar la jornada se condiciona a la existencia de un **lugar destinado a descansar** adecuadamente.
Están **excluidas** de este supuesto las condiciones de jornada de los vigilantes jurados de establecimientos financieros o de grandes almacenes (TS 10-5-90, EDJ 4951; 10-4-90, EDJ 4033).
La **jornada** de los guardas y vigilantes no ferroviarios se puede ampliar a 12 horas al día, dentro de las cuales, 4 pueden dedicarse a pausas o descansos dentro de las horas de servicio. Dicha ampliación de la jornada de trabajo no supone la extensión del tiempo de trabajo efectivo, puesto que no se puede superar la duración máxima de la jornada ordinaria de trabajo prevista estatutariamente.
En materia de **descansos**, les son de aplicación las reglas aplicables a los empleados de fincas urbanas (nº 5300).

c. Trabajo en el campo

(RD 1561/1995 art.5 y 24)

5310 La **jornada** -su distribución y cómputo- de trabajo en las labores agrícolas, forestales y pecuarias se establece en los convenios colectivos o, en su defecto, en la costumbre laboral, siempre que no sea incompatible con las peculiaridades y la organización de la explotación. Puede ampliarse hasta 20 horas semanales, sin que la jornada diaria pueda exceder de 12 horas. Las horas de exceso de la jornada ordinaria se han de compensar o abonar como horas extraordinarias.
El **descanso entre jornadas** es, como mínimo, de 10 horas. La diferencia respecto de las 12 horas puede acumularse en períodos de referencia de hasta 4 semanas.
El **medio día de descanso semanal** puede acumularse en períodos de hasta 4 semanas o disfrutarse de forma separada respecto del día completo en cualquier otro día de la semana.

d. Trabajo en el comercio y la hostelería

(RD 1561/1995 art.6 y 7)

5315 Respecto del comercio y la hostelería, se prevé que las posibles peculiaridades que en materia de **jornada** se puedan establecer estén condicionadas a su determinación en convenio colectivo o, en su defecto, en acuerdo entre la empresa y los representantes de los trabajadores.
Con carácter general, el **medio día de descanso** semanal previsto estatutariamente (ET art.37.1) puede ser acumulado por períodos de hasta 4 semanas, o se puede separar respecto del día completo para su disfrute en otro día de la semana.
La jornada aplicable en la **hostelería** puede verse afectada, a su vez, por especialidades adicionales que tienen presente el **carácter estacional o de temporada** de la actividad laboral. El supuesto se limita a las necesidades específicas propias de las actividades estacionales de la hostelería en zonas de afluencia turística. Concretamente, en las actividades de temporada se permite la acumulación del medio día de descanso en períodos más amplios, sin que en ningún caso pueda ser superior a 4 meses. Asimismo, se puede reducir el descanso entre jornadas hasta 10 horas, compensándose de forma acumulada. En cualquier caso, estas opciones tienen que ser pactadas en convenio colectivo o, en su defecto, mediante acuerdo entre la empresa y los representantes de los trabajadores.

e. Transportes

(RD 1561/1995 art.8 y 9)

5320 En los marginales siguientes se recogen las disposiciones comunes relativas a la ordenación del tiempo de trabajo en el sector de los transportes, así como las especialidades relativas a cada uno de los tipos de transporte:
- por carretera (nº 5324 s.);
- ferroviario (nº 5330);
- aéreo (nº 5334 s.).

Disposiciones comunes Se prevén una serie de reglas comunes relativas a la ordenación del tiempo de trabajo en el sector de los transportes. Estas reglas distinguen los períodos de tiempo de trabajo efectivo y los tiempos de presencia, así como las reglas especiales de ordenación de los descansos diarios y semanales: 5322

1. **Tiempo de trabajo efectivo**. Los períodos de trabajo efectivo son aquellos en los que el trabajador se encuentra a disposición del empresario y en ejercicio de su actividad laboral. Durante estas horas ha de realizar las funciones propias de su puesto, como la conducción del vehículo o medio transporte u otros trabajos durante el tiempo de circulación de los mismos, así como aquellos otros trabajos auxiliares que se efectúen en relación con el vehículo o medio de transporte, sus pasajeros o su carga.

Se debe considerar como tiempo de trabajo efectivo el transcurrido desde que se toma el vehículo por el conductor en el centro de trabajo para su traslado a la estación con el fin de proceder a la recogida de viajeros y el regreso al centro de trabajo (TS 17-6-10, EDJ 213758).

A los efectos de determinar el tiempo de trabajo efectivo, se tiene como referencia la jornada máxima ordinaria, esto es, las 40 horas semanales de promedio anual (nº 5120). Asimismo, los trabajadores del sector no pueden realizar una jornada diaria superior a 12 horas, incluidas las horas extraordinarias. En este sentido, es de aplicación el límite de 80 horas anuales de horas extraordinarias (nº 5266).

2. **Tiempo de presencia**. Se entiende por tiempo de presencia aquel en el que el trabajador se encuentra a disposición de la empresa, sin desarrollar prestación de trabajo efectivo. Los tiempos de presencia se aplican por razones de espera, expectativa, servicios de guardia, viajes sin servicio, averías, comidas en ruta y otros supuestos análogos (TS 16-11-12, EDJ 277769). Las **funciones de «toma y deje»** de los vehículos destinados al transporte de pasajeros por carretera son subsumibles en el concepto de horas de presencia, y no en el de trabajo efectivo y no pueden computarse dentro de la duración máxima de la jornada laboral prevista por la norma convencional (TS 2-10-07, EDJ 195072).

Los tiempos de presencia se determinan en los **convenios colectivos** y no pueden exceder de 20 horas semanales de promedio en un período de referencia de un mes. Se han de distribuir conforme a los criterios acordados colectivamente, siempre respetando los períodos mínimos de descanso diario y semanal de cada subsector del transporte.

Las horas de presencia **no computan** a efectos de la jornada máxima ordinaria ni para el límite de horas extraordinarias.

Con carácter general, las horas de presencia son **retribuidas** con un salario no inferior al establecido para la hora ordinaria, salvo que se pacte su compensación con períodos equivalentes de descansos retribuidos. El TS entiende que el convenio colectivo puede determinar un valor inferior al de la hora ordinaria (TS 12-2-02, EDJ 13569; 18-3-03, EDJ 29884; 20-2-07, EDJ 21161).

Sin embargo, si no se contiene previsión alguna en esta materia en el convenio colectivo, se tienen que pagar las horas de espera como las horas ordinarias (TS 20-5-04, EDJ 60756).

3. **Descansos diario y semanal**. Se prevé, con carácter general, y a salvo de las excepciones concretas referidas al transporte por carretera (nº 5324 s.) y ferroviario (nº 5330), la necesidad de respetar un descanso mínimo entre jornadas de 10 horas. En este sentido, las diferencias derivadas de las mermas de descanso hasta las 12 horas previstas estatutariamente se pueden compensar en períodos de hasta 4 semanas.

Asimismo, se permite la posibilidad de computar el descanso semanal de día y medio (nº 5190), en períodos de referencia de hasta de 4 semanas.

Transporte por carretera (Rgto CE/561/2006 redacc Rgto (UE) 2024/1258; RD 1561/1995 art.10, 10 bis, 11 y 12) 5324

La regulación de los tiempos de trabajo efectivo y de presencia prevista se aplica también a los **trabajadores móviles**, entendiendo por tales, a estos efectos, a cualquier trabajador que forma parte del personal que se desplaza y que está al servicio de una empresa que efectúa servicios de transporte. Quedan comprendidos, por tanto: los conductores, ayudantes, cobradores y demás personal auxiliar de viaje en el vehículo que realice trabajos en relación con el mismo, sus pasajeros o su carga, tanto de las empresas de transporte por carretera como en las integradas en otros sectores que realicen tales actividades de transporte o algunas de las auxiliares.

Sin perjuicio de las previsiones generales al respecto, dentro del **tiempo de trabajo efectivo** se comprenden los periodos durante los cuales este trabajador no puede disponer libremente de su tiempo y tiene que permanecer en el lugar de trabajo dispuesto a realizar su trabajo normal, efectuando las tareas relacionadas con el servicio, particularmente los periodos de espera de carga y descarga en que no se conozca de antemano su duración previsible. Dentro del **tiempo de presencia** se comprenden los periodos distintos de las pausas y los descansos, durante los cuales el trabajador no lleva a cabo ninguna actividad y no está obligado a

permanecer en su lugar de trabajo, pero tiene que estar disponible para emprender o reanudar la conducción u otros trabajos.
El periodo de **descanso en la jornada continuada** que exceda de 6 horas consecutivas no puede ser inferior a 30 minutos y cuando el tiempo total de trabajo sea superior a 9 horas diarias debe ser como mínimo de 45 minutos, sin que en caso de fracción de estos periodos sea inferior a 15 minutos, salvo en las rutas de transporte regular de viajeros cuyo recorrido no exceda de 50 Km.
Cuando se hubiera pactado la **distribución irregular de la jornada** a lo largo del año, la duración del tiempo de trabajo efectivo no puede superar las 48 horas semanales de promedio en cómputo cuatrimestral ni exceder, en ningún caso, de las 60 horas semanales. Si concurren razones objetivas, técnicas o de organización del trabajo, este periodo de referencia puede ser ampliado hasta un máximo de 6 meses mediante convenio sectorial de ámbito estatal.
Cuando se realice **trabajo nocturno** por un trabajador que no tenga esa calificación, no puede exceder su jornada diaria de 10 horas por cada periodo de 24 horas.
En el tiempo de trabajo de los trabajadores móviles deben incluirse todas las **horas trabajadas para uno o más empresarios** en el periodo considerado. Para ello, el empresario debe solicitar por escrito al trabajador el cómputo del tiempo de trabajo efectuado para otros empresarios y el trabajador debe facilitar estos datos, también por escrito.
El empresario debe llevar un **registro del tiempo de trabajo** de estos trabajadores y conservarlo, al menos, durante tres años después de finalizar el periodo considerado, estando obligado a facilitar una copia del mismo a aquellos que se lo soliciten.
Los periodos de **tiempo de presencia**, durante los que el trabajador -aun sin realizar actividad laboral- debe estar disponible para responder a posibles instrucciones de emprender o reanudar la conducción o realizar otros trabajos, se computan para determinar el límite de horas semanales. Para los supuestos que se indican a continuación pueden pactarse distintos **criterios de cómputo** mediante convenio colectivo sectorial de ámbito estatal. Dichos supuestos son:
- periodos durante los cuales el trabajador acompañe a un vehículo transportado en transbordador o tren;
- periodos de espera en frontera o causados por las prohibiciones de circular;
- periodos de tiempo en los que el trabajador que conduce en equipo permanezca sentado o acostado en una litera durante la circulación en el vehículo.

Precisiones **1)** Corresponde a la ITSS efectuar **controles** sobre la correcta aplicación de la jornada laboral de los conductores por cuenta ajena en el sector de transportes por carretera **en los locales de la empresa** (ITSS Resol 6-5-22).
Estos controles **comprenden**:
- la duración completa de la jornada semanal;
- la duración media de los tiempos de trabajo semanal, pausas y trabajo nocturno;
- los tiempos de trabajo que no sean de conducción del vehículo.
2) Es tiempo de trabajo el desplazamiento de los conductores con sus propios vehículos hacia y desde los **depósitos externos de la empresa**, para hacerse cargo y conducir su vehículo en el ejercicio normal de sus funciones (TJUE 29-4-10 asunto Smit-Reizen C-124/09; 26-9-24, asunto Volánbusz C-164/23). También los períodos en los cuales el conductor **acompaña a un vehículo transportado en ferry** o transbordador, al tener que estar disponible para cualquier emergencia o cuestión requerida durante el trayecto (TS 11-1-24, EDJ 501305).
3) Los trabajadores con **jornadas continuadas superiores a las 6 horas**, que presten servicio de transporte urbano por carretera, pueden disfrutar del **descanso mínimo** de 30 minutos en un período continuado de 15 minutos y el resto fraccionado en distintos períodos, sin necesidad de acreditar pacto o acuerdo expreso entre las partes (TSJ Valladolid 2-11-23, EDJ 744902).

5326 **Tiempos de conducción y descansos** (Rgto CE/561/2006 redacc Rgto (UE) 2024/1258 art. 8; Rgto UE/165/2014; RD 1561/1995 art.11) Pese a serles de aplicación todo lo indicado para el resto de trabajadores móviles, es importante tener en cuenta que:
1. El **tiempo diario de conducción** no puede superar las 9 horas, aunque puede ampliarse, como máximo, hasta 10 horas no más de dos veces durante la semana.
2. Tras un periodo de conducción continuada de 4 horas y media, debe hacerse una **pausa** ininterrumpida de al menos 45 minutos o sustituirla por una de al menos 15 minutos, seguida de otra de 30, intercaladas en ese periodo de conducción. En el caso de un conductor que participe en la **conducción en equipo** puede hacer una pausa de 45 minutos en un vehículo conducido por otro conductor, a condición de que no se dedique a asistir a este último.
3. El tiempo de **conducción máxima semanal** no puede superar las 56 horas, ni el bisemanal, las 90.
4. El **descanso diario** debe ser de al menos 11 horas, aunque puede reducirse a 9 horas tres veces por semana. Alternativamente, se puede tomar en dos tramos: el primero de ellos de al menos 3 horas interrumpidas y el segundo de al menos 9 horas ininterrumpidas. Cuando

varios trabajadores conduzcan **en equipo** un vehículo, deben tomar un nuevo periodo de descanso diario, de al menos 9 horas, en el espacio de 30 horas desde el final del anterior periodo de descanso diario o semanal. Durante la primera hora de conducción en equipo, la presencia del segundo conductor es optativa, pero durante el periodo restante es obligatoria.
5. El **descanso semanal** normal es de 45 horas ininterrumpidas, pero se puede reducir hasta un mínimo de 24 horas. Las horas de descanso perdidas deben compensarse de una sola vez, uniéndolas a un periodo mínimo de descanso de 9 horas, antes de que termine la tercera semana siguiente. No se pueden tomar dos descansos semanales reducidos consecutivos.
Por otro lado, existen **normas específicas** sobre descanso de conductores que:
- acompañen un vehículo transportado por **transbordador o tren** (Rgto CE/561/2006 art.9.1);
- se dediquen al transporte **internacional** (Rgto CE/561/2006 art.8.6.3º y 4º);
- efectúen un único servicio discrecional de transporte de viajeros (Rgto CE/561/2006 art.8.6bis redacc Rgto (UE) 2024/1258).

Transporte por carretera en islas (RD 1082/2014) Las normas sobre tiempos de conducción y descanso en la realización de transportes por carretera que se desarrollan exclusivamente en islas con una superficie mayor a 250 km^2 y que no supere los 2.300 km^2 tienen las siguientes **particularidades**: **5328**
1. El periodo de **descanso diario normal** se puede tomar en dos o tres periodos separados, uno de los cuales no puede ser inferior a 8 h. ininterrumpidas, sin que ninguno pueda ser inferior a una hora. En estos casos, la duración total del descanso será de al menos 11 h.
Asimismo, el periodo de **descanso diario reducido**, de al menos 9 h. pero inferior a 11 h., se puede tomar en dos períodos, si bien uno de ellos debe ser de 8 h. ininterrumpidas y ninguno inferior a una hora.
2. Pueden realizarse periodos de **descansos semanales reducidos** durante las 3 semanas consecutivas a una en que se hubiese realizado un periodo de descanso semanal normal. Los descansos tomados como compensación por un periodo de descanso reducido, deben tomarse antes de finalizar la cuarta semana siguiente a aquella en que se realizó el descanso, no teniendo que ir unidos a otro descanso.
3. La **pausa ininterrumpida** puede sustituirse por 2 o 3 pausas, de al menos 15 minutos cada una, intercaladas en el periodo de conducción o situadas inmediatamente después del mismo.
4. En los **trayectos interinsulares** no es necesario que el conductor tenga acceso a una cama o litera durante el periodo de descanso diario normal, cuando la duración del trayecto marítimo no sea superior a 4 h.
El periodo que se realice en el transbordador no puede formar parte del periodo de 8 h. ininterrumpidas del descanso diario.

Transporte ferroviario (RD 1561/1995 art.13) **5330**

En el transporte ferroviario se aplican las reglas comunes previstas para el sector de los transportes en materia de jornada de trabajo y descansos (nº 5322). Así pues, las disposiciones especiales sobre tiempo de trabajo efectivo y de presencia son de aplicación a los conductores, así como a aquellos trabajadores que presten servicio a bordo de los trenes durante el trayecto, aunque no pertenezcan a empresas dedicadas al transporte ferroviario.
La regulación se proyecta sobre distintos **ámbitos** propios de las empresas de transporte ferroviario, como son:
- estaciones de tráfico reducido, apeaderos, apartaderos y apeaderos-cargaderos, directamente relacionados con la circulación, y estaciones comprendidas en el control de tráfico centralizado;
- labores de vigilancia y custodia.
Con carácter general, los **tiempos de presencia** y su cómputo se deben determinar en virtud de pacto, esto es, la empresa no puede determinar de forma unilateral las denominadas horas de presencia de los trabajadores (TSJ Asturias 4-6-99, EDJ 21595).
Respecto de la jornada, en los **trenes de largo recorrido** se puede sobrepasar el límite de 9 horas de trabajo efectivo diario de manera excepcional y sin perjuicio de lo dispuesto en convenio colectivo o acuerdo de empresa. Ello es posible siempre que concurran razones de fuerza mayor o necesidades de explotación que repercutan en la seguridad y regularidad del tráfico ferroviario. Dicha ampliación se realiza por el tiempo necesario para llegar al lugar de destino.
El **descanso entre jornadas** disfrutado fuera de los lugares de residencia del trabajador puede reducirse, salvo que lo prohíba el convenio colectivo, a 8 horas si se trata de un conductor y a 6 horas para el resto del personal. Las mermas de descanso respecto de las 12 horas previstas legalmente se compensan en períodos de referencia de hasta 4 semanas.

Precisiones Respecto a las específicas condiciones de trabajo de los trabajadores móviles que realizan **servicios de interoperabilidad transfronteriza** en el transporte ferroviario, las reglas básicas son las siguientes (Dir 2005/47/CE; RD 1561/1995 disp.adic.7.ª)

a. La **duración máxima del tiempo de conducción:** no puede ser superior a 9 horas diarias en el trabajo diurno ni a 8 en el nocturno. Tampoco puede exceder de 80 horas en cada período de dos semanas.

Cuando el conductor no circule acompañado de un segundo maquinista, si la duración del tiempo de trabajo excede de 8 horas, tiene derecho a un descanso durante la jornada o pausa de 45 minutos de duración. Si fuera superior a las 6 horas pero no excediera de las 8, esta pausa debe ser de al menos 30 minutos.

En el caso de que haya un **segundo maquinista**, las condiciones del descanso durante la jornada son las previstas en la legislación laboral común. Finalmente, para el personal de acompañamiento, si el tiempo de trabajo excede de 6 horas, la duración de la pausa durante el mismo debe ser de 30 minutos.

b. Descanso diario:

- en el domicilio: ha de tener una duración mínima de 12 horas consecutivas dentro de cada período de 24 horas, aunque se puede reducir a 9 horas una vez cada 7 días, compensándose su diferencia;
- fuera del domicilio: debe tener una duración mínima de 8 horas consecutivas dentro de cada período de 24 horas, seguido siempre de un descanso diario en el domicilio.

c. Descanso mínimo semanal: debe ser de día y medio ininterrumpido acumulable por periodos de hasta 14 días, garantizándose cada año 104 períodos de descanso semanal de 24 horas de duración; de ellos, como mínimo, 12 en descansos dobles de 48 horas, que han de comprender el sábado y el domingo, y otros 12, aunque descansos dobles, sin garantía de que estén incluidos en ellos un sábado o un domingo. A la duración de estos períodos debe sumarse el descanso diario.

Hasta un máximo de 8 períodos de descanso semanal pueden formar parte de las **vacaciones**.

5332 **Tiempos máximos de conducción** (RD 929/2020 art.36, 37 y 38; Dir (UE) 2016/798; Dir (UE) 2016/797) Se considera **tiempo de conducción** la duración de la actividad durante la cual el maquinista es responsable de la conducción de un vehículo ferroviario, con la exclusión del tiempo previsto para la puesta en servicio y la puesta fuera de servicio del vehículo. Incluye la realización de maniobras que lleven asociado el manejo del vehículo ferroviario en movimiento. También se computan como tiempo de conducción las interrupciones en las que el maquinista permanece como responsable del vehículo a efectos de conducción, es decir, con atención a la circulación ferroviaria. El **cómputo** del tiempo máximo de conducción ha de realizarse por periodos de 24 horas. Este período se inicia con el comienzo de la actividad de conducción y finaliza cuando se disfrute de forma continuada y completa del descanso mínimo establecido por la correspondiente normativa laboral.

La **conducción continuada** se considera interrumpida cuando se disfrute de una pausa de al menos 45 minutos. Durante esa pausa el maquinista no es responsable del tren a efectos de circulación, ni puede ser requerido para la realización de ningún tipo de servicio, actividad o control aleatorio de alcohol o drogas. Esta pausa no se computa como período de conducción.

Por lo que se refiere a la **conducción por equipos**, entendida como la existencia de dos maquinistas que alternan la conducción del tren, se computa como tiempo de conducción exclusivamente el del maquinista que está efectuando la conducción. Al otro maquinista, siempre que no conduzca, le es computado como tiempo de jornada laboral. La conducción por equipos debe **interrumpirse** al menos cada 6 horas, por un período mínimo de 45 minutos, a tren detenido y con ambos maquinistas fuera de la cabina de conducción.

5334 **Transporte aéreo** En el ámbito del transporte aéreo hay que distinguir dos tipos de regulaciones:

- la del personal de vuelo de la aviación civil;
- la de los controladores civiles de tránsito aéreo (nº 5338).

5336 **Personal de vuelo en la aviación civil** (RD 1561/1995 art.14) El régimen de jornada de trabajo se ha de completar con lo dispuesto en la normativa en vigor en materia de seguridad de la navegación aérea. Son de aplicación al personal de vuelo de la aviación civil las disposiciones relativas a tiempo de trabajo efectivo, tiempo de presencia, descanso entre jornadas y semanal contempladas con carácter general en el sector del transporte.

En materia de jornada se hace una remisión al **convenio colectivo** de referencia.

Con carácter general, la **jornada máxima anual** del personal de vuelo de la aviación civil es de 2.000 horas, de las cuales, como máximo 900 computan como tiempo de vuelo, dentro de las cuales están comprendidas las horas de presencia que se determinen en convenio colectivo. Ante la ausencia de previsión en convenio colectivo, se entiende que únicamente se computan las horas en las que se esté en **situación de inmediata disposición** por parte del empresario, esto es, aquellas horas en las que el personal de vuelo no realiza ninguna función, pero está

disponible en un lugar predeterminado y señalado a la espera de que se le asigne algún servicio.
El personal de vuelo tiene derecho a los **descansos semanales y a las fiestas laborales** y, a su vez, tienen derecho a disfrutar 96 días libres en cómputo anual, sin que se descuenten de la duración de las vacaciones anuales. El trabajador ha de disfrutar, de estos 96 días libres, como mínimo 7 en cada mes. Dichos días libres de servicio tienen que comunicarse previamente al trabajador y no pueden ser llamados para la prestación de servicio u actividad.

Precisiones Las previsiones contenidas en la normativa sobre jornadas especiales se complementan, por lo que se refiere a las **tripulaciones de servicio en aviones** que realicen transporte aéreo comercial por normas específicas, en los aspectos relativos a las limitaciones de tiempos de vuelo y descansos, a las horas de presentación al servicio, los períodos de actividad de vuelo extendidos por descansos parciales, los descansos adicionales por efecto de las diferencias horarias, la reducción de los tiempos de descanso, los períodos de actividad de vuelo extendidos por descansos en vuelo, y las modalidades de imaginaria de hotel y en casa, así como la regulación complementaria de la imaginaria de aeropuerto (RD 1952/2009).

Controladores civiles de tránsito aéreo (RD 1001/2010) Los controladores civiles de tránsito aéreo cuentan, por razones de seguridad en la navegación aérea, con una regulación específica sobre duración, cómputo y ordenación del tiempo de trabajo. 5338
A tales efectos se distinguen **distintas actividades**: operacional, aeronáutica, descansos, descansos parciales, imaginarias y periodos de actividad.
Entre las **limitaciones de tiempos** de actividad aeronáutica destacan los siguientes:
- la duración máxima de un período continuo de actividad aeronáutica es de 10 horas, debiendo garantizarse un descanso mínimo de 12 horas entre la finalización de un período de actividad aeronáutica y el inicio del siguiente;
- la actividad aeronáutica mensual no debe superar las 200 horas;
- la actividad aeronáutica anual no puede exceder de 1.670 horas, sin perjuicio de la posibilidad de ser incrementada con horas extraordinarias hasta un máximo de 80 horas anuales.

En el **cómputo de este límite** anual de actividad aeronáutica no se han de tener en cuenta otras actividades laborales de carácter no aeronáutico, tales como imaginarias y periodos de formación no computables como actividad aeronáutica, permisos sindicales, licencias y ausencias por incapacidad laboral. Estas actividades, al no afectar a los límites de seguridad aeronáutica, se han de tomar en consideración exclusivamente a afectos laborales (RD 1001/2010 disp.adic.única; RDL 13/2010 disp.adic.2ª).
La duración de los **períodos consecutivos de actividad aeronáutica** no puede exceder de 50 horas. Tampoco pueden realizarse más de 6 períodos consecutivos de actividad aeronáutica con independencia de la duración diaria de cada uno de ellos. Al finalizar estos períodos de actividad aeronáutica, se debe garantizar al controlador de tránsito aéreo un descanso mínimo de 60 horas, que puede reducirse siempre que se respete el descanso mensual mínimo, que debe ser de 180 horas distribuidas, al menos, en tres períodos de descanso de una duración mínima, cada uno de ellos, no inferior a 54 horas.
Únicamente se considera **tiempo de trabajo efectivo** de los controladores civiles de tránsito aéreo aquél en el que el trabajador se encuentre a disposición del proveedor designado para la prestación de servicios de control de tránsito aéreo y realizando una actividad aeronáutica, así como la formación práctica de trabajo usando simuladores y las evaluaciones correspondientes, y otros trabajos auxiliares relacionados con su actividad aeronáutica. Se consideran **tiempos de presencia**, no computables a efectos de la duración máxima de la jornada ordinaria de trabajo, ni para el límite máximo de las horas extraordinarias, los tiempos de imaginaria fuera del lugar de trabajo, los reconocimientos médicos necesarios para obtener o mantener la licencia de controlador de tránsito aéreo, la formación continuada distinta de la formación práctica de trabajo antes aludida u otras similares (RD 1001/2010 disp.adic.única).
La duración máxima de un **período de actividad operacional** continuo no puede exceder de 2 horas, debiendo garantizarse a su finalización un descanso parcial mínimo de 30 minutos. Tal duración se puede incrementar por el tiempo necesario para asegurar los relevos, con el límite de un máximo de 15 minutos. La duración máxima del periodo continuo de actividad aeronáutica varía en función de su calificación:
- **nocturna**: 9 horas 30 minutos, entendiendo por tal la que transcurre, total o parcialmente, entre la 01:30 horas y las 05:29 horas;
- **de madrugada**: 8 horas, entendiendo por tal la que comienza entre las 05:30 horas y las 06:29 horas;
- **matinal**: 8 horas 30 minutos, entendiendo por tal la que comienza entre las 06:30 horas y las 07:59 horas;
- período de **imaginaria**: 20 horas.

Igualmente se prevé un régimen específico para la modificación de los periodos de actividad aeronáutica y descansos por **circunstancias imprevistas**, así como las modificaciones para atender demandas extraordinarias de tráfico aéreo y los límites, por lo que se refiere al mínimo de descanso, a dichas modificaciones (RD 1001/2010 art.16, 17 y 18).

f. Trabajo en el mar

(RD 1561/1995 art.15 a 18; Dir 1999/95/CE)

5345 En la ordenación del tiempo de trabajo en el mar se aplican las disposiciones generales previstas en el nº 5322 para los trabajadores del transporte.

La regulación de las condiciones de trabajo y descanso es común a todos los trabajadores que presten servicios a bordo de los buques y embarcaciones. Queda **excluido expresamente** el capitán o persona que ejerza el mando de la nave, siempre que no venga obligado a montar guardia, que se rige a estos efectos por las cláusulas de su contrato en cuanto no configuren prestaciones que excedan notoriamente de las que sean usuales en el trabajo en el mar.

Los trabajadores no pueden realizar una **jornada total diaria** superior a 12 horas, incluidas las horas extraordinarias, tanto si el buque está en puerto como si está en el mar. Se excluyen de esta regla las **horas extraordinarias** prestadas en los casos de:

- fuerza mayor con el fin de garantizar la seguridad;
- provisión de víveres, combustible o material lubricante en casos de necesidad;
- descarga urgente por deterioro de la mercancía;
- maniobras de entrada y salida a puerto, atraque, desatraque y fondeo.

Las **horas de exceso** sobre la jornada ordinaria pactada se compensan o abonan según lo previsto en el (nº 5272 s.). En cualquier caso, la **jornada** no puede exceder, a excepción de los casos anteriormente citados, las 14 horas por cada período de 24 horas, ni 72 horas por cada período de 7 días.

Los **menores de 18 años** tienen prohibido el trabajo nocturno, considerando como tal, a estos efectos, el realizado entre las 10 de la noche y las 7 de la mañana.

En materia de **descanso**, se considera tiempo de reposo aquel en el que el trabajador esté libre de todo servicio.

En cuanto al descanso **entre jornadas** conviene distinguir entre el régimen aplicable en la marina mercante y la marina pesquera.

5347 **Marina mercante** (RD 1561/1995 art.17) En la marina mercante, los trabajadores tienen derecho a un **descanso entre jornadas** mínimo de 8 horas y de 12 horas cuando el buque se halle en puerto, excepto en caso de necesidad de realizar operaciones de carga y descarga durante las escalas de corta duración o de trabajos para la seguridad y mantenimiento del buque en que puede reducirse a un mínimo, salvo fuerza mayor, de 8 horas.

En virtud de **convenio colectivo** se pueden distribuir las horas de descanso en un máximo de dos períodos, uno de los cuales ha de ser, como mínimo, de 6 horas ininterrumpidas. El intervalo entre dos períodos de descanso no puede exceder de 14 horas.

Esta regla no se aplica en las **guardias**, que no pueden tener una duración superior a 4 horas. Cada servicio de guardia debe ir seguido de un descanso de 8 horas continuadas.

5349 **Marina pesquera** (RD 1561/1995 art.9, 17 y 18) En la marina pesquera, el **descanso entre jornadas** es, como mínimo, de 6 horas. Sin perjuicio de lo previsto en los convenios colectivos, se puede acordar la distribución de las horas de descanso en un máximo de dos períodos, sin que el intervalo entre los períodos consecutivos de descanso exceda de 14 horas. En ambos casos, las diferencias entre los descansos entre jornadas y las 12 horas establecidas con carácter general se compensan en períodos de referencia de hasta 4 semanas, sin perjuicio de que, en virtud de convenio colectivo, se acuerde la ampliación del período de referencia previsto hasta un máximo de 180 días.

Por su parte, el **descanso semanal** ha de tener una duración de día y medio, y es obligatorio para la totalidad del personal, incluido el capitán o persona que ejerza el mando, sin perjuicio de la acumulación de las mermas de descanso en períodos de 4 semanas.

Si al **finalizar el período de embarque** no se hubieran disfrutado totalmente los días de descanso, estos se pueden acumular para ser disfrutados cuando el buque efectúe una permanencia prolongada en puerto. Asimismo, se pueden acumular y disfrutar conjuntamente con las vacaciones en las condiciones previstas en convenio colectivo.

En cualquier caso, y siempre que se respete un descanso semanal de un día, el convenio colectivo puede autorizar a las partes a que opten por la **compensación económica**, como horas extraordinarias, de hasta un máximo de la mitad de los restantes días de descanso no disfrutados.

g. Trabajos en determinadas condiciones específicas

Trabajos en régimen de aislamiento y lejanía (RD 1561/1995 art.21) Se trata de reglas especiales que se aplican a aquellas actividades, que por razones de emplazamiento o climatología, supongan el alejamiento entre el lugar de trabajo y la residencia del trabajador, o el aislamiento del centro de trabajo. 5355
En estos casos, se prevé la posibilidad de adaptar las disposiciones generales del ET a sus necesidades específicas, solamente mediante **convenio colectivo** o, en su defecto, por acuerdo entre la empresa y los representantes de los trabajadores.
Concretamente, se permite la posible acumulación del **descanso entre jornadas** y del descanso semanal por períodos de hasta 8 semanas para garantizar el servicio o la producción. En ningún caso el descanso puede ser inferior, salvo razones excepcionales, a 10 horas entre una y otra jornada de labor.

Trabajos de puesta en marcha y cierre de los demás (RD 1561/1995 art.20) Está referido al trabajo de aquellos empleados que pongan en marcha o cierren el trabajo del resto de sus compañeros, siempre y cuando el trabajo no se pueda organizar en virtud de turnos entre los trabajadores dentro de la jornada ordinaria de trabajo. Por tanto, estamos ante un **supuesto excepcional** relativo a tareas determinadas y respecto de un número de trabajadores limitado. El régimen especial se puede aplicar en caso de imposibilidad de cobertura, teniendo el empresario que acreditar que no existe otro sistema para cubrir dichos trabajos. 5357
En estos casos, la **jornada** de los trabajadores cuya acción pone en marcha o cierra el trabajo de los demás puede **ampliarse** por el tiempo estrictamente necesario para ello. La forma y compensación de la ampliación de la jornada tiene que determinarse mediante acuerdo o pacto, respetando siempre los períodos de descanso entre jornadas (nº 5185) y semanales (nº 5190) previstos en la regulación general.
Por su parte, el **tiempo de trabajo de exceso** no se tiene en cuenta a los efectos de la duración máxima de la jornada ordinaria de trabajo, ni en materia de cómputo del número máximo de horas extraordinarias.

Jornadas fraccionadas (RD 1561/1995 art.22) Las jornadas fraccionadas son aquellas pertenecientes al **sector servicios** que, debido a su propia naturaleza, tienen que extenderse de manera discontinua a lo largo de un período de tiempo superior a 12 horas al día. Asimismo, se exige que **no excedan** en su duración total de la jornada ordinaria pactada por las partes y que resulte imposible el disfrute ininterrumpido del descanso entre jornadas de 12 horas. 5359
Mediante convenio o, en su defecto, en el acuerdo de empresa se puede **pactar** un descanso diario ininterrumpido de hasta 9 horas, compensándose con un descanso alternativo y compensatorio no inferior a 5 horas consecutivas dentro de la jornada.

3. Limitaciones de jornada

(ET art.34.7)

Se contemplan supuestos de limitación de la jornada ordinaria de trabajo, justificados por las condiciones peculiares de desarrollo de la prestación laboral. La **finalidad** de estas reducciones es la protección de la salud y seguridad laboral de los trabajadores. 5365
Los **supuestos** de reducciones del régimen común de duración de la jornada de trabajo son los siguientes:
1. Trabajos expuestos a riesgos ambientales (nº 5367).
2. Trabajo en el campo (nº 5369).
3. Trabajo en el interior de las minas (nº 5371).
4. Trabajos subterráneos de construcción y obras públicas (nº 5375).
5. Trabajos en cámaras frigoríficas y de congelación (nº 5377).

Trabajos expuestos a riesgos ambientales (RD 1561/1995 art.23) Los **tiempos de exposición** a riesgos ambientales especialmente nocivos pueden reducirse cuando la realización de la jornada normal de trabajo suponga un riesgo especial para la salud de los trabajadores, debido a la existencia de circunstancias excepcionales de penosidad, peligrosidad, insalubridad o toxicidad, y sin que sea posible la reducción del riesgo mediante medidas de prevención y protección adecuadas. 5367
La **jornada** de los trabajadores empleados en trabajos excepcionalmente penosos, peligrosos, insalubres o tóxicos debe reducirse por convenio o acuerdo entre el empresario y los representantes de los trabajadores o, en su defecto, por decisión de la Administración laboral. En caso de **desacuerdo**, la reducción de jornada se determina por la autoridad laboral, previo informe de la ITSS, y con el asesoramiento, en su caso, de los organismos técnicos en materia

de prevención de riesgos laborales. La Administración puede determinar la procedencia y el alcance de las limitaciones de la jornada.
La **limitación del tiempo de exposición** está acotada al tiempo necesario y respecto del puesto de trabajo, lugares o secciones donde esté presente el riesgo. Dicha limitación de los tiempos de exposición no da lugar a descuento salarial.

5369 **Trabajo en el campo** (RD 1561/1995 art.24) En aquellas faenas que exijan para su realización **extraordinario esfuerzo físico** o en las que concurran circunstancias de especial **penosidad** derivadas de condiciones anormales de temperatura o humedad, la jornada ordinaria no puede exceder de 6 horas y 20 minutos diarios y 38 horas semanales de trabajo efectivo.
En las faenas que hayan de realizarse teniendo el trabajador los **pies en agua o fango y en las de cava abierta**, entendiendo por tales las que se realicen en terrenos que no estén previamente alzados, la jornada ordinaria no puede exceder de 6 horas diarias y 36 semanales de trabajo efectivo.

5371 **Trabajo en el interior de las minas** (RD 1561/1995 art.25; RD 3255/1983 art.25 a 28 y disp.adic.2ª) En el trabajo en el interior de las minas la **jornada máxima** se reduce a 35 horas de trabajo efectivo semanal. Mediante la **negociación colectiva** se pueden establecer módulos para la determinación de la jornada distintos del semanal, así como otro sistema de cómputo de la jornada máxima.
En casos de **penosidad o peligrosidad extrema y continuadas**, el comité de seguridad y salud y, en su defecto, la Administración de minas, ha de reducir el tiempo máximo de exposición. Dichas horas computan desde la entrada de los primeros mineros al pozo o galería hasta la llegada a la bocamina de los primeros que salgan, a reserva de pacto diverso.
Como quiera que el trabajo en la minería se puede desarrollar en el interior o en el exterior, se contemplan **reglas especiales**:
1. En el supuesto de los **trabajos en el interior** de la mina, la jornada se reduce a 6 horas diarias cuando concurran circunstancias de especial penosidad, derivadas de condiciones anormales de temperatura o humedad, o esfuerzo suplementario derivado de una posición inhabitual del cuerpo al trabajar. Si el trabajador presta servicios totalmente mojado desde el principio de la jornada, esta es como máximo de 5 horas, y no puede exceder de 6 horas si esta situación comienza a las dos horas de empezar la jornada. Dichas condiciones de peligrosidad y penosidad las determina el comité de seguridad y salud o, en su caso, la Administración de minas.
2. En caso de **movilidad entre el interior y el exterior**, la jornada de los trabajadores que habitualmente presten sus servicios en el exterior debe adaptarse a la de interior cuando se trabaje en labores subterráneas. Asimismo, si por razones organizativas un trabajador de interior es **destinado ocasionalmente** al exterior deben serle respetadas la jornada y las percepciones económicas de su puesto anterior.
Los trabajadores que habitualmente no presten su actividad laboral en tales condiciones deben acomodar su jornada diaria a la realizada en el interior, cuando se trabaje en labores subterráneas.

5373 El cómputo del **descanso intermedio durante la jornada** se rige conforme al nº 5175.
Respecto al **descanso semanal**, los trabajadores destinados a puestos subterráneos y los de exterior cuya actividad sea simultánea a la de aquellos, disfrutan de 2 días de descanso. El **convenio colectivo** puede contemplar el disfrute ininterrumpido del asueto, así como la acumulación de un día de descanso por períodos de hasta 4 semanas, de forma aislada o acumulado a otros descansos o conforme a las reglas generales del descanso semanal.
Se pueden prestar **horas extraordinarias** en los supuestos de reparación o prevención de siniestros u otros daños extraordinarios y urgentes, en los casos de riesgo grave de pérdida o deterioro importante de materias primas o debido a circunstancias de carácter estructural derivadas de la naturaleza de la actividad en los términos que en convenio se definan.

Precisiones La jornada en el interior del **establecimiento minero de Almadén** se rige por el convenio de la empresa «Minas de Almadén y Arrayanes, SA.» (RD 1561/1995 disp.adic.2ª).

5375 **Trabajos subterráneos de construcción y obras públicas** (RD 1561/1995 art.29 y 30) Respecto a los trabajos subterráneos, si los trabajos de construcción y obras públicas se desarrollan en virtud de trabajos subterráneos en los que concurran circunstancias análogas a las previstas para los trabajos en el interior de las minas, se aplican las reglas especiales de **jornada máxima de la minería** (nº 5371). Asimismo, el **convenio colectivo** puede contemplar módulos de cómputo de la jornada distintos al semanal.
La prestación laboral desarrollada en **cajones de aire comprimido** tiene que respetar la duración de la jornada máxima prevista en el Reglamento de Higiene y Seguridad (OM 20-1-1956).

Trabajos en cámaras frigoríficas y de congelación (RD 1561/1995 art.31) La jornada máxima y las pausas durante la misma del personal en este trabajo se establecen en función de la temperatura de la cámara, tal y como se refleja en el siguiente cuadro: 5377

Temperatura de la cámara	Jornada máxima	Pausa durante la jornada
de 0º a -5º	normal	10 minutos cada 3 horas(2)
de -5º a -18º	6 horas(1)	15 minutos cada hora(2)
de -18º o más (oscilando +/-3º)	6 horas(1)	15 minutos cada 45 minutos(2)

(1) La diferencia entre la jornada normal y las 6 de permanencia en el interior puede completarse con trabajos realizados en el exterior.
(2) De trabajo ininterrumpido en el interior.

4. Trabajo a turnos

(ET art.36.3; RD 1561/1995 art.19)

Se considera trabajo a turnos toda forma de organización del **trabajo en equipo** según la cual los trabajadores ocupan sucesivamente los mismos puestos de trabajo, según un cierto ritmo, continuo o discontinuo, implicando para el trabajador la necesidad de prestar sus servicios en horas diferentes en un período determinado de días o de semanas. 5385

El trabajo a turnos supone que la actividad productiva se organiza de suerte que los trabajadores se van sucediendo o relevando en el desempeño de la misma actividad laboral. De este modo, el proceso de producción de la empresa se puede prolongar. Por tanto, estamos ante un sistema de trabajo a turnos cuando se programen trabajos en equipo, ocupando los trabajadores sucesivamente los mismos puestos de trabajo según un cierto ritmo preestablecido que puede ser **continuo o discontinuo**.

Este sistema de trabajo por equipos sucesivos supone que los trabajadores afectados deben prestar servicios en **horas diferentes**, en horario de mañana, tarde o noche en un período determinado de días o semanas.

En estas empresas, y cuando así lo requiera la organización del trabajo, se puede acumular por períodos de hasta 4 semanas el medio día del **descanso semanal** (nº 5190) o separarlo del correspondiente al día completo para su disfrute en otro día de la semana. Asimismo, conviene indicar que si al cambiar el trabajador de turno de trabajo no puede disfrutar del **descanso mínimo entre jornadas** establecido (nº 5185), se puede reducir el mismo, en el día en que así ocurra, hasta un mínimo de 7 horas, compensándose la diferencia hasta las 12 horas establecidas con carácter general en los días inmediatamente siguientes.

Cuando según las previsiones de la empresa un tercio de la jornada anual de los trabajadores a turnos se realice en **horario nocturno**, estos deben ser considerados a todos los efectos como trabajadores nocturnos (TS 23-5-11, EDJ 104024).

El empresario tiene la facultad de **establecer inicialmente** que **su sistema de producción** se estructure en función de turnos de trabajo, sin perjuicio, claro está, de lo establecido por pacto en convenio colectivo o en acuerdos colectivos concretos sobre esta materia suscritos entre la empresa y los representantes de los trabajadores. A pesar de que la fijación inicial del régimen de trabajo a turnos corresponde al empresario, una vez implantado la **modificación o alteración** de dicho sistema se considera a todos los efectos modificación sustancial de condiciones de trabajo (nº 9243 s.).

Precisiones **1)** El sistema de turnos necesita de la rotación o alternancia en **distintos tramos horarios** de trabajo para el desempeño sucesivo de un mismo puesto por distintos trabajadores (TSJ Murcia 10-1-00, EDJ 493). No constituye trabajo a turnos la instauración de un **retén** como sistema de refuerzo o prevención para situaciones imprevistas (TSJ Castilla-La Mancha 23-1-20, EDJ 529516); ni tampoco el vigilante de museo que presta servicios los **domingos y festivos** en horario distinto al que realiza regularmente (TS 8-1-24, EDJ 501194).

2) El régimen de trabajo a turnos puede dar lugar al percibo de determinados complementos salariales derivados de la mayor onerosidad del trabajo como es el **plus de turnicidad**, que viene determinado y valorado en los convenios colectivos. En muchos casos, únicamente se tiene derecho a este plus cuando se trabaja de forma rotativa en turno de mañana, tarde y noche, excluyéndose su percibo cuando se disfruta de un turno fijo y estable. El silencio legal hace decisiva la intervención del convenio para su reconocimiento, la determinación de la correspondiente cuantía y el procedimiento de devengo de la misma.

3) Una empresa no puede suprimir de forma unilateral la **condición más beneficiosa** reconocida a título colectivo en favor de un grupo indeterminado de trabajadores, eliminando el plus de disponibilidad concedido por realizar la jornada a turnos, si dichos trabajadores pasan a trabajar en turno fijo para disfrutar de jornada reducida por cuidado de hijo (TS 26-9-11, EDJ 237743).
4) El convenio colectivo puede establecer un **preaviso** de 48 horas para los cambios de turno al no ser aplicable el preaviso mínimo de 5 días regulado en el ET art.34.2 para los supuestos de cambios en la distribución de la jornada (TS 14-3-24, EDJ 524981).
5) Respecto del derecho del trabajador a la elección de un turno fijo en caso de **reducción de jornada por guarda legal**, ver nº 5228.

5387 **Empresas con procesos productivos continuos** (ET art.36.3) En las empresas con procesos productivos continuos **durante las 24 horas del día**, en la organización del trabajo de los turnos se ha de tener en cuenta la rotación de los mismos y que ningún trabajador esté en el de noche más de 2 semanas consecutivas, salvo adscripción voluntaria (TSJ Murcia 10-1-00, EDJ 493).
La adscripción voluntaria del trabajador al turno de noche permanece hasta que el trabajador renuncie a seguir prestando servicios en régimen de nocturnidad de forma continuada. Se trata, pues, de un **derecho del trabajador** a seguir o no trabajando en el turno nocturno, siendo a todos los efectos una adscripción revocable (TSJ Cataluña 25-4-00, EDJ 13776). En algunos casos, **se presume** la adscripción voluntaria cuando se ha contratado expresamente al trabajador para desarrollar su trabajo en el turno de noche.
Las empresas que por la naturaleza de su actividad realicen el trabajo en régimen de turnos, incluidos los **domingos y días festivos**, pueden efectuarlo bien por equipos de trabajadores que desarrollen su actividad por semanas completas, o contratando personal para completar los equipos necesarios durante uno o más días a la semana. La empresa tiene, pues, **dos posibilidades** a los efectos de cubrir los turnos de trabajo correspondientes a los domingos y festivos:
- con trabajadores que trabajen todos los días de la semana, debiéndoles conceder el correspondiente descanso compensatorio al final de la misma;
- con trabajadores contratados a tiempo parcial denominados en el argot «trabajadores correturnos». Estos trabajadores constituyen equipos especiales de trabajo, cuyos turnos de trabajo coinciden con los días de descanso del resto de la plantilla.
Asimismo, debemos destacar que los trabajadores pueden elegir turno de trabajo cuando cursen con regularidad estudios para la **obtención de un título** de carácter académico o profesional (ET art.23.1.a).

Precisiones En muchas ocasiones, en los convenios colectivos se prevén turnos de trabajo con el fin de utilizar de forma más adecuada y operativa los recursos existentes en la empresa y también con el fin de adaptarse a las necesidades del trabajo y permitir que las cargas y privilegios que pudieran existir se repartan equitativamente entre todos los trabajadores de la empresa. En los supuestos de turnos de trabajo de 24 horas del día, los convenios colectivos suelen optar por la **rotación de los trabajadores** por todos los turnos, sin que ningún trabajador pueda estar en el turno de noche más de 2 semanas seguidas, salvo adscripción voluntaria (CCol General de Industria Química DGTr Resol 7-7-21, BOE 19-7-21).

5389 **Salud laboral de los trabajadores a turnos** (ET art.36.4 y 5; Dir 2003/88/CE art.13) Los trabajadores a turnos deben gozar en todo momento de un nivel de protección en materia de salud y seguridad adaptado a la naturaleza de su trabajo, incluyendo unos servicios de protección y prevención apropiados y equivalentes a los de los restantes trabajadores de la empresa. Se prevé, pues, la necesidad de garantizar una **protección específica** debido a los efectos negativos que este tipo de trabajo tiene en los trabajadores. De este modo, es necesario tomar en consideración las especialidades del trabajo desarrollado, así como del trabajador que desempeña el puesto de trabajo.
Asimismo, se prevé que el empresario que organice el trabajo en la empresa según un cierto ritmo tenga en cuenta el principio general de **adaptación del trabajo a la persona**, especialmente de cara a atenuar el trabajo monótono y repetitivo en función del tipo de actividad y de las exigencias en materia de seguridad y salud de los trabajadores. Dichas exigencias deben ser tenidas particularmente en cuenta en la **regulación convencional**, que será donde se efectúe un desarrollo más acabado de los sistemas de trabajo que se implanten en cada caso.
En función de los casos, y teniendo en cuenta la correspondiente evaluación de riesgos, se puede prohibir a las trabajadoras **embarazadas o en situación de maternidad** la realización del trabajo a turnos (LPRL art.26.1).

5. Trabajo nocturno

(ET art.36.1; RD 1561/1995 art.32, 33)

Es **trabajo nocturno** el realizado entre las 10 de la noche y las 6 de la mañana. 5395
Se consideran **trabajadores nocturnos** los que realicen normalmente en período nocturno una parte no inferior a 3 horas de su jornada diaria de trabajo, o aquellos que se prevea que pueden realizar en tal período una parte no inferior a un tercio de su jornada de trabajo anual.
El empresario que recurra regularmente a la realización de trabajo nocturno debe **informar** de ello a la autoridad laboral.
La **jornada** de los trabajadores nocturnos no puede exceder de 8 horas diarias de promedio, en un período de referencia de 15 días. Cuando su trabajo implique **riesgos especiales o tensiones** físicas o mentales importantes, la jornada máxima es de 8 horas en el curso de un periodo de 24 horas, salvo que deba ser inferior, según lo previsto para los trabajos expuestos a riesgos ambientales (nº 5367), en el campo (nº 5369), en el interior de las minas (nº 5371), en construcción (nº 5375), o en cámaras frigoríficas y de congelación (nº 5377). A estos efectos, son trabajos que impliquen riesgos especiales o tensiones físicas o mentales importantes los definidos como tal en convenio colectivo o, en su defecto, por acuerdo entre la empresa y los representantes de los trabajadores, tomando en consideración los efectos y los riesgos inherentes al trabajo nocturno.
Los trabajadores nocturnos tienen prohibida la realización de **horas extraordinarias**. Su jornada de trabajo máxima sólo puede superarse mediante la realización de horas extraordinarias o la ampliación del período de referencia de 15 días cuando se cumplan los siguientes requisitos:
1. Encontrarse en alguno de los siguientes **supuestos**:
- de ampliación de jornada por razón de la actividad (nº 5295 s.);
- para reparar o prevenir siniestros o daños extraordinarios y urgentes;
- en caso de irregularidades en el relevo de los turnos que no sean imputables a la empresa.

2. Respetar los siguientes **límites**:
- no superar la jornada de 8 horas diarias de trabajo efectivo de promedio, dentro del período de referencia de 4 meses, ampliable a 6 por convenio colectivo, en los supuestos de ampliación de jornada y de 4 semanas en los casos de reparación de siniestros y daños y trabajo a turnos;
- sea cual sea su forma de compensación, se debe reducir la jornada de los trabajadores afectados en los días subsiguientes, hasta alcanzar el promedio de 8 horas de jornada diaria en el período de referencia que corresponda al caso.

El **incumplimiento** de las normas y los límites legales o paccionados en materia de trabajo nocturno da lugar una infracción grave sancionable con multa entre 751 y 7.500 € (LISOS art.7.5 y 40).

Precisiones 1) Los **menores de 18 años** no pueden realizar trabajo nocturno (ET art.6.2). A estos efectos, en el trabajo a bordo de los **buques en la marina mercante** se considera trabajo nocturno el realizado entre las 10 de la noche y las 7 de la mañana (RD 1561/1995 disp.adic.4.ª).
2) A efectos del completar un tercio de la jornada en horario nocturno no pueden incluirse para su cómputo la totalidad de las **jornadas de disponibilidad**, ya que no se acredita que, en situación de normalidad, se efectúen todas las jornadas y estas se realicen en turno de noche (TS 9-7-18, EDJ 527818).

Protección especial en materia de salud laboral (ET art.36.4) El empresario tiene que contemplar una protección especial de la salud y seguridad de estos trabajadores en los siguientes términos: 5397
- debe adecuar la **protección preventiva** en función de la naturaleza del trabajo con servicios de protección y prevención adecuados;
- debe garantizar que dispongan de **evaluaciones de la salud** gratuita y de carácter regular teniendo presentes los posibles efectos del trabajo en régimen de nocturnidad. En el supuesto de que se detecten problemas de salud relacionados con el trabajo nocturno, el trabajador tiene derecho al **cambio a un puesto** de trabajo diurno, condicionado a la existencia de una vacante en la empresa y siempre que el empleado sea profesionalmente apto para ocuparlo;
- en función de los casos, y teniendo en cuenta la correspondiente evaluación de riesgos, se puede prohibir a las trabajadoras **embarazadas o en situación de maternidad** la realización del trabajo nocturno (LPRL art.26.1).

Precisiones 1) Cuando, el **paso del turno de noche a un turno diurno** se debe a motivos de salud laboral, la condición exigida es que el trabajador sea apto para el nuevo puesto de trabajo diurno, siendo posible la movilidad funcional ascendente o descendente dentro del mismo grupo o categoría profesional (TSJ Castilla-La Mancha 1-7-99, EDJ 20027). El cambio se ha de realizar observando las reglas previstas para la movilidad funcional y las modificaciones sustanciales de condiciones de

trabajo (nº 9125 y nº 9195). En todo caso, nos encontramos ante un derecho que puede ejercitarse siempre que exista dicho puesto de trabajo diurno o cuando se produzca una vacante o se cree un nuevo puesto de trabajo diurno compatible.
2) No respetar el tiempo de descanso de un trabajador que acaba su jornada a las 6:45 y es convocado a una reunión a las 9:30 por la empresa, hace que esta sea responsable directa del accidente de tráfico que sufre el trabajador, ya que este comportamiento supone una evidente falta de medidas de seguridad (TSJ Galicia 24-5-19, EDJ 622409).

5399 **Retribución especial** (ET art.36.2) Se prevé una retribución superior del trabajo nocturno bien mediante el establecimiento de una retribución específica de dicho trabajo, conocida generalmente como plus de nocturnidad, o bien determinando un sistema salarial que contemple la naturaleza nocturna del trabajo prestado.
El **plus de nocturnidad** únicamente se aplica al trabajo desarrollado entre las 10 de la noche y la 6 de la mañana, teniendo esta franja horaria carácter mínimo e indisponible para la negociación colectiva o el contrato individual, aunque nada impide que, respetando dichos mínimos, se amplíen las horas consideradas nocturnas a efectos retributivos.
Su **determinación y cuantía** se remite a la negociación colectiva, siendo aplicable la regulación acordada en contrato individual si es más favorable (TSJ Navarra 30-12-02, EDJ 130200). La fórmula habitual para su determinación es el establecimiento de un porcentaje sobre el salario base, aunque también se puede determinar mediante el establecimiento de una cantidad a tanto alzado.
El carácter taxativo de la regulación legal sobre su existencia, a pesar de la indefinición sobre su contenido, lleva a defender que el trabajo nocturno, salvo que se establezca otra compensación permitida por la ley, ha de tener una retribución específica.
El plus de nocturnidad **no** tiene carácter **consolidable** (TS 15-9-95, EDJ 24640; TSJ Baleares 2-3-23, EDJ 540913).
A pesar de que la regla general es la compensación económica, se reconoce expresamente la posibilidad de pactar la **sustitución de la retribución** específica del trabajo nocturno y su compensación por descanso, en los términos y la proporción acordada. Igualmente, se ha considerado posible la sustitución por una reducción de la jornada (TS 4-3-92, EDJ 2109; 27-2-95, EDJ 1344).

5401 Precisiones **1)** Para cobrar el plus de nocturnidad no es preciso ser trabajador nocturno, ni realizar la totalidad o la mayoría de la jornada en período nocturno, ya que se tiene derecho a la retribución adicional por las **horas o fracciones** de trabajo comprendidas dentro del período legalmente establecido como nocturno (TS 1-12-97, EDJ 9899; TSJ Navarra 15-10-02, EDJ 130203), no siendo válida la cláusula del contrato en que se renuncia a la percepción del plus por ser un derecho indisponible establecido en convenio (TSJ Sevilla 13-10-10, EDJ 289220).
2) No procede el pago del complemento de nocturnidad para aquellas **actividades que son nocturnas por su propia naturaleza**, como es el caso del reparto de productos de bollerías por necesidad de los clientes con horarios de apertura intempestivos (TS 17-3-04, EDJ 40579). Por el contrario, se considera que procede el plus de nocturnidad cuando el trabajo no tiene el carácter de nocturno por su propia naturaleza, a pesar de la exclusión realizada en pacto individual del pago del plus previsto en el convenio, pues la regulación legal constituye un mínimo de derecho necesario (TSJ Cataluña 28-11-02, EDJ 129930).
3) Asimismo, se ha desestimado la obligación de abonar el plus de nocturnidad cuando resulta **incompatible** con el abono de otros que incluyen la retribución por horarios especiales. Así, y como quiera que el complemento de nocturnidad es un **complemento por horario especial**, debe entenderse que el abono de este último complemento incluye el plus de nocturnidad y por ello la empresa puede absorberlo dentro de este (TS 11-7-01, EDJ 35632).
4) Si bien el **salario base** sobre el que opera el plus de nocturnidad es atribuible a los 365 días del año, el plus sólo corresponde al tiempo efectivo de trabajo nocturno (TSJ Sta. Cruz de Tenerife 24-5-99, EDJ 17908), no abonándose los días de descanso semanal ni los festivos (TS 15-9-95, EDJ 24640). Respecto del abono durante el disfrute de los **permisos y licencias retribuidas**, ver nº 5451.

E. Horario de trabajo

(ET art.34 redacc RDL 5/2023)

5410 El horario de trabajo es aquel a través del cual **se distribuye** el período de trabajo y descanso, indicando el principio y fin de la jornada diaria (TS 9-12-03, EDJ 209452). El horario de trabajo permite conocer el momento concreto del día en que se comienzan a ejecutar las horas de trabajo previamente contratadas.
Como el resto de condiciones laborales, **se determina** bien en convenio colectivo, bien en contrato individual como una de sus cláusulas, no pudiéndose dejar su determinación a la decisión posterior de ninguna de las dos partes unilateralmente (TS 5-3-10, EDJ 31756).

Precisiones 1) Como quiera que el ET no se pronuncia expresamente sobre las **alternativas del empresario** a la hora de elegir entre un horario rígido o flexible, debemos destacar que en esta materia, y dado el amplio margen de acción del empresario, se tiene que tener presente lo previsto en la negociación colectiva a la hora de determinar el horario de trabajo.

2) El horario es una consecuencia o derivación de la jornada, pues en él se precisa el tiempo exacto en que cada día se ha de prestar servicio, teniendo siempre a la vista y como norma respetar la duración de la jornada establecida. Por consiguiente, en el radio de acción en que se mueven estos dos conceptos hay, en principio, una cierta supeditación o **subordinación del horario a la jornada** (TS 26-6-98, EDJ 11389; TSJ Cataluña 16-3-99, EDJ 11799).

3) En **caso de divergencia** entre los horarios y el régimen de jornada aplicable, prevalece la jornada establecida legal o convencionalmente, a pesar de que los horarios tengan que sufrir adaptaciones. Únicamente, se podría mantener el predominio del horario sobre la jornada cuando así se dispusiese en una norma legal o convenida, o así se hubiese estipulado en el correspondiente pacto (TS 26-6-98, EDJ 11389; TSJ Cataluña 16-3-99, EDJ 11799).

4) Una vez determinado el tipo de horario rígido o flexible la **alteración o modificación** del mismo implantada de forma unilateral por parte del empresario puede dar lugar a una modificación sustancial de las condiciones de trabajo (nº 9195 s.).

5) Un ejemplo de complemento de horario flexible lo ofrece el denominado **plus de inspección** que se reconoce al personal que realiza este tipo de tareas fuera de la oficina de la empresa y sin sujeción al horario prefijado, como compensación al mayor esfuerzo y dedicación que exigen las gestiones y los viajes (CCol General Estatal de Entidades de Seguros, Reaseguros y Mutuas Colaboradoras con la Seguridad Social, art.39, DGTr Resol 15-12-21, BOE 27-12-21).

Horario rígido En el horario rígido se ordenan de forma regular y secuenciada la distribución de los períodos de trabajo y de descanso, indicándose las horas de inicio y fin del trabajo a desarrollar. Así pues, en el horario rígido se ha de determinar el inicio y fin de la actividad laboral en momentos ciertos y tasados, dando seguridad a la hora de aplicar la jornada de trabajo. En el horario de trabajo se precisa el **tiempo exacto** en que cada día se ha de prestar servicio, teniendo siempre a la vista y como norma a respetar la duración de la jornada establecida (TS 22-7-95, EDJ 4436). **5412**

Horario flexible No se contempla una definición legal de horario flexible. En la práctica, se entiende por horario flexible aquella modalidad de definición horaria del tiempo de trabajo que permite al trabajador elegir sus horas de entrada y salida dentro de unos umbrales predeterminados, generalmente basados en criterios de oportunidad, permitiendo un margen temporal flexible. **5414**

El horario flexible puede **acordarse** en virtud de pacto colectivo o individual (TS 16-7-93, EDJ 7253) y, en ausencia de pacto, el empresario puede determinarlo de forma unilateral. Actualmente en nuestra legislación no se contempla la necesidad de evacuar informe previo por parte de la representación legal de los trabajadores.

Los **complementos de horario flexible** tienen por objeto facilitar al empresario la libre definición del momento de entrada o salida del trabajo. Pueden pactarse individualmente, retribuyendo, en este caso, la prestación de trabajo en régimen de flexibilidad horaria, mañana y/o tarde, para adaptar los tiempos de trabajo a las excepcionales características de determinados servicios o como método de retribución del trabajo realizado en domingos y festivos.

Horario de verano Aunque en muchas empresas, durante la mayor parte del año, se trabaje con un sistema de jornada partida con una pausa en medio para comer, es muy frecuente que los convenios colectivos o, en su defecto, otro tipo de pactos o el propio contrato de trabajo establezcan la **jornada intensiva** o continua. Esta expresión alude al horario que se establece fundamentalmente en el periodo estival, que implica un adelanto de la hora de inicio de la jornada diaria y la eliminación de la pausa de la comida, con el consiguiente adelanto de la hora de salida. También es habitual que los **viernes** se realice este tipo de jornada. **5416**

Generalmente, con este horario se trabajan menos de 8 horas diarias, pero se compensa el cómputo anual a través de una **distribución irregular de la jornada** el resto de la semana o del año, sin que puedan existir limitaciones por esta causa para disfrutar de la flexibilidad horaria establecida en convenio (TS 31-5-16, EDJ 88728) o de la pausa del bocadillo (TS 16-9-15, EDJ 192736).

F. Permisos y licencias

Se concede a los trabajadores, en determinadas condiciones, **autorizaciones** -retribuidas o no- **para ausentarse del trabajo**. Cada uno de estos permisos o licencias legales obedece a reglas específicas. **5425**

Mientras en los supuestos de suspensión contractual se produce -en general- el cese de las obligaciones recíprocas de trabajar y remunerar el trabajo (ET art.45.2), en los permisos se mantiene la obligación de **retribución**. Igualmente subsiste la **obligación de cotizar** durante los períodos de permisos y licencias que no den lugar a excedencias en el trabajo (RD 2064/1995 art.69.1) (TSJ Cantabria 15-2-00, EDJ 120050; TSJ Cataluña 5-11-13, EDJ 249097). Las **licencias sin sueldo** no están previstas legalmente (nº 5475 s.).

1. Permisos retribuidos

5430 Se reconoce al trabajador el derecho a **interrumpir la prestación laboral**, con mantenimiento de su retribución, para la realización de determinadas actividades especialmente consideradas por la Ley, por la concurrencia de un interés público o relacionado con intereses personales del trabajador.

Se trata, en todos los casos, de interrupciones **no periódicas** y por lo general breves, que tienen su fundamento en la concurrencia efectiva de la causa reconocida legalmente que los justifica; por lo que, de no concurrir tal causa, no se tiene derecho a disfrutar de dicho permiso, ni a una compensación económica o en descanso.

Concurriendo la causa y disfrutado el permiso, en la medida en que es retribuido, dicho período **se computa** a efectos del cálculo de la jornada ordinaria pactada e, incluso, a efectos de antigüedad, no existiendo obligación de recuperar con posterioridad el tiempo disfrutado, y no sufriendo ningún descuento por la realización de una jornada semanal, mensual o anual inferior a la pactada por haber disfrutado del permiso.

A pesar de su denominación, el **permiso parental** de hasta 8 semanas de duración para el cuidado de hijo o menor acogido (ET art.48 bis redacc RDL 5/2023), no se encuadra con el resto de permisos retribuidos, sino que constituye un supuesto de suspensión del contrato de trabajo (ver nº 4931 Memento Social 2024).

5432 **Supuestos de ausencias justificadas** Los supuestos reconocidos legalmente son los siguientes:

5434 **Permisos por motivos familiares**

Motivo	Duración		Observación
	Sin desplazamiento	Con desplazamiento	
Matrimonio o registro de pareja de hecho (ET art.37.3.a redacc RDL 5/2023)	15 días naturales		
Exámenes prenatales y técnicas de preparación al parto (ET art.37.3.f; L 31/1995 art.26.5)	Tiempo indispensable		
Sesiones de información y preparación y para la realización de los informes psicológicos y sociales previos a la declaración de idoneidad, en adopciones o acogimientos, o guarda con fines de adopción (ET art.37.3.f)	Tiempo indispensable		
Enfermedad o accidente graves del cónyuge, pareja de hecho o parientes hasta el 2º grado por consanguinidad o afinidad, incluido el familiar consanguíneo de la pareja de hecho, así como de cualquier otra persona que conviva con el trabajador en el mismo domicilio y que requiera el cuidado efectivo (ET art.37.3.b redacc RDL 5/2023)	5 días		La relación familiar hasta el 2.º grado incluye padres, abuelos, hijos, nietos y hermanos.

5434 (sigue)

Motivo	Duración		Observación
	Sin desplazamiento	Con desplazamiento	
Hospitalización de los anteriores (ET art.37.3.b redacc RDL 5/2023) (1)	5 días		La relación familiar hasta el 2.º grado incluye padres, abuelos, hijos, nietos y hermanos.
Intervención quirúrgica de los anteriores sin hospitalización que precise reposo domiciliario (ET art.37.3.b redacc RDL 5/2023) (2)	5 días		La relación familiar hasta el 2.º grado incluye padres, abuelos, hijos, nietos y hermanos.
Fallecimiento del cónyuge, pareja de hecho o familiares del trabajador hasta el 2º grado por consanguinidad o afinidad (ET art.37.3.b.bis redacc RDL 5/2023)	2 días	4 días	La relación familiar hasta el 2.º grado incluye padres, abuelos, hijos, nietos y hermanos.
Cuidado del lactante (ET art.37.4 redacc RDL 2/2024)	1 hora diaria dividida en dos fracciones hasta que el menor cumpla 9 meses (3)		Sustituible por una reducción de jornada en media hora con la misma finalidad o acumulación en jornadas completas (nº 5212).
Nacimiento de hijo prematuro u hospitalización a continuación del parto (ET art.37.5)	1 hora de ausencia al trabajo		Asimismo tienen derecho a reducir su jornada hasta un máximo de dos horas con la disminución proporcional de salario (nº 5220).
Traslado de domicilio habitual (ET art.37.3.c)	1 día		
Fuerza mayor familiar (ET art.37.9 redacc RDL 5/2023)			Son retribuidos el equivalente a 4 días al año

(1) En ausencia de previsión convencional, el trabajador puede determinar, en función de sus necesidades de conciliación, la **fecha de inicio del permiso** por hospitalización o enfermedad grave de pariente o conviviente que no tiene por qué coincidir con la fecha del hecho causante, siempre que este permanezca (AN 12-9-24, EDJ 695164).
(2) Los conceptos del **asistencia continuada y reposo domiciliario** se equiparan a efectos de disfrutar del correspondiente permiso (TS 12-7-18, EDJ 571954).
(3) En caso de nacimiento, adopción, guarda con fines de adopción o acogimiento **múltiples**, la duración del permiso de lactancia se incrementa proporcionalmente. Cuando **ambos** progenitores, adoptantes, guardadores o acogedores **ejerzan este derecho** con la misma duración y régimen, el periodo de disfrute podrá extenderse hasta que el lactante cumpla 12 meses, con reducción proporcional del salario a partir del cumplimiento de los 9 meses.

Precisiones **1)** Desde el 8-3-2019 deja de estar vigente el **permiso retribuido** de 2 días **por nacimiento de hijo**. En consecuencia, es inaplicable la mejora prevista en convenio de la duración del suprimido permiso por nacimiento de hijo que reconocía el ET, como consecuencia de la equiparación en 16 semanas de la suspensión del contrato de trabajo de ambos progenitores en el momento del nacimiento (TS 27-1-21, EDJ 503853).

2) Aunque el **permiso de lactancia** no pueda **compatibilizarse** con la suspensión de contrato por maternidad o paternidad, no existe ningún tipo de limitación legal para disfrutar el permiso de lactancia cuando el otro progenitor tiene suspendido el contrato por maternidad (TS 10-3-20, EDJ 589429).

3) El **permiso por hospitalización** requiere la pernoctación del familiar enfermo (TS 15-7-20, EDJ 618592). Si el convenio reconoce una mejora en lo que a desplazamientos se refiere, ha de estarse a lo indicado en él (TS 14-11-23, EDJ 745171), de modo que si prevé la ampliación de su duración cuando resulte preciso hacer un desplazamiento a otra localidad, debe aplicarse también a los casos en que las localidades de residencia y hospitalización pertenecen a dos términos municipales diferentes, pero próximos entre sí (TS 17-11-21, EDJ 754014).

4) Los trabajadores **varones** tienen derecho a permiso para acudir a las **técnicas de preparación al parto**, pero no así para la realización de exámenes prenatales, configurado como un derecho de maternidad y no de conciliación (TSJ Galicia 7-11-23, EDJ 738260).
5) Tienen derecho a licencia los familiares dentro del segundo grado por consanguinidad y afinidad en caso de **hospitalización por parto**, con independencia de que se trate de un parto normal o con complicaciones. El ET exige la hospitalización para conceder la licencia, sin que sea necesario justificar las razones de la misma, de forma que si se excluyera en los casos de parto normal se estaría perjudicando a la madre trabajadora frente a cualquier hombre que sea hospitalizado por una intervención quirúrgica de importancia menor (TS 23-4-09, EDJ 151071). Lo contrario supondría una vulneración del derecho a no padecer discriminación por razón de sexo (TCo 71/2020).

5436 Otras ausencias retribuidas

<table>
<tr><th>Motivo</th><th colspan="2">Duración</th><th>Observaciones</th></tr>
<tr><td rowspan="2">Violencia de género</td><td colspan="2">- Reducción de jornada, reordenación del tiempo de trabajo o realización del trabajo a distancia (1) (ET art.37.8 redacc LO 2/2024);</td><td rowspan="2"></td></tr>
<tr><td colspan="2">- Ausencias al trabajo (LO 1/2004 art.21.4) (2).</td></tr>
<tr><td>Cumplimiento de deber público de carácter inexcusable y personal (ET art.37.3.d)</td><td colspan="3"></td></tr>
<tr><td rowspan="4">a) Asistencia a juicio:</td><td colspan="2">- Demandante (LRJS art.100): tiempo necesario</td><td rowspan="4"></td></tr>
<tr><td colspan="2">- Jurado (LO 5/1995 art.7.2): tiempo indispensable;</td></tr>
<tr><td colspan="2">- Testigo (LEC art.292; LECr art.420 y 716; LRJS art.92): tiempo indispensable;</td></tr>
<tr><td colspan="2">- Perito (LEC art.292): tiempo indispensable.</td></tr>
<tr><td rowspan="3">b) Derecho de sufragio:</td><td colspan="2">- Electores (RD 605/1999 art.13): hasta 4 horas</td><td rowspan="3"></td></tr>
<tr><td colspan="2">- Presidentes, vocales, interventores (LO 5/1985 art.28.1 y 78.4): día votación y reducción en 5 horas jornada posterior a la votación;</td></tr>
<tr><td colspan="2">- Apoderados (LO 5/1985 art.76): día de la votación</td></tr>
<tr><td>Representación trabajadores:</td><td colspan="3"></td></tr>
<tr><td rowspan="5">a) Unitaria y sindical (ET art.68.e y 37.3.e; LOLS art.10.3)</td><td rowspan="5">Crédito horario</td><td>Hasta 100 trabajadores: 15 horas</td><td rowspan="5"></td></tr>
<tr><td>De 101 a 250 trabajadores: 20 horas</td></tr>
<tr><td>De 251 a 500 trabajadores: 30 horas</td></tr>
<tr><td>De 501 a 750 trabajadores: 35 horas</td></tr>
<tr><td>De 751 en adelante: 40 horas</td></tr>
<tr><td rowspan="2">b) Negociación colectiva (representantes sindicales) (LOLS art.9.2)</td><td colspan="2" rowspan="2">Tiempo necesario</td><td>Distinto del crédito horario.</td></tr>
<tr><td>Trabajadores en activo en la empresa.</td></tr>
<tr><td rowspan="2">c) Delegados de prevención (LPRL art.37)</td><td colspan="2">- Crédito horario (3)</td><td rowspan="2"></td></tr>
<tr><td colspan="2">- Tiempo necesario para reuniones empresario / Comité Seguridad e Higiene; acompañamiento a los técnicos en las evaluaciones; visitas ITSS y formación.</td></tr>
<tr><td>Búsqueda de empleo (ET art.53.2; LRJS art.121.2).</td><td colspan="2">6 horas semanales durante el preaviso</td><td>Extinción contrato por causas objetivas.</td></tr>
<tr><td>Trabajadores desplazados (ET art.40.6).</td><td colspan="2">4 días laborables en su domicilio de origen cada 3 meses</td><td></td></tr>
<tr><td colspan="4">(1) Las ausencias o faltas de puntualidad al trabajo derivadas de la violencia de género deben ser remuneradascuando así lo determinen los servicios sociales de atención o servicios de salud.
(2) Se reconoce también a las víctimas de violencia sexual y de terrorismo (ET art.37.8 redacc LO 2/2024).
(3) Los delegados de prevención tienen derecho al mismo crédito horario que se establece para la representación unitaria y sindica</td></tr>
</table>

Precisiones 1) Respecto de los **permisos vinculados a la formación**, ver nº 4209 s.
2) Con motivo de la **DANA** producida entre el 28 de octubre y el 5 de noviembre de 2024, y con efectos desde el 28-10-2024, se establecen **permisos retribuidos no recuperables**, con la consideración de tiempo de trabajo efectivo, por alguna de las siguientes causas (RDL 7/2024 art.42.1):
a. **Mientras se mantengan las causas**: imposibilidad de acceder al centro de trabajo o de realizar la prestación laboral; realización de labores de traslado, limpieza o acondicionamiento del domicilio habitual y de recuperación de enseres y efectos personales; realización de trámites para obtener documentos oficiales o públicos; desaparición de familiares o de cualquier conviviente de la persona trabajadora o fallecimiento de familiar extendiéndose la duración del permiso, en este último caso, desde el hecho causante hasta los 5 días hábiles siguientes al del sepelio.
b. Hasta el 31-12-2024: para atender **deberes de cuidado** del cónyuge, pareja de hecho o pariente hasta el segundo grado de consanguinidad o afinidad , incluido el familiar consanguíneo de la pareja de hecho, así como de cualquier otra persona conviviente de la persona trabajadora en el mismo domicilio. Se entiende que concurren deberes de cuidado cuando concurra una de las siguientes circunstancias:
- sea necesaria la presencia del trabajador para atender alguna de las personas indicadas que, por razones de **edad, enfermedad o discapacidad**, necesite de cuidado directo por razón de la DANA;
- se hubiera producido el **cierre de centros** educativos o de cualquier otra naturaleza que dispensaran cuidado o atención a la persona sobre la que concurren deberes de cuidado;
- la **persona** que se viniera **encargando del cuidado o asistencia directos** no pudiera seguir haciéndolo por causas justificadas directamente relacionadas con la DANA.

Las **faltas de puntualidad o las interrupciones de la jornada** laboral que se produzcan por estas mismas causas se consideran justificadas.
Cualquier **medida desfavorable** derivada del ejercicio de estos derechos es nula.

a. Aspectos comunes

(ET art.37.3 redacc RDL 5/2023)

Mejora de los convenios colectivos y la voluntad empresarial En materia de licencias retribuidas al tratarse del reconocimiento de derechos a los trabajadores, la regulación legal se configura sobre la base de relaciones de suplementariedad, es decir, mediante el establecimiento de **mínimos de derecho necesario** solo susceptibles de mejora por convenio o pacto individual (TS 9-6-05, EDJ 108896; TSJ La Rioja 16-5-00, EDJ 119979), de modo que es ilegal la cláusula de un convenio que empeore estos mínimos legales (TS 25-1-11, EDJ 6799). **5445**
El papel a jugar por el **convenio** en el desarrollo del régimen jurídico de estas interrupciones no periódicas de la relación laboral es bastante amplio, a pesar de que las llamadas explícitas a la intervención de la norma convencional sean muy puntuales y de escasa relevancia.
En la mayoría de los convenios colectivos se suele mejorar este régimen. Esa tendencia se manifiesta a través de líneas diversas:
1. El establecimiento de **supuestos no recogidos** en el ET. Tales supuestos son, normalmente, la asistencia a boda de familiares, la necesidad de atender asuntos propios que no admiten demora y la asistencia a consulta médica. Junto a estos supuestos más comunes, existen otros como la celebración de las bodas de plata del trabajador (CCol de Comercio vario de Navarra, DGE Resol 23-1-07, BON 7-3-07), la comunión de los hijos (CCol de Comercio Mixto de Industrias Químicas de Cantabria, Acuerdo 22-8-90, BOC 22-8-90) o la licencia para donar sangre (CCol de SEAT S.A., 2022-2026 DGE Resol 19-9-22, BOE 29-9-22).
2. Mediante la **ampliación de la duración de las licencias** previstas en el ET o el presupuesto de hecho determinante de las mismas. Tales supuestos son, entre otros, la ampliación de la duración del permiso por matrimonio a 20 días (CCol de Oficinas de Farmacia art.27.2.c, DGTr Resol 15-12-22, BOE 28-12-22), o del permiso por fallecimiento de familiar a 3 días laborables o a 5 días laborables en caso de necesidad de desplazamiento (CCol General del sector de la Construcción art.77, DGTr Resol 6-9-23, BOE 23-9-23).
3. Al margen de la labor de mejora, algunos convenios tratan de **concretar los derechos reconocidos** en el ET. En este sentido, destacan aquéllos que precisan cuándo tiene lugar la ampliación por necesidad de desplazamiento de las licencias por fallecimiento de parientes, determinando que la misma tenga lugar si aquél es fuera de la provincia o es superior a una determinada distancia kilométrica (CCol General de Industria Química art. 50.3, DGTr Resol 7-7-21, BOE 19-7-21).
También merecen ser resaltados los convenios que intentan concretar el alcance de las licencias por estudios.
4. Flexibilizando las exigencias o **requisitos** que condicionan el acceso a la licencia en cada caso y su forma de disfrute (TS 20-6-05, EDJ 131447).
Por otro lado, es frecuente el reconocimiento de determinados **permisos por la voluntad empresarial**. En este sentido, por ejemplo, cuando se vienen concediendo permisos retribuidos por el tiempo necesario para la asistencia a consultas médicas, sin hacer distinción entre

médicos del sistema público y médicos de sociedades privadas, si se acredita con el correspondiente justificante médico y se cumplimentaba la hoja de movimiento, y se evidencia a lo largo del tiempo una inequívoca voluntad empresarial, con la correlativa incorporación al nexo contractual de los trabajadores, tal práctica no puede suprimirse por voluntad unilateral de la empresa (TS 12-5-09, EDJ 171921).

Precisiones 1) A efectos del permiso ampliado previsto en convenio no puede equipararse la **enfermedad grave** con aquella que exige intervención quirúrgica con hospitalización, pero que no es calificada como tal (TS 11-3-14, EDJ 67270).
2) No cabe hacer una interpretación extensiva del permiso previsto convencionalmente para acudir a consultas prescritas por el **médico de atención primaria** con especialistas de la Seguridad Social para entender incluidas las consultas prescritas por **médicos privados** (TS 26-6-24, EDJ 616089). Otra cosa es que en el convenio sí esté previsto que el permiso incluya la asistencia a un consultorio privado, donde quedaría incluida la asistencia al dentista (AN 22-7-24, EDJ 632398).

5447 **Condiciones de ejercicio** El trabajador tiene que **preavisar** la ausencia en el trabajo y, en su caso, **justificarla** conforme a las reglas de la buena fe (TSJ Burgos 3-3-04, EDJ 60966). El preaviso tiene que practicarse con tiempo razonable, salvo en los supuestos en los que el permiso se tenga que tomar de forma repentina (por ejemplo, enfermedad grave o fallecimiento de un familiar).
Si el trabajador **incumple** los requisitos de preaviso y justificación, la ausencia se puede considerar una falta de asistencia al trabajo.
Debe existir cierta **inmediatez** entre el uso de la licencia por el trabajador y el suceso (TSJ Navarra 21-9-06, EDJ 362050).
Por lo que se refiere **al inicio del cómputo**, la jurisprudencia ha considerado que si del tenor literal del convenio se desprende que se inicia el día en que se produce el **hecho causante**, no es necesario aplicar otro criterio interpretativo (TS 5-4-18, EDJ 51388; 11-3-20, EDJ 580797), pero en ausencia de previsión convencional, el trabajador puede determinar, en función de sus necesidades de conciliación, la **fecha de inicio del permiso** que no tiene por qué coincidir con la fecha del hecho causante, siempre que este permanezca. Así se ha señalado respecto del permiso por enfermedad grave u hospitalización de familiar (AN 12-9-24, EDJ 695164; TSJ Aragón 21-11-02, EDJ 62642). En cualquier caso, el disfrute de los **permisos por razones familiares** se inicia en día laborable, pues en días festivos no es preciso pedirlos porque no se trabaja (TS 13-2-18, EDJ 18538; 29-9-20, EDJ 677632; 24-2-22, EDJ 518330; 7-6-23, EDJ 597027; 3-10-23, EDJ 706528), y si el trabajador ha finalizado su jornada, encontrándose en su tiempo de descanso, o bien ha iniciado o está en desarrollo de su jornada diaria, aún en el supuesto de no haberla finalizado, ha de computarse como primer día hábil de permiso retribuido el siguiente al del hecho causante (AN 23-5-19, EDJ 598681). Respecto al **permiso por matrimonio**, se ha señalado que la fecha del matrimonio debe estar incluida en los quince días que concede el convenio, salvo cuando la celebración de la ceremonia se realice en día no laborable para el trabajador, en cuyo caso el plazo comenzará a contar desde el primer día laborable inmediato siguiente (TS 17-3-20, EDJ 563814).
En cuanto al **cómputo de los días de permiso**, es preciso diferenciar entre los llamados permisos largos y los permisos cortos. Así, se ha entendido que la mención a días, prevista para los **permisos de corta duración**, debe interpretarse necesariamente como días laborables. De este modo, solo han de computarse los días en que exista una efectiva obligación del trabajador de prestar servicios (TS 29-9-20, EDJ 677632). No obstante, en el caso del permiso por **hospitalización** de familiares, los 5 días son hábiles, siendo nula la cláusula del convenio que los establece como días naturales (AN 25-1-24, EDJ 502127). También el permiso por matrimonio debe computarse por días naturales, salvo que el convenio colectivo establezca un régimen distinto (TS 29-9-20, EDJ 677632).

Precisiones 1) El disfrute de un permiso **sin autorización** se puede considerar como una ausencia injustificada en el trabajo, de suerte que puede dar lugar a un incumplimiento grave y culpable del trabajador (TSJ Asturias 26-1-01, EDJ 4421).
2) Sucesivas intervenciones quirúrgicas con un mismo proceso patológico dan lugar a permisos sucesivos (TSJ Aragón 6-3-00, EDJ 9717). Sin embargo, en el caso de **dos ingresos** derivados de la misma actuación médica, separados por un día, que no han requerido internamiento, el permiso se computa desde el primero de ellos (TSJ Castilla-La Mancha 10-3-05, EDJ 24485). En otro caso, se ha entendido que dos hospitalizaciones son dos hechos causantes diferentes, aún en el supuesto de obedecer al mismo proceso de enfermedad pues por cada hospitalización surge una situación de infortunio familiar que obliga a atender esas necesidades (TSJ Galicia 21-12-10, EDJ 315368).
3) Los permisos retribuidos que **coinciden con vacaciones o descansos** no se compensan (TJUE 4-6-20, asunto C-588/18).
4) La **extinción del contrato** de duración determinada que se produce tras comunicar la trabajadora su próximo matrimonio y el disfrute del correspondiente permiso, debe calificarse como despido nulo por ser discriminatorio (TS 9-2-22, EDJ 505408).

Retribución (ET art.26.1) Los permisos fijados legalmente, y los convencionales o individuales si así se acuerda, son remunerados, lo que significa que las percepciones entregadas al trabajador tienen la **naturaleza de salario** a todos los efectos. En el caso de las ausencias por fuerza mayor familiar, se retribuye hasta el equivalente a 4 días al año (ET art.37.9 redacc RDL 5/2023; AN 13-2-24, EDJ 506942). 5449

La norma no establece expresamente cuál debe ser la **cuantía** en la que deben retribuirse los períodos de permiso, cabiendo la duda de si se retribuye en los mismos términos que si se hubiese trabajado efectivamente o, por el contrario, cabe la posibilidad de retribuir de manera distinta, tomando en consideración la ausencia de trabajo efectivo para calcular algunos aspectos salariales, particularmente determinados pluses.

La **regla general** es que la retribución de los permisos debe ser la misma que correspondería de haberse trabajado efectivamente, esto es, debe corresponder a la retribución efectiva o equivalente al salario real, incluyendo tanto salario base como complementos salariales. La retribución del tiempo de ausencia supone el abono de todos los conceptos retribuidos, incluyendo primas e incentivos.

La **finalidad** no es otra que impedir una sensible disminución salarial que desincentive el ejercicio del derecho al disfrute del correspondiente permiso. En este sentido, se ha entendido que el Estatuto no precisa nada más a su mandato de que el permiso sea retribuido; y esa sola invocación conduce a sostener que deben incluirse el salario base y los complementos salariales que suman el salario real (TS 20-5-92, EDJ 5021).

Por tanto, el salario tiene que ser el real, sin que sea posible realizar ningún descuento proporcional en la **retribución del descanso semanal** como consecuencia del disfrute de un permiso durante la semana.

Precisiones 1) Se consideran incluibles en ese salario real, el promedio de los **complementos de calidad o cantidad de trabajo o primas de producción**, pero no cualquiera o la totalidad de los complementos, como por ejemplo, la **nocturnidad** y las **horas extras**, excluidos generalmente, considerando, salvo pacto en contrario, que compensan el trastorno de esa jornada específica (TS 18-3-09, EDJ 42695), a no ser que los días de ausencia coincidan con días de trabajo en que se percibiría este complemento u otro de similar naturaleza, como el de festivos (AN 31-3-22, EDJ 541695). No obstante, la **nocturnidad** o el **plus de idiomas** sí se abonan cuando están vinculados al puesto de trabajo y no a la efectiva prestación del servicio, pudiendo suponer, su falta de abono, una discriminación indirecta por razón de sexo (TS 23-6-21, EDJ 618981; TSJ País Vasco 20-7-21, EDJ 754933). También deben abonarse los pluses si se pacta una garantía de mantenimiento de las condiciones laborales (TSJ Navarra 12-6-23, EDJ 644723). 5451

Salvo pacto en contrario se incluye el **plus de transporte** (TSJ Galicia 24-11-10, EDJ 299109); los **pluses de toxicidad, penosidad, peligrosidad y producción** (TSJ C.Valenciana 14-3-19, EDJ 696509); el **plus disponibilidad** (TS 21-12-93, EDJ 11765). En otros casos, se ha desestimado la inclusión de la **productividad** razonando que la solución del conflicto ha de considerar las circunstancias del caso concreto, la finalidad del complemento y lo previsto en el convenio para valorar si ha de formar parte o no de la remuneración, puesto que su no inclusión en la remuneración de los permisos no se opone a norma alguna (TSJ Aragón 23-1-99, EDJ 2857).

2) Se excluye el **plus por desplazamiento de pausa y bocadillo** dado su carácter indemnizatorio y no salarial (TSJ Navarra 29-6-06, EDJ 259044) y el **plus de días festivos** (TSJ Cataluña 7-7-02, EDJ 44954) siempre que no esté vinculado al puesto de trabajo (TS 23-6-21, EDJ 618981).

3) No puede sancionarse la percepción de un **incentivo de asistencia** a los trabajadores que hayan utilizado permisos retribuidos, ya que no cabe que la empresa promocione un complemento salarial, condicionándolo a la no utilización de derechos reconocidos legítimamente, suponiendo al tiempo una discriminación indirecta por razón de género (AN 8-6-16, EDJ 83320).

4) El tiempo para acudir a **consulta médica** tras un accidente laboral debe ser retribuido, incluyendo todos los conceptos, si se obedece a una orden de la empresa (TSJ Andalucía 4-6-99, EDJ 30576). Sin embargo, se entiende que es preciso acreditar la incompatibilidad de los horarios de trabajo -que se realiza en turno rotatorio- con los de la consulta médica para tener derecho a un permiso retribuido por esta causa (TSJ Burgos 13-4-04, EDJ 24005). Por otro lado, no cabe la reducción de la licencia para los trabajadores con jornada reducida, puesto que la morbilidad no es proporcional a la prestación de servicios (TSJ Madrid 3-7-02, EDJ 130121).

5) Se ha declarado que no existe el derecho a percibir el **plus de festivo en su parte proporcional** al tiempo empleado en el ejercicio del derecho de voto en elecciones generales, en la medida en que este complemento por trabajar en festivos tiene como finalidad resarcir de las incomodidades resultantes de trabajar en domingos o festivos, impuestas por las características del puesto de trabajo, siendo el mencionado plus festivo un complemento de puesto de trabajo no abonable en las horas en que los trabajadores no prestan realmente servicios en las condiciones previstas cuando hagan uso del permiso retribuido para ejercer el derecho de sufragio activo, excepto en las elecciones a representantes legales de los trabajadores (TS 9-3-07, EDJ 25441).

6) Se excluyen en todo caso, las **percepciones extrasalariales**, tales como los suplidos o las dietas al no estar consideradas legalmente como remuneración (ET art.26.1 y 2).

7) Al fin del contrato no se tiene derecho a la inclusión de las licencias y **permisos no disfrutados** en la liquidación de partes proporcionales (TSJ Galicia 11-2-98, EDJ 68723).

b. Supuestos particulares

5460 **Cumplimiento de deberes públicos** (ET art.37.3.d) Se trata de un deber de naturaleza pública y personal (por ejemplo, citaciones judiciales o el ejercicio del sufragio activo).
Con carácter general, a estos permisos por cumplimiento de deberes públicos se les aplican las mismas reglas que hemos analizado anteriormente (nº 5445 s.), a excepción de las consecuencias retributivas.
La **retribución** de estos permisos presenta algunos matices y características particulares. Así, de un lado, los tribunales suelen realizar una interpretación más restrictiva de las exclusiones a efectos de determinar su retribución. En este sentido, se ha establecido que el derecho a remuneración a que se refiere la regulación legal comprende todos los **componentes salariales** y, por lo tanto, los complementos de calidad o cantidad, en cuanto que derivación del derecho constitucional de participar directamente en los asuntos públicos, lo que hace inviable interpretaciones restrictivas.
Por otro lado, la regulación legal establece, expresamente, la posibilidad de **descontar del importe del salario** las cantidades percibidas en los supuestos en los que el cumplimiento del deber o el desempeño del cargo público perciba una indemnización. En estos casos, la determinación de la compensación económica se hace de acuerdo a la regulación legal o convencional, cuando así conste.

Precisiones **1)** En relación con las dietas y gratificaciones de los **miembros de la Junta Electoral Central** (LO 5/1985 art.22.1) se establece su compatibilidad con los haberes del trabajador. Otros supuestos de compensaciones económicas son los **puestos de jurado**, o la intervención en juicio en calidad de testigo o perito.
2) Con relación a la **comparecencia en juicio**, se ha declarado que aunque se autoriza al trabajador a ausentarse del trabajo, con derecho a remuneración, por el tiempo indispensable para el cumplimiento de un deber inexcusable de carácter público y personal, el empresario no está obligado a sufragar como tiempo de trabajo el destinado a comparecer en juicio por su propia voluntad, sin estar prevista la prueba de interrogatorio o confesión y sin hacer uso de las facultades de representación que la ley le confiere (LRJS art.18 redacc RDL 6/2023). Se apoya esta exclusión de pago de salarios en la LRJS art.100, que impone al empresario la obligación de abonar al demandante el importe de los salarios correspondientes a los días en que se hubieren celebrado los actos de conciliación y juicio (TSJ Madrid, 13-7-04, EDJ 143440).
3) Si la utilización del permiso supera el 20% del cómputo trimestral de horas exigibles al trabajador, el empresario puede pasar al trabajador a situación de **excedencia forzosa** (TS 19-3-86, EDJ 2090).
4) El ejercicio de los permisos para ejercer el derecho de sufragio exige **preaviso y justificación**. A estos efectos sirve como justificante la presentación de certificación de voto o, en su caso, la acreditación de la mesa electoral correspondiente.
5) Cada Comunidad Autónoma, en las **elecciones municipales y autonómicas**, publica una resolución en la que regula, en su ámbito, los permisos retribuidos de los trabajadores a fin de que puedan ejercer sus derechos electorales.

5462 **Funciones sindicales o de representación del personal en el ámbito de la empresa** (ET art.37.3.e y 68.e; LOLS art.9.2 y 10.3) Los representantes de los trabajadores -miembros del comité de empresa, delegados de personal y delegados sindicales- tienen derecho a ausentarse del trabajo sin merma de su salario por motivos de representación laboral y sindical. Junto a las reglas generales ya expuestas respecto del ejercicio del derecho (nº 5445 s.), hay que precisar una vez más determinadas **especialidades**.
El representante debe **preavisar** el disfrute del permiso; no obstante, la utilización de la ausencia no está condicionada a la previa autorización por parte del empresario. El representante únicamente debe justificar la ausencia del trabajo con posterioridad a su utilización (TSJ Málaga 26-7-01, EDJ 39065).
El representante ha de **percibir el mismo salario** que tenía en servicio activo, en evitación de que el cargo representativo suponga para él una sanción (TS 20-5-92, EDJ 5021). Así, debe incluirse en su remuneración tanto el salario base como los complementos salariales, hasta alcanzar el salario que obtendría en caso de no desempeñar tales funciones. Se incluyen, por tanto, el **plus de peligrosidad** (TSJ Las Palmas 28-5-99, EDJ 25295) o el **plus de cantidad y/o calidad del trabajo** (TSJ Navarra 28-6-99, EDJ 84350) o el **plus de comida** (TSJ Málaga 26-7-01, EDJ 39065).
En el mismo sentido, tienen derecho a que se les incluya el **complemento de productividad** aunque hagan uso del crédito horario sindical (TS 25-2-08, EDJ 25887) y atenta contra el derecho a la libertad sindical abonar a un liberado sindical el complemento de productividad en cuantía inferior a la del resto de trabajadores (TCo 100/2014).
La retribución de tales permisos no alcanza, sin embargo, las retribuciones que por su propia naturaleza se refieren al trabajo efectivo, como es el caso de las **horas extraordinarias** (TSJ Las Palmas 23-3-99, EDJ 12965); ni las cantidades que compensan un gasto que el

representante de los trabajadores no haya realizado, como es el **plus transporte** (TS 20-5-92, EDJ 5021; 22-11-06, EDJ 358972; TSJ Las Palmas 28-5-99, EDJ 25295).
Si el representante tiene que realizar actividades de representación durante su tiempo de descanso, tiene derecho al disfrute del correspondiente **descanso alternativo** de naturaleza compensatoria (TSJ Castilla-La Mancha 14-2-01, EDJ 5087).

Cargos electos sindicales de ámbito supraempresarial (LOLS art.9.1) Los permisos para el desarrollo de sus funciones reconocidos a los trabajadores que ostenten cargos electivos en el ámbito provincial, autonómico o estatal, en las organizaciones sindicales más representativas, a diferencia de los anteriores, **no tienen el carácter de retribuidos**. 5464
No obstante, durante el tiempo de estos permisos continúa la obligación de la empresa de **mantener en alta y cotizar** por dichos trabajadores, aunque no perciba retribuciones computables. En tales casos, se toma como base de cotización la mínima correspondiente al grupo de su categoría profesional. Respecto de la cotización por las contingencias profesionales, se toman en consideración los topes mínimos de cotización.

Ausencia en supuestos de vigilancia de la salud (LPRL art.22; ET art.36.4) Los tiempos dedicados a la realización de los exámenes y reconocimientos derivados de la obligación empresarial de vigilancia de la salud del trabajador han de considerarse retribuidos e incluidos dentro del cálculo de la jornada laboral. 5466
A este respecto, se ha mantenido que no cabe descontar el salario por ausencias para acudir a las **visitas médicas** destinadas a reconocimientos de la mutua patronal, previos a la declaración de existencia o no de accidente de trabajo (TSJ Sevilla 4-6-99, EDJ 30576).

2. Licencias sin sueldo

Las licencias sin sueldo no están previstas legalmente. Sólo se producen, por tanto, por acuerdo, individual o colectivo, entre empresario y trabajador. En muchas ocasiones se denominan **permisos para asuntos propios**. Por otra parte, diversos convenios siguen el criterio de conceder licencias no retribuidas al personal que ha cumplido al menos un año de **servicios efectivos**. 5475

Licencia para estudios (ET art.23.1.a; OIT Conv núm 140 art.2) Con el fin de facilitar la formación y la promoción profesional de los trabajadores, se establece el derecho a la licencia para estudios. 5477
El reconocimiento legal del derecho al disfrute de los permisos necesarios para concurrir a exámenes, cuando se cursen con regularidad estudios para la obtención de un título académico y profesional, **no se extiende** a aspectos como su retribución. Ello significa que existe el derecho al disfrute de tales permisos, independientemente de su regulación convencional que, en caso de inexistencia, ha de regularse por lo que acuerden las partes individualmente, de acuerdo a las circunstancias concurrentes y dentro del principio de buena fe.
El derecho **permite al trabajador**:
- disfrutar los permisos necesarios para acudir a exámenes;
- preferencia para elegir turno de trabajo;
- acceder al trabajo a distancia, si tal es el régimen instaurado en la empresa, y el puesto o funciones son compatibles con esta forma de realización del trabajo;
- adaptación de la jornada ordinaria, para asistir a cursos de formación profesional;
- concesión de permiso de formación o de perfeccionamiento con reserva de puesto de trabajo.
- formación necesaria para su adaptación a las modificaciones operadas en el puesto de trabajo, que debe correr a cargo de la empresa, considerándose en este caso tiempo de trabajo efectivo.

Por lo que se refiere a la **retribución**, las disposiciones legales remiten los términos concretos de su ejercicio a la negociación colectiva. Tal ausencia de regulación en el ámbito legal, que contrasta con la regulación expresa en los supuestos de permisos retribuidos, indica que no se tiene derecho a percibir salario alguno por dichos períodos, salvo previsión al respecto y con las limitaciones y condiciones establecidas en convenio, acuerdo colectivo o contrato de trabajo. 5479

G. Fiestas laborales

(ET art.37.2; RD 2001/1983 art.45 a 47)

5485 Las fiestas laborales tienen carácter **retribuido y no recuperable**, no pudiendo exceder de 14 al año, incluidas 2 fiestas locales.

Dichas festividades tienen carácter retribuido siendo aplicable, a estos efectos, el régimen del descanso semanal (nº 5194 s.).

Los días festivos **se consumen** con derecho a su retribución salarial por el mero hecho de estar vigente el contrato de trabajo en la fecha de la festividad y con independencia de los días previamente trabajados, y de las perspectivas futuras del contrato en cuestión.

Cuando excepcionalmente, por razones técnicas u organizativas, **no puede disfrutarse** el día de fiesta correspondiente, la empresa debe alternativamente:

- permitir un descanso compensatorio;
- abonar, además de los salarios correspondientes a la semana, el importe de las horas trabajadas en el día festivo incrementadas en un 75%.

Precisiones **1)** Los **convenios colectivos** pueden determinar días festivos abonables y no recuperables propios del sector de actividad en cuestión. De igual modo, determinados convenios colectivos prevén como días festivos adicionales los **correspondientes a las vísperas** de Navidad, Año Nuevo y Reyes -fiestas laborales previstas en el ET art.37.2-, esto es, los días 24 y 31 de diciembre y 5 de enero (CCol Agencia EFE S.A. DGTr Resol 1-10-10, BOE 15-10-10). Esta misma consecuencia se aplica en relación con los festivos comprendidos en la **Semana Santa**. Estos días festivos pactados se incorporan al calendario laboral del sector o de la empresa y ejercen, al igual que ocurre con las fiestas laborales oficiales, de límite jurídico a la distribución anual del tiempo de trabajo. Generalmente, estas festividades pactadas colectivamente tienen los **mismos efectos laborales** que los previstos legalmente, esto es, son días no recuperables y retribuidos. Las fiestas laborales pactadas pueden ser trasladadas a una fecha diferente siempre que ello se acuerde en el nivel de empresa, consecuencia que no se predica respecto de los días festivos oficiales, cuya **fijación legal** constituye derecho necesario para el convenio colectivo (TSJ C.Valenciana 7-10-05, EDJ 211247).

2) En el supuesto de que se produzca la **coincidencia del día festivo** con un día de descanso del trabajador, la empresa no tiene la obligación de trasladar el festivo, ni de dar un descanso adicional por el festivo no disfrutado, ni de compensar económicamente (TSJ Málaga 18-12-00, EDJ 73497). Este criterio se ha matizado respecto de los trabajadores a turnos (TS 2-11-99, EDJ 32607; 26-12-00, EDJ 55097).

3) Excepcionalmente, el empresario puede obligar a **trabajar en festivo** cuando concurran causas técnicas u organizativas que lo justifiquen (nº 5196). En estos casos, el trabajador tiene derecho al abono del día íntegro de trabajo más un 75% del valor de las horas trabajadas, salvo que se hayan compensado con descanso compensatorio. Pero se ha declarado que **no se tiene derecho** a días de descanso compensatorio por el trabajo en festivos cuando se realiza una jornada efectiva anual inferior a la pactada en convenio colectivo (TSJ Asturias 18-9-98, EDJ 25726; TSJ Cataluña 15-5-03, EDJ 42156).

El derecho a un **día de asuntos propios** en sustitución de un festivo trabajado es independiente de su calificación de nacional o autonómico (TS 17-12-12, EDJ 289782).

4) Los **trabajadores a turnos**, que no tienen establecido el descanso semanal en días fijos de la semana, tienen derecho a disfrutar sus descansos semanales sin que la empresa pueda fijar su prestación de servicios de forma que el descanso semanal coincida con los días festivos (TS 22-6-22, EDJ 629116; 20-3-24, EDJ 530071). Esta doctrina también es aplicable a los trabajadores de una empresa cuyos establecimientos abren los festivos y que no tienen determinado durante todo el año el descanso semanal en los mismos días fijos de la semana (TS 9-7-24, EDJ 621645).

5) El **plus de festivos** se configura como un complemento de puesto de trabajo de índole funcional cuyo **devengo** depende exclusivamente del ejercicio de la actividad profesional en el puesto asignado (TS 29-9-93, EDJ 8453).

Cuando está previsto para aquellos trabajadores que tienen una jornada normal de trabajo, este plus no es aplicable a aquellos que han sido contratados **a tiempo parcial** para prestar servicios los sábados y domingos (TSJ Aragón 19-7-99, EDJ 29129).

6) En algunas **relaciones laborales especiales**, cuando por exigencias de la actividad laboral no se pueda disfrutar alguna de las fiestas oficiales, el descanso se ha de trasladar a otro día de la semana: tal es el caso de los deportistas profesionales (RD 1006/1985 art.10.2) y de los artistas en espectáculos públicos (RD 1435/1985 art.9.2).

5487 **Fiestas de ámbito nacional** **Reglamentariamente** se establecen las siguientes fiestas laborales de carácter retribuido y no recuperable:

1. De carácter cívico:
- 12 de octubre, Fiesta Nacional de España.
- 6 de diciembre, Día de la Constitución.

2. De acuerdo con el ET:
- 1 de enero, Año Nuevo.
- 1 de mayo, Fiesta del Trabajo.

- 25 de diciembre, Natividad del Señor.
3. En cumplimiento de los Acuerdos con la Santa Sede de 3-1-1979:
- 15 de agosto, Asunción de la Virgen.
- 1 de noviembre, Todos los Santos.
- 8 de diciembre, Inmaculada Concepción.
- Viernes Santo.
- Jueves Santo.
- 6 de enero, Epifanía del Señor.
- 19 de marzo, San José, o 25 de julio, Santiago Apóstol.

En todo caso, se tienen que respetar las siguientes festividades de ámbito nacional previstas **estatutariamente**:
- 25 de diciembre, Natividad del Señor;
- 1 de enero, Año Nuevo;
- 1 de mayo, Fiesta del Trabajo;
- 12 de octubre, Fiesta Nacional de España.

Respetando las previstas estatutariamente, el Gobierno puede **trasladar a los lunes** todas las fiestas de ámbito nacional que tengan lugar entre semana, siendo en todo caso, objeto de traslado al lunes inmediatamente posterior el descanso laboral correspondiente a las fiestas que coincidan en domingo.
La relación de fiestas nacionales y de Comunidades Autónomas establecidas con carácter retribuido y no recuperable para el **año 2025** ha sido aprobada por DGTr Resol 15-10-24, BOE 18-10-24.

Fiestas autonómicas Las Comunidades Autónomas, dentro del límite de los 14 festivos anuales, tienen las siguientes **competencias**: **5489**
- pueden señalar las fiestas que por tradición les sean propias, sustituyendo para ello las de ámbito nacional que se determinen reglamentariamente y, en todo caso, las que se trasladen a lunes;
- trasladar al lunes las fiestas que consideren conveniente.

No obstante, si alguna Comunidad Autónoma no puede establecer una de sus fiestas tradicionales por **no coincidir con domingo** un suficiente número de fiestas nacionales, puede en el año que así ocurra, añadir una fiesta más (15), con carácter de recuperable, al máximo de 14.

Fiestas locales Anualmente, cada municipio, puede celebrar hasta 2 fiestas locales, que también son inhábiles para el trabajo, retribuidas y no recuperables. **5491**
Estas fiestas son determinadas por la autoridad laboral competente y propuestas por el pleno del Ayuntamiento. Deben publicarse en el Boletín Oficial de la Comunidad Autónoma a que pertenezca el municipio.

Precisiones **1)** Las fiestas locales son las correspondientes a la localidad **donde radica el centro de trabajo**, excluyéndose, por tanto, la posibilidad de considerar como festivo local la festividad de la localidad donde vive la mayor parte de la plantilla (TSJ Madrid 22-9-99, EDJ 37224).
2) El calendario laboral de una empresa puede establecer que los festivos locales en su centro de trabajo puedan ser disfrutados por cada trabajador en **otras fechas**, según su elección (TSJ Cantabria 18-12-23, EDJ 788682).

CAPÍTULO 19

Período de prueba

Las partes pueden acordar el establecimiento de un período a modo de prueba del contrato de trabajo, en el que el **empresario** puede conocer el desempeño del trabajador de la actividad laboral encomendada y el **trabajador** las condiciones en las que se va a desarrollar. 5552

El período de prueba constituye una específica **condición resolutoria positiva y potestativa**, expresamente asumida por las partes en el momento de la suscripción del contrato, en virtud de la cual condicionan la continuidad del contrato a la comprobación recíproca de las aptitudes o condiciones requeridas para continuar la relación laboral. Se trata de un determinado período temporal prefijado, durante el cual, **no** rigen las **reglas del despido o de la dimisión** del trabajador, de forma que cualquiera de las dos partes puede extinguir el contrato sin preaviso, sin alegación de justificación o causa alguna y sin entrega de indemnización.

En ningún caso se trata de un período previo al contrato de trabajo, sino que está incluido en la relación laboral, por lo que, durante el mismo, el trabajador tiene los **derechos y obligaciones** del puesto de trabajo que desempeñe, en los mismos términos que el resto de los trabajadores. Durante el este período el contrato surte sus plenos efectos como si se hubiese celebrado sin condicionamiento resolutorio alguno, así, por ejemplo, el trabajador ha de estar dado de alta en la **Seguridad Social**, se debe cotizar por él y tiene derecho al mismo **régimen retributivo** (TS 15-2-90, EDJ 1561).

1. Objeto

(ET art.14.1)

La finalidad del período de prueba es la recíproca comprobación de las aptitudes necesarias para desarrollar la prestación laboral. Por ello, el empresario y el trabajador están, respectivamente, obligados a realizar las experiencias que constituyan el objeto de la prueba. 5560

Se trata de facilitar un medio o mecanismo ágil y eficaz de **verificación** tanto de las concretas condiciones de la ejecución del trabajo, como de la aptitud y de la adaptación del trabajador al trabajo contratado. En términos de **gestión de recursos humanos**, la función del período de prueba puede formularse de la siguiente forma: además de la información adquirida por el empresario y el trabajador en los tratos preliminares a la iniciación de la relación laboral, las partes pueden disponer de un plazo o margen temporal para comprobar que realmente el contrato concertado satisface sus intereses respectivos. Con esta comprobación se ahorran los costes de transacción -tiempo, dinero y esfuerzo- que supondría una verificación exhaustiva o completa antes de su conclusión (TS 12-7-12 EDJ 206744; TSJ Madrid 30-5-24, EDJ 601428).

Con carácter general, se entiende abusivo el periodo de prueba cuando el trabajador ya **ha desempeñado con anterioridad** las **mismas funciones** en la empresa bajo cualquier modalidad contractual, en la medida que el objeto es comprobar las aptitudes del trabajador. En tal caso, se considera que carece de justificación volverlo a pactar, pues si las tareas son iguales y en las mismas condiciones, la aptitud del trabajador ya es conocida por la empresa (TS 18-1-05, EDJ 7094; 25-11-05, EDJ 307111). La misma solución se propugna para el caso de que el trabajador haya sido contratado, sin solución de continuidad, tras realizar las mismas funciones en la empresa como trabajador en misión de una **empresa de trabajo temporal** (TSJ Cataluña 20-9-04, EDJ 153553); o bien, cuando el tiempo en misión es reducido, hay que entender que el período de prueba se integraría por el período en que la empleadora fue empresa usuaria, más el resto de período de prestación de servicios en la empresa (TSJ Las Palmas 23-12-05, EDJ 269310).

No obstante, se ha considerado válido el cese por no superación del periodo de prueba, aunque ya hubiese prestado los mismos servicios en la misma empresa en un **corto periodo** anterior (TS 20-1-14, EDJ 11899), así como la celebración de un **nuevo período** cuando el contrato

anterior se extinguió durante el mismo, por decisión del trabajador sin haber acreditado idoneidad (TS 23-10-08, EDJ 227901).
La expresión mismas funciones ha de entenderse no sólo para el mismo puesto de trabajo, sino también para la **misma categoría profesional u oficio** desempeñado, al margen de que sean desarrolladas en virtud de distintos contratos e incluso en distintos departamentos, si las funciones eran las mismas (TSJ Las Palmas 28-10-04, EDJ 178108).
La nulidad del pacto puede darse en supuestos en los que, aunque la **prestación de servicios no** se ha producido **en la misma empresa,** el empleador conoce suficientemente la aptitud del trabajador en la actividad laboral y profesional objeto del contrato. Así, se ha declarado nulo al demostrarse que el empleador conoce experiencia del trabajador de 20 años en la misma profesión e incluso en la misma demarcación notarial (TSJ Madrid 27-5-24, EDJ 601444).
Cuando se declara la nulidad del período de prueba por haber desempeñado el trabajador las mismas funciones con anterioridad, su cese debe calificarse como **despido improcedente** y no nulo (TSJ Cataluña 11-1-13, EDJ 21748; TSJ Valladolid 28-3-12, EDJ 59181; TSJ Galicia 30-5-05, EDJ 91677).

5562 Precisiones **1)** Se ha considerado **abusivo**, por ejemplo:
- cuando el tiempo transcurrido entre la anterior contratación y la nueva no se considera excesivo para entender que la experiencia previa de **teleoperadora especialista** pudiera haber quedado obsoleta (18 meses) y las funciones a desarrollar en la nueva contratación son las de la misma categoría profesional, con independencia de que la primera campaña fuera para atender a clientes de un banco por la bajada de precios de hipotecas y la segunda para una campaña de venta de productos energéticos. Lo contrario llevaría a permitir un establecer un nuevo período de prueba por el mero hecho de cambiar el producto (TSJ Galicia 18-4-24, EDJ 580859);
- el formalizado con ocasión de una **sucesión de empresa** (TSJ Sevilla 15-7-04,EDJ 256021; TSJ Sta. Cruz de Tenerife 13-10-05, EDJ 202340);
- cuando estando en posesión de la **Tarjeta Profesional de la Construcción**, ya se ha superado el periodo de prueba con anterioridad en otra empresa (TSJ Castilla-La Mancha 11-1-11, EDJ 18712).
2) Es **válido** cuando, habiendo estado contratado con anterioridad:
- ha trascurrido un **lapso de tiempo dilatado** entre ellos (TSJ Madrid 16-3-10, EDJ 96266); por ejemplo, después de 3 años desde la finalización del anterior contrato, pudiendo haber variado las circunstancias de capacidad y rendimiento, máxime con relación a las nuevas tecnologías (TSJ Extremadura 10-6-14, EDJ 112039);
- el período de prueba no se cumplió por completo por haberse **extinguido el contrato al poco tiempo.** Puede pactarse en el nuevo contrato siempre que la duración acumulada de ambos no exceda del tiempo máximo autorizado. Para anular este periodo de prueba posterior, la prestación de servicios previa ha de ser superior al plazo de duración del período de prueba, de modo que, si el tiempo de prestación de servicios inicial es inferior al previsto en el convenio colectivo para el período de prueba, se admite que la empresa pueda imponer un período de prueba que, sumado a esa prestación laboral precedente, no supere la duración máxima del plazo legal o convencional de aplicación (TSJ Asturias 20-3-09, EDJ 69964; TSJ Cataluña 3-7-08, EDJ 168020).
- los servicios prestados con anterioridad consistían en la entrega de **colaboraciones esporádicas** (TSJ Valladolid 21-2-05, EDJ 11101).
- se pacta con posterioridad al inicio de la relación laboral con **ocasión de un ascenso** a otra categoría cuya actividad no se ha desarrollado con anterioridad; más aún cuando el propio convenio prevé que en el caso de no superar dicho periodo, el trabajador mantiene el derecho a su puesto de trabajo anterior (TS 1-10-08, EDJ 197308).
3) Se ha admitido el establecimiento de un período de prueba tras la superación de un **proceso de selección** en cuyas bases se recogía la existencia del mismo (TSJ Castilla-La Mancha 7-9-05, EDJ 188614). No así, cuando aprobada la lista definitiva de puntuaciones sin poner objeción alguna a la titulación aportada por la trabajadora, la empleadora considera que no ha superado el período de prueba por falta de la titulación requerida (TSJ Baleares 19-10-12, EDJ 273882).
4) La cláusula de período de prueba no deviene nula, aunque se declare una **cesión ilegal** (TS 30-5-06, EDJ 83998).

2. Forma

(ET art.14.1)

5570 La libertad de establecimiento del período de prueba no se traduce en idéntica libertad de forma para su realización. Por el contrario, es imprescindible que se formalice **por escrito**.
El período de prueba que **no** ha sido recogido **por escrito** es nulo, de modo que no puede extinguirse el contrato de trabajo en base a un período de prueba que no consta por escrito. En tal caso, se trata de un despido que, al carecer de causa, es improcedente (TSJ Madrid 30-5-24, EDJ 601428; TSJ Las Palmas 28-4-00, EDJ 52287).
No cabe entender su existencia porque así se prevea de manera genérica en el convenio colectivo, si no existe pacto individual expreso y escrito (TS 5-10-01, EDJ 35520; TSJ Granada

20-4-23, EDJ 609974; TSJ Madrid 30-10-15, EDJ 241159). Tampoco es suficiente la mera **comunicación verbal** de la empresa de que se establecería un período de prueba (TSJ Cataluña 30-9-05, EDJ 246514), salvo que la omisión provenga de la negativa del trabajador a firmar el contrato (TSJ Cataluña 25-4-06, EDJ 290620).
Es válido si consta en el contrato de trabajo aunque **no** se recoja en la **copia básica**, pues lo decisivo es que fue suscrito por la persona trabajadora (TSJ País Vasco 3-7-18, EDJ 631536).
Se ha de formalizar con **anterioridad o simultáneamente** al inicio de la relación laboral, considerándose nulo cuando se realiza con posterioridad (TSJ Extremadura 19-7-11, EDJ 190443). Cuando se acuerda una vez **iniciada la prestación** de servicios se considera abusivo, aunque se ha entendido que no es aplicable si únicamente ha mediado **un día** entre el comienzo de la prestación de servicios y la celebración del contrato conteniendo la cláusula relativa al período de prueba, que debe desplegar todos sus efectos (TSJ Navarra 31-3-05, EDJ 53157).

3. Duración

(ET art.14.1 y 3 redacc L 4/2023)

En defecto de pacto en el convenio colectivo de aplicación, la duración del periodo de prueba no puede exceder de: **5575**
- para los **técnicos titulados**: 6 meses;
- para los **demás trabajadores**: 2 meses.
- en empresas de **menos de 25 trabajadores** para los trabajadores que no sean técnicos titulados: 3 meses.

El pacto es nulo cuando simplemente se remite a lo regulado en la normativa aplicable -ET o convenio colectivo- y en ella **no se fija una duración concreta** sino un periodo máximo. De modo que en el contrato de trabajo ha de consignarse su duración exacta, pues de lo contrario se crea una grave inseguridad para el trabajador ya que desconoce en qué momento ha finalizado. Si el convenio colectivo fija una duración concreta y no una duración máxima, sí sería válida la mera remisión a lo fijado en el mismo (TS 24-9-24, EDJ 695777; 12-4-23, EDJ 550669; 9-12-21, EDJ 786877; TSJ C.Valenciana 16-4-24, EDJ 604946).
Por lo que se refiere a las peculiaridades de los **contratos de duración determinada**, ver nº 6995 y en cuanto a los **contratos formativos**, ver nº 7072 para el contrato de formación en alternancia, y ver nº 7098 para el contrato de trabajo para la obtención de la práctica profesional adecuada.
Si la duración pactada **supera** dichos límites, el pacto de prueba es nulo en lo que exceda de los límites convencionales o legales (TS 19-6-90, EDJ 6552; 5-10-01, EDJ 35520; TSJ Aragón 26-9-12, EDJ 338869; TSJ La Rioja 24-5-12, EDJ 138654).

La **negociación colectiva** puede determinar sus **plazos máximos de duración**, estableciendo una relación de complementariedad. El convenio colectivo no tiene límite alguno en la concreción de tales plazos, al tratarse de una materia que el legislador ha entendido que debe ser objeto de tratamiento en cada ámbito de negociación, pudiendo establecerse en cada caso la duración máxima que las partes acuerden en función de las peculiaridades de cada actividad productiva. No obstante, se trata de una materia que no forma parte del llamado contenido mínimo del convenio y, en consecuencia, los sujetos negociadores no están obligados a efectuar un tratamiento de la misma en el convenio colectivo (ET art.85.3). Previendo esta eventualidad, el legislador establece unos plazos máximos de duración del período de prueba que deben ser respetados por los contratos individuales, en caso de que el convenio no establezca otra regulación distinta (nº 5575). **5577**
El **resto de los aspectos** relativos al período de prueba -formalidades exigibles para su constitución o, en su caso, para la resolución contractual, incidencia de las causas de suspensión establecidas convencionalmente- puede determinarse libremente por el convenio, respetando lo establecido imperativamente por el legislador. Entre estas **reglas no disponibles** por el convenio se encuentran:
- la prohibición de pactar período de prueba cuando el trabajador ya ha desempeñado esas funciones en la empresa;
- la necesidad de respetar durante ese período los derechos del trabajador como si fuera de plantilla;
- la plenitud de efectos del contrato cuando se extinga el período de prueba, incluido el cómputo de la antigüedad.

Aunque la ley otorga plena libertad a los convenios colectivos para fijar la duración máxima del período de prueba, en ocasiones los tribunales han anulado una **regulación convencional tan amplia en el tiempo** que pudiera ocultar o sustituir otras modalidades contractuales temporales, estableciendo una suerte de **contrato temporal sin causa** (TSJ Cataluña 14-2-03, EDJ

50640). Así, se ha declarado abusiva y nula, ya que desvirtúa la razón de ser de la institución, la cláusula convencional que establece un **período de prueba de 2 años** para una actividad de escasa complejidad y para la que no parece razonable admitir que el empresario necesite de un periodo tan largo para advertir la capacitación profesional del trabajador, sobre todo si se compara con el resto del personal que desarrolla dicha actividad, incluidos los que ocupan puestos de mayor categoría y complejidad, para los que se establece un período de prueba de 6 meses solamente (TS 12-11-07, EDJ 251680; 20-7-11, EDJ 198198). Tampoco es admisible la ampliación de la duración del período de prueba por la **Comisión Paritaria** (TSJ País Vasco 12-7-05, EDJ 170328).

5579 **Cómputo del plazo** (ET art.14.3 redacc L 4/2023; CC art. 5.2) El plazo **se inicia** desde el primer día de prestación de servicios, incluyéndose los días dedicados a la formación, teniendo en cuenta lo siguiente:
- si ha sido pactado **por meses**, se cuenta de fecha a fecha (TSJ Cataluña 19-9-02, EDJ 129942).
- si se ha **fijado en días,** la cuestión del cómputo no tiene una solución pacífica en los tribunales. Se ha entendido que, salvo pacto en contrario, se incluyen los días naturales, no solo los laborables o de trabajo efectivo, pues a falta de indicación convencional, es de aplicación la normativa civil supletoria y, en el cómputo civil de los plazos no se excluyen los días inhábiles (TSJ Cantabria 26-1-24, EDJ 506039; TSJ Cataluña 13-10-20, EDJ 720701; TSJ Aragón 21-12-06, EDJ 429935; TSJ Granada 17-5-00, EDJ 120501), siempre que cuando no suponga abuso de derecho (TSJ Navarra 31-3-05, EDJ 53157). En contra, se ha considerado que si se pacta en días deben entenderse aquellos efectivamente trabajados, salvo que su cómputo contradiga los máximos legalmente establecidos (TSJ Cataluña 10-11-09, EDJ 328541; TSJ C.Valenciana 14-2-03, EDJ 101500).

Las situaciones específicas de **incapacidad temporal, nacimiento, adopción, guarda con fines de adopción, acogimiento, riesgo durante el embarazo, riesgo durante la lactancia, violencia de género**, que afecten a la persona trabajadora durante el periodo de prueba, **interrumpen el cómputo** del mismo siempre que se produzca acuerdo entre las partes. Pero solo se produce la interrupción del cómputo, manteniéndose la facultad de desistir del contrato por ambas partes dentro de este paréntesis, de modo que cuando el desistimiento se produce en el período de interrupción debe estimarse con los efectos extintivos que le son propios (TS 12-12-08, EDJ 272961).

Precisiones No computa dentro del plazo el **tiempo de formación** en la empresa anterior al contrato de trabajo, derivado de convenio formativo con una entidad pública (TSJ Asturias 5-12-08, EDJ 337225).

4. Desistimiento durante el período de prueba

(ET art.14.2)

5585 La característica esencial del período de prueba radica en que durante el mismo, empresa y trabajador tienen reconocida la facultad de dar por terminada libre y **unilateralmente** su relación en cualquier momento, sin necesidad de **justificación** alguna -pues su motivación es meramente subjetiva de quien la adopta- ni de **preaviso**, sin que esto suponga una vulneración de derechos, ni atente contra el Convenio nº 158 OIT, ni la Carta Social Europea(TSJ Galicia 11-11-22, EDJ 752223; TSJ Valladolid 15-1-20, EDJ 517884).

No obstante, no existe una facultad de desistimiento absoluta, siendo nulo un desistimiento **fraudulento** (TS 27-12-89, EDJ 11819) o **discriminatorio** (TCo 94/1984; TS 2-4-07, EDJ 25412; TSJ Galicia 9-3-17, EDJ 34578). Igualmente, la extinción del contrato durante el período de prueba no puede ser utilizada como **represalia** por el ejercicio de derechos fundamentales, constituyendo tal acción una vulneración de la garantía de indemnidad, por ejemplo, derivada de haber expresado momentos antes a la extinción el descontento con las condiciones laborales y la falta de pago por horas extras trabajadas (TSJ Castilla-La Mancha 3-10-24, EDJ 725869); o tras anunciar su inminente **paternidad** y el previsible ejercicio del derecho a disfrutar del permiso correspondiente (TSJ Galicia 26-6-24, EDJ 671741).

En los supuestos de **maternidad**, la norma prevé expresamente que la resolución a instancia empresarial es nula en el caso de las trabajadoras por razón de embarazo, desde la fecha de inicio del embarazo hasta el comienzo del período de suspensión del contrato por nacimiento, o por maternidad, salvo que concurran motivos no relacionados con el embarazo o maternidad.

En todo caso, el desistimiento **ha de producirse dentro** del período de prueba, siendo inválido cuando se produce al día siguiente, o incluso horas después de expirado (TS 6-4-84, EDJ 2222). El disfrute de **días libres** de descanso no interrumpe el período de prueba, ni influye el hecho de que el último día del plazo sea **domingo** (TSJ Sta. Cruz de Tenerife 15-9-00, EDJ 36387).

Respecto a la **forma de la comunicación**, con carácter general se estima que el ejercicio del desistimiento no se somete a ninguna formalidad, no exigiéndose para su efectividad comunicación escrita ni expresión de la causa que la motiva (TS 2-4-07, EDJ 25412; TSJ Granada 8-9-22, EDJ 719414; TSJ Murcia 22-11-18, EDJ 673881), aceptándose como válida la comunicación incluso por medio de Whatsapp (TSJ C.Valenciana 24-1-23, EDJ 622336; TSJ Galicia 5-6-15, EDJ 102766). No obstante, existen pronunciamientos en contra, que entienden que una cosa es que no sea exigible concretar la motivación final de la decisión extintiva adoptada, y otra bien distinta que esa posibilidad pueda ejercitarse sin sometimiento a ninguna formalidad, por mínima que sea, que se debe plasmar a través de la comunicación escrita al trabajador afectado (TSJ Castilla-La Mancha 15-9-05, EDJ 197952).

La extinción por desistimiento durante el período de prueba **no** origina derecho alguno a **indemnización**, salvo que se prevea expresamente en el convenio colectivo de aplicación o el contrato de trabajo.

Sobre los efectos del desestimiento durante el periodo de prueba en el caso de existir un **pacto de no competencia postcontractual** ver nº 5839, y en caso de **pacto de permanencia** ver nº 5995.

Precisiones 1) Cuando la extinción se produce en tan breve espacio de tiempo que no hay posibilidad de acreditar las experiencias de lo que constituía el objeto de la prueba y además se demuestra que el desistimiento tiene una finalidad que **vulnera el derecho de igualdad**, se considera despido nulo (TSJ Galicia 9-3-17, EDJ 34578).

2) La no superación del período de prueba que se hace efectiva **simultáneamente a 34 trabajadores** y con idéntica trascendencia temporal, que además resulta ser inmediatamente anterior a un cambio de adjudicación, denota que la decisión extintiva de la empresa no guarda relación alguna con las experiencias que constituyen el objeto de la prueba, debiéndose más bien a causas ajenas a las relaciones laborales y constituyendo un abuso de derecho (TSJ Castilla-La Mancha 28-10-11, EDJ 269928).

3) El **plazo para la impugnación** de la extinción por desistimiento empresarial durante el período de prueba es el de caducidad de 20 días establecido para los supuestos de despido (TS 11-5-90, EDJ 5008).

Incapacidad temporal Como **regla general**, es posible la extinción del contrato por no superación del periodo de prueba de un trabajador **en situación de IT** o que haya sufrido un accidente de trabajo, sin que se considere discriminatorio o pueda alegarse abuso de derecho (TCo 94/1984; TS 12-7-12, EDJ 206744; 12-12-08, EDJ 272961; TSJ País Vasco 27-4-10, EDJ 255637). Incluso se ha considerado válida y no abusiva ni fraudulenta la extinción del contrato durante el periodo de prueba estando el trabajador de baja por IT producida el **mismo día** en que se inició la relación laboral y habiendo prestado servicios solamente durante 2 horas (TS 3-10-08, EDJ 222455). En contra, sí se ha considerado un abuso de derecho cuando el trabajador sufre el accidente laboral a las 2 horas de iniciar la prestación, pues resulta imposible conocer su aptitud por el breve tiempo de trabajo realizado antes de la baja laboral (TSJ Murcia 15-5-02, EDJ 30412). 5587

No obstante, tras la aprobación de la **L 15/2022 art.2 y 26** que declara la nulidad de pleno derecho de actos que constituyan o causen **discriminación** por razón, entre otros motivos, de enfermedad o condición de salud, esta regla general se ve afectada también en caso de no superación del periodo de prueba estando en IT. En este sentido, se ha considerado la resolución del contrato como un despido nulo por discriminación (TSJ Baleares 24-1-23, EDJ 513737). Para evitar la nulidad, la **empresa ha de probar** que que la rescisión del contrato no está relacionada con la enfermedad o condición de salud del trabajador (TSJ C. Valenciana 24-4-24, EDJ 603369; TSJ Galicia 24-1-24, EDJ 508768). Incluso se ha declarado la nulidad no siendo de aplicación L 15/2022en la fecha de los hechos, al no tener efectos retroactivos, pero en aplicación de Const art.24 (TSJ Cataluña 26-10-23, EDJ 775706); si bien es preciso que concurran **indicios** de que la enfermedad ha influido en la decisión empresarial (TSJ Valladolid 18-9-23, EDJ 700244). La **mera coincidencia temporal** entre el inicio de la IT y la extinción del contrato no es indicio suficiente de discriminación, si se acredita que la decisión empresarial ya se había adoptado con anterioridad (TSJ Madrid 17-7-23, EDJ 657761; Jdo Social Burgos num 3, 2- 8-23, EDJ 762321).

Precisiones En los casos de **IT por COVID-19**, se ha considerado:

- que no es indicio suficiente de discriminación el simple hecho de que la empresa comunique la finalización de la relación laboral por no superación del periodo de prueba el mismo día del inicio de la baja por esta causa, si no se acredita que la empresa conocía el resultado positivo en COVID cuando se tomó la decisión de extinguir la relación laboral (TSJ Valladolid 22-11-21, EDJ 809905). Incluso conociendo la empresa que la IT se debe al COVID-19, se estima que, solo por ello, no hay indicios de discriminación en razón de enfermedad (TSJ Madrid 17-12-21, EDJ 829635);

- sin embargo, se ha calificado como despido nulo la extinción del contrato durante el periodo de prueba de un trabajador de un geriátrico contagiado de COVID-19 al que no se le pudo facilitar EPI para evitar el contagio y respecto del que no consta amonestación alguna (TSJ Madrid 17-3-21, EDJ 580517).

5589 **Desempleo** (LGSS art.267.1.a.7º; RD 625/1985 art.1.1.k) La resolución del contrato de trabajo por desistimiento durante el período de prueba se considera **situación de desempleo**, siempre que se cumplan las siguientes condiciones:
- que el **desistimiento** se produzca a instancia del empleador y no del trabajador;
- que la finalización de **relación laboral anterior** se hubiera debido a causas extintivas que comporten la situación legal de desempleo, es decir, despido, muerte, jubilación o incapacidad del empleador, finalización de contrato, expediente de regulación de empleo o resolución judicial en procedimiento concursal o resolución voluntaria del trabajador justificada,
- que haya transcurrido un **plazo** superior a 3 meses desde dicha extinción. A estos efectos es computable dentro de dicho plazo el periodo de vacaciones no disfrutadas, de forma que hasta que no finaliza no se puede acceder a la prestación por desempleo (TSJ País Vasco 4-5-21, EDJ 704065; TSJ Valencia 19-6-08, EDJ 160264).

Precisiones El TCo diferencia entre sexo y género, señalando que la identidad de género es una causa sospechosa de trato discriminatorio. Encontrar indicios de discriminación por esta causa supone la inversión de la carga de la prueba. No obstante, es procedente la **extinción del contrato de una persona transgénero** durante el periodo de prueba si no se acredita la existencia de discriminación (TCo 67/2022).

5. Transcurso del período de prueba sin desistimiento

(ET art.14.3 y 52.a)

5595 Transcurrido el período de prueba sin que ninguna de las partes haya desistido, el contrato produce plenos **efectos**, y en particular:
1. El tiempo de servicios prestados bajo el período de prueba se computa en la **antigüedad** del trabajador en la empresa.
2. En los supuestos de **despido objetivo por ineptitud** conocida o sobrevenida con posterioridad a su colocación efectiva en la empresa, la ineptitud existente con anterioridad al cumplimiento de un período de prueba no puede alegarse con posterioridad a dicho cumplimiento.
En este sentido se ha afirmado que el objeto del período de prueba es, entre otros, la demostración de que el trabajador tiene, en efecto, la aptitud necesaria para el desempeño del trabajo de que se trate; por lo que no cabe, expirado el período, un despido por ineptitud, puesto que ésta pudo y debió ser constatada mediante la realización de las experiencias que se exigen durante el mismo (TS 23-10-08, EDJ 227901; TSJ Extremadura 10-11-05, EDJ 208344).
El **desistimiento** alegado por el empresario una vez transcurrido el período de prueba se considera un despido improcedente (TS 20-7-11, EDJ 198198).

CAPÍTULO 20

Vacaciones

La legislación internacional y nacional reconoce de manera unánime el derecho a un **período mínimo de descanso anual**, retribuido y no compensable económicamente (Const art.40.2; OIT Conv 132 art. 5.4 y 7; Dir 2003/88/CE art.7; ET art.26.1 y 38.1). 5652
Asimismo, el derecho a vacaciones retribuidas ha sido declarado reiteradamente como un principio del derecho social comunitario asociado a la garantía de seguridad y salud de los trabajadores y frente al que no es admisible ningún tipo de excepción (TJUE 16-3-06, C-131/04 y 257/04; 6-4-06, C-124/05).
La concepción del período anual de vacaciones como tiempo cuyo sentido único o principal es la reposición de energías para la reanudación de la prestación laboral supone reducir la persona del trabajador a un nuevo factor de producción y negar, en la misma medida, su libertad durante aquel período para desplegar la propia personalidad del modo que estime más conveniente. En consecuencia, se entiende que no cabe despedir a un trabajador alegando transgresión de la buena fe contractual por haber realizado un **trabajo durante** su tiempo de **vacaciones** (TCo 192/2003).

1. Duración

(ET art.38.1 y 58.3)

Se reconoce el derecho a un **período mínimo** de 30 días naturales de vacaciones retribuidas, estando referido el período de disfrute al año natural (TS 17-9-02, EDJ 37369). Si la norma convencional alude a 22 **días laborables**, el disfrute debe corresponder, como mínimo a estos 30 días naturales (TSJ Castilla-La Mancha 18-9-02, EDJ 96611). 5660
Dicha duración constituye un mínimo de derecho necesario que nunca puede ser objeto de empeoramiento o reducción. Por el contrario, sí que puede ser objeto de **mejora** por convenio o acuerdo colectivo, por contrato de trabajo o por decisión unilateral de la empresa. No cabe duda de la importancia de los convenios colectivos a la hora de ordenar el derecho a vacaciones anuales. Por tanto, la determinación de la duración de las vacaciones anuales es el fruto de la combinación de normas legales y convenidas. La duración mejorada de las vacaciones queda absorbida posteriormente por futuros aumentos de los mínimos legales o convencionales.
En el caso de mejora de la duración de las vacaciones por decisión unilateral del empresario, hay que estar a la **condición más beneficiosa** acordada (nº 5664).
Además, y como medida de protección del descanso, se prohíbe expresamente la **reducción** del período de vacaciones **por sanción**.

Precisiones El despido basado en el **incumplimiento de órdenes emitidas durante las vacaciones** vulnera el derecho a la desconexión digital (TSJ Madrid 21-2-22, EDJ 531389). No obstante, el TCo rechaza que la previsión legal de que las **comunicaciones practicadas a través de LexNet** desplieguen toda su eficacia a los tres días de su correcta remisión, aunque el destinatario no haya accedido a su contenido, vulnere el derecho al descanso y a las vacaciones de los abogados (TCo auto 113/2020, EDJ 680627).

La duración de las vacaciones se mide en **días naturales**, salvo que en virtud de convenio colectivo o contrato de trabajo se descuenten los festivos. A excepción de este supuesto, los festivos y domingos incluidos en el período vacacional no aumentan la duración del reposo. 5662
Si el **primer día** coincide **en domingo**, éste no debe computarse porque tal día es de descanso ya ganado por los trabajadores por la actividad desarrollada durante la semana precedente, con lo que se superpone el descanso semanal al vacacional en un mismo día (TSJ Granada 21-12-05, EDJ 333539; TSJ Asturias 5-4-91, EDJ 22689). No obstante, en otras ocasiones se ha

considerado que si el primer día de vacaciones coincide con un día de descanso semanal, este se pierde y se confunde con el último (TSJ Cataluña 22-9-11, EDJ 243831). Cuando el **último día** de las vacaciones coincide con un festivo o libranza quedaría incluido en el cómputo de las vacaciones establecidas en días naturales (TSJ Sta. Cruz de Tenerife 11-11-15, EDJ 283220).
Si el trabajador no ha prestado servicios durante todo el año anterior se produce una reducción proporcional en la duración de las vacaciones. No se tiene derecho al tiempo completo de las vacaciones mientras no se completen 12 meses de servicios efectivos. El **principio de proporcionalidad** exige considerar el número total de días efectivamente trabajados; no obstante, todo depende de los supuestos en cuestión a los efectos de saber si se puede o no reducir proporcionalmente la duración de las vacaciones. Así, los trabajadores que disfrutan de una **reducción de jornada** para el cuidado de un menor tienen derecho a disfrutar del mismo número de días de vacaciones (nº 5224).

Precisiones 1) Determinadas circunstancias, como el nacimiento de hijos o fallecimiento de parientes, que generan derecho a **permisos retribuidos** pueden suceder **durante las vacaciones**. En ausencia de norma o convenio colectivo y, salvo pacto en contrario, se entiende que tales situaciones no prorrogan la duración de las vacaciones.
2) Con carácter general, los **convenios colectivos** observan la regla prevista en el ET, siendo los 30 días naturales de descanso la duración pactada en la negociación colectiva (CCol Construcción DGTr Resol 6-9-23, BOE 23-9-23; CCol General de Industria Química DGTr Resol 7-7-21, BOE 19-7-21). Muchos convenios colectivos **amplían la duración** de las vacaciones. Los **pactos de mejora** del régimen legal aumentan el número mínimo de días naturales hasta 31, 32, 33 ó 35 días naturales al año.
Algunos prevén que la duración de las vacaciones se compute en **días laborables** (Convenio Colectivo General Estatal de Entidades de Seguros, Reaseguros y Mutuas Colaboradoras con la Seguridad Social DGTr Resol 15-12-21, BOE 27-12-21). Este sistema de cálculo de la duración de las vacaciones es válido, siempre y cuando se respete el número mínimo de 30 días naturales al año, resultante de la suma de los días hábiles y los festivos y domingos comprendidos dentro del período de disfrute de las vacaciones. En este sentido, algunos convenios resaltan que se deben disfrutar un número mínimo de días laborables en el período vacacional, por ejemplo, 25 días.

5664 **Condición más beneficiosa** La aplicación de la doctrina de la condición más beneficiosa a las vacaciones se hace de forma muy restrictiva, pues se entiende que debe prevalecer el acuerdo o pacto que tienen una limitación temporal que es inherente a su naturaleza (TS 17-3-92, EDJ 2618). Así, un **pacto anual** no se considera condición más beneficiosa por lo que puede alterarse por necesidades empresariales justificadas (TSJ Murcia 30-1-06, EDJ 14779). No obstante, una vez acreditada su existencia no puede ser desconocida por convenio colectivo (TSJ Navarra 30-6-04, EDJ 75373).
Aunque las condiciones más beneficiosas no pueden ser suprimidas o reducidas unilateralmente por el empresario, cabe que sean **compensadas o neutralizadas** en virtud de normativa posterior, sea ésta legal o pactada, siempre que se trate de conceptos homogéneos (TS 20-5-02, EDJ 26587). Por ello, las vacaciones pueden compensarse con los días de asuntos propios, al tratarse de días de descanso retribuido con una configuración similar a las vacaciones (TS 12-3-24, EDJ 519989). Esta posibilidad no existe cuando no se trata del mismo concepto ni tienen el mismo origen y, por tanto, debe mantenerse dicha condición más beneficiosa (TS 29-3-00, EDJ 3440).

Precisiones 1) La **mera tolerancia** en el disfrute de 2 meses de vacaciones de los empleados temporales de un centro docente no supone reconocimiento de derechos, porque falta el acto de concesión que otorgaría a esta práctica el carácter de condición más beneficiosa, lo que se demuestra porque en los sucesivos contratos de trabajo se fijan sólo 30 días. Es indiferente, a tales efectos, la mayor o menor prolongación de la práctica empresarial de inexigencia de trabajo en este mes, puesto que la tolerancia o condescendencia no dejan de ser tales hasta que se transformen en una conducta distinta de concesión o reconocimiento de un derecho (TS 20-12-93, EDJ 11685; TSJ Castilla-La Mancha 1-7-04, EDJ 87038; 29-4-04, EDJ 45376). Por el contrario, se ha admitido la existencia de una condición más beneficiosa derivada de un **acuerdo tácito inicial** de que las vacaciones de una limpiadora tengan el mismo régimen que las del personal docente del centro escolar público donde trabaja y que se aplicó a lo largo de más de 10 años de relación laboral (TSJ La Rioja 5-12-00, EDJ 58991). También la mejora establecida por el empresario mediante circular y consistente en un período de vacaciones según la antigüedad que se tenga en la empresa. Esta condición no puede ser suprimida unilateralmente (TS 29-3-00, EDJ 3440).
2) La libertad para **elegir la fecha de disfrute** de las vacaciones mantenida durante años por la empresa supone una condición más beneficiosa que no puede eliminar unilateralmente sin seguir el procedimiento adecuado (TS 7-1-20, EDJ 504750).

2. Devengo

Las vacaciones se devengan por la **prestación efectiva de servicios**. El devengo del derecho a un período de vacaciones retribuidas va produciéndose por cada jornada trabajada y puede disfrutarse proporcionalmente al tiempo trabajado, sin esperar el transcurso del año. El **cálculo** del período devengado se hace, normalmente, considerando que si el período completo de vacaciones es de 30 días naturales por año de servicio, corresponde a cada mes o fracción 2,5 días de vacaciones. **5670**

Si bien el derecho a las vacaciones, en la duración legal o la acordada convencional o contractualmente, viene referido al año de trabajo, comenzando su devengo el 1 de enero del año en que han de disfrutarse y no al término del disfrute en el año anterior (TS 17-9-02, EDJ 37369), por convenio colectivo se puede establecer otro **período de referencia**. Por ejemplo, desde la finalización del anterior período de vacaciones (TSJ País Vasco 30-1-96, EDJ 53039).

A pesar del devengo anual, en los supuestos en los que la **prestación** tenga una **duración inferior** por no coincidir el inicio o la finalización del año que se tome como referencia, se devenga un derecho proporcional al período trabajado.Al tratarse de un derecho de disfrute anual, no se tiene el derecho al tiempo completo de las vacaciones mientras no se completen 12 meses de servicios efectivos.

Es preciso **diferenciar** entre el **devengo y el disfrute** de las vacaciones, siendo este último el que ha de realizarse, con carácter general, dentro del año natural correspondiente.

Tiempo de trabajo efectivo Las **ausencias del trabajo** por motivos independientes de la voluntad de la persona interesada, como enfermedad, accidente o maternidad, han de ser computadas como parte del período de servicios (OIT Convenio 132 art.5.4). A estos efectos se establece lo siguiente: **5672**

a) Tienen la consideración de tiempo de trabajo efectivo los **domingos y festivos**, salvo pacto en contrario (TSJ Granada 21-12-05, EDJ 333539).

b) También los períodos en que el trabajador se encuentre en situación de **incapacidad temporal**, independientemente de la causa que la origine (TS 29-10-12, EDJ 259306). Se incluyen los períodos de prórroga de la IT para la calificación del grado de incapacidad permanente (TSJ Burgos 20-5-03, EDJ 34956). Incluso cuando el trabajador permanece en IT durante un año natural completo, aunque no haya existido ni un solo día de prestación efectiva de servicios en todo el año, su derecho de disfrute de las vacaciones o de compensación económica, en su caso, permanece intacto (TS 20-5-14, EDJ 106565) .A estos efectos, la normativa de la UE no distingue, a estos efectos, entre bajas de corta o de larga duración y la prestación de servicios efectuada (Dir 2003/88/CE; TJUE 20-1-09, C-350/06 asunto Schulte en su apartado 54).

c) No se considera período de trabajo efectivo la duración de una **excedencia por cuidado de hijo** (TJUE 4-10-18, C-12/17) y tampoco el disfrute del **permiso parental**, ya que no establece remuneración durante este periodo (TSJ Cataluña 30-4-24, EDJ 623202) (ver nº 4931 Memento Social 2024).

d) Con respecto al devengo de vacaciones durante el período de **suspensión del contrato por ERTE**, su duración se reduce de forma proporcional al tiempo efectivo de prestación de los servicios (TS 30-4-96, EDJ 2727; 13-2-97, EDJ 1015; 14-7-97, EDJ 5403; AN 16-6-22, EDJ 620439). En cambio, no se reducen las vacaciones proporcionalmente si el supuesto de regulación de empleo únicamente implica una reducción de la jornada y no el cese total de la actividad laboral (TS 20-3-24, EDJ 530076).

e) En caso de **despido improcedente**, cuando **se opta por la indemnización**, no se devengan vacaciones durante el tiempo en que el trabajador percibe salarios de tramitación, pues el período de tiempo desde el despido a la notificación de la sentencia no es trabajo (TS 12-6-12, EDJ 149785; 21-10-04, EDJ 160261). No obstante, si la opción se realiza **por la readmisión**, el tiempo de tramitación del proceso de despido sí es equiparable a tiempo de trabajo, ya que la readmisión implica el restablecimiento completo de la relación de trabajo, dando derecho tanto a los salarios de trámite como a vacaciones, ya que si el trabajador no las disfrutó no es por causas a él imputables (TS 27-5-19, EDJ 617033). La misma consecuencia se alcanza en casos de **nulidad del despido**: el tiempo transcurrido hasta la efectiva reincorporación al puesto de trabajo debe computarse como efectivamente trabajado a efectos del devengo de vacaciones, puesto que la causa de la interrupción de la prestación de trabajo es ajena a la voluntad del trabajador (TS 11-5-21, EDJ 570203; 14-7-22, EDJ 633222; 31-1-23, EDJ 520950; TJUE 12-10-23, asunto C-57/22).

f) Respecto de la huelga, el tiempo de suspensión del contrato por **huelga legal** se computa a efectos de calcular la duración de las vacaciones y su retribución. Los descuentos de los días de vacaciones o del salario correspondiente a las huelgas legales supondrían una sanción y el ejercicio de un derecho constitucional no puede ser sancionado

(TSJ Galicia 28-3-18, EDJ 92940; TSJ Castilla y León 23-2-99, EDJ 9509). Por contra, en caso de **huelga ilegal**, la empresa puede reducir la duración de las vacaciones en proporción al tiempo de participación en la huelga (TSJ País Vasco 21-7-98, EDJ 22972).

Precisiones No obstante, cuando se produce el **solapamiento** de la suspensión del contrato por **ERTE** y por causa de **IT**, riesgo por embarazo y maternidad y paternidad, tanto cuando el afectado por una de estas suspensiones se vea incluido en un ERTE como cuando la persona incluida en un ERTE pasa a encontrarse en situación de IT, riesgo por embarazo y maternidad y paternidad, se devengan vacaciones (AN 16-9-21, EDJ 702924).

3. Fijación y disfrute

(ET art.38.2 y3)

5680 La fijación del período de disfrute de vacaciones se realiza **de común acuerdo** entre el empresario y el trabajador, de conformidad con lo establecido, en su caso, en los convenios colectivos sobre planificación anual de las vacaciones. Por tanto, los acuerdos individuales entre trabajador y empresario tienen que respetar lo pactado en convenio colectivo sobre programación anual de las vacaciones (TSJ Galicia 30-3-00, EDJ 12446), El legislador no prevé la intervención directa y obligatoria de los **representantes de los trabajadores** en su fijación (TSJ Galicia 5-7-11, EDJ 154466), aunque en negociación colectiva sí se podría acordar tal participación (TSJ Castilla-La Mancha 15-9-09, EDJ 225302).

La **modificación** del sistema de disfrute de vacaciones puede constituir una modificación sustancial que requiere un procedimiento específico, considerándose nula cuando no se acude al mismo (nº 9220 s.) (TS 5-6-09, EDJ 158169).

En caso de **discrepancias** respecto al momento de disfrute de las vacaciones, ver nº 5730.

5682 En la práctica, resulta problemático determinar la fecha del disfrute de las vacaciones puesto que, generalmente, los **trabajadores** suelen **optar por el mismo período** del año para hacer efectivo el descanso. En este sentido, se remite en materia de fijación del período de vacaciones al acuerdo entre trabajador y empresario. Esta es una cuestión que se resuelve mediante la remisión a las **cláusulas del convenio colectivo**, sobre todo de ámbito de empresa, en materia de planificación de las vacaciones anuales.

Así, se suele prever la planificación programada de los trabajadores en **turnos sucesivos**, permitiendo atender las necesidades productivas de la empresa. A estos efectos, se prevén una serie de **reglas de preferencia** entre los distintos grupos profesionales, así como criterios de rotación en los turnos vacacionales.

De igual modo, los convenios colectivos suelen contemplar, como regla de mejora de la duración de las vacaciones, la posibilidad de conceder **días adicionales** de vacaciones para aquellos empleados que elijan su período de reposo en las fechas menos solicitas por el resto de los compañeros.

En otros casos, los convenios prescinden del sistema de turnos de vacaciones debido a la necesidad de **cierre total de la empresa** durante el período de vacaciones anuales, de suerte que todos los trabajadores disfrutan su descanso anual en el mismo intervalo temporal.

Precisiones 1) Conviene indicar que se pueden fijar excepciones singulares a las vacaciones para la realización de **trabajos indispensables** tanto por acuerdo como por decisión empresarial (TS 3-5-94, EDJ 3894).

2) Con carácter general, y como medida más equitativa, se prevé la **rotación anual** de los trabajadores en los turnos de vacaciones. Sin embargo, junto a esta regla general, también se contemplan criterios de preferencia en el disfrute de las vacaciones, como es la **antigüedad en la empresa o la existencia responsabilidades familiares** -hijos en edad escolar-.

3) Como quiera que las fechas de disfrute de vacaciones pueden variar año a año a tenor de las circunstancias, **no** se puede hablar de mantenimiento de **condiciones más beneficiosas, ni** cabe tampoco la **determinación unilateral** de las mismas. Siendo abusivas y contrarias al derecho las cláusulas contractuales impuestas con carácter general que impiden la negociación del periodo de vacaciones (TS 30-6-08, EDJ 178550) o las actuaciones unilaterales del empleador que neutralizan tal derecho (TS 17-7-08, EDJ 178560).

4) En materia de determinación del momento de disfrute de las vacaciones, muchos convenios colectivos señalan que las vacaciones se han de **conceder preferentemente** durante los meses de verano, por ejemplo, en los meses comprendidos entre junio y septiembre o entre julio y septiembre, fijándose en este período de referencia el descanso pactado en virtud del acuerdo entre empresario y trabajador. Así, las vacaciones se han de disfrutar preferentemente, en los meses de junio a septiembre ambos inclusive y se debe otorgar de acuerdo a las **necesidades del servicio**. En otros casos, el **período de referencia** para el disfrute de las vacaciones tiene **mayor duración**. Así por ejemplo, se prevé en determinados casos que el período de vacaciones esté comprendido entre el 15 de mayo y el 30 de septiembre, salvo mutuo acuerdo de las partes, o entre los meses de mayo y octubre, ambos inclusive, siempre que las condiciones técnicas y productivas lo permitan, o entre

el 1 de marzo y el 30 de noviembre ambos inclusive. Asimismo, algunos convenios colectivos excluyen como período de disfrute de las vacaciones el coincidente con la época de **mayor actividad de la empresa**, concediéndose el descanso según las necesidades del servicio.

Fraccionamiento de las vacaciones (OIT Conv 132 art.8) Para proceder al fraccionamiento de las vacaciones es condición necesaria el **acuerdo entre las partes**, de manera que el empresario no puede determinar fraccionamientos del período vacacional de los trabajadores de manera unilateral. **5684**

De la literalidad de la norma se deduce que las vacaciones pueden ser fraccionadas en más de dos períodos y así, algunos **convenios colectivos** admiten este fraccionamiento, si bien, en general, limitan esta posibilidad, tal como se establece por la OIT:

- una de las fracciones debe consistir, por lo menos, en dos semanas laborales ininterrumpidas;
- se admite otro fraccionamiento en un acuerdo que vincule a las partes.

Cuando el fraccionamiento se ha **pactado en convenio** no puede ser alterado unilateralmente por la empresa mediante una orden posterior (TS 20-5-02, EDJ 32069). Sí puede modificarse a través de un acuerdo entre la empresa y los representantes de los trabajadores, para lo que es necesario abrir un período de consultas (TS 27-5-13, EDJ 103111).

Precisiones **1)** Si en **CCol** se establece en relación a las vacaciones:

a. Que 14 días han de disfrutarse en periodo estival, 4 días sueltos de forma separada o conjunta a lo largo del año, pero nada dice de los 14 restantes, no pueden ser fijados por la **empresa unilateralmente** (TS 18-5-21, EDJ 577612).

b. Que las partes pueden negociar el disfrute de las **vacaciones dentro del año**, la expresión año significa año civil identificado por un número y que comprende de 1 de enero a 31 de diciembre (TS 17-9-02, EDJ 37369);

c. Que las vacaciones anuales retribuidas son de un **mes de duración** por cada año completo de servicios, dicho período ha de computarse de fecha a fecha (CC art.5; TS 18-1-00, EDJ 537).

2) La empresa tiene derecho a establecer un protocolo para la fijación ordenada de las vacaciones, siendo lícito que a **falta de petición expresa** por el trabajador, la empresa pueda asignárselas unilateralmente (AN 25-2-19, EDJ 516662).

3) Una vez **fijada la fecha de disfrute**:

a. Por **acuerdo entre ambas partes**, no es necesario que el trabajador obtenga del empresario permiso para iniciar su disfrute. Se trata del ejercicio razonable de su derecho (TSJ Navarra 29-5-96, EDJ 3207).

b. En un **CCol** no puede ser modificada por voluntad de la empresa sin concurrencia de causas justificativas (TS 4-11-02, EDJ 54270).

c. Si el trabajador se ve afectado por un **caso fortuito extraordinario o fuerza mayor** , como podría entenderse de la pandemia del **COVID-19**, si sus vacaciones coinciden con un periodo de confinamiento, debe conservar su derecho a disfrutarlas en un tiempo posterior (JS Santander núm 3, 16-9-20, EDJ 668544; JS Melilla núm 1, 3-11-20, EDJ 710997). No obstante, el desacuerdo con la fijación debe reclamarse por el procedimiento especial y no esperar a la finalización del contrato para solicitar su abono (TSJ Madrid 20-5-21, EDJ 666002).

4) Si el **trabajador** toma **vacaciones unilateralmente**, puede ser sancionado atendiendo a las circunstancias del caso, pues la indisciplina y las faltas no justificadas pueden ser causa de un despido disciplinario. Por lo tanto, si el trabajador carece de **permiso explícito** para tomarlas, debe reclamarlas ante el Juzgado de lo Social (TSJ Valladolid 7-3-05, EDJ 14611) por el procedimiento de urgencia establecido para la determinación de las fechas de disfrute, aunque también se ha admitido el consentimiento tácito de la empresa cuando consiente el disfrute pacíficamente y no hay una voluntad inequívoca de no concederlas (TSJ Cataluña 13-6-06, EDJ 320339; TSJ Madrid 18-7-19, EDJ 676446). Se considera despido improcedente, cuando se han pactado con 2 meses de anticipación y la empresa pretende su **alteración** , lo que no puede hacer lícitamente, puesto que el trabajador tenía derecho a conocer la fecha de las mismas con esa antelación (TSJ Madrid 18-5-99, Rec 2144/99); o en el caso de que el empresario pretenda su **interrupción** sin el consentimiento del trabajador y sin que exista una causa razonable (TSJ Castilla-La Mancha 15-3-07, EDJ 80928); o cuando es práctica habitual en la empresa la **autorización verbal** del disfrute de las vacaciones en fecha diferente al del resto de compañeros, ya que si no hace saber al trabajador su disconformidad y no le requiere.

5) Denegar la posibilidad de fraccionar las vacaciones en más periodos a una trabajadora que lo solicita por motivos de conciliación, sin alegar razones organizativas, cuando el convenio contempla la posibilidad de pacto en ese sentido, supone una vulneración de derechos fundamentales que implica una indemnización por daño moral (TSJ Galicia 29-5-23, EDJ 604884).

Calendario de vacaciones (ET art.38.2 y 3) Se fija en cada empresa, de acuerdo con el sistema que se haya establecido en la misma (nº 5680). El trabajador ha de **conocer las fechas** que le corresponden de vacaciones 2 meses antes del comienzo del disfrute. Este plazo coincide con el previsto para interponer demanda en caso de disconformidad ante la jurisdicción social. **5686**

Se considera ilegal la práctica empresarial de **no comunicar a los trabajadores** las fechas del disfrute con esa antelación mínima, si no existe un precepto convencional claro que lo autorice (TSJ Asturias 20-6-17, EDJ 149366). No es válido un **calendario provisional,** si del definitivo no se tiene conocimiento hasta unos días antes del disfrute, aunque ambos coincidan (TSJ País Vasco 18-10-05, EDJ 278403).

En caso de que llegado el período de vacaciones, este coincida con IT o permisos por nacimiento y cuidado de menor, etc., ver nº 5672.

Precisiones **1)** Si el CCol estable la obligación de confeccionar el calendario con el **acuerdo** de la representación legal de los trabajadores, pero no la hay, la empresa no tiene por qué adoptar otras medidas, como el acuerdo individual de la totalidad de la plantilla (TS 16-10-19, EDJ 715733). No obstante, si lo que el CCol dice es que la empresa ha de **dar cuenta del calendario** a los representantes antes de su publicación, esta obligación de información no supone una previa negociación con los mismos para su confección (TSJ Sevilla 18-10-12, EDJ 287158).

2) La empresa no puede **inaplicar unilateralmente** el calendario de vacaciones establecido en convenio colectivo estatutario. Ha de seguir para ello el procedimiento de descuelgue (TS 13-1-21, EDJ 503544). Sin embargo, no se vulnera el CCol con la decisión unilateral de la empresa obligando, por razones productivas , a los trabajadores de un determinado grupo profesional a disfrutar sus vacaciones anuales durante el mes de agosto máxime si se ha respetado prescripciones convencionales tales como (TS 12-3-01, EDJ 2951):

- período dentro del cual deben tomarse las vacaciones;
- cobertura suficiente de los servicios donde están destinados.

Los afectados pueden identificarse a posteriori mediante una orden que permite localizar exactamente identificando la categoría profesional con las tareas desempeñadas (TS 20-5-02, EDJ 32069).

3) El derecho a una indemnización por daños y perjuicios producidos por el **incumplimiento del deber de comunicación**, solo existe si se alega y se prueba el perjuicio y su cuantificación (TSJ Granada 15-12-97, EDJ 59414; TSJ Aragón 30-7-12, EDJ 172177). No obstante, en alguna ocasión se ha entendido que el carácter sorpresivo de la fijación de las vacaciones sin respetar el plazo de los dos meses genera un perjuicio evidente a los trabajadores, reconociéndoles el derecho al disfrute del mismo número de días que se habían visto obligados a disfrutar indebidamente (JS Santander núm 4 21-10-13, EDJ 265008).

4) Si el CCol estable la obligación de **confeccionar el calendario** con el acuerdo de la representación legal de los trabajadores, pero no la hay, la empresa no tiene por qué adoptar otras medidas, como el acuerdo individual de la totalidad de la plantilla (TS 16-10-19, EDJ 715733). No obstante, si lo que el CCol dice es que la empresa ha de dar cuenta del calendario a los representantes antes de su publicación, esta obligación de información no supone una previa negociación con los mismos para su confección (TSJ Sevilla 18-10-12, EDJ 287158).

5688 **Disfrute en determinados meses del año** La **empresa puede obligar** a que una parte de las vacaciones anuales se disfrute durante los días de cierre del mes de **agosto**, cuando existen causas económicas que lo justifican dado el ahorro que supone para el Estado el cierre del edificio durante tal período (TSJ Madrid 26-3-12, EDJ 84183). También, a falta de pacto, las fijadas por la empresa en razón de la productividad (TSJ Cataluña 18-5-95, EDJ 24131).

Sin embargo, la empresa **no** puede **excluir** unilateralmente del período vacacional aquél que coincida con la mayor actividad productiva estacional de la empresa, considerando que tal facultad se ha trasladado a la negociación colectiva, por lo que para que sea posible es necesario:

- que el convenio colectivo reconozca esta posibilidad (TSJ Galicia 21-6-19, EDJ 649685);
- que se respeten los requisitos en él establecidos, como que concurran y se acrediten razones organizativas (TS 30-9-20, EDJ 676226); o bien
- que exista un acuerdo de vacaciones que excluya determinados periodos (TS 24-11-15, EDJ 259278).

4. Caducidad del derecho a las vacaciones

(ET art.3.5, 38 y 58.3; OIT Conv 132 art.12.2 y 13)

5695 El disfrute de las vacaciones debe efectuarse dentro del **año natural**, por lo que es nulo el pacto de compensación económica por las vacaciones no disfrutadas salvo que el contrato de trabajo se hubiera extinguido antes de la fecha fijada para el período vacacional, sin que el trabajador hubiera podido disfrutarlas (TSJ Asturias 4-10-10, EDJ 217046; TSJ Valladolid 11-2-09, EDJ 48919).

Si no existe impedimento para el disfrute de las vacaciones estas deben materializarse **en el curso del año en que se devenguen** y, de no ser así, se pierde el derecho a su disfrute (TSJ Galicia 14-12-11, EDJ 313548), por lo que no puede exigirse con posterioridad ni su disfrute ni su compensación económica (TSJ Las Palmas 4-12-15, EDJ 272094). No obstante, el empresario no puede invocar la **prescripción** del derecho del trabajador al disfrute de las vacaciones

anuales retribuidas si no le da la posibilidad de ejercerlo de manera efectiva; lo contrario implicaría validar un enriquecimiento injusto del empresario (TJUE 22-9-22, asunto C-120/21). Sí se permite que, mediante **pacto**, sean disfrutadas durante la semana de Reyes del año posterior (AN 28-10-21, EDJ 734037), o en años sucesivos (TSJ Sevilla 8-3-94, EDJ 24770).
Una vez fijada la fecha de disfrute por acuerdo entre ambas partes, no es necesario que el trabajador obtenga del empresario **permiso** para **iniciar su disfrute**. Se trata del ejercicio razonable de su derecho (TSJ Navarra 29-5-96, EDJ 3207). No obstante, se ha declarado procedente el **despido** de una trabajadora a la que la empresa le notificó la imposibilidad de disfrutar de las vacaciones en el período que inicialmente habían acordado y que, a pesar de ello, disfrutó las vacaciones en dicho período (TSJ Navarra 17-4-18, EDJ 102201).

Precisiones 1) Si la práctica habitual en la empresa es **autorizar verbalmente** a un trabajador **el disfrute de las vacaciones en fecha diferente** al del resto de compañeros, corresponde a la empresa hacer saber al trabajador su disconformidad y requerirle de forma clara y contundente para que se reincorpore al trabajo. No hacerlo así, y comunicarle el despido a su regreso, es contrario a la buena fe y constitutivo de despido improcedente (TSJ Castilla-La Mancha 14-7-22, EDJ 663916).
2) Corresponde al empresario **acreditar que el trabajador ha disfrutado** efectivamente de **las vacaciones** que este reclama, no pudiendo exigirse al trabajador acreditar un hecho negativo (TSJ Madrid 18-7-11, EDJ 185366).
3) En caso de que las vacaciones anuales retribuidas no hayan sido disfrutadas con anterioridad a la finalización de la relación laboral, la **situación legal de desempleo** y el nacimiento del derecho a la prestación se produce transcurrido dicho período, siempre que se presente la solicitud dentro de los 15 días hábiles siguientes a la finalización del mismo (LGSS art.268.3 y 269.4).
4) Excepcionalmente, se ha admitido el derecho a disfrutar las vacaciones más allá del año en un caso de **suspensión de empleo y sueldo** en el mes de octubre, estando pendiente de disfrutar una parte, cuando la sentencia anulatoria de dicha suspensión se dictó en marzo del año siguiente (TSJ Cantabria 20-2-91, EDJ 22741).
5) La **ausencia de solicitud** por parte del trabajador antes de la extinción del contrato de trabajo no puede suponer la pérdida automática de los días de vacaciones a los que tenía derecho y, consiguientemente, de su derecho a compensación económica por las vacaciones no disfrutadas (TJUE 6-11-18, C-619/16; 6-11-18, C-684/16).
6) La transgresión de las normas y los límites legales o pactados sobre vacaciones se considera **infracción grave** en el orden laboral. Esta conducta se sanciona con multa que puede ir, según los grados, desde 751 a 7.500 € (LISOS art.7.5 y 40).

Concurrencia de vacaciones con IT y maternidad y paternidad (ET art.38.3) El legislador permite posponer el disfrute de las vacaciones en los siguientes **supuestos**: **5697**
1. Cuando el período de vacaciones fijado en el calendario de la empresa coincida en el tiempo con:
- una **IT derivada de embarazo, parto o lactancia** natural;
- la suspensión de la relación laboral por **nacimiento y cuidado de menor** (maternidad y paternidad).

En ambos supuestos, el trabajador tiene derecho a disfrutar de las vacaciones en una fecha alternativa al finalizar el período de suspensión, aunque haya terminado el año natural al que se corresponda. Y ello independientemente de que sea el fijado con carácter general mediante un acuerdo colectivo para la totalidad de la plantilla (TJUE 18-3-04, asunto Merino Gómez, C-342/01).
2. Respecto del **resto de situaciones de IT** derivada de contingencias comunes o profesionales coincidentes total o parcialmente con las vacaciones: el trabajador puede disfrutar de las vacaciones una vez finalice su incapacidad y siempre que no hayan transcurrido más de 18 meses a partir del final del año en que se hayan originado. No obstante, si el trabajador ha trabajado efectivamente **antes de la IT** en ese periodo de referencia, las vacaciones no se extinguen al finalizar los 18 meses, si el empresario no le ha ofrecido en el momento oportuno la posibilidad de disfrutarlas (TJUE 22-9-22, asunto C-518/20).
La posibilidad de disfrute en fecha distinta se mantiene, aunque el período de vacaciones fijado en convenio o pacto colectivo **supere el mínimo legal** obligatorio de 30 días (TS 4-7-18, EDJ 563259). No obstante, en un asunto referido al derecho finlandés, el TJUE ha declarado que es legítima la normativa que excluye el aplazamiento en caso de enfermedad de los días de vacaciones que excedan del mínimo de las cuatro semanas garantizadas (TJUE 19-11-19, asunto C-609-17).

Precisiones 1) Determinados **permisos retribuidos**, como el permiso por nacimiento de hijos o por fallecimiento de parientes, pueden suceder durante las vacaciones. En ausencia de norma o convenio colectivo, y salvo pacto en contrario, se entiende que tales situaciones **no prorrogan** la duración de las vacaciones (TJUE 4-6-20, C-588/18).
2) Una profesora tiene derecho a disfrutar sus vacaciones anuales fuera del plan de vacaciones establecido cuando coincide con un periodo de **descanso por convalecencia**, siempre que la finalidad del mismo sea distinta a la de las vacaciones (TJUE 30-6-16, C-178/15).

3) Es contraria a Derecho la práctica empresarial de **redistribuir la jornada anual** de los trabajadores que, por haberles coincidido sus vacaciones del año previo con una suspensión del contrato por IT, disfrutan de dicho período vacacional en el año en curso, ya que de admitir esta práctica, se obligaría a los trabajadores a recuperar los días de vacaciones, con lo que se priva a este derecho de su verdadera naturaleza (TS 5-11-14, EDJ 287439).

5. Retribución de las vacaciones

(OIT Conv 132 art.7.1; ET art.26.1 y 38.1)

5705 A pesar de tratarse de un período de descanso y no de prestación efectiva de servicios, el período dedicado al disfrute de las vacaciones es retribuido, teniendo esta retribución la **consideración de salario** a todos los efectos, incluido a los efectos previstos sobre responsabilidad salarial de los contratistas (TS 31-1-06, EDJ 12106).

Mayores problemas interpretativos plantea, sin embargo, la **determinación de la cuantía** de la retribución durante este período ante la ausencia de concreta regulación legal de esta materia.

Precisiones **1)** En la medida en que los conceptos salariales pueden variar a lo largo del tiempo, la determinación del salario medio ha de ser fruto de una **operación de promedio**, esto es, la suma de las cantidades recibidas por los conceptos incluidos y su división por el período tomado como referencia (TS 21-10-94, EDJ 24167). Tal promedio puede realizarse bien por partidas separadas o bien de modo conjunto.

2) La retribución de las vacaciones de los trabajadores a tiempo parcial, que a lo largo del año celebran novaciones contractuales que **amplían su jornada temporalmente**, es la resultante de promediar la que hubieran recibido a lo largo de los 11 meses correspondientes a la anualidad de devengo vacacional retribuido (TS 22-5-20, EDJ 570653).

3) En todo caso, el modo de cálculo del promedio no puede significar la exclusión de conceptos retributivos habituales o normales, por el hecho de que **se devenguen en períodos menores** a los establecidos en el convenio colectivo. Así, se incluye en el salario medio el plus de asistencia, devengado por días trabajados, a pesar de que el convenio sólo incluya en el salario de vacaciones los conceptos devengados en periodicidad mensual, en la medida en que el plus de asistencia se abona con carácter mensual y periódico (TS 19-10-94, EDJ 24183).

5707 En cuanto en el ET no se cuantifica la retribución correspondiente a las vacaciones, los Tribunales señalan que se debe acudir a lo pactado en convenio colectivo y, en ausencia de pacto, a lo previsto por la OIT (TS 9-11-96, EDJ 7747; 7-7-99, EDJ 22415; 14-3-06, EDJ 37449; TSJ Madrid 19-7-05, EDJ 139620). Así se establece que:

a) La retribución durante el período de vacaciones no puede ser inferior a la **remuneración normal o media**. Se incluyen los conceptos que integran la **retribución ordinaria** del trabajador, tales como el salario base o los complementos personales. Por el contrario, no se incluyen los conceptos que integran la retribución extraordinaria, como los bonus o las horas extraordinarias. No obstante, para que un concepto salarial sea excluido de la retribución de las vacaciones no basta que este concepto sea debido a una circunstancia no habitual en el trabajo realizado, sino que es preciso que el trabajo mismo que se remunera sea también extraordinario (TS 15-9-16, EDJ 171533). Las principales dudas interpretativas surgen en relación con los complementos atribuibles a circunstancias relativas al concreto trabajo realizado, como la esporádica nocturnidad o la aislada turnicidad. Su calificación va a depender de las circunstancias concurrentes (especialmente, la habitualidad en su ejecución), siendo esta la parcela donde puede operar la discrecionalidad de la negociación colectiva (TS 8-6-16, EDJ 82418; 8-6-16, EDJ 83009).

b) Por lo que se refiere a los **períodos de cómputo** para calcular los promedios hay que estar a la concreta regulación convencional, teniendo en cuenta el criterio de la regularidad, esto es, que los tiempos establecidos permitan incluir los conceptos retributivos que son habituales, normales o regulares. La habitualidad puede determinarse mediante negociación colectiva, pero cuando lo hace su devengo se entiende habitual si se produce al menos en 6 meses de entre los 11 anteriores a las vacaciones (TS 8-9-20, EDJ 663658).

c) El **momento** en el que ha de pagarse el monto debido al interesado es **antes** de sus vacaciones, a menos que se haya previsto de otro modo en un acuerdo que vincule al empleador y a dicha persona.

Precisiones El **cálculo** ha de realizarse conforme al promedio mensual de los ingresos anuales, incluyendo todos los conceptos que se perciban habitualmente (TS 21-12-17, EDJ 285589; TSJ Asturias 24-5-16, Rec 1010/16), incluso en el caso de que se haya producido una **IT por contingencias comunes** , siempre que estos periodos estén sujetos al régimen de prestaciones de Seguridad Social, lo que implica que los incentivos se integran en su base reguladora; y siempre que el convenio colectivo no los elimine expresamente a efectos del cálculo (TS 20-12-17, EDJ 285598). También en el caso de haber sufrido periodos de **suspensión del tiempo de trabajo** por causas empresariales, no pudiendo reducirse la cuantía porque en el periodo de referencia no se hayan trabajado todos los meses (TJUE 13-12-18, C-385/17).

Además, a partir de ello deben tenerse en cuenta las siguientes **reglas**: 5709
1. Sólo en el supuesto de que **no exista convenio**, no regule los conceptos que han de integrar la paga de vacaciones o se limite a fórmulas genéricas, por ejemplo, 30 días de salario o de salario ordinario, retribución normal o media, etc., debe entrar en juego el Convenio OIT interpretado de forma amplia (TSJ Sevilla 26-5-98, EDJ 18980; TSJ Granada 7-11-01, EDJ 68765).
2. La función de un **convenio colectivo** en esta materia es precisar y especificar los factores de cálculo de la retribución de vacaciones, complementando la regla general.
3. El convenio colectivo puede determinar cuándo debe considerarse una **percepción habitual**, pero a falta de tal previsión, se entienden habituales aquellas que se hayan cobrado en 6 o más meses de entre los 11 anteriores (TS 28-2-18, EDJ 22307; 8-9-20, EDJ 663658; 11-5-23, EDJ 577293), descartando que pueda incluirse el promedio de todos los complementos que pudiere haber percibido el trabajador de forma aislada y puramente episódica en un momento determinado de la anualidad (TS 23-4-19, EDJ 592330).

Conceptos incluidos y excluidos (OIT Conv 132 art.7) A pesar de la dificultad derivada de la compleja y casuística regulación convencional, pueden establecerse algunas **reglas generales aplicables**: 5711
1. **Se incluyen** en el salario de vacaciones:
- los conceptos que integran la retribución ordinaria del trabajador, tales como el salario base o los complementos personales.
- las cantidades en efectivo equivalentes a las **pagadas en especie**, salvo que se trate de prestaciones permanentes que se disfrutan independientemente de las vacaciones pagadas (OIT Conv 132 art.7.1).

La retribución de las vacaciones debe incluir el promedio de los complementos salariales variables que de forma regular y habitual percibe el trabajador. La **habitualidad** puede determinarse mediante negociación colectiva, pero cuando no se hace ha de entenderse habitual su devengo si se produce al menos en 6 meses de entre los 11 anteriores a las vacaciones (TS 8-9-20, EDJ 663658).
2. Por contra, **no integran** la retribución de las vacaciones:
- los conceptos que integran la **retribución extraordinaria**, como los bonus o las horas extraordinarias. No obstante, para que un concepto salarial sea excluido de la retribución de las vacaciones no basta que este concepto sea debido a una circunstancia no habitual en el trabajo realizado, sino que es preciso que el trabajo mismo que se remunera sea también extraordinario (TS 15-9-16, EDJ 171533; 18-4-18, EDJ 64880).
- las **percepciones extrasalariales** (nº 4640 s.).
3. La **calificación de los conceptos retributivos** establecidos en los convenios colectivos no depende del nombre atribuido por estos, sino de su propia naturaleza a la que habrá que estar a efectos de incluirlos o no en el salario de vacaciones (TS 21-10-94, EDJ 24167).
4. También se ha establecido que no se puede interpretar que se computan todos los **conceptos que el convenio no excluya** expresamente, porque, al decir los que se computan, deja claro que la intención de los firmantes es que se tengan en cuenta esos pluses y no otros y no se debe olvidar que la intención de las partes es la principal regla interpretativa (TS 3-10-07, EDJ 184524; 30-4-07, EDJ 36207; 19-4-07, EDJ 40396; 26-1-07, EDJ 7448).
5. No es infrecuente que los convenios colectivos establezcan expresamente un **listado** de los complementos incluidos o excluidos de la paga de vacaciones, que es de aplicación si respeta los mínimos establecidos en la regulación legal.

Precisiones 1) En materia de los **pluses o complementos salariales** se presume iuris tantum su integración en el salario de las vacaciones, salvo los abonados en virtud de la prestación de actividades extraordinarias (TSJ Galicia 15-6-00, EDJ 51655). Así, 5713
a) Se incluye el promedio de lo percibido durante los demás meses de año por complementos variables cuando tienen naturaleza habitual, estable y se perciben de manera regular como:
- el plus de turnicidad (TSJ Cataluña 11-12-00, EDJ 74046);
- el plus de festivo (TS 29-9-16, EDJ 171566; TSJ Madrid 23-11-16, EDJ 237137);
- el plus de actividad (TS 21-12-17, EDJ 285589);
- el importe de las guardias localizadas (TS 9-6-16, EDJ 105791; TSJ Granada 8-1-03, EDJ 10002);
- el complemento de atención continuada (TS 13-12-04, EDJ 219443);
- el complemento de especial dedicación (TS 9-6-16, EDJ 105791);
- el plus de toxicidad (TSJ Asturias 14-7-16, EDJ 145122);
- el plus de asistencia (TS 19-10-94, EDJ 24183).

b) Por el contrario, **no se incluyen**:
- las cantidades abonadas por horas extraordinarias (TS Pleno 8-6-16, EDJ 83009; TS 9-6-16, EDJ 105791);
- el plus de hora festiva (TS Pleno 30-6-16, EDJ 105879);

- las dietas establecidas para compensar al personal que trabaja a turnos, aunque se perciban habitualmente (AN 26-4-18, EDJ 67784);
- el promedio de los pluses de manutención desayuno/comida/cena, aunque se reciban habitualmente, ya que su carácter es compensatorio y no retribuyen trabajo efectivo (TS 17-3-20, EDJ 570667).
2) El plus de **nocturnidad** no se computa si la prestación de servicios en horas nocturnas no se realiza de modo permanente o se excluye por convenio colectivo. Así sucede en el sector de **vigilancia y seguridad** (TS 9-11-96, EDJ 7747; 3-6-97, EDJ 4380). Si, por el contrario, los trabajadores figuran adscritos al turno de noche con carácter fijo, debe ser incluido (TS 15-9-95, EDJ 24640).
3) Los **incentivos y comisiones por ventas**, así como el complemento de carrera comercial y el plus de disponibilidad entran dentro de los complementos atribuibles a circunstancias relativas al concreto trabajo realizado que deben estudiarse caso por caso para decidir si se incluyen en la retribución de las vacaciones. No estaría incluido un bonus que es de devengo anual y tiene carácter extraordinario (TS Pleno 8-6-16, EDJ 82418; 8-6-16, EDJ 83009; 8-6-16, EDJ 105791). La regla general es que si existe un vínculo intrínseco entre las comisiones que el trabajador percibe mensualmente y la ejecución de las tareas que le incumben según su contrato de trabajo, estas deben ser tenidas en cuenta en el cálculo de su retribución global en el periodo de vacaciones (TJUE 22-5-14, C-539/12). De este modo, es necesaria su inclusión cuando el salario ordinario las contempla y los convenios colectivos no pueden excluirlas (TS 30-11-15, EDJ 248771; TS Pleno 30-6-16, EDJ 105879), pero nada impide que la negociación colectiva transforme las comisiones mensuales en anuales y prevea un pago mensual a cuenta, de modo que a final de año se haga el ajuste con el cálculo de las comisiones efectivamente generadas (TS 25-1-17, EDJ 1110).
4) Las **pagas extraordinarias** y el salario por vacaciones deben corresponder al salario percibido por el trabajador, aunque resulte superior al fijado por el convenio colectivo para su categoría profesional (TSJ Málaga 25-1-02, EDJ 130161).
5) No sirve para justificar la no inclusión de determinados devengos en la retribución la utilización de un supuesto **mecanismo de compensación** a través de incrementos de los módulos de incentivos, si no se prueba que todos los conceptos han sido debidamente abonados (TS 30-11-15, EDJ 248771).
6) En la retribución de vacaciones deben tenerse en cuenta las **ampliaciones de jornada** que se realicen a lo largo del año, aunque no subsistan en la fecha del disfrute vacacional, de forma que se promedie el salario percibido en los 11 meses anteriores (TS 22-5-20, EDJ 570653).

5715 7) En **RENFE** el TS en unificación de doctrina ha determinado que no se incluye el complemento de mayor dedicación (TS 30-9-92, EDJ 9466), el plus de brigada (TS 22-9-95, EDJ 24617) o los tiempos de toma y deje del servicio (TS unif doctrina 21-12-07, EDJ 274876; 18-7-12, EDJ 202379). Tampoco se incluye el complemento de instalaciones fijas, pero se incluye el complemento de reemplazo a cargo superior si se completa el período de espera de 6 meses (TS 21-1-92, EDJ 449; 6-11-92, EDJ 10951). Así como, el **plus de penosidad** (TS 29-12-92, EDJ 12875).
8) Para la **gente del mar** se establece que toda persona que tome vacaciones debe percibir su remuneración habitual mientras duren aquellas (OIT Conv 91).
9) En última instancia, como consecuencia de la doctrina judicial mantenida en torno a la subsidiariedad de la normativa internacional respecto del convenio colectivo, se consideran **excluidos** del cómputo a efectos del salario de las vacaciones, **cuando lo hace expresamente el convenio colectivo**, complementos tales como el de nocturnidad (TS 22-9-95, EDJ 24617; 29-10-96, EDJ 8970; 9-11-96, EDJ 7747; 7-7-99, EDJ 22415; 3-12-98, EDJ 65234), o el de horas nocturnas (TS 7-7-99, EDJ 22415), consagrando la prevalencia de las exclusiones reguladas en el convenio colectivo.
Sin embargo, entendiendo el carácter autosuficiente del OIT Conv 132 para colmar la laguna en materia de retribución de las vacaciones, en aquellos casos en los que **el convenio colectivo guarda silencio** sobre la materia, se ha aceptado que acreditada la percepción del plus de nocturnidad por parte de los trabajadores mes a mes en sus nóminas, no puede constituir óbice para su devengo en las nóminas correspondientes a los respectivos períodos vacacionales, el hecho de que en la norma convencional no se contemple el referido plus (TS 21-12-92, EDJ 12645; 29-12-92, EDJ 12875; TSJ Cataluña 13-4-00, EDJ 13746). En todo caso, ante el silencio del convenio, no cabe sino acudir a la **regla general** de retribuirlas de acuerdo con la remuneración normal o media obtenida por el trabajador en la época de actividad, lo cual es acorde con su finalidad, cual es garantizar el disfrute efectivo del derecho a vacaciones mediante la continuidad de la percepción de la renta del trabajo habitual (TS 2-2-07, EDJ 8689). Ello supone que han de incluirse en la retribución de las vacaciones anuales el promedio anual de los **complementos variables** que corresponden a la jornada ordinaria de horas nocturnas, horas festivas, horas de domingo y fraccionamiento de jornada, considerados expresamente conceptos salariales (TS 26-7-10, EDJ 201555).

6. Compensación económica

(ET art.38.1)

5720 Se prohíbe expresamente que el descanso efectivo sea sustituido por una compensación económica. El período de descanso se tiene que **disfrutar realmente**, ya que las vacaciones no tienen finalidad retributiva sino reparadora. La regla imperativa es el disfrute «in natura» de las vacaciones y la imposibilidad de su sustitución por compensación económica alguna.

Procede la declaración de **nulidad** de los acuerdos colectivos o individuales o la decisión unilateral de las empresas que así lo prevean.
Excepcionalmente, puede compensarse económicamente al trabajador en los supuestos en que la **relación laboral se extinga** antes de que hubiera disfrutado del descanso, incluidos los supuestos en que se extingue tras un periodo de baja que imposibilita el disfrute de las vacaciones. De este modo, cuando la relación laboral finaliza antes de que el trabajador haya podido disfrutar de las vacaciones, y ante la imposibilidad de hacer efectivo «in natura» ese derecho por causa ajena a la voluntad del trabajador, nada debe impedir que se conceda el derecho a la compensación económica correspondiente (TS 18-1-10, EDJ 14370). En estos casos, el disfrute se compensa con una **cantidad económica proporcional** al tiempo transcurrido del año natural en curso hasta el momento de la extinción (TS 10-4-90, EDJ 19351; 30-4-96, EDJ 2727; 25-2-03, EDJ 7204).
No puede prohibirse la compensación económica aunque haya sido el **trabajador** quien ha puesto fin **voluntariamente** a la relación laboral y no queda demostrado que no disfrutó de sus vacaciones por motivos ajenos a su voluntad (TJUE 18-1-24, C-218/22).
También puede solicitarse en caso de extinción del contrato por **fallecimiento del trabajador**, respecto de los días de vacaciones no disfrutados (TJUE 12-6-14, C-118/13; 6-11-18, C-569/16 y C-570/16). Igualmente, por el trabajador que pasa de la IT a la prejubilación (TS 25-2-03, EDJ 7204) e incluso cuando el trabajador solicita la **jubilación** y no ha tenido la posibilidad de agotarlas antes de la extinción (TJUE 20-7-16, C-341/15; 27-4-23, C-192/22).
La acción de sustitución del disfrute vacacional anual efectivo por compensación económica únicamente puede ejercitarse al extinguirse la relación laboral y es a partir de ese momento cuando se inicia el cómputo del **plazo** para el **ejercicio** de la acción para reclamar dicha compensación (TS 28-5-13, EDJ 127625).
La compensación económica por vacaciones no disfrutadas es salario e integra la **base de cotización** (LGSS art.147.1). Ello es así porque el tiempo destinado a vacaciones tiene el carácter de descanso computable como de trabajo, aunque no se presten servicios. La cantidad destinada a compensar a los trabajadores por las vacaciones no disfrutadas por la extinción anticipada del contrato de trabajo tiene naturaleza salarial y no indemnizatoria (TS 23-12-04, EDJ 234963; 9-3-05, EDJ 40759; 31-1-06, EDJ 12106; 1-2-06, EDJ 8565).

Precisiones **1)** Únicamente opera la compensación económica cuando el trabajador deja de prestar servicios **con carácter previo** al disfrute del asueto anual, recibiendo, pues, el salario proporcional de las vacaciones en función del tiempo trabajado durante el año (OIT Conv 132 art.11). **5722**
2) El trabajador ilícitamente **despedido y posteriormente readmitido** en su puesto de trabajo a raíz de la anulación de su despido mediante resolución judicial, puede exigir todos los derechos a vacaciones anuales retribuidas adquiridos durante el período comprendido entre la fecha del despido ilícito y la de su readmisión. En caso de nueva extinción de la relación laboral sin haber disfrutado de las vacaciones, tiene derecho a una compensación económica, excepto por los períodos en que haya prestado servicios para otro empleador (TJUE 25-6-20, asunto C-762/18 y C-37/19).
3) Los Reales Decretos anuales relativos al Salario Mínimo establecen una regla particular para la liquidación de los **trabajadores eventuales y temporeros** cuyos servicios no excedan de 120 días, en virtud de la cual se permite abonar conjuntamente con el salario mínimo la parte proporcional de este correspondiente a las vacaciones legales mínimas, en los supuestos en los que no existiera coincidencia entre el tiempo de disfrute de las vacaciones y el tiempo de vigencia del contrato. En el resto de los casos, su retribución se realiza en los términos establecidos legalmente (RD 145/2024 art.4.1).
4) El derecho a las vacaciones se devenga independientemente de la duración del contrato, por lo que los **contratados temporales** también han de disfrutar las vacaciones mínimas legales, reducidas en su cuantía proporcionalmente al tiempo de duración del contrato, pudiendo excepcionalmente compensarse económicamente en el supuesto de que el contrato se extinga antes del momento de disfrute de las vacaciones. En sentido similar, también es práctica común la compensación en metálico de las vacaciones prorrateadas junto con el salario diario o mensual en los contratos realizados por las ETT a los **trabajadores en misión**, en atención a la generalizada brevedad de su duración. A este respecto, el Tribunal Supremo ha considerado que tratándose de contratos temporales inferiores al año la inclusión en contrato individual de la prorrata de vacaciones en la remuneración mensual no ha de entenderse como una compensación económica a la renuncia del derecho de vacar -lo que no está permitido legalmente-, sino una forma de pago anticipado de las mismas (TS 30-4-94, EDJ 3848). Según el TS el ET art.38 **no prohíbe el pago prorrateado** del importe de las vacaciones cuando razonablemente se prevea la imposibilidad de su disfrute con descanso, como sucede con los contratos de corta duración (método retributivo aceptado por el OIT Conv núm 132 art. 11), pues toda persona empleada que hubiera completado un período mínimo de servicios, tiene derecho, al terminarse la relación de trabajo, a vacaciones pagadas proporcionales a la duración del servicio por el que no haya recibido aún vacaciones, a una indemnización compensatoria o a un crédito de vacaciones equivalente, sin que ponga obstáculo alguno a que esa indemnización compensatoria se abone, bien a la finalización del contrato o bien de manera fraccionada durante el desarrollo de la relación laboral (TS 5-11-02, EDJ 51544).

5) Destaca especialmente la importancia que se da en el **sector de la construcción** a la sustitución en metálico del derecho a vacaciones. Se prevé la posibilidad de indemnizar económicamente al trabajador en los supuestos de cese en el trabajo sin haber disfrutado de sus vacaciones anuales en aplicación del **principio de proporcionalidad**. El descanso difícilmente se podrá disfrutar, pero el trabajador tiene derecho al abono de las vacaciones en proporción al tiempo de trabajo prestado hasta la fecha, así como a la posible indemnización económica por merma del descanso. La **negociación colectiva** prevé en los casos de cese del trabajador antes de disfrutar las vacaciones, que la empresa debe abonar la parte proporcional de las vacaciones en función de los meses trabajados en la empresa y la prorrata de las bolsas de vacaciones.

6) Cuando el trabajador no puede disfrutar de sus vacaciones por encontrarse en situación de **IT que se prolonga por varios años** y la relación laboral se extingue por ser declarado **en IPT**, surge el derecho a la compensación económica de las vacaciones no disfrutadas. El plazo de prescripción para reclamar se inicia en el momento de la extinción y no al final de cada año natural (TS 14-3-19, EDJ 551338).

5724 **Bolsa de vacaciones** Algunos **convenios colectivos** establecen este tipo de retribución. Su percepción puede estar o no condicionada por el **periodo elegido para el disfrute** de las vacaciones. Tradicionalmente, para cobrarla era necesario disfrutar las vacaciones fuera del periodo estival, fijándose una cuantía por cada día de vacaciones disfrutado fuera de él o estableciendo una cantidad que se prorratea si no ha podido disfrutarse un periodo de quince días seguidos en estos meses (Por ejemplo, en el Convenio Colectivo Estatal de Grandes Almacenes art.36, BOE 9-6-23). De este modo, se incentiva su disfrute en períodos determinados, generalmente menos atractivos, con el fin de evitar la concentración en períodos de incremento de las necesidades empresariales.

También se relaciona con distintas opciones de disfrute, asignando una mayor o menor cuantía en función del **número de días** que vaya a disfrutar el trabajador (Convenio colectivo estatal del sector laboral de restauración colectiva art.28, BOE 14-12-22).

En otros casos, esta gratificación corresponde a **todos los trabajadores**, independientemente de cuándo disfruten sus vacaciones, aunque la tendencia en algunos sectores es la integración en el salario base (por ejemplo, Convenio Colectivo de Banca disp.adic.1ª, BOE 30-3-21) o su cuantía puede estar relacionada con si se trabaja por incentivos, a tarea o a destajo (Convenio Colectivo Estatal de Industrias Cárnicas Anexo 4, BOE 13-7-22).

Tales cantidades tienen la consideración jurídica de **salario**, y no de indemnizaciones o percepciones extrasalariales, en la medida en que lo que se retribuye es un determinado modo de distribución del tiempo de trabajo y de descanso.

Precisiones Los **trabajadores incluidos en un ERTE** que ven reducidos de forma proporcional los días de vacaciones estivales, también ven afectada la bolsa de vacaciones por esa misma regla de proporcionalidad (TS 5-10-23, EDJ 714695).

7. Modalidad procesal especial

(ET art.38.2; LRJS art.125 y 126)

5730 El momento de disfrute de las vacaciones se debe **acordar** entre las partes, generalmente, en convenio colectivo o acuerdo entre el empresario y los representantes de los trabajadores.

En caso de **discrepancia** en cuanto **al momento de disfrute** de las vacaciones se debe acudir a un procedimiento jurisdiccional, de carácter sumario y preferente, donde se ha de fijar la fecha definitiva. Por tanto, el objeto de la causa es la fijación del momento de disfrute.

Otras reclamaciones relativas a cuestiones como la duración del descanso debido o si deben computar o no en el período vacacional los sábados y domingos deben encauzarse a través del procedimiento laboral ordinario (TS 29-3-95, EDJ 1553; TSJ País Vasco 24-10-00, EDJ 49484).

5732 En este procedimiento se pueden ventilar tanto causas relativas a controversias de carácter **individual** como **colectivas**.

La **demanda** se interpone directamente, sin necesidad de conciliación, ni reclamación previa.

El **plazo** para su **interposición** es:

- cuando la fecha de vacaciones esté precisada en convenio, acuerdo entre empresario y representantes de los trabajadores, o fijada unilateralmente por el empresario: plazo de caducidad de 20 días hábiles, que comienza a partir del día en que por el trabajador se tuviera conocimiento de la citada fecha;
- cuando la fecha no estuviera señalada: el trabajador debe presentar la demanda con una antelación de, al menos, 2 meses al momento en que pretendiera su disfrute.

En los casos en los que se cuestione el régimen de **preferencia en los turnos de vacaciones**, por ejemplo, en virtud de responsabilidades familiares, el trabajador perjudicado debe demandar a los trabajadores que entienda que no tienen mejor derecho, instando al juez a que modifique las fechas previstas a favor del trabajador que ostenta tal preferencia según los criterios contemplados en convenio colectivo. **5732** (sigue)

Se trata de un procedimiento **urgente** y de tramitación **preferente** que no se interrumpe, aunque una vez iniciado, se fijen las fechas de disfrute.

La **vista** se señala por el letrado de la Administración de justicia en un plazo de 5 días desde la presentación de la demanda.

La **sentencia** se dicta en el plazo de 3 días. Contra las sentencias recaídas en procesos relativos a la fecha de disfrute de las vacaciones no cabe recurso alguno. Sin embargo, procede el **recurso de suplicación** siempre que el objeto del pleito verse sobre tutela de derechos fundamentales, con independencia de que la modalidad procesal que se haya seguido sea la de fijación de vacaciones (TCo 149/2016; TS 3-11-15, EDJ 235999).

CAPÍTULO 21

Otros pactos

La Ley consagra la **libertad de pactos** entre las partes, siempre que su objeto sea lícito y no sean menos favorables o contrarios a las disposiciones legales o convencionales (ET art.3.1.c). Entre ellos están: **5802**

- el establecimiento de un **período de prueba** al comienzo de la relación laboral, cuyo ejercicio está condicionado por una regulación de carácter mínimo (nº 5550 s.);
- el pacto de **plena dedicación** por el que el trabajador se obliga a prestar servicios en exclusiva a un solo empresario, percibiendo a cambio una compensación económica;
- el compromiso de **no competencia post-contractual** o de recolocación del trabajador en empresas de la competencia;
- el de **permanencia** en la empresa durante un determinado tiempo, con el que el empresario pretende, normalmente, asegurar la amortización de un gasto realizado en formación específica;
- la posibilidad de consignar en el contrato **cláusulas resolutorias** que condicionan la continuidad de la relación laboral al concurso de hechos futuros.

Concurrencia desleal (ET art.20.1) Al margen de los pactos que se pueden incluir en el contrato de trabajo y que, en mayor o menor medida, limitan la libertad del trabajador, el **principio general** de base en toda relación laboral es el trabajador puede prestar servicios simultáneamente por cuenta ajena para diversos empleadores (pluriempleo) o también por cuenta propia (pluriactividad). No obstante, este principio general está **limitado** por el hecho de que no se incurra en concurrencia desleal o que no exista un pacto de plena dedicación a una sola empresa. Esto deriva un deber genérico que la jurisprudencia viene a denominar «de juego limpio» en el tráfico económico. Ahora bien, no toda actividad adicional es concurrencia desleal, pero sí lo es aquella en la que el trabajador puede desviar clientela, o aprovechar conocimientos adquiridos en la empresa a la que hace competencia, o prevalerse de la información que ha podido proporcionar o proporciona la presencia en el interior de ésta (TS 13-5-86, EDJ 3193; 8-3-91, EDJ 2570; TSJ Sevilla 27-10-21, EDJ 785108). **5804**

De modo que, a falta de una definición legal, la jurisprudencia define la concurrencia desleal como la actividad del trabajador encaminada a realizar tareas laborales de la **misma naturaleza o rama de producción** de las que está ejecutando en virtud del contrato de trabajo, sin consentimiento de su empresario y siempre que se le cause un perjuicio real o potencial, sin que sea preciso que se origine un daño económico. Se trata de actividades que se desarrollen, ya sea **por cuenta ajena o por cuenta propia**, dentro del mismo plano en que efectúa las suyas la empresa principal, por incidir sobre un mismo mercado y sobre un mismo círculo potencial de clientes. Ha de tratarse de trabajos correspondientes al **mismo sector** de actividad industrial o comercial, es decir, han de ser trabajos efectivamente concurrentes (TS 22-3-91, EDJ 3175; 22-10-90, EDJ 9597; TSJ Sevilla 27-10-21, EDJ 785108).

Por tanto, **puede incurrirse** en competencia o concurrencia desleal:

- prestando servicios simultáneamente para empresas de la competencia;
- fundando o construyendo una sociedad que compita con la empleadora, sin que sea necesario que se haya materializado la puesta en marcha y funcionamiento de la nueva empresa (TSJ Cataluña 28-2-23; EDJ 554183; TSJ Valladolid 8-7-22, EDJ 655319).
- ostentando el cargo de administrador social en una empresa de la competencia (TS 21-12-21, EDJ 815145).

También hay concurrencia desleal aunque el beneficiario de la actividad concurrente con la de la empresa sea el superior jerárquico (TS 6-4-22, EDJ 538133).

Lo característico es el **elemento intencional** revelador de una premeditada conducta desleal del trabajador respecto de la empresa que no sólo remunera su trabajo, sino que también le facilita los medios para adquirir experiencia y perfeccionamiento profesional que luego aquél pretende utilizar en su propio provecho y en demérito o perjuicio para los intereses de su empresa (TSJ Madrid 25-11-10, EDJ 345886).

La concurrencia desleal puede producirse tanto de forma **directa,** esto es realizando una actividad económica en el mercado en competencia con la empresa, como de forma **indirecta**, colaborando con otras personas o empresas que compiten en el mismo sector.
La inobservancia de la obligación de no concurrir deslealmente con la empresa, es susceptible de justificar el **despido disciplinario** por transgresión de la buena fe contractual (ET art.54.2.d), siempre que dicha conducta esté investida de las notas de culpabilidad y gravedad, y las prestaciones del trabajador se realicen para diversos empresarios **sin consentimiento del empleador.** La existencia de autorización del empresario, ya sea expresa o tácita, al conocer la actividad concurrente del trabajador y no prohibirla, impide la acción de despido (TSJ Burgos 16-4-19, EDJ 585220; TS 27-9-89, EDJ 8425; 14-5-87, EDJ 3831). La falta de acreditación, en sede judicial, de un **perjuicio real o potencial** también conlleva la improcedencia del despido (TSJ Madrid 11-3-22, EDJ 536556).
Además de la extinción del contrato de trabajo, la empresa puede interponer **reclamación por daños y perjuicios** derivada de competencia desleal. El criterio general es que corresponde al **orden jurisdiccional social** la competencia para conocer de estas reclamaciones, incluso en caso de constitución de mercantiles para concurrir con la inicial empleadora mientras está viva la relación laboral, aunque la actividad se inicie con posterioridad, ya que la responsabilidad y el daño se generan dentro del ámbito de la relación laboral (TS 4-5-17, EDJ 72758) y el daño se ha generado dentro del ámbito de la relación laboral (TS 12-5-17, EDJ 96470); pudiendo exigirse responsabilidad solidaria a la sociedad instrumental (TS 1-10-19, EDJ 711055). Por el contrario, la competencia es de la **jurisdicción civil** cuando se demande a una mercantil por inducir a trabajadores una vez terminada su relación laboral, con aprovechamiento de clientela u otros activos empresariales, demandando a la vez a los trabajadores en cuestión (TS civil 16-12-11, EDJ 307887).

Precisiones 1) No ampara la prestación de servicios para una empresa competidora y en sus instalaciones, sin autorización alguna de la empleadora, un documento de Política Global de **Teletrabajo** que autorice el trabajo en lugar alternativo al del domicilio del trabajador (TSJ Cataluña 1-7-21, EDJ 84556).
2) No se aprecia una concurrencia desleal que justifique el despido disciplinario por el hecho de acudir un día a una empresa de la competencia y **mostrar la aptitud, capacidad y cualificación profesional para poder obtener**, eventualmente, **un puesto de trabajo** en dicha compañía, en caso de ver extinguida la relación laboral que le vinculaba con su empleadora, ante la absoluta incertidumbre que tenía respecto a la estabilidad de su ocupación al llevar dos meses sin recibir el salario por parte de su empleadora (TSJ La Rioja 28-4-16, EDJ 118946).
3) No existe competencia desleal en la mera **relación con trabajadores** de otras empresas del sector para obtener información de los mismos sobre sus empresas y la situación del mercado, si no se acredita que el trabajador a su vez ha proporcionado a los otros información sobre su empresa (TSJ Murcia 28-2-11, EDJ 45196).

I. Plena dedicación

(ET art.21.1 y 3)

5810 En virtud del pacto de plena dedicación el trabajador se obliga a **prestar servicios en exclusiva** para un solo empresario percibiendo a cambio una compensación económica que se determina en el contrato. Con ello se excluye la realización de actividades laborales lícitas durante la vigencia del contrato, perdiendo el trabajador su derecho al **pluriempleo** o pluriactividad al no poder prestar ningún otro tipo de servicios por ajena o por cuenta propia, aunque la actividad no suponga competencia alguna para la empresa. Se requiere que el sacrificio económico del trabajador al renunciar a otros empleos o actividades profesionales concurrentes sea **compensado** por el empresario.
Su **finalidad** es doble: evitar la competencia del trabajador y obtener un completo rendimiento del trabajador.
La prohibición de la prestación de servicios para diversos empresarios es disyuntiva (concurrencia desleal o cuando se pacte la plena dedicación), por lo que la prohibición de pluriempleo rige cuando medie el pacto de plena dedicación, así como cuando este no exista y se trate de un trabajo que suponga un **supuesto de concurrencia desleal** (TS 16-12-86, EDJ 8378; 29-3-90, EDJ 3530; TSJ Cataluña 26-7-02, EDJ 44983; TSJ Las Palmas 21-3-24, EDJ 577775).

Precisiones Es posible que el **ámbito objetivo del pacto** de plena dedicación pueda precisarse por las partes evitando así su posterior enjuiciamiento judicial. Pero si las partes ciñen en la cláusula de plena dedicación el alcance de la obligación sólo en relación al «**círculo de empresas del sector**», con ello no se impide a la trabajadora ejercer su profesión en establecimientos distintos (en el caso, de ramos distintos de la medicina estética y dejando a salvo expresamente la prestación de servicios para la Seguridad Social) (TSJ Baleares 17-12-04, EDJ 219691).

Salvo el marco prefijado legalmente, **el alcance del pacto** de plena dedicación y **su contenido** dependen básicamente de la autonomía de la voluntad y de los límites generales a la misma. No debe confundirse con la concurrencia desleal prohibida, que no necesita de pacto. Esta figura compensa económicamente otro tipo de **actividades,** que pueden ser: **5812**

1. Aquellas estrictamente competitivas o concurrentes por realizarse en el mercado relevante o por tratarse de un trabajador con una tarea relevante.

2. No relevantes o indiferentes para el empleador por no generar conflictos de intereses con la actividad empresarial desarrollada (por ejemplo, cuando se constituye una empresa cuyos productos son diferentes a la empleadora y a la que además se le ofrecieron y los rechazó, TSJ Madrid 24-1-06, EDJ 34564).

3. Claramente no competitivas, pero que pueden repercutir en el rendimiento del trabajador (TSJ Madrid 2-11-00, EDJ 56900).

El **convenio colectivo** puede igualmente regular esta materia, tanto en sus aspectos sustantivos como procedimentales, siempre y cuando respete los límites legales ET art.21.3. Cabe destacar la regulación convencional relativa a la selección de puestos de trabajo vinculados a esta cláusula de exclusividad, las exigencias de forma aplicables, duración prevista, compensaciones económicas establecidas y consecuencias de su incumplimiento. Por ejemplo, la conexión por la regulación colectiva del complemento por plena dedicación al puesto de directivo, puede determinar su carácter no consolidable cuando no se desempeña ese puesto de responsabilidad (TSJ Castilla-La Mancha 3-12-20, EDJ 813045).

Compensación (ET art.21.1 y 3) La validez del pacto exige una compensación **económica expresa**, no bastando un incremento en las retribuciones. Su naturaleza es salarial, ya que no retribuye una cualidad o condición personal del trabajador, y el concepto debe aparecer reflejado claramente en la nómina. No se admite como válida la **compensación genérica** o incluida en términos inespecíficos en la nómina. Además, la cantidad ha de ser adecuada en términos de proporcionalidad y equilibrio de intereses. **5814**

La cantidad económica pactada se considera a todos los efectos **contenido esencial** del contrato de trabajo. Ello quiere decir que se trata de una simple cláusula accesoria del contrato de trabajo, sino que es un elemento consustancial al mismo. **Si no se acuerda** tal compensación, el pacto se considera nulo y se tiene por no puesto (TSJ Madrid 11-3-22, EDJ 536556; TSJ Navarra 25-6-20, EDJ 749120; TSJ Madrid 3-5-19, EDJ 743676).

En **comparación** con el pacto de **no competencia post-contractual**, la exclusividad durante la vigencia del contrato tiene un sentido y un objeto delimitado, y se puede satisfacer mediante una compensación económica más modesta, dado que el trabajador cuenta ya con medios de subsistencia -salario- que se suponen adecuados por su trabajo en la empresa. Sin embargo, cuando la relación contractual termina, la compensación por no concurrencia debe revestir unas características tales que justifiquen la prohibición temporal de realizar la actividad para la que el trabajador se encuentra preparado por por gozar de experiencia profesional (TSJ C.Valenciana 23-10-08, EDJ 290292) (nº 5825 s.).

Precisiones **1)** Es **ilegal** la cláusula de un **convenio colectivo** que dice textualmente «el personal afectado por este convenio se obliga a no efectuar, por cuenta propia o de otras empresas, los trabajos específicos que constituyen el objeto de la actividad de tales empresas considerándose concurrencia desleal y transgresión de la buena fe contractual el incumplimiento de este deber». Si lo que quiere establecerse es una plena dedicación del trabajador exigiría una compensación específica para ser válida y si lo que pretende es sólo prohibir la competencia desleal del trabajador, se trataría de una cláusula redundante en tanto dicho tipo de competencia integra un supuesto clásico de infracción de la buena fe contractual; por ello, por la **ambigüedad** de dicha cláusula debe ser expulsada del ordenamiento por imperativo del principio de seguridad jurídica (Const art.9.3; AN 5-3-02, EDJ 23065).

2) No debe ser abonado en supuestos de **movilidad funcional**, cuando el trabajador es destinado a otro puesto que no tiene esa dedicación (TS 27-7-93, EDJ 7694).

3) En algún caso se ha admitido la **absorción y compensación** entre el complemento bruto percibido como plena dedicación y los quinquenios reconocidos en la empresa , al haberse pactado así en el contrato, sin que pueda considerarse que por dicho mecanismo el pacto de plena dedicación ha quedado privado de eficacia suponiendo una renuncia de derechos para el trabajador (TSJ Asturias 12-9-14, EDJ 169521).

Rescisión (ET art.21.3) El pacto de dedicación exclusiva se puede **rescindir por voluntad del trabajador** comunicándolo por escrito al empresario con un preaviso de 30 días. El trabajador recobra así su libertad para pluriemplearse, perdiendo el derecho a la compensación económica y a otros derechos vinculados a la plena dedicación (TSJ Cataluña 26-3-10, EDJ 140465). **5816**

No obstante, cuando este tipo de cláusula de exclusividad viene fijada por el convenio **vinculada a determinados puestos de trabajo** en el sistema de clasificación profesional, quedaría

excluida la posibilidad de resolución unilateral por parte del trabajador, pudiendo provocar, en su caso, la extinción contractual si así se ha previsto.
No hay regulación legal expresa respecto a la rescisión del pacto **por parte del empresario**, por lo que debe seguir para ello el procedimiento de modificación sustancial de las condiciones de trabajo.

5818 **Incumplimiento del pacto** El pacto de plena dedicación se incumple por el trabajador cuando realiza las **actividades lícitas** acotadas en el pacto y, por supuesto, si la actividad realizada al margen de la empresa puede considerarse **concurrencia desleal** prohibida. En ambos supuestos, el despido puede ser declarado procedente (TSJ Madrid 2-12-08, EDJ 355206).
A la hora de determinar las **consecuencias** del incumplimiento, ha de estarse a lo pactado en el contrato y a lo establecido en su caso por el convenio colectivo, si bien se ha considerado que la consecuencia del incumplimiento no puede ser la **total devolución** de lo percibido cuando ello es absolutamente desproporcionado, por ejemplo, habiendo cumplido el trabajador con lo estipulado durante casi 3 años, reduciéndose la transgresión a 16 días. El reintegro, en aplicación del CC art.3 que regula la equidad, debe reducirse al importe de lo percibido en dicho lapso temporal (TSJ Cataluña 26-3-10, EDJ 140465).
De haberse previsto una **cláusula penal**, se considera aplicable la doctrina jurisprudencial sobre este tipo de cláusulas elaborada en relación con el pacto de no competencia (nº 5914).
Las reclamaciones sobre responsabilidad derivada de la cláusula de plena dedicación están sujetas a un **plazo de prescripción** de un año (ET art.59.2), computado a partir del momento en que el órgano de la empresa con competencias sancionadoras tiene un conocimiento cabal, pleno y exacto de los hechos sancionables (TSJ Galicia 8-3-12, EDJ 35451) y no desde la fecha en que se estipuló la cláusula, porque la acción se mantiene viva en tanto se mantenga el pacto en cuestión (TSJ Cataluña 13-3-01, EDJ 5808).

Precisiones 1) Se consideró **procedente el despido** de:
- un **administrador gestor** por incumplimiento del pacto de plena dedicación que había suscrito, en virtud del cual no podía realizar obra, trabajo ni asesoramiento de ningún tipo para otros ni directa ni indirectamente en ninguna de las ramas industriales ni comerciales de la empresa, ni tampoco expresamente en la fabricación de piezas y componentes para la industria del automóvil percibiendo una compensación económica (TSJ Galicia 8-3-12, EDJ 35451);
- un trabajador que, a pesar de haber pactado en contrato la prohibición de prestar servicios laboralmente de forma simultánea para cualquier otra empresa del mismo sector, desempeña el cargo de administrador social en una empresa de la competencia, con un perjuicio real o potencial a su empleador, al **concurrir** ambas empresas **en licitaciones públicas** (TS 21-12-21, EDJ 815145);
- un **artista** que siendo conocedor del pacto de plena dedicación suscrito con la empresa (en virtud del RD 1435/1985 art.6.4) por el que recibía una compensación expresamente englobada en la retribución pero precisada en su cuantía, se ausentó del ensayo para trabajar en otro espectáculo concurrente con la actividad de la empresa, a pesar de la advertencia en contra de su superior jerárquico (TSJ Madrid 25-9-15, EDJ 184432).
2) Ante el incumplimiento del trabajador la empresa reclama el importe pactado y el trabajador puede **interponer reconvención** en reclamación de conceptos retributivos. En el caso concreto, se consideró conforme a Derecho el pacto de plena dedicación con un **Director técnico comercial** que, como anterior propietario de la empresa actora que reclamaba la compensación, tenía conocimiento integral de las actividades de la misma, incluyendo proyectos, presupuestos, estrategias de marketing, inversiones, resultados y Know how, participando en su condición de Directivo en la toma de **decisiones estratégicas** para el desarrollo de las actividades y políticas de ésta. Máxime cuando se acredita que en el momento de la extinción unilateral y voluntaria del contrato de trabajo, el demandado había percibido la cantidad de 11.500,00 €, por el pacto de no competencia post contractual y, la de 5.750,48 €, en concepto de pacto de exclusividad (TSJ Sevilla 23-1-14, EDJ 24511)

II. Pacto de no competencia post-contractual

Durante la **vigencia de la relación laboral** la obligación del trabajador de no hacer la competencia a su empleador no necesita de pacto alguno ya que es consecuencia automática de la celebración del contrato de trabajo y de la obligación de buena fe del mismo derivada (nº 5802). 5827
No obstante, tras la **extinción del contrato de trabajo**, el trabajador recobra su plena libertad de iniciativa económica, pudiendo desarrollar actividades competitivas con las de su empleador, sea por cuenta propia o ajena. Esta libertad no es ilimitada, sino que se encuentra sometida a las reglas generales del mercado y, en especial, a la legislación mercantil y penal sobre **competencia desleal y defensa de la competencia.** Fuera de los espacios de protección que brinda esa normativa, después de la extinción del contrato sólo puede prohibirse al trabajador competir con su anterior empresa si hay un pacto al respecto y con el alcance que se fije. En otras palabras, la autonomía privada permite, dentro de los límites establecidos, obtener un mecanismo adicional de protección del empleador frente a las actividades competitivas del ex-trabajador: el pacto de no competencia para después de extinguido el contrato de trabajo.

1. Concepto

(ET art.21.2)

Mediante el pacto de no competencia post-contractual, el **trabajador** se compromete a no desarrollar actividades competitivas lícitas, o a no recolocarse en una empresa de la competencia, y la **empresa** se obliga a satisfacer una compensación económica adecuada. Debe estar vinculado inexorablemente con las funciones laborales desarrolladas por el trabajador. 5835
Su **finalidad** es evitar que el trabajador aproveche las relaciones con la clientela y con proveedores puestos a su disposición por la empresa. Tiene como características esenciales (TS 17-4-24, EDJ 556510; TSJ Cataluña 11-12-23, EDJ 800712; TS 10-2-09, EDJ 19203).

1. Trata de proteger al empresario frente a las actividades competitivas del ex-trabajador, abonando al trabajador una **indemnización** para compensar el perjuicio que sufre por asumir esa obligación y que se ha venido en llamar salario de inactividad, pues el trabajador sacrifica sus posibilidades laborales futuras.

2. No vulnera el derecho al trabajo (Const art.35) ni la libertad de empresa (Const art.38), siempre y cuando se acuerde y desarrolle dentro del marco ofrecido en su regulación, que persigue aunar, del modo más ponderado, los variados y legítimos intereses que están en juego

3. La actividad competitiva prohibida ha de estar limitada a una **actividad concreta** y específica. No se trata de una prohibición absoluta sino **relativa** en función de la actividad de la empresa, limitada al mismo mercado y círculo potencial de clientes

4. Desde su establecimiento, para el trabajador se generan unos **efectos añadidos**, como es la confianza resultante de una determinada actuación a seguir cuando el contrato se extinga, derivada de la perspectiva de estabilidad económica que le va a suponer el cobro de la indemnización pactada, lo que le puede llevar a desentenderse en la preparación de otras salidas profesionales, máxime cuando le quedan prohibidas aquellas de más fácil acceso por su concreta dedicación profesional.

Precisiones El pacto es **mercantil** y no laboral cuando no trae causa en la relación laboral habida entre las partes, sino que se realiza como consecuencia de la **venta de la totalidad de participaciones de una sociedad** en calidad de socio a un grupo empresarial, siendo irrelevante que el grupo comprador, con posterioridad a suscribir ese pacto, acordase la contratación de ese socio como trabajador. En tal caso, la jurisdicción competente para examinar su cumplimiento o incumplimiento es la civil, no la social (TSJ Madrid 5-10-04, EDJ 189252).

5837 **Celebración** Habitualmente, su celebración coincide con la del contrato de trabajo, aunque también puede celebrarse **en cualquier momento** después de iniciada la relación laboral, siempre que se alcance a través de una voluntad conjunta de las partes implicadas (TSJ Madrid 11-1-19, EDJ 516481).

Asimismo, el pacto puede ser **coetáneo o posterior a la extinción** del propio contrato de trabajo, pudiendo celebrarse en el mismo momento de la firma del documento del finiquito (TS 4-5-90, EDJ 4714).

Por el contrario, el pacto no nace, esto es, no se generan obligaciones ni es posible reclamar el pago de la compensación económica, cuando se estipula como una simple oferta en el **precontrato** de trabajo pero luego no se traslada al contrato de trabajo finalmente celebrado (TSJ Cataluña 8-4-15, EDJ 97608). Tampoco cuando se especifica la compensación y el pacto en el **contrato temporal celebrado inicialmente**, pero no se traslada al posterior contrato indefinido (TSJ Galicia 29-4-16, EDJ 67505).

No se ha considerado la existencia de vicio del consentimiento por **no** haber incluido el pacto de no competencia postcontractual **en la oferta previa** en la que figuraban las condiciones laborales y económicas pero **sí** se integró **en** el momento de la suscripción del **contrato de trabajo** redistribuyendo el monto total ofertado en diversos conceptos salariales entre los que incorporó el pacto de no competencia, máxime cuando la compensación se percibió durante casi siete años y medio (TS 17-4-24, EDJ 556510).

Precisiones Se ha considerado **válido** el pacto de no competencia suscrito en documento privado el **día anterior al del acto de conciliación** en el que se acuerda la extinción de la relación laboral aunque dicho pacto no se recoja ni se haga constar en el acto de conciliación posterior (TS 21-3-01, EDJ 5767; TSJ Madrid 20-12-05, EDJ 286874). No obstante, no se consideró válido el pacto realizado en un acto de conciliación en el que se reconoce la existencia de un despido improcedente y se compromete la empresa a abonar una cantidad en concepto de indemnización que luego íntegramente pretende aplicar al pacto de no concurrencia, a salvo la cantidad abonada en concepto de liquidación. En este último caso, se puede concluir que, en realidad, no hay compensación y el pacto es nulo cuando no se ofrece dato alguno que permita suponer el abono de una indemnización, aún mínima, por la improcedencia del despido que la propia empresa reconoce (TSJ Extremadura 14-9-06, EDJ 293143).

5839 **Inicio de la obligación** La obligación de no competencia del trabajador **se inicia** a partir de la extinción del contrato de trabajo, cualquiera que sea la causa por la que se ha producido. La finalización de la relación laboral es la que le otorga sus efectos y es cuando el pacto comienza a regir (TSJ Extremadura 11-12-06, EDJ 377847), esté o no saldada y finiquitada (TSJ Aragón 27-9-17, EDJ 228240).

De modo que, junto a la **dimisión del trabajador**, el pacto también despliega su eficacia vinculante para ambas partes cuando el contrato se extingue por otro tipo de causas vinculadas a la **voluntad o comportamiento del empleador**.

La extinción del contrato en el **período de prueba** por voluntad unilateral de cualquiera de las partes no afecta a la eficacia jurídica de los pactos establecidos para surtir efectos después de extinguido el contrato, como ocurre con el pacto de no competencia postcontractual (TS 6-2-09, EDJ 19193). En estos casos, el pacto no pierde su eficacia ni por el desistimiento del trabajador (TS 14-5-09, EDJ 120316; TSJ Cataluña 16-3-18, EDJ 72906), ni por el desistimiento del empresario (TS 23-11-09, EDJ 307236). Asimismo, la empresa no puede desistir unilateralmente de un pacto de no competencia post-contractual una vez que se extingue el contrato laboral con el trabajador (TS 28-3-19, EDJ 567162).

Precisiones 1) Por ejemplo, el pacto despliega toda su potencialidad obligatoria cuando el contrato se extingue:

a. Al llegar la fecha de **vencimiento**, en los contrato de trabajo de duración determinada;

b. Ante un **despido** con independencia de si se declara **improcedente**, o cuando se acuerda la calificación del despido en conciliación (TS 21-3-01, EDJ 5767; TSJ Extremadura 11-12-06, EDJ 377847). La declaración de improcedencia del despido y el cumplimiento del pacto de abstención obliga a la empresa a abonar la compensación pactada (TSJ Cantabria 30-10-06, EDJ 309438). No obstante, la circunstancia de que el pacto haya sido activado por una decisión de despido improcedente puede no resultar neutra, especialmente en aquellos supuestos en que la compensación económica no sea la adecuada al compromiso asumido por el trabajador (TS 10-2-09, EDJ 19203; TSJ Madrid 11-3-19, EDJ 550924; TSJ Cataluña 13-11-17, EDJ 298155). El pacto también se activa por acogerse el trabajador a una baja incentivada en un **ERE** (TS 28-6-90, EDJ 6940). Y por el despido **disciplinario** del trabajador, aun calificado en sentencia como procedente (TSJ Madrid 6-6-18, EDJ 546939).

c. En procedimiento de **movilidad geográfica**, desde el acuerdo de extinción de la relación laboral en conciliación judicial (TSJ Cataluña 22-2-19, EDJ 563979).

2) Aunque se ha entendido que sólo opera cuando la extinción de la relación laboral no trae causa en un incumplimiento por el empresario de las obligaciones que le corresponden, esta exigencia sólo se encuentra legalmente recogida respecto de la relación laboral especial de **representantes de comercio** o mediadores mercantiles (RD 1438/1985 art.10.4.a); TSJ Aragón 20-4-05, EDJ 96215).

2. Requisitos generales de validez

(ET art.21.2)

5845 El pacto de no competencia puede insertarse en el propio contrato de trabajo (TSJ Cataluña 28-4-15, EDJ 102439), aunque no se exige necesariamente la **forma** escrita (TS 6-3-91, EDJ 2470). En todo caso, ha de ser **expreso** y debe poder probarse.

Además, de cumplir los requisitos generales de todo contrato, su validez se supedita a la concurrencia de los siguientes **requisitos acumulativos**:

1. Que el empresario tenga un efectivo interés comercial o industrial en que el trabajador no utilice el específico «know how» o los conocimientos o prácticas específicas adquiridas directa o indirectamente durante la vigencia del contrato por sí mismo o en provecho de un competidor (nº 5855).

2. Que el compromiso no sobrepase la duración máxima establecida (nº 5865).

3. Que se pacte una compensación económica adecuada, de manera que el trabajador se asegure una estabilidad económica, una vez extinguido el contrato y evitando la necesidad urgente de encontrar un nuevo puesto de trabajo (nº 5870).

4. Que se trate de un pacto equilibrado y proporcionado entre las obligaciones recíprocas, pues ha de estar fundado en una causa suficiente. Se trata de un pacto con obligaciones bilaterales, cuyo cumplimiento (por imperativo del CC art.1256) no puede quedar al arbitrio de una sola de las partes (TS 15-1-09, EDJ 10545; 24-9-90, EDJ 8579).

Precisiones Se ha considerado válido el pacto contenido en el contrato de trabajo, suscrito por el trabajador cuando era **menor de edad** no emancipado, al deducirse la autorización tácita de los representantes legales (TSJ Cataluña 30-7-15, EDJ 191343).

5847 **Nulidad del pacto** El pacto de no competencia postcontractual puede ser nulo por **no** reunir los **requisitos necesarios** para su validez (nº 5845) **o** por ser **abusivo**. A estos efectos, la jurisprudencia ha establecido lo siguiente (TS 25-1-24, EDJ 503648; 22-2-11, EDJ 14027; 8-11-11, EDJ 287025):

1. El **carácter bilateral** del pacto, en cuanto generador de derecho y obligaciones para ambas partes, impide que en su nacimiento, eficacia y cumplimiento quede supeditado o condicionado a la ulterior voluntad de la empresa. Es nula la cláusula que atribuya esa facultad, en exclusiva, a quien ocupa la posición de empleador. De forma que el empleador **no** puede **unilateralmente**:

- rescindirlo, ya que genera para el trabajador no solo la expectativa de una indemnización, sino la necesidad de prepararse para una futura o futurible actividad nueva con nuevas expectativas.

- activarlo dentro de un determinado periodo -en el caso de 15 días- tras la extinción del contrato, porque una reclamación de una indemnización por incumplimiento supondría que la empresa pide el reintegro de una compensación no satisfecha y, si no hay compensación, no hay acción de reintegro (TSJ Madrid 22-1-16, EDJ 19598).

2. No es una **obligación condicional**, pues su validez o exigencia no aparece subordinada a la existencia de un hecho futuro e incierto, sino sujeta a la mera voluntad del empleador de exigir o no su cumplimiento. El trabajador queda vinculado, de modo que no puede ejercer actividades potencialmente vedadas siempre que el empleador así se lo exija. En otros términos, se trata de un pacto siempre **obligatorio** para una de las partes -el trabajador- y **potestativo** para la otra -el empresario- que ha de valorar según su particular conveniencia si le interesa o no exigir el cumplimiento.

En consecuencia, es **nulo** el pacto cuyo cumplimiento se deje al arbitrio de una de las partes, en concreto, que permita a la empresa optar por no aplicarlo y, por tanto, no abonar la compensación fijada a favor del trabajador.

A la hora de determinar la nulidad, ha de valorarse en cada caso lo siguiente:

a) los **márgenes** que le restan al trabajador para prestar servicios extinguido su contrato de trabajo y el grado de reducción de sus posibilidades de reubicación profesional y su derecho a la libre elección de profesión y oficio;

b) el **tipo de actividad** de que se trate y el nivel formativo que la misma presupone. El pacto tiene mayor trascendencia a mayor formación y especialización. Cuando la formación y especialización del trabajador es menor, sus posibilidades aumentan para prestar servicios en otros empleos en empresas no concurrentes;

d) el **momento en que se firma** la cláusula. Es diferente suscribirlo a la finalización del contrato o hacerlo al inicio de la relación laboral, pues en el momento de la contratación es posible que el trabajador no estuviese en situación de negarse a ello;

e) la **compensación económica** pactada o la consecuencia que implica para el trabajador el incumplimiento del pacto examinando si se busca que la empresa recupere el dinero abonado

dentro del contexto del pacto o resulta desproporcionada (TSJ País Vasco 16-7-07, EDJ 210832).
Cuando la ilicitud del pacto no está en la causa del mismo sino en que excede de la duración legal permitida, conlleva la **nulidad parcial** del mismo por ese tiempo de duración superior y, en caso de incumplimiento del trabajador, este tiene que devolver la compensación económica percibida en proporción al tiempo incumplido, y no todo lo percibido (TS 10-2-09, EDJ 19203). La **nulidad total** del pacto por falta de compensación económica adecuada, obliga al trabajador a devolver las cantidades percibidas por dicho pacto, ya que lo contrario supondría un enriquecimiento injusto, pues su percepción se convierte en una contraprestación sin causa (TSJ Madrid 25-11-22, EDJ 753637; TS 20-6-12, EDJ 141934). Si se acredita que el **trabajador no ha recibido nada** y se le reclama la indemnización por incumplimiento estipulada en el acuerdo, faltaría la reciprocidad onerosa que es inherente al pacto, llevando al absurdo abonar la cláusula penal pese a no haber recibido ninguna cantidad durante el contrato (TSJ Madrid 22-1-16, EDJ 19598).

Precisiones 1) Por su **falta de proporcionalidad** se considera que no es válida la inserción de pactos de este tipo **en contratos temporales** de menor duración que la duración pactada para el pacto postcontractual (TS 7-11-05, EDJ 271903; TSJ Cataluña 7-6-05, EDJ 109622). En tales casos se establece que la culpa parte de un solo contratante por lo que éste no puede repetir lo que hubiese dado en virtud del contrato ni pedir el cumplimiento de lo que se le hubiere ofrecido (CC art.1306. 2º párrafo). En estos supuestos abusivos, la suscripción del pacto no es más que una **imposición de la empresa,** que condiciona la estabilidad laboral del trabajador o la propia contratación a la suscripción de este tipo de pactos (TSJ C.Valenciana 4-10-05, EDJ 299854).
2) La nulidad que obliga a devolver las cantidades indebidamente percibidas **no convierte en salariales** unas percepciones que nunca tuvieron tal carácter, y que no puede consolidar el trabajador so pena de obtener un enriquecimiento injusto. Tampoco cabe la condena al trabajador a abonar **intereses**, actualizados mes a mes, porque hasta que el incumplimiento no tiene lugar no nace la obligación de devolver lo percibido ni, por tanto, pueden devengarse intereses, (según CC art.1108), porque hasta entonces no hay demora en el pago. En el caso concreto, aunque el pacto establecía tales intereses no lo hacía con carácter indemnizatorio por el incumplimiento ya que para ello se alude a reclamación por daños y perjuicios, que siempre deberían probarse (TSJ Madrid 23-9-14, EDJ 220781).
3) No se puede pretender la **nulidad del pacto por abusivo o desproporcionado** alegando que no existe equivalencia entre las contraprestaciones recíprocas que se estipularon en el pacto y querer **mantener** a la vez la **compensación percibida** pues ello supondría agudizar la desproporción, liberando a una sola de las partes de su obligación y manteniendo íntegramente las obligaciones de la otra parte como si aquellos compromisos se hubieran cumplido porque con ello sí que se rompería el equilibrio propio del pacto sinalagmático que se pretendió establecer (TSJ Madrid 13-9-06, EDJ 303203).

a. Interés industrial y comercial del empresario

(ET art.21.2.a)

5855 La **restricción a la libertad de trabajo y de empresa** del trabajador se circunscribe a las actividades empresariales del trabajador en el mercado relevante para el empleador. Esto implica la demostración de que existe un interés empresarial legítimo de naturaleza comercial o industrial y permite **diferenciar** el alcance de la obligación derivada del pacto postcontractual de no competencia, respecto de la obligación general de no concurrir deslealmente con la empresa cuando la relación laboral está vigente y acotar el ámbito objetivo de la obligación asumible por el trabajador (TSJ Cataluña 31-1-03, EDJ 6147).
Cuando el trabajador concurre en este mercado, la **clientela potencial** es similar y se produce la situación de riesgo o perjuicio potencial que persigue evitar el pacto (TSJ Cataluña 26-5-14, EDJ 138121). Para que concurra el interés industrial y comercial no hace falta que se capten efectivamente clientes, sino que basta con que la actividad del trabajador se desarrolle actuando en el mismo mercado y afectando al mismo círculo potencial de clientes (TSJ C.Valenciana 25-4-06, EDJ 305200; TSJ Cataluña 22-11-01, EDJ 65182). Es únicamente en el contexto de ese **mismo mercado** donde el trabajador, por ejemplo, puede tener prohibido:
a) Concurrir y realizar **actividades por cuenta propia**, pues la clientela potencial es similar y se produce la situación de riesgo o perjuicio potencial que precisamente persigue evitar el pacto (TSJ Cataluña 21-1-00, EDJ 117168). Así pues, la competencia sometida al régimen del pacto incluye la realizada directa o indirectamente por el trabajador, a través de:
- como autónomo o a través de sociedades, como puede ser ostentando participación en el capital social de una entidad competitiva o como administrador único (TSJ Extremadura 14-1-14, EDJ 5849);
- la utilización de una persona interpuesta (TSJ Cataluña 20-7-00, EDJ 29322; TSJ Madrid 14-1-16, EDJ 8678).

b) Realizar **actividades por cuenta ajena** en otra empresa perteneciente al mismo sector que la inicial (TS 5-2-90, EDJ 1088). A estos efectos se interpreta lo siguiente:
- la obligación de abstención postcontractual tan sólo debería ceñirse a **tareas relevantes**, es decir, a aquellas que presenten un riesgo objetivo y concreto para los intereses competitivos del empleador y que, normalmente, concurren cuando el trabajador desarrolla su actividad laboral en una empresa de la competencia y en un puesto de trabajo susceptible de poner en riesgo los intereses de su ex empleador (TSJ Sevilla 16-5-24, EDJ 619330). Así, se ha considerado que no basta que las empresas estén en el mismo sector y desplieguen similar actividad, sino que también deben valorarse otras circunstancias, como la posible coincidencia de actividades y la apreciación de una situación de competencia meramente real y no teórica, de forma que, para pueda apreciarse un **efectivo interés industrial o comercial** es necesario que ambas empresas (empleadora y ex empleadora) estén necesariamente en una competencia plena, no bastando al efecto que se produzca una concurrencia mínima de dos empresas que puedan operan en el mismo sector (TSJ Cataluña 21-3-24, EDJ 585002). También se ha estimado que hay que examinar la actividad del trabajador en cada empresa (TSJ Madrid 8-5-15, EDJ 91005). Exigiéndose, además en algún caso, la existencia de un interés empresarial por las tareas desarrolladas, por ejemplo, por gestionar el trabajador comercialmente productos coincidentes fabricados por ambas empresas (TSJ Cataluña 26-5-14, EDJ 138221);
- no obstante, otros pronunciamientos amplían la prohibición considerando que sólo es necesario para incurrir en competencia prohibida que se trabaje en otra empresa del mismo sector y con igual objeto social siendo **irrelevante el concreto puesto** desempeñado (TSJ Madrid 17-2-05, EDJ 20756; TSJ C.Valenciana 25-4-06, EDJ 305200; TSJ Asturias 9-5-08, EDJ 121997). Así, se ha estimado que existe interés empresarial cuando coincide el **objeto social** de las mercantiles y el pacto de no competencia no realiza ninguna distinción adicional (TSJ Madrid 27-10-08, EDJ 270466); no desplegando el pacto su eficacia cuando no se demuestra la concurrencia del interés empresarial por cuanto la actual empleadora del demandado tiene un objeto social mucho más amplio (TSJ Madrid 12-11-08, EDJ 277314). Algún pronunciamiento entiende que concurre el interés empresarial **por el mero hecho de celebrar el pacto,** sin tener en cuenta la restricción que supone a un derecho constitucional exigiendo la proporcionalidad de la limitación (TSJ Galicia 29-4-16, EDJ 67505).

En todo caso, el pacto **no** puede ser objeto de una **interpretación extensiva**, pues el deber de trabajar y el derecho al trabajo se reconocen constitucionalmente y los conocimientos obtenidos por la experiencia forman parte indivisible de la formación profesional del trabajador (TSJ Madrid 30-6-15, EDJ 139869; 21-3-02, EDJ 17675; TSJ Navarra 30-4-01, EDJ 11343).

No se produce concurrencia cuando la actividad de las empresas es **complementaria**, pero no concurrente (TSJ C.Valenciana 7-5-24, EDJ 605475).

Precisiones **1)** Es posible establecer una limitación en cuanto a que la empresa competidora lo sea en un **determinado ámbito geográfico**, por ejemplo, España, entendiéndose que el hecho de ser contratado en otro país no excede el ámbito geográfico si el trabajador desempeña prácticamente las mismas funciones y la nueva empresa desarrolla la misma actividad en el mismo sector y en la misma zona geográfica (TSJ Cataluña 17-3-23, EDJ 554826). Por otra parte, aunque la cláusula **no establezca un ámbito geográfico** de prohibición de competencia, se entiende la limitación viene referida al mismo ámbito geográfico de actividad de la empresa (TSJ Cataluña 26-5-23, EDJ 626709).

2) No se incumple el pacto cuando el trabajador desarrolla o presta servicios que no guardan relación alguna con los de la empresa anterior (TSJ Málaga 17-9-99, EDJ 27870).

Objeto de la protección empresarial El interés empresarial se encuentra ceñido exclusivamente a intereses **industriales** o **comerciales**, bastando con que concurra uno sólo de ellos, para estimar cumplido este requisito legal (TS 29-10-90, EDJ 9833; TSJ Madrid 29-10-10, EDJ 293396; 17-2-05, EDJ 20756). **5857**

Este interés debe existir desde el **momento** en que el pacto se concierta y no sólo desplegar sus efectos tras extinguirse la relación laboral (TSJ País Vasco 15-11-05, EDJ 278378; TSJ Madrid 22-1-16, EDJ 19598).

No se trata de proteger **intereses personales** del empleador, sino dotar de cobertura jurídica a los intereses competitivos de la empresa, esto es, los intereses relacionales e informativos:

1. Los **intereses relacionales** son, básicamente, sus clientes, proveedores y trabajadores (TSJ Madrid 11-5-04, EDJ 110571) con los que tiene o proyecta una relación contractual (TSJ Madrid 5-10-04, EDJ 189252).

2. Los **intereses informativos** están relacionados con las informaciones secretas y confidenciales de la empresa o con técnicas industriales (TSJ C.Valenciana 25-4-06, EDJ 305200).

Para verificar si existe interés empresarial hay que atender a la **actividad de la empresa** (TS 27-3-90, EDJ 3455; 28-6-90, EDJ 6940; 6-3-91, EDJ 2470), así como a las **concretas tareas** desempeñadas por el trabajador en ella.

Precisiones 1) No es determinante el **número de trabajadores afectados**, lo relevante es que exista, en relación al concreto trabajador, causa justificativa del interés por parte de la empresa de que no compita con ella después de extinguido el contrato (TSJ Madrid 29-10-10, EDJ 293396).
2) No se pierde el **interés empresarial**:
a) Si la empresa **vende una división**, después de perder la distribución de los productos de varias empresas, un año después de la extinción del contrato de trabajo pues ello repercutiría en el precio de venta, que habría sido superior en el supuesto de no haber perdido la distribución, pero no en su interés (TSJ Madrid 19-7-06, EDJ 360755).
b) Tampoco se pierde el interés por la **venta de las ramas de actividad** de informática de Gestión y Ferrocarril en las que el trabajador aportaba su gestión cuando el pacto de no competencia es claro en sus términos en cuanto al establecimiento de una obligación de abstención para cualquier actividad que pueda considerarse concurrente con la llevada a cabo por la empresa, de contactar con clientes de la empresa, porque el trabajador no puede competir en cualquier actividad de la compañía y no solo en aquélla que fue objeto de transmisión, teniendo vedado, además, contactar con cualquier cliente (TSJ Madrid 21-5-08, EDJ 326076).
c) Existe interés empresarial aunque la actividad venga predeterminada por una **concesión administrativa** a la que está sujeta la empresa pues el puesto de trabajo afecta a materias reservadas y procedimientos de calidad (TSJ Madrid 14-1-16, EDJ 8678).
3) El que la empresa anterior y la actual se dediquen a la restauración de colectivos, si la segunda de las empresas no ocupa el sector de actividad de la primera, no conlleva la existencia de efectivo interés. Ese interés empresarial, dado que es un elemento esencial en la relevancia del pacto, debe tener alguna finalidad valorable ya que así se ha establecido por la jurisprudencia al hablar de efectivo interés, y éste no puede ser el de privar al trabajador de utilizar su experiencia en otra actividad, sino el **posible perjuicio** que podría derivar de la información que éste pudiera transmitir a la segunda empresa (TSJ C.Valenciana 5-3-10, EDJ 110188).
4) Debe seguirse un criterio de cierta flexibilidad, en el sentido de no exigir una **prueba diabólica**, en muchos casos prácticamente imposible, de las situaciones concretas en que la concurrencia prohibida haya tenido lugar, bastando en estos casos con acudir a **criterios razonables de probabilidad** objetiva, que atiendan al curso normal de los acontecimientos (TSJ Madrid 29-10-10, EDJ 293396).

b. Duración máxima del pacto

(ET art.21.2)

5865 Con la finalidad de evitar aquellos compromisos excesivamente onerosos para el trabajador que pudieran mermar su formación y desarrollo personal, se establecen 2 plazos máximos en función del colectivo con el que se pacte:
1. Trabajadores **técnicos:** duración máxima de 2 años, debiendo entenderse que el concepto de técnico no se limita a los titulados (TS 28-6-90, EDJ 6940) y debe abarcar a todo trabajador que esté en conocimiento de las técnicas empresariales; considerándose intelectuales a los ingenieros y licenciados, titulados y administrativos frente a los manuales con que se alude a los trabajadores obreros y subalternos (TSJ Cataluña 10-7-12, EDJ 190635).
2. **Resto de trabajadores**: duración máxima de 6 meses.
Sin embargo, no se distingue entre ambos colectivos, al preverse en todo caso la duración máxima de 2 años, respecto de las **relaciones laborales especiales** de:
- representantes de comercio o mediadores mercantiles (RD 1438/1985 art.10.4);
- personal de alta dirección (RD 1382/1985 art.8.3);
- en la relación especial de abogados en despachos colectivos (RD 1331/2006 art.12).

La **superación convencional de los plazos** máximos permitidos no aboca a la nulidad total del pacto, sino que conduce únicamente a la nulidad parcial del mismo (ET art.9.1), en concreto, el plazo excesivo acordado se reconduce a los previstos (TS 3-2-91, EDJ 1040; 10-2-09, EDJ 19203).
Cuando la **duración del pacto es desproporcionada** a la categoría del trabajador y al contrato temporal, puede el trabajador reclamar la cantidad estipulada y ésta, cuando del pacto se infiera dicha posibilidad, debe abonarse en proporción al tiempo de vigencia de la relación laboral y no atendiendo a la duración de la cláusula pactada (TSJ Cataluña 7-6-05, EDJ 109622).
En este contexto de inadecuación de la duración pactada, **si el pacto se hubiera incumplido** debe reducirse también proporcionalmente la indemnización pactada (TS 2-1-91, EDJ 28; 10-2-09, EDJ 19203; TSJ Cataluña 20-7-00, EDJ 29322; TSJ C.Valenciana 7-5-03, EDJ 229634).

Precisiones 1) Se entiende que continúa vigente el pacto cuando se produce una **subrogación empresarial** y no se extingue expresamente (TSJ Cataluña 9-7-01, EDJ 56765).
2) Para que se considere la existencia del pacto, este ha de **fijar el tiempo** durante el cual la obligación de no competencia estará en vigor (TSJ C.Valenciana 13-2-13, EDJ 123774).

3) Por ejemplo, se ha considerado **válido el plazo de 2 años** establecido para técnicos en los **supuestos** siguientes:
- un **gestor comercial** que esté en conocimiento de las técnicas del comercio sobre redistribución y reasignación de clientes y preparación de funcionamiento de centro mercantil que permite la duración del pacto hasta 2 años por afectar a la estrategia empresarial (TSJ Cataluña 3-12-09, EDJ 350789);
- un **jefe superior**, aunque dicha categoría estuviera incluida en el grupo profesional de personal administrativo, pues como responsable de un departamento, al menos, debía poseer ciertas habilidades y conocimientos para sus funciones que no eran meramente administrativas (TSJ Madrid 17-9-12, EDJ 236363);
4) **No** se considera **válido el plazo de 2 años** en el pacto suscrito con una **peluquera**, que no puede considerarse técnica y cuya duración no podría ser superior a 6 meses (TSJ Cataluña 24-1-05, EDJ 7669). Tampoco el de un **delegado de ventas** con bachillerato, que fijaba precios de los clientes, pues la nulidad parcial del pacto por desproporcionado obligaría a devolver al trabajador todo lo percibido en concepto de compensación durante 6 años de relación laboral. El juzgador sólo le obliga a devolver la cuantía de los meses que hubiera durado el pacto legalmente (TSJ Navarra 29-6-15, EDJ 223715, con cita de la TS 30-11-09, EDJ 300345).

c. Compensación económica adecuada

(ET art.21.2.b)

Junto con el interés legítimo industrial y/o comercial del empresario (nº 5855), para la validez y licitud del pacto de no competencia post-contractual imprescindible la fijación de una compensación económica adecuada, en términos **claros y precisos**. La compensación económica tiene carácter obligatorio y es **indisponible** (TSJ Cataluña 23-5-02, EDJ 129950; TSJ Aragón 23-9-02, EDJ 52826). **5870**

La **falta de fijación** de una compensación económica adecuada supone que el pacto se considere **nulo** y sin efectividad alguna (TS 27-3-90, EDJ 3455; TSJ País Vasco 24-2-04, EDJ 29732; TSJ Sta. Cruz de Tenerife 27-12-04, EDJ 237695; TSJ Cataluña 24-1-05, EDJ 7669).

Asimismo, se ha considerado que el pacto no es válido, por ejemplo:

1. Si se confunde la compensación económica con el salario fijo, por **no constar** su cuantía **de manera separada en la nómina,** no pudiendo la ausencia de claridad perjudicar al trabajador, de forma tal que, en caso de incumplimiento por parte del trabajador, no procede la devolución de ninguna cantidad económica a la empresa (TS 14-12-23, EDJ 786789; TSJ Cataluña 26-5-23, EDJ 626709).

2. Si la empresa se obliga a compensar el pacto **de una manera genérica** -acordando que todos los importes que excedan lo pactado en el correspondiente convenio colectivo, servirán para indemnizar la no concurrencia-, de forma que es la empresa la que, de manera unilateral, va decidiendo la cantidad que abona al trabajador por ese concepto. Esto supone que, ante el incumplimiento por parte del trabajador, el tribunal no pueda determinar si realmente durante la vigencia de la relación laboral, fue compensado de manera adecuada (TSJ Madrid 25-4-24, EDJ 576528). No obstante, en otras ocasiones se ha admitido incluir la compensación dentro del **pacto de salario global anual**, de forma que la cantidad no aparece desglosada en la nómina (TSJ Asturias 27-2-18, EDJ 47327).

3. Si la compensación **no se desglosa** de la cuantía correspondiente al pacto de plena dedicación o exclusividad (TSJ Madrid 4-7-24, EDJ 658350).

En cuanto a la **naturaleza de esta compensación económica** y si es o no salarial, el pacto de no competencia previsto legalmente permite dar cobertura tanto a cuantías salariales como a indemnizatorias en función de la configuración que quieran darle las partes, habida cuenta de que la idea que preside el pacto es la autonomía de la voluntad. Varios pronunciamientos judiciales se han decantado por la naturaleza indemnizatoria de la misma (TS 28-11-89, EDJ 10641; 24-7-90, EDJ 8034; 2-1-91, EDJ 28; TSJ Cataluña 17-3-04, EDJ 306984) porque no remunera la prestación profesional. No obstante, no hay una doctrina clara sobre la naturaleza de lo pagado en concepto de no competencia (o exclusividad) mientras la relación laboral está viva, aunque tiende a configurarse como un complemento salarial de exclusividad (TS 15-6-15, EDJ 136100).

Precisiones 1) Existen pronunciamientos judiciales que admiten acordar por ambas partes que la **determinación** de la cuantía sea **abierta o indeterminada**. En tal caso, la falta de concreción no puede ser utilizada posteriormente por la empresa para que el pacto se declare nulo a su favor. De manera que el trabajador puede reclamar al órgano judicial la compensación económica no determinada, si en el pacto se dan algunos criterios para su cálculo (TSJ País Vasco 15-11-05, EDJ 278378). Sin embargo, ello no ocurre cuando no consta la cuantía de la compensación económica y sólo se dice que es el 20% del salario pero sin desglosar en nómina y, además, el salario incluye una exclusividad (TSJ Galicia 24-3-15, EDJ 49930). Tampoco cuando no consta en las nóminas y no se especifica, al ser la compensación del pacto de «distinta naturaleza que los salarios ordinarios,

fijos o variables» toda vez que no puede calificarse como remuneración por la prestación profesional del servicio (TSJ Galicia 29-1-16, EDJ 1251). Sobre los efectos de la nulidad del pacto en la compensación económica ya pagada mensualmente al trabajador nº 5847.
2) En los **representantes de comercio** o mediadores mercantiles la compensación económica del pacto de no competencia se vincula a la indemnización por clientela (TSJ Aragón 20-4-05, EDJ 96215).
3) En algún caso, se ha aceptado dejar la **fijación de la cuantía** para un **momento posterior** al de la suscripción del pacto y la obligación de no competir, pero siempre y cuando finalmente y antes de la existencia de una controversia se hubiera concretado la misma (TSJ País Vasco 15-11-05, EDJ 278378).

5872 **Cuantía adecuada** El pacto de no concurrencia postcontractual debe tener una entidad propia y suponer un **aumento o incremento real de la retribución** del trabajador.
El pacto como tal **no existe** cuando el empleador lo impone, **reduciendo el importe del salario**, para forzar una carga o gravamen sin la correspondiente contrapartida. Así ocurre, por ejemplo, cuando:
- encubre el abono de un incremento salarial tras varios años de prestación de servicios (en el caso incluyendo, a través de la misma compensación económica, una cláusula de confidencialidad y otra de plena dedicación) (TSJ Madrid 13-6-24, EDJ 628362);
- en realidad solo es una fórmula de desglosar el importe salarial pactado al celebrar el contrato de trabajo (TSJ País Vasco 27-1-15, EDJ 152821), incluso encubriendo el abono de un salario base inferior al fijado por el convenio colectivo para la categoría profesional asignada al trabajador (TSJ Aragón 19-4-24, EDJ 589139).
- su percepción simplemente consiste en alterar la denominación de la retribución variable que venía percibiendo el trabajador anteriormente (TSJ Cataluña 12-11-09, EDJ 328608)
- absorbe la mayor parte una mejora voluntaria que el trabajador venía percibiendo con anterioridad a convenir aquel y sin que se precise a qué obedece su percepción (TSJ Cataluña 5-10-09, EDJ 276709), aunque no presupone que oculte meros incrementos salariales cuando la compensación económica que se ha ido incrementando por mutuo acuerdo de las partes y conforme el trabajador iba asumiendo posiciones de mayor responsabilidad (TSJ Madrid 17-05-10, EDJ 116704);
La contrapartida al sacrificio de la libertad de trabajo debe procurar al trabajador asegurarse una **estabilidad económica** una vez extinguido el contrato, para hacer frente a la interrupción de renta de trabajo que supone la terminación del contrato. En general, la posibilidad de trabajar en una actividad distinta de la que es la propia es meramente teórica y, como tal, no puede conllevar la consecuencia de arrojar al trabajador a una suerte de vinculación postcontractual que conlleve la falta de los recursos necesarios para la subsistencia, so pena del abono de una fuerte indemnización, normalmente fijada por la empresa. De modo que, si el contrato de trabajo es ordinariamente la fuente principal de obtención de los medios de subsistencia para la mayoría, la obligación legal de no realizarlo ha de venir necesariamente asociada a una **indemnización suficiente** para la satisfacción de tales necesidades de subsistencia (TSJ Cataluña 20-11-06, EDJ 417002). Algún tribunal mantiene que debiera ser, al menos, el SMI (TSJ Sevilla 20-3-14, EDJ 70415; 29-5-14, EDJ 115096).
Debe fijarse de **mutuo acuerdo** entre el empresario y el trabajador. El **juez no puede calcular** su monto al margen del acuerdo de las partes, ni tampoco es posible que una de las partes lo imponga unilateralmente a la otra (TS 10-7-91, EDJ 7629; TSJ Cataluña 5-11-21, EDJ 786449; TSJ Madrid 20-2-09, EDJ 95637). Ahora bien, **si puede valorar** la exigencia legal de que la compensación económica sea adecuada, debiendo para ello examinar si es o no **proporcionada**, lo que obliga a analizar cada supuesto concreto y su finalidad, que el trabajador tenga una estabilidad económica tras la finalización de la relación laboral que le impedirá la realización de su trabajo en el ámbito en que lo venía desarrollando habitualmente (TSJ Cataluña 23-10-14, EDJ 226840; 10-12-12, EDJ 319885). Atendiendo a las circunstancias (cronológico-objetivas) concurrentes de casa caso, puede tener en cuenta los siguientes **parámetros**:
- la proporcional correspondencia de su importe con el interés protegible y la obligación resarcitoria impuesta al trabajador (TSJ Cataluña 7-6-13, EDJ 142482);
- la duración del compromiso y la indemnización prevista (TSJ Cataluña 17-3-04, EDJ 26975);
- el salario base percibido por el trabajador (TSJ Cataluña 21-1-05, EDJ 7761);
- el sacrificio que supone para el trabajador la obligación de no competir cuando el contrato se ha extinguido, lo que depende de numerosas circunstancias, entre las que destacar: las posibilidades reales de colocación, los trastornos que la colocación le pueden exigir, el tiempo que dura el compromiso limitativo (TSJ País Vasco 15-11-05, EDJ 278378);
- la inactividad a la que forzosamente se ve abocado el trabajador que deja o pierde un trabajo mientras busca otro no concurrente (TSJ C.Valenciana 4-10-05, EDJ 299854);
- la adecuación depende de la extensión del pacto, el nivel retributivo del trabajador y la relación entre ambos elementos (mayor extensión menor retribución debiera ser mayor

compensación en aplicación de la necesaria proporcionalidad de sacrificios) (TSJ Sevilla 20-3-14, EDJ 70415);
- el importe no hay que ponerlo únicamente en relación con el periodo al que se extiende el pacto sino también con el trabajado para la empresa (TSJ Madrid 23-9-14, EDJ 220781);
- la adecuación debe tener en cuenta la cantidad pactada respecto a la total retribución, especialmente cuando el pago se hace durante la relación laboral, la cantidad percibida en relación con la indemnización y el periodo de inactividad pactado (TSJ Cataluña 23-10-14, EDJ 226840).

Teniendo en cuenta la enorme casuística de la materia, se ha considerado por los tribunales que, por ejemplo, **no es adecuada** la cantidad de: **5874**
-400 € netos en un pacto con la duración máxima legal de 2 años, lo que conlleva una importante repercusión en la libertad de trabajar. Además, la empresa solo abonó 200 euros netos mensuales (TS 26-1-24, EDJ 504949).
- 120,20 € mensuales cuando la indemnización que se obligaba a pagar la trabajadora, con un contrato de duración escasa, era superior a 12.000 € y recibía como salario base 46 € (TSJ Cataluña 21-1-05, EDJ 7761);
- 30 € abonadas mensualmente en cada nómina por mucho que aparezca constatado el interés comercial del empresario (TSJ C.Valenciana 9-1-03, EDJ 102380);
- 3.166 euros anuales pactados para compensar el pacto de exclusiva y el de no competencia postcontractual (TSJ C.Valenciana 23-10-08, EDJ 290292);
- 120 € iniciales ni 136 € posteriores, al no alcanzar ni siquiera un 15% del salario total percibido cuando se contrasta con la consecuencia acordada -devolución duplicada de la suma percibida- (TSJ País Vasco 16-7-07, EDJ 210832); ni el 20% del sueldo anual bruto (TSJ Sevilla 29-5-14, EDJ 115096);
- 1,76% del salario mensual para compensar el sacrificio que le supone al trabajador no poder dedicarse a su actividad profesional durante 2 años a partir de la extinción del contrato, y desproporcionada en cuanto a la indemnización que ha de abonar en caso de incumplimiento -salario de los últimos 6 meses- (TS 18-10-21, EDJ 720929);
- la cláusula que necesitaba para producir un efectivo equilibrio entre la compensación económica y la indemnización por incumplimiento, que el trabajador prestara servicios en dicha empresa por un periodo superior a los 22 años (TSJ Las Palmas 27-5-10, EDJ 272573);
- o cuando en el contrato laboral se acordó una suma mensual en concepto de pacto de no competencia y en las nóminas no figura importe alguno por ese concepto (TSJ Madrid 21-04-09, EDJ 106506);
- cuando en realidad no existe siquiera tal compensación y se procede a una «una ficción en orden a su fijación, dado que lo realizado por la empleadora se tradujo en una detracción de 500 € del importe del salario base que venía percibiendo el trabajador desde un año antes al establecimiento del pacto, haciendo figurar el pago específico de un complemento en concepto de complemento salarial de no concurrencia por el mismo importe, lo que supone la falta explícita de la correspondiente obligación que sobre el empresario impone el precepto aplicable destinada a retribuir o compensar la restricción de libertad en el trabajo» (TSJ Castilla La Mancha 3-11-14, EDJ 240081);
- cuando el importe final que se abona no es el 50% del salario en la empresa demandada realmente, sino que la empresa se compromete a pagar «una cantidad mensual que, sumada al salario o retribución que perciba en empresas o actividades no competitivas, alcance el 50% del salario mensual, con prorrata de pagas extras» (TSJ Madrid 8-5-15, EDJ 91005).

Precisiones 1) La adecuación de la compensación **no** tiene necesariamente que **equipararse** a: **5876**
a) La **retribución** que se percibía mientras se estaba **en activo** en la empresa; de manera que no existe exigencia legal de que la adecuación de la cantidad dependa de que sea de un monto suficiente para permitir a unos comerciales inmobiliarios (que han desarrollado esta actividad desde que iniciaron la carrera laboral como única profesión y oficio que conocen y en la que están especializados), mantener unos ingresos dignos durante 6 meses que les liberen de todo deber y posibilidad de obtener otros ingresos y dedicarse a cualquier actividad que no implique competencia con la empresa con la que suscribieron el pacto (TSJ Cataluña 10-2-03, EDJ 50616), aunque en el caso concreto no considere adecuada el 10% del salario mensual; porque el pacto no incapacita para trabajar). Se considera adecuada la cantidad percibida durante la vigencia del contrato de trabajo tras dividirla por 24 mensualidades pactadas de duración del pacto y comprobar que suma unos 788 € mensuales, sobre la base de que dicha cantidad tiene por finalidad compensar la no dedicación del trabajador a la misma actividad y aunque sea inferir a lo que venía percibiendo el trabajador dicha diferencia (de unos 2500 €) podría alcanzarla el trabajador dedicándose a otra actividad no concurrente (TSJ Cataluña 28-4-11, EDJ 129281; 23-4-14, EDJ 97616; TSJ Madrid 23-9-14, EDJ 220781).

b) La indemnización o **penalización** que se establezca **en caso de incumplimiento del trabajador**, pues es posible que ésta sea superior o comprenda un exceso en concepto de daños y perjuicios (TSJ Cataluña 17-3-04, EDJ 306984).
2) En el caso de una **prestación de servicios muy breve** en relación al largo periodo de efectos de la cláusula, no se da desproporción, aunque la cantidad globalmente percibida sea reducida, atendiendo a que la proporción entre el salario percibido y el importe satisfecho en concepto de plus era de un 20% (TSJ Cataluña 28-10-09, EDJ 328053).

5878 **Modos de fijación** No existe un único modo de fijación de la cuantía de la compensación, que en todo caso ha de ser **expresa** y con identidad propia, pues cuando no puede averiguarse exactamente cuál es, el pacto debe declararse inválido (TS 27-3-90, EDJ 3455; TSJ Navarra 30-4-01, EDJ 11343).
1. Se ha admitido judicialmente la **validez** de los siguientes modos de fijación:
a) Un **porcentaje** fijo sobre el salario del trabajador, a abonar en el momento de la extinción del contrato de trabajo (TS 24-7-90, EDJ 8042; 5-2-90, EDJ 1088; 2-1-91, EDJ 28).
b) Una **cantidad fija mensual** (TSJ Madrid 15-2-98, EDJ 65299), no siendo necesario esperar a que el contrato se extinga para proceder a su abono por cuanto que, pagándose periódicamente dicha indemnización, se cumple claramente la finalidad del pacto que no es otra que permitir la perspectiva de estabilidad económica en el trabajador que le supone el percibo periódico de la indemnización pactada, lo que puede llevarle a desentenderse en la preparación de otras salidas profesionales (TSJ Burgos 27-11-08, EDJ 315059); una cantidad del salario prorrateada mensualmente (TSJ Madrid 31-3-16, EDJ 69238; TSJ C. Valenciana 2-6-15, EDJ 144221).
c) Una **parte de la última remuneración** percibida. Los tribunales han señalado que no es necesario que esta compensación se equipare a la retribución percibida mientras se estaba en activo en la empresa pues no resulta legal ni jurídicamente admisible pretender el mantenimiento de unos ingresos dignos durante 6 meses que liberen a los trabajadores de todo deber y con la posibilidad de obtener otros ingresos y dedicarse a otros o incluso a una misma actividad siempre que no implique competencia con la empresa demandada (TSJ Cataluña 10-2-03, EDJ 50616; TSJ Madrid 29-10-10, EDJ 293396). Aunque, como es evidente, las partes así pueden preverlo si es su voluntad.
d) La **concreción posterior**, cuando no se haya determinado la cuantía al inicio, si se dan algunos criterios para su cálculo (TSJ País Vasco 15-11-05, EDJ 278378).
e) El pacto de que, a pesar de no fijar exactamente la cuantía de la compensación por la restricción impuesta, el **precio de las participaciones sociales**, muy superior a aquel por el cual las adquirió, incluye el compromiso de no competencia (TSJ Cataluña 28-2-12, EDJ 75003).
Sobre la inclusión de la compensación dentro del **pacto de salario global anual**, ver nº 5870.

5880 **2.** Por el contrario se han considerado **inválidos** los siguientes pactos:
a) Por **falta de determinación** de una cuantía expresa y por carecer de identidad propia: cuando entre las cantidades generales establecidas en el **finiquito** no se puede averiguar exactamente cual responde, precisa y claramente a dicha finalidad compensatoria, no puede entenderse que esta incluido en su monto global (TS 27-3-90, EDJ 3455; TSJ Navarra 30-4-01, EDJ 11343).
b) Por **no estar vinculada** la cuantía fijada al pacto de no competir: en este sentido, el pacto se reputa inexistente cuando la cantidad que se pretende por una de las partes no compensa realmente dicha ausencia de competencia para después de extinguido el contrato, sino que es un concepto salarial más, ajeno a la cláusula indemnizatoria (TSJ C.Valenciana 22-10-04, EDJ 218206).
c) Por **no** tratarse de un **incremento de la retribución**: no es adecuado pactar un salario bruto anual y detraer del mismo una parte para imputarla al pacto en tanto el salario es un elemento esencial del contrato y el pacto de no competencia tiene que suponer un incremento de la retribución (TSJ País Vasco 27-1-15, EDJ 36922).

5882 Precisiones **1)** Cuando en una **conciliación se liquida la relación**, se entiende que lo que se liquida es sólo la relación laboral y las consecuencias económicas derivadas de la misma, pero sin que pueda comprenderse en la transacción los efectos económicos del pacto de no competencia cuando no se hace expresa mención al mismo en dicha conciliación (TSJ Extremadura 11-12-06, EDJ 377847; TSJ Madrid 20-7-09, EDJ 181247).
Ahora bien, si en el **finiquito** o en la liquidación constan **cuantías** abonadas **que no pueden vincularse causalmente a otros conceptos** (créditos de otro tipo a favor del trabajador) o partidas extintivas, tales cantidades pueden no sólo servir de prueba de la existencia del pacto (un pacto expreso pero verbal), sino también del cumplimiento de la obligación de pago por no competencia asumida por el empleador. Al respecto, la empresa que pretende sostener la validez del pacto debe demostrar que las cantidades sobrepasan y son adecuadas a las debidas por liquidación e indemnización, y si no lo hace no puede pretender que se considere válido el pacto simplemente por lo abonado en

estos conceptos (TSJ Extremadura 14-9-06, EDJ 293143). En el mismo sentido, si se puede determinar que existe una cantidad compensatoria cuando constan en el finiquito o en la liquidación cuantías abonadas que no pueden vincularse causalmente a otros conceptos (créditos de otro tipo a favor del trabajador) o partidas extintivas, tales cantidades pueden no sólo servir de prueba de la existencia del pacto (un pacto expreso pero verbal), sino también del cumplimiento de la obligación de pago por no competencia asumida por el empleador. En este sentido, se entiende que existe pacto válido y que se ha satisfecho la compensación económica preceptiva cuando, extinguida la relación por dimisión del trabajador, en el finiquito no existe ningún concepto al que vincular causalmente el importe abonado (42.000 €), que excede notablemente del que hubiera podido aplicarse por la liquidación de las partes proporcionales de los conceptos devengados y no abonados (pagas extraordinarias y vacaciones), y en el que no consta ni se alega la existencia de ningún crédito a favor del actor que pudiera explicar un pago de esta entidad (TS 4-5-90, EDJ 4714).
2) Si el trabajador pasa a **jubilación parcial y reduce su jornada** en un determinado porcentaje se entiende que debe mantenerse la compensación íntegra negociada por pacto de no competencia si nada se especifica en el mismo ya que no es posible la modificación unilateral del pacto por una de las partes (TSJ Aragón 13-2-08, EDJ 64839).

Momento de pago El momento de satisfacer la compensación depende igualmente de la voluntad de las partes. **5884**
1. Los tribunales han declarado **válidos** los siguientes pactos:
a) El pago anticipado de la compensación económica, abonado en la nómina (TSJ Madrid 15-12-98, EDJ 65299; TSJ Aragón 2-4-03, EDJ 272338).
b) Pagos periódicos de una cantidad a tanto alzado (TS 4-5-90, EDJ 4714; 28-6-90, EDJ 6940; 2-1-91, EDJ 28; 3-2-91, EDJ 1040).
c) La compensación al final de cada semestre natural del periodo pactado de no competencia, de forma que el pago efectivo de la compensación quede sometido a la condición suspensiva de no concurrir con la actividad empresarial, de suerte que, de incumplirse la condición, la obligación de abono no nacería (TSJ Cataluña 17-3-04, EDJ 26975).
2. Se ha considerado **inválido** que, habiéndose pactado una entrega mensual durante el contrato, el empresario incumplidor del pacto pretenda subsanar o convalidar tal incumplimiento mediante el pago de una cantidad total al rescindirse el contrato (TSJ Cataluña 18-5-01, EDJ 29100).

Precisiones **1)** Es válido que la indemnización se satisfaga durante la vigencia del contrato de **alta dirección** y se pague periódicamente (p.ej. el 10%de las cantidades pactadas con el directivo como retribución del pacto de no competencia), porcentaje que no tiene carácter salarial cuando la cláusula reguladora en ningún momento alude al término salarial y sí al de retribución en pago periódico por el pacto de no concurrencia (TSJ Burgos 27-11-08, EDJ 315059).
2) No hay criterio uniforme sobre el mantenimiento del abono de la compensación durante la situación de **incapacidad temporal**. Así se entiende que se puede descontar el abono de la compensación económica por el pacto de no competencia (TSJ Cataluña 13-12-07, EDJ 333980); o por el contrario debe también abonarse (TSJ Castilla-La Mancha 11-4-07, EDJ 136053).

3. Extinción

Varias causas extinguen el pacto de no competencia. Junto a la llegada del término previsto, el mayor problema consiste en determinar si extingue el pacto la desaparición del interés empresarial o comercial, apreciada por cualquiera de las partes. **5890**

Desaparición del interés empresarial y desistimiento unilateral En el caso que se considere desaparecido el interés empresarial que sostenía el pacto (por ejemplo, cierre de la empresa o cambio de actividad) **no** cabe el **desistimiento unilateral extrajudicial** bien sea del empresario o del trabajador. **5892**
Por el contrario, el sujeto interesado en la extinción del pacto debe **solicitarlo en vía judicial** (TS 24-9-90, EDJ 8579). El juez ha de pronunciarse sobre la validez del pacto y pronunciarse sobre la subsistencia o supresión de las compensaciones establecidas como consecuencia del mismo. Por ello, cuando se declara la nulidad del pacto de no competencia y el trabajador ha percibido ya la compensación económica antes de hacerse efectiva la obligación de no concurrir, el trabajador debe reintegrar las cantidades percibidas (TS 7-11-05, EDJ 271903, TSJ Madrid 5-10-04, EDJ 165711). Así pues, la empresa no está legitimada para invocar la carencia de dicho interés empresarial cuando lo que trata es de provocar la falta de validez del pacto y liberarse de la compensación económica (TS 2-7-03, EDJ 215720; 21-1-04, EDJ 2296; 5-4-04, EDJ 40569; TSJ País Vasco 15-11-05, EDJ 278378).
En cuanto a la posibilidad de que sean las propias partes, **de común acuerdo**, quienes acuerden en el contrato la facultad empresarial de denuncia del pacto de no competencia hay que señalar que el TS considera, reiterada e uniformemente, que son nulas las cláusulas por las

que la empresa introduce la **posibilidad unilateral de renunciar** a la efectividad del pacto. En efecto, se considera que son nulas las cláusulas contractuales que queden al arbitrio de una sola de las partes, pese a que pudiera estimarse que ambas partes pactaron tal posibilidad (CC art.1256). Así, se han calificado de **nulas** aquéllas en las que se deja al libre arbitrio del empleador el cumplimiento o no del pacto de no competencia porque se trata de un pacto de naturaleza bilateral y la posibilidad de modificarlo o extinguirlo no puede dejarse a decisión unilateral de una de las partes (TS 15-1-09, EDJ 10545; 2-7-03, EDJ 215720; 21-1-04, EDJ 2296; 5-4-04, EDJ 40569; 15-1-09, EDJ 10545). Así como TSJ (TSJ Cataluña 17-3-04, EDJ 26975; 13-12-07, EDJ 333980; TSJ Madrid 13-9-06, EDJ 303203; 21-5-08, EDJ 326076; 22-1-16, Rec 489/15; TSJ País Vasco 18-9-07, EDJ 267286).
La extinción del pacto por falta de interés debiera llevarse por la vía procesal de **modificación sustancial de condiciones de trabajo** si el trabajador reclama la compensación económica del pacto (TSJ Cataluña 12-1-15, EDJ 10020, aunque en el caso concreto se declara la inexistencia del pacto al no constar que hubiera una compensación por encima del salario anual pactado).
En consecuencia, aunque la empresa renuncie al pacto debe **abonar la compensación económica** (TS 21-1-04, EDJ 2296; TSJ C.Valenciana 7-5-03, EDJ 266227; TSJ Cataluña 19-4-12, EDJ 131113); debido a que el pacto genera en el trabajador, desde su establecimiento, aparte de su obligación de no competir, unos efectos añadidos como es la confianza resultante de una determinada actuación a seguir cuando el contrato se extinga derivada de la perspectiva de estabilidad económica que le va a suponer el cobro de la indemnización pactada, lo que le puede llevar a desentenderse de la preparación de otras salidas profesionales, máxime cuando le quedan prohibidas aquellas de más fácil acceso por su concreta dedicación profesional (TSJ País Vasco 15-11-05, EDJ 278378).

5894 Precisiones 1) No es posible que pueda preverse dicho **desistimiento de modo subliminal** señalando que el pacto únicamente surte efectos cuando concurran los requisitos generales de validez y la empresa tenga un interés comercial o industrial para que el trabajador no compita con la empresa, pues el pacto de no competencia genera en el trabajador no sólo la expectativa de una indemnización, sino la necesidad de prepararse para una futura o futurible actividad nueva con nuevas expectativas que pueden quedar frustradas por una decisión unilateral de este tipo (TSJ Cataluña 12-12-05, EDJ 279856).
2) Tampoco es posible supeditar el abono de la compensación económica por pacto de no competencia a que el trabajador formule una previa **solicitud** a la empresa para **prestar servicios en una empresa de la competencia**, en cuyo caso y tan sólo para el supuesto que no se le autorice se le abonaría tal indemnización, pues en realidad en tal caso la eficacia del pacto quedaría exclusivamente sujeta a la voluntad de la empresa y tal cláusula es nula (TSJ Madrid 28-2-06, EDJ 56091).

4. Incumplimiento

5900 El incumplimiento del pacto se produce cuando alguna de las partes no cumple con la obligación esencial asumida:
1. El **empleador**, si no satisface en tiempo y en la cuantía estipulada la compensación económica y;
2. El **trabajador**, cuando desarrolla las actividades prohibidas, es decir, cuando:
a) Actúa en el **mercado relevante** del empleador -coincidencia material, temporal y espacial del mercado en el que actúan empresario y trabajador- (TSJ Cataluña 9-7-15, EDJ 169229). No bastando para que se produzca la efectiva concurrencia que exista una parcial coincidencia de los objetos sociales de las empresas, de modo que no se produce la competencia prohibida cuando, a pesar de la similitud parcial, cada una de ellas se desenvuelve en un ámbito claramente diferenciado (concretado para la accionante en la comercialización de productos y material sanitario no fungible y no inventariable -desechable-, estando especializada en material relacionado con la otorrinolaringología. Por el contrario, la actividad llevada a cabo por la nueva empleadora se concreta en la fabricación y comercialización de material, productos y equipos médicos y quirúrgicos, productos de carácter no fungible y si inventariable, principalmente maquinaria e instrumental, con especialidad en el ámbito de la endoscopia (TSJ Castilla-La Mancha 3-11-14, EDJ 240081).
b) También cuando realiza una **tarea relevante** en una empresa de la competencia (coincidencia del mercado de la empresa y de las tareas del trabajador por cuenta ajena en la nueva empresa). La doctrina judicial ha destacado la importancia de las tareas que desempeña el trabajador en ambas empresas cuando se trata de trabajo por cuenta ajena (TSJ Cataluña 9-7-15, EDJ 169229). No obstante, en alguna ocasión el mismo tribunal afirma que no es necesario que se desempeñen exactamente las mismas funciones o puesto de trabajo si se incide en un mismo círculo potencial de clientes (TSJ Cataluña 26-5-14, EDJ 138121).

El incumplimiento del pacto por cualquiera de las partes **tampoco permite su extinción unilateral** extrajudicial. Es importante que consten en hechos probados cuáles son las funciones realizadas por el trabajador, ya que se tiene en cuenta el tipo de actividad, así como el nivel formativo que la misma presupone, pues a mayor formación y especialización, mayor trascendencia tendrá el pacto de no concurrencia; por el contrario, si la formación y especialización del trabajador es menor, sus posibilidades para prestar servicios en otros empleos ubicados en empresas no concurrentes aumentan (TSJ País Vasco 16-7-07, EDJ 210832).

a. Incumplimiento empresarial

En el caso de que el incumplidor sea el empresario, el trabajador no puede resolver unilateralmente el pacto, sino que debe obtener una **resolución judicial** que le libere de su obligación respectiva (TS 24-9-90, EDJ 8579; 29-10-90, EDJ 9833). Cuando el trabajador reclama al empresario varios conceptos, entre ellos el de la compensación por el pacto de no competencia, pero el pacto y su compensación **sólo constan en el precontrato**, en una simple oferta, pero no se plasman en el contrato finalmente celebrado, no cabe entender que siquiera exista incumplimiento (TSJ Cataluña 8-4-15, Rec 7346/14). **5905**

En aquellos casos en que se haya extinguido el contrato de trabajo y firmado un **finiquito** entre las partes, los efectos liberatorios del finiquito no impiden la reclamación posterior del trabajador por la cuantía acordada en pago del pacto de no competencia (TS 28-11-89, EDJ 10641).

b. Incumplimiento del trabajador

El pacto se incumple cuando el trabajador realiza alguna de las actividades expresamente prohibidas o incurre en el mercado relevante del empleador. Es el empresario el que debe **demostrar el incumplimiento** de la competencia prohibida y debe constar en los hechos probados no sólo los objetos sociales de las empresas, sino también la categoría profesional y las funciones del trabajador en cada una así como que las empresas actúan en un mismo ámbito territorial total o parcialmente coincidente (TSJ Cataluña 9-7-15, Rec 3048/15). **5910**

Para que se produzca el incumplimiento no es necesario un perjuicio efectivo, bastando el **perjuicio potencial**, que se presume cuando la actividad concurrente se dirige a la misma clientela (TSJ Cataluña 21-6-00, EDJ 23877; 26-5-14, Rec 1790/14).

El incumplimiento por parte del trabajador permite al empleador dejar de pagar la compensación económica y **pedir judicialmente la resolución del pacto**. Junto a esta posibilidad, el empleador, o su sucesor cuando se produce una transmisión de empresa, puede solicitar judicialmente una **indemnización de daños y perjuicios** (CC art.1124) extinguiéndose el pacto con el pago de la indemnización (TSJ Navarra 29-12-00, EDJ 49825; TSJ Cataluña 20-7-00, EDJ 29322; 9-11-00, EDJ 55608).

En caso de incumplimiento, no existe una norma que prevea la posibilidad de que la **devolución de las cantidades** se verifique por parte del trabajador con la misma secuencia mensual que adoptó la empresa para abonarlas. Hay que estar a los términos literales del pacto, más allá de la posibilidad concreta de lo que dichas partes, y con carácter particular, puedan acordar para moderar y aplazar su pago (TSJ C.Valenciana 21-12-09, EDJ 366747).

Precisiones **1)** Se considera **incumplimiento**:

- si el trabajador concurre en el **mismo sector** (TSJ Cataluña 25-3-03, EDJ 266008 y 8-4-03, EDJ 24295; TSJ Madrid 17-2-05, EDJ 20756; 20-12-05, EDJ 267300), lo que supone en muchos casos un desbordamiento no justificado de la prohibición y pone en entredicho la existencia de interés empresarial «efectivo»;
- que se realice la misma actividad en empresas cuyo objeto social es materia fiscal, hipotecaria y registral, ante organismos públicos y privados y dando por válida la extensión de la prohibición a todas las actividades del **grupo de empresas** en que prestaba sus servicios el trabajador aunque sea por cuenta ajena (TSJ C.Valenciana 25-4-06, EDJ 305200; TSJ Madrid 13-9-06, EDJ 372771). No obstante, si el trabajador presta servicios **para varias empresas del grupo**, no cabe entender que el pacto es acumulativo cuando no se especifica nada al respecto, de modo que si, de entre ellas, tan sólo una resulta concurrente con la empresa con quien se celebró el pacto, la vulneración de éste sólo se produce respecto al tiempo prestado en la empresa realmente concurrente, lo que lleva al reintegro de la cantidad proporcional al tiempo de incumplimiento (TSJ Madrid 31-3-16, Rec 749/15);
- cuando hay concurrencia en relación con **actividades de servicios de prevención ajenos** y actividad prestada en Mutuas (TSJ Extremadura 14-1-14, Rec 492/13).

2) Por el contrario, **no se incumple** cuando:

- el trabajador desarrolla o presta servicios que **no guardan relación alguna** con los de la empresa anterior (TSJ Málaga 17-9-99, EDJ 27870);

- la competencia del trabajador sólo se produce respecto de la **actividad del grupo de empresas**, dicho grupo no existía a la fecha de firma del pacto y en el ánimo de las partes estaba limitar el pacto de no concurrencia a una empresa determinada y no a un supuesto grupo de empresas de que forma parte (TSJ Cataluña 20-2-06, EDJ 29563);
- se fija el pacto exclusivamente para venta de aparatos de agua, pero no para la venta de tintas aunque fuera ésta una **actividad también contemplada en el objeto social** de la empresa, por lo que la empresa está obligada a abonar la compensación y el trabajador no tiene que devolver la compensación económica recibida (TSJ Cataluña 8-3-05, EDJ 48571);
- en una empresa se desarrollan **tareas** de supervisor de la explotación y después en otra las de encargado de cafetería, **de menor entidad y salario** que las desarrolladas anteriormente y cuando no se ha demostrado un descenso de clientes en la empresa demandante (TSJ Canarias 29-1-15, Rec 971/13).

5912 **Indemnización a abonar por el trabajador** A la hora de solicitar esta indemnización por daños y perjuicios, deben diferenciarse dos **supuestos**:
1. Establecimiento de una cláusula penal.
2. Falta de previsión por las partes de un mecanismo de solución convencional o cláusula penal.

5914 **Establecimiento de cláusula penal** Cabe la posibilidad de que las partes fijen con antelación la indemnización, es decir, establezcan una cláusula penal, cuyo contenido también decidan las propias partes. Al igual que debe ser adecuada la compensación económica que recibe el trabajador por el pacto, también debe ser **adecuada** la cantidad que haya de abonar este a la empresa en caso de incumplimiento del mismo. El establecimiento de esta cláusula puede eximir de tener que acreditar los daños, pero no exime de la **proporcionalidad** que debe existir con la cantidad a devolver por el empleado (TS 26-10-16, EDJ 209001; TS 1-12-21, EDJ 767821).
El contenido de la cláusula penal puede ser el siguiente:
1. Es habitual que se establezca la **devolución de lo pagado** por el empresario en concepto de compensación económica (TS 4-5-90, EDJ 4714; 28-6-90, EDJ 6940; 2-1-91, EDJ 28; 3-2-91, EDJ 1040).
2. Además, es posible fijar otros criterios adicionales a la devolución, incluida una cláusula abierta de **otros daños y perjuicios** (TSJ Madrid 13-9-06, EDJ 303203), reservándose también la empresa el derecho a exigirlos. De manera que la cantidad a abonar por el trabajador puede ser superior a la cuantía de la compensación económica adecuada fijada en el pacto al poder comprender un exceso en concepto de daños y perjuicios ocasionados por el incumplimiento (TSJ Cataluña 17-3-04, EDJ 306984). No obstante, dependiendo de las circunstancias concretas del caso, en ocasiones se ha estimado que sí procede la devolución de lo percibido por este pacto -incrementado con el interés legal del dinero más dos puntos-, pero no la indemnización adicional por daños y perjuicios fijada en una cantidad igual a 20 días de salario por año de prestación de servicios, con el límite de una anualidad, al no constar que el trabajador percibiese una especialización profesional con cargo al empresario (TSJ C.Valenciana 2-6-15, EDJ 144221).
En cualquier caso, la cantidad que se establezca a reintegrar por el trabajador no puede ser **desproporcionada** en atención a las circunstancias concurrentes en el caso y respecto de la compensación percibida por el empleado. Así, por ejemplo, se ha considerado que no es adecuado exigir **el doble de lo percibido** por este pacto (TS 1-12-21, EDJ 767821; TSJ Madrid 10-7-24, EDJ 652846). En sentido contrario, no se ha considerado una abusivo pactar la devolución del doble de lo percibido, argumentando que si solo se aceptara la devolución de lo recibido en compensación el pacto perdería todo sentido, por cuanto a la postre el trabajador no asumiría ningún compromiso de riesgo firmándolo (TSJ Cataluña 23-10-14, EDJ 226840).
Así, la cláusula penal se encuentra sometida a la posibilidad de moderación y puede ser **reducida por el juez** cuando la duración pactada no se corresponde con la categoría ostentada por el trabajador y, en consecuencia, se reduzca el tiempo de duración de la obligación de abstención (TS 2-1-91, EDJ 28) o también cuando en función de las circunstancias la cuantía indemnizatoria se demuestra desproporcionada (TSJ Murcia 24-11-14, EDJ 256052).

Precisiones **1)** Se estima la reclamación de la empresa del **resarcimiento expresamente estipulado** para el caso de incumplimiento. Se estima la devolución de lo ya abonado, más un importe de 30.000 € y además los daños y perjuicios irrogados por el incumplimiento más los intereses (TSJ Asturias 9-5-08, EDJ 121997).
2) Se ha considerado que la pena convencional **no** constituye una **liquidación a priori** de los daños y perjuicios que pueda generar el incumplimiento de la obligación, evitando así al acreedor la prueba de los mismos y de su montante, pues no se trata de una relación sujeta al Derecho Civil, sino laboral (TSJ Madrid 26-4-06, EDJ 107306).
3) La cláusula penal que obliga a reintegrar todas las cantidades percibidas así como dos mensualidades de salario por año de servicio hasta un máximo de 24 mensualidades, así como los daños y perjuicios e intereses a que hubiere lugar, **no** se considera un **pacto abusivo** pues el trabajador era conocedor de dichos pactos y de las consecuencias de su incumplimiento, debiendo por tanto aplicarse la cláusula penal (TSJ Galicia 29-4-16, Rec 3466/15).

Sin cláusula penal Cuando falta la previsión por las partes de un mecanismo de solución convencional o cláusula penal, la indemnización por daños y perjuicios la debe **determinar el órgano judicial** teniendo en consideración la **prueba** empresarial del incumplimiento de la obligación contractual que generó esos daños y perjuicios y que debe ser relativa a que: **5916**

1. La nueva empresa en la que trabaja el empleado, con el que suscribió el pacto, es de la competencia e incurre en el **mismo mercado** (TSJ Cataluña 21-1-05, EDJ 7761).

2. La realidad y cuantía del **perjuicio y el nexo causal** entre el incumplimiento y los daños (TSJ Cataluña 10-2-03, EDJ 50616; TSJ Aragón 2-4-03, EDJ 272338; TSJ Murcia 16-3-09, EDJ 69584).

Respecto del **alcance de la indemnización** fijada judicialmente hay que estar al caso concreto (TS 5-2-90, EDJ 1088; 24-7-90, EDJ 8042; 24-9-90, EDJ 8579). Así, **se ha admitido**:

a) El **reintegro de la totalidad** de la cantidad compensatoria establecida como contraprestación a la obligación asumida y que luego se incumple (TSJ Cataluña 13-2-13, EDJ 45564). Igual obligación se tiene cuando se declara la nulidad del pacto de no competencia y el trabajador ha percibido ya la compensación económica antes de hacerse efectiva la obligación de no concurrir (TS 7-11-05, EDJ 271903; TSJ Madrid 5-10-04, EDJ 165464; TSJ Cataluña 13-3-06, EDJ 283015); en contra (TSJ C.Valenciana 14-5-04, EDJ 207437).

b) El **reintegro de las cantidades** ya satisfechas por el empleador **en proporción** al tiempo incumplido (TS 4-5-90, EDJ 4714; 28-6-90, EDJ 6940; 2-1-91, EDJ 28; 3-2-91, EDJ 1040; TSJ Madrid 30-11-04, EDJ 250606; TSJ C.Valenciana 9-4-03, EDJ 266133; TSJ País Vasco 23-1-04, EDJ 307041; TSJ Cataluña 16-12-03, EDJ 266165). También en casos de **altos directivos** (TSJ Cataluña 25-3-03, EDJ 266008). El trabajador debe reintegrar lo percibido como complemento por pacto de no concurrencia respecto de su actividad en sociedades distintas, si bien las consecuencias del incumplimiento deben limitarse al periodo de actividad competitiva pero no en otras empresas (TSJ Madrid 31-3-16, EDJ 69238).

c) La petición al trabajador de la **indemnización de cualquier otro daño** cuando se demuestre que el perjuicio es consecuencia de la actividad prohibida (TS 5-2-90, EDJ 1088; 24-7-90, EDJ 8042; 24-9-90, EDJ 8579; TSJ Cataluña 10-2-03, EDJ 50616; TSJ Aragón 2-4-03, EDJ 272338). Para ello, es preciso demostrar dichos perjuicios y su alcance depende del caso (TS 5-2-90, EDJ 1088; 24-7-90, EDJ 8042; 24-9-90, EDJ 8579). Sin embargo, si se declara la nulidad del pacto de concurrencia post-contractual la empresa no puede reclamar al trabajador una indemnización de daños y perjuicios como consecuencia del incumplimiento por el trabajador, sólo la devolución de la contraprestación correspondiente a un compromiso de no concurrencia declarado nulo, y que además no cumplió (TSJ Madrid 7-6-06, EDJ 334175).

Precisiones **1)** El **cómputo del plazo de prescripción** de un año de las reclamaciones empresariales **no se computa** desde la extinción del contrato, pues en tal caso nunca podrían reclamarse los incumplimientos realizados en el segundo año al que legalmente se permite en ciertos casos ampliar la duración del compromiso de abstención del trabajador (TS 3-2-91, EDJ 1040; TSJ Cataluña 28-4-15, Rec 1899/15; en sentido contrario TSJ Castilla-La Mancha 3-11-14, Rec 524/14). De acuerdo con la Sala IV del TS el cómputo del plazo o **se inicia**:

- a partir del día siguiente a haber transcurrido el plazo de dos años u otro previsto por las partes;
- desde que se hubiere ejecutado un acto único de competencia cuando éste sea de suficiente entidad;
- desde que la concurrencia continuada oculta hubiera cesado.

2) En todo caso, los **efectos liberatorios del finiquito** no afectan a las posibles reclamaciones empresariales (TS 28-11-89, EDJ 10641).

III. Pacto de permanencia en la empresa

5925

1. Concepto

(ET art.21.4)

5930 Es aquel pacto por el cual el trabajador asume la obligación de trabajar para un empresario durante cierto tiempo, para poner en marcha un proyecto determinado o realizar un trabajo específico, cuando aquél ha recibido una especialización profesional con cargo al empresario con este fin.

El pacto de permanencia supone una **renuncia** del trabajador al derecho a la libre elección de profesión y oficio que consagra la Const art.35, lo que obliga a su interpretación restrictiva y ajustada a los estrictos términos de lo pactado, no pudiendo entenderse comprendidas cosas distintas y casos diferentes de aquellos sobre los que los interesados se propusieron contratar, como impone CC art.1283 (TSJ Cataluña 13-2-24, EDJ 523936; 16-11-09, EDJ 328713).

El **objetivo** de este pacto es conseguir la permanencia del trabajador a fin de amortizar el coste de la formación específica y no ser perjudicado por una decisión extintiva del trabajador que provoque que sea otra empresa la que se aproveche de las enseñanzas impartidas (TSJ Cataluña 9-2-04, EDJ 99463). La conexión del pacto de permanencia a la inversión empresarial en formación específica resulta, así pues, un **elemento esencial** para dotar de validez a este tipo de pactos, de forma que la obligación de permanecer del trabajador se justifica por el gasto sufrido por la empresa al procurarle una especialización profesional (TS 14-2-91, EDJ 1550).

En definitiva, el pacto de no desistir a cambio de pago, resulta **válido** en la medida en que dicho pago se entienda como una mejor oferta de las condiciones del trabajo (formación) para que el trabajador permanezca voluntariamente en la empresa, pero no como un pacto previo con un contenido indemnizatorio prefijado en caso de incumplimiento ya que el deber de indemnizar por dimitir tan sólo se prevé legalmente por incumplir una obligación de permanencia o por no dar el preaviso estipulado para el cese y no en otros casos, pero siendo **ilícitos** los pactos no causales de no desistimiento.

5932 Precisiones El pacto de permanencia se puede incorporar en las relaciones laborales de carácter especial, en cuyo marco puede además el legislador haber contemplado una regulación expresa específica, como ocurre:

- en la relación laboral del personal de **alta dirección** (nº 7806);
- en la de **deportistas profesionales** (RD 1006/1985 art.14);
- en la del personal civil no funcionario al servicio de **establecimientos militares** se prevé, sin embargo, un período máximo de tres años (RD 2205/1980 art.20);
- en la relación laboral de los **abogados** que prestan servicios en despachos de abogados, individuales o colectivos (RD 1331/2006 art.11) para cuya validez, además de la necesaria forma escrita, se remite a los requisitos que se establezcan en el convenio colectivo o en su caso, en el contrato de trabajo.

5934 **Tipo de contrato afectado por el pacto** El acuerdo de permanencia puede incluirse tanto en **contratos indefinidos** (TSJ Cataluña 30-9-03, EDJ 113838), como de **duración temporal o determinada** (TSJ Galicia 25-2-19, EDJ 549671; TSJ Madrid 16-11-00, EDJ 59805; TSJ La Rioja 8-6-04, EDJ 85655).

En el caso del **contrato en prácticas** -denominado actualmente contrato formativo para la obtención de práctica profesional- se ha considerado que no cabe un pacto de permanencia si la formación dada es la propia del contrato y no existe proporcionalidad, máxime cuando la permanencia se exige por una duración superior a la del contrato (TS sala general 26-6-01, EDJ 31152; TS 21-12-00, EDJ 55082). Sí se ha admitido la posibilidad del pacto en estos contratos al cumplirse todos los requisitos exigidos, incluyendo el hecho de recibir una especialización a cargo de la empresa (TS 29-12-00, EDJ 55106).

Precisiones 1) Es nulo el pacto de permanencia que se concierta en un **contrato temporal de menor duración** que la obligación de permanencia (TS 6-5-02, EDJ 26576).
2) Un pacto de permanencia para un **contrato temporal**, en el caso concreto respecto de la categoría de aprendiz, es formalmente inadecuado, al vincular obligatoriamente al trabajador con la empresa dentro de un esquema de precariedad laboral. Además, esta vinculación resulta arbitraria al renovar el pacto con cada curso de formación, lo que implica una **vinculación renovada**, que excedería el máximo de 2 años previsto. Por otro lado, en este caso, a falta de un proyecto concreto al que vincular la permanencia pactada, desaparece la razón de ser de la obligación contractual y, debe enmarcarse tal **formación** dentro de la que toda empresa debe facilitar a sus trabajadores, como una obligación derivada del propio contrato de trabajo, lo que implica afirmar que faltan los requisitos básicos que deben integrar los pactos de permanencia, así como el posible perjuicio sufrido por la empresa (TSJ C.Valenciana 12-3-08, EDJ 116900).

2. Requisitos generales

(ET art.21.4)

La validez del pacto de permanencia en la empresa exige el cumplimiento de una serie de requisitos, tanto legales como precisados por la jurisprudencia (TS 26-6-01, EDJ 31152; 21-12-00, EDJ 55082; 6-5-02, EDJ 26576). Estos requisitos no sólo tienen carácter formal, sino que también aluden a los requisitos implícitos y propios de la existencia de un contrato con obligaciones recíprocas. **5940**

Desde el punto de vista legal, los requisitos establecidos expresamente son los siguientes:

1. Que la cláusula o pacto se haga **por escrito**, sin que sea posible un pacto verbal en esta materia. El convenio colectivo puede configurar algunos de sus aspectos (TSJ Cataluña 7-5-03, EDJ 42121).

2. Que el trabajador reciba una **especialización profesional** y su finalidad sea poner en marcha proyectos determinados o realizar un trabajo específico.

3. Que el proceso de especialización lo sufrague o **costee** la **empresa**.

4. Que su **duración** no supere los 2 años.

Junto a estos requisitos normativos expresos, debe tenerse en cuenta igualmente que, en la medida en que se reconocen constitucionalmente las libertades profesional y de trabajo del trabajador (Const art.35, 38; ET art.4.1.a y 4.2.b), el pacto debe estar fundado en causa suficiente y reunir unos requisitos mínimos de **proporcionalidad** o demostrativos de la existencia de un equilibrio de intereses, es decir, que exista un equilibrio entre las obligaciones recíprocas para justificar la renuncia del trabajador a su derecho a dimitir y a ejercer su libertad de trabajo y de empresa reconocidas constitucionalmente, o proporcionalidad entre el sacrificio de la libertad de trabajo que supone para el trabajador y la ventaja de la formación que ha recibido a cambio (TS 21-5-20, EDJ 582225; 26-6-01, EDJ 31152; 21-12-00, EDJ 55082; 6-5-02, EDJ 26576; TSJ Madrid 2-6-14, EDJ 167116). Si no se respeta el equilibrio y la **cláusula es abusiva**, su aceptación por el trabajador supone una renuncia anticipada de derechos (proscrita por el ET art.3.5), estando el contrato de trabajo afecto de nulidad parcial en cuanto a dicha cláusula, pero siendo válido en el resto de lo pactado (ET art.9.1).

Precisiones 1) Es nulo el pacto que establece la **pérdida de todo el salario devengado** desde el inicio de la relación laboral hasta la fecha de cese unilateral del trabajador, si éste tiene lugar antes de una fecha cuando tal previsión no guarda ninguna relación con el coste que haya podido suponer para la empresa la formación del trabajador que cesa y la cláusula conduce a que quien más haya respetado el pacto de vinculación con la empresa salga perjudicado con mayor deber de indemnizar. Circunstancia que demuestra que no guarda relación alguna con la formación impartida y que su efecto real es colocar al trabajador en una posición de claro desequilibrio frente al empresario, privándole indebidamente de su derecho a extinguir el contrato de trabajo de forma unilateral, desequilibrio que supone, precisamente, el abuso de derecho prohibido (TSJ País Vasco 23-10-01, EDJ 76938; TSJ Valladolid 22-10-14, EDJ 208927).
2) Son nulos los pactos en que se vincula un **bonus** o retribución específica a la permanencia durante un tiempo determinado sin existencia de **formación especializada** costeada por la empresa (TSJ Cataluña 4-7-14, EDJ 158375). Al igual que el establecimiento de un **plus de permanencia** como un complemento salarial y de carácter fijo, para retribuir la permanencia del trabajador en la empresa hasta la finalización del proyecto, debiendo abonar a la empresa, en caso contrario, una cantidad en concepto de indemnización de daños y perjuicios, al no ir acompañada de ninguna especialización, único supuesto en que se permitiría al empleador reclamar la indemnización (TSJ País Vasco 17-3-08, EDJ 70932).

a. Consentimiento

5945 Este pacto se configura como un **contrato oneroso** que establece obligaciones recíprocas y sinalagmáticas entre las partes que lo celebran. Su estructura incide directamente sobre la causa del pacto de permanencia ya que, para cada parte contratante, constituye causa del contrato la obligación de la otra parte.

Se trata, además, de un **pacto individual y personal** del trabajador en el que el consentimiento ha de ser otorgado por el propio afectado ya que, en su celebración, está en juego la libertad de dimisión como manifestación específica en que se concreta la libertad de trabajo reconocida constitucionalmente.

No obstante, el **convenio colectivo** puede complementar y precisar su régimen jurídico, fijando qué tipo de formación o especialización es susceptible de permitir el pacto, estableciendo un período menor de duración, introduciendo baremos o módulos sobre los que calcular las indemnizaciones por incumplimiento, etc. Semejante fijación convencional debe después supeditarse necesariamente para su eficacia completa a la aceptación del pacto mediante consentimiento individual del trabajador afectado.

Precisiones **1)** Este pacto se configura como un pacto entre el trabajador y el empresario, por lo que deben concurrir ambas voluntades **no** siendo posible una **imposición unilateral** de una sola de las partes (TSJ Murcia 22-5-00, EDJ 13298).

2) El consentimiento de acuerdo con las normas generales ha de ser válidamente emitido y es nulo cuando se preste por **error, violencia, intimidación o dolo** (CC art.1265) no entendiéndose viciado por el hecho de que el empresario condicione la contratación a la celebración de dicho pacto en aquellos casos en los que el puesto de trabajo exija recibir la especialización o cualificación especial para su correcto desarrollo.

3) En cuanto pacto individual y personal, no vulnera el principio de igualdad y no discriminación establecer **diferencias retributivas** condicionadas a su suscripción cuando la firma o la no firma se hace en uso de la autonomía negocial (TSJ Valladolid 10-12-08, EDJ 322108), si bien, el problema de fondo que habría que analizar es si el pacto llevaba aparejada una efectiva especialización del trabajador.

b. Forma escrita

5950 Aunque el principio general que rige en nuestro ordenamiento jurídico es el de libertad de forma y los acuerdos pueden ser tanto verbales como escritos, se establece, sin embargo, una clara excepción en este pacto al exigir como requisito de validez su forma escrita (TS 6-3-91, EDJ 2470; TSJ C.Valenciana 9-2-16, EDJ 90174).

La forma se exige ***ad solemnitatem***, de modo que aunque el empresario hubiera facilitado y costeado al trabajador una especialización o cualificación profesional susceptible de encuadrarse dentro de las previsiones de este pacto (nº 5960), si las partes no suscriben por escrito dicho pacto el mismo debe reputarse inexistente (TS 1-3-90, EDJ 2324; TSJ Cataluña 25-10-11, EDJ 379103).

Precisiones No cumple con la exigencia de estar formalizado por escrito el **pacto que no se inserta en el contrato de trabajo** y no hace referencia, de manera clara e inequívoca, a la concreta especialización profesional a recibir en virtud de tal pacto, a las obligaciones y consecuencias del incumplimiento, y ello aunque haya remisión en el contrato al pacto de empresa cuando el mismo no se aporta en su totalidad, sino parcialmente, sin que puedan valorarse en su conjunto y de manera sistemática sus cláusulas (TSJ Madrid 28-5-10, EDJ 142097).

c. Momento de la celebración del pacto de permanencia

5955 Puede realizarse al mismo tiempo que el contrato de trabajo o, posteriormente, durante el desarrollo de la relación laboral (TS 18-5-90, EDJ 5267). En todo caso, debe hacerse antes o, a lo sumo, durante, el período de formación del trabajador.

Considerándose que **recibida ya la formación**, si el empresario ofrece un pacto de permanencia y el trabajador no acepta su suscripción, la dimisión del trabajador debe reputarse perfectamente lícita al no mediar el necesario concurso de la oferta y de la aceptación que le otorgan virtualidad (TS 1-3-90, EDJ 2324).

Precisiones La cláusula de permanencia **pactada en el precontrato** que al final no se incorpora al contrato de trabajo celebrado, decae y no vincula a las partes (TSJ Madrid 6-6-07, EDJ 112610).

d. Especialización profesional del trabajador

Los acuerdos de permanencia en la empresa, en tanto equilibrio legal entre los intereses constitucionales confrontados que hay en juego, únicamente pueden pactarse cuando están vinculados a una especialización profesional. De este modo, son **nulos** otro tipo de acuerdos de permanencia y previsiones indemnizatorias a cargo del trabajador por el uso de su libertad de dimisión (TSJ Cataluña 4-7-14, EDJ 158375). Igualmente, no es válido el pacto de permanencia en la empresa por 4 años establecido en un contrato de préstamo (TSJ Las Palmas 27-10-22, EDJ 761360). **5960**

Precisiones Son nulas las **cláusulas de blindaje** por las que no se permite al trabajador la resolución antes de tiempo cuando no hay permanencia ni formación (TSJ Madrid 31-3-15, EDJ 112696, para un supuesto en la relación laboral especial de artistas). Por el contrario, y muy dudosamente, se ha permitido la validez de un pacto en el que el trabajador se compromete a **no abandonar la embarcación** durante 60 días, admitiendo la reclamación de daños pactada en caso de incumplimiento, pese a la inexistencia de formación alguna (TSJ Cataluña 11-12-15, EDJ 258361, con voto particular manteniendo la nulidad del mismo precisamente por tal motivo y por ello por transgredir el ET art.3.5). También se ha admitido el pacto por el que la empresa entrega al trabajador una cantidad de dinero a cambio de que se **mantuviera viva la relación laboral durante un tiempo** establecido, reconociendo que no se trata de un pacto de permanencia del ET art.21.4al no haber recibido el trabajador ninguna especialización profesional (TSJ Madrid 17-3-22, EDJ 547436).

Requisitos de la formación La determinación de si la formación pagada por el empresario puede sustentar el pacto de permanencia constituye el problema nuclear en las controversias sobre el mismo. La jurisprudencia exige los siguientes **requisitos** para que la especialización profesional a cargo de la empresa justifique el pacto de permanencia y su validez (TS 21-12-00, EDJ 55082; Sala General 26-6-01, EDJ 31152; 6-5-02, EDJ 26576): **5962**

1. Suponga un **coste** especial o extraordinario para la empresa (nº 5964).

2. Produzca al mismo tiempo un enriquecimiento del patrimonio o valor profesional del trabajador fácilmente identificable, es decir, un **incremento de la cualificación profesional** que ostentaba antes de la formación.

3. La formación proporcionada tiene que responder a dos **finalidades** concretas:
- poner en marcha proyectos determinados, o;
- realizar un trabajo específico.

De este modo, la especialización debe estar **dirigida** a actividades o funciones muy precisas dentro de la empresa. La validez del pacto de permanencia exige que la empresa haya proporcionado al trabajador una formación profesional que represente una **cualificación adicional** por encima de la formación ordinaria propia de su categoría y que los conocimientos se plasmen en el cumplimiento de un trabajo específico o un proyecto concreto (TSJ Madrid 5-6-15, EDJ 118596; TSJ Valladolid 22-10-14, EDJ 208927).

Si la especialización profesional no está destinada a poner en marcha proyectos determinados o realizar un trabajo específico el pacto es inexistente (TSJ Cataluña 4-7-14, EDJ 158375); en el mismo sentido (TSJ Málaga 11-9-14, EDJ 198121).

4. La formación o especialización recibida por el trabajador ha de ser **especialísima** (nº 5964), en el sentido de que no puede resultar de una obligación general de formación (nº 5968).

Precisiones 1) La formación sufragada puede dar lugar a **dos obligaciones**: la de permanencia, pero también de no competencia postcontractual, cuando se firman ambos acuerdos en tanto puede otorgar una ventaja competitiva en relación con los contactos y clientes además de los conocimientos técnicos adquiridos en su caso (TSJ Madrid 22-1-16, EDJ 19598).
2) Sin un **perjuicio empresarial** por la dimisión del trabajador es difícil entender que el pacto tiene causa suficiente (TS auto 17-7-08, EDJ 181398; TSJ Cataluña 10-4-07, EDJ 110395).

Formación especialísima que incremente la cualificación profesional La formación proporcionada al trabajador ha de suponer realmente una auténtica especialización profesional que, por una parte, redunde en un **plus de cualificación** del trabajador respecto de la que corresponde habitualmente a la función laboral contratada, permitiendo a quien la ha recibido mayores facilidades de colocación en el futuro. Es decir, que su seguimiento incremente la cualificación del trabajador mejorando su empleabilidad lo que permite diferenciar entre la formación que sustenta este pacto de permanencia y otros tipos de formación que pueden darse en el desarrollo de la relación laboral y que están excluidos del pacto por conectar con la formación profesional ordinaria. **5964**

Lo importante no es que el curso represente una mayor o menor dificultad, ni que su duración sea más o menos amplia (lo que repercute tan sólo en su mayor o menor coste), sino el hecho de que el trabajador acceda a conocimientos o posibilidades hasta ese momento por él no desarrollados ni experimentados, de manera tal que sin los nuevos conocimientos no pueda desarrollar objetivamente el trabajo. Se trata, así pues, de una **formación superior** y más difícil que la necesaria para el desarrollo habitual de la actividad (TSJ Madrid 11-9-01, EDJ 52112).

Es decir, mediante la superación de esta formación:

- se **mejora objetivamente la capacitación** profesional del trabajador (TS 23-7-90, EDJ 7985; 14-11-90, EDJ 10373);
- se produce un **enriquecimiento del patrimonio** o valor profesional del trabajador fácilmente identificable (TS 21-12-00, EDJ 55082);
- se produce una auténtica especialización profesional que permite a quien la ha recibido mayores **facilidades de colocación** en el futuro (TS 26-6-01, EDJ 31152, 6-5-02, EDJ 26576, TSJ Cataluña 9-2-04, EDJ 99463, 21-11-03, EDJ 183228; 9-2-04, EDJ 99463).

En suma, la especialización profesional a cargo de la empresa que justifica el pacto de permanencia mínima **no** es la **formación profesional ordinaria** que es debida, en todo caso, por el empresario en cumplimiento del contrato de trabajo y que constituye un derecho de todo trabajador.

En caso de controversia respecto al alcance de la formación, la carga de la **prueba** incumbe:

1. A la **empresa**, en lo que se refiere a la especialidad de la formación y el perjuicio por la marcha adelantada del trabajador (TS 26-6-01, EDJ 31152; 6-5-02, EDJ 26576; TSJ Cataluña 9-2-04, EDJ 99463; 21-11-03, EDJ 183228; 9-2-04, EDJ 99463; TSJ País Vasco 11-4-06, EDJ 97379; TSJ Madrid 5-6-14, EDJ 118596; 2-6-14, EDJ 167116).

2. El **trabajador** incumplidor del pacto, por su parte, debería probar en su descargo que poseía formación de mayor contenido que la instrucción abonada por la empresa (TSJ Madrid 24-3-06, EDJ 56124).

La Ley exige no sólo que el trabajador haya recibido una especialización profesional con cargo al empresario, sino que ésta vaya **dirigida** a poner en marcha proyectos determinados o realizar un trabajo específico, aspecto teleológico sobre el que, sin embargo, sólo últimamente se viene haciendo mayor hincapié por la doctrina judicial.

5966 Precisiones **1)** No es necesario que esa formación sea determinante en la **contratación posterior** del trabajador, lo que resulta imposible de acreditar para la empresa. De lo que se trata es de que suponga efectivamente la adquisición de un nivel profesional y formativo relevante y sustancialmente importante en el tipo de actividad desempeñado por el trabajador empleado (TSJ Cataluña 16-11-09, EDJ 328713).

2) Se considera que el pacto es nulo cuando **no se acredita el contenido y programa de los cursos** ni la formación ni su especificidad; tan sólo constan unas facturas y no se prueba qué relación tienen las operaciones realizadas a las que la empresa pretende vincular a la formación (TSJ Cataluña 21-11-03, EDJ 183228; TSJ País Vasco 11-4-06, EDJ 97379).

3) Se ha considerado **formación suficiente** para sustentar un pacto de permanencia la siguiente:

a. Cursos relativos a la **aviación**, como: el de simulador de vuelo (TS 14-2-91, EDJ 1550), los cursos de calificación o de diferencias para pilotar aviones Boeing 757/200 y 757/300 (TS 23-7-90, EDJ 7985; 14-11-90, EDJ 10373; 14-2-91, EDJ 1550; TSJ Baleares 7-7-03, EDJ 208109); un curso de pilotaje de aviones airbus (TSJ Baleares 5-3-02, EDJ 26504; TSJ Cataluña 7-5-03, EDJ 42121); un curso de piloto agroforestal a un trabajador que carecía del carnet para ello (TSJ Andalucía 20-2-07, EDJ 31011); o un curso en el que el piloto, que solo poseía el título genérico, adquirió la especialización necesaria para el manejo de determinados tipos de aeronaves y contra incendios a costa de la empresa (TSJ Sevilla 18-10-12, EDJ 282644).

b. La realización por el trabajador de un **máster** en: materiales plásticos e ingeniería de componentes de 450 horas (TSJ Cataluña 15-1-04, EDJ 306986); en logística integral de un año de duración que permitió al trabajador acceder al puesto de jefe de logística, puesto de trabajo que pasa a desempeñar en la nueva empresa (TSJ Cataluña 30-9-03, EDJ 113838); o en dirección comercial y marketing orientado al desarrollo de las competencias que precisa el trabajo de director comercial y de marketing, y ello aunque se trate de una formación a iniciativa del trabajador sufragada al 50% por éste y la empresa, por considerar ésta era útil para su desarrollo profesional dentro de la misma, facilitándole la asistencia y diseñando su cartera de clientes para compatibilizarlo con sus estudios (TSJ Madrid 21-4-09, EDJ 106544); un máster en administración de negocios en internet y comercio electrónico que le permite al trabajador desarrollar funciones de superior categoría, cual es la actividad laboral propia de controlador, y no de analista programador (TSJ Madrid 2-6-14, EDJ 167116).

c. Un curso de especialización en **asistencia a lesionados**, rehabilitación de los mismos, realización de peritajes judiciales y asistencia a juicios necesarios para desarrollar su labor en una **mutua de accidentes** de trabajo, pese a que el trabajador estaba ya en posesión de la especialidad en medicina familiar y comunitaria adquirida por el sistema de médicos residentes, con períodos de formación práctica en un complejo hospitalario como médico de familia (TSJ Granada 5-3-02, EDJ 130002); o unos cursos formativos sobre la **gestión** propia en la empresa como mutua, cuando consta que el trabajador carece de experiencia alguna y con la finalidad de que pudiera realizar el contenido específico de gestor de zona con categoría profesional grupo III nivel octavo y salario de 2.000.000 pts/año (TSJ Cataluña 9-10-01, EDJ 44850).

d. Curso para poner en funcionamiento una sección de venta, instalación y mantenimiento de redes de **informática de software**, que el propio trabajador califica como de alta cualificación técnica (TSJ La Rioja 8-6-04, EDJ 85655); dos cursos formativos para la prestación de servicios específicos, realizados en el Reino Unido que habilitan al trabajador para realizar las funciones de técnico informático senior en entornos Alpha Server, aunque la formación redunde en beneficio del empleador porque resulta innegable también el beneficio directo que reporta para quien recibe la formación al colocarle en una **posición diferente y superior en el mercado de trabajo** y en la propia empresa y por tratarse de una formación que excedía de la formación ordinaria inherente al contrato de trabajo, y que ha permitido al trabajador los conocimientos precisos en orden al desarrollo futuro de su actividad laboral que le habilitaba para el desempeño de funciones de titulado superior, pasando a las de técnico senior en vez de técnico informático (TSJ Madrid 5-6-14, EDJ 118596).
e. La financiación por parte de un **hospital** de una estancia durante dos años en una institución especializada abonando al trabajador la nómina íntegra sin que prestase servicios efectivos con el fin de proporcionarle una especialización para mejorar la plataforma oncológica del hospital en relación con nuevos fármacos, comprometiéndose, a cambio, el trabajador a volver a su puesto al término de su formación, o a reintegrar la financiación, por lo que en caso de incumplimiento debe indemnizar al hospital (TSJ C.Valenciana 26-4-07, EDJ 371557); igualmente una formación orientada al desempeño del futuro trabajo como gestor hospitalario que redundó en una mayor cualificación del trabajador al ser conocimientos aplicables en el sector hospitalario sin ser específicos de los hospitales de la empresa (TSJ Madrid 17-11-09, EDJ 318233).
f. Un curso para obtener el carnet oficial de **operador de grúa** móvil costeado por la empresa (RD 837/2003), demostrada la escasez en el mercado de trabajadores con dicho requisito (TSJ Asturias 11-10-07, EDJ 239424).
g. La formación mediante dos cursos específicos para **gerentes** a un licenciado en empresariales sin constancia de experiencia alguna, y con la finalidad de que pudiera realizar el contenido específico de gerente de empresas (TSJ Cataluña 10-7-01, EDJ 37044).
4) En sentido contrario, **no** se admite la **validez** del pacto permanencia en el caso de una trabajadora que recibió un curso sin que conste que el empresario sufragase los gastos, y que no puede ser catalogada como una auténtica especialización profesional que redundase en una ventaja económica o laboral, pues **continuó realizando el mismo trabajo** para el que había sido contratada, sin que se intentase poner en marcha proyectos determinados o realizar un trabajo específico; por lo que, en tales condiciones, no existe ni proporcionalidad ni equilibrio de intereses entre la enseñanza recibida y la imposición de permanencia, pues ni siquiera consta que su salida voluntaria de la empresa originase un perjuicio a la empleadora (TSJ Murcia 20-10-08, EDJ 207084).
Tampoco unos **cursos de pilotaje** del Airbus gratuitos que fueron impartidos **en interés de la empresa** que cambiaba de avión y que debía dar esa formación necesaria al contrato de trabajo (TSJ Madrid 7-12-05, EDJ 267288).

Formación ordinaria o genérica excluida del pacto de permanencia (ET art.4.2.b) La formación profesional en el trabajo es un derecho de los trabajadores, incluida la dirigida a su adaptación a las modificaciones operadas en el puesto de trabajo, así como al desarrollo de planes y acciones formativas tendentes a favorecer su mayor empleabilidad. **5968**
Considerando la exclusión de la formación profesional ordinaria del pacto de permanencia que exige una formación especialísima, se pueden enumerar los siguientes **tipos de formación** que no dan lugar a este pacto y que son habituales en el marco del contrato de trabajo:
- la formación ordinaria o propia del normal desenvolvimiento de la relación laboral (TSJ Castilla-La Mancha 16-12-22, EDJ 800800; TSJ Granada 3-6-02, EDJ 72384);
- aquella que, aun susceptible de sustentar un pacto de permanencia, no cumpla los requisitos de proporcionalidad debidos.
Siendo el trabajador el acreedor o titular activo del derecho a la formación profesional, el **empleador** es **deudor** de la correlativa obligación, y está obligado a proporcionar de manera directa a sus empleados la formación necesaria y acorde con el buen desempeño de la función específica que les encomienda y a permitir y facilitar que el propio empleado se proporcione a sí mismo la formación, o la incremente (TSJ Madrid 27-12-07, EDJ 325479).
Dicha formación se desarrolla en el marco del contrato de trabajo como: la **formación continua de los trabajadores ocupados**, cuyo pago monetario al trabajador directamente encubre en realidad una retribución salarial (TSJ País Vasco 11-4-06, EDJ 97379); los **períodos de adaptación del trabajador** a un nuevo puesto de trabajo, entre los que se ha de incluir la formación que el empresario, en cumplimiento de su deber de instrucción, facilita a los trabajadores contratados en prácticas (TS 21-12-00, EDJ 55082); la **formación genérica** para llevar a cabo los cometidos propios del trabajo contratado pues es exigible un plus formativo (TSJ Cataluña 27-11-00, EDJ 43795; 29-10-99, EDJ 36487).

Precisiones Son **ejemplos** de formación que **no** puede considerarse adecuada para sostener un **pacto de permanencia**: **5970**
- la formación dada a un **programador junior informático** al que se le imparten nueve sesiones de un determinado programa informático (TSJ Cataluña 24-2-04, EDJ 99793);

- la enseñanza del manejo de un aparato para el **tratamiento técnico de la imagen y sonido** no supone poner en marcha proyectos específicos cuando se trata de una licenciada en periodismo que además sigue después realizando las mismas tareas que realizaba con anterioridad (TSJ Murcia 20-10-08, EDJ 207084);
- unos **cursos sobre los distintos productos farmacéuticos** a quien es licenciado en ciencias biológicas, estuvo 3 años en cursos de doctorado en inmunología y es contratado como visitador médico (TSJ Cataluña 9-2-04, EDJ 99463);
- **Máster Santander Banca comercial** dirigido a todos los profesionales de la división de banca comercial, del que no se demuestra que tuviera la naturaleza de formación especializada, ni que la formación proporcionada tuviese por objeto la puesta en marcha de proyectos determinados o la realización de un trabajo específico, viniendo a incidir en esta conclusión el destino proporcionado por la empresa a la trabajadora, una sucursal en la que desempeñaría el puesto de asesora financiera (TSJ Andalucía 11-9-14, EDJ 198121);
- un curso de **monitor de pilates** si no se ha acreditado que la formación recibida sirviese para poner en marcha proyectos determinados o para realizar un trabajo específico, sino más bien podría considerarse ordinaria en relación al puesto de trabajo que desempeña, pues impartir clases de gimnasia pilates constituye la actividad de la empresa (TSJ Madrid 6-6-07, EDJ 112610);
- el curso de **formación interna** que se realiza prácticamente en las fechas en que el trabajador se incorpora a la empresa y cuyo objeto no es una formación singular o cualificada, sino la formación profesional ordinaria debida por el empresario para poder desempeñar la actividad para la que fue contratado (TSJ Madrid 20-12-05, EDJ 267300; TSJ País Vasco 11-4-06, EDJ 97379);
- en alguna ocasión los **cursos cualificados de pilotos** de determinados aviones pues el supuesto difiere de otros existentes en que se desembolsaron gastos especiales en formación, mientras que en el caso examinado tan sólo varían las herramientas de trabajo impuesto por las necesidades de renovación de la flota de aviones que tenía la empresa (TSJ Madrid 7-12-05, EDJ 267288; 28-6-06, EDJ 355030) además, que la formación sea consecuencia de la necesidad de **renovación de la flota** provoca que la misma no pueda calificarse de especialización e impide considerar contradictorias estas sentencias con aquellas en que no era necesaria dicha renovación (TS auto 16-7-08, EDJ 187347);
- la formación supuestamente dirigida a obtener la **licencia de técnico de mantenimiento de aeronaves** cuando no se prueba que la formación estaba encaminada a obtenerla, ni consta que lograra el trabajador dicha licencia mientras prestó servicios ni después de los mismos, por lo que la falta de prueba de que la superación de los cursos reportara una mejora de la cualificación profesional visible y valorable hace que los cursos deban calificarse más bien de «refresco» y no de cualificación o formación especialísima (TSJ Baleares 14-7-06, EDJ 282579);
- el denominado **«LVO completo»** o **curso de operación en baja visibilidad** y el «Renovación Type Rating» (o curso de verificación de competencia por parte del operador), en ningún caso pueden entenderse que supongan una especialización profesional del piloto con cargo al empresario, y menos aún para poner en marcha proyectos determinados o realizar un trabajo específico, sino que están dentro del obligado derecho a la formación profesional en relación al trabajo, siendo además obligatorio el garantizar por el operador que se comprueben los **conocimientos y capacidades del piloto** para efectuar las tareas asociadas a su categoría a la vez que realizar entrenamientos periódicos normales, así como garantizar que cada miembro de la tripulación de vuelo sea objeto de la realización de procedimientos de emergencia, y verificar que han realizado entrenamientos en despegue de baja visibilidad, por lo que en ningún caso tendría el carácter de especialización profesional, sino de mera verificación (TSJ Cataluña 25-6-09, EDJ 229857);
- formación genérica no destinada a la adquisición por el trabajador de conocimientos o habilidades específicas: por tratarse de conocimientos generales (de utilidad fuera de la empresa) y no especiales (dentro de la empresa) en relación con un curso impartido en la **MBA de Chicago Booth** costeando la empresa el curso y la estancia, con materias de carácter general como Marketing, Estrategia, Contabilidad Analítica, Contabilidad Financiera, Liderazgo y Toma de Decisiones, no destinadas a la adquisición por el trabajador de conocimientos y habilidades específicas: una formación profesional ordinaria debida por el empresario, dirigida a mejorar las habilidades directivas del trabajador, y no ante una formación específica, en el que el pacto además era nulo por superar el tiempo máximo y por considerarlo desproporcionado en tanto la formación generalista que no justifica la imposición de la cláusula penal de devolución de los importes abonados por la empresa si abandonaba ésta antes de transcurrir tres años (TSJ Valladolid 22-10-14, EDJ 208927).

e. Coste de la formación a cargo del empresario

(ET art.21.4)

5975 Este pacto se vincula inexorablemente a la existencia de una formación pagada por el empresario para poner en marcha un proyecto determinado o realizar un trabajo específico. Por tanto, no existe una compensación económica en sentido estricto y su validez se condiciona a una **compensación en especie**.

La especialización con cargo a la empresa es el requisito esencial, habida cuenta de la finalidad o ratio del pacto de permanencia es el de **amortizar la inversión** realizada a través el

aseguramiento del compromiso de permanencia del trabajador en la empresa (TS 14-2-91, EDJ 1550).
La especialización del trabajador supone así un **gasto concreto**, perfectamente delimitado y asumido por el empleador. Lo relevante para entender cumplido este requisito no es la cuantía concreta del gasto -por cuanto de éste depende la indemnización y un menor gasto sólo significa una menor indemnización-, sino que dicho gasto sea haya sido soportado por la empresa (TS 14-11-90, EDJ 10373; 14-2-91, EDJ 1550), siendo completamente indiferente si dicha formación es, o no, **impartida** directamente por ella o si la formación ha sido abonada o financiada por la empresa mientras sea la empresa la que asuma el coste (TSJ Valladolid 22-10-14, EDJ 208927).

Precisiones 1) Respecto al cumplimiento del requisito de que la formación se sufrague por la empresa en situaciones en que **la empresa no lo hace de forma directa y específica** acreditando el pago concreto de los cursos o formación impartidos existen dos posturas diversas: 5977
a) Concurre el requisito si se demuestra su **abono indirecto**:
- cuando está incluido en el **marco de un gasto más amplio**. Así, por ejemplo, el hecho de que un curso de pilotaje no implique un desembolso material de su coste por la empresa, sino que los mismos fueran impartidos sin coste alguno, al haberse pactado su realización dentro del contrato de compra, mediante leasing de los aviones, ello no significa que el coste de los mismos no sea imputado al pacto de permanencia, en concepto de indemnización por su incumplimiento, cuando así se ha acordado por las partes. En caso de cese voluntario antes de finalizar el plazo pactado, que en el caso de autos era de dos años, el trabajador que recibió curso con pacto de permanencia debe indemnizar su coste de acuerdo con el valor que en el mercado tienen dichos cursos y que correspondía a la empresa, al ser una contraprestación del contrato de leasing de los aviones A 320, incorporados a su flota (TSJ Baleares 5-3-02, EDJ 26504);
- no es óbice el hecho de que la empresa percibiera del **FORCEM una subvención** cuando se dio con carácter global al plan de formación de la empresa que está integrado por al menos 39 cursos y acciones formativas en las que participan gran número de alumnos (TSJ Cataluña 7-5-03, EDJ 42121);
- el empleador asume, únicamente, **una parte de su coste** otorgando, además, una licencia laboral retribuida para facilitar la asistencia al mismo aunque corresponda a la trabajadora costear la mayor parte del mismo. En este caso, se entiende que existe una proporcionalidad entre los derechos y deberes de las partes porque se trata de una trabajadora cualificada, que vigente su contrato de trabajo, propone a la empresa una cofinanciación de un curso que puede resultar de interés para ambas partes, aunque esta formación especializada no fuese estrictamente necesaria para ejecutar la prestación laboral, ni fuese indispensable la cooperación empresarial -salvo para asumir una parte del coste- pues la trabajadora podía hacer uso de la previsión del convenio colectivo en relación a los permisos sin sueldo y al derecho a la adaptación de la jornada ordinaria de trabajo para la asistencia a cursos de formación profesional o a la concesión del permiso de formación o perfeccionamiento profesional con reserva del puesto de trabajo (TSJ Cataluña 10-4-07, EDJ 110395).
b) **No** concurre el requisito de haberse **abonado** específicamente por la empresa la formación, siendo el pacto nulo cuando:
- los cursos de pilotaje del Airbus se imparten **gratuitamente a la empresa** como contrapartida de la compra de dichos aviones. Al no existir desembolso no puede pedir la empresa reintegro de cantidad alguna, tampoco al amparo del convenio colectivo que no es aplicable en este caso por no existir curso a cargo de la empresa. Máxime cuando tales cursos gratuitos eran en interés de la empresa que cambiaba de avión y que debía dar esa formación necesaria al contrato de trabajo (TSJ Madrid 7-12-05, EDJ 267288);
- se trata de **formación continua** de los trabajadores ocupados cuyo pago monetario al trabajador directamente encubre en realidad una retribución salarial (TSJ País Vasco 11-4-06, EDJ 97379).
2) La problemática del pacto de permanencia plantea nuevos perfiles cuando se trata de la relación laboral de carácter especial de **deportistas profesionales**, ya que en ella se presume que siempre se da esta especialización con cargo a la entidad deportiva y se prevé que para el caso de que tras la extinción del contrato por expiración del tiempo convenido el deportista estipulase un nuevo contrato con otro club o entidad deportiva, mediante convenio colectivo se puede pactar la existencia de una compensación por preparación o formación, correspondiendo al nuevo club su abono al de procedencia (RD 1006/1985 art.14.1). Aunque ha de tenerse en cuenta, a este respecto, la revisión que de tal compensación se debe hacer a la luz de la jurisprudencia del Tribunal de Justicia en la interpretación del **Derecho de la UE** (TJUE 15-12-95, asunto Bossman C-415/93).

f. Duración

(ET art.21.4)

Aunque la duración del compromiso de permanencia se prevé que sea determinada por las propias partes, se establece un **plazo máximo legal** de 2 años para el conjunto de los trabajadores. Este plazo se justifica porque es el periodo que el legislador considera razonable de permanencia con el que se considera amortizada la inversión de la empresa en la formación específica del trabajador; por ello, debe necesariamente ajustarse la indemnización a pagar 5985

por el trabajador al tiempo que reste por cumplir del pacto de permanencia para mantener el equilibrio de intereses recíprocos (TSJ Madrid 2-6-14, EDJ 167116).
El **tiempo que supere el máximo legal** establecido resulta nulo en el exceso (ET art.9.1; TSJ Las Palmas 5-5-05, EDJ 88364; 23-6-05, EDJ 117711). Esta nulidad parcial exige respetar la validez del pacto en todos los elementos y aspectos conformes a derecho pero, sin embargo, impone la sustitución de la duración pactada por la prevista en el precepto jurídico por lo que si, por ejemplo, se ha pactado un plazo de 3 años debe interpretarse que en realidad el pacto ha sido de máximo 2 años (TSJ Canarias 23-6-05, EDJ 117711; 5-5-05, EDJ 88364); o si se pacta un plazo de 5 años y se comprueba que esta es la voluntad de las partes, debe darse validez al pacto pero limitando su duración a 2 años, por lo que si dimite antes de los 2 años el trabajador debe abonar la indemnización por el incumplimiento (TSJ Sevilla 20-2-07, EDJ 31011). Se ha admitido la validez de un pacto de permanencia excedía del máximo legal de 2 años (de 4 años) al fijarse desde el inicio del curso y no desde su término, pero con eficacia queda limitada a los 2 años que exige la ley, no considerándose desproporcionado por la ventaja de la formación ofrecida a cambio, pues se trata de un Máster de especialización singular que supone un plus en la cualificación del trabajador, recibiendo mayores facilidades de colocación en el futuro (TSJ Madrid 22-2-23, EDJ 521287).

Precisiones El régimen general de duración del pacto sufre algunas modificaciones en el marco de alguna relación laboral especial:
- respecto del personal de **alta dirección**: la duración de la obligación de permanencia se deja a la autonomía contractual de las partes pudiendo prever, en consecuencia, un pacto de duración mayor (nº 7806);
- respecto de la relación laboral especial del **personal civil no funcionario** al servicio de establecimientos militares se prevé un período máximo de 3 años (RD 2205/1980 art.20.2).

5987 **Inicio del cómputo de la obligación de permanencia** Una vez celebrado el pacto de permanencia, el inicio del cómputo del periodo pactado de mantenimiento de la prestación servicios laborales al servicio de la empleadora como compensación de la cualificación profesional recibida, debe computarse desde que dicha cualificación se ha recibido. Este momento de inicio del cómputo se infiere del tiempo verbal utilizado por el legislador («haya recibido«) para establecer el referido pacto de permanencia en la empresa y de la propia reciprocidad de las obligaciones contraídas en virtud del pacto de referencia (TS 1-3-90, EDJ 2324).
El problema se plantea cuando la especialización no se ha realizado de modo aislado y, por el contrario, se ha **compaginado la formación con el trabajo** en la empresa. En estos casos debe tenerse en cuenta la efectiva prestación de servicios y ponderarse por el juez el inicio del tiempo pactado (y el cumplimiento o no de la obligación de permanencia) pues, en el fondo, ya se está amortizando en cierta medida una pequeña parte de dicha especialización.

Precisiones **1)** Si se ha estipulado que la especialización se obtendría en un **determinado periodo temporal,** no quedaría comprendida en el pacto una formación posterior y, en consecuencia, la empresa no puede reclamar su importe en caso de incumplimiento del pacto por parte del trabajador (TSJ Madrid 23-5-07, EDJ 112598), pues para **cada especialización** debe suscribirse un nuevo pacto de permanencia (TSJ Madrid 28-2-07, EDJ 61821).
2) Si la empresa realiza el **curso** de verificación de competencia **cada 6 meses** y se entiende que el trabajador no puede desvincularse de la empresa hasta 2 años después de cada uno de estos cursos, el pacto de permanencia devendría perpetuo y no limitado a los 2 años exigidos legalmente, debiendo entenderse como una renuncia anticipada de derechos prohibida y abusiva por parte de la empresa (TSJ Cataluña 25-6-09, EDJ 229857).

3. Extinción del pacto

5995 En todo caso el pacto se extingue cuando concurre alguna de las siguientes **circunstancias**:
- se agota el plazo pactado de permanencia;
- por mutuo acuerdo extintivo;
- por causa consignada válidamente en el contrato;
- por falta de continuidad en la formación;
- cuando el trabajador no acepta la prórroga del contrato temporal y éste llega a su fin ya que en tal caso no hay incumplimiento del pacto (ni procede la indemnización) al extinguirse la relación laboral por causa no imputable al trabajador (TSJ País Vasco 18-1-00, EDJ 31288).

El hecho de que el pacto de permanencia se configure como una excepción al principio de libertad de dimisión del que goza el trabajador, provoca que cuando las partes pacten, **simultáneamente, un período de prueba y un pacto de permanencia** en el contrato de trabajo, el período de prueba -sobre todo, el libre desistimiento inherente al mismo- quede sin efecto, cuando la especialización profesional costeada por la empresa se realice durante el mismo; esto es, cuando se celebra un pacto de permanencia y uno de prueba al mismo tiempo, debe

interpretarse que el primero anula o deja sin efecto al último (TS 14-2-91, EDJ 1550; TSJ Sevilla 26-10-99, EDJ 39731). En interpretación a contrario, puede sostenerse que el período de prueba despliega, sin embargo, todas sus posibilidades extintivas -libre desistimiento- en aquellos casos, en los que la especialización profesional no se realice durante su vigencia. El pacto no puede hacerse valer por la empresa hasta tanto no haya transcurrido el periodo de prueba, equilibrándose así los intereses de las partes, pues ambas pueden tomar la decisión unilateral de poner fin a la relación que les une (TSJ Madrid 25-9-09, EDJ 268106; TSJ Sevilla 26-10-10, EDJ 289393).
Sin embargo, este pacto, en principio, no parece impedir que el trabajador pueda liberarse de su obligación de permanencia cuando la extinción se produce como consecuencia de una **causa de extinción distinta a la dimisión**. Esta regla general, para la que no surgen dudas cuando el trabajador resuelve su contrato de trabajo por **incumplimiento previo del empleador**, plantea algunos interrogantes cuando la extinción del contrato se produce como consecuencia de un **despido disciplinario** llevado a cabo por el empleador por incumplimiento culpable del trabajador.

Precisiones 1) Aunque el tenor literal del ET art.21.4 alude al abandono del trabajador, debe entenderse hecha la referencia a la dimisión del trabajador, esto es, a la **extinción unilateral por voluntad del trabajador** realizada con preaviso. El abandono del trabajador antes del plazo convenido, por su propia voluntad unilateral y sin cumplir el preceptivo plazo de preaviso inherente a un correcto ejercicio del derecho de dimisión (ET art.49.d) genera un incumplimiento adicional al del propio incumplimiento de la obligación principal del pacto de permanencia. El abandono del trabajador, en consecuencia, constituye un incumplimiento adicional del contrato de trabajo a añadir al propio incumplimiento de la obligación de permanencia asumida por la especialización profesional recibida. 5997
2) La cláusula del pacto de permanencia por 2 años, inserto en un mismo contrato en el que a la vez se especifica el **carácter indefinido** del mismo **y se concierta un período de prueba** de 6 meses, evidencia que su nacimiento ha dejado sin efecto el pacto de 6 meses sobre la prueba establecido para el supuesto de que tal especialización no se produjera. Conduciría al absurdo pensar que una empresa satisfaga los gastos de especialización de un trabajador, para que éste aproveche los nuevos conocimientos para ingresar inmediatamente sin sujeción al tiempo pactado y sin responsabilidad, en otra compañía del mismo sector. La ineficacia del pacto de prueba, por consiguiente, hace exigible el preaviso en caso de dimisión del trabajador (TS 23-7-90, EDJ 7985; 14-2-91, EDJ 1550).
3) El problema reside en valorar hasta qué punto el **incumplimiento grave y culpable del trabajador** no ha sido provocado por éste, precisamente, para quedar liberado de su obligación de permanencia y de la indemnización que llevaría aparejado su incumplimiento si hubiera solicitado él mismo la extinción haciendo uso de su posibilidad de dimisión. Precisamente para soslayar los efectos perniciosos que podrían producirse en estos supuestos, debe entenderse que cuando el **despido disciplinario** es declarado **procedente**, el trabajador ha incumplido la obligación de permanencia asumida y, en consecuencia, puede ser objeto de las reclamaciones de daños y perjuicios que, en su caso, sean procedentes, pues ha rescindido su contrato antes de que concluya el tiempo de vigencia de la cláusula sin causa que lo justifique, y por tanto debe indemnizar al empresario por este concepto (TS 29-12-00, EDJ 55106). Por el contrario, ante un **supuesto de premio de fidelidad** por un trienio en la empresa, cuando la extinción se produce por despido declarado improcedente, se ha entendido que dejar sin efecto la retribución especial pactada sería dejar en manos de la empresa y de una sola de las partes, la validez de la misma (TSJ Sevilla 30-9-03, EDJ 217329).
4) No afecta el pacto de permanencia a la extinción del contrato de trabajo por **baja no voluntaria, sino forzosa**, debida a fuerza mayor e impuesta por la no aceptación de la Administración Publica del cese de compromiso con las Fuerzas Armadas, por incompatibilidad con su trabajo en Binter, extremo de no autorización de baja en las Fuerzas Armas que era conocido por esta última empresa cuando firmó el contrato (TSJ Canarias 27-7-04, EDJ 139503).

4. Incumplimiento del pacto de permanencia

En la medida en que se trata de obligaciones sinalagmáticas y ambas partes deben cumplir sus recíprocas prestaciones, el incumplimiento del pacto de permanencia puede provocarse tanto por el empleador como por el trabajador. 6005

Incumplimiento empresarial El empleador incumple el pacto si **no ofrece al trabajador** una especialización profesional a su cargo. En tal caso el trabajador puede considerar inexistente y nulo su compromiso de permanencia, y la indemnización a la empresa no procede en modo alguno (TSJ Murcia 5-9-06, EDJ 295317; 20-10-08, EDJ 207084; TSJ Valladolid 20-12-06, EDJ 381614). Y ello aunque conste que se le pagaba al trabajador una cuantía anual destinada a formación continua mediante cursos diversos, cuando ello lo que en realidad encubre es una retribución salarial con la apariencia de un pacto de permanencia, ya que en tal caso la empresa, para poder sostener la validez del pacto de permanencia, debería haber controlado 6007

el destino del dinero o haber propiciado directamente la formación (TSJ País Vasco 11-4-06, EDJ 97379).
Igualmente, existe incumplimiento empresarial, aunque alegue que es por causas ajenas a su voluntad, cuando se ha demostrado que en el momento en que suscribe el pacto con el trabajador acaba de rescindir el contrato concertado con la empresa encargada de la formación y no vuelve a concertarlo con otra mercantil tras producirse la extinción del contrato del trabajador, sin haber dado mientras tanto una formación especial y sólo proporcionar un par de cursos de un total de 7 días y un par de seminarios calificables de formación ordinaria (TSJ País Vasco 16-5-06, EDJ 387969).

6009 **Incumplimiento del trabajador** El trabajador incumple las obligaciones derivadas del pacto de permanencia por las causas siguientes:
- si hace uso de su facultad de **dimitir** y extingue el contrato de trabajo antes de que haya expirado completamente el período de permanencia pactado con el empleador, aunque dimita para prestar trabajo a otra empresa del grupo con la que no hay confusión (TSJ Las Palmas 23-6-05, EDJ 117711);
- cuando solicita la **excedencia** voluntaria (TS 29-12-00, EDJ 55106) o por cuidado de familiar (TSJ Madrid 17-4-23, EDJ 572522).
- en caso de **despido disciplinario** antes de la finalización del plazo permanencia de 2 años (TSJ Cataluña 19-4-21, EDJ 633962)

No cabe hablar de **incumplimiento** de la obligación contraída en aquellos casos en que la extinción del contrato se produce por una causa no imputable al trabajador directamente (por ejemplo, si el trabajador solicita judicialmente la extinción del contrato por incumplimiento grave y culpable del empresario).
El incumplimiento del pacto de permanencia por parte del trabajador, habida cuenta del carácter personalísimo de la obligación que le es inherente (seguir trabajando en la empresa durante el tiempo pactado), impide su ejecución *in natura*, generando, en compensación, una reparación del daño causado por la vía de la **indemnización de daños y perjuicios**, siempre que los mismos se hubieran demostrado (TS 14-2-91, EDJ 1550; 27-3-91, EDJ 3345; TSJ Baleares 5-3-02, EDJ 26504). No obstante, en tanto está en juego el derecho al trabajo y la libre dimisión del trabajador, la interpretación del pacto debe ser restrictiva, dentro del marco legal y sólo extendiendo el alcance del mismo al ámbito estricto de lo pactado en virtud del CC art.1283 (TSJ Madrid 2-6-14, EDJ 167116).

6011 **Cuantía de la indemnización** La norma no establece una indemnización tasada por lo que, en **ausencia de una cláusula penal pactada**, se ha de acudir a los criterios generales de fijación judicial:
- demostración del daño causado;
- cuantía del mismo;
- conexión del daño con el incumplimiento del pacto por parte del trabajador.

Por lo general, la **culpa o negligencia** se encuentra implícita en la extinción del trabajador por dimisión o abandono (no así si hay previo incumplimiento del empresario).
Los **conceptos** comprendidos en la indemnización de daños y perjuicios que puede solicitar el empresario son:
1. El valor de la pérdida que haya sufrido, es decir, el **coste de la especialización profesional** y los desembolsos efectivos realizados por el empresario (TS 1-3-90, EDJ 2324; 27-3-91, EDJ 3345).
2. El **tiempo de permanencia cumplido** por el trabajador debe descontarse de modo proporcional de la indemnización al disminuir el perjuicio. En la valoración del tiempo que falte hasta la terminación del plazo fijado también se tiene en cuenta si el incumplimiento ha sido total o parcial (debiendo tenerse en cuenta si se ha simultaneado o no la especialización con el trabajo efectivo y si ello significa o no una amortización inicial del coste empresarial). La indemnización se fijaría así en función del tiempo de permanencia del trabajador en la empresa y sería inversamente proporcional a esa permanencia (TSJ La Rioja 8-6-04, EDJ 85655), ajustándose al tiempo que reste por cumplir del pacto de permanencia, para mantener de este forma el necesario y recíproco equilibrio en las contraprestaciones de ambas partes, a salvo de que la empresa acredite la concurrencia de especiales circunstancias que justificasen mantener en su totalidad la indemnización pactada (TSJ Cataluña 16-11-09, EDJ 328713). Así, si sólo queda un mes para la finalización del plazo pactado de permanencia no cabe que la empresa solicite el reintegro íntegro del curso y sólo tiene derecho a la parte proporcional en función de los días incumplidos (TSJ Madrid 24-3-06, EDJ 56124).
3. Junto al daño efectivo, se establece que la indemnización de daños y perjuicios debe comprender igualmente (previa demostración, determinación y conexión) el valor de la **ganancia que haya dejado de obtener** (CC art.1106). Esta exigencia en el marco del pacto de permanencia, podría concretarse en la dificultad de encontrar de modo inmediato un sustituto

del trabajador así como en la posible repercusión de los conocimientos especiales en una empresa de la competencia (TS 19-11-84; 23-7-90, EDJ 7985). La indemnización se incrementa cuando el trabajador incumple el pacto para realizar un trabajo en una empresa de la competencia (TSJ Extremadura 6-5-99, EDJ 84173).

Precisiones 1) El coste de la especialización profesional **no** tiene ninguna **conexión con el salario** del trabajador que por ello no puede servir de baremo. Resulta nula la vinculación de una parte del salario a la permanencia pues el salario retribuye el trabajo efectivo o los períodos computables como tal, y su devengo no se pierde, una vez prestado el trabajo, aunque se incumpla el deber de permanecer de suerte que la transgresión del pacto únicamente puede generar una obligación de indemnizar los daños y perjuicios sufridos por el empresario, cuyo exacto alcance se contrae al de los gastos generados por esa formación impartida al trabajador, pero nunca la pérdida de un salario ya devengado, máxime cuando está prohibida la **multa de haber**. Nuestro ordenamiento no tolera que se pueda perder el salario correspondiente a un trabajo ya realizado por el incumplimiento de alguna de sus obligaciones derivadas del contrato de trabajo (TSJ País Vasco 16-5-06, EDJ 387969). 6013

2) El coste, no obstante, puede presentar una **conexión con la mayor o menor duración del curso** de especialización profesional (TS 14-11-90, EDJ 10373), ya que los cursos de mayor duración suelen incrementar el coste de la especialización; esta conexión, no obstante, debe probarse en todo caso ya que la relación no es siempre directa, por ejemplo, es perfectamente posible que un curso de pocos días sea mucho más costoso que otro de mayor duración simplemente por la dificultad de llevarlo a cabo por la especialidad de las técnicas o métodos empleados.

3) La jurisprudencia mayoritaria entiende que la indemnización se determina en razón exclusiva a los **desembolsos efectivos** realizados por el empresario (TS 1-3-90, EDJ 2324; 14-2-91, EDJ 1550; 27-3-91, EDJ 3345).

4) En alguna ocasión se ha firmado que corresponde el pago de los **gastos de avión y de la mudanza** derivados del contrato de trabajo al trabajador incumplidor, una vez que dichos daños han sido demostrados y la empresa los ha abonado atendiendo a que la relación laboral iba a continuar desarrollándose (TSJ Madrid 28-6-06, EDJ 341552). Por el contrario, además de que se considere ausente la formación especial necesaria para sustentar el pacto de permanencia en el caso que examina, se precisa que la indemnización pretendida por la empresa no abarca los **gastos de transporte y lavandería** abonados por ella mientras los pilotos realizaban los cursos pues se trata de gastos realizados en exclusivo interés del empresario y su reembolso, por ello, no es exigible (TSJ Madrid 7-12-05, EDJ 267288; 28-6-06, EDJ 355030).

5) En algún supuesto se admite la reclamación de cantidad por el coste soportado por la empresa durante el periodo que el trabajador ha estado formándose en el **extranjero**, incluyendo costes fiscales y de Seguridad Social en tanto que durante este periodo la empresa no recibió prestación laboral alguna por parte de éste (TSJ C.Valenciana 26-4-07, EDJ 371557). Pero en otros se ha considerado desproporcionada la inclusión de los **costes salariales y de Seguridad Social** (TSJ Madrid 28-5-10, EDJ 142097).

6) En una formación **a iniciativa del trabajador y costeada al 50%** con la empresa, la aportación del trabajador pertenece a su esfera privada y no queda en el ámbito del pacto, pero sí el importe desembolsado por la empresa, que consideró una acción útil y coherente con su desarrollo profesional dentro de la misma (TSJ Madrid 21-4-09, EDJ 106544).

7) **No** es admisible que la empresa fije a su arbitrio y **por aproximación** una determinada cantidad destinada a la formación del trabajador, prevista en términos imprecisos o inicialmente desconocidos, que, sin embargo, al final puede ser superior a la realmente causada, por lo que la cláusula que cuantifica los daños y perjuicios de forma que no responde a los exactamente producidos, ha de tenerse por excesiva y por ello nula (TSJ Madrid 15-11-10, EDJ 316597).

Cláusula penal Las partes siempre pueden establecer una cláusula penal, aunque algún pronunciamiento considere que es necesario cifrar de antemano la cuantía del perjuicio experimentado por la empresa en caso de que el empleado incumpla el pacto (TSJ Madrid 27-12-07, EDJ 325479) 6015

Por lo general, el establecimiento de una cláusula penal **sustituye** a cualquier otra posible **indemnización** que pudiera solicitarse por el mismo concepto (CC art.1152 y 1153; TSJ Madrid 27-12-07, EDJ 325479; TSJ Asturias 11-10-07, EDJ 239424).

Esta indemnización establecida por la vía de la cláusula penal tan sólo puede ser **modificada por el juez** de acuerdo con criterios de equidad en aquellos casos en los que la obligación de permanencia hubiera sido cumplida en parte (CC art.1154; TS 1-3-90, EDJ 2324). La indemnización estipulada en la cláusula penal debe adecuarse al tiempo efectivo de incumplimiento del pacto para mantener el necesario equilibrio de las contraprestaciones de ambas partes, a salvo de que la empresa hubiere acreditado la concurrencia de especiales circunstancias que justificasen mantener en su totalidad la indemnización pactada, con independencia del tiempo que restaba para agotar el pacto de permanencia (TSJ Madrid 2-6-14, EDJ 167116).

Por ello, en el establecimiento de esta cláusula penal es siempre conveniente que se introduzca una **cláusula de proporcionalidad indemnizatoria** en función del tiempo de cumplimiento evitándose, de este modo, la intervención judicial. Se trata de prefijar la indemnización a pagar

por incumplir totalmente del plazo de permanencia comprometido y prorratear dicho total por el número de meses o días para aquellos casos en que tan sólo se produzca un incumplimiento parcial, estableciendo una indemnización inversamente proporcional al tiempo de permanencia del trabajador en la empresa.
Así, **por ejemplo**, para un pacto de 2 años puede fijarse una indemnización de daños equivalente al costo del curso de especialización realizado si resuelve la relación laboral dentro del año inmediato a haber finalizado el mismo y la mitad del costo si lo resuelve dentro del segundo año (TS 14-11-90, EDJ 10373).
Por otro lado, se considera lícito y adecuado establecer en la cláusula penal que procede el **descuento** de la indemnización debida **del finiquito o de la liquidación** de la extinción de la relación laboral (TSJ Cataluña 30-9-03, EDJ 113838; TSJ Sevilla 7-10-03, EDJ 217206).

Precisiones Se consideró desproporcionada la cláusula que consistía en la **pérdida de todo el salario** devengado desde el inicio de la relación laboral hasta la fecha de cese unilateral del trabajador (TSJ País Vasco 23-10-01, EDJ 76938).

6017 **Concurrencia con la indemnización por incumplimiento del preaviso en la dimisión** La indemnización por incumplimiento del pacto de permanencia se encuentra imbricada, pero no ha de confundirse con la derivada del incumplimiento del deber de preaviso anejo a la dimisión. El incumplimiento es doble, si el trabajador además de incumplir el pacto de permanencia, decide irse de la empresa antes del tiempo comprometido, esto es, abandona su puesto de trabajo y no dimite conforme a derecho (sin mediar preaviso). Ante este incumplimiento doble también se genera la posibilidad de reclamar vía judicial **dos indemnizaciones** de distinta naturaleza a través de **una única acción** de reclamación de cantidad que englobe el monto total pretendido (TS 23-7-90, EDJ 7985; 27-3-91, EDJ 3345).
Esta indemnización por falta de preaviso (diferente y autónoma de la de permanencia) puede ser por el incumplimiento total del período de preaviso (TS 23-7-90, EDJ 7985) o por el incumplimiento parcial (TS 14-11-90, EDJ 10373).
La **finalidad** de las indemnizaciones también es distinta, ya que el preaviso tiene como fin evitar los perniciosos efectos que para la productividad y organización empresarial suponen las bajas laborales inesperadas (TSJ Cataluña 22-10-99, EDJ 37957). No se debe la indemnización de preaviso, en todo caso, cuando se prueba que es la empresa quien da de baja en la Seguridad Social al trabajador antes de tiempo (TSJ País Vasco 11-4-06, EDJ 97379).

IV. Cláusulas resolutorias

6025

6027 A pesar de las importantes limitaciones a las que está sometida la autonomía de la voluntad de las partes con relación a la fijación de la duración del contrato, nuestro ordenamiento reconoce la posibilidad de que el contrato de trabajo se extinga por las **causas consignadas válidamente en el contrato** (ET art.49.1.b), salvo que ellas constituyan abuso de derecho manifiesto por parte del empresario.
Se trata de una manifestación específica de las **obligaciones condicionales** reguladas en el ámbito civil. Se caracterizan por la sujeción de la continuidad de la relación obligatoria a una condición en la que han de concurrir conjuntamente los requisitos de que se trate de un hecho futuro y objetivamente incierto.

1. Supuestos

6035 Se viene admitiendo por la jurisprudencia, además del establecimiento de un período de prueba (nº 5550), con las limitaciones que se indican a continuación, la inclusión en el contrato de trabajo -con independencia de la modalidad contractual- de diversas con condiciones resolutorias. No obstante, tales cláusulas plantean importantes problemas casuísticos desde el punto de vista jurídico, siendo, en ocasiones, declaradas nulas por los tribunales.
Se estudian a continuación las condiciones resolutorias más representativas, tales como la obtención de un rendimiento mínimo, la obtención o pérdida de un título o autorización habilitante, o a la renovación de un carné profesional, entre otras.

Cláusula de rendimiento mínimo En el contrato de trabajo se puede consignar la condición de la obtención de un rendimiento mínimo para el mantenimiento de la relación laboral (TS 20-10-86, EDJ 6561. Un ejemplo típico es pactar un número mínimo de ventas (TS 23-2-90, EDJ 2021). Para la correcta implantación de este tipo de cláusulas se exige la concurrencia de los siguientes **requisitos** (TS 3-7-20, EDJ 601144; TSJ Cataluña 6-11-23, EDJ 781939; TSJ Galicia 18-04-23, EDJ 574130). 6037

- que el **rendimiento** exigido al trabajador quede **determinado** contractualmente desde el inicio de la relación laboral, sin poder variar en función de la voluntad unilateral del empresario;
- que exista una **retribución proporcionada** y adecuada al rendimiento exigido;
- el rendimiento pactado ha de ser **razonable,** que no sea de imposible realización;
- debe existir un **elemento comparativo** dentro de condiciones homogéneas que sirva de referencia para justificar la existencia o no de disminución del rendimiento, ya sea atendiendo a un criterio subjetivo tomando como medida el conseguido por el propio trabajador con anterioridad, ya sea atendiendo a un criterio objetivo remitiéndose al rendimiento marcado por otros trabajadores que realicen la misma actividad (TS 1-7-20, EDJ 640167; TSJ Cataluña 22-3-24, EDJ 586632; TSJ Castilla-La Mancha 24-11-22, EDJ 762684)
- que el **incumplimiento** que determina la extinción contractual no obedezca a circunstancias imprevistas o extraordinarias, como el cambio en las condiciones laborales de forma sustancial que impide la consecución de los objetivos pactados como consecuencia de la falta de adaptación de estas nuevas condiciones (TSJ Asturias 16-10-15, EDJ 251591), o el disfrute de un periodo vacacional durante el periodo de tiempo en el que se alega el incumplimiento del rendimiento pactado, siempre que el periodo vacacional no ocupe la mayor parte de dicho periodo (TSJ Galicia 23-9-14, EDJ 191309).

En todo caso, para apreciar la existencia de bajo rendimiento como causa de resolución del contrato de trabajo, es necesario que concurran, además de las notas de voluntariedad o **intencionalidad y reiteración** o continuidad. La cláusula resolutoria debe ejercitarse con arreglo a los principios de la buena fe y no puede basarse únicamente en resultados sin considerar otros factores que puedan influir en el rendimiento del trabajador, como la situación del mercado o la competencia (TS 14-12-2011, EDJ 344352).

No son admitidas aquellas cláusulas que exigen un **rendimiento superior al normal** (TSJ Asturias 28-3-03, EDJ 61075), ni las **impuestas unilateralmente** por la empresa -como cláusulas tipo- que prevén la **extinción automática del contrato** si no se alcanza un rendimiento del 75% respecto de la media de los trabajadores del mismo servicio, sin tener en cuenta factores objetivos o subjetivos que pudieran haber influido en el bajo rendimiento y sin indemnización alguna (TS 16-9-24, EDJ 695764).

Precisiones **1)** Se considera **idóneo** un determinado rendimiento que puede establecerse mediante cláusula resolutoria, cuando desarrollándose la actividad en las mismas condiciones sus compañeros realizaron las ventas y el trabajador cuyo contrato se extinguió no llevó a cabo ninguna (TSJ Burgos 7-6-06, EDJ 248558).Controvertidamente, se admite la validez de la cláusula resolutoria fundada en el bajo rendimiento de la trabajadora y la validez de la extinción basada en ella, sin que su embarazo tuviera incidencia o fuera una circunstancia excepcional que motivara la improcedencia de la extinción contractual a pesar de la constatación de la falta de objetivos pactados (TSJ Galicia 23-1-14, EDJ 18259)

2) Se ha considerado **abusiva** la cláusula de rendimiento cuando, por ejemplo:
- se aplica de manera desvinculada de la actividad del trabajador pues, en ocasiones, a pesar de que los trabajadores sigan las instrucciones impartidas por la empresa y cumplido sus obligaciones no se cumplen los objetivos. Así sucede en el caso concreto de venta de bienes inmuebles, pues el rendimiento depende de la voluntad de los clientes, y no solamente de la diligencia del trabajador (TSJ Galicia 30-10-06, EDJ 458446);
- se exige el cumplimiento de un rendimiento en un breve periodo sin distinción de razones o circunstancias, ni siquiera de enfermedad o de periodo vacacional (TSJ Murcia 3-12-07, EDJ 311483).

3) Es difícil **distinguir** entre la resolución contractual por incumplimiento del pacto de rendimientos mínimos **del despido disciplinario por disminución continuada y voluntaria del rendimiento**. En ambos supuestos, el bajo rendimiento o el déficit de calidad sobrevenida, agotado ya el periodo máximo de prueba, debe ser imputable al trabajador, lo que impone a la empleadora, para obtener la facultad del unilateral desistimiento, la aportación de objetivos elementos que informen de que en términos absolutos, relativos y comparativos la decisión es justificada (TS 1-7-20, EDJ 640167. Así, **por ejemplo**, se considera que lo que se ha producido es la simple extinción del contrato de trabajo por la mera constatación de no haber alcanzado el rendimiento mínimo, sin que se hayan aportado elementos de comparación con otros investigadores o criterios objetivos de evaluación que sirvan para concluir que el incumplimiento puede ser imputado al trabajador, con lo que procede la declaración de despido improcedente (TSJ Cataluña 22-5-13, EDJ 108729; TSJ Cantabria 14-11-14, EDJ 231462).

6039 **Obtención o pérdida de autorización o título profesional habilitante** Por un lado, se han admitido como válidas las causas que condicionan la vigencia del contrato a la **obtención** de una determinada titulación profesional (TS 5-12-85, EDJ 6361), o a la renovación de un carné profesional (TS 3-11-89, EDJ 9810).

Por otro lado, como cláusula extintiva del contrato puede establecerse la **pérdida** del permiso o habilitación administrativa. Sin embargo, dada la casuística existente, hay que tener en cuenta diversas consideraciones, por ejemplo:

1. La cláusula contractual que permite el despido por la **pérdida del carné de conducir** puede considerarse abusiva si priva al trabajador de sus derechos legales y no se acredita que dicha pérdida impida el desempeño -en el caso, como mecánico- de sus funciones laborales (TSJ Cataluña 21-6-23, EDJ 651116; o se produce por la pérdida de facultades físicas determinantes de un expediente de invalidez permanente (TSJ Asturias 26-5-00, EDJ 19791). En otros supuestos, la no renovación del carné de conducir, siendo imprescindible para el desarrollo del puesto de trabajo, puede ser objeto de despido disciplinario (TSJ Galicia 14-9-22, EDJ 702194).

2. En determinadas ocasiones, la válida extinción de la relación laboral ha de producirse mediante un **despido objetivo por ineptitud sobrevenida** y no en base a una cláusula resolutoria, como por ejemplo:

- si la pérdida se produce por causa de un **cambio normativo**, que impone nuevos o más exigentes requisitos para el desarrollo de una prestación laboral (TS 29-12-88, EDJ 10180; TSJ Sevilla 22-9-16, EDJ 200996).
- la **pérdida** de la **autorización para trabajar en España** no puede considerarse una causa de extinción válidamente consignada en el contrato, puesto que genera la ineptitud del trabajador extranjero, al determinar una falta sobrevenida de las cualidades necesarias para ser contratado (TS 23-6-21, EDJ 609740; TSJ Galicia 31-1-24, EDJ 508202; TSJ Murcia 11-7-23, EDJ 653662); TSJ C.Valenciana 3-5-22, EDJ 618141).
- la pérdida de la **autorización de acceso al puerto** constituye una ineptitud sobrevenida que impide al trabajador desempeñar sus funciones (TSJ Galicia 12-11-20, EDJ 758171).

No se ha considerado válida la cláusula cuando la pérdida **no afecta a sus funciones** del trabajador (TSJ Baleares 7-5-01, EDJ 27992); o aquella consistente en la denegación de la habilitación personal de seguridad que otorga la **Administración pública empleadora** al suponer la extinción contractual de forma unilateral por su parte, sin que el trabajador afectado conozca las concretas causas de extinción que justifican su cese (TSJ Madrid 5-5-14, EDJ 89993; 7-7-14, EDJ 163008).

6041 **Otros supuestos** **1. Contratos vinculados a otro contrato.** Desde el 30-3-2022 ha quedado eliminado el contrato para obra o servicio determinado, no pudiendo vincularse el vigente contrato por circunstancias de la producción a la realización de trabajos en el marco de **contratas, subcontratas o concesiones administrativas** que constituyan la actividad habitual u ordinaria de la empresa, sin perjuicio de su celebración cuando concurran las circunstancias de la producción necesarias para la válida utilización de esta modalidad contractual (ET art.15.2).

Esta limitación recoge la última **jurisprudencia del TS** rechazando como causa temporal válida para la celebración de un **contrato temporal** la vinculada a la duración de una contrata o encomienda de gestión en aquellos supuestos en los que la actividad de la empresa es, precisamente, prestar servicios para terceros de forma permanente a través de contratas mercantiles o concesiones administrativas de duración determinada o temporal (TS 27-1-21, EDJ 503914; 29-12-20, EDJ 748575).

Asimismo, también se ha considerado nula la nulidad de la cláusula resolutoria incluida **en contratos indefinidos** por suponer la desnaturalización de esta modalidad contractual, por ejemplo, al vincular la relación laboral a la duración de un contrato mercantil entre el empleador y otra empresa (TSJ Asturias 16-3-21, EDJ 557477) o en el caso de finalización o resolución anticipada del acuerdo alcanzado con el cliente para la fabricación de productos de marca blanca para un determinado cliente (TS 3-2-10, EDJ 19303). La eventual pérdida de algún cliente o pedido podría resolver el contrato por la vía del despido objetivo, pero no por una cláusula en tal sentido consignada en el contrato con la finalidad de eludir la indemnización legal por otra notoriamente inferior.

2. En los supuestos de **cobertura definitiva de una plaza** respecto de los contratos declarados indefinidos no fijos en la Administración Pública (TS 27-5-02, EDJ 32114; TSJ Galicia 8-2-13, EDJ 32090).

3. Respecto de **deportistas profesionales** se consideró válida la cláusula resolutoria asociada al descenso de división del club, de forma que la resolución contractual es procedente aunque posteriormente, y por causas ajenas a la voluntad de las partes, como son motivos administrativos- el club vuelva a recuperar la categoría (TSJ Murcia 16-2-15, EDJ 12290).

4. En determinados ámbitos, se ha admitido la validez de una condición resolutoria que vincula el mantenimiento del contrato a la superación anual de la **evaluación anual en el desempeño** de las tareas recomendadas, siempre que esté prevista en el contrato y en la ley aplicable, por ejemplo, para un médico residente (JS Salamanca núm 1, 4-4-23, EDJ 591521), una residente de bioquímica clínica (TSJ Asturias 27-12-22, EDJ 800384), o para el personal de investigación de las universidades (TSJ Castilla-La Mancha 5-5-14, EDJ 76676);

2. Requisitos

Validez La condición resolutoria debe consistir en un **suceso futuro** e incierto, o un suceso **pasado** que los interesados ignoren (CC art.114), que no sea contraria a las leyes, a la moral, ni al orden público (CC art.1255); en caso de ser contrarias, se consideran cláusulas nulas. **6050**
Las **condiciones imposibles** se tienen por no puestas.
Asimismo, se consideran contrarias a la ley y, por tanto, nulas, las cláusulas resolutorias que permiten la extinción en supuestos en los que en virtud de **normas de derecho necesario** no es posible.
Por ejemplo, se han declarado nulas en los siguientes supuestos:
1. En los que las situaciones de **enfermedad o accidente** se han identificado como causas de extinción, por ejemplo la cláusula que autoriza a la empresa armadora a extinguir el contrato en caso de desembarque por cualquier motivo, incluido el accidente laboral (TS 14-4-87, EDJ 3042).
2. Las que den lugar a **otro tratamiento normativo**, como por ejemplo el despido por ineptitud sobrevenida, con las garantías procedimentales y los derechos indemnizatorios que este conlleva, ya que el establecimiento de una condición resolutoria no puede significar una renuncia de derechos (TSJ Asturias 26-5-00, EDJ 19791; TSJ Cataluña 10-7-00, EDJ 29291). Del mismo modo no pueden utilizarse las cláusulas sobre rendimiento para eludir la aplicación del procedimiento de despido disciplinario por descenso culposo del rendimiento (TS 28-4-87, EDJ 3357).
3. Cuando se prevé la extinción «ante tempus» de los contratos temporales eventuales realizados por empresas de trabajo temporal, por desaparición de la causa prevista en el **contrato de puesta a disposición** (TS 4-2-99, EDJ 1610).

Precisiones No es válida la cláusula de resolución del contrato, cuyo objeto es la conducción de vehículos de viajeros, consistente en que el trabajador pierda el permiso oficial que le habilita, al considerar que la condición resolutoria de que aquí se trata, habría significado ya en principio una renuncia por parte del trabajador a su derecho a ser despedido por **ineptitud sobrevenida** y a las compensaciones legales dispuestas para el caso (TSJ Asturias 26-5-00, EDJ 19791).

Consecuencias (ET art.9.1) En el caso de que la cláusula se considere nula, se tiene por no puesta, aunque ello no anula el contrato, que sigue siendo válido en lo restante (TS 15-9-86, EDJ 5505; 25-10-89, EDJ 9471); si bien, el acto empresarial de cese del trabajador por el empresario con base en una cláusula nula se considera un despido improcedente (TSJ Asturias 26-5-00, EDJ 19791). **6052**
Igualmente se tienen por no puestas tales causas a partir del momento en que la **condición** establecida sea **de imposible cumplimiento** o haya transcurrido el tiempo en el que habría de producirse.
Por el contrario, la **validez de la cláusula** excluye la existencia de un despido, produciéndose tan solo una extinción contractual.

No constituir abuso de derecho (CC art.7.2) Son **nulas** las causas que constituyan abuso de derecho, entendiendo por tales aquellas que suponen un aprovechamiento por el empresario de las circunstancias concurrentes para ejercer sus derechos más allá de los límites normales. Así, se consideran nulas, por ejemplo, en los siguientes **supuestos**: **6054**
- la cláusula condicional potestativa que remite a la mera **voluntad del empresario**, sin expresión de causa, la decisión de dar por terminada la relación de trabajo, aun en el caso de que se hubiera previsto compensación económica (TS 25-10-89, EDJ 9471);
- las cláusulas que por su amplitud o **carácter genérico** dejan en manos del empleador la posibilidad de extinguir el contrato;
- la cláusula resolutoria incluida en los contratos indefinidos según la cual el contrato se extingue automáticamente en el momento de **finalización o resolución anticipada del acuerdo alcanzado con el cliente** para la fabricación de los productos encargados por éste; ya que cuando el cumplimiento de la condición depende de la exclusiva voluntad del deudor, la obligación condicional es nula (TS 3-2-10, EDJ 19303).

De tal modo que es **válida** la cláusula cuando el hecho que sirve de condición resolutoria **no** quede totalmente **fuera de la propia voluntad o actividad del trabajador** (TS 3-2-10, EDJ 19303).

6056 **Consignación en el contrato** Para que operen las causas extintivas han de ser consignadas en el contrato; sin embargo, del tenor literal -a diferencia de algunos pactos específicos como el de período de prueba- no se desprende ninguna obligación específica para su **formalización** por lo que podría consignarse de manera verbal o escrita.

En todo caso, tales causas han de ser consignadas **con anterioridad** al momento de su actualización.

Precisiones 1) No obstante, aunque la mayoría de la doctrina sostiene la existencia de **libertad de forma**, la interpretación literal de la palabra consignar podría indicar precisamente la necesidad de formalización **escrita** (Cfr. Diccionario RAE, tercera entrada de *Consignar*.- 3.Tratándose de hechos, circunstancias o datos, etc, asentarlos por escrito, a menudo con formalidad jurídica o de modo solemne). Así lo exigen también algunos tribunales, que consideran no válida la **cláusula resolutoria implícita** en un contrato verbal (TSJ Las Palmas 20-2-02, EDJ 40355).

2) No obstante, existen pronunciamientos judiciales que han atenuado la exigencia de constancia expresa de la cláusula y de su carácter extintivo, particularmente en los supuestos en los que tal carácter puede **extraerse** claramente de las circunstancias concurrentes (TS 5-12-85, EDJ 6361), o cuando la causa resolutoria venga ya **prevista en la ley**, como es el caso de la inhabilitación profesional del trabajador. Aunque en atención a resoluciones posteriores, en este último caso corresponde aplicar el régimen jurídico del **despido objetivo**, pudiéndose calificar tal condición como nula por suponer renuncia de derechos del trabajador (TSJ Asturias 26-5-00, EDJ 19791; TSJ Cataluña 10-7-00, EDJ 29291).

3. Denuncia

(ET art.49.2)

6065 La extinción del contrato en virtud de una cláusula válidamente consignada no opera automáticamente, sino que por el contrario requiere de un **acto expreso** de denuncia, entendiendo por tal la manifestación expresa de voluntad dirigida a la extinción del contrato. Tal denuncia, en cualquier caso, ha de venir acompañada de una **propuesta de liquidación** de las cantidades adeudadas.

En cuanto a la **forma** de la denuncia, los tribunales han manifestado la existencia de libertad de forma para su realización. Y respecto del **tiempo**, aunque se reconoce la dificultad de establecer un plazo de preaviso en la medida en que no se sabe el momento preciso del cumplimiento de la condición, se ha establecido la exigencia de que la denuncia se realice en un tiempo hábil.

Si **no** se produce la **denuncia** cuando se ha cumplido la causa consignada se presume la voluntad de las partes de continuar con la relación laboral, reconduciéndose la duración de la relación laboral a la establecida en el propio contrato ya fuese temporal o indefinida. No obstante, otros pronunciamientos han sostenido que, siendo válida la cláusula, puede producir los efectos extintivos consignados en ella, a pesar de que la empresa haya llevado a efecto lo establecido en aquélla transcurrido año y medio, no solamente porque en la cláusula no se estableció plazo para su efectividad, sino también porque la demora precisamente beneficia a la trabajadora, por lo que la relación laboral quedó debidamente extinguida (TSJ Burgos 18-10-04, EDJ 255301).

4. Efectos

(LGSS art. 267.1.a redacc L 3/2023)

6070 La extinción del contrato por las causas consignadas válidamente **no** da derecho a la percepción de **indemnización** alguna por ninguna de las partes, salvo que así se hubiera previsto en pacto individual (o lo recogiera el convenio colectivo aplicable).

Constituye una **situación legal de desempleo**, en la medida en que se trata de causas objetivas, siempre y cuando la denuncia no provenga del trabajador, pues en caso contrario se trataría de una cesación voluntaria del trabajador que excluiría el acceso a las prestaciones por desempleo. Aunque la ley no contenga una referencia específica que incluya este concreto supuesto entre las situaciones que determinan la situación legal de desempleo, tampoco existen referencias que lo excluyan. Utilizando el criterio de la **ausencia de voluntariedad** del trabajador en la extinción y el criterio analógico, estos supuestos han de ser incluidos entre los supuestos de extinción durante el período de prueba y del contrato temporal.

PARTE VI

Contratación a tiempo parcial y fijos discontinuos

CAPÍTULO 22

Trabajo a tiempo parcial

6150

Existe contrato de trabajo a tiempo parcial cuando se haya acordado la prestación de servicios durante un número de horas inferior a la jornada de un trabajador a tiempo completo comparable al día, a la semana, al mes o al año (ET art.12.1). 6152
Dicho de otra manera, el trabajo a tiempo parcial es aquel que se presta en jornada reducida sobre la que debe considerarse normal, habitual o típica frente a la normal prestación de servicios por cuenta ajena, constituida por el trabajo a tiempo completo (TSJ Navarra 22-4-02, EDJ 26498).
Además de en la contratación indefinida, la posibilidad de contratar a tiempo parcial se admite, entre otros **supuestos**, en:
- el contrato formativo, en ambas modalidades: contrato de formación en alternancia (nº 7060 s.) y contrato para la adquisición de la práctica profesional adecuada (nº 7090 s.);
- el contrato para la sustitución de una persona trabajadora con derecho de reserva de puesto de trabajo (nº 6937);
- el contrato temporal de fomento del empleo (nº 8332);
- los contratos que concierten las empresas de inserción, si bien debe ser superior a la mitad de la jornada del trabajador a tiempo completo comparable (L 44/2007 art.13).

Precisiones 1) Se admite la prestación de servicios bajo **dos contratos** a tiempo parcial **en la misma empresa** siempre que obedezcan a distintas causas de temporalidad, su objeto sea diferente y la suma de ambos no rebase la jornada máxima legal (TS unif doctrina 21-3-05, EDJ 55275).
2) En el caso de las **relaciones laborales especiales** (artistas, empleados de hogar, deportistas, etc.), los contratos de trabajo pueden celebrarse a tiempo parcial al no existir ninguna prohibición al respecto, incluido para el personal de alta dirección (TS 4-2-97, EDJ 1450; 23-9-03, EDJ 127730; 5-11-02, EDJ 54273), aunque no se les aplique el régimen general sino su propia normativa. Anualmente se admite esta posibilidad a través de las órdenes de cotización.
3) No pueden celebrarse contratos de trabajo a tiempo parcial en el ámbito de la relación especial de residencia para la formación de **especialistas residentes en ciencias de la salud** (RD 1146/2006 art.5.3).

Elementos de referencia (ET art.12.1) A diferencia de regulaciones legales precedentes, en la actualidad no existe un porcentaje de jornada legal, máximo o mínimo, para considerar el contrato celebrado a tiempo parcial; basta con que sea inferior a la jornada de un trabajador a tiempo completo comparable. 6154
A estos efectos, se entiende por **trabajador a tiempo completo comparable** un trabajador a tiempo completo de la misma empresa y centro de trabajo, con el mismo tipo de contrato de trabajo y que realice un trabajo idéntico o similar. Si en la empresa no hubiera ningún trabajador comparable a tiempo completo, se considera la jornada a tiempo completo prevista en el convenio colectivo de aplicación o, en su defecto, la jornada máxima legal.
La **calificación de la jornada** a tiempo completo o a tiempo parcial debe hacerse con referencia a la jornada establecida en el convenio colectivo y no conforme a normas de organización interna de la empresa (TSJ Madrid 23-2-99, EDJ 7438).
La regulación legal permite un alto grado de **flexibilidad** en cuanto a la **distribución de la jornada** del trabajador a tiempo parcial. En virtud de esa flexibilidad, se puede acordar que la reducción de la jornada respecto del trabajador a tiempo completo sea:
- **horizontal**: un número de horas inferior al día, todos los días; se considera trabajo a tiempo parcial en la modalidad horizontal si presta sus servicios 5 días o más a la semana;

- **vertical**: un número de días inferior a la semana, al mes o al año, trabajando los citados días a jornada completa (menos de 5 días a la semana);
- **mixta**: una combinación de ambas modalidades, bien de manera continua, bien de manera intermitente.

La nueva regulación del **contrato fijo discontinuo** tras la reforma de la contratración laboral introducida por el RDL 32/2021 parece, no obstante, excluir la posibilidad de celebrar contratos a tiempo parcial con **distribución vertical anual**, al incluir las actividades de prestación intermitente que tengan periodos de ejecución ciertos, ya sean determinados o indeterminados.

Precisiones **1)** Tal flexibilidad no debe confundirse con el **trabajo a llamada**, modalidad en la que el trabajador queda a la entera disponibilidad del empresario en cuanto a la concreción de las horas y días en los que debe trabajar. Ha sido declarado ilegal por el Tribunal Supremo, porque el régimen de trabajo a llamada es incompatible con el mandato general según el cual la validez y el cumplimiento de los contratos no puede dejarse al arbitrio de uno de los contratantes (CC art.1256; TS 17-12-01, EDJ 61452; 17-12-01, EDJ 71015), ya que, en esos supuestos, la disponibilidad hacia la empresa resulta excesiva para prestar una cantidad limitada de trabajo cuando le sea requerida, impidiéndole poder compatibilizarlo con otra actividad laboral (TSJ Murcia 16-4-98, EDJ 68769).
2) La jurisprudencia comunitaria ha declarado que la Dir 97/81/CE no se opone a la existencia de un contrato de trabajo a tiempo parcial en el que la duración de la jornada semanal y su distribución deban ser determinadas caso a caso si dependen de la **carga de trabajo** siempre que los trabajadores sean libres de aceptar o rechazar cada trabajo que se les proponga (TJUE 12-10-04, C-313/02).
3) En el caso de que el trabajador a tiempo parcial realice su actividad laboral concentrada en determinados días al año -**reducción de jornada vertical**-, durante los días o periodos de inactividad **no** tiene derecho a la **prestación por desempleo**, dado que no se encuentra en situación legal de desempleo (TS 23-6-21, EDJ 618870).

6156 **Regulación** (ET art.12; RD 1131/2002) El régimen jurídico del contrato a tiempo parcial se regula en el Estatuto y, en su caso, en los convenios colectivos y contratos de trabajo.

6158 Así, de forma más específica, el **convenio colectivo** puede regular aspectos como:
- el número de interrupciones en los casos de jornada partida (ET art.12.4.b);
- el reconocimiento proporcional de los derechos que corresponden a este tipo de trabajadores (ET art.12.4.d), siempre que esta proporcionalidad corresponda en atención a la naturaleza del derecho;
- los procedimientos para informar de las vacantes en la empresa a efectos de conversión del contrato de tiempo parcial a completo o viceversa, así como el régimen procedimental aplicable al retorno a la situación anterior (ET art.12.4.e);
- las medidas para facilitar el acceso de estos trabajadores a la formación profesional continua (ET art.12.4.f);
- determinación del preaviso en los casos de realización de horas complementarias, pudiendo disponer el convenio del plazo de 3 días establecido supletoriamente por la ley (ET art.12.5.d).

En el resto de materias, es la **ley** la norma que adquiere el protagonismo, salvo en los escasos supuestos en los que se remite al **pacto individual** entre trabajador y empresario.

1. Régimen laboral

(ET art.12)

6165 **Formalidades** (ET art.12.4.a y 8.2) El contrato se debe formalizar necesariamente por **escrito**, aunque no se exige hacerlo en modelo oficial.

Debe **especificar** la jornada pactada haciendo figurar necesariamente en el contrato el número de horas ordinarias de trabajo al día, a la semana, al mes o al año contratadas y su distribución según lo previsto en convenio colectivo (TS 17-12-01, EDJ 61452). Si no se observan estas exigencias, el contrato se presume celebrado a jornada completa, salvo prueba en contrario que acredite el carácter parcial de los servicios y el número y distribución de horas contratadas (TSJ Valladolid 27-1-10, EDJ 20806).

El empresario debe entregar a la representación legal de los trabajadores en la empresa una **copia básica del contrato** a tiempo parcial (nº 3915 s.), bajo amenaza de sanción administrativa. Dicha copia se envía posteriormente a la oficina de empleo. Igualmente, debe **comunicar a la oficina pública de empleo**, en el plazo de los 10 días siguientes a su celebración, el contenido de los contratos (nº 3560). A su vez, los trabajadores pueden solicitar en cualquier momento de los servicios públicos de empleo información del contenido de dichas comunicaciones y de la copia básica del contrato (RD 1424/2002 art.5.1).

La empresa debe **informar trimestralmente a los representantes legales de los trabajadores** de los contratos a tiempo parcial celebrados y de la realización de horas complementarias (ET art.64.2.c).
El trabajador debe ser dado de **alta en Seguridad Social** al iniciar su prestación de servicios por cuenta ajena especificando, en este caso, el porcentaje de jornada parcial acordado en el contrato.
La **cotización** se realiza solo por las horas trabajadas, pero con una base de cotización mensual. Para los trabajadores a tiempo parcial, la base de cotización a la Seguridad Social y de las aportaciones que se recaudan conjuntamente con las cuotas de aquella es siempre mensual y está constituida por las retribuciones efectivamente percibidas en función de las horas trabajadas, tanto ordinarias como complementarias (LGSS art.246; RD 2064/1995 art.65; OM PJC/51/2024 art.36 redacc OM PJC/281/2024).

Precisiones **1)** Tanto la **forma escrita** como la **especificación de la jornada** son requisitos esenciales en el contrato, no sólo porque así se ha establecido legalmente, sino también porque la concreción de la localización temporal de las exigencias que derivan de la relación de sujeción especial que emerge del contrato de trabajo, está indefectiblemente ligada a aspectos o dimensiones de la individualidad del trabajador -vinculaciones sociales o grupales, disfrute del tiempo libre, realización de quehaceres laborales complementarios, ejecución de actividades de otra naturaleza, etc.- que constituyen núcleo esencial de derechos fundamentales de la persona consagrados constitucionalmente, y cuya satisfacción no puede quedar al albur de lo que en cada momento pueda decidir en materia de horario de trabajo una de las partes del contrato, ya que ello se encuentra expresamente prohibido (CC art.1256) (TSJ Castilla y León 14-11-05, EDJ 211901).
2) El **fraude de ley** en la contratación a tiempo parcial, al igual que en los demás contratos, no puede presumirse (TSJ Castilla y León 2-5-00, EDJ 26421), recayendo la **carga de la prueba** sobre quien alega la realización de una jornada superior a la pactada. Ahora bien, si desde el inicio de la relación laboral se realiza una jornada ordinaria de 40 horas es claro que ha existido fraude de ley en el objeto de contrato, cuya consecuencia ha de ser considerar el contrato como celebrado a tiempo completo (TSJ Cantabria 6-10-00, EDJ 59235; TSJ Galicia 23-10-97, EDJ 13409; TSJ País Vasco 13-11-01, EDJ 76942).
3) La **falta de forma** no priva de validez al contrato a efectos de seguir el sistema de **cotización** propio de esta modalidad (TS cont-adm 18-7-91, EDJ 8053; 14-12-95, EDJ 6761; 30-4-96, EDJ 2424; 28-5-96, EDJ 2756), siempre que no se incurra en fraude de ley y se trabaje a tiempo completo (TSJ Cantabria 6-10-00, EDJ 59235; TSJ Galicia 23-10-97, EDJ 13409; TSJ País Vasco 13-11-01, EDJ 76942).

Período de prueba El régimen del periodo de prueba es el general previsto para los tra- **6167**
bajadores a tiempo completo (nº 5550 s.), sin que la realización de una jornada parcial implique aumentar en la misma proporción la duración del periodo de prueba legalmente o convencionalmente fijado.

Duración (ET art.12.2) El contrato a tiempo parcial puede concertarse: **6169**
- por tiempo indefinido;
- por duración determinada, en los supuestos en los que legalmente se permite la utilización de esta modalidad de contratación.

Esto quiere decir que el contrato a tiempo parcial **no presenta singularidad** alguna en lo que se refiere al carácter temporal o indefinido de los servicios contratados, por lo que en este aspecto las reglas que se han de tener en cuenta son las generales que rigen para toda clase de contratos de trabajo (TS 6-4-98, EDJ 4690; TSJ País Vasco 4-4-00, EDJ 32639).
Por lo tanto, se pueden celebrar a tiempo parcial los siguientes **contratos temporales**: formativo, por circunstancias de la producción y por sustitución de una persona trabajadora. No obstante, en los casos de **sustitución** sólo se admite el contrato a tiempo parcial en **dos supuestos** (RD 2720/1998 art.5.2):
1. Cuando el contrato se celebre para la sustitución de trabajadores con derecho a reserva de puesto de trabajo, si el trabajador sustituido estuviera contratado a tiempo parcial, o cuando se trate de cubrir temporalmente un puesto de trabajo cuya cobertura definitiva se vaya a realizar a tiempo parcial.
2. Cuando el contrato se celebre para completar la jornada reducida de otra persona trabajadora (nº 6964).

Si **no** se indica la **causa de la temporalidad**, el contrato se entiende celebrado por tiempo **6171**
indefinido (TS 20-3-02, EDJ 10936; 6-4-98, EDJ 4690; TSJ Castilla-La Mancha 23-3-04, EDJ 16462; TSJ Andalucía 14-1-00, EDJ 28523), y el cese se considera un despido (TS 27-10-98, EDJ 27090; 21-12-95, EDJ 24513), careciendo de valor liberatorio los finiquitos firmados al efecto, pues tienen su origen en una causa ilícita, como es la supuesta temporalidad de la contratación, y constituyen un elemento más del fraude urdido para enmascarar la verdadera naturaleza de la contratación efectuada (TSJ Cataluña 22-12-99, EDJ 49349). Pero si la **causa de temporalidad** es **válida**, el cese del contrato temporal no es constitutivo de despido,

aunque eventualmente se haya realizado jornada superior a la pactada (TSJ Murcia 3-11-98, EDJ 36685; TSJ Madrid 17-9-98, EDJ 34499).
Cuando el contratante temporal fraudulento es una **Administración pública**, el contrato a tiempo parcial se convierte en indefinido, pero no en fijo (TS 20-3-02, EDJ 10936).

2. Derechos

6180 En principio, el empleo a tiempo parcial no constituye una discriminación infundada, pues el derecho al trabajo es un derecho de configuración legal (TCo 22/1981).
Pero, aunque la contratación a tiempo parcial no suponga en sí misma ninguna discriminación (TSJ Canarias 30-9-03, EDJ 188924), se ha de admitir que conduce a un disfrute parcial de otros derechos, fundamentalmente el de una remuneración suficiente (Const art.35.1) lo que nos lleva a la incidencia del **principio de no discriminación** en el ámbito de los trabajadores a tiempo parcial.

6182 **Igualdad y proporcionalidad** (ET art.12.4.d; Dir 97/81/CE) Los trabajadores a tiempo parcial tienen los mismos derechos que los trabajadores a tiempo completo.
No obstante, cuando corresponda en atención a su naturaleza, tales derechos han de ser reconocidos en las disposiciones legales y reglamentarias y en los convenios colectivos **de manera proporcional**, en función del tiempo trabajado, debiendo garantizarse en todo caso la ausencia de discriminación, tanto directa como indirecta, entre mujeres y hombres.
Se afirma que la norma acude en primer lugar al principio de igualdad (Const art.14), pero a renglón seguido, habida cuenta de la diferencia de situación en que se encuentran unos y otros trabajadores (a tiempo completo y a tiempo parcial) matiza el principio de igualdad haciendo una diferenciación razonable, esto es, acudiendo al principio de proporcionalidad cuando así corresponda a la naturaleza de los derechos aplicables, y lo hace de forma imperativa, por lo que la regla general aplicable a los trabajadores a tiempo parcial **no** es ya la de la **igualdad de derechos pura y simple** sino la de acomodar el disfrute de aquellos derechos que no se consideran divisibles a la proporcionalidad derivada de la situación desigual en que se encuentran, lo cual supone aplicar en plenitud a esta clase de trabajadores aquellos derechos que por su naturaleza sean indivisibles y, en cambio, reconocérselos sólo proporcionalmente cuando el beneficio es susceptible de algún tipo de medición (TS 15-9-06, EDJ 319338; TSJ C.Valenciana 12-2-10, EDJ 69415).
Por lo que respecta a las **condiciones de empleo**, no puede tratarse a estos trabajadores de una manera menos favorable que a los trabajadores a tiempo completo comparable por el simple motivo de que trabajen a tiempo parcial, a menos que se justifique un trato diferente por razones objetivas.
Ello significa que si bien la duración de la jornada es un factor que puede justificar determinadas diferencias en las condiciones de trabajo, éstas han de tener necesariamente su origen en **datos objetivos** relacionados con el tiempo de la prestación o con el régimen jurídico específico del contrato a tiempo parcial, y no resulta compatible con la Constitución, ni con el ET (Const art.14; ET art.4.2.c -redacc RDL 5/2023-, 12.4.d y 17.1), un distinto tratamiento en relación con ámbitos concretos de las condiciones de trabajo, en perjuicio de los trabajadores a tiempo parcial, sin apoyo en datos objetivos, como podría suceder si se les aplica un trato menos favorable en materias que no guardan relación con la duración de la jornada (TSJ País Vasco 20-9-05, EDJ 212551).
Hay determinados derechos que por su propia naturaleza sólo pueden ejercerse de manera íntegra, no parcial, mientras que otros vienen condicionados por la parcialidad del tiempo de trabajo y por la regla de la proporcionalidad. En todas estas cuestiones, por tanto, hay que ver si el **fraccionamiento** del derecho es **razonable** y si la finalidad del mismo no resulta desnaturalizada.
La proporcionalidad se da normalmente en las **condiciones de trabajo de carácter cuantificable**, pero la parcialidad puede influir de modo diverso en las distintas condiciones laborales, por lo que deben jugar criterios como la racionalidad, la adaptación y adecuación y la compatibilidad, que deben ser valorados caso por caso para cada condición (TS 11-5-98, EDJ 3225).
Es el tiempo de la prestación el que debe justificar el **trato desigual** para que sea objetivamente razonable y no discriminatorio, en especial por la incidencia indirecta sobre la población femenina (TCo 22/1994).
Lo mismo cabe decir de los derechos derivados de la **prevención de riesgos y salud laboral** y los de representación colectiva como el **crédito horario sindical** (TSJ Andalucía 25-5-00, EDJ 35511).

Precisiones 1) La **OIT** establece que deben adoptarse medidas para asegurar que los trabajadores a tiempo parcial reciban la misma protección de que gozan los trabajadores a tiempo completo en situación comparable, en lo relativo, entre otras materias a la discriminación en materia de empleo y ocupación (OIT Conv núm 175 art. 4 aún pendiente de ratificación por España; OIT Recomendación núm 182, de 24-06-1994).
2) La regla de la proporcionalidad de los derechos derivados de un trabajo parcial es uno de los aspectos de la igualdad (TCo 177/1993), y la **jurisprudencia comunitaria** concluye que los trabajadores a tiempo parcial deben ser tratados de la misma forma y debe aplicárseles el mismo régimen que a los demás trabajadores, aunque en proporción a su jornada de trabajo (TJUE 27-6-90, C-33/89). Esta regla debe tomarse en consideración al hablar de salarios, tiempo de trabajo e indemnizaciones.

No discriminación (ET art.4.2.d; Dir 2000/78/CE; Dir 2000/43/CE) Los trabajadores a tiempo parcial no pueden sufrir discriminaciones directas o indirectas (nº 3265 s.) por las causas prohibidas (nº 3256). En este ámbito ha tenido especial relevancia la discriminación por razón de sexo, pues no hay que olvidar un hecho relevante: la **alta presencia de empleo femenino** en los sectores en los que se contrata a tiempo parcial. **6184**

La **discriminación indirecta por razón de sexo** incluye los tratamientos formalmente no discriminatorios y las decisiones aparentemente neutras respecto de los trabajadores a tiempo parcial de los que derivan, por las diferencias fácticas que tienen lugar entre trabajadores de diverso sexo, consecuencias desiguales perjudiciales sobre los trabajadores de uno y de otro sexo.

Precisamente, un buen bloque de **jurisprudencia comunitaria** se ha dictado sobre supuestos de discriminaciones indirectas de los trabajadores a tiempo parcial, tanto en materia de empleo como de Seguridad Social (TJUE 20-3-03, asunto Koutz-Bauer C-187/00; 10-2-00, asunto Deutsche Telekom AG C-50/96; 2-10-97, asunto Kording C-100/95; 7-3-96, asunto Freers y Speckmann C-278/93; 7-2-91, asunto Nimz C-184/89; 27-6-90, asunto Kawalska C-33/89).

Precisiones La AN, atendiendo al **principio de composición equilibrada**, desestimó la pretensión de los trabajadores a tiempo parcial o con jornadas reducidas de percibir la **paga excepcional** implantada por la empresa en la misma cuantía que los trabajadores a tiempo completo. Valora que, aunque las mujeres ocupan mayormente los contratos a tiempo parcial o con jornada reducida en la empresa, su representación no supera el 60% del total de trabajadores en estas circunstancias (AN 24-4-23, EDJ 558237).

Salario (ET art.12.4.d; RD 902/2020 art.11 y disp.final.4.ª) Los trabajadores a tiempo parcial tienen los mismos derechos, incluidos los retributivos, que los trabajadores a tiempo completo. **6186**

En este sentido, el **principio de proporcionalidad** en las retribuciones percibidas resulta de aplicación cuando lo exijan la finalidad o naturaleza de estas y así se establezca por una disposición legal, reglamentaria o por convenio colectivo. Así debe ser, por ejemplo, respecto al salario mínimo y los aspectos retributivos relacionados con el tiempo de trabajo (TSJ Cataluña 10-10-02, EDJ 59021; TJUE 27-6-90, asunto C-33/89).

En todo caso, cualquier reducción proporcional debe garantizar que no tenga repercusión negativa alguna en el disfrute de los **derechos relacionados con la maternidad** y el cuidado de menores o personas dependientes.

No obstante, este principio no es aplicable a las **percepciones extrasalariales** que no responden al concepto de tiempo de trabajo por ir ligadas a la compensación de gastos (TSJ País Vasco 20-9-05, EDJ 212551; TSJ Canarias 19-2-03, EDJ 266119).

Precisiones 1) Los Estados miembros deben adoptar las medidas apropiadas para asegurar que los trabajadores a tiempo parcial no perciban, por el sólo hecho de trabajar a tiempo parcial, un **salario básico** que, calculado proporcionalmente sobre una base horaria, por rendimiento o por pieza, sea inferior al salario básico, calculado por el mismo método, de los trabajadores a tiempo completo que se hallen en una situación comparable (OIT Conv núm 175). Los trabajadores a tiempo parcial deberían percibir, en condiciones equitativas, las mismas **compensaciones pecuniarias adicionales** al salario básico que perciben los trabajadores a tiempo completo en situación comparable (OIT Recomendación núm 182, de 24-06-1994 punto 10).
2) No cabe **calcular el salario/hora** que corresponde a los trabajadores a tiempo parcial dividiendo el salario anual de convenio -que incluye retribución de vacaciones- entre las horas de la jornada anual de convenio -que no incluye las vacaciones-, ya que no son parámetros equivalentes (TS 21-7-20, EDJ 641515; AN 14-6-18, EDJ 516830).
3) Vulnera el derecho a la igualdad retributiva la atribución a los trabajadores a tiempo parcial de un **salario/hora inferior** al que perciben los trabajadores a tiempo completo, que se pretende justificar por la posibilidad de estos últimos de realizar jornadas flexibles (AN 14-3-24, EDJ 520377).
4) El salario que percibe el trabajador a tiempo parcial se debe ajustar al **porcentaje de parcialidad** que en cada momento esté desarrollando. Por ello, si el porcentaje se reduce o amplía en un mes

de 31 días, debe calcularse tomando los 31 días del mes, aunque el sistema retributivo de la empresa sea de abono mensual (TS 19-7-18, EDJ 589840).
5) Es contrario al derecho de la UE y supone una discriminación para los trabajadores a tiempo parcial, establecer, mediante el contrato de trabajo, una **retribución complementaria** que se percibe cuando las horas de actividad realizadas en un mes superan un umbral fijado en el contrato de trabajo; y este umbral el es mismo para los trabajadores a tiempo completo y a tiempo parcial (TJUE 19-10-23, asunto C-660/20).
6) Respecto a la **no discriminación por razón de sexo** en materia retributiva, ver nº 4482.

6188 La aplicación del principio de proporcionalidad a los **complementos salariales** depende de su vinculación con el tiempo de trabajo:
1) Los complementos que están **desligados totalmente del tiempo de trabajo** se abonan íntegramente. Tal es el caso de:
- indemnizaciones por seguro de vida (TS 11-5-98, EDJ 7401);
- el plus de quebranto de moneda y de conservación de material (TS 1-10-20, EDJ 690989);
- los complementos de lavado de ropa y calzado u otros complementos extrasalariales (TSJ Aragón 10-4-23, EDJ 5570128; TSJ Sta. Cruz de Tenerife 19-2-03, EDJ 266119; TSJ País Vasco 20-9-05, EDJ 212551);
- los pluses de puntualidad o asistencia (TS 10-11-17, EDJ 262780; AN 10-5-22, EDJ 568166), aunque también se ha considerado lo contrario (TSJ Sevilla 17-6-09, EDJ 177140).

2) En los complementos que **retribuyen la unidad de tiempo** se ha seguido la tesis de la proporcionalidad:
- el plus o incentivo de convenio (TSJ Aragón 4-1-06, EDJ 23941; TS 1-10-20, EDJ 690989);
- el plus de antigüedad (TS 25-1-05, EDJ 7090; TSJ Sevilla 17-6-09, EDJ 177140);
- las pagas extraordinarias y el plus de vinculación (TSJ Cataluña 13-7-04, EDJ 93666);
- el complemento de polivalencia (TS 29-3-11, EDJ 79320; AN 18-6-10, EDJ 127296);
- los complementos de nocturnidad (TSJ C.Valenciana 12-2-10, EDJ 69415);
- los premios especiales por jubilación (TSJ Castilla-La Mancha 16-4-09, EDJ 73165);
- el plus de vestuario y el sistema de abono del mismo (TS 10-6-14, EDJ 100868).

En todo caso, hay que tener en cuenta lo previsto en el **convenio colectivo**, que puede establecer algún complemento de forma íntegra para todos los trabajadores con independencia de la jornada (TS 22-6-04, EDJ 160229).
Respecto del **plus de transporte** no siempre puede aplicarse la misma regla de proporcionalidad, ya que si los trabajadores contratados a tiempo parcial emplean el mismo número de días de trabajo que los trabajadores a jornada completa comparables para realizar su jornada, tienen derecho a percibirlo en la misma cuantía que éstos sin descuento o minoración alguna (TSJ Aragón 10-4-23, EDJ 5570128; pero si usan menos días de trabajo se aplica la regla de proporcionalidad en función de los días trabajados (TS 3-5-16, EDJ 83814; AN 20-2-15, EDJ 19354).
Trabajar a tiempo parcial no puede suponer perjuicios indirectos ni discriminación cuando se trabaje por **objetivos o incentivos** en que debe regir la regla de la proporcionalidad (TSJ Madrid 21-12-04, EDJ 246146; 30-5-05, EDJ 86132).
En cualquier caso, los trabajadores a tiempo parcial tienen también derecho a la percepción del salario de los **periodos de descanso computables como de trabajo** (nº 4605 s.).

Precisiones **1)** Se ha considerado no discriminatorio que los trabajadores a tiempo parcial **contratados para los fines de semana** no perciban el plus dominical, pues tal plus tiene una naturaleza compensatoria de la privación del descanso semanal en domingo, según los usos socio-culturales vigentes, y los contratados a tiempo parcial para los domingos disponen del resto de los días no ocupados para satisfacer los fines a que responde el descanso dominical, tanto de recuperación física como psicológica (TSJ Castilla y León 20-11-01, EDJ 57538).
2) Tampoco se ha considerado discriminatorio establecer formas de cálculo diferentes para efectuar el **descuento en nómina de las jornadas de huelga** de trabajadores a tiempo completo y trabajadores a tiempo parcial o con reducción de jornada (AN 13-6-18, EDJ 515529).
3) Cuando la retribución de los **trabajadores fijos de actividad continuada** a tiempo parcial se efectúa, conforme prevé el convenio colectivo de aplicación, sobre jornadas efectivas y no sobre jornadas contratadas se infringen las exigencias legales de igualdad genérica y proporcionalidad en las retribuciones previstas en el ET (TS 23-1-09, EDJ 15252).
4) También se ha admitido la aplicación del principio *prorrata temporis* para calcular la retribución de **bomberos profesionales** contratados a tiempo completo, cuando la normativa exige tener en cuenta servicios previamente prestados a tiempo parcial. Es correcto, por tanto, computar dichos servicios en función de las prestaciones efectivamente realizadas (TJUE 7-7-22, asunto C-377/21).

6190 **Cómputo de la antigüedad** La antigüedad se determina, en general, computando el tiempo trabajado desde el ingreso en la empresa como si se tratara de un trabajador a tiempo completo, incluso a efectos de la carrera profesional del trabajador, de excedencias y ascensos.

Se califica como **discriminación indirecta** excluir o computar de modo diferente la antigüedad de los trabajadores a tiempo parcial, cuando afecte a un mayor número de mujeres que de hombres (TJUE 7-2-91, C-184/89; 10-3-05, asunto C-196/02). Igualmente, es una discriminación indirecta para la mujer un ascenso basado en el criterio del tiempo efectivamente trabajado cuando el 80% de las mujeres trabajan a tiempo parcial (TJUE 17-6-98, asunto Kathelee Hill y Ann Stapleton C-243/95).

No obstante, es válido que el cómputo de la antigüedad, **a efectos de escalafón**, se realice con un factor de corrección del 70% frente a los trabajadores a tiempo completo a los que se les reconoce el 100%, cuando la solución ha sido pactada con la representación de los trabajadores (TSJ Cataluña 5-6-08, EDJ 131862).

A **efectos retributivos** se calcula igualmente en función del tiempo trabajado (TS 25-1-05, EDJ 7090; AN 5-11-02, EDJ 69092; TSJ Sta. Cruz de Tenerife 8-10-99, EDJ 37828).

A efectos de las **indemnizaciones por despido**, ver nº 6208.

Tiempo de trabajo En relación con el tiempo de trabajo, el contrato a tiempo parcial no sólo tiene la propia peculiaridad que deriva de su mejor jornada respecto a un trabajador a tiempo completo, sino que se añaden otras derivadas de su propia naturaleza o la regulación legal y que afectan a: **6192**

- jornada de trabajo;
- horas complementarias;
- horas extraordinarias;
- licencias y permisos retribuidos;
- vacaciones, festivos y descanso semanal.

Jornada de trabajo (ET art.12.4.b y c) La primera exigencia legal es la de **identificar** en el contrato a tiempo parcial escrito el **número y distribución de horas** al día, a la semana, al mes o al año durante las que el trabajador va a prestar sus servicios. **6194**

Con tal exigencia se trata de determinar el tiempo de trabajo en el momento de celebrar el contrato, de modo que el trabajador ha de conocer no sólo las horas de trabajo en las que debe prestar sus servicios sino también su distribución, impidiendo por esta vía la aplicación de fórmulas más flexibles en la ordenación del tiempo de trabajo, como sería el caso del **trabajo a llamada** permitido en otros ordenamientos europeos (p.e. el alemán), en cuyo supuesto el trabajador se compromete a la realización de un determinado número de horas de trabajo estando condicionada su ejecución material al momento en que el empresario requiriera sus servicios (TSJ Murcia 16-4-98, EDJ 68769).

Resulta aplicable la normativa general sobre la **jornada habitual u ordinaria** (nº 5115 s.) y los **descansos** (nº 5170 s.)

Los **descansos compensatorios por exceso de jornada** o su compensación económica se aplican de manera proporcional al trabajo a tiempo parcial (TS 22-10-20, EDJ 715774; TSJ Cantabria 15-6-05, EDJ 88810; 11-7-05, EDJ 112760), aunque cabe que, por razones organizativas y de claridad, se pacte otra cosa en convenio colectivo y se compense con mejora salarial (TS 7-2-06, EDJ 8550).

En cuanto a su distribución, la jornada diaria en el trabajo a tiempo parcial puede realizarse de forma **continuada o partida**. Cuando el contrato a tiempo parcial conlleve la ejecución de una jornada diaria inferior a la de los trabajadores a tiempo completo y ésta se realice de forma partida, sólo es posible efectuar una única interrupción en dicha jornada diaria, salvo que se disponga otra cosa mediante convenio colectivo sectorial o, en su defecto, de ámbito inferior.

También puede llevarse a cabo de manera **concentrada**. Es posible que los trabajadores a tiempo parcial pacten con su empresa que la totalidad de las horas de trabajo a realizar anualmente se concentren en determinados períodos de cada año, percibiendo las remuneraciones correspondientes en esos mismos períodos, existiendo lapsos de inactividad superiores al mensual. Este supuesto no está previsto expresamente en el ET, aunque sí en la normativa de Seguridad Social (RD 2064/1995 art.65.3).

Existe una obligación de **registro** por parte del empresario en cuanto a la jornada de los trabajadores a tiempo parcial, que se ha de registrar día a día y totalizarse mensualmente. El resumen de todas las horas realizadas en cada mes, tanto las ordinarias como las complementarias, ha de ser entregando al trabajador, junto con el recibo de salarios, si bien no es precisa la firma de los trabajadores (TSJ Valladolid 15-4-19, EDJ 576384). Asimismo tiene la obligación de informar a los representantes de los trabajadores de su realización.

El empresario debe **conservar** los resúmenes mensuales de los registros de jornada durante un periodo mínimo de 4 años.

En caso de **incumplimiento** de las obligaciones de registro, el contrato se presume celebrado a jornada completa, salvo prueba en contrario que acredite el carácter parcial de los servicios (TSJ Sevilla 3-7-19, EDJ 668170).

Precisiones 1) Los trabajadores a tiempo parcial tienen derecho, en virtud del principio de equiparación y no discriminación, a que se les aplique proporcionalmente el acuerdo alcanzado entre la empresa y el comité intercentros sobre **reducción de jornada** durante el **período estival** (TSJ Cataluña 21-5-09, EDJ 192369).
2) Cuando se produce una **reducción de jornada en el convenio** de referencia, la empresa viene obligada a mantener las horas pactadas en el contrato a tiempo parcial, aunque esto suponga un aumento del porcentaje sobre la jornada del convenio, pues la reducción de la jornada ordinaria máxima de trabajo no debe afectar a los trabajadores a tiempo parcial, quienes tienen derecho a mantener en sus estrictos términos la jornada pactada en tiempo real de trabajo, aunque ello altere dicho porcentaje, dato porcentual absolutamente irrelevante, salvo para el abono de los salarios, que deben ser proporcionales a los salarios fijados para los trabajadores a tiempo completo (TSJ País Vasco 7-5-02, EDJ 130311). Otros tribunales han entendido que los trabajadores a tiempo parcial tienen derecho a que se les aplique la reducción progresiva de la jornada anual de trabajo prevista en el convenio colectivo para los trabajadores a tiempo completo, aunque el convenio no lo prevea expresamente y sin necesidad de consentimiento expreso de los trabajadores afectados (TSJ Cataluña 18-2-22, EDJ 553652).
3) El contrato a tiempo parcial se considera en fraude de ley, deviniendo la relación laboral en un contrato de trabajo a tiempo completo, cuando se produce un **uso fraudulento y reiterado de ampliaciones temporales de jornada** por parte de la empresa, que no cumplen las exigencias del convenio colectivo aplicable (TS 13-2-24, EDJ 509125).
4) La **ausencia de registro de control horario** implica que:
- solo si en la demanda así se solicita puede considerarse que la jornada se ha realizado a tiempo completo; si solo reclama la realización de horas extraordinarias, debe probarlo, aunque la empresa haya incumplido la obligación de registro de jornada (TSJ Málaga 22-2-23, EDJ 533503; TSJ Galicia 6-2-23, EDJ 513555).
- a efectos de determinar el salario regulador en un despido improcedente, se aplica la presunción a favor del trabajador de que realiza una jornada a tiempo completo (TSJ Madrid 27-10-23, EDJ 739407).

6196 **Horas complementarias** (ET art.12.4.c y 5) En el contrato a tiempo parcial hay dos **modalidades** posibles de horas complementarias: las horas pactadas y las horas de aceptación voluntaria.
a) Las **horas complementarias pactadas** son aquellas cuya posibilidad de realización ha sido acordada como adición a las horas ordinarias establecidas en el contrato. Su realización está sujeta a las siguientes **reglas**:
1. Requieren **pacto** específico, expreso, escrito, celebrado inicialmente al estipular el contrato a tiempo parcial o con posterioridad al mismo. No puede, por tanto, imponerse unilateralmente por el empresario (TJUE 12-10-04, C-313/02). Dicho pacto sólo se puede formalizar en el caso de contratos a tiempo parcial con una jornada de trabajo no inferior a 10 horas semanales en cómputo anual, por lo que, respetándose este requisito, es posible el mismo tanto en los contratos a tiempo parcial de duración indefinida como en los de duración determinada o temporal.
2. El pacto debe recoger el **número de horas** complementarias cuya realización puede ser requerida por el empresario, que no puede exceder del 30% de las horas ordinarias de trabajo objeto de contrato. Los convenios colectivos pueden establecer otro porcentaje máximo, que en ningún caso puede ser inferior al 30% ni exceder del 60% de las horas ordinarias contratadas.
3. Salvo que convencionalmente se establezca un plazo inferior, el trabajador debe conocer el día y hora de su realización con un **preaviso** de 3 días.
4. Este pacto puede quedar sin efecto por **renuncia del trabajador**, mediante preaviso de 15 días, una vez cumplido un año desde su celebración, cuando concurra alguna de las siguientes circunstancias:
- la atención de responsabilidades familiares;
- por necesidades formativas, en la forma que reglamentariamente se determine, siempre que se acredite la incompatibilidad horaria;
- por incompatibilidad con otro contrato a tiempo parcial.
El **trabajador puede negarse** a su realización, pese a haber sido pactadas, sin que ello suponga incumplimiento laboral sancionable, en caso de incumplimiento del empresario.
b) Sin perjuicio del pacto de horas complementarias, en los contratos a tiempo parcial de duración indefinida con una jornada de trabajo no inferior a 10 horas semanales en cómputo anual, el empresario puede, en cualquier momento, ofrecer al trabajador la realización de **horas complementarias de aceptación voluntaria**, cuyo número no puede superar el 15%, ampliables al 30% por convenio colectivo, de las horas ordinarias objeto del contrato. En este caso, quedan expresamente excluidos los contratos de duración determinada o temporales de dicha posibilidad. El trabajador puede negarse a la realización de estas horas, sin que ello constituya conducta laboral sancionable. Estas horas no se computan a efectos de los porcentajes de horas complementarias pactadas.

Ambas modalidades de horas complementarias presentan las siguientes **notas comunes**:
a) Se **retribuyen** como horas ordinarias y se computan a efectos de bases de cotización a la Seguridad Social, períodos de carencia y bases reguladoras de las prestaciones. Para ello, su número y retribución se debe recoger en el recibo individual de salarios y en los documentos de cotización a la Seguridad Social.
b) En su realización se deben respetar los límites legales de **jornadas y descansos** (nº 5115 s.).
El **incumplimiento** por parte de la empresa de las normas y los límites legales o convencionales en materia de tiempo de trabajo se califica como infracción grave.
En todo caso, ha de tenerse en cuenta que la suma de las horas ordinarias y complementarias, incluidas las previamente pactadas y las voluntarias, no puede exceder del **límite legal** del trabajo a tiempo parcial (nº 6194).

Precisiones **1)** El régimen de horas complementarias pactado **con anterioridad al 22-12-2013** continúa siendo de aplicación en los contratos vigentes a dicha fecha, salvo que las partes acuerden modificarlo en los términos indicados en este número marginal (RDL 16/2013 disp.trans.única).
2) En todo caso, hay que tener en cuenta que una cosa es la realización de horas complementarias, y otra bien distinta que el contrato a tiempo parcial esté suscrito en **fraude de ley**. Así, si desde el inicio de la relación laboral realiza una jornada ordinaria de 40 horas es claro que ha existido un fraude de ley en el objeto de contrato (CC art.6.4) cuya consecuencia debe ser la de considerar el contrato celebrado a tiempo completo, a todos los efectos, incluidos los salariales, pero no implica el abono del exceso de jornada como horas extraordinarias (TSJ Cantabria 6-10-00, EDJ 59235).
3) La **comunicación** al trabajador a tiempo parcial para la realización de horas complementarias, variando su jornada o su horario de trabajo, para atender necesidades imprevistas de la empresa, no cumple la obligación de preaviso, ni siquiera el preaviso simple abreviado, previsto en la disposición convencional, si tiene lugar el **mismo día** en que tal variación va a hacerse efectiva (TS 9-3-11, EDJ 34905).

Horas extraordinarias (ET art.12.4.c) Los trabajadores a tiempo parcial no pueden realizar horas extraordinarias, salvo en los supuestos de prevención o reparación de siniestros y otros daños extraordinarios y urgentes. **6198**
Cuando un trabajador contratado a tiempo parcial realiza una **jornada superior a la pactada**, y ese exceso no puede ser calificado como tiempo u hora complementaria, salvo que se haya suscrito un nuevo contrato o se acuerde una novación del anterior, todo lo que supere en esa materia el contenido del pacto, constituyen horas extraordinarias y como tal han de ser retribuidas, al margen o con independencia de la prohibición legal para efectuarlas (TS 11-6-14, EDJ 124160).

Licencias y permisos retribuidos (ET art.12.4.d y 37 redacc LO 2/2024) El disfrute efectivo de algunos permisos puede acomodarse a las características del contrato para no gravar excesivamente a la empresa y, en ciertos casos, pueden no ser necesarios si coinciden con el tiempo de inactividad, cuando dependan en cierto modo del trabajador. **6200**
No obstante, algunos de ellos, como el que se solicita para ir a **consulta médica**, no pueden disfrutarse de manera proporcional pues la morbilidad no es proporcional al tiempo de prestación de servicios (TSJ Madrid 3-7-02, EDJ 130121; 26-1-10, EDJ 23468; en contra, TSJ Cataluña 28-9-10, EDJ 243278).
Sin embargo, se entiende aplicable la proporcionalidad en la concesión de algunos permisos retribuidos de libre disposición: por ejemplo, el de **asuntos propios** sin necesidad de justificación (TS 1-12-15, EDJ 259281; 15-9-06, EDJ 319338).
En relación con los permisos vinculados al ejercicio de los **derechos de conciliación**, ver nº 6206.

Permisos sindicales Se aplica el **principio de igualdad** respecto al crédito horario que deben disfrutar los representantes de los trabajadores que tengan la condición de trabajadores a tiempo parcial. **6202**
Este criterio se fundamenta en que el número de horas que integra el **crédito horario** está condicionado por el número de trabajadores que integra la plantilla y no por la duración de la jornada de trabajo del representante. Y es que el único criterio diferenciador en cuanto al cálculo del crédito horario de los representantes de los trabajadores (ET art.68.e) es el número de trabajadores de la empresa, sin que quepa introducir ningún otro, siendo irrelevante, a estos efectos, la naturaleza de la relación laboral que una al representante con la empresa (TSJ Andalucía 25-5-00, EDJ 35511).
Por eso los permisos para la realización de funciones sindicales o de representación del personal no pueden reducirse por el hecho de que el representante sea trabajador a tiempo parcial.

Vacaciones, festivos y descanso semanal (ET art.12.4.d y 38) En lo referente al **descanso anual**, en cuanto a su **duración** se aplica el principio de igualdad, o de equiparación de derechos con los trabajadores a tiempo completo (TSJ Madrid 31-10-03, EDJ 215837), salvo que exista regulación propia contenida en el convenio colectivo (TSJ Cataluña 15-4-05, EDJ 56052). Igual ocurre con la **fecha de disfrute** de las vacaciones. **6204**

En cambio, respecto a la cuantía de **retribución** de las vacaciones se aplica la regla de la proporcionalidad y debe ser la del salario parcial del trabajador (TS 23-5-97, EDJ 6596).
También se aplica el principio de igualdad en relación a **festivos y descanso semanal** (TSJ Madrid 31-10-03, EDJ 215837), salvo que los trabajadores hubieran sido contratados para trabajar en sustitución de los que descansan (TSJ País Vasco 22-3-05, EDJ 125437).

Precisiones **1)** No es discriminatorio establecer **diferentes sistemas de libranza** entre los trabajadores a tiempo completo y a tiempo parcial (TS 28-3-17, EDJ 45141).
2) En caso de que se **incremente la jornada laboral** de un trabajador, los Estados miembros no tienen la obligación de prever que las vacaciones ya devengadas, y eventualmente disfrutadas, se vuelvan a calcular a posteriori, en función del nuevo ritmo de trabajo de ese trabajador. Sin embargo, debe hacerse un nuevo cálculo para el período durante el cual la jornada laboral se haya incrementado (TJUE 11-11-15, asunto C-219/14).
3) La retribución de las vacaciones de los trabajadores a tiempo parcial, que a lo largo del año celebran **novaciones contractuales** que amplían su jornada temporalmente, es la resultante de promediar la que hubiere recibido a lo largo de los once meses correspondientes a la anualidad de devengo vacacional retribuido (TS 22-5-20, EDJ 570653).

6206 **Conciliación de la vida laboral y familiar** La regulación de estos derechos es muy importante en el trabajo a tiempo parcial por dos razones:
- por la elevada proporción de mujeres en los contratados a tiempo parcial;
- por la posibilidad de acordar reducciones de jornada en determinados supuestos.

En general, hay que partir de la aplicación del principio de **igualdad** en el disfrute de estos derechos. Así ocurre con el permiso por cuidado del lactante o por nacimiento de hijo prematuro o que deba hospitalizarse. No obstante, deben aplicarse principios de **proporcionalidad** en aquellos supuestos en los que legalmente se prevé la reducción de jornada, con la disminución proporcional del salario, como se regula por nacimiento de hijo prematuro o que deban permanecer hospitalizados (ET art.37.5), o por guarda legal (ET art.37.6 redacc RDL 5/2023).

Precisiones **1)** Los trabajadores a tiempo parcial tienen derecho al **permiso por cuidado del lactante**, pues la norma al referirse a la sustitución de la ausencia del trabajo por reducción de jornada se refiere expresamente a «su jornada»; esto es, cualquier tipo de jornada que en ese momento tenga el trabajador, sea a tiempo parcial o jornada reducida (TSJ Cataluña 9-1-02, EDJ 18253; 18-3-03, EDJ 19021; TSJ País Vasco 24-4-01, EDJ 41293; TSJ Las Palmas 20-2-06, EDJ 41714). Ahora bien, debe tenerse en cuenta que el hecho de tener una jornada inferior a la normal, bien porque se ha hecho uso de la facultad de reducir la jornada (ET art.37.5), bien porque se tiene un contrato a tiempo parcial, no permite hacer la correspondiente reducción del derecho de lactancia (TSJ Galicia 2-6-21, EDJ 661494).
2) La fórmula que debe utilizarse para calcular la **acumulación de jornadas por lactancia** de los trabajadores a tiempo parcial, en el supuesto en el que la empresa reconoce el derecho a tal acumulación pese a que el convenio colectivo de aplicación no regula esa materia, consiste en dividir el número total de días laborables que restan hasta la fecha en la que el menor cumple los 9 meses -o la mayor edad que, en su caso, pueda fijar el convenio-, por las horas de trabajo que se corresponden con la jornada de la persona trabajadora. La cifra resultante de esa división es el número de días laborables acumulados que deben reconocerse al trabajador que opta por activar esa modalidad (TS 21-11-23, EDJ 759306).

6208 **Indemnización por extinción del contrato** Para el cálculo de la indemnización por extinción del contrato se parte del **salario** que efectivamente percibe el trabajador en el momento de la extinción del contrato, incluso en supuestos de trabajadores a tiempo completo que hubieran visto modificado su contrato de trabajo o su jornada en a tiempo parcial, salvo que la modificación de la empresa hubiera sido ilegal (TS 30-6-11, EDJ 223463; 25-2-93, EDJ 1836).
Respecto del componente del **tiempo de prestación de servicios**:
1. En el caso de trabajadores que **trabajan todos los días laborables**, pero con una jornada inferior a la ordinaria: debe computarse como antigüedad todo el periodo de vinculación con la empresa, al margen de la jornada inferior que haya podido realizar el trabajador a tiempo parcial (TSJ Cataluña 19-1-01, EDJ 1497). Si también se redujera la antigüedad en función de la jornada, se estaría ante una doble reducción que implica una penalización, contraria al principio de igualdad (TSJ Sta. Cruz de Tenerife 14-11-05, EDJ 242759).
No hay que olvidar que el ET, cuando habla del cálculo de la indemnización por despido, se refiere, exclusivamente, al tiempo de vinculación, con independencia de cuál haya podido ser la jornada de trabajo efectivamente realizada a lo largo de la relación laboral.
2. En el caso de aquellos trabajadores a tiempo parcial que prestan sus servicios **solo unos meses al año o unos días a la semana o al mes**, la indemnización se abona, igualmente, por años de servicio, pero descontando los periodos de inactividad. Por ello, no ha de estarse a la total antigüedad, sino al número de días efectivamente trabajados durante toda su relación

laboral. De este modo, podría decirse que, en este caso, rige la regla de la proporcionalidad (TSJ La Rioja 9-5-02, EDJ 130028; 8-3-05, EDJ 34763; TSJ Cataluña 6-2-08, EDJ 35924).

Precisiones 1) En los casos de beneficiarios con contrato a tiempo parcial para el cálculo de la **obligación de pago del FOGASA** el límite del doble del SMI vigente debe reducirse en la misma proporción que la jornada laboral pactada (TS 23-1-18, EDJ 3809; 20-6-17, EDJ 133509; 29-11-17, EDJ 259455). Esta interpretación no conduce ni a una doble reducción de los importes a abonar ni coloca en situación de desventaja a estos en relación con los trabajadores a tiempo completo ni entraña una discriminación indirecta por razón de sexo (TJUE auto 3-3-21, C-841/19).
2) A efectos de determinar el **salario regulador en un despido improcedente**, la falta de aplicación del registro horario determina la aplicación de la presunción a favor del trabajador de que realiza una jornada a tiempo completo (TSJ Madrid 27-10-23, EDJ 739407).
3) Cuando se trata de calcular la indemnización por despido a los trabajadores a tiempo parcial con **trabajo concentrado**, se computa como antigüedad todo el tiempo de contratación, pero solamente se computa el salario reducido proporcionalmente al que tendrían a jornada completa, esto es el salario real (TSJ Madrid 17-3-21, EDJ 579826).

Novación contractual (ET art.12.4.e) La novación contractual más típica del contrato a tiempo parcial es la que afecta a su jornada porque: **6210**
- se convierta en trabajador a tiempo completo, o;
- haya alcanzado la parcialidad en su trabajo como consecuencia de la transformación en parcial de un contrato a tiempo completo.

La conversión de trabajo a tiempo parcial en a tiempo completo o viceversa ha de tener siempre **carácter voluntario** para el trabajador y no puede imponerse de forma unilateral o como consecuencia de una modificación sustancial de condiciones de trabajo (TS 26-4-13, EDJ 70865; 7-10-11, EDJ 263198; TSJ Canarias 31-1-07, EDJ 54262; TSJ Cataluña 11-1-05, EDJ 5394).

Precisiones 1) Para estas novaciones contractuales, es necesario el **consentimiento del trabajador** bajo sanción de nulidad de la decisión empresarial. Pero, habiéndose negado el trabajador a novar su contrato para adaptarse a la menor actividad de la empresa, esta no puede reducir su jornada a través de la modificación sustancial de las condiciones de trabajo siendo posible, por el contrario, acudir a la extinción del contrato por causas objetivas (TS 30-5-18, EDJ 104185). La contratación de otro trabajador a tiempo parcial que se adapte a esas necesidades no supone fraude alguno, teniendo en cuenta que la empresa no puede aplicar el procedimiento de modificación sustancial de condiciones de trabajo para modificar la naturaleza del contrato de trabajo a tiempo completo en otro a tiempo parcial (TS 30-5-18, EDJ 104185).
2) El trabajador no puede ser despedido, ni sufrir ningún otro tipo de **sanción** o efecto perjudicial, por el hecho de rechazar esta conversión.
3) La **negativa** del trabajador **a documentar por escrito su relación laboral** en los términos ofrecidos por el empleador no constituye una dimisión. Esta exige que conste su voluntad de extinguir la relación laboral. De la negativa de trabajador a firmar el contrato a tiempo parcial presentado por la empresa no puede inferirse su voluntad extintiva del vínculo laboral preexistente (TS 20-1-22, EDJ 502515).
4) Algunos tribunales señalan que el trabajador al que se le imponga debe **reclamar en el plazo** de 20 días hábiles (TSJ Extremadura de 23-2-98, EDJ 65149). Sin embargo, otros entienden que el plazo de 20 días solo es para el supuesto de que, no habiendo optado por la rescisión, el trabajador se muestre disconforme (TSJ Castilla-La Mancha de 23-1-98, EDJ 65094).

Requisitos (ET art.12.4.e) Con el objeto de facilitar la transformación de un contrato a tiempo parcial a otro a tiempo completo, y viceversa, el empresario debe **informar a los trabajadores** de la empresa sobre la existencia de puestos de trabajo vacantes, de manera que aquéllos puedan formular solicitudes de conversión voluntaria de un trabajo a tiempo completo en un trabajo a tiempo parcial y viceversa, o para el incremento del tiempo de trabajo de los trabajadores a tiempo parcial. **6212**

No existe ningún tipo de **preferencia** para el acceso a un puesto de trabajo vacante en los supuestos de conversión voluntaria por parte del trabajador de un contrato de trabajo a tiempo completo en otro a tiempo parcial o viceversa.

Con carácter general y en la medida de lo posible, el empresario debe tomar en consideración las **solicitudes para** este tipo de **vacantes**. Su denegación debe ser notificada por el empresario al trabajador por escrito y ha de ser motivada, real y efectiva, de posible censura o fiscalización, y razonable (TSJ País Vasco 2-6-09, EDJ 183066).

Finalmente, los **convenios colectivos** sectoriales y, en su defecto, de ámbito inferior, pueden establecer, en su caso, requisitos y especialidades para la conversión de contratos a tiempo completo en contratos a tiempo parcial, cuando ello esté motivado principalmente por razones familiares o formativas.

CAPITULO 23

Fijo discontinuo

A. Objeto y características

El trabajo fijo discontinuo, sea cual sea su modalidad, es aquel que se da por razón de la **discontinuidad de su actividad** y que no exige la prestación de servicios todos los días u horas, dentro del carácter normal y permanente de la actividad empresarial. Se concierta para atender necesidades empresariales y trabajos que son, por su propia naturaleza, discontinuos en los que se alternan periodos en los que se trabaja seguidos de periodos en los que no se trabaja. **6255**

Mientras el **periodo de actividad** se refiere al periodo en que está activo el contrato, la **jornada de trabajo** se refiere al tiempo de trabajo prestado por el trabajador dentro de los límites legales o convencionales durante su vigencia. Así pues, la esencia de este contrato radica en la temporalidad o estacionalidad de la actividad (TSJ Las Palmas 22-12-05, EDJ 260727).

Con efectos **a partir del 30-3-2022**, el RDL 32/2021 de medidas urgentes para la reforma laboral, la garantía de la estabilidad en el empleo y la transformación del mercado de trabajo, ha modificado el ET art.16 con la finalidad de potenciar esta modalidad contractual como herramienta de lucha contra la temporalidad.

Respecto a la regulación del contrato fijo discontinuo con **anterioridad a la reforma laboral** introducida por el RDL 32/2021, ver nº 6430 Memento Contrato de Trabajo 2021-2022.

Precisiones No debe confundirse el trabajo fijo discontinuo con el **trabajo a llamada** pues en este caso el trabajador queda a la entera disponibilidad del empresario en cuanto a la concreción de las horas y días en los que debe trabajar. Impone un régimen de trabajo que resulta incompatible con el mandato general contenido el Código Civil, según el cual la validez y el cumplimiento de los contratos no puede dejarse al arbitrio de uno de los contratantes (CC art.1256) (TS 17-12-01, EDJ 61452; EDJ 71015).

1. Delimitación y supuestos

(ET art.16)

El contrato de fijo discontinuo puede concertarse para la prestación de los siguientes **trabajos**: **6260**
- de naturaleza estacional o vinculados a actividades productivas de temporada;
- que no tengan dicha naturaleza pero que, siendo de prestación intermitente, tengan periodos de ejecución ciertos, determinados o indeterminados;
- consistentes en la prestación de servicios en el marco de la ejecución de contratas mercantiles o administrativas que, siendo previsibles, formen parte de la actividad ordinaria de la empresa;

También puede celebrarse un contrato fijo discontinuo entre una **ETT** y una persona contratada para ser cedida en los supuestos que prevé la LETT (LETT art.10.3).

En muchas ocasiones se recurre a la utilización de **modalidades contractuales temporales** que encubren la verdadera naturaleza de la relación fijo discontinua que une a las partes y, en consecuencia, son los tribunales quienes realizan la labor de calificar y diferenciar entre los diferentes supuestos. El TS ha señalado que cuando el conflicto consista en determinar si la necesidad de trabajo puede atenderse mediante un contrato temporal o debe serlo mediante un contrato indefinido de carácter discontinuo, lo que prima es la reiteración de esa necesidad en el tiempo, aunque lo sea por periodo limitado (TS 23-10-95, EDJ 24415; 26-5-97, EDJ 5888). Así:
- procede la contratación temporal cuando la necesidad de trabajo es, en principio, imprevisible y fuera de cualquier ciclo regular;

- existe contrato fijo de carácter discontinuo cuando se produce una necesidad de trabajo de carácter intermitente o cíclico o en intervalos temporales separados pero reiterados en el tiempo y dotados de una cierta homogeneidad.
Respecto a las **similitudes y diferencias** del contrato de fijo discontinuo **con otras modalidades contractuales**, ver nº 6270 s.

Precisiones 1) Tras la reforma de la contratación laboral operada por el RDL 32/2021, desaparece la histórica **distinción entre el contrato a tiempo parcial y el fijo discontinuo** -en función de si la prestación de servicios se repite o no en fecha cierta-. Así, la contratación de trabajadores para prestar trabajo en actividades intermitentes que tengan periodos de ejecución cierta, determinados o indeterminados, se formalizará mediante la modalidad de fijo discontinuo y no, como ocurría con anterioridad, mediante el contrato de trabajo a tiempo parcial de fijos periódico.
2) No existe un **límite temporal de inactividad en el año natural** para los fijos discontinuos. No obstante, en caso de actividades que se extiendan más de 10 meses en un año natural y, por tanto, con un periodo de inactividad de 1 mes, podría apreciarse un indicio de que la relación laboral es, de hecho, una relación laboral indefinida ordinaria, produciéndose una percepción indebida de la prestación por desempleo, que se utiliza como medio para no reconocer el derecho a vacaciones retribuidas.

6262 **Contratas mercantiles o administrativas** (ET art.16.1 y 4) El contrato de fijo discontinuo puede concertarse para la prestación de servicios en el marco de la ejecución de contratas mercantiles o administrativas que, siendo previsibles, formen parte de la actividad ordinaria de la empresa.
La **doctrina judicial** ya había anticipado que, en el caso de empresas que prestaban servicios para otras a través de contratas, la previsión de variabilidad de las necesidades de la demanda y las decisiones sobre la dimensión de la plantilla podían y debían ser atendidas a través de los mecanismos que el legislador había diseñado a tal efecto, incluyendo el recurso al contrato de trabajo a tiempo parcial y de fijo-discontinuo (TS 27-1-21, EDJ 503914).
En el caso de los contratos fijos discontinuos vinculados a la prestación de trabajo en contratas, **no** se exige **intermitencia** en la actividad, **sino previsibilidad**. Ello permite que, cuando se trate de encargos extraordinarios y, por tanto, no previsibles, podrá acudirse a la modalidad de contratación temporal por circunstancias de la producción.
Cuando la contratación fija-discontinua se justifique por la celebración de contratas, subcontratas o con motivo de concesiones administrativas, los **periodos de inactividad** solo pueden producirse como plazos de espera de recolocación entre subcontrataciones. En estos supuestos, los convenios colectivos sectoriales podrán determinar un **plazo máximo** de inactividad entre subcontratas, que, en defecto de previsión convencional, será de 3 meses. Una vez cumplido dicho plazo, la empresa debe adoptar las medidas coyunturales o definitivas que procedan.

Precisiones 1) La modalidad adecuada para **contratas recurrentes** con la Administración es el contrato de fijo discontinuo. En cambio, para **contratas puntuales** que no se corresponden con la actividad ordinaria o habitual de las empresas, puede formalizarse un contrato fijo ordinario o bien un contrato por circunstancias de la producción, siempre que la contrata puntual suponga un incremento imprevisible o una oscilación de la actividad de la empresa -debiendo observar siempre el plazo legal de 6 meses o de 12 meses en caso de ampliación por convenio colectivo sectorial-.
2) Tras la **finalización de la contrata** no es posible despedir a un trabajador al amparo del ET art.52.c basándose en dicha finalización hasta que no hayan transcurrido 3 meses -o el **periodo máximo de inactividad o de espera** que establezca el convenio colectivo-.
Si transcurrido dicho período **no se reactiva la actividad**, la empresa deberá bien adoptar un ERTE de suspensión de las relaciones laborales o bien extinguir los contratos por la vía de un ERE extintivo o del ET art.52.c. En caso de extinción, la indemnización a abonar es de 20 días de salario por año de servicio, con el límite de 12 mensualidades.

6264 **Empresas de trabajo temporal** (ET art.16.1; LETT art.10.3) La ETT y el trabajador contratado para ser cedido pueden celebrar un contrato fijo-discontinuo para cubrir contratos de puesta a disposición vinculados a necesidades temporales de diversas empresas usuarias, posibilidad que la jurisprudencia venía denegando (TS 30-7-20, EDJ 673669).
En estos casos, **los periodos de inactividad** coinciden con el plazo de espera entre los contratos.
Las referencias efectuadas a la **negociación colectiva** se entenderán efectuadas a los convenios colectivos sectoriales o de empresa de las ETT. Estos convenios colectivos podrán, asimismo, fijar una garantía de empleo para las personas contratadas bajo esta modalidad.

2. Similitudes y diferencias con otros contratos de trabajo

Similitudes y diferencias con otros contratos de trabajo El contrato fijo discontinuo comparte rasgos comunes y diferenciales con otros tipos de contratos de trabajo ya sea a tiempo completo, a tiempo parcial o ya sea con los contratos de duración determinada. 6270

Contrato fijo a tiempo completo Ambos contratos son de duración indefinida; sin embargo, en el contrato a tiempo completo se prestan servicios durante todos los días laborables del año, y en el contrato fijo discontinuo sólo se prestan durante determinadas **campañas o temporadas o de forma intermitente**. El TS ha concluido que son trabajadores fijos y no fijos discontinuos los trabajadores que, de manera sistemática y reiterada, prestan servicios de forma continua y sin solución de continuidad. La seña de identidad del contrato fijo-discontinuo es la discontinuidad (TS 28-10-20, EDJ 723631). 6272

Precisiones No es fija discontinua sino fija ordinaria la relación laboral de una profesora de preescolar en una guardería infantil cuyo período de inactividad coincide con el de **vacaciones** del centro. No cabe convertir una actividad continua que se interrumpe por vacaciones o por dificultades o **períodos de temporada baja**, en actividad de temporada (TS 20-4-05, EDJ 55272; 27-3-02, EDJ 10944). Del mismo modo, no porque haya disminución de la demanda, por baja ocupación en un hotel, el contrato se convierte en fijo discontinuo, si se trata de una empresa que trabaja todo el año (TSJ C.Valenciana 30-1-07, EDJ 24709).

Contrato a tiempo parcial En ambos contratos la jornada anual es inferior a la normal en el sector o actividad. Sus diferencias derivan del **carácter cíclico, estacional o intermitente de la actividad** (TSJ Las Palmas 22-12-05, EDJ 260727), lo que significa que mientras en el contrato fijo discontinuo falta la certeza en la jornada anual que hace necesario el llamamiento, en el contrato a tiempo parcial, se exige la precisión del tiempo de efectividad de los servicios por el que se concierta (TS 17-12-01, EDJ 71015). No obstante, esta distinción queda desdibujada cuando el contrato fijo discontinuo se formaliza para la prestación de servicios intermitentes que tengan periodos de ejecución ciertos, determinados o indeterminados. 6274

Además, en el contrato de trabajo a tiempo parcial no se produce una suspensión o interrupción del contrato durante los periodos en los que el trabajador no presta sus servicios, ni el trabajador está en **situación legal de desempleo**. En el contrato de trabajo del fijo discontinuo, sin embargo, los periodos en los que no se trabaja se consideran como periodos de inactividad que constituyen situación legal de desempleo (LGSS art.267.1.d) y permiten, por tanto, acceder a la prestación de desempleo.

Contratos temporales Para determinar si la necesidad de trabajo puede atenderse mediante un contrato temporal o debe serlo mediante un contrato indefinido de carácter discontinuo lo que prima es la **reiteración de esa necesidad** en el tiempo, aunque lo sea por períodos limitados. Cuando la actividad desarrollada tiene por finalidad cubrir una necesidad de trabajo cíclico, reiterado o intermitente en el tiempo, dotado de plena homogeneidad y totalmente previsible, la relación se califica de fija discontinua. Por el contrario, la contratación temporal sólo se justifica para cubrir una necesidad de carácter ocasional, ya sea previsible o imprevisible. 6276

Con efectos **a partir del 30-3-2022**, el RDL 32/2021 introduce una modalidad específica dentro del **contrato** de duración determinada **por circunstancias de la producción** que permite utilizar esta modalidad contractual también para atender situaciones ocasionales, previsibles y de duración reducida y limitada en el tiempo -solo puede ser utilizado por las empresas un máximo de 90 días discontinuos en el año natural- (nº 6825).

De este modo, algún sector doctrinal se plantea la duda de si, al referirse a situaciones ocasionales, el contrato por circunstancias de la producción puede utilizarse para atender necesidades o situaciones que se reiteran o repiten en el tiempo o si estas contrataciones deben reconducirse a contrato de fijo discontinuo, aunque su duración, en períodos discontinuos, no exceda de 90 días.

Lo que sí parece claro es que, si las campañas breves **superan los 90 días**, debe recurrirse al contrato de fijo discontinuo.

Respecto al **contrato para la sustitución de la persona trabajadora**, esta modalidad contractual se utiliza para la sustitución de trabajadores con derecho a reserva de puesto o para la cobertura temporal de vacantes, mientras que el de fijo discontinuo no está relacionado con sustituciones ni con puestos pendientes de cubrir; tiene autonomía propia.

Precisiones **1)** Respecto a la posible **calificación como fijo discontinuo** de un trabajador en caso de celebración sucesiva de contratos temporales fraudulentos, ver nº 7206.

2) En relación con los **artistas**, la regla general es la posibilidad de efectuar contrataciones temporales y la excepción es la contratación indefinida, sea a tiempo parcial o como fijo discontinuo (TS 15-7-04, EDJ 83158).

B. Dinámica del contrato

6285 La formalización y la ejecución del contrato de trabajo fijo discontinuo presentan las siguientes características.

1. Formalización del contrato

(ET art.8.4 y 16)

6290 Este contrato debe formalizarse necesariamente por **escrito**. En el contrato deben figurar los **elementos esenciales** de la actividad laboral, y, entre otros, los siguientes:
- la duración estimada de la actividad;
- jornada y su distribución horaria, que podrán figurar con carácter estimado, sin perjuicio de su concreción en el momento del llamamiento.

Respecto al **modelo** facilitado por el SEPE para la formalización de contratos indefinidos, ver nº 9610.

El contrato de fijo discontinuo solo puede formalizarse **a tiempo parcial** cuando así lo autorice el convenio colectivo sectorial en atención a las peculiaridades de la actividad del sector (ET art.16.5).

El empresario debe entregar a la **representación legal de los trabajadores** en la empresa una copia básica del contrato (nº 3915 s.). Asimismo, debe comunicar a la **oficina pública de empleo**, en el plazo de los 10 días siguientes a su celebración, el contenido de los contratos y en esa comunicación debe constar la referencia al llamamiento (RD 1424/2002 art.3.2).

Por su parte, los trabajadores pueden **solicitar** en cualquier momento de los servicios públicos de empleo **información** del contenido de dichas comunicaciones y de la copia básica del contrato (RD 1424/2002 art.5.2).

El trabajador debe ser **dado de alta** en Seguridad Social al iniciar su prestación de servicios por cuenta ajena cada vez que se reanude su relación laboral.

Precisiones En defecto de convenio colectivo sectorial o de empresa y de acuerdo de empresa, las **condiciones de trabajo** de los fijos discontinuos se podrán establecer en el contrato de trabajo (ET art.3.1.c), excepto la prestación de servicios a tiempo parcial que solo puede autorizarse por convenio colectivo sectorial.

6292 **Posibilidad de mantener dos contratos con la misma empresa** Frente a la posibilidad de que un trabajador sea contratado para las diversas actividades de temporada o campaña que realice la empresa y si pueden existir dos relaciones laborales de fijo discontinuo con la misma empresa, los **tribunales no mantienen un criterio uniforme**.

En unos casos se resuelve afirmativamente señalando que cabe la posibilidad de que un mismo empleado lo sea de varias campañas diferentes, con un régimen jurídico distinto cada una, incluso con antigüedad y salario diferente. No existe en nuestro ordenamiento ninguna norma que prohíba que un trabajador esté ligado a la misma empresa con dos contratos simultáneos para realizar distintas tareas (TSJ La Rioja 7-11-02, EDJ 101397; TS 31-5-00, EDJ 24275).

Por el contrario, otros mantienen que la contratación para cada una de las actividades no da pie a una relación laboral distinta; la empresa es única y con el trabajador está ligada por un solo contrato de trabajo que, al ser de carácter fijo discontinuo, provoca la prestación de servicios cada vez que la empresa lleva a cabo alguna de las actividades para las que fue contratado (TSJ Cataluña 23-2-98, EDJ 68694; TSJ Canarias 9-7-03, EDJ 190503).

6294 **Trabajo fijo discontinuo en las relaciones laborales especiales** (ET art.2) En la mayoría de los casos se admite la posibilidad de contratar cualquier relación laboral de carácter especial para trabajos fijos discontinuos y periódicos. Así, sucede en empresas de temporada con los **altos directivos**, los **representantes de comercio**, el empleado al **servicio del hogar familiar** y las **personas con discapacidad** que trabajen en centros especiales de empleo. En el caso de los **artistas**, la regla general es la contratación temporal, y la excepción es la contratación indefinida, con el carácter de fijo discontinuo (TS 26-11-12, EDJ 277762).

En cambio, no se admite el trabajo fijo discontinuo en el caso de los **penados** en instituciones penitenciarias (RD 782/2001 art.7.2) o en el de los **deportistas profesionales** ya que su relación laboral es siempre de duración determinada (RD 1006/1985 art.6).

6296 **Novación contractual** (ET art.16.7) En principio, y aunque no es habitual, resulta posible adquirir la condición de trabajador fijo discontinuo por conversión de un contrato fijo continuo. La conversión de trabajador **fijo continuo en fijo discontinuo** constituye, al igual que en el trabajo a tiempo parcial (nº 6210), una novación contractual que exige **consentimiento** del

trabajador, sin que pueda llevarse a cabo por la vía de modificación del contrato (TSJ Baleares 24-7-03, EDJ 208123).
El trabajador **no** puede ser **despedido** como consecuencia de su negativa a la conversión, sin perjuicio de que sí lo pueda ser objetivamente cuando, subyacentes a la oferta empresarial de conversión, existan causas económicas, técnicas, organizativas o de producción (TSJ Galicia 15-9-23, EDJ 687088).
En sentido opuesto, la empresa deber **informar** a las personas fijas discontinuas y a la representación legal de las personas trabajadoras **sobre la existencia de puestos de trabajo vacantes de carácter fijo ordinario**, de manera que aquellas puedan formular solicitudes de conversión voluntaria, de conformidad con los procedimientos que establezca el convenio colectivo sectorial o, en su defecto, el acuerdo de empresa.

Precisiones Si, tras negarse a novar su contrato temporal por otro indefinido a tiempo parcial, el trabajador presenta demanda de despido y esta se desestima declarándose la relación laboral como fija discontinua, la **falta de llamamiento** se considera una represalia por el ejercicio de la acción y un despido nulo por vulneración de la garantía de indemnidad (TS 20-1-22, EDJ 502515).

2. Llamamiento

(ET art.16.3)

El **derecho de llamamiento** instituye a favor de los trabajadores un derecho pleno, actual y no condicional para ser ocupados cada vez que los trabajos fijos y que forman parte del volumen normal de actividad de la empresa se lleven a cabo, aunque siguiendo un orden preestablecido para el caso de que no fuera posible el llamamiento simultáneo, porque la actividad requiera una inicial fase de puesta en marcha. Del lado empresarial, el **deber de llamamiento** consiste en una obligación de hacer que materializa el deber de proporcionar ocupación efectiva a los trabajadores (TS 14-7-16, EDJ 152183). 6305
Por llamamiento hay que entender tanto la **orden de llamada** -convocatoria del empresario al trabajador citándole al trabajo por el comienzo de la actividad cíclica en la que presta servicios- como la de **salida** o finalización de los trabajos. Esto no quiere decir que el trabajador haya de ser necesariamente llamado al inicio de la temporada o campaña, sino que debe acomodarse a las necesidades de la propia actividad de la empresa (producción, climatología, circunstancias de mercado, etc.) (TSJ C.Valenciana 12-2-13, EDJ 23249).
Normalmente el llamamiento no se hace a la vez para todos los trabajadores, sino de manera paulatina y en función de las **necesidades de la empresa y de la actividad**. Incluso, durante la campaña se pueden producir interrupciones y períodos de inactividad, de modo que puede considerarse como un trabajo «a llamada».
El derecho preferente de estos trabajadores a ser llamados dentro de las respectivas temporadas no alcanza a **campañas distintas** (TS 6-4-99, EDJ 5903) y, a su vez, el trabajador puede ser llamado durante toda la campaña, aunque en algunos meses no lo hiciera con anterioridad, sin que esto entrañe modificación sustancial de las condiciones de trabajo (TSJ C.Valenciana 26-4-01, EDJ 41288).
Salvo previsión convencional, las **necesidades imprevistas o extraordinarias** surgidas fuera de campaña o temporada no tienen que ser cubiertas necesariamente con ellos pues la empresa puede acudir a otras fórmulas de contratación por circunstancias de la producción con los mismos trabajadores fijos discontinuos o con otros trabajadores distintos, incluso a tiempo parcial (TSJ Andalucía 22-12-98, EDJ 36434). Es decir, que el derecho al llamamiento cede ante contrataciones hechas a **terceras empresas** cuyas actividades son extraordinarias y especializadas ajenas a las funciones de los fijos discontinuos (TSJ Andalucía 20-11-01, EDJ 102986; 15-5-01, EDJ 30550).
Mediante **convenio colectivo** o, en su defecto, **acuerdo de empresa**, se establecerán los criterios objetivos y formales por los que debe regirse el llamamiento de las personas fijas-discontinuas. Los trabajadores fijos discontinuos deben ser llamados al trabajo en el **orden** y **forma** que se determine en dichos convenios o acuerdos. Con esta facultad de la negociación colectiva para fijar el orden y la forma del llamamiento se pretende garantizar que se haga con arreglo a un **sistema objetivo** previamente conocido por los interesados que les permita conocer su derecho y, en su caso, protegerse frente a un posible despido encubierto (TS 7-3-03, EDJ 15620).
El llamamiento debe realizarse **por escrito** o por otro medio que permita dejar constancia de la debida notificación a la persona interesada, con las indicaciones precisas de las condiciones de su incorporación y con una **antelación** adecuada. Es válido el llamamiento que se comunica mediante whatsapp o mensaje de texto; pero es contraria a la normativa la indicación convencional de que el contrato fijo discontinuo pueda emplearse para servicios sorpresivos

-aquellos en que es imposible llamar al trabajador con la antelación mínima de 48 horas establecida con carácter general en la propia norma convencional- (AN 5-12-22, EDJ 754585).
Además, la empresa debe **trasladar a la representación legal de las personas trabajadoras**, con la suficiente antelación, al inicio de cada año natural, un calendario con las previsiones de llamamiento anual o, en su caso, semestral, así como los datos de las altas efectivas de las personas fijas discontinuas una vez se produzcan.
El **inicio de la temporada** o campaña no determina, sin más, la obligación de llamada, sino que esta viene condicionada por múltiples factores, de forma que el llamamiento debe acomodarse a las necesidades de mano de obra que en cada momento se precise según la propia actividad de la empresa y las circunstancias en ella influyentes desde muchos aspectos: producción, climatología, crisis de mercado (TSJ C.Valenciana 16-9-98, EDJ 23249).

Precisiones **1)** La existencia de **distintas regulaciones** de fijos discontinuos, según la ley bajo la que se concertaron, no comporta que para cada uno de ellos se deba seguir un orden de llamamiento (TSJ Murcia 9-7-96, EDJ 11686).
2) Se ha admitido aunque no unánimemente que este derecho a ser llamado se extiende también a la denominada **precampaña** (TSJ Andalucía 8-11-02, EDJ 130262; en contra TSJ Andalucía 19-11-02, EDJ 66441).
3) En el supuesto de un trabajador fijo discontinuo, que realiza funciones de monitor ocupacional en el centro de formación ocupacional de una localidad determinada, se considera que **no ha existido incumplimiento** del deber de llamamiento, ni falta de convocatoria de los cursos a impartir, que justificarían la existencia del despido, cuando en el centro de formación ocupacional de la localidad donde impartía las clases no se hubiese concedido ningún curso de los programados para la campaña (TSJ Galicia 18-5-12, EDJ 104515).

6307 **Consecuencias de no atender el llamamiento** (ET art.49.1.d) Cuando el trabajador llamado no se incorpora se entiende extinguida la relación laboral por dimisión (TSJ Baleares 26-4-05, EDJ 77146).
Sin embargo, en caso de que no pudiera acudir a la llamada por **causa de fuerza mayor o por causa a él no imputable** -no si estuviera trabajando en otra empresa- (TS 8-6-92, EDJ 5926; 28-7-95, EDJ 24581; TSJ Galicia 16-7-99, EDJ 34664), el trabajador conserva su derecho a ser llamado en las temporadas siguientes, lo que no exime a la empresa de efectuar el llamamiento.
Si en el momento del llamamiento el trabajador se encuentra en situación de baja por **incapacidad temporal**, la reincorporación efectiva al trabajo debe producirse a partir del alta médica (TS 14-7-16, EDJ 152183), salvo justa causa, pues lo contrario también se considera desistimiento unilateral, equiparable a la dimisión (TSJ Castilla-La Mancha 29-11-99, EDJ 84096).
Incluso, se estima baja voluntaria cuando no comparece al reconocimiento médico obligatorio al inicio de campaña (TSJ Castilla y León 7-1-98, EDJ 65422).
También se considera dimisión la no reincorporación tras ser convocado a la finalización de una **excedencia voluntaria** o la solicitud extemporánea de reingreso (TSJ Castilla y León 8-2-00, EDJ 117459).

6309 **Falta de llamamiento** En caso de **incumplimiento empresarial** de la obligación de llamamiento con voluntad extintiva es posible la reclamación del trabajador en procedimiento de despido. No toda omisión de llamamiento constituye un incumplimiento empresarial equiparable a un despido, pues puede ser por error o por causas ajenas a la voluntad de la empresa (TS 6-2-96, EDJ 1393), como ocurre, por ejemplo, cuando no se produce el llamamiento por la reducción del consumo y así es comunicado por la propia empresa, con la previsión de realizarlo en la próxima campaña (TS 24-4-12, EDJ 153988). Tampoco hay despido si la falta de llamamiento obedece a que las prestaciones laborales requeridas por la empresa se cubren con el personal fijo y no se llama a ningún fijo discontinuo durante una campaña (TS 8-6-88, EDJ 4961).
En definitiva, el proceso de despido queda reservado a los supuestos en los que el trabajador sostenga que la actuación del empleador supone una **extinción del vínculo contractual** y comporta la definitiva finalización de la relación laboral. Pero cuando lo que se reclama en la demanda no es una falta de llamamiento o la vulneración de las normas del convenio colectivo en esta materia, sino **cualquier otro tipo de incumplimiento empresarial** que no está vinculado al llamamiento, la acción que ejercite el trabajador debe vehicularse a través de la modalidad procesal que corresponda a la cuestión que constituya el objeto litigioso (TS 15-1-19, EDJ 507518).
El despido, en todo caso, tiene lugar cuando, reanudada la actividad, **no** se produce el **llamamiento** (TSJ Castilla-La Mancha 18-9-00, EDJ 48220). Igualmente constituye despido el **retraso** a fecha indeterminada de la reincorporación al trabajo una vez iniciada la campaña (TSJ Las Palmas 31-3-00, EDJ 30558).

Las personas fijas discontinuas pueden ejercer las **acciones** que procedan en caso de incumplimientos relacionados con el llamamiento.
En todo caso, incumbe al trabajador la **prueba de la falta de llamamiento** (TS 3-3-88, EDJ 1786), aunque éste debe estar claro e inequívoco por el proceder de la empresa desvinculado de prácticas anteriores (TS 18-12-91, EDJ 12058).
El **plazo de reclamación**, que es de caducidad, se inicia desde el momento en que tuviese conocimiento de la falta de convocatoria con independencia del momento en que comience realmente la actividad empresarial (TSJ Burgos 29-4-08, EDJ 144231; TSJ Cantabria 26-4-06, EDJ 87083), aunque se le hubiera comunicado con antelación el final de la temporada (TS 27-3-02, EDJ 10944; TSJ Galicia 31-5-16, EDJ 124919). Por ello, cuando se reclama por despido tras la comunicación empresarial extintiva al finalizar la campaña, sin esperar a la falta de llamamiento, la conclusión que se impone es la de la falta de acción (TSJ Madrid 2-6-10, EDJ 142215). Sin embargo, algunas sentencias entienden que, si al finalizar la campaña se ha comunicado claramente a los trabajadores que no van a ser llamados en la siguiente, el día inicial del cómputo del plazo comienza en ese momento (TS 18-12-91, EDJ 12058) y ello con independencia del momento en que comience realmente la actividad empresarial (TSJ Cantabria 26-4-06, EDJ 87083). Es decir, no se computa desde la fecha en que el trabajador era llamado habitualmente en ciclos anteriores, sino desde que se aprecia un acto concluyente del empresario dirigido a no convocarles (TSJ Baleares 8-6-00, EDJ 117126).

Precisiones **1)** Si **la empresa prevé falta de reactivación de la actividad**, puede iniciar un procedimiento de regulación temporal de empleo (ERTE) con el fin de suspender las relaciones laborales durante el intervalo temporal a que se extienda ese período de inactividad. Si prevé que la incidencia o la reducción de la actividad va a tener un carácter permanente, puede iniciar un procedimiento de despido colectivo o bien extinguir los contratos por causas objetivas (ET art.52.c) en función del número de trabajadores afectados. En caso de extinción, el importe de la indemnización es de 20 días de salario por año de servicio con el máximo de 12 mensualidades.
2) Ante un **llamamiento tardío**, el trabajador también puede ejercer la acción de despido, limitándose en tal caso sus consecuencias al pago de los salarios de tramitación y a la obligación de darle de alta en la Seguridad Social ya que, no ejercitada la acción de despido, no cabría el posterior ejercicio de una acción declarativa de daños y perjuicios derivados del incumplimiento empresarial (TSJ Baleares 23-3-10, EDJ 79360).
3) La **pertinaz y reiterada actuación** del empleador en **no llamar al trabajador**, que tiene la condición de indefinido discontinuo, obligándole a recurrir a la vía judicial para la defensa de sus intereses, constituye base suficiente para considerar que se está ante una situación de vulneración de la garantía de indemnidad por represalia, lo que determina que el despido debe ser calificado como nulo (TSJ Galicia 17-4-15, EDJ 64891).
4) El **no llamamiento masivo** de trabajadores fijos discontinuos puede ser constitutivo de despido colectivo, debiendo tramitarse como tal, si responde a causas económicas, técnicas, organizativas o de producción y se produce en número superior al umbral numérico establecido para dicho despido. En caso de no seguirse dicho procedimiento, el despido debe calificarse como nulo (TS 10-5-17, EDJ 84506).
5) El procedimiento ordinario -y no el de despido- es el adecuado para **reclamar el pago de las horas garantizadas** los trabajadores fijos discontinuos por el convenio colectivo, no realizadas en su totalidad durante la campaña correspondiente (TS 15-1-19, EDJ 507518).
6) En el caso de que el **trabajador** se encuentre **en IT**, el **plazo de caducidad** para reclamar por despido se inicia en el momento en que el trabajador conoce que no ha sido llamado al reanudarse la actividad y no cuando, tras el alta médica, el empresario no acepta la reincorporación al trabajo solicitada por el trabajador (TS 20-1-22, EDJ 502900).
7) Se califica como **despido improcedente**:
- cuando en el cese de los fijos discontinuos no se respeta el criterio de mayor antigüedad fijado convencionalmente (TSJ Sta. Cruz de Tenerife 24-7-01, EDJ 36887);
- la baja en la TGSS por inactividad sin acreditar el fin de temporada o actividad cíclica (TSJ Burgos 24-7-19, EDJ 667588).

Indemnización por despido y salarios de tramitación (ET art.16.6) Las personas trabajadoras fijas discontinuas tienen derecho a que su antigüedad se calcule teniendo en cuenta toda la duración de la relación laboral y no el tiempo de servicios efectivamente prestados, con la excepción de aquellas condiciones que exijan otro tratamiento en atención a su naturaleza y siempre que responda a criterios de objetividad, proporcionalidad y transparencia. Esta excepción opera, precisamente, en relación con la indemnización por despido que se calcula teniendo en cuenta exclusivamente los periodos de prestación efectiva de servicios. Así: 6311
a) La indemnización debe calcularse en función del **tiempo efectivo de trabajo**, considerando como tal los días trabajados, descontándose los periodos de inactividad (TS 30-7-20, EDJ 656323; TSJ Cataluña 2-3-23, EDJ 2023/553719). Deben incluirse los períodos de descanso que correspondan a los períodos de actividad, lo que obliga a un cálculo pormenorizado de todo ello (TSJ Cataluña 8-5-00, EDJ 17610). Así, si un trabajador fijo discontinuo trabaja

solamente 3 meses en un año y en esos 3 meses lleva a cabo una jornada total de 600 horas, siendo la jornada máxima anual en la actividad de 1800, habrá que computarle como trabajada la parte proporcional del año (una tercera parte) y no solamente los 3 meses en los que se concentraron las 600 horas (TSJ Madrid 17-3-21, EDJ 579826).
b) Los **salarios de tramitación**, en caso de que procediesen, no pueden **durar** más de lo que dure el resto de la campaña en la que se produjo el despido (TSJ Navarra 22-6-98, EDJ 12072; TSJ C.Valenciana 2-3-00, EDJ 30199). Se adeudan, en su caso, hasta la fecha de notificación de la sentencia que declara la improcedencia del despido, salvo que antes finalice la temporada que motiva la contratación, supuesto en el que se adeudan sólo hasta ese día (TS 2-3-11, EDJ 51506; 4-4-11, EDJ 51513; 24-9-12, EDJ 216856). Sin embargo, si en el momento de dictar sentencia no se ha acreditado la terminación de la temporada, se entiende que esta continúa, al menos, entre la fecha del despido y la de la notificación de la sentencia (TS 20-9-13, EDJ 193294).
En el cálculo de los salarios de tramitación de los trabajadores fijos discontinuos, cuando se condena a los dejados de percibir desde el despido, solo **computan** los periodos de actividad no incluyendo los periodos de inactividad (TS 28-3-23, EDJ 537376).

3. Derechos de los trabajadores

(ET art.16.6 y 8)

6320 Los trabajadores fijos discontinuos disfrutan de los mismos derechos que los trabajadores indefinidos ordinarios.
Se aplica, no obstante, al igual que en los trabajadores a tiempo parcial, la regla de proporcionalidad. De este modo, la **equiparación** entre trabajadores fijos y trabajadores fijos discontinuos debe ser **plena** cuando el derecho en juego sea indivisible, mientras que deberán reconocerse proporcionalmente cuando los derechos sean medibles en función del tiempo de trabajo. Y ello aunque el convenio colectivo, al reconocer determinados derechos, no diferencie entre fijo y fijos discontinuos (TS 22-10-20, EDJ 715774).
Ello no impide que se aplique la **regla de la proporcionalidad** en cuanto a los salarios y a los otros derechos que por su naturaleza sean medibles, y no se aplique a aquellos otros derechos (como la ayuda de escolaridad, minusválidos, seguro de vida y de accidentes etc.) que por su naturaleza indivisible se reconocen a los trabajadores a tiempo parcial en plena igualdad con los trabajadores a jornada completa (TS 10-11-17, EDJ 262780).
Los trabajadores fijos discontinuos no pueden sufrir perjuicios por el ejercicio de los **derechos de conciliación**, ausencias con derecho a reserva de puesto de trabajo y otras causas justificadas en base a derechos reconocidos en la ley o los convenios colectivos.
Además, tienen la consideración de colectivo prioritario para el acceso a las **iniciativas de formación** del sistema de formación profesional para el empleo en el ámbito laboral durante los periodos de inactividad.

6322 **Antigüedad** Con independencia de la distribución de los tiempos de prestación de servicios en atención a los llamamientos que haga la empresa, el **nexo contractual** entre las partes está vigente desde su inicio.
Las personas trabajadoras fijas discontinuas tienen derecho a que su antigüedad se calcule teniendo en cuenta **toda la duración de la relación laboral** y no el tiempo de servicios efectivamente prestados, con la excepción de aquellas condiciones que exijan otro tratamiento en atención a su naturaleza y siempre que responda a criterios de objetividad, proporcionalidad y transparencia.

Precisiones 1) Esta regulación **acoge la doctrina del TJUE y del TS** sobre la forma de calcular el complemento de antigüedad para los trabajadores fijos discontinuos. El TJUE ya había declarado, a efectos del **complemento salarial de antigüedad**, que eran discriminatorias por razón de sexo la normativa (en concreto, el IV CCol del Personal Laboral de la AEAT) y la práctica empresarial conforme a las cuales, en el caso de los trabajadores fijos discontinuos, solo se computaban, a efectos del cálculo de la antigüedad requerida para poder percibir trienios, los períodos efectivamente trabajados, excluyéndose por tanto los períodos en los que no se había trabajado, mientras que esta normativa y esta práctica no se aplicaban en el caso de los trabajadores a tiempo completo (TJUE auto 15-10-19, C-439/18 y C-472/18).
A la vista de esta interpretación, el TS modificó su doctrina acerca de la forma de computar la antigüedad de los trabajadores fijos discontinuos (en el caso resuelto, de los de la AEAT), a efectos de **promoción económica** -trienios- y promoción **profesional**, señalando que -en línea con lo declarado por el TJUE- había de tenerse en cuenta todo el tiempo de duración de la relación laboral y no solo el tiempo de prestación efectiva de servicios (TS 19-11-19, EDJ 767526; 10-11-21, EDJ 739915).
2) La **excepción** que se contempla en la norma, cuando se excluyen aquellas condiciones que exijan otro tratamiento en atención a su naturaleza y siempre que responda a criterios de objetividad,

proporcionalidad y transparencia, remite a supuestos como el cálculo de la **indemnización por despido** (nº 6311).
3) En caso de **indebida calificación** del contrato, el cómputo de la antigüedad se produce desde el comienzo de los servicios, aun realizados con contrato eventual anteriores al reconocimiento del contrato como de fijo discontinuo. En tales casos (TS 25-4-05, EDJ 60156; 11-11-02, EDJ 51485; 25-2-98, EDJ 1033; 24-2-92, EDJ 1736):
- el contrato se entiende celebrado desde el principio como fijo discontinuo por no haber causa de eventualidad;
- la antigüedad computa desde el principio de la prestación y no desde la fecha de la sentencia que lo reconoce.
4) A efectos del **cálculo del complemento** de antigüedad han de reconocerse los servicios prestados como trabajador fijo discontinuo a partir de la entrada en vigor del ET/95, pues es a partir de esa fecha cuando puede calificarse al trabajador como fijo discontinuo y no antes (TS 20-7-10, EDJ 185128).

Interrupciones de la actividad El contrato de trabajo fijo-discontinuo es un contrato de duración indefinida. Existe un solo contrato y sucesivos llamamientos, de suerte que la ejecución del contrato se interrumpe a la conclusión de cada período de actividad, no trabajando y no cobrando salario alguno; es decir, que el contrato de trabajo **no se extingue** al finalizar cada período de actividad, **6324**
El trabajador tiene la consideración de trabajador fijo de trabajos discontinuos y **no** cabe calificar los períodos de inactividad ni como **interrupción** ni como **suspensión** en sentido técnico jurídico (TS 28-7-95, EDJ 24581), no siendo de aplicación, consecuentemente, entre llamamiento y llamamiento, la doctrina unificada del TS sobre la unidad esencial del vínculo laboral (TSJ Madrid 23-9-16, EDJ 188554).
Al concluir cada período de actividad, el empresario está obligado a practicar la **liquidación de los salarios**.
Los periodos de inactividad productiva constituyen **situación legal de desempleo**, lo que permite al trabajador fijo discontinuo (si cumple las exigencias legales) percibir la prestación por desempleo (LGSS art.264.1.d).
Los convenios colectivos de ámbito sectorial podrán establecer una **bolsa sectorial de empleo** en la que se podrán integrar las personas fijas discontinuas durante los periodos de inactividad, con el objetivo de favorecer su contratación y su formación continua durante estos. Asimismo, podrán establecer un periodo mínimo de llamamiento anual y una cuantía por fin de llamamiento a satisfacer por las empresas a las personas trabajadoras, cuando este coincida con la terminación de la actividad y no se produzca, sin solución de continuidad, un nuevo llamamiento.

Precisiones **1)** El recibo de **finiquito** firmado al final del contrato relativo a una temporada no exonera al empresario de llamar al trabajador cuando comienza una nueva y si no lo hace incide en **despido** (nº 6309). Los llamados recibos de finiquito que el trabajador suscribe al final de cada período no extinguen el contrato, ni lo suspenden, sino que lo interrumpen hasta el comienzo de uno nuevo (TSJ Valladolid 15-10-01, EDJ 103306; TSJ Andalucía 17-1-07, EDJ 24329).
2) Los periodos de inactividad en los que el trabajador fijo discontinuo se encuentra **inscrito como demandante de empleo** deben computarse a efectos de considerar cumplida la exigencia de estar inscrito durante 6 meses como demandante de empleo para poder solicitar la prestación por **jubilación anticipada** (TS 6-7-22, EDJ 633170).

C. Negociación colectiva

(ET art.16)

Los convenios colectivos o, en su defecto, los acuerdos de empresa deben establecer los **criterios objetivos y formales** por los que debe regirse el **llamamiento** de las personas fijas-discontinuas. En todo caso, el llamamiento deberá realizarse por escrito o por otro medio que permita dejar constancia de la debida notificación a la persona interesada con las indicaciones precisas de las condiciones de su incorporación y con una antelación adecuada. **6330**
Además, la empresa debe **trasladar a la representación legal de las personas trabajadoras**, con la suficiente antelación, al inicio de cada año natural, un calendario con las previsiones de llamamiento anual, o, en su caso, semestral, así como los datos de las altas efectivas de las personas fijas discontinuas una vez se produzcan.
Los **convenios colectivos de ámbito sectorial**, no los de empresa, **pueden**:
a) Establecer una bolsa sectorial de empleo en la que se podrán integrar las personas fijas-discontinuas durante los periodos de inactividad, con el objetivo de favorecer su contratación y su formación continua durante estos.
b) Acordar, cuando las peculiaridades de la actividad del sector así lo justifiquen, la posible utilización de la modalidad de tiempo parcial en este tipo de contratación.

6330 (sigue) **c)** Establecer la obligación de las empresas de elaborar un censo anual del personal fijo-discontinuo.

d) Establecer un periodo mínimo de llamamiento anual y una cuantía por fin de llamamiento a satisfacer por las empresas a las personas trabajadoras, cuando este coincida con la terminación de la actividad y no se produzca, sin solución de continuidad, un nuevo llamamiento.

e) Establecer procedimientos para la conversión voluntaria del contrato fijo-discontinuo en contratos fijo ordinario. En este caso, se permite que, en defecto de previsión en convenio colectivo sectorial, dichos procedimiento se establezca mediante acuerdo de empresa.

f) En caso de que la contratación fija-discontinua se justifique por la celebración de contratas, subcontratas o con motivo de concesiones administrativas, los convenios colectivos sectoriales podrán determinar un plazo máximo de inactividad entre subcontratas que, en defecto de previsión convencional, será de 3 meses.

Precisiones Las cláusulas de los convenios colectivos que **limitan el acceso a la condición de fijo discontinuo** a la prestación de servicios durante determinados períodos temporales son ilegales (TS 13-2-18, EDJ 18557).

CAPÍTULO 24

Contrato de relevo y jubilación parcial

 6400

En el Estatuto de los Trabajadores se regulan dos **contratos** singulares e interrelacionados, vinculados al hecho de la jubilación: 6402
1. El contrato a tiempo parcial del jubilado parcial.
2. El contrato del relevista o contrato de relevo en sentido estricto.
La **jubilación parcial** permite que los trabajadores por cuenta ajena en activo acuerden con su empresario reducir la jornada y el salario accediendo simultáneamente a la condición de pensionista de jubilación, también a los efectos de prestaciones médicas y farmacéuticas. De esta manera compaginan la percepción de una jubilación parcial y los ingresos salariales procedentes de la actividad que pasan a desarrollar a tiempo parcial. El jubilado parcialmente obtiene una pensión en proporción inversa a la prestación de servicios o a la reducción de la jornada que realice en relación a la de un trabajador a tiempo completo comparable.
Existen dos **modalidades** de jubilación parcial:
1. La **diferida**: cuando el jubilado parcial ya ha cumplido la edad ordinaria de jubilación.
2. La **anticipada**: cuando el jubilado parcial tiene una edad inferior a la edad ordinaria de jubilación y que requiere necesariamente que el empresario suscriba un **contrato de relevo** en sustitución del jubilado. Ambos contratos resultan conexos, pues existe una íntima relación entre la contratación a tiempo parcial y la nueva que se realiza en un equilibrio de cese parcial (TSJ País Vasco 22-3-05, EDJ 125479). La posibilidad de celebrar ambos contratos constituye, sin lugar a dudas, una medida de **política de empleo** tendente a conseguir, de un lado, la sustitución de trabajadores próximos a la jubilación por otros de menor edad y, de otro, a posibilitar la inserción en el trabajo de quienes tienen menos experiencia laboral.

Precisiones **1)** A los efectos del contrato a tiempo parcial del jubilado parcial y del contrato de relevo se deben tener en cuenta las **edades de jubilación** previstas en el texto refundido de la LGSS (ET disp.trans.3ª). 6404
2) Desde 1-1-2019 se agotó, con carácter general, la posibilidad de reconocimiento de la jubilación parcial con aplicación de la **legislación vigente a 31-12-2012**. Como excepción, cabe el reconocimiento de la jubilación parcial anticipada aplicándose, con ciertos matices, la normativa vigente a 31-12-2012 en favor de determinados trabajadores de la **industria manufacturera** para hechos causantes entre el 8-12-2018 y el 31-12-2024 (LGSS disp.trans.4ª.6 redacc RDL 8/2023).

1. Contrato de trabajo a tiempo parcial del jubilado parcial

(ET art.12.6; RD 1131/2002 art.12.2 y disp.adic.1ª)

Para poder acceder a la jubilación parcial en cualquiera de sus modalidades, anticipada o diferida, es necesario que el trabajador que pretende jubilarse concierte con su empresa un contrato a tiempo parcial. 6410
El pase a jubilación parcial requiere el **acuerdo** entre las partes (nº 6414).
La ejecución y retribución de este contrato deben ser **compatibles con la pensión** que la Seguridad Social reconozca al trabajador en concepto de jubilación parcial (TSJ País Vasco 22-3-05, EDJ 125479).

Precisiones Sobre la **jubilación parcial demorada**, nº 3750 Memento Seguridad Social 2024, sobre **jubilación parcial anticipada**, nº 3755 Memento Seguridad Social 2024.

La relación laboral entre el trabajador que se jubila parcialmente y la empresa no se extingue, de modo que con la jubilación parcial lo que se produce, en puridad, es la novación de un contrato a tiempo completo en otro a tiempo parcial. De este modo, no cabe considerar extinguido el contrato de trabajo del trabajador que se jubila parcialmente ni es válida, por tanto, la celebración con este trabajador de un contrato temporal (TS 28-9-2011, EDJ 231645). 6412

En todo caso, esta novación del contrato del trabajador que se jubila parcialmente no supone la pérdida de los **derechos adquiridos** que correspondan al trabajador. En el caso de que sea despedido, el salario regulador debe ser el que perciba a tiempo parcial.
A efectos retributivos, la **antigüedad** se computa en función del tiempo trabajado, teniendo las distintas posibilidades de la distribución del tiempo de trabajo su repercusión a efectos indemnizatorios y otros relacionados con la carrera del trabajador. En los demás aspectos deben aplicarse las normas propias del trabajo a tiempo parcial (nº 6150).

Precisiones **1)** También se ha admitido la jubilación parcial de quien tenía previamente **suspendido el contrato**, ya que legalmente se permite acceder a la jubilación sin que el cese en el trabajo se haya producido en el momento inmediatamente anterior (TSJ Castilla y León 14-11-05, EDJ 211904).
2) El trabajador con un contrato de relevo temporal en la empresa puede ser considerado un trabajador con **contrato de duración determinada**, a efectos de que pueda ser contratado como relevista de otro trabajador de la empresa (TS 23-1-12, EDJ 30449).
3) En su caso, el trabajador relevado tiene derecho a los **complementos** a cargo de la empresa pactados convencionalmente sobre la pensión de jubilación parcial (TSJ País Vasco 25-1-05, EDJ 15037).

6414 **Requisitos** La posibilidad de concertar este contrato queda sujeto al cumplimiento de los siguientes requisitos:
1. Acuerdo entre las partes. Tanto si la jubilación parcial requiere la celebración simultánea de un contrato de relevo, por tratarse de una jubilación parcial anticipada, como si no se exige, por tratarse de una jubilación parcial producida una vez cumplida la edad de jubilación, la modificación del contrato del trabajador y su simultáneo pase a jubilación parcial requiere el acuerdo entre las partes (TS 29-3-23, EDJ 545127; 25-1-24, EDJ 504966). No cabe que se imponga de manera forzosa al trabajador o que la empresa deba aceptarlo en todo caso, aunque sí es posible que este derecho a la jubilación parcial sea **reconocido** a los trabajadores **a través de la propia negociación colectiva** o incluso en contrato o acuerdo individual (TS 8-7-21, EDJ 634873).
No es obligatorio que el empresario acceda a la petición de jubilación anticipada parcial, pero lo que sí es obligatorio es que si accede a la jubilación parcial, se contrate un **relevista** (siempre que sea jubilación anticipada, no en caso contrario) (LGSS art.215.1).
No obstante, el empresario sí está obligado a facilitar el acceso del trabajador a la jubilación parcial y, por tanto, a novar su contrato en otro a tiempo parcial, si el **convenio colectivo establece esta obligación** expresamente. Pero si el convenio colectivo únicamente reconoce el derecho del trabajador a acceder a la jubilación parcial, sin más precisiones, es necesario acuerdo entre las partes del contrato (TS 7-2-24, EDJ 506764).
Sobre la **no existencia de una obligación legal** de acceder a la solicitud de jubilación parcial, la jurisprudencia del TS tiene declarado que (TS 21-9-10, EDJ 206885; 5-10-10, EDJ 226258; 6-7-10, EDJ 153385):
a) Si bien en el **ámbito estricto de la Seguridad Social** el trabajador que reúna los requisitos para ello tiene pleno derecho a acceder a la jubilación anticipada parcial, sin embargo, desde el plano de las obligaciones previas **en materia laboral**, no puede imponerse a la empresa el cambio de un contrato a tiempo completo en un trabajo parcial a los efectos de acceso a la jubilación parcial, aunque la empresa deberá acceder a ello, en la medida de lo posible, y motivar su posible denegación (ET art.12.4.e).
b) De no mediar acuerdo entre el trabajador que pretenda jubilarse y su empleadora, la posible obligación empresarial podría derivar de las previsiones que a tal fin pudieran contenerse **en convenio colectivo**, pues entre las medidas de fomento contempladas para su articulación a través de la negociación colectiva con el fin de impulsar la celebración de contratos de relevo, sería dable incluir la obligación empresarial de facilitar, mediante las novaciones y contrataciones oportunas, la jubilación anticipada parcial que se le solicitara (ET art.12.6).
2. Que se trate de **trabajador por cuenta ajena y con contrato de trabajo en vigor** (TSJ La Rioja 24-7-03, EDJ 234443).
Siempre que sea trabajador por cuenta ajena, puede optar a la jubilación parcial, cualquiera que sea el régimen de encuadramiento. En cuanto a los trabajadores por cuenta propia del **RETA**, se prevé la aplicación de la normativa reguladora de la jubilación parcial en los términos que reglamentariamente se establezcan, aunque tal desarrollo reglamentario no ha tenido aún lugar (LGSS art.318.d redacc RDL 1/2023).
3. Se ha entendido que la jubilación parcial anticipada sólo es posible para **trabajadores a tiempo completo** en el momento del hecho causante. Motivo por el que, por ejemplo, no cabe para quién desempeña un trabajo fijo discontinuo que se repite en fechas ciertas (TS 12-4-11, EDJ 99984). No obstante, se permite al acceso a la jubilación parcial demorada a trabajadores con contrato a tiempo parcial.

4. Que se celebre **por escrito**. El contrato de trabajo del trabajador que se jubila parcialmente ha de formalizarse por escrito en modelo oficial. En dicho contrato deben constar los elementos propios del contrato a tiempo parcial (nº 6165), así como la jornada que realizaba antes y la que resulte como consecuencia de la reducción de su jornada de trabajo.
5. Que concierte con su empresa, una **reducción de su jornada** de trabajo y de **su salario** en los porcentajes que se indican en el marginal nº 6416.
6. Que reúna las condiciones generales exigidas para tener derecho a la **pensión contributiva de jubilación** de la Seguridad Social con excepción de la edad, o cuando, reuniendo igualmente las citadas condiciones generales, haya cumplido ya dicha edad.
7. Que **se haya celebrado un simultáneo contrato de relevo**. Para poder celebrar un contrato a tiempo parcial con un trabajador que accede a la jubilación parcial anticipada, la empresa debe celebrar simultáneamente un contrato de trabajo de relevo con un trabajador en situación de desempleo o que tuviese concertado con la empresa un contrato de duración determinada, con objeto de sustituir la jornada de trabajo dejada vacante por el trabajador que se jubila parcialmente. La celebración del contrato de relevo es facultativa en caso de que el contrato a tiempo parcial se celebre con un trabajador que ya ha alcanzado la edad ordinaria de jubilación.
8. Acreditar un período de **antigüedad** en la empresa de, al menos, 6 años inmediatamente anteriores a la fecha de la jubilación parcial. A tal efecto se computa la antigüedad acreditada en la empresa anterior si ha mediado una sucesión de empresa (ET art.44) o en empresas pertenecientes al mismo grupo. Este requisito de antigüedad no se exige para trabajadores que hayan cumplido la edad ordinaria de jubilación.

Porcentaje de reducción de jornada y salario (ET art.12.6; RD 1131/2002 art.12.2; LGSS art.215) **6416**
En los casos de **jubilación parcial diferida**, los porcentajes mínimo y máximo de reducción de jornada y salario son el 25% y el 50% respectivamente.
En la **jubilación parcial anticipada**, los porcentajes mínimo y máximo de reducción son también, con carácter general, el 25% y el 50%, si bien puede alcanzarse un máximo del 75% cuando la contratación del relevista se realice mediante un contrato de duración indefinida y a jornada completa.
En ambos casos, los indicados porcentajes se entienden referidos a la jornada de un trabajador a tiempo completo comparable.
La **reducción puede incrementarse** de nuevo a petición del trabajador jubilado parcialmente y con la conformidad del empresario, dentro de los límites, por períodos anuales; es decir, cualquier cambio no puede tener una duración inferior al año (RD 1131/2002 art.12.2). En este caso, si para percibir la pensión es preciso mantener el contrato de relevo, la empresa deberá ofrecer al relevista la ampliación de su jornada, en proporción a la reducción de la del jubilado parcial.
Si **el relevista no acepta** el aumento de su jornada, el empresario debe contratar para ello a otro trabajador de iguales características (desempleado o con contrato de duración determinada en la propia empresa).

Precisiones 1) Desde el 10-10-2017 el propio INSS, asumiendo la jurisprudencia del Tribunal Supremo (TS 19-1-15, EDJ 12136; 29-3-17, EDJ 37148), ha admitido la posibilidad de una **concentración anual y plurianual del trabajo** a tiempo parcial compatible con la pensión de jubilación parcial anticipada. Así, es válida la realización de las horas acordadas hasta su jubilación plena en un único período ininterrumpido de trabajo siempre que se mantenga el alta y la cotización durante todo ese período (INSS SGOAJ Consulta 19/2017, 10-10-17).
2) En estos casos de **concentración de la jornada de jubilado parcial** en determinados periodos de año, el trabajador no tiene derecho a la prestación de desempleo durante los periodos de no prestación de actividad. No existe, durante dichos periodos de inactividad, suspensión del contrato de trabajo, ni siquiera cuando se ha decidido una suspensión colectiva de los contratos de trabajo (TS 6-7-20, EDJ 618752; 11-11-20, EDJ 729288).

2. Contrato de relevo

Se denomina contrato de relevo el que se celebra para sustituir al trabajador jubilado parcialmente antes de cumplir la edad ordinaria de jubilación. Su **objeto** es la prestación de servicios en la jornada de trabajo que deja vacante el trabajador que se jubila parcialmente. Se puede celebrar también para sustituir a los trabajadores que se hayan jubilado parcialmente después de haber cumplido la edad ordinaria de jubilación, pero en este caso tiene carácter facultativo. **6425**
La ley faculta a la **negociación colectiva** para establecer medidas que impulsen la celebración de contratos de relevo.

6427 Tiene las siguientes particularidades:

1. Se ha de celebrar con un **trabajador** en situación de desempleo o que tuviese concertado con la empresa un contrato de duración determinada. Se cumple el requisito tanto si se trata de desempleo total como parcial, no exigiéndose que sea beneficiario de prestaciones por desempleo (TS 22-9-06, EDJ 282223). En caso de que el contrato temporal fuese posteriormente declarado en fraude de ley, debiendo ser calificada dicha relación laboral como indefinida, dicha calificación no implica que se incumplan los presupuestos exigidos para la jubilación parcial.

2. Debe concertarse **por escrito**. El contrato de trabajo de relevo para sustituir al trabajador que se jubila parcialmente debe formalizarse por escrito en modelo oficial (nº 9610). En el contrato de relevo deben constar el nombre, edad y circunstancias profesionales del trabajador sustituido y las características del puesto de trabajo que vaya a desempeñar.

3. Respecto a la **duración** del contrato, en el caso de **jubilación parcial anticipada** del trabajador relevado, debe distinguirse:

- como **regla general**, la duración del contrato es indefinida o, como mínimo, igual al tiempo que falte al trabajador sustituido para alcanzar la edad ordinaria de jubilación. Si, al cumplir dicha edad, el trabajador jubilado parcialmente continúa en la empresa, el contrato de duración determinada puede prorrogarse mediante acuerdo de las partes por períodos anuales, extinguiéndose, en todo caso, al finalizar el período correspondiente al año en la que se produzca la jubilación total del trabajador relevado;
- en el caso en que la **reducción de la jornada** y del salario del relevado pueda **alcanzar el 75%**, el contrato de relevo debe tener, al menos, una duración igual al resultado de sumar 2 años al tiempo que le falte al trabajador sustituido para alcanzar la edad ordinaria de jubilación. En el supuesto de que el contrato se extinga antes de alcanzar la duración mínima indicada, el empresario está obligado a celebrar un nuevo contrato en los mismos términos del extinguido, por el tiempo restante (ET art.12.7.b; LGSS art.215.2.f).

En el caso de **jubilación parcial diferida** del trabajador relevado, la duración del contrato puede ser indefinida o anual. Si es anual, el contrato se prorroga automáticamente por iguales períodos extinguiéndose, en todo caso, al finalizar el período correspondiente al año en que se produzca la jubilación total del trabajador relevado.

4. Este contrato **puede celebrarse a jornada completa o a tiempo parcial**, salvo en el supuesto en que la reducción de la jornada y salario del relevado pueda alcanzar el 75%, en cuyo caso sólo cabe celebrar a jornada completa.

En todo caso, la duración de la jornada debe ser, como mínimo, igual a la reducción de jornada acordada por el trabajador sustituido. El **horario** de trabajo del trabajador relevista puede completar el del trabajador sustituido o simultanearse con él.

5. Por lo que se refiere al **puesto de trabajo**, independientemente de que el relevista ocupe o no el mismo del trabajador sustituido, se exige la existencia de una **correspondencia entre las bases de cotización** de ambos, de modo que la correspondiente al trabajador relevista no puede ser inferior al 65% del promedio de las bases de cotización correspondientes a los 6 últimos meses del período de base reguladora de la pensión de jubilación parcial.

El trabajador relevista debe mantener una cotización no inferior al 65% del promedio de las bases de cotización correspondientes a los 6 últimos meses del período de base reguladora de la pensión de jubilación parcial, sin que este porcentaje deba, a su vez, estar afectado por el porcentaje de jornada que dicho trabajador realice (TS 24-9-24, EDJ 687132).

Precisiones **1)** El contrato de relevo puede celebrarse con un trabajador unido a la empresa por un contrato temporal, que **asimismo desarrolla su actividad** como trabajador autónomo, de alta en el **RETA** (TS 21-9-11, EDJ 242427). En efecto, no hay previsión alguna que impida celebrar un contrato de relevo si el trabajador tiene otro contrato a tiempo parcial con otra empresa, o desarrolla una actividad como trabajador autónomo o cualquier otra forma de prestación de sus servicios (TS 30-5-11, EDJ 166991).

2) Los trabajadores que sean relevistas y titulares de un contrato de relevo temporal y no fijos de plantilla tienen derecho, cuando se extinga el contrato por expiración del tiempo convenido, a disfrutar de una **compensación económica** de 12 días de salario por año de servicio (TS 11-3-10, EDJ 45333). De este modo, en el caso de válida extinción del contrato de relevo procede abonar la indemnización prevista legalmente para la finalización válida de los contratos temporales y no la indemnización fijada para el despido por causas objetivas (TS 12-2-20, EDJ 511635; 14-11-19, EDJ 755524; 7-5-19, EDJ 592403).

3) La comunicación empresarial unilateral de **conversión** del contrato temporal de relevo **en indefinido** tiene validez novatoria del mismo, por lo que la voluntad empresarial de extinguir del contrato por expiración del tiempo convenido debe declararse como un despido improcedente (TS 4-5-16, EDJ 75324).

4) La **concentración de la jornada** a realizar por el **trabajador parcialmente jubilado**, pese a tratarse de un supuesto anómalo, no invalida el previo contrato de relevo ni trasforma en despido improcedente el legítimo cese del relevista en la fecha pactada (TS 19-1-15, EDJ 12136).

5) Con efectos **a partir del 28-10-2024**, la suspensión de los contratos temporales, incluidos los formativos, de relevo e interinidad que tengan como causa directa los daños producidos por la **DANA**, así como las pérdidas de actividad indirectamente originadas por la misma en diferentes municipios entre el 28 de octubre y el 4 de noviembre de 2024, supone la interrupción del cómputo, tanto de la duración de estos contratos, como de los periodos de referencia equivalentes al periodo suspendido, en cada una de estas modalidades contractuales y respecto de las personas trabajadoras afectadas por estas (RDL 7/2024 art.47).

3. Mantenimiento de los contratos de relevo y de jubilación parcial

(RD 1131/2002 disp.adic.2ª.1 y 2)

Durante la vigencia del contrato de relevo y del contrato del jubilado parcial pueden darse determinadas situaciones que afecten a uno o a otro trabajador: **6435**

1. Situaciones que afectan al trabajador relevista. En aquellos casos en que, por no haber alcanzado el jubilado parcial la edad de jubilación, es obligatorio realizar un contrato de relevo, este debe mantenerse hasta que el trabajador relevado se jubile totalmente. De este modo, si durante la vigencia del contrato de relevo, antes de que el trabajador sustituido alcance la edad que le permite acceder a la jubilación ordinaria o anticipada, se produjera el **cese del trabajador relevista**, el empresario debe sustituirlo por otro trabajador en situación de desempleo o que tuviese concertado con la empresa un contrato de duración determinada. Este nuevo contrato deberá concertarse en el plazo de los quince días naturales siguientes a aquel en que se haya producido el cese.

El **concepto de cese** debe interpretarse de forma amplia. Incluye cualquiera de las formas y causas de extinción del contrato de trabajo (despido disciplinario, extinción del contrato por causas objetivas, fallecimiento del trabajador, dimisión....). Pero también cualquier hecho que suponga dejar de hacer el relevista aquello que estaba haciendo, tanto si es de manera definitiva como si es de forma simplemente temporal, con tal de que esta situación de cesación en su cometido se prolongue por más de 15 días (TS 8-7-09, EDJ 217620). Así, la **excedencia** del relevista **por cuidado de hijos** genera la obligación empresarial de contratar a otro trabajador (TS 7-12-10, EDJ 290718). También se ha considerado que constituye un cese la **excedencia voluntaria** del relevista, de modo que la empresa está obligada a contratar un nuevo trabajador en el plazo de 15 días naturales (TSJ Madrid 17-11-21, EDJ 803713).

2. Situaciones que afectan al trabajador jubilado parcialmente. Si el trabajador jubilado parcialmente fuera **despedido improcedentemente** antes de cumplir la edad que le permite acceder a la jubilación ordinaria o anticipada y no se procediera a su readmisión, la empresa debe ofrecer al trabajador relevista la ampliación de su jornada de trabajo y, de no ser aceptada por éste dicha ampliación, debe contratar, también en el plazo de 15 días naturales siguientes a la decisión de no readmisión, a otro trabajador desempleado o que tuviese concertado con la empresa un contrato de duración determinada.

En el supuesto de que la jornada de trabajo del relevista fuera superior a la jornada dejada vacante, esta ampliación tiene como límite la jornada a tiempo completo establecida en el convenio colectivo de aplicación o, en su defecto, de la jornada ordinaria máxima legal.

El **fallecimiento** del trabajador relevado causa la extinción de su contrato de trabajo, pero no determina el cese del contrato del relevista que, con independencia de que se haya suscrito por tiempo indefinido o por una duración determinada, se mantiene en sus propios términos (TS 28-10-20, EDJ 715701).

La **denegación de la pensión** de jubilación anticipada al trabajador relevado no conlleva, necesariamente y de forma automática, que el empleador esté obligado a extinguir el contrato de trabajo del relevista. En este caso, si la reincorporación del trabajador relevado supone un exceso de plantilla, la empresa podrá recurrir al despido objetivo del relevista. Así lo ha declarado el TS en un caso en que se suscribió un contrato de relevo por tiempo indefinido sin ninguna condición relacionada con la jubilación del trabajador relevado (TS 22-7-22, EDJ 645927).

Precisiones 1) El precepto se limita a imponer un deber sobre el empresario, consistente en reemplazar al relevista mientras el trabajador sustituido por tiempo parcial se mantenga en la empresa. A sensu contrario, si **el trabajador jubilable se retira** y su sustituto cesa, ya no sería necesario sustituirlo (TSJ País Vasco 24-5-05, EDJ 122417).

2) La responsabilidad empresarial no se amplía a **supuestos no previstos en la norma**, como sucede cuando **desaparece la empresa** en el marco de un despido colectivo (TS unif doctrina 19-9-08, EDJ 178583; 23-6-08, EDJ 155953; 29-5-08, EDJ 124186). En estos casos no se extingue la pensión de jubilación parcial, que el jubilado parcial tiene derecho a seguir percibiendo desde la fecha de la extinción o desde la finalización de la prestación por desempleo, hasta que cumpla la edad que le permita acceder a la pensión de jubilación ordinaria (TS 22-1-13, EDJ 6661; 29-1-13, EDJ 23462; 30-1-13, EDJ 18808; INSS criterio de gestión 39/2013). No obstante, en un supuesto en que el jubilado parcial y el relevista fueron objeto de un despido colectivo que **no afectó a toda la plantilla**

existe obligación empresarial de sustituir al relevista hasta que el jubilado parcial acceda a la jubilación completa o deje de percibir prestaciones por jubilación anticipada, debiendo asumir el empresario el coste de la pensión de jubilación parcial desde el cese hasta el comienzo de la percepción de la prestación por desempleo (TS 14-1-15, EDJ 21837; 10-5-22, EDJ 574636).
Tampoco se amplia la responsabilidad empresarial en el caso de concesión al relevista de **permiso no retribuido** durante más de un mes (TSJ Madrid 20-4-06, EDJ 91960),o cuando el relevista solicita **reducción de jornada** en un 50% **por guarda legal** (TS 23-6-11, EDJ 155650; TSJ País Vasco 15-2-11, EDJ 17974).
3) La jurisprudencia ha extendido la responsabilidad empresarial, por falta de contratación del sustituto, en los supuestos en los que el relevista pasa a situación de **excedencia**: tanto voluntaria (TS 8-7-09, EDJ 217620; 9-7-09, EDJ 217632) como por cuidado de hijos (TS 4-10-10, EDJ 269869; 7-12-10, EDJ 290718; 28-11-11, EDJ 312149).También cuando el relevista cesa en su contrato antes de la fecha en la que el jubilado parcial debía acceder a la jubilación completa, pasando a trabajar por subrogación en otra empresa del mismo grupo empresarial, no habiendo sucesión empresarial (TS 8-2-23, EDJ 513096).
4) En el supuesto de **cese del trabajador jubilado parcial por despido objetivo**, por causas económicas, subsiste la obligación empresarial de mantener el contrato de relevo con el trabajador relevista o de contratar uno nuevo en caso de cese de éste por cualquier causa (incluido el despido) hasta que el relevado alcance la edad de jubilación o deje de percibir las prestaciones por jubilación anticipada (TS 22-9-10, EDJ 226260).
5) No hay obligación de sustitución durante el **período ordinario de IT** durante el cual la empresa sigue cotizando. Sin embargo, sí existe esa obligación de nueva contratación cuando el relevista sigue de baja en la prórroga de la IT ya agotada, pues en su marco desaparece la obligación de cotizar y se produce la baja en la empresa aunque con posibilidad de reincorporación (TS 24-9-13, EDJ 201324; 17-11-14, EDJ 209426; 23-6-15, EDJ 144481).
6) Es improcedente el cese del relevista que se produce por la **jubilación anticipada a los 64 años del trabajador parcialmente jubilado y relevado**, formalizando la empresa un nuevo contrato de obra con otro trabajador por el tiempo restante hasta los 65 años del relevado y habiéndose pactado expresamente en el contrato de relevo que la duración del mismo sería el tiempo que faltase al relevado para acceder a la jubilación total hasta alcanzar los 65 años de edad (TS 14-3-17, EDJ 34074). Asimismo, no es constitutivo de despido el cese del relevista, cuya jornada se amplió desde el 75% inicialmente pactado hasta el 100% con motivo de la jubilación anticipada del relevado, que se acuerda cuando se cumple el plazo inicialmente pactado, coincidente con la edad de jubilación ordinaria del trabajador relevado (TS 5-5-2021, EDJ 547739).

6437 **Formalización de nuevas contrataciones** (RD 1131/2002 disp.adic.2ª.3) Las nuevas contrataciones deben hacerse en la **modalidad** de contrato de relevo, tanto si se trata de sustituir al trabajador jubilado que reduce parcialmente su jornada de trabajo como si se trata de sustituir al relevista.
En ambos casos, los nuevos contratos deben concertarse en el **plazo** de los quince días naturales siguientes a aquel en que se haya producido el cese o, en su caso, la decisión de no readmisión tras la declaración de improcedencia del despido.
Dicho plazo **no** es susceptible de **interrupción**, ni siquiera por la paralización de la actividad productiva de la empresa en período vacacional y su incumplimiento conlleva para la empresa la obligación de reintegrar al INSS la pensión de jubilación abonada desde el cese del relevista hasta la suscripción del nuevo contrato. Se trata de una **obligación de resultado**, no de medios, de forma que la empresa no se ve exonerada de responsabilidad por el hecho de haber gestionado la contratación de los trabajadores sustitutos a través de la oficina de empleo (TS 9-2-10, EDJ 19302).
La **jornada** que se pacte en los nuevos contratos debe ser, como mínimo, igual a la que realizaba, en el momento de producirse la extinción, el trabajador cuyo contrato se ha extinguido.

6439 **Sanción del incumplimiento empresarial** (RD 1131/2002 disp.adic.2ª.4) El incumplimiento de las obligaciones señaladas supone que el empresario deba abonar a la entidad gestora el importe devengado de la prestación de jubilación parcial desde la extinción del contrato hasta que el jubilado parcial acceda a la jubilación ordinaria o anticipada.
La responsabilidad que la norma contempla es la correspondiente al **incumplimiento total** de las obligaciones indicadas, esto es, ausencia de relevista durante todo el tiempo que media entre el cese del anterior y el momento en el que tenga lugar la jubilación ordinaria o anticipada del jubilado parcial (TS 8-7-09, EDJ 217620). En los supuestos en los que el **incumplimiento no fuera absoluto**, ha de aplicarse una regla de proporcionalidad (TS 9-7-09, EDJ 217632; 16-12-10, EDJ 298261).

Precisiones **1)** La obligación empresarial de reintegrar a la Seguridad Social el importe de la pensión del trabajador jubilado parcialmente, en el supuesto de incumplimiento de las obligaciones establecidas para el mantenimiento de los contratos de relevo, no tiene carácter sancionador sino que es un **acto de gestión** y el plazo de 15 días para la contratación del sustituto del trabajador relevista es imperativo, por lo que obliga a la empresa a actuar con la mayor diligencia para lograr su cumplimiento, sin que pueda apreciarse esa diligencia en el hecho de procurar la contratación a través de la oficina de empleo, cuando la misma lleva a demoras que ostensiblemente superan el plazo legal (TS 9-2-10, EDJ 19302; 15-3-10, EDJ 31754). **6439** (sigue)

2) La celebración errónea de una **modalidad de contratación distinta** a la del contrato de relevo **para sustituir al anterior relevista**, posteriormente subsanada por la empresa, excluye de responsabilidad respecto al cumplimiento de los requisitos para la contratación del segundo relevista, sin perjuicio de la responsabilidad empresarial por los días de retraso transcurridos desde el cese del primer relevista hasta la nueva contratación del segundo relevista (TSJ Madrid 21-10-09, EDJ 311816).

3) El deber de **reintegro** por parte de la empresa de la pensión de jubilación parcial **no procede** en determinados supuestos en los que la jurisprudencia considera que la no contratación en los 15 días siguientes no es imputable al empresario, como serían los siguientes casos:

- extinción del contrato del relevista junto con la del contrato del trabajador jubilado parcial al amparo de un ERE (TS 29-5-08, EDJ 124186; 23-6-08, EDJ 155953);
- subrogación empresarial si el jubilado parcial se mantiene en la empresa originaria (TS 25-1-10, EDJ 14343; 20-5-10, EDJ 133552);
- concesión al relevista de una licencia por estudios no retribuida con la inmediata reincorporación tras su finalización (TSJ País Vasco 7-4-09, EDJ 148901).

4) El jubilado parcial tiene derecho a una **indemnización de daños y perjuicios** en caso de que la empresa celebre un contrato de relevo inválido (TS 4-4-19, EDJ 573673).

PARTE VII

Contratación temporal

CAPÍTULO 25

Regulación común

6550

Atendiendo a la duración de la relación laboral, los contratos de trabajo se clasifican en dos grandes grupos: indefinidos y temporales. A diferencia de los contratos de vigencia o duración indefinida, que carecen de previsión inicial sobre su duración y conclusión, en los temporales se predetermina contractualmente su finalización desde su celebración. Por ello, estos contratos han de incluir alguna circunstancia (objeto, plazo, término final o condición resolutoria) que conduzca o pueda conducir a su extinción (nº 6610 s.). 6552

El 18-3-1999, con la finalidad de mejorar la **estabilidad en el empleo** y limitar el recurso a la contratación temporal, las principales organizaciones interprofesionales comunitarias suscribieron un **Acuerdo Marco** sobre el trabajo de duración determinada. Para la aplicación de dicho Acuerdo se aprobó la Dir 1999/70/CE, que lo incluyó como anexo. La Directiva pretende establecer un marco normativo dirigido a impedir los abusos derivados de la utilización sucesiva de contratos de duración determinada y mejorar la calidad del trabajo garantizando el respeto al principio de no discriminación.

Con esta misma finalidad y con efectos a partir del 30-3-2022, el RDL 32/2021 llevó a cabo una profunda **reforma de la contratación temporal** para evitar su uso abusivo. La reforma redujo y simplificó las modalidades de contratación temporal en una clara opción del legislador por el fomento de la contratación indefinida. Así, el contrato de trabajo se presume celebrado por tiempo indefinido. Únicamente pueden celebrarse contratos temporales con carácter excepcional cuando concurran las **causas de temporalidad** previstas y cumpliendo, en todo caso, los requisitos y formalidades previstas.

La utilización de contratos temporales fuera de los supuestos legalmente previstos constituye una contratación temporal en **fraude de ley**, que se sanciona con la adquisición de la condición de trabajador fijo (nº 7000).

Precisiones 1) La **preferencia por la indefinición del contrato**, y la intención legislativa de frenar el fraude y el abuso en la contratación temporal aunque sea regular, se recoge en varios aspectos a lo largo del RDL 32/2021, como p.e: en la exigencia de una causalidad estricta y demostrada de la causa en los contratos temporales permitidos; la imposibilidad de ampliarlos a supuestos distintos mediante la negociación colectiva; la ampliación del ámbito de aplicación de la prohibición de encadenamiento de contratos; el aumento de la cotización de los contratos de escasa duración o la modificación de la LISOS en esta materia para hacerla más rigurosa y disuasoria.

2) El análisis de la regulación y las **modalidades contractuales** vigentes **hasta el 29-3-2022**, se recoge en nº 6600 s. Memento Contrato de Trabajo 2021-2022.

Modalidades contractuales La contratación temporal puede agruparse en las siguientes categorías: 6554

1. Por el trabajo **objeto de contratación**: contrato de duración determinada por circunstancias de la producción (nº 6760 s.) o por sustitución (nº 6895 s.).

2. Por su **función formativa**: contrato de formación en alternancia (nº 7060 s.) y contrato para la obtención de la práctica profesional (nº 7090 s.).

3. Por su **finalidad de fomento de empleo**: contrato temporal de fomento de empleo de personas con discapacidad (nº 8332 s.) o de trabajadores en situación de exclusión social (nº 8336 s.), contrato de relevo (nº 6425 s.), contrato de jubilación parcial (nº 6410 s.) y contrato con mujeres que tengan acreditada la condición de víctima de violencia de género, violencias sexuales o de trata de personas (RDL 1/2023 art.16).
4. Por el **carácter especial de la relación de trabajo**. Entre otros, los de los deportistas profesionales, penados en instituciones penitenciarias y residentes en ciencias de la salud (nº 7950 s.), son contratos temporales en todo caso. Los de alta dirección (nº 7700 s.) y representantes de comercio (nº 7600 s.) tienen libertad para determinar la duración del contrato.
El carácter temporal del contrato de las personas dedicadas a **actividades artísticas**, así como de las personas dedicadas a las actividades técnicas y auxiliares del sector, solo puede aceptarse cuando la necesidad empresarial también ostente dicho carácter. En otro caso, el contrato debe ser indefinido (RD 1435/1985 art.5).

A. Marco normativo

1. Regulación legal y reglamentaria

(ET art.11 -redacc L 4/2023- y 15; RD 2720/1998; RD 488/1998)

6565 La Constitución asigna a los órganos del **Estado** las competencias normativas sobre legislación laboral, que comprende las leyes y reglamentos, mientras que las **comunidades autónomas** solo pueden asumir su ejecución (Const art.149.1. 2ª y 7ª).
Esta exclusividad no impide que por ley se pueda **habilitar a los convenios colectivos** para regular determinados aspectos de las relaciones laborales, como sucede en materia de contratación.

2. Regulación por vía de convenio colectivo

6570 El ET remite a la negociación colectiva con el objeto de fomentar una colaboración en el cumplimiento de los principales objetivos en materia de mejora del crecimiento y el empleo. No obstante, los convenios colectivos **no** pueden introducir **nuevos contratos temporales** (TS 30-6-05, EDJ 1805506), ni modificar la naturaleza de los recogidos en la normativa legal (TS 17-12-01, EDJ 71015; 23-9-02, EDJ 123398; 7-3-03, EDJ 15620), aun cuando aparezcan conectados a compromisos para la promoción del empleo estable (TS 11-4-06, EDJ 5961).
La reforma laboral introducida por el RDL 32/2021 incentiva una mayor **intervención de la negociación colectiva en el control de la actividad**. A la facultad para establecer criterios objetivos y compromisos de conversión de los contratos de duración determinada o temporales en indefinidos, ya existente en la normativa anterior, se añaden ahora, de modo expreso, las siguientes posibilidades (ET art.15.8):
a) Establecer **planes de reducción de la temporalidad** así como fijar criterios generales relativos a la adecuada relación entre el volumen de la contratación de carácter temporal y la plantilla total de la empresa, o contemplar porcentajes máximos de temporalidad (p.e, topando el número de trabajadores temporales o previendo un número máximo de horas cubiertas por estos trabajadores) y las consecuencias derivadas del incumplimiento de los mismos (como p.e, otorgar al trabajador la opción entre readmisión o indemnización en caso de despido improcedente).
b) Establecer **criterios de preferencia** entre las personas con contratos de duración determinada o temporales, incluidas las personas puestas a disposición.
c) Establecer medidas para facilitar el acceso efectivo de estos trabajadores a las acciones incluidas en el **sistema de formación profesional** para el empleo en el ámbito laboral, a fin de mejorar su cualificación y favorecer su progresión y movilidad profesionales.
En cualquier caso, el convenio colectivo no es instrumento hábil para alterar los términos legales de la contratación. La determinación de los supuestos de la contratación temporal y sus requisitos constituyen un núcleo de derecho necesario indisponible para las partes, con la consecuencia de que la consignación o **enumeración convencional de puestos de trabajo** susceptibles de contratación temporal, no resulta vinculante ni obsta el control jurisdiccional sobre la adecuación del contrato a la legalidad (para un supuesto de contrato de obra y servicio TS 26-10-99, EDJ 32602; 14-6-10, EDJ 140240), puesto que el derecho constitucional a la negociación colectiva únicamente puede ser ejercitado con respeto a las leyes (ET art.85.1)
El convenio colectivo sigue teniendo prohibido ampliar los supuestos legalmente determinados para su utilización (TS 23-9-02, EDJ 123398; TSJ Cataluña 18-6-02, EDJ 38472; 23-2-04,

EDJ 99787), pero dentro del marco legal específico y general, la negociación colectiva puede contemplar **aspectos que mejoren la seguridad jurídica** de estos contratos.
Debe tenerse en cuenta, en todo caso, que la adaptación de los aspectos de las modalidades de contratación que se atribuyen por el ET a los convenios de empresa tiene **prioridad aplicativa** respecto de la establecida por el convenio sectorial estatal, autonómico o de ámbito inferior (ET art.84.2). Aunque ni en los contratos formativos ni en los de duración determinada alude el ET específicamente al convenio de empresa, debe entenderse que la prioridad aplicativa de adaptación empresarial juega sobre todos los supuestos en que el ET remite a la negociación colectiva o al convenio colectivo de modo genérico y sin adjetivos. Por el contrario, no cabrá la preferencia cuando la norma remite a la posibilidad de adaptación al ámbito sectorial, ya sea estatal de comunidad autónoma o de un ámbito sectorial inferior.

Negociación colectiva y contratos de duración determinada Mediante la negociación colectiva se pueden regular los siguientes **aspectos**, otorgándose prioridad aplicativa a lo dispuesto en los convenios colectivos de empresa: 6572
a) Posibilidad de **ampliar la duración máxima** del contrato de duración determinada por circunstancias de la producción debido a incrementos ocasionales e imprevisibles de actividad (nº 6815).
b) Posibilidad de **reducir la duración máxima** prevista legalmente del contrato de sustitución por vacante (nº 6985).
c) Concretar los **derechos de los trabajadores** temporales y de duración determinada de manera proporcional, en función del tiempo trabajado (ET art.15.6).
d) Acordar el medio a través del cual informar de los **puestos de trabajo vacantes**, a fin de garantizar a los trabajadores de duración determinada las mismas oportunidades de acceder a puestos permanentes que las demás personas trabajadoras (ET art.15.7).
e) Establecer **planes de reducción de la temporalidad**, así como fijar criterios generales relativos a la adecuada relación entre el volumen de la contratación de carácter temporal y la plantilla total de la empresa, criterios objetivos de conversión de los contratos de duración determinada o temporales en indefinidos, así como fijar porcentajes máximos de temporalidad y las consecuencias derivadas del incumplimiento de los mismos (ET art.15.8).
f) Establecer **criterios de preferencia** entre las personas con contratos de duración determinada o temporales, incluidas las personas puestas a disposición (ET art.15.8).
g) Establecer medidas para facilitar el acceso efectivo de las personas con contratos de duración determinada a las acciones incluidas en el sistema de **formación profesional para el empleo**, a fin de mejorar la cualificación y favorecer su progresión y movilidad profesionales (ET art.15.8).

Negociación colectiva y contratos formativos (ET art.11 redacc L 4/2023) Mediante la negociación colectiva se pueden regular los siguientes **aspectos**, otorgándose prioridad aplicativa a lo dispuesto en los convenios colectivos de empresa: 6574
a) Criterios y procedimientos tendentes a conseguir una **presencia equilibrada de hombres y mujeres** vinculados a la empresa mediante contratos formativos (ET art.11.6).
b) Compromisos de **conversión** de los contratos formativos en contratos por tiempo indefinido (ET art.11.6).
c) La fijación de la **retribución** de estos contratos, con el límite del SMI en proporción al tiempo de trabajo efectivo (ET art.11.2.m y 11.3.i).
d) Periodo de prueba de duración superior a 1 mes en el contrato formativo para la obtención de la práctica profesional (ET art.11.3.e).
Además, se atribuye al **convenio colectivo de ámbito sectorial estatal, autonómico** o, en su defecto, a los convenios colectivos sectoriales de ámbito inferior, la posibilidad de determinar:
a) Los **puestos de trabajo**, actividades, niveles o grupos profesionales que podrán desempeñarse por medio de contrato formativo (ET art.11.4.e).
b) La **duración** del contrato formativo para la obtención de la práctica profesional, atendiendo a las características del sector y de las prácticas profesionales a realizar, dentro de los límites legales establecidos en un mínimo de 6 meses y un máximo de 1 año (ET art.11.3.c).
En estos casos, **no** existe **prioridad aplicativa** de lo establecido en el convenio colectivo de empresa frente a lo establecido con los convenios de ámbito superior.

Aspectos vedados a la negociación colectiva Los aspectos vedados a la intervención convencional en esta materia son los que aparecen vinculados al régimen legal de incentivos y bonificaciones sociales previstos en algunas modalidades contractuales (nº 8330), las exigencias legales de índole formal o procedimental aplicables, o los relativos a las consecuencias legalmente previstas (conversión en contrato indefinido) en caso de incumplimiento de obligaciones empresariales o de contratación fraudulenta (ET art.15.4). 6576

B. Principios comunes

6585 La contratación temporal está sujeta a los siguientes principios comunes:
- excepcionalidad (nº 6587);
- reserva de ley (nº 6589);
- normas de derecho necesario (nº 6591);
- causalidad (nº 6593).

6587 **Excepcionalidad** La posibilidad de fijar un plazo de duración de la relación o de sujetarla a un término final se admite, con carácter excepcional, cuando esté justificada por una razón objetiva. El contrato de trabajo de duración determinada solo puede celebrarse por circunstancias de la producción o por sustitución de persona trabajadora (ET art.15.1).
La premisa en la que se basa el Acuerdo Marco sobre el Trabajo de Duración Determinada (Dir 1999/70/CE anexo) es que los trabajos de duración indefinida constituyen la forma general de la relación laboral, aunque los contratos de duración determinada sean característicos del empleo en algunos sectores o para determinadas ocupaciones y actividades, poniendo límites a la utilización sucesiva de contratos o relaciones laborales de duración determinada (nº 7152 s.), considerada fuente potencial de abusos en perjuicio de los trabajadores, y estableciendo un cierto número de disposiciones protectoras mínimas con objeto de evitar la precarización de la situación de los asalariados (TJUE 26-1-12, C-586/10).
La **estabilidad en el empleo** es una característica de la permanencia en el trabajo; por ello, dentro de nuestro derecho debe contemplarse como **regla general** la contratación indefinida, siendo la excepción la contratación temporal. Una de las formas de delimitar ese derecho a la estabilidad en el empleo es la necesidad de que los contratos temporales se ajusten a los presupuestos legales, tanto en sus causas como en su forma, y uno de los requisitos que se exige, precisamente, es que se identifique con precisión y claridad la causa y las circunstancias que los justifiquen y amparen y su conexión con la duración prevista (TS 13-7-09, EDJ 217634; 10-7-13, EDJ 168379). Y ello porque esta delimitación del objeto o causa que determina la contratación temporal tiene su justificación en la concurrencia de un supuesto de excepcionalidad dentro de la actividad empresarial que permite quebrar la norma del carácter indefinido, además de servir al trabajador para definir y delimitar la actividad que realiza. Nos encontramos, en estos contratos, ante actividades que llevan implícitas un componente de **circunstancialidad**, un desbordamiento de lo que es la actividad productiva ordinaria, y que requiere puntas o tiempos específicos de contrataciones (TSJ País Vasco 23-2-16, EDJ 44488 voto particular).
El carácter excepcional lleva al legislador a establecer **medidas desincentivadoras** de los contratos temporales, aunque sean conformes a Derecho -como el recargo en la cotización (nº 6889) o la previsión en algunos supuestos de indemnización de fin de contrato (nº 6887)- tratando de poner límites al exceso de rotación y a la precariedad de las personas trabajadoras.
La excepcionalidad de la temporalidad se proyecta igualmente en la previsión de un **compromiso de reducción de la tasa de temporalidad** (ET disp.adic.24ª) a través de un sistema de evaluación permanente y periódico de control de efectividad de las medidas de reforzamiento de la causalidad y de prevención de su uso abusivo. En concreto, se prevé una evaluación constante cada dos años a partir de los datos de contratación temporal e indefinida de los que se disponga, siendo la primera evaluación en enero de 2025. En caso de que la tasa de temporalidad no se reduzca, se prevé que el Gobierno elabore una propuesta de medidas adicionales que será presentada a la mesa de diálogo social para su discusión y eventual acuerdo.

6589 **Reserva de ley** (Const. art.35.2) La contratación temporal está limitada a los supuestos legalmente regulados, existiendo en esta materia una reserva de ley derivada de la Constitución y una expresa habilitación al reglamento para complementar la regulación legal de las modalidades contempladas en la ley.

6591 **Normas de derecho necesario** La determinación de los supuestos de contratación temporal y de su naturaleza constituye un núcleo de derecho necesario absoluto. La normativa legal autoriza a los **convenios colectivos** para suplementar los contenidos fijados por la ley, en los aspectos que al efecto se determinan, pero sin poder rebasar los límites legalmente impuestos. Respecto a la posiibilidad atribuida a los convenios colectivos para regular determinadas materias en materia de contratación temporal, ver nº 6570 s.

6593 **Principio de causalidad** La nueva configuración expresa de la regla de indefinición del contrato de trabajo (ET art.15.1) y la ampliación de los supuestos del contrato fijo discontinuo (ET art.16) dotan al sistema de contratación de una clara dimensión estructural declarando el carácter excepcional y estrictamente causal de la contratación temporal.

Desde cierta **perspectiva empresarial**, el contrato debería plasmar la libertad de las partes que lo suscriben para acordar las condiciones de trabajo y, por consiguiente, también su duración, para lograr el mejor ajuste entre las necesidades productivas y la mano de obra, de manera que su coste no sea un factor fijo sino lo más variable posible al poder prescindir del personal cuando no se precisa. Sin embargo, desde otra óptica, el **Derecho del Trabajo** debe responder, precisamente en este punto, a salvaguardar la estabilidad en el empleo, necesaria también para el buen funcionamiento de una economía social de mercado. Desde esta perspectiva, la estabilidad en el empleo permite la corrección de los abusos que el libre desistimiento contractual conlleva de pérdida de derechos, al favorecer la autodeterminación y libertad de los trabajadores para aceptar o rechazar condiciones laborales, lo cual resulta imprescindible para generar seguridad económica y bienestar social.

Este **principio de estabilidad en el empleo** se plasma en la preferencia legislativa laboral por el contrato por tiempo indefinido que es el que asegura el disfrute no solo de los derechos laborales, sino también sociales y económicos. Se mantiene la tradicional presunción en favor del contrato por tiempo indefinido porque esa sigue siendo la regla, mientras que la duración determinada se contempla como excepción para los supuestos concretos legalmente establecidos (TS 6-3-09, EDJ 32346). Por esta razón, para la celebración de un contrato temporal no es suficiente la voluntad de las partes, sino que ha de concurrir la **causa objetiva** prevista específicamente para el caso (TS 21-2-97, EDJ 897; 5-5-97, EDJ 4208; 15-7-09, EDJ 229111).

De ahí que se imponga la obligación de que el contrato exprese, con toda claridad y precisión, la causa habilitante de la contratación temporal (de producción o sustitución), las circunstancias concretas que la justifican (qué supuesto concreto de sustitución se produce, o el motivo del incremento de la actividad o de la oscilación) y su conexión con la duración prevista. La ausencia de alguno de estos requisitos aboca a la inexistencia de causa justificativa de temporalidad y la consideración del contrato como indefinido (ET art.15.1).

Los **supuestos** en que puede celebrarse un contrato de duración temporal o determinada son regulados expresa y limitadamente por ley y a esta **regulación** legal, desarrollada reglamentariamente y en algunos aspectos también convencionalmente, deben ajustarse los requisitos que se establezcan en el documento de contrato de trabajo.

Contratos de duración determinada Tras la reforma laboral introducida por el RDL 32/2021, el principio de causalidad se refuerza en relación con los contratos de duración determinada estructurales, a través de las siguientes **medidas**: **6595**

a) Prohibición expresa de la existencia de contratos de duración determinada diferentes a los estipulados y regulados por la ley, pudiendo **celebrarse únicamente** por circunstancias de la producción o por sustitución de una persona trabajadora (ET art.15.1).

b) La **no adecuación** de los contratos temporales **a los fines y requisitos** previstos por las normas que los regulan puede suponer en la práctica la adquisición de fijeza del trabajador, sin necesidad de que el comportamiento deba incurrir en fraude (ET art.15.4).

Cuando un contrato temporal causal deviene **indefinido por defectos esenciales** en la contratación, la novación aparente de esta relación laboral ya indefinida, mediante la celebración de un **nuevo contrato temporal sin solución de continuidad**, carece de eficacia (ET art.3.5). En tal caso, tampoco rompe la continuidad de esa relación de trabajo la suscripción de un recibo de finiquito -que por otro lado no refleja, normalmente, más que la liquidación de cantidades adeudadas- cuando la empresa da por extinguido el contrato temporal viciado. La firmeza así surgida permanece, aunque se formalice luego otro u otros contratos temporales, incluso aunque alguno de ellos, en sí mismo y al margen de la cadena contractual, pudiera considerarse válido. De modo que las sucesivas relaciones laborales temporales que en circunstancias normales no se hubiesen intercomunicado, pasan a constituir una única relación laboral indefinida e indisponible (TS 15-7-09, EDJ 229111).

c) **Simplificación** del número de contratos temporales existente y reformulación legal de los mismos para dotarlos de una mayor certidumbre, no siempre conseguida al utilizarse conceptos jurídicos indeterminados e, incluso, algunos términos jurídicos novedosos sobre los que ni siquiera existen interpretaciones judiciales que puedan orientar al operador jurídico.

d) La **adquisición de fijeza por sucesión de contratos** de duración determinada, estabeciéndose un límite temporal máximo referido ahora no solo al enlace de contratos con una sola persona, sino también a la sucesión de contratos celebrados con diferentes personas, pero en un mismo puesto de trabajo (nº 7152 s.).

Contratos formativos Por lo que se refiere a los contratos formativos, el **refuerzo de la causalidad** se logra acentuando los deberes formativos a través de las siguientes **medidas** (ET art.11.2 y 4.h): **6597**

a) Reducción, en la formación por alternancia, del tiempo de trabajo efectivo durante el primer año para fomentar la formación.

b) Restricción de la formalización de un solo contrato de este tipo por cada ciclo formativo (con carácter general y salvo que se trate de actividades distintas).
c) Vinculación de la actividad desempeñada con las actividades formativas que justifican la contratación laboral.
d) Declaración de indefinición de los contratos formativos celebrados en fraude de ley o en caso de incumplimiento por la empresa de sus obligaciones formativas.

6599 **Medidas de limitación de la temporalidad** Desde una perspectiva más amplia, la reforma laboral busca frenar la temporalidad, aunque la causa del contrato temporal sea regular y perfectamente adecuada a Derecho. Las medidas más claras en esta dirección son:
a) El incremento de la **penalización en la cotización** a la finalización de los contratos temporales de duración efectiva inferior a 30 días, fijada desde el 1-1-2024 en 31,22 euros (LGSS art.151; OM PJC/51/2024 art.26 redacc OM PJC/281/2024). Tan sólo quedan fuera de este recargo los contratos de sustitución, los contratos para la formación y el aprendizaje, los contratos de formación en alternancia, así como los contratos realizados en el ámbito del trabajo por cuenta ajena agrario, del trabajo de empleados del hogar, del trabajo en el régimen especial de la minería del carbón o en la relación laboral especial de artistas que desarrollan su actividad en las artes escénicas, audiovisuales y musicales, así como de las personas que realizan actividades, técnicas o auxiliares necesarias para el desarrollo de dicha actividad.
b) Endurecimiento de las **consecuencias del incumplimiento** de los requisitos formales y materiales de la contratación temporal. La transgresión de la normativa sobre modalidades contractuales, contratos de duración determinada y temporales, mediante su utilización en fraude de ley o respecto a personas, finalidades, supuestos y límites temporales distintos de los previstos legal, reglamentariamente, o mediante convenio colectivo cuando dichos extremos puedan ser determinados por la negociación colectiva, se considera una infracción grave sancionable con multa de 751 a 7500 euros. Se considera que se produce una infracción grave por cada persona trabajadora afectada (LISOS art.7.2 y 40).

C. Fórmulas de determinación de la temporalidad

1. Determinación directa

6610 En este supuesto se incluye en el contrato una cláusula estableciendo un **término cierto**, un día claramente determinado en sí mismo y en el momento en que ha de llegar. Por lo tanto, el carácter temporal deriva de fijar una fecha o término resolutorio, o un plazo, para la duración del contrato.
En cualquier caso, el pacto de un término no significa que el contrato de trabajo haya de mantener su vigencia hasta que se produzca la llegada del término pues, con independencia de las cláusulas relativas a su duración, todos los contratos de trabajo pueden resolverse por las **causas de extinción** legalmente establecidas (ET art.49 redacc LO 2/2024).

2. Determinación indirecta

6615 En este caso lo que se incluye en el contrato es una cláusula por la que la duración del contrato se remite a un **acontecimiento cierto pero de fecha incierta** o imprecisa, pues se sabe con certeza que el contrato va a concluir al cabo de un cierto tiempo, pero no se conoce con exactitud la fecha de su terminación.
La jurisprudencia ha interpretado que el **contrato de sustitución** es un contrato con término final que se extingue por la extinción de la causa que dio lugar a la reserva de puesto de trabajo (TS 22-10-97, EDJ 7030). Es, por lo tanto, un contrato sometido a término indirecto (TS 24-1-00, EDJ 120; 30-10-00, EDJ 33505; 6-7-98, EDJ 19924).
En cualquier caso, el contrato de trabajo puede resolverse por las **causas de extinción** legalmente establecidas (ET art.49 redacc LO 2/2024).

6617 Respecto al **contrato de sustitución por vacante** (anterior contrato de interinidad), la jurisprudencia ha establecido, reiterando anterior doctrina (TS 23-3-99, EDJ 9102), que no puede alterar la naturaleza de la relación laboral la fijación de un plazo máximo de duración de la misma, bajo la vigencia de una misma normativa, y ello por las siguientes razones (TS 8-6-11, EDJ 155645; 29-11-06, EDJ 325779; 11-12-02, EDJ 61477):
- el límite temporal directo de la vigencia del contrato es impropio de la relación de interinidad y su desconocimiento no determina la transformación del contrato en indefinido;

- no se produce la transformación del contrato en indefinido por la existencia de una demora en la provisión de las plazas (TS 24-6-96, EDJ 5479);
- el mero transcurso del plazo, cualquiera que sea este, no produce, en principio, el efecto pretendido de transformar la relación contractual de interinidad por vacante en contrato indefinido (TS 22-10-97, EDJ 7030).

3. Establecimiento de condiciones y términos resolutorios

(ET art.49.1.b)

Las partes del contrato de trabajo pueden pactar causas de resolución del contrato distintas a las previstas por la ley (TS 8-11-10, EDJ 265396; 3-2-10, EDJ 19303). Tal facultad no se halla condicionada a una determinada duración del contrato de trabajo, siendo aplicable en principio a todo tipo de contrato, con independencia de la modalidad empleada (nº 6025 s.). **6625**

En este supuesto se hace depender la duración del contrato de trabajo de un **acontecimiento futuro objetivamente incierto**. No hay certeza ni sobre la fecha de conclusión del contrato ni sobre el hecho mismo pactado para su extinción (CC art.1114). No obstante, no es posible configurar a través de esta vía una suerte de nuevo contrato temporal. El propio art.15.1 del ET preceptúa, de modo exclusivo y excluyente, que el contrato por tiempo determinado solo puede celebrarse por la dos causas recogidas. No caben nuevas formas de contratación más allá de las mismas, ni por convenio colectivo ni mediante el establecimiento de cláusulas resolutorias.

Debe observarse que cuando el **cumplimiento de la condición** de que **depende** la duración del contrato depende, a su vez, de la exclusiva voluntad del contratante, dicha cláusula condicional se reputa nula (CC art.1115 y 1256), pero no lo es si se hace depender de la suerte o de la voluntad de un tercero.

En cualquier caso, el pacto de una condición resolutoria no significa que el contrato de trabajo haya de mantener su vigencia hasta que se produzca la llegada de la condición pactada pues, con independencia de las cláusulas relativas a su duración, todos los contratos de trabajo pueden resolverse por las **causas de extinción** legalmente establecidas (ET art.49 redacc LO 2/2024).

D. Normas comunes a los contratos temporales

1. Forma

(ET art. 8.2 y art.11.4.c)

Todos los contratos **por circunstancias de la producción** de duración superior a 4 semanas se deben formalizar por escrito. Los contratos **de sustitución**, antes denominados de interinidad, deben formalizarse siempre por escrito. **6635**

No obstante, el ET exige que en **el contrato** se **especifique** con precisión, con independencia de su duración, la causa habilitante de la contratación temporal, las circunstancias concretas que la justifican y su conexión con la duración prevista, lo que parece derivar en la necesidad de que el contrato se celebre, en todo caso, por escrito.

Deben constar igualmente por escrito los siguientes **contratos de trabajo**:

a) A tiempo parcial.
b) Fijos-discontinuos.
c) De relevo.
d) De los pescadores.
e) De los trabajadores que presten servicios a distancia.
f) Formativos, de formación en alternancia y para la adquisición de la práctica profesional.
g) Celebrados entre la ETT y el trabajador para prestar servicios en empresas usuarias, de acuerdo a lo establecido para cada modalidad (LETT art.10).
h) De los trabajadores contratados en España al servicio de empresas españolas en el extranjero.
i) Cuando así lo exija una disposición legal.

El trabajador tiene derecho en cualquier momento a **solicitar la formalización por escrito** del contrato.

El ordenamiento jurídico **no** establece la forma escrita como **elemento constitutivo o esencial** de los contratos de trabajo de duración determinada, de manera que su inobservancia en los casos en que resulte preceptiva, constituye una mera irregularidad formal que, en cuanto tal, no tiene el alcance de transformar automáticamente la relación en indefinida, sin perjuicio de la responsabilidad sancionadora que recae sobre el empresario. El **incumplimiento** de las exigencias de formalización escrita del contrato produce, por tanto, las siguientes consecuencias:

a) Se presume celebrado **por tiempo indefinido** y a jornada completa. Se trata de una presunción que tradicionalmente admite prueba en contrario que demuestre el carácter temporal o parcial del contrato (nº 6637); pero si la prueba fracasa, el contrato deviene indefinido.

b) La falta de formalización del contrato, cuando este requisito sea exigible o cuando lo haya solicitado el trabajador, constituye una **infracción grave** en materia laboral sancionable con multa de 751 a 7.500 € (LISOS art.7.1 y 40).

Precisiones **1)** La forma escrita resulta especialmente adecuada, pues permite un cumplido conocimiento de la modalidad contractual a que se acogen las partes y de las circunstancias que se invocan en el caso como concurrentes. Constituye además un documento de **valor probatorio** privilegiado para acreditar el carácter temporal de la relación, la clase de contrato, la causa que la justifica y la duración pactada, evitando las dificultades derivadas de su formulación verbal.

2) No basta con alegar que el contrato se formalizó por escrito, sino que es necesario aportar el **documento** que lo acredita (TSJ Murcia 30-9-13, EDJ 192640).

3) La **negativa del trabajador** a suscribir el contrato de duración determinada presentado a la firma constituye una mera irregularidad imputable al mismo, que no desnaturaliza el contrato ni priva de eficacia a la cláusula de temporalidad (TS 21-5-86, EDJ 3398; TSJ Cataluña 21-9-11, EDJ 232904).

4) La relación debe reputarse indefinida si el **trabajador** no suscribió el contrato temporal por causas ajenas a su voluntad y posteriormente **falleció**, sin que tal omisión pueda considerarse sanada por la posterior firma del contrato por su padre derivada del hecho de que su hijo tenía 17 años (TSJ Cantabria 31-7-07, EDJ 227742). Pero no sucede así si el trabajador tenía conocimiento de que la contratación era temporal pero no pudo rubricar el contrato al sufrir un grave accidente 4 días después de haber iniciado la prestación de servicios (TSJ Baleares 21-12-01, EDJ 69523).

6637 **Presunción de indefinido** La **posibilidad de oponerse** eficazmente a la presunción legal opera cuando ambas partes tienen conocimiento de la naturaleza temporal del contrato y de su objeto, mostrando una voluntad coincidente exteriorizada de forma expresa o tácita (mediante actos concluyentes), de configurar una relación a término. Si el trabajador no tiene un cabal conocimiento del carácter limitado en el tiempo del contrato y de su objeto, la relación debe considerarse indefinida, sin que resulte admisible la alegación empresarial de que su finalidad era la cobertura de una necesidad de carácter temporal.

Los términos acerca de la duración del contrato deben **ser pactados** y no pueden ser configurados «a posteriori» por una de las partes (TSJ C.Valenciana 20-7-99, EDJ 84418).

Precisiones **1)** Si el contrato se celebra de **forma verbal**, la **carga de acreditar** que en el momento de la contratación concurría causa para la contratación temporal recae sobre la empresa, y no solo por la presunción «iuris tantum» de la naturaleza indefinida de la relación, sino por las reglas generales sobre la distribución de la carga de la prueba.

2) Ahora bien, si la relación se formaliza **posteriormente por escrito** y el trabajador no impugna la concurrencia de la causa de temporalidad expresada en el documento contractual, la empresa no está impelida a justificar las razones de la misma, al existir una **apariencia formal** externa dada por el contrato suscrito (TSJ C.Valenciana 15-9-99, EDJ 87332).

6639 **Quiebra de la presunción** La presunción de indefinición de la relación **se puede rebatir** a través de cualquier medio de prueba con la fuerza de convicción suficiente para evidenciar que los servicios contratados y prestados son de naturaleza temporal (TSJ Castilla-La Mancha 24-10-97, EDJ 59399), como si se demuestra que el trabajador prestaba servicios únicamente los días que se le requería (TSJ Castilla-La Mancha 4-10-10, EDJ 233563).

Precisiones **1)** La presunción **no se considera desvirtuada** en un supuesto en que una trabajadora vinculada a la empresa mediante sucesivos contratos de interinidad por sustitución (hoy contrato de sustitución), prestó servicios durante tres días sin llegar a suscribir un nuevo contrato por escrito pese a haberle comunicado verbalmente la empresa desde un principio que se le contrataba para sustituir a un empleado identificado nominativamente que disfrutaba de un permiso durante esos días (TSJ Galicia 27-7-12, EDJ 18899).

2) El hecho de que la relación se configurase **formalmente** como de **arrendamiento de servicios** no obsta a la posibilidad de enervar la presunción legal de indefinición de la relación laboral (TSJ Madrid 15-11-13, EDJ 252598).

6641 **Modelo oficial** No existe para los contratos temporales o de duración determinada ninguna exigencia normativa expresa que imponga su formalización en modelo oficial, aunque cuando la contratación conlleve **incentivo o bonificación** sí es obligatorio (nº 8200 s.). El SEPE dispone de modelos oficiales para todos los tipos de contrato para facilitar su adecuada cumplimentación y también su registro.

En todo caso, el **incumplimiento** de suscribir el contrato en modelo oficial, cuando sea obligatorio, solo acarrea consecuencias de orden administrativo (infracción leve) (LISOS art.6.6) y, desde luego, no conlleva que el contrato se presuma celebrado por tiempo indefinido.

2. Denuncia y preaviso de cese

(ET art.49.1.c; RD 2720/1998 art.8)

En un contrato de tracto sucesivo, como el de trabajo, el agotamiento del plazo de duración pactado o la concurrencia de la causa o condición resolutoria prevista, no opera automáticamente como causa de extinción del contrato, sino que se exige denuncia o comunicación de la extinción del contrato. **6650**

De este modo, los contratos de duración determinada, incluidos los contratos formativos, **concertados por una duración inferior a la máxima** legalmente establecida, se entienden prorrogados automáticamente hasta dicho plazo cuando no medie denuncia o prórroga expresa y el trabajador continúe prestando servicios. Asimismo, **expirada la duración máxima** del contrato, si no hubiere denuncia y se continuara en la prestación laboral, el contrato se considera prorrogado tácitamente por tiempo indefinido, salvo prueba en contrario que acredite la naturaleza temporal de la prestación.

Precisiones **1)** La prórroga tácita **no** conlleva la **conversión** del contrato a tiempo parcial en a tiempo completo (TSJ La Rioja 16-11-12, EDJ 283858).

2) La presunción legal está fundada en **razones de sentido común**: si se ha concertado un contrato de trabajo por una causa determinada y esta ha finalizado sin que ninguno de los contratantes haya comunicado su intención de extinguir la relación y el trabajador sigue prestando sus servicios, se presume que existe una voluntad concorde de transformarlo en indefinido, ya que el trabajo ha de estar realizándose en otras labores, puesto que las propias del contrato han terminado y, además, no hay signo alguno de que las partes quieran extinguirlo y tampoco de que hayan concertado limitarlo a un objeto propio de otra modalidad contractual temporal (TSJ País Vasco 4-12-07, EDJ 340970).

3) Conforme a la regla legal, la **posterior decisión empresarial de extinguir** el contrato por cumplimiento del término constituye un despido improcedente (TSJ Galicia 23-11-15, EDJ 244674; TSJ Asturias 17-10-14, EDJ 239389; TSJ Aragón 5-11-14, EDJ 249779; TSJ Madrid 17-3-11, EDJ 61842; TSJ Burgos 22-4-10, EDJ 84973). La previsión normativa determina también la falta de validez del nuevo contrato temporal suscrito por las partes.

4) La previsión normativa rige también en los supuestos en que al cumplirse la duración del contrato el empresario **comunica el cese** al trabajador por expiración del tiempo convenido, pese a lo cual el mismo continúa desarrollando su actividad laboral (TSJ Extremadura 19-7-11, EDJ 190442).

Requisitos de la denuncia (ET art. 49.1.c; RD 2720/1998 art.8.3) La **forma verbal** de la denuncia no la priva de efectos ni de eficacia, al margen de su prueba. Se trata de una declaración de voluntad de carácter recepticio que alcanza su validez, tanto si se produce de forma verbal como escrita, siempre que se manifieste de manera expresa, clara y precisa (TS 10-4-95, EDJ 1700; 21-9-88, EDJ 7223). En otras palabras, su informalidad no produce vicio alguno, con independencia de sus eventuales problemas de prueba, ya que ni siquiera para aquellos contratos de duración superior al año se prevé la forma escrita (TSJ Asturias 3-5-16, EDJ 65064). **6652**

Respecto al **plazo de preaviso**, si el contrato de trabajo de duración determinada es superior a un año, la parte del contrato que formule la denuncia está obligada a notificar a la otra su terminación con una antelación mínima de 15 días. La inobservancia del preaviso no enerva la extinción y puede sustituirse por el abono de una indemnización equivalente a los salarios correspondientes al periodo que comprende o a los días que se haya dejado de preavisar.

Es válida la **regulación convencional** que establece requisitos adicionales o plazos de preaviso superiores a los legales (TS 12-3-91, EDJ 2739).

Precisiones Es válida la decisión empresarial de **retractarse del despido** durante el plazo de preaviso y, por tanto, cuando el contrato está todavía vigente y continúa la prestación de servicios. Como el contrato permanece vivo mientras el despido no se hace efectivo, la retractación produce como efecto principal que el contrato no llegue a extinguirse, de forma que la negativa del trabajador a reincorporarse tras el aviso de que el contrato sigue vigente a todos los efectos, constituye dimisión del mismo y no despido (TSJ Castilla y León 20-5-24, EDJ 577937).

Presunción de indefinido Para que pueda entrar en juego la presunción legal de indefinición del contrato es necesario que concurran los siguientes presupuestos (ET art.49.1.c.2º): **6654**

1. Expiración del **plazo máximo de duración** del contrato y de sus prórrogas. Al respecto, hay que tener en cuenta que los contratos de duración determinada, incluidos los formativos, que tengan establecido un plazo máximo de duración y hayan sido concertados por una duración inferior a la máxima establecida, se entienden prorrogados automáticamente hasta dicho plazo cuando no medie denuncia o prórroga expresa y el trabajador continúe prestando servicios.

2. Falta de **denuncia** del vínculo antes de finalizar el plazo de duración pactado. En torno a esta exigencia hay que distinguir tres aspectos:
a) En cuanto a la **forma**, ver nº 6652.
b) En lo que concierne al **momento temporal**, únicamente se establece la obligación de preaviso de 15 días para los contratos de duración determinada superior a un año. En cualquier caso, no se considera extemporánea la denuncia formulada al día siguiente del vencimiento del contrato si el trabajador no llegó a prestar servicios en esa fecha (TS 28-4-87, EDJ 3357). Tampoco si el retraso está justificado, como sucede si tratándose de un contrato de sustitución la empresa no tuvo conocimiento de la circunstancia determinante de su extinción hasta tiempo después de haberse producido (TSJ Sevilla 4-2-14, EDJ 42707; TSJ Madrid 3-5-10, EDJ 128449; 23-10-07, EDJ 238464), o si no adquirió una noticia cabal y exacta de la desaparición de la causa que dio lugar a la reserva del puesto de trabajo hasta tiempo después, como sucede si el trabajador sustituido es dado de alta médica por incomparecencia a un reconocimiento médico (TSJ Madrid 11-12-13, EDJ 255833), o es declarado en situación de incapacidad permanente no revisable previsiblemente por mejoría (TSJ Galicia 26-2-13, EDJ 47675; en sentido contrario en un supuesto relacionado TSJ Madrid 29-9-11, EDJ 254006).
c) Por último, respecto a la **comunicación** de la decisión empresarial de **rescisión** de la relación por terminación de su vigencia, la misma resulta válida aunque se remita al domicilio del trabajador y este no la reciba, máxime si no se acredita que la prestación prosiguiese más allá de la expiración de la vigencia del contrato (TSJ Castilla-La Mancha 30-9-10, EDJ 233565).
3. Continuidad de la prestación de servicios más allá del momento prefijado para la terminación del contrato. Con carácter general, no es exigible que haya transcurrido un número mínimo de días (TSJ Granada 17-4-13, EDJ 124265; TSJ Galicia 20-2-13, EDJ 41975), llegándose a considerar suficiente uno solo (TSJ La Rioja 16-11-12, EDJ 283858).

6656 Precisiones **1)** No se considera cumplido el requisito de **continuidad de la prestación** si en la fecha de vencimiento del contrato el trabajador estaba de **vacaciones** y el centro de trabajo cerrado (TSJ Sevilla 8-10-15, EDJ 281272) o el **contrato** se encontraba **suspendido** y, consiguientemente, no se produjo la imprescindible prestación de servicios durante el período subsiguiente a la fecha prevista para la finalización de la relación, como sucede si en esa fecha el trabajador se hallaba en situación de incapacidad temporal (TSJ C.Valenciana 25-7-11, EDJ 256969; TSJ Madrid 6-4-09, EDJ 96748; 22-9-08, EDJ 270724; TSJ La Rioja 22-1-09, EDJ 46276; TSJ Castilla-La Mancha 24-10-97, EDJ 59399). En esas circunstancias, la demora en la comunicación y efectividad del cese no convierte el contrato en indefinido (TSJ Madrid 13-3-06, EDJ 349465), sobre todo si se producen actos indicativos de la voluntad empresarial de no prorrogar la relación, como cursar la baja del trabajador en la Seguridad Social (TSJ Las Palmas 29-6-11, EDJ 245445). No obstante, y aún siendo la **empleadora** una **Administración pública**, se llega a solución opuesta con apoyo en sólidos razonamientos sobre la imposibilidad de revisar actos que ya han producido efectos favorables a su destinatario, como lo es que la prolongación de manera tácita -se haya querido o no, obedeciese a un error o no- de un contrato de trabajo más allá de la fecha en la que se produjo una causa que hubiese posibilitado su válida extinción, transforme una relación laboral limitada inicialmente en el tiempo, en otra de naturaleza indefinida (TSJ Málaga 4-2-16, EDJ 43854).
2) No puede equipararse a la prestación de servicios el hecho de que se abonen unos **descansos devengados** y no disfrutados durante la vigencia de la relación, aunque ese período se considere como asimilado al alta (TSJ Valladolid 11-2-09, EDJ 48919).
3) La **mera falta de denuncia** del contrato con el preaviso exigible en su caso, si no existe continuidad en la prestación de servicios con posterioridad a la fecha pactada, lo único que produce es un derecho indemnizatorio del trabajador, que puede reclamar dentro del plazo legal de prescripción (TSJ Asturias 19-7-13, EDJ 158069; TSJ Valladolid 24-10-05, EDJ 205286).

6658 **Efectos** Como **regla general**, si expirada la duración máxima o la prórroga del contrato, o cumplida la condición estipulada, el trabajador continúa prestando servicios, sin cobertura formal alguna, la relación deviene en indefinida, por lo que si el empresario acuerda posteriormente la extinción del contrato basándose en la cláusula de temporalidad, su decisión constituye un despido (TSJ C.Valenciana 31-5-11, EDJ 200076). No es preciso que las partes muestren de forma expresa el *animus novandi* para que la conversión se produzca; es la no manifestación de voluntad la que produce el **efecto automático** de la prórroga tácita por tiempo indefinido, y por eso la fórmula legal exime de prueba a la parte a la que le interesa la continuidad de la relación laboral, siendo la contraria la que ha de aportar prueba que destruya la presunción.

6660 **Quiebra de la presunción** Frente a la presunción de prórroga tácita por tiempo indefinido, se admite **prueba en contrario** que acredite que los servicios prestados con posterioridad al vencimiento del término tienen carácter temporal (TS 2-3-90, EDJ 2378; TSJ Asturias 14-7-10, EDJ 161962), pues la prestación a la que se refiere la norma es aquella que ha continuado después de expirada la duración pactada, de tal forma que la temporalidad válida que ha acreditarse es esta, no la inicial (TSJ Castilla-La Mancha 7-7-10, EDJ 163804).

3. Obligaciones informativas del empresario

(ET art.8.3, 4 y 5, 15.7 y 9; RD 2720/1998 art.6.3 y 10; RD 1659/1998 art.1.2; RD 1424/2002 art.1, 2 y 3)

El empresario tiene establecidas las siguientes obligaciones informativas en relación a los contratos temporales: **6665**

1. Informar **a los trabajadores temporales** sobre las siguientes cuestiones:
- los elementos esenciales de su contrato cuando la relación laboral sea de duración superior a 4 semanas y no figuren estos datos en el contrato de trabajo formalizado por escrito (nº 3765 s.);
- la existencia de puestos de trabajo vacantes, a fin de garantizarles las mismas oportunidades de acceder a puestos permanentes que los demás trabajadores (nº 3890 s.);
- la adquisición de su condición de trabajador fijo en caso de determinados incumplimientos (nº 7000).

No informar a los trabajadores con contratos de duración determinada o temporales, incluidos los formativos, sobre las vacantes existentes en la empresa, así como cualquier **otro incumplimiento** que afecte a obligaciones meramente formales o documentales constituye una infracción leve sancionable con multa de 70 a 751 euros (LISOS art.6.5 y 6.6 y 40.1.a).

2. Entregar **a los representantes de los trabajadores**, en el plazo de 10 días desde su celebración, una copia básica del contrato. Cuando el contrato no deba formalizarse por escrito, esta obligación se sustituye por la mera notificación. Los representantes legales deben firmar como garantía de su entrega (nº 3905 s.).

El **comité de empresa**, con la periodicidad que proceda en cada caso, tiene derecho a conocer los modelos de contrato de trabajo escrito que se utilicen en la empresa, así como los documentos relativos a la terminación de la relación laboral y a ser informado trimestralmente de las previsiones de celebración de nuevos contratos, número de estos y modalidades y tipos que serán utilizados (ET art.64.2.c y 6.4.b).

En relación con los **contratos de duración determinada**, se establece expresamente el derecho de la representación legal de los trabajadores a que la empresa le comunique la existencia de puestos de trabajo vacantes.

Por lo que respecta a los **contratos formativos**, el empresario debe poner en conocimiento de la representación legal de los trabajadores los acuerdos de cooperación educativa o formativa, incluyendo la información relativa a los planes o programas formativos individuales, así como a los requisitos y las condiciones de tutorización. Asimismo, la empresa debe trasladar a la representación legal de los trabajadores toda la información de la que disponga en el supuesto de realizar diversos contratos de formación en alternancia vinculados a un único ciclo, certificado o itinerario. También deben recibir la información que el empresario obtenga del SEPE, en respuesta a su solicitud, sobre si las personas que pretende contratar han estado previamente contratadas mediante un contrato formativo y la duración de dichas contrataciones (ET art.11.5 y 7).

El **incumplimiento de la obligación** de información a los representantes de los trabajadores constituye una infracción administrativa grave sancionable con multa de 751 a 7.500 euros (LISOS art.7.7 y 40.1.b).

Precisiones Los representantes de la administración, de las organizaciones sindicales y de las asociaciones empresariales que tengan acceso a la **copia básica de los contratos** en virtud de su pertenencia a órganos de participación institucional, deben observar el debido sigilo profesional, no pudiendo utilizar dicha documentación para fines distintos de los que motivaron su conocimiento.

3. Para la actividad propia del ejercicio de la libertad sindical, la LOLS art.10.3.1º otorga **a los delegados sindicales** iguales derechos y garantías que el ET destina a los miembros de comités de empresa y a estos como instituciones de representación electiva de los trabajadores. De este modo, a través de la explícita remisión a lo dispuesto en el ET art.64, se reconoce a los delegados sindicales el derecho a acceder a la misma documentación e información que la empresa ha de poner a disposición del comité de empresa. **6667**

Pesa sobre todos ellos el **deber de mantener informados** a sus representados en todos los temas y cuestiones señalados en cuanto directa o indirectamente tengan o puedan tener repercusión en las relaciones laborales (ET art.64.7.e). Esa transmisión de noticias de interés sindical, ese flujo de información entre el sindicato y sus afiliados, entre los delegados sindicales y los trabajadores es el fundamento de la participación. Permite el ejercicio cabal de una acción sindical, propicia el desarrollo de la democracia y del pluralismo sindical y, en definitiva, constituye un elemento esencial del derecho fundamental a la libertad sindical (TCo 94/1995; 168/1996).

4. Comunicar **a la oficina pública de empleo**, en el plazo de los 10 días hábiles siguientes a su concertación, el contenido de los contratos de trabajo que se celebren o sus prórrogas. Además, deben remitir la copia básica de los contratos, entregada previamente a los representantes de los trabajadores, si los hay. El incumplimiento de estas obligaciones se sanciona, como **infracción** administrativa **leve**, con multa de 70 a 750 euros (LISOS art.6.6 y 40.1.a).

Precisiones La empleadora -aún tratándose de una **Administración pública**- no puede negar a la representación sindical la documentación o información relativa a las previsiones de celebración de nuevos contratos, con indicación del número de estos y de las modalidades y tipos que son utilizados (ET art.64.2.c), pues con independencia de que esa información se remita eventualmente al comité de empresa, debe hacerse también llegar a los delegados sindicales (TS 29-3-11, EDJ 60897).

4. Fomento de la transformación en indefinido

(ET art.15.7 y 8; Dir 1999/70/CE cláusula 6ª)

6675 El ordenamiento jurídico articula diversas medidas para favorecer la estabilidad en el empleo; a saber:

1. Reconoce el derecho de los trabajadores temporales, incluidos los vinculados con contratos formativos, a ser **informados** por el empresario **de la existencia de puestos** de trabajo vacantes, de carácter permanente, a fin de que dispongan de las mismas oportunidades de acceso que los demás trabajadores (nº 3890 s.).

2. La **negociación colectiva**, sin matización alguna al respecto, puede establecer, entre otras cuestiones, criterios objetivos de conversión de los contratos de duración determinada o temporales en indefinidos. Se considera que si el convenio o acuerdo colectivo contempla esas medidas u otras relacionadas, como conceder prioridad a los trabajadores temporales para la cobertura de plazas vacantes fijas (TS 6-7-16, EDJ 111978), tal previsión no puede tacharse de contraria al principio de igualdad ni de discriminatoria (TSJ Cantabria 13-8-09, EDJ 203396), si bien tratándose del acceso al empleo público la conversión de empleo temporal en fijo se puede conseguir mediante una convocatoria pública, libre y abierta en la que se puntúe la mayor o menor antigüedad en la prestación de servicios, pero no restringiendo la participación a quienes llevasen unidos con contrato temporal un determinado número de meses (TS 13-11-07, EDJ 251685). En todo caso el derecho del excedente voluntario al reingreso resulta preferente sobre la aplicación de la disposición convencional que autorice a cubrir las vacantes con personal temporal (TS 12-2-15, EDJ 21845).

3. Concede, tanto a nivel estatal como autonómico, **bonificaciones** en las cuotas empresariales a la Seguridad Social por la novación contractual voluntaria en determinados supuestos (nº 8360), así como otro tipo de incentivos y subvenciones con especial atención a las personas con discapacidad.

Precisiones Respecto a la transformación de contratos temporales **en contratos para el fomento de la contratación indefinida** producida antes del 12-2-2012, ver nº 9110 s.

E. Acciones frente a la temporalidad ilegal

6680 La infracción de las normas en materia de contratación de duración determinada, la superación de los límites al encadenamiento contractual, el juego de las presunciones a favor de la indefinición del contrato, el fraude en la utilización de los contratos temporales, sucesivos o no, y, en general, los atentados contra el principio de estabilidad en el empleo, pueden dar lugar a acciones administrativas y judiciales tendentes tanto a la reprensión de la conducta empresarial **en sede administrativa** (nº 6685 s.) como al reconocimiento, por parte de la **jurisdicción social**, de la indefinición del vínculo contractual (nº 6700 s.), acciones cuyo ejercicio no resulta excluyente.

Además, el CP tipifica como **delito** determinadas conductas graves que atentan contra los derechos de los trabajadores reconocidos en las condiciones particulares o generales de trabajo. Respecto a los delitos contra los derechos de los trabajadores, ver nº 7605 s. Memento Social 2024.

1. Acciones administrativas de carácter sancionador

6685 Las infracciones administrativas en materia de contratación temporal se tipifican, principalmente, en el texto refundido de la Ley sobre infracciones y sanciones en el orden social (LISOS), que las califica como leves, graves o muy graves (nº 4075).

La imposición de sanciones por la comisión de estas infracciones exige la tramitación previa de un **expediente administrativo** que se ajuste al procedimiento legal o reglamentariamente establecido.

La **vigilancia del cumplimiento** de las normas de orden social, así como la exigencia de las responsabilidades derivadas de su incumplimiento corresponde a la ITSS.

Precisiones El incumplimiento de la normas que regulan la contratación temporal puede generar, además de responsabilidades de carácter administrativo, la obligación de **reintegro de bonificaciones** indebidamente aplicadas o de las **subvenciones indebidamente percibidas** así como la exclusión del acceso a tales ayudas (LISOS art.16 -redacc L 3/2023- y 46 -redacc L 3/2023-).

Legitimación para promover la actuación inspectora (LISOS art.52; RD 928/1998 art. 9.1.f) 6687
El procedimiento sancionador se inicia siempre **de oficio**, por acta de la ITSS en virtud de actuaciones practicadas de oficio, por propia iniciativa o mediante denuncia, o a instancia de la persona interesada. Los trabajadores con contratos de duración determinada que se consideren perjudicados por la actuación ilícita de la empresa, y/o sus representantes legales o sindicales, pueden formular la denuncia que dé inicio a la actividad inspectora, con independencia de la posible demanda que los trabajadores que pueden interponer para que se declare su relación laboral como fija.
Los **representantes legales y sindicales** están legitimados para comprobar la adecuación de los contratos temporales a la legalidad vigente y presentar las reclamaciones que procedan, para lo que se les reconocen derechos en materia de información y consulta (nº 3905 s.).
La violación de los citados derechos constituye **infracción administrativa** grave o muy grave (LISOS art.7.7 y 15.4).

Contenido del escrito de denuncia (L 23/2015 art.20.4; RD 928/1998 art. 9.2) El escrito de denuncia debe contener los datos personales de su autor y su firma, especificar los hechos presuntamente constitutivos de infracción, la fecha y el lugar de su acaecimiento, identificar a los presuntos responsables y exponer las demás circunstancias relevantes. **No se tramitan** las denuncias anónimas, ni las que tengan defectos o insuficiencias de identificación que no hayan sido subsanadas en el plazo establecido para ello. Tampoco se da curso a aquellas cuyo objeto coincida con asuntos de los que esté conociendo un órgano jurisdiccional cuyo pronunciamiento pueda condicionar el resultado de la actuación inspectora, ni las que manifiestamente carezcan de fundamento. 6689

Actividad inspectora e impugnación del acta de infracción (LISOS art.53 y 54; RD 928/1998 art.13 s.; RD 138/2000 art.22.4) Recibida la denuncia, y tras realizar las correspondientes actuaciones de comprobación e investigación, la Inspección de Trabajo, de concurrir indicios suficientes de la veracidad o exactitud de los hechos denunciados, ha de levantar **acta de infracción**. 6691
Una vez agotada la vía administrativa, el empresario puede impugnar el acto administrativo ante la **jurisdicción social** por el cauce habilitado al efecto, tanto por razones formales relacionadas con la tramitación del procedimiento administrativo sancionador como de fondo.

2. Acciones judiciales laborales

Las acciones susceptibles de ser planteadas ante los tribunales laborales para hacer **frente al uso indebido** de la contratación temporal son las siguientes: 6700
1. Acciones **individuales**, ejercitables por los trabajadores. Son fundamentalmente dos:
- acción declarativa en reconocimiento de la indefinición del vínculo, mientras la relación laboral permanece vigente (nº 6705);
- acción de despido, deducible a la finalización de la relación laboral a instancia del empresario con base en el cumplimiento del término pactado o en cualquier otra causa (disciplinaria, objetiva, etc.). Tienen por finalidad que se declare la nulidad o la improcedencia del cese, previo reconocimiento del carácter indefinido del nexo contractual (nº 6713).
2. Acciones **colectivas**, promovidas por los representantes legales o sindicales del personal (nº 6725).

a. Acciones individuales

Reconocimiento de fijeza El cauce adecuado para plantear la pretensión de fijeza es el **proceso ordinario** (TS 26-9-01, EDJ 70736). 6705
El **objetivo** es que se reconozca la naturaleza indefinida (continua o discontinua) de la relación de trabajo, pudiendo variar el fundamento de la pretensión (contratación temporal en fraude de ley y/o superando el límite legal en el encadenamiento de contratos, o vulnerando lo dispuesto en el convenio colectivo aplicable, etc.).
Se trata de una **acción meramente declarativa**, procesalmente viable al existir un innegable interés jurídico actual, claro y concreto merecedor de tutela, centrado básicamente en el logro de la estabilidad en el empleo que, de estimarse la pretensión, conlleva inmediatas obligaciones para la parte demandada, que pasan por aplicar los efectos jurídicos derivados de la fijeza

atendiendo a la fecha de ingreso en la empresa, frente a lo que no puede prevalecer el contenido de acuerdos colectivos menos favorables para el trabajador (TS 6-5-92, EDJ 4348; 20-6-92, EDJ 6631).

Precisiones 1) Constituye presupuesto para la **viabilidad de la acción** que la relación laboral esté viva, pues carece de objeto declarar indefinida una relación que ya se ha extinguido definitivamente (TSJ Burgos 25-5-16, EDJ 109011; TSJ Baleares 18-3-13, EDJ 83315; TSJ Sta. Cruz de Tenerife 3-2-12, EDJ 211591; TSJ Sevilla 18-9-08, EDJ 344412; 14-10-09, EDJ 320968; TSJ Aragón 25-1-01, EDJ 1407).

2) No enerva la acción de fijeza el hecho de que en la fecha de presentación de la demanda **el trabajador hubiese vuelto a ser contratado** por la empresa con igual carácter eventual, lo que no constituye una satisfacción extraprocesal (TSJ Murcia 23-2-15, EDJ 13982).

6707 **Plazo para el ejercicio de la acción** La acción de fijeza no está sometida a plazo de prescripción, pudiendo promoverse en todo momento mientras subsista la prestación de servicios, si bien su ejercicio no interrumpe el curso de la prescripción de las acciones para reclamar los derechos derivados de esa condición que pudieron ejercitarse antes, como p.e., la de cantidad en reconocimiento de las diferencias en el complemento de antigüedad o en otros conceptos (TS 30-11-89, EDJ 10761; TSJ Sta. Cruz de Tenerife 25-2-00, EDJ 3867).

6709 **Tramitación y sentencia** Las reglas a las que ha de someterse la sustanciación del proceso son las propias del proceso ordinario. Así, por ejemplo, a la acción de fijeza se le pueden **acumular** otras acciones declarativas o de condena susceptibles de ventilarse a través del mismo proceso, pero no las que hayan de tramitarse por una modalidad procesal específica, como la de clasificación profesional (TS 26-9-01, EDJ 70736).

La **sentencia** que reconoce la fijeza de la relación no es constitutiva, pues no crea ni modifica situaciones jurídicas. Tan solo constata una realidad que ya existe fuera del ámbito judicial, atendiendo a la naturaleza del trabajo prestado y a las normas imperativas vigentes. Tal resolución judicial opera por ello con eficacia «ex tunc», dada su naturaleza meramente declarativa. Ello implica que las **consecuencias** derivadas del **reconocimiento de la fijeza** se aplican también al periodo anterior al momento en que es judicialmente declarada (TS 28-11-89, EDJ 10640).

Precisiones 1) La **sustanciación del pleito de despido** seguido entre las mismas partes, en el que aún no ha recaído resolución firme, no produce efecto de **litispendencia** en el proceso de reconocimiento de fijeza iniciado con posterioridad pues el objeto de la pretensión es distinto, derecho a ser considerado personal laboral indefinido con una determinada categoría y antigüedad y con las consecuencias económicas de esta, en un caso, y reclamación por despido en el otro. También lo es la causa de pedir, que en un supuesto se vincula exclusivamente a la naturaleza indefinida del vínculo y en el otro a las facultades resolutorias del empleador (TS 17-4-07, EDJ 25427), y viceversa (TS 20-12-95, EDJ 24516). Tampoco se produce una **prejudicialidad suspensiva**, en tanto que la determinación de una relación laboral indefinida lo que materializa es una cuestión previa o prejudicial interna sobre la que en todo caso es factible y necesario decidir en el proceso de despido, existiendo en tales casos también el ejercicio correcto de la acción de despido, sin acumulación de acciones prohibidas legalmente (TSJ Galicia 15-9-08, EDJ 205815).

2) La **sentencia firme que declara el carácter indefinido** de la relación vincula por el efecto positivo de la **cosa juzgada**, apreciable de oficio, la decisión que haya de adoptarse en el proceso de impugnación del despido fundado en una cláusula de temporalidad ineficaz (TS 28-1-09, EDJ 16996).

3) Declarada judicialmente la fijeza de la relación, su posterior extinción en base a la cláusula de temporalidad pactada constituye un **despido nulo** en el caso de que el trabajador se encuentre en alguna de las situaciones relacionadas con el embarazo, el nacimiento, adopción, guarda con fines de adopción o acogimiento, y el riesgo durante el embarazo y la lactancia (TSJ Murcia 23-1-08, EDJ 94386).

6711 **Garantía de indemnidad** Del ejercicio de la acción de fijeza no se pueden derivar **consecuencias perjudiciales** para el trabajador, por lo que si la empresa resuelve la relación laboral por dicha causa, aún invocando otra distinta, como la finalización del contrato temporal, el despido ha de ser declarado nulo por lesivo de la garantía de indemnidad (TS 27-4-16, EDJ 78250; 24-2-16, EDJ 35164; 27-1-16, EDJ 13118; 17-6-15, EDJ 129752; 14-5-14, EDJ 100864; 11-11-13, EDJ 273984; 5-7-13, EDJ 151868; 5-7-13, EDJ 151867; 12-4-13, EDJ 68112; 4-3-13, EDJ 41029; 29-1-13, EDJ 10508; 13-11-12, EDJ 270272; 26-2-08, EDJ 82893; 18-2-08, EDJ 25884; 6-10-05, EDJ 197782).

Impugnación del cese por vencimiento del término pactado o despido El empresario puede acordar la extinción del contrato temporal: 6713
1. Una vez **llegado el vencimiento** del término pactado. La decisión unilateral de la empresa de resolver la relación por fin de contrato puede merecer la **calificación jurídica** de:
a) **Correcta extinción** de la relación laboral de naturaleza temporal válidamente concertada, por cumplimiento de la condición resolutoria o vencimiento del término pactado (ET art.49.1.b y c) cuando:
- concurra la causa de temporalidad convenida en el contrato e invocada por el empleador al objeto de darlo por resuelto;
- la prestación de servicios se haya ajustado a la causa de temporalidad estipulada; y,
- se haya cumplido la condición resolutoria o el plazo previsto.
El **incumplimiento** de las **formalidades requeridas** para el acto del despido (ET art.55.1), no conlleva la conceptuación de la medida empresarial como despido, pues tales exigencias no resultan aplicables a la extinción de contratos temporales. Así:
- la normativa legal no expresa la forma que ha de observar la denuncia del contrato (nº 6650 s.);
- la inobservancia del plazo de preaviso, cuando resulte legalmente exigible, o la insuficiencia del mismo, no transforma la causa de extinción del contrato no generando más efecto que el de indemnizar los daños y perjuicios derivados de ese incumplimiento en cuantía equivalente al importe de los salarios correspondientes al período omitido (TS 21-9-88, EDJ 7223; TSJ País Vasco 18-3-14, EDJ 108098);
- la apertura de expediente contradictorio a los representantes legales de los trabajadores solo es precisa para la imposición de sanciones por la comisión de faltas graves o muy graves y no cuando se trata de extinciones de contrato temporales (TS 3-3-88, EDJ 1787; 11-6-83; TSJ Madrid 5-12-13, EDJ 255789);
- la exigencia de comunicación previa a los delegados sindicales de los despidos y sanciones de los afiliados al sindicato no puede extenderse a las citadas extinciones (TS 23-5-95, EDJ 4409).
b) **Despido**, en cualquiera de estas hipótesis:
- por tratarse de una relación laboral realmente indefinida (nº 7000);
- por no concurrir la causa de extinción válidamente pactada alegada por la empresa.
2. **Antes del vencimiento del término**. El trabajador también puede impugnar el despido y alegar la indefinición del vínculo si el empresario procede a la extinción de la relación antes de la fecha prevista para la finalización del contrato temporal, por cualquier motivo distinto del término contractual, como p.e. por razones disciplinarias o por causas objetivas.
Respecto a los requisitos de **validez y los efectos del finiquito** firmado a la extinción del contrato, ver nº 4860 s. Memento Despido 2024-2025.

Procedimiento de despido El trabajador vinculado con un contrato temporal, tanto si previamente ha ejercitado la **acción de fijeza** como si no lo ha hecho, puede hacer valer el carácter indefinido de la relación en el marco del proceso de despido cuando el empresario proceda a la extinción del contrato. En ese supuesto, el afectado puede impugnar el cese alegando que la relación aparentemente temporal era realmente indefinida y que su resolución unilateral por el empresario, a falta de razón válida que la justifique, constituye un acto de despido carente de justa causa con las consecuencias inherentes. 6715
El ejercicio de la acción de impugnación de la rescisión del vínculo contractual está sometido al **plazo de caducidad** de 20 días hábiles (ET art.59.3) y a las reglas previstas para la **modalidad procesal de despido** con determinadas especialidades (nº 1110 s. Memento Despido 2024-2025).

Precisiones El trabajador, además de cuestionar en su caso la naturaleza temporal del vínculo, puede fundar la acción de despido en **otros motivos**, como los siguientes:
a. **No concurrir la causa** alegada **para la rescisión** del contrato, como la no reincorporación del trabajador al que sustituía.
b. Responder la decisión empresarial de **no renovar o prorrogar** el contrato temporal o de no formalizar uno nuevo al llegar su término final, a un factor constitucionalmente prohibido por discriminatorio o lesivo de derechos fundamentales. De ser así, se declara la nulidad del despido, lo que en principio acarrea la condena a la empresa al pago de los salarios devengados hasta el agotamiento de la prórroga o del nuevo período de contratación y, en su caso, al abono de la indemnización por los perjuicios causados, incluidos los daños morales (TCo 173/1994; 17/2003; 175/2005; 74/2008; TS 6-5-09, EDJ 112233; 30-1-09, EDJ 42671; TSJ País Vasco 14-12-10, EDJ 355814; TSJ Madrid 9-6-00, EDJ 30195). En determinados supuestos no se aprecian indicios de discriminación en la decisión empresarial de no renovar el contrato temporal a su término (TCo 80/2001; 140/2014).
c. Poseer la decisión empresarial de **no contratarle por tiempo indefinido** al vencimiento del contrato temporal un significado discriminatorio o contrario a los derechos fundamentales (TCo 29/2002; 30/2002; TSJ Sevilla 8-7-02, EDJ 130273).

6717 **Efectos de la declaración de improcedencia o nulidad del despido** (ET art.56) Se distinguen dos supuestos:

1. Cuando el pronunciamiento favorable al trabajador se basa en que **el contrato temporal ha devenido en indefinido**, la declaración de nulidad o improcedencia del despido surte los efectos previstos con carácter general (Respecto a los efectos de la declaración de improcedencia, ver nº 2015 Memento Despido 2024-2025; para el despido nulo, nº 2378 Memento Despido 2024-2025).

2. Si la estimación de la demanda se funda en la **inexistencia de la causa de extinción** alegada por el empresario, el fallo debe acomodarse a la naturaleza temporal y no indefinida de la relación. En consecuencia:

- si la sentencia reconoce la validez de la cláusula de temporalidad (o su eficacia no se discute), pero declara la **improcedencia** del despido en fecha posterior a la convenida para la extinción del contrato temporal, la opción legal por la readmisión deviene imposible, por lo que la sentencia debe condenar a la empresa al abono de la indemnización legalmente prevista y al pago de los salarios de tramitación hasta el día en que el contrato temporal debería haberse extinguido de no haber sido improcedentemente despedido (TS 29-1-97, EDJ 140; 14-4-97, EDJ 5884; 28-4-97, EDJ 3195; 22-4-98, EDJ 5219; 19-9-00, EDJ 29932);
- si el despido se declara **nulo**, los efectos de la nulidad se reducen a la condena al pago de los salarios de trámite devengados hasta el día en que el contrato se habría extinguido en condiciones normales y del importe de la indemnización por vulneración de derechos fundamentales en el caso de que proceda (TS 28-4-10, EDJ 133557).

b. Acciones colectivas

6725 Según doctrina jurisprudencial el procedimiento de **conflicto colectivo no puede servir** de instrumento para el reconocimiento del carácter indefinido de la relación laboral de un grupo de trabajadores fundada en la existencia de fraude de ley en la contratación temporal. Se razona que esa declaración exige un examen individualizado de cada uno de los contratos y de las concretas circunstancias en que se han desarrollado las respectivas prestaciones de servicios para determinar, en cada caso, la concurrencia de esa figura, esto es, de situaciones personales y no homogéneas, lo que no se ajusta a las exigencias legalmente establecidas para este tipo de controversias (LRJS art.153). En estos casos debe seguirse el procedimiento ordinario, singular o plural, a instancia de los afectados en los que puedan hacer valer los argumentos que consideren pertinentes para defender su posición sin merma de su derecho a la tutela judicial efectiva (TS 21-4-04, EDJ 44834; 7-12-05, EDJ 225626; 23-12-13, EDJ 293701).

No obstante, se considera que la modalidad procesal del conflicto colectivo **resulta adecuada** para canalizar la pretensión de que la empresa proceda a convertir determinados contratos temporales en indefinidos en cumplimiento de lo dispuesto en el convenio colectivo aplicable pues en ese supuesto el afectado es un grupo de trabajadores caracterizado por una peculiar situación colectiva, en relación con la interpretación de una norma paccionada, con independencia de la individualidad de quienes pudieran verse concernidos por la transformación de los contratos temporales en fijos (TS 9-10-12, EDJ 270283), idoneidad que en otros casos se da por supuesta (TS 3-2-15, EDJ 31724; 18-12-12, EDJ 333548; en relación a un acuerdo de conversión suscrito por una administración pública y la competencia del orden Social TS 14-5-13, EDJ 111330).

Precisiones 1) La modalidad procesal de **conflicto colectivo** sí es vía idónea para la defensa de los **derechos de los trabajadores temporales** que se consideran vulnerados por la empresa (TS 14-7-11, EDJ 198199; 16-5-12, EDJ 118339). Cuestión distinta es la eventual **inejecutividad directa** de la sentencia que recaiga (TS 26-6-12, EDJ 195802; 20-3-12, EDJ 65444).

2) La fijeza en plantilla puede adquirirse como consecuencia del pronunciamiento estimatorio recaído en un proceso de conflicto colectivo promovido con la finalidad de que se declare la existencia de una **cesión ilegal de trabajadores**.

3) El carácter fraudulento de los **contratos temporales** suscritos por un grupo de trabajadores y la existencia de un **despido colectivo** de hecho puede plantearse en el procedimiento de despido colectivo (TS 7-4-15, EDJ 117228).

CAPÍTULO 26

Contratos de duración determinada

La temporalidad en el contrato de trabajo exige una **causa** que la justifique ya que en nuestro sistema positivo la contratación temporal es eminentemente causal y, como consecuencia, está sujeta a normas de derecho necesario (TS 20-11-03, EDJ 158564; TSJ Asturias 15-6-12, EDJ 137544). 6752

Desde el 30-3-2022, se establece la **presunción legal** de que el contrato de trabajo es por tiempo indefinido, quedando limitada la contratación temporal a la concurrencia de **dos únicas causas** (ET art.15):

1. Las relacionadas con circunstancias de la producción (nº 6760 s.).

2. La sustitución de una persona trabajadora (nº 6895 s.).

Precisiones Desde esa fecha se eliminan los contratos de obra o servicio determinado (ver nº 6760 Memento Contrato de Trabajo 2021-2022), los eventuales (ver nº 7000 Memento Contrato de Trabajo 2021-2022) y los de interinidad (ver nº 7170 Memento Contrato de Trabajo 2021-2022). No obstante, los contratos de este tipo **celebrados antes del 31-12-2021**, seguirán rigiéndose conforme a su regulación hasta su duración máxima (RDL 32/2021 disp.trans.3ª). Por su parte, los contratos de duración determinada **celebrados entre el 31-12-2021 y el 29-3-2022** se regirán por la normativa legal o convencional vigente en la fecha en que se concertaron sin que su duración pueda ser superior a 6 meses (RDL 32/2021 disp.trans.4ª).

La supresión del contrato para obra o servicio determinado supone la pérdida de cobertura legal a la específica modalidad sectorial del tradicional **contrato fijo por obra en la construcción** (ver nº 6832 s. Memento Contrato de Trabajo 2021-2022) que, desde el 31-12-2021, queda sustituido por el nuevo contrato indefinido adscrito a obra (nº 4120). No obstante, los contratos que estuvieran vigentes a fecha 31-12-2021, resultan aplicables hasta su duración máxima, conforme a lo dispuesto en la redacción entonces vigente del art.24 del VI CCol Construcción (RDL 32/2021 disp.trans.3ª.1).

I. Contrato por circunstancias de la producción

6760 El contrato por circunstancias de la producción **sustituye** al anterior contrato eventual por circunstancias de la producción.
El nuevo contrato por circunstancias de la producción tiene por **objeto** atender a necesidades empresariales de mano de obra temporal, a causas estructurales de temporalidad debidas a circunstancias productivas susceptibles de concurrir en cualquier tipo de empresa.

Precisiones El contrato no parece atender a **necesidades organizativas**, para las que existen otros mecanismos laborales de ajuste como el *ius variandi* (nº 9106), la movilidad funcional (nº 9125 s.), la modificación sustancial de condiciones de trabajo (nº 9195 s.) u otras medidas internas de flexibilidad.

A. Modalidades

(ET art.15.1; RD 2720/1998 art.3)

6765 El contrato por circunstancias de la producción ampara dos supuestos que presentan, en parte, un régimen jurídico diferenciado en función de la naturaleza del incremento de la actividad al que se pretende hacer frente:
1. El incremento ocasional e imprevisible de la actividad y las oscilaciones, que aun tratándose de la actividad normal de la empresa, generan un desajuste temporal entre el empleo estable disponible y el que se requiere (nº 6775 s.).
2. Las situaciones ocasionales, previsibles y que tengan una duración reducida y delimitada en el tiempo (nº 6825 s.).
Ambos supuestos presentan una **misma causa temporal** como es la existencia de causas de la producción ocasionales, es decir, necesidades empresariales estructuralmente temporales. La **ocasionalidad** se erige, por tanto, en el elemento clave que diferencia la viabilidad de la celebración de un contrato por circunstancias de la producción o la obligación de incorporar mano de obra a través de un contrato indefinido, ya sea ordinario (nº 4050 s.) o fijo discontinuo (nº 6250 s.).
La ocasionalidad exigida hace referencia al **momento** en que se produce el **incremento de actividad** y que provoca la necesidad empresarial. Frente a una necesidad habitual, permanente o no transitoria de mano de obra, propia de la contratación indefinida, lo ocasional es lo que ocurre solo en alguna ocasión, es decir, lo que no se hace habitualmente o por costumbre, y constituye una circunstancia puntual que excede del funcionamiento ordinario de la empresa.

Precisiones El elemento común es la ocasionalidad; de no concurrir, no sería posible el recurso a la contratación temporal. Así, es fraudulenta la contratación por circunstancias de la producción formalizada por un **cocinero** con una empresa hotelera **en período estival** (TSJ Granada 25-4-24, EDJ 587811).

6767 **Prohibición de utilización en el marco de contratas y subcontratas** Se recoge de modo uniforme para las dos variantes del contrato por circunstancias de la producción un elemento de **delimitación negativa de la causa** al prohibir que se justifique para realizar trabajos en el marco de contratas subcontratas o concesiones administrativas que constituyan la actividad habitual u ordinaria de la empresa, sin perjuicio de su celebración cuando concurran las circunstancias de la producción (ET art.15.2 in fine).
Con esta limitación se acoge expresamente la **línea jurisprudencial** iniciada un año antes por el TS cuando rechazó que concurra una causa temporal vinculada a la duración de una contrata en aquellos supuestos en los que la actividad de la empresa es, precisamente, prestar servicios para terceros y simplemente desarrolla su actividad mercantil a través de los oportunos contratos mercantiles con los destinatarios de su actividad empresarial. Es decir, cuando la actividad de prestación de obras o servicios de la empresa es permanente por mucho que se proyecte en el mercado básicamente a través de contratas mercantiles o concesiones administrativas de duración determinada o temporal (TS Pleno 29-12-20, EDJ 748575; 27-1-21, EDJ 503914).

6769 **Excepciones** La imposibilidad de la contratación temporal en el marco de las contratas presenta dos excepciones:
a) Cuando concurran **causas justificadas** para realizar contratos por circunstancias de la producción lícitos. Esto es, se permite cuando se produzca un incremento ocasional de la propia actividad. Esta excepción puede entenderse referida tanto al incremento previsible como al imprevisible, al referirse la norma a la posibilidad de su celebración cuando concurran circunstancias de la producción, sin mayores especificaciones, lo que parece englobar a todas las variantes de este contrato.

b) La limitación legal permite, en principio y en interpretación a contrario, la posibilidad de acudir al contrato por circunstancias de la producción cuando las contratas **no tengan como objeto realizar su propia actividad**, tanto si las circunstancias ocasionales son previsibles como si son imprevisibles.

Ejemplo Una **empresa de logística** adjudicataria de una contrata para la celebración de un congreso podría celebrar un contrato por circunstancias de la producción cuando las circunstancias ocasionales son claramente **imprevisibles** -p.e. porque el número de asistentes al congreso supera con creces lo inicialmente previsto, lo que obliga a cambiar de sede y ampliar la organización inicialmente asignada-. En tal caso la empresa de logística, con independencia de que esté prestando sus servicios a través de una contrata mercantil, puede encontrarse ante un desajuste transitorio del personal con el que cuenta y el personal que necesita, concurriendo una necesidad ocasional temporal para la que tendría cabida el contrato por circunstancias de la producción por incremento imprevisible de la actividad.
También sería posible celebrar este contrato cuando las circunstancias ocasionales fueran **previsibles**. P.e. si esa misma empresa opta a un concurso para la celebración de un congreso para el que, además de su actividad habitual y normal de logística, se exigen ciertos componentes holográficos y de metaverso. Si finalmente resulta adjudicataria la empresa, en esta única ocasión (ocasionalidad), va a necesitar una mano de obra especializada y adicional a la plantilla normal, pudiendo hacer uso de algunos días de la bolsa de temporalidad que otorga la modalidad del contrato por circunstancias previsibles y de corta duración (nº 6825 s.).

---

1. Incremento ocasional e imprevisible de la actividad y oscilaciones de la actividad normal

(ET art.15.1)

El contrato por circunstancias de la producción común u ordinario es el debido a incrementos ocasionales (que solo ocurren en alguna ocasión) e imprevisibles (que no extraordinarios) de la producción. Se mantienen, así, los rasgos generales del anterior contrato eventual por circunstancias de la producción (ver nº 7000 s. Memento Contrato de Trabajo 2021-2022), si bien ajustando de modo más objetivo el **elemento causal** al que se vincula su licitud permitiendo un mayor control causal. **6775**
Se entiende por **circunstancias de la producción** el incremento ocasional e imprevisible de la actividad y las oscilaciones que, aun tratándose de la actividad normal de la empresa, generan un desajuste temporal entre el empleo estable disponible y el que se requiere, siempre que no respondan a los supuestos incluidos en el contrato fijo discontinuo (nº 6250 s.).
Entre las oscilaciones se entienden incluidas aquellas que derivan de las **vacaciones** anuales (nº 6792).

a. Delimitación de la causa

Los **elementos básicos** que configuran la causa habilitante de esta modalidad contractual son los siguientes: **6780**
- la exigencia de un incremento de la actividad empresarial (nº 6782);
- la naturaleza ocasional e imprevisible del incremento (nº 6786);
- el efecto del desajuste de plantilla (nº 6788);
- las oscilaciones productivas (nº 6790);
- la prevalencia causal del contrato fijo discontinuo (nº 6796).

Incremento de la actividad empresarial Se exige que se produzca un incremento de la actividad empresarial, aunque se trate de la actividad normal de la empresa. En este sentido, es extrapolable la doctrina existente para el ya derogado contrato eventual por circunstancias de la producción, entendiéndose que debe concurrir un **exceso anormal** en las necesidades habituales de la empresa que no puede ser atendido con la plantilla actual ni razonablemente aconseja, por su excepcionalidad, un aumento de personal fijo (TS 20-3-02, EDJ 10937). **6782**
Este contrato atiende, por lo general, a necesidades permanentes y habituales de la empresa que han experimentado un **incremento cuantitativo** que descompensa la ratio de plantilla y la actividad productiva. Ahora bien, ese incremento cuantitativo deja de justificar la temporalidad en la contratación si el volumen de actividad tuviese un incremento permanente. Con estos contratos se trata de afrontar una necesidad de trabajo añadido de carácter coyuntural, la existencia de trabajo adicional que, no obstante, no tiene por qué ser de diferente índole, sino que basta con que se trate de un trabajo que se lleve a cabo con mayor intensidad; aunque también puede surgir para la realización de actividades de diferente naturaleza a las habituales de la empresa.

6784 **Causa del incremento** Como en la regulación anterior, la contratación de duración determinada por circunstancias de la producción puede venir provocada por las tres **causas clásicas** conocidas: las circunstancias del mercado, la acumulación de tareas, o el exceso de pedidos. Pero no se trata ahora de una lista cerrada sino que se admiten **otras causas** objetivas relativas a la demanda o a la producción o a cualesquiera otras circunstancias excepcionales por las que podría atravesar la empresa.

Estas **circunstancias excepcionales** dependen, en cada caso, del tipo de trabajo que lleva a efecto la empresa, de ahí la importancia que en este tipo de contratos tiene la **identificación por escrito**, con precisión y claridad, de la causa o circunstancia que justifique el contrato y la determinación de su duración explicando la conexión con esa necesidad temporal. No es bastante que el contrato simplemente se limite a transcribir una posible contingencia de mercado, acumulación de pedidos o de tareas, sino que debe identificar cuál es esa precisa razón justificante, indicando el acontecimiento que la genera, con la finalidad de que el trabajador pueda conocer y verificar que su actividad, aunque habitual o normal para la empresa, está temporalmente justificada.

6786 **Naturaleza ocasional e imprevisible del incremento** El incremento debe ser **ocasional**, entendido como no habitual, no corriente, no continuado en el transcurso del año, y no debe responder a un patrón cíclico regular. Con la utilización de estos contratos se trata de afrontar una situación en la empresa de cierta emergencia o de cierta imprevisibilidad. Se pretende cubrir con ellos incrementos de mano de obra originados por unas necesidades que se estiman en sí mismas temporales y, por tanto, no permanentes, lo que justificaría su limitada duración.

La temporalidad ha de justificarse en atención a una causa vinculada objetivamente a la presencia de **circunstancias provisionales** que crean una necesidad extraordinaria de trabajo en la empresa que no puede ser atendida por la plantilla normal de la misma. Si estas circunstancias acontecieran de manera habitual y permanente, decae la justificación de este contrato temporal como excepción al contrato indefinido. En cualquier caso, el análisis de la acumulación de tareas ha de adecuarse a las características especiales de cada actividad o sector y a los trabajos propios de cada empresa.

El incremento de actividad debe ser, además, **imprevisto**, en el sentido de que no forme parte de la dinámica habitual de la empresa y que sólo ocurre en alguna ocasión (TS 26-10-16, EDJ 208987). Por ello, no justifica el recurso a la contratación temporal un déficit de plantilla, entendido como un número de trabajadores empleados inferior al necesario para hacer frente a la actividad normal de la empresa, puesto que habría de considerarse como una circunstancia interna a la organización empresarial (TS 7-12-11, EDJ 312154).

Si la actividad de la empresa se produce **según pedidos** o depende p.e. de la **adjudicación de contratas o concesiones administrativas**, solo puede recurrirse a esta modalidad cuando se presente una acumulación inusual de tareas en alguna de esas contratas o adjudicaciones ya que el mero hecho de recibir el pedido o suscribir una subcontratación no es por sí solo causa suficiente para contratar a través de esta vía, siendo tal hecho o circunstancia normal en la actividad o en la empresa. Las contratas se erigen en limitación expresa a este contrato si no se justifica en el caso concreto la causa temporal (nº 6767 s.).

6788 **Desajuste temporal de la plantilla** La temporalidad de este tipo de contratación es **causal y contingente**, no siendo válido un contrato por circunstancias productivas basado en un incremento de la producción, por real que sea, si no hay pruebas de que se ha producido un desajuste temporal entre la plantilla disponible y la que se necesita en el proceso productivo o en la prestación de servicios. Debe existir un **exceso anormal** en las necesidades habituales de la empresa, que no puede ser atendido con la plantilla actual y que -por su excepcionalidad- tampoco aconseja, razonablemente, un aumento de personal fijo (TS 20-3-02, EDJ 10937; 16-5-05, EDJ 103641; 26-3-13, EDJ 46903).

El desajuste que supone un incremento de la actividad debe reunir, por lo tanto, los siguientes **requisitos**:

a) Ser **irregular** a lo largo del tiempo. Si la necesidad se produce en intervalos temporales separados pero reiterados en el tiempo y dotados de cierta homogeneidad, la contratación debería articularse a través del contrato fijo-discontinuo (nº 6250 s.). La necesidad, por lo tanto, no puede ser intermitente pues la intermitencia está reservada para los trabajos fijos discontinuos (TS 17-12-01, EDJ 71015; 22-2-11, EDJ 16734).

b) Excepcionalidad en el sentido de que el aumento de actividad justificativo de la contratación eventual debe ser circunstancial y no cíclica ni repetirse periódicamente pues, en tal caso, estaríamos más bien ante un contrato para trabajos fijos discontinuos, previsto legal y ordinariamente para trabajos homogéneos que, sin desarrollarse de manera continuada, se reiteran en el tiempo (TS 5-7-99, EDJ 21586; 26-5-97, EDJ 5888). La diferencia entre un trabajador temporal por circunstancias de la producción y un fijo discontinuo radica precisamente en que, mientras el trabajo temporal está justificado cuando la necesidad de trabajo es, en principio, imprevisible y queda fuera de cualquier ciclo de reiteración regular, el fijo discontinuo se produce cuando, con independencia de la continuidad de la actividad de la empresa, se produce una necesidad de trabajo de carácter intermitente o cíclico, es decir, en intervalos temporales separados pero reiterados en el tiempo y dotados de una cierta homogeneidad (TS 1-10-01, EDJ 35773; 12-12-08, EDJ 291528; 22-2-11, EDJ 16734).

Las oscilaciones de plantilla, incluidas las vacaciones El contrato por circunstancias de la producción puede utilizarse también para hacer frente a las oscilaciones de plantilla que, aun tratándose de la actividad normal de la empresa, generan un **desajuste temporal** entre el empleo estable disponible y el que se requiere, siempre que no pueda reconducirse su razón de ser causal a la modalidad de fijo discontinuo. 6790

La redacción de la norma plantea la duda de si las oscilaciones de plantilla deben ser también **imprevisibles y ocasionales**. Sin perjuicio de lo que pueda precisar un futuro reglamento o la interpretación judicial, la redacción literal así como la exigencia de que generen un desajuste temporal entre el empleo estable disponible y el que se requiere, permiten interpretar que únicamente tienen cabida en este contrato temporal las oscilaciones ocasionales e imprevisibles, que se producen sin la nota de habitualidad y permanencia propia de los fijos discontinuos.

Vacaciones El único ejemplo concreto de oscilaciones que permiten la contratación de mano de obra temporal a través de esta modalidad contractual es el de las vacaciones anuales. Este supuesto parecería responder más bien a causas organizativas en sentido estricto, pues las vacaciones son ausencias que forman parte de la dinámica ordinaria de funcionamiento de la empresa y que debieran gestionarse a través de contratación estable en caso de que no sea suficiente con acudir a otras alternativas como la utilización de horas extraordinarias (nº 5250 s.), el uso de horas complementarias (nº 6196), o la distribución irregular del tiempo de trabajo (nº 5137). En este sentido se mantiene vigente la doctrina que sostiene que la existencia de vacaciones, bajas y permisos en una determinada plantilla **no** son **circunstancias excepcionales** dentro de la actividad de la empresa que permitan recurrir a la contratación temporal (TS 12-6-12, EDJ 140511; TSJ Madrid 20-1-16, EDJ 19587), pues la empresa es plenamente conocedora de que la plantilla disfruta de las vacaciones y permisos con la regularidad propia de tales situaciones. Se trata de circunstancias ordinarias y plenamente previsibles de las que se debe tener conocimiento con al menos dos meses de anterioridad (ET art.38.3). 6792

El ejercicio del derecho de las vacaciones por parte de las personas trabajadoras es considerado, por lo tanto, como una **causa organizativa** y no productiva de necesidad de personal, de modo que no concurre la nota de causalidad necesaria para acudir a la contratación temporal (TS 30-10-19, EDJ 739702).

Su incorporación como un supuesto que permite el acceso a la contratación temporal pone de manifiesto que la causa no es el disfrute de las vacaciones (causa organizativa), sino el efecto de **desajuste de plantilla** que puede provocar en la normal actividad empresarial (efecto productivo). De este modo, para poder ser causa de contratación temporal, las vacaciones deben producir un real desajuste entre la plantilla de la que se dispone y la requerida provocado por oscilaciones que se derivan de circunstancias, ahora sí, imprevisibles de la producción. En otro caso, si las vacaciones están claramente establecidas y son predecibles en el tiempo y en las necesidades cíclicas, procede la contratación fija discontinua.

Otra posible interpretación sería entender que la inclusión de las vacaciones en este tipo contractual es constitutiva, de modo que no se aplican los requisitos generales de imprevisión y ocasionalidad bastando con la mera existencia de un desajuste temporal entre los recursos disponibles y los necesarios para cubrir las vacaciones de los trabajadores.

En todo caso, la utilización del contrato temporal exige siempre la **concurrencia real de la causa**, sin que sea suficiente la mera mención a la concurrencia con las vacaciones de otros trabajadores de la plantilla (TS 7-12-11, EDJ 312154; 12-6-12, EDJ 140511; 26-3-13, EDJ 46903).

Precisiones El **contrato por sustitución** para cubrir la vacante dejada por una trabajadora con derecho a reserva de puesto de trabajo por el ejercicio de los derechos de conciliación no puede **prorrogarse para cubrir las vacaciones** no disfrutadas de la persona sustituida. La no extinción del contrato cuando finaliza el derecho a la reserva de la plaza, coincidiendo con el inicio de las vacaciones, convierte el contrato en indefinido y el cese en despido improcedente (TSJ Las Palmas 25-1-24, EDJ 535659).

Otras situaciones La inclusión expresa de las vacaciones entre las oscilaciones de plantilla que justifican la contratación temporal genera la duda de si existen otras situaciones que la permitan. La interpretación literal de la norma lleva a entender que las vacaciones anuales son solo uno de los supuestos que pueden generar oscilaciones ocasionales de plantilla que 6794 producen su desajuste. Es decir, se presumen incluidos muchos supuestos, entre los cuales las vacaciones resultan el ejemplo fundamental. Por ello, dentro de esta modalidad parece posible encauzar no solo las necesidades por vacaciones, sino también los desajustes de plantilla por **permisos**, licencias, asuntos propios, días de convenio, recuperación horaria, fiesta optativa de convenio, ausencia, permiso sindical, etc. (TS 10-11-20, EDJ 723646). Pero solo y exclusivamente cuando concurra el elemento causal sobre el que se asienta el contrato por circunstancias de la producción, condicionado, sobre todo, a que el permiso provoque un desajuste entre la plantilla de la que se dispone y la requerida.

En realidad, salvo permisos de cierta duración, no parece que fácilmente puedan permitir una contratación temporal por esta vía, siendo más eficaces **otros mecanismos de flexibilidad interna** (movilidad funcional, horas extra, horas complementarias, distribución irregular tiempo trabajo). En cualquier caso, del mismo modo que ocurre con las vacaciones, en el contrato escrito deberá constar exactamente el tipo de permiso de que se trata, la persona que lo disfruta y la duración vinculada con el mismo, a fin de considerar que concurre realmente la causa temporal habilitadora.

6796 **Prevalencia causal del contrato fijo discontinuo** Las circunstancias de la producción no pueden responder a los supuestos incluidos en el ámbito legal del contrato fijo discontinuo (nº 6250 s.). El elemento clave que determina la viabilidad de celebrar un contrato por circunstancias de la producción o la obligación de incorporar mano de obra a través de un contrato fijo discontinuo es la **ocasionalidad del incremento** de las necesidades productivas. Frente a la necesidad habitual de mano de obra, propia de la contratación indefinida, la que determina el recurso a la contratación por circunstancias de la producción es la necesidad puntual, no habitual, que excede del funcionamiento ordinario de la empresa.

La exclusión de la posibilidad de celebrar este contrato en los supuestos incluidos en el contrato fijo discontinuo eleva al rango de ley un criterio, que ya se encontraba suficientemente clarificado por la jurisprudencia y doctrina judicial precedentes, según el cual cuando se produzca una **reiteración cíclica de la actividad** la modalidad contractual pertinente no es el contrato eventual -ni el de obra o servicio de duración determinada- sino el contrato para trabajos fijos de carácter discontinuo (TS 17-11-20, EDJ 729245).

b. Objeto del contrato

6805 El objeto del contrato es cubrir actividades similares u ordinarias de la empresa que se incrementan o intensifican temporalmente por la concurrencia de circunstancias de la producción -mercado, tareas o pedidos- y que no pueden ser cubiertas con su plantilla habitual, precisando mano de obra temporal (TS 16-5-94, EDJ 4365; 3-2-95, EDJ 235).

El **trabajador contratado** debe estar **destinado** a la cobertura de las necesidades productivas que justifican la contratación temporal, debiendo prestar sus servicios en esas actividades, tareas, pedidos o actividades circunstancialmente intensificadas, de modo tal que dicha causa no sería un mero justificante externo de la contratación, sino su razón interna legitimadora (TS 14-5-14, EDJ 100864; 18-11-98, EDJ 27130; 11-3-97, EDJ 1217; 24-6-96, EDJ 4820; 25-11-96, EDJ 9506; 17-12-96, EDJ 9673; 10-12-96, EDJ 8978; 30-12-96, EDJ 8980). Pero no parece que ello sea necesariamente y en todo caso exigible, ya que el empleador podría utilizar sus poderes directivos de **movilidad funcional** y contratar temporalmente a trabajadores para realizar otras funciones más fácilmente asequibles en el mercado. Es decir, el empresario podría justificar la causa habilitante de la contratación temporal, sus circunstancias concretas y la conexión con la duración, explicando las circunstancias por las que la necesidad temporal está mejor cubierta en un puesto y no en otro.

6807 **Determinación convencional** (ET art.15.8 y 84.2) La negociación colectiva puede adaptar a la empresa las modalidades contractuales y determinar las actividades concretas en las que se puede celebrar esta modalidad de contrato, reconociéndose **prioridad aplicativa al convenio de empresa** sobre los de ámbito superior en la regulación de estas materias. En todo caso, el convenio colectivo puede realizar una adaptación de lo establecido legalmente, pero en ningún caso puede modificar la causa legal que permite la celebración de un contrato por circunstancias de la producción ya que en ese caso iría en contra del principio de jerarquía normativa (ET art.3). Sigue, por lo tanto, operativo el criterio jurisprudencial extraordinariamente restrictivo respecto a las posibilidades de regular su objeto. Los convenios de sector, estatal o, en su defecto, de ámbito inferior, únicamente pueden establecer, dentro de los límites fijados, la duración máxima del contrato o los aspectos que limitan y controlan un posible abuso en la temporalidad. El resto de la regulación del contrato queda sustraído a la posibilidad negociadora de la contratación colectiva, como ya sostuviera el TS para el contrato eventual (TS 17-12-01, EDJ 71015; 17-12-01, EDJ 61452).

Los convenios colectivos también pueden fijar criterios generales relativos a la adecuada relación entre el volumen de esta modalidad contractual y la plantilla total de la empresa así como **porcentajes máximos de temporalidad** y las consecuencias derivadas del incumplimiento de los mismos (p.e. trasladar al trabajador la opción entre readmisión o indemnización en caso de despido improcedente).

Precisiones La **regulación convencional** posterior al RDL 32/2021 se limita, de momento, a reproducir el nuevo texto legal, sin mayores precisiones, salvo la de la exacta duración del contrato por circunstancias de la producción en el sector o empresa de que se trate: CCol de ámbito estatal para las industrias del frio industrial art.10; Acuerdos de modificación del XXIX Convenio colectivo de Philips Ibérica, SAU art. 11. 2; XXIII CCol nacional de autoescuelas de ámbito estatal art. 7.3; XI CCol nacional de centros de enseñanza privada de régimen general o enseñanza reglada sin nivel concertado ni subvencionado art.18; XI CCol ámbito estatal de jardinería 2021-2024 art.9.

c. Duración

(ET art.15.2 y 49.1.c)

El contrato de duración determinada que obedezca a circunstancias de la producción ocasionales e imprevisibles, o a oscilaciones que generan un desajuste temporal de empleo, tienen una duración **máxima** de 6 meses, no imponiéndose en principio una duración **mínima**. **6815**
Los **convenios colectivos de ámbito sectorial**, cualquiera que sea su ámbito territorial, pueden ampliar la duración máxima del contrato hasta un año. Esta ampliación no es posible a través de convenio colectivo extraestatutario, pacto o acuerdo (TS 20-11-03, EDJ 158564; 19-1-04, EDJ 14593).

Precisiones 1) La mayoría de los **convenios colectivos sectoriales** que recogen la nueva normativa amplían la **duración máxima del contrato hasta los 12 meses** máximos permitidos legalmente. Es el caso, por ejemplo, del CCol estatal de industrias del frio industrial art.10.2.a; XI CCol nacional de centros de enseñanza privada de régimen general o enseñanza reglada sin nivel concertado ni subvencionado art.18.2; XI CCol ámbito estatal de jardinería 2021-2024 art.9; CCol de ámbito estatal para el sector de industrias de aguas de bebida envasadas art.15; XXIII CCol de contratas ferroviarias art.11.A; CCol estatal del sector de desinfección, desinsectación y desratización art.18.
Pero también se aprecia en algunos convenios la voluntad de los interlocutores sociales de reducir la temporalidad manteniendo, de modo convencional, la **duración máxima de 6 meses** fijada legalmente: CCol para peluquerías, institutos de belleza y gimnasios art.32.1.a; XXIII CCol nacional de autoescuelas de ámbito estatal art.7.3.1.c.
2) Los **convenios colectivos de empresa o de grupo** tan solo pueden establecer una duración máxima de 6 meses, sin perjuicio de condicionar la duración a que el convenio colectivo sectorial no establezca otra duración más amplia: III CCol de Bureau Veritas Inversiones art.9.3.1; IX CCol del grupo Unide art.12; CCol de Airbus Defence and Space, SAU, Airbus Operations, SL, y Airbus Helicopters España, SA.

Prórroga Si el contrato se hubiera concertado por una duración inferior a la máxima legal o convencionalmente establecida, las partes pueden acordar, **por escrito** y por una única vez, la prórroga voluntaria del contrato por el período que reste hasta la citada duración máxima. Acordada la prórroga entre las partes de modo expreso, no cabe ya después ninguna otra, ni siquiera tácita. La **limitación de las prórrogas** a una sola contribuye a elevar la duración media del contrato por circunstancias de la producción, como ocurrió con el contrato eventual, además de impulsar una mejor planificación empresarial en relación con el tiempo de vinculación contractual. **6817**
En el momento de la prórroga expresa **debe persistir la causa** que permitió la celebración del contrato de duración determinada, de modo que de no concurrir en ese momento no cabría realizarla y de continuar la relación laboral el vínculo sería indefinido.
También cabe la **prórroga tácita** cuando el contrato se haya concertado por una duración inferior a la máxima legal o convencionalmente establecida y, no mediando denuncia o prórroga expresa, el trabajador continúe en la prestación de servicios.
No cabe prórroga, ni expresa ni tácita, cuando las partes pactan, desde el inicio, una duración del contrato por circunstancias de la producción coincidente con el máximo legal o convencional permitido.
La prórroga es aplicable también en los casos de trabajadores contratados mediante esta modalidad contractual por **empresas de trabajo temporal**, pues el contrato de puesta a disposición no puede ser una vía para alterar el régimen general de la contratación temporal, sino únicamente un instrumento para trasladar la temporalidad del ámbito de contratación de la empresa usuaria a la ETT (TS 22-10-99, EDJ 32599; 25-7-14, EDJ 176297). Así se desprende, además, de la regulación sobre la duración máxima del contrato de puesta a disposición (LETT art.7.1), que debe estar a lo dispuesto en el ET art.15 y en sus disposiciones de desarrollo para la modalidad de contratación correspondiente.

Expirada la duración máxima o la de la prórroga expresa del contrato por circunstancias de la producción, si no hubiera denuncia expresa y el trabajador **continuara prestando sus servicios**, el contrato se considera prorrogado tácitamente por tiempo indefinido, salvo prueba en contrario que acredite la naturaleza temporal de la prestación (nº 6650 s.).

Precisiones Las prórrogas de los contratos han de comunicarse a los servicios públicos de empleo y a los representantes de los trabajadores en el **plazo** de 10 días desde su realización (ET art.64.4).

2. Circunstancias ocasionales y previsibles de corta duración

(ET art.15.1)

6825 El RDL 32/2021 introduce una modalidad específica dentro del contrato de duración determinada por circunstancias de la producción no conocida hasta el momento en el devenir de las modalidades de contratación temporal. La completa derogación del anterior contrato de obra y servicio se ve compensada, de alguna manera, con la asunción de una cierta **bolsa de temporalidad** que se considera aceptable para cubrir necesidades empresariales de corta duración para las que no parece razonable obligar a los empresarios a contratar con carácter indefinido.

En todo caso la bolsa de temporalidad que permite este contrato no supone la legitimación de contratos temporales no causales o de fomento coyuntural del empleo. También esta modalidad contractual se ve sometida a la obligación de **especificar de modo claro y preciso la causa** habilitante de la contratación temporal, las circunstancias concretas que la justifican y su conexión con la duración prevista. Se trata de una necesidad estructural temporal que deberá contextualizarse, caso por caso, en función de la actividad y sector de la empresa para un correcto deslinde con la figura del fijo discontinuo (nº 6250 s.). Además, se trata de un margen de temporalidad sometido a rigurosos condicionamientos como: el establecimiento de un tope máximo de 90 días anuales no continuados en los que este contrato se puede celebrar; la vinculación legal de las personas contratadas con las necesidades estructurales permitidas y el establecimiento de obligaciones de información a la representación legal de los trabajadores.

a. Delimitación de la causa

6830 La causa de temporalidad de esta modalidad contractual es atender situaciones **ocasionales** (nº 6832 s.), **previsibles** (nº 6840) y de **duración reducida y limitada en el tiempo** (nº 6842). Aunque estas necesidades temporales pueden estar referidas a la propia actividad o al margen de ella, la causalidad de esta modalidad contractual viene básicamente determinada por la necesidad de atender necesidades propias que, aunque no sean habituales, se pueden predecir o anticipar.

6832 **Situaciones ocasionales** Las situaciones que permiten al empresario acogerse a este tipo de contratación temporal deben ser de carácter ocasional como sinónimo, entre otros, de puntual, eventual, transitorio o esporádico.

La referencia a que las situaciones sean ocasionales permite amparar cualquier necesidad productiva que no sea una constante en el ciclo productivo empresarial y no se reitere en el tiempo. Se configura la ocasionalidad como falta de continuidad y al margen de cualquier ciclo de reiteración regular, en contraposición con la intermitencia característica del **contrato fijo discontinuo** (nº 6250 s.).

Precisiones La doctrina ha puesto como **ejemplos del contrato** por circunstancias de la producción ocasional y previsible el caso de las campañas de Navidad en el comercio, de verano en hostelería o de la cosecha en el sector agrario cuando no sea suficiente la plantilla estable existente y en las que puede existir dificultad para que la cobertura se realice por medio de un contrato fijo discontinuo, en atención a su poca certeza y a su corta duración (Ballester Pastor). **Otros autores** consideran, por el contrario, que la referencia a que las situaciones sean ocasionales alude a cualquier necesidad productiva que no sea una constante en el ciclo productivo empresarial y no se reitere en el tiempo. Por ello, entienden que el contrato de duración determinada por circunstancias previsibles se podrá utilizar exclusivamente para actividades o tareas que no sean intermitentes y no cabría para peonadas o faenas de recolección agrícolas (reconducibles al fijo discontinuo estacional), ni para trabajos en el sector turístico que, por su carácter igualmente cíclico, imponen la fijeza, aunque sea discontinua. Tampoco para empresas dedicadas a organizar eventos exclusivamente en tanto se trataría de la actividad habitual ordinaria de la empresa y de una contrata en sentido propio y solo podría acudirse al contrato temporal si es un evento extraordinario u ocasional aunque sea previsible lógicamente con antelación. Tampoco para las campañas de rebajas, de duración determinada y limitada, porque a pesar de no ser un trabajo estacional, es de prestación intermitente con un periodo de ejecución normalmente cierto reconducible, como ya lo estaba, al fijo discontinuo (Nogueira Guastavino).

Límites con el contrato fijo discontinuo A diferencia del contrato por incremento ocasional y previsible de la actividad, la definición del contrato no hace referencia a que su causa no puede responder a los supuestos incluidos en el contrato fijo discontinuo, es decir, a trabajos de naturaleza estacional o vinculados a actividades productivas de temporada, o para el desarrollo de aquellos que no tengan dicha naturaleza pero que, siendo de prestación intermitente, tengan periodos de ejecución ciertos, determinados o indeterminados. De ahí que quepan dos **interpretaciones** que en el futuro tendrá que perfilar la doctrina judicial. **6834**

1. Aunque no se haga referencia expresa, **la causa no puede solaparse con la propia de los fijos discontinuos**. A favor de esta interpretación se argumenta que: **6836**
a) La exigencia de que la causa del contrato sean **circunstancias ocasionales** conduce a interpretar que tampoco es posible reconducir a esta modalidad contratos cuya causa sea susceptible de indicar necesidades permanentes de la empresa.
b) Pueden existir circunstancias ocasionales (puntuales o transitorias) que se repitan todos los años. Pero la jurisprudencia existente hasta el momento ha entendido que cuando el trabajo se caracteriza por su **repetición periódica** en el tiempo con cierto grado de homogeneidad el contrato adecuado es el fijo discontinuo (TS 17-11-20, EDJ 729245). Es decir, lo ocasional previsible que se repite cíclicamente constituye una necesidad permanente del empresario propia del fijo discontinuo de corta duración.
c) Una **interpretación teleológica** del RDL 32/2021 evidencia una clara preferencia por la contratación indefinida y la reconducción de muchos de los supuestos antes vehiculizados a través de la contratación temporal al contrato fijo discontinuo. Se restringe, de esta manera, la temporalidad y se fortalece la contratación indefinida o permanente por lo que los supuestos en los que existan dudas debieran reconducirse a la modalidad de los fijos discontinuos.
d) Eventos ocasionales cíclicos, como incrementos de la actividad por circunstancias previsibles tales como fiestas populares, promociones, campañas que se reiteran anualmente, por un corto espacio de tiempo, constituyen parte (aunque sea pequeña) de las necesidades permanentes de la empresa. El hecho de que la empresa solo necesite mano de obra en esos días no desdibuja la necesidad permanente y estructural de esa mano de obra. Si la necesidad es anual o reiterada en el tiempo deja de ser ocasional.
e) El hecho de que las circunstancias, además de ocasionales, deban ser concurrentemente **previsibles**, provoca que, cuando devienen cíclicas y, por ello, pueden predecirse, pasen a ser actividades propias de la actividad empresarial. La ampliación del contrato fijo discontinuo, incluyendo actividades de temporada o de carácter permanente pero también con periodos de ejecución ciertos determinados o indeterminados, dotan de prevalencia a las modalidades permanentes frente a las temporales.
Esta interpretación lleva, **en la práctica**, a limitar el empleo de esta modalidad contractual a atender tareas previsibles no reiteradas en el año natural tales como retrasos de pedidos, eventos no habituales, promociones no corrientes, ferias extraordinarias, contrata ocasional, etc. Incluye muchos de los supuestos de contratos de obra y servicio determinado (ver nº 6760 Memento Contrato de Trabajo 2021-2022) que se han visto derogados para dotarlos de cobertura legal mediante estrictas reglas de duración máxima. Desde esta interpretación se entiende que las **rebajas o campañas de navidad** deberían cubrirse mediante contratos fijos discontinuos porque su reiteración en el tiempo, aunque previsible, desdibuja el requisito de atender situaciones ocasionales, al tratarse de una necesidad permanente aunque cíclica.

2. Puede celebrarse el contrato por circunstancias de la producción ocasionales previsibles para atender **algunos supuestos reiterados y cíclicos** en los que la plantilla estable puede no ser suficiente y que, por su corta duración y poca certeza, resultan poco atractivos para cubrirse mediante fijos discontinuos. Apoyan esta interpretación los siguientes **argumentos**: **6838**
a) La **jurisprudencia** vinculaba el **anterior contrato eventual** por circunstancias de la producción a incrementos de la producción imprevisibles, vinculando los previsibles al contrato fijo discontinuo (TS 27-10-21, EDJ 735795). La inclusión, ahora expresamente, de un nuevo supuesto que incluye circunstancias temporales también previsibles llevaría a entender que la intención del legislador es separarse del criterio judicial.
b) La **omisión** en el contrato por circunstancias de la producción ocasionales y previsibles, de que la causa no puede responder a los supuestos incluidos en el contrato fijo discontinuo, permite excepcionar estos supuestos del fijo discontinuo. Al menos respecto de actividades no habituales en la empresa ya que, a diferencia de lo que ocurre con la modalidad ordinaria, en esta no se alude expresamente a que la actividad pueda ser la normal de la empresa, precisamente para limitarla a la que no lo sea.
c) Lo ocasional no impide lo **cíclico**. Esta modalidad cubriría supuestos de necesidades cíclicas previsibles pero ocasionales y de corta duración en las que parece razonable permitir una mano de obra de carácter temporal.

d) Se busca abrir una vía de temporalidad que no existía pero que los convenios colectivos contemplaban como eventual, a fin de evitar que se consideren *ultra vires*.
Según esta interpretación podría celebrarse este contrato para atender necesidades empresariales temporales ocasionales o puntuales en todos los **sectores** -particularmente hostelería y comercio o en el sector agrícola- cuando existan **necesidades adicionales** que no puedan ser atendidas por la plantilla estable -fija o fija discontinua- ya se produzcan en momentos indeterminados (p.e. campañas de comercio con momentos de realización variable) o determinados por campañas (p.e. navidad en comercio, verano en hostelería o la cosecha en el sector agrario).

6840 **Situación previsible** Las situaciones ocasionales deben ser, al mismo tiempo, previsibles. Esta característica, en contraposición con la modalidad ordinaria o común del contrato (nº 6775 s.), otorga al empresario un gran margen de temporalidad, ya que podrá determinar eventos ocasionales conocidos de antemano en los que su plantilla estable resulte insuficiente, bien porque va a realizar una actividad en la que necesita competencias de las que no dispone, bien porque supondrá un incremento de producción temporal y puntual que, una vez cubierto, le permite volver a la actividad y a la plantilla normal.
Las empresas, en el último trimestre de cada año, deben trasladar a la representación legal de los trabajadores una **previsión anual de uso** de estos contratos. Se trata de un cálculo de las necesidades temporales ocasionales y previsibles que son susceptibles de producirse, pero no necesariamente deben concretarse ya que diversas circunstancias pueden hacer que no se produzcan o se trasladen respecto del momento temporal inicialmente previsto.
La obligación es de información, no de negociación. En cualquier caso, la **información** debe ser suficiente para que la representación legal pueda controlar la adecuación de la contratación temporal. Esto supone que la empresa debe explicar **cuáles son las situaciones ocasionales y previsibles** que se pretenden computar dentro del periodo anual legal de 90 días, así como el número de **personas que se estiman pertinentes** a tales efectos.

6842 **Tope anual** (ET art.15.2 y 49.1.c) El contrato por circunstancias de la producción ocasionales y previsibles solo puede ser utilizado por las empresas un **máximo de 90 días** en el año natural, independientemente de los trabajadores que sean necesarios para atender, en cada uno de dichos días, las concretas situaciones, que deberán estar debidamente identificadas en el contrato.

6844 **El límite de los 90 días anuales** Las empresas pueden tener trabajadores contratados por circunstancias ocasionales previsibles durante un máximo de 90 días, en los siguientes términos.
a) Es un máximo calculado por cada **año natural,** de modo que caducan a su finalización no pudiendo utilizarse los días no utilizados durante el año siguiente.
b) Una interpretación literal y teleológica de la norma lleva a entender que los 90 días son un máximo total global **para cada empresa**, y no para cada centro de trabajo. Ello supone que las empresas con varios centros de trabajo deben repartir los 90 días entre todos ellos, elaborando una estrategia global del uso de la temporalidad.
c) Los 90 días permitidos no pueden ser continuados, sino que necesariamente deben ser **discontinuos**. No se establece el período que debiera mediar entre unos y otros ya que se trata de situaciones ocasionales que deberán cubrirse cuando acaecen, lo que dependerá de la empresa y del sector productivo. Por ello, podría una empresa utilizar 89 días seguidos de una vez y el día restante en otro momento, siempre y cuando respondan todos a las circunstancias ocasionales y previsibles alegadas y no se incurra en fraude de ley o fraccionamiento arbitrario de las causas temporales habilitantes.
En cualquier caso, debe tenerse en cuenta que los contratos de **duración determinada inferior a 30 días** tienen una cotización adicional a cargo del empresario a la finalización del mismo (nº 6889).

6846 **Contrato plural** El límite de 90 días alude a los días que la empresa puede utilizar este tipo de contrato a lo largo del año natural y no a la duración de cada contrato de trabajo celebrado a su amparo. Se trata, por lo tanto, de una modalidad contractual que, en lo subjetivo, puede ser calificada como plural en el sentido de que en cada uno de esos 90 días en los que la empresa puede hacer uso de esta modalidad temporal, puede contratar tantos trabajadores como necesite.
Pero no se trata de una posibilidad ilimitada de contratación, sino que se acota a las personas trabajadoras que sean necesarias para atender en cada uno de dichos días las concretas situaciones, que deben estar debidamente identificadas en el contrato. A estos efectos, deben **concretarse en el contrato de trabajo** tanto la causa del contrato como la identificación del trabajador y las funciones que va a desempeñar.

Se **limita** esta modalidad contractual, por lo tanto, a través de dos **criterios**:
a) Criterio de **proporcionalidad**, pues solo se pueden contratar cada día los trabajadores necesarios ese día, o ese grupo de días, en que concurren las causas alegadas. Los que excedan dicha necesidad (con la dificultad del control sobre este extremo, de ahí que solo pueda predicarse de los supuestos en que concurran una abierta desproporción) se entenderán contratados de modo indefinido.
b) Criterio de **funcionalidad**. Los trabajadores deben atender cada uno de dichos días las situaciones que permiten la celebración de este contrato de circunstancias de la producción, y no otras. Ello significa que las personas deben servir para cubrir la necesidad ocasional conocida y producida.
En todo caso, parece que la proporción debe actuar no solo sobre el número de contratos, sino también sobre su concreta duración, en tanto esta está determinada por la conexión funcional con la necesidad de atender la causalidad producida.
Salvo estos criterios, no se impone ningún límite de trabajadores.

b. Duración

No se establece ningún límite en la duración de los concretos contratos con los trabajadores, salvo el determinado por la duración de las propias circunstancias empresariales que permiten su celebración. Frente al tope de los 90 días anuales establecido para las empresas, los trabajadores **pueden ser contratados por un período inferior** ya que pueden ser contratados para unas determinadas circunstancias ocasionales, pero no para otras en que se necesiten otros perfiles profesionales o menor número de personal operativo. **6855**
Tampoco se establecen criterios legales de **llamamiento**, por lo que el empresario podrá determinar quiénes son los contratados con libertad de criterio empresarial sin incurrir en discriminaciones. Los convenios colectivos podrían, no obstante determinar criterios objetivos en este sentido, aunque no se precise específicamente en el art.15.8 del ET, en cuanto garantía adicional de control de la temporalidad y del correcto desarrollo del uso de este contrato.

A diferencia de los contratos por circunstancias de la producción ordinarios (nº 6775 s.), en la regulación del contrato por circunstancias de la producción ocasionales y previsibles no se contempla expresamente la posibilidad de pactar una **prorroga expresa**. En estos supuestos el empresario conoce «ex ante» los días y las circunstancias y tareas a desarrollar con mano de obra temporal y el trabajador conoce desde el inicio la duración de su contrato. El trabajador prestará su trabajo los días inicialmente contratados, pero si la empresa necesitara más días por no haber finalizado la tarea ocasional y previsible no parece haber impedimento para prorrogar expresamente los contratos siempre que mantengan las habilitaciones causales y no se supere el límite temporal de los 90 días. En cualquier caso, la prórroga se debe producir en los días continuos siguientes, ya que la prórroga carece de sentido cuando se inicia un nuevo período posterior de contratos ocasionales y previsibles. **6857**
Cabe también la **prórroga tácita** si, finalizada la duración inicial del contrato, continúan las circunstancias ocasionales previsibles y el trabajador continúa en la prestación de servicios sin que medie prórroga expresa ni denuncia. En estos casos podría entenderse que la duración del contrato laboral se ha prorrogado automáticamente hasta que finalicen las circunstancias habilitantes del contrato. El empresario debe, por lo tanto, descontar también estos días adicionales del cómputo de los 90 días legalmente concedidos.

Precisiones Las **prórrogas** deben **comunicarse** a los servicios públicos de empleo y a los representantes de los trabajadores en el plazo de 10 días desde su realización (ET art.64.4).

B. Dinámica del contrato

(ET art.8.2 y 15.1)

1. Forma

El contrato por circunstancias de la producción ocasionales, tanto imprevisibles (nº 6775 s.) como previsibles (nº 6825 s.), debe formalizarse por **escrito** cuando su duración sea superior a 4 semanas o se concierte a tiempo parcial. En caso contrario, se presume que el contrato ha sido realizado por tiempo indefinido y a jornada completa, aunque se admite prueba en contrario que demuestre el carácter temporal o parcial del contrato (nº 6635 s.). **6870**

Precisiones A partir del 30-3-2022 el contrato por circunstancias de la producción se identifica, como el anterior eventual, a través de los **códigos** 402 o 502 en el epígrafe de tipo de contrato, según se trate de contratos a tiempo completo o parcial, respectivamente. El contrato se identificará con el valor 968 si es para atender situaciones ocasiones previsibles o con el valor 967 si su causa es el incremento ocasional e imprevisible de la actividad.

6872 **Contenido** Para que se entienda que concurre causa justificada de temporalidad, el contrato por circunstancias de la producción debe consignar con precisión y claridad:
a) La **causa** habilitante de la contratación temporal (circunstancias de la producción u oscilaciones). No solamente es necesario que concurra la causa, sino que ha de explicitarse en el propio contrato desde el mismo momento en que se firma, puesto que la temporalidad no se presume. No basta una remisión genérica a la norma ni tampoco una reproducción literal de la misma ni con la alusión genérica a un exceso de trabajo (TS 7-6-11, EDJ 147463) o a un incremento de los servicios (TSJ Galicia 28-2-11, EDJ 41292).
b) Las **circunstancias que lo justifican**, explicando cuál es la circunstancias ocasional e imprevisible, o la oscilación concurrente, o el evento previsible pero ocasional.
c) La **conexión** del contrato temporal **con la duración prevista.** Este novedoso elemento permite vincular la duración sólo a la existencia y el mantenimiento de la causa que lo sostiene, así como el trabajo a desarrollar. Se deben concretar los incrementos de demanda, oscilaciones, situaciones ocasionales, que la empresa debe estar en condiciones de justificar, así como el impacto que estas circunstancias provocan en el desajuste de plantilla.
Además, cuando se trata del contrato por circunstancias ocasionales y previsibles (nº 6825), el contrato debe **identificar** los trabajadores que van a atender dichas necesidades empresariales.
El mero **incumplimiento** de estas obligaciones lleva a la consecuencia de entender que el contrato es indefinido, de modo automático, sin tener que demostrar un ánimo fraudulento (ET art.15.4).

Precisiones **1)** La **jurisprudencia venía considerando** que lo realmente trascendente no era tanto la consignación de la causa en el contrato, como que la misma existiera, de modo que si la empresa, pese a la **defectuosa redacción del contrato**, lograba acreditar en el acto del juicio la existencia de una acumulación de tareas o incremento en la producción que justificara el recurso a la contratación temporal, el defecto formal carecía de trascendencia a efectos de convertir la relación en indefinida (TSJ C.Valenciana 3-3-15, EDJ 86182). No obstante, tras la reforma operada por el RDL 32/2021, se ha considerado que el mero incumplimiento de la obligación de concretar la causa de la temporalidad en el momento de la contratación determina que el trabajador adquiere la condición de fijo, aunque no concurra ánimo defraudatorio, sin que sea posible acreditar en el acto del juicio la validez de la causa de la contratación temporal (TSJ Cataluña 14-2-24, EDJ 521044).
2) Es nulo el precepto convencional que **exime** a los contratos eventuales de la **obligación de identificar** de modo claro y preciso las razones de la eventualidad, bastando citar el artículo del convenio que regula esta modalidad contractual, porque la identificación de las causas de la eventualidad es requisito constitutivo para estos contratos (AN 1-3-17, EDJ 19949).

2. Suspensión del contrato

(RD 2720/1998 art.7)

6880 Con carácter general, la norma reglamentaria establece que la suspensión de los contratos de duración determinada en virtud de las causas previstas legalmente (ET art.45 -redacc LO 2/2024-; ET art.46 -redacc RDL 5/2023-) **no** comporta la **ampliación** de la **duración del contrato**, salvo pacto en contrario.
Resulta claro que como la suspensión del contrato se limita a exonerar de las obligaciones recíprocas de trabajar y remunerar el trabajo, permanece en vigor el restante contenido obligacional del contrato y, entre otros extremos, la duración pactada que, con carácter general, no puede verse alterada por la concurrencia de una situación suspensiva.
Así, entre otros **supuestos**, no se suspende el término del contrato temporal:
- por la suspensión del contrato por baja por **IT**;
- por la suspensión temporal del contrato a consecuencia de un **expediente de regulación de empleo**.
No parece, por lo demás, discutible que los trabajadores contratados por circunstancias de la producción gozan de los mismos derechos que los trabajadores fijos (ET art. 15.6) respecto a **descanso semanal, fiestas y permisos** (ET art.37 redacc LO 2/2024), así como a las **vacaciones** anuales (ET art.38).

Precisiones Respecto de la suspensión de los contratos temporales durante la **DANA**, ver nº 7020.

3. Extinción del contrato

(ET art.49.1.c)

La característica esencial que define el contrato por circunstancias de la producción es su ineludible **sometimiento a un término** fatal. Llegado el plazo pactado, el contrato se extingue **previa denuncia** o comunicación de la empresa al trabajador (nº 6650 s.). No obstante, durante la ejecución del contrato las partes pueden acudir a las causas de extinción de los contratos por mutuo acuerdo, por dimisión del trabajador o por alguna otra de las otras causas legalmente establecidas, entre ellas el despido (TS 20-11-03, EDJ 158564). **6885**

Si no hubiera denuncia y el trabajador **continuara en la prestación laboral**, el contrato se considera prorrogado tácitamente por tiempo indefinido, salvo prueba en contrario que acredite la naturaleza temporal de la prestación (nº 6654 s.). Esta presunción *iuris tantum*, choca con la terminante declaración de que cualquier incumplimiento de los requisitos del contrato por circunstancias de la producción lleva consigo su calificación como indefinido sin posibilidad de demostración *a posteriori* de su carácter temporal (ET art.15.4). La difícil interpretación entre ambos preceptos legales parece conducir a que, con carácter general, prima la indefinición automática y solo excepcionalmente, por errores no culpables y detectables a simple vista, de mínimo impacto en la verdadera naturaleza de la relación laboral, podrían ser objeto de la presunción *iuris tantum*. Por lo general, será difícil considerar que una falta de los requisitos formales y de información o de la propia existencia de la causa legal habilitante abran esta presunción débil ya que el art.15.4 del ET es terminante en este sentido. Cuestión distinta es que puedan ocurrir casos de retraso de denuncia en un día, de errores subsanables, de quiebras de las reglas mínimas o veniales, para las que resulte absolutamente desproporcionada la consecuencia legal de la indefinición del contrato.

Indemnización A la finalización de cualquiera de las modalidades del contrato por circunstancias de la producción, el trabajador tiene derecho a una indemnización de **cuantía** equivalente a la parte proporcional de la cantidad que resultaría de abonar 12 días de salario por cada año de servicio, o la establecida, en su caso, en la normativa específica que sea de aplicación. **6887**

En la práctica, esta indemnización máxima solo podrá alcanzarse en la modalidad ordinaria (circunstancias ocasionales imprevisibles y oscilaciones) y únicamente cuando la negociación colectiva haya ampliado el periodo máximo de duración a un año ya que, en caso contrario, la duración máxima legal de estos contratos es de 6 meses, quedando reducida la indemnización a la mitad. En la modalidad contractual corta (circunstancias ocasionales pero previsibles) la indemnización máxima posible es la correspondiente a 89 días de trabajo, ya que los 90 días que actúan de tope deben ser necesariamente ser discontinuos de modo que, al menos uno, debe disociarse.

Precisiones 1) Respecto del **importe de la indemnización** por extinción del contrato, el TJUE, rectificando su doctrina anterior (De Diego Porras), considera no discriminatoria la normativa española según la cual la indemnización abonada a la finalización del contrato a los trabajadores con contratos de duración determinada es inferior a la indemnización concedida a los trabajadores con contrato de duración indefinida con motivo de la extinción de su contrato de trabajo por una causa objetiva (TJUE 5-6-18, C-677/16; 5-6-18, C-574/16).

2) La discontinuidad exigida en la **modalidad contractual corta** (por circunstancias ocasionales pero previsibles), plantea micro-contratos laborales de complicada gestión ya que cada vez que finaliza una de las necesidades empresariales habilitantes, finalizan los contratos a ella asociados (o antes en caso de no necesitarlos durante todos los días que concurren dichas causas). Cada finalización llevará aparejada un finiquito y una escasa indemnización por fin de contrato.

Cotización adicional (LGSS art.151; OM PJC/51/2024 art.26 redacc OM PJC/281/2024) Los contratos de **duración determinada inferior a 30 días** tienen una cotización adicional a cargo del empresario a la finalización del mismo. **6889**

Dicha cotización adicional **se calcula** multiplicando por tres la cuota resultante de aplicar a la base mínima diaria de cotización del grupo 8 del RGSS para contingencias comunes, el tipo general de cotización a cargo de la empresa para la cobertura de las contingencias comunes. En el **año 2024**, el importe de la cotización adicional asciende a 31,22 €.

Esta cotización adicional **no es de aplicación** a los contratos de duración determinada celebrados con trabajadores incluidos en el sistema especial para trabajadores por cuenta ajena agrario; trabajadores incluidos en el sistema especial para empleados de hogar o en el Régimen Especial para la Minería del Carbón; o en la relación laboral especial de las personas artistas que desarrollan su actividad en las artes escénicas, audiovisuales y musicales, así como de las personas que realizan actividades, técnicas o auxiliares necesarias para el desarrollo de dicha actividad; ni a los contratos por sustitución ni a los contratos para la formación y el aprendizaje ni a los contratos para la formación en alternancia.

II. Contrato de sustitución

(ET art.15.3)

6895 El **objeto** del contrato de sustitución sigue las líneas generales del derogado contrato de interinidad (ver nº 7170 Memento Contrato de Trabajo 2021-2022) y busca igualmente la cobertura de vacantes transitorias en una empresa. Se trata de un contrato vinculado a razones organizativas de la empresa al margen de circunstancias de la producción o necesidades de prestación de servicios en el mercado.

Este contrato puede ser concertado para atender alguno de estos **supuestos**:

1. Para sustituir a un trabajador de la empresa con derecho a la **reserva del puesto de trabajo**. Es la llamada anteriormente interinidad por sustitución y que ahora puede considerarse el contrato de sustitución ordinario (nº 6900).

2. Para completar la **jornada reducida** de un trabajador, o contrato de sustitución parcial o de complemento (nº 6960).

3. Para cubrir temporalmente un puesto de trabajo vacante durante el proceso de selección o promoción para su cobertura definitiva (nº 6970).

4. Para la **sustitución** de un **trabajador autónomo, socio trabajador** o socio de trabajo de una **sociedad cooperativa** en el supuesto de riesgo durante el embarazo o durante la lactancia natural, o en los períodos de descanso por nacimiento de hijo, adopción o acogimiento preadoptivo o permanente (RD 2720/1998 art.4.3).

Algunos **contratos** de sustitución están **bonificados** (nº 8310).

Precisiones En su redacción anterior a la reforma laboral introducida por el RDL 32/2021, el ET no remitía a la **negociación colectiva** para la regulación de determinados aspectos del contrato de interinidad, a diferencia de lo previsto para el contrato eventual y para el contrato de obra o servicio. En su redacción actual se hace una llamada a la negociación colectiva, de cualquier nivel, para establecer determinados aspectos de los contratos de duración determinada en general (nº 6570 s.). De entre ellos, algunos no están pensados para el contrato de sustitución, pero sí serían aplicables las referencias, por ejemplo, a que el convenio puede establecer criterios objetivos de conversión de los temporales y de duración determinada en indefinidos y fijar las consecuencias de su incumplimiento, o establecer criterios de preferencia entre las personas con este tipo de contrato. En todo caso deben establecer medidas para facilitar el acceso efectivo de las personas con este tipo de contratos a las acciones incluidas en el sistema de formación profesional para el empleo a fin de mejorar su cualificación y favorecer su progresión y movilidad profesional.

A. Contrato de sustitución ordinario

(ET art.15.3)

6900 Tiene por **objeto** atender disminuciones ocasionales de la plantilla de una empresa con carácter temporal, durante el tiempo de ausencia de un trabajador con derecho a reserva de puesto de trabajo, en virtud de norma legal, convencional o pacto individual. En consecuencia, el **trabajador sustituido** debe tener derecho a reincorporarse a su puesto de trabajo cuando termine la causa de su ausencia temporal. De este modo el derecho de reserva del puesto de trabajo queda configurado como la **causa** del contrato de sustitución.

1. Delimitación de la causa

6905 La ausencia de un trabajador con derecho de reserva de su puesto de trabajo puede producirse durante el desarrollo de la relación laboral por distintas **situaciones** como son (ET art.45 -redacc LO 2/2024- y 46 -redacc RDL 5/2023-):

- mutuo acuerdo de las partes (nº 6907);
- causas válidamente consignadas en el contrato (nº 6909);
- incapacidad temporal (nº 6949);
- incapacidad permanente de probable revisión por mejoría (nº 6911);
- nacimiento, adopción, guarda con fines de adopción o acogimiento de menores, riesgo durante el embarazo y durante la lactancia natural (nº 6913);
- excedencia por cuidado de hijos y familiares (nº 6915);
- excedencia forzosa por ejercicio de cargo público, representativo o funciones sindicales de ámbito provincial o superior (nº 6917);
- situaciones previstas en el convenio colectivo de aplicación;
- seguridad de las víctimas de violencia de género, de violencia sexual o violencia del terrorismo (nº 6919).

También la **privación de libertad** del trabajador mientras no exista sentencia condenatoria y la **suspensión de empleo y sueldo** garantizan el derecho a la reincorporación al puesto de trabajo al término o finalización de la causa de suspensión del contrato y por tanto son situaciones aptas para la suscripción de un contrato de sustitución.
La misma conclusión podría alcanzarse en relación con el **permiso parental** de hasta 8 semanas de duración para el cuidado de hijo o menor acogido (ET art.48 bis redacc RDL 5/2023).
Por contra, el contrato de sustitución **no se admite** en los siguientes casos: fuerza mayor, causas económicas y tecnológicas, cierre legal de la empresa, huelga legal y vacaciones (nº 6792).
El contrato de sustitución no solo puede formalizarse para sustituir a un trabajador cuya relación laboral con la empresa se hubiere suspendido, sino también cuando el sustituido hubiere sido **adscrito temporalmente** por la empresa **a un puesto de trabajo distinto**, conservando el derecho a la reserva de su puesto de trabajo de origen (TS 19-10-21, EDJ 726043; 2-12-21, EDJ 767875; 11-1-23, EDJ 503292). En tales casos, se considera que el plazo de 12 meses constituye el límite temporal para la duración de esa adscripción temporal (TS 7-7-23, EDJ 624213).

Precisiones El contrato de sustitución carece de causa cuando se celebra para sustituir a un trabajador en **excedencia voluntaria**, ya que este solo tiene un derecho preferente al reingreso en vacantes de igual o similar categoría que hubiera o se produjeran en la empresa (TSJ Sevilla 4-2-16, EDJ 2522; TSJ Galicia 21-10-05, EDJ 233225). No ocurre lo mismo cuando, aun tratándose de una excedencia voluntaria, se tiene derecho al reingreso, aunque sea con carácter provisional (TS 7-2-97, EDJ 808).

Mutuo acuerdo de las partes (ET art.3.1.c y 45.1.a; CC art. 1203.1) Trabajador y empresario pueden acordar en cualquier momento de la relación laboral, en el ámbito de su autonomía y dentro de sus límites, la suspensión del contrato de trabajo y la reserva de su puesto de trabajo. **6907**

Causas válidamente consignadas en el contrato (ET art.45.1.b) Es similar a la anterior causa, solo que la voluntad suspensiva se manifiesta al inicio de la contratación, quedando excluidas aquellas atribuibles a vicios de consentimiento, fraude de ley o abuso de derecho. **6909**

Incapacidad permanente de probable revisión por mejoría (ET art.48.2; RD 1300/1995 art.7; OM 18-1-1996 art.13.4) Extinguida la situación de IT con declaración de incapacidad permanente en los grados de total, absoluta o gran invalidez, subsiste la suspensión de la relación laboral, con reserva del puesto de trabajo, durante un periodo de 2 años si, a juicio del órgano de calificación, la situación de incapacidad vaya a ser previsiblemente objeto de revisión por mejoría que permita su reincorporación al puesto de trabajo. **6911**
El derecho de **reserva** comienza a partir de la fecha en que alcanza firmeza la resolución que declara al trabajador en situación de incapacidad permanente y concluye, inexorablemente y sin posibilidad de extensión alguna, **2 años** después de dicha fecha (TSJ Galicia 13-7-10, EDJ 179599).

Nacimiento, adopción, guarda con fines de adopción o acogimiento, riesgo durante el embarazo y durante la lactancia natural (ET art. 45.1.d -redacc LO 1/2023- y e y 48.4 -redacc L 4/2023-, 5 y 7; LO 3/2007) En estos supuestos, que no revisten peculiaridad alguna, lo que importa no es la efectividad en la reincorporación del sustituido, sino el cumplimiento de la condición de la que dependía la vigencia del contrato: así, en el caso de nacimiento, el **alta laboral** del trabajador o trabajadora **sustituida**, y si esa alta se produce resulta indiferente que la reincorporación se realice o no (TS 19-9-00, EDJ 29932). En sentido diametralmente opuesto se ha afirmado que solo la reincorporación del trabajador sustituido justifica el cese del sustituto (TS 10-5-11, EDJ 104021; TSJ Asturias 18-3-05, EDJ 147112). La diferente solución alcanzada por los tribunales en estos supuestos obedece, fundamentalmente, a la redacción utilizada por el contrato suscrito, vinculando el objeto del mismo no a la situación de IT o maternidad de la trabajadora sino a su derecho a reserva de puesto de trabajo que es la causa a la que claramente vincula el contrato de sustitución. **6913**
La suspensión del contrato por nacimiento, adopción, guarda con fines de adopción o acogimiento de menor tiene una **duración** de 16 semanas ininterrumpidas, ampliables en el supuesto de parto, adopción, guarda con fines de adopción o acogimiento múltiple en dos semanas más por cada hijo a partir del segundo. El periodo de suspensión se distribuye a opción de la persona interesada siempre que 6 semanas sean inmediatamente posteriores al parto o a la resolución judicial por la que se constituye la adopción o bien de la decisión administrativa de guarda con fines de adopción o de acogimiento. Este período obligatorio debe disfrutarse a jornada completa. El resto puede disfrutarse según acuerdo, a **jornada completa** o a **tiempo parcial**, existiendo por tanto la posibilidad de efectuar también un contrato de sustitución para sustituir la parte de jornada reducida.

6915 **Excedencia por cuidado de hijos y familiares** (ET art. 46.3 redacc RDL 5/2023; LO 3/2007; L 39/1999) Se reconoce el derecho de los progenitores a acogerse a una excedencia para el cuidado de hijos una vez superadas las 16 semanas de permiso por nacimiento, adopción, guarda con fines de adopción o acogimiento y hasta que el hijo cumpla los 3 años de edad.
También se reconoce a los trabajadores el derecho a un período de excedencia, de duración no superior a 2 años, salvo que se establezca una duración mayor por negociación colectiva, para atender al cuidado del cónyuge o pareja de hecho o de un **familiar** hasta el segundo grado de consanguinidad o afinidad, incluido el familiar consanguíneo de la pareja de hecho, que por razones de edad, accidente, enfermedad o discapacidad no pueda valerse por sí mismo, y no desempeñe actividad retribuida.
En ambos casos, los trabajadores tienen derecho a la **reserva de su puesto de trabajo** durante el primer año. La reserva de su puesto de trabajo se extiende hasta un máximo de 15 meses cuando se trate de una familia numerosa de categoría general, o de 18 meses si tiene la categoría especial. Si ambos progenitores ejercen el derecho a la excedencia con la misma duración y régimen la reserva del puesto de trabajo se extiende hasta un máximo de 18 meses. Transcurridos estos plazos, la reserva queda referida a un puesto de trabajo del mismo grupo profesional o categoría equivalente.

6917 **Excedencia forzosa por el ejercicio de cargo representativo, funciones sindicales** (ET art.45.1.f) El ejercicio de **cargo público** representativo, o de funciones sindicales que sean de **ámbito** provincial o superior garantiza el derecho a la reincorporación al puesto de trabajo al término o finalización de la causa de la suspensión del contrato de trabajo. Son, por tanto, situaciones aptas para la suscripción de un contrato de sustitución.

> Precisiones Aunque en relación con el anterior contrato de interinidad, se ha considerado que la sustitución de trabajadores liberados de la prestación de servicios como consecuencia de las posibilidades de acumulación del crédito horario que se reconocen legalmente a los representantes de los trabajadores (**liberados sindicales**) constituye causa lícita para la suscripción de contrato de interinidad (TS 25-11-13, EDJ 273980).

6919 **Seguridad de las víctimas de violencia de género, de violencia sexual o del terrorismo** (ET art.46 redacc RDL 5/2023; LO 1/2004 art.21; LO 10/2022 art.38) Además de los supuestos previstos con carácter general, se establece el derecho de las trabajadoras víctimas de violencia de género o de violencia sexual a la reserva de puesto de trabajo cuando ejerzan alguno de los siguientes derechos:
a) **Suspensión del contrato**. Las víctimas de violencia de género o de violencia sexual pueden suspender el contrato de trabajo con reserva de puesto de trabajo por una duración inicial máxima de 6 meses. Si de las actuaciones de tutela judicial se requiere la continuidad de la suspensión, por la efectividad del derecho de protección de la víctima, el juez puede prorrogar la suspensión por períodos de 3 meses, con un máximo de 18 meses (ET art.45.1.n -redacc LO 2/2024- y 48.8).
b) **Traslado o cambio de centro de trabajo**. Las víctimas de violencia de género o de violencia sexual que se vean obligadas a abandonar el puesto de trabajo en la localidad donde venían prestando sus servicios, tienen derecho preferente a ocupar otro puesto de trabajo, del mismo grupo profesional, que la empresa tenga vacante en cualquier otro de sus centros de trabajo. Este traslado o cambio de centro tiene una duración inicial de entre 6 y 12 meses, durante los que la empresa está obligada a reservar el anterior puesto de trabajo. Finalizado este período el trabajador puede optar entre regresar a su puesto de trabajo anterior, continuar en el nuevo -decayendo la obligación de reserva- o extinguir el contrato de trabajo con derecho a una indemnización de 20 días de salario por año de servicio, con un máximo de 12 mensualidades (ET art.40.4 LO 4/2024).
Este derecho se reconoce también a las **víctimas de violencia del terrorismo** (RD 671/2013 art.44).

2. Supuestos excluidos

6925 El contrato de sustitución no se admite en los siguientes **casos**:
a) Situaciones de **huelga**, constitucionalmente protegidas mediante la prohibición del esquirolaje o contratación de trabajadores para sustituir a los huelguistas (RDL 17/1977 art.6.5), o de cierre patronal.
b) Suspensión del contrato por **fuerza mayor, causas económicas, técnicas, organizativas o de producción**. En estos supuestos existe una incompatibilidad legal entre la contratación temporal y la causa de la suspensión del contrato de trabajo que supone o conlleva la interrupción de la actividad productiva. Se prohíbe expresamente la concertación de nuevas

contrataciones dentro del periodo de aplicación del ERTE, salvo supuestos excepcionales en los que las personas en situación de suspensión contractual o reducción de jornada que presten servicios en el centro de trabajo afectado por nuevas contrataciones o externalizaciones no puedan, por formación, capacitación u otras razones objetivas y justificadas, desarrollar las funciones encomendadas a aquellas, previa información al respecto por parte de la empresa a la representación legal de las personas trabajadoras (ET art.47.7.d).
c) Respecto a la sustitución de los trabajadores durante el período de **vacaciones**, ver nº 6792.
d) Tampoco cabe la sustitución de un trabajador en **excedencia voluntaria**, pues carece de causa ya que el trabajador solo tiene un derecho preferente al reingreso en vacantes de igual o similar categoría que hubiera o se produjera en la empresa (TS 5-7-16, EDJ 111977; TSJ Sevilla 4-2-16, EDJ 2522; TSJ Galicia 21-10-05, EDJ 233225). No ocurre lo mismo cuando, aun tratándose de una excedencia voluntaria, se tiene **derecho al reingreso**, aunque sea con carácter provisional (TS 7-2-97, EDJ 808) o cuando el derecho a la reserva del puesto de trabajo se regule convencionalmente.

3. Requisitos formales

(ET art. 8.2 y 15.3; RD 2720/1998 art. 4.2.a y 6)

El contrato de sustitución debe celebrarse **por escrito**. En caso contrario, se presume que el contrato ha sido realizado por tiempo indefinido y a jornada completa, aunque se admite prueba en contrario que demuestre el carácter temporal o parcial del contrato (nº 6635 s.). **6930**
El contrato debe **identificar** necesariamente, y como requisito al que vincular la existencia de la causa, el nombre de la persona sustituida y la causa de la sustitución.
El RD 2720/1998 art.4.2.a), que no ha sido modificado, señala también que la empresa debe indicar si el puesto de trabajo a desempeñar será el del trabajador sustituido o el de otro trabajador de la empresa que pase a desempeñar el puesto de aquel. No parece, por lo tanto, que haya impedimento para la **sustitución indirecta o de segundo grado**, de modo que la persona sustituta pase a realizar otra función que no sea la estrictamente desempeñada por la persona sustituida. El empresario no está obligado a asignar al trabajador sustituto las mismas funciones que desarrollaba el trabajador sustituido (TSJ Sevilla 25-6-01, EDJ 81728) pues, del mismo modo que podría proceder a la movilidad funcional de la persona sustituida, también podría hacerlo con la persona sustituta (TS 1-12-21, EDJ 768007) siempre que se lleve a cabo por el procedimiento legalmente establecido (ET art.39).
Una **interpretación teleológica** apoya esta tesis pues si lo que se pretende es garantizar un desarrollo adecuado de las funciones de quien disfruta del derecho de reserva del puesto de trabajo, sería posible la movilidad funcional interna no sustancial dentro de la empresa para que dicho puesto lo desempeñe la persona más adecuada y contratar, por sustitución, a otra persona en otro nivel. Esta interpretación no es contraria a la literalidad del art.15.3 del ET que solo exige que se especifique la causa y la persona sustituida.
En sentido contrario, cabe interpretar que el legislador solo pretende la **sustitución directa** y que la previsión reglamentaria ha devenido contraria a la norma legal y, por ello, debiera entenderse derogada. Y ello porque cualquier incumplimiento de la normativa sobre contratos de duración determinada aboca a la indefinición del contrato (ET art.15.4) y porque la mayor novedad de este precepto reside en la posibilidad de anticipar el inicio de la prestación de servicios del sustituto antes de que se produzca la ausencia de la persona sustituida, precisamente, para que coincidan ambas personas y se garantice así el desempeño adecuado del trabajo.

Precisiones **1)** La constancia del **nombre completo del trabajador sustituido** constituye requisito formal que necesariamente se ha de cubrir en estos contratos, pues constituye el elemento que les dota de la seguridad jurídica necesaria para verificar su adecuada extinción. Expresiones indeterminadas en cuanto a la identificación del sustituido no permiten el control sobre la legalidad del contrato. Así, la jurisprudencia ha afirmado reiteradamente el **valor *ad solemnitatem*** de la especificación del **nombre** del sustituido y la **causa de sustitución** (TS 19-9-00, EDJ 29932; 13-10-99, EDJ 29901; 8-6-95, EDJ 24680) de manera que la falta de requisitos esenciales del contrato de interinidad conducen a la inexistencia de sustitución ya que ignorándose el nombre del sustituido no es posible que el contrato de sustitución pueda existir, convirtiéndose el contrato en indefinido.
2) En los contratos de interinidad por sustitución, la categoría profesional y retribución del trabajador sustituto ha de corresponderse con la del trabajador sustituido, siendo únicamente posible un **trato salarial desigual** motivado por razones claramente individualizadas, solo concurrentes en el trabajador sustituido e inexistentes en el trabajador interino (TS 2-2-17, EDJ 12900; 9-2-21, EDJ 504487).
3) En consecuencia, es fraudulenta la contratación temporal por interinidad por sustitución de una trabajadora por una ETT para ponerla a disposición de una empresa usuaria cuando **no** se ha

especificado el **nombre de la trabajadora a quien se va a sustituir** y, además, se comprueba que la interina ha prestado servicios en más de un puesto de trabajo con la finalidad de atender a necesidades permanentes de la usuaria. Estas irregularidades se consideran constitutivas de una cesión ilegal que conduce a la condena solidaria de la ETT (TSJ Madrid 5-11-10, EDJ 293124).
4) La exigencia de hacer constar el nombre y la causa de la sustitución no excluye la **sustitución continuada** en el tiempo de un mismo trabajador, siempre que se modifique el contrato inicial y se especifique cada vez el nombre del trabajador sustituido y la causa de la sustitución. Con los mismos requisitos se admite igualmente la **sustitución sucesiva de varios trabajadores** por parte de un mismo interino. En este sentido, se afirma que el encadenamiento de contratos temporales puede estar objetivamente justificado en supuestos de sustitución de trabajadores con reserva de puesto de trabajo (TJUE 26-1-12, asunto C-586/10).
5) Así, en relación con el anterior contrato de interinidad, se admitía la posibilidad de indicar **varias causas de sustitución** -p.e. para cubrir incapacidades temporales, licencias, permisos y vacaciones- (TSJ Las Palmas 27-10-08, EDJ 279478). Tras la reforma laboral introducida por el RDL 32/2021, la justificación causal del contrato de sustitución solo podría referirse a supuestos de con reserva de puesto de trabajo o reducción de jornada, pero no a las vacaciones y permisos. Por ello, se plantea la duda de si es posible celebrar un contrato de sustitución que englobe varios supuestos suspensivos con reserva de puesto de trabajo.

4. Duración y jornada

(ET art.15.3; RD 2720/1998 art. 4.2.b y 8.1.c)

6935 La **duración** del contrato por sustitución es la del tiempo que dure la ausencia del trabajador sustituido con derecho a la reserva del puesto de trabajo.
Dicha duración **puede ampliarse** en la medida en que se permite el inicio del contrato antes de que se produzca la ausencia de la persona sustituida coincidiendo en el desarrollo de las funciones el tiempo imprescindible para garantizar el desempeño adecuado del puesto y, como máximo, durante 15 días. La finalidad de esta posibilidad es facilitar el conocimiento de las tareas y el buen desempeño del trabajo que se va a llevar a cabo mientras se sustituye a la persona con derecho a la reserva del puesto de trabajo.
No se prevé, sin embargo, tal posibilidad al regreso de la persona sustituida aunque la finalidad podría ser la misma. En tal caso, el alargamiento de la duración del contrato de sustitución más allá de la fecha de **reincorporación** del trabajador sustituido llevaría a su conversión en indefinido.

Precisiones: Los 15 días de anticipo en el inicio de la relación laboral deben entenderse laborales.

6937 **Jornada** (RD 2720/1998 art.5.2) El contrato de sustitución debe celebrarse a jornada completa excepto cuando el trabajador sustituido estuviera contratado a tiempo parcial.

5. Extinción del contrato

6945 El contrato por sustitución de un trabajador con derecho a reserva de puesto de trabajo se extingue por alguna de las siguientes **causas**:
- vencimiento del término legal o convencionalmente establecido;
- la reincorporación del trabajador sustituido (nº 6947);
- la extinción de la causa que dio lugar a la reserva del puesto de trabajo.

La extinción del contrato se produce previa denuncia de cualquiera de las partes, respetando el **período de preaviso** que a tal efecto se haya pactado (nº 6650).
Salvo previsión convencional o pacto entre las partes, la extinción del contrato de sustitución por alguna de las circunstancias indicadas anteriormente **no** genera derecho a **indemnización** a favor del trabajador, al margen de cual haya sido su duración (ET art.49.1.c), sin que pueda considerarse contrario al derecho de la UE (TJUE 21-11-18, C-619/17 asunto de Diego Porras 2; TS 13-3-19, EDJ 537866; 18-6-19, EDJ 646240) ni al derecho a la igualdad recogido en la Const art.14 (TCo auto 83/2022).

Precisiones: A diferencia de otras modalidades contractuales cuando el trabajador sustituto cesa, el puesto de trabajo no desaparece porque pasa a ser ocupado por el trabajador sustituido con derecho a la reserva del puesto de trabajo, que se reincorpora de nuevo a sus funciones. Por el contrario, en el resto de las modalidades de contratación temporal, el puesto de trabajo desaparece a la extinción del contrato. En estos casos, con la **indemnización** se trata de estimular a la empresa para que trate de prorrogar el contrato temporal, si fuera posible, o lo convierta en indefinido, pero dicho estímulo no tiene sentido en el contrato de sustitución en el que el puesto de trabajo, y por tanto el empleo, permanece en todo caso al ser cubierto por la persona sustituida que se reincorpora de nuevo a la empresa.

Reincorporación del trabajador sustituido La extinción del contrato de trabajo por sustitución se produce por la reincorporación del trabajador sustituido con independencia de que se haya producido o no la llegada del término legal o convencionalmente establecido para ello. Mientras la persona sustituida conserve el derecho a reincorporarse a su puesto de trabajo, el contrato de sustitución se mantiene vigente (TS 19-7-16, EDJ 145490). **6947**
La extinción no se produce solo con la reincorporación formal del titular sustituido, sino que requiere la **efectiva incorporación** de este a la plaza, con la consiguiente prestación de servicios (TS 29-3-99, EDJ 6100; 19-10-99, EDJ 40519; TSJ Madrid 17-12-13, EDJ 291874). Si no se extingue la prestación de servicios con la reincorporación, el contrato deviene indefinido (TS 22-12-11, EDJ 340667; TSJ Castilla y León 2-6-11, EDJ 97207). Lo decisivo es por lo tanto la reincorporación del trabajador con reserva de puesto de trabajo, su efectivo reingreso al servicio activo, prestando los servicios que venía desempeñando el sustituto, de forma que estos ya no son necesarios pues son realizados por el titular reincorporado (TSJ Aragón 18-3-02, EDJ 14300).

La extinción del contrato suscrito para sustituir a un trabajador en situación de **baja por incapacidad temporal** (ET art.45.1.c; LGSS art.169 s. redacc LO 1/2023 y RDL 2/2023) plantea algunos problemas de interpretación: **6949**
a) La extinción de la IT por **agotamiento de su plazo máximo** de 545 días no supone la automática reincorporación del trabajador sustituido a la empresa, pues ha de examinarse necesariamente el estado del incapacitado en el plazo máximo de 90 días naturales a efectos de su calificación como inválido permanente, pudiendo retrasarse esa calificación hasta llegar a los 730 días desde la fecha de su inicio (LGSS art.174.2 redacc RDL 2/2023).
No cabe extinguir la relación laboral del sustituto antes de que se produzca la reincorporación del trabajador sustituido o su declaración de incapacidad permanente (TSJ Madrid 9-4-10, EDJ 96207). Disiente de este criterio algún pronunciamiento que afirma que cuando se sustituye a un trabajador en situación de baja por IT, si el INSS comunica a la empleadora que la prórroga de la IT finaliza en una determinada fecha, la notificación al trabajador sustituto de esa misma fecha como finalización de su contrato por dicha causa es válida a estos efectos (TSJ País Vasco 4-10-05, EDJ 262970).
b) El contrato de sustitución permanece mientras dure la situación de IT del trabajador con derecho a reserva del puesto de trabajo, por lo que si la situación de IT concluye por **alta médica** es en esa fecha en la que también cesa el contrato de sustitución vigente entre las partes y si no se hace así, la situación del sustituto deviene o se trasforma en indefinida (TSJ Galicia 4-3-11, EDJ 50356).
Si el alta médica se emite **con propuesta de incapacidad permanente**, se ha de mantener el contrato hasta que concluya el expediente con la declaración de incapacidad permanente total o absoluta que dé lugar a la extinción del contrato, o hasta que finalice el período legalmente previsto de hasta 2 años de duración, si se hubiera estimado que pudiera ser objeto de revisión por mejoría que permitiera su reincorporación al puesto de trabajo. En este último caso, se ha de prolongar la duración del contrato de sustitución hasta la efectiva reincorporación en caso de que se confirme la mejoría, o hasta la extinción definitiva por mantenimiento de la incapacidad permanente total o absoluta (TS 5-5-05, EDJ 83715; 31-1-08, EDJ 25836). Por tanto, si en la resolución dictada por el INSS no se prevé que la incapacidad permanente vaya a ser objeto de revisión por mejoría que permita la reincorporación del trabajador sustituido al puesto de trabajo antes de dos años, la decisión de la empresa de suspender el contrato de trabajo de este durante un periodo máximo de dos años carece de cobertura legal y, en consecuencia, habiendo continuado el trabajador sustituto la prestación de servicios, la relación jurídica que mantiene con la empresa deviene indefinida y la finalización del contrato acordada por aquella ha de reputarse como despido improcedente (TSJ Las Palmas 28-5-10, EDJ 272654).

Precisiones **1)** En los procesos de IT por contingencias comunes, la **impugnación del alta** médica emitida **antes del agotamiento de 365 días** de prestación no prorroga la situación de IT, por lo que el trabajador está obligado a reincorporarse al puesto de trabajo. El incumplimiento de esta obligación es causa de despido disciplinario (TS 17-4-23, EDJ 550548).
2) Sin embargo, se ha de considerar que subsiste la situación de IT, aunque hubiese recaído una resolución administrativa pronunciándose acerca de la incapacidad permanente solicitada, hasta la posterior fecha en que se emitió el **parte de alta**, aunque lo sea con **efectos retroactivos** para hacerla coincidir con la fecha de la incapacidad permanente (TS 7-10-04, EDJ 160176).
3) En el supuesto de que el **trabajador sustituido** por encontrarse en IT alcance la **jubilación**, el contrato se extingue sin su reincorporación (TS 24-1-00, EDJ 120). También se extingue por **fallecimiento** del sustituido (TSJ País Vasco 4-4-00, EDJ 8181; TSJ Extremadura 14-3-01, EDJ 9367).

6951 **Sustitución indirecta o de segundo grado** La jurisprudencia ha admitido que el trabajador sustituto pueda realizar funciones propias de un **puesto de trabajo distinto** del trabajador sustituido argumentándose que el desempeño de las tareas en otro puesto y funciones no desvirtúa el contrato temporal si la contratación se ajusta a los parámetros legales, puesto que es totalmente razonable que las funciones concretas que realiza el empleado sustituido sean encomendadas durante su ausencia a otro trabajador de la empresa, que pueda desarrollarlas más adecuadamente que el sustituo, pasando este a efectuar funciones no coincidentes con las del sustituido (TS 30-4-94, EDJ 3862; 17-12-12, EDJ 295721).

En tal caso, las **causas extintivas** del contrato de sustitución son las referidas al vínculo contractual del trabajador ausente. Por ello, la extinción del vínculo con el trabajador que efectivamente desempeña el puesto de trabajo del sustituido, vigentes las causas determinantes de la sustitución del ausente, no serían causa de extinción del contrato de sustitución. La **concurrencia** de una **causa de suspensión** del contrato del propio sustituto no extingue el contrato de sustitución, mientras no concurra a su vez una causa extintiva de este (TSJ Cataluña 10-3-00, EDJ 11850).

B. Contrato de sustitución parcial o de complemento

(ET art.15.3, 37.5 y 6 -redacc RDL 5/2023-; RD 2720/1998 art.5.2.b)

6960 El contrato de sustitución parcial o de complemento puede concertarse para completar la jornada reducida por otra persona trabajadora.

Para ello se exige el cumplimiento de dos **requisitos**:

1. Que la reducción de jornada se ampare en **causas** legalmente establecidas o reguladas en el convenio colectivo (nº 6962).

2. Que el contrato se celebre **por escrito** especificando el nombre de la persona sustituida y la causa de la sustitución.

El objeto de este contrato es **facilitar la conciliación** de los trabajadores al tiempo que se refuerzan los intereses de la empresa y del resto de trabajadores en la medida en que se evita el incremento de trabajo que supondría la ausencia del trabajador.

6962 **Delimitación de la causa** El contrato de sustitución parcial tiene por objeto la cobertura de la parte de jornada dejada de trabajar por un trabajador acogido a una de las **causas de reducción** de jornada establecidas legalmente (nº 5210 s.) o reguladas en el convenio colectivo. No se admite, por el contrario, cuando la reducción de jornada tiene su fundamento en un acuerdo o pacto individual.

No se admite, por el contrario, para complementar la reducción de jornada en los siguientes supuestos a pesar de estar legalmente establecidos:

- reducción de jornada en aplicación de un ERTE, pues se prohiben nuevas contrataciones laborales durante su período de aplicación. No obstante, sí se permite cuando los trabajadores no puedan por formación, capacitación u otras razones objetivas y justificadas desarrollar las funciones encomendadas y previa información al respecto por la empresa a la representación legal de los trabajadores. Se trata de un supuesto excepcional que, en todo caso, debe demostrar el empleador (ET art.47.7.d);
- la reducción de jornada por jubilación parcial, pues en tal caso existe un contrato específico con mayor vinculación causal que es el contrato de relevo.

Precisiones A diferencia de lo que ocurre en el contrato de sustitución ordinario, en el que lo relevante es el derecho a la reserva del puesto de trabajo y no la fuente normativa u obligacional en la que se contiene, en el contrato de sustitución parcial o de complemento no existe ninguna referencia a la posibilidad de que la reducción sea consecuencia de un **acuerdo individual**.

6964 **Dinámica del contrato** El contrato de sustitución tiene la misma **duración** que la reducción de jornada del trabajador sustituido. A diferencia de lo que ocurre en el contrato de sustitución ordinario, en el de sustitución parcial o de complemento no se prevé expresamente la posibilidad de anticipar la incorporación de la persona sustituta a un momento anterior al inicio de la reducción de jornada del trabajador sustituido.

En principio, la regulación vigente parece limitar la **jornada** del trabajador a la dejada de trabajar por el trabajador sustituido, celebrándose el contrato a tiempo parcial. Pero en puridad, si se trata de completar la jornada reducida de otra persona trabajadora, es posible considerar que el contrato de sustitución por complemento podría celebrarse a tiempo completo para la cobertura de la reducción de jornada de varios trabajadores. La exigencia de que se especifique en el contrato el nombre de la persona sustituida y la causa de la sustitución no sería obstáculo para esta interpretación, siempre que se especifiquen los nombres y las causas de los diversos supuestos que se completan y que, en caso de finalizar alguna de las situaciones

que permiten este contrato, el trabajador sustituto no continúe realizando las funciones del sustituido que recupera su jornada completa. Se produciría, en este caso, la conversión de un contrato a tiempo completo en otro a tiempo parcial por voluntad conjunta de las partes previamente convenido y con clara vinculación causal.
La **extinción del contrato** se produce a la finalización de la reducción de jornada del trabajador sustituido, además del resto de causas ordinarias de extinción. La extinción no genera derecho a ninguna indemnización (ET art.49.1.c), ni la cotización adicional prevista para la terminación de los contratos de duración inferior a 30 días (LGSS art.151.3).

C. Contrato de sustitución por vacante

En el contrato de sustitución por vacante no hay una sustitución en sentido estricto pues se celebra para cubrir de forma transitoria un puesto de trabajo durante el **proceso de selección o promoción para su cobertura definitiva**, mientras se busca al trabajador idóneo para que ocupe ese puesto de trabajo con carácter definitivo. **6970**
Consecuentemente, aunque las empresas no están obligadas con carácter general a acudir a procedimientos reglados de selección para cubrir las vacantes de su plantilla -salvo que lo dispongan los convenios colectivos- pudiendo cubrir esa necesidad transitoria de mano de obra con el resto de sus trabajadores, sin embargo están autorizadas para utilizar este tipo de contratación temporal.
Actualmente se ha producido una separación del **marco legal** del contrato de sustitución por vacante en el sector privado (ET art.15.3) y en el público (nº 2522 s. Memento Social 2024).

1. Delimitación de la causa

(ET art.15.3; RD 2720/1998 art.4.1)

El contrato de sustitución puede celebrarse para la cobertura temporal de un puesto de trabajo durante el proceso de selección o promoción para su cobertura definitiva mediante contrato fijo. **6975**
En el ámbito de la contratación privada, esta modalidad contractual exige la concurrencia de los siguientes **requisitos**:
1. Existencia de un proceso de selección o promoción reglado, normalmente por convenio colectivo. En caso de inexistencia, el contrato podría entenderse sin causa y, por consiguiente, indefinido.
2. Necesidad de cubrir provisionalmente un puesto de trabajo mediante un contrato de trabajo fijo.

2. Requisitos formales

(RD 2720/1998 art.4.2.a y 6.1)

El contrato de sustitución por vacante debe formalizarse **por escrito** (nº 6635 s.), identificando el puesto de trabajo cuya cobertura definitiva debe producirse tras el proceso de selección o promoción. **6980**
El requisito para utilizar correctamente este mecanismo es que esté **identificada** perfectamente **la vacante** que ocupe el trabajador (TS 18-6-94, EDJ 5455; 26-12-95, EDJ 12203; 2-2-96, EDJ 1386; TSJ Madrid 14-5-12, EDJ 113570), y que exista tal vacante, ya que en caso contrario el contrato es fraudulento (TS 20-6-00, EDJ 15718).
La identificación del puesto de trabajo actúa como requisito esencial en esta modalidad contractual temporal, hasta el extremo de que el **uso de una modalidad errónea**, una vez acreditada la identificación del puesto de trabajo, no desvirtúa la naturaleza de sustitución por vacante ni transforma el contrato temporal en indefinido, pues lo que prevalece a la hora de la calificación jurídica del contrato es su contenido obligacional y no la denominación dada por las partes (TS 26-4-10, EDJ 84369).
La **vacante no** está **identificada** cuando ni se indica el puesto de trabajo ni siquiera el centro de trabajo donde se han de prestar los servicios (TSJ Madrid 8-11-00, EDJ 59788; TSJ C.Valenciana 12-1-10, EDJ 69151; TSJ Málaga 27-11-14, EDJ 263191).

Precisiones 1) Es esencial una **identificación** objetiva y suficiente **que impida la indefensión** al interesado (TS 3-1-97, EDJ 1451; 19-2-97, EDJ 1378; 30-4-97, EDJ 3322; 14-1-98, EDJ 272; 1-6-98, EDJ 6613), pero basta precisar la categoría, el lugar o el centro de trabajo en que la vacante está situada.

2) Puede utilizarse este contrato aunque con **anterioridad** el mismo trabajador hubiese desempeñado la **actividad** mediante **otra modalidad contractual** (TS 28-11-95, EDJ 24416; 27-7-96, EDJ 6505; 4-7-97, EDJ 5855).
3) El **desempeño de las tareas en otro puesto** y funciones diferentes de las que motivaron la contratación no desvirtúa el contrato temporal por vacante, si la plaza a la que se vinculó el contrato está perfectamente identificada (TS 17-12-12, EDJ 295721).

3. Duración y extinción del contrato

(ET art.15.3.3º; RD 2720/1998 art. 4.2.b y 8.1.c.4º)

6985 La duración del contrato de sustitución por vacante es el tiempo que dure el proceso de selección o promoción para la cobertura definitiva del puesto, pero con un **máximo** de 3 meses o el plazo menor establecido por convenio colectivo, y sin que pueda celebrarse otro contrato de sustitución para ese mismo proceso de selección. El establecimiento de un plazo máximo para esta modalidad contractual responde a la voluntad de comprometer la efectiva realización del proceso selectivo, impidiendo de paso una utilización fraudulenta de esta modalidad contractual por períodos de tiempo prolongados.
Por tanto, el contrato **se extingue** por el transcurso del plazo de 3 meses en los procesos de selección o promoción para la provisión definitiva de puestos de trabajo o del plazo que resulte de aplicación en los procesos regulados por convenio o acuerdo colectivo.
Operan como causa extintiva tanto la cobertura del puesto mediante contrato indefinido como el transcurso del plazo máximo (legal o convencional) sin cubrir la vacante. En este último caso, el contrato no se convierte en indefinido, sino que faculta al empleador para dar por terminada la relación, salvo que decida la empresa que el interesado continúe trabajando y este acepte, supuesto en que habría acuerdo novatorio expreso o tácito de conversión en indefinido (TS 22-10-97, EDJ 7030; 23-3-99, EDJ 9102; TSJ Sta. Cruz de Tenerife 7-11-11, EDJ 344160). Es indiferente, por ello, el resultado del proceso de selección promoción, ya que una vez superado el plazo sin cubrir la vacan+te, no se puede volver a celebrar un contrato de este tipo para el mismo proceso de selección, ni, incluso, un nuevo contrato de cobertura de vacante en esa empresa por haber quedado precisamente vacante la plaza.
La extinción del contrato se produce previa **denuncia** de cualquiera de las partes, respetando el período de preaviso que a tal efecto se haya pactado o el previsto en la negociación colectiva (nº 6650 s.).
Salvo previsión convencional o pacto entre las partes, la extinción del contrato de sustitución por alguna de las circunstancias indicadas anteriormente no genera derecho a **indemnización** a favor del trabajador. Al contrario de lo mantenido con anterioridad (TJUE 14-9-16, C-596/14 asunto De Diego Porras 1) el TJUE ha afirmado que es conforme al derecho de la UE no prever el abono de indemnización alguna por extinción a los trabajadores con contrato para cobertura de vacante (TJUE 5-6-18, C-677/16 asunto Montero Mateos; TSJ Madrid 18-3-19, EDJ 560933).

III. Aspectos comunes

6990 Se analizan a continuación los siguientes aspectos comunes a todos los contratos de duración determinada:
- período de prueba (nº 6995);
- vacaciones (nº 5722) y horas extraordinarias (nº 5266);
- conversión en trabajador fijo (nº 7000);
- derecho de los trabajadores a la igualdad de trato (nº 7010 s.);
- suspensión del contrato (nº 7020);
- competencias de la negociación colectiva (nº 6572);
- obligaciones informativas del empresario (nº 6665);
- fomento de la transformación en indefinido (nº 6675);
- cotización adicional a la extinción del contrato (nº 6889).

A. Período de prueba

(ET art.14.1)

6995 En relación al periodo de prueba es aplicable la **regulación general** (nº 5550 s.) pudiendo concertarse en el contrato un período de prueba con sujeción a los límites de duración que, en su caso, se establezcan en los convenios colectivos. Cabe sin embargo observar una cierta disfuncionalidad a este respecto, por cuanto los períodos de prueba se establecen en la norma

legal en función de la titulación profesional y no de la posible duración determinada de los contratos de trabajo, lo que condujo a entender en algún momento que el período de prueba venía referido exclusivamente a los contratos de trabajo por tiempo indefinido y no era posible su introducción en los contratos temporales.
La posibilidad de que en un contrato temporal se pueda establecer un período de prueba igual a la duración del contrato ha merecido una respuesta positiva (TS 4-3-08, EDJ 90854). Si bien, en el supuesto de contratos concertados por tiempo **no superior a 6 meses**, el período de prueba no puede exceder de un mes, salvo que se disponga otra cosa en convenio colectivo.

B. Conversión en trabajador fijo

(ET art.15.4, 5 y 9)

Los trabajadores vinculados a la empresa mediante contratos de duración determinada adquieren la condición de fijos, **sin posibilidad de prueba en contra** que acredite la naturaleza temporal de los servicios, cuando concurra alguna de las siguientes **circunstancias**: **7000**
1. Que el contrato se hubiera celebrado incumpliendo las previsiones legales.
2. En caso de falta de alta del trabajador en la Seguridad Social (nº 7002 s.).
3. Superación de los límites máximos de concatenación de contratos por circunstancias de la producción (nº 7170).
Se trata de una consecuencia directa contra la que **no** cabe **prueba en contrario**.
Ello impide que el empresario pueda **cesar** válidamente al trabajador a la finalización del contrato de duración determinada, alegando el transcurso del tiempo pactado. Si lo hace, el cese producido bajo la forma de una extinción del contrato de trabajo por la causa en él consignada constituye un verdadero despido al tratarse, en realidad, de una relación no sujeta a término.
La consecuencia jurídica no es la misma cuando el empleador es una **AAPP**, supuesto en que la relación no deviene fija, sino indefinida no fija (ver nº 290 s. Memento Empleado Público 2024-2025).
En estos casos, la empresa debe facilitar por escrito a la persona trabajadora, en los 10 días siguientes al cumplimiento las circunstancias que provocan la conversión en trabajador fijo, un **documento justificativo** sobre su nueva condición de persona trabajadora fija de la empresa debiendo informar a la representación legal de los trabajadores sobre dicha circunstancia.
En todo caso, la persona trabajadora puede solicitar, por escrito al servicio público de empleo correspondiente un **certificado de los contratos** de duración determinada o temporales celebrados, a los efectos de poder acreditar su condición de persona trabajadora fija en la empresa. El Servicio Público de Empleo debe emitir dicho documento y lo debe poner en conocimiento de la empresa en la que la persona trabajadora preste sus servicios y de la ITSS, si advirtiera que se han sobrepasado los límites máximos temporales establecidos.
Además, **se presume** que el trabajador adquiere la **condición de fijo**, aunque se admite la **prueba en contra** que acredite la naturaleza temporal de los servicios, en los siguientes supuestos:
- no formalización del contrato por escrito (nº 6637 s.);
- continuidad de la prestación de servicios una vez llegado a término el contrato sin que medie denuncia previa (nº 6654 s.).

Precisiones **1) No** es posible **acreditar en el acto del juicio** la causa que justifica la temporalidad del contrato. La causa debe consignarse con claridad en el momento de la contratación; en caso contrario, el trabajador adquiere la condición de fijo y el cese por expiración del tiempo convenido constituye un despido improcedente (TSJ Cataluña 14-2-24, EDJ 521044).
2) Las consecuencias de la **contratación en fraude de ley** antes de la reforma operada por el RDL 32/2021 se analizan en el nº 7643 s. Memento Contrato de Trabajo 2021-2022.

Falta de alta en la Seguridad Social (ET art.15.4) Adquieren la condición de fijas las personas trabajadoras temporales que no hubieran sido dadas de alta en la Seguridad Social una vez transcurrido un plazo igual al que legalmente se hubiera podido fijar para el periodo de prueba. **7002**
Se trata de una **consecuencia imperativa**, que produce un efecto automático, sin que se permita a la empresa argumentar la duración temporal de los servicios en atención a la propia naturaleza de las actividades o de los servicios contratados.
La regla novatoria **se aplica** tanto si el trabajador no figura de alta a lo largo de toda la prestación de servicios como si la empresa cursa su alta con una dilación superior a la exigida. Por el contrario, la disposición normativa **no resulta operativa** si el trabajador es dado de alta en un régimen especial de trabajadores por cuenta ajena distinto al que corresponde. Tampoco si el alta es por una jornada inferior a la realmente realizada (TSJ Madrid 19-5-03, EDJ 116591).

7004 **Transcurso de un plazo equivalente al del período de prueba** Este requisito resulta exigible tanto si en el contrato se ha pactado un período de prueba, como si, lo que es más habitual, no se ha hecho por no haberse formalizado por escrito.

En el caso de que en el contrato de trabajo se haya establecido un determinado período de prueba, el plazo coincide con el así fijado (TSJ País Vasco 6-6-00, EDJ 53488; TSJ Granada 21-1-03, EDJ 10026), siempre que respete los límites legales y convencionales.

Si el **contrato** es **verbal**, o no siéndolo las partes no han estipulado cláusula probatoria, el plazo a considerar es aquel al que pudo extenderse el periodo de prueba que las partes hubieran podido convenir en función del grupo profesional y/o de la titulación del trabajador conforme a lo previsto en el convenio colectivo aplicable (TS 30-6-05, EDJ 180506) y, en su defecto, en la normativa general (nº 5575) (TSJ Cataluña 23-1-07, EDJ 82139; TSJ Valladolid 4-4-12, EDJ 60405).

El **día inicial** de cómputo coincide con el comienzo de la prestación de servicios, fecha en la que el trabajador debió ser dado de alta en la Seguridad Social, con independencia del momento de la firma o de registro del contrato, de existir.

Precisiones **1)** La exigencia de este requisito suscita dudas cuando el **período de prueba es nulo** bien por haber desempeñado el trabajador las mismas funciones con anterioridad en la empresa contratante (nº 5560) (TSJ País Vasco 6-6-00, EDJ 53488), bien por otras causas.

2) Hay que tener en cuenta la posibilidad de que la duración del período de prueba estipulado en el convenio colectivo rector de la relación sea **nula por excesiva** (nº 5575).

3) En un supuesto en que el tiempo trabajado mediante **contrato verbal sin cobertura de la Seguridad Social** no superó el plazo que se habría podido fijar como de prueba se plantea la posibilidad de que la relación devenga indefinida desde su inicio pese a haberse formalizado un contrato temporal poco tiempo después (TSJ Valladolid 27-4-11, EDJ 95026).

4) En los **trabajos a tiempo parcial** por unos concretos días de la semana, del mes o del año, el cómputo del plazo se debe realizar atendiendo a los días de actividad real y no por días naturales (TSJ Castilla-La Mancha 26-10-04, EDJ 157914).

C. Igualdad de trato

7010 Los trabajadores con contratos temporales y de duración determinada tienen los mismos derechos que las personas con contratos de duración indefinida, sin perjuicio de las particularidades específicas de cada una de las modalidades contractuales en materia de extinción del contrato y de aquellas expresamente previstas en la ley en relación con los contratos formativos.

Como **principio general**, los trabajadores temporales deben gozar de los mismos derechos que los fijos de plantilla, por ser la temporalidad un elemento accidental del contrato que solo incide en la natural delimitación cronológica, sin que puedan justificarse tratamientos diferenciados en las condiciones de trabajo únicamente en el distinto tipo de contrato suscrito (TCo 52/1997; TS 4-11-10, EDJ 251958; 21-4-10, EDJ 84359). Esta norma, establecida en el ET, opera como norma de derecho necesario, y no puede ser contradicha por las disposiciones de un convenio colectivo (TSJ Galicia 8-3-16, EDJ 43482).

El Tribunal Constitucional establece que la **violación del principio de igualdad** constitucional, dentro del ámbito laboral, se produce cuando la diferencia de trato no encuentra una explicación razonable y objetiva (TCo 171/1989; 76/1990; 28/1992; 117/1993). Para que la diferenciación o desigualdad sea constitucionalmente lícita no basta con que lo sea el fin que con ella se persigue, sino que es indispensable, además, que las consecuencias jurídicas que resultan de esta distinción sean adecuadas y proporcionadas a dicho fin, de manera que la relación entre la medida a adoptar, el resultado que se produce y el fin pretendido superen un juicio de proporcionalidad en sede constitucional, evitando resultados especialmente gravosos o desmedidos (TS 18-12-97, EDJ 21298; TSJ Cataluña 27-11-13, EDJ 269561).

Esta interpretación está reforzada con la regulación comunitaria, conforme a la cual no puede tratarse a los trabajadores con un contrato de duración determinada de una manera menos favorable que a los trabajadores fijos comparables por el mero hecho de tener un contrato de duración determinada, a menos que se justifique un **trato diferente por razones objetivas** (Dir 1999/70/CE cláusula 4). Por ello, aunque la regla general es la de la igualdad, se admiten casos en los que cabe un trato diferente basado en una justificación objetiva y proporcionada.

Por otro lado, el propio ET señala que cuando corresponda en atención a su naturaleza, los derechos de las personas con contratos temporales y de duración determinada podrán ser reconocidos en las disposiciones legales, reglamentarias y convencionales de **manera proporcional** en función del tiempo trabajado. Pero esta proporcionalidad no opera cuando un determinado derecho o condición de trabajo esté atribuido en función de una previa antigüedad del trabajador, pues en tal caso la antigüedad debe computarse según los mismos criterios para todos los trabajadores, cualquiera que sea su modalidad de contratación.

Precisiones 1) No es discriminatorio el acuerdo por el que el empresario se compromete a **convertir en indefinidos** un determinado número de contratos temporales, a cambio de imponerles una distribución irregular que no existía para el resto de los trabajadores de la plantilla. El Tribunal estima que el objetivo de dicho acuerdo (reforzar la estabilidad en el empleo de los trabajadores), justifica esta diferencia de trato que, por otro lado, no se considera particularmente gravosa (TS 24-10-02, EDJ 54244).

2) También la **Ley Integral para la igualdad de trato y no discriminación** (L 15/2022) recoge la prohibición de discriminación por cualquier condición o circunstancia personal o social, aplicable, entre otros ámbitos, en el empleo por cuenta ajena y por cuenta propia, que comprende el acceso, las condiciones de trabajo -incluidas las retributivas y las de despido-, la promoción profesional y la formación para el empleo. No obstante permite que se establezcan diferencias de trato cuando los criterios para tal diferenciación sean razonables y objetivos y se persiga con ello lograr un propósito legítimo o así venga autorizado por norma con rango de ley, o cuando resulten de disposiciones normativas o decisiones generales de las administraciones públicas destinadas a proteger a las personas, o a grupos de población necesitados de acciones específicas para mejorar sus condiciones de vida o favorecer su incorporación al trabajo o a distintos bienes y servicios esenciales y garantizar el ejercicio de sus derechos y libertades en condiciones de igualdad (L 15/2022 art.2 y 3).

Derechos retributivos (Const art. 14; ET art. 4.2.c -redacc RDL 5/2023- y 17.1 -redacc RDL 5/2023-; L 15/2022 art.3) La jurisprudencia constitucional mantiene que, en el ámbito de las relaciones laborales, las **diferencias salariales** no implican un significado discriminatorio, salvo que incida en alguna de las causas prohibidas por la Constitución (TCo 2/1998). El principio genérico de igualdad no postula la paridad, ni como fin ni como medio, pero sí exige la razonabilidad de la diferencia normativa de trato (TCo 27/2004). **7012**

La desigualdad retributiva, por lo tanto, tiene **relevancia constitucional** cuando se introducen diferencias carentes de justificación objetiva y razonable entre situaciones que pueden considerarse iguales. Esta posición, en relación con las diferencias de condiciones entre trabajadores fijos y temporales, viene siendo acogida por el TS en el sentido de que la temporalidad del vínculo laboral no legitima un diferente trato, siempre que se realicen las mismas tareas en forma y condiciones iguales al personal fijo (TS 21-9-10, EDJ 246779; 6-7-22, EDJ 629202). Esto, a nivel salarial, tendría su correlato con el principio de que el **trabajo** prestado **con igual valor** por ambos grupos de trabajadores debe ser retribuido por el empresario con el mismo salario (nº 4520 s.).

Esta posición se refuerza con la propia regulación comunitaria (Dir 1999/70/CE) y con el principio de igualdad de trato que el propio ET establece para los trabajadores temporales en relación con los trabajadores con duración indefinida (TS 7-10-02, EDJ 51529; 28-5-04, EDJ 60757; 27-9-04, EDJ 144057). Sin embargo, el TCo viene proclamando que en el ámbito de las relaciones de trabajo, el principio de igualdad de trato en materia de salarios ha de aplicarse matizadamente, haciéndolo compatible con otros principios como el de la autonomía de la voluntad (TCo 34/1984) o el propio principio de autonomía colectiva (TCo 177/1988). Entre los **factores objetivos que justifican las diferencias de trato** en materia de remuneraciones se reconocen expresamente, entre otros, los que derivan del contenido de los actos de trabajo, de la intensidad o duración del mismo, de la calidad de su realización, de los factores circunstanciales del medio de trabajo que influyen en la penosidad o peligro de su ejecución o en el esfuerzo laboral o de las propias necesidades del trabajador (TS 12-12-08, EDJ 253273).

Respecto al percibo de los complementos retributivos de devengo superior al mes, concretamente las **pagas extraordinarias**, lógicamente puede darse una desconexión entre el momento del devengo y su liquidación, que en el caso de trabajadores temporales se ha de adelantar al momento de la extinción del contrato, en el cual se han de liquidar las devengadas en proporción a los días transcurridos desde la fecha del último devengo -que varía según sea ese devengo semestral o anual- hasta la de la extinción contractual.

Precisiones 1) El principio de igualdad de trato salarial entre trabajadores fijos y temporales resulta de aplicación con independencia de la **regulación** que haya podido establecer el **convenio colectivo**, en virtud del principio de jerarquía normativa establecido en el ET (TS 21-5-08, EDJ 155916).

2) Se han considerado **contrarias al principio de no discriminación** las condiciones establecidas para el personal temporal que no encuentran parangón con las previstas para el personal indefinido, como sucedía en un caso en el que a aquel se le imponía haber desempeñado todas las funciones de la categoría de acceso en plantilla, condición inexistente en el caso del personal fijo (TS 19-9-17, EDJ 208943).

3) Respecto del importe de la **indemnización por extinción del contrato por circunstancias de la producción**, ver nº 6887 y sobre la legalidad del no reconocimiento de indemnización por extinción de **contratos de sustitución**, ver nº 6945.

7014 **Complemento de antigüedad** (ET art.15.6 y 26.3) La existencia o no del complemento de antigüedad entre las retribuciones de los trabajadores es materia delegada a la negociación colectiva, sin perjuicio de lo que se pueda acordar en la relación individual de trabajo; pero si se establece dicho complemento, no cabe tratar de forma diferente según la modalidad fija o temporal del contrato del trabajador, ni condicionarlo a que los contratos temporales se hayan producido sin solución de continuidad (TS 23-10-02, EDJ 51518; 16-5-05, EDJ 83728; 4-4-07, EDJ 68197; 15-12-21, EDJ 806669; 7-2-22, EDJ 510995).

El **momento inicial de cómputo** del complemento debe remontarse al momento inicial de la contratación temporal del empleado convertido en fijo tras una larga **cadena de contratos temporales** y ello con independencia de que se produzca alguna de las siguientes **circunstancias**:

- que se hayan producido interrupciones significativas en la cadena de contratos temporales sucesivos (TS 21-9-17, EDJ 208950);
- que el trabajador haya percibido una indemnización por la extinción de un contrato en cuantía mayor o menor a la prevista para el despido improcedente (TS 13-2-07, EDJ 13598).

A efectos del complemento no se incluyen los **periodos de inactividad** en relación a servicios no prestados efectivamente a través de diferentes modalidades de contrato temporal, no produciéndose por ello discriminación en relación con los fijos discontinuos porque en tales casos entre contrato y contrato temporal no existe relación laboral alguna (TSJ Valladolid 21-11-22, EDJ 759744).

Con este complemento, de naturaleza distinta de la indemnización por extinción de contratos temporales, **se compensa** la adscripción de un trabajador a la empresa o la experiencia adquirida durante el tiempo de prestación de servicios, circunstancias que no se modifican por el hecho de haber existido interrupciones más o menos largas en el servicio al mismo empleador, máxime si dichas interrupciones fueron por imposición de este último, no siendo necesaria tampoco la subordinación a una ulterior contratación indefinida para poder ostentar derecho al devengo de trienios por parte del personal temporal (TS 26-9-06, EDJ 319321; 4-4-07, EDJ 68197; 21-5-08, EDJ 155916; 12-6-08, EDJ 155886).

D. Suspensión del contrato

(RD 2720/1998 art.7)

7020 La suspensión del contrato de trabajo por las causas legalmente previstas **no** conlleva la **prolongación** de la vigencia del contrato temporal, salvo que medie pacto contractual o convencional en sentido contrario.

Además, los trabajadores temporales tienen derecho a la **excedencia voluntaria** en igualdad de trato que los trabajadores fijos (Dir 1999/70/CE cláusula 4).

Precisiones Con efectos **a partir del 28-10-2024**, la suspensión de los contratos temporales, incluidos los formativos, de relevo e interinidad que tengan como causa directa los daños producidos por la **DANA**, así como las pérdidas de actividad indirectamente originadas por la misma en diferentes municipios entre el 28 de octubre y el 4 de noviembre de 2024, supone la interrupción del cómputo, tanto de la duración de estos contratos, como de los periodos de referencia equivalentes al periodo suspendido, en cada una de estas modalidades contractuales y respecto de las personas trabajadoras afectadas por estas (RDL 7/2024 art.47).

CAPÍTULO 27

Contrato formativo

Con efectos **a partir del 30-3-2022**, el RDL 32/2021 de medidas urgentes para la reforma labo- **7052**
ral, la garantía de la estabilidad en el empleo y la transformación del mercado de trabajo, modifica el ET art.11 eliminando los anteriores contratos formativos, en prácticas (ver nº 7430 Memento Contrato de Trabajo 2021-2022), para la formación y el aprendizaje (ver nº 7370 Memento Contrato de Trabajo 2021-2022) y para la formación dual universitaria, creando un **nuevo contrato formativo con dos modalidades**:
- de formación en alternancia con el trabajo retribuido por cuenta ajena (nº 7060);
- para la adquirisición de una práctica profesional adecuada a los correspondientes niveles de estudios (nº 7090).

No obstante, se establece un período transitorio, de modo que los contratos en prácticas y para la formación y el aprendizaje **vigentes a 29-3-2022** continúan regulándose, hasta su duración máxima, en los términos recogidos en la regulación anterior (RDL 32/2021 disp.trans.1ª).

Precisiones El MTES ha hecho pública una nota informativa, según la cual, conforme al criterio de la DGTr, ante la falta de un desarrollo normativo de la norma aplicable a estos contratos (ET art.11), las remisiones al mismo, así como aquellos extremos no agotados por el precepto legal, encuentran su régimen en las **normas reglamentarias** que desarrollaban la regulación anterior (RD 488/1998 y RD 1529/2012), en tanto el contenido de estos últimos resulte compatible con la nueva redacción de la ley (MTES nota informativa 29-3-22).

A. Contrato de formación en alternancia

(ET art.11.2)

El contrato de formación en alternancia tiene como **objeto** compatibilizar la actividad laboral **7060**
retribuida con los correspondientes procesos formativos en los siguientes ámbitos:
- formación profesional;
- estudios universitarios; y
- catálogo de especialidades formativas del Sistema Nacional de Empleo (certificados de profesionalidad y programas públicos o privados de formación en alternancia de empleo-formación).

Las dos primeras fórmulas de compatibilidad se integran en el contexto de la **educación reglada** -universitaria o profesional-; la tercera, fuera de ella -**formación no reglada** o para el empleo-.

Partes del contrato Para conseguir el cumplimiento de los objetivos de formación e **7062**
inserción en el mercado laboral, el contrato establece obligaciones específicas para ambas partes, trabajador y empresa.

Las **empresas de trabajo temporal** pueden celebrar contratos para la formación en alternancia con las personas trabajadoras contratadas para ser puestas a disposición de las empresas usuarias. Corresponde a las ETT cumplir las obligaciones en materia formativa (L 14/1994 art.10.2). Por su parte, la empresa usuaria debe tutelar el desarrollo de la actividad laboral, designando la persona responsable de la misma en el contrato de puesta a disposición entre la ETT y la empresa usuaria.

Las empresas que estén aplicando alguna de las **medidas de flexibilidad interna** reguladas en el ET art.47 y 47 bis podrán formalizar contratos formativos siempre que las personas contratadas bajo esta modalidad no sustituyan funciones o tareas realizadas habitualmente por las personas afectadas por las medidas de suspensión o reducción de jornada (ET art.11.4.f).

El trabajador (ET art.11.2.a, b y j) El contrato puede celebrarse con personas que reúnan simultá- **7064**
neamente los siguientes requisitos:

1. Formación. El trabajador debe carecer de la cualificación profesional reconocida por las titulaciones o certificados requeridos para concertar un contrato formativo para la obtención de práctica profesional.

Sin perjuicio de lo anterior, se pueden realizar contratos vinculados a estudios de formación profesional o universitaria con personas que posean otra titulación siempre que no haya tenido otro contrato formativo previo en una formación del mismo nivel formativo y del mismo sector productivo.
2. No se exige ningún requisito de **edad** para concertar esta modalidad del contrato formativo, salvo en el supuesto de que el contrato se suscriba en el marco de certificados de profesionalidad de nivel 1 y 2, y programas públicos o privados de formación en alternancia de empleo-formación que formen parte del catálogo de especialidades formativas del Sistema Nacional de Empleo, en cuyo caso el contrato solo puede ser concertado con personas de hasta 30 años. Por tanto, el límite de edad no resulta aplicable en el supuesto de que el contrato se suscriba en el marco de estudios universitarios, certificados de profesionalidad de nivel 3 o ciclos formativos y cursos de especialización de formación profesional.
Tampoco resulta de aplicación el límite máximo de edad cuando el contrato se concierte con **personas con discapacidad** o con los **colectivos en situación de exclusión social**, en los casos en que sean contratados por parte de empresas de inserción que estén cualificadas y activas en el registro administrativo correspondiente (ET art.11.4.d).
No se pueden celebrar contratos formativos en alternancia cuando la **actividad o puesto de trabajo** correspondiente al contrato haya sido **desempeñado con anterioridad** por la persona trabajadora en la misma empresa bajo cualquier modalidad por tiempo superior a 6 meses.

7066 **Dinámica del contrato** El contrato de formación en alternancia presenta especialidades en relación con los siguientes **aspectos**:
- forma (nº 7068);
- límites (nº 7070);
- período de prueba (nº 7072);
- tiempo de trabajo efectivo (nº 7074);
- actividad formativa (nº 7076);
- duración y prórroga (nº 7078);
- retribución (nº 7080);
- extinción (nº 7082).

7068 **Forma** (ET art.8.2 y 11.4.c; RD 1529/2012 art.7; OM ESS/2518/2013 art.2) El contrato y el anexo relativo al convenio de colaboración deben formalizarse **por escrito** en el modelo oficial que figura, en formato electrónico, en la página web del SEPE (www.sepe.es).
El contrato debe **incluir**:
- el texto del plan formativo individual, en el que se especifiquen el contenido de las prácticas o la formación y las actividades de tutoría para el cumplimiento de sus objetivos;
- el texto de los acuerdos y convenios de cooperación.
El contenido del contrato y sus anexos deben **comunicarse al SEPE** en el plazo de los 10 días siguientes a su concertación o finalización, así como sus prorrogas.
Cuando se formalice el contrato **con un trabajador con discapacidad** el contrato se formalizará por escrito, en cuadruplicado ejemplar, en modelo oficial. Al contrato se acompañará solicitud de alta en el régimen correspondiente de la Seguridad Social, así como el certificado de discapacidad.
De no observarse la exigencia de forma escrita, el contrato de trabajo **se presume** celebrado por tiempo indefinido y a jornada completa, salvo prueba en contrario que acredite su naturaleza temporal o el carácter a tiempo parcial de los servicios (nº 6635 s.).

7070 **Límites** (ET art.11.2.h) Solo puede celebrarse **un contrato de formación en alternancia por cada ciclo formativo** de formación profesional y titulación universitaria, certificado de profesionalidad o itinerario de especialidades formativas del Catálogo de Especialidades Formativas del Sistema Nacional de Empleo.
No obstante, pueden formalizarse contratos de formación en alternancia **con varias empresas** en base al mismo ciclo, certificado de profesionalidad o itinerario de especialidades del Catálogo citado, siempre que dichos contratos respondan a distintas actividades vinculadas al ciclo, al plan o al programa formativo y sin que la duración máxima de todos los contratos pueda exceder los 2 años.

7072 **Período de prueba** (ET art.11.2.l) En los contratos de formación en alternancia no puede establecerse período de prueba.

7074 **Tiempo de trabajo efectivo** (ET art.11.2.i y k) La **jornada** de los contratos de formación en alternancia es la suma del tiempo de trabajo efectivo en la empresa y del tiempo dedicado a la formación teórica.
El **tiempo de trabajo efectivo** ha de ser:
1. Compatible con el tiempo dedicado a las actividades formativas en el centro de formación.

2. No puede ser superior al 65% o, durante el primer año, o al 85%, durante el segundo, de la jornada máxima prevista en el convenio colectivo de aplicación en la empresa, o, en su defecto, de la jornada máxima legal.
Las personas contratadas con contrato de formación en alternancia no pueden realizar **horas complementarias**, en caso de contratación a tiempo parcial, ni **horas extraordinarias**, salvo que lo sean por fuerza mayor. Tampoco pueden realizar **trabajos nocturnos** ni **trabajo a turnos**. Excepcionalmente, pueden realizarse actividades laborales en los citados periodos cuando las actividades formativas para la adquisición de los aprendizajes previstos en el plan formativo no puedan desarrollarse en otros periodos debido a la naturaleza de la actividad. En todo caso, deben ser autorizados por la autoridad competente.
En los supuestos en que la jornada diaria de trabajo incluya tanto tiempo de trabajo efectivo como actividad formativa, los **desplazamientos** necesarios para asistir **al centro de formación** computan como tiempo de trabajo efectivo no retribuido.
La **actividad desempeñada** por la persona trabajadora en la empresa debe estar directamente relacionada con las actividades formativas que justifican la contratación laboral, coordinándose e integrándose en un programa de formación común, elaborado en el marco de los acuerdos y convenios de cooperación suscritos por las autoridades laborales o educativas de formación profesional o Universidades con empresas y entidades colaboradoras (ET art.11.2.c). A tal fin, el puesto de trabajo debe permitir la formación complementaria prevista y la actividad laboral desempeñada debe estar directamente relacionada con la actividad formativa que justifica la contratación laboral.

Precisiones **1)** En ningún caso, el tiempo de prestación efectiva de servicios sumado al de formación teórica puede superar la **jornada máxima** de la empresa. Si es menor de edad, no puede superar las 8 horas diarias, con independencia de la regulación convencional de la jornada.
2) Excepcionalmente, en el caso del **contrato vinculado a la formación profesional**, pueden modificarse, previa autorización administrativa, los períodos de realización de la actividad formativa en la empresa u organismo equiparado, en función de las características de los mismos y del plan de formación, y respetando, como mínimo, un mes de vacaciones al año y un día y medio de descanso semanal (LO 3/2022 art.58.4.b).

Actividad formativa (ET art.11.2.d, e y f) Son parte sustancial de este contrato tanto la **formación teórica** dispensada por el centro o entidad de formación o la propia empresa, cuando así se establezca, como la correspondiente **formación práctica** dispensada por la empresa y el centro. **7076**
La persona contratada debe contar con **dos tutoras**:
- una, designada por el centro o entidad de formación y;
- otra designada por la empresa, en cuyo caso debe contar con la formación o experiencia adecuadas para tales tareas, y tiene como función dar seguimiento al plan formativo individual en la empresa, según lo previsto en el acuerdo de cooperación concertado con el centro o entidad formativa. Dicho centro o entidad debe, a su vez, garantizar la coordinación con la persona tutora en la empresa.
Los centros de formación profesional, las entidades formativas acreditadas o inscritas y los centros universitarios, en el marco de los acuerdos y convenios de cooperación, han de elaborar con la participación de la empresa los **planes formativos individuales** donde se especifique el contenido de la formación, el calendario y las actividades y requisitos de tutoría para el cumplimiento de sus objetivos.
Las empresas pueden **financiarse** el coste de la formación mediante bonificaciones en las cotizaciones empresariales a la Seguridad Social, con cargo a la partida prevista en el presupuesto del SEPE (OM ESS/2518/2013 art.8, 10 y disp.trans.única.2).
Reglamentariamente se deben desarrollar el sistema de impartición y las características de la formación, así como los aspectos relacionados con la financiación de la actividad.

Precisiones En tanto **no se produzca el desarrollo reglamentario** del nuevo contrato de formación en alternancia, se entiende que se mantiene aplicable la regulación precedente en materia de **obligaciones formativas** (nº 7390 s. Memento Contrato de Trabajo 2021-2022).

Duración y prórroga (ET art.11.2.g) La duración del contrato es la prevista en el correspondiente plan o programa formativo, con un **mínimo** de 3 meses y un **máximo** de 2 años. Puede desarrollarse al amparo de un solo contrato de forma no continuada, a lo largo de diversos periodos anuales coincidentes con los estudios, de estar previsto en el plan o programa formativo. **7078**
Si el contrato se hubiera concertado por una duración inferior a la máxima legal establecida y no se hubiera obtenido el título, certificado, acreditación o diploma asociado al contrato formativo, puede **prorrogarse** mediante acuerdo de las partes hasta la obtención de dicho título, certificado, acreditación o diploma sin superar nunca la duración máxima de 2 años.
Los límites a la duración máxima del contrato no se aplican cuando el mismo se concierte con **personas con discapacidad** o con **colectivos en situación de exclusión social** para la

regulación del régimen de las empresas de inserción, en los casos en que sean contratados por parte de empresas de inserción que estén cualificadas y activas en el registro administrativo correspondiente (ET art.11.4.d).
Las **situaciones** de incapacidad temporal, nacimiento, adopción, guarda con fines de adopción, acogimiento, riesgo durante el embarazo, riesgo durante la lactancia y violencia de género **interrumpen** el cómputo de la duración del contrato (ET art.11.4.b redacc L 4/2023).
Si al término del contrato el trabajador **continúa en la empresa**, no podrá concertarse un nunevo período de prueba. La duración del contrato formativo computa a efectos de antigüedad en la empresa (ET art.11.4.g).

7080 **Retribución** (ET art.11.2.m) La retribución es la establecida para estos contratos **en el convenio colectivo** de aplicación.
En defecto de previsión convencional, la retribución no puede ser inferior al 60% el primer año ni al 75% el segundo, respecto de la fijada en convenio para el grupo profesional y nivel retributivo correspondiente a las funciones desempeñadas, en proporción al tiempo de trabajo efectivo.
En ningún caso la retribución puede ser **inferior al SMI** en proporción al tiempo de trabajo efectivo.

7082 **Extinción** (ET art.49.1.c; RD 1529/2012 art.12 y 13) La extinción del contrato por expiración del tiempo convenio requiere previa **denuncia** de alguna de las partes. La parte que formule la denuncia debe notificar a la otra la terminación del contrato con una antelación mínima de 15 días. El incumplimiento por la empresa de este plazo da lugar a una indemnización al trabajador equivalente al salario correspondiente a los días en que dicho plazo se haya incumplido (nº 6650 s.).
Expirada la duración del contrato, el trabajador **no** puede ser **nuevamente contratado** bajo esta modalidad por la misma o distinta empresa, salvo que la formación inherente al nuevo contrato tenga por objeto la obtención de distinta cualificación profesional.
Si el trabajador continúa prestando servicios tras haberse agotado la duración máxima del contrato y no hubiera mediado denuncia expresa, se considera **prorrogado tácitamente** como contrato ordinario por tiempo indefinido, salvo prueba en contrario que acredite la naturaleza temporal de la prestación.
Estos contratos están excluidos expresamente de la **indemnización** por extinción del contrato prevista para determinados contratos temporales

B. Contrato formativo para la obtención de la práctica profesional

(ET art.11.3)

7090 El **objeto** de esta modalidad contractual es la obtención de la práctica profesional adecuada al nivel de estudios o de formación objeto del contrato, mediante la adquisición de las habilidades y capacidades necesarias para el desarrollo de la actividad laboral correspondiente al título obtenido por la persona trabajadora con carácter previo.
Las **ETT** pueden celebrar este tipo de contratos con los trabajadores contratados para ser puestos a disposición de las empresas usuarias (L 14/1994 art.10.2).
Las empresas que estén aplicando algunas de las **medidas de flexibilidad interna** reguladas en los art.47 y 47 bis ET podrán concertar contratos formativos siempre que las personas contratadas bajo esta modalidad no sustituyan funciones o tareas realizadas habitualmente por las personas afectadas por las medidas de suspensión o reducción de jornada (ET art.11.4.f).

Precisiones A diferencia del contrato para la formación en alternancia, el contrato para la obtención de la práctica profesional adecuada al nivel de estudios no impone a cargo de la empresa ningún tipo de **obligación formativa** específica del trabajador, aunque sí tutorización propia. En el contrato para la obtención de la práctica profesional adecuada al nivel de estudios la finalidad formativa sigue existiendo, aunque se produce dentro ya de un contexto de trabajo por cuenta ajena y dependiente que aprovecha igualmente a la empresa.

7092 **El trabajador** (ET art.11.3.a, b y d) Para la realización de este contrato es necesario que concurran en el trabajador los siguientes **requisitos**:
1. Que esté en posesión de un **título** universitario o de un título de grado medio o superior, especialista, máster profesional o certificado del sistema de formación profesional (LO 3/2022), o en posesión de un título equivalente de enseñanzas artísticas o deportivas del sistema educativo, que habiliten o capaciten para el ejercicio de la actividad laboral.
2. Que el contrato **se concierte** dentro de los 3 años, o de los 5 años si se concierta con una persona con discapacidad, siguientes a la terminación de los correspondientes estudios.

En el caso de personas que hayan realizado sus **estudios en el extranjero**, dicho cómputo se efectúa desde la fecha del reconocimiento u homologación del título en España, cuando tal requisito sea exigible para el ejercicio profesional.
No puede suscribirse con quien ya haya obtenido **experiencia profesional** o realizado actividad formativa en la misma actividad dentro de la empresa por un tiempo superior a 3 meses, sin que se computen a estos efectos los periodos de formación o prácticas que formen parte del currículo exigido para la obtención de la titulación o certificado que habilita esta contratación.
3. Que no haya estado contratada en formación por tiempo superior a 1 año:
- en la misma o distinta empresa en virtud de la misma titulación o certificado profesional;
- en la misma empresa para el mismo puesto de trabajo, aunque se trate de distinta titulación o distinto certificado.

A estos efectos, los **títulos de grado, máster y doctorado** correspondientes a los estudios universitarios no se consideran la misma titulación, salvo que al ser contratado por primera vez mediante un contrato para la realización de práctica profesional la persona trabajadora estuviera ya en posesión del título superior de que se trate.

Dinámica del contrato El contrato de trabajo para la obtención de la práctica profesional adecuada presenta especialidades en las siguientes **materias**: **7094**
- forma (nº 7096);
- período de prueba (nº 7098);
- duración y prórroga (nº 7100);
- puesto de trabajo (nº 7102);
- retribución (nº 7104);
- extinción (nº 7106).

Forma (ET art.8.2 y 11.4.c; RD 488/1998 art.3 y 17) El contrato para la obtención de la práctica práctica profesional adecuada al nivel de estudios debe formalizarse **por escrito**, expresando la titulación del trabajador, la duración del contrato y el puesto de trabajo a desempeñar durante las prácticas. **7096**
El contrato debe **incluir**:
- el texto del plan formativo individual, en el que se especifiquen el contenido de las prácticas o la formación y las actividades de tutoría para el cumplimiento de sus objetivos;
- el texto de los acuerdos y convenios de cooperación.

El contrato, así como sus prórrogas, deben **comunicarse al SEPE** en el plazo de los 10 días siguientes a su concertación.
Cuando se formalice el contrato con un **trabajador con discapacidad** el contrato debe formalizarse por escrito, en cuadruplicado ejemplar, en modelo oficial. Al contrato se acompañará solicitud de alta en el régimen correspondiente de la Seguridad Social, así como el certificado de discapacidad.
En el supuesto de **trabajadores a distancia**, en el contrato debe constar el lugar en que se realice la prestación.
Si el contrato se celebra **a tiempo parcial** en el contrato deberán figurar el número de horas ordinarias de trabajo al día, a la semana, al mes o al año contratadas y su distribución. De no observarse estas exigencias, el contrato se presume celebrado a jornada completa, salvo prueba en contrario que acredite el carácter parcial de los servicios y el número y distribución de las horas contratadas.
De no observarse la exigencia de forma escrita, el contrato de trabajo **se presume** celebrado por tiempo indefinido y a jornada completa, salvo prueba en contrario que acredite su naturaleza temporal o el carácter a tiempo parcial de los servicios (nº 6635 s.).

Período de prueba (ET art.11.3.e) Se puede establecer un periodo de prueba que, en ningún caso, puede exceder de un mes, salvo lo dispuesto en convenio colectivo. **7098**

Duración y prórroga (ET art.11.3.c) La duración de este contrato no puede ser inferior a 6 meses ni exceder de un año. Dentro de estos límites los convenios colectivos de ámbito sectorial estatal o autonómico, o en su defecto, los convenios colectivos sectoriales de ámbito inferior pueden determinar su duración, atendiendo a las características del sector y de las prácticas profesionales a realizar. **7100**
Los límites a la duración máxima del contrato no se aplican cuando el mismo se concierte con **personas con discapacidad** o con **colectivos en situación de exclusión social** para la regulación del régimen de las empresas de inserción, en los casos en que sean contratados por parte de empresas de inserción que estén cualificadas y activas en el registro administrativo correspondiente (ET art.11.4.d).
Las **situaciones** de incapacidad temporal, nacimiento, adopción, guarda con fines de adopción, acogimiento, riesgo durante el embarazo, riesgo durante la lactancia y violencia de género **interrumpen** el cómputo de la duración del contrato (ET art.11.4.b redacc L 4/2023).

Si al término del contrato el trabajador **continúa en la empresa**, no podrá concertarse un nuevo período de prueba. La duración del contrato formativo computa a efectos de antigüedad en la empresa (ET art.11.4.g).

7102 **Puesto de trabajo** (ET art.11.3.f, g y j) El puesto de trabajo debe permitir la obtención de la práctica profesional adecuada al nivel de estudios o de formación objeto del contrato. La empresa debe elaborar el **plan formativo individual** en el que se especifique el contenido de la práctica profesional, y asignar tutor o tutora que cuente con la formación o experiencia adecuadas para el seguimiento del plan y el correcto cumplimiento del objeto del contrato.
A la finalización del contrato la persona trabajadora tiene derecho a la **certificación** del contenido de la práctica realizada.
Reglamentariamente se debe desarrollar el alcance de la formación correspondiente al contrato de formación para la obtención de prácticas profesionales, particularmente en el caso de acciones formativas específicas dirigidas a la digitalización, la innovación o la sostenibilidad, incluyendo la posibilidad de microacreditaciones de los sistemas de formación profesional o universitaria.
Las personas contratadas con contrato de formación para la obtención de práctica profesional no pueden realizar **horas extraordinarias**, salvo las previstas legamente (ET art.35.3).

7104 **Retribución** (ET art.11.3.i) La retribución por el tiempo de trabajo efectivo es la fijada **en el convenio colectivo** aplicable en la empresa para estos contratos, o, en su defecto, la del grupo profesional y nivel retributivo correspondiente a las funciones desempeñadas. En ningún caso la retribución puede ser **inferior** a la retribución mínima establecida para el contrato para la formación en alternancia (nº 7080), ni al SMI en proporción al tiempo de trabajo efectivo.
Esta retribución es proporcional al tiempo efectivamente trabajado, si los trabajadores son contratados **a tiempo parcial**.

7106 **Extinción** (ET art.11.3.g y 49.1.c) El contrato se extingue por la expiración del tiempo válidamente convenido, previa **denuncia** o comunicación de la empresa. Agotada la duración máxima y si no media denuncia expresa y el trabajador continúa prestando sus servicios, el contrato se considera prorrogado tácitamente como contrato ordinario por tiempo indefinido (nº 6650 s.).
Estos contratos están excluidos expresamente de la **indemnización** prevista para la extinción de otros contratos temporales
A la finalización del contrato la persona trabajadora tiene derecho a la **certificación** del contenido de la práctica realizada.

C. Aspectos comunes

7115 **Conversión en indefinido** (ET art.11.4.h) Los contratos formativos celebrados **en fraude de ley** o aquellos respecto de los cuales la empresa **incumpla sus obligaciones formativas** se entienden concertados como contratos indefinidos de carácter ordinario.
Igualmente adquieren la condición de personas trabajadoras fijas y a jornada completa las contratadas para la formación que **no hubieran sido dadas de alta en la Seguridad Social**, una vez transcurrido un plazo igual al que legalmente hubieran podido fijar para el período de prueba, salvo que de la propia naturaleza de las actividades o de los servicios contratados se deduzca claramente la duración temporal de los mismos (RD 1529/2012 art.14).
Además, el contrato **se presume celebrados por tiempo indefinido** y a jornada completa cuando **no** se hubiesen observado las exigencias de **forma escrita**, salvo prueba en contrario que acredite su naturaleza temporal (nº 6635 s.).

7117 **Incentivos** (ET disp.adic.20ª.1) Las empresas que celebren contratos formativos con **trabajadores con discapacidad** tienen derecho a una bonificación, durante la vigencia del contrato, del 50% de la cuota empresarial a la Seguridad Social correspondiente a contingencias comunes (nº 8322).

7119 **Suspensión del contrato** (ET art.11.4.b redacc L 4/2023) Las situaciones de IT, nacimiento, adopción, guarda con fines de adopción, acogimiento, riesgo durante el embarazo, riesgo durante la lactancia y violencia de género interrumpen el cómputo de la duración del contrato.

Precisiones Con efectos **a partir del 28-10-2024**, la suspensión de los contratos temporales, incluidos los formativos, de relevo e interinidad que tengan como causa directa los daños producidos por la **DANA**, así como las pérdidas de actividad indirectamente originadas por la misma en diferentes municipios entre el 28 de octubre y el 4 de noviembre de 2024, supone la interrupción del cómputo, tanto de la duración de estos contratos, como de los periodos de referencia equivalentes al periodo suspendido, en cada una de estas modalidades contractuales y respecto de las personas trabajadoras afectadas por estas (RDL 7/2024 art.47).

Competencias de la negociación colectiva A través de la negociación colectiva se deben fijar criterios y procedimientos tendentes a conseguir una presencia equilibrada de hombres y mujeres vinculados a la empresa mediante contratos formativos. Asimismo, pueden establecerse compromisos de conversión de los contratos formativos en contratos por tiempo indefinido (ET art.11.6). **7121**

Mediante **convenio colectivo de ámbito sectorial** estatal, autonómico o, en su defecto, en los convenios colectivos sectoriales de ámbito inferior, se podrán determinar los puestos de trabajo, actividades, niveles o grupos profesionales que podrán desempeñarse por medio de contrato formativo (ET art.11.4.e).

Reglamentariamente se establecerán, previa consulta con las administraciones competentes en la formación objeto de realización mediante contratos formativos, los **requisitos** que deben cumplirse para la celebración de los mismos, tales como el número de contratos por tamaño de centro de trabajo, las personas en formación por tutor o tutora, o las exigencias en relación con la estabilidad de la plantilla (ET art.11.4.i).

Respecto de las **obligaciones informativas** del empresario, ver nº 6665.

CAPÍTULO 28

Sucesión de contratos temporales

7150

El recurso a la contratación de duración determinada como herramienta de flexibilidad laboral se pretende compatibilizar a menudo con el beneficio de la experiencia adquirida por quien ya ha prestado servicios por cuenta de la empresa, o de alguna de las sociedades del grupo mercantil del que forma parte, mediante la celebración sucesiva de contratos temporales **con el mismo trabajador** para desempeñar igual o diferente puesto de trabajo -encadenamiento subjetivo- (nº 7160). 7152

En otras ocasiones, la estrategia empresarial, que se puede solapar con la anterior, consiste en hacer rotar a distintos trabajadores temporales **por el mismo puesto de trabajo** -encadenamiento objetivo- (nº 7220). Ambos supuestos están **limitados** legalmente mediante el establecimiento de límites al encadenamiento de contratos. No obstante, se pueden introducir límites adicionales mediante la negociación colectiva, interpretada, en sentido amplio, comprensiva de los distintos instrumentos que el ordenamiento pone a disposición de los representantes de los trabajadores y empresarios y no solo los convenios colectivos estatutarios o de eficacia general (TS 25-9-02, EDJ 12928).

Precisiones La concatenación de contratos temporales **reiterada sistemáticamente en el tiempo** para dar respuesta a un determinado nivel de absentismo debido a causas lícitas, o el incremento del tráfico en determinadas épocas del año, puede convertirse en una situación estructural, que no justifica una sucesión de contratos temporales por las mismas o similares causas durante tan largo período de tiempo (TS 18-5-22, EDJ 586527; 19-5-22, EDJ 594705; 20-5-22, EDJ 594802).

A. Reiteración de contratos temporales con el mismo trabajador

Las empresas o grupos de empresa pueden emplear a un trabajador mediante sucesivos contratos de trabajo de duración determinada, al amparo de la misma o de diferentes modalidades legalmente previstas, incluso para desempeñar el mismo puesto de trabajo, aunque no exista solución de continuidad en la prestación de servicios siempre que en cada uno de ellos **concurra** la **causa objetiva** que justifica la temporalidad pactada y se cumplan los requisitos exigidos legalmente. En ese caso, se considera que cada contrato temporal responde al objeto específicamente fijado y da lugar a vinculaciones autónomas entre sí, así como que su mera reiteración no hace surgir una presunción de actuación fraudulenta por parte del empleador, ni determina la transformación de la relación en fija (TS 4-7-94, EDJ 5785). 7160

No obstante, el uso injustificado o en fraude de ley de los contratos temporales así como el incumplimiento de determinadas obligaciones tienen el efecto disuasorio de **convertir en indefinida** la relación de duración determinada pretendida (nº 7000). Asimismo, se establecen otras medidas que intentan poner freno al uso prolongado de contratos temporales aunque su concertación cumpla todas las exigencias legales para ello, como el establecimiento **límites a la celebración de contratos por circunstancias de la producción** sucesivos (nº 7170).

Medidas para frenar la utilización abusiva de contratos de duración determinada La cláusula 5ª del Acuerdo marco europeo sobre el trabajo de duración determinada Dir 1999/70/CE establece la obligación de los Estados miembros que no cuenten con medidas legales para prevenir los abusos por la utilización sucesiva de contratos o relaciones laborales de duración determinada, de introducir una o varias de las siguientes **medidas**: 7162

1. Razones objetivas que justifiquen la renovación de tales contratos o relaciones laborales, entendidas como circunstancias específicas y concretas que caracterizan una determinada

actividad y que, por tanto, pueden justificar en ese contexto particular la utilización sucesiva de contratos de trabajo de duración determinada.
2. La duración máxima total de los sucesivos contratos de trabajo o relaciones laborales de duración determinada.
3. El número de renovaciones de tales contratos o relaciones laborales.
El legislador español ha optado por la segunda de las medidas mediante el establecimiento, a través del ET art.15.5, de un límite objetivo a la sucesión de contratos temporales sin necesidad de que haya que apreciar circunstancias indiciarias de abuso o de fraude (nº 7170).

Precisiones La **doctrina comunitaria** recaída en torno a la cláusula reseñada representa un valioso elemento interpretativo del ET art.15.5º (TJUE 4-7-06, C-212/04 apartado 65; 7-9-06, C-53/04 apartado 44; 7-9-06, C-180/04 apartado 35; 15-4-08, C-268/06 apartado 69; 10-3-11, C-109/09 apartado 32; 26-1-12, C-586/10 apartado 25 s.; 8-3-12, C-251/11 apartado 34 s.; 26-11-14, C-22/13 apartado 72 s.; auto 11-12-14, C-86/14; 26-2-15, C-238/14 apartado 37 s.).

1. Límite legal

(ET art. 15.5.1º; RDL 32/2021 disp.trans.5ª)

7170 La sucesión de **contratos por circunstancias de la producción** celebrados **a partir del 30-3-2022** por una empresa con el mismo trabajador para desempeñar igual o diferente puesto de trabajo se sujeta a un plazo máximo de duración cuya superación determina la transformación automática del vínculo en fijo. Así, adquieren la **condición de fijos** los trabajadores que en un período de 24 meses son contratados para desempeñar el mismo o diferente puesto de trabajo en la misma empresa o grupo de empresas durante un plazo superior a 18 meses, con o sin solución de continuidad, mediante dos o más contratos por circunstancias de la producción, y tanto si los contratos han sido concertados directamente por la empresa o grupo, como si la prestación ha tenido lugar con la intermediación de una o más ETTs.
Esta **limitación** es **aplicable** a los contratos por circunstancias de la producción en cualquiera de sus modalidades (nº 6765 s.). Quedan excluidos de su ámbito de aplicación los contratos de sustitución (nº 6895 s.), los formativos (nº 7050), y los contratos de relevo (nº 6425 s.).
Traspasado este umbral temporal, la **temporalidad** de la relación se considera **injustificada** y la misma deviene indefinida por mandato legal, sin necesidad de acreditar el carácter fraudulento o abusivo de la actuación empresarial. Se trata de un mandato imperativo legal al que no cabe oponer la naturaleza temporal de la relación.
La mutación se produce «*ex lege*» a partir del mismo momento en que se supera el tiempo fijado, sin necesidad de que medie reconocimiento expreso por parte del empleador, o declaración judicial alguna en tal sentido, toda vez que el tenor literal de la norma confiere automáticamente naturaleza indefinida a la relación laboral temporal por el sólo transcurso del tiempo.
El límite legal también es de aplicación cuando se produzcan supuestos de **sucesión o subrogación empresarial** conforme a lo dispuesto legal o convencionalmente (nº 7177).

Precisiones **1)** La **limitación** que establece la ley lo es en relación al trabajador y no al puesto de trabajo, para el que se aplica el límite analizado en el nº 7220.
2) La regla legal resulta también aplicable a los contratos laborales artísticos para **artistas, técnicos o auxiliares** (RD 1435/1985 art.5.4).
3) El límite legal al encadenamiento de contratos temporales también entra en juego cuando el empleador es una **Administración pública** pero con las particularidades analizadas en el nº 290 Memento Empleado Público 2024-2025 (ET disp.adic.15ª).
4) La **acción** para solicitar el reconocimiento del carácter indefinido de la relación laboral por superación del plazo legal (ET art.15.5.1º) no está sometida a **ningún plazo especial** y puede ser ejercitada en cualquier momento mientras el vínculo con la empresa respecto a la que se pretende hacer valer permanezca vigente (TSJ Madrid 24-11-14, EDJ 229776).

a. Requisitos para la adquisición de fijeza

7175 Para que se produzca el efecto previsto en la ley es preciso que concurran los cuatro **elementos** que delimitan el supuesto de hecho regulado:
- elemento personal (nº 7177);
- elemento contractual (nº 7179);
- elemento funcional (nº 7181);
- elemento temporal (nº 7183).

No se exige, por el contrario, la concurrencia de **fraude de ley** por falta de causalidad adecuada a las modalidades contractuales elegidas. El límite a la sucesión de contratos obedece a la circunstancia puramente objetiva de haber rebasado la concatenación contractual el límite máximo marcado, sin que sea necesaria la existencia de ánimo defraudatorio por parte de la empresa (TSJ Sevilla 7-2-13, EDJ 54929). Su virtualidad se despliega en el ámbito de la sucesión de contratos temporales válidamente concertados, pues su propósito no es combatir la temporalidad fraudulenta sino acotar la temporalidad regular excesiva (TSJ Asturias 20-12-10, EDJ 323728; TSJ C.Valenciana 5-7-11, EDJ 214944; TSJ Las Palmas 18-12-12, EDJ 355741). No se trata por tanto de dilucidar la validez de los objetos contractuales sucesivamente formalizados y la adecuación a los mismos de los servicios prestados, sino si la situación tiene o no encaje en el supuesto de hecho descrito en la ley (TSJ Sevilla 2-11-11, EDJ 297304).

Elemento personal Los contratos temporales que se toman en consideración a efectos de la aplicación de la norma son los celebrados entre el mismo trabajador y la misma empresa -o la que, en su caso, le suceda-, u otra perteneciente al mismo grupo de empresas, tanto los formalizados directamente como los concertados por medio de empresas de trabajo temporal. **7177**

Deben, por lo tanto, computarse los contratos temporales celebrados con todas las empresas pertenecientes al mismo **grupo**. Y ello, a fin de evitar los posibles abusos derivados de la circulación de trabajadores entre las distintas sociedades que lo conforman.

El límite legal al encadenamiento de contratos temporales opera asimismo en los **supuestos de subrogación legal o convencional**, lo que implica que todas las contrataciones y periodos servidos por los trabajadores que han sido objeto de subrogación se computan a efectos de su aplicación como si hubiesen sido concertados con la misma empresa. En estos casos no se produce una ruptura de la secuencia contractual. El nuevo empleador se sitúa, por imperativo legal o convencional, en la posición jurídica del que le precedió y, por ello, debe asumir los contratos de trabajo que hubiese otorgado, lo que supone que los suscritos por el anterior empresario han de tomarse en consideración como si los hubiese firmado el nuevo (TSJ Castilla-La Mancha 30-4-14, EDJ 78556). Y ello, aunque el cedente no informase al cesionario sobre alguno de los contratos de trabajo suscritos, ya que dicha irregularidad no puede redundar en perjuicio del afectado al no serle imputable, como tampoco puede ir en su contra el hecho de que en el documento de subrogación que suscribió se hiciese constar como fecha de antigüedad la del segundo de los contratos de trabajo suscritos con la anterior empresa (ET art.3.5) (TSJ C.Valenciana 22-3-16, EDJ 98449).

Precisiones **1)** En el Derecho del Trabajo no existe una **noción propia de «grupo de empresas»**. A falta de un concepto general de grupo en este sector del ordenamiento, la **jurisprudencia social** lo define como el integrado por el «conjunto de sociedades que, conservando sus respectivas personalidades jurídicas, se encuentran subordinadas a una dirección económica unitaria». Se caracteriza así el grupo a partir de una dirección unitaria y presumible por la situación de control (TS 27-5-13, EDJ 142865; 21-5-14, EDJ 124157; 29-9-15, EDJ 225483). Conforme a esta noción amplia, la operatividad de la regla legal **no depende** de que presente cuentas anuales consolidadas o de que se presente formalmente, como tal.

2) La previsión normativa no está referida a los **grupos patológicos** de empresas que actúan como verdaderos empresarios, en los que la aplicación de la norma deviene de un empleador único, con las consecuencias inherentes en el plano de la responsabilidad, sino a aquellos otros en los que **no concurren** las notas adicionales exigidas por la jurisprudencia para apreciar esa figura (TSJ Málaga 26-11-15, EDJ 265460; en sentido contrario, TSJ Cataluña 14-7-11, EDJ 202314).

Elemento contractual La prestación de servicios debe haberse canalizado a través de **dos o más contratos por circunstancias de la producción**. La finalidad de esta regla es limitar el encadenamiento de contratos por circunstancias de la producción, por lo que la previsión normativa no entra en juego cuando se ha celebrado un único contrato, aunque su duración en el tiempo se haya prolongado más de 24 meses (TSJ Madrid 3-6-15, EDJ 118585; TSJ Galicia 8-7-15, EDJ 127170). **7179**

Esta regla se aplica a los contratos por circunstancias de la producción **suscritos a partir del 30-3-2022** (RDL 32/2021 disp.trans.5ª).

Respecto de los contratos **suscritos con anterioridad**, a efectos del cómputo del número de contratos, del período y del plazo se debe tomar en consideración únicamente el contrato vigente a 30-3-2022. Por lo tanto, habrá de tomarse en consideración la fecha de celebración del contrato que se mantiene vigente a 30-3-2022, pues es esa fecha la que marca el inicio del cómputo del período de los 24 meses. Además, se computa toda la duración del contrato, incluida la anterior al 30-3-2022, a efectos de determinar si, junto con otro u otros contratos por circunstancias de la producción que pudiera celebrar el trabajador se supera el plazo de 18 meses.

Precisiones El contrato por circunstancias de la producción, única modalidad contractual temporal a la que se le aplica la prohibición de concatenación de contratos, es creada *ex novo* por el RDL 32/2021, por lo tanto, si se toma como referencia un **contrato temporal vigente antes de la entrada en vigor** de la reforma laboral, la norma solo cobra sentido si se admite que ese primer contrato pueda revestir la forma de obra o servicio determinado o eventual por circunstancias del mercado, acumulación de tareas o exceso de pedidos, que despliegan sus efectos hasta su duración máxima (RDL 32/2021 disp.trans.3ª). Asimismo, habrá de admitirse los contratos para obra y servicio determinado y los contratos eventuales por circunstancias del mercado, acumulación de tareas o exceso de pedidos, celebrados desde el 31-12-2021 hasta el 30-3-2022, cuya celebración se permite con una duración máxima de 6 meses (RDL 32/2021 disp.trans.4ª).

7181 **Elemento funcional** Resulta indiferente que la concatenación de contratos por circunstancias de la producción se celebren con el trabajador para desempeñar **el mismo o diferentes puestos de trabajo**.

Inicialmente, a efectos de la aplicación de la regla estudiada, los contratos temporales debían haberse concertado para ocupar **el mismo puesto de trabajo**. Este requisito fue suprimido en la reforma de 2010 (RDL 10/2010; L 35/2010) con la finalidad de evitar la elusión de la regla legal mediante la adscripción del trabajador a diferentes puestos, y posibilitar su operatividad aunque los distintos contratos se hubiesen suscrito para desempeñar puestos de trabajo diversos.

7183 **Elemento temporal** El trabajador debe permanecer vinculado a la empresa mediante contratos por circunstancias de la producción (nº 6760 s.) durante más de 18 meses en un periodo de referencia de 24 meses. Este requisito se configura, por lo tanto, atendiendo a un doble parámetro (TSJ Sevilla 12-4-18, EDJ 102434):

a) **Periodo de referencia**. Los abusos en la contratación temporal sucesiva se intentan evitar estableciendo períodos temporalmente acotados de 24 meses ininterrumpidos, en los que se ha de tomar en consideración todo el tiempo de servicio prestado mediante contratos por circunstancias de la producción.

b) **Tiempo de contratación**. La duración del tiempo total trabajado mediante los sucesivos contratos temporales computables ha de rebasar el **tope mínimo** de 18 meses. Los contratos pueden ser celebrados con o sin solución de continuidad.

Precisiones **1)** No se exige que el trabajador haya prestado servicios durante 24 meses. Este plazo es solamente un marco de referencia temporal dentro del cual han de encuadrarse los 18 meses de servicios prestados, mediante contratos susceptibles de cómputo, sin que sea preciso que se haya trabajado los 24 meses sino **un día más de los 18 meses exigibles** (TSJ Madrid 25-11-13, EDJ 266593; TSJ Galicia 11-3-11, EDJ 50374).

2) El módulo temporal tiene carácter móvil, en tanto que la norma no fija un **hito inicial** de carácter estático, coincidente con la fecha del primer contrato temporal valorable al efecto, y tampoco un hito final, coetáneo con el momento de extinción del último contrato de la serie. Esto significa que en cada caso concreto habrá que calcular la duración total del tiempo trabajado al amparo de los **contratos contabilizables** durante un plazo de 24 meses, teniendo en cuenta, de un lado, la sucesión de contratos temporales computables y, en su caso, no computables y, de otro, que la realización de nuevos contratos permite abrir nuevos arcos temporales de referencia. En definitiva, lo relevante es que en una horquilla temporal de 24 meses el trabajador haya prestados servicios más de 18 meses mediante dos o más contratos por circunstancias de la producción (TSJ Sevilla 30-3-17, EDJ 122162).

3) A efectos de acreditar este requisito resulta irrelevante que entre los diferentes contratos temporales haya existido **solución de continuidad**, y que los intervalos sin prestación de servicios hayan sido más o menos prolongados (muy superiores incluso al plazo de 20 días hábiles), o que entre ellos se hayan intercalado uno o más contratos temporales bajo modalidades no susceptibles de cómputo, pues la norma ya parte de la premisa de que tales interrupciones pueden existir, al no establecer ningún plazo mínimo ni máximo entre dos contratos temporales consecutivos, exigiendo tan solo que se cumplan 18 meses de trabajo efectivo en un período de 24 meses (TSJ Madrid 6-3-13, EDJ 44380; 29-11-10, EDJ 316572).

4) La determinación de este presupuesto presenta cierta complejidad respecto de los contratos **a tiempo parcial** concertados para la prestación de servicios durante un determinado número de días a la semana, al mes o al año. En ese caso surge la duda de si hay que contabilizar todos los días de duración del contrato o solo los efectivamente trabajados y los que correspondan al tiempo de descanso semanal y a los festivos. La literalidad de la norma inclina a favor de la primera alternativa, aunque también existen argumentos a favor de la segunda. Los tribunales consideran que ha de atenderse al plazo de duración de los servicios, computado de fecha a fecha (CC art.5.1), tanto para verificar el tiempo de duración de los citados servicios como los 24 meses del marco de referencia, se haya trabajado a jornada completa o parcial, todos los días o solo días concretos y determinados (TSJ Galicia 11-3-11, EDJ 50374).

b. Derechos de información de los trabajadores

(ET art.15.9)

El empresario, en los 10 días siguientes al cumplimiento del plazo de los 18 meses, debe facilitar al afectado un **documento justificativo** sobre su nueva condición de trabajador fijo (certificado de fijeza). Esta información debe comunicarse también a la representación legal de los trabajadores. **7190**
Tal comunicación debe realizarse desde el momento en que se cumplan las exigencias impuestas por la norma, sin esperar a que finalice el último contrato temporal de la cadena.
En todo caso, el trabajador puede **solicitar** por escrito **al servicio público de empleo** correspondiente la emisión de un certificado de los contratos de duración determinada celebrados con la empresa o grupo, a los efectos de poder acreditar su condición de trabajador fijo. El SEPE debe expedirlo y ponerlo en conocimiento de la empresa en la que presta sus servicios, así como de la ITSS si advirtiera que se han sobrepasado los límites temporales máximos establecidos.
En la práctica, tal comunicación empresarial no es habitual y tampoco la petición del certificado por parte del trabajador, siendo frecuente que la alegación de la indefinición de la relación al amparo de la norma estatutaria la realice el afectado en el marco del procedimiento de despido promovido contra la decisión empresarial de poner fin a la relación, formalmente temporal, al finalizar la vigencia del último contrato de la serie.

Precisiones La falta de entrega al trabajador por parte del empresario del documento justificativo sobre su nueva condición de trabajador fijo constituye una **infracción leve** en materia de relaciones laborales sancionable con multa de entre 70 y 750 € (LISOS art.6.4 bis y 40).

c. Efectos de la adquisición de fijeza

Aunque el ET **no** contiene ninguna **previsión específica** al respecto, hay que entender que cuando el trabajador ha rotado por diferentes puestos de trabajo conforme a lo previsto en los sucesivos contratos por circunstancias de la producción, **el que consolida**, una vez adquirida la fijeza, es el últimamente desempeñado, sin perjuicio de las facultades empresariales en materia de movilidad funcional. **7195**
Se plantea la duda de si la superación del umbral legal puede ser capaz de generar una **relación fija-discontinua** de concurrir las notas que la caracterizan. Aunque en relación con la norma anterior a la reforma laboral introducida por el RDL 32/2021, existe algún pronunciamiento que niega esta posibilidad al considerar que la fijeza a la que se refiere la norma no puede ser sino la ordinaria o de naturaleza continua (TSJ Extremadura 10-3-11, EDJ 59507), este razonamiento no resulta convincente (hay incluso convenios colectivos que contemplan expresamente esa posibilidad como el que aplica la TSJ Cataluña 19-9-12, EDJ 236173). En todo caso, es claro que si la naturaleza de la actividad desarrollada por el trabajador no tiene carácter discontinuo no existe ningún argumento jurídico que justifique la calificación de la relación como fija discontinua (TSJ Castilla-La Mancha 4-12-12, EDJ 318793).

Precisiones **1)** Convertida la relación laboral en indefinida por el mero transcurso del plazo legal, **ningún efecto novatorio** sobre ese tipo de vínculo puede tener la posterior suscripción de un contrato temporal, aún de una modalidad excluida de cómputo, al encontrarse proscrita esa novación (ET art.3.5) (TSJ Madrid 13-9-13, EDJ 224800; TSJ Valladolid 30-11-11, EDJ 299257).
2) Para no lesionar los objetivos perseguidos por la Dir 1999/70/CE ni su efecto útil, los Estados miembros deben velar por que la transformación del contrato **no** vaya acompañada de **modificaciones sustanciales** de las cláusulas del contrato precedente en un sentido globalmente desfavorable para el trabajador cuando los cometidos de este y la naturaleza de sus funciones sigan siendo los mismos (TJUE 8-3-12, C-251/11).

2. Sucesión contractual fraudulenta

La mera sucesión de contratos temporales concertados entre un trabajador y una empresa o varias empresas pertenecientes al mismo grupo, sin ninguna circunstancia adicional relevante, no basta para inferir que tal proceder no tiene otro propósito que proporcionar ilícitamente al empresario cobertura para eludir el principio general de preeminencia de la contratación indefinida, siempre que en cada uno de los concertados concurra la **causa objetiva** que lo justifica. **7200**
La existencia de **fraude de ley** no puede basarse por tanto en la mera continuidad en la prestación de servicios derivada de la concatenación de contratos de duración determinada (TS 19-1-95, EDJ 24570; 4-7-94, EDJ 5785). No obstante, es posible que a través de esta práctica se desarrolle una actuación en fraude de ley en cualquiera de estas **formas**:
1. De manera individualizada, esto es, apreciable en un concreto contrato de la cadena, o en varios de ellos, en su consideración aislada (nº 7202).

2. De modo global, atendiendo a los diferentes contratos en su consideración conjunta y a las vicisitudes de la relación mantenida por las partes (nº 7206).

Precisiones **1)** En ambos casos la **consecuencia** del fraude de ley es la indefinición de la relación laboral (ET art.15.4).

2) La **inexistencia de fraude** de ley en cualquiera de las formas señaladas no impide que el trabajador que ha formalizado **dos o más contratos por circunstancias de la producción** con una empresa o con varias que formen parte del mismo grupo pueda adquirir la condición de fijeza por superar el límite legal (nº 7170).

7202 **Fraude de ley en alguno de los contratos de la cadena** Cuando alguno de los contratos temporales deba considerarse **ilegal** por haber sido celebrado sin causa que justifique su temporalidad, por infringir abiertamente los límites a su duración o por haberse desvirtuado su objeto, la cadena queda viciada y, desde entonces, debe estimarse que la relación laboral existente entre las partes es indefinida. Es decir, la irregularidad de todos o parte de los contratos laborales sucesivos, sin solución de continuidad, convierte la relación laboral en indefinida (TS 5-5-04, EDJ 44793; 7-11-05, EDJ 271902; 5-12-05, EDJ 237478; 6-3-09, EDJ 32346; 2-11-09, EDJ 283341; 20-10-10, EDJ 241869; 15-5-15, EDJ 105769; 23-2-16, EDJ 38998). Ello es así porque cuando un contrato temporal deviene indefinido por defectos esenciales en la contratación, la novación aparente de esta relación laboral ya indefinida, mediante la **celebración de un nuevo contrato temporal** sin práctica solución de continuidad, carece de eficacia (ET art.3.5) (TS 21-3-02, EDJ 10942; 6-3-09, EDJ 32346; 2-11-09, EDJ 283341; 20-10-10, EDJ 241869; 25-1-11, EDJ 16713). Se ha desplazado, por tanto, la doctrina judicial previa que se limitaba al examen del último contrato concertado, por entender que los anteriores habían sido consentidos por el trabajador (TS 23-5-94, EDJ 4669; 24-1-96, EDJ 52453). Advierte ahora la jurisprudencia que esta regla de control del último contrato puede obviarse cuando se acredita una actuación empresarial en fraude de ley y, al mismo tiempo, permanece la **unidad esencial del vínculo laboral**, por no existir solución de continuidad o ser de escasa entidad (TS 6-3-09, EDJ 32346; 2-11-09, EDJ 283341; 20-10-10, EDJ 241869; 25-9-12, EDJ 277756; 16-4-12, EDJ 103631; TSJ Madrid 14-9-12, EDJ 229208; TSJ Asturias 4-3-11, EDJ 45588; 8-6-12, EDJ 132094; TSJ C.Valenciana 8-5-12, EDJ 158641).

Con carácter general, la jurisprudencia viene entendiendo que este carácter indefinido de la relación laboral no se rompe por **cortas interrupciones** que busquen aparentar el nacimiento de una nueva (TS 20-2-97, EDJ 1379; 21-2-97, EDJ 897; 25-3-97, EDJ 3119; 2-11-09, EDJ 283341). Se considera normalmente, aunque el principio admite excepciones, interrupción irrelevante aquélla que no excede del plazo de caducidad legalmente establecido para demandar por despido (20 días hábiles) o los períodos sin prestación de servicios coincidentes con el período de vacaciones estivales aunque excedan del plazo señalado (TS auto 10-4-02, EDJ 123399).

Asimismo, impiden también apreciar la ruptura de la unidad esencial del vínculo algunas **interrupciones significativas** en la prestación de servicios, por ejemplo de mes y medio o más, en supuestos en los que concurren determinadas circunstancias especiales, tales como el historial de contratación, la identidad o similitud de las tareas realizadas durante los diferentes contratos, el carácter fraudulento de las contrataciones, y la entidad del paréntesis. Valorando todas o alguna de esas variables se considera que la unidad de la relación se ha conservado a pesar de haber transcurrido **3 meses y 18 días** cuando la actividad ha sido la misma o muy similar y al tratarse de una actividad normal y permanente de la entidad demandada (TS 23-1-24, EDJ 503286); **69 días** en caso de reiterada contratación fraudulenta (TS 23-2-16, EDJ 38998); **45 días** teniendo en cuenta esa misma circunstancia (TS 3-4-12, EDJ 70598); o el tiempo trabajado antes y después de la interrupción (TS 15-5-15, EDJ 105769); o de **29 días**, durante los que el trabajador percibió prestaciones de desempleo (TS 29-3-17, EDJ 37157).

No obstante, el propio TS ha matizado que **no** existe **unidad esencial del vínculo** cuando existen más de veinte contratos temporales en el periodo de seis años y en cuatro ocasiones, al menos, los períodos de cese alcanzaron más de los tres meses e incluso cinco y seis meses, percibiendo además el trabajador prestaciones por desempleo en algunos periodos (TS 10-7-10, EDJ 226261).

7204 Precisiones **1)** No obsta a la subsistencia del vínculo la simple firma de recibos de **saldo y finiquito** entre los sucesivos contratos (TS 15-5-15, EDJ 105769; 17-3-11, EDJ 30917; 18-2-09, EDJ 22976; 15-11-00, EDJ 44327; 29-3-93, EDJ 3099). Tampoco lo imposibilita el hecho de que durante el período de inactividad el trabajador percibiese **prestaciones por desempleo** (TS 23-2-16, EDJ 38998; 15-5-15, EDJ 105769; 29-3-17, EDJ 37157).

2) En los casos descritos el carácter fraudulento de cualquiera de los contratos genera una situación de fijeza que no se pierde por el hecho de que **el trabajador consienta los ceses** anteriores, ni por la novación aparente provocada por la **formalización de contratos temporales subsiguientes**, incluso aunque alguno de ellos en sí mismo, haciendo abstracción de la serie contractual, pudiese reputarse válido. De este modo, las sucesivas relaciones laborales temporales, que en circunstancias normales no se hubieran intercomunicado, pasan a constituir una única relación laboral indefinida e indisponible (TS 20-10-10, EDJ 241869; 15-7-09, EDJ 229111; 6-3-09, EDJ 32346; 21-3-02, EDJ 10942).

3) En los supuestos de transmisión de empresa , con la consiguiente subrogación, no quiebra la unidad del vínculo por el hecho de que haya habido una **baja voluntaria** por parte del trabajador, seguida a los pocos días de una nueva contratación temporal (por distinta empresa) para el mismo puesto de trabajo (TS 26-1-22, EDJ 503859).

Fraude de ley en el conjunto de la cadena La existencia de fraude de ley puede extraerse de la cadencia de la serie contractual, en tanto que puede poner de manifiesto que se persigue un resultado de temporalidad prohibido por el ordenamiento jurídico. **7206**

Cuando se ha suscrito una pluralidad de contratos fraudulentos (en el caso resuelto 20 contratos temporales en 15 años) en virtud de los cuales se realiza la actividad habitual y ordinaria del empleador, se trata de una prolongación en el tiempo de una situación ilegal que minora la relevancia de las **interrupciones contractuales** producidas entre la finalización de cada contrato temporal y la suscripción del siguiente, las cuales oscilan entre 4 días la interrupción menor y 4 meses y 13 días la mayor, por lo que debe computarse a esos efectos toda la trayectoria profesional de la trabajadora (TS 9-12-20, EDJ 746905).

La **ausencia de reclamación en cada uno de los ceses** de una cadena de contratos temporales suscritos en fraude de ley, reclamando haber adquirido la condición de indefinido por defectuosa contratación, no excluye la posibilidad de reclamar la condición del estatus de fijo discontinuo que le confiere el convenio colectivo de aplicación (TS 28-9-16, EDJ 197707; 20-9-16, EDJ 178670; 24-2-16, EDJ 29565; 11-5-16, EDJ 78275). Así, se califica como relación **fija discontinua** la sucesión de contratos temporales eventuales en los que no se identifica, ni se prueba, la concurrencia de las causas excepcionales u ocasionales que justifiquen la contratación temporal, reconociéndose la antigüedad, con arreglo al convenio colectivo de aplicación, en función de los periodos de prestación de servicios efectiva (TS 25-4-23, EDJ 559196).

Precisiones **1)** El supuesto más típico es el de la realización de contratos temporales sucesivos dirigidos a atender necesidades de trabajo normales y permanentes de **carácter intermitente o cíclico**, que se reiteran en el tiempo y aparecen dotadas de cierta homogeneidad, como sucede en las actividades que pasamos a relacionar a título ejemplificativo. En estos supuestos la relación, pese a su apariencia formal, debe ser calificada como **fija discontinua**, bien entendido que esa condición puede adquirirse aunque el trabajador haya suscrito un único contrato temporal siempre que concurran las notas anteriormente señaladas (TS 22-2-11, EDJ 16734). Tales **actividades** son las siguientes:

- extinción y prevención de **incendios forestales** durante los meses de verano (TS 26-5-15, EDJ 122736; 30-4-12, EDJ 118323; 24-4-12, EDJ 103628; 11-4-18, EDJ 64885);
- mantenimiento de los medios mecánicos de una **estación de esquí** (TS 18-9-12, EDJ 219979);
- trabajos administrativos relacionados con la **operación estival Paso del Estrecho** (TS 24-10-12, EDJ 246421);
- personal al servicio de una **compañía aérea** atendiendo a las circunstancias del caso (TS 24-2-16, EDJ 29565; 11-5-16, EDJ 78275);
- servicios de **guía-intérprete** durante la época del año en que existe mayor afluencia de visitantes (TS 28-11-11, EDJ 306697);
- realización de **encuestas** incluidas en la programación anual del Instituto Nacional de Estadística (TS 22-2-11, EDJ 16734);
- **formación ocupacional** a jóvenes desempleados o en situación de exclusión social (TS 14-7-09, EDJ 205417; 21-1-09, EDJ 16988);
- cuidado de niños en una **guardería infantil** (TS 20-4-05, EDJ 55272);
- impartición de **docencia ordinaria** en un colegio (TS 26-10-99, EDJ 32602).

2) Al margen del supuesto descrito se aprecia la existencia de fraude de ley en un caso en el que tras suscribir tres contratos eventuales por **acumulación de tareas y un contrato temporal para fomento del empleo**, el trabajador firmó un contrato de interinidad por vacante, desempeñando siempre el mismo puesto de trabajo, lo que muestra que la eventualidad a que se reconduce la causa última de los tres contratos celebrados en la primera fase no existió en realidad (TS 16-4-99, EDJ 6339).

3) A esa misma conclusión se llega en un supuesto en que el trabajador suscribió sucesivos **contratos eventuales** con una empresa de trabajo temporal para la prestación de servicios en la misma usuaria, desempeñando idénticas funciones que superaron el plazo máximo de duración legal de tal modalidad contractual (TSJ País Vasco 24-5-05, EDJ 118697).

3. Indemnización por despido

7215 En supuestos de sucesión de contratos temporales, si existe **unidad esencial de vínculo laboral** (nº 7202), se computa la totalidad de la contratación para el cálculo de la indemnización por despido (TS 8-3-07, EDJ 58652; 17-12-07, EDJ 274879; 18-2-09, EDJ 22976; 15-5-15, EDJ 105769; 8-11-16, EDJ 228888; 29-3-17, EDJ 37157). Es decir, la antigüedad del empleado en la empresa se remonta al momento en que se inició el trabajo en virtud del primer contrato temporal siempre que no haya existido una interrupción significativa (TS 7-6-17, EDJ 116012; 21-12-21, EDJ 806586), no existiendo un método matemático a la hora de apreciar la ruptura del vínculo, ni erigiéndose el módulo de 3 meses como barrera universal, dado que deben ponderarse todas las circunstancias concurrentes, incluida la duración global del arco temporal examinado (TS 21-9-17, EDJ 208950).

Por tanto, a efectos del cálculo de la indemnización por despido, el **tiempo de servicio** a que alude la ley (ET art.56.1), se remonta a la fecha de la primera contratación, tanto si han mediado **irregularidades** en los sucesivos contratos temporales cuanto si lo ocurrido es la mera **sucesión regular** de varios sin una solución de continuidad significativa (TS 5-5-97, EDJ 4208; 16-4-99, EDJ 6339; 15-11-07, EDJ 223136; 17-1-08, EDJ 3333; 18-2-09, EDJ 22976; 19-2-09, EDJ 22966; 21-4-10, EDJ 84359; 6-3-12, EDJ 48608; 15-5-15, EDJ 105769; 8-11-16, EDJ 228888).

Precisiones **1)** En supuestos de sucesión de contratos temporales, es irrelevante que hayan sido **concertados legalmente o de manera irregular**. Lo que importa es la total vinculación del trabajador a la empresa. Solo se produce la ruptura de la unidad esencial del vínculo, cuando no haya habido una solución de continuidad significativa, lo que ya no tiene lugar por el hecho de que sea de duración superior a 20 días, en tanto la duración de esa interrupción, no puede hacerse con precisión aritmética y habrá que estar a las circunstancias concurrentes en cada caso (TSJ Castilla y León 27-7-18, EDJ 586861; TS 21-9-17, EDJ 208950).

2) En el caso de **encadenamiento fraudulento de contratos temporales**, que son declarados indefinidos judicialmente, procede el abono de la **indemnización por despido improcedente**, y no la relativa a la extinción reglada del vínculo temporal, de manera que la ya abonada por el empleador por la extinción del último contrato temporal debe detraerse de la correspondiente para el despido improcedente (TS 20-6-18, EDJ 517982; 11-11-18, EDJ 586621; 14-2-19, EDJ 519324; 26-1-22, EDJ 504366; 9-3-22, EDJ 524714). También procede esta compensación en el supuesto en el que la relación laboral se ha sustentado en un **único contrato de trabajo** formalizado como temporal cuyo cese se califica como despido improcedente (TS 11-5-21, EDJ 577616). Ahora bien, debe tenerse en cuenta que la intangibilidad de la sentencia declarativa que establece el montante de la cuantía a ejecutar, en concepto de despido improcedente, no permite el descuento o compensación en vía de ejecución de la cuantía abonada previamente por la indemnización del contrato laboral temporal que no fue alegada durante el proceso (TS 5-7-23, EDJ 616423).

B. Concatenación de contratos temporales con distintos trabajadores para el mismo puesto de trabajo

(ET art.15.5)

7220 Con anterioridad a la reforma laboral introducida por el RDL 32/2021, se encomendaba a la **negociación colectiva** establecer cláusulas limitativas a la utilización sucesiva de la contratación temporal de diferentes trabajadores para la cobertura del mismo puesto de trabajo, atendiendo a las características del puesto y a las peculiaridades de la actividad, al objeto de evitar la rotación de trabajadores temporales en un mismo puesto de trabajo.

Actualmente, esta encomienda ha sido sustituida por una **limitación legal** en los mismos términos que los establecidos para el encadenamiento subjetivo (nº 7160 s.). De esta forma, adquieren la condición de fijos los trabajadores que ocupen un puesto de trabajo que haya estado ocupado, con o sin solución de continuidad, durante 18 meses en un período de 24 meses mediante **contratos por circunstancias de la producción**, incluidos los contratos de puesta a disposición realizados con ETT.

Lo que se sanciona es la vinculación de contratos por circunstancias de la producción a un determinado puesto de trabajo. Debe tenerse en cuenta, además, que la celebración de un contrato por circunstancias de la producción para ocupar un puesto de trabajo que, por sus características propias, requiere una cobertura permanente, supone una **infracción grave** por inexistencia de la causa temporal que la justifica (LISOS art.7.2).

Precisiones Puede ser controvertido **determinar qué trabajador**, de los diferentes que han ocupado sucesivamente el puesto de trabajo, adquiere la condición de fijo. Parece deducirse que, si lo relevante es que un mismo puesto de trabajo haya sido ocupado, con o sin solución de continuidad, durante un período de tiempo mediante una modalidad contractual concreta, sea el último trabajador quien reclame la condición de fijo. Pero si este no lo reclama, podría hacerlo el siguiente que ocupara el puesto de trabajo.

PARTE VIII

Trabajo a distancia

CAPÍTULO 29

Trabajo en común/grupo

 7300

Las siguientes **modalidades plurisubjetivas** de contrato de trabajo se caracterizan porque, del lado del trabajador, no existe un único sujeto sino varios: 7302
- contrato de grupo;
- trabajo en común;
- auxiliar asociado.

1. Contrato de grupo

(ET art.10.2)

Es el contrato de trabajo celebrado entre el **empresario** y el **jefe de un grupo** de trabajadores considerado en su totalidad (TSJ C.Valenciana 15-2-07, EDJ 24959), no teniendo el empresario frente a cada uno de los miembros del grupo, los derechos y deberes que como tal le competen, sino que es el jefe del grupo, quien ostenta la **representación** de los componentes del **grupo**, y responde de las obligaciones inherentes a dicha representación. 7310

Esta modalidad de contratación se utiliza para actividades que se realizan en grupo como conjuntos musicales, cuadrillas de esquiladores, corros de pescadores, etc.

De la regulación legal y de su interpretación jurisprudencial puede afirmarse que la noción de contrato de grupo descansa sobre **dos ejes** fundamentales:

1. La existencia de un **único vínculo contractual** concertado con una colectividad de trabajadores en tanto tal. Se trata de un contrato cuya característica esencial radica en que la obligación de trabajar la asumen colectivamente y en virtud de un solo vínculo jurídico varios trabajadores, efectuándose la contratación por parte del empresario no con un trabajador aislado, sino con un grupo de trabajadores considerado en su totalidad (TSJ Cataluña 29-4-05, EDJ 98701).

2. La mediatización o **intermediación** de las relaciones de los componentes del grupo con el empresario que la presencia de la figura del denominado jefe de grupo representa. Esa relación mediatizada del empresario con los trabajadores a través del jefe de grupo (TSJ Las Palmas 23-3-99, EDJ 12967).

Así pues, no toda **actividad realizada por un colectivo** de personas para un empresario constituye una multiplicidad de vínculos jurídicos. El contrato de grupo no es el resultado de una mera yuxtaposición de contratos individuales, sino un único vínculo que discurre entre empresario y grupo de trabajadores, de tal forma que éstos contratan como si fuera uno sólo (TSJ Extremadura 18-11-10, Rec 437/10). De este modo, en el contrato de grupo existe un único **vínculo jurídico-laboral** entre el empleador, que como tercero contrata los servicios del grupo, y el grupo en cuanto tal y considerado en su totalidad (TSJ País Vasco 15-1-02, Rec 2211/01; TSJ Cataluña 29-4-05, EDJ 98701; TSJ C.Valenciana 15-2-07, Rec 4382/06).

Precisiones **1)** Se está ante un contrato de grupo cuando se contrata de una sola vez a un grupo de trabajadores que puede autorganizarse e incluso contratar trabajadores que lo auxilien; sin embargo, dicho contrato no existe si el grupo está organizado en una **sociedad o comunidad de bienes** y dicha constitución no ha sido fraudulenta para encubrir como arrendamiento de servicios lo que constituya una relación laboral (TSJ Cataluña 26-3-02, EDJ 21572).

2) En este contexto, son datos relevantes a la hora de **defender** la **ausencia de grupo** el hecho de que los trabajadores no acudan al trabajo de forma continuada sino esporádicamente, alternándose unos y otros, así como la circunstancia de que la antigüedad de aquellos fuera diversa. Para valorar las diferencias con el contrato de **arrendamiento de servicios** se acude a determinados elementos propios del contrato de trabajo como el salario fijo, la subordinación y la dependencia (TSJ País Vasco 29-6-99, EDJ 84441).

3) Son **contratos** de trabajo de **grupo típicos** los contratos para coros y conjuntos o grupos o números de teatro, circo, variedad y folklore o la contratación por un empresario de espectáculos de los componentes de un ballet (TSJ Las Palmas 26-11-99, EDJ 55953); o el existente entre comisión de festejos y orquesta de música (TSJ Valladolid 11-7-05, EDJ 113219) o la contratación de un grupo de trabajadores para la tala de una explotación forestal o contratar a un grupo de trabajadores para un

servicio determinado consistente en la limpieza de un huerto en unas fechas determinadas (TSJ C.Valenciana 15-2-07, Rec 4382/06).
4) También se ha apreciado la existencia de contrato de grupo en las relaciones entre una determinada **clínica** y los seis **facultativos** a los que aquélla contrata el Servicio de Admisión y Urgencia Médico Quirúrgica; en el contrato estipulado al efecto, entre otras cláusulas, se nombra jefe del servicio y representante de los médicos a uno de los firmantes, aunque la sentencia no es clara del todo, pues mientras que en sus argumentaciones parece aludir al contrato de grupo, el precepto referido es el ET art.10.1 -trabajo en común- (TS 6-5-86, EDJ 3004).

7312 **Sujetos del contrato** Por sus **especiales características**, se puede hablar de los sujetos que, de alguna manera, intervienen en este tipo de contrato:
- grupo;
- jefe de grupo;
- empresario.

7314 **Grupo** Las **discrepancias** entre el **grupo y la empresa** se solventan ante la jurisdicción social (LOPJ art.9.5; TSJ Madrid 15-6-90; TSJ Extremadura 16-11-10, EDJ 197010; 18-11-10, EDJ 304008).
El grupo **no** actúa como **empresa,** por lo que entre el grupo y sus componentes no hay, en principio, relación laboral (TS 25-10-88, EDJ 8405; TSJ Galicia 14-5-93; TSJ Castilla-La Mancha 16-12-04, EDJ 219547; TSJ Cataluña 2-5-05, EDJ 97659).
Aunque el grupo se contrata como una totalidad, puede especificarse en el mismo cada uno de sus miembros, por lo que si el empresario ha contratado el grupo en **atención a sus componentes** (por ejemplo, un grupo musical) la variación que se produzca le autoriza a la resolución del contrato con el grupo en su integridad (TSJ Madrid 7-11-89).
Corresponde al propio grupo proponer al empresario la **sustitución de los trabajadores.** Si no se hace es el empresario quien propone el sustituto al jefe de grupo. No obstante, el **poder sancionador** corresponde al empresario quien puede decidir el cese de cualquier de los miembros que componen el grupo o del grupo es su conjunto (TSJ Las Palmas 23-3-99, EDJ 12967).

Precisiones **1)** Esta figura fue aplicada en supuestos en los que se discutía la **laboralidad** de una relación en la que era posible la sustitución de la trabajadora, concluyéndose que tal laboralidad existía y era un contrato de grupo (TSJ Cataluña 25-9-14, EDJ 217452).
2) La jurisprudencia viene considerando como contratos de trabajo de grupo típicos los contratos para **coros y conjuntos o grupos o números de teatro, circo, variedad y folklore** o la contratación de los componentes de un **ballet** o la de un grupo de trabajadores para la **tala de una explotación forestal**, exigiendo, además de una relación que una a los miembros del grupo, la existencia de un jefe de grupo que asuma frente al empresario la representación de aquél. Por otro lado, algunos datos que abonan la tesis de la ausencia de grupo son la alternancia en el trabajo y la diferente antigüedad de los trabajadores (TSJ Las Palmas 26-11-99, EDJ 55953).

7316 **Jefe de grupo** El jefe de grupo es **elegido** o **reconocido** como tal por el propio grupo. Su **función** se centra básicamente en:
- ostentar la representación del grupo y responder de las obligaciones inherentes a la representación;
- cobrar y repartir el salario común, salvo que expresamente no esté autorizado para ello.
Se **diferencia** de otras figuras afines como la del **contratista** porque el jefe de grupo realiza las mismas actividades que el resto de sus componentes. La figura del jefe de grupo es clave e inexcusable para la existencia de esta modalidad de contrato de trabajo (TSJ Las Palmas 23-3-99, EDJ 12967).

Precisiones **1)** Para el ejercicio del **poder sancionador** por el empresario se hace necesaria la intervención del citado jefe de grupo, a quien el empleador debe trasladar sus quejas a efectos de que por aquél se proceda a la exclusión del concreto trabajador, al que, además, ha de abonar la liquidación que le corresponda (TSJ Las Palmas 23-3-99, EDJ 12967).
2) Es característico de esta modalidad la percepción de un **salario global** o retribución conjunta para todo el grupo (TSJ Burgos 27-11-93; 3-3-04, EDJ 61000), cuyo **reparto** es una de las principales funciones que debe asumir el jefe de grupo, si bien la circunstancia de que la remuneración sea global por sí misma no es determinante de la existencia de un contrato de grupo (TSJ Las Palmas 26-11-99, EDJ 55953). En todo caso, el derecho de los trabajadores a su parte en el salario cobrado por el jefe puede ejercerse contra este, mediante **reclamación** ante la jurisdicción social.
3) El jefe de grupo **representa** a los restantes componentes del mismo en las **reclamaciones judiciales** que deban hacerse (TSJ Madrid 14-5-93). Si no concurren las características del contrato de grupo, es evidente que los trabajadores sin la intervención del jefe de grupo están legitimados individualmente para reclamar (TSJ Las Palmas 23-3-99, EDJ 12967).
4) Entre los miembros del grupo pueden existir discrepancias y deducirse reclamaciones, para cuya resolución es competente la jurisdicción social, mas no una reclamación por **despido**, pues el grupo no tiene la condición de empresa y por lo tanto el dato de haber trabajado conjuntamente con

otros y dejar de hacerlo no constituye despido sino **discrepancia** que puede tener repercusión económica y que en su caso debería plantearse a tales términos (TS 25-10-88, EDJ 8405).
5) Además de las notas de ajenidad, dependencia y voluntariedad concurre la nota de **carácter personalísimo de la prestación** a pesar de la figura del jefe de grupo (TSJ Madrid 9-10-06, EDJ 303109).
6) Obviamente en algún supuesto el contrato de trabajo en grupo puede ser utilizado en **fraude de ley**, para ocultar una auténtica relación laboral de los integrantes del mismo con quien aparece como su representante o jefe de grupo, encubriendo en realidad una contrata, pero esto **exige probar** debidamente que tal representante es en realidad un auténtico empresario que dirige y ordena la actividad del grupo y es titular de su infraestructura y de un patrimonio (TSJ Cataluña 26-3-02, EDJ 21572; 29-4-05, Rec 9811/04). Si el contrato de grupo es utilizado para **ocultar** una auténtica **relación laboral** de sus integrantes con quien aparece como su representante, es necesario probar que dicho representante es en realidad un auténtico empresario que dirige y ordena la actividad del grupo y es titular de su infraestructura y patrimonio (TSJ Galicia 9-7-08, EDJ 120615).

Empresario No tiene, frente a cada uno de los miembros del grupo, los **derechos y deberes** que le hubiesen correspondido de haberse celebrado contratos individuales, salvo pacto. Esto supone: **7318**
- el pago del salario por parte del empresario al representante del grupo le libera de la obligación;
- el cumplimiento de la prestación debe exigirse al grupo como tal y no individualmente.

Al empresario le corresponde el **poder sancionador**, pudiendo decidir el cese de cualquiera de los miembros que componen el grupo o del grupo es su conjunto (TSJ Las Palmas 23-3-99, EDJ 12967).
Sin embargo, en cuanto a la **Seguridad Social**, el empresario tiene la obligación de dar de alta a cada uno de los trabajadores individualmente.

El derecho a **exigir** el correcto **cumplimiento** de la prestación incumbe al empresario frente al grupo configurado como unidad de imputación y no frente a quienes lo componen (aunque a efectos de seguridad social cada trabajador deba ser dado de alta de modo individual), y correlativamente la obligación de **retribuir el trabajo** se tiene con el conjunto; corolario de ello es que constituya figura clave e «inexcusable» para la existencia de un contrato de grupo la del jefe de grupo, representante de sus compañeros ante la empresa (TSJ C.Valenciana 15-2-07, Rec 4382/06). **7320**
El empleador se libera de sus **obligaciones salariales** pagando al jefe del grupo y si éste no cumple será éste el responsable y no el empleador. Pero el **jefe del grupo** no es el empresario del resto de los componentes del grupo, sino tan sólo su **representante**, de ahí que los conflictos que puedan surgir entre el jefe de grupo y los componentes del mismo no sean competencia de la **jurisdicción** social en tanto no existe un contrato de trajo entre el jefe de grupo y los trabajadores (TSJ Castilla-La Mancha 16-12-04, Rec 1095/03). No obstante, se ha afirmado que entre los miembros del grupo pueden existir **discrepancias** y deducirse reclamaciones, para cuya resolución es competente la jurisdicción social (LOPJ art.9.5; LRJS art.1), salvo la reclamación por **despido**, pues el grupo no tiene condición de empresa en un caso en que el grupo excluye a uno de sus miembros, el guitarrista, declarando por ello la incompetencia del orden social (TSJ Cataluña 29-4-05, Rec 9811/04). En este sentido, se ha declarado la **falta de acción** individual de uno de los miembros del grupo para reclamar por despido directamente contra el empresario (TSJ C.Valenciana 15-2-07, Rec 4382/06).

2. Trabajo en común

(ET art.10.1)

Este supuesto, a diferencia del anterior, **no** es una especial **modalidad** contractual, sino un supuesto en el que lo que **destaca** es el hecho de que el empresario da trabajo en común a un grupo de trabajadores, conservando respecto de cada uno, individualmente, sus derechos y deberes. El trabajo en común no es más que el resultado de encomendar a varios trabajadores al servicio del mismo empresario, una **misma tarea**, en la que cooperan aportando sus esfuerzos coordinados (TSJ Extremadura 14-10-10, EDJ 243528; 16-9-10, EDJ 197010). En este caso existe un único empleador, el que recibe la prestación del conjunto de los trabajadores a los que se ha dado una tarea común en uso del poder de dirección del empleador (ET art.20.1), **conservando el empleador** respecto cada trabajador individual los derechos y obligaciones laborales. Por ello, **terminada la tarea**, no se extinguen los contratos individuales que cada trabajador celebró con el empleador. **7325**
La **coordinación de actividades** de los trabajadores derivada de la realización de una tarea conjunta no significa la existencia de una única relación contractual, sino que, por el contrario, cada uno de los trabajadores que presta servicios de manera coordinada tienen un vínculo

propio e individual con el empresario: un conjunto de trabajadores con prestaciones coordinadas que lo son de un mismo empresario (TS 25-10-88, EDJ 8405).
La **multiplicidad de relaciones** contractuales presentes en el trabajo en común va a significar que, salvo en los aspectos más directamente conectados con la ejecución de la prestación de los servicios, como puede ser, por ejemplo, el ejercicio del poder de dirección, cada una de ellas discurra independiente en lo que atañe a la puesta en práctica de derechos y deberes laborales.
Lo habitual es que, pese a tratarse de un trabajo en común y precisamente por ello, exista una **retribución individualizada**, un control y una facultad sancionadora de igual carácter (TSJ Murcia 9-3-94, EDJ 2136). No obstante, el carácter común del trabajo asignado, no es obstáculo a que la retribución fuese **global** en cuyo caso sus componentes tienen derecho a el según su participación en el resultado del trabajo (TS 27-12-85).

Precisiones 1) En esta modalidad, hay tantos **vínculos** como trabajadores se obligan a hacer en común el trabajo y es determinante que la especificación de la aportación de cada uno quede en manos de los integrantes del grupo, siendo también posible la realización acumulada de un trabajo de auxilio asociado (TSJ País Vasco 15-1-02, EDJ 7198). Es la existencia de esta pluralidad de vínculos contractuales la principal **diferencia** con la figura del **contrato de grupo** en el que no existen derechos y deberes individuales con cada uno de los trabajadores integrantes del mismo. Así, el hecho de que se pueda obtener de la empresa el reconocimiento de una situación personal como es la **excedencia** voluntaria es incompatible con la existencia de un contrato de grupo (TSJ Murcia 9-3-94, EDJ 2136).
2) Se da este supuesto cuando el empresario no ha suscrito el contrato de trabajo con la **banda municipal** considerada como un grupo diferenciado y en su totalidad, sin atender las circunstancias de cada uno, sino más bien ha encomendado un trabajo en común a un grupo de trabajadores que no entraron a prestar servicios de forma agrupada sino de forma individual y en diferentes momentos y con diferente antigüedad, por lo que conserva respecto de cada uno de ellos las obligaciones derivadas de la relación laboral (TSJ Málaga 16-1-03, EDJ 44942).

3. Auxilio asociado

(ET art.10.3)

7330 Si el trabajador, conforme a lo **pactado por escrito**, asocia a su trabajo a un auxiliar o ayudante, el empresario de aquél lo es también de éste. La **característica principal** de esta modalidad es que el empresario del trabajador principal asume también esta posición de empleador respecto del trabajador auxiliar. De manera que si quien ha solicitado la incorporación de un ayudante para su trabajo **no** posee efectivamente la **condición de trabajador** (en sentido técnico-jurídico) es imposible que el así incorporado sea un auxiliar asociado: sin trabajador principal no puede haber auxiliar; la propia denominación indica la estrecha dependencia de uno respecto del otro.
Cuando el **auxiliar asociado** es contratado para prestar ayuda a otro trabajador previamente contratado, el empresario es empleador del trabajador y del asociado.

Precisiones 1) Para unos, se trata de un **contrato de grupo** entre los dos trabajadores como unidad y el empresario; para otros, estaríamos ante una **relación triangular**, donde habría contrato entre el trabajador principal y el empresario, entre aquél y el auxiliar y entre este último y el empresario. La **jurisprudencia** ha destacado que el auxilio de un ayudante no hace perder el carácter laboral a la vinculación del trabajador principal con el empresario (TS 22-12-89, EDJ 11668; TSJ Sta. Cruz de Tenerife 27-7-95); es más, en ocasiones, tal asociación se ha estimado como un **indicio de la laboralidad** de la relación entre éstos: la necesidad de auxiliarse en el servicio por un familiar es dato que acentúa el carácter laboral de la relación, la presencia de ese familiar elegido conforme a lo pactado por escrito, no excluye el carácter laboral de la relación entre el trabajador principal y la empresa sino que, a lo más, determina esa misma naturaleza entre el auxiliar y Telefónica (TS 20-7-99, EDJ 25798). Aunque el contrato se hubiera denominado **arrendamiento de servicios,** no enerva la existencia de una relación laboral ni la libertad de horario ni el tener que utilizar los servicios de un familiar por lo que es competente la jurisdicción laboral (TS 20-7-99, EDJ 25798).
2) El recurso a esta modalidad es frecuente en la **agricultura**, en el régimen de aparcería (TSJ Madrid 9-10-92); aunque también se ha apreciado su existencia en los supuestos en los que el **transportista** se ve auxiliado por otra persona (TS 22-12-89, EDJ 11668; TSJ Sta. Cruz de Tenerife 27-7-95); o del personal contratado para prestar servicios en un **locutorio** público al que ayuda un familiar (TS 20-7-99, EDJ 25798). Concurren las notas configuradoras del auxiliar asociado, en el caso de la contratación por una **comunidad** de una **limpiadora** que compartía con otra las labores de limpieza y su salario, sin que constase objeción o reparo alguno por la comunidad. Señala la doctrina de suplicación que es indiferente que la auxiliar no recibiese órdenes e instrucciones directamente de la demandada porque estas tienen como destinataria a la trabajadora principal y en su labor de auxilio participa de ellas. También es irrelevante que la retribución tenga lugar a través de reparto del salario inicialmente previsto para principal (TSJ Canarias 30-6-04, EDJ 80385).

Forma Se exige que conste por **escrito**, conforme a lo pactado, la situación de que el trabajador ha asociado a su trabajo a un auxiliar. En este sentido, se ha considerado que para su existencia es imprescindible que se estipule por escrito entre el trabajador principal y el empresario la **posibilidad de la asociación** para que este lo pueda ser también del auxiliar o asociado, con la lógica consecuencia de la concreción de las circunstancias del trabajador que se asocia (TS 15-12-82; TSJ Madrid 15-10-12, EDJ 260012). 7332

Aunque la norma exija el pacto escrito, la jurisprudencia, de manera no unánime, ha considerado que la **inexistencia del mismo** no afecta a la validez de la relación, puesto que las partes pueden compelerse a llenar la forma escrita incluso durante el transcurso de la relación laboral (TS 22-12-89, EDJ 11668; TSJ Sta. Cruz de Tenerife 27-7-95; TSJ País Vasco 30-6-90; TSJ Baleares 3-4-93; TSJ Cataluña 15-3-04, EDJ 99400). Igualmente, se señala que no es óbice la inexistencia de pacto escrito habilitante, suplido por el **conocimiento y tolerancia** de la comunidad de vecinos en la que se presta la actividad (TSJ Canarias 30-6-04, EDJ 80385).

En todo caso, cuando se está ante la figura del auxiliar asociado, dicha circunstancia no aporta o añade consideraciones laborales o condiciones específicas o especiales, de tal modo que la relación laboral del auxiliar con el empresario se rige por las **reglas generales jurídico laborales**. Y por ello del mismo modo que el empresario no tiene la potestad de extinguir una relación laboral común por **pérdida de confianza** al no contemplarse dicha causa extintiva en el (TSJ Madrid 2-2-11, EDJ 35252; 15-10-12, EDJ 260012).

Precisiones Tampoco faltan **pronunciamientos judiciales de signo diverso**, donde se rechaza la presencia de la figura de un trabajador asociado (en los antecedentes de hecho se hace constar que, durante el período estival, el doctor contratado por un Ayuntamiento se hace sustituir por otro trabajador), dado que para vincular a la empresa en la actualidad se exige como **requisito necesario** que estuviera pactada por escrito tal posibilidad, lo que no ocurre en el caso de autos (TSJ Baleares 3-4-93).

CAPÍTULO 30

Trabajo a distancia

El trabajo a distancia es una forma de organización de la actividad laboral en la que, con carácter regular, el trabajo se presta en el domicilio de la persona trabajadora o en el lugar elegido por esta, durante toda su jornada o parte de ella. Es **teletrabajo** cuando la actividad se lleva a cabo a través de medios y sistemas informáticos, telemáticos y de telecomunicación (L 10/2021 art.1 y 2). 7402

Se regula, además de por lo dispuesto en el ET art.13, por la L 10/2021, de trabajo a distancia. Se aplica a las relaciones laborales por cuenta ajena en las que, en un **periodo de referencia** de tres meses, al menos, el 30% de la jornada se desarrolle distancia. No obstante, a través de la negociación colectiva puede establecerse un porcentaje o periodo de referencia inferior al establecido legalmente a los efectos de calificar el trabajo a distancia como regular.

En los contratos celebrados con **menores** y en los **contratos formativos** el porcentaje de trabajo realizado de forma presencial debe ser de al menos el 50%, sin perjuicio del desarrollo telemático, en su caso, de la formación teórica vinculada a estos últimos. Asimismo, la negociación colectiva puede establecer en los contratos formativos un porcentaje de trabajo presencial diferente para los contratos formativos que no se celebren con menores de edad (L 10/2021 art.3 y disp.adic.1ª).

El **domicilio de referencia** a efectos de considerar la **Autoridad Laboral competente** y los servicios y programas públicos de **fomento del empleo** aplicables, es el que figure como tal en el contrato de trabajo y, en su defecto, el domicilio de la empresa o del centro o lugar físico de trabajo (L 10/2021 disp.adic.3) en que se preste físicamente el servicio presencial (TSJ Madrid 30-11-23, EDJ 783425; TSJ Burgos 21-4-23, EDJ 573744; TSJ Cataluña 2-2-23, EDJ 528584).

El trabajo a distancia es **voluntario** tanto para la persona trabajadora como para la empresa y la decisión de trabajar a distancia es **reversible** para ambos. En consecuencia, **no** puede **imponerse** a través de una modificación de las condiciones de trabajo (ET art.41.1).

Asimismo, la negativa a trabajar a distancia, el ejercicio de la reversibilidad o las dificultades para el desarrollo adecuado de la actividad a distancia no pueden justificar la **extinción del contrato** o la modificación sustancial de las condiciones de trabajo.

Los trabajadores a distancia tienen los **mismos derechos** que los trabajadores presenciales y en ningún caso pueden sufrir perjuicios, especialmente en materia de tiempo de trabajo o de retribución, por las dificultades, técnicas u otras no imputables a la persona trabajadora, que eventualmente pudieran producirse, sobre todo en caso de teletrabajo (L 10/2021 art.4).

Las **reclamaciones** sobre trabajo a distancia se sustancian a través de un procedimiento judicial especial que tiene carácter preferente (nº 7455). Con relación al juzgado territorialmente competente, ver nº 7457.

Precisiones **1)** En el ámbito internacional, el trabajo a distancia está regulado por el OIT Conv nº 177, que regula el trabajo a domicilio.

2) El trabajo a distancia debe ser la forma preferente de organización de trabajo para las empresas afectadas por la DANA producida en los meses de octubre y noviembre de 2024 frente otras medidas organizativas o de ajuste. De esta forma, cuando por las **consecuencias de la DANA** (estado de vías de circulación, del transporte público o del centro de trabajo...) resulte imposible acceder al centro de trabajo y si el estado de las redes de comunicación lo permite, los trabajadores tienen derecho a realizar su jornada bajo esta modalidad, salvo que sea incompatible con la naturaleza de la prestación laboral o no sea posible al carecer el trabajador del equipamiento suministrado por la empresa. En este último caso, pueden solicitar un permiso retribuido no recuperable por imposibilidad de acudir al centro de trabajo (RDL 7/2024 art.42.1.a). De existir **acuerdo de trabajo a distancia**, pueden solicitar su ampliación a toda la duración de su jornada de trabajo (RDL 7/2024 art.43).

Seguridad Social (LGSS art.7.1.a) Los trabajadores a distancia están **incluidos**, sin ninguna excepción, en el sistema de Seguridad Social (nº 8260) con independencia del grupo profesional, forma y cuantía de la retribución. 7404

La compensación de los gastos por la empresa al trabajador por el hecho de prestar servicios a distancia (**gastos de teletrabajo**) son gastos excluidos de la base de cotización (RD 2064/1995 art.23.2; BNR 2021/3).

7406 **Accidente de trabajo** (LGSS art.156) Tiene la consideración de accidente de trabajo cualquier lesión que el trabajador sufra con ocasión o por consecuencia del trabajo, también cuando la prestación se ejecuta en el domicilio del trabajador.
Se ha considerado accidente en el domicilio durante el teletrabajo, por no haber interrupción del nexo causal, el ocurrido:
- al caerse al salir del cuarto de baño (JS núm 1 Cáceres, 26-10-22, EDJ 727883);
- al ir a la cocina a coger un refresco (TSJ Madrid 11-11-22, EDJ 754218) o un vaso de agua (TSJ Castilla La Mancha 23-6-23, EDJ 642409).
Pero **no es laboral** una lesión producida por una teletrabajadora en el hombro porque no queda acreditado que la lesión ocurriera en tiempo y lugar de trabajo (TSJ Galicia 25-2-22, EDJ 534758).

Precisiones 1) Es **accidente laboral**, el fallecimiento por **infarto**:
- si se presume que el trabajador está realizando sus tareas en el lugar y tiempo de trabajo (su domicilio) al momento del fallecimiento, sin que sus antecedentes de tabaquismo y obesidad destruyan la presunción y tampoco el que la actividad realizada en el domicilio no fuera la preponderante (TSJ País Vasco 15-9-20, EDJ 805083);
- producido nada más terminar la reunión laboral telemática, al no haber habido ruptura del nexo de causalidad (TSJ Aragón 18-1-22, EDJ 528053).
2) Por el contrario, **no** es **accidente laboral** el infarto:
- que acaece antes de encender el ordenador, si esa mañana no consta el registro de conexión a la empresa y por tanto el fichaje (TSJ Madrid 3-2-23, EDJ 517672);
- sufrido a las 15h durante el teletrabajo y con el estómago vacío, tras 9 horas de trabajo según la aplicación informática, ya que no se aporta registro de jornada que indique la hora de entrada, de salida y de descanso, lo que impide probar que el fallecimiento ocurriera en tiempo de trabajo (TSJ Madrid 27-3-24, EDJ 554867).

1. Voluntariedad y reversibilidad

(L 10/2021 art.5 y 8.2)

7415 El trabajo a distancia es requiere la firma de un acuerdo de trabajo a distancia. Este acuerdo puede formar parte del contrato inicial o realizarse en un momento posterior.
Es **voluntario** para el trabajador, por lo que la empresa no puede imponerlo ni mediante una modificación sustancial de las condiciones de trabajo. También es voluntario para la empresa, salvo que el derecho del derecho al trabajo a distancia haya sido reconocido a través de la legislación o la negociación colectiva. Esto supone que para poder desarrollar el trabajo a distancia no basta la solicitud del trabajador, también es necesaria la concesión empresarial (TSJ Madrid 5-7-19, EDJ 671976. En cuanto que el trabajador no puede decidir unilateralmente hacer teletrabajo, su ausencia al trabajo presencial puede ser sancionada (TSJ C.Valenciana 23-5-23, EDJ 631973).
Asimismo, la decisión de trabajar a distancia desde una modalidad de trabajo presencial es **reversible** tanto para la empresa como para la persona trabajadora. No obstante, la vuelta al trabajo presencial tiene que hacerse de acuerdo con lo establecido en la negociación colectiva o, en su defecto, en el acuerdo de trabajo a distancia.
Las personas que realizan trabajo a distancia desde el inicio de la relación laboral durante la totalidad de su jornada, tienen **prioridad** para ocupar puestos de trabajo que se realizan total o parcialmente de manera presencial. A estos efectos, la empresa debe informar a estas personas que trabajan a distancia y a la representación legal de las personas trabajadoras de los puestos de trabajo vacantes de carácter presencial que se produzcan. **No informar** a los trabajadores a distancia sobre las vacantes existentes en la empresa constituye una infracción leve (LISOS art.6.5).
La **negativa de la persona trabajadora** a trabajar a distancia o el ejercicio de la reversibilidad al trabajo presencial no son causas justificativas de la extinción de la relación laboral ni de la modificación sustancial de las condiciones de trabajo.

Precisiones 1) Es **válida** la cláusula del acuerdo de trabajo a distancia que pre-establece los supuestos en los que el empresario puede ejercer el derecho a la reversibilidad (AN 22-3-22, EDJ 528787) y, salvo abuso de derecho, la que establece **plazos diferenciados** (15 días para el empresario y un mes trabajador) para el ejercicio efectivo de la reversibilidad (TS 26-6-24, EDJ 607476).
2) Por el contrario, son **nulas** las cláusulas:
- que limitan el ejercicio de la reversibilidad al trabajador y las de previa renuncia a derechos para el caso en que el empresario ejerza la reversibilidad (AN 22-3-22, EDJ 528787);

- que condicionan la decisión voluntaria del trabajador a las posibilidades empresariales (TS 26-6-24, EDJ 607476);
- que permite a la empresa alterar unilateralmente por necesidades organizativas el % de presencialidad inicialmente pactado (AN 3-6-24, EDJ 587800).
3) Se reconoce el **derecho a trabajar a distancia** a las personas trabajadoras:
- con responsabilidades familiares por razón de conciliación familiar;
- víctimas de violencia de género o sexual, o de terrorismo, que pueden solicitar trabajar a distancia total o parcialmente o dejar de hacerlo siempre que tal sistema de organización del trabajo esté establecido en la empresa y sea compatible con el puesto y las funciones desarrolladas por el trabajador (ET art.37.8 redacc L 4/2023);
- cuando cursen con regularidad estudios para la obtención de un título académico o profesional, si tal es el régimen instaurado en la empresa y el puesto o funciones lo permiten (ET art.23.1.a).

2. Acuerdo de trabajo a distancia

(ET art.13; L 10/2021 art.6; LISOS art.7.1)

El acuerdo de trabajo a distancia entre la empresa y la persona trabajadora debe formalizarse **por escrito** con anterioridad a su inicio. Puede incorporarse al contrato de trabajo inicial o posteriormente en un anexo al contrato. La empresa debe entregar a la **representación legal de los trabajadores**, en un plazo no superior a 10 días desde su formalización, una **copia** de todos los acuerdos de trabajo a distancia que se realicen y de sus actualizaciones (que han de firmar a efectos de entrega), excluyendo aquellos datos que pudieran afectar a la intimidad personal. El tratamiento de la información facilitada debe estar sometido a los principios y garantías previstos en la normativa aplicable en materia de protección de datos. La competencia para conocer de las **controversias** en relación al cumplimiento de esta obligación corresponde a la jurisdicción social (TS 26-6-24, EDJ 607476). Incumplir el plazo de 10 días para la entrega de la copia a los delegados sindicales vulnera la libertad sindical (TSJ Galicia 30-5-23, EDJ 597671). **7420**
Esta copia se ha de enviar a la **oficina de empleo**. Si no existe representación legal de los trabajadores también debe formalizarse copia básica y remitirse a la oficina de empleo. La comunicación al SEPE se tiene que hacer a través de Contrat@, mediante la opción habilitada al efecto «Acuerdo de Trabajo a Distancia».
No formalizar el acuerdo de trabajo a distancia en los términos y con los requisitos legal y convencionalmente previstos se califica como **infracción grave** en materia de relaciones laborales, que lleva aparejada las siguientes sanciones (LISOS art.40.1.b):
- en su grado **mínimo**: de 751 a 1.500 €;
- en su grado **medio:** de 1.501 a 3.750 €;
- en su grado **máximo:** de 3.751 a 7.500 €.

Precisiones **1)** El acuerdo de trabajo a distancia debe **formalizarse en** el **plazo** de 3 meses desde que la nueva normativa resulte de aplicación a la relación laboral concreta. En idéntico plazo debieron efectuarse las **adaptaciones** o modificaciones de los acuerdos de trabajo a distancia de carácter individual prexistentes, no derivados de convenios o acuerdos colectivos.
2) El empresario tiene que **informar** al teletrabajador por escrito sobre los **elementos esenciales del contrato**, siempre que no figuren en el contrato ni en el acuerdo de trabajo a distancia (ET art.8.5).

Contenido mínimo obligatorio (L 10/2021 art.7 y disp.final 1ª) Sin perjuicio de la regulación recogida en los convenios o en los acuerdos colectivos, el contenido mínimo obligatorio del acuerdo es el siguiente: **7422**
1. **Inventario** de los medios, equipos y herramientas necesarios, incluidos los consumibles y los elementos muebles, así como de la vida útil o periodo máximo para su renovación.
2. Enumeración de los **gastos** que pudiera tener la persona trabajadora por el hecho de prestar servicios a distancia, así como forma de cuantificación de la compensación que obligatoriamente debe abonar la empresa y momento y forma para realizar la misma, que se corresponder, de existir, con la previsión recogida en el convenio o acuerdo colectivo de aplicación.
3. Forma de **cuantificación de la compensación** que obligatoriamente debe abonar la empresa y momento y forma para realizar la misma que, de existir, debe realizarse según las previsiones recogidas en convenio o acuerdo colectivo de aplicación.
4. **Horario** de trabajo de la persona trabajadora y dentro de él, en su caso, reglas de disponibilidad. Es obligada la mención al horario de trabajo y no puede considerarse impedimento para que se establezcan fórmulas de horario flexible o a la carta.
5. Porcentaje y distribución entre **trabajo presencial y trabajo a distancia,** en su caso.
6. **Centro de trabajo** de la empresa al que queda adscrita la persona trabajadora a distancia y donde, en su caso, desarrollará la parte de la jornada de trabajo presencial. Esta adscripción

se debe tener en cuenta para la elaboración del censo electoral en las elecciones sindicales a delegado de personal o comité de dicho centro.
7. Lugar de trabajo a distancia elegido por la persona trabajadora para el desarrollo del trabajo a distancia. En caso de ejecutarse el trabajo a distancia desde más de una localización, por ejemplo, residencia secundaria o vacacional, debería reflejarse en el acuerdo.
8. Plazos de **preaviso** para el ejercicio de las situaciones de reversibilidad, en su caso.
9. Medios de **control empresarial** de la actividad.
10. Procedimiento en caso de producirse **dificultades técnicas** que impidan el normal desarrollo del trabajo a distancia.
10. Instrucciones dictadas por la empresa, con la participación de la representación legal de los trabajadores, en materia de **protección de datos**, específicamente aplicables en el trabajo a distancia.
11. Instrucciones dictadas por la empresa en materia de **seguridad de la información**, previa información a la representación legal de los trabajadores.
12. Duración del acuerdo de trabajo a distancia, que puede ser por un plazo determinado o tener carácter indefinido.

7424 **Modificación del acuerdo** (L 10/2021 art.8) La modificación del acuerdo del trabajo a distancia requiere otro acuerdo, formalizado **por escrito** y con carácter previo a su implantación, entre la empresa y la persona trabajadora.
Las personas que realizan trabajo a distancia desde el inicio de la relación laboral durante la totalidad de su jornada, tendrán **prioridad** para **ocupar puestos de trabajo** que se realizan total o parcialmente de manera **presencial.** A estos efectos, la empresa debe informar a estas personas que trabajan a distancia y a la representación legal de las personas trabajadoras de los puestos de trabajo vacantes de carácter presencial que se produzcan. Es una infracción leve en materia de relaciones laborales individuales y colectivas el no informar a los trabajadores a distancia sobre las vacantes existentes en la empresa (LISOS art.6.5).
No obstante, mediante **convenio o acuerdo colectivo** pueden establecerse los mecanismos y criterios por los que el trabajador presencial pueda pasar a trabajo a distancia o viceversa, así como las preferencias vinculadas a determinadas circunstancias, entre otras, las relacionadas con:
- la formación;
- la promoción y estabilidad en el empleo de personas con diversidad funcional o con riesgos específicos;
- la existencia de pluriempleo o pluriactividad;
- la concurrencia de determinadas circunstancias personales o familiares;
- ordenación de estas prioridades.

En estos criterios debe evitarse la perpetuación de roles y estereotipos de género y tener en cuenta el fomento de la corresponsabilidad entre mujeres y hombre. Además, deben ser objeto de diagnóstico y tratamiento en el **plan de igualdad**.

3. Condiciones de trabajo

(ET art.13; L 10/2021 art.4, 9 a 22)

7430 Los trabajadores a distancia tienen los **mismos derechos** que los que prestan sus servicios en el centro de trabajo de la empresa, salvo aquéllos que sean inherentes a la realización de la prestación laboral en el mismo de manera presencial. No pueden sufrir perjuicio en ninguna de sus condiciones laborales, incluyendo retribución, estabilidad en el empleo, tiempo de trabajo, formación y promoción profesional. Esta igualdad de derechos con los trabajadores presenciales alcanza también a derechos materia de **conciliación y corresponsabilidad**, incluyendo el derecho de adaptación a la jornada (ET art.38.4 redacc RDL 5/2023).
Tampoco pueden sufrir perjuicio alguno ni **modificación en las condiciones** pactadas, en particular en materia de tiempo de trabajo o de retribución, por las dificultades, técnicas u otras no imputables a la persona trabajadora, que eventualmente pudieran producirse, sobre todo en caso de teletrabajo.

7432 Además, las **empresas** están obligadas a (L 10/2021 art.4):
1. Evitar cualquier **discriminación**, directa o indirecta, particularmente por razón de sexo, edad, antigüedad o grupo profesional o discapacidad de las personas trabajadoras que prestan servicios a distancia, asegurando la igualdad de trato y la prestación de apoyos, y realizando los ajustes razonables que resulten procedentes. Además, deben tener en cuenta a las personas teletrabajadoras o trabajadoras a distancia y sus características laborales en el diagnóstico, implementación, aplicación, seguimiento y evaluación de medidas y **planes de igualdad**. No obstante, no es discriminatorio aplicar diferentes condiciones de trabajo a

distancia entre el personal sujeto a convenio y el excluido del mismo. Se justifica en que su régimen jurídico es distinto, y se ampara por el convenio colectivo, las necesidades empresariales y el acuerdo previo entre trabajador y empleador para quedar excluido de la norma convencional (AN 28-6-24, EDJ 606956).
2. Tener en cuenta las particularidades del trabajo a distancia, especialmente del teletrabajo, en la configuración y aplicación de **medidas contra el acoso** sexual, por razón de sexo, por causa discriminatoria y acoso laboral.
3. En la elaboración de medidas para la protección de las **víctimas de violencia de género**, deben tenerse especialmente en cuenta, dentro de la capacidad de actuación empresarial en este ámbito, las posibles consecuencias y particularidades de esta forma de prestación de servicios en aras a la protección y garantía de derechos sociolaborales de estas personas.

Formación y promoción profesional (L 10/2021 art.9 y 10; LISOS art.6.5) El empresario debe **7434** establecer los medios necesarios para asegurar el acceso efectivo de los trabajadores a distancia, en igualdad de condiciones que los trabajadores presenciales, a la formación profesional para el empleo para favorecer su promoción profesional.
Asimismo, la empresa debe informar a los trabajadores a distancia, de manera expresa y por escrito, de las **posibilidades de ascenso** que se produzcan, ya se trate de puestos de desarrollo presencial o a distancia.

Tiempo de trabajo (L 10/2021 art.13, 14, 16.1 y 18) La **empresa debe garantizar** el cumplimiento **7436** de los límites imperativos de jornada máxima y descansos, que también son aplicables a los trabajadores a distancia (nº 5120 s.). En la evaluación de riesgos y la planificación de la actividad preventiva deben tenerse en cuenta los riesgos asociados a la distribución de la jornada, los tiempos de disponibilidad y la garantía de los descansos y desconexiones durante la jornada. Además, con relación a la jornada y al horario de trabajo los trabajadores a distancia se regulan los siguientes derechos:
a) Derecho a un **horario flexible** de conformidad con lo establecido en el acuerdo de trabajo a distancia y en la negociación colectiva. No obstante, deben respetarse los **tiempos de disponibilidad obligatoria** y la normativa sobre tiempo de trabajo y descanso. No obstante, si en el acuerdo de trabajo a distancia establece un horario rígido el trabajador no puede alterarlo.
b) Derecho a un r**egistro horario adecuado**, que debe reflejar fielmente el tiempo que la persona trabajadora que realiza trabajo a distancia dedica a la actividad laboral, sin perjuicio de la flexibilidad horaria, incluyendo, entre otros, el momento de inicio y finalización de la jornada (ET art.34.9). El **control** del **tiempo de trabajo** es responsabilidad de la empresa, que debe, igualmente, registrar la jornada del trabajador día a día y totalizarla en el período fijado para el abono de las retribuciones, entregando copia del resumen al trabajador en el recibo correspondiente.
c) El derecho a la **desconexión digital** fuera de su horario de trabajo (LOPD art.88). Conlleva una limitación del uso de los medios tecnológicos de comunicación empresarial y de trabajo durante los periodos de descanso, así como el respeto a la duración máxima de la jornada y a cualesquiera límites y precauciones en materia de jornada que dispongan la normativa legal o convencional aplicables. La empresa, previa audiencia de la representación legal de las personas trabajadoras, debe elaborar una **política interna** en la que se definan las modalidades de ejercicio del derecho a la desconexión y las acciones de formación y de sensibilización del personal sobre un uso razonable de las herramientas tecnológicas que evite el riesgo de fatiga informática. Los convenios o acuerdos colectivos de trabajo pueden establecer los medios y medidas adecuadas para garantizar el ejercicio efectivo del derecho a la desconexión en el trabajo a distancia y la organización adecuada de la jornada de forma que sea compatible con la garantía de tiempos de descanso.
El régimen de **horas extraordinarias en el trabajo a distancia** es exactamente el mismo que en el trabajo presencial (nº 5250 s.).

Precisiones **1)** Si se producen desconexiones que impiden la prestación, como **averías o cortes en el suministro de luz o internet**, la empresa tiene que computar el tiempo que dure el incidente como tiempo de trabajo efectivo, sin que deba recuperarse ese tiempo perdido en un momento posterior ni sufrir el trabajador **descuento** alguno de sus retribuciones siempre y cuando se aporte justificación de la empresa suministradora del servicio sobre la existencia y duración de la incidencia (TS 19-9-23, EDJ 696392; 26-6-24, EDJ 607476). Lo que no impide que la empresa pueda proceder a la suspensión del contrato de trabajo por causas técnicas.
2) El tiempo de prestación de servicios en régimen de teletrabajo que se añada sobre la jornada presencial (por ejemplo, atendiendo **llamadas laborales** u otro tipo de trabajo a distancia por **correo electrónico** u otros sistemas de mensajería o mediante **aparatos portátiles** conectados a la red) debe ser considerado tiempo de trabajo y adicionarse al tiempo presencial para calcular la jornada realizada (TSJ Madrid 8-7-20, EDJ 642441).

3) Se ha considerado nula la cláusula de un ATD que excepciona del derecho a la desconexión digital las **comunicaciones urgentes** a fin de poner en conocimiento del trabajador cualquier situación de crisis o acontecimiento extraordinario (TSJ Galicia 30-5-23, EDJ 597671); o la cláusula de un ATD que reconoce el derecho a la desconexión digital del trabajador y a no atender dispositivos digitales cuando su jornada laboral hubiese finalizado, salvo que concurran determinadas circunstancias de urgencia justificada, aunque consten explicitadas en la misma cláusula (AN 22-3-22, EDJ 528787).
4) Es causa de despido disciplinario una conducta persistente y reiterada por un teletrabajador de incumplir las ordenes de trabajo al utilizar indebidamente los **tiempos de descanso** y excediéndose en el tiempo concedido, así como no realizar ninguna gestión durante ellos y persistir en su actitud de no solicitar autorización siendo preceptiva (TSJ Valladolid 9-5-22, EDJ 593310). También lo son las **incorrecciones en el registro horario** (TSJ Madrid 18-7-22, EDJ 660498).
5) Solo si la empresa ha establecido **pautas claras sobre tiempo de trabajo** respetuosas con la regulación legal y convencional sobre jornada y descansos, y si además establece, de acuerdo con el trabajador, instrumentos de declaración y control del tiempo de trabajo a distancia o en el domicilio, sería posible admitir que una conducta del trabajador en el interior de su domicilio en vulneración de dichas pautas y omitiendo los instrumentos de control empresarial, pudiera dar lugar a **exceptuar el pago** de las correspondientes **horas extra** y su cómputo como tiempo de trabajo. Pero en ausencia de esas pautas y criterios y de unos mínimos instrumentos de control, no puede admitirse tal exceptuación, que sería equivalente a crear un espacio de total impunidad y alegalidad en el trabajo a distancia y en el domicilio (TSJ Valladolid 3-2-16, EDJ 5757).

7438 **Retribución** (L 10/2021 art.4) Las personas que desarrollan total o parcialmente trabajo a distancia tienen derecho a percibir, como mínimo, la **retribución total** establecida conforme a su grupo profesional, nivel, puesto y funciones, así como los complementos establecidos para las personas trabajadoras que solo prestan servicios de forma presencial, particularmente aquellos vinculados a las condiciones personales, los resultados de la empresa o las características del puesto de trabajo.

La única **excepción** son aquellos complementos relativos a condiciones particulares que sólo concurren en la prestación presencial, como, por ejemplo, complementos vinculados a la variabilidad del lugar de trabajo o por las condiciones del mismo (temperatura, ruidos, etc.). Del mismo modo, no se devengan aquellas percepciones extrasalariales que compensan gastos inherentes a la realización de la prestación laboral de manera presencial, es decir, que están ligados al desplazamiento desde el domicilio al centro de trabajo.

En caso de interrupciones por dificultades técnicas, como **cortes en el suministro de luz o conexión a internet**, no imputables al trabajador, la empresa tiene que computar el tiempo que dure el incidente como tiempo de trabajo efectivo, sin que deba recuperarse ese tiempo perdido en un momento posterior ni el trabajador sufrir **descuento** alguno en sus retribuciones (TS 11-1-24, EDJ 501207; 26-6-24, EDJ 607476; AN 10-5-21, EDJ 574521). Lo que no impide que la empresa pueda proceder a la suspensión del contrato de trabajo por causas técnicas.

Precisiones La entrega al empleado del **uso de** una **vivienda** que no es propiedad del empleador es retribución en especie. Se valora por el coste para el pagador, incluidos los tributos que graven la operación, sin que pueda ser inferior a lo establecido para viviendas propiedad del pagador, siendo indiferente a estos efectos que el trabajador utilice una parte de la vivienda para prestar servicios para la empresa en régimen de **teletrabajo** -LIRPF art.43.1.1º d- (DGT CV 16-4-24).

7440 **Ayuda de comida** Para determinar si los trabajadores a distancia tienen derecho a percibir la compensación por **ayuda comida** hay que estar a las condiciones de devengo. Así, el empleador **no** está **obligado** a abonarla si la ayuda se estableció para el caso de realización de una jornada partida presencial (TS 20-3-24, EDJ 528946; 19-3-24, EDJ 528931). Igualmente, para el caso de jornada partida si se estableció como compensación del gasto por no comer en el domicilio, sin especificar que deba ser presencial (TSJ Madrid 20-6-22, EDJ 649633). Por el contrario, los trabajadores a distancia **tienen derecho** a la ayuda comida:
- cuando el convenio colectivo condiciona su pago a que la jornada sea partida y no a que la prestación se haga de manera presencial (TSJ Valladolid 11-6-21, EDJ 683304);
- con relación a los **tiques restaurante**, cuando pasaron a teletrabajar por razón del COVID-19 tienen derecho a continuar percibiéndolos si con anterioridad se venía abonando por día de trabajo efectivo, esto es, sin más requisitos (TS 18-11-21, EDJ 756083);

En general, no cabe su **supresión unilateral** sin seguir el procedimiento de modificación sustancial de condiciones de trabajo (TS 18-11-21, EDJ 756083; AN 18-3-21, EDJ 519018).

Precisiones La entrega de tiques restaurante en teletrabajo o trabajo a distancia tiene la consideración de retribución en especie **exenta de IRPF** si no supera los 11 euros diarios, debiendo tributar el exceso (RD 439/2007 art.45.2). En este sentido, cuando en un acuerdo colectivo se establece que el límite del tique restaurante es el límite fiscalmente exento, la empresa está obligada a incrementar su importe hasta alcanzarlo -en el caso, abonar los 11 € actualmente exentos-(TS 4-3-20, EDJ 545372).

Plus de transporte En principio, no procede el abono del **plus de transporte**, dado que al teletrabajar el gasto no se produce. Solo procede cuando se acredite que se trata de una verdadera retribución salarial y no tiene carácter extrasalarial, (TS 1-6-22, EDJ 600060; 19-3-24, EDJ 528933). **7442**

Derechos colectivos (L 10/2021 art.19) Los trabajadores a distancia tienen derecho a ejercitar sus derechos de naturaleza colectiva con el mismo contenido y alcance que el resto de las personas trabajadoras del centro al que están adscritas. **7444**

A través de la **negociación colectiva** se pueden establecer condiciones para garantizar el ejercicio de los derechos colectivos de las personas trabajadoras a distancia, en atención a las singularidades de su prestación con respeto pleno al principio de igualdad de trato y de oportunidades entre la persona trabajadora a distancia y la que desempeñe tareas en el establecimiento de la empresa. En todo caso, la empresa debe asegurarse de que **no** existen **obstáculos para la comunicación** entre las personas trabajadoras a distancia y sus representantes legales, así como con el resto de los trabajadores.

En particular, cuando sea compatible con la forma de prestación del trabajo a distancia, debe suministrar a la representación legal de los trabajadores los elementos precisos para el desarrollo de su actividad representativa, entre ellos el acceso a las **comunicaciones y direcciones electrónicas** de uso en la empresa y la implantación del **tablón virtual**.

Se debe garantizar que las personas trabajadoras a distancia puedan **participar** de manera efectiva en las **actividades organizadas** o convocadas por su representación legal o por el resto de las personas trabajadoras en defensa de sus intereses laborales, en particular, su participación efectiva presencial para el ejercicio del derecho a voto en las elecciones a representantes legales.

Precisiones 1) La **adscripción de los trabajadores a distancia** determina quienes serán electores y elegibles en cada centro de trabajo, así como el cómputo de trabajadores a efectos de determinar el tipo de representación y el número de representantes.

2) El **cierre de un centro de trabajo y** la **adscripción** de los trabajadores a distancia **a otro centro** de la misma empresa implica la **finalización del mandato representativo** de los trabajadores del centro que desaparece, salvo que se dé alguna de las siguientes condiciones: que encaje en el supuesto de sucesión de empresa (ET art.44.3); que el cierre obedezca a un fraude de ley porque tenga por objeto conseguir, precisamente, la finalización antes de tiempo del mandato representativo de los trabajadores; o porque parte de los representantes y la plantilla fueran adscritos a otro centro, situado en la misma localidad, que no tuviese representantes de los trabajadores (TS 28-5-17, EDJ 88849).

Seguridad y salud (L 10/2021 art.15 y 16; LPRL art.29) Los trabajadores a distancia tienen derecho a una adecuada protección en materia de seguridad y salud resultando de aplicación, en todo caso, lo establecido en la LPRL y su normativa de desarrollo. **7446**

Incluye una **evaluación de riesgos y la planificación** de la actividad preventiva del trabajo a distancia debe tener en cuenta los riesgos característicos de esta modalidad de trabajo, poniendo especial atención en los factores psicosociales, ergonómicos y organizativos. La evaluación de riesgos únicamente debe alcanzar a la zona habilitada para la prestación de servicios, no extendiéndose al resto de zonas de la vivienda o del lugar elegido para el desarrollo del trabajo a distancia.

La **empresa** está obligada a obtener toda la información sobre los riesgos a los que está expuesta la persona que trabaja a distancia mediante una metodología que ofrezca confianza respecto de sus resultados, y prever las medidas de protección que resulten más adecuadas en cada caso. Si para ello fuera necesaria una **visita** al lugar donde se desarrolla el trabajo a distancia, debe emitirse informe escrito que justifique este extremo que debe ser entregado tanto al trabajador como a los delegados de prevención. Cuando se trate de su domicilio o el de un tercero, es necesario el **permiso** de la persona trabajadora. Si no se concede este permiso, la empresa puede obtener la determinación de los riesgos de la información proporcionada por el trabajador a distancia según las instrucciones del servicio de prevención.

Precisiones 1) Es válida la cláusula de un ATD que impone al trabajador la obligación de cumplimentar un cuestionario de **autoevaluación** porque permite conocer el entorno de trabajo sin afectar su intimidad que abarca su **domicilio personal**. Y es nula aquella en la que el trabajador otorga una autorización genérica para **entrar** a su domicilio porque siempre debe existir una razón concreta que lo justifique (AN 22-3-22, EDJ 528787). También es válida la cláusula que, en caso de no permitir el acceso de la empresa a su lugar de trabajo, exige al trabajador una autoevaluación de los riesgos para lo cual se adjunta al acuerdo un anexo de recomendaciones en materia de PRL para situaciones en teletrabajo y se acredita haber puesto a disposición del trabajador un cuestionario de identificación de riesgos en puestos de trabajo a distancia (AN 10-11-22, EDJ 732564).

2) El INSST ha publicado la **NTP 1165: Teletrabajo**, criterios para su integración en el sistema de gestión de la SST, que sirve de guía de buenas prácticas para poder gestionar de forma adecuada la

seguridad y salud del personal que desarrolla su actividad laboral bajo la modalidad de teletrabajo (https://www.insst.es/el-instituto-al-dia/teletrabajo-criterios-para-su-integracion-la-gestion-de-la-sst?wkrh___tabs1=properties). Complementa las anteriores NTP 412, 1122, 1123 y 1150.
3) No se vulnera el principio de igualdad de condiciones de trabajo cuando no se entrega a todos los trabajadores en régimen de teletrabajo la **silla ergonómica** que sí se entrega a los trabajadores presenciales si no está recogido en los acuerdos individuales o colectivos (AN 3-10-23, EDJ 708674).

7448 **Dotación de medios y compensación de gastos** (L 10/2021 art.7a), 11, 12 y 17.2) El trabajador a distancia tiene derecho a:
a) La **dotación y mantenimiento adecuado** por parte de la empresa de todos los medios, equipos y herramientas necesarios para el desarrollo de la actividad, de conformidad con el inventario incorporado en el ATD y con los términos establecidos, en su caso, en el convenio o acuerdo colectivo de aplicación. Debe garantizarse la atención precisa en el caso de dificultades técnicas, especialmente en el caso de teletrabajo.
Además, en el caso de **personas con discapacidad**, la empresa tiene la obligación de asegurarse que esos medios, equipos y herramientas, incluidos los digitales, sean universalmente accesibles, para evitar cualquier exclusión por esta causa.
La empresa no puede exigir la utilización de **dispositivos propiedad del trabajador** en el desarrollo del trabajo a distancia. No obstante, empresario y trabajador pueden llegar a un acuerdo en ese sentido. Sobre la obligación de proporcionar **sillas ergonómicas**, ver nº 7446.
b) El **abono y compensación de gastos por la empresa**. La persona trabajadora no puede asumir los gastos relacionados con los equipos, herramientas y medios vinculados al desarrollo de su actividad laboral. El mecanismo para la su determinación, compensación o abono de estos gastos puede establecerse mediante convenio o acuerdo colectivo.

Precisiones **1)** Con relación a los **medios, equipos y herramientas**, se han considerado **válidas** las siguientes cláusulas de ATD (AN 22-3-22, EDJ 528787):
- que no permite apreciar que la empresa haya cumplido su obligación legal de **dotar** a los trabajadores con los medios, equipos y herramientas necesarios para el desarrollo de la actividad, porque los contratos individuales suscritos hacen referencia a la entrega de equipamiento consistente en PC, teclado, pantalla, ratón y cascos etc. Ello sin perjuicio de que los concretos trabajadores afectados, caso de no haber sido provistos de los medios necesarios para teletrabajar, puedan instar la resolución de su contrato o reclamar su adecuado cumplimiento incluidos los daños y perjuicios que se le hubieran podido ocasionar.
- que, respecto a la **vida útil** o periodo máximo para la renovación de estos medios, hace referencia a la tabla de coeficientes de amortización establecida en el Reglamento del Impuesto de Sociedades (plazo de 8 años para los equipos informáticos y de 6 años para las aplicaciones y sistemas).
- que impone al trabajador la obligación de cumplir las condiciones e **instrucciones de uso y conservación** establecidas por la empresa en cada momento en relación con los medios, equipos y herramientas.
- que establece que si el **trabajador no devuelve los equipos** de la empresa al término de la relación contractual, la empresa pueda descontar su valor, atendiendo a su depreciación conforme al Reglamento del Impuesto de sociedades, en el finiquito.
2) Por el contrario, se ha considerado **nulas** las siguientes cláusulas:
- la obligación del trabajador de facilitar a la Empresa su **correo electrónico y número de teléfono personal**, por si fuera necesario contactar con él, por urgencias del servicio, puesto que no es justificable que sea el trabajador el que, para ello, ponga sus medios personales a disposición del empresario y éste eludir sus obligaciones legales (AN 22-3-22, EDJ 528787; 27-6-22, EDJ 626105);
- la obligación de pago a cargo del trabajador de la **línea de internet** porque es una herramienta para el trabajo a distancia, por lo que debe correr a cargo de la empresa (TSJ Galicia 30-5-23, EDJ 597671);
- que para la **compensación de gastos** se remite a lo previsto en el convenio colectivo sectorial cuando en éste nada se ha convenido al respecto, porque el empleador tiene la obligación de enumerarlos y cuantificar su compensación (L 10/2021 art.7 b). El trabajador puede reaccionar instando la resolución de su contrato o reclamando su adecuado cumplimiento incluidos los daños y perjuicios que se le hubieran podido ocasionar (AN 22-3-22, EDJ 528787);
- que señala que la prestación de servicios a distancia **no genera gasto** alguno y que, caso de producirse, queda **compensado con** el ahorro que dicha forma de trabajo produce (AN 10-11-22, EDJ 732564); o con el propio salario anual, incluso si se fija un acompañamiento económico **adicional** de 120 euros brutos anuales, que no es suficiente pues ni se detalla a qué gastos concretos obedece ni se cuantifican los mismos (TSJ Galicia 30-5-23, EDJ 597671).
- que establece la compensación de los gastos de teletrabajo con **días de libre disposición,** ya que aunque pudiera ser beneficioso para los trabajadores, contraviene la obligación legal de compensación económica (AN 3-6-24, EDJ 587800).
3) El **impago** de los **gastos** de teletrabajo por parte del empleador no es un incumplimiento grave que justifique la **extinción indemnizada del contrato** (ET art.50.1.b ó .c) si su cuantía es objeto de controversia entre las partes y el importe final puede resultar de escasa relevancia económica (TSJ Cataluña 12-1-24, EDJ 513127; TSJ Cantabria 18-3-24, EDJ 548406).

Control empresarial de la actividad y uso de medios digitales (L 10/2021 art.17, 18 y 20 a 22; LOPD art.87, 89 y 90) Los trabajadores a distancia deben cumplir: 7450

a) Las instrucciones que haya establecido la empresa en materia de **protección de datos**, previa participación de la representación legal de las personas trabajadoras. La **AEPD** ha efectuado una serie de **recomendaciones** dirigidas a las empresas y a sus trabajadores, para proteger los datos personales en situaciones de movilidad y teletrabajo (ver nº 8940).

b) Las instrucciones sobre **seguridad de la información** específicamente fijadas por la empresa en el ámbito del trabajo a distancia, previa información a la representación legal de los trabajadores,

c) Las condiciones e instrucciones de **uso y conservación** establecidas en la empresa en relación con los **equipos o útiles informáticos**, dentro de los términos que, en su caso, se establezcan en la negociación colectiva. En todo caso, la empresa debe respetar el **derecho a la intimidad** de acuerdo con los usos sociales y los derechos reconocidos legal y constitucionalmente, por lo que no puede exigir la instalación de programas o aplicaciones en dispositivos propiedad de la persona trabajadora, ni la utilización de estos dispositivos en el desarrollo del trabajo a distancia. En su elaboración debe participar la representación legal de los trabajadores.

Los convenios o acuerdos colectivos pueden especificar los términos dentro de los cuales las personas trabajadoras pueden hacer uso de los equipos informáticos puestos a su disposición por parte de la empresa para el desarrollo del trabajo a distancia por **motivos personales** pueden teniendo en cuenta los usos sociales de dichos medios y las particularidades del trabajo a distancia

Además, la empresa puede adoptar las **medidas de vigilancia y control** para verificar el cumplimiento por la persona trabajadora de sus obligaciones y deberes laborales, incluida la utilización de medios telemáticos, con la consideración debida a su dignidad. También ha de tenerse en cuenta la capacidad real de los trabajadores con discapacidad.

Precisiones **1)** Es procedente el despido de una teletrabajadora a la que se le instaló en su ordenador privado, con su autorización, un programa de vigilancia y control de su trabajo porque, aunque se reconoce que el mismo no cumple los estándares de respeto del **derecho fundamental a la intimidad**, la empresa prueba por otros medios los incumplimientos de la teletrabajadora (TSJ Valladolid 30-12-21, EDJ 841075).

2) La empresa puede sancionar a un teletrabajador por trasladarse a una segunda residencia, en la que debe usar datos móviles porque **no tiene WiFi**, lo que entorpece su trabajo e incumple reiteradamente sus obligaciones (TSJ Madrid 20-10-21, EDJ 786310), o porque **se desconecta injustificadamente** durante su jornada (TSJ Madrid 24-1-22, EDJ 513777).

4. Procedimiento de reclamación

(LRJS art.138 bis)

Se ha establecido un **procedimiento especial** para la tramitación de reclamaciones sobre acceso, reversión y modificación del trabajo a distancia. Las **peculiaridades** son las siguientes: 7455

1. Fija un **plazo de interposición** de la demanda de 20 días desde la notificación de la negativa de la empresa o la disconformidad con la propuesta del trabajador.

2. Es facultativo para el órgano jurisdiccional de instancia recabar el **informe de la ITSS**. Si lo solicitara, ha de **enviarle a la ITSS** la demanda y la documentación adjunta. El **contenido** del informe ha de versar sobre la negativa o disconformidad por la empresa de la propuesta del trabajador.

3. El procedimiento es **urgente y preferente**:

a) El juicio se señala 5 días tras la admisión de la demanda.

b) La sentencia se ha de dictar en el plazo de 3 días.

4. Contra la sentencia no cabe **recurso**, salvo que se acumule acción de resarcimiento de **daños y perjuicios** que, por su cuantía, sí pudiera dar acceso al recurso.

5. Cuando la acción esté relacionada con los **derechos de conciliación** de la vida personal, familiar y laboral, reconocidos legal o convencionalmente la acción no es esta nueva modalidad sino la recogida en la LRJS art.139.

Competencia territorial (LRJS art.10; L 10/2021 art.7.e y f, disp.adic.3ª y disp.final 3.1) El contenido mínimo del **acuerdo de trabajo a distancia** debe recoger el centro de trabajo de la empresa al que queda adscrita la persona trabajadora a distancia y donde, en su caso, va a desarrollar la parte de la jornada de trabajo presencial; así como el lugar de trabajo a distancia elegido por la persona trabajadora. Para determinar cuál es el juzgado de lo social territorialmente competente en caso de **teletrabajo híbrido** (tanto presencial en el centro de trabajo como en remoto) en el 7457

que los servicios se prestan en lugares de **distintas circunscripciones** territoriales, se han dictado resoluciones jurisprudenciales contradictorias, que establecen lo siguiente:
1. Utilización de la **norma especial** que regula el trabajo a distancia (L 10/2021 art.7.e y disp.adic.3ª). Así, el juzgado competente es (TSJ Burgos 21-4-23, EDJ 573744; TSJ Cataluña 2-2-23, EDJ 528584; TSJ Madrid 30-11-23, EDJ 783425):
- si **una parte** del trabajo se realiza de forma **presencial**, el del lugar donde se realice este último;
- si la **totalidad** de la prestación es de **teletrabajo**, se ha de acudir a lo previsto en el contrato suscrito entre las partes.
2. Utilización de **norma general** de competencia jurisdiccional territorial (LRJS art.10.1). Consideran que los órganos jurisdiccionales no tienen la consideración de Autoridad laboral y por tanto no cabe aplicarles la norma especial de atribución de competencia (TSJ Madrid 15-12-23, EDJ 793068), que se refiere al lugar donde debe entenderse que se prestan los servicios laborales en caso de teletrabajo, pero que no cambia la regla general de competencia jurisdiccional territorial, según la cual en el supuesto de que los servicios se presten en lugares de distintas circunscripciones territoriales, el trabajador **puede elegir** entre los siguientes juzgados (TSJ Aragón 16-5-24, EDJ 635767):
- el de su domicilio;
- el del contrato;
- el del domicilio del demandado.

5. Negociación colectiva

(L 10/2021 disp.adic.1ª)

7465 Los **convenios o acuerdos colectivos** pueden establecer, en atención a la especificidad de la actividad concreta de su ámbito:
1. La i**dentificación de los puestos** de trabajo y funciones susceptibles de ser realizados a través del trabajo a distancia.
2. Las condiciones de acceso y desarrollo de la actividad laboral mediante esta modalidad,
3. La duración máxima del trabajo a distancia.
4. Los contenidos adicionales en el acuerdo de trabajo a distancia.
5. Una **jornada mínima presencial** en el trabajo a distancia.
6. El **ejercicio de la reversibilidad** al trabajo en los locales de la empresa. A tal efecto, los convenios o acuerdos colectivos pueden establecer los mecanismos y criterios por los que la persona que desarrolla trabajo presencial puede pasar a trabajo a distancia o viceversa, así como preferencias vinculadas a determinadas circunstancias, como las relacionadas con la formación, la promoción y estabilidad en el empleo de personas con diversidad funcional o con riesgos específicos, la existencia de pluriempleo o pluriactividad o la concurrencia de determinadas circunstancias personales o familiares, así como la ordenación de las prioridades establecidas en la Ley.
7. Un **porcentaje o periodo de referencia inferiores** a los fijados en la presente Ley a los efectos de calificar como regular esta modalidad de ejecución de la actividad laboral.
8. Un porcentaje de trabajo presencial de los **contratos formativos** diferente al previsto en el mismo, siempre que no se celebren con menores de edad.
9. Las posibles circunstancias extraordinarias de modulación del **derecho a la desconexión**.
10. Las condiciones concretas para garantizar el ejercicio de los **derechos colectivos** de las personas trabajadoras a distancia, en atención a las singularidades de su prestación (nº 7444).
11. La modulación del **principio de voluntariedad**, estableciendo el derecho al trabajo a distancia en los casos de conciliación familiar (ET art.34.8 redacc RDL 5/2023).
12. Un mecanismo para la determinación, y compensación o abono de estos gastos que pudiera tener el trabajador.
13. Los términos dentro de los cuales las personas trabajadoras pueden hacer uso por motivos personales de los equipos informáticos puestos a su disposición por parte de la empresa para el desarrollo del trabajo a distancia, teniendo en cuenta los usos sociales de dichos medios y las particularidades del trabajo a distancia.
14. Cuantas **otras cuestiones** se consideren necesario regular a través de la negociación colectiva.

6. Supuestos especiales de trabajo a distancia

Trabajo a distancia esporádico (L 10/2021 art.1) La normativa especial del trabajo a distancia no se aplica a las situaciones de trabajo a distancia que no alcanzan los umbrales porcentuales fijados legal o convencionalmente para calificar como regular el trabajo a distancia. 7470

Al trabajo a distancia de carácter no regular, esporádico o residual se le aplica la **normativa ordinaria**.

Estos trabajadores tienen los mismos **derechos** que si prestasen servicios en el centro de trabajo durante toda la jornada de trabajo, salvo, en su caso, aquellos que sean inherentes a la prestación laboral de forma presencial en la parte proporcional.

Precisiones 1) El empleador tiene que llevar siempre un **registro de las horas de trabajo**, aunque sólo se trabaje en el domicilio unas pocas horas (ET art.34.9).

2) La empresa es la responsable de la **seguridad y salud** del empleado durante las horas que trabaje desde casa, aunque no tenga carácter regular (LPRL art.14).

3) La aceptación del trabajo a domicilio es voluntaria para el trabajador y **no puede establecerse con carácter obligatorio** ni por la vía de la modificación sustancial de condiciones de trabajo (ET art.41), ni mediante acuerdo colectivo, pues implica una transformación del régimen contractual que afecta a la esfera personal del trabajador; por ello es nulo el pacto suscrito entre la empresa y el comité intercentros sobre teletrabajo a domicilio (TS 11-4-05, EDJ 62273).

Teletrabajo como medida de conciliación (ET art.34.8 -redacc RDL 5/2023-; LRJS art.139) Para facilitar la **conciliación de la vida familiar y laboral**, las personas trabajadoras pueden solicitar la prestación de su trabajo a distancia como medida de adaptación de la jornada de trabajo (nº 5108). 7472

La adaptación debe ser **razonable y proporcionada** a las necesidades de la persona trabajadora y a las necesidades organizativas o productivas de la empresa. La persona trabajadora tiene derecho a solicitar el **regreso a su jornada o modalidad contractual** anterior una vez concluido el periodo acordado o cuando el cambio de las circunstancias así lo justifique, aun cuando no hubiese transcurrido el periodo previsto.

La **solicitud**, en caso de que se tengan hijos o hijas, puede presentarse hasta que el hijo o hija cumpla los 12 años y la empresa debe resolverlo de acuerdo con lo establecido en la negociación colectiva, acomodándose a criterios y sistemas que garanticen la ausencia de discriminación, tanto directa como indirecta, entre personas trabajadoras de uno y otro sexo.

En todo caso, las situaciones de trabajo a distancia por razón de conciliación familiar quedan incluidas dentro del **ámbito de aplicación** de la normativa especial de trabajo a distancia siempre que se superen los umbrales porcentuales establecidos (nº 7402).

Las **discrepancias** que surjan entre el empresario y el trabajador se resuelven por la jurisdicción social a través del procedimiento especial para el ejercicio de los derechos de conciliación de la vida personal, familiar y laboral (LRJS art.139).

Trabajo a distancia transnacional Se entiende por trabajo a distancia transnacional aquella relación laboral que transcurre a través de dos o más Estados, porque el empleado ejecuta la prestación en un territorio soberano distinto de aquel donde se sitúa el empleador. 7474

Se trata de una relación laboral en la que, al estar presente un elemento de internacionalidad, pueden surgir **dudas** sobre la identificación del foro competente y determinación de la ley nacional aplicable tanto a la relación laboral, como a la de Seguridad Social.

En este contexto, muchas de las normas comunitarias, internacionales o incluso nacionales, consideran relevante la **identificación del lugar de trabajo**, pues puede funcionar como una de las conexiones clave para determinar ambas cuestiones. Sin embargo, todas esas normas carecen de disposiciones especialmente elaboradas para el teletrabajo, modalidad en la que no está claro donde se ubica tal lugar, pues gracias a la propia conexión a internet el trabajo puede realizarse desde cualquier lugar y ser móvil.

Sobre los **requisitos** para **trabajar en España** de los teletrabajadores internacionales (nómadas digitales), ver nº 1768.

Respecto a la resolución de estas cuestiones pueden consultarse las **soluciones genéricas** previstas para supuestos de trabajo en el extranjero:

El **foro competente** en materia de contrato de trabajo se determina: 7476

a) Si el **demandado** tiene su **domicilio en la UE**: según el Rgto Bruselas I bis (Rgto UE/1215/2012). Sin perjuicio de la validez de las cláusulas de sumisión a un foro concreto, cuando demanda el trabajador al empresario, y cuando es el empresario el que demanda.

b) Si el **demandado** tiene su domicilio en un **país que no es de la UE**: según lo que establezcan, en cada caso, el Convenio de Bruselas, el Convenio de Lugano II o Convenio bilateral de España con El Salvador. En defecto de las normas internacionales o comunitarias, podría aplicarse

la normativa interna española que determina cuándo España puede ser el foro competente (LOPJ art.25).
Para determinar el foro competente en pleitos de **Seguridad Social**, la norma nacional (LOPJ art.25) es la relevante, pues esta materia está fuera del ámbito objetivo de la normativa comunitaria y convencional mencionada.

7478 La **ley nacional aplicable** al contrato de trabajo se determina según su fecha de celebración:
a) Si el contrato es **anterior al 1-9-1993**: normativa española o sistema de derecho autónomo (nº 2130).
b) Si el contrato es **posterior al 1-9-1993**: Convenio de Roma (nº 2132).
c) Para contratos suscritos **desde el 17-12-2009**: Rgto Roma I (nº 2134).

7480 Respecto a la ley nacional de **Seguridad Social** aplicable, a efectos de afiliación y cotización del trabajador, se debe tener en cuenta el ámbito geográfico donde se entienda realizado el teletrabajo, pues las normas que se mencionan a continuación solo se refieren al desplazamiento físico del propio teletrabajador, suscitándose muchas dudas:
a) En el marco de la **UE, EEE y Suiza**: se aplican los Reglamentos de coordinación de la UE (Rgto CE/883/2004 art.11 a 16 y Rgto CE/987/2009 art.14 a 21) que no contienen normas específicas para el teletrabajo. No obstante, ante el incremento del teletrabajo transfronterizo comunitario desde la pandemia por COVID-2019, la Comisión Administrativa de Coordinación de los Sistemas de Seguridad Social (CACSS) ha dictado **notas orientativas** para aplicar a este teletrabajo las normas de conflicto generales contenidas en los Reglamentos de coordinación de la UE. Aunque no son jurídicamente vinculantes, son consensuadas por los Estados miembros y tienen un valor interpretativo relevante (nº 7482)
Además, existe un **Acuerdo marco** para el teletrabajo híbrido habitual por cuenta ajena, que han suscrito algunos Estados como España (nº 7484).
b) En el marco de un **tercer Estado** no miembro de la UE: se aplica la cobertura que brindan convenios bilaterales o multilaterales.
c) **En defecto** de las normas anteriores cabría acudir a la normativa nacional que permite en algunos una asimilación al alta o la suscripción de un convenio especial.

7482 **Nota orientativa de la CACSS** (CACSS Nota orientativa CA 137/23) Esta nota contiene las directrices aplicables desde el 1-7-2023 en materia de legislación de Seguridad Social al **teletrabajo transfronterizo comunitario**, entendido como aquel:
- **consensuado** entre empresario y trabajador conforme a la normativa nacional (en España la L 10/2021);
- que se desarrolla fuera de los locales de la empresa, en otro/s Estado/s miembro/s, basándose en **tecnología** que permite al empleado mantenerse conectado al entorno laboral empresarial y desarrollar el mismo trabajo que se realiza normalmente en la compañía de forma presencial.
Respecto a la **legislación de Seguridad Social** aplicable a los teletrabajadores, la nota de la CACSS interpreta los Reglamentos de coordinación de la UE (Rgto CE/883/2004 y Rgto CE/987/2009) y establece los siguientes **criterios**:
1. **Regla general**: ley del **lugar de trabajo** -o *lex loci laboris*- (Rgto CE/883/2004 art.11.3.a), entendiéndose que la localización de la actividad está donde, en la práctica, el trabajador lleva a cabo las **acciones relacionadas** con esa actividad (TJUE 27-9-12, asunto Paterna C-137/11), aunque cabe señalar que esta sentencia no se refiere a un supuesto de teletrabajo por cuenta ajena). Se aplica al teletrabajo transnacional **continuo a tiempo completo** y **sin límite temporal** (duración prevista superior a los 24 meses).

7484 2. **Excepciones:**
a) Teletrabajo transnacional **ocasional y temporal** (duración inferior a menos de 24 meses): el trabajador puede seguir sujeto a la legislación del Estado miembro donde está asegurado si cumple los requisitos generales del **desplazamiento** por cuenta del empleador (Rgto CE/883/2004 art.12) y el teletrabajo transfronterizo realizado durante el período de desplazamiento es **a tiempo completo**, es decir, cubre el 100% del tiempo de trabajo. Esta excepción se adopta para aliviar la carga administrativa a las empresas y a las Administraciones de Seguridad Social de los Estados miembros (cumplimentando un único DP A1 para todo el período en vez de varios para cada parte de actividad del desplazamiento).
b) Teletrabajo transnacional **normal y habitual híbrido** en más de un Estado miembro (combinando, por ejemplo, teletrabajo desde el domicilio en un Estado miembro con trabajo presencial en el Estado miembro donde se ubica la empresa, bien sea semanalmente o en períodos superiores): la legislación del Estado miembro de residencia del trabajador se aplica cuando en él se ejerce una **parte sustancial de la actividad**; de no ser así, se aplica la legislación del Estado miembro en que se localice la sede social o el establecimiento de la empresa o del

empleador (Rgto CE/883/2004 art.13). Se considera que el teletrabajador realiza en su lugar de residencia una parte sustancial de su actividad si realiza allí, en el marco de una valoración global de la situación, **un 25% o más** del tiempo de trabajo o del salario (Rgto CE/987/2009 art.14.8) y teniendo en cuenta la situación prevista para los 12 meses siguientes (Rgto CE/987/2009 art.14.10).
c) Resto de situaciones laborales en los que el resultado de la aplicación del marco jurídico no se considere adecuado: se permiten **acuerdos entre Estados miembros que excepcionen la aplicación de las normas anteriores**, siempre en interés de determinadas personas o categorías de personas y con su consentimiento (Rgto CE/883/2004 art.16), pudiendo ser:
- bilaterales **individuales**, firmados por dos Estados miembros a favor de un teletrabajador concreto;
- **bilaterales para grupos de personas**, firmados por dos Estados miembros para las plantillas de determinados empleadores o un determinado grupo de teletrabajadores, por ejemplo.
- **multilaterales**, firmados por más de dos Estados miembros en favor de un grupo de teletrabajadores. En este contexto se firmó el Acuerdo marco sobre teletrabajo híbrido habitual que se expone en el marginal siguiente.

Acuerdo marco sobre teletrabajo transfronterizo híbrido habitual (Acuerdo marco sobre aplicación del Rgto CE/883/2004 art.16.1 en casos de teletrabajo transfronterizo habitual) Existe un acuerdo marco entre determinados países de la UE, EEE y Suiza que, **desde el 1-7-2023** y **previa solicitud** , permite a los teletrabajadores transfronterizos habituales por cuenta ajena estar sujetos, durante 3 años prorrogables previa solicitud, a la legislación en materia de **Seguridad Social del Estado** en el que el **empleador/es** tenga/n su sede o su domicilio (en lugar de a la legislación del Estado de residencia del trabajador, Rgto. CE/883/2004 art.13.1 y 16.1), **siempre que** el teletrabajo transfronterizo realizado en el Estado de residencia sea inferior al 50% del tiempo de trabajo total. **7486**
La **solicitud** se debe presentar de conformidad con lo establecido en el Rgto CE/987/2009 art.18, debiendo la institución competente del Estado signatario cuya legislación sea aplicable (si se trata de España, la TGSS) presentar un certificado (PD A1) conforme al Rgto CE/987/2009 art.19.
La existencia del este acuerdo marco no es un obstáculo a la suscripción de **acuerdos individuales** (al amparo del Rgto CE/883/2004 art.16).

Precisiones 1) Aunque, con carácter general, la aplicación del Acuerdo marco no afecta a **situaciones previas al 1-7-2023**, como **excepción** cabe su aplicación a solicitudes que se refieran a **periodos anteriores** si se cumplen los siguientes **requisitos**:
a. Durante dicho período se han abonado cotizaciones a la seguridad social o el trabajador ha estado cubierto de otro modo por el régimen de seguridad social del Estado signatario en el que el empresario tenga su sede o su domicilio.
b. El período solicitado anterior a la fecha de presentación de la solicitud no es superior a 3 meses, o la solicitud se presenta como tarde el 30-6-2024 y el período anterior a la fecha de presentación de la solicitud no supera los 12 meses.
2) Bélgica actúa como Estado depositario del acuerdo y publica toda la información, incluidas las ratificaciones, en https://socialsecurity.belgium.be/en/internationally-active/cross-border-telework-eu-eea-and-switzerland. Hasta la fecha ha sido firmado por los siguientes **países**: Alemania, Austria, Bélgica, Croacia, Eslovaquia, Eslovenia, España, Finlandia, Francia, Italia, Liechtenstein, Luxemburgo, Malta, Noruega, Países Bajos, Polonia, Portugal, República Checa, Suecia y Suiza.

PARTE IX

Colectivos específicos

CAPÍTULO 31

Representantes de comercio

A efectos prácticos, el problema central de lo que podemos denominar actividad de mediación comercial por cuenta de un tercero (o para ser más genérico todavía, la actividad comercial), es la **dificultad de encajar** cada una de las figuras que podemos encontrar en este amplio concepto. 7602

A. Diferentes formas de regular la actividad comercial por cuenta de un tercero

Básicamente la actividad comercial por cuenta de tercero puede incardinarse en **cuatro tipos** de figuras distintas: 7610

a) Actividad comercial por cuenta ajena dentro de un **contrato laboral común** u ordinario.
b) Actividad comercial también por cuenta ajena pero denominada **relación especial de representante de comercio**. Es una relación laboral pero sometida a una regulación laboral específica diferente a la del trabajador ordinario.
c) Agente mercantil. Es una relación de carácter mercantil y en consecuencia ajena al mundo del derecho laboral.
d) Relación mercantil **en actividad comercial**. En la práctica se caracteriza por ser una actividad en cierta forma por cuenta propia al realizarse **entre dos empresas**, la que se encarga de la actividad y la que la realiza.

La conflictividad procesal radica en la determinación o encaje de una determinada actividad comercial en uno de los cuatro apartados anteriores. Para hacer esa delimitación hay que partir del análisis de las **notas de la relación** y del estudio de cada una de ellas:
- asunción o no del buen fin de la operación comercial (nº 7612);
- personalidad del trabajo (nº 7614);
- dependencia (nº 7616).

Precisiones 1) Normalmente, la tendencia natural es huir de la más rígida relación laboral y buscar amparo en una más cómoda relación mercantil. Una incorrecta definición de la relación que se tiene puede generar **graves consecuencias económicas** para el empresario si se decide a posteriori por los Tribunales que la relación denominada como contrato de agencia o mercantil, es una relación laboral, sea esta ordinaria o representante de comercio, pues va a repercutir en la cuantía indemnizatoria e incluso en la modificación del ámbito de afiliación a la Seguridad Social.
2) Los representantes de comercio están incluidos en el **Régimen General de la Seguridad Social**. Su regulación se ha unificado y únicamente mantienen alguna particularidad en lo referido a la cotización.

Asunción o no del buen fin de la operación comercial Si la persona que se dedica a la actividad comercial por cuenta ajena, responde de que la operación llegue a buen fin o lo que es lo mismo, que si no se llega a abonar el producto de la venta por el resultado final, el mediador corre con el riesgo y la obligación de abonarlo al principal, como si hubiera cobrado, está claro que estamos en una **relación no laboral** de clara naturaleza mercantil. 7612

Para que pueda hablarse de **relación laboral especial** es necesario que el mediador o representante de comercio no responda del buen fin de la operación.

Así pues, si se responde del buen fin de la operación ya podemos excluir toda relación sea laboral (común o de representante de comercio) y en consecuencia la relación sería de carácter mercantil.

7614 **Personalidad del trabajo** (ET art.1 y 8.1; RD 1438/1985 art.1) La prestación de la actividad por personas físicas también es nota característica esencial de la laboralidad.
Si para la prestación de servicios comerciales se utiliza una **organización plural** de personas, también aquí quedaría excluida la laboralidad.

7616 **Dependencia** (ET art.20) La dependencia se define como el derecho del empresario a organizar el trabajo de sus empleados que deben, consecuentemente, cumplir sus instrucciones y la nota de dependencia y su intensidad es lo que va a determinar las diferencias básicas entre trabajador comercial con contrato laboral común, representante de comercio o agente comercial.
Es una **relación laboral** clásica **ordinaria** cuando el comercial está incardinado en la esfera organizativa del empresario y éste es el que determina de forma directa como se debe realizar la actividad (asignación de zona de trabajo, fijación de horarios, etc.).
La relación del **representante de comercio** con relación laboral especial también comparte algo de la nota de dependencia con el trabajador común, pero mucho más **atenuada** que éste otro. El representante de comercio, aun dependiendo del empresario, tiene un importante grado de autonomía laboral funcional (no se le exige exclusividad, control sobre la cartera de clientes, etc.).
Por último, para los **agentes comerciales** (relación mercantil) esa dependencia queda todavía queda más atenuada o es inexistente.
La diferencia establecida por la jurisprudencia deriva de la nota de la dependencia. Si se da una dependencia, aunque no sea muy estricta del empresario, ya no se puede hablar de contrato de agencia, sino de una relación laboral especial de representante de comercio (TS 17-4-00, EDJ 9105).

Precisiones Así pues, para **diferenciar** una figura de otra habría que utilizar estos **criterios**:
a) **Relación laboral** común. Debe existir:
- ajenidad (no responder del buen fin de la operación) (TS 27-4-04, EDJ 44787);
- trabajo personal (que el trabajo no lo haga una pluralidad de personas organizadas bajo una misma dirección);
- dependencia intensa del empresario.
Normalmente, la discusión sobre la naturaleza del trabajador común es frente a la figura del representante del comercio.
En este sentido, se declara la relación como común y no como de representante de comercio al acreditarse la falta de la misma independencia funcional, sobre todo en materia de organización, jornada, etc. (TS 13-5-98, EDJ 6609).
b) **Representante de comercio**. Para que pueda darse esta figura debe existir:
- ajenidad (aquí también no responder del buen fin de la operación);
- trabajo personal;
- una cierta dosis de dependencia del empresario, aunque no sea tan intensa como la del trabajador común.

B. Regulación de los representantes de comercio

7625 En la medida en que se trata de una relación laboral especial, se rige por sus propias y específicas normas. Ello no impide las continuas referencias a la **normativa laboral común** y a la autonomía de las partes, a través de convenios colectivos o pactos individuales.
Los representantes de comercio no están sujetos a los **convenios colectivos** que no les incluyan de manera específica en su ámbito de aplicación (TSJ País Vasco 25-11-14, EDJ 241970;TSJ Sevilla 14-9-23, EDJ 856907) -ver nº 334 s.-.

7627 **Ámbito de aplicación** (ET art.2.1.f; RD 1438/1985 art.1) Se aplica esta normativa especial a las relaciones en virtud de las cuales una **persona física**, actuando como representante, mediador, etc., se obliga con uno o más empresarios, a cambio de una **retribución**, a promover o concertar personalmente operaciones mercantiles por cuenta de los mismos, sin asumir el **riesgo o ventura** de tales operaciones. La actividad puede ir acompañada o no de la distribución o reparto de los bienes objeto de la operación.
La diferencia entre la relación laboral o la mercantil se encuentra en la existencia o no de la nota de **dependencia**, de manera que es la nota que diferencia al **representante de comercio** de quien actúa como **agente** como consecuencia de la celebración de un contrato de agencia (TSJ Castilla-La Mancha 13-10-16, EDJ 192651; TSJ Madrid 10-9-18, EDJ 641167). La normativa del contrato de agencia define, excluyendo de su regulación, los representantes y viajantes

de comercio dependientes, y entiende que existe dependencia cuando quien se dedica a promover actos u operaciones de comercio por cuenta ajena, o a promoverlos y concluirlos por cuenta y en nombre ajenos, no puede organizar su actividad profesional ni el tiempo dedicado a la misma conforme a sus propios criterios (nº 332).

Precisiones 1) La jurisprudencia incide en las **características definitorias** de esta relación laboral: desarrollo de actividades de promoción y concertación de operaciones mercantiles por cuenta de una empresa, siguiendo sus instrucciones en cuanto a tarifas de precios y forma de pago, remitiéndole información de las operaciones, mediante la prestación personal del trabajo, sin responder del buen fin de las mismas y necesitando la aprobación de la empresa (TS 18-4-90, EDJ 4204). 7629

Se estima que los representantes de comercio son aquellos que reúnen las siguientes **características**:
- ser una persona **natural o física**, quedando excluidas las personas jurídicas;
- prestar los servicios de forma **personal y directa**;
- estar obligado no sólo a **promover**, sino que también puede estar facultado para **concertar**, es decir, concluir aquellas operaciones en que interviene, y esta facultad puede precisar o no de ulterior aprobación o confirmación por el empresario;
- comprender su actividad toda clase de **operaciones mercantiles**, es decir, todas aquellas operaciones que supongan venta, adquisición o intercambio de bienes o servicios en el mercado;
- no asumir el **riesgo y ventura** de las operaciones que promueve y concluye (TSJ Navarra 28-6-99, EDJ 25443).

2) No responder del buen fin de las operaciones es la nota que más claramente diferencia al representante de comercio del contrato de comisión mercantil, de manera que la asunción del riesgo no constituye contrato de trabajo y en caso contrario es una relación laboral de carácter especial (TSJ Andalucía 19-7-96). Y, **responder del buen fin** de tales operaciones es asumir el riesgo de hacer efectivo el pago de las mercancías y productos enajenados en ellas, cuando los compradores de esos productos no cumplen esta obligación (TS 24-1-90, EDJ 571; TSJ Cataluña 20-1-93), es decir hacerse cargo de los fallidos (TSJ Cantabria 8-1-96; TSJ Andalucía 19-7-96).

3) No hay que confundir entre:
- **devengar comisiones** salvo buen fin de la operación, que consiste en que la operación de mediación no se ha llegado a consumar y no se ha percibido, pues, su importe; el agente queda exento de reintegrar la suma correspondiente a ese impago, aunque, como es obvio, se le descuenta la comisión de dicha operación; y
- **no responder del buen fin de la misma**, que se produce cuando una operación resulta impagada después de haberse concertado por el mediador, siendo éste quien **responde** de las consecuencias **del impago**, teniendo que abonar el importe a la empresa (TS 14-4-87, EDJ 3040; TSJ País Vasco 16-7-96); pues forma parte del sistema habitual de retribución por comisión que sólo se devengue en las operaciones llevadas a buen fin (TSJ Cantabria 8-1-96).

Así pues la **asunción del riesgo** se da cuando el que interviene en las operaciones asume frente a la empresa, como una responsabilidad personal, el pago de los importes de las ventas efectuadas, aun cuando resulten impagadas por el cliente cargándose el descubierto en su cuenta (TSJ Aragón 12-4-99, EDJ 84458); sin embargo, la existencia de algún hecho esporádico de haberse efectuado **descuento por impagado**, no desvirtúa el no responder el trabajador del buen fin de las operaciones (TS 18-3-87, EDJ 2222).

4) Existe relación laboral especial cuando las prestaciones objeto del contrato consisten en la venta y comercialización de servicios de conectividad de datos a Internet y se **remuneran mediante comisiones**, dirigiendo y controlando la empresa el modo de organizar el trabajo comercial (TSJ País Vasco 25-11-14, EDJ 241970).

5) Si se reúnen los rasgos principales de esta relación laboral especial, es indiferente que el trabajador esté **inscrito en el colegio oficial** de agentes comerciales, que haya tardado en darse de alta en Seguridad Social (TSJ Cataluña 12-2-90), que esté dado de alta como **autónomo** (TSJ Andalucía 25-1-94) o que gire facturas con **NIF e IVA** (TSJ Asturias 4-12-92).

6) Es claro que la representación puede ejercitarse simultáneamente respecto de **distintos empresarios**, salvo que exista pacto de no concurrencia, sin que por ello se excluya la naturaleza laboral de la relación (TSJ Murcia 17-1-94).

Exclusiones Se excluyen de esta relación laboral especial los siguientes **supuestos**: 7631

a) Los trabajadores que, aun dedicándose a promover o concertar operaciones mercantiles para la misma, lo hagan en los **locales de la empresa** o teniendo en ella su **puesto de trabajo**, y sujetos a su **horario laboral**. Así, es irrelevante que el representante de comercio tenga que **acudir todas las mañanas** a la empresa a recibir instrucciones sobre la zona a trabajar, puesto que la no sujeción a jornada y horario concretos puede dejarse sin efecto por acuerdo de las partes y la mera asistencia obligada puede ser manifestación de una dependencia atenuada (TSJ Galicia 30-4-04, EDJ 100198).

b) Los que, como titulares de una **organización empresarial autónoma**, se dediquen a promover o concertar operaciones mercantiles. Se entiende por organización empresarial autónoma aquella que cuenta con instalaciones y personal propio. Se presume que **no existe** tal organización empresarial, cuando, promoviendo o concertando operaciones mercantiles, se actúa

conforme a las instrucciones de su empresario con respecto a horarios, itinerarios, criterio de distribución, precios y forma de realizar los pedidos y contratos. (nº 330).
También están excluidas de esta relación laboral especial las personas naturales incluidas en el ámbito de la normativa específica sobre producción de **seguros y corresponsales no banqueros**, siempre que se configuren como sujetos de una relación mercantil (nº 336).

Precisiones 1) Se estima que la relación laboral especial se diferencia de la **relación laboral ordinaria** por no estar sujeta al **horario laboral** de la empresa (TSJ Madrid 29-5-00, EDJ 31507); y ofrece las **características** siguientes: se desarrolla fuera de un centro de trabajo, con un ámbito de independencia importante y sin sujeción a jornada u horario de trabajo concreto (TSJ Navarra 16-2-01, EDJ 28830). Y por otra parte, para distinguir el contrato de trabajo del **arrendamiento de servicios y de obra**, es dato decisivo la integración o no del trabajador en el círculo rector del empresario, de forma tal que la actividad voluntaria y retribuida se produzca dentro del ámbito de organización y dirección de quien paga los salarios (TSJ Cataluña 1-2-97); así como la existencia de directrices en la realización del trabajo, asignación de zonas y ulterior control por parte de la empresa (TSJ Asturias 15-9-00, EDJ 39809).
2) Si el representante o agente mediador, aun sin asumir el riesgo de las operaciones, dispone de una **organización autónoma**, con sede propia y trabajadores a su cargo, no dándose prestación personal de servicios, no existe relación laboral de ningún tipo (TS 22-3-90, EDJ 3235), ni si se tiene organización empresarial, aunque sea primaria (TSJ C.Valenciana 9-6-94, EDJ 5234). Por eso, cuando la figura del trabajador como persona física -que realiza una prestación personal de servicios- es sustituida en el contrato por una organización empresarial, la relación jurídica sufre una modificación y queda excluida del ámbito laboral (TS 22-5-90, EDJ 5393; TSJ Andalucía 11-11-92) y **no** es necesario que la organización empresarial dé lugar al nacimiento de una **persona jurídica**. Puede ser una persona física o natural, basta con que no reciba instrucciones del empresario -en materia de horarios, itinerarios, etc.- para que quede excluida del ámbito de la relación laboral especial (TS 17-11-87, EDJ 8425).
3) No se considera representante de comercio al **visitador médico**, al consistir su actividad en una mera información sobre los productos a determinados profesionales de la medicina, quienes los recetan a terceros, sin adquirirlos directamente (TS 1-6-87, EDJ 4343).
4) Respecto a los **vendedores de la ONCE**, se estima que su relación laboral es ordinaria y no de carácter especial como la de los representantes de comercio (TS 26-9-00, EDJ 36266; TSJ Madrid 6-6-05, EDJ 92807, entre otras muchas).
5) Ha de considerarse que existe una relación laboral ordinaria cuando el trabajador presta sus servicios de **mediación en los locales de la empresa** -disponiendo, incluso, de mesa y teléfono-, estando sujeto a horario y jornada concretos, y teniendo que rellenar y entregar diariamente una relación de las visitas concertadas para el día siguiente, pues ello va más allá de la obligación de rendición de cuentas (TSJ Cataluña 11-2-03, EDJ 266003). También hay relación laboral ordinaria y no especial cuando el trabajador tiene como funciones asignadas la **captación de nuevos clientes**, el control de la producción de los agentes de seguros de su equipo, la instrucción, formación y asesoramiento de los agentes a su cargo y cualesquiera otros servicios análogos si, además, presta su actividad con sujeción a los criterios establecidos por la empresa y en las instalaciones de ésta (TS 9-10-06, EDJ 319296).

7633 **Contrato** (RD 1438/1985 art.2.1 y 3.3) El contrato se ha de formalizar por **escrito** y por triplicado. Ha de quedar un ejemplar en poder de cada parte, debiendo registrar la empresa el tercero, obligatoriamente, en la oficina de empleo que corresponda al domicilio del trabajador o bien en la de la empresa. En caso de discrepancia, se presume la validez del contrato registrado en la oficina de empleo.
El **período de prueba** se regula por lo dispuesto en la normativa laboral común (ver nº 5550 s.).

Precisiones La forma escrita **no es requisito** imprescindible para la existencia de la relación laboral. Aun en su ausencia, la relación laboral existe cuando se cumplen los requisitos establecidos (TSJ Málaga 30-9-96; TSJ Galicia 30-4-04, EDJ 100198).

7635 **Contenido** (RD 1438/1985 art.2.2) En el contrato debe constar, como mínimo:
a) Identificación de las partes.
b) Tipo de **operaciones mercantiles** que debe promover o concertar el trabajador con expresión de los productos o servicios a los que se refieran.
c) Facultades atribuidas al trabajador, en especial si puede concertar o no operaciones en nombre del empresario.
d) Si el trabajador se obliga o no a trabajar **en exclusiva** para el empresario.
e) Delimitación de la **zona**, demarcación o categoría de clientes con relación a los cuales haya de prestar sus servicios el trabajador, señalando, en su caso, si el empresario le otorga o no exclusividad para ese ámbito de actuación. Es válido un contrato en el que la **delimitación de la zona de trabajo** se realiza una vez finalizado el período de formación, pero la empresa acredita que la trabajadora conocía la zona de trabajo y no presentó dudas al respecto durante su relación laboral (TSJ Galicia 11-3-19, EDJ 551878).
f) Tipo de **retribución** acordada.
g) Duración del contrato.

En su caso, pueden existir **anexos** en los que se reseñe:
- el inventario y valor que se atribuye al muestrario o relación de productos;
- los instrumentos de trabajo que se faciliten por el empresario;
- la relación de medios que el trabajador aporte para el desarrollo de su labor.

Duración (RD 1438/1985 art.3) La duración del contrato es la prevista en el mismo. Si no se fija una duración determinada, se entiende pactado por tiempo **indefinido**. **7637**
Los contratos de **duración determinada** no pueden superar el límite de 3 años.
Si se conciertan por período inferior a dicho plazo, pueden establecerse **prórrogas** antes de su término por acuerdo de las partes, por períodos no inferiores a 6 meses, sin que en ningún caso el tiempo acumulado pueda exceder el límite señalado de los 3 años. Cuando se concierta por tiempo inferior y, llegado el término, no hay **denuncia** por ninguna de las partes con una antelación mínima de un mes, ni existe acuerdo expreso de prórroga, pero se continúa realizando la prestación laboral, se prorrogan los contratos automáticamente hasta el plazo de los 3 años.
Para los representantes de comercio no rige ni la limitación temporal ni el fraude de ley, sin que sea necesario especificar la **causa de temporalidad** (TS 3-10-11, EDJ 282294; 1-6-22, EDJ 600046).

Precisiones La empresa no debe expresar la causa de **denegación de prórroga**, pues es libre de efectuarla o no. No puede alegarse que la denegación de prórroga obedece a razones discriminatorias, pues la discriminación presupone la existencia de un derecho que se deniega injustamente (TS 21-9-88, EDJ 7222).

Derechos y deberes de las partes

(RD 1438/1985 art.12) Son aplicables en el ámbito de esta relación laboral de carácter especial, además de los derechos y deberes laborales básicos reconocidos en la normativa común, los derechos y deberes que, a continuación, se exponen. **7639**
Por sus especiales características, son de destacar los relativos a la **clientela y muestrario e instrumentos de trabajo**, que se estudian en los nº 7645 a nº 7651.
Respecto a los **derechos de representación** hay que entender aplicable la regulación general (TS 20-1-93, EDJ 249).

Del representante de comercio (RD 1438/1985 art.9) El trabajador ha de cumplir las siguientes **obligaciones**: **7641**
a) Desarrollar la **actividad necesaria** para promocionar la realización de operaciones mercantiles a favor del empresario, defendiendo los intereses legítimos de éste y siguiendo sus **instrucciones**.
b) Desarrollar su actividad de **promoción de forma correcta**, evitando cualquier actuación que pueda suponer competencia desleal o perjudicar el prestigio o intereses del empresario. La prueba de estas circunstancias corresponde al empresario.
c) Suministrar al empresario **noticias inmediatas** sobre la realización de operaciones y las circunstancias de su ejecución.
d) Gestionar el **cobro** de las operaciones mercantiles, si así se establece en el contrato, abonando al empresario, inmediatamente, las cantidades cobradas a los clientes. En ningún caso, puede derivarse **responsabilidad patrimonial** para el trabajador por la gestión del cobro, salvo si hay negligencia grave o dolosa.
e) Dar **información** al empresario de su actividad de promoción, de las circunstancias que puedan afectar a la clientela y de la situación de la empresa en el mercado.
f) No prestar servicios a **empresas competidoras**.
g) Dar a conocer al empresario las **otras empresas** para las que preste servicio, solicitando su autorización si así se hubiese pactado.
h) Cualesquiera **otras** que se fijen en el contrato.

Del empresario (RD 1438/1985 art.7) El empresario ha de cumplir, frente al trabajador las **obligaciones** siguientes: **7643**
a) Pagar la **retribución** pactada, haciendo las correspondientes liquidaciones en los plazos establecidos. También debe, en su caso, compensarle los gastos de desplazamiento.
b) Poner a su disposición, con la debida antelación, los **documentos y materiales** necesarios para el desarrollo de su actividad.
c) Proporcionar noticia inmediata de la **aceptación o rechazo** de las operaciones propuestas y de cuantas circunstancias se refieran a operaciones ya aceptadas. Cuando se rechace una operación se deben justificar los motivos.
d) Cumplir, en los términos pactados, las **operaciones contratadas** en firme con los clientes, y mantener con éstos una relación correcta.
e) Comunicar las circunstancias de la empresa que puedan incidir en la relación con los clientes, como los **cambios** en los productos o servicios ofrecidos, modificaciones de los precios y

condiciones de contratación, volumen de operaciones que podrían ejecutarse, así como relación completa de clientes y representantes en todo el ámbito de actuación de la empresa.
f) Comunicarles los **pedidos** directamente recibidos de clientes atribuidos al trabajador en virtud de contrato.
g) Cualesquiera **otras** derivadas del contrato o de la normativa aplicable.

7645 **Clientela** (RD 1438/1985 art.5) Los trabajadores tienen **derecho a** que se les reconozca por su empresa la clientela que hayan conseguido como consecuencia de su trabajo, y la que se le asigne al inicio de su gestión.
Si lo exige alguna de las partes, ha de constar en un anexo del contrato la **relación única de clientes** que la empresa facilita al trabajador, incluyendo exclusivamente los que hayan llevado a término alguna operación mercantil en los 2 años anteriores a la fecha del contrato de trabajo. Se ha de **actualizar** anualmente y al término de la relación laboral, relacionando los clientes captados por el trabajador y haciendo constar, en su caso, las variaciones en el volumen de las operaciones realizadas durante el año.
En la lista correspondiente al **término de la relación**, sólo han de constar, igualmente, los clientes que hayan hecho operaciones en los 2 últimos años.

7647 **Modificación de zona o de relación de clientes** **No** pueden ser objeto de **variación unilateral**, ni la zona o demarcación territorial ni la relación de clientes asignados en el contrato.
Si el empresario asigna a un trabajador una zona atribuida a otro u otros en perjuicio de éstos, debe abonarles una **compensación económica** fijada de común acuerdo, o, en caso de desacuerdo, por la jurisdicción social.
En caso de modificación de zona, el trabajador puede solicitar la **extinción** del contrato de trabajo con la indemnización de 20 días de salario por año de servicio, con un máximo de 9 mensualidades. Esta cantidad puede verse incrementada con la indemnización por la clientela (nº 7649).

Precisiones **1)** La posibilidad de continuar la relación o no, en caso de modificación de zona, es una **facultad del mediador**. Si opta por la compensación de perjuicios ocasionados, acepta la continuidad de la relación eliminando la otra de extinción (TS 22-2-88, EDJ 1447).
2) Si la modificación de zona o de relación de clientes fuese **relevante**, puede entenderse que ésta supone un incumplimiento contractual por parte del empresario, lo que podría dar lugar a la solicitud, por parte del trabajador, de la **extinción** de la relación laboral con la **indemnización** señalada para el supuesto de despido improcedente (TSJ Galicia 16-5-08, EDJ 76081). También se ha estimado que si la modificación supone **grave perjuicio**, sin compensación económica alguna, suponiendo algo más que la mera asignación de una zona a otro trabajador, se ha de aplicar lo previsto en caso de incumplimiento contractual por parte de la empresa o modificación sustancial en **menoscabo de la dignidad** del representante, dando lugar a la **indemnización** prevista para estos supuestos (ver nº 2292 Memento Social 2024) (TS 24-10-88, EDJ 8350; 5-6-89, EDJ 5697). No obstante lo anterior, un supuesto de este tipo se ha considerado en alguna ocasión como una causa de extinción vía modificación sustancial de condiciones de carácter individual (TSJ Madrid 27-9-05, EDJ 181899).
Aunque también se ha considerado que el representante de comercio tiene derecho a que la empresa le **reponga en sus anteriores condiciones** de trabajo cuando ésta le altera perjudicialmente la demarcación territorial inicialmente asignada, pues ello constituye una modificación sustancial de condiciones de trabajo (TSJ Galicia 6-6-08, EDJ 99783).
En cambio, en otras sentencias se aprecia que la variación de zona, si bien es una modificación de las condiciones de trabajo, **no** supone menoscabo de su dignidad; así como tampoco puede equipararse con un incumplimiento grave y culpable por parte del empresario, por lo que no procede la indemnización señalada para el despido (TS 20-3-90, EDJ 3123; TSJ Murcia 21-7-93, Rec 611/93); sólo si el perjuicio al trabajador genera menoscabo de su dignidad puede acudirse a la resolución contractual (TSJ Cataluña 10-12-02, EDJ 66956; 4-11-03, EDJ 169209).
Tal indemnización se calcula en función de la **antigüedad** del trabajador y sobre el importe de las comisiones percibidas en las zonas afectadas por la modificación (TSJ Galicia 5-7-96).
3) No puede reclamar dicha indemnización por considerar que existe una variación sustancial en sus condiciones, cuando el representante ha **consentido la situación** desde el inicio de la relación laboral, manteniéndose por la empresa durante un periodo largo de tiempo, sin perjuicio de que el representante puede reclamar los derechos que se deriven del contrato, pero sin que el incumplimiento continuado y tolerado del mismo tenga eficacia para la extinción interesada (TSJ Madrid 27-9-05, EDJ 181899).
4) **No es suficiente** para solicitar la extinción del contrato el hecho de que la empresa haya asignado a la zona comercial del representante cada vez a más comerciales, siendo necesario que **se pruebe** la existencia de un perjuicio, pues de lo contrario podría considerarse que este aumento de comerciales puede deberse a un aumento de la demanda de los productos de la empresa; únicamente si los clientes no hubiesen aumentado se produciría un **menoscabo en los ingresos** del representante, lo cual debe probarse (TSJ Madrid 27-9-05, EDJ 181899).

Indemnización por incremento de clientela (RD 1438/1985 art.11) Además de las indemnizaciones que por las diferentes formas de **extinción de la relación laboral** pueden corresponder al trabajador, éste tiene derecho a una indemnización especial en consideración al incremento de clientela conseguido por él, cuando concurran las siguientes **circunstancias**: **7649**
a) Que la extinción no se deba a un incumplimiento por el trabajador de las obligaciones que le corresponden.
b) Que una vez extinguido el contrato, el trabajador esté obligado a no competir con el empresario o a no prestar servicios para otro empresario competidor. Esto supone que si nada se pactó al respecto, no existe el derecho a percibir la indemnización adicional (TS 1-6-22, EDJ 600046).
Su **cálculo** se halla comparando las listas de clientes al inicio y a la extinción de la relación laboral, tomando, en su caso, en consideración el incremento de volumen de las operaciones.
A **falta de acuerdo** entre las partes, la indemnización se fija por la jurisdicción social, sin que pueda superar el importe total de las comisiones correspondientes a un año -calculado por el importe medio total de las comisiones percibidas durante los últimos 3 años, o el tiempo que hubiese durado la relación laboral, si fuera inferior-.
Tampoco se tiene derecho a la **indemnización** si no se acredita el incremento de la clientela, como sucede si al inicio de la relación laboral no se adjunta al contrato el listado de los clientes asignados inicialmente, ni se entrega una lista de los clientes finales al extinguirse la relación laboral; TSJ Valladolid 30-11-16, EDJ 225523).

Muestrario e instrumentos de trabajo (RD 1438/1985 art.6) Para el desarrollo de la actividad, puede ser necesario que la empresa proporcione al trabajador un muestrario de artículos, relación de productos o instrumentos de trabajo. Si lo requiere su valor o lo solicita alguna de las partes, debe hacerse un **inventario** de su contenido en anexo al contrato. **7651**
Los trabajadores son **responsables de las pérdidas o deterioros** que pueda sufrir el muestrario o los instrumentos de trabajo, por su culpa o negligencia, y de aquellas otras que no pongan en conocimiento de la empresa en los 10 días siguientes a su acaecimiento.
Con relación al muestrario e instrumentos de trabajo, el **empresario**:
- **no** puede **retener** más de 15 días los muestrarios o instrumentos de trabajo para su actualización o modificación, cuando lo requieran los trabajadores;
- está obligado a **facilitar el material de trabajo** con la antelación suficiente para que el trabajador pueda desarrollar su actividad con normalidad. Si incumpliese esta obligación, el trabajador tiene derecho a una indemnización por los daños y perjuicios ocasionados por la demora;
- debe **facilitar** en tiempo oportuno las **tarifas y condiciones** para la contratación con terceros, así como el momento de entrada en vigor de las nuevas tarifas.
Al **término del contrato** el trabajador debe devolver a la empresa el material recibido o, si no fuera posible, su valor actualizado según el estado en que se encuentre, salvo acuerdo diferente de las partes.

Precisiones **1)** Se considera una transgresión por parte de la empresa de los deberes de buena fe y de las obligaciones contractuales tanto la falta de pago de las cantidades convenidas como **no enviar a tiempo los muestrarios**, ya que son el elemento imprescindible para que el representante de comercio cumpla con la tarea convenida, generando su falta de entrega un incumplimiento grave que justifica la acción resolutoria del trabajador (TS 21-5-83, EDJ 3056).
2) La entrega de muestrario, entre otros, **no** es **prueba de relación laboral** y no mercantil, ya que su regulación es muy similar; la clave para diferenciar una y otra situación jurídica es la mayor o menor independencia de la empresa con que cuenta el representante para realizar su labor (TSJ Madrid 12-5-09, EDJ 122556).

Jornada y permisos (RD 1438/1985 art.4.1) Debido a las especiales características de esta relación laboral, no se establece una sujeción a jornada u horario concreto. Se deja su fijación a la **autonomía de las partes** en convenio colectivo o pacto individual. **7653**
En cuanto a los **permisos retribuidos** se hace una referencia expresa a la normativa laboral común (ver nº 5430 s.).

Vacaciones (RD 1438/1985 art.4.2) La duración, los criterios de orden económico y las fechas de disfrute de las vacaciones anuales retribuidas se fijan en los pactos colectivos o en el propio contrato, si resultase más beneficioso. A falta de pacto, individual o colectivo, se rigen por las normas de carácter general (ver nº 5652 s.). **7655**

Precisiones Las **comisiones**, como única fuente de remuneración, entre la empresa y el representante de comercio no pueden servir para retribuir también el periodo de vacaciones. En la práctica puede suponer obligar al trabajador a prescindir de sus vacaciones en beneficio de la empresa, ya que durante el mes de descanso no percibiría retribución alguna, al no percibir ingresos. En cualquier caso, el cobro de comisiones **no sirve para compensar** la falta de disfrute efectivo de vacaciones, porque el pago de una misma cantidad no puede retribuir el descanso anual y resarcir la falta del mismo. Además, este pacto estaría incurso en nulidad radical por contravenir la prohibición legal tajante de sustituir el disfrute de las vacaciones anuales retribuidas por una compensación económica (TSJ Baleares 25-5-05, EDJ 77137).

7657 **Retribución** (RD 1438/1985 art.8) Las retribuciones de los trabajadores de esta relación laboral especial pueden estar constituidas por:

a) **Comisiones** sobre las operaciones en que hubiesen intervenido y fuesen aceptadas por el empresario, si tal aceptación se establece en el contrato (nº 7659).

b) Una parte **fija** y otra por **comisiones** sobre dichas operaciones, más los incentivos y compensaciones que se fijen en el contrato.

c) Cantidad **fija** exclusivamente.

Tiene derecho al **salario mínimo interprofesional** (SMI) por cuanto a este colectivo le son de aplicación los derechos y deberes laborales básicos reconocidos en el ET, entre los que se encuentran el derecho a la percepción de la remuneración legalmente establecida anualmente para fijar el SMI (TS 10-10-23, EDJ 714802).

Respecto a las **indemnizaciones por gastos** como consecuencia de la actividad laboral, puede pactarse que sean asumidas por el trabajador, siempre que dicha circunstancia sea tenida en cuenta a la hora de fijar la retribución.

Si el trabajador presta servicios para **un solo empresario** tiene derecho a percibir, con carácter inmediato, la compensación de los gastos de kilometraje y dietas, derivados de los desplazamientos en la cuantía fijada en convenio o contrato individual.

Se aplica a estos trabajadores la normativa reguladora del **FOGASA**.

Precisiones **1)** No tienen derecho a la retribución por **pagas extraordinarias**, salvo previsión específica o remisión a la legislación general (TSJ Cataluña 23-04-01, EDJ 10399). Aunque se consideró que sí se tenía derecho a ellas, aunque no se haga previsión específica, si se recoge en el convenio colectivo aplicable sin exclusión de los representantes de comercio (TSJ Castilla-La Mancha 7-2-06, EDJ 16243).

2) Las rentas de los representantes de comercio se califican como **rentas del trabajo**, excepto que supongan la ordenación por cuenta propia de medios de producción y de recursos humanos o de uno de ambos, con la finalidad de intervenir en la producción o distribución de bienes o servicios, en cuyo caso, los rendimientos se califican como provenientes de actividades económicas. Como rendimientos del trabajo están sujetos al **IRPF** y a su sistema de **retenciones**, siendo el tipo mínimo de retención aplicable el 15%.

Cuando las rentas tengan la naturaleza de **rendimientos de actividades económicas**, hay que diferenciar entre:

- rendimientos **profesionales** cuando el comisionista se limite a acercar o aproximar a las partes interesadas para celebrar el contrato;
- rendimientos **empresariales** cuando, además, asuman el riesgo y ventura de tales operaciones mercantiles.

En los casos de actuación como profesional o empresario, el representante también queda obligado a la correspondiente repercusión del **IVA**.

7659 **Comisiones** (RD 1438/1985 art.8.2, 3 y 4) La retribución por comisiones, cuando se haya pactado, ha de ajustarse a las siguientes **reglas**:

1. El trabajador tiene derecho al devengo de las comisiones por todas las operaciones que se realicen en su zona, o con la clientela a él asignada, y que se perfeccionen **por su mediación**.

2. También tiene derecho a las comisiones de las operaciones realizadas directamente **por la empresa**, si así se estipula.

3. Las empresas deben **informar al trabajador** del importe de las mercancías o servicios que se proporcionen directamente a los clientes.

4. El derecho a la comisión **nace** en el momento del pago por el cliente, salvo pacto en contrario (ET art.29.2).

5. La empresa debe **liquidar y pagar** al trabajador sus comisiones en el plazo de un mes, que puede ampliarse hasta tres mediante pacto expreso.

6. Si el negocio no llega a buen fin por **culpa** probada **del empresario**, el trabajador tiene derecho a la comisión como si el cliente hubiera efectuado el pago correspondiente.

7. La empresa debe entregar al trabajador **recibo de pago**, sellado y firmado, en el que aparezcan detalladas las operaciones y las cuantías de las comisiones.

8. El trabajador puede pedir comunicaciones de la parte de los **libros** referentes a tales devengos y valerse para su **examen** de un perito contable. Si el empresario se niega, el trabajador puede **reclamar el cumplimiento** de esta obligación ante el juzgado de lo social (ET art.29.2; LRJS art.77).

Precisiones 1) Si el pago por el cliente deriva de operaciones concertadas por el trabajador cuando estaba vigente su contrato, aunque el pago se efectúe en fecha posterior, **finalizada la relación laboral**, debe percibir su comisión. El momento del pago convalida el derecho del mediador a su retribución (TS 6-4-90, EDJ 3899). En contra, se ha estimado que el representante de comercio no tiene derecho al cobro de las comisiones devengadas como consecuencia de operaciones en las que intervino y, cuya consumación se produce una vez extinguida su relación laboral, cuando éstas fueron abonadas al **viajante contratado tras su cese**, de igual modo que, el representante, a su vez, al inicio de su contrato, percibió las comisiones concertadas por el viajante a quien sustituyó. Esto supone que el representante **aceptó** esta forma de actuar de la empresa, existiendo, por tanto, un pacto en este sentido entre empresa y trabajador, aunque este no figure de forma explícita (TSJ Valladolid 23-5-05, EDJ 82565).
2) Para **modificar** el sistema de **cálculo de comisiones** cuando existan razones ETOP es necesario que la empresa utilice el mecanismo de modificación sustancial de condiciones, o bien conseguir el acuerdo con los representantes de comercio. En caso contrario, el representante tiene derecho a reclamar la diferencia por incumplimiento de lo pactado en el contrato (TSJ Cataluña 30-5-08, EDJ 131722).
3) Si se establece en el contrato retribución por comisiones, no cabe considerar los **adelantos** periódicos como retribución de carácter fijo (TS 17-1-91, EDJ 373).
4) Si se establece un porcentaje de comisión a partir de una determinada cifra de ventas anuales, si ésta **no** se alcanza por extinguirse el contrato antes de un año, no se tiene derecho a **parte proporcional** alguna (TSJ Cataluña 9-3-00, EDJ 11824).
5) La causa que impida el buen fin del negocio ha de ser imputable al empresario, lo que no ocurre si deriva del **incumplimiento de los compradores** que no abonaron el precio (TS 27-4-89, EDJ 4478).
6) La citada culpa del empresario ha de ser probada. Si no queda **acreditada** tal circunstancia no es presumible. Además, se ha de tratar de **pedidos firmes**, no de meras propuestas de pedido (TSJ Castilla-La Mancha 22-1-93).

Suspensión y extinción de contrato (RD 1438/1985 art.10) En cuanto a la regulación y **supuestos de suspensión** se establece una remisión expresa a la normativa general (ET art.45) (nº 8700 s. Memento Social 2024). **7661**

Respecto a la **extinción** del contrato del representante de comercio, la normativa especial hace, también, remisión expresa en materia de extinción del contrato a la normativa común, en lo que no contradiga lo dispuesto en ella.

Como especialidades, además de la posibilidad de resolución del contrato por modificación de zona (nº 7647) y la indemnización que, con independencia de la establecida legalmente para el supuesto que se trate, se puede percibir por **incremento de la clientela** (nº 7649), cabe destacar:

- El trabajador ha de notificar su **dimisión** con una antelación mínima de 3 meses.
- En el supuesto de **despido improcedente**, y casos similares, las **indemnizaciones** son las fijadas en la normativa general (ver nº 2292 Memento Social 2024), el salario mensual, a estos efectos, se calcula en base al **promedio de ingresos** obtenidos los 2 años anteriores al despido o resolución del contrato, o período inferior en su caso.

Precisiones 1) La **disminución en el rendimiento** de trabajo puede ser alegada por la empresa como causa de despido procedente al ser factible incluir en el contrato un rendimiento determinado (TSJ Sta. Cruz de Tenerife 25-2-94). O bien, puede probarse por **comparación** dentro de condiciones homogéneas, bien con respecto a un nivel de productividad previamente delimitado por las partes (rendimiento pactado) o bien en función del que deba ser considerado debido dentro de un cumplimiento diligente de la prestación del trabajo (rendimiento normal) y cuya determinación remite a parámetros que pueden vincularse al rendimiento del mismo trabajador o de otros compañeros de trabajo (TS 25-1-88, EDJ 10394; TSJ C.Valenciana 5-4-01, EDJ 41263). Mediante el **pacto sobre rendimiento mínimo** las partes fijan unos objetivos mínimos de ventas cuyo incumplimiento faculta al empleador para la resolución del contrato, siempre y cuando dichos objetivos estén especificados con claridad y no sean abusivos. Este pacto y su validez no guardan relación con la **duración del contrato** de trabajo en el que opera, de modo que puede insertarse en un contrato temporal e igualmente en un contrato por tiempo indefinido y, por supuesto, su inclusión no convierte en temporal un contrato indefinido o viceversa (TSJ Asturias 28-3-03, EDJ 61075). Para apreciar la existencia de bajo rendimiento es necesario que concurran las notas de **voluntariedad o intencionalidad**, así como las de reiteración y continuidad (TS 7-7-83; TSJ Cataluña 22-5-98, EDJ 18182; TSJ C.Valenciana 8-6-00, EDJ 40679).
2) Es posible alegar como causa de despido las **faltas de asistencia** al trabajo, aun cuando la normativa no establece sujeción del trabajador a jornada u horario concreto. Tales condiciones de trabajo pueden recogerse en contrato, o bien tener su fundamento en el derecho del empresario al control de la actividad diaria del trabajador. Y ello debido a la obligación de éste de desarrollar la actividad necesaria para promocionar la realización de operaciones mercantiles a favor del empresario (TS 22-3-90, EDJ 3235).

3) Para el cálculo de la indemnización por despido improcedente, los **ingresos** se refieren a conceptos salariales, excluyéndose las partidas que no tengan tal carácter (TSJ Valladolid 31-12-01, EDJ 103289).

4) La falta del cumplimiento del **plazo de preaviso** no equivale a una prórroga del contrato, sino que solo genera la obligación de indemnizar al representante de comercio por la falta de preaviso no concedido (TS unif doctrina 30-6-04, EDJ 147898); y no resulta posible, pues, deducir del incumplimiento del preaviso una decisión de despido cuando la causa de extinción por finalización del plazo pactado estaba prevista por las partes (TSJ Cataluña 15-4-02, EDJ 30868). No obstante, se ha considerado que de no respetarse el plazo de preaviso en la comunicación de finalización de un **contrato temporal**, este se entiende automáticamente prorrogado, por lo que la extinción constituye un despido improcedente (TSJ Valladolid 12-9-16, EDJ 169876).

5) Aplicando supletoriamente la regulación laboral común, se ha reconocido al representante de comercio el derecho a una **indemnización** por finalización de un **contrato temporal** (TSJ Sevilla 14-9-23, EDJ 856907).

7663 **Pacto de no competencia** (RD 1438/1985 art.10.4) Las partes pueden suscribir un pacto de no competencia, en virtud del cual el trabajador se obliga a no competir con el empresario ni prestar sus servicios a otro empresario competidor del mismo por una duración no superior a 2 años, una vez **extinguida la relación laboral**, si se dan los siguientes **requisitos:**

- que la extinción del contrato no se deba a incumplimiento por el empresario de sus obligaciones;
- que el empresario tenga un efectivo interés industrial o comercial en ello;
- que se satisfaga al trabajador una compensación económica adecuada, entendiéndose satisfecha si se le abona la indemnización por la clientela conseguida por él.

Precisiones **1)** Para poder **reclamar la indemnización**, es preciso que se haya pactado. La limitación de competencia no se presume (TSJ Sevilla 5-9-00, EDJ 62129).

2) El pago de la **compensación económica** debe ser anterior a la exigencia del cumplimiento del pacto. Si la empresa no indemniza previamente al trabajador, no se considera cumplida la obligación de pago por la simple manifestación de tener en la sede de la empresa a su disposición -precisando cita previa- una cantidad completamente indeterminada (TSJ Aragón 6-2-07, EDJ 99075).

3) En caso de nulidad de la cláusula por ser **insuficiente la cuantía** indemnizatoria, el trabajador ha de devolver a la empresa las cantidades percibidas por este concepto (TSJ Galicia 28-2-19, EDJ 538148; TSJ Madrid 14-10-19, EDJ 751747).

4) Si el trabajador durante la vigencia de la relación laboral ha percibido determinada cantidad en concepto de **pacto de no competencia postcontractual**, esta cantidad se descuenta de la indemnización por clientela, que está condicionada a la obligación de no competir después de extinguido el contrato (TSJ Aragón 20-4-05 EDJ 96215).

CAPÍTULO 32

Alta dirección

7700

A. Altos directivos en la empresa: concepto y delimitación

1. Tipología del personal directivo en la empresa

(ET art.2.1.a; RD 1382/1985 art.1.2; ET art.1.3 c)

Dentro del personal que desempeña funciones directivas en la empresa y que se engloba genéricamente bajo la denominación de alto cargo, personal directivo o ejecutivo, pueden diferenciarse desde un punto de vista jurídico-laboral varias categorías: 7710

a) **Consejeros y administradores sociales** (ET art.1.3.c). Son aquellos sujetos que forman parte del órgano que encarna la titularidad jurídica de la empresa (administrador, consejo de administración), es decir, del órgano máximo de gestión, gobierno y representación de la sociedad.

Están **excluidos** del ámbito de aplicación del ordenamiento laboral, tanto del régimen común como especial. Su vinculación con la sociedad se rige por la legislación mercantil y civil, los estatutos sociales y los acuerdos individuales. Los tribunales competentes en caso de conflicto son los civiles. Sin embargo, su **encuadramiento** en el sistema de Seguridad Social resulta problemático y varía en función de su posición en el consejo y su participación en el capital social (nº 7895). Las diferencias con la relación laboral especial alta dirección se exponen en el marginal nº 7765 s.

Precisiones **1)** La ausencia del **requisito de ajenidad** característico del contrato de trabajo determina su exclusión del ámbito laboral (TSJ Cataluña 28-4-11, EDJ 129342, en relación con una socia minoritaria, administradora única de la empresa; TSJ Castilla-La Mancha 10-11-05, EDJ 237616, en relación con un administrador solidario; TSJ Madrid 13-12-05, EDJ 267150; TS 26-9-01, EDJ 70720).

2) La condición de Consejero delegado del Consejo de Administración impide que se estime que se mantiene con la empresa una relación laboral de alta dirección. No es suficiente para configurar la relación laboral la existencia de un **servicio o actividad determinada** y que su **remuneración** vaya a cargo de la empresa donde se prestan tales servicios para que se determine la existencia de contrato de trabajo. No existiendo éste, la relación ha de calificarse como civil (TSJ Cataluña 17-4-13, EDJ 85928).

b) **Altos directivos**: **director general, gerente** (ET art.2.1.a; RD 1382/1985 art.1.2). Desempeñan funciones inherentes a la titularidad jurídica de la empresa con plena autonomía y responsabilidad, asumen funciones directivas y organizativas al más alto nivel sin llegar a formar parte del órgano de administración de la empresa. Actúan en el día a día como el *alter-ego* del empresario, lo que difumina notablemente la dependencia característica del contrato de trabajo y ha llevado a configurar su prestación de servicios como una relación laboral de carácter especial, con un estatuto jurídico propio (nº 7725 s.). 7712

Se **encuadran**, como regla general, en el RGSS (nº 7895).
Los tribunales competentes en caso de conflicto son los del orden social (RD 1382/1985 art.14). Para la situación concursal, ver nº 7860.
c) **Directivos de régimen común, técnicos u ordinarios** (ET art.1.1). Realizan tareas directivas en la empresa y cuentan habitualmente con una elevada cualificación y retribución, acorde con sus responsabilidades. Sin embargo, sus facultades no tienen la amplitud e intensidad que caracteriza a la alta dirección, generalmente porque no se refieren a la globalidad del negocio o empresa, estando por el contrario limitadas funcional y/o geográficamente: director de departamento, director de sucursal, director regional. Son titulares de una relación laboral común sujeta al ET. Están incluidos en el ámbito de aplicación del convenio colectivo, salvo exclusión expresa de éste.
Se **encuadran** en el RGSS (nº 7895).
Los tribunales competentes en caso de conflicto son los del orden social.

Precisiones **1)** Se establece la obligación de cumplir con un principio de **presencia equilibrada de hombres y mujeres** en los puestos de alta dirección de las empresas, de manera que las personas de cada sexo no superen el 60% ni sean menos del 40%, sancionándose su incumplimiento, de aplicación en distintas fechas **a partir del 30-6-2026** según se trate de empresas cotizadas o no cotizadas (RDLeg 1/2010 art.529 bis.8, disp.adic.7ª y 16ª redacc LO 2/2024; L 6/2023 art.292.c redacc LO 2/2024; LO 2/2024 disp.trans.1ª.4 y 5).
2) Dentro de la amplísima casuística existente en este punto, la jurisprudencia califica como relación laboral común, negando la existencia de una relación de alta dirección, diferentes supuestos de **mandos intermedios** que ejercen funciones directivas ordinarias, ya que reciben instrucciones de órganos directivos delegados del titular de la empresa (TS 12-9-90, EDJ 8233). Así, sucede por ejemplo con: el gerente provincial de una empresa pública (TS 16-3-15, EDJ 58577); el **director administrativo** (TS 2-1-91, EDJ 31), la **directora de cuentas** de una oficina que ostentaba un poder mancomunado con otras dos personas (TSJ Cataluña 6-10-05, EDJ 246564), de un director de área con apoderamiento limitado (TSJ Cataluña 28-2-05, EDJ 48669), de una **directora de delegación** (TSJ C.Valenciana 16-6-05, EDJ 142446) o de un **director comercial** (TSJ Asturias 19-11-04, EDJ 266077).

2. Concepto de alto directivo

a. Características específicas

(RD 1382/1985 art.1.2)

7725 Tienen la consideración de altos directivos los trabajadores que ejercitan poderes inherentes a la titularidad jurídica de la empresa y relativos a los objetivos generales de la misma con autonomía y responsabilidad plena sólo limitadas por los criterios e instrucciones directas emanadas de la persona o de los órganos superiores de gobierno y administración de la entidad que respectivamente ocupe aquella titularidad.
Los altos directivos son titulares de una **relación laboral de carácter especial**, cuya causa o razón de ser se asienta en el principio de la buena fe y la mutua confianza y, en virtud de ello, desarrollan funciones directivas y ejecutivas al más alto nivel, sin limitaciones a priori geográficas o funcionales.
Las características específicas de esta relación especial han sido reiteradamente interpretadas y matizadas **por los tribunales** (TS 10-10-85, EDJ 5163; 12-9-86, EDJ 5487; 27-10-86, EDJ 6780; 22-2-88, EDJ 1452; 3-3-90, EDJ 2400; TSJ Asturias 11-10-12, EDJ 249142; TSJ Madrid 20-6-22, EDJ 650042) que han establecido que:
a) Las **funciones o facultades** encomendadas deben ser plenas y abarcar la total vida industrial, comercial y financiera del negocio, sin limitarse a una parcela de la actividad empresarial o a un ámbito geográfico reducido; esto es, sus cometidos, tanto en el aspecto intraempresarial como frente a terceros, deben ser idóneos parar llevara a cabo la regencia de toda la empresa.
b) El alto directivo es el **alter ego del empresario** y solo tiene como superior al órgano societario o a la persona que ocupe el puesto del titular de la empresa, empleador en sentido funcional; por tanto, los poderes que recibe son los inherentes a la titularidad de la empresa, se trata de una delegación de primer grado, con lo que se excluyen los puestos siguientes en la cadena de mando.
c) El alto cargo debe estar dotado de **autonomía operativa y plena responsabilidad**; esto es, en su actuación no debe precisar órdenes concretas del titular de la empresa, sin perjuicio de que su actuación se acomode a la política general marcada por los órganos rectores de la sociedad.

d) Carece de relevancia la **denominación del cargo** o puesto dada por las partes pues lo realmente trascendente es el conjunto de facultades y poderes que se desarrollen en la práctica.
e) Tampoco resultan definitorios de la relación laboral especial, aunque pueden actuar como **indicios**, la retribución pactada, la preparación profesional o técnica del trabajador o, incluso, el otorgamiento de un poder de representación simple.
En resumen, puede decirse que en este trabajo concurren **dos elementos** conceptuales: uno objetivo, relativo al alcance y extensión de los poderes conferidos y otro jerárquico que consiste en la directa sujeción en el ejercicio de las facultades de dirección a los órganos de gobierno societario (TS 10-1-06, EDJ 3098).

Precisiones La **especial confianza** es un elemento relevante y característico de la alta dirección (TS 7-3-88, EDJ 1934) que justifica algunas de las reglas particulares previstas en esta relación, por ejemplo el desistimiento unilateral del contrato por cualquiera de las partes, pero ello no permite identificar cargo de confianza o puesto de especial confianza o **libre designación** con alto directivo, ya que para tener esta última condición deben cumplirse los restantes requisitos previstos en el RD 1382/1985 (TSJ Málaga 9-4-99, EDJ 13295).

Características vinculadas a la relación laboral ordinaria La relación laboral especial de alta dirección reúne las notas características del contrato de trabajo, ajenidad, dependencia y retribución: **7727**
a) En lo referente a la **ajenidad**, la jurisprudencia cuestiona la concurrencia de este elemento únicamente en aquellos casos en los que el directivo ostenta una participación significativa en el capital social, habitualmente por su vinculación con los órganos de titularidad de la empresa como miembro de los mismos o socio-fundador (TS 25-11-92, EDJ 11644).
b) En cuanto a la **retribución**, el alto directivo es un asalariado que vive de su trabajo y no plantea mayores particularidades que las derivadas de la propia naturaleza de la prestación de servicios (nº 7798). En este sentido, la existencia de retribuciones significativamente más elevadas que las de los restantes miembros de la plantilla no es de por sí un indicio para la calificación de la relación como de alta dirección (TSJ Madrid 24-6-99, EDJ 84292).
c) Por su parte, el requisito de la **dependencia** es el que, a priori, mayores dificultades presenta para su delimitación en el ámbito de la alta dirección, dado que ésta se caracteriza precisamente por el ejercicio autónomo de las funciones atribuidas. La jurisprudencia admite la **atenuación** de este requisito como uno de los rasgos distintivos de la alta dirección y entiende la misma no tanto como subordinación sino como inserción en el ámbito organizativo y directivo del empresario. De tal manera que la existencia de un control más intenso que el derivado de las instrucciones y criterios emanados del órgano de gobierno de la empresa puede llevar a negar la condición de alto directivo (TSJ Madrid 9-7-02); y, en el extremo contrario, la inexistencia de dichas instrucciones, sugiriendo una absoluta autonomía en la toma de decisiones, debe conducir igualmente a la negación de la alta dirección (TS 14-12-90, EDJ 11506).

Precisiones Para que la prestación de servicios de gerencia o dirección pueda ser considerada relación laboral especial de alta dirección es preciso considerar cada supuesto en relación al **organigrama de la empresa**. En concreto, aunque su posición sea singular y privilegiada no puede calificarse como tal si no gestiona los recursos humanos de la misma, ni está facultado especialmente en relación a su objeto social (TSJ Cataluña 9-5-13, EDJ 108454).

Poderes (criterio funcional) (TS 17-6-93, EDJ 5944; 4-6-99, EDJ 13991; TSJ Galicia 30-11-15, EDJ 252759) **7729**
Un primer elemento característico de la alta dirección es el ejercicio efectivo de poderes en la organización empresarial. Se entiende por tal, la capacidad de concluir actos y negocios en nombre de la empresa, vinculando jurídicamente a ésta frente a terceros.

Precisiones **1)** Aun cuando la práctica habitual es la consignación por escrito de estos poderes, formalizándose en **escritura pública** ante Notario, no es éste requisito imprescindible para su apreciación, bastando con el ejercicio de facto de los mismos (TS 7-3-88, EDJ 1934; 18-3-91, EDJ 2998); por la misma razón, tampoco resulta determinante la atribución formal de facultades si ésta no viene acompañada de un ejercicio real de las mismas en el día a día de la empresa (TSJ Asturias 9-7-04, EDJ 132319).
2) La **revocación** de los poderes atribuidos al alto directivo no implica por sí misma una novación contractual desde la relación especial a la común (TS 12-7-97).

En relación con el ejercicio de los poderes pueden señalarse los siguientes **extremos**: **7731**
a) Son **inherentes a la titularidad jurídica de la empresa** en referencia a la cualificación y trascendencia de los mismos. Comprenden, pues, todas aquellas facultades necesarias para gestionar y dirigir la empresa en su totalidad, que el alto directivo recibe por delegación de primera mano del órgano de gobierno y administración de la empresa.
b) Se **ejercitan con generalidad y amplitud**. Frente al apoderamiento instrumental que se recibe vinculado a las obligaciones de un puesto de trabajo concreto, la alta dirección se caracteriza por un apoderamiento total que compromete todas las áreas del negocio.

c) Son relativos a los **objetivos generales de la empresa**, lo que implica la realización de funciones que afectan a la vida íntegra de la empresa y los objetivos más trascendentales de la misma, que resultan estratégicas y vitales para la organización productiva, de forma que su gestión puede condicionar la marcha de la empresa y del negocio. Ello convierte al alto directivo en el alter-ego del empresario, situado en el vértice de la estructura piramidal de la empresa (TS 30-1-90, EDJ 835; 3-10-00, EDJ 36276). A *sensu contrario* excluye de tal consideración a quienes ejercen poderes amplios pero limitados a un ámbito funcional o geográfico concreto (TSJ País Vasco 23-3-92, Rec 1839/91, TSJ Madrid 31-01-06, EDJ 17273 en relación con un director financiero).

7733 Precisiones **1)** Las **funciones encomendadas** al alto directivo comprenden, básicamente, las siguientes (TSJ Navarra 5-6-92; TSJ Valladolid 24-11-92, Rec 2303/92):
- organización y dirección económica: capacidad para dirigir la marcha del negocio, tomar conocimiento de cuantos asuntos afecten al mismo, resolver todo lo relativo a su giro y tráfico, realizando para ello todo tipo de contratos y negocios jurídicos;
- planificación de la plantilla y los recursos humanos de la empresa: capacidad para nombrar, separar, suspender a todos los empleados, determinando sus facultades, sueldos y atribuciones;
- disposición patrimonial: capacidad para autorizar y efectuar cobros y pagos de toda especie, negociar letras de cambio, constituir y retirar depósitos, enajenación de bienes inmuebles, constitución y extinción de derechos reales...
- representación de la sociedad: capacidad para llevar la firma social, representando a la sociedad en todo tipo de negocios, actos, asuntos judiciales, gubernativos, administrativos y de cualquier índole, ejercitando ante Autoridades y Tribunales todas las acciones que procedan.

2) Suele exigirse que estos poderes se ejerciten con particular intensidad, sin **limitaciones cuantitativas**, como por ejemplo lo sería la imposición de cifras máximas en operaciones bancarias que no pueden ser sobrepasadas (TS 2-2-87, EDJ 839; TSJ Madrid 25-04-06, EDJ 322214 con respecto a un directivo con un límite de disposición de 3.000 €) ni **cualitativas**, como la necesidad de solicitar autorización para determinadas actuaciones o el ejercicio mancomunado del poder, si bien en este caso puede no tratarse de un indicio determinante ya que si las facultades son lo suficientemente amplias cabe la calificación como alta dirección (TS 11-7-90, EDJ 7494; TSJ Madrid 16-5-01, Rec 823/01). Ocasionalmente, se admiten limitaciones cuantitativas si no desvirtúan la autonomía y amplitud de gestión (TSJ Castilla-La Mancha 24-11-10, EDJ 298524).

3) La progresiva complejidad de la estructura empresarial ha llevado a la jurisprudencia a reconocer sin embargo en ocasiones la condición de alto cargo a quienes desempeñan funciones en un ámbito restringido dentro de la empresa, siempre y cuando se trate de **sectores estratégicos y nucleares** en los cuales se toman decisiones fundamentales para la marcha de la misma (TS 14-5-87, EDJ 3835) en relación con un jefe de fabricación que ostentaba la máxima autoridad en uno de los cinco grandes departamentos del organigrama empresarial con respecto a una directora comercial que es la máxima responsable de la empresa en España (TSJ Madrid 3-6-11, EDJ 148284).

7735 **Autonomía y responsabilidad (criterio jerárquico)** El alto directivo desempeña sus funciones con plena autonomía, lo que presupone independencia y libertad de criterio en su actuación, que queda sometida únicamente a las **instrucciones y directrices** que reciba del órgano de administración y gobierno de la empresa. En este punto, la jurisprudencia enfatiza, sin embargo, que es preciso que tales instrucciones se reciban de forma directa del Consejo de Administración, por delegación de primera mano, sin intermediarios ni sujetos interpuestos. La posición en un escalón jerárquico inferior, recibiendo instrucciones de órganos directivos delegados de quien ostenta la titularidad jurídica de la empresa, entraña una subordinación incompatible con el concepto de alta dirección (TS 12-9-90, EDJ 8233).

Precisiones **1)** La designación de un **interlocutor**, normalmente el consejero-delegado, de quien se reciben las directrices y ante quien se rinde cuentas de la actuación, no obsta para la calificación de alta dirección si dicho intermediario se limita a transmitir la opinión del órgano de administración, sin añadir su propia orientación.

2) La mayor habitualidad y frecuencia en las instrucciones recibidas puede ser indicio de una **fiscalización** más exhaustiva incompatible con la alta dirección, si bien la jurisprudencia entiende en ocasiones que la autonomía del alto directivo se mide más frente al resto de trabajadores y objeto de la empresa que frente a su titular (TS 26-11-90, EDJ 10766; TSJ Aragón 1-06-11, EDJ 124989).

7737 **Criterios complementarios** Los tribunales vienen manejando, junto con los ya expuestos, algún otro criterio complementario para la calificación de la relación especial de alta dirección:
- **Irrelevancia** del **nomen iuris**: no es la forma o denominación que las partes hayan otorgado al contrato o al cargo o puesto de trabajo concreto lo determinante, sino el contenido real de la prestación de servicios (TS 6-3-90, EDJ 2525;TSJ Madrid 14-10-92, Rec 1925/92; 18-1-10, EDJ 40349).

- **Interpretación restrictiva** del concepto de alta dirección: la aplicación de un régimen jurídico especial en el que se limita de forma importante la protección que el ordenamiento otorga a los trabajadores no puede ser objeto de interpretación extensiva (TS 4-6-99, EDJ 13991), el alto cargo es la excepción y la regla general la de la relación laboral común, configurándose así una suerte de presunción in dubio pro relación ordinaria (TSJ Cataluña 29-1-07, EDJ 82240); la alta dirección constituye, de esta forma, un concepto restringido que, salvo organizaciones empresariales de gran complejidad, difícilmente alcanza a más de uno o dos sujetos dentro del organigrama de la sociedad.

b. Supuestos particulares

Grupos empresariales La inserción de una sociedad en un grupo empresarial no impide el reconocimiento de la condición de alto directivo de aquél que tiene atribuidos **poderes de gestión y organización** al más alto nivel en dicha sociedad, siempre que: **7745**
- los poderes se ejerciten con autonomía real y efectiva, aun limitados al ámbito interno de la sociedad;
- no se trate, por tanto, de meros poderes instrumentales destinados a facilitar el tráfico diario de la sociedad pero que no reflejan una capacidad real de decisión, al estar supeditados a las directrices y control de la empresa matriz del grupo o de otras sociedades del mismo (TSJ Madrid 28-12-04, EDJ 231132; TSJ Cataluña 23-7-01, EDJ 36956; 18-9-02, EDJ 53134; TSJ C.Valenciana 14-2-03, EDJ 101489).

Administración Pública (EBEP art.13.4; 47/2003 art.2.1) No hay un concepto especial de alta dirección para las Administraciones Públicas, pero debe **aplicarse restrictivamente** este tipo de contratos porque, en virtud de las normas de Derecho Administrativo, no se puede, en principio, delegar «poderes inherentes» a la esfera de competencia propia de los órganos administrativos superiores, de ello se derivan **restricciones** en la aplicación de este tipo de contratos (TS 16-3-15, EDJ 58577). En cualquier caso, lo relevante no es la denominación otorgada por las partes, sino las funciones verdaderamente desempeñadas (TS 11-10-23, EDJ 721462). **7747**
El personal directivo que desarrolla **funciones directivas profesionales** en las Administraciones Públicas y tenga la condición de personal laboral debe estar sometido a la relación laboral de carácter especial de alta dirección. Se configura por esta vía un concepto más amplio de personal directivo en el seno de la Administración Pública, ya que su adscripción al régimen especial no conlleva necesariamente el cumplimiento de los requisitos caracterizadores previstos en el mismo (RD 1382/1985 art.1.2). La definición de estas funciones directivas debe hacerse por las normas específicas de cada Administración.
Quedan expresamente excluidos del ámbito de aplicación de los **convenios colectivos**.
En ocasiones, se establece normativamente que la persona que asuma la **dirección de un centro concreto** quede vinculado a la Administración por una relación laboral especial de alta dirección. Así sucede con quien asuma la dirección de la compañía nacional de teatro clásico respecto del INAEM (OM CUL/3355/2010).
En definitiva, para realizar estos contratos deben respetarse las **reglas específicas** que se han establecido sobre control de legalidad, retribuciones e indemnizaciones por extinción de contrato.
Quedan exceptuadas de estas reglas los directivos del sector público estatal, las **entidades gestoras**, servicios comunes y las **mutuas colaboradoras**, así como sus centros y entidades mancomunados (L 3/2012 disp.adic.8ª).

Precisiones 1) Los **cargos de libre designación** o de confianza política, vinculados en su duración a la alternancia en las tareas de gobierno de las diferentes opciones políticas, pueden introducir peculiaridades en la extinción de los contratos, pero no condicionan la calificación de los mismos. Por tanto, ni la existencia de dicha confianza como base para la suscripción del contrato determina por sí sola la calificación de la relación como alta dirección (TS 17-12-02, EDJ 55784) ni la contratación laboral como alto directivo impide que, simultáneamente, se trate de un puesto de confianza política por lo que el cese en el mismo no puede entenderse **vulneración de la libertad ideológica** (TCo auto 206/1999).
2) En el caso de empresas pertenecientes al sector público, la exigencia de concurrencia de los requisitos previstos en la norma debe matizarse necesariamente atendiendo a las particularidades del sector y la **coexistencia de elementos políticos y administrativos** que impiden apreciar, por ejemplo, en el directivo el ejercicio de poderes inherentes a la titularidad jurídica de la empresa o relativos a los objetivos generales de la misma (TSJ Baleares 24-10-08, EDJ 254034; TS 17-10-07, EDJ 213299).
3) En el **sector sanitario**, se ha venido reconociendo la condición de alto cargo a directivos de hospitales y centros sanitarios atendiendo no tanto a la concurrencia de los requisitos legales para tal calificación como a la singularidad del cargo y la trascendencia social de su función (TS 2-4-01, EDJ 5775; TSJ Cataluña 29-11-05, EDJ 273107), actualmente parece procedente su consideración como altos directivos atendiendo a lo previsto en el Estatuto del Empleado Público (TSJ La Rioja 14-11-08, EDJ 316701; TSJ País Vasco 5-10-10, EDJ 263354). Aunque en el momento de contratar al

gerente de un hospital -abril de 1990- existiese un vacío legal para calificar tal contratación como alta dirección, este régimen debe entenderse aplicable a partir del 13-5-2007 y, en consecuencia, el cese unilateral por la empresa constituye un desistimiento y no un despido (TS 14-2-12, EDJ 30457).
3) Se ha entendido que su nombramiento es discrecional para la **Autoridad portuaria** (TSJ Cataluña 12-4-07, EDJ 113151) y en caso de despido improcedente, deben abonar la indemnización pactada (TSJ Granada 30-3-04, EDJ 73279).
4) Se considera relación laboral ordinaria la del coordinador general de la **Agencia Española de Cooperación Internacional** en Chile (TSJ Madrid 7-5-98, EDJ 15977) y en El Salvador y Bolivia (TSJ Cataluña 14-2-00, EDJ 119945). En cambio, se ha considerado de alta dirección, en el caso del coordinador en Argentina (TSJ Madrid 15-3-04, EDJ 119603). También se considera de régimen común la relación laboral del gerente de la Gerencia de Puertos (TSJ C.Valenciana 15-4-97). Es relación laboral ordinaria la que existe entre una Universidad Pública y quien presta servicios en un departamento de información, incluido en un área más amplia del Consejo Social de la Universidad (TS unif doctrina 17-6-93, EDJ 5944). Sin embargo, es de alta dirección el contrato del **Consejero Laboral** y de Asuntos Sociales cuyo cese y nombramiento corresponde al Ministerio de Asuntos Exteriores a propuesta del Ministerio de Trabajo (TSJ Sta. Cruz de Tenerife 4-6-99, EDJ 84370).
5) Se declara la existencia de una relación de alta dirección de una trabajadora, contratada como **directora del área legal de una empresa pública,** que desempeñaba sus funciones bajo la dependencia e instrucciones del consejero delegado a quien reportaba cada semana, ejercitando sus funciones separadas con autonomía y responsabilidad, y con poderes concedidos a su favor que le atribuían, entre otras facultades, la de organizar, dirigir e inspeccionar la actividad de la sociedad, administrar en los más amplios términos los bienes de la sociedad, realizar todo tipo de actos, contratos y convenios relativos a adquisiciones, suministros, etc. (TSJ Madrid 29-3-19, EDJ 576441).

7749 **Directores de hotel** Como regla general, los directores de hotel no tienen la condición de altos directivos pese a la especial relación de confianza que sustenta su actividad y la influencia que su gestión puede llegar a tener en la marcha del establecimiento.
Sus **facultades** están generalmente limitadas a un ámbito funcional o geográfico específico (en el caso de hoteles integrados en cadenas) y no disponen, salvo que se acredite lo contrario, de la suficiente autonomía, al quedar constreñidos por las instrucciones del director general y demás ejecutivos (TS 22-4-97, EDJ 2164; TSJ Sevilla 17-12-15, EDJ 281431). Puntualmente, sin embargo, la jurisprudencia reconoce la condición de alto directivo cuando el apoderamiento es amplio (TSJ Sevilla 11-7-08, EDJ 344823).

Precisiones Se ha reconocido la consideración de **alto directivo** el director de hotel **obligado y autorizado a organizar** el establecimiento y sus actividades, a su promoción y a proponer las actuaciones que considere necesarias para la mejor explotación del hotel (TSJ Granada 3-1-97, Rec 1655/96). En un caso similar de un director de hotel (TSJ Extremadura 12-2-09, EDJ 38825).

7751 **Directores de publicaciones periódicas** Son considerados altos directivos a tenor de la amplitud de **facultades** que ostentan y su vinculación con los objetivos generales de la empresa: impresión, publicación y difusión de publicaciones periódicas (TSJ Castilla-La Mancha 28-1-99, EDJ 84103).
Por el contrario, es de régimen común cuando las facultades y poderes ostentados no sean inherentes a la titularidad patrimonial, sino las necesarias para la ejecución de los acuerdos sociales (TS 14-6-96, EDJ 5083; TS auto 11-1-01, EDJ 103053).
Sus **derechos y obligaciones** así como los requisitos para acceder al puesto se rigen, no obstante, por lo dispuesto en el Estatuto de la profesión periodística (D 744/1967) y la Ley de prensa e imprenta (L 14/1966 18-3-66).

7753 **Capitanes de buque y jefes de máquinas** El **patrón de buque** ha sido considerado como alto directivo por los tribunales señalando tanto las amplias facultades de representación del naviero que se le atribuyen en las normas mercantiles (L 14/2014 art.171 s.) como las particularidades que presenta el barco como centro de trabajo autónomo y la especial dosis de confianza que, en estas circunstancias, debe existir entre las partes (TS 26-3-90; TSJ Madrid 9-2-95, Rec 381/94; TSJ Las Palmas 27-2-06, EDJ 46313; TSJ Sta. Cruz de Tenerife 30-6-10, EDJ 275437).
El Tribunal Constitucional, por su parte, reconoce al **capitán de barco** la indemnización por extinción prevista en el RD 1382/1985 para los altos directivos, derogando con ello la cláusula prevista en la Ordenanza de Trabajo de la Marina Mercante (OM 20-5-1969) que expresamente admitía el cese no causal sin indemnización (TCo 20/1994).
Aun cuando por analogía se extendieron en su momento las condiciones previstas para los capitanes de barco en las Ordenanzas Laborales a los **jefes de máquinas**, y en esa línea el Tribunal Constitucional llegó a reconocer su condición de altos directivos a efectos de percibir la indemnización por extinción prevista en el RD 1382/1985 (TCo 103/1990), la jurisprudencia se ha inclinado finalmente por considerar a los jefes de máquinas como trabajadores cualificados sometidos al régimen laboral común y no al especial de alta dirección (TS 3-10-00, EDJ 36276).

Entrenadores deportivos Su prestación de servicios es susceptible de **calificaciones diversas**: 7755
1. Relación laboral común pese a que su actividad es por naturaleza temporal.
2. Arrendamiento civil de servicios pese a la marcada dependencia en la que se desenvuelve en muchas ocasiones su actuación.
3. Relación laboral especial de deportistas profesionales (RD 1006/1985) pese a que no estén dedicados a la práctica activa del deporte (TS 14-2-90, EDJ 1512; 5-12-97, EDJ 10212; TSJ Cataluña 14-12-07, EDJ 301243; TSJ Málaga 21-4-16, EDJ 72915). Así se ha incluido el entrenador de **balonmano** (TSJ Andalucía 28-1-98, EDJ 65190); al entrenador de hockey (TSJ Asturias 11-5-01, EDJ 106490; TSJ Galicia 11-3-05, EDJ 37882). También el entrenador contratado para prestar servicios para la Federación Española de Triatlón, y la establecida de forma verbal entre un club de fútbol y un **entrenador auxiliar,** que cobraba todos los meses una cantidad fija (TSJ Cataluña 29-5-14, EDJ 139948).
4. Relación laboral especial de alta dirección, pese a que no siempre es posible apreciar el ejercicio de poderes inherentes a la titularidad jurídica de la empresa. Así se incluyó como relación laboral de alta dirección la del seleccionador nacional de fútbol (TS 16-3-92, EDJ 2112; TS auto 21-7-93, EDJ 7444); al igual que el **director general gerente** de una Federación **deportiva** (TSJ Madrid 23-5-02, EDJ 33767); pero no la del seleccionador nacional de balonmano (TSJ Madrid 19-2-98, EDJ 5683).
La **jurisprudencia** se inclina por la relación laboral común, especialmente en clubes privados (TSJ Navarra 4-11-96, EDJ 9792; TSJ Madrid 27-12-05, EDJ 282334; TSJ C.Valenciana 6-5-08, EDJ 127186), si bien ocasionalmente apuesta por la relación laboral especial de deportistas (TSJ Cataluña 8-1-98, EDJ 8503) o de alta dirección (TSJ Madrid 16-3-92).

Entidades de crédito participadas por el Fondo de Reestructuración Ordenada Bancaria (FROB) (RDL 2/2012 art.5; OM ECC/1762/2012) Los directivos y administradores de las entidades de crédito participadas mayoritariamente por el FROB, hayan recibido apoyo de dicho Fondo, o vayan a solicitarlo, para su saneamiento o reestructuración deben incorporar a los contratos o acuerdos de remuneración reglas específicas en relación a sus retribuciones o indemnizaciones. 7757

3. Acumulación de la condición de alto directivo y consejero: teoría del vínculo

(RD 1382/1985 art.1.2)

No pueden concurrir en una misma persona un vínculo mercantil por ser miembro del consejo de administración de la sociedad y un vínculo laboral especial de alta dirección. Por ello, la realización simultánea de actividades propias del **órgano de administración** y de la **alta dirección** supone que la relación entre las partes pueda calificarse como mercantil o como laboral, pero no por el contenido de las funciones que se realizan, sino por la naturaleza del vínculo, por lo que su conocimiento puede corresponder al orden civil o al social (TS auto 16-3-21, EDJ 519389; TS 19-12-17, EDJ 280741; 12-3-14, EDJ 42925). 7765
La teoría del vínculo implica que para **calificar** la **relación como mercantil o laboral**, haya que atender a la naturaleza del vínculo -no al contenido de las funciones- y a la posición de la persona que las desarrolla en la organización de la sociedad. En consecuencia, siempre que la persona esté integrada en el **órgano de administración** de la sociedad, con independencia de las **funciones** que realice, siempre que sean **directivas**, la relación no es laboral sino orgánica mercantil y, la misma, impide al propio tiempo considerar una vinculación laboral de carácter especial (TS 29-4-91, EDJ 4432; 9-12-09, EDJ 332713; 24-5-11, EDJ 140386). Así, el nacimiento del vínculo societario puede suponer la **extinción del vínculo laboral** previo, cuando p.e. el director general promociona y es nombrado posteriormente miembro del Consejo de Administración siempre que no se optase por la **suspensión** de la relación laboral previa (TS 9-12-09, EDJ 332713; 24-5-11, EDJ 140386) ya que se produce una subsunción de la relación laboral en la societaria (TS 3-6-91, EDJ 5827).
En consecuencia, pueden establecerse las siguientes **consideraciones:**
a) Con **carácter general** no puede admitirse la concurrencia en una misma persona de un doble vínculo -mercantil como miembro del órgano de administración de la sociedad- y laboral especial de alta dirección. En esas ocasiones el vínculo mercantil prevalece, reconociéndose una única relación orgánica con la sociedad, en la que se subsume cualquier vinculación previa como alto directivo que el sujeto pudiera mantener con la empresa.

b) Excepcionalmente, se ha admitido la coexistencia de la administración de la sociedad y detentar una **parte minoritaria del capital social** con la alta dirección (TSJ Madrid 28-6-05, EDJ 151171; TSJ Castilla-La Mancha 21-9-06, EDJ 289469) siempre que ambas actividades tengan sustantividad propia y la aportación a la sociedad no integre precisamente la prestación de servicios que constituiría el objeto propio del contrato de trabajo (TS 18-3-91, EDJ 3003; 9-5-91, EDJ 4831; TSJ Madrid 6-6-06, EDJ 322226; TSJ Sevilla 23-3-17, EDJ 123612).

c) Sí es posible el **desarrollo simultáneo** del cargo de **administrador** con el del **trabajador laboral común**, dado que, a priori, no existe una identidad absoluta de funciones. No obstante, debe atenderse a la concurrencia de las notas propias del contrato de trabajo y a la existencia de otros elementos que puedan desvirtuar esas notas, como una participación significativa en el capital social (TS 12-3-14, EDJ 42925; 20-11-12, EDJ 284102).

Precisiones **1)** Tanto la **actividad de alta dirección** como el desempeño de un cargo en la administración de una sociedad se concretan en el ejercicio de **poderes** correspondientes a la titularidad de la empresa; por lo tanto, la inclusión o exclusión del ámbito laboral no puede establecerse en atención al contenido de la actividad, sino a partir de la naturaleza del vínculo y de la posición de la persona que las desarrolla en la organización de la sociedad (TS 21-1-91, EDJ 495; 16-6-98, EDJ 7420; TSJ Burgos 17-5-12, EDJ 110020).

2) En supuestos de **desempeño simultáneo de actividades** propias del consejo de administración de la sociedad y de alta dirección o gerencia de la empresa, si existe una relación de integración orgánica en la administración social, cuyas facultades se ejercitan directamente o mediante delegación interna, la **relación** no es laboral, sino **mercantil**. Sólo en los casos de relaciones de trabajo en régimen de dependencia no calificables de alta dirección sino como comunes, cabría admitir el desempeño simultáneo de cargos de administración de la Sociedad y de una relación de carácter **laboral** (TS 9-12-09, EDJ 332713; 28-9-17, EDJ 215958; 9-3-22, EDJ 524614).

Así, en el caso de un **administrador** de una sociedad que además ha suscrito con ésta un **contrato laboral de alta dirección** que supone el desempeño de las actividades de dirección, gestión, administración y representación de la sociedad propias de dicho cargo (esto es, la representación y gestión de la sociedad), debe tenerse en cuenta que su vínculo con la sociedad es exclusivamente de naturaleza mercantil y no laboral al entenderse dichas funciones subsumidas en las propias del cargo de administrador (TS auto 13-11-08, EDJ 237433).

7767 Aun cuando la teoría del vínculo parte de un dato exclusivamente formal, la integración en el órgano de administración de la sociedad, un sector jurisprudencial, todavía minoritario, trata de **matizar las funciones directivas** que el consejero pueda realizar atendiendo a elementos como la amplitud de la delegación recibida para el desempeño de esas funciones y la existencia o no de mecanismos de control; la promoción al consejo desde un puesto de alta dirección o a la inversa; la vinculación como socio del consejero o vinculaciones con socios mayoritarios; carácter instrumental de su nombramiento como miembro del Consejo y capacidad decisoria en el mismo (participación interesada en dicho consejo o meramente nominativa o instrumental). En función de estos elementos, se ha optado puntualmente por reconocer la subsistencia de la relación especial de alta dirección pese a la integración en el consejo de administración (TSJ Madrid 28-6-05, EDJ 151171; TSJ Cataluña 18-4-11, EDJ 129265; 10-5-11, EDJ 129407). Cabe igualmente, entender suspendida la relación de alta dirección preexistente mientras se prolongue la pertenencia al consejo de administración, si bien únicamente en aquellos casos en los que exista pacto previo, individual o colectivo, al respecto (TS 9-12-09, EDJ 332713; 24-05-11, EDJ 140386).

Precisiones **1)** No es claro el **cauce jurídico** a través del cual puedan articularse los servicios en tareas ejecutivas y directivas que el consejero presta a la sociedad como parte de su condición de tal, pero que conllevan una especial dedicación y un **plus de actividad**, si bien la jurisprudencia ha manifestado que en ningún caso pueden ser objeto de un contrato laboral especial de alta dirección pudiéndose articular, en su caso, a través de un contrato civil de servicios (TS sala civil 9-5-01, EDJ 5535; 26-2-03, EDJ 3808).

2) El **cese como administrador** no supone la reanudación de la relación laboral especial, salvo pacto en contrario (TS 24-5-11, EDJ 140386).

3) Tras la modificación introducida por la Ley Sociedades de Capital, la delegación de funciones ejecutivas en uno de los miembros del Consejo (consejero-delegado) obliga a la **suscripción de un contrato** para la regulación de dichas funciones, que debe ser aprobado por el voto favorable de al menos 2/3 del Consejo, si bien no se predetermina la naturaleza jurídica del mismo (LSC art.249).

4) La LSC diferencia entre **consejeros internos o ejecutivos** que desempeñan funciones de dirección en la sociedad o su grupo, cualquiera que sea el vínculo jurídico que mantengan con ella, y **consejeros externos o no ejecutivos** que son los que no tienen la consideración de ejecutivos, pudiendo ser dominicales, independientes u otros externos (LSC art.529 duodecies).

B. Régimen jurídico de la relación especial de alta dirección

1. Fuentes reguladoras

(RD 1382/1985 art.3)

La relación de alta dirección se rige: 7780

a) En primer término por la **voluntad de las partes**, con sujeción a las normas específicas de esta relación laboral y demás que sean de aplicación. La autonomía de la voluntad es la piedra angular sobre la que se asienta esta relación especial, de forma que es el contrato de trabajo el instrumento principal para la regulación de los derechos y deberes que asumen las partes (TSJ Castilla-La Mancha 29-10-01, EDJ 73626). Únicamente, debe constreñirse a los **límites** que al respecto pueda establecer esta norma, que, si bien en su regulación deja un amplio margen de actuación para la voluntad de los contratantes, sí recoge en ocasiones algunas **previsiones mínimas** de derecho necesario y obligado cumplimiento:
- concepto y fundamento de la relación de alta dirección (RD 1382/1985 art.1 y 2);
- necesidad de que el período de prueba se pacte expresamente y tenga una duración máxima de 9 meses para los contratos indefinidos (RD 1382/1985 art.5);
- límites, condiciones y duración mínima del preaviso en supuestos de extinción del contrato por voluntad del directivo (RD 1382/1985 art.10.1).

b) Respecto a la **legislación laboral común** y, en concreto a las disposiciones del ET, éstas se aplican únicamente en supuestos de remisión expresa por parte del RD 1382/1985 o del contrato de trabajo suscrito por las partes. Se excluye, con ello, la aplicación de la legislación laboral común como normativa supletoria. Los supuestos de **remisión expresa** de la norma específica a la general son los siguientes:
- para determinar la existencia de relación laboral (RD 1382/1985 art.4.1; ET art.8.1);
- en lo relativo a causas y procedimientos de extinción del contrato (RD 1382/1985 art.12), en lo que respecta a la forma y efectos del despido (RD 1382/1985 art.11.2), en cuanto a la suspensión del contrato, la caducidad de la acción de despido y las garantías del salario (RD 1382/1985 art.15).

c) En **ausencia de contrato escrito o pacto** entre las partes, deben aplicarse las disposiciones de obligado cumplimiento y derecho necesario que contiene el RD 1382/1985:
- concepto, fundamento y ámbito de aplicación (RD 1382/1985 art.1.2 y 4.1);
- presunción de la duración indefinida del contrato (RD 1382/1985 art.6);
- suspensión automática de la relación laboral ordinaria preexistente (RD 1382/1985 art.9.2);
- límites y condiciones de la obligación de preaviso en supuestos de extinción del contrato por voluntad del directivo (RD 1382/1985 art.10.1);
- indemnizaciones mínimas previstas para la extinción del contrato (RD 1382/1985 art.11)

Precisiones **1)** La referencia a las **restantes normas que sean de aplicación** debe entenderse no en relación con la legislación laboral sino con otras previsiones del ordenamiento jurídico que puedan resultar aplicables a esta relación, desde previsiones constitucionales, penales, fiscales, directivas comunitarias o normas sectoriales específicas (Circulares de la CNMV, Banco de España).
2) Con carácter general están excluidos del ámbito de aplicación de los **convenios colectivos**, lo que, por otra parte, se ajusta a la naturaleza y particularidades de esta relación especial.
3) La ausencia de remisión expresa al régimen estatutario (ET art.44) no excluye la **subrogación** en los derechos y obligaciones establecidos en los contratos de alta dirección (TS 27-9-11, EDJ 140386).

Si de la conjunción de los criterios anteriores, autonomía de la voluntad expresada en el contrato y previsiones de la norma especial con las remisiones que puedan establecerse a la legislación laboral común, resultar alguna materia no regulada, debe acudirse como **legislación supletoria** a las normas civiles y mercantiles y a sus principios generales. 7782

2. Forma y contenido del contrato de trabajo

Forma del contrato (RD 1382/1985 art.4.1, 6 y 9.1) El contrato de alta dirección debe formalizarse por **escrito** en ejemplar duplicado, uno para cada parte. No obstante, el requisito de forma escrita es meramente «ad probationem», ya que, en **ausencia de pacto escrito**, ha de ser considerado alto directivo aquél cuya prestación de servicios reúna las condiciones generales de laboralidad (nº 115) y las específicas de alta dirección (nº 7725 s.) (TS 7-3-88, EDJ 1934). 7790
Su **validez y eficacia** no depende de que se haya pactado por escrito. Pese a ello, deben documentarse los supuestos de promoción interna (ver nº 7815).

El empresario no está obligado a entregar a los **representantes de los trabajadores** la copia básica de este contrato, sino que solamente debe notificarles su celebración, además, la negativa empresarial de entregar a su sindicato determinado documento sobre la actualización de sus retribuciones no vulnera la libertad sindical en su vertiente de derecho a la información (TS 23-4-12, EDJ 78257).

Precisiones 1) Pese a la **inexigibilidad de la forma escrita**, no cabe duda de que a efectos prácticos ésta es absolutamente recomendable, considerando el amplio margen que para la autonomía de la voluntad existe en el ámbito de esta relación especial y el carácter de mínimos que presenta la regulación del RD 1382/1985.
2) Nada se establece sobre la obligación del empresario de **comunicar a la oficina pública de empleo** la suscripción del contrato de alta dirección con identificación de sus partes y su naturaleza (RD 1424/2002 art.3).
3) Sectorialmente, existen obligaciones formales adicionales en relación con los contratos de alta dirección: en el **sector bancario**, existe un registro de altos cargos cuya organización y funcionamiento corresponde al Banco de España en el cual se inscriben administradores, directores generales y personas que ejercen funciones de alta dirección en bancos privados (L10/2014 art.27); a su vez, las agencias y sociedades de valores están obligadas a notificar a la CNMV en el plazo de siete días los ceses y nombramientos de consejeros, directores generales y altos directivos (Circular CNMV 5/1989).

7792 **Contenido mínimo** (RD 1382/1985 art.4.2) El contrato de alta dirección debe incluir, como mínimo, los siguientes extremos:
- identificación de las partes;
- objeto del contrato;
- retribución convenida, con especificación de sus distintas partidas, en metálico o en especie;
- duración del contrato;
- demás cláusulas exigidas por la norma, es decir, las referidas a las consecuencias de la promoción interna, el período de preaviso para la extinción voluntaria del contrato, las indemnizaciones, faltas y sanciones, etc.

En todo caso, la **ausencia** de alguno de estos **elementos** no afecta a la naturaleza y validez del contrato.
Los contratos de alta dirección están expresamente excluidos del programa de **bonificaciones** de los contratos indefinidos y de fomento a la contratación indefinida (nº 8235).

7794 **Duración** (RD 1382/1985 art.6) El contrato de alta dirección tiene la duración que las partes acuerden, si bien a falta de pacto escrito al respecto el contrato se entiende suscrito por tiempo indefinido.
No existe ninguna **limitación causal** ni de otro tipo para la suscripción de contratos temporales de alta dirección que tampoco tienen por qué sujetarse a las modalidades de contratos temporales (obra o servicio, eventual, interinidad) previstas en el régimen laboral común, aun cuando nada impide, por otra parte, que así lo hagan dependiendo de las circunstancias de la contratación (por ejemplo, para gestionar una empresa en crisis o un expediente de regulación de empleo) (TSJ Madrid 20-7-93).

7796 **Período de prueba** (RD 1382/1985 art.5) En la relación de alta dirección puede establecerse un período de prueba que ha de ser objeto de pacto expreso.
Si el contrato es de **duración indefinida**, la duración del período de prueba no puede exceder de 9 meses. Si las partes acuerdan un período de prueba con una duración superior al máximo permitido, ya sea el contrato temporal o indefinido, habría que reputar nulo el exceso acordado que superara el máximo legal de 9 meses (TSJ Castilla-La Mancha 17-3-04; 24-11-97, EDJ 14827).
Tratándose de **contratos temporales**, y pese al silencio legal, debe admitirse la posibilidad de establecer un período de prueba (TSJ Cataluña 24-11-97, EDJ 14827), siempre y cuando con ello no se incurra en situaciones abusivas -p.e., mediante el establecimiento de períodos de prueba iniciales en contratos temporales sucesivos (TS 15-3-89, EDJ 3016)-.
Durante el mismo puede resolverse la relación por cualquiera de las partes sin derecho a indemnización (TSJ C.Valenciana 6-6-00, EDJ 117444) y, si transcurrido este período no se produce el desistimiento el contrato, produce plenos efectos y el tiempo de los servicios prestados se computa a efectos de **antigüedad**.
Nada impide la posibilidad de establecer un pacto de **indemnización** por desistimiento en el período de prueba para el caso de extinción del contrato por voluntad del empresario (RD 1382/1985 art.11.1).

Retribución (RD 1382/1985 art.4.2; ET disp.adic.5ª) La retribución del alto directivo debe ser la pactada en el contrato de trabajo; y deben tenerse en cuenta los siguientes **aspectos**: 7798
a) Los salarios percibidos por el alto directivo gozan de las mismas **garantías** que las del personal de régimen laboral común en cuanto a inembargabilidad, liquidación, cobro y preferencia como créditos salariales respecto a otros, incluida la protección del FOGASA, de la que se excluyen las indemnizaciones por desistimiento (TSJ Cataluña 6-7-07, EDJ 137204). No obstante, mediante pactos actos individuales entre las partes pueden estipularse garantías adicionales (cláusulas penales, aval de la empresa holding).
b) La **absorción y compensación** queda regulada por la normativa estatutaria en tanto, se establezca en el contrato (TSJ Madrid 3-6-98, EDJ 65293).
c) Es nulo el pacto por el que se releva al trabajador de soportar las cargas fiscales y de Seguridad Social (**pacto de gross-up**) por ser contrario a la naturaleza del impuesto sobre las rentas del trabajo, de carácter personal y directo (TS 24-2-09, EDJ 38284).
d) Al no existir remisión expresa, no le afecta la exigibilidad de un mínimo de dos **pagas extraordinarias** anuales.
e) Por el contrario, si le afecta, como expresamente señala el ET, el límite del 30% para el **salario en especie** (ET art.26.1).

Precisiones Resulta aplicable en este ámbito lo que deba ser considerado o no como salario y, en consecuencia, el listado de exclusiones previsto en el ET art.26.2, en la medida en que se trata de una **cuestión de orden público laboral** cuya determinación no puede dejarse a la libre voluntad de las partes (nº 4590 s.).

La retribución que se pacte debe diferenciar las **partidas en metálico y en especie**, a efectos principalmente del cálculo de las indemnizaciones previstas para la extinción del contrato (nº 7825 s.). A este respecto, su **composición** suele ser la siguiente: 7800
- salario **fijo** en metálico;
- salario **variable** (bonus) con un peso mayor en el total de la retribución de lo que suele ser habitual en el trabajador ordinario;
- diversas partidas retributivas **en especie**, (automóvil, seguros médicos, planes de pensiones, móvil, tarjeta...) más frecuentes igualmente en el ámbito de la alta dirección que en la relación ordinaria, debido, entre otras razones, a la fijación individualizada de las condiciones retributivas en el caso de los altos directivos, así como a las particulares condiciones personales y profesionales que concurren en estos sujetos.

Particularmente frecuentes, aun cuando no exclusivos de la alta dirección, son los **bonus**, que son partidas salariales cuyo devengo se condiciona al cumplimiento de determinados objetivos y que constituyen, por ello, conceptos de marcado carácter discrecional tanto en su reconocimiento como en su cuantía. Su régimen jurídico se fija en los acuerdos suscritos al respecto por las partes, resultando especialmente problemáticos algunos extremos como el cómputo del bonus a efectos del cálculo de la indemnización por extinción o su posible liquidación anticipada con ocasión de la extinción del contrato (TSJ Cataluña 20-4-05, EDJ 56539; TS 26-1-06, EDJ 37464) (nº 4825).

Otra modalidad retributiva vinculada a la alta dirección es la que se articula a través de fórmulas para la participación en el capital social de la empresa, desde la entrega directa de acciones hasta las diferentes posibilidades de **opciones sobre acciones** (stock-options), como vía para incentivar el rendimiento del directivo, así como para alinear sus intereses con los de la compañía. Las condiciones de su entrega y el ejercicio de los derechos derivados de las mismas pueden ser muy diversos y deben precisarse con exactitud en el plan elaborado por la empresa o en el acuerdo individual suscrito por las partes. 7802

Las stock-options tienen carácter salarial y constituyen a estos efectos una retribución en metálico, extremos ambos que, junto con otros, deben tenerse en cuenta a la hora de resolver los problemas que plantean estas fórmulas retributivas especialmente en el momento de la extinción del contrato (TS 24-10-01, EDJ 47591; 24-10-01, EDJ 47584; 4-2-02, EDJ 13384; 26-1-06, EDJ 37464).

Respecto al importe a tomar como base para el cálculo de la indemnización, se incluye el importe de las stock-options, siempre que hayan ingresado en el patrimonio del alto directivo en el último año anterior a la extinción del contrato. Esto supone que debe haber ejercitado el derecho de opción en los 12 meses anteriores a la extinción y debe corresponder a un plan de opciones madurado también en ese periodo, prorrateándose la ganancia entre todo el periodo de maduración y computando a efectos de la indemnización únicamente las cantidades que resulten imputables al periodo de carencia que esté incluido en los doce meses anteriores a la extinción del contrato (TS 3-6-08, EDJ 111225).

7804 **Régimen de jornada y descansos** (RD 1382/1985 art.7; RD 1561/1995 art.1.2) El tiempo de trabajo, en cuanto a jornada, horarios, fiestas, vacaciones y permisos se establece en el contrato de trabajo. A estos efectos, no parece razonable que la prestación del directivo, caracterizada por la **autonomía y libertad** de actuación, deba sujetarse a los estrictos límites que para esta materia establece la legislación común. Por tanto, la **regla general** es la flexibilidad en los tiempos de trabajo y descanso, con el único **límite** es que las prestaciones a cargo del empleado no excedan notoriamente a las que sean usuales en el ámbito profesional correspondiente.

El personal de alta dirección está excepcionado del cumplimiento de la **obligación de registro horario** (nº 5162) (TSJ Madrid 30-6-22, EDJ 649501).

También están expresamente excluidos de la aplicación de la normativa sobre **jornadas especiales**.

7806 **Pactos de no concurrencia y permanencia en la empresa** (RD 1382/1985 art.8) En la figura de alta dirección se subsumen la prohibición de **trabajar con otras empresas** y la posibilidad de establecimiento de un pacto de plena dedicación, previsto para los trabajadores sometidos a normativa común (nº 5925 s.). También es posible que la prohibición de competencia se prolongue una vez extinguida la relación especial. Son los llamados pactos de no concurrencia y de permanencia en la empresa:

a) **Pacto de no concurrencia**. Durante la vigencia del contrato el alto directivo no puede celebrar contratos de trabajo con otras empresas salvo autorización expresa o tácita del empresario. Se presume tal autorización cuando la vinculación a otra entidad fuese pública y no se hubiera hecho exclusión de ella en el contrato de trabajo.

Tras la extinción del contrato, puede suscribirse un pacto de **no competencia postcontractual** con los siguientes **requisitos**:

1. Debe concurrir un **efectivo interés comercial** o industrial del empresario que justifique la limitación de trabajo que se impone al directivo.

2. Ha de satisfacerse al directivo una **compensación económica** adecuada. Habitualmente se toma como referencia para su cálculo el salario que viniera percibiendo el directivo y la duración del pacto, si bien cabe cualquier parámetro que acuerden las partes siempre que resulte adecuado y proporcionado. La jurisprudencia viene reconociendo la posibilidad de imputar a este concepto una parte de la retribución fija, siempre que se haga constar expresamente que se abona a cuenta del pacto de no competencia futuro (TSJ Cataluña 8-4-03, EDJ 24301; TSJ Valladolid 3-12-10, EDJ 308568).

La **duración** legal **máxima** prevista para este tipo de pactos es de dos años, siendo nulo el pacto de duración superior (TS 10-2-09, EDJ 19203).

Al tratarse de un **pacto bilateral**, su cumplimiento no puede quedar al arbitrio de una de las partes (TS 20-4-10, EDJ 84367; TSJ Cataluña 30-07-10, EDJ 226411; TSJ Madrid 15-3-13, EDJ 57502).

Precisiones **1)** Como regla general, no se admite la **renuncia unilateral posterior** de la empresa, que debe abonar en todo caso la cantidad pactada (TS 21-1-04, EDJ 2296; TSJ Cataluña 17-12-04, EDJ 248567).

2) El **incumplimiento del pacto** por el alto directivo exime a la empresa del pago de la cantidad pactada, pudiendo reconocerse adicionalmente una indemnización por los daños y perjuicios causados (TSJ Madrid 11-5-04, EDJ 110571).

3) 4) A una indemnización derivada de un pacto de no competencia post contractual, pagadera de una sola vez en el momento del despido, no le es aplicable la reducción del 30% de la LIRPF art.18.2 (DGT CV 25-2-16).

7808 b) **Pacto de permanencia**. En paralelo con lo dispuesto para el trabajador ordinario (ET art.21.4) se establece la posibilidad de que, en aquellas ocasiones en que el alto directivo hubiera recibido una **formación profesional especializada** con cargo a la empresa (cursos de especialización, masters...), se pacte una indemnización por daños y perjuicios a favor de la empresa si el alto directivo abandona la empresa antes del término fijado. Se refiere a la formación recibida durante la relación laboral especial, no a la recibida antes de suscribir dicho contrato cuando su relación era laboral común (TSJ País Vasco 3-2-04, EDJ 296863).

Precisiones **1)** No cabe confundir la indemnización pactada en caso de **despido** con la indemnización por no concurrencia, pues una y otra obedecen a distintas finalidades no compensables entre sí (TSJ Valladolid 19-1-99, EDJ 84439).

2) En relación al **pacto de no concurrencia** consignado en el contrato se entiende que (TSJ Cataluña 10-10-01, EDJ 44841):

- para su validez y licitud es requisito esencial que se fije una compensación económica, de modo que a falta de ella o siendo manifiestamente inadecuada (TSJ Sevilla 23-3-17, EDJ 123612), el pacto es nulo desde su origen y no puede reconocérsele efectividad alguna;

- si el trabajador, una vez extinguida la relación laboral especial de alta dirección, continúa vinculado a la empresa mediante una relación laboral ordinaria esta nueva relación le impide cualquier prestación laboral que sea constitutiva de competencia desleal sin necesidad de compensación por ello, por lo que no puede exigir una contraprestación por no hacer algo que en cualquier caso no podría realizar sin infringir la exigencia de buena fe que todo contrato comporta.

3. Promoción del alto directivo desde una relación ordinaria

(RD 1382/1985 art.9)

Cuando el acceso a las funciones de alta dirección en la empresa se produce por promoción interna, desde un puesto de trabajo ordinario en esa misma empresa o grupo, deben tenerse en cuenta los siguientes **extremos**: **7815**

a) El haber mantenido con anterioridad una relación laboral ordinaria con la empresa no exime de la obligación de **formalización por escrito** del contrato de alta dirección que debe documentar las nuevas funciones a desempeñar por el trabajador.

b) Entre la relación ordinaria y la de alta dirección rige un **principio de incomunicabilidad** de forma que no es posible mantener en activo simultáneamente las dos por parte de un mismo trabajador y a favor de una misma empresa o grupo.

c) El contrato de alta dirección que se suscriba debe determinar si la **relación ordinaria** preexistente **se suspende o se extingue** a partir del acceso al puesto de alta dirección. En este último caso, dicha extinción no puede desplegar plenos efectos hasta que no hayan transcurrido un mínimo de dos años desde el inicio de la prestación de servicios de alta dirección.

d) De **no haberse previsto** expresamente en el contrato de alta dirección, o de no haberse llegado a formalizar éste, la relación laboral ordinaria preexistente queda automáticamente en suspenso durante el período de prestación de servicios de alta dirección (TSJ Madrid 29-10-02; TSJ Las Palmas 28-6-05, EDJ 117805). También se reconoce la suspensión cuando la cláusula del contrato de alta dirección es ambigua o de difícil interpretación (TSJ País Vasco 9-11-10, EDJ 355916).

En aquellos supuestos en los que la relación ordinaria anterior se encuentra en suspenso, el trabajador podría solicitar la **reanudación de la misma** tras la extinción del contrato de alta dirección, salvo que esta extinción se hubiera producido por despido disciplinario procedente (TS 13-2-08, EDJ 73335).

e) Cuando el nombramiento es como **consejero** extingue la relación laboral de alta dirección, salvo pacto sobre su posible reanudación (TSJ Madrid 30-10-17, EDJ 247891).

Sobre la posible **suspensión de la relación de alta dirección** ante la integración en el Consejo de Administración de la sociedad, ver nº 7765 s.

Reincorporación a la relación laboral ordinaria No existe un **plazo legal** para instar la reincorporación a la relación ordinaria, entendiéndose que en caso de desistimiento empresarial ésta podría solicitarse a partir de la fecha de efectos del mismo, mientras que en supuestos de despido debería esperarse a la declaración judicial de improcedencia o nulidad de dicho despido y a la confirmación de la opción por la extinción indemnizada del contrato de alta dirección. **7817**

La reincorporación debe producirse **sin dilaciones indebidas** salvo que convencional o legalmente se haya establecido un plazo (TS 7-6-88, EDJ 4912; 20-10-88, EDJ 8248). Si la reincorporación no se produce, cabe extinguir la relación laboral al atribuir el legislador a la inactividad del trabajador el significado de **dimisión** presunta (TS 28-11-91, EDJ 11315).

Si el **empresario no accede** a la reincorporación, el trabajador puede reclamar frente a la negativa como si se tratara de un despido disciplinario improcedente, teniendo derecho en su caso a la indemnización prevista para estos supuestos (ET art.56). El plazo de **caducidad** de la acción de despido debe computarse desde que el trabajador tiene certeza de la negativa de la empresa (TSJ Cantabria 9-11-05, EDJ 203134; TSJ Madrid 7-12-09, EDJ 361555).

La **indemnización** que corresponda al trabajador debe incluir única y exclusivamente el período de prestación de servicios al amparo de una relación ordinaria, sin que sea posible adicionar el período correspondiente a funciones de alta dirección (TS 28-6-02, EDJ 32058; TSJ Madrid 13-4-99, EDJ 14355). Igualmente, el tiempo de prestación de servicios ordinarios precedente tampoco debe tenerse en cuenta para el cálculo de las indemnizaciones que, en su caso, procedan por la extinción del contrato de alta dirección (TSJ Sta. Cruz de Tenerife 29-5-00, EDJ 13923; TSJ Navarra 19-04-10, EDJ 108582).

Precisiones **1)** En caso de que un trabajador -que hubiera iniciado su prestación de servicios como alto directivo y, posteriormente, hubiera suscrito con la misma empresa y sin solución de continuidad un contrato ordinario de trabajo- fuera despedido por causa disciplinaria, si se reconoce la improcedencia del despido, la indemnización que le corresponda se calcula en base a la **antigüedad** del contrato **en el que cesa** que es el ordinario (TSJ Asturias 30-3-12, EDJ 58856).

2) Para calcular la cuantía de la indemnización en caso de **despido disciplinario** de un trabajador que había ostentado la categoría de gerente, si no queda probado que hubiese existido una relación de alta dirección entre las partes, la **antigüedad** debe quedar establecida en la fecha en que se inició la relación laboral (TSJ Asturias 15-11-13, EDJ 229365).

4. Extinción del contrato

(RD 1382/1985 art.10, 11, 12; ET art.49 y 55)

7825 La extinción del contrato es una de las materias donde se ponen de manifiesto con mayor intensidad las **particularidades** del régimen de la alta dirección frente al contrato de trabajo ordinario:

a) Dada la **confianza** que sustenta la relación entre las partes y la autonomía y responsabilidad con que el alto directivo ejercita sus funciones, la regulación legal no se inspira tanto en principios como la estabilidad en el empleo o la protección del trabajador como en procurar un régimen extintivo eficaz que permite, por ejemplo, el desistimiento unilateral sin causa del empresario y establece unos importes indemnizatorios legales mínimos.

b) Se reconoce, por otra parte, un amplio margen para la **autonomía de la voluntad**, de forma que las partes puedan determinar el alcance y eficacia de las causas de extinción, mejorar las cuantías indemnizatorias y, en general, regular todos aquellos extremos que consideren precisos.

a. Causas de extinción del contrato

(RD 1382/1985 art.12; ET art.49)

7830 Dejando a salvo los supuestos particulares a los que se hace referencia seguidamente, que disponen de una regulación específica (despido, dimisión del alto directivo, desistimiento empresarial), el contrato de alta dirección puede extinguirse por las causas y mediante los procedimientos previstos en el Estatuto de los Trabajadores. Ello implica que resultan de aplicación las causas previstas en dicha norma con las especialidades que puedan contemplarse como consecuencia de la naturaleza de la prestación de servicios del directivo.

Para un estudio completo de las causas de extinción, ver nº 3378 s. Memento Social 2024.

Precisiones **1)** Sobre la extinción del contrato de alta dirección en **situación concursal** ver nº 7860.

2) Se ha admitido expresamente la posibilidad de extinguir un contrato de alta dirección por la vía de la **amortización del puesto de trabajo** (TSJ Extremadura, 16-4-04, EDJ 27131) así como su inclusión en un expediente de regulación de empleo (TS 17-4-96, EDJ 3148; 15-6-99, EDJ 19174; TSJ Aragón 31-5-05, EDJ 96277).

7832 **Extinción del contrato por voluntad del alto directivo** (RD 1382/1985 art.10) La extinción del contrato por voluntad del alto directivo puede producirse:

1. Sin necesidad de invocar causa alguna para tal decisión (dimisión voluntaria);

2. Alegando la concurrencia de alguna de las causas previstas legalmente (dimisión provocada o con causa legal).

7834 **Dimisión voluntaria** (RD 1382/1985 art.10.1) La extinción obedece a la libre decisión del alto directivo, que no tiene que ofrecer una justificación determinada para la misma. Para la formalización de la decisión se exige:

a) **Manifestación inequívoca** de la voluntad extintiva, aunque no tiene que recogerse necesariamente por escrito (TSJ Madrid 13-3-01, EDJ 10191);

b) Observancia de un período mínimo de **preaviso** de tres meses. Este plazo puede ser ampliado hasta un máximo de seis meses, siempre que se trate de contratos indefinidos o con duración superior a cinco años.

El **incumplimiento** del período de preaviso no afecta a la validez de la extinción, pero el alto directivo debe indemnizar al empresario con una cantidad equivalente a los salarios correspondientes al período -total o parcial- de preaviso incumplido.

Salvo pacto en contrario, esta dimisión **no** genera un derecho a **indemnización** en favor del alto directivo.

Precisiones No se exige una declaración de voluntad formal para entender que opera la dimisión, siendo suficiente que la conducta seguida por la persona trabajadora se haya manifestado de manera indiscutida, pudiendo ser expresa o tácita (TSJ País Vasco 10-6-14, EDJ 149809). Y se ha considerado valida la dimisión comunicada a través de **correo electrónico** (TSJ Madrid 13-3-01, EDJ 10191).

Dimisión provocada o con causa legal (RD 1382/1985 art.10.3) Las causas que justifican la extinción por esta vía son las siguientes: 7836
1. Un **incumplimiento grave** de sus obligaciones contractuales por parte del empresario, como sucede con:
- modificación sustancial en las condiciones de trabajo que redunden notoriamente en perjuicio de la formación profesional del directivo, en menoscabo de su dignidad o sean decididas con grave transgresión de la buena fe contractual por parte del empresario;
- falta de pago o retraso continuado en el abono de salario pactado;
- cualquier otro incumplimiento grave de las obligaciones contractuales del empresario, salvo los supuestos de fuerza mayor.
2. **Sucesión** de empresa o cambio importante su titularidad, que tenga por efecto una renovación de sus órganos rectores o del contenido y planteamiento de su actividad principal.

Precisiones 1) No resultan aplicables las previsiones del Estatuto acerca de **modificaciones sustanciales** de condiciones de trabajo (ET art.41) por lo que, para que pueda extinguirse el contrato de alta dirección por esta causa, el cambio operado en las condiciones de trabajo debe revestir alguno de los caracteres previstos por el RD 1382/1985 art.10.3 (TSJ Madrid 25-5-04, EDJ 109873).
2) La **revocación de poderes** no constituye por sí misma una novación extintiva por lo que puede fundamentar en ocasiones la extinción del contrato por esta causa (TSJ Madrid 8-6-04, EDJ 109360; TSJ Galicia 30-10-98, EDJ 31768).
3) De apreciarse un supuesto de **sucesión empresarial** en los términos previstos por el ET art.44, la relación del alto directivo no se extingue automáticamente y puede continuar prestando servicios al igual que los trabajadores ordinarios. No obstante, se le reconoce la facultad de instar la resolución indemnizada de su contrato (TS 27-9-11, EDJ 226102).

El **plazo** para el **ejercicio de la acción** es: 7838
a) El general de 1 año para las acciones laborales (RD 1382/1985 art.15.3):
b) Supuestos de sucesión empresarial o cambio importante en la titularidad de la misma, tres meses desde la producción de dichos cambios.
El **cómputo** del plazo se inicia cuando el alto directivo conoce la realidad y alcance de los cambios (TS 27-3-90, EDJ 3446).
En analogía con lo dispuesto para el trabajador ordinario en caso de extinción a voluntad propia (ET art.50) el alto directivo debe solicitar la extinción al **órgano jurisdiccional**, que debe valorar la concurrencia efectiva de las causas alegadas, y permanecer de alta en la empresa hasta la sentencia judicial que autoriza la extinción (TSJ Cataluña 17-6-02, EDJ 38453). No es preciso, sin embargo, observar período de **preaviso** previsto para los supuestos de dimisión voluntaria.
La extinción del contrato lleva aparejada una **indemnización** a favor del alto directivo cuya cuantía mínima legal es la correspondiente al desistimiento empresarial (7 días de salario en metálico por año de servicio con el límite de 6 mensualidades). Es nula la cláusula por la que se acuerda una indemnización neta (TS 24-2-09, EDJ 38284).
La extinción del contrato de alta dirección por esta vía determina igualmente la extinción de la **relación laboral preexistente** en suspenso (TSJ Madrid 29-6-10, EDJ 172693).

Extinción del contrato por voluntad del empresario (RD 1382/1985 art.11) Este contrato puede extinguirse por voluntad del empresario bien en base a un incumplimiento grave del trabajador (nº 7844), bien por una simple pérdida de confianza en su gestión sin que, en este supuesto, sea preciso alegar causa alguna para justificar la decisión extintiva (nº 7842). 7840

El **cauce procesal** para impugnar cualquier decisión que comporte la extinción del contrato es el de despido (TS 20-10-98, EDJ 27087). Esta acción interrumpe la prescripción para reclamar la indemnización que resulte procedente según sea calificada, de una u otra forma, la decisión extintiva empresarial (TSJ Murcia 11-3-01, EDJ 79810).

Desistimiento empresarial (RD 1382/1985 art.11.1) En este caso estamos ante una **extinción no causal** del contrato de alta dirección por voluntad del empresario. La decisión empresarial debe ajustarse a las siguientes formalidades: 7842
1. El cese o desistimiento decidido por el empresario ha de ser **comunicado por escrito al alto cargo**. La omisión de la forma escrita no determina la nulidad del cese. Sin embargo, la formalización del desistimiento por escrito es útil como medio de prueba y a efectos de que el trabajador pueda acreditar la situación legal de desempleo.
2. El empresario debe observar un período de **preaviso mínimo** de 3 meses, ampliable por contrato hasta 6 meses en los contratos indefinidos o con duración superior a 5 años. Cabe establecer, incluso, un pacto de preaviso de un año (TSJ Madrid 8-6-04, EDJ 109378). Lo que no se admite, en cambio, es la reducción o supresión del preaviso (TSJ País Vasco 7-5-13, EDJ 307979). El incumplimiento total o parcial del preaviso genera el derecho del alto directivo a una indemnización equivalente a los salarios correspondientes al período incumplido.

Con independencia de la calificación del cese como desistimiento o como despido improcedente, la indemnización por falta de preaviso se debe siempre que el cese del alto cargo se considere improcedente y la empresa opte por la rescisión indemnizada del contrato en lugar de por la readmisión, siendo compatible con la indemnización que corresponda por la extinción (TS 11-3-13, EDJ 41033; 11-5-21, EDJ 570252).

3. El empresario debe poner a disposición del alto directivo la **indemnización** legal mínima de 7 días de salario en metálico por año de servicio con el límite de 6 mensualidades, o la pactada, que no puede ser inferior a la legal (TS 22-4-14, EDJ 119441).

El **límite** para acudir al desistimiento está en el respeto de los derechos fundamentales, cuya vulneración únicamente puede repararse condenando a la readmisión del trabajador, así como al abono de los salarios dejados de percibir como consecuencia de la conducta antijurídica del empleador (TS 18-6-12, EDJ 154967).

Si una relación de alta dirección es calificada judicialmente como común, declarándose la improcedencia del despido, es posible **compensar** la indemnización por ausencia de preaviso y la de desistimiento del contrato de directivo ya abonadas con la indemnización por despido improcedente fijada en la sentencia (TS 10-5-22, EDJ 574647).

Precisiones **1)** No es necesario invocar causa alguna más allá de la **pérdida de confianza**, pero si se concretan los motivos debe evitarse realizar imputaciones por incumplimientos que podrían constituir un despido disciplinario (TS 25-9-89, EDJ 8337). En este sentido, la alternativa legal entre desistimiento y despido está sujeta a una exigencia: la claridad, deducible de la exigencia de forma escrita. El empresario puede, por tanto, despedir o desistir pero debe manifestar con claridad su opción. Y la falta de claridad no puede beneficiar a quien la provoca (TSJ Madrid 13-6-06, EDJ 322228). El desistimiento, es por definición una declaración extintiva de voluntad no causal, en la que los motivos internos que han llevado a esta decisión son irrelevantes; pero esa libre facultad no puede ejercitarse en menoscabo de derechos del trabajador jurídicamente protegibles (TSJ Asturias 11-10-12, EDJ 249142).

2) La inexigibilidad de causa no justifica el **desistimiento abusivo o discriminatorio** del empresario (TSJ Asturias 26-11-99, EDJ 84362).

3) Durante el período de **preaviso**, cabe la **retractación empresarial** y la extinción del contrato por otra causa como el despido (TSJ Madrid 17-9-10, EDJ 228756).

4) La **vía procesal** oportuna para reclamar el pago de la indemnización correspondiente al desistimiento es la acción de reclamación de cantidad (TS 27-12-02, EDJ 61506).

7844 **Despido disciplinario** (RD 1382/1985 art.11.2 y 3, 13; ET art.55- redacc LO 2/2024-) Procede el despido disciplinario del alto directivo en base a un incumplimiento grave y culpable de sus obligaciones en los términos que se pacten en el contrato (TSJ Madrid 13-7-04, EDJ 143199; 13-9-04, EDJ 145289)

El plazo de **prescripción** de las faltas es de 12 meses desde su comisión o desde que el empresario tuviese conocimiento de ellas (TS 22-10-03, EDJ 187331; 16-5-18, EDJ 98270).

La **formalización** del despido exige los mismos requisitos que para el trabajador ordinario (ET art.55 -redacc LO 2/2024-) (nº 2215 s. Memento Social 2024).

La **calificación** del despido del alto directivo puede ser de:

a) **Procedencia**. Adecuación formal y material del acto extintivo. No procede la readmisión (ni el pago de indemnización, ni por incumplimiento del preaviso ni por extinción del contrato).

b) **Improcedencia**. Se aprecian defectos formales en la decisión extintiva o bien no se acredita la concurrencia de las causas alegadas. Cabe la opción entre readmisión o extinción indemnizada del contrato, que debe resolverse por acuerdo entre las partes. A falta de acuerdo, se presume que la opción se ha realizado por la extinción indemnizada. La indemnización legal mínima que corresponde en estos supuestos es de 20 días de salario en metálico por año de servicio con el límite de 12 mensualidades.

No procede el abono de los salarios de tramitación al no existir regulación expresa acerca de este extremo (TS 26-4-01, EDJ 10559); pero cuando el empresario opte por la rescisión indemnizada del contrato, debe abonar no sólo la indemnización por despido improcedente sino la que corresponda por ausencia de preaviso (nº 7842).

c) **Nulidad**. Cuando se aprecia móvil discriminatorio o vulneración de derechos fundamentales. Los efectos son los mismos que los previstos para el despido improcedente: acuerdo entre las partes sobre readmisión o extinción indemnizada. Los Tribunales tienden a exigir, no obstante, la readmisión obligada del directivo (TSJ Aragón 14-3-07, EDJ 99180; TSJ Madrid 2-12-10, EDJ 316416; TS 18-6-12, EDJ 154967).

Precisiones **1)** Una postura rebelde a cumplir las **instrucciones empresariales** por no coincidir con la apreciación personal del trabajador, se considera desobediencia y justifica un despido disciplinario (TSJ Madrid 21-11-14, EDJ 237301).

2) No es causa de despido **la pérdida de confianza**, si ha actuado en nombre de la sociedad en uso de las facultades que tenía conferidas, pudiendo haber resultado de tal gestión ordinaria buenos o malos resultados, cuando no se acredita una mala gestión dolosa o imprudente (TSJ Madrid 28-7-05, EDJ 146768).

b. Indemnizaciones legales por extinción de contrato

7850

Causa	Módulo	Tope (mensualidades)	Preaviso	Salarios tramitación
Despido disciplinario RD 1382/1985 art.11.2	No hay indemnización	-	NO	NO
Despido improcedente o nulo sin readmisión RD 1382/1985 art.11.2	20 días salario metálico/año servicio	12	NO	NO
Desistimiento empresarial RD 1382/1985 art.11.1	7 días salario metálico/año servicio	6	SÍ 3-6 meses	NO
Dimisión provocada RD 1382/1985 art.10.3	7 días salario metálico/año servicio	6	NO	NO

La indemnización de 7 días de salario por año trabajado con el tope de 6 mensualidades prevista para el cese de los altos directivos por desistimiento empresarial, tiene carácter de **mínimo obligatorio**, incluso en los casos de pacto expreso que excluya toda indemnización por cese, por tanto, esa cuantía de la indemnización está exenta de tributación en el **IRPF** (TS cont-adm 5-11-19, EDJ 731511; 4-9-20, EDJ 650615). Si bien los casos enjuiciados se refieren exclusivamente al supuesto de desistimiento del empresario, el criterio señalado resultaría igualmente **aplicable** al resto de indemnizaciones previstas por extinción de la relación laboral de alta dirección al ser la redacción del precepto análoga (AN cont-adm 21-10-21, EDJ 734630).

Sin embargo, al no establecerse en la normativa reguladora del contrato de alta dirección indemnización mínima alguna para el caso de extinción del contrato laboral de alta dirección por modificación sustancial de las condiciones de trabajo (RD 1382/1985 art.12), no puede considerarse exención en el IRPF para estos casos; tampoco para el caso de que la extinción laboral sea producto de un acuerdo entre las partes (TEAC 22-9-22).

La exención fiscal no se extiende a la **indemnización** por **falta de preaviso** al no tener la misma naturaleza que la indemnización por despido, sino que se considera plenamente sujeta al **IRPF** como rendimiento del trabajdor (DGT CV 2-4-20).

Cláusula de blindaje (RD 1382/1985 art.10.3 y 11.1 y 2) Las compensaciones económicas previs- 7852
tas legalmente a favor del alto directivo como consecuencia de la extinción de su contrato pueden ser mejoradas por las que, a este respecto, hayan acordado las partes, especialmente para aquellos supuestos de resolución del contrato por voluntad unilateral del empresario.

Son diversas las **fórmulas admisibles** para el blindaje de un contrato, entre otras:
- incremento de los módulos indemnizatorios previstos en el nº 7850;
- remisión al régimen ordinario previsto en el ET;
- fijación de una cantidad a tanto alzado;
- reconocimiento de una antigüedad superior a efectos indemnizatorios;
- incremento del período de preaviso establecido legalmente (TSJ Madrid 8-6-04, EDJ 109722);
- venta u opción en la compra de acciones de la empresa (TS 9-10-91, EDJ 9549).

Salvo que se haya pactado expresamente lo contrario, la cláusula de blindaje sustituye a la **indemnización prevista** legalmente (TS 25-11-02, EDJ 54246; 19-11-01); en ocasiones se entiende que sustituye al pago del período de preaviso incumplido (TSJ Madrid 21-6-05, EDJ 151205).

Precisiones **1)** Las cláusulas de blindaje no tienen naturaleza de cláusulas penales por lo que no procede la **moderación de su cuantía** por el órgano jurisdiccional (TS 12-3-97, EDJ 4190; TSJ Asturias 27-2-98, EDJ 65334).

2) Una cláusula indemnizatoria de blindaje pactada para el caso de declaración de improcedencia de un despido disciplinario, **no es aplicable** en caso de improcedencia del despido por causas objetivas porque debe estarse a su sentido literal. Además, tratándose de una extinción en el marco de un despido colectivo por causas económicas en una empresa pública, el blindaje previsto, que cuadruplica la indemnización legal, resulta **abusivo** (TS 23-2-18, EDJ 22309). Tampoco procede la aplicación del blindaje si el **despido** disciplinario se declara **procedente** (TSJ Extremadura 7-12-05, EDJ 226241).

3) Salvo excepciones (TSJ Madrid 29-9-98, EDJ 65294), la jurisprudencia entiende que la **disponibilidad** que se reconoce a las partes se limita a la mejora del quantum indemnizatorio previsto legalmente, sin que sea posible disminuir dicha cuantía o eliminar la indemnización (TS 9-2-05, EDJ 23990; 2-4-14, EDJ 119441; TSJ Cantabria 31-3-06, EDJ 46992).

4) En los supuestos de **sucesión empresarial** el nuevo empresario queda vinculado por los blindajes del contrato salvo pacto distinto (TS 27-9-11, EDJ 226102).
5) Puede **cuestionarse la eficacia** de la cláusula de blindaje por la falta de capacidad de los otorgantes (TSJ Valladolid 5-12-05, EDJ 236580) o su licitud por el carácter abusivo o desproporcionado de la misma (TSJ Baleares 25-4-00, EDJ 16793).

5. Situación concursal

7860 La **declaración del concurso** puede tener incidencia en la prestación de servicios que el alto directivo desarrolla para la empresa a diversos **efectos**:
1. Es la **administración concursal**, sin necesidad de someterse al procedimiento de consultas y autorización judicial previsto para los contratos laborales ordinarios, la que puede extinguir o suspender los contratos de trabajo de alta dirección, siendo su decisión impugnable a través del incidente concursal en materia laboral.
2. La **iniciativa** para llevar a cabo estas extinciones se produce por propia decisión de la administración concursal o a instancia del deudor. Estas facultades de decisión sobre la suspensión o extinción de los contratos de alta dirección atribuidas a la administración concursal se justifican por las funciones que a ésta le corresponden en la gestión, administración y disposición del patrimonio del concurso (tanto cuando el empresario ha sido suspendido de estas facultades como cuando éstas se mantienen con intervención de los administradores concursales).
3. El personal de alta dirección debe **presentar la demanda** en el plazo de un mes desde que la administración concursal le notifique la decisión adoptada.

7862 **Extinción de los contratos de alta dirección** (LCon art.186.2) En caso de decidirse la extinción de los contratos de alta dirección, el juez del concurso puede **moderar la indemnización** que corresponda al alto directivo dejando sin efecto la que se hubiera pactado en el contrato. El **límite** de la facultad judicial de moderación de la indemnización es la fijada en la legislación laboral para el despido colectivo.
El **juez de concurso** es el competente para conocer de la demanda de incidente concursal laboral interpuesta por la administración concursal contra la desestimación de su pretensión de moderación de la indemnización del alto directivo (TSJ Madrid 26-1-18, EDJ 21747).

7864 **Suspensión de los contratos de alta dirección** (LCon art.187) En caso de decidirse la suspensión de los contratos de alta dirección, el alto directivo **puede extinguir** su contrato preavisando con una antelación mínima de un mes. Es una nueva causa de extinción del contrato por voluntad del alto cargo, no prevista en el RD 1382/1985, que se somete a un específico plazo de preaviso (un mes) distinto al previsto para los supuestos de extinción unilateral del alto directivo (de 3 a 6 meses).
En este caso, el **juez del concurso** puede también moderar la indemnización a que tiene derecho el alto cargo en los términos señalados anteriormente (LCon art.186.2)

7866 **Impugnación** (LCon art.53 y 541) La impugnación por el alto directivo de las decisiones de la administración concursal sobre suspensión o extinción de sus relaciones laborales se tramita ante el juez del concurso por el procedimiento del **incidente concursal laboral** y frente a la decisión que se adopte cabe recurso de suplicación y los demás previstos en la LRJS (LCon art.551).

7868 **Indemnización y aplazamiento** (LCon art.186.2 y 188) El **crédito indemnizatorio** del alto cargo es un crédito contra la masa. Por ello, la administración concursal ha de deducir de la masa activa, antes de proceder al pago de los créditos concursales, los bienes y derechos necesarios para satisfacer los créditos contra ésta (entre ellos los indemnizatorios debidos a los altos cargos) (LCon art.244), con la excepción referida a los créditos con privilegio especial.
La facultad de **moderación de la indemnización** que la LCon atribuye al juez concursal **se justifica** por la elevada cuantía de las indemnizaciones pactadas entre la empresa y los altos cargos y que puede incidir negativamente en el interés del concurso. El **límite d**e la facultad moderadora del juez es la indemnización prevista en la normativa laboral para los despidos colectivos, esto es, 20 días por año de servicio con un máximo de 12 mensualidades, y no los 7 días de salario por año de antigüedad con el límite de 6 mensualidades previstos para la extinción por desistimiento empresarial (RD 1382/1985 art.11.1; LCon art.186.2).
Finalmente, a petición de la administración judicial, el juez puede declarar el **aplazamiento del pago** de estas indemnizaciones hasta que sea firme la sentencia de calificación.

Precisiones En la atribución de competencias sobre la extinción de los contratos de trabajo del alto directivo la LCon **no ha discriminado causas**, por lo que parece que se trata de una atribución en bloque. Se ha considerado que la competencia del juez mercantil debe limitarse a las extinciones aplicables **por iniciativa del empresario o de la administración concursal** por razones relacionadas con las causas que dieron origen al concurso, pues sería absurdo que el juez mercantil tuviera que pronunciarse, por ejemplo, sobre una extinción por jubilación. Así, la administración concursal, -que debe velar por la satisfacción de los créditos de los acreedores concursales y que, por ende, puede estar interesada en extinguir los contratos de alta dirección por las causas previstas en el RD 1382/1985-, es la **única competente** para extinguir los contratos de trabajo del personal de alta dirección, cualquiera que sea la causa de la extinción, por lo que, el empresario puede instar a la administración concursal a que adopte la decisión, pero en modo alguno, tiene competencia para despedir al alto directivo (TSJ Sevilla 8-11-07, EDJ 348053). Con **otro criterio**, también se ha declarado la competencia a favor de la jurisdicción social (TSJ Asturias 28-11-14, EDJ 239431).

6. Derechos colectivos

(Const art.7, 28, 37 y 129.1 y 2; ET art.2.2 y 8.4; RD 1382/1985 art.16)

La regulación de las relaciones laborales especiales debe respetar los derechos básicos reconocidos por la Constitución. Ello sugiere, pese a la ausencia de mención expresa en el RD 1382/1985, que el alto directivo es titular de los derechos laborales colectivos que reconoce la Constitución, particularmente **sindicación y huelga**, si bien su ejercicio frente a la empresa para la que presta sus servicios plantea importantes dificultades prácticas y contradice la propia naturaleza de dichos servicios. **7875**

En esta línea se establece que el alto directivo no puede participar como elector ni como elegible en los **órganos de representación de los trabajadores** (comité de empresa o delegados de personal), sin perjuicio de otras formas lícitas de representación que puedan concebirse en algún momento como podría ser una asociación sindical para la defensa de los intereses de este colectivo.

El empresario tiene el deber de **notificar** a la representación legal de los trabajadores los contratos de alta dirección que se realicen (nº 7790).

7. Régimen de responsabilidad

Responsabilidad penal (CP art.31, 31 bis y 318) Sin perjuicio de la responsabilidad penal que se atribuye a las personas jurídicas la norma penal establece un régimen de responsabilidad para las **personas físicas** que dirigen la empresa o se encuentran al frente de la misma: **7880**

- el que actúe como **administrador de hecho o de derecho** de una persona jurídica, o en nombre o representación legal o voluntaria de otro, responderá personalmente, aunque no concurran en él las condiciones, cualidades o relaciones que la correspondiente figura de delito requiera para poder ser sujeto activo del mismo, si tales circunstancias se dan en la entidad o persona en cuyo nombre o representación obre;
- en los delitos específicos contra los **derechos de los trabajadores** se establece que cuando los delitos se imputen a personas jurídicas se impone la pena señalada a los administradores o encargados del servicio que hayan sido responsables de los mismos y a quienes, conociendo tales hechos y pudiendo remediarlos, no hubieran adoptado las medidas para ello.

Para los delitos relacionados con **accidentes de trabajo** e incumplimientos de las medidas de seguridad (ver nº 8860 s. Memento Prevención de Riesgos Laborales 2024-2025).

Precisiones Cuando la pena señalada sea una **multa** es responsable directa y solidaria del pago de la misma la persona jurídica en cuyo nombre o por cuya cuenta actuó la persona física a quien se imputa el delito.

Responsabilidad laboral (RD 1382/1985 art.1.2) En el ámbito laboral la responsabilidad que asume el alto directivo es **más intensa** que la exigible a cualquier otro trabajador ordinario puesto que no puede ser modulada por el deber de obediencia, dada la autonomía que se le reconoce para el ejercicio de sus funciones, y considerando el lugar que ocupa el alto directivo en la organización empresarial, resultará en muchos casos difícil, cuando no imposible, deslindar las actuaciones propias de las de terceros subordinados o dependientes del mismo. Por ello, como consecuencia de la imputación de esta responsabilidad, puedan producirse sanciones disciplinarias -principalmente el despido- o simplemente pérdidas de confianza que se traduzcan en la extinción del contrato por desistimiento empresarial (ver nº 7842). **7882**

Precisiones La empresa asume **frente a terceros** la responsabilidad por los actos cometidos por sus trabajadores, incluido el alto directivo, cuando actúan como tales en el ejercicio de sus funciones y aun cuando se extralimiten en las mismas (CC art.1903 culpa in eligendo, culpa in vigilando). De igual modo, la empresa debe responder de las **sanciones administrativas** que puedan recaer como consecuencia de estas actuaciones, si bien en todo caso cabe la repetición posterior contra el alto directivo si aprecia dolo, negligencia o extralimitación en sus funciones (CC art.1904).

7884 **Responsabilidad civil** (CCom art.297; LSC art.236 s.) El CCom configura el marco genérico para la exigencia de responsabilidad a altos directivos y administradores sociales indicando que éstos responden ante sus principales de cualquier perjuicio que causen a sus intereses por haber procedido en el desempeño de sus funciones con **malicia, negligencia o infracción** de las órdenes o instrucciones que hubieren recibido.
Los **presupuestos** necesarios para la exigencia de responsabilidad a los administradores sociales y los cauces a través de los cuales puede hacerse efectiva la misma se establecen en la Ley de Sociedades de Capital (LSC).
Para que surja la responsabilidad de los administradores **es necesario**:
- que se produzca un acto ilícito entendiendo por tal aquél contrario a la ley, los estatutos o realizado incumpliendo los deberes inherentes al desempeño del cargo (LSC art.236);
- que dicho acto genere un daño a la sociedad evaluable económicamente o susceptible de patrimonialización;
- que exista relación de causalidad entre el acto de los administradores y el daño sufrido (CC art.1105 y 1107).

Precisiones Responden solidariamente todos los **miembros del órgano de administración** que adoptó o realizó el acto lesivo, salvo que prueben que, no habiendo intervenido en su adopción o ejecución, desconocían su existencia o, conociéndola, hicieron todo lo conveniente para evitar el daño o, al menos, se opusieren expresamente a aquél. No constituye causa de exoneración de responsabilidad la circunstancia de que el acto o acuerdo lesivo haya sido adoptado, autorizado o ratificado por la Junta General.

7886 La **reclamación** por estos daños puede articularse a través de **dos vías**:
- acción social de responsabilidad que pretende restablecer el perjuicio patrimonial causado a la sociedad (LSC art.238);
- acción individual de responsabilidad para compensar los perjuicios inferidos por los actos del administrador al patrimonio particular de socios y terceros acreedores (LSC art.241).
Ambas acciones se consideran compatibles y pueden ejercitarse simultáneamente.

7888 **Acción social de responsabilidad** (LSC art.238) Puede **ser ejercitada**:
a) Por la propia sociedad, debiendo existir en ese caso un acuerdo previo al respecto de la Junta General.
b) Con carácter subsidiario, por los socios que representen al menos un 5% del capital suscrito siempre que los administradores no convocaren la Junta solicitada a tal fin, la Junta hubiera decidido no ejercitar la acción o hubiera transcurrido más de un mes desde el acuerdo de la Junta para el inicio de las actuaciones.
c) Por los acreedores sea cual sea la entidad y cuantía de su crédito siempre que la acción no se hubiera iniciado por la sociedad o los accionistas y el capital social sea insuficiente para la satisfacción de los créditos.

Precisiones El plazo de **prescripción** de la acción es de cuatro años desde que el administrador cesó en el ejercicio de su cargo (CCom art.949).

7890 **Acción individual de responsabilidad** (LSC art.241) Se configura como una acción directa de los socios y acreedores cuando se haya producido un acto lesivo de los administradores que les haya perjudicado directamente. Si bien de estos actos responde la sociedad, la ley articula un instrumento complementario para proceder de forma directa contra los administradores responsables de un acto dañoso.

Precisiones El plazo de **prescripción** varía atendiendo a los siguientes extremos:
- si el acto lesivo se ha realizado dentro de una relación contractual para la sociedad el plazo es de cinco años (CC art.1964) y para los administradores de cuatro (CCom art.949);
- si el daño ha acaecido extracontractualmente, el plazo de prescripción común para la sociedad y sus administradores es de un año (CC art.1968).

C. Régimen de Seguridad Social

Encuadramiento en la Seguridad Social de altos directivos y administradores 7895

(LGSS art.7, 136 y 305.2.b y e) Como regla general, los directivos -en cuanto trabajadores por cuenta ajena- están incluidos en el RGSS, si bien con las siguientes **matizaciones**:

a) **Trabajadores por cuenta ajena** y los **socios trabajadores** de las **sociedades de capital**, aun cuando sean miembros de su órgano de administración, si el desempeño de este cargo no conlleva la realización de las funciones de dirección y gerencia de la sociedad, ni posean su control (LGSS art.305.2.b).

b) **Consejeros y administradores de las sociedades de capital**, siempre que no posean su control (LGSS art.305.2.b), cuando el desempeño de su cargo conlleve la realización de las funciones de dirección y gerencia de la sociedad, siendo retribuidos por ello o por su condición de trabajadores por cuenta de la misma. Se incluyen en el RGSS como asimilados a trabajadores por cuenta ajena. No obstante, la inclusión no es total porque quedan excluidos de la protección por desempleo y del FOGASA.

c) **Socios trabajadores de las sociedades laborales**, con participación en el capital social (L 44/2015 art.1.2.b) aunque sean miembros de su órgano de administración, se incluyen en el RGSS si el desempeño de este cargo no conlleva la realización de las funciones de dirección y gerencia de la sociedad, ni posean su control (LGSS art.305.2.e).

d) **Socios trabajadores de las sociedades laborales** que, por su condición de administradores de las mismas, realicen funciones de **dirección y gerencia** de la sociedad, siendo retribuidos por ello o por su vinculación simultánea a la sociedad laboral mediante una relación laboral de carácter especial de alta dirección, y no posean su control (LGSS art.305.2.e) Se incluyen en el RGSS como asimilados a trabajadores por cuenta ajena y quedan excluidos de la protección por desempleo y del Fondo de Garantía Salarial, cuando el número de socios de la sociedad laboral supere los 25 socios.

e) Altos cargos de las **administraciones públicas** y de las entidades y organismos vinculados o dependientes de ellas, que no tengan la condición de funcionarios públicos.

Precisiones **1)** Se entiende que concurre el **control efectivo** de la sociedad en todo caso cuando las acciones o participaciones del trabajador supongan, al menos, la mitad del capital social. 7897

Se presume, en cambio, **salvo prueba en contrario**, que el trabajador posee el control efectivo de la sociedad cuando concurran alguna de las siguientes **circunstancias**:

- que, al menos, la mitad del capital de la sociedad para la que preste sus servicios esté distribuido entre socios, con los que conviva y a quienes se encuentre unido por vínculo conyugal o de parentesco, por consanguinidad, afinidad o adopción hasta el segundo grado;
- que su participación en el capital social sea igual o superior a la tercera parte del mismo;
- que su participación en el capital social sea igual o superior a la cuarta parte del mismo, si tiene atribuidas funciones de dirección y gerencia de la sociedad.

En los supuestos en que no concurran las circunstancias anteriores, la Administración puede demostrar, por cualquier medio de prueba, que el trabajador dispone del control efectivo de la sociedad.

2) En cuanto al régimen laboral aplicable los sujetos **integrados en el órgano de administración**, ver nº 7765.

3) No están comprendidos en el sistema de Seguridad Social los **socios**, sean o no administradores, de sociedades mercantiles capitalistas cuyo objeto social no esté constituido por el ejercicio de actividades empresariales o profesionales, sino por la mera administración del patrimonio de los socios.

4) Es computable como cotizado a efectos de prestaciones por **desempleo** el período el tiempo en que se ostentó el cargo de **administrador único**, al no constar que percibiese retribución alguna por el desempeño del cargo (TS 5-3-13, EDJ 4229).

Excepciones al régimen general 7899

(LGSS art.137 y 305.2.b) El principio general enunciado en el marginal anterior, que determina su inclusión en el RGSS, tiene, sin embargo, dos excepciones:

- los supuestos en que el alto directivo laboral tiene el **control efectivo** de la sociedad, lo que determina su inclusión en el RETA;
- algunos supuestos de **concurrencia** entre alta dirección y administración social en los que hay que analizar el régimen que corresponde.

CAPÍTULO 33

Especialistas residentes en Ciencias de la Salud

7950

La relación de residencia para la formación de especialistas en Ciencias de la Salud es una **relación laboral especial** (L 44/2003 art.20.3 y disp.adic.1ª; RD 1146/2006; RD 183/2008 redacc RD 610/2024). 7952

El sistema formativo de residencia obliga, de forma simultánea, a **recibir una formación y a prestar un trabajo** que permitan al especialista en formación adquirir, en unidades docentes acreditadas, las competencias profesionales propias de la especialidad que esté cursando, mediante una práctica profesional programada y supervisada destinada a alcanzar de forma progresiva, según avance en su proceso formativo, los conocimientos, habilidades, actitudes y la responsabilidad profesional necesarios para el ejercicio autónomo y eficiente de la especialidad.

Los derechos y obligaciones concernientes a esta relación laboral **se rigen** por lo establecido en los marginales siguientes (RD 1146/2006; RD 183/2008 redacc RD 610/2024) y, con carácter supletorio, por el ET, por la demás legislación laboral que le sea de aplicación, por los convenios colectivos y por la voluntad de las partes manifestada en los contratos de trabajo, sin que en ningún caso se puedan establecer en ellos condiciones menos favorables al trabajador o contrarias a las previstas en las disposiciones legales y convenios colectivos antes referidos.

Cuando así se acuerde en la negociación colectiva, les son de aplicación los **pactos y acuerdos referentes al personal estatutario**, siempre que sean compatibles con la normativa específica aplicable al personal residente (RD 1146/2006 disp.adic.7ª).

Los especialistas residentes en ciencias de la salud se encuentran dentro del ámbito subjetivo de aplicación de la **LPRL** y de su normativa de desarrollo. Tienen derecho a su integridad física y a una adecuada política de seguridad e higiene (ET art.4 -redacc RDL 5/2023- y 5; RD 1146/2006 art.4), y a contar con la misma protección que el resto de trabajadores de la entidad en la que presten servicios.

El procedimiento para la emisión de la orden de concesión de los títulos de especialista en Ciencias de la Salud se tramita únicamente por **medios electrónicos** (OM ECD/855/2014).

Ámbito de aplicación (RD 1146/2006 art.1 y disp.adic.8ª; RD 183/2008 art.2 y disp.adic.5ª) La relación laboral especial se aplica a los titulados universitarios que, previa participación en la convocatoria anual de carácter nacional de pruebas selectivas, hayan accedido a una **plaza** en un centro o unidad docente acreditada, **para el desarrollo de un programa de formación especializada** en ciencias de la salud (MIR, enfermeros, biólogos y farmacéuticos, entre otros), mediante el sistema de residencia, a efectos de la obtención del título de especialista, y por cuyos servicios como trabajadores son retribuidos. 7954

También es de aplicación a los especialistas en ciencias de la salud que cursen una **nueva especialidad** y a los que accedan a la formación para la obtención del Diploma de **Area de Capacitación Específica** por el sistema de residencia.

Sin embargo, no es de aplicación a los especialistas en formación miembros de las **Fuerzas Armadas** que se formen tanto en plazas de la red sanitaria militar como del resto de la red sanitaria, a los que les sigue siendo de aplicación su normativa específica.

Precisiones 1) La norma reguladora de esta relación especial es de aplicación **en todo el territorio del Estado**, cualquiera que sea la titularidad, pública o privada, de los establecimientos sanitarios donde se encuentren ubicadas los centros o unidades docentes acreditados para la formación de especialistas en ciencias de la salud.
2) Las **especialidades** en ciencias de la salud por el sistema de residencia se clasifican en: médicas, farmacéuticas, de psicología, de enfermería y multidisciplinares (RD 183/2008 art.2).

7956 **Formalidades contractuales** (RD 1146/2006 art.2 y 3; RD 183/2008 art.22.1 y 25.2, 3 y 4) El contrato de trabajo se celebra **por escrito** entre el residente, en su condición de trabajador, y la entidad titular de la unidad docente acreditada para impartir la formación, en su condición de empleador o empresario. Se formaliza por cuadruplicado y en él ha de **incluirse**, al menos:
- identidad de las partes;
- domicilio social de la empresa;
- unidad docente donde se desarrolla el programa de formación y centro al que pertenece o, en su caso, los dispositivos que la integran. Si en la acreditación de la misma se prevé la rotación por más de un centro, se debe hacer constar esta circunstancia;
- convocatoria en la que el residente ha obtenido la plaza;
- fecha del comienzo y duración de la relación laboral;
- título universitario del residente y el programa de formación que va a cursar;
- cuantías de sus retribuciones (nº 7976 s.);
- jornada laboral (nº 7966 s.);
- duración y modalidad para la atribución y determinación de las vacaciones (nº 7972);
- convenio colectivo aplicable.

Al contrato se incorporan las **renovaciones** que en cada caso correspondan según la duración del programa formativo de la especialidad.

7958 La **duración del contrato** es de un año, renovable por períodos iguales durante el tiempo que dure su programa de formación, siempre que, al final de cada año, el residente sea evaluado positivamente por el comité de evaluación.
Si el residente obtiene una **evaluación anual negativa** por no alcanzar los objetivos formativos fijados en cualquiera de los años de formación, pero el comité de evaluación considera que puede alcanzarlos mediante un **plan de recuperación** específica y programada, el contrato se debe prorrogar por un período máximo de 3 meses, quedando supeditada la prórroga anual del contrato del siguiente curso de formación a la evaluación positiva del período de recuperación.
Cuando la evaluación negativa se deba a la **imposibilidad de la prestación de servicios** superior al 25% de la jornada anual como consecuencia de la suspensión del contrato o de otras causas legales, se autoriza la prórroga del contrato por el tiempo necesario para completar el período formativo o su repetición completa.
El contrato de los especialistas en formación **en área de capacitación específica** debe tener la duración del programa formativo del área correspondiente.
En el nº 7988 se recogen una serie de normas especiales para los casos en los que el **contrato se extingue antes de completar el año**, por una serie de causas específicas, y que determinan que el nuevo contrato pueda tener una duración inferior al año.
En esta relación laboral de carácter especial **no** puede establecerse **periodo de prueba**.

7960 **Derechos del residente** (RD 1146/2006 art.4.1 y disp.adic.4ª) Los residentes tienen los derechos y deberes **específicos** recogidos en los marginales siguientes, además de los establecidos con **carácter general** en el ET -tanto de índole individual como colectiva-. Tienen derecho a:
1. Conocer el programa de formación de la especialidad.
2. Designar un **tutor** que le asista durante el desarrollo de las actividades previstas en el programa de formación.
3. Recibir una **formación teórico-práctica** que le permita alcanzar progresivamente los conocimientos y la responsabilidad profesional necesarios para el ejercicio autónomo de la especialidad, mediante su integración en la actividad asistencial, ordinaria y de urgencias del centro.
4. Ser informado de las funciones, programación funcional y objetivos asignados a su unidad, centro o institución, y de los sistemas establecidos para la evaluación del cumplimiento.
5. Ejercer su profesión y desarrollar las actividades propias de la especialidad, con un **nivel progresivo de responsabilidad** a medida que se avance en el programa formativo.
6. Conocer qué profesionales de la plantilla están presentes en la unidad en la que está prestando servicios y a consultarles y pedir su apoyo cuando lo considere necesario, sin que ello pueda suponer la denegación de asistencia o el abandono de su puesto.

7. Participar en **actividades docentes**, investigadoras, asistenciales y de gestión clínica en las que intervenga la unidad acreditada.
8. El **registro de sus actividades** en el libro del residente.
9. Que la **evaluación** continuada, anual y final de su aprendizaje se realice con la máxima objetividad.
10. La **prórroga** de la formación.
11. La **revisión** de las evaluaciones anuales y finales.
12. Estar representado en la Comisión Nacional de la Especialidad y en las comisiones de docencia de los centros.
13. Evaluar la adecuación de la organización y funcionamiento del centro a la actividad docente, con la garantía de la confidencialidad de dicha información.
14. Recibir **asistencia y protección** de la entidad docente o servicios de salud en el ejercicio de su profesión o en el desempeño de sus funciones.
15. Contar con la misma protección en materia de **salud laboral** que el resto de los trabajadores de la entidad en que preste servicios.
16. No ser **desposeído de su plaza** si no es por alguna de las causas de extinción previstas (nº 7986) o de otras causas previstas legalmente.
Asimismo, tienen derecho a la **conciliación** de su vida personal, familiar y laboral (nº 7970).

Precisiones **1)** Se ha considerado que **no se debe aplicar** a los residentes el derecho de **igualdad retributiva** entre trabajadores contratados temporalmente y trabajadores con contratos de duración indefinida (ET art.15.6). De ser así, se estaría aplicando al contrato de los residentes una norma establecida con carácter general en el ET que solo debería operar cuando existiese un vacío legal o una remisión expresa en el RD 1146/2006, cosa que no ocurre en cuanto a la retribución de los residentes, que cuenta con un **régimen específico**. Tampoco es de aplicación la Dir 1999/70/CE, sobre el trabajo de duración determinada, pues la exigencia de que los criterios de antigüedad relativos a determinadas condiciones sean los mismos para los trabajadores temporales que los fijos que resulten comparables no se aplica cuando el trato diferenciado responde a **razones objetivas**, como es el caso de los médicos residentes (TS cont-adm 18-11-08, EDJ 222425; TSJ Cantabria 5-12-07, EDJ 312804).
2) Es legítima la realización de **exámenes médicos** a los residentes durante el transcurso de su relación laboral, sin que se entienda con ello vulnerado su **derecho a la intimidad**, dado que la salud del residente es uno de los elementos susceptibles de tenerse en cuenta a los fines propios de evaluación si su estado suscita la sospecha fundada de que le inhabilita para la práctica de la especialidad. El derecho a la intimidad del residente **cede**, además, ante el interés general preponderante y constitucionalmente reconocido que constituye el derecho a la vida e integridad física y el derecho a la protección de la salud de los pacientes (TSJ Baleares 12-5-06, EDJ 94392).
3) Se reconoce prestación por **desempleo** al residente del MIR extracomunitario que ha terminado sus estudios, pues es titular de una relación laboral de carácter especial de residencia para la formación de especialistas en ciencias de la salud y, como tal, está incluido dentro del campo de aplicación del RGSS, existiendo **obligación de** su empleadora de **cotizar** por tal contingencia desde el inicio de la actividad. Solo quedan **excluidos** los extranjeros con autorización de trabajo para actividades de duración determinada y los estudiantes, no pudiendo encuadrarse aquel en ninguna de las dos situaciones (TS 24-3-17, EDJ 37191; 13-12-18, EDJ 680132; 26-11-19, EDJ 803003).
4) Se han actualizado y mejorado los criterios sobre organización, formato, contenido, calificación y garantías de las **pruebas teórico-prácticas** para el reconocimiento de efectos profesionales a títulos extranjeros de especialistas en Ciencias de la Salud, obtenidos en Estados **no miembros de la UE** (DGOP Resol 4-11-22).

Cuando la residente **víctima de violencia de género** se vea obligada a abandonar el puesto de trabajo en la localidad donde venía prestando sus servicios, tiene **derecho preferente a** que se le asigne **otra plaza de residente** en formación de la misma titulación y especialidad que esté vacante en otra unidad docente de otra localidad. Este cambio de unidad docente tiene una duración inicial de 6 meses, durante los cuales el centro de origen tiene la obligación de reservar su plaza anterior. **7962**
Terminado este periodo, la residente puede optar entre el regreso a su centro de origen o la continuidad en el nuevo. En este último caso, decae la obligación de reserva.

Deberes del residente (RD 1146/2006 art.4.2) Además de los establecidos con **carácter general** en el ET, tienen los siguientes deberes **específicos**: **7964**
1. Realizar el **programa de formación** con dedicación a tiempo completo, sin compatibilizarlo con cualquier otra actividad. También es incompatible con cualquier otra actividad formativa, siempre que esta se desarrolle dentro de la jornada laboral de la relación laboral especial del residente (L 44/2003 art.20.3);
2. Formarse siguiendo las **instrucciones** de su tutor y del personal que se encarga del desarrollo del programa de formación de la especialidad correspondiente.

3. Conocer y cumplir los **reglamentos y normas de funcionamiento** aplicables en las instituciones que integran la unidad docente, especialmente en lo que se refiere a los derechos del paciente.
4. Prestar personalmente los servicios y realizar las **tareas asistenciales** que establezca el correspondiente programa de formación y la organización funcional del centro.
5. Utilizar racionalmente los **recursos** en beneficio del paciente y evitar su uso ilegítimo para su propio provecho o de terceras personas.

Precisiones Como consecuencia del deber de **prestar sus servicios** conforme a la organización funcional del centro hospitalario en el que están contratados, los médicos internos residentes pueden ser incluidos en los servicios mínimos en caso de **huelga** de su personal sanitario (TS 17-12-21, EDJ 791671).

7966 **Tiempo de trabajo** (RD 1146/2006 art.5 y disp.trans.1ª) El tiempo de trabajo y régimen de descansos del personal residente son los establecidos en el ámbito de los respectivos servicios de salud, con las siguientes **peculiaridades**:
1. La **jornada ordinaria** de trabajo se determina mediante convenio colectivo. En su defecto, es la establecida mediante normas, pactos o acuerdos para el personal estatutario de la especialidad que el residente esté cursando en cada servicio de salud. En todo caso, su duración máxima no puede exceder las 37,5 horas semanales de promedio en cómputo semestral, salvo que mediante acuerdo, pacto o convenio se establezca otro cómputo.
2. El residente está obligado, exclusivamente, a realizar las **horas de jornada complementaria** que el programa formativo establezca para el curso correspondiente. En todo caso, no puede realizar más de 7 guardias al mes.
No pueden celebrarse contratos de trabajo del personal residente con jornada a tiempo parcial.
3. Entre el final de una jornada y el comienzo de la siguiente debe mediar, como mínimo, un periodo de **descanso continuo** de 12 horas.
En todo caso, **después de 24 horas de trabajo ininterrumpido**, bien sea de jornada ordinaria que se hubiera establecido excepcionalmente, bien sea de jornada complementaria o de tiempos conjuntos de ambas, el residente ha de tener un descanso continuo de 12 horas, salvo en casos de **emergencia asistencial**. En este último supuesto, se aplica el siguiente **régimen de descansos alternativos**, que es el previsto para el personal estatutario de los servicios de salud (L 55/2003 art.54):
- cuando no se haya disfrutado de los períodos mínimos de descanso diario establecidos, se tiene derecho a su compensación mediante descansos alternativos cuya **duración total** no puede ser inferior a la reducción experimentada. Esta compensación se entiende producida cuando se haya disfrutado, en cómputo trimestral, un promedio semanal de 96 horas de descanso -incluyendo los descansos semanales disfrutados-, computando para ello todos los períodos de descanso de duración igual o superior a 12 horas consecutivas;
- el disfrute de los descansos compensatorios **no puede ser sustituido** por compensación económica, salvo en los casos de finalización de la relación de servicios o de las circunstancias que pudieran derivar del hecho insular.

Precisiones Se ha establecido el derecho de los MIR a disfrutar de 36 horas semanales de permiso ininterrumpido o 72 horas en un período de 14 días, cuando efectúen **guardia médica** de 24 horas en **sábado o en víspera de festivo** (TS 30-3-22, EDJ 544986).

7968 **4. Jornada conjunta:** la duración máxima conjunta de los tiempos de trabajo correspondientes a la jornada ordinaria y la jornada complementaria es de 48 horas semanales de promedio en cómputo semestral.
Esto significa que ningún residente puede hacer más de 37,5 horas de jornada ordinaria semanal ni más de 48 horas sumando la jornada ordinaria y complementaria, todo ello en cómputo semestral y con un máximo de 7 guardias al mes, y respetando un descanso mínimo de 12 horas después de 24 horas de trabajo ininterrumpido (TS cont-adm 23-9-09, EDJ 225181).

Precisiones **1)** La jornada laboral debe **asegurar el cumplimiento** de los programas formativos y, por ello, dentro de las posibilidades organizativas y funcionales de cada centro, se debe procurar disponer la jornada de los residentes de forma que la ordenación del tiempo de trabajo no perjudique su formación.
2) La **jornada complementaria** es la prestación de servicios de atención continuada con el fin de garantizar la adecuada atención permanente al usuario de los centros sanitarios (L 55/2003 art.48). El residente está obligado, exclusivamente, a realizar las horas de jornada complementaria que el programa formativo establezca para el curso correspondiente. La jornada complementaria no tiene en ningún caso la condición ni el tratamiento establecido para las horas extraordinarias. En consecuencia, no está afectada por las limitaciones que, respecto a la realización de horas extraordinarias, establezcan o puedan establecer otras normas y disposiciones, y su compensación o retribución específica se determina independientemente en las normas, pactos o acuerdos que en cada caso resulten de aplicación (L 55/2003 art.48.3).

3) Los residentes tienen derecho al pago de una cantidad en concepto de **indemnización** en caso de incumplimiento por la Administración del periodo de descanso a que tienen derecho tras la realización de guardias de presencia física, sin que pueda aplicarse la doctrina de los **actos propios** por la simple alegación por parte de aquella de que el residente ha sido correctamente informado de su derecho a la libranza y que, por tanto, ha renunciado voluntariamente a ellas (TSJ Burgos 28-1-10, EDJ 19519).

Conciliación de la vida personal, familiar y laboral (RD 1146/2006 disp.adic.3ª) El residente tiene derecho a una **organización de su horario** de trabajo que, sin suponer una disminución del número anual de horas establecido, le permita realizar jornadas diarias no superiores a 12 horas, en los siguientes casos: **7970**

1. Durante el **embarazo**.
2. Por razones de **guarda legal**, cuando el residente tenga a su cuidado directo algún menor de 12 años (ET art.37.6 redacc RDL 5/2023) o a una persona con discapacidad que no desempeñe una actividad retribuida.
3. Cuando le sea necesario encargarse del **cuidado directo de un familiar**, hasta el segundo grado de consanguinidad o afinidad que, por razones de edad, accidente o enfermedad, no pueda valerse por sí mismo y no desempeñe actividad retribuida.
4. Cuando el residente tenga la **guardia y custodia no compartida** de un hijo menor de edad.

Respecto a la **suspensión del contrato** por maternidad, paternidad, riesgo durante el embarazo o la lactancia natural, ver nº 7982.

También tienen derecho a una **reducción de la jornada** de trabajo, con la disminución proporcional del salario de al menos la mitad de la duración de aquella, para el **cuidado de un menor** a su cargo **afectado por cáncer u otra enfermedad grave** que implique un ingreso hospitalario de larga duración y requiera la necesidad de su cuidado directo, continuo y permanente, acreditado por el informe del servicio público de salud u órgano administrativo sanitario de la Comunidad Autónoma correspondiente, hasta que aquel cumpla 18 años. En estos casos, tienen derecho a una prestación económica, ver nº 5031 Memento Social 2024.

Fiestas, permisos y vacaciones (RD 1146/2006 art.6) El personal residente disfruta de las fiestas (nº 5485 s.), permisos (nº 5425 s.) y vacaciones (nº 5650 s.) conforme a lo regulado en el ET. **7972**

Los residentes que presten servicios en las entidades titulares docentes **dependientes del Sistema Nacional de Salud** disfrutan, además, de los mismos días de libre disposición que el personal estatutario de cada servicio de salud.

El disfrute de las vacaciones anuales retribuidas y fiestas **se fijan** atendiendo al cumplimiento de los programas de docencia y a las necesidades asistenciales, de acuerdo con la programación funcional del centro.

Personas con discapacidad (L 44/2003 art.22.3; RD 1146/2006 disp.adic.2ª) Las personas con discapacidad (ver nº 5700 s. Memento Social 2024) han de ser admitidas y participar en condiciones que garanticen el **principio de igualdad de trato** en los procesos de formación por el sistema de residencia. En las convocatorias anuales de pruebas selectivas para el acceso a plazas de formación sanitaria especializada, se han de adoptar **medidas de acción positiva** que garanticen que, al menos, el 7% de la totalidad de las plazas ofertadas en cada una de ellas puedan ser cubiertas por aspirantes que tengan la consideración legal de personas con discapacidad reconocida. En el caso de adjudicación de una plaza de residente en formación a una persona con discapacidad, el centro está obligado a hacer las **adaptaciones** que se precisen para lograr la accesibilidad a todas las actividades del programa formativo. **Si esto no se hiciera** y, por lo tanto, fuese imposible realizar las actividades a las que obliga el programa formativo debido a las condiciones del centro y no a las limitaciones funcionales del residente, no se le puede declarar no apto en el examen médico preceptivo, y existe la obligación de ofertarle otra plaza en una unidad docente que reúna las cualidades que permitan su formación y su integración en las actividades asistenciales en situación de igualdad respecto a los demás residentes de la misma especialidad. **7974**

Si la discapacidad impide al residente realizar **jornadas de trabajo prolongadas**, no se disminuye el número de horas que determina el programa formativo, pero sí se han de organizar de forma que tenga los descansos necesarios y apropiados a sus capacidades funcionales.

Retribución (RD 1146/2006 art.2, 7 y disp.trans.2ª) En el **contrato de trabajo**, que ha de celebrarse por escrito, ha de incluirse la cuantía de la retribución que corresponda al residente. **7976**

La retribución de los residentes que presten servicios en las entidades titulares docentes **dependientes del Sistema Nacional de Salud** comprende los siguientes conceptos:

1. **Sueldo**, cuya cuantía es equivalente a la asignada, en concepto de sueldo base, al personal estatutario de los servicios de salud en función del título universitario exigido para el desempeño de su profesión, atendiendo, en el caso de los residentes, al exigido para el ingreso en el correspondiente programa de formación.

2. **Complemento de grado de formación**, cuya percepción se devenga a partir del segundo curso de formación y está destinado a retribuir el nivel de conocimientos, así como la progresiva adquisición de responsabilidades en el ejercicio de las tareas asistenciales. Su cuantía es **porcentual** respecto al sueldo, y los porcentajes son los siguientes:
a) Residentes de 2º curso: 8%.
b) Residentes de 3º curso: 18%.
c) Residentes de 4º curso: 28%.
d) Residentes de 5º curso: 38%.
Respecto al personal en formación en **áreas de capacitación específica**, los porcentajes del complemento de grado de formación y de atención continuada deben fijarse teniendo en cuenta el título de especialista y la experiencia profesional requerida para acceder a un área de capacitación específica.
3. **Complemento de atención continuada**, destinado a remunerar la atención a los usuarios de los servicios sanitarios de manera permanente y continuada.
4. **Plus de residencia**, en aquellos territorios en los que esté establecido.
5. **Dos pagas extraordinarias**, que se devengan semestralmente en los meses de junio y diciembre. El importe de cada una de ellas ha de ser, como mínimo, de una mensualidad del sueldo y del complemento de grado de formación. Sin embargo, pese a su regulación específica en esta materia, es legítima la reducción de las pagas extraordinarias del personal sanitario en formación, ya que su normativa específica se ve afectada por la Ley PGE, al igual que el resto del personal del sector público (TS 25-10-16, EDJ 202717).
Todas estas retribuciones corresponden al **tiempo de trabajo efectivo**, no computándose como tal los períodos de descanso entre jornadas.

7978 Los residentes **contratados por entidades privadas** titulares de unidades docentes acreditadas para impartir la formación han de percibir su retribución conforme a lo establecido en el convenio colectivo que resulte aplicable. En ningún caso la remuneración correspondiente a la jornada ordinaria puede ser inferior a lo establecido anteriormente respecto del sueldo, complemento en grado de formación y las pagas extraordinarias (nº 7976).

Precisiones **1)** No puede considerarse que el personal incluido en esta relación laboral especial tenga un derecho automático al percibo de un **complemento de antigüedad** por la simple aplicación supletoria del ET a los mismos, pues para que las normas de la legislación laboral común se le apliquen, es necesario que se produzca un vacío normativo o una remisión expresa a la misma. En este caso se establece un **régimen específico de promoción económica** en función del trabajo desarrollado y del progreso en el programa formativo, a través del denominado complemento de grado. Por otra parte, el complemento de antigüedad **no** tiene la naturaleza de **mínimo de derecho necesario** y se rige por la voluntad de las partes, quienes gozan de total autonomía para establecerlo y regularlo. Esto es, no se integra en los derechos laborales generales y básicos. (TS 26-10-10, EDJ 259144; TSJ Cantabria 18-7-07, EDJ 172997; TSJ C.Valenciana 25-11-08, EDJ 338923; TSJ Aragón 26-10-09, EDJ 274777).
2) Es posible que las entidades empleadoras de especialistas residentes en ciencias de la salud **mejoren las condiciones retributivas** de todos ellos o solo de algunos de esos colectivos (TS 24-3-11, EDJ 26090).

7980 Los residentes **contratados por el Ministerio de Justicia o** por las Consejerías de las **CCAA con competencias en justicia** deben percibir su retribución conforme a lo establecido en la legislación que resulte aplicable, incluyendo la retribución por las guardias que realicen. En ningún caso la remuneración correspondiente a la jornada ordinaria puede ser inferior a la prevista en el nº 7976 respecto del sueldo, complemento de grado de formación y pagas extraordinarias.

7982 **Suspensión del contrato** (RD 1146/2006 art.9) El contrato se suspende por las **causas** establecidas en el ET art.45.1 redacc LO 2/2024 (ver nº 8715 s. Memento Social 2024), **excepto** por mutuo acuerdo de las partes y por causas consignadas en el contrato.
Si el tiempo de la suspensión es **superior a 2 años**, el residente se ha de incorporar en la parte del programa de formación que acuerde la comisión de docencia de la especialidad, aunque ello suponga la repetición de algún período evaluado ya positivamente.

7984 **Excedencias** (RD 1146/2006 art.10) Respecto a las excedencias, se está a lo regulado en el ET art.46 redacc RDL 5/2023 (nº 8750 s. Memento Social 2024 y nº 8770 s. Memento Social 2024), con **exclusión** de la posibilidad de solicitar una excedencia voluntaria de 4 meses a 5 años cuando se tiene al menos un año de antigüedad en la empresa, que no puede reconocerse en ningún caso.
Si el tiempo de excedencia **supera los 2 años**, se aplica lo dispuesto en el marginal anterior (nº 7982) para el supuesto de suspensión del contrato superior a 2 años.

Extinción de contrato (RD 1146/2006 art.11) El contrato se extingue por las siguientes **causas**: 7986
1. Finalizar el programa de la especialidad correspondiente.
2. Haber obtenido una evaluación anual negativa.
3. Haber obtenido una evaluación final negativa.
4. Por renuncia voluntaria del residente, de forma explícita o tácita, entendiéndose así cuando se haya autorizado la repetición completa del período formativo y el residente no se incorpora a su inicio o cuando no se incorpora al plan específico de recuperación acordado, sin causa justificada en ambos casos.
5. Muerte, jubilación, incapacidad del empresario o extinción de la personalidad jurídica del contratante, fuerza mayor, despido colectivo o voluntad del trabajador en caso de incumplimiento contractual del empresario (ET art.49.1.g, h, i y j), o porque la autoridad competente retire a la unidad docente la acreditación para la formación de especialistas.
6. Superación de un período de 6 meses de suspensión del contrato motivada por fuerza mayor temporal o causas ETOP.
7. Despido disciplinario.
8. Jubilación del trabajador.
9. Muerte, gran invalidez o invalidez permanente total o absoluta del residente, sin perjuicio de lo dispuesto respecto a la revisión por mejoría (ET art.48.2).
10. Por decisión de la trabajadora que se vea obligada a abandonar definitivamente su puesto de trabajo como consecuencia de ser víctima de violencia de género.
En ninguno de los tres primeros casos procede **indemnización** por fin de contrato.

Cuando la extinción se produzca por las causas previstas en los apartados 5, 6 y 10 anteriores, la Administración sanitaria debe ofertar a los residentes afectados la **posibilidad de continuar** su formación como especialistas en otras unidades docentes, suscribiendo nuevos contratos con las entidades titulares de las mismas, que han de dar por válidos los períodos de formación ya realizados y evaluados positivamente en la unidad docente de procedencia. En estos supuestos, la **duración del nuevo contrato** puede ser inferior al año, celebrándose por el tiempo necesario para finalizar el curso que ha sido interrumpido. 7988

En el supuesto de **extinción por despido disciplinario**, si este es declarado improcedente por sentencia firme, el residente tiene derecho a optar entre la readmisión o la indemnización. Si opta por la readmisión, dependiendo del tiempo transcurrido desde que fue despedido y la ejecución de la sentencia, se procede en la forma establecida respecto a la incorporación tras la suspensión del contrato superior a 2 años (nº 7982).

Respecto a la **indemnización** se ha considerado que los años de formación de los MIR computan a efectos de **antigüedad** (TSJ Madrid 17-3-23, EDJ 545003).

Por último, salvo que los convenios colectivos establezcan otra cosa, las **faltas muy graves** se sancionan con el despido (RD 1146/2006 art.14).

Precisiones **1)** La extinción del contrato supone también la de los derechos derivados de la superación de la correspondiente prueba nacional selectiva, por lo que, para acceder a un programa de formación de la misma especialidad o de otra diferente, se exige la **superación de una nueva prueba**, salvo cuando la causa de la extinción no sea imputable al residente.

2) Es **improcedente** el despido de un médico interno residente derivado de la imposibilidad de prestación de servicios por período superior al 25% de la jornada anual como consecuencia de una **IT**, pues en estos casos procede, bien la recuperación de ese tiempo, bien la repetición total del año de formación, pero nunca la extinción. En estos casos, la **opción** entre la readmisión o la indemnización corresponde al residente, pues no es posible que una decisión ilícita de la empresa pueda acarrearle la pérdida de la obtención de una titulación de especialista, máxime teniendo en cuenta que para obtener dicha plaza ha tenido que superar una dura prueba selectiva (TSJ Madrid 23-6-08, EDJ 157492).

CAPÍTULO 34

Personal docente e investigador

8050

La LO 2/2023, del Sistema Universitario, recoge dos **regímenes jurídicos** diferenciados en relación con el personal docente e investigador de las universidades públicas: 8052

1. En **régimen funcionarial** o estatutario: incluye a los Catedráticos y a los profesores titulares de universidad con plena capacidad docente e investigadora. Se rigen por las bases establecidas en la LO 2/2023 y en su normativa de desarrollo, por las disposiciones que dicten las Comunidades Autónomas, por la legislación general de función pública y por los Estatutos de su universidad.

2. En **régimen laboral**, a través de las modalidades de contratación específicas del ámbito universitario que son objeto de este capítulo.

Asimismo, las universidades públicas pueden contratar, con financiación interna de la universidad o externa, **personal investigador** en las modalidades de contrato predoctoral, contrato de acceso de personal investigador doctor, contrato de investigador distinguido y contrato de actividades científico-técnicas, en los términos previstos por la L 14/2011.

A. Personal docente

La LO 2/2023, de 22 de marzo, del Sistema Universitario regula el personal docente e investigador de las universidades públicas. Este personal está **compuesto** por el profesorado funcionario de los cuerpos docentes universitarios -catedráticos/as y titulares- y por el profesorado laboral. 8060

Las **modalidades de contrato** de trabajo específicas del personal docente en las universidades públicas son las siguientes (LO 2/2023 redacc LO 2/2024):

1. Profesor ayudante Doctor (nº 8062).
2. Profesor asociado (nº 8064).
3. Profesor sustituto (nº 8066).
4. Profesor permanente laboral (nº 8068).
5. Profesor visitante (nº 8070).
6. Profesor distinguido (nº 8072).

El **régimen jurídico** aplicable a las modalidades de contratación laboral es el que se establece en la LO 2/2023 y en sus normas de desarrollo y, supletoriamente, en el ET y en sus normas de desarrollo, así como el derivado de los convenios colectivos aplicables y, en su caso, en el EBEP.

Precisiones **1)** El **profesorado funcionario** debe ser mayoritario, computado en equivalencias a tiempo completo, sobre el total de personal docente e investigador de la universidad (LO 2/2023 art.64.3).

2) El **profesorado con contrato laboral temporal** no puede superar el 8% en efectivos de la plantilla de personal docente e investigador. No se computa a tal efecto el profesorado asociado de Ciencias de la Salud y el profesorado ayudante Doctor (LO 2/2023 art.64.3).

3) El personal docente e investigador laboral tiene derecho a negociar sus **condiciones retributivas** con la universidad, quedando fijadas en los convenios colectivos y acuerdos específicos que se alcancen. Igualmente, tiene derecho a tomar parte en las convocatorias que las Comunidades Autónomas establezcan para fijar retribuciones adicionales ligadas a méritos individuales por el ejercicio de actividades docentes, investigadoras, de transferencia del conocimiento, innovación o gestión (LO 2/2023 art.77.5).

4) El personal docente e investigador con un **contrato laboral a tiempo completo**, no puede ser profesorado de las universidades privadas ni de los centros privados de enseñanza adscritos a universidades (LO 2/2023 art.64.2).

8062 **Profesor ayudante Doctor (PAD)** (LO 2/2023 art.78) La **finalidad del contrato** es desarrollar las capacidades docentes y de investigación y, en su caso, de transferencia e intercambio del conocimiento, y de desempeño de funciones de gobierno de la universidad.
Para poder suscribir este contrato, es **requisito** obligatorio de los candidatos tener el título de doctor o doctora. No se requiere tener ninguna **acreditación** para estos puestos.
El contrato se celebra a tiempo completo y por una **duración** de 6 años. No obstante, cuando el contrato se concierte con una **persona con discapacidad**, puede tener una duración máxima de 8 años teniendo en cuenta su finalidad y el grado de las limitaciones en la actividad. Transcurridos los 3 primeros años del contrato, la universidad debe realizar una **evaluación orientativa del desempeño** de los profesores ayudantes doctores. Esta evaluación, que puede encargarse a las agencias de calidad competentes, tiene como **objetivo** valorar el progreso y la calidad de la actividad docente e investigadora y, en su caso, de transferencia e intercambio del conocimiento del profesorado, que deben conducirle a alcanzar los méritos requeridos para obtener la acreditación necesaria para concursar a una plaza de profesorado permanente una vez finalizado el contrato.
Ninguna persona puede estar contratada mediante esta modalidad contractual, en la misma o distinta universidad, por un tiempo superior a 6 años.
El **cómputo del plazo** límite de duración del contrato y de su evaluación se **interrumpe** en las situaciones de incapacidad temporal y en los periodos de tiempo dedicados al disfrute de permisos, licencias, flexibilidades horarias y excedencias por gestación, embarazo, nacimiento, adopción, guarda con fines de adopción, acogimiento, lactancia, riesgo durante la gestación, embarazo o lactancia, violencia de género y otras formas de violencia contra la mujer, así como por razones de conciliación o cuidado de familiares o personas dependientes. Asimismo, cuando dichas situaciones den lugar a la **reducción de la jornada**, el contrato se prorroga por el tiempo equivalente a la jornada que se hubiera reducido.
El profesor ayudante Doctor debe desarrollar **tareas docentes** hasta un máximo de 180 horas lectivas por curso académico, de forma que la actividad docente resulte compatible con el desarrollo de tareas de investigación.

Precisiones **1)** Para el **desarrollo de su capacidad docente**, los profesores ayudantes doctores deben realizar, en el primer año de contrato, un curso de formación docente inicial cuyas características se establecen por las universidades, de acuerdo con sus unidades responsables de la formación e innovación docente del profesorado (LO 2/2023 art.78.b).
2) Existen importantes pronunciamientos referidos al profesor ayudante doctor que, aunque referidos a la anterior LO 6/2001, de Universidades, conviene tener en cuenta dadas las similitudes de este personal con la regulación prevista en la normativa actual (LO 2/2023 redacc LO 2/2024). Así, se determinó el derecho de este personal a percibir **complementos específicos por méritos** investigadores -sexenios- (TS 25-1-23, EDJ 508251). Asimismo, se ha señalado que este personal tiene derecho a percibir el **complemento de antigüedad** -trienios- al ser contrarias a la normativa europea las disposiciones nacionales que reservan, sin ninguna justificación objetiva, el derecho a percibir un complemento salarial por antigüedad únicamente a los profesores contratados doctores, excluyendo a los profesores ayudantes doctores, cuando, en relación con la percepción de dicho complemento, ambas categorías de trabajadores se hallan en situaciones comparables (TJUE auto 18-3-2011, asunto C-273/10 Montoya Medina).

8064 **Profesor asociado** (LO 2/2023 art.79) La **finalidad** del contrato es desarrollar tareas docentes a través de las que aporten sus conocimientos y experiencia profesionales a la universidad, en aquellas materias en las que esta experiencia resulte relevante. Para ello, las universidades pueden contratar a especialistas y profesionales de reconocida competencia que acrediten el ejercicio de su actividad principal fuera del ámbito académico universitario.
El uso abusivo de esta figura por muchas universidades provocó la inclusión de las siguientes **limitaciones en el uso de esta figura**:
1. Este personal no puede desarrollar **funciones** estructurales de gestión y coordinación.
2. Su actividad docente está limitada a un máximo de 120 **horas lectivas** por curso académico.
La **duración** de este contrato es de carácter indefinido y conlleva una dedicación a tiempo parcial.
El contrato **se extingue** por las siguientes causas objetivas: la pérdida sobrevenida de las necesidades docentes específicas que justificaron la contratación y el cese de la actividad principal del profesor asociado. En este último caso, la extinción del contrato se produce una vez concluido el curso académico en el que el que se desarrolla la actividad docente.

Precisiones 1) La contratación de este profesorado no forma parte de la **Oferta de Empleo Público** ni de los instrumentos similares de gestión de las necesidades de personal. Su convocatoria tampoco está sujeta a la tasa de reposición de efectivos (LO 2/2023 art.79.c).
2) Este personal tiene derecho a percibir **los complementos específicos por méritos docentes** -quinquenio- (TSJ Aragón 3-5-23, EDJ 603119), incluso conforme a la derogada LO 6/2001, de Universidades (TS 10-12-20, EDJ 745734). También referido a la regulación anterior, se determinó el derecho de este personal a percibir **complementos específicos por méritos investigadores** -sexenio- (TS 25-1-23, EDJ 508251).

Profesor sustituto (LO 2/2023 art.80) El **objeto** de este contrato es la contratación de personal para la sustitución de personal docente e investigador con derecho a reserva de puesto de trabajo que suspenda temporalmente la prestación de sus servicios por aplicación del régimen de permisos, licencias o situaciones administrativas, incluidas las bajas médicas de larga duración, distintas a la de servicio activo o que impliquen una reducción de su actividad docente. 8066
La **duración** del contrato, incluidas sus renovaciones o prórrogas, se corresponde con la de la causa objetiva que lo justificó.
Este contrato se rige por lo dispuesto para el **contrato de sustitución** (nº 6895), con las siguientes **peculiaridades**:
1. La **selección del** profesorado **sustituto** se debe producir mediante los procedimientos de concurso público aplicables, pudiendo las universidades establecer instrumentos específicos para su gestión y cobertura, incluidas las bolsas de empleo.
2. La **contratación** de profesorado para cubrir temporalmente un puesto de trabajo vacante hasta que finalice el proceso de selección para su cobertura definitiva se debe realizar de acuerdo con los principios constitucionales de igualdad, mérito y capacidad y teniendo en cuenta el proceso de estabilización de empleo temporal (L 20/2021).
3. El contrato comprende la **actividad docente**, sin poder superar la asignada a la profesora o profesor sustituido, y no puede extenderse a actividades universitarias de otra naturaleza en la universidad de contratación, como las de investigación.

Profesor permanente laboral (LO 2/2023 art.82) Este contrato tiene por **objeto** desarrollar tareas docentes, de investigación, de transferencia e intercambio del conocimiento y, en su caso, de desempeño de funciones de gobierno de la universidad. 8068
Los trabajadores deben cumplir los siguientes **requisitos**:
1. Ostentar el **título** de Doctora o Doctor.
2. Contar con la **acreditación** correspondiente emitida por parte de la ANECA o de las agencias de calidad de las Comunidades Autónomas.
3. La realización de **actividades de investigación o docencia** en universidades y/o centros de investigación distintos de aquella institución en la que se presentó la tesis doctoral.
El contrato tiene una **duración** indefinida y a tiempo completo. No obstante, a petición del interesado, puede ser a tiempo parcial con los requisitos, condiciones y efectos que se establezcan reglamentariamente.
Se reconoce al personal contratado bajo esta modalidad contractual los **derechos y deberes** de carácter académico y categorías comparables a los del personal docente e investigador funcionario.
La dedicación es, en todo caso, **compatible** con la realización de trabajos científicos, tecnológicos, humanísticos o artísticos (LO 2/2023 art.60).

Precisiones 1. Esta modalidad contractual **sustituye** a la de profesor contratado Doctor. Quienes estuvieran contratados bajo esta modalidad con **anterioridad al 12-4-2023** mantienen los derechos y deberes recogidos en el contrato. No obstante, pueden solicitar su integración en la modalidad de profesor permanente laboral, en las mismas plazas que ocupen, y computándose como fecha de ingreso la que tuvieran en la modalidad de origen (LO 2/2023 disp.trans.5ª.4).
2. La **acreditación** de profesor contratado Doctor o de la figura equivalente en la normativa autonómica, es válida para la figura de profesor permanente laboral.
3. Están exentos de la **obligación de acreditar** la realización de **actividades de investigación o docencia** en universidades y/o centros de investigación distintos de aquella institución en la que se presentó la tesis doctoral, quienes con anterioridad al 12-4-23, dispusieran de una acreditación para profesor contratado Doctor o hubieran iniciado el trámite para su obtención.

Profesor visitante (LO 2/2023 art.83) Este contrato tiene por **objeto** contratar personal para el desarrollo de tareas docentes y/o investigadoras, así como, en su caso, de transferencia e intercambio del conocimiento e innovación, en la especialidad en la que la persona contratada haya destacado. 8070

La **persona contratada** bajo esta modalidad puede ser docente e investigadora o investigadora de otras universidades y centros de investigación, tanto españoles como extranjeros, siempre que puedan contribuir significativamente al desempeño de los centros universitarios.
La **duración** máxima del contrato es de 2 años a tiempo completo o parcial, según acuerden las partes. El contrato es **improrrogable** y **no renovable**.

Precisiones El personal docente e investigador con contrato de profesor visitante al amparo de la derogada LO 6/2001 permanecerá en su misma situación hasta la extinción del contrato y continuará siéndole de aplicación las normas específicas que correspondiesen en el momento en que se concertó su contrato de trabajo. No obstante, el contrato no puede superar la **duración máxima** de 2 años desde el 12-4-2023.

8072 **Profesor distinguido** (LO 2/2023 art.84) Esta modalidad de contratación **se puede celebrar** con docentes, tanto españoles como extranjeros, que estén desarrollando su carrera académica o investigadora en el extranjero, y cuya excelencia y contribución científica, tecnológica, humanística o artística, sean significativas y reconocidas internacionalmente.
El contrato tiene por **finalidad** el desarrollo de tareas investigadoras, de transferencia e intercambio del conocimiento, de innovación o de dirección de grupos, centros de investigación y programas científicos y tecnológicos singulares. Además, el personal distinguido puede desarrollar **tareas docentes** con una duración máxima de 180 horas lectivas por curso académico.
Las normas reguladoras de la **duración** y **condiciones del contrato** son las establecidas para los investigadores distinguidos (nº 8122).

B Personal investigador

8080 La L 14/2011, de 1 de junio, de la Ciencia, la Tecnología y la Innovación, establece un **régimen jurídico laboral propio** para el personal investigador dando cobertura a todas las etapas de la carrera investigadora, a través de un catálogo de nuevas modalidades contractuales. La norma obligaba a elaborar un nuevo Estatuto del Personal Investigador en Formación que incorporase las previsiones sobre el el contrato predoctoral. Esta previsión se ha cumplido mediante la aprobación de RD 103/2019, que derogó el estatuto anterior (RD 63/2006).
Tienen la **condición de personal investigador** quienes, estando en posesión de la titulación exigida en cada caso, llevan a cabo una actividad investigadora, entendida como el trabajo creativo realizado de forma sistemática para incrementar el volumen de conocimientos, incluidos los relativos al ser humano, la cultura y la sociedad, el uso de esos conocimientos para crear nuevas aplicaciones, su transferencia y su divulgación (L 14/2011 art.13).
Las **modalidades de contrato** de trabajo específicas del personal investigador son las siguientes (L 14/2011 art.20 y disp.adic.1ª - redacc L 17/2022-):
a) Contrato predoctoral (nº 8086).
b) Contrato de acceso de personal investigador doctor (nº 8106).
c) Contrato de investigador distinguido (nº 8122).
d) Contrato de actividades científico-técnicas (nº 8124).

8082 **Pueden contratar** personal investigador a través de estas modalidades de contrato de trabajo específicas:
1. Los Organismos Públicos de Investigación de la AGE y los organismos de investigación de otras Administraciones Públicas, incluidos los centros del Sistema Nacional de Salud o vinculados o concertados con este, las fundaciones del sector público y los consorcios públicos de investigación.
2. Las Universidades públicas. Estas entidades también pueden contratar personal investigador a través de las modalidades de contrato de trabajo establecidas por el ET.

Precisiones La aprobación del RDL 32/2021, de 28 de diciembre, de medidas urgentes para la reforma laboral, la garantía de la estabilidad en el empleo y la transformación del mercado de trabajo supuso la derogación de la posibilidad de suscribir **contratos de obra o servicio**, muy utilizados para el desarrollo de proyectos de investigación.

8084 **Otras entidades** que pueden acudir a todas o algunas de estas modalidades son:
1. Universidades privadas y universidades de la Iglesia Católica perceptoras de fondos cuyo destino incluya la contratación de personal investigador: pueden suscribir contratos predoctorales, de acceso de personal investigador doctor y de investigador distinguido.
2. Universidades privadas sin ánimo de lucro que: además de los anteriores contratos, pueden suscribir contratos de actividades científico-técnicas.

3. Entidades privadas sin ánimo de lucro que realicen actividades de investigación y desarrollo tecnológico, generen conocimiento científico o tecnológico, faciliten su aplicación y trasferencia o proporcionen servicios de apoyo a la innovación a las entidades empresariales, y a los centros tecnológicos inscritos en el registro de Centros Tecnológicos y Centros de Apoyo a la Innovación Tecnológica (RD 2093/2008): pueden suscribir contratos predoctorales, de acceso de personal investigador doctor y de actividades científico-técnicas.
4. Consorcios públicos y fundaciones del sector público en los que la participación estatal sea inferior, igual o superior a la de cada una de las restantes Administraciones Públicas, cuyo fin u objeto social comprenda la ejecución directa de actividades de investigación científica y técnica o de prestación de servicios tecnológicos, o aquellas otras de carácter complementario necesarias para el adecuado progreso científico y tecnológico de la sociedad: pueden suscribir contratos predoctorales, de acceso de personal investigador doctor, de investigador distinguido y de actividades científico-técnicas.
5. Banco de España y a la Fundación Centro de Estudios Monetarios y Financieros, en relación con su actividad de investigación: pueden suscribir contratos predoctorales, de acceso de personal investigador doctor, de investigador distinguido y de actividades científico-técnicas.

Precisiones Las **entidades** que integran el **sector público** (RDL 36/2020 art.2) pueden suscribir contratos para ejecutar el Plan de Recuperación, Transformación y Resiliencia, siempre que dichos contratos se encuentren asociados a la estricta ejecución del mismo y solo por el tiempo necesario para su ejecución También pueden recurrir a esta modalidad contractual para la ejecución de programas de carácter temporal cuya financiación provenga de fondos de la UE. En ambos supuestos, los contratos se deben realizarse de acuerdo con los principios constitucionales de igualdad, mérito y capacidad (L 20/2021).

Contrato predoctoral (L 14/2011 art.21 redacc L 17/2022; RD 103/2019 redacc RDL 1/2023) El contrato tiene por **objeto** la realización de tareas de investigación, por un lado, en el ámbito de un proyecto específico y novedoso y, por otro, del conjunto de actividades integrantes del programa de doctorado conducentes a la adquisición de las competencias y habilidades necesarias para la obtención del título universitario oficial de doctorado. No puede exigírse la realización de cualquier otra actividad que desvirtúe la finalidad investigadora y formativa del contrato. **8086**
También puede colaborar en **tareas docentes**, sin que suponga una merma de la carga docente del departamento que asigne la colaboración, hasta un máximo de 180 horas durante la extensión total del contrato predoctoral, y sin que en ningún caso se puedan superar las 60 horas anuales. En cuanto se trata de un derecho de este personal, los **departamentos universitarios** en los que el personal investigador predoctoral en formación se encuentre matriculado **deben facilitar** al personal investigador que lo solicite la realización de estas colaboraciones en tareas docentes, con los límites indicados y la medida en que sea posible.

Trabajadores Los trabajadores deben reunir los siguientes **requisitos**: **8088**
a) Estar en posesión del título de licenciado, ingeniero, arquitecto, graduado universitario con grado de al menos 300 créditos ECTS (European Credit Transfer System) o máster universitario, o equivalente;
b) Haber sido admitidos a un programa de doctorado. No obstante, cuando el contrato esté vinculado en su totalidad a financiación externa o financiación procedente de convocatorias de ayudas públicas en concurrencia competitiva, no requiere el trámite de autorización previa.
La actividad desarrollada por el personal investigador predoctoral en formación es objeto de **evaluación anual** por la comisión académica del programa de doctorado, o en su caso de la escuela de doctorado, durante el tiempo que dure su permanencia en el programa. Su no superación puede ser causa de resolución del contrato.

Forma y duración del contrato El contrato debe celebrarse por **escrito** y a tiempo completo. **8090**
Debe acompañarse de escrito de admisión al programa de doctorado expedido por la unidad responsable de dicho programa, o por la escuela de doctorado o posgrado en su caso.
La **duración máxima** no puede ser inferior a un año ni superior a 4 años. Cuando el contrato se hubiese concertado por una duración inferior a 4 años puede prorrogarse sucesivamente sin que, en ningún caso, las prórrogas puedan tener una duración inferior a un año. No obstante, cuando se concierte con una **persona con discapacidad**, el contrato puede alcanzar una duración máxima de 6 años, prórrogas incluidas, teniendo en cuenta las características de la actividad investigadora y el grado de las limitaciones en la actividad.
Si el trabajador ya ha estado contratado bajo esta modalidad y el tiempo que reste hasta el máximo de 4 años- 6 en el caso de personas con discapacidad- es inferior a un año, el contrato o su prórroga puede concertarse hasta el máximo establecido en cada caso.
Si es prorrogable, el contrato se entiende **prorrogado automáticamente** hasta completar su duración máxima, salvo informe desfavorable en la evaluación (nº 8088).

8092 **Interrumpen** el cómputo de la duración del contrato las siguientes **situaciones**:
a) incapacidad temporal;
b) periodos de tiempo dedicados al disfrute de permisos a tiempo completo por gestación, embarazo, riesgo durante la gestación, el embarazo y la lactancia, nacimiento, maternidad, paternidad, adopción por guarda con fines de adopción o acogimiento familiar, o lactancia acumulada a jornadas completas, o por situaciones análogas relacionadas con las anteriores;
b) el disfrute de permisos a tiempo completo por razones de conciliación o cuidado de menores, familiares o personas dependientes;
c) el tiempo dedicado al disfrute de excedencias por cuidado de hijo/a, de familiar o por violencia de género durante el período de duración del contrato interrumpen el cómputo de la duración del contrato.

8094 Asimismo, durante el período de duración del contrato dan lugar a la **prórroga del contrato por el tiempo equivalente** a la jornada que se ha reducido las siguientes **situaciones**:
a) periodos de tiempo dedicados al disfrute de permiso a tiempo parcial por nacimiento, maternidad, paternidad, adopción por guarda con fines de adopción o acogimiento familiar;
b) reducción de jornada laboral por razones de lactancia, nacimiento de hijo prematuro u hospitalizado tras el parto, guarda legal, cuidado de menores afectados por cáncer o enfermedad grave, de familiares afectados por accidente o enfermedad grave o de personas dependientes, o por violencia de género;
c) reducciones de jornada por situaciones análogas relacionadas con las anteriores así como por razones de conciliación o cuidado de menores, familiares o personas dependientes.

8096 El **cómputo** de la duración del contrato se **suspende** durante un periodo máximo de 4 meses, cuando el personal investigador predoctoral en formación reclame por incumplimiento de las tareas propias de la dirección de la tesis doctoral ante el órgano competente para resolver la reclamación y éste emitiera dictamen favorable al reclamante, durante el periodo que transcurra desde la presentación de dicho dictamen favorable y hasta el cambio en la dirección de la tesis doctoral.
En todo caso, transcurrido el plazo de 4 meses **se reanuda** el cómputo.

8098 **Retribución** **No** puede ser **inferior** al 56% del salario fijado para las categorías equivalentes en los convenios colectivos de su ámbito de aplicación durante los 2 primeros años, al 60% durante el 3º año, y al 75% durante el 4º año. Igualmente, tampoco puede ser inferior al SMI.
Para el cálculo de estas retribuciones se debe tomar como como referencia mínima la categoría correspondiente al **Grupo 1** de personal laboral de la tabla salarial recogida en el convenio único de personal laboral de la Administración General del Estado (TS cont-adm 15-6-20, EDJ 580811).

Precisiones **1)** El personal investigador en formación tiene derecho a percibir en igualdad de condiciones los complementos económicos de antigüedad, como los **trienios** (TSJ Aragón 15-2-21, EDJ 505334).
2) Se considera adecuado que las retribuciones previstas por el convenio colectivo aplicable al personal Ayudante -figura contractual suprimida por loa LO 2/2023, del Sistema Universitario- se tome como referente para determinar las retribuciones del personal predoctoral (TSJ País Vasco 15-5-19, EDJ 652040).
3) Las retribuciones mínimas -el 56% los 2 primeros años, al 60% durante el 3º año, y el 75% durante el 4º año- también se aplican a los contratos predoctorales anteriores al 16-3-19 (entrada en vigor del RD 103/2019) (TSJ País Vasco 7-9-22, EDJ 761559).

8100 **Otras condiciones de trabajo** Las condiciones de trabajo de este personal, -incluidos la jornada laboral, descansos, vacaciones y permisos- serán las que se establezcan en el **convenio colectivo aplicable** a la entidad empleadora respecto al personal con titulación de licenciado, ingeniero, arquitecto o grado universitario y acceso a los programas de doctorado.
En ausencia de convenio colectivo de aplicación, resultará aplicable a este personal lo dispuesto en el ET.

8102 **Extinción del contrato** A la finalización del contrato por expiración del tiempo convenido, la persona trabajadora tendrá derecho a recibir una indemnización de cuantía equivalente a la prevista para los contratos de duración determinada (ET art.49).
El contrato predoctoral se extingue cuando se **obtenga del título** de doctorado extinguirá el contrato predoctoral, aunque no se hubiera agotado la duración máxima del mismo. A estos efectos se considera que se ha obtenido el título de doctorado en la fecha del acto de defensa y aprobación de la tesis doctoral. No obstante, como esta modalidad contractual también tiene por objeto la orientación postdoctoral por un período máximo de 12 meses, es habitual que algunas convocatorias permitan la **transformación del contrato** en un contrato postdoctoral, siempre que la defensa de la tesis doctoral se haga dentro de los tres primeros años del contrato. En cualquier caso, la duración del contrato no puede exceder la duración máxima prevista.
También es causa de extinción del contrato **no superar** favorablemente la **evaluación** de la actividad desarrollada (nº 8088).

Seguridad Social Los **trabajadores** contratados con esta modalidad de contratación quedan incluidos en el **RGSS** como trabajadores por cuenta ajena con acceso a todas las prestaciones, incluida la de desempleo. 8104
Las **entidades** que utilicen este contrato se benefician de una reducción del 30% de la cuota empresarial a la Seguridad Social por contingencias comunes.

Contrato de acceso de personal investigador doctor (L 14/2011 art.22 redacc L 17/2022) La **finalidad** de esta modalidad contractual es realizar tareas de investigación, desarrollo, transferencia de conocimiento e innovación, orientadas a la obtención por el personal investigador de un elevado nivel de perfeccionamiento y especialización profesional, que conduzcan a la consolidación de su experiencia profesional. 8106
La persona trabajadora con la que se suscribe este contrato debe estar necesariamente en posesión del título de Doctor o Doctora.
La **actividad docente** del personal investigador conforme a esta modalidad contractual está **limitada** hasta un máximo de 100 horas anuales, previo acuerdo en su caso con el departamento implicado, con la aprobación de la entidad para la que presta servicios, y con sometimiento a la normativa vigente de incompatibilidades del personal al servicio de las Administraciones Públicas.
Este contrato **se rige** por las disposiciones del Estatuto Básico del Empleado Público (RDLeg 5/2015) y del ET con las **siguientes** precisiones y **características particulares**.

Duración El contrato se celebra con **duración determinada** y **a tiempo completo**. 8108
La duración del contrato es al menos de tres años, y puede prorrogarse hasta el **límite máximo** de 6 años. Las **prórrogas** no pueden tener una duración inferior a un año. No obstante, si el contrato se concierta con una **persona con discapacidad**, el contrato puede alcanzar una duración máxima de 8 años, prórrogas incluidas, teniendo en cuenta las características de la actividad investigadora y el grado de las limitaciones en la actividad.
Si el trabajador ya ha estado contratado bajo esta modalidad y el tiempo que reste hasta el máximo de 6 años- 8 en el caso de personas con discapacidad- es inferior a un año, el contrato o su prórroga puede concertarse hasta el máximo establecido en cada caso.
Para el cálculo de los periodos máximos se computa el tiempo de contrato transcurrido bajo la extinta modalidad de **Contrato de acceso al Sistema Español de Ciencia, Tecnología e Innovación**

Interrumpen la duración máxima de este contrato las siguientes **situaciones**: 8110
- incapacidad temporal;
- los periodos de tiempo dedicados al disfrute de permisos a tiempo completo por gestación, embarazo, riesgo durante la gestación, el embarazo y la lactancia, nacimiento, maternidad, paternidad, adopción por guarda con fines de adopción o acogimiento familiar, o lactancia acumulada a jornadas completas, o por situaciones análogas relacionadas con las anteriores;
- disfrute de permisos a tiempo completo por razones de conciliación o cuidado de menores, familiares o personas dependientes, y el tiempo dedicado al disfrute de excedencias por cuidado de hijo/a, de familiar o por violencia de género.

Asimismo, durante el período de duración del contrato dan lugar a una **prórroga por el tiempo equivalente** a la jornada que se ha reducido las siguientes **situaciones**: 8112
- los periodos de tiempo dedicados al disfrute de permiso a tiempo parcial por nacimiento, maternidad, paternidad, adopción por guarda con fines de adopción o acogimiento familiar;
- la reducción de jornada laboral por razones de lactancia, nacimiento de hijo/a prematuro u hospitalizado tras el parto, guarda legal, cuidado de menores afectados por cáncer o enfermedad grave, de familiares afectados por accidente o enfermedad grave o de personas dependientes, o por violencia de género;
- las reducciones de jornada por situaciones análogas relacionadas con las anteriores así como por razones de conciliación o cuidado de menores, familiares o personas dependientes.

Retribución **No** puede ser **inferior** a la que corresponda al personal investigador que realice actividades análogas. Se fija, en su caso, dentro de los límites establecidos por las leyes de presupuestos, por el órgano competente en materia de retribuciones. 8114
Si el contrato está vinculado en su totalidad a financiación externa o financiación procedente de convocatorias de ayudas públicas en concurrencia competitiva en su totalidad, no requiere del trámite de **autorización previa**.
Las retribuciones de este personal son **homologables** a las percibidas por el personal que prestan su servicio como personal doctor investigador en las universidades (TSJ País Vasco 22-10-19, EDJ 813659).

8116 **Extinción** Si el contrato se extingue por **expiración del tiempo convenido**, la persona trabajadora tiene derecho a recibir una indemnización de cuantía equivalente a la prevista para los contratos de duración determinada en el ET (ET art.49)

8118 **Evaluación de la actividad** (L 14/2011 art.22.2 y 22.bis redacc L 17/2022) A partir del **segundo año** de contrato se prevé un sistema de evaluación para este personal. Si la **evaluación** es **positiva**, se les reconoce con efectos en el itinerario de acceso estable al Sistema Español de Ciencia, Tecnología e Innovación y podrá ser acreditado para profesor titular de universidad.

Los organismos financiadores del Sistema Español de Ciencia, Tecnología e Innovación pueden incluir en sus convocatorias la posibilidad de evaluar la actividad investigadora de personas con **más de tres años de experiencia postdoctoral**, incluso si han realizado programas postdoctorales en el extranjero. Tras superar la **evaluación**, el personal investigador puede obtener una certificación como investigador/a establecido/a (certificado R3), siendo la Agencia Estatal de Investigación la encargada de evaluar los requisitos de calidad para esta certificación.

8120 El **certificado R3** como investigador establecido se reconoce en los procesos selectivos de personal de nuevo ingreso estable convocados por universidades, Organismos Públicos de Investigación y otros organismos de investigación de la Administración General del Estado, así como por organismos de investigación de otras Administraciones Públicas, incluidos los centros del Sistema Nacional de Salud y las fundaciones y consorcios de investigación biomédica.

Permite que el personal investigador acceda a **plazas de nuevo ingreso** estable, como las de personal científico titular, personal laboral fijo, profesorado titular y profesorado contratado doctor, entre otras.

El certificado R3 se valora como **mérito investigador** en estos procesos selectivos, pudiendo eximir o compensar parte de las pruebas o fases de evaluación curricular.

Asimismo, en la **Oferta de Empleo Público**, se debe respetar un mínimo del 25% de plazas para personal investigador doctor con certificado R3 en las escalas de personal investigador de los Organismos Públicos de Investigación, y un mínimo del 15% en los cuerpos docentes universitarios y contratados doctores. Si no se cubren todas las plazas reservadas, estas se acumulan al resto de plazas ofertadas dentro de la tasa de reposición correspondiente.

El **organismo encargado** de realizar la evaluación varía en función del empleador:

a) Contratos suscritos en el marco de programas de incorporación postdoctoral financiados por los organismos financiadores del Sistema Español de Ciencia, Tecnología e Innovación: la evaluación la realiza el organismo financiador correspondiente.

b) Personal contratado por los Organismos Públicos de Investigación de la Administración General del Estado, y otros organismos, fundaciones y consorcios de investigación que integran el sector público estatal: la evaluación la realiza la Agencia Estatal de Investigación.

c) Personal contratado por los organismos de investigación de otras Administraciones Públicas: la evaluación puede ser realizada por un único órgano designado a tal fin en cada Comunidad Autónoma, o en su defecto la propia Agencia Estatal de Investigación.

d) Personal contratado por centros del Sistema Nacional de Salud o vinculados o concertados con este, o por institutos de investigación sanitaria: la evaluación puede ser realizada por el Instituto de Salud Carlos III.

e) Personal contratado por las universidades públicas: la evaluación puede ser realizada por la Agencia Nacional de Evaluación de la Calidad y Acreditación (ANECA) o las agencias de evaluación del profesorado de ámbito autonómico, de acuerdo con sus competencias en cada caso.

Precisiones El vencimiento del **plazo máximo** para **resolver** la concesión del certificado R3 sin haberse notificado resolución expresa tiene carácter desestimatorio.

8122 **Contrato de investigador distinguido** (L 14/2011art.23 redacc L 17/2022) Se puede celebrar con **investigadores españoles o extranjeros** de reconocido prestigio en el ámbito científico y técnico, que se encuentren en posesión del título de doctor y que gocen de una reputación internacional consolidada basada en la excelencia de sus contribuciones en el ámbito científico o técnico. También se pueden celebrar con **tecnólogos** que gocen de una reputación internacional consolidada basada en la excelencia de sus contribuciones, tanto en el avance de técnicas concretas de investigación, como en valorización y transferencia del conocimiento e innovación que han generado

El **objeto** del contrato es la dirección de equipos humanos como investigador/a principal, dirección de centros de investigación o transferencia de conocimiento e innovación, o de instalaciones y programas científicos y tecnológicos singulares de gran relevancia en el ámbito de conocimiento de que se trate, en el marco de las funciones y objetivos marcados por el empleador.

La **duración** del contrato es la que las partes acuerden. En el contrato se fijan también la duración de la jornada laboral, los horarios, fiestas, permisos y vacaciones. No obstante, en ningún caso podrán desarrollar **tareas docentes** por más de 100 horas lectivas por curso académico.
La **extinción** del contrato se produce por **desistimiento** del empleador, sin perjuicio de las posibilidades de **rescisión** del contrato por parte del empleador por causas procedentes.
El desistimiento del empleador debe ser comunicado por escrito con un **preaviso** de 3 meses. En el supuesto de i**ncumplimiento t**otal o parcial del preaviso, el personal investigador contratado tiene derecho a una indemnización equivalente a los salarios correspondientes a la duración del período incumplido. Además, tiene derecho a percibir la **indemnización** prevista para el despido improcedente, sin perjuicio de la que pudiera corresponderle por incumplimiento total o parcial del preaviso.

Contrato de actividades cientifico técnicas (L 14/2011 art.23 bis redacc L 17/2022) El **objeto** de este contrato es la realización de actividades vinculadas a líneas de investigación o de servicios científico-técnicos, incluyendo la gestión científico-técnica de estas líneas que se definen como un conjunto de conocimientos, inquietudes, productos y proyectos, construidos de manera sistemática alrededor de un eje temático en el que confluyan actividades realizadas por uno o más grupos de investigación y requerirá su desarrollo siguiendo las pautas metodológicas adecuadas en forma de proyectos o contratos de I+D+I. 8124
La **duración** de este contrato es indefinida. En caso de **extinción del contrato**, corresponde la indemnización que resulte legalmente al amparo del ET.
Los **trabajadores contratados** mediante esta modalidad contractual deben cumplir los siguientes **requisitos**:
a) Título: Licenciatura, Ingeniería, Arquitectura, Diplomatura, Arquitectura Técnica, Ingeniería Técnica, Grado, Máster Universitario, Técnico/a Superior o Técnico/a, o con personal investigador con título de Doctor o Doctora.
b) Formación, experiencia y competencias: acordes con los requisitos y tareas a desempeñar en la posición que se vaya a cubrir.
El **procedimiento de selección** de este personal se rige, en todo caso, a través de convocatorias públicas en las que se garanticen los principios de igualdad, mérito, capacidad, publicidad y concurrencia. No obstante, no forman parte de la **Oferta de Empleo Público** ni de los instrumentos similares de gestión de las necesidades de personal (EBEP art.70) ni su convocatoria estará limitada por la masa salarial del personal laboral.

Precisiones **1)** Cuando los contratos estén vinculados a **financiación externa** o financiación procedente de convocatorias de ayudas públicas en concurrencia competitiva en su totalidad, no requerirán del trámite de autorización previa.
2) La suscripción de contrato indefinido de actividades científico-técnicas, tras una sucesión de contratos de obra o servicio irregulares, no es obstáculo para que se pueda declarar el **carácter fraudulento** de la contratación temporal desde el primer contrato de obra y servicio suscrito. En estos casos se ha declarado indefinido no fijo (TSJ Cataluña 17-1-24, EDJ 520400).

PARTE X

Bonificaciones e incentivos a la contratación

CAPÍTULO 35

Contratos incentivados

8200

Las bonificaciones son **beneficios** en la cuota que resultan de la aplicación de determinados porcentajes a la misma y que tienen como finalidad la reducción de los costes de Seguridad Social de las empresas y el impulso al acceso de determinados colectivos al mercado laboral, así como el fomento del empleo estable. 8202

La empresas que tengan reconocidas bonificaciones, reducciones y otras deducciones en las cuotas de Seguridad Social y demás conceptos de recaudación conjunta pueden **descontar su importe** en los documentos de cotización. Asimismo, pueden **compensar** el abono de las prestaciones en régimen de pago delegado, en cumplimiento de la colaboración obligatoria de las empresas con la Seguridad Social.

Frente al criterio tradicional de establecer anualmente un programa de fomento de empleo en las sucesivas LPG, la Ley para la mejora del crecimiento y del empleo (L 43/2006) cambió de criterio y estableció un **programa general de fomento de empleo** con vigencia indefinida. A pesar de ello, han sido múltiples las normas posteriores a esta ley que han establecido medidas e incentivos de carácter coyuntural al fomento de empleo y vigencia temporal, con el objetivo de reducir la alta tasa de desempleo -sobre todo juvenil- alcanzadas durante la crisis económica.

Con efectos desde el **1-9-2023**, ha entrado en vigor el RDL 1/2023, derogando la mayoría de las bonificaciones existentes y estableciendo un **nuevo sistema de incentivos** a la contratación laboral. Con carácter general, las bonificaciones en las cuotas a la SS pasan a ser cantidades fijas y, fundamentalmente, para contratos indefinidos.

Aunque la la nueva regulación se aplica de forma subsidiaria, se **mantiene la vigencia** de las regulación anterior en siguientes bonificaciones:

1. Las reguladas por el RDL 16/2022 para la **contratación de personas en el entorno familiar** (RDL 1/2023 disp.adic.3ª).

2. Las bonificaciones a la contratación de **personas con discapacidad** establecidas por la legislación anterior (L 43/2006 art.2.2 y 2.3 y 5 a 9; RDL 18/2011 art.1) (nº 8274). Con relación a los contratos formativos, se aplica la bonificación establecida en el ET disp.adic.20ª (nº 8320). Se prevé que el Gobierno en el marco del Libro Blanco sobre Empleo y Discapacidad y previa consulta a las organizaciones patronales y sindicales mas representativas pueda establecer programas de empleo en favor de este colectivo (RDL 1/2023 disp.adic.5ª).

3. Las establecidas para los contratos suscritos por **empresas de inserción** (L 44/2007 art.16.3.a). No obstante, cuando se trate de la contratación de menores de 30 años o de 35 años que tengan reconocido un grado de discapacidad igual o superior al 33%, la bonificación será de 147 euros/mes durante toda la vigencia del contrato o durante tres años en el supuesto de contratación indefinida (RDL 1/2023 disp.adic.6ª).

4. En la cotización empresarial a la Seguridad Social del **personal investigador** (RD 475/2014). En lo no previsto, se aplicará lo establecido en el RDL 1/2023 (RDL 1/2023 disp.adic.7ª).

5. A los contratos de sustitución de persona trabajadora celebrados con personas desempleadas para **sustitución de trabajadoras víctimas de violencia de género o de violencias sexuales** que hayan suspendido su contrato de trabajo o ejercitado su derecho a la movilidad geográfica o al cambio de centro de trabajo se mantienen las bonificaciones previstas tanto en la LO 1/2004 art.21.3 como en la LO 10/2022 art.38.2 (RDL 1/2023 disp.adic.9ª) (nº 8310).

Las bonificaciones en la contratación **se financian** con cargo al SEPE.
En este capítulo se estudian únicamente los incentivos a la contratación que se establecen con **carácter estatal**.

A. Régimen jurídico

8210

1. Destinatarios y beneficiarios

(RDL 1/2023 art.1 a 13, 36 a 42, disp.adic.2ª, 3ª, 5ª y 11ª, disp.trans.1ª; L 43/2006 art.5 a 9)

8215 **Destinatarios de las bonificaciones** (RDL 1/2023 art.4 a 7) Pueden ser destinatarios de las medidas de **fomento de empleo** para la **contratación incentivada** los siguientes colectivos:
a) Personas de atención prioritaria inscritas en los servicios públicos de empleo como demandantes de empleo. No obstante, no se exige la inscripción a los siguientes colectivos:
- mujeres víctimas de violencia de género, de violencias sexuales o de trata de seres humanos, de explotación sexual o laboral y en contextos de prostitución;
- víctimas del terrorismo;
- trabajadores con discapacidad que pasen a prestar sus servicios desde el mercado de trabajo protegido de los centros especiales de empleo o enclaves laborales al mercado de trabajo ordinario;
- personas en riesgo o situación de exclusión social que pasen a prestar sus servicios desde empresas de inserción a empresas del mercado ordinario;
- personas inscritas en el Sistema Nacional de Garantía Juvenil.

b) Trabajadores cuyos **contratos** se **transformen** en indefinidos, se conviertan de contratos indefinidos a de tiempo parcial en contratos indefinidos a tiempo completo o de fijos-discontinuos a indefinidos ordinarios.

La condición de **destinatario** se acredita, en caso de bonificaciones de cuotas, a la fecha del alta de la persona trabajadora en el régimen correspondiente de la Seguridad Social o, en su caso, a la fecha en que se produzca la variación de datos correspondiente a partir de la cual se produzca el inicio de la aplicación de la bonificación. En el caso de las subvenciones públicas, a la fecha de celebración del contrato incentivado.

Los contratos de trabajo han de formalizarse en **modelo oficial**.

Los destinatarios de los **demás programas o medidas de impulso y mantenimiento del empleo estable** (personas trabajadoras sustituidas por motivos de conciliación de la vida familiar y laboral, por riesgos derivados del embarazo o durante la lactancia natural y por enfermedad profesional, personas que se incorporan como socias trabajadoras o de trabajo a cooperativas o sociedades laborales), son los indicados en cada una de las bonificaciones.

Precisiones **1)** Son **colectivos prioritarios** para la política de empleo aquellos con especiales dificultades para el acceso y mantenimiento del empleo y para el desarrollo de su empleabilidad tales como (L 3/2023 art.50):
- jóvenes (especialmente, con baja cualificación);
- desempleados de larga duración;
- personas con discapacidad o con capacidad intelectual límite, con trastornos del espectro autista;
- LGTBI, en particular trans;
- mayores de 45 años;
- migrantes;
- beneficiarios de protección internacional y solicitantes de protección internacional;
- víctimas de trata de seres humanos;
- mujeres con baja cualificación;
- mujeres víctimas de violencia de género y sus descendientes en primer grado;
- en situación de exclusión social;
- gitanos u otros grupos étnicos o religiosos;
- trabajadores de sectores en reestructuración;
- drogodependientes y con otras adicciones;
- víctimas del terrorismo;
- guardados o tutelados por las AAPP;
- adultos con menores de 16 años o mayores dependientes a cargo, especialmente si son familias monoparentales, entre otros.

También se incluyen las personas cuidadoras que se hayan visto obligadas a renunciar a su su actividad laboral o profesional por hacerse cargo de personas con ELA y otras enfermedades o procesos de alta complejidad y curso irreversible (L 3/2024 disp.adic.3ª).
2) Se ha previsto también la promoción de medidas para la igualdad de trato y de oportunidades de las **personas LGTBI** en las convocatorias de subvenciones de fomento del empleo y el diseño de planes específicos de fomento del empleo de las personas trans (L 4/2023 art.14 y 54).

Beneficiarios de los incentivos (RDL 3/2024 art.6 y 7) Pueden beneficiarios de estos incentivos a la contratación: **8217**
a) Empresas u otros empleadores.
b) Trabajadores por cuenta propia o autónomos.
c) Sociedades laborales o cooperativas por la incorporación de personas socias trabajadoras o de trabajo.
d) Entidades públicas y privadas sin ánimo de lucro.
Por el contrario, **se excluyen** de la de la obtención de estos incentivos la AGE, la Administración de las CCAA y las entidades que integran las Administración local, así como los organismos públicos y demás entidades de derecho público con personalidad jurídica propia vinculadas o dependientes, salvo que se trate de la contratación de:
- personas trabajadoras con discapacidad por centros especiales de empleo de titularidad pública;
- personas en situación de exclusión social por empresas de inserción participadas por las administraciones o entidades públicas; y
- personal investigador predoctoral.

Requisitos (RDL 1/2023 art.8, 9 y 39) Además de la realización de las acciones incentivadas en los términos previstos legalmente en cada caso, **todos** los beneficiarios de las ayudas han de reunir los siguientes requisitos: **8219**
1. No haber sido inhabilitado para obtener subvenciones y ayudas públicas y para gozar de beneficios e incentivos fiscales o de la Seguridad Social (CP art.33.7.f).
2. No haber sido excluido del acceso a las ayudas, subvenciones, bonificaciones y beneficios derivados de la aplicación de los programas de empleo o formación profesional para el empleo, por la comisión de infracciones graves o muy graves no prescritas (LISOS art.46 y 46.bis).
3. Hallarse al **corriente** en el cumplimiento de sus **obligaciones tributarias** y frente a la **Seguridad Social** (tanto en relación al ingreso por cuotas y conceptos de recaudación conjunta o como respecto de cualquier recurso de Seguridad Social). En el caso de que se trate de beneficios en las cuotas, la fecha en que se debe estar al corriente en el cumplimiento de estas obligaciones es aquella en la que se comunique a la TGSS el alta o la variación de datos, en el supuesto de que el inicio del derecho a la bonificación de cuotas no se produzca como consecuencia del alta.
El cumplimiento de hallarse al corriente en las obligaciones tributarias **se acredita** mediante la expedición del correspondiente certificado por vía telemática por el órgano competente para ello, que tiene una validez de 6 meses. Se considera a todos los efectos cumplido este requisito durante el citado plazo cuando el certificado emitido sea positivo.
4. Contar con el correspondiente plan de igualdad, en el caso de las empresas obligadas a su implantación (LO 3/2007 art.45). El requisito se entiende cumplido con la inscripción en el registro público correspondiente.
5. Cuando se trate de la **transformación** de contratos o la **incorporación**, con carácter indefinido, como personas socias trabajadoras o de trabajo en cooperativas y sociedades laborales, el beneficiario debe mantener a la persona destinataria de estas medidas en situación de alta, o asimilada a la de alta con obligación de cotizar, en el régimen correspondiente de la Seguridad Social, al menos tres años. A estos efectos**, no se tienen en cuenta** las extinciones de contratos de trabajo por causas objetivas o por despidos disciplinarios, los despidos colectivos, así como las extinciones causadas por dimisión, jubilación, muerte o incapacidad permanente total, absoluta o gran invalidez de las personas trabajadoras, o por resolución del período de prueba.
Los empleadores que extingan por **despido improcedente o** por despido **colectivo** contratos incentivados quedan excluidos de los incentivos por 12 meses.

2. Cuantía y aplicación

(RDL 1/2023 art.10, 36, 37 y 38)

Cuantía de las bonificaciones (RDL 1/2023 art.10.1) La cuantía y la duración de las **bonificaciones** en la cotización se rigen por lo establecido en cada uno de los programas. Se aplican sobre las aportaciones empresariales a la cotización a la Seguridad Social por contingencias comunes y por contingencias profesionales, así como sobre la cotización por los conceptos de recaudación conjunta de desempleo, FOGASA y formación profesional, teniendo como **límite**, en cualquier caso, el 100% del importe de las aportaciones. **8225**

La **cuantía** de la bonificación se refiere a mes natural completo. En caso de periodos inferiores a un mes, el importe de la bonificación es resultado de multiplicar el número de días de alta con obligación de cotizar con derecho a la bonificación durante dicho mes por el importe diario de la bonificación, que el resultado de dividir el total entre 30, redondeando el decimal.
Respecto de los **incentivos a la contratación laboral**, su cuantía se establece por cada contrato suscrito a tiempo completo. Si la contratación es a tiempo parcial, se reduce proporcionalmente en función de la jornada establecida.
No se aplican incentivos cuando la jornada de trabajo sea inferior al 50% de la jornada a tiempo completo, aunque dicho periodo se tendrá en cuenta como consumido para el cómputo del tiempo máximo de disfrute de la bonificación de cuotas. Este límite no se aplica a las personas con discapacidad, en los supuestos de reducción de jornada por razones de conciliación o por el ejercicio del derecho de huelga.
Si un contrato a tiempo parcial incentivado mismo se **transforma** en contrato a tiempo completo o pasa a tener una jornada distinta, se mantienen los beneficios, percibiéndose en la proporción a la nueva jornada de trabajo, siempre que el empleado haya comunicado la correspondiente variación de datos.
En caso de **sucesión de empresas**, no se pierde el derecho a los beneficios o incentivos disfrutados por el anterior, beneficiándose de ellos por el tiempo que reste hasta el periodo máximo que corresponda. Igualmente, en caso de que el trabajador pase a la situación de **jubilación parcial**.

8227 **Aplicación y control** (RDL 1/2023 art.10, 36, 37 y 38) La TGSS aplica **automáticamente** los beneficios en las cuotas de la Seguridad Social en las liquidaciones de cuotas practicadas, a través del sistema de liquidación directa y sistema de liquidación simplificada. Se realiza en función de los datos de que disponga la TGSS sobre los sujetos obligados a cotizar y que son proporcionados por las empresas a través del Sistema de Remisión Electrónica de Datos (RED), que tienen el carácter de declaraciones responsables. La TGSS debe actualizar las liquidaciones de cuotas, aplicando el procedimiento de gestión recaudatoria de la Seguridad Social, cuando los datos utilizados para la aplicación de las bonificaciones de cuotas, resulten corregidos o modificados.
En el caso de las bonificaciones de cuotas, el **control o verificación** de los requisitos para el acceso y mantenimiento de las bonificaciones de cuotas le corresponde al SEPE. A tal efecto, la TGSS debe poner a su disposición la relación de trabajadores respecto de las que las empresas hayan comunicado datos. La vigilancia de su cumplimiento es competencia del SEPE.

3. Contrataciones excluidas de los incentivos

(RDL 1/2023 art.11 -redacc RDL 8/2023- y 40)

8235 Los incentivos a la contratación, cualquiera que sea la forma que adopten, no se aplican en los siguientes **supuestos**:
1. **Relaciones laborales de carácter especial**, con la excepción de la relación laboral de personas trabajadoras con discapacidad en centros especiales de empleo y la del servicio del hogar familiar, respecto de los beneficios previstos legalmente, así como la de las personas penadas en las instituciones penitenciarias y las personas menores incluidos.
La inexistencia de esta causa de exclusión se acredita a través de los datos que las empresas deben proporcionar a la TGSS a través del Sistema RED. La documentación acreditativa debe ser puesta a disposición del SEPE o de la ITSS, cuando los organismos lo requieran.
2. Contrataciones que afecten al **cónyuge, ascendientes, descendientes** y demás parientes por consanguinidad o afinidad, hasta el 2º grado inclusive, del empresario o de quienes tengan el control empresarial, ostenten cargos de dirección o sean miembros de los órganos de administración de las entidades o de las empresas que revistan la forma jurídica de sociedad, así como las que se produzcan con estos últimos.

8237 3. **Contrataciones** realizadas en los **12 meses anteriores** a la fecha de alta con trabajadores que hubiesen prestado servicios en la misma empresa mediante un contrato por tiempo indefinido, o en los últimos 6 meses mediante un contrato de duración determinada o un contrato formativo. No se aplica en los supuestos de transformación de contratos ni a los celebrados con personas desempleadas para la sustituir a personas trabajadoras por razones de conciliación, ni a los sucesivos contratos realizados sin solución de continuidad cuando la persona sustituta y sustituida coincidan con las del primer o anterior contrato de sustitución. Esta exclusión solo se aplica a las personas con discapacidad si el contrato previo hubiera sido por tiempo indefinido.

4. Trabajadores que hayan causado **baja un contrato de trabajo indefinido** para otro empleador en los 3 meses anteriores a la fecha del alta con el contrato incentivado, salvo que la finalización del contrato sea por despido reconocido o declarado improcedente, o por despido colectivo. Los empleadores quedarán excluidos por un periodo de 12 meses de los incentivos a la contratación, afectando a un número de contratos igual al de las extinciones producidas. Los 12 meses se computan a partir del reconocimiento o de la declaración de improcedencia del despido o de la extinción derivada del despido colectivo. Igualmente, se excluye la aplicación de los incentivos en los supuestos de sucesión de empresa.
Esta exclusión también se aplica a las personas con discapacidad, salvo que se trate de la contratación de trabajadores en centros especiales de empleo o de la incorporación a una empresa ordinaria de personas trabajadoras con discapacidad en el marco del programa de empleo con apoyo.
La **inexistencia** de las últimas dos **causas de exclusión** se acredita cuando se verifique que el trabajador no ha figurado en alta en ningún código de cuenta de cotización de la misma o de otra empresa en los períodos y en las modalidades de contrato indicados en ambos párrafos, así como por las causas de la baja que procedan en el segundo de ellos. No obstante, la empresa puede comunicar a la TGSS, a través del sistema RED, los datos necesarios para acceder a las distintas bonificaciones, constituyendo una declaración responsable sobre de la inexistencia de estas causas de exclusión.

4. Concurrencia e incompatibilidad de beneficios

Incompatibilidad y concurrencia de bonificaciones (RDL 1/2023 art.12) En el supuesto de que la contratación de un trabajador o la incorporación a sociedades laborales o cooperativas pudiera dar lugar simultáneamente a su inclusión en más de uno de los supuestos para los que están previstos beneficios en la cotización en esta norma, sólo es posible disfrutarlos respecto de uno de ellos, correspondiendo la **opción** al beneficiario en el momento de solicitar el alta, o de la variación de datos del trabajador en la Seguridad Social. Esta opción se ejercita mediante comunicación de los datos establecidos por la TGSS para identificar la bonificación elegida. **8245**
Son **compatibles** entre sí, las siguientes bonificaciones:
a) La bonificación de formación en alternancia es compatible con la del contrato de formación en alternancia (RDL 1/2023 art.23 y 26).
b) Las bonificaciones originadas por el nacimiento y cuidado del menor o la menor, ejercicio corresponsable del cuidado del menor o de la menor lactante, riesgo durante el embarazo y riesgo durante la lactancia natural, y las derivadas de la prolongación de la actividad de los trabajadores fijos-discontinuos en sectores vinculados al turismo solo suspenden las que se vienen disfrutando, pudiéndose reanudar (RDL 1/2023 art.18, 19 y 30).
Las bonificaciones concurrentes no pueden superar el 60% del **coste salarial anual del contrato bonificado**, salvo en el caso de trabajadores con discapacidad en centros especiales de empleo.

Compatibilidad entre reducciones y bonificaciones de cuotas (RDL 1/2023 disp.adic.11ª -redacc RDL 2/2024-) Las reducciones de cuotas de Seguridad Social son **compatibles** con las bonificaciones de cuotas reguladas, ajustándose a las siguientes **reglas**: **8247**
- en el caso de **aplicación simultánea**, el porcentaje se distribuirá proporcionalmente entre las contingencias sobre las que resulten de aplicación dichas medidas;
- si la reducción o bonificación determinada por la **aplicación** de un **porcentaje** concurre simultáneamente con una bonificación o reducción de **importe fijo**, se aplican, en primer lugar, las reducciones o bonificaciones determinadas por porcentaje de cuotas y, respecto de las cuotas que resulten a ingresar, se aplican las bonificaciones o reducciones de cuotas de importe fijo;
- si **ambas** resultan de **cuantía fija**, en primer lugar, se aplica la que cubra menor número de contingencias. A igualdad de contingencias, en primer lugar, se aplicarán las reducciones, y, en segundo lugar, las bonificaciones;
- las reducciones de cuotas de las contribuciones empresariales a los **planes de empleo** (ET disp.adic.47ª) se aplican en último término, respecto de las cuotas que resulten a ingresar una vez aplicadas todas las reducciones o bonificaciones.
- el importe resultante tiene como límite, el **100% de la aportación empresarial** a la cotización a la Seguridad Social que resulte coincidente en ambos beneficios;
- son incompatibles las bonificaciones y reducciones específicas establecidas para el **Sistema Especial del Tomate Fresco** con cualquier otra bonificación de cuotas, siendo compatibles con cualquier otra reducción de cuotas.

5. Reintegro de los beneficios

(RDL 1/2023 art.13)

8255 Sin perjuicio de la aplicación de los previsto en la LISOS y, en su caso, en la Ley de subvenciones (L 38/2003), procede el reintegro de todas las cantidades dejadas de ingresar, con recargo e intereses, cuando:
1. Se obtienen beneficios en las cuotas de Seguridad Social sin reunir los requisitos exigidos (nº 8219).
2. Se incumplen las obligaciones de mantenimiento del empleo y de incompatibilidad y concurrencia de los beneficios (nº 8245).
3. Las empresas trasladan su actividad a territorios que no forman parte de la UE o del EEE (deslocalización). Se refiere a los beneficios de los contratos y demás subvenciones públicas a la contratación y el empleo realizados en los 4 años anteriores (RDL 1/2023 disp.adic.2).

B. Actuaciones incentivadas

8260

8262 Los **beneficiarios** de las bonificaciones son, como **regla general**, las empresas, incluidos los trabajadores autónomos, y las sociedades laborales o cooperativas a las que se incorporen trabajadores como socios trabajadores o de trabajo, siempre que estas últimas hayan optado por un régimen de Seguridad Social propio de trabajadores por cuenta ajena.
Están **excluidos** de los beneficios de este programa la **Administración** General del Estado y sus Organismos (LRJSP Tít.II Cap.III), así como las Administraciones autonómicas y las Entidades Locales y sus organismos públicos, salvo que se trate de contrataciones de **trabajadores con discapacidad** por centros especiales de empleo de titularidad pública.

1. Contratación indefinida a tiempo completo

8270 Se favorece, mediante distintos incentivos, la contratación indefinida y a tiempo completo de trabajadores, que -salvo alguna excepción- estén desempleados y se hallen inscritos en las oficinas de empleo, pertenecientes a determinados colectivos con alguna **peculiaridad subjetiva**. Esos colectivos son:
- personas desempleadas de larga duración (nº 8272);
- personas con discapacidad (nº 8274);
- personas con capacidad intelectual límite (nº 8284);
- mayores de 55 años con incapacidad permanente reincorporados o recuperados (nº 8286);
- trabajadores en situación de exclusión social (nº 8288);
- víctimas de violencia doméstica, de género, sexual, del terrorismo y de trata de seres humanos (nº 8292 s.);
- Incorporación de trabajadores a entidades de economía social (nº 8294).

8272 **Personas desempleadas de larga duración** (RDL 1/2023 art.21) Los empleadores que contraten indefinidamente a personas desempleadas e inscritas en la oficina de empleo al menos 12 meses en los 18 meses anteriores a la contratación tienen derecho a una bonificación mensual de la cuota empresarial a la Seguridad Social por trabajador contratado, durante 3 años, de:
1. Si se concierta con **hombres**: 110 €/mes.
2. Si se concierta con **mujeres**: 128 €/mes.

8274 **Personas con discapacidad** (L 43/2006 art. 2.2 y 5 a 9 redacc RDL 1/2023; RDLeg 1/2013 art. 39; RD 1451/1983 art. 7 a 14; OM 13-4-1994; RDL 1/2023 disp.adic.5ª) La contratación indefinida y a tiempo completo de un **hombre menor de 45 años** da derecho a una **bonificación** mensual de la cuota empresarial a la Seguridad Social o, en su caso, por su equivalente diario por trabajador contratado, de 375 €/mes (4.500 €/año) durante toda la vigencia del contrato. Cuando el contrato indefinido sea a tiempo parcial, la bonificación se aplica en la forma indicada en nº 8355.

La bonificación es de 425 €/mes (5.100 €/año) si el trabajador está incluido en alguno de los **grupos** siguientes:
1. Personas con parálisis cerebral, personas con **enfermedad mental** o personas con discapacidad intelectual, con un grado de discapacidad reconocido igual o superior al 33%.
2. Personas con **discapacidad física o sensorial**, con un grado de discapacidad reconocido igual o superior al 65%.
Si el trabajador tiene en el momento de la contratación **45 o más años de edad** o si se trata de una **mujer**, la bonificación correspondiente se incrementa en 100 €/mes (1.200 €/año) o en 70,83 €/mes (850 €/año), respectivamente, sin que estos incrementos sean compatibles entre sí.
Para tener derecho a las bonificaciones los trabajadores deben tener un **grado de discapacidad** igual o superior al 33% o la específicamente establecida en cada caso.
Se consideran también incluidos los **pensionistas** de la Seguridad Social que tengan reconocida una pensión de **incapacidad permanente** en el grado de total, absoluta o gran invalidez y los pensionistas de clases pasivas que tengan reconocida una pensión de jubilación o indefinida de retiro por incapacidad permanente para el servicio o inutilidad.
Estas bonificaciones también pueden aplicarse a los **empleados de hogar** (RDL 16/2022 disp.adic.1ª.5).

Además, por la aplicación de la normativa específica que regula el fomento de la contratación **8276**
de los trabajadores, así como por su incorporación como socios a una cooperativa de trabajo asociado (nº 8294), pueden acceder a las ayudas siguientes:
a) **Subvención** de 3.907 € por cada **contrato de trabajo** a jornada completa celebrado con trabajadores con discapacidad; si se concierta a tiempo parcial la subvención se reduce proporcionalmente a la jornada pactada.
b) **Ayudas** para facilitar la **formación o reconversión** profesional de los trabajadores con discapacidad contratados, mediante conciertos entre la empresa y el SEPE.
c) **Ayudas** para la **adaptación de los puestos** de trabajo o dotación de equipos de protección personal necesarios, por un importe máximo de 901,52 €, para evitar accidentes laborales al trabajador minusválido contratado o para eliminar barreras u obstáculos que impidan o dificulten el trabajo de los trabajadores con discapacidad. La necesidad de adaptación o de medios especiales de protección personal debe contar con el informe favorable de la ITSS. Si la empresa no solicitase esta ayuda, puede hacerlo el propio trabajador.
Asimismo, se fomenta la **transformación** de contratos temporales en indefinidos (nº 8360).

Contratación por un centro especial de empleo (L 43/2006 art.1.2 -redacc RDL 1/2023-, 2.3 -redacc RDL **8278**
1/2023- y 7, disp.adic.8ª y disp.derog.única.2; RDL 3/2004 art.1.2.j; RD 357/2006; RD 818/2021 art.47.2.b, 48 y 49) La contratación de personas con discapacidad por un centro especial de empleo goza de bonificación en las cuotas a la Seguridad Social, de acuerdo con las siguientes **condiciones**:
1. Se aplica una bonificación del 100% de la cuota empresarial a la Seguridad Social, incluidas las de accidentes de trabajo y enfermedad profesional y las cuotas de recaudación conjunta en la contratación de trabajadores con discapacidad (en grado igual o superior al 33%; pensionistas de incapacidad permanente total, absoluta o gran invalidez o pensionista de clases pasivas de jubilación o incapacidad permanente), mediante un **contrato indefinido o temporal**, incluidos los contratos formativos. La misma bonificación se disfruta en el supuesto de **transformación** en indefinidos.
2. La bonificación es íntegra, aunque se contrate a **tiempo parcial**.
3. Pueden ser beneficiarios de las bonificaciones los centros especiales de empleo de **titularidad pública**.

También se fomenta la contratación por parte de **empresas del mercado ordinario** de traba- **8280**
jadores con discapacidad que trabajan en centros especiales de empleo, de forma que pueden solicitar una **subvención** al SEPE por la contratación inicial por tiempo **indefinido** o transformación de contrato temporal en indefinido, a tiempo completo, de un trabajador con discapacidad de un centro especial de empleo que cuente con una **antigüedad** en los mismos de al menos 6 meses, siempre que no hayan transcurrido más de 3 meses desde su **baja** en dicho centro.
La subvención **asciende a** 5.500 €, o 7.000 € si presenta mayores dificultades de acceso al mercado de trabajo (6.000 € o 7.500 €, respectivamente, si además es mujer, mayor de 45 años o pertenece a un colectivo vulnerable a criterio del servicio de empleo). Además, se prevé una subvención por adaptación de puestos de trabajo de 1.800 €.
El contrato ha de suponer un incremento neto de la **plantilla fija** de la empresa y, si se celebra a **tiempo parcial**, la subvención se reduce proporcionalmente a la jornada realizada que, en el caso de las personas con discapacidad, no tiene límite inferior (RD 818/2021 art.11).

8282 **Contrataciones excluidas de las bonificaciones** (RDL 1/2023 art.11.2, 3 y 4) En el supuesto de contrataciones de trabajadores con discapacidad el régimen de exclusiones general (nº 8235) cuenta con algunas excepciones. Solo les son de aplicación las siguientes **exclusiones**, con las **particularidades** que se indican:

1. Contrataciones realizadas con personas trabajadoras que en los **12 meses anteriores** a la fecha de alta de la persona trabajadora en el correspondiente régimen de la Seguridad Social hubiesen prestado servicios en la misma empresa si el contrato previo hubiera sido por tiempo indefinido.

2. Contratación de trabajadores que hayan **causado baja** en el correspondiente régimen de la Seguridad Social con un contrato de trabajo indefinido para otro empleador en un plazo de **3 meses previos** a la fecha del alta en el correspondiente régimen de la Seguridad Social con el contrato incentivado, salvo en los supuestos de despido colectivo o cuando el despido se reconozca o se declare improcedente. Tampoco se aplica esta exclusión en los siguientes **supuestos**:

- contratación de trabajadores con discapacidad **procedentes de centros especiales de empleo**, tanto en lo referente a su incorporación a una empresa ordinaria, como en su posible retorno al centro especial de empleo de procedencia o a otro centro especial de empleo;
- incorporación a una empresa ordinaria de trabajadores con discapacidad en el marco del **programa de empleo con apoyo**.

3. Durante un período de 12 meses, están excluidas del acceso a bonificaciones previstas las empresas o entidades que hayan extinguido o extingan, por **despido** declarado **improcedente** o por despido **colectivo** -mediando o no acuerdo entre la empresa y la representación de los trabajadores-, contratos bonificados. La exclusión afecta a un número de contrataciones igual al de las extinciones producidas. El período de exclusión se cuenta a partir de la declaración de improcedencia del despido o de la extinción derivada del despido colectivo.

En todo caso, las exclusiones **no se aplican** si se trata de personas trabajadoras con discapacidad que presentan mayores **dificultades de acceso al mercado de trabajo**. Se incluyen las personas: con parálisis cerebral; con trastorno de la salud mental; con discapacidad intelectual o con trastorno del espectro del autismo; con un grado de discapacidad reconocido igual o superior al 33%; personas con discapacidad física o sensorial con un grado de discapacidad reconocido igual o superior al 65% (RDL 1/2023 art.6.c).

8284 **Personas con capacidad intelectual límite** (L 1/2023 art.14; RD 368/2021) Se establecen medidas dirigidas a promover el acceso al empleo ordinario de las personas con capacidad intelectual límite que tengan reconocida oficialmente esta situación por reunir los siguientes **requisitos**:

- estar inscritas en los Servicios Públicos de Empleo como demandantes de empleo no ocupados;
- acreditar oficialmente al menos un 20% de discapacidad intelectual y no alcanzar el 33%.

Los empleadores que contraten por tiempo indefinido a personas con capacidad intelectual límite tienen derecho, desde la fecha de celebración del contrato, a una **bonificación mensual** de la cuota empresarial a la Seguridad Social o, en su caso, por su equivalente diario, por trabajador contratado de 128 euros/mes durante cuatro años.

También pueden acceder estos beneficios las **sociedades laborales y las cooperativas** a las que se incorporen como socios y socias trabajadores o de trabajo las personas con capacidad intelectual límite. En el caso de las cooperativas, es necesario que, a efectos de Seguridad Social, la cooperativa haya optado por la modalidad de asimilados a personas trabajadoras por cuenta ajena.

8286 **Bonificación para la readmisión de trabajadores beneficiarios de incapacidad permanente** (RD 1451/1983 art. 2 -redacc RDL 1/2023-; RDL 1/2023 art.15) La contratación indefinida de personas con IP total o absoluta que se reincorporan a su empresa, tras haber recobrado su capacidad laboral o que continúen afectos a una incapacidad permanente parcial, lleva aparejada a una bonificación de **138 €/mes** durante 2 años, siempre que no tengan derecho a la readmisión. Esa misma bonificación se aplica en caso de contratación indefinida de personas **mayores de 55 años** con IP que se reincorporan a su empresa en otra categoría o que recuperan su capacidad y son contratados por otra empresa.

8288 **Trabajadores en situación de exclusión social** (RDL 1/2023 art.20 y disp.adic.6ª) La contratación indefinida y a tiempo completo de trabajadores en situación de exclusión social por parte de un empleador que **no** tenga la condición de **empresa de inserción** o de **centro especial de empleo**, da lugar a una bonificación de 147 €/mes, durante un periodo máximo de 12 meses, cuando el trabajador contratado:

- haya finalizado un contrato de trabajo con una empresa de inserción social durante los 12 meses anteriores;
- no haya prestado posteriormente sus servicios por cuenta ajena para otro empleador con posterioridad al cese en la empresa de inserción.

Al finalizar el periodo de 12 meses o cuando **no se den las circunstancias** anteriores, la contratación indefinida y a tiempo completo de dichos trabajadores da lugar a una bonificación mensual o, en su caso, por su equivalente diario, por trabajador contratado, de 128 €/mes durante 4 años.
Cuando la contratación indefinida se lleve a cabo por las **empresas de inserción** el importe de la bonificación de las cuotas de la Seguridad Social, durante un período de 3 años, es:
- de 70,83 €/mes (850 €/año), con carácter general;
- de 147 €/mes (1.764 €/año), si el trabajador contratado es menor de 30 años, o de 35 con discapacidad igual o superior al 33%. Esta última bonificación es incompatible con la señalada con carácter general.

La empresa deber contar previamente con la acreditación y mantener la documentación durante 5 años a disposición de los órganos competentes para la verificación, vigilancia y control de las bonificaciones.
La situación de exclusión social se acredita por la pertenencia a alguno de los **colectivos** que se indican en el nº 8290.
Cuando la **contratación** indefinida sea **a tiempo parcial**, las bonificaciones indicadas se aplican en la forma señalada en nº 8355.

Colectivos incluidos (L 44/2007 art.2; RDL 1/2023 art.6.d) A estos efectos, la situación de exclusión social se acredita por la **pertenencia** a alguno de los siguientes colectivos: **8290**
1. Perceptores de rentas mínimas de inserción, o prestación de similar naturaleza.
2. Personas que no puedan acceder a las anteriores prestaciones por alguna de las siguientes causas:
- falta del período exigido de residencia o empadronamiento, o para la constitución de la unidad perceptora;
- haber agotado el período máximo de percepción legalmente establecido.

3. Jóvenes mayores de 18 años y menores de 30, procedentes de instituciones de protección de menores.
4. Personas con problemas de drogodependencia u otros trastornos adictivos en proceso de rehabilitación o reinserción social.
5. Internos de centros penitenciarios que puedan acceder a un empleo, así como liberados condicionales y ex reclusos.
6. Menores internos que puedan acceder a un empleo, así como los que se encuentran en situación de libertad vigilada y los ex internos.
7. Personas procedentes de centros de alojamiento alternativo autorizados por las CCAA y las ciudades de Ceuta y Melilla.
8. Personas procedentes de servicios de prevención e inserción social autorizados por las CCAA y las ciudades de Ceuta y Melilla.
9. Cualquier otro colectivo que, por sus características y situación socio económica tenga acreditada esta condición por los servicios sociales u órganos competentes.
La **acreditación** de la situación de exclusión social de estas personas debe efectuarse por los servicios sociales públicos competentes.

Víctimas de violencia sexual, de género, de terrorismo y de trata de seres humanos (RDL 1/2023 art.4.1.a, 6, 10, 16 y 22; RD 1917/2008 art. 9 y disp.final 1ª; RD 671/2013 art.46) La contratación de víctimas de terrorismo y de mujeres que sean víctimas de violencia de género, sexual, de trata de seres humanos tanto con fines de explotación sexual o laboral, así como de mujeres en contextos de prostitución, sin que sea necesario estar inscrito en los servicios públicos de empleo, da lugar a las siguientes bonificaciones en las cuotas a la Seguridad Social de la contratación indefinida: **8292**
1. Si la contratación es a **tiempo completo**, aunque no reúnan la condición de estar en desempleo, da derecho, desde la fecha de celebración del contrato, a una bonificación mensual de la cuota empresarial a la Seguridad Social o, en su caso, por su equivalente diario, por trabajador contratado de 128 €/mes durante 4 años.
2. Si la contratación es a **tiempo parcial**, las anteriores cuantías se reducen proporcionalmente en función de la jornada establecida, sin que ésta pueda ser inferior, a efectos de la aplicación de los correspondientes incentivos, al 50% de la jornada a tiempo completo de una persona trabajadora comparable. Se entiende que el porcentaje del 50% es el comunicado por la empresa en el momento del alta, o como variación de datos, identificativo del tiempo de trabajo realizado por la persona trabajadora en cada uno de los días del correspondiente período de liquidación de cuotas. Cuando la jornada de trabajo sea inferior al 50% de la jornada a tiempo completo de una persona trabajadora comparable, no resulta de aplicación ningún importe de bonificación de cuotas, teniéndose en cuenta dicho período como consumido para el cómputo del tiempo máximo de disfrute de la bonificación de cuotas.

Precisiones La **condición de víctima** ha de acreditarse, según la clase de víctima:
- víctima de violencia de género: según lo establecido por la LO 1/2024 art.23;
- víctima de trata de seres humanos, de explotación sexual o laboral y mujeres en contextos de prostitución: mediante informe de un servicio público encargado de la atención integral a las víctimas o por entidades sociales especializadas debidamente reconocidas (RDL 6/2022 art.47);
- víctima de violencias sexuales: mujeres mayores de 16 años que acrediten dicha situación (LO 10/2022 art.37);
- víctima del terrorismo: personas que acrediten dicha condición, según la (L 29/2011 art.34).

8294 **Incorporación de trabajadores a entidades de la economía social** (RDL 1/2023 art.25 y 28; L 5/2011 art.9 -redacc RDL 1/2023-) Se prevén bonificaciones para la **contratación indefinida o la incorporación** como **persona socia** a una cooperativa -que hayan optado por un régimen de Seguridad Social propio de trabajadores por cuenta ajena- o una sociedad laboral de personas:

a) Que desarrollen **formación práctica** en las empresas a las que se incorporan: tanto al finalizar como durante su desarrollo tienen derecho a una **bonificación** de 138 euros/mes durante un período máximo de 3 años o durante toda la vigencia del contrato en caso de que personas con discapacidad.

b) Jóvenes **menores de 30** años, o personas menores de **35 años** que tengan reconocido un grado de discapacidad igual o superior al 33%:
- 147 €/mes durante el primer año, y
- 73 €/mes durante los dos años restantes.

Cuadro resumen de incentivos a la contratación indefinida

8300

Colectivo	Cuantía bonificación	Duración	Regulación
Personas con discapacidad	hombres < 45 años: - en general: 375 €/mes (4.500 €/año) - con discapacidad severa: 425 €/mes (5.100 €/año)	toda la vigencia del contrato	L 43/2006 art.2.2
	mujeres < 45 años: - en general: 445,83 €/mes (5.350 €/año) - con discapacidad severa: 495,83 €/mes (5.950 €/año)		
	≥ 45 años: - en general: 475 €/mes (5.700 €/año) - con discapacidad severa: 525€/mes (6.300 €/año)		
	Centros especiales de empleo: bonificación: 100% de la cuota empresarial a la SS por todas las contingencias		
Personas con capacidad intelectual límite [1]	128 €/mes	4 años	RDL 1/2023 art.14
Personas trabajadoras readmitidas tras haber cesado en la empresa por IPT O IPA o absoluta	138 €/mes	2 años	RDL 1/2023 art.15
Mayores de 55 años: - con incapacidad permanente reincorporadas a su empresa en otra categoría - que recuperan su capacidad y pudieran ser contratadas por otra empresa			

Colectivo		Cuantía bonificación	Duración	Regulación
Mujeres víctimas de violencia de género, de violencias sexuales y de trata de seres humanos, tanto con fines de explotación sexual como laboral, y en entornos de prostitución		128 €/mes	4 años	RDL 1/2023 art.16
Personas en situación de exclusión social	Empresas ordinarias	En general: 128 €/mes	4 años	RDL 1/2023 art.20
		Si procede de una empresa de inserción [2]: - 147 €/mes (primeros 12 meses) - 128 €/mes (36 meses siguientes)		
	Empresas de inserción	- en general: 70,83 €/mes (850 €/año) - en caso de menores de 30 años, o de 35 con un grado de discapacidad igual o superior al 33%: 147 €/mes (1.764 €/año)	3 años	L 44/2007 art.2 y 16.3 RDL 1/2023 disp.adic.6ª
Desempleados de larga duración		En general: 110 €/mes Si se concierta con mujeres o con personas de 45 o más años: 128 €/mes	3 años	RDL 1/2023 art.21
Víctimas del terrorismo		128 €/mes	4 años	RDL 1/2023 art.22
Personas que han realizado formación práctica en empresas [3]		En general: 138 €/mes	3 años	
		Si discapacidad: 138 €/mes	toda la vigencia del contrato	RDL 1/2023 art.25
Menor de 30 años con baja cualificación beneficiarios de la prestación del Sistema nacional de garantía Juvenil [4]		275 €/mes	3 años	RDL 1/2023 disp.adic.1ª

[1] Se entiende por **personas con capacidad intelectual límite** aquellas inscritas en los Servicios Públicos de Empleo como demandantes de empleo no ocupados que acrediten oficialmente, según los baremos vigentes de valoración de la situación de discapacidad, al menos un 20% de discapacidad intelectual y que no alcancen el 33% (RD 368/2021 art.2).
[2] Debe **haber finalizado contrato** con una empresa de inserción durante los 12 meses anteriores y no haber prestado posteriormente sus servicios por cuenta ajena por un período superior a 30 días para otro empleador con posterioridad al cese en la empresa de inserción.
[3] Tanto **contratación indefinida** como **incorporación** como socia **en cooperativas o sociedades laborales** que haya optado por su incorporación a un Régimen de la SS por cuenta ajena.
[4] Para contrataciones realizadas **desde el 1-9-2023 hasta el 30-8-2024**, prorrogable anualmente cuando lo permitan las disponibilidades financieras del Programa Operativo de Empleo Juvenil vigente en cada momento.
A estos efectos, se consideran **personas jóvenes con baja cualificación** aquellas que no hayan alcanzado los estudios correspondientes al título de Bachillerato o Ciclo Formativo de Grado Medio del sistema de Formación Profesional, de acuerdo con la declaración que realicen a este respecto en su inscripción en el fichero del Sistema Nacional de Garantía Juvenil.

2. Contratación temporal

8305

a. Contratos de sustitución de la persona trabajadora

(ET art.15; RDL 1/2023 art.17, disp.derog.única a), b) y c) y disp.final 13ª)

La celebración de algunos contratos por sustitución de persona trabajadora (nº 6895 s.) pueden dar derecho a distintas bonificaciones en la cotización: 8310

1. Los contratos de sustitución que se celebren con **menores de 30 años** para la sustitución de personas trabajadoras que estén percibiendo las siguientes prestaciones económicas:
- riesgo durante el embarazo o riesgo durante la lactancia natural;
- nacimiento y cuidado de menor;
- ejercicio corresponsable del cuidado del lactante.

2. La contratación de **trabajadores con discapacidad** desempleados para sustituir a trabajadores con discapacidad que tengan suspendido su contrato de trabajo por incapacidad temporal, durante el período que persista dicha situación.
El importe de la bonificación es de 366 **€**/mes durante el período en el que se superpongan el contrato de sustitución y la respectiva prestación o, en su caso, situación de IT.
Las empresas pueden solicitar subvenciones destinadas a la **adaptación de los puestos de trabajo** o dotación de equipos de protección personal, siempre que la contratación sea de una duración igual o superior a 12 meses (RD 1451/1983 disp.adic.2ª).
La **exclusión de los incentivos** a las contrataciones realizadas en los últimos 6 meses mediante un contrato de duración determinada o un contrato formativo no se aplica a los contratos que se celebren para la sustitución de personas trabajadoras en los supuestos indicados, ni a los sucesivos contratos realizados sin solución de continuidad cuando la persona sustituta y sustituida coincidan con las del primer o anterior contrato de sustitución (RDL 1/2023 art.11.1.c -redacc RDL 8/2023-). Por tanto, cabe la posibilidad de encadenar, percibiendo bonificaciones por ambos contratos, un contrato de sustitución de persona trabajadora en situación de IT por riesgo durante el embarazo con otro para sustitución de la misma persona que se encontrase disfrutando del permiso por nacimiento.

8312 **Víctimas de violencia de género o sexual** (LO 1/2004 art.21.3; LO 10/2022 art.38.3 y 39; RDL 1/2023 disp.adic.9ª) Los contratos de duración determinada que se celebren con personas desempleadas para sustitución de trabajadoras **víctimas de violencia de género o sexual** que hayan suspendido su contrato de trabajo o ejercitado su derecho a la movilidad geográfica o al cambio de centro de trabajo dan derecho a una **bonificación** del 100% de la cuota empresarial a Seguridad Social por contingencias comunes, durante todo el período de suspensión de la trabajadora sustituida o durante 6 meses en los supuestos de movilidad geográfica o cambio de centro de trabajo.

b. Contratos formativos

(L 3/2012 art.3; ET disp.adic.20ª.2; RDL 1/2023 art.23)

8320 Las empresas que celebren **contratos para la formación en alternancia** (nº 7050 s.) tienen derecho, durante toda la vigencia del contrato, incluidas las prórrogas, una **bonificación** de 91 €/mes. Asimismo, da derecho a una bonificación de 28 €/mes en las cuotas de la persona trabajadora a la Seguridad Social y por los conceptos de recaudación conjunta.
Estas bonificaciones no se aplican a los contratos de formación en alternancia cuando se suscriban en el marco de **programas públicos mixtos de empleo-formación**.
La **actividad formativa** vinculada al contrato de formación en alternancia, cuando, en los términos que se determine reglamentariamente, sea desarrollada en el ámbito de la empresa da derecho a bonificaciones en las cuotas empresariales de la Seguridad Social para la financiación de los costes de la formación recibida por la persona trabajadora contratada, en la cuantía máxima que resulte de multiplicar el módulo económico establecido reglamentariamente por un número de horas equivalente al 35% de la jornada durante el primer año del contrato, y el 15% de la jornada el segundo.
Si el contrato se formaliza con beneficiarios del **Sistema Nacional de Garantía Juvenil**, la cuantía máxima de las bonificaciones que puede aplicarse la empresa para la financiación de los costes de formación es la que resulte de multiplicar el correspondiente módulo económico por un número de horas equivalente al 50% de la jornada durante el primer año del contrato, y del 25% de la jornada el segundo.
Asimismo, las empresas que realicen contratos de formación en alternancia también puede aplicarse una bonificación por costes derivados de **tutorización de las personas trabajadoras** con una cuantía máxima de 1,5 **€** por alumno o alumna y hora de tutoría, con un máximo de 40 horas por mes y alumno o alumna. En el supuesto de empresas de menos de 5 personas trabajadoras la bonificación adicional tiene una cuantía máxima de 2 **€** por alumno o alumna y hora de tutoría, con un máximo de 40 horas por mes y alumno o alumna. Tales bonificaciones por costes de tutorización se deben aplicar sobre la cuota empresarial de Formación Profesional y se financian con cargo a la cuota de formación profesional.
Por otra parte, las empresas que celebren estos contratos con **trabajadores con discapacidad** tienen derecho a una reducción del 50% en las cuotas empresariales de la Seguridad Social previstas para los contratos para la formación y el aprendizaje.
Respecto de la transformación de estos contratos en indefinido, ver nº 8366.

8322 **Personas con discapacidad** (ET disp.adic.20ª.1 y 2; RDL 1/2023 disp.adic.5ª) Las empresas que celebren contratos formativos con trabajadores con discapacidad tienen derecho a una **bonificación de cuotas** con cargo a los presupuestos del SEPE, durante la vigencia del contrato, del 50% de la cuota empresarial de la Seguridad Social correspondiente a contingencias comunes, previstas para estos contratos.

Estas bonificaciones **se aplican** por la TGSS conforme a los datos, aplicaciones y programas de los que disponga para la gestión liquidatoria y recaudatoria de recursos del sistema de la Seguridad Social. La ITSS debe vigilar su procedencia.
Continúan siendo de aplicación a los contratos formativos que se celebren con estos trabajadores que trabajen en **centros especiales de empleo**, las peculiaridades contenidas en el RD 1368/1985 art.7, 100% de las cuotas empresariales a la Seguridad Social.

c. Distinta a los contratos formativos o de sustitución de la persona trabajadora

Con **carácter excepcional** se establecen bonificaciones para los contratos temporales, a tiempo completo, que se celebren con trabajadores con discapacidad (nº 8332) o con personas que se encuentren en situación de exclusión social (nº 8336), siempre que, en ambos casos, estén desempleados e inscritos en la oficina de empleo. **8330**

Personas con discapacidad (L 43/2006 art. 2.2.4 y disp.adic.1ª; RD 1451/1983 disp.adic.2ª; RDL 1/2023 disp.adic.5ª) Las empresas pueden contratar temporalmente para la realización de sus actividades, cualquiera que fuera la naturaleza de las mismas, a trabajadores con discapacidad a través del **contrato temporal de fomento del empleo**, sin tener que acogerse a una **causa** de temporalidad (ET art.15). **8332**
Las **características** básicas del régimen jurídico de este contrato son:
1. Se puede **realizar** con trabajadores con discapacidad desempleados inscritos en la oficina de empleo, con un grado de discapacidad igual o superior al 33% o con pensionistas de la Seguridad Social que tengan reconocida una pensión de incapacidad permanente en el grado de total, absoluta o gran invalidez, o con pensionistas de clases pasivas que tengan reconocida una pensión de jubilación o de retiro por incapacidad permanente para el servicio o inutilidad.
2. La **duración** de estos contratos no puede ser inferior a 12 meses ni superior a 3 años. Cuando se concierten por un plazo inferior al máximo establecido pueden prorrogarse antes de su terminación por períodos no inferiores a 12 meses.
3. A la terminación del contrato el trabajador tiene derecho a percibir una **compensación económica** equivalente a 12 días de salario por año de servicio.
4. Los empresarios deben efectuar la **contratación** de los trabajadores a través de la oficina de empleo y la **formalización** de los contratos por escrito en el modelo oficial que se facilite por el SEPE.
No pueden contratar mediante esta modalidad las empresas que hayan extinguido contratos indefinidos en los 12 meses anteriores a la contratación por despido reconocido o declarado improcedente o por despido colectivo. El **período de exclusión** se ha de contar a partir del reconocimiento o de la declaración de improcedencia del despido o de la extinción derivada del despido colectivo.

La **contratación** de personas con discapacidad mediante el contrato temporal de fomento de empleo da lugar a una **bonificación** de 291,66 €/mes (3.500 €/año), durante toda la vigencia del contrato. **8334**
La bonificación es de 341,66 €/mes (4.100 €/año) si el trabajador con discapacidad está incluido en alguno de los **grupos** siguientes:
- personas con parálisis cerebral, personas con enfermedad mental o personas con discapacidad intelectual, con un grado de discapacidad reconocido igual o superior al 33%;
- personas con discapacidad física o sensorial, con un grado de discapacidad reconocido igual o superior al 65%.

Si en el momento de la contratación el trabajador tiene **45 o más años o es una mujer**, la bonificación correspondiente se incrementa en 50 €/mes (600 €/año), siendo tales incrementos compatibles entre sí.
Las empresas que celebren contratos temporales de fomento del empleo con personas con discapacidad pueden solicitar subvenciones destinadas a la **adaptación de los puestos de trabajo** o dotación de equipos de protección personal (nº 8276).
Sobre los incentivos a la contratación temporal de personas con discapacidad por un centro especial de empleo, ver nº 8278.
Sobre los incentivos para sustituir trabajadores por discapacidad en IT por trabajadores con discapacidad desempleados contratados mediante **contrato de sustitución**, ver nº 8310 s.
Esta bonificación puede aplicarse a los **empleados de hogar** (RDL 16/2022 disp.adic.1ª.5).

Precisiones El contrato temporal de fomento al empleo para trabajadores con discapacidad **no** precisa de **causa específica de temporalidad**, aunque las partes vinculen el trabajo de la persona con discapacidad a la realización de una obra o servicio determinado (TS 12-4-23, EDJ 550779), o aunque en el contrato se hiciera una remisión como supletorio al ET art.15 (TS 14-5-20, EDJ 563993).

8336 **Trabajadores en situación de exclusión social** (L 43/2006 disp.adic.2ª; L 44/2007 art.15.7, 16.3; RDL 1/2023 disp.adic.1ª) Las empresas de inserción y los trabajadores en situación de exclusión (nº 8290) pueden celebrar el **contrato temporal de fomento del empleo**. En tal caso, el contrato presenta las siguientes **peculiaridades**:

1. El objeto del contrato es la prestación voluntaria de servicios retribuidos por cuenta ajena como parte esencial de un itinerario de inserción personalizado.

2. Los trabajadores que, en los 2 años inmediatamente anteriores, hayan sido contratados bajo cualquier modalidad contractual por la misma o distinta empresa de inserción, no pueden ser contratados, salvo que, en el supuesto de fracaso en un proceso previo de inserción o en el de recaída en situaciones de exclusión, el servicio social público competente considere lo contrario.

3. La duración mínima es de 12 meses y la máxima de 3 años; no obstante, puede concertarse por una duración menor no inferior a 6 meses si, dentro del itinerario de inserción pactado, así se aconseja por los servicios sociales públicos competentes.

4. Si la duración del contrato es inferior a la máxima, puede prorrogarse hasta alcanzar la duración máxima por períodos de igual duración a la inicial del contrato.

5. A la terminación del contrato el trabajador tiene derecho a percibir una compensación económica equivalente a 12 días de salario por año de servicio.

La contratación tempoaral de estos trabajadores por **empresas de inserción** da derecho durante toda la vigencia del contrato a una **bonificación** de

- 70,83 €/mes (850 €/año) (L 44/2007 art.16.3.a);
- 147 €/mes si el trabajador contratado es **menor de** 30 años, o de 35 si tiene una discapacidad reconocida igual o superior al 33%.

d. Cuadro-resumen contratos temporales

8345 Contratos formativos

Colectivo	Cuantía bonificación	Duración	Regulación
Contratos de formación en alternancia [1] [2]	- para la empresa: 91 €/mes - para la persona trabajadora: 28 €/mes	toda la vigencia del contrato	RDL 1/2023 art.23
Contratos formativos suscritos con personas con discapacidad	50% de la cuota empresarial a la SS por contingencias comunes	toda la vigencia del contrato	ET disp.adic.20ª RDL 1/2023 disp.adic.5ª.1

[1] **No** suscritos en el marco de **programas públicos mixtos de empleo-formación**.
[2] Además, se contemplan bonificaciones en las cuotas empresariales de la Seguridad Social para **financiar los costes de la formación** recibida por la persona trabajadora contratada, en la cuantía máxima que resulte de multiplicar el módulo económico establecido reglamentariamente por un número de horas equivalente al 35% de la jornada durante el primer año del contrato, y el 15% de la jornada el segundo. Si se celebra con beneficiarios de SNGJ 50% durante el primer año y 25% durante el segundo (RDL 1/2023 art.26).

8347 Contrato de sustitución de persona trabajadora

Contrato de sustitución de persona trabajadora			
Colectivo	**Cuantía de la bonificación**	**Duración**	**Regulación**
Celebrado con desempleados menores de 30 años durante la percepción de prestaciones por [1]: - riesgo durante el embarazo o la lactancia natural - nacimiento y cuidado del menor - ejercicio corresponsable del cuidado del menor	366 euros/mes	los periodos en que se superponga el contrato de sustitución con la correspondiente prestación o situación de IT	RDL 1/2023 art.17
Celebrado con desempleado con discapacidad para la sustitución de trabajadores con discapacidad con contrato suspendido por IT			

Contrato de sustitución de persona trabajadora			
Celebrado con personas desempleadas para la sustitución de trabajadoras víctimas de violencia de género o sexual, que hayan suspendido su contrato de trabajo o ejercitado su derecho a la movilidad geográfica o al cambio de centro de trabajo	100% de la cuota empresarial a la SS por contingencias comunes	todo el período de suspensión del contrato de la trabajadora sustituida o 6 meses en los supuestos de movilidad geográfica o cambio de centro de trabajo	LO 1/2004 art.21.3 RDL 1/2023 disp.adic.9ª

[1] También son beneficiarios los contratos celebrados para la sustitución de personas trabajadoras **autónomas** o **socias trabajadores o de trabajo** de las sociedades cooperativas.

Bonificaciones respecto a las personas sustituidas			
Colectivo	**Cuantía de la bonificación**	**Duración**	**Regulación**
Personas trabajadoras por cuenta ajena sustituidas durante el percibo de las prestaciones económicas por: - nacimiento y cuidado de menor - ejercicio corresponsable del cuidado del menor - riesgo durante el embarazo o la lactancia natural [1]	366 euros/mes	los periodos en que se superponga el contrato de sustitución con la correspondiente prestación	RDL 1/2023 art.18
Cambio de puesto de trabajo por riesgo durante el embarazo o riesgo durante la lactancia natural, así como en los supuestos de enfermedad profesional [2]	138 euros/mes	la permanencia en el nuevo puesto de trabajo	RDL 1/2023 art.19

[1] También se aplican los beneficios a la cotización de los **socios trabajadores o de trabajo** de las sociedades cooperativas que se encuentren en alguna de las situaciones anteriores.
[2] La situación de riesgo durante el embarazo o la lactancia natural **se acredita** por la empresa mediante el informe de resultados de la evaluación de riesgos y la existencia de enfermedad profesional mediante certificación del correspondiente equipo de valoración de incapacidades del INSS.

Distinta de contratos formativos y de sustitución de persona trabajadora 8349

Contrato/Colectivo [1]		Bonificación/Reducción	Duración	Regulación
Personas con discapacidad (contrato temporal de fomento de empleo)	hombres < 45 años	- en general: 291,66 €/mes (3.500 €/año) - con discapacidad severa: 341,66 €/mes (4.100 €/año)	toda la vigencia del contrato	L 43/2006 art.2.2.4 y 3 RDL 1/2023 disp.adic.5ª
	mujeres < 45 años y hombres ≥ 45 años	- en general: 341,66 €/mes (4.100 €/año) - con discapacidad severa: 391,66 €/mes (4.700 €/año)		
	mujeres ≥ 45 años	- en general: 391,66 €/mes (4.700 €/año) - con discapacidad severa: 441,66 €/mes (5.300 €/año)		
	en centros especiales de empleo	bonificación: 100% cuota empresarial a la SS por todas las contingencias		

Contrato/Colectivo [1]		Bonificación/Reducción	Duración	Regulación
Personas en situación de exclusión social	en empresas de inserción	- en general: 70,83 €/mes (850 €/año) - en caso de menores de 30 años, o de 35 con un grado de discapacidad igual o superior al 33%: 147 €/mes (1.764 €/año)	toda la vigencia del contrato	L 44/2007 art.15.1 y 16.3.a L 43/2006 disp.adic.1ª RDL 1/2023 disp.adic.6ª
[1] También se establecen bonificaciones a la celebración de contratos temporales para la sustitución de personas trabajadoras **en materia de conciliación** de la vida laboral y familiar				

3. Contratación a tiempo parcial

(RDL 1/2023 art.10.2)

8355 En todos los supuestos anteriores, cuando la contratación incentivada lo sea a tiempo parcial, las **cuantías de la bonificación** se reducen proporcionalmente en función de la jornada establecida, sin que ésta pueda ser inferior, a efectos de la aplicación de los correspondientes incentivos, al 50% de la jornada a tiempo completo de una persona trabajadora comparable. Este porcentaje del 50% es el comunicado por la empresa en el momento del alta, o como variación de datos, identificativo del tiempo de trabajo realizado por la persona trabajadora en cada uno de los días del correspondiente período de liquidación de cuotas. Si la jornada de trabajo es **inferior al 50% de la jornada** no se aplica ningún importe de bonificación de cuotas. Este periodo se debe tener en cuenta como consumido a efectos de computar el tiempo máximo de disfrute de la bonificación de cuotas.
Este límite **no se aplica** en caso de personas con discapacidad como medida de adecuación del empleo a sus capacidades, a los supuestos de reducción de jornada por causa de conciliación (ET art.37.4, 6 y 8) y por como consecuencia del ejercicio del derecho de huelga.

4. Transformación de contratos temporales en indefinidos

(RDL 1/2023 art.24, 29, disp.adic.5ª y disp.adic.8ª)

8360 Existen bonificaciones a la conversión en indefinido de los siguientes contratos temporales:
- contratos temporales de fomento de empleo o formativos de personas con discapacidad (nº 8362);
- contratos de relevo (nº 8364).
También se bonifica la transformación: de **contratos formativos en indefinidos** (nº 8366) y de contratos temporales suscritos con trabajadores por cuenta ajena agrarios en fijos-discontinuos, aplicándose la normativa vigente cuando la transformación se haya celebrado en fecha anterior.

8362 **Contratos temporales con personas con discapacidad** (L 43/2006 art.2.2.1 y disp.adic.1ª.6; RDL 1/2023 disp.adic.5ª) La transformación en indefinidos de los contratos temporales celebrados con personas con discapacidad tienen el mismo régimen de bonificación que las contrataciones indefinidas iniciales de dichos trabajadores (nº 8274 s.). Estas ayudas son de aplicación a todas las empresas.
En cuanto al **momento** en el que realizar la **transformación** del contrato temporal de fomento del empleo puede producirse al vencimiento de la duración inicial del contrato o de las correspondientes prórrogas.
Esta bonificación puede aplicarse a los empleados de hogar (RDL 16/2022 disp.adic.1ª.5).

8364 **Contratos de relevo** (RDL 1/2023 art.24.1. 2 y 3) Las empresas que transformen en indefinidos contratos de relevo cualquiera que sea la fecha de su celebración, tienen derecho a una bonificación en la cuota empresarial a la Seguridad Social, durante 3 años, de:
- si afecta a **hombres**: 55 €/mes;
- si afecta a **mujeres**: 73 €/mes.
La empresa debe acreditar las condiciones determinantes de la aplicación de las anteriores bonificaciones de cuotas mediante la comunicación de la variación de datos.

Precisiones Debe tenerse en cuenta que, desde el 1-1-2013, se encuentra **derogada** la normativa reguladora del **contrato de sustitución por anticipación de la edad de jubilación** (RD 1194/1985 derog L 27/2011 disp.derog.única 1º), por lo que las bonificaciones a la transformación en indefinidos de estos contratos se refieren a los suscritos antes de la indicada fecha.

Contratos formativos (RDL 1/2023 art.24.1 y 3) Las empresas que, a la finalización de su duración inicial o prorrogada, transformen en contratos indefinidos los contratos formativos, cualquiera que sea la fecha de su celebración, tienen derecho a una **bonificación a la contratación** durante 3 años de: 8366
- si afecta a **hombres**: 128 €/mes;
- si afecta a **mujeres**: 147 €/mes.

En el supuesto de trabajadores con contratos formativos y, a través de una ETT, puestos a disposición, **las empresas usuarias** tienen derecho a la misma bonificación cuando, sin solución de continuidad, concierten con estos trabajadores un contrato de trabajo por tiempo indefinido
La empresa debe **acreditar** las condiciones determinantes de la aplicación de estas bonificaciones mediante la comunicación del alta en el correspondiente régimen de la Seguridad Social.

Cuadro-resumen transformación en indefinidos de contratos temporales

Transformación en indefinidos de contratos formativos o de duración determinada 8375

Colectivo		Cuantía de la bonificación	Duración	Regulación
Contratos temporales con personas con discapacidad	hombres < 45 años	- en general: 4.500 €/año - con discapacidad severa: 5.100 €/año	toda la vigencia del contrato	L 43/2006 art.2.2 y 3 RDL 1/2023 disp.adic.5ª
	mujeres < 45 años	- en general: 5.350 €/año - con discapacidad severa: 5.950 €/año		
	≥ 45 años	- en general: 5.700 €/año - con discapacidad severa: 6.300 €/año		
	centros especiales de empleo	bonificación: 100% de la cuota empresarial a la SS por todos los conceptos		
Contratos formativos [1]		Hombres: 128 €/mes Mujeres: 147 €/mes	3 años	RDL 1/2023 art.24.1
Contratos de relevo		Hombres: 55 €/mes Mujeres: 73 €/mes	3 años	RDL 1/2023 art.24.2
Transformación en contratos fijos-discontinuos de contratos temporales suscritos con personas trabajadoras por cuenta ajena agrarias [2]		Hombres: 55 €/mes Mujeres: 73 €/mes	3 años	RDL 1/2023 art.29 y disp.adic.8ª

[1] También pueden beneficiarse de estas bonificaciones las empresas usuarias por las personas trabajadoras con contrato formativo y puestas a disposición a través de **ETTs**.
[2] La bonificación se limitará a las transformaciones de contratos fijos discontinuos producidas **durante los 2 años siguientes** a 1-9-2023.

5. Bonificaciones al mantenimiento de la contratación

Prolongación del período de actividad de fijos discontinuos en los sectores de turismo y comercio y hostelería vinculados a la actividad turística (RDL 1/2023 art.50) 8380
Las empresas, excluidas las pertenecientes al sector público, dedicadas a actividades encuadradas en los sectores del turismo, así como los del comercio y hostelería, siempre que se encuentren vinculados a dicho sector del turismo, que generen actividad productiva en los meses de **febrero, marzo y noviembre** de cada año y que inicien o mantengan en alta durante dichos meses la ocupación de los trabajadores con contratos de carácter fijos discontinuo, pueden aplicarse una **bonificación** en dichos meses de las cuotas empresariales a la Seguridad Social por contingencias comunes, así como por los conceptos de recaudación conjunta de Desempleo, FOGASA y Formación Profesional de dichos trabajadores, por un importe de 262 €/mes.

Las bonificaciones de cuotas se aplican por la TGSS a **instancia de la empresa**, previa comunicación de la identificación de las personas trabajadoras, y previa presentación de **declaración responsable** (017), respecto de cada código de cuenta de cotización y mes de devengo, sobre su vinculación al sector del turismo. Para que las bonificaciones resulten de aplicación, la declaración responsable se deben presentar antes de solicitarse el cálculo de la liquidación de cuotas correspondiente al período de devengo de cuotas sobre el que tengan efectos dichas declaraciones. La presentación de las declaraciones responsables se debe realizar a través del Sistema RED.

8382 **Mantenimiento de empleo de trabajadores que hayan alcanzado la edad ordinaria de jubilación** (LGSS art.152, 161.4, 205.1.a y disp.trans.7ª y 12ª; OM PJC/51/2024 art.30.1.a) Los **contratos indefinidos** con trabajadores, o socios trabajadores o de trabajo de las cooperativas, están exentos de cotizar por contingencias comunes, salvo por IT derivada de las mismas, desempleo, FOGASA y formación profesional, siempre que éstos se encuentren en alguno de los siguientes **supuestos**:

a) Desde el año 2013 y hasta el año 2027 en el supuesto de años de edad y de cotización que proceda, determinante de la edad de jubilación ordinaria.

b) A partir del año 2027 en alguno de los siguientes supuestos: 65 años de edad y 38 años y 6 meses de cotización; o 67 años de edad y 37 años de cotización.

Las partes proporcionales de **pagas extraordinarias** no se toman en cuenta a efectos del cómputo de años de cotización. Si al cumplir la edad correspondiente, el trabajador no tuviere cotizados el número de años en cada caso requerido, la exención se aplica a partir de la fecha en que se acrediten los años de cotización exigidos para cada supuesto.

En concreto, en **2024** se exigen 65 años de edad si se acreditan 38 años o más de cotización; o 66 años y 6 meses de edad en caso de no acreditar esa cotización. En **2025** se exigirán 65 años de edad y 38 años y 3 meses de cotización; o 66 años y 8 meses de edad en caso de no acreditar esa cotización.

Esta exención no es de aplicación a los trabajadores que presten sus servicios en las **Administraciones públicas** o en los organismos públicos.

Las partes proporcionales de **pagas extraordinarias** no se toman en cuenta a efectos del cómputo de años de cotización. Si al cumplir la edad correspondiente, el trabajador no tuviere cotizados el número de años en cada caso requerido, la exención se aplica a partir de la fecha en que se acrediten los años de cotización exigidos para cada supuesto.

El **tipo de cotización** por IT derivada de contingencias comunes en estos supuestos es del 1,55%, del que el 1,30% es a cargo de la empresa y el 0,25% a cargo del trabajador.

8384 **Ceuta y Melilla** (RDL 1/2023 art.31 redacc RDL 2/2024) Son **beneficiarios** de esta bonificación los empresarios, excluida la Administración pública y las entidades, organismos y empresas del sector público, respecto de los trabajadores que presten servicios en sus centros de trabajo ubicados en las Ciudades de Ceuta y Melilla, dedicados a actividades encuadradas en los **sectores** de agricultura, pesca y acuicultura; industria, excepto energía y agua; comercio; turismo; hostelería y resto de servicios, excepto el transporte aéreo de ala fija, construcción de edificios, actividades financieras y de seguros y actividades inmobiliarias y otros que se determinen legalmente. Se aplica a empresas que tengan personas con contratos indefinidos o de sustitución por causa de incapacidad temporal.

La **bonificación** alcanza el 50% de las aportaciones a las cuotas de la Seguridad Social por contingencias comunes, así como por los conceptos de recaudación conjunta de desempleo, formación profesional y FOGASA y se aplica durante toda la vigencia de los contratos.

Esta bonificación se mantendrá vigente mientras lo estén los **Planes Integrales de Desarrollo Socioeconómico de las Ciudades de Ceuta y Melilla**. A estos efectos, el SEPE deberá comunicar a la TGSS la finalización de la vigencia de dichos Planes cuando esta surta efectos.

Cuadro-resumen incentivos para el mantenimiento de la contratación

8390

Supuestos	Colectivos	Bonificación/ Incentivos	Duración	Vigencia del programa	Normativa aplicable
Inicio o mantenimiento en alta en sectores de turismo, comercio vinculado al turismo y hostelería durante los meses de febrero, marzo y noviembre	Trabajadores con contratos de carácter fijo discontinuo	262 €/mes	Meses de febrero, marzo y noviembre	Indefinida	L 1/2023 art.50
Mantenimiento contratación indefinida	Trabajadores por cuenta ajena con contrato indefinido y socios trabajadores o de trabajo de las cooperativas, que se encuentren en alguno de estos supuestos: A partir del **1-1-1-2024**: - 65 años de edad y 38 o más años; - 66 años y 6 meses de edad y menos de 38 años de cotización A partir de **1-1-2025**: - 65 años de edad y 38 años y 3 meses de cotización; - 66 años y 10 meses de edad y menos de 38 años y 3 meses cotización [1]	Exoneración 100% de la totalidad de las cuotas por contingencias comunes, salvo IT, y de desempleo, formación profesional y FOGASA	Toda la vigencia del contrato	Indefinida	LGSS art.152, disp.trans.7ª
Ceuta y Melilla	Trabajadores que trabajen en los sectores de agricultura, pesca y acuicultura; industria, excepto energía y agua; comercio; turismo; hostelería y resto de servicios, excepto el transporte aéreo, construcción de edificios, actividades financieras y de seguros y actividades inmobiliarias u otros sectores establecidos legalmente	A partir del 1-11-2024: bonificación del 50% de las cuotas empresariales a la Seguridad Social por contingencias comunes y por desempleo, FOGASA y formación profesional	Toda la vigencia del contrato	Vinculada a la vigencia de los Planes Integrales de Desarrollo Socioeconómico de las Ciudades de Ceuta y Melilla	RDL 1/2023 art.31

(1) Desde 2013 y hasta 2027, el trabajador o socio ha de hallarse en el supuesto de años de edad y de cotización que proceda, determinante de la edad de jubilación ordinaria; a partir del año 2027 en alguno de los siguientes supuestos: a) 65 años de edad y 38 años y 6 meses de cotización o b) 67 años de edad y 37 años de cotización.

6. Otros incentivos a la contratación

8395 **Reducciones de cuota en Cuenca, Soria y Teruel** (L 31/2022 disp.adic.91ª) Los **contratos indefinidos** a tiempo completo o parcial, o de fijos-discontinuos celebrados en empresas dadas de alta en estas provincias, en códigos de cuenta de cotización para el alta de trabajadores en el Régimen General cuentan, durante toda la vigencia del contrato, con las siguientes **reducciones** en la aportación empresarial por contingencias comunes:

contrato anterior a 1-1-2023		5%
contratación con inicio de actividad a partir del 1-1-2023	Municipio de 1000 habitantes o más	15%
	Municipio de menos de 1000 habitantes	20%

A tal fin, han de cumplirse los **requisitos** de no haber sido inhabilitado para obtener ayudas públicas y beneficios fiscales o de Seguridad Social ni excluido del acceso a los beneficios de programas de empleo por cometer infracciones graves o muy graves, y estar al corriente en las obligaciones tributarias y de Seguridad Social. Requisitos que son controlados por la ITSS.
Para el **cómputo poblacional**, se tiene en cuenta la cifra oficial de población establecida por el INE.
No se **pierde** el beneficio ni en caso de sucesión de empresas ni porque el trabajador acceda a la jubilación parcial, pero sí en caso de impago de las cuotas debidas durante el disfrute de la reducción.

8397 **Bonificaciones con motivo de la «XXXVII Copa América Barcelona»** (L 31/2022 disp.final 34ª; RD 712/2024) Desde el **25-7-2024**, se bonifica en el 100% de la cotización a la Seguridad Social por contingencias comunes y demás conceptos de recaudación conjunta a la **contratación de trabajadores** que realicen las personas jurídicas constituidas con motivo de la «XXXVII Copa América Barcelona» o los equipos participantes, inscritas como empresas en el sistema de la Seguridad Social, así como las personas jurídicas que realicen actividades complementarias y auxiliares. La bonificación se aplica a las cuotas devengadas entre marzo de 2023 y diciembre de 2025. En todo caso, va a dejar de ser aplicable cuando dejen de realizarse las labores directamente relacionadas con la organización y participación en el acontecimiento.
La contratación bonificable puede formalizarse a través de los siguientes **tipos de contrato**: indefinido, temporal o de duración determinada, a tiempo completo o a tiempo parcial.
Se **excluyen** los contratos formativos, los contratos de relevo y los contratos a tiempo parcial con períodos de trabajo concentrado.
Se **incluye** la contratación de personas trabajadoras que tengan el carácter de personal de alta dirección, técnicos, administrativos, mecánicos, tripulantes de embarcaciones y cualesquiera otras personas trabajadoras por cuenta ajena.
Por el contrario, **no se bonifica** la contratación de:
- consejeros y administradores de sociedades de capital, que no posean su control, cuando el desempeño de su cargo conlleve la realización de las funciones de dirección y gerencia de la sociedad (LGSS art.136.2.c);
- socios trabajadores de sociedades laborales que, por su condición de administradores de las mismas, realicen funciones de dirección y gerencia de la sociedad y no posean su control (LGSS art.136.2.e);
- en el sector marítimo-pesquero, consejeros y administradores de sociedades mercantiles capitalistas, siempre que no posean el control de estas, cuando el desempeño de su cargo conlleve la realización de las funciones de dirección y gerencia de la sociedad, así como los prácticos de puerto (L 47/2015 art.5).

Se exige la presentación previa de una **declaración responsable** del cumplimiento de los requisitos y la solicitud de un código de cuenta de cotización específico. Se establece, además, la incompatibilidad de estas bonificaciones con cualesquiera otras. Si se tiene derecho a dos o más bonificaciones es necesario optar por una de ellas. Si se opta por esta, al finalizar su período de aplicación, es posible optar, de nuevo, por aquella o aquellas a las que tuviera derecho.

8399 **Bonificación para la contratación de personas con discapacidad por la ONCE** (RDL 18/2011 art.1) Para los **contratos suscritos** por la Organización Nacional de Ciegos Españoles con personas con discapacidad, en cualquiera de las modalidades de contratación previstas y durante toda la vigencia de dichos contratos, así como para la transformación de los contratos temporales en indefinidos, se establece una **bonificación del 100%** de las cuotas empresariales de la Seguridad Social, incluidas las de accidentes de trabajo y enfermedades profesionales y cuotas de recaudación conjunta.

A estos efectos, tienen la consideración de **personas con discapacidad** aquellas a quienes se les haya reconocido un grado de discapacidad igual o superior al 33%, los pensionistas de la Seguridad Social que tengan reconocida una pensión de IP en el grado de total, absoluta o gran invalidez, y los pensionistas de clases pasivas que tengan reconocida una pensión de jubilación o de retiro por IP para el servicio o inutilidad. Dichas bonificaciones pueden obtenerse siempre que la ONCE se encuentre al corriente en el pago de las cuotas a la Seguridad Social.

Otras bonificaciones Además, de las señaladas anteriormente pueden destacarse las siguientes bonificaciones a la contratación: **8401**

Colectivo	Bonificación/Reducción	Duración	Normativa
Personal investigador con dedicación exclusiva a actividades de investigación y desarrollo e innovación tecnológica	- con carácter general: 40% de la cuota empresarial a la SS por contingencias comunes; - en caso de jóvenes menores de 30 años y de mujeres: bonificación adicional del 5%, siendo estas acumulables, en su caso, entre sí.	toda la vigencia del contrato	L 17/2012 disp.adic.79ª; RD 475/2014; RDL 1/2023 disp.adic.7 redacc RDL 8/2023
Personal investigador predoctoral	115 €/mes		RDL 1/2023 art.27 redacc RDL 8/2023

C. Régimen sancionador

Infracciones graves y muy graves (LISOS art.16.1.d y e -redacc L 1/2023-, 22.9 y 23.1.h) Se consideran infracciones **graves** la obtención y el disfrute indebido de cualquier tipo de reducciones, bonificaciones o incentivos en relación con el importe de las cuotas sociales que corresponda, entendiendo producida una infracción por cada trabajador afectado, salvo que se trate de bonificaciones de formación profesional para el empleo y reducciones de las cotizaciones por contingencias profesionales a las empresas que hayan contribuido especialmente a la disminución y prevención de la siniestralidad laboral, en la que se entiende producida una infracción por cada empresa y acción formativa. **8410**

Por su parte, se consideran infracciones **muy graves**:

1. La obtención o disfrute indebido de incentivos a las políticas activas de empleo concedidos, financiados o garantizados, en todo o en parte, por el Estado, las Comunidades Autónomas o el Fondo Social Europeo u otras ayudas e iniciativas europeas, en el marco de la ejecución de la legislación laboral, ajenas al régimen económico de la Seguridad Social.

2. La no aplicación o las desviaciones en la aplicación de los incentivos a de las políticas activas de empleo concedidos, financiados o garantizados, en todo o en parte, por el Estado, las Comunidades Autónomas o el Fondo Social Europeo u otras ayudas e iniciativas europeas, en el marco de la ejecución de la legislación laboral, ajenas al régimen económico de la Seguridad Social.

3. Incurrir los empresarios, las entidades de formación o aquellas que asuman la organización de las acciones formativas programadas por las empresas, en el falseamiento de documentos o en la simulación de la ejecución de la acción formativa, incluida la teleformación, para la obtención o disfrute indebido de bonificaciones en materia de formación profesional para el empleo, entendiéndose producida una infracción por cada empresa y acción formativa.

Sanciones (LISOS art.40.1, 46 - redacc L 3/2023-, 46 bis y disp.adic.1ª; RD 306/2007 art.único; L 10/2021 disp.trans.2ª) **8412**
A estas infracciones corresponden las siguientes sanciones:

1. Las **graves** con multa, de 751 a 7.500 €.

2. Las **muy graves** con multa, desde 7.501 a 225.018 €.

Sin perjuicio de las sanciones mencionadas anteriormente, los empresarios que hayan cometido infracciones muy graves en materia de empleo y de protección por desempleo tienen las siguientes **sanciones accesorias**:

1. Pérdida automática de las ayudas, bonificaciones, y de forma proporcional al número de trabajadores afectados por la infracción, las ayudas, bonificaciones y, en general, los beneficios derivados de la aplicación de los programas de empleo o formación profesional para el empleo, con efectos desde la fecha en que se cometió la infracción.

2. Posibilidad de exclusión del acceso a tales ayudas, subvenciones, bonificaciones y beneficios por un período máximo de 2 años, con efectos desde la fecha de la resolución que imponga la sanción. Si se trata de infracciones muy graves la exclusión lo es por un periodo de 5 años.

En todo caso, los sujetos responsables quedan obligados a la **devolución** de las cantidades obtenidas indebidamente y las no aplicadas o aplicadas incorrectamente.

Sin perjuicio de las sanciones accesorias señaladas, cuando los empresarios incurran en responsabilidad por infracciones muy graves **en materia de igualdad** pueden ser sancionados no solo con la pérdida automática de las ayudas y subvenciones derivadas de la aplicación de los programas de empleo sino también con la exclusión automática del acceso a tales beneficios por un periodo de 6 meses a 2 años. No obstante, en el caso de infracciones **en materia de discriminación por razón de sexo**, las sanciones accesorias pueden ser sustituidas por la elaboración y aplicación de un plan de igualdad en la empresa nº 5800 Memento Social 2024). El incumplimiento de esta obligación, sin perjuicio de la sanción correspondiente, implica que se deje sin efecto la sustitución de las sanciones accesorias, debiéndose aplicar éstas.

8414 **Otras responsabilidades en materia de infracciones** (L 38/2003 art.69) Sin perjuicio de la responsabilidad directa prevista para los sujetos infractores en materia de ayudas y subvenciones públicas, también se pueden exigir otras responsabilidades en los siguientes **supuestos**:

1. Responden subsidiariamente de la sanción pecuniaria los **administradores de las sociedades mercantiles**, o aquellos que ostenten la **representación** legal de otras **personas jurídicas**, de acuerdo con las disposiciones legales o estatutarias que les resulten de aplicación, que no realicen los actos necesarios que sean de su incumbencia para el cumplimiento de las obligaciones infringidas, adopten acuerdos que hagan posibles los incumplimientos o consientan el de quienes de ellos dependan.

2. En el caso de sociedades o **entidades disueltas y liquidadas** puede ocurrir:

- que la ley establezca limite a la responsabilidad patrimonial de los socios, partícipes o cotitulares, en cuyo caso las **sanciones pendientes** se transmiten a éstos, que quedan obligados solidariamente hasta el límite del valor de la cuota de liquidación que se les hubiera adjudicado o se les hubiera debido adjudicar;
- que la ley no limite la responsabilidad patrimonial de los socios, partícipes o cotitulares, en cuyo caso las sanciones pendientes se transmiten a éstos, que quedan obligados solidariamente a su cumplimiento.

PARTE XI

Protección de datos, desconexión digital e inteligencia artificial

CAPÍTULO 36

Protección de datos, desconexión digital e inteligencia artificial

8500

SECCIÓN 1

Protección de datos en la contratación laboral

8505

A. Derecho fundamental a la protección de datos

8510 La protección de datos es, probablemente, una de las garantías individuales que mayor desarrollo normativo ha experimentado a nivel europeo en los últimos años. En el **ámbito de la UE**, la CDFUE art.8, recoge el derecho de toda persona a la protección de los datos de carácter personal que la conciernan, estableciendo la obligación de que los datos sean tratados de modo leal, para fines concretos y sobre la base del consentimiento de la persona afectada o en virtud de otro fundamento legítimo previsto por la ley. Asimismo, establece el derecho de toda persona a acceder a los datos recogidos que la conciernan y a su rectificación, concluyendo que el respeto de estas normas está sujeto al control de una autoridad independiente. Por otra parte, el TFUE art.16.1 establece el derecho de toda persona a la protección de los datos de carácter personal que le conciernan.

En **el ámbito interno**, la Const. art.18.4 dispone que la ley debe limitar el uso de la informática para garantizar el honor y la intimidad personal y familiar de los ciudadanos y el pleno ejercicio de sus derechos, resultando pionera en el reconocimiento de este derecho fundamental.

Otras normas de referencia son el Rgto (UE) 2016/679 del Parlamento y del Consejo, relativo a la protección de las personas físicas en lo que respecta al tratamiento de sus datos personales y a la libre circulación de estos datos (RGPD). El **RGPD** habilita a los Estados miembros a establecer normas más específicas para garantizar la protección de los derechos y libertades en relación con el tratamiento de datos personales de los trabajadores en el ámbito laboral y, en particular, en materia de salud y seguridad en el trabajo (RGPD art.88).

La **adaptación del RGPD** a la normativa interna se ha llevado a cabo a través de la LO 3/2018, de protección de datos personales y garantía de los derechos digitales (en adelante LOPD).

En los siguientes marginales se aborda lo que debe entenderse por dato personal (nº 8515), por tratamiento de datos (nº 8517), y los principios generales que le informan (nº 8519).

1. El dato personal

(RGPD art.4.1; GT29 dictamen 4/2007)

8515 El RGPD **define** el dato personal como toda información sobre una persona física identificada o identificable («el interesado»); y se considera persona física identificable a toda persona cuya identidad pueda determinarse, directa o indirectamente, en particular, mediante un identificador como, por ejemplo, un nombre, un número de identificación, datos de localización, un identificador en línea o uno o varios elementos propios de la identidad física, fisiológica, genética, psíquica, económica, cultural o social de dicha persona.

De acuerdo con la anterior definición, los **componentes principales** de la definición de «datos personales» son los siguientes:

- toda información;
- sobre;
- identificada o identificable; y
- persona física.

8517 **Toda Información** Esta expresión indica claramente la voluntad de dar un sentido amplio al concepto de datos personales, que puede abarcar todo género de información, tanto objetiva como subjetiva, en forma de opiniones o apreciaciones, siempre que sean «sobre» la persona en cuestión (TJUE 22-6-23, C-579/24). Esta información **incluye**:

- Desde el punto de vista de la **naturaleza**: todo tipo de afirmaciones sobre una persona. Por consiguiente, abarca información objetiva como, por ejemplo, la presencia de determinada sustancia en su sangre, pero también informaciones, opiniones o evaluaciones subjetivas.
- Desde el punto de vista del **contenido**: todos aquellos datos que proporcionan información cualquiera que sea la clase de ésta.
- Desde el punto de vista del **formato o el soporte** en que la información está contenida: el concepto de datos personales incluye la información disponible en cualquier forma, alfabética, numérica, gráfica, fotográfica o sonora, por ejemplo. Desde este punto de vista, se incluye tanto la información conservada en papel, como la información almacenada en una memoria de ordenador, utilizando un código binario, o en una cinta de video, por ejemplo.

8519 **Sobre** Para considerar que los datos versan «sobre» una persona debe haber un elemento contenido o un elemento finalidad o un elemento resultado. El elemento **contenido** está presente en aquellos casos en que -de acuerdo con lo que una sociedad suele general y vulgarmente entender por la palabra «sobre»- se proporciona información sobre una persona concreta. También la presencia de un elemento **finalidad** puede ser lo que determine que la información verse sobre determinada persona, cuando los datos se utilizan o es probable que se utilicen, con la finalidad de evaluar, tratar de determinada manera o influir en la situación o el comportamiento de una persona. Los datos versan «sobre» una persona determinada porque, teniendo en cuenta todas las circunstancias que rodean el caso concreto, es probable que su uso **repercuta** en los derechos y los intereses de determinada persona.

Identificada o identificable De modo general, se puede considerar **identificada** a una persona física cuando, dentro de un grupo de personas, se la distingue de todos los demás miembros del grupo. Por consiguiente, la persona física es **identificable** cuando, aunque no se la haya identificado todavía, sea posible hacerlo. Para determinar si una persona es identificable, hay que considerar el conjunto de los medios que puedan ser razonablemente utilizados por el responsable del tratamiento o por cualquier otra persona, para identificar a dicha persona. En ese sentido, cuando no sea posible la identificación de los individuos, o esta requiera esfuerzos desproporcionados, no se aplica la normativa de protección de datos. **8521**

Además, si los **datos** están completamente **anonimizados**, no se consideran datos de carácter personal, por lo que la normativa tampoco será de aplicación. En este sentido, la anonimización supone que no será posible identificar a la persona con datos o con información de diversas fuentes, teniendo en cuenta todos los medios que puedan ser razonablemente utilizados para su identificación (GT29 Dictamen 5/2014 sobre técnicas de anonimización).

Es necesario realizar una evaluación de las técnicas y procedimientos de anonimización utilizados, a fin de acreditar que la **disociación** realizada **evita** que:

- se pueda identificar a una persona física dentro de un conjunto de datos;
- se pueda relacionar o enlazar la información de una persona física a partir de la vinculación de dos registros dentro de un conjunto de datos (o entre dos conjuntos de datos independientes); o
- se pueda inferir cualquier información sobre la persona física en un conjunto de datos.

Precisiones En el **ámbito europeo**, el TJUE ha ratificado el enfoque amplio al señalar que el concepto de persona identificada o identificable incluye, el nombre de una persona junto a su número de teléfono o a otra información relativa a sus condiciones de trabajo o a sus aficiones (TJUE 6-11-03, C-101/01, Lindqvist).

Persona física El derecho a la protección de los datos personales se aplica a los seres humanos. Por ello es, en ese sentido, universal, sin circunscribirse a los nacionales o residentes en determinado país. La protección conferida por el RGPD y la LOPD no se aplica, salvo en aquellos casos en los que exista previsión al respecto, a las **personas jurídicas**, que no gozan de ninguna de las garantías establecidas para la protección de los datos personales, sin perjuicio de que los tribunales puedan atender las reclamaciones de responsabilidad que pudieran exigirse en el caso de que el uso de información relativa a las empresas les cause algún perjuicio. **8523**

Por otro lado, los datos personales son datos relativos a seres vivos identificados o identificables. Por ello, como pone de manifiesto el Dictamen 4/2007 del GT29, la información relativa a **personas fallecidas** no se debe considerar como datos personales, ya que los difuntos dejan de ser personas físicas para el Derecho civil. Aunque la LOPD no se aplica a las personas fallecidas, respecto de las personas vinculadas al fallecido por razones familiares o de hecho así como sus **herederos**, establece (LOPD art.2.2.b y 3):

- que pueden dirigirse al responsable o encargado del tratamiento al objeto de solicitar el acceso a los datos personales de aquella y, en su caso, su rectificación o supresión;
- no pueden acceder a los datos del causante, ni solicitar su rectificación o supresión, cuando la persona fallecida lo hubiese prohibido expresamente o así lo establezca una ley. Esta prohibición no afecta al derecho de los herederos a acceder a los datos de carácter patrimonial del causante.

Al no justificar o acreditar un interés personal directo, se deniega a los familiares el acceso a la **vida laboral** de un fallecido. Se considera que se opone al carácter reservado de estos datos (AN cont-adm 15-9-23, EDJ 689477).

Precisiones Los **datos anonimizados** completamente y de manera irreversible, no se consideran datos de carácter personal, por lo que no se aplica la normativa de protección de datos. La anonimización implica que no sea posible identificar a la persona con datos o con información de diversas fuentes, teniendo en cuenta todos los medios que puedan ser razonablemente utilizados para su identificación. Por el contrario, los **datos personales seudonimizados** sí quedan sometidos al RGPD y ello en la medida que esta técnica permite singularizar a los interesados y vincularlos entre conjuntos de datos diferentes permitiendo su identificación (RGPD art.4.5).

2. Tratamiento de datos personales

(RGPD art.4.1)

8530 Para que se aplique la normativa sobre protección de datos no basta con la presencia de datos de carácter personal, sino que tiene que haber tratamiento de datos personales. Este derecho no protege el dato, ya que el **riesgo** no es que haya datos, sino que exista tratamiento de datos.

Se considera **tratamiento** cualquier operación o conjunto de operaciones realizadas sobre datos personales o conjuntos de datos personales, ya sea por procedimientos automatizados o no, como la recogida, registro, organización, estructuración, conservación, adaptación o modificación, extracción, consulta, utilización, comunicación por transmisión, difusión o cualquier otra forma de habilitación de acceso, cotejo o interconexión, limitación, supresión o destrucción. La expresión «cualquier operación» implica un concepto un alcance amplio, ya que se emplea una enumeración no exhaustiva de operaciones aplicadas a datos personales o conjuntos de datos personales, que comprenden, entre otras cosas, la recogida, el registro, la conservación o incluso la consulta (TJUE 22-6-23, C-579/24).

La importancia de estas definiciones radica en que podemos estar ante datos de carácter personal, pero no ante la obligación de cumplir con las exigencias de la normativa, porque no estemos ante un tratamiento de datos en el sentido descrito.

8532 **Especialidades del tratamiento de datos laborales** (RGPD art.88.1) Los Estados miembros pueden, a través de disposiciones legislativas o de convenios colectivos, establecer **normas específicas** para garantizar la protección de los derechos y libertades en relación con el tratamiento de datos personales de los trabajadores en el ámbito laboral. Especialmente, a efectos de:

- contratación de personal;
- ejecución del contrato laboral, incluido el cumplimiento de las obligaciones establecidas por la ley o por el convenio colectivo;
- gestión, planificación y organización del trabajo;
- igualdad y diversidad en el lugar de trabajo;
- salud y seguridad en el trabajo;
- el ejercicio y disfrute, individual o colectivo, de los derechos y prestaciones relacionados con el empleo;
- de la extinción de la relación laboral.

Asimismo, las normas deben incluir las **medidas adecuadas y específicas** para preservar la dignidad humana de los interesados, así como sus intereses legítimos y sus derechos fundamentales, prestando especial atención a la transparencia del tratamiento, a la transferencia de los datos personales dentro de un grupo empresarial o de una unión de empresas dedicadas a una actividad económica conjunta y a los sistemas de supervisión en el lugar de trabajo. Cada Estado miembro debe notificar a la Comisión cualquier **modificación** de las mismas.

Precisiones La calificación de una **norma** como **específica** supone tener un contenido normativo propio del ámbito regulado y distinto de las normas generales del RGPD. Estas normas más específicas deben tener por objeto la protección de los derechos y libertades de los trabajadores en relación con el tratamiento de sus datos personales en el ámbito laboral e incluir medidas adecuadas y específicas destinadas a proteger la dignidad humana, los intereses legítimos y los derechos fundamentales de los interesados. Debe prestarse especial atención a la transparencia del tratamiento, a la transferencia de los datos personales dentro de un grupo empresarial o de una unión de empresas dedicadas a una actividad económica conjunta y a los sistemas de supervisión en el lugar de trabajo (TJUE 30-3-23, C-34/21).

3. Principios generales del tratamiento de datos

8540 Los principios relativos al tratamiento son los siguientes:

- licitud del tratamiento de datos (nº 8542);
- lealtad en el tratamiento (nº 8554);
- transparencia (nº 8556)
- limitación de la finalidad (nº 8558);
- minimización de los datos (nº 8560);
- exactitud de los datos (nº 8562);
- limitación del plazo de conservación (nº 8564);
- integridad y confidencialidad (nº 8568);
- responsabilidad proactiva o «accountability» (nº 8570).

Licitud del tratamiento de datos (RGPD art.4.1 y 6) El tratamiento de datos personales solo es **lícito**, a priori, si se cumple, al menos, una de las siguientes **condiciones**: **8542**
a) Consentimiento del interesado para uno o varios fines específicos;
b) Que el tratamiento **sea necesario** para:
- la ejecución de un contrato en el que el interesado es parte o para la aplicación a petición de este de medidas precontractuales;
- el cumplimiento de una obligación legal aplicable al responsable del tratamiento;
- proteger intereses vitales del interesado o de otra persona física;
- el cumplimiento de una misión realizada en interés público o en el ejercicio de poderes públicos conferidos al responsable del tratamiento;
- la satisfacción de intereses legítimos perseguidos por el responsable del tratamiento o por un tercero, siempre que sobre dichos intereses no prevalezcan los intereses o los derechos y libertades fundamentales del interesado que requieran la protección de datos personales, en particular, cuando el interesado sea un niño. No se aplica al tratamiento de datos realizado por las autoridades públicas en el ejercicio de sus funciones.

El Reglamento **no** realiza **distinción** jurídica alguna entre los distintos fundamentos jurídicos y no sugiere, por tanto, que haya una jerarquía entre ellos.

Consentimiento (RGPD art.6.1.a y 7; LOPD art.6 y 7) El tratamiento de datos es lícito si el interesado presta su consentimiento para ello. Se entiende por consentimiento del afectado toda **manifestación de voluntad libre**, específica, informada e inequívoca por la que este acepta, ya sea mediante una declaración o una clara acción afirmativa, el tratamiento de datos personales que le conciernen. En todo caso, el consentimiento **debe**: **8544**
a) Ser **expreso**.
b) Prestarse mediante un **acto afirmativo claro**, como una declaración por escrito, inclusive por medios electrónicos o una declaración verbal. Esto incluye marcar una **casilla** de un **sitio web en internet**, escoger parámetros técnicos para la utilización de servicios de la sociedad de la información o cualquier otra declaración o conducta que indique claramente que el interesado acepta la propuesta de tratamiento de sus datos personales. Por tanto, el silencio, las casillas ya marcadas o la inacción no deben constituir consentimiento.
c) Prestarse para todas las **actividades de tratamiento** realizadas con el mismo o los mismos fines. Si el tratamiento tenga varios fines, debe prestarse el consentimiento para todos ellos.

El interesado tiene derecho a **retirar su consentimiento** en cualquier momento. La retirada del consentimiento no afecta a la licitud del tratamiento basada en el consentimiento previo a su retirada.

Por su parte, el RGPD considerando 155 establece que los Estados miembros o los convenios colectivos, incluidos los convenios de empresa pueden establecer normas específicas relativas al tratamiento de datos personales de los trabajadores en el ámbito laboral, en particular en relación con las condiciones en las que los datos personales en el contexto laboral pueden ser objeto de tratamiento sobre la base del consentimiento del trabajador los fines de la contratación

Precisiones **1)** En **materia laboral**, el papel del consentimiento ha venido siendo visto con enormes reservas. En su Dictamen 2/201, el GR 29 (actual Comité Europeo de Protección de Datos) subrayando que, en la práctica, el consentimiento es una condición de legitimación excepcional para el empleador, ya que por lo general el trabajador no está en condiciones de prestar un consentimiento válido. En la misma línea se sitúan las más recientes Directrices sobre el consentimiento incorporadas en el WP 259. La AEPD ha llegado incluso a afirmar que los trabajadores no están nunca en condiciones de dar, denegar o revocar el consentimiento libremente, habida cuenta de la dependencia que resulta de la relación (AEPD Resol R/0041/2019).
2) El mero consentimiento del afectado no es suficiente para **levantar la prohibición del tratamiento** de datos cuya finalidad principal es identificar su ideología, afiliación sindical, religión, orientación sexual, creencias u origen racial o étnico (LOPD art.9.1).

Ejecución de un contrato (RGPD art.6.1.b) El tratamiento de datos personales es lícito cuando es necesario para la ejecución de un contrato en el que el interesado es parte o para la aplicación, a petición suya, de medidas precontractuales. El **contrato de trabajo** se convierte en el título de legitimación del tratamiento de datos por antonomasia en materia laboral. En el ámbito laboral el consentimiento del trabajador pasa, como regla general, a un segundo plano pues el consentimiento se entiende implícito en la relación, siempre que el tratamiento de datos de carácter personal sea necesario para el mantenimiento y el cumplimiento del contrato firmado por las partes. La **dispensa del consentimiento** se refiere a los datos necesarios para el mantenimiento y cumplimiento de la relación laboral, lo que abarca, sin duda, las obligaciones derivadas del contrato de trabajo. No obstante, el espacio del tratamiento debe ceñirse al estricto ámbito del desarrollo, cumplimiento y control de la relación laboral (TCo 39/2016). **8546**

Durante la ejecución del contrato, las **informaciones** operan a través de las siguientes **vías principales**:
1. La asunción por parte del empresario de funciones de gestión delegada de las AAPP (IRPF y Seguridad Social).
2. La gestión de personal en el marco de la empresa: informaciones para la aplicación de medidas de promoción, disciplinarias o relativas al cumplimiento de obligaciones económicas o asistenciales. En la extinción del contrato, las obligaciones derivadas de la protección de datos personales implican limitaciones para la utilización de determinados datos a efectos disciplinarios.

8548 **Cumplimiento de una obligación legal** (RGPD art.6.1.c; LOPD art.8) También se contempla como **supuesto de lícito tratamiento** de datos personales el cumplimiento de una obligación legal aplicable al responsable del tratamiento. La Ley es el campo normal de la acción normativa del Estado en materia laboral y de ahí su importancia como instrumento de legitimación del tratamiento de datos personales por la empresa. La Ley **puede determinar:**
- las condiciones generales del tratamiento;
- los tipos de datos objeto del mismo;
- las cesiones que procedan como consecuencia del cumplimiento de la obligación legal; y
- las condiciones especiales del tratamiento, tales como la adopción de medidas adicionales de seguridad.

8550 **Interés legítimo** (RGPD art.6.1.f y Considerando 47) El interés legítimo del responsable del tratamiento puede constituir base jurídica para el tratamiento de datos personales, siempre que no prevalezcan los intereses o los derechos y libertades del interesado, teniendo en cuenta sus expectativas razonables basadas en su relación con el responsable, en particular cuando el interesado sea un niño. **Concurre** interés legítimo, por ejemplo, cuando existe una relación entre el interesado y el responsable del tratamiento, como en situaciones en las que el interesado es cliente o está al servicio del responsable. En cualquier caso, la existencia de un interés legítimo debe ser meticulosamente evaluada.
Por una parte, debe considerarse el interés legítimo perseguido por el responsable del tratamiento y, por otro, los intereses, derechos y libertades fundamentales del interesado, teniendo en cuenta las circunstancias concretas de cada caso. Para efectuar esta **ponderación** debe seguirse un proceso que se puede dividir, a grandes rasgos, en **tres fases** (GT29 Dictamen 06/2014):
1. Determinar el **interés legítimo** del responsable del tratamiento. Es preciso identificar cuál es la finalidad del tratamiento y por qué es importante para el responsable.
2. Establecer el **nivel de necesidad** del tratamiento. Para ello, debe valorarse si el tratamiento de los datos es realmente necesario para conseguir la finalidad perseguida o si existe otra forma de satisfacer el interés legítimo.
3. Finalmente, hay que llevar a cabo la **ponderación** entre el interés legítimo del responsable y los intereses, derechos y libertades fundamentales del interesado de forma realista y justa. Este paso se debe realizar teniendo en cuenta ciertos **factores** que pueden inclinar la balanza hacia un lado o hacia el otro, por ejemplo:
- la naturaleza de los datos (las categorías especiales de datos);
- la forma en que son tratados;
- la relación existente entre el interesado y el responsable;
- las expectativas que puede tener el primero sobre el tratamiento de sus datos o el posible impacto (ya sea de carácter positivo o negativo) que pueda ocasionarle.

8552 **Interés público o ejercicio de poderes públicos** (RGPD art.6 d) y e) El tratamiento es **necesario para**:
- proteger intereses vitales del interesado o de otra persona física; y
- el cumplimiento de una misión realizada en interés público o en el ejercicio de poderes públicos conferidos al responsable del tratamiento.
Ambos supuestos tienen igual consideración.
En el caso de la **actividad de las Administraciones Públicas**, es muy habitual que la base jurídica de los tratamientos sea el cumplimiento de una tarea en interés público o el ejercicio de poderes públicos. Tanto el interés público como los poderes públicos que justifican el tratamiento deben estar establecidos en una norma de rango legal. Suele ser una de las bases para el tratamiento de datos en el trabajo ya que, por ejemplo, el empleador tiene que hacerlo con fines de cálculo de impuestos o administración del salario (GT29 Dictamen 2/2017).

Precisiones Deben autorizarse **excepciones** a la **prohibición de tratar** categorías especiales de datos personales cuando lo establezca el Derecho de la Unión o de los Estados miembros y siempre que se den las garantías apropiadas, a fin de proteger datos personales y otros derechos fundamentales, cuando sea en interés público, en particular el tratamiento de datos personales en el ámbito de la legislación laboral (RGPD considerando 52).

Lealtad en el tratamiento de datos También debe garantizarse que el tratamiento de datos se efectúe de modo leal, esto es, respetando los requisitos, derechos y garantías que la Ley establece al efecto. Ello se materializa en el hecho de que el **responsable del tratamiento** tiene la **obligación** de facilitar la información adicional que resulte necesaria para garantizar dicha lealtad. Por tanto, la lealtad es una vara de medir la relación entre interesado y responsable de los datos y se traduce en la transparencia y la confianza en el tratamiento de los datos que el segundo le adeuda al primero. 8554

Transparencia (RGPD considerando 32) El principio de transparencia exige que toda información y comunicación relativa al tratamiento de dichos datos sea fácilmente accesible y fácil de entender, y que se utilice un lenguaje sencillo y claro. Este principio **se refiere** en particular **a**: 8556
- la información de los interesados sobre la identidad del responsable del tratamiento y los fines del mismo;
- la información añadida para garantizar un tratamiento leal y transparente con respecto a las personas físicas afectadas;
- el derecho a obtener confirmación y comunicación de los datos personales que les conciernan que sean objeto de tratamiento.

Limitación de la finalidad (RGPD art.5.1.b y 89.1) Este principio supone que los datos deben ser recogidos con fines determinados, explícitos y legítimos, y no pueden ser tratados posteriormente de manera incompatible con estos fines. Se corresponde con la **limitación de propósito** y responde básicamente a la exigencia de que los datos personales no puedan ser tratados para otra finalidad que aquella que expresamente ha sido consentida por parte del titular de los datos para posibilitar legalmente su tratamiento. 8558

Esta finalidad también debe cumplirse también cuando el **consentimiento no** sea **necesario**, como son el cumplimiento de una obligación legal o la ejecución de un contrato. Son supuestos en los que la finalidad del tratamiento tiene que cumplir con los requisitos establecidos pero que no dependen del consentimiento, por ser otra la condición de licitud de dicho tratamiento.

No obstante, **no** se considera **incompatible** con los fines iniciales el tratamiento ulterior de los datos personales con fines de: archivo en interés público, investigación científica e histórica o estadísticos.

Los fines para los que son recabados u obtenidos los datos son la pauta de la **proporcionalidad** en su tratamiento por las siguientes **razones**:
- La idoneidad, necesidad y proporcionalidad de su tratamiento se miden en función del fin para el que se han obtenido (TJUE 24-11-11, C-468/10 y C-469/10).
- Cualquier limitación del ejercicio de los derechos y libertades reconocidos por ésta debe ser establecida por la ley, respetar su contenido esencial y, dentro del respeto del principio de proporcionalidad, sólo podrán introducirse limitaciones a dichos derechos y libertades cuando sean necesarias y respondan efectivamente a objetivos de interés general reconocidos por la Unión o a la necesidad de protección de los derechos y libertades de los demás (CDFUE art.52.1).

Precisiones El tratamiento de datos personales debe estar concebido para servir a la humanidad; el derecho a la protección de los datos personales **no** es un **derecho absoluto**, sino que debe considerarse en relación con su función en la sociedad y mantener el equilibrio con otros derechos fundamentales, con arreglo al principio de proporcionalidad (RGPD considerando 4).

Principio de minimización de los datos (RGPD art.5.1.c) Los datos deben ser adecuados, pertinentes y limitados a lo necesario en relación con los fines para los que son tratados (minimización de datos); y solo deben tratarse si la finalidad del tratamiento no pudiera lograrse razonablemente por otros medios (RGPD considerando 39). 8560

El principio de minimización de datos supone que en el momento de la **recolección de los datos**:
- no pueden solicitar de su titular más datos que aquellos estrictamente necesarios, y
- que la solicitud de datos debe encontrarse plenamente justificada, en función de la naturaleza y finalidad que se persigue con el tratamiento.

En suma, solo pueden ser solicitados los datos que sean imprescindibles a la finalidad pretendida. Esto supone que, aunque el responsable del tratamiento actúe en el marco de una misión realizada en **interés público** que se le ha conferido, no puede proceder de manera generalizada e indiferenciada a la recogida de datos personales; por lo que debe abstenerse de recoger datos que no sean estrictamente necesarios en relación con los fines del tratamiento (TJUE 24-2-22, C-175/20).

8562 **Principio de exactitud de los datos** (RGPD art.5.1.d; LOPD art.4) Este principio exige que los datos personales sean exactos y, si es necesario, actualizados. Se deben adoptar todas las medidas razonables para que se **supriman o rectifiquen** sin dilación los datos personales que sean inexactos con respecto a los fines para los que se tratan.

Siempre que haya adoptado todas las medidas razonables para que los datos inexactos se supriman o rectifiquen sin dilación, se establecen **supuestos** en los que no puede imputarse la inexactitud de los datos personales al responsable del tratamiento con respecto a los fines para los que se tratan (LOPD art.4.2). Sin los siguientes **datos**:

a) Obtenidos por el responsable directamente del **afectado**.

b) Obtenidos por el responsable de un **mediador o intermediario** en caso de que las normas aplicables al sector de actividad al que pertenezca el responsable del tratamiento establecieran la posibilidad de intervención de un intermediario o mediador que recoja en nombre propio los datos de los afectados para su transmisión al responsable. El mediador o intermediario asumirá las responsabilidades que pudieran derivarse en el supuesto de comunicación al responsable de datos que no se correspondan con los facilitados por el afectado.

c) Sometidos a tratamiento por el responsable por haberlos recibido **de otro responsable** en virtud del ejercicio por el afectado del derecho a la portabilidad (RGPD art.20; LOPD art.17).

d) Obtenidos de un **registro público** por el responsable.

8564 **Limitación del plazo de conservación** Los datos de carácter personal tienen que ser mantenidos durante no más tiempo del necesario para la **identificación de los interesados**, en función de las finalidades previstas para el tratamiento. Pueden conservarse durante **períodos más largos** siempre que se traten exclusivamente con fines de archivo en interés público, de investigación científica o histórica o fines estadísticos, sin perjuicio de la aplicación de las medidas técnicas y organizativas apropiadas que impone el presente Reglamento a fin de proteger los derechos y libertades del interesado (RGPD art.5.e).

Con relación a la conservación de los datos la **AEPD** clarifica los siguientes **aspectos** (AEPD Informe Jurídico 00148/2019):

1. La conservación de los datos de carácter personal y la eventual supresión de su tratamiento -bien por imperativo del principio de limitación del plazo de conservación, o bien como consecuencia del ejercicio del derecho de supresión por los afectados-, se encuentra directamente **vinculada con la finalidad** para la que los datos fueron recogidos y tratados.

2. Los datos de carácter personal **deben suprimirse** cuando hayan dejado de ser exactos y completos (RGPD art.5.1 d.). A pesar de que se mantenga viva la finalidad para la cual se realiza el tratamiento, si el responsable no es capaz de mantener los datos actualizados de forma que respondan con veracidad a la situación real de las personas afectadas, está obligado a suprimir esta información personal. También procede la supresión cuando se esté produciendo un tratamiento contrario a la normativa sobre protección de datos.

3. Se prevén **limitaciones al derecho de supresión** por medio de las cuales se habilita la conservación de los datos en los siguientes **supuestos,** que incluyen entre otras:

a) Cumplimiento de una obligación legal. Cuando el tratamiento (conservación) sea necesario para el cumplimiento de una obligación legal (RGPD art.17.3. b).

b) Fines de archivo en interés público, investigación científica e histórica, fines estadísticos. Cuando los datos se traten para estos fines pueden conservarse (RGPD art.17.3.c) y 89).

c) Ejercicio o defensa de reclamaciones. Se pueden conservar los datos cuando resulten necesarios para el ejercicio de derechos o la defensa frente a reclamaciones (Const. art.24; RGPD art.17.3.e).

4. El sujeto obligado a conservar los datos debe **cumplir** con el resto de **principios en materia de protección de datos** durante dicho plazo de conservación. Entre ellos, es necesario asegurar el cumplimiento del principio de limitación de la finalidad y el principio de integridad y confidencialidad, con el objetivo de garantizar una seguridad adecuada en el tratamiento de los datos personales. La AEPD menciona algunos plazos de conservación a modo ejemplificativo. Así, el plazo de un mes en relación con los tratamientos de datos en materia de videovigilancia (LOPD art.22), o el de tres meses para las denuncias internas (LOPD art.24).

8566 **5.** La normativa española (LOPD art.32.2) prevé que el **proceso de supresión del dato personal**, en determinadas circunstancias, pueda estar precedido por el **bloqueo del dato** de manera previa al borrado definitivo y físico del dato. Se establece así que el responsable del tratamiento está obligado a bloquear los datos cuando proceda a su rectificación o supresión. En consecuencia, la supresión da lugar al bloqueo de los datos, lo que impide el tratamiento para la finalidad que justificó su recogida, **conservándose únicamente** para (LOPD art.32.2):

- la puesta a disposición de los datos a los jueces y tribunales, el Ministerio Fiscal o las Administraciones Públicas competentes, en particular de las autoridades de protección de datos; y
- la exigencia de posibles responsabilidades derivadas del tratamiento y solo por el plazo de prescripción de estas.

En relación con lo anterior, la AEPD considera que resulta imposible establecer una enumeración taxativa de la determinación de los periodos en los que el dato debe **permanecer bloqueado**. Sin embargo, establece el siguiente **listado ejemplificativo de plazos** de bloqueo algunos de los cuales tienen plena proyección en nuestro ámbito de interés. En concreto (AEPD Informe Jurídico 00148/2019):

a) En materia de **Seguridad Social**: La LISOS art.21.1 se refiere a la obligación -que incumbe al empresario y a las entidades de formación- en orden a la conservación durante 4 años, de la documentación o los registros o soportes informáticos en que se hayan transmitido los correspondientes datos que acrediten el cumplimiento de las obligaciones en materia de afiliación, altas, bajas o variaciones que, en su caso, se produjeran en relación con dichas materias, así como los documentos de cotización y los recibos justificativos del pago de salarios y del pago delegado de prestaciones. Este plazo se encuentra en consonancia con el fijado por la LGSS art.24.

b) También en relación con la Seguridad Social, los **plazos de prescripción de los delitos** (CP art.131). Se dispone que prescriben a los 10 años aquellos cuya pena máxima señalada por la ley sea prisión o inhabilitación por más de 5 años y que no exceda de 10 años y a los 5 años los demás delitos, excepto los leves y los delitos de injurias y calumnias, que prescriben al año.

c) En relación con las **infracciones en el orden social**, se dispone, con carácter general, su prescripción en el plazo de tres años. Por otra parte, las infracciones cometidas en materia de Seguridad Social prescriben a los cuatro años; las cometidas en materia de prevención de riesgos laborales, al año, a los tres años o a los cinco años, dependiendo de su gravedad. Las infracciones de la legislación de sociedades cooperativas, a los tres meses, los seis meses y al año, también en función de su gravedad. En todos los casos, los plazos se computan desde la fecha de la infracción (LISOS art.4).

d) Finalmente, en lo relativo a prescripción de **acciones en el ámbito laboral**, según dispone el ET art.59, las acciones derivadas del contrato de trabajo que no tengan previsto plazo de prescripción específico están sometidas al plazo de prescripción de un año.

Concluido el período de bloqueo procede el borrado físico de los datos. Sin embargo, en aquellos casos en los que no exista obligación de bloquear los datos personales, por ejemplo, porque no se establezca en ninguna norma la necesidad de mantener el dato bloqueado, deberá procederse directamente a su borrado definitivo o físico.

Principio de integridad y confidencialidad (RGPD art.5.f; LOPD art.5.1 y 3) Consiste en que los datos siempre tienen que ser tratados de manera que se garantice la seguridad adecuada de los mismos, incluyendo la **protección** contra el **tratamiento no autorizado** o ilícito y contra su pérdida, destrucción o daño accidental; y exigiendo también la aplicación de medidas técnicas u organizativas apropiadas. La implantación de estas medidas es responsabilidad exclusiva del responsable del tratamiento que, bajo su cuenta y riesgo, tiene que adoptar las que sean las más idóneas y necesarias en función de la tipología de los datos, las finalidades pretendidas con el tratamiento y demás circunstancias que rodean el desarrollo del mismo. **8568**

Por su parte, la LOPD establece que todas las personas que intervengan en cualquier momento del tratamiento están sujetas al deber de confidencialidad. Esta obligación es complementaria de los deberes de **secreto profesional** de conformidad con su normativa aplicable. Ambas obligaciones se mantienen aun cuando hubiese finalizado la relación del obligado con el responsable o encargado del tratamiento.

Este deber de confidencialidad se refuerza en el caso de los **representantes de los trabajadores**, ya que los miembros del comité de empresa, este en su conjunto y, en su caso, los expertos que les asistan deben observar el deber de sigilo con respecto a aquella información que, en legítimo y objetivo interés de la empresa o del centro de trabajo, les haya sido expresamente comunicada con carácter reservado. El deber de sigilo que subsiste incluso tras la expiración de su mandato e independientemente del lugar en que se encuentren (ET art.65.2 y 3).

Precisiones **1)** Se considera que vulnera el principio de confidencialidad la **publicación en el tablón de anuncios** del acta de declaración final del periodo de consultas del despido colectivo que se estaba llevando a cabo en la empresa. La AEPD sancionó al **presidente del comité de empresa** con una multa de 600 euros (AEPD Resol PS/00068/2024).

2) Se considera que la **empresa** es responsable de la brecha de seguridad producida por la **actuación negligente de un empleado** del departamento de RRHH, que envía por error a otro trabajador un correo electrónico con un archivo adjunto, sin cifrar, que contiene las nóminas de todos los empleados de la empresa. La información enviada contenía: nombre, apellido, número de DNI/NIE, número de la Seguridad Social, número de cuenta bancaria y retribución percibida. Se impone a la empresa una sanción administrativa de 300.000 euros por la infracción del deber de confidencialidad e integridad y 150.000 euros por la falta de medidas técnicas y organizativas apropiadas para garantizar un nivel de seguridad adecuado (AEPD Resol PS/00238/2024).

8570 **Principio de responsabilidad proactiva** (RGPD art.5.2 y 24.1) El término responsabilidad (*accountability*) proviene del mundo anglosajón donde su uso se encuentra generalizado, si bien la definición exacta de responsabilidad resulta compleja en la práctica. Con carácter general, apunta sobre todo al modo en que se ejercen las competencias y al modo en que esto puede comprobarse.

Este principio se contempla en el RGPD cuando dispone que el responsable del tratamiento es el responsable del cumplimiento de las obligaciones y capaz de demostrarlo -responsabilidad proactiva-, y al disponer que el responsable del tratamiento debe adoptar las medidas técnicas y organizativas apropiadas para garantizar y poder demostrar que el tratamiento es conforme al Reglamento.

Por tanto, la **responsabilidad proactiva** exige que el responsable del tratamiento garantice la licitud, la lealtad y la transparencia en todo proceso de tratamiento de datos con relación al interesado. Pero su responsabilidad no termina aquí, ya que además se le impone la obligación de poder acreditar que efectivamente dicho tratamiento ha reunido las características especificadas en el RGPD art.5.1. En decir, la *accountability* debe materializarse en el reconocimiento, asunción de responsabilidad y actitud transparente sobre los impactos de las políticas, decisiones, acciones, productos y desempeño asociados a una organización.

B. Responsables del tratamiento de protección de datos personales

8575 Los responsables del tratamiento de protección de datos son los siguientes:
- Empresa.
- Encargado del tratamiento.
- Delegado de protección de datos.
- Trabajador como participante del tratamiento.

1. Empresa

(RGPD art.4.7 y 4.18 y 88.2)

8580 Se considera que el **responsable del tratamiento** o «responsable» es la persona física o jurídica, autoridad pública, servicio u otro organismo que, solo o junto con otros, determine los fines y medios del tratamiento. La empresa, **se define** como la persona física o jurídica dedicada a una actividad económica, independientemente de su forma jurídica, incluidas las sociedades o asociaciones que desempeñen regularmente una actividad económica.

En el **ámbito laboral**, el empresario es normalmente el responsable del tratamiento, aunque no cabe excluir otros responsables, como los sujetos colectivos o los servicios de prevención.

También debe prestarse especial atención a la transferencia de los datos personales dentro de un grupo empresarial o de una unión de empresas dedicadas a una actividad económica conjunta.

La **AEPD** ha señalado que, en estos casos, cada una de las empresas que integran el grupo es responsable del **fichero de datos** de sus empleados. Sostiene que la existencia de un **grupo de empresas** no afecta para que cada una de las sociedades integradas en el mismo mantenga su personalidad jurídica diferenciada y plena. A todos los efectos jurídicos, la circunstancia de que una sociedad esté participada por otra, no afecta al hecho de que ambas sean distintas personas, de modo que la comunicación de datos se produce entre dos personas distintas, sin que exista una previsión legal que flexibilice los requisitos para la legitimidad de dicha cesión (AEPD Informe 0494/2008).

2. Encargado del tratamiento de la protección de datos

(RGPD art.4.8)

8585 El encargado del tratamiento es la persona física o jurídica, pública o privada u órgano administrativo que, solo o conjuntamente con otros, trata datos personales por cuenta del responsable del tratamiento o del responsable del fichero como consecuencia de la existencia de una relación jurídica que le vincula con el mismo y delimita el ámbito de su actuación para la prestación de un servicio. Actúa **por cuenta del responsable**, pero el sometimiento no se basa en una dependencia jerárquica, como ocurre en el caso entre empresarios y trabajadores, sino en una delegación de funciones en una organización externa y jurídicamente diferenciada que trata los datos en nombre y por cuenta de aquél que requiere sus servicios.

Se consideran **encargados** de tratamiento:
- las gestorías o proveedores de servicios que manejen datos de sus empresas, como nóminas, facturas de clientes, prevención de riesgos laborales, asuntos judiciales;
- los servicios técnicos e informáticos de mantenimiento, hosting o gestión de webs;
- las empresas que realicen formación en su empresa; y
- en definitiva, todo aquel que disponga de información de sus clientes, trabajadores o proveedores considerados datos de carácter personal.

Para poder actuar como encargado del tratamiento, tienen que darse dos **circunstancias** (Dictamen 1/2010, GT29):
- que se trate de una entidad independiente del responsable; y
- que se traten los datos por cuenta de éste.

Además, también puede llevar a cabo **actividades específicas** sobre el tratamiento, con autonomía para determinar qué medios técnicos son los más adecuados.

Actuación (RGPD art.28) En la actuación del encargado del tratamiento se debe tener en cuenta lo siguiente: **8587**

1. Cuando se vaya a realizar un tratamiento por cuenta de un responsable del tratamiento, este elegirá únicamente un encargado que ofrezca **garantías suficientes** para aplicar medidas técnicas y organizativas apropiados, de manera que el tratamiento sea conforme con los requisitos establecidos y que garantice la protección de los derechos del interesado.

2. El encargado del tratamiento no debe recurrir a otro encargado sin la autorización previa por escrito, específica o general, del responsable. En este último caso, el encargado debe informar al responsable de cualquier cambio previsto en la **incorporación o sustitución** de otros encargados, dando así al responsable la oportunidad de oponerse a dichos cambios.

3. El tratamiento por el encargado se rige por un **contrato u otro acto jurídico** con arreglo al Derecho de la Unión o de los Estados miembros, que vincula al encargado con el responsable y establezca el objeto, la duración, la naturaleza y la finalidad del tratamiento, el tipo de datos personales y categorías de interesados, y las obligaciones y derechos del responsable.

3. Delegado de protección de datos

(RGPD art.37 a 39; LOPD art.34 a 37)

8595 El Delegado de la Protección de Datos, en adelante DPD, es una **persona responsable** en el seno de un responsable o un encargado del tratamiento para supervisar y monitorear de una forma independiente la aplicación interna y el respeto de las normas sobre protección de datos. El DPD puede ser tanto un empleado como un consultor externo.

Las empresas tienen la **obligación de designar** un DPD, internamente o externalizándolo en un tercero, en los siguientes **supuestos**:

a) Cuando la **actividad principal** del responsable consista en:
- operaciones de tratamiento que requieran un seguimiento regular y sistemático de los interesados y se realicen a gran escala;
- el tratamiento a gran escala de categorías especiales de datos.

b) Cuando se refiera a las **Administraciones Públicas** en las que el nombramiento de un DPD es obligatorio en todo caso, salvo para los tribunales en el ejercicio de su función judicial.

c) Cuando lo exija el **Derecho de la Unión** o del Estado Miembro.

La LOPD obliga a las organizaciones cuyas actividades principales consistan en tratamientos que requieran una observación habitual y sistemática de los ciudadanos a gran escala o en el tratamiento a gran escala de categorías especiales de datos personales, o datos relativos a condenas e infracciones penales a designar un DPD que cuente con la **debida cualificación**, a garantizarle los medios necesarios para el ejercicio de sus funciones y a notificar la designación a la AEPD para su inclusión en el Registro público de Delegados de Protección de Datos. Para ello se enumeran los supuestos específicos en los que debe procederse a esta designación. En el resto de los supuestos dicha designación será voluntaria (LOPD art.34).

Obligaciones del delegado de protección de datos (RGPD art.37 s.) El DPD está obligado a: **8597**

1. Informar y asesorar al responsable o al encargado del tratamiento y a los empleados que se ocupen del tratamiento de las obligaciones que les incumben en virtud del presente Reglamento y de otras disposiciones de protección de datos de la Unión o de los Estados miembros.

2. Supervisar el cumplimiento de lo dispuesto en el RGPD, en otras disposiciones de protección de datos de la UE o de los Estados miembros y en las políticas del responsable o del encargado del tratamiento en materia de protección de datos personales, incluida la asignación de

responsabilidades, la concienciación y formación del personal que participa en las operaciones de tratamiento y las auditorías correspondientes.
3. Ofrecer el **asesoramiento** que se le solicite acerca de la evaluación de impacto relativa a la protección de datos y supervisar su aplicación de conformidad con el RGPD art.35.
4. Cooperar con la autoridad de control.
5. Actuar como **punto de contacto** de la autoridad de control para cuestiones relativas al tratamiento, incluida la consulta previa, y realizar consultas, en su caso, sobre cualquier otro asunto.
La normativa laboral no contiene previsiones específicas que establezcan los derechos y deberes de los trabajadores en el ámbito de la protección de datos. Por tanto, el contenido del **régimen jurídico** del DPD viene integrado, de una parte, por las previsiones legales y convencionales generales y, de otra, por la normativa de protección de datos personales, aplicándose directamente el RGPD y la legislación española que, en su caso, lo desarrolle. Asimismo, se aplicarán los **códigos éticos** para DPD que sean promovidos en los próximos años, siempre que sean autorizados por la AEPD.

8599 **Garantías del DPD** (RGPD art.38) Se establecen unas **garantías básicas** para ayudar a asegurar que los DPD puedan llevar a cabo sus tareas con el suficiente grado de autonomía dentro de su organización. En especial:
a) Los responsables y encargados del tratamiento están obligados a garantizar que el DPD no reciba ninguna instrucción relativa al ejercicio de sus tareas. El DPD, sea o no un empleado del responsable del tratamiento, debe estar en condiciones de desempeñar sus tareas y funciones con **total independencia** (RGPD considerando 97).
b) Debe **rendir cuentas** directamente al más alto nivel jerárquico del responsable o encargado, siendo esta línea de reporte directo, una garantía más de su independencia.
c) No puede ser **destituido ni sancionado** por el ejercicio de sus funciones.
d) No son **personalmente responsables** en caso de incumplimiento de la normativa sobre protección de datos. El responsable o el encargado del tratamiento es quien debe garantizar y poder demostrar que el tratamiento se lleva a cabo con arreglo a sus disposiciones (RGPD art.24.1).
La LOPD establece que los DPD **no** pueden ser **despedidos** en el ejercicio de sus funciones, cuando incurran en dolo o negligencia grave (LOPD art.36.2).
Los DPD no son **personalmente responsables** en caso de incumplimiento de la normativa sobre protección de datos. Se declara taxativamente que es el responsable o el encargado del tratamiento quien está obligado a garantizar y poder demostrar que el tratamiento se lleva a cabo con arreglo a sus disposiciones (RGPD art.24.1).
No se aplica a DPD el **régimen sancionador** establecido en el Título IX LOPD (LOPD art.70.2).

Precisiones **1)** Se asimila el DPD a los integrantes de los servicios de prevención atribuyéndole el **derecho de opción** en caso de despido improcedente (TSJ Madrid 29-12-21, EDJ 838405).
2) Un miembro de **comité de empresa** puede ser, de forma simultánea, **delegado de protección de datos**, ya que no se puede presumir *per se* un conflicto de intereses. No obstante, sí puede surgir un conflicto de intereses cuando se le encomienden funciones o responsabilidades que le permitan determinar los fines y medios del tratamiento de datos en el seno del responsable del tratamiento o de su encargado (TJUE 9-2-23, C-453/21).

4. El trabajador como participante del tratamiento

(RGPD art.32.4)

8605 El trabajador que entra en **contacto con datos personales** en el marco de su prestación de servicios realiza una actividad de tratamiento de datos. El **responsable del fichero** y quienes intervengan en cualquier fase del tratamiento de los datos de carácter personal están obligados al secreto profesional respecto de los mismos y al deber de guardarlos, obligaciones que subsisten aún después de finalizar sus relaciones con el titular del fichero o, en su caso, con el responsable del mismo.
Tanto el responsable como el encargado del tratamiento deben adoptar medidas para garantizar que cualquier persona que actúe bajo la autoridad del responsable o del encargado y tenga acceso a datos personales solo pueda tratar dichos datos siguiendo instrucciones del responsable, salvo que esté obligada a ello en virtud del Derecho de la Unión o de los Estados miembros. Además, la LOPD concreta que todas las personas que intervengan en cualquier fase de éste están sujetas al deber de confidencialidad y añade que las obligaciones anteriores se mantienen aun cuando hubiese finalizado la relación del obligado con el responsable o encargado del tratamiento (LOPD art.5.1.f y 3).

Por tanto, los **trabajadores** que participen en el tratamiento de datos personales tienen el **deber de actuar** siguiendo las instrucciones del empleador, que es el responsable de los datos. En principio, este elemento no aportaría un contenido adicional al establecido en el ET art.5.c) respecto a la obligación de cumplir con las instrucciones del empleador, pero, analizado con detalle, ofrece unos **matices particulares**. Y ello, dado que el trabajador debe, con sus actos, velar por la seguridad de los datos de carácter personal en cuyo tratamiento participe, dando lugar a una obligación de diligencia que implica, además del seguimiento de las concretas instrucciones de su empleador, el cuidado extremo de la integridad de los datos.
Se incluye una obligación de **secreto profesional** respecto a los datos personales con los que los trabajadores puedan entrar en contacto durante su relación laboral. Dicha obligación de secreto, consiste en que los datos de carácter personal a los que tiene acceso el trabajador en virtud de su relación laboral no pueden ser difundidos por ningún medio a un tercero. La **confidencialidad** pretende garantizar que los datos de carácter personal sólo sean conocidos por su titular y por aquellos a quienes el responsable del tratamiento determine dentro de su organización (trabajadores encargados del tratamiento).
Por tanto, el deber de protección de datos personales de los trabajadores estaría formado por las siguientes **obligaciones**:
- velar por la seguridad de los datos a los que tienen acceso en virtud del contrato de trabajo; y
- mantener la confidencialidad de los datos personales que les son confiados, incluso después de que la relación laboral se vea extinguida. Lo que obliga a no revelar a terceros datos obtenidos en el ejercicio de la profesión, se extiende a todos los trabajadores de la empresa.

C. Derechos del trabajador en relación con sus datos personales

Con relación a sus datos personales, el trabajador tiene los **siguientes derechos**: acceso (nº 8612), portabilidad (nº 8616), oposición (nº 8618), rectificación (nº 8620), supresión, incluido el derecho al olvido (nº 8624), limitación (nº 8626) y a no ser no ser objeto de una decisión basada únicamente en el tratamiento automatizado de datos (nº 8628). **8610**

Derecho de acceso (CDFUE art.8.2; RGPD art.15; LOPD art.13) El derecho de acceso es un aspecto central del derecho a la protección de datos. La CDFUE prevé expresamente que es una facultad integrante del mismo. Esta especial dignidad deriva de la **función** que realiza. Sólo conociendo los datos personales que un responsable tiene de ella, una persona está en condiciones de comprobar que el tratamiento cumple las exigencias legales y de ejercitar los derechos de información y acceso a los datos personales, rectificación y supresión y de oposición (RGPD art.16 a 22). **8612**
El interesado tiene derecho a obtener del responsable del tratamiento confirmación de si se están tratando o no datos personales que le conciernen y, en tal caso, derecho de acceso a los datos personales y a la siguiente **información**:
a) Los fines del tratamiento.
b) La categoría de datos personales de que se trate.
c) Los destinatarios o las categorías de destinatarios a los que se comunicaron o serán comunicados los datos personales, en particular destinatarios en terceros países u organizaciones internacionales.
d) Si es posible, el plazo previsto de conservación de los datos personales o, de no ser posible, los criterios utilizados para determinar este plazo.
e) La existencia del derecho a solicitar del responsable la rectificación o supresión de datos personales o la limitación del tratamiento de datos personales relativos al interesado, o a oponerse a dicho tratamiento.
f) El derecho a presentar una reclamación ante una autoridad de control.
g) Cuando los datos personales no se hayan obtenido del interesado, cualquier información disponible sobre su origen.
h) La existencia de decisiones automatizadas, incluida la elaboración de perfiles (RGPD art.22.1 y 4) y, al menos en tales casos, información significativa sobre la lógica aplicada, así como la importancia y las consecuencias previstas de dicho tratamiento para el interesado.
En todo caso, cuando se transfieran datos personales a un **tercer país** o a una **organización internacional**, el interesado tiene derecho a ser informado de las garantías relativas a la transferencia (RGPD art.46).
El responsable del tratamiento debe facilitar una **copia de los datos personales** objeto de tratamiento, entendida en el sentido habitual de este término (reproducción o transcripción auténtica de un original), por lo que una descripción puramente general de los datos objeto de tratamiento o una remisión a categorías de datos personales no se corresponde con esta definición (TJUE 4-5-23, C-487/21).

8614 Cuando el responsable trate una **gran cantidad de datos** relativos al afectado y este ejercite su derecho de acceso sin especificar si se refiere a todos o a una parte de los datos, el responsable puede solicitarle, antes de facilitar la información, que el afectado especifique los datos o actividades de tratamiento a los que se refiere la solicitud (LOPD art.13.1).
El derecho de acceso se entiende otorgado si el responsable del tratamiento facilita al afectado un **sistema de acceso remoto, directo y seguro** a los datos personales que garantice, de modo permanente, el acceso a su totalidad. Basta la comunicación del responsable al afectado, indicándole el modo en el que este puede acceder a este sistema para que la solicitud de ejercicio del derecho se tenga por atendida. No obstante, el interesado puede solicitar del responsable la información anterior no incluida en el sistema de acceso remoto (LOPD art.13.2).
Si el afectado elige un **medio distinto** al que se le ofrece y suponga un coste desproporcionado, la solicitud se considera excesiva, por lo que el afectado asume el exceso de costes que su elección comporte. En este caso, solo es exigible al responsable del tratamiento la satisfacción del derecho de acceso sin dilaciones indebidas (LOPD art.13.4).

8616 **Derecho a la portabilidad** (RGPD art.20; LOPD art.17) El derecho a la portabilidad de los datos está estrechamente relacionado con el derecho de acceso. **Permite** a los interesados recibir los datos personales que se han proporcionado a un responsable del tratamiento en un formato estructurado, de uso común y lectura mecánica y transmitirlos a otro responsable del tratamiento. El propósito de este nuevo derecho es capacitar al interesado y darle más control sobre los datos personales que le conciernen.
El derecho a la portabilidad supone que el interesado tiene **derecho** a:
a) Recibir los datos personales que le incumban, que haya facilitado a un responsable del tratamiento, en un formato estructurado, de uso común y lectura mecánica, y a transmitirlos a otro responsable del tratamiento sin que lo impida el responsable al que se los hubiera facilitado, cuando el **tratamiento**:
- esté basado en el consentimiento (RGPD art.6.1.a y 9.2.a), o en un contrato (RGPD art.6.1.b); y
- se efectúe por medios automatizados.
b) A que los datos personales se **transmitan directamente** de responsable a responsable cuando sea técnicamente posible.
El **ejercicio** de este **derecho** se entiende sin perjuicio del derecho al olvido (nº 8622). No se aplica al tratamiento necesario para el cumplimiento de una misión realizada en interés público o en el ejercicio de poderes públicos conferidos al responsable del tratamiento, y no debe afectar negativamente a los derechos y libertades de otros.

Precisiones De interés para la clarificación de este nuevo derecho son las **Directrices** sobre el derecho a la portabilidad de los datos elaboradas en 2016 y revisadas en 2017 por el GT29.

8618 **Derecho de oposición** (RGPD art.21 y 22; LOPD art.18) El interesado tiene derecho a oponerse en cualquier momento, por **motivos** relacionados con su situación particular, a que datos personales que le conciernan sean objeto de un tratamiento necesario para:
- el cumplimiento de una misión realizada en interés público o en el ejercicio de poderes públicos conferidos al responsable del tratamiento (RGPD art.6.1.e); o
- la satisfacción de intereses legítimos perseguidos por el responsable del tratamiento o por un tercero, siempre que sobre dichos intereses no prevalezcan los intereses o los derechos y libertades fundamentales del interesado que requieran la protección de datos personales, en particular cuando el interesado sea un niño (RGPD art.6.1.f), incluida la elaboración de perfiles sobre la base de dichas disposiciones.
El responsable del tratamiento debe **dejar de tratar** los datos personales, salvo que acredite motivos legítimos que prevalezcan sobre los intereses, los derechos y las libertades del interesado, o para la formulación, el ejercicio o la defensa de reclamaciones.

Precisiones La **elaboración de perfiles** son formas de tratamiento de los datos que evalúan aspectos personales de las personas físicas. Se utilizan para analizar o predecir aspectos relacionados con el rendimiento en el trabajo, la situación económica, la salud, las preferencias o intereses personales, la fiabilidad o el comportamiento, la situación o los movimientos del interesado.
Se deben permitir las decisiones basadas en tal tratamiento, incluida la elaboración de perfiles, si lo autoriza expresamente el Derecho de la Unión o de los Estados miembros aplicable al responsable del tratamiento, incluso con fines de control y prevención del fraude y la evasión fiscal, realizada de conformidad con las reglamentaciones, normas y recomendaciones de las instituciones de la Unión o de los órganos de supervisión nacionales y para garantizar la seguridad y la fiabilidad de un servicio prestado por el responsable del tratamiento, o necesario para la conclusión o ejecución de un contrato entre el interesado y un responsable del tratamiento, o en los casos en los que el interesado haya dado su consentimiento explícito (RGPD considerando 71).

Derecho de rectificación (RGPD art.16; LOPD art.14) El derecho de rectificación es inseparable del ejercicio del derecho de acceso, habiéndose afirmado que es una de sus finalidades. **8620**
Supone que el interesado tiene **derecho a obtener** sin dilaciones indebidas la rectificación de los datos personales inexactos que le conciernan. Teniendo en cuenta los fines del tratamiento, tiene derecho a que se completen los que sean incompletos, incluso mediante una declaración adicional.

Derecho de supresión (RGPD art.17; LOPD art.15) Supone que el interesado tiene derecho a obtener sin dilación del responsable del tratamiento la supresión de los datos personales que le conciernan, cuando concurra alguna de las siguientes **circunstancias**: **8622**
a) Sobre **los datos personales**:
- que ya no sean necesarios en relación con los fines para los que fueron recogidos o tratados de otro modo;
- que hayan sido tratados ilícitamente;
- que deban suprimirse para el cumplimiento de una obligación legal establecida en el Derecho de la Unión o de los Estados miembros que se aplique al responsable del tratamiento; o
- que se hayan obtenido en relación con la oferta de servicios de la sociedad de la información a menores de edad (RGPD art.8).

b) Sobre **el interesado**:
- que haya retirado el consentimiento en que se basa el tratamiento y este no se base en otro fundamento jurídico; o
- que se oponga al tratamiento (RGPD art.21) y no prevalezcan otros motivos legítimos para el mismo.

Cuando el responsable del tratamiento haya hecho públicos los datos personales y esté **obligado a su supresión**, debe adoptar medidas razonables teniendo en cuenta la tecnología disponible y el coste de su aplicación, incluidas medidas técnicas, con miras a informar a los responsables que estén tratando los datos de la solicitud de supresión de cualquier enlace a esos datos personales, o cualquier copia o réplica de los mismos.
No obstante, **no procede** el derecho de supresión cuando el tratamiento sea necesario para:
- ejercer el derecho a la libertad de expresión e información;
- el cumplimiento de una obligación legal que requiera el tratamiento de datos impuesta por el Derecho de la Unión o de los Estados miembros que se aplique al responsable del tratamiento;
- el cumplimiento de una misión realizada en interés público o en el ejercicio de poderes públicos conferidos al responsable;
- un interés público en el ámbito de la salud pública;
- fines de archivo en interés público, de investigación científica o histórica o fines estadísticos en la medida en que el derecho al olvido pudiera hacer imposible u obstaculizar gravemente el logro de los objetivos de dicho tratamiento;
- la formulación, el ejercicio o la defensa de reclamaciones.

Derecho al olvido (RGPD art.17.2) Es la manifestación del derecho de supresión aplicado a los **buscadores de internet.** Establece que cuando el responsable del tratamiento haya hecho públicos los datos personales y esté obligado a su supresión, debe adoptar medidas razonables teniendo en cuenta la tecnología disponible y el coste de su aplicación, incluidas medidas técnicas, con miras a informar a los responsables que estén tratando los datos de la solicitud de supresión de cualquier enlace a esos datos personales, o cualquier copia o réplica de los mismos. **8624**
Se establece, a estos efectos, que el interesado tiene derecho a obtener del responsable del tratamiento la **supresión de los datos** personales que le conciernan, el cual estará obligado a suprimir **sin dilación indebida** los datos personales (RGPD art.17.1).
La LOPD establece algunas normas específicas en relación con este derecho para:
- **Sistemas de videovigilancia**. Los datos deben ser suprimidos en el plazo máximo de un mes desde su captación, salvo cuando hubieran de ser conservados para acreditar la comisión de actos que atenten contra la integridad de personas, bienes o instalaciones. En tal caso, las imágenes deben ser puestas a disposición de la autoridad competente en un plazo máximo de 72 horas desde que se tuviera conocimiento de la existencia de la grabación (LOPD art.22.3).
- **Sonidos** conservados por **sistemas de grabación**. La supresión se realiza atendiendo a lo dispuesto para los sistemas de videovigilancia (LOPD art.89.3).
- **Sistemas de información de denuncias internas**. Transcurridos tres meses desde la introducción de los datos, debe procederse a su supresión del sistema de denuncias, salvo que la finalidad de la conservación sea dejar evidencia del funcionamiento del modelo de prevención de la comisión de delitos por la persona jurídica (LOPD art.24.4).

8626 **Derecho de limitación** (RGPD art.18; LOPD art.16) El interesado tiene derecho a obtener del responsable del tratamiento la limitación del tratamiento de los datos cuando se cumpla alguna de las **condiciones** siguientes:
1. El interesado impugne la exactitud de los datos personales, durante un plazo que permita al responsable verificar la exactitud de los mismos.
2. El tratamiento sea ilícito y el interesado se oponga a la supresión de los datos personales y solicite en su lugar la limitación de su uso.
3. El responsable ya no necesite los datos personales para los fines del tratamiento, pero el interesado los necesite para la formulación, el ejercicio o la defensa de reclamaciones.
4. El interesado se haya opuesto al tratamiento (RGDP art.21.1), mientras se verifica si los motivos legítimos del responsable prevalecen sobre los del interesado.
Todo **interesado** que haya obtenido la limitación del tratamiento debe **ser informado** por el responsable antes de su levantamiento. Por otro lado, el **responsable** del tratamiento debe **comunicar** cualquier limitación del tratamiento efectuada a cada uno de los **destinatarios** a los que se hayan comunicado los datos personales, salvo que sea imposible o exija un esfuerzo desproporcionado. Asimismo, el responsable informará al interesado acerca de dichos destinatarios, si este así lo solicita (RGPD art.19).
Entre los **métodos** para **limitar el tratamiento** de datos personales cabría incluir los consistentes en:
- trasladar temporalmente los datos seleccionados a otro sistema de tratamiento;
- impedir el acceso de usuarios a los datos personales seleccionados;
- retirar temporalmente los datos publicados de un sitio internet.
En los **ficheros automatizados** la limitación del tratamiento debe realizarse, en principio, por medios técnicos, de forma que los datos personales no sean objeto de operaciones de tratamiento ulterior ni puedan modificarse. El hecho de que el tratamiento de los datos personales esté limitado debe indicarse claramente en el sistema (RGPD considerando 67).

8628 **Tratamientos automatizados de datos** (RGPD art.22) Todo interesado tiene derecho a no ser objeto de una **decisión** basada únicamente en el tratamiento automatizado de datos, incluida la elaboración de perfiles, que produzca efectos jurídicos en él o le afecte significativamente. Si es posible el tratamiento automatizado si la decisión:
- está **autorizada** por el **Derecho de la Unión o de los Estados miembros** que se aplique al responsable del tratamiento y que establezca asimismo medidas adecuadas para salvaguardar los derechos y libertades y los intereses legítimos del interesado;
- es necesaria para la **celebración o la ejecución de un contrato** entre el interesado y un responsable del tratamiento;
- se basa en el **consentimiento explícito** del interesado.
En esos dos últimos casos, el responsable del tratamiento debe adoptar las medidas adecuadas para salvaguardar los derechos y libertades y los intereses legítimos del interesado. Como mínimo, el derecho a obtener intervención humana por parte del responsable, a expresar su punto de vista y a impugnar la decisión.
Las decisiones automatizadas que incluyan **categorías especiales de datos personales** solo se permiten si se cumplen las siguientes **condiciones acumulativas**:
a) Que se pueda aplicar una de las exenciones anteriores (RGPD art.22.2).
b) Que el interesado haya dado su consentimiento explícito para el tratamiento de los datos personales con uno o más de los fines especificados, salvo que se establezca una prohibición que, según el Derecho de la Unión o de los Estados miembros, no pueda ser levantada por el interesado o que el tratamiento sea necesario por razones de un interés público esencial que debe ser proporcional al objetivo perseguido, respetar en lo esencial el derecho a la protección de datos y establecer medidas adecuadas y específicas para proteger los intereses y derechos fundamentales del interesado (RGPD art.9 a y g).
Con relación a la limitación del tratamiento de de los datos mediante sistemas automatizados de seguimiento o de toma de decisiones en **plataformas digitales de trabajo**, ver nº 8730.

Precisiones La generación automatizada por parte de una agencia de información comercial de un valor de probabilidad a partir de datos personales relativos a una persona sobre su capacidad para hacer frente a los futuros compromisos de pago constituye una decisión individual automatizada si ese valor de probabilidad depende, de manera determinante, de que el tercero al que se comunica dicho valor establezca, ejecute o ponga fin a una relación contractual con esa persona. El concepto de **decisión automatizada** que afecta al interesado debe interpretarse en sentido amplio. La prohibición y las restricciones específicas que establece esa norma pretenden hacer frente a los riesgos específicos que las decisiones automatizadas generan en relación con potenciales efectos discriminatorios en las personas físicas (TJUE 7-12-23, C-634/21).

D. Protección de datos en la fase previa a la contratación

En este apartado se incluye la explicación de los siguientes **contenidos**: **8635**
- Procesos de selección (nº 8640).
- Límites a la recopilación de datos personales (nº 8645).
- Gestión del curriculum vitae (nº 8650).
- Uso de las redes sociales en los procesos de contratación (nº 8655).
- Pruebas selectivas (nº 8655).

1. Procesos de selección

(RGPD art.6.1b)

El RGPD prevé la aplicación de **medidas precontractuales** y establece que para su aplicación no es preciso el consentimiento cuando son adoptadas a petición del interesado. A pesar de que no se no se precisa el consentimiento, sí es ineludible la información sobre los datos personales ya hayan sido o no obtenidos del interesado (RGPD art.12 y 13). **8640**

Igualmente, se establece que en todas y cada una de las **páginas web** desde las que se recaben datos de carácter personal, tanto si la recogida se realiza mediante un formulario como si se habilita un **buzón electrónico**, se ha de incluir claramente visible la información a la que hace referencia el RGPD art.12 y 13 y la LOPD art.11, a la que el usuario debe poder acceder con facilidad y de forma directa y permanente.

2. Límites a la recopilación de datos personales

El proceso de selección trata de valorar en qué medida los candidatos, una vez preseleccionados, se adecúan a los **requisitos definidos por la empresa**. Tales requisitos se definen en función de las tareas, funciones, responsabilidades y condiciones en las que hay que desempeñar el puesto de trabajo vacante, y se expresan en términos de una serie de **factores** entre los que destacan, principalmente: **8645**
- las condiciones físicas, conocimientos, experiencia o práctica en el puesto;
- personalidad, inteligencia, capacidad operativa o habilidad psicomotora;
- otros factores relacionados con el desempeño del puesto de trabajo definidos por la empresa, lo que obliga a tomar en consideración numerosos datos personales.

Los datos personales **recopilados** por los empleadores con **fines de empleo** deben ser relevantes y no excesivos, dado el tipo de empleo y las necesidades de información en evolución del empleador. A lo largo de este proceso, sólo se han de obtener datos personales del propio interesado (Recomendación Consejo de Europa 2015 (2) apdo.5.2).

Los datos personales **se encuentran** en las evaluaciones y juicios subjetivos que incluyen este tipo de elementos. Los datos subjetivos, procedentes de evaluaciones o juicios subjetivos realizados sobre los trabajadores, sean siempre accesibles a los mismos y admitan su rectificación. Para ello, resulta indispensable la transparencia en el tratamiento de este tipo de datos y el respeto del ejercicio del derecho de acceso (GT29 Recomendación 1/2001).

Si para la selección de personal se realiza algún tipo de **anuncio o convocatoria pública** debería incluirse en ella la información del RGPD art.13 y 14.

Precisiones **1)** El concepto de **dato personal** responde a la finalidad del legislador de la Unión de dar un sentido amplio al citado concepto, que no se ciñe a los datos confidenciales o relacionados con la intimidad, sino que puede incluir cualquier tipo de información, tanto objetiva como subjetiva, en forma de opiniones o apreciaciones, siempre que sean sobre la persona en cuestión (TJUE 20-12-2017, C-434/16).

2) La AEPD sancionó a un particular que insertaba **ofertas de empleo** presuntamente falsas y las utilizaba para obtener datos personales de las víctimas e incitarles a realizar un ingreso de dinero a cambio del material para realizar el supuesto trabajo (AEPD PS/00459/2013).

3) Con relación a las **plataformas digitales** de trabajo, las limitaciones al tratamiento de datos se aplican desde el inicio del procedimiento de contratación o selección, ver nº 8730.

3. Gestión del curriculum vitae

Es conveniente, cuando los recursos lo permitan, disponer de **modelos de impresos tipo** para la formalización del currículo y de un procedimiento de formalización y entrega de los mismos por los candidatos, ya que ello permite no sólo informar adecuadamente sino definir con precisión el tipo de datos a tratar, establecer las medidas de seguridad, etc. **8650**

8650 (sigue) Cuando el currículo es **presentado directamente por el candidato** sin solicitud previa, deben fijarse **procedimientos de información** que supongan algún acuse o confirmación de conocer las condiciones en las que se ha de desarrollar el tratamiento. El **procedimiento de información** depende de la forma en la que recibió el currículo:

a) Por **correo postal o electrónico** y se cuenta con una dirección electrónica facilitada por el propio interesado. Puede remitírsele información por ese medio solicitando confirmación de la recepción y condicionando el tratamiento de los datos al acuse de recibo.

b) Presentado en **un mostrador u oficina de atención.** Debe ser informado allí por cualquier medio que acredite el cumplimiento de este deber, tales como carteles, documentos de acuse de recibo y en general cualquier medio que garantice y permita probar el cumplimiento del deber de información.

c) Recabados a través de internet. Las recomendaciones de la AEPD señalan que cuando un demandante de empleo facilita voluntariamente sus **datos curriculares** de carácter personal **a través de internet**, se debe entender que consiente en el tratamiento de los mismos en los términos en los que haya sido convenientemente informado en el momento de la recogida, siempre que la Ley no lo impida y el afectado pueda revocar su consentimiento para el tratamiento de sus datos de carácter personal, en cuyo caso el responsable del fichero debe habilitar los correspondientes medios, sencillos y gratuitos, para excluir del tratamiento dichos datos (AEPD Recomendación 17-11-05).

La **simple recepción de un currículo** sin que se conserven los datos contenidos en el no sería un tratamiento de datos, pero la extracción de la información y su uso para realizar una selección de personal sí lo sería, pues ese currículo se incluiría en un fichero estructurado y, como tal, tendría que estar, entonces, sometido a lo dispuesto en la normativa sobre protección de datos (AN cont-adm 18-12-06, EDJ 354184).

La recepción de currículums, aunque **no** se incorporen a un **fichero informático** y sólo se impriman y se guarden ordenados, constituye un tratamiento incluido en el ámbito de la LOPD. Así lo entendió la AEPD afirmando que las solicitudes de empleo y currículum vitae remitidos a la entidad, conteniendo, obviamente, datos personales de personas físicas, se encuentran en soporte papel, y su tratamiento se realiza de acuerdo con las disposiciones de la LOPD, almacenados en archivadores. Por consiguiente, cabe afirmar que existe un fichero estructurado y que los datos personales incorporados al mismo resultan fácilmente accesibles (AEPD Resol PS/0239/2007).

Los **datos recibidos por las empresas** en los procesos de selección han de ser tratados bajo el principio de limitación de la finalidad. Así, se establece que los datos han de ser recogidos con fines determinados, explícitos y legítimos, y no serán tratados ulteriormente de manera incompatible con dichos fines (RGPD art.5.1.b).

Los datos obtenidos en el marco de un proceso de selección de personal no pueden ser utilizados, por ejemplo, como **base de datos de clientes**, para hacer ofertas de productos o servicios de la empresa a los candidatos. En este sentido, cualquier utilización de los datos obtenidos para una finalidad distinta precisa del consentimiento del interesado (RGPD art.6).

Pueden calificarse de **cláusulas abusivas** las que imponen al interesado, sin opción alguna, el deber de aceptar publicidad junto al consentimiento del uso de los datos del currículum para los fines de búsqueda de empleo (AEPD Informe sobre selección de personal 17-11-05 pto 6.2).

Asimismo, está **prohibido** el envío de **comunicaciones publicitarias** o promocionales por correo electrónico u otro medio de comunicación electrónica equivalente que previamente no hubieran sido solicitadas o expresamente autorizadas por los destinatarios de las mismas. Esta prohibición no se aplica cuando existe una relación contractual previa, y el prestador de servicios hubiera obtenido de forma lícita los datos de contacto del destinatario y los empleara para el envío de comunicaciones comerciales referentes a productos o servicios de su propia empresa que sean similares a los que inicialmente fueron objeto de contratación con el cliente (L 34/2002 art.21.1 y 2). Por tanto, salvo que tales comunicaciones se refieran a servicios del similares al que ocasionó la recogida de los datos (servicio de búsqueda de empleo), el responsable del fichero solo puede proceder al **envío** de comunicaciones publicitarias o promocionales por correo electrónico u otro medio de comunicación electrónica equivalente, **cuando**:

- medie la solicitud previa de los solicitantes de empleo; o
- las hayan autorizado expresamente,

En caso de **grupos de empresas** o de cualquier otra fórmula de colaboración empresarial, debe tenerse en cuenta que la **cesión de los datos** contenidos en el currículum, o del propio documento debe contar con el consentimiento del candidato (AEPD Resol PS/00239/2007) o basarse en alguno de las condiciones de licitud del tratamiento (RGPD art.6).

Los currículums en soporte papel y las valoraciones de los mismos, una vez **terminado el proceso selectivo** deben ser destruidos. Muestra de ello es la AEPD Resol R/00029/2003, que sanciona a una empresa por el hallazgo por parte de una periodista de unas 250 solicitudes de empleo dirigidas a dicha empresa, que habían sido desechadas en un cubo de la basura y en las que se incluyen comentarios despectivos sobre los solicitantes. Además, en los datos recabados por la empresa a través de los formularios de solicitudes de empleo no figuraba la información prevista en la anterior LO 15/1999 art.5 (actual RGPD art.12 y 13; LOPD art.11), por lo que la AEPD impuso varias multas.

Precisiones 1) No puede apreciarse que exista consentimiento del interesado por el hecho de que realice **comentarios personales** en correos electrónicos a sus compañeros de la empresa, como se acredita mediante las testificales, ni que mediante buscadores de internet se obtengan numerosos datos personales del denunciante, porque no consta una publicidad expresa del denunciante de su currículum, a diferencia de otros casos analizados por la Sala, en los que sí consta ese consentimiento para la difusión de los datos de carácter personal del currículum en internet por el propio interesado -cesión consentida- (AN cont-adm 4-3-13, EDJ 24222; 24-4-07, EDJ 37885).

2) La **AEPD** ha sancionado el hecho de no informar a un candidato sobre el tratamiento que se va a realizar de sus datos personales contenidos en el **currículum** que envía a la empresa (Resol AEPD PS/00237/2021).

4. Uso de las redes sociales en los procesos de contratación

El uso de las redes sociales en los procesos de contratación está cada vez más difundido. A través de su análisis podemos saber que un importante porcentaje de las decisiones de no contratar se toman sobre la base de la información hallada en las mismas. **8655**

El Comité de Ministros del Consejo de Europa establece la prohibición de que los empleadores exijan o soliciten a un trabajador o a un candidato a un empleo tener **acceso a** informaciones que este comparta con otros en línea, en especial en las **redes sociales** (Recomendación CM/Rec (2015) 5 del Comité de Ministros del Consejo de Europa apdo.5.3).

El GT29 deja claro que el **tratamiento de datos** personales obtenidos de redes sociales tiene que cumplir con los siguientes **requisitos** para que sea lícito (Dictamen 2/2017 GT29):

1. Considerar si el perfil del candidato en la red social es profesional o privado.

2. Únicamente recabar y tratar datos personales de los candidatos en la medida en que sea necesario y relevante para el desarrollo del puesto de trabajo al que se presentan.

3. Suprimir los datos personales tan pronto como el candidato sea descartado o rechace la oferta.

4. Que el interesado sea informado de dicho tratamiento de datos antes de que participe en el proceso de contratación.

Asimismo, ha señalado que los empresarios no deben asumir que simplemente porque el **perfil de una persona en las redes sociales** es de acceso público, está permitido que traten esos datos para sus propios fines. Para este tratamiento se requiere un fundamento jurídico, como el interés legítimo. En este contexto, el empresario debe, antes de inspeccionar un perfil de redes sociales, tener en cuenta si el perfil del solicitante está relacionado con fines profesionales o privados, ya que esto podría ser un indicio importante sobre la admisibilidad jurídica de la inspección de los datos. Además, los empresarios solo pueden recoger y tratar datos personales relativos a los solicitantes de empleo en la medida en que la recopilación de estos datos sea necesaria y pertinente para el desempeño del trabajo solicitado.

Además, el GT29 indica expresamente que no existe un fundamento legal para que un empleador exija a los candidatos que le acepten como «amigo», o que de alguna otra forma le proporcionen **acceso al contenido** de sus perfiles en redes sociales.

Precisiones A tal efecto, el GT29 utiliza el siguiente **ejemplo**. Durante la selección de nuevo personal, un empresario comprueba los perfiles de los candidatos en varias redes sociales e incluye información de estas redes (y cualquier otra información disponible en Internet) en el proceso de selección. Solo si para el puesto de trabajo es necesario revisar la información sobre un candidato en las redes sociales, por ejemplo, para poder evaluar los riesgos específicos de los candidatos respecto de una función específica y los candidatos están correctamente informados (por ejemplo, en el texto del anuncio de trabajo), el empresario puede tener una base jurídica en virtud de la existencia de un interés legítimo, para revisar la información de acceso público relativa a los candidatos.

5. Pruebas selectivas

Es legítimo el derecho del empresario a procurarse la mayor información posible sobre la persona que aspira a ocupar un puesto en su empresa, ya que esta información es la que le permite evaluar si reúne o no las aptitudes y capacidad profesional necesarias para el puesto. **8660**

En ocasiones, esta **información** puede alcanzar a aspectos de la propia **personalidad del sujeto**, información que vendrá justificada por las características y naturaleza de la propia condición de trabajo.

El **peligro** radica en que, en esa búsqueda de información, el empleador puede ir más allá de la información estrictamente necesaria para ese fin, y alcanzar aspectos de la vida de los solicitantes del empleo absolutamente irrelevantes o no influyentes para la determinación de su capacidad profesional.
Constituye una **infracción muy grave** solicitar datos de carácter personal en los procesos de selección o establecer condiciones, mediante la publicidad, difusión o por cualquier otro medio, que constituyan discriminaciones para el acceso al empleo por motivos de sexo, origen, incluido el racial o étnico, edad, estado civil, discapacidad, religión o convicciones, opinión política, orientación sexual, afiliación sindical, condición social y lengua dentro del Estado (LISOS art.16.2).
Por ello, debido a la propia función de los procesos selectivos, **debe evitarse** obtener y procesar información irrelevante para el desarrollo de la actividad, como sucede con datos, por ejemplo, acerca del estado civil de la persona ya que esta información es innecesaria para comprobar la capacidad profesional del candidato al empleo, pudiendo, en un determinado momento, suponer una **discriminación** en el acceso al empleo si se tiene en cuenta la situación personal del trabajador para descartarlo del proceso de selección.
En los siguientes epígrafes se recogen alguno de los **aspectos** que suelen tenerse en cuenta en los **procesos selectivos**:
- datos de salud, análisis genéticos y procesos análogos (nº 8665);
- requerimiento de antecedentes penales (nº 8672);
- certificados negativos del Registro de delincuentes sexuales (nº 1439); y
- test psicológicos (nº 8680).

Precisiones La AEPD reconoce el derecho del participante en una prueba selectiva convocada por una empresa de transporte a **acceder a las grabaciones de los exámenes de conducción**, por constituir una parte fundamental del proceso de selección para obtener un puesto de trabajo. Considera que la nueva tecnología permite, por medio de técnicas que anonimicen las imágenes, mostrar grabaciones de forma que no perjudiquen a terceros y, además, existe un interés legítimo por parte del reclamante ya que está solicitando muestras de imparcialidad en la prueba realizada (AEPD Resol R/00634/2021).

a. Datos de salud, análisis genéticos y procesos análogos

8665 El **reconocimiento médico** previo a la contratación laboral es una cuestión de amplio alcance, pues no sólo guarda relación con la vigilancia de la salud, sino que también atañe al ámbito de la colocación y selección de personal, entroncando con la temática relativa a la no discriminación y afecta muy sustancialmente al derecho a la protección de datos. De acuerdo con la legislación nacional, un empleado o un candidato para el empleo puede ser cuestionado sobre su estado de salud y/o sometido a un examen médico para determinar la idoneidad para el empleo actual o futuro (Recomendación 2015 (2) del Consejo de Europa apdo.9.4).
No obstante, al respecto del acceso de un tribunal de oposición a los resultados de un reconocimiento médico, la AEPD considera excesivo el acceso más allá de la condición de **apto o no apto** (AEPD Informe 0203/2006).
Respecto de los **datos genéticos** no pueden procesarse para determinar, por ejemplo, la idoneidad profesional de los empleados o candidatos para el empleo, incluso con el consentimiento de la persona interesada (Recomendación 2015 (2) Consejo de Europa apdo.9.4).
Respecto del tratamiento de los datos obtenidos a través de los **test psicológicos** a los que se puede someter tanto a los trabajadores como a los candidatos a un puesto de trabajo, se establecen ciertas **previsiones** (Recomendación 2015 (2) Consejo de Europa apdo. 19):
a) Las evaluaciones deben ser llevadas a cabo por **profesionales especialistas** y están sometidas a una confidencialidad análoga a la de los datos médicos.
b) Solo se pueden llevar a cabo cuando: sea **legítimo y necesario** con relación a la categoría de la actividad ejercida en la empresa, y cuando el derecho interno prevea garantías apropiadas.
b) Además, tanto los trabajadores como los candidatos deben ser debidamente **informados** con carácter previo acerca del uso que se les dará a los resultados de dichos test.

Precisiones La AEPD considera que pueden categorizarse como datos relativos a la salud y especialmente sensibles los relativos a la personalidad, carácter, conducta, inteligencia, temperamento y demás que se obtengan mediante técnicas psicométrica y, en cualquier caso, los datos que se obtengan a través de **exámenes psicotécnicos** en el caso de **estudiantes** (AEPD Informe 0445/2009).

b. Antecedentes penales

Cuestión controvertida y que plantea numerosas dudas prácticas es la posibilidad de que la empresa **solicite a sus candidatos declaraciones o certificados de antecedentes penales** durante los procesos selectivos. Para un adecuado análisis de esta cuestión es preciso tener presente lo siguiente: **8670**

a) El RGPD art.10 establece que el tratamiento de datos personales relativos a condenas e infracciones penales o medidas de seguridad conexas solo puede llevarse a cabo bajo la supervisión de las autoridades públicas o cuando lo autorice el Derecho de la UE o de los Estados miembros que establezca garantías adecuadas para los derechos y libertades de los interesados. Asimismo, señala que solo puede llevarse un registro completo de condenas penales bajo el control de las autoridades públicas.

b) La LOPD art.10.1 establece que el tratamiento de datos personales relativos a condenas e infracciones penales, así como a procedimientos y medidas cautelares y de seguridad conexas, para fines distintos de los de prevención, investigación, detección o enjuiciamiento de infracciones penales o de ejecución de sanciones penales, solo puede llevarse a cabo cuando se encuentre amparado en una norma de Derecho de la Unión, en esta Ley Orgánica o en otras normas de rango legal.

Sobre esta base se proscribe la práctica de una **empresa de seguridad** de solicitar a los trabajadores de nueva incorporación un certificado o declaración de no estar incurso en antecedentes penales (TS 12-5-22, EDJ 574641). En el mismo sentido AEPD Resol PS/00267/2020.

Excepciones Por el contrario, existen determinadas actividades que sí contemplan esta exigencia. Son las **siguientes**: **8672**

- jueces (LOPJ art.303);
- fiscales (L 50/1981 art.44);
- policías (LO 9/2015 art.26);
- profesionales de la seguridad privada (L 5/2014 art.28.1.e).

Con relación a las **entidades de crédito**, el RD 304/2014 establece la exigencia del certificado de antecedentes penales, como medio de garantizar altos estándares éticos en la contratación de empleados, directivos o agentes.

También, en lo relativo a **seguridad de aeropuertos** en que una norma europea de directa aplicación como es el Rgto CE/300/2008, sobre normas comunes para la seguridad de la aviación civil, impone la medida relativa a la comprobación de los antecedentes penales del personal que accede a zonas restringidas de seguridad (Anexo I, apartado 1.2).

Con relación al **voluntariado**, no pueden ser voluntarias las personas que tengan antecedentes penales no cancelados por delitos de violencia doméstica o de género, por atentar contra la vida, la integridad física, la libertad, la integridad moral o la libertad e indemnidad sexual del otro cónyuge o de los hijos, o por delitos de tráfico ilegal o inmigración clandestina de personas, o por delitos de terrorismo en programas cuyos destinatarios hayan sido o puedan ser víctimas de estos delitos (LO 45/2015 art.8.5).

Precisiones El tratamiento de los datos personales relativos a la pérdida de puntos como consecuencia de **infracciones de tráfico** constituye un «tratamiento de datos personales relativos a condenas e infracciones penales (LOPD art.10), para el que el RGPD prevé una mayor protección debido al carácter especialmente sensible de los datos en cuestión (TJUE 22-6-21, C-439/19).

c. Test psicológicos

El tratamiento de datos de carácter psicológico puede generar un perfil completo del individuo del que se pudiese desprender el conocimiento de otros datos especialmente protegidos por el legislador, tales como las creencias morales o religiosas o la vida sexual. Así, la utilización de pruebas psicológicas, de test de aptitud o de inteligencia para el acceso al empleo, en conexión con computadoras, da lugar a la creación de perfiles sociales, útiles para detectar comportamientos «anormales o desviados» respecto a las normas de la empresa. **8680**

La AEPD señala que los datos relativos a la personalidad, carácter, conducta, inteligencia, temperamento y demás que se obtengan mediante **técnicas psicométricas** son datos que pueden categorizarse como relativos a la salud y, en cualquier caso, datos especialmente sensibles. Así lo ha entendido la AEPD respecto de los datos que se obtengan a través de **exámenes psicotécnicos** en el caso de estudiantes (AEPD informe 0445/2009).

Si un trabajador es sometido a un test psicológico (como parte de un reconocimiento médico) tiene derecho a que se le faciliten, no solo las conclusiones, sino el propio **test de personalidad** al que ha sido sometido; y los datos han de ser almacenados de forma que permitan el ejercicio del derecho de acceso por el afectado. Este derecho de acceso debe entenderse como una garantía de comprobación de que las informaciones que versan sobre él son veraces, actualizadas y delimitadas al fin para el cual fueron registradas.

Precisiones El trabajador tiene derecho a que se le entregue una **copia** íntegra de las hojas de **preguntas y respuestas** del test de personalidad al que fue sometido. Las pruebas practicadas solo afectan a la esfera individual del trabajador, sin perjudicar al tercero, por lo que no hay razón para negar el acceso a esta información al propio afectado. Este derecho está reconocido está reconocido en el RGPD art.15 y LOPD art.13 (TSJ Sevilla 19-7-07, EDJ 258892).

6. Petición de referencias entre empresas

8685 Los empleadores deben recopilar datos personales directamente del interesado y cuando sea necesario y legal procesar datos recabados de terceros, por ejemplo, para obtener referencias profesionales, el interesado debe estar debidamente informado. Este dato personal no debe ser accesible al nuevo empresario por varias razones que cabe sintetizar en los **principios de lealtad y de limitación** de la finalidad del tratamiento. (Recomendación 2015 (2) del Consejo de Europa apdo.5.1).

Precisiones Vulnera la garantía de indemnidad **trasladar malas referencias de una exempleada** a las empresas que las solicitaban para procesos de selección en los que esta participaba, cuando están vinculadas a conflictos producidos por el ejercicio de su derecho a la conciliación. Al tratarse de una conducta ilícita, no está protegida ni por el derecho a la libertad de expresión ni a la libertad de información (TSJ Madrid 15-6-22, EDJ 632301).

7. Listas negras

8690 El GT 29 configura el **concepto** de lista negra como la recogida y difusión de determinada información relativa a un determinado grupo de personas, elaborada de conformidad con determinados criterios dependiendo del tipo de lista negra en cuestión, que generalmente implica **efectos adversos y perjudiciales** para las personas incluidas en la misma, que pueden consistir en discriminar a un grupo de personas al excluirlas de la posibilidad del acceso a un determinado servicio o dañar su reputación».

La AEPD se ha planteado la viabilidad jurídica de la creación a través de una web de una **base de datos común** a la que solo tendrían acceso las **empresas asociadas** a la consultante, que asumirían el compromiso de aportar los datos de carácter personal de sus trabajadores con su consentimiento y con la finalidad de poder comprobar los datos de los candidatos a ofertas de empleo de dichas empresas asociadas. Los datos personales de sus empleados, que las empresas deberían aportar a esta base, no comprenderían datos sensibles (afiliación sindical o salud) ni datos relativos a la remuneración y situación familiar. No obstante, entre los datos que las empresas suministrarían figuran un **código identificativo** de la causa de suspensión o extinción de la relación laboral, la existencia de reclamaciones judiciales contra la empresa efectuadas por el trabajador, así como si es susceptible de nueva contratación en función de respuestas a preguntas que no se concretan, extremos estos últimos que pueden afectar negativamente a la reputación del trabajador y a su futura empleabilidad, lo que convertiría a la base de datos común accesible por Internet por las empresas asociadas en una lista negra (AEPD Informe 0201/2010).

Se ha considerado **ilícita** la inclusión de una persona en una lista negra de trabajadores que le vetaba para trabajar para empresas de un determinado sector de actividad. Esta posibilidad se encuentra prohibida incluso mediando el consentimiento del interesado en el caso de los trabajadores afiliados a un sindicato. Además, para el Tribunal, esta infracción de la normativa de protección de datos produjo, a su vez, una vulneración del **derecho al honor** del demandante, ya que los datos comunicados no cumplían el requisito de veracidad y afectaban negativamente a su reputación (TS civil 12-11-15, EDJ 205274).

8. Tratamiento informatizado u perfiles de candidatos

(RGPD art.4.4)

8695 Se **define** la elaboración de perfiles como toda forma de tratamiento automatizado de datos personales consistente en utilizar datos personales para evaluar determinados aspectos personales de una persona física, en particular para **analizar o predecir** aspectos relativos al rendimiento profesional, situación económica, salud, preferencias personales, intereses, fiabilidad, comportamiento, ubicación o movimientos de dicha persona física. El procedimiento de elaboración de perfiles puede implicar una serie de deducciones estadísticas y suele usarse para hacer predicciones sobre personas, utilizando datos de distintas fuentes para inferir algo sobre un individuo, sobre la base de las cualidades de otros que parecen similares estadísticamente.

El GT29 indica que hay **varias formas** en que los perfiles se pueden utilizar en la práctica en sus Directrices sobre decisiones individuales automatizadas y elaboración de perfiles a los efectos del Reglamento (UE) 2016/679.

1. **Elaboración de perfiles** en general, que tiene 3 elementos clave:
- tiene que ser una forma automatizada de procesamiento;
- debe llevarse a cabo con datos personales; y
- el objetivo de la elaboración del perfil debe ser evaluar los aspectos personales de una persona física.

2. Toma de **decisiones** basadas en la elaboración de perfiles. En general, la elaboración de perfiles implica la recogida de información sobre una persona (o grupo de personas) y la evaluación de sus características o patrones de comportamiento con el fin de asignarla a una determinada categoría o grupo, en particular para analizar o hacer predicciones sobre, por ejemplo: su capacidad para realizar una tarea; sus intereses; o su comportamiento probable.

3. Las decisiones **automatizadas** tienen un ámbito de aplicación distinto y pueden solaparse parcialmente con la elaboración de perfiles o derivarse de esta. Las decisiones basadas únicamente en el tratamiento automatizado representan la capacidad de tomar decisiones por medios tecnológicos sin la participación del ser humano.

Pueden llevarse a cabo con o sin elaboración de perfiles; la elaboración de perfiles puede darse sin realizar decisiones automatizadas. No obstante, ambas no son necesariamente **actividades independientes.** Algo que empieza como un simple proceso de decisiones automatizadas puede convertirse en un proceso basado en la elaboración de perfiles, dependiendo del uso que se dé a los datos.

Todo interesado tiene derecho a no ser objeto de una decisión basada únicamente en el tratamiento automatizado, incluida la elaboración de perfiles, que produzca efectos jurídicos en él o le afecte significativamente de modo similar (RGPD art.22). El GT29 interpreta que el RGPD art.22 supone la **prohibición** de la toma **de decisiones individualizadas** totalmente automáticas, incluida la elaboración de perfiles que tenga efectos jurídicos en el empleo del interesado.

9. Datos de candidatos no incorporados a la empresa

(AEPD Resol R/01355/2008)

Una vez **concluido el proceso de selección**, si la persona candidata no es contratada, desaparece la base jurídica para el tratamiento de datos, por lo que sería necesario su consentimiento para un futuro tratamiento (por ejemplo, incorporación a una bolsa de trabajo), salvo que el empleador pueda demostrar un interés legítimo. En caso contrario, debe destruir el currículum y proceder a la supresión y bloqueo de los datos personales. **8700**

10. Cláusulas contractuales prohibidas

(RGPD art.13; AEPD Informe 0464/2013)

El propio contrato de trabajo, o un anexo al mismo, es el medio más adecuado para informar al trabajador respecto del tratamiento que se realizará respecto de sus datos personales en relación con la prestación laboral. Se **requiere informar**, entre otras circunstancias, sobre las materias definidas en el RGPD art.13. **8705**

La AEPD entiende que es una práctica válida la **firma de un Anexo** al contrato de trabajo en el que se materializa dicha información. Este es uno de los medios a través de los cuales el empresario puede probar haber informado al trabajador; como podría, por otro lado, acreditarse mediante la aportación de otros indicios que coadyuvaran a entender cumplido este requisito, pero siendo la firma uno de ellos, totalmente lícita y admitida en Derecho.

En los siguientes epígrafes se tratan las cláusulas donde se indica el teléfono móvil y correo electrónico particular (nº 8707) y las de cesión de imagen (nº 8709).

Solicitud teléfono móvil y correo electrónico particular La empresa no necesita la dirección de email personal o el número de teléfono privado de la persona trabajadora. Por tanto, **son nulas,** por vulnerar la normativa de protección de datos, las cláusulas incorporadas a los contratos de trabajo donde el trabajador está obligado a indicar su teléfono móvil y correo electrónico particular. **8707**

Esto ha sido resuelto por el TS al analizar la licitud de una cláusula contractual que una empresa del **sector de contact center** incluye en los contratos de trabajo, según la cual ambas partes convenían expresamente que cualquier tipo de comunicación relativa a este contrato, a la relación laboral o al puesto de trabajo, podrá ser enviada al trabajador vía SMS o vía correo electrónico, mediante mensaje de texto o documento adjunto al mismo, según los datos facilitados por el trabajador a efectos de contacto. Asimismo, se indica que cualquier cambio o incidencia con respecto a los mismos, deberá ser comunicada a la empresa de forma fehaciente e inmediata. Aunque es deseable que determinados datos puedan ponerse voluntariamente a disposición de la empresa, esta obligación no puede ser incluida a través de una **clausula tipo** en la que el trabajador presta su voluntario consentimiento a aportar los referidos datos personales, ya que el trabajador es la parte más débil del contrato y puede entenderse que su consentimiento no es por completo libre y voluntario, por lo que tal cláusula es nula y debe excluirse de los contratos de trabajo (TS 21-9-15, EDJ 177359).

8709 **Cesión de imagen** Se ha declarado que es válida y no vulnera el derecho a la intimidad una la **cláusula genérica de cesión de imagen** incorporada a los contratos de trabajo de la actividad de telemarketing realizada mediante videollamada. Se considera que la cesión está implícita en el objeto de un contrato de trabajo celebrado para prestar servicios de contact center que incluye el recibo y envío de llamadas por vía telefónica o por cualquier medio electrónico con el fin de mantener contactos con terceros en entornos multimedia. La cláusula incluida es meramente informativa y se limita a advertir al trabajador de la posibilidad de tener que realizar una de las funciones propias del contrato que suscribe, por lo que no es necesario prestar el consentimiento cuando los datos, la imagen, se ceden en el marco del cumplimiento de un contrato de trabajo cuyo objeto lo requiere (TS 10-4-19, EDJ 572520).

11. Cesiones de datos por empresas de intermediación laboral

(L 3/2023 art.16; RD 1796/2010 art.5)

8715 La obligación de respeto a la normativa de protección de datos se extiende tanto a los organismos públicos como privados que realizan actividades de intermediación laboral. Así, la **Ley de Empleo** establece que el tratamiento de los datos personales ha de llevarse a cabo conforme a lo dispuesto en el RGPD y la LOPD. Incluye como **datos de carácter personal** objeto de tratamiento todos los que resulten imprescindibles para el desarrollo y ejecución de las actuaciones, técnicas y procedimientos que se articulan en garantía del desarrollo de la política de empleo. Se incluyen, especialmente, los identificativos de las personas usuarias de los servicios y los referentes a situación y actividad laboral, a su formación, los relativos a su protección social, así como a su situación socioeconómica, entre otros.
La **finalidad del tratamiento** de los datos recabados es la ocupación y la mejora de la empleabilidad de las personas demandantes de los servicios de empleo, además de la adecuada protección y activación de las mismas cuando se encuentran en situación de necesidad y de falta de empleo, así como la prestación de servicios garantizados a las personas, empresas y demás entidades empleadoras. También incluye el tratamiento de los datos recabados para fines estadísticos o para la realización de estudios de investigación científica.

8717 **Agencias de colocación** (L 3/2023 art.43) Son aquellas entidades públicas o privadas, con o sin ánimo de lucro, que realizan actividades de intermediación laboral en coordinación con los servicios públicos de empleo o como entidades colaboradoras de estos. Pueden desarrollar actuaciones relacionadas con la **búsqueda de empleo**, tales como orientación e información profesional, y con la selección de personal. Son **obligaciones** de las agencias de colocación:
a) **Suministrar** a los Servicios Públicos de empleo información sobre las personas trabajadoras atendidas y las actividades que desarrollan, así como sobre las ofertas de empleo y los perfiles profesionales que correspondan con esas ofertas. Se suministrará con la periodicidad y en la forma que se determine reglamentariamente.
b) **Respetar** la intimidad y dignidad de las personas trabajadoras y cumplir la normativa aplicable en materia de protección de datos y garantizar a las personas trabajadoras la gratuidad por la prestación de servicios.

Precisiones **1)** La Recomendación CM/Rec (2015) 5, del Comité de Ministros del Consejo de Europa, 1.2, establece que, a menos que la legislación nacional disponga lo contrario, los principios de la presente Recomendación también se aplican a las actividades de las **agencias de empleo**, en los sectores público y privado, que procesan datos personales para permitir el establecimiento de uno o más contratos de trabajo simultáneos, incluidos los contratos a tiempo parcial, entre las personas interesadas que figuran en sus listas y posibles empleadores, o para facilitar los procedimientos para los empleadores derivados de dichos contratos.
2) El Convenio de la OIT sobre las Agencias de Empleo Privadas, 1997 (núm. 181) también contiene reglas sobre la **recolección**, archivo y uso de datos personales por agencias privadas de empleo a las cuales se apliquen esas normas de la OIT.

Empresas de trabajo temporal (AEPD Informe 172/2006) La AEPD considera que la ETT no tiene la condición de encargada del tratamiento respecto de los datos de los que sea responsable la empresa usuaria y a los que acceda el trabajador al que se refiera el contrato de puesta a disposición, sin perjuicio de la condición que le corresponda respecto del tratamiento de los datos referidos a los citados trabajadores. 8719

Empresas de selección de personal (LOPD art.33) Es posible que en la actividad de selección se encargue a una empresa de selección que **recabe los datos** en nombre de la empresa. En estos casos, nos encontraríamos en supuestos de acceso a los datos por cuenta de terceros, por lo que sería necesario firmar el correspondiente contrato de encargado de tratamiento. Es importante tener presente que, en estos casos, la transmisión no se considera cesión de datos. 8721

Se plantea, si el responsable de la intervención de la empresa de selección debe, en su condición de encargado, **informar** del tratamiento **a los interesados**. A tal efecto, el RGPD utiliza el concepto de «**destinatario**», definido como la persona física o jurídica, autoridad pública, servicio u otro organismo al que se comuniquen datos personales, se trate o no de un tercero (RGPD art.4.9). Por consiguiente, los responsables, corresponsables y encargados del tratamiento a quienes se hayan transferido o comunicado los datos están comprendidos en el término «destinatario» y la información sobre dichos destinatarios cabría entender que debe ser facilitada a los interesados.

El GT 29 ha considerado que el **concepto de destinatario** no debe limitarse a los terceros (entendiendo por tales a los cesionarios de datos), ampliando el alcance del mismo a los prestadores de servicios con acceso a datos, es decir a los encargados de tratamiento. Por ello, concluye que, con arreglo al principio de lealtad, los responsables deben facilitar la información sobre los destinatarios que sea más significativa para los interesados. En la práctica, esta información será los destinatarios nombrados con vistas a que los interesados sepan exactamente quién dispone de sus datos personales. Si los responsables optan por facilitar las categorías de destinatarios, la información debe ser tan específica como sea posible, indicando el tipo de destinatario (es decir, en referencia a las actividades que este ejerce), la industria, el sector y el subsector y la ubicación de los destinatarios.

No obstante, la AEPD y sus autoridades de control autonómicas establecen de forma más matizada que es **conveniente informar** también de la existencia de Encargados de Tratamiento, cuya legitimidad es la ejecución del contrato del encargo, especialmente en los casos en que impliquen transferencias a terceros países.

Portal de empleo online (LOPD art.5 y 11; AEPD Informe 0545/2009) Se trata de entidades online dedicadas a la prestación a otras empresas de un servicio de gestión de los datos de carácter personal de candidatos que hayan sido recibidos desde portales de empleo a través de Internet. Con relación a estas entidades, la AEPD considera que la entidad que mantiene el **portal de empleo** es la encargada del tratamiento siempre que no pueda, en modo alguno, decidir sobre el contenido, finalidad y uso del tratamiento, puesto que en ese caso pasaría a ser responsable del fichero, existiendo una cesión de datos de carácter personal que requiere el consentimiento de los afectados. 8723

Por tanto, la relación entre el **responsable del fichero**, es decir la empresa contratante que solicita una relación de candidatos a un puesto de trabajo, y la entidad que gestiona el portal online (encargada del tratamiento) que canaliza las ofertas para su comunicación a la empresa responsable, debe regularse en un contrato celebrado por escrito.

Por el contrario, si el portal de empleo online cede o comunica datos de los demandantes de empleo a otras empresas de una forma generalizada, nos encontraríamos con una cesión de datos de carácter personal, definida como toda revelación de datos realizada a una persona distinta del interesado, por lo que decidiría sobre el tratamiento de los datos personales como responsable del mismo. Tal cesión debe sujetarse al **régimen general de comunicación** de datos de carácter personal (RGPD art.6) y cumplir con las obligaciones de información (RGPD art.12 y 13).

Precisiones Se sanciona a una empresa que, ni en el propio anuncio, ni en las conversaciones mantenidas por whatsapp, facilita al candidato **información** relativa al **tratamiento** que efectuarían con sus datos personales contenidos en el currículum enviado a la empresa (Resol AEPD PS/00237/2021).

E. Protección de datos en el desarrollo de la relación laboral

8730 En los **siguientes epígrafes** se recogen diversos aspectos sobre el tratamiento de los datos obtenidos durante el desarrollo de la relación laboral: datos de contacto (nº 8735); datos de identificación (nº 8745); comprobación de otros datos por el empresario (nº 8747); datos derivados de la dinámica laboral (nóminas, registros, evaluación, comunicaciones personales, etc.) (nº 8760 s.).

Precisiones Con relación a las **trabajo en plataformas digitales** la Dir (UE) 2024/2831, cuyo plazo de trasnposición finaliza el 2-12-2026, limita el **tratamiento de los datos** personales mediante sistemas automatizados de seguimiento o de toma de decisiones. No pueden tratar: **a)** determinados datos personales (sobre el estado emocional o psicológico de la persona que realiza trabajo en plataformas; relacionado con conversaciones privadas, incluidos los intercambios con otras personas trabajadoras o con sus representantes; para predecir el ejercicio de los derechos fundamentales; o para inferir el origen racial o étnico, la situación migratoria, las opiniones políticas, las convicciones religiosas o filosóficas, la discapacidad, el estado de salud, incluidas las enfermedades crónicas o el estado del VIH, el estado emocional o psicológico, la afiliación sindical, la vida sexual o la orientación sexual); **b)** datos biométricos del trabajador; y **c)** datos personales de la persona que realiza trabajo en plataformas cuando no esté ofreciendo ni realizando trabajo (Dir (UE) 2024/2831 art.7 y 8).

1. Datos de contacto profesionales y personales

8735 El RGPD no excluye expresamente el tratamiento de los datos de las personas físicas recogidos como contactos de personas jurídicas, por lo que estos datos deben considerarse datos personales siempre que hagan alusión a una **persona identificada o identificable**, independientemente de si se persigue un fin profesional-empresarial o no. No obstante, la LOPD establece que salvo prueba en contrario, se presume amparado en la satisfacción de los intereses legítimos (RGPD art.6.1.f) el tratamiento de los datos de contacto y en su caso los relativos a la función o puesto desempeñado de las personas físicas que presten servicios en una persona jurídica siempre que se cumplan los siguientes **requisitos** (LOPD art.19):

a) Que el tratamiento se refiera únicamente a los **datos necesarios** para su localización profesional.

b) Que la **finalidad del tratamiento** sea únicamente mantener relaciones de cualquier índole con la persona jurídica en la que el afectado preste sus servicios.

De este modo, los cargos personales, su nivel de responsabilidad, localización dentro de la organización, teléfono de contacto fijo, teléfono móvil corporativo, mail corporativo e incluso redes sociales corporativas en el caso de que se utilicen para la promoción de la organización, deberían entenderse incluidos dentro del concepto de estos **datos de contacto**. Sin embargo, no cabe incluir los números de teléfonos privados, aunque se utilicen en el ámbito laboral, o los correos personales que se utilizan en el ámbito profesional.

Respecto al dato de la **firma de los representantes**, la AEPD estima que un tratamiento específico de las firmas, como tales, de las personas físicas firmantes-representantes de las empresas, podría admitirse en ciertos casos, en base al principio de calidad y proporcionalidad en el tratamiento de datos de carácter personal. Pero tales casos (que no deben ser la regla general), han de presentar unas características tales que permitan razonablemente concluir que el tratamiento de la firma es necesario, a los fines pretendidos de representar debidamente y con garantías a la persona jurídica. Un tratamiento del dato de la firma, generalizada e incondicionado, se consideraría excesivo e innecesario.

8737 Respecto de los datos de contacto personales -**teléfono y dirección de correo particular**-, el tratamiento debe ser ignorado por el empresario, dado que ninguna norma exige que el trabajador para la adecuada perfección de su relación contractual deba facilitar estos datos al empresario al que presta sus servicios. Es decir, dicho tratamiento excedería de lo permitido inicialmente por la normativa de protección de datos, y más concretamente, de la legitimación del RGPD art.6 en base a la ejecución de un contrato.

No obstante, si las circunstancias de la prestación de servicios para la empresa conllevan una **disponibilidad personal** del trabajador fuera de su centro u horario de trabajo, una medida más moderada e igual de eficaz para conseguir la comunicación de la empresa con el trabajador sería poner a disposición del mismo de un instrumento de trabajo como sería un teléfono de empresa. En todo caso, señala la AEPD, sería posible que los afectados facilitaran los datos referentes a su e-mail y número telefónico particulares, si bien la recogida de estos datos habría de ser de **cumplimentación voluntaria**, previa la obtención del consentimiento del trabajador, que puede oponerse posteriormente a su tratamiento ejerciendo los derechos de oposición o supresión.

Precisiones En relación con la posibilidad de que la empresa cree un **grupo de whatsapp** con sus **trabajadores,** la considera que: a) podría no ser necesario el consentimiento del trabajador atendiendo a las circunstancias del caso; b) habrá que estar a lo que determine la «legislación sectorial» (en materia laboral, convenios colectivos o contratos suscritos); c) será necesario diferenciar entre medios personales y medios proporcionados por la empresa (AEPD Resol AI/00050/2022).

2. Datos de identificación (nombre, apellidos, DNI)

La AEPD considera lícita la inclusión del número de DNI y la fotografía, además del nombre y los dos apellidos, en las **tarjetas identificativas** que los trabajadores deben llevar en **lugar visible** mientras estén ejerciendo sus funciones en la empresa. **8745**
Si la finalidad que motiva el tratamiento es la identificación del trabajador como tal, y existiendo en muchas ocasiones un número indeterminado de personas con idénticos nombres y apellidos, no resulta contrario a la normativa sobre protección de datos de carácter personal la inclusión del dato correspondiente al **número del DNI** de la persona a cuyo nombre se expide la mencionada tarjeta identificativa. En consecuencia, se considera que la inclusión del DNI en las tarjetas identificativas del personal no la vulnera (AEPD Informe 0028/2011; 666/2008).
Por el contrario, la **AEPD sanciona** la práctica empresarial por la que una empresa, que pone a sus trabajadores puestos a disposición de otras empresas como entidades financieras, administraciones públicas y empresas de transporte aéreo para prestar servicios, proporciona, para identificar a los trabajadores ante sus clientes, **unos listados** en los que se incluye, entre otros datos, su DNI. No se acredita que este uso del DNI guarde relación con el desenvolvimiento de la relación laboral (AEPD Resol PS/00212/2017).

Precisiones Se ha considerado nula la disposición (OM INT/318/2011 Anexo V.1), que obligaba a la inclusión en la **tarjeta de identidad profesional** del personal de seguridad privada del número del DNI o del NIE en caso de extranjeros con todos sus caracteres alfanuméricos (AN cont-adm 20-11-13, EDJ 233098).

Fotografías del trabajador Respecto de la inclusión de fotografías en las **tarjetas identificativas** de los trabajadores, la AEPD considera que la medida es proporcional cuando, por motivos de seguridad y para el adecuado desarrollo de la actividad laboral de los trabajadores, resulta necesario proceder a su identificación a través de la fotografía incorporada a su tarjeta seguridad. No es preciso recabar su consentimiento para proceder al tratamiento de aquélla, pero si debe cumplirse con el deber de información (RGPD art.12 y 13; LOPD art.11). (AEPD Informe 266/2006). **8747**
La publicación de las fotografías en la **página web** con fines de promocionar la empresa debe venir amparada en una condición para la licitud del tratamiento. En cuanto que el tratamiento de la imagen de los trabajadores no está enmarcado dentro de la gestión laboral del personal, sino que tiene una **función de promoción y calidad** en la prestación del servicio, es necesario el consentimiento de los trabajadores afectados para poder tratar sus datos de imagen. Es decir, la publicación de las fotografías en la página web para fines que exceden el estricto marco de la relación contractual supone un dato de carácter personal cuya recogida y tratamiento requería, típicamente, del consentimiento del afectado.

Resulta cada vez más habitual que las empresas transmitan los **datos de sus trabajadores a sus clientes** con el fin de garantizar una prestación de servicios fiable. Estos datos pueden ser excesivos dependiendo del alcance de los servicios prestados (por ejemplo, se puede incluir la foto de un empleado). El GT 29 señala que, en estos casos, los trabajadores no están en condiciones, habida cuenta del desequilibrio de poder, de dar su libre consentimiento al tratamiento de sus datos personales por parte de su empresario, y si el tratamiento de los datos no es proporcional, el empresario no tiene un fundamento jurídico (G29 Dictamen 2/2017). **8749**

Precisiones El referido informe utiliza el siguiente ejemplo: Una **empresa de mensajería** envía a sus clientes un correo electrónico con un enlace al nombre y la ubicación del repartidor (empleado). La empresa también pretendía adjuntar una foto de pasaporte del repartidor. La empresa suponía que tenía un fundamento jurídico para el tratamiento en su interés legítimo, que permitiría al cliente comprobar si el repartidor es efectivamente la persona correcta. Sin embargo, entiende que no es necesario facilitar el nombre y la foto del repartidor a los clientes. Dado que no existe ningún otro motivo legítimo para este tratamiento, la empresa de mensajería no está autorizada a facilitar estos datos personales a los clientes.

3. Comprobación de otros datos por el empresario

8755 La AEPD analiza la legalidad de la inclusión en un convenio colectivo regional de transportes de viajeros por carretera de una cláusula que establece que, cuando para el desarrollo de su actividad el trabajador tenga la **obligación de disponer de una autorización** (permiso de conducir específico para el trabajo encomendado) susceptible de ser cancelada temporal o definitivamente y la empresa no pueda acceder a verificar el estado concreto en que se encuentre, el trabajador está obligado a informar a aquélla, en todo momento, de las incidencias que se produzcan respecto de dicha autorización. Esta información puede ser requerida directamente por la empresa en todo momento, concediéndose al trabajador unos determinados plazos para su aportación. Igualmente, se prevé la posibilidad de que los datos sean recabados por el propio empresario, previa autorización de este.
Es decir, el conocimiento por el empresario de la concurrencia en el trabajador de uno de los requisitos legalmente exigibles para el adecuado cumplimiento de la relación laboral no puede restringirse al momento de la celebración del contrato, siendo necesario para el mantenimiento de tal relación que el empresario pueda conocer durante el **desarrollo de la prestación** que el trabajador no incurre en una situación que imposibilitaría su legal desempeño, pudiendo considerarse que el tratamiento de los datos y su transmisión por el trabajador al empresario está amparada por la LOPD (RGPD art.6.1.b; AEPD Informe 0318/2008).

4. Datos derivados de la dinámica laboral

8760 En los siguientes epígrafes se analizan los siguientes supuestos de tratamiento de datos personales: salario como dato personal; gestión de nóminas (nº 8768); registro de actividades laborales (nº 8770); certificado sobre el horario de trabajo (nº 8772); evaluación de trabajadores (nº 8774); y comunicaciones personales (nº 8776).

8762 **Salario y registro salarial** El salario es una información relativa a una persona física. El TJUE ha considerado que los salarios entran también dentro del concepto de datos personales los relativos a los ingresos de una persona (TJUE 20-5-03, asunto Rechnungshof, C-465/00). Por tanto, su **lícito tratamiento** se encuentra sometido a los supuestos contemplados en el RGPD art.6.1.
En relación con la **cesión de datos a los representantes de los trabajadores**, podría entrar en juego, típicamente, el consentimiento del trabajador -que deberá ser expreso- o la existencia de una obligación legal que impusiese dicha cesión (supuestos típicamente contemplados en ET y LOLS). Fuera de los citados supuestos, la cesión de datos salariales debería quedar amparada por alguna de las bases de legitimación establecidas en el RGPD art.6.1.

8764 **Registro salarial** (ET art.28; RD 902/2020) El empleador está obligado a llevar un registro de salarios. Al tratarse de una **obligación legal**, el empleador no requiere el consentimiento de las personas trabajadoras. No obstante, el registro de salarios **no** justifica el **tratamiento de datos** personales ya que la norma que lo regula no es una base jurídica para ello, pues en dicho registro no ha de constar el salario de cada persona trabajadora, sino los «valores medios» de los salarios, los complementos salariales y las percepciones extrasalariales de la plantilla «desagregados por sexo y distribuidos por grupos profesionales, categorías profesionales o puestos de trabajo iguales o de igual valor». Es un registro donde deben figurar datos disociados y no datos personales, ni información que permita identificar a una persona. No se contempla un derecho a la información, ni el ejercicio de derechos de acceso, rectificación, oposición y supresión, pues no se produce un tratamiento de datos personales.
En cuanto a la **consulta** del registro salarial, si las empresas cuentan con representación legal de las personas trabajadoras el acceso al registro se facilita a través de ella que tiene derecho a conocer el contenido íntegro del mismo. Por el contrario, si no existe y la persona trabajadora solicita el acceso al registro, la información facilitada por la empresa debe limitarse a las diferencias porcentuales existentes en las retribuciones promediadas de hombres y mujeres, desagregadas en atención a la naturaleza de la retribución y el sistema de clasificación aplicable (RD 902/2020 art.5.3).
El registro debe afectar a **toda la plantilla** de la empresa**, aunque** existan puestos en los que sólo existan personas de un mismo sexo o en un número tal que impida efectuar el cálculo de la media y la mediana (por ejemplo, en el caso de puestos de 3 o menos empleados) y **permita identificar al trabajador y su retribución**, aplicando en su caso los métodos precisos para garantizar la confidencialidad de dichos datos (AN 29-5-23, EDJ 587095; 23-2-23, EDJ 518222).
Para estos casos la AEPD da unas indicaciones en su **Guía** sobre «La protección de datos en las relaciones laborales» (https://www.aepd.es/es/documento/la-proteccion-de-datos-en-las-relaciones-laborales.pdf) que, aunque no resulta vinculante para el tribunal,

permite vislumbrar el criterio que la Agencia, en su posición de autoridad pública independiente garante de la privacidad protección de los datos de la ciudadanía, mantiene acerca de la cuestión (AN 29-5-23, EDJ 587095).

Declaración de IRPF Se considera nula una norma incluida en el **código de conducta** de una institución pública (Banco de España), según la cual, en el marco de procesos de verificación de operaciones financieras privadas, esta podía exigir a sus empleados una copia de su declaración del IRPF o de los datos fiscales. Considera que **no** existe ninguna **habilitación legal** que permita a esta institución solicitar a sus empleados dicha información. Se considera que, a través de la declaración del IRPF, es posible conocer tanto los datos económicos del afectado, como otra serie de datos que aparecen en la misma y que tienen el carácter de datos especialmente protegidos en la normativa sobre protección de datos (TS 21-12-20, EDJ 759627). **8766**

Gestión de nóminas (LOPD art.33) Es muy frecuente que la gestión de las nóminas se encomiende a un asesor laboral o a una empresa del grupo. En estos casos deben distinguirse los siguientes **supuestos**: **8768**

a) Cuando el responsable le encarga el tratamiento de los datos (supuesto en el que debe cumplir con las obligaciones del encargado del tratamiento, ver nº 8585 (RGPD art.28).

b) Cuando se produce una cesión de datos entre dos sujetos responsables.

Este último supuesto se produce cuando la empresa cede a un tercero, en este caso a la **gestoría**, los datos de carácter personal de sus trabajadores con objeto de que sean tratados para el cumplimiento de los fines directamente relacionados con las funciones legítimas del cedente y del cesionario, sin que sea preciso el consentimiento de los trabajadores interesados. La gestoría debe comprometerse explícitamente a **informar a su propio personal** de las obligaciones dimanantes de los antedichos textos legales, a los que también les será de aplicación aquellas disposiciones posteriores que se dicten en desarrollo de las normas anteriores que se encuentren en vigor a la adjudicación del contrato o que pudiera estarlo durante su vigencia (LOPD art. 5).

Precisiones Supone una vulneración del derecho fundamental a la intimidad la utilización, por la **entidad bancaria empleadora,** de los datos obtenidos de la cuenta corriente de una trabajadora como medio de prueba de incumplimientos laborales. El tratamiento de los datos personales de una cuenta corriente con una finalidad distinta a la inherente al propio contrato bancario requiere autorización expresa del titular (TS 8-3-22, EDJ 521385).

Registro de jornada El registro del tiempo de trabajo, que incluye una indicación para cada trabajador del inicio y el final del trabajo y las interrupciones o descansos correspondientes, coincide con la definición de «datos personales» en el sentido del RGPD. **8770**

Con respeto a la normativa sobre protección de datos, la empresa está obligada a garantizar el **registro diario de jornada**, que debe incluir el horario concreto de inicio y finalización de la jornada de trabajo de cada persona trabajadora, sin perjuicio de la flexibilidad horaria. Mediante negociación colectiva o acuerdo de empresa o, en su defecto, por decisión del empresario previa consulta con los representantes legales de los trabajadores en la empresa, se organizará y documentará este registro de jornada. La empresa debe conservar estos registros durante 4 años y permanecerán a disposición de las personas trabajadoras, de sus representantes legales y de la Inspección de Trabajo y Seguridad Social (ET art.34.9).

Los **datos** del registro no pueden ser utilizados con una **finalidad** distinta al control de la jornada de trabajo (principio de limitación de la finalidad).

Las reglas de protección de datos no pueden impedir la **transmisión de la información** pertinente a la **ITSS**, cuando así lo reclame en el ejercicio de sus funciones (L 23/2015 art.18). La persona trabajadora tiene derecho a ser informada y, en su caso, a ejercitar los derechos de acceso, rectificación, oposición y supresión, con independencia de que el registro sea más o menos sofisticado.

El registro de jornada debe estar **incluido** en el Registro de las Actividades del Tratamiento (RGPD art.30). En atención al número de trabajadores y al concreto formato empleado podría ser necesario realizar una **evaluación de impacto** (RGPD art.35.3).

Respecto de la utilización de **datos biométricos**, ver (nº 8920).

Precisiones **1)** El TJUE ha considerado que no se opone a la normativa comunitaria una normativa nacional, que obliga al empleador a poner a disposición de la **autoridad nacional competente** para la **supervisión** de las condiciones de trabajo el registro del tiempo de trabajo, de forma que se permita su consulta inmediata, siempre que esta obligación sea necesaria para el ejercicio por esta autoridad de la misión de supervisión que le incumbe en relación con la normativa sobre condiciones de trabajo y, especialmente, de la relativa al tiempo de trabajo (TJUE 30-5-13, C-342/12, Worten; TJUE auto 19-6-14, C-683/13, Pharmacontinente).

2) No vulnera el derecho a la protección de datos el que, para el control del registro de jornada, la empresa facilite a la **representación legal de los trabajadores**: nombre y apellidos, provincia y población de los trabajadores. Lo exige el ejercicio de la facultad de vigilancia y control (TS 24-9-24, EDJ 695779).

8772 **Certificado sobre el horario de trabajo emitido por la empresa** En este aspecto se ha considera sancionable la conducta de una empresa consistente en haber facilitado a la abogada de la otra parte en un proceso de divorcio un certificado sobre su horario de trabajo, que fue aportado como prueba. La AEPD sanciona a la empresa por infracción del **deber de secreto**, toda vez que el certificado se emitió a solicitud de una abogada, y se realizó a nombre del ex cónyuge de la denunciante. No se ha facilitado la documentación requerida por el órgano judicial, sino lo que se ha producido es la entrega a terceros de una información con una finalidad particular, ajena a los intereses de la entidad responsable (AEPD Resol 2413/2013).

8774 **Clave en el reloj de fichaje que identifica visita médica, rehabilitación, enfermedad, reunión sindical, reunión de comité de empresa** La AEPD considera que si un trabajador se ausenta durante la jornada, y en el reloj de fichaje se debe indicar en una clave del **motivo de la ausencia** (visita médica, rehabilitación, enfermedad, reunión sindical, reunión comité de empresa), la empresa no está obligada a aplicar medidas de seguridad de nivel alto, siempre y cuando no se aporte ningún dato o información adicional de la que pueda desprenderse el tipo de dolencia o enfermedad, o en su caso la organización sindical a la que está afiliado el interesado. No obstante, la AEPD considera que sí es aconsejable que la clasificación de incidencias evite conocer cualquier tipo de datos sensibles.

8776 **Evaluación de trabajadores** (Recomendación GT29 1/2001, sobre datos de evaluación de los trabajadores)
En las **evaluaciones** y **juicios subjetivos** de trabajadores se pueden encontrar datos que tienen la consideración de dato personal. Por ello, se aboga a favor de que los datos subjetivos, procedentes de evaluaciones o juicios subjetivos realizados sobre los trabajadores, sean siempre accesibles a los mismos y admitan su rectificación. Para ello, resulta indispensable la **transparencia** en el tratamiento de este tipo de datos y el respeto del ejercicio del derecho de acceso.
Al tratarse de datos personales de los empleados, el caso de comunicación masiva por Internet de los datos de sus empleados, incluidas las evaluaciones, el consentimiento no puede entenderse válidamente prestado, y no puede considerarse un consentimiento libre, si la negativa a darlo lleva aparejada algún tipo de consecuencia adversa o discriminatoria.
Lo mismo se aplica cuando se registren datos de evaluación relativos a la **productividad o capacidad** de un empleado, en cuanto que estos datos no deben servir más que para evaluar las competencias profesionales (Recomendación CM/Rec (2015) 5).
En relación con el **concepto retributivo de productividad**, la publicación de estos datos debe respetar el derecho a la protección de datos mediante una adecuada ponderación en cada caso concreto, entre el interés legítimo y la lesión de los derechos e intereses de los afectados. A estos efectos, la AEPD considera que la publicación debe ajustarse a la finalidad perseguida, por lo que, como regla general, los datos de productividad no pueden publicarse por un medio que permita el acceso de personas distintas a las personas trabajadoras de la empresa (AEPD Informe 183/2018).

8778 **Comunicaciones personales** (AEPD Informe 301/2008) Sobre la utilización del dato de la **fecha de nacimiento** contenida en los ficheros de personal de la empresa con la finalidad de felicitar a aquéllos el día de su cumpleaños, la AEPD considera que esta finalidad no está comprendida entre las relacionadas con la ejecución y cumplimiento de la relación laboral. Por ello, es necesario recabar el consentimiento de los afectados al no encontrarse incluida en los supuestos en los que no es necesario recabarlo.
En cuanto a la **forma de recabar el consentimiento**, se señala que cuando se trate de responsables que presten al afectado un servicio que genere información periódica o reiterada, o facturación periódica, la comunicación puede llevarse a cabo de forma conjunta a esta información o a la facturación del servicio prestado, siempre que se realice de forma claramente visible.
Igualmente, podría efectuarse la solicitud a través de otros medios, tales como la remisión de un mensaje a través de la **Intranet**, a fin de que los interesados pudieran manifestar su negativa al uso de los datos con esta finalidad por un procedimiento semejante.

F. Transferencias de datos entre empresas

8785 La cesión de datos entre empresas puede plantear importantes problemas. Con carácter general, los problemas pueden plantearse en relación con las siguientes **situaciones**:
- grupo de empresas (nº 8790);
- contratas y subcontratas (nº 8795);
- sucesión de empresas (nº 8805 s.);
- transferencia internacional de datos laborales (nº 8810 s.).

Precisiones 1) La AEPD sanciona a una empresa que, para facilitar el acceso de dos nuevos trabajadores a la VPN de la empresa, comunica a otra empresa, mediante un correo electrónico enviado a ambos, los datos personales de los dos trabajadores (AEPD Resol PS/00360/2020).
2) También se sanciona a una empresa por **utilizar los datos personales** de un empleado sin su consentimiento. A solicitar informe de vida laboral, el trabajador tuvo conocimiento de que, si bien su relación de trabajo fue inicialmente concertada una empresa, en una determinada fecha, esta empresa cursó su baja en la Seguridad Social sin su conocimiento, dándole de alta en otra empresa sin haber dado consentimiento para el tratamiento de sus datos (AEPD Resol PS/00245/2021).

1. Grupo de empresas

(RGPD considerando 48 y art.4.19 y 6.1)

Las cesiones o comunicaciones de datos de carácter personal objeto del tratamiento sólo pueden realizarse a un tercero para el cumplimiento de fines directamente relacionados con las funciones legítimas del cedente y del cesionario. **8790**

La existencia de un grupo de empresas no afecta para que cada una de las **sociedades integradas** en el mismo no mantenga diferenciada y plena su personalidad jurídica. A todos los efectos jurídicos, la circunstancia de que una sociedad esté participada por otra, no afecta al hecho de que ambas sean distintas personas, de modo que la comunicación de datos se produce entre dos personas distintas, sin que exista una previsión legal que flexibilice los requisitos para la legitimidad de dicha cesión (AEPD Informe 0494/2008).

Por ello, si alguna de las empresas pertenecientes a un grupo, **accede para sus propios fines** a los datos de cualquiera de las restantes empresas del grupo, se produce una situación clara de comunicación o cesión de datos entre empresas que requiere la existencia de una condición lícita del tratamiento de acuerdo.

Los responsables que forman parte de un grupo empresarial o de entidades afiliadas a un organismo central pueden tener un **interés legítimo** en transmitir datos personales dentro del grupo empresarial para fines administrativos internos, incluido el tratamiento de datos personales de clientes o empleados. El interés legítimo debe concurrir en el responsable o en el tercero al que se comunican los datos, por lo que en los grupos de empresa el interés debe apreciarse de **cada responsable** y no del grupo, sin perjuicio de los supuestos de corresponsabilidad.

No obstante, la AEPD ha señalado que, en el supuesto de grupos de empresas, la **transmisión intragrupo** puede, en ocasiones, estar fundada en el interés legítimo de todas las empresas del grupo, lo que debe ser especialmente tenido en cuenta en atención a las circunstancias de cada caso. Además, existen distintas normas que amparan esa transmisión especialmente cuando se habla de grupos consolidados.

El tratamiento de los datos por todas las empresas del grupo debe proceder de una **única prestación del consentimiento** a la primera de las empresas que reciba los datos. Este consentimiento del interesado es esencialmente revocable por lo que para garantizar que el tratamiento de los datos es correcto se debe establecer un **procedimiento interno** dentro del grupo que garantice que, ejercido cualquiera de los derechos previstos o revocado por el interesado su consentimiento al tratamiento de los datos con fines comerciales, la entidad ante la que se ejerciten los derechos de rectificación y cancelación o se revoque el consentimiento previamente prestado lo pueda comunicar de modo inmediato a las restantes empresas del grupo que pudieran estar tratando los datos del afectado para que se proceda por todas ellas de forma inmediata a la cancelación de los datos (AEPD Informe 325/2004).

Precisiones La AEPD ha resuelto un supuesto de cesión de datos entre **empresas del mismo grupo**, en el que la empresa consultante, que forma parte de un grupo de empresas cuya matriz, con sede en Londres, pretende poner en marcha una aplicación informática en la que se registrarían datos de todos los empleados del grupo, que figurarían en servidores de la misma, utilizando el software de una tercera empresa, que no identifica, para el envío de los mensajes necesarios. A través de la aplicación, la empresa recabaría datos de sus empleados sobre sus afecciones y medicación que estuvieran tomando, y los comunicaría a la matriz y tercera empresa.
La AEPD resuelve que la empresa consultante no está legitimada para recabar, tratar y ceder datos de salud de sus empleados ya que dicho tratamiento no es necesario para el correcto desenvolvimiento de la relación laboral que es la finalidad para la que la consultante está legitimada y no la prestación de servicios relacionados con la salud de sus empleados o gestión de servicios sanitarios. Por consiguiente, la empresa consultante necesitará del consentimiento expreso, previo e informado de sus empleados para el tratamiento y cesión de sus datos de salud, consentimiento que deberá ser previo e informado (AEPD Informe 0241/2010).

2. Contratas y subcontratas

(ET art.42)

8795 La AEPD señala que no le corresponde pronunciarse sobre qué debe entenderse por subcontratación de la propia actividad por el empresario principal, por lo que sobre esta cuestión ha de estarse a lo señalado por la jurisprudencia para cada caso concreto (AEPD Informe 0030/2010).

8797 **Comunicación en contratas de propia actividad** Respecto de las comunicaciones de datos personales de los trabajadores por parte del subcontratista al empresario principal en contratas de propia actividad la AEPD ha resuelto lo siguiente (AEPD Informe 0412/2009):

a) **Cesión del TC2**. El contratista principal es responsable principal respecto de las obligaciones de naturaleza salarial y de Seguridad Social durante el período de vigencia de la contrata (ET art.42.2). La cesión de los TC2 está amparada por el RGPD art.9.2.b) -tratamiento es necesario para el cumplimiento de obligaciones y el ejercicio de los derechos específicos del responsable del tratamiento o del interesado en el ámbito del Derecho laboral y seguridad y protección social-, en relación con el ET art.42.2 y por el alcance que el Código Civil impone a las obligaciones solidarias.

b) **Comunicación de las nóminas**. Se plantea la cuestión de que en algunos casos aparece el dato de la afiliación sindical para el abono de las cuotas correspondientes y este dato tiene la consideración de especialmente protegido. La AEPD considera que la normativa de protección de datos prohíbe su uso para fines incompatibles con aquellos para los que los datos hubieran sido recogidos (RGPD art.8; LOPD art.9). En cuanto que la Ley no identifica qué ha de entenderse por **fin compatible**, el análisis de la existencia de compatibilidad se debe realizar en cada supuesto de hecho que se plantee. En este supuesto, en cuanto que la finalidad de dicho tratamiento va ligada al pago de la nómina y que en virtud de la obligación solidaria se impone al contratista principal, la AEPD concluye que el tratamiento de dicha información es para un fin idéntico del que justifica el tratamiento efectuado por el subcontratista.

Debe aplicarse el principio de proporcionalidad al definir el conjunto de **trabajadores afectados**, por lo que, en todo caso, el acceso por parte del contratista debería limitarse a los datos relacionados con los trabajadores subcontratados y no a cualesquiera trabajadores de la empresa subcontratada.

8799 **Subcontratación de servicios ajenos de la actividad propia de la empresa**

Cuestión distinta es cuál ha de ser el régimen aplicable a la cesión de datos de los TC-2 y nóminas que pudiera darse en los supuestos de subcontratación de servicios no comprendidos en la propia actividad del empresario principal, y que, por consiguiente, no encontraría cabida en la regulación contenida en ET art.42, sino que podría considerarse un contrato de arrendamiento de servicios o de obra:

a) Cesión del TC2. La AEPD señala que no puede darse respuesta en términos precisos y claros por cuanto no se especifica la finalidad para la que se cederían los datos contenidos en estos documentos. No obstante, considera que no puede obviarse que en la cesión que los TC2 contienen datos de salud y, al tratarse de datos especialmente protegidos, resulta aplicable la LOPD art.9 (AEPD Informe 0030/2010).

b) Comunicación de las nóminas. En cuanto a la comunicación de las **nóminas**, en algunas aparecen datos relativos a la afiliación sindical para efectuar los pagos de las cuotas correspondientes a los sindicatos. Como regla general, el dato de la **afiliación sindical** tiene la naturaleza de especialmente protegido, disponiendo que, a fin de evitar situaciones discriminatorias, el solo consentimiento del afectado no es suficiente para levantar la prohibición del tratamiento de datos cuya finalidad principal es identificar la afiliación sindical. No obstante, si es válido cuando el interesado ha dado su consentimiento explícito o cuando el tratamiento es necesario para el cumplimiento de obligaciones y el ejercicio de derechos específicos del responsable del tratamiento o del interesado y así lo autorice el Derecho de la Unión o un convenio colectivo (RGPD art.9.1 y 2.a, b y d; LOPD art.9).

Por tanto, solo **procede** la **cesión de este dato** cuando el empresario principal tenga que afrontar solidariamente el pago de la nómina de los trabajadores de la subcontrata por disposición legal, porque no variaría la finalidad del tratamiento del mismo y el consentimiento del trabajador prestado para este tratamiento. En consecuencia, si en la contratación de la realización de una obra o servicio no es aplicable el ET art.42, la comunicación del dato sindical necesita el consentimiento expreso y por escrito de los trabajadores afectados (AEPD Informe 0412/2009).

Precisiones Es válida la **externalización** del **sistema de control de las ausencias** causadas por enfermedad o accidente mediante reconocimientos a cargo de personal médico. No se vulnera el derecho del trabajador a la protección de datos si son tratados, exclusivamente, por personal médico (TS 15-6-21, EDJ 609726).

3. Sucesión de empresas

(LOPD art.21)

Ciertamente, cuando los datos salen del contexto en el cual han sido recogidos y pasan a otro en un contexto distinto, ello puede también permitir obtener una información diferente de aquella para la que consintió el tratamiento. **8805**

La LOPD establece que, salvo prueba en contrario, se presumen lícitos los tratamientos de datos, incluida su comunicación con carácter previo, que pudieran derivarse del desarrollo de cualquier operación de **modificación estructural de sociedades** o la aportación o transmisión de negocio o de rama de actividad empresarial, siempre que los tratamientos fueran necesarios para el buen fin de la operación y garanticen, cuando proceda, la continuidad en la prestación de los servicios (LOPD art.21.1). En el caso de que la operación no llegue a concluirse, la entidad cesionaria debe proceder con carácter inmediato a la supresión de los datos, sin que sea de aplicación la obligación de bloqueo prevista en esta ley orgánica (LOPD art.21.2).

Como señala la AEPD, se trata de una comunicación de datos de carácter personal y por tanto un tratamiento que ha de fundarse en alguna de las **causas de legitimación** previstas en el RGPD art.6.1. No obstante, en caso de llegar a prosperar la operación de reestructuración societaria existe un interés legítimo de la entidad adquirente o resultante en continuar llevando a cabo el tratamiento de los datos de carácter personal de la entidad transmitente o preexistente, siendo así que dicho interés en un gran número de supuestos no sólo prevalece sobre el **derecho del afectado**, toda vez que la base legal del tratamiento es la que amparaba la de la preexistente, sino que a veces se lleva a cabo en el propio interés de la persona a la que se refieran los datos, manteniendo la vigencia de la relación que le unía con la entidad precedente o cedente.

4. Transferencia internacional de datos laborales

(LOPD art.40 a 43)

Las transferencias internacionales de datos suponen un **flujo de datos personales** desde el territorio español a destinatarios establecidos en países fuera del Espacio Económico Europeo (los países de la Unión Europea más Liechtenstein, Islandia y Noruega). **8810**

Los responsables y encargados del tratamiento pueden realizar transferencias internacionales de datos sin necesidad de una autorización de la AEPD siempre que el tratamiento de datos observe lo dispuesto en el RGPD y se den los siguientes **supuestos**:

- Destinatario declarado de nivel adecuado por la Comisión Europea (nº 8812).
- Falta de decisión de adecuación (nº 8814).
- Falta de decisión de adecuación y de garantías adecuadas (nº 8816).
- No ser aplicable ninguna excepción (nº 8818).

Destinatario declarado de nivel adecuado por la Comisión Europea Los destinatarios de los datos que se encuentren en un país, un territorio o uno o varios sectores específicos de ese país u organización internacional que haya sido declarado de nivel de protección adecuado por la comisión europea. Hasta la fecha los países y territorios están declarados como adecuados: Suiza; Canadá; Argentina; Guernsey; Isla de Man; Jersey; Islas Feroe; Andorra; Israel y Nueva Zelanda. En el caso de Estados Unidos resulta aplicable a las entidades certificadas en el marco del Escudo de Privacidad UE-EE.UU (Decisión (UE) 2016/1250). **8812**

Falta de decisión de adecuación Con las siguientes **garantías**: **8814**

a) Instrumento jurídicamente vinculante y exigible entre las autoridades u organismos públicos.

b) Normas corporativas vinculantes. Se entiende que lo son las políticas de protección de datos personales asumidas por un responsable o encargado del tratamiento establecido en el territorio de un Estado miembro para transferencias de datos personales al responsable o encargado en uno o más países terceros, dentro de un grupo empresarial o una unión de empresas dedicadas a una actividad económica conjunta (RGPD art.4.20).

c) Cláusulas tipo de protección de datos adoptadas por:

- la Comisión que siguen siendo válidas;
- una autoridad de control y aprobadas por la Comisión.

d) Códigos de conducta, junto con compromisos vinculantes y exigibles del responsable o el encargado del tratamiento en el tercer país de aplicar garantías adecuadas, incluidas las relativas a los derechos de los interesados.

e) Mecanismos de certificación, junto con compromisos vinculantes y exigibles del responsable o el encargado del tratamiento en el tercer país de aplicar garantías adecuadas, incluidas las relativas a los derechos de los interesados.

8816 **Falta de decisión de adecuación y de garantías adecuadas** (RGPD art.34 y 49.1) Únicamente se pueden realizar transferencias internacionales de datos si se cumplen alguna de las **condiciones** siguientes:

1. Que el interesado haya dado su **consentimiento explícito** a la transferencia propuesta, tras haber sido informado de los posibles riesgos para el de dichas transferencias debido a la ausencia de una decisión de adecuación y de garantías adecuadas. Este consentimiento **debe ser**:

- específico, es decir, debe darse para una transferencia o una categoría concreta de transferencia internacional;
- informado, que debe incluir: la finalidad, la identificación de los datos objeto de transferencia internacional, identidad del receptor y, según el GT29, información sobre riesgo que resulta del hecho de que los datos van a tener como destino un Estado que no proporciona una protección adecuada.

Se posibilita a los Estados Miembros para que, a través de **disposiciones legislativas** o de **convenios colectivos**, establezcan normas más específicas para garantizar la protección de los derechos y libertades en relación con el tratamiento de datos personales de los trabajadores en el ámbito laboral y, especialmente, a las transferencias internacionales de sus datos personales (RGPD art.88).

2. Cuando la transferencia sea **necesaria** para la **ejecución de un contrato** entre el interesado y el responsable del tratamiento o para la ejecución de **medidas precontractuales** adoptadas a solicitud del interesado.

3. Cuando la transferencia sea necesaria para la **celebración** o **ejecución de un contrato**, en interés del interesado, entre el responsable del tratamiento y otra persona física o jurídica. Esta excepción no puede esgrimirse salvo que se considere realmente necesaria para la celebración de un contrato en interés del interesado.

Precisiones **1)** Los **grupos internacionales** están convencidos de que estas transferencias podrían ser consideradas necesarias para la ejecución del contrato de trabajo suscrito entre el empleado y el responsable del tratamiento. No obstante, el GT29 estima que esta interpretación es excesiva, dado que resulta muy cuestionable que el concepto de un contrato laboral pueda ser interpretado de forma tan amplia, ya que no existe un vínculo directo y objetivo entre la ejecución de un contrato laboral y la transferencia de datos. Además, una interpretación estricta de esta excepción significa que los datos transferidos han de ser verdaderamente necesarios a los efectos de la ejecución del contrato o de las medidas precontractuales antes mencionados.

2) A ciertos grupos internacionales les gustaría poder aplicar esta excepción al gestionar regímenes de **opciones sobre acciones** para determinadas **categorías de empleados**. Para ello, estos grupos han recurrido tradicionalmente a los servicios de proveedores financieros especializados en la gestión de este tipo de regímenes, establecidos en países terceros. Los grupos estiman que las transferencias pueden efectuarse, por tanto, a este proveedor de servicios con el fin de ejecutar el contrato celebrado entre el proveedor y el responsable del tratamiento, en interés de los beneficiarios del régimen. No obstante, el GT29 alberga dudas sobre la validez de esta interpretación.

8818 **No ser aplicable ninguna excepción** (RGPD art.49.1 g) Solo se puede llevar a cabo una **transferencia cuando**:

- no sea repetitiva;
- afecte solo a un número limitado de interesados;
- sea necesaria a los fines de intereses legítimos imperiosos perseguidos por el responsable del tratamiento sobre los que no prevalezcan los intereses o derechos y libertades del interesado; y
- el responsable del tratamiento evalué todas las circunstancias concurrentes en la transferencia de datos y, basándose en esta evaluación, ofrezca garantías apropiadas con respecto a la protección de datos personales.

En este supuesto el responsable del tratamiento debe **informar** a **la autoridad de control** de la transferencia llevada a cabo. Además de la información establecida con carácter general (RGPD art.12 y 13), el responsable del tratamiento debe informar al interesado de la transferencia y de los intereses legítimos imperiosos perseguidos (LOPD art.43.2).

G. Protección de los datos de salud de los trabajadores

En los siguientes epígrafes se analizan: los datos de salud como datos laborales, incluidos los genéticos (nº 8830 s.) y los datos de vigilancia de la salud, incluyendo los reconocimientos médicos (nº 8840 s.). **8825**

Respecto de los **límites al poder de dirección** del empresario, ver nº 951 s.

1. Datos de salud como datos personales

(RGPD considerando 34, 35 y art.4)

Los **datos relativos a la salud** son los datos personales relativos a la salud física o mental de una persona física, incluida la prestación de servicios de atención sanitaria, que revelen información sobre su estado de salud. Se incluyen los datos relativos al estado de salud del interesado que dan información sobre su estado de salud física o mental pasado, presente o futuro. **8830**

En particular, **incluyen**:

- la información obtenida de pruebas o exámenes de una parte del cuerpo o de una sustancia corporal, incluida la procedente de datos genéticos y muestras biológicas;
- cualquier información relativa, a título de ejemplo, a una enfermedad, una discapacidad, el riesgo de padecer enfermedades;
- el historial médico;
- el tratamiento clínico o el estado fisiológico o biomédico del interesado, independientemente de su fuente, por ejemplo, un médico u otro profesional sanitario, un hospital, un dispositivo médico, o una prueba diagnóstica in vitro.

La realización de **exámenes médicos** en materia laboral solo se autoriza excepcionalmente en los determinados casos, cuando por ejemplo se realizan para (Consejo de Europa CM/Rec (2015) 5 apdo.9.2):

- cumplir con los requisitos de medicina preventiva;
- garantizar una rehabilitación adecuada en el lugar de trabajo o para cumplir con otros requisitos del entorno de trabajo;
- salvaguardar los intereses vitales del interesado o de otros empleados o personas;
- otorgar beneficios sociales;
- responder a un procedimiento judicial.

Los **datos genéticos** son los datos personales relativos a las características genéticas heredadas o adquiridas de una persona física que proporcionan una información única sobre la fisiología o la salud de esa persona, obtenidos del análisis de una muestra biológica de tal persona. Se obtienen a través de un análisis cromosómico, de un análisis del ácido desoxirribonucleico (ADN) o del ácido ribonucleico (ARN), o del análisis de cualquier otro elemento que permita obtener información equivalente. Su **tratamiento** solo **puede permitirse** de forma excepcional, por ejemplo: **8832**

- para evitar daños graves a la salud del interesado o de terceros;
- cuando así lo disponga la legislación nacional y esté sujeto a las salvaguardias adecuadas.

Tanto los datos sobre la salud de las personas afectadas como los datos genéticos deben tener un **tratamiento informático separado** de los otros datos disponibles de los trabajadores y, en cualquier caso, deben adoptarse las medidas adecuadas, de seguridad técnica y organizativa, para evitar que personas extrañas al servicio medio del empleador tengan acceso a tales datos» (Consejo de europa CM/Rec (2015) 5 apdo.9.3 y 4).

2. Vigilancia de la salud

(LPRL art.22 y 29.2)

La vigilancia de la salud es un **deber del empresario** que tiene la obligación de garantizar a los trabajadores a su servicio la vigilancia periódica de su estado de salud. El **control** debe efectuarse por **personal sanitario** con competencia técnica, formación y capacidad acreditada. **8840**

La vigilancia de la salud es voluntaria y el empresario no puede imponerla obligatoriamente, por lo que sólo puede llevarse a cabo cuando el trabajador preste su **consentimiento**. El empresario debe ofertarles esta medida y los trabajadores pueden, en principio, aceptarla o rechazarla libremente; sin embargo, no puede olvidarse que los trabajadores tienen el **deber de cooperar con el empresario** para que éste pueda garantizar unas condiciones de trabajo que sean seguras y no entrañen riesgos para la seguridad y la salud de los trabajadores.

8842 **Voluntariedad** La LPRL impone que la empresa recabe el consentimiento del trabajador para someterse a las acciones de vigilancia de la salud de **carácter voluntario**. Sin embargo, una vez aceptado el sometimiento al reconocimiento, no es necesario que el trabajador preste un consentimiento adicional para el tratamiento por el personal médico de los datos relacionados con la salud que resulten de la realización de los reconocimientos, en cuanto que la Ley impone el acceso por el personal médico a dichos resultados (AEPD Informe 0206/2010).
El tratamiento de los datos relacionados con la salud de los trabajadores **no** requiere **su consentimiento** cuando la actuación de vigilancia de la salud se imponga por LPRL, ya que el trabajador está obligado a someterse a las pruebas (AEPD Informe 0648/2008).

8844 **Excepciones** (LPRL art.22.1; RGPD art.9.2) Se regulan una serie de supuestos excepcionales en los que se exceptúa del carácter voluntario del reconocimiento médico en determinados **supuestos** en que los reconocimientos sean **imprescindibles** para:
- evaluar los efectos de las condiciones de trabajo sobre la salud de los trabajadores;
- verificar si el estado de salud del trabajador puede constituir un peligro para el mismo, los demás trabajadores u otras personas relacionadas con la empresa;
- proteger de riesgos específicos y actividades de especial peligrosidad cuando se establezca así en una disposición legal;
- cubrir puestos de trabajo con riesgo de enfermedad profesional.

La prohibición de tratamiento de **datos especialmente sensibles** queda exceptuada cuando:
1. Se trata de situaciones en las que el tratamiento es necesario para fines de medicina preventiva o laboral, evaluación de la capacidad laboral del trabajador, diagnóstico médico, prestación de asistencia o tratamiento de tipo sanitario o social, o gestión de los sistemas y servicios de asistencia sanitaria y social, sobre la base del Derecho de la Unión o de los Estados miembros o en virtud de un contrato con un profesional sanitario y sin perjuicio de las condiciones y garantías de secreto profesional médico (RGPD art.9.3);
2. El tratamiento es necesario por razones de un interés público esencial, sobre la base del Derecho de la Unión o de los Estados miembros, y debe ser proporcional al objetivo perseguido, respetar en lo esencial el derecho a la protección de datos y establecer medidas adecuadas y específicas para proteger los intereses y derechos fundamentales del interesado.

Precisiones **1)** El TS vino a resolver un litigio sobre el carácter del examen de salud a 700 trabajadores, por su pertenencia a las Brigadas rurales de emergencia, pronunciándose favorablemente al carácter obligatorio por puesto de trabajo por su **peligrosidad** y posible afectación a terceros (TS 10-6-15, EDJ 120265).
2) Se considera obligatorio el examen de salud de un **conductor** de una máquina-barredora urbana (TSJ Cataluña 31-3-16, EDJ 72435). Sin embargo, el TSJ Madrid no considera obligatorio el reconocimiento médico a un **auxiliar de jardinero** (TSJ Madrid 18-1-16, EDJ 9850). También es obligatorio el reconocimiento médico en la actividad de **vigilante de seguridad y escoltas** (TS 7-3-18, EDJ 37505) y en los trabajadores que realizan una labor de **extinción y prevención de incendios** (TS 10-6-15, EDJ 120265).
3) Un buen resumen de los problemas y de las situaciones posibles que pueden plantearse en esta materia lo proporciona el TSJ Madrid 12-9-16, EDJ 189703, que otorga dentro de una misma realidad distintas soluciones según los **colectivos afectados**.

8846 **Límites del conocimiento de los datos por el empresario** (LPRL art.22.4; OIT Recomendación 171) En el ámbito internacional, en lo que se refiere al conocimiento de **datos médicos** por el empleador, la OIT señala que:
a) Al término de un **examen médico prescrito** para determinar la aptitud de un trabajador para un puesto de trabajo que entraña exposición a un riesgo determinado, el médico que lo haya realizado debe comunicar sus conclusiones por escrito al trabajador y al empleador.
b) La comunicación al empresario no deber contener **indicaciones de índole médica**. Según los casos, puede indicar que es trabajador es apto para el puesto de trabajo previsto, o especificar los tipos de trabajo y las condiciones de trabajo contraindicados, temporal o permanentemente, desde el punto de vista médico.
En el mismo sentido, la LPRL señala que el **empresario** debe ser informado de las **conclusiones** que se deriven de los reconocimientos efectuados en relación con la aptitud del trabajador para el desempeño del puesto de trabajo o cuando sea necesario introducir o mejorar las medidas de protección y prevención, a fin de que se desarrollen correctamente sus funciones en materia preventiva.
En consecuencia, las facultades de **acceso a la información** por parte de la **empresa** son muy limitadas y en la práctica consisten en conocer las condiciones de aptitud o no aptitud del trabajador; y se **prohíbe** al empresario acceder a la información médica obtenida en el ejercicio de la obligación de vigilancia. Únicamente puede **conocer** y, por tanto, **tratar**:
- las conclusiones derivadas de dicho seguimiento en cuanto a la aptitud de los trabajadores para el desempeño del puesto de trabajo (AEPD PS/00142/2005);

- el dato de salud referido a la aptitud del trabajador para el desempeño de un determinado puesto de trabajo. Se prohíbe el tratamiento, e incluso el mero conocimiento, de cualquier otra información relacionada con las **acciones de vigilancia** de la salud del trabajador es contrario a la (AEPD Informe 0648/2008).

Precisiones 1) Se sanciona la **cesión de datos de salud** entre una clínica privada y una MCSS que supone la denegación de la prestación de IT. La mención a datos de salud previos procedentes de la asistencia en régimen privado del reclamante en la prueba que se practica después a instancia de la Mutua vulnera el RGPD art. 5.1 f) (AEPD Resol PS/00262/2021).
2) Se sanciona a una empresa en la que un **empleado** ha **accedido a los datos de salud**, comunicándoselos, al menos, a otros dos empleados de esa entidad. La AEPD impone la sanción por considerar que la empresa no tenía implementados entre su personal los **criterios de actuación** respecto a los documentos de carácter privado que contuvieran datos de salud de los empleados que impone el RGPD art.32 (AEPD Resol PS/ 00247/2019).

H. Uso de las nuevas tecnologías en el trabajo

En los siguientes epígrafes va a tratar la aplicación de la normativa sobre protección de datos personales en uso de las nuevas tecnologías en el trabajo: **8855**
- Correo electrónico y navegación por Internet (nº 8860).
- Videovigilancia (nº 8875).
- Control de conversaciones (nº 8890).
- Sistemas de geolocalización (nº 8905).
- Control biométrico (nº 8920).
- Control por detectives privados (nº 8935).
- Teletrabajo (nº 8940).
- Control a través de dispositivos móviles (nº 8945).

1. Control del correo electrónico y navegación por Internet

La AEPD, debido al carácter amplio de la definición de dato personal, ha venido incluyendo tanto la dirección de correo electrónico como la dirección de IP (AEPD Informe 0391/2007). **8860**
La **dirección** de **correo electrónico** tiene la consideración de dato de carácter personal porque, aunque su procesado no revela nuevas características referentes al comportamiento de las personas, sí permite la identificación de la persona a la que se refiere. Aunque la denominación de la dirección no se corresponda con el nombre y apellido del titular, del país o de la empresa en la que trabaja, es posible identificar perfectamente la persona física a la que pertenece, en cuanto que cada dirección de correo está vinculada a un dominio concreto y para su identificación sólo es preciso consultar al servidor en que se gestione dicho servicio.
Por ello, la calificación de dato de carácter personal se refiere a todas las direcciones de correo electrónico, tanto en las que aparece información referida a su titular (nombre, empresa en que trabaja, país de residencia, etc.), como las que se limitan a reflejar una denominación abstracta o una combinación de números y letras sin significado, ya que la identificación del titular se logra a través del dominio.
Respecto de los **accesos a Internet**, la información relativa al historial asociada a una persona identificada o identificable, que permite la evaluación de la misma y repercute en sus derechos e intereses, tiene la consideración de dato personal (AEPD Resol R/02615/2010).

Proporcionalidad en el control En el Documento de Trabajo del GT29, relativo a la vigilancia de las comunicaciones electrónicas en lugar de trabajo con relación al **uso de Internet** con fines privados en el lugar de trabajo concluye que: **8862**
- Incumbe a la empresa decidir si autoriza a su personal a navegar con dichos fines y, en caso afirmativo, en qué medida se tolera esta utilización privada.
- Toda medida de control debe ser proporcionada al riesgo que corre el empresario.
- El empleador debe dar prioridad al principio de transparencia, informando correctamente a los trabajadores de las condiciones en que se autoriza la utilización de Internet con fines privados.
Respecto del uso del **correo electrónico**, el empleador debe indicar de forma clara y abierta sus actividades, ya que el **control secreto** del correo electrónico por el empleador está prohibido, **excepto** en los casos en que exista en el Estado miembro una ley que lo autorice para la salvaguardia de intereses públicos importantes, como:
- la seguridad del Estado;
- la prevención, la investigación, la detección y la represión de infracciones penales; o
- la protección del interesado o de los derechos y libertades de otras personas.

En este tema el **Consejo de Europa** establece como **recomendación** el deber de los empresarios de evitar atentados injustificados y desproporcionados al derecho a la vida privada de los trabajadores, principio que se extiende al uso de las **TIC**. Por ello, los trabajadores deben ser conveniente y periódicamente informados de la aplicación de una política clara en materia de respeto a la vida privada (Consejo de Europa Recomendación CM/Rec (2015) 5 apdo.10 y 14).
La **información facilitada** debería ponerse al día e incluir:
- la finalidad del tratamiento;
- la duración de la conservación de los datos obtenidos;
- la seguridad de los datos de conexión; y
- el archivo de los mensajes electrónicos profesionales.

En lo que atañe al eventual tratamiento de datos personales relativos **a páginas de internet o intranet consultadas** por los trabajadores, convendría acudir preferiblemente a medidas preventivas como la instalación de filtros que puedan impedir ciertas operaciones y, asimismo, prevenir a los trabajadores de los controles que puedan realizarse de sus datos personales, efectuados, preferiblemente, de forma graduada y por prospecciones no individualizadas, utilizando datos anónimos o de alguna forma desagregados.
Cuando un trabajador **deja su empleo**, el empresario debe tomar las medidas técnicas y organizativas dirigidas a que la mensajería electrónica del trabajador sea desactivada automáticamente. Si el contenido de la mensajería tiene que recuperarse por necesidades del servicio, el empresario debe adoptar las medidas apropiadas a fin de recuperar su contenido antes de la marcha del trabajador y, a ser posible, en su presencia. Se considera que mantener el acceso al correo electrónico corporativo a un **extrabajador** después de su cese es una infracción de seguridad. El RGPD art.32 exige que los responsables del tratamiento adopten las medidas de seguridad necesarias que garanticen que tratamiento es conforme a la normativa vigente y que cualquier persona que actúe bajo la autoridad del responsable o del encargado y tenga acceso a datos personales, solo los pueda tratar siguiendo instrucciones del responsable (AEPD Resol PS 447/2022).
Respecto de los límites al **poder de dirección** del empresario, ver nº 943.

Precisiones 1) Respecto al uso del **correo electrónico**, el GT 29 establece como **recomendación práctica** que los empleadores consideren las ventajas de proporcionar a los trabajadores **dos cuentas** de correo:
- una de uso profesional exclusivo, en la que se permitiría un control dentro de ciertos límites; y
- otra de uso estrictamente privado (o con autorización de utilizar el correo web), que solo sería objeto de medidas de seguridad y que se controlaría para prevenir abusos en casos excepcionales.

2) No vulnera el derecho a la intimidad el hecho de que la empresa, tras el despido disciplinario del trabajador, **imprima sus correos personales y se los entregue,** teniendo en cuenta que no está autorizado el uso personal del correo corporativo y se dio un plazo al trabajador para eliminar los correos personales antes de impedirle el acceso. Además, el trabajador facilita a la empresa una cuenta personal para el reenvío de los correos personales, por lo que está consintiendo tácitamente su lectura (TSJ Asturias 24-10-23, EDJ 736424).

8864 **Licitud del tratamiento** (LOPD art. 87.1 y 2; ET art.20.1) Los trabajadores **tienen derecho** a la protección de su intimidad en el uso de los dispositivos digitales puestos a su disposición por su empleador.
El empleador **puede acceder** a los contenidos derivados del uso de medios digitales facilitados a los trabajadores solo para controlar el cumplimiento de las obligaciones laborales o estatutarias y para garantizar la integridad de dichos dispositivos.
La **legitimación** para el tratamiento deriva de la existencia de la relación laboral y, por tanto, no se requiere del consentimiento. El control empresarial de la prestación de trabajo es una característica esencial del contrato y hace innecesario el consentimiento o, más bien, el consentimiento se entiende implícito en la propia aceptación del contrato que implica reconocimiento del **poder de dirección** del empresario.
En conclusión, se habilita al empresario a controlar el correo electrónico que él otorga a los trabajadores para el desarrollo de sus funciones, pero siempre que, previamente, haya informado sobre dicho extremo.

8866 **Obligación de informar** (LOPD art.87.3; ET art.20) La Ley prevé expresamente la posibilidad de que las empresas puedan establecer protocolos de control del uso de los dispositivos digitales puestos a disposición del trabajador para realizar sus funciones profesionales. Para ello, los empleadores deben establecer **criterios de utilización** de los dispositivos digitales respetando en todo caso los estándares mínimos de protección de su intimidad de acuerdo con los usos sociales y los derechos reconocidos constitucional y legalmente.
En su elaboración deben participar los **representantes de los trabajadores**, entendiendo que la participación debe entenderse como consulta (ET art.64.5 y 6) y no como mera información. Por tanto, es nula una comunicación empresarial que modifica las normas aplicables a los

equipos informáticos propiedad de la empresa, puestos a disposición de los trabajadores y al acceso a Internet, elaborada sin la participación de los representantes de los trabajadores, resulta irrelevante que en los contratos de trabajo se advierta a los trabajadores que no cabe efectuar un uso privado de estos dispositivos (TS 6-2-24, EDJ 505099).

Precisiones La advertencia sobre las normas de uso y control empresarial de los dispositivos informáticos **no** puede ser utilizada con **carácter retroactivo** para acceder a lo efectuado por el trabajador antes de haber sido informado, sin que la firma de un **pacto de confidencialidad** implique una comunicación sobre tal uso y control (TSJ Murcia 26-1-22, EDJ 506807).

Alcance del derecho de información Los trabajadores deben ser informados de los criterios de utilización. Este deber resulta particularmente relevante cuando se trate de controles sobre el uso de Internet y/o del correo electrónico. **8868**

En este caso, es muy recomendable que la información a los trabajadores sea clara en lo que respecta a la política de la empresa en cuanto a utilización del correo electrónico e Internet, describiendo de forma pormenorizada en qué medida los trabajadores pueden utilizar los sistemas de comunicación de la empresa con fines privados o personales. Se recomienda que la **información** a los **trabajadores**:

- sea **clara**, describiendo de forma pormenorizada en qué medida los trabajadores pueden utilizar los sistemas de comunicación de la empresa con fines privados o personales;
- incluya la **finalidad de la vigilancia**; y
- si puede repercutir sobre medios que el trabajador utiliza normalmente, incluya una información sobre las **medidas de vigilancia** adoptadas.

En la medida en la que este tipo de controles inciden sobre el conjunto de la empresa, puede ser muy recomendable informar también a los **representantes de los trabajadores** de las políticas adoptadas en esta materia.

La información previa y su prueba son esenciales, ya que estos tratamientos no requieren del consentimiento del trabajador y son manifestación de los poderes de control del empresario.

Precisiones El contenido del deber de información no se consiste en absoluto en que el trabajador conozca el detalle de políticas de seguridad que pueden afectar a ámbitos que la empresa necesita proteger, pero es indispensable que conozca por ejemplo si puede recibir **mensajes privados**, o depositar **fotografías** en determinados espacios en su ordenador o en un servidor corporativo.

Acceso por el empleador al contenido de dispositivos digitales El acceso del empleador al contenido de dispositivos digitales respecto de los que haya admitido su uso **con fines privados** requiere que se especifiquen de modo preciso los usos autorizados y se establezcan garantías para preservar la intimidad de los trabajadores, tales como, en su caso, la determinación de los períodos en que los dispositivos pueden utilizarse para fines privados. **8870**

El acceso a los dispositivos digitales exige que el empleador establezca los **criterios de utilización** de los mismos e informe a los trabajadores sobre ellos; exigencia que se refuerza en los casos en que el empleador haya permitido usos privados, ya que en estos supuestos aquel debe especificar de modo preciso los usos autorizados y establecer garantías para preservar la intimidad de los trabajadores, tales como, en su caso, la determinación de los períodos en que los dispositivos pueden utilizarse para fines privados.

No obstante, **no** es **competencia de la AEPD** el conocimiento de las cuestiones relativas al uso de dispositivos digitales en el ámbito laboral (LOPD art.87) al tratarse de declaraciones de derechos sobre los que no se regulan ni se establecen mecanismos que los garanticen. Es decir, en ningún caso se establece que la AEPD tenga competencias para garantizar estos derechos quedando fuera de sus atribuciones, como a sensu contrario, si se establece tanto en el RGPD como en la LOPD en relación a la protección de las personas físicas en lo que respecta al tratamiento de sus datos personales (AEPD Resol E/10250/2019).

2. El control de la videovigilancia

La AEPD considera que la grabación de la imagen y/o sonido de una persona, ya sea trabajador o no de la empresa, es un dato personal (AEPD Resol R/00035/2006 27-2-06). **8875**

En esta línea, el Informe recuerda los **criterios** del GT29, que han señalado lo siguiente (AEPD Informe 0533/2006):

- los datos constituidos por imagen y sonido son personales, aunque las imágenes se utilicen en el marco de un sistema de circuito cerrado y no estén asociados a los datos personales del interesado, y aunque no se refieren a personas cuyos rostros hayan sido filmados;
- es indiferente el método utilizado para el tratamiento, la técnica, el tipo de equipo, las características de la captación de imágenes y las herramientas de comunicación utilizadas.

Respecto de los límites al **poder de dirección** del empresario, ver nº 945.

8877 **Proporcionalidad en la implantación de los sistemas** La proporcionalidad es un elemento fundamental en todos los ámbitos en los que se instalen sistemas de videovigilancia u otro tipo de controles, dado que son numerosos los supuestos en los que la vulneración del mencionado principio puede llegar a generar situaciones abusivas, tales como la instalación de sistemas de vigilancia en espacios comunes, o aseos del lugar de trabajo. Por todo ello, se trata de evitar la vigilancia omnipresente, con el fin de **impedir la vulnerabilidad de la persona** (AEPD Informe 0495/2009).

En cuanto que el empresario no puede tratar los datos personales que no sean directamente relevantes en el ámbito de la relación laboral, como el comportamiento o las características personales de los trabajadores o los contactos internos con otros trabajadores o externos del trabajador. (AEPD Informe 0475/2014), se ha considerado que **resulta desproporcionado**:

a) Un **sistema de videovigilancia** que permite un seguimiento continuo de la actividad de los trabajadores monitorizando por completo su actividad laboral;

b) En cuanto que excesivamente invasivo, la **instalación** de una **webcam** que, cada pocos segundos, recogía una imagen de los empleados las 24 horas del día, estando accesible a cualquier usuario, a través del sitio web del periódico, sin ninguna restricción. Se excluye la existencia de un consentimiento tácito, pues la inacción de los empleados no permite afirmar que estén conformes con ella ni que hayan dado su consentimiento (AN cont-adm 24-1-03, EDJ 249138).

Precisiones Respecto del uso del sistema de **videovigilancia en el interior de viviendas** y las exigencias que pueden establecerse en el caso de que en la misma desarrollase su actividad un **empleado del hogar** se establece lo siguiente (TS 22-7-22, EDJ 645949):

a) Es válido el **uso de cámaras** ocultas ante sospechas fundadas de robo por una empleada de hogar y atendiendo además a las circunstancias personales de desvalimiento físico de la empleadora. Debe tratarse de un sistema de vigilancia instalado ad hoc ante la existencia de fundadas sospechas ya que si se tratase de un emplazamiento permanente sería absolutamente imprescindible el cumplimiento de las obligaciones de información;

b) En una **grabación específica** para discernir la autoría de un robo y el fundamento de un despido, sería difícilmente practicable la colocación de un distintivo o dispositivo informativo, pues ello habría frustrado con toda probabilidad la posibilidad de acreditar el grave incumplimiento y su autoría.

c) Se advierte que una cosa es que la ausencia de información no deba obligadamente conducir a la nulidad de la prueba de videovigilancia y otra que la empresa no pueda ser declarada **responsable** de un posible **incumplimiento de la legislación de protección de datos** con las posibles consecuencias administrativas o civiles, o de otra naturaleza, que ello pueda conllevar.

8879 **Licitud del tratamiento** (ET art.20.3; LOPD art.22.8 y 89) Respecto del tratamiento por el empleador de los **datos obtenidos** a través de sistemas de cámaras o videocámaras, los empleadores pueden tratar las imágenes obtenidas para el ejercicio de las funciones de control de los trabajadores, siempre que estas funciones se ejerzan dentro de su marco legal y con los límites inherentes al mismo.

En ningún caso se puede admitir la instalación de sistemas de videovigilancia en **lugares destinados al descanso o esparcimiento** de los trabajadores o los empleados públicos, tales como vestuarios, aseos, comedores y análogos.

La AEPD recomienda, que si se utilizan **cámaras orientables y/o con zoom** es necesaria la instalación de máscaras de privacidad para evitar captar imágenes de la vía pública, terrenos, viviendas o cualquier otro espacio ajeno.

Precisiones La instalación de un **Sistema de Videovigilancia del Bienestar de los Animales** (SVBA) en los mataderos, obligatorio con carácter general desde el 24-8-2023 y desde el 24-8-2024 para los mataderos pequeños, ha de respetar en todo momento la intimidad de las personas trabajadoras en relación con el entorno digital (RD 695/2022 art.1, 3.5 y 6, 5.1.b y disp.final.3ª).

8881 **Obligación de informar** (LOPD art.89.2) El uso de sistemas de videovigilancia en el ámbito laboral exige cumplir con el deber de información. De este modo, el **empleador** debe informar con carácter previo, y de forma expresa, clara y concisa, a los trabajadores y, en su caso, a sus representantes, acerca de esta medida. En suma, **se requiere información**:

a) Previa al establecimiento de sistemas de cámaras o videocámaras. Según recomienda la AEPD, nunca debe efectuarse a direcciones particulares de los trabajadores ni a través de llamadas a sus móviles privados.

b) Expresa, clara y concisa a los trabajadores. Dicha información no debe especificar detalles como la localización o las características particulares de dichos sistemas.

En el supuesto de que se haya captado la **comisión flagrante de un acto ilícito** por los trabajadores o los empleados públicos se entiende cumplido el deber de informar cuando existiese, al menos, el dispositivo informativo en lugar suficientemente visible identificando, al menos, la existencia del tratamiento, la identidad del responsable y la posibilidad de ejercitar sus derechos

(nº 8610 s.). La sustracción de bienes de la empresa, por pequeña que sea, es una conducta muy grave que justifica la utilización de tales cámaras ocultas, de forma temporal, para descubrir al autor, y es susceptible de la imposición de la máxima sanción (despido) (TSJ Madrid 3-11-23, EDJ 748105).
También puede incluirse en el dispositivo informativo un código de conexión o dirección de internet a esta información. En todo caso, el responsable del tratamiento debe mantener a disposición de los afectados la información a la que se refiere el citado reglamento.
Respecto de la **ubicación del cartel informativo**, la AEPD ha señalado que no es necesario que se coloque debajo de la cámara, es suficiente colocar el distintivo informativo en lugar suficientemente visible, tanto en espacios abiertos como cerrados. Por tanto, es aconsejable que si tratándose de un edificio sometido a videovigilancia, en la entrada del mismo, se ubique el cartel informativo. Por lo que se refiere a su dimensión mínima la AEPD entiende que no existe ningún criterio sobre sus dimensiones, debiendo de ser un cartel informativo acorde con el espacio en el que se vayan a ubicar, dado que no es equiparable colocar un cartel informativo en un autobús o en la entrada de un edificio.

Precisiones **1)** No vulnera el derecho a la protección de datos del trabajador una empresa que para **constatar** si unos **hechos sancionables** han tenido lugar, también en días anteriores al de la queja, aunque estos se refieran a más de una semana, ya que plazo no supera el de un mes previsto por la legislación para la cancelación de lo captado por las cámaras (TS 1-6-22, EDJ 600054).
2) En caso de conducta ilícita flagrante, el deber de informar a los trabajadores y/o a los representantes de los trabajadores sobre la existencia de un sistema de videovigilancia se entiende cumplido cuando se **coloca en lugar visible un distintivo** que advierte sobre su existencia al público en general. Además, declara que no impide la validez de la prueba haber utilizado las cámaras para la misma finalidad cinco años antes. Cinco de los magistrados emiten voto particular (TCo 119/2022).

3. Control de conversaciones

Se entiende por dato de personal cualquier información concerniente a personas físicas identificadas o identificables. Cuando este permite identificar, aun de manera indirecta, a una persona, se incluye en el concepto previsto en la LOPD. Por ello, se concluye que las **grabaciones de sonido**, permiten identificar a una persona, más aún si esas grabaciones se adjuntan a un expediente, y por ello, quedan incluidas en el ámbito de aplicación de la protección de datos (AEPD Informe 497/2007). **8890**
Respecto de los límites al **poder de dirección** del empresario, ver nº 941.

Proporcionalidad del control (LOPD art.89.3) El control a través de los sistemas de grabación de voz también está sometido al principio de proporcionalidad e intervención mínima. **8892**
De este modo, las **grabaciones indiscriminadas** de voz, pueden ser consideradas desproporcionadas, al suponer una mayor intromisión en la intimidad. No existe argumento definitivo que autorice a la empresa a escuchar y grabar las conversaciones privadas que los trabajadores del casino mantengan entre sí o con los clientes (TCo 98/2000).
En la misma línea, la **AEPD** señala que puede resultar incompatible con el principio de proporcionalidad la utilización del sistema de videovigilancia para grabar las conversaciones tanto de empleados, como de público en general que acuden a los edificios de un ayuntamiento, en la medida que el sistema va a permitir captar comentarios privados.

Licitud del tratamiento (ET art.20.3; LOPD art.89.3) La utilización de sistemas de cámaras o videocámaras para la **grabación de sonidos** en el lugar de trabajo se admite únicamente cuando resulten relevantes los riesgos para la seguridad de las instalaciones, bienes y personas derivados de la actividad que se desarrolle en el centro de trabajo y siempre respetando el principio de proporcionalidad, el de intervención mínima y las garantías previstas en los apartados anteriores. **8894**
Por ejemplo, se cuestionó si las grabaciones de las conversaciones telefónicas del servicio de **maquinistas de los trenes**, tanto con el personal de circulación de las estaciones, como las conversaciones que mantengan ellos a nivel personal, implicaba una vulneración de normativa de protección de datos. La AEPD ha considerado que la grabación de las conversaciones es una medida necesaria para garantizar la seguridad y para poder investigar los hechos que dieron lugar a cualquier tipo de accidente o incidente. En definitiva, el Reglamento de Seguridad concreta las **medidas de seguridad ferroviaria** a las que hace referencia la Ley del Sector Ferroviario, por lo que la grabación de dichas conversaciones se encuentra habilitada por una Ley (AEPD informe 0280/2009).

8896 **Obligación de informar** (LOPD art.89.1) Los empleadores deben informar a los trabajadores y, en su caso, a sus representantes:
- con carácter previo al establecimiento de la medida;
- de forma expresa, clara y concisa.

El deber de información **a los trabajadores** es inexcusable, sin perjuicio de la información que deba facilitarse a los representantes de los trabajadores para su conocimiento o para la correspondiente emisión de informe (ET art.64). Además, el responsable del tratamiento debe utilizar un procedimiento que le permita acreditar que se ha dado cumplimiento a dicho deber de informar, en tanto que sobre él recae la carga de la prueba.

Respeto de la obligación de informar, en el caso de una empresa que desarrolla **actividad de telemarketing** para terceras compañías (actuando respecto de ellas como encargado) y establece un **control de calidad** de los servicios prestados por ella, la AEPD ha dispuesto que (AEPD Informe 0340/2005):
- la grabación de las conversaciones implica la realización de un tratamiento de datos de carácter personal, plenamente sometido a la normativa de protección de datos;
- la empresa tiene, en este caso, la condición de responsable del tratamiento;
- la cesión de los datos a los clientes de la empresa debe contar con el consentimiento de las personas que sean atendidas por la misma y de sus propios operadores;
- la empresa, que recoge los datos de los interesados debe informar a estos acerca del tratamiento efectuado, en los términos previstos en normativa de protección de datos, siendo asimismo necesario informar en similares términos a los propios operadores.

Precisiones Se declara válida la actuación de una empresa cuyos mandos intermedios graban las **conversaciones con los trabajadores a través de unas grabadoras colgadas en el cuello**. La medida ha sido adoptada con fines disuasorios ya que previamente a su puesta en funcionamiento, una encargada, al pedir explicaciones a una trabajadora, ésta se encaró con la intención de infligirle un daño físico. Esta justificación se considera suficiente y proporcionada pero la empresa obligada a informar a los trabajadores y sus representantes en el plazo de 1 mes desde su puesta en marcha (AEPD Resol PS/00067/2020).

4. Sistemas de geolocalización

8905 Se definen los datos de localización como cualquier **dato tratado** en una red de comunicaciones electrónicas que indique la posición geográfica del equipo terminal de un usuario de un servicio de comunicaciones electrónicas disponible para el público.

Por consiguiente, habida cuenta de que los datos de localización se refieren siempre a una persona física identificada o identificable, constituyen datos personales, por lo que les son de aplicación las disposiciones sobre la protección de éstos contenidas en normativa de protección de datos.

Respecto de los límites al **poder de dirección** del empresario, ver nº 945.

8907 **Proporcionalidad de los sistemas** (Dictamen GT29 2/2017) Los **criterios jurídicos** que pueden fundamentar este tipo de tratamientos pueden ser diversos:
- cumplimiento de una obligación legal del responsable (ejemplo, para asegurar la seguridad del empleado), o
- interés legítimo en localizar los vehículos.

En cualquiera de estos supuestos primero debe evaluarse si el tratamiento para estos fines es **necesario** y si la aplicación efectiva cumple los principios de **proporcionalidad** y **subsidiariedad**. Por ejemplo, sí se permite el uso privado de un vehículo corporativo, el trabajador debe poder desactivar las medidas de monitorización.

En el caso de que los empleados puedan utilizar **vehículos de empresa** fuera del horario de trabajo para **uso personal**, es poco probable que exista una base legal para el seguimiento de la ubicación de los vehículos, pero en caso de que exista tal necesidad, debe ser proporcional a los riesgos. Por ejemplo, que la localización del coche no se registre fuera de las horas de trabajo, salvo que el vehículo salga de un círculo definido previamente.

8909 **Licitud del tratamiento** (LOPD art.90; RGPD art.6) Los **empleadores** pueden tratar los datos obtenidos a través de sistemas de geolocalización para el ejercicio de las funciones de control de los trabajadores siempre que estas funciones se ejerzan dentro de su marco legal y con los límites inherentes al mismo.

Para que el **interés legítimo** que pueda tener el empleador pueda aplicarse, el GT29 indica que antes tiene que evaluarse:
- si el tratamiento para los fines correspondientes es necesario; y
- si la implementación de las medidas cumple con los principios de proporcionalidad y subsidiariedad.

Se insiste en la necesidad de que se **informe claramente del tratamiento** de datos personales derivado, entre otros, del uso de dispositivos de seguimiento. Y considera necesario pensar en formas que permitan proporcionar la información de manera fácilmente accesible, como, por ejemplo, poniéndola de manera destacada y a la vista del usuario en el vehículo con un dispositivo de seguimiento.
Además, ha de tenerse en cuenta que, dependiendo del dispositivo utilizado, podría llegar a observarse el comportamiento del usuario, lo que podría ser considerado como un riesgo para el titular de los datos personales en sus derechos y libertades fundamentales.

Obligación de informar (LOPD art.90.2) Con carácter previo, los empleadores deben de informar **de forma expresa, clara e inequívoca** a los trabajadores o los empleados públicos y, en su caso, a sus representantes, acerca de la existencia y características de estos dispositivos. Igualmente deben informarles acerca del posible ejercicio de los derechos de acceso, rectificación, limitación del tratamiento y supresión. Respecto a la información que debe proveerse **sobre la medida**, la misma debe contener los siguientes **aspectos**: **8911**
- su existencia;
- cuándo se implantará y si esta permite obtener información geográfica de los trabajadores durante la jornada laboral;
- los derechos de acceso, rectificación y cancelación;
- que estos datos formarán parte del Fichero de Personal de la empresa para gestionar la relación laboral existente; y
- si se van a ceder o no estos datos a terceros.

El GT29 sugiere que, preferiblemente, dicha **información** sea **exhibida** en cada coche, a la vista del conductor.
Resulta recomendable informar a los representantes de los trabajadores de estas políticas adoptadas en esta materia. La AEPD consideró adecuada la divulgación de esa información mediante **circulares informativas** y la instalación de **carteles indicativos** en cada vehículo equipado con un dispositivo de geolocalización (AEPD Resol E/00597/2006).

5. Control biométrico

(RGPD art.4.14 y 9.1)

Se **definen** como los datos personales obtenidos a partir de un tratamiento técnico específico, relativos a las características físicas, fisiológicas o conductuales de una persona física que permitan o confirmen la identificación única de dicha persona, como imágenes faciales o datos dactiloscópico. **8920**
Este concepto lo sume por remisión el RIA (Rgto (UE) 2024/1689), por el que se establecen normas armonizadas en materia de **inteligencia artificial** (Rgto 2024/1689 art. 3.34). También definen:
a) La **identificación biométrica,** que es el reconocimiento automatizado de características humanas de tipo físico, fisiológico, conductual o psicológico para determinar la identidad de una persona física comparando sus datos biométricos con los datos biométricos de personas almacenados en una base de datos (Rgto 2024/1689 art.3.35).
b) La **verificación biométrica**, que consiste en la verificación automatizada y uno a uno, incluida la autenticación, de la identidad de las personas físicas mediante la comparación de sus datos biométricos con los datos biométricos facilitados previamente (Rgto 2024/1689 art.3.36).
c) La **categorización biométrica**, como un sistema de IA destinado a incluir a las personas físicas en categorías específicas en función de sus datos biométricos, a menos que sea accesorio a otro servicio comercial y estrictamente necesario por razones técnicas objetivas. (Rgto 2024/1689 art.3.40).
Son **ejemplos** típicos de datos biométricos:
- los que proporcionan las huellas dactilares;
- los modelos retinales;
- la estructura facial;
- las voces;
- la geometría de la mano;
- las estructuras venosas;
- determinada habilidad profundamente arraigada;
- cualquier otra característica del comportamiento (como la caligrafía, las pulsaciones, una manera particular de caminar o de hablar, etc.).

Una **particularidad** de los datos biométricos es que se les puede considerar como:
- contenido de la información sobre una determinada persona («X» tiene estas huellas dactilares);

- un elemento para vincular una información a una determinada persona (este objeto lo ha tocado alguien que tiene estas huellas dactilares y estas huellas dactilares corresponden a «X»; por lo tanto «X» ha tocado este objeto). Como tales, pueden servir de «identificadores». En efecto, al corresponder a una única persona, los datos biométricos pueden utilizarse para identificar a esa persona.
Los datos biométricos **dirigidos a identificar** de manera unívoca a una persona física se incluyen dentro de la categoría de los especialmente sensibles.
Los mismos se definen como los datos personales obtenidos a partir de un tratamiento técnico específico, relativos a las características físicas, fisiológicas o conductuales de una persona física que permitan o confirmen la identificación única de dicha persona, como imágenes faciales o datos dactiloscópicos.

8922 **Proporcionalidad de los sistemas de control biométrico** Estos tratamientos de datos personales, pueden implicar el riesgo de facilitar un conocimiento y control invasivos sobre las actividades de los empleados (Dictamen GT29 2/2017). Por ello, el empleador tiene que asegurarse de que, para poder aplicar el interés legítimo, el **tratamiento de datos** sea:
- **necesario**;
- **justo** para el interesado, de manera que no prevalezca sobre sus derechos y libertades fundamentales; y
- **transparente**, lo que significa que se haya informado adecuadamente al interesado.
No se aplica el **interés legítimo** como condición de legitimación si el resultado de una supervisión o monitorización constante del tiempo de trabajo es utilizado con otra finalidad, como por ejemplo la evaluación del desempeño de tareas por los trabajadores.

8924 **Licitud del tratamiento** De acuerdo con la AEPD, el tratamiento de la **huella digital** para el control de acceso por los trabajadores podría considerarse una medida de control amparada en el poder de dirección del empresario (ET art.20.3), por lo que no se exigiría el consentimiento del empleado. No obstante, para implantar esta medida debería aplicarse el **principio de minimización**, es decir, debería limitarse a supuestos en que se considere realmente necesaria para que el control sea eficaz.
La AEPD ha señalado en diversos informes que podrían existir **buenas prácticas** que permitieran el control a través de la huella digital sin que el sistema tuviera que almacenar el dato biométrico (por ejemplo, por su incorporación a una tarjeta inteligente que se contrastase con la huella y se mantuviera siempre en poder del trabajador).

8926 **Sistemas de reconocimiento facial** (RGPD Considerando 51) El tratamiento del rostro con software de reconocimiento facial se encuentra dentro de los datos biométricos. La cara, al igual que las huellas dactilares, ha sido ampliamente utilizada como **fuente de datos biométricos** durante años. La identidad puede determinarse a partir de una cara, sino también características fisiológicas y psicológicas tales como el origen étnico, emociones y bienestar. La capacidad para extraer este volumen de datos de una imagen y el hecho de que una fotografía puede tomarse a distancia sin conocimiento del interesado demuestra la cantidad de problemas de protección de datos que pueden derivarse de estas tecnologías (GT 29 wp193).
Tanto la AEPD como EL GT 29 han puesto de manifiesto que el uso de **sistemas de reconocimiento** unidos a los de videovigilancia plantea muchos **riesgos,** por ejemplo, que el empleador pueda controlar las expresiones faciales de sus empleados o identificar desviaciones de patrones de movimientos predefinidos durante el desarrollo de su actividad laboral. En este sentido, han establecido lo siguiente:
- El GT 29 (Dictamen 2/2017, sobre el tratamiento de datos en el trabajo), llama la atención sobre la necesidad de que los empleadores se abstengan de utilizar estas tecnologías pues, aunque admite que podría haber algunas excepciones marginales, éstas no pueden ser utilizadas para invocar una legitimación general que dé cobertura, sin más, al uso de dicha tecnología.
- La AEPD, aunque no referido a lo laboral, considera que se encuentra en una cuestión compleja, sometida a interpretación, respecto de la cual no se pueden extraer conclusiones generales, debiendo atenderse al caso concreto según los datos tratados, las técnicas empleadas para su tratamiento y la consiguiente injerencia en el derecho a la protección de datos (AEPD Informe 0036/2020).
Con ocasión de la **instalación de un sistema** de reconocimiento facial que pretendía implantar a una empresa para detectar personas con órdenes de alejamiento en vigor contra la empresa o alguno de sus trabajadores, la **AEPD** ha establecido lo siguiente (AEPD Resol PS/00120/2021):
a) Los sistemas de reconocimiento facial **no** son meros sistemas de **videovigilancia** y, por tanto, exigen bases de legitimación del tratamiento que van más allá de las establecidas en el

RGPD art.6 y, por tanto, requieren un tratamiento radicalmente distinto al utilizar datos biométricos de forma masiva y remota del tipo "uno-a-varios" debiendo tratarse en el marco del régimen excepcional que proporciona el RGPD art.9.

b) Las **características** de estos sistemas imponen un estricto y reforzado cumplimiento de la obligación de información de acuerdo con lo establecido en el RGPD art.13 cuando estamos en presencia de un tratamiento más invasivo, con riesgos más específicos y mayores, que conlleva la utilización de datos biométricos.

c) Es imprescindible contemplar los **riesgos sobre los derechos de los trabajadores** en la elaboración de la evaluación de impacto de protección de datos (EIPD).

Precisiones El uso de la imagen de los trabajadores para realizar el control de la jornada a través de un sistema de registro biométrico, requiere la información previa y el consentimiento expreso de los trabajadores. De no ser así, se entiende vulnerado su derecho a la intimidad y a la propia imagen (JS Alicante núm 2, 15-9-23, EDJ 717666).No obstante, la AEPD señala que aun existiendo consentimiento del trabajador, este no es lícito, al estar viciado por la desigualdad de las partes que conlleva una relación laboral (Guía AEPD sobre Tratamiento de control de presencia mediante sistemas biométricos).

Obligación de informar (RGPD art.11.2, 12 y 13) La existencia de una **lícita condición** para el tratamiento no excluye el cumplimiento del deber de informar y la inscripción del correspondiente fichero y el cumplimiento del resto de la normativa de protección de datos. 8928

Los **responsables** deben:

- informar a los interesados y a otros responsables cuando se efectúe un tratamiento de datos (en virtud del principio de transparencia), ya sean recabados del interesado o de otras fuentes;
- comunicar la información relativa a las actuaciones del responsable sobre la base de una solicitud del interesado, o si no se da curso a la misma.

Evaluación de impacto (RGPD art.35) Con carácter general, los responsables de los tratamientos de datos tienen la **obligación de realizar** una evaluación de impacto (EIPD) con carácter previo a la puesta en funcionamiento de tales tratamientos cuando sea probable que éstos por su naturaleza, alcance, contexto o fines entrañen un alto riesgo para los derechos y libertades de las personas físicas, alto riesgo que se verá incrementado cuando los tratamientos se realicen utilizando nuevas tecnologías. 8930

La AEPD ha publicado una **lista de actividades** de tratamiento que requieren la realización de una EIPD (https://www.aepd.es/sites/default/files/2019-09/listas-dpia-es-35-4.pdf).

Su **objetivo** consiste en facilitar la identificación de aquellas actividades de tratamiento que requieran una EIPD. La AEPD aclara que en el momento de llevar a cabo un análisis sobre la procedencia de realizar una evaluación será fundamental tener en cuenta que, en la mayoría de los casos en los que dicho tratamiento cumpla con dos o más criterios de la lista, la obligación de realizar una EIPD será casi inevitable.

En el **ámbito laboral** la evaluación es imprescindible en la medida en que, por un lado, se trata de tratamientos que impliquen la observación, monitorización, supervisión, geolocalización o control del interesado de forma sistemática y exhaustiva y, por otro, porque los tratamientos implican el uso de datos biométricos con el propósito de identificar de manera única a una persona física.

Precisiones Se sanciona con 16.000 euros a una empresa por la implementar de sistema de control presencial de los trabajadores a través de un sistema biométrico de **huella digital** en las dependencias de la empresa, mediante lectores para la captura de la huella dactilar de cada empleado, sin haber realizado una Evaluación de Impacto en la Protección de los Datos Personales (EIPD) (AEPD Resol PS/00050/2021).

6. Control por detectives privados

(L 5/2014 art.48.1)

Los servicios de investigación privada, a cargo de detectives, consisten en la realización de las **averiguaciones** que resulten **necesarias** para la obtención y aportación, por cuenta de terceros legitimados, de información y pruebas sobre conductas o hechos privados relacionados con aspectos como los relativos al ámbito económico, laboral, mercantil, financiero y, en general, a la vida personal, familiar o social, exceptuada la que se desarrolle en los domicilios o lugares reservados. 8935

No se puede investigar la vida íntima de las personas que transcurra en sus domicilios u otros lugares reservados, ni puede utilizarse en este tipo de servicios medios personales, materiales o técnicos de tal forma que atenten contra el derecho al honor, a la intimidad personal o familiar o a la propia imagen o al secreto de las comunicaciones o a la protección de datos.

Los servicios de investigación privada se deben ejecutar con respeto a los principios de razonabilidad, necesidad, idoneidad y proporcionalidad.
Las **grabaciones** de detectives privados realizadas en el marco de un encargo debidamente motivado no se someten a autorización ni información de la existencia del tratamiento de datos por estar legalmente autorizadas (carácter reservado de los datos) (AEPD Informe 0323/2007).
En cuanto a la **legitimación de la actuación** llevada por una agencia de detectives en un procedimiento de investigación, como regla general, la Ley de Seguridad Privada (L 5/2014) da carta de naturaleza a la actividad realizada por las empresas de seguridad privada, del tipo de detectives privados, por lo que no estaríamos ante una actuación ilegitima.
Diversas Resoluciones de la AEPD consideran que el encargo de la **agencia de detectives** de un informe supone el establecimiento por ambas partes contratantes de una relación negocial y puede ser calificado como encargado del tratamiento.
Respecto de los límites al **poder de dirección** del empresario, ver nº 949.

7. Teletrabajo

(ET art.13; L 10/2021 art.6 y 7, 18 y 19)

8940 El teletrabajo es una manifestación o especie del género trabajo a distancia y se produce cuando la actividad se lleva a cabo a través de medios y sistemas informáticos, telemáticos y de telecomunicación (nº 7402 s.). La regulación de la protección de los datos personales es la siguiente:
1. Respecto del **acuerdo del trabajo a distancia:**
a) La empresa debe entregar a la representación legal de las personas trabajadoras **una copia de todos los acuerdos de los teletrabajadores, excluyendo** los datos que puedan afectar a la intimidad personal. El tratamiento de esta información está sometido a los principios y garantías previstos en la normativa aplicable en materia de protección de datos.
b) Entre el contenido mínimo obligatorio del acuerdo a distancia se encuentran las **Instrucciones dictadas por la empresa**, con la participación de la representación legal de las personas trabajadoras, en materia de protección de datos y, previa comunicación a la representación legal de los trabajadores, sobre seguridad de la información, específicamente aplicables en el trabajo a distancia.
2. Entre los **derechos de los teletrabajadores**, los relacionados con la protección de los datos personales son los siguientes:
a) **Intimidad y a la protección de datos**. Esto supone que la **empresa**:
- no pueda exigir la instalación de programas o aplicaciones en dispositivos propiedad de la persona trabajadora, ni la utilización de estos dispositivos en el desarrollo del trabajo a distancia.
- deba establecer criterios de utilización de los dispositivos digitales respetando en todo caso el derecho a su intimidad de acuerdo con los usos sociales y los derechos reconocidos legal y constitucionalmente.
Mediante acuerdo o **convenio colectivo** puede regularse el uso por motivos personales de los equipos informáticos puestos a disposición de las personas trabajadoras por la empresa.
b) **Desconexión digital** fuera de su horario de trabajo. La empresa, previa audiencia de la representación legal de las personas trabajadoras, incluidas los que ocupen puestos directivos, debe elaborar una política interna en la que deben definir modalidades de ejercicio del derecho a la desconexión y acciones de formación y de sensibilización del personal sobre un uso razonable de las herramientas tecnológicas que evite el riesgo de fatiga informática.
La negociación colectiva o el **acuerdo de empresa** pueden establecer los medios y medidas adecuadas para garantizar el ejercicio efectivo del derecho a la desconexión en el trabajo a distancia y la organización adecuada de la jornada, de forma que sea compatible con la garantía de tiempos de descanso.
3. Con relación a los **derechos colectivos** la empresa está obligada:
- a suministrar, a la representación legal de los trabajadores, de los elementos precisos para el desarrollo de su actividad representativa, y entre ellos el acceso a las comunicaciones y direcciones electrónicas de uso en la empresa;
- a la **implantación del tablón virtual**, cuando sea compatible con la forma de prestación del trabajo a distancia.
Aunque no conste expresamente, se entiende implícita la garantía de la intimidad y de la protección de datos personales en este proceso.
4. **Obligaciones de los trabajadores** a distancia. Deben cumplir las instrucciones que haya establecido la empresa en el marco de la legislación sobre protección de datos, previa participación de la representación legal de las personas trabajadoras. Como consecuencia de ello, estos trabajadores deben cumplir las instrucciones sobre **seguridad de la información** específicamente fijadas por la empresa, previa información a su representación legal, en el ámbito del trabajo a distancia.

Precisiones La **AEPD** ha efectuado a una serie de **recomendaciones**, dirigidas a las empresas y a sus trabajadores, para proteger los datos personales en situaciones de movilidad y teletrabajo. Son las siguientes (AEPD Recom movilidad y teletrabajo 4-4-20):
1. Recomendaciones dirigidas **al responsable del tratamiento,** que éste debe adecuar a la situación concreta de su objeto de negocio:
a) Definir una política de protección de la información para situaciones de movilidad.
b) Elegir soluciones y prestadores de servicio confiables y con garantías.
c) Restringir el acceso a la información.
d) Configurar periódicamente los equipos y dispositivos utilizados en las situaciones de movilidad.
e) Monitorizar los accesos realizados a la red corporativa desde el exterior.
f) Gestionar racionalmente la protección de datos y la seguridad.
2. Recomendaciones dirigidas **al personal,** que han de estar recogidas en la política de teletrabajo del responsable, referenciadas en el acuerdo de teletrabajo y ajustadas a la situación concreta de las tareas a realizar:
a) Respetar la política de protección de la información en situaciones de movilidad definida por el responsable.
b) Proteger el dispositivo utilizado en movilidad y el acceso al mismo.
c) Garantizar la protección de la información que se está manejando.
d) Guardar la información en los espacios de red habilitados.
e) Si hay sospecha de que la información ha podido verse comprometida, comunicar con carácter inmediato la brecha de seguridad.

8. Control a través de dispositivos móviles

El concepto de movilidad, que implica trabajar lejos de un entorno de oficina tradicional o de un lugar fijo, se ha convertido en un requisito común de las nuevas formas de trabajo. Los trabajadores no solo usan dispositivos móviles para trabajar, sino que se sirven de varios de ellos, como computadoras portátiles, smartphones y tablets, para llevar a cabo sus tareas. También en relación con ellos se plantean múltiples problemas en materia de protección de datos. **8945**
En relación con la posibilidad de que la empresa cree un **grupo de whatsapp** con sus **trabajadores,** la AEPD considera que: **a)** podría no ser necesario el consentimiento del trabajador atendiendo a las circunstancias del caso; **b)** habrá que estar a lo que determine la "legislación sectorial" (en materia laboral, convenios colectivos o contratos suscritos); **c)** será necesario diferenciar entre medios personales y medios proporcionados por la empresa (AEPD Resol AI/00050/2022).

«Bring your own device» o BYOD En el caso de que se permita la utilización de herramientas propias del empleado para uso laboral, «Bring your own device» o BYOD, existe una clara posibilidad de que los empleadores traten información no corporativa sobre esos empleados (direcciones MAC o acceso al dispositivo para realizar un análisis de seguridad). **8947**
Para evitar el control de la información privada, deben establecerse medidas adecuadas para distinguir entre el **uso privado y corporativo** del dispositivo. Para ello, dice el GT29, los empleadores también deben implementar métodos por los cuales sus propios datos sean transferidos de forma segura entre esos dispositivos y su red. Así, se podría configurar el dispositivo para enrutar todo el tráfico a través de una VPN, lo que permitiría ofrecer un cierto nivel de seguridad (Dictamen GT29 2/2017).

«Mobile device management» (MDM) La gestión de los «Mobile device management» permite localizar dispositivos, implementar configuraciones y/o aplicaciones, así como eliminar datos de forma remota. **8949**
El GT29 señala que los empleadores deben asegurarse de que los datos recopilados como parte de esta capacidad de ubicación remota sean procesados para un propósito específico y no para permitir un seguimiento continuo de los empleados.
En todo caso, los empleados cuyos dispositivos están inscritos en los servicios de «Mobile device management» deben estar plenamente informados sobre qué seguimiento se está llevando a cabo y las consecuencias que tiene para ellos.

«Wearable» El término «wearable» es un término anglosajón que significa literalmente «que se puede llevar puesto». Así pues, la tecnología wearable, o tecnología ponible, es aquella electrónica diseñada para ser vestida como complemento; o como parte de algún material usado en la ropa. **8951**
La tecnología wearable es habitualmente referenciada en la jerga tecnológica como WT («Wearable Technology»), y los dispositivos asociados como WD («Wearable Devices») o simplemente wearable. En castellano, es habitual acompañar a estos dispositivos con los adjetivos tecnológico o inteligente: chaqueta tecnológica, reloj inteligente, etc.

Señala el GT29, en relación con los *Wearable devices*, que los empleadores están cada vez más tentados de proporcionar dispositivos portátiles a sus empleados con el fin de rastrear y registrar su **salud y actividad** dentro y algunas veces incluso fuera del lugar de trabajo.
Sin embargo, este tratamiento de datos implica el de datos de salud, lo que se encuentra prohibido (CEDH art.8). En estos casos, dice el GT29, es altamente improbable que pueda darse un consentimiento explícito válido legalmente para el seguimiento o la supervisión de tales datos. Incluso si el empresario utiliza a un tercero para recopilar los datos de salud y solo proporcionan agregados de información, el tratamiento debería considerarse ilegal. Además, como se describe en el Dictamen GT29 5/2014 sobre **técnicas de anonimización**, es técnicamente muy difícil garantizar el anonimato completo de los datos incluso en un entorno con miles de empleados.
En su Dictamen 8/2014 sobre el **internet de las cosas**, el GT29 ha señalado que las entidades que participan en el ecosistema de la internet de las cosas deben asegurarse de que la persona haya dado su consentimiento de manera efectiva después de haberle proporcionado información clara y completa sobre, entre otros aspectos, qué datos se recogen, cómo se recopilan y con qué fin se van a tratar, además de cómo pueden ejercer los derechos que les asisten.
Esos datos personales deben ser recogidos de manera leal y lícita, por lo que no deben ser recogidos y tratados sin que la persona sea consciente de ello.

I. Infracciones y sanciones

8960 Son **actos y conductas sancionables**, aquellos que supongan una vulneración de la protección de las personas físicas en lo que respecta al tratamiento de datos personales y a la libre circulación de los mismos.
Los **sujetos responsables** son (LOPD art.70.1):
- los responsables de los tratamientos;
- los encargados de los tratamientos;
- los representantes de los responsables o encargados de los tratamientos no establecidos en el territorio de la UE;
- las entidades de certificación; y
- las entidades acreditadas de supervisión de los códigos de conducta.

Por el contrario, este régimen no se aplica al **delegado de protección de datos** (LOPD art.70.2).

8962 **Infracciones** Los responsables de los ficheros y los encargados de los tratamientos están sujetos al régimen sancionador legal. Las infracciones se categorizan en leves, graves y muy graves.

8964 **Infracciones leves** (LOPD art.74; RGPD art.83.4 y 5) Se consideran leves y prescriben al año las infracciones de carácter meramente formal de los artículos mencionados en el RGPD art.83.4 y 5 y, entre otras, las siguientes:
a) El incumplimiento del **principio de transparencia** de la información o el derecho de información del afectado por no facilitar toda la información exigida (RGPD art.13 y 14).
b) La exigencia del **pago de un canon** para facilitar al afectado la información exigida por el RGPD art.13 y 14 o por atender las **solicitudes de ejercicio de derechos** de los afectados previstos en RGPD art.15 a 22, cuando así lo permita el RGPD art.12.5, si su cuantía excediese el importe de los costes afrontados para facilitar la información o realizar la actuación solicitada.
c) No atender las **solicitudes de ejercicio de los derechos** establecidos en el RGPD art.15 a 22, salvo que resultase de aplicación lo dispuesto en la LOPD art.72.1.k.
d) No atender los **derechos de acceso, rectificación, supresión**, limitación del tratamiento o a la portabilidad de los datos en tratamientos en los que no se requiere la identificación del afectado, cuando este, para el ejercicio de esos derechos, haya facilitado información adicional que permita su identificación, salvo que resultase de aplicación lo dispuesto en la LOPD art.73.c.
e) El incumplimiento de la **obligación de notificación** relativa a la rectificación o supresión de datos personales o la limitación del tratamiento (RGPD art.19).
f) El incumplimiento de la **obligación de informar al afectado**, cuando así lo haya solicitado, de los destinatarios a los que se hayan comunicado los datos personales rectificados, suprimidos o respecto de los que se ha limitado el tratamiento.
g) El incumplimiento por el encargado de las estipulaciones impuestas en el **contrato o acto jurídico** que regula el tratamiento o las instrucciones del responsable del tratamiento, salvo que esté legalmente obligado a ello conforme al RGPD y a la presente ley orgánica o en los

supuestos en que fuese necesario para evitar la infracción de la legislación en materia de protección de datos y se hubiese advertido de ello al responsable o al encargado del tratamiento.
h) Disponer de un **registro de actividades** de tratamiento que no incorpore toda la información exigida (RGPD art.30).
i) No publicar los **datos de contacto del delegado** de protección de datos, o no comunicarlos a la autoridad de protección de datos, cuando su nombramiento sea exigible (RGPD art.37; LOPD art.34).

Infracciones graves (LOPD art.73; RGPD art.83.4) Se consideran graves y prescriben a los dos años, entre otras, las siguientes que destacamos por su **específica proyección laboral**: **8966**
1. El impedimento o la obstaculización o la no atención reiterada de los derechos de acceso, rectificación, supresión, limitación del tratamiento o a la portabilidad de los datos en tratamientos en los que no se requiere la identificación del afectado, cuando este, para el ejercicio de esos derechos, haya facilitado información adicional que permita su identificación.
2. La contratación por el responsable del tratamiento de un encargado de tratamiento que no ofrezca las garantías suficientes para aplicar las medidas técnicas y organizativas apropiadas conforme a lo establecido en el RGPD Cap IV.
3. Encargar el tratamiento de datos a un tercero sin la previa formalización de un contrato u otro acto jurídico escrito con el contenido exigido por el RGPD art.28.3.
4. La contratación por un encargado del tratamiento de otros encargados sin contar con la autorización previa del responsable, o sin haberle informado sobre los cambios producidos en la subcontratación cuando fueran legalmente exigibles.
5. No disponer del registro de actividades de tratamiento establecido en el RGPD art.30.

Infracciones muy graves (RGPD art.83.5; LOPD art.72) Según el **RGPD** son sancionables las siguientes infracciones: **8968**
a) Los principios básicos para el tratamiento, incluidos los requisitos para el consentimiento (principios relativos al tratamiento, licitud del mismo, condiciones para el consentimiento, y el tratamiento en las categorías especiales de datos personales).
b) Los derechos de los afectados (transparencia y modalidades, información y acceso a datos personales, derecho de rectificación y supresión, derecho de oposición y decisiones individuales automatizadas).
c) Las transferencias de datos personales a un destinatario situado en un tercer país o una organización internacional (principio general de transferencias, transferencias basadas en una decisión de adaptación, transferencias utilizando garantías adecuadas, normas corporativas obligatorias, transferencias o comunicaciones no autorizadas por el derecho de la unión, y las excepciones para situaciones específicas).

De acuerdo con el **LOPD** se consideran muy graves y prescriben a los 3 años las infracciones que supongan una **vulneración sustancial** de los artículos mencionados en aquel y, en particular, las siguientes: **8970**
a) El tratamiento de datos personales vulnerando los principios y garantías establecidos en el RGPD art.5.
b) El tratamiento de datos personales sin que concurra alguna de las condiciones de licitud del tratamiento establecidas en el RGPD art.6.
c) El incumplimiento de los requisitos exigidos por el RGPD art.7 para la validez del consentimiento.
d) La utilización de los datos para una finalidad que no sea compatible con la finalidad para la cual fueron recogidos, sin contar con el consentimiento del afectado o con una base legal para ello.
e) El tratamiento de datos personales de las categorías a las que se refiere el RGPD art.9, sin que concurra alguna de las circunstancias previstas en dicho precepto y en el LOPD art.9.
f) El tratamiento de datos personales relativos a condenas e infracciones penales o medidas de seguridad conexas fuera de los supuestos permitidos por el RGPD art.10 y en la LOPD art.10.
g) El tratamiento de datos personales relacionados con infracciones y sanciones administrativas fuera de los supuestos permitidos por la LOPD art.27.
h) La omisión del deber de informar al afectado acerca del tratamiento de sus datos personales conforme a lo dispuesto en los RGPD art.13 y 14 y LOPD art.12.
i) La vulneración del deber de confidencialidad establecido en la LOPD art.5.
j) La exigencia del pago de un canon para facilitar al afectado la información a la que se refieren el RGPD art.13 y 14 o por atender las solicitudes de ejercicio de derechos de los afectados previstos en el RGPD art.15 a 22, fuera de los supuestos establecidos en su RGPD art.12.5.
k) El impedimento o la obstaculización o la no atención reiterada del ejercicio de los derechos establecidos en el RGPD art.15 a 22.

l) La transferencia internacional de datos personales a un destinatario que se encuentre en un tercer país o a una organización internacional, cuando no concurran las garantías, requisitos o excepciones establecidos en el RGPD art.44 a 49.
m) El incumplimiento de la obligación de bloqueo de los datos establecida en la LOPD art.32 cuando la misma sea exigible.
n) La resistencia u obstrucción del ejercicio de la función inspectora por la autoridad de protección de datos competente.
ñ) La reversión deliberada de un procedimiento de anonimización a fin de permitir la reidentificación de los afectados.

8972 **Sanciones** (LOPD art.76; RGPD art.83.3 a 83.6 y 84) Las multas de carácter administrativo deben corresponderse, básicamente, con una serie de **características** en su imposición. Deben ser:
- individuales;
- efectivas;
- proporcionadas; y
- disuasorias.

Las infracciones en materia de protección de datos se sancionan con **multas administrativas** de:
1. **Hasta 10.000.000 euros o** de una cuantía equivalente al **2%** como máximo del volumen de negocio total anual global del ejercicio financiero anterior (si se trata de una empresa), optándose por la de mayor cuantía, si se trata del incumplimiento de las obligaciones:
a) Del **responsable y encargado** sobre (RGPD art.8, 11 y 25 a 39):
- consentimiento de niños;
- tratamiento de datos que no requieren identificación;
- sus obligaciones generales;
- seguridad de los datos personales;
- evaluación de impacto relativa a la protección de datos;
- delegados de protección de datos; o
- mecanismos de certificación.

b) De los **organismos de certificación** (RGPD art.42 y 43).
c) De la **autoridad de control** (RGPD art.41.4).
2. **Hasta 20.000.000 euros o** de una cuantía equivalente al **4%** como máximo del volumen de negocio total anual global del ejercicio financiero anterior (si se trata de una empresa), optándose por la de mayor cuantía, en caso de incumplimiento de:
- los **principios básicos** para el tratamiento, incluidas las condiciones para el consentimiento;
- las disposiciones sobre **derechos** de los interesados.
- las disposiciones en materia de **transferencia internacional** de datos personales.
- toda obligación en virtud del Derecho de los Estados miembros que se adopte en relación a **situaciones específicas** del tratamiento (deber de secreto, libertad de expresión, interés público, ámbito laboral...);
- una resolución o limitación temporal o definitiva del tratamiento o la suspensión de los **flujos de datos** por parte de la autoridad de control (RGPD art.58.1 y 2);
- las resoluciones de la **autoridad de control** (RGPD art.58.2).

En el RGPD no se hace referencia a las **infracciones leves** que la LOPD establece.

Precisiones Si un **responsable o encargado del tratamiento** incumple de forma intencionada o negligente, para las mismas operaciones de tratamiento u operaciones vinculadas, diversas disposiciones, la cuantía total de la multa administrativa no será superior a la cuantía prevista para las infracciones más graves.

8974 **Criterios de graduación** (RGPD art.83.2; LOPD art.76) La imposición de las sanciones debe realizarse atendiendo los siguientes criterios de graduación:
a) La naturaleza, gravedad y duración de la infracción, teniendo en cuenta la naturaleza, alcance o propósito de la operación de tratamiento de que se trate, así como el número de interesados afectados y el nivel de los daños y perjuicios que hayan sufrido.
b) La intencionalidad o negligencia en la infracción.
c) Cualquier medida tomada por el responsable o encargado del tratamiento para paliar los daños y perjuicios sufridos por los interesados.
d) El grado de responsabilidad del responsable o del encargado del tratamiento, habida cuenta de las medidas técnicas u organizativas que hayan aplicado en virtud del RGPD art.25 y 32.
e) Toda infracción anterior cometida por el responsable o el encargado del tratamiento.
f) El grado de cooperación con la autoridad de control con el fin de poner remedio a la infracción y mitigar los posibles efectos adversos de la infracción.
g) Las categorías de los datos de carácter personal afectados por la infracción.

h) la forma en que la autoridad de control tuvo conocimiento de la infracción, en particular si el responsable o el encargado notificó la infracción y, en tal caso, en qué medida.

También puede tenerse en cuenta (RGPD art.83.2.k; LOPD art.76.2): **8976**
a) El carácter continuado de la infracción.
b) La vinculación de la actividad del infractor con la realización de tratamientos de datos personales.
c) Los beneficios obtenidos como consecuencia de la comisión de la infracción.
d) La posibilidad de que la conducta del afectado hubiera podido inducir a la comisión de la infracción.
e) La existencia de un proceso de fusión por absorción posterior a la comisión de la infracción, que no puede imputarse a la entidad absorbente.
f) La afectación a los derechos de los menores.
g) Disponer, cuando no fuere obligatorio, de un delegado de protección de datos.
h) El sometimiento por parte del responsable o encargado, con carácter voluntario, a mecanismos de resolución alternativa de conflictos, en aquellos supuestos en los que existan controversias entre aquellos y cualquier interesado.

Prescripción (L 3/2018 art.75 y 78) Las infracciones y las sanciones prescriben en los siguientes plazos: **8978**

Infracciones	Graves	2 años
	Muy graves	3 años
Sanciones	Importe ≤ 40.000 €.	1 año
	Importe > 40.001 < 300.000 €.	2 años
	Importe ≥ 301.000 €.	3 años

La **prescripción de las infracciones** se interrumpe por la iniciación, con conocimiento del interesado, del procedimiento sancionador, reiniciándose el plazo de prescripción si el expediente sancionador estuviere paralizado durante más de 6 meses por causas no imputables al presunto infractor.
El plazo de **prescripción de las sanciones** comienza a contarse desde el día siguiente a aquel en que sea ejecutable la resolución por la que se impone la sanción o haya transcurrido el plazo para recurrirla. Se interrumpe por la iniciación, con conocimiento del interesado, de un procedimiento sancionador, reiniciándose el plazo de prescripción si el expediente sancionador estuviere paralizado durante más de seis meses por causa no imputable al presunto infractor.

Indemnización por daños y perjuicios (RGPD art.82.2) Las personas físicas tienen derecho a ser indemnizadas por los **daños y perjuicios, materiales o inmateriales**, derivados del incumplimiento de la normativa de protección de datos por parte del responsable o del encargado del tratamiento. El responsable o el encargado deben quedar exentos de responsabilidad si se demuestra que, en modo alguno, son responsables de los daños y perjuicios. Aunque no se trata de una responsabilidad puramente objetiva, la expresión en modo alguno pone de manifiesto que el estándar de diligencia exigible es muy alto, por lo que es previsible que los tribunales apliquen una aproximación cuasiobjetiva a la responsabilidad, anudando la obligación de indemnizar da la existencia infracción legal, si se cumplen los requisitos de daño y causalidad (TJUE 14-12-23, C-340/21). **8980**
El interesado debe acreditar que ha sufrido daños y perjuicios (TJUE 11-4-24, C-741/21) y su **apreciación y cuantificación** corresponde a los jueces y tribunales (TJUE 21-12-23, C-667/2021). Debe demostrar que las consecuencias negativas que ha sufrido constituyen **daño inmaterial**, que se asimilan al tradicional concepto del daño moral. Se ha aceptado que el temor que experimenta el afectado a un uso indebido de sus datos personales por terceros, sin que ese uso se tenga que haber materializado, puede constituir, por sí solo, un daño inmaterial indemnizable (TJUE 14-12-23, C-340/21). Esta clase de daños son de muy difícil cuantificación y no resulta posible predecir su entidad apriorísticamente.

SECCIÓN 2

Derecho a la desconexión digital

(ET art.20 bis; L 10/2021; LOPD art.87 y 88; EBEP art.14.j bis)

8985 La Constitución Española encomienda a la Ley la limitación del uso de la informática para garantizar los derechos fundamentales al **honor y la intimidad** personal y familiar de los ciudadanos y el pleno ejercicio de sus derechos (Const art.18.4). En desarrollo de este mandato se reconoce el derecho de los trabajadores y empleados públicos, a la desconexión digital a fin de garantizar, fuera del tiempo de trabajo legal o convencionalmente establecido, el respeto de su tiempo de descanso, permisos y vacaciones, así como de su intimidad personal familiar (LO 3/2018 art.88; ET art.20 bis; EBEP art.14.j bis). En los mismos términos se regula expresamente el derecho a la desconexión de las personas que trabajan a distancia, particularmente en régimen de **teletrabajo** (L 10/2021 art.18; LOPD art.88).

El **deber empresarial** de garantizar la desconexión conlleva una limitación del uso de los medios tecnológicos de comunicación empresarial y de trabajo durante los periodos de descanso, así como el respeto a la duración máxima de la jornada y a cualesquiera límites y precauciones en materia de jornada que dispongan la normativa legal o convencional aplicables.

El derecho a la desconexión digital **se configura**, así, como el derecho a no tener que conectarse a ningún dispositivo profesional (ordenadores, tabletas, móviles, etc.) o software de la empresa durante sus períodos de descanso o vacaciones, así como no contestar o responder a llamadas, mensajes de texto, correos electrónicos, videoconferencias o cualquier otra forma de comunicación digital fuera de su horario laboral. Además, se reconoce el derecho a apagar esos dispositivos una vez finalizada la jornada laboral.

Lo anterior implica que **fuera del horario laboral** el empresario no debe contactar con los trabajadores a través de estos dispositivos para nada relacionado con el trabajo (dar instrucciones, realizar preguntas, encargar nuevas tareas, etc.); y que los trabajadores, en caso de que se produzca esa comunicación, pueden ignorarla completamente hasta el comienzo de su jornada laboral.

Las **modalidades** de desconexión digital deben atender a la naturaleza y objeto de la relación laboral, potenciar el derecho a la conciliación de la actividad laboral y la vida personal y familiar y sujetarse a lo establecido en la negociación colectiva o, en su defecto, a lo acordado entre la empresa y los representantes de los trabajadores.

Para ello, el empleador, previa audiencia de los representantes de los trabajadores, debe elaborar una **política interna** dirigida a trabajadores, incluidos los que ocupen puestos directivos, en la que definirán las modalidades de ejercicio del derecho a la desconexión y las acciones de formación y de sensibilización del personal sobre un uso razonable de las herramientas tecnológicas que evite el riesgo de fatiga informática. En particular, se preservará el derecho a la desconexión digital en los supuestos de realización total o parcial del trabajo a distancia, así como en el domicilio del empleado vinculado al uso con fines laborales de herramientas tecnológicas. La falta de consulta podría constituir una infracción grave (LISOS art.7.7). No así la ausencia de acuerdo, ya que la norma obliga a dar audiencia previa, pero no a llegar a un acuerdo (AN 6-5-24, EDJ 558719).

Aunque la normativa no recoge una sanción específica, la Inspección de Trabajo considera que la **vulneración del derecho a la desconexión digital** puede tener su encaje en la transgresión de los límites legales o pactados en materia de jornada, vacaciones, permisos, etc., en infracciones relacionadas con el respeto a la intimidad y dignidad del trabajador e, incluso, en incumplimientos de la normativa de prevención de prevención de riesgos laborales (LISOS art.7, 8 y 40).

Precisiones **1)** El derecho del trabajador a la desconexión digital no es incompatible con la imposición de **actividades laborales fuera del horario ordinario**, como p.ej. la realización de un curso de formación on line, considerándose realizadas en tiempo de trabajo (TSJ Madrid 9-6-21, EDJ 664820; 4-11-20, EDJ 744273).

2) No hay vulneración del derecho a la desconexión digital por el hecho de que el trabajador que se encuentra en situación de **baja de incapacidad temporal**, reciba una llamada telefónica para interesarse por su estado de salud debido a que ello no supone que deba estar conectado al software de la empresa a través de ordenadores o teléfonos móviles corporativos. Además, subraya que no existe obligación de contestar mensajes de WhatsApp, correos electrónicos, videollamadas o cualquier otro tipo de comunicación digital relacionada con el trabajo a desempeñar (TSJ Galicia 11-4-24, EDJ 568744).

3) Sin embargo, se ha considerado que no existe vulneración del derecho a la desconexión digital cuando se paga un **plus de disponibilidad** que retribuye los cambios de jornada con menos de 12 horas de antelación en supuestos excepcionales. Estos cambios eran notificados por el teléfono corporativo o, en su defecto, por el personal, pero el trabajador podía declinar los encargos (TSJ Madrid 17-7-23, EDJ 657620).

4) Se reconoce la extinción indemnizada de un contrato de trabajo porque el empleado estaba sometido a una carga de trabajo desmesurada, con jornadas prolongadas y horarios intempestivos, vulnerando el derecho al descanso y a la desconexión digital, pero se desestima la solicitud de una indemnización adicional. Aunque la desconexión digital es un derecho fundamental para el Derecho de la Unión Europea, **no** es un **derecho fundamental** de los recogidos en la Const, por lo que no cabe invocar vinculada directa y necesariamente a una lesión de derechos fundamentales a la vida y a la integridad física y a la intimidad, aunque sí puede fundamentar una eventual responsabilidad civil en caso de contingencia profesional siempre que se acredite el nexo causal entre la conducta de la empresa y el daño causado (TSJ Cataluña 5-5-23, EDJ 627374).

Negociación colectiva (V AENC Cap.XI) El V Acuerdo para el empleo y la negociación colectiva, establece los siguientes **criterios** que debe tener en cuenta la negociación colectiva a efectos de la regulación de la desconexión digital: **8987**

a) La desconexión digital se reconoce y formaliza como un derecho a no atender dispositivos digitales fuera de la jornada de trabajo. No obstante, lo anterior, la **conexión voluntaria** de una persona trabajadora no conlleva responsabilidades de la empresa.

b) El derecho a la desconexión debe operar en relación con todos los **dispositivos** y herramientas susceptibles de mantener la jornada laboral más allá de los límites de la legal o convencional establecida y distribuida en el calendario laboral por el que se rija cada empresa.

c) Si se produce cualquier tipo de **llamada o comunicado fuera de la jornada laboral**, las personas trabajadoras no están obligadas a responder, ni los superiores jerárquicos pueden requerir respuestas fuera de la misma, salvo que concurran circunstancias excepcionales de fuerza mayor justificadas, que puedan suponer un grave riesgo hacia las personas o un potencial perjuicio empresarial hacia el negocio y que requiera la adopción de medidas urgentes e inmediatas.

d) Las empresas deben garantizar que las personas trabajadoras que hagan uso de este derecho no se vean afectadas por ningún trato diferenciado o **sanción** ni perjudicadas en sus evaluaciones de desempeño ni en su promoción.

e) Las empresas pueden llevar a cabo acciones de **formación** y de sensibilización de su plantilla sobre un uso razonable de las herramientas tecnológicas que evite el riesgo de fatiga informática.

f) Se consideran **buenas prácticas** para una mejor gestión del tiempo de trabajo, las siguientes:

- programar respuestas automáticas durante los periodos de ausencia, indicando las fechas en las que no se estará disponible y designando el correo o los datos de contacto de las personas a quienes se hayan asignado las tareas durante su ausencia;
- utilizar el «envío retardado» para que las comunicaciones se realicen dentro del horario laboral de la persona destinataria.

Precisiones **1)** Es nula la cláusula introducida por el empresario en un Acuerdo de Trabajo a Distancia que reconoce el derecho a la desconexión digital del trabajador y a no atender dispositivos digitales cuando su jornada laboral hubiese finalizado, salvo que concurran determinadas circunstancias de urgencia justificada, aunque consten explicitadas en la misma cláusula. Los **límites al derecho a la desconexión digital** en el teletrabajo no los puede establecer unilateralmente el empresario, sino que se debe sujetar a lo establecido en la negociación colectiva o, en su defecto, a lo acordado entre la empresa y los representantes de los trabajadores (AN 22-3-22, EDJ 528787).

2) Es abusiva la cláusula de un contrato por la que la empresa obliga al trabajador a proporcionar voluntariamente el **número** de **teléfono móvil** o su cuenta de correo electrónico, por cuanto atenta contra el derecho a la protección de datos y debe excluirse de los contratos de trabajo (TS 21-9-15, EDJ 177359).

Medidas de desconexión digital El uso de nuevas tecnologías, el posible incremento de la carga mental, así como la sensación de aislamiento de los trabajadores que realizan teletrabajo, generan riesgos psicosociales que pueden verse agravados por la dificultad para separar el entorno laboral con el familiar y los tiempos de trabajo y descansos. Para reducir estos riesgos, que son aplicables a todos los trabajadores afectados por la desconexión digital, pero tienen especial incidencia en las personas que realizan teletrabajo, la empresa debe adoptar **medidas preventivas** para garantizar una adecuada desconexión digital. Para ello, los protocolos a realizar deben tener en cuenta la naturaleza y objeto de la relación laboral atendiendo al sector de actividad, los medios tecnológicos existentes, roles, tipos de empleo existentes en la organización, etc. **8989**

Entre las medidas de desconexión digital que **puede adoptar el empresario** para garantizar los tiempos de descanso entre jornadas laborales destacan:

- la instalación de sistemas restrictivos de desconexión automática que inhabilite la recepción y el envío de correos electrónicos fuera de la jornada laboral;

- programación de respuestas automáticas durante los periodos de ausencia, indicando las fechas en las que no se estará disponible y designando el correo o los datos de contacto de las personas a quienes se hayan asignado las tareas durante su ausencia; o
- utilizar el envío retardado para que las comunicaciones se realicen dentro del horario laboral de la persona destinataria.

También el **trabajador** puede establecer **medidas eficaces** de desconexión, como:
- programar adecuadamente el tiempo de trabajo y/o la franja horaria destinada a gestionar el uso del correo electrónico, evitando la multitarea y las interrupciones constantes en el desarrollo de la actividad;
- establecer prioridades de actuación, planificar el trabajo a realizar y la cantidad de trabajo que pudiera producirse de forma inesperada, etc.;
- aplicar con disciplina las medidas relativas a la desconexión digital disfrutando del tiempo de ocio y descanso físico y mental en actividades que tiendan a «recargar las pilas» física y mentalmente.

Para dar cumplimiento a lo anterior, es de gran importancia el **compromiso de la empresa** para implementar estas medidas de desconexión digital, comenzando por **la formación** y sensibilización del trabajador sobre el uso de los medios tecnológicos, siendo complementada con otras formaciones relacionadas con la productividad, la gestión del tiempo y organización del trabajo, delegación de funciones, etc.

En definitiva, el empresario debe aportar los medios para facilitar esta desconexión, pero también debe formar a los trabajadores para garantizar que se implementan adecuadamente las medidas descritas anteriormente, siendo importante no solo la evaluación de las condiciones materiales de trabajo, sino la evaluación psicosocial de la persona sujeta a desconexión digital, principalmente la persona que realiza teletrabajo.

SECCIÓN 3

Inteligencia artificial

(Rgto (UE) 2024/1689)

8995 La utilización de algoritmos o sistemas de inteligencia artificial (IA) para tomar decisiones de forma automatizada que afectan a las personas trabajadoras (por ejemplo, en materia de contratación, evaluación de rendimiento, control de productividad, ascensos, despidos, etc.) puede provocar **riesgos** para los **derechos fundamentales** de las personas trabajadoras, en concreto, aquellos que afectan a la privacidad, protección de datos personales, igualdad y no discriminación y seguridad y salud laboral.

Desde el 1-8-2024 está vigente el Reglamento europeo de inteligencia artificial, en adelante RIA, que será plenamente aplicable a partir del 2-8-2026. Define como **sistema de inteligencia artificial** el basado en una máquina y diseñado para funcionar con distintos niveles de autonomía, que puede mostrar capacidad de adaptación tras el despliegue y que, para objetivos explícitos o implícitos, infiere de la información de entrada que recibe la manera de generar información de salida, como predicciones, contenidos, recomendaciones o decisiones, que puede influir en entornos físicos o virtuales. Su **finalidad** es dotar de un régimen jurídico propio a los modelos de IA de uso general, esto es, la inteligencia artificial generativa. Por ejemplo, chapGPT (Rgto (UE) 2024/1689 art.3.63).

Rige el **principio de alfabetización** en materia de inteligencia artificial, que supone que los proveedores y responsables del despliegue de sistemas de IA (en la relación de trabajo de trabajo, el empleador) deben adoptar las medidas necesarias para garantizar que, en la mayor medida posible, que su personal y demás personas que se encarguen en su nombre del funcionamiento y la utilización de sistemas de IA tengan un nivel suficiente de alfabetización en esta materia, teniendo en cuenta sus conocimientos técnicos, su experiencia, su educación y su formación, así como el contexto previsto de uso de los sistemas de IA y las personas o los grupos de personas en que se utilizarán dichos sistemas (Rgto (UE) 2024/1689 art.3.56 y 4).

En el **ámbito laboral**, se establece una **regla de salvaguardia** que establece que la aplicación del Reglamento **no puede impedir** que los Estados miembros o la UE mantengan o introduzcan disposiciones legales, reglamentarias o administrativas que sean más favorables a los trabajadores en lo que atañe a la protección de sus derechos respecto al uso de sistemas de IA por parte de los empleadores o fomenten o permitan la aplicación de convenios colectivos que sean más favorables a los trabajadores (Rgto (UE) 2024/1689 art.2.11).

Precisiones 1) El **MTES** dispone de una **guía y una herramienta** que permite cumplir con la obligación de información algorítmica de todas las empresas (Guía Algoritmos).
2) Respecto de los trabajadores que prestan servicios en **plataformas digitales**, se contempla una regulación expresa de la gestión agorítmica en la Dir (UE) 2024/2831, DOUE 11-11-2024, que ha de ser traspuesta al ordenamiento español, como máximo, el 2-12-2026. Además, promueve la transparencia, la equidad y la supervisión humana en la gestión de datos.

Jerarquía de riesgos (Rgto (UE) 2024/1689 art.5.1 f, y g, 6 1 y 2 y anexo III) El RIA define el **riesgo** como la combinación de la probabilidad de que se produzca un daño y la gravedad de dicho daño. Se establece una jerarquía de riesgos en función del uso de la IA y sobre las categorías detectadas, establece una serie de obligaciones cuyas proyecciones sobre lo laboral resultan más que evidentes. **8997**
El RIA **clasifica** los sistemas de IA según su nivel de riesgo en: sistemas prohibidos (nº 8999), de alto riesgo (nº 9001) y de uso general con riesgo sistémico y de uso general.

Sistema de IA prohibidos (Rgto (UE) 2024/1689 art.5.1 f, y g) Con relevancia laboral, se identifican las siguientes prácticas: **8999**
a) Las destinadas a **inferir las emociones** de una persona física en los lugares de trabajo, excepto que existan motivos médicos o de seguridad, por ejemplo, los sistemas utilizados para detectar el cansancio de los pilotos o conductores profesionales con el fin de evitar accidentes;
b) Los sistemas de **categorización biométrica** que clasifiquen individualmente a las personas sobre la base de sus datos biométricos para deducir o inferir, entre otros datos, su raza, opiniones políticas, afiliación sindical, convicciones religiosas o filosóficas, vida sexual u orientación sexual.

Sistemas de IA de alto riesgo (Rgto (UE) 2024/1689 art.5.1 f, y g, 6 1 y 2 y anexo III) Se califican como sistemas de IA de alto riesgo en materia de empleo, gestión de los trabajadores y acceso al autoempleo, aquellos destinados a ser **utilizados para**: **9001**
- la contratación o la selección de personas físicas, en particular para publicar anuncios de empleo específicos, analizar y filtrar las solicitudes de empleo y evaluar a los candidatos;
- la toma decisiones que afecten a las condiciones de las relaciones laborales, a la promoción o rescisión de relaciones contractuales, para la asignación de tareas a partir de comportamientos individuales o rasgos o características personales, o para supervisar y evaluar el rendimiento y el comportamiento del trabajador.

Estos sistemas de alto riesgo deben reunir los **requisitos** que se precisan en relación con la gestión del riesgo, gobernanza de datos, documentación técnica, registro, transparencia, supervisión humana y precisión, solidez y ciberseguridad. Se establecen también **obligaciones** para proveedores, comercializadores y usuarios de estos sistemas de alto riesgo. Además, antes de ponerlos en servicio o utilizarlos en el lugar de trabajo, los **empleadores** deben informar a los representantes de los trabajadores y a los trabajadores afectados.
También se califica de alto riesgo la **biometría**, en la medida en que su uso esté permitido por el Derecho de la Unión Europea o nacional aplicable.
Los sistemas de alto riesgo deben quedar registrados en una **base de datos europea** específica, accesible al público excepto cuando se trate de sistema IA que están siendo probados.

Garantías (Rgto (UE) 2024/1689 art.5.1 f, y g, 6 1 y 2 y anexo III) El RIA establece un sistema de garantías relacionado con los requisitos generales que deben cumplir los sistemas de IA de alto riesgo, teniendo en cuenta su finalidad y estado actual de la técnica generalmente reconocido en materia de IA. Son las siguientes: **9003**
a) Establecer, implantar, documentar y mantener un sistema de gestión de riesgos, entendido como un proceso iterativo continúo planificado y ejecutado durante todo el ciclo de vida de un sistema de IA de alto riesgo, que va a requerir revisiones y actualizaciones sistemáticas periódicas (Rgto (UE) 2024/1689 art. 9).
b) Gobernanza de los datos (Rgto (UE) 2024/1689 art.10).
c) Exigencias de un precisa documentación técnica (Rgto (UE) 2024/1689 art.11).
d) Necesidad de garantizar un nivel de trazabilidad del funcionamiento del sistema (Rgto (UE) 2024/1689 art.12).
e) La transparencia suficiente para que los responsables del despliegue interpreten y usen correctamente la información de salida que incorporen los sistemas de IA, constituye un principio maestro (Rgto (UE) 2024/1689 art.13).
f) La necesidad de que el diseño y desarrollo del sistema permita cumplir con el principio de humano al mando (Rgto (UE) 2024/1689 art.14).
g) Se diseñarán y desarrollarán de modo que alcancen un nivel adecuado de precisión, solidez y ciberseguridad y funcionen de manera uniforme durante todo su ciclo de vida (Rgto (UE) 2024/1689 art.15).

9005 **Información a los trabajadores y a sus representantes** (Rgto (UE) 2024/1689 art. 86; ET art.64.4.d) Antes de poner en servicio o utilizar un sistema de IA de alto riesgo en el lugar de trabajo, el responsable del despliegue que sea **empleador** debe **informar** a los representantes de los trabajadores y a los trabajadores afectados que van a estar expuestos a la utilización del sistema de IA de alto riesgo.

Esta información **debe facilitarse**, cuando proceda, con arreglo a las normas y procedimientos establecidos en el Derecho nacional y de la Unión y conforme a las prácticas en materia de información a los trabajadores y sus representantes.

También se reconoce el derecho de las personas trabajadoras a recibir una explicación individualizada de aquellos usos de la IA que afecten a una persona trabajadora.

En el **ámbito nacional**, la empresa tiene la obligación de informar al trabajador, sobre la existencia de decisiones automatizadas que le afecten, incluida la elaboración de perfiles; y a los representantes de los trabajadores, respecto de los parámetros, reglas e instrucciones en los que se basan los algoritmos o sistemas de inteligencia artificial que afectan a la toma de decisiones que pueden incidir en las condiciones de trabajo, el acceso y mantenimiento del empleo, incluida la elaboración de perfiles.

Además, las empresas han de promover el uso de una inteligencia artificial **ética, confiable y respetuosa** con los derechos fundamentales, siguiendo especialmente las recomendaciones de la UE en este sentido.

Se prevé la promoción de un **sello de calidad** de los algoritmos.

Precisiones

Con relación al trabajo en **plataformas digitales**, la Dir (UE) 2024/2831 art.14, cuyo plazo de transposición finaliza el 2-12-2024, obliga a estas plataformas informar a la representación de los trabajadores sobre las decisiones que puedan conducir a la introducción de sistemas automatizados de seguimiento o de los sistemas automatizados de toma de decisiones o a cambios sustanciales en la utilización de dichos sistemas. La RLT puede recibir la asistencia de los expertos necesarios para examinar el asunto objeto de información y consulta y formular un dictamen.

9007 **Responsabilidades y sanciones asociadas** (Rgto (UE) 2024/1689 art.99.3 y 4) Para penalizar el incumplimiento, así como para sancionar a las empresas de adoptar prácticas negligentes en el desarrollo y uso de la IA, a partir del 2-8-2025, los Estados miembros deben contar con un **régimen de sanciones** aplicable a las infracciones del Reglamento que cometan los operadores. Las sanciones han de ser efectivas, proporcionadas y disuasorias y tener en cuenta los intereses de las pymes, incluidas las empresas emergentes, así como su viabilidad económica.

El RIA sanciona expresamente el incumplimiento de la **prohibición de las prácticas de inteligencia artificial** con multa de hasta 35 millones de euros. Si el infractor es una **empresa**, la sanción es del 7 % de su volumen de negocios mundial total correspondiente al ejercicio financiero anterior, si esta cuantía fuese superior.

Con relación al ámbito laboral, también se sanciona el **incumplimiento** de sus obligaciones por parte de los responsables del **despliegue de sistemas de IA de alto riesgo**, con multas de hasta operadores o los organismos notificados con multas de hasta 15 millones de euros o, si el infractor es una empresa, de hasta el 3 % de su volumen de negocios mundial total correspondiente al ejercicio financiero anterior, si esta cuantía fuese superior.

PARTE XII

Modificación del contrato

CAPÍTULO 37

Modificación de las condiciones de trabajo

9100

9102 Como todo contrato, el de trabajo debe tener un objeto cierto y desarrollarse bajo unas determinadas condiciones que no pueden ser modificadas unilateralmente por las partes al no quedar su cumplimiento al arbitrio de una de ellas (CC art.1256).
La **intangibilidad**, salvo acuerdo novatorio, del objeto del contrato o prestaciones a las que las partes se someten y de sus condiciones, resulta atenuada en el ámbito de la relación de trabajo en atención a las siguientes **particularidades**:
- la prestación de servicios no se realiza como acto único, sino que tiene carácter continuado, lo que conlleva que durante su desarrollo puedan producirse circunstancias que hagan necesarios los cambios (TS 18-12-13, EDJ 280899);
- la especial naturaleza de su objeto al tratarse de una deuda de actividad y no de resultado;
- su ejecución se realiza dentro del ámbito de organización y dirección del empleador, esto es, en el marco estructural de la empresa.

9104 **Vías para la modificación del contrato de trabajo** La variación en la prestación y en las condiciones del contrato de trabajo puede producirse por distintas vías (TSJ Burgos 11-1-11, EDJ 952):
1. **Ajenas a la voluntad individual** de las partes del contrato de trabajo, como los cambios normativos tanto legales y reglamentarios como los convencionales (TS 26-11-15, EDJ 230726; 21-1-14, EDJ 21411). En este contexto se podría incluir el procedimiento de inaplicación de las condiciones contenidas en convenio colectivo estatutario, proceso de **descuelgue** para el que se ha de seguir un procedimiento ad-hoc (nº 9510 s.) al margen de la modificación sustancial de condiciones de trabajo.
2. **Mutuo acuerdo** de las partes en el ámbito de su autonomía individual y dentro de sus límites (ET art.3.1.c; CC art.1203.1º).
3. **Iniciativa del trabajador**, en los supuestos previstos legal y convencionalmente, por ejemplo, en supuestos de conciliación de la vida laboral y familiar, los que se producen cuando la empresa esté en concurso y cuando son consecuencia de la violencia de genero o sexual.
4. **Unilateralmente por el empresario** que, a su vez, puede sustentarse en distintos títulos tales como poder de dirección, poder disciplinario, prevención de riesgos laborales, etc.

9106 **Facultades modificativas del empresario** (Const art.33; ET art.5.c, 20, 39, 40 redacc LO 2/2024 y 41)
En el marco del poder que ostenta el empresario para organizar el trabajo en virtud de la libertad de empresa, el legislador le reconoce **dos tipos** de facultades modificativas que somete a diferente régimen jurídico, ya que, de acuerdo con la intensidad de la modificación, existen mayores o menores garantías legales, tanto de fondo como de forma:
1. Introducir **modificaciones no sustanciales o accidentales** en el contenido de la prestación y en las condiciones de trabajo, como una manifestación del ius variandi o potestad directiva empresarial ordinaria (TS 13-11-96, EDJ 8408; TSJ País Vasco 8-4-03, EDJ 40015). No existe regulación específica de estas modificaciones accidentales, salvo en lo relativo a cambio de funciones que tiene una regulación propia (nº 9125).
2. Acordar **modificaciones sustanciales** en las condiciones de trabajo, en ejercicio extraordinario de su potestad de dirección cuando existan probadas razones económicas, técnicas, organizativas o de producción (nº 9195).
En ocasiones, no resulta fácil **distinguir** si una concreta decisión empresarial constituye una modificación sustancial o accidental de las funciones o de las condiciones de trabajo (nº 9201).
En cualquier caso, ambas facultades no otorgan un poder omnímodo, ilimitado y discrecional al empresario, que pueda ser ejercido en cualquier momento o circunstancia, ni permiten modificaciones arbitrarias, pues la movilidad funcional está sometida a ciertos límites (nº 9180) y la modificación sustancial ha de ser causal (nº 9295), sometiéndose además a ciertos requisitos procedimentales (TS 15-12-98, EDJ 33428).

Precisiones El **ius variandi empresarial** puede verse **ampliado** por vía contractual individual o por vía colectiva, con la consiguiente inaplicación de la normativa a las modificaciones que hayan sido acordadas al amparo de las facultades reconocidas por tales cauces (nº 9302).

9108 **Novación contractual** Hay cambios que no pueden considerarse modificación de las condiciones de trabajo y que constituyen, en realidad, un cambio de régimen contractual (TS 11-4-05, EDJ 62273) o una novación contractual.
En estos supuestos es precisa la **aceptación voluntaria** del trabajador afectado. Así sucede, por ejemplo, cuando se pretende:
- alterar la naturaleza común o especial de la relación laboral;
- modificar la duración del contrato de trabajo, variando su naturaleza entre contrato por tiempo indefinido y temporal;
- transformar un contrato de trabajo a tiempo completo en un contrato de trabajo a tiempo parcial y viceversa. Si el trabajador se niega, la empresa no puede reducir su jornada a través de la modificación sustancial de las condiciones de trabajo siendo posible, por el contrario, acudir a la extinción del contrato por causas objetivas (TS 30-5-18, EDJ 104185);
- transformar un contrato ordinario en un trabajo a distancia (ver nº 7402 s.).

9110 **Transformación de contratos temporales en contratos para el fomento de la contratación indefinida producida antes del 12-2-2012** Hasta el 11-2-2012 el contrato temporal se podía transmutar no solo en un contrato indefinido ordinario, que es la única alternativa posible desde esa fecha, sino también en un contrato para el fomento de la contratación indefinida, siempre que el acuerdo novatorio se formalizase por escrito en el modelo oficial.
La modalidad de contrato para el fomento de la contratación indefinida prevista en la L 12/2001 disp.adic.1ª, perdió sentido desde el momento en que la **indemnización** que contemplaba, de 33 días de salario por año de servicio para el despido improcedente objetivo, es actualmente la indemnización general para el despido improcedente en todos los contratos de trabajo indefinidos desde la entrada en vigor, el 12-2-2012, del RDL 3/2012. Por ello fue suprimida por el citado RDL 3/2012, ratificado en ese punto por la L 3/2012. Pero ello no quiere decir que haya dejado de tener virtualidad si se tiene en cuenta que la indemnización de 33 días de salario por año de servicio para el despido objetivo improcedente como indemnización general para todos los contratos no se aplica a los periodos anteriores a esa fecha, pero sí a los contratos para el fomento de la contratación indefinida celebrados con anterioridad al 12-2-2012 que continúan rigiéndose por la normativa a cuyo amparo se celebraron (TSJ Galicia 16-10-17, EDJ 236481).
Para ello, la empresa debe esgrimir temporáneamente que el contrato se celebró bajo esa modalidad y acreditarlo aportando la copia del contrato (TSJ Madrid 20-4-15, EDJ 103091), cuestión que no puede introducirse por primera vez en sede de suplicación (TSJ Asturias 20-11-15, EDJ 229646).
El dispar tratamiento indemnizatorio sigue siendo fuente de numerosos litigios, lo que justifica el estudio de la problemática surgida al respecto.

Precisiones 1) La inferior indemnización no opera en los casos de **extinción indemnizada por voluntad del trabajador** (TSJ C.Valenciana 9-9-14, EDJ 241813; 5-11-15, EDJ 294600; TSJ Galicia 23-10-14, EDJ 248373).
2) Tampoco entra en juego si el trabajador es objeto de un **despido tácito** que la empresa intenta subsanar indebidamente mediante un posterior despido objetivo (TSJ Valladolid 26-3-15, EDJ 48847), o si se acredita que en realidad la naturaleza de la relación fue especial de alta dirección (TSJ Galicia 30-1-15, EDJ 7790).
3) Se entiende que **si** en el acto de juicio **no existió controversia** respecto de la conformidad a derecho de la conversión del contrato temporal en indefinido, el JS debe aplicar la indemnización reducida aunque en la vista la empresa no hiciese referencia expresa al respecto y que si el juzgador no lo hace la demandada puede combatir ese pronunciamiento en suplicación sin que ello suponga el planteamiento de una cuestión nueva (TSJ La Rioja 23-4-13, EDJ 61326; 24-3-15, EDJ 47968; TSJ Cataluña 2-10-14, EDJ 220165; en sentido contrario, TSJ Cataluña 4-12-14, EDJ 253623). Ahora bien si la empresa no impugna en el recurso la indemnización incorrectamente calculada en la instancia sin tener en cuenta el tipo de contrato indefinido suscrito, la Sala «ad quem» no puede reducir de oficio el importe de la indemnización (TSJ Sevilla 20-11-15, EDJ 251825).

9112 Con respecto a la **cuantía de la indemnización**, se ha planteado su legalidad en los siguientes supuestos:
- fraude de ley en la contratación temporal previa (nº 9114);
- fraude de ley en la causa invocada para justificar la decisión extintiva (nº 9116).

Fraude de ley en la contratación temporal previa La particularidad de este tipo de contratos consiste en que, en el caso de que el trabajador haya sido objeto de un despido objetivo y el mismo haya sido calificado de improcedente, la **indemnización** no se calcula a razón de 45 días de salario por año de servicio hasta el 12-2-2012 y de 33 días de salario por año a partir de esa fecha, sino a razón de 33 días por cada año trabajado, con el límite de 24 mensualidades. Ello explica que en los procesos de extinción del contrato por causas objetivas tramitados a instancia de trabajadores sometidos a ese tipo de contratación indefinida sea frecuente la alegación de que la verdadera naturaleza de la relación era la indefinida ordinaria por haberse incurrido en fraude de ley en la contratación temporal previa, con la consiguiente aplicación del régimen indemnizatorio común. Al respecto los **criterios judiciales** pueden sintetizarse en los siguientes términos: **9114**

1. La **conversión en indefinido no convalida** el posible fraude de ley en la contratación temporal precedente, por lo que si este se acredita, la novación acordada carece de eficacia en orden a la aplicación del régimen jurídico específicamente previsto para el despido objetivo en el contrato de fomento de la contratación indefinida pues la relación ya tenía naturaleza indefinida ordinaria antes de la fecha en que se formalizó el cambio (TSJ Madrid 13-7-15, EDJ 142604; TSJ Cataluña 5-3-15, EDJ 49733; TSJ Sevilla 29-1-15, EDJ 19890; TSJ Galicia 26-1-15, EDJ 7798; TSJ Sta. Cruz de Tenerife 21-1-15, EDJ 188635; TSJ C.Valenciana 14-10-14, EDJ 261021; TSJ Las Palmas 28-2-14, EDJ 298766; TSJ Asturias 19-7-13, EDJ 158081; TSJ País Vasco 31-5-11, EDJ 178103). Y ello, aunque la actuación fraudulenta fuese imputable al anterior empresario en los supuestos de sucesión de contratas con obligación convencional de subrogación (TSJ Sevilla 19-5-15, EDJ 127642). No obstante, con criterio discutible se sostiene que el mero transcurso del plazo de 20 días tras la transformación en contrato indefinido de fomento da plena validez a este a los efectos contemplados (TSJ Cataluña 5-12-14, EDJ 253668; TSJ Galicia 21-2-14, EDJ 124611). Bajo otra perspectiva, no se considera constitutivo de fraude de ley el hecho de que el trabajador contratado con carácter temporal a tiempo parcial haya prestado servicios a jornada completa, lo que no modifica la naturaleza temporal del contrato sin perjuicio de la reclamación salarial a que pudiera dar lugar la ejecución de una jornada superior (TSJ Murcia 8-4-13, EDJ 76902).

2. No resulta aceptable el argumento de que la **temporalidad** de los contratos previamente suscritos no puede ya cuestionarse por tratarse de una situación **ya superada**, pues si el contrato ya era indefinido desde su origen por haberse celebrado en fraude de ley, la empresa no puede basarse en el expediente meramente formal de haber concertado un nuevo contrato para intentar acogerse al régimen previsto para los contratos indefinidos para el fomento de empleo por conversión de contratos de trabajo realmente temporales (TSJ Cataluña 22-5-02, EDJ 31152).

3. Se rechaza el alegato de que, al aceptar la conversión contractual, el trabajador **renunció a reclamar la fijeza** derivada del carácter fraudulento de la contratación temporal inicial, toda vez que los derechos laborales son irrenunciables (TSJ Castilla-La Mancha 16-12-04, EDJ 219557; TSJ Galicia 23-11-11, EDJ 287399).

4. Se admite, por tanto, la posibilidad de **revisar**, en el proceso de despido, **la validez de los contratos temporales** otorgados con anterioridad a la firma del contrato para el fomento de la contratación indefinida, siempre que tal cuestión se haya suscitado en el escrito rector del proceso, entendiéndose que el planteamiento en el acto de juicio, por primera vez, de la existencia de fraude de ley en la contratación temporal previa, constituye una variación sustancial de los términos de la demanda que causa indefensión a la empresa que no puede comparecer a la vista con las alegaciones y las pruebas adecuadas para oponerse a esa pretensión, lo que impide examinar esa cuestión nueva (TSJ Cataluña 23-11-10, EDJ 327870; TSJ C.Valenciana 6-3-12, EDJ 120484, en sentido contrario, TSJ Extremadura 13-3-14, EDJ 35768). No puede llevar a solución contraria el hecho de que el representante legal del trabajador en la vista oral desconociera la existencia del contrato por el que la relación temporal de su patrocinado se convirtió en indefinida (TSJ Cataluña 19-3-13, EDJ 67225). Por el contrario, no se considera extemporánea la manifestación de la empresa relativa a la existencia entre los litigantes de un contrato laboral para el fomento de la contratación indefinida, con la correspondiente aplicación de la normativa que lo regula (TSJ C.Valenciana 6-3-12, EDJ 120484). En todo caso, el juzgador no puede apreciar de oficio la existencia de fraude de ley en la contratación laboral previa (TSJ Sevilla 17-9-14, EDJ 208725).

5. Con menor razón se puede invocar el **fraude de ley** en la contratación inicial en suplicación si no se adujo en instancia (TSJ País Vasco 25-2-03, EDJ 15571; TSJ Castilla-La Mancha 27-10-11, EDJ 257286).

6. La inaplicación del régimen contenido en la L 12/2001 disp.adic.1ª puede traer también causa de que la transformación afecte a un contrato temporal suscrito en una **fecha no prevista** en la norma (TSJ Castilla-La Mancha 7-9-12, EDJ 242018; TSJ Sevilla 8-7-10, EDJ 199912; TSJ Valladolid 27-7-07, EDJ 229286), o de que el trabajador demandante no encuentre acomodo en ninguno de los colectivos cuyo contrato temporal puede ser objeto de transformación (TSJ Cataluña 19-1-12, EDJ 33145).

Fraude de ley en la causa invocada para justificar la decisión extintiva Aun cuando la **novación contractual** se considere ajustada a derecho por no mediar fraude ley en la contratación temporal previa, puede suceder que la decisión de extinguir el contrato por causas objetivas se adopte en fraude de ley que, de apreciarse, determina la aplicación de la norma tratada de eludir (ET art.56 y disp.trans.11ª.2). En tal caso, es decir, cuando el trabajador alegue que la causa real de su cese es de carácter disciplinario, le corresponde la carga de acreditar los verdaderos motivos mediante **9116**

prueba directa o indiciaria. Bajo esa premisa se considera acreditado que la auténtica razón del despido fue abonar al trabajador una indemnización inferior por encontrarse de baja médica o tras un largo periodo de incapacidad temporal, no existiendo ningún hecho que pueda servir de apoyo a la decisión adoptada (TSJ Murcia 24-9-12, EDJ 246558; TSJ Madrid 2-6-14, EDJ 161587).
Por el contrario, no se acoge el alegato de que la extinción del contrato solo se basó en apariencia en causas objetivas dado el carácter genérico de las consignadas en la carta de despido, al haberse aportado indicios de su concurrencia (TSJ Galicia 1-3-11, EDJ 41289; 23-12-09, EDJ 352818) en sentido contrario, TSJ Madrid 14-5-07, EDJ 77453 y 23-12-11, EDJ 338602). **No** concurre **fraude de ley** si pudiendo haber llevado a cabo un despido disciplinario a la vista de los incumplimientos contractuales en que incurrió el trabajador, la empresa optó por un despido objetivo basado en una ineptitud laboral parcialmente existente en lo que se refiere a la disminución del rendimiento pero no en cuanto a la involuntariedad del mismo (TSJ Cataluña 24-4-07, EDJ 110756).

SECCIÓN 1

Movilidad funcional

9125

9127 Movilidad funcional es la facultad del empresario de encomendar **unilateralmente** al trabajador, sin su previo consentimiento, la realización de tareas que no corresponden al grupo profesional que tiene reconocido o al puesto de trabajo que ocupa, con el objeto de adaptar el contenido de la prestación a las necesidades organizativas de la empresa.
La movilidad puede actuar dentro de un **mismo nivel** de equivalencia profesional, o no. En el último caso puede, además, ser **ascendente** o **descendente**, dependiendo de que las nuevas funciones sean de mayor o menor rango que las anteriores. A su vez, puede conllevar una alteración total o parcial de las funciones, con o sin cambio de puesto de trabajo, mediante la reducción, ampliación o modificación de las tareas (TSJ Sevilla 9-10-03, EDJ 217518).
A través de la **negociación colectiva** pueden mejorarse las previsiones normativas del ET, pues constituyen una norma de derecho necesario relativo mejorable por esta vía, por lo que deben tenerse en cuenta sus previsiones.
En los supuestos de realización de funciones distintas de las habituales como consecuencia de la movilidad funcional **no** cabe invocar las causas de **despido objetivo** por ineptitud sobrevenida ni por falta de adaptación.
Las decisiones en materia de movilidad funcional están sometidas, en caso de disconformidad del trabajador afectado, al posterior **control jurisdiccional**. Su impugnación se realiza a través del procedimiento ordinario (TSJ Valladolid 19-12-07, EDJ 314211), o el de conflicto colectivo si se ejercita acción de esta naturaleza. Su ejercicio no está sometido a **plazo** de caducidad alguno, a diferencia de las acciones individuales o colectivas impugnando las decisiones empresariales de modificación sustancial de las funciones (TS 10-4-00, EDJ 10331), sino sólo al general de prescripción de un año establecido para todas las acciones derivadas del contrato de trabajo que no tengan señalado plazo especial (ET art.59.1).
La **sentencia** dictada en proceso ordinario seguido por movilidad funcional es recurrible en suplicación (TS 19-12-02, EDJ 61425; 25-9-02, EDJ 129827), al igual que la que recaiga en proceso de conflicto colectivo de seguirse ese trámite (LRJS art.191.3.f).

Precisiones Esta potestad no puede ser utilizada por el empresario como instrumento para privar de efectividad a la **huelga**, pues puede suponer un esquirolaje interno (TSJ Valladolid 17-7-13, EDJ 166389).

A. Modalidades

9135 Se distinguen los siguientes tipos de movilidad funcional:
- **no sustancial** (nº 9140);
- **sustancial**: (nº 9175).

Con carácter general, se entiende que la modificación no es sustancial cuando el cambio es breve y justificado (TSJ Cataluña 9-11-05, EDJ 246442) o cuando no se advierte cambio sustancial en las funciones (TSJ Burgos 27-7-06, EDJ 267378).

1. Movilidad funcional no sustancial

(ET art.39.1)

Dentro de este tipo de movilidad funcional no sustancial se distinguen dos **supuestos**: **9140**
- la realización de **funciones del mismo grupo** (llamada movilidad interna u horizontal) (nº 9145), y;
- la realización de **funciones de distinto grupo** (llamada movilidad externa o vertical) (nº 9155).

a. Movilidad interna

Clases Las nuevas funciones encomendadas deben corresponder al **mismo grupo profesional** (TSJ Madrid 12-4-13, EDJ 153631). Aunque dentro de un mismo grupo profesional pueden incluirse puestos o funciones de **distinto rango y nivel económico**, la equivalencia profesional determina que quede sometida al régimen jurídico de la movilidad interna y, estrictamente, no pueda hablarse de funciones superiores o inferiores si están dentro de un mismo grupo profesional. No obstante, en la práctica es bastante habitual que las empresas den a los supuestos de movilidad interna descendente el mismo tratamiento que a la movilidad externa descendente, manteniéndole al trabajador movilizado su **salario** de origen (nº 9159). **9145**

Precisiones Se considera movilidad funcional interna u ordinaria cuando la encomienda de **funciones** de otra categoría equivalente posee **carácter marginal** ocupando una parte mínima del tiempo de trabajo (TS 31-10-05, EDJ 237475).

La expresión del *ius variandi* ordinario del empresario se refiere a la movilidad que se produce dentro del mismo grupo profesional. **9147**
Para proceder a la movilidad funcional ordinaria el empresario **no** tiene que alegar **causas**. Tampoco se requiere el cumplimiento de **formalidad** alguna, siendo innecesaria la comunicación escrita al afectado y la notificación a los representantes de los trabajadores, pudiendo acordarse tanto con carácter **transitorio** como **definitivo** y permanente (TSJ C.Valenciana 17-12-03, EDJ 223566). La modificación del puesto de trabajo a otro del mismo grupo profesional está comprendida en las facultades organizativas de la empresa. De manera que en este caso no debe seguirse el **procedimiento** de modificación sustancial de condiciones de trabajo (TSJ Madrid 2-11-12, Rec 6805/11).

Precisiones El ET (ET art.5.c, 20 y 39) no establece ninguna **preferencia o perrogativa a los representantes de los trabajadores** para permanecer en su puesto de trabajo frente a órdenes legítimas y justificadas de movilidad funcional, de modo que el empresario, siempre que no persiga indirectamente una discriminación sindical, puede, en el ejercicio regular de sus facultades directivas, adoptar las medidas organizativas oportunas para hacer más efectiva las necesidades de la empresa, sin detrimento alguno de la libertad sindical (TSJ Cataluña 30-11-10, EDJ 334154).

b. Movilidad externa

Se produce para la realización de funciones que **no corresponden al grupo profesional** al que pertenece el trabajador. Supone el ejercicio por el empresario del llamado ius variandi extraordinario. **9155**
Para ello deben cumplirse los siguientes **requisitos**:
1. Existencia de razones técnicas u organizativas que la justifiquen: no es suficiente con la alegación de causas económicas (TSJ País Vasco 27-11-03, EDJ 204470).
2. Duración limitada: sólo cabe por el tiempo imprescindible para su atención.
Además, el empresario debe **comunicar** la medida y las concretas necesidades a las que responde **a los representantes legales de los trabajadores**, lo que constituye un importante mecanismo de fiscalización de su legalidad. Se trata de un requisito de carácter esencial, por lo que su omisión determina la revocación de la medida (TSJ Burgos 22-9-03, EDJ 228824).
La movilidad externa, que por definición es de carácter vertical, puede ser **descendente** (nº 9157) o **ascendente** (nº 9161).

Movilidad descendente (ET art.39.2 y 3) Existe cuando se destina a un trabajador a tareas correspondientes a grupo profesional de menor rango o nivel que el de origen. Sólo es posible si existen razones técnicas u organizativas que justifiquen el cambio y que la asignación de las funciones inferiores lo sea por el tiempo imprescindible para cubrir las citadas circunstancias justificativas, desbordándose los límites de la movilidad ordinaria externa si se hace con carácter permanente. **9157**
En este supuesto, el trabajador tiene derecho a la **retribución de origen** (nº 9159).

9159 **Garantía retributiva** En el supuesto de encomienda de funciones inferiores por movilidad descendente, se consagra una garantía retributiva por la que el trabajador tiene derecho a la retribución de origen.

Salvo acuerdo en contrario, la garantía retributiva **no** abarca la consolidación de los **complementos ligados al desempeño de un determinado puesto** de trabajo, que no son consolidables, ni se incorporan al status profesional del trabajador, extendiéndose únicamente a los derechos que, de forma regular y estable, definen su estado profesional en la empresa (TS 5-2-96, EDJ 52456; TSJ Madrid 22-10-12, EDJ 260072; TSJ Galicia 29-2-16, EDJ 234464). De manera que no se mantiene el derecho al complemento por un puesto de trabajo que ya no se desempeña y que no puede ser considerado condición más beneficiosa (TSJ Las Palmas 25-1-06, EDJ 18716; TSJ Aragón 24-3-10, EDJ 82980); salvo que una disposición legal o paccionada asegure su percepción (TS 27-7-93, EDJ 7694; 20-12-94, EDJ 24220).

9161 **Movilidad ascendente** (ET art.39.2 y.3) Existe cuando un trabajador ha de realizar funciones superiores a las del grupo profesional en el que está encuadrado. En este supuesto el trabajador tiene derecho desde el primer día de su desempeño a la **diferencia salarial** entre el salario del grupo profesional que ostenta y el que corresponde a las funciones efectivamente realizadas (TS 17-5-00, EDJ 14757; 24-7-00, EDJ 29043; 29-4-03, EDJ 15593).

Además, cuando las funciones superiores las realicen durante un período que exceda los límites legal o convencionalmente establecido, puede reclamar (nº 9167):

- el **ascenso directo** al grupo profesional superior, salvo que lo impida el convenio colectivo de aplicación;
- en todo caso, la **cobertura de la vacante**, conforme a las reglas en materia de ascensos aplicables en la empresa.

Precisiones Ha de estarse a lo previsto en el **convenio colectivo** para resolver las controversias que puedan presentarse al respecto, de tal forma que la empleadora puede no estar obligada a convocar procedimientos de promoción a niveles superiores si así resulta del convenio, aunque deba hacer efectivos los superiores salarios que correspondan por el desempeño de funciones de superior categoría (TS 16-3-17, EDJ 37149).

9163 **Diferencia salarial** El trabajador que realice **funciones superiores** a las del grupo profesional tiene derecho a las retruciones superiores siempre que cumplan los siguientes **requisitos:**

a) Las tareas encomendadas entren de lleno en dicho grupo superior y **exceden del propio grupo**. No es necesaria una absoluta coincidencia entre la función y la definición de la categoría, bastando que se lleven a cabo funciones coincidentes o similares (TS 12-7-12, EDJ 189079; TSJ País Vasco 14-1-20, EDJ 564570). No obsta al derecho de resarcimiento económico el que el trabajador además de las funciones superiores realiza otras que correspondan con las **del propio grupo**, máxime cuando no existe en la empresa otro trabajador que se adscriba al mismo y que pueda sustituir o ayudar en su desempeño (TS 22-7-05, EDJ 157707; 12-5-08, EDJ 111756).

Este derecho retributivo es independiente del cumplimiento de las exigencias temporales, las cuales están asociadas exclusivamente a la reclamación del ascenso (TS 4-7-08, EDJ 166855).

b) Acreditación de que efectivamente se están desempeñando fundamentalmente estas funciones y no parte de las mismas (TS 18-9-04, EDJ 174346; 3-11-05, EDJ 230450; 20-12-07, EDJ 274878; 10-2-16, EDJ 13110). Este requisito no concurre cuando no se demuestra que los cometidos laborales a los que se dedica la mayor parte del tiempo sean los propios del grupo superior.

c) Que se estén realizando tales funciones y **no pueda reclamarse su consolidación** (TS 15-7-14, EDJ 124185), ni con carácter indefinido como condición más beneficiosa ni con carácter temporal hasta que se produzca la cobertura definitiva del puesto de trabajo (TS 4-10-10, EDJ 226272; TSJ Murcia 5-5-03, EDJ 38158). De manera que la vuelta a las funciones propias -habiendo reclamado la diferencia salarial- no vulnera la garantía de indemnidad del trabajador (TCo 298/2005).

Si la empresa no abona la diferencia, el trabajador puede **reclamarla** por el **procedimiento ordinario** (TSJ C.Valenciana 17-7-07, EDJ 210720).

9165 Precisiones 1) La única razón por la que se puede **denegar** estas **diferencias** retributivas se fundamenta en el hecho de que el trabajador carezca de la titulación para desempeñarlas de conformidad con la legislación estatal imperativa que pudiera ser aplicable (TS 27-5-03, EDJ 29890). No obstante, la **falta de la titulación** exigida en el convenio colectivo para el desempeño de funciones de categoría superior no impide la percepción de las diferencias retributivas correspondientes por la realización de las funciones efectivamente desarrolladas, si tal titulación no viene exigida por una norma legal. (TS 9-3-16, EDJ 52155), más aún cuando la superior titulación pueda obtenerse con posterioridad al momento de la contratación (TS 29-4-14, EDJ 91261).

2) Es irrelevante para la procedencia del reintegro salarial **que no existan vacantes** para las funciones que se están desempeñando, pues de lo contrario se trataría de un fraude. Así sucede respecto de unas camareras limpiadoras de una guardería dependiente de la Junta de Galicia que hacen tareas de cuidadoras, aunque no existan plazas de plantilla de dicha categoría (TS 31-1-05, EDJ 13413).

3) Las diferencias retributivas proceden aunque la empresa haya ordenado la realización de tareas superiores obviando el procedimiento previsto en el convenio colectivo, inclusive si es una **Administración pública** (TS 30-5-96, EDJ 4539; 8-6-05, EDJ 108945; 17-11-05, EDJ 263446). También procede por la realización de funciones superiores cuando se acredita que un conductor adscrito a un determinado departamento administrativo, como consecuencia de la modificación de relaciones de puesto de trabajo, pasa a prestar servicios para todos los departamentos de la Administración y en régimen de especial disponibilidad (TS 12-12-17, EDJ 279520).

4) Si las funciones desempeñadas son similares a las previstas en una categoría de un grupo de nivel retributivo superior, pero que en el convenio de aplicación tal **categoría se declara a extinguir**, sólo se tendría derecho a la diferencia salarial si la relación laboral se hubiera iniciado bajo la vigencia de los convenios colectivos anteriores (TS 7-7-14, EDJ 125305; 9-7-14, EDJ 166662; 9-7-14, EDJ 125295; 27-4-15, EDJ 86981).

5) No procede la reclamación de diferencias salariales por la realización de tareas superiores si en el convenio, aunque se exijan diferentes titulaciones para ostentarlas, se definen las **funciones** de ambas de modo **idéntico**, pues en la medida en que los trabajos contratados y realizados son los propios de la categoría asignada, no es posible apreciar movilidad funcional (TS 26-1-09, EDJ 63149; 14-1-10, EDJ 4815; 29-4-14, EDJ 91261).

6) La **orden empresarial** al trabajador **de cese en las funciones superiores** que realiza no tiene contenido si no va acompañada de mecanismos para que no continúe en su ejercicio, ni impide la reclamación de las diferencias salariales (TS 3-7-24, EDJ 616046; 18-1-20, EDJ 07598).

7) El a**scenso voluntario** de categoría mediante convocatoria interna que implica percibir **retribuciones inferiores**, fijadas en las bases de convocatoria, supone la aplicación de las nuevas condiciones laborales y salariales establecidas en el convenio colectivo, sin derecho a conservar las anteriores (TS 26-12-23, EDJ 800997).

Ascenso y cobertura de vacantes (ET art.24 y 39.2) El trabajador puede reclamar el ascenso cuando realice las funciones superiores por un **período** superior a 6 meses durante un año o a 8 meses durante 2 años. Todo ello salvo cuando el convenio colectivo de aplicación regule el sistema de promoción interna, supuesto en el que se entiende que su pretensión puede pugnar con el interés de terceros trabajadores en la aplicación del sistema convencional (TS 30-6-21, EDJ 622182). **9167**

Para computar esos plazos, primero se computa el periodo anual de referencia; y seguidamente, los **días de trabajo efectivo** en ese lapso temporal, que son sobre los que se computan los días de encomienda de función de categoría superior, verificándose si se superan (TS 29-1-24, EDJ 505094).

Dentro del sistema de clasificación profesional, los ascensos se producen conforme a lo que se establezca en **convenio** o, en su defecto, en **acuerdo colectivo** entre la empresa y los representantes de los trabajadores. En todo caso, deben realizarse teniendo en cuenta la formación, méritos, antigüedad del trabajador, así como las facultades organizativas del empresario. Los ascensos en la empresa deben ajustarse a criterios y sistemas que tengan como objetivo garantizar la ausencia de discriminación directa o indirecta entre mujeres y hombres, pudiendo establecerse medidas de acción positiva dirigidas a eliminar o compensar situaciones de discriminación.

Asimismo, tras haber prestado servicios en un grupo superior durante el período establecido, el trabajador puede reclamar la **cobertura de la vacante** correspondiente a tales funciones conforme a las reglas de ascensos aplicables en la empresa, sin perjuicio de reclamar la diferencia salarial correspondiente. Todas estas acciones son acumulables.

Contra la **negativa empresarial**, y previo informe del comité o, en su caso, de los delegados de personal, el trabajador puede reclamar ante la jurisdicción social por el **procedimiento ordinario** (TSJ País Vasco 7-3-00, EDJ 32578).

Precisiones **1)** El **incumplimiento por la empresa** de las obligaciones establecidas en el convenio colectivo sobre procedimiento de **ascensos** no otorga derecho al trabajador para reclamar específicamente el grupo profesional correspondiente a la plaza controvertida (TS 20-9-93, EDJ 8064; 12-5-93, EDJ 4437; 26-4-93, EDJ 3846; 21-10-92, EDJ 10282).

2) Si el convenio colectivo establece la **exigencia de una determinada titulación** y esta no se posee, no cabe reclamar el ascenso, aunque sí las diferencias retributivas (TSJ Galicia 4-10-12, EDJ 248472. Igualmente, si se supedita el ascenso a la **realización de pruebas específicas**, el desempeño continuado de funciones de categoría superior da derecho a percibir las remuneraciones correlativas, pero no a la reclasificación profesional (TS 22-9-17, EDJ 202026; 6-11-18, EDJ 650085).

2. Movilidad funcional sustancial

(ET art.39.4)

9175 Se produce cuando la asignación de funciones distintas de las pactadas no encuentra encaje en las facultades de movilidad funcional interna (nº 9147) o externa (nº 9155).
Se trata de supuestos de movilidad funcional fuera del grupo con carácter **indefinido o permanente** y aquellos otros en los que se lleva a cabo una modificación permanente de las propias funciones del convenio colectivo (TSJ Burgos 5-5-16, EDJ 86406).
En tal caso, y a falta de acuerdo con el trabajador o trabajadores afectados, la empresa está obligada a someterse a las reglas procedimentales previstas a tal fin en el **convenio colectivo** aplicable. En defecto de regulación convencional, debe ajustarse a las reglas establecidas para las **modificaciones sustanciales de las condiciones de trabajo** (nº 9275 s.).

B. Límites de la movilidad funcional

9180 Además de los límites que operan en cada modalidad en particular, en el ejercicio de sus facultades de movilidad interna y externa, el empresario se encuentra sometido a **dos tipos** de límites legales, sin perjuicio de los límites adicionales que puedan establecerse en los convenios colectivos (ET art.39.1):
1. **Límites genéricos**: que consisten básicamente en el respeto de los **derechos fundamentales** del trabajador incluidos:
- el derecho a no ser discriminado (TCo 79/2004);
- la tutela judicial efectiva, garantizándose la indemnidad del trabajador frente a sus reclamaciones en el marco de la relación laboral (TCo 298/2005);
- el deber de buena fe contractual que se vulnera cuando la única finalidad perseguida por el empresario al imponer el cambio es la de perjudicar al trabajador (TSJ Cataluña 12-11-02, EDJ 129918).
2. **Límites específicos**:
- titulación académica o profesional (nº 9182);
- dignidad del trabajador (nº 9184).
Estos últimos limites resultan especialmente exigibles en los casos de movilidad descendente que tiene permanencia en el tiempo (TS 31-10-05, EDJ 237475).

Precisiones La doctrina judicial ha precisado los límites de la movilidad funcional dentro del grupo, entendiendo que en los supuestos de **movilidad ordinaria** (nº 9147) basta acreditar que la movilidad dentro del grupo profesional se ajusta a las titulaciones profesionales y garantiza la dignidad del trabajador (TSJ Las Palmas 14-3-13, EDJ 74908; TSJ Galicia 18-12-13, EDJ 273528; TSJ Asturias 28-3-14, EDJ 49881; TSJ Burgos 23-10-15, EDJ 195982).

9182 **Titulación académica o profesional** Este límite está vinculado a la exigencia de estar en posesión de la titulación académica o profesional necesaria para ejercitar la prestación de servicio encomendada. Así, por ejemplo, el hecho de que dentro del grupo profesional de ingenieros y licenciados se puedan encuadrar todas y cada una de las titulaciones universitarias superiores, no autoriza al ejercicio de la profesión facultativa cuya titulación no se posea (TS 11-4-02, EDJ 10178).
La **falta** de este **requisito** impide, en todo caso, que el trabajador afectado pueda reclamar el ascenso (nº 9167).

Precisiones La **transgresión de este límite** puede tener además repercusión en la esfera penal dado que podría sancionarse en ese ámbito como delito el intrusismo (CP art.403).

9184 **Respeto de la dignidad del trabajador** Esta exigencia resulta obligada en todo tipo de movilidad funcional, aunque la medida respete los límites funcionales de su ejercicio, y obliga a la empresa a autolimitarse en una decisión que pueda conllevar esta consecuencia. La dignidad del trabajador equivale, en definitiva, al respeto que merece ante sus compañeros de trabajo y ante sus superiores jerárquicos (TSJ Sevilla 11-5-16, EDJ 120170).
Sobre la valoración jurisprudencial del **menoscabo de la dignidad** del trabajador ver nº 9397.

Precisiones 1) Para determinar si un concreto cambio funcional atenta contra la dignidad del afectado se ha enjuiciado la **posición** en que ha quedado el **trabajador** con las nuevas funciones desde las siguientes perspectivas (TSJ Valladolid 21-2-19, EDJ 520203; TSJ Extremadura 12-3-19, EDJ 571508):
a) Personal, tomando en consideración, entre otros factores, la propia imagen del trabajador y su equilibrio psíquico.
b) Profesional, poniendo en relación las aptitudes, conocimientos y formación del afectado con el contenido de las tareas asignadas; y valorándose asimismo la imagen transmitida con su encomienda a su entorno profesional (compañeros de trabajo, superiores, subordinados, clientes, etc.).

c) Familiar y social, teniendo en cuenta la posible repercusión de la medida en esos ámbitos.
2) Se considera que vulnera la dignidad profesional del trabajador, dedicado durante años a tareas docentes, su **cambio a funciones no docentes** propias de grupo profesional inferior, y **sin** siquiera aportar **justificación** para ello (TSJ Galicia 8-10-12, EDJ 248416).
3) Procede la **extinción del contrato** ex ET art.50 cuando, tras reincorporarse a la empresa después de una IT de larga duración, el trabajador ve modificadas sus funciones con una pérdida de retribución que vulnera su derecho a la integridad profesional (TSJ Cataluña 13-7-23, EDJ 670345).

C. Opciones frente a la decisión empresarial

Aunque todas las decisiones en materia de movilidad funcional, en caso de disconformidad del trabajador afectado, están sometidas al posterior control jurisdiccional, su impugnación, incluidas las adoptadas por la empresa excediéndose de su poder de dirección, no tiene previsto un cauce procedimental específico, por lo que ha de seguir el del **procedimiento ordinario** o, en su caso, el de **conflicto colectivo** si se ejercita acción de esta naturaleza **9190**
Su ejercicio no está sometido a **plazo de caducidad** alguno (TS 10-4-00, EDJ 10331), sino solo al general de prescripción de un año establecido para todas las acciones derivadas del contrato de trabajo que no tengan señalado plazo especial.
La **sentencia** dictada en proceso ordinario seguido por movilidad funcional es recurrible en suplicación (TS 19-12-02, EDJ 61425; 25-9-02, EDJ 129827), al igual que la que recaiga en proceso de conflicto colectivo de seguirse ese trámite.

SECCIÓN 2

Modificación sustancial de las condiciones de trabajo

9195

La dirección de la empresa, cuando existan probadas **razones** económicas, técnicas, organizativas o de producción (nº 9295), puede acordar modificaciones sustanciales de las condiciones de trabajo conforme al **procedimiento** establecido al efecto (nº 9300 s.). **9197**
Así pues, para que una decisión empresarial modificativa pueda ser considerada como una modificación sustancial de las condiciones de trabajo deben concurrir los siguientes **presupuestos**:
1. Afectar a condiciones laborales del trabajador susceptibles de ser modificadas por esta vía.
2. Responder a una decisión unilateral del empresario, fundada en causas económicas, organizativas, técnicas o de producción.
3. Cumplir las reglas de procedimiento.

La decisión empresarial debe suponer una alteración de las **condiciones de trabajo en vigor**, que suponga un cambio real en las mismas (TS 20-10-09, EDJ 271406). Son aquéllas de tal naturaleza que alteren y transformen los aspectos fundamentales de la relación laboral, entre ellas, las previstas en la lista ad exemplum prevista en la ley (nº 9220), pasando a ser otras distintas, de un modo notorio. Cuando se trata de simples **modificaciones accidentales**, éstas no tienen dicha condición siendo manifestaciones del poder de dirección y del ius variandi empresarial (TS 22-1-14, EDJ 11901). Para ello es preciso que concurran los siguientes **requisitos**:
- vigencia de la condición;
- existencia de la modificación;
- incidencia real y actual en las condiciones de trabajo;
- respeto a los requisitos de forma establecidos.

9199 Precisiones 1) No existe modificación sustancial a estos efectos si la condición en cuestión no se ha consolidado como condición de trabajo más beneficiosa de carácter vinculante, sino que ha sido una simple práctica consentida por mera liberalidad del empleador (TS 19-4-02, EDJ 27150). Así, por ejemplo, el supuesto de **aprobación unilateral por la empresa de nuevo sistema de abono de desplazamientos** por trabajo y comidas reguladas previamente también de forma unilateral mediante una normativa interna por la empresa y no incorporadas como condición más beneficiosa al contrato, de manera que no es necesario acudir al procedimiento de modificación sustancial de condiciones de trabajo, se trataría del ejercicio ordinario del ius variandi que le concede la empresa (TS 24-1-05, EDJ 37533).

2) **No** se consideran **modificaciones sustanciales**, entre otras, las siguientes:
- el mero **incumplimiento de lo pactado** en contrato individual o en convenio colectivo (TS 8-4-98, EDJ 4035; 7-4-98, EDJ 2738; 18-7-97, EDJ 5402);
- la fijación por la empresa en los contratos de los trabajadores de nuevo ingreso de una cláusula por la que se **renuncia a los días adicionales por antigüedad** reconocidos en un pacto colectivo (TSJ Cataluña 28-9-98, EDJ 32608);
- la **supresión de horas extraordinarias** porque su oferta por la empresa es voluntaria (TSJ Galicia 15-11-05, EDJ 275418);
- la **alteración del turno** de una trabajadora llevada a cabo en cumplimiento de la normativa de **prevención de riesgos laborales** como consecuencia de los resultados de un análisis realizado en un reconocimiento médico, ya que el cambio se encuentra justificado en el cumplimiento de una obligación legal de ineludible cumplimiento (TS 18-12-13, EDJ 280899);
- la variación de las condiciones laborales adoptadas por la empresa al inicio de la pandemia. Se trata de la aplicación de la normativa excepcional derivada del **COVID-19** y del estado de alarma (TS 12-5-21, EDJ 561850).

3) **No** hay **incidencia** real en las **condiciones de trabajo** cuando la medida no produce modificación alguna en el modo de prestación ni en las condiciones de trabajo de los trabajadores, como sucede en los siguientes casos:
- utilización de unos **modelos de contrato** de trabajo que por sí mismos no implican modificación alguna de la clasificación profesional ni de las condiciones laborales precedentes (TS 26-1-99, EDJ 1735);
- aprobación de un **nuevo organigrama** de la empresa, o reestructuración de los servicios administrativos (TS 19-1-09, EDJ 15238).

4) No cabe utilizar una MSCT colectiva para eludir la aplicación de las normas de modificación de los contratos del **personal excluido del convenio** (TS 25-6-24, EDJ 607480).

9201 **Sustancialidad de la modificación** El carácter sustancial de una modificación de condiciones de trabajo no se refiere al hecho de que la condición sea sustancial, sino a que sea sustancial la propia modificación (TS 22-11-05, EDJ 214119; TSJ Navarra 13-10-05, EDJ 210163). Por tanto, el **elemento decisivo** no es por tanto la naturaleza de la condición afectada sino el alcance o importancia de la modificación (TS 9-12-03, EDJ 209452). Esto supone que la sustancialidad está conecta con la entidad del cambio al afectar a aspectos fundamentales de la condición, cuando se suprime o afecta a aspectos fundamentales de la condición, pasando a ser otra distinta, de un modo notorio (TS 22-6-16, EDJ 105786; 22-1-14, EDJ 11901; 22-1-13, EDJ 10496; 17-12-04, EDJ 234942; 9-4-01, EDJ 16048).

La delimitación de las modificaciones de las condiciones de trabajo en sustanciales y no sustanciales o accidentales es lo que determina el **régimen jurídico** que se debe aplicar para su adopción (TSJ Sevilla 10-2-09, EDJ 53563; TSJ Galicia 23-1-13, EDJ 8779):

1. Modificaciones **no sustanciales**: el empresario puede imponerlas libremente, sin necesidad de justificación causal ni de formalidad alguna, sin más límites que el respeto a los derechos fundamentales del trabajador, a su dignidad y al principio de buena fe contractual y los que, en su caso, deriven de la regulación legal, o de los acuerdos individuales o colectivos (TSJ Las Palmas 22-12-10, EDJ 372404). Si el trabajador afectado está en desacuerdo con la medida debe accionar por el cauce del procedimiento ordinario para que se reconozca su derecho a que se le restituya en la situación anterior, cuyo ejercicio está sujeto al plazo de prescripción de un año (TSJ Madrid 4-6-98, EDJ 65267).

2. Modificaciones **sustanciales**: sólo pueden ser adoptadas en los supuestos previstos legalmente y por las causas y con los requisitos establecidos (nº 9295 s.). El trabajador disconforme con la decisión empresarial puede impugnarla.
En los tribunales reina el **casuismo** a la hora de calificar una modificación como sustancial o no por lo que es necesario valorar caso por caso.

Criterios de determinación No siempre resulta fácil **distinguir** si una concreta decisión empresarial constituye una modificación sustancial o accidental de las condiciones de trabajo. **9203**
La **negociación colectiva** puede establecer algún criterio que distinga entre unas y otras, por lo que conviene consultar el convenio colectivo aplicable.
Los tribunales conjugan diversos criterios a la hora de determinar si una determinada modificación tiene o no carácter sustancial (TS 22-1-14, EDJ 11901; 26-4-06, EDJ 76734), siendo los más comunes los siguientes:
1. **Entidad del cambio**. Se considera que la modificación es sustancial cuando afecta a los **aspectos fundamentales** de la condición, de forma que con ella pasan a ser otros distintos de un modo notorio (TS 21-3-06, EDJ 43126; 9-4-01, EDJ 16048; 22-6-98, EDJ 7852; 11-12-97, EDJ 9923), lo que sucede en todo caso cuando se suprime totalmente (TS 9-4-01, EDJ 16048), o cuando resulta afectado su núcleo esencial (TS 17-12-04, EDJ 234942).
Por el contrario, se entiende que el cambio no es sustancial, y supone el ejercicio por parte del empresario de las facultades de dirección y organización, cuando se trata de **alteraciones poco significativas** de acomodación a nuevos tiempos y circunstancias (TS 17-7-17, EDJ 12888), o de alteraciones de carácter organizativo, justificadas por la aplicación de técnicas innovadoras informáticas (TS 20-7-17, EDJ 190359; 11-12-97, EDJ 9923). Así, por ejemplo, la sustitución del servicio de comedor de la residencia de verano de la empresa -para vacaciones de los trabajadores y sus familias-, por la prestación de dicho servicio por un restaurante de la localidad, al tratarse de una manifestación del ius variandi empresarial (TS 22-1-14, EDJ 11901) o su reducción, tras implantar la jornada continua a la mayoría de los trabajadores, permitiendo al resto recoger el menú en una determinada franja horaria de mañana (TS 21-12-22, EDJ 793902).
2. **Condición afectada**. Las condiciones relacionadas expresamente por el legislador (nº 9220), tienen la consideración de principales en el contrato de trabajo al afectar a los aspectos más relevantes de la relación laboral, que tienen una singular repercusión en la actividad empresarial y en el trabajador. En consecuencia, el hecho de que la modificación afecte a una de esas condiciones se considera un **indicio favorable a su sustancialidad** (TSJ Murcia 2-4-01, EDJ 5762), salvo que se trate de simples ajustes o variaciones de matiz sin repercusión importante (TS 17-12-04, EDJ 234942). Por tanto, no todas las modificaciones de las condiciones que señala la ley son necesariamente sustanciales (TS 25-11-15, EDJ 242646), pues puede que el cambio sea tan sólo un simple ajuste o una variación de matiz sin repercusión importante (TS 17-12-04, EDJ 234942).
3. **Consecuencias para los trabajadores**. En algunos pronunciamientos se exige que la modificación conlleve un **perjuicio**, una mayor onerosidad o sacrificio para el trabajador, en orden a considerarla sustancial (TS 27-12-13, EDJ 292358; 10-10-05, Rec 183/04; 22-9-03, EDJ 127788; 2-7-97, EDJ 5082; TSJ Burgos 18-11-02, EDJ 67447). Esta repercusión no tiene que ser probada por el trabajador afectado, sino que lo presume el juez según los datos del caso. La mera impugnación de una modificación por parte de un trabajador afectado implica que éste no la considera favorable a sus intereses (TS 7-2-05, EDJ 71729).
4. **Duración**. En determinados supuestos se ha considerado que un cambio por circunstancias excepcionales y **limitado en el tiempo** no supone una modificación sustancial (TS 18-12-13, EDJ 280899).

A. Condiciones de trabajo susceptibles de modificación

No todas las condiciones de trabajo pueden ser objeto de modificación por este cauce. Para su identificación debe atenderse a un doble parámetro: **9210**
1. El **origen** de la condición, esto es, la fuente en la que se establece.
2. La **materia** a la que se refiere.

1. Condiciones modificables por razón de su origen

(ET art.41.2)

Las modificaciones sustanciales de las condiciones de trabajo pueden afectar a: **9215**
1. Las condiciones de origen **contractual**, tanto las pactadas expresamente en el contrato de trabajo o en un momento posterior, como las disfrutadas a título individual por los trabajadores como condiciones más beneficiosas (TSJ Cataluña 14-4-98, EDJ 11863; TSJ País Vasco 25-10-05, EDJ 278409).

2. Las reconocidas por **acuerdo o pacto colectivo** (TS 15-1-01, EDJ 263).
3. Las que traigan causa de una **decisión unilateral del empresario** de efectos colectivos, como las condiciones más beneficiosas de naturaleza colectiva disfrutadas de forma genérica por todos los trabajadores de la empresa o por un grupo de ellos sin atender a ninguna condición individual de cada trabajador, aunque su ejercicio sea individual. Igualmente son modificables por esta vía las condiciones contenidas en un **convenio extraestatutario** (TS 23-10-12, EDJ 248911; 22-7-13, EDJ 168357; 23-10-15, EDJ 230711).
Por el contrario, cuando la condición a modificar se regula en un **convenio colectivo estatutario**, la naturaleza normativa de la fuente impone la necesidad de acudir al procedimiento de **descuelgue** o inaplicación previsto legalmente (TS 11-12-13, EDJ 302040; AN 28-11-12, EDJ 280511) (nº 9510).

Precisiones La empresa no está impedida para poner en marcha el trámite de la modificación sustancial por la coincidencia en el tiempo con las **negociaciones del convenio colectivo** (TS 19-9-17, EDJ 216000).

2. Condiciones modificables por razón de la materia

(ET art.41.1.2º)

9220 Las condiciones de trabajo que pueden ser objeto de modificación sustancial son, **entre otras**, las siguientes:
1. En relación con el tiempo de trabajo hay que distinguir entre:
- jornada;
- horario y distribución del tiempo de trabajo;
- régimen de trabajo a turnos.

2. Sistema de remuneración y cuantía del salario (nº 9250 s.).
3. Sistema de trabajo y rendimiento (nº 9265).
4. Funciones, cuando excedan de los límites de la movilidad funcional no sustancial (nº 9180 y nº 9275).
La lista **no** tiene carácter cerrado y **exhaustivo** (TS 25-11-15, EDJ 242646; 22-1-13, EDJ 10496), sino ejemplificativo de las materias en las que las decisiones modificativas son más frecuentes, de modo que éstas pueden afectar a **otras condiciones** distintas de las expresamente reseñadas.

Precisiones **1)** También tienen la consideración de **modificaciones sustanciales** de las condiciones de trabajo **otras materias** distintas de las expresamente reseñadas en el ET (TS 26-4-06, EDJ 76734; 9-4-01, EDJ 16048; TSJ País Vasco 12-1-10, EDJ 51728), tales como:
- **mejoras voluntarias** de la Seguridad Social (TS 27-1-03, EDJ 11887; 19-3-01, EDJ 5766);
- suspensión de las aportaciones a un **plan de pensiones** (TS 18-11-15, EDJ 253747);
- ayuda de comida (TS 7-6-99, EDJ 13535) y **ticket restaurante** (TS 18-11-21, EDJ 756083);
- utilización de **vehículos** de la empresa (TS 22-7-99, EDJ 19977; 29-12-97, EDJ 21323);
- la decisión de una empresa de prohibir las **propinas** (TS 17-6-21, EDJ 620066);
- la supresión de la posibilidad de pago diferido a través del descuento en nómina de los productos adquiridos en el **economato de la empresa** (AN 30-6-22, EDJ 639599).

2) Por el contrario, se ha considerado que **no** constituyen **modificaciones sustanciales** de las condiciones de trabajo, entre otras, las siguientes:
- el cambio en la **asignación de ruta** a un trabajador transportista (TSJ Castilla-La Mancha 13-6-06, EDJ 253625);
- la alteración en los **criterios de distribución del incentivo variable** a percibir por cada trabajador en un año en concreto (TS 22-6-98, EDJ 7852), que cuenta con un voto particular);
- cambios de escasa importancia en el régimen de **licencias y permisos** (TS 3-4-95, EDJ 1547);
- la modificación del **sistema de comunicación** de las centrales sindicales con sus afiliados y demás empleados dentro de la empresa (TS 9-7-14, EDJ 147573);
- la implantación de un sistema de **puestos calientes** («hot desk») en un marco de trabajo presencial combinado con el teletrabajo (AN 27-7-21, EDJ 669615);
- la modificación de condiciones producida al perder su **vigencia** el acuerdo de **teletrabajo**, al no existir ya derechos ni condiciones más beneficiosas que deban ser mantenidos (AN 10-2-22, EDJ 513189).

3) El empresario puede modificar sustancialmente el **lugar de prestación de servicios**, cuando supone un cambio de residencia del trabajador, pero en este caso las reglas por las que se rige son las de la movilidad geográfica (nº 9425 s.).

a. Tiempo de trabajo

(ET art.41.1.a, b y c)

La posibilidad de realizar una modificación sustancial de distintos aspectos del tiempo de trabajo está expresamente prevista en la norma estatutaria. La modificación puede afectar a la jornada, al horario y distribución del tiempo de trabajo y al régimen de trabajo a turnos de trabajo. Este tipo de modificaciones pueden dar derecho a la **rescisión indemnizada** del contrato de trabajo, por voluntad del afectado (nº 9380). **9225**

Modificación de la jornada de trabajo (ET art.41.2.a) La jornada, bien sea diaria, semanal o anual, se identifica con el número de horas a trabajar dentro del lapso temporal de que se trate (TSJ Aragón 2-10-03, EDJ 227878; TSJ Las Palmas 17-3-11, EDJ 158025). **9227**

Por tanto, la jornada viene determinada por dos **elementos**: su duración y distribución (TSJ Málaga 23-3-06, EDJ 295153).

Son posibles las modificaciones sustanciales de la jornada de trabajo, **aumentándola o reduciéndola**. No obstante, un trabajador a tiempo completo no puede ser obligado a convertirse en un **trabajador a tiempo parcial** o viceversa, pues en tales casos se precisa su consentimiento (TSJ Aragón 23-6-10, EDJ 239979).

Reducción de la jornada No existe obstáculo legal para que, a través de este cauce, se proceda a la reducción de la jornada de trabajo, con la consiguiente reducción salarial, siempre que ello no implique la conversión del contrato en a tiempo parcial. **9229**

La imposición unilateral de jornada reducida (con carácter individual o colectivo), e incluso la modificación colectiva acordada con los representantes de los trabajadores, **no** determinan la mutación del contrato tiempo completo **en a tiempo parcial**, sino la mera reducción de la jornada en contrato a tiempo completo que persiste como tal categoría jurídica, pues la específica modalidad del contrato a tiempo parcial únicamente puede ser fruto de una conversión contractual que se instrumente por medio de una novación extintiva, que en todo caso requiere de la voluntad concorde del trabajador (TS 7-10-11, EDJ 263198; 14-7-07, EDJ 80459; TSJ Castilla-La Mancha 14-5-15, EDJ 84276).

Precisiones 1) **No** se considera modificación **sustancial** la modificación del horario o jornada diaria de trabajo para adaptarse a la jornada máxima anual prevista en el CCol (TSJ Galicia 4-5-10, EDJ 179816).
2) Por el contrario, se considera **sustancial**:
- la reducción de jornada tras la adjudicación de una nueva contrata de limpieza (TS 29-7-14, EDJ 176298);
- una reducción unilateral de jornada y salario en más de un 20% (TSJ Cantabria 4-10-21, EDJ 710110).

Ampliación de la jornada La modificación puede determinar también un aumento de la jornada de trabajo. **9231**

Precisiones 1) Se considera **sustancial**, entre otros supuestos:
- la ampliación en 7,5 horas sobre la jornada anual establecida en convenio colectivo, aun cuando las horas en exceso se compensasen posteriormente (TSJ País Vasco 26-10-99, EDJ 33484);
- la ampliación de la jornada en media hora a la semana y 25 horas al año al responder razonablemente a una mejor reorganización de la empresa (TS 17-6-98, EDJ 11849);
- la fijación de 4 nuevos días laborables con la finalidad de homogeneizar la distribución de la jornada de colectivos de procedencia distinta en el marco de un proceso de fusión empresarial (TSJ Cataluña 26-2-98, EDJ 5611);
- la reducción del horario que provoca un aumento de jornadas anuales de trabajo (TS 17-1-07, EDJ 4160; TSJ Navarra 18-7-05, EDJ 141561; TSJ Cataluña 26-2-98, EDJ 5611; TSJ Navarra 30-9-96, EDJ 13381);
- una ampliación de jornada con la correspondiente reducción de salarios para algunos empleados, aunque la medida resulta justificada por ser necesaria e imprescindible para la estabilidad económica de la empresa (TSJ País Vasco 30-6-15, EDJ 152824);
- la supresión del derecho de los trabajadores al cierre anticipado al público de las oficinas los días 24 y 31 de diciembre (TS 22-11-23, EDJ 763839);
- cuando, tras 10 años disfrutándose de una jornada inferior a la de convenio colectivo, la empresa elabora un calendario laboral incrementando dicha jornada en 7 días (TSJ Murcia 14-1-02, EDJ 6372).
2) Por el contrario, **no** se considera **sustancial** la utilización por la empresa de la facultad reconocida en convenio colectivo en el supuesto de concurrir determinadas circunstancias (TSJ Cataluña 9-3-99, EDJ 11915).

Modificación del horario de trabajo (ET art.41.1.2º.b) El horario de trabajo es la **distribución** en las horas del día de la jornada de trabajo o cantidad abstracta de horas a realizar en unas u otras unidades temporales (TS 9-12-03, EDJ 209452). Es una consecuencia de la jornada, pues en él se precisa el tiempo exacto en que en cada día se ha de prestar servicio, teniendo siempre a la vista y como norma a respetar la duración de la jornada establecida (TS 22-5-95, EDJ 4436; 26-6-98, EDJ 11389; 19-2-01, EDJ 2940; AN 28-7-14, EDJ 125370). **9233**

La **función** del horario es, exclusivamente, identificar los momentos precisos en que cada día se ha de entrar y salir del trabajo, según la jornada (TSJ Málaga 23-3-06, EDJ 295153).
La **fijación** del horario de trabajo compete en principio a la empresa en ejercicio de sus facultades de dirección y organización de la actividad laboral, con sometimiento a las previsiones legales y convencionales. No obstante, una vez establecido el horario, si no existe acuerdo con el trabajador o no se contempla dicha posibilidad en convenio o acuerdo, su **modificación**, de tener carácter sustancial, debe ajustarse al procedimiento establecido (TS 7-10-08, EDJ 203695). Así pues, no es aplicable el procedimiento cuando la variación del horario de trabajo se acuerda haciendo uso de la facultad reconocida al empresario por **convenio o acuerdo colectivo**, siendo el blindaje establecido en convenio el que determina el campo de actuación en la modificación (TS 28-9-09, EDJ 251619). No obstante, no está protegido por las previsiones formales del convenio colectivo una distribución anual de los domingos sobre una modificación tan sustancial, no del calendario laboral ni de la jornada pactada, sino de las posibilidades de apertura comercial en domingos y festivos, como la que se lleva al ampliar de 22 a 63 los domingos y festivos de apertura (TS 13-3-14, EDJ 42927).

9235 Precisiones 1) La decisión empresarial de fijar el horario de trabajo no puede ser arbitraria o irracional, debe basarse en **causas** conectadas con la utilidad y necesidades de funcionamiento de la empresa, cuya concurrencia es un aspecto susceptible de someterse al control judicial, caso de discrepancia (TS 15-12-98, EDJ 33428).
2) Los **conceptos de jornada y de horario** son conceptos muy próximos y vinculados entre sí, pero entre ambos es la jornada la que presenta una mayor relevancia y trascendencia, por cuanto que ella es la que determina nítidamente el número de horas que se han de trabajar, dentro del lapso temporal de que se trate; el horario es una consecuencia o derivación de la jornada, pues en él se precisa el tiempo exacto en que cada día se ha de prestar servicios. De ahí que, cualquier **disparidad** o divergencia que entre ellos surja al ser aplicados a la realidad del tráfico jurídico, lógicamente ha de ser salvada y resuelta de modo que prevalezca y se respete la jornada establecida, aunque para ello tenga que sufrir alguna modificación o padecimiento los horarios anteriormente marcados (TSJ Cataluña 16-3-99, EDJ 11799).

9237 **Sustancialidad de la modificación** No toda modificación del horario de trabajo tiene carácter sustancial, pues ha de ser un cambio de peso o relevante en un aspecto básico de la relación laboral calificable de oneroso.

Precisiones 1) Se consideran, por ejemplo, modificación **sustancial** los siguientes supuestos:
- pasar de jornada continuada a horario partido (TS 28-2-07, EDJ 21968; 15-4-15, EDJ 86990; TSJ Galicia 16-3-22, EDJ 538686), aunque esta posibilidad esté prevista en el contrato de trabajo (AN 26-9-17, EDJ 200697);
- suprimir el horario de verano (TSJ C.Valenciana 14-7-98, EDJ 23172);
- retrasar media hora la hora de salida del trabajo, aumentado correlativamente el tiempo dedicado a la comida (TSJ País Vasco 16-7-19, EDJ 700804).
2) Por el contrario, se han calificado como **modificación no sustancial**, entre otros:
- introducir el horario flexible (TS 17-12-04, EDJ 234942);
- empezar y acabar la jornada durante el verano, media hora más tarde, sin modificar la posibilidad de utilizar el transporte público (TS 10-10-05, EDJ 197780) y únicamente durante los meses de verano (TSJ Sta. Cruz de Tenerife 18-1-13, Rec 751/12);
- desplazar la franja horaria en tres horas durante diez días, afectando a ocho trabajadores (TSJ Murcia 15-3-96, EDJ 10750);
- retrasar en menos de una hora la entrada y salida al trabajo (TS 22-9-03, EDJ 127788; 10-10-05, EDJ 197780; 6-10-08, EDJ 203691);
- retrasar una hora el horario de entrada y salida de los distintos turnos (TSJ Galicia 23-1-13, Rec 5087/12);
- la variación del horario de trabajo de los comerciales o gestores y visitadores de un Banco al amparo de lo dispuesto en el Convenio del sector, al tratarse de sino de mera aplicación de lo pactado por las partes (TS 9-11-98, EDJ 25261);
- la modificación colectiva del horario cuando existe una cláusula colectiva que permite la alteración del horario (TS 17-7-00, EDJ 27657);
- cuando la empresa se sujeta a los límites cuantitativos y cualitativos fijados en convenio, mediante unos gráficos pactados, sin perjuicio de la notificación previa necesaria al trabajador o a la representación colectiva para velar por el respeto a la norma convencional (TSJ Cantabria 1-3-06, EDJ 27764).

9239 **Modificación del horario de trabajo con ocasión del calendario laboral** La empresa puede modificar determinados aspectos del horario de trabajo de forma sustancial al elaborar el calendario laboral anual, si se sigue el procedimiento de modificación sustancial (nº 9300 s.).
No obstante, no es posible alterar unilateralmente el horario a través del calendario laboral, cuando el **convenio colectivo** establece expresamente que para ello es preciso un acuerdo colectivo (TS 28-9-09, EDJ 251619).

En el supuesto de que el calendario laboral introduzca una modificación sustancial del horario de trabajo los trabajadores afectados y/o los representantes de los **trabajadores disconformes** con la medida pueden impugnarla ejercitando la acción dentro del plazo de 20 días, transcurrido el cual caduca la acción aun cuando no se hubiese notificado individualmente la decisión.

Precisiones Se considera **sustancial** una modificación unilateral que afecta al reajuste de 138 horas en el año entre tiempo libre y tiempo de trabajo en cuanto resulta altamente significativa para los intereses de los trabajadores (TS 9-12-03, EDJ 209452); una alteración de los horarios que afectan a todos los turnos de trabajo, en forma que no cabe considerar como un mero reajuste intrascendente (TSJ Cataluña 14-1-98, EDJ 8522) o una modificación unilateral del calendario laboral del año siguiente reduciendo la jornada habitual y minorando los eventuales excesos de jornada en cómputo anual, con la finalidad de lograr la desaparición de los días y horas de libranza compensatorios (TS 21-3-19, EDJ 563439).

Modificación de la distribución del tiempo de trabajo (ET art.41.1.2º.b) Se trata de una materia vinculada a la jornada y al horario de trabajo. La fórmula es lo suficientemente amplia como para acoger los descansos y pausas dentro de la jornada, e incluso la propia distribución irregular de ésta. **9241**

Precisiones 1) Se ha considerado **sustancial**:
- la supresión de la pausa del café o bocadillo (que era considerado tiempo de trabajo) de 15 minutos durante la mañana (TS 16-9-15, EDJ 192736);
- la variación del sistema de calendario de vacaciones establecido en convenio colectivo (TS 5-6-09, EDJ 158169);
- la eliminación unilateral por la empresa de la posibilidad de disfrute de las vacaciones en el año siguiente (AN 28-10-21, EDJ 734037);
- la sustitución de un sistema de cómputo de la jornada diaria por otro de carácter semanal (TS 17-4-12, EDJ 89429);
- la ampliación de 22 a 63 los domingos y festivos de apertura del centro de trabajo (TS 13-3-14, EDJ 42927);
- imponer el trabajo de lunes a domingo cuando este se ha prestado desde el principio de lunes a viernes, aunque este tipo de jornada esté prevista en el convenio colectivo (TS 8-2-23, EDJ 513089).

2) No es **sustancial**:
- el cambio de horario en 10 minutos debido al aumento del descanso para comer, saliendo también 10 minutos más tarde (TSJ Navarra 21-7-05, EDJ 141572);
- el cambio del día de disfrute del descanso semanal (TS 2-2-94, EDJ 784);
- que el descanso para bocadillo deje de considerarse tiempo de trabajo (TS 13-7-17, EDJ 151661);
- obligar a recuperar el tiempo de desplazamiento invertido en ir al domicilio para teletrabajar por las tardes (AN 12-5-21, EDJ 573651).

Modificación del régimen de trabajo a turnos (ET art.41.1.2º.c) La modificación que afecte al régimen de trabajo a turnos tiene el carácter de sustancial. En consecuencia, se considera contrario a derecho el **pacto contractual** de modificación de turnos, es decir, establecer en el contrato individual de trabajo una cláusula que faculte al empresario para exigir al trabajador en cualquier momento un régimen de trabajo a turnos distinto del comprometido, sin proceder a una delimitación precisa del régimen a que se compromete el trabajador, como por ejemplo que la jornada se realizara en sistema de turnos rotativos semanales incluido festivos, en turnos de mañana, tarde y noche, aceptando el trabajador los cambios horarios que sean necesarios por organización, efectividad, mantenimientos de las instalaciones según les sea asignado por la dirección (TSJ Navarra 27-1-99, EDJ 7782). **9243**

Precisiones 1) Se ha entendido que la **modificación** tiene suficiente entidad como para ser calificada como **sustancial**, entre otros, en los siguientes supuestos: **9245**
- cambio de un sistema de tres **turnos rotativos** a la semana, de 9 a 17, de 13 a 21 y de 5 a 13 a un nuevo sistema de turnos consistente en trabajar 24 horas de 21 a 9 y descansar durante tres semanas completas (TSJ Granada 27-1-99, EDJ 6608);
- cambio de **turno fijo** de mañana a régimen de turnos alternativo de mañana y tarde (TSJ Navarra 17-9-99, EDJ 24329);
- cambio de turno **fijo de mañana**, descansando sábados y domingos a **turnos rotatorios** de mañana, tarde y noche, debiendo trabajar los sábados y domingos que correspondan (TS 13-11-96, EDJ 8408). En un sentido parecido, pasar de realizar un turno fijo a un sistema de turnos rotativos (TSJ Madrid 2-3-16, EDJ 53806);
- asignación a un **turno único** de trabajo, habiendo rotado desde el inicio del contrato en turnos de mañana, tarde y noche (TSJ Málaga 24-5-96, EDJ 52733);
- cambio de los turnos de trabajo, con **variación** de los **días** y horas en que cada trabajador debe realizar la actividad laboral (TSJ Castilla-La Mancha 18-12-98, EDJ 37742);
- la **supresión de varios turnos** como consecuencia de la reducción de una contrata (TS 12-7-12, EDJ 168374; 12-7-13, EDJ 168374).

2) Por el contrario **no** es modificación **sustancial** la alteración del turno de una trabajadora llevada a cabo por la empresa en cumplimiento de la **normativa de prevención** (TS 18-12-13, EDJ 280899).
3) A pesar de su carácter sustancial, se han declarado **justificadas** las siguientes **modificaciones**:
- establecimiento de un tercer turno de trabajo con horario **nocturno** durante un período de cinco meses para atender los pedidos dados los mínimos de stock existentes (TSJ C.Valenciana 3-2-98, EDJ 65401);
- imposición de un **turno rotativo** a tres trabajadores del servicio de mantenimiento, incluyendo el de noche, para que las averías que se producen en el turno de noche puedan ser reparadas dentro de la jornada, evitando tener paradas las máquinas durante horas (TSJ Cataluña 23-1-98, EDJ 8526).
4) Se considera, por el contrario, **injustificada la modificación** en los siguientes casos:
- implantación de un sistema de **turnos rotatorios**, en concreto la sustitución del anterior sistema de turno fijo de mañana para unos trabajadores y de turnos rotatorios de tarde y noche para otros, por el sistema de turnos rotatorio para todos los trabajadores, al **no** considerarse **probadas** las razones organizativas alegadas, persiguiéndose con dicha medida complacer las pretensiones de determinados trabajadores en perjuicio de los niños de un centro de educación especial a los que atienden, para los que el cambio no resulta conveniente (TSJ La Rioja 5-12-95, EDJ 24471);
- **reducir el personal** que trabaja en turnos de tarde y noche y sábados y festivos por razones presupuestarias al no acreditarse problemas de orden económico ni dificultades en la posición de mercado que afecten a la competitividad ni problemas en la organización de los recursos que puedan vincularse a la demanda, lo que convierte la decisión en absolutamente arbitraria (TS 8-1-00, EDJ 78).
5) Se considera que no se puede modificar unilateralmente un derecho adquirido o condición más beneficiosa de los trabajadores a que su turno de trabajo de 15 a 22 horas, a pesar de su duración real de 7 horas, sea **computado como turno** de 8 horas a efectos de cubrir la jornada anual pactada (TSJ Valladolid 24-2-06, EDJ 28110).

b. Sistema de remuneración y cuantía salarial

9250 Las modificaciones sustanciales relativas a ambas materias pueden dar derecho a la **rescisión indemnizada** del contrato de trabajo, por voluntad del trabajador perjudicado (nº 9380).

9252 **Modificación del sistema de remuneración** (ET art.41.1.1.d) El sistema de remuneración es una noción más amplia que la de salario, ya que **incluye** los conceptos extrasalariales (TS 4-4-06, EDJ 71277).
Supone la aplicación de unas **normas de valoración** que obligan al reconocimiento de la retribución derivada de su resultado, de forma tal que, de no hacerse efectiva, el trabajador afectado ostenta una acción para exigir su cumplimiento (TS 22-6-98, EDJ 7852; TSJ Castilla-La Mancha 13-6-06, EDJ 253625). Hace referencia al conjunto de cualidades o notas que inciden en la determinación del salario (TSJ Madrid 6-6-96, EDJ 52338), de modo que su modificación viene dada por aquellas decisiones de la empresa que inciden en la **forma de calcular y lucrar** los diferentes conceptos retributivos que puedan percibir sus trabajadores, de manera que se altere el sistema hasta entonces aplicado para el devengo de los diferentes pluses y complementos, afectando a su importe, alcance o naturaleza (TSJ Cataluña 20-10-05, EDJ 246592).
Por tanto, cuando se hace referencia al sistema de remuneración, las modificaciones **sólo pueden referirse** a estructura salarial y forma de cálculo de complementos salariales (TS 6-5-96, EDJ 2410; 5-6-95, EDJ 24682).
Se ha considerado conforme a derecho la **modificación peyorativa** -mediante acuerdo colectivo- de la regulación convencional sobre **complementos** salariales (plus de nocturnidad, incentivos, plus de penosidad), pues afecta únicamente a la estructura salarial o sistema de remuneración de la empresa (TS 11-5-04, EDJ 63872).
El sistema de remuneración fijado en un convenio colectivo estatutario es susceptible de modificación mediante el **procedimiento de descuelgue** (nº 9510).

9254 Precisiones **1)** La supresión del **economato laboral** establecido en convenio colectivo estatutario debe realizarse a través del procedimiento de descuelgue (nº 9510).
2) No se trata de una modificación del sistema de remuneración cuando no se suprime un **complemento** sino que se limita su pago a la **concurrencia de una circunstancia**, por ejemplo un complemento que antes se percibía con independencia de que se llevara o no armas y pasó a percibirse sólo cuando se portaran éstas (TSJ Sevilla 10-3-98, EDJ 14242).

9256 **3)** En cuanto a la entidad de la modificación los tribunales han considerado que **existe** una **modificación sustancial**, entre otros, en los siguientes casos:
- la sustitución de un **sistema de cómputo de la jornada diaria** por otro de carácter semanal, que no implica variación de la jornada semanal prevista en el convenio colectivo pero que afecta al sistema de remuneración del exceso de jornada que pasa a remunerarse como **horas estructurales** en cómputo semanal en lugar de día a día (TS 17-4-12, EDJ 89429);

- el cambio consistente en que el **salario variable**, que venía dependiendo sólo del nivel de ventas de cada establecimiento, pasa a integrarse en su mitad en un salario base susceptible de absorción y compensación, y en su otra mitad a depender de diversos factores, entre los que al menos uno no se vincula a la actividad del trabajador ni a las ventas del centro laboral (TSJ Madrid 19-10-12, EDJ 259780);
- la **eliminación de un 10% del salario fijo** y su sustitución por una aleatoria paga de beneficios que dependía de que la empresa tuviera un «resultado contable cero» y que, incluso en el caso de que se diera tal resultado, no garantizaba el cobro de ese 10% si ello implicaba la alteración del mismo (TS 5-6-12, EDJ 205650).
- respecto de las **comisiones**: cuando se procede a la reducción unilateral de la comisión sobre ventas del 1,4 al 1,1% (TSJ Madrid 28-5-98, EDJ 15922) o la modificación de su sistema de cálculo (TSJ Granada 7-5-02, EDJ 72596); o la modificación unilateral del sistema de cálculo de una comisión por objetivos (TSJ Extremadura 5-1-06, EDJ 2935);
- variación en el sistema de **confección de nóminas**, cerrando la liquidación antes de final de mes y haciendo un cálculo estimativo de los pluses variables que hayan de corresponder al período mensual restante, para efectuar su liquidación en la definitiva en la siguiente nómina (TSJ Galicia 26-9-01, EDJ 46105);
- **redistribución** de cantidades entre salario base y antigüedad (TSJ Murcia 2-4-01, EDJ 5762) o del salario base y un complemento personal (TS 17-7-24, EDJ 665102);
- cambio en la forma de remuneración de la **nocturnidad** (TSJ Burgos 14-9-98, EDJ 27732), o del complemento de disponibilidad y polivalencia (TSJ Málaga 26-10-98, EDJ 65316);
- división del **complemento personal** fijo en una parte fija del 60% y en otra variable del 40% en función del grado de cumplimiento de los objetivos fijados por la empresa (TS 6-5-96, EDJ 2410);
- la variación unilateral introducida en el pago del **plus** función transformando la retribución **fija** por una **cuantía variable** según objetivos (TS 20-1-09, EDJ 15241);
- el cambio de **fecha en el abono** del salario mensual, del 30 al 15 del mes siguiente (TSJ La Rioja 27-3-06, EDJ 60422);
- la variación unilateral introducida en el pago del **plus función** transformando la retribución fija por una cuantía variable según objetivos (TS 20-1-09, EDJ 15241);
- la modificación en la **forma de aplicar el disfrute del descuento en compras** (que se considera salario en especie) que, realizándose mediante una tarjeta de fidelización, se sustituye por la obligación de suscribir por parte de los trabajadores un contrato con un entidad financiera y de pagar con la tarjeta que la misma facilite (TS 23-1-18, EDJ 3802; 3-10-17, EDJ 215992; 25-3-17, EDJ 208944);
- la retirada unilateral de la posibilidad del pago diferido a través de descuento en nómina de los **productos adquiridos en el economato** de la empresa (AN 30-6-22, EDJ 639599);
- la sustitución de las funciones de un grupo de trabajadores que, además, supone la **supresión de un complemento** salarial específico (TS 26-9-18, EDJ 596637);
- la modificación, adoptada de forma unilateral por la empresa, de un **complemento** salarial, denominado «**campaña navidades-reyes**» (TS 28-1-20, EDJ 507753);
- la **reducción de dietas** a todos los trabajadores de la empresa menos a aquellos que tienen una **edad** próxima la de jubilación, debida a una situación prolongada de pérdidas, no considerándose discriminatoria esta exclusión (TSJ Sevilla 3-2-22, EDJ 524019);
- la **compensación del plus de transporte**, reconocido su carácter salarial en convenio colectivo, con un incremento del salario base (TS 9-12-20, EDJ 745433);
- la **eliminación de la subvención por comida** a los trabajadores que prestan servicios en el turno de tarde (TS 20-6-23, EDJ 610475).

4) Por el contrario, la modificación **no tiene carácter sustancial**, entre otros, en los siguientes casos: **9258**
- el cambio operado en el sistema de **abono del servicio de comedor**, de modo que el personal que siempre ha venido abonando un euro por cada comida, detraído de la nómina, siendo el importe total de la misma asumido por la empresa, pasa a anticipar una cantidad superior que se le reintegra posteriormente en el recibo salarial (TSJ Madrid 14-1-13, EDJ 16635);
- el mero cambio de **denominación** de determinados conceptos salariales en un proceso de sucesión empresarial, sin merma de las retribuciones percibidas y sin variación en su naturaleza no constituye modificación sustancial (TSJ Madrid 9-12-97);
- la variación de los **criterios** aplicados para la determinación del incremento anual para cada trabajador de un complemento personal libremente concedido por la empresa (TS 22-6-98, EDJ 7852, con voto particular);
- la reducción de la **base de cálculo** de las **comisiones**, debido al incremento del precio del acero cuando se perciben las mismas cantidades por igual esfuerzo (TS 22-11-05, EDJ 214119);
- la **unificación** de dos **complementos** en un solo concepto retributivo (TS 27-7-05, EDJ 144879; 31-1-07, EDJ 8709);
- el **prorrateo de pagas extraordinarias** que no perjudica la trabajador y no está prohibido por el convenio aplicable (TSJ Cataluña 20-10-05, EDJ 246592);
- la vinculación de una **retribución variable** que voluntariamente entregaba la empresa a un nuevo criterio de evaluación personal del empleado que: por un lado, no difería de los criterios manejados

en el marco del sistema retributivo previo y que, por otro lado, para su aplicación debía ser aceptado por escrito de forma individual por cada uno de los empleados (TS 21-3-06, EDJ 43126);
- la reducción del porcentaje de **descuentos en la compra** de dos concretos artículos, aplicable a los trabajadores de la empresa (TS 25-11-15, EDJ 242646);
- la modificación del procedimiento de abono de **dietas**, imponiendo su pago a través de una tarjeta por la que se facilita al trabajador el gasto real soportado y justificado, siempre que no se supere un límite (TS 22-7-13, EDJ 168357);
- modificación operada en el **sistema de pago de los gastos y suplidos** contraídos por los trabajadores por cuenta de la empresa, implementando uno nuevo por el que los gastos deberían efectuarse mediante una tarjeta de crédito (TS 10-11-15, EDJ 144248; 22-7-13, EDJ 168357);
- implementación de un nuevo sistema de **control empresarial** de las **dietas** (TS 17-10-17, EDJ 237206);
- el cambio de modelo de los **tickets restaurante** de talonario físico a tarjeta magnética, aunque se limite el horario de uso y se pierdan los que no se utilicen (TSJ Madrid 10-2-21, EDJ 538757);
- cualquier **alteración del sistema de incentivos,** máxime si no es producto de un pacto ni es un derecho consolidado (TS 26-3-21, EDJ 528758);
- la **modificación unilateral de un sistema de incentivos** establecido unilateralmente por la empresa en los contratos individuales de trabajo y que no tiene la consideración de consolidable (TS 7-6-23, EDJ 597062).

9260 **Modificación de la cuantía salarial** (ET art.41.1.2º.d) La regulación vigente de las modificaciones sustanciales no ofrece duda interpretativa alguna respecto de que el salario puede ser **modificado a la baja** por unilateral voluntad del empresario, con el **límite** de la retribución prevista en el convenio colectivo, que únicamente es modificable por los trámites previstos en el nº 9510 s.; o lo que es igual, la exclusiva decisión empresarial únicamente alcanza -en lo que al salario se refiere- a las cuantías que el trabajador perciba como mejora del convenio (TS 27-1-14, EDJ 17352; TSJ País Vasco 9-12-15, EDJ 277724; TSJ Las Palmas 15-2-16, EDJ 99546).

Precisiones **1)** La **supresión** de un **bonus** ya **devengado** constituye una modificación sustancial de condiciones de trabajo que ha de tramitarse por el procedimiento estatutario, no pudiéndose validar la supresión unilateral por parte de la empresa de esta retribución variable, por mucho que sus resultados en el ejercicio sean negativos (AN 10-1-13, EDJ 2222). En el mismo sentido, respecto de la deducción de un 10% de la retribución variable de quienes alcanzaron sus objetivos cuando no se realiza período de consultas (AN 20-5-13, EDJ 61509). También lo es suprimir un bonus que se ha venido percibiendo en períodos anteriores con regularidad sin haber fijado previamente los criterios para su devengo y cuantificación (TSJ Madrid 5-2-20, EDJ 526324).
2) No está justificada ni es razonable una medida de **reducción** de un 45% **de determinados conceptos salariales**, al no acreditarse ningún dato de índole económica, técnica, organizativa o productiva que sirva de soporte, valorándose que la **empresa** ha tenido **cuantiosos beneficios** (TS 12-11-15, EDJ 244249).
3) Por el contrario, se ha considerado justificada la **reducción de los conceptos retributivos** cuando se produce un incremento del IVA sobre el material utilizado, el crecimiento de los gastos de personal por los conceptos de antigüedad y carrera profesional, la necesidad de aprovisionar 4 millones de euros y, especialmente, cuando se constata estar en presencia de una **situación** inequívocamente **deficitaria** (TS 7-6-18, EDJ 109161).
4) El **cambio en el sistema del uso del vehículo de empresa**, consistente en la supresión de la posibilidad del uso meramente profesional del mismo repercutiendo a los trabajadores el coste por uso privado, debe considerarse una modificación sustancial de las condiciones de trabajo, al tener incidencia en su salario (TS 3-4-18, EDJ 51387).
5) Al ser la relación laboral de tracto sucesivo, se puede reclamar el abono completo del complemento transcurridos varios años, aplicándose la **prescripción** anual solo a las cantidades vencidas, no cobradas ni exigidas (TS 13-6-22, EDJ 610621).
6) La **supresión** unilateral del **salario en especie** comporta una modificación sustancial de condiciones (TS 3-5-17, EDJ 84493).

c. Sistema de trabajo y rendimiento

(ET art.41.1.e)

9265 La posibilidad de realizar una modificación sustancial del sistema de trabajo y rendimiento está expresamente prevista en la norma estatutaria dentro de una lista no exhaustiva de materias.
Con carácter general, se ha considerado que el incremento de la carga de trabajo no supone, por sí solo, una modificación sustancial de condiciones de trabajo, pues no afecta a ninguna de las condiciones contempladas la ley (TS 22-6-16, EDJ 105786).

Precisiones Se considera **sustancial**, entre otros: **9267**
a. El **aumento de la prestación**, aunque no exista en la empresa un sistema de trabajo a rendimiento, como sucede si se incrementa un 20% el número de **pases** de los artistas en un parque de atracciones en perjuicio de la calidad (TSJ Cataluña 22-4-02, EDJ 29953), o se establece unilateralmente un requisito adicional de **ventas** para el cobro del anticipo sobre la retribución variable (TS 20-1-09, EDJ 11815), o el montaje de ascensores por un solo trabajador cuando antes lo hacían entre dos (TS 14-6-06, EDJ 89423).
b. La **modificación del sistema de trabajo por equipos**, alterando unilateralmente el número de trabajadores adscritos por acuerdo con el Comité de Empresa a un determinado sistema de trabajo (TSJ Granada 22-7-98, EDJ 26386).
c. El **incremento del rendimiento debido**. En especial, se considera modificación sustancial del sistema de trabajo y rendimiento la revisión de tiempos y rendimientos en los siguientes supuestos:
- la aprobación unilateral de una nueva tabla de rendimientos para los conductores de vehículos cisterna, con reducción de los tiempos de viaje (TSJ C.Valenciana 3-12-96, EDJ 52472);
- la revisión de tiempos y rendimientos derivada de una nueva medición que incide directamente en los índices de rendimiento y en la cuantía de la retribución (TSJ Burgos 23-2-96, EDJ 52406).
d. La variación del **sistema de medición de tiempos** suplementarios de trabajo, pasando del sistema TSPDT (tiempos suplementarios personales dependientes del trabajo) al método de valoración PECE (pérdida de saturación por dificultades ergonómicas), disminuyéndose de ese modo las posibilidades del trabajador para reponerse de los efectos de la fatiga, fisiológicos y psicológicos, derivados del trabajo en cadena (TS 5-5-15, EDJ 112511).
e. La supresión del **régimen de trabajo a distancia** concedido desde la pandemia, vía acuerdo verbal y que se mantuvo durante 4 años, para pasar a uno completamente presencial (JS Oviedo nº 1, 2-9-24, EDJ 720237).

d. Funciones

(ET art.39.4 y 41.1.f)

La modificación de funciones tiene carácter sustancial cuando exceda de los límites previstos para la movilidad funcional no sustancial (nº 9140). **9275**
El cambio de funciones distintas de las pactadas no incluido en aquellos supuestos ha de **encauzarse** procedimentalmente de una de estas maneras:
1. Por **acuerdo** de las partes.
2. En defecto de acuerdo, sometiéndose a las **reglas establecidas para la modificación de las condiciones de trabajo** (nº 9195) o a las que a tal fin se hubieran establecido en convenio colectivo.
Este tipo de modificaciones pueden dar derecho a la **rescisión indemnizada** del contrato de trabajo, por voluntad del afectado (nº 9380).

Precisiones **1)** Se ha apreciado la existencia de una **modificación sustancial** en los siguientes supuestos: **9277**
- cuando las funciones encomendadas y realizadas **no** pueden encuadrarse **dentro de la polivalencia** funcional contemplado en el convenio colectivo;
- cuando se encomiendan **funciones de inferiores** a las del grupo profesional **con carácter indefinido** (TSJ País Vasco 16-2-99, EDJ 84448), por razones técnicas u organizativas debidamente notificadas al comité de empresa, pero sin señalarse el tiempo imprescindible para su atención ni justificarse las razones perentorias o imprevisibles de la actividad productiva que las justificaban (TSJ Galicia 6-11-97, EDJ 59410); por ejemplo, encomendar funciones de guarda-coches al jefe del departamento de servicios generales de un casino (TSJ Murcia 19-10-98, EDJ 32058); encomendar a quien ha ostentado funciones docentes durante décadas, funciones no docentes y propias de grupo profesional inferior, sin justificación alguna (TSJ Galicia 8-10-12, Rec 3244/09); relegar a un trabajador a efectuar tareas de expedición de billetes y privandole de las funciones superiores de inspección y decisión que hasta entonces desempeñaba (TSJ Madrid 18-12-15, EDJ 271312);
- cuando se encomiendan funciones inferiores al amparo de un laudo arbitral dictado en el marco de un **expediente de regulación de empleo** (TS 14-4-03, EDJ 81016).
2) Por el contrario se ha considerado como modificación **no sustancial**:
- cambio de puesto de trabajo entendido desde una óptica funcional con asignación de **funciones propias** del grupo profesional asignado (TS 6-2-95, EDJ 24519);
- cambio de funciones de director de sucursal bancaria a comercial **respetando la categoría y las condiciones profesionales** establecidas en el convenio aplicable (TSJ Sevilla 26-3-99, EDJ 84393);
- cambio de condiciones a raíz de la incorporación de **nuevas tecnologías** (conductores de grúas, que sacaban fotos acompañados de un agente de policía, y ahora que pueden enviar esas fotos al ordenador de la policía, van solos -no es un cambio de funciones ni es sustancial-) (TSJ C.Valenciana 11-11-05, EDJ 299362).

9279 3) En cuanto a la **justificación** de las modificaciones sustanciales:
a. Se declara justificada por **razones organizativas** la encomienda de funciones de montaje, pintura y esmaltería a personal de mantenimiento eléctrico con la finalidad de cubrir las necesidades de mano de obra provocadas por la previa extinción de contratos por despido colectivo, a lo que se une un descenso de carga de trabajo en el departamento de mantenimiento (JS Santander núm 1, 16-4-03).
b. La modificación de funciones y horario se entiende justificada cuando se cumplen los requisitos formales exigidos y la empresa **ha probado las necesidades** que le asisten para el cambio, adecuando las funciones realizadas (recepcionista) con la categoría realmente ostentada por la trabajadora (auxiliar de clínica) pues para que la alteración de funciones suponga una modificación sustancial deben excederse los límites legales, es decir, deben alterarse las funciones más allá del grupo profesional (JS Madrid núm 19, 21-3-03).

B. Clases de modificaciones sustanciales

9285 Las modificaciones sustanciales de las condiciones de trabajo pueden ser de carácter **individual o colectivo.**
La naturaleza individual o colectiva de la modificación depende del **número de trabajadores** afectados a los que finalmente se aplique en períodos de 90 días.
Cuando con objeto de **eludir el período de consultas**, la empresa realice modificaciones sustanciales de las condiciones de trabajo en periodos sucesivos de 90 días en número inferior a los umbrales establecidos para las modificaciones colectivas, sin que concurran causas nuevas que justifiquen tal actuación, dichas nuevas modificaciones se consideran efectuadas en **fraude de ley** y deben ser declaradas nulas y sin efecto (ET art.40.1.5º y 41.3.4º).

9287 Esta distinción tiene una gran trascendencia desde una triple perspectiva:
1. La **posibilidad de acordar o no la modificación** puesto que determinadas condiciones colectivas no son susceptibles de modificación por esta vía (nº 9215).
2. El **procedimiento** a seguir, pues las modificaciones individuales pueden imponerse directamente por el empresario, mientras que las colectivas están sujetas a la previa consulta con la representación legal de los trabajadores para lograr un acuerdo negociador (nº 9320 s.).
3. El **ejercicio de acciones** (nº 9355 s.). Las modificaciones de carácter colectivo pueden ser impugnadas tanto por los trabajadores afectados, como por los representantes legales y sindicales por el proceso especial de conflicto colectivo. Este segundo cauce no se puede utilizar si la modificación es individual, salvo cuando concurran los elementos que caracterizan el proceso de conflicto colectivo.

9289 **Diferenciación** (ET art.41.2) Son **colectivas** las modificaciones que en un periodo de 90 días afecten a:
- 10 trabajadores en empresas que ocupen menos de 100 trabajadores;
- 10% de trabajadores en empresas que ocupen entre 100 y 300 trabajadores;
- 30 trabajadores en empresas que ocupen más de 300 trabajadores.

El resto de las modificaciones cuyos trabajadores afectados no alcancen dichos umbrales son **individuales**. El hecho de que la modificación afecte a la totalidad de un determinado y concreto grupo de trabajadores no la convierte en colectiva si no excede los límites señalados (TS 13-10-16, EDJ 197740).
La modificación sustancial puede ser individual o colectiva, dependiendo del **número de trabajadores** al que afecte, aunque la condición a modificar se haya establecido por acuerdo o pacto colectivo extraestatutario en el primer caso o por contrato de trabajo en el segundo.

Precisiones 1) A efectos de calificar una modificación sustancial como colectiva o individual, la **unidad de referencia** para determinar el número de trabajadores afectados es la empresa y no el centro de trabajo, considerándose que el criterio del TJUE sobre los umbrales del despido colectivo no puede trasponerse a las modificaciones de condiciones de trabajo (TS 19-11-19, EDJ 770172; TSJ Galicia 2-10-03, EDJ 208006; TSJ Cantabria 17-1-07, EDJ 90625); posibilidad en sentido contrario (TSJ Madrid 21-6-23, EDJ 639279).
2) Para la aplicación del precepto debe tomarse en cuenta un **período de 90 días** tanto hacía adelante como hacía atrás en el que computan la totalidad de las modificaciones por la misma causa (TSJ Burgos 20-12-99, EDJ 59046). A efectos de despido colectivo, el periodo de 90 días no tiene que ser necesariamente anterior o posterior al despido sino que ha de ser consecutivo, debiendo estar el día del despido impugnado dentro del periodo, pero sin que tenga que ser considerado el día inicial del cómputo, no habiedose pronunciado el TS con relación a su aplicación a las modificaciones sustanciales colectivas (TS 9-12-20, EDJ 745675; 19-4-22, EDJ 544404).

C. Causas justificativas

(ET art.40 redacc LO 2/2024 y 41.1)

Para que pueda procederse a la modificación sustancial de las condiciones de trabajo es preciso que concurran causas **económicas, técnicas, organizativa o de producción** que la justifiquen. Se consideran tales las que estén relacionadas con la competitividad, productividad u organización técnica o del trabajo en la empresa. **9295**

No es preciso que las modificaciones tengan el **objetivo** acreditado -en conexión de funcionalidad o instrumentalidad- de prevenir una evolución negativa o mejorar la situación y perspectivas de la empresa, sino que basta con que las medidas estén relacionadas con la competitividad, productividad u organización técnica (TS 27-1-14, EDJ 17352). Se trata únicamente de que tal decisión, mediante una más adecuada organización de los recursos, favorezca la posición competitiva de la empresa, o la eficacia del servicio prestado por la misma, o una y otra cosa a la vez, sin que haya de acreditarse la superación de vicisitudes negativas (TS 10-12-14, EDJ 269308; 16-11-12, EDJ 263611).

Esta jurisprudencia debe ser matizada por la **doctrina constitucional**. Sostiene el TCo que en la interpretación del precepto de aplicación (ET art.41) se puede tomar en consideración la definición de las razones económicas, técnicas, organizativas y de producción que se lleva a cabo en otros preceptos de la norma estatutaria (ET art.47, 51 -redacc L 3/2023- y 82.3). De esta manera, se otorgan suficientes elementos valorativos para la **realización de un control judicial** pleno y efectivo de la aplicación de la norma (TCo 8/2015). Con este planteamiento el TCo parece apuntar a la exigibilidad de los mismos presupuestos de pérdidas, disminución de ingresos y cambios a que se refieren aquéllos preceptos del ET. No obstante, para el TS el nivel de exigencia no puede ofrecer la misma intensidad en las modificaciones sustanciales que en los otros supuestos, ya que el TCo atribuye un **valor meramente orientativo** a los preceptos a que se remite. En definitiva, tras la interpretación constitucional del precepto examinado, entiende el TS que las modificaciones sustanciales de condiciones de trabajo no se han de presentar como un simple medio para lograr un incremento del beneficio empresarial, sino una medida racional para corregir deficiencias en los diversos planos -económico, productivo, técnico u organizativo- que el precepto mencionado contempla (TS 7-7-16, EDJ 140306; 23-10-15, EDJ 230711; 16-9-15, EDJ 230718; 16-7-15, EDJ 161633).

Esta razonabilidad que no ha de entenderse en el sentido de exigir que la medida adoptada sea la óptima para conseguir el objetivo perseguido con ella -lo que es privativo de la dirección empresarial-, sino en el de que también se adecúe idóneamente al mismo -**juicio de idoneidad-** (TS 7-6-18, EDJ 109161).

Así, se ha señalado que para justificar una modificación sustancial de condiciones de trabajo, basada en causas económicas, no cabe alegar el argumento de la **dinámica del low cost** ni acudir a la memoria presentada como acreditadora de la evolución negativa de la empresa, si la empresa mantiene beneficios y sin que dicha memoria venga corroborada por prueba suficiente (TS 16-2-16, EDJ 26642).

D. Procedimiento para la adopción de modificaciones sustanciales

Según que la modificación sustancial de las condiciones sea individual o colectiva (nº 9285), el procedimiento a seguir para su adopción es diferente. Las modificaciones de naturaleza **individual** pueden imponerse directamente por el empresario (nº 5015). Cuando la decisión tiene naturaleza **colectiva**, está sujeta a la previa consulta con la representación legal de los trabajadores para lograr un acuerdo negociador, y la omisión de esta formalidad determina su nulidad (nº 9320). **9300**

Respecto a la **selección de los trabajadores** afectados no se establece ningún tipo de preferencia en materia de modificación sustancial de las condiciones de trabajo a diferencia de lo que sucede en los supuestos de movilidad geográfica (nº 9475).

La decisión de que la modificación afecte a un trabajador u otro es una decisión empresarial que responde a **criterios** subjetivos de idoneidad que los tribunales están obligados a respetar salvo en los supuestos de fraude o discriminación. Así, no se aprecia vulneración del derecho fundamental a la **igualdad y no discriminación** por haberse excluido de la reducción salarial al Director General y a aquellos trabajadores con contrato por tiempo determinado o fijos discontinuos (TSJ País Vasco 14-5-13, EDJ 155669).

La **negociación del convenio** colectivo no impide poner en marcha el trámite de la modificación sustancial (TS 19-9-17, EDJ 216000).

Precisiones La **exclusión** de una MSCT, que implica una reducción de las cantidades por dietas, **de los trabajadores con una edad próxima a la jubilación** es un criterio adecuado y proporcionado, justificado objetivamente, pues se adopta para evitar una reducción de las bases de cotización y la consiguiente pensión de jubilación (TSJ Sevilla 3-2-22, EDJ 524019).

9302 **Alteración de condiciones al margen del procedimiento de modificación sustancial** Aunque las causas que la motiven coincidan, las previsiones sobre modificación sustancial de condiciones no se aplican cuando la modificación no se sustente en una decisión unilateral del empleador sino que se base en otros títulos que conectan con el ejercicio de la autonomía colectiva o individual del trabajador manifestada en:

1. **Convenios colectivos estatutarios o los pactos de empresa**, que pueden establecer otros procedimientos de modificación distintos que faculten al empresario para alterar determinadas condiciones de trabajo reguladas en los mismos, en los términos y condiciones que en ellos figuren, lo que supone una ampliación del ius variandi ordinario del empresario (TS 7-3-03, EDJ 15620; TSJ Burgos 12-5-16, EDJ 103791).

2. **Pactos establecidos en el contrato de trabajo**, por los que se reconoce al empresario la facultad de modificar determinadas condiciones disfrutadas por el trabajador a título individual. Si bien, sólo es válida dicha autorización en tanto recaiga sobre condiciones concretas, no una reserva de modificación que constituya una autorización genérica, lo que implicaría dejar al arbitrio de una de las partes el cumplimiento del contrato (TSJ Navarra 27-1-99, EDJ 7782; TSJ Murcia 17-12-97, EDJ 18452).

3. **Acuerdos novatorios suscritos con el trabajador**, que pueden afectar a las siguientes **condiciones**:

a) Disfrutadas a **título individual**: el acuerdo es posible y válido (TS 6-5-96, EDJ 2410), con los límites que pueden derivarse de la prohibición de renuncia de derechos, es decir, los mínimos de derecho necesario (ET art.3.5).

b) Que tengan su origen en un **acuerdo colectivo** o decisión empresarial de efectos colectivos: la naturaleza contractual de la fuente permite su modificación unilateral por el empresario, de modo que no habría inconveniente en aceptar que éste pueda llegar a acuerdos individuales con los trabajadores afectados (TSJ Murcia 27-7-98, EDJ 26578).

c) Establecidas en **convenio colectivo estatutario**: se admiten pactos novatorios entre la empresa y los trabajadores siempre que resulten más favorables para éstos (TS 18-7-03, EDJ 92953; 2-7-97, EDJ 5082); pero no se admite la modificación peyorativa del convenio colectivo estatutario por la autonomía individual.

Si bien el convenio colectivo puede regular procedimientos para la modificación sustancial de las condiciones de trabajo distintos del regulado en la norma estatutaria, tales procedimientos han de **respetar** las **garantías mínimas** que establece el ET art.41 al ser norma de rango superior al convenio (TSJ Cataluña 23-10-12, EDJ 268057).

1. Modificaciones de carácter individual

(ET art.8.5 y 41.3.1º)

9310 El empresario puede acordar directamente modificaciones de carácter individual, por las causas tasadas legalmente (nº 9295), sin otra exigencia que notificar su decisión al trabajador o trabajadores afectados y a los representantes legales con una determinada antelación mínima, debiendo siempre además concurrir las causas justificativas expuestas. Transcurrido dicho plazo, la decisión es ejecutiva, y el trabajador queda obligado a realizar su prestación de acuerdo con las nuevas condiciones, sin perjuicio de las acciones que pueda ejercitar (nº 9355).

9312 **Requisitos formales** Los requisitos formales exigidos son los siguientes:

1. **Comunicación escrita** al trabajador afectado y a los representantes legales de los trabajadores por parte del empresario. Aunque no se expresa en la norma la forma ni el contenido de la notificación debe considerarse preceptiva la forma escrita (TSJ Madrid 22-11-13, EDJ 255759; TSJ Castilla-La Mancha 18-4-96). En caso de **ausencia de forma escrita** corresponde al empresario la carga de la prueba de que esta omisión no ha situado en indefensión al trabajador (TSJ Castilla-La Mancha 18-4-96, EDJ 53023).

Respecto al **contenido** de dicha comunicación, en la misma debe precisarse la concreta causa en que se funda la decisión empresarial, poniéndose en conocimiento del trabajador cuales son las circunstancias que configuran la situación empresarial en que se apoya la causa económica, técnica, organizativa o de producción que se invoca, así como su relación con la competitividad, productividad u organización técnica o del trabajo en la empresa. Este requisito esencial no se cumple con la mera referencia genérica a las causas que motivan la decisión, sino que deben concretarse las causas que fundamentan la misma, pues en otro caso se coloca en

situación de indefensión al trabajador que precisa tener un completo conocimiento de las causas que se invocan para poder ejercitar con eficacia la facultad de impugnación en caso de disconformidad (TSJ Cataluña 8-1-18, EDJ 34675; TSJ Madrid 10-7-15, EDJ 142356; 10-4-15, EDJ 72791; 22-11-13, EDJ 255759).
Asimismo, a efectos de los umbrales previstos (nº 9289), debe constar la **fecha de efectividad** de la medida.
2. Notificación de la decisión al trabajador y a los representantes de los trabajadores, con una antelación mínima de 15 días a la fecha de su efectividad. La norma no explica qué sucede en las modificaciones individuales en caso de no haber representantes de los trabajadores lo más lógico es mantener que el requisito debería dispensarse.
El **incumplimiento** de los requisitos formales determina que se declare injustificada la modificación, debiendo reponer al trabajador en sus condiciones de trabajo (TSJ Madrid 23-1-19, EDJ 545715). No obstante, otros pronunciamientos sostienen que la inobservancia de dichos requisitos formales ha de llevar consigo la declaración de nulidad de la medida. Y ello, porque aunque la ley no establece la sanción para el incumplimiento de las formalidades, la declaración de justificada o injustificada de la modificación está en relación exclusiva con la acreditación o no de las razones invocadas por la empresa, y porque los requisitos de forma exigidos en el precepto legal se dirigen a la preservación de las garantías de los trabajadores, que no pueden ver alterado su sistema de trabajo de forma inmediata sin posibilidad de acomodación de su vida laboral (TSJ Sta. Cruz de Tenerife 24-9-18, EDJ 635187; 9-3-15, EDJ 188774; 25-6-13, EDJ 234678).
La introducción de modificaciones sustanciales sin seguir los requisitos de fondo y forma constituye **infracción administrativa grave** (LISOS art.7.6).

Precisiones 1) Los **días** deben considerarse naturales y el **cómputo** debe iniciarse el día siguiente al de la notificación (JS Madrid núm 25, 30-10-98, EDJ 68868; TSJ Madrid 10-7-15, EDJ 142356). **9314**
2) Se acepta la validez de la **notificación** cursada a través de su publicación **en la intranet de la empresa** (TS 4-4-06, EDJ 71277).
3) Las referencias a los **representantes** legales han de entenderse hechas tanto a los unitarios como a los sindicales (TS 29-6-95, EDJ 24667).

2. Modificaciones de carácter colectivo

(ET art.41.4 y 5)

Cuando se trata de modificaciones de condiciones colectivas el procedimiento es más exigente que el de las modificaciones individuales. **9320**
La especialidad consiste básicamente en la obligación de **negociar** previamente con los **representantes de los trabajadores** con vistas a alcanzar un acuerdo, si bien su consecución no es imprescindible ni constituye requisito necesario para la efectividad de la modificación (TS 10-12-03, EDJ 187381; 6-10-09, EDJ 265815).
Los **pasos** que ha de seguir el empresario para implantar este tipo de modificaciones colectivas son los siguientes:
1. Agotamiento previo de un **período de consultas** con los representantes de los trabajadores (nº 9325 s.).
2. Notificación a los trabajadores afectados, una vez finalizado el período de consultas, con o sin acuerdo (nº 9345).

Precisiones El convenio colectivo aplicable puede establecer **requisitos adicionales** -como la necesidad de llegar a un acuerdo previo o la propia intervención preceptiva de la comisión paritaria en su defecto- cuya **falta de observancia** conduciría a la nulidad de la medida empresarial (TS 17-1-07, EDJ 4160; 16-9-05, EDJ 157691; 9-12-03, EDJ 209452).

a. Período de consultas

(ET art.41.4)

La decisión empresarial debe ir precedida de un período de consultas con los representantes legales de los trabajadores, de **duración** no superior a 15 días (nº 9331). **9325**
El período de consultas se ha de llevar a cabo en una **única comisión negociadora** (nº 9329), si bien, de existir **varios centros de trabajo**, ha de quedar circunscrita a los centros afectados por el procedimiento de modificación sustancial. La comisión negociadora se conforma por un máximo de 13 miembros en representación de cada una de las partes.

Precisiones 1) La negociación debe ser **previa** a la adopción de la medida, sin que pueda entenderse cumplida con la reunión mantenida con el comité de empresa con posterioridad a la misma (TSJ Castilla-La Mancha 18-12-98, EDJ 37742), ni con su mera comunicación a los representantes de los trabajadores, sin previa negociación (TSJ Granada 22-7-98, EDJ 26386).
2) El requisito no se cumple con la **solicitud de emisión de un mero informe** a los representantes de los trabajadores pues se trata de un período de auténtica negociación (TSJ Navarra 14-11-03, EDJ 229776; TSJ Murcia 20-10-98, EDJ 36681).
3) Tras el periodo de consultas, la empresa no está obligada inexorablemente a **cambiar su posición original** so pena de apreciar mala fe por su parte, siempre y cuando explicite de modo adecuado y suficiente por qué no resulta factible acoger la contrapropuesta de los representantes de los trabajadores, y que esos motivos sean razonables (AN 12-4-13, EDJ 42293).

9327 **Iniciación** La dirección de la empresa debe **comunicar** de manera fehaciente a los trabajadores o a sus representantes su intención de iniciar el procedimiento de modificación sustancial de condiciones de trabajo o traslado colectivo, a los efectos de que se constituya la comisión representativa de los trabajadores, que debe quedar constituida con carácter previo a la comunicación empresarial de inicio del procedimiento de consultas.
A partir de esa comunicación empresarial, comienza el cómputo del plazo máximo de 7 días para la **constitución** de la **comisión representativa** de los trabajadores (nº 9329). Este plazo es de 15 días cuando alguno de los centros de trabajo que vaya a estar afectado por el procedimiento no cuente con representantes legales de los trabajadores.
Transcurrido el plazo máximo para la constitución de la comisión representativa, la dirección de la empresa puede comunicar el inicio del **período de consultas** a los representantes de los trabajadores.
La **falta de constitución** de la comisión representativa de los trabajadores no impide el inicio y transcurso del período de consultas, y su constitución con posterioridad al inicio del mismo no comporta, en ningún caso, la ampliación de su duración.
Para ambas comunicaciones la Ley no exige la **forma** escrita aunque resulte conveniente para su debida constancia.

Precisiones Puede entenderse que la empresa ha **cumplido el requisito del periodo de consultas** cuando la medida adoptada ha sido objeto del contenido del orden del día de una serie de reuniones mantenidas entre la empresa y los representantes de los trabajadores, aunque no haya existido una concreta convocatoria para su apertura ni haya anunciado de forma expresa el uso del procedimiento legal de MSCT (TS 30-6-11, EDJ 198200).

9329 **Constitución de la comisión negociadora** La intervención como interlocutores ante la dirección de la empresa en el procedimiento de consultas corresponde a las **secciones sindicales** cuando éstas así lo acuerden, siempre que tengan la representación mayoritaria en los comités de empresa o entre los delegados de personal de los centros de trabajo afectados, en cuyo caso representan a todos los trabajadores de los centros afectados.
En defecto de lo anterior, operan las siguientes reglas:
1. Si el procedimiento **afecta a un único centro de trabajo**, corresponde al comité de empresa o a los delegados de personal. En el supuesto de que en el centro de trabajo no exista representación legal de los trabajadores, estos pueden optar por atribuir su representación para la negociación del acuerdo, a su elección, a una **comisión ad hoc** de un máximo de 3 miembros:
- integrada por trabajadores de la propia empresa y elegida por éstos democráticamente; o
- designados, según su representatividad, por los sindicatos más representativos y representativos del sector al que pertenezca la empresa y que estuvieran legitimados para formar parte de la comisión negociadora del CCol de aplicación a la misma.
En este caso el **empresario** puede atribuir su representación a las organizaciones empresariales en las que estuviera integrado, pudiendo ser las mismas más representativas a nivel autonómico, y con independencia de que la organización en la que esté integrado tenga carácter intersectorial o sectorial.
2. Si el procedimiento **afecta a más de un centro de trabajo**, los interlocutores son:
a) En primer lugar, el **comité intercentros**, siempre que tenga atribuida esa función en el convenio colectivo de su creación.
b) Subsidiariamente, una **comisión representativa** que se constituye de la siguiente forma:
1.º Si todos los centros afectados cuentan con representantes legales de los trabajadores, por estos últimos.
2.º Si alguno de los centros de trabajo afectados cuenta con representantes legales de los trabajadores y otros no, la comisión está integrada únicamente por representantes legales de los trabajadores de los centros que cuenten con dichos representantes. Y ello salvo que los trabajadores de los centros que no cuenten con representantes legales opten por designar la **comisión ad hoc**, en cuyo caso la comisión representativa está integrada conjuntamente por representantes legales de los trabajadores y por miembros de las comisiones ad hoc, en proporción al número de trabajadores que representen.

3.º Si ninguno de los centros afectados cuenta con representantes legales de los trabajadores, por una comisión ad hoc.
En todos los supuestos contemplados, si como resultado de la aplicación de las reglas indicadas anteriormente el **número inicial** de representantes fuese **superior a 13**, estos han de elegir por y entre ellos a un máximo de 13, en proporción al número de trabajadores que representen.

Precisiones 1) Los **grupos de empresas** deben sustanciar períodos de consultas empresa por empresa, cada una con su propia comisión negociadora, salvo que se trate de un grupo a efectos laborales (TS 20-1-15, EDJ 12132).
2) Se considera valida la modificación sustancial acordada en período de consultas con el **sindicato mayoritario en el comité intercentros** tal y como prevé el convenio sectorial (TS 23-6-15, EDJ 129755).
3) Es valida la negociación y el acuerdo de modificación colectiva de condiciones alcanzado por la empresa, que **carece de representantes unitarios**, con la totalidad de los trabajadores, y que optan por no designar la comisión ad hoc, teniendo dicho acuerdo el mismo carácter y eficacia colectiva que el que se hubiera alcanzado con la comisión ad hoc (TS 10-10-19, EDJ 761462).

Duración El período de consultas no puede ser superior a 15 días, que han de entenderse naturales, y se computan desde la fecha de inicio efectivo de las consultas (nº 9327). Este período puede entenderse **finalizado**, cualquiera que sea el tiempo transcurrido, en el supuesto de que se alcance un acuerdo, o cuando las partes coincidan en que el acuerdo resulta ya inalcanzable. El **incumplimiento del plazo** por parte de la empresa determina que el período de consultas no se entienda válidamente agotado, y la consiguiente nulidad de la modificación (TSJ Galicia 6-10-99, EDJ 43837). **9331**

Precisiones 1) No quiebra el principio de buena fe la **prolongación** del **período de consultas** más allá del plazo máximo de 15 días (en el caso concreto 48 horas más), siempre que se continúe negociando. Impedir que continúe para alcanzar un acuerdo sería contrario a la finalidad esencial del periodo de consultas (AN 13-3-13, EDJ 25498).
2) Atendidas las especiales circunstancias concurrentes en el caso resuelto, la **prórroga del período de consultas**, cuando se había superado el tope legal de 15 días, no acarrea la nulidad del acuerdo alcanzado en dicho periodo (TS 25-5-15, EDJ 144473).

Sustitución El empresario y la representación de los trabajadores pueden acodar en cualquier momento la sustitución del período de consultas por la aplicación del procedimiento de **mediación o arbitraje** que sea de aplicación en el ámbito de la empresa, que deben desarrollarse dentro del plazo máximo señalado para las consultas. **9333**

Contenido La negociación debe versar sobre las **causas** motivadoras de la decisión empresarial y la posibilidad de evitar o reducir sus **efectos**, así como sobre las medidas necesarias para atenuar sus consecuencias para los trabajadores afectados. **9335**
Respecto a la **documentación** que debe aportarse resultan de obligada presencia tanto aquellos documentos que acrediten la concurrencia de las causas, como los que justifiquen las correspondientes medidas a adoptar y en todo caso -con carácter general- todos aquellos que permitan cumplir con la finalidad del periodo de consultas (TS 18-2-14, EDJ 57425; 16-12-14, EDJ 253969; 15-4-15, EDJ 86990). Esa documentación a aportar no puede ser obviamente la que el legislador refiere con todo detalle para los despidos colectivos, si bien dicha relación documental puede servir de **elemento orientativo** para que en algún caso -y en atención a las singulares circunstancias- haya de considerarse razonablemente impuesta la aportación de unos u otros documentos, muy particularmente cuando se aleguen causas económicas, y en todo caso siempre bajo el prisma de la obligada buena fe y con la finalidad puesta en la posible consecución de un acuerdo (TS 16-9-15, EDJ 230718; 21-6-17, EDJ 133523).

Precisiones Procede declarar la nulidad de la modificación sustancial colectiva cuando existe una total insuficiencia de aportación de la mínima documentación exigible para que el periodo de consultas cumpla su finalidad legal (TS 21-4-17, EDJ 58483). Así se ha declarado nula cuando no se ha aportado la documentación necesaria para acreditar la **causa económica** alegada, al no cubrir esta exigencia la aportación de una **memoria justificativa** realizada por ella misma que no apoyó en documento objetivo o soporte alguno que avalase la información allí reflejada (TS 16-12-14, EDJ 253969).

Criterios de negociación Durante el periodo de consultas, las partes deben **negociar de buena fe**, con vistas a la consecución de un acuerdo. **9337**
En el marco de esa obligación se incluye el deber de la empresa de ofrecer a la representación de los trabajadores la **información necesaria** sobre la medida y sus causas. No hay en el texto legal imposición formal alguna al respecto, por lo que basta con que se produzca el intercambio efectivo de información (TS 30-6-11, EDJ 198200; 26-3-14, EDJ 80027; 22-12-14, EDJ 253948; 7-6-18, EDJ 109161).

La **falta de información** básica a la comisión negociadora de los trabajadores durante el período de consultas, que impide afrontar tales consultas con plenas garantías y con total conocimiento de las circunstancias concurrentes, determina la nulidad de la medida adoptada por la empresa (TS 13-10-15, EDJ 221034). Esta obligación **no se considera cumplida** con la simple aportación de una multitud de documentos que carecen de una correcta explicación de su contenido y de una eficiente exposición de la incidencia que esos datos hayan de tener en las medidas que pretende aplicar la empresa, hasta el punto de hacerlos inmanejables y prácticamente ininteligibles para las representación de los trabajadores (TS 26-6-18, EDJ 527775).
La negociación exige una dinámica de **propuestas y contrapropuestas**, con voluntad de diálogo y de llegar a un acuerdo (TS 16-11-12, EDJ 263611; 30-6-11, EDJ 198200). Por ello, se admite la negociación realizada telemáticamente si se garantiza que las partes cruzan propuestas y contrapropuestas, pero la no que se realiza mediante el intercambio de **correos electrónicos** entre las partes sin que el resto de componentes de la comisión tenga conocimiento de ellos (TS 21-4-17, EDJ 58483).
El desarrollo de las reuniones debe documentarse mediante **actas** cuyo contenido puede ser relevante a efectos de constatar si las partes han negociado de buena fe y constituir uno de los elementos de convicción judicial para valorar la justificación de la medida.
La **ausencia de buena fe y de la debida información y documentación** por parte de la empresa en el periodo de consultas es causa de nulidad de la modificación sustancial de condiciones de trabajo de carácter colectivo (AN 18-10-21, EDJ 722828).

Precisiones 1) No se considera cumplido el trámite consultivo cuando no se produce una auténtica negociación y la **empresa incumple su deber de buena fe**, como han declarado en los siguientes casos:
- por no expresar la empresa en forma suficiente las causas que motivan su decisión (TSJ C.Valenciana 1-12-98, EDJ 65406);
- por ocultar o negar información o documentación esencial a los representantes de los trabajadores (TSJ Cataluña 24-11-98, EDJ 35168); en sentido contrario atendiendo a las circunstancias concurrentes (TSJ Galicia 31-10-01, EDJ 53975; TSJ C.Valenciana 3-2-98, EDJ 65401);
2) Por el contrario, se ha **entendido cumplido** el trámite consultivo cuando la **falta de negociación** durante el período establecido al **efecto es imputable a los representantes de los trabajadores:**
- por inasistencia a las reuniones convocadas por la empresa (TS 16-9-04, EDJ 144072; TSJ Las Palmas 18-11-05, EDJ 242419);
- por falta de respuesta a los requerimientos empresariales para la fijación de las fechas de las reuniones (TSJ C.Valenciana 29-5-02, EDJ 85690).
3) No cabe cuestionar la **validez** del **período de consultas** por el simple hecho de que se alcanzara acuerdo el primer día de la negociación (TSJ La Rioja 28-1-10, EDJ 38910; AN 2-3-12, EDJ 60910). Tampoco se aprecia ausencia de buena fe en la negociación y concurrencia de fraude de ley en el desarrollo del periodo de consultas, cuando, a través de la impugnación del acuerdo alcanzado, lo que en realidad se pretende combatir es una decisión unilateral de la empresa adoptada con anterioridad al período de consultas y convalidada por el acuerdo alcanzado (TS 15-9-16, EDJ 171552).
4) El **cambio del orden del día** en la reunión inicial, promovido por la empresa, quien introdujo nuevas modificaciones, no supone una quiebra mecánica de la buena fe negocial, cuando se acredita la aportación de información suficiente, así como la producción de múltiples negociaciones posteriores, que demuestran la negociación efectiva sobre todas las modificaciones, que concluyen con acuerdo con los sindicatos mayoritarios (AN 25-11-09, EDJ 272916).
5) Se considera que existe una **falta de aportación de información suficiente**, cuando la empresa no aporta la referida a las encomiendas de gestión del ejercicio anterior, respecto de las cuales se alega una variación que, a su entender, justificaría la decisión de modificación sustancial de condiciones de trabajo (TS 10-4-16, EDJ 78247).

9339 **Terminación** El período de consultas puede terminar con o sin acuerdo.
El **acuerdo** requiere la conformidad de la mayoría de los representantes legales de los trabajadores o, en su caso, de la mayoría de los miembros de la comisión representativa de los trabajadores siempre que, en ambos casos, representen a la mayoría de los trabajadores del centro o centros de trabajo afectados. La naturaleza del acuerdo es la de un pacto o convenio impropio, que tiene eficacia contractual (TS 21-1-97, EDJ 227).
Si el periodo de consultas **finaliza con acuerdo** se presume que concurren las causas justificativas y solo puede ser impugnado ante la jurisdicción competente por la existencia de fraude, dolo, coacción o abuso de derecho en su conclusión. No obstante, este acuerdo se entiende sin perjuicio del derecho de los trabajadores afectados al ejercicio de la opción prevista en el nº 9355.
Debe existir **concordancia** entre lo discutido en el período de consultas y lo acordado por el empresario. Si lo implementado por la empresa se aparta de lo negociado en el período de consultas sin motivo sobrevenido alguno, la modificación es nula (AN 21-6-13, EDJ 113464).
Si **no** hay **acuerdo**, el empresario puede adoptar unilateralmente la medida, cumplido el trámite del período de consultas.

Precisiones Si se ha alcanzado un acuerdo entre las partes en el período de consultas, la falta de entrega de documentación por parte de la empresa no es constitutiva por sí misma de una **actitud fraudulenta** sino que solo es relevante si la misma hubiera generado la consecución del acuerdo por medio de fraude (TS 24-7-15, EDJ 144506).

b. Notificación a los trabajadores afectados

(ET art.41.5)

Una vez finalizado el período de consultas, con o sin acuerdo, el empresario debe notificar a los trabajadores afectados su decisión. 9345

La **forma y contenido** de la notificación debe ajustarse a la de las modificaciones de carácter individual (nº 9312).

Cuando se trata de modificaciones sustanciales colectivas de la condiciones de trabajo, y se cierra el periodo de consultas **sin acuerdo**, es preciso que se lleve a cabo la notificación fehaciente de la decisión empresarial a los representantes de los trabajadores, para que éstos puedan interponer, en su caso, las reclamaciones correspondientes previstas legalmente (TS 21-5-13, EDJ 103121; 12-1-17, EDJ 12895; 2-6-17, EDJ 115997; 22-3-18, EDJ 37518).

E. Efectos de la modificación sustancial

(ET art.41.3, 4 y 5)

Tanto si se trata de una modificación sustancial de carácter individual como colectiva, la decisión empresarial tiene **carácter ejecutivo** una vez transcurrido el **plazo de preaviso** establecido (15 días en las modificaciones individuales y 7 en las colectivas), estando obligado el trabajador a realizar su trabajo en las nuevas condiciones, y sin perjuicio de los derechos y **acciones** que pueda ejercitar (nº 9355). 9350

El empresario que actúe arbitrariamente, al margen de los supuestos y procedimientos establecidos legalmente, puede incurrir en una **infracción laboral**. Las infracciones laborales por parte del empresario, en materia de modificación sustancial de las condiciones de trabajo, pueden ser calificadas como graves y muy graves (LISOS art.7.6, 7 y 10, 8.11, 12 -redacc LO 4/2023-, 14 y 40.1. b)).

Infracción	Grado	Sanción
La adopción de modificación unilateral de las condiciones de trabajo o el traslado impuesto unilateralmente por el empresario sin ajustarse al procedimiento legal	Grave	Multa de 751 a 7.500 €
El incumplimiento del período de consultas en los traslados o en las modificaciones de carácter colectivo	Grave	Multa de 751 a 7.500 €
Establecer condiciones de trabajo inferiores a las reconocidas por convenio colectivo	Grave	Multa de 751 a 7.500 €
Las modificaciones o los traslados de carácter discriminatorio	Muy grave	Multa de 7.501 a 224.018 €
Las modificaciones que fueran contrarias a la dignidad de los trabajadores	Muy grave	Multa de 7.501 a 224.018 €

F. Opciones frente a la decisión empresarial

(ET art.41.3 y 5)

El carácter ejecutivo de la medida modificativa una vez transcurrido el plazo de preaviso tras la notificación al trabajador, determina, en principio, la obligación para este último de prestar su trabajo de acuerdo con las condiciones que resultaron sustancialmente alteradas. 9355

No obstante, el afectado tiene la posibilidad de manifestar su **disconformidad** frente a la medida modificativa, cualquiera que hubiera sido su carácter (individual o colectiva; con o sin acuerdo). Así, las posibles **alternativas** de conducta del trabajador cuyas condiciones han sido objeto del cambio dependen de que este conforme o disconforme con el mismo.

Si **no** está **conforme**, el trabajador puede o impugnar la medida por considerarla no ajustada a derecho, o extinguir la relación laboral de forma indemnizada. La posibilidad de opción se abre a partir del instante en que se le notifica individualizadamente la decisión empresarial, no siendo preciso esperar a que ésta se haga efectiva.

Las posibles **vías de reacción** del trabajador y sus representantes son las siguientes:
1. **Aquietarse** a la decisión empresarial y asumir la decisión empresarial, acatándola (nº 9360).
2. **Impugnarla judicialmente** con la pretensión de que se revoque la decisión empresarial por ser nula o injustificada y se condene a la empresa a reponerle en sus anteriores condiciones (nº 9365).
3. Cuando proceda, solicitar la **extinción de su relación laboral** indemnizada (nº 9375 s.).
Finalmente, es posible que se pretenda también una indemnización por los **daños y perjuicios** sufridos (CC art.1101) por tal modificación sustancial declarada nula o injustificada. Esta reclamación, ha de realizarse por el procedimiento ordinario (TSJ Madrid 22-10-07, EDJ 238415); respecto del traslado (TS 2-6-08, EDJ 90860).
Si se reclama una indemnización por **vulneración** de **derechos fundamentales** puede hacerse por la modalidad especial de tutela de los mismos o, como se señaló, acumularse a otra modalidad especial de aplicación preferente (LRJS art.184).

1. Aquietamiento

9360 El trabajador puede aquietarse a la decisión empresarial y asumir o aceptar el cambio decidido por el empresario. La **conformidad** del trabajador con la modificación implica a priori que opta por adaptarse a sus nuevas condiciones de trabajo.
El **transcurso de los plazos** legales para impugnar la medida modificativa (20 días hábiles de caducidad a computar desde la notificación por escrito de la decisión a los trabajadores o a sus representantes) lleva implícito un aquietamiento del trabajador afectado.
En ocasiones se ha llegado a apreciar aquietamiento por el mero transcurso de varios meses desde que se operó el cambio invocado por el trabajador, sin que éste accione frente a él (TS 20-1-87, EDJ 415; 13-11-87, EDJ 8286). Se aprecia **prescripción de la acción extintiva** y consiguiente aquietamiento (aceptación tácita) en caso de transcurso de más de un año desde la efectividad de la medida (TS 20-4-09, EDJ 101860).
El aquietamiento **no** conlleva derecho a **indemnización** alguna, salvo que ello se hubiera previsto por la negociación colectiva o se pacte individualmente.

2. Impugnación judicial de la medida

(ET art.41.3.3º, 4 y 5 y 59.4; LRJS art.138 y 184)

9365 El trabajador, sin perjuicio de la ejecutividad de la modificación, puede impugnar ante la jurisdicción social la decisión empresarial con la que se encuentre disconforme, con la finalidad de que se revoque la misma por ser nula o injustificada y se le reponga en sus anteriores condiciones.
En caso de **modificación individual**, la posibilidad se limita a que el trabajador no haya optado por la rescisión indemnizada (nº 9380) y, en caso de modificación **colectiva**, a que la decisión haya sido adoptada tras un período de consultas sin acuerdo.
No es viable la impugnación por ausencia de causa justificativa, cuando la **decisión** ha sido **adoptada en virtud de acuerdo** al término de un período de consultas, quedando esta posibilidad restringida únicamente a la alegación de fraude, dolo, coacción o abuso de derecho en su conclusión.
La **impugnación individual** se somete a un procedimiento especial urgente y de tramitación preferente. Puede impugnarse a través de esta modalidad procesal especial aunque la medida se haya adoptado incumpliendo las exigencias legales de forma, en cuyo caso la decisión empresarial se declara nula (TS 27-2-20, EDJ 554423).
Sin perjuicio de esta acción individual, también puede reclamarse mediante **procedimiento** de **conflicto colectivo** para lo que están legitimados los representantes de los trabajadores. La interposición del conflicto paraliza la tramitación de las acciones individuales iniciadas hasta su resolución.
Tanto la impugnación individual como colectiva debe realizarse en un **plazo de caducidad** de 20 días hábiles desde la notificación de la decisión empresarial de la decisión (TS 16-9-14, EDJ 182665).

9367 La **sentencia** debe ser dictada en el plazo de 5 días y debe declarar la medida empresarial:
1. **Justificada**, si quedan acreditadas, respecto de los trabajadores afectados, las razones invocadas por la empresa, supuesto en el que procede absolver a los demandados. En tal caso, la sentencia debe reconocer el derecho del trabajador a extinguir el contrato de trabajo en los supuestos previstos legalmente (nº 9375), concediéndole al efecto el plazo de 15 días.

2. **Injustificada**, si no queda acreditada, respecto de los trabajadores afectados, la suficiencia de las razones aducidas por la empresa, reconociendo en tal caso el derecho del trabajador a ser repuesto en sus anteriores condiciones de trabajo, así como al abono de los daños y perjuicios que la decisión empresarial hubiera podido ocasionar durante el tiempo en que ha producido efectos.
3. **Nula**, si la decisión se ha adoptado en fraude de ley, eludiendo las normas relativas al periodo de consultas, así como cuando tenga como móvil alguna de las causas de discriminación o se produzca con violación de derechos fundamentales y libertades públicas del trabajador, incluidos, en su caso, los demás supuestos que comportan la declaración de nulidad del despido, condenando en tal supuesto al empresario a la inmediata reposición del trabajador en sus anteriores condiciones de trabajo.
En los dos últimos casos, se genera el derecho del trabajador a ser repuesto en sus anteriores condiciones, pudiéndose reclamar los daños y perjuicios que se aleguen y prueben. La negativa empresarial a acatar estos fallos permite al trabajador instar ante los tribunales la **resolución de su contrato de trabajo**, esta vez con una indemnización mayor -equivalente a la del despido improcedente, al amparo del ET art.50.1.c.

Precisiones 1) El hecho de que, sin haber procedido a reponer a los trabajadores en las condiciones anteriores tras una sentencia que declara nula las modificaciones sustanciales consistentes en una reducción salarial y en la supresión de la tarjeta sanitaria, la empresa acometa un nuevo proceso para imponer las mismas modificaciones determina la **nulidad por fraude de ley** de este segundo proceso de modificación (TS 28-10-14, EDJ 280845).
2) La **condena a reponer** al trabajador en sus anteriores condiciones de trabajo, en caso de declararse injustificada la modificación de la jornada, y consiguiente salario, lleva aparejada la **reintegración de todos sus derechos**, sin necesidad de que el fallo contenga expresión literal en relación al salario, al ser ésta precisamente una de las condiciones alteradas con la medida que es declarada contraria a derecho (TS 20-5-14, EDJ 91265).

3. Extinción indemnizada del contrato por voluntad del trabajador

El trabajador puede optar por la extinción de la relación laboral recibiendo una **indemnización** **9375**
y teniendo derecho a percibir las correspondientes **prestaciones por desempleo** (LGSS art.267.1.a.5º; RD 625/1985 art.1.1.g.h.j) en los siguientes **supuestos** de modificación sustancial:
1. Cuando sea **perjudicial** para el trabajador y que afecte a alguna de las siguientes **materias**: tiempo de trabajo, sistema de remuneración y cuantía salarial y funciones: puede solicitar la rescisión directa de su contrato (nº 9380).
2. Cuando **menoscabe la dignidad del trabajador**, afecte a cualquier materia y haya sido adoptada sin respetar las previsiones estatutarias establecidas para realizar la modificación sustancial (nº 9395): debe presentar demanda para que los tribunales procedan a la resolución indemnizada de su contrato (nº 9395).

a. Rescisión del contrato por modificación del tiempo de trabajo, sistema de remuneración, cuantía salarial o funciones

(ET art.41.3.2º)

El trabajador que resulte **perjudicado** por la decisión empresarial de modificar sustancial- **9380**
mente ciertas condiciones de trabajo, tiene derecho a rescindir el contrato de trabajo y percibir una **indemnización** de 20 días de salario por año de servicio, prorrateándose por meses los períodos de tiempo inferiores al año, con un máximo de 9 mensualidades.
Esta posibilidad de rescisión indemnizada sólo es viable respecto de modificaciones que afecten a las siguientes **condiciones**:
a) Jornada.
b) Horario y distribución del tiempo de trabajo.
c) Régimen de trabajo a turnos.
d) Sistema de remuneración y cuantía salarial.
e) Funciones que excedan los límites de la movilidad funcional no sustancial.
Todo ello con independencia de la posibilidad de resolución judicial por modificación sustancial de condiciones que redunden en un menoscabo de la dignidad del trabajador (nº 9395 s.).
Para tener derecho a la resolución indemnizada es necesaria la coincidencia de los siguientes **requisitos** (TSJ País Vasco 17-1-12, EDJ 96402):
- una modificación sustancial de condiciones de trabajo indicadas;
- un perjuicio para el trabajador;
- una relación de causalidad entre la modificación y el perjuicio.

9382 **Perjuicio** Para que la decisión empresarial de modificación de condiciones faculte al trabajador para resolver justificadamente su contrato, con la indemnización señalada, es preciso que le suponga determinado perjuicio. El punto de referencia lo constituye simplemente la producción de un perjuicio al trabajador, al margen de que se trate de un **daño lícito o no**.
La facultad de rescisión contractual se halla condicionada a la **acreditación** por el trabajador afectado del perjuicio que sufre como consecuencia de la modificación. En el caso de que sea necesario acudir a los tribunales -para que constaten la resolución del contrato o se pronuncien sobre la procedencia de la indemnización- el trabajador debe probar en el acto de juicio que la medida le ocasiona un **perjuicio real** o potencial objetivamente constatable y de cierta consideración, sin cuya acreditación no nace la obligación de indemnizar (TS 18-3-96, EDJ 1412; 18-10-16, EDJ 202716).
El perjuicio **no se presume**, de manera que no se entiende producido en todo caso como consecuencia de la mera modificación sustancial. La alegación, concreción y **carga de la prueba** del perjuicio ocasionado corresponde al trabajador, sin que sea correcto en esta ocasión proceder a la inversión de la carga de la prueba (TS 18-10-16, EDJ 202716; 18-3-96, EDJ 1412; 18-7-96, EDJ 6283). De tal forma que no basta, a estos efectos, una alusión genérica a la conciliación de la vida familiar y laboral, o a la notoriedad del perjuicio (TSJ Las Palmas 31-1-13, EDJ 63762).

9384 Precisiones 1) Se ha considerado que constituyen **molestias**, y **no perjuicios** para el trabajador, que no justifican, por tanto, esta rescisión:
a. Las derivadas de tener que **madrugar** más y someterse al mismo régimen de turnos que el resto de sus compañeros (TSJ La Rioja 1-6-00, EDJ 26416).
b. Cuando se cambia de centro dentro de la misma localidad, con **retraso** en una hora del **comienzo y fin de la jornada** laboral (TSJ Baleares 11-9-01, EDJ 59612).
c. Cuando se produce un **cambio de centro de trabajo y de horario negociado** con los representantes de los trabajadores (TS 13-3-86, EDJ 1938). No obstante, en sentido contrario, se ha afirmado que la aceptación por los representantes de los trabajadores no impide la consideración del cambio de horario como perjuicio (TS 18-12-89, EDJ 11388).
d. Modificación de horario, consistente en comenzar a trabajar **una hora más tarde** por la mañana y por la tarde y salir una hora más tarde, que impide comenzar a tiempo su entrenamiento en el Club de Remo y obliga a su hijo, al que recoge con su vehículo a la salida del colegio, a esperarle media hora (TSJ Cantabria 19-4-99, EDJ 15637).
e. Una **reducción salarial** del 3,8%, si no se prueba la existencia de perjuicio y perjuicio en qué medida y de qué forma causa una merma relevante al afectado (TS 18-10-16, EDJ 202716).
2) Sí se consideran, entre otros, **perjuicios** que justifican la rescisión del contrato:
a. Cambio de jornada continuada a partida cuando existen **responsabilidades familiares** (TSJ Madrid 17-6-99, EDJ 29897; JS Madrid núm 31, 4-7-05); o cambio de turno que incide negativamente en el cuidado de los hijos (TSJ Navarra 19-11-02, EDJ 65740); o cuando el cambio de horario repercutiera negativamente sobe el desarrollo de una segunda actividad profesional (TS 2-6-87, EDJ 4404).
b. Cambio en el régimen de turnos que imposibilita continuar con los **estudios**, con independencia de que la naturaleza de los mismos guarde o no relación con su actividad profesional ni conlleve una expectativa de promoción relacionada con la misma (TSJ Madrid 24-4-01, EDJ 15009).
c. Reducción de jornada que determina una **reducción de la retribución** en un 50% (TSJ Málaga 8-10-99, EDJ 30483; TSJ Valladolid 25-11-97, EDJ 59510).
d. Una reducción salarial considerada relevante, situándose en caso de **reducción salarial** el límite de lo que se considera constitutivo de perjuicio en un impreciso listón porcentual del 5% o 7% (TS 23-7-20, EDJ 618583).

9386 **Procedimiento** El **trabajador** tiene la facultad de resolver el contrato **por sí mismo**, por lo que su declaración rescisoria tiene virtualidad extintiva sin necesidad de que exista un previo pronunciamiento judicial (TS 18-9-08, EDJ 203687; 5-5-97, EDJ 4189; 9-6-87, EDJ 4609; TSJ Asturias 1-3-13, EDJ 51348; TSJ Galicia 25-2-15, EDJ 33670).
La **comunicación al empresario** debe hacerse preferentemente por escrito a efectos de constancia de la causa extintiva, poniendo de manifiesto la voluntad de resolver la relación laboral con efectos desde la fecha que se fije y con expresión de los concretos perjuicios ocasionados por la medida (TSJ Castilla-La Mancha 21-1-16, EDJ 5256).
No se fija legalmente un **plazo** especifico para el ejercicio de la facultad rescisoria por el trabajador. La jurisprudencia ha entendido inaplicable el plazo de 20 días de caducidad que sólo opera para la impugnación de la medida, ya que ambas acciones son distintas (TS 29-10-12, EDJ 263609). No estando sujeta esta acción a plazo específico de caducidad en su ejercicio, debe serle de aplicación el plazo general de prescripción de un año (TSJ Málaga 5-11-15, EDJ 264828), que se ha de **computar** desde la efectividad de la medida modificadora -fijada en 7 días en el caso de las colectivas y 15 días en las individuales en cuyo marco se ha de respetar dicho preaviso- (TS 29-10-12, EDJ 263609; previamente en este mismo sentido, TSJ Madrid 17-6-99, EDJ 29897; TSJ Cataluña 19-2-98, EDJ 5560).
Tampoco se hace referencia a la **fecha de efectos** de la decisión rescisoria que, no obstante, parece constitutiva.

Precisiones 1) Se trata de una **extinción extrajudicial**, que opera automáticamente por voluntad del trabajador mediante la **comunicación** al empresario de su opción por la extinción del contrato, quedando rescindido el contrato desde el momento en que el trabajador comunique su opción al empresario (TS 9-6-87, EDJ 4609; TSJ Asturias 1-3-13, EDJ 51348; TSJ Málaga 8-10-99, EDJ 30483). Así, se rechaza la **acción por despido** aduciendo que no ha existido este, sino rescisión del contrato por el trabajador, pues no resulta que el empresario le haya despedido, ello al margen del derecho del trabajador a reclamar la indemnización pues la rescisión laboral, por supuesta modificación sustancial de condiciones de trabajo puede adoptarla el trabajador por si mismo (TSJ Sevilla 5-4-02, EDJ 63446). **9388**

2) Cuando el **empresario no esté conforme** con la opción del trabajador, por entender que no existe perjuicio o que este carece de entidad suficiente, el cese en el puesto de trabajo (TSJ Sevilla 8-10-02, EDJ 130258; TSJ Málaga 8-10-99, EDJ 30483) puede suponer graves riesgos ante la posibilidad de un posterior pronunciamiento desfavorable (pérdida del puesto de trabajo sin indemnización y no reconocimiento de las prestaciones por desempleo), lo que hace aconsejable, aunque no preceptiva, la continuidad provisional en el puesto de trabajo y la interposición de demanda por el procedimiento ordinario dentro del plazo de efectividad de la medida, solicitando que se declare resuelto el contrato de trabajo con la indemnización legalmente establecida. No obstante, el trabajador puede cesar en su puesto de trabajo aunque el empresario se haya opuesto a la rescisión indemnizada y reclamar la indemnización por el proceso ordinario, asumiendo tales riesgos.

3) Si el empresario no pone a disposición del trabajador la indemnización o lo hace en cuantía inferior a la debida, aquél debe **reclamar judicialmente** por la vía del **procedimiento ordinario** en reclamación de cantidad adeudada (TSJ Asturias 1-3-13, EDJ 51348).

4) Es viable que el demandante plantee en el **mismo proceso** la acción de resolución contractual indemnizada en base al ET art.50, y **subsidiariamente**, la fundada en el ET art.41.3, para el caso de que no se aprecie el perjuicio grave, pero si el perjuicio simple. Solicitando la indemnización equivalente a la que correspondería en caso de despido improcedente y subsidiariamente de 20 días (TS 18-12-89, EDJ 11388).

b. Resolución del contrato por menoscabo de la dignidad del trabajador

(ET art.50.1.a)

El **trabajador** puede **solicitar** la extinción del contrato y percibir la indemnización señalada para el despido improcedente cuando la modificación sustancial de las condiciones de trabajo impuesta por el empresario redunde en un menoscabo de su dignidad y se haya adoptado sin respetar el procedimiento establecido en el ET. Es decir, para que el trabajador pueda instar judicialmente la resolución contractual en virtud de esta causa, deben reunirse los siguientes **requisitos** (TSJ Madrid 20-4-16, EDJ 80803): **9395**

1. Que se le hayan modificado sustancialmente cualesquiera de sus condiciones de trabajo sin cumplir los requisitos estatutarios.

2. Que dicha modificación vulnere la dignidad del trabajador afectado.

Además, la indemnización legal de despido puede complementarse con una indemnización por **daños y perjuicios** cuando está en juego la lesión de derechos fundamentales, incluida la prohibición de discriminación, y el acoso en el trabajo. La solicitud de esta indemnización adicional puede acumularse en la misma demanda de extinción de la relación laboral (LRJS art.26.2). Ejercitada ya la acción de extinción judicial indemnizada de la relación laboral, es posible accionar de forma independiente solicitando una indemnización de daños y perjuicios por vulneración de un derecho fundamental. De manera que ambas acciones no deben ejercitarse inexcusablemente por la vía del proceso de extinción, sin perjuicio de que el ejercicio conjunto o acumulación de acciones se contemple como una opción en la norma procesal social (TS 9-5-11, EDJ 114214).

Resuelto el contrato de trabajo a instancia del trabajador, éste se encuentra en situación legal de **desempleo**.

Precisiones La **resolución judicial del contrato** indemnizada por una modificación sustancial de condiciones, que menoscaba su dignidad, no impide que el trabajador pueda solicitar las **diferencias salariales** que considera que se le adeudan al no haberse respetado su salario de origen mientras estuvo realizando tareas de una categoría inferior a raíz de la modificación sustancial ilícita (TS 16-1-09, EDJ 11816).

Menoscabo de la dignidad del trabajador (Const art.15, 18.1 y 35; ET art.4.2.e) La dignidad del trabajador como atributo de la persona supone: **9397**

- desde un punto de vista **objetivo:** que las personas no pueden ser objeto de tortura o trato degradante, ni reducidas a la consideración de objetos o de mera fuerza de trabajo (TCo 192/2003).
- desde un punto de vista **subjetivo**: conectan con el derecho al honor y excluye las conductas dirigidas a causar perjuicio en la consideración social de la persona o en su autoestima.

El menoscabo de la dignidad puede entenderse, en sentido amplio, como toda **falta de respeto, vejación o descrédito** de carácter grave que sufre el trabajador ante sus compañeros de trabajo o jefes y su entorno socio-familiar, como persona o como profesional (TSJ Cantabria 22-1-13, EDJ 230701; TSJ Cataluña 15-6-95; TSJ Navarra 22-6-94, EDJ 5556).
El trato vejatorio puede llevarse a cabo por el empresario, pero también por un **superior jerárquico** del trabajador (TSJ Madrid 10-9-02, EDJ 58445).

Precisiones 1) Se ha considerado que **existe menoscabo** de la dignidad del trabajador en los siguientes supuestos:
- falta de ocupación efectiva, se prueba que el trabajador ha sido ignorado, aislado y minusvalorado. En este contexto la empresa debe respetar la cláusula de blindaje pactada (TSJ C.Valenciana 22-2-07, EDJ 24836);
- dedicar al trabajador a actividades marginales (entre ellas pasear y alimentar el perro del encargado) (TSJ Castilla-La Mancha 25-6-14, EDJ 119338);
- cambio de ubicación de una trabajadora, de la zona de oficinas a un almacén, que carece de una justificación proporcionada y razonable bajo la óptica de la organización empresarial. (TSJ Valladolid 14-2-07, EDJ 35202);
- reducción importante en la cuantía del salario, al considerar que la misma afecta a su dignidad (TSJ Cataluña 4-2-00, EDJ 6583);
- degradar en sus funciones a un trabajador con más de 41 años de antigüedad en la empresa (TSJ Madrid 18-12-15, EDJ 271312).

2) Por el contrario, **no** se ha apreciado que existe **menoscabo** de la dignidad:
- en los supuestos de cambio de jornada continuada a partida por no suponer deterioro profesional o atentado para la dignidad (TSJ Cantabria 4-6-99, EDJ 29132);
- cuando las modificaciones hayan sido aceptadas;
- cuando se produce traslado injustificado que no llega a producirse por dejarla sin efecto en acto de conciliación (TS 5-4-17, EDJ 58465).
- cuando la modificación de las condiciones de trabajo por reorganización interna de la empresa seguida por los cauces legales no vulnera la dignidad de los trabajadores afectados (TSJ Madrid 30-4-24, EDJ 587856).

9399 **Procedimiento** El ejercicio de la facultad resolutoria en el supuesto de modificaciones sustanciales con especial perjuicio debe venir precedido del planteamiento de la correspondiente **acción judicial** (TS 23-4-96, EDJ 3261; 22-10-86, EDJ 6645; 26-11-86, EDJ 7717; 18-7-90, EDJ 7816).
La **sentencia** tiene valor constitutivo y no meramente declarativo; la extinción contractual se produce a partir de la notificación del fallo estimatorio de la demanda planteada por el trabajador. Como contrapunto, el trabajador, al seguir contractualmente vinculado a la empresa, debe **continuar la prestación de servicios** para la misma, hasta tanto se dicte el citado pronunciamiento judicial. Es decir, solo se puede solicitar la resolución judicial del contrato de trabajo, cuando el vínculo contractual está vivo, de manera que, con carácter general, hasta la sentencia resolutoria se ha de permanecer en el puesto de trabajo (TS 24-5-00, EDJ 117288; 8-11-00, EDJ 55654; 2-7-85, EDJ 4016; 22-10-86, EDJ 6645; 27-10-86, EDJ 6779; 18-7-90, EDJ 7816).
No obstante, como excepción, es posible que el juez articule, a instancia del trabajador demandante, **medidas cautelares** cuando se justifique que la conducta empresarial perjudica la dignidad o la integridad física o moral de trabajador y puede comportar una posible vulneración de derechos fundamentales o libertades públicas o aparejar consecuencias de tal gravedad que pudieran hacer inexigible la continuidad de la prestación en su forma anterior (LRJS art.79.7). Entre estas medidas, **puede acordarse**:
a) La suspensión de la relación laboral o la exoneración de prestación de servicios.
b) El traslado de puesto o de centro de trabajo.
c) La reordenación o reducción del tiempo de trabajo.
d) Cuantas otras tiendan a preservar la efectividad de la sentencia que pudiera dictarse; incluidas también, en su caso, aquéllas que pudieran afectar al presunto acosador o vulnerador de los derechos o libertades objeto de la tutela pretendida, en cuyo supuesto debe ser oído éste (LRJS art.180.4).
Todo ello, siempre con mantenimiento del deber empresarial de **cotizar** y de **abonar los salarios** sin perjuicio de lo que pueda resolverse en la sentencia.
El **plazo para el ejercicio** de la acción extintiva es el genérico de prescripción de un año desde que la modificación tiene lugar (TS 22-12-88, EDJ 10090; TSJ Castilla-La Mancha 12-11-15, EDJ 227826), y no el de caducidad de 20 días aplicable a la acción impugnatoria (TSJ Las Palmas 24-6-04, EDJ 80277; TSJ Sevilla 8-10-02, EDJ 70467). Transcurrido más de un año desde que se produjo la modificación sin que el trabajador reaccione, debe entenderse que ha consentido tácitamente la nueva situación y que la acción de resolución del contrato ha prescrito (TS 20-4-09, EDJ 101860).

Corresponde al trabajador la **carga de acreditar** los perjuicios que se estimen producidos, que deben afectar específicamente a su dignidad que no pueden presumirse (TS 18-7-96, EDJ 6283; TSJ Extremadura 5-1-06, EDJ 2135).

Precisiones Cuando la causa de resolución contractual es el acoso moral, el trabajador puede verse obligado a solicitar la **excedencia voluntaria** (TSJ Cataluña 10-2-03, EDJ 50652); la suspensión del contrato durante la excedencia voluntaria no impide el ejercicio de la acción resolutoria (TSJ La Rioja 20-12-02, EDJ 130027). **9401**

4. Impugnación por los representantes de los trabajadores

(ET art.40.2.9º y 41.5.2º; LRJS art.153.s.)

Se trata de un proceso de **conflicto colectivo especial**, donde cabe controvertir la viabilidad de la decisión empresarial que admite la calificación de colectiva, sin necesidad de valorar si tal decisión afecta a intereses generales de un grupo indeterminado de trabajadores (TS 18-6-01, EDJ 16105). **9410**

Decisiones impugnables (ET art.40.2 y 41.4) No todas las decisiones empresariales de modificación sustancial de las condiciones de trabajo pueden ser objeto de impugnación en este proceso especial, sino únicamente cuando se cumplan los siguientes **requisitos**: **9412**

1. Que la modificación o el traslado tenga carácter **colectivo**, se haya llegado o no a un acuerdo en el periodo de consultas. Se incluyen también las modificaciones que, aunque debieron tramitarse por el procedimiento colectivo, se siguió el individual.

2. Que se trate de una modificación sustancial de las condiciones de trabajo adoptada conforme al **procedimiento** legalmente previsto (nº 9320) (TS 19-5-04, EDJ 51956; 29-9-08, EDJ 222452).

Precisiones **1)** De **no cumplirse** las dos exigencias mencionadas, la pretensión contra una decisión modificativa puede encauzarse por el trámite del conflicto colectivo ordinario, siempre que concurran los requisitos exigidos legalmente (nº 1236), como sucede si la modificación se acuerda sin seguir las formalidades legalmente establecidas, pero afecta a un conjunto homogéneo de trabajadores unidos por un interés de configuración general (TS 19-5-04, EDJ 51956; 19-2-02, EDJ 13572; 15-1-01, EDJ 263; AN 20-5-13, EDJ 61509), o si, tratándose de una modificación de naturaleza individual, afecta a intereses generales de un grupo genérico de trabajadores (TS 8-11-02, EDJ 51543; 6-5-96, EDJ 2410; TSJ Sevilla 18-2-99, EDJ 11571; en contra TS 18-7-03, EDJ 92953).

2) No resulta adecuada la modalidad genérica de conflicto colectivo cuando se trata de **modificaciones individuales** en la que no concurren elementos de homogeneidad o no existe un interés general, al afectar a personas individuales y concretas (TS 6-3-01, EDJ 2950; TSJ Galicia 20-4-99; TSJ Cantabria 23-7-99, EDJ 29854; TSJ Cataluña 19-2-99, EDJ 6391). Ni para impugnar una modificación sustancial de condiciones de trabajo que no tiene carácter colectivo, por no superar los **umbrales** legalmente previstos (nº 4938) (TS 17-4-18, EDJ 64893; 19-11-19, EDJ 770172).

Plazo para el ejercicio de la acción (ET art.59.4) El plazo para el ejercicio de la acción es el de **caducidad** de 20 días hábiles (TS 4-6-13, EDJ 120978; 19-5-04, EDJ 51956; 10-4-00, EDJ 10331; 20-5-99, EDJ 13531; 21-10-98, EDJ 25352; 29-5-97, EDJ 4366; TSJ Madrid 24-3-06, EDJ 73492). **9414**

El **dies a quo** es la fecha en la que se exterioriza por la empresa la decisión adoptada, notificándosela a los trabajadores (TS 21-10-14, EDJ 261501), y no la fecha en que finaliza el periodo de consultas, pues este hecho no obliga a la empresa a tomar la decisión, pudiendo hacerlo o desistir de ello. La **fecha relevante** es la de la recepción real de la comunicación empresarial por los interesados y no la fecha de la misma (TS 7-6-99, EDJ 13535).

En el supuesto de que el legitimado para promover el conflicto colectivo **inste ante la autoridad laboral** que sea esta quién lo inicie (LRJS art.158), el dies ad quem de la caducidad es el de presentación del escrito inicial del conflicto ante la autoridad laboral, con independencia de la fecha en que esta comunique al órgano jurisdiccional competente el escrito de iniciación del proceso (TS 5-12-02, EDJ 61276).

Precisiones **1)** El plazo de caducidad **no se suspende** por el mantenimiento de conversaciones y negociaciones con la empresa para conseguir una rectificación de su decisión (TSJ Murcia 27-7-98, EDJ 26578).

2) El hecho de que la empresa **no** haya seguido los **cauces legales del ET** para proceder a una MSCT de carácter colectivo, adoptando su decisión de forma unilateral, no impide la aplicación de dicha normativa; en consecuencia, es aplicable la previsión legal sobre el plazo de caducidad para el ejercicio de esta clase de acciones (TS 2-6-17, EDJ 115997).

9416 **Tramitación** En cuanto a la tramitación del procedimiento, rigen las reglas generales del proceso de conflicto colectivo (ver nº 1290 s. Memento Social 2024) (TS 24-3-15, EDJ 105754; TSJ Valladolid 27-2-17, EDJ 36042).

Precisiones 1) Para la interposición de la **demanda colectiva** es necesario contar con el voto a favor de la mayoría de la comisión negociadora, puesto que si la adopción de acuerdos exige la conformidad de la mayoría de los miembros de la comisión debe aplicarse ese mismo régimen para su impugnación (TS 27-4-17, EDJ 84512); y siempre con sujeción al principio de correspondencia, de forma que la representación que se exige en el proceso es la que corresponde a los trabajadores afectados por el mismo (TS 14-10-15, EDJ 230712).
2) La **empresa** está **legitimada** para promover un proceso de conflicto colectivo con el objeto de declarar legal y ajustada a derecho la modificación sustancial de condiciones de trabajo adoptada sin haber alcanzado acuerdo en el periodo de consultas (TS 29-11-18, EDJ 666765).

SECCIÓN 3

Movilidad geográfica

9425

9427 La movilidad geográfica es el cambio del lugar de trabajo. El lugar de prestación de servicios es una condición de trabajo fundamental para el trabajador en la medida en que condiciona su lugar de residencia e incide en las esferas personal, familiar y social.
Pueden distinguirse diferentes **tipos** de movilidad geográfica:
1. A iniciativa del **empresario** debiéndose distinguir entre:
a) La movilidad geográfica **sustancial** que implica cambio de residencia del domicilio habitual del trabajador afectado bien permanente, en el traslado (nº 9435); bien de forma temporal, en el desplazamiento (nº 9495).
b) La movilidad geográfica **accidental** o no sustancial al no implicar tal cambio de residencia (nº 9446).
c) La movilidad prevista como **sanción disciplinaria** contemplada en algunos convenios colectivos (nº 9505).
2. A iniciativa del propio **trabajador** (nº 9429).

Precisiones La **calificación** de una orden de movilidad geográfica como **de traslado o de desplazamiento** es independiente de la denominación que den las partes. Si no se explicita una duración adecuada a desplazamiento, la orden recibida por el trabajador para prestar servicios en población distinta tiene la apariencia de un traslado (TSJ País Vasco 25-9-01, EDJ 76864).

9429 **Movilidad geográfica a iniciativa del trabajador** El cambio en la ubicación física de prestación de servicios puede producirse por la iniciativa del trabajador, no teniendo el empresario libertad absoluta para aceptar o denegar tal petición, ya que existen determinados **supuestos** en los que el trabajador tiene un auténtico derecho a la movilidad geográfica:
1. Prioridades a la hora de los traslados establecidas **en convenio colectivo** (antigüedad en la categoría profesional; situación escolar de los hijos; razones de salud, traslados anteriores).
2. Los **ascensos** de los que se derive un cambio de lugar de trabajo.
3. El **reagrupamiento familiar**, cuando el otro cónyuge, trabajador de la misma empresa, cambia de residencia por traslado, da derecho al traslado a la misma localidad, si hubiera puesto de trabajo (ET art.40.3).
4. La **permuta** que consiste en el cambio de destino entre dos trabajadores, de distinto centro de trabajo, dentro de la misma empresa.
5. Los trabajadores que tengan la consideración de **víctimas de violencia de género**, de **víctimas del terrorismo** o de **violencias sexuales** que se vean obligados a abandonar el puesto de trabajo en la localidad donde venían prestando sus servicios. Para hacer efectiva su protección

o su derecho a la asistencia social integral, tienen derecho preferente a ocupar otro puesto de trabajo, del mismo grupo profesional, que la empresa tenga vacante en cualquier otro de sus centros de trabajo durante un período inicial de entre 6 y 12 meses, durante los cuales se les reserva su puesto de trabajo de origen. Terminado este periodo, pueden optar entre el regreso a su puesto de trabajo anterior, la continuidad en el nuevo, decayendo en este caso la obligación de reserva, o la extinción de su contrato, percibiendo una indemnización de 20 días de salario por año de servicio, prorrateándose por meses los periodos de tiempo inferiores a un año y con un máximo de 12 mensualidades (ET art.40.4 redacc LO 2/2024).

6. Para hacer efectivo su derecho de protección a la salud, los **trabajadores con discapacidad** que acrediten la necesidad de recibir fuera de su localidad un tratamiento de rehabilitación, físico o psicológico relacionado con su discapacidad, tienen derecho preferente a ocupar otro puesto de trabajo, del mismo grupo profesional, que la empresa tuviera vacante en otro de sus centros de trabajo en una localidad en que sea más accesible dicho tratamiento, en los términos y condiciones establecidos para las trabajadoras víctimas de violencia de género o de violencia sexual y para las víctimas del terrorismo (ET art.40.5 redacc LO 2/2024).

A. Traslado

(ET art.40.1)

9435 El empresario puede decidir trasladar al trabajador, que no haya sido contratado específicamente para prestar sus servicios en centros de trabajo móviles o itinerantes, a un centro de trabajo distinto de la misma empresa que exija cambio de residencia, entendiendo por tal la habitual y no la meramente administrativa, siempre que existan razones económicas, técnicas, organizativas o de producción que lo justifiquen y se siga el procedimiento establecido legalmente.

Las notas que delimitan la **noción legal de traslado** son las siguientes:

1. Se trata de un cambio de centro que presupone la **existencia** de un **puesto de trabajo anterior** desempeñado con carácter permanente, en el sentido de no provisional o circunstancial.
2. Implica un **cambio** a un nuevo y único centro de trabajo de la **misma empresa**.
3. Se trata de un cambio de residencia **con vocación de permanencia** o definitivo. Aunque ésta no se prevea inicialmente, los desplazamientos cuya duración en un período de 3 años haya excedido de 12 meses tienen la consideración legal de traslado.

Quedan excluidos los que afectan a los trabajadores específicamente contratados para prestar sus servicios en centros de **trabajo móviles o itinerantes**, entendiendo por tales aquellos para quienes el objeto de su prestación laboral consiste precisamente en desplazarse periódicamente, constituyendo la movilidad geográfica una circunstancia principal del contrato y configurándose dentro del poder de dirección empresarial (TSJ Sevilla 29-9-16, EDJ 200979).

Precisiones **1)** Son centros de trabajo móviles o itinerantes, por ejemplo, los **tendidos de redes eléctricas, telefónicas, montajes, instalaciones y mantenimientos industriales**, etc. De manera, que el empresario puede enviarles a otro centro de trabajo sin sujetarse a las reglas previstas con carácter general, al haber asumido el trabajador esa posibilidad como condición para poder ser contratado (TS 12-4-96, EDJ 1473).

2) No pueden considerarse como centros móviles e itinerantes los distintos centros de trabajo de una empresa dedicada a la prestación de **servicios de vigilancia y control** (TSJ Asturias 17-11-00, EDJ 57382). Tampoco las **obras de una empresa constructora**, pues por su propia naturaleza no lo son (TSJ Sevilla 7-11-01, EDJ 81679).

1. Necesidad de cambio de residencia

(ET art.40.1)

9440 Para que exista traslado en el sentido legal, que permite exigir una justificación y un determinado procedimiento, es imprescindible que tal movilidad geográfica implique un cambio de residencia (TS 14-10-04, EDJ 234975). Para apreciar la concurrencia de este presupuesto en cada supuesto concreto, hay que partir de la valoración conjunta de las siguientes **circunstancias** (TSJ Galicia 30-9-15, EDJ 181563):

1. Distancia entre el nuevo centro y el domicilio del trabajador (TS 16-4-03, EDJ 15595; 18-3-03, EDJ 7162; TSJ Cantabria 30-5-14, EDJ 98267). No se ha establecido legalmente una distancia concreta a partir de la cuál, con carácter general, pueda considerarse que se hace necesario el cambio de residencia.

2. Comunicación entre el lugar de residencia y el nuevo centro de trabajo (autovía, carretera de montaña...), medios de transporte disponibles y gasto diario de transporte. Valorándose compensaciones ofrecidas por la empresa en contrapartida al cambio, como p.e., servicio de transporte gratuito.

3. La **jornada** laboral contratada (TSJ Extremadura 21-1-03, EDJ 15243).

9442 El cambio de residencia no viene exigido por la empresa sino porque materialmente sea **imposible o notablemente gravoso** mantener la anterior residencia o domicilio y desplazarse desde ella a la localidad donde radique el nuevo centro de trabajo de forma diaria (TSJ Galicia 30-9-15, EDJ 181563; TSJ Extremadura 11-2-04, EDJ 92551; TSJ Cataluña 26-5-05, EDJ 110277).

El requisito del cambio de residencia debe ser analizado **de forma individualizada en cada caso**, atendiendo a circunstancias tales como el cambio de población del centro de trabajo, la lejanía del nuevo centro de trabajo respecto del domicilio del trabajador, los medios de transporte o compensaciones que ofrezca la empresa en contrapartida al cambio, la facilidad o dificultad en las comunicaciones, etc. (TSJ Madrid 6-3-06, EDJ 61312).

Una vez observada la necesidad del cambio de residencia, **no es exigible que éste se produzca efectivamente** (TSJ Extremadura 21-1-03, EDJ 15243; TSJ Madrid 6-3-06, EDJ 61312; TSJ Galicia 25-11-15, EDJ 252757). Es opción del trabajador el continuar asumiendo el notable gravamen que supone su desplazamiento diario entre el domicilio y el lugar de trabajo (TSJ Cataluña 26-5-05, EDJ 110277).

9444 Los cambios de centro de trabajo que **no** supongan **cambio de residencia**, por producirse **en el mismo municipio o en uno muy próximo**, se enmarcan dentro de la denominada movilidad geográfica impropia, débil o no sustancial (TS 16-4-03, EDJ 15595; 5-12-08, EDJ 262202; TSJ Madrid 6-3-06, EDJ 61312; 7-5-10, EDJ 116007; TSJ Cataluña 10-9-08, EDJ 341417). Este tipo de cambios no se regulan específicamente y se sitúan dentro del poder organizativo del empresario, el cual puede acordarlos libremente, cumpliendo las exigencias que se puedan haber establecido en convenio colectivo (TS 27-10-03, EDJ 158505) o en el contrato individual.

Las mismas consideraciones resultan aplicable cuando el cambio de centro de trabajo se produce **a un municipio diferente** que no exije cambio de residencia. El problema principal que se plantea radica en la superior onerosidad que puede suponer para el trabajador el mayor tiempo invertido en el trayecto de ida y vuelta, el incremento en los costes de transporte público o privado utilizado o la necesidad de incurrir en determinados gastos de manutención. Al respecto, se ha venido negando categóricamente el derecho del trabajador a que se compute como de **tiempo de trabajo** el mayor tiempo invertido en el desplazamiento, al carecer de cualquier sustento legal (TS 19-4-04, EDJ 31808). Doctrina que los tribunales, en defecto de previsión específica en el convenio colectivo aplicable, vienen aplicando miméticamente a los **gastos de desplazamiento** (TS 10-6-03, EDJ 241287; TSJ País Vasco 8-11-11, EDJ 369677). No obstante, algunos convenios colectivos sí asocian a la movilidad geográfica impropia un deber de colaboración empresarial en los gastos de transporte (TS 5-12-08, EDJ 262202).

Las **acciones** frente a las órdenes empresariales en estos supuestos deben tramitarse por el proceso ordinario.

Con todo, el poder de dirección del empresario no puede entenderse como una facultad absoluta, sino que se encuentra sometido a determinados **límites** y, en particular, a los derivados del obligado respeto a los derechos fundamentales y a las reglas de la buena fe.

9446 Precisiones 1) Como elementos a tener en cuenta para **negar la necesidad del cambio de residencia** la empresa puede alegar:

a. La existencia de **medios de transporte y red viaria adecuada**: autobús en las proximidades de la nueva ubicación laboral (TS 26-4-06, EDJ 76734), conexión por servicios de autobuses de transporte público entre las localidades de ambos centros de trabajo (TSJ Madrid 6-3-06, EDJ 61312; 4-5-12, EDJ 101671), parada de autobús cerca del nuevo centro (TSJ Burgos 27-2-08, EDJ 50761), una buena carretera de comunicación (TSJ C.Valenciana 22-5-08, EDJ 142230).

b. En cuanto a la existencia de **compensaciones económicas** ofrecidas a los trabajadores (TSJ C.Valenciana 22-5-08, EDJ 142230): abono de dietas y kilometraje (TSJ Cataluña 8-4-03, EDJ 23907), un incremento salarial importante (TSJ Madrid 6-3-06, EDJ 61312).

c. La **flexibilidad horaria** (TSJ Madrid 6-3-06, EDJ 61312; TSJ Burgos 27-2-08, EDJ 50761).

2) La casuística es muy variada, en función de las circunstancias concurrentes en cada supuesto:

a. Se considera que la movilidad geográfica implica **cambio de residencia** en un caso de desplazamiento a **37 km** (de Valladolid a Venta de Baños) (TSJ Valladolid 27-4-04, EDJ 51050), al igual que de Badajoz a Almendralejo, situada a **60 kms**. (TSJ Extremadura 21-1-03, EDJ 15243).

b. Sin embargo, en otros supuestos se considera que **no hay cambio de residencia**. Así sucede:

- cuando la distancia entre los centros de trabajo de origen y destino es de: **7,7 Kms** (TSJ Madrid 4-6-12, EDJ 129989); **17 Kms** (TSJ Cataluña 16-1-15, EDJ 9202); **5,5 Kms** cuando, además, los afectados tienen pactada una cláusula contractual en virtud de la cual se comprometían a prestar los servicios propios de su categoría en cualquiera de los centros de trabajo de la empresa en general o en una concreta provincia (TSJ Cataluña 7-1-13, EDJ 21004);
- en un supuesto de traslado colectivo con distancia superior a los **40 Kms** (TSJ Cataluña 7-4-04, EDJ 313179);

- en otro con distancia de **45 km** entre ambos centros de trabajo no implica cambio de residencia, al existir un servicio público de transportes (trenes y autobuses) y entenderse que la medida forma parte del «ius variandi» empresarial y carece de sustancialidad (TSJ Madrid 4-5-12, EDJ 101671);
- con el traslado de un centro de trabajo situado a una distancia de **13,4 Km** del primero (TS 26-4-06, EDJ 76734);
- para una distancia de **46 km**, por autovía gratuita (TSJ Cataluña 4-7-12, EDJ 192023);
- para el cambio a un centro de trabajo a **56 km**, por motivos de prevención de riesgos, que no supone un cambio de residencia (TS 15-6-21, EDJ 618776).

c. En ocasiones la empresa **no** puede **conocer de antemano** si algún trabajador decidirá cambiar su residencia, por lo que no puede descartar que se trate de un traslado. Así sucede para un cambio de centro a más de **60 km**, con comunicación por carretera cómoda y frecuencia de transporte público elevada, pero entendiendo que los trabajadores han de emplear en todo caso mucho más tiempo para acudir al nuevo centro. En consecuencia, al no haberse seguido el procedimiento estatutario establecido en tales casos la medida de movilidad geográfica se declara nula (TSJ País Vasco 27-11-12, EDJ 353195).

2. Causas justificativas

(ET art.40.1)

Se exige como requisito indispensable para que el empresario pueda trasladar a los trabajadores que existan razones **económicas técnicas, organizativas o de producción** que lo justifiquen. Se consideran tales: **9455**

1. Las relacionadas con la competitividad, productividad u organización técnica o del trabajo en la empresa, en los mismos términos que sucede en las modificaciones sustanciales de condiciones de trabajo previstas (nº 9295).

2. Las contrataciones referidas a la actividad empresarial.

Precisiones **1)** La mera **valoración del juez de instancia** de que la medida de movilidad geográfica impugnada en el proceso carece de cualquier tipo de justificación de carácter organizativo es insuficiente para anularla, pues sería tanto como desconocer que para la adopción de esa medida el empresario está amparado en su poder de dirección y no necesita causa que la justifique (TSJ Cataluña 3-10-11, EDJ 268867).

2) El traslado no se justifica si la trabajadora puede realizar sus tareas mediante el **teletrabajo** (TSJ Galicia 8-6-21, EDJ 637483).

3. Clases de traslados

(ET art.40.2.1º)

Aunque no se clasifican legalmente los traslados como **individuales o colectivos**, la relevancia de esta distinción se pone de manifiesto no obstante por el distinto procedimiento a seguir para llevarse a cabo (nº 9465 s.). **9460**

Para el TS, a los efectos de diferenciar si el traslado es individual o colectivo, la norma permite advertir la presencia de dos **parámetros** o elementos numéricos que han de tenerse en cuenta (TS 12-2-14, EDJ 25776): el número de trabajadores afectados por la medida empresarial, es decir, los trabajadores trasladados, y el número de trabajadores que prestan sus servicios en la totalidad de la empresa.

Es **individual**, esto es, sin necesidad de periodo de consultas:
- si el centro de trabajo en el que se produzcan los traslados ocupa a 5 o menos de 5 trabajadores, aunque el traslado les afecte a todos ellos;
- si en el período de 90 días los traslados, pese a que pueda no afectar a todos los trabajadores de un mismo centro, no superan los umbrales numéricos, referidos ahora a la totalidad de la plantilla empresarial, señalados en el nº 9289.

Es **colectivo**:
- si el traslado afecta a todos los trabajadores de un mismo centro de trabajo y en él estuvieran ocupados más de 5 trabajadores;
- sea cual fuere el número de trabajadores afectados por centro de trabajo, en los casos en que, en un período de 90 días, la empresa en su conjunto ocupe a un número de trabajadores que supere los umbrales que se indican en el nº 9289.

Precisiones Cuando con objeto de eludir el período de consultas la empresa realice **traslados en períodos sucesivos** de 90 días en número inferior a los umbrales establecidos, sin que concurran causas nuevas que justifiquen tal actuación, los nuevos traslados se consideran efectuados en fraude de ley y deben ser declarados nulos y sin efecto (ET art.40.1.5º).

4. Procedimiento de traslado

(ET art.40.1.2º y 2)

9465 El procedimiento para adoptar la medida es diferente según que el traslado sea individual o colectivo.

1. **Traslado individual**. El empresario puede acordarlo directamente sin otra exigencia que notificar su decisión al trabajador afectado y a sus representantes legales con una antelación mínima de 30 días a la fecha de su efectividad.Transcurrido dicho plazo la decisión es ejecutiva. Si bien el ET no exige la forma escrita, resultan aplicables las consideraciones efectuadas sobre la notificación de las modificaciones sustanciales de las condiciones de trabajo. La **comunicación** debe expresar:

- el centro de trabajo al que se traslada al trabajador;
- las razones del traslado;
- la fecha de efectos.

2. **Traslado colectivo**. Si el traslado es colectivo la decisión empresarial debe ir precedida de un período de consultas -de duración no superior a 15 días- entre los representantes de la empresa y de los trabajadores.

a. Período de consultas

(ET art.40.2)

9470 La decisión empresarial de **traslado colectivo** debe ir precedida de un período de consultas -de **duración** no superior a 15 días- con los representantes legales de los trabajadores.

Los **integrantes** de la comisión representativa de los trabajadores coinciden con la que ha de intervenir en caso de modificación sustancial de condiciones colectiva (nº 9329). El procedimiento así como la duración y contenido de la negociación es también coincidente (nº 9335 s.).

El período de consultas, por tanto, ha de **versar** sobre las causas motivadoras de la decisión empresarial, así como sobre la posibilidad de evitar o reducir sus efectos y las medidas necesarias para atenuar las consecuencias sobre los trabajadores.

La apertura del período de consultas **y las posiciones** de las partes tras su conclusión deben ser **notificadas a la autoridad laboral** para su conocimiento.

Al igual que en todo período de consultas, las partes tienen que **negociar de buena fe** con vistas a la consecución de un acuerdo que requiere la conformidad de la mayoría de los representantes legales de los trabajadores o, en su caso, de la mayoría de los miembros de la comisión representativa de los trabajadores siempre que, en ambos casos, representen a la mayoría de los trabajadores del centro o centros de trabajo afectados. No obstante, el acuerdo con los representantes de los trabajadores en el periodo de consultas se entiende sin perjuicio del derecho de los trabajadores afectados al ejercicio del derecho a optar entre el traslado, percibiendo una compensación por gastos, la extinción de su contrato, percibiendo una indemnización o la impugnación judicial de la decisión (nº 9480 s.).

El empresario y la representación legal de los trabajadores pueden acordar en cualquier momento la sustitución del periodo de consultas a que se refiere este apartado por la aplicación del procedimiento de **mediación o arbitraje** que sea de aplicación en el ámbito de la empresa, que deberá desarrollarse dentro del plazo máximo señalado para dicho periodo.

Tras la **finalización** del período de consultas el empresario debe **notificar a los trabajadores** su decisión de traslado, en las condiciones expuestas para el traslado individual (es decir, con al menos 30 días de antelación a su fecha de efectividad).

Contra las decisiones de traslado se puede **reclamar** mediante la vía de conflicto colectivo, sin perjuicio de la acción individual prevista. La interposición del conflicto colectivo paraliza la tramitación de las acciones individuales iniciadas, hasta su resolución.

Precisiones Una vez notificado el traslado al trabajador y habiendo ejercido este su **derecho de opción** por la extinción indemnizada del contrato de trabajo, la empresa ya no puede **retractarse**, aunque aún no se haya hecho efectivo (TSJ Madrid 31-10-12, EDJ 290807).

b. Prioridades de permanencia

(ET art.40.7)

9475 En los supuestos de traslado y desplazamiento, los **representantes legales de los trabajadores** tienen legalmente reconocida una prioridad de permanencia en los puestos de trabajo. Esta prioridad no es absoluta sino que debe entenderse referida a los trabajadores con los que compartan adscripción profesional (TSJ Cataluña 14-12-95, EDJ 8899; 20-2-04, EDJ 9581). Asimismo, mediante convenio colectivo o acuerdo alcanzado durante el período de consultas, pueden establecerse prioridades de permanencia a favor de trabajadores de **otros colectivos**, tales como trabajadores con cargas familiares, mayores de determinada edad o personas con discapacidad.

Precisiones 1) El **representante de los trabajadores afectado por el cambio** de centro de trabajo que pasa a prestar servicios en otro que cuenta con su propia representación pierde su condición de tal (TSJ Granada 5-6-13, EDJ 162971; TSJ Castilla-La Mancha 30-10-02, EDJ 87322).
2) Una cláusula que otorga **prioridad de permanencia** a los **trabajadores fijos** de la empresa, incluida en el acuerdo alcanzado sobre movilidad geográfica forzosa, no resulta contraria al principio de igualdad de trato (TS 31-3-15, EDJ 69710).

5. Opciones frente a la decisión empresarial

(ET art.40.1)

La decisión empresarial de traslado tiene un **efecto** directamente **ejecutivo** de incorporación en el plazo fijado. Una vez que le ha sido notificada la decisión de traslado, tanto sea éste individual o colectivo, el **trabajador** afectado tiene derecho a **optar** entre: **9480**
1. Acatar el traslado. (nº 9482).
2. Rescindir su contrato con derecho a indemnización (nº 9484).
3. Sin haber optado por la extinción y con independencia de la ejecutividad del traslado, impugnar la decisión empresarial ante la jurisdicción social cuando no esté conforme con ella (nº 9486).

Acatar el traslado (ET art.40.1.3º y 4º) El trabajador puede optar por acatar el traslado e incorporarse al nuevo centro de trabajo. En este caso tiene derecho a una **compensación por gastos**, que comprende tanto los gastos propios como los de los familiares a su cargo, en los términos que se convengan por las partes, pero nunca inferior a los límites mínimos establecidos en los convenios colectivos. **9482**
Los **convenios colectivos** establecen frecuentemente otro tipo de mejoras adicionales en caso de traslado, como indemnizaciones extraordinarias, la obligación empresarial de facilitar vivienda al afectado, o abonarle el importe del alquiler de una vivienda o la diferencia entre la renta que pagaba y la que debe pagar en la nueva localidad, etc.
En **defecto de previsión convencional**, la compensación debe comprender como mínimo los costes de la mudanza y los gastos de locomoción, que deben ser adelantados por el empresario o abonados por éste en el mismo momento en que se produzcan, evitando que el trabajador tenga que adelantarlos a su costa (TSJ Cataluña 26-5-05, EDJ 110277).

Precisiones 1) El derecho a cobrar **dietas** durante todo el lapso temporal en que se realiza la actividad laboral en el nuevo destino o en la nueva localidad solo se genera cuando se trata de un desplazamiento temporal (TS 17-2-00, EDJ 2801; TSJ Las Palmas 10-6-09, EDJ 242876).
2) Existiendo un **acuerdo** por el que se establece un conjunto de compensaciones y ayudas aplicables al concreto traslado colectivo, mejorando la cobertura convencional, este acuerdo desplaza la aplicación del convenio. Motivo por el que los trabajadores no tienen derecho a reclamar la ayuda por gastos de mudanza prevista en el convenio colectivo para los casos de traslado, no contemplada de modo específico en el acuerdo (AN 17-5-12, EDJ 92030).

Rescisión indemnizada del contrato (ET art.40.1) El trabajador afectado por el traslado puede optar por rescindir el contrato con derecho a una **indemnización** de 20 días de salario por año de servicio, prorrateándose por meses los períodos de tiempo inferiores a un año y con un máximo de 12 mensualidades. No requiere para su efectividad que el trabajador inste un pronunciamiento judicial expreso que le reconozca ese derecho, sino que es el propio trabajador quien directamente pone fin a la relación laboral (TS 29-10-12, EDJ 263609; TSJ Madrid 8-4-19, EDJ 723089). **9484**
El trabajador no tiene que alegar ni probar la **existencia de perjuicios**, a diferencia del supuesto de rescisión por modificación sustancial del tiempo de trabajo (nº 9380), por lo que la resolución se produce de forma automática por su simple manifestación de voluntad comunicada al empresario.
El **plazo para optar** por la rescisión contractual no es el de 20 días de caducidad que opera para la impugnación de la medida, sino el plazo general de prescripción de un año, ya que las acciones son distintas (TS 29-10-12, EDJ 263609).
La opción resulta ejercitable aunque haya existido **acuerdo e**n el **período de consultas** por tratarse de traslado colectivo (ET art.40.2.10º).
Asimismo, si el traslado redunda en **menoscabo de su dignidad**, puede solicitar judicialmente la extinción indemnizada de su contrato de trabajo (ET art.50.1.a).

Precisiones 1) Carece de eficacia la **retractación empresarial** de la orden de traslado, **antes de que se hiciera efectiva**, cuando el trabajador ya le comunicó su opción por rescindir su relación laboral de forma indemnizada (TSJ Madrid 31-10-12, EDJ 290807).
2) El trabajador puede **impugnar judicialmente** primero el traslado, si no ha optado por la extinción, y si la sentencia lo declara justificado, por considerar acertada la decisión empresarial, puede

entonces optar por la extinción indemnizada del contrato de trabajo (TS 21-12-99, EDJ 53210). La **orden empresarial** es ejecutiva sin perjuicio de la posibilidad de su impugnación, a condición evidentemente de que el trabajador no haya optado por la extinción, pues estas dos cosas -impugnación y extinción simultáneas- son incompatibles, porque tienden a finalidades opuestas, lo cual no significa en modo alguno que la facultad del trabajador precluya ni que en el futuro no pueda aparecer (TSJ Madrid 13-4-16, EDJ 69285). No obstante, en algún caso se ha considerado que, para que así proceda, el trabajador debería haber acatado la orden de traslado (TSJ Extremadura 3-2-04, EDJ 306997).

9486 **Impugnación del traslado** (ET art.40.1.4º y 59.4; LRJS art.138) Sin perjuicio de la ejecutividad del traslado en el plazo de incorporación citado, el trabajador que, no habiendo optado por la extinción de su contrato, se muestre **disconforme con la decisión empresarial** puede impugnarla ante la jurisdicción social.

La impugnación se realiza través del **proceso especial** de **movilidad geográfica**. Este procedimiento ha de seguirse con independencia de que se hayan o no seguido las formalidades propias de la movilidad geográfica. El procedimiento está sometido a un **plazo de caducidad** de 20 días hábiles, computado -tanto si el traslado es individual como colectivo- desde el día siguiente a la fecha de notificación de la decisión empresarial (siempre terminado, en su caso, el período de consultas) y no desde la fecha de efectos.

La **sentencia** debe declarar el traslado:

- **justificado**, en cuyo caso reconocerá el derecho del trabajador a extinguir el contrato de trabajo, concediéndole al efecto el plazo de 15 días, con una indemnización de 20 días por año y un máximo de 12 meses;
- **injustificado**, en cuyo caso ha de reconocer el derecho del trabajador a ser reincorporado al centro de trabajo de origen, así como al abono de los daños y perjuicios que la decisión empresarial hubiera podido ocasionar durante el tiempo en que ha producido efectos. Si el empresario se negara a ello, el trabajador podrá solicitar la extinción del contrato con las indemnizaciones señaladas para el despido improcedente (ET art.50.1.c);
- **nulo**, cuando la decisión de traslado se hubiera adoptado en fraude de ley, eludiendo las normas relativas al periodo de consultas, así como cuando tenga como móvil alguna de las causas de discriminación previstas en la Constitución y en la ley, o se produzca con violación de derechos fundamentales y libertades públicas del trabajador, incluidos, en su caso, los demás supuestos que comportan la declaración de nulidad del despido.

Este procedimiento especial desplaza a la modalidad procesal de **tutela de los derechos fundamentales**. Cuando el trabajador considere que la decisión empresarial vulnera un derecho fundamental o libertad pública, incluida la prohibición de tratamiento discriminatorio, debe seguirse el procedimiento especial de movilidad geográfica, acumulando la pretensión de tutela de tales derechos fundamentales (LRJS art.184). En el marco del procedimiento especial de movilidad geográfica el trabajador goza de todas las garantías del procedimiento especial de tutela de derechos fundamentales, incluida la presencia del Ministerio Fiscal (LRJS art.178.2) o el reconocimiento -en caso de acreditarse tal vulneración- de una indemnización que tenga en cuenta también los daños morales (LRJS art.183).

Asimismo, contra las decisiones empresariales en materia de **traslados colectivos o de traslados individuales que afecten a un grupo genérico de trabajadores** pueden reclamar los representantes de los trabajadores a través del proceso especial de **conflicto colectivo**, sin perjuicio de que los trabajadores afectados ejerciten la acción individual. En cualquier caso, la interposición del procedimiento de conflicto paraliza la tramitación de las acciones individuales iniciadas, hasta su resolución.

Precisiones 1) Cuando el traslado afecta a un **grupo concreto de trabajadores** no se puede hablar de un interés general y abstracto, de modo que, en estos casos, sólo cabe el **procedimiento de conflicto colectivo** cuando se trata de traslados colectivos conforme a las reglas estatutarias que establecen unos umbrales numéricos (TS 28-9-12, EDJ 237605).

2) La situación de **reducción de jornada por cuidado de hijo** es una circunstancia dotada de una protección especial y objetiva, con independencia de cualquier otro dato, a efectos de modificación sustancial de condiciones de trabajo, por lo que concurren indicios de vulneración del derecho fundamental a la no discriminación por razón de sexo, cuando en ejecución de un acuerdo colectivo de movilidad geográfica, no se tiene en consideración esta circunstancia (TSJ Madrid 3-2-14, EDJ 14123). Así se consideró nula por discriminatoria el traslado de un trabajador con reducción de jornada por cuidado de su hijo, existiendo trabajadores en la empresa disponibles (TSJ Sevilla 5-11-15, EDJ 251699).

3) Es **nulo** el cambio de centro de trabajo en los siguientes supuestos:

- motivado por el ejercicio de los derechos a la conciliación de la vida familiar y laboral (TSJ Cataluña 15-9-11, EDJ 239115);
- aquel cuya finalidad es deshacerse de un representante de los trabajadores adscribiéndole a una contrata que la empresa sabía iba a perder, vulnerando el derecho de libertad sindical (TSJ Cataluña 27-4-15, EDJ 102260);

- el que afecta a un representante carente de justificación real (TSJ Asturias 17-7-15, EDJ 180489);
- lesivo de la garantía de indemnidad inherente al derecho a la tutela judicial efectiva (TSJ Cataluña 27-3-14, EDJ 77824);
- el enmarcado en una conducta constitutiva de acoso laboral (TSJ Sevilla 22-11-12, EDJ 342741).

B. Desplazamientos

(ET art.40.6)

Se considera como desplazamiento el **cambio temporal** de lugar de trabajo que requiere que el trabajador resida en población distinta de la de su domicilio habitual, sin exigir un cambio definitivo de su residencia habitual (TS 17-2-00, EDJ 2801; TSJ Sta. Cruz de Tenerife 14-3-13, EDJ 134746). **9495**

El desplazamiento de trabajadores a un centro de trabajo distinto de la misma empresa que les exija, con carácter temporal, residir en población distinta de la de su domicilio habitual **requiere**:

1. Concurrencia de causas económicas, organizativas o de producción, bien contrataciones referidas a la actividad empresarial.

2. Ajustarse a un procedimiento establecido (nº 9497).

3. Someterse a determinados límites temporales. El desplazamiento, a diferencia del traslado, se entiende que posee siempre un carácter temporal. Tal carácter se entiende que desaparece cuando en un período de 3 años se producen desplazamientos que excedan en total los 12 meses. La fecha inicial para el cómputo del plazo de 12 meses es la de inicio del primer desplazamiento.

Sobre la **prioridad de permanencia** legal de los representantes legales de los trabajadores u otras prioridades acordadas a favor de otros colectivos, ver nº 9475.

Precisiones Respecto de los desplazamientos de trabajadores contratados para prestar servicios en **centros de trabajo móviles o itinerantes**, la norma se refiere expresamente a la inaplicación del régimen de traslados y parece no excluirles del régimen de desplazamiento. No obstante, el TS ha entendido que aquel apartado tampoco se aplica a los cambios habituales en esta clase de trabajadores (TS 14-10-04, EDJ 234975).

Procedimiento (ET art.40.6.2º) Con independencia del número de trabajadores afectados, el régimen del desplazamiento es único. El trabajador afectado debe **ser informado** con una antelación suficiente a la fecha de su efectividad, que no puede ser inferior a 5 días laborables en el caso de desplazamientos de duración superior a tres meses. **9497**

Aunque el ET no establezca **formalidad** alguna resulta aconsejable que la medida se comunique por escrito en el que deben reflejarse las causas de la medida, la fecha de efectividad y el tiempo de duración previsto inicialmente para el desplazamiento en el caso de que pueda especificarse en ese momento.

Precisiones **1)** Para que el empresario pueda seguir manteniendo el desplazamiento de un trabajador, a pesar de haberse **sobrepasado 12 meses** en un período de 3 años, debe cumplir con toda exactitud los **requisitos materiales y formales** impuestos para llevar a cabo un traslado; de ahí que, si el empresario no ha cumplido esa fundamental exigencia, el desplazamiento no puede extenderse más allá de los 12 meses iniciales, pudiendo el trabajador oponerse a tal extensión temporal del desplazamiento, o incluso negarse a seguir llevándolo a cabo, una vez que han transcurrido esos 12 primeros meses (TS 14-10-04, EDJ 234975).

2) Cuando el desplazamiento tenga una **duración igual o inferior a 3 meses** la norma no fija un plazo de preaviso mínimo, por lo que para entender que se ha preavisado se debe considerar, entre otros factores, la distancia al nuevo centro y las posibilidades de alojamiento en la localidad de destino; así, por ejemplo, se ha considerado suficiente que se informara a los trabajadores con dos días de antelación dada la proximidad de la localidad a la que eran desplazados (TSJ Sevilla 14-12-99, EDJ 54462).

Opciones frente a la decisión empresarial (ET art.40.6; LRJS art.138) La decisión del empresario es ejecutiva, una vez transcurrido, en su caso, el plazo de 5 días laborables exigido para los desplazamientos de duración superior a 3 meses. **9499**

Ante la orden de desplazamiento, el **trabajador** cuenta con las siguientes **opciones**:

1. **Acatar** la decisión empresarial percibiendo una compensación por gastos de viaje y dietas. Si el desplazamiento es superior a 3 meses, el trabajador tiene derecho a un permiso de 4 días laborables en su domicilio de origen por cada 3 meses de desplazamiento.
2. **Solicitar la extinción judicial** del contrato de trabajo en caso de que el desplazamiento suponga un menoscabo a su dignidad.
3. Con independencia de la ejecutividad del desplazamiento, **impugnar la decisión** empresarial ante la jurisdicción social en el plazo de 20 días hábiles cuando no esté conforme con ella.

La **sentencia** resultado de la misma, ha de declarar el desplazamiento:
- **justificado**;
- **injustificado**: supone el derecho del trabajador a ser reincorporado al centro de trabajo de origen, en sus anteriores condiciones. La negativa empresarial a cumplir estas obligaciones permite al trabajador instar ante los tribunales la **resolución de su contrato de trabajo**, esta vez, con una indemnización equivalente a la del despido improcedente (ET art.50.1.c; LRJS art.138.8);
- **nulo**: cuando la decisión de traslado se hubiera adoptado en fraude de ley, así como cuando tenga como móvil alguna de las causas de discriminación previstas en la Constitución y en la ley, o se produzca con violación de derechos fundamentales y libertades públicas del trabajador, incluidos, en su caso, los demás supuestos que comportan la declaración de nulidad del despido.

Precisiones 1) Pese a la falta de concreción legal, el abono de los **gastos de viaje** debe efectuarse por la vía del anticipo antes del inicio del desplazamiento, al menos cuando lo solicite el trabajador (TSJ Sevilla 16-6-00, EDJ 49586).
2) No se computan los **días de viaje**, cuyos gastos corren a cargo del empresario.
3) El derecho a los **permisos de estancia familiar** no se pierde por el hecho de que en los días festivos por calendario laboral o por acuerdo con la empresa el desplazado regresase en determinadas ocasiones a su domicilio (TSJ País Vasco 18-1-00, EDJ 27735).
4) La **posibilidad de** que el trabajador pueda **optar por la extinción indemnizada** de su contrato de trabajo solo está prevista en el ET art.40.1 para el traslado, y no para los desplazamientos temporales que se regulan en el ET art.40.6 (TSJ Extremadura 13-1-23, EDJ 502620; TSJ Murcia 2-11-22, EDJ 742421).

C. Movilidad geográfica por razones disciplinarias

9505 La movilidad geográfica entendida en sentido amplio como el cambio a un lugar de trabajo distinto del habitual, con o sin cambio de residencia, aparece configurada en ocasiones en los convenios colectivos como una sanción disciplinaria.
Los **convenios colectivos** suelen establecer una correspondencia entre la gravedad de la falta cometida por el trabajador y el tipo de movilidad:
1. El **traslado** se corresponde con faltas muy graves, siendo generalmente la sanción inmediatamente anterior al despido.
2. El **cambio de centro** sin cambio de residencia corresponde indistintamente a faltas graves o menos graves.
3. El **cambio de puesto de trabajo** dentro del mismo centro puede corresponder indistintamente a las faltas graves y menos graves.
Salvo que expresamente se disponga otra cosa en el convenio colectivo, el trabajador mantiene su anterior encuadramiento profesional y **retribución**.
En principio, el trabajador no tiene derecho a recibir una compensación por **gastos**, salvo previsión convencional específica.
La **duración** de este tipo de sanciones es la que se fije en el convenio colectivo que las establezca.
Si la sanción es **declarada nula judicialmente** el trabajador puede reclamar los daños y perjuicios sufridos (TSJ Navarra 24-2-00, EDJ 4564).

SECCIÓN 4

Descuelgue: inaplicación de condiciones establecidas en convenio colectivo estatutario

(ET art.41.6, 82.3, 85.3 y disp.adic.9ª.5; RD 1362/2012 art.19 s.)

9510

9512 La **regla general** es que los convenios colectivos estatutarios obligan a todos los empresarios y trabajadores incluidos dentro de su ámbito de aplicación y durante todo el tiempo de su vigencia. No obstante, con el objetivo de procurar que la negociación colectiva sea un instrumento, y no un obstáculo, para adaptar los salarios y otras condiciones laborales a las concretas circunstancias por las que atraviesa la empresa en aras a asegurar la productividad y competitividad, se permite a los empresarios **inaplicar determinadas condiciones** de trabajo previstas en el convenio colectivo aplicable, sea éste un convenio sectorial de ámbito superior, o el propio convenio de empresa.

Para poder acogerse a esa posibilidad es preciso se cumplan los siguientes **presupuestos**:
1. Causas económicas, técnicas, organizativas o de producción que la justifiquen (nº 9520).
2. Afectación de alguna o algunas de las condiciones enumeradas legalmente (nº 9525).
3. Desarrollo de un período de consultas con los representantes de los trabajadores antes de su adopción (nº 9535).
4. Que en el curso de ese proceso negociador se llegue a un acuerdo sobre la procedencia y los términos de la desvinculación; o, a falta de acuerdo, lo permita la comisión paritaria del convenio (normalmente la del convenio de ámbito superior aplicable en la empresa), o la decidan las propias partes en trámite de mediación extrajudicial, o se resuelva por laudo en ese mismo ámbito extrajudicial; o subsidiariamente a todo lo anterior, lo autorice la Comisión Consultiva Nacional de Convenios Colectivos (CCNCC) u órgano similar de la CA con competencia para ello, o el árbitro designado por esos mismos organismos.

Precisiones **1)** Este mecanismo de flexibilidad interna es solo para la inaplicación, con **carácter temporal**, provisional y transitorio, de las condiciones previstas en convenios colectivos estatutarios.
2) A diferencia de lo que sucede en el caso de las modificaciones sustanciales de las condiciones, los afectados por el descuelgue convencional **no pueden optar por la rescisión indemnizada** de la relación laboral (AN 21-9-12, EDJ 230139). No obstante, en suplicación se ha admitido dicha posibilidad (TSJ Sevilla 3-6-15, EDJ 151401). El TS, bien que en obiter dicta, ha señalado también esta diferencia, lo que parece aventurar un alineamiento con lo sostenido por la AN (TS 29-11-17, EDJ 279532; 3-2-21, EDJ 507136).
3) Si no se precisa el **ámbito de aplicación subjetivo del descuelgue**, se entiende que afecta a toda la plantilla. En caso de aplicarse únicamente a un grupo determinado de trabajadores, ello ha de venir perfectamente justificado mediante criterios objetivos y razonables, para evitar cualquier vulneración del principio de igualdad y no discriminación (TSJ Madrid 14-12-12, EDJ 312637).
4) El principio de jerarquía normativa impone la **aplicación preferente de la Ley sobre el convenio** colectivo sin necesidad de recurrir al procedimiento de descuelgue o inaplicación del convenio (TCo 119/14).
5) Si la condición que se desea modificar se encuentra recogida en un **pacto extraestatutario**, el procedimiento a seguir no es el de descuelgue sino el de modificación sustancial de condiciones de trabajo (TS 23-10-12, EDJ 248911; TSJ País Vasco 14-5-13, EDJ 155669; TSJ Madrid 14-12-12, EDJ 312637).

1. Causas del descuelgue

(ET art.82.3)

La inaplicación ha de venir justificada por causa económica, técnica, organizativa o productiva: **9520**
1. Causa **económica**: se entiende que concurren causas económicas cuando de los resultados de la empresa se desprenda una situación económica negativa, en casos tales como la existencia de pérdidas actuales o previstas, o la disminución persistente de su nivel de ingresos ordinarios o ventas. En todo caso, se entiende que la disminución es persistente si durante dos trimestres consecutivos el nivel de ingresos ordinarios o ventas de cada trimestre es inferior al registrado en el mismo trimestre del año anterior.
2. Causa **técnica**: concurre cuando se producen cambios, por ejemplo, en el ámbito de los medios o instrumentos de producción.
3. Causa **organizativa**: conlleva cambios, entre otros, en el ámbito de los sistemas y métodos de trabajo del personal o en el modo de organizar la producción.
4. Causa **productiva**: implica cambios, entre otros, en la demanda de los productos o servicios que la empresa pretende colocar en el mercado.

2. Materias susceptibles de inaplicación

Las materias susceptibles de modificación son **numerus clausus**, y representan los tres pilares básicos sobre los que descansa la relación de servicios, esto es, el salario, la jornada y las funciones (TSJ Madrid 14-12-12, EDJ 312637). El descuelgue en todo caso es parcial, pues sólo puede afectar a las siguientes **materias**: **9525**
- jornada de trabajo;
- horario y distribución del tiempo de trabajo;
- régimen de trabajo a turnos;
- sistema de remuneración y cuantía salarial;
- sistema de trabajo y rendimiento;
- funciones, cuando excedan de los límites que para la movilidad funcional se establecen en el estatuto (nº 9125 s.);
- mejoras voluntarias de la Seguridad Social.

Todas las **alteraciones** de las condiciones de trabajo previstas por el convenio están sometidas al procedimiento de descuelgue, aunque **no** sean **sustanciales** y con independencia de la relevancia económica del cambio (TS 29-6-17, EDJ 143139).

No cabe la inaplicación de las obligaciones relativas a la eliminación de las discriminaciones por razones de género o de las que estén previstas en el plan de igualdad aplicable en la empresa.

Precisiones 1) Deben entenderse incluidas en la referencia a la **jornada, horario y distribución del tiempo de trabajo**, todas las condiciones comprendidas en este último concepto, es decir: jornada, horas extraordinarias, trabajo nocturno, trabajo a turnos y ritmo de trabajo, descanso semanal, fiestas y permisos, y vacaciones anuales (TS 27-5-13, EDJ 103111; TSJ Extremadura 10-12-15, EDJ 239188).

2) Entre las materias reguladas en el Convenio colectivo susceptibles de inaplicación ha de incluirse el régimen de disfrute de las **vacaciones** (TS 13-1-21, EDJ 503544), el **sistema de incentivos**, pactado en convenio y desarrollado por conciliación judicial con valor de convenio colectivo (AN 1-2-18, EDJ 11498), o el **complemento de IT** (TS 26-6-18, EDJ 27825).

3) Por no revestir carácter salarial, el descuelgue no puede afectar a las **dietas y gastos asimilados**, como son los pluses de vestuario y manutención. Tampoco se puede utilizar el mecanismo de descuelgue para **aplazar la fecha de pago** de la paga extraordinaria, así como del abono del salario pactado (TS 11-6-19, EDJ 647982). No es posible tampoco el pago de **conceptos retributivos ya devengados** como es la paga de navidad (AN 7-4-17, EDJ 43563).

4) Una empresa no puede aplicar un **horario partido** distinto al del convenio, constituya o no una condición más beneficiosa, porque las mismas no se pueden establecer contra lo pactado en convenio. El empresario puede mejorar las condiciones de trabajo de sus trabajadores, previstas en la ley o en el convenio, siempre que esa concesión se encuentre en su poder de disposición (AN 15-2-18, EDJ 12304).

9527 **Período de inaplicación** (ET art.82.3) Se permite que las partes, por acuerdo, o, en su caso, la CCNCC, o el árbitro designado, puedan establecer una **duración** del período de inaplicación de las condiciones inferior al de vigencia del convenio colectivo o, a lo sumo y como máximo, coincidente con la fecha a partir de la cual sea de aplicación en la empresa un nuevo convenio colectivo, por lo que si el límite se fija en ese momento es posible que se desplace hasta una fecha posterior a la expiración de la vigencia ordinaria de la norma paccionada inaplicada, esto es, durante el período de ultraactividad pactado o, en su defecto, legal (TS 26-6-18, EDJ 527825). La norma establece expresamente que el **límite al descuelgue convencional** no es la fecha en que finaliza la vigencia del propio convenio sino, para garantizar su eficacia, la de aprobación del nuevo. A partir de esa fecha, la empresa debe atenerse a las condiciones fijadas en el mismo, sin perjuicio de la posibilidad de iniciar otro procedimiento de inaplicación. De esta manera, si los negociadores acordaron que la inaplicación se mantendría durante la vigencia del convenio, también debe mantenerse durante el período de negociación del nuevo convenio.

Como regla general, los acuerdos o las decisiones de descuelgue salarial **no** tienen **carácter retroactivo** con relación a las retribuciones ya percibidas o a percibir con anterioridad al inicio del período de consultas correspondientes a trabajos ya realizados. Lo contrario implicaría disponer de derechos ya adquiridos por los trabajadores, que quedarían obligados a devolver parte de los salarios devengados o a renunciar a derechos consolidados, con infracción de los principios de seguridad jurídica y de irretroactividad de las disposiciones no favorables o restrictivas de derechos individuales (Const art.9.3; CC art.2.3). Por tanto, los efectos del el acuerdo de inaplicación solo produce efectos desde el momento en que se acuerda, actuando hacia el futuro, lo que indica que la norma nueva sólo es aplicable a partir de su creación (TS 7-7-15, EDJ 136107; 16-9-15, EDJ 168204; TSJ Cataluña 8-7-19, EDJ 682887; TSJ Sta. Cruz de Tenerife 23-7-19, EDJ 707395).

Precisiones 1) Aunque el convenio colectivo puede disponer de los derechos de los trabajadores reconocidos en uno anterior, esta disposición no le faculta a disponer de los **derechos que ya se han materializado** y han ingresado en el patrimonio del trabajador aun cuando no le hayan sido satisfechos (TS 21-2-19, EDJ 519457).

No obstante, la respuesta debe ser distinta cuando el convenio se publica unos meses antes de la fecha prevista de su terminación y establece **incrementos salariales con efectos retroactivos** de más de 3 años anteriores a contar desde la fecha de su entrada en vigor, pues a pesar de que la norma paccionada consolide derechos retributivos de los afectados, los mismos no ingresan en su patrimonio cuando mediante acuerdo entre el empresario y los representantes del personal se llega al pacto de exención de pago por parte del empresario de las diferencias retributivas (TSJ Sevilla 24-10-13, EDJ 233432).

2) No se admite que se prolongue con carácter retroactivo un **acuerdo de reducción salarial** anterior (AN 15-11-18, EDJ 642789).

3. Procedimiento de descuelgue

El procedimiento para la inaplicación de las condiciones pactadas en el convenio colectivo aplicable en la empresa se inicia por un **periodo de consultas** entre la empresa y los representantes de los trabajadores que ha de versar sobre las causas motivadoras de la propuesta empresarial y la posibilidad de evitar o reducir los efectos de la inaplicación del convenio, así como atenuar sus consecuencias para los trabajadores afectados, y desarrollarse en los términos previstos para la modificación sustancial de condiciones de trabajo de carácter colectivo. 9535
Se excluye así la necesidad de que la desvinculación se lleve a cabo con las formalidades y trámites necesarios para la aprobación del convenio colectivo, bastando el periodo de consultas y el simple acuerdo entre la empresa y la parte social. Ello en consonancia con el objetivo de fortalecer los mecanismos de adaptación de las condiciones de trabajo a las circunstancias concretas que atraviese la empresa (TS 27-5-13, EDJ 103111).
La intervención como **interlocutores ante la dirección** de la empresa en el procedimiento de consultas corresponde a los mismos sujetos legitimados para intervenir en el procedimiento de modificación sustancial de las condiciones de trabajo (nº 9329) (TCo 119/14).
A diferencia de lo que sucede en los procedimientos de despido colectivo y suspensión de contratos y reducción de jornada, no existe regulación legal ni reglamentaria acerca de los **deberes de información** en los procedimientos de modificación sustancial colectiva y, por ende, en los de inaplicación convencional. No obstante, esa omisión no comporta en absoluto que las empresas estén eximidas de aportar toda la documentación que sea necesaria para que los representantes de los trabajadores tengan un conocimiento cabal de la situación, que les permita desplegar un dialogo eficiente destinado a conseguir los fines del período de consultas, resultando **aplicable analógicamente** lo previsto en el RD 1483/2012 art.18, pero sin que se pueda imponer mecánicamente como requisito constitutivo para la validez del período de consultas la aportación de la misma documentación. Así se sostiene que no puede declararse la nulidad del acuerdo de inaplicación por la no aportación de las cuentas anuales ya que la empresa daba cumplimiento habitualmente al mandato del ET art.64.4.a), poniendo a disposición de la representación legal de los trabajadores el balance, la cuenta de resultados y la memoria, así como los demás documentos que se ponen a disposición de los socios, disponiendo de la documentación necesaria para que el período de consultas alcanzase buen fin, lo que se logró finalmente (AN 14-11-12, EDJ 251442).
El período de consultas puede **terminar** con acuerdo o sin él.

Precisiones 1) De **no seguirse el procedimiento** de descuelgue establecido para la inaplicación de condiciones contenidas en convenio colectivo estatutario, la consecuencia es la **nulidad** de la medida adoptada, aunque se haya tramitado como si fuera una modificación sustancial de condiciones de trabajo (TSJ Madrid 14-12-12, EDJ 312637).
2) El cumplimiento de la obligación de negociar de **buena fe** debe valorarse en el procedimiento de inaplicación del convenio con los mismos criterios que los que se utilizan para la negociación colectiva, el despido colectivo o sobre modificación sustancial (TS 15-9-15, EDJ 177360). Así, se ha declarado que no se vulnera esta exigencia por el hecho de que se negocien simultáneamente la inaplicación del convenio y otras medidas de ajuste (TS 15-7-15, EDJ 269995; 23-9-15, EDJ 213417). Pero sí se vulnera cuando la empresa, concluido un primer proceso de descuelgue, se limita a reiterar la misma propuesta a los trabajadores (TS 15-9-15, EDJ 177360).

Acuerdo Si el periodo de consultas finaliza con acuerdo, este debe **determinar** con exactitud las **nuevas condiciones de trabajo** aplicables en la empresa y su duración, que no puede prolongarse más allá del momento en que resulte aplicable un nuevo convenio en dicha empresa. 9537
El acuerdo no puede dar lugar al incumplimiento de las obligaciones establecidas en convenio relativas a la eliminación de las discriminaciones por razones de género o de las que estuvieran previstas, en su caso, en el plan de igualdad aplicable en la empresa.
La existencia de acuerdo hace que se presuma la concurrencia de causa, de modo que solo puede **impugnarse judicialmente** por la existencia de fraude, dolo, coacción o abuso de derecho en su conclusión.

Precisiones 1) Cuando se negocie con **secciones sindicales**, el voto ponderado debe efectuarse unitariamente por cada sección, que ostenta representación global de los trabajadores, sin que quepa dividir sus votos (TS 14-5-14, EDJ 117658).
2) El acuerdo debe **notificarse a la comisión paritaria** del convenio, aunque el incumplimiento de este requisito no es lo suficientemente significativo como para comportar la nulidad de la medida (AN 25-9-13, EDJ 183821). En todo caso, la empresa debe proceder a su depósito ante la autoridad laboral competente (RD 713/2010 disp.adic.4ª; RD 1483/2012 disp.adic.5ª).

3) La inaplicación del convenio colectivo puede adoptarse dentro del **periodo de consultas** de un **ERTE**, ya que ambas figuras son compatibles siempre que se haya alcanzado el acuerdo de los sujetos legitimados y se cumplan los requisitos previstos por el legislador para la sustanciación de cada una de estas medidas (AN 29-7-20, EDJ 626484; 30-7-20, EDJ 626517). En ningún caso, puede adoptarse por la comisión se seguimiento del ERTE (TS 20-3-24, EDJ 530078).

9539 **Desacuerdo** De no llegar a una solución consensuada con los representantes del personal sobre la inaplicación del convenio, a diferencia de lo que ocurre en el procedimiento de modificación sustancial de las condiciones de trabajo, no cabe la posibilidad de que el empresario pueda adoptar unilateralmente esa medida so pena de nulidad. Para solventar la discrepancia se contemplan una serie de **actuaciones sucesivas** (TSJ Cataluña 9-10-12, EDJ 271823):

1. Cualquiera de las partes puede someter la discrepancia a la **comisión paritaria** del convenio, que dispone de un plazo máximo de 7 días para pronunciarse, a contar desde que la discrepancia le fue planteada. Se trata de una facultad y no de una obligación, si bien la intervención de la comisión paritaria resulta preceptiva cuando así esté establecido en convenio colectivo (TSJ Madrid 14-12-12, EDJ 312637).

2. Si no se acude a la comisión del convenio o ésta no alcanza un acuerdo, las partes deben recurrir a los **procedimientos de solución extrajudicial de conflictos** que se hayan establecido en los acuerdos interprofesionales de ámbito estatal o autonómico, incluido, de existir el compromiso previo, someter las discrepancias a un arbitraje vinculante (TSJ Madrid 5-6-13, EDJ 161920).

3. Si no son aplicables los procedimientos de solución extrajudicial de conflictos o no consiguen solucionar la discrepancia, cualquiera de las partes puede acudir a la **Comisión Consultiva Nacional de Convenios Colectivos** (CCNCC) o a los **órganos autonómicos** equivalentes, según que se vean afectados o no centros de trabajo de más de una Comunidad Autónoma. Estos órganos han de adoptar una solución, por sí mismos o a través de árbitros designados al efecto, en el plazo máximo de 25 días a contar desde que la discrepancia fue planteada ante dichos órganos. El procedimiento mediante el que la CCNCC ha de resolver las discrepancias se recoge en el RD 1362/2012 art.19 s.

4. La decisión finalmente adoptada, si conlleva la inaplicación de las condiciones del convenio colectivo, debe ser **comunicada a la autoridad laboral** a efectos de depósito.

Precisiones **1)** La **intervención de la CCNCC** u órgano autónomo solo se produce cuando fracasen los sucesivos cauces que con carácter previo y preceptivo deben seguir el empresario y los representantes de los trabajadores. Tiene pues un **carácter subsidiario**, de tal manera que si la negociación que ha precedido a la decisión de la CCNCC no se hubiera desarrollado en términos legalmente hábiles, se estaría desconociendo el carácter subsidiario que posee el recurso a la CCNCC y habría que declarar su nulidad (TS 15-9-15, EDJ 177360).

2) Si bien es inadmisible que en el momento de la solicitud ante la CCNCC la empresa altere los **términos del debate** delimitados en el periodo de consulta, sin embargo para que sea apreciada esta alteración ha de darse respecto de «las causas, las condiciones afectadas o las medidas solicitadas», por lo que no se produce alteración del contenido de lo negociado con la postura empresarial que «reduce sus postulados iniciales» (TS 15-7-15, EDJ 188355).

3) La decisión de la CCNCC es **impugnable judicialmente** por ilegalidad, lesividad y por vicios procedimentales, si bien la impugnación por ilegalidad debe ser especialmente exigente (AN 28-1-13, EDJ 2318).

Anexos

9600

1. Modelos

A. Modelos oficiales

1. Los modelos oficiales de los contratos son elaborados por el MTES y se agrupan en los siguientes bloques: 9610

a) Indefinidos
b) Temporales
c) Formación en alternancia
d) Formativo para la obtención de práctica profesional.
e) Contrato de trabajo para pescadores.

Además, pueden consultarse los anexos y prórrogas.

2. Los modelos de contrato pueden encontrarse para su descarga individual y cumplimentación en la página web del SEPE: https://www.sepe.es/HomeSepe/empresas/Contratos-de-trabajo/modelos-contrato.html

3. En la misma página la Guía de Contratos recoge toda la normativa vigente en materia de contratos de trabajo e incentivos a la contratación.

B. Otros modelos de interés

1. Contrato de trabajo de alta dirección

(ET art.2.1.a; RD 1382/1985 art.4 s.)

9620 @ **Nota preliminar:**
Este formulario responde a un **supuesto práctico real**, cuyas circunstancias y argumentación jurídica, obviamente, pueden no guardar relación con las que concurren en el supuesto para el que va a utilizarse. Se ha optado por mantenerlas, para enriquecer el valor del formulario, sin perjuicio de que el usuario las elimine o modifique al personalizar el modelo para su utilización profesional.
Hay que especificar las **funciones**, pudiendo usar un genérico como 'funciones ejecutivas y de representación de las empresas del grupo de aquellas áreas que le sean encomendadas'. Es habitual en los contratos de alta dirección establecer una **retribución** fija, que consistirá en una determinada cantidad, y una retribución variable que dependerá de unos objetivos si llegan a alcanzarse. No es obligatoria la **participación** del directivo **en el capital social** de la empresa, pero es habitual darle un porcentaje en el capital social para su fidelización, o bien un programa de 'stock options' que habrá de estipularse en el contrato o en cláusula anexa.
El plazo habitual para solicitar el directivo la **extinción del contrato** es de 3 meses, ampliable a 6 meses en contratos indefinidos o de duración superior a 5 años. No es obligatoria la **cláusula indemnizatoria**, pero suele establecerse en los contratos de alta dirección, y que a modo de ejemplo viene a ser expuesta en la estipulación décima.

En *"localidad, a día, mes y año"*.

REUNIDOS

De una parte *"D/Dña. nombre y apellidos del apoderado"*, con DNI *"número del DNI del apoderado"*, en calidad de apoderado de la mercantil *"razón social"*, dedicada a la actividad de *"especificar la actividad"* con domicilio en *"localidad, código postal, calle y número de la mercantil"*.
Y de otra *"D/Dña. nombre y apellidos del trabajador"*, con Nº de afiliación a la Seguridad Social *"número del trabajador"* y DNI *"número del DNI del trabajador"*, con domicilio *"localidad, código postal, calle y número del trabajador"*.

DECLARAN

Ambas partes se reconocen mutuamente la capacidad legal necesaria para la formalización del presente contrato de trabajo de alta dirección, según lo estipulado en el RD 1382/1985, de 1 de agosto, en relación con el art.2 del ET, por lo que libremente

MANIFIESTAN

"PRIMERO"
Que la empresa se dedica a la actividad de *"especificar la actividad"*, estando inscrita en la Seguridad Social con el Nº. *"número de la empresa"* y rigiéndose por el convenio colectivo de *"especificar convenio colectivo"*.

"SEGUNDO"
Que, siéndole preciso a la empresa los servicios de un Director *"cargo"* para el ejercicio de las funciones de alta dirección de la misma, e interesando a *"D/Dña. nombre y apellidos del trabajador"* que reúne las condiciones precisas para el desempeño del puesto de trabajo ofrecido, convienen tal prestación y la formalizan bajo las siguientes

9620 (sigue)

ESTIPULACIONES

"PRIMERA"

Que *"D/Dña. nombre y apellidos del trabajador"* prestará sus servicios en la empresa *"razón social"* como *" especificar cargo"*, asumiendo los poderes inherentes a la titularidad jurídica de la misma, relativos a los objetivos generales de aquélla, con autonomía y plena responsabilidad, bajo los criterios e instrucciones directas del órgano de administración de la empresa, debiéndole mantener informado de sus actividades en todo momento y, especialmente, cuando dicho órgano de administración expresamente lo requiera, proporcionándole la información y explicaciones que le sean requeridas.

En este marco de cometidos, asumirá las siguientes funciones:

"describir funciones".

Para el cumplimiento de sus obligaciones profesionales y de los objetivos y cometidos encomendados, se proveerá al Director de los correspondientes poderes notariales que legalmente le faculten para el ejercicio de los mencionados cometidos.

"SEGUNDA"

El presente contrato se pacta por tiempo indefinido, comenzando a regir el día *"día, mes y año de comienzo"*.

La duración del período de prueba es de 3 meses (si el contrato es de duración indefinida, el período de prueba puede extenderse hasta un máximo de 9 meses).

"TERCERA"

El lugar de trabajo será el centro de trabajo que la Compañía tiene en *"indicar centro de trabajo"*, o en cualquier otro lugar que las partes puedan acordar. Sin embargo, la Compañía puede requerir al Director para que, en el desarrollo de su actividad, se desplace dentro y fuera de España pudiendo estar así fuera de su lugar de residencia por períodos de tiempo limitados, comprometiéndose el Director al cumplimiento de dichas instrucciones.

"CUARTA"

El tiempo de trabajo en cuanto a jornada, horarios, fiestas y permisos, así como para las vacaciones, se adaptará a lo exigido por el desempeño de las funciones que se deriven del objeto de este contrato, no estando, por tanto, sujetos a los límites ni a la distribución de los horarios de trabajo de la legislación laboral común.

"... El Director disfrutará de un período de vacaciones anuales de treinta (30) días naturales por cada año completo de prestación de servicios ..." *"O ... El Director tendrá derecho a disfrutar de "días" días laborales de vacaciones al año ..."*. En cualquier caso, la Compañía queda facultada, en función de las necesidades del servicio, para excluir o señalar ciertos períodos para el disfrute de las vacaciones.

Dentro de la flexibilidad convenida en cuanto a jornada y horario, el alto directivo disfrutará de las fiestas oficiales del calendario laboral, sin perjuicio de que, por circunstancias excepcionales y esporádicas, éstas ocasionalmente puedan resultar laborales o sometidas a viajes, desplazamientos o reuniones.

"QUINTA"

"D/Dña. nombre y apellidos del trabajador" percibirá una remuneración total bruta de *"importe"* EUROS anuales, pagaderos por meses vencidos. Dicha remuneración estará compuesta por los siguientes conceptos:

"especificar conceptos".

Adicionalmente, el Director podrá participar en el Plan Anual de Bonus vigente en cada momento, que ofrece un porcentaje de su salario bruto fijo anual siempre sometido a la normativa de aplicación en cada momento. El porcentaje de bonus será determinado anualmente por la Compañía en función del efectivo cumplimiento de objetivos fijados con antelación, los cuales podrán incluir objetivos personales, de Compañía, de grupo o de cualquier otra clase. La participación del Director en el referido Plan Anual de Bonus se regirá en todo caso por las normas específicas del plan que la Compañía comunicará al Director en un documento aparte.

Como consecuencia de la naturaleza discrecional del Plan Anual de Bonus, la Compañía tendrá derecho a modificar el Plan Anual de Bonus e incluso tendrá derecho a eliminarlo.

"SEXTA"

Participación en el capital social.

"especificar participación".

9620 *"SEPTIMA"*
(sigue) *"D/Dña. nombre y apellidos del trabajador"* se compromete a prestar servicios en la empresa que le contrata en régimen de plena dedicación, no pudiendo, en consecuencia y mientras dure su contrato, ejercer por cuenta propia o de terceros, actividad alguna, suponga o no competencia para esta entidad mercantil, salvo autorización expresa de la misma.

"D/Dña. nombre y apellidos del trabajador" declara expresamente que, en esta fecha, no se halla vinculado en modo alguno a ninguna otra compañía, empresa o entidad.

El incumplimiento por parte de *"D/Dña. nombre y apellidos del trabajador"* del pacto de plena dedicación dará lugar a la resolución de contrato sin que proceda indemnización ni preaviso alguno.

"OCTAVA"

Toda la información de los proyectos de la empresa en los que pueda participar *"D/Dña. nombre y apellidos del trabajador"*, será considerada información confidencial, exceptuando aquellas informaciones que sean expresamente identificadas por la empresa como información de carácter público *"D/Dña. nombre y apellidos del trabajador"* no podrá copiar, transmitir o revelar ninguna información, ya sea, impresa, magnética, verbal, o cualquier otra información confidencial de la empresa.

Igualmente, *"D/Dña. nombre y apellidos del trabajador"* se compromete a no atentar contra la composición del equipo técnico de la empresa existente en la fecha de la extinción de la relación laboral, no ofertando al citado equipo puestos de trabajo en las futuras empresas en las que pudiera prestar sus servicios.

El incumplimiento de estos compromisos, facultará a la empresa para exigirlo judicialmente y demandar la correspondiente indemnización por daños y perjuicios.

"NOVENA"

En los supuestos de extinción del contrato por voluntad de *"D/Dña. nombre y apellidos del trabajador"*, deberá notificar su intención de resolver el contrato de forma fehaciente, mediante escrito con una antelación de *"número de días"*.

@ Nota:

El preaviso mínimo es de tres meses. Este período podrá ser de hasta seis meses, si así se establece por escrito en los contratos celebrados por tiempo indefinido o de duración superior a cinco años (RD 1382/1985 art.10.1).

"DECIMA" **Cláusula indemnizatoria:**

En el supuesto de que desde la firma del presente contrato se extinguiese la relación laboral por causa no imputable a *"D/Dña. nombre y apellidos del trabajador"*, éste tendrá derecho a una indemnización equivalente a *"cuantía"* €.

@ Nota:

La cantidad pactada no puede ser inferior a 7 días de salario en metálico por año de servicio, con el límite de 6 mensualidades.

"UNDÉCIMA"

Pacto de permanencia en la Empresa y de concurrencia postcontractual:

En atención a la especialización profesional recibida por *"D/Dña. nombre y apellidos del trabajador"*, con cargo a la empresa, durante un período de duración determinada, podrá pactarse que el empresario tenga derecho a una indemnización por daños y perjuicios si aquél abandona el trabajo antes del término fijado.

Del mismo modo, las partes acuerdan que, extinguido el contrato especial de trabajo, *"D/Dña. nombre y apellidos del trabajador"* no podrá desempeñar la misma o similar función en el ámbito y sector en el que opera la Compañía, durante un periodo de *"fijar tiempo de duración de la cláusula de no concurrencia postcontractual"*.

Para ello será preciso que el empresario tenga un efectivo interés industrial o comercial en ello y que se satisfaga al alto directivo una compensación económica consistente en *"fijar compensación"*.

@ Nota:

La duración de la cláusula de no concurrencia postcontractual no puede ser superior a dos años.

"DUODÉCIMA"
En lo no previsto en este contrato, se estará a la regulación establecida en el RD 1382/1985, de 1 de agosto, así como en lo dispuesto en la legislación civil supletoria y mercantil y a los principios generales de derecho informante de aquellos cuerpos legales.
Las partes, leído el presente contrato, lo encuentran conforme, sometiéndose a su fiel cumplimiento, y en prueba de conformidad lo firman por duplicado en fecha y lugar *ut supra*.

Fdo.: EL TRABAJADOR
"nombre y apellidos del trabajador"
"firma"

Fdo.: EL REPRESENTANTE LEGAL DE LA EMPRESA
"nombre y apellidos del representante legal"
"firma"

2. Contrato de trabajo de representantes de comercio

(ET art.2.f; RD 1438/1985 art.2.1 y 3.3)

@ **Nota preliminar:** 9625
Los empresarios y los trabajadores deben **formalizar** por escrito y triplicado su contrato de trabajo.
En el contrato debe **constar**, como mínimo: identificación de las partes; tipo de operaciones mercantiles que debe promover o concertar el trabajador, con expresión de los productos o servicios a los que se refieran; las facultades atribuidas al trabajador, en especial si puede concertar o no operaciones en nombre del empresario; si el trabajador se obliga o no a trabajar en exclusiva para el empresario; la delimitación de la zona, demarcación o categoría de clientes con relación a los cuales haya de prestar sus servicios el trabajador, señalando en su caso si el empresario le otorga o no la exclusiva para ese ámbito de actuación; tipo de retribución acordada y duración del contrato.
En **anexos** al mismo se reseñarán, en su caso, el inventario y valor que se atribuye al muestrario o relación de productos y a los restantes instrumentos de trabajo que se faciliten por el empresario y la relación de medios que el trabajador aporte para el desarrollo de su labor.

En *"localidad"*, a *"día, mes y año"*.

REUNIDOS

De una parte *"D/Dña. nombre y apellidos"*, con DNI *"número"*, interviniendo en concepto de *"cargo"* de la Empresa *"razón social"*, domiciliada en *"localidad, código postal, calle y número"*.
De la otra, *"D/Dña. nombre y apellidos del representante de comercio"*, con DNI *"número del DNI del representante de comercio"*, Representante de Comercio, con carnet profesional *"número de carnet profesional"*, con domicilio en *"localidad, código postal, calle y número del representante de comercio"*.
Ambas partes se reconocen la capacidad legal necesaria para la formalización del presente contrato de trabajo a tenor de las siguientes

ESTIPULACIONES

"PRIMERA"
"D/Dña. nombre y apellidos del mediador mercantil" se compromete a intervenir como mediador mercantil a favor de la empresa *"razón social"*, promoviendo o vendiendo sus productos sin asumir el riesgo o ventura de éstos, siguiendo siempre las instrucciones de la dirección de la empresa.
"SEGUNDA"
La Zona en la que prestará sus servicios *"D/Dña. nombre y apellidos del mediador mercantil"* será *"zona"*.

"TERCERA"
La duración del contrato será *"meses/año"*.

"CUARTA"
Período de prueba *"meses"*.

"QUINTA"
La retribución del mediador mercantil será de *"cuantía de la retribución"*.
El derecho a la remuneración nace en el momento de realizarse y pagarse el negocio, la colocación o venta en que hubiese intervenido el trabajador. Su abono se realizará, por tanto, en fecha *"día, mes y año del abono"*.

"SEXTA"
Gestión de cobro *"cuantía de la gestión de cobro"*.

"SÉPTIMA"
Gastos de desplazamiento *"cuantía de los gastos de desplazamiento"*.

"OCTAVA"
Las vacaciones anuales se disfrutarán en la fecha *"día, mes y año de las vacaciones"*. Su retribución será *"cuantía de la retribución"*.

"NOVENA"
Las facultades atribuidas al trabajador serán las siguientes y, por lo tanto, se atendrán a las siguientes condiciones: *"condiciones"*.

"DÉCIMA"
El trabajador *"nombre y apellidos del trabajador"* se obliga a trabajar en exclusiva para el empresario.

"UNDÉCIMA"
En anexo nº.1 a este contrato se adjunta el inventario de muestrario de artículos e instrumentos de trabajo, puestos a disposición del mediador mercantil, así como su valor. Igualmente se incluye en el mismo los medios que aporta el trabajador.

"DUODÉCIMA"
En anexo nº 2 a este contrato, la empresa facilita a *"D/Dña. nombre y apellidos de quien recibe la relación de clientes"* la relación de clientes aportados por la misma.

"DECIMOTERCERA"
No se podrá variar unilateralmente la zona ni la relación de clientes, ni asignar a los mismos a otro u otros trabajadores.

"DECIMOCUARTA"
Para lo no regulado en el presente contrato se estará a lo dispuesto en el RD 1438/1985, de 1 de agosto y el Estatuto de los Trabajadores en lo pertinente a esta especial relación de trabajo.

Fdo.: EL EMPLEADOR
"nombre y apellidos del empleador"
"firma"

Fdo.: EL EMPLEADO
"nombre y apellidos del empleado"
"firma"

3. Cláusula de blindaje

(ET art.3.1 c) y 56; RD 1382/1985 art.10.3 y 11)

9630 @ **Nota preliminar:**
Las cláusulas de blindaje no son exclusivas, aunque sí más normales, en los **contratos de alta dirección**, ya que son perfectamente posibles en el seno de una relación laboral común, al poderse mejorar el contenido del ET art.56, que tiene sólo un carácter de mínimo exigible (TSJ Valladolid 5-12-05, EDJ 236580).

En el supuesto de que la empresa extinguiera, rescindiera o amortizara el contrato de trabajo, por cualquier causa, disciplinarias, económicas, organizativas o de producción, ya sean individuales o colectivas, o en el supuesto de extinción a instancia del trabajador (ET art.40 -redacc LO 2/2024-, 41 y 50), o de cualquiera de las partes por fusión o absorción por parte de otra empresa o grupo de empresas, pérdida de control (< 50%) por parte de la familia propietaria, pérdida de contenido del puesto o imposibilidad manifiesta de ejercitar las funciones propias del mismo, con la única excepción de un despido disciplinario declarado judicialmente procedente, el trabajador tendrá derecho a percibir una indemnización adicional a la que legalmente le pudiera corresponder en función de la normativa laboral vigente a la fecha de la extinción, hasta alcanzar, entre ambas, como mínimo, el importe de una anualidad del salario bruto fijo durante los cinco primeros años de vigencia del contrato. Después de ese momento, la indemnización se calculará de conformidad con los parámetros legales vigentes a la fecha de la extinción, sin que haya lugar al abono de mejora de indemnización. La Empresa asumirá la contingencia fiscal que pueda suponer el reconocimiento de esta mayor indemnización.

4. Copia básica de contrato a facilitar a la representación de los trabajadores

(ET art.8.4, 15.4 y 64.4; LISOS art.15.4; RD 1659/1998; RD 2720/1998 art.10)

9635 @ **Nota preliminar:**
1) El empresario debe entregar a la **representación legal de los trabajadores** (comité de empresa o delegados de personal) una copia básica de todos los contratos que deban celebrarse por escrito, en plazo no superior a diez días desde su celebración, a excepción de los contratos de alta dirección sobre los que la obligación se limita a notificar su realización (ET art.8.4).

2) En el escrito hay que consignar la **modalidad del contrato** que se ha suscrito e incluir todos los pactos relativos a las **condiciones laborales del trabajador**, tales como jornada, retribución, grupo profesional, etc y solo deben quedar excluidos aquellos que afecten a su intimidad, como DNI o NIE, estado civil o cualquier otro de esta naturaleza. El tratamiento de la información facilitada está sometido a los principios y garantías previstos en LOPD.
3) El empresario ha de entregar una **copia del contrato**, por tanto no está obligado a suministrar datos distintos de los que figuran en el documento original (p.e. si el contrato original expresa que el salario se abonará según convenio, en la copia básica no se debe fijar la cantidad numérica que corresponde (TS 26-05-21, EDJ 588223).
4) La misma copia básica se envía a la **oficina de empleo**, debiendo observar los representantes de los trabajadores o las organizaciones sindicales y empresariales que tengan acceso a ella el deber de sigilo profesional, no utilizando los datos consignados en dicha copia básica para fines distintos a los establecidos en ella.
5) El **incumplimiento de la obligación empresarial**, supone una transgresión del derecho de libertad sindical, tipificada como falta grave con sanción de 751 a 7.500 €.

"*D/Dña. nombre y apellidos del apoderado*", con DNI "*núm. del DNI del apoderado*", en calidad de apoderado de la mercantil "*razón social*", dedicada a la actividad de "*especificar actividad*", con domicilio en "*localidad, código postal, calle y núm. de la mercantil*".
Y "*D/Dña. nombre y apellidos del trabajador*", con DNI "*núm. del DNI del trabajador*", y con domicilio en "*localidad, código postal, calle y núm. del trabajador*" en calidad de trabajador.

DECLARAN

Que el día "*día, mes y año de suscripción del contrato*" han suscrito un contrato de trabajo bajo la modalidad de "*modalidad del trabajo*".
Asimismo, declaran que la duración del contrato será de "*duración del contrato*".
Igualmente, declaran que el contrato de trabajo se regula, en lo que se refiere a salarios, jornada, horario, régimen de descansos, vacaciones, por el Estatuto de los Trabajadores y el convenio colectivo "*citar convenio*".
En prueba de conformidad suscriben el presente escrito, comunicándoselo a los representantes de los trabajadores en plazo no superior a 10 días.
En "*localidad*", a "*día, mes y año*"

Fdo.: EL TRABAJADOR
"*nombre y apellidos del trabajador*"
"*firma*"

Fdo.: EL REPRESENTANTE LEGAL DE LA EMPRESA
"*nombre y apellidos del representante legal*"
"*firma*"

5. Comunicación a los representantes de los trabajadores de haber realizado contratación temporal

(ET art.8.4, 15.4, 64.2.c; RD 2720/1998 art.10)

A la Att. de "*D/Dña. nombre y apellidos del delegado. Delegado de personal, miembro del comité de empresa, etc.*" 9640
En "*localidad, a día, mes y año*"
Muy Sr. Mío:
Por medio de la presente ponemos en su conocimiento que con fecha "*fecha contratación*" se ha procedido a la contratación temporal bajo la modalidad de circunstancias de la producción de cinco empleados para la realización de sistema de alumbrado en las calles "*nombre calles*" de la localidad de "*localidad*".
Lo que traslado a la representación de los trabajadores conforme a lo dispuesto en el art.64.2 del ET y en el art.10 del RD 2720/1998.
A la presente comunicación se acompaña copia básica de los mencionados contratos dando debido cumplimiento del art.8.4 del ET, el cual establece que el empresario entregará a la representación legal de los trabajadores una copia básica de todos los contratos que deban celebrarse por escrito. En esta copia básica se contienen todos los datos esenciales del contrato a excepción del DNI, domicilio, estado civil y cualquier otro dato ajeno a la relación laboral o que pudiera afectar a su intimidad personal.
Atentamente y, rogándole firme el duplicado a efectos de recibí y constancia.

Fdo.: La Empresa "*nombre empresa*"

Recibí: "*D/Dña. nombre y apellidos del delegado. Delegado de personal, miembro del comité de empresa, etc.*"

6. Solicitud de formalización por escrito del contrato de trabajo

(ET art.8.2; RD 1659/1998)

9645 @ **Nota preliminar:**

El derecho a solicitar la formalización por escrito de un contrato verbal la tienen tanto el **trabajador** como el **empresario**. Asimismo, hay que señalar que una respuesta negativa de la otra parte, facultará para ejercer las **acciones legales** que se consideren oportunas y, para el empleador, conlleva la posibilidad de que se califique la infracción administrativa como grave con sanción de 751 a 7.500 € (LISOS art.7.1 y 40).

Además, el artículo 8.2 del ET señala que deberán constar por escrito los contratos de trabajo cuando así lo exija una disposición legal y, en todo caso, los de prácticas y para la formación y el aprendizaje, los contratos a tiempo parcial, fijos-discontinuos y de relevo y los contratos para la realización de una obra o servicio determinado; también constarán por escrito los contratos por tiempo determinado cuya duración sea superior a cuatro semanas.

De no observarse la exigencia de forma escrita, el contrato de trabajo se presumirá celebrado por tiempo indefinido y a jornada completa, salvo prueba en contrario que acredite su naturaleza temporal o el carácter a tiempo parcial de los servicios.

"D/Dña. nombre y apellidos del trabajador", con DNI *"núm. del DNI del trabajador"*, trabajador de esta empresa, en el grupo profesional de *"grupo profesional"* y con domicilio en *"localidad, código postal, calle y núm. del trabajador"*, por medio de la presente vengo a manifestar lo siguiente:

Que con fecha *"día, mes y año de inicio de la relación laboral"* inicié mi relación laboral con esta empresa realizando las funciones inherentes al grupo profesional de *"grupo profesional"* y percibiendo un salario de *"cuantía del salario"* euros.

Que, no obstante, mi relación laboral se inició con la celebración de un contrato verbal.

Que en base a lo establecido en el art.8, apartado 2 del ET vengo a solicitar la formalización por escrito de mi relación laboral determinando los datos relativos a la misma.

Atentamente

En *"localidad"*, a *"día, mes y año"*

Fdo.: EL TRABAJADOR
"nombre y apellidos del trabajador"
"firma"

7. Solicitud de transformación del contrato a tiempo parcial en contrato a tiempo completo

(ET art.12.4.e)

9650 @ **Nota preliminar:**

Cabe la posibilidad legal de convertir un contrato a tiempo parcial en un contrato a tiempo completo o viceversa. La solicitud la pueden realizar tanto el empleador como el trabajador, pero sólo puede producirse si es voluntariamente aceptada por este último. En cualquier caso, el empresario ha de informar a los trabajadores de la existencia de vacantes propicias para la conversión.

La conversión **no afecta** ni a la vigencia ni a la antigüedad del contrato, y la negativa del trabajador no puede conllevar sanción de ningún tipo.

Tiene la **naturaleza jurídica** de la novación contractual. No es una modificación sustancial de condiciones de trabajo. Las solicitudes deben ser tomadas en consideración, en la medida de lo posible, por el empresario. La **denegación** debe ser notificada por el empresario al trabajador por escrito y de manera motivada.

A LA DIRECCIÓN DE RECURSOS HUMANOS

"D/Dña. nombre y apellidos"

Dirección *"localidad, código postal, calle y número"*

En *"localidad"*, a *"día, mes y año"*.

Muy *"Sr/Sra. Mío/Mía:"*

Por la presente, y en virtud de lo establecido en el art.12.4.e del ET y el convenio colectivo vigente de *"Empresa/sector"* y habiendo informado la empresa en fecha *"día, mes y año en que se informó"* a *"... los trabajadores ..." "O ... los representantes sindicales ..." "O ... los representantes unitarios ..."* de la existencia de *"puestos vacantes"*, teniendo en cuenta que la relación laboral se desarrolla mediante un contrato a tiempo parcial, se solicita la conversión del mismo en un contrato a tiempo completo para el puesto de trabajo del grupo profesional *"grupo"*.

Fdo.: EL TRABAJADOR
«nombre y apellidos del trabajador»
«firma»

8. Escrito de no aceptación de la solicitud de modificación del contrato a tiempo completo en contrato a tiempo parcial o viceversa

(ET art.12.4.e)

9655

A la Att. de *"D/Dña. nombre y apellidos"*
En *"localidad"*, a *"día, mes y año"*.
Muy *"Sr/Sra. Mío/Mía:"*
Recibida su solicitud de conversión del contrato de trabajo suscrito con la empresa a tiempo parcial en contrato a tiempo completo, le notificamos que en la actualidad no es posible acceder a dicha modificación por la estructura y organización que tiene la empresa, sin perjuicio de que la pudiéramos tener en consideración en otras reorganizaciones que pudieran existir en el seno de la empresa.
Quedando a su disposición,
Atentamente,

Fdo.: EL REPRESENTANTE LEGAL DE LA EMPRESA
"nombre y apellidos del representante legal"
"firma"

9. Autorización al menor no emancipado para formalizar contrato de trabajo

(ET art.6 y 7; CC art.154, 169, 239 y 240)

9660

@ **Nota preliminar:**
El ET en su art.7 remite a las normas del Código Civil (art.154, 169, 239, 240 y 1303) para determinar la **capacidad para contratar**. En cuanto a los menores, el citado precepto permite prestar servicios a los mayores de 16 años y menores de 18, siempre que tengan autorización, expresa o tácita, de sus padres, tutores o institución que los tenga a su cargo. Hay que señalar que una vez celebrado el contrato de trabajo y ya como parte, el menor es el único titular de los efectos que de él puedan derivarse, siendo también el único responsable de las obligaciones inherentes.
Existen determinadas normas en cuanto a los **menores de 18 años**, tales como exclusión de trabajos nocturnos, horas extraordinarias y seguridad y salud en el trabajo, remitiéndonos a lo dispuesto en el ET art.6.2 y 6.3.
Por último, los **menores de 16 años** que vayan a intervenir en espectáculos públicos, además de autorización de sus padres, tutores o instituciones que los tengan a su cargo, necesitan autorización administrativa siendo necesario, además, que el esfuerzo productivo no suponga un obstáculo para su educación o formación.

En *"localidad, a día, mes y año"*.
"D/Dña. nombre y apellidos del padre/madre", y con domicilio en *"localidad, código postal, calle y núm. del padre/madre" "... padre ..." "O ... madre ..."* de *"nombre y apellidos del menor"*, con DNI *"núm. del DNI del menor"*, nacido el día *"día, mes y año del nacimiento del menor"* y, por tanto, menor de edad y mayor de 16 años, en pleno uso y facultad de la patria potestad que me confiere el Código Civil, por medio del presente vengo a otorgar mi consentimiento para la celebración del contrato de trabajo entre mi hijo *"nombre y apellidos del menor"* y la empresa *"razón social"*.
Y para que así conste lo otorgo en *"localidad"* a *"día, mes y año"*.

Fdo.: REPRESENTANTE LEGAL DEL MENOR
Fecha *ut supra*
"nombre y apellidos del representante legal del menor"
"firma"

10. Cláusula a incluir en el contrato de trabajo como período de prueba

(ET art.14 redacc L 4/2023)

9665

@ **Nota preliminar:**
El ET art.14 establece que el período de prueba ha de pactarse por escrito y los **límites** estarán establecidos en los convenios colectivos de aplicación. En su defecto, la duración del período de prueba no podrá exceder de 6 meses para los técnicos titulados, ni de 2 meses para los demás trabajadores.
En **empresas de menos de 25 trabajadores** dicho período no puede exceder de 3 meses para los trabajadores que no sean titulados técnicos.
En los **contratos temporales** concertados por tiempo no superior a 6 meses, el periodo de prueba no puede exceder de un mes, salvo que se disponga otra cosa en el convenio colectivo.

El período de prueba será de *"número de meses"* en virtud de lo establecido en el convenio colectivo sectorial estatal de *"actividad del sector"*. Durante dicho período de prueba cualquiera de las partes podrá resolver el contrato sin necesidad de preaviso.

11. Pacto de dedicación exclusiva o plena

(ET art.21.3)

9670 @ **Nota preliminar:**
El pacto de plena dedicación persigue la vinculación exclusiva del trabajador a la empresa para aprovechar toda su capacidad. Se establecen como **requisitos** fundamentales, el que exista voluntad de realizar este pacto, con posibilidad de rescisión con anticipación de 30 días, y una compensación económica por la plena dedicación.
El Estatuto no determina la **cuantía de este complemento** lo que deberá fijarse atendiendo a principios de racionalidad y equidad.
La Ley no determina el concepto de **concurrencia desleal**, siendo definido por la jurisprudencia como aquella actividad económica y profesional en satisfacción de un interés privado por parte del trabajador, que entra en competencia económica con el empresario por incidir en un mismo ámbito de mercado en el que se disputa un mismo potencial de clientes, produciéndose la misma no solo por el despliegue de una actividad profesional al servicio de otras empresas de la competencia, sino igualmente por la participación como accionista en empresas competidoras (TS 8-3-91, EDJ 2570).

Cláusula *"número"*

"D/Dña. nombre y apellidos" se compromete a prestar sus servicios en la empresa que le contrata en régimen de plena dedicación, no pudiendo en consecuencia y mientras dure su contrato, ejercer por cuenta propia o de terceros actividad alguna, suponga o no una competencia para esta entidad mercantil, salvo autorización expresa de la misma.
Como compensación por este régimen de plena dedicación, la empresa abonará al trabajador la cantidad de *"cuantía"*€.

12. Rescisión del pacto de plena dedicación

(ET art.21.3)

9675 @ **Nota preliminar:**
El pacto de plena dedicación persigue la vinculación exclusiva del trabajador a la empresa para aprovechar toda su capacidad. Se establecen como **requisitos** fundamentales, el que exista voluntad de realizar este pacto con posibilidad de rescisión con anticipación de 30 días, y que exista una compensación económica por la plena dedicación.
El Estatuto no determina la **cuantía de este complemento** lo que deberá fijarse atendiendo a principios de racionalidad y equidad. En caso de rescisión por parte del trabajador, recupera "su libertad de trabajo en otro empleo, comunicándolo por escrito al empresario con un preaviso de treinta días, perdiéndose en este caso la compensación económica u otros derechos vinculados a la plena dedicación".

En *"localidad, a día, mes y año"*.
Muy Sres. Míos:
Les comunico que en la cláusula *"número"* del contrato de trabajo suscrito entre las partes en fecha de *"fecha"*, se especificaba un pacto de plena dedicación, en los términos que allí se determinan y a los que me remito, percibiendo por esta plena dedicación el complemento de *"cuantía"*€.
En cumplimiento de lo dispuesto en el art.21.3 del ET, y con un preaviso de 30 días, es decir, con efectos del día *"día, mes y año en que hace efecto"* les comunico que daré por rescindido este acuerdo, recuperando mi libertad para prestar mis servicios en otro empleo, sin que éste pueda suponer competencia desleal con la empresa.
Atentamente y rogándoles firmen el recibí de esta comunicación.

Fdo.: EL TRABAJADOR
"nombre y apellidos del trabajador"
"firma"

RECIBÍ: POR LA EMPRESA
"razón social"
"firma"

13. Pacto de permanencia por la formación recibida por el trabajador

(ET art.21.4)

9680 @ **Nota preliminar:**
Este formulario responde a un **supuesto práctico real**, cuyas circunstancias y argumentación jurídica, obviamente, pueden no guardar relación con las que concurren en el supuesto para el que va a utilizarse. Se ha optado por mantenerlas, para enriquecer el valor del formulario, sin perjuicio de que el usuario las elimine o modifique al personalizar el modelo para su utilización profesional.
El pacto de permanencia, tiene como **finalidad** retener a aquellos trabajadores en los que la empresa ha hecho inversiones para fines concretos, que han recibido una especialización profesional a cargo del empresario. Se requiere la **forma escrita** -el incumplimiento de esa exigencia acarrearía la nulidad-, que exista formación acreditada a cargo del empresario, así como un pacto de

duración máxima que ha de constar en el contrato de trabajo y que, en todo caso, no puede superar los 2 años de duración. El **incumplimiento** de este pacto de permanencia, dará al empleador la posibilidad de reclamar los daños y perjuicios por las inversiones en formación realizadas en el trabajador.
De conformidad con la jurisprudencia, no hay **especialización** cuando la formación profesional ofrecida sea la ordinaria, ni la mera experiencia profesional adquirida por el empleado durante el transcurso de la relación laboral, o cuando el empresario no costee ni otorgue directamente la formación profesional y ni siquiera la propicie, sino que se limite a ofrecer un complemento especial presuntamente dirigido a este fin.

Cláusula *"número de cláusula"*

Para el desempeño de su profesión, el trabajador recibirá un curso de formación específico para tripular el Air Bus 300, es decir, un avión distinto al AC, que venía tripulando hasta la fecha *"día, mes y año que venía tripulando el AC"*.
Teniendo en cuenta que el coste de dicho curso de formación se cifra en *"cuantía del curso"* euros, el trabajador se obliga a no rescindir su contrato de trabajo por un período de *"años/meses"*.
En el caso de que se incumpla por parte del mismo dicho compromiso, se obliga igualmente a resarcir a la compañía de los daños y perjuicios causados que se determinen en *"cuantía de daños y perjuicios causados"* euros de indemnización por cada día que reste hasta alcanzar el período total de permanencia.
Atentamente y rogándoles firmen el recibí de esta comunicación.

"nombre y apellidos del trabajador"
"firma"

RECIBÍ: POR LA EMPRESA
"razón social"
"firma"

14. Comunicación a la oficina de empleo de los términos de la contratación con las prórrogas que existieren

En *«localidad, a día, mes y año»*. 9685

REUNIDOS

De una parte *«D/Dña. nombre y apellidos del apoderado»*, con DNI *«número del DNI del apoderado»*, en calidad de apoderado de la mercantil *«razón social»*, dedicada a la actividad de *«especificar actividad»* con domicilio en *«localidad, código postal, calle y número de la mercantil»*.
Y de otra *«D/Dña. nombre y apellidos del trabajador»*, con Nº.afiliación a la Seguridad Social *«número de afiliación del trabajador»* y con DNI *«número del DNI del trabajador»*, con domicilio *«localidad, código postal, calle y número del trabajador»* en calidad de trabajador.

COMUNICAN

Al Director Provincial del SPEE que con fecha *«día, mes y año del acuerdo de prórroga»* han acordado la prórroga del contrato suscrito entre las partes en fecha *«día, mes y año de la prórroga»* y por un período de *«día, mes y año del período»* siendo la duración inicial más las prórrogas de *«duración total»* y, por lo tanto, la finalización del contrato de trabajo se producirá en fecha *«día, mes y año de la finalización del contrato»*.

Fdo.: EL REPRESENTANTE LEGAL DE LA EMPRESA
«nombre y apellidos del representante legal»
«firma»

Fdo.: EL TRABAJADOR
«nombre y apellidos del trabajador»
«firma»

15. Comunicación a los trabajadores con contratación temporal de la existencia de vacantes para que puedan solicitar su contratación con tal carácter

(ET art.15.7; RD 2720/1998)

9690 ANUNCIO

A TODOS LOS TRABAJADORES TEMPORALES

En virtud de lo establecido en el art.*"número del artículo del convenio colectivo"* del convenio colectivo vigente, aplicable en esta empresa, dado que las extinciones contractuales producidas están vinculadas a nuestra política de empleo, mejorando su estabilidad y, por lo tanto, transformando los contratos temporales en indefinidos, por medio del presente anuncio, venimos a comunicarles, que se han producido las siguientes vacantes en la empresa pertenecientes a los siguientes grupos profesionales: *"especificar"*
Oficial 1ª *"grupo profesional"*.2
Auxiliar *"grupo profesional"*.2
Técnico *"grupo profesional"*.2
"otra vacante" "grupo profesional de la otra vacante".2
Por ello, les requerimos para que, en el supuesto de estar interesados en el acceso a alguna de estas vacantes, lo pongan en comunicación de la empresa en un plazo no superior a *"número de días"*.

En *"localidad"*, a *"día, mes y año"*

Fdo.: LA DIRECCIÓN DE LA EMPRESA
"razón social"
"firma"

16. Comunicación del empresario avisando de la prohibición legal de competencia desleal

9695 En «*localidad* » a «*día, mes y año* »

Muy Sr. Mío:

Por medio del presente escrito le comunico que en cumplimiento de lo dispuesto en el ET art.21.1, y pese a que está permitido el pluriempleo, no deberá usted efectuar prestación laboral para otra empresa que pudiera ser competencia de ésta, entendiéndose por tal, aquéllas que realicen directa o indirectamente la actividad consistente en «..........» y que constituye el verdadero negocio de esta empresa.
Por ello venimos a comunicarle esta prohibición de competencia desleal con la empresa, pudiendo originar las sanciones pertinentes, incluso la de despido, si incurriese en esta vulneración.

Atentamente

Fdo.: EL REPRESENTANTE DE LA EMPRESA
«..........»

17. Recibo de salario

(ET art.29; OM 27-12-1994)

9700 @ **Nota preliminar:**
El recibo de salarios se documenta por escrito, debiéndose ajustar al modelo que aprueba el **Ministerio de Trabajo, Migraciones y Seguridad Social**, salvo que por **Convenio Colectivo**, o en su defecto, por acuerdo entre la empresa y los representantes de los trabajadores, se establezca otro modelo que contenga con la debida claridad y separación las diferentes percepciones del trabajador, así como las deducciones que legalmente procedan.

DATOS DE LA EMPRESA	
Empresa *"razón social"*	**Trabajador** *"nombre y apellidos del trabajador"*
Domicilio *"localidad, código postal, calle y número"*	**NIF** *"número de NIF"*
CIF *"número de CIF"*	**Número libro de matrícula** *"número del libro de matrícula"*

Código de la cuenta de cotización a la Seguridad Social *"número"* 9700 (sigue)
Número de afiliación a la Seguridad Social *"número de la seguridad social"*
Grupo profesional *"grupo"*
Grupo de cotización *"grupo"*
Período de liquidación: del *"día, mes y año de inicio del período"* al de *"día, mes y año del final del período"*
Total días *"número de días"*

I. DEVENGOS		TOTALES
1. Percepciones salariales		
Salario base:		*"importe del salario base"*
Complementos salariales		
*"cada concepto"*2		*"importe de cada concepto"*2
Horas extraordinarias:		*"importe de las horas extraordinarias"*
Horas complementarias (contratos a tiempo parcial)		*"importe de las horas complementarias"*
Gratificaciones extraordinarias:		*"importe de las gratificaciones extraordinarias"*
Salario en especie:		*"importe del salario en especie"*
2. Percepciones no salariales		
Indemnizaciones o suplidos		
"especificar indemnización o suplido"		*"importe de la indemnización o suplido"*
Prestaciones e indemnizaciones de la Seguridad Social		
"especificar prestaciones e indemnizaciones de la seg. social"		*"importe de las prestaciones e indemnizaciones de la seg. social"*
Indemnizaciones por traslados, suspensiones o despidos		
"especificar indemnización por traslado, suspensión o despido"		*"importe de la indemnización por traslado, suspensión o despido"*
Otras percepciones no salariales		
"especificar percepción no salarial"		*"importe de la percepción no salarial"*
A. Total devengado:		*"importe del total devengado"*
II. DEDUCCIONES		
1. Aportación del trabajador a las cotizaciones a la Seguridad Social y conceptos de recaudación conjunta		
Contingencias comunes:	*"porcentaje de contingencias comunes %"*	*"importe de contingencias comunes"*
Desempleo	*"porcentaje de desempleo %"*	*"importe de desempleo"*
Formación profesional	*" porcentaje de formación profesional %"*	*"importe de formación profesional"*
Horas extraordinarias	*"porcentaje de horas extraordinarias %"*	*"importe de horas extraordinarias"*
Total aportaciones:		*"importe total de las aportaciones"*
2. Impuesto sobre la Renta de las Personas Físicas:	*"porcentaje del IRPF %"*	*"importe del IRPF"*
3. Anticipos:		*"importe de los anticipos"*
4. Valor de los productos recibidos en especie:		*"importe de los productos recibidos en especie"*
5. Otras deducciones:		*"importe de las otras deducciones"*
B. Total a deducir		*"importe total a deducir"*
LÍQUIDO TOTAL A PERCIBIR (A-B):		*"importe liquido total a percibir"*
En *"localidad"* a *"día, mes y año"*		
Firma y sello de la empresa		Recibí. *"nombre y apellidos"*
" firma y sello"		*"firma"*

DETERMINACIÓN DE LAS BASES DE COTIZACIÓN A LA SEGURIDAD SOCIAL Y CONCEPTOS DE RECAUDACIÓN CONJUNTA Y DE LA BASE SUJETA A RETENCIÓN DEL IRPF Y APORTACIÓN DE LA EMPRESA

CONCEPTO	BASE	TIPO	APORTACIÓN EMPRESA
1. Contingencias comunes			
"Importe remuneración mensual"			
"Importe prorrata pagas extraordinarias"			
TOTAL	*"importe"*	*"tipo"*	*"importe"*
2. Contingencias profesionales y conceptos de recaudación conjunta			*"importe"*
AT y EP	*"importe"*	*"tipo"*	*"importe"*
Desempleo	*"importe"*	*"tipo"*	*"importe"*
Formación Profesional	*"importe"*	*"tipo"*	*"importe"*
Fondo Garantía Salarial	*"importe"*	*"tipo"*	*"importe"*
3. Cotización adicional horas extraordinarias	*"importe"*	*"tipo"*	*"importe"*
4. Base sujeta a retención del IRPF	*"importe"*	*"tipo"*	*"importe"*

18. Contrato de trabajo a distancia

(ET art.13; L 10/2021 art.5, 6 y 7)

9705 @ **Nota preliminar:**

1) La L 10/2021, de 9 de julio, de trabajo a distancia se aplica a aquellas **relaciones de trabajo** incluidas dentro del art.1.1 ET que se desarrollan a distancia con carácter regular. Es la primera alusión de la Ley a la exclusión de la prestación ocasional. Por tanto, la regularidad en el uso del trabajo a distancia (y no su intensidad) es el rasgo que caracteriza el ámbito de aplicación de la norma.

Se entiende que es regular el trabajo a distancia que se presta, en un período de referencia de 3 meses, un mínimo del 30% de la jornada (o porcentaje proporcional equivalente en función de la duración del contrato de trabajo). En consecuencia, incluye la prestación a distancia de más de un día y medio a la semana. Si dicha prestación es inferior, no se aplica esta normativa.

2) Se mantienen las **definiciones** de:

- trabajo a distancia: forma de organización del trabajo o de realización de la actividad laboral que se presta en el domicilio de la persona trabajadora o en el lugar elegido por esta, durante toda su jornada o parte de ella, con carácter regular;
- teletrabajo: aquel trabajo a distancia que se lleva a cabo mediante el uso exclusivo o prevalente de medios y sistemas informáticos, telemáticos y de telecomunicación;
- trabajo presencial: el que se presta en el centro de trabajo o en el lugar determinado por la empresa.

3) Respecto de las **obligaciones formales** vinculadas al acuerdo de trabajo a distancia, debe subrayarse su carácter voluntario para ambas partes, la adopción expresa de un acuerdo escrito con un contenido mínimo, ya de manera inicial o ya sobrevenida, la no afectación al estatus laboral de la persona trabajadora, el ejercicio de la reversibilidad, el carácter acordado de las modificaciones del acuerdo y la ordenación de las prioridades de acceso, así como la remisión a la negociación colectiva en el procedimiento y criterios que deben de seguirse, debiéndose evitar la perpetuación de roles de género y fomentando la corresponsabilidad entre mujeres y hombres.

4) Su **contenido mínimo obligatorio**, sin perjuicio de la regulación al respecto en convenios o acuerdos colectivos, es el siguiente:

- inventario de los medios, equipos y herramientas, incluidos consumibles y elementos muebles, así como su vida útil o período máximo para su renovación;
- enumeración de los gastos, forma de cuantificación y momento y forma de abono, que se corresponderá, de existir, con la previsión recogida en convenio o acuerdo colectivo;
- horario de trabajo y reglas de disponibilidad;
- porcentaje y distribución entre trabajo de presencia y trabajo a distancia;
- centro de trabajo de la empresa donde queda adscrita la persona trabajadora;
- lugar de trabajo a distancia elegido por la persona trabajadora;
- duración de plazos de preaviso para el ejercicio de reversibilidad;
- medios de control empresarial de la actividad;
- procedimiento a seguir en caso de dificultades técnicas que impidan el normal desarrollo del trabajo a distancia;
- instrucciones dictadas por la empresa, con la participación de la representación legal de las personas trabajadoras, para la protección de datos
- instrucciones sobre seguridad de la información, específicamente aplicables al trabajo a distancia;
- duración del acuerdo o de la prestación de servicios a distancia.

5) La Ley no es aplicable al personal laboral al servicio de las **Administraciones Públicas**.

ACUERDO DE TRABAJO A DISTANCIA

9705 (sigue)

En *"localidad"*, a *"día, mes y año"*.
De una parte, *"D/Dña. nombre y apellidos del representante de la empresa"* con DNI *"número del DNI"*, en nombre y representación, y en su condición de *"apoderado, representante, etc."*, de la Entidad Mercantil *"razón social"*, con CIF *"número del CIF"* y con domicilio en *"localidad, código postal, calle y número de la sociedad mercantil"* (en adelante "EMPRESA").
Y de otra parte, *"D/Dña. nombre y apellidos"*, en su propio nombre y representación, con DNI *"número del DNI"*, con domicilio en *"localidad, código postal, calle y número"* (en adelante el "TRABAJADOR"). En adelante conjuntamente (las "Partes"),
En adelante conjuntamente (las **"partes"**),

EXPONEN

I. Que ambas partes suscribieron en fecha *"día, mes y año"* contrato de trabajo *"tipo de contrato"* a jornada *"... completa ..."* *"O ... parcial ..."*, para desempeñar el puesto de trabajo de *"tipo de puesto"* encuadrado en el Grupo Profesional *"grupo profesional"*.
II. Que ambas partes han convenido incluir como anexo al contrato de trabajo vigente, el presente "Acuerdo de trabajo a distancia" a través del cual la persona trabajadora manifiesta que de manera libre y voluntaria ha accedido a practicar esta modalidad de organización del trabajo conforme a las siguientes

CLAUSULAS ADICIONALES

Primera.- Duración del acuerdo
El presente acuerdo de trabajo a distancia tiene la duración de un año prorrogable por periodos anuales y su vigencia se iniciará a partir del día siguiente al de la firma del anexo. La suscripción de este acuerdo es voluntario para la empresa y el trabajador. La reversión del acuerdo puede solicitarse tanto a instancia de la EMPRESA como de la PERSONA TRABAJADORA debiendo preavisarlo a la otra parte con una antelación mínima de 10 días.

Segunda.- Distribución del horario
La persona trabajadora realizará la prestación a distancia 2 días laborables a la semana, lo que supone un 33% de su jornada de trabajo. En concreto, se realizará su trabajo en régimen de teletrabajo los lunes y martes de cada semana. No obstante, si el proyecto a realizar requiriera la presencia de la persona trabajadora, esta deberá personarse en el centro de trabajo.
Salvo autorización expresa no se pueden acumular, ni trasladar los días de teletrabajo de una semana a otra y, salvo autorización expresa del responsable, no se permitirá la realización de parte de la jornada en presencial y parte en remoto.

Tercera.- Horario del teletrabajo
La jornada de trabajo puede realizarse en el horario de elección de la persona trabajadora. No obstante, al menos la mitad de la jornada de trabajo debe coincidir con horario establecido para el trabajo presencial, preferente de 10:00 a 14:00. En cualquier caso, la asistencia a las reuniones a las que sea convocada durante la jornada establecida generalmente en la empresa es obligatoria.

Cuarta.- Lugar del teletrabajo
El trabajo a distancia debe prestarse en el domicilio habitual comunicado a la empresa. Cuando la persona trabajadora desee modificar el lugar de prestación de servicios, deberá comunicarlo de forma escrita con, al menos, 48 horas de antelación. La empresa se reserva el derecho a evaluar si la nueva ubicación reúne las condiciones de idoneidad suficiente para mantenerse el acuerdo de trabajo a distancia. Los días de trabajo presencial se prestarán en el centro de trabajo de *"dirección de centro de trabajo"* al que se encuentra adscrita.

Quinta.- Medidas de control empresarial
La empresa, a través de las personas que designe o de los superiores jerárquicos, podrá controlar y supervisar la actividad de la persona trabajadora mediante sistemas telemáticos, informáticos y electrónicos. Si por motivos de trabajo fuere necesaria la presencia física de representantes de la compañía en el lugar de trabajo de la persona trabajadora y éste fuera su propio domicilio, deberá notificarse con antelación y no podrá realizarse sin el previo consentimiento expreso de la persona trabajadora.
La persona trabajadora consiente libremente a la celebración de reuniones y comunicaciones a través de videoconferencia o por cualquier otro sistema de transmisión de imagen y sonido, renunciando a considerar tal situación o circunstancia como una intromisión ilegítima en el domicilio privado, siempre dentro de su horario laboral.
El control horario de inicio y fin de jornada debe efectuarse a través de la aplicación establecida al efecto.

9705 (sigue)

Sexta.- Inventario y enumeración de gastos

La empresa proporciona los siguientes medios necesarios para desarrollar su actividad laboral:

- ordenador de trabajo: *"indicar ordenador proporcionado"*;
- software necesario para el desarrollo de la actividad laboral *"indicar software proporcionado"*;
- conexión a internet: la empresa asumirá y abonará a la PERSONA TRABAJADORA los costes directamente originados por el trabajo. Si dispone de conexión en su domicilio, la empresa abonará la parte de la mensualidad correspondiente al uso realizado durante la jornada de trabajo (8/24 de cada mensualidad). El abono de los gastos se realizará en el plazo de 2 meses desde la aportación de los justificantes necesarios.

También se puede pactar una cantidad fija de carácter mensual, por ejemplo, comprensiva de los gastos estimados de mutuo acuerdo.

- Mobiliario (mesa, silla). Serán propiedad del teletrabajador y deberán cumplir las especificaciones precisas para cumplir las normas sobre Seguridad y Salud;
- Agua, luz, calefacción, etc. Los gastos serán por cuenta del teletrabajador;
- Dotación de papelería y documentación. Si fuera necesaria se facilitará al igual que si estuviera en el centro de trabajo;

La empresa asume el mantenimiento de todo el equipo puesto a disposición del trabajador.

Por su parte la PERSONA TRABAJADORA se obliga a conservar en perfecto estado el Material de Trabajo entregado por la EMPRESA. La PERSONA TRABAJADORA pagará a la EMPRESA los daños y perjuicios que se deriven de cualquier desperfecto, deterioro o pérdida del Material de Trabajo, o cualquier otra circunstancia que impida la devolución del mismo a la EMPRESA cuando esta lo solicite, sin perjuicio de las acciones disciplinarias a que dieren lugar tal conducta.

Séptima.- Procedimiento en caso de dificultades técnicas

En caso de dificultades que impidan el normal trabajo a distancia la PERSONA TRABAJADORA deberá comunicar la incidencia al departamento técnico de la empresa, que proporcionará la atención precisa para su solución. Si por causas no imputables a la empresa no fuera posible su solución la PERSONA TRABAJADORA volverá al trabajo presencial hasta que las dificultades sean solucionadas.

Octava.- Protección de datos

La PERSONA TRABAJADORA está vinculada a los derechos y obligaciones establecidos por la empresa en relación con la protección y confidencialidad de los datos y el acceso a datos de carácter personal.

Se compromete especialmente a cumplir con las medidas de seguridad establecidas por la empresa para asegurar la confidencialidad, secreto e integridad de los datos de carácter personal a los que tenga acceso, y a no a no ceder a terceros los datos de carácter personal a los que tenga acceso, ni tan siquiera a efectos de su conservación.

Novena.- Seguridad de la información

El acceso al sistema informático de la empresa debe efectuarse bajo el control y la responsabilidad de la PERSONA TRABAJADORA, que debe seguir los procedimientos establecidos por la empresa.

Décima.- Derechos y obligaciones

La PERSONA TRABAJADORA tendrá los mismos derechos y obligaciones existentes hasta la fecha y reconocidos al resto de empleados de la compañía que desempeñen sus funciones en régimen presencial. Con especial mención al derecho a la desconexión digital, para lo que la empresa adoptará todas las medidas necesarios para asegurar su efectividad.

En *"localidad"*, a *"día, mes y año"*

POR LA EMPRESA
"nombre y apellidos del representante legal"
"firma"

POR EL TRABAJADOR
"nombre y apellidos del trabajador"
"firma"

2. Tabla de Disposiciones

9710

A. Normativa de la Unión Europea

9715

DERECHO ORIGINARIO	
Tratado UE. Versión consolidada.	DOUE 30-03-10; Ce 28-10-16
Tratado de Funcionamiento de la UE. Versión consolidada.	DOUE 30-03-10; Ce 28-10-16
Tratado CE. Versión consolidada.	DOUE 29-12-06
Tratado UE. Versión consolidada.	DOUE 29-12-06
Tratado de Roma constitutivo CEE (25-03-1957).	BOE 01-01-86
Tratado de Maastrich (ratificación España: L 10/1992).	BOE 10-06-94
Tratado Amsterdam (ratificación España: LO 9/1998).	BOE 17-12-98
Tratado de Niza (ratificación España: LO 3/2001).	DOCE 10-03-01
Tratado de Lisboa (ratificación España: LO 1/2008 y LO 9/2010).	DOUE 17-12-07

DERECHO DERIVADO			
REGLAMENTOS			
(CEE) 3/58	25-09-58	Seguridad Social de los trabajadores migrantes. (D)	DOCE 16-12-58
(CEE) 4/58	03-12-58	Aplicación del Rgto (CEE) 3/58. (D)	DOCE 16-12-58
(CEE) 1612/68	15-10-68	Libre circulación de trabajadores dentro de la Comunidad.	DOCE 19-10-68
(CEE) 1408/71	14-06-71	Seguridad social de los trabajadores por cuenta ajena y sus familias desplazadas dentro de la Comunidad.	DOCE 05-07-71
(CEE) 574/72	21-03-72	Aplicación Rgto (CEE) 1408/71. (D)	DOCE 27-03-72
(CEE) 2137/85	25-07-85	Agrupación Europea de Interés Económico (AEIE).	DOCE 31-07-85 Ce 15-05-90
(CEE) 3820/85	20-12-85	Disposiciones en materia social en el sector de los transportes por carretera. (D).	DOCE 31-12-85 Ce 30-07-86
(CEE) 3821/85	20-12-85	Aparato de control en el sector de los transportes por carretera.	DOCE 31-12-85
(CEE) 1247/92	30-04-92	Modif Rgto (CEE) 1408/71. Coordinación de los sistemas de SS.	DOCE 19-05-92
(CEE) 1248/92	30-04-92	Modif Rgto (CEE) 1408/71. Coordinación de los sistemas de SS. (D).	DOCE 19-05-92
(CEE) 1249/92	30-04-92	Modif Rgto (CEE) 1408/71 y Rgto (CEE) 574/72. Coordinación de los sistemas de SS. (D).	DOCE 19-05-92
(CEE) 1945/93	30-06-93	Modif Rgto (CEE) 1408/71, Rgto (CEE) 574/72 y Rgto (CEE) 1247/92. Coordinación de los sistemas de SS.	DOCE 23-07-93
(CE) 3095/1995	22-12-95	Modif Rgto (CEE) 1408/71, Rgto (CEE) 574/72, Rgto (CEE) 1247/92 y Rgto (CEE) 1945/93. Coordinación de los sistemas de SS.	DOCE 30-12-95

9715 (sigue)

(CE) 3096/1995	22-12-95	Modif Rgto (CEE) 1408/71 y Rgto (CEE) 574/72. Coordinación de los sistemas de SS. (D).	DOCE 30-12-95
(CE) 118/1997	02-12-97	Modif y actualiza Rgto (CEE) 1408/71 y Rgto (CEE) 574/72. Coordinación de los sistemas de SS.	DOCE 30-01-97
(CE) 1290/1997	27-06-97	Modif Rgto (CEE) 1408/71 y Rgto (CEE) 574/72.	DOCE 04-07-97 Ce 09-10-97
(CE) 1223/1998	04-06-98	Modif Rgto (CEE) 1408/71 y Rgto (CEE) 574/72. Coordinación de los sistemas de SS.	DOCE 13-06-98
(CE) 1606/1998	29-06-98	Modif Rgto (CEE) 1408/71 y Rgto (CEE) 574/72. Coordinación de los sistemas de SS.	DOCE 25-07-98
(CE) 307/1999	08-02-99	Modif Rgto (CEE) 1408/71 y Rgto (CEE) 574/72. Coordinación de los sistemas de SS.	DOCE 12-02-99 Ce 25-03-99
(CE) 1260/1999	21-06-99	Fondos estructurales. (D).	DOCE 26-06-99
(CE) 1399/1999	29-04-99	Modif Rgto (CEE) 1408/71 y Rgto (CEE) 574/72. Coordinación de los sistemas de SS.	DOCE 30-06-99
(CE) 1784/1999	12-07-99	Fondo Social Europeo.	DOCE 13-08-99
(CE) 44/2001	22-12-00	Competencia judicial, reconocimiento y ejecución de resoluciones en materia civil y mercantil.	DOCE 16-01-01 Ce 24-11-01 y 05-07-02
(CE) 1386/2001	05-06-01	Modif Rgto (CEE) 1408/71 y Rgto (CEE) 574/72. Coordinación de los sistemas de SS.	DOCE 10-07-01
(CE) 2157/2001	08-10-01	Estatuto de la Sociedad Anónima Europea (SE).	DOCE 11-11-01
(CE) 807/2003	14-04-03	Adapta a la Dec 1999/468/CE las disposiciones sobre los comités que colaboran con la Comisión.	DOUE 16-05-03
(CE) 859/2003	14-05-03	Amplía Rgto (CEE) 1408/71 y (CEE) 574/72 a los nacionales de terceros países.	DOUE 20-05-03
(CE) 1882/2003	29-09-03	Adapta a la Dec 1999/468/CE las disposiciones sobre los comités que colaboran con la Comisión.	DOUE 31-10-03
(CE) 2003/2003	13-10-03	Abonos.	DOUE 21-11-03 Ce 12-10-07
(CE) 631/2004	31-03-04	Modif Rgto (CEE) 1408/71 y Rgto (CEE) 574/72. Coordinación de los sistemas de SS.	DOUE 06-04-04
(CE) 883/2004	29-04-04	Coordinación de los sistemas de Seguridad social.	DOUE 30-04-04 Ce 04-08-07 y 21-6-13
(CE) 647/2005	13-04-05	Modif Rgto (CEE) 1408/71 y Rgto (CEE) 574/72. Coordinación de los sistemas de SS.	DOUE 04-05-05
(CE) 207/2006	07-02-06	Modif Rgto (CEE) 574/72. Coordinación de los sistemas de SS.	DOUE 08-02-06
(CE) 561/2006	15-03-06	Modif Rgtos (CEE) 3821/85, (CE) 2135/98 y deroga Rgto (CEE) 3820/85. Transportes por carretera.	DOUE 11-04-06 Ce 25-03-11
(CE) 629/2006	05-04-06	Modif Rgto (CEE) 1408/71 y Rgto (CEE) 574/72. Coordinación de los sistemas de SS.	DOUE 27-04-06
(CE) 635/2006	25-04-06	Derog Rgto (CEE) 1251/70, del derecho a permanecer en un Estado miembro tras haber ejercido en él un empleo.	DOUE 26-04-06
(CE) 1080/2006	05-07-06	Derog Rgto (CE) 1783/1999. Fondo Europeo de Desarrollo Regional.	DOUE 31-07-06
(CE) 1081/2006	05-07-06	Derog Rgto (CE) 1784/1999. Fondo Social Europeo.	DOUE 31-07-06
(CE) 1083/2006	11-07-06	Derog Rgto (CE) 1260/2006. Fondo Europeo de Desarrollo Regional, Fondo Social Europeo y Fondo de Cohesión.	DOUE 31-07-06 Ce 01-09-06, 07-06-07 y 12-11-08

9715 (sigue)

(CE) 1932/2006	21-12-06	Terceros países cuyos nacionales están obligados o exentos de visado para cruzar las fronteras exteriores.	DOUE 30-12-06 Ce 03-02-07
(CE) 1989/2006	21-12-06	Modif Rgto (CE) 1083/2006 y deroga el Rgto (CE) 1260/1999. Fondos estructurales.	DOUE 30-12-06 Ce 02-02-07
(CE) 1992/2006	18-12-06	Modif Rgto (CEE) 1408/71. Coordinación de los sistemas de SS.	DOUE 30-12-06
(CE) 311/2007	19-03-07	Modif Rgto (CEE) 574/72. Coordinación de los sistemas de SS.	DOUE 23-03-07
(CE) 1430/2007	05-12-07	Modif anexos II y III Dir 2005/36/CE sobre reconocimiento de cualificaciones profesionales.	DOUE 06-12-07
(CE) 101/2008	04-02-08	Modif Rgto (CEE) 574/72. Coordinación de los sistemas de SS.	DOUE 05-02-08 Ce 29-02-08
(CE) 592/2008	17-06-08	Modif Rgto (CEE) núm 1408/71. Coordinación de los sistemas de SS.	DOUE 04-07-08
(CE) 593/2008	17-06-08	Ley aplicable a las obligaciones contractuales (Roma I)	DOUE 04-07-08 Ce 24-11-09
(CE) 755/2008	31-07-08	Modif el anexo II de la Dir 2005/36/CE, de reconocimiento de cualificaciones profesionales.	DOUE 01-08-08
(CE) 120/2009	09-02-09	Modif Rgto (CEE) 574/72. Coordinación de los sistemas de SS.	DOUE 10-02-09
(CE) 279/2009	06-04-09	Modif Dir 2005/36/CE, de reconocimiento de cualificaciones profesionales.	DOUE 07-04-09
(CE) 280/2009	06-04-09	Modif anexos I, II y IV del Rgto (CE) 44/2001, de reconocimiento y ejecución de resoluciones judiciales en materia civil y mercantil.	DOUE 07-04-09
(CE) 810/2009	13-07-09	Código comunitario sobre visados.	DOUE 15-09-09 Ce 06-06-13
(CE) 987/2009	16-09-09	Normas de aplicación del Rgto (CE) 883/2004, de coordinación de los sistemas de seguridad social.	DOUE 30-10-09
(CE) 988/2009	16-09-09	Modif Rgto (CE) 883/2004, de coordinación de los sistemas de seguridad social.	DOUE 30-10-09 Ce 21-06-13
(UE) 265/2010	25-03-10	Modif Convenio de aplicación del Acuerdo de Schengen y Rgto (CE) 562/2006, de circulación de personas con visados de larga duración.	DOUE 31-03-10
(UE) 416/2010	12-05-10	Modif Anexos I, II y III del Rgto (CE) 44/2001, sobre competencia judicial.	DOUE 13-05-10
(UE) 428/2010	20-05-10	Desarrolla art.14 Dir 2009/16/CE, de inspecciones ampliadas de buques.	DOUE 21-05-10
(UE) 599/2010	08-07-10	Modif Rgto (CE) 1077/2008, de aplicación del Rgto (CE) 1966/2006, de actividades pesqueras y derog Rgto (CE) 1566/2007.	DOUE 09-07-10
(UE) 1231/2010	24-11-10	Amplía la aplicación de los Rgtos (CE) 883/2004 y (CE) 987/2009 a nacionales de terceros paises no cubiertos por los mismos.	DOUE 29-12-10
(UE) 1244/2010	09-12-10	Modif Rgto (CE) 883/2004 y (CE) 987/2009. Coordinación de sistemas de SS.	DOUE 22-12-10
(UE) 211/2011	16-02-11	Iniciativa ciudadana.	DOUE 11-03-11
(UE) 492/2011	05-04-11	Libre circulación de los trabajadores en la UE.	DOUE 27-05-11
(UE) 154/2012	15-02-12	Modifica el Rgto CE/810/2009, del Código comunitario sobre visados (Código de visados).	DOUE 29-02-12
(UE) 268/2012	25-01-12	Modifica el anexo I del Rgto UE/211/2011 sobre la iniciativa ciudadana.	DOUE 27-03-12
(UE) 465/2012	22-05-12	Modif Rgto (CE) 883/2004 y el Rgto (CE) 987/2009.	DOUE 08-06-12

9715 (sigue)

(UE) 741/2012	11-08-12	Modifica el Protocolo sobre el Estatuto del TJUE y su anexo I.	BOE 23-08-12
(UE) 487/2013	08-05-13	Modifica, a efectos de su adaptación al progreso científico y técnico, el Rgto (CE) 1272/2008.	DOUE 01-06-13
(UE) 517/2013	13-05-13	Adapta determinados Reglamentos y Decisiones con motivo de la adhesión de Croacia.	DOUE 10-06-13
(UE) 1298/2013	11-12-13	Modifica el Rgto (CE) 1083/2006, por lo que respecta a la asignación financiera del Fondo Social Europeo para determinados Estados miembros.	DOUE 20-12-13
(UE) 2015/281	26-11-14	Reglamento Delegado de la Comisión, que sustituye los anexos I y II del Rgto (UE) 1215/2012.	DOUE 25-02-15
(UE) 2015/848	20-05-15	Procedimientos de insolvencia.	DOUE 08-06-15
(UE) 2016/589	13-04-16	Relativo a una red europea de servicios de empleo (EURES), al acceso de los trabajadores a los servicios de movilidad y a la mayor integración de los mercados de trabajo y por el que se modifican los Reglamentos UE/492/2011 y UE/1296/2013.	DOUE 22-04-16
(UE) 2016/679	27-04-16	Protección de las personas físicas en lo que respecta al tratamiento de datos personales y a la libre circulación de estos datos y por el que se deroga la Dir 95/46/CE.	DOUE 04-05-16
(UE) 2016/918	19-05-16	Modifica, a efectos de su adaptación al progreso técnico y científico, el Rgto (CE)1272/2008, sobre clasificación, etiquetado y envasado de sustancias y mezclas.	DOUE 14-06-16
(UE) 2017/492	21-03-17	Modifica el Rgto (CE) 883/2004, sobre la coordinación de los sistemas de Seguridad Social, y el Rgto (CE) 987/2009, que adopta las normas de aplicación del Rgto (CE) 883/2004.	DOUE 22-03-17
(UE) 2017/1130	14-06-17	Define las características de los barcos de pesca.	DOUE 30-06-17
(UE) 2018/1699	09-01-18	Información técnica para el cálculo de las provisiones técnicas y los fondos propios básicos a efectos de la presentación de información con fecha de referencia comprendida entre el 30-9-18 y el 30-12-18, de conformidad con la Dir 2009/138/CE, sobre el acceso a la actividad de seguro y de reaseguro y su ejercicio.	DOUE 13-11-18
(UE) 2019/126	16-01-19	Agencia Europea para la Seguridad y la Salud en el Trabajo (EU-OSHA) y se deroga el Rgto (CE) n.o 2062/94.	DOUE 31-01-19
(UE) 2019/370	07-03-19	Modifica el Rgto (CE) 1635/2006, de las disposiciones de aplicación del Rgto (CEE) 737/90, con motivo de la retirada del Reino Unido de Gran Bretaña e Irlanda del Norte de la UE.	DOUE 08-03-19
(UE) 2019/1149	20-06-19	Crea la Autoridad Laboral Europea, modifican los Rgtos (CE) 883/2004, (UE) 492/2011 y (UE) 2016/589 y deroga la Dec (UE) 2016/344.	DOUE 17-07-19
(UE) 2020/193	12-02-20	Establece información técnica para el cálculo de las provisiones técnicas y los fondos propios básicos a efectos de la presentación de información con fecha de referencia comprendida entre el 31-12-19 y el 30-3-20 de conformidad con la Dir 2009/138/CE, sobre el acceso a la actividad de seguro y de reaseguro y su ejercicio.	DOUE 13-02-20
(UE) 2021/923	25-03-21	Complementa la Dir 2013/36/UE en lo que respecta a las normas técnicas de regulación por las que se establecen los criterios de definición de las responsabilidades de dirección, las funciones de control, las unidades de negocio importantes y la incidencia significativa en el perfil de riesgo de una unidad de negocio importante, y se establecen los criterios para determinar los miembros del personal o las categorías de personal cuyas actividades profesionales tienen una incidencia en el perfil de riesgo de la entidad comparable en importancia a la de los miembros del personal o las categorías de personal a que se refiere el art.92.3, de dicha Directiva.	DOUE 09-06-21

9715 (sigue)

(UE) 2021/953	14-06-21	Relativo a un marco para la expedición, verificación y aceptación de certificados COVID-19 interoperables de vacunación, de prueba diagnóstica y de recuperación (certificado COVID digital de la UE) a fin de facilitar la libre circulación durante la pandemia de COVID-19.	DOUE 15-06-21
(UE) 2021/954	14-06-21	Marco para la expedición, verificación y aceptación de certificados COVID-19 interoperables de vacunación, de prueba diagnóstica y de recuperación (certificado COVID digital de la UE) con respecto a los nacionales de terceros países que se encuentren o residan legalmente en los territorios de los Estados miembros durante la pandemia de COVID-19	DOUE 15-06-21
(UE) 2021/1057	24-06-21	Establece el Fondo Social Europeo Plus (FSE+) y se deroga el Reglamento (UE) nº 1296/2013.	DOUE 30-06-21 Ce 26-11-21
(UE) 2021/1755	06-10-21	Establece la Reserva de Adaptación al Brexit.	DOUE 08-10-21
(UE) 2021/2179	09-12-21	Relativo a las funcionalidades de la interfaz pública conectada al Sistema de Información del Mercado Interior para el desplazamiento de los conductores en el sector del transporte por carretera.	DOUE 10-12-21
(UE) 2022/256	22-02-22	Rgto Delegado. Modifica el Rgto (UE) 2021/953 en lo que respecta a la expedición de certificados de recuperación basados en pruebas rápidas de antígenos.	DOUE 23-02-22
(UE) 2022/503	29-03-22	Rgto Delegado. Modifica el Rgto (UE) 2021/953 del Parlamento Europeo y del Consejo en lo que respecta a la exención de los menores del período de aceptación de los certificados de vacunación expedidos en el formato de certificado COVID digital de la UE.	DOUE 30-03-22
(UE) 2023/2845	13-12-23	Modifica el Rgto (UE) 909/2014 en lo que respecta a la disciplina de liquidación, la prestación transfronteriza de servicios, la cooperación en materia de supervisión, la prestación de servicios auxiliares de tipo bancario y los requisitos aplicables a los depositarios centrales de valores de terceros países y por el que se modifica el Rgto (UE) 236/2012.	DOUE 27-12-23
(UE) 2023/2844	13-12-23	Digitalización de la cooperación judicial y del acceso a la justicia en asuntos transfronterizos civiles, mercantiles y penales, y por el que se modifican determinados actos jurídicos en el ámbito de la cooperación judicial.	DOUE 27-12-23
(UE) 2024/1183	11-04-24	Modifica el Rgto (UE) 910/2014 en lo que respecta al establecimiento del marco europeo de identidad digital.	DOUE 30-04-24
(UE) 2024/1258	24-04-24	Modifica el Rgto (CE) 561/2006 en lo relativo a los requisitos mínimos sobre las pausas y los períodos de descanso diarios y semanales mínimos en el sector del transporte discrecional de viajeros y en lo relativo a la facultad de los Estados miembros de imponer sanciones por las infracciones del Rgto (UE) 165/2014 cometidas en otro Estado miembro o en un tercer país.	DOUE 02-05-24
(UE) 2024/1347	14-05-24	Normas relativas a los requisitos para el reconocimiento de nacionales de terceros países o apátridas como beneficiarios de protección internacional, a un estatuto uniforme para los refugiados o para las personas que pueden acogerse a protección subsidiaria y al contenido de la protección concedida, y por el que se modifica la Dir 2003/109/CE del Consejo y se deroga la Dir 2011/95/UE del Parlamento Europeo y del Consejo.	DOUE 22-05-24
(UE) 2024/1348	14-05-24	Establece un procedimiento común en materia de protección internacional en la Unión y se deroga la Directiva 2013/32/UE.	DOUE 22-05-24
(UE) 2024/1349	14-05-24	Establece un procedimiento fronterizo de retorno y se modifica el Reglamento (UE) 2021/1148.	DOUE 22-05-24
(UE) 2024/1350	14-05-24	Establece el Marco de Reasentamiento y Admisión Humanitaria de la Unión y se modifica el Reglamento (UE) 2021/1147.	DOUE 22-05-24
(UE) 2024/1351	14-05-24	Gestión del asilo y la migración, por el que se modifican los Reglamentos (UE) 2021/1147 y (UE) 2021/1060 y se deroga el Rgto (UE) 604/2013.	DOUE 22-05-24

9715 (sigue)

(UE) 2024/1358	14-05-24	Creación del sistema «Eurodac» para la comparación de datos biométricos a efectos de la aplicación efectiva de los Rgto (UE) 2024/1351 y (UE) 2024/1350 del Parlamento Europeo y del Consejo y de la Dir 2001/55/CE del Consejo y de la identificación de nacionales de terceros países y apátridas en situación irregular, y sobre las solicitudes de comparación con los datos de Eurodac presentadas por los servicios de seguridad de los Estados miembros y Europol a efectos de aplicación de la ley, por el que se modifican los Rgto (UE) 2018/1240 y (UE) 2019/818 del Parlamento Europeo y del Consejo y se deroga el Rgto (UE) 603/2013 del Parlamento Europeo y del Consejo.	DOUE 22-05-24
(UE) 2024/1359	14-05-24	Se abordan las situaciones de crisis y de fuerza mayor en el ámbito de la migración y el asilo y por el que se modifica el Rgto (UE) 2021/1147.	DOUE 22-05-24
(UE) 2024/1717	13-06-24	Modifica el Rgto (UE) 2016/399 por el que se establece un Código de normas de la Unión para el cruce de personas por las fronteras.	DOUE 20-06-24
(UE) 2024/1689	13-06-24	Se establecen normas armonizadas en materia de inteligencia artificial y por el que se modifican los Rgto (CE) 300/2008, (UE) 167/2013, (UE) 168/2013, (UE) 2018/858, (UE) 2018/1139 y (UE) 2019/2144 y las Dir 2014/90/UE, (UE) 2016/797 y (UE) 2020/1828 (Reglamento de Inteligencia Artificial).	DOUE 12-07-24
		DIRECTIVAS	
67/548/CEE	27-06-67	Clasificación, embalaje y etiquetado de sustancias peligrosas.	DOCE 16-08-67
70/156/CEE	06-02-70	Homologación de vehículos a motor y sus remolques.	DOCE 23-02-70
70/157/CEE	06-02-70	Nivel sonoro y dispositivo de escape de los vehículos a motor.	DOCE 23-02-70
70/220/CEE	20-03-70	Gases de los motores de explosión de vehículos. (D).	DOCE 06-04-70 Ce 11-04-70
73/23/CEE	19-02-73	Material eléctrico destinado a utilizarse con determinados límites de tensión. (D).	DOCE 26-03-73
73/404/CEE	22-11-73	Detergentes.	DOCE 17-12-73 Ce 18-07-74 y 02-10-74
74/150/CEE	04-03-74	Tractores de ruedas agrícolas o forestales. (D).	DOCE 28-03-74 Ce 18-08-76
75/117/CEE	10-02-75	Igualdad de retribución entre hombres y mujeres. (D)	DOCE 19-02-75
75/129/CEE	17-02-75	Despidos colectivos. (D)	DOCE 22-02-75
76/207/CEE	09-02-76	Igualdad de trato entre hombres y mujeres en el acceso al empleo, formación, promoción profesional y condiciones de trabajo. (D)	DOCE 14-02-76
76/767/CEE	27-07-76	Aparatos de presión y métodos de control. (D).	DOCE 27-09-76 Ce 07-08-81
76/769/CEE	27-07-76	Comercialización y uso de determinadas sustancias y preparados peligrosos. (D).	DOCE 27-09-76
77/187/CEE	14-02-77	Derechos de los trabajadores en traspasos de empresas, de centros de actividad o de partes. (D).	DOCE 05-03-77
77/452/CEE	27-06-77	Reconocimiento de títulos de enfermero responsable de cuidados generales. (D).	DOCE 15-07-77
77/453/CEE	27-06-77	Coordinación de las disposiciones relativas a enfermeros responsables de cuidados generales. (D).	DOCE 15-07-77
78/686/CEE	25-07-78	Reconocimiento de títulos de odontólogo (D).	DOCE 24-08-78
78/687/CEE	25-07-78	Coordinación de las disposiciones relativas a los odontólogos. (D).	DOCE 24-08-78
78/1026/CEE	18-12-78	Reconocimiento de títulos de veterinario (D).	DOCE 23-12-78
78/1027/CEE	18-12-78	Coordinación de las disposiciones referentes a los veterinarios. (D).	DOCE 23-12-78

9715 (sigue)

79/7/CEE	19-12-78	Igualdad de trato entre hombres y mujeres en materia de Seguridad Social.	DOCE 10-01-79
80/154/CEE	21-01-80	Reconocimiento de títulos de matrona (D).	DOCE 11-02-80
80/155/CEE	21-01-80	Coordinación de las disposiciones relativas a las matronas o asistentes obstétricos. (D).	DOCE 11-02-80
80/987/CEE	20-10-80	Protección de los trabajadores frente a la insolvencia del empresario. (D).	DOCE 28-10-80
82/242/CEE	31-03-82	Control de la biodegradabilidad de los tensoactivos no iónicos. Modif Dir 73/404/CEE. (D).	DOCE 22-04-82
83/477/CEE	19-09-83	Protección de los trabajadores contra los riesgos de la exposición al amianto. (D).	DOCE 24-09-83
84/525/CEE	17-09-84	Botellas de gas de acero sin soldaduras. (D).	DOCE 19-11-84
84/528/CEE	17-09-84	Aparatos elevadores y de manejo mecánico (D).	DOCE 17-09-84
84/539/CEE	17-09-84	Aparatos eléctricos utilizados en medicina humana y veterinaria. (D).	DOCE 19-11-84
85/374/CEE	25-07-85	Responsabilidad por los daños causados por productos defectuosos.	DOCE 07-08-85 Ce 12-11-88
85/384/CEE	10-06-85	Reconocimiento de títulos en arquitectura (D).	DOCE 21-08-85 Ce 21-03-96
85/432/CEE	16-09-85	Coordinación de las disposiciones relativas a ciertas actividades farmacéuticas. (D).	DOCE 24-09-85
85/433/CEE	16-09-85	Reconocimiento de títulos y medidas para facilitar el establecimiento de ciertas actividades farmacéuticas. (D).	DOCE 24-09-85
85/614/CEE	20-12-85	Modif Dir 85/384/CEE, de reconocimiento de títulos en arquitectura.	DOCE 31-12-85
86/17/CEE	27-01-86	Modif Dir 85/384/CEE, de reconocimiento de títulos en arquitectura.	DOCE 01-02-86 02-04-86
86/378/CEE	24-07-86	Igualdad de trato entre hombres y mujeres en los regímenes profesionales de Seguridad Social. (D).	DOCE 12-08-86
86/613/CEE	11-12-86	Igualdad de trato entre hombres y mujeres con actividad autónoma y protección de la maternidad.	DOCE 19-12-86
87/164/CEE	02-03-87	Modif Dir 80/987/CEE, de protección de los trabajadores por insolvencia del empresario.	DOCE 11-03-87
87/404/CEE	25-06-87	Recipientes a presión simples. (D).	DOCE 08-08-87
89/48/CEE	21-12-88	Reconocimiento de títulos de enseñanza superior para formación con duración mínima de tres años. (D).	DOCE 24-01-89
89/106/CEE	21-12-88	Productos de construcción.	DOCE 11-02-89
89/336/CEE	03-05-89	Compatibilidad electromagnética. (D).	DOCE 23-05-89
89/391/CEE	12-06-89	Seguridad y salud de los trabajadores.	DOCE 29-06-89
89/392/CEE	14-06-89	Máquinas. (D)	DOCE 26-06-89
89/654/CEE	30-11-89	Disposiciones mínimas de seguridad y de salud en los lugares de trabajo.	DOCE 30-12-89
89/655/CEE	30-11-89	Disposiciones mínimas de seguridad y salud para la utilización de los equipos de trabajo. (D).	DOCE 30-12-89
89/656/CEE	30-11-89	Utilización por los trabajadores de equipos de protección individual.	DOCE 30-12-89
89/686/CEE	21-12-89	Equipos de protección individual.	DOCE 30-12-89
90/269/CEE	29-05-90	Disposiciones mínimas de seguridad y salud sobre manipulación manual de cargas.	DOCE 21-06-90
90/270/CEE	29-05-90	Disposiciones mínimas de seguridad y salud en trabajos con pantallas de visualización.	DOCE 21-06-90 Ce 04-07-90
90/385/CEE	20-06-90	Productos sanitarios implantables activos.	DOCE 20-07-90 Ce 11-01-94

9715
(sigue)

90/396/CEE	29-06-90	Aparatos de gas. (D).	DOCE 26-07-90
90/641/ Euratom	04-12-90	Protección de los trabajadores exteriores con riesgo de exposición a radiaciones ionizantes por intervención en zona controlada.	DOCE 13-12-90
90/679/CEE	26-11-90	Protección de los trabajadores contra los riesgos de la exposición a agentes biológicos. (D).	DOCE 31-12-90
91/322/CEE	29-05-91	Riesgos de exposición a agentes químicos, físicos y biológicos durante el trabajo.	DOCE 05-07-91
91/368/CEE	20-06-91	Modif Dir 89/392/CEE.	DOCE 22-07-91
91/382/CEE	25-06-91	Riesgos de la exposición al amianto durante el trabajo.	DOCE 29-07-91
91/383/CEE	25-06-91	Seguridad y salud de los trabajadores con una relación laboral de duración determinada o de ETT.	DOCE 29-07-91
91/533/CEE	14-10-91	Obligación del empresario de informar al trabajador sobre las condiciones aplicables al contrato.	DOCE 18-10-91 Ce 27-06-92 y 08-07-92
92/29/CEE	31-03-92	Asistencia médica a bordo de los buques.	DOCE 30-04-92
92/31/CEE	28-04-92	Compatibilidad electromagnética.	DOCE 12-05-92 Ce 06-08-93
92/32/CEE	30-04-92	Modif Dir 67/548/CEE, de embalaje y etiquetado de sustancias peligrosas.	DOCE 05-06-92
92/42/CEE	21-05-92	Requisitos de calderas alimentadas con combustibles líquidos o gaseosos.	DOCE 22-06-92
92/51/CEE	18-06-92	Reconocimiento de formaciones profesionales, completa la Dir 89/48/CEE. (D).	DOCE 24-07-92 Ce 25-01-95
92/56/CEE	24-06-92	Modif Dir 75/129/CEE, de despidos colectivos. (D).	DOCE 26-08-92
92/57/CEE	24-06-92	Obras de construcción temporales o móviles.	DOCE 26-08-92 Ce 09-02-93
92/58/CEE	24-06-92	Señalización de seguridad y salud en el trabajo.	DOCE 26-08-92
92/85/CEE	19-10-92	Seguridad y salud de la trabajadora embarazada, que haya dado a luz o en período de lactancia.	DOCE 28-11-92
92/91/CEE	03-11-92	Seguridad y de salud de los trabajadores de las industrias extractivas por sondeos.	DOCE 28-11-92
92/104/CEE	03-12-92	Seguridad y salud de los trabajadores en las minas.	DOCE 31-12-92
93/15/CEE	05-04-93	Puesta en el mercado y control de explosivos con fines civiles.	DOCE 15-05-93 Ce 07-04-95
93/16/CEE	05-04-93	Libre circulación de los médicos y reconocimiento de títulos. (D).	DOCE 07-07-93
93/68/CEE	22-07-93	Modif Dir 87/404/CEE; 88/378/CEE; 89/106/CEE; 89/336/CEE; 89/392/CEE; 89/686/CEE; 90/384/CEE; 90/385/CEE; 90/396/CEE; 91/263/CEE; 92/42/CEE; y 73/23/CEE. Reglamentación técnica y control de calidad de productos.	DOCE 30-08-93 Ce 08-08-97
93/76/CEE	13-09-93	Limitación de las emisiones de dióxido de carbono mediante la mejora de la eficacia energética. (D).	DOCE 22-09-93
93/95/CEE	29-10-93	Modif Dir 89/686/CEE. Equipos de protección individual.	DOCE 09-11-93
93/103/CEE	23-11-93	Seguridad y salud en el trabajo a bordo de los buques de pesca.	DOCE 25-10-22
93/104/CEE	23-11-93	Tiempo de trabajo. (D).	DOCE 13-12-93
94/9/CEE	23-03-94	Aparatos y sistemas de protección para uso en atmósferas potencialmente explosivas.	DOCE 19-04-94 Ce 10-10-96 y 26-01-00
94/25/CEE	16-06-94	Embarcaciones de recreo.	DOCE 30-06-94 Ce 10-06-95 y 15-02-00
94/33/CE	22-06-94	Protección de los jóvenes en el trabajo.	DOCE 20-08-94

9715 (sigue)

94/45/CE	22-09-94	Constitución de un comité de empresa europeo o un procedimiento de información y consulta a los trabajadores de empresas y grupos de dimensión comunitaria. (D).	DOCE 30-09-94 Ce 23-04-09
94/58/CE	22-11-94	Nivel mínimo de formación en profesiones marítimas. (D).	DOCE 12-12-94
95/16/CE	29-06-95	Ascensores.	DOCE 07-09-95
95/21/CE	19-06-95	Seguridad marítima, prevención de la contaminación y condiciones de trabajo a bordo de los buques en zona comunitaria. (D).	DOCE 07-07-95 Ce 14-11-96
95/63/CE	05-12-95	Modif Dir 89/655/CEE.	DOCE 30-12-95 Ce 29-03-96
96/29/Euratom	13-05-96	Normas básicas de protección sanitaria de los trabajadores y de la población contra los riesgos de las radiaciones ionizantes.	DOCE 29-06-96 Ce 04-12-96
96/34/CE	03-06-96	Acuerdo marco sobre el permiso parental celebrado por la UNICE, el CEEP y la CES. (D).	DOCE 19-06-96
96/35/CE	03-06-96	Designación y cualificación de consejeros de seguridad para el transporte por carretera, por ferrocarril o por vía navegable de mercancías peligrosas. (D).	DOCE 19-07-96
96/40/CE	25-06-96	Tarjeta de identidad para los inspectores de control del Estado del puerto.	DOCE 07-08-96
96/56/CE	03-09-96	Clasificación, embalaje y etiquetado de las sustancias peligrosas.	DOCE 18-09-96
96/57/CE	03-09-96	Rendimiento energético de los frigoríficos, congeladores y aparatos combinados eléctricos de uso doméstico. (D).	DOCE 18-09-96
96/58/CE	03-09-96	Modif Dir 89/686/CEE. Equipos de protección individual.	DOCE 18-09-96
96/71/CE	16-12-96	Desplazamiento de trabajadores efectuado en el marco de una prestación de servicios.	DOCE 21-01-97
96/82/CE	09-12-96	Riesgos de accidentes graves en los que intervengan sustancias peligrosas.	DOCE 14-01-97 Ce 12-03-98
96/94/CE	18-12-96	Valores límite de carácter indicativo de riesgos de exposición a agentes químicos, físicos y biológicos durante el trabajo.	DOCE 28-12-96
96/97/CE	20-12-96	Igualdad de trato entre hombres y mujeres en los regímenes profesionales de seguridad social.	DOCE 17-02-97 Ce 18-06-99
96/98/CE	20-12-96	Equipos marinos.	DOCE 17-02-97 Ce 29-08-99
97/23/CE	29-05-97	Equipos a presión.	DOCE 09-07-97 Ce 23-09-99
97/42/CE	27-06-97	Modif Dir 90/394/CEE. Protección de los trabajadores contra exposición a agentes carcinógenos. (D).	DOCE 08-07-97
97/43/Euratom	30-06-97	Deroga Dir 84/466/EURATOM. Riesgos de las radiaciones ionizantes en exposiciones médicas.	DOCE 09-07-97
97/70/CE	11-12-97	Seguridad de buques de pesca de eslora igual o superior a 24 metros.	DOCE 09-02-98
97/74/CE	15-12-97	Amplía a Gran Bretaña e Irlanda del Norte la Dir 94/45/CE, de comité de empresa europeo.	DOCE 16-01-98
97/75/CE	15-12-97	Amplía Gran Bretaña e Irlanda del Norte la Dir 96/34/CE, de permiso parental.	DOCE 16-01-98
97/80/CE	15-12-97	Carga de la prueba en los casos de discriminación por razón de sexo. (D).	DOCE 20-01-98
97/81/CE	15-12-97	Acuerdo marco sobre trabajo a tiempo parcial concluido por la UNICE, el CEEP y la CES.	DOCE 20-01-98
98/5/CE	16-02-98	Ejercicio de la abogacía en un Estado miembro distinto al de obtención del título.	DOCE 14-03-98
98/8/CE	16-02-98	Comercialización de biocidas.	DOCE 24-04-98 Ce 08-06-02
98/18/CE	17-03-98	Buques de pasaje. (D).	DOCE 15-05-98

9715 (sigue)

98/23/CE	07-04-98	Amplía a Gran Bretaña e Irlanda el Acuerdo marco sobre trabajo a tiempo parcial concluido por la UNICE, el CEEP y la CES.	DOCE 05-05-98
98/24/CE	07-04-98	Protección de los trabajadores contra los riesgos de los agentes químicos.	DOCE 05-05-89
98/25/CE	27-04-98	Modif Dir 95/21/CE.	DOCE 07-05-98
98/34/CE	22-06-98	Procedimiento de información en materia de normas y reglamentaciones técnicas.	DOCE 21-07-98
98/35/CE	25-05-98	Modif Dir 94/58/CE, de profesiones marítimas.	DOCE 17-06-98
98/48/CE	20-07-98	Modif Dir 98/34/CE, de normas y reglamentaciones técnicas.	DOCE 05-08-98
98/49/CE	29-06-98	Pensión complementaria de los trabajadores que se desplazan dentro de la Comunidad.	DOCE 25-07-98
98/52/CE	13-07-98	Ampliación a Gran Bretaña e Irlanda del Norte de la Dir 97/80/CE.	DOCE 22-07-98
98/59/CE	20-07-98	Despidos colectivos.	DOCE 12-08-98
98/79/CE	27-10-98	Productos sanitarios para diagnóstico in Vitro.	DOCE 07-12-98
1999/5/CE	09-03-99	Equipos radioeléctricos y equipos terminales de telecomunicación.	DOCE 07-04-99
1999/19/CE	18-03-99	Seguridad de los buques de pesca de eslora igual o superior a 24 metros.	DOCE 27-03-99
1999/34/CE	10-05-99	Modif Dir 85/374/CEE.	DOCE 04-06-99 Ce 06-11-99
1999/42/CE	07-06-99	Reconocimiento de títulos de las actividades profesionales de las Directivas de liberalización y medidas transitorias. (D).	DOCE 31-07-99 Ce. 25-01-02
1999/45/CE	31-05-99	Clasificación, el envasado y el etiquetado de preparados peligrosos.	DOCE 30-07-99 Ce 10-01-02
1999/63/CE	21-06-99	Acuerdo sobre tiempo de trabajo de la gente de mar suscrito por ECSA y FST.	DOCE 02-07-99
1999/70/CE	28-06-99	Acuerdo marco de la CES, la UNICE y el CEEP sobre el trabajo de duración determinada.	DOCE 10-07-99
1999/92/CE	16-12-99	Riesgos derivados de atmósferas explosivas.	DOCE 28-01-00 Ce 07-06-00
1999/95/CE	13-12-99	Tiempo de trabajo de la gente de mar a bordo de buques que hagan escala en puertos de la Comunidad.	DOCE 20-01-00
2000/34/CE	22-06-00	Modif Dir 93/104/CE, de tiempo de trabajo.	DOCE 01-08-00
2000/39/CE	08-06-00	Riesgos de los agentes químicos durante el trabajo.	DOCE 16-06-00
2000/43/CE	29-06-00	Igualdad de trato de las personas independientemente de su origen racial o étnico.	DOCE 19-07-00
2000/54/CE	18-09-00	Riesgos de la exposición a agentes biológicos durante el trabajo.	DOCE 17-10-00
2000/55/CE	18-09-00	Requisitos de eficiencia energética de los balastos de lámparas fluorescentes.	DOCE 01-11-00
2000/78/CE	27-11-00	Marco general para la igualdad de trato en el empleo y la ocupación.	DOCE 02-12-00
2000/79/CE	27-11-00	Acuerdo europeo sobre tiempo de trabajo del personal de vuelo civil celebrado por AEA, ETF, ECA, ERA e IACA (Texto pertinente a efectos del EEE).	DOCE 01-12-00 Ce 16-12-04
2001/19/CE	14-05-01	Modif Dir 89/48/CEE y 92/51/CEE; 77/452/CEE; 77/453/CEE; 78/686/CEE; 78/687/CEE; 78/1026/CEE; 78/1027/CEE; 80/154/CEE; 80/155/CEE; 85/384/CEE; 85/432/CEE; 85/433/CEE y 93/16/CEE. Reconocimiento de títulos y cualificación profesional.	DOCE 31-07-01
2001/23/CE	12-03-01	Mantenimiento de los derechos de los trabajadores en caso de traspasos de empresas, centros de actividad o de parte de estos.	DOCE 22-03-01

9715 (sigue)

2001/25/CE	04-04-01	Nivel mínimo de formación en las profesiones marítimas. (D).	DOCE 18-05-01
2001/45/CE	27-06-01	Disposiciones mínimas de seguridad y salud para la utilización de los equipos de trabajo.	DOCE 19-07-01
2001/63/CE	17-08-01	Medidas contra la emisión de gases contaminantes por motores de combustión interna de las máquinas móviles no de carretera.	DOCE 23-08-01
2001/86/CE	08-10-01	Estatuto de la sociedad anónima europea en lo que respecta a los trabajadores.	DOCE 10-11-01
2001/95/CE	03-12-01	Seguridad general de los productos.	DOCE 15-01-02
2002/14/CE	11-03-02	Información y consulta de los trabajadores en la CE.	DOCE 23-03-02
2002/15/CE	11-03-02	Tiempo de trabajo de las personas que realizan actividades móviles de transporte por carretera.	DOCE 23-03-02
2002/44/CE	25-06-02	Exposición de los trabajadores a los riesgos derivados de los agentes físicos (vibraciones).	DOCE 06-07-02
2002/73/CE	23-09-02	Modif Dir 76/207/CEE, de igualdad de trato entre hombres y mujeres en el acceso al empleo.	DOCE 05-10-02
2002/74/CE	23-09-02	Modif Dir 80/987/CEE, de protección de los trabajadores en caso de insolvencia del empresario.	DOCE 08-10-02
2002/75/CE	02-09-02	Modif Dir 96/98/CE. Equipos marinos.	DOCE 23-09-02
2003/10/CE	06-02-03	Exposición de los trabajadores a los riesgos derivados de los agentes físicos (ruido).	DOUE 15-02-03
2003/18/CE	27-03-03	Modif Dir 83/477/CEE, de protección de los trabajadores contra la exposición al amianto.	DOUE 15-04-03
2003/72/CE	22-07-03	Estatuto de la sociedad cooperativa europea en lo que respecta a los trabajadores.	DOUE 18-08-03
2003/86/CE	22-09-03	Derecho a la reagrupación familiar.	DOUE 03-10-03
2003/88/CE	04-11-03	Ordenación del tiempo de trabajo.	DOUE 18-11-03
2003/103/CE	17-11-03	Modif Dir 2001/25/CE. Profesiones marítimas.	DOUE 13-12-03
2003/109/CE	25-11-03	Estatuto de los nacionales de terceros países residentes de larga duración.	DOUE 23-01-04
2004/8/CE	11-02-04	Calderas de agua caliente.	DOUE 21-02-04
2004/37/CEE	29-04-04	Riesgos de exposición a agentes carcinógenos o mutágenos durante el trabajo.	DOUE 30-04-04 Ce 29-06-04 y 04-08-07
2004/38/CE	29-04-04	Libertad de circulación.	DOUE 30-04-04 Ce 29-06-04 y 04-08-07
2004/114/CE	13-12-04	Requisitos de admisión de los nacionales de terceros países a efectos de estudios, intercambio de alumnos, prácticas no remuneradas o servicios de voluntariado.	DOUE 23-12-04
2005/32/CE	06-07-05	Requisitos de diseño ecológico de los productos que utilizan energía y modif Dir 92/42/CEE, 96/57/CEE y 2000/55/CE. (D).	DOUE 22-07-05
2005/36/CE	07-09-05	Reconocimiento de cualificaciones profesionales (Texto pertinente a efectos del EEE).	DOUE 30-09-05 Ce 16-10-07 y 04-04-08
2005/71/CE	12-10-05	Admisión de nacionales de terceros países para trabajar en la investigación científica.	DOUE 03-11-05
2006/22/CE	15-03-06	Condiciones mínimas para la aplicación de los Rgtos 3820/85 y 3821/85 y deroga la Dir 88/599/CEE.	DOUE 11-04-06
2006/42/CE	17-05-06	Máquinas.	DOCE 09-06-06 Ce 16-03-07
2006/54/CE	05-07-06	Igualdad entre hombres y mujeres en asuntos de empleo y ocupación.	DOUE 26-07-06
2006/123/CE	12-12-06	Servicios en el mercado interior.	DOUE 27-12-06

9715
(sigue)

2008/46/CE	23-04-08	Modif Dir 2004/40/CE, de seguridad y de salud relativas a la exposición de los trabajadores a los riesgos de los agentes físicos.	DOUE 26-04-08
2008/67/CE	30-06-08	Modif la Dir 96/98/CE, de equipos marinos. (D).	DOUE 01-07-08
2008/94/CE	22-10-08	Protección de los trabajadores asalariados en caso de insolvencia del empresario.	DOUE 28-10-08
2008/104/CE	19-11-08	Trabajo a través de empresas de trabajo temporal.	DOUE 05-12-08
2008/106/CE	19-11-08	Nivel mínimo de formación en las profesiones marítimas.	DOUE 03-12-08
2008/112/CE	16-12-08	Modif Dir 76/768/CEE, 88/378/CEE, 1999/13/CE 2000/53/CE, 2002/96/CE y 2004/42/CE para adaptarlas al Rgto (CE) 1272/2008, de clasificación y envasado de sustancias.	DOUE 23-12-08
2008/115/CE	16-12-08	Normas y procedimientos comunes en los Estados miembros para el retorno de los nacionales de terceros países en situación irregular.	DOUE 24-12-08
2008/4/CE	23-01-09	Modif la Dir 2006/22/CE. Transporte por carretera.	DOUE 24-01-09
2009/5/CE	30-01-09	Modif anexo III Dir 2006/22/CE, de condiciones mínimas para la aplicación de los Rgtos (CEE) 3820/89 y (CEE) 3821/85.	DOUE 31-01-09 Ce 29-09-09
2009/13/CE	16-02-09	Aplica el Acuerdo entre las Asociaciones de Armadores de la Comunidad Europea (ECSA) y la Federación Europea de Trabajadores del Transporte (ETF) relativo al Convenio sobre el trabajo marítimo, 2006, y modif Dir 1999/63/CE.	DOUE 20-05-09
2009/26/CE	06-04-09	Modif Dir 96/98/CE, de equipos marinos.	DOUE 06-05-09
2009/38/CE	06-05-09	Comité de empresa europeo o procedimiento de información y consulta a los trabajadores en las empresas y grupos de dimensión comunitaria (versión refundida).	DOUE 16-05-09
2009/50/CE	25-05-09	Condiciones de entrada y residencia de nacionales de terceros países para fines de empleo altamente cualificado.	DOUE 18-06-09
2009/52/CE	18-06-09	Normas mínimas sobre sanciones y medidas aplicables a los empleadores de nacionales de terceros países en situación irregular.	DOUE 30-06-09
2009/104/CE	16-09-09	Disposiciones mínimas de seguridad y salud para la utilización por los trabajadores en el trabajo de los equipos de trabajo.	DOUE 03-10-09
2009/142/CE	30-11-09	Aparatos de gas.	DOUE 16-12-09
2009/148/CE	30-11-09	Protección de los trabajadores contra los riesgos relacionados con la exposición al amianto durante el trabajo.	DOUE 16-12-09
2010/18/UE	08-03-10	Aplica el Acuerdo marco revisado sobre el permiso parental, celebrado por BUSINESSEUROPE, la UEAPME, el CEEP y la CES, y derog Dir 96/34/CE.	DOUE 18-03-10
2010/41/UE	07-07-10	Aplicación del principio de igualdad de trato entre hombres y mujeres que ejercen una actividad autónoma, y derog Dir 86/613/CEE.	DOUE 15-07-10
2010/68/UE	22-10-10	Modif Dir 96/98/CE, sobre equipos marinos.	DOUE 20-11-10
2011/24/UE	09-03-11	Aplicación de los derechos de los pacientes en la asistencia sanitaria transfronteriza.	DOUE 04-04-11
2011/36/UE	05-04-11	Prevención y lucha contra la trata de seres humanos y protección de las víctimas, sustituye la Dec marco 2002/629/JAI.	DOUE 15-04-11
2011/61/UE	08-06-11	Gestores de fondos de inversión alternativos, modifica las Dir 2003/41/CE y 2009/65/CE y los Rgto CE/1060/2009 y UE/1095/2010.	DOUE 01-07-11
2011/98/UE	13-12-11	Procedimiento de solicitud de un permiso único que autoriza a los nacionales de terceros países a resistir y trabajar en el territorio de un Estado miembro.	DOUE 23-12-11
2012/32/UE	25-10-12	Modif Dir 96/981/CE, sobre equipos marinos.	DOUE 10-11-12
2013/14/UE	21-05-13	Modif Dir 2003/41/CE, 2009/65/CE y 2011/61/UE.	DOUE 31-05-13
2013/52/UE	30-10-13	Modif Dir 97/98/CE, sobre equipos marinos.	DOUE 14-11-13

9715 (sigue)

2013/59/ Euratom	05-12-13	Normas de seguridad básicas para la protección contra los peligros derivados de la exposición a radiaciones ionizantes, y se derogan las Dir 89/618/Euratom, 90/641/Euratom, 96/29/Euratom, 97/43/Euratom y 2003/122/Euratom.	DOUE 17-01-14
2014/36/IE	26-02-14	Condiciones de entrada y estancia de nacionales de terceros países para fines de empleo como trabajadores temporeros.	DOUE 28-03-14
2014/50/UE	16-04-14	Requisitos para reforzar la movilidad de los trabajadores entre Estados miembros mediante la mejora de la adquisición y el mantenimiento de los derechos complementarios de pensión.	DOUE 30-04-14
2014/66/UE	15-05-14	Condiciones de entrada y residencia de nacionales de terceros países en el marco de traslados intraempresariales.	DOUE 27-05-14; Ce 10-06-15
2015/1794/ UE	06-10-15	Modifica las Dir 2008/94/CE, 2009/38/CE y 2002/14/CE, 98/59/CE y 2001/23/CE, en lo que se refiere a la gente de mar.	DOUE 08-10-15
(UE) 2019/983	20-06-19	Modifica la Dir 2004/37/CE, relativa a la protección de los trabajadores contra los riesgos relacionados con la exposición a agentes carcinógenos o mutágenos durante el trabajo.	DOUE 20-06-19
(UE) 2019/1152	20-06-19	Condiciones laborales transparentes y previsibles en la UE.	DOUE 11-07-19
(UE) 2019/1158	20-06-19	Conciliación de la vida familiar y la vida profesional de los progenitores y los cuidadores, y por la que se deroga la Dir 2010/18/UE.	DOUE 12-07-19
(UE) 2020/1057	15-07-20	Fija normas específicas con respecto a la Dir 96/71/CE y la Dir 2014/67/UE para el desplazamiento de los conductores en el sector del transporte por carretera, y por la que se modifican la Dir 2006/22/CE, en lo que respecta a los requisitos de control del cumplimiento y el Rgto (UE) 1024/2012.	DOUE 31-07-20
(UE) 2021/1883	20-10-21	Condiciones de entrada y residencia de nacionales de terceros países con fines de empleo de alta cualificación, y por el que se deroga la Dir 2009/50/CE del Consejo.	DOUE 28-10-21
(UE) 2022/431	09-03-22	Modifica la Dir 2004/37/CE, relativa a la protección de los trabajadores contra los riesgos relacionados con la exposición a agentes carcinógenos o mutágenos durante el trabajo.	DOUE 16-03-22
(UE) 2022/2041	19-10-22	Salarios mínimos adecuados en la Unión Europea.	DOUE 25-10-22
(UE) 2023/970	10-05-23	Refuerza la aplicación del principio de igualdad de retribución entre hombres y mujeres por un mismo trabajo o un trabajo de igual valor a través de medidas de transparencia retributiva y de mecanismos para su cumplimiento.	DOUE 17-05-23
(UE) 2024/1233	24-04-24	Establece un procedimiento único de solicitud de un permiso único que autoriza a los nacionales de terceros países a residir y trabajar en el territorio de un Estado miembro y por la que se establece un conjunto común de derechos para los trabajadores de terceros países que residen legalmente en un Estado miembro (refundición).	DOUE 30-04-24
(UE) 2024/1499	07-05-24	Normas relativas a los organismos de igualdad en el ámbito de la igualdad de trato entre las personas con independencia de su origen racial o étnico, la igualdad de trato entre las personas en materia de empleo y ocupación con independencia de su religión o convicciones, discapacidad, edad u orientación sexual, y la igualdad de trato entre mujeres y hombres en materia de seguridad social y en el acceso a bienes y servicios y su suministro, y por la que se modifican las Dir 2000/43/CE y 2004/113/CE.	DOUE 29-05-24
(UE) 2024/1346	14-05-24	Se establecen normas para la acogida de los solicitantes de protección internacional (texto refundido).	DOUE 22-05-24
(UE) 2024/1385	14-05-24	Lucha contra la violencia contra las mujeres y la violencia doméstica.	DOUE 24-05-24

9715 (sigue)

(UE) 2024/1500	14-05-24	Normas relativas a los organismos de igualdad en el ámbito de la igualdad de trato y la igualdad de oportunidades entre mujeres y hombres en materia de empleo y ocupación, y por la que se modifican las Dir 2006/54/CE y 2010/41/UE.	DOUE 29-05-24
(UE) 2024/2831	23-10-24	Mejora de las condiciones laborales en el trabajo en plataformas.	DOUE 14-11-24
		DECISIONES	
82/43/CEE	09-12-81	Comité consultivo para la igualdad de oportunidades entre hombres y mujeres. (D).	DOCE 28-01-82
84/636/CEE	13-12-84	Programa de intercambio de jóvenes trabajadores en el interior de la Comunidad.	DOCE 19-12-84
95/319/CE	12-07-95	Comité de altos responsables de la inspección de trabajo.	DOCE 09-08-95
95/420/CE	19-07-95	Modif Decisión 82/43/CEE, del comité consultivo para la igualdad.	DOCE 17-10-95
2005/690/CE	18-07-05	Acuerdo Euromediterráneo de asociación con Argelia.	DOUE 10-10-05
2005/790/CE	20-09-05	Acuerdo con Dinamarca sobre competencia judicial, reconocimiento y ejecución de resoluciones judiciales en materia civil y mercantil.	DOUE 16-11-05
2005/794/CE	20-09-05	Acuerdo con Dinamarca sobre notificación y traslado de documentos judiciales y extrajudiciales en materia civil o mercantil.	DOUE 17-11-05
2006/245/CE	27-02-06	Acuerdo con Suiza sobre la libre circulación de personas, referido a la República Checa, Estonia, Chipre, Letonia, Lituania, Hungría, Malta, Polonia, Eslovenia, como consecuencia de su adhesión a la UE.	DOUE 28-03-06
2007/230/CE	12-04-07	Transportes por carretera.	DOUE 14-04-07
2007/712/CE	15-10-07	Convenio relativo a la competencia judicial y al reconocimiento y la ejecución de resoluciones judiciales en materia civil y mercantil.	DOUE 21-12-07
EEE 158/2007	07-12-07	Modif el anexo V (Libre circulación de trabajadores) y el anexo VIII (Derecho de establecimiento) del Acuerdo EEE.	DOUE 08-05-08
EEE 159/2007	07-12-07	Modif el anexo VI (Seguridad Social) del Acuerdo EEE.	DOUE 08-05-08
2008/146/CE	28-01-08	Acuerdo entre la UE, la CE y Suiza sobre la asociación de la Confederación Suiza a la ejecución, aplicación y desarrollo del acervo de Schengen.	DOUE 27-02-08
2008/261/CE	28-02-08	Aplicación provisional sobre la adhesión del Principado de Liechtenstein al Acuerdo entre la UE, la CE y la Confederación Suiza para la ejecución, aplicación y desarrollo del acervo de Schengen.	DOUE 26-03-08
2008/262/CE	28-02-08	Aplicación provisional de la adhesión del Principado de Liechtenstein al Acuerdo entre la UE, la CE y la Confederación Suiza para la ejecución, aplicación y desarrollo del acervo de Schengen.	DOUE 26-03-08
1/2008 Comité mixto UE/Suiza	28-02-08	Acuerdo entre la UE, la CE y la Confederación Suiza para la ejecución, aplicación y desarrollo del acervo de Schengen, y modifica su Rgto interno.	DOUE 26-03-08
2008/333/CE	04-03-08	Manual Sirene y otras medidas de ejecución para el Sistema de Información de Schengen de segunda generación (SIS II).	DOUE 08-05-08
2008/334/JAI	04-03-08	Manual Sirene y otras medidas de ejecución para el Sistema de Información de Schengen de segunda generación (SIS II).	DOUE 08-05-08
2008/683/CE	11-03-08	Establecimiento de un marco común para la recopilación de datos sobre la gestión de las solicitudes de pensión.	DOUE 21-08-08
2008/421/CE	05-06-08	Aplicación de las disposiciones del acervo de Schengen sobre el Sistema de Información de Schengen en la Confederación Suiza.	DOUE 07-06-08 Ce 05-03-09
2008/618/CE	15-07-08	Orientaciones para las políticas de empleo de los Estados miembros.	DOUE 26-07-08

9715 (sigue)

2008/903/CE	27-11-08	Aplicación de las disposiciones del acervo de Schengen en la Confederación Suiza.	DOUE 05-12-08
2009/10/CE	02-12-08	Formulario de declaración de accidente grave en los que intervengan sustancias peligrosas.	DOUE 10-01-09
2009/26/CE	22-12-08	Petición del Reino Unido de aceptar el Rgto CE/593/2008, sobre la ley aplicable a las obligaciones contractuales (Roma I).	DOUE 15-01-09
2010/48/CE	26-11-09	Celebración, por parte de la Comunidad Europea, de la Convención de las Naciones Unidas sobre los derechos de las personas con discapacidad.	DOUE 27-01-10
1/2010 Comité mixto UE/Suiza	28-01-10	Sustituye los cuadros III y IV.b) del Protocolo núm 2 del Acuerdo entre CEE y Confederación Suiza.	DOUE 16-02-10
2010/321/UE	07-06-10	Autoriza a los Estados miembros a ratificar, en interés de la UE, el Convenio sobre el Trabajo en la Pesca de 2007 de la OIT (Convenio nº 188).	DOUE 11-06-10
2/2010 Consejo ACP/UE	21-06-10	Medidas transitorias aplicables desde la fecha de la firma hasta la entrada en vigor del Acuerdo que modifica por segunda vez el Acuerdo de Asociación entre los Estados de África, del Caribe y del Pacífico y la CE.	DOUE 04-11-10
2010/697/UE	21-10-10	Posición que deberá adoptar la UE en el seno del Consejo de Asociación instituido por el Acuerdo Euromediterráneo, que establece una asociación entre las Comunidades Europeas y Marruecos, con respecto a la adopción de disposiciones de coordinación de los sistemas de SS.	DOUE 23-11-10
2010/698/UE	21-10-10	Posición que deberá adoptar la UE en el seno del Consejo de Asociación instituido por el Acuerdo Euromediterráneo de asociación entre las CE y Túnez, sobre coordinación de los sistemas de SS.	DOUE 23-11-10
2010/699/UE	21-10-10	Posición que deberá adoptar la UE en el seno del Consejo de Asociación instituido por el Acuerdo Euromediterráneo de asociación entre la CE y Argelia, sobre coordinación de los sistemas SS.	DOUE 23-11-10
2010/700/UE	21-10-10	Posición que deberá adoptar la UE en el seno del Consejo de Asociación instituido por el Acuerdo Euromediterráneo de asociación entre las CE e Israel, sobre coordinación de los sistemas de SS.	DOUE 23-11-10
2010/701/UE	21-10-10	Posición que deberá adoptar la UE en el seno del Consejo de Estabilización y Asociación instituido por el Acuerdo de Estabilización y Asociación entre las CE y Macedonia, sobre coordinación de los sistemas de SS.	DOUE 23-11-10
2010/702/UE	21-10-10	Posición que deberá adoptar la UE en el seno del Consejo de Estabilización y Asociación instituido por el Acuerdo de Estabilización y Asociación entre las CE y Croacia, sobre coordinación de los sistemas de SS.	DOUE 23-11-10
2010/707/UE	21-10-10	Orientaciones para políticas de empleo de los Estados miembros.	DOUE 24-11-10
2011/505/UE	06-12-10	Posición que debe adoptar la UE en el Comité Mixto establecido en virtud del Acuerdo entre la CE y sus Estados miembros, y la Confederación Suiza, sobre la libre circulación de personas, por lo que respecta a la sustitución del anexo II relativo a la coordinación de los regímenes de SS.	DOUE 17-08-11
2010/787/UE	10-12-10	Ayudas estatales destinadas a facilitar el cierre de minas de carbón no competitivas.	DOUE 21-12-10
2011/199/UE	25-03-11	Modif art.136 TFUE en relación con un mecanismo de estabilidad para los Estados cuya moneda es el euro.	DOUE 06-04-11
2011/98/UE	13-12-11	Procedimiento de solicitud de permiso que autoriza a los nacionales de terceros países a residir y trabajar en un Estado miembro y conjunto de derechos para trabajadores de terceros países que residen en un Estado miembro.	DOUE 23-12-11

9715 (sigue)

2011/863/UE	16-12-11	Posición que ha de adoptar la UE en el Comité Mixto establecido en virtud del Acuerdo sobre la libre circulación de personas entre la CE y sus Estados miembros y Suiza, en relación con la sustitución de su anexo II, relativo a la coordinación de los regímenes de SS.	DOUE 22-12-11
2012/195/UE	31-03-12	Comité mixto establecido en virtud del Acuerdo sobre la libre circulación de personas entre la CE y sus Estados miembros, y la Confederación Suiza, que sustituye el anexo II relativo a la coordinación de los regímenes de SS.	DOUE 13-04-12
92/2012/UE	30-04-12	Decisión que modifica el anexo VI (SS) del Acuerdo EEE.	DOUE 13-09-12
165/2012	28-09-12	Modifica el anexo VI (Seguridad Social) de Acuerdo EEE.	DOUE 13-12-12
166/2012	28-09-12	Decisión del Comité Mixto EEE, que modifica el Anexo VI del Acuerdo EEE.	DOUE 13-12-12
2012/32/UE	26-11-12	Puesta en relación y compensación de las ofertas y demandas de empleo y el reestablecimiento de EURES.	DOUE 28-11-12
2012/C/389/01	20-11-12	Ultima publicación del TJUE en el DOUE.	DOUE 15-12-12
2012/35/UE	21-11-12	Modifica la Dir 2008/106/CE relativa al nivel mínimo de formación en las profesiones marítimas.	DOUE 14-12-12
2012/773/UE	06-12-12	Posición UE, por una parte, y Albania, por otra, con respecto a la adopción de disposiciones de coordinación de los sistemas de SS.	DOUE 14-12-12
2012/774/UE	06-12-12	Posición UE, por una parte, y Montenegro, por otra, con respecto a la adopción de disposiciones de coordinación de los sistemas de SS.	DOUE 14-12-12
2012/775/UE	06-12-12	Posición UE por una parte, y la República de San Marino, por otra, con respecto a la adopción de disposiciones de coordinación de los sistemas de SS.	DOUE 14-12-12
2012/776/UE	06-12-12	Posición UE por una parte, y Turquía, por otra, con respecto a la adopción de disposiciones de coordinación de los sistemas de SS.	DOUE 14-12-12
2012/831/UE	20-12-12	Autoriza a España a ampliar la suspensión temporal de la aplicación de los art.1 a 6 Rgto UE/492/2011.	DOUE 23-12-12
81/2013/UE	03-05-13	Decisión del Comité Mixto EEE, que modifica el anexo VI (SS) del acuerdo EEE.	DOUE 31-10-13
1/2014/UE	28-11-14	Decisión del Comité Mixto establecido en virtud del Acuerdo sobre la libre circulación de personas entre la Comunidad Europea y sus Estados miembros, por una parte, y la Confederación Suiza, por otra, que modifica el anexo II de dicho Acuerdo, relativo a la coordinación de los regímenes de SS.	DOUE 23-12-14
716/2016/UE	11-05-16	Deroga la Decisión de Ejecución 2012/733/UE, relativa a la aplicación del Reglamento de Ejecución (UE) 492/2011, en lo que respecta a la puesta en relación y la compensación de las ofertas y demandas de empleo y el restablecimiento de EURES.	DOUE 13-05-16
(UE) 2018/743	29-05-18	Proyecto piloto para aplicar las disposiciones en materia de cooperación administrativa establecidas en el Rgto (UE) 2016/679, mediante el Sistema de Información del Mercado Interior.	DOUE 18-05-18
TJUE Decisión	12-02-19	Días feriados legales y vacaciones judiciales.	DOUE 18-03-19
32/2019	29-03-19	Comité Mixto EEE. Modifica el anexo VI (Seguridad Social) del Acuerdo EEE [2019/1220].	DOUE 18-07-19
TJUE Decisión	30-04-19	Relativa a los días feriados legales y a vacaciones judiciales.	DOUE 07-05-19
(UE) 2019/1810	29-10-19	Prorroga el plazo previsto en el TUE art.50.3.	DOUE 30-10-19
(UE) 2020/135	30-01-20	Relativa a la celebración del Acuerdo sobre la retirada del Reino Unido de Gran Bretaña e Irlanda del Norte de la UE y de la Comunidad Europea de la Energía Atómica.	DOUE 31-01-20

9715 (sigue)

TJUE Decisión	11-02-20	Días feriados legales y vacaciones judiciales.	DOUE 23-03-20
1/2020	15-12-20	Acuerdo sobre la libre circulación de personas entre la Comunidad Europea y sus Estados miembros, por una parte, y la Confederación Suiza, por otra por la que se modifica el anexo II de dicho Acuerdo, relativo a la coordinación de los regímenes de seguridad social.	DOUE 05-02-21
(UE) 2020/2252	29-12-20	Relativa a la firma, en nombre de la Unión, y la aplicación provisional del Acuerdo de Comercio y Cooperación entre la UE y la Comunidad Europea de la Energía Atómica, por una parte, y el Reino Unido de Gran Bretaña e Irlanda del Norte, por otra, y del Acuerdo entre la UE del Norte relativo a los procedimientos de seguridad para el intercambio y la protección de información clasificada.	DOUE 31-12-20
1/2021	23-02-21	Fecha en que cesará la aplicación provisional en virtud del Acuerdo de Comercio y Cooperación.	DOUE 26-02-21
(UE) 2021/995	18-06-21	Fija la fecha de aplicación de la Decisión (UE) 2017/1908 del Consejo relativa a la puesta en aplicación de determinadas disposiciones del acervo de Schengen relacionadas con el Sistema de Información de Visados en la República de Bulgaria y Rumanía.	DOUE 21-06-21
(UE) 2021/1050	21-06-21	Relativa a la celebración, en nombre de la Unión Europea y de sus Estados miembros, de un Protocolo del Acuerdo euromediterráneo por el que se crea una asociación entre las Comunidades Europeas y sus Estados miembros, por una parte, y la República de Túnez, por otra, para tener en cuenta la adhesión de la República de Croacia a la Unión Europea.	DOUE 28-06-21
(UE) 2021/1380	19-08-21	Establece la equivalencia, a fin de facilitar el derecho a la libre circulación dentro de la Unión, entre los certificados COVID-19 expedidos por Ucrania y los certificados expedidos de conformidad con el Rgto (UE) 2021/953 del Parlamento Europeo y del Consejo.	DOUE 20-08-21
(UE) 2021/1381	19-08-21	Establece la equivalencia, a fin de facilitar el derecho a la libre circulación dentro de la Unión, entre los certificados COVID-19 expedidos por la República de Macedonia del Norte y los certificados expedidos de conformidad con el Rgto (UE) 2021/953 del Parlamento Europeo y del Consejo.	DOUE 20-08-21
(UE) 2021/1382	19-08-21	Establece la equivalencia, a fin de facilitar el derecho a la libre circulación dentro de la Unión, entre los certificados COVID-19 expedidos por la República de Turquía y los certificados expedidos de conformidad con el Rgto (UE) 2021/953 del Parlamento Europeo y del Consejo.	DOUE 20-08-21
(UE) 2021/1710	21-09-21	Establece la posición que debe adoptarse en nombre de la Unión Europea en el Comité Especializado en Coordinación de la Seguridad Social establecido por el Acuerdo de Comercio y Cooperación entre la UE y el Reino Unido, en lo que respecta a la adopción de una decisión que modifica los anexos del Protocolo relativo a la coordinación de la seguridad social.	DOUE 24-09-21
(UE) 2021/1836	15-10-21	Posición que debe adoptarse, en nombre de la Unión Europea, en el Comité Mixto creado por el Acuerdo sobre la Retirada del Reino Unido de la UE y de la Comunidad Europea de la Energía Atómica en lo que respecta a la adopción de una decisión de modificación del Acuerdo.	DOUE 20-10-21
1/2021	29-10-21	Comité Especializado. Creado por el art.8.1.p), del Acuerdo de Comercio y Cooperación entre la UE y el Reino Unido, concerniente a la modificación de los anexos del Protocolo relativo a la coordinación de la seguridad social.	DOUE 01-12-21
(UE) 2022/382	04-03-22	Decisión de Ejecución. Constata la existencia de una afluencia masiva de personas desplazadas procedentes de Ucrania en el sentido del art.5 de la Dir 2001/55/CE y con el efecto de que se inicie la protección temporal.	DOUE 04-03-22
1/2022	21-02-22	Comité Mixto. Modifica el Acuerdo sobre la retirada del Reino Unido de la UE y de la Comunidad Europea de la Energía Atómica.	DOUE 24-02-22

9715 (sigue)

TJUE Decisión	01-02-22	Días feriados legales y las vacaciones judiciales.	DOUE 28-03-22
136/2022	29-04-22	Comité Mixto. Modifica el anexo V (Libre circulación de trabajadores) y el anexo VIII (Derecho de establecimiento) del Acuerdo EEE.	DOUE 22-09-22
137/2022	29-04-22	Comité Mixto. Modifica el anexo VI (Seguridad Social) del Acuerdo EEE.	DOUE 22-09-22
TJUE Decisión	07-02-23	Días feriados legales y vacaciones judiciales.	DOUE 20-03-23
1/2023	10-03-23	Comité Especializado en Coordinación de la Seguridad Social. Creado por el art.8.1.p), del Acuerdo de Comercio y Cooperación entre la UE y la CEEA y el Reino Unido respecto al uso del intercambio electrónico de información sobre seguridad social para la transmisión de datos entre las instituciones o los organismos de enlace.	DOUE 29-03-23
(UE) 2023/1059	25-05-23	Posición que debe adoptarse, en nombre de la Unión Europea, en el Comité Especializado en Coordinación de la Seguridad Social creado por el Acuerdo de Comercio y Cooperación entre la Unión Europea y la Comunidad Europea de la Energía Atómica, por una parte, y el Reino Unido de Gran Bretaña e Irlanda del Norte, por otra, en lo que respecta a la designación de la institución financiera que servirá de referencia para determinar el tipo de interés de demora y el tipo de cambio de las conversiones de divisas, así como la fecha que debe tenerse en cuenta para determinar los tipos de conversión de divisas.	DOUE 01-06-23
TJUE Decisión	23-01-24	Días feriados legales y vacaciones judiciales.	DOUE 12-03-24
(UE) 2024/734	27-02-24	Decisión de Ejecución. Retrasa la fecha de expiración de la aprobación del brodifacum, la bromadiolona, la clorofacinona, el coumatetralil, el difenacum, la difetialona y el flocumafeno para su uso en biocidas del tipo de producto 14, de conformidad con el Rgto (UE) 528/2012.	DOUE 29-02-24
(UE) 2024/1708	30-05-24	Posición que debe adoptarse, en nombre de la UE, en el Comité Especializado en Coordinación de la Seguridad Social creado por el Acuerdo de Comercio y Cooperación entre la Unión Europea y la Comunidad Europea de la Energía Atómica, por una parte, y el Reino Unido de Gran Bretaña e Irlanda del Norte, por otra, en lo referente a la adopción de una recomendación que formule orientaciones adicionales sobre la aplicación del Protocolo relativo a la coordinación de la seguridad social adscrito a dicho Acuerdo, concretamente en lo referente a la interpretación del artículo SSC.11 de dicho Protocolo, relativo a la legislación aplicable a los trabajadores desplazados y a los trabajadores por cuenta propia que ejerzan una actividad fuera del Estado competente de forma temporal.	DOUE 21-06-24
(UE) 2024/1836	25-06-24	Decisión de Ejecución. Prorroga la protección temporal introducida por la Decisión de Ejecución (UE) 2022/382.	DOUE 03-07-24
		RECOMENDACIONES	
66/462/CEE	20-07-66	Condiciones de indemnización por enfermedades profesionales.	DOCE 09-08-66
67/125/CEE	31-01-67	Protección de los jóvenes en el trabajo.	DOCE 13-02-67
86/379/CEE	24-07-86	Empleo de los minusválidos en la Comunidad.	DOCE 12-08-86
87/567/CEE	24-11-87	Formación profesional de las mujeres.	DOCE 04-12-87
92/131/CEE	27-11-91	Protección de la dignidad de la mujer y del hombre en el trabajo.	DOCE 24-02-92
92/443/CEE	27-07-92	Participación de los trabajadores en los beneficios y de la empresa.	DOCE 26-08-92
2003/670/CE	19-09-03	Lista europea de enfermedades profesionales.	DOUE 26-09-03

2008/399/CE	14-05-08	Actualización de las Orientaciones Generales de Política Económica 2008 de los Estados miembros y de la Comunidad y sobre la ejecución de las políticas de empleo de los Estados miembros.	DOUE 29-05-08 9715 (sigue)
2009/531/CE	25-06-09	Actualización en 2009 de las orientaciones generales de política económica de los estados miembros y de la Comunidad y ejecución de las políticas de empleo.	DOUE 15-07-09
2009/824/CE	29-10-09	Uso de la clasificación internacional uniforme de ocupaciones.	DOUE 10-11-09
2012/C 338/01		TJUE. Recomendaciones a los órganos jurisdiccionales nacionales, relativas al planteamiento de cuestiones prejudiciales.	DOUE 06-11-12
2019/C 387/01	08-11-19	Consejo. Acceso a la protección social para los trabajadores por cuenta ajena y por cuenta propia.	DOUE 15-11-19
(UE) 2020/912	30-06-20	Sobre la restricción temporal de los viajes no esenciales a la UE y el posible levantamiento de dicha restricción. (Modificada por las Recomendaciones: (UE) 2021/132, (UE) 2021/767, (UE) 2021/816, (UE) 2021/892, (UE) 2021/992, (UE) 2021/1085, (UE) 2021/1346, (UE) 2021/1459, (UE) 2021/1712, (UE) 2021/1782, (UE) 2021/2022, (UE) 2021/1945, (UE) 2021/2150, (UE) 2022/66) y (UE) 2022/290.	DOUE 01-07-20
(UE) 2020/1475	13-10-20	Enfoque coordinado de la restricción de la libre circulación en respuesta a la pandemia de COVID-19.	DOUE 14-10-20
(UE) 2022/554	05-04-22	Sobre el reconocimiento de las cualificaciones de las personas que huyen de la invasión de Ucrania por parte de Rusia.	DOUE 06-04-22
(UE) 2022/2337	28-11-22	Relativa a la lista europea de enfermedades profesionales.	DOUE 30-11-22
(UE) 2022/2548	13-12-22	Sobre un enfoque coordinado para los viajes a la Unión durante la pandemia de COVID-19 y por la que se sustituye la Recomendación (UE) 2020/912 del Consejo.	DOUE 22-12-22
		RESOLUCIONES	
	16-03-89	Parlamento Europeo. Manipulación genética.	DOCE 17-04-89
2010/C 316/01		Nuevo marco europeo de la discapacidad.	DOUE 20-11-10
		COMUNICACIONES	
98/C 27/01		Competencia judicial y ejecución de resoluciones en materia civil y mercantil. Versión consolidada del Convenio de Bruselas de 27-9-68 y Protocolo de interpretación por el TJCE de 3-6-71.	DOCE 26-01-98
2005/C 334/01		Ley aplicable a los contratos internacionales. Versión consolidada del Convenio de Roma de 19-6-80 y protocolos de interpretación.	DOUE 30-12-05
2006/C 321/01		Anuncio relativo a la entrada en vigor del Tratado de Adhesión a la UE entre sus Estados miembros y Bulgaria y Rumanía.	DOUE 29-12-06
2006/C 321 E/01		Versiones consolidadas del Tratado de la Unión Europea y del Tratado de la Comunidad Europea.	DOUE 29-12-06
2008/C 85/01	31-03-08	Cooperación administrativa sobre desplazamiento de trabajadores efectuado en el marco de una prestación de servicios.	DOUE 04-04-08
2008/C 89/11	31-03-08	Ce. Cooperación administrativa sobre desplazamiento de trabajadores efectuado en el marco de una prestación de servicios.	DOUE 10-04-08
2008/C 115/01		Versiones consolidadas del Tratado de la UE y del Tratado de Funcionamiento de la UE.	DOUE 09-05-08
2011/C 12/01		Aplicación del art.260.3, del TFUE.	DOUE 15-01-11
2020/C 34/01		Declaración política en la que se expone el marco de las relaciones futuras entre la UE y el Reino Unido. La parte de Movilidad dice un poco lo que se habrá de acordar.	DOUE 31-01-20

9715 (sigue)

2020/C 173/01		Nota de orientación relativa al Acuerdo sobre la retirada del Reino Unido de Gran Bretaña e Irlanda del Norte de la Unión Europea y de la Comunidad Europea de la Energía Atómica Segunda parte. Derechos de los ciudadanos.	DOUE 20-05-20
2020/C 212/03		Declaración de la Comisión tras la presentación de la Dir (UE) 2020/739 de la Comisión al Parlamento Europeo y al Consejo en lo que respecta a la prevención y la protección de la salud y la seguridad de los trabajadores expuestos o que puedan estar expuestos al SARS-CoV-2.	DOUE 26-06-20
2020/C 259/03	17-06-20	CACSS Decisión Nº H9 de 17-6-20 relativa a la prórroga de los plazos mencionados en los artículos 67 y 70 del Rgto (CE) 987/2009, así como en la CACSS Decisión Nº S9, con motivo de la pandemia de COVID-19.	DOUE 07-08-20
2022/C 126 I/01		Directrices operativas para la aplicación de la Decisión de Ejecución 2022/382 del Consejo por la que se constata la existencia de una afluencia masiva de personas desplazadas procedentes de Ucrania en el sentido del art.5 de la Dir 2001/55/CE y con el efecto de que se inicie la protección temporal.	DOUE 21-03-22
2023/C 109/01		Comunicación interpretativa sobre la Dir 2003/88/CE del Parlamento Europeo y del Consejo, relativa a determinados aspectos de la ordenación del tiempo de trabajo.	DOUE 24-03-23
ACUERDOS MARCO DE LOS INTERLOCUTORES SOCIALES DE LA UE			
	16-07-02	Acuerdo marco europeo sobre teletrabajo.	BOE 24-02-03 (ANC)
	07-03-05	Acuerdo marco europeo sobre el estrés ligado al trabajo.	BOE 16-03-05 (ANC)
	26-04-07	Acuerdo marco europeo contra la violencia y el acoso en el trabajo.	BOE 14-01-08 (ANC)
ACUERDOS UE/CE CON ESTADOS MIEMBROS Y TERCEROS ESTADOS (ASOCIACIÓN COOPERACIÓN)			
Acuerdo (CE) con la Asociación Europea de Libre Cambio, sobre Espacio Económico Europeo (EEE).			BOE 25-01-94 BOE 03-04-06
Acuerdo sobre la participación de Bulgaria y Rumania en el Espacio Económico Europeo.			DOUE 25-08-07 BOE 02-03-12
Acuerdo (CE) con Países de África, del Caribe y del Pacífico (ACP).			DOCE L 229, 07-08-91 BOE 06-04-06 BOE 03-07-08
Acuerdo Euromediterráneo (CE) con Argelia.			DOUE L 265, 10-10-05 L 292, 08-11-05 BOE 03-04-06
Acuerdo (CE) con Dinamarca sobre competencia judicial, reconocimiento y ejecución de resoluciones judiciales en materia civil y mercantil.			DOUE 04-04-07
Acuerdo Euromediterráneo (CE) con Israel.			DOUE L 147, 21-06-00 BOE 04-07-00
Acuerdo Euromediterráneo (CE) con Líbano.			BOE 19-04-06
Acuerdo Euromediterráneo (CE) con Marruecos.			DOUE L 70, 18-03-00 L 138, 09-06-00
Acuerdo (CE) con Moldavia.			DOUE L 181, 24-06-98 BOE 26-06-98
Acuerdo (CE) con Montenegro.			DOUE L 108, 29-04-10 - BOE 30-04-10
Acuerdo (CE) con Rusia.			DOUE L 327, 28-11-97 BOE 30-01-98

Acuerdo (CE) con Suiza sobre libre circulación de personas.			BOE 21-06-02 DOUE L 114, 30-04-02 DOUE L 103, 13-04-12
Acuerdo Euromediterráneo (CE) con Túnez. Protocolo.			DOUE L 97, 30-03-98 L 132, 06-05-98 DOUE L 227, 28-06-21
Acuerdo (CE) con Turquía. Protocolo adicional.			DOCE L 217, 29-12-64 DOUE L 254, 30-09-05
Acuerdo (CE) con Ucrania.			DOUE L 49, 19-02-98 BOE 08-05-98
Acuerdo de Asociación entre los Estados de África, del Caribe y del Pacífico, por una parte, y la Comunidad Europea y sus Estados Miembros, por otra (Acuerdo de Asociación ACP-UE), hecho en Cotonú el 23-06-2000.			DOCE 15-12-00 BOE 06-04-06
Aplicación transitoria. Comité de Embajadores ACP-UE Decisión nº 1/2023 de 30-06-2023.			BOE 14-09-23
Acuerdo sobre la retirada del Reino Unido de la UE y el Euratom.			DOUE L 29, 31-01-20
Acuerdo de Comercio y Cooperación entre la UE y Reino Unido.			DOUE L 149, 30-04-21
OTRAS DISPOSICIONES			
Protocolo nº 6 Tratado CE Decisión del Consejo 2004/407/CE	26-04-04	Estatuto TJCE Ultima modificación	DOUE 10-03-01 29-01-08
Reglamento de Procedimiento del TJUE	25-09-12	Versión consolidada	DOUE 29-09-12 DOUE 06-11-12 (Tabla de correspondencias)
Acuerdo de colaboración	02-02-22	Entre el Consejo General del Poder Judicial y la Fiscalía Europea, para la utilización de la plataforma de servicios del punto neutro judicial, hecho en Madrid y Luxemburgo el 2-2-2022.	BOE 26-02-22

B. Normativa Internacional

1. Tratados Internacionales

9725

Constitución de la **Organización de Trabajo** aprobada el 28-6-1919. Modificada por la enmienda de 1922, y por los instrumentos de enmienda de 1945, 1946, 1953, 1962 y 1972.	
Instrumento de ratificación del Instrumento de Enmienda de 19-6-1966	BOE 30-01-18
Declaración Universal de **Derechos Humanos**.	
Relaciones diplomáticas. Adhesión de España al **Convenio de Viena** de 18-4-61.	BOE 24-01-68
Relaciones consulares. Adhesión de España al **Convenio de Viena** de 24-4-63.	BOE 06-03-70
Derechos Económicos, Sociales y Culturales. Ratificación por España del **Pacto** internacional hecho en **Nueva York** el 19-12-66.	BOE 30-04-77
Estatuto de los refugiados. Adhesión de España a la **Convención de Ginebra** de 28-07-51 y **Protocolo de Nueva York** de 31-01-67.	BOE 21-10-78 Ce 14-11-78
Convenio Internacional para la **Seguridad** de la vida humana **en el mar**, hecho en Londres el 01-11-74. Ratificación por España.	BOE 16-06-80 Ce 11-06-14

Convención de Naciones Unidas sobre los **derechos** del **Niño.**	BOE 31-12-90
Ley aplicable a los contratos internacionales. Versión consolidada del **Convenio de Roma** de 19-06-80 y protocolos de interpretación.	DOUE 30-12-05
Ratificación de la **adhesión** de la República Checa, Estonia, Chipre, Letonia, Lituania, Hungría, Malta, Polonia, Eslovenia y de la República Eslovaca al **Convenio** sobre la **ley** aplicable a las **obligaciones contractuales**, y a los Protocolos primero y segundo sobre su interpelación por el TJCE.	BOE 13-08-07
Convención de Naciones Unidas sobre los **derechos** de las **personas** con **discapacidad**, hecha en Nueva York el 13-12-06. Adhesión por España.	BOE 21-04-08
Convenio sobre el **trabajo decente** para las trabajadoras y los **trabajadores domésticos**, hecho en Ginebra el 16-06-11. Adhesión por España.	BOE 03-04-23

2. Convenios bilaterales de ámbito laboral

9730

Albania
- Acuerdo de 20-5-09 entre España y Albania sobre el libre ejercicio de actividades remuneradas para familiares dependientes del personal diplomático, consular, administrativo y técnico de Misiones Diplomáticas y Oficinas Consulares (BOE 18-8-12, Ce 28-8-12).

Andorra:
- Convenio entre España, Francia y Andorra relativo a la entrada, circulación, residencia y establecimiento de sus nacionales 4-12-00 (BOE 27-6-03, Ce 18-9-03).

Argentina:
- Resol 21-1-97 aplicable a trabajadores españoles en empresas pesqueras mixtas (BOE 29-1-97).
- Acuerdo 9-5-01 para permitir el libre ejercicio de actividades remuneradas para familiares dependientes del personal diplomático, consular, administrativo y técnico de Misiones Diplomáticas y Oficinas Consulares sobre la base de un tratamiento recíproco (BOE 2-3-02).

Australia:
- Convenio de 6-3-2000 a efectos de permitir el libre ejercicio de actividades remuneradas a los familiares dependientes del personal diplomático, consular, administrativo y técnico de ambos países sobre la base de un tratamiento recíproco, una vez obtenida la autorización correspondiente (BOE 13-6-01).

Bolivia:
- Acuerdo de 26-6-02 para el libre ejercicio de actividades remuneradas a los familiares dependientes del personal diplomático, consular, administrativo y técnico de Misiones Diplomáticas y Oficinas Consulares de ambos Estados (BOE 14-10-04).

Brasil:
- Acuerdo de 17-09-07 sobre el libre ejercicio de actividades económicas remuneradas para familiares dependientes del personal diplomático, consular, administrativo y técnico de Misiones Diplomáticas y Oficinas Consulares (BOE 1-10-09).

Bulgaria:
- Acuerdo relativo a la regulación de los flujos migratorios laborales de 28-10-03 (BOE 15-12-03). Entrada en vigor el 19-2-2005 (BOE 5-4-05). (Sin efecto desde el 1-1-09).

Cabo Verde:
- Acuerdo marco de cooperación en materia de inmigración de 20-3-07. Entrada en vigor: 19-1-08 (BOE 14-2-08).

Chile:
- Acuerdo de 9-5-01 para el ejercicio de actividades remuneradas de familiares dependientes del personal diplomático, consular, administrativo y técnico de misiones diplomáticas y oficinas consulares (BOE 17-9-03).

Colombia:
- Acuerdo relativo a la regulación y ordenación de los flujos migratorios laborales de 21-5-01 (BOE 4-7-01).
- Acuerdo de 21-6-07 sobre libre ejercicio de actividades remuneradas por familiares dependientes del personal diplomático, consular, administrativo y técnico de misiones diplomáticas y oficinas consulares. Entrada en vigor el 21-6-07 (BOE 12-2-08).

Costa Rica:
- Acuerdo de 7-3-00 para el libre ejercicio de actividades remuneradas de los familiares dependientes del personal diplomático, consular, administrativo y técnico de Misiones Diplomáticas y Oficinas Consulares de ambos Estados (BOE 17-9-04).

Ecuador:
- Acuerdo relativo a la regulación y ordenación de los flujos migratorios laborales de 29-5-01 (BOE 10-7-01).
- Acuerdo de 7-3-00 a fin de permitir el libre ejercicio de actividades remuneradas para familiares dependientes del personal diplomático, consular, administrativo y técnico de Misiones Diplomáticas y Oficinas Consulares de ambos países, sobre la base de un tratamiento recíproco (BOE 23-11-01).

Francia:
- Convenio entre España, Francia y Andorra relativo a la entrada, circulación, residencia y establecimiento de sus nacionales de 4-12-00 (BOE 27-6-03, Ce 18-9-03).
- Acuerdo sobre readmisión de personas en situación irregular de 26-11-02 (BOE 26-12-03, Ce 30-1-04).

9730 (sigue)

Guatemala:
- Acuerdo entre el Reino de España y la República de Guatemala relativo a la regulación y ordenación de los flujos migratorios laborales entre ambos Estados, hecho «ad referendum» en Madrid el 18-01-23 (BOE 31-8-24).

Guinea-Bisau:
- Aplicación provisional del Acuerdo de Cooperación en materia de inmigración de 27-1-08. Canje de Notas de 11-7-08 y 29-9-08. (BOE 03-06-09, Ce 10-2-10).

Guinea-Conakry:
- Aplicación provisional del Acuerdo de Cooperación en materia de inmigración de 9-10-06 (BOE 30-1-07).

Honduras:
- Acuerdo entre España y Honduras relativo a la regulación y ordenación de los flujos migratorios laborales de 28-5-21 (BOE 4-2-23).

Israel
- Aplicación provisional del Acuerdo entre España e Israel sobre el libre ejercicio de actividades remuneradas para familiares dependientes del personal diplomático, administrativo y técnico de las Misiones Diplomáticas de 31-3-09 (BOE 12-5-09).

Luxemburgo:
- Acuerdo administrativo relativo a la silicosis de 27-6-75 (BOE 24-9-75).

Mali:
- Acuerdo entre España y Mali sobre el libre ejercicio de actividades remuneradas para familiares dependientes del personal diplomático, consular, administrativo y técnico de Misiones Diplomáticas y Oficinas Consulares, hecho en Bamako el 22-11-10 (BOE 14-8-13).
- Acuerdo marco de Cooperación en materia de inmigración de 23-1-07 (BOE 19-10-09).

Marruecos:
- Acuerdo Administrativo y Protocolo Adicional de 8-2-84 (BOE 10-6-85).
- Aplicación provisional del Acuerdo sobre mano de obra de 25-7-01 (BOE 20-9-01). Entrada en vigor el 1-9-05 (BOE 13-5-05).
- Acuerdo de 13-2-92 relativo a la circulación de personas, el tránsito y la readmisión de extranjeros entrados ilegalmente. Entrada en vigor el 21-10-12 (BOE 13-12-12).

Mauritania:
- Aplicación provisional del Acuerdo sobre la regularización y ordenación de los flujos migratorios laborales de 25-7-07 (BOE 30-10-07).

México:
- Acuerdo para la autorización recíproca de actividades remuneradas por parte de los familiares dependientes de agentes diplomáticos, funcionarios consulares y personal técnico administrativo de Misiones diplomáticas y Oficinas Consulares acreditadas en el otro país de 16-10-07 (BOE 20-7-09).

Namibia:
- Acuerdoentre el Reino de España y el Gobierno de la República de Namibia, sobre actividad remunerada de los familiares dependientes del personal diplomático, consular, administrativo y técnico de las Misiones Diplomáticas y Oficinas Consulares, Madrid 15-6-22 (BOE 7-9-24). Entrada en vigor el 1-10-24.

Níger:
- Aplicación provisional del Acuerdo marco de Cooperación en materia de inmigración de 10-5-08 (BOE 3-7-08).

Nueva Zelanda:
- Acuerdo sobre libre ejercicio de actividades remuneradas para familiares dependientes del personal diplomático, consular, administrativo y técnico de misiones diplomáticas y oficinas consulares de 12-4-07. Canje de Notas de 30-7-07 (BOE 1-2-08).
- Acuerdo relativo al programa de vacaciones y actividades laborales esporádicas de 23-6-09. Entrada en vigor 21-4-10 (BOE 4-5-10).

Paraguay:
- Acuerdo sobre el libre ejercicio de actividades remuneradas para familiares dependientes del personal diplomático, consular, administrativo y técnico de Misiones diplomáticas y Oficinas consulares de 15-2-08 (BOE 4-6-09).

Perú:
- Aplicación provisional del Acuerdo para la cooperación en materia de inmigración de 6-7-04 (BOE 1-10-04). Entrada en vigor el 31-5-05 (BOE 5-7-05).

Polonia:
- Acuerdo sobre regulación y ordenación de los flujos migratorios de 21-5-02 (BOE 20-9-02). (Sin efecto desde el 1-1-06).
- Entrada en vigor del Acuerdo sobre regulación y ordenación de los flujos migratorios de 21-5-02 (BOE 8-4-04).
- Acuerdo para prevenir la emigración clandestina de 21-5-02 (BOE 22-7-04).

República Dominicana:
- Acuerdo sobre regulación y ordenación de los flujos migratorios laborales de 17-12-01 (BOE 5-2-02). Entrada en vigor 1-5-07 (BOE 26-3-07).
- Acuerdo de 15-9-03 para el ejercicio de actividades remuneradas de familiares dependientes del personal diplomático, consular, administrativo y técnico de misiones diplomáticas y oficinas consulares (BOE 23-10-03). Entrada en vigor 26-5-08 (BOE 23-6-08).

Rumanía:
- Acuerdo relativo a la regulación y ordenación de flujos migratorios laborales de 23-1-02 (BOE 3-12-02). (Sin efecto desde el 1-1-09).

Rusia:
- Aplicación provisional del Protocolo 1-2-07 de ejecución relativo a los plazos de respuesta a las solicitudes de readmisión. Entrada en vigor el 1-6-07 (BOE 9-11-07).

Ucrania:
- Acuerdo sobre regulación y ordenación de los flujos migratorios laborales de 12-5-09 (BOE 10-8-11).

Uruguay:
- Acuerdo de 7-2-00 a efectos de permitir el libre ejercicio de **actividades remuneradas** a los familiares dependientes del personal diplomático, consular, administrativo y técnico de ambos países sobre la base de un **tratamiento recíproco**, una vez obtenida la autorización correspondiente (BOE 6-4-01).

3. Convenios bilaterales de Seguridad Social

a. Suscritos por España con Estados miembros de la UE y Suiza

9740

Alemania
- Convenio sobre Seguro de desempleo de 20-4-1966 (BOE 30-11-67), Convenio de Seguridad Social de 4-12-1973 (BOE 28-10-77). Convenio complementario 17-12-1975 (BOE 28-10-77).

Austria
- Convenio de 6-11-1981 (BOE 8-7-83). Acuerdo Administrativo de 8-4-1983 (BOE 8-7-83).

Bélgica
- Convenio de 28-11-1956 (BOE 13-5-58). Acuerdo Administrativo de 30-7-1969 (BOE 23-9-69).

Bulgaria:
- Convenio de 13-5-2002 (BOE 6-11-03). Acuerdo administrativo de 28-10-2003 (BOE 24-3-04).

Eslovaquia
- Convenio de 22-5-2002 (BOE 1-7-03). En vigor desde el 31-8-03.

Finlandia
- Convenio de 19-12-1985 (BOE 14-7-87). Acuerdo Administrativo 19-12-1985 (BOE 14-7-87).

Francia
- Convenio de 31-10-1974 (BOE 24-3-76) de 10-11-1982 (BOE 8-5-84). Convenio sobre desempleo de trabajadores fronterizos 13-1-1982 (BOE 1-6-82).

Italia
- Convenio de 30-10-1979 (BOE 15-12-83). Acuerdo Administrativo del igual fecha y BOE.

Luxemburgo
- Convenio de 8-5-1969 (BOE 23-4-73). Acuerdo Administrativo de 25-5-1971 (BOE 25-4-73).
- Acuerdo para la silicosis de 27-6-1975 (BOE 24-9-75) y para extender a los Autónomos el Convenio de Seguridad Social de 27-6-1975 (BOE 24-9-75).

Países Bajos
- Convenio de 5-2-1974 (BOE 20-3-75). Acuerdo Administrativo de igual fecha y BOE.

Polonia
- Convenio de 22-2-2001 (BOE 30-9-03, Ce 12-12-03). En vigor desde 1-10-03.

Portugal
- Convenio de 11-6-1969 (BOE 28-2-70). Acuerdo Administrativo de 22-5-1970 (BOE 14-8-70). Acuerdo Adicional al Convenio 22-5-1970 (BOE 31-7-73). Acuerdo sobre trabajadores fronterizos 15-7-1971 (BOE 4-9-71).

Reino Unido (Gran Bretaña e Irlanda del Norte)
- Convenio de 13-9-1974 (BOE 31-3-75). Acuerdo de aplicación de igual fecha y BOE. Protocolo sobre Asistencia Sanitaria del Convenio de Seguridad Social (BOE 31-3-75).

República Checa
- Convenio de 13-5-2002 (BOE 3-5-04).

República de Moldavia
- Acuerdo Administrativo para la aplicación del Convenio de Seguridad Social entre el Reino de España y la República de Moldavia, en Madrid 21-7-22 (BOE 11-5-24).

Rumania:
- Convenio de Seguridad Social de 24-1-06. Ratificación por España (BOE 15-8-08).

Suecia
- Convenio de 4-2-1983 (BOE 12-7-84). Acuerdo de igual fecha y BOE.

Suiza
- Convenio de 13-10-1969 (BOE 1-9-70) -redacc Convenio Adicional 11-6-1982 (BOE 28-10-83) y Acuerdo Administrativo Hispano-Suizo 19-4-90 (BOE 29-1-91).

b. Suscritos por España con terceros Estados

9745

Andorra:
Convenio de 9-11-2001 (BOE 4-12-02). Entrada en vigor: 1-1-2003.
Acuerdo Administrativo de aplicación de 9-11-2001 (BOE 4-12-02).
Normativa previa: Convenio 14-4-1978 y Acuerdo de 14-4-1978 (BOE 20-7-78). Entrada en vigor: 1-5-1978.

Argentina:
Convenio de 28-1-97 (BOE 10-12-04). Entrada en vigor: 10-12-2004.
Acuerdo de 28-1-97 (BOE 10-12-04).
Acuerdo complementario al Acuerdo Administrativo de 14-5-2002 (BOE 19-9-02).
Protocolo complementario al Convenio (cómputo de períodos de seguro voluntario; aplicación provisional desde el 1-4-2005). Entrada en vigor el 16-8-07 (BOE 10-10-07).
Normativa previa:
Convenio de 28-5-1966 (BOE 16-9-67).
Acuerdo Administrativo de 21-4-1969 (BOE 5-7-69).

Australia:
Convenio de 31-1-2002 (BOE 19-12-02). Entrada en vigor: 1-1-2003.
Acuerdo Administrativo de aplicación de 20-12-2002 (BOE 25-2-03).
Normativa previa: Convenio de 10-2-1990 (BOE 11-6-91).

Brasil:
Convenio de 16-5-1991 (BOE 15-1-96 ce BOE 20-4-96). Acuerdo Administrativo de aplicación de 23-11-05 (BOE 9-5-06). Entrada en vigor: 1-12-1995.
Convenio complementario de revisión 24-7-12 (BOE 16-5-18).
Convenio complementario sobre pensiones de 14-5-2002 (BOE 6-10-03).
Convenio complementario, provisionalmente, el 1-6-2002.

Cabo Verde:
Convenio y Acuerdo Administrativo para su aplicación, de 23-11-2012 (BOE 24-10-13).

Canadá:
Convenio de 10-11-1986 (BOE 1-12-87) Acuerdo Administrativo de aplicación de 10-11-1986 (BOE 1-12-87). Entrada en vigor: 1-1-1988.
Protocolo de 19-10-1995 (BOE 8-2-97).
Protocolo el 1-5-1997.

Chile:
Convenio de 28-1-1997 (BOE 25-3-98 ce BOE 30-4-98). Acuerdo Administrativo de aplicación de 28-1-1997 (BOE 25-3-98 ce BOE 30-4-98). Entrada en vigor: 13-3-1998.
Convenio complementario de 14-5-2002 (BOE 19-9-02). Ratificación por España (BOE 26-7-06).
Convenio complementario, 14-6-2005.

China:
Convenio España-China de 19-5-17 (BOE 16-3-18). Acuerdo Administrativo para la aplicación del Convenio de 19-5-17 (BOE 16-3-18). Entrada en vigor: 20-3-18.

Colombia:
Convenio España-Colombia de 06-09-2005 (BOE 03-03-08). Acuerdo administrativo para la aplicación del Convenio de 26-02-08 (BOE 3-3-08)

Corea:
Convenio España-Corea de 14-07-11 (BOE 08-05-13).

Ecuador:
Convenio de 4-12-2009 (BOE 7-2-11).
Acuerdo administrativo para la aplicación de 18-7-11 (BOE 8-10-11).

Estados Unidos:
Convenio de 30-9-1986 (BOE 29-3-88). Acuerdo Administrativo de 30-9-1986 (BOE 29-3-88). Entrada en vigor: 1-4-1988.

Filipinas:
Convenio de 20-5-1988 (BOE 11-10-89). Entrada en vigor: 1-11-1989.
Acuerdo Administrativo de 21-5-1991 (BOE 29-3-93). Entrada en vigor: 1-4-1992.
Convenio de 12-11-2002 (BOE 3-7-12).

Japón:
Convenio de 12-11-08 (BOE 30-09-09, Ce BOE 9-11-09). Acuerdo Administrativo de 29-10-2010 (BOE 2-11-10).
Entrada en vigor: 1-10-09, Ce 26-10-10.

Marruecos:
Convenio de 8-11-1979 (BOE 13-10-82). Entrada en vigor: 1-10-82.
Protocolo adicional 27-1-1998 (BOE 24-11-01). Entrada en vigor: 1-12-01.
Acuerdo Administrativo de 8-2-1984 (BOE 10-6-85). Entrada en vigor: 1-10-82.

Méjico:
Convenio de 25-4-1994 (BOE 17-3-95). Acuerdo Administrativo de 28-11-1994 (BOE 17-3-95). Entrada en vigor: 1-1-1995.
Convenio Complementario de 8-4-2003 (BOE 5-3-2004).
Convenio Complementario 1-1-2004 (aplicación provisional desde 6-6-03).

Paraguay:
Convenio de 24-6-1998 (BOE 2-2-06). Entrada en vigor: 1-3-2006.
Acuerdo Administrativo de 15-9-2016 (BOE 23-1-17)

Perú:
Acuerdo Administrativo de 24-11-1978 (BOE de 12-6-85). Entrada en vigor: Acuerdo Administrativo 14-5-1985 (con eficacia retroactiva desde 9-6-69).
Acuerdo Complementario de 14-5-2002 (BOE 19-9-02) Ratificación de 24-2-2004 (BOE 1-4-04). Entrada en vigor 24-2-04 aplicación provisional 1-6-02.
Normativa previa: Convenio de 24-7-1964 (BOE 2-9-69).
Acuerdo Administrativo para la aplicación del Convenio de SS de 18-4-07. Ratificación (BOE 1-07-08)
Convenio de Seguridad Social de 16-6-2003 (BOE 5-2-2005)

República Dominicana:
Convenio de 1-7-2004 (BOE 12-6-06). Entrada en vigor: 1-7-2006.

Rusia (Federación):
Convenio de 11-4-1994 (BOE 24-2-96). Acuerdo Administrativo de 12-5-1995 (BOE 24-2-96). Entrada en vigor: 22-2-1996.

Túnez:
Convenio de 26-2-2001 (BOE 26-12-01 ce BOE 6-2-02). Entrada en vigor: 1-1-2002
Acuerdo administrativo de 9-9-2004 para la aplicación del Convenio de Seguridad Social entre España y Túnez de 26-2-2001, BOE 28-1-05:
Entrada en vigor: 1-1-2002
Acuerdo de Enmienda y Acuerdo anejo al Acuerdo administrativo de 09-09-04, hecho el 02-02-09 (BOE 27-10-09).

Ucrania:
Convenio de 7-10-1996 (BOE 4-4-98). Entrada en vigor: Convenio 27-3-1998.
Acuerdo Administrativo de 17-1-2001 (BOE 7-4-01).
Acuerdo 17-1-2001.

Uruguay:
Convenio de 1-12-1997 (BOE 24-2-00). Entrada en vigor: 1-4-2000.
Acuerdo Administrativo de 24-7-00 (BOE 3-4-01 ce BOE 19-6-01).
Normativa previa: Acuerdo administrativo de 21-6-1979 (BOE 5-11-79). Normas de desarrollo de 2-9-1982 (BOE 12-11-82).

Venezuela:
Convenio de 12-5-1988 (BOE 7-7-90). Acuerdo Administrativo de 5-5-1989 (BOE 7-7-90). Entrada en vigor: 1-7-1990.

4. Convenios bilaterales en materia de competencia judicial internacional

9750

Rumania:
Convenio entre España y Rumania sobre competencia judicial, reconocimiento y ejecución de decisiones en materia civil y mercantil, hecho «ad referendum» en Bucarest el 17-11-97 (BOE 05-06-99).

El Salvador:
Tratado entre España y El Salvador sobre competencia judicial, reconocimiento y ejecución de sentencias en materia civil y mercantil, hecho en Madrid el 7-11-00 (BOE 25-10-01).

5. Otros convenios multilaterales

9755

Convenio Iberoamericano de Seguridad Social de 11-9-09. Acuerdo de aplicación provisional desde 13-10-10 (BOE 8-1-11). Entrada en vigor (BOE 15-2-12).

Convenio de Lugano sobre competencia judicial y ejecución de resoluciones en materia civil y mercantil, de 30-10-07 (DOUE 10-6-09). Entrada en vigor entre la UE y Noruega y Dinamarca: 1-1-10 (DOUE 8-6-10).

Convenio de Bruselas de competencia judicial y ejecución de resoluciones en materia civil y mercantil (versión consolidada), de 27-9-68 y Protocolo de interpretación por el TJCE de 3-6-71 (DOCE 26-1-98).

Aplicación provisional del Acuerdo relativo al estatuto de la Asociación Internacional del Transporte Aéreo (IATA) de 5-5-09 (BOE 3-7-09).

C. Convenios de la OIT ratificados por España (salvo denuncia)

9760

Convenio Núm.	Contenido	Registro OIT	Fecha publicación	Ratificación por España
1	Horas de trabajo (industria).	22-02-29		
2	Desempleo.	04-07-23	Gac. 15-07-22	13-07-22
3	Protección a la maternidad.	04-07-23	Gac. 15-07-22	13-07-22
4	Trabajo nocturno de las mujeres.	29-09-32	Gac. 14-04-32	08-04-32
5	Edad mínima de admisión de los niños a los trabajos industriales	29-09-32	Gac. 14-04-32	08-04-32
6	Trabajo nocturno de los menores (industria).	29-09-32	Gac. 14-04-32	08-04-32
7	Edad mínima de admisión de los niños al trabajo marítimo.	20-06-24	Gac. 13-05-24	29-04-24
8	Indemnizaciones de desempleo (naufragio).	20-06-24	Gac. 13-05-24	29-04-24
9	Colocación de la gente de mar.	11-03-31	Gac. 11-03-31	23-02-31
10	Edad mínima de admisión de los niños al trabajo agrícola.	29-08-32	Gac. 14-04-32	08-04-32
11	Derecho de asociación (agricultura).	29-08-32		
12	Indemnización por accidentes del trabajo (agricultura).	01-10-31	Gac. 11-05-31	09-05-31
13	Cerusa (pintura).	20-06-24	Gac 13-05-24	29-04-24
14	Descanso semanal (industria).	20-06-24	Gac. 13-05-24	
15	Edad mínima de admisión de los menores en calidad de pañoleros o fogoneros.	20-06-24	Gac. 13-05-24	29-04-24
16	Examen médico de los menores (trabajo marítimo).	20-06-24	Gac. 13-05-24	29-04-24
17	Indemnización por accidentes del trabajo.	22-02-29	Gac. 26-05-28	24-05-28
18	Enfermedades profesionales.	29-09-32	Gac. 14-04-32	08-04-32
19	Igualdad de trato. Accidentes de trabajo.	22-02-29	Gac. 26-05-28	24-05-28
20	Trabajo nocturno en panaderías.	29-08-32	Gac. 14-04-32	08-04-32
21	Simplificación de la inspección de los emigrantes a bordo de los buques.			
22	Contrato de enrolamiento de la gente de mar.	23-02-31	Gac. 11-03-31	23-02-31
23	Repatriación de la gente de mar.	23-02-31	Gac. 11-03-31	23-02-31
24	Seguro de enfermedad (industria, comercio y servicio doméstico).	29-09-32	Gac. 14-04-31	08-04-32
25	Seguro de enfermedad (agricultura).	29-09-32		08-04-31
26	Métodos para la fijación de salarios mínimos.	08-04-30	Gac. 03-12-29	17-11-29
27	Indicación del peso en los fardos transportados por barco.	29-08-32	Gac. 14-04-32	08-04-32
29	Trabajo forzoso.	29-08-32	Gac. 14-04-32	08-04-32
30	Horas de trabajo (comercio y oficinas).	29-08-32	Gac. 14-04-32	08-04-32
42	Enfermedades profesionales (revisado).	24-06-58	BOE 22-08-59	12-05-58
44	Indemnizaciones y subsidios a los desempleados involuntarios.	05-05-71	BOE 18-05-72	08-04-71
45	Trabajo subterráneo (mujeres).	24-06-58	BOE 21-08-59	12-06-58
46	Límite de las horas de trabajo en las minas de carbón.	30-11-71		30-11-71
47	Reducción de las horas de trabajo a 40 por semana.			

9760
(sigue)

Convenio Núm.	Contenido	Registro OIT	Fecha publicación	Ratificación por España
48	Régimen internacional para la conservación de los derechos del seguro de invalidez, vejez y muerte.	08-07-37	Gac. 04-06-36	02-06-36
49	Reducción de las horas de trabajo en las fábricas de botella.			
50	Reglamentación de ciertos sistemas especiales de reclutamiento de trabajadores.			
51	Reducción de las horas de trabajo en las obras públicas.			
53	Certificados de capacidad de los oficiales.	05-05-71	BOE 18-05-72	08-04-71
55	Obligaciones del armador en caso de enfermedad o accidente de la gente de mar.	30-11-71	BOE 30-11-72	26-11-71
56	Seguro de enfermedad de la gente de mar.	30-11-71	BOE 30-11-72	26-11-71
58	Edad mínima de admisión de los niños al trabajo marítimo.	05-05-71	BOE 19-05-72	08-04-71
59	Admisión de los niños a trabajos industriales.	05-05-71	BOE 19-05-72	08-04-71
60	Admisión de los niños a trabajos no industriales.	05-05-71	BOE 19-05-72	08-04-71
61	Reducción de las horas de trabajo en la industria textil.			
62	Prescripciones de seguridad (edificación).	24-06-58	BOE 20-08-59	12-06-58
63	Estadísticas de salarios y horas de trabajo en las industrias mineras y manufactureras, en la edificación, construcción y en la agricultura.	05-05-71	BOE 25-05-72	29-04-71
64	Reglamentación de los contratos escritos de trabajo de los trabajadores indígenas.			
65	Sanciones penales contra trabajadores indígenas por incumplimiento de contrato de trabajo.			
68	Alimentación y servicio de fonda (tripulación de buques).	14-07-71	BOE 25-05-72	24-05-71
69	Certificado de aptitud de los cocineros de buque.	05-05-71	BOE 19-02-72	16-02-71
70	Seguridad Social de la gente de mar.	08-05-73	BOE 19-12-73	19-02-73
71	Pensiones de la gente de mar.			
73	Examen médico de la gente de mar.	14-07-71	BOE 20-05-72	24-05-71
74	Convenio sobre el certificado de marinero preferente.	05-05-71	BOE 20-05-72	08-04-71
77	Examen médico de los menores (industria).	05-05-71	BOE 20-05-72	08-04-71
78	Convenio sobre el examen médico de los menores (trabajos no industriales).	05-05-71	BOE 22-05-72	08-04-71
79	Trabajo nocturno de los menores (trabajos no industriales).	05-05-71	BOE 22-05-72	08-04-71
80	Revisión de los artículos finales.	24-06-58		
81	Inspección del trabajo.	30-05-60	BOE 04-01-81	14-01-60
82	Política social en los territorios no metropolitanos.			
83	Aplicación de normas internacionales de trabajo en territorios no metropolitanos.			
84	Derecho de asociación y a la solución de los conflictos de trabajo en territorios no metropolitanos.			
85	Inspección de trabajo en los territorios no metropolitanos.			
86	Duración máxima de los contratos de trabajo de los trabajadores indígenas.			
87	Libertad sindical y protección del derecho de sindicación.	20-04-77	BOE 11-05-77	13-04-77

9760 (sigue)

Convenio Núm.	Contenido	Registro OIT	Fecha publicación	Ratificación por España
88	Servicio de empleo.	30-05-60	BOE 11-01-61	14-01-60
89	Trabajo nocturno de las mujeres empleadas en la industria.	24-06-58	BOE 21-08-59	12-06-58
90	Trabajo nocturno de los menores (industria) (revisado).	05-05-71	BOE 22-05-72	08-04-71
92	Alojamiento de la tripulación (revisado).	14-07-71	BOE 23-05-72	24-05-71
94	Cláusulas de trabajo (contratos celebrados por las autoridades públicas).	05-05-71	BOE 25-05-72	29-04-71
95	Protección del salario.	24-06-58	BOE 22-08-59	12-06-58
96	Agencias retribuidas de colocación.	05-05-71	BOE 23-05-72	29-04-71
97	Trabajadores migrantes.	21-03-67	BOE 07-06-67	23-02-67
98	Sindicación y negociación colectiva.	20-04-77	BOE 10-05-77	13-04-77
99	Métodos para la fijación de salarios mínimos (agricultura).	04-06-70	BOE 28-09-71	27-12-70
100	Igualdad de remuneración.	06-11-67	BOE 04-12-68	26-10-67
101	Vacaciones pagadas (agricultura).	05-05-71	BOE 23-05-72	08-04-71
102	Seguridad social (norma mínima).	29-06-88	Gac. 31-08-66	
103	Protección de la maternidad (revisado).	17-08-65	BOE 31-08-66	26-05-65
104	Abolición de sanciones penales por incumplimiento de contrato de trabajo por parte de los trabajadores indígenas.			
105	Abolición del trabajo forzoso.	06-11-67	BOE 04-12-68	26-10-67
106	Descanso semanal (comercio y oficinas).	05-05-71	BOE 24-05-72	08-04-71
107	Protección e integración de las poblaciones indígenas y otras en los países independientes.			
108	Documentos de identidad de la gente de mar.	05-05-71	BOE 24-05-72	08-04-71
109	Salarios, horas de trabajo a bordo y dotación.	14-07-71		16-06-71
110	Condiciones de empleo de los trabajadores de plantaciones.			
111	Discriminación (empleo y ocupación).	06-11-67	BOE 04-12-68	26-10-67
112	Edad mínima de admisión al trabajo de los pescadores.	07-08-61	BOE 25-04-62	28-06-61
113	Examen médico de los pescadores.	07-08-61	BOE 24-04-62	28-06-61
114	Contrato de enrolamiento de los pescadores.	07-08-61	BOE 24-04-62	28-06-61
115	Protección contra las radiaciones.	17-07-62	BOE 05-06-67	28-06-62
116	Revisión de los artículos finales.	17-07-62	Gac. 14-08-62	
117	Política social (normas y objetivos básicos).	08-05-73	BOE 05-07-74	19-02-73
118	Igualdad de trato de nacionales y extranjeros en Seguridad Social.			
119	Protección de la maquinaria.	30-11-71	BOE 30-11-72	26-11-71
120	Higiene (comercio y oficinas).	16-06-70	BOE 30-09-71	18-05-70
121	Prestaciones en caso de accidentes de trabajo y enfermedades profesionales.			
122	Política de empleo.	28-12-70	BOE 24-05-72	21-07-70
123	Edad mínima (trabajo subterráneo).	06-11-67	BOE 04-12-68	26-10-67
124	Examen médico de los menores (trabajo subterráneo).	30-11-71	BOE 30-11-72	26-11-71
125	Certificados de competencia (pescadores).			

9760 (sigue)

Convenio Núm.	Contenido	Registro OIT	Fecha publicación	Ratificación por España
126	Alojamiento de la tripulación (pescadores).	08-11-68	BOE 13-11-69	09-02-68
127	Peso máximo.	07-06-69	BOE 15-10-70	06-03-69
128	Prestaciones de invalidez, vejez y sobrevivientes.			
129	Inspección del trabajo en la agricultura.	05-05-71	BOE 24-05-72	11-03-71
130	Asistencia médica y prestaciones monetarias por enfermedad.			
131	Fijación de salarios mínimos.	30-11-71	BOE 30-11-72	26-11-71
132	Vacaciones pagadas (revisado).	30-06-72	BOE 05-07-74	16-06-72
133	Alojamiento de la tripulación a bordo.			
134	Prevención de accidentes (gente de mar).	30-11-71	BOE 21-02-73	26-11-71
135	Representantes de los trabajadores.	21-12-72	BOE 04-07-74	08-11-72
136	Benceno.	08-05-73	BOE 05-02-75	31-03-73
137	Trabajo portuario.	22-04-75	BOE 22-03-77	22-03-75
138	Edad mínima.	16-05-77	BOE 08-05-78	13-04-77
139	Prevención y control de los riesgos profesionales causados por las sustancias o agentes cancerígenos.			
140	Licencia pagada de estudios.	18-09-78	BOE 31-10-79	16-08-78
141	Organizaciones de trabajadores rurales.	28-04-78	BOE 07-12-79	10-04-78
142	Desarrollo de los recursos humanos.	16-05-77	BOE 09-05-78	13-04-77
143	Migraciones en condiciones abusivas y promoción de la igualdad de oportunidades y de trato de los trabajadores migrantes.			
144	Consulta tripartita (normas internacionales del trabajo).	13-02-84		16-12-83
145	Continuidad del empleo (gente de mar).	28-04-78	BOE 02-12-80	10-04-78
146	Vacaciones anuales pagadas (gente de mar).	09-03-79	BOE 20-03-80	16-02-79
147	Marina mercante (normas mínimas).	28-04-78	BOE 18-01-82	10-04-78
148	Convenio sobre el medio ambiente de trabajo (contaminación del aire, ruido y vibraciones).	17-12-80	BOE 30-12-81	24-11-80
149	Empleo y condiciones de trabajo y de vida del personal de enfermería.			
150	Admón del trabajo.	03-03-82	BOE 10-12-82	13-02-82
151	Relaciones de trabajo en la Admón pública.	18-09-84	BOE 12-12-87	
152	Seguridad e higiene (trabajos portuarios).	03-03-82	BOE 10-12-82	13-02-82
153	Duración del trabajo y períodos de descanso (transportes por carretera).	07-02-85		
154	Negociación colectiva.	11-09-85		
155	Seguridad y salud de los trabajadores.	11-09-85	BOE 11-11-85	26-07-85
156	Trabajadores con responsabilidades familiares.	11-09-85	BOE 12-11-85	
157	Conservación de los derechos en materia de Seguridad Social.	11-09-85	BOE 12-11-85	
158	Terminación de la relación de trabajo.	26-04-85		
159	Readaptación profesional y empleo (personas inválidas).	02-08-90	BOE 23-11-90	
160	Estadísticas del trabajo.	03-10-89		
161	Convenio de los servicios de salud en el trabajo.			

Convenio Núm.	Contenido	Registro OIT	Fecha publicación	Ratificación por España
162	Asbesto.	02-08-90	BOE 23-11-90	
163	Bienestar de la gente de mar.	03-10-89		
164	Protección de la salud y asistencia médica (gente de mar).	03-07-90		
165	Seguridad Social de la gente de mar (revisado).	02-07-91	BOE 27-03-92	
166	Repatriación de la gente de mar (revisado).	03-07-90		
167	Seguridad y salud en la construcción.		BOE 31-07-24	22-07-24
168	Fomento del empleo y la protección contra el desempleo.			
169	Pueblos indígenas y tribales.			
170	Productos químicos.			
171	Trabajo nocturno.			
172	Condiciones de trabajo (hoteles y restaurantes).	07-07-93		
173	Protección de los créditos laborales en caso de insolvencia del empleador.	16-05-95	BOE 21-06-95	16-05-95
176	Seguridad y salud en las minas.	22-05-97	BOE 28-01-99	22-05-97
180	Horas de trabajo a bordo y la dotación de los buques.	07-01-04	BOE 05-02-04	22-05-97
181	Agencias de empleo privadas.	15-06-99	BOE 13-09-99	15-06-99
182	Peores formas de trabajo infantil.	02-04-01	BOE 17-05-01	02-04-01
185	Documentos de identidad de la gente del mar (revisado).	19-06-03	BOE 14-11-11	03-05-11
187	Seguridad y salud en el trabajo.	31-05-06	BOE 04-08-09	01-04-09
188	Trabajo en el sector pesquero.	14-06-07	BOE 03-04-23	28-02-2023

D. Consejo de Europa

9765

Carta Social Europea, 18-10-1961. Ratificación por España.	BOE 26-6-80
Convenio Europeo de Asistencia Social y Médica, 11-12-53. Ratificación por España.	BOE 17-02-84
Convenio Europeo de Seguridad Social de 14-12-72 y Acuerdo Europeo de Seguridad Social. Ratificación por España.	BOE 12-11-86
Acuerdo Europeo sobre la colocación «AU PAIR» de 24-11-1969. Ratificación por España.	BOE 06-09-88 Ce 26-02-93
Código Europeo de la Seguridad Social de 16-04-64. Ratificación por España.	BOE 17-03-95 Ce 09-05-95
Protocolo nº 12 de 4-11-00 del Convenio para la Protección de los Derechos Humanos y de las Libertades Fundamentales. Ratificación por España.	BOE 14-03-08
Protocolo nº 4 de 16-09-03 al Convenio para la Protección de los Derechos Humanos y de las Libertades Fundamentales. Ratificación por España.	BOE 13-10-09
Protocolo nº 7 de 22-11-04 del Convenio para la Protección de los Derechos Humanos y de las Libertades Fundamentales. Ratificación por España.	BOE 15-10-09
Protocolo nº 14 de 12-05-09 del Convenio para la Protección de los Derechos Humanos y de las Libertades Fundamentales. Ratificación por España.	BOE 28-05-10
Carta Social Europea (revisada) de 3-5-1996. Ratificación por España.	BOE 17-05-21 BOE 11-6-21
Protocolo Adicional a la Carta Social Europea (revisada) sobre reclamaciones colectivas. Ratificación por España. Instrumento de ratificación.	BOE 04-02-21 BOE 28-06-21 BOE 02-11-22

Tabla Alfabética

Los **números** reenvían a los párrafos. La mención «s.» significa que el estudio de la cuestión se prolonga en el o en los números siguientes.
Para **orientar las búsquedas**, las referencias se acompañan, cuando es necesario, de una mención explícita que designa la materia de que se trata.
Las cuestiones que se enmarcan en un «**estudio de conjunto**» no se referencian con su propio número marginal, sino que se reenvían al inicio de dicho estudio general.

A

B

C

D

E

F

G

H

J

L

M

N

O

P

S

T

U

V

W

Z

Índice Analítico

PARTE I. PRESTACIONES DE TRABAJO

CAPÍTULO 1. DELIMITACIÓN DEL CONTRATO DE TRABAJO

CAPÍTULO 2. PRESTACIONES DE SERVICIOS EXCLUIDAS

CAPÍTULO 3. VALIDEZ Y NULIDAD DEL CONTRATO

PARTE VIII. OTROS CONTRATOS

CAPÍTULO 29. TRABAJO EN COMÚN/GRUPO

CAPÍTULO 30. TRABAJO A DISTANCIA

PARTE IX. COLECTIVOS ESPECÍFICOS

CAPÍTULO 31. REPRESENTANTES DE COMERCIO

CAPÍTULO 32. ALTA DIRECCIÓN

CAPÍTULO 33. ESPECIALISTAS RESIDENTES EN CIENCIAS DE LA SALUD

CAPÍTULO 34. PERSONAL DOCENTE E INVESTIGADOR

PARTE X. BONIFICACIONES E INCENTIVOS A LA CONTRATACIÓN

CAPÍTULO 35. CONTRATOS INCENTIVADOS

PARTE XI. PROTECCIÓN DE DATOS, DESCONEXIÓN DIGITAL E INTELIGENCIA ARTIFICIAL

CAPÍTULO 36. PROTECCIÓN DE DATOS, DESCONEXIÓN DIGITAL E INTELIGENCIA ARTIFICIAL

PARTE XII. MODIFICACIÓN DEL CONTRATO

CAPÍTULO 37. MODIFICACIÓN DE LAS CONDICIONES DEL CONTRATO

ANEXOS

Notas

Notas

Notas

Notas

Este libro se acabó de imprimir en España,
en Noviembre de 2024